国家社会科学基金项目成果（项目编号：17BZJ014；结项证书号：20212111）

李叔同——弘一大师年谱长编

陈星　编著

上海三联书店

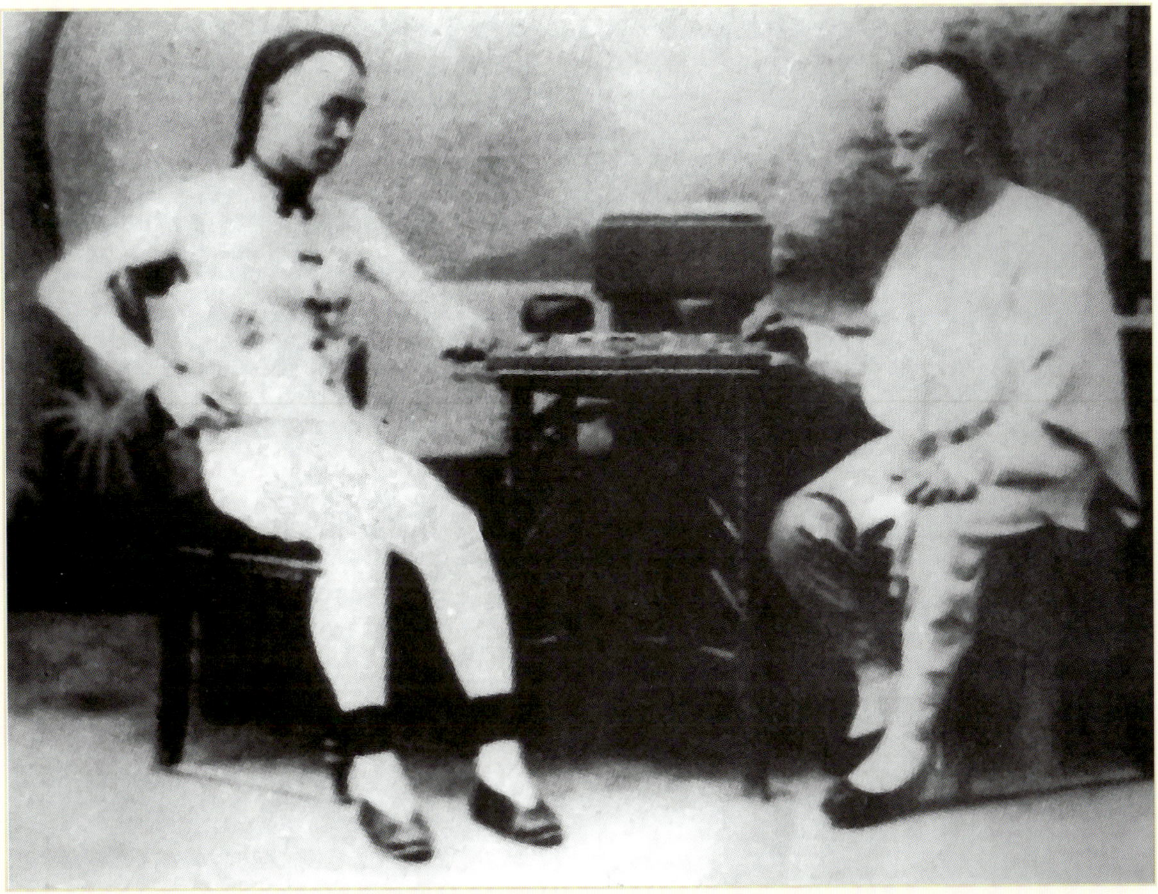

1905年李叔同（左）在天津与家兄李桐冈下围棋。

1900年李叔同与张小楼、蔡小香、袁希濂、许幻园（自左至右）结金兰之谊，号称“天涯五友”。

留学日本时的李叔同。

李叔同（卧床者）饰演茶花女剧照。

1911年李叔同（中）在东京美术学校毕业时的毕业合影（局部）。

1912年3月13日，第六次南社雅集合影（后排右七为李叔同）。

1915年5月16日，李叔同（二排一坐者）在杭州西泠印社参加南社临时雅集合影。

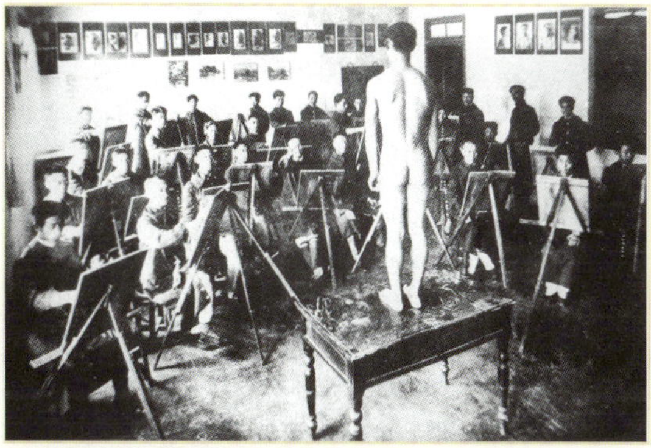

1914年，李叔同（后排右二站立者）在浙江省立第一师范学校上人体写生课，开中国人体美术教学之先河。

1918年5月24日，李叔同（中）入山前与弟子刘质平（左）、丰子恺合影。

1923年5月9日，弘一大师（后排右一）在温州庆福寺与寂山和尚（后排中）、因弘法师（后排左一）、周孟由居士（前排左一）等合影。

1936年弘一大师在厦门鼓浪屿日光岩留影。

1935年12月4日，弘一大师在韩偓墓道碑前留影并赠广洽法师。

1937年弘一大师自青岛返厦门途经上海时留影。

李叔同于1905年冬所作之水彩画《沼津风景》。

李叔同设计的《音乐小杂志》创刊号封面。

李叔同油画作品《朝》。此画于1910年5月参加日本白马会第十三回展览，并被收入《庚戌白马会画集》。

李叔同在日本留学时所作半裸女油画。

李叔同作广告图一例。

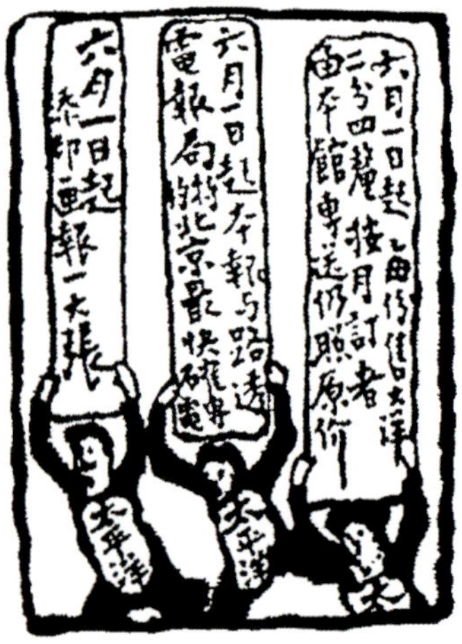

李叔同作广告图一例。

1911年李叔同毕业于东京美术学校时的自画像（油画）。

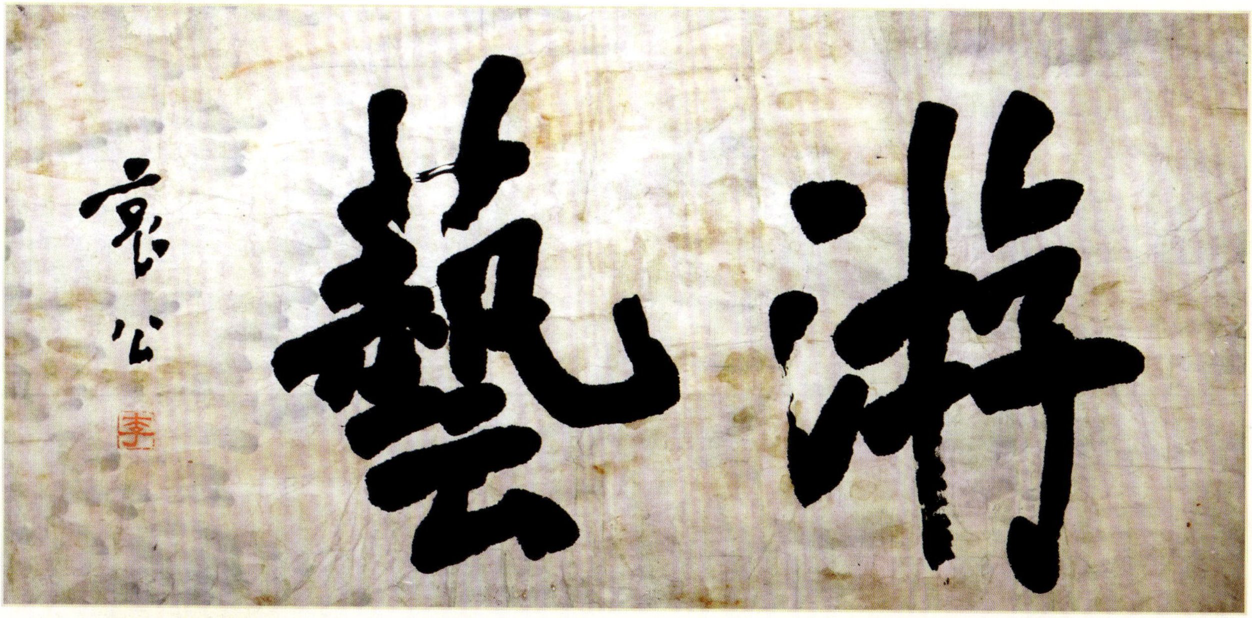

李叔同书赠上海城东女学的“游艺”。

弘一大师初出家时（1918年）书法一例。

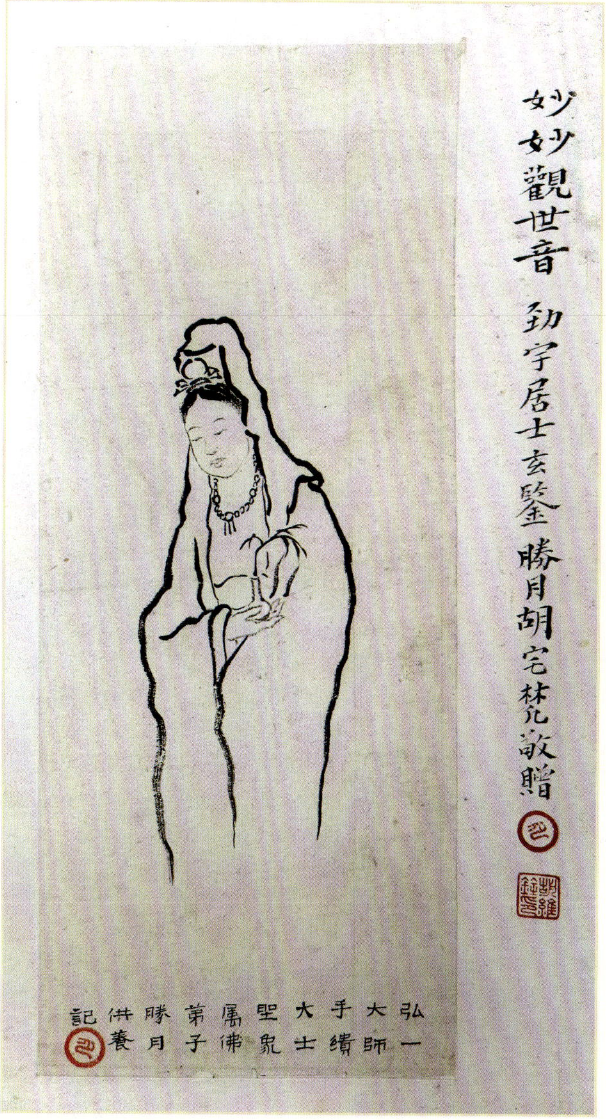

曾由胡宅梵居士收藏的弘一大师绘观音像。

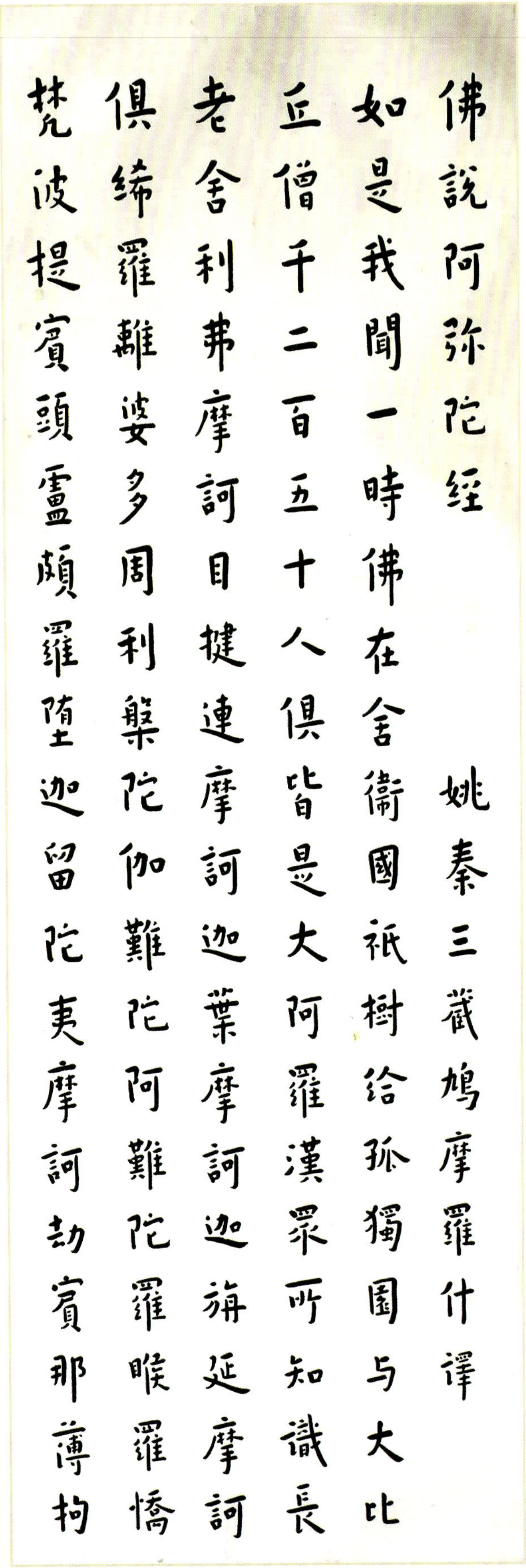

弘一大师书于1932年的《佛说阿弥陀经》十六条屏首屏。

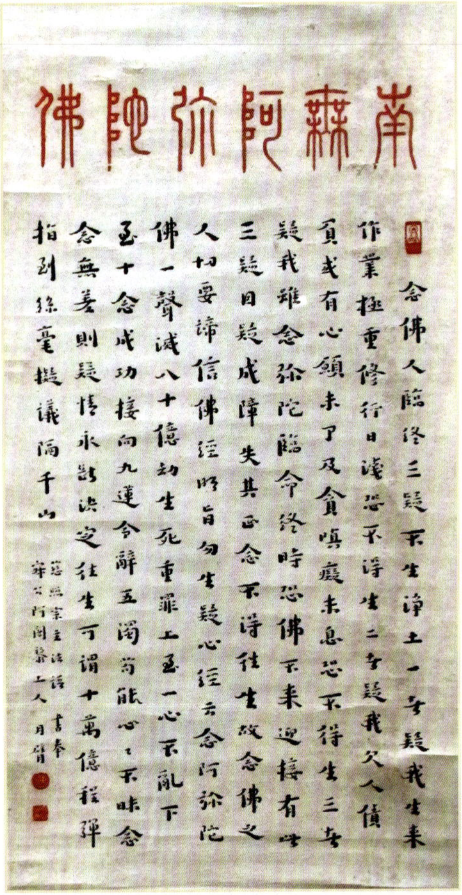

弘一大师书佛号并慈照宗主法语赠寂山和尚。

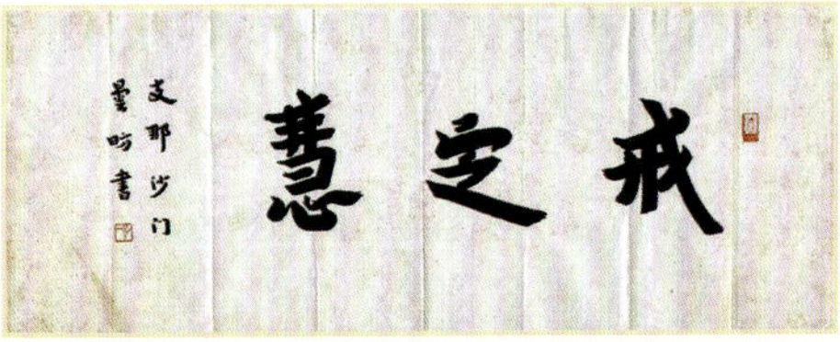

弘一大师书“戒定慧”。

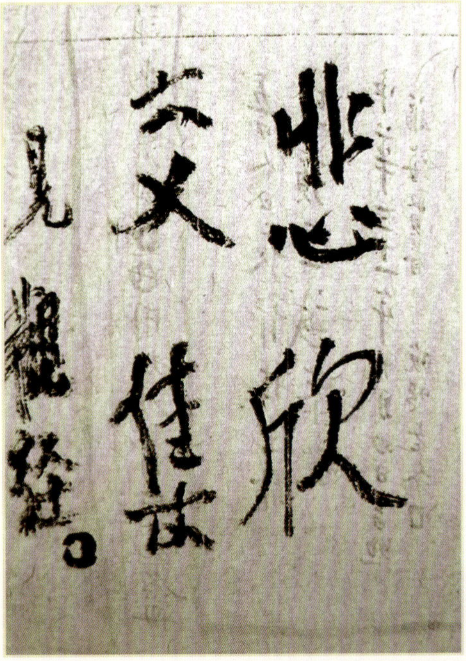

1942年10月10日，弘一大师书“悲欣交集（见观经）”。

目　　录

谱　　前

前言 …… (1)
凡例 …… (1)

本　　谱

1880 年（庚辰）1 岁 …… (3)
1881 年（辛巳）2 岁 …… (6)
1882 年（壬午）3 岁 …… (7)
1883 年（癸未）4 岁 …… (9)
1884 年（甲申）5 岁 …… (10)
1885 年（乙酉）6 岁 …… (12)
1886 年（丙戌）7 岁 …… (13)
1887 年（丁亥）8 岁 …… (14)
1888 年（戊子）9 岁 …… (15)
1889 年（己丑）10 岁 …… (16)
1890 年（庚寅）11 岁 …… (17)
1891 年（辛卯）12 岁 …… (18)
1892 年（壬辰）13 岁 …… (19)
1893 年（癸巳）14 岁 …… (20)
1894 年（甲午）15 岁 …… (21)
1895 年（乙未）16 岁 …… (22)
1896 年（丙申）17 岁 …… (25)
1897 年（丁酉）18 岁 …… (33)
1898 年（戊戌）19 岁 …… (35)
1899 年（己亥）20 岁 …… (39)
1900 年（庚子）21 岁 …… (44)

1901年（辛丑）22岁 …… (57)
1902年（壬寅）23岁 …… (66)
1903年（癸卯）24岁 …… (74)
1904年（甲辰）25岁 …… (81)
1905年（乙巳）26岁 …… (88)
1906年（丙午）27岁 …… (102)
1907年（丁未）28岁 …… (120)
1908年（戊申）29岁 …… (133)
1909年（己酉）30岁 …… (136)
1910年（庚戌）31岁 …… (139)
1911年（辛亥）32岁 …… (141)
1912年（壬子）33岁 …… (147)
1913年（癸丑）34岁 …… (189)
1914年（甲寅）35岁 …… (201)
1915年（乙卯）36岁 …… (208)
1916年（丙辰）37岁 …… (222)
1917年（丁巳）38岁 …… (234)
1918年（戊午）39岁 …… (251)
1919年（己未）40岁 …… (289)
1920年（庚申）41岁 …… (300)
1921年（辛酉）42岁 …… (321)
1922年（壬戌）43岁 …… (335)
1923年（癸亥）44岁 …… (358)
1924年（甲子）45岁 …… (375)
1925年（乙丑）46岁 …… (397)
1926年（丙寅）47岁 …… (416)
1927年（丁卯）48岁 …… (434)
1928年（戊辰）49岁 …… (456)
1929年（己巳）50岁 …… (480)
1930年（庚午）51岁 …… (503)
1931年（辛未）52岁 …… (548)
1932年（壬申）53岁 …… (594)
1933年（癸酉）54岁 …… (632)
1934年（甲戌）55岁 …… (666)
1935年（乙亥）56岁 …… (692)
1936年（丙子）57岁 …… (731)
1937年（丁丑）58岁 …… (782)

1938 年（戊寅）59 岁 …………（829）
1939 年（己卯）60 岁 …………（873）
1940 年（庚辰）61 岁 …………（908）
1941 年（辛巳）62 岁 …………（946）
1942 年（壬午）63 岁 …………（976）

谱　后

附录：弘一大师圆寂后数年相关纪念活动事略（1943—1949）…………（1017）
主要参考文献 …………（1025）
后记 …………（1032）

谱 前

前　　言

有关李叔同—弘一大师的研究，凡文学、艺术、艺术教育、佛学文化等，目前皆有一些最新的优秀成果。然就其年谱的编著而言，长期以来，研究界和一般读者均仍以林子青所编之年谱为依据。诚然，林子青所编弘一大师年谱，系在其长期研究基础上形成的，而且历经了不同历史时期的持续修订与充实。如果林子青仍健在，相信他也会因研究的逐步深入、史料的不断丰富而再作修订。然而没有如果，这就需要今天的李叔同—弘一大师研究界，抱以实事求是之态度，在林子青年谱成果的基础上继续给予完善，以最大限度地整理出一份既真实全面体现李叔同—弘一大师生平，又能为日后研究界所应用的、编撰科学的年谱资料。

首先有必要了解过往的李叔同—弘一大师年谱编撰的基本状况。李叔同—弘一大师年谱的系统编撰，当属林子青为最早，尽管谱主健在时，就有人整理刊发相关的史述、小传等，如姜丹书就有《弘一律师小传》，载1937年1月19日至22日《佛教日报》。弘一大师于1942年10月13日圆寂后，林子青开始着手年谱撰述，后于20世纪90年代又有新编。林子青最早的《弘一大师年谱》于1944年由上海的杂华精舍出版（复有几种版本，如中日文化协会上海分会1944年版等）。根据编者自述，他最初动机的产生是在弘一大师圆寂之后，各地佛教报刊杂志发表了许多纪念文章，大多系从个人角度叙述一些回忆及对大师的印象，都不免偏于一时一地的记载，而仅凭这些记载是不可能全面认识弘一大师的。林子青所言当有事实依据。比如在弘一大师圆寂后，确有不少这样的文字，甚至也有人编过“弘一大师略历”。1942年12月1日《佛学月刊》第2卷第7期就载有《人天眼灭法梁顿折——一代大师弘一律祖圆寂》。文章在述说弘一大师圆寂过程后，就专门征集其史迹。文章说“晋江弘一法师生西纪念会拟于最近刊行大师纪念刊”，敦促各地善信提供史料，寄泉州开元寺弘一法师生西纪念刊编辑部。文章最后写有“弘一大师略历”：“大师俗姓李，初名成蹊，字惜霜，号叔同。原籍浙江平湖，生长天津。父筱楼公，母王太夫人。师一妻，两妾，二子。初毕业于‘南洋公学’，在沪设‘强学会’，旋东渡留学，组‘春柳剧社’，称中国艺术第一人，参入‘同盟会’，回国，应先烈陈英士聘，主《太平洋报》，为‘南社’巨子，与马一浮先生组‘天马会’。后执教于‘浙江师范学校’，民七，师三十九岁，慨然发出世志，七月十三日遂落发于杭州之虎跑寺，礼了悟和尚为师，法名演音，字弘一，号晚晴老人。受具于灵隐，研教于永嘉，五十以后，至闽宏扬律学，旁及净土，著作等身，为南山之重兴祖。书名闻中外。为结文字缘者，数如恒沙。今夏住锡泉州温陵养老院，古历九月初四日晚，以微疾遽尔西逝。”以上文字中，像“师一妻，两妾”、“初毕业于‘南洋公学’”、“称中国艺术第一人”、“与马一浮先生组‘天马会’”等说法，都出现了错误。于是，林子青以为编写一部线索分明的年谱，让读者可以看出大师一生所走过的道路，便成了一件必须要做的事情。

为了编撰年谱，林子青最先寻访了与弘一大师最有因缘的夏丏尊先生，要求提供一些所藏资料，并探讨写作方法。此后，他又就此问题访问过与弘一大师颇有交谊的上海世界书局总编辑蔡丏因。从后来蔡丏因给他的信中可知，蔡丏因也曾在弘一大师生前希望他自定年谱，却被弘一大师以“平生无过人之行”而谢之。林子青说：“我编的年谱出版后，蔡丏因在上海《觉有情》杂志，先后发表《弘一大师年谱广证》和《弘一大师经籍题记汇编》，并在我送他的《年谱》上写得密密麻麻的有关资料托人转送给我……”这些资料无疑也给林子青后来的增订工作提供了很大的帮助。

以上只是林子青《弘一大师年谱》的编撰过程和最初出版时的情况。关于这部最初的年谱，林子青自己也曾谦虚地说过：“当时烽火弥天，交通梗阻，征集资料，至为困难。我竭年余之力，从搜集到的有关弘一大师各种资料，摘录整理，考证抉剔，约得十四、五万字。限于当时客观条件，内容简陋，许多时期的事迹都是空白，插图版面亦多欠明晰，实在是很不成熟的作品。”至于后来，由于资料的不断发现，林子青一直有增订年谱的念头。至“文革”结束后，随着“弘一研究热”的兴起，林子青完成了这项工作，经台北弘一大师纪念学会创办人陈慧剑先生的介绍，先以《弘一大师新谱》之名于 1993 年 4 月在台北的东大图书公司出版，继而又以《弘一法师年谱》之名于 1995 年 8 月由北京的宗教文化出版社出版（以下简称“林谱”）。

目前在诸多有关弘一大师的史著、作品集里，往往也能见到弘一大师的年谱、年表等生平资料。但是这些生平资料实际上也都是根据需要而在“林谱”的基础上摘编而成，新意无多。这从一个侧面也足见“林谱”的影响之大、采用率之高。同时也体现了包括笔者本人在内的研究界对林子青的敬意。“林谱”成稿于 1992 年 6 月，出版后影响甚大。客观地讲，林子青对弘一大师研究贡献巨大，“林谱”是一部拓荒性著作，有其独特的学术价值。但“林谱”的“本谱”部分相对较为简约，全书 30 万字，三分之二以上却是注释和史料录存。又由于彼时学术界对李叔同—弘一大师生平中某些历史事件缺乏深入研究，对民国时期佛教报刊文献的挖掘也不够，“林谱”中的许多条目仍然不甚准确，诸多书信年代考证也有失误，而被遗漏的历史资料更是众多。“林谱”目前在李叔同—弘一大师研究界虽仍在引用，但部分不准确或重要遗漏之处已逐步被人们所认识，以为憾事，直接影响了弘一大师研究的学术质量。从编撰形式上看，“林谱”未采用规范的年谱编撰手段，即未按月、日逐条分述谱主事迹，而是采取按年依史之先后来概述的写作方式。这给研究者和读者在阅读和认识上产生了困惑。

除了“林谱”以外，篇幅比较丰富的还有朱经畬所编《李叔同（弘一法师）年谱》（征求意见稿初载民盟天津市委员会文史资料研究小组 1983 年 5 月编《文史参考资料汇编》第 6 辑，后收录于天津古籍出版社 1988 年 4 月出版的《李叔同—弘一法师》一书，以下简称“朱谱”）。“朱谱”完稿于 1987 年 9 月，近 5 万字，其特点一是参考了林子青编撰于 20 世纪 40 年代的《弘一大师年谱》；二是根据编撰者生活在天津之便，有一些来自弘一大师俗家的史料。“朱谱”在体例上符合年谱编撰之惯例，即逐年按月、日分条记述，但因谱中资料来源并不精确，成文亦早，未能体现最新的研究成果，又由于其文字量太少，亦未能全面地展示谱主的生平全貌，如今未被研究者普遍采用，只作研究之参考。当然，无论是“林谱”，还是“朱谱”，均对李叔同—弘一大师研究起到了推动作用，但均存在着明显的不足和缺憾。其他另有像李莉娟主编之《圆月耀天心——弘一大师略谱·谱后》（天津人民美术出版社 2014 年 10 月版）这样的年谱，也因其为“略谱”，相对编写得比较简单。

目前，李叔同—弘一大师研究进入到了新的发展时期。故而十分有必要尽早为国内外研究界提供翔实、规范而又丰富的弘一大师研究史料。一般的年谱已不能满足研究之需，编撰一部李叔同—弘一大师的年谱长编已是时候。对此，就笔者之认识，至少有如下理由：

其一，20世纪90年代初由福建人民出版社出版的《弘一大师全集》对李叔同—弘一大师研究起到了极大的促进作用，对此应向出版者和编者表示真诚的敬意。该全集已于2010年10月由该社修订再版，2019年12月又出版第3版（修订2版）。一般认为，修订出版的《弘一大师全集》应具有极高的文献价值，但很遗憾，初版本中的许多记载失误之处在修订版中仍未得到修正，诸多文献史料也未收录。

其二，随着所谓“弘一研究热”，图书市场上出现了大量各种版本的有关李叔同—弘一大师的传记、文献集成等，（常被冠以“说佛”“演讲”“书信”“谈艺”“讲学”等词）而这些出版物，往往是编者在未经考证研究的情况下采编的。更有甚者，一些本不属于弘一大师的作品在部分出版物中也被编入。于是，一个真实的弘一大师距离其本相越来越远。总结以往研究成果，整体梳理真实的李叔同—弘一大师生平与创作已显得十分必要。此有益于该研究的健康发展。

其三，归功于2008年前后《民国佛教期刊文献集成》和《稀见民国佛教文献汇编（报纸）》等重要民国时期的佛教文献的整理出版，大量原始文献得以重见天日，此有力地支撑了李叔同—弘一大师研究的深入，极大地丰富了弘一大师史料。

其四，近二十年来，部分有志于李叔同—弘一大师史料研究的学者在研究史料发掘整理和考勘等方面用力甚多，他们专注于相关专项研究并以严谨的治学态度为研究界提供了丰富的研究史料及考勘成果。这些成果不应该仅流通于少数人的研究圈内，而应发挥其最大的学术效益和社会效益。故梳理、推广这些成果，适时吸收到相关文献资料以有效传播，这也成了十分必要的工作。

其五，除了中国的研究著作日渐丰富外，弘一大师研究已形成国际化趋势，美、日、韩、意、法及东南亚诸国的研究者在该研究方面用力也甚多。然由于第一手资料搜集不易，国外的弘一大师研究往往游走于观念和赏析层面，其引用的所谓“史料”许多是不准确或失之偏颇的。鉴于许多“成果”的形成是建立在不确凿的史料基础之上，使得其研究价值大打折扣，不利于学术文化的国际交流和传播。

基于以上理由，编撰一部李叔同—弘一大师年谱长编不仅必要，而且也有可能。为此，又带来两个基本问题。一是这样的一部年谱长编应该有怎样的学术价值和应用价值？二是如何才能新编出一部有价值的李叔同—弘一大师年谱长编？

对于第一个问题，其实可分两个层面，即学术价值和应用价值。在学术价值方面，这样的长编，须明确作为现代中国的佛门高僧，同时又是重要的艺术家和艺术教育家，李叔同—弘一大师以其丰富的文化经历、丰厚的文学艺术作品和佛学著述等享誉人世。欲全面、深入研究弘一大师，须有翔实的史料作为支撑。比之于各式各样的李叔同—弘一大师研究成果，对其文献资料的整理和笺注实可谓过于“孤寂”。此说明这项工作在李叔同—弘一大师研究领域中的滞后状态。必须编撰一部内容翔实、史料准确、编撰科学、行文规范、便于参考研究的年谱长编；须将年谱长编编撰成一部可信的李叔同—弘一大师研究文献，既可全面了解李叔同—弘一大师的生平、成就，亦能明了其哲学、文化、艺术和宗教、道德、审美等指向，深入理解谱主的艺术造诣、精神世界、文化行持和生命意义，从而丰富人们对其思想、文化站位与创作的认识。此项工作，意义深远；建立在史料残缺甚至失误基础上的研究，易出现“空中楼阁”似的研究“成果”。故通过该年谱长编的编撰，可对过往李叔同—弘一大师研究中的失实表述作必要的匡正和澄清，对日后的研究具有积极意义。近些年来，由于环境等因素的影响，学术界越来越缺乏坐“冷板凳”的意识，忽视对文献资料的整理和笺注。完成一部真正意义上的李叔同—弘一大师年谱长编的编撰工作，意义重大。在应用价值方面，这样的一部年谱长编应采用规范的编撰方式，既保证谱文的翔实与丰富，又做到谱文、辨误、背景、社会评价、注释等条理清晰，便于阅读理解和检索；须采用按月、日逐条分述谱主事迹的通行做法，尽管这样的做法需要细致的考证工作；该年谱长编在文字表述上还应有助于诸如高等学校、研究单位、研究者、佛教界人士、文化艺术爱好者及广大读者的研究，或阅读了解。为此，须在技术手段上改变“流水账”式的传统年谱编撰的行文方式，穿插必要的按语和附记，最大限度地为研究者提供研究线索。

第二个问题是如何才能编出一部有价值的李叔同—弘一大师年谱长编。就现有史料之规模而言，这样的一部长编，必须保证应有的文字量，以充分反映谱主丰富的生平和业绩。在撰写方式方法上围绕谱主生平，于“横向”、“纵向”两方面均给予充分的关注，有效利用现有的学术资料，立体反映谱主的生平事迹，以在中国近现代文化史的背景下全面了解李叔同—弘一大师的生平、成就，明了其哲学、文化、艺术、宗教、道德、审美等实际追求和其作为中国近现代知识分子的共性特征及个性差异，从一个特定的视角更好地理解谱主作为近现代艺术家、艺术教育家和佛门高僧的精神世界、文化行持和生命意义，为李叔同—弘一大师研究，也为丰富近现代中国艺术文化人物和佛教人物的学术资料库作出贡献。

笔者的做法是，在谱主历年生平之前冠以当年的社会文化背景，以关注谱主各年代的国内外政治、经济，特别是艺术文化和宗教文化大事；谱文细化至月、日（不明月、日者则置于相关季节），基于谱主文字表述习惯，公历与农历并置；已知著述（包括书信）均入谱，以往文献未著录者作特别提示；凡有当年社会评价，则在当年谱文后列出主要社会评价，以提升年谱长编资料的丰富性；为落实编撰年谱长编的初衷，凡须补充说明或辨误者，辅以按语，凡存疑或须进一步考证研究者，辅以附记；改变以往年谱编撰的既定模式，在编撰过程中同时将李叔同—弘一大师影像和其他有代表性的相关图像资料入谱，丰富年谱长编撰写手段。另有两点需要作特别说明：凡研究界存有较大争议的内容，本谱未录入；二是对于李叔同—弘一大师的书法作品，由于数量众多且年谱编撰需要以时间进行表述，故仅录入有时间可考者。对于未署时间的作品，选择有代表性者以附图形式呈现。少量已有著录且有时间的书法作品，包括其他部分流传的资料在本谱中未被录入，或系因为已证实为赝品，或是存有疑问。这部分内容有待日后进一步研究考订。

编撰李叔同—弘一大师年谱长编不是一件容易之事，需要突破诸多重点和难点。毫无疑问，这是一个相当大的学术工程。其重点自然是在时代背景下的谱主详尽的生平史实、著译和作品。而难点则是在浩瀚的文献资料中整理出清晰有序的、真实可信的谱主生平事迹，同时还须对以往研究中的失误进行辨误。尤其像李叔同—弘一大师这样一位集艺术家、艺术教育家、佛学家于一身的艺术文化全才，对其资料搜集的广度和深度均非一般文化人物可比，须具备勇气、毅力、坚韧的学术信念和甘做学术铺路石之精神。不敢说本年谱长编的编撰已经具备诸多创新性，但在内容、体例、技术手段、文献丰富性等方面，笔者已作出了最大的努力。同时，本谱在编撰客观史料的同时，特别关注学术研究性质，以追求本谱的学术价值。

诚然，由于笔者视野、能力和时间有限，本成果还有诸多不足。虽有心做到尽可能完备，但事实上随着编撰的进行，自知已无法做到完备。因为搜集、辨析资料是一个不断渐进的过程，个人的时间、精力显然不足以穷尽所有资料，个人的学术水平也不足以对所有文献进行完全正确的判断。对此笔者有清醒的认识，并一再以谦逊、乐于接受批评来要求自己，复又以一代人做一代人之事来宽慰自己。还是那句看似客套但却诚实的话：本著仅是抛砖，期待引得玉来。

2021 年 10 月 5 日于杭州

凡　例

一、本年谱长编采用板块式的编撰方式，即时代背景、谱文、社会评介和图像资料。

二、各年所记各事，按时间顺序逐条编入。对于与谱主有关的重要人物，以注释的形式进行稽考概述。对于谱主生平行谊，凡有补充或评述等特别需要说明的内容，以及对以往诸家有关谱主文献误记之处予以正误，皆以按语形式分别说明（必要时录入相关文献）。凡对暂时无法确认的资料，以附记形式记述，以供研究参考。目的是以最大限度地体现本年谱长编的学术性。

三、谱主著述、作品之署名，根据发表时实际署名，如“李叔同”、“叔同”、“漱筒”、“息霜”、“李哀”、“哀公”、“弘一”、“演音”、“音”、“辟”等。对于陆续新发现的且有时间标注的谱主名下之作品，凡可考且出处有据者则入谱，有争议或尚缺实证者暂不入谱。

四、对应谱文，适当配以该年或该时期的相关影像和文献图片。谱主生平照片凡能注明时间地点者一概注明；不能明确时间或地点者，则作为相关谱文内容之参考。谱主影像来源见拙编《李叔同—弘一大师影像》（上海三联书店 2017 年 8 月版），其搜集情形在该书后记中已有说明，另可参考拙文《民国时期李叔同影像之编纂与刊布》（《文艺研究》2018 年第 9 期）。另有部分新发现的影像在“弘一大师在福建”微信公众号有发布。其他文献或实地图片，凡编著者所摄，均注明拍摄时间；非编著者搜集的文献，注明出处或提供者。公开出版物图片，除特殊情况外一般不再注明来源。

五、凡未被现有谱主全集、文集等收录之集外遗文，因部分文字过长，仅标注其出处。

六、谱主书信系重要的史料依据，因已有福建人民出版社 2019 年 12 月版《弘一大师全集》（第 3 版，修订 2 版）第八册 · 文艺卷、杂著卷、书信卷，以及其他相关书信集之出版，为避免重复，除漏收、误录文字和时间、地点标注错误需要更正者须录入该信全文外，其他书信一般均以概述书信内容方式入谱。

七、近代和民国时期报刊之期号，往往不同之报刊，甚至同一报刊有“期”“号”等不同表述之情形，本谱所述之“期”、“号”等，原则上依原刊之表述。

八、因谱主所处时代和表述习惯，本谱采用公历、农历并置之方式。

九、凡本年所发生之事，若无具体时间可考，一般置于某季节或该年最后叙述。

十、若遇历史文献中无法辨认之字，则用“□”表示。

十一、因时代关系，部分历史文献之标点符号不甚规范，录入时已根据现时标点符号规范标点。以往相关书籍史料中收录的谱主文献，不同的版本在部分文献上有不同的断句，本年谱长编所录之文系在比对各种资料后基于文意而确定。

本　　谱

1880 年　庚辰　1 岁

社会文化事略

5 月，圣教会在上海出版《画图新报》;8 月 19 日，李鸿章奏请在天津设立北洋水师学堂;10 月，天津电报学堂设立；本年，杭州重建文澜阁藏书楼。

生平事迹

10 月 23 日（农历九月廿日），辰时，生于天津陆家胡同（河东地藏庵前路北第一个门，后更名为陆家竖胡同 2 号，今已不存）。时父 68 岁，母 20 岁。幼名成蹊，学名文涛，字叔同、漱筒，属龙。在家排行三，故亦称三郎。后有粮店后街故居。

李叔同天津故居之一，出生地陆家胡同。摄于 20 世纪 80 年代，今已不存。

附记一：父李世珍（1813—1884），字筱楼（晓楼），清同治四年（1865）进士，曾任吏部主事，后辞官隐退，经营盐业和“桐达”钱铺。① 曾创办“备济社”，② 人称“李善人”。李家堂名为存朴堂。③ 其时筱楼已有嫡出长子文锦，庶出次子文熙。④ 另有六女。⑤ 胡宅梵《记弘一大师之童年》一文系“记毕呈阅，复经师亲以硃笔改正”过的文章，对此描述是：“大师诞生于天津，本为富宦家。父筱楼公，当师坠地时，

---

① 此为清末李世珍开办的钱铺。李世珍曾任吏部主事，买下大量盐田引地，后辞官经商，开办钱铺等。其柜房在粮店后街故居前院。李世珍逝世后，钱铺由李叔同二哥打理。1911 年，李家资产数十万元为票号所倒，几濒破产。

② 此为李世珍等创办的以救荒济贫为目的的慈善团体。据民国《天津县新志》卷二十一之四《人物（四）》载，其为李世珍“光绪五年纠合同志建备济社，集钜资备荒，而每岁施放钱米、棉衣、医药、棺木及恤嫠、立义塾、种牛痘之费，皆取给予此，仿李春城寄生所规制立存育社，贫民感戴。”此外，《天津政俗沿革记》《天津地方志》等也有记载。

③ 弘一大师对其父曾有评价：“惟我父乐善好施之行，颇堪风世励俗，差足传述，而与余幼年之生活，亦有密切之关系也。”参见胡宅梵《弘一法师童年行述》，原载 1941 年 2 月 20 日《觉音》第 20、21 期合刊（目录页标题《弘一法师童年行述》，内文标题为《弘师童年行述》）。该文于 1943 年编入大法轮书局流通版《弘一大师永怀录》时改题为《记弘一大师之童年》，二者文字略有不同，今据《记弘一大师之童年》。文前有小序：“民国十九年，亦幻和尚住持慈溪金仙寺。秋，弘师莅止。予居近寺，时得亲炙。一日，予谓师曰：‘师童时事，世鲜知者，可得闻乎？’师曰：‘年幼无知，事不足言。惟我父乐善好施之行，颇堪风世励俗，差足传述，而与余幼年之生活，亦有密切之关系也。’于是师乃条述其幼年状况，予即秉笔为记，记毕呈阅，复经师亲以硃笔改正，则此篇可称其幼年之真实史也。”此文经弘一大师亲笔改正，当为真实。弘一大师又曾言：“先吏部公通阳明学，并修禅那。舍报之时，安详迁化，如入正定。盖亦季世所希有矣。”（弘一大师赠刘质平七言联款识），参见夏宗禹编《弘一大师遗墨》，华夏出版社 1987 年版，第 14 页。胡宅梵（1902—1980），名维铨，又名惟谦，浙江慈溪人，弘一大师闻其宅近梵宇，为取名宅梵，皈依弘一大师，法名胜月。

④ 李文熙（1868—1929），字桐冈。有论者认为，根据《李节孝妇王宜人殉姑事略》，李文锦应系李文葆。参见缪志明《李叔同研究资料的新发现》一文，载 2005 年 7 月 28 日《今晚报》。

⑤ 参见高洪钧《从李世珍会试朱卷的发现谈起——破解李叔同“平湖监生”之谜》一文，载《嘉兴学院学报》2007 年第 6 期。

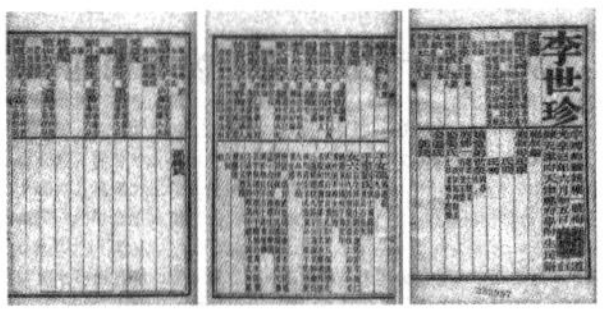

1865年李世珍同治四年参加会试朱卷（履历部分）影印图。（李莉娟提供）

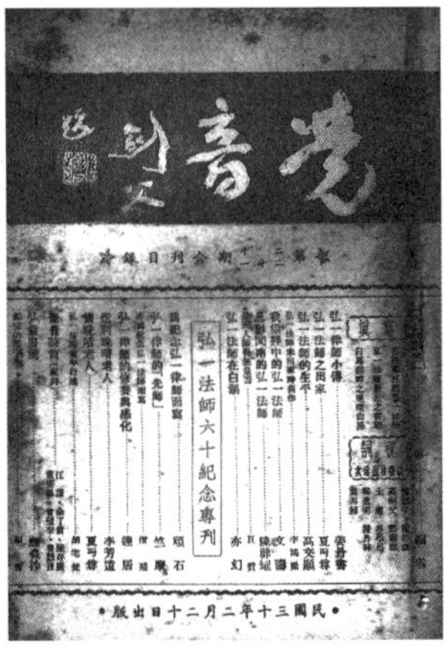

1941年《觉音》第20、21期合刊封面。

六十有八。师有长兄，长师近五十岁；师生时，久已见背。筱楼公精阳明之学，旁及禅宗，颇具工夫。饮食起居，悉以《论语》乡党篇为则，不少违。晚年乐善好施，设义塾，创备济社，范围甚广，用人极多，专事抚恤贫寒孤寡，施舍衣食棺木。每届秋末冬初，遣人至各乡村，向贫苦之家探察情形，并计人口之多寡，酌施衣食。先给票据，至岁暮，凭票支付。又设存育所，每届冬季，收养乞丐，不使冻馁，诸如此类，不一而足。年斥资千万计，而不少吝啬，津人咸颂之曰李善人。”① 据李世珍会试朱卷，李世珍为道光二十四年（1844）甲辰恩科乡试第75名举人，同治四年乙丑会试第70名贡士，并经殿试后录取为三甲第79名进士。其自身简历为：“李世珍，字聘卿，号筱楼，一号悔轩，行一，道光辛巳年六月初五日吉时生，直隶天津府天津县府学附生，民籍”，“世居天津县镇海门外河东三甲”。② 朱卷写于清同治四年（1865），时李世珍有妻姜氏，妾张氏、郭氏。李世珍后娶妾王氏（1861—1905）。李家的迁津始祖是李叔同的曾祖父“忠孝”，靠卖布或津布为生。“忠孝”真名不详，李叔同在科举乡试填写三代时以此二字代替。母王氏为李筱楼之簉室。据胡宅梵《记弘一大师之童年》：“公自长子死后，仅存师之庶母所生之次子，长师十二岁，又恐夭亡，复娶师之生母，仅生师一人。当师诞生日，捕者以鱼虾踵门求卖放生，聚绕若会，状极拥挤，鱼盆之水，溢于外者，几汇流成渠矣，公则尽数买而放之。又放鸟亦甚多。自后每逢师生辰，必大举放生如故。”③ 生母王氏对子要求甚严，如“师幼时食必置姜一碟；盖效乃父不撤姜食之义。一日师食时，桌少偏，其生母训之曰：席不正不坐；盖公之守乡党之则，已感化于妇孺矣。”④

附记二：传李叔同出生时有喜鹊衔松枝降其室。后人多有疑问。林

① 胡宅梵：《记弘一大师之童年》，原载1941年2月20日《觉音》第20、21期合刊（目录页标题《弘一法师童年行述》，内文标题为《弘师童年行述》）。该文于1943年编入大法轮书局流通版《弘一大师永怀录》时改题为《记弘一大师之童年》，二者文字略有不同，今据《记弘一大师之童年》。

② 参见高洪钧《从李世珍会试朱卷的发现谈起——破解李叔同“平湖监生”之谜》，载《嘉兴学院学报》2007年第6期。有关李世珍的生卒年等信息，弘一大师于1932为其亡父120龄诞辰纪念敬书姚秦三藏鸠摩罗什译《佛说阿弥陀经》十六条屏。款识“岁次壬申六月，先进士公百二十龄诞辰，敬书《阿弥陀经》回向先考。冀往生极乐，早证菩提，并愿以是回向功德，普施法界众生，齐成佛道者。沙门演音，时年五十三”；钤印“大明沙门”。另有七言联“事能知足心常惬，人到无求品自高”赠刘质平。款识“先进士公六十八岁生余，今夏六月五日为公百二十龄诞辰。公邃于性理之学，身体力行，是联句其遗作也。质平居士请书，以为纪念。岁在壬申大华严寺沙门演音，时居箬山”。有关为何在会试朱卷上写道光辛巳年六月初五日吉时生，可参见王勇则《李世珍生年问题再探》一文，载天津市李叔同—弘一大师研究会编《李叔同研究》，2014年12月印行，第71—81页。今采用弘一大师之说。

③ 胡宅梵：《记弘一大师之童年》，原载1941年2月20日《觉音》第20、21期合刊（目录页标题《弘一法师童年行述》，内文标题为《弘师童年行述》）。该文于1943年编入大法轮书局流通版《弘一大师永怀录》时改题为《记弘一大师之童年》，二者文字略有不同，今据《记弘一大师之童年》。又据宗教文化出版社1995年8月版林子青编著《弘一法师年谱》中《大师姓名、别号及其家世概略》一文：李筱楼“长子名文锦，系嫡出，因彼长大师五十岁，初误传为夭折，实曾结婚有子，在有子（即师长侄）后死去，其子又夭折，继世无人。”

④ 胡宅梵：《记弘一大师之童年》，原载1941年2月20日《觉音》第20、21期合刊（目录页标题《弘一法师童年行述》，内文标题为《弘师童年行述》）。该文于1943年编入大法轮书局流通版《弘一大师永怀录》时改题为《记弘一大师之童年》，二者文字略有不同，今据《记弘一大师之童年》。

子青《弘一大师年谱》“1880年”注二写曰：“‘鹊衔松枝’之说，始见于一九二六年九月十七日《小说世界》发表的吕伯攸《记李叔同先生》：‘据他（大师）说，这（松枝）便是他当年呱呱坠地的时候，由一只喜鹊衔着飞进来，落在产妇床前的。’后来姜丹书《弘一律师小传》踏袭此说，说‘上人自言，至年长时，此松枝犹保存云。’最荒唐的是《觉有情》杂志当时所引的《晋江通信》说：‘法师圆寂时，此木仍挂于禅榻旁之壁上，今存泉州开元寺。’关于此事，圆拙法师曾问过大师圆寂时其料理后事的妙莲法师。他说挂在禅房壁上的树枝是泉州的龙眼树枝，大师平时用以悬挂笠子帽子之类者。文人好事，故神其说以惑世人，可谓厚诬大师。”

附记三：李叔同祖上主要有：高祖李馨，其妻周氏为清康熙天津诗人周焯之曾孙女；曾祖父李忠孝；祖父李锐，在天津经营盐业与银钱业。

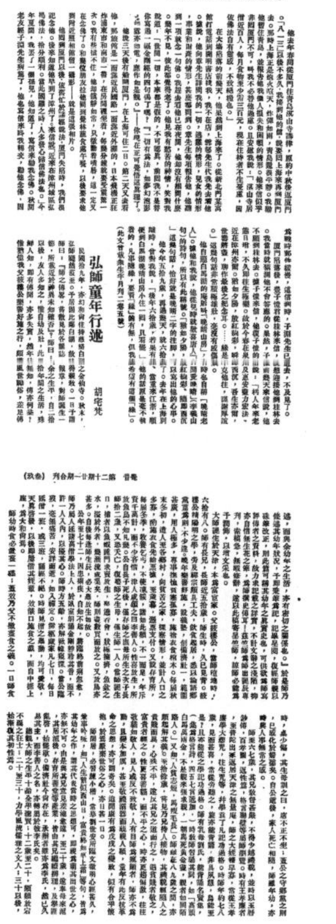

1941年《觉音》第20、21期内页所刊胡宅梵之文。

1881年　辛巳　2岁

社会文化事略

2月24日，中俄签订《伊利条约》《陆路通商章程》;6月9日，中国自办的第一条铁路唐山胥各庄铁路通车；本年，天津医学馆设立；本年，美国传教士林乐知在上海创办中西书院。

生平事迹

继续居于天津陆家胡同。

1882年　壬午　3岁

社会文化事略

1月16日，《申报》首次刊载新闻电讯；11月24日，上海平准股票公司开业；12月，盛宣怀在上海设电报商局并附设电信学堂。

生平事迹

全家迁居粮店后街62号之新宅。原宅用于出租。

李叔同天津故居之一，粮店后街60号（原62号）。摄于20世纪80年代，今已不存。

按一：新宅呈正方形，占地面积1400平方米，分四个院落。门悬“进士第”匾（1865年其父李筱楼考中进士），过道悬“文元”匾，跨院与住房由间道相隔，间道中为小花园，名“意园”，“意园”北有小门通跨院，花园内有一间西式建筑，俗称“洋书房”。后李叔同留日归来曾在此读书、创作及待客。其时屋中曾挂有半身裸体油画，摆有钢琴等。1930年前后，李家将原宅售予当时北大关河北大街公记货栈的同人毛维霖。今天津悦榕庄酒店即原李叔同粮店后街故居址。酒店正面朝今海河东路，东北面为原陆家胡同故居。今天津市李叔同故居纪念馆系在距此原址百米内易址所建。①

李叔同天津故居之一，粮店后街60号（原62号）院内景。摄于20世纪80年代，今已不存。

按二：李叔同之子李端在《家事琐记》中写道：“河东粮店后街60号（旧门牌为62号）这所故居，是我祖父晚年购置的，先父即在这所故居长大成人。这所故居呈正方形，西东和北南各是十间房的长度，分四个院，为‘田’字形。后部分是一个大后院，后院的后门在粮店前街，即三岔河口附近，隔河就是天津旧城东门外的天后宫和玉皇阁。我记事的时候，后院就卖给别家了，我们只留下一条宽胡同，在旁边的邱家胡同（现改为向河胡同）另开一个后门。”“‘田’字形的院落，临街的大门朝东，故西房为上房。南边的两所房子为主房，前院有柜房、客厅各五间，另有南北房各三间。后院有西房五间和南北房各三间，客厅后边无东房，而是五间房长的游廊。北边的房子是前后跨院，三间房宽，依次是东、西、西三层房屋（有穿堂门，贯通前后两个跨院）。计东房为中书房，当中的西房为客房，最后的西房为下房。”“‘田’字当中‘一横’的地方，是两间房宽的间道，临街处即是大门和门房。在间

① 参见李莉娟《期许再现当年风华——家父李端对故居的回忆》，载2004年8月15日（台北）《慧炬》第481、482合期。

道当中‘+’字交叉的地方是一间有高台阶的‘洋书房’，周围插有竹篱形成小花园，名为‘意园’。”“要着重说明的是，陆家胡同老宅有树，后院有三间灰土房；在粮店街故居的前后跨院，有中书房、客房、下房各三间。这两处住房都距河较近，植有树木。依此，可见先父所作《忆儿时》一首歌是有些根据的：‘回忆儿时，家居戏嬉，光景宛如昨。茅屋三椽，老梅一树，树底迷藏捉。高枝啼鸟，小川游鱼，常把闲情托。……”①

今天津李叔同故居纪念馆内的洋书房。摄于2019年7月。

按三：1936年10月28日，《语美画刊》第8期刊出忆贞《介绍弘一法师》（续），写曰：“他住室里所陈设的东西，像无锡的泥人，江北的玩具，画着五色斑斓的花雕酒坛，全是先生认为美术品。”

① 李端：《家事琐记》（王慰曾记录整理），收天津市政协文史资料研究委员会、天津市宗教志编纂委员会编《李叔同—弘一法师》，天津古籍出版社1988年4月版，第108—123页。李端（1904—1991），李叔同次子。

1883年　癸未　4岁

社会文化事略

7月13日，李鸿章任直隶总督兼北洋通商事务大臣；11月30日，山西巡抚张之洞奏议对法主战；12月，中法大战爆发；本年，中国第一部报刊政论文集王韬《弢园文录外编》在香港刊行。

生平事迹

开始临摹柳体、颜体。[①] 在粮店后街故居摄有一影。

按：弘一大师在《青年佛徒应注意的四项》中言："我记得从前小孩子的时候，我父亲请人写了一副大对联，是清朝刘文定公的句子，高高地挂在大厅的抱柱上，上联是'惜食，惜衣，非为惜才缘惜福'。我的哥哥时常教我念这句子，我念熟了，以后凡是临到穿衣或是饮食的当儿，我都十分注意，就是一粒米饭，也不敢随意糟掉；而且我的母亲也常常教我，身上穿的衣服，当时时小心，不可损坏或污染。这因为母亲和哥哥怕我不爱惜衣食，损失福报，以致短命而死，所以常常这样叮嘱着。"[②]

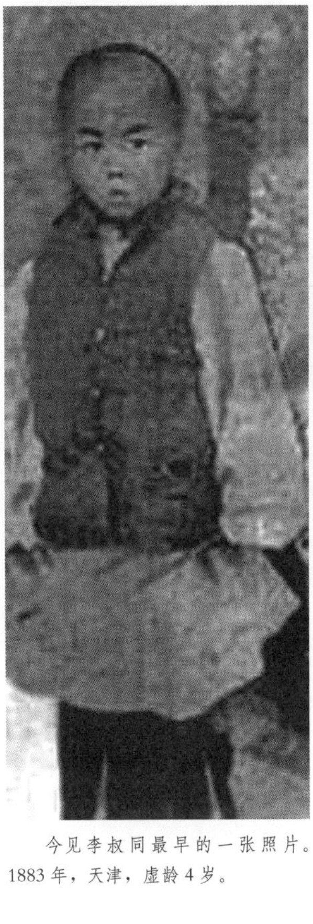

今见李叔同最早的一张照片。1883年，天津，虚龄4岁。

① 李莉娟主编：《圆月耀天心——弘一大师略谱·谱后》，天津人民美术出版社2014年10月版，第2页。

② 弘一大师：《青年佛徒应注意的四项》，福建人民出版社2019年12月版《弘一大师全集》（第3版，修订2版）第七册·佛学卷、传记卷、序跋卷，第561—563页。

1884年　甲申　5岁

社会文化事略

4月8日，西太后黜首席军机大臣奕訢及军机大臣翁同龢、李鸿藻等;5月8日，英人美查创办《点石斋画报》;8月26日，清廷下诏对法宣战。

生平事迹

今天津李叔同故居纪念馆内的“李叔同起居室”。摄于2019年7月。

9月23日（农历八月初五日），父筱楼病故，享年72岁。临终前延请僧人诵《金刚经》，曾掀帏窥探。出大殡时，李鸿章正在天津与法国议和，亲临主丧“点主”，武官马三元“报门”。[①] **按：**李端《家事琐记》一文曰：“我的祖父是一八八四年七十二岁时故去的。……祖父生前给我家起的堂名叫‘存朴堂’，并亲笔写了一块堂额，高悬在前院大客厅的正中。当时有人称我们家为‘存朴堂李筱楼家’，或‘桐达李家’。据老家人张顺讲，我祖父故去时出了大殡，由李鸿章‘点主’，马三元（清朝武官）‘报门’，当时是有些气派的。”[②] 胡宅梵《记弘一大师之童年》一文曰：“公年至七十二，因患痢疾，自知不起，将临终前痢忽愈，乃嘱人延请高僧，于卧室朗诵《金刚经》，静聆其音，而不许一人入内，以扰其心。师时方五龄，亦解掀帏探问。公临殁，毫无痛苦，安详而逝，如入禅定。灵柩藏家凡七日，每日延僧一班，或三班，诵经不绝。师时见僧之举动，均可爱敬。天真启发，以后即屡偕其侄辈，放焰口施食之戏，而自据上座，为大和尚焉。”[③] 李孟娟在《弘一法师的俗家》一文中介绍说：“叔祖比我父亲李麟玉年长九岁，他们叔侄幼时是同玩的小伙伴。据我父亲讲：他和他的三叔一起常学和尚念经玩，三叔装‘大帽’和尚在那里念念有词，他在下首当小和尚，听从调遣。两个人都用夹被

① 李鸿章（1823—1901），字少荃，安徽合肥人，1870年任直隶总督兼北洋大臣，1895年卸任，统管天津达25年。

② 李端：《家事琐记》（王慰曾记录整理），收天津市政协文史资料研究委员会、天津市宗教志编纂委员会编《李叔同—弘一法师》，天津古籍出版社1988年4月版，第108—123页。

③ 胡宅梵：《记弘一大师之童年》，原载1941年2月20日《觉音》第20、21期合刊（目录页标题《弘一法师童年行述》，内文标题为《弘师童年行述》）。该文于1943年编入大法轮书局流通版《弘一大师永怀录》时改题为《记弘一大师之童年》，二者文字略有不同，今据《记弘一大师之童年》。

或床单当袈裟，在屋里或炕上念佛玩。”①

9月27日（农历八月初九日），严修前往李家吊丧。②

是年，开始从母亲王氏诵名诗格言。③

今天津李叔同故居纪念馆内的“意园”。摄于2019年7月。

① 李孟娟：《弘一法师的俗家》，收天津市政协文史资料研究委员会、天津市宗教志编纂委员会编《李叔同—弘一法师》，天津古籍出版社1988年4月版，第124—140页。李麟玉（1889—1975），字圣章，天津人，李叔同侄子，为李叔同二哥李文熙之子。毕业于法国巴黎大学理科，获理学硕士学位，为昂西化学院化学技师。历任北京中法大学居礼学院院长兼教授、国立北京大学化学系教授兼仪器部主任、北京大学理学院化学系名誉教授、北平研究院总务部代理部长兼化学研究所研究员、中法大学校长、中法教育基金委员会委员、西北联合大学常务委员、国民政府编译馆化学仪器名词审查委员等职。1949年后，历任重工业部顾问、北京工业学院副院长、全国政协第三、四届委员。1975年4月10日病逝。

② 严修（1860—1929），字范孙，号梦扶，原籍浙江慈溪，出生于天津，中国近代教育先驱，曾官职翰林院编修、国史馆协修及贵州学政、直隶省学校司督办、学部侍郎。1919年创办南开大学。其与李叔同多有交往，对李叔同的提携与帮助甚多。

③ 朱经畬：《李叔同（弘一法师）年谱》，收天津市政协文史资料研究委员会、天津市宗教志编纂委员会编《李叔同—弘一法师》，天津古籍出版社1988年4月版，第4—73页。

1885年　乙酉　6岁

社会文化事略

2月，北洋武备学堂在天津开学；3月27日，冯子材等大败法军于镇南关；6月9日，《中法会订安南条约》签定，中法战争结束；10月12日，台湾建省，刘铭传任台湾省巡抚。

生平事迹

1905年时的李桐冈。

在天津从仲兄文熙受启蒙教育。① **按一：** 据胡宅梵《记弘一大师之童年》，"师至六七岁，其兄教督甚严，不得少越礼貌，并时以《玉历钞传》《百孝图》《返性篇》《格言联璧》等嘱师浏览。"② 此乃六七岁时之事，姑且置于是年。天津人民美术出版社2014年10月版李莉娟主编《圆月耀天心——弘一大师略谱·谱后》第6页将此置于1886年（7岁）条目。**按二：** 李孟娟在《弘一法师的俗家》中介绍曰："我的祖父名文熙，字桐冈（1868—1929），幼丧母，十六岁丧父，后考取过秀才。三十岁学中医，1902年庚子后二年将河南省内黄县引地（盐业）出让，1911年钱铺歇业，家道中落，从此弃商从医，悬壶济世，并赖以养家。五十岁后拜一王姓青年（约三十岁）西医为师，兼通西药、生理等学。"③

---

① 朱经畬：《李叔同（弘一法师）年谱》，收天津市政协文史资料研究委员会、天津市宗教志编纂委员会编《李叔同—弘一法师》，天津古籍出版社1988年4月版，第5页。

② 胡宅梵：《记弘一大师之童年》，原载1941年2月20日《觉音》第20、21期合刊（目录页标题《弘一法师童年行述》，内文标题为《弘师童年行述》）。该文于1943年编入大法轮书局流通版《弘一大师永怀录》时改题为《记弘一大师之童年》，二者文字略有不同，今据《记弘一大师之童年》。

③ 李孟娟：《弘一法师的俗家》，收天津市政协文史资料研究委员会、天津市宗教志编纂委员会编《李叔同—弘一法师》，天津古籍出版社1988年4月版，第124—140页。

1886年　丙戌　7岁

社会文化事略

6月，德璀琳与怡和洋行集股在天津创办《时报》，有中、英文版；9月2日，西太后准醇亲王奕譞奏，皇帝亲政后再行训政数年；9月3日，续修《大清会要》成；11月6日，《天津时报》创刊。

生平事迹

读《文选》。[①] **按：**据胡宅梵《记弘一大师之童年》："时有王孝廉者，至普陀出家返居天津之无量庵，师之大侄妇早寡，常从王孝廉学《大悲咒》《往生咒》等，并学袁了凡《记功过格》。时师七八岁，见而甚喜，常从旁听之，旋亦能背诵，且亦能学《记功过格》。"[②] 又据林子青《弘一法师年谱》中《大师姓名、别号及其家世概略》一文：此大侄媳，即其长兄文锦之夫人。"[③] 此乃七八岁时之事，姑且置于是年。宗教文化出版社1995年8月版林子青编著《弘一法师年谱》第4页将此置于1888年（9岁）条目。

李叔同天津故居之一，粮店后街60号（原62号）院内景。今已不存。李莉娟提供。

开始练习书法。因浪费纸张遭到母亲批评。**按：**弘一大师在《青年佛徒应注意的四项》中说："七岁我练习写字，拿整张的纸瞎写，一点不知爱惜，我母亲看到，就正颜厉色地说：'孩子！你要知道呀！你父亲在世时，莫说这样大的整张的纸不肯糟蹋，就连寸把长的纸条，也不肯随便丢掉哩！'母亲这话，也是惜福的意思啊！"[④]

---

① 皈僧：《弘一大师传略》（载1927年7月《世界佛教居士林林刊》第18期）："皈僧不文，从大师游，盖十五年于兹矣。虽高深难测，而瞻仰匪遥。熏沐陈词，聊解世人之惑。大师俗姓李，名息，字叔同；又名婴，一字息霜。浙江平湖人，侨寓天津，生而颖悟。七岁攻《文选》，琅琅成诵，人多异之。"皈僧，即尤惜阴。尤惜阴，生年不详，名秉彝，字雪行，别号惜阴，又号无相道人，江苏无锡人。李叔同于1906年在日本编辑的《音乐小杂志》在上海发行时，由其任经手人。曾与李叔同共为《太平洋报》同事，曾任《世界佛教居士林林刊》编辑。晚年在新加坡出家，法号演本。1957年在马来西亚金马仑三宝寺圆寂。

② 胡宅梵：《记弘一大师之童年》，原载1941年2月20日《觉音》第20、21期合刊（目录页标题《弘一法师童年行述》，内文标题为《弘师童年行述》）。该文于1943年编入大法轮书局流通版《弘一大师永怀录》时改题为《记弘一大师之童年》，二者文字略有不同，今据《记弘一大师之童年》。

③ 林子青：《大师姓名、别号及其家世概略》，收其编著之《弘一法师年谱》，宗教文化出版社1995年8月版，第1—5页。

④ 弘一大师：《青年佛徒应注意的四项》，福建人民出版社2019年12月版《弘一大师全集》（第3版，修订2版）第七册·佛学卷、传记卷、序跋卷，第561—563页。

1887年　丁亥　8岁

社会文化事略

2月7日，光绪帝载湉亲政；5月18日，总理衙门奏准出洋游历人员章程；6月，黄遵宪《日本国志》成书，介绍日本明治维新经验；12月1日，《中葡北京条约》签订，澳门割让葡萄牙（1928年中国政府宣布此约作废）。

生平事迹

李叔同天津故居之一，粮店后街60号（原62号）院内景。今已不存。李莉娟提供。

跟从仲兄所请之常云庄先生家馆受业，读《文选》《孝经》《毛诗》《唐诗》《千家诗》等。① **按：**此乃八九岁间之事，李莉娟主编《圆月耀天心——弘一大师略谱·谱后》，天津人民美术出版社2014年10月版第3页将此置于1887年条目；宗教文化出版社1995年8月版林子青编著《弘一法师年谱》第4页将此置于1888年条目。

从管家、账房徐耀廷学书，初临《石鼓文》。②

从乳母刘氏习诵《名贤集》，能解其义。**按：**据胡宅梵《记弘一大师之童年》："师有乳母刘氏，能背诵《名贤集》，（集为格言诗，四五七言递加）时教师习诵其词，如'高头白马万两金，不是亲来强求亲。一朝马死黄金尽，亲者如同陌路人。'又如'人贫志短，马瘦毛长。'师虽在八九岁之间，亦颇能解其义。"③ 此乃八九岁间之事，李莉娟主编《圆月耀天心——弘一大师略谱·谱后》，天津人民美术出版社2014年10月版第3页和宗教文化出版社1995年8月版林子青编著《弘一法师年谱》第4页将此置于1888年条目。

---

① 胡宅梵：《记弘一大师之童年》，原载1941年2月20日《觉音》第20、21期合刊（目录页标题《弘一法师童年行述》，内文标题为《弘师童年行述》）。该文于1943年编入大法轮书局流通版《弘一大师永怀录》时改题为《记弘一大师之童年》，二者文字略有不同，今据《记弘一大师之童年》。又，林子青《弘一大师年谱》（宗教文化出版社1995年8月版）第5页注3曰："李芳远《弘一大师年谱》原稿八九岁条：'从常云庄某先生受业，读《孝经》、《毛诗》、《唐诗》、《千家诗》诸类。'"

② 徐耀廷（1857—1946），名恩煜，字耀廷，又字药廷、月亭，祖籍直隶省盐山县，世居天津，工书画篆刻，年轻时即在李家做账房先生，与李叔同相处融洽，李叔同尊称其为"五哥"、"老哥"、"徐五爷"等，并师从其习书法、篆刻等。

③ 胡宅梵：《记弘一大师之童年》，原载1941年2月20日《觉音》第20、21期合刊（目录页标题《弘一法师童年行述》，内文标题为《弘师童年行述》）。该文于1943年编入大法轮书局流通版《弘一大师永怀录》时改题为《记弘一大师之童年》，二者文字略有不同，今据《记弘一大师之童年》。

1888年　戊子　9岁

社会文化事略

3月13日，清廷重修清漪园，改名颐和园;10月，康有为首次上万言书，要求变法;12月，北洋海军成军；本年，《申报》馆铅印《古今图书集成》告竣。

生平事迹

续从常云庄受业。[1]

开始尝试从唐育垕（静岩）习篆刻。[2]

家中有京戏班子唱堂会，学习唱戏。[3]

---

① 林子青《弘一大师年谱》（宗教文化出版社1995年8月版）第5页注3曰："李芳远《弘一大师年谱》原稿八九岁条：'从常云庄某先生受业，读《孝经》、《毛诗》、《唐诗》、《千家诗》诸类。'"常云庄，清末人，饱学之士，其住所即在粮店后街东首。

② 李莉娟主编《圆月耀天心——弘一大师略谱·谱后》，天津人民美术出版社2014年10月版第3—4页。唐育垕（1823—?），亦作毓厚，字静岩，号载庭，又号湖陵山樵、在山居士、老蘧、蘧叟，浙江人，宦天津，精于岐黄之术，曾行医，工书画。

③ 李莉娟主编《圆月耀天心——弘一大师略谱·谱后》，天津人民美术出版社2014年10月版，第4页。

1889年　己丑　10岁

社会文化事略

2月26日，光绪帝行大婚礼;3月4日，西太后归政，光绪帝“亲政”；本年，康有为《书镜》成书；张之洞任湖广总督，推动洋务运动。

生平事迹

是年，始读《四书》《古文观止》等。①

附记：在李叔同—弘一大师圆寂65周年之际，天津大悲禅院举行纪念活动，并首次展示李叔同10岁时参加天津县童生试的两份科举试卷。两试卷均宽0.3米，折页打开后，长达1.5米以上。试卷署名李文涛。文章题目分别为《能者在职国家闲暇及是时》和《管仲晏子合论》。其中后者附评语，并有“第37名”字样。对于《管仲晏子合论》，福建人民出版社2019年12月版《弘一大师全集》第十册·附录卷图版将此标注为“一八九八年入天津县学课试论文手迹”。对于李叔同10岁参加县试，福建教育出版社2012年8月版金梅著《悲欣交集：弘一法师传》（增订本）附录二《李叔同早期行谊二问》中持疑义。附记于此，供研究参考。

---

① 据林子青《弘一大师年谱》，宗教文化出版社1995年8月版，第5页，此据李芳远《弘一大师年谱》原稿。

1890年　庚寅　11岁

社会文化事略

4月，汤寿潜《危言》成书（戊戌变法时曾进呈光绪帝）；4月，湖广总督张之洞在武昌创设两湖书院；5月，基督教在华传教士第二次大会决定成立“中国教育会”；10月，江南水师学堂在南京设立，12月开学。

生平事迹

在天津读书习字。

1891年　辛卯　12岁

社会文化事略

8月，陈千秋、梁启超助康有为撰《新学伪经考》刊行;9月，清廷命颁发《劝善要言》;12月，同文馆教习为光绪帝讲外语。

生平事迹

李叔同天津故居之一，粮店后街60号（原62号）院内景。今已不存。李莉娟提供。

摹写篆书《宣王猎碣》，每日500余字。[①]

学习隶书、碑学。临《张猛龙碑》《张迁碑》《龙门十二品》等。[②]

续从常云庄学习《史记》《汉书》等。[③]

时常去票房学戏。[④]

学做放“焰口”。**按：**弘一大师在《我在西湖出家的经过》中言：“我以前虽然从五岁时，即时常和出家人见面，时常看见出家人到我家里念经及拜忏，而于十二、三岁时，也曾学了放焰口……”[⑤] 此乃十二三岁间之事，姑且置于是年。宗教文化出版社1995年8月版林子青编著《弘一法师年谱》第5页将此置于1892年条目。

---

① 李莉娟主编:《圆月耀天心——弘一大师略谱·谱后》，天津人民美术出版社2014年10月版，第4页。
② 李莉娟主编:《圆月耀天心——弘一大师略谱·谱后》，天津人民美术出版社2014年10月版，第4页。
③ 李莉娟主编:《圆月耀天心——弘一大师略谱·谱后》，天津人民美术出版社2014年10月版，第4页。
④ 李莉娟主编:《圆月耀天心——弘一大师略谱·谱后》，天津人民美术出版社2014年10月版，第4页。
⑤ 弘一大师述，高胜进笔录:《我在西湖出家的经过》，载1937年5月《越风》杂志增刊第1集“西湖”专号。

1892年　壬辰　13岁

社会文化事略

3月13日，辅仁文社（亦称“辅仁书报社”）在香港成立；5月21日，清廷命禁止排外刊物；本年，清政府颁布国籍法。

生平事迹

李叔同天津故居之一，粮店后街60号（原62号）院内景。今已不存。李莉娟提供。

是年，正式开始学篆。于《峄山刻石》最为用功。**按：** 其自述学篆之时间，为概数，如其于1938年秋致许晦庐函又言：“朽人剃染以来二十余年，于文艺不复措意。……篆额二纸，率尔写奉。十四、五岁尝学篆书，弱冠以后，兹事逐废……”① 而弘一大师篆书《华严经》集联“能于众生施无畏，普使世间得大明”款识为：“十三岁学篆……忽忽垂四十载矣……”② 姑且将其置于是年。

读《尔雅》《说文》等。③

始习训诂学。④

按： 曾自言：“我在十三岁的时候，也是总喜欢说人家的不对。有一天，约在上午十点钟的时光，有一位我的老表兄，他的年纪六十多岁了，他在外边喝了酒回来，满脸煊红的，他正在院子里拿着日规对时钟，那时候我又在说别人的不对，这位我的老表兄，他听见了，就举起右手用半合掌式向我头上指指，以极郑重的态度来教训我说：‘你先说说你自个’。自个也是北方的土话，就是说自己；旁边的人看见他满脸煊红，态度郑重，以为他是喝醉了酒，都大笑起来。我却不然，我听了他的话，很受感动，就是到现在还记得这句话，‘你说说你自个’，不特不会忘记这句话，而且，当时他那郑重的态度，也还在我目前，这是我一生中很值得纪念的一个事。”⑤

① 弘一大师致许晦庐函，收福建人民出版社2019年12月版《弘一大师全集》（第3版，修订2版）第八册·文艺卷、杂著卷、书信卷，第430页。许晦庐，名霁，福建晋江人，金石美术家。

② 见《广洽纪念馆》一书，［新加坡］广洽纪念馆编辑委员会编，2007年3月，第22页。

③ 李莉娟主编：《圆月耀天心——弘一大师略谱·谱后》，天津人民美术出版社2014年10月版，第4页。

④ 林子青编著：《弘一法师年谱》，宗教文化出版社1995年8月版，第5页。

⑤ 空照庵：《弘一大师青岛讲律残记》，载1947年11月1日《佛教公论》复刊第19、20期合刊。

1893年　癸巳　14岁

社会文化事略

2月17日，中外商人合办之《新闻报》在上海创刊；9月，清政府解除华侨海禁，准许商民回国置业或出洋经商；11月，张之洞奏设武昌自强学堂；本年，经元善在上海创办经正书院。

生平事迹

在天津习篆之余，又常摹刘墉所临文徵明《心经》小楷。**按：**浙江省平湖市人民政府、上海徐家汇文化局编《弘一大师法书集·天心月圆（作品卷）》收有其晚年所书“萧崇洲居士纪念刊”。款识有曰：“十四岁时尝学篆书，尔来忽忽四十余年……”[1] 此“十四岁”当为概数。

---

① 浙江省平湖市人民政府、上海徐汇区文化局编：《弘一大师法书集·天心月圆（作品卷）》，上海书画出版社2017年5月版，第126页。泉州开元寺藏。

1894年　甲午　15岁

社会文化事略

1月，日本东本愿寺别院在上海创办《佛门日报》;3月，《中美华工条约》签订;8月1日，“甲午海战”爆发;8月4日，清廷命康有为销毁《新学伪经考》;11月24日，孙中山在美国檀香山创立“兴中会”。

生平事迹

读《左传》《汉史精华录》等。[①]

诵有“人生犹似西山日，富贵终如草上霜”句。[②]

与兄待人态度相左。爱猫。**按：**胡宅梵在《记弘一大师之童年》一文中写曰：“至十余岁，尝见乃兄待人接物，其礼貌辄随人之贵贱而异，心殊不平，遂反其兄之道而行之。遇贫贱者敬之，富贵者轻之。性更喜畜猫，而不平之心，时亦更趋偏激。往往敬猫如敬人，见人反不致敬。人有目师疯癫者，师亦不为意。”[③] 宗教文化出版社1995年8月版林子青编著《弘一法师年谱》将以上内容置于是年条目表述。对于猫的喜爱，姜丹书《追忆大师》一文中有曰：“上人少时，甚喜猫，故畜之颇多。在东京留学时，曾发一家电，问猫安否?”[④]

李叔同天津故居之一，粮店后街60号（原62号）院外景。今已不存。摄于20世纪80年代。

---

① 林子青:《弘一法师年谱》，宗教文化出版社1995年8月版，第6页。

② 李叔同:《断句》，收福建人民出版社2019年12月版《弘一大师全集》(第3版，修订2版)第八册·文艺卷、杂著卷、书信卷，第31页。

③ 胡宅梵:《记弘一大师之童年》，原载1941年2月20日《觉音》第20、21期合刊(目录页标题《弘一法师童年行述》，内文标题为《弘师童年行述》)。该文于1943年编入大法轮书局流通版《弘一大师永怀录》时改题为《记弘一大师之童年》，二者文字略有不同，今据《记弘一大师之童年》。

④ 姜丹书:《追忆大师》，收《姜丹书艺术教育杂著》，浙江教育出版社1991年10月版，第271—273页。

1895年　乙未　16岁

社会文化事略

2月12日，北洋水师全军覆没；2月21日，孙中山在香港成立兴中会总部；3月4日，严复在天津《直报》发表《原强》；4月17日，中日签定《马关条约》，甲午战争结束，洋务运动以失败收场；5月，康有为等“公车上书”；5月，经元善在上海创办经正女学；9月8日，盛宣怀在天津设立中西学堂；12月8日，清政府设新建陆军，由袁世凯督练。

生平事迹

今天津市文昌宫民族小学为原辅仁书院校址。摄于2019年7月。

是年，入天津辅仁书院习制艺。[1] **按：**废科举后，辅仁书院曾更名为天河师范学堂，后该校附属小学在文昌宫辅仁书院原址创办，名直隶省立第一师范小学堂。

拜其父生前好友赵元礼学词等。[2] 正式从唐静岩学书法篆刻。[3] **按一：**宗教文化出版社1995年8月版林子青编著《弘一法师年谱》第7页注释一为李晋章致林子青书，曰：“子青先生尊鉴：行中归来，接奉大札，拜读之下，欣悉一一。严范翁（名修）系旧交，赵幼梅为先叔学词讲师，不能不记。先叔刻石，就学于唐敬严师，官讳玺记不清楚。学篆亦是唐师领导，此在十六七岁时事。藉知于金石之学，不足二十岁，即已深入，非凡人所能及。李娇，甲申正月十四日。”[4] 故此乃十六七岁间之事。林子青编著之《弘一法师年谱》将此置于1896年（17岁）条目。**按二：**1937年1月29日《语美画刊》第20期有“藏斋存印”赵元礼附识：“忆贞先生所撰介绍弘一法师，极为有致，弘一念余岁时，曾拜予

---

① 林子青《弘一法师年谱》（宗教文化出版社1995年8月版）未记。此据天津市李叔同—弘一大师研究会、天津大悲院编，章用秀撰文《弘一大师的精神境界》，第10页。

② 李莉娟主编：《圆月耀天心——弘一大师略谱·谱后》，天津人民美术出版社2014年10月版，第4页。赵元礼（1868—1939），字体仁，又字幼梅，号藏斋，天津人，年轻时即以教家馆为业，1900年冬任天津育婴堂堂董，1902年任工艺学堂董理、庶务长，曾赴日本考察实业，1908年赴京调查棉产与纺纱事宜，1909年任滦州矿地公司经理等职，后协助创办北京自来水公司、唐山华新纱厂，1918年当选直隶国会参议员等，晚年参与组织城南诗社、福社等，工诗词书法，被称为津门四大书法家之一。

③ 李莉娟主编：《圆月耀天心——弘一大师略谱·谱后》，天津人民美术出版社2014年10月版，第4—5页。

④ 李麟玺（1895—1945），字晋章，又单名娇，李叔同侄子，李文熙之子，在南开中学读书时即参与戏剧活动，曾在天津银行界工作。

门墙学骈文及诗，有为予写扇及刊刻名章，扇面忘记庋于何处，名章篆刻，绝非俗派，印之以实画刊。丙子冬月幼梅附识。”赵元礼此附识写于 1936 年冬（丙子冬月），所谓“念余岁”当为记忆错误。

与严修、孟广慧、王吟笙等交往。[①] **按：**1936 年，孟广慧有诗：“江南话别酒家春，开卷无言忆故人。记得心心相印处，雪泥鸿爪认前因。”此为孟氏拜观弘一大师几方印拓后之感慨。有记载言李叔同曾有写予孟广慧之信：“定哥足下，自违谈宴，渴想米积。遥维起居安善，餐卫佳胜甚休。荣行未及诣送，恧愧何如。俗政冗忙，劳人草草，疏略之咎，尚祈鉴谅。何幸合拍小影，已修作竣功，奉麈一副，察入是祷。朔风多厉，诸维珍重自爱。（按即‘匆’）布福清，旅安不备，愚弟成蹊。”此信因写于李叔同出家之前，具体年月未知，引自章用秀《李叔同与城南诗社社友的诗词往还》。[②]

与李叔同曾有密切交往的严修。（王维军提供）

与李叔同曾有交往的孟广慧。（李莉娟提供）

与李叔同曾有交往的王吟笙。（李莉娟提供）

抄写《临别赠言》传本，署“后学李成蹊摹”，以为言行准则。**按：**天津人民美术出版社 2014 年 10 月版李莉娟主编《圆月耀天心——弘一大师略谱·谱后》第 5 页将此置于 1895 年条目，宗教文化出版社 1995 年 8 月版林子青编著《弘一法师年谱》第 7 页将此置于 1896 年条目，且泛指“师在青年时期”。

在故居“意园”作《八破图》。**按：**此见王勇则《徐广中与丰子恺有一次特殊交往》一文。[③] 文中记徐耀庭之孙徐广中曾于 1965 年春相继给丰子恺写去二信。一是寄上李叔同印谱一册，请予甄别后妥处；二是将散杂的相关墨迹装裱成横幅寄上（即将此《八破图》及给徐耀廷名贴、致徐耀廷便函、给李际平祝寿帖、张一璞书李叔同《初梦诗》、“天涯五友”照片剪报自裱一大横幅，今称《六联合璧》，现藏李叔同孙女李莉娟处。李莉娟处另藏有李叔同自作自书诗《山茶花》横幅），请丰子恺代为收藏。曰：“一是‘八破图’，是李叔同 1895 年在其故居意园中所画，上有一枚信封及一幅六折残扇面。信封上写有，‘内要件，祈带至天津河东山西会馆南桐兴茂，面交徐五老爷耀庭篆开启。’下署‘李叔同自津石山房季’等字并加盖名印。”又，“二是李叔同所写的名贴和便函。明贴内容为，‘弟李下顿首，久未晤面，甚担前捯。阁下患腿疾，理当到府问候。余因事务匆匆，是以未克如愿。兹送上鲜货双色，区区微意望祈警收。此请徐耀庭我哥大人安。’而便函的文字较长，记述的

① 李莉娟主编：《圆月耀天心——弘一大师略谱·谱后》，天津人民美术出版社 2014 年 10 月版，第 5 页。孟广慧（1868—1940），字定生，号定僧，别号白云山人、君子泉等。祖籍安徽，久居天津，与华世奎、严修、赵元礼合称津门四大书法家，著有《两汉残石编》。王吟笙（1870—1960），原名新铭，字吟笙，天津人，曾创办天津民立第四女子小学堂，擅诗工书画。

② 章用秀：《李叔同与城南诗社社友的诗词往还》，载 2013 年 12 月天津市李叔同—弘一大师研究会编《李叔同研究》第 5 期。此信被认为写于 1912 年。供参考。

③ 王勇则：《徐广中与丰子恺有一次特殊交往》，载 2002 年 10 月天津市李叔同—弘一大师研究会编《李叔同研究——天津市纪念弘一大师圆寂六十周年学术研讨会专辑》。

是李叔同与‘梅雨翁’家交往的情况，并写明附上‘弟今日所刻图章数块，祈哂收为盼’等。落款为‘如小弟李文涛拜’。”又据李凤池《李叔同历史文物散落天津知多少》一文，残扇面上有李叔同所绘兰花一角，款识“乙未叔同□摹于意园”。①

① 李凤池：《李叔同历史文物散落天津知多少》，载2002年10月天津市李叔同—弘一大师研究会编《李叔同研究——天津市纪念弘一大师圆寂六十周年学术研讨会专辑》。

1896 年　丙申　17 岁

社会文化事略

1 月，上海强学会机关报《强学报》创刊;3 月，盛宣怀奏准在沪开办南洋公学;6 月 26 日，《苏报》在上海创刊;8 月，梁启超等在上海创刊《时务报》；严复译《天演论》成；康有为著《孔子改制考》成；清廷派唐宝锷等十三人赴日留学;12 月，盛宣怀在上海创设南洋公学。

生平事迹

5 月 13 日至 6 月 2 日间（农历四月），因李家账房先生徐耀廷外出办事，数月未归，在天津致徐耀廷函。言津门株守，碌碌如常，蠓幸顽体粗和；王静波兄令堂前月逝世，赵虎臣令堂本月逝世；顺立纸局王杏林兄病势甚重，令亲陈荫棠兄令正亦于本月逝世；津店屋北邀同人一姓戴名柏庵，系精济社戴禹令侄，腹内甚通，善写字等。[①]

刊登在 1936 年 10 月 21 日《语美画刊》第 78 期的“李叔同年轻时影像”。

6 月 12 日（农历五月初二日），添一侄女。王静波令堂发引之期，代徐耀廷送呢幛一轴，奠仪壹吊文。

6 月 13 日至 6 月 20 日（农历五月初三日至初九日），在天津致徐耀廷函。言五月初二日乃王静波兄令堂发引之期，已代阁下送呢幛一轴，奠仪壹吊文；四月廿六日，赵虎臣令堂发引之期，桐兴茂同人公送锞子式旧挂，内阁下摊钱壹百廿四文；再今有信将各书院奖赏银减七成，归洋务书院。照此形情，文章虽好，亦不足以制胜也；昨朱莲溪兄来舍，言有切时事，作诗一首：“天子重红毛，洋文教尔曹。万般皆上品，惟有读书糟!”此四句诗，可发一笑；拟于五月节后，邀请张墨林兄内侄杨兄教念算学，学洋文等。[②] **按：**李叔同少年时即延馆学算学、洋文，文献依据于此。

---

① 此信福建人民出版社 2019 年 12 月版《弘一大师全集》（第 3 版，修订 2 版）第八册 · 文艺卷、杂著卷、书信卷第 263 页收录，标“一八九六年旧四月，天津”。

② 此信福建人民出版社 2019 年 12 月版《弘一大师全集》（第 3 版，修订 2 版）第八册 · 文艺卷、杂著卷、书信卷第 263 页收录，标“一八九六年旧五月上旬，天津”。

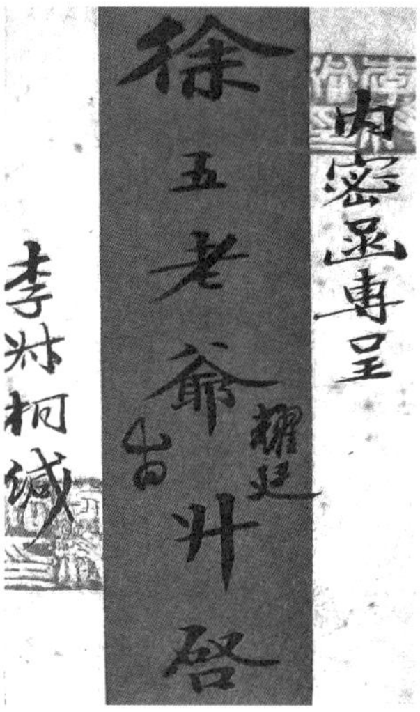

李叔同于1896年6月25日（农历五月十五日）致徐耀廷函信封。

6月22日（农历五月十二日），开关帝会，往柴少文处看会，柴少文赠以一鸡心红图章，刻“饮红楼”三字。

6月24日（农历五月十四日），唐静岩遣轿夫送册页。刻图章数块，次日寄呈徐耀廷，祈指正是盼。

6月25日（农历五月十五日），在天津致徐耀廷函。言昨顺立纸局王杏林兄经顾正垒治，用洋药，每日须吸五六钱，今已痊愈，烟犹日日必吸；唐静岩兄昨遣轿夫与弟送册页来，实可喜；十二日乃关帝会，弟往柴少文处看会，经柴少文送弟鸡心红图章一个，刻“饮红楼”三字；昨又刻图章数块，外纸一张上印着，谨呈台阅，祈指正是盼；弟近日写篆书隶书仿二篇，并呈台阅，亦祈指正是盼；五月初二日，弟又添侄女一个，甚喜等。[①]

在天津致徐耀廷函：

耀翁五先生：

睽隔鸿仪，瞬经数月，遥维大人旅祺安善，福履绥和为颂。启者，现时猫部内公私一切均属平常，无庸挂念。此请

旅安！

涛顿

今奉上宣纸二片，敬求阁下绘画，随意一挥，单款为叔。专此希恳。如绘得时，祈随信寄下，愈速愈好。

按：此信福建人民出版社2019年12月版《弘一大师全集》（第3版，修订2版）·文艺卷、杂著卷、书信卷未收。今天津博物馆藏。

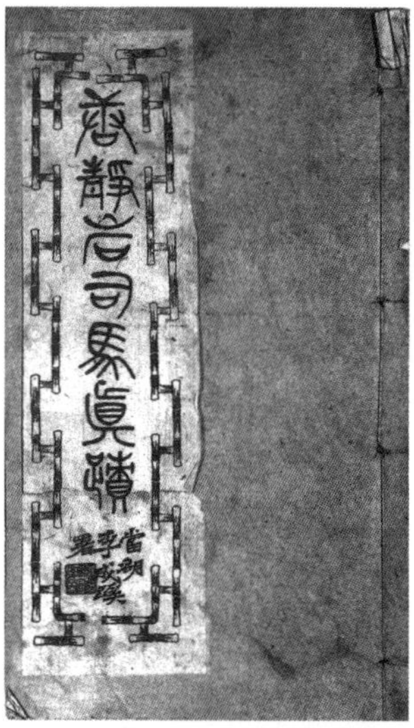

李叔同题《唐静岩司马真迹》。

夏，请唐育垕书钟鼎篆隶各体书，以供习用，并舍资刊印。**按**：刊印成册名《唐静岩司马真迹》，为题签，署：“当湖李成蹊”；钤印：“虞廷理官后裔”。唐育垕在《唐静岩司马真迹》后记中曰：“李子叔桐，好古主也，尤偏爱拙书。因出素册念四帧，嘱书钟鼎篆隶八分等，以作规模。情意殷殷，坚不容辞。余年来老病频增，精神渐减，加以酬应无暇，以致笔墨久荒。重以台命，遂偷闲为临一二帧，积日既久，始获蒇事。涂鸦之诮，不免贻笑方家耳。时丙申夏月……”

① 此信福建人民出版社2019年12月版《弘一大师全集》（第3版，修订2版）第八册·文艺卷、杂著卷、书信卷第263页收录，标“一八九六年旧五月十五日，天津”。

7 月 10 日至 20 日间（农历五月三十日至六月初十日间），在天津致徐耀廷函：

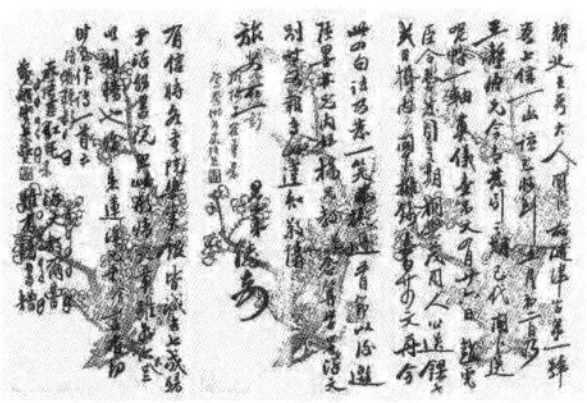

李叔同致徐耀廷函手迹。

> 昨随讳号信寄上信一函，内有篆隶仿二片，图章条一张，并有笺墨仿致函，谅必早登台阅矣。

按：此信福建人民出版社 2019 年 12 月版《弘一大师全集》（第 3 版，修订 2 版）·文艺卷、杂著卷、书信卷未收。今天津博物馆藏。

7 月 14 日（农历六月初四日），在天津致徐耀廷函。言前寄上一信，内有烦画宣纸二片。①

7 月 15 日（农历六月初五日），找出德聚诚折帐镜子，众同人每位出钱肆元，分廿彩，众人摇彩，赵新言得头彩，康竹林得二彩，郑彤勋得三彩，皆得大镜子数个。

7 月 16 日（农历六月初六日），在天津致徐耀廷函。告近日新闻等。主要内容有六月十一日沈楚香兄发引之期，拟于初十日开吊；冯作舟令正前曾得瘟病，今已痊愈；昨杏田兄受风寒，疟疾甚重，至今未痊愈；昨找出德聚诚折帐镜子，拟众同人每位出钱肆元，分廿彩，众人摇彩，赵新言得头彩，康竹林得二彩，郑彤勋得三彩，皆得大镜子数个，余小镜子二个；天津连日阴雨；昨镌图章数枚，呈上，请指谬等。**按：**此信署“六月初六日灯下”。②

7 月 19 日（农历六月初九日），在天津致徐耀廷函。言王杏林兄病势已好，奈何初八日因气吐血数口，于未时逝世；初九接信一件，已拜读；冯作舟兄令正病势已好，奈何冯作舟兄数日前得瘟疾，至今甚重等。③

接徐耀廷来函。

7 月 22 日（农历六月十二日），天津地震，甚感恐惧。

---

① 此信福建人民出版社 2019 年 12 月版《弘一大师全集》（第 3 版，修订 2 版）第八册·文艺卷、杂著卷、书信卷第 263 页收录，标“一八九六年六月初旬，天津”。

② 此信福建人民出版社 2019 年 12 月版《弘一大师全集》（第 3 版，修订 2 版）第八册·文艺卷、杂著卷、书信卷第 264 页收录时与上函作为一函。

③ 此信福建人民出版社 2019 年 12 月版《弘一大师全集》（第 3 版，修订 2 版）第八册·文艺卷、杂著卷、书信卷第 264 页收录时与上二函作为一函。

7月25日（农历六月十五日），在天津致徐耀廷函。言本月十二日晚九点天津地震；十一日晚八点钟弟舍甥女赵钦省令正逝世；十三日晚徐润泉兄染时疾至十一时亦逝世；令三嫂朗齐兄令正于前日染吐泻，今已痊愈；张杏田兄十七日午后到，疾已痊愈等。[①]

7月28日（农历六月十八日），在天津致徐耀廷函。言望风怀想，能不依依；昨随津号信寄上信一函，内有篆隶仿一张，图章条一张，并有笺墨仿；谨将近日新闻开列于左：今六月十八日水梯子同事会，拟出灯谜烦津店中新邀同事戴柏菴兄抄写；五月间每日必下雨；昨又刻图章数枚，外有纸条一张呈阅，有笺墨仿致函一件，并呈清览等。[②]

8月1日至10日间（农历六月廿二日至七月初二日间），在天津致徐耀廷函：

> 弟昨又刻图章数方，外有纸条一张，呈阅指谬是幸。

按：此信福建人民出版社2019年12月版《弘一大师全集》（第3版，修订2版）·文艺卷、杂著卷、书信卷未收。今天津博物馆藏。

8月3日（农历六月廿四日），在天津致徐耀廷函：

> 前烦请绘画之件未知绘就否？如绘就，祈随信寄下为感。

按：此信福建人民出版社2019年12月版《弘一大师全集》（第3版，修订2版）·文艺卷、杂著卷、书信卷未收。今天津博物馆藏。

8月10日（农历七月初二日），在天津致徐耀廷函。言前随津字第十一号信寄上信一件；七月初一，日食为亏，午初三刻复圆。未正初刻十三分；闻日本海啸，伤民数百万众；有弟所镌石章数块，呈上祈哂正等。[③]

8月13日（农历七月初五日），收到徐耀廷来函。

---

① 此信福建人民出版社2019年12月版《弘一大师全集》（第3版，修订2版）第八册·文艺卷、杂著卷、书信卷第264页收录，标“一八九六年旧六月十五日，天津”。

② 此信福建人民出版社2019年12月版《弘一大师全集》（第3版，修订2版）第八册·文艺卷、杂著卷、书信卷第264页收录，标“一八九六年旧六月十八日，天津”。

③ 此信福建人民出版社2019年12月版《弘一大师全集》（第3版，修订2版）第八册·文艺卷、杂著卷、书信卷第264页收录，标“一八九六年七月初二日，天津”。

8 月 13 日至 8 月 18 日间（农历七月初五至初十日间），在天津致徐耀廷函。言弟于七月初五日午后一点钟接到华函，捧读之下，敬悉种种。介绍津门雨情及水势等。①

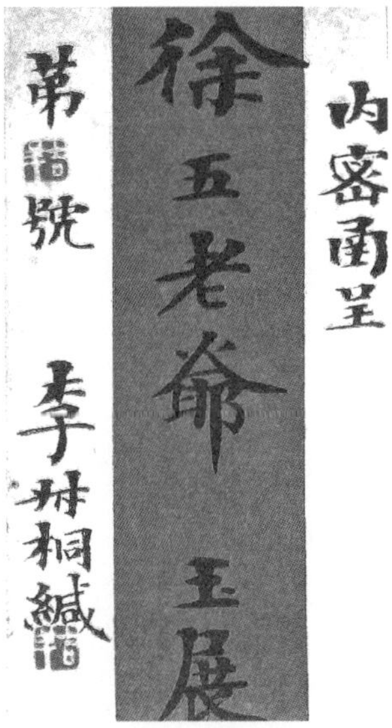

李叔同于 1896 年 8 月 10 日（农历七月初二日）致徐耀廷函信封。

8 月 18 日（农历七月初十日），在天津致徐耀廷函：

> 弟好图章，刻下现存图章一百块上下。阁下在东口，有图章即买数十块。如无有，俟回津时路过京都，祈买来亦可，愈多愈好。并祈在京都买铁笔数支。有好篆、隶帖，祈捎来数十部，价昂无碍。千万别忘。

按：此信福建人民出版社 2019 年 12 月版《弘一大师全集》（第 3 版，修订 2 版）·文艺卷、杂著卷、书信卷未收。今天津博物馆藏。

徐耀廷像。（李莉娟提供）

8 月 20 日（农历七月十二日），在天津致徐耀廷函。言前盐道使候选盐大使雷熙前往外店押服杨伯忱，奈雷熙在外店住至前月廿一日，杨伯忱言行恶犹如是。是以于廿一日回津，又经盐道使候选盐大使王瓒前往，至今王瓒犹患烟痢甚重，是以未得赴外店，至今外店无人，恐杨伯忱趁此必益加行恶也；河水见消，天气已晴数日；郑鹤田令堂于本月初一日逝世，择于今天办宿等。②

8 月 23 日（农历七月十五日），在天津致徐耀廷函。言阁下在东口，有图章即买数十块。如无，回津时路过京都买亦可，愈多愈好。并祈在京都买铁笔数枝。有好篆隶帖亦祈捎来数十部。价昂无碍，千万别忘；弟所镌章并呈等。③

8 月 29 日（农历七月廿一日），在天津致徐耀廷函。言津门水势至今因连日晴明，是以平漕日见其落；张杏田前患疟疾，至今已愈月余，至昨日又因心中不畅，烦家兄看脉，云系暑热；弟昨又刻图章数块，奉上祈哂政为幸；有猫部贺节信一函、王含墨令侄曾孙讣帖信一函，均祈收下为祷；前托买图章并铁笔二事千万勿忘。附呈“贺节禧”为：“耀翁五先生大人台下：久暌芝颜，时深萦念。际此金风涤暑，玉露横秋，

① 此信福建人民出版社 2019 年 12 月版《弘一大师全集》（第 3 版，修订 2 版）第八册·文艺卷、杂著卷、书信卷第 264—265 页收录，标“一八九六年旧七月初旬，天津”。

② 此信福建人民出版社 2019 年 12 月版《弘一大师全集》（第 3 版，修订 2 版）第八册·文艺卷、杂著卷、书信卷第 265 页收录，标“一八九六年旧七月十二日，天津”。

③ 此信福建人民出版社 2019 年 12 月版《弘一大师全集》（第 3 版，修订 2 版）第八册·文艺卷、杂著卷、书信卷第 265 页收录，标“一八九六年旧七月十五日，天津”。此信内容与同年 8 月 18 日（农历七月初十日）致徐耀廷函内容相似。

想必旅祺安善，福祉吉祥。为慰。鄙等碌碌如常，鱼鱼自守。肃笺敬贺节禧，祗请钧安。不一。名正肃”。[①]

9月1日至30日间（农历七月廿五日至八月廿四日），在天津致徐耀廷函：

> 前随李叔桐信寄上信一件，谅必早登台阅。至今已数月，未知阁下将前烦之宣纸画就否？如画就，祈随信寄下为祷。如未画就，务祈速速画来为妙！不情之举，望阁下原佑是要。专此佈悫，敬请耀廷五先生大人旅安！
>
> 愚弟　涛

按：此信福建人民出版社2019年12月版《弘一大师全集》（第3版，修订2版）·文艺卷、杂著卷、书信卷未收。今天津博物馆藏。

9月3日（农历七月廿七日），刻图章数块，印在纸上于次日寄徐耀廷。

9月5日（农历七月廿八日），在天津致徐耀廷函。信封钤印“吉利”。言张杏田病势已愈；王含墨令侄曾孙之讣帖，想已收到，祈无容送礼，弟已代阁下送上呢幛一轴，纹银四两。伊将呢幛收下，将纹银璧回，并有谢帖一纸奉上；昨弟又刻图章数块，印在纸上，祈哂正等。[②]

9月10日（农历八月初四日），收到徐耀廷来函。

镌图章数块，印在纸上于次日寄徐耀廷。

9月11日（农历八月初五日），在天津致徐耀廷函。言本月初四接到第五号手示；李鸿章兄至九月初间可来津；王文韶兄降三级留任；弟闻阁下不日来津，如来时路过都门千万与弟捎铁笔数枝、古帖数部、图章数块，并鼠牙刀一枝；昨又镌图章数块，印在纸上，呈览，祈哂政为要。报告天津近来天气情况等。[③]

1886年，少年时代的李叔同在天津某照相馆所摄之影。

① 此信福建人民出版社2019年12月版《弘一大师全集》（第3版，修订2版）第八册·文艺卷、杂著卷、书信卷第265页收录，标“一八九六年旧七月廿一日，天津”。信中所附“贺节禧”今藏天津博物馆，是否系李叔同所书，待考。

② 此信福建人民出版社2019年12月版《弘一大师全集》（第3版，修订2版）第八册·文艺卷、杂著卷、书信卷第265—266页收录，标“一八九六年旧七月廿八日，天津”。

③ 此信福建人民出版社2019年12月版《弘一大师全集》（第3版，修订2版）第八册·文艺卷、杂著卷、书信卷第266页收录，标“一八九六年旧八月初五日，天津”。

9 月 24 日（农历八月十八日），在天津致徐耀廷函。言本月十四日晚，忽云光黯合，雷声隐隐。顷刻大雨如注，至十五日早寅刻方止。至己刻，云开雾散，红日东升，虽天气睛明，但道路泥泞；津门自前月初旬甚热，至中下旬甚凉，至本月初旬又微暖，至今十四日雨后又甚凉；自月之初旬以来，螃蟹甚肥，至今日如钟口大者，制津蚨二文，价可谓廉之极矣。持螯酌酒，何乐如之，可谓美趣；兹又镌图章数块，奉上；王含墨致函祈自检收等。①

李叔同于 1896 年 9 月 24 日（农历八月十八日）致徐耀廷函信封。

9 月 27 日至 10 月 6 日（农历八月下旬），在天津致徐耀廷函。言本月二十二日乃王含墨寿诞，弟仅代表阁下送去肉面酒烛点心，摹本寿幛。伊将点心幛子璧回，收下四色；谢帖、酬客帖并呈台览，外有钱帖二十文并祈查收等。②

冬，为警斋老人书石鼓文对联“中道而立；好古以求”。款识“燕南李叔同，于丙申之冬”；钤印“叔同篆隶”。③

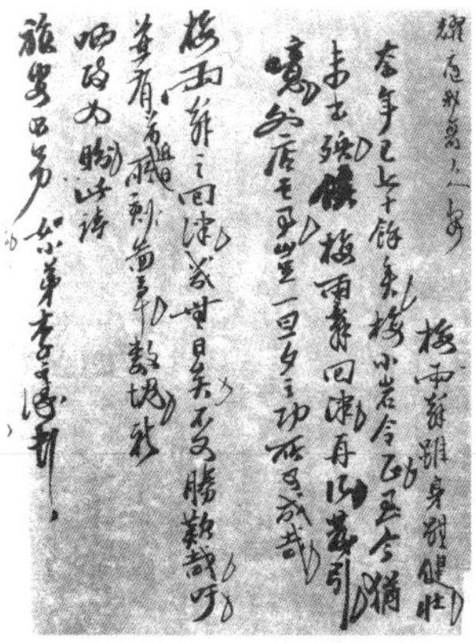

李叔同于 1896 年致徐耀廷函手迹。

是年，喜读唐五代诗词，尤爱王维诗，兼及读词赋、习八股。**按：**宗教文化出版社 1995 年 8 月版林子青编著《弘一法师年谱》第 7 页注释三为：“李芳远《弘一大师年谱》原稿十七岁条：‘喜读唐五代诗词，尤爱王摩诘诗。略读词赋，兼习八股。文理清秀，人咸奇之。’”

在照相馆摄有一影。

在天津致徐耀廷函。言前闻阁下患腿疾，理宜到府问候，因事务匆匆，未克如愿，送上鲜货数色，区区微意望祈察收等。④

在天津致徐耀廷函：

耀廷我哥大人安：

梅雨翁虽身体健壮，奈年已七十余矣。梅小岩令正至今犹未出殡，俟梅雨翁回津，再行发引。噫，外店之事，岂一旦夕之功所可成哉！

梅雨翁之回津，几无日矣，不可胜叹哉。吁！并有弟近日所刻

① 此信福建人民出版社 2019 年 12 月版《弘一大师全集》（第 3 版，修订 2 版）第八册・文艺卷、杂著卷、书信卷第 266 页收录，标“一八九六年旧八月十八日，天津”。

② 此信福建人民出版社 2019 年 12 月版《弘一大师全集》（第 3 版，修订 2 版）第八册・文艺卷、杂著卷、书信卷第 266 页收录，标“一八九六年旧八月下旬，天津”。

③ 参见李凤池：《李叔同历史文物散落天津知多少》，载 2002 年 10 月天津市李叔同—弘一大师研究会编《李叔同研究——天津市纪念弘一大师圆寂六十周年学术研讨会专辑》。

④ 此信福建人民出版社 2019 年 12 月版《弘一大师全集》（第 3 版，修订 2 版）第八册・文艺卷、杂著卷、书信卷第 266 页收录，标“一八九六年，天津”。此信内容在王勇则《徐广中与丰子恺有一次特殊交往》一文中有记。参见本谱 1895 年条目。

图章数块，祈哂政为盼。此请

旅安！不另。

如小弟李文涛顿首[①]

按：福建人民出版社2019年12月版《弘一大师全集》（第3版，修订2版）第八册·文艺卷、杂著卷、书信卷第266—267页收录；文物出版社2017年10月陈飞鹏整理《弘一法师书信全集》第9页收录。均有四处失误，一："耀廷我哥大人安"误录为"耀廷五哥大人足下"；二："不可胜叹哉"误录为"可胜叹哉"；三："不可胜叹哉"后少录一"吁"字；四："并有弟近日所刻图章数块"中之"并"字误为"兹"字。

社会评介择要

唐静岩:《唐静岩司马真迹后记》，收《唐静岩司马真迹》，1896年夏月。

① 图版见平湖市李叔同纪念馆编:《李叔同当湖书印文辑》，西泠印社出版社2015年10月版，中册第138页。

1897年　丁酉　18岁

社会文化事略

2月11日，商务印书馆在上海创办；4月，因上海公共租界纳税人年会通过小车增捐案，数千小车工在外滩示威游行；4月8日，南洋公学开学；5月27日，中国首家商办金融企业通商银行在上海开业；11月18日，严复译述的《天演论序》在《国闻汇编》第2册发表。

生平事迹

秋，以童生资格应天津县儒学考试，学名李文涛，作《致知在格物论》《非静无以成学论》《论废八股兴学论》等文。[①]

书"金石钟鼎文扇面"（《散氏盘铭》金笺扇面）赠徐耀廷。款识"丁酉桂子秋风节时书奉耀廷五哥大人诲正　弟李文涛"；钤印"兹赏"、"友如"、"西晋"。[②] **按：**另有书扇赠徐耀廷，未署日期。款识"耀廷五哥大人正　弟文涛"；钤印"兹赏"、"息霜"。[③]

附记：有介绍，在李叔同的书房壁上挂有其自书的元稹《一七令·茶》之"宝塔诗"：

李叔同夫人俞氏。

茶

香叶　嫩芽

碾雕白玉　罗织红纱

铫煎黄蕊色　碗转曲尘花

夜后邀陪明月　晨前命对朝霞

洗尽古今人不倦　将至醉后岂堪夸[④]

是年，从母命，娶天津卫芥园俞氏茶庄茶商俞氏之女为妻（妻俞氏

---

① 林子青编著：《弘一法师年谱》，宗教文化出版社1995年8月版，第9页；李莉娟主编：《圆月耀天心——弘一大师略谱·谱后》，天津人民美术出版社2014年10月版，第5页。

② 图版见平湖市李叔同纪念馆编：《李叔同当湖书印文辑》，西泠印社出版社2015年10月版，中册第139页。

③ 图版见平湖市李叔同纪念馆编：《李叔同当湖书印文辑》，西泠印社出版社2015年10月版，中册第140页。

④ 参见孙树芳：《弘一大师·茶·宝塔诗》，载2011年6月29日《中老年时报》。

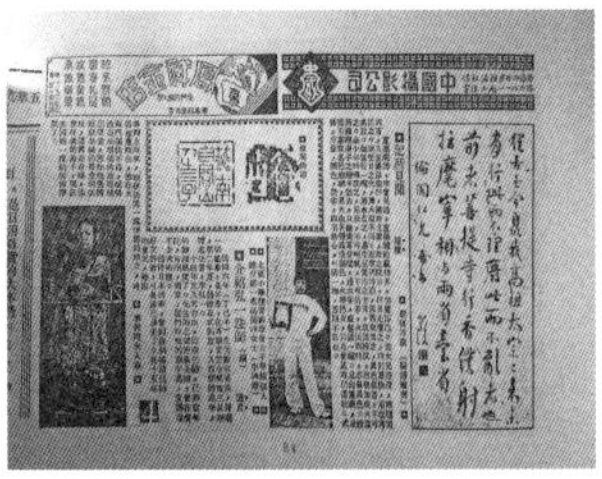

刊于 1936 年 11 月 18 日《语美画刊》第 11 期的“李叔同夫人像”。

李叔同夫人俞氏（左二）偕子李端（左一）、李圣章夫人邹氏偕女李孟娟。1911 年，天津。（李莉娟提供）

时年二十。属虎）。[1] 仲兄拨 30 万元供家用。**按一：**宗教文化出版社 1995 年 8 月版林子青编著《弘一法师年谱》第 9 页之 1897 年条目注一为李晋章致林子青函，曰：“三亡婶俞氏（俞族津中四散，早不知居于何处矣），业茶（先住芥园大街）。有二子，长子名准，无字，次子名端。一属鼠，即庚子年所生。一属龙，今年四十矣。至先叔结婚年纪，津人无记得者。大约庚子前四五年，候询七旬以上老亲戚，得悉再达。……李娇，癸未十二月廿七日。”**按二：**李叔同之子李端在《家事琐记》中言：“俞氏是我的生母，先后生了我们兄弟三人。我的长兄乳名葫芦，行八，早年夭亡。次兄李准，行九，长我四岁，已故。我是我们兄弟中的老三，在大家庭的弟兄中行十，是同辈兄弟姐妹中最小的。”[2]

购得德国钢琴一架，始学钢琴。教材有拜厄《钢琴基本教材》、车尔尼《钢琴初步教程》等。[3]

---

① 俞氏（1878—1926），其父从事茶叶行生意，居天津南运河西芥园庙附近之青龙庙胡同，与李叔同生三子，长子乳名葫芦，早夭，次子李准，三子李端。俞氏逝于 1926 年 2 月 15 日（农历正月初三日）。宗教文化出版社 1995 年 8 月版林子青编著《弘一法师年谱》1922 年谱文中记俞氏逝于 1922 年，为误记。

② 李端：《家事琐记》（王慰曾记录整理），收天津市政协文史资料研究委员会、天津市宗教志编纂委员会编《李叔同—弘一法师》，天津古籍出版社 1988 年 4 月版，第 108—123 页。

③ 李莉娟主编：《圆月耀天心——弘一大师略谱·谱后》，天津人民美术出版社 2014 年 10 月版，第 5 页。

1898 年　戊戌　19 岁

社会文化事略

1 月 24 日，光绪帝命进呈康有为《日本变政记》《俄皇大彼得变政记》;6 月 11 日，光绪帝下“定国是诏”，宣布变法，百日维新开始。6 月 23 日，诏自下科始，废八股，改试策论;7 月 24 日，上海女学会创办《女学报》;8 月 17 日，汪康年改《时务报》为《昌言报》，改《时务日报》为《中外日报》;9 月 21 日，戊戌政变发生，慈禧太后再次垂帘听政;9 月 28 日，“六君子”死难。

生平事迹

2 月 21 日至 3 月 21 日间（农历二月），仍入天津县学应试。课艺考卷正面文字为：“文童，李文涛，年十九岁，身中，面白无须。曾祖忠孝，祖锐，父世珍。”[1] 写时文《行己有耻使于四方不辱君命论》《乾始能以美利利天下论》，提倡“器识为先，文艺为后”。**按一：**据 2016 年 8 月 23 日《中国文物报》田家馨《未曾披露的李叔同天津县学考卷》一文，另有由李叔同家属捐赠、天津博物馆收藏的李叔同县学考卷《众食之者》（卷首除“文童，李文涛，年十九岁，身中，面白无须。曾祖父忠孝，祖锐，父世珍。”外，有“第四十名”标记）、《则天下之民》二篇、试帖诗一首、一段《圣谕广训》手迹。除试帖诗一首外，福建人民出版社 2019 年 12 月版《弘一大师全集》（第 3 版，修订 2 版）第八册 · 文艺卷、杂著卷、书信卷未收。《全集》收试帖诗，名《赋得忧国愿年丰》（得年字五言六韵）。[2] **按二：**另据李叔同后人李莉娟提供陆续发现的散页课卷多页，其中有题为《入于海周公》的答卷，上有考官批文等。时间待考。

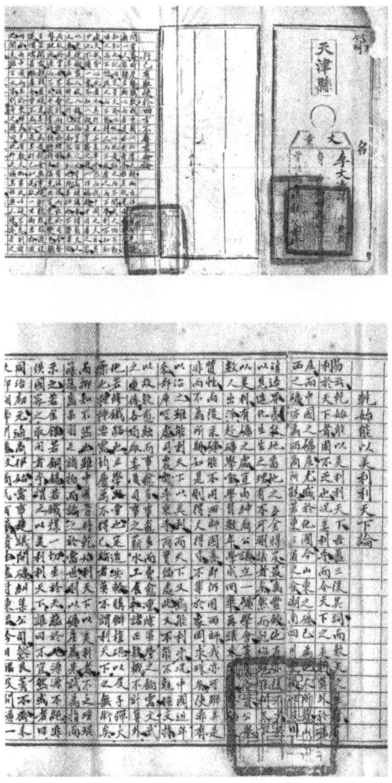

1898 年李叔同在天津参加县学考试时的答卷。（李莉娟提供）

6 月 11 日（农历四月廿三日），光绪帝颁布变法诏书。**附记：**传李叔同有“南海康君是吾师”印。

---

① 转引自林子青《弘一法师年谱》，宗教文化出版社 1995 年 8 月版，第 10—11 页。又据林谱，课卷写时文两篇：《行己有耻使于四方不辱君命论》《乾始能以美利利天下论》。

② 参见福建人民出版社 2019 年 12 月版《弘一大师全集》（第 3 版，修订 2 版）第八册 · 文艺卷、杂著卷、书信卷，第 31 页。

夏秋，有“应天津县学考试课卷”存世。① **附记：**6至9月或参加天津院试。

10月（农历八月十六日至九月十七日），离开天津大家族，奉母携眷迁居上海。赖沪上申生裕钱庄之“李家柜房”应付日常生活。② 初到上海时，赁居于法租界法马路卜邻里第三弄李公馆。**按一：**卜邻里位于当时上海法租界法马路，其位置是今金陵东路福建南路交叉口，为金陵东路389弄区域。弄内皆20世纪30年代之旧式建筑，李叔同曾居住过的房屋已在1929年拆除，但该地仍以卜邻里名之，弄内房屋外墙上也镶嵌“李叔同（弘一法师）故居”的介绍牌，以表达当地人对李叔同的缅怀之情。如今这里正进行大规模拆迁，“金陵东路389弄”的弄牌标志已不可见，只有墙上手写指示。③ **按二：**李叔同离开天津的原因说法不一。如林子青《弘一法师年谱》曰：“是年清光绪帝采纳康梁维新主张，下诏定国是。大师亦以老大中华非变法无以自存，赞同康梁主张。传曾自刻一印曰：‘南海康君是吾师’。八月，戊戌政变宣告失败后，康梁亡命国外。京津之士，有传其为康梁同党者，遂携眷奉母，避祸上海。”④ 其子李端在《家事琐记》一文中的解释是：“据说，因当时先父曾刻‘南海康君是吾师’的闲章，此行有避嫌避祸的意图。而实际上，据我家的老保姆王妈说，我父亲当时的南下，是想从此脱离开天津这个大家庭，去南方扎根立业。因当时我们家资富有，上海也有我家钱铺的柜房，可以照顾我们一家的生活。”⑤ 有关李家在上海的钱铺，鲜有详细记载。郭长海、郭君兮编《李叔同集》中附有《李叔同事迹系年（1880—1918）》，其中“1898年”条目写曰：“奉母南下上海，初居法租界卜邻里。依伯父李世荣，并为承祧，以李锟为祖父，李世荣为父，而以李锐为本生祖，李世珍为本生父。”⑥ 李叔同将李世珍、李世荣均视为父，此为事实，参见本谱“1902年”相关参加杭州乡试之条目。**按三：**郭长海又有《李叔同早期事迹别录》，以1899年《中外日报》刊出之书例文字“今岁年才弱冠，来游沪渎”为据以为李叔同赴沪是在1899

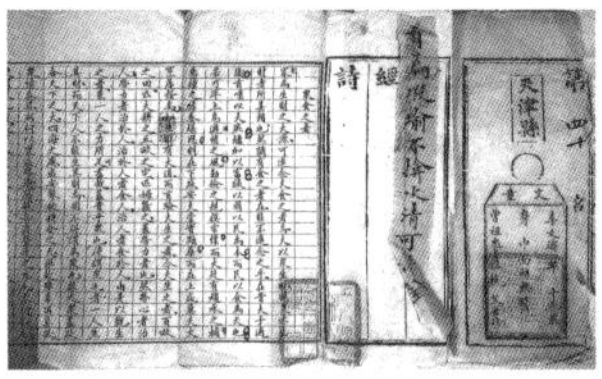

1898年李叔同在天津参加县学考试时的答卷。（李莉娟提供）

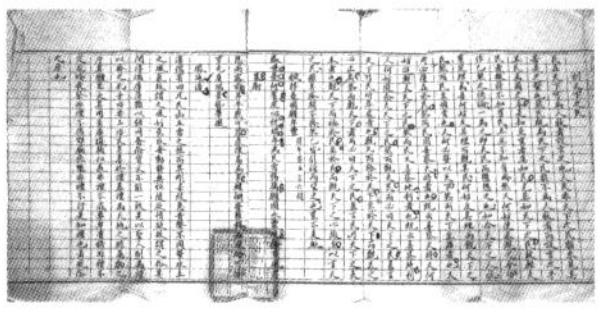

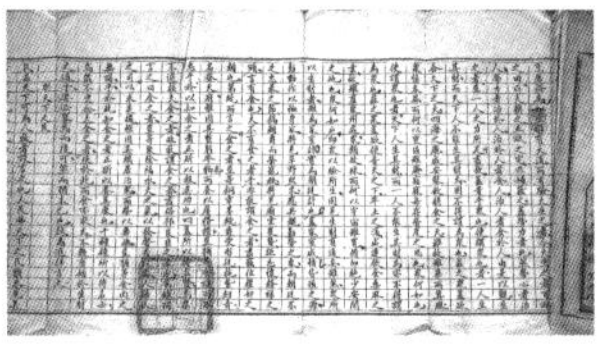

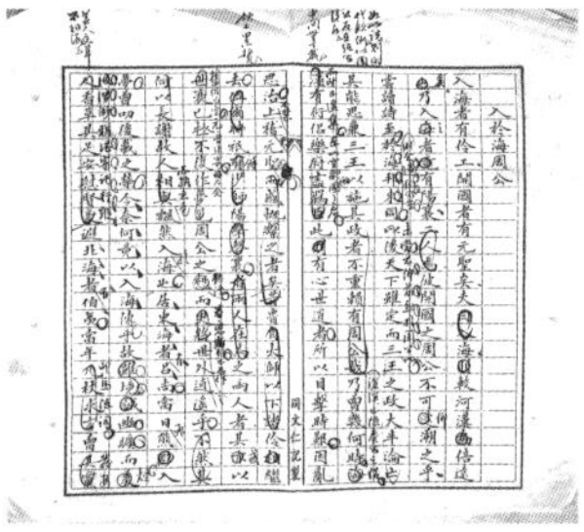

1898年李叔同在天津参加县学考试时的答卷。（李莉娟提供）

今上海金陵东路福建南路交叉口。摄于2018年8月。

① 参见刘强：《二十文章惊海内　一蓑烟雨任平生——筹备弘一大师墨宝展有感》，载2013年12月天津市李叔同—弘一大师研究会编《李叔同研究》第5期。

② 同行者另有王妈妈。王妈妈，天津武清县王庆坨人，李叔同家的老保姆。其至李家原系为伺候李叔同母亲王氏，却又抱大李叔同。此次南下，与李叔同一同至沪，复又看护李叔同二子。1905年李叔同母亲病故，北归后与李妻俞氏及二子朝夕相处。参见天津市李叔同—弘一大师研究会、天津大悲院编，章用秀撰文《弘一大师的精神境界》，天津教育出版社2015年9月版，第95页。

③ 王维军：《李叔同沪上卜邻里、城南草堂旧居考证》，载2013年9月《莲馆弘谭》第9期；陈星：《李叔同—弘一大师行踪图典》，西泠印社出版社2019年9月版。

④ 林子青：《弘一法师年谱》，宗教文化出版社1995年8月版，第11页。林子青资料来源为僧睿《弘一大师传略》一文。

⑤ 李端：《家事琐记》，收《李叔同—弘一法师》，天津古籍出版社1988年4月第1版，第108—123页。

⑥ 郭长海、郭君兮编：《李叔同集》，天津人民美术出版社2006年6月版。

年。[1] 然“来游沪渎”与前“今岁年才弱冠”未必有逻辑关系。

10 月 24 日至 11 月 22 日间（农历十月），抵沪不久即入城南文社，初次会课时的小课《拟宋玉小言赋》，名列第一。**按：**据袁希濂《余与大师之关系》（收《弘一大师永怀录》大法轮书局 1943 年流通版，第 144—147 页）一文，城南文社假许幻园城南草堂成立于 1897 年。每月会课一次，由张孝廉评阅定成绩。有关李叔同的参与，文中写道：“戊戌十月，文社课题为‘朱子之学出于延平，主静之旨与延平异又与濂溪异，试评其说’，当日交卷。另设诗赋小课，散卷带归，三日交卷。试题‘拟宋玉小言赋’，以题为韵。是时弘一大师年十九岁，初来入社，小课《拟小言赋》，写作俱佳，名列第一。此为余与师相识之始也。”[2]

是年，书篆书四屏条。款识“烁潭氏”；钤印“李文涛印”、“叔桐”。[3]

在上海摄有一影。

附记：在上海或与杨白民相识。1919 年 1 月 31 日（戊午，农历十二月三十日，除夕），弘一大师因近期杨白民至杭州来访，为写古德训言并加题记贻之。题记曰：“余与白民交垂二十年，今岁余出家修梵行，白民犹沉溺尘网。”[4] 李叔同于 1898 年到上海，所谓二十年，恰在此时。郭长海在《弘一大师（李叔同）与杨白民》一文中说：“其时李叔同初至上海，好像未便即刻相识。‘二十年’云云，大约是个虚拟之词，约数而已，很难坐实的。”[5] 郭长海此言其实也是猜测，故用了“好像”二字。郭长海在文章中又说：“1903 年杨白民创办了城东女学，次年聘任了黄炎培为教员。黄炎培是李叔同在南洋公学时的同学，因黄炎培之介绍，李叔同得以与杨白民相识。”此言大约就是郭长海先生“好像”的理由。当然，弘一大师在 1924 年农历八月十七日写给杨雪玖的信中的

今上海金陵东路 389 弄内场景。摄于 2018 年 8 月。

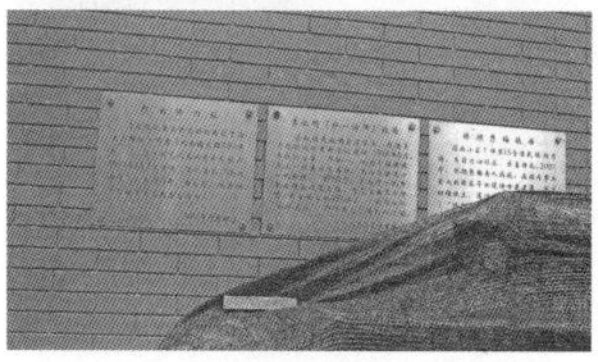

今上海金陵东路 389 弄内的名人纪念牌，中为“李叔同（弘一法师）故居”。摄于 2018 年 8 月。

上海金陵东路 389 弄目前已成拆建区域。摄于 2018 年 8 月。

---

① 郭长海：《李叔同早期事迹别录》，载 1999 年 10 月《天津文史》第 22 期。

② 许幻园（1878—1929），名镕，江苏华亭人，工诗文，居上海南市城南草堂，参与发起城南文社。李叔同初到沪时，参加文会，屡获嘉奖。幻园慕其才学，后辟草堂一隅，与李叔同一家居住，自书“李庐”赠之。松江古称云间，故李叔同在书信文中亦称许幻园为“云间谱兄”。袁希濂（1878—1950），字仲濂，上海宝山人，善书法。

③ 图版见平湖市李叔同纪念馆编：《李叔同当湖书印文辑》，西泠印社出版社 2015 年 10 月版，中册第 141—142 页。

④ 福建人民出版社 2019 年 12 月版《弘一大师全集》（第 3 版，修订 2 版）第七册 · 佛学卷、传记卷、序跋卷第 633 页收录时题为《手书古德训言赠杨白民题记》。杨白民（1874—1924）名士照，字白民，娄县枫泾镇人。洪杨难发，全家便移居上海草鞋湾，继迁城东竹行弄。其父原在上海经营米业，收入较丰，为同辈人赞许，并有才商之美称。其父对杨白民督课甚严，从不溺爱。杨白民自幼聪颖，能体察父亲之意，学习十分勤勉，应试屡列前茅。善绘事，尤工兰竹，曾师从其外祖父，江南名画师朱梦庐。18 岁时与詹练一女士结婚。20 岁时任职于沪北圣约翰书院（圣约翰大学）。1901 年东渡日本，考察女子教育。在日时曾参与义勇队活动，提倡革命，以推翻清政府。继而觉悟到救国之道当为教育，1903 年回上海，筹创女学，后在自家设立女学社，即城东女学（又称城东苦学社、城东女学社）。杨白民自任校长，并兼教职。1924 年 9 月 7 日在上海病逝。遗女六：雪琼（1895—1926）、雪瑶（1898—1977）、雪玖（1902 年 5 月 31 日—1990 年 9 月 25 日）、雪珍（又名真，1907 年 2 月 11 日—1995 年 7 月）、雪子（又名珠，1910—1995 年 5 月）、雪仇（1915 年 4 月 16 日—1997 年 6 月）。

⑤ 郭长海：《弘一大师（李叔同）与杨白民》，载《弘一大师有关人物论文集》，台北弘一大师纪念学会，1998 年 12 月版。

1898 年初至上海时的李叔同。

说词与他自己先前所说的也有矛盾。他说："二十年来老友，当以尊翁最为亲厚。"① 在这里，弘一大师又用了一个"二十年来"，说明他与杨白民相识的时间似乎是在 1904 年之时。在没有充分证据改变此说之前，似有必要存疑研究。当然，如果说李叔同初至上海时就与杨白民相识，直接的史料目前确实未发现。除了当事人李叔同自己的陈述外，有一则资料应该引起研究者的注意。提供这则史料的就是李叔同初至上海时"天涯五友"之一的袁希濂。袁希濂在《余与大师之关系》一文中透露："翌年己亥……吾等五人遂结金兰之谊，誓同甘苦。翌年庚子三月，在上海福州路杨柳楼台旧址组织海上书画公会，为同人品茶读书之所，每星期出书画报一纸，常熟乌目山僧宗仰上人，及德清汤伯迟、上海名画家任伯年、朱梦庐、书家高邕之等俱来入会。"② 庚子年即 1900 年。袁希濂文中提到的"任伯年"当有误。因为任伯年于 1896 年即已去世。但是，他却又提到了朱梦庐。朱梦庐就是杨白民的外祖父，著名画家，1900 年逝世。也就是说，在朱梦庐生命的最后一年，李叔同与他是有过交往的。杨白民学画即由外祖父朱梦庐亲自教授。故李叔同在该年与杨白民相识也有可能。此不作定论，供研究参考。

---

① 弘一大师致杨雪玖信，见《弘一大师全集》（第 3 版，修订 2 版）第八卷 · 文艺卷、杂著卷、书信卷，福建人民出版社 2019 年 12 月版，第 358 页。关于李叔同与杨白民的初识，金梅在《悲欣交集——弘一法师传》（上海文艺出版社 1997 年 10 月版）一书中也说："李叔同与黄炎培是南洋公学的同学。南洋散学后，黄因'苏报案'的余波，1903 年冬亡命日本，结识了正在那里考察教育的杨白民，第二年春回国后即到杨主持的女校担任了教员。李叔同又因了黄炎培的关系，得识杨白民，并成莫逆。"此说甚有疑问。因为杨白民于 1903 年即已回国创办城东女学，而黄炎培于 1903 年冬才"亡命日本"。黄炎培与杨白民的相识应该更早才对。故在没有确凿证据之前，人们尚不能轻易否定当事人李叔同"余与居士相交垂二十年"的说辞。

② 袁希濂《余与大师之关系》，载《弘一大师永怀录》，大法轮书局，1943 年流通版，第 144—147 页。

1899年　己亥　20岁

社会文化事略

3月，义和团运动达到高潮；8月，梁启超等在日本东京创办高等大同学校；9月，美国提出对华“门户开放”政策。

生平事迹

6月8日至7月7日间（农历五月），应徐耀廷嘱，书《曹全碑》节文隶书二条屏。款识“己亥夏五，夜雨初霁，朝旭满窗，为临杨见山太守字数行，愧未得其万一也。聊应耀亭老哥仁大人书画家台命，弟李成蹊漱筒”；钤印“叔桐篆隶”、“宜子孙”、“以雷鸣夏”、“巧工司马”。[①]

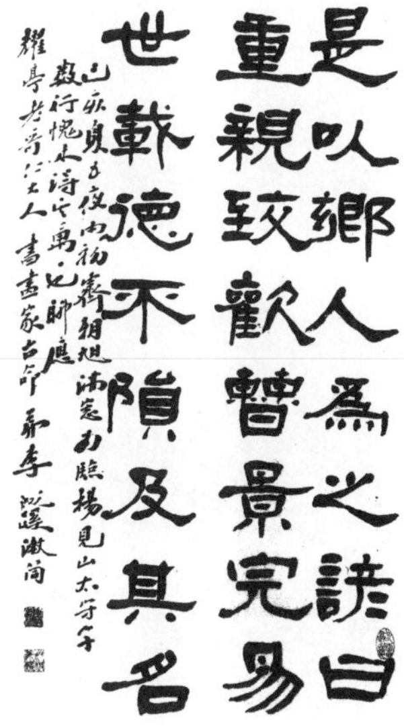

李叔同应徐耀廷之嘱所书之《曹全碑》节文。

夏，徐星州为刻“漱筒长寿”（朱文）。边款“己亥夏初，星州作于申江”。[②]

9月10日（农历八月初六日），自订润例《后起之秀》（此四字为自书）开始在《中外日报》连载。[③] **按：**后亦有刊登，润例文字时有不同。其中9月25日的文字为：

> 李漱筒，当湖名士也。年十三，辄以书法篆刻名于乡。书则四体兼擅，篆法完白，隶法见山，行法苏黄，楷法隋魏。篆刻则独宗浙派，成童油燕，鸿印留题，人争宝贵。今岁年才弱冠，来游沪渎，诗酒余暇，雅欲与当代诸公广结翰墨因缘，缀润如下：书扇五角，楹帖一元，堂副诸例，均详仿单，三日取件；篆刻石章，每件

---

① 此书乃李叔同节仿杨见山《节临汉隶四碑四条屏》之第三屏。对此书的研究，参见方爱龙《隶法见山：关于两件李叔同早期隶书作品的考察报告》，载《杭州师范学院学报》2003年第1期。杨岘（1819—1896），字见山、季仇，号庸斋，晚号藐翁，归安（今浙江湖州）人，官直隶州知州等。

② 徐星州（1853—1925），江苏吴县人，原名新周，字星州，金石篆刻家。

③ 龚绶、车水仁编：《弘一大师李叔同篆刻集》（天津人民美术出版社2009年4月版）卷一第56页曰此润例刊于该年农历九月廿五日。根据《中外日报》原件，此说有误。又方爱龙有言：“……迁居上海经年的李叔同应能易得杨见山作品并临习之，故其刊载于一八九九年九月二十五日上海《中外日报》的‘李漱筒书法润例’就曾迳称‘隶法见山’。”见刘正成主编：《中国书法全集83·近现代编-李叔同马一浮卷》（该分卷主编潘良桢，副主编方爱龙，学术顾问任继愈），荣宝斋出版社2002年11月版，第216页。

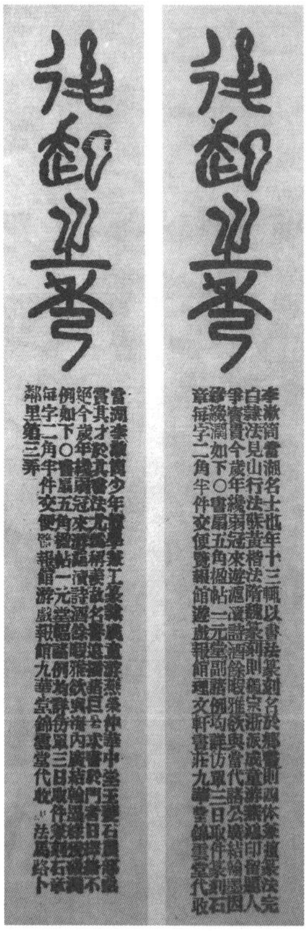

1899 年 9 至 10 月李叔同在《中外日报》刊出的以“后起之秀”为题的润例。

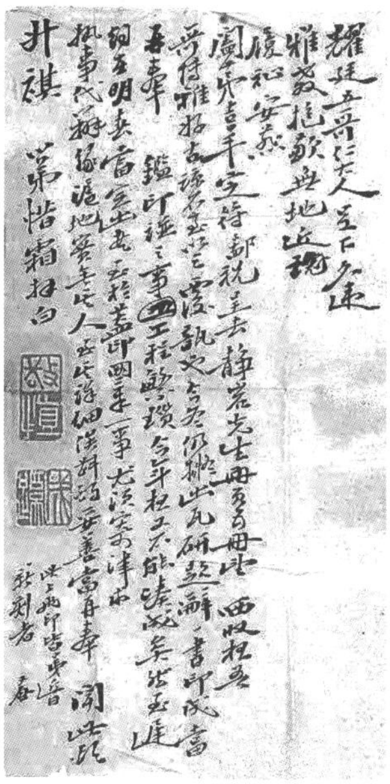

1899 年秋，李叔同致徐耀廷信，谈及拟出《瓦研题辞》。

二角半，件交便览报馆、游戏报馆、理文轩书庄、九华堂、锦云堂代收。

自订润例刊于《同文消闲报》。①

9 月 27 日，（农历八月廿三日），格致书院己亥夏季课题征答，12 月 1 日截止。后以李成蹊之名应答。次年公布成绩。课题，策论：“三十年来，吾华人崇尚各种西艺，近今更甚于前，有先学习其语言文字以为阶梯者；有专赖译成华文之书籍，以资考索者。或谓：日本仿效西法，已尽得其奥窍。如先学原文，以为学西艺者先路之导，则不啻事半功倍也。其说然否？试比较其迅速、利弊、得失之所在，而详告之。”后以李成蹊之名应答。获一等第 22 名。②

10 月 1 日（农历八月廿七日），在《中外日报》续登“后起之秀”润例。润例文后加居所联系地址：法马路卜邻里第三弄。

10 月 5 日（农历九月初一日），在《中外日报》续登“后起之秀”润例。

10 月 9 日（农历九月初五日），自订润例刊于《同文消闲报》。③《中外日报》续刊“后起之秀”润例。是日润例文字为：

当湖李漱筒少年博学，兼工篆隶。成童游燕，荣仲华中堂，王夔石农部，亟赏其才，于其书法尤为称羡。故名远播，诸钜公求书于门者，日络绎不绝。今年才弱冠，来游沪渎，诗酒闲暇，雅欲与海内广结翰墨缘，爰缀润例如下：

一、书扇五角

二、楹帖一元

三、堂幅诸例，均详仿单，三日取件

四、兼刻图章，每个二角半

五、件交便览报馆、游戏报馆、九华堂、锦云堂代收

寓法马路、卜邻里第三弄

10 月 24 日（农历九月廿日），以醾纨阁主人之名号在《游戏报》发

① 王维军：《如是我闻——李叔同当湖留痕》，载 2017 年 9 月《莲馆弘谭》第 13 期。

② 课题见 1899 年 11 月 2 日《申报》，名次见 1900 年 12 月 12 日《申报》。

③ 王维军：《如是我闻——李叔同当湖留痕》，载 2017 年 9 月《莲馆弘谭》第 13 期。

布广告，广征海内外名士为纪晓岚所藏汉甘林瓦砚作题。**按：**秋日，在上海致徐耀廷信，署名“小弟惜霜”；信上钤新刻之印“敬慎”、“成蹊”。言呈上唐静岩册页五册、今冬拟出《瓦研题辞》一书、印谱编辑事及盖印图章事等。①

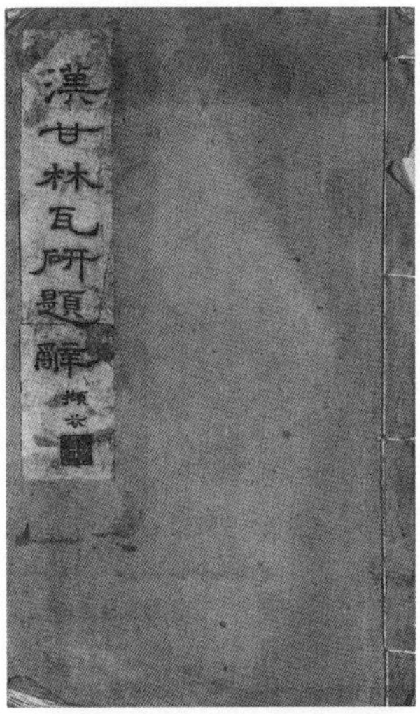

李叔同编校的《汉甘林瓦研题辞》。

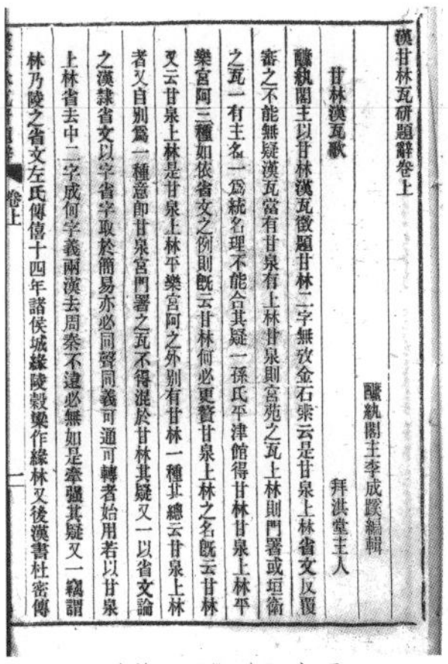

漢甘林瓦研題辭卷上

醾紈閣主李成蹊編輯

甘林漢瓦歌　拜洪堂主人

醾紈閣主以甘林漢瓦徵題甘林二字無攷金石家云是甘泉上林省文反覆審之不能無疑漢瓦當有甘泉有上林甘泉則宮苑之瓦上林則門署或垣衛之瓦一有主名一爲統名理不能合其疑一孫氏平津館得甘林甘泉上林平樂宮阿三種如依省文之例則既云甘林何必更贅甘泉上林之名既云甘林又云甘泉上林是甘泉上林平樂宮阿之外別有甘林一種其總云甘泉上林者又自別爲一種意卽甘泉宮門署之瓦不得混於甘林其疑又一以省文論之漢隸省文以字省字取於簡易亦必同聲同義可通可轉者始用者以甘泉上林省去中二字成何字義兩漢去周秦不遠必無如是牽強其疑又一竊謂林乃陵之省文左氏傳僖十四年諸侯城緣陵穀梁作緣林又後漢書杜密傳

卷上

《汉甘林瓦研题辞》内页。

11月3日至12月2日间（农历十月），印成《汉甘林瓦研题辞》上下二卷，扉页署“己亥十月，李庐校印”，内署“醾纨阁主李成蹊编辑”。袁希濂题封面。收拜洪堂主人《甘林汉瓦歌》、茂苑惜秋生《甘林瓦研歌》、剑心簃主人《汉甘林瓦研四绝句》、椿庐主人《奉题醾纨阁主人汉甘林瓦砚七律二章》、退园遯叟《题汉甘林瓦砚行》、百佚逸民《题汉甘林瓦砚七古》、古吴韻秋阁主《青玉案　用贺梅子体　题汉甘林瓦砚》、秋圃老农《题汉甘林瓦砚　调寄清平乐》、茂苑食砚生《汉甘林瓦歌》、鑑湖老渔《题汉甘林瓦砚》、坚白斋主人《甘林瓦砚七古》、拔剑斫地生《题醾纨阁汉甘林瓦砚》、大树将军后裔《题甘林瓦砚七古》、龙山樵叟《题汉甘林瓦砚七古》、越东樊仲乔《题汉甘林瓦砚》、丹徒金炉宝篆词人《汉甘林瓦砚歌为醾纨阁主人作》、茂苑好古斋主人《咏汉甘林瓦砚七言排律》、成志堂主人《题醾纨阁主人汉甘林瓦砚》、丹徒绮禅阁主《题甘林瓦砚七绝二首》、爱莲居《题汉甘林瓦砚》、黄山戈云甫《甘林瓦诗》、忏红道人《甘林瓦砚歌五古》、吴县偶庐主人凤曾叙《题甘林瓦拓本》、云间许镲《甘林瓦砚铭　效五六七言三体》、娄东宋贞《汉瓦砚铭》、常熟言敦源《题甘林瓦砚诗二章　旧藏纪文达家》、承蜩馆主《题甘林瓦砚　旧藏纪河间家》、王春瀛寅皆《纪文达甘林瓦砚歌》、刘宝慈筑笙《甘林瓦砚歌》、李澂浠《汉甘林瓦砚歌》、陶善璐《汉甘林瓦砚歌　旧藏纪文达公家》、讱斋《甘林瓦砚歌》、稻香斋主人《瓦砚题辞》等应征之作41篇。**按：**王春瀛寅皆《纪文达甘林瓦砚歌》：“赵子之徒李叔同，海上遗来双秋鸿。甘林古瓦孰手拓？茧纸莹白垂露工。石云尚书老好事，细刻铭字如雕虫……”丹徒金炉宝篆词人《汉甘林瓦砚歌为醾纨阁主人作》：“醾纨主人性风雅，鉴别金石明双瞳。甘林片瓦篆文古，用之作砚坚如铜（汉武以铜为瓦）。有谓此瓦本汉制，相传来自长安宫。甘泉旧殿秦时建，武帝营造重鸠工……”承蜩馆主《题甘林瓦砚　旧藏纪河间家》：“李子嗜学能文章，获古自憙犹珍藏。自云此系汉时物，土花拂拭松煤香。甘泉上林在何许，惟余瓦砾明斜阳。河间尚书有奇癖，趣工雕琢安虚堂。并时诸城亦同好，馈贻攘夺相谘商……”。②

① 此信收福建人民出版社2019年12月版《弘一大师全集》（第3版，修订2版）第八册·文艺卷、杂著卷、书信卷，第267页。
② 据《汉甘林瓦研题辞》原本。

1899年李叔同（左）在上海与文友毛子坚合影。

朱慧百绘山居图扇面，并三绝句，赠李叔同。

于宗庆为刻印章“惜霜”（白文）。边款“光绪己亥冬十月，江都于宗庆”。①

因诗赠沪上名妓朱慧百，朱慧百绘一山居图，扇面上并有和其原作三绝句。小序为：“漱筒先生，当湖名士，过谈累日，知其抱负非常，感时愤时，溢于言表。蒙贻佳什，并索画箑，勉依原韵，率成三绝，以答琼琚。敬乞方家均政。素馨吟馆主雁影女史朱慧百，设色于春申旅舍，时己亥十月小雪后，并识。”诗为：

水软潮平树色柔，新秋景物最清幽！
小斋雅得吟哦乐，一任江河万古流。

食人不出世嚣哗，谁慰苍生宿愿奢。
遮莫东山高养望，怡情泉石度年华。

如君青眼几曾经，欲和佳章久未成。
回首儿家身世感，不堪樽酒话平生！②

12月3日至12月31日间（农历十一月），书《〈淮源庙碑〉节文隶书四屏条》。款识“光绪己亥十一月，断肠词人李惜霜写隶”；钤印“时年二十”、“江东少年”、“惜霜”。③

临杨岘隶书四条屏。款识“光绪乙亥十一月，断肠词人李惜霜写隶”；钤印“江东少年”、“惜霜”。④

12月10日（农历十一月初八日），书袁枚八十自寿诗卷，款识“己亥十一月八日三鼓，录袁子才先生八十自寿诗以遣兴，断肠词人惜霜氏”；钤印“长相思”、“时年二十”、“曾经沧海”、“惜霜”。⑤

12月11日（农历十一月初九日），仿东坡笔意节录王次回问答词卷，款识有曰“节录次回先生问答词。光绪廿五年子月九日，海上李惜

① 于宗庆，江苏扬州人，又名于硕，字啸轩，曾任安徽蒙城知县。工铁笔，能于方寸牙牌上刻百千字，乃浅刻艺术家。

② 丰子恺编：《前尘影事集》，康乐书店1949年7月版。宗教文化出版社1995年8月版林子青编著《弘一法师年谱》第15页录入时有错字和遗漏。

③ 现藏天津博物馆。此书仿杨见山《节临汉隶四碑四条屏》之首屏，将一屏分为四屏书写。相关研究参见方爱龙：《隶法见山：关于两件李叔同早期隶书作品的考察报告》，载《杭州师范学院学报》2003年第1期。

④ 刘正成主编：《中国书法全集83·近现代编-李叔同马一浮卷》（该分卷主编潘良桢，副主编方爱龙，学术顾问任继愈），荣宝斋出版社2002年11月版，第44—45页。

⑤ 现藏天津博物馆。图版见平湖市李叔同纪念馆编：《李叔同当湖书印文辑》，西泠印社出版社2015年10月版，上册第48页。

霜仿东坡先生笔意于客邸”；钤印“叔桐”、“顾影自怜”。[①] **按：**另有书王次回平江孝仪看灯词行书卷。款识“书王次回和孝仪看灯词，断肠词人走笔”；钤印“当湖惜霜”。[②]

冬至前书集《峄山刻石》书《著书讨息六言篆书联》，款识“当湖断肠词人李惜霜试笔于沪滨客邸”；钤印“长相思”、“惜霜”、“江东少年”。

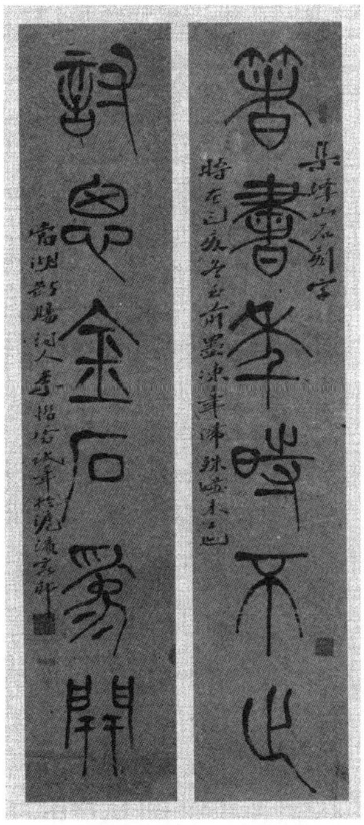

李叔同集《峄山刻石》书《著书讨息六言篆书联》。

是年，在上海致函徐耀廷。信封钤印：“成蹊”、“当湖惜霜”。[③]

书《篆书卫生四条屏》。

戈朋云为刻“当湖惜霜”白文印章一方。[④]

作《二十自述诗》。[⑤]

在上海与文友毛子坚合影。[⑥]

---

① 刘正成主编：《中国书法全集83·近现代编-李叔同马一浮卷》（该分卷主编潘良桢，副主编方爱龙，学术顾问任继愈），荣宝斋出版社2002年11月版，第43页。

② 方爱龙：《李叔同（弘一）书法年表》，收方爱龙编著：《弘一大师书法传论》，西泠印社出版社2001年12月版，第151页。现藏天津博物馆。

③ 图版见平湖市李叔同纪念馆编：《李叔同当湖书印文辑》，西泠印社出版社2015年10月版，上册第21页。

④ 戈朋云，李叔同迁居沪上相识之友，曾操办中英学社。

⑤ 朱经畬：《李叔同（弘一法师）年谱》，收天津市政协文史资料研究委员会、天津市宗教志编纂委员会编《李叔同—弘一法师》，天津古籍出版社1988年4月版，第7页。

⑥ 毛子坚（1882—1960），上海人，为李叔同青年时好友。

1900年　庚子　21岁

社会文化事略

8月，八国联军攻陷北京，慈禧太后挟光绪帝西逃；10月，兴中会惠州起义失败。12月6日，留日学生成立译书汇编社，发刊《译书汇编》。

生平事迹

刊载于1937年1月20日《语美画刊》第20期上的“天涯五友图”。

1月1日至30日间（农历己亥十二月初一日至三十日间），作《咏山茶花》，后记曰：“右余近作《山茶花》诗也。格效东瀛诗体，愧鲜形貌之似。近读东瀛山根立庵先生佳作，而拙作益觉如土饭尘羹矣。先生《咏山茶花诗》云：‘前身尝住建溪滨，国色由来出素贫。凌雪知非青女匹，耐寒或与水仙亲。丰腴坡老诗中相，明艳涪翁赋里人。莫被渡江梅柳妬，群芳凋日早回春。’己亥岁暮之月　惜霜仙史成蹊。”，钤印“时年二十”、“江东少年”、“曾经沧海”、“惜霜”。[1]

2月（正月初二日至廿九日），作《〈二十自述诗〉序》，署“庚子正月”。[2]

3月12日（农历二月十二日），与蔡小香、袁希濂、张小楼、许幻园一起在徐家园内小宴，并在园内悦来照相馆合影。许幻园仿其师王韬在徐家园内摄有“海天五友图”之例，名之曰“天涯五友图”。书《天涯五友图》作题，署名“成蹊”；钤印“李”。**按一：**合影自左至右为：李叔同、张小楼、蔡小香、袁希濂、许幻园。照片上有病红山人之题序。[3] 许幻园的夫人宋贞（梦仙）曾为五位友人题诗，其中咏李叔同的诗曰：“李也文名大似斗，等身著作脍人口。酒酣诗思涌如泉，直把杜

---

① 福建人民出版社2019年12月版《弘一大师全集》（第3版，修订2版）第八册・文艺卷、杂著卷、书信卷，第31页。图版见平湖市李叔同纪念馆编：《李叔同当湖书印文辑》，西泠印社出版社2015年10月版，上册第56页。

② 弘一大师：《〈二十自述诗〉序》，收《弘一大师全集》（第3版，修订2版）第七册・佛学卷、传记卷、序跋卷，福建人民出版社2019年12月版，第639页。

③ 张小楼（1876—1950），原名张楠，江苏江阴人，善书画。蔡小香（1863—1912），名钟骏，号轶侯，别号逸鸥，上海江湾人，好金石书画及诗文，擅长妇科。照相地点又有称宝记像室。参见本谱1927年10月25日条目。

陵呼小友。”[1] **按二：**许幻园《城南草堂笔记》曰：“前王弢园师有‘海天五友图’，一时，名流题咏殆编。庚子花朝，蔡小香、袁仲濂、张小楼、李漱筒诸谱友及余介徐氏园小谯，余兴未阑，更仿泰西照像法，合拍小照一像，各留面目。□有诗词以记事。余即名之曰：‘天涯五友图’。”《城南草堂笔记》为许幻园将历年所题楮叶整理而成，编订成册，计3卷。李叔同曾有一跋（见1901年相关条目）。根据《城南草堂笔记》，李叔同曾赠联于许幻园，联曰：“隐居求志，闭户著书”。亦为祝寿曾赠许幻园《清平乐》词。[2] **按三：**袁希濂在《弘一法师未出家时事略》一文中曰：“同社诸子惟我五人志同道合，遂订金兰之谊，号称‘天涯五友’。是时师年方弱冠，诗文词赋为一社之冠。小楷整齐挺秀，深得晋唐风度，尤工篆书，兼及魏碑，更精石刻，气息古厚，不类少年之作。”[3] **按四：**宗教文化出版社1995年8月版林子青编著《弘一法师年谱》、天津古籍出版社1988年4月版天津市政协文史资料研究委员会，天津市宗教志编纂委员会编《李叔同—弘一法师》中的朱经畲编《李叔同（弘一法师）年谱》、天津人民美术出版社2014年10月版李莉娟主编《圆月耀天心——弘一大师略谱·谱后》均误将此事置于1899年条目。

3月31日至4月28日间（农历三月），与张小楼、吴涛、许幻园等一起在上海四马路（今福州路）大新街（今湖北路）口杨柳楼台旧址组织成立以“提倡风雅、振兴文艺”为宗旨的“海上书画公会”，以为书画界同人品茶、阅报和交流艺术之所，并拟每周出刊《书画公会报》，由《中外日报》社随报发行。任《书画公会报》副经理，另一副经理为许幻园，总经理为吴涛，主会张小楼。[4] **按：**袁希濂在《余与大师之关系》一文中曰：“……庚子三月，在上海福州路杨柳楼台旧址组织海上书画公会，为同人品茶读书之所，每星期出书画报一纸，常熟乌目山僧宗仰上人，及德清汤伯迟、上海名画家任伯年、朱梦庐、书家高邕之等俱来入会。”[5] 庚子年即1900年。袁希濂文中提到的“任伯年”当有误。因任伯年于1896年即已去世。另据王震《20世纪上海美术年表》：“主要会员另有黄宗仰（乌目山僧）、汤伯达、朱梦庐、蔡小香、高邕之、

醵紈閣李漱筒潤格

醵紈閣李漱筒潤格

李漱筒北魏書例

1900年，李叔同在报刊上刊出之书例图示。

---

① 朱经畲：《李叔同（弘一法师）年谱》，收《李叔同—弘一法师》，天津古籍出版社1988年4月第1版，第5页。宋贞，许幻园夫人，善书画，工篆刻，1902年7月27日（农历六月二十三日）病逝，年仅26岁。清道人（李瑞清）有《宋梦仙夫人小传》。参见林子青《弘一法师年谱》，宗教文化出版社1995年8月，第25页。

② 李叔同：《清平乐·赠许幻园》，原刊《城南草堂笔记》（作于1900年），见郭长海、郭君兮编《李叔同集》，天津人民出版社2006年6月第1版，第150页。福建人民出版社2019年12月版《弘一大师全集》（第3版，修订2版）第八册·文艺卷、杂著卷、书信卷第37页将此词注为“一八九九年作于上海”。

③ 袁希濂：《弘一法师未出家时事略》，载1940年10月16日《佛学半月刊》第9卷第20号。

④ 吴涛，字丹初，号亶中，浙江钱塘（今杭州）人。清末民初时期，通过日文翻译了很多欧美作家的作品。善画擅文，有《花花世界·道情》之文，李叔同后在1906年编的《音乐小杂志》上刊登其《天涯蓬梗图》套曲。

⑤ 袁希濂：《余与大师之关系》，收《弘一大师永怀录》，大法轮书局1943年流通版，第144—147页。

袁希濂、汪益寿、王春云、杨伯润、任鸿年、汪洵、钱吉生、黄祉安、任预、何砚北、胡郯卿、宋贞、陈漱芳、张绛珠、潘飞声、吴藕农、宋石年等。”又曰：“1900 年 8 月初，海上书画公会迁于福州路聚丰园东间壁《采风》报馆对面。”①

4 月 16 日（农历三月十七日），《游戏报》刊出《醿纨阁主人四体润格》：

> 李君漱筒年少多才，工四体，书魄亦崭然有横绝一世之概。于大小篆尤能登峰造极。索书者日接踵于道。定润格于左：篆隶行楷，纨扇，半元；堂幅，八尺四元、六尺三元、四尺二元；横幅楹联同例。屏幅减半。名刺半元。镌刻石章，每字三角半。润资先惠，五日取件。件交四马路吉羊楼扇店，或交法租界南卜邻里三弄李公馆亦可。茂苑惜秋生，西湖天涯芳草馆主人　同启。”②

春，作《醉花阴·闺怨》。③

5 月 8 日（农历四月初十日），海上书画公会在《中外日报》刊出《创设书画公会报启》。为该书画报编者，也曾在报上刊登过书印润例。**按一：**此启事多次刊登，据 5 月 14 日《中外日报》所刊启事，文字如下：

> 本会以提倡风雅、振兴文艺为宗旨，专印书画、篆刻等件。他项新闻概不登载，以杜流弊。愿入会者，本会即酬以各款利益。各行欲登告白，另有章程载于本报。
>
> 会设上海四马路西大新街口杨柳楼台旧址。俟房屋装修完美，四月初旬出报。详细章程，请至本会取阅。
>
> 外埠邮资自理。
>
> 主会　蓉江小楼主人张楠
>
> 总经理　西湖天涯芳草馆主吴涛
>
> 副经理　当湖惜霜仙史李成蹊
>
> 　　　　云间城南草堂主人许鐩
>
> 本会附设阅报处一所，四月中旬起，购具本埠及北洋各埠新报

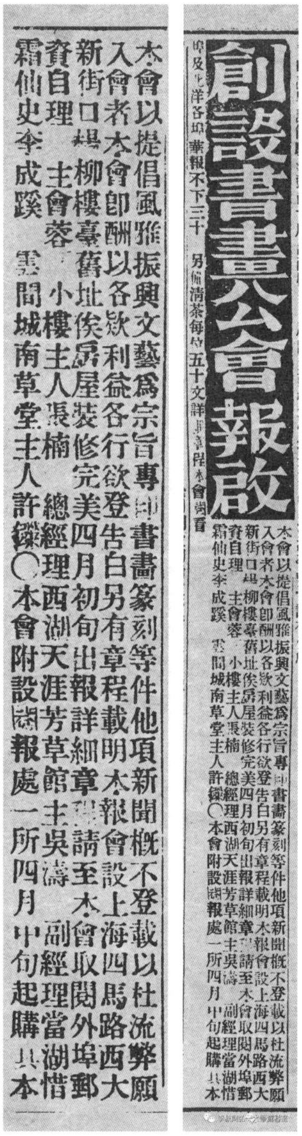

創設書畫公會報啟

本會以提倡風雅振興文藝爲宗旨專印書畫篆刻等件他項新聞概不登載以杜流弊願入會者本會即酬以各欵利益各行欲登告白另有章程載明本報會設上海四馬路西大新街口楊柳樓臺舊址俟房屋裝修完美四月初旬出報詳細章程請至本會取閱外埠郵資自理 主會 蓉江小樓主人張楠 總經理 西湖天涯芳草館主吳濤 副經理 當湖惜霜仙史李成蹊 雲間城南草堂主人許鐩 ○本會附設閱報處一所四月中旬起購具本埠及北洋各埠華報不下三十 另備清茶每位五十文詳見章程本會謹白

1900 年 5 月 14 日《中外日报》刊出的《创设书画公会报启》。

① 王震：《20 世纪上海美术年表》，上海书画出版社 2005 年 1 月版，第 2 页。

② 茂苑惜秋生，原名欧阳淦，《游戏报》编辑。西湖天涯芳草馆主人，即吴涛。

③ 李叔同：《醉花阴·闺怨》，收《弘一大师全集》（第 3 版，修订 2 版）·文艺卷、杂著卷、书信卷，福建人民出版社 2019 年 12 月版，第 37 页。

不下三十种。另备清茶，每位五十文。详细章程本会阅看。

另参见郭长海《李叔同和上海〈书画公会报〉》，收《中国近代文学史证——郭长海学术文集》（下册），吉林人民出版社 2005 年 3 月版，第 765—776 页，言该年 4 月 27 日《中外日报》已刊此文。郭长海所录之文与 1900 年 5 月 14 日《中外日报》所刊之文有文字出入，今以《中外日报》原刊为据。另据王震《20 世纪上海美术年表》：“1900 年 5 月 8 日，海上书画公会刊出‘创设书画公会报启事’，称：本会以提倡风雅、振兴文艺为宗旨，专印书画篆刻等件，他项新闻，概不登载，以杜流弊。愿入会者，本会即酬以各类利益。公会拟于 4 月上旬出创刊号。”① 另 1900 年 5 月 7 日《同文滬报》亦刊登《创设书画公会报启》。

21 世纪 10 年代初的青龙桥街路牌，今已不存。（王维军提供）

21 世纪 10 年代初的薛家浜路青龙桥街交叉口景象，今已不存。（王维军提供）

原城南草堂所在地目前已成为城市拆建之工地。摄于 2018 年 8 月。

原城南草堂附近目前尚存之旧建筑。摄于 2018 年 8 月。

春夏间，因在城南文社的活动中成绩屡列前茅，许幻园慕其才，特辟城南草堂一部分，请其入住，遂居之。② **按：**城南草堂位于当时小南门外青龙桥南首。今薛家滨路原曾穿越青龙桥街，城南草堂的位置即在薛家滨与青龙桥相交处的桥之南堍。有研究者辨出的位置是：“黄浦区薛家滨路与青龙桥街交汇的青龙桥街南段之青龙桥街 100 号”。③ 此地如今已被大规模拆建。对于李叔同何时迁居城南草堂，林子青《弘一法师年谱》在 1899 年和 1900 年都有记述。林谱在 1899 年的谱文中表述：“是年仍时参加城南文社集会，以诗文俱佳，许幻园奇其才，特辟城南草堂一部，并奉其母而居之。”林谱在引用袁希濂《余与大师之关系》一文中“翌年己亥，乃迁于青龙桥之城南草堂，与许幻园同居”时，在“翌年己亥”后加注“（应为庚子——著者）”。继而，林谱又在 1900 年的谱文中这样表述：“是春，应许幻园之邀，举家移居城南草堂。”依据是许幻园《城南草堂笔记》卷上有曰：“庚子春，漱筒姻谱仲，迁居来南，与余同寓草堂，因见正中客厅新悬某名士书之一额曰‘醾纨阁’，而右旁书室，尚缺匾额。余乘兴书‘李庐’二字以赠之。”④ 袁希濂和许幻园二人对李叔同入住城南草堂的时间表述不一，二者必一误，或均有误。林子青最后选择了许幻园的说词，推测是因为许幻园毕竟是当事人，似乎不该有误。但林谱在 1899 年、1900 年的谱文中都记上了入住之

① 王震：《20 世纪上海美术年表》，上海书画出版社 2005 年 1 月版，第 2 页。

② 姜丹书：《才子——艺术教育家——高僧——弘一大师（李叔同）传》，收《姜丹书艺术教育杂著》，浙江教育出版社 1991 年 10 月版，第 267—264 页。文曰：“常悬奖征文，上人投稿，名冠其曹者连三次，许君奇之，恨相见晚，特辟城南草堂之一部，俾上人奉其母而居焉；从此相交至笃，情同管鲍。”袁希濂：《余与大师之关系》，收《弘一大师永怀录》，大法轮书局 1943 年流通版，第 144—147 页。言：“戊戌政变后，乃奉母南迁。初居于法租界卜邻里。翌年己亥，乃迁于青龙桥之城南草堂，与许幻园同居。师于诗文之外，极好书画。”有关城南草堂的具体位置可参见王维军《李叔同沪上卜邻里、城南草堂旧居考证》一文，载 2013 年 9 月《莲馆弘谭》第 9 期。

③ 王维军：《李叔同沪上卜邻里、城南草堂旧居考证》，载 2013 年 9 月《莲馆弘谭》第 9 期。

④ 林子青编著：《弘一法师年谱》，宗教文化出版社 1995 年 8 月版。

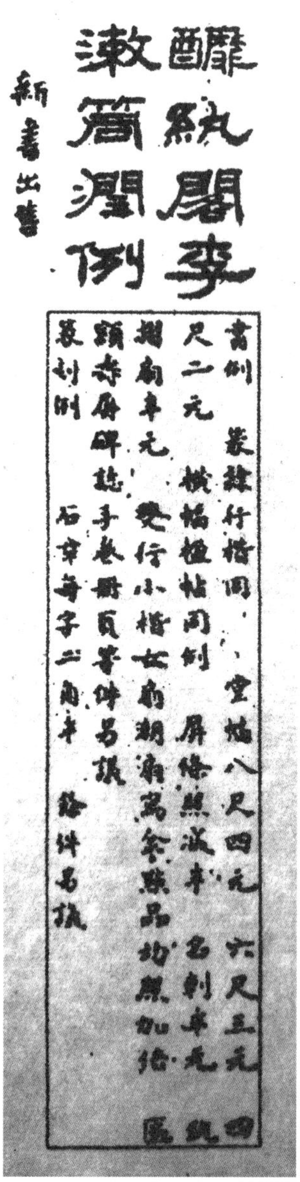

李叔同在《书画公会报》第 3 期刊出自订润例《醿纨阁李漱筒润例》。

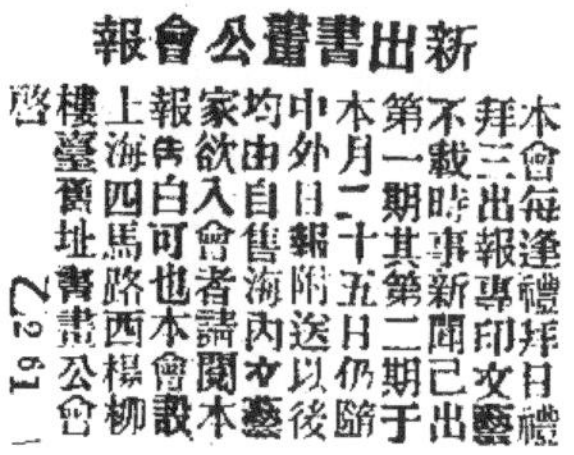
新出書畫公會報

本會每逢禮拜日禮
拜三出報專印文藝
不載時事新聞已出
第一期其第二期于
本月二十五日仍隨
中外日報附送以後
均由自售海內文藝
家欲入會者請閱本
報告白可也本會設
上海四馬路西楊柳
樓臺衖址書畫公會
啓

1900 年 5 月 23 日《新闻报》载《新出书画公会报》。

笔似有不当。考察此事，须留意许幻园文中所说“因见正中客厅新悬某名士书之一额曰‘醿纨阁’，而右旁书室，尚缺匾额。余乘兴书‘李庐’二字以赠之。”此表明李叔同入住城南草堂时，正中客厅有某名士所书切新悬的“醿纨阁”。如果李叔同将“醿纨阁”作为自己的斋名是入住城南草堂之后的事情，那么他入住城南草堂的时间应该是 1889 年，因为在 1899 年底，李叔同得纪晓岚藏汉甘林瓦砚，并遍征诸名士题辞，印成《汉甘林瓦砚题辞》上下二卷，自署“醿纨阁主李成蹊编辑”，校印的时间是“己亥十月”，又一自称是“李庐”（即许幻园为题之斋名）。如果李叔同在入住城南草堂前就已用“醿纨阁”作为斋名，那么，正如许幻园所说为庚子春，即 1900 年春入住城南草堂亦可成立，即李叔同在入住城南草堂后，新悬某名士所书的“醿纨阁”。再则，李叔同于 1901 年正月写的《城南草堂笔记・跋》有曰：“庚子初夏，余寄居城南草堂，由是促膝论文，迄无虚夕。今春养疴多暇，数日间著有《笔记》三卷，将付剞劂。……今幻园以数日而成书三卷，其神勇尤为前人所不及。”由此可知，许幻园《城南草堂笔记》成于 1901 年立春后不久，情理上讲不会对李叔同入住城南草堂的时间误记，且李叔同所谓“庚子初夏，余寄居城南草堂，由是促膝论文，迄无虚夕。”亦为一旁证，似可说明许幻园于庚子春特辟草堂一部分，而李叔同正式入住或在夏初。当然，事实仍不十分清晰，尚可再考。然李叔同于 1900 年已住城南草堂可定论，此可见李叔同于 1914 年《题梦仙花卉横幅》，其中曰：“是画作于庚子九月，时余方奉母城南草堂。花晨月夕，母辄招大姊说诗评画，引以为乐。”①

5 月 10 日（农历四月十二日），《中外日报》刊出《创设书画公会报启》。

5 月 14 日（农历四月十六日），《中外日报》刊出《创设书画公会报启》。

5 月 20 日（农历四月廿二日），《书画公会报》第 1 期出版。**按：**该报第 1、2 期随《中外日报》附送，第 3 期起由书画公会发售。初为每周日、三出刊，后改为不定期刊物，共出版了 39 期。第 39 期于该年 11 月 27 日刊行。后停刊。参见王震《20 世纪上海美术年表》：“1901 年，海上书画公会因李叔同考入南洋公学，张小楼迁居扬州，终止活动。”②。关于报纸的发行，说法不一，林子青曰：“第一、二期交《中外日报》附送。第三期起自行发售。”③ 王震《20 世纪上海美术年表》，曰：

① 李叔同：《题梦仙花卉横幅》，收《弘一大师全集》（第 3 版，修订 2 版）第八册・文艺卷、杂著卷、书信卷，福建人民出版社 2019 年 12 月版，第 36 页。

② 王震：《20 世纪上海美术年表》，上海书画出版社 2005 年 1 月版，第 5 页。

③ 林子青编著：《弘一法师年谱》，宗教文化出版社 1995 年 8 月版，第 17—18 页。

“1900 年 5 月 20 日（四月二十二日），《书画公会报》第一期创刊，每期一纸，逢星期三、日出版。第一、二期随《中外日报》附送，第三期起由书画公会发售，后改为不定期刊，仅存见至第 39 期目录。”① 而郭长海言：“最初随《中外日报》附送，至第 5 期以后，独立发行，而以《中外日报》为代办处。”② 据 1900 年 5 月 23 日《新闻报》所载《新出书画公会报》，言：“本会每逢礼拜日、礼拜三出报，专印文艺，不载时事新闻。已出第一期，其第二期于本月二十五日仍随《中外日报》附送。以后均由自售……” 可知自第 3 期改自售为确当。

5 月 23 日（农历四月廿五日），《新闻报》刊出《新出书画公会报》。

5 月 24 日（农历四月廿六日），《新闻报》刊出《新出书画公会报》。自订润例《醾纨阁李漱筒润格》刊于《苏报》。

5 月 27 日（农历四月廿九日），在《书画公会报》第 3 期刊出自订润例《醾纨阁李漱筒润例》。③

5 月 28 日（农历五月初一日），《新闻报》刊出《书画公会报目录》，为《书画公会报》第 4 期目录。

5 月 28 日至 6 月 26 日（农历五月），为周炳诚《朗圃吟草》作序。款识“庚子夏五，当湖李成蹊识”；钤印“尔来二十有一年矣”。**按**：此序 2019 年 12 月福建人民出版社《弘一大师全集》（第 3 版，修订 2 版）未收。全文如下：

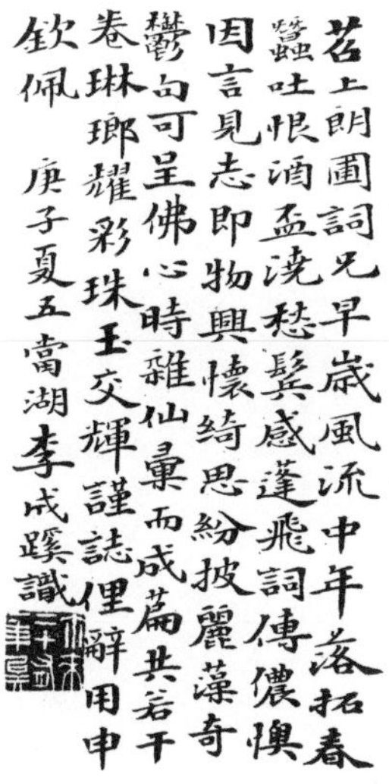
茗上朗圃詞兄早歲風流中年落拓春蠶吐恨酒盃澆愁鬓感蓬飛詞傳儂懊因言見志即物興懷綺思紛披麗藻奇鬱句可呈佛心時雜仙彙而成篇共若干卷琳瑯耀彩珠玉交輝謹誌俚辭用申欽佩　庚子夏五當湖李成蹊識

李叔同为周炳诚《朗圃吟草》所作之序。

> 茗上朗圃词兄，早岁风流，中年落拓。春蚕吐恨，酒杯浇愁。鬓感蓬飞，词传侬懊。因言见志，即物兴怀。绮思纷披，丽藻奇郁。句可呈佛，心时杂仙。汇而成篇，共若干卷。琳琅耀采，珠玉交辉。谨志俚辞，用申钦佩。庚子夏五，当湖李成蹊识。④

---

① 王震：《20 世纪上海美术年表》，上海书画出版社 2005 年 1 月版，第 2 页。

② 郭长海：《李叔同和上海〈书画公会报〉》，收《中国近代文学史证——郭长海学术文集》，吉林人民出版社 2005 年 3 月版，第 765—776 页。

③ 图版见平湖市李叔同纪念馆编：《李叔同当湖书印文辑》，西泠印社出版社 2015 年 10 月版，上册第 15 页。

④《朗圃吟草》为周炳城诗集。有《朗圃吟草》4 卷。李叔同、张小楼、袁希濂、韩鸿藻、张兆熊、香梦词人等分别作序。李叔同序手稿钤印：“尔来二十有一年矣”。详情参见王维军《李叔同研究中的探索与发现》，收《当湖人家》，天津人民出版社 2017 年 8 月版，弘一大师李叔同部分第 210—248 页。周炳城，生于 1864 年，浙江乌程（湖州）人，号朗圃秋士，著有《朗圃吟草》《湖海诗萃》等。

周炳城有《和惜霜仙史七夕有感用原韵》，收《朗圃吟草》卷四：

银河风景望中真，枨触当年忆旧因，私语并肩传故事，长生殿里渺无人。

漏重星稀月影迟，匆匆相见恨何其。尘寰怨旷知多少，不独天孙感别离。

周炳城又有《意犹未尽再次二绝句》：

难偿百万怨尤真，薄倚支机话夙因。天上若多尘世恨，牛郎恐也白头人。

净洗甲兵底事迟，冲天杀气倍凄其，自家分合犹难主，哪有闲怜世上难。（近北方拳匪猖獗，而沪上人家多有迁居远离者，故戏及之）

5 月 29 日（农历五月初二日），《新闻报》刊出《书画公会报目录》。为《书画公会报》第 4 期目录。

5 月 30 日（农历五月初三日），《新闻报》刊出《书画公会报目录》。为《书画公会报》第 4 期目录。

5 月 31 日（农历五月初四日），《新闻报》刊出《书画公会报目录》，为《书画公会报》第 5 期目录。

在《苏报》刊出《醾纨阁李漱筒润格》：

书例　篆隶行楷同例
堂幅　八尺　四元
　　　六尺　三元
　　　四尺　二元
横幅　楹帖同条幅例
屏条　照减半
名刺　半元
纨折扇　半元
双行小楷　写金女扇加倍。
以上点品均照加倍篆刻例。
石章　每字四角半　余另收。
件交四马路大街口书画公会报馆

在《苏报》上刊出《难得》（广告文）。署名：李漱筒。**按：**此文福建人民出版社 2019 年 12 月版《弘一大师全集》（第 3 版，修订 2 版）未收。录存如下：

命以八方为表，五行为里；课以八卦为体，六壬为用。故推命必须由表察里，庶无顾此失彼之虞。六课更明体达用，始有和响斯应之妙。然欲兼通其义者，近世罕见。山阴修竹轩主人始下董帷，旋游莲幕。以曩昔余暇，得精是术。大马路萃泰等布号各宾主数十人，无不向之求指教，因而避咎趋利者，固不一而足。而余蒙教益，更获奇中。视彼仅谙八字、八卦者，不啻仙与凡矣！惜主人不耽于市隐，拟返稽山镜水间，作避暑计。盖相与日久，若有所失，并为吾辈未获针指者憾焉。故不吝布闻，愿明休咎者，勿交臂失之也。

寓宝善街新中福印杨记。

润资　起码四角，通年成本两元。

余例仿单。

当湖　李漱筒　谨启

此广告刊出半月后，文后部分“不啻仙与凡矣!”之后，续刊之文文字有更动：“第主人乃以旅寓蒸热，不堪终夏，拟返鉴湖作避暑计。经余挽留，劝作迁地为良。现假望平街三马路司听雨轩书画店楼房安歇。喜昼间有薰风展爽，夜有凉月窥窗，与问津诸君畅叙个中妙理，岂得明修咎已耶。润资起码四角。”①

書畫公會報目錄
本會每逢禮拜日禮拜三出
報一次現已出至第四期茲
于五月初七日即西國禮拜
出第五期目錄列下○常熟
翁相國書册○宗仰大和尚
鄒香谷汪益壽汪藝弇顧蘭
如諸先生人物書册○啓者
本會自行發售外本準寄售
中外日報館又本會另設閱
報所備具各報不下三十種
取閱資五十文此佈　上海
四馬路西書畫公會啓 3032

1900 年 6 月 2 日，《游戏报》刊出的《书画公会报目录》。

6 月 1 日（农历五月初五日），《新闻报》刊出《书画公会报目录》，为《书画公会报》第 5 期目录。

6 月 2 日（农历五月初六日），自订润例《醾纨阁李漱筒润格》刊于《游戏报》。同期《游戏报》刊出《书画公会报目录》，为《书画公会报》第 5 期目录。

《新闻报》刊出《书画公会报目录》，为《书画公会报》第 5 期目录。

6 月 3 日（农历五月初七日），《新闻报》刊出《书画公会报目录》，

① 郭长海：《弘一大师李叔同为星相家做广告》，收《中国近代文学史证——郭长海学术文集》（下册），吉林人民出版社 2005 年 3 月版，第 757—759 页。

为《书画公会报》第 5 期目录。

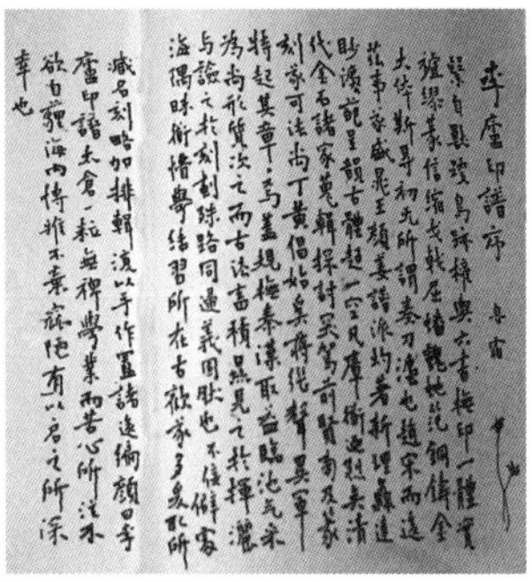
李叔同自书《〈李庐印谱〉序》。

6 月 4 日（农历五月初八日），自书《〈李庐印谱〉序》，署名：“息霜”。后作为《文美》第三页由《太平洋报》社随报奉送。[1] 序中有言：“赵宋而后，兹事遂盛，晁王颜姜，谱派灼灼。新理泉达，眇法葩呈。韵古体超，一空凡障，道乃烈矣。清代金石诸家，蒐辑探讨，突驾前贤，旁及篆刻，遂可法尚。丁黄唱始，奚将继声，异军突起，其章章焉。盖规秦抚汉，取益临池，气采为尚，形质次之。而古法蓄积，显见之于挥洒，与检之于刻画，殊路同归，义固然也”。

《新闻报》刊出《书画公会报目录》，为《书画公会报》第 5 期目录。

6 月 6 日（农历五月初十日），《新闻报》刊出《书画公会报目录》，为《书画公会报》第 6 期目录。

6 月 8 日（农历五月十二日），《新闻报》刊出《书画公会报目录》，为《书画公会报》第 7 期目录。

6 月 10 日（农历五月十四日），《新闻报》刊出《书画公会报目录》，为《书画公会报》第 7 期目录。

6 月 13 日（农历五月十七日），《新闻报》刊出《书画公会报目录》，为《书画公会报》第 8 期目录。

6 月 17 日（农历五月廿一日），《新闻报》刊出《书画公会报目录》，为《书画公会报》第 9 期目录。

6 月 20 日（农历五月廿四日），《新闻报》刊出《书画公会报目录》，为《书画公会报》第 9 期目录。

6 月 21 日（农历五月廿五日），《采风报》刊出《书画公会报目录》，为《书画公会报》第 10 期目录。

6 月 24 日（农历五月廿八日），《新闻报》刊出《书画公会报目录》，

① 李叔同：《〈李庐印谱〉序》，收《弘一大师全集》（第 3 版，修订 2 版）第七册・佛学卷、传记卷、序跋卷，福建人民出版社 2019 年 12 月版，第 639 页。图版见平湖市李叔同纪念馆编：《李叔同当湖书印文辑》，西泠印社出版社 2015 年 10 月版，中册第 159 页。

为《书画公会报》第9期目录。

8月31日（农历八月初七日），《游戏报》刊出赠吴涛《苏幕遮·赠别天涯芳草馆主人》，署“当湖惜霜”。①

9月24日至10月22日（农历闰八月），为准备参加乡试，由湖北赈捐局案内报捐获得监生资格。②

秋，许幻园妻宋贞绘有《城南草堂图》，许幻园复写《城南草堂图记》，得众友人题词。后由许幻园将其编成《城南草堂图倡和集》，有宋贞诗一首，许幻园以原韵和一首，众友人均依韵和诗。亦和一首《酬宋贞〈城南草堂图诗〉原作韵》，自记：“庚子初夏，余寄居草堂，得与幻园朝夕聚首。曩幻园于丁酉冬有《二十岁自述诗》，张蒲友孝廉为题词云：‘无真非幻，无幻非真’，可谓深知幻园者矣。李成蹊。”③ **按一：**许幻园有《城南草堂图记》（收《城南草堂图倡和集》），曰：“沪滨繁华，鸡犬桑麻，又是一番世界。人家多临水居，男妇皆朴重，盖犹有古风存焉。余性耽静僻，厌弃喧哗。于丁酉之春，筑草堂于此。庭植杂花，当盛开时，幽香满室，颇得佳趣。北临青龙桥，岸旁遍栽杨柳；东望黄浦，来往帆樯，历历在目。庚子孟秋，内子梦仙，为画草堂图，蒙海内大雅题句甚伙，因付剞劂，以志墨缘，并附此图于集中，为记其缘起如此。云间幻园居士。”**按二：**宗教文化出版社1995年8月版林子青编著《弘一法师年谱》将此置于是年夏，因许幻园有“庚子孟秋，内子梦仙，为画草堂图……”句，当置于是年秋。

许幻园夫人宋贞（梦仙）像。（王维军提供）

印行《诗钟汇编初集》，扉页署“成蹊署”；钤印“李”。上海吴润记印书局代印，有自序，署“当湖惜霜仙史识”（又见书影署李惜霜编辑，及扉页款“成蹊署”，钤印“李”，另有“庚子莫秋李庐校印”等字样）。④

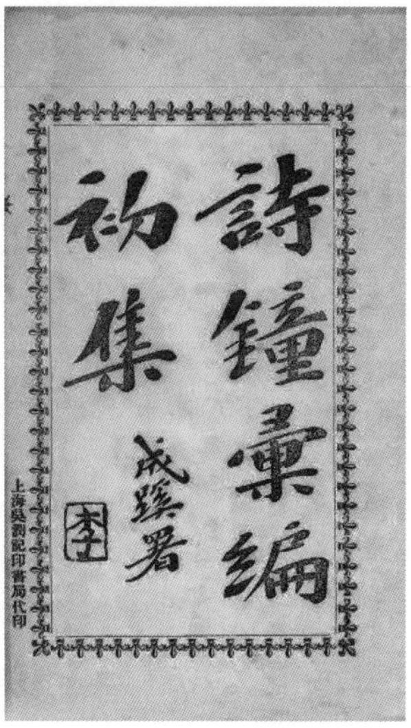

李叔同自编的《诗钟汇编初集》扉页。

10月10日（农历闰八月十七日），《同文消闲报》刊出集砚楼主蔡钟骏小香《题幻园如弟城南草堂图和天籁阁主元韵》：“池塘一梦草生

① 李叔同：《苏幕遮·赠别天涯芳草馆主人》，收《弘一大师全集》（第3版，修订2版）第八卷·文艺卷、杂著卷、书信卷，福建人民出版社2019年12月版，第37页。

② 详见《光绪二十八年送乡试底册》记载，见欧七斤《李叔同两次参加乡试史实新考》，载2011年9月《莲馆弘谭》第7期。

③ 关于此诗的题目，林子青在宗教文化出版社1995年8月版《弘一法师年谱》第18页中为《酬宋贞〈城南草堂图诗〉原作韵》，而福建人民出版社2019年12月版《弘一大师全集》（第3版，修订2版）第八册·文艺卷、杂著卷、书信卷第31页中为《和宋贞题城南草堂图原韵》。而李叔同自记中的一句，林子青《弘一法师年谱》中为“曩幻园于丁酉冬有……”，《弘一大师全集》（第3版，修订2版）第八册·文艺卷、杂著卷、书信卷第31页则为“曩幻园于丁酉冬作……”

④ 李叔同：《〈诗钟汇编初集〉序》，收《弘一大师全集》（第3版，修订2版）第七册·佛学卷、传记卷、序跋卷，福建人民出版社2019年12月版，第639页。

春，小筑城南寄此身。喜为天涯知己语，夏初与袁仲濂、张小楼、李漱筒诸弟合照天涯知己小影，石交完好璞完真。”

10月17日（农历闰八月廿四日），《游戏报》刊出《书画公会报目录》，为《书画公会报》第36期目录。

1900年李叔同在上海。

10月19日（农历闰八月廿六日），《游戏报》刊出《书画公会报目录》，为《书画公会报》第36期目录。

10月23日（农历九月初一日），《游戏报》刊出《书画公会报目录》，为《书画公会报》第37期目录。

10月27日（农历九月初五日），《游戏报》刊出《书画公会报目录》，为《书画公会报》第37期目录。

10月28日（农历九月初六日），《游戏报》刊出《书画公会报目录》，为《书画公会报》第37期目录。

10月31日（农历九月初九日），《游戏报》刊出：泄浅赵三：《和汤伯迟先主赠汪笑侬伶隐诗即用原韵录呈游戏主人惜秋生天涯芳草馆主惜霜外史暨先生同政》：“听谱阳春白雪还，伶宫事业亦名山。都将磊落不平事，且寄沉酣醉舞间。世态何妨随变幻，浮生只含付顽孱。天涯几个称知己，诗笔江州愧炳斑。”同期《游戏报》刊出《书画公会报目录》，为《书画公会报》第38期目录。

11月1日（农历九月初十日），《游戏报》刊出《书画公会报目录》，为《书画公会报》第38期目录。

11月10日（农历九月十九日），子李准生。[①] **按**：李端《家事琐记》中言：“九哥李准是我的胞兄，因幼年得哮喘病，一生没有做事，结婚也较晚。我们一家的兄弟姐妹的婚事，都是大媒提亲，门当户对。只有九哥的婚事是小媒提亲，九嫂王氏，家住南市芦庄子泰安里，家道

① 李准（1900—1963），李叔同次子（长子乳名葫芦，早夭，生年不详），生于上海。1905年回天津生活。因哮喘病，一生未工作，娶妻王凤英（1904—1978）。20世纪40年代后期举家迁居北平。有一子二女。长女中慧，子曾慈，幼女中敏。参见天津市李叔同—弘一大师研究会、天津大悲院编，章用秀撰文《弘一大师的精神境界》，天津教育出版社2015年9月版，第95页。

小康。”[①]

11 月 13 日（农历九月廿二日），《中外日报》刊发书画公会报《报馆照盘》启事：

> 本馆自创办至今已六阅月，久为海内艺林称许。奈本馆主人志在游历，有扶桑之行，无暇及此。拟将公会及所有生财器用，一概招人盘顶。海内有主持风雅，愿承其后者，请向本馆账房面商可也。此布。
>
> 书画公会报启

12 月 12 日（农历十月廿一日），《申报》载格致书院公布之己亥夏季课题征答成绩。获一等第 22 名（超等 16 名，特等 20 名，一等 28 名）。

12 月 20 日（农历十月廿九日），《新闻报》刊出冯观澜《步和惜霜仙史感怀原韵》：“不须郁抑不须欢，大道循环冷眼看。十载繁华随水逝，一场梦幻醒春残。对侯不羡头衔贵，处世惟求腹笥宽。漫说砚田多恶岁，书生寝食古来难。”

“天涯五友”之一蔡小香系一位女科医生，李叔同为他写有《戏赠蔡小香四绝》，其中曰：“眉间愁语烛边情，素手掺掺一握盈。艳福者般真羡煞，佳人个个唤先生。……轻减腰围比柳姿，刘桢平视故迟迟。佯羞半吐丁香舌，一段浓芳是口脂。”1912 年蔡小香辞世，女科由其子香孙续业。1913 年李叔同手书“江湾蔡小香子香孙女科”广告在《新闻报》刊载二月有余。此图为该女科招牌。（樊东伟提供）

冬，作《梧桐树·老少年曲》。[②]

是年，作《戏赠蔡小香四绝》（诗）。[③] **按：**《城南草堂笔记》曰：“谱兄蔡小香，世擅女科，名誉江淮。故就医者如入山阴道上，有应接不暇之势。粉白黛绿，列坐其间；鬓影衣香，令人意远，李漱筒如仲，调以诗曰：……”

出版《李庐印谱》。[④]

在上海摄有一影。**按：**1918 年夏此照赠堵申甫。

行书作品刊于《书画公会报》第 14 期。

---

① 李端：《家事琐记》（王慰曾记录整理），收天津市政协文史资料研究委员会、天津市宗教志编纂委员会编《李叔同—弘一法师》，天津古籍出版社 1988 年 4 月版，第 108—123 页。

② 1926 年《小说世界》第 15 卷第 9、10、11、12 期刊出《李叔同未出家时手写诗词手卷》。其中部分诗词文字与先前初刊时有小许出入。此词置于“庚子条”。另参见宗教文化出版社 1995 年 8 月版林子青编著《弘一法师年谱》第 19 页 1900 年条目注释十。此曲的详考，参见郭长海：《考证三则》，收《莲馆弘谭 · 2018》，西泠印社出版社 2018 年 12 月版，第 114—120 页。

③ 李叔同：《戏赠蔡小香四绝》，原刊《城南草堂笔记》（作于 1900 年），见郭长海、郭君兮编《李叔同集》，天津人民出版社 2006 年 6 月第 1 版，第 150 页。福建人民出版社 2019 年 12 月版《弘一大师全集》（第 3 版，修订 2 版）第八册 · 文艺卷、杂著卷、书信卷第 31 页将此四绝注为 1899 年秋作。

④ 林子青：《弘一法师年谱》，宗教文化出版社 1995 年 8 月版，第 17 页。

社会评介择要

《创设书画公会报启》，载1900年5月14日，《中外日报》。

《报馆招盘》，载1900年11月13日《中外日报》。

病红山人：《天涯五友图序》，题于1900年春《天涯五友图》。

周炳城：《和惜霜仙史七夕有感用原韵》，收《朗圃吟草》卷四。

周炳城：《意犹未尽再次二绝句》，收《朗圃吟草》卷四。

1901 年　辛丑　22 岁

社会文化事略

1 月 29 日，慈禧太后在许安颁懿旨议论变法，称“取外国之长，乃可补中国之短”，命督抚大臣参酌中西政要，各抒己见；5 月，《教育世界》在上海创刊；8 月 29 日，清政府废除八股；9 月 7 日，清政府与十一国签订“辛丑条约”。

生平事迹

年初（农历庚子十二月），作《〈李庐诗钟〉自序》，署：“庚子嘉平月”。**按：**李叔同：《〈李庐诗钟〉自序》，收《弘一大师全集》（第 3 版，修订 2 版）第七册 • 佛学卷、传记卷、序跋卷，福建人民出版社 2019 年 12 月版，第 639 页。李叔同《〈李庐诗钟〉自序》的自署时间为“庚子嘉平月”。庚子嘉平月为 1901 年 1 月 20 日至 2 月 18 日。林子青《弘一法师年谱》（宗教文化出版社 1995 年 8 月版第 17 页）将此事记于 1900 年冬月。

李叔同题签的许幻园《城南草堂笔记》封面。

在上海致许幻园信：

云间谱兄大人经席：

奉上素纸三叠，望詧收。是序明正作好不迟，付印须二月时也。命书之件，略迟报命。前见示佳著，盥诵再四，哀艳之思，溢于毫素，佩甚佩甚！暇当掇拾数什，奉和大雅；但珠玉在前，而瓦砾恐瞠乎其后耳。雨雪霁时，知己倘有余晷，请到敝寓一叙。临颖依依，曷胜眷眷。即请

大安

如小弟成蹊顿状

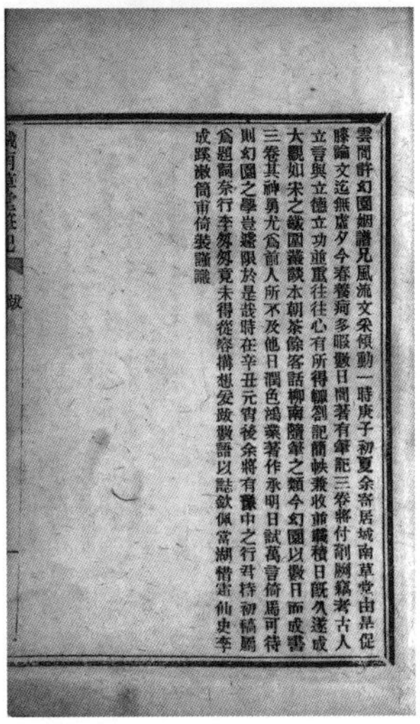

《城南草堂笔记》李叔同跋。

按：福建人民出版社 2019 年 12 月版《弘一大师全集》（第 3 版，修订 2 版）• 文艺卷、杂著卷、书信卷第 267 页收录，标注为“一九O一年，上海”。此函未署时间，根据“是序明正作好不迟”句，可判断为 1901 年 1 月 1 日至 2 月 18 日（农历庚子年十一月十一日至十二月三十

日）间。文物出版社 2017 年 10 月版陈飞鹏整理《弘一法师书信全集》第 13 页收录此信，注此信写于“一月”。未交代依据。此信曾刊于 1948 年《学僧天地》第 1 卷第 6 期，题《弘一大师遗札》。

3 月 6 日至 3 月 31 日间（农历正月十六日至二月十二日间），正月十五元宵节后撰《〈城南草堂笔记〉跋》，曰：“时在辛丑元宵后，余将有豫中之行，君持初稿嘱为题词，奈行李匆匆，竟未得从容构想。爰跋数语，以志钦佩。”署：“当湖惜霜仙史李成蹊漱筒甫倚装谨识”。**按一：**此据原件录。林子青《弘一法师年谱》，宗教文化出版社 1995 年 8 月版，第 21 页将“奈行李匆匆”误录为“奈行色匆匆”。该跋收《弘一大师全集》（第 3 版，修订 2 版）第七册 · 佛学卷、传记卷、序跋卷，福建人民出版社 2019 年 12 月第 3 版，第 640 页。**按二：**许幻园《城南草堂笔记》封面亦由李叔同题签，署名：“成蹊”。①

春，3 月中下旬，农历正月末曾回天津。行前填《南浦月 · 将北行矣，留别海上同人》。数日后起程，乘船赴天津，夜梦至家，见老母室人作对泣状，似不胜离别之感，潸然泪下，醒时泪痕已湿枕。赴津途中经大沽口，见沿岸残垒败灶，不堪极目，作诗《夜泊塘沽》。晨起登岸，未赶上第一趟火车，欲寻客邸暂住行踪，而兵燹之后旧时旅馆率皆颓坏。有新筑草舍三间，无门窗、床几，人皆席地坐，杯茶盂馔均阙如。强忍饥渴，兀坐长喟至日暮，始乘火车赴天津。路途所经庐舍大半烧毁，抵津城而城墙已拆去十无二三。侨寄城东姚氏庐，逢旧诸友。会见之余，颇有隔世之感。② 因“庚子之役”，京津受扰，其仲兄文熙一家逃难至河南内黄，故居津数日后拟赴河南探望，因闻战乱，未成行。在天津某医院曾晤日本上冈先生，被勉以尽忠报国等语，以为契合。居天津时日过育婴堂，与赵幼梅师过谈，知日本人求其书者甚多。作诗《感时》，越日又与赵幼梅、大野捨吉、王曜忱一起与上冈先生在育婴堂合影。在津作诗《到津次夜，大风，愁不成寐》《津门清明》《赠津中同人》。

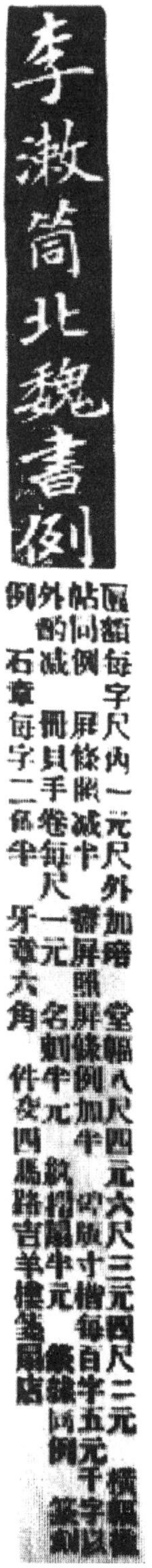

1901 年 4 月 26 日《同文消闲报》刊出的《李漱筒北魏书例》。

4 月 4 日（农历二月十六日），寒食日在津书扇赠世交华伯铨。一面为唐人张祜诗《宫词二首》之一，一面为回津近作《到津次夜，大风，

① 书影见平湖市李叔同纪念馆编：《李叔同当湖书印文辑》，西泠印社出版社 2015 年 10 月版，上册第 8 页。

② 据天津教育出版社 2015 年 9 月版《弘一大师的精神境界》（天津市李叔同—弘一大师研究会、天津大悲院编，章用秀撰文）第 4 页，此期间“李叔同二哥的内兄姚品侯、姚召臣与他促膝交谈。叔同青少年时的知交师友孟广慧、华世奎、马家桐、王襄、王钊、朱易谙、赵元礼、徐士珍、王新铭、李采蘩等津门名流，听说他回来了，也纷纷前来与他叙旧。”

愁不成寐》。款识“辛丑寒食，伯铨先生大雅嘱，成蹊”。[1]

4月中旬（农历二月末），整装南下，第一夜宿塘沽旅馆，填《西江月·宿塘沽旅馆》。越日登轮，作诗《日夕登轮》。乘轮途中作诗《舟泊燕台》《轮中枕上闻歌口占》。在天津居二旬后返回上海。以此行见闻用日记体整理成《辛丑北征泪墨》。[2]

4月25日（农历三月初七日），《同文消闲报》刊出《李漱筒北魏书例》。**按：**该报本年4月26日、28日、29日、30日，5月2日至9日、11日至15日、17日至18日、21日至26日、29日至31日，6月1日至7日、11日至14日、25日亦刊出同题书例。

5月1日（农历三月十三日），《中外日报》刊出广告《南洋公学招考特班》：“本公学现在增设特班，专教成才之彦，各省学识淹通之士，无论有无出身，会习西文与否，均可觅具保人，赴本公学报名，限四月内截止。届时由督办轮船电报两局盛丞堂示告试期，惟素有嗜好或性喜便逸或须料理家事者幸勿枉临。一切规约，照原设师范班优待之例，惟不给膏火，一切购买书笔纸墨由自备。功课分初级、高等两课，初级：英文、算学、格致、化学；高等：地学、史学、政治、理财、名学。各学三年卒业，告假、退学均有限制，别具详细章程，可向本公学索阅。”该广告此后在该报多次刊登。

6月7日（农历四月廿一日），在《同文消闲报》发表《醉花阴·闺怨》。署名“惜霜”。

6月16日至7月15日间（农历五月），《辛丑北征泪墨》在上海印行。有自序，其中曰：“游子无家，朔南驰逐。值兹离乱，弥多感哀。城郭人民，慨怆今昔。耳目所接，辄志简篇，零句断章，积焉成帙。重加厘削，定为一卷，不书时日，酬应杂务，百无二三。颜曰‘北征泪墨’，以示不从日记例也。辛丑初夏，惜霜识于海上李庐。”所收诗词有《南浦月·将北行矣，留别海上同人》《夜泊塘沽》《到津次夜，大风，愁不成寐》《感时》《津门清明》《赠津中同人》《西江月·宿塘沽旅馆》《登轮感赋》《轮中枕上闻歌口占》。

《辛丑北征泪墨》书影。

[1] 寒食节在清初汤若望历法改革前为清明节前两日，汤氏改革后，则定为清明前一日。现代二十四节气的定法沿袭汤氏历法。
[2] 有关行程和诗词均见同年夏（农历五月）印行的《辛丑北征泪墨》。

夏，以李成蹊之名参加上海广方言馆入学考试，广方言馆为备取第三名。[①] 后未入学。

7 月 28 日（农历六月十三日），《申报》刊出《江南制造局示》，公布广方言馆录取名单，名列其中。

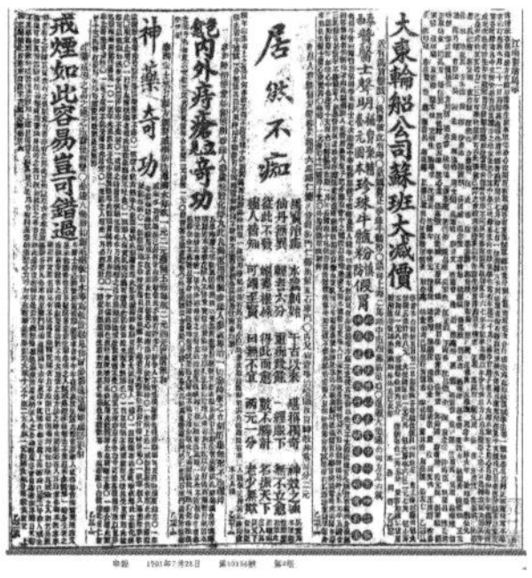
大東輪船公司蘇班大減價
居然不痴
館內外痔瘡神奇功
神藥奇功
戒煙如此容易豈可錯過

1901 年 7 月 28 日（农历六月十三日），《申报》刊出《江南制造局示》，公布广方言馆录取名单，名列其中。

7 月 29 日（农历六月十四日），《申报》继续刊出《江南制造局示》，公布广方言馆录取名单，名列其中。

7 月 31 日（农历六月十六日），应富春山民之邀，赴沪上名妓李苹香所在之天韵阁饮宴。作《书赠苹香》，有记曰：“（辛丑六月望夕……）次日，（富春）山民觞客于天韵阁。座中有冷钵斋主、惜霜仙史、补援居士。酒阑，各即席得句，书赠苹香，诗曰……”署“惜霜仙史”。铁鹤、冷钵斋主、补园居士分别有《和惜霜仙史韵》，继而有《和补园居士韵》（诗）。瑟楼有《读补园即席赠李苹香校书之作，却寄四绝，即讯诗庵、惜霜、冷钵三君，兼简苹香》。[②]

旧时南洋公学校门。（资料来源：上海交通大学校史馆）

8 月 23 日（农历七月初十日），参加南洋公学特班第二次招生考试。**按一：**1901 年 8 月 17 日《新闻报》载《南洋公学定期考试告白》，曰：“南洋公学续招特班。报名已于月抄截止。现定于七月初十日晨六点半钟自备笔砚齐集本公学应试，并亲填履历。幸勿自误。此白。”[③] **按二：**南洋公学录取。参加南洋公学入学考试成绩单为理学 40 分、词章 35 分，总分 75 分，取第 12 名。**按三：**南洋公学由盛宣怀创办于 1896 年，旨在培养既谙熟中国传统文化而复通晓四方新学的高端政治专才。初创时设师范院、外院、中院和上院。特班筹设于 1901 年春，专学政治、外交、法律等中西实用之学，设专研科、文词、算学、英文、日文、体操等。其中专研科分哲学、外交学、法律、政治、理财、教育、文学、理化等供学生选择。蔡元培为总教习。选择入南洋公学。[④] 同年 9 月正式开办，1902 年 11 月，该班学生因“墨水瓶事件”退学，因而无形解散。1903

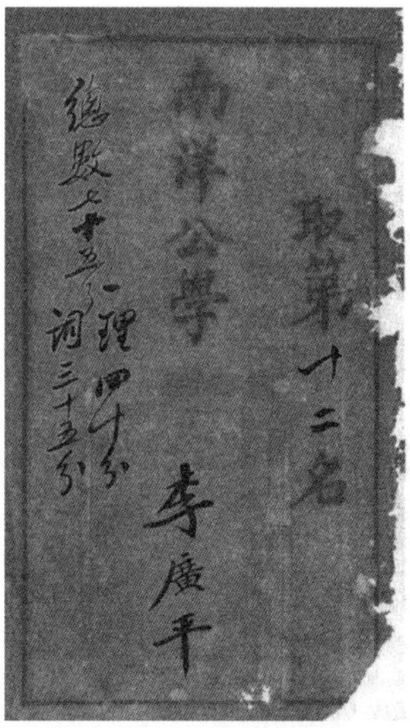

1901 年李叔同考入南洋公学的录取成绩单。（资料来源：上海交通大学校史馆）

① 郭长海：《李叔同早期事迹别录》，载 1999 年 10 月《天津文史——李叔同就专辑》（为《天津文史》第 22 期）。

② 郭长海《李叔同走马章台》，收《中国近代文学史证——郭长海学术文集》（下册），吉林人民出版社 2005 年 3 月版，第 706—721 页；郭长海、郭君兮编《李叔同集》，天津人民出版社 2006 年 6 月版，第 255 页。李苹香，生于 1880 年，原姓黄，字碧漪，小字梅宝，原籍安徽徽州，家族原为望族，后中落。擅诗词，有“才女”之称。1901 年春因生活无着沦落上海为妓。1903 年春改名谢文漪，以书画为生。《和补园居士韵》在福建人民出版社 2019 年 12 月版《弘一大师全集》（第 3 版，修订 2 版）第八册 · 文艺卷、杂著卷、书信卷第 33 页为《和补园居士韵又赠苹香》。

③ 天津人民出版社 2006 年 6 月版郭长海、郭君兮编《李叔同集》第 255 页言李叔同参加考试的时间是 8 月 29 日。本谱依 1901 年 8 月 17 日《新闻报》载《南洋公学定期考试告白》。

④ 蔡元培（1868—1940），字鹤卿、民友、孑民，浙江绍兴人，1892 年进士、翰林院编修，后任民国首任教育总长、北京大学校长等职，近现代著名教育家、革命家。

年春季开学时，特班建制正式裁撤。**按四：**宗教文化出版1995年8月版林子青编著《弘一法师年谱》第21—22页注释五：“黄世晖《蔡孑民先生传略》（蔡孑民口述，黄世晖记）：‘是年（辛丑），南洋公学开特班，招生二十余人，皆能为古文辞者，拟授以经世之学，而拔其尤，保送经济特科……学生中最为孑民所赏识者，邵闻泰（力子）、洪允祥（樵舲）、王峨孙、胡仁源、殷祖伊诸君，其次则谢沈（无量）、李广平（叔同）、黄炎培、项骧、贝寿同诸君。’”

1900年落成的南洋公学上院。（资料来源：上海交通大学校史馆）

9月6日（农历七月廿四日），《消闲报》刊出：芜城软红：《和惜霜七夕杂咏录呈病鸳吟长政刊》：“已老潘郎两鬓丝，不堪回首忆斯时。桐阴满地蟾光冷，怕听吴侬唱竹枝。空牖残灯慰寂寥，闲愁都向梦中消。秋庭夜色凉如许，卧听深宵枕上潮。月移花影上回廊，阵阵风吹宝鸭香。堪笑牛郎真命薄，一年一度梦离长。皎皎银河月色阑，荒园鸡唱五更残。双星也识分离苦，话到分离骨已寒。”

20世纪初，南洋公学师生在上院前合影。（资料来源：上海交通大学校史馆）

9月13日（农历八月初一日），南洋公学特班开课。**按一：**曾选外交学、法律学、政治学等。入学后自“小南门外青龙桥南李公馆”搬入校内，独居一室。[①] 居南洋公学上院三楼特班单人宿舍，妻儿仍居城南草堂。[②] 因生长于北方，曾教同学国语。**按二：**南洋公学校址今存，即上海徐家汇华山路1954号上海交通大学徐家汇校区。李叔同在校就读时所住上院三楼特班宿舍，现为上海交通大学新上院院址。**按三：**《蔡元培日记》1901年12月29日附“南洋公学特班学生月课积分表”，曰第10名为黄炎培，第13名为李广平（李叔同），第32名为郭弼（郭奇远）。[③] **按四：**据《蔡元培日记》，南洋公学特班学生名单为：王世征、胡仁源、王世谦、洪允祥、邵闻泰、刘伯渊、黄大钧、穆湘瑶、贝寿同、黄炎培、陈锡民、殷崇亮、李广平、谢澄、项骧、钟牧、林祖同、田溓、钟观诰、范况、储桂山、徐敬熙、魏斯灵、陆征瑞、吴宝地、周光庭、张承樾、朱履和、唐忠行、潘钰、钱诗桢、郭弼、程志姚、林松生、文光。[④] **按五：**李叔同在南洋公学读书时的情形，同学黄炎培回忆：“我和叔同是1901、1902年上海南洋公学——后来被先后改名南洋大学、交通大学——特班的同学。……同学时他刚二十一二岁。书、画、篆刻、诗歌、音乐都有过人的天资和素养。南洋公学特班宿舍有一人一室

今上海交通大学徐家汇校区内的新上院建筑。摄于2018年9月。

1903年时的蔡元培。

① 此据上海交通大学校史档案所载李叔同家居地址。参见欧七斤、盛懿：《出旧入新：南洋公学经……《嘉兴学院学报》2013年第2期。

② 此地今为上海徐家汇华山路1954号上海交通大学徐家汇校区内新上院院址。参见王维军《李叔……街、南林里居址行迹考》，载2014年9月《莲馆弘谭》第10期。

③《蔡元培日记》，第15卷，浙江教育出版社1998年11月版，第374页。

④《蔡元培日记》，第15卷，浙江教育出版社1998年11月版，第374—375页。

的、有二人一室的。他独居一室，四壁都是书画，同学们很乐意和他亲近。特班同学很多不能说普通话，大家喜爱叔同，因他生长北方，成立小组请他教普通话，我是其中的一人。他的风度一贯地很温和，很静穆。”① **按六：**关于李叔同在南洋公学时的学习情况，欧七斤、盛懿根据史料撰写了《出旧入新：南洋公学经济特班对李叔同的影响》一文，言：“李叔同在校期间曾选择了外交学、法律学、政治学等门类，其月考成绩，1901 年农历八月 95 分，九月 75 分，十月 75 分，十二月 60 分，学期总平均分 76. 2 分，名列全班 13 名，属中等偏上位置。”（农历八月 95 分成绩列第 3 名）“1902 年 10 月，公学向盛宣怀呈交第二学期《特班生成绩表》，开列全班 35 名学生各门功课评语与成绩，李叔同名列第 10 位。各门功课评语与成绩分别是：外交学：‘研究公法甚有条理，辑有使事录’；文词‘和雅’；行仪‘雍容’；英文甲等；日文乙等。英文甲等即‘口齿清楚，文勤敏好学，进步最速。’”② **按六：**蔡元培在《我在教育界的经验》中曰：“我三十五岁（即 1901 年）任南洋公学特班教习。……四十人中以邵闻泰（今名力子）、洪允祥、王世徵、胡仁源、殷祖同、谢澄（今名无量）、李叔同（今出家号弘一）、黄炎培、项骧、贝寿同诸君为高材生。”③ **按七：**另据新版《上海交通大学纪事》：“1901 年，公学学生上演戏剧《黄天霸》，李叔同在剧中任主角。”④ **按八：**蔡元培在写于 1936 年 4 月的《记三十六年以前之南洋公学特班》一文中对李叔同的记载是：“李漱桐天津人，曾留学日本，初为美术家，书画篆刻，无不精工；并参加春柳社。后皈依佛教，改名弘一。”⑤ **按九：**在南洋公学期间学习过拉丁文。⑥

10 月 12 日至 11 月 10 日（农历九月），依蔡元培所出月课课题《论秦汉重农抑商》作文，蔡元培在文末批语：“偏于理论，文极畅达，谓抑商之法即以愚民，自是谠言。”**按：**该文福建人民出版社 2019 年 12 月版《弘一大师全集》（第 3 版，修订 2 版）未收。

今上海交通大学徐家汇校区校门。摄于 2018 年 9 月。

秋，作诗《口占赠李苹香》。⑦

李苹香录旧诗作书扇请正。诗后款识：辛丑秋日，为惜霜先生大人

① 黄炎培：《我也来谈谈李叔同先生》，载 1957 年 3 月 7 日《文汇报》。
② 欧七斤、盛懿：《出旧纳新：南洋公学经济特班对李叔同的影响》，载《嘉兴学院学报》2013 年第 2 期。
③ 蔡元培：《我在教育界的经验》，载 1937 年《宇宙风》第 55、56 期。
④ 上海交通大学校史编纂委员会编：《上海交通大学纪事》，上海交通大学出版社 2006 年 3 月版。
⑤ 蔡元培：《记三十六年以前之南洋公学特班》，收《蔡元培全集》第八卷，浙江教育出版社 1997 年 12 月版，第 318—322 页。
⑥ 参见马相伯语录：《蔡孑民读拉丁文》，载 1932 年 5 月 24 日《申报》和王维军《沪上寻踪——李叔同和他的旧居》，文汇出版社 2021 年 1 月版，第 67 页。
⑦ 福建人民出版社 2019 年 12 月版《弘一大师全集》（第 3 版，修订 2 版）第八册·文艺卷、杂著卷、书信卷第 33 页收录。

两政。苹香录旧作于天韵阁南窗下。**按：**诗为：

潮落江村客棹稀，红桃吹满钓鱼矶。
不知青帝心何忍，任尔飘零到处飞。

风送残红浸碧溪，呢喃燕语画梁西。
流莺也惜春归早，深坐浓阴不住啼！

春归花落渺难寻，万树浓阴对月吟。
堪叹浮生如一梦，典衣沽酒卧深林。

满庭疑雨又疑烟，柳暗莺娇蝶欲眠。
一枕黑甜鸡唱午，养花时节困人天！

绣丝竞与画图争，转讶天生画不成。
何奈背人春又去，停针无语悄含情。

凌波微步绿杨堤，浅碧沙明路欲迷。
吟遍美人芳草句，归来采取伴香闺。[1]

10月30日（农历九月十九日），自订润例《李漱筒重订书例》刊于《春江花月报》。

10月31日（农历九月廿日），自订润例《李漱筒重订书例》刊于《春江花月报》。

11月3日（农历九月廿三日），自订润例《李漱筒重订书例》刊于《春江花月报》。

11月7日（农历九月廿七日），自订润例《李漱筒重订书例》刊于《春江花月报》。

11月12日（农历十月初二日），值课《春江花月报》之春江花月社第一期《诗钟》。自订润例《李漱筒重订书例》刊于《春江花月报》。

今上海交通大学徐家汇校区内的旧建筑。摄于2018年9月。

今上海交通大学徐家汇校区校门墙上的“优秀历史建筑”标牌（上海市人民政府公布）。摄于2018年9月。

今上海交通大学徐家汇校区内仍存的南洋公学时期遗存。摄于2018年9月。

① 丰子恺编：《前尘影事集》，康乐书店1949年7月版。

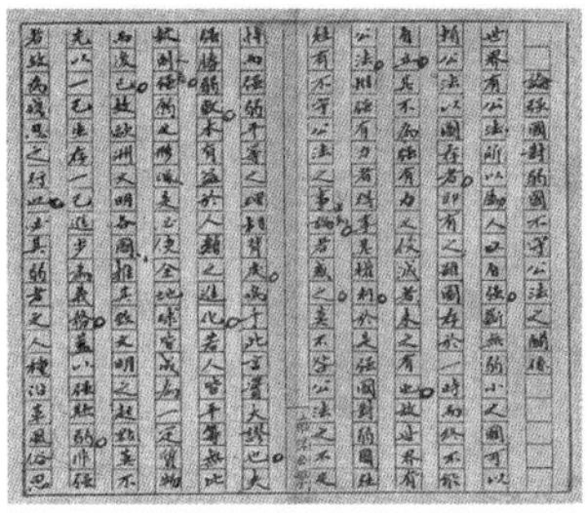

11月14日（农历十月初四日），自订润例《李漱筒重订书例》刊于《春江花月报》。

11月15日（农历十月初五日），自订润例《李漱筒重订书例》刊于《春江花月报》。

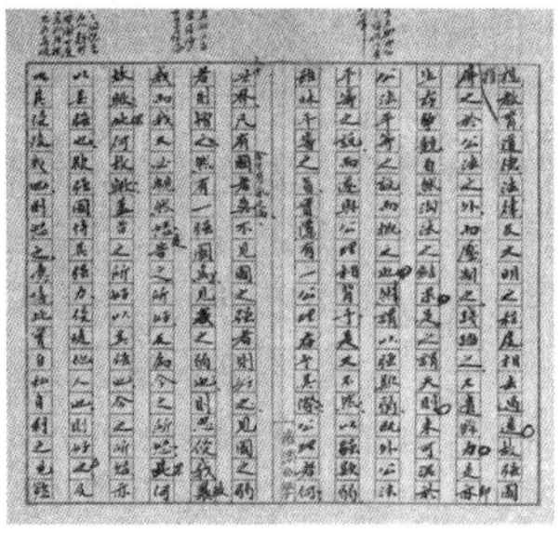

南洋公学档案资料：李叔同在南洋公学就学时期的论文手稿。上海交通大学校史资料。

11月20日（农历十月初十日），自订润例《李漱筒重订书例》刊于《春江花月报》。

11月22日（农历十月十二日），在《春江花月报》刊出《李漱筒重订书例》："鄙人自入南洋公学以来，事务冗忙，日鲜暇晷，琐件者有应接不暇之势。兹特重订润例，并一切限制如左：折扇名片，每件一元。楹联，均三元，大小同例。屏幅四尺以内，每条一元。凡寿屏，碑志诸大件均鲜暇不应。取件以七日为限。立索加润不应。索书之件并润资均托春江花月报馆代收。润不先付，概不加墨。"

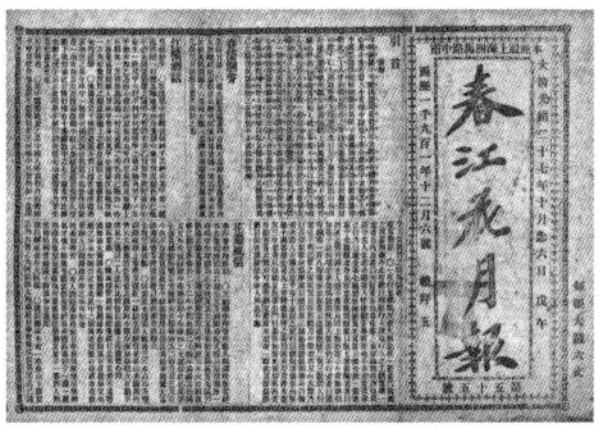

1901年12月6日（农历十月廿六日）《春江花月报》之一页。

《春江花月报》刊出"春江花月社第一期诗钟"消息《春江花月社第一期诗　钱　水烟筒》，为值课人。消息曰："春江花月社第一期为当湖惜霜仙史值课。月杪截卷，逾期不收。与课诸君可将大作誊写本社格卷，裁下投送本馆。不取号金，不给收条，但卷末须各打小印，以便揭晓凭领赠彩。有不用本社卷格以及两卷并写一格者，概从割爱。"

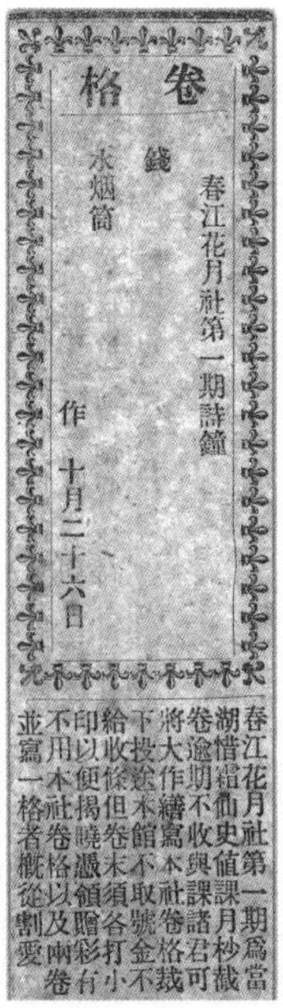
卷格
春江花月社第一期詩鐘
錢
水烟筒
作
十月二十六日

春江花月社第一期爲當湖惜霜仙史值課月杪截卷逾期不收與課諸君可將大作繕寫本社卷格裁下投送本館不取號金不給收條但卷末須各打小印以便揭曉憑領贈彩有不用本社卷格以及兩卷並寫一格者概從割愛

1901年12月6日（农历十月廿六日）《春江花月报》刊出"春江花月社第一期诗钟"。

12月6日（农历十月廿六日），《春江花月报》续刊出"春江花月社第一期诗钟"消息《春江花月社第一期诗　钱　水烟筒》，为值课人。消息同11月22日所刊。自订润例《李漱筒重订书例》刊于该报。

12月8日（农历十月廿八日），《春江花月报》刊出《李淑筒重订书例》。

12月27日（农历十一月十七日），自订润例《李漱筒重订书例》刊于《春江花月报》。

12月（农历十月廿一日至十一月廿一日），作课题考卷《论强国对弱国不守公法之关系》一文。有言："断无弱小之国，可以赖公法以图存者。即有之，虽图存于一时，而终不能自立。其不为强有力之侵灭者，未之有也。故世界有公法，惟强有力者，得享其权利。于是强国对弱国，往往有不守公法之事出焉。论者惑之。莫不咎公法之不足恃而与强弱平等之理相背戾。”呼吁弱国务必自强自立。

是年，在南洋公学写作文《去年北方之祸，我国拳党、各国联军各有违戾公法之事，试条举而论之》。**按：**此文福建人民出版社 2019 年 12 月版《弘一大师全集》（第 3 版，修订 2 版）各卷均未收录。见贝寿同等著，沈伟编《南洋公学特班学生日记作文选编》，商务印书馆 2019 年 9 月版，第 337—339 页。有教员“评语：条举件系，是微细心”。

在南洋公学结识穆藕初。**按：**穆藕初之兄穆杼斋为南洋公学特班学生，与黄炎培、李叔同等为同学。黄炎培在穆藕初《藕初五十自述》的序言中曰：“余之识穆君恕再，实先于识藕初。当清光绪辛丑、壬寅之际，恕再共余读书南洋公学，日常称道弟藕初不去口。某日，一白晳少年入恕再室，就而询之，恕再扬其手以答曰：‘此即余弟也。’余之识藕初自此始。”[①]

作《南浦月·将北行矣留别海上同人》（词）。

年末与兄李文熙联名作为侄媳王氏征求纪念诗文之启事。[②]

《和宋贞题〈城南草堂〉原韵》收入许幻园编《城南草堂倡合集》。

《戏赠蔡小香四绝》收入许幻园著《城南草堂笔记》。

《消闲报》举办辛丑重阳梨园女榜，哭狮撰《雏凤小谱》，香梦赠词。为作评语。[③]

赠林同庄砚铭拓片。有跋语：“旧纪晓岚家物，今归息霜叟矣。”林同庄有跋语：“此息霜仙叟所藏大研也，辛丑岁同学南洋公学拓赠。同记。”[④]

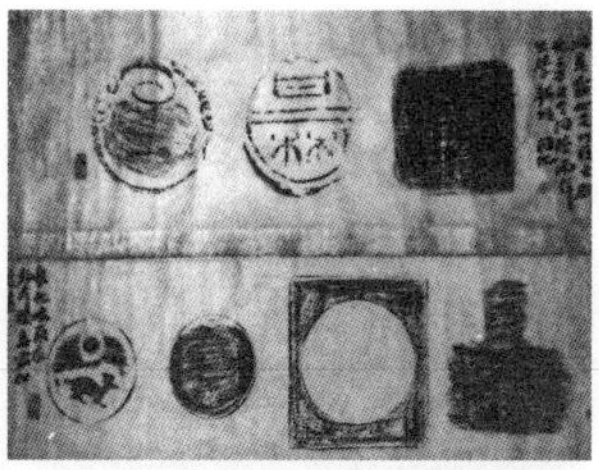

李叔同赠林同庄砚铭拓片。资料来源：温州宝严寺弘一大师纪念室。

社会评介择要

藏斋（赵幼梅）：《辛丑北征泪墨题词》，收《辛丑北征泪墨》，写于 1901 年 6 月 5 日。

《春江花月社第一期诗　钱　水烟筒》，载 1901 年 11 月 22 日、12 月 6 日《春江花月报》。

---

① 黄炎培：《藕初五十自述序》，商务印书馆 1926 年 8 月版。另有尤惜阴、聂云台序。穆藕初（1876—1943），名湘玥，字藕初，上海人，曾留学美国，专攻农学、纺织，回国后陆续创办多家纺织厂，为著名实业家，曾积极扶持昆曲。

② 缪志明：《李叔同研究资料的新发现》，载 2005 年 7 月 28 日《今晚报》。

③ 郭长海、郭君兮编：《李叔同集》，天津人民美术出版社 2006 年 5 月版第 256 页附录《李叔同事迹系年（1880—1918）》“1901 年”条目内容。

④ 林同庄（1880—1936），温州瑞安人，原名林大同，字同庄，1901 年入南洋公学，1903 年入日本北海道帝国大学土木工程科，1909 年任浙江铁路公司工程师，1915 年任浙江省水利委员会主任，后改任钱塘工程局局长、浙江水利局局长等职。

1902 年　壬寅　23 岁

社会文化事略

4 月 27 日，蔡元培等在上海发起成立中国教育会;6 月 17 日，天津《大公报》创刊;8 月 15 日，管学大臣张百熙进呈学堂章程六件，史称“壬寅学制”，为全国统一学制之始;11 月，南洋公学发生退学风潮，旋得中国教育会之助，成立爱国学社；是年，沈心工、曾志忞在日本东京留学生中举办音乐讲习会。

生平事迹

雜稿
和冬青館主題京伶瑤華畫扇四絕　惜霜
素心一瓣証前因惻惻靈根渺渺神話到華年怨遲莫美人香
草哭靈均　瑤華工繪蘭有淸古之趣
承平歌舞憶京華紫陌青驄踏落花記得春風樓畔路琵琶彈
徹雁行斜　瑤華善彈琵琶負重名爲長安諸伶之冠
鼙鼓漁陽感劫塵鶯花無復舊時春　自去年變起謝絕塵網
不復彈此調矣　瀟瀟暮雨徐娘怨憶否江南夢裏人　滬
上女校書徐琴仙亦擅琵琶今老矣猶零落風塵
長安子弟嘆飄零　去年亂後大半來滬　曾向紅羊刦裏經
莫問開元太平曲傷心回首舊門庭

李叔同发表于 1902 年 1 月 29 日《春江花月报》上的《和冬青馆主题京伶瑶华画扇四绝》。

1 月 17 日（农历辛丑十二月初八日），《春江花月报》刊出《李漱筒重订书例》。

1 月 19 日（农历辛丑十二月初十日），《春江花月报》刊出《李漱筒重订书例》:“鄙人自入南洋公学以来，事务冗忙，日少暇，咎索书者有应接不暇之势。兹特重订润例……”该报同日刊出《和冬青馆主题京伶瑶华画扇四绝》，署名“惜霜”。

1 月 28 日（农历辛丑十二月十九日），《春江花月报》刊出《酬应告白》:“沈悦庵、孙漱石、周病鸳、汤伯迟、李漱筒、许幻园诸大词长鉴：弟明日返棹，匆促不及走辞海上同人。多有神交，企慕已久，未能一晤者。殊怅怅，耑布告别，维照不宣。亨金顿首。”

1 月 29 日（农历辛丑十二月廿日），诗《和冬青馆主题京伶瑶华画扇四绝》在《春江花月报》发表，署名“惜霜”。**按：**福建人民出版社 2019 年 12 月版《弘一大师全集》（第 3 版，修订 2 版）第八册 · 文艺卷、杂著卷、书信卷第 32—33 页收录，标注“一九〇一年作于上海”，未注依据。

2 月 24 日（农历正月十七日），在《春江花月报》发表启事：

敬启者：鄙人于十九日入学。如蒙诸君惠赐函件，如嫌寄徐家汇不便，请迳交四马路一品香对过惠福里选报馆赵彝初先生收转交可也。

李漱筒白

按：此函未作为书信收入福建人民出版社 2019 年 12 月版《弘一大师全集》（第 3 版，修订 2 版）第八册·文艺卷、杂著卷、书信卷。此“十九日”指农历，即公历 2 月 26 日。

3 月 10 日至 4 月 7 日间（农历二月），为上海编译局出版《三通辑要》《三通志辑要》题签，凡 158 卷，40 册。书面署“广平”，扉页署“平湖李广平书”。[①]

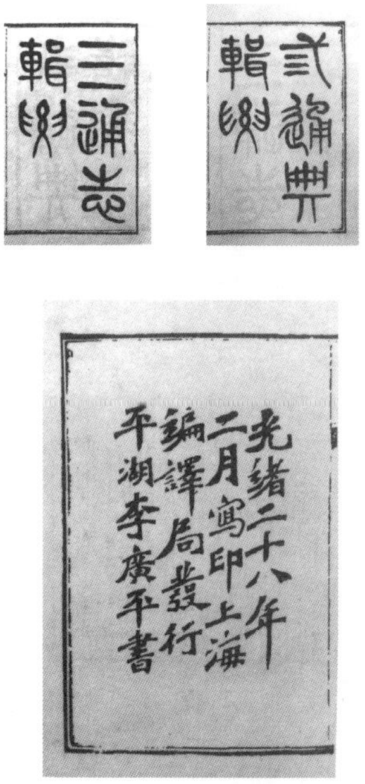

李叔同题《三通典辑要》《三通志辑要》及扉页手迹。

7 月 16 日（农历六月十二日），《春江花月报》刊出《李漱筒书例》。

7 月 27 日（农历六月廿三日），《春江花月报》刊出《李漱筒书例》。

夏，南洋公学特班生入学 1 周年之际，师生 26 人在上院前廊合影，蔡元培、王舟瑶二教习居中，学生分列左右，李叔同紧依二师身后。[②]

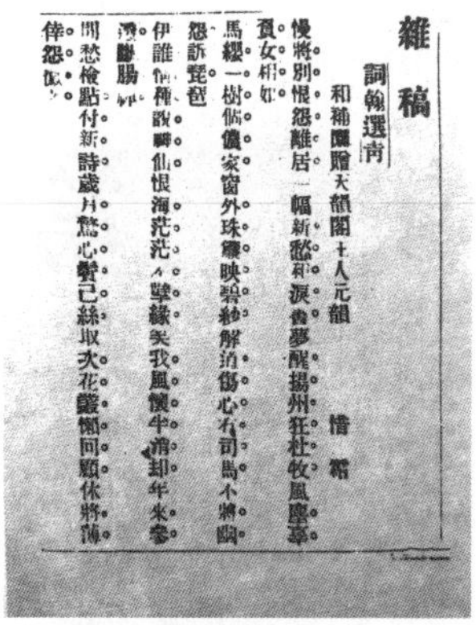
雜稿

詞翰選青

和補園贈天韻閣主人元韻　惜霜

慢將別恨怨離居一幅新愁和淚書夢醒揚州狂杜牧風塵辜負女相如

馬纓一樹個儂家窗外珠簾映碧紗解道傷心有司馬不將幽怨訴琵琶

伊誰情種說神仙恨海茫茫本孽緣笑我風懷半消卻年來參透斷腸禪

閒愁檢點付新詩歲月驚心鬢已絲取次花叢懶回顧休將薄倖怨微之

李叔同在《春江花月报》所载之《和补园赠天韵阁主人元韵》。

8 月 5 日（农历七月初二日），诗《和补园赠天韵阁主人元韵》发表于《春江花月报》，署名：“惜霜”。**按：**福建人民出版社 2019 年 12 月版《弘一大师全集》（第 3 版，修订 2 版）第八册·文艺卷、杂著卷、书信卷第 33 页收录，题为《和补园居士韵又赠苹香》（四首），并注“一九〇一年作于上海”。

《春江花月报》刊出《香梦词人书画逐赈》，署“补园主人惜霜仙史同启”。

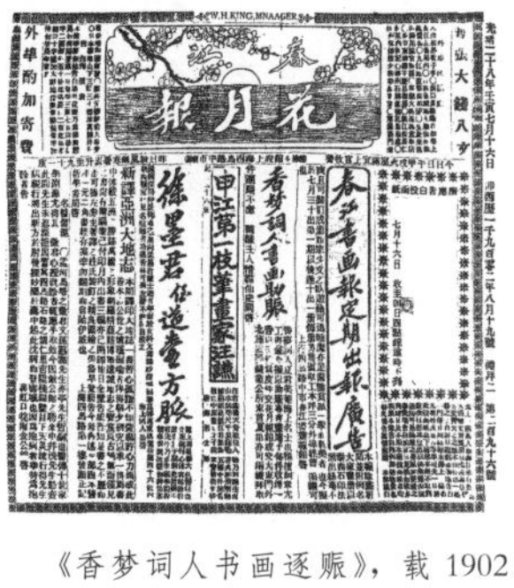
花月報

《香梦词人书画逐赈》，载 1902 年 8 月 19 日《春江花月报》。

8 月 19 日（农历七月十六日），《春江花月报》刊出《香梦词人书画逐赈》，署“补园主人惜霜仙史同启”。

8 月 25 日（农历七月廿二日），因南洋公学报送，离沪赴杭州应庚子辛丑恩正并科乡试。此为其第一次到杭州。**按：**西安交通大学档案馆藏历史档案（档号：2315，卷名：《南洋公学有关学生请免岁试及参加乡

① 图版参见平湖市李叔同纪念馆编：《李叔同当湖书印文辑》，西泠印社出版社 2015 年 10 月版，上册第 59—61 页。

② 欧七斤、盛懿：《出旧入新：南洋公学经济特科班对李叔同的影响》，载《嘉兴学院学报》2013 年第 2 期。

试、院试联系等文》）《光绪二十八年送乡试册底》（光绪二十八年五月，1902年6月）记录：“李广平，年二十三岁，浙江嘉兴府平湖县监生，曾祖忠孝，祖锟/锐，父世荣/世珍。光绪二十六年在湖北赈捐案内报捐。”[①] 转引自欧七斤《李叔同两次参加乡试史实新考》，载2011年9月《莲馆弘谭》第7期。

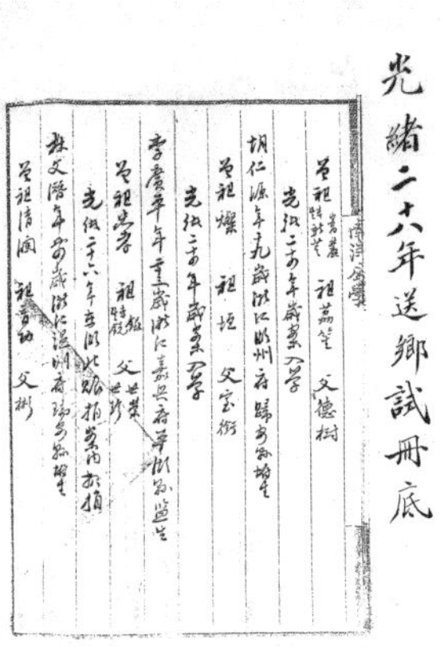
光緒二十八年送鄉試冊底

南洋公学档案资料：《光绪二十八年送乡试册底》。资料来源：上海交通大学校史馆）

8月26日（农历七月廿三日），在《春江花月报》发表致同人函：

海上同人先生均鉴：

敬启者：鄙人于廿二日赴杭。行李忽忽，不及走别。抱歉实深，谨此布闻。伏乞

鉴谅

李漱筒再拜

按：此函未作为书信收入福建人民出版社2019年12月版《弘一大师全集》（第3版，修订2版）第八册·文艺卷、杂著卷、书信卷。

在《春江花月报》刊出《香梦词人书画逐赈》，署“补园主人惜霜仙史同启”。

嘉興府平湖縣監生李廣平
東臣字肆拾貳號
第叁場
嘉興府平湖縣監生李廣平應光緒二十八年補行庚子辛丑
恩正併科浙江鄉試今將本身年貌籍貫三代造一
開列於後
今開
一本身年二十三歲身中面白無鬚平湖縣本城民籍
曾祖忠孝　祖鋭　本生祖鋭　父世榮　本生父世珍

李叔同在杭州参加乡试时的第三场考试证。资料来源：杭州师范大学校史资料。

9月9日（农历八月初八日），开始在杭州贡院应光绪壬寅补行庚子辛丑恩正并科浙江乡试。今存有第三场考证，署“嘉兴府平湖县监生李广平”；形态描述为：“身中，面白，无须。”并署“平湖县本城民籍”等。参加乡试第一场。地点即杭州贡院（今杭州高级中学址）。此次乡试未中，仍回到南洋公学。[②] **按一：**杭州的浙江贡院的前身为南宋礼部贡院，位于今杭州凤起路余官巷仓柱弄，元朝时迁至今麒麟街，称杭州府贡院，明初移于府学（今杭州碑林）西（今中国美术学院），明英宗天顺三年（1459年）迁至今凤起路杭州高级中学址。据姜丹书《浙江两级师范学堂暨第一师范学校回忆录》，当时学校建筑的范围“仍以贡院四至为范围：南至横大路（名贡院前），东起贡院东桥桥脚，沿河（后填没，成为西健康路）向北，盘绕至梅东高桥边而向南转弯，乃沿中河经平安至贡院西桥脚，仍复与南面横大路相接。在此长方形界址上筑成一

① 《光绪二十八年送乡试底册》，见欧七斤《李叔同两次参加乡试史实新考》，载2011年9月《莲馆弘谭》第7期。所谓“父世荣/世珍”，其中“世荣”为李叔同之父李世珍嫡堂弟。学界有李叔同曾过寄李世荣一说。

② 有关本次浙江乡试的情形，1902年9月14日、19日、10月7日《申报》，11月18日《笑林报》等报刊均有报道。有学者以为，李叔同乡试未能成功，乃冒籍浙江平湖之故。参见高洪钧《从李世珍会试朱卷的发现谈起——破解李叔同“平湖监生”之谜》，载《嘉兴学院学报》2007年第6期。

外围墙。”[①] 也许是巧合，李叔同当年乡试的地点，后来居然就成了他在杭州任教时的浙江省立第一师范学校。**按二：**本次赴杭，自谓：“我第一次到杭州，是光绪二十八年（高按：本篇所记年月，皆依旧历。）在杭州住了约莫一个月光景，但是并没有到寺院里去过。只记得有一次到涌金门外去吃过一回茶而已，同时也就把西湖的风景，稍为看了一下子。”[②] **按三：**骆憬甫（1886—1954）有遗著《浮生手记——一个平民知识分子的纪实》。2006年3月30日《联谊报》刊载韩三洲《笔记中的晚清浙江乡试》一文，根据骆憬甫记述，介绍了骆憬甫所见1902年杭州考场的具体情形。文章介绍，头场于9月9日（八月初八日）入场，“等到天晚了，名已点完，放炮封门，考生一齐归号，号官来封号锁门。考生可拿出米和小菜来，喊号军代为烧饭，吃了夜饭，通知号军：‘题目纸来了，立即喊我！’到了半夜，睡得正香，被号军喊醒，递来一张题目纸，急忙起身，点了洋烛，看题目……”头场是史论五题，考题为：“汉宣帝信赏必罚综核名实论；张苍领主郡国上计论；唐太宗御突厥于便桥宋真宗御契丹于澶州论；开元四年召试理人策论；元代分封诸王论。”从9月10日（农历八月初九日）上午做起，至9月11日（农历八月十日）下午完成。“等休息了一夜大半日，十一日的下午三四时许，又进第二场了。一切都和第一场一样，只是考的是策问，也是五个题目，每题的字数就有三四十。在经历了两次鸦片战争和庚子事变后，老是挨打的清政府也开始睁开眼睛看世界了。第一题是‘西国学术，道源希腊，流派若何，宗旨若何……’十四日又进第三场，题目是三个经义题，出在四书五经上，还相当熟悉，做得很轻松，题目却忘了。”**按四：**有记载曰落第原因为“因在文章中大倡维新而落第”。[③] **按五：**在杭州小住约一个月后返沪。[④] 李叔同在1912年写的《西湖夜游记》中曰：“曩岁来杭，故旧交集，文子耀斋，田子毅侯，时相过从，辄饮湖上。岁月如流，倏逾九稔。生者流离，逝者不作，坠欢莫拾，酒痕在衣。”[⑤] 其所述乃本次来杭期间与南洋公学特班同学文耀斋、田毅侯作湖上游之情形。**按六：**是年9月14日《申报》有关于本次乡试两则消息，其一：“本月初八日浙江乡试首场。五鼓各官参见毕，以次开点，时诸生尚到者寥寥。因复暂停片刻。至天明，乃按牌点入。而每牌之中未到者仍复不少。迨点到五六起时，已午初，来者甚为踊跃。洎四点钟始竣事，乃

时杭州贡院影像。资料来源：杭州师范大学校史资料。

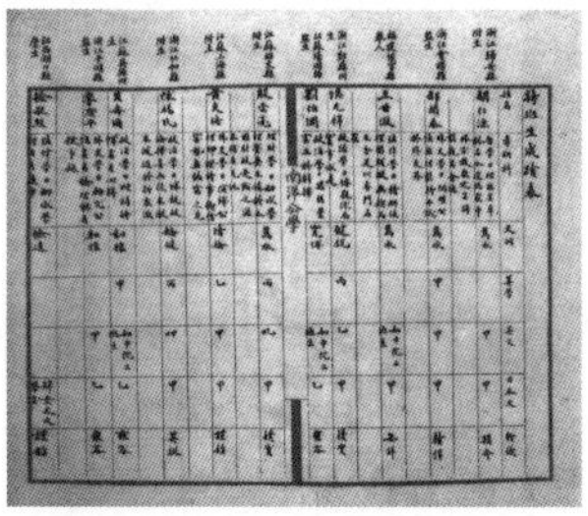

南洋公学档案资料：特班生成绩表。资料来源：上海交通大学校史资料。

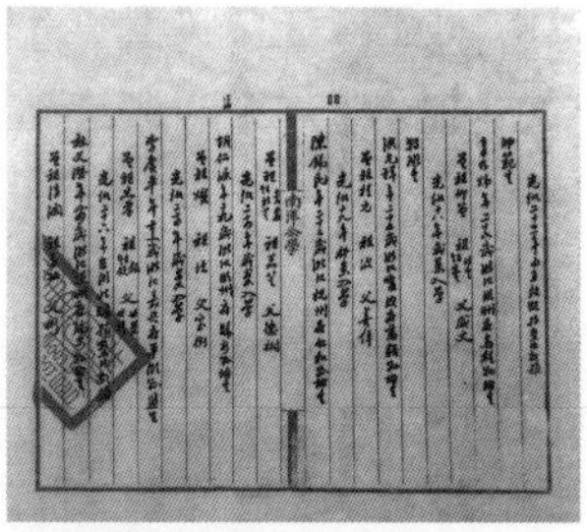

南洋公学报送参加乡试学生名册。李广平即李叔同。资料来源：上海交通大学校史资料。

---

① 姜丹书：《浙江两级师范学堂暨第一师范学校回忆录》，收《姜丹书艺术教育杂著》，浙江教育出版社1991年10月版，第205页。

② 释弘一口述　高胜进笔录：《我在西湖出家的经过》，载1937年5月《越风》杂志增刊第1集“西湖”专号。

③ 李莉娟主编：《圆月耀天心——弘一大师略谱·谱后》，天津人民美术出版社2014年10月版第7页“1902年”条目。

④ 释弘一口述，高胜进笔录：《我在西湖出家的经过》，载1937年5月《越风》杂志增刊第1集“西湖”专号。

⑤ 李叔同：《西湖夜游记》，收《弘一大师全集》（第3版，修订2版），福建人民出版社2019年12月版第八册·文艺卷、杂著卷、书信卷，第192页。

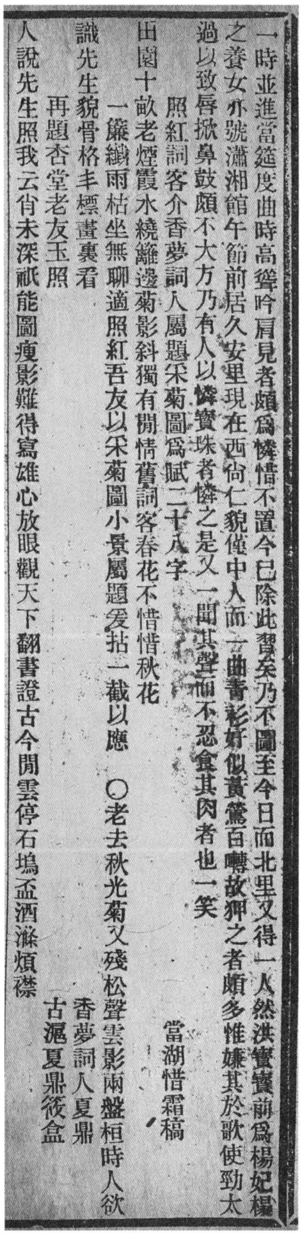
一時並進當筵度曲時高聳吟肩見者頗爲憐惜不置今已除此習矣乃不圖至今日而北里又得一人然洪寶寶前爲楊妃欙之養女亦號瀟湘館午節前居久安里現在西尙仁貌僅中人而一曲青衫好似黃鶯百囀故狎之者頗多惟嫌其於歌使勁太過以致唇掀鼻鼓頗不大方乃有人以憐寶珠者憐之是又一聞其聲而不忍食其肉者也一笑

照紅詞客介香夢詞人屬題采菊圖爲賦二十八字　當湖惜霜稿

田園十畝老煙霞水繞籬邊菊影斜獨有閒情舊詞客春花不惜惜秋花

一簾纖雨枯坐無聊適照紅吾友以采菊圖小景屬題爰拈一截以應　〇老去秋光菊又殘松聲雲影兩盤桓時人欲識先生貌骨格丰標畫裏看　香夢詞人夏鼎

再題杏堂老友玉照　古滬夏鼎筱盒

人說先生照我云肖未深祇能圖瘦影難得寫雄心放眼觀天下翻書證古今閒雲停石塢盃酒滌煩襟

1902年10月2日《笑林报》发表的李叔同诗《照红词客介香梦词人属题采菊图，为赋二十八字》。

于酉正封门。”其二：“本届浙江乡试首场，各属士子于八月初八日入闱后，至酉正封门。薄暮，各级巡检官促令归号，随将栅门封闭，逐号查封，随于卷面加盖戳记。时交四鼓，题纸传下，诸生俱起身炳烛，握管构思。初九日，场中患病者甚众，官医分设诊治，颇有应接不暇之虞。初十日辰刻放牌。”9月19日《申报》复有消息：“首场于本月初十日放头牌，诸生之抱病出者，多至百余人。至二鼓后，始净场。次日黎明受卷，所呈贴违式之卷多至二百八十多本，其中因病曳白者十之四五，余或漏写、添注、涂改，或论皆顶格誊写，或不知改章，就卷上起草。偶一疏忽，遂致贻误功名，良可慨哉。”“犹忆粤匪乱后，同治四年补行浙江乡试时，湘乡蒋果敏公方绾藩条，深恐士予未悉章程，易于错误，特刊三场程式。凡敬讳字样及抬头格式，涂改规则，一一罗列，不厌其详。发交印卷官。转给应试诸生，预为翻阅。士林感之。自此各科遵照办理。故近年来，除不实卷外，其他被贴者寥寥无几。本届新章并不刊发，仅载在题纸之后。少年新进，匆促不暇细观，以致二场点名时，因被贴较多，须将各卷通一扣除，迟至辰初方克开点。十二日午后，闱中病毙考生四名，一名温州人，一湖州人，余二人未详籍贯。俱由养病所用板扇从短垣上舁出，令巡检官查明学号，通知书斗，转告同寓诸人，得备棺将殓。阅场中尚有病危者十余人，须俟十三日放牌后方知底细也。”10月7日《申报》又刊消息：“此次浙省乡用士子纳卷应试者计九千余，而场中因犯规被贴者不下四百人，因病未到者又多至七百数十人。统计三场告竣之卷，不过七千有余。披沙拣金，似稍易易。传闻两主司拟于本月初十日揭晓。千门走马，将看榜出，不久即有得意而归者矣。”11月18日《笑林报》复有二则消息，其一：“今岁浙闱乡试二场，遂以二三十人结成一小团体，或谓即南洋公学之学生，鼓百折不回之气，要挟闱官，掉扫寸不烂之舌，争回号戳，卒使九千考生不能不乱号，而国家功令无如之何。盖团体之说，固已小用之而大张矣。”其二：“昨闻南洋公学之学生与总办有冲突之事，满塾学生大小数百人，又结成团体，与总办为难，旋即于15日出校。塾中阒无一人。观此学生之思想已得文明由是而生焉。将见众志可以成城，而顽固之政府之不足虑矣，维新之政不难竟成，诸生！其勉之哉！”

10月2日（农历九月初一日），在《笑林报》发表诗《照红词客介香梦词人属题采菊图，为赋二十八字》，署“当湖惜霜稿”。①

① 此诗福建人民出版社2019年12月版《弘一大师全集》（第3版，修订2版）第八册·文艺卷、杂著卷、书信卷第33页收录，标“一九〇二年作于上海”。香梦词人，即夏鼎（筱盦），上海名士，擅词章，工书画。

10月4日（农历九月初三日），被《南洋公学特班生成绩表》列为全班35位学生中的第10名，标注为“浙江平湖县监生”；姓名：李广平；专研科：外交学，研究公法甚有条理，辑有使事录；文词：和雅；英文：甲；日本文：乙；行仪：雍容。①

10月15日（农历九月十四日），作诗《重游小兰亭口占》。诗序：“重游小兰亭，风景依稀，心绪殊恶，口占二十八字题壁。时壬寅九月望前一日也。”②

1902年李叔同在上海。

10月31日（农历十月初一日），《申报》公布格致书院壬寅十月课题征答。后以李成蹊之名应答。课题一，策论：“中英商约业经妥定画押，闻尚有后言，至民教不和之案更难处置，其如何使之相安？试条议以对。”课题二，策论：“拟黄黎洲、卢梭合传。”后以李成蹊之名应答。③

11月3日（农历十月初四日），在南洋公学得严修约见，晤谈甚欢。时严修假访日归来在沪暂留之际赴南洋公学参观。**按：**严修是日日记曰：“十月初四日。独往南洋公学，晤汪芝房。陆君导观上院（蒙学堂借上院暂设）及理科、化学诸器械室。晤李叔彤”。④

11月5日（农历十月初六日），南洋公学发生“墨水瓶事件”。⑤

11月16日（农历十月十七日），“墨水瓶事件”引发南洋公学200余学生集体退学。**按一：**次年春，南洋公学开学时，特班建制被撤消。**按二：**据《南洋公学学生出学事件始末汇记——退学详记》，李叔同未在退学名单之中，但事实上却结束了在南洋公学的学习生涯。该文曰：“夫我国学校专制之轭，实我学生社会之公敌。曾无有起反动之抵抗者。……呜呼，我国学之担负岂不重哉！今日之事，为我学生脱离专制

① 《南洋公学特班成绩表》（光绪二十八年九月初三日），参见欧七斤、盛懿：《出旧入新：南洋公学经济特科班对李叔同的影响》，载《嘉兴学院学报》2013年第2期。

② 此诗福建人民出版社2019年12月版《弘一大师全集》（第3版，修订2版）第八册·文艺卷、杂著卷、书信卷第33页收录，标“一九〇二年作于上海”。

③ 名次见1902年12月14日《申报》。

④ 《严修东游日记》，岳麓书社2016年9月版，第100页。标点为本谱编著者重标。

⑤ “墨水瓶事件”系因校教务长郭振瀛在准备给中院五班学生上课时，发现他的座椅上放着一只空墨水瓶，郭氏以为此乃学生之捉弄，讥讽其胸无点墨。诘问无果后，郭氏强诬此乃无辜学生伍正钧所为，并向校长告状，下令开除伍正钧。该班学生不服，集会抗议，要求校方收回成命，遭拒，随即决定开除五班全班学生。此在校内引起全体学生公愤，引发南洋公学200余学生集体退学，特班亦自此解散。

学校之新纪元，我同学之前途，之奋勉当如何也。”① **按三：**南洋公学发生的退学风潮，得中国教育会之助，成立爱国学社。有论者称李叔同曾跟随蔡元培入爱国学社读书。后因“《苏报》案”，爱国学社受牵连不复存在。②

12月14日（农历十一月十五日），《申报》载格致书院公布之壬寅十月课题征答成绩，获第7名。

12月17日（农历十一月十八日），《重游小兰亭口占》发表于《笑林报》，署名“醒庵”。

12月30日（农历十二月初一日），《申报》公布格致书院壬寅十二月课题征答，课题一，策论：“中国文字极繁，近时翻译西，书知尚不敷用，问以何法添补，得弥其缺?”课题二，策论：“拟陈子昂对利害三事”。后以李成蹊之名应答。③

是年，与马一浮相识。④

在上海摄有一影。

由蔡元培介绍，课外协助《苏报》编辑工作。⑤

为花月社好友竹漪辞世撰长联以挽之。联曰：“剧怜祖国浸瓜分瞰大陆茫茫怆怀万感此去何之无意恋情场先我洗拧脱尘坛；谁说才人多短命嗤余子碌碌上寿百年食粟而已有名称没世胜他偷活几春秋。”

按：有记载是年曾与同学合演新剧《六君子》。⑥

社会评介择要

《申报》消息之一，载1902年9月14日《申报》。

《申报》消息之二，载1902年9月14日《申报》。

《申报》消息之三，载1902年9月19日《申报》。

《申报》消息之四，载1902年10月7日《申报》。

刘嘉琛：《奏为阐扬节妇孝义可风请旨准予旌奖片》，载1902年7月29日《申报》。

---

①《南洋公学学生出学事件始末汇记——退学详记》，载1902年《新民丛报》第21期。

② 郭长海：《李叔同和1902年浙江乡试》，收《中国近代文学史证——郭长海学术文集》（下册），吉林人民出版社2005年3月版，第722—730页。

③ 成绩见1903年3月13日《申报》。

④ 丁敬涵：《马一浮交往录》，浙江大学出版社2013年4月版，第77页。

⑤ 李莉娟主编：《圆月耀天心——弘一大师略谱·谱后》，天津人民美术出版社2014年10月版第7页“1902年”条目。

⑥ 李莉娟主编：《圆月耀天心——弘一大师略谱·谱后》，天津人民美术出版社2014年10月版第7页“1902年”条目。

《笑林报》消息之一，载1902年11月18日《笑林报》。

《笑林报》消息之二，载1902年11月18日《笑林报》。

《南洋公学学生出学事件始末汇记——退学详记》，载《新民丛报》1902年第21期。

1903年　癸卯　24岁

社会文化事略

2月17日，浙江籍留日学生孙翼中、蒋方震、马君武等在东京创办《浙江潮》;4月8日，留日女学生胡彬夏等在东京发起成立共爱会，主张男女平权;6月，《苏报》案发;8月，王国维发表《论教育之宗旨》;8月，孙中山在日本东京青山设立革命军事学校，提出“驱除鞑虏、恢复中华、创立民国、平均地权”的革命宗旨;12月15日，蔡元培等在上海成立的对俄同志会创办《俄事警闻》；是年，沈心工在上海南洋公学附属小学开设“学堂乐歌”课。

生平事迹

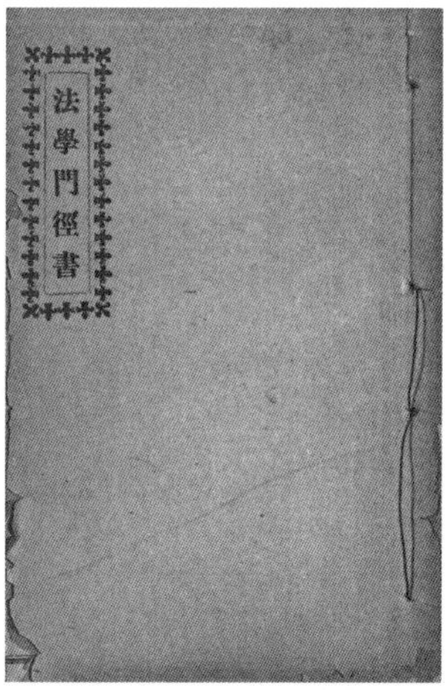

李叔同翻译的《法学门径书》，原作者：[日] 玉川次致，上海开明书店发卖。

2月24日（农历正月廿七日），诗《冬夜客感》刊于《笑林报》，署名“惜霜仙史”。[①]

2月（农历正月初四日至二月初二日），自订北魏书例。

3月13日（农历二月十五日），《申报》载格致书院壬寅十二月课题征答成绩，获第2名。

3月29日至4月26日间（农历三月），所译《法学门径书》（［日］玉川次致著），由上海开明书店发卖，署名“李广平”。[②] 有署名“读者”之《法学门径书·序》：“建章之宫，千门万户，入焉者目眩神骇，踌躇惝恍，莫知所措，迄未窥见真相。有大匠焉，图之界之，孰堂孰庭，廊庑奥牖，可指而数矣。法学之纷错，亦建章之门户也。译成之书，以十数计，或宪法、或民法、或国际法，本末未具，先后不辨。以之导人，

① 福建人民出版社2019年12月版《弘一大师全集》（第3版，修订2版）第八册·文艺卷、杂著卷、书信卷第33页收录，标“一九〇三年作于上海”。

② 此开明书店非1928年成立的开明书店。今人一般只知1928年由章锡琛创办了开明书店，其实此为所谓“新开明”，而在1902年夏颂莱也创办有开明书店，此为所谓“老开明”。两家书店前后相距26年。“老开明”曾出版《金陵卖书记》《汴梁卖书记》等。以往文献大多表述《法学门径书》出版于1903年3月。但从“读者”序言所署时间“癸卯三月”看，当出版于该年农历三月。支持此说者有郭长海《李叔同与上海南洋公学》一文，收《中国近代文学史证——郭长海学术文集》（下册），吉林人民出版社2005年3月版，第777—785页。

不犹强盲人以入建章欤？为危孰甚！玉川君是书虽寥寥无多语，然真图之界之者也。吾于是多译者之卓识云。癸卯三月读者识。”

3月30日（农历三月初二日），自订润例《李漱筒北魏书例》刊于《笑林报》。

李漱筒北魏書例
扇件一元女扇加倍名刺一元
餘件詳潤例求書者交四馬路
春江花月報館兩禮拜取件

刊登在1903年3月30日《笑林报》上的“李漱筒北魏书例”。

4月15日（农历三月十八日），《花天日报》刊出富春山民《和惜霜歌筵纪事诗原韵》：“夕阳西下水东流，宋玉从来易感秋。肠断西风花落处，鸳鸯湖上使人愁。花易飘零月易斜，漫天苦雨故乡遮。可怜一掬相思泪，又向风前洒落花。山河半壁感前朝，百尺狂澜怒卷潮。身世莫随时世改，不如去听玉人箫。”

4月28日（农历四月初二日），《申报》公布格致书院癸卯四月课题征答，课题一，策论：“中国汉三杰与近今所称意大利三杰，其勋业、品行优劣若何论？”课题二，策论：“拟中国殖民政策”。后以李成蹊之名应答。①

5月27日（农历五月初一日），《申报》公布格致书院癸卯五月课题征答，课题一，策论：“西比利亚铁路告成与中国市政有何关系？”课题二，策论：“中西字学源流考”。后以李成蹊之名应答。②

6月10日（农历五月十五日），《申报》载格致书院癸卯四月课题征答成绩，获第19名。

所译《国际私法》（［日］太田政弘、加藤正雄、石井谨吾合著）由东京并木活版所印刷。**按：**本年《新民丛报》第32号刊有《绍介新书》，其中写曰：“有国家与国家之交际，有个人间接与他国家之交际。前者归于国际公法，后者归于国际私法。中国以未明国际私法之故，不能收回治外法权，而本国个人之交涉，又常受屈辱于外人。本书指示详悉，条理简明，凡国家与个人欲与外交接者，皆不可不一览也。”

6月28日（农历闰五月初四日），《申报》公布格致书院癸卯夏季课考征答，课题一，策论：“元诏各道廉访使《作成人才以备选举》论。”课题二，策论：“泰西与中国交涉，动云利益均沾。而中民之商于外国者，节节受制。宜如何申明约章，参证公法以卫远商而维政柄策。”后

① 成绩见1903年6月10日《申报》。
② 成绩见1903年7月9日《申报》。

以李成蹊之名应答。[①] **按：**此次征答又称“上海格致书院癸卯宁绍台道官课题”。[②]

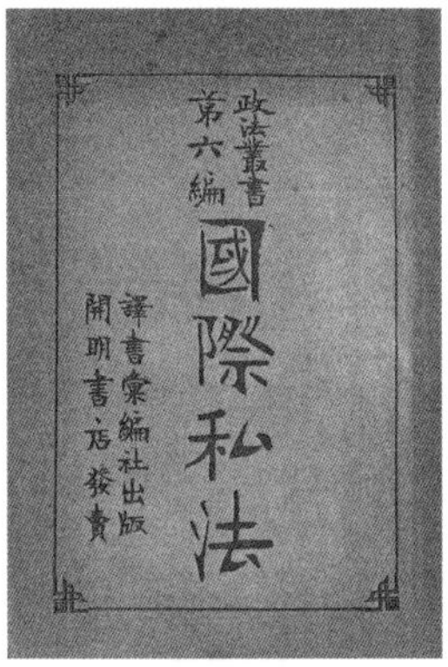

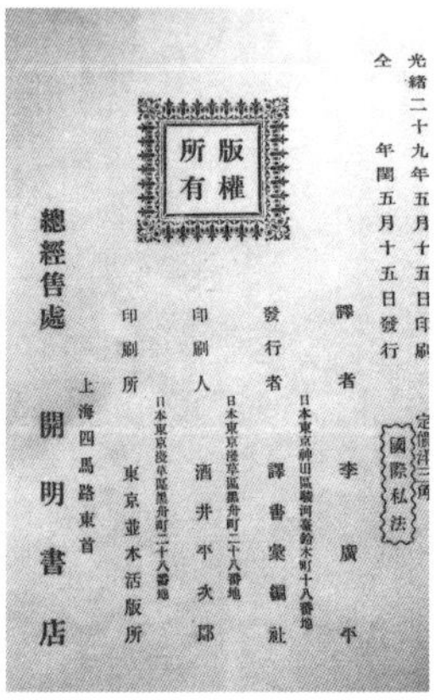

李叔同翻译的《国际私法》，原作者：［日］太田政弘、加藤正雄、石井谨吾，译书汇编社发行，开明书店总经销。

7月9日（农历闰五月十五日），《申报》载格致书院癸卯五月课题征答成绩，获第3名。[③]

所译《国际私法》（［日］太田政弘、加藤正雄、石井谨吾合著）由位于日本东京神田区骏河台铃木町十八番地的译书汇编社出版发行，总经售处位于上海四马路东首的开明书店（该书封面标“开明书店发卖）。署名“李广平”。[④] 有署名“耐轩”之《国际私法·序》：“……李君广平之译此书也，盖慨乎吾国上下之无国际思想，致外人之跋扈飞扬而无以为救也。故特揭私人与私人之关系，内国与外国之界限，而详哉言之。苟国人读此书而恍然于国际之原则，得回挽补救于万一，且进而求政治之发达，以为改正条约之预备，则中国前途之幸也。癸卯初夏，耐轩识于日本之东京。”

7月21日（农历闰五月廿七日），欲参加顺天府乡试。南洋公学提调兼代总办张美翊呈文公学督办盛宣怀请予批准。写曰：

为申请咨送乡试事，窃据南洋公学师范生李广平面称：光绪二十六年闰八月由湖北赈捐局案内报捐监生，愿应本年顺天府乡试，叩请给予咨文，前赴河南自行递呈。等语。查该生系浙江嘉兴府平湖县人，在院肄业，力求上进。此次既由湖北赈捐局案内报捐监生，有志观光，不惮远道，洵堪嘉尚。查与京师大学堂奏定章程，由本学堂咨送应试，免予录科事属相符。除由公学发给文凭外，理合申请鉴核，咨明国子监即将文件发由公学转交该生，俾得赍赴河南亲自呈递，实为公便。须至申者。

计开：李广平，年二十四岁，浙江嘉兴府平湖县监生。曾祖忠孝，祖锟/（本生）锐，本生父世荣/（本生）世珍。右申呈督办大臣盛。

光绪二十九年闰五月二十七日[⑤]

---

① 成绩见1903年9月5日《申报》。

② 郭长海：《李叔同和上海格致书院征答题》，收《中国近代文学史证——郭长海学术文集》（下册），吉林人民出版社2005年3月版，第786—794页。

③ 名次见1903年7月9日《申报》。

④ 林子青《弘一法师年谱》，宗教文化出版社1995年8月版，第29页“1903年”谱文误将“译书汇编社”写成“译书汇报社”。

⑤ 据欧七斤《李叔同两次参加乡试史实新考》一文（载2011年9月《莲馆弘谭》第7期）介绍，此文现为西安交通大学档案馆藏历史档案（档号：2315，卷名：《南洋公学有关学生请免岁试及参加乡试、院试联系等文》）文名：《南洋公学呈请督办大臣盛宣怀给予李广平咨文应顺天乡试》（光绪二十九年闰五月二十七日，1903年7月21日）。对于张美翊在呈文中言李叔同为“师范生”，欧七斤在文中认为：“抑或1903年初来校任职的张美翊弄错了李叔同的身份，抑或故意而为之。笔者以为后者（转下页）

9月5日（农历七月十四日），《申报》载格致书院癸卯夏季课考成绩，获第42名。

9月21日（农历八月初一日），《申报》公布格致书院癸卯南洋大臣特课考课题征答，课题一，策论：“张骞、苏武论”；课题二，策论：“广开蒙学以育人材根本策。”后以李成蹊之名应答。①

10月7日（农历八月十七日），《申报》公布应格致书院癸卯秋季天津道课考征答，课题，策论：“开诚布公论、中西学术异同得失，试臚陈之策。”后以李成蹊之名应答。②

10月20日（农历九月初一日），格致书院癸卯九月份课题征答。课题一，策论：“子产治郑，孔明治蜀，均不下赦令。其故安在?”课题二，策论：“拟《管子·轻重篇》：‘问乘马补亡’”。后以李成蹊之名应答。

秋，赴汴梁（开封）应顺天乡试。未中。返沪前曾赴内黄县欲探访旧人，未遇。**按：**西安交通大学档案馆藏历史档案（档号：2315，卷名：《南洋公学有关学生请免岁试及参加乡试、院试联系等文》）《光绪二十九年送乡试底册存卷》（光绪二十九年闰五月，1903年7月）记录：顺天乡试应试诸生计一名。“李广平年二十四岁，浙江嘉兴府平湖县监生。曾祖忠孝，祖锟/锐（本生），父世荣/世珍（本生）。光绪二十八年由湖北赈捐案内报捐。”③

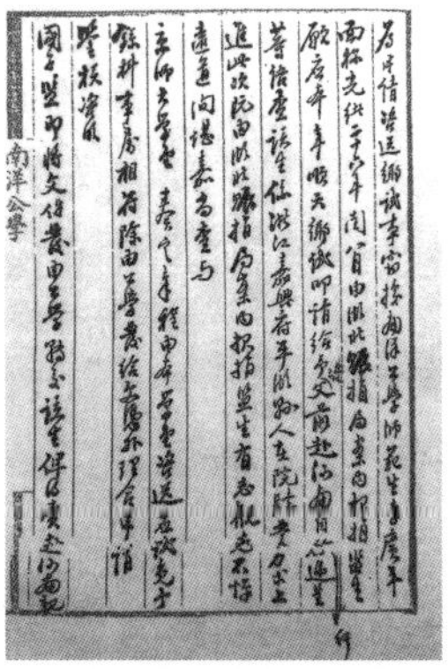

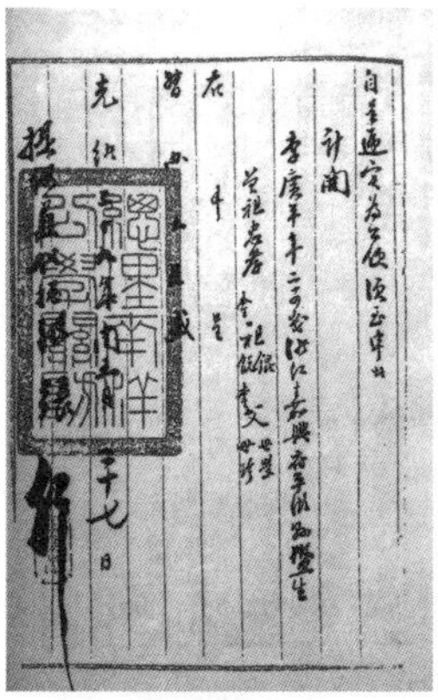

南洋公学为李叔同应考顺天府乡试事呈文盛宣怀。资料来源：上海交通大学校史资料。

10月21日（农历九月初二日），致许幻园函：

幻园老哥同谱大人左右：

别来将半载矣，比维起居万福，餐卫佳胜为颂。弟于前日由汴返沪，侧闻足下有返里之意，未识是否？秋风莼鲈，故乡之感，乌能已已；料理归装，计甚得也。小楼兄在南京甚得意，应三江师范学堂日文教习之选，束金颇丰，今秋亦应南闱乡试，闻二场甚佳，当可高攀巍科也。□□兄已不在方言馆，终日花丛征逐，致迷不

（接上页）比较合理，因为此时特班、师范院均已解散，特班生全部离校，尚有部分师范生留校任职。特班生又是墨水瓶事件中退学学生的组织领导者，给盛宣怀留下了不佳的印象。如果照实申报，很可能不被盛宣怀批准。此中体现了张美翊对于李叔同的爱惜之意。”

① 成绩见1904年1月12日《申报》。

② 成绩见1904年1月17日《申报》。

③ 转引自欧七斤《李叔同两次参加乡试史实新考》，载2011年9月《莲馆弘谭》第7期。据该文注释七，文中“光绪二十八年在湖北……”实为“光绪二十六年”之笔误。

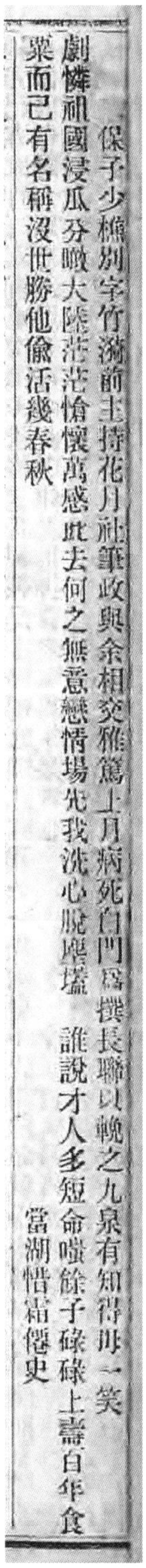
保子少樵別字竹漪前主持花月社筆政與余相交雅篤上月病死白門爲撰長聯以輓之九泉有知得毋一笑

劇憐祖國浸瓜分瞰大陸茫茫愴懷萬感此去何之無意戀情場先我洗心脫塵壒　誰說才人多短命嘆餘子碌碌上壽百年食粟而已有名稱沒世勝他偷活幾春秋

當湖惜霜僊史

1903 年 11 月 28 日《消闲录》第 25 期上发表的《保子少樵别字竹漪前主持花月社笔政与余相交雅笃上月病死白门为撰长联以挽之九尔有知得母一笑》。

返，将来结局，正自可虑。专此，祇颂

行安！不尽欲言。

姻小弟广平顿　初二日①

按：此信福建人民出版社 2019 年 12 月版《弘一大师全集》（第 3 版，修订 2 版）第八册 · 文艺卷、杂著卷、书信卷第 267 页收录，注为写于“一九〇三年秋，上海”；宗教文化出版社 1995 年 8 月版林子青编著《弘一法师年谱》第 25 页将此信列于“1902 年”条目；文物出版社 2017 年 10 月版陈飞鹏整理《弘一法师书信全集》第 13 页将此信置于 1901 年，其理由是“此信《弘一大师全集》注：1903 年秋，上海。疑年份有误。1900 年庚子战乱，京津烽烟骤起，其仲兄文熙携家由天津避难河南内黄。弘一法师写于 1901 年初夏的《辛丑北征泪墨》载：‘光绪二十七年春正月，拟赴豫省仲兄。……’后因战事交通阻塞，未果。在天津住了半个多月就返归上海。推测此信乃其刚刚由津门返沪时所作，即信中所谓‘前日由汴返沪’盖指此行。汴乃河南开封旧称，此处似泛指河南。辛丑年，即是光绪二十七年（1901）。”另，陈飞鹏所录此信最后的时间为“初二”，而非《弘一大师全集》（第 3 版，修订 2 版）中的“初二日”。陈飞鹏仅关注到李叔同 1901 年拟赴河南，却未关注西安交通大学档案馆藏历史档案（档号：2315，卷名：《南洋公学有关学生请免岁试及参加乡试、院试联系等文》，文名：《南洋公学呈请督办大臣盛宣怀给予李广平咨文应顺天乡试》［光绪二十九年闰五月二十七日，1903 年 7 月 21 日］）。② 此信当写于 1903 年秋，具体时间当为 10 月 21 日（农历九月初二日）。此信曾刊于 1948 年《学僧天地》第 1 卷第 6 期，题《弘一大师遗札》。

11 月 19 日（农历十月一日），《申报》公布格致书院癸卯十月课考征答，课题一，策论：“近有赛珍会，又名博览会，肇于何时？始于何国？其旨意何在？可析言之欤？”课题二，策论：“太史公《游侠列传》书后。”后以李成蹊之名应答。③

11 月 28 日（农历十月初十日），在《消闲录》第 25 号发表《保子少樵别字竹漪前主持花月社笔政与余相交雅笃上月病死白门为撰长联以挽之九尔有知得母一笑》：“剧怜祖国浸瓜分，瞰大陆茫茫，怆怀万感，

① 关于此信的年代，笔者曾在过往的著述中判定为 1902 年。近见欧七斤《李叔同两次参加乡试史实新考》（载 2011 年 9 月《莲馆弘谭》第 7 期）一文，言之有理且有证据。故可认定此信写于 1903 年，而李叔同参加河南乡试的时间亦可定为 1903 年。

② 参见欧七斤《李叔同两次参加乡试史实新考》，载 2011 年 9 月《莲馆弘谭》第 7 期。

③ 成绩见 1904 年 1 月 2 日《申报》。

此去何之。无意恋情场，先我洗心脱尘壒；谁说才人多短命，嗤余子碌碌，上寿百年，食粟而已。有名称没世，胜他偷活几春秋。”署名“当湖惜霜仙史”。**按：**福建人民出版社 2019 年 12 月版《弘一大师全集》第八册 · 文艺卷、杂著卷、书信卷（第 3 版，修订 2 版）未收。

12 月 3 日（农历十月十五日），格致书院癸卯十月份课题征答成绩揭晓。获第 3 名。①

12 月 4 日（农历十月十六日），《消闲录》第 31 号刊出“消闲联语第三课”：“出联：‘壮不如人今老矣’，值课者当湖惜霜仙史。限月杪截卷，逾期不收。每卷一纸，违式不录。”

12 月 18 日（农历十月三十日），应格致书院癸卯秋季天津道课考之文《开诚布公论》在第 175 册《北洋官报》“专件”栏刊出。**按：**是年秋开考，以李成蹊之名应考，在 107 位应考者中获超等第一名。此文在 2019 年 12 月福建人民出版社《弘一大师全集》（第 3 版，修订 2 版）中未收。全文见王维军《李叔同研究中的探索与发现》，收《当湖人家》（李叔同研究部分）第 210—248 页。

專件

開誠布公論

第一名李成蹊

法也者爲治之大器也然而法奚自始耶人之生必有羣羣之合必有法法始於羣約其繼
也由分而入專由多而趨寡勢不得不以法權畀諸一人夫以一人執法權萬民之疑忌因
之而起萬民之羣誼因之寖亡矣是故善執法者備夫疑忌之起也有以泯其疑忌羈縻夫
羣誼之亡也有以固其羣誼爲夫至於疑忌泯羣誼固而法乃行諸上下之間而不悖諸葛
治蜀史稱其開誠心布公道吾以爲此其所以能善用法歟不然諸葛夙治申韓法術其治
蜀也以嚴稱萬民宜嘖有怨言矣乃直戀如父母護而誅之偏戾如楊儀魏延而用之不聞
萬民有異說何也蓋其所以誅者非有所深怒必欲置之死亡也亦曰彼之所爲不利吾羣
法所宜刑也其所以用者非有所姑息必欲加諸貴顯也亦曰彼之所爲利於吾羣法所宜
賞也法也者萬民之法執法者卽萬民立法之轄爲一己用法之義斯誠心存乎人公道存
乎羣法雖嚴而刑者不怨賞者不驚其關係慨切有如此矣後世執法者罔識茲義易一

北洋官報　二　第一百七十五冊

1903 年 12 月 18 日《北洋官报》刊出李叔同《开诚布公论》。此为其一页。

刊于 1913 年《中华教育界》第 2 期的上海圣约翰书院旧影。

12 月 19 日（农历十一月一日），格致书院癸卯十一月课考征答，课题一，策论：“苗疆改土为流，中国垂为定制。乃当时如赵文定、张文敏诸人訾为非策，其说可足证欤？”课题二，策论：“论合群与自由之意义与界限”。后以李成蹊之名应答。②

是年，曾与尤惜阴一同在上海圣约翰书院任教国文，不久辞职。③

社会评介择要

读者：《法学门径书 · 序》，收《法学门径书》，1903 年上海开明书店发卖。

---

① 名次参见郭长海《李叔同和上海格致书院征答题》，收《中国近代文学史证——郭长海学术文集》（下册），吉林人民出版社 2005 年 3 月版，第 786—794 页。

② 成绩见 1904 年 1 月 22 日《申报》。

③ 林子青：《弘一法师年谱》，宗教文化出版社 1995 年 8 月版第 29 页注释有伯圆《演本法师文钞续集 · 序》曰：“一九〇三年曾与弘一法师（即李叔同先生）同任上海圣约翰大学国文教授。”复有按语：“此事曩年故李芳远居士曾摘引当时报章记载，略记其事，未及发表，今已遗失。前年在沪，闻同济大学陈从周教授言：前圣约翰大学内，旧有颜惠庆之父纪念堂一座，其额即李叔同所书，或与大师在此任教有关，惜无由证实。姑记之以待他日印证。”上海圣约翰书院于 1905 年 11 月 9 日改为上海圣约翰大学。尤惜阴（1872—1957），名雪行，又名秉彝，江苏无锡人。为弘一法师旧友，后于 1928 年冬与弘一大师结伴离沪南行，欲赴暹罗，抵厦门时，弘一大师居闽南，其赴暹罗，后出家，法名演本，法号弘如，居马来西亚槟城。

耐轩:《国际私法·序》，收《国际私法》，1903年7月译书汇编社出版，上海开明书店发卖。

《新刊介绍〈国际私法〉》，载1903年5月25日《新民丛报》癸卯年第33号。

1904年　甲辰　25岁

社会文化事略

1月13日，“癸卯学制”颁布；2月8日，日俄战争爆发；3月11日，商务印书馆创刊《东方杂志》；5月，严修被派赴日本考察教育；11月，陶成章、蔡元培等在上海成立光复会；本年，曾志忞编《教育唱歌集》在日本东京出版；沈心工编《学校唱歌集》在上海出版。

生平事迹

1月2日（农历癸卯十一月十五日），《申报》载格致书院癸卯十月课考课题成绩，获第18名。

1月3日（农历癸卯十一月十六日），上海格致书院癸卯十一月课考成绩揭晓。获第3名。①

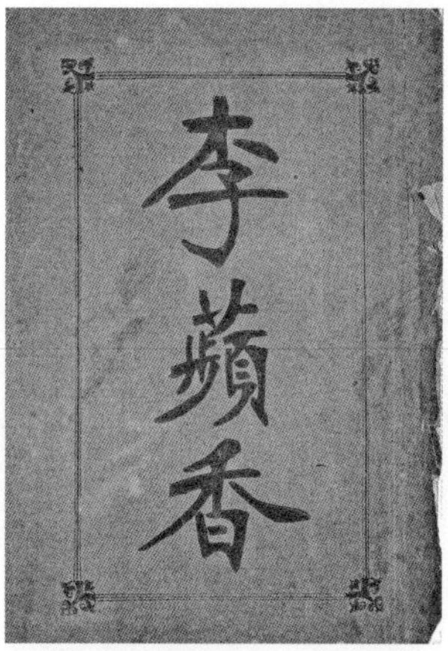

《李苹香》书影，上海蒙化编译社1904年出版。

1月12日（农历癸卯十一月廿五日），《申报》载格致书院癸卯南洋大臣特课考课题征答成绩，获超等第15名（本次成绩超等20名，特等30名，一等130名）。

1月17日（农历癸卯十二月初一日），《申报》载格致书院癸卯九月份课题（即格致书院癸卯秋季天津道课考征答）成绩。获超等第1名（超等共10名，特等共20名，一等共77名）。

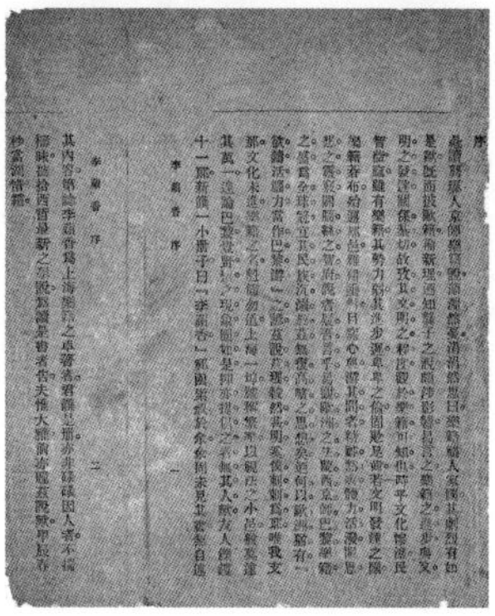

李叔同为《李苹香》所作之序。

1月22日，《申报》载格致书院癸卯十一月份课题成绩，获第3名。

3月31日（农历二月十五日），参加歌筵。作诗《二月望日歌筵赋此叠韵》。②

① 名次参见郭长海《李叔同和上海格致书院征答题》，收《中国近代文学史证——郭长海学术文集》（下册），吉林人民出版社2005年3月版，第786—794页。

② 此题在福建人民出版社2019年12月版《弘一大师全集》（第3版，修订2版）第八册·文艺卷、杂著卷、书信卷第33页为《甲辰二月望日歌筵赋此叠韵》。

21世纪10年代初的上海南市裘家弄小普陀街，今已不存。（王维军提供）

原上海南市裘家弄区域目前已成为城市改造的工地。摄于2019年2月。

春，铄镂十一郎著《李苹香》由上海蒙化编译社出版。为作序，署“甲辰春杪，当湖惜霜”。书中收有《书赠李苹香》七绝三首，署名“惜霜仙史”。收有《和补园居士韵》，署名“惜霜仙史”。**按**：该书第十一章中另有铄镂十一郎：《李苹香之将来》，写曰：“苹香又与新学中人盘桓。有三郎者，最称莫逆。三郎貌都而才奇，其赠苹香绝句云：‘子女平分二十周，那堪更作狭邪游。只因第一伤心事，红粉英雄不自由。’三郎即新学中之一人，常约其同志数辈，至苹香处促膝谈心，其同志者有口占赠苹香诗曰：‘当今□□□□□，不及青楼声誉长。新学党中趋若鹜，逢人争说李苹香。’”（《李苹香》一书另有1905年10月上海科学会版，版本不同，内收诗不一致）。

开始参与并组织沪学会相关活动。**按一**：1904年4月23日《警钟日报》报道：“南门内文学会各会员，现以旧有学会范围过小，拟解散，另发起一会。昨日本社社员亦曾见邀商榷，其会大致分藏书楼、阅报房、运动场、歌乐会，以及研究各项为首要科目，诸部入会者不限方隅，务以推广公众之利益为目的。一俟拟定草章，即须邀沪上知名之士赞成其事，于七月内立名开会云。”又，1934年12月《上海市通志馆期刊》第2年第3期上载有胡怀琛《上海的学艺团体》，其中对沪学会的介绍为：“沪学会为前清末上海教育界叶永鎏、叶承锡所发起。初于一九〇二年，（清光绪二十八年）就旧县城内俞家弄宅，联合同志，研究学术，后借小南门外普陀禅寺余屋，设立会所。一九〇四年（清光绪三十年）定名为沪学会。会员每月纳会费半元。附设义务小学、体育会，及各学科补习夜课。一九〇六年（清光绪三十二年）迁移于城外赵家湾。一九〇八年（清光绪三十四年）与教育研究会合并而为县教育会。”当时的沪学会活动场所在小普陀街的小普陀寺内（今已不存）。小普陀街位于董家渡路旁的裘家弄一侧，城市改造前仍存小普陀街路牌，如今此地为一巨大工地，其城改规划的拆除系与城南草堂所在的青龙桥街先后执行。**按二**：1904年4月12日《中外日报》刊出《速成乐歌讲习会》，言沈心工为养成小学唱歌教员举办讲习活动；1904年4月19日《警钟日报》刊出“速成乐歌讲习会”第一次开会情形。又，李叔同曾在《音乐小杂志》中《昨非录》一文中有言：“学唱歌者，音阶半通，即高唱‘男儿第一志气高’之歌”，此为沈心工所作《兵操》一曲的首句。有论者以为李叔同应系听讲者之一。[①] **按三**：黄炎培在《沈心工传》中曰：“上海南市设有沪学会，聘先生（注：指沈心工）教音乐，李叔同即后来成为音乐美学大家，最后出家为僧的弘一大师，他的初期音乐，实从先

① 参见郭长海《李叔同和沈心工》，收《中国近代文学史证——郭长海学术文集》（下册），吉林人民出版社2005年3月版，第895—909页。

生受来的。”[①] **按四：**时与穆藕初多有交往。穆藕初在《藕初五十自述》中言：“海上青年学子，愤国势之不振，学问之欠缺者，不乏其人，遂于甲辰夏有沪学会之组织。会内除定期集会，敦请名流演说各种致富图强之要旨，期增进群众知识外，余更力倡武学，举办兵式体操，为自强之起点。……东城一隅，虽已设有义务小学便益贫民，但经费无多，学额有限，难期普及。故会内兼办义务小学，由李君叔同主持之。又以人间万事胥由心造，平日苟无陶冶，则偏激之气日久郁积，一旦爆发，小之足以为害地方，大之足以遗祸国内。求其调和心气，感人入深者，莫善于讲求音乐矣，于是更附设一音乐会。继又熟审中年人之不识一丁无力求学者，当占在居住民中半数以上，一旦欲均齐发，涤其旧染，启阙新机，以图社会捷收改良之伟效，舍不用文字之表演教化外无以奏功，于是更召集有志研究新剧之同志若干人，并敦请专家，方便指导，着手开演文明新剧，俾一切见者闻者，于娱乐中无意中得受绝大之感化。一小小沪学会，苟充量做去，其于社会国家间将发生无量关系，可以断言。唯当时诸会员，以地方远隔，事业变化之关系，不克一堂长聚，宏收攻玉他山之效。乃散归各地，类能尽其国民天职，组织各种新社团，一致作救时之运动。种一因而获多果，是又着手组织沪学会时所意想不到之盛况也”又言：“有某君者，二十年前创办沪学会之老友也，性聪颖而耿介，书、画、琴、歌、地理、金石靡不精通；富有辩才，尤功国语；雅度高致，轶类超群，律己谨严，待人谦和。当抵制美货时，慷慨激昂，于激发国民爱国天良，非常殷切。嗣后赴日求学，贤名籍甚，邻邦人士惊为稀有。时大隈伯主报务，闻而奇之，特地往访，觉其人骨格清奇，精神超越，谈吐俊拔，作品粹雅，迥异常人，认为留学界白眉。临去，索其近作画稿一幅，刊布大隈伯报，竭意揄杨，视为晚近人端。回国后任教职多年，余虽不常见，然私心甚钦崇之。越若干年，忽闻某君将出家，来申与诸故旧话别。余时方兴高采烈，从事于实业。”[②] 开始早期的戏剧活动，票演京剧。**按五：**对于李叔同在上海票演京剧，其具体剧目不详。如今留存李叔同在京剧《八蜡庙》（“八”字有写作“虮”）和另一帧扮演黄天霸的造型两张照片，福建人民出版社 2019 年

李叔同京剧黄天霸造型。

李叔同（右）京剧《八蜡庙》造型。

① 黄炎培：《沈心工传》，转引自朱恺《李叔同的“南洋”学缘——以其与黄炎培、沈心工的交往为例》，收 2011 年 9 月《莲馆弘谭》第 7 期。

② 穆藕初：《藕初五十自述》，商务印书馆 1926 年 8 月第 1 版。关于沪学会的创立，黄炎培在《我也来谈谈李叔同先生》一文也说：“叔同从南洋公学散学以后，经过一个时期，在上海集合一般思想先进分子，择地租界以外——那时是一九〇四、一九〇五——创设一个‘沪学会’，经常召开演说会，办补习学校，也许是全国第一个补习学校。……我至今还保存着叔同亲笔写他自撰词自作曲的《祖国歌》，当时曾被一般男女青年传诵。”（载 1957 年 3 月 7 日《文汇报》）然上海通志馆《上海的学艺团体》（1935 年）中所记则为：沪学会为清末上海教育界叶永鋆、叶永锡于 1902 年（光绪二十八年）所发起，于旧县城内俞家弄宅，联络同志，研究学术，后借小南门外普陀禅寺余屋，设立会所。1904 年定名为沪学会。会员每月纳会费半元。附设义务小学、体育会及各学科补习夜课。1906 年迁移至城外赵家湾。1908 年与教育研究会合为县教育会。

12 月版《弘一大师全集》（第 3 版，修订 2 版）第八册·文艺卷、杂著卷、书信卷第 174 页和第 175 页分别标注为“一九〇一年在上海客串，扮褚彪”、“一九〇一年在上海客串”。此标注之依据今未见。**按六：**1904 年 9 月 25 日《警钟日报》报道：“志士某君等，近在沪发起一沪学会，会员亦甚多数，并附设一补习科，分单音唱歌、复音唱歌、算学、舆地、绘图、东文，一共六门。教授均系会员担任。兹定本月十六日午后二句钟开会，公举职员。会所设在小南门外董家桥天主堂孝祠对面。”9 月 25 日系农历八月十六日。成立会议前，同人已订出沪学会章程十六条，内容为：

一　命名　本会集沪上同志（不论客居、本籍）研究学术，故名曰沪学会。

二　宗旨　以开通风气，交换知识，图谋学界之公益为主。

三　会所　暂设小南门外曾家渡（董家桥教堂内），俟经费充足再议扩充。

四　办法　除交费各本会会员会友平时到会研究外，于本会附设之事件如左：

甲　补习课育　如乐歌、算学理化、师范等补习会；

乙　普及教学　如夜校、半日学校；

丙　阅读书报；

丁　运动游艺；

戊　招待客员。

五职员；六职任、七入会；八出会；九会费；十期限；十一协助员；十二名誉员；十三利益；均略。

十四　会期　每月第一个星期日下午二时至五时开月会；每半年开大会一次（日期另订）；平时有特别事件，开临时会议议决之。

十五　凡入会者应守约定如下：

一尚公德；二重名誉；三严约期；四节嗜好；旧约另订，悬挂会堂。

十六　报告（略）。

甲辰七月　同人公订[1]

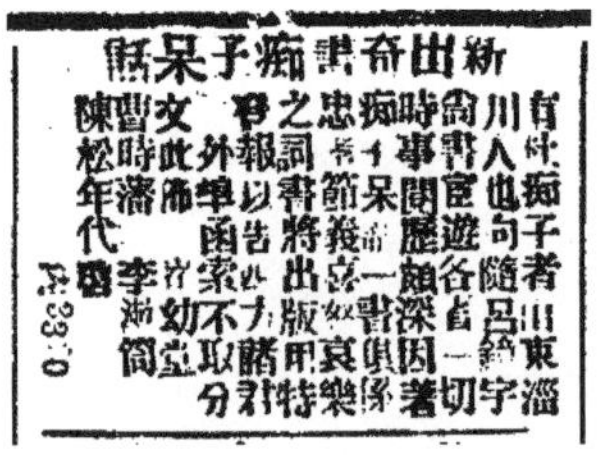
新出奇書痴子呆話

1904 年 6 月 10 日，李叔同等在《新闻报》发布的《新出奇书痴子呆话》广告。

按七：综上，有关沪学会的成立时间、活动组织及人员等仍须进一步研究厘清其历史。然李叔同于本年参与大量沪学会活动则为事实。

[1] 见 1904 年 8 月 27 日《警钟日报》。文中“曾家渡”疑为“董家渡”之误。

6月9日（农历四月廿六日），在《新闻报》与崔幼堂、曹时藩、陈松年一起发布《新出奇书痴子呆话》广告。

6月10日（农历四月廿七日），在《新闻报》与崔幼堂、曹时藩、陈松年一起发布《新出奇书痴子呆话》广告。

6月11日（农历四月廿八日），在《新闻报》与崔幼堂、曹时藩、陈松年一起发布《新出奇书痴子呆话》广告。

7月30日（农历六月十八日），与瑟楼、小宋、补园、富春山民、东山旧主、吟梅馆主、宜春馆主、天竟庐主一起在《消闲录》刊出《江城画里人征诗》。署“惜霜仙史”。

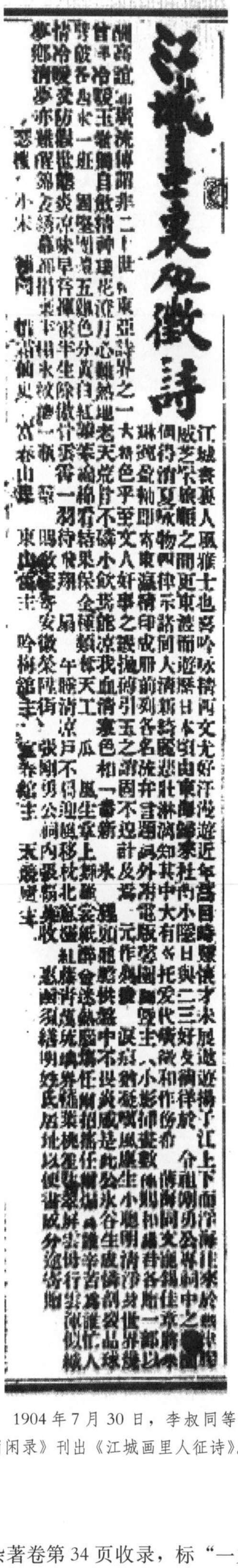
江城画里人征诗

1904年7月30日，李叔同等在《消闲录》刊出《江城画里人征诗》。

8月17日（农历七月初七日），夕过名妓谢秋云妆阁，有诗《七月七夕在谢秋云妆阁重有感诗以谢之》。[①]

10月9日至11月6日间（农历九月），徐星州为刻“广平”（朱文）。边款“星舟抚古泉法。甲辰秋九月”。又为刻“三郎沉醉打球回”（白文）。边款“抚古陶器作此。甲辰九月星舟”。

10月9日（农历九月初一日），《申报》公布格致书院甲辰九月课考课题征答，课题一，策论：“日俄战事胜负尚难逆睹，将来结局如何为上策？试推论之。”课题二，策论：“夷齐让国说”。后以李成蹊之名应答。[②]

秋，作二绝句《赠语心楼主人》。[③] **按：**此二绝句在宗教文化出版社1995年8月版林子青编著《弘一法师年谱》第32页被置于是年“二月”所作，然根据诗中“虾蟆陵下几秋风”句，似为秋天。

11月8日（农历十月初二日），《申报》公布格致书院甲辰十月课考课题征答，课题一，策论：“汉唐宋明党祸论。”课题二，策论：“上海

① 此诗福建人民出版社2019年12月版《弘一大师全集》（第3版，修订2版）第八册·文艺卷、杂著卷第34页收录，标“一九〇四年农历七月初七日作于上海”。郭长海、郭君兮编《李叔同集》，天津人民美术出版社2006年6月版，第144页亦标注作于甲辰年，即1904年。

② 成绩见1904年11月21日《申报》。

③ 此诗福建人民出版社《弘一大师全集》（第3版，修订2版）第八册·文艺卷、杂著卷、书信卷第34页收录，标“一九〇四年作于上海”。

李叔同次子李端。(李莉娟提供)

格致书院藏书楼序”。后以李成蹊之名应答。[①]

11 月 21 日（农历十月十五日），《申报》载格致书院甲辰九月份课考成绩。获第 5 名。

12 月 9 日（农历十一月初三），次子李端生。[②]

12 月 24 日（农历十一月十八日），《申报》载格致书院甲辰十月份课题征答成绩。获第 3 名。

年末，上海商务印书馆发起征文活动，一为征求小说，二为论文征答。以李惜霜之名参加论文征答。所选题目为，一、“我国各地交通不便，语言因以参差。令汽车汽船既未遍通，有何良策使语言齐一欤?”二、“学堂有经传，宜以何时诵读，何法教授，始能获益?”二题均获二等奖，奖金 30 元。[③]

是年，作词《金缕曲・赠歌郎金娃娃》[④]、诗《滑稽传题词四绝》。[⑤]

书“青史红颜”五言联赠徐耀庭。款识“剑人句，耀庭老哥大方家正。甲辰，弟广平”；钤印“漱筒长寿”、“李成蹊印”、“海上归来”。[⑥]

为侄麟玺书扇（为《书愤》诗）。**按：**林子青编著《弘一法师年谱》介绍曰：“李晋章（玺）致林子青书云：‘文采风流四座倾’句诗，乃甲辰年（一九〇四）为玺所书。此扇不知落于何方？前者为芳远兄所钞，本玺昔年背诵记住未忘。一时想起，故急钞之以奉。其当时胸中牢骚口吻，已露于纸墨间。”[⑦] 故李叔同为麟玺书此当有其事，然其诗本身并非李叔同所作。

为沪学会乐歌研究科编教本，从古诗词中选 13 篇，配西洋及日本曲调完成《国学唱歌集》。**按：**次年出版。

---

① 成绩见 1904 年 12 月 24 日《申报》。

② 李端（1904—1991），字正夫、直卿，李叔同三子，生于上海。1905 年回天津生活，娶妻郑氏，郑氏后病故。续娶杜氏，生三女，长女汶娟，次女莉娟，三女淑娟。1991 年 2 月 9 日（农历腊月二十五日）逝世。

③ 郭长海：《李叔同和上海格致书院征答题》，收《中国近代文学史证——郭长海学术文集》（下册），吉林人民出版社 2005 年 3 月版，第 786—794 页。

④ 福建人民出版社 2019 年 12 月版《弘一大师全集》（第 3 版，修订 2 版）第八册・文艺卷、杂著卷、书信卷第 38 页注此词“一九〇四年作于上海”。

⑤ 福建人民出版社 2019 年 12 月版《弘一大师全集》（第 3 版，修订 2 版）第八册・文艺卷、杂著卷、书信卷第 34 页收录，标“一九〇四年作于上海”。

⑥ 刘正成主编：《中国书法全集 83・近现代编—李叔同马一浮卷》（该分卷主编潘良桢，副主编方爱龙，学术顾问任继愈），荣宝斋出版社 2002 年 11 月版，第 46 页。“剑人”为清代诗文家蒋敦复（1808—1867），字剑人，江苏宝山人。

⑦ 林子青编著：《弘一法师年谱》，宗教文化出版社 1995 年 8 月版，第 33 页。

社会评介择要

铄镂十一郎：《李苹香之将来》，《李苹香》第十一章，上海蒙化编译社1904年版。

1905 年　乙巳　26 岁

社会文化事略

1 月，国学保存会在上海成立；2 月 23 日，国学保存会发刊《国粹学报》；5 月，上海发动抵制美约运动；8 月 20 日，同盟会在日本东京成立，举孙中山为总理；12 月 8 日，陈天华为抗议日本取缔留学生规则，在横滨大森海湾蹈海自杀。

生平事迹

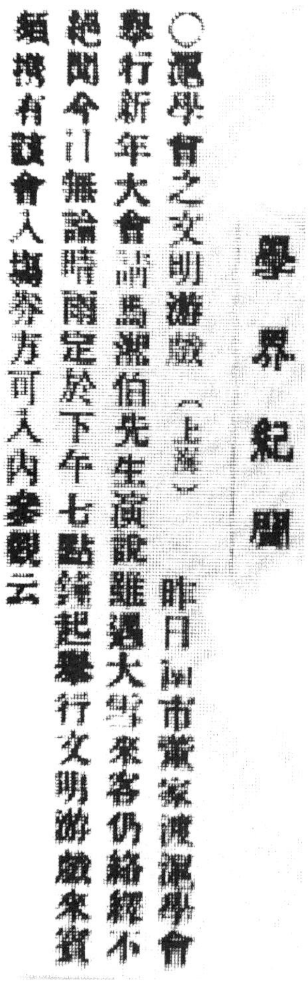
學界紀聞
○滬學會之文明游戲（上海）昨日南市董家渡滬學會舉行新年大會請馬湘伯先生演說雖遇大雪來客仍絡繹不絕聞今日無論晴雨定於下午七點鐘起舉行文明游戲來賓須携有該會入場券方可入內參觀云

1905 年 2 月 13 日，《时报》刊出的《沪学会之文明游戏》。

春，为沪学会补习科编“新戏册”《文野婚姻》，并有《为沪学会撰〈文野婚姻新戏册〉既竟系之以诗》。[①]

作词《菩萨蛮·忆杨翠喜》、诗《为老妓高翠娥作》。[②]

2 月 9 日（农历正月初六日），沪学会附属义务小学挂牌，主持教务。

2 月 12 日（农历正月初九日），《时报》刊出《沪学会之新年大会》，写曰：“初九日（即今日）下午二点钟，本埠南市董家渡沪学会举行新年大会，广请名士莅会演说，并闻初十日尚有文明游戏数种云。”

2 月 13 日（正月初十日），所作《文野婚姻》公演。**按一：**朱双云在《新剧史》中曰：“丙午正月，上海沪学会组织演剧部……沪学会诸会友闻风而起，于正月既望，即就会堂试演，其主事者为美术家李叔同。”丙午乃 1906 年，时李叔同已在日本，为记忆错误，当为 1905 年正月既望日，即 1905 年 2 月 19 日。所指“试演”为何？待考。[③] **按二：**是

---

① 福建人民出版社 2019 年 12 月版《弘一大师全集》（第 3 版，修订 2 版）第八册·文艺卷、杂著卷、书信卷第 34 页注此诗“一九〇五年作于上海”。

② 关于李叔同作《菩萨蛮·忆杨翠喜》的时间，福建人民出版社 2019 年 12 月版《弘一大师全集》（第 3 版，修订 2 版）第八册·文艺卷、杂著卷、书信卷第 38 页收录时标注“一九〇五年春作于天津”。杨翠喜，生于 1889 年，北京通县人，12 岁随家迁居天津，从养父学艺，曾为他人之妾，后脱身。《为老妓高翠娥作》收录于福建人民出版社 2019 年 12 月版《弘一大师全集》（第 3 版，修订 2 版）第八册·文艺卷、杂著卷、书信卷第 34 页，标“一九〇五年作于上海”。

③ 朱双云：《新剧史》，东方出版社 2015 年版，第 2—3 页。转引自张莹：《浅析中国早期话剧先驱李叔同及其历史影响》，载李叔同故居纪念馆编《叔同研究》第 1 辑，天津古籍出版社 2018 年 5 月版。

日《时报》刊出《沪学会之文明游戏》，写曰："昨日南市董家桥沪学会举行新年大会，请马相伯先生演讲。虽遇大雪，来客仍络绎不绝。闻今日无论晴雨，定于下午七点钟举行文明游戏。来宾须携有该会入场券方可入内参观云。"另该报于 2 月 22 日有《沪学会广告》。

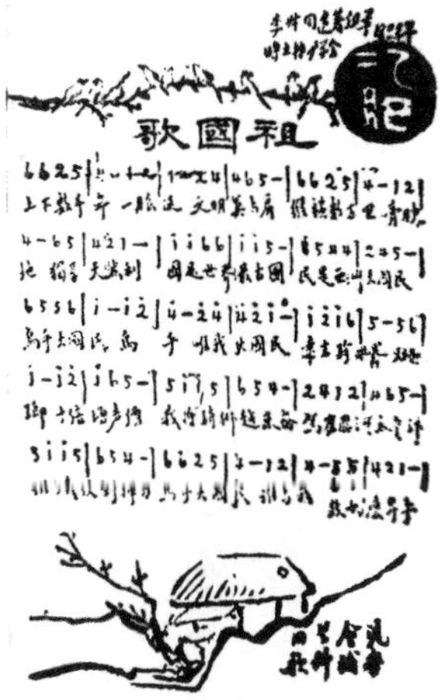

《祖国歌》歌谱。

3 月 6 日至 4 月 4 日间（农历二月），根据民间乐曲《老六板》填写《祖国歌》。[①] **按**：一般认为《祖国歌》是李叔同根据民间乐曲《老六板》于是年农历二月而填词的爱国歌曲（谱上有"沪学会补习科用歌"字样）。黄炎培有感于徐半梅于 1957 年 1 月 7 日在《文汇报》上发表的《李叔同先生的一个特点》一文，也于当年的 3 月 7 日在《文汇报》上发表了一篇题为《我也来谈谈李叔同先生》的文章。黄炎培在文章中说："我至今还保存着叔同亲笔写他自撰词、自作曲的《祖国歌》。当时曾被一般男女青年传唱。当然，必须认定这还是叔同的早年作品，但也值得珍视。"丰子恺在《李叔同先生的爱国精神》一文中说："我的少年时代正在这些国耻之后。那时民间曾经有'抵制美货'、'抵制日货'、'劝用国货'等运动。我在小学里唱到这《祖国歌》的时候，正是'劝用国货'的时期。我唱到'上下数千年，一脉延，文明莫与肩；纵横数万里，膏腴地，独享天然利'的时候，和同学们肩了旗子排队到街上去宣传'劝用国货'时的情景，憬然在目。我们排队游行时唱着歌，李叔同先生的《祖国歌》正是其中之一。"[②] 也有不同意见，郭长海在《天津文史》第 22 期（1999 年 10 月）上发表的《关于〈祖国歌〉》和收集在西泠印社出版社 2000 年 2 月出版的《弘一大师新论》里的《〈祖国歌〉等诗非李叔同所作》二文持否定意见。存疑或否定的理由是 1904 年《新民丛报》第 3 年第 3 号的《亚雅音乐会开会式为甲辰卒业送别记》一文报道了 1904 年 7 月 17 日中国在日留学生的送别会上高唱了一首《大国民》，其歌词和《祖国歌》几乎相同。是此歌别有作者，李叔同只是改了歌名作为教材？还是李叔同早在一年以前就已写了这首歌词？待考。郭长海发表在 2017 年 9 月《莲馆弘谭》上的《考证三则》中再一次强调了《祖国歌》非李叔同所作，遗憾的是仍然没有说出《大国民》的作者。又，张静蔚也有《学堂乐歌〈祖国歌〉作者是李叔同吗?》一文，载《中央音乐学院学报》1983 年第 2 期。可供参考。天津人民美术出版社 2006 年 6 月郭长海、郭君兮编《李叔同集》第 164—165 页仍收录此歌，有注："此诗原见《新民丛报》第三年第三号，1904 年 7 月 26 日出版，又见上海《时报》1904 年 9 月 1 日，均未署名，疑非李叔同所作，

---

① 福建人民出版社 2019 年 12 月版《弘一大师全集》（第 3 版，修订 2 版）第八册·文艺卷、杂著卷、书信卷第 66 页收录丰子恺手写歌词时，将"李叔同作词"改为"李叔同作（改）词"，括号和"改"字用印刷体。

② 丰子恺：《李叔同先生的爱国精神》，收《丰子恺全集》总第 3 卷，文学卷三，海豚出版社 2016 年 10 月版，第 28—30 页。

为保留文本以便于研究，此处仍保留。详见郭长海《〈祖国歌〉等诗非李叔同所作考》一文，载《弘一大师新论》，西泠印社，2000 年 2 月。”

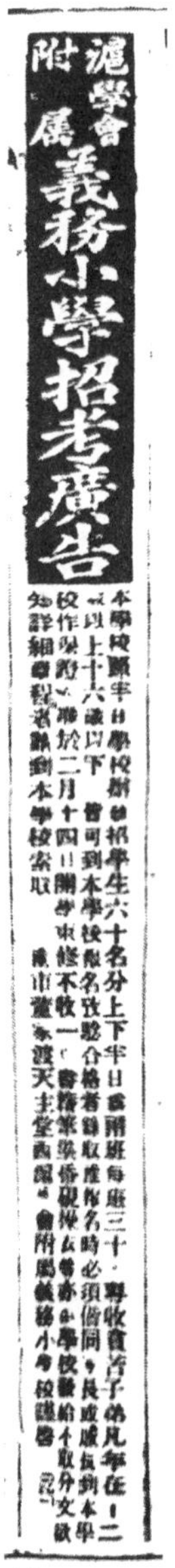
滬學會附屬義務小學招考廣告
本學校照半日學校辦廣招學生六十名分上下半日爲兩班每班三十名專收貧苦子弟凡年在十二歲以上十六歲以下者皆可到本學校報名考驗合格者錄取惟報名時必須偕同家長或戚長到本學校作保證人准於二月十四日開學束修不收一切書籍筆墨紙硯操衣等亦由學校發給不取分文欲知詳細章程者請到本學校索取
南市董家渡天主堂西滬學會附屬義務小學謹啓

1905 年 3 月 9 日，《时报》刊出的《沪学会附属义务小学招考广告》。

3 月 9 日（农历二月初四日），《时报》刊出《沪学会附属义务小学招考广告》：“本学校照半日学校办，广招学生六十名，分上、下半日为两班，每班三十名，专收贫苦子弟。凡年在十二岁以上十六岁以下者，皆可到本学校报名，考验合格者录取，惟报名时必须偕同家长或戚长到本学校作保证人，准于二月十四开学，束修不收。一切书籍笔墨纸砚操衣等，亦由学校发给，不取分文。欲知详细章程者，请到本学校索取。南市董家渡天主教堂西沪学会附属义务小学谨启。”**按：**文中“二月十四日”系指农历，即公历 3 月 19 日。此广告后在《时报》亦多次刊登。

3 月 10 日（农历二月初五日），母亲王氏逝世，享年 45 岁。① **按：**丰子恺《法味》（浙江文艺出版社、浙江教育出版社 1992 年 6 月版，第 21—34 页）一文引李叔同语：“我从二十岁至二十六岁之间的五六年，是平生最幸福的时候。此后就是不断的悲哀与忧愁，一直到出家。”“我母亲不在的时候，我正在买棺木，没有亲送。我回来，已经不在了！还只四十□岁！”

3 月 13 日（农历二月初八日），《时报》刊出《沪学会创设义务小学》：“沪学会创始于去年夏间，沪上学界中人大半入会，会所在南市董家渡天主教堂西曹家湾，今春就会中创设义务小学业已刊发章程，定于十四日开学。专收贫寒子弟，一律不收束修……”主持该校校务。

3 月 15 日（农历二月初十日），沪学会附属义务小学招收贫苦学生 60 名。

《时报》刊载《沪学会特别告白》，赞扬其捐助沪学会及附属义务小学经费洋二百元。称：“本会会友李叔筒先生，热心教育，侪辈同钦。近遭其节母王太夫人之丧，叔筒君谨遵遗命，以诵经礼忏、超荐亲魂浪费金钱，最为社会恶俗，即以撙节之资，捐助本会及附属义务小学经费洋二百元，本会拜领之余，实深钦佩，书此为学会同人告，并以志感。”**按一：**此告白后在 3 月 16 日、17 日、18 日、19 日、20 日、21 日连续刊登。**按二：**为感恩李母王氏捐资助学校遗训，后该小学的学生以追悼歌的形

1905 年《东方杂志》第 2 年第 4 期封面。

① 李叔同在 1914 年《题梦仙花卉横幅》中说：“是画作于庚子九月，时余方奉母居城南草堂。花晨月夕，母辄招大姊说诗评画，引以为乐。大姊多病，母为治药饵，视之如己出。壬寅荷花生日，大姊逝。越三年乙巳，母亦弃养。余乃亡命海外，放浪无赖。回忆曩日，家庭之乐，唱和之雅，恍惚殆若隔世矣。”《题梦仙花卉横幅》收福建人民出版社 2019 年 12 月版《弘一大师全集》（第 3 版，修订 2 版）第八册·文艺卷、杂著卷、书信卷第 36 页。

式唱颂赞叹："贤哉节母，柏操流芳。贤哉节母，国史褒扬。贤哉节母，遗命以助吾学堂。痛节母之长逝兮，荷钦旌之荣光。痛节母之长逝兮，增学界之感伤！痛节母之长逝兮，祝子孙其永昌"。此即《上海义务小学学生追悼李节母歌》，载于1905年7月24日天津《大公报》。**按三：**是日《时报》另刊出《沪学会特设测绘速成科》和《补习会》二文。前者写曰："敦请童季通先生教授，每礼拜日下午三句钟至五句钟，本会已备罗盘、平面桌、铁链等仪器，并择校场广地为练习之所……"后者写曰："科目凡十科。甲地理，乙几何，丙代数，丁笔算，戊国语，己英文，庚日文，辛军乐，壬单音乐歌，癸复音乐歌……入沪学会诸君，无论习壹科或兼习十科，均不收费……补习会准于二月十五日开课，学者请先报名。"文中"二月十五日"系农历，即公历3月20日。

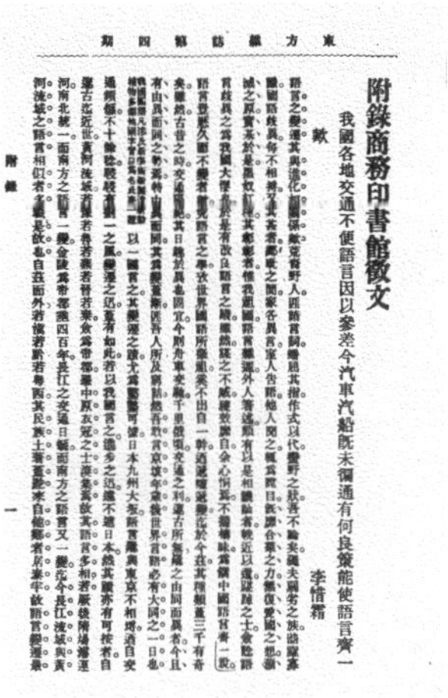
附錄商務印書館徵文
我國各地交通不便語言因以參差今汽車汽船既未徧通有何良策能使語言齊一歟
李惜霜

1905年5月28日《东方杂志》第2年第4期刊出的《我国各地交通不便语言因以参差今汽车汽船既未遍通有何良策能使语言齐一欤》之一页。署名"李惜霜"。

3月19日（农历二月十四日），参与筹办的沪学会附属义务小学开学。为感恩李母王氏捐资助校遗训，该小学的学生以追悼歌的形式唱颂《上海义务小学学生追悼李节母歌》。①

3月20日（农历二月十五日），沪学会附属义务小学开课。

4月5日（农历三月初一日），商务印书馆发表征文评选结果，获二等奖。征题有二："我国各地交通不便语言因以参差今汽车汽船既未遍通有何良策能使语言齐一欤"、"学堂用经传宜以何时诵读何法教授始能获益"。

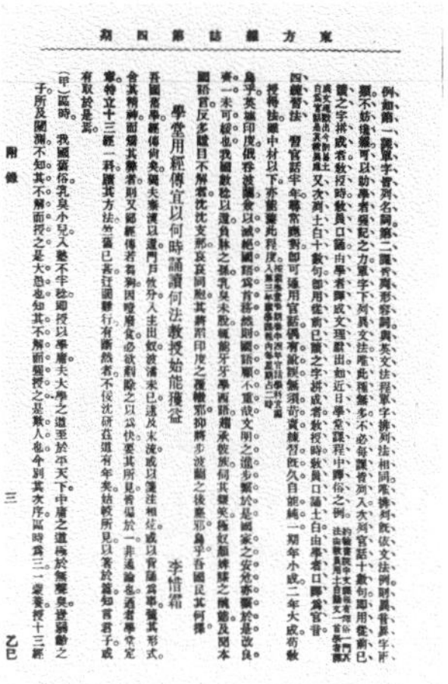
學堂用經傳宜以何時誦讀何法教授始能獲益
李惜霜

1905年5月28日《东方杂志》第2年第4期刊出的《学堂用经传宜以何时诵读何法教授始能获益》之一页。署名"李惜霜"。

4月9日（农历三月初五日），作为沪学会代理总理，召集沪学会会议。**按：**该日《时报》广告曰："今日二点钟开三月份会，敦请客员狄君、陈君、雷君到会演说，并由会长马湘伯君演说。四点钟后提议事件。务请会中同人早临为盼。再总理龚子英君有事往苏，所有开会报告等，均请李叔同君代理。沪学会　白。"②

5月28日（农历四月廿五日），在上海《东方杂志》第2年第4期《附录商务印书馆征文》发表《我国各地交通不便语言因以参差今汽车汽船既未遍通有何良策能使语言齐一欤》《学堂用经传宜以何时诵读何法教授始能获益》二文。均署名"李惜霜"。**按：**福建人民出版社2019年12月版《弘一大师全集》（第3版，修订2版）第八册·文艺卷、杂

① 《上海义务小学学生追悼李节母歌》后载于1905年7月24日天津《大公报》。
② 据1905年4月9日《时报》。此文字与郭长海《李叔同在天津史事三考》（收《中国近代文学史证——郭长海学术文集》（下册），吉林人民出版社2005年3月版）所录文字有几处不一致。

著卷、书信卷分别在第 181—182、182—184 页收录，题为《中国语言齐一说》和《学堂用经传议》。未标出处。

李叔同编《国学唱歌集》初版本封面。

时中书局在《时报》发布广告，列有寄售之《国学唱歌集》。

5 月 29 日（农历四月廿六日），为抗议美国苛禁华工问题及开展抵制美货运动，沪学会召集上海学界代表百余人开会商讨对策，作为沪学会附属义务小学代表与会。是日《时报》载《上海沪学会议定抵制美约实行办法》。是日《中外日报》亦有报道。

李叔同编《国学唱歌集》初版本扉页。

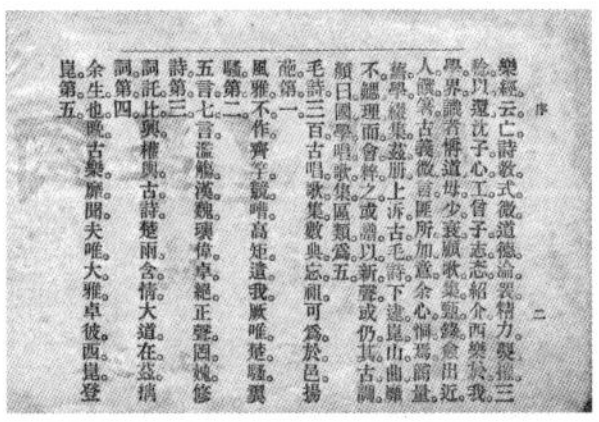

李叔同编《国学唱歌集》初版本序言。

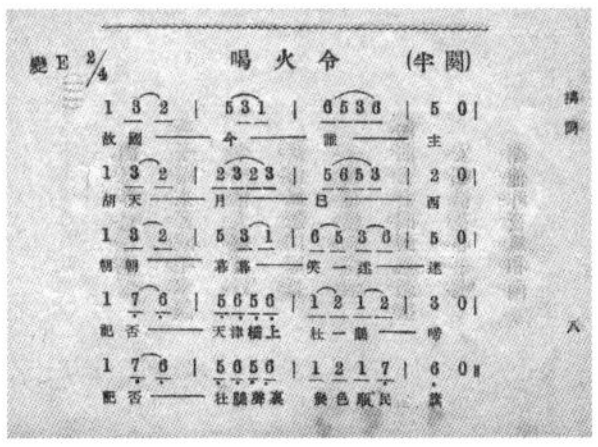

李叔同编《国学唱歌集》初版本中的《喝火令》一歌。

5 月（农历三月廿七日至四月廿八日），为沪学会而编的《国学唱歌集》（初编）由（上海）中新书局国学会出版，印刷者：上海新马路昌寿里中新书局活版部；总售处：上海四马路望平街时中书局；贩卖所：上海棋盘街广益书局。有序言，收歌曲 21 首，其中前 15 首分别采用《诗经》《楚辞》以及其他古诗词为歌词，并为配曲，歌名为《葛藟》《繁霜》[①]《黄鸟》《无衣》《离骚》《山鬼》《行路难》《隋宫》《扬鞭》《秋感》《菩萨蛮》《蝶恋花》《喝火令》《柳叶儿》《武陵花》《哀祖国》《爱》《化身》《男儿》《婚姻祝辞》《出军歌》。**按：**《哀祖国》《爱》《化身》《男儿》《婚姻祝辞》歌词为自作，《出军歌》根据黄遵宪《军歌二十四章》编配。有自序：

> 乐经云亡，诗教式微，道德沦丧，精力爨摧。三稔以还，沈子心工，曾子志忞，绍介西乐于我学界，识者称道毋少衰。顾歌集甄录，佥出近人撰著，古义微言，匪所加意。余心恫焉。商量旧学，缀集兹册。上溯古毛诗，下逮昆山曲，靡不鳃理而会粹之。或谱以新声，或仍其古调，颜曰《国学唱歌集》。区类为五：
>
> 毛诗三百，老唱歌集。数典忘祖，可为于邑。“扬葩”第一。
> 风雅不作，齐竽竞嘈。高矩遗我，厥惟楚骚。“翼骚”第二。
> 五言七言，滥觞汉魏，瑰伟卓绝，正声罔愧。“修诗”第三。
> 词托比兴，权与古诗。楚雨含情，大道在兹。“摛词”第四。
> 余生也晚，古乐靡闻。夫唯大雅，卓彼西昆。“登昆”第五。[②]

6 月 2 日（农历四月三十日），时中书局在《时报》发布广告，列有寄售之《国学唱歌集》。

---

① 此歌在钱仁康《弘一大师歌曲集》（台北，东大图书股份有限公司 1993 年 5 月版）中被改名为《正月》。现按原歌集。

② 李叔同：《〈国学唱歌集〉序》，收《弘一大师全集》（第 3 版，修订 2 版）第七册·佛学卷、传记卷、序跋卷，福建人民出版社 2019 年 12 月版，第 640 页。

6月4日（农历五月初二日），沪学会召开月会，筹划抗议美国苛禁华工问题及开展抵制美货运动，提出停止与美商交易的办法，与戈朋云分别作为各自学校的代表参与活动并发言，赞成抵制美货。① 代表沪学会附属义务小学签名于抗议英华商行总董破坏“抵制美货”之抗议书。代表沪学会附属义务小学出席沪学会召集的沪上学界30余所学校校长开会筹议对付美国苛禁华工问题会议。开会伊始，唱所编《行路难》及金　作词的《祝自由神歌》。② **按一.** 1905年6月5日《时报》载《沪学会之大会》称：“昨日沪学会开五月份会。二时开会，先唱祝自由神歌，次提议会中事件，次唱行路难古乐府，次由严又陵先生演说，大旨谓国民宜尚武，及感动政府速变法，委婉详审，娓娓动听。次由马湘伯先生演说，痛陈白种人之欺凌华人，及华人籍白势以自害同胞，悲壮慷慨，声泪具下，四座为之挥涕。末后提议英华宏成积聚银行，有华商某总理其事于力拒美约之策大有妨碍，当即有各学堂代表人商学会王行是、商会学堂吴公之、义务小学堂尤惜阴、沪学会龚子英、二十三七浦小学堂穆藕初、务本女塾吴畹九、人镜学社何剑华、沪学会附属义务小学堂李叔同、时习学堂吴隽季、文明小学堂董懋堂、利济学堂祁季英、普通小学堂祁季英、民立上海小学校赵子衢、广方言馆混邹清、民立南洋中学堂徐凤石、教育普及会私塾改良社沈戟仪、中英学社戈朋云、嘉定学会及南翔学会许稚梅、教育研究会袁观澜、工艺学堂吕小珊、宝山县学堂袁观澜、敬业学堂姚孟埙、民立上海中学堂龚子英、梅溪学堂徐跂洲、养正学堂姚孟埙、太仓普通学堂管封千、师范研究会闻冠丞、正谊学堂陆古君、速成师范讲习所项莲生、法文书馆苏汝钦，议定签名致公函于某，劝其不预闻此事云。至散会时已钟鸣五下矣。”

6月6日（农历五月初四日），《国学唱歌集》（初编）出版后引起社会反响。是日《时报》刊出《李叔同氏之新著作——〈国学唱歌集〉（初编）》，曰：“沪学会乐歌研究科教本，李叔同编，区类为五：曰《扬葩》、曰《翼骚》、曰《修诗》、曰《摛词》、曰《登昆》。虑怀旧之蓄念，振大汉之天声。诚师范学校、中学校最善之教本。初编已出版，价洋二角五分。”

1905年6月6日（农历五月初四日）《时报》刊登的《国学唱歌集》出版广告。

6月7日（农历五月初五日），《时报》刊出《李叔同氏之新著作——〈国学唱歌集〉（初编）》。**按：** 该报于本年6月8日、10日、12日、14日、16日、18日、20日、22日、24日、26至28日、30日，7

① 有关本次活动，参见1905年5月29日《中外日报》、1905年6月5日《时报》之相关报道。
② 《行路难》收李叔同编《国学唱歌集》，中新书局国学会1905年5月版。

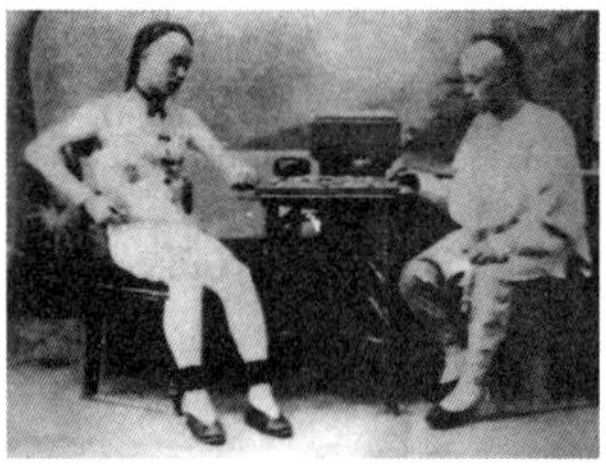
1905年李叔同（左）在天津与家兄李桐冈下围棋。

月2日刊出同题广告。

时中书局在《时报》发布广告，列有寄售之《国学唱歌集》。

7月2日（农历五月三十日），时中书局在《时报》发布广告，列有寄售之《国学唱歌集》。

7月7日（农历六月初五日），时中书局在《时报》发布广告，列有寄售之《国学唱歌集》。

7月9日（农历六月初七日），参加沪学会第三次大会。**按**：1905年7月7日《时报》称："本月初七日为沪学会第三次大会之期，并附属义务小学校行暑假休业式。除柬约各学校教习、学生及各界通人惠临赐教并演说外，务希各会友一律准二点钟到会。所有开会仪式如下：改良章程；报告会务；更举职员；演说；唱歌。"①

7月10日至22日间（农历六月初八至廿日间），携妻儿，送母亲灵柩抵天津。

7月14日（农历六月十二日），时中书局在《时报》发布广告，列有寄售之《国学唱歌集》。

7月17日（农历六月十五日），会文堂、时中书局在《时报》发布广告，列有寄售之《国学唱歌集》。

7月19日（农历六月十七日），时中书局在《时报》发布广告，列有寄售之《国学唱歌集》。

7月23日（农历六月廿一日），天津《大公报》刊出《文明丧礼》，写曰："河东李叔同君广平，新世界之杰士也。其母王太夫人月前病故，李君特定于本月二十九日开追悼会，尽除去一切繁文缛节，别定新仪。本馆已得其仪式及哀歌，因限于篇幅，俟再登录。"

7月24日（农历六月廿二日），天津《大公报》刊出《专件·天津

① 转引自郭长海《李叔同在天津史事三考》，收《中国近代文学史证——郭长海学术文集》（下册），吉林人民出版社2005年3月版，第736—743页。

追悼会之仪式及哀歌》（同时刊登两首哀歌《追悼李节母哀辞》。[①]《上海义务小学学生追悼李节母歌》，词曲作者未署）。《专件·天津追悼会之仪式及哀歌》全文：

本月二十九日，天津李叔同之母王太夫人开追悼会，备有西餐，以飨来宾。其“哀启”如左：

启者：我国丧仪，繁文缛节，俚俗已甚。李叔同君广平，愿力祛其旧。爰与同人商酌，据东西各国追悼会之例，略为变通，定新丧仪如下：

（一）凡我同人，倘愿致敬，或撰文诗，或书联句，或送花圈花牌，请毋馈以呢缎轴幛、纸箱札彩、银钱洋元等物；

（二）诸君光临，概免吊唁旧仪，倘愿致敬，请于开会时行鞠躬礼；

（三）追悼会之仪式：（甲）开会，（乙）家人致哀词，（丙）家人献花，（丁）家人行鞠躬礼，（戊）来宾行鞠躬礼，（己）家人致谢向来宾行鞠躬礼，（庚）散会。同人谨白。

7月31日（农历六月廿九日），下午二时，在天津以西式礼仪举行亡母追悼会。**按：**关于追悼会情形，俗侄李圣章之女李孟娟《弘一法师的俗家》一文曰：“叔祖父事其母至孝。1905年王氏曾祖母（我们通称为王氏老姨太太）在上海故去，叔祖父一家运灵回津，打破外丧不进宅的旧例，停灵在前院五间大客厅的正中（由门房老张爷张顺吊线找正），按礼仪开吊出殡。丧仪为西式，有人致悼词（不是孝子跪地读祭文），叔祖父弹钢琴，唱悼歌，待客是吃中西餐两种，全家穿黑色衣裳送葬（未穿白色孝袍）。这件事情在亲朋中轰动，说是‘李三爷办了一件奇事’。”[②] 另可参见1988年4月20日《天津日报》金图、塞科《李叔同史料的新发现》一文。关于追悼会时间，林子青《弘一法师年谱》（宗教文化出版社1995年8月版）第38—39页所引文献有误。

李叔同《金缕曲·将之日本，留别祖国，并呈同学诸子》。

8月2日（农历七月初二日），天津《大公报》刊出《记追悼会》：“六月廿九日午后两点钟，李叔同君为其太夫人开追悼会，到者四百余人。奥工部官阿君、医官克君、高等工业学堂顾问宫藤井君、松长君、单味仁司马、学务处总办严范孙君、高等工业学堂监督赵幼梅君，及各

① 《追悼李节母哀辞》收福建人民出版社2019年12月版《弘一大师全集（第3版，修订2版）第八册·文艺卷、杂著卷、书信卷第34页。

② 李孟娟：《弘一法师的俗家》，收天津古籍出版社1988年4月版《李叔同—弘一法师》，第124—140页。

在日本时的李叔同。

学会堂校长、教员等大半皆与斯会，可云盛矣。所收挽联哀词二百余首，闻将付印，以广流传云。”

8月5日（农历七月初五日），时中书局在《时报》发布广告，列有寄售之《国学唱歌集》。

8月10日（农历七月初十日），时中书局在《时报》发布广告，列有寄售之《国学唱歌集》。

8月11日（农历七月十一日），应约与严修西餐聚会。参加者另有李桐冈、周啸麟，及留日归来者胡家祺。严修于次日日记中有："送叔同行”四字。①

8月12日（农历七月十二日），留眷津门，离开天津，取道沪上，赴日留学。行前作《金缕曲·将之日本，留别祖国，并呈同学诸子》。**按：**福建人民出版社2019年12月版《弘一大师全集》（第3版，修订2版）第八册·文艺卷、杂著卷、书信卷第38页注此词“一九〇五年作于上海”。李叔同于是年8月12日离天津，取道上海赴日本。无证据说明一定是在上海所写。离津前曾向广育会捐款20元。②

秋，在东京作《秋感》二题（诗）。③

8月25日（农历七月廿五日），时中书局在《时报》发布广告，列有寄售之《国学唱歌集》。

9月3日（农历八月初五日），时中书局在《时报》发布广告，列有寄售之《国学唱歌集》。

9月4日（农历八月初六日），时中书局、文明书局、开明书局、广学会、小说林、会文堂、广益书局在《时报》发布广告，列有寄售之《国学唱歌集》。

① 天津图书馆编：《严修手稿》第7册，天津古籍出版社2012年1月版，第4798—4800页。
② 参见天津1905年11月4日《大公报》广育会公布的捐款名单。有关广育会的情况可参见郭长海《李叔同和广育会》，收《中国近代文学史证——郭长海学术文集》（下册），吉林人民出版社2005年3月版，第812—821页。
③ 福建人民出版社2019年12月版《弘一大师全集》（第3版，修订2版）第八册·文艺卷、杂著卷、书信卷第34—35页收录，标“一九〇五年作于日本”。

9月5日（农历八月初七日），时中书局、文明书局、开明书局、广学会、小说林、会文堂、广益书局在《时报》发布广告，列有寄售之《国学唱歌集》。

他人选取李叔同在日本时的全身照修饰后之像。

9月6日（农历八月初八日），时中书局、文明书局、开明书局、广学会、小说林、会文堂、广益书局在《时报》发布广告，列有寄售之《国学唱歌集》。

9月7日（农历八月初九日），时中书局、文明书局、开明书局、广学会、小说林、会文堂、广益书局在《时报》发布广告，列有寄售之《国学唱歌集》。

9月8日（农历八月初十日），时中书局、文明书局、开明书局、广学会、小说林、会文堂、广益书局在《时报》发布广告，列有寄售之《国学唱歌集》。

9月10日（农历八月十二日），时中书局在《时报》发布广告，列有寄售之《国学唱歌集》。

9月18日（农历八月廿日），时中书局、新学会社、新智社在《时报》刊出广告，亦列《国学唱歌集》。

9月28日（农历八月三十日），时中书局在《时报》发布广告，列有寄售之《国学唱歌集》。

李叔同题写刊名的《醒狮》月刊。

9月29日（农历九月初一日），《醒狮》在日本东京创刊，为题刊名。**按一：**《醒狮》由高天梅主编，被认为是最具有批判锋芒和战斗威力的一本刊物。1905年7月孙中山由欧洲抵日本，高天梅参与了和黄兴等人的会见，筹组中国同盟会，是同盟会中第一位上海籍会员，8月中国同盟会召开成立大会时被推为江苏省主盟人。1906年回国，与柳亚子、田桐等编辑《复报》。1909年，陈去病、柳亚子等创立南社，为主要创始人之一。**按二：**上海辞书出版社1990年11月版《中国文化史年表》第782页9月29日条目曰："李叔同、陈去病、柳亚子、高天梅等在东京创办《醒狮》月刊，共出五期。"**按三：**高天梅有《愿无尽庐诗话》，言李叔同曾写过小说《若人欤若人》。[1]

---

① 郭长海：《考证三则》，收《莲馆弘谭·2018》，西泠印社出版社2018年12月版，第114—120页。

10 月 8 日（农历九月初十日），时中书局在《时报》发布广告，列有寄售之《国学唱歌集》。

10 月 12 日（农历九月十四日），文明书局、时中书局、开明书店、商务书馆、广益书局、会文堂、群学社、中新书局等在《时报》发布广告，列有所发售之《国学唱歌集》。

10 月 14 日（农历九月十六日），文明书局、时中书局、开明书店、商务书馆、广益书局、会文堂、群学社、中新书局国粹社在《时报》发布广告，列有所发售之《国学唱歌集》。

时中书局在《时报》发布广告，列有寄售之《国学唱歌集》。

10 月 16 日（农历九月十八日），中新书局国粹社在《时报》发布《国学唱歌集》广告。

10 月 18 日（农历九月廿日），文明书局、时中书局、开明书店、商务书馆、广益书局、会文堂、群学社、中新书局等在《时报》发布广告，列有所发售之《国学唱歌集》。

10 月 20 日（农历九月廿二日），中新书局国粹社在《时报》发布《国学唱歌集》广告。

10 月 22 日（农历九月廿四日），中新书局国粹社在《时报》发布《国学唱歌集》广告。

10 月 24 日（农历九月廿六日），中新书局国粹社在《时报》发布《国学唱歌集》广告。

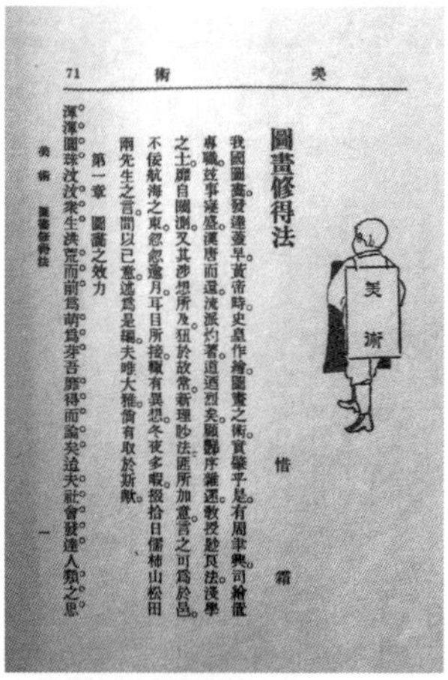
71 術 美

圖畫修得法

惜霜

我國圖畫發達蓋早。黃帝時史皇作繪。圖畫之術。實肇乎是。有周聿興。司繪置專職。茲事寖盛。漢唐而還。流派灼著。迨及近世。道益烈矣。顧秩序雜遝。教授鮮良法。淺學之士。靡自問津。又其涉想所及。狃於故常。新理妙法。匪所加意。言之可爲於邑。不佞航海之東。忽忽逾月。耳目所接。輒有異想。冬夜多暇。掇拾日儒柿山松田兩先生之言。間以己意。述爲是編。夫唯大雅。倘有取於斯歟。

第一章　圖畫之效力

渾渾圖球。汶汶衆生。洪荒而前。爲萌爲芽。吾靡得而論矣。迨夫社會發達。人類之思

美術　圖畫修得法　一

李叔同发表在《醒狮》第 2 期上的《图画修得法》之一页。

10 月 28 日（农历十月初一日），在《醒狮》第 2 期发表《图画修得法》，署名“惜霜”，内容为该文第一章“图画之效力”。[①] 另在该期发表词《菩萨蛮——忆杨翠喜》《金缕曲·留别祖国并呈同学诸子》、诗《为老妓高翠娥作》和《为沪学会撰〈文野婚姻新戏册〉既竟，系之以诗》。

10 月 28 日至 11 月 26 日间（农历十月），同人议创《美术杂志》，

① 福建人民出版社 2019 年 12 月版《弘一大师全集》（第 3 版，修订 2 版）第八册·文艺卷、杂著卷、书信卷第 17 页注此文“刊于《醒狮》第三期，一九〇五年十一月”。实际此文在《醒狮》第 2 期、第 3 期分两期发表。

初具规模，因发生留学生风潮，同人星散，未果。**按：**后因此以为“负疚何如?”以个人之力于次年初刊《音乐小杂志》，以饷学界。[1]

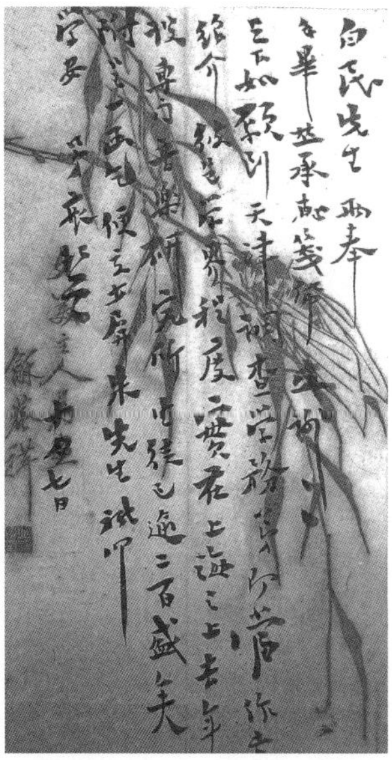
白民先生：两奉手毕，并承惠笺纸，感谢感谢！足下如愿到天津调查学务，弟即当作书绍介。彼邑学界程度，实在上海之上。去年设专门音乐研究所，生徒已逾二百，盛矣。附呈一函，乞便交少屏朱先生。祇叩学安 弟哀顿首 十月七日

李叔同于1905年11月3日（农历十月七日）致杨白民函手迹。现藏浙江博物馆。

11月3日（农历十月初七日），在东京致杨白民函：

白民先生：

两奉手毕，并承惠笺纸，感谢感谢！足下如愿到天津调查学务，弟即当作书绍介。彼邑学界程度，实在上海之上。去年设专门音乐研究所，生徒已逾二百，盛矣。附呈一函，乞便交少屏朱先生。祇叩

学安

弟哀顿首　十月七日

按：此信收录于福建人民出版社2019年12月版《弘一大师全集》（第3版，修订2版）第八册·文艺卷、杂著卷、书信卷第269页。所录文字与原件同。（原件如附图）然文物出版社2017年10月版陈飞鹏整理《弘一法师书信全集》第15页收录此信时，文字有误，即“两奉手毕”之“毕”字误为“书”；“并承惠笺纸”句缺“纸”字。

李叔同于1905年冬所作之水彩画《山茶花》。

11月4日（农历十月初八日），《时报》刊出《开明书店出版新书》广告，其中有《法学门径书》，售价一角五分。

李叔同于1905年冬所作之水彩画《沼津风景》。

11月12日（农历十月十六日），时中书局在《时报》发布广告，列有寄售之《国学唱歌集》。

11月16日（农历十月廿日），在《广益丛报》发表《中国语言合一说》，署名“李惜霜”。

时中书局在《时报》发布公告，列有寄售之《国学唱歌集》。

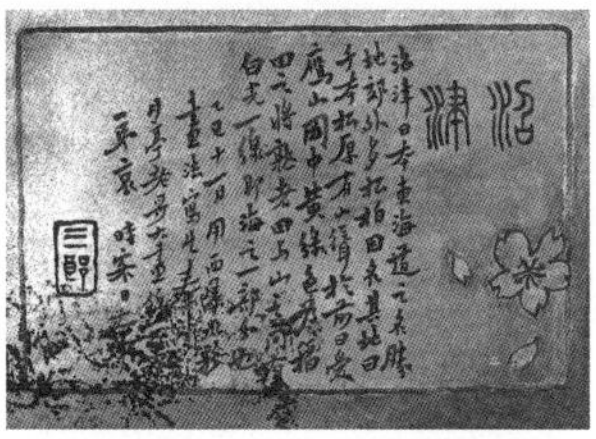

《沼津风景》背面之书信文字。

11月21日（农历十月廿五日），严修收其来信。

秋冬，在东京致毛子坚函，曰前由懿盦处获悉来书，寄赠《醒狮》

[1] 李叔同：《〈音乐小杂志〉序》，收《弘一大师全集》（第3版，修订2版）第七册·佛学卷、传记卷、序跋卷，福建人民出版社2019年12月版，第640—641页。序曰：“……乙巳十月，同人议创《美术杂志》，音乐隶焉。乃规模粗具，风潮叠起。同人星散，瓦解势成。”

一册。[①] **按：**此函具体日期不详，但函中有“兹奉赠《醒狮》一册，内有拙作数首”句，应系《醒狮》第2期出版后之事。

冬，作水彩画“山茶花”。款识：“回阑欲转，低弄双翘红晕浅。记得儿家，记得山茶一树花。乙巳冬夜，息霜写于日京小迷楼”；钤印：“三郎”。[②] **按：**根据1927年9月16日《小说世界》第16卷第12期刊出之《李叔同先生所作水彩画（城南草堂藏）》，此图曾藏于上海城南草堂。

作《莲藕图》，款识：“乙巳冬夜”；钤印：“三郎”。[③]

11月27日至12月25日间（农历十一月），致徐耀廷明信片，明信片正面作水彩画《沼津风景》，署名：A. Li。明信片背面写曰：

> 沼津，日本东海道之名胜地，郊外多松柏，因名其地曰千本松原。有山耸于前，曰爱鹰，山岗中黄绿色为稻田之将熟者。田与山之间有白光一线，即海之一部分也。乙巳十一月用西洋水彩画法写生。奉月亭老哥大画伯一笑！弟哀　时客日本。[④]

12月1日（农历十一月初五日），在《醒狮》第3期发表《石膏模型用法》，连载《图画修得法》（续），署名：“息霜”，内容为该文第二章“图画之种类”、第三章“自在画概说”。为该期设计图案。另撰《美术界杂俎》，有英国表演艺术家亨利·欧文介绍及其病逝消息、日本画家三宅克己水彩画及其画集介绍、日本洋画杂志介绍、日本近日美术会介绍（如日本美术协会第38回展览会、日月会展览会、白马会展览会、二叶会例会、日本绘叶书展览会，同时另有东京音乐学校音乐会介绍）。

现状报馆、广智书局、作新社在《时报》发布广告，列有寄售之《国学唱歌集》。

12月29日（农历十二月初四日），昌明公司、文明书局等在《时报》发布广告、列有寄售《国学唱歌集》。

---

① 此函收录于福建人民出版社2019年12月版《弘一大师全集》（第3版，修订2版）第八册·文艺卷、杂著卷、书信卷，第274页，标“一九〇五年，日本东京”。天津人民美术出版社2006年6月版郭长海、郭君兮编《李叔同集》第195页收录，标写于10月，未说明依据。

② 福建人民出版社2019年12月版《弘一大师全集》（第3版，修订2版）第八册·文艺卷、杂著卷、书信卷第38页所录此款识首句“回阑欲转，低弄双翘红晕浅”中的“低”字为“试”字。

③ 郭长海：《闲话三郎》，收《中国近代文学史证——郭长海学术文集》（下册），吉林人民出版社2005年3月版，第508—510页。

④ 此明信片内容亦收录于福建人民出版社2019年12月版《弘一大师全集》（第3版，修订2版）第八册·文艺卷、杂著卷、书信卷第267页。

是年，“日本诗画大家”创立淡白会，留日期间曾与陈师曾、曾孝谷等一起加入。[①]

附记一：2015年7月16日《杭州日报》“艺术典藏”周刊报道是年西泠印社春季拍卖会收槌消息，其中有李叔同1905年所书五言联“明月几时有，把酒问青天”。款识“味仁先生手道，乙巳，广平”。成交价345万元。供参考。

社会评介择要

《沪学会之新年大会》，载1905年2月12日《时报》。

《沪学会之文明游戏》，载1905年2月13日《时报》。

《沪学会广告》，载1905年2月22日《时报》。

《沪学会附属义务小学招考广告》，载1905年3月9日《时报》。

《沪学会创设义务小学》，载1905年3月13日《时报》。

《沪学会特设测绘速成科》《补习会》《沪学会特别告白》，载1905年3月17日《时报》。

《特别告白》，载1905年3月26日《时报》。

沪学会《愿学照相者鉴》《毛笔画补习科》广告，载1905年3月30日《时报》。

《沪学会广告》，载1905年4月9日《时报》。

《沪学会增设体育部广告》，载1905年5月27日《时报》。

《上海沪学会议定抵制美约实行办法》，载1905年5月29日《时报》。

沪学会代表人筹议对付美国苛禁华工消息，载1905年5月29日《中外日报》。

《沪学会之大会》，载1905年6月5日《时报》。

《李叔同氏之新著作——〈国学唱歌集〉（初编）》，载1905年6月6日《时报》。

天津大公报馆：《文明丧礼》，载1905年7月23日天津《大公报》。

天津大公报馆：《专件·天津追悼会之仪式及哀歌》，载1905年7月24日天津《大公报》。（同时刊登两首哀歌《追悼李节母之哀辞》《上海义务小学学生追悼李节母歌》，词曲作者未署）

天津大公报馆：《记追悼会》，载1905年8月2日天津《大公报》。

《西国丧服制考》，载1905年8月3日、4日天津《大公报》。

---

① 具体何年加入待考。陈师曾（1876—1923），原名衡恪，字师曾，号朽道人、槐堂，江西义宁人，著名美术家、艺术教育家。

1906 年　丙午　27 岁

社会文化事略

2 月 21 日，慈禧太后谕学部实兴女学；3 月 25 日，学部奉旨公布全国教育宗旨：忠君、尊孔、尚公、尚武、尚实；4 月，为抗议日本《清国留学生取缔规则》，留日学生纷纷回国。本年，沈心工编《学校唱歌集》三集。

李叔同亲自设计的《音乐小杂志》创刊号封面。

生平事迹

1 月 27 日（正月初三日），撰《〈音乐小杂志〉序》。其中有一段写道：“翳夫音乐，肇自古初，史家所闻，实祖印度，埃及传之，稍事制作；逮及希腊，乃有定名，道以著矣。自是而降，代有作者，流派灼彰，新理泉达，瑰伟卓绝，突轶前贤。迄于今兹，发达益烈。云滃水涌，一泻千里。欧美风靡，亚东景从。盖琢磨道德，促社会之健全；陶冶性情，感精神之粹美。效用之力，宁有极矣。”

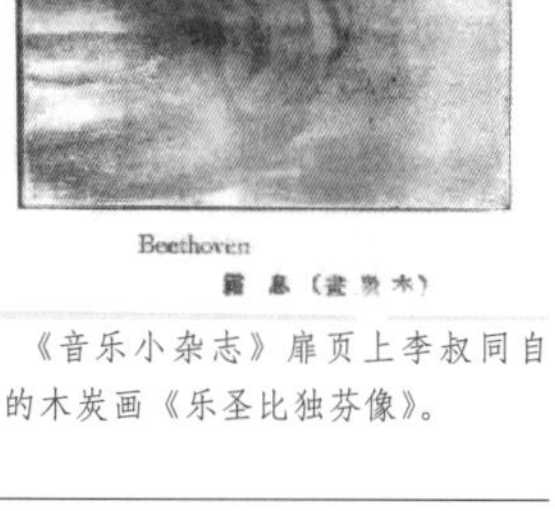

《音乐小杂志》扉页上李叔同自作的木炭画《乐圣比独芬像》。

2 月 8 日（农历正月十五日），在日本印刷中国第一种音乐杂志《音乐小杂志》。**按一：**印刷处为东京市神田区美土代町二丁目一番地三光堂。2 月 13 日（正月廿日）运回上海发行，由尤惜阴任经手人。封面画为自作。① 自序署名“息霜”；在杂志的扉页上发表木炭画《乐圣比独芬像》（即贝多芬），署名“息霜”，为所见中国人最早发表的贝多芬之画像；根据日本石仓小三郎《西洋音乐史》删改编写《乐圣彼独芬传》，署名“息霜”；翻译田村虎藏《近世乐典大意》；3 首乐歌《我的国》《春郊赛跑》和《隋堤柳》，署名“息霜”；《昨非录（一）》，署名“息霜”；《呜呼！词章！》，署名“息霜”。版权页编辑人署名“李叔同”，所在地址是：日本东京市神田区今川小路二丁目三番地集贤馆。管理兼发行人为“尤惜阴”，所在地址：上海大东门内北城脚义务小学堂内。出版部为“公益社”，所在地址为上海大东门内北城脚义务小学堂内。贩卖所为

① 《音乐小杂志》封面图由花卉和五线谱构成。五线谱为《马赛曲》之一小节。而花卉，从植物形态审视，当系罂粟花。据金天羽《艺林九友歌》云：“天津李叔同工西洋水彩画，余曾见其《莺粟花图》……”（金天羽《天放楼诗文集》，上海世纪出版股份有限公司、上海古籍出版社 2007 年 11 月版，上册第 220 页）。此《莺粟花图》或系另一幅李叔同所绘之罂粟花图。

"开明书店"，所在地址为上海四马路东首。印刷人为"白土幸力"，所在地址为日本东京市神田区美土代町二丁目一番地。印刷所为"三光堂"，所在地址为日本东京市神田区美土代町二丁目一番地。定价：大洋两角八分。**按二：**杂志刊有"文坛公鉴"，以编辑部名义曰："本社创办伊始，资本微弱，撰述乏人，故第一期材料简单，趣味阙乏，至为负疚。自第二期起，当竭力扩充，并广征文艺，匡我不逮。凡论说杂著与新撰唱歌、诗词、谣曲等，倘蒙赐教，至为欣幸（惟已登入报章或刊入书籍者毋再寄来）。他日登出后，当以李叔同氏水彩画、油画或美术音乐书籍等奉酬（寄稿限五月底为止）。编辑部谨白"。有"征求沈叔逵肖像"，以编辑部名义曰："沈氏为吾国乐界开幕第一人，久为海内所钦仰。今拟将沈氏肖像登入本杂志。如诸君有收藏此肖像者，请付邮寄下。他日登出者，赠水彩画一张、第二期杂志一册、《日本唱歌》一册。其他未登出者，亦各赠第二期杂志一册、《日本唱歌》一册。其肖像无论用否，他日必一律寄还（期限至五月底为止）。编辑部白"。有"会计部广告"，曰："本杂志第一期定价始昂，实因稍取薄利为第二期扩充起见。以后资本稍裕，自当以极廉之价发售。谨此预白。"另有"注意"，曰："诸君如以大稿信件等寄至编辑部者，请于信面注明交'东京神田区今川小路二丁目三番地集贤馆李叔同氏'收并请向邮局挂号，俾免遗失。"**按三：**昔日的神田区已于1947年3月和邻近的麴町区合并，成了今日的千代田区，今川小路已不复存在。将明治四十年（1907）版和2010年版的东京地图放在一起作比对，可发现当年李叔同抵东京后初居的神田区今川小路二丁目三番地和现今的神田神保町三丁目十一番地基本吻合。神田神保町三丁目位于2010年版地图的正中央，"保"字正上方之地就是十一番地。通过实地踏勘和拍照确认，发现下方照片中电线杆旁之收费停车场即是昔日今川小路二丁目三番地遗址。再向前（南）走数米的十字路口拐角处有小咖啡馆。该幢褐红色建筑为"安田神保町公寓"。与停车场相比，这幢公寓楼占地面积较大，相当于旧地图中的二丁目二番地。目前在神田神保町三丁目十一番地四周已无有关集贤馆和《音乐小杂志》的线索。但沿"神田神保町公寓"前的小马路往东走50至60米的十三番地有名为"集英社"的知名出版社。"集英社"和当年李叔同编辑《音乐小杂志》"集贤馆"在命名上颇有共同之处，但集英社成立于1926年8月，与集贤馆当无关系。神田神保町另有一个与出版物非常有缘的地段，叫"神田古书店街"，也称"神田神保町古书店街"，有着130多年历史，该街图书种类丰富，有文学、哲学、法律、演剧、社会科学、自然科学、洋书和文库本等。200家书店中有140家经营旧书，东京旧书店旧书的三分之一集中于此。**按四：**3首歌分作两类，《我的国》和《春郊赛跑》为"教育唱歌"；《隋堤柳》为"为别体唱

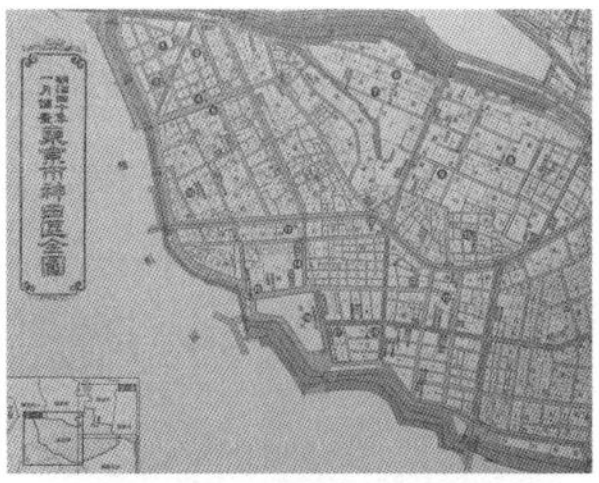

日本明治四十年版东京神田区全图。（大桥茂提供）

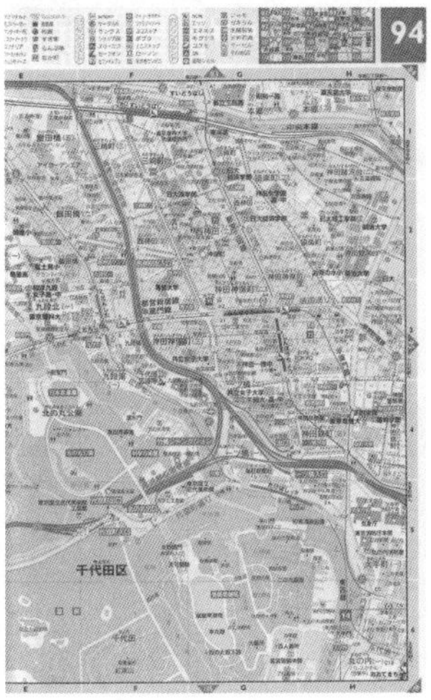

2010年版东京千代田区地图。（大桥茂提供）

昔日今川小路二丁目三番地址。（大桥茂提供）

位于昔日今川小路二丁目三番地附近的安田神保町公寓楼。（大桥茂提供）

位于昔日今川小路二丁目三番地附近的小咖啡馆。（大桥茂提供）

歌”，并注明是“仿词体”。此三歌在《音乐小杂志》上刊登之时，没有注明曲作者，后钱仁康对此作了考释。① 在“别体唱歌”《隋堤柳》歌词后面有一小注，曰：“此歌仿词体，实非正轨。作者别有怅触，走笔成之。吭声发响，其音苍凉，如闻山阳之笛。《乐记》曰：‘其哀心感者，声噍以杀’，殆其类欤！?”并还在曲谱上注了“哀艳”二字。《音乐小杂志》第一期出刊后，本拟继续出刊，根据《〈音乐小杂志〉序》，该杂志“期年二册，春秋刊行。”然目前仅见创刊号。该杂志有 26 页，栏目众多，计有：表纸、图画、插图、社说、乐史、乐曲、乐歌、杂纂、词府等等，分类甚详。**按五：**高齐贤有《乐史零缣》一文，写曰：

吾国昔乐，导源极古，风格独具，规律自全。隋唐以还，西域天竺等乐，传入国中，影响颇巨；词曲遞变，泯渐无痕。欧化东来，宗教诗歌，首开褴褛，军队教育，继被其风，乐律歌声，载同新诞，故家丝竹，遂逊西音，豆来米发，几于户诵。利厥成就，别起异军，黎氏锦晖，俨执牛耳，一曲晨布，万口夕腾，弱国柔音，识者交病；有声影片，推波助澜，不徒家弦，且播学府，迄于今日，不特国乐不具，贻笑瀛寰；而且庆吊婚丧，雅音咸缺；乐教之乱，诚无逾于此时矣。然西乐规律之精，允非国乐能比，用之不广，岂其罪耶？识往知来，传必有故，详稽博考，未必无关。谨辟是栏，用收沉泯，以言集腋，请俟方来。脱有以五十年来乐界琐闻，供为乐史编辑资料者，只求价值珍贵，不计系统何如，爰撰是篇，以明其例。

（纪念李息霜先生）

音乐小杂志。西乐东来，首由宗教，普通流布，则科学废后，学校唱歌，实导先河。学校唱歌之最初执教者，除一般师范传习所之简易师资外，其资格较深者，类皆留日学生。考前清光绪三十、三十一两年，我国留日学生，人数在两万以上，三十二年虽略少，亦有一万四千余人，遂发生日本取缔留学生之事；此一万余人中，研究师范者，实甚众也。彼时各种学科，咸有译述，杂志刊物，亦皆应时而兴。有浙人李息字息霜，一字叔同，别署息翁者，留日习美术，对于音乐，尤有专精。于光绪三十二年正月始，在东京神田区今川小路二丁目三番地集贤馆内，编行音乐小杂志一种，专言音乐，间载诗词。其第一期于光绪三十二年三月初一日发行，息霜自为序言，典雅流利。当时所尚，于此可觇。息霜后返国，与歙人黄宾虹等从事文化事业，一日，在沪过一家春番菜馆，闻楼上有妓歌

① 钱仁康：《李叔同—弘一法师歌曲考》，载《李叔同—弘一法师歌曲全集》，上海音乐出版社 1990 年 9 月版。

曰："你既无情我便休"，忽然大悟，遂投甬之某寺，削发为僧，即时人称美之弘一法师也。近年卓锡福建鼓山，战事发生以来，久不闻其消息矣！兹将音乐小杂志息霜所为之序文，附录于下，以飨读者。

闲庭春浅，疏梅半开，朝曦上衣，软风入媚，流莺三五，隔树乱啼，乳燕一双，依人学语，上下宛转，有若互答，其音清脆，悦魄荡心。若夫萧辰告悴，百草不芳，寒蛩泣霜，杜鹃啼血，疏砧落叶，夜雨鸣鸡，闻者为之不欢，离人于焉陨涕。又若登高山，临巨流，海鸟长啼，天风振袖，奔涛怒吼，更相逐搏，砰磅訇磕，谷震山鸣，懦夫丧魄而不前，壮士奋袂以兴起。呜呼！声音之道，感人深矣。唯彼声音，佥出天然，若夫人为，厥有音乐，天人异趣，效用靡殊。繄夫音乐，肇自古初，史家所闻，实祖印度，埃及传之，稍事制作，逮及希腊，乃有定名，（希腊人谓音乐为上古女神Muscs之遗故定名曰Musicol）道以著矣。自是而降，代有作者，流派灼彰，新理蠡达，瑰伟卓绝，突溢前贤；迄于今兹，发达益烈。云滃水涌，一泻千里，欧美风靡，亚东景从；盖琢磨道德，促社会之健全，陶冶性情，感精神之粹美，效用之力，宁有极欤。乙巳十月，同人议创美术杂志，音乐隶焉。乃规模粗具，风潮突起，同人星散，瓦解势成。不佞留滞东京，索居寡侣，重食前说，负疚何如！爰以个人绵力，先刊音乐小杂志，饷我学界，期年二册，春秋刊行，蠡测莛撞，矢口惭讷，大雅宏达，不弃窳陋，有以启之，所深幸也。呜呼！沉沉乐界，眷予情其信芳，寂寂家山，独抑郁而谁语？矧夫湘灵瑟渺，凄凉帝子之魂，故国天寒，呜咽山阳之笛；春灯燕子，可怜几道斜阳，玉树后庭，愁对一钩新月；望凉风于天末，吹参差其谁思，瞑想前尘，辄为怅惘；旅楼一角，长夜如年，援笔未终，灯昏欲泣。时丙午正月三日，息霜。

音乐小杂志既为一人之力所经营，故未及一年，即归结束。每念狂澜，辄思砥柱，使息霜能始终其"重食前说负疚何如"之意而力践之，至于今日，其所成就，不既多乎。

息霜于音乐文章以外，兼擅绘事，音乐小杂志封面之三色版水彩画，即其自作。又尝作乐圣贝多芬炭画像，神识意趣，尽现笔端，并系小传，译笔亦甚简雅，兹觅得附印于次。息霜制谱，旋律宛静，俗气尽退，并选一曲，以纪念此三十年前之作曲家，兼望今之作家，能自反也。夫曲律文章，功用相等，美善固不可缺，真意尤所难能，脱缺其一，其效自减；此中差异，容更论之。

乐圣贝多芬Beethoven炭画造像　李息霜绘

乐圣贝多芬Beethoven小传。贝多芬，德意志人，千七百七十

李叔同在日本留学时作木炭画。见《广治纪念馆》一书，［新加坡］广治纪念馆编辑委员会编，2007年3月，第43页。福建人民出版社2019年12月版《弘一大师全集》（第3版，修订2版）第八册·文艺卷、杂著卷、书信卷第163页注此画"一九〇六年作于日本东京"。此注之依据今未见。

年十二月六日，生于来因河上流巴府。幼颖悟，年十三，任巴府乐职；旅离任去，专事著述。千七百九十二年，迁来多脑，终身不复去，距时称乐圣毛萨脱 Mozart 之死，仅逾稔也。氏性深沉，寡言笑，居恒郁郁，不喜与俗人接，视毛氏滑稽意趣，绝不相埒。然天性诚笃，思想精邃，每一著作，再四审正，兢兢以遗误为惧。旧著之书，时加厘纂，脱有错误，必力诋之，其不揜己短有如此。终身不娶，壮岁后，忽病聋，迄千八百年，聋益剧，耳不能审音律。晚年，养女侄于家，女有丑行，抑郁加甚；劳易致疾，忧能伤人，千八百廿七年，殁于多脑，春秋五十有六年也。氏于音乐，不喜创作，刊行之稿，泰半规模前哲，稍事损益；然心力真挚，结构完美，人以是多之。民之著述，与时代之比例如左：

第一期　至一千八百年止，其所著作，自一至二十。

第二期　至一千八百十五年止，其所著作，自廿一至一百。

第三期　所谓末叶之贝多芬，其所著作，自百一至百三十五。

著作中以洋琴曲“朔拿大”为首选，换手曲亦为杰构，足称绝技。“西麻福尼”，曲凡九阕，亦为世所传诵。其他合奏曲，司伴乐，及室内乐尤伙，不缕数也。李息霜译自日本石原小三郎西洋音乐史，删窜成之。

息霜所为歌曲，词旨扬厉，音节宛静，情真意美，当之无愧。录作曲大病，在宛而流于俗靡，雄而涉于浅躁，高欲声嘶，低欲喑哑，作者自己得意处，即乐曲诡异劣处。又一阙之中，漫无规律，忽急忽缓，乍抑乍扬，极力求奇，遂成恶道。又或一两句稍有可取，其他则拉杂成之；均不足道也。总之，学力思维，固须有相当程度，而天然聪颖所产生之意识，则非人力所能及。息霜所作，不能不谓为得天独厚，而时代所限，今昔不同，观息霜曲者，或亦未能与我有同感也。

昨非小录　息霜文学造诣，可于音乐小杂志之序文及贝多芬译传见之；息霜音乐个性，可于其所作《我的国》一谱见之。使其终始于此，必有大成。兹再就其所作“昨非录”，选集数言，不废詹詹，聊资棒喝。

息霜释昨非录曰：“此予忏悔作也，吾国乐界方黑闇，与予同病者，当犹有人，拉杂录入，愿商榷焉”。嗟嗟！息霜作昨非录，去今三十年矣。彼时乐界黑闇，无可责言；但三十年后之今日，吾又何从而觅光明之路耶？

“宁可生，不可滑，生可以练，滑最难医”。息霜此语，尤中今日乐家之病。

“唱歌发音宜平，忌倾斜”，凡事平正为难，平中见好者尤难。

倾斜取巧，堕入鬼道，殆永无翻身之日矣。

“十年前日本之唱歌集，或有用 1234 之简谱者，今则自幼稚园唱歌起，皆用五线谱”。息霜此言，非究心音乐者，不能知其关系之重；非了解音乐者，不能知其影响之深。今人方力行简谱译正谱工作，其为害直不可言。

“学唱歌者，音阶半通，即高唱‘男儿第一志气高’之歌；学风琴者，手法未谙，即手挥‘5566553’之曲，此为吾乐界最恶劣之事……”息霜此语，诚音乐进程上最大之障碍，然当时尚能逢人即唱“男儿第一志气高”也，今乃如何？“妹妹我爱你”“好花不常开……何日君再来”之声，洋洋乎男女青年之口矣。姑舍乐艺而论艺风，其亦曰每况愈下而已。

“吾国学琴者，大半皆娱乐思想，无音乐思想，……故每日练习无定时，或偶一为之，聊以解闷；……美人学琴者，每周仅一小时，余则在家练习，每日在十小时以上”。凡事重视则大成，小视则无成，国人除孜孜为利外，对于文化事业，类皆儿戏视之，岂止学琴而已哉，予欲无言。

附带声明：笔者现拟重价征求清末民初各种音乐书籍杂志及唱歌教科书等，又李息霜先生所编国学唱歌集，亦并征求。凡欲出让者，请说明一切并代价，函示本京汉口路三十二号之一，然后面洽。①

（此文有若干史实之误。所录李叔同《音乐小杂志》中原文亦有若干笔误。仅供参考）

春，作诗《春风》。②

中国青年会在东京神田美土代町“日本基督教青年会”内设立。

按：加入该会。中村忠行在《“春柳社”逸史稿——献给欧阳予倩先生》一文（载日本《天理大学学报》第 23 辑，1957 年）中写道：“没过多久就得到了众多留学生的信任。明治四十年（1907）一月该会会员有 70 余名（《东京每日新闻》报道），而《万朝报》报道说有 300 余名。不管是哪一个数字正确，当时为解决精神苦闷而求助于基督教的李叔同率先加入了该会。这样，他就在此找到了‘春柳社’成立的线索。”

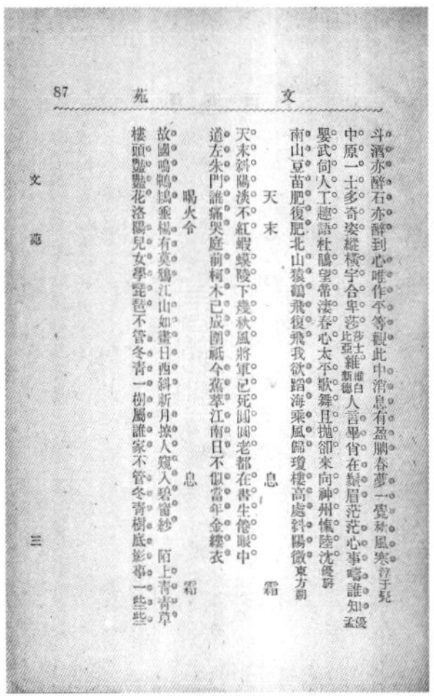
87 苑 文

斗酒亦醉石亦醉到心唯作平等觀此中消息有盈朒春夢一覺秋風寒

中原一士多奇姿縱橫宇合卑莎（莎士比亞）維（維白新德）人言畢肖在鬚眉茫茫心事嗟誰知

嬰武伺人工趣語杜鵑望帝淒春心太平歌舞且拋卻來向神州傀陸沈

南山豆苗肥復肥北山猿鶴飛復飛我欲蹈海乘風歸瓊樓高處斜陽微（東方朔）

天末 息霜

天末斜陽淡不紅蝦蟆陵下幾秋風將軍已死圓圓老都在書生倦眼中

道左朱門誰痛哭庭前柯木已成圍祇今蕉萃江南日不似當年金縷衣

喝火令 息霜

故國鳴鶗鴂垂楊有暮鴉江山如畫日西斜新月撩人窺入碧窗紗 陌上青青草

樓頭豔豔花洛陽兒女學琵琶不管冬青一樹屬誰家不管冬青樹底影事一些些

文苑 三

1906 年 4 月 24 日《醒狮》第 4 期发表的《滑稽传题词》《天末》《喝火令》。

4 月 24 日（农历四月初一日），在《醒狮》第 4 期发表《水彩画法

① 高齐贤：《乐史零缣》，载 1941 年 1 月《同声月刊》第 1 卷第 2 号。

② 福建人民出版社 2019 年 12 月版《弘一大师全集》（第 3 版，修订 2 版）第八册 · 文艺卷、杂著卷、书信卷第 35 页收录，标“一九〇六年春作于日本”。

说略》，署名“息霜”，并刊出诗词作品《滑稽传题词》《天末》《喝火令》。[①] 该期另有广告，言《音乐小杂志》每册定价二角八分，在东京留学生会馆及上海大东门北城脚义务小学尤惜阴君处。编辑人：“东京下谷区樱木町三十八番铃木方李叔同。”

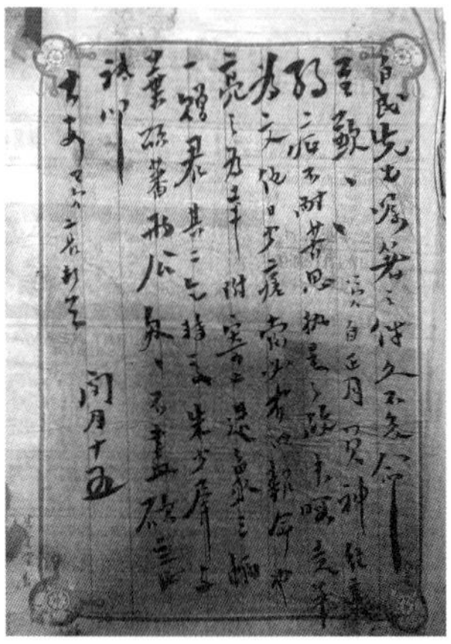

李叔同于1906年6月6日致杨白民函。

6月2日（农历闰四月十一日），严修收其来信。[②]

6月6日（农历闰四月十五日），在东京致杨白民函，表示因身体原因未能应命写文，待他日定报命，附寄造像三幅，一赠杨白民，其二请其转交朱少屏与叶颂藩。[③]

6月7日（农历闰四月十六日），严修致信。文字如下：

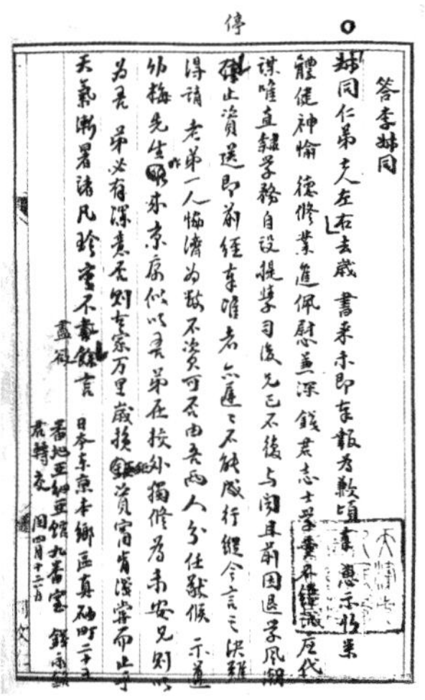

严修《答李叔同》。（王维军提供）

答李叔同

叔同仁弟大人左右

去岁书来，未即奉报为歉。顷奉惠示，忻悉体健神愉，德修业进，佩慰兼深。钱君志士，学费不继，诚应代谋，唯直隶学务自设提学司后，兄已不复与闻。且前因退学风潮，停止资送，即前经奉准者，亦迟迟不能成行，纵今言之，决难得请。老弟一人协济为数不资，可否由吾两人分任，敬候示遵。幼梅先生昨来京寓，似以吾弟在校外独修为未安。兄则以为，吾弟必有深意，否则去家万里，岁损巨资，宁肯浅尝而止乎？天气渐暑，诸凡珍重，不尽欲言。

日本东京本乡区真砂町二十五番地亚细亚馆九番室，钱永铭君转交　闰四月十六日[④]

6月17日（农历闰四月廿六日），严修收其来信，介绍曾延年。[⑤]

6月（农历闰四月初十日至五月初九日），《国学唱歌集》（初编）由

---

① 郭长海、郭君兮编：《李叔同集》（天津人民美术出版社2006年6月版）第38页误注为刊于《醒狮》第3期。

② 天津图书馆编：《严修手稿》第7册，天津古籍出版社2012年1月版，第5054页。

③ 此信收录于福建人民出版社2019年12月版《弘一大师全集》（第3版，修订2版）第八册·文艺卷、杂著卷、书信卷第269页，标“一九〇六年闰四月十五日，日本东京”。

④ 天津图书馆编：《严修手稿》第16册，天津古籍出版社2012年1月版，第12047页。从信中可知，赵幼梅考察日本时与李叔同亦有交流，又可知李叔同在日期间还接济过留学生钱永铭。钱永铭（1885—1958），浙江湖州人，字新之，晚号北监老人，留学日本，曾入神户高等商业学校，攻财经及银行学，后成为中国银行家。

⑤ 天津图书馆编：《严修手稿》第7册，天津古籍出版社2012年1月版，第5066页。曾延年（1873—1937），字孝谷，号存吴，四川成都人。1911年3月毕业后于4月12日入研究科，1912年3月8日被除名。回国后先在上海，后返成都，从事艺术教育事业。

中新书局再版。

加入日本当时最负盛名的汉诗团体——随鸥吟社，与日本的汉诗大家森槐南、永阪石埭、本田种竹、日下部鸣鹤、大久保湘南等交往。**按：**《随鸥吟社社规》写曰：

> 第一、本社研钻诗道，且期振作之。
>
> 第二、本社为达所期目的，实行如左诸项：
>
> 1. 每月开例会一次，每年开大会一次。
>
> 2. 每月发行《随鸥集》一回，采录社中之诗。
>
> 3. 每月例会之讲义，笔记之，发表于《随鸥集》。
>
> 第三、对赞成本社之目的，每月寄金二元以上者，特待之为协赞员。
>
> （余从略）[①]

中新书局1906年6月再版本《国学唱歌集》封面。

7月1日（农历五月初十日），随鸥吟社在东京偕乐园举行“追荐物故副岛苍海等十名士”宴会，以李哀之名初次与会，即席赋诗二首：“苍茫独立欲无言，落日昏昏虎豹蹲。剩却穷途两行泪，且来瀛海吊诗魂。”“故国荒凉剧可哀，千年旧学半尘埃。沉沉风雨鸡鸣夜，可有男儿奋袂来。”[②]

李叔同在日本留学时作半裸女油画，现藏于中央美术学院（上图）。初刊1920年4月《美育》创刊号。画题为《女》（下图）。福建人民出版社2019年12月版《弘一大师全集》（第3版，修订2版）第八册·文艺卷、杂著卷、书信卷第164页注此画“一九〇六年作于日本东京”。此注之依据今未见。

7月5日（农历五月十四日），作为随鸥吟社会员，以李哀之名载于《随鸥集》第22编。

7月8日（农历五月十七日），在上野公园之三宜亭随鸥吟社例会，由森槐南主讲晚唐诗人李商隐的代表作《送千牛李将军赴阙五十韵》，以李息霜之名亦到会聆听，与到会者阪井南洋、河野溪南、猪谷赤城等作第五句联句，所作联句为“仙家楼阁云气氲”（署名支那李哀）。**按：**诸诗友即兴和联句共32句，由大久保湘南起句“星河昨夜碧沄沄”，故作第五句，森槐南作最后压句“故乡款段思榆枌”。[③]

7月（农历五月初十日至六月十一日），报考东京美术学校毕，乘轮返天津探亲。

---

① 林子青：《弘一法师年谱》，宗教文化出版社1995年8月版，第45页。

② 参见1906年7月《随殴集》第22编所载小青居士漫录《墨田佳话》。

③ 参见1906年8月《随殴集》第23编所载小青居士漫录《墨田佳话》。

旧时东京美术学校校门。(吉田千鹤子提供)

李叔同留学时期的东京美术学校校舍。(吉田千鹤子提供)

目前仍存的东京美术学校时期的校舍。(夏燕靖提供)

李叔同留学东京美术学校时期该校的人体写生课教室。(吉田千鹤子提供)

按:一说因患肺结核,回天津养病一段时日。[①] 此时期作诗《醉时》[②]、《昨夜》。[③] 农历六月作词《喝火令·哀国民之心已死》。[④]

8月5日(农历六月十六日),在日本《随鸥集》第23编发表《春风》(诗),署名"息霜、李哀"。此编小青居士漫录《墨田佳话》记"星舫小醮"事:"一日,玉池先生在星舫以酒招待清国的李息霜君,梦香、藏六二君同席。先生提笔写下了旧时在滨寺的偶作,三贤即席和韵。息霜君作道:'昨夜星辰人倚楼,中原咫尺山河浮。沉沉万绿寂不语,梨叶一支红小秋。'梦香君写下了梦中所见:'一舫竹中开似楼,玉池之水爽凉浮。人间三伏熏蒸日,灯火诗笼早占秋。'藏六君写道:'冥冥夜色罩书楼,清浅玉池凉意浮。梧叶无风飜榻下,不山萤火亦知秋。'玉池先生又为息霜君即席所作的水彩画题诗叠韵:'古柳斜阳野寺楼,采菱人去一船浮。将军画法终三变,水彩功夫绘晚秋。'"[⑤]

8月12日(农历六月廿三日),严修收其来信。[⑥]

8月14日(农历六月廿五日),严修致其信。[⑦]

9月5日(农历七月十七日),在日本《随鸥集》第24编发表诗《前尘》,署名"息霜、李哀"。[⑧]

9月23日(农历八月初六日),在上野公园三宜亭参加随鸥吟社例会,出联句:"幽居隔绝人烟寰",署名"息霜"。[⑨]

9月29日(农历八月十二日),私费考取东京美术学校西洋画科撰

① 李莉娟主编:《圆月耀天心——弘一大师略谱·谱后》,天津人民美术出版社2014年10月版,第9页。天津人民出版社2006年6月版郭长海、郭君兮编《李叔同集》第261页附录《李叔同事迹系年》1906年条目言回天津时间为本年春,未说明依据。

② 福建人民出版社2019年12月版《弘一大师全集》(第3版,修订2版)第八册·文艺卷、杂著卷、书信卷第35页对此诗的注为"一九〇六年作于日本"。

③ 福建人民出版社2019年12月版《弘一大师全集》(第3版,修订2版)第八册·文艺卷、杂著卷、书信卷第35页对此诗的注为"一九〇六年作于日本"。

④ 福建人民出版社2019年12月版《弘一大师全集》(第3版,修订2版)第八册·文艺卷、杂著卷、书信卷第38页对此词的注为"一九〇六年八月作于自天津度假返回日本时"。

⑤ [日]大久保湘南评《春风》一诗:"李长吉体,出以律诗,顽艳凄丽,异常出色。而其中寄托自存。"参见林子青《弘一法师年谱》,宗教文化出版社1995年8月版,第46页注四。

⑥ 天津图书馆编:《严修手稿》第7册,天津古籍出版社2012年1月版,第5118页。

⑦ 天津图书馆编:《严修手稿》第7册,天津古籍出版社2012年1月版,第5119页。

⑧ [日]大久保湘南评《前尘》一诗:"湘南曰奇艳之至,其绣肠锦心,令人发妒。李君自谓'此数年前旧作,格调卑弱,音节曼靡,殊自恧也',夫然岂其然乎?"参见林子青《弘一法师年谱》,宗教文化出版社1995年8月版,第46页注四。

⑨ 参见2016年10月《随鸥集》第25编所载小青居士漫录《墨田佳话》。

科。以李岸之名注册。中国同学有曾延年及前一年入学的黄辅周、同年入学的在雕刻科撰科学习的淡谊孙。[1] 日本同学主要有大野隆德、小寺健吉、横井礼一、富田温一郎、山口亮一等。一年级时的教授是长原孝太郎。[2] **按一：**据吉田千鹤子《上野的面影——李叔同在东京美术学校史料综述》："就李叔同在学期间的西洋画科而言，与他同时期入学的同学包括正规生和撰科生，合计为 28 人。正规生首先入学预备科（4—7 月的 1 学期），预备科结束时接受考试，合格者在 9 月成为本科生（4 年制）。因而，他们成为本科生必须参加两次考试。撰科生不经过预备科而在 9 月直接参加考试，合格者入学，因此只有一次考试。在李叔同入学的 1906 年，西洋画科的预备科志愿者为 67 人，合格者 30 人，进入本科者 23 人；撰科志愿者 30 人，合格者 5 人（其中，日本 2 人，中国 2 人，印度 1 人）。从这个数字看，撰科比本科的竞争率高，可见是难关。这是因为想进入撰科集中学习实技的学生过多。但是，撰科生只有在本科生缺员时，即教室有空位时才能被接受，因此招收也无定员。在实技的学习上，本科生和撰科生没有区别，都是进入同一教室学习。"[3] **按二：**刘晓路《青春的上野：李叔同与东京美术学校的中国同窗》一文将李叔同正式入学时间定为 1906 年 10 月。[4] **按三：**西洋画科教授有黑田清辉、冈田三郎助、和田英作；副教授有藤岛武二、小林万吾、长原孝太郎、中村胜治郎等，另有担任解剖学教学的教授久米桂一郎、美术史教授大村西崖等。东京美术学校在 1918 年之前不实行特定教师指导，故李叔同曾分别受过上述教师的指导。**按四：**程淯：《丙午日本游记》写曰：

> 十月十三日午前，往观上野之东京美术学校，由某职员导观。据云校生共三百四十五名，中有吾国学生四名。入校须有中学卒业之程度，由校中考取入本科。吾国之留学者，无中学程度，入校则先实习。虽能听讲，终苦扞格耳。实习五年卒业。其预科乃专为日人所设。学科为西洋画、日本画、塑像、铸造、调漆、莳绘、木雕

---

① 东京美术学校是 1887 年在日本设立的唯一国立美术学校。原为五年制的男子学校，特许少数西方女性留学，1946 年起招收普通女性入学。1901 年正木直彦任校长后，确立了既积极吸收西洋美术又努力保持和开发传统美术之方针。1949 年，日本政府推行全面学制改革计划，设置东京艺术大学，东京美术学校与东京音乐学校分别成为其美术学部和音乐学部。黄辅周（1883—1972），字二南、二难，号喃喃，第一位在东京美术学校留学的中国学生。淡谊孙，1906 年入东京美术学校雕刻科，是该科第一位中国留学生，1907 年退学回国。

② ［日］西槙伟：《关于李叔同的油画创作》，收曹布拉主编：《弘一大师艺术论——纪念弘一大师诞辰一百二十周年国际学术研讨会论文集》，西泠印社出版社 2000 年 10 月版，125—140 页。

③ ［日］吉田千鹤子：《上野的面影——李叔同在东京美术学校史料综述》，收曹布拉主编：《弘一大师艺术论——纪念弘一大师诞辰一百二十周年国际学术研讨会论文集》，西泠印社出版社 2000 年 10 月版。

④ 刘晓路：《青春的上野：李叔同与东京美术学校的中国同窗》，收曹布拉主编：《弘一大师艺术论——纪念弘一大师诞辰一百二十周年国际学术研讨会论文集》，西泠印社出版社 2000 年 10 月版。

刻、牙雕刻、石雕刻、图案等。

西洋画科之木炭画室，中有吾国学生二人，一名李岸，一名曾延年。而画亦人面模型遥列几上，诸生环绕。塑造教室中，有吾国学生一人，名谈谊孙。室中各生分据一高几，以白垩各塑同一人面半身形，眼鼻口耳类皆一致，无毫发异……

遂出，至校旁食所，见有西洋女子一人。异询之，知去年尚有西洋女子三人，已卒业去。盖日本美术，以此校为最，西人亦倾倒之也。①

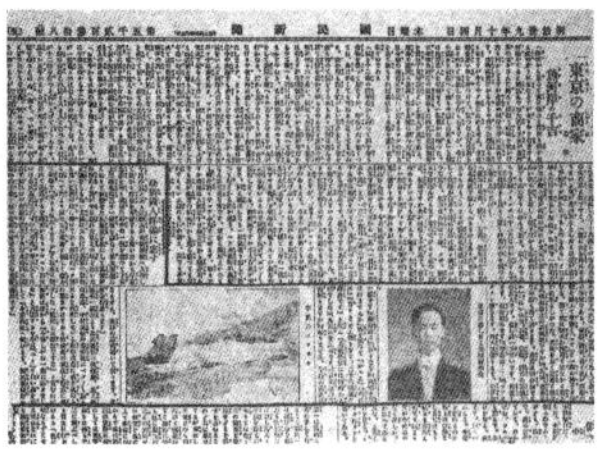

日本《国民新闻》刊出的采访李叔同的文章。

东京下谷上三崎北町三十一番地即今台东区谷中五丁目三番地的18、19、20号一带，东南面有安立寺。（大桥茂提供）

今东京台东区谷中五丁目三番地的18、19、20号一带街景。（大桥茂提供）

秋，接受日本《国民新闻》记者采访。② **按一：**《国民新闻》记者在其所写的《清国人志于洋画》一文称："最近因为听说有一位叫李哀的清国人考入美术学校，而且专学洋画，所以赶快冒打着老蓼的秋雨，走上谷中小道，访问了下谷上三崎北町三十一番地。"可知，当时李叔同的住所是东京下谷上三崎北町三十一番地。此地即今台东区谷中五丁目三番地的18、19、20号一带，位置在日莲宗"安立寺"之东南。《清国人志于洋画》一文于1906年10月4日刊出，说明记者采访李叔同的时间早于此日，故下谷上三崎北町三十一番地当为李叔同入东京美术学校后第一个住所。**按二：**对于李叔同在日本的住所，学生李鸿梁在《我的老师弘一法师李叔同》一文中记述道："后来我在南京时，韩亮侯先生谈起，他与法师认识的经过。据说，有一天他在日本的一个音乐会里，发现一个衣服褴褛的座客，他想这种资产阶级的西洋人的音乐会里，怎么会有这样一个人呢？这门票又怎么会给他买到的呢？后来等到散场时，相互招呼之后，这人还邀请韩先生到他寓所去坐坐，那时韩先生为好奇心所驱，就跟了他走，不多一会到了一所很讲究的洋房，他住在二楼，一进房，吃了一惊，满壁都是图书，书架上摆着许多艺术意味的小玩意儿，屋角上还有一架钢琴，这真把韩先生弄糊涂了。当时我听韩先生讲，也好像在听浪漫派小说，这个褴褛人，就是法师，后来他换了笔挺的西装，邀韩先生到外面去吃饭。"③

曾孝谷赠李叔同"秋花图"。

曾孝谷赠以"秋花图"，款识"息霜性嗜秋华，特奉此以将意。丙午深秋，延年"。**按：**李叔同曾书曾孝谷诗句"无眠温客梦，独醉选春

① 引自宗教文化出版社1995年8月版林子青编著《弘一法师年谱》第47—48页。据文后按语，程淯字白葭，江苏常州人，善诗文篆刻，清末在山西从事新闻事业。1906年奉山西省派赴日本，考察工艺医学，著有《丙午日本游记》等。

② 接受采访时，李叔同部分言语与事实不符，如曰双亲仍健在、仍然独身等。

③ 李鸿梁：《我的老师弘一法师李叔同》，收《浙江文史资料选辑》第26辑，浙江人民出版社1984年6月版第98—117页。李鸿梁（1895—1972），字孝友，别号老鸿，浙江绍兴人，1912年秋考入浙江省立两级师范学校高师图画手工专修科。文中所述之李叔同在日本的住所未具体说明，未必就是日本记者所到之处。

秋。”赠姚石子。[1]

10月4日（农历八月十七日），日本《国民新闻》刊出该报记者所撰《清国人志于洋画》：

最近因为听说有一位叫李哀的清国人考入美术学校，而且专学洋画，所以赶快冒打着老蓼的秋雨，走上谷中小道，访问了丁谷上三崎北町三十一番地。在那被雨滴打蔫了的褪了红的秋海棠根旁有一道黑板墙，大约二丈多宽，它环抱着其中一片凋零的草花坪。一走进那不像正门的正门，只见一间三叠大小的门房间，有一根并无装饰的粗削的柱上，挂着一顶麦杆编的帽子。经过一声招呼之后，从里屋出来一个女人，看来像是女佣似的一个矮小的半老的妇人。“李先生在家吗？”听到记者一问，从邻室飘然漫步出来一位身材有五尺六寸的魁梧大汉，后来知道这位就是李哀先生。他是个圆肩膀儿的青年，在“久留米的绀絣”（日本九州久留米地方产的一种藏青色有花纹的织物。——译者）的和服外衣上，系上一条黑绉纱的腰带，头上留着漂亮的三七分的发型，用泰然的声音说：“请里边坐！”把我引了进去。这也是三叠大小的房间，是他的书斋。乐器、书架、椅子、茶几，掩蔽着四周墙壁，看来很是局促。说声“请”，就劝我坐在一只椅子上。那末，我这个来客是谁，干什么来的？在他看来好像不大自在的样子。看了我的名片后才莞然地点头说：“是槐南诗人的新闻社吗？”“是的，槐南先生的诗也常刊登，您认识他吗？”“是的，槐南、石埭、鸣鹤、种竹诸诗人，都是我的朋友，我最喜欢诗，一定投稿，请赐批评。”“乐器怎么样？”“正学拉小提琴，以外大概都搞一下，其中最喜欢的是油画。”“您的双亲都在吗？”“都在。”“您不想故乡吗？”他摇头说：“不。”“太太呢？”“没有，是一个人，二十六岁还是独身。”说着笑了起来。“什么时候进了美术学校？”“九月二十九日。”“日本语的讲课听得懂吗？”“听不懂。下午的功课我不听，我听英语的课，英语我比较可以对付。”

喝了一杯“涩茶”之后，他一面说明贴满在壁上的黑田（清辉）画伯的裸体画、美人画，中村及其他的画等，一面引我进入里面六叠的房间，得意地介绍了那几上作画的苹果的写生。“真是潇洒的笔致啊！”我赞赏说。那位女佣听了从旁插了一句：“那是早上

① 罗明：《厌乱伤时人，进退遣寂寥：曾孝谷探析》，收《光风霁月——第六届弘一大师研究国际学术会议论文集》，上海三联书店2018年11月版，第291—315页。

刚刚一气画成的。”李君谦然地说：“是”，露出了一排白齿。“今后一定拜访贵社，《国民新闻》是很好的报纸。”①

10月5日（农历八月十八日），在《随鸥集》第25编发表《东京十大名士追荐会即席赋诗》（二首）②

10月11日（农历八月廿四日），随鸥吟社在上野公园三宜亭例会，当日风雨交加，天色昏暗。众人点烛听讲，演讲完后为李义山诗作五首联句。所作联句为“万木森森一凤巢”，署名李息霜。③

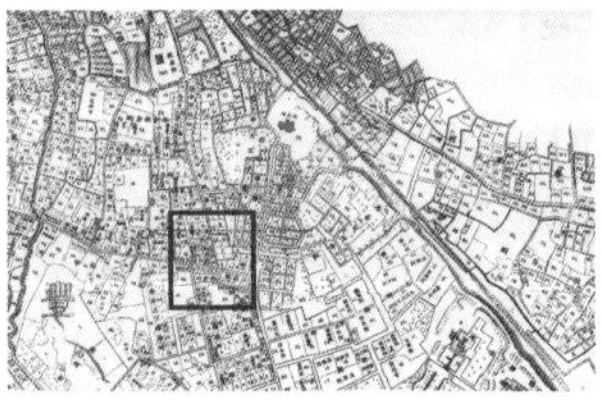

旧时地图，可知茶屋町位置。（大桥茂提供）

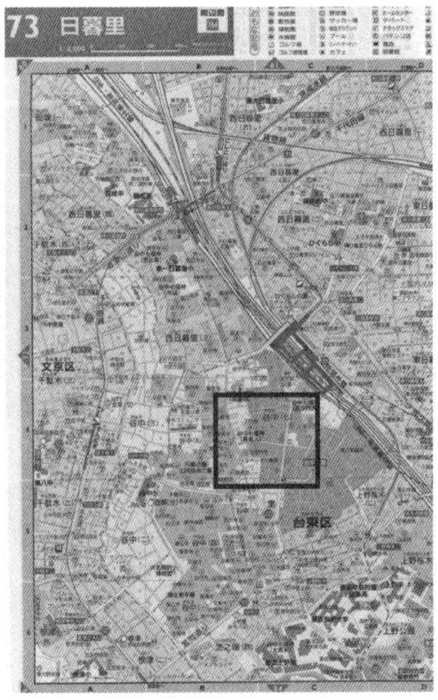

今东京地图，可知谷中五丁目、七丁目位置。（大桥茂提供）

今东京谷中七丁目街景。（大桥茂提供）

10月17日（农历八月三十日），在东京致许幻园函：

幻园吾哥：

手书敬悉。教员束修，前嘱家史汇申，不意至今尚未到着，今已致函催促，不日必可寄到。至零用一节，弟已函达子英君，请君与渠商酌可也。弟自入美术学校后，每日匆忙万状，久未通讯，祈亮之。前《国民新闻》（大隈伯主持）将弟之肖影并画稿登出，兹奉呈一纸，请哂纳，匆匆上。

姻如小弟哀顿　八月三十日

附呈致施君一函，祈转交。

以后书请写交“日本东京下谷区茶屋町一番地中村方李□□”，因弟即日迁居也。

按一：此信收录于福建人民出版社2019年12月版《弘一大师全集》（第3版，修订2版）第八册·文艺卷、杂著卷、书信卷第268页。所录文字中“茶屋盯”之“盯”字疑为“町”字之误。文物出版社2017年10月版陈飞鹏整理《弘一法师书信全集》第18页收录此信，将《弘一大师全集》（修订版）所录之信署名后的附言漏录，另将《弘一大师全集》（修订版）信中“前嘱家史汇申”之“史”字改为“兄”字。此信曾刊于1948年《学僧天地》第1卷第6期，题《弘一大师遗札》。**按二：**信中称：“……以后惠书请写交‘日本东京下谷区茶屋町一番地中村方李□□’，因弟即日迁居也。”此信说明李叔同初入东京美术学校时，其住所还有下谷区茶屋町一番地。茶屋町一番地距离《国民新闻》记者采访李叔同时居住的上三崎北町约200米，是一次近距离搬迁。茶屋町位

① 林子青译，收福建人民出版社2019年12月版《弘一大师全集》（第3版，修订2版）第十册·附录卷第167—168页。

② 沈继生《才人李叔同和他的诗》，载1989年《榕花》第5期。

③ 参见2016年11月《随鸥集》第26编所载小青居士漫录《墨田佳话》。

于上三崎北町（今“谷中五丁目”）右下方，和现在的地图对比与“谷中七丁目”的5番地重叠。此地位于东京美术学校正北面的上野樱木町与谷中初音町之间。相较于下谷上三崎北町三十一番地，距离东京美术学校稍近。今谷中七丁目五番地下方有个多宝院，左侧不远处有观智院。多宝院处于Y字型的三叉路口，门前的道路左上通往谷中五丁目二番地的观智院，道路较宽；右上是通往位于谷中七丁目“谷中灵园”的小路。进入右上这条小路不远处，路左侧有二层建筑之民宅，隔壁是“关泽石材店”，再隔壁是家叫花重的花店（正式名称为“株式会社老舗花重”，1877年开业。二层木质，为传承江户和明治时期谷中景观的历史建筑，2016年被定为日本国家有形文化遗产）。民宅之门牌号“谷中七丁目五番地”。根据新旧地图及多宝院、观智院和谷中灵园等地标的位置踏勘，可以判断当年的下谷区茶屋町一番地就是现今的谷中七丁目五番地。

今东京谷中七丁目附近的关泽石材店。（大桥茂提供）

今东京谷中七丁目附近的“花重”花店。（大桥茂提供）

11月28日（农历十月十三日），有正书局各大书庄等在《时报》发布广告，列有《国学唱歌集》（再版）。

12月1日（农历十月十六日），有正各大书庄等在《时报》发布广告，列有《国学唱歌集》（再版）。

12月2日（农历十月十七日），现状报馆在《时报》发布广告，列有寄售之《国学唱歌集》（再版）。

12月4日（农历十月十九日），时中书局、文明书局、开明书局、有正书局、科学社会、群学会、启文局、现状报馆在《时报》发布广告，列有《国学唱歌集》（再版），价洋二角半。

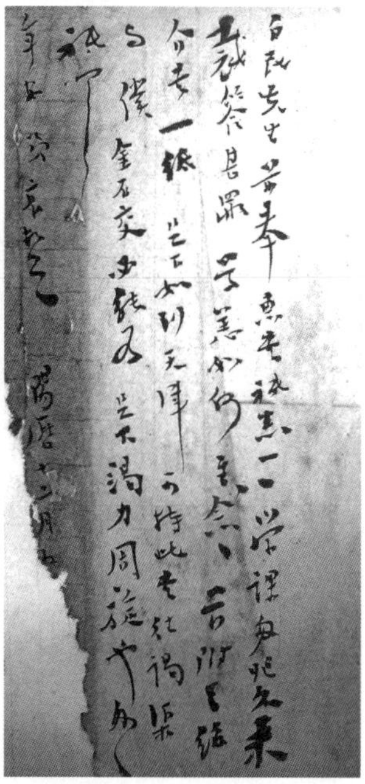
1906年12月5日李叔同致杨白民函。今藏浙江省博物馆。

12月5日（农历十月廿日），在日本《随鸥集》第27编发表《朝游不忍池》（诗），署名“息霜、李哀”。①

在东京致杨白民函：

白民先生：

前奉惠书，祗悉一一。学课匆忙，久未裁答，甚罪！尊恙如何？至念至念！兹附上绍介书一纸，足下如到天津，可持此书往

① ［日］大久保湘南作评：“湘南曰：如怨如慕，如泣如诉。真是血性所发，故沉痛若此。”参见林子青《弘一法师年谱》，宗教文化出版社1995年8月版，第46页注四。

谒。渠与仆金石交，必能为足下竭力周旋也。匆匆。祗叩

年安！

弟哀顿首　阳历十二月五日

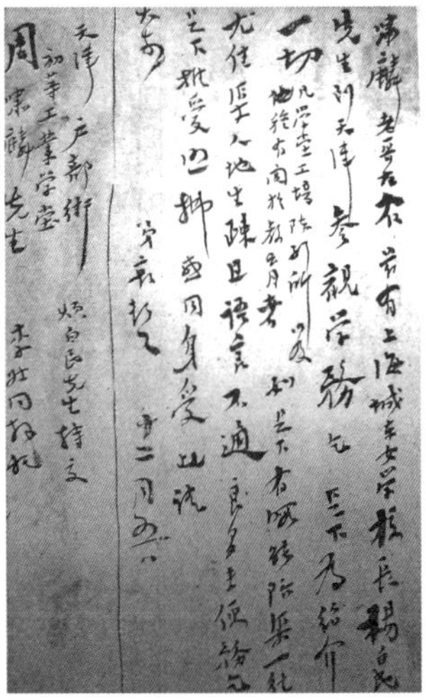

1906 年 12 月 5 日李叔同致周啸麟函。

附：致天津周啸麟函：①

啸麟老哥左右：

兹有上海城东女学校长杨白民先生，到天津参观学务，乞足下为绍介一切（凡学堂、工场、陈列所，以及他种有关于教育者）。如足下有暇，能陪渠一往尤佳。渠人地生疏，且语言不通，良多未便。务乞足下推爱照拂，感同身受。此请

大安！

弟哀顿首　十二月五日

天津户部街初等工业学堂周啸麟先生。烦白民先生转交。李叔同拜托。

按：致杨白民信在福建人民出版社 2019 年 12 月版《弘一大师全集》（第 3 版，修订 2 版）第八册·文艺卷、杂著卷、书信卷第 269 页收录，文字有误，如"学课匆忙"之"匆"字误录为"勿"字；附呈周啸麟信在第 275 页收录，但未录署名后之文字。文物出版社 2017 年 10 月版陈飞鹏整理《弘一法师书信全集》第 19 页收录此致杨白民和周啸麟信，其中所录致周啸麟信中"凡学堂"之"堂"字误录为"校"字。亦未录署名后之文字。以上二信现均以浙江省博物馆所藏原件录存。

李叔同就读东京美术学校初期与印度同学拉欧换装照。拉欧于 1907 年二年级时退学。

12 月 6 日（农历十月廿一日），时中书局、文明书局、开明书局、有正书局、科学社会、群学会、启文社、现状报馆在《时报》发布广告，列有寄售之《国学唱歌集》（再版）。

12 月 8 日（农历十月廿三日），现状报馆、新世界小说社、彪蒙书室、杭州回回堂、史学斋、扫页山房在《时报》发布广告，列有《国学唱歌集》（再版）。

12 月 10 日（农历十月廿五日），时中书局、文明书局、开明书局、有正书局、科学社会、群学会、启文社、现状报馆在《时报》发布广告，列有寄售之《国学唱歌集》（再版）。

① 周啸麟，名学彬，天津人，时任天津初等工业学堂校长。

12 月 12 日（农历十月廿七日），时中书局、文明书局、开明书局、有正书局、科学社会、群学会、启文社、现状报馆在《时报》发布广告，列有寄售之《国学唱歌集》（再版）。

冬，与曾延年、黄辅周等中国留学生组织“春柳社文艺研究会”。**按一：**李芳远在《春柳时代的李哀先生》一文中曰：李叔同等“在某艺院看了川上音二郎大如所演的浪人戏，他们爱好戏剧的热情，从事戏剧的愿望，已经像心血来潮似地从内心逼迫出来……后来他们拜晤了戏剧家藤泽浅二郎，得到他的帮助和指导，于是大胆地组织了一个春柳社。”[1] **按二：**《春柳社文艺研究会简章》为：

> 本社以研究文艺为目的，凡词章、书画、音乐、剧曲等，皆隶属焉。
>
> 本社每岁春秋开大会二次。或展览书画，或演奏乐剧。又定期刊行杂志，随时刊行小说、脚本、绘叶书之类（办法另有专章）。
>
> 凡同志愿入会研究文艺者为社员（应任之事务及按月应缴上会费，另有专章）。
>
> 其有赞成本社宗旨者，公推为名誉赞成员（无会员）。
>
> 无论社员与名誉赞成员，凡本社所出之印刷物，皆于发行时各赠一份，不取价资。发起人：李哀、曾延年。[2]
>
> ……

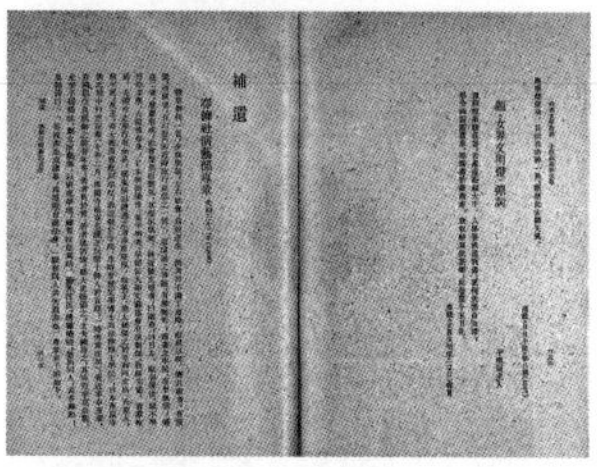

《春柳社演艺部专章》之一页。

春柳社文艺研究会后除戏剧外，其他项目或未进行。发表《春柳社演艺部专章》：

> 报章朝刊一言，夕成舆论，左右社会，为效迅矣。……第演说之事迹，有声无形；图画之事迹，有彩无声；兼兹二者，声应形成，社会靡然而向风，其惟演戏欤？挽近号文明者，曰欧美，曰日本。欧美优伶，靡不博洽多闻，大儒愧不及；日本新派优伶，泰半学者，早稻田大学文艺协会有演剧部。教师生徒，皆献技焉。……吾国倡改良戏曲之说有年矣。……其成效率莫由睹。走辈不揣梼昧，创立演艺部，以研究学理，练习技能为的。……息霜诗曰：“誓渡众生成佛果，为现歌台说法身”，愿吾同人共矢兹志也。专章若干则如右：
>
> 一、本社以研究各种文艺为的，创办伊始，骤难完备。兹先成

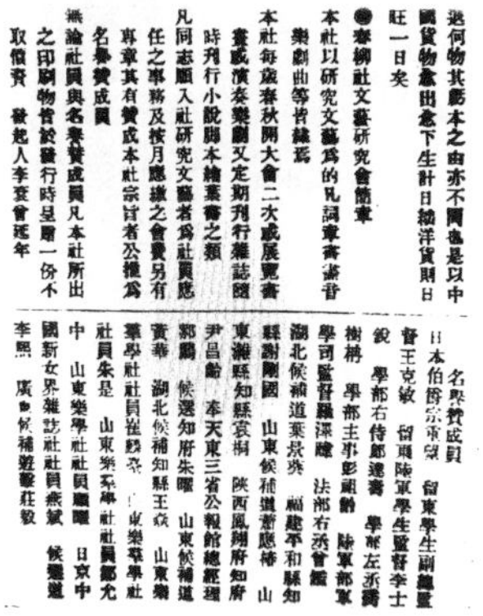

選何物其斷本之由亦不問也是以中國貨物愈出愈下生計日絀洋貨則日旺一日矣

●春柳社文藝研究會簡章

本社以研究文藝爲的凡詞章書畫音樂劇曲等皆隸焉

本社每歲春秋開大會二次或展覽書畫或演奏樂劇又定期刊行雜誌隨時刊行小說脚本繪葉書之類

凡同志願入社研究文藝者爲社員應任之事務及按月應繳之會費另有專章其有贊成本社宗旨者公推爲名譽贊成員

無論社員與名譽贊成員凡本社所出之印刷物皆於發行時呈贈一份不取價資　發起人李哀曾延年

名譽贊成員

日本伯爵宗重望　留東學生副監督王克敏　留東陸軍學生監督李士銳　學部右侍郎達壽　學部左丞喬樹枏　學部主事彭詒　陸軍部軍學司監督羅澤暐　法部右丞曾鑑　湖北候補道葉景葵　福建平和縣知縣謝剛國　山東候補道蕭應椿　山東濰縣知縣袁樹　陝西鳳翔府知府尹昌齡　奉天東三省公報館總經理郭鵬　候選知府朱曜　山東候補道黃華　湖北候補知縣王焱　山東樂羣學社社員崔[illegible]　山東樂羣學社社員朱是　山東樂羣學社社員鄒允中　山東樂學社社員竇曜　日京中國新女界雜誌社社員燕斌　候選道李熙　廣西候補道[illegible]莊毅

1907 年 4 月 22 日，《时报》刊出的《春柳社文艺研究会简章》。

① 转引自林子青编《弘一大师年谱》，杂华精舍 1945 年 10 月第 2 版，第 25 页。

② 见 1907 年 4 月 22 日《时报》、1907 年 5 月 10 日天津《大公报》。

立演艺部，改良戏曲，为转移风俗之以助。

二、演艺之大别有二：曰新派演艺（以言语动作感人为主，即今欧美所流行者），曰旧派演艺……本社以研究新派为主，以旧派为附属科……。

三、应办之事，约分二类：

1. 演艺会　每年春秋开大会二次，此外或开特别会，临时决议……。

2. 出版部　每年春秋刊行杂志二册（或每季一册），又随时刊行小说、剧本、绘画明信片……。

四、春柳社事务所，暂设于东京下谷区池之端七轩町廿八番地钟声馆，若有寄信件者，请直达钟声馆，由本社编辑员李岸收受不误。①

新富士荞麦馆。（大桥茂提供）

丁桂樵于 1942 年《觉有情》第 78、79、80 期合刊上发表悼诗《弘一大师九月四日西逝忆光绪之季余与大师初见于日本江户今三十六七年矣》。

按三：其时加入日本“文艺协会”。1907 年 1 月日本《文艺协会工员名簿》（早稻田大学戏剧博物馆藏）已录入李叔同为会员，时住所记录为“下谷区池之端七轩町二十八、钟声馆，会员番号 519”。故可判定李叔同加入“文艺协会”的时间是“钟声馆时期”的 1906 年冬。至于钟声馆系李叔同的另一住处，还是办事处，尚无确论。另有记录表明居下谷区茶屋町一番地不久的农历九月，曾迁居下谷区池之端七轩町二十八番地“甲虎馆”，两个月后再至钟声馆。② “文艺协会”系以坪内逍遥和岛村抱月为核心成立于 1906 年的文化团体，是新剧运动的母体，其机关刊物为《早稻田文学》。**按四：**在日本留学时曾与陈师曾、曾孝谷等一起参加过“淡白会”的文艺活动。③ 根据《春柳社演艺部专章》，春柳社事务所曾设于东京下谷区池之端七轩町廿八番地钟声馆。1947 年日本出台“地方自治法”，下谷区和浅草区合并，成为今台东区的一个组成部分。旧下谷区池之端七轩町廿八番地即今台东区池之端二丁目，亦即今东京地图中的二丁目二、九、十番地及道路“不忍通”之一部分重叠区域。此地东北面就是上野公园的东京美术学校（今东京艺术大学）。此地有标志性的新富士荞麦馆（明治四十二年开业）。

---

① 原收阿英《戏曲研究卷·晚清文学丛钞》1960 年 3 月《补遗》，转引自林子青《弘一法师年谱》宗教文化出版社 1995 年 8 月版，第 49—50 页。林子青有按语：“此《春柳社演艺部专章》之叙言与条款，撰于一九〇六年，似系李岸手笔。观其通信由春柳社事务所编辑员李岸收受，及叙文中所引‘息霜诗曰：誓渡众生成佛果，为现歌台说法身’（系李息霜为沪学会撰《文野婚姻新戏册》题诗第四首之首二句）可信。”1907 年 5 月 10 日天津《大公报》将此专章（部分）载于《春柳社文艺研究会简章》之后。有若干处与林子青所录不同。不同处已按天津《大公报》所刊之文改正。其中“专章若干则如右”之“右”字，天津《大公报》原文如此。

② ［日］中村忠行：《“春柳社”逸史稿——献给欧阳予倩先生》，载日本《天理大学学报》第 23 辑，1957 年。

③ 参见天津人民美术出版社 2006 年 6 月版郭长海、郭君兮编《李叔同集》第 261 页附录《李叔同事迹系年》“1906 年”条目。

是年，作词《高阳台·为歌郎金娃娃作》。[①]

补习日语。

柳亚子主编之《复报》第 2 期刊出歌曲《隋堤柳》（未署名）。

在东京从音乐家兼习音乐。[②]

按一： 曾有油画“以大海为背景的一个扶杖老人”。李鸿梁在《我的老师弘一法师李叔同》中言：“我得了一张十五号的画，画的是以大海为背景的一个扶杖老人，意态有点像米勒的‘晚祷’，不过色彩比较淡静，调子也比较柔和，这是法师在日本东京美术学校里的第一张油画习作。”[③]

在日本留学时的李叔同。

按二： 与丁桂樵相识。丁桂樵于 1942 年《觉有情》第 78、79、80 期合刊上发表悼诗《弘一大师九月四日西逝忆光绪之季余与大师初见于日本江戸今三十六七年矣》：“海东相见春无际，弹指人间鬓已苍。濯行冰霜高一世，愁余风雨近重阳。（一公深明律学，持戒至严，假以数年，南山一宗，庶几复振，遽闻示寂，为世痛惜。）瞻部芒芒方劫火，法云何日澍清凉。”[④]

社会评介择要

《春柳社演艺部专章》，载 1906 年上海《北新杂志》第 30 卷。

日本国民新闻社记者：《清国人志于洋画》，载 1906 年 10 月 4 日日本东京《国民新闻》。

程淯：《丙午日本游记》，1906 年。[⑤]

---

① 1912 年农历七月李叔同书《高阳台·为歌郎金娃娃作》赠夏丏尊。款识：“丙午旧作写奉勉旃先生大家一笑，壬子七月雨窗息霜”；钤印：“哀公”。见上海市书法家协会编：《海派代表书法家系列作品集·弘一》（该卷主编刘一闻，副主编沈爱良），上海书画出版社 2006 年 12 月版，第 2—3 页。而在其自书之诗词中将此词题为《高阳台·忆金娃娃》。见夏宗禹编：《弘一大师遗墨》，华夏出版社 1999 年 1 月第 2 版，第 48 页。

② ［日］吉田千鹤子：《上野的面影——李叔同在东京美术学校史料综述》，收曹布拉主编：《弘一大师艺术论——纪念弘一大师诞辰一百二十周年国际学术研讨会论文集》，西泠印社出版社 2000 年 10 月版，106—116 页。文章以为：“一说他还在东京音乐学校学过音乐，但尚未通过音乐学校的史料得到证实。东京音乐学校的规则非常严格，是排他性的；另外我想：他同时在两个国立学校正式就学，从制度上说也不可能。”故李叔同兼习音乐，或为私人拜师，或为旁听。

③ 李鸿梁：《我的老师弘一法师李叔同》，收《浙江文史资料选辑》第 26 辑，浙江人民出版社 1984 年 6 月版，第 98—117 页。

④ 1942 年前的“三十六七年”，或为 1906 年，或为 1907 年。姑且置于本年。丁桂樵（1886—1952），名传绅，字桂樵，以字行。原籍湖南长沙，出生于四川成都。曾留学日本，学政治经济，1908 年回四川，受赵尔巽器重，其振兴经济之意见多被采纳。1921 年前后寓上海，乐于史地、金石考鉴，复研究佛学。

⑤ 参见林子青《弘一法师年谱》，1995 年 8 月宗教文化出版社版，第 47—48 页。

1907 年　丁未　28 岁

社会文化事略

1 月 14 日，秋瑾在上海创刊《中国女报》;2 月 6 日，日本宣布中国留日学生达 17860 余人;10 月，王钟声、任天知在上海组成春阳社;12 月 25 日，慈禧太后下诏整顿士风，不准学生干政。

生平事迹

1 月 8 日（农历丙午十一月廿四日），严修收其信。[①]

1 月 10 日（农历丙午十一月廿六日），严修致其信。[②]

1 月 13 日（农历丙午十一月廿九日），日本随鸥吟社举行第 26 次集会，以李息霜之名与留日学生陆玉田一起参加。[③]

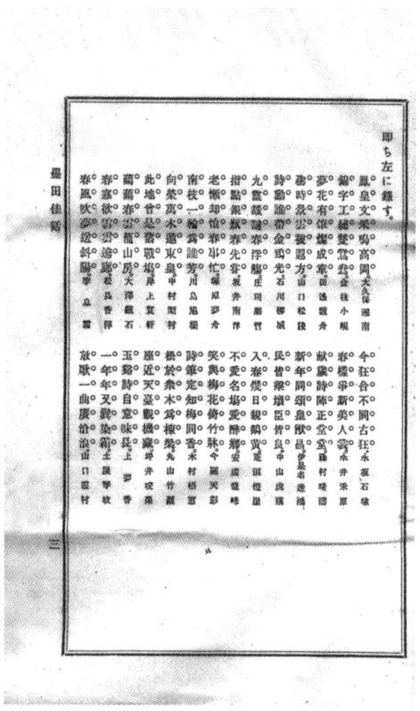

《随鸥集》中的“黑田佳话”。

1 月 23 日（农历丙午十二月初十日），在东京致杨白民函：

昨日归京，即日迁居他处。以后惠书，乞署日本东京下谷区清水町一番地越岛方李某。余事五日内详复。匆匆。

弟哀顿首　十二月十日

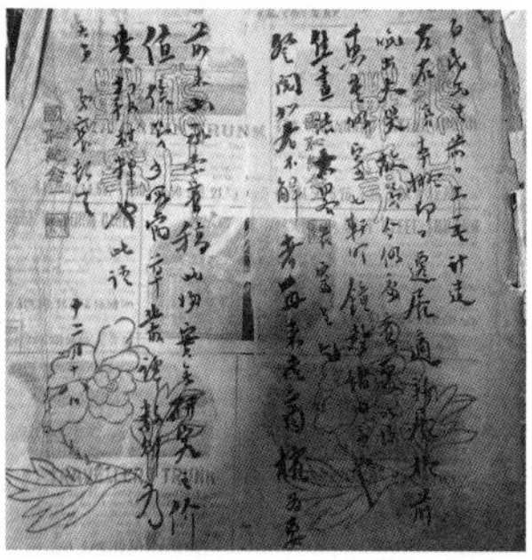

李叔同于 1907 年 1 月 23 日（农历丙午十二月初十日）在东京致杨白民函。（余大风提供）

按： 越岛为日本房东之姓。方为先生之意，指由越岛先生转交。此信说明，李叔同在入住下谷区茶屋町一番地后不久又准备搬至下谷区清水町一番地。此地在今东京艺术大学西面，距离学校更近。通过与东京旧町名对比，可知此处即今池之端四丁目一带。目前无特别的历史地标建筑，仅有一个山中旅馆，边上有小画廊。九番地右侧的十六番地有大

① 天津图书馆编：《严修手稿》第 7 册，天津古籍出版社 2012 年 1 月版，第 5228 页。
② 天津图书馆编：《严修手稿》第 7 册，天津古籍出版社 2012 年 1 月版，第 5229 页。
③ 参见是年 2 月 5 日谱文。

成教寿老教会。①

1 月 31 日（农历丙午十二月十八日），在东京致杨白民函：

李叔同扮演茶花女造型。此影曾在 1927 年《小说世界》第 15 卷第 5 期刊出。

白民先生：

前日上一书，计达左右。弟本拟即日迁居，适新居于前晚火灾，故弟今仍寓旧处。以后惠书仍寄七轩町钟声馆内可也。焦画法大略兹寄呈，乞察阅。如有不解者，再来书商榷为要。前来函，承索旧稿。此物实无研究之价值，俟弟少暇，当草丛谭数则，为贵报材料也。此请

大安

弟哀顿首

十二月十八日

按：此信福建人民出版社 2019 年 12 月版《弘一大师全集》（第 3 版，修订 2 版）第八册・文艺卷、杂著卷、书信卷未收，为私人收藏。② 信中“前日”或另有一函，抑或即 1 月 23 日（农历丙午十二月初十日）之函，指前数日。

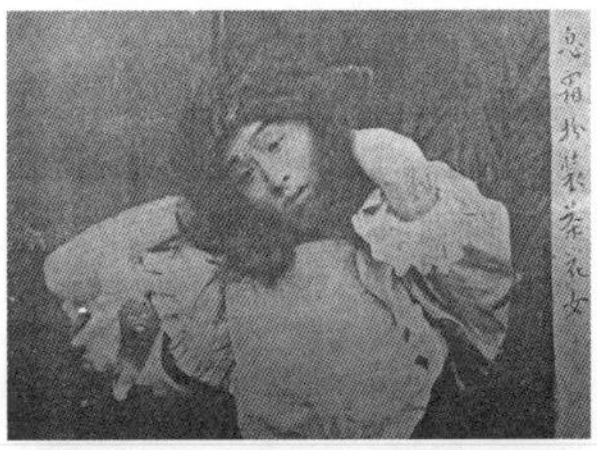

李叔同扮演茶花女造型。此影曾在 1927 年《小说世界》第 15 卷第 7 期刊出。

2 月 5 日（农历丙午十二月廿三日），在日本《随鸥集》第 28、29 合编发表诗《凤兮》，署名“息霜、李哀”。该编所载其在例会上所出之联为“春风吹梦送斜阳”，署名“李息霜”。该编《墨田佳话》记曰：例会“于丁未一月十三日在上野公园三宜亭举行。按照惯例由槐南先生讲评李义山诗作，以‘赠别前蔚州契苾使君’（七律）起头，逐次点评‘灞岸’（七绝）、‘出关宿盘豆馆对业卢有戚’（七律）、‘即日’（五律）、‘淮阳路’（五律），以‘赋得难’（七绝）收尾。此集出席者达四十六人，为历次例会未曾有的盛况。会后共进午餐，兼作新年贺宴。作为余兴，举行了文庆子讲谈。以书籍、文房用具、盆梅为引福赠品。”③

李叔同（左）戏装照。

2 月 11 日（农历丙午十二月廿九日），因逢江淮水灾，中国留学生在日本东京神田土代町“中华基督教青年会”所在的大楼三楼大厅（礼

① 此信福建人民出版社 2019 年 12 月版《弘一大师全集》（第 3 版，修订 2 版）第八册・文艺卷、杂著卷、书信卷第 269 页收录，标“一九〇六年十二月十日，日本东京”。农历丙午十二月初十日为公历 1907 年 1 月 23 日。天津人民出版社 2006 年 6 月版郭长海、郭君兮编《李叔同集》第 193 页收录时亦标公历 1907 年 1 月 23 日。

② 浙江省平湖市人民政府、上海徐汇区文化局编：《弘一大师法书集・华枝春满（手稿信札卷）》，上海书画出版社 2017 年 5 月版，第 241 页。

③ 吴骏译自《随鸥集》第 28、29 合编。此译与林子青《弘一法师年谱》（宗教文化出版社 1995 年 8 月版）第 51 页注一所译有别。

堂）举办赈灾募捐游艺会，“春柳社”演出话剧《茶花女》第三幕（剧情为阿芒之父访寻茶花女，茶花女忍痛离开阿芒，时称“匏址坪诀别”），饰茶花女（玛格丽特）。另有唐肯饰亚猛（阿芒），曾孝谷饰亚猛之父，孙宗文饰配唐（玛格丽特之女友普鲁唐司）。观众2000余人，并有欧美日人士。受到热烈欢迎。**按一：**是年3月20日《时报》刊文《记东京留学界演剧助赈事》称：

阳历二月十一日，日本东京留学界因祖国江北水灾，特开救济慈善音乐会，醵资助赈。其中有春柳社社员数人，节取《茶花女》事，仿西法，组织新剧，登台扮演，戏名《匏止坪诀别之场》（剧情略——引者注）

李叔同饰演茶花女剧照（前低头者为李叔同），此照曾被制成日本明信片发行。（张伟提供）

是日观者约二千人，欧、米及日本男女亦接踵而至。台下拍掌之声雷动。此诚学界中仅有之盛会，且亦吾辈向未经见之事也。

数日后，素不相识之日本人忽然过访，询余：

“青年会馆演剧者属于何种团体？彼辈向于此道若何研究？中国演剧与此种同异如何？”

余告以：“彼辈皆留学生，不过为慈善事助人兴者。闻皆系初次登台。向来如何研究，却不得知。”

李叔同饰演茶花女剧照（卧床者为李叔同）。此照曾在1919年《春柳》杂志第3期刊出。

问伊：“探此何为？”始知伊为新闻记者，据云：

“当日座客中新闻记者约六七人，其中亦有一二人曾于上海观过中国演剧者，觉与此大异。此次诸君新派演剧，能（疑为若字之误——引者注）非多年研究，素有心得，断不能如此动人。装饰画亦皆合宜，所歉然者，吾辈仅能领略意趣，而以不通言语，致多隔膜。但闻贵国人时时拍掌，其言语之佳妙，可想而知。吾辈欲以此事登报，亦以不解语言故，难于评议。或措词不当，反嫌无味。所以不得不一访而审察之也。”

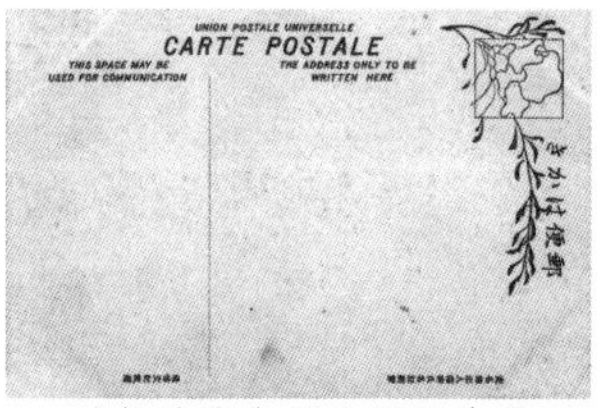

春柳社演出纪念明信片背面。（张伟提供）

甚矣，吾学界中偶有举动，莫不在他人意料之中。不意区区者，彼辈亦注意及此！①

李叔同（右）与曾孝谷。（素描图）

按二：滨一卫《关于春柳社的第一次公演》一文中曰：“中国的俳优，我最佩服的，便是李叔同君。当他在日本时，虽仅仅是一位留学生，但他组织的春柳社剧团在有乐座上演《春姬》一剧，实在非常好。不，与其说这个剧团好，宁可说就是这位饰春姬的李君演得非常的好。……他们那脚本的翻译，是很纯粹的；化妆虽简单一些，却完全是

① 欧阳予倩在1933年2月于神州国光社出版的《自我演戏以来》曾说此次演出演了两幕，而他在1957年8月27日出版的《戏剧论丛》第3辑上发表《回忆春柳》一文中又更正为演了一幕。

根据西洋风俗的；当然和普通的改成日本风的有些不同。会话的中国语，又和法语相像的地方，因此，愈使人觉得痛快。尤其是李君的优美婉丽，绝非日本的俳优所能比拟。……我当时看过以后，顿时又回想到孟玛德小剧场所见裘菲列表演的春姬。不觉感到十分地兴奋，竟跑到后台去，和李君握手为礼了。”① **按三：**演出时发行明信片。《春柳》杂志1919年第3期刊出其中一张。1937年4月27日，《光明》杂志社在上海中国饭店召开“中国剧运先驱者怀旧座谈会”，回顾中国早期话剧活动史，欧阳予倩、马彦祥、应云卫、唐槐秋、郑伯奇、夏衍、阿英、沈西苓、袁牧之、许幸之、凌鹤、张庚、章泯、王莹、白杨等出席，记录者为尤兢（于伶）和赵慧深。座谈会上尤兢表示藏有不完整的半张《茶花女》演出明信片。此半张明信片后刊登于座谈会次月后的《光明》杂志第2卷第12期上。1999年，上海图书馆研究馆员张伟在北京潘家园一旧书摊发现春柳社演出《茶花女》明信片两张，其中一张与《光明》杂志刊登的残照吻合。② **按四：**林子青《弘一法师年谱》引《上海市通志馆期刊》第2年第3期《春柳剧场开幕宣言》曰：“溯自乙巳丙午（一九〇五—一九〇六）间，曾存吴、李叔同、谢抗白、李涛痕等，留学扶桑，慨祖国文艺之坠落，亟思有以振之。顾数人之精力有限，而文艺之类綦繁，兼营并失，不如一志而冀有功。于是‘春柳社’遂出现于日本之东京，是为我国人研究新戏之始，前此未尝有也。未几，徐淮告灾，消息传至海外，同人演巴黎‘茶花女遗事’，集资赈之。日人惊为创举，啧啧称道，新闻纸亦多谀词。是年夏，休业多暇，推李叔同、曾存吴（孝谷）主社事，得欧阳予倩等为社员。”③ **按五：**欧阳予倩：《春柳社的开场》中曰：“有一天听说青年会开什么赈灾游艺会，我和几个同学去玩，末了一个节目是《茶花女》，共两幕。那演亚猛的是学政治的唐肯君（常州人）；演亚猛父亲的是美术学校西洋画科的曾延年君（曾君字孝谷，号存吴）；饰配唐的姓孙，北平人，是个很漂亮而英文说得很流利的小伙子；至于那饰茶花女的是早年在西湖师范学校教授美术和音乐的先生，以后在C寺出家的弘一大师。大师天津人，姓李名岸，又名哀，号叔同，小字息霜，他和曾君是好朋友，又是同学。……”“这一回的

位于东京的中华基督教青年会。资料来源：天津李叔同故居纪念馆微信公众号。

位于东京的中华基督教青年会所在大楼三楼大厅（礼堂）内景。资料来源：天津李叔同故居纪念馆微信公众号。

① 参见1927年1月《小说月报》第212期孟忆菊《东洋人士对李叔同的印象》中转述滨一卫《关于春柳社的第一次公演》一文中的文字。

② 张伟：《春柳社首演〈茶花女〉纪念品的发现与考释》，载《嘉兴学院学报》2008年第1期。

③ 林子青《弘一法师年谱》（宗教文化出版社1995年8月版）复引《春柳社——“戏剧革命”的先锋队》等文，述春柳社及其演出的开创性意义。对于李叔同的演出，日本评论家和欧阳予倩等从不同角度均有评说。滨一卫先引欧阳予倩语，后引松居松翁语曰：“据他说，上演的是亚猛之父访马克的一场两幕。演亚猛父亲的是曾孝谷，配唐是孙某，茶花女是李息霜，曾孝谷曾博得了好评；反之，茶花女是粉红色的西装，扮相并不好，他的声音也不甚美，表情动作也难免生硬些。中村忠行曰：“说起春柳社，谁都相信是在中国留学生之间所组织的中国最初的新剧社。……李叔同在这前后，还入音乐学校攻读，他们都是爱好诗文，是罕见的戏迷……”参见中村忠行：《“春柳社”逸史稿——献给欧阳予倩先生》（上），载《天理大学学报》第22辑，1956年12月、中村忠行：《“春柳社”逸史稿——献给欧阳予倩先生》（下），载《天理大学学报》第23辑，1957年3月。

表演可说是中国人演话剧最初的一次，我当时所受的刺激最深。我在北平时本曾读过《茶花女》的译本，这戏虽然只演亚猛的父亲访马克和马克临终的两幕，内容曲折，我非常地明白。当时我很惊奇，戏剧界原来有这样一个办法……于是我很想接近那班演戏的人，我向人打听，才知道他们有个社，名叫春柳。……我有一个四川同学和曾孝谷最接近，我便因他得识曾君，只见一次面，我就入了春柳社。”① **按六：**演出后有诗《茶花女遗事演后感赋》。**按七：**《茶花女》演出后，欧阳予倩曾拜访李叔同。欧阳予倩在《自我演戏以来》中曾回忆：“老实说，那时候对于艺术有见解的，只有息霜。他于中国的词章很有根柢，会画，会弹钢琴，字也写得好。他非常用功，除了他约定的时间以外，绝不会客。在外面和朋友交际的事，从来没有。黑田清辉是他的先生，也很称赞他的画。他对于戏剧很热心，但对于文学却没有什么研究。他往往在画里找材料，很注重动作的姿势。他有好些头套和衣服，一个人在房里打扮起来照镜子，自己当模特儿供自己的研究。得了结果，就根据着这结果，设法到台上去演。自从他演过‘茶花女’以后，有许多人以为他是很风流蕴藉有趣的人，谁知他的脾气，却是异常地孤僻。有一次他约我早晨八点钟去看他——我住在牛込区，他住在上野不忍池畔，相隔很远，总不免赶电车有些个耽误，及至我到了他那里，名片递进去，不多时，他开开楼窗，对我说：‘我和你约的是八点钟，可是你已经过了五分钟，我现在没有功夫了，我们改天再约罢。’说完他便一点头，关起窗门进去了，我知道他的脾气，只好回头就走。”“像息霜这种人，虽然性情孤僻些，他律己很严，则备人也严，我倒和他交得来。”② 文中欧阳予倩提到了李叔同的住处是在“不忍池”，且访问的时间是在演出了《茶花女》之后，故应系李叔同后仍搬迁至东京美术学校西端不忍池附近。不忍池位于今东京都上野公园西南，为一天然池塘。

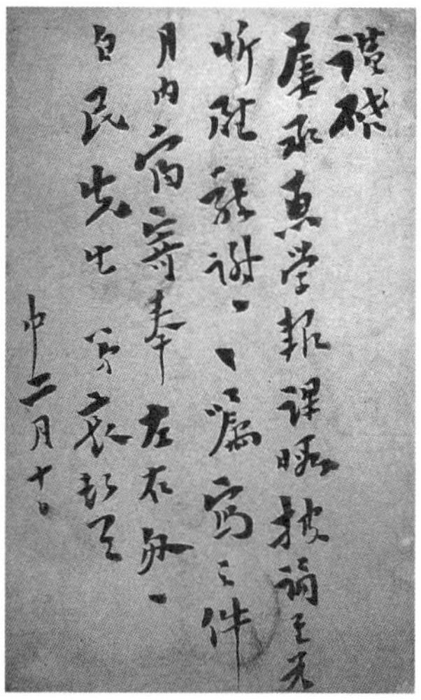
谨启
屡承惠学报课暇披诵至为
月内当寄奉
白民先生
中二月十日

李叔同1907年3月23日（农历二月初十日）致杨白民函原件。今藏浙江省博物馆。

3月23日（农历二月初十日），在东京致杨白民函。信曰屡承惠学报（指城东女学所办之《女学生》），课暇披诵，至为忻慰。表示月内当寄稿呈奉。③

3月（农历正月十七日至二月十八日），协助曾孝谷编出《黑奴吁天录》剧本。**按：**后集合社员分任角色，研读剧本、排练预演。春柳旧主（李涛痕）在《春柳社之过去谭》一文中言：“自三月，由曾、李二君编

① 欧阳予倩：《春柳社的开场》，收欧阳予倩：《自我演戏以来》，神州国光社1933年2月版。
② 欧阳予倩（1889—1962），出生于湖南省浏阳县，戏剧家、编剧、导演，先后毕业于早稻田大学、明治大学。
③ 此信福建人民出版社2019年12月版《弘一大师全集》（第3版，修订2版）第八册・文艺卷、杂著卷、书信卷第269页收录，标“一九〇七年旧二月十日，日本东京”。

出《黑奴吁天录》五幕脚本，集合社员以分任角色，读剧本百余日，会演十余次，然后定期公演，卜地本乡座。本乡座者，东京大戏园也。演二日，预演一日，一切布景器具，皆与该园执事人商洽，而租费极昂，出人意料，欲罢不能。若努力为之又非留学生少数人所能筹办，幸有某公允借五百元，乃敢定议，既定期开演矣。”①

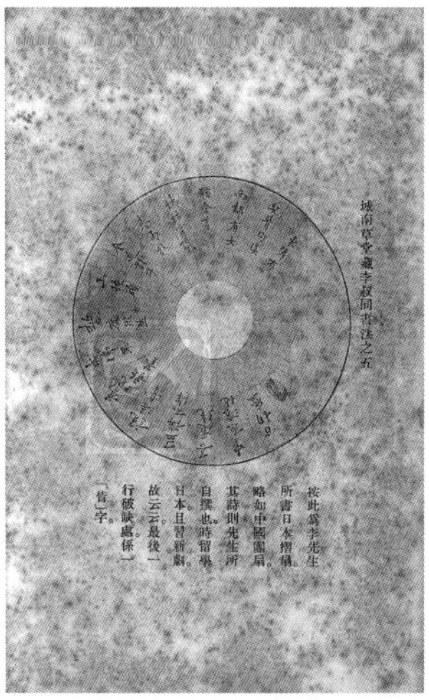

1927年8月5日《小说世界》第16卷第6期刊出《城南草堂藏李叔同书法之五》，标注：“按：此为李先生所书日本摺扇。略如中国团扇。其时则先生所自撰也。时留学日本，且习新剧。故云云。最后一行披缺处，系一‘皆’字。”

4月6日（农历二月廿四日），出席日本随鸥吟社第三次大会。**按：**《随鸥集》第31编所载其在随鸥吟社聚会上所出之联为“余发种种眉髟髟”，署名“李息霜”。该编《墨田佳话》记曰：

鸥社大会：丁未四月六日设席于墨水枕桥的八百松楼，随鸥吟社第三次大会召开。石埭先生及裳川河原、樱东、龙峰梦舟、冷灰、南洋、松陵、学鸥、香萍、鄂轩、云庄、宁静、雨山、星堂、扬鹤、爱山、晴涛、梧窗、揖东、卖剑、蓄堂、天龙、仙坡、皎亭、铁石、小岘诸君被推选为干事，以上众人对吟社的全程鼎力相助，我们几位主干事唯有致以感谢之意。

当日轻阴微雨，长堤的樱花朱唇未启，犹如佳人浅颦娇羞万分。至午后三时，与会诸贤达八十人，青年俊才有下总的高冢楫、山来霞厓、蓑轮绨浦、增田穗轩；上总的奈良耕彦、大场松潭、石桥岛南；新泻的长泽松雨；尾张的近藤井田；涵馆的小桥爱山；小樽的添田静渊；根室的前田螺山。远方的朋友、新盟旧交同堂交流，岂不快哉。席间休息时一立斋文庆子作了演讲。作为余兴邀请槐南先生作了题为“诗学——三大宝典”的讲话，时长约一小时半。此讲话，本篇附有笔记。

此外在石埭先生提供的馆所内设宴一席，一东石如、兼康同堂二人共有。后日在蓄堂醉侠茶会写了专题，现摘抄其概要。正面的床挂着清人瞿子冶水墨书竖幅老松图（南山有此图子冶款曰松涛云岭），花瓶（有檀坐青磁蟹爪纹）插有白牡丹两朵。（按，竖幅松图和花瓶牡丹意喻富贵万年）床的左侧，在古黑漆矮几上置有峰岳重叠石灵壁，上书清胡淞泉细楷（诗十九首清淞泉胡次秋斋主人戏咏），文镇古玉双喜的文字玲珑剔透。床的右侧置有活额、紫竹的雷纹组合，贴有赖山扬先生的扇面，诗曰“梅儿塔伴醉人譁，细雨轻尘半是花。别有红妆围翠幰，金堤拥出一团霞。”（该诗字肃端正，颇有赵陶骞的古风。诗是先生从东京归来，途径名古屋时所

① 春柳旧主（李涛痕）：《春柳社之过去谭》，载1919年1月1日《春柳》第2期。李涛痕，1878年生于北京。本名李文权，又名李道衡，为京剧剧评家、戏剧报编辑，1906年赴日本。在《黑奴吁天录》中饰黑奴贩子海雷。1918年在天津主编《春柳》戏剧杂志，提出戏曲改良主张。

李叔同设计的《黑奴吁天录》节目宣传单。（现藏日本早稻田大学）

李叔同演出《黑奴吁天录》剧照。前排右起第六人为李叔同（饰爱米柳夫人）。

作，樱花时节已过。）砚（藤四郎古濑户风字）、墨（徽州胡开文制）、墨台（刻有蟠龙　端溪紫石制长方形）、笔（写诗词笔　武林早笔厂制　玉池仙）、笔架（白玉古钩）、印谱（桐阴娱二册）天然木背面刻有隶书诗文，曰：“古洞藏松岳，往来十六仙。楸坪列磐石，鹤鹿下层巅。岭南天衢接，光明月窟连。三呼徽瑞应，佳话往时传。”（为康熙、乾隆二帝宫中所藏，一木形蛤蟆）诸品皆为珍品古玩。还有凉炉（圆筒式，刻有梅花）、炉座（交趾色）、汤罐（白泥制，俗称文政保富罗）、水注（紫泥）、茶芯壶（古锡）、茶合（竹刻梅花诗　落款周芷岩）、茗注（朱泥古锡梅花式　梅花式底座）、副茗注（京窑梁川星岩先生的手作　落花流水老龙主人）、茗琬（吴洲鱼手）、副炉（朝鲜锅）、副汤罐（纯银梅花式）、建水（白交趾）鸟府（古藤篮）、火筋（象牙雕柄）。羽帚（青鸾）、香（聚花熏小见山氏制）、人字屏（明戴文进山水小品，贴有诸家诗词）、席（白氈）、点心器（红白馅的馒头，印有梅花并烧字）、茶（先春园碧乳）等。以上一切皆为石埭先生珍贵玩物，众宾边品茶边欣赏，对先生的风流好事大为惊叹。宴已开，酒过三巡后，木名升堂子所编录的歌集在大会唱和，每人一篇开始朗诵。其声朗朗，绕梁不止。酒酣之后，经抽签，挑出书画数十幅、石印数枚。竹亭贵爵金洞先生、鸣鹤先生、石埭先生、柳城书伯、听松叔伯、藏六各印家捐赠了作品作为本次大会的纪念。这次活动大家作了柏梁体联句，轻声咏唱。散会已是深夜二更，联句仍在进行。①

4 月 22 日（农历三月初十日），《时报》刊出《春柳社文艺研究会简章》，称：“本社每岁春秋开大会二次。或展览书画，或演奏乐剧。又定期刊行杂志，随时刊行小说、脚本、绘叶书之类”。

1914 年 10 月 20 日出刊的《好白相》杂志第 8 期刊出的《春柳社在日本东京本乡座演剧〈黑奴吁天录〉中之摄影》。

4 月 27 日（农历三月十五日），据《直隶总督咨明自费生准照章改给官费及以后各缘由文》，获官费资格。②

5 月 10 日（农历三月廿八日），春柳社在天津《大公报》发表《春柳社文艺研究会简章》和《春柳社演艺部专章》（部分）。

5 月 22 日（农历四月十一日），严修致其信。③

① 吴骏根据《随鸥集》第 31 编翻译。此与林子青《弘一法师年谱》（宗教文化出版社 1995 年 8 月版）第 54—55 页注六所译有别。
② 王维军：《李叔同与严修之交谊探考和史料发现》，载 2016 年 9 月《莲馆弘谭》第 12 期。王维军文中又列出李叔同获取官费后的就珍一览表。
③ 天津图书馆编：《严修手稿》第 7 册，天津古籍出版社 2012 年 1 月版，第 5334 页。

5 月 29 日（农历四月十八日），时中书局、科学书局、张园照像处、开明书局在《笑林报》发布广告，列有寄售之《国学唱歌集》（再版）。

本乡座剧场外景。（吉田千鹤子提供）

5 月 31 日（农历四月廿日），所排《黑奴吁天录》在本乡座预演。

6 月 1 日、2 日（农历四月廿一日、廿二日），春柳社开丁未演艺大会，在本乡座演出《黑奴吁天录》。饰爱密柳夫人，另饰 个男角“跛醉客”。**按一：**演出前为《黑奴吁天录》设计节目宣传单（海报）。[①] 宣传单上方为“黑奴吁天录”五个大字，左署“脚本著作主任　存吴　布景意匠主任　息霜”。主图右为《春柳社开丁未演艺大会趣意》，左为《节录林琴南先生〈黑奴吁天录〉序文》，下方为各幕剧情及角色、演员名单。为绘布景。[②]《黑奴吁天录》之演出，“当时的票价一律日币五角，最先卖出的三百张，每人赠价值一角钱的赠品”。[③] 有向观众散发之剧情说明书《春柳社开丁未演艺大会之趣意》。为该说明书作插图（现存日本早稻田大学戏剧博物馆）。其中《春柳社开丁未演艺大会趣意》介绍了本次演出的缘由和具体日期、地点：

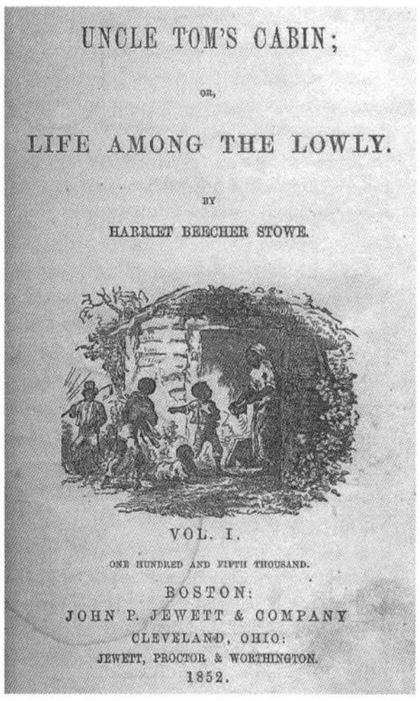

美国作家哈里·比切·斯托于 1852 年发表的小说《汤姆叔叔的小屋》。

> 演艺之事关系于文明至巨，故本社创办伊始，特设专部研究新旧戏曲，冀为吾国艺界改良之先导。春间曾于青年会扮演助善，颇辱同人喝彩。嗣复承海内外士夫交相赞助，本社值此事机，不敢放弃。兹定于六月初一日、初二日借本乡座举行丁未演艺大会。准于每日午后一时始，开演《黑奴吁天录》五幕。所有内容之概论及各幕扮装人名，特列左方。大雅君子，幸垂教焉！[④]

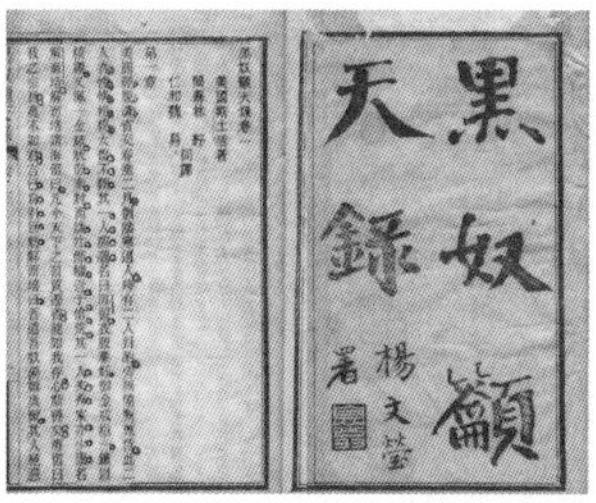

1901 年，林纾将《汤姆叔叔的小屋》翻译成中文，名《黑奴吁天录》。

按二：春柳旧主（李涛痕）《春柳社之过去谭》一文曰：日本大文豪顾曲家及新闻记者“皆存好奇心。及观《黑奴吁天录》之内容，莫不惊叹，又以为中国人演戏之能力，不图以至于斯也。如坪内博士、小山内薰君、伊原青青园君，与各报馆记者，皆有记载。是为日本明治四十年

① ［日］伊原青青园：《清国人之学生剧》，载 1907 年 7 月日本东京《早稻田文学》第 20 号。该宣传单目前日本早稻田大学演剧博物馆有藏。

② 据当时日本报纸报道：“本次的《黑奴吁天录》五幕为美国人的作品。曾延年把它改成脚本，相关布景由李哀策划制作。”原载日本《读卖新闻》10768 号，转引自中村忠行《“春柳社”逸史稿——献给欧阳予倩先生》，载 1957 年《天理学报》第 23 辑。同年 6 月 13 日《顺天时报》亦有《东京留学生之演剧》一文，称“戏园上所装备之屏障各物，以图画助其景者，日人谓之背景，即背后所见物色之光景，尽以画屏点缀，山水林木，莫不等类，宛如眼睹其物。此则悉李哀所担当，盖在学校专习绘画也。”

③ ［日］中村忠行《“春柳社”逸史稿——献给欧阳予倩先生》一文分《“春柳社”逸史稿——献给欧阳予倩先生》（上），载 1956 年 12 月《天理大学学报》第 22 辑；《“春柳社”逸史稿——献给欧阳予倩先生》（下），载 1957 年 3 月《天理大学学报》第 23 辑。该文曰春柳社当时的赠品之一为明信片。

④ 转引自林子青《弘一法师年谱》，宗教文化出版社 1995 年 8 月版，第 55 页注七。

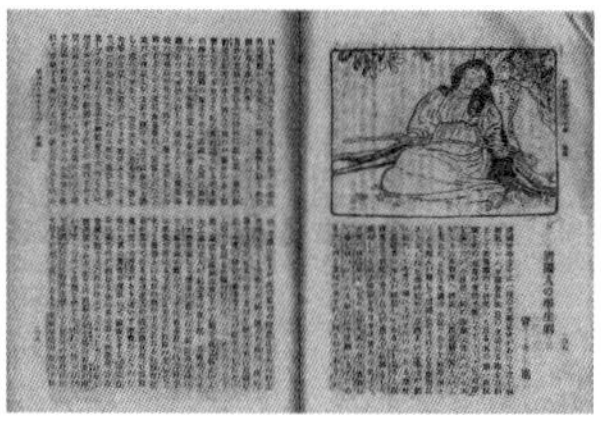
日本剧评家青青园写的《清国人的学生剧》。

六月一日、二日、三日事也。”① 伊园青青园介绍曰：“二日的演出虽预定来客3000，但实际上超过3000，甚至走廊里也站得人山人海。”② 伊园青青园另著文《清国人的演剧》，发表在1907年7月《早稻田文学》第20号（后半部分署名：春曙，即土肥春曙）③ 上，曰：“曾孝谷、李息霜、李涛痕等人，对西方生活颇有研究，他们扮演的外国人物生动逼真，是日本的伊井蓉峰、藤泽浅二郎、河合武雄、藤井六助等著名演员也有所不及的，他们应当向春柳学习。”同时也评价李叔同“瘦上的脸庞，由于粉搽得不好，稍有减彩”。又记载：“每周两次，藤泽作为指导，重复排练了二十几回。”排练场所为社员庄石云借宿的听涛馆。**按三：**欧阳予倩：《春柳社的开场》（收欧阳予倩：《自我演戏以来》），中曰：“春柳社第二次又要公演了。第一次的试演颇引起许多人的兴趣，社员也一天一天的多起来——日本学生、印度学生，有好几个加入的。其余还有些，现在都记不得了。中坚分子当然首推曾李。重要的演员有李文权、庄云石、黄二难诸君。……这是新派剧第二次的表演，是我头一次的登台。欢喜、高兴自不用说。”“曾孝谷的黑奴妻分别一场，评判最好。息霜除爱美柳夫人之外，另饰一个男角，都说不错。可是他专喜欢演女角，他为爱美柳夫人作了百余元的女西装。那时我们的朋友里头惟有他最阔。他家里头是做盐生意的；他名下有三十万元以上的财产。以后天津盐商大失败的那一次，他哥哥完全破产，他的一份也完了。可是他的确是爱好艺术的人，对于这些事不甚在意。他破了产从来没有和朋友们谈及过。”④欧阳予倩并在《回忆春柳》中说：“孝谷和息霜都是美术学校的学生，布景是由他们设计，服装也是由他们选定的。”⑤ 而日本《读卖新闻》则曰：“本次的《黑奴吁天录》五幕为美国人的作品。曾延年把它改成脚本，相关布景由李哀策划制作。”⑥ **按四：**鲁迅与周作人、许寿裳前往演出现场观看，据周作人言系“因为佩服李息霜的缘故”。⑦ 周作人于1950年11月17日在《亦报》发表《〈黑奴吁天录〉随笔》（外篇95），写曰：“一九零几年春柳社在东京公演，距辛丑总有六七年了吧，所演的还是《黑奴吁天录》，扮哲而治的人在山头上有一段演说，也是鞭策中国人的，这回却不在反美而是排满了。弘一法师其时名叫李哀，也在这里，我们去那一回的演戏，差不多就是为他而去的，

① 春柳旧主：《春柳社之过去谭》，载1919年1月1日《春柳》杂志第2期。文中所记演出时间有误。
② 参见1907年6月3日《都新闻》第6923号。［日］伊原青青园（1870—1941），日本岛根县人，剧评家兼作家。
③［日］土肥春曙（1869—1915），日本熊本人，曾扮演过哈姆雷特。
④ 欧阳予倩：《春柳社的开场》，收欧阳予倩：《自我演戏以来》，收《欧阳予倩全集》第6卷，上海文艺出版社1990年9月版。
⑤ 欧阳予倩：《回忆春柳》，载1957年8月27日《戏剧论丛》第3辑。
⑥ 原载日本《读卖新闻》第10768号，转引自［日］中村忠行《“春柳社”逸史稿——献给欧阳予倩先生》，分上下在《天理大学学报》第22辑（1956年12月）和第23辑（1957年3月）连载。
⑦ 周作人：《鲁迅的故家》，止庵校订，河北教育出版社2002年版，第313—314页。

虽然他在戏里扮的是什么人现在早也忘记了。”[①] **按五：**6月13日《顺天时报》载《东京留学生之演剧》：“留日学生等在东京开演戏剧一节，前闻话剧之首倡者，实系现在东京美术学校肄业之李哀及曾延年等两人，前曾设会曰：春柳社文艺研究会。会中之部分为诗文、绘画、音乐及演艺等共四部。演艺乃倡戏也。闻李、曾等为改良中国倡戏之旧套起见，开演《黑奴吁天录》一阕，共五出，本系美国人某所著，曾延年即为此翻案（疑为译字之误——引者注），亦颇极润色之巧妙云。但戏园上所装备之屏障各物，以图画助其景物者，日人谓之背景，即背后所见物色之光景，尽以画屏点缀，山水林木，莫不等类，宛如眼睹其物。此则悉系李哀所担当，盖在学校专习绘画也。想留学生等开演登场之日，又未知如何热闹。至其中情形并其内容如何完备，其克与文明齐驱否，容俟东京通信再详。”**按六：**1907年6月14日至15日《顺天时报》载《记东京留学界演剧助赈事》：

1911年曾孝谷在东京美术学校毕业前的油自画像。（吉田千鹤子提供）

> ……
>
> 如月前风景，尽系息霜君所绘画，情中有景，景中有情，兼之伎妙，更不可言。……
>
> ……
>
> 闻留学生等作该剧之始，请日文学博士坪内雄藏君为之点窜；迨稿本既成，复延日佐藤君任伎师以操演，约二十余日，悉以学问之暇，从事于戏剧。及至登场开演，竟受异常之喝彩。即此一场，亦足见进步之速矣。
>
> 但剧中语言专用华语，如印度伯爵演说，如日本大山兄妹，均各用其本国语言，此亦可谓国语剧者。乃愈可见国粹之美意云。盖作者之旨，取之美国；取材与地，乃于日本；而科白、语言，则用本国华语。有此三长，而寓一种讽诫砭。盖知新式戏曲之有待于文士剧也。如此，固非从前戏曲家所能望其项背也。（阳6月3日东京）。

1907年6月13日，《顺天时报》载《留学生之演剧》。

按七：《黑奴吁天录》演出成功后，任天知提议全体人员应回上海进行演出，担负起革命运动的职责。其提议遭李叔同等反对，未被采纳。[②] 对此欧阳予倩的回忆是：“那时任天知要我们《黑奴吁天录》搬回上海演，息霜、孝谷经过考虑，也曾和几个朋友商量，没有表示同意，

---

① 钟叔河编订：《周作人散文全集》第9册，广西师范大学出版社2009年版，第839页。
② ［日］中村忠行：《“春柳社”逸史稿——献给欧阳予倩先生》，载日本《天理大学学报》第23辑，1957年。

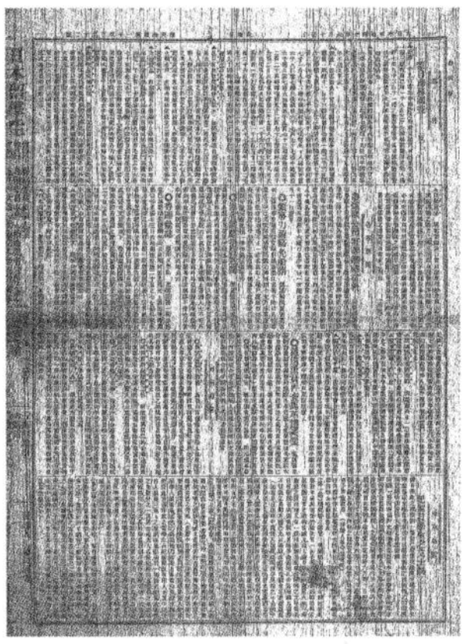

1907年6月14日，《顺天时报》载《纪留日学生之文士剧》。

事实也是做不到的。”① 10月，王钟声、任天知在上海组成春阳社。**按八：**1907年6月16日《时报》刊出演出消息：“东京留学界组织春柳社，极为海外欢迎。昨西六月一、二日在东京演艺。未开幕，而人数已满……”**按九：**也有研究者以为“春柳社”并非中国最早的话剧演出团体，“春柳社”上演的剧目也非中国最早的话剧。这些研究者以为中国话剧的开端应该是早于“春柳社”的国内学生剧。对此，日本学者濑户宏和中国学者黄爱华用事实作了回应。濑户宏《再论春柳社在中国戏剧史上的位置——兼谈中国话剧开端是否春柳社》一文是以比较的方式证实“春柳社确是中国话剧的开端。他列举了五个理由：一、《茶花女》《黑奴吁天录》“演出本身质量高，并留下了大量资料”；二、东京演出的消息传入国内，“给国内尤其是上海戏剧界以很大影响”；三、“春柳社孕育了欧阳予倩、陆镜若等中国戏剧运动的骨干人物”；四、“春柳社”的演出“比较明显地具有写实戏剧或者说现代戏剧的特征”；五、“春柳社”是用国语（普通话）演出，而学生演剧是用方言演出等等。② 中国学者黄爱华以为开端与诞生是两个不同内涵指向的概念。她以为“春柳社”是中国话剧的诞生标志，可以从艺术形态完整及社会公演、社会关注等方面来看待。“春柳社”有自己的组织形态，演出有剧本，演出场所在专业剧场，舞台布景、演出广告俱全。而上海的学生演剧只是有朦胧的戏剧现代性追求，试演在校园和课堂，或租借社会场所等，是一个探索的过程。故结论是“1907年春柳社在日本先后演出《茶花女》《黑奴吁天录》，是中国话剧诞生的标志性事件，它们与同年国内的开明演剧会、上海学生联合会、春阳社等素人演剧一起，共同宣告了中国话剧的诞生。虽然清末上海学生演剧是中国话剧的开端，‘话剧始于春柳社’说应该更正，但是春柳社在中国话剧史上的价值和意义，也是不容轻易否定的。”③

6月3日（农历四月廿三日），日本《报知新闻》刊载《清国学生的新演剧》，曰“春柳社”推举东京美术学校教授为该社名誉支持人，并请东京美术学校、东京音乐学校学生，及白马会会员为协助成员。以为该社“实为比较认真组织起来的一个团体。”

① 欧阳予倩：《回忆春柳》，收《欧阳予倩戏剧论文集》，上海文艺出版社1984年1月版，第142—174页。

② ［日］濑户宏：《再论春柳社在中国戏剧史上的位置——兼谈中国话剧开端是否春柳社》，载《戏剧艺术》2010年第3期。文中所述五个理由根据黄爱华《“春柳社开端”说与中国话剧诞生问题》，载《文艺研究》2020年第12期。质疑春柳社为中国话剧开端的主要有傅谨《重新寻找话剧在中国的起点》，载《文艺报》2007年8月27日；王凤霞《重探百年话剧之源——中国话剧不始于春柳社补证》，载《艺术百家》2008年第4期。朱栋霖《清末上海学生演剧是中国话剧开端》，载《中国戏剧》2917年第6期；赵骥《话剧文献与话剧史研究中的几个问题》，载《艺术百家》2017年第6期，等。

③ 黄爱华：《“春柳社开端”说与中国话剧诞生问题》，载《文艺研究》2020年第12期。

6月21日（农历五月十一日），《时报》刊出消息："春柳社将出杂志，以饷海内外之志在改革社会者。闻暑假后第一期乐意出版云。"

夏秋，杨白民赴日考察，与其重逢于东京，相聚10天。

10月3日（农历八月廿六日）在东京致杨白民函。

白民先生足下：

东都重逢，欢聚浃旬。行李匆匆，倏忽言别，良用惘然！别来近状何似，学制粗具规模否？金工教师，如准延用，当为代谋。束金之数，以五七十金为限否？请即示复。

附呈致辑雯一书，乞转交。许子稚梅、黄子楚南，晤时乞为致相思。祇颂

起居曼苐

哀再拜　八月廿六日

近日东都酷热，温度在八十以上。

李叔同1907年10月3日（农历八月廿六日）致杨白民函原件。今藏浙江省博物馆。

按：此信福建人民出版社2019年12月版《弘一大师全集》（第3版，修订2版）第八册·文艺卷、杂著卷、书信卷第269—270页收录。文物出版社2017年10月版陈飞鹏整理《弘一法师书信全集》第21页收录，"起居曼苐"之"苐"（即"福"之意）误录为"弗"字；后又有整理者之"案"，曰："信中：'行李匆匆，倏忽言别。'行李，疑是行旅之误笔，或传抄错误。"今查李叔同原信，确为"行李"，故非传抄错误。

是年，二年级受教于小林万吾、和田英作。①

作诗《初梦》《帘衣》。②

结识自己的绘画模特日本姑娘，逐渐相爱。③

---

① ［日］西槙伟：《关于李叔同的油画创作》，收曹布拉主编：《弘一大师艺术论——纪念弘一大师诞辰一百二十周年国际学术研讨会论文集》，西泠印社出版社2000年10月版，125—140页。小林万吾，1895年进入黑田清辉门下，1898年自东京美术学校西洋画科选科毕业，后成为东京美术学校的助理教授。1911年在法国、意大利、德国留学，回国后在1930年成为东京高等师范学校的教授，1932年成为东京美术学校教授，其绘画流派属于白马会派。和田英作（1874—1959），毕业于东京美术学校，曾赴欧，后担任过东京美术学校校长。

② 此二诗曾载《小说世界》第15卷第12期。林子青《弘一法师年谱》（宗教文化出版社1995年8月版）将此二诗列在1909年条目之下，而根据弘一大师发表于《小说世界》第15卷第12期的诗词手迹，此二诗标为"丁未"年所作。福建人民出版社2019年12月版《弘一大师全集》（第3版，修订2版）第八册·文艺卷、杂著卷、书信卷第35页对此诗的注释均为"一九〇七年作于日本"。

③ 李莉娟主编：《圆月耀天心——弘一大师略谱·谱后》，天津人民美术出版社2014年10月版，第10页。

社会评介择要

《记东京留学界演剧助赈事》，载 1907 年 3 月 20 日《时报》。

《本乡座〈黑奴吁天录〉（预告）》，载 1907 年 5 月 29 日《读卖新闻》。

《破天荒的兴业清国留学生的新派剧》，载 1907 年 5 月 29 日《民国新闻》。

《清国人的新派剧》，载 1907 年 6 月 2 日《东京日日新闻》。

［日］鬼太郎：《清国留学生演剧》，载 1907 年 6 月 2 日《东京每日新闻》。

［日］碟生（即中内碟二）：《清国学生的新演剧》，载 1907 年 6 月 2 日《万朝报》。

《清国学生的新演剧》，载 1907 年 6 月 3 日《报知新闻》。

［日］青青园：《清国学生之演剧》，载 1907 年 6 月 3 日《都新闻》。

［日］枯生：《清国留学生芝居》，载 1907 年 6 月 4 日《大和新闻》。

［日］半生：《清国留学生演剧〈黑奴吁天录〉》，载 1907 年 6 月 4 日《东京朝日新闻》。

《东京留学生之演剧》，载 1907 年 6 月 13 日《顺天时报》。

《纪留日学生之文士剧》，载 1907 年 6 月 14 日《顺天时报》。

《记东京留学界演剧助赈事》，连载于 1907 年 6 月 14—15 日《顺天时报》。

《春柳社开丁未演艺大会之趣意》，日本东京本乡座游艺厅，1907 年 6 月。

［日］青青园（即伊原青青园）：《清国人的学生剧》，载 1907 年 7 月《早稻田文学》第 20 号。（后半部分署名：春曙，即土肥春曙）

《六月的剧界》，载 1907 年《趣味》7 月号。

《春柳歌》，载 1907 年上海《北新杂志》第 31 卷。

1908年　戊申　29岁

社会文化事略

8月27日，清政府颁布《钦定宪法大纲》;11月14、15日，光绪帝、慈禧太后相继去世;12月，溥仪继位。

生平事迹

4月14日（农历三月十四日），午后3时，春柳社在桥万町八番地常盘木俱乐部开恳亲会，并演出《生相怜》，计三幕。饰演少女主角，曾延年扮其父。**按：**欧阳予倩在《回忆春柳》中曰："一九〇七年冬天又借常磐馆演过一次，演的是两个独幕剧：一个是息霜主演的，戏名忘了（有人说叫《生相怜》）；我只记得他扮一个长头发、穿着白缎子西装好像西洋古画上的少女，曾孝谷扮他的父亲，一个学音乐的广东同学扮他的情人……我那次演的是曾孝谷编的独幕戏，戏名好像就是《画家与其妹》。"① 欧阳予倩记忆有误，演出《生相怜》当在1908年4月14日。基于欧阳予倩的记忆错误，宗教文化出版社1995年8月版林子青编著《弘一法师年谱》第58页1908年条目亦出现误记。《弘一法师年谱》记曰："……关于戏剧方面，自去冬在常磐馆上演一次（戏名已无人记忆），没有得到好评，加以春柳社内人数顿增，意见未能一致，师遂宣布退出剧社，专心致力绘画和音乐。"又，《弘一法师年谱》此记录有注释，所录文字与收集在《欧阳予倩全集》第6卷中的《自我演戏以来》亦不一致。本年5月3日《沪报》刊有《春柳社演剧详记》："春柳社于西四月十四日午后三时假日本桥万町八番地俱乐部开恳亲会并演《相生怜》（《生相怜》之误——引者按）一剧计三幕……其余戏曲琵琶社员一同往观者约三百余人，拍掌之声，喝采之声不绝于耳。惜舞台太狭小，不能容多人为一憾事。"5月5日《时报》亦有相同之报道，演出地点表述为"常盘木俱乐部"。

李叔同在东京美术学校的老师黑田清辉。

5月5日（农历四月初六日），春柳社在东京举行第四次公演。参与演出。后渐渐退出春柳社的演出。**按：**是年5月14日《时报》刊出《中

① 欧阳予倩:《回忆春柳》，收《欧阳予倩戏剧论文集》，上海文艺出版社1984年1月版，第142—174页。

国医药学会周年纪念大会》，写曰：

黑田清辉的油画作品《湖畔》。

东京千叶专门医药学生组织中国医学会，刻已一载。特于西五月五日开特别纪念大会。是日天气晴和，学界会者约八百人，东京日华新报、二六新闻、报知新闻诸新闻社记者皆临会焉。自下午二时起，至晚间十二时，始行散会。兹特将当日该会会员新派演剧详述如下：

新蝶梦幕

原书为一千九百五年意大利波仑伯爵自述之笔记。始由冷血译成国文小说（见《时报》），极为阅者称许。本年三月，涛痕复编成脚本（登《大同日报》），其大要如左：

……

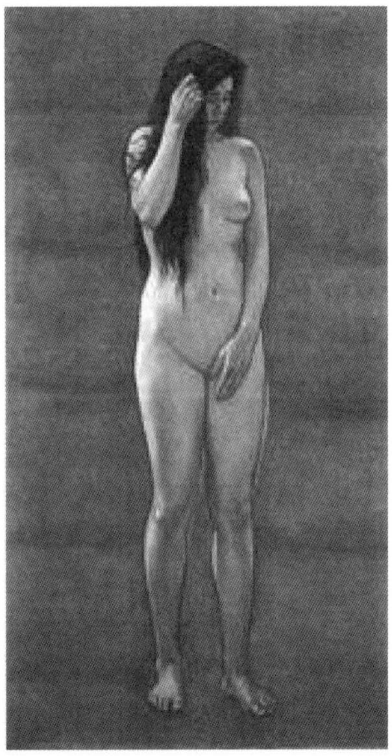
黑田清辉的人体作品。

8月10日（农历七月十四日），因病赴“杏云堂”就医。**按：**7月28日至8月23日期间因病在“杏云堂”就医耗资73.5元。又7月6日至28日在“田端”就医耗资39.31元。8月因病就医3次，耗资5.46元。①

9月（农历八月初六日至九月初六日），因病就医6次，耗资11.84元。②

是年，仍在东京兼习音乐。

退出春柳社演剧活动。**按：**欧阳予倩回忆道：“春柳自从演过‘黑奴吁天录’以后，许多社员有的毕业，有的归国，有的恐妨学业不来了。只有孝谷、息霜、涛痕、我尊、抗白，我们这几个人，始终还是干着。在演‘吁天录’那年的冬天，又借常磐馆演过一次，什么戏名我忘记了，只记得息霜参考西洋古画，制了一个连蜷而长的头套，一套白缎子衣裙。他扮女儿，孝谷扮父亲，还有个会拉梵娥玲的广东同学扮情人。谁知台下看不懂，——息霜本来瘦，就有人评量他的扮相，说了些应肥、应什么的话，他便很不高兴。”③ 中村忠行写道：“因此……遂使他失去对演剧的热情。毕竟李叔同是春柳社的发起人，且为其中心人物，

① 据国家图书馆出版社编《官报》，国家图书馆出版社2009年版。转引自王维军《李叔同与严修之交谊探考和史料发现》一文，载2016年9月《莲馆弘谭》第12期。

② 据国家图书馆出版社编《官报》，国家图书馆出版社2009年版。转引自王维军《李叔同与严修之交谊探考和史料发现》一文，载2016年9月《莲馆弘谭》第12期。

③ 欧阳予倩：《欧阳予倩全集》第6卷，上海文艺出版社1990年9月版，第12页。

由于他的退出，因而引起近于解散的混乱。”[①] 另可参阅苏曼殊《燕影剧谈》：“前数年东京留学者创春柳社。以提倡新剧自命，曾演《黑奴吁天录》、《茶花女遗事》、《新蝶梦》、《血蓑衣》、《生相怜》诸剧，都属于幼稚，无甚可观，兼时作粗劣语句，盖多浮躁少年羼入耳。”[②] 另一方面，诚如欧阳予倩说春柳社此后的活动和演出：“那时息霜正专心画油画、弹钢琴，对演戏的兴趣已经淡了，他没有参加。”[③]

三年级起受教于黑田清辉。[④]

社会评介择要

《春柳社演剧详记》，载1908年5月5日《时报》。

《中国医药学会周年纪念大会》，载1908年5月14日《时报》。

---

① ［日］中村忠行《“春柳社”逸史稿——献给欧阳予倩先生》，(《“春柳社”逸史稿——献给欧阳予倩先生》(上)，载《天理大学学报》第22辑，1956年12月、《“春柳社”逸史稿——献给欧阳予倩先生》(下)，载《天理大学学报》第23辑，1957年3月)。

② 苏曼殊：《燕影剧谈》，收《苏曼殊文集》(上)，花城出版社1991年8月版，第325—329页。

③ 欧阳予倩：《回忆春柳》，收《欧阳予倩戏剧论文集》，上海文艺出版社1984年1月版，第142—174页。

④ ［日］西槇伟：《关于李叔同的油画创作》，收曹布拉主编：《弘一大师艺术论——纪念弘一大师诞辰一百二十周年国际学术研讨会论文集》，西泠印社出版社2000年10月版，125—140页。黑田清辉（1866—1924），日本油画家，号水光，生于鹿儿岛，少年时在东京外国语学校学法语，1884年留学法国研究法律，后放弃法律，学西方古典绘画，1893年回国，创外光画派，1896年创立白马会并成为其首领，被视为油画界新派——紫派的旗帜，同年，东京美术学校新增设西洋画科，应聘为教授兼科主任，被誉为日本印象派油画之鼻祖。

1909 年　己酉　30 岁

社会文化事略

2 月 15 日，商务出版社创办《教育杂志》;9 月 24 日，詹天佑主持修建的京张铁路竣工通车;11 月 13 日，柳亚子、陈去病、高天梅在苏州发起成立“南社”；本年，吴昌硕等创办上海豫园书画会。

生平事迹

李叔同留学日本时期的油画作品《花卉》。

3 月 5 日（农历二月十四日），在日本致杨白民函，赞同城东女学校刊《女学生》，并允将著述寄登该报。①

4 月（农历闰二月十一日至三月十一日），参加白马会第十二回展览，展出油画作品《停琴》。本次展览共展出 245 件作品，《停琴》的展出编号为 56。② **按：**日本《中央新闻》于 1909 年 5 月 3 日刊出《白马会のぞ記》，评论道：“李岸氏的《停琴》还算过得去。”评论者川路生在 1909 年 5 月 20 日于《美术新报》上载文《白马会展览会を観る》，评价道：“李岸氏的《停琴》看似没有紧凑感，作品色调浊暗、朦胧，另外其画法缺乏根据是看得出的又一缺点。”③

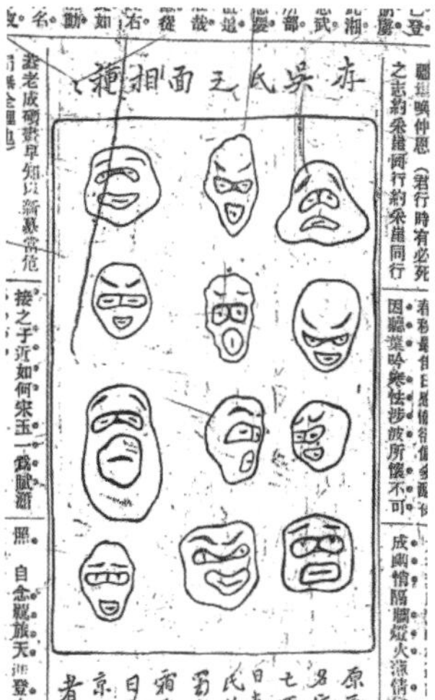

发表在 1912 年 7 月 7 日《太平洋报》的《存吴氏之面相种种》。

夏，寄在四川探亲的曾孝谷明信片，问候起居，并在明信片背面绘由“曾”字组成的漫画，题《存吴氏之面相种种》。**按：**此画后发表于 1912 年 7 月 7 日《太平洋报》。

经亨颐为刻印章“朩同”（白文）。边款“朩同方家，子渊刻赠。己酉立夏之月”。

8 月（农历六月十六日至七月十六日），因病就医 2 次，耗资

---

① 见 1910 年《女学生》（1909 年合订本）“大事记”栏目。原函今未见。“大事记”报道曰：“二月十四日，留学东京美术学校李叔同先生来函，对于本报极为赞成，并允将著作寄登本报。”

② 白马会系黑田清辉于 1896 年创办的绘画社团，该社团为日本西洋画发展作出过重要贡献。

③ ［日］西槙伟：《关于李叔同的油画创作》，收曹布拉主编：《弘一大师艺术论——纪念弘一大师诞辰一百二十周年国际学术研讨会论文集》，西泠印社出版社 2000 年 10 月版，125—140 页。

5.1元。[1]

9月23日（农历八月初十日），向城东女学《女学生》捐赠洋二元。[2]

是年，《宁波小说七日报》第5期刊出1904年秋所作之诗《赠语心楼主人》，署名“惜霜”。

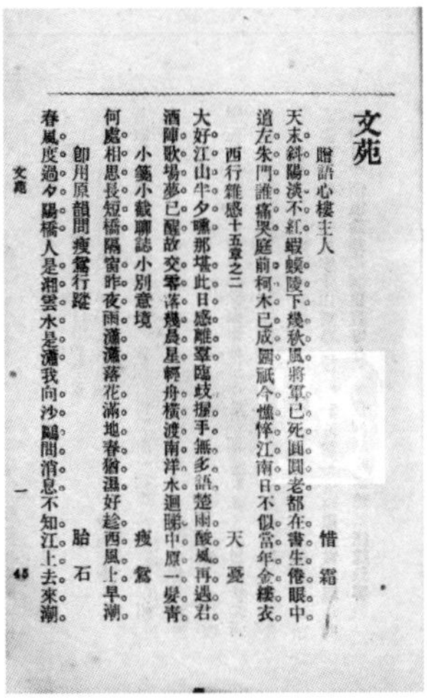

文苑
贈語心樓主人　惜霜
天末斜陽淡不紅蝦蟆陵下幾秋風將軍已死圓圓老都在書生倦眼中
道左朱門誰痛哭庭前柯木已成圍只今憔悴江南日不似當年金縷衣
西行雜感十五章之二　天憂
大好江山半夕曛那堪此日感離羣臨歧握手無多語楚雨酸風再遇君
酒陣歌場夢已醒故交零落幾晨星輕舟橫渡南洋水迴睇中原一髮青
小築小載聊誌小別意境　瘦鶯
何處相思長短橋隔窗昨夜雨瀟瀟落花滿地春猶溫好趁西風上早潮
卽用原韻問瘦鶯行蹤　貽石
春風度過夕陽橋人是湘雲水是瀟我向沙鷗問消息不知江上去來潮
文苑　一　45

1909年《宁波小说七日报》第5期刊出的《赠语心楼主人》。此诗作于1904年秋。

在城东女学校刊《女学生》“艺术谈”栏目发表《科学与艺术之关系》《美术、工艺之界说》《摘绵》《堆绢》《袋物》《绵细工》《厚纸细工》《刺绣》《穿纱》《火画》《木炭画》《油画》《关于图画之研究》[3]《手工与图案》《中西画法之比较》。**按：**城东女学校长杨白民于1910年4月将1909年《女学生》合订成册重新出版。有序言：“本杂志发行于己酉岁始，迄今一年。屡承海内外热心教育诸君子，向遣心得，提倡风气，此固非小小杂志所及料也。惟是本杂志每期消数，不过数百，实非所以广传布。而副（疑为‘负’字之误——引者注）诸君子提倡之热诚，用特汇为成书，亟以付梓，以供教育家之採择，并望本杂志日以发达，女子教育之程度，亦渐增高，则固鄙人所馨香而祷祝者也。庚戌正月。”今据合订本。

城东女学举行第七次游艺会，展出五言绣联两幅，署名“李漱筒”。被誉为“气韵高古，有目共赏”之作。

按：高天梅有《愿无尽庐诗话》，其中有曰：

李叔同，海上能文之士，素工诗歌、小说，而词尤为哀感艳怨之致。以数章见寄，虽属绮情，却有无限苍凉意也。《忆歌郎金娃娃·调寄〈高阳台〉》一阕：……又，《有赠》两阕，调寄《菩萨蛮》：……

……

李叔同的诗有时颇似龚定庵，如《昨夜》云：……《丁未初梦》云：……此等境界，非他人所能到也。叔同自署其字曰：“息霜”，其厌世之流欤！

……

李惜霜以所著厌世小说《若人欤，若人》见示，读之凄然使人愁。其追古之恨人耶！何其意之凄绝、词之工妙乃尔！为题《蝶恋

① 据国家图书馆出版社编《官报》，国家图书馆出版社2009年版。转引自王维军《李叔同与严修之交谊探考和史料发现》一文，载2016年9月《莲馆弘谭》第12期。

② 参见1909年10月28日（农历九月十五日）《女学生》临时增刊《谢惠》。

③ 福建人民出版社2019年12月版《弘一大师全集》（第3版，修订2版）第八册·文艺卷、杂著卷、书信卷第6页将《关于图画之研究》中的“图画之种种”单独列为一篇文章。

花》一阕，以寄意也云尔……①

社会评介择要

高天梅：《愿无尽庐诗话》，转引自郭长海《李叔同和高天梅》，收《中国近代文学史证——郭长海学术文集》（下册），吉林人民出版社2005年3月版，第910—914页。

［日］川路生：《白马会展览会を觀る》，载1909年5月20日日本《美术新报》第8期第5号。

《白马会のぞ記》，载1909年5月3日日本《中央新闻》。

① 转引自郭长海：《李叔同和高天梅》，收《中国近代文学史证——郭长海学术文集》（下册），吉林人民出版社2005年3月版，第910—914页。

1910年　庚戌　31岁

社会文化事略

1月，《南社丛刻》第1集出版；8月，商务印书馆创刊《小说月报》；本年，日人在上海创办日文《上海佛教》；本年，清政府颁行《著作权律》。

生平事迹

4月（农历二月廿二日至三月廿一日），上海城东女学校刊《女学生》1909年合订本出版。收有《科学与艺术之关系》《美术、工艺之界说》《摘绵》《堆绢》《袋物》《绵细工》《厚纸细工》《刺绣》《穿纱》《火画》《木炭画》《油画》《关于图画之研究》《手工与图案》《中西画法之比较》。[1] **按：**“艺术谈”为《女学生》杂志的一个栏目，栏目内之文章非李叔同一人所写。福建人民出版社2019年12月版《弘一大师全集》（第3版，修订2版）第八册·文艺卷、杂著书信卷中将这些文章冠以“《艺术谈》”总题目。不妥。

李叔同油画作品《朝》，参加白马会第十三回展览，并被收入《庚戌白马会画集》。署名“李岸”。

5月（农历三月廿二日至四月廿三日），因病就医1次，耗资3元。[2]

参加白马会第十三回展览，展出油画作品《朝》（编号47）、《静物》（编号182）、《昼》（编号566）。本次展览共展出作品657件。**按：**据1994年《明治期美术展览会出品目录》，《朝》标价50元，《静物》和《昼》为非卖品。1910年6月15日《都新报》载三角子《白马会を觀る》一文，评价曰：“47号李岸的《朝》，用笔用色都很大胆，原非清国人所擅长的笔法，好像是刚刚学来的，然而作为新时代的一个清国人，如此新奇独特的画法倒是很有意思的。”[3]

---

① 天津人民美术出版社2006年6月版郭长海、郭君兮编《李叔同集》第263页附录《李叔同事迹系年》“1910年”条目言为该刊题刊名。今所见该期原始文献，未见封面。

② 据国家图书馆出版社编《官报》，国家图书馆出版社2009年版。转引自王维军《李叔同与严修之交谊探考和史料发现》一文，载2016年9月《莲馆弘谭》第12期。

③［日］西槙伟：《关于李叔同的油画创作》，收曹布拉主编：《弘一大师艺术论——纪念弘一大师诞辰一百二十周年国际学术研讨会论文集》，西泠印社出版社2000年10月版，125—140页。

李叔同留学日本期间所作的另一幅油画作品《朝》。创作时间待考。曾刊于 1920 年 7 月《美育》第 4 期。发表时题为《朝》，标“油画，北京美术学校藏”，署名“李叔同”。

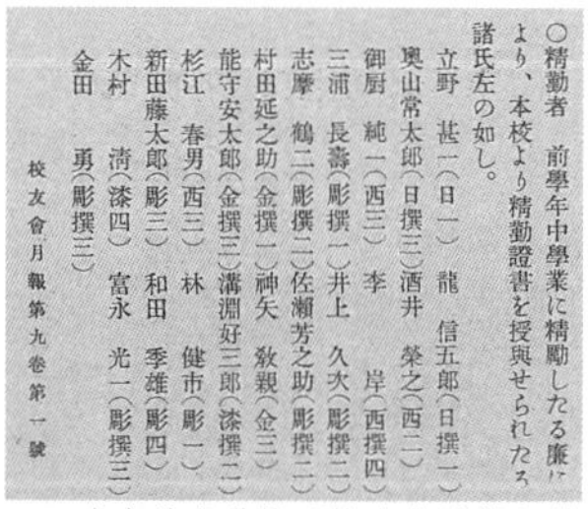

○精勤者　前學年中學業に精勵したる廉により、本校より精勤證書を授與せられたる諸氏左の如し。
立野　甚一(日一)　龍　信五郎(日撰一)
奧山常太郎(日撰三)酒井　榮之(西二)
御厨　純一(西三)　李　岸(西撰四)
三浦　長壽(彫撰一)井上　久次(彫撰二)
志摩　鶴二(彫撰二)佐瀨芳之助(彫撰二)
村田延之助(金撰一)神矢　敎親(金三)
能守安太郎(金撰三)溝淵好三郎(漆撰二)
杉江　春男(西三)　林　健市(彫一)
新田藤太郎(彫三)　和田　季雄(彫四)
木村　淸(漆四)　富永　光一(彫撰三)
金田　勇(彫撰三)
校友會月報第九卷第一號

东京美术学校《校友会月报》第 9 卷第 1 号“精勤者”栏目。

6 月（农历四月廿四日至五月廿四日），油画作品《朝》被收入《庚戌白马会画集》。

7 月 24 日（农历六月十八日），在日本书范伯子诗句赠杨白民：“独念海之大，愿随天与行”。款识“宣统二年大暑，写范伯子诗，上白民先生，哀公”；钤印“漱筒长寿”、“臣本布衣”。[①]

10 月（农历八月廿八日至九月廿九日），东京美术学校《校友会月报》第 9 卷第 1 号“精勤者”栏记载：“前学年中，精励学业者，由本校授予精勤证书。”被授予“精勤证书”。当年受此荣誉者 21 人，为唯一的外国留学生。

是年，在《女学生》“艺术谈”栏目上发表《焦画法》《炭画法》，署名“李哀”。**按：**次年收于《女学生》第 2 期（即 1910 年《女学生》合订本）。

社会评介择要

［日］三角子：《白马会を觀る》，载 1910 年 6 月 15 日《都新报》。

---

① 范伯子（1854—1904），名当世，字肯堂，江苏通州人，清末诗人，著有《伯子诗集》十九卷。宗教文化出版社 1995 年 8 月版林子青编著《弘一法师年谱》第 60 页“1910 年”条目注释中曰：“此联早年原藏杨白民女公子国画家杨雪玖女士处，今不知尚存否？”

1911 年　辛亥　32 岁

社会文化事略

4 月 27 日，广州黄花岗起义爆发；4 月，《留日女学生会杂志》在东京创刊；7 月 15 日，中央教育议事机构——中央教育会在北京开会；8 月 5 日，全国师范联合会在北京成立；7 月 31 日，中国同盟会中部总会在上海成立；8 月 11 日，张元济在北京发起成立中国教育会；8 月 24 日，《申报》创刊《自由谈》副刊；10 月，武昌起义爆发；11 月 3 日，清政府任命袁世凯为内阁总理大臣。

生平事迹

3 月 29 日（农历二月廿九日），毕业于东京美术学校。毕业时有毕业合影。**按一：**毕业前作油画自画像，款识“李，1911”。[①] **按二：**据吉田千鹤子《上野的面影——李叔同在东京美术学校史料综述》：“西洋画科学生进行自由课题和自画像的创作（均为油画），后者按规定保留在学校中。按照惯例，毕业创作作品在毕业式的当日和翌日两天，陈列于校内的毕业成绩展览会上，供有关人士参观。但是，在李叔同毕业前两个月的 1911 年 1 月 25 日，学校遭受火灾，教室全部烧毁，一些学生正在创作中的作品由于放置于教室中也被烧毁。以后的课程在新建校舍举行，失去作品的学生急忙重新进行毕业创作，3 月 29 日的毕业式、成绩展览会如期举行。然而，火灾后的混乱，导致校方没有完成准确的展品目录，今天已失去了了解展览会详情的依据。因而，李叔同只有自画像保留在学校，至今收藏于东京艺术大学美术馆……而他的自由课题创作却连题名也无从知晓。”“李叔同在毕业成绩展览会上陈列的作品引人注目，校友会月报的记者就特别提到他的作品，写道：‘李岸君的方法非常有趣，总觉得他改变了肖像画的模式。’《美术新报》记者的记事也证实道：‘东京美术学校毕业成绩展览会，今年没有引起特别的新感想。洋画撰科李岸氏的前途也许值得注目。’但是，这些评论都很短，今天读来，感到内容一片茫然，他们是仅仅针对李的自画像来说呢，还是也

李叔同在东京美术学校毕业前创作的油画自画像。今藏于东京艺术大学。

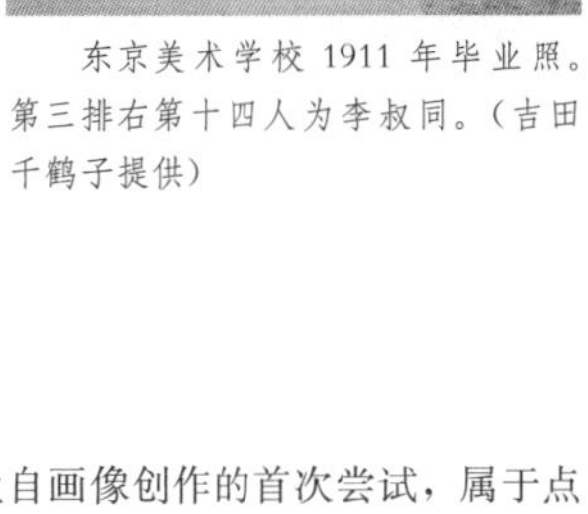

东京美术学校 1911 年毕业照。第三排右第十四人为李叔同。（吉田千鹤子提供）

---

① 此画为印象派作品。据目前所见，为中国第一幅印象派油画作品，也是东京美术学校学生毕业自画像创作的首次尝试，属于点彩法。

毕业照局部，位于中间者系李叔同。（吉田千鹤子提供）

李叔同毕业归国前，上真行赠与汉诗手迹册页，后李叔同在册页封面上题写“梦香先生墨迹”。（吴家平提供）

直隶高等工业学堂此后曾多次更名，其中 1929 年 5 月更名为河北省立工业学院，此为当时之校门。（资料来源：天津美术中学李叔同艺术教育馆。）

针对他的自由创作呢？一时难以判断。”① **按三：**毕业前，日本宫内厅乐师兼东京音乐学校教授上真行以毛笔书写自己创作的 13 首诗词于册页赠之，以为临别纪念。在册页面题“梦香先生墨迹”（梦香为上真行之别号）。② **按四：**1912 年 4 月 7 日《太平洋报》消息：“吾国人留学日本入官立东京美术学校者，共八人，皆在西洋画科。曾延年、李岸二氏于去年四月卒业返国，此外，留东者有陈之驷、白常龄、汪济川、方明远、潘寿桓、雷毓湘诸氏。又有淡谊孙氏，于六年前曾入该校雕刻科，至二年级时因事返国……”（遗漏早李叔同一年入学的黄辅周）时李叔同正编辑《太平洋报》，此消息当与其有关，并可确认李叔同返回国内时间为 2011 年 4 月初。赴天津应天津直隶高等工业学堂之聘，出任该校图画教师。据 1916 年编印之《直隶公立工业专门学校同学录》第 17 页学校教员名录之图画教员栏所记：“李哀，字叔同，直隶天津县人，日本东京美术学校毕业”。居天津时，许幻园、袁希濂曾到李家造访。**按五：**今东京艺术大学保存有李叔同毕业成绩簿，32 开本，竖排，毛笔手书。为：

李岸
本籍族：清国直隶天津县河东李桐冈之弟
实技平均点：76
及第
四人中一

据刘晓路《青春的上野：李叔同与东京美术学校的中国同窗》③ 转引 1997 年 3 月 10 日《天津日报》刘欣子《李叔同与东京美术学校》一文，“及第”即合格，“四人中一”即当年西洋画撰科四名毕业生中成绩第一名。

4 月 14 日（农历三月十六日），已回到天津。在津拜访赵幼梅，遇严修。晚，在“德义楼”获周啸麟宴请，严修、赵幼梅、林墨青、陈鹤

① ［日］吉田千鹤子：《上野的面影——李叔同在东京美术学校史料综述》，收曹布拉主编：《弘一大师艺术论——纪念弘一大师诞辰一百二十周年国际学术研讨会论文集》，西泠印社出版社 2000 年 10 月版。

② 吴嘉平：《诗词墨香师生艺缘　和声美育世代相传》，收弘一大师·丰子恺研究中心、翰德林女性修养学堂编《慈悲与和谐——第四届弘一大师研究国际学术会议文集》，中国广播电视出版社 2013 年 4 月版，第 158 页。李叔同出家前，将此赠与吴梦非。吴梦非后于 1929 年编译《和声学大纲》并于 1930 年由开明书店出版，丰子恺题封面，为中国第一部和声学理论书籍之一。上真行（1851—1932），日本东京人，日本宫内厅乐师兼东京音乐学校教授。关于上真行，李叔同在 1912 年 4 月 13 日《太平洋报》“文艺批评”栏目对他有专门介绍。

③ 刘晓路：《青春的上野：李叔同与东京美术学校的中国同窗》，收曹布拉主编：《弘一大师艺术论——纪念弘一大师诞辰一百二十周年国际学术研讨会论文集》，西泠印社出版社 2000 年 10 月版，第 117—123 页。

洲、少莲、竹初等作陪。**按一：**严修是日日记曰：“德义楼约五峰、燕赓、小庭、右铭、墨卿饭，杨渭卿亦至焉。饭后又与小庭、右铭谈论同德善后事宜。同墨卿访幼梅，遇李叔同，久谈。晚德义楼赴周啸麟约，同坐叔同、幼梅、墨卿、少莲、鹤洲、竹初，九时散，回寓。”① **按二：**李叔同回天津后居粮店后街 62 号内，将“意园”之西屋重作装修布置，称“洋书房”，并经常在此接待访客，其中有许幻园、袁希濂等旧友。

李叔同任教直隶高等工业学堂时期的校内教学场景。（资料来源：天津美术中学李叔同艺术教育馆。）

4 月 23 日（农历三月廿五日），严修携林墨青抵粮店后街 62 号来访，晚应孙凤藻之请，在德义楼用餐，同席有严修、顾石臣、唐企林、周啸麟、林墨青、李少莲等，10 时方散。②

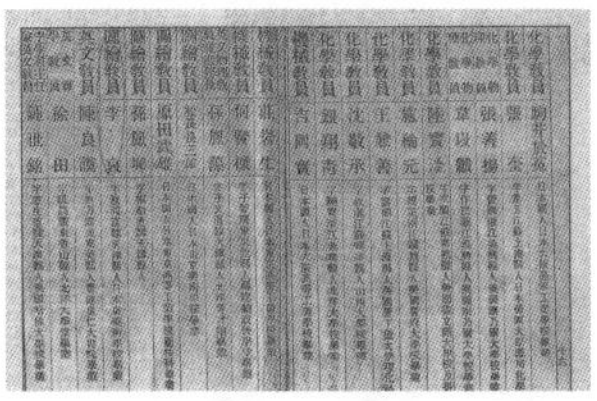

河北工业大学校史资料——《直隶公立工业专门学校同学录》（1916 年编）第 17 页中“图绘教员”李哀即李叔同。（资料来源：天津美术中学李叔同艺术教育馆。）

4 月 26 日（农历三月廿八日），访严修，应诺就任直隶高等工业学堂教员，提出三条件：课程须己所长者方可担任、到堂须暑假后、每日钟点须不过三小时。③ **按一：**直隶高等工业学堂前身为 1903 年创立的北洋工艺学堂，1904 年改名为直隶高等工业学堂，后又多次改校名，其中 1929 年 5 月定名为河北省立工业学院，1950 年 9 月 8 日改校名为河北工学院，后几度院校合并，1995 年 2 月 16 日更名为河北工业大学。**按二：**有传记言“叔同驰书天津求职。”不确。④

今河北工业大学红桥校区教学楼。摄于 2019 年 7 月。

4 月 27 日（农历三月廿九日），直隶高等工业学堂满足其任职条件，决定聘请其为图绘教员。⑤

今天津美术中学内的李叔同艺术教育馆。摄于 2019 年 7 月。

4 月 28 日（农历三月三十日），严修抵粮店后街 62 号李宅转达直隶高等工业学堂意见。⑥

4 月 30 日（农历四月初二日），应赵幼梅、林墨青之请，在德义楼午餐，同席有严修、孙凤藻、唐企林、李少莲、陈鹤洲等，下午 3 时方散。晚应严修之请，在德义楼聚餐，同席有赵幼梅、周啸麟、林墨青、唐企林、李少莲、陈鹤洲、孙凤藻、竹初等。餐后赴赵幼梅宅聊谈，午夜 11 时半返。后曾赴日本。⑦

今天津美术中学为历史上直隶高等工业学堂校址。摄于 2019 年 7 月。

---

① 天津图书馆编：《严修手稿》第 9 册，天津古籍出版社 2012 年 1 月版，第 6417 页。
② 天津图书馆编：《严修手稿》第 9 册，天津古籍出版社 2012 年 1 月版，第 6423 页。
③ 天津图书馆编：《严修手稿》第 9 册，天津古籍出版社 2012 年 1 月版，第 6425 页。
④ 柯文辉：《旷世凡夫：弘一大传》，北京大学出版社 2010 年 4 月版，第 122 页。
⑤ 天津图书馆编：《严修手稿》第 9 册，天津古籍出版社 2012 年 1 月版，第 6426 页。
⑥ 天津图书馆编：《严修手稿》第 9 册，天津古籍出版社 2012 年 1 月版，第 6426 页。
⑦ 天津图书馆编：《严修手稿》第 9 册，天津古籍出版社 2012 年 1 月版，第 6427—6428 页。

4月（农历三月初三日至四月初二日），为杨白民《女学生》第2期题封面（宣统三年辛亥印，为1910年合订本）。内有在1910年《女学生》“艺术谈”栏目发表的《焦画法》《炭画法》，署名“李哀”。

5月25日（农历四月廿七日），时返日本。严修来函。[1]

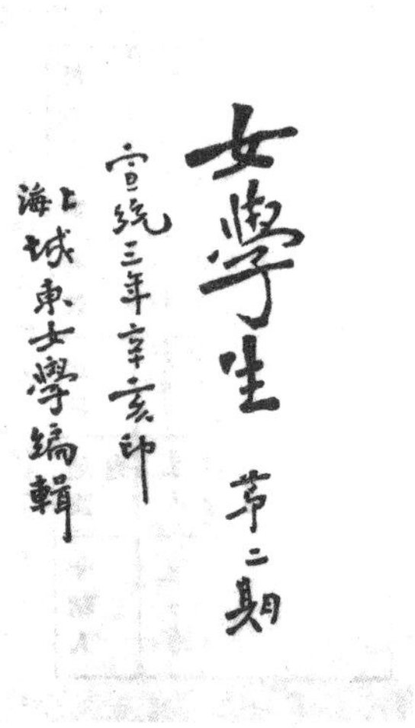

李叔同题《女学生》第2期（2010年合订本）封面。

6月15日（农历五月十九日），严修收其函。[2]

在日本致黑田清辉函：

拜启：

仆于四月顷返国。已觅定直隶省高等工业学堂教员之职，本月因购买学校用品乃到东京。事务多忙，不得拜谒先生，遗憾千万。今日乘汽车去东京。行将返国，谨书寸柬，以表歉忱。

又有陈者，仆受中村胜治郎先生教训，于兹数年。今年以来，因访问疏远之故，而中村先生颇起不快之感。此今年四月顷仆将返国前之事也。其时仆已至中村先生之宅，叩头谢罪，乞其海容。（此时大给君在座中面睹此事）私意自此彼我之感情，必可融惬。不料近来闻诸友人云：中村先生仍有不快之感。仆因此意外大惊。今将返国，将访中村先生，明此意见。但仆仅能叩头谢罪，此外别无良善之方法。因是忧惧，不敢访问中村先生。

以上之事，乞先生于中村先生之前，代为劝解。自今以后，嫌疑冰释，不再起不快之感，则幸甚。

李岸

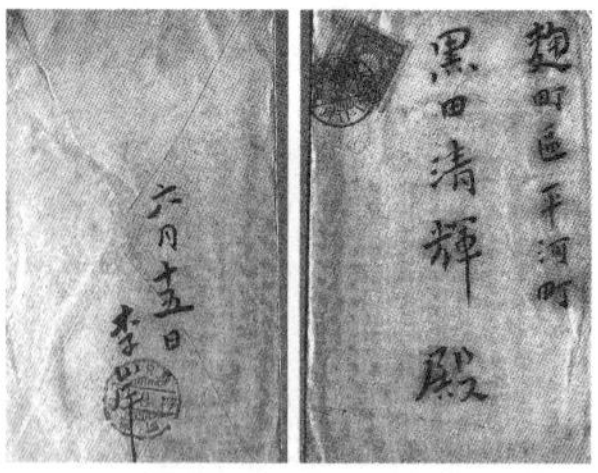

1911年6月15日李叔同致黑田清辉函信封。

按：此信福建人民出版社2019年12月版《弘一大师全集》（第3版，修订2版）第八册·文艺卷、杂著卷、书信卷和文物出版社2017年10月版陈飞鹏整理《弘一法师书信全集》均未收录。信封写曰：“麴町区平河町　黑田清辉殿　六月十五日　李岸”。从信封邮戳可知，此信6月15日发自东京。[3]

8月6日（农历闰六月十二日），自日本归。[4] **按：**以往研究者大多认为李叔同的日妻是在他4月回国时携归的，安置在上海。此说并无依据。本次李叔同赴日本，公开的理由是为直隶高等工业学堂采购教学设

① 天津图书馆编：《严修手稿》第9册，天津古籍出版社2012年1月版，第6450页。
② 天津图书馆编：《严修手稿》第9册，天津古籍出版社2012年1月版，第6465页。
③［日］吉田千鹤子：《黑田清辉宛外国人留学生书简　影印·翻刻·解题》，载日本2015年2月《美术研究》第414号。
④ 天津图书馆编：《严修手稿》第9册，天津古籍出版社2012年1月版，第6504页。

备，但也有可能另一个目的是携日妻到中国。从常理上讲，为直隶高等工业学堂采购教学设备，不必滞留两个多月。诚然，若将其日妻来中国的时间定在该年 8 月上旬，亦无直接证据。陈述如上，供研究者参考。

8 月 8 日（农历闰六月十四日），访严修。是日严修日记曰：“李叔同来访，前日归自日本也。赠余和歌山下蛤蜊三具，又自书扇一柄。”[①]

8 月 19 日（农历闰六月廿五日），严修抵直隶高等工业学堂来访，不遇。[②] **按：**此说明李叔同于 8 月已就任直隶高等工业学堂教职。[③]

夏，为陈嚣洲书团扇“五道群生，咸同斯度”。款识“鹤洲先生大人正。辛亥夏”；钤印“叔同”。[④]

9 月 15 日（农历七月廿三日），赴严公馆拜访严修，就二哥李桐冈拟辞戒烟会劝导股长托其向直隶学务处视学陈哲甫婉商。[⑤]

9 月 24 日（农历八月初三日），邀严修饭局相谢，因故未果。[⑥]

10 月 22 日（农历九月初一日），书洪北江文字屏赠周啸麟。款识“宣统三年九月一日写洪北江文。啸麟二哥大人命，弟哀公”。

是年，任教直隶高等工业学堂期间，应直隶省立第一师范附属小学校长胡玉荪之请，作直隶省立第一师范附属小学校歌（词曲）。[⑦] **按：**废科举后，天津辅仁书院曾更名为天河师范学堂，后该校附属小学堂在文昌宫辅仁书院原址创办，名直隶省立第一师范小学堂。

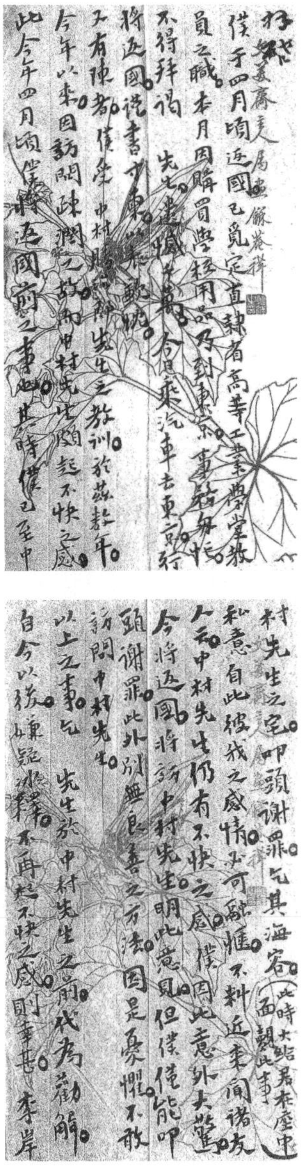

1911 年 6 月 15 日李叔同致黑田清辉函。

因清廷盐业行政措施变革，百万家资严重受损，几濒破产。[⑧] **按：**袁希濂《余与大师之关系》写曰：“辛亥年余就事天津，旋任法曹。师为直隶模范工业学堂图画教员，星期常得聚首。其家在天津某国租界，

① 天津图书馆编：《严修手稿》第 9 册，天津古籍出版社 2012 年 1 月版，第 6504 页。
② 天津图书馆编：《严修手稿》第 9 册，天津古籍出版社 2012 年 1 月版，第 6517 页。
③ 有关严修与李叔同的交往，参见王维军《李叔同留日归国后津门任教因缘之实相考》一文，收李叔同故居纪念馆编《叔同研究》（第一辑），天津古籍出版社 2018 年 5 月版，第 19—33 页。
④ 李凤池：《李叔同历史文物散落天津知多少》，载 2002 年 10 月天津市李叔同—弘一大师研究会编《李叔同研究—天津市纪念弘一大师圆寂六十周年学术研讨会专辑》。陈嚣洲，天津教育家。
⑤ 天津图书馆编：《严修手稿》第 9 册，天津古籍出版社 2012 年 1 月版，第 6537 页。
⑥ 天津图书馆编：《严修手稿》第 9 册，天津古籍出版社 2012 年 1 月版，第 6544 页。
⑦ 李凤池：《李叔同历史文物散落天津知多少》，载 2002 年 10 月天津市李叔同—弘一大师研究会编《李叔同研究—天津市纪念弘一大师圆寂六十周年学术研讨会专辑》。
⑧ 李莉娟主编：《圆月耀天心——弘一大师略谱·谱后》，天津人民美术出版社 2014 年 10 月版，第 11 页。

李叔同作《直隶省立第一师范附属小学校歌》。(资料来源：天津美术中学李叔同艺术教育馆)

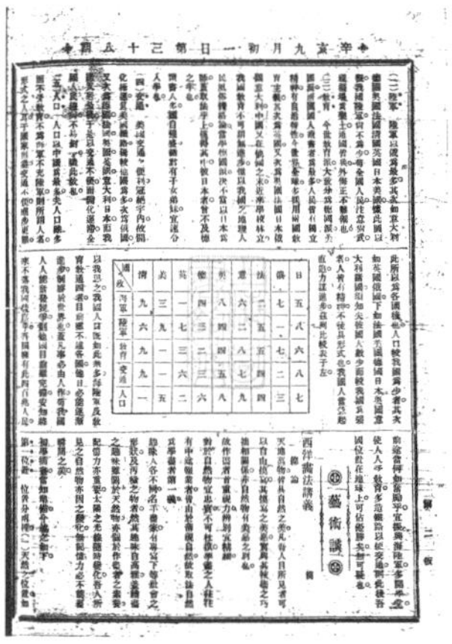

李叔同在1912年10月10日(农历九月初一日)在《女学生》第38期上发表《西洋画法讲义》。

夏屋渠渠，门首有进士第匾额。余曾数次饭于其家。师之兄为天津名医，兄弟极相得。且富有资产，一倒于义善源票号五十余万元，再倒于源丰润票号亦数十万元，几破产，而百万家资荡然无存矣。”[①]

书“白云停阴冈，丹葩耀阳林”赠杨白民。款识“宣统三年，白民先生正，哀公”；钤印“成蹊”、“李哀”。[②]

在上海城东女学校刊《女学生》“艺术谈”栏目中发表《普通图画教育》《图画与教育之关系及其方法》《图画之目的》《西洋画法草稿(一)》《羽造花》《丁香编物》《通花剪花》《木嵌画》《冻石画》《铁画》《麦杆画》等。另有《释美术（来函）》(阐述“美术”与“手工”的区别)。**按：**天津人民美术出版社2006年6月版郭长海、郭君兮编《李叔同集》第62页有按：“上海城东女学校刊《女学生》原为小报，创刊于1908年，每月初一出版，每期8页。上有‘艺术谈’一栏。1911年改为杂志，将以前在‘艺术谈’一栏发表过的文章，重新辑集在一起，仍以‘艺术谈’为专栏，连续发表。李叔同在1910年为小报《女学生》写过有关美术方面的文章，据《女学生》杂志第1期‘大事记’栏载：‘二月十四日，留学东京美术学校李叔同先生来函，对于本报极为赞成，并先将著作寄登本报。’《女学生》杂志今存3期。‘艺术谈’内的许多文章，可能前后不相联属，或不署名，或署名，即此之故。”此按语有三处失误：一、《女学生》以小报形式出版是1909年。杨白民在1910年4月将1909年《女学生》合订成册重新出版时有序言：“本杂志发行于己酉岁始，迄今一年。”已酉年为1909年；二、《女学生》并非1911年改为杂志，实际上以小报的形式在1912年还在出版，李叔同还在第38期上的“艺术谈”栏目发表过《西洋画法讲义》，署名“筒”；三、所述杨白民言中“并先将著作寄登本报”之“先”字，为“允”字，即答应将提供文章，而非已提供文章。

---

① 袁希濂：《余与大师之关系》，收《弘一大师永怀录》，大法轮书局1943年流通版，第144—147页。
② 图版见平湖市李叔同纪念馆编：《李叔同当湖书印文辑》，西泠印社出版社2015年10月版，上册第85页。

1912 年　壬子　33 岁

社会文化事略

1 月 1 日，孙中山就任中华民国临时大总统，宣布中华民国成立。陆费逵开办中华书局；1 月 19 日，临时政府教育部公布《普通教育暂行办法》《普通教育暂行课程标准》，规定学堂改称学校，堂长（监督）通称校长；2 月 12 日，清帝溥仪宣布退位；3 月 10 日，袁世凯在北京就任临时大总统；4 月 11 日，中华佛教总会在上海成立；8 月 25 日，中国国民党成立；9 月 2 日，教育部公布国民教育宗旨为“注重道德教育，以实利教育、军国民教育辅之，更以美感教育完成其道德教育”；10 月，刘海粟创办上海图画美术院。

生平事迹

年初，自津赴沪，与日妻团聚。离津前作词《满江红·民国肇造志感》。① **按一：**抵沪后的住所为西门外的宁康里，即今黄浦区方斜支路 35 弄。此地如今仍系各式老宅。**按二：**有传记言：“1911 年 12 月 24 日，叔同应友人朱少屏（《太平洋报》发行部经理，字葆康）邀请，到上海筹备报纸广告部事，他刚填过那首著名的《满江红》，情绪昂奋。”② 未言依据，按理，李叔同当在学期结束再赴上海。此“12 月 24 日”或为农历。存疑。

今上海黄浦区方斜支路旧建筑。摄于 2018 年 8 月。

今上海黄浦区方斜支路旧建筑内景。摄于 2018 年 8 月。

春节后，应上海城东女学校长杨白民聘请，任该校音乐、国文教职。**按一：**胡怀琛在《上海学艺概要》中说：“李叔同除研究绘画外，他在日本对于音乐也很有研究。……他归国后，任（上海）城东女学音乐教习。”③ **按二：**1944 年《大众》第 21 期刊有李叔同在浙江省立第一师范学校任教时的学生白悠（即吕伯攸）《黉舍忆语：绰号、同性爱、先师弘一法师》一文，文中曰李叔同回国后，“当时先生和他的日本夫人，均在该校执教”。李叔同日本夫人在城东女学任教，目前尚为孤证。**按**

---

① 福建人民出版社 2019 年 12 月版《弘一大师全集》（第 3 版，修订 2 版）第八册·文艺卷、杂著卷、书信卷第 38—39 页收录，对此词的注为“一九一二年作于天津”。天津人民出版社 2006 年 6 月版郭长海、郭君兮编《李叔同集》第 263 页附录《李叔同事迹系年》“1911 年”条目言 1911 年末应朱少屏之邀，离开天津赴沪。未说明依据。

② 柯文辉：《旷世凡夫：弘一大传》，北京大学出版社 2010 年 4 月版，第 123 页。

③ 原载《上海市通志馆期刊》第 4 期。转引自林子青编著《弘一法师年谱》，宗教文化出版社 1995 年 8 月版，第 63—64 页。

三：城东女学位于上海老城厢新码头街至王家码头路间的花衣街，原是棉花经营的一条街巷，竹行弄则为花衣街上的一条小弄。在 19 世纪中叶的上海地图和 1929 年的上海地图上，竹行弄均有显示，而花衣街则未显示。如今因城市改造，竹行弄已不见踪影，而花衣街尚存。目前，花衣街在董家渡路以北的紫霞街东端南侧，该街目前约百米，东侧系围墙，围墙后面是绿城·黄浦湾高档住宅区；西侧为尚文中学。在花衣街的南端尽头，系一片开发的工地。

上海花衣街旧建筑被拆除前的场景。（俞家平提供）

2 月 11 日（农历辛亥十二月廿四日），经朱少屏引荐，参加由南社与淮安学团、克复学报社联合在上海市江苏教育总会召开的追悼大会，追悼被袁世凯部下姚荣泽杀害的周实丹、阮梦桃烈士。

今上海花衣街场景。摄于 2019 年 2 月。

加入南社。社员号为第 211 号。南社入社书填写时间为“元年二月十一日”，姓名“李哀公，字叔同”；年岁“三十一”；籍贯“现籍直隶、本籍浙江”；居址“天津河东山西会馆南”；通讯处“朱少屏君转交”；介绍人“朱少屏”。

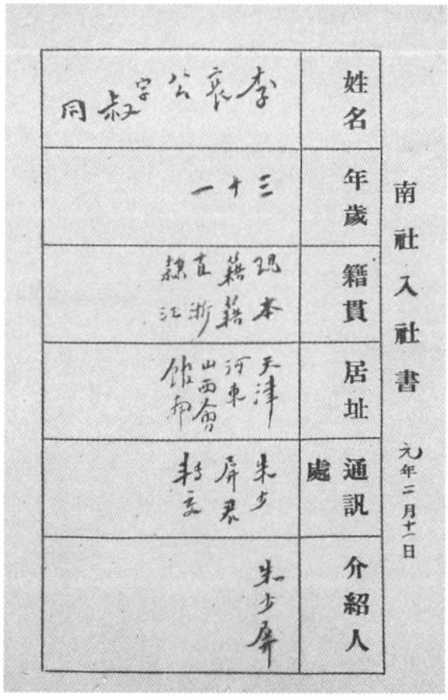

南社入社書 元年二月十一日

姓名	李哀公字叔同
年歲	三十一
籍貫	現籍直隸 本籍浙江
居址	天津河東山西會館南
通訊處	朱少屏君轉交
介紹人	朱少屏

1912 年 2 月 11 日李叔同加入南社的入社书。

3 月上旬（农历正月十三日至廿一日间），与叶楚伧、柳亚子、朱少屏、曾孝谷一起在上海发起成立研究文学、美术的文美会。主持会务。拟每月雅集一次，传观《文美》杂志、联句、演讲、书画及拈阄交换等。会员主要有：胡寄尘、苏曼殊、贺天健、姚鹓雏、林一厂、胡朴安、余天遂等。**按**：胡怀琛《上海的学艺团体》对文美会的介绍为：“文美会为李叔同等所发起。时在一九一二年，（民国元年）李氏方主编太平洋画报，（太平洋报附刊）故文美会中人多太平洋报社中人，文美会会址附设在太平洋报社内。李氏曾编文美杂志一册，内容系会员所作书画，及印章拓本，皆为手稿，纸章（原文如此——引者按）大小一律，极为精美，开会时会员彼此传观，并未印行。该会创办未及一年，即无形解散。”①

3 月 6 日（农历正月十八日），介绍曾延年加入南社。入社号为第 224 号。

1912 年 3 月 13 日，第六次南社雅集合影（后排右七为李叔同）。

3 月 13 日（农历正月廿五日），约请曾孝谷一同参加在上海愚园举行的第六次南社雅集，有雅集合影。②

接受设计《南社通讯录》第三次修订任务。**按一**：该通讯录后于是

① 胡怀琛：《上海的学艺团体》，载 1934 年 12 月《上海市通志馆期刊》第 2 年第 3 期。
② 此时曾孝谷正与陆镜若等在上海组织同志演剧会。参见胡怀琛《上海的学艺团体》，1934 年 12 月《上海市通志馆期刊》第 2 年第 3 期。

年5月印行。**按二：**劲草《南社影事・四・南社中叶时期》曰："民国成立后第一次聚餐，实为第六次雅集。……民元三月十三日，仍在愚园举行，到者四十人。计柳亚子、朱少屏、黄宾虹、胡朴安、雷铁崖、叶楚伧、黄季刚、马小进、陈柱尊、曾孝谷、李息霜（即弘一大师）等。愚园茶会、民影摄影、杏花楼聚餐。这一次雅集，兴高采烈，尽欢而散。五月《通信录》出版，粉红色封面，李息霜设计图案并题签，古色古香，弥觉悦目。"①

3月（农历正月十三日至二月十三日间），加盟《太平洋报》。

4月1日（农历二月十四日），《太平洋报》正式发行，任主笔，为广告部主任，负责该报广告和文艺副刊，并主编《太平洋画报》。为该报广告版、文艺副刊版题报头。**按一：**该报社长姚雨平，柳亚子等为主笔，总主笔叶楚伧，经理朱少屏。根据柳亚子的表述："那阵容揭示如下：姚雨平（社长）、陈陶遗、邓树楠（顾问）、叶楚伧（总主笔）、柳亚子、苏曼殊、李息霜、林一厂、余天遂、夏光宇、胡朴庵、胡寄尘、周人菊、陈无我、朱少屏。"② **按二：**根据4月1日、2日《太平洋报》，该报还在多地设置代派处或分馆，如南京分馆（花牌楼十四字马路南）、杭州分馆、苏州代派处、横滨寄售处等。**按三：**同事孤芳有《忆弘一法师》，其中写曰："法师与我相熟，而且在三十一年以前，在上海《太平洋报》共事颇久……法师因为擅长艺术，专任广告编辑。""他擅长的艺术当中，除了音乐之外，还有书法、花鸟画和篆刻。《太平洋报》的报头是他的手笔。报上的广告文字与图案，大半也是他写的和画的。他关于广告的设计，很有研究，在那时候中国报纸的广告除了文字之外，没有图案的，只有《太平洋报》的广告有文字，有图案，都是法师一人所经营的，而且他设计的广告，文字和图案，都很简单明显，很容易引起阅者的注意，但是他没有一点市侩气，这是法师平日读书养气工夫很深的缘故。他除了编辑广告之外，还编一种《太平洋画报》，附在《太平洋报》内，赠送读者。画报出版的定期，或三天一期或五天一期，有时候连续几天都有，是用中国连史纸印刷。编辑也很别致，画报的纸张每期大小，亦不定规，完全视内容而定。画报的内容既不是点石斋的新闻画，也不是沈伯尘的百美图，更不是钱病鹤马星驰一流的讽刺画，它们是一幅立轴，或一方册页，或一副对联，大半是法师的手笔——书法和

《太平洋报》广告版、文艺副刊版报头由李叔同题。

刊于1912年4月1日《太平洋报》的美术广告"女子国学报"。

① 劲草：《南社影事・四・南社中叶时期》，原载上海《杂志》第12卷第5期。转引自宗教文化出版社1995年8月版林子青编著《弘一法师年谱》第64页。

② 柳亚子：《南社纪略》，柳无忌编，上海人民出版社1983年4月版，第42页。

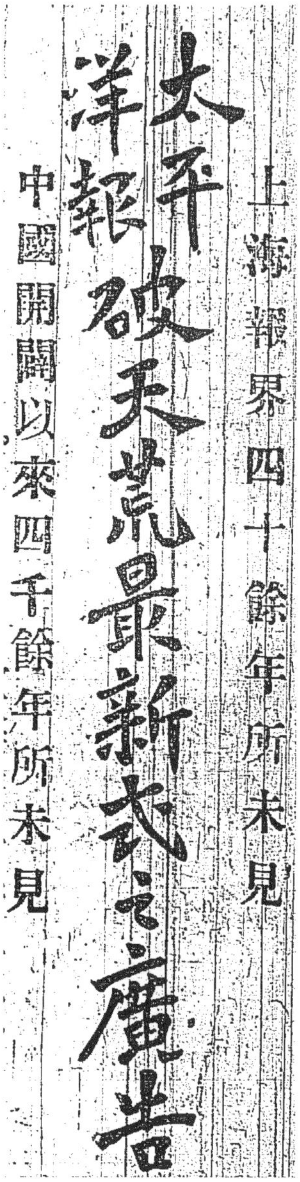

刊于 1912 年 4 月 1 日《太平洋报》上的《上海报界四十余年所未见〈太平洋报〉破天荒最新式之广告，中国开辟以来四千余年所未见》。

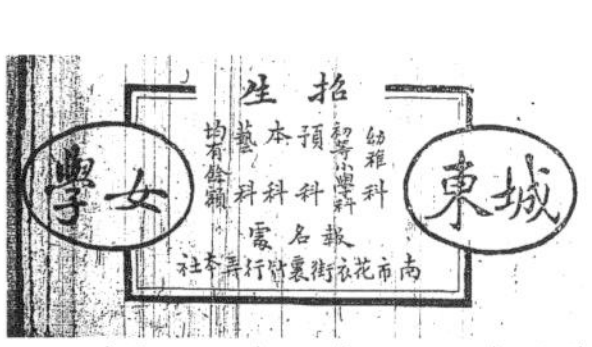

刊于 1912 年 4 月 1 日《太平洋报》的美术广告“城东女学招生”。

花鸟……”[①] **按四：**1920 年 8 月 16 日，侯鸿鉴《浙东旅行记》中记载：“参观瑞安县立图书馆，俯瞰清城屋宇，颇见稠密。……是日为休息日，故馆中闃焉无人。所谓挂图室中，仅中国地图一幅而已。藏书室二，有书橱各五六。女子阅书室，青苔满室，有小桌二。男子阅书有长桌一，可坐六人而已。而馆长室中，几椅皆无，知尘封已久。庶务书记室，有琐（锁）局（扃）门。两厢有悬字画数轴，甚古雅。一为少（沙）翁墓志，李叔同题。此系沙翁亲笔，浑穆古厚，文室亦古奥，不可猝读。姑徙最近英文译意。下有英文数行，乃李叔同所译者，不暇录也。又有一轴，即古埃及王后之造像也。考其时代，乃埃及五千年古王及王后之像。旁有吕碧城藏，李息霜题字。旁视壁间，又见瓯隐园寻书图，冒广生题。……观此可知馆长为一好古者，惜未谋面为憾。时一馆役自外入，因询及此间职员何人也？因言及馆长为薛钟斗先生，会计、庶务为孙先生、夏先生，掌书员乔先生。询其阅书每日有几人，答以多则五、六人，少则三、五人。”[②] 所记“沙翁墓志”和吕碧城藏像题字当为刊于《太平洋画报》上的作品。

在《天平洋报》发表《西洋画法·序言》，署名“凡民”。

在《太平洋报》刊出陈师曾（朽道人）借“听平”古碑而写《为〈太平洋报〉出版贺》。

所设计的美术（或手书）广告陆续在《太平洋报》刊出。**按一：**自是日至同年 10 月 18 日，李叔同在《太平洋报》所刊出之美术（含手书）广告有“女子国学报”、“美国出版英文书”、“罐头牛乳”、“商文印刷公司”、“高等小学用中华书局历史教科书、地理教科书”、“城东女学招生”、“中华民国中华书局”、“统一共和党广告”、“中华高等小学英文教科书”、“发行部之广告”、“苏州代收告白：代派《太平洋报》”、“简便小广告”、“短篇小说《新小公子》”、“再版汉魏六朝名家集预约券”、“广告部广告”、“女子尺牍指南”、“共和国民新读本”、“昭代名人尺牍续集”、“欲购平民政治预约券者鉴”、“中华民国女报”、“中华民国忠裔院劝募捐款”、“新体操”、“浙医留沪”、“人造自来血”、“共和言论月报出版预告”、“共和国民唱歌集商务印书馆发行”、“医学书局”、“北京国事新闻”、“民立报评上海四马路中华书局出版之修身教科书”、“太平天国战史”、“江苏公报苏州代派处”、“艾罗疗肺药”、“月月红”、“鄂州血又名血泪黄花”、“南洋高等商业学堂第二班师范科同学均鉴”、“女子法政速成科迁移招生”、“艾罗补脑汁”、“五百家名人尺牍集”、“新英文典”、“伊文思书馆”、“陈则民大律师广告”、“英汉词典”、“军界必读

① 孤芳：《忆弘一法师》，收《弘一大师永怀录》，大法轮书局 1943 年流通版，第 290—292 页。
② 侯鸿鉴：《浙东旅行记》，锡成公司代印本 1920 年版，第 21—22 页。引文中括号内字为引者标注。

书”、“中华民国临时政府新法令”、“上海自来火公司”、“英美烟公司”、“新国民之新制”、“中华名山著述”、“成记西式理发”、“申明昌领地址方单”、“初等小学字帖”、“本报价目”、“新国民致富术”、“请看中华国文教科书之五大特色”、“革命纪念明信片”、“申明冒领地址方单”、“本报广告价目登在第二页!!!”、“本报广告价目及发行部启事登在第二张”、“中华书局历史教科书”、“地理教科书”、“牛乳罐头”、“共和适用教科书”、“三大问题”、“新教育社”、“财政部、陆军部、中央财政部、都督府用品”、“请以至廉之价购极精美之初等修身教科书”、“嘉定童世亨著中等教科适用《世界形势一览图》附说再版”、“现银收买上等精圆珍珠及贵重物件”、“中华高等小学英文教科书”、“周春生”、“广东太平洋报”、“大革命写真画”、“毛笔画”、“扫叶山房精本书籍”、“实业界先锋队”、“国学会”、“上海自来公司”、“和汉名画选”、“新浙江潮日报”、“国学扶轮社出版图书”、“实业先锋队”、“民国纪元商务印书馆发行所落成大纪念，新编共和国教科书五折收价”、“越社丛刻一编”、“电政总局启事”、“天津民约报”、“中华民国竞进会”、“童世亨著世界形势一览图”、“共和国教科书减收半价”、“世医戴心存先生留沪”、“上海利华公司创制最新缎帽”、“请看印刷之速力”、“上海中华书局之民国新教科书减收四成”、“儒医文雪吟先生”（此广告由“柳亚庐、叶楚伧、陈蜕存、朱少屏、李叔同同启”）、“洵不愧为吊民伐罪之民军”、“东亚日报”、“南社通讯处”、“美大军装有限公司”、“本社特聘绍介广告社员”、“女子教育、美国初等教育最近之状况”、“湖南公报”、“广告价目”、“晚钟”、“福建新闻”、“文徵明甫田集出书”、“江苏高等学堂校友会诸君鉴”、“本报添聘访员”、“共和国教科书五折收价”、“中华演剧团文士同志会大会串”、“复兴”、“芜湖黄少白启事”、“芜湖代派处”、“孙大总统伦敦被难记”、“启事”、“中西益智图”、“民报大扩张”、“禁书”、“江南各学校国文课艺”、“汉口新出版震旦民报”、“汉口国民新报出版”、“玉剑尊闻预约”、“扬州民声报通告”、“不吸卷烟进行会新会员名簿六”、“中国牙粉”、“急谋职业者注意”、“格致地理实物教授”、“松江中学同学诸君鉴”、“青年德育鉴”、“中国实业杂志”、“汉口国民新报”、“广告部紧要广告”、“天津造胰有限公司”、“爱国诸君注意新制出之国货”、“绘图骗术奇谈”、“谋洋务职业者注意”、“补天汁”、“阳明集要三种”、“代收中国实业杂志广告之广告”、“包蘅村先生治验扬名”、“参谋部战史编纂处通告”、“安庆破天荒之新民园择期开幕”、“新英汉辞典”、“病家注意中国公立医院之成绩”、“注意新到英文政治法律理财书籍”、“新剧同志会开幕”、“不吸卷烟”、“觉民报”、“新订英汉辞典”、“雕邱杂录”、“北京共和日报及白话共和日报出版”、“临池兼岐黄名家文雪吟先生润格、诊资”（柳亚庐、叶楚舱、陈蜕盦、朱少屏、李叔同、宁太一

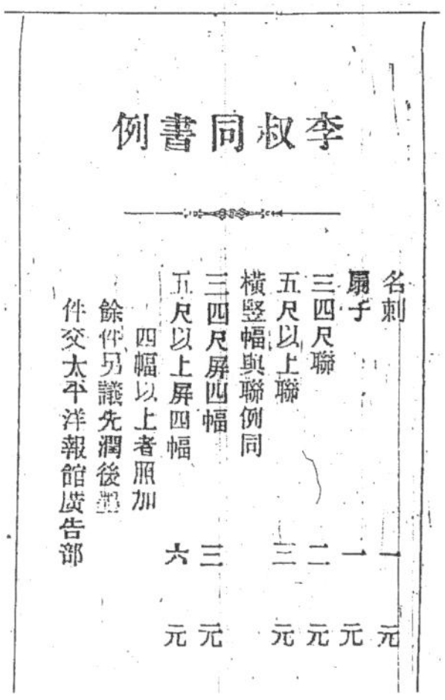
李叔同書例

名刺　一元
扇子　一元
三四尺聯　二元
五尺以上聯　三元
横竪幅與聯例同
三四尺屏四幅　三元
五尺以上屏四幅　六元
四幅以上者照加
餘件另議先潤後墨
件交太平洋報館廣告部

李叔同在1912年4月2日《太平洋报》刊发的自订《李叔同书例》。

刊于1912年4月6日《太平洋报》的美术广告“成记西式理发”图案。

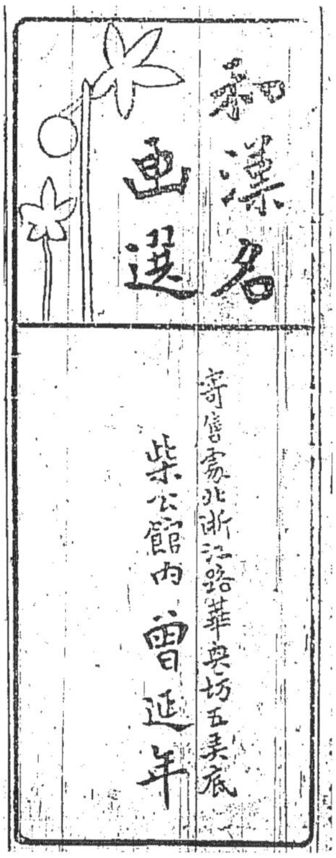

刊于1912年4月11日《太平洋报》的美术广告“和汉名画选”。

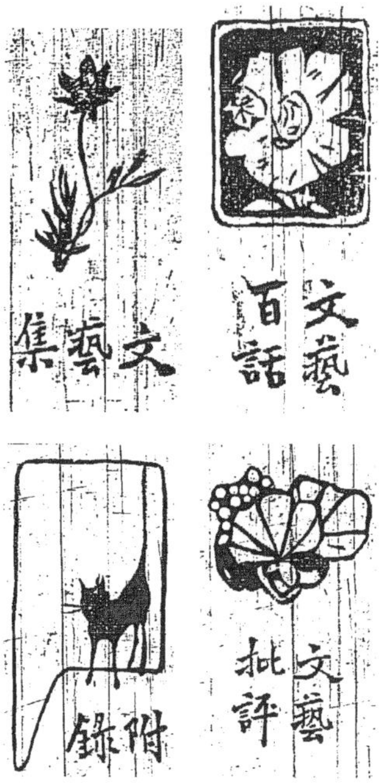

李叔同为《太平洋报》所作的报花。

同启）、“新剧同志会”、“金石家沈筱庄”（与其他五人同启，署名“息霜”）、“中国自制名胰”、“中华民族大同会启事”、“中华民族大同会启事二”、“孤儿手制手粉”、“山东群化日报出版”、“本社添聘访员”、“日本财务行政述要”、“南昌流通处”、“京津民立报”、“上海第一模范银楼”、“演题·绍介商文印刷”、“急请湖州同乡公鉴”、“文美会事务所”、“请用中国牙粉”、“中国图书公司唯一之印刷”、“和纶绸缎丝巾抄庄”、“浙江两级师范学校毕业生均鉴”、“天民报大扩充”、“大同民党公济总会启事”、“天民报”、“奉天亚洲日报”、“各埠访员鉴”、“出售十五匹马力自来火引擎”、“横滨中国同盟会启事”、“自来血”、“平民报”、“寄售女子国学报”、“黑龙江时报”、“本馆购买花旗架”、“中华民国白话历史地理”、“鸿裕泰外国木器”、“平民日报出版广告”、“平民日报聘请访员广告”、“平民日报招添外股广告”、“劝不吸卷烟”、“军中白话宣讲书出版”、“周实丹先生遗集付刊征求序文题词”、“天津造胰公司”、“五月十二日妇女宣讲会演题”、“南洋大利树胶公司推广种植第二次招股启”、“广州平民报”、“京汉铁路局广告”、“本社寄售中国实业杂志”、“汉口亚陆新闻”、“奉劝不吸卷烟”、“平民日报出版”、“中华维新洗衣公司”、“大中民报”、“北京新中华报”、“周实丹、阮梦桃两烈士遗集付印征求序文题词”、“城东女学制品出张部广告”、“坤胰棣棣鉴”、“豫省出版大中民报”、“不吸卷烟进行会通信处”、“越铎日报”、“李梅盦先生画扇”、“请看”、“黄报出版广告”、“城东女学妇女宣讲会”、“北京共和日报、白话共和日报”、“介绍日本医士”、“汉口国民新报已出版”、“中国同盟会本部驻沪机关部附设世界语传习所通告”、“沈墨仙先生书画寓”、“平民日报准期出版预告”、“快看亚东新报”、“全国联合进行会中国同盟会合办广告”、“民国新闻社广告”、“人造自来血——破天荒之大补品”、“六月三日妇女宣讲会预告”、“发行部启事”、“朽道人书画润格登在本报第五页”、“朽道人书画篆刻润格”、“朽道人书画篆刻”、“太平洋”（内容为：“六月一日起每份售大洋二分四厘，按月订者由本馆专送仍照原价；六月一日起本报与路透电报局特约北京最快确专电；六月一日起添印画报一大张”）、“共和实进报”、“沈筱庄铁笔”、“东大陆报”、“北京高等实业学堂”、“征求烈士遗像”、“大同民党公济总会”、“国学商兑会”、“征求粤军战事日记”、“中央新闻”、“福州群报”、“杜次珊启事”、“民国新闻”、“新东陲报之露布”、“天津民牖报”、“南社第三次订正通讯录出版”、“河南自由报”、“南社第五集”、“文美会并入国学商兑会”、“第三年第五期中国实业杂志已出版”、“医士王立才”、“小同春菜馆”、“苏州私立苏苏女学校”、“钱新之启事”、“遂庐书画例”、“柳亚子启事”、“中国实业杂志社长李文权寓虹口丰阳馆”、“新法美术刺绣传习所招生”、“安庆霹雳白话报通告”、“李文权氏主任中国实业杂志第三年第六期已到”、“兰闺清课”、“私立城东女学社招生”等。另陆续刊出的还有众多插图、报头设计、栏目报花等。**按二：**该日《太平洋报》有《广告部广告》之启事，曰：“自本社发表《最新式广告》章程以来，连日收到各界广告，多至数百通，且多长篇大作，不克即日登出，良用歉然。除择先到者逐日分别登出外，其余暂登入简便小广告中，以酬雅命。特此声明。一以谢登广告者诸君之厚谊；一以证我‘太平洋’广告之价值；一以表明革命后我同胞广告智识之发达。”**按三：**该日《太平洋报》刊出《上海报界四十余年所未见〈太平洋报〉破天荒最新式之广告，中国开辟以来四千余年所未见》（其中“《太平洋报》破天荒最新式之广告”为李叔同手书），文曰：“我《太平洋报》广告部，特延精通欧美广告术大家主持其事，代撰最新式之广告文，并研究最新式排列之方法。我最新式广告之特长有四：一，上海旧式广告，皆另外专排一版，但看报者以看新闻为主，于广告一版每不留意。故其效力甚薄。本报最新式之广告，皆夹入新闻之中，或排列新闻之上下两端。殆合新闻与广告为一体，使看新闻者，有不得不看广告之势。二，上海旧式广告，教字数过多，排列紧密，以致不能醒目，即幸为看报者所见，亦每以字数太多，不能卒读。本报最新式之广告，文字务求简要，排列务求疏朗，使看报者一目了然，于半秒钟内，能贯通全部广告之大意。三，上海旧式广告，大半以直写事实为主，新奇花样，殊不多见。本报最新式之广告，专研究新奇花样，或排成种种之花纹，或添入醒眼之图画。此外有小说式广告、新闻式广告、电报式广告、杂志式广告，种类甚多，不胜枚举，专以引人入胜为主。四，上海旧式广告，每以一种广告文，连登数月，或数年，致使阅报者习见不鲜，无丝毫之效力。本报最新式之广告，可以随时代撰种种新奇之样式，隔数日更换一次。如有愿订特别约章，每日更换者，亦可应命。《太平洋报》之广告，具此四种特长，故《太平洋报》之广告，承我中华民国社会上公认为破天荒最新式之广告……”该报对此在4月2日、4月3日亦有刊出。**按四：**该日《太平洋报》“文艺消息”曰：“叶楚伧、柳亚庐、朱少屏、曾孝谷、李叔同诸氏同发起文美会，以研究文学、美术为目的。凡品学两优，得会员介绍者即可入会。每月雅集一次，展览会员自作之文学、美术品、传观《文美》杂志、联句、名家演讲、当筵挥毫。展览品拈阄交换等。事务所设在《太平洋报》社楼上编辑部内。”事实上并未“每月雅集一次”。曾主编《文美杂志》，内容为会友所作书画及印章拓本，皆为手稿。[①] 又据《太平洋报》1912年7月4日广告《文美会并入国学商兑会》，其事务所设在松江张堰。**按五：**该报是日“文艺批评”栏刊出《城东女学制作

李叔同题写的“南社社友通讯录”手迹。

吕伯攸所藏《太平洋画报》中的“沙翁墓志”。注文为：“此为沙翁自撰墓志。上面左角，为李叔桐先生所译近代英文。中间则李先生所题‘沙翁墓志’四字。其原迹在《太平洋报》社失去。此为吕伯攸君所藏。民国元年《太平洋画报》之一角也。”

① 胡怀琛：《上海的学艺团体·文美会》，载上海市通志馆期刊1934年12月第2年第3期。

1912年《太平洋报》社所在地块今为上海黄浦区福州路318号华设大厦。摄于2018年8月。

品》，曰："南市竹行弄城东女学，为杨白民先生独立创办。其学科成绩卓然占上海女学第一位置，即所作各种美术品，亦精妙古雅，冠绝侪辈。如刺绣之琴联屏条等，尤为学界同人所称许。又城东讲习会会员诸女士，工书法者极多，所书之对联匾额等，□列四壁，每为专门家所叹赏云。"**按六：**该日《太平洋报》有"祝词"若干，其中有署名"江东少年"所写。有研究者以为此为李叔同所作。[①] **按七：**同时又主编《太平洋画报》，随《太平洋报》发行，不定期出刊，随报附送。胡怀琛《上海学艺概要》曰："民国元年，他在《太平洋报》担任编辑。当时《太平洋报》附刊的'画报'，就是他主编的。（叔同兼工书法，尝以隶书笔意写英文《莎士比亚墓志》，与苏曼殊为叶楚伧所作'汾堤吊墓图'，同时印入《太平洋画报》，称双绝。"[②] 周瘦鹃：《莎话》（下）曰："莎翁墓志，系生前自撰者。作英国古文。社友李息霜曾拓得一纸，予亦曾得其一。张之堂中，颇有古色古香之妙。"[③] 胡寄尘《记断鸿零雁》曰："适陈英士在上海办《太平洋日报》，曼殊遂以《断鸿零雁记》稿付印于该报，从头刊起，然原稿仍未完也。是为民国元年夏间事。及民国元年秋《太平洋报》以负债停办，同人星散。……为时极匆促，余之行李竟未及携出，被锁闭于该社中；而独携出曼殊墨迹二：一为其手写《断鸿零雁记》稿本，一则曼殊为楚伧所绘'汾堤吊墓图'也（图见《曼殊全集》卷四，一四四页）。然尚有一物未及携出，至今引以为恨事，即李叔同的书《莎士比亚墓志》原文是也（《曼殊全集》卷四，七〇页。）"[④] **按八：**《太平洋报》设于望平街黄字7号。李叔同在报馆三楼设有宿舍。当年的望平街黄字7号即今黄浦区福州路318号华设大厦位置（曾为腾飞浦汇大厦）。**按九：**柳亚子曾有诗"怒潮澎湃太平洋，知是文场是战场。坛坫主盟推小叶，朱林苏李各飞扬。（谓少屏，一厂，曼殊，息霜也）"[⑤]

李叔同于1912年春在《民声日报》发表的《无题》《休战》和《落日》。

春，在上海作诗《咏菊》。[⑥]

在《民声日报》发表画作《无题》《休战》《落日》。**按：**郭长海、金菊贞《漫谈李叔同传世的绘画作品》一文曰《无题》（署名"平凡"）

① 参见天津人民美术出版社2006年6月版郭长海、郭君兮编《李叔同集》第264页附录《李叔同事迹系年》"1912年"条目。

② 胡怀琛：《上海学艺概要》，转引自宗教文化出版社1995年8月版林子青编著《弘一法师年谱》第64页。

③ 周瘦鹃：《莎话》（下），载1920年4月25日《申报》。

④ 胡寄尘：《记断鸿零雁》，转引自林子青《弘一法师年谱》，宗教文化出版社1995年8月版，第65页。林子青有按语："《莎士比亚墓志》（即《莎翁墓志》）原文，后被发现，刊于上海《小说世界》，拙著初版《弘一大师年谱》（三六页），曾复印制版刊出。"

⑤ 柳亚子诗，转引自郭长海《李叔同和柳亚子》，收《中国近代文学史证——郭长海学术文集》，吉林人民出版社2005年3月版，第927—933页。

⑥ 福建人民出版社2019年12月版《弘一大师全集》（第3版，修订2版）第八册·文艺卷、杂著卷、书信卷第36页收录，标"一九一二年作于上海"。

发表于1912年2月23日《民声日报》,《休战》(无署名,以“休战”二字字迹判断乃李叔同作品)发表于1912年2月28日《民声日报》,《落日》(署名“平凡”)发表于1912年3月5日《民声日报》。[①] 柯文辉《旷世凡夫:弘一大传》中此3图图版文字注释同郭长海、金菊贞文,正文叙述时将《休战》表述为“3月28日”刊出。[②] 郭长海、郭君兮《李叔同集》复表述为:1912年“3月18日,在柳亚子主编的《民声日报》上发表漫画《休战》,3月22日发表漫画《风柳》,3月26日发表漫画《落日》。”[③]（《风柳》即前所谓之《无题》——引者注）基于以上之不同表述,拟查《民声日报》原刊,然上海图书馆仅藏1912年6月26日、7月3日和1913年3月29日《民声日报》;国家图书馆仅藏1912年7月《民声日报》。故在目前无法查得原刊的情况下,暂置于该年春。

仲春,徐星州为刻印“息霜”,边款“壬子春仲,星州仿汉”。

4月2日(农历二月十五日),在《太平洋报》发表自订《李叔同书例》。

在《太平洋报》发表《西洋画法·总论》(未完),署名“凡民”。

4月3日(农历二月十六日),在《太平洋报》发表《西洋画法·总论》(续前)。署名“凡民”;《广告丛谈小序》,署名“凡民”。**按:** 此序文题目用“广告丛谈”,此后所刊连载之文均用“广告丛谭”。

在《太平洋报》刊出陈师曾简笔画一幅。

吴潜生、沈筱庄发起成立美术社,拟有作品参与。[④]

4月4日(农历二月十七日),在《太平洋报》发表《西洋画法·分论上卷》(未完),署名“凡民”;《李叔同书例》,内容与4月2日所刊同。

在《太平洋报》刊出陈师曾画《小楼一夜听春雨,深巷明朝卖杏花》。

4月5日(农历二月十八日),在《太平洋报》发表《广告丛谭一(一)》,署名“凡民”;《李叔同书例》,内容与4月2日所刊同。

在《太平洋报》刊出陈师曾画《漫道白鸥闲似我,渔舟更比白鸥

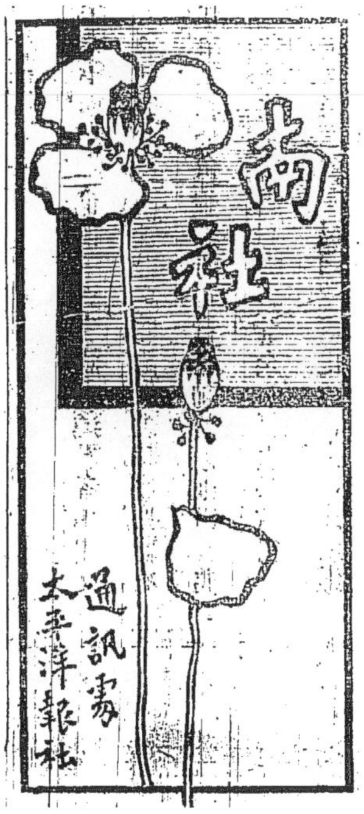

刊于1912年4月14日《太平洋报》的美术广告“南社通讯处”。

① 郭长海、金菊贞:《漫谈李叔同传世的绘画作品》,收方爱龙主编《弘一大师新论》,西泠印社出版社2000年2月版,第175—190页。

② 柯文辉:《旷世凡夫:弘一大传》,北京大学出版社2010年4月版,第124页。

③ 郭长海、郭君兮:《李叔同集》,天津人民出版社2006年6月版,第264页。

④ 参见1912年4月3日《太平洋报》。

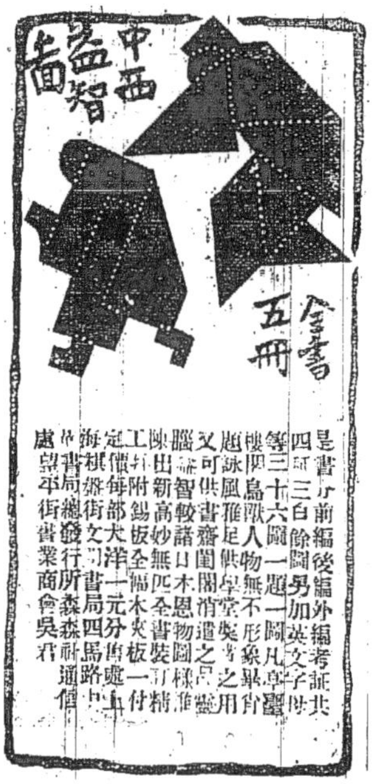

刊于1912年4月18日《太平洋报》的美术广告“中西益智图”。

闲》《千金一壶》。

4月6日（农历二月十九日），在《太平洋报》发表《西洋画法》（续），署名“凡民”。

在《太平洋报》刊出陈师曾花卉图一幅（无题）。

4月7日（农历二月廿日），在《太平洋报》发表《广告丛谭一（二）》，署名“凡民”；漫画《存吴氏之面相种种》，画之底部注曰：“原画为明信片。己酉夏日存吴氏暂归蜀中，息霜氏自日本东京寄归者也。”

在《太平洋报》上刊出消息：“吾国人留学日本入官立东京美术学校者……，曾延年、李岸二氏，于去年四月卒业返国……”

介绍夏光鼎加入南社。

4月8日（农历二月廿一日），在《太平洋报》发表《广告丛谭谈一（三）》，署名“凡民”；漫画《新新舞台第一次所演新戏鬼士官之印象》，署名“安素”；《西洋画法》，署名“凡民”，《李叔同书例》（内容同4月2日所刊）。以《南市城东女学讲习会员皆于国文深造有得，兹择录一二如下》（未完）为题，发表城东女学学生的文章，并有批语。**按：**是日所录文章题目和批语是：孟俊：《论女子欲求平权，须先求平等教育》。批语：“议论痛刻，足为吾国女界吐气。”

刊于1912年4月20日《太平洋报》的美术广告“孙大总统伦敦被难记”。

4月9日（农历二月廿二日），在《太平洋报》发表《广告丛谭一（四）》，署名“凡民”；《西洋画法》（续），署名“凡民”。续上日《南市城东女学讲习会员皆于国文深造有得，兹择录一二如下》，继续发表城东女学学生的文章，并有批语。**按：**是日所录文章题目和批语是：陆坚毅：《女子参政小言》。批语：“气焰万丈，有旁若无人之概。”

4月10日（农历二月廿三日），在《太平洋报》发表《广告丛谭一（五）》，署名“凡民”；《李叔同书例》（内容与4月2日同）；《西洋画法·方法》，署名“凡民”。续上日继续发表城东女学学生的文章，并有批语。**按一：**是日所录文章题目和批语是：程耀：《论女子欲求平权，当先求平等教育》。批语：“说理精细，自是通人之论。”并有小结：“城东女学讲习会开办仅数月，成效已斐然可观。校长杨白民君热心教育，于此可见一斑云。”**按二：**该日“文艺消息”云：“本社广告部近拟编辑《太平洋广告集》，分赠各界。第一编即日付印，以后拟每两月出版一编。”

在《太平洋报》刊出陈师曾简笔画《严陵岂是羡鱼者，永日坚持空钓竿》《春江水暖鸭先知》。

4月11日（农历二月廿四日），在《太平洋报》发表《广告丛谭二（一）》（未完），署名“凡民”。

在《太平洋报》刊出陈师曾绘画作品一幅（无题）。

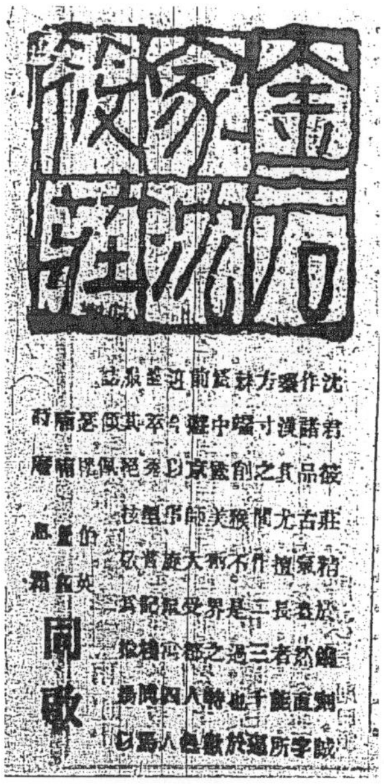

刊于1912年4月27日《太平洋报》的美术广告“金石家沈筱庄”。

4月12日（农历二月廿五日），在《太平洋报》发表《广告丛谭二（二）》，署名“凡民”；《李叔同书例》（内容与4月2日所刊同）；《西洋画法》（续），署名“凡民”。刊出城东女学学生做文章及诗若干，作案语：“城东女学讲习会员著作，于前日本报已略记一斑，昨又承白民君寄示数种，录之列下”。刊出树爰《为秋瑾烈士建风雨亭募捐启》、惜穷七绝四首。有批语曰：“振才媛之词笔，发潜德之幽光。启文雍容揖让，神似欧阳。诗亦爽利可诵。秋瑾烈士有知，当含笑于九泉矣！”。

在《太平洋报》刊出陈师曾简笔画《山家长物短灯檠》。**按：**“文艺消息”栏刊出消息：“本社编辑广告集已承尤惜阴先生赐序文。文美会发起以来，入会者甚众，来月拟开成立大会。”

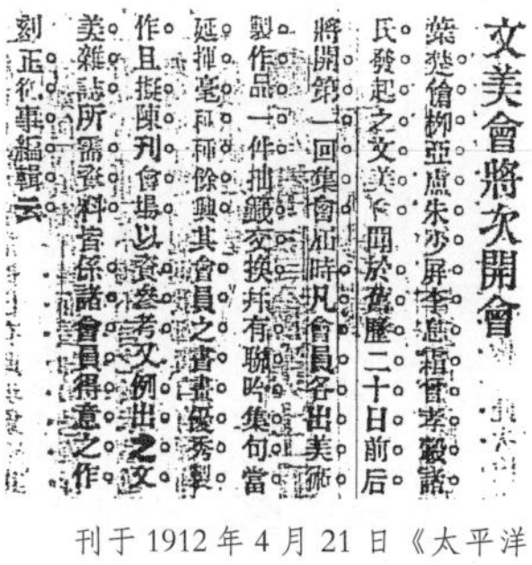

文美會將次開會

刊于1912年4月21日《太平洋报》的《文美会将次开会》。

4月13日（农历二月廿六日），在《太平洋报》发表《广告丛谭三（一）》，署名“凡民”；《西洋画法》（续），署名“凡民”。**按：**“文艺批评”栏介绍其在日本留学时的音乐教师上真行，曰：“日本音乐老大家上真行先生，二十年前任东京音乐学校教师，后任宫内省雅乐部员，于和洋音乐皆能窥其堂奥，通汉学，工诗。昨获由日本寄来四月《太阳》，载有先生芳溪看梅，用东坡聚星堂韵三首……诵此，可想见先生风采矣……”

4月14日（农历二月廿七日），在《太平洋报》发表《广告丛谭三（二）》，署名“凡民”；《西洋画法》（续），署名“凡民”。

4月15日（农历廿八日），在《太平洋报》发表《李叔同书例》（内容与4月2日所刊同）；《二十自述诗序》《李庐诗钟自序》（未完），均署名“息霜”；《西洋画法》（续），署名“凡民”。

在《太平洋报》刊出陈师曾简笔画《此山不语看中原》。

在《太平洋报》刊出消息：“日本书画大家创立淡白会，每月开会一次。七年前，淡白会场多在汤岛天神鱼士楼，近年移至京桥出云町孔川楼。开会时陈设会员作品，当筵挥毫，出品交换。吾国近发起之文美会，与此性质相似。淡白会员仅十余人，人品皆风雅娴静，其作品极潇洒清疏，洵不愧淡白之名矣。吾国人陈师曾、曾孝谷、李叔同诸氏留学

刊于1912年4月27日《太平洋报》的美术广告“谋洋务职业者注意”。

刊于1912年4月30日《太平洋报》的苏曼殊小说《断鸿零雁记》预告。

东京时，亦在此会，日人当筵乞书画者尤多。”

4月16日（农历二月廿九日），在《太平洋报》发表《李庐诗钟自序》（续），署名“息霜”；在“文艺批评”栏目刊出《孟俊女士书法》，赞扬城东女学学生孟俊的书法，同时刊出“城东女学讲习会员孟书华女士笔”（为“空寂舍”三字，款识“孟俊”）。

在《太平洋报》刊出陈师曾简笔画一幅（无题）。

4月17日（农历三月初一日），在《太平洋报》刊出画作《新新舞台新剧〈侠女传〉之印象》，分别为“喃喃之张德魁”、“大悲之张雅莲”、“天知之林竟成”，署名“安素”；刊出《再志城东女学国文成绩》，曰“城东女学国文成绩佳作极多，兹再介绍二三如下”，是期刊出本科生胡萃新作文《说学校试验法之不可行》，批语为：“说理明快，结构整饬，所举三大端尤精当切实，名论不刊”。

在《太平洋报》刊出陈师曾简笔画一幅（鸟雀图，无题）。**按：**是日《太平洋报》刊出《太平洋广告集序》（未完），序作者尤惜阴，按语曰：“本社近辑广告集，即日付印。昨承尤先生惠寄序文一首，欣感无似，谨登入报端，以供容人先睹。”

4月18日（农历三月初二日），在《太平洋报》刊出《西洋画法》（续），未署名；《再志城东女学国文成绩》（续），刊出城东女学学生作文《论今日当提倡夫妻不二会》（摘录），作者陆坚毅。附言曰：“此外尚有书家孟书华女士（说今日普通宣讲用正论不如用小说）一首，当于明日报上绍介。”**按：**是日《太平洋报》刊出《太平洋广告集序》（续）。

4月19日（农历三月初三日），在《太平洋报》刊出画作《欧美流行之装饰画》二幅，署“安素摹写”。续刊《再志城东女学国文成绩》，刊出孟俊《说今日普通宣讲用正论不如用小说》（摘录）。

在《太平洋报》刊出陈师曾简笔画《帘外芭蕉三两窠，夜长人奈何》。

4月20日（农历三月初四日），在《太平洋报》发表《李叔同书例》，内容与4月2日所刊同；《西洋画法》（续），未署名；刊出《妇女宣讲会开会》，写曰：“妇女宣讲会设在本埠南市竹行码头竹行弄城东女学内，于阳历四月二十一日即阴历三月初五日下午一时开会。请浦东中学附属初等小学学长孙君肖康演讲教育，及英国海军留学生金君逸伦演讲英国海军大势，及在太平洋海舰势力之地位。”

在《太平洋报》刊出陈师曾简笔画《古木幽篁》。**按：**该日《太平洋报》“文艺批评”栏有介绍《中国实业杂志》文。有研究者以为系李叔同所作。①

4月21日（农历三月初五日），在《太平洋报》发表《李叔同书例》，内容于4月2日所刊同）；《西洋画法》（续），未署名。

在《太平洋报》刊出陈师曾简笔画《□门不正对江开》《紫琅一角》。**按：**是日《太平洋报》刊出《文美会将次开会》，写曰：“叶楚伧、柳亚庐、朱少屏、李息霜、曾孝谷诸氏发起之文美会，闻于旧历二十日前后将开第一回集会。届时凡会员，各出美术制作品一件，抽签交换，并有联吟集句、当延挥毫，以种余兴。其会员之书画优秀制作，且拟陈列会场，以资参考。又例出之《文美杂志》，所需资料，皆系诸会员得意之作。刻正从事编辑云。”

4月22日（农历三月初六日），在《太平洋报》发表《广告丛谭四（一）》，署名“凡民”；《李叔同书例》，内容与4月2日所刊同。

在《太平洋报》刊出陈师曾简笔画《春水船□天上坐，老来花似梦中看》。

介绍曾孝谷加入南社，编号“224”。

4月23日（农历三月初七日），在《太平洋报》刊出陈师曾简笔画《钉盘俊味》。**按一：**鉴于新式广告颇受欢迎，《广告部紧要广告》曰：“近日嘱登新式广告者较多，撰文镌板需时甚久，每致延迟，良用歉然。以后倘承登新式广告，乞先数日交下，俾获斟酌完善镌刻精工。但有必须从速者，当先以简单新式登出，逾日再更换各种花样。谨此布达，希鉴亮焉。”**按二：**在是日《太平洋报》刊出《城东女学宣讲会志盛》，曰：“二十一日午后二时开会，男女来宾百余人。首由金逸伦先生演讲海军大势，写录吾《太平洋报》所载英日军舰表于黑板上逐一说明。证考确实，议论扼要，听者颇为满足……”

4月24日（农历三月初八日），在《太平洋报》发表《广告丛谭四（二）》，署名“凡民”。

在《太平洋报》刊出陈师曾简笔画《似僧非僧，似俗非俗》。**按：**在是日《太平洋报》刊出《城东女学追悼秋烈士文》（秋烈士即秋瑾烈士）。有按语，写道：“今日张园开秋瑾烈士追悼会。由城东女学学员撰

刊于1912年4月29日《太平洋报》的陈师曾绘画《半似荼靡半似蔷薇好》。

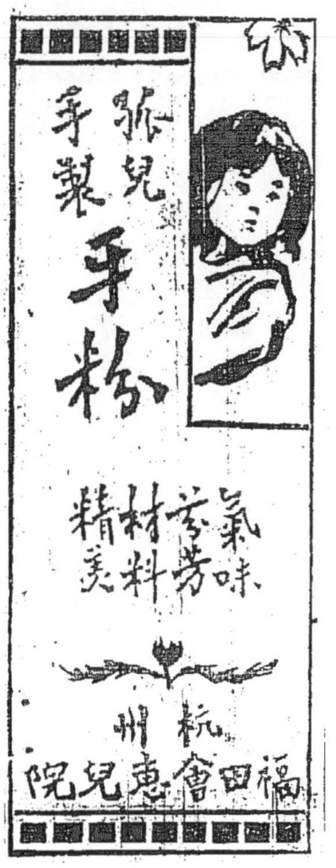

刊于1912年4月29日《太平洋报》的美术广告“孤儿手制手粉”。

① 郭长海、郭君兮编《李叔同集》，天津人民美术出版社2006年6月版，第111—112页。

刊于1912年5月2日《太平洋报》的美术广告“演题·绍介商文印刷”。

李叔同“新剧同志会”之字迹。

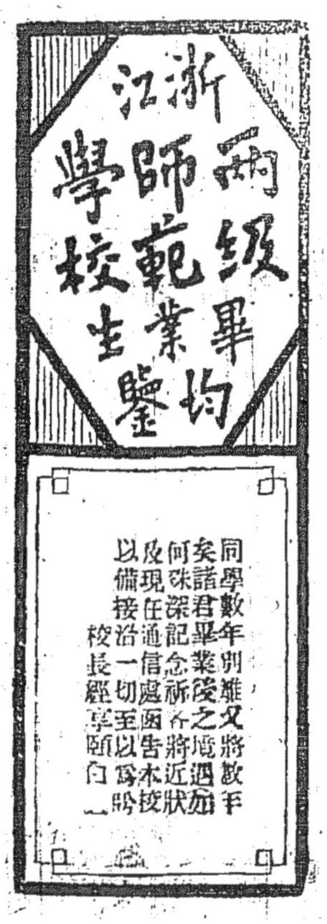

刊于1912年5月3日《太平洋报》的美术广告“浙江两级师范学校毕业生均鉴”。

追悼秋烈士文。哀感沉痛，足为巾帼吐气。”

4月25日（农历三月初九日），在《太平洋报》发表《西洋画法》（续），未署名；刊出《城东女学国文之一斑》。有按语：“城东女学国文屡绍介于本报，昨又以数首见示，持论奇警，说理精激，是真能发挥城东特色者。谨绍介如下”。刊出《说女子欲求平权当先正名》（未完待续），作者“铭洁”。手书“不吸卷烟进行会纪要”亦刊于是日《太平洋报》。

4月26日（农历三月初十日），在《太平洋报》发表《西洋画法》（连载毕），未署名；刊出《三志城东女学国文成绩》。

4月27日（农历三月十一日），在《太平洋报》刊出《城东女学国文之一斑》（续），刊登《女子剪发问题》，作者“树爱”。在《太平洋报》刊出陈师曾篆刻两方。

新剧同志会在上海开幕，有东西留学生背景之新剧开拓者登台献演。**按：**李叔同有“新剧同志会”之字迹。

4月28日（农历三月十二日），在《太平洋报》发表《广告丛谭四（五）》，署名“凡民”；《李叔同书例》，内容与4月2日所刊同。

在《太平洋报》刊出陈师曾简笔画《听打春雷第一声，满山新笋玉崚崚。取来配煮花猪肉，不问厨娘问老僧》。

4月29日（农历三月十三日），在《太平洋报》发表《李叔同书例》，内容与4月2日所刊同；刊出《城东女学国文之一斑》（续），刊登《论欲求女学之发达必须破除省界》，作者“化□”。**按：**是日《太平洋报》刊出《广告部答复》，曰：“徐觉士君问李叔同君法书是何笔法，有样本否？答：本报报头及本报新式广告木戳皆李叔同君手笔，可供参考。又问周春生减价名笔本来价钱几何？答：不知其详，乞函致上海四马路惠福里周春生笔号询问。罗昭丰君问中国实业杂志系中国文字抑外国文字？答：是杂志为吾国李文权先生所创办，纯用中国文字。本社广告部存有样本，便乞来阅。又问肄业东文有何善本？答：弘文学院教师松本著汉译日本文典颇可观。上海书坊或有售者。”

在《太平洋报》刊出陈师曾简笔画《半似荼靡半似蔷薇好》。

4月30日（农历三月十四日），在《太平洋报》发表《李叔同书例》，内容与4月2日所刊同；刊出《本报新刊小说预告：哀情小说〈断鸿零雁记〉》（著者：苏曼殊先生，插图：陈师曾先生）。

刊出陈师曾简笔画《放牛于桃林之野》。

4月，编《太平洋广告集》，尤惜阴作序。序中言李叔同“抱卓绝之道艺振兴国内天产之宏愿，插足广告场中，撰种种新式广告，独得人造之妙用，曲达事物之情状，汇而成册，贡献社会，缩造化巧妙于寸素之中，促人事进化于革新”。①

李叔同为城东女学所书之“囍”字。

5月1日（农历三月十五日），在《太平洋报》发表《李叔同书例》，内容与4月2日所刊同。

在《太平洋报》刊出陈师曾简笔画《偶坐似是商山翁》。

5月2日（农历三月十六日），在《太平洋报》发表《广告丛谭四（六）》，署名“凡民”；《李叔同书例》，内容与4月2日所刊同。

在《太平洋报》刊出陈师曾简笔画一幅（山石，无题）。

李叔同为城东女学所书之“演坛”手迹。

5月3日（农历三月十七日），在《太平洋报》发表《广告丛谭五（一）》，署名“凡民”。**按：**原刊题为《广告丛谭四（一）》，“四”为“五”字之误；《李叔同书例》，内容与4月2日所刊同。

在《太平洋报》刊出陈师曾简笔画《落日放船好》。

李叔同为城东女学所书之“游艺”手迹。

5月4日（农历三月十八日），在《太平洋报》发表《广告丛谭五（二）》，署名“凡民”；《李叔同书例》，内容与4月2日所刊同。

在《太平洋报》以“本社广告部”名义刊出《朽道人陈师曾君书画铁笔润格即日寄来排入本报，谨此预告海内鉴家》；刊出陈师曾篆刻一方。

5月5日（农历三月十九日），在《太平洋报》发表《李叔同书例》，内容与4月2日所刊同。

在《太平洋报》刊出陈师曾简笔画一幅（花鸟图）。

李叔同为城东女学所书之“寿佛”手迹。

5月6日（农历三月廿日），在《太平洋报》刊出《李叔同书例》，内容与4月2日所刊同。**按：**是日《太平洋报》刊出《广告部答复》，曰：“张洁人君问本报所载新式广告之格式花样可否摹写登入他报。答：

① 尤惜阴为《太平洋广告集》作序之文字转引自王维军《李叔同沪上居址行迹考》，收《当湖人家》，天津人民美术出版社2017年8月版，李叔同（弘一大师）部分第137页。

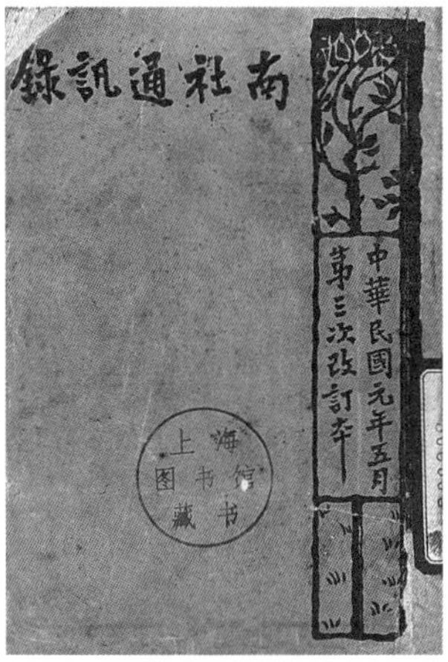

1912年5月印行的《南社通讯录》(第三次改订本)。

本报以开通风气为主，不愿限制版权。倘荷需用，尽可随意摹写转载他报。吴可齐君问文美会开会时期。答：第一次例会准定本月内开催。于文彬君问不吸卷烟会事务所设在何处。答：设在民立报社广告部内。”

在《太平洋报》刊出陈师曾简笔画一幅（无题）。

5月7日（农历三月廿一日），在《太平洋报》发表《广告丛谭五（三）》，署名“凡民”；《李叔同书例》，内容与4月2日所刊同。

在《太平洋报》刊出陈师曾简笔画一幅（鸟雀，无题）。

在《太平洋报》“简便小广告”栏内刊出致曾孝谷函：

曾存吴君鉴：

携印速来谈。

按：福建人民出版社2019年12月版《弘一大师全集》（第3版，修订2版）第八册·文艺卷、杂著卷、书信卷未收录。

5月8日（农历三月廿二日），徐星州为刻印章“息”（朱文），边款“壬子立夏后二日，吴门徐星州刻”。

在《太平洋报》发表《李叔同书例》，内容与4月2日所刊同。

在《太平洋报》刊出《朽道人像》。

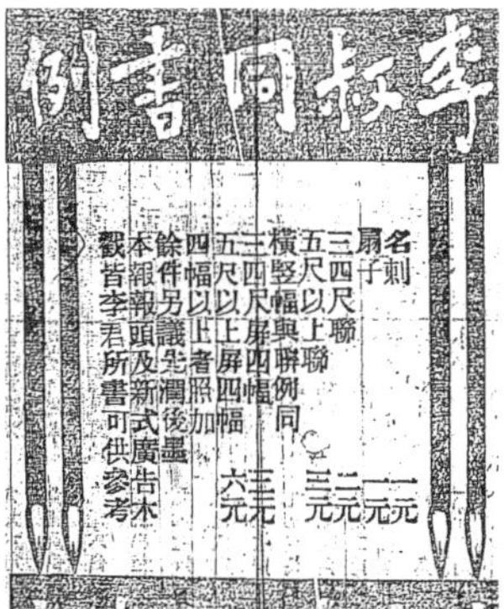

刊于1912年5月11日《太平洋报》的《李叔同书例》：名刺一元，扇子一元，三四尺联二元，五尺以上联三元，横竖幅与联例同，三四尺屏四幅三元，五尺以上屏四幅六元，四幅以上者照加，余件另议，先润后墨，并特别写曰：“本报报头及新式广告木戳皆李君所书，可供参考。”

5月9日（农历三月廿三日），在《太平洋报》发表《李叔同书例》，内容与4月2日所刊同。

在《太平洋报》刊出陈师曾简笔画《松风传韵》及《城东女学宣讲会》消息。**按：**手迹启事刊于是日《太平洋报》：“本报从下星期日（十二日）起扩充篇幅增益材料，日出三大张。”

5月11日（农历三月廿五日），在《太平洋报》发表《李叔同书例》，内容、形式与前所刊布者均有改动。[①]

在《太平洋报》刊出陈师曾简笔画《桃花尽日随流水》。**按：**是日《太平洋报》刊出启事：“本报因机房引擎忽坏，致十号报出版滞迟。深负阅者雅望。现已重行修理，逐日照常出版。此布。”

5月12日（农历三月廿六日），在《太平洋报》发表《李叔同书

① 《李叔同书例》具体内容为：名刺一元，扇子一元，三四尺联二元，五尺以上联三元，横竖幅与联例同，三四尺屏四幅三元，五尺以上屏四幅六元，四幅以上者照加，余件另议，先润后墨，并特别写曰：“本报报头及新式广告木戳皆李君所书，可供参考。”

例》，内容形式与5月11日所刊同。

在《太平洋报》开始连载苏曼殊小说《断鸿零雁记》，附刊陈师曾插图一幅，署“曼殊旧著，朽道人画”。

在《太平洋报》“简便小广告”栏目中刊出致毛子坚函：

毛子坚君：

北来便顾我。

息霜

按：福建人民出版社2019年12月版《弘一大师全集》（第3版，修订2版）第八册·文艺卷、杂著卷、书信卷未收录。

在《太平洋报》“简便小广告”栏目中刊出致补园函：

补园君：

久不晤，为念。暇乞来谈。

息

按：福建人民出版社2019年12月版《弘一大师全集》（第3版，修订2版）第八册·文艺卷、杂著卷、书信卷未收录。

5月13日（农历三月廿七日），在《太平洋报》发表《李叔同书例》，内容形式与5月11日所刊同。

在《太平羊报》刊出《曾存吴画例》，与陈师曾、朱少屏、叶楚伧、柳亚庐同启。

在《太平洋报》刊出陈师曾篆刻三方。

5月14日（农历三月廿八日），在《太平洋报》发表《李叔同书例》，内容形式与5月11日所刊同。

在《太平洋报》刊出陈师曾简笔画《乞食一》。

下午四时，文美会第一次雅集在三马路大新街天兴酒楼举行。会上以拈阄之法互换作品，得范彦珠诗扇。己作以篆法所书之莎士比亚英文诗被曾孝谷得，后复被严诗庵换去。传观所编《文美杂志》，内刊有画作《盼》及《李庐印谱序》。

在《太平洋报》刊出《文美会第一次例会今日开催》，曰：“今日午后四点钟开第一次例会于三马路大新街新桂戏园对过天兴楼内。敬乞会

刊于1912年5月7日《太平洋报》的美术广告“黑龙江时报”。

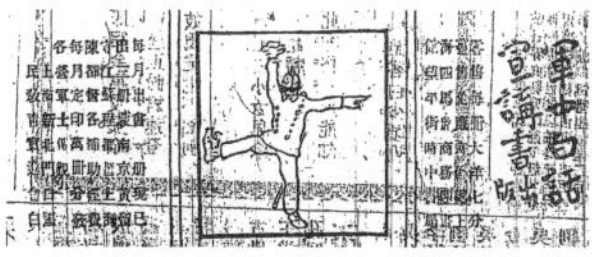

刊于1912年5月9日《太平洋报》的美术广告“军中白话宣讲书出版”。

刊于1912年5月11日《太平洋报》的美术广告“平民日报出版”。

员诸君惠临至幸。”[1]

在《太平洋报》刊出《南社今日开谈话会》，曰：“南社因国民捐，谨邀各团体于十四号下午一时开谈话会于靶子路一百十一号孱虹园。”

5月15日（农历三月廿九日），作为日本赤甕会会员，参与该会在上海三会堂举行的第一回美术展览。该会由东京美术学校西洋画科卒业生所组织。[2]

在《太平洋报》发表《李叔同书例》，内容形式与5月11日所刊同。

在《太平洋报》刊出《曾存吴画例》。

在《太平洋报》刊出陈师曾简笔画《淮南鸡犬》。

5月16日（农历三月三十日），在《太平洋报》发表《李叔同书例》，内容形式与5月11日所刊同。

在《太平洋报》刊出《曾存吴画例》。

在《太平洋报》刊出陈师曾简笔画《乞食二》。

刊于1912年5月12日《太平洋报》的美术广告“商文印刷”。

在《太平洋报》刊出《文美会第一回开会之盛况》，曰：“速开第一回月会之理由：文美会以研究文学、美术为宗旨。阳历三月即已成立，发起人为柳亚庐、叶楚伧、朱少屏、李息霜、曾存吴诸氏，照章每月须开例会一次，因同人事务繁忙，第一回月会原拟本月底举行，而文学书画家陈师曾（即朽道人）、范彦殊二君向在南通州主持政教，日前适以事来沪，良朋快聚……赶于十四日午后四时在三马路大新街天兴楼上开第一回月会……亦可谓空前之韵事也。地点之意外适宜：原拟借愚园或孱虹园一席之地，陈列文艺品及会友小集，而以上各地稍嫌偏远……屋宇于陈列品物亦未必适用。会期已迫而会场未定，同人非常焦灼。忽有谓天兴酒楼后楼有屋三楹，足□应用者。不得已而定……”

5月17日（农历四月初一日），在《太平洋报》发表《李叔同书例》，内容形式与5月11日所刊同。

在《太平洋报》刊出陈师曾简笔画《乞食三》。

在《太平洋报》刊出《城东女学国文一斑》（续前），刊出雪子长诗一首。评语曰：“掷地作金石声，不作细响。人中虎耶！文中龙耶！谁

① 王震：《20世纪上海美术年表》（上海书画出版社2005年1月版）综合《太平洋报》消息记曰：“1912年5月14日，文美会第一次雅集。在三马路大新街天兴楼酒馆举行。到会成员20余人，李梅庵（即玉梅花庵道士）、吴昌硕，亦以来宾资格出席，并当场挥毫。其中13人出交换品20余件。蒋卓如、朽道人、范彦珠、诸贞长、费公直、柳亚子、余天遂、严诗盦、黄宾虹、叶楚伧、夏笑盦、李叔同、曾存吴皆有出品。出卖品20余件，其中有李梅庵、朽道人、李叔同、曾存吴、沈筱庄等作品中。参考品另陈列一室，有曾存吴所藏日本文部省美术展览会之选品及日本西洋画家之画集多种，朱少屏所藏古画多种。”

② 王震：《20世纪上海美术年表》（上海书画出版社2005年1月版）综合《太平洋报》消息记曰：“1912年5月15日，日本赤甕会第一回美术展览在上海三会堂举行，该会为东京美术学校洋画科卒业生所组织，至21日止。我国曾延年、李叔同亦在此会。”

谓巾帼中无英雄也!”在《太平洋报》刊出《文美会第一回开会之盛况》(续),曰:“陈列品之种种可观:是日因会期定于仓猝,发表甚迟,而到会者尚有二十余人之多。李梅庵(即玉梅花庵道士)、吴昌硕□先生亦以客员资格来襄盛举,且皆临时挥毫……出交换品共十三人,一人有出二件或四件者,共得二十余件。其中最可宝贵者为八十二岁老人蒋卓如先生书联(文曰:‘以人为纪,得天之时’),又朽道人之梅花条幅,枝干皆用篆法画成,古香古色,洵推杰作……李息霜、曾存吴诸氏或录旧诗,或抒新采……李息霜氏以篆法书英字,自成派别而不伤雅。所书系英国大文豪沙翁之诗,体裁恰好……”

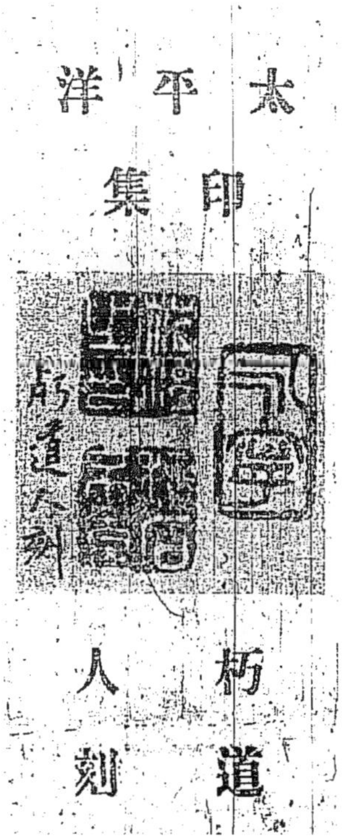

刊于1912年5月13日《太平洋报》的陈师曾篆刻三方。

5月18日(农历四月初二日),在《太平洋报》发表《李叔同书例》,内容形式与5月11日所刊同。

在《太平洋报》刊出陈师曾简笔画《蜗之居不可庐,蜗之角不可触,小山之石食其肉》。

在《太平洋报》刊出《文美会第一回开会之盛况》(续),曰:“杂志之特色:同人制作品……妆成一册,名曰《文美》。”(其中有《李庐印谱序》和油画《盼》。《盼》被誉为“以洋画笔墨,写优美之意,实为我国画界之创格。”)“交换书画品之愉快:会友十三人共出交换品二十余件。尊酒微醺之际由李曾二氏用抽签法彼此互换”(抽签交换中,获得范彦殊诗扇一柄。自书作品被曾孝谷获得,后复被严诗庵换去。)

5月19日(农历四月初三日),在《太平洋报》刊出《曾存吴画例》。

在《太平洋报》刊出陈师曾简笔画《一架紫云呼不起,任他吹浪点证衣》。**按:**是日《太平洋报》刊出《苏曼殊君来信》,曰:“苏曼殊君昨自日本东京寄书海上友人叶楚伧、李息霜、朱少屏、费天健、柳亚子诸子……”

文美會第一次例會今日開催

今日午後四點鐘開第一次例會于三馬路大新街新桂戲園對過天興樓內敬乞會員諸君惠臨至幸

刊于1912年5月14日《太平洋报》的《文美会第一次例会今日开催》。

5月20日(农历四月初四日),在《太平洋报》发表《李叔同书例》,内容形式与5月11日所刊同。

在《太平洋报》刊出《曾存吴画例》。

在《太平洋报》刊出陈师曾简笔画一幅(花草,无题)。

5月21日(农历四月初五日),在《太平洋报》刊出《曾存吴画例》。

在《太平洋报》刊出陈师曾简笔画《香兰开一个,善果说三声》。

刊于1912年5月15日《太平洋报》的陈师曾简笔画《淮南鸡犬》。

5月22日（农历四月初六日），在《太平洋报》刊出《曾存吴画例》。

在《太平洋报》刊出陈师曾简笔画《麦秀》。

在《太平洋报》刊出《城东女学学员著作》，刊登“旧友聂诸英述”之文章。

在《天铎报》发表《诛卖国贼——不杀熊希龄，不能救吾国》。署名“成蹊”。**按：**此文福建人民出版社2019年12版《弘一大师全集》（第3版，修订2版）未收录。全文见郭长海、郭君兮编《李叔同集》，天津人民美术出版社2006年6月版，第64—65页。

刊于1912年5月16日《太平洋报》的陈师曾简笔画《乞食二》。

5月23日（农历四月初七日），参与发起的国学商兑会，在是日《太平洋报》发表《国学商兑会章程》。一同发起的还有：高吹万、高天梅、姚石子、蔡哲夫、叶楚伧、姚鹓雏、柳亚子、胡朴安、余天遂、杜百举、陈蜕盦、周人菊、文雪吟等。该章程曰“本会以扶持国故，交换旧闻为宗旨”。[①]

在《太平洋报》刊出《曾存吴画例》。

5月24日（农历四月初八日），在《太平洋报》刊出《曾存吴画例》。

在《太平洋报》刊出《城东女学学员著作》，刊登聂诸英女士《秋愁》《辛亥新正月与学友黄君影于津门有感而赋》二诗。

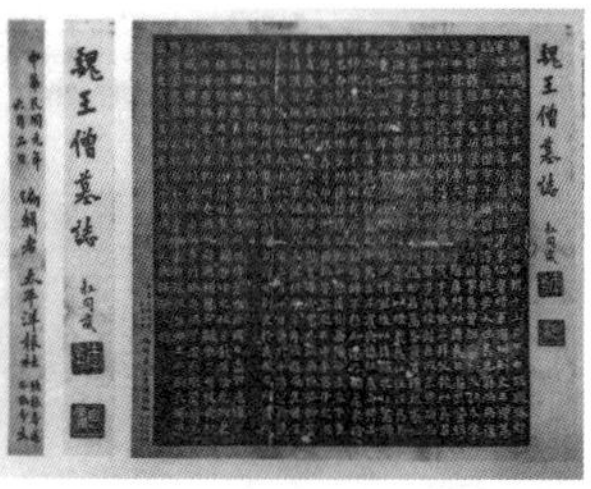
李叔同藏并题《魏王僧墓志》。

5月25日（农历四月初九日），在《太平洋报》刊出《曾存吴画例》。

在《太平洋报》刊出陈师曾简笔画《落月挂柳看悬珠》。

5月27日（农历四月十一日），在《太平洋报》发表《李叔同书例》，内容形式与前不同。

在《太平洋报》刊出《曾存吴画例》。

5月28日（农历四月十二日），在《太平洋报》发表《李叔同书例》，内容形式与5月27日所刊同。

在《太平洋报》刊出《曾存吴画例》。

---

① 1912年6月30日《太平洋报》载：国学商兑会于金山张堰镇举行成立大会，决议文美会并入该会。王震：《20世纪上海美术年表》综合《太平洋报》消息记曰：“1912年5月23日，国学商兑会章程刊行。该会由高吹万、高天梅、姚石子、蔡哲夫、叶楚伧、姚鹓雏、柳亚子、胡朴庵、李叔同、余天遂、杜百举、陈蜕盦、周人菊、文雪吟等人发行。该会以扶持国故交换旧闻为宗旨。美术学附之。文美会并入。”

5月29日（农历四月十三日），在《太平洋报》发表《李叔同书例》，内容与实行与5月27日所刊同。

李叔同“城东女学”手迹。

5月30日（农历四月十四日），在《太平洋报》发表《李叔同书例》，内容形式与5月27日所刊同。

在《太平洋报》刊出《朽道人陈师曾先生书画篆刻》（润例）。**按：**是日《太平洋报》“文艺批评”栏目刊文曰：“吴缶庐为今世之杨龙石，金钩铁书，推倒侪辈，而李息霜、陈师曾二君亦瑜亮并世，竞爽一时。其得意之作曾刊本报文艺录中。昨蔡冶民携王长楚君所镌石章一方相贻，文为楚伧二字，石黝质紫纹，古色盎然，以配刊文，询成双绝。”

5月31日（农历四月十五日），在《太平洋报》发表《李叔同书例》，内容形式与5月27日所刊同。

在《太平洋报》刊出《曾存吴画例》。

5月，所设计图案并题签的《南社社友通讯录》第三次修订本印行出版，被认为“古色古香，弥觉悦目。”①

在《太平洋报》社中接待李涛痕来访，并小宴晤谈。

刊于1912年5月18日《太平洋报》的美术广告“北京新中华报”。

6月1日（农历四月十六日），在《太平洋报》刊出《曾存吴画例》。

为《太平洋报》另印一张《太平洋画报》，随报奉送。**按：**苏曼殊小说《断鸿零雁记》移入《太平洋画报》连载。《太平洋画报》停刊后复在《太平洋报》连载。关于此，柳亚子有剪报和抄件题记：“《断鸿零雁记》改印入《太平洋画报》。兹从画报抄录。应有图，此无。盖抄时未画也。《太平洋画报》至七月一日为止，二日起停刊。七月七日起，《断鸿零雁记》十三章继续在《太平洋报》旧版登载，仍继续抄录。《画报》登至十三章终而止。八月七日止，上卷登载完结。下卷未见，脱稿否亦不详。廿八年十一月柳亚子记。”②

6月2日（农历四月十七日），在《太平洋报》发表《李叔同书例》，内容形式与5月27日所刊同。

在《太平洋报》刊出《曾存吴画例》。

在《太平洋报》刊出陈师曾篆刻三方。

---

① 劲草：《南社影事·四·南社中叶时期》，载上海《杂志》第12卷第5期。转引自宗教文化出版社1995年8月版林子青编著《弘一法师年谱》第64页。

② 录自郭长海：《考证三则》，收《莲馆弘谭·2018》，西泠印社出版社2018年12月版，第114—120页。其中“《画报》登至十三章终而止”中的“十三”疑为“十二”。

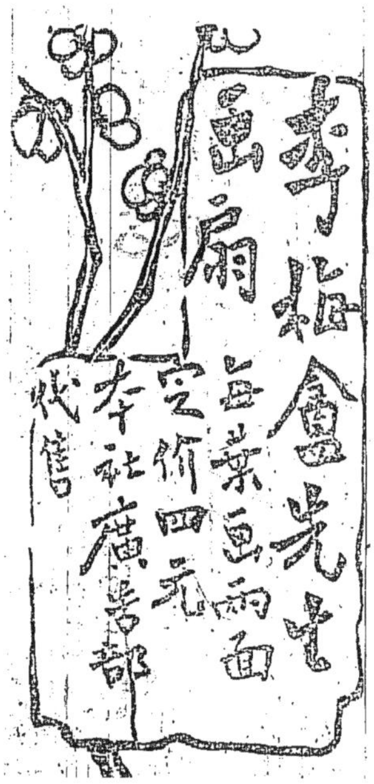

刊于1912年5月19日《太平洋报》的美术广告“李梅盦先生画扇”。

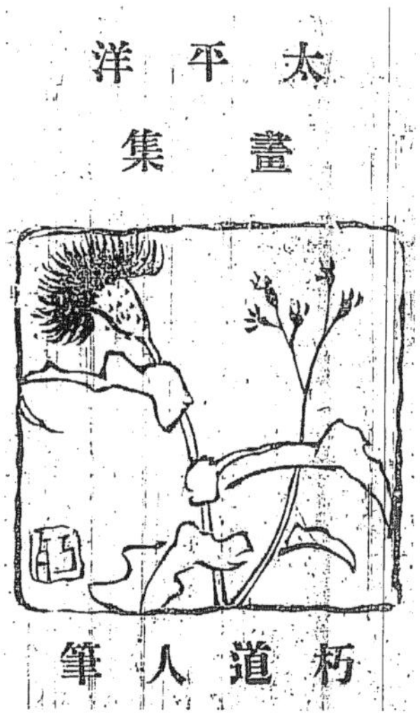

刊于1912年5月20日《太平洋报》的陈师曾简笔画。

在《太平洋报》刊出《平明会》，介绍城东女学艺术活动。

将《魏王僧墓志》（题“魏王僧墓志”，及“叔同藏”，钤印“李布衣”、“息霜”）印出。并书：“中华民国元年六月二日，编辑者：太平洋报社，随报奉送，不取分文”。[1]

6月3日（农历四月十八日），在《太平洋报》发表《李叔同书例》，内容形式与5月27日所刊同。

6月4日（农历四月十九日），在《太平洋报》发表《李叔同书例》，内容形式与5月27日所刊同。

在《太平洋报》刊出《朽道人陈师曾先生书画篆刻》（润例）。

随《太平洋报》奉送的《太平洋画刊》将印有《李庐印谱序》的《文美》第三页刊出，并书：“中华民国元年六月四日，编辑者：太平洋报社，随报奉送，不取分文”《李庐印谱序》署名息霜，曰：“……不佞僻处海隅，昧道懵学，结习所在，古欢遂多。爰取所藏名刻，略加排辑，复以手作，置诸后编，颜曰《李庐印谱》……”同时刊出李苦李刻印。

6月5日（农历四月廿日），在《太平洋报》发表《李叔同书例》，内容形式与5月27日所刊同。

在《太平洋报》刊出《曾存吴画例》。

6月6日（农历四月廿一日），在《太平洋报》发表《李叔同书例》，内容形式与5月27日所刊同。

6月7日（农历四月廿二日），在《太平洋报》发表《李叔同书例》，内容形式与5月27日所刊同。

在《太平洋报》刊出陈师曾篆刻两方。

6月8日（农历四月廿三日），在《太平洋报》发表《李叔同书例》，内容形式与5月27日所刊同。

在《太平洋报》刊出《城东女学第十次游艺大会之先声》。

6月9日（农历四月廿四日），在《太平洋报》发表《李叔同书例》，内容形式与5月27日所刊同。

① 图版见平湖市李叔同纪念馆编：《李叔同当湖书印文辑》，西泠印社出版社2015年10月版，上册第103页。

在《太平洋报》刊出《征求讽刺画第一次发表》。

在《太平洋报》刊出《征求讽刺画》。

在《文美》上刊出书法（书吴昌硕诗），款识“李息霜写缶庐诗”；钤印“李布衣”。

是日随《太平洋报》附送的《太平洋画报》有书吴昌硕诗，署“李叔同书”。

6月10日（农历四月廿五日），在《太平洋报》发表《李叔同书例》，内容形式与5月27日所刊同。

在《太平洋报》刊出《征求讽刺画》。

在《太平洋报》刊出《征求讽刺画第一次发表》。

6月11日（农历四月廿六日），在《太平洋报》发表《李叔同书例》，内容形式与5月27日所刊同。

在《太平洋报》刊出《征求讽刺画》。

在《太平洋报》刊出《征求讽刺画第一次发表》。

6月12日（农历四月廿七日），在《太平洋报》刊出《征求讽刺画第二次发表》。

在《太平洋报》刊出《征求讽刺画》。

6月13日（农历四月廿八日），在《太平洋报》发表《李叔同书例》，内容形式与5月27日所刊同。

在《太平洋报》刊出《征求滑稽讽刺画稿》。

在《太平洋报》刊出《征求滑稽讽刺画第三次发表》。

6月14日（农历四月廿九日），在《太平洋报》刊出《征求滑稽讽刺画稿》。

6月15日（农历五月初一日），在《太平洋报》发表《李叔同书例》，内容形式与5月27日所刊同。

在《太平洋报》刊出《征求滑稽讽刺画稿》。

在《太平洋报》“征求学生毛笔画”活动。

在《太平洋报》刊出陈师曾简笔画《东坡茶铫》。

6月15日至7月13日间（农历五月），为陈万里撰四字横幅“鼓吹

刊于1912年5月24日《太平洋报》的美术广告“平民日报”。

李叔同書例

名刺　一元
扇子　一元
三四尺聯　二元
五尺以上聯　三元
橫竪幅與聯例同
三四尺屏四幅　三元
五尺以上屏四幅　六元
四幅以上者照加
餘件另議先潤後墨
件交太平洋報館廣告部

刊于1912年5月27日《太平洋报》的《李叔同书例》。

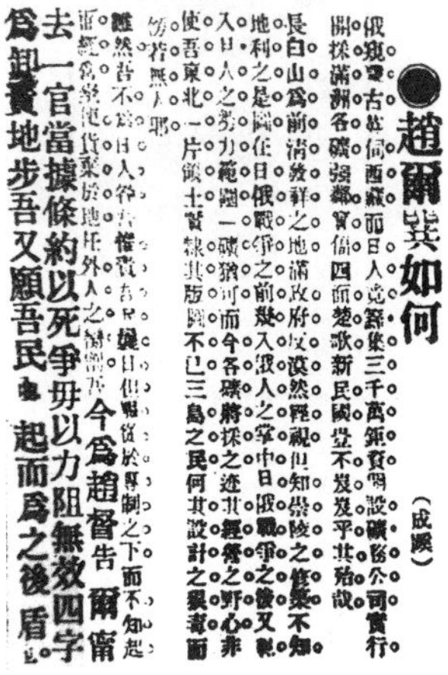
趙爾巽如何

今爲趙督告爾甯
去一官當據條約以死爭毋以力阻無效四字
爲卸責地步吾又願吾民起而爲之後盾

李叔同发表在《天铎报》的《赵尔巽如何》。

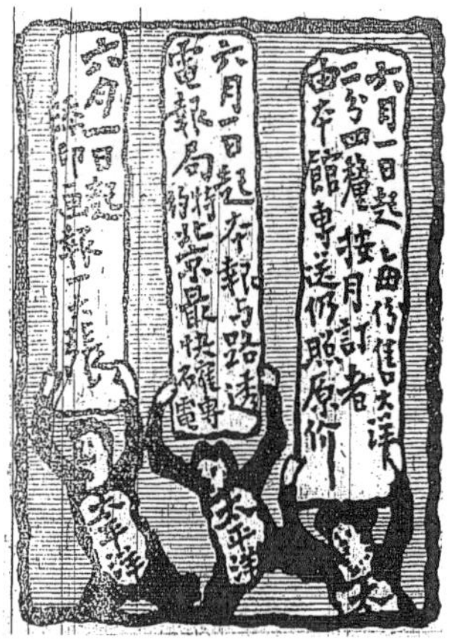

刊于1912年6月1日《太平洋报》的美术广告“太平洋”。

文明”。时陈万里兴新剧。[①]

6月16日（农历五月初二日），在《太平洋报》刊出《私立城东女学第十周第十次游艺会鬻艺助学》，其姓名列为售券处之一《太平洋报》代理。

在《太平洋报》刊出《征求滑稽讽刺画稿》。

6月17日（农历五月初三日），在《天铎报》发表《闻济南兵变慨言》，署名“成蹊”。**按：**福建人民出版社2019年12月版《弘一大师全集》（第3版，修订2版）未收录。全文见郭长海、郭君兮编《李叔同集》，天津人民美术出版社2006年6月版，第65页。

城东女学学生合影。（余大风提供）

在《太平洋报》继续刊出《私立城东女学第十周第十次游艺会鬻艺助学》，其姓名列为售券处之一：“太平洋报馆李叔同君。”

在《太平洋报》刊出《征求滑稽讽刺画稿》。

6月18日（农历五月初四日），在《太平洋报》发表《李叔同书例》，内容形式与5月27日所刊同。

在《太平洋报》刊出《征求滑稽讽刺画第四次发表》。

在《太平洋报》刊出《征求滑稽讽刺画稿》。

在《太平洋报》继续刊出《私立城东女学第十周第十次游艺会鬻艺助学》，售券处之一《太平洋报》代理人改为朱少屏。

在《太平洋报》刊出陈师曾简笔画一幅（无题）。

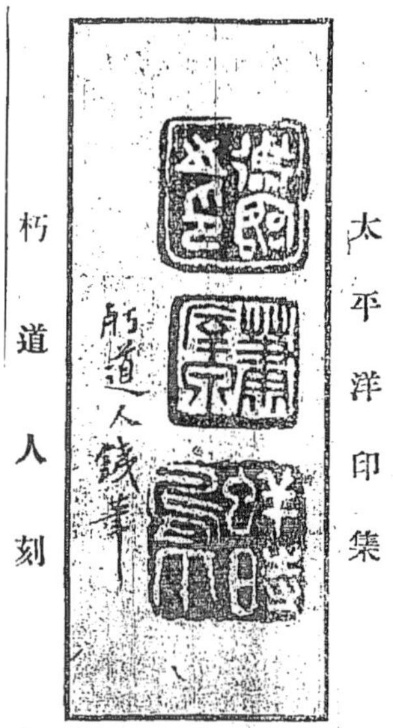

刊于1912年6月2日《太平洋报》的陈师曾篆刻三方。

6月19日（农历五月初五日），在《太平洋报》发表《李叔同书例》，内容形式与5月27日所刊同。

在《太平洋报》刊出《征求滑稽讽刺画稿》。

在《太平洋报》刊出《征求滑稽讽刺画第五次发表》。

在《太平洋报》刊出陈师曾简笔画《行曾观治乱收展问阴情》。

6月20日（农历五月初六日），在《天铎报》发表《赵尔巽如何》，署名“成蹊”。**按：**福建人民出版社2019年12月版《弘一大师全集》（第3版，修订2版）未收录。全文见郭长海、郭君兮编《李叔同集》，天津人民美术出版社2006年6月版，第66页。

在《太平洋报》继续刊出《私立城东女学第十周第十次游艺会鬻艺助学》，售券处之一《太平洋报》代理人为朱少屏。

---

① 王维军：《李叔同沪上居址行迹考》，收《当湖人家》，天津人民美术出版社2017年8月版，李叔同（弘一大师）部分第139页。

在《太平洋报》刊出《征求滑稽讽刺画稿》。

在《太平洋报》刊出陈师曾简笔画《心地生生诸种因事亦生理果满菩提缘华开世界起》。

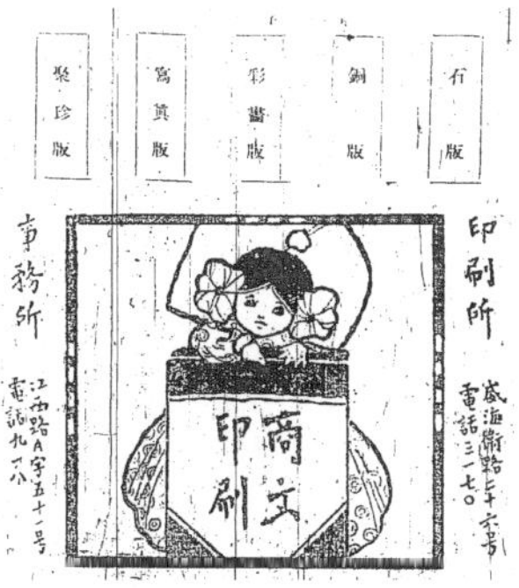

刊于1912年6月6日《太平洋报》的美术广告“商文印刷”。

6月21日（农历五月初七日），在《太平洋报》发表《李叔同书例》，内容形式与5月27日所刊同。

在《太平洋报》刊出陈师曾简笔画《悬灯》。

在《太平洋报》刊出《征求滑稽讽刺画第六次发表》。

在《太平洋报》刊出《征求滑稽讽刺画稿》。

在《太平洋报》继续刊出《私立城东女学第十周第十次游艺会鬻艺助学》，售券处之一《太平洋报》代理人为朱少屏。

在《太平洋报》刊出《致痴人》：

痴人鉴：

来稿《中国之出产》之画意，乞速详示。以后投稿，乞将画意详细注明，至要。①

6月22日（农历五月初八日），在《太平洋报》发表《李叔同书例》，内容形式与5月27日所刊同。

在《太平洋报》刊出陈师曾简笔画《清湘遗景》。

在《太平洋报》继续刊出《私立城东女学第十周第十次游艺会鬻艺助学》，售券处之一《太平洋报》代理人为朱少屏。

在《太平洋报》刊出《征求滑稽讽刺画稿》。

6月23日（农历五月初九日），在《太平洋报》发表《李叔同书例》，内容形式与5月27日所刊同。

在《太平洋报》刊出《征求滑稽讽刺画稿》。

曾为之募捐的城东女学举行校庆十周年之第十次游艺会。②

在《太平洋报》刊出《征求滑稽讽刺画第七次发表》。

在《太平洋报》继续刊出《私立城东女学第十周第十次游艺会鬻艺助学》，售券处之一《太平洋报》代理人为朱少屏。

6月24日（农历五月初十日），在《太平洋报》发表《李叔同书例》，内容形式与5月27日所刊同。

---

① 痴人为《太平洋报》“征求滑稽讽刺画”的投稿者。其《中国之出产》后在6月23日《征求滑稽讽刺画第七次发表》中被列为二等，署名“南洋大学　痴人”。

②《私立城东女学第十周第十次游艺会鬻艺助学》，载1912年6月16日《太平洋报》。

在《太平洋报》刊出《征求滑稽讽刺画稿》。

6月25日（农历五月十一日），在《太平洋报》发表《李叔同书例》，内容形式与5月27日所刊同。

在《太平洋报》刊出《征求滑稽讽刺画稿》。

在《太平洋报》刊出《征求滑稽讽刺画第八次发表》。

6月30日（农历五月十六日），参与创办的国学商兑会在金山张堰镇举行成立大会。大会决定文美会并入。

6月下旬（农历五月初六日至十六日间），《无尽庵遗集》出版。**按：**其封面及五种栏目扉页由李叔同所作。

7月1日（农历五月十七日），在《太平洋报》刊出《征求滑稽讽刺画稿》。

在《太平洋报》刊出《征求小学校学生毛笔画稿新规则》。

7月2日（农历五月十八日），在《太平洋报》发表《李叔同书例》，更新内容形式：

名刺一元；
扇子一元；
三四尺联二元；
五尺以上三元；
横竖幅与联例同；
三四尺屏四幅三元；
五尺以上屏四幅六元；
四幅以上者照加；
余件另议，先润后墨。
件交本社广告部内。

徵求諷刺畫第一次發表
二等 陳抱一 一幅 北四川路六六
選外佳作 陳抱一 二幅
以上三幅登入本月十五日及十七日石印附張

1912年6月9日《太平洋报》刊出的《征求讽刺画第一次发表》。

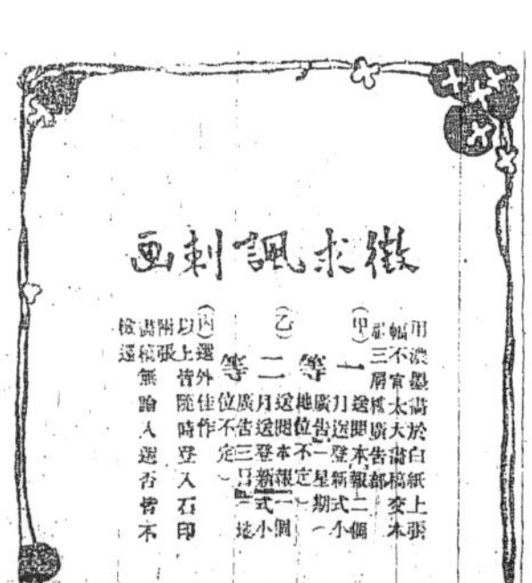
徵求諷刺畫
（甲）
（乙） 一等 二等
（丙） 以上選外佳作隨時登入石印附張

1912年6月9日《太平洋报》刊出的《征求讽刺画》。

在《太平洋报》刊出《征求滑稽讽刺画稿》。

7月3日（农历五月十九日），在《太平洋报》发表《李叔同书例》，内容形式与7月2日所刊同。

7月4日（农历五月廿日），在《太平洋报》发表《李叔同书例》，内容形式与7月2日所刊同。

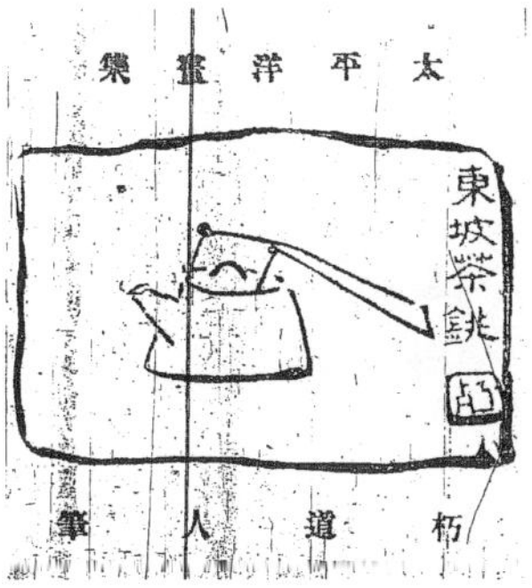

1912年6月15日《太平洋报》刊出的陈师曾简笔画《东坡茶铫》。

7月5日（农历五月廿一日），在《太平洋报》发表《李叔同书例》，内容中交件处有更新：

名刺一元；
扇子一元；
三四尺联二元；
五尺以上三元；
横竖幅与联例同；
三四尺屏四幅三元；
五尺以上屏四幅六元；
四幅以上者照加；
余件另议，先润后墨。
件交本社许晚园君代收。

7月6日（农历五月廿二日），在《太平洋报》发表《李叔同书例》，内容形式与7月5日所刊同。

7月7日（农历五月廿三日），在《太平洋报》发表《李叔同书例》，内容形式与7月5日所刊同。

7月8日（农历五月廿四日），在《太平洋报》发表《李叔同书例》，内容形式与7月5日所刊同。

在《太平洋报》刊出《朽道人书画篆刻》（润例）。

7月9日（农历五月廿五日），在《太平洋报》发表《李叔同书例》，内容形式与7月5日所刊同。

在《太平洋报》刊出《朽道人书画篆刻》（润例）

7月10日（农历五月廿六日），在《太平洋报》发表《李叔同书例》，内容形式与7月5日所刊同。

在《太平洋报》刊出《朽道人书画篆刻》（润例）。

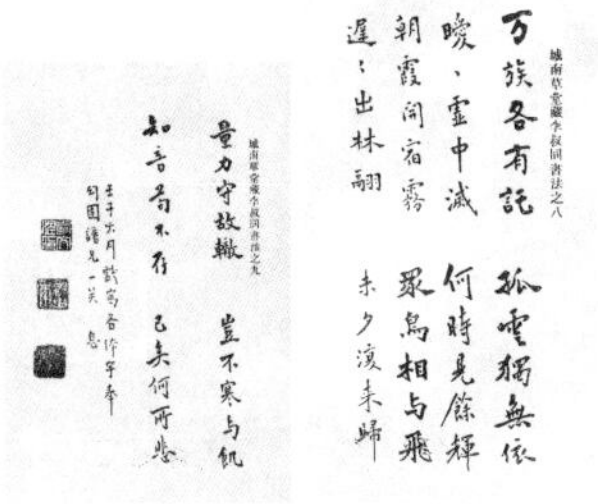

李叔同以各体字戏书陶渊明《泳贫士》诗之一赠许幻园手迹。

7月11日（农历五月廿七日），在《太平洋报》发表《李叔同书例》，内容形式与7月5日所刊同。

1912 年 6 月 18 日《太平洋报》的美术广告“北京国事新闻”。

7 月 12 日（农历五月廿八日），在《太平洋报》发表《李叔同书例》，内容形式与 7 月 5 日所刊同。

在《太平洋报》刊出《朽道人书画篆刻》（润例）。

7 月 13 日（农历五月廿九日），在《太平洋报》发表《李叔同书例》，内容形式与 7 月 5 日所刊同。

在《太平洋报》刊出《朽道人书画篆刻》（润例）。

7 月 14 日（农历六月初一日），《南社丛刊》第 5 集出版，收《满江红·民国肇造有感》（词）。

在《太平洋报》发表《李叔同书例》，内容形式与 7 月 5 日所刊同。

在《太平洋报》刊出《朽道人书画篆刻》（润例）。

1912 年 6 月 18 日《太平洋报》刊出的《征求滑稽讽刺画第四次发表》。

7 月 14 日至 8 月 12 日间（农历六月），以各体字戏书陶渊明《泳贫士》诗之一赠许幻园。款识“壬子六月，戏写各体字奉幻园谱兄一笑，息”。[①] **按：**曾刊于 1927 年 8 月 26 日《小说世界》第 16 卷第 9 期。

李苦李为刻印章“李息息霜”（朱文），边款“壬子六月为息霜先生刻。苦李”。

吴在应请为刻印章“李息”（白文），边款“吴在应李息命。壬子六月”。

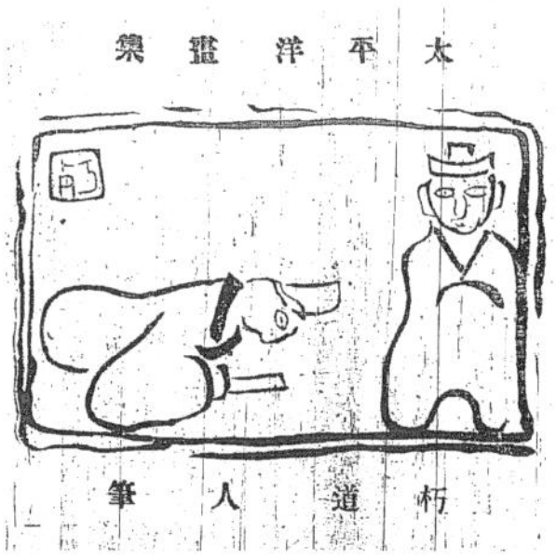

1912 年 6 月 18 日《太平洋报》刊出的陈师曾简笔画。

7 月 15 日（农历六月初二日），在《太平洋报》发表《李叔同书例》，内容形式与 7 月 5 日所刊同。

在《太平洋报》刊出《朽道人书画篆刻》（润例）。

7 月 16 日（农历六月初三日），在《太平洋报》发表《李叔同书例》，内容形式与 7 月 5 日所刊同。

在《太平洋报》刊出《朽道人书画篆刻》（润例）。

7 月 17 日（农历六月初四日），在《太平洋报》发表《李叔同书例》，内容形式与 7 月 5 日所刊同。

在《太平洋报》刊出《朽道人书画篆刻》（润例）。

7 月 18 日（农历六月初五日），在《太平洋报》发表《李叔同书例》，内容形式与 7 月 5 日所刊同。

① 该书曾以《弘一法师未出家时书法》之题刊于 1942 年《慧灯月刊》第 7 期。

在《太平洋报》刊出《朽道人书画篆刻》（润例）。

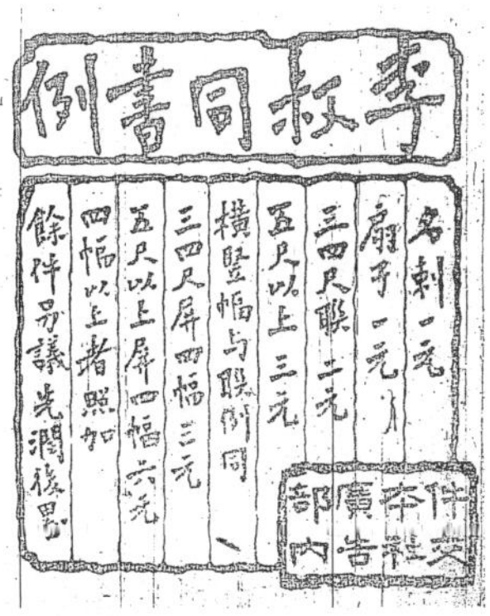

1912 年 7 月 2 日《太平洋报》刊出《李叔同书例》。

7 月 19 日（农历六月初六日），在《太平洋报》发表《李叔同书例》，内容形式与 7 月 5 日所刊同。

在《太平洋报》刊出《朽道人书画篆刻》（润例）。

7 月 20 日（农历六月初七日），在《太平洋报》发表《李叔同书例》，内容形式与 7 月 5 日所刊同。

在《太平洋报》刊出《朽道人书画篆刻》（润例）。

7 月 21 日（农历六月初八日），在《太平洋报》发表《李叔同书例》，内容形式与 7 月 5 日所刊同。

在《太平洋报》刊出《朽道人书画篆刻》（润例）。

按：该日《太平洋报》“文艺批评”栏目内有《天籁阁四种》介绍文。有研究者以为系李叔同所作。[①]

7 月 22 日（农历六月初九日），在《太平洋报》发表《李叔同书例》，内容形式与 7 月 5 日所刊同。

在《太平洋报》刊出《朽道人书画篆刻》（润例）。

7 月 23 日（农历六月初十日），在《太平洋报》发表《李叔同书例》，内容形式与 7 月 5 日所刊同。

在《太平洋报》刊出《朽道人书画篆刻》（润例）。

在《太平洋报》发表诗《人病》。署名“微阳”。[②]

7 月 24 日（农历六月十一日），在《太平洋报》发表《李叔同书例》，内容形式与 7 月 5 日所刊同。

在《太平洋报》刊出《城东女学书画研究会开会》消息。

7 月 25 日（农历六月十二日），在《太平洋报》发表《李叔同书例》，内容形式与 7 月 5 日所刊同。

在《太平洋报》刊出《朽道人书画篆刻》（润例）。

7 月 26 日（农历六月十三日），在《太平洋报》发表《李叔同书

① 郭长海、郭君兮编：《李叔同集》附录《李叔同事迹系年》“1912 年条目”，天津人民美术出版社 2006 年 6 月版，第 265 页。
② 该诗作于 1906 年。

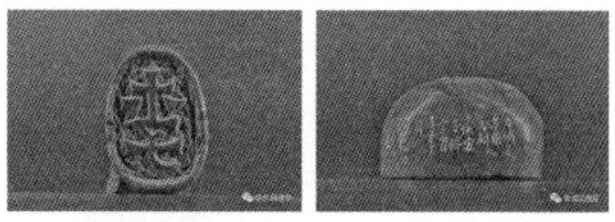

经亨颐为李叔同刻“李”（朱文）。顽石生刻边款。

李叔同書例

名刺一元
扇子一元
三四尺聯二元
五尺以上三元
橫豎幅與聯例同
三四尺屏四幅三元
五尺以上屏四幅六元
四幅以上者照加
餘件另議先潤後墨

件交本社許晚園君代收

1912 年 7 月 5 日《太平洋报》刊出的《李叔同书例》，交件处有更新。

城東女學書畫研究會開會

陰曆六月初八日即陽曆七月二十一日南市竹行弄城東女社書畫會於午前九時開會當由沈[illegible]汪藹六兩書畫專主任教授聞沈汪兩君於書畫研究功深當不難於旬月之間收極大效果同志會員已得十餘人并悉於閉會之前一日開成績展覽會邀請知名士批評云

1912 年 7 月 24 日《太平洋报》刊出的《城东女学书画研究会开会》。

例》，内容形式与 7 月 5 日所刊同。

在《太平洋报》刊出《朽道人书画篆刻》（润例）。

7 月 27 日（农历六月十四日），在《太平洋报》发表《李叔同书例》，内容形式与 7 月 5 日所刊同。

7 月 28 日（农历六月十五日），在《太平洋报》发表《李叔同书例》，内容形式与 7 月 5 日所刊同。

在《太平洋报》刊出《朽道人书画篆刻》（润例）

7 月 29 日（农历六月十六日），在《太平洋报》发表《李叔同书例》，内容形式与 7 月 5 日所刊同。

在《太平洋报》刊出《朽道人书画篆刻》（润例）。

7 月 30 日（农历六月十七日），在《太平洋报》发表《李叔同书例》，内容形式与 7 月 5 日所刊同。

在《太平洋报》刊出《朽道人书画篆刻》（润例）。

7 月 31 日（农历六月十八日），在《太平洋报》发表《李叔同书例》，内容形式与 7 月 5 日所刊同。

在《太平洋报》刊出《朽道人书画篆刻》（润例）。

夏，在上海作诗《题丁慕琴绘〈黛玉葬花图〉二绝》。[①]

8 月 1 日（农历六月十九日），在《太平洋报》发表《李叔同书例》，内容形式与 7 月 5 日所刊同。

在《太平洋报》刊出《朽道人书画篆刻》（润例）。

8 月 2 日（农历六月廿日），在《太平洋报》发表《李叔同书例》，内容形式与 7 月 5 日所刊同。

在《太平洋报》刊出《朽道人书画篆刻》（润例）。

8 月 3 日（农历六月廿一日），在《太平洋报》发表《李叔同书例》，内容形式与 7 月 5 日所刊同。

① 福建人民出版社 2019 年 12 月版《弘一大师全集》（第 3 版，修订 2 版）第八册・文艺卷、杂著卷、书信卷第 36 页收录，标“一九一二年作于上海”。

在《太平洋报》刊出《朽道人书画篆刻》(润例)。

8月4日(农历六月廿二日),在《太平洋报》发表《李叔同书例》,内容形式与7月5日所刊同。

手迹“禁烟消息”用于《太平洋报》。

在《太平洋报》刊出《朽道人书画篆刻》(润例)。

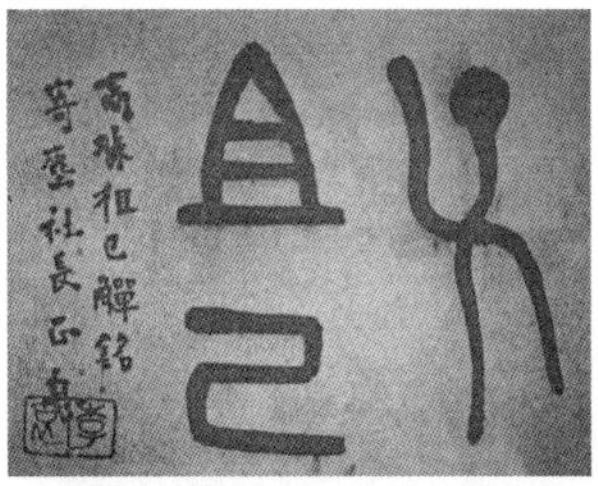

李叔同书临商代金文赠南社社友胡寄尘字幅。

8月5日(农历六月廿三日),在《太平洋报》发表《李叔同书例》,内容形式与7月5日所刊同。

手迹“禁烟消息”用于《太平洋报》。

在《太平洋报》刊出《朽道人书画篆刻》(润例)。

浙江省立两级师范学校教学楼。(资料来源:杭州师范大学校史馆)

8月6日(农历六月廿四日),在《太平洋报》发表《李叔同书例》,内容形式与7月5日所刊同。

8月7日(农历六月廿五日),在《太平洋报》发表《李叔同书例》,内容形式与7月5日所刊同。

浙江省立两级师范学校音乐教室。(资料来源:杭州师范大学校史馆)

8月8日(农历六月廿六日),在《太平洋报》发表《李叔同书例》,内容形式与7月5日所刊同。

8月9日(农历六月廿七日),在《太平洋报》发表《李叔同书例》,内容形式与7月5日所刊同。

按:有书赠寄庵(胡寄尘)赵秋谷诗,题款“壬子立秋节后,寄庵先生命息写赵秋谷诗”。① 前日,即8月8日立秋。

8月10日(农历六月廿八日),在《太平洋报》发表《李叔同书例》,内容形式与7月5日所刊同。

浙江省立两级师范学校钟楼。(资料来源:杭州师范大学校史馆)

8月11日(农历六月廿九日),在《太平洋报》发表《李叔同书例》,内容形式与7月5日所刊同。

8月12日(农历六月三十日),在《太平洋报》发表《李叔同书例》,内容形式与7月5日所刊同。

---

① 图版见平湖市李叔同纪念馆编:《李叔同当湖书印文辑》(下),西泠印社出版社2015年10月版,第260页。此书后载1924年2月19日《半月》第3卷第11期和1927年1月29日《小说世界》第15卷第5期。

吴在应请为刻印章“李布衣”（白文），边款“尗同命吴在刻。壬子六月三十日。尗同以徐星舟、陈师曾所刻李布衣三字印见眎，且出此石嘱刻，余率应之，愧涂陈多矣。在记”。

浙江省立两级师范学校于1913年7月改校名为浙江省立第一师范学校。今杭州高级中学为浙一师原址。此为今杭州高级中学内的“浙江省立第一师范学校标识（经亨颐题）。摄于2016年2月。

8月13日（农历七月初一日），在《太平洋报》发表《李叔同书例》，内容形式与7月5日所刊同。

8月16日（农历七月初四日），在《太平洋报》发表《李叔同书例》，内容形式与7月5日所刊同。

8月17日（农历七月初五日），在《太平洋报》发表《李叔同书例》，内容形式与7月5日所刊同。

8月18日（农历七月初六日），在《太平洋报》发表《李叔同书例》，内容形式与7月5日所刊同。

8月19日（农历七月初七日），在《太平洋报》发表《李叔同书例》，内容形式与7月5日所刊同。**按：**是日《太平洋报》刊出《少屏启事》，言稿件寄交人，其中曰“广告交许晚园君”。可知此时李叔同即将离开报社。

8月21日（农历七月初九日），在《太平洋报》发表《李叔同书例》，内容形式与7月5日所刊同。

8月22日（农历七月十日），在《太平洋报》发表《李叔同书例》，内容形式与7月5日所刊同。

在《太平洋报》发表《城东女学书画研究会成绩》，署名“息”。

8月23日，（农历七月十一日），在《太平洋报》发表《李叔同书例》，内容形式与7月5日所刊同。

在《太平洋报》续刊《城东女学书画研究会成绩》，署名“息”。**按一：**此后离开《太平洋报》赴杭州浙江省立两级师范学校任教。[①] **按二：**李叔同书赠城东女学诸多作品，计有书法“寿”、“囍”、“游艺”、“演坛”等。**按三：**李叔同离开《太平洋报》后，该报文艺副刊主笔由胡寄尘接任。李叔同曾临商代金文赠胡寄尘。款识“商《赊祖巳解铭》，寄

① 《太平洋报》于是年10月18日出版最后一日报纸后因经济问题停刊。

尘社长正。息"，钤印"李哀"。

8月24日（农历七月十二日），在《太平洋报》发表《李叔同书例》，内容形式与7月5日所刊同。

8月24日至9月10日间（农历七月十二日至廿九日间），在杭州书《高阳台·为歌郎金娃娃作》赠夏丏尊。款识"丙午旧作，写奉勉旃先生大家一笑。壬子七月雨窗，息霜"；钤印"哀公"。[①]

与夏丏尊、姜丹书同游西湖，作《西湖夜游记》。其中有曰："壬子七月，余重来杭州，客师范学舍。残暑未歇，庭树肇秋，高楼当风，竟夕寂坐。越六日，偕姜夏二先生游西湖。"[②] **按一：**有论者以为李叔同游西湖后曾返回《太平洋报》，以结束报社工作和完成城东女学的学生辅导工作。[③] **按二：**曹聚仁评《西湖夜游记》："弘师小品散文，富有魏晋六朝气息，不像唐宋古文那么干枯索然的。"[④]

书晨鹊夜寝八言联"晨鹊撼树于以极兴，夜寝列烛求其悦魂"赠夏丏尊。款识"壬子七月，时客杭州师范学舍。勉旃学长先生正，李息哀公书卷施阁句"；钤印"息"。[⑤]

8月25日（农历七月十三日），在《太平洋报》发表《李叔同书例》，内容形式与7月5日所刊同。

8月26日（农历七月十四日），在《太平洋报》发表《李叔同书例》，内容形式与7月5日所刊同。

8月27日（农历七月十五日），在《太平洋报》发表《李叔同书例》，内容形式与7月5日所刊同。**按：**是日《太平洋报》刊出《南社第六集目次》（"文五十六首"），第一条即为"李凡息霜四首"。

---

① 上海博物馆藏，陈燮君、汪庆正主编：《夏丏尊旧藏弘一法师墨迹》，华宝斋书社2000年9月版，第28—29页。夏丏尊（1886—1946），浙江省上虞县松厦乡人，小名钊，名铸，字勉旃，1921年改字丏尊。祖上一度经商，其父为秀才。有兄妹六人，行三，为兄妹中唯一读书人。15岁中秀才，16岁奉父命赴上海东吴大学的前身中西书院深造，半年后返乡，17岁入绍兴府学堂读书。1905年负笈东瀛，入东京宏文学院，两年后考入东京高等工业学校，因未领到官费，遂于1907年辍学回国。后任教于浙江官立两级师范学堂（后改名为浙江省立两级师范学校、浙江省立第一师范学校）。

② 姜指姜丹书。

③ 郭长海：《徜徉于美术和美育之间——李叔同到浙江一师的前后》，收弘一大师·丰子恺研究中心、翰德林女性修养学堂编《慈悲与和谐——第四届弘一大师研究国际学术会议文集》，中国广播电视出版社2013年4月版，第171—179页。

④ 曹聚仁：《弘一大师湖上行脚》，收曹聚仁《听涛室人物谭》，上海人民出版社1998年10月版，第218—220页。

⑤ 刘正成主编：《中国书法全集83·近现代编-李叔同马一浮卷》（该分卷主编潘良桢，副主编方爱龙，学术顾问任继愈），荣宝斋出版社2002年11月版，第47页。

8月28日（农历七月十六日），在《太平洋报》发表《李叔同书例》，内容形式与7月5日所刊同。

8月29日（农历七月十七日），在《太平洋报》发表《李叔同书例》，内容形式与7月5日所刊同。

8月30日（农历七月十八日），在《太平洋报》发表《李叔同书例》，内容形式与7月5日所刊同。

8月31日（农历七月十九日），在《太平洋报》发表《李叔同书例》，内容形式与7月5日所刊同。

秋，任教浙江省立两级师范学校高师图画手工专修科。[①] 居室在该校“一进”校舍二楼东首，[②] 居室边有书画室。**按一：**对于李叔同在学校的居处，学生吕伯攸在《弘一法师李叔同先生》中有记：“我因为常常到他那里去请益，对于他居室中的一切，比较一般同学是相当地熟识的。在那里，除了明窗净几、结无纤尘以外，最使我注目的是书架上高供着的一个花雕酒坛。坛上绘着金碧辉煌的粗线条图案，在常人看来，觉得非常平庸，先生却以为包涵着无上的美。坛中插芦花三四枝，美点何在？更是一般人所不能了解的。书架中格，陈列着一排江北人所制的泥人，当然较诸无锡惠泉山的要拙劣得多。壁上饰着的，并不是中西名画，却是从中外各国的火柴盒上剪下来的图案。这是先生卧室中的情形。隔壁还有一间同样的房间，布置却简单得多了——中央仅置长桌一张，桌上有笔砚画具等等，旁边杂置几椅数事。那是先生写字作画的地方。”[③] 该科以图画、手工为主科，音乐为副主科。共同任教的还有姜丹书（手工教员）、堵福诜（书法教员）、薛楷（用器画教员）、吴宗濬（用器画教员）、郑素伯（图案画教员）、樊熙（国画教员）、周承德（音乐教员）及日本人田利实（手工）等。[④] 该科修业期为3年，吴梦非为

---

① 1947年3月1日《觉有情》第8卷第13、14号合刊有刘质平《弘一大师的史略》一文，曰：“民初任浙江两级师范图画手工专修科主任。”据此记载，似可确认李叔同的职务。

② 高宁编著：《百年名校杭州高级中学》，浙江教育出版社2006年12月版，第26页。

③ 吕伯攸：《弘一法师李叔同先生》，载1944年《大众》月刊7月号。吕伯攸另有《记李叔同先生》，载1926年9月17日《小说世界》第14卷第12期，亦有相关记载。

④ 姜丹书（1885—1962），字敬庐，号赤石道人，斋名丹枫红叶楼，江苏溧阳人，1910年毕业于两江师范学堂图画手工专修科，艺术教育家，时任浙江省立两级师范学校高师图画手工专修科。堵福诜（1884—1961），亦为申父，字申甫，号屹山，别号冷庵，浙江绍兴人，光复会成员，曾就读绍兴大通学堂，家境富有。毕业于浙江高等学堂。曾任浙江模范小学堂长、浙江两级师范学校（1913年改名为浙江省立第一师范学校）书法教师和学、舍监及浙江公立农业专门学校、浙江省立女子师范学校、上海仓圣大学、浙江大学教职。在浙江省立第一师范学校任教时曾为“乐石社”之主要成员，1918年2月至3月间曾随经亨颐访问日本、朝鲜，考察教育。1924年受当时浙江省教育厅厅长张宗祥委托赴北京董理补钞文澜阁残缺《四库全书》工作。1927年5月至10月及1931年5月至1933年2月两度任浙江省余姚县县长，1936年5月担任浙江图书馆设计委员会委员。抗战时，家（转下页）

班长。[①] **按二：**据1914年2月21日《时事新报》第3版，李叔同任教的学科是图画、音乐，授课时数为每周17课时，薪水为月收入160元，总收入仅次于校长经亨颐的188元（含办公费），以平均课时费而论，亦系全校最高者。李鸿梁在《我的老师弘一法师李叔同》一文中言："起初法师是教我们西洋画和美术史的，后来经我们再三要求，才兼任音乐。在第一次上音乐课时，发了一张问题表，问我们音乐学过几年？想学到怎样程度？等等。"[②] **按三：**是校成立于1908年，初名浙江官立两级师范学堂。学堂分优级师范和初级师范两部，优级师范培养中学师资，初级师范培养小学师资。1912年民国政府成立，临时政府教育部规定师范学堂改称师范学校，中等师范教育以造就小学教员为目的。于是，浙江官立两级师范学堂于4月1日更改校名为浙江省立两级师范学校。同时，两级师范之优级师范部分停办（时教育部将各省优级师范归并为高等师范），初级师范续办。鉴于辛亥革命后学校已部分停办优级师范，主办初级师范的实际，浙江省议会于1913年通过《筹设省立师范学校决议案》，规定各旧府设立一所师范学校，因而从1913年7月起，校名改为浙江省立第一师范学校，正式停办优级师范，初级师范改称普通师范。1912年春，校长经亨颐以过去专科中独缺高级艺术师资科，请艺术教师姜丹书拟定培养方案，并决定于该年秋季开办一班高师图画手工专修科，学制三年，计划招生29名。[③] 此为浙江有艺术专科之始。为充实艺术教育师资，1912年夏，经亨颐邀请李叔同担任艺术教师。经亨颐十分重视美育与艺术教育，1913年曾发表《全浙教育私议》，针对当时世道人心的实际状况，强调："非先去社会心理上腐烂之秽膜不可。其法维何？莫如提倡美育……倘能稍知美意，即可谓脱离恶俗之污秽，一如栽植草木，已除其蔓芜，去其污秽矣。"[④] 李叔同到浙江省立两级师范学校任教，客观上正逢国内缺乏艺术教师。他的同事姜丹书在《弘一大师永怀录·传一》中说过："方清之季，国内艺术师资甚稀，多延日本学者

（接上页）中遇窃，此后家境贫困。1953年起被聘为浙江省文史研究馆馆员。著有《补钞文澜阁四库全书阙简记事》《绍兴学校教育志》《社会教育志》《东南纪胜》《秋瑾小传》《民国春秋》等。

① 吴梦非（1893—1979），浙江东阳人，现代著名美术、音乐教育家。1908年进入浙江官立两级师范学堂。辛亥革命爆发时曾一度辍学，1912年复作为初级师范肄业生以第一名的成绩跳级而成了两级师范高师图画手工专修科的学生并成为李叔同到校任教后的第一届学生，且被推为班长。1919年，吴梦非和刘质平、丰子恺一起创办了上海专科师范学校。吴梦非还主持过中华美育会，主编《美育》杂志。1930年，吴梦非编译了中国第一部《和声学大纲》，同时还编写了许多音乐教育读物。1949年后，吴梦非先后任浙江省文化局秘书、浙江省文联组织部副部长、上海音乐学院教务处副主任等职。李叔同曾赠吴梦非自藏"非佛"印章。见吴嘉平《小小印章一方，绵绵师生情缘》，载2011年9月《莲馆弘谭》第7期。

② 李鸿梁：《我的老师弘一法师李叔同》，收《浙江文史资料选辑》第26辑，浙江人民出版社1984年6月版，第98—117页。

③ 经亨颐（1877—1938），浙江上虞人，教育家、社会活动家。1900年，因参与通电反对慈禧废光绪帝，被通缉避居澳门。1903年赴日本留学，入东京高等师范学校数学物理科。浙江官立两级师范学堂首任教务长。民国后任浙江官立两级师范学堂监督、浙江省立两级师范学校和浙江省立第一师范学校校长及浙江省教育会会长。1920年因"一师风潮"离校赴上虞任春晖中学校长。历任中山大学代校长、国民政府执行委员、全国教育委员会委员长等职。

④ 经亨颐：《全浙教育私议》，载1913年4月《教育周报》第3、5期。文中"其法维何"中的"维"字，原文如此。

任教。余先民国一年受聘入是校，而省内外各校缺乏艺师也如故；于是校长经子渊氏，特开高师图画手工专修科，延聘上人主授是科图画及全校音乐。上人言教之余，益以身教，莘莘学子，翕然从风。”① 学生吴梦非回忆说：“当弘一法师教授第一师范的音乐时，每个学生都要习风琴，故校中音乐设备，除钢琴外，并购置风琴达四五十架之多，记得第一师范开什么纪念会时，我带了上海的学生去参观，只见大礼堂的四周所置的尽是风琴，煞是好看。”② 傅彬然回忆道：“因了李叔同先生，又使笔者联想到当时母校里别的许多情形来。当时学校里各种的设备，都相当完备。音乐、图画上有特建的音乐教室和图画教室。音乐教室建在花园里；有供写生用的许多不同种类的石膏像，有钢琴，有三五十架的风琴。”③ 丰子恺则说：“校内有特殊设备（开天窗，有画架）的图画教室，和独立专用的音乐教室（在校园内），置备大小五六十架风琴和两架钢琴……光景宛如一艺术专科学校。”④ 关于高师图画手工专修科的教学设施的具体情形，姜丹书在《浙江两级师范学堂暨第一师范学校回忆录》一文中详述曰：

> 再进去是一座口字式的二层楼大洋房
>
> ……
>
> 除普通教室以外，有三种特别教室。
>
> 其中图画特别教室有两个，即在此座大楼的楼上东北隅，一个是玻璃屋顶，三面采光的，另一个是一面采光的。另外还有一个石膏模型陈列室。
>
> 手工特别教室，在教习房之东，隔开了一大块空地，故在实习作业时，声浪不会扰及他处。共有三大室，都是平屋，四面凌空。一个最大的是木工及其他细工教室。一个是金工教室。一个是成绩陈列室，兼标本陈列室及材料、工具储藏室。所储的东西亦颇多。
>
> 这些图画、手工特别教室，都关系到我少壮时十四年的生活史，故我对于其地、其事、其人、其物，尽管相去了几十年，还是感念甚深，永不能忘！
>
> 音乐特别室，在手工教室之北，亦隔开了一大块空地，声浪不会扰及他处。这是一座方形的四面凌空的升罗底式的平洋房，著名的艺术大师李叔同在此教导琴歌七年。⑤

---

① 姜丹书：《弘一大师永怀录·传一》，收《弘一大师永怀录》，大法轮书局 1943 年流通版，第 1 页。

② 吴梦非：《弘一法师和浙江的艺术教育》，载 1936 年《浙江青年》第 3 卷第 1 期。

③ 傅彬然：《忆李叔同先生》，收《弘一大师永怀录》，大法轮书局 1943 年流通版，第 218 页。

④ 丰子恺：《李叔同先生的教育精神》，曾载 1957 年 5 月 14 日《杭州日报》，收《丰子恺文集》（文学卷二），浙江文艺出版社、浙江教育出版社 1992 年 6 月第 1 版，第 541 页。

⑤ 姜丹书：《浙江两级师范学堂暨第一师范学校回忆录》，收《姜丹书艺术教育杂著》，浙江教育出版社 1991 年 10 月版，第 205 页。

按四：为浙江省立第一师范学校运动会设计纪念笺。**按五：**赴杭州任教后，周末或假期多返沪。学生李鸿梁在《我的老师弘一法师李叔同》一文中曰："法师差不多每星期六必去上海一趟，星期日下午回来，从来不请假。法师爱吃糖果和水果，每次从上海来，一定带点来。他也常常写条子来叫我去吃的。"① 夏丏尊《弘一法师之出家》一文对李叔同回上海的次数有不同的表述："他有家眷在上海，平日每月回上海二次，年假暑假当然都回上海的。"②

9月1日（农历七月廿日），在《太平洋报》发表《李叔同书例》，内容形式与7月5日所刊同。

9月2日（农历七月廿一日），在《太平洋报》发表《李叔同书例》，内容形式与7月5日所刊同。

9月3日（农历七月廿二日），在《太平洋报》发表《李叔同书例》，内容形式与7月5日所刊同。

9月4日（农历七月廿三日）、在《太平洋报》发表《李叔同书例》，内容形式与7月5日所刊同。

9月5日（农历七月廿四日），在《太平洋报》发表《李叔同书例》，内容形式与7月5日所刊同。

9月6日（农历七月廿五日），在《太平洋报》发表《李叔同书例》，内容形式与7月5日所刊同。

9月7日（农历七月廿六日），在《太平洋报》发表《李叔同书例》，内容形式与7月5日所刊同。

9月8日（农历七月廿七日），在《太平洋报》发表《李叔同书例》，内容形式与7月5日所刊同。

9月9日（农历七月廿八日），在《太平洋报》发表《李叔同书例》，内容形式与7月5日所刊同。

① 李鸿梁：《我的老师弘一法师李叔同》，收《浙江文史资料选辑》第26辑，浙江人民出版社1984年6月版第98—117页。

② 夏丏尊：《弘一法师之出家》，收《弘一大师永怀录》，大法轮书局1943年流通版，第25—30页。

9月10日（农历七月廿九日），在《太平洋报》发表《李叔同书例》，内容形式与7月5日所刊同。

9月11日（农历八月初一日），在《太平洋报》发表《李叔同书例》，内容形式与7月5日所刊同。

9月11日至10月9日（农历八月），经亨颐为刻印“息霜”，边款“子渊刻赠李哀公，壬子八月”。

经亨颐为刻印“圹庐”（白文），边款“壬子八月子渊刻”。

经亨颐为刻印“哀公”，边款“子渊刻赠李哀公。壬子八月”。

9月12日（农历八月初二日），在《太平洋报》发表《李叔同书例》，内容形式与7月5日所刊同。

附记：上海交通大学、上海博物馆主办，上海交通大学博物馆承办之《中国文人的生活与艺术·品物游心》展览（上海交通大学，2020年9月24日至2021年12月31日）展出上海博物馆藏书赠夏丏尊四字轴“大觉去尘”，款识“道匠造象字。壬子八月二日雨窗写此遣闷。勉旃道兄同学方家正是。弟李息哀公，时客钱塘重华别舍”；钤印“息”。以往无著录，附记于此，供研究参考。

9月13日（农历八月初三日），在《太平洋报》发表《李叔同书例》，内容形式与7月5日所刊同。

9月14日（农历八月初四日），在《太平洋报》发表《李叔同书例》，内容形式与7月5日所刊同。

9月15日（农历八月初五日），在《太平洋报》发表《李叔同书例》，内容形式与7月5日所刊同。

9月18日（农历八月初八日），在《太平洋报》发表《李叔同书例》，内容形式与7月5日所刊同。

9月19日（农历八月初九日），在《太平洋报》发表《李叔同书例》，内容形式与7月5日所刊同。

9月20日（农历八月初十日），在《太平洋报》发表《李叔同书例》，内容形式与7月5日所刊同。

9月21日（农历八月十一日），在《太平洋报》发表《李叔同书例》，内容形式与7月5日所刊同。

9月22日（农历八月十二日），在《太平洋报》发表《李叔同书例》，内容形式与7月5日所刊同。

9月23日（农历八月十三日），在《太平洋报》发表《李叔同书例》，内容形式与7月5日所刊同。**按：**有记载：“9月23日，为胡寄尘《兰闺清课》作封面刊于报上。”[1] 署“息霜题耑”。[2]

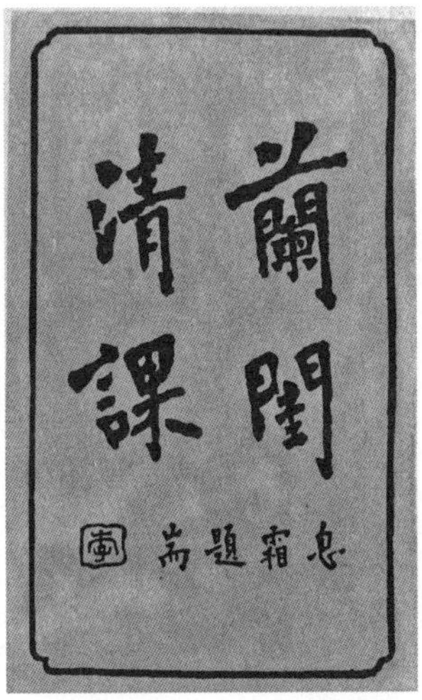

李叔同为胡寄尘《兰闺清课》题封面。

9月24日（农历八月十四日），在《太平洋报》发表《李叔同书例》，内容形式与7月5日所刊同。

9月25日（农历八月十五日），在《太平洋报》发表《李叔同书例》，内容形式与7月5日所刊同。

9月26日（农历八月十六日），在《太平洋报》发表《李叔同书例》，内容形式与7月5日所刊同。

9月28日（农历八月十八日），经亨颐（子渊）为刻印章“李布衣”（白文），边款：壬子中秋后三日，子渊为李哀公刻。此印石另有款：甲辰秋九月星州仿汉。**按：**甲辰年为1904年，星州之款或原已刻于印石。

10月1日（农历八月廿一日），在《太平洋报》发表《李叔同书例》，内容形式与7月5日所刊同。

10月2日（农历八月廿二日），在《太平洋报》发表《李叔同书例》，内容形式与7月5日所刊同。

10月3日（农历八月廿三日），在《太平洋报》发表《李叔同书例》，内容形式与7月5日所刊同。

10月4日（农历八月廿四日），在《太平洋报》发表《李叔同书例》，内容形式与7月5日所刊同。

---

① 郭长海、郭君兮编：《李叔同集》附录《李叔同事迹系年》“1912年条目”，天津人民美术出版社2006年6月版，第265页。
② 图版见平湖市李叔同纪念馆编：《李叔同当湖书印文辑》，西泠印社出版社2015年10月版，中册第204页。

10月5日（农历八月廿五日），在《太平洋报》发表《李叔同书例》，内容形式与7月5日所刊同。

10月6日（农历八月廿六日），在《太平洋报》发表《李叔同书例》，内容形式与7月5日所刊同。

10月7日（农历八月廿七日），在《太平洋报》发表《李叔同书例》，内容形式与7月5日所刊同。

10月8日（农历八月廿八日），在《太平洋报》发表《李叔同书例》，内容形式与7月5日所刊同。

10月9日（农历八月廿九日），在《太平洋报》发表《李叔同书例》，内容形式与7月5日所刊同。

10月10日（农历九月初一日），在《太平洋报》发表《李叔同书例》，内容形式与7月5日所刊同。

在《女学生》第38期“艺术谈”栏目发表《西洋画法讲义》，署名“简”。**按：**此为《西洋画法》总论中部分文字。文末显示“（一）”。为续之文暂未见。

10月14日（农历九月初五日），在《太平洋报》发表《李叔同书例》，内容形式与7月5日所刊同。

10月17日（农历九月初八日），在《太平洋报》发表《李叔同书例》，内容形式与7月5日所刊同。

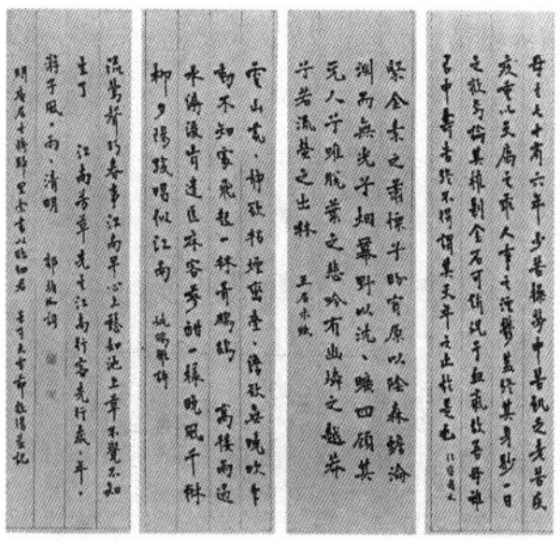

李叔同书汪容甫文、王眉赤赋、姚鹓雏诗、郭频伽词赠夏丏尊（闷庵居士）。

10月18日（农历九月初九日），在《太平洋报》发表《李叔同书例》，内容形式与7月5日所刊同。**按：**此后《太平洋报》停刊。

11月9日至12月8日间（农历十月），经亨颐为刻印“李”（朱文），边款“子渊为为李布衣刻爨宝子碑字，时壬子十月。顽石生刻”。**按：**此印应系经亨颐刻，顽石生补款。另见顽石生为刻之印“管领湖山”，边款“顽石生”；“生谥哀公”，边款“顽石生作”；“息翁晚年之作”，边款“顽石生作”。

冬，某日学生刘质平以作曲习作求教，约是晚8时35分在音乐教室见面。**按：**刘质平在《弘一大师遗墨的保存及其生活回忆》中写曰：“先师与余，名虽师生，情深父子。回忆民元冬季，天大雪，积尺许。余适首作一曲，就正于师，经师细阅一过，若有所思；注视余久，余愧恧，几置身无地。师忽对余言：‘今晚八时三十五分，赴音乐教室，有话讲。’余唯唯而退。届时前往，风狂雪大，教室走廊，已有足迹，似有人先余而至。但教室门闭，声息全无。余鹄立廊下，约十余分钟，室内电灯忽亮，门开师出，手持一表，言时间无误，知汝风雪之味久矣，可去也！余当时不知所以，但知从此师生之情义日深。每周课外指导二次，并介绍余至美籍鲍乃德夫人处习琴。”[①]

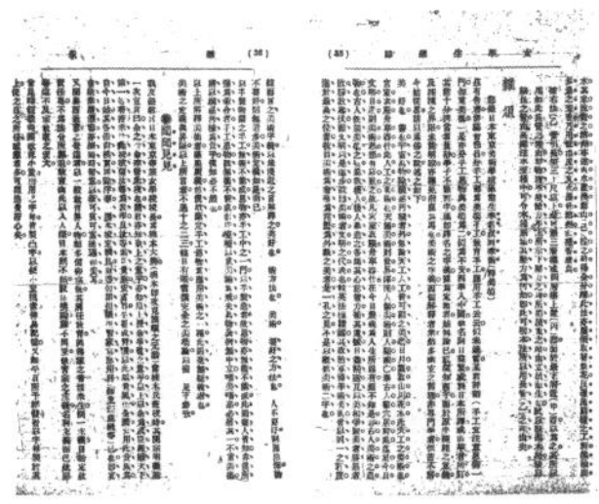

城东女学《女学生》（合订本）第3期收《节录日本东京美术学校毕业生李君叔同来函（释美术）》。

城东女学《女学生》（合订本）第3期收《节录日本东京美术学校毕业生李君叔同来函（释美术）》。

12月7日（农历十月廿九日，大雪），书汪咨甫文、王眉叔赋、姚鹓雏诗、郭频伽词赠夏丏尊（闷庵居士）。款识“闷庵居士将归里，索书以贻细君。壬子大雪节，微阳并记”。[②]

12月（农历十月廿三日至十一月廿三日），为《南社丛刻》第七集题书名，为写扉页“南社第七集”五字。署名“息霜”；钤印“诒善”。

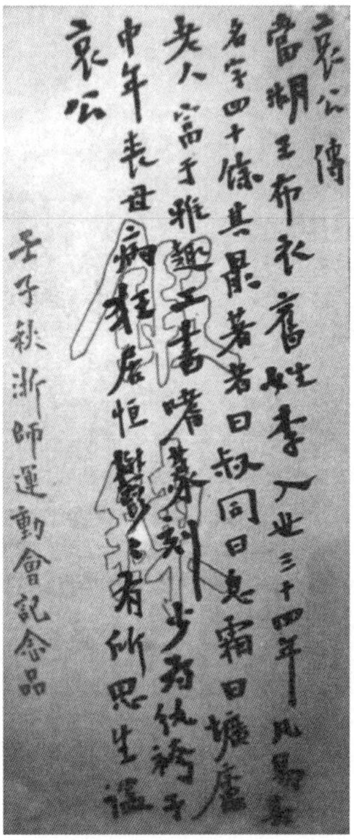

李叔同撰写的自传。

是年，书五言联赠杨白民，署名“哀公”；钤印“成蹊”、“李哀”。

名字出现在西泠印社1912年《壬子石刻印社隶书题名》中。**按：**以往资料一般以为李叔同于1914年或1915年加入西泠印社。王福庵审定、秦康祥编纂、孙智敏裁正、余正注释《西泠印社志稿》对该书的注释文字是：“本志稿编纂始自一九四九年夏，成稿及付印准确时间无记载。根据孙智敏写给韩登安的两封信，成书当在一九五七年左右。信现藏杭州林乾良处。可参看《西泠印社史料长编》，一九五七年栏。”第10页对李叔同的记载是：“李息，一名婴，又曰广平，继名李岸。字叔同，号息霜，又号圹庐老人。天津人，系出浙之平湖。工书嗜篆刻。尝留学日本，归国历任教职。中年失恃，病狂，居恒郁郁有所思，因自谥哀公。旋于虎跑寺为僧。（戊午七月）名演音，字弘一，修律宗。壬午九月卒，年六十三。初将祝发，携所用印来社，瘗诸山中。叶铭为题印藏二字，并志其事于石。”[③] 董建《社之长者——叶为铭》一文曰：“民国

① 刘质平：《弘一大师遗墨的保存及其生活回忆》，收《弘一大师全集》（第3版，修订2版）附录卷，福建人民出版社2019年12月版，第257—259页。刘质平（1894—1978），浙江海宁人，原名毅，字季武，曾就读于浙江省立第一师范学校，师从李叔同，后留日攻音乐。

② 夏宗禹编：《弘一大师遗墨》，华夏出版社1999年1月第2版，第3页。

③ 王福庵审定、秦康祥编纂、孙智敏裁正、余正注释：《西泠印社志稿》，浙江古籍出版社2006年7月第2版，影印版。

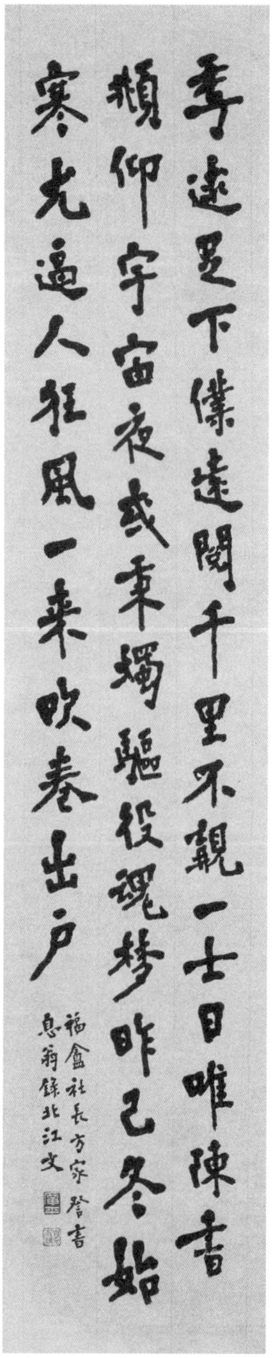

李叔同书赠西泠印社元老王福庵之字。

三年（1914），弘一法师入社……”① 也有学者记载李叔同入西泠印社是在 1915 年，如孙晓泉言：“李叔同……于 1915 年 5 月参加了西泠印社一次雅集活动……因这次雅集活动起促进作用的是李叔同，又因李叔同自幼喜爱篆刻，并曾印行《李庐印谱》，志同道合，遂加入西泠印社。”② 1914 年，李叔同有致叶品三函，藏于杭州市文物考古所，洪丽娅《弘一法师致叶为铭信札》一文发表于《收藏家》杂志 1998 年第 3 期，有录存。福建人民出版社 2019 年 12 月版《弘一大师全集》（第 3 版，修订 2 版）第八册・文艺卷、杂著卷、书信卷第 276 页在收录一函时，在信后附录《哀公传》。一般认为《哀公传》是李叔同入西泠印社时写的个人资料。实际上《哀公传》系杭州市文物考古所藏李叔同 9 通信中的散页，未必即是某通信之附件。而附有《哀公传》之函文字中确有“附件”一说，李叔同在信中已写明，即《乐石社章程》，并非《哀公传》。《哀公传》全文为“当湖王布衣，旧姓李。入世三十四年，凡易其名字四十余，其最著者曰叔同，曰息霜，曰圹庐老人。富于雅趣，工书嗜篆刻。少为纨绔子，中年丧母，病狂，居恒郁郁有所思，生谥哀公。”所用纸为“壬子秋浙师运动会纪念品”。李叔同生于 1880 年，“入世三十四年”即 1913 年（虚岁）或 1914 年（周岁），故一般认为系李叔同入社时交给西泠印社的自传材料。但此为推测。李叔同的个人资料在某需要之时，当随时可能撰写。现据西泠印社 1912 年《壬子石刻印社隶书题名》，应于是年加入。③

以篆体字题《朽道人画册》扉页。款识“丏尊藏，息霜篆额”；钤印“息”。

时常独自至钱塘门外西湖边之景春园喝茶，并时赴昭庆寺。④

在《南社丛刻》第 5 集发表《高阳台・忆歌者金郎》（即《高阳台・为歌郎金娃娃作》）。

作诗《人病》。⑤

附记：山东宏升拍卖公司有网上预展，2012 年 7 月 29 日，有李叔同狮钮印章“不平风月”，边款“不平风月，壬子李息”。供研究参考。

---

① 董建：《社之长者——叶为铭》，载《西泠印社》总第 28 期，荣宝斋出版社 2010 年 12 月版。叶为铭（1866—1948），字品三，号叶舟，又号盘新，别署铁华庵，原籍安徽徽州歙县，为杭州西泠印社的创社四英之一，主要著述有《列仙印玩》《松石庐印汇》《铁华庵印集》《逸园印辑》《西泠印社小志》等。一说生于 1867 年。

② 孙晓泉：《看“雨夜楼”藏画，忆沧桑往事》，载杭州师范学院弘一大师・丰子恺研究中心编《弘一大师圆寂六十周年缅怀录》，2002 年 10 月印行，第 20—21 页。

③ 丁利年编：《西泠印社早期社员状况研究之我见》，收西泠印社出版社 2006 年 9 月版《西泠印社早期社员社史研讨会论文集》（西泠印社编）。

④ 释弘一口述，高胜进笔录：《我在西湖出家的经过》，载 1937 年 5 月《越风》杂志增刊第 1 集“西湖”专号。

⑤ 福建人民出版社 2019 年 12 月版《弘一大师全集》（第 3 版，修订 2 版）第八册・文艺卷、杂著卷、书信卷第 35 页收录，标：“一九一二年作于上海”。

1913年 癸丑 34岁

社会文化事略

1月，陈嘉庚在福建同安开办集美学校；2月，北洋政府教育部公布《高等师范学校规程》；5月2日，美国承认中华民国政府；9月，郑正秋、张石川编导的中国第一部故事片《难夫难妻》在上海首映；10月10日，袁世凯就任正式大总统；11月4日，袁世凯下令解散国民党。

生平事迹

4月1日（农历二月廿五日），在《教育周报》第1期发表《唱歌法大意》（第一章），署名“李叔同”。题字用于该期封面。① **按：**《教育周报》由浙江省教育会编辑发行，自1913年4月1日至1919年3月30日，历时6年，共出刊235期。第1期的开篇之文为时任浙江省教育会会长、浙江省立两级师范学校校长经亨颐撰述的《发刊辞》。除李叔同《唱歌法大意》外，同期还发表了孙增大《教育独立议》、张世杓《教育上数字计划之必要》（此二文与经亨颐的《发刊辞》同列“言论”栏目）、夏丏尊译文《爱弥尔》（此文与《唱歌法大意》同列“学术”栏目）以及何绍韩、骆憬甫、马心竹、蔡厲人分别撰写的4篇评论刊于“时评”栏目。同期另有“纪闻”“法令”“专件”和“附录”栏目，发表各种资讯。经亨颐在《发刊辞》中说：“自社会分业之说起，而教育界之流品愈杂；自普及教育之议创，而小学校之停闭屡闻。理想与事实殊无如是之矛盾。所以者何？社会上不知教育之真相，教育之所由难以取信于社会，亦教育界不明社会之心理，社会之所由不加注意于教育

1913年4月1日《教育周报》第1期封面，李叔同题。

---

① 该文刊于《教育周报》第1期第15页至16页，列“学术”专栏，署名李叔同。郭长海、郭君兮编《李叔同集》（天津人民出版社2006年6月版）和福建人民出版社2019年12月版《弘一大师全集》（第3版，修订2版）第八册·文艺卷、杂著卷、书信卷均未收入。以上均仅从第二章起收录。《教育周报》第1期发表此文第一章时，其标题在目录页刊印为“唱歌法大意”，而内页则为“唱歌法大略”。查《教育周报》第2期，此文第二、三章发表时，目录页和内页标题均为“唱歌法大意”，故可视为《教育周报》第1期内页标题文字系误排，今统一称《唱歌法大意》。原文无标点，为句读。有关李叔同《唱歌法大意》的刊出时间，以往也有一些误记，如《安徽师范大学学报》（人文社会科学版）1978年第1期刊有熊融《关于〈生理实验术要略〉的说明》一文，文中曰：“……《教育周报》……该刊辟有‘学术栏’，登载各类学科的学术论文，供教学和研究参考。影响显殊的有：徐特立的《国文教授之研究》（刊第77期），夏丏尊译卢骚的《爱弥尔》、李叔同的《唱歌法大略》（均刊第125期）等等。”《杭州师范大学学报》（社会科学版）2008年第4期刊有张直心、王平《鲁迅在浙江两级师范学堂史实探微》一文，文中曰：“……《教育周报》……该刊由浙江教育会主办，于1913年4月创刊，1919年3月停刊，计235期。两级师范学堂的同仁李叔同所著《唱歌法大意》、夏丏尊所译卢梭的《爱弥尔》即发表于该刊125期。”李叔同《唱歌法大意》第一章发表于《教育周报》第1期，第二、三章发表于《教育周报》第2期；夏丏尊译《爱弥尔》发表于《教育周报》第1、2、5期。以上二文显然误记。

1913年4月15日《教育周报》第3期上的《两级师范学校征求美术展览品广告》。

也。”他以为若要加强教育，必须研究教育，“以研究所得之真理，发为正确之言论。”以此求得社会的认可、政府的重视，并决心以坚忍不拔之信念，誓让教育长流天地间。该期的征稿文字曰：“本报为统一全浙教育，主张正论起见，特行发刊是报。”在该刊第2期上，有编辑人姓名，总编辑为孙增大，撰述19人，李息（李叔同）名列其中。该刊第9期中也附有“编辑部”人员名单，当时的20名编辑中，李息（李叔同）亦名列其中。根据李叔同早期的书法风格，并与其同时期书法作比较，该刊自第1期（1913年4月1日）至29期（1913年12月23日）的封面题字为李叔同手书。

李叔同在《教育周报》第8期发表的《西洋画特别教授法》。

4月8日（农历三月初二日），在《教育周报》第2期发表《唱歌法大意》（第二章、第三章），署名“李叔同”。[1] **按：**该期《教育周报》刊出《两级师范学校征求美术展览品广告》。4月15日《教育周报》第3期续刊，5月1日《教育周报》第5期以《浙江两级师范学校纪念会征求美术展览品》之题续刊。

4月（农历二月廿五日至三月廿四日），南社社友印行周实《无尽庵遗集》。为设计封面，书名题签署：“李息敬题”，并有每卷卷头题字、钤印。[2]

春，经亨颐为刻印章二，一为“息霜”（朱文）。边款“癸丑暮春，子渊刻赠尗同”；二为“哀公”，边款“癸丑暮春，子渊刻赠叔同”。

某日与同学数人泛舟湖上，薄暮归寓，乘兴奏刀，连治七印，自审古朴浑厚，尚有是处。选二印寄陆丹林，致陆丹林函，告之游湖状况与感受。[3] **按一：**李叔同另有词《月夜游西湖归寝》。福建人民出版社2019年12月版《弘一大师全集》（第3版，修订2版）第八册·文艺卷、杂

① 郭长海、郭君兮编《李叔同集》（天津人民出版社2006年6月版）内收入该文的第二、三章。《李叔同集》的编者在《唱歌法大意》第二章的正文前加注曰：“上缺”；在第三章结尾处加注曰：“未完，下缺”，而编者另有注文：“原刊于杭州《教育周报》第2期，1913年4月8日，以后未见续刊。第1期《教育周报》至今尚未搜集到，故缺。”福建人民出版社2019年12月版《弘一大师全集》（第3版，修订2版）第八册·文艺卷、杂著卷、书信卷第13页收入《唱歌法大意》第二、三章，第二章正文前亦标注“上缺”，第三章文后标注“未完，下缺”，对于文章的出处，《弘一大师全集》编者则出现了失误：误注为“刊于杭州《教育周报》第一期，一九一三年四月八日”，而真实的情况是：《唱歌法大意》第二、三章刊于《教育周报》第2期（1913年4月8日）。再者，《李叔同集》和《弘一大师全集》（第3版，修订2版）注文中所述“未完，下缺”，其实《唱歌法大意》在《教育周报》第2期刊登时并未标注将有续文刊出。目前也未在此后出版的《教育周报》上查得此文的后续篇章。一种可能是，所谓的后续篇章还未被发现；而另一种情况是本没有后续篇章。从李叔同《唱歌法大意》的行文看，无论是第一章开头、结尾，还是第二、三章的开头、结尾，文字表述均无人们习惯上的“引文”或“结语”，更无修饰。这或许就是李叔同写此文时的笔法。无论是哪一种可能，从严格意义上讲，在无法确定的情况下，不宜标注“未完，下缺”的主观评判式的文词。

② 南社社员周实、阮式于1911年11月14日主持江苏淮南独立运动，并宣布独立。3日后被满清原县长姚荣泽所杀。

③ 此信收福建人民出版社2019年12月版《弘一大师全集》（第3版，修订2版）第八册·文艺卷、杂著卷、书信第275页，标“一九一三年，杭州”。陆丹林（1896—1972），字自在，笔名长老，广东三水人，南杜社员。

著卷、书信卷第36页录存，标“一九一八年作于杭州”，未见依据。

春末作《〈白阳〉诞生词》：“技进于道，文以立言。悟灵感物，含思倾妍。水流无影，华落如烟。掇拾群芳，商量一编。维癸丑之暮春，是为《白阳》诞生之年。”①

李叔同自作的《白阳》封面。

5月13至15日（农历四月初八日初十日），敦促浙江省立两级师范学校举行了五周年校庆美术展览会。

5月22日（农历四月十七日），夏丏尊为刻“哀翁”印。边款“息霜丧母以后，更名曰哀，有孝思焉。余年前失恃，余痛未已，今刻此印益增凄怆。癸丑四月十七夜，丏尊就火作此”。补款“丏公制印，息翁所藏”。

《白阳》杂志目录页。

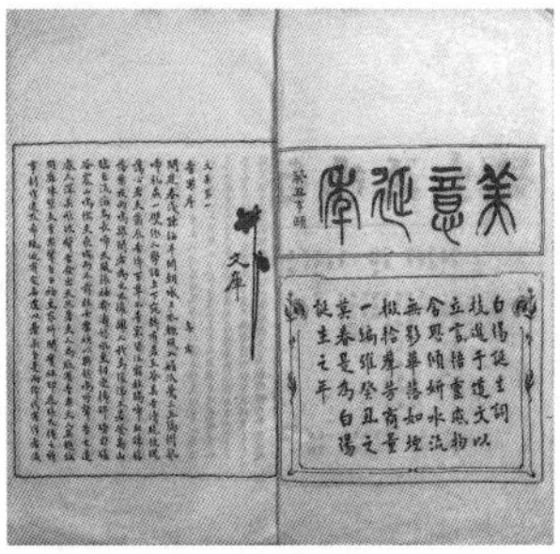
《白阳》杂志中经亨颐书“美意延年”和《〈白阳〉诞生词》。

5月25日（农历四月廿日），《教育周报》第7期刊出《两浙师范学校盛开美术展览会》，称“今年阳历五月十四日，为两级师校成立五周年纪念之日。该校即于是月十三至十五日，于校中举行美术展览会。”展出“分二部陈列。其第一部，则为学生之制作品，内划分师范科学生之制作品，其高等师范预科、专修科之制作品。前者有隶书字、小楷字、草书、毛笔画、铅笔画、水彩画、豆细工、切纸细工、编纸细工、厚纸细工、黏土细工、纽结细工、竹细工、雕刻细工，成绩颇多。而厚纸细工中师本一年级学生之制有该校校舍模型，师本二之纽结细工以益智图上造成五周年纪念美术展览会字样均见巧思。后者则有木炭画、钢笔画、水彩画、擦笔画、用器画等。至第二部，则中间陈设教职员之制作品。如篆刻、油画及中国书画等。东西两楼凡十六间，其中十三间，均悬名人书画，不下数百幅。其他三间，陈列图章及其他古器，颇多珍件，聚集殊非易易。”**按：**姜丹书在《浙江五十余年艺术教育史料》一文中对此有详细介绍：“辛亥革命以前，杭州的社会风气当然是很古老的，向无什么展览会的举动，到了民国二年春，由于李叔同的鼓吹，经校长的赞成，两级师范征集了收藏家很多名贵的古金石书画开了一个盛大的美术展览会，展期三天，观众甚盛，此为浙省公开美术展览会的第一声，启发了社会欣赏美术品的新风气。展后，并就展品中选了数十件，用珂罗版印成一本纪念册，甚好。惜我所藏者，在抗战中遗失。接着同年夏，又公开了自己校内的成绩展览会，其中虽然各种成绩都有，然以图画手工作品为最多且最惹人看。同时又开了音乐演奏会。此亦是浙省

① 见《白阳》杂志。详见本年《白阳》杂志条目。福建人民出版社2019年12月版《弘一大师全集》（第3版，修订2版）第七册·佛学卷、传记卷、序跋卷第641页收录。

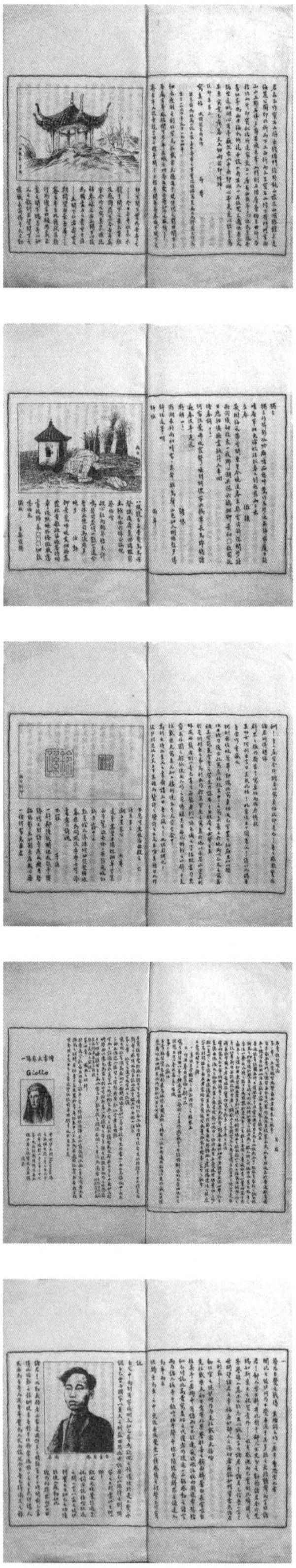

《白阳》杂志内页。

开展艺术教育影响社会的第一次。以后逐年开展，推动了学校与社会的联系，开通了群众爱美的风气，这也可说是由学校教育推广到社会的第一种措施……所有学生又都是很优秀的，所以关于艺术科目的成绩都很好，每年开一次成绩展览会和音乐演奏会，都博得社会好评。”①

春夏，所编浙江省立两级师范学校文艺杂志《白阳》出版（目前仅见诞生号）。杂志内文字为手写，浙江省立两级师范学校校友会印刷发行（封面标“癸丑五月”，版权页标“癸丑四月印刷发行”，前者当指公历，后者应系农历）。在《白阳》上发表《〈白阳〉诞生词》《音乐序》（《音乐小杂志》序节录）、《西湖夜游记》、词《喝火令》、三部合唱歌曲《春游》、《近世欧洲文学之概观》（仅刊出第一章“英吉利文学”，因《白阳》杂志仅见“诞生号”，余文未见）、《西洋器乐种类概说》（第一章“弦乐器”、第二章“管乐器”）、《石膏模型用法》。诞生号内容丰富，具体其编目和署名为：

题字： 石禅

白阳诞生词： 息霜

文库

文集：音乐序　息霜

西湖夜游记　息霜

写生日记之一　梅白

说部集：写真帖　丏尊

诗集：丏尊二首、子庚二首、
微颖二首、缠恨一首、
雨苹二首、汝勋一首、
慎独一首

词集：子庚三首、微颖一首、
息霜一首

曲集：春游　息霜

谭丛

文学篇：近世欧洲文学之概观　息霜

音乐篇：西洋器乐种类概说　息霜
音乐大家像一　鸿梁

绘画篇：人体画法　梦非
石膏模型用法　息霜

① 姜丹书：《浙江五十余年艺术教育史料》，收浙江教育出版社 1991 年 10 月第 1 版，第 205 页。

绘画大家像一　鸿梁

印稿　石禅、梅白、丐尊

画稿　梦非、鸿梁、梅白

按：《白阳》上发表的《春游》，是中国第一首合唱曲（三部合唱，署“息霜作歌　息霜作曲”），词曲均出自李叔同之手。1920年5月12日《申报》《绿荫庐杂缀》一文曰：“美术家李叔同，本扶桑学生，毕业时获第一，归国掌教鞭于‘杭县师范学校’。暇时尝遨游湖上，作西爽亭写生，美术界多称道之。李先生能文善书，浙人士甚钦佩之。其于金石尤擅长，前年以恨事削发为僧，居于岳坟左近之庙宇。先生有《春游歌》一首，甚清丽。予嗜之颇甚。其歌曰：‘春风吹面薄于纱，春人装束淡于画。游春人在画中行，万花飞舞春人下。梨花淡白菜花黄，柳花委地芥花香。莺啼陌上人归去，花外疏钟送夕阳。’居于万绿丛中之小楼内，当斜阳欲下时，远望平芜曼声歌，此其为乐，当何如耶?”（学生吴梦非曾有《西爽亭》写生画刊于《白阳》。又“居于岳坟左近之庙宇”当为误记）。李叔同在该杂志上发表的另三篇文章《近世欧洲文学之概观》《西洋器乐种类概说》和《石膏模型用法》也值得重视。其刻意介绍西洋文学艺术，在当时国内艺术教育界是一个创举。《近世欧洲文学之概观》全文原有多章，因目前仅见《白阳》诞生号，故如今只能见到第一章《英吉利文学》的文字。在文章的梗概一节中，可知李叔同介绍欧洲文学的积极态度：“中世纪古典文学（Classic）瑰伟卓绝，磅礴大宇，及十八世纪初期，其势力犹不少衰。操觚簪笔家佥据是为典则。其后承法兰西革命影响，而热烈真挚之诗风，乃发展为文艺界一大新思潮，即传奇派（Romantic）是。迨至十九世纪，基于自然之进步，现实观之发达，乃更尚精致之描写，及确实之诗材，而写实主义与自然主义遂现于十九世纪后半期。及夫末叶，反动力之新理想派，乃萌芽于欧洲。”《西洋器乐种类概说》（未刊毕）现有二章，第一章为“絃乐器”，下分两节：“用弓絃乐器”和“弹拨絃乐器”；第二章为“管乐器”，下分两节：“木制管乐器”和“金制管乐器”。文中插图丰富，记述甚详，分别介绍了小提琴、中提琴、大提琴、低音大提琴、竖琴、六絃提琴、长提琴和横笛、小横笛、单簧竖笛及各种号。李叔同在文章开头部分说：“西洋器乐之分类有种种之方法。兹依最普通之分类法分为絃乐器、管乐器、击乐器及有键乐器四种。”由此可知，他的续文将介绍击乐器和键乐器。遗憾未见《白阳》续刊。《石膏模型用法》有四章：“石膏模型为学图画者最良之范本”、“收藏法”、“教室之选定及室内之设备”和“图画之材料”。李叔同在浙江省立两级师范学校使用石膏模型进行美术

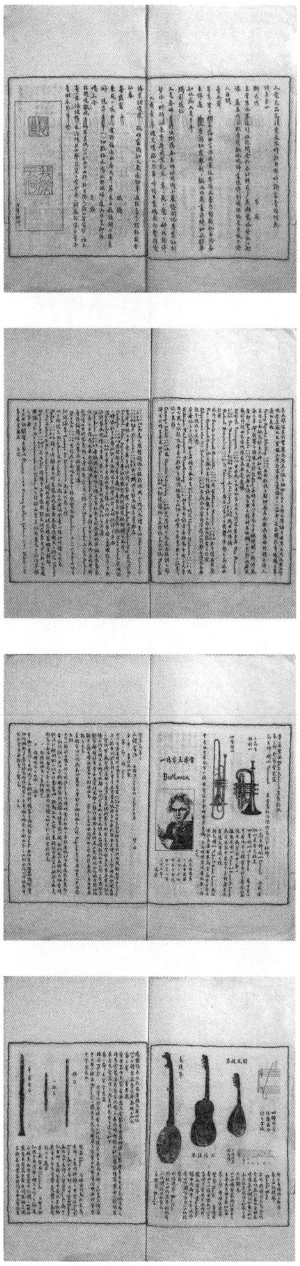

《白阳》杂志内页。

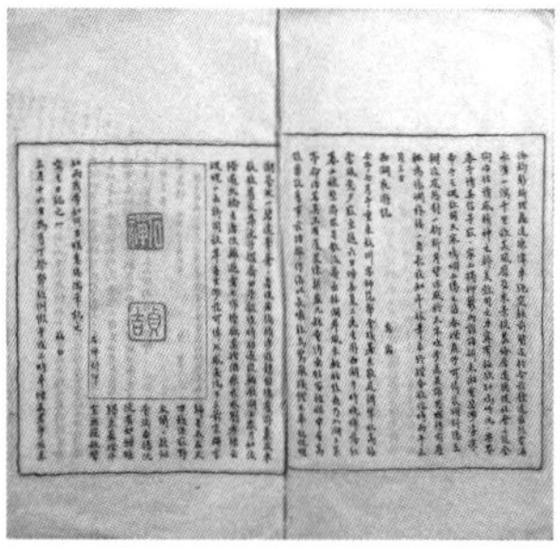

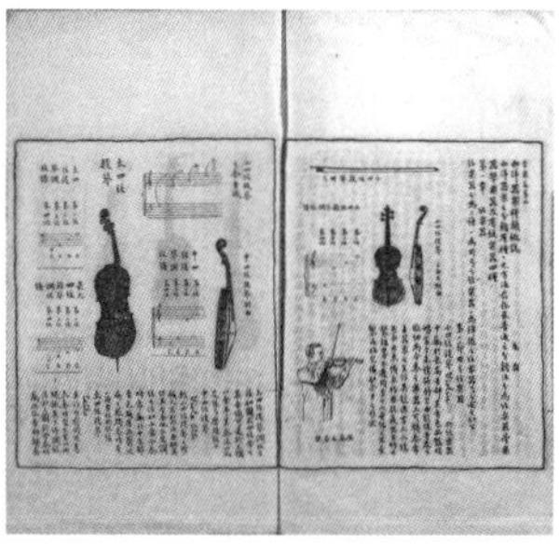

《白阳》杂志内页。

《白阳》杂志版权页。

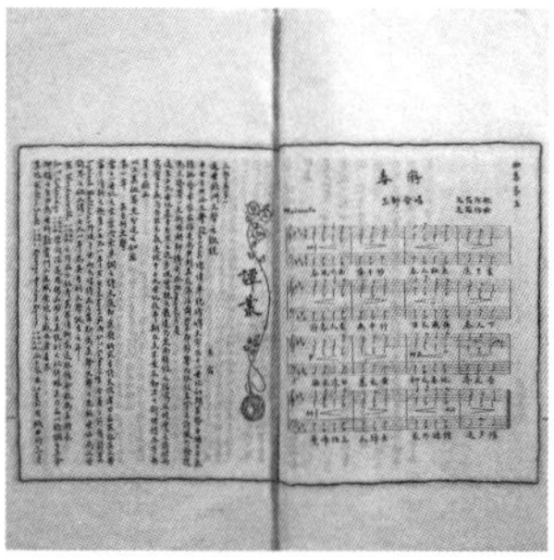

《白阳》杂志中的李叔同作词作曲的中国第一首合唱歌曲《春游》。

教学在全国为首创。① 丰子恺曾回忆说："李先生的教法在我觉得甚为新奇：我们本来依照商务印书馆出版的《铅笔画帖》及《水彩画帖》而临摹；李先生却教我们不必用书，上课时只要走一个空手的人来。教室中也没有四只脚的桌子，而只有三只脚的画架。画架前面供着石膏制的头像。我们空手坐在画架前面，先生便差级长把一种有纹路的纸分给每人一张，又每人一条细炭，四个图钉（我们的学用品都是学校发给的，不是自备的）。最后先生从讲桌下拿出一盆子馒头来，使我们大为惊异，心疑上图画课大家得吃馒头的。后来果然把馒头分给各人，但不教我们吃，乃教我们当作橡皮用的。于是先生推开黑板……教我们用木炭描写石膏模型的画法。"② 对于《春游》，丰子恺在《绘画与文学》一书中谈及"文学中的远近法"时，以《春游》歌为例，解说了李叔同是用画家的眼睛观察春游之景的妙处："'万花飞舞春人下'，就这一句看，末脚一个'下'字很奇怪，除非人用催眠术腾空行走，花怎会在人下面飞舞呢？但看了上句，'游春人在画中行'，便知道作者早已点明用着看画一般的'平面化'的看法了。把春郊的风景当作一幅画看时，便见远处的人在画面上的位置高。近处的飞花在画面上的位置低。可见这'下'字非常巧妙，绝不是凑韵而用的。照实际上想，游人与飞花皆在地上，应说万花飞舞春人'旁'才对。但这样说便灭杀诗趣与画意了。"③ 曹聚仁在评论《春游》时说："我谈西湖往事，忽记起曾唱过如次一首歌：春风吹面薄于纱……这首诗，我觉得比前人的湖上诗都有情趣些。当年，我曾参加音乐会的三部合唱……这首歌，他作调作谱，教我们演唱，由今观来，匆匆五十年矣……"④ 1993年6月5日，《春游》被中华民族文化促进会评为"20世纪华人音乐经典"。从期刊史角度而言，《白阳》亦可谓近代中国学校美育之先声。李叔同编《白阳》得到校长经亨颐的大力支持，而经亨颐发表在《白阳》上的提字"美意延年"更体现了他对美育的肯定和期待。同时他还在杂志上刊出印章两方（"石禅""贞吉"）。

《白阳》刊出夏丏尊诗《湖上呈哀公》（二首）："远峰寒碧夕阳殷，烟翠空冥西子鬟。欲去依依有余恋，晚红新月雾中山。""数星灯火漾疏村，四起梵钟破暮痕。为问风流李学士，可添画意与诗魂。"

在广化寺小住数日。自谓："当民国二年夏天的时候，我曾在西湖

① 在阮荣春、胡光华：《中国近现代美术史》"中国近现代美术大事年表（1911—1949）"的"1912年"条目中记曰："李叔同于浙江两级师范任教，用日本购置的石膏模型让学生练习写生，是中国美术教育中的创举。"天津人民美术出版社2005年6月版，第276页。

② 丰子恺：《旧话》，初载1931年6月1日《中学生》第16号，收《丰子恺文集》（文学卷一），浙江文艺出版社、浙江教育出版社1992年6月版，第179页。

③ 丰子恺：《绘画与文学》，开明书店，1934年5月版。引自《丰子恺文集》（艺术卷二），浙江文艺出版社、浙江教育出版社1990年9月版，第466页。

④ 曹聚仁：《弘一大师湖上行脚》，收曹聚仁《听涛室人物谭》，上海人民出版社1998年10月版，第218—220页。

的广化寺里面住了好几天，但是住的地方，却不是出家人的范围之内，那是在该寺的旁边，有一所叫做痘神祠的楼上。痘神祠是广化寺专门为着给那些在家的客人住的。当时我住在里面的时候，有时也曾到出家人住的地方去看看，心里却感觉得很有意思呢！”① **按一：**广化寺位于杭州孤山之南，唐宋时称孤山寺。该寺始建于南朝陈文帝天嘉初年，初名永福寺。唐武宗会昌灭法，寺废。宋真宗大中祥符间，寺得复建，改额广化寺。后屡废兴，至1957年，因寺院大梁被白蚁蚀空而拆除。**按二：**其时，亦经常去湖心亭喝茶，自谓：“记得那时我亦常常坐船到湖心亭去吃茶。”又言：“曾有一次，学校里有一位名人来演讲。那时，我和夏丏尊居士两人，却出门躲避而到湖心亭上去吃茶了。当时夏丏尊曾对我说：‘像我们这种人，出家做和尚倒是很好的。’那时候我听到这句话，就觉得很有意思。这可以说是我后来出家的一个远因了。”②

旧时杭州广化寺。（资料来源：《西湖老照片》，杭州出版社2005年10月版。）

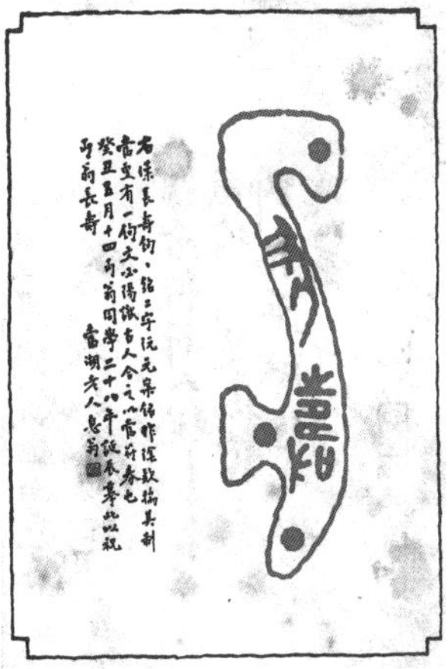

李叔同摹写“汉长寿钩钩铭”以贺夏丏尊二十八岁生日。

6月1日（农历四月廿七日），在《教育周报》第8期发表《西洋画特别教授法》，署名“李叔同”。此为《西洋画法》“序言”中的部分文字。③

6月5日至7月3日间（农历五月），王禔为刻印章（寿山石方印）“息老人”，边款“福盦刻，充哀公文房，癸丑五月”。④

6月18日（农历五月十四日），摹写“汉长寿钩钩铭”以贺夏丏尊二十八岁生日。题记“右汉长寿钩‘钩铭’二字，阮元案：铭作阴款，揣其制当更有一钩，文必阳识。古人合之以当符券也。癸丑五月十四，丏翁同学二十八年诞辰，摹此以祝丏翁长寿。当湖老人息翁。”钤印“朩同”。⑤

6月22日（农历五月十八日），书七言联“梅花一树鼻功德，茅屋三间心太平”。款识“癸丑夏至节，息翁”；钤印“息老人”、“息霜”。⑥

---

① 释弘一口述，高胜进笔录：《我在西湖出家的经过》，载1937年5月《越风》杂志增刊第1集“西湖”专号。
② 释弘一口述，高胜进笔录：《我在西湖出家的经过》，载1937年5月《越风》杂志增刊第1集“西湖”专号。
③ 郭长海、郭君兮编《李叔同集》（天津美术出版社2006年6月版）第122—123页收录时误将《教育周报》第8期出刊日期注为“1913年6月6日”。
④ 王禔，原名寿祺，字维季，号福盦，西泠印社创社四贤之一，著名书法家、金石家。
⑤ 上海博物馆藏，陈燮君、汪庆正主编：《夏丏尊旧藏弘一法师墨迹》，华宝斋书社2000年9月版，第30页。林子青《弘一法师年谱》（宗教文化出版社1995年8月版）第71页录此款识时文字有误。福建人民出版社2019年12月版《弘一大师全集》（第3版，修订2版）第七册·佛学卷、传记卷、序跋卷第641页收录。
⑥ 参见吴梦非《五四运动前后的美术教育回忆片断》，载《美术研究》1959年第3期。现藏钱均夫家族。

拆建中的上海海宁路 1132 弄。摄于 2018 年 8 月。

7 月 12 日（农历六月初九日），至少于此日前将上海之寓所迁至上海海宁路南林里四弄底。[①] **按一：**李叔同离开上海赴杭州任教后，其日妻仍居上海，每至周末或节假日，李叔同一般均返沪与妻子团聚。此阶段，他在上海的居处有海宁路南林里四弄底张寓，（缘于不同方位的记述，亦有称华兴坊一弄底张寓。此见于黄宾虹《贞社题名》，其中有“华兴坊一弄底海盐张寓　李叔同”。[②]）即今海宁路 1132 弄 26 号铁路局职工宿舍南林里公寓。此地于 2018 年起大规模拆建。**按二：**李叔同在上海的居所，其学生李鸿梁有“海伦路”的记述（民国初年为欧嘉路，1950 年更名海伦路），并于 1917 年初李叔同在杭州虎跑断食修炼后去过海伦路老师家中。此地在民国时期为日侨聚居地，目前仍存诸多日式建筑。李鸿梁所介绍的海伦路住所为：“后来我到上海去看他，那时法师仍住在海伦路，这个地方我去过好几次，是一上一下的房子，除靠壁的书架以外，还有一架可以旋转的方形两层书架，摆在进门的右角，上面有一个圆盆，里面栽着松竹梅三友，半盆泥土低陷下去处铺上了些细粒的白石，法师说，这是代替水的。”[③]

拆建中的上海海宁路 1132 弄内的 26 号。摄于 2018 年 8 月。

《新闻报》始刊出蔡小香之子香孙女科广告。**按：**其中“江湾蔡小香子香孙女科”为李叔同手写。此广告陆续刊出两年有余。

今上海海伦路旧建筑。摄于 2018 年 8 月。

7 月 23 日（农历六月廿日），蔡元培来函。**按一：**蔡元培在该日日记中写曰：“致黄韧之、李叔同、谢无量及民立中学函。”[④] **按二：**蔡元培在该年 7 月 12 日的日记中有附言：“李漱桐（息，广平），海宁路南林里四弄底张寓。”[⑤]

7 月（农历五月廿七日至六月廿八日），浙江省立两级师范学校更名为浙江省立第一师范学校。改制后的浙江省立第一师范学校在校生由学校的第一、二、三届学生，即原两级师范时期于 1910、1911、1912 年招收的初级师范学生组成。1913 年招收的学生为学校的第四届学生，学制为 5 年，入学资格为小学毕业程度。音乐、图画、手工为必修课，每周各有 2 课时，不及格者不得毕业。普通优级师范并入北京高等师范学校，高师图画手工专修科仍留浙江省立第一师范学校，另挂一牌，称

① 1913 年 7 月 12 日蔡元培日记曰：“李漱桐（息、广平），海宁路南林里四弄底张寓。”详细考证参见王维军《李叔同沪上南洋公学、宁康里、望平街、南林里居址行迹考》一文，载 2014 年 9 月《莲馆弘谭》第 10 期。

② 黄宾虹 1912 年成立“贞社”，同年 6 月 26 日举行第一次雅集，开始有《贞社题名》，有考证曰出现李叔同信息的记录时间当在 1913 年或此后，见王维军《李叔同沪上居址行迹考》，收《当湖人家》，天津人民美术出版社 2017 年 8 月版，李叔同（弘一大师）部分第 152—153 页。从《贞社题名》中出现李叔同信息，可知李叔同当参与过黄宾虹“贞社”的艺文活动。

③ 李鸿梁：《我的老师弘一法师李叔同》，收《浙江文史资料选辑》第 26 辑，浙江人民出版社 1984 年 6 月版第 98—117 页。

④ 中国蔡元培研究会编：《蔡元培全集》第 16 卷，浙江教育出版社 1998 年 11 月版，第 16 页。

⑤ 中国蔡元培研究会编：《蔡元培全集》第 16 卷，浙江教育出版社 1998 年 11 月版，第 15 页。

“浙江高等师范图画手工专修科”。继续担任该校高师图画手工专修科教师，并开始授全校公共音乐课。①

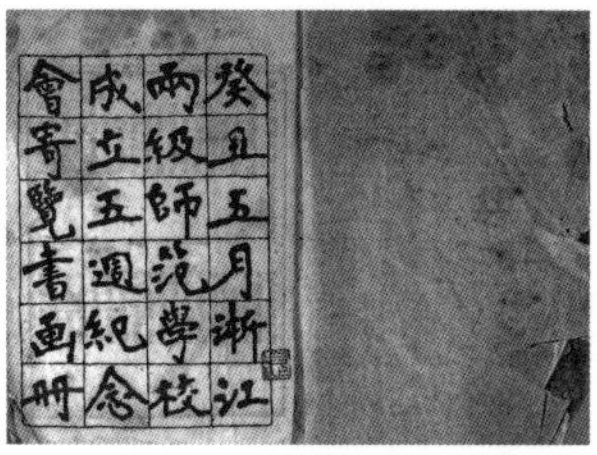

李叔同为《浙江两级师范学校成立五周纪念会寄览书画册》扉页所题之字。

夏，邱志贞应请刻印章“哀公”（朱文）。边款“癸丑夏日，尗同先生命刻。受业邱志贞谨作”。

浙江省立两级师范学校五周年校庆美术展览会纪念画册《浙江两级师范学校五周纪念会寄览书画册》出版，收名人作品（书画、楹联、扇面等）。为该画册题写扉页：“癸丑五月浙江两级师范学校成立五周纪念会寄览书画册”，有常用印“息”。②

夏秋，在杭州致许幻园函。言“今日又呕血”，诵范肯堂《落照》（绝命诗）。以为家国困穷，百无聊赖，询问近况，并告“适包君发行部来寓，弟气促声嘶，不暇细谈。代售杂志价洋已交来，当时弟未细算。顷始检查，似缺二元二角有零。晤时便乞一询。”此信署“谱弟李息顿七月十六日”。**按一：**此信收福建人民出版社2019年12月版《弘一大师全集》（第3版，修订2版）第八册·文艺卷、杂著卷、书信卷第268页。编者注“一九一三年七月十六日，杭州”，但公历、农历不详，故置于夏秋间。此信曾刊于1948年《学僧天地》第1卷第6期，题《弘一大师遗札》。**按二：**《弘一大师全集》（第3版，修订2版）第八册·文艺卷、杂著卷、书信卷第268页另有一致许幻园函，注“一九一三年，杭州”，无月份日期。依信中内容，当写于前函之后。信曰：

幻园谱兄：

承惠金至感。写件本当报命，奈弟近来大窘困，凡有写件，拟一律取润，乞转前途为幸。木印共十二颗，初六日刻好送下，至祷。

弟息顿首③

秋，作《俪华馆主高剑华女士书例》：

李叔同作曲，夏丏尊作词的《浙江省立第一师范学校校歌》。

女子西子湖畔产，前夏自北师校归。适婿许君则华，因筑俪华馆，相与鸣琴拈韵于其间。女士性恬澹，喜文翰，书法摹米南宫，

① 1947年3月1日《觉有情》第8卷第13、14号合刊有刘质平《弘一大师的史略》，有“民初任浙江两级师范图画手工专修科主任，继任第一师范音乐教员”之表述，似可确定李叔同担任全校公共音乐课是自1913年7月改校名之后开始。

②《浙江两级师范学校成立五周纪念会寄览书画册》一卷，为线装。画册尺寸为32×21厘米。画册由李叔同题写扉页：“癸丑五月浙江两级师范学校成立五周纪念会寄览书画册”，有李叔同常用印“息”。《浙江两级师范学校成立五周纪念会寄览书画册》收录书画、楹联、扇面作品105件。

③ 此信曾刊于1948年《学僧天地》第1卷第6期，题《弘一大师遗札》。

矫健飞舞，能得其神似。拟为订润例如左：

额字每字一元

堂幅四尺三元　大小依例加减

对联四尺二元　大小依例加减

屏幅四尺四幅四元　大小依例加减

册页尺方一元

折扇每件一元

纨扇每件半元

题巾每件半元

余件另议劣纸不书

先润后墨七日取件

癸丑初秋李叔同识[①]

（钤印“叔同”）

以陈师曾画《荷花小幅》赠陈听泉。[②]

秋冬，致堵申甫函：

申甫学长先生：

嫂夫人仙逝，至堪哀悼。乳儿颇康健否？至念至念。

尊藏西湖风景照片，拟假一用，便希检交。琐渎为悚。

祇叩

道福！

息　再拜

按：福建人民出版社2019年12月版《弘一大师全集》（第3版，修订2版）第八册·文艺卷、杂著卷、书信卷未收录，文物出版社2017年10月版陈飞鹏整理《弘一法师书信全集》第26页收录，置于“1914年”，注：“……据此推测，此函应写于此间，即1914年前后，具体月份日期待考”。图版见平湖市李叔同纪念馆编：《李叔同当湖书印文辑》，西泠印社出版社2015年10月版，下册第270页。信中有“嫂夫人仙逝，至堪哀悼。乳儿颇康健否？至念至念”句。堵申甫独生女堵桐碧于1913

① 此润例福建人民出版社2019年12月版《弘一大师全集》（第3版，修订2版）各卷未收。详情参见郭长海《考证三则》，载2017年9月《莲馆弘谭》第13期。

② 见李叔同《题陈师曾荷花小幅》，收《弘一大师全集》（第3版，修订2版）第八册·文艺卷、杂著卷、书信卷，福建人民出版社2019年12月版，第36页。

年 8 月 4 日在堵氏老家绍兴出生，堵妻产后得“产褥热”逝世。[①] 另据堵申甫外甥女吴嘉兰言，堵妻逝世的时间应系 1913 年九十月间。故此信应写于 1913 年秋冬。

11 月 4 日（农历十月初七日），在《生活日报》发表《喝火令》《高阳台》《满江红》，署名“息霜”。

11 月 12 日（农历十月十五日），夏丏尊为刻印章“息翁”（白文），边款“此印自诩不俗，息霜解人当用之于得意书画也。癸丑十月望夜丏翁”。

11 月 16 日（农历十月十九日），浙江省立第一师范学校举行第一次陆上运动会，师生齐唱《浙江省立第一师范学校校歌》。[②] **按：**是歌由李叔同作曲，夏丏尊作词。歌词为：“人人人，代谢靡尽，先后觉新民。可能可能，陶冶精神，道德润心身。吾侪同学，负斯重任，相勉又相亲。五载光阴，学与俱进，磐固吾根本。叶蓁蓁，木欣欣，碧梧万枝新。之江西，西湖滨，桃李一堂春。”

11 月 23 日（农历十月廿六日），书“自求太极书中义，都是邯郸道左人”。款识“中得先生正之。癸丑小雪。息翁”。[③]

书“自求太极书中义，都是邯郸道左人”。款识“柳塘先生正之。癸丑小雪节。息翁”；钤印“息翁晚年之作”、“息翁”、“生谥哀公”。[④]

12 月 8 日（农历十一月十一日），节录北江文书赠夏丏尊。款识“癸丑大雪节录北江文，息翁”。[⑤]

是年，为蒋国榜书《蒋氏家训卷》并题“安本分学吃亏”。[⑥]

---

① 堵祖荫：《怀念爷爷堵申甫——回眸屹山公堵申甫的生平》，收杭州师范大学弘一大师·丰子恺研究中心编《堵氏家谱》，中国诗词楹联出版社 2018 年 11 月版，第 127—136 页。

② 曹布拉编：《杭州师范大学艺术教育史文献汇编·艺术教育年表（1908—2012）》，浙江文艺出版社 2012 年 10 月版，第 9 页。

③ 见《李息翁法书》（袁希濂题签），开明书店发行，未署发行时间。

④ 浙江省平湖市人民政府、上海徐汇区文化局编：《弘一大师法书集·天心月圆（作品卷）》，上海书画出版社 2017 年 5 月版，第 10 页。

⑤ 见夏宗禹编：《弘一大师遗墨》，华夏出版社 1999 年 1 月第 2 版，第 10 页。

⑥ 蒋国榜为马一浮学生。其家训为其父蒋长恩的遗训。详见《海派代表书法家系列作品集·弘一》，上海书画出版社 2006 年 12 月版，第 292—294 页。

书《白毓崑烈士传赞碑》。①

年底，邱志贞为刻印章“哀公晚年所作”（朱文）。边款“癸丑岁莫，受业志贞谨篆”。

① 白毓崑（1886—1912），字雅雨，又雅余，号铣玉，江苏南通人，1899年入南洋公学师范院，1905年加入同盟会，曾创办《地学杂志》，任同盟会天津秘密组织共和会会长，北方革命军参谋长，1912年1月7日就义。1912年南洋公学（时称上海工业专门学校）同学会发起为校友白毓崑建纪念碑，由李叔同书碑文。参见王维军《李叔同为辛亥烈士白毓崑所书铭文碑之发现与考证》一文，收平湖市李叔同纪念馆编《李叔同（弘一大师）研究考论选》，团结出版社2016年11月版，第69—79页。白毓崑纪念碑建成于1913年夏，姑且将李叔同所书置于本年。不排除写于1912年的可能性。

1914年　甲寅　35岁

社会文化事略

2月28日，袁世凯下令解散各省议会；3月1日，中国加入万国邮会；4月21日，教育部举办全国儿童艺术展览会；5月，袁世凯公布《中华民国约法》，改责任内阁制为总统制；7月8日，中华革命党在日本东京成立，孙中山任总理；8月1日，第一次世界大战爆发；9月，日军在山东黄县龙口登陆，10月占领胶州路全域，11月占领青岛；是年，袁世凯发布《祭孔告令》，规定每年9月28日中央与各地方一律举行祀孔典礼。

生平事迹

2月4日（农历正月初十日），因陈师曾为夏丏尊作《小梅花屋图》，为题词《玉连环影・为丏尊题小梅花屋图》。款识“甲寅立春，息翁”；钤印“叔同”。①

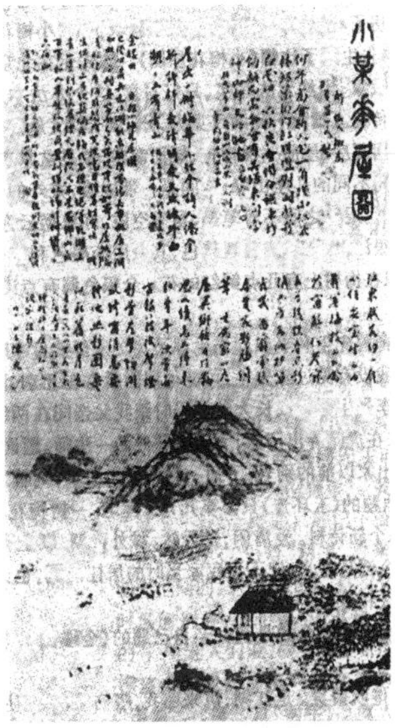

有众人题词的陈师曾赠夏丏尊《小梅花屋图》。

2月（农历正月初七日至二月初四日），集门生组织成立浙江省立第一师范学校“桐阴画会”，定期举办艺术观摩活动。②

春，在上海目睹城南草堂旧址，楼台杨柳大半荒芜。③

柳亚子请为所编《子美集》设计封面。④

5月22日（农历四月廿八日），在杭州寄发致柳亚子函：

亚子先生：

久不晤谈，正念。《子美集》出版后乞赐两册。前承赐《春航

---

① 夏丏尊有关于“小梅花屋图”的《自记》：“民初，余僦居杭城，庭有梅树一株，因名之曰‘小梅花屋’。陈师曾君为作图，一时朋好多有题咏。图经变乱已遗失。此小词犹能记诵，亟为录存于此。丏尊记。”载1940年12月《觉有情》第4卷第6—8号合刊。关于此图，可另参考夏满子《“小梅花屋图”及其他》一文，载1979年9月《人民日报》之《战地》增刊第6期。

② 曹布拉编：《杭州师范大学艺术教育史文献汇编・艺术教育年表（1908—2012）》，浙江文艺出版社2012年10月版，第10页。

③ 李叔同《题梦仙花卉横幅》有曰：“今春余过城南草堂旧址，楼台杨柳大半荒芜矣。”见夏宗禹编：《弘一大师遗墨》，华夏出版社1999年1月第2版，第5页。

④ 郭长海：《考证三则》，收《莲馆弘谭・2018》，西泠印社出版社2018年12月版，第114—120页。后《时事新报》有该书广告，取李叔同所书之字。文中有亚子编《子美集》封面图。

集》，已为友人携去。乞再赐寄一部。祇叩

道福

弟息顿首

按：此信福建人民出版社 2019 年 12 月版《弘一大师全集》（第 3 版，修订 2 版）第八册 · 文艺卷、杂著卷、书信卷未收。现存上海图书馆。[①]

李叔同（右）在浙江省立第一师范学校任教时与夏丏尊在祭孔时留影。

5 月 23 日（农历四月廿九日），黄炎培访浙江省立第一师范学校，当日日记写道："第一师范本兼办高等，今高等停办，而于本科、预科外，别设手工、图画、专修科。全校二百六十余人。本科最高之学级，现为第三学年，课余组织校友会，分运动、文艺两大部。运动分蹴球、庭球、拳术数事。文艺部发行杂志，专修科成绩品、美术、意味较多于工艺意味，殆视前两江师范专科为尤高，主其事者吾友美术专家李君叔同（哀）也。"[②] **按：**吕凤子也承认："严格地说起来，中国传统绘画改良运动的首倡者，应推举李叔同为第一人。根据现有的许多资料看，李先生应是民国以来第一位正式把西洋绘画思想引介于我国，进而启发了我国传统绘画需要改良的思潮，而后的刘海粟、徐悲鸿等在实质上都是接受了李先生的影响，进而成为中国传统绘画改良运动的推行者。"[③]

6 月 22 日（农历五月廿九日），在《生活日报》刊出《西湖夜游记》，署名"息霜"。

6 月（农历五月初八日至闰五月初八日），在《香艳小品》第 3 册发表《菩萨蛮》《春游曲》，署名"息霜"。

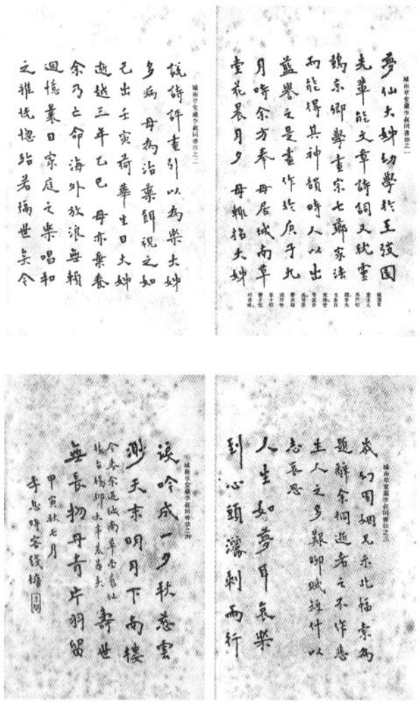
夢仙大姊幼學於王弢园先輩能文章詩詞又就靈鶼京鄉學畫宗七薌家法而能得其神韻時人以出藍譽之是畫作於庚子九月時余方奉母居城南草堂花晨月夕母輒招大姊
説詩評畫引以為樂大姊多病母為治藥餌視之如己出壬寅荷華生日大姊逝越三年乙巳母亦棄養余乃亡命海外放浪無賴回憶曩日家庭之樂唱和之雅恍惚若隔世矣今
歲幻園姻兄於北檣索為題辭余恫逝者之不作悲生人之多艱聊賦短什以志哀思
人生如夢耳哀樂到心頭灑剩兩行
淚吟成一夕秋慈雲渺天末明月下南樓壽世無長物丹青片羽留
甲寅秋七月

李叔同题梦仙遗画题五律及诗序。

8 月 21 日至 9 月 19 日间（农历七月），应许幻园之请，为梦仙遗画题五律一首，诗序："梦仙大姊，幼学于王弢园先辈，能文章诗词。又就灵鹣京乡学画，宗七芗家法，而能得其神韵，时人以出蓝誉之。是画作于庚子九月，时余方奉母居城南草堂。花晨月夕，母辄招大姊说诗评画，引以为乐。大姊多病，母为治药饵，视之如己出。壬寅荷华生日大姊逝。越三年乙巳，母亦弃养。余乃亡命海外，放浪无赖。回忆曩日，

① 郭长海：《考证三则》，收《莲馆弘谭 · 2018》，西泠印社出版社 2018 年 12 月版，第 114—120 页。

②《黄炎培日记》第 1 卷，华文出版社 2008 年 9 月版，第 96 页。

③ 转引自蒋健飞《中国民初画家》，（台湾）艺术家出版社 1976 年 5 月再版。吕凤子（1886—1959）民国史上老资格的艺术教育家。1917 年任北京女子高等师范学校教授及专科主任，1919 年任上海美术专科学校教授兼教务主任，1925 年兼正则女子职业学校高级绘画科主任，1927 年任东南大学艺术科主任、国画教授，1940 年应教育部聘，任国立艺术专科学校校长，1944 年任国立社会教育学院艺术系教授。

家庭之乐，唱和之雅，恍惚殆若隔世矣。今岁幻园姻兄示此幅，索为题辞。余惘逝者之不作，悲生人之多艰。聊赋短什，以志哀思。”款识“甲寅秋七月，李息时客钱塘”；钤印“朩同”。[①] **按：**此手书曾刊于1927年7月8日《小说世界》第16卷第2期和1927年7月15日《小说世界》第16卷第3期。

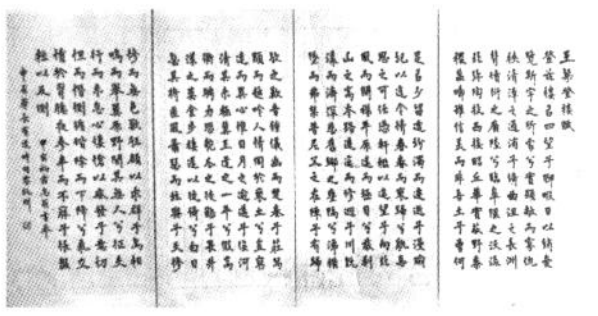

李叔同书王粲《登楼赋》赠堵申甫。

9月5日（农历七月十六日），介绍夏丏尊加入南社，夏丏尊入社号为第454号。另介绍浙江省立第一师范学校同仁加入南社的还有陈子韶（入社证第516号）。[②]

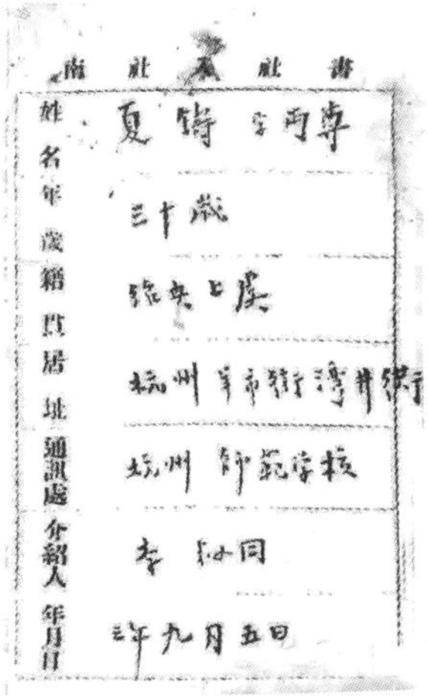

南社入社書
姓名　夏鑄　字丏尊
年歲　三十歲
籍貫　紹興上虞
居址　杭州
通訊處　杭州師範學校
介紹人　李叔同
年月日　三年九月五日

夏丏尊《南社入社书》。

9月15日（农历七月廿六日），介绍徐作宾加入南社，入社证第455号。

9月18日（农历七月廿九日），介绍郦忱加入南社，入社证第458号。介绍徐道政加入南社，入社证第457号。

9月（农历七月十二日至八月十一日），介绍姜丹书加入南社。入社证第459号。介绍邱志贞加入南社。

秋末冬初，书王粲《登楼赋》赠堵申甫。题款“甲寅初霜，息翁书奉申甫学长有道，时同客杭州”；钤印“息”。

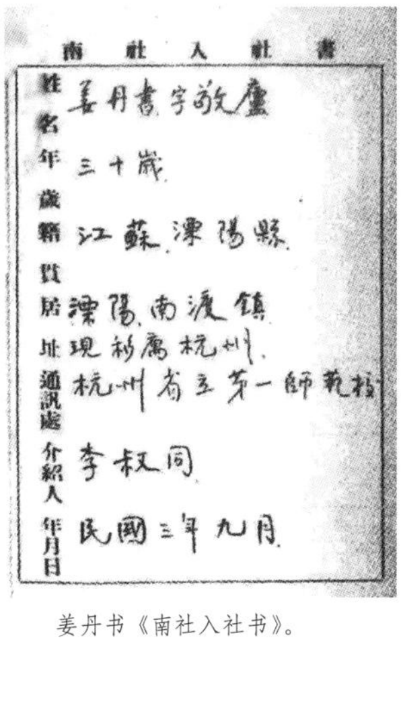

南社入社書
姓名　姜丹書　字敬廬
年歲　三十歲
籍貫　江蘇溧陽縣
居址　溧陽南渡鎮　現移寓杭州
通訊處　杭州省立第一師範校
介紹人　李叔同
年月日　民國三年九月

姜丹书《南社入社书》。

11月22日（农历十月初六日），浙江省立第一师范学校举行第二次运动会，担任审判部职。**按：**《浙江第一师范学校校友会志》第4号（1915年）中的《第二次运动会记事》曰：“民国三年十一月二十二日本校校友会开第二次陆上运动会于本校之操场……审判部：李叔同……。”

11月（农历九月十四日至十月十四日），浙江省立第一师范学校取“吉金乐石”之义，成立课余文艺团体“乐石社”。该社是由学生邱志贞为发起人，在校长经亨颐和教师支持下集学校同人而成立的研究篆刻的艺术团体。正式成立时间为该年农历九月中旬十五日以后至二十日之前（即公历11月2日至7日间）。被选为乐石社主任，并任命杨凤鸣为会

① 有关梦仙遗画之考论，参见郭长海《李叔同〈题梦仙花卉横幅〉本事考》一文，载2016年《莲馆弘谭》第12期，平湖李叔同纪念馆编，文字有误，今据原作影印件，图版见平湖市李叔同纪念馆编：《李叔同当湖书印文辑》，西泠印社出版社2015年10月版，下册第262—265页。

② 李海珉：《李叔同与南社》，载2013年9月《莲馆弘谭》第9期。

浙江省立第一师范学校第二次运动会场景。资料来源：《浙江省立第一师范学校校友会志》第4号。

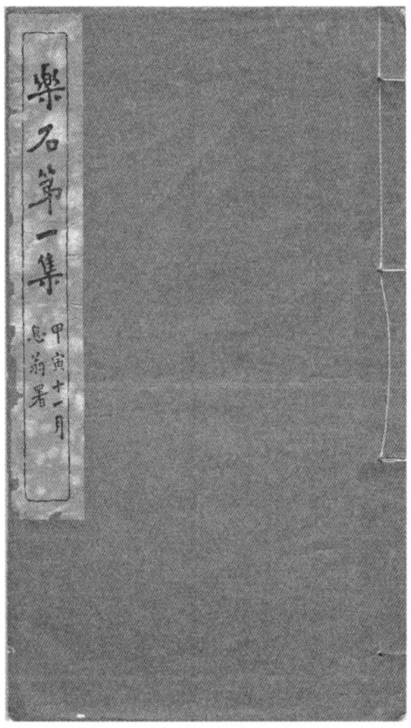

《乐石》第一集封面，李叔同题签。(方爱龙提供)

计，邱志贞为书记，杜振瀛等4人为庶务。[1] **按：**姚鹓雏有《乐石社记》，收《乐石社社友小传》，1915年农历六月编印，又载1915年《南社丛刻》第18集。《乐石社记》：

乐石社者，李子息霜集其友朋弟子治金石之学者，相与探讨观摩，穷极渊微而以存古之作也。余懵于考故，未有所赞于李子，顾于李子怀文抱质，会心独往，神合千祀之旨，则不能无述焉。始于橐笔来沪渎，获交李子，李子博学多艺，能诗能书，能绘事，能为魏晋六朝之文，能篆刻。顾平居接人，冲然夷然，若举所不屑。气宇简穆、稠人广坐之间，若不能一言；而一室萧然，图书环列，往往沉酣咀嚼，致忘旦暮。余以是叹古之君子，擅绝学而垂来今者，其必有收视反听、凝神专精之度，所以用志不纷，而融古若冶，盖斯事大抵然也。兹来虎林，出其所学，以饷多士。复能于课余之暇，进以风雅，鱼鱼雅雅，讲贯一堂，氈墨鼎彝，与山色湖光相掩映。方今之世，而有嗜古好事若李子者，不令千载下闻风兴起哉！社友龙丁，吾乡人也，造门告以斯社之旨，并以作记为请。余视龙丁，博学多艺如李子，气宇简穆如李子，而同客武林，私念亦尝友李子否？及袖出缄札，赫然李子书也。信夫气类之合有必然者矣。将以闲日，诣六桥三竺间，过李子龙丁，尽观其所藏名书精印，痛饮十日，以毕我悬迟之私。李子龙丁，亦能坐我玉笋班中，使谢览芬芬竞体耶，因书此为息壤。旃蒙单阏，华亭姚鹓雏[2]

冬，主持出版《乐石》第一集（农历十一月出版），并题签，落款"息翁"。《乐石》第一集刊有夏丏尊为刻"息机归寂"之印，边款"丏公刻《楞严》句奉息翁，求息翁为我画佛也"。[3]

是年，在杭州致叶品三函：

品三先生足下：

日前走谒，不晤，至怅。师校学生近组织乐石社，研究印学，刻已有十六人。闻西泠印社开金石书画展览会，拟偕往观览，以扩

① 有关乐石社成立的时间参见方爱龙《"乐石社"与〈乐石集〉》一文，收《永恒的风景——第二届弘一大师研究国际学术会议论文集》，（香港）中国文化艺术出版社2008年1月版，第105页。

② 姚鹓雏：《乐石社记》，刊《乐石社社友小传》，1915年农历六月编印。原文无标点。方爱龙《"乐石社"与〈乐石集〉》一文中认为乐石社并非由李叔同倡议而成立。因姚文所致"今人著述中多把乐石社正式成立以后就担任该社'主任'的李叔同看作是乐石社的倡议发起人。其事失察之故也。"方爱龙文收《永恒的风景——第二届弘一大师研究国际学术会议论文集》，（香港）中国文化艺术出版社2008年1月第1版，第105页。

③《乐石》第一集出版于"甲寅十一月"，是年末或次年初均有可能，姑且置于是年。

眼界。苦无力购券，未识先生能特别许可入场否？（拟于今日下午来观）事属风雅，故敢渎求。祇叩

道安！鹄候回示，不庄。

弟李息顿首

乐石社章程附呈上，乞政。

按：福建人民出版社2019年12月版《弘一大师全集》（第3版，修订2版）第八册·文艺卷、杂著卷、书信卷第276页收录，注“一九一五年，杭州”，有误。此信现藏于杭州市文物考古所，洪丽娅《弘一法师致叶为铭信札》一文发表于《收藏家》杂志1998年第3期，录存此信。信末未署年代和日期，洪丽娅文中亦未明确标注写信年代。根据信中“师校学生近组织乐石社”之语，当是在乐石社成立之后不久，即1914年。又，《弘一大师全集》（第3版，修订2版）在收录此信时，在信后附录《哀公传》。实际上《哀公传》系杭州市文物考古所藏李叔同9通信中的散页，未必即是某通信之附件。而此信之附件，李叔同在信中已写明，即《乐石社章程》。

在杭州致叶品三函：

品三先生道席：

昨承招待，同人获饱览珍品，感谢千万。承允赐《印人传》，及《印学丛书》样本，顷已代达同人，尤为铭感。希每种先惠赐二十部，交来役带下。印社展览会特别捐，弟曾任金一元，兹附呈上，乞詧入。祇叩

教安

弟李息顿首

按：福建人民出版社2019年12月版《弘一大师全集》（第3版，修订2版）第八册·文艺卷、杂著卷、书信卷第276页收录，注“一九一五年，杭州”，有误。此信当系前信李叔同带领学生赴西泠印社参观后一日所写，故时间当为1914年。

参加马一浮与一些佛教学者在杭州成立的“般若学会”，旨在“求得超越虚幻不实的世俗认识，以证悟般若智慧”。而当时作为新思潮中心的浙江省立第一师范学校的许多师生，如夏丏尊、潘天寿、姜丹书、刘质平、丰子恺等均相继加入了该会。[①]

① 参见冷晓：《杭州佛教通史》，杭州市佛教协会编，2002年7月印行，第177页。潘天寿（1897—1971），浙江宁海人，1915年秋入浙江省立第一师范学校，曾任上海美术专科学校教授、国立西湖艺术院教授、国立艺术专科学校校长、浙江美术学院院长等职。著名画家。丰子恺（1898—1975），1914年入浙江省立第一师范学校，李叔同高足，画家、音乐教育家、文学家、翻译家。

1914 年，李叔同（后排右二站立者）在浙江省立第一师范学校上人体写生课，开中国人体美术教学之先河。

在《香艳杂志》第 1 期发表《菩萨蛮》。署名“（天津）李凡（息霜）”。

在浙江省立第一师范学校采用人体模特进行美术教学。有上课时影像。**按：** 关于李叔同采用人体模特进行美术教学的时间，目前主要有二说。一说是 1913 年，如福建人民出版社 2019 年 12 月版《弘一大师全集》（第 3 版，修订 2 版）文艺卷、杂著卷、书信卷的插页图录第 5 幅的文字说明：“一九一三年，在浙江两级师范学校教授裸体写生时，与学生合影。（后排右二站立者为李叔同）”再如徐星平在《弘一大师》一书附图第 10 幅的文字说明：“1913 年李叔同（右中立者）在浙江第一师范学校教人体写生课。”① 另一说是 1914 年，如秦启明编《弘一大师李叔同书信集》的附文《名士·艺术家·高僧——李叔同面面观》，文中说：“李叔同于 1914 年在浙一师开设此课，这是中国近代美术教学中的创举”。② 再如金梅著《悲欣交集·弘一法师传》一书中的附图第 8 幅的文字说明：“1914 年在浙江第一师范学校教授裸体写生时与学生合影”及内文表述和附录《李叔同—弘一法师年表》中的表述。③ 正确的时间应该是 1914 年。证明材料是李叔同的学生吴梦非在 1959 年第 3 期《美术研究》（中央美术学院学报）上的《“五四”运动前后的美术教育回忆片断》一文。文章说：“李叔同先生教我们绘画时，首先教我们写生。初用石膏模型及静物。1914 年后改用人体写生。本文所附照片便是我们第一次用真人作模特儿练习写生的留影。我们这一班学生有 20 多人，如周玲荪、金咨甫、朱稣典、李鸿梁、朱蔼孙等。”（吴文后附李叔同首用人体模特进行美术教学的照片，并特别注明是 1914 年。此即如今常见的以男人体背面为主体的照片）吴梦非是李叔同到浙一师任教后教的第一届学生，他所述“本文所附照片便是我们第一次用真人作模特儿练习写生的留影”当真实可靠。为了慎重，本年谱长编编著者于 2000 年 3 月 7 日专门采访了吴梦非的女儿，中国电子琴学会副会长吴嘉平。吴嘉平查得其父生前手稿，手稿上明确指证此照片第二排左起第三人即是吴梦非本人；而我们如今在这张照片上也能辨别出后排右起第二人即是李叔同。吴梦非是李叔同所教的第一届学生，是李叔同首用人体模特进行美术教学的亲自参与者，而他发表文章时所附的照片上又有他本人，故可确定李叔同首用人体模特进行美术教学的时间是 1914 年。④

① 徐星平：《弘一大师》，中国青年出版社 1988 年 10 月版。

② 秦启明编：《弘一大师李叔同书信集》，陕西人民出版社 1991 年 7 月版。

③ 金梅：《悲欣交集·弘一法师传》，上海文艺出版社 1997 年 10 月版。

④ 董舒林在《光辉灿烂的李叔同》一文中介绍说：李叔同第一次使用人体模特“照片所示的是一间美术教室，位于第二幢教学楼的东首。教室前后都有一扇进出的门与走廊相通，中间有一扇窗。照片中的两扇门都关着，中间的窗用黑色窗帘挡住光线，教室南面是一堵墙，北面有两扇窗，西面有三扇大窗。光线就是从西和北两个方向进来的，照片也清楚地显示了这一点，室内周围高处，张挂着许多世界名画家的像片和名画。”（载《大地》1997 年 12 月号）董舒林生前为杭州高级中学校史馆负责人。杭州高级中学所在地即为浙江省立第一师范学校原址。董文误将李叔同首次使用人体模特进行美术教学的时间定为 1913 年。

组织高师图画手工专修科在杭州西泠印社召开学习音乐会。**按：**学生吴梦非回忆："我班曾举行过学习音乐会，记得第一次音乐会在西湖孤山西泠印社内柏堂大厅举行，节目单由李先生亲手书写，张贴会场上，会后由某同学携去，不知存在何处，至今已无法寻找。会期在1914年（民国三年），这是浙江学校有音乐会的创始（1913年出'白阳'刊物）。"① 本次音乐会演出的内容有钢琴、风琴、独唱、合唱、重唱、外文歌曲等。其中吴梦非曾演奏了贝多芬钢琴奏鸣曲《月光》第三章。李鸿梁言："我们还在西湖西泠印社柏堂举行过一次没有听众的音乐会。除了我们同班的演奏者外，并不邀请任何一个客人，但是气氛严肃，秩序井然，完全依照目录进行。我参加了一个风琴独奏，一个独唱和一个伴奏。"②

在《浙江省立第一师范学校校友会志》第2号上与人合写《赋得远足会·得师字五言八韵》。全诗为："别是群英会，行行远不辞。高材夸疾足，大道有余师（病无）。驿落春风稳，鹏程旭日迟（叔同。）游非冠必整，阵或介而驰（子庚）。百步思芳草，千山拾紫芝（丏尊）。志原凌五岳，出不待三思。（溥泉）序齿浑疑雁，呈才肯让骐（敬庐）。圣朝恩泽渥，联级上丹墀。（赓九）"

为学生吴梦非联系上海城东女学职位，以便毕业后可以顺利任教。③

社会评介择要

黄炎培：《黄炎培考察教育日记》，（上海）商务印书馆1914年版。

①《吴梦非残稿中的一些片段》，吴嘉平整理，收《圆梦集——吴梦非王元振作品汇编》，第179页，2005年5月印行。
② 李鸿梁：《我的老师弘一法师李叔同》，收《浙江文史资料选辑》第26辑，浙江人民出版社1984年6月版，第98—117页。
③《吴梦非残稿中的一些片段》，吴嘉平整理，收《圆梦集——吴梦非王元振作品汇编》，第179页，2005年5月印行。

1915 年　乙卯　36 岁

社会文化事略

1 月 18 日，日本政府向北洋政府提出“二十一条”;5 月 9 日，北洋政府正式承认“二十一条”;9 月 15 日，陈独秀在上海创办《青年杂志》（第 2 卷改名《新青年》）;12 月 11 日，袁世凯恢复帝制，登帝位;12 月，孙中山发表《讨袁檄文》《讨袁宣言》。

生平事迹

旧时南京高等师范学校校舍。（资料来源：东南大学校史馆。）

今东南大学四牌楼校区仍存的南京高等师范学校老建筑。摄于 2017 年 12 月。

今东南大学四牌楼校区仍存的南京高等师范学校工艺实习场。摄于 2017 年 12 月。

年初，（农历甲寅十二月）主持出版《乐石》第二集，经亨颐题签，署名“石禅”。

春，主持出版《乐石》第三集（农历一月出版，堵申甫题签，署名“申甫”）、《乐石》第四集（农历二月出版，夏丏尊题签，署名“丏公”）、《乐石》第五集（农历三月出版，陈伟题签，署名“骨秋”）①、《乐石》第六集（农历三月出版，费龙丁题签，署名“龙丁”）。

邱志贞应请为刻印章“近黄昏室”（朱文）。边款“息霜先生嘱。受业邱志贞琢于浙之高师寄宿舍，时乙卯春”。

邱志贞应请为刻“当湖布衣”（白文）。边款“息霜夫子先生命刻。乙卯莫春志贞奏刀”。

应南京高等师范学校校长江谦之聘，兼任该校图画音乐教师。**按一：**对于兼职南京高等师范学校，夏丏尊在《弘一法师之出家》中言：“在这七年之中，他想离开杭州一师，有三四次之多。有时是因为对于学校当局有不快，有时是因为别处有人来请他。他几次要走，都是经我苦劝而作罢的。甚至于有一个时期，南京高师苦苦求他任课，他已接受聘书了，因我恳留他，他不忍拂我之意，于是杭州南京两处跑，一个月中要坐夜车奔波好几次。”② **按二：**南京高等师范学校前身为两江师范学

① 收藏家彭长卿曾得《乐石》第五集，封面已无签条，有李叔同题“息翁赠斐飞先生”，钤印“李息”。后丰子恺为补签条“乐石第五集”，并题跋：“五十年前李叔同先生于杭州浙江两级师范组织乐石社，定期刊印《乐石集》，此其一也。作者皆余窗友，今凋零殆尽矣。长卿仁棣于旧书店访得此集，嘱余题记，时乙巳仲春，子恺”。彭长卿，祖籍江苏溧阳，原任职于上海五十六中学，现退休。其叔祖彭逊之，曾与李叔同一同在杭州虎跑习静，后出家，复还俗。

② 夏丏尊：《弘一法师之出家》，载 1941 年 2 月 20 日《觉音》第 20、21 期合刊“弘一法师六十纪念专刊”。

堂，在李瑞清的倡导下于 1906 年创办图画手工专修科，开中国艺术教育学科化之先河。**按三：**江谦有《寿弘一大师六十周甲诗》，诗云：“鸡鸣山下读书堂，廿载金陵梦未忘。‘宁社’恣尝蔬笋味，当年已接佛陀光。”诗序曰：“乙卯年，谦承办南京高等师范，时聘师任教座。师于暇日倡‘宁社’，借佛寺陈列古书字画金石，蔬食讲演，实导儒归佛方便门也。”[①] 有关李叔同在南京高等师范学校任教时的资料较少，其生活经验可从其对学生李鸿梁所述略见一二。[②] **按四：**据姚鹓雏《南社琐记》：“先生任教于杭州高师及南京高师，每周必一往返。而道必出松江。龙丁及余尝候之车站，邀遇佛耶精舍，一饭而别。先生以竹根笔筒及海波罗各一事贻余。余答以诗，有‘海物携将能寿我’云云。”[③] **按五：**兼任南京高等师范学校职期间为该校校歌谱曲（江谦词）。[④] **按六：**张一留《寄怀弘一上人（有序）》写曰：

南京高等师范学校学生描绘的校园内之六朝古松及六朝古松旧影。（资料来源：《南京高等师范学校校友会杂志》第 1 期。）

> 昔年寄迹白门，上人主讲东大，予亦执教省农，过从之顷，曾荷书赠一联，联语为“退不丘壑”“上为日星”，铁画银钩，一笔不苟，予甚宝之。今上人一尘不染矣，涅槃经云：“如是能知佛法所作，善能解说，是名律师，能解一字。”上人弘通戒律，明练持犯，当代之一字师也。偶忆前尘，恍如梦影，率呈俚句，不禁神驰。
>
> 鸡鸣山下旧时居，斗室常悬长者书。愧我当年心未一，归农归佛步徐徐。
>
> 戒珠明净久能持，四众咸尊一字师。止恶必须弘五论，护人今更不宜迟。[⑤]

今仍存于东南大学四牌楼校区内的六朝古松。摄于 2017 年 12 月。

旧时南京高等师范学校校门。（资料来源：东南大学校史馆。）

陈伟为刻印章“三十称翁”（白文）。边款“抚汉法制此为奉，赤同社长诲正。乙卯莫春陈伟”。

陈伟为刻印章“息翁大利”（白文）。边款“赤同师诲正。乙卯春日，骨秋陈伟”

附记：有赴北京访友记载。宗教文化出版社 1995 年 8 月版林子青编

---

① 江谦：《寿弘一大师六十周甲诗》，载 1940 年《佛学半月刊》第 215 期，复载 1941 年 2 月 20 日《觉音》第 20、21 期合刊“弘一法师六十纪念专刊”。同期另有其他咏怀弘一大师之诗。江谦（1875—1942），字易园，号阳复，安徽婺源人（今属江西），1914 年任江苏省教育厅厅长，1915 年起任南京高等师范学校校长，1918 年皈依佛教。

② 李鸿梁：《我的老师弘一法师李叔同》，收《浙江文史资料》第 26 辑，浙江人民出版社 1984 年版。详见本谱本年“9 月 2 日”条目。

③ 姚鹓雏：《南社琐记》，上海古籍出版社 2012 年 5 月版，第 782 页。

④《南京高等师范学校校歌》的词为江谦所作，曲则由李叔同作。南京高等师范学校即今南京大学、东南大学、南京师范大学共同之前身。据南京大学百年校庆特别网站（1902—2002），1999 年 9 月 20 日，南京大学曾发出征集校歌的启事。经过近两年的评选，最后确定原南京高等师范学校校歌作为现南京大学校歌。李叔同在该校兼课两年，此歌应作于 1915—1916 年。该校歌曾刊于 1918 年《南京高等师范学校校友会杂志》第 1 期。

⑤ 张一留：《寄怀弘一上人（有序）》，载 1941 年 11 月 1 日《觉有情》第 50、51 期合刊。

今南京东南大学四牌楼校区内的李瑞清铜像。摄于 2017 年 12 月。

旧时南京高等师范学校校舍及运动场。（资料来源：东南大学校史馆）

著《弘一法师年谱》第 77 页“1915 年”条目有注：“四十年前著者在沪时，曾晤北京道禅和尚。据云‘民国四年春，他因友人之介，曾晤李叔同先生于北京铁狮子胡同余宅，余氏为李先生友人，时任职交通部云。’据此，是年大师或曾到北京一次。”因无旁证资料，存疑。

3 月 30 日（农历二月十五日），致日本东京美术学校图书馆函：

拜启：

恭贺母校兴盛。《乐石集》四册别封发送，谨寄赠贵馆。今后还可陆续寄赠，查收为盼。如能成为同学诸君的几份参考，幸甚之至。愚生目下就职于浙江省杭州第一师范学校。校务之余暇，组织乐石社，从事印章的研究。顿首

三月三十日　李岸

按一：此函原刊于 1915 年 4 月 30 日出版的《东京美术学校校友会月报》第 14 卷第 1 号，发表时题为《在支那的李岸氏为寄赠〈乐石集〉给图书馆来翰》，为日文。福建人民出版社 2019 年 12 月版《弘一大师全集》（第 3 版，修订 2 版）第八册・文艺卷、杂著卷、书信卷第 498 页和文物出版社 2017 年 10 月版陈飞鹏整理《弘一法师书信全集》第 30 页均收录，其译文与刘晓路《档案中的青春像：李叔同与东京美术学校（1906—1918）》① 中所译有若干不同，今依刘晓路之译文。刘晓路文中另透露《东京美术学校校友会月报》第 14 卷第 1 号发表此函时另有编者按，刘晓路翻译为：“李氏随上述书翰向本图书馆寄赠《乐石集》三册（此与李叔同信中所说‘四册’不合，但系原文——引者注）。本馆遵照李氏的意愿，期待同好之士阅读。”**按二：**另据东京美术学校大正四年（1915 年）“金品捐赠”档案，记录有李叔同赠送的《叶氏存古丛刻》2 册、《印人传》2 册、《续印人传》3 册、《再续印人传》3 册。②

4 月 14 日至 5 月 13 日（农历三月），临始平公造像字“大槐独秀，玄流太和”。款识“元升先生正之。乙卯三月，息翁临始平公造像字”；钤印“李”、“管领湖山”、“惜霜”。③

5 月 2 日（农历三月十九日），乐石社在清故行宫举办春季雅集，请

① 刘晓路：《档案中的青春像：李叔同与东京美术学校（1906—1918）》，收《弘一大师新论》，西泠印社出版社 2000 年 2 月第 1 版，第 123—144 页。

② 此为日本东京艺术大学美术学部吉田千鹤子研究员于 2006 年在该档案中查得，并于同年 9 月 2 日致函笔者。书未见存。

③ 参见温州博物馆、平湖李叔同纪念馆编《弘一大师墨迹》，浙江古籍出版社 2010 年 9 月版，第 12 页。

众社中同人刻“李息翁日利长寿之印”（白文）。刻印者为徐葆瑒等 10 人。边款一“利：陈伟刻”、“长：徐志行刻”、“寿：陈兼善刻”、“之：邱志贞刻”、“印：吴荐谊、关仁本合刻”；边款二“乙卯三月十九日，乐石社友春季雅集，息翁社长命同人共勒斯石，既竟，谨题名于后，并颂社长日利长寿，共斯石以垂不朽”；边款三“李：徐葆瑒刻”、“息：杜振瀛刻”、“翁：陈兼善刻”、“日：毛自明、楼启鸿合刻”。**按：**是日书四言联“西子无恙，乐石不朽”，款识“乙卯三月十九日，乐石社同人雅集于清故行宫，李息翁集乐石第一集句，作联以志纪念”；钤印“息”等。原作今未见，天津书法家华非早年曾有临摹。另见毛自明为刻之印“息翁之印”，边款“学而不厌”，诲人不倦。成德达材，其乐无既。仿汉人法篆仰。息翁夫子诲正。受业毛自明谨刻”。

1915 年 5 月 16 日，李叔同（二排左一坐者）在杭州西泠印社参加南社临时雅集合影。

季大会（胡然）为刻印章“息翁”（朱文）。边款“乐石社春季大会刻，为尗同先生留作它日记念。印髯制，时乙卯三月十九日也”。

季大会（胡然）为刻印章“但吹竽”（朱文）。边款“印然为乐石社春季大会作。时乙卯三月十九日也”。

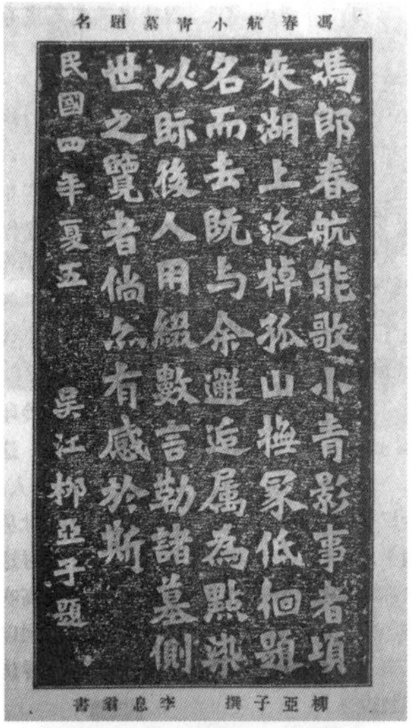
馮春航小青墓題名

馮郎春航能歌小青影事者頃
來湖上泛棹孤山撫冢低徊題
名而去既与余邂逅屬為點染
以貽後人用綴數言勒諸墓側
世之覽者倘亦有感於斯
民國四年夏五　吳江柳亞子題

柳亞子撰　李息霜書

柳亚子撰，李叔同书之碑文。

5 月 14 日至 6 月 12 日间（农历四月），主持出版《乐石》第七集（周承德题签，署名“承德”。刊有陈兼善为刻之印二枚，另刊徐葆瑒为刻之印一枚）。

5 月 16 日（农历四月初三日），参加部分南社社员在杭州西泠印社举办的临时雅集，并合影留念。识王海帆。[①] **按一：**时李叔同邀柳亚子加入浙江省立第一师范学校的“乐石社”。《乐石社社友小传》关于柳亚子的内容记曰：“四年夏，泛舟西泠，遇故人李息霜，方创乐石社。邀之，则敬谢曰，仆少懵于艺事，金石刻画之学，诚有所未能，可奈何。李子曰，无伤也耳。因欢然从焉。”**按二：**时正值柳亚子好友，上海新剧演员冯春航在杭州演出，剧目为《冯小青》。期间与柳亚子等 27 人，凭吊孤山冯小青之墓。二日后，柳亚子作《明女士广陵冯小青》《冯春航小青墓题名》二篇散记，由李叔同以魏碑笔法分别书写。后刻成二碑，立于冯小青墓两侧。**按三：**冯小青墓碑位于杭州孤山北麓。1964 年，墓

① 也有学者以为本此雅集是南社与西泠印社共同举办的活动。如孙晓泉在《看‘雨夜楼’藏画，忆沧桑往事》一文中曰：“李叔同与马一浮相交甚笃，马与印社丁辅之为好朋友，因而李与丁常有交往。经过李叔同、丁辅之相互介绍、促进，于是南社部分社友于 1915 年 5 月参加了西泠印社一次雅集活动。这是南社、印社两大学术团体的的一次盛会。他们以文会友，开展学术交流。”见杭州师范学院弘一大师・丰子恺研究中心编《弘一大师圆寂六十周年缅怀录》，2002 年 10 月印行，第 20—21 页。另据南社临时雅集摄影说明：“中华民国四年五月十六日，南社举行临时雅集于杭州西湖孤山之西泠印社。社友先后戾止者为：林好修、郑佩宜、姚石子、高吹万、李息霜、柳亚子、王海帆等共二十七人。”见 1916 年 1 月《南社》第 15 集。李叔同于 1917 年写的《孤山归寓成小诗书扇贻王海帆先生》中有曰：“文字联交谊，相逢有宿缘（前年五月，南社同人雅集湖上始识先生）。……”见林子青《弘一法师年谱》，宗教文化出版社 1995 年 8 月版，第 26—27 页。此诗载《南社丛刻》第 22 集诗录。王海帆（1845—1917），名毓岱，字少舫，别号舟枕老人。曾与李叔同同应 1902 年浙江乡试，及第。

旧时冯小青墓地（资料来源：《西湖旧踪》，浙江人民出版社 2000 年 11 月版）

与碑均被毁。今所见石碑，乃根据当时碑拓重新刻制，并以山石嵌牌留为纪念。今具体位置在孤山北麓云亭之东侧。**按四：**手书之文分书二碑，为：

冯郎春航，能歌小青影事者。顷来湖上，泛棹孤山，抚冢低回，题名而去。既与余邂逅，属为点染，以示后人；用缀数言，勒诸墓侧。世之览者，倘亦有感于斯？

民国四年夏五，吴江柳亚子题

今杭州孤山北麓的冯小青墓地为今人在原址附近新设。摄于 2019 年 4 月。

是日同游者：林秋叶、王漱岩、沈半峰、程弢堂、陈虑尊、陈越流、李息翁、朱屏子、丁白丁、丁不识、丁展藩、周佚生、费龙丁、陈稚兰、高吹万、姚石子、林憩南、楼辛壶、陆鄂不、龙小云等。

按五：雅集后，高吹万作《武林新游草》，为题封面，署名“李息”。

1915 年 5 月 29 日《礼拜六》杂志第 52 期刊出的“世界最著名诗翁沙士比亚之纪念品：沙翁墓志”。

5 月 19 日（农历四月初六日），在杭州城站附近之“老半斋”设晚宴招待游杭州的严修，同席者有张伯苓、王梦臣、陶孟和、经亨颐及浙江省立第一师范学校教员 3 人。晚 10 时半方散。①

5 月 20 日（农历四月初七日），参加经亨颐为招待严修而在西泠印社所设之午宴，餐后游烟霞洞。②

5 月 21 日（农历四月初八日），晨至严修下榻处，与经亨颐等一起陪同严修游西湖山水。在云栖午餐，复至六和塔。是日晚餐由严修在“聚丰园”等作答。③

5 月 22 日（农历四月初九日），严修等访浙江省立第一师范学校。是日日记曰：“又参观第一师范学校，其地因旧日贡院改建，校长即经亨颐也。其规制详黄纫之所著《考察教育日记》，兹不更赘。大抵江浙之学生气宇之清，精神之足，非北省所及，而书画秀润，尤其特长。”④

5 月 29 日（农历四月十六日），《礼拜六》杂志第 52 期刊出“世界

① 天津图书馆编：《严修手稿》第 10 册，天津古籍出版社 2012 年 1 月版，第 7568 页。
② 天津图书馆编：《严修手稿》第 10 册，天津古籍出版社 2012 年 1 月版，第 7570 页。
③ 天津图书馆编：《严修手稿》第 10 册，天津古籍出版社 2012 年 1 月版，第 7571 页。
④ 天津图书馆编：《严修手稿》第 10 册，天津古籍出版社 2012 年 1 月版，第 7572 页。

最著名诗翁沙士比亚之纪念品：沙翁墓志”。

6 月 13 日至 7 月 11 日间（农历五月），摹魏造像四种。款识“乙卯五月摹魏造像四种，息翁杭州”；钤印“息翁”。①

为夏丏尊三十生辰书“兹流年三十，靡答恩万千”。款识“丏翁三十之年集始平公造象字造句，索书即以为寿。乙卯五月，息翁书”；钤印“李息之印”。②

梅白为刻联珠印“李息”（白文）、“赤同”（白文）。边款“乙卯夏五，梅白制于萍寄之庐”。**按：**另见梅白为刻之印“李哀公”，边款“息霜先生用印，均系当时名手制，所谓并皆佳妙者。此印仿汉人作法，谨刻以养，未识尚足充文房否？梅白”。另见“息霜”印，边款一“伯庄镌钮，梅白鉴印”，边款二“息霜先生当笑纳也”；“息霜”，边款“梅白作”。

主持出版《乐石》第八集，邱志贞题签。署名“梅白”。刊有一友生为刻之印“息翁”一枚，另有同人合刻“李息翁曰利长寿之印”，并命一学生所刻息翁名印。

6 月 23 日（农历五月十一日），《申报》刊出《城东女学注意乐歌》，写曰：“南市花衣街城东女学向于文艺美术研究有素，近又鉴于女学界各种专科往往偏于文科，而于钢琴、唱歌殊鲜进步，故特请李叔同君调查西人教授乐歌方法，并代请名人教授，以养成音乐师资而供学堂之要求，不日即须招生云。”《时报》刊出《城东女学之扩张》，内容与同日《申报》所刊同。

是日《新闻报》亦刊出题为《城东女学之扩张》文，写曰：“南市花衣街城东女学向于文学音乐手工等科极意研究。今下学期复添设文艺专科，专教钢琴唱歌文学画图四种，养成专科教员为目的。闻该校顾问李君叔同以女界音乐一科未见发达，颇欲为之提倡，一以应社会之缺。”

6 月 27 日（农历五月十五日），严修致函。③

7 月 3 日（农历五月廿一日），浙江省立第一师范学校校友会在膳厅召开第一次毕业生送别会。会上共唱《浙江省立第一师范学校校歌》

今南京鸡鸣寺。摄于 2017 年 12 月。

南京鸡鸣寺现为南京市文物保护单位。摄于 2017 年 12 月。

刊登在《南京高等师范学校校友会杂志》第 1 期上的《南京高等师范学校校歌》。李叔同作曲，江谦作词。

① 上海市书法家协会编：《海派代表书法家系列作品集·弘一》（该卷主编刘一闻，副主编沈爱良），上海书画出版社 2006 年 12 月版，第 13—16 页。

② 夏宗禹编：《弘一大师遗墨》，华夏出版社 1999 年 1 月第 2 版，第 9 页。钱均夫家族藏。

③ 天津图书馆编：《严修手稿》第 7 册，天津古籍出版社 2012 年 1 月版，第 7617—7618 页。

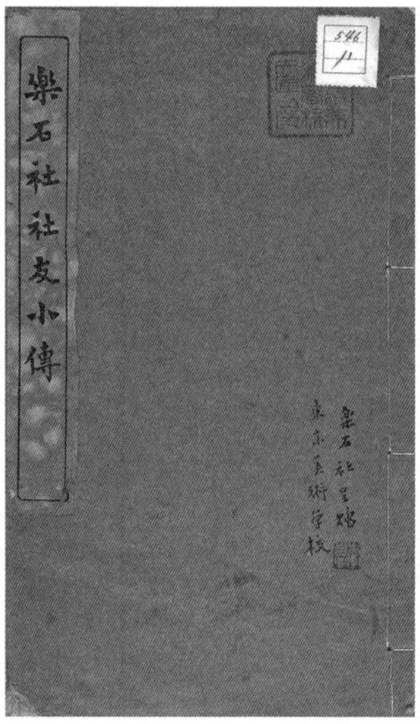

李叔同题写的《乐石社社友小传》。出版后代表乐石社赠东京美术学校。

《送别》《留别》等。①

7月4日至7月6日间（农历五月廿二日至廿四日间），携日妻至日本度假。**按一：**李鸿梁在《我的老师弘一法师李叔同》中说："临行时给我的信，大致是教我处世要'圆通'，否则不能与世相水乳。因为我那时只二十一岁，而生性憨直，锋芒太露。所以法师第一次给我写的对联是：'拔剑砍地，投石冲天'。条幅是：'豪放'二大字，旁系小字七绝一首。"② 回国前嘱学生李鸿梁赴南京高等师范学校代课。据学生李鸿梁在《我的老师弘一法师李叔同》记载："我是在一九一五年（民国四年）毕业的。法师就在这一年暑假到日本去洗温泉浴。……他是九月间回国的，回国前打了个电报叫我到南京高等师范（即东南大学前身），去代法师的课。因为我那时对于教学毫无经验，年龄又这样轻，骤然去教同等程度的学校，心里颇有点忐忑不定。"③

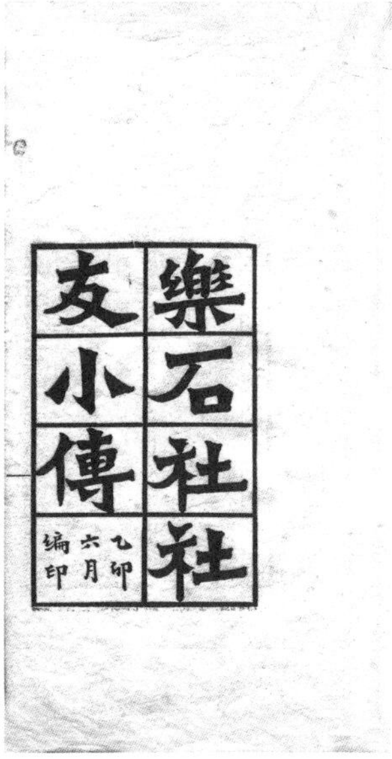

李叔同题写的《乐石社社友小传》扉页。

7月7日（农历五月廿五日），致崔旻飞函。**按：**据崔旻飞《鸿翔日记》："一九一五年七月七日，李叔同来一明片，言已东渡，须九月底回国。"④

7月12日至8月10日间（农历六月），《乐石社社友小传》出版，为题签和扉页，所题扉页署"乙卯六月编印"，并收《乐石社记》，款识"乙卯六月，李息翁记"。（另收《乐石社简章》《乐石社职员表》和姚鹓雏《乐石社记》）⑤ **按：**《乐石社社友小传》以署名先后为次。夏丏尊为第一位，李叔同为第二位，其记述是："李息，字叔同，一字息翁，燕人，或曰当湖人。幼嗜金石书画之学。长而碌碌无所就，性奇僻，不工媚人，人多恶之。生平易名、字百十数。名之著者曰文涛、曰下、曰成蹊、曰广平、曰岸、曰哀、曰凡；字之著者，曰叔桐、曰漱筒、曰惜霜、曰桃溪、曰李庐、曰圹庐、曰息霜，又自谥曰哀公。"

① 曹布拉编：《杭州师范大学艺术教育史文献汇编·艺术教育年表（1908—2012）》，浙江文艺出版社2012年10月版，第12页。
② 李鸿梁：《我的老师弘一法师李叔同》，收《浙江文史资料选辑》第26辑，浙江人民出版社1984年6月第1版，第98—117页。
③ 李鸿梁：《我的老师弘一法师李叔同》，收《浙江文史资料选辑》第26辑，浙江人民出版社1984年6月版。
④ 林子青：《弘一发师年谱》，宗教文化文化出版社，1995年8月版，第80页。
⑤《乐石社记》原文："粤若稽古先圣，继天有作。创造六书，以给世用。后贤踵事，附庸艺林。金石刻划，实祖缪篆。上起秦汉，下逮珠申。彬彬郁郁，垂二千年。可谓盛已。世衰道微，士不悦学，一枝之末，假手隅夷。兽蹄鸟迹，触目累累，破觚为圆，用夷变夏。典型沦丧，殆无孓焉。不佞无似，少耽痂癖。结习所存，古欢未坠。曩以人事，羁迹武林，滥竽师校。同学邱子，年少英发，既耽染翰，尤耆印文。校秦量汉，笃志爱古。遂约同人，集为兹社，树之风声，颜以乐石。切磋商兑，初限校友。继乃张皇，他山取益。志道既合，声气遂孚。自冬徂春，规模寖备。复假彼故宫，为我社址。而西泠印社诸子，鲵鲵先进，勿弃葑菲。左提右挈，乐观厥成，滋可感也。不佞昧道懵学，文质靡底。前鱼老马，尸位经年。伏念雕虫篆刻，壮夫不为。而雅废夷侵，贤者所耻。值猖狂颓靡之秋，结枯槁寝寞之侣。足音空谷、幽草寒琼。纵未敢自附于国粹之林，倘亦贤乎博弈云尔。爰陈梗概，备观览焉。乙卯六月，李息翁记。"

卸任乐石社主任职，同时乐石社改主任制为社长制，由经亨颐担任社长。①

夏，在《浙江省立第一师范学校校友会志》第6期发表旧作《二十自述诗序》（署名李息）、《李庐诗钟自序》（署名李息）和《李庐印谱序》（署名李息）。

1912年的高师图画手工专修科学生毕业。（该科停办）根据姜丹书的记录，该科毕业生是："金梦畴（咨甫，武义）、吴梦非（名翼荣，东阳）、潘均（绍兴）、周敬敷（子叔，黄岩）、王国桢（天台）、杜振瀛（丹澂，嵊县）、丁克绪（萧山）、朱稣典（名宝铣，杭县）、张联辉（名拱璧，东阳）、郭志闳（伯宽，金华）、顾华昌（骑风，武义）、邱志贞（梅白，诸暨）、徐小涛（名葆瑒，上虞）、徐炳檩（命由，武义）、朱宗培（霭孙，杭县）、周玲荪（名景鉴，海盐）、李鸿梁（绍兴）、赵鸿恩（杭县）、吴南章（名耀赤，龙游）、章友绥（哲卿，诸暨）、吴绍曾（龙游）、张玉书（名兆麟，金华）、虞肇周（苐寄，东阳）、金玉相（名琢章，金华）。另外尚有朱宝书（森玉，嘉兴）、都念祖（海宁）、陈伟（杭县）、罗志洲（道进，绍兴）及杜某五人未毕业出校。"②

9月2日（农历七月廿三日），自日本返回杭州。**按一：**回国后拿出本学期南京高等师范学校的教学进度给李鸿梁看，并告诉南京高等师范学校的相关情形。李鸿梁言："同时交给我一串钥匙，还关照我，卧室与教员休息室很远，每天早晨必须把自己的表与钟楼的大钟对准，号声有时候听不清楚。如有事外出，叫车子回校时，一定要和车夫顺清楚拉到教员房，否则头门离教员房是很远的。每逢吃饭时，要记住，每人两双筷子，两只调羹，如觉不便，可以关照厨房，把饭单独开到自己房间里来的。还有那个管理房间的工友叫'□□'，你须注意等等。最后交给我两封介绍信：一封是给学校的；一封是给一个法师的朋友、当时在南京道尹公署任视察的韩亮侯先生的。这天我就在法师处吃的晚饭，临走时，他送了我一把从日本带回来的绢面折扇，一面写的是天发神谶碑，一面是龙门三种（后来不幸失落在上海电车上了），另外还送了我一只日本温泉邻近瓷场出品的底下雕刻一个鬼脸的三脚杯。""第二天早

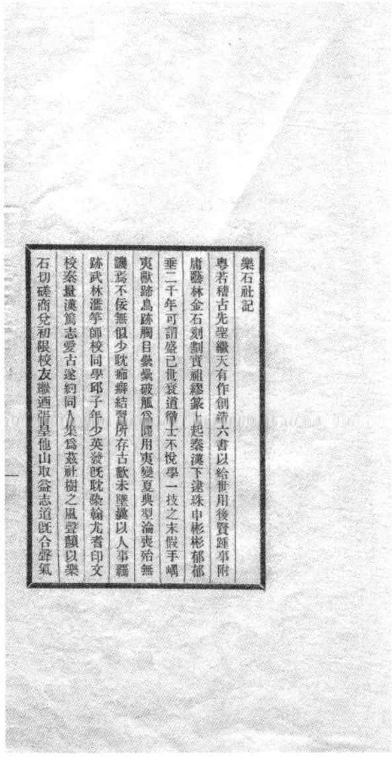

樂石社記
粤若稽古先聖繼天有作創爲六書以給世用後賢踵事附
庸藝林金石刻劃寶祖繆篆上起秦漢下逮殊中彬彬郁郁
垂二千年可謂盛已世衰道微士不悅學一技之末假手嵎
夷猷跡鳥跡觸目纍纍破觚爲圜用夷變夏典型淪喪殆無
譏焉不佞無似少耽痂癖結習所存古歡未墜爰以人事羈
跡武林濫竽師校同學邱子年少英發既耽染翰尤耆印文
校秦量漢篇志愛古遂約同人集爲茲社樹之風聲顏以樂
石切磋商兌初限校友邇張皋他山取益志道既合聲氣

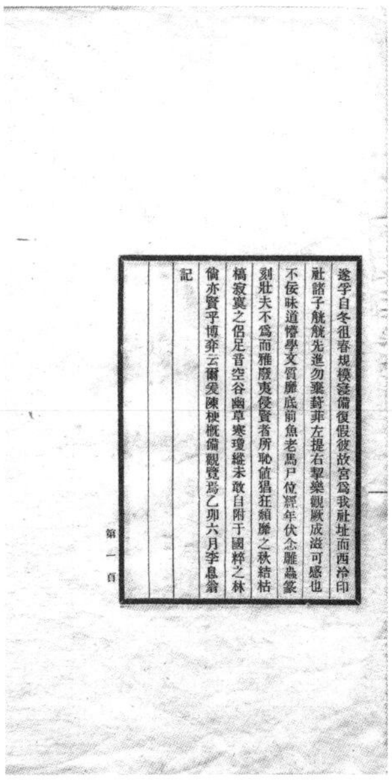

遂孚自冬徂春規模寖備復假彼故宮爲我社址而西泠印
社諸子翹翹先進勿棄葑菲左提右挈樂觀厥成滋可感也
不佞昧道懵學文質靡底前魚老馬尸位經年伏念雕蟲篆
刻壯夫不爲而雅廢夷侵賢者所恥値猖狂頹靡之秋結枯
槁寂寞之侶足音空谷幽草寒瓊縱未敢自附于國粹之林
倘亦賢乎博弈云爾爰陳梗概備觀覽焉乙卯六月李息翁
記
第一頁

《乐石社社友小传》中李叔同撰写的《乐石社记》。

① 1915年农历六月，乐石社集会，鉴于乐石社骨干邱志贞等毕业离校，李叔同也因为须在杭州、南京两地兼职而无余力负责社务，乐石社根据章程进行了新职员的改选工作。参见方爱龙《"乐石社"与〈乐石集〉》，载《永恒的风景——第二届弘一大师研究国际学术会议论文集》，（香港）中国文化艺术出版社2008年1月版，第105页。

② 姜丹书：《浙江两级师范学堂暨第一师范学校回忆录》，收《姜丹书艺术教育杂著》，浙江教育出版社1991年10月版，第205页。姜丹书所列名录与1915年7月4日《教育周报》第91期所刊《师范毕业生题名》中所列名录略有差异。《师范毕业生题名》中没有朱宗培。

晨，我刚起来，法师就到旅馆（城站旅馆）里来看我了，邀我去吃点心，然后送上火车，一直到开车信号发出后才离别。”① **按二：**1915 年《浙江省立第一师范学校校友会志》第 6 期《吴山消夏记》云“民国四年七月十一日，为本校暑假之期……八月二十五日，为开校前之五日。”

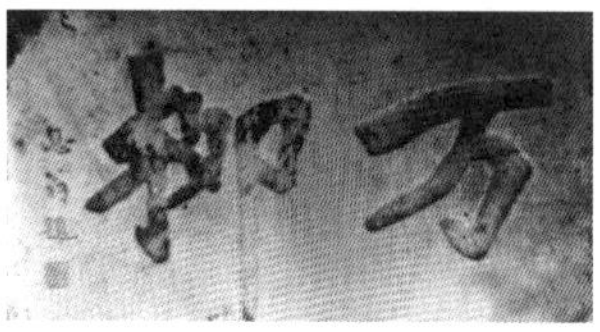

李叔同为留日旧友韩焵所书之“万柳”。（武维春提供）

李叔同为留日旧友韩焵所书之扇面。（武维春提供）

9 月 3 日（农历七月廿四日），在杭州致刘质平函，言：来信及《和声学》皆收到。关心其近况，勉励其镇定精神，勿处处拘泥，卧病时可取古人修养格言读之，知其下半年来杭校，期待叙首。又言本学年兼任杭、宁二校课程，往来千二百里，亦一大苦事。并告今夏游日本未及到东京，故章程尚未觅到。**按：**此信所署时间为“九月三日”。此信福建人民出版社 2019 年 12 月版《弘一大师全集》（第 3 版，修订 2 版）第八册·文艺卷、杂著卷、书信卷第 277 页收录。根据宗教文化出版社 1995 年 8 月版林子青编著《弘一法师年谱》第 77 页“1915 年”谱文，此信写于农历七月，故判定系公历 9 月 3 日，此时已回国。

致叶为铭函，言昨日到杭，俗事冗忙；寄呈《乐石社社友小传》和《乐石》第七集，并告知《乐石》第八集十日内可竣事，再寄奉，第九集始由校长经亨颐主持。②

9 月 9 日（农历八月初一日），因在南京遇留日旧友韩焵，为书扇面。扇面之面书：“十载无消息，相逢一展眉。江湖吾老矣，日落雁孤飞。”款识“乙卯白露，金陵逢亮侯先生，息翁”；钤印“李息”。③

9 月 23 日（农历八月十五日），与田嘉谟、叶民存、韩焵一起泛舟秦淮河，作联句三句。**按一：**10 月 17 日（重阳节）韩亮侯等登北极阁，李叔同、田嘉谟未参加。此三联句连同其他诗文后由田嘉谟书于李叔同为韩焵题扇面的背面。扇面背面完整的文字为：

> 重阳佳节争艳说，有客乘兴戒车发。由来夙好名山游，不惮登跻危磴滑。高凌极阁旋古埭，藤箩拂依尘掩袜。振襟远揽湖山胜，

① 李鸿梁：《我的老师弘一法师李叔同》，收《浙江文史资料选辑》第 26 辑，浙江人民出版社 1984 年 6 月第 1 版，第 98—117 页。

② 此信福建人民出版社 2019 年 12 月版《弘一大师全集》（第 3 版，修订 2 版）第八册·文艺卷、杂著卷、书信卷第 275—276 页收录，标“一九一五年旧九月三日，杭州”。文物出版社 2017 年 10 月版陈飞鹏整理《弘一法师书信全集》第 31 页收录，亦如此标注。似误。李叔同 9 月 2 日回杭州。次日给叶为铭写信，表达俗事冗忙为合理。此信初见洪丽娅《弘一法师致叶为铭信札》（《收藏家》1998 年第 3 期），该文标注此信写于 1913 年。不确。笔者已在浙江人民出版社 2002 年 7 月版《弘一大师考论》中有考证。

③ 韩焵（1885—1958），字亮侯，又字亮父（夫），别号万柳居士，江苏泰县人，1906 年毕业于日本东京明治大学经纬学堂师范科，曾任中学教员、高等小学校长、金陵道视学等职。福建人民出版社 2019 年 12 月版《弘一大师全集》（第 3 版，修订 2 版）第八册·文艺卷、杂著卷、书信卷第 36 页对此诗的注为“录自《收藏家》二〇〇一年第九期，据云一九一五年秋作于南京，待考。”现据实物图。

爽气宜人尽吸呷。赋诗句得即投囊，载酒情豪随荷锸。醉把茱萸复簪菊，令我闻之心妬杀。拟将酩酊酬良辰，未获追陪入梵刹。行乐及时畅秋志，休问世事矜权轧。画舫偶从胜友临，艳歌一曲郢姝压。归来明月邀我醉，持螯细嚼妨齿齾。杯中照影浮银蟾，帘下熏香爇宝鸭。静坐闲读郑公诗，溪泉宜茶偏赏霅。

乙卯九月九日，叶公、韩侯偕马君东侯赴北极阁登高。仆未与会。补呈七古一章。用东坡九日黄楼韵。

朋簪小集桂花天（民存），醉后秦淮好放船；夹岸楼台都近水（孔彰），隔桥杨柳半含烟；诗人老去惊秋早（叔同），客子归迟怯月圆。且莫临风重惆怅（亮侯），相逢文字总因缘（民存）；潇潇暮雨遂轻舟（叔同），小泊河干为少留。急管繁弦金缕曲（民存），衣香鬓影玉搔头。况逢佳节休辜负（孔彰），喜有同心共唱酬。直到黄昏未归去（亮侯），名园眺赏正中秋（孔彰）。

乙卯中秋偕李君叔同、叶公民存、韩庚亮泛舟秦淮，联句七律两章。亮父学兄同志命书。弟田嘉谟补白。[①]

按二：曾为韩亮侯书“万柳”，后被刻石（今存韩氏后人处）。在南京，复将自存柳亚子、蔡哲夫等人集资所印《郭灵芬手写徐江庵诗》赠韩亮侯，题“息翁赠亮夫”。[②] 后李叔同介绍韩烺等加入南社。在南京高等师范学校，李叔同还与同事王伯沆有来往。王伯沆曾有二绝赠李叔同，一为：“盗得黄芽母气新，活埋庵里陡翻身。英英一把寒琼骨，惊倒驴年学道人。”一为：“生有灵髭似圣童，前身应悔太龙钟。鸡窠从此忘年好，一笑回看是息翁。”另有记载，韩烺曾办泰州私立温知女校，李叔同为写校歌。[③]

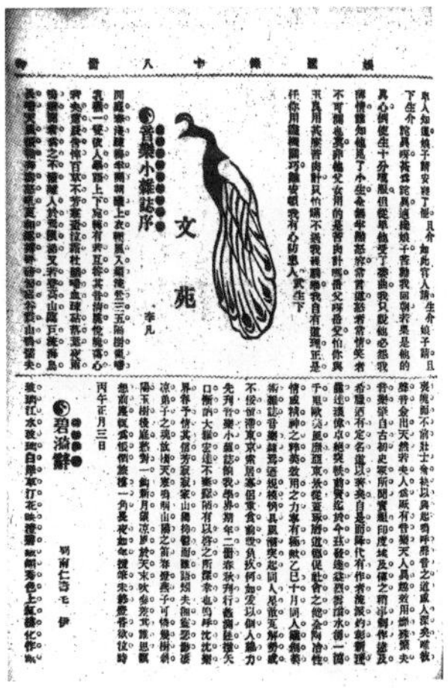

1915年《娱闲录》第18册（《四川公报》增刊）“文苑”栏目刊出的《音乐小杂志序》，署名“李凡”。

10月15日（农历九月初七日），介绍庄先识加入南社。

10月16日（农历九月初八日），徐葆瑒为刻印章“近黄昏室”（白文）。边款“息翁夫子有斗室焉，图书满陈，楹联环列，终日吟咏，其中性夷然也。晚年掌教□师校，结客武林，浙之士莫不执礼而就学焉，浙之人亦莫不造门而纳交焉。因叹年华催促，回首春尽，乃名其室曰近黄昏室。呜呜，看二轮来往如梭，日暮固易易耳，虽然君不见晚霞红如

① 有关研究见汪维寅《李叔同两件文物琐谈》和郭长海《李叔同在南京的活动——从新发现的〈十载〉诗说起》，均载2014年9月《莲馆弘谭》第10期。

② 汪维寅：《李叔同两件文物琐谈》，载2014年9月《莲馆弘谭》第10期。

③《老照片的故事：泰州有一所女子学校》，https://mbd.baidu.com/newspage/data/landingshare?pageType=1&isBdboxFrom=1&uk=jxtLpttfX_syq2_3lrnM6Q&context=%7B%22nid%22%3A%22news_9473048475795798856%22%7D，2019年5月29日。

许，谁说是青山暮霭沉沉。吾午先生亦云。乙卯重九前一日，生徐葆瑒刻于杭垣旅次”。

10月17日（农历九月初九日），是日重阳节，率乐石社成员在西泠印社雅集。

陈兼善为刻印章“臣息”（朱白间文）。边款“昔自骨董肆中觅得汉印拓本一卷，中有臣息印一方。乙卯重九乐石社雅集于西泠印社，归后抚其法刻呈息翁夫子，以寄余兴。陈兼善刻”。

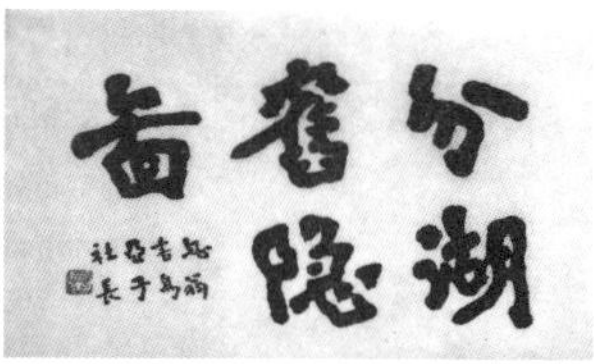

李叔同书“分湖旧隐图”赠柳亚子。

10月24日（农历九月十六日），致刘质平函。言顷接手书。知其病势未减，建议择静僻之地疗养。张拱璧已到海宁，问是否晤面。后日往南京，二星期后可返杭等。**按：**从此信可知，是时刘质平已从日本返回浙江海宁养病。9月3日李叔同致函刘质平时，刘质平尚在日本，故此“九月十六日”应系农历。①

11月21日（农历十月十五日），介马东侯加入南社，入社证第570号。

11月24日（农历十月十八日），介绍韩烺加入南社，入社书号为572。

11月（农历九月廿四日至十月廿四日），介绍韩烺之弟韩棠加入南社，入社证第573号。**按：**另见介绍费龙丁加入南社证书，未署日期。

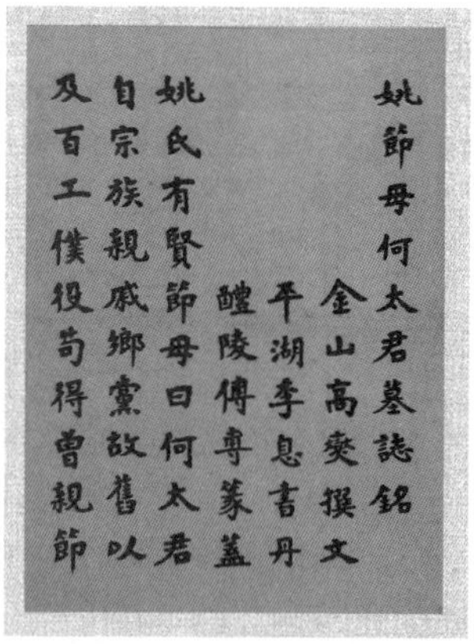

李叔同为姚石子书《姚节母何太君墓志铭》之一页。

是年，在《娱闲录》第18册（《四川公报》增刊）“文苑”栏目发表《音乐小杂志序》，署名“李凡”。

楼启鸿为刻印章“李息翁一字哀公之印”（白文）。边款“癸丑之岁，受业入师校，见同学有能作印者，窃取其法，终无劲致。去岁乐石社成立，欣然速焉，与乐石社诸君子共相切磋，似较前稍有进步，实亦夫子为乐石社主任，热心指教，有以致之也。夫子既为师校之教员，又为乐石社之主任，则师生之感情更相亲密矣。于是作此以呈息翁夫子大人，未识供用否？愿留之以作后日之纪念。受业楼启鸿谨刻并记”。

陈兼善为刻印章“丙辰息翁归寂之年”（白文）。边款“岁次单阏，

① 此信福建人民出版社2019年12月版《弘一大师全集》（第3版，修订2版）第八册·文艺卷、杂著卷、书信卷第277—278页收录，标“一九一五年九月十六日，杭州”。张拱璧，即张联辉，字拱璧，浙江东阳人，曾就读于浙江省立第一师范学校高师图画手工专修科，后参与发起成立中华美育会、担任《美育》编辑，时任北京高等师范附属学校图画手工教师，后任中华艺术大学手工科主任。

月旅黄钟，息翁夫子以芙蓉之产嘱篆于其门人兼善，顾谓善曰：‘乃者子平麻衣观予相，推予命，咸曰：丙辰之岁恐将不讳。因嘱汝刻此，将以记之。文曰归寂，篆用籀斯。’善闻命之下不禁悲增切怛，窃意昔者，韩王与军校同庚，孔子与周公异相，子虚之学圣人罕言，以顺受命，以心胜形。何夫子信以为然邪？深夜危坐再三思量，乃知夫子之言别有所指，亦非佛氏之离相，寂实尼圣之乘桴浮海。夫子以为邪然否乎？善将负笈以从夫子游。乙卯受业陈兼善谨记于虎林师校，落一灭字”。

为柳亚子书“分湖旧隐图”。款识“息翁书为亚子社长”；钤印：“息”。①

书联“康乐陈时道　清平具古欢”款识“勤诹先生。勤诹先生嘱。乙卯，息”；钤印“息”、“管领湖山”。②

与陈宝泉在杭州烟霞洞相遇。陈氏力邀赴北京高等师范任教，未允。见面时赠与旧作《喝火令》手抄件。陈氏后有《忆旧》一文。③ **按：**陈宝泉《忆旧》写曰：“李叔同君，筱楼先生之季子，与予为世交。少年倜傥，精文翰，擅书法，所谓翩翩浊世佳公子也。及冠游学日本，习美术、书画、音乐，并臻绝诣。民国四年，予与遇于湖上之烟霞洞，乃一变昔日矜持之态，谦恭而和易。予力约其北来任高等师范教授，但笑应之。及予北归，旋得复书谢绝。未几，闻已入空门矣。盖愤世之极，不得已但了自性，其遇亦可悲矣。在湖上曾写小词示予，颇可窥其志趣。兹录于左：故国鸣鹎鸽，垂杨有暮鸦。江山如画日西斜，新月撩人，窥入碧窗纱。陌上青青草，楼头艳艳花。洛阳儿女学琵琶。不管冬青一树属谁家，不管冬青树底影事一些些。”④

开始授丰子恺图画、音乐。⑤

鼓励学生吴梦非等送作品参选“巴拿马太平洋万国博览会”，因主审者对西洋画无所知而落选，安慰曰：“我们的作品过了百年以后总会有人了解。”⑥

介绍吴梦非在上海城东女学任教，从事乐理、声乐、钢琴和西洋画教学。⑦

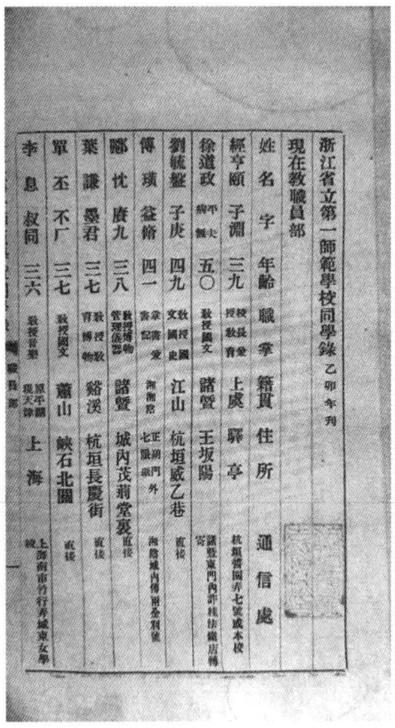
浙江省立第一師範學校同學錄　乙卯年刊

現在教職員部

姓名	字	年齡	職掌	籍貫	住所	通信處
經亨頤	子淵	三九	校長兼授教育	上虞	驛亭	杭垣貢院弄七號或本校
徐道政	[illegible]	五〇	教授國文	諸暨	王坂陽	諸暨東門內許桂德紙店轉寄
劉毓盤	子庚	四九	教授國文國史	江山	杭垣戚乙巷	直接
傅璸	益脩	四一	[illegible]書記	海甯	正陽門外七眼閘	海甯城內傅[illegible]
鄒忱	賡九	三八	教授博物管理儀器	諸暨	城內茂荊堂裏	直接
葉謙	墨君	三七	教授數學博物	谿溪	杭垣長慶街	直接
單丕	不厂	三七	教授國文	蕭山	鯀石北園	直接
李息	叔同	三六	教授音樂	原籍平湖現籍天津	上海	上海南市竹行弄城東女學校

《浙江省立第一师范学校同学录》（乙卯年刊）中的“现在教职员部”之一页。

---

① 袁世凯执政后，柳亚子决意归隐分湖，复请人描绘《分湖旧隐图》，请李叔同题名。

② 图版见平湖市李叔同纪念馆编：《李叔同当湖书印文辑》，西泠印社出版社2015年10月版，下册第267页。

③ 陈宝泉（1874—1937），字筱庄，天津人。早年留学日本。1912—1920年间任北京国立高等师范学校校长。

④ 此文收陈宝泉著《退思斋诗文存·叙记类》，刊于1933年。其文字与林子青《弘一法师年谱》（宗教文化出版社1995年8月版）第80—81页所录文字有别。

⑤ 丰子恺在《画家之生命》中说：“乙卯（1915年）予从李叔同先生学西洋画，写木炭基本练习数年，窃悟其学之深邃高远，遂益励之，愿终身学焉。”

⑥ 吴梦非残稿，收吴嘉平编：《圆梦集·吴梦非王元振作品汇编》，2009年5月印行，第179页。吴梦非在《弘一法师和浙江的教育艺术》（载1936年11月15日《浙江青年》第3卷第1期）一文中又言此事发生在1914年，文中曰：“记得民国三年巴拿马开万国博览会来征求出品，弘一法师还令我们写生过许多西湖风景的油画呢。”亦或征集作品在1914年，知道落选是在1915年。存疑。

⑦ 吴梦非残稿，收吴嘉平编：《圆梦集·吴梦非王元振作品汇编》，2009年5月印行，第179页。

书七言联“话洽觉春风生坐　酒酣喝明月倒行”。款识“锦生仁弟嘱，息，乙卯”；钤印“李”、“近黄昏室”、“李哀公”、“当湖布衣”、“息霜大利”、“惜霜”、“生谥哀公”。①

临汉铜镫铭篆书团扇赠刘质平。款识“质平仁弟嘱。乙卯，息”；钤印“李哀”。②

应夏丏尊嘱，书“镫机老屋”横披。款识“丏公丧母六年，镫影机声，哀思未已。以余有同悲，嘱为书此。时将赴白下，因以为别。乙卯岁晚，息翁李哀。”③

书五言联“康乐陈时道　清平具古欢”，落款“乙卯　息”；钤印“息”、“管领湖山”。

为姚石子书《姚节母何太君墓志铭》。金山高燮撰文，“平湖李息书丹”。④

按一：浙江省立第一师范学校曾出版《木板画集》，有作品刊于其中。吴梦非在《“五四”运动前后的美术教育回忆片断》一文中言：“我们的课外组织有‘漫画会’、‘乐石社’（研究金石雕刻）等，并出版《木板画集》，这是自画、自刻、自己印刷的作品，其中有李叔同、夏丏尊等的木刻。”李鸿梁在《我的老师弘一法师李叔同》一文中言：“我们出过一本板画集（木刻集），自己刻，自己印，自己装订。法师刻了一幅模仿小孩画的人像。”⑤ 吴梦非和李鸿梁均系高师图画手工专修科学生。该科学生 1915 年夏毕业。故《木板画集》的出版时间应该在 1915 年夏之前。结合中国版画史，吴梦非、李鸿梁的回说明在李叔同作为艺术指导的艺术团体里就已有木刻创作了，并且还出版了《木板画集》。按照中国版画的分期，证明李叔同是现代中国较早的木刻艺术倡导者和作者之一。中国版画的分期以民国为起点称为“现代”。⑥ **按二：**据学生杨贤江 1915 年日记记载：“本学期乐歌功课，A 组于今日终止。惟余欲请李先生另授几首，以便练习也。”⑦ “下午第一时，乐歌练习听音，以平日不注意，至是觉难着笔记录，盖音之高下不能辨别清晰也。……四时后到李师处受乐歌，允前约也。”⑧ “中饭后练习风琴，即前日李师新

① 上海市书法家协会编：《海派代表书法家系列作品集·弘一》（该卷主编刘一闻，副主编沈爱良），上海书画出版社 2006 年 12 月版，第 8 页。钱均夫家族藏。

② 刘正成主编：《中国书法全集 83·近现代编-李叔同马一浮卷》（该分卷主编潘良桢，副主编方爱龙，学术顾问任继愈），荣宝斋出版社 2002 年 11 月版，第 51 页。

③ 刘正成主编：《中国书法全集 83·近现代编-李叔同马一浮卷》（该分卷主编潘良桢，副主编方爱龙，学术顾问任继愈），荣宝斋出版社 2002 年 11 月版，第 52 页。“白下”即南京之别称。

④ 图版见平湖市李叔同纪念馆编：《李叔同当湖书印文辑》下册，西泠印社出版社 2015 年 10 月版，第 245—256 页。

⑤ 吴梦非《“五四”运动前后的美术教育回忆片断》，载《美术研究》1959 年第 3 期。李鸿梁：《我的老师弘一法师李叔同》，收《浙江文史资料选辑》第 26 辑，浙江人民出版社 1984 年 6 月版，第 98—117 页。

⑥ 参见李允经著：《中国现代版画史》，山西人民出版社 1996 年 10 月第 1 版，2006 年 1 月第 3 次印刷，第 3 页。

⑦ 杨贤江：《杨贤江全集》第 4 卷（日记、通信、答问），河南教育出版社 1995 年版，第 15 页。

⑧ 杨贤江：《杨贤江全集》第 4 卷（日记、通信、答问），河南教育出版社 1995 年版，第 22 页。

授者。四时后，复去练习。"[1] 李叔同曾书赠杨贤江"神聪"及"恬淡自无欲，精专绝交驰"的条幅与对联。[2] 后将披剃入山前还寄赠手书"阿弥陀佛"，杨贤江称"吾师爱吾甚"。[3] **按三：**名字出现在《浙江省立第一师范学校同学录》（乙卯年刊）"现任教职员部"，姓名"李息"，字"叔同"，年龄"三六"，职掌"教授音乐"，籍贯"原平湖现天津"，住所"上海"，通讯处"上海南市竹行弄城东女学校"。

社会评介择要

姚鹓雏：《乐石社记》，收《乐石社社友小传》，1915 年农历六月编印，又载 1915 年《南社丛刻》第 18 集。

① 杨贤江：《杨贤江全集》第 4 卷（日记、通信、答问），河南教育出版社 1995 年版，第 24 页。
② 杨贤江：《杨贤江全集》第 4 卷（日记、通信、答问），河南教育出版社 1995 年版，第 217 页。
③ 杨贤江：《杨贤江全集》第 4 卷（日记、通信、答问），河南教育出版社 1995 年版，第 246 页。

1916 年　丙辰　37 岁

社会文化事略

1 月 1 日，袁世凯改中华民国为中华帝国，改元洪宪。同日云南军政府成立，护国战争爆发；3 月 22 日，袁世凯被迫撤销帝制，仍称大总统；6 月 6 日，袁世凯病殁；6 月 9 日，孙中山发表恢复《临时约法》宣言；10 月，蔡元培等发起成立国语研究会。

1916 年 3 月 15 日，李叔同临新获小品数种。

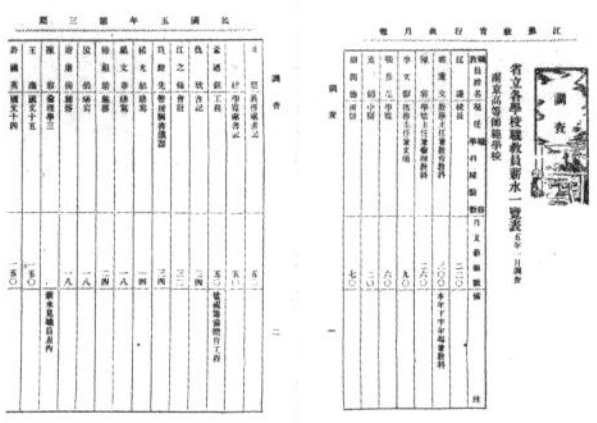

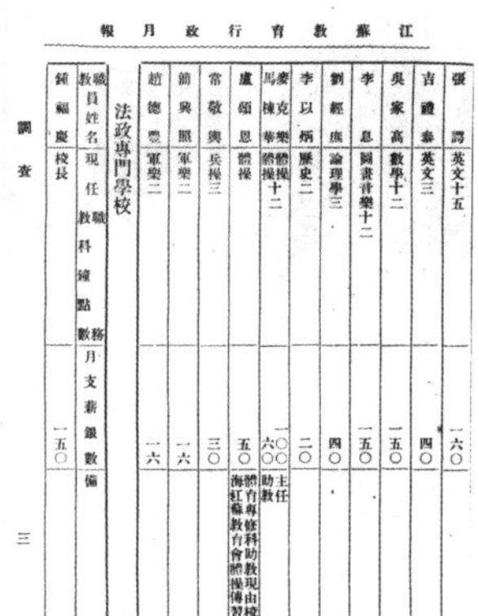

江蘇教育行政月報

調查

職教員姓名	現任職務教科鐘點數	月支薪銀數	備注
張譯	英文十五	一六〇	
吉禮泰	英文三	四〇	
吳家高	數學十二	一五〇	
李息	圖畫音樂十二	一五〇	
劉經庶	論理學三	四〇	
李以炳	歷史二	二〇	
麥克樂	體操	一〇〇	主任
馬棣華	體操十二	六〇	助教
盧頌恩	體操	五〇	體育專修科助教現由校派往上海江蘇教育會體操傳習所實習
常敬興	兵操三	三〇	
簡興照	軍樂二	一六	
趙德豐	軍樂二	一六	
法政專門學校			
鍾福慶	校長	一五〇	

三

1916 年 4 月，《江苏教育行政月报》第 3 期刊出的《省立各学校职教员薪水一览表（五年一月调查）》。

生平事迹

1 月 1 日（农历乙卯十一月廿六日），上海城东女学举办文艺竞争会，其中有“摹绣李叔同字”。并担任图画成绩的评判。**按：** 1915 年 12 月 31 日《申报》第 10 版刊出报道《城东女学文艺竞争会布置》。报道曰：“南市城东女学文艺竞争会准期于阳历正月一号（即明日）假寰秋学生会举行。除延请名宿详判各科竞争外，所有手工书法等成绩皆陈列一堂。兹择尤预告如左：（一）摹绣岳鄂王真迹；（二）摹绣祝枝山石额；（三）摹绣郑板桥画；（四）摹绣朱梦庐画；（五）摹绣李叔同字，及专科生临始平公贺兰汗张黑女中兴颂诸种。煊丽朴茂，毕尽真致，洵女子文艺界之大观也。”关于担任评判，1915 年 12 月 23 日《申报》有《再志城东女学之文艺竞争》报道。据此报道，书法评判由许苏民、于佑任担任；演说评判由黄炎培、朱少屏、胡彬夏担任；图画评判由李叔同、周铃荪担任；体育评判由陈英梅担任。

3 月 4 日至 4 月 2 日间（农历二月），丁二仲为刻印章“管领湖山”（朱文）。边款“丙辰春二月，丁二仲仿汉”。

春，丁二仲为刻印章“丙辰息翁归寂之年”（白文）。边款“二仲仿秦鉥，时在丙辰春”。

3 月 15 日（农历二月十二日），临新获小品数种，款识“新获小品拓本数种。明窗多暇，临以遣闷。丙辰春分前六日。息翁”；钤“李息之印”。①

4月（农历二月廿九日至三月廿八日），《江苏教育行政月报》第3期刊出《省立各学校职教员薪水一览表（五年一月调查）》，其中有南京高等师范学校教职员薪水表，校长江谦每月220元，李息（即李叔同）每月150元，属少数高薪者之一。授图画、音乐课，钟点数为12。

夏，将《乐石集》赠东京美术学校。有题字：“李岸敬赠呈东京美术学校　丙辰六月”；钤印：“李息之印”。

夏丏尊在日本杂志上读到关于断食的文章，言断食是身心“更新”的修养方法，自古宗教上的伟人，如耶稣，都曾断过食。断食能使人除旧换新，改去恶德，生出伟大的精神力量。文中还列举实行的方法及应注意的事项，并介绍断食的参考书。夏丏尊与之谈及此文，取阅后彼此都有“有机会时最好断食来试试”的话。② 自谓：“到了民国五年的夏天，我因为看到日本杂志中，有说及关于断食方法的，谓断食可以治疗各种疾病。当时我就起了一种好奇心，想来断食一下。因为我那个时候患有神经衰弱症，若实行断食后，或者可以痊愈亦未可知。要行断食时，须于寒冷的季候方宜，所以我便预定十一月来作断食的时间。”③

断食前，致李鸿梁函，言欲一试断食修炼，尚待机会。④

书扇面，取自《楞严经》，款识“丙辰初夏，节录《楞严》，奉双韵词人正之。息翁”。⑤

邀学生吴梦非游西湖，谈艺术。**按**：吴梦非曰：“1916年暑假，我住在西湖孤山苏公祠度假。一天晚上，李先生突然坐了一只没有布篷的划子来找我，并邀我同去游览，两人泛舟湖上，促膝而谈了许多话。当时先生一面愤慨地回忆了万国博览会作品落选的往事，一面出示了日本权威报纸《朝日新闻》报上刊载一篇关于李先生的消息，大意是：‘上海艺术界如郑曼陀之流，专描美人月份牌，收入倒可惊人，每月竟能得数千元；而中国第一批留学东京美术学校毕业生李岸回国，怀才不用，任其自生自灭，真可使人叹息！’先生也意味深长地说：‘我在日本研究艺术时，自己万万没有料到回国后会当一名艺术教员的……’由此看出

1916年9月24日，李叔同（前排坐者左二）在上海愚园参加南社第十五次雅集时的合影。

丰子恺题李叔同在南社第十五次雅集时个人形象。

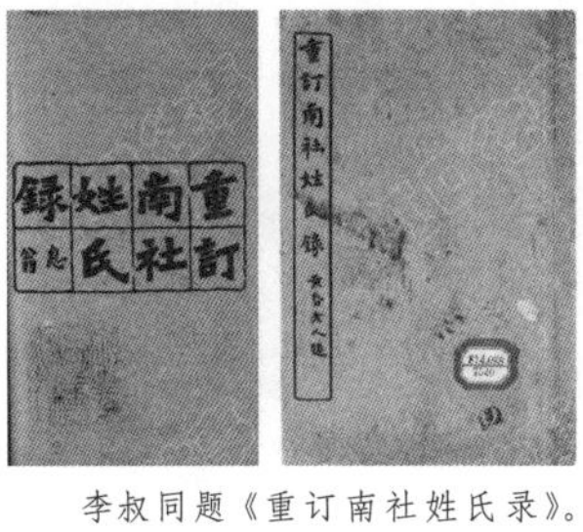

李叔同题《重订南社姓氏录》。1916年11月编。

① 此书曾刊于1942年《觉有情》第78—80期。
② 夏丏尊：《弘一法师之出家》，载1941年《觉音》第20、21期合刊。李叔同自谓看到断食文章的时间为是年夏（释弘一口述，高胜进笔录：《我在西湖出家的经过》，载1937年5月《越风》杂志增刊第1集“西湖”专号），而实际实施断食的时间为是年冬，二者相距时间约半年。此与夏丏尊《弘一法师之出家》一文中所述二者相距时间有别。夏丏尊文中曰：“约莫经过了一年，他竟独自去实行断食了，这是他出家前一年阳历年假的事。”此事依李叔同本人所述。
③ 释弘一口述，高胜进笔录：《我在西湖出家的经过》，载1937年5月《越风》杂志增刊第1集“西湖”专号。
④ 李鸿梁：《我的老师弘一法师李叔同》，收《浙江文史资料选辑》第26辑，浙江人民出版社1984年6月第1版，第98—117页。
⑤ 郭长海：《考证三则》，载2017年9月《莲馆弘谭》第13期。

当时旧中国对先生如此天赋高的艺术家未予重用，使他未能发挥大才，连国外新闻界也发表了评论。”①

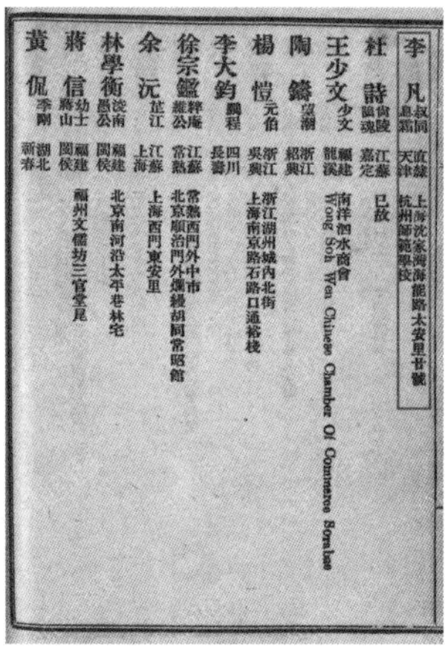
李凡 叔同 息霜 直隸天津 上海沈家灣海能路太安里廿號 杭州師範學校
杜詩 尙陵 韻魂 江蘇嘉定 已故
王少文 少文 福建龍溪 南洋泗水商會 Wong Soh Wen Chinese Chamber Of Commerce
陶鑄 浙江紹興
楊愷 元伯 浙江吳興 浙江湖州城內北街 上海南京路石路口通裕棧
李大鈞 鵬程 四川長壽
徐宗鑑 梓庵 維公 江蘇常熟 常熟西門外中市 北京順治門外爛縵胡同常昭館
余沅 芷江 江蘇上海 上海西門東安里
林學衡 淡南 愚公 福建閩侯 北京南河沿太平巷林宅
蔣信 幼士 蔣山 福建閩侯 福州文儒坊三官堂尾
黃侃 季剛 湖北蘄春

《重订南社姓氏录》中的李叔同通讯地址。

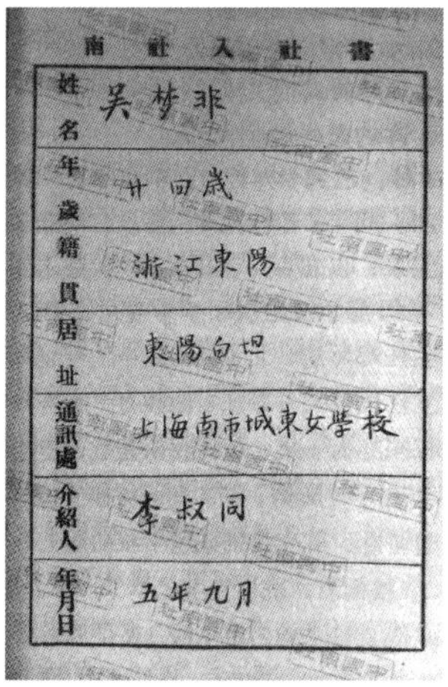
南社入社書

姓名	吴梦非
年歲	廿四歲
籍貫	浙江東陽
居址	東陽白坦
通訊處	上海南市城東女學校
介紹人	李叔同
年月日	五年九月

李叔同介绍吴梦非加入南社的入社书。

今上海海南路太安里仅存“上海市军民联合发展研究会”一旧式建筑。摄于2019年2月。

6月1日至29日（农历五月间）邱志贞为刻印章“三十称翁”（白文）。边款“丙辰五月，业生邱志贞谨刻”。

秋，学生刘质平往日本学习，准备报考东京音乐学校。给予鼓励和资助。

匊昆（即王世）为刻印章“叔同”（朱文）。边款“丙辰秋日匊昆”。**按：**另见王世为刻之印“李息之印”，边款“叔同社长先生正谬。王世作”。

9月24日（农历八月廿七日），参加南社社友在上海愚园举办的第十五次雅集，并合影留念。② 出席此次雅集的社友有李叔同、柳亚子、叶楚伧、姚石子、姚锡钧、朱少屏、张传琨、邵力子、钱厚贻、张一鸣等共34人，柳亚子再次当选南社主任。携学生吴梦非一同参加，并介绍吴梦非加入南社（入社号为第697号）。接受《重订南社姓氏录》设计任务。**按：**编辑时间为1916年11月。李叔同的通讯信息一是“上海沈家湾海能路太安里廿号”，二是“杭州师范学校”。上海城市改造前，太安里位于海南路82弄（民国老地图标注海南路时加用括号为“海能路”）。有学者疑李鸿梁所述之海伦路或为海能路之误，姑且存疑。海南路在今衡水路与武进路之间，即衡水路之南、武进路之北（也在吴淞路之西，武进路之北）处。太安里目前亦被拆建，仅保留80号“上海市军民联合发展研究会”所在地。或许此为保护建筑，故在武进路上尚设一块“海南路80号”的指示牌。海南路周边，尤其是武进路上尚存部分老建筑，可体会此地若干历史的样貌。

10月6日（农历九月初十日），陈兼善为刻二面印“那莫”（朱文）、“李息翁”（白文）。边款“叔同夫子笑纳。丙辰九月十日，兼善作于西泠印社”。**按：**另见陈兼善为刻之印“息翁所藏金石”，边款“息翁夫子教正。兼善作”。

10月8日（农历九月十二日），题旧藏陈师曾画荷：“一花一叶，孤芳致洁，昏波不染，成就慧业。”款识“师曾画荷花，昔藏余家；癸丑

① 吴梦非：《一代名师》，收余涉编：《漫忆李叔同》，浙江文艺出版社1998年8月版。
② 福建人民出版社2019年12月版《弘一大师全集》（第3版，修订2版）第九册·书法卷图版中将此照局部半身像注为“一九一五年摄于杭州”。此误。

之秋，以贻听泉先生同学。今再展玩，为缀小词，时余将入山坐禅，慧业云云，以美荷花，亦以是自勖也。丙辰寒露”。[①]

原太安里被拆建后，目前已被新式建筑所取代。摄于2019年2月。

10月14日（农历九月十八日），《民国日报》刊出柳亚子《为李息翁题扇》：“海内争传李息翁，奇芬古艳冠南东。风花六代烦收拾，底事中年感谢公。返日谁能挽鲁戈，已知无奈夕阳何？严陵新筑黄昏馆，两地闲情问孰多。（君自号黄昏老人而社友淳安邵次公亦有小黄昏馆故云）”

10月27日至11月24日间（农历十月），徐葆瑒为刻两面印“李息”（白文）、“李息翁”（白文）。边款“丙辰拾月，葆瑒刻呈息翁夫子大人诲正”。

今上海武进路尚有一“海南路80号”路牌。摄于2019年2月。

11月7日（农历十月十二日），《申报》刊登《浙省中等学校第一次联合运动大会》，曰：“第一师范学校预定开会之前一日（四日），开音乐大会。该校长经君颇注意美育，而音乐教师李叔同君又热心教授。李君研究美术有素，于音乐又多心得，故生徒成绩斐然。”

11月（农历十月初六日至十一月初六日），所设计的《重订南社姓氏录》成，封面题签下署“黄昏老人题”，扉页署名“息翁”。

海南路80号附近的武进路旧建筑。摄于2019年2月。

12月16日（农历十一月廿二日），经叶舟（品三）推荐丁辅之介绍，决定于农历十一月底赴杭州虎跑实行断食。先托人到虎跑寺查看，寻觅房间，选择方丈楼下的一处房舍。[②] 断食前自刻一印“丙辰息翁归寂之年”。始写《断食日志》。[③] 祷诸大神之前，自谓“神诏断食故决定

① 曾载1923年《南社丛刊》第22集，福建人民出版社2019年12月版《弘一大师全集》（第3版，修订2版）第八册·文艺卷、杂著卷、书信卷第36页收录。

② 据释弘一口述，高胜进笔录《我在西湖出家的经过》（载1937年5月《越风》杂志增刊第1集“西湖”专号）一文：“至于断食的地点呢？总须先想一想，考虑一下，似觉总要有个很幽静的地方才好。当时我就和西泠印社的叶品三君来商量，结果他说在西湖附近的地方，有一所虎跑寺，可作为断食的地点。那么，我就问他，既要到虎跑寺去，总要有人来介绍才对，究竟要请谁呢？他说有一位丁辅之，是虎跑寺的大护法，可以请他去说一说。于是他便写信请丁辅之代为介绍了。因为从前那个时候的虎跑，不是像现在这样热闹的，而是游客很少，且是个十分冷静的地方啊。若用来作为我断食的地点，可以说是最相宜的了。”丁辅之（1879—1949），又名仁，原名仁友，字子修，号鹤庐等。浙江杭州人，后居上海。西泠印社创始人之一。

③ 以下断食期间写的日记见李叔同《断食日志》。该日志原稿初交堵申甫保存，曾由陈鹤卿居士誊清，发表于《觉有情》杂志第7卷第11、12期。原稿后由他人收藏。今由中国书店按原稿于2012年8月出版。对照原稿，《觉有情》杂志发表时有若干错讹，今以原稿为准。原文无标点，现标点为笔者所加。《断食日志》在李叔同生平文献中占有十分重要的地位。这样一份重要而宝贵的史料，李叔同后来交给了同事堵申甫保存。《断食日志》后藏于朱孔阳处。何以会从堵申甫处转至朱孔阳处呢？郑逸梅先生《风趣老人朱孔阳》一文中有详细介绍。朱孔阳擅书画，又好收藏，“他应聘上海中医学院医史博物馆，为博物馆收集与医术有关的秘笈、药方及种种实物，不辞劳瘁，具有相当贡献。《上海中医杂志》，特辟一专页，载孔阳收集的医史文物，彰以图片，引人注意。某岁，弘一法师李叔同的弟子堵申甫，以乃师弘一亲笔所书的《断食日志》一册出让，孔阳斥三百金购之，为两面开页的日本式簿册，封面有‘丙辰新嘉平一日始，黄昏老人李息’等题字，黄昏老人李息，这是弘一的别署，断食分（转下页）

旧时杭州虎跑大慈定慧寺山门。资料来源：《西湖老明信片》，杭州出版社 2006 年 11 月版。

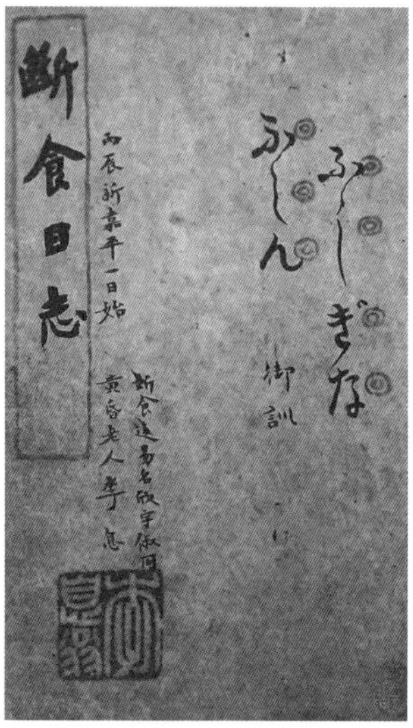

李叔同《断食日志》封面。

之。”择录村井氏说妻之经验，并预定断食计划。《断食日志》 封面署有：“丙辰新嘉平一日始”“断食后易名欣字俶同，黄昏老人李息”。钤印“李息翁”。另有日文：“ふしぎな”“ふしん”“御訓”。写日记曰：

十一月二十二日

决定断食。祷诸大神之前，神诏断食，故决定之。

择录村井氏说：妻之经验。

最初四日间，预备半断食。

六月五日、六日，粥、梅干。

七日、八日，重汤、梅干。

九日始本断食，安静。

饮用水一日五合，一回一合，程分五六回服用。

第二日饥饿胸烧，舌生白苔。

第三四日肩腕痛。

第四日腹部全体凝固，体倦就床，晨轻晚重。

第五日仝，稍轻减，坐起，一度散步。

第六日轻减，气分爽快，白苔消失，胸烧愈。

第七日最平静，断食期至此止。

后一日摄重汤，轻两碗三回，梅干，无味。

后二日仝。

后三日粥、梅干、胡瓜，实入吸物。

后四日粥，吸物，少量刺身。①

后五日粥、野菜、轻鱼。

后六日普通食，起床，此两三日首足浮肿。

断食期内或体痛不能眠，或下痢，或嚏，便时以不下床为宜。

预备断食或一周间，粥三日，重汤四日。

断食或需一周间，重汤三日，粥四日，个半月体量恢复，半断

（接上页）前后二期，每日述及生理变态，经过胸闷、头晕、肩痛、舌生白苔、流涕、咳嗽等反应，实则所谓断食，不是绝对的；梨、橘、香焦，还是少量进啖的。据孔阳本意，是为医史博物馆代购，不料院方主持者，乃老医师程门雪，认为是书和医史无关，不之采纳，孔阳谓：‘医术不外乎生理，此有关生理之探试和研究，是求之不易得的’，程意转，孔阳很不高兴，靳而不与，自归笥箧。”（载郑逸梅著：《逸梅随笔》，黑龙江人民出版社 1988 年 4 月第 1 版，第 135 页）据文中介绍，朱孔阳，1892 年 3 月 24 日生与江苏松阳，卒于 1986 年 4 月 1 日。堵申甫实为李叔同在浙江省立第一师范学校时的同事，教习字，李叔同出家后成为其护法，而郑逸梅文中误将其称为李叔同的弟子。有关堵申甫的生平，详见拙著《弘一大师考论》一书中《弘一大师与堵申甫交游考》一文（浙江人民出版社 2002 年 7 月第 1 版，第 109 页）。朱孔阳欲替上海中医学院医史博物馆代购《断食日志》，后因价值认同上的问题，朱孔阳干脆藏为已有。可惜郑逸梅文中未写明此事发生的具体年代。实际上《断食日志》并非堵申甫直接出让给朱孔阳，而是先转手至章劲宇处，后由章劲宇出让给朱孔阳。（李叔同《断食日志》曾于 1947 年 11 月 9 日在上海玉佛寺举行的弘一法师圆寂五周年纪念上展出。见林子青著：《弘一法师年谱》，宗教文化出版社 1995 年 8 月第 1 版，第 318 页）。另参见《李叔同〈断食日志〉手稿回归虎跑》（载 2011 年 11 月 20 日杭州《青年时报》），朱孔阳去世前，发愿要将《断食日志》归还给虎跑，在李叔同诞辰 130 周年之际，朱孔阳之子朱德天终于完成其父遗愿。

① 刺身即生鱼片。

食时服ソチネ。[1]

到虎跑携带品：

被褥帐枕、米、梅干、杨子、齿磨、手巾、手帕、便器、漉水布、衣、ソチネ、日记、纸笔书、番茶、镜。[2]

预定期间：

一日下午赴虎跑。上午闻玉去预备，中食饭，晚食粥、梅干。

二日、三日、四日，粥、梅干。

五日、六日、七日，重汤，梅干。

八日至十七日断食。

十八日、十九日、二十日，重汤，梅干。

廿一日、廿二日、廿三日、廿四日，粥、梅干、轻菜食。

廿五日返校，常食。

廿八日返沪。

应发住处，米。

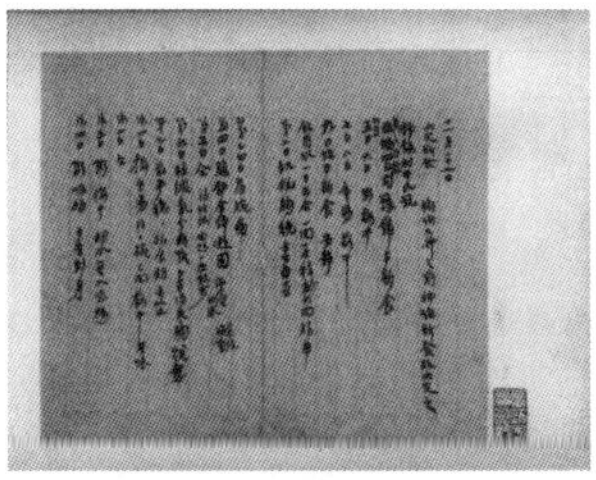

李叔同《断食日志》之一页。

12 月 24 日（农历十一月三十日），午后四时半入虎跑。写日记曰：

卅日晨，命闻玉携蚊帐、米、纸、糊、用具到虎跑。

室宜清闲，无人迹、无人声，面南，日光遮北，以楼为宜。

是晚食饭，拂拭大小便器、桌椅。

午后四时半入山，晚餐素菜六簋，极鲜美。

食饭二盂，尚未餍。因明日始即预备断食，强止之。

榻于客堂楼下，室面南，设榻于西隅，可以迎朝阳。闻玉设榻于后一小室，仅隔一板壁，故呼应便捷。

晚燃菜油灯，作楷八十四字。

自数日前病感冒，伤风微嗽，今日仍未愈。口干鼻塞，喉紧声哑，但精神如常。

夜间因楼上僧人足声时作，未能安眠。（**按**：页眉："八时眠"。）[3]

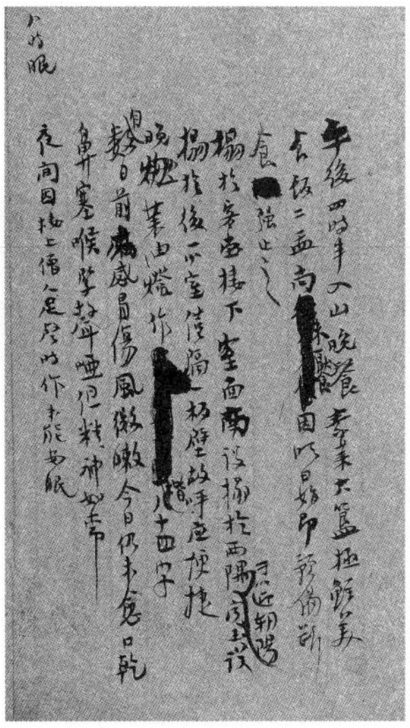

李叔同《断食日志》之一页。

12 月 25 日（农历十二月初一日），7 时半起床。写日记曰：

十二月一日，微风，晴，五十度，（**按**：页眉为"七时半起

① リチネ：西药名。英文为 Richine。

② 杨子即牙刷，齿磨即牙粉。

③ 据《觉有情》杂志编者按云："据前节所记预定期间十二月一日下午赴虎跑。而此节所记，三十日午后四时半即已入山，当系临时改定。"

床”）断食前期第一日。疾稍愈。

是日午十一时食粥二盂、紫苏叶二片、豆腐三小方。晚五时食粥二盂、紫苏叶二片、梅一枚。饮冷水三杯，有时混杏仁露，食小桔五枚。

午后到寺外运动。

余平日之常课为晨起冷水擦身，日光浴，眠前用热水洗足。自今日起，冷水擦身暂停，日光浴时间减短，洗足之热水改为温水，因欲使精神聚定，力避冷热极端之刺激也。

对于后人断食者，应注意者如下：

（一）未断食时练习多食冷开水。断食初期改食冷生水，渐次加多。因断食时日饮五杯冷水殊不易，且恐腹泻也。

（二）断食初期时之粥或米汤，于微温时食之，不可太热，因与冷水混合，恐致腹痛。

余每晨起后，必通大便一次。今晨如常，但十时后屡放屁不止。二时后又打格儿甚多，此为平日所无。（**按：**“打格儿”之“格”字，原文如此）

是日书楷字百六十八，篆字百八。

夜观焰口，至九时始眠。夜微咳，多恶梦，未能安眠。

12月26日（农历十二月初二日），写日记曰：

二日，晴和，五十度，断食前期第二日。

（**按：**页眉为“七时半起床”）晨起无大便。是日午前十一时食粥一盂、梅一枚、紫苏叶二片。午后五时同。

饮冷水三杯，食桔子三枚，因运动归来体倦故。

是日舌胎白，口内粘滞，上牙里脱皮。精神如常，但过劳则疲。

此外运动微觉疲倦，头目眩晕。自明日始即不运动。

写字百三十二，摹大同造像一幅，原拓本自和尚假来，尚有三幅明后续□摹。

（**按：**页眉为“晚侍和尚念佛静坐一小时”“是日鼻塞”）夜梦为升高跳越运动。其处如器具拍卖场，陈设箱柜几椅并玩具装饰品等。余跳越于上，或腾空飞行于其间，足不履地，灵捷异常，获优胜之名誉。旁观有德国工程师二人，皆能操北京语。一人谓有如此之技能，可以任远东大运动会之某种运动，必获优胜，余逊谢之。一人谓练习身体，断食最有效，吾二人已二日不食。余即告余现在虎跑断食，亦已预备二日矣。其旁又有一中国人，持一表，旁写题目，中并列长短之直红线数十条，如计算增减高低之表式，是记余跳越高低之顺序者。是人持以示余，谓某处由低而高，而低之处最不易跳越，赞余有超人之绝技。后余出门下土坡，屡遇西洋妇人，皆与余为礼，贺余运动之成功，余笑谢之。梦至此遂醒。余生平未尝为一次运动，亦未尝梦中运动，脑中久无此思想，忽得此梦，至为可异，殆因胃内虚空，有以致之欤？（**按：**页眉为“八时半眠”）

12月27日（农历十二月初三日），写日记曰：

三日，晴和，五十二度，断食前第三日。（**按：**页眉为“七时半起床”）是晨觉饥饿，胸中搅乱，苦闷异常，口干，饮冷水。勉坐起披衣，头昏心乱，发虚汗作呕，力不能支，仍和衣卧少时。饮梅茶二杯，乃起床，精神疲惫，四肢无力。九时后精神稍复元，食桔子二枚。

是晨无大便，饮药油一剂，十时半软便一次，甚畅快。

十一时水泻一次，精神颇佳，与平常无大异。

十一时二十分食粥半盂，梅一个，紫苏一枚。

摹普泰造像、天监造像二页。

饮水，食物喉痛，或因泉水性太烈，使喉内脱皮之故。

午后四时，饮水后打格笃，食小梨一个。

五时食粥半盂。是日感冒伤风已愈，但有时微嗽。

是日午后及晚，侍和尚念佛静坐一小时。

（**按：**页眉为“八时半眠”）入山预断以来，即不能为长时之安眠，旋睡旋醒，辗转反侧。

12月28日（农历十二月初四日），写日记曰：

四日，晴和，五十三度，断食前第四日。

（**按：**页眉为“七时半起床”）是晨气闷心跳口渴，但较昨晨则轻减多矣。饮冷水稍愈。起床后头微晕，四肢乏力。食小桔一枚，香蕉半个。八时后精神如常，上楼访弘声上人，借佛经三部。

午后散步至山门，归来已觉微疲。

是日打格儿甚多，口时作渴，共饮冷水四大杯。

摹大明造像一页。写楷字八十四，篆字五十四。

无大便。

四时后头昏，精神稍减。

食小桔二枚。

是日十一时饮米汤二盂，食米粒二十余。五时饮米汤一盂，食米粒二十余。

就床前食香蕉半个。

自预备断食，每夜三时后腿痛，手足麻木。（余前每逢严冬有此旧疾，但不甚剧。）（**按：**页眉为“八时就床”）。

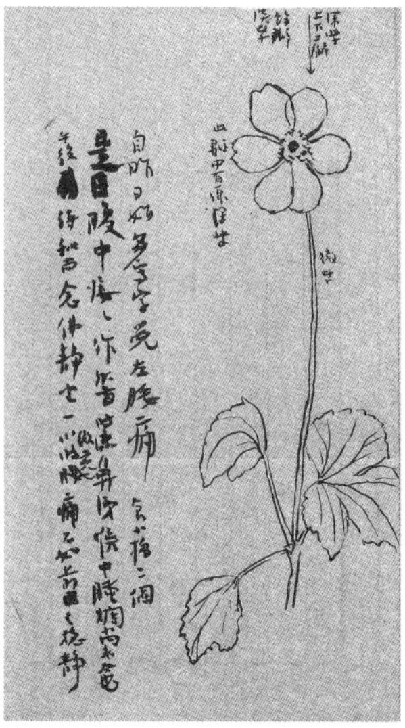

李叔同《断食日志》之一页。

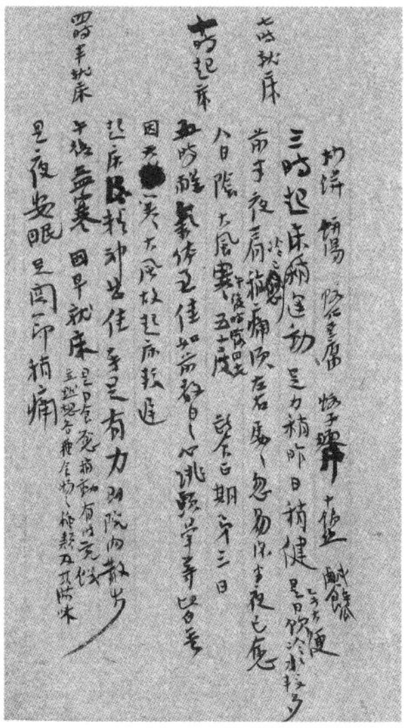

李叔同《断食日志》之一页。

12 月 29 日（农历十二月初五日），写日记曰：

五日，晴和，五十三度，断食前第五日。

（**按：**眉页为“七时半起床”）是夜前半颇觉身体舒泰，后半夜仍腿痛，手足麻木。三时醒，口干，心微跳，较昨减轻。食香蕉半个，饮冷水稍眠。六时醒，气体甚好。起床后不似前二日之头晕乏力，精神如常，心胸愉快。

到菜园采花供铁瓶。食梨半个，吐渣。

（**按：**附花色说明图，标有“深紫上下二瓣，余瓣淡紫。”“此瓣中有线深紫”“微紫”）

自昨日始，多写字，觉左腰痛。食小桔二个。

是日腹中屡屡作响，时流鼻涕，喉中肿烂尚未愈。

午后侍和尚念经静坐一小时，微觉腰痛，不如前日之稳静。

三时食梨半个，吐渣。食香蕉半个。

午、晚饮米汤一盂。

写字百六十二。

傍晚精神稍差，恶寒口渴。本定于后日起断食，改至明日起断食，奉神诏也。

断食期内，每日饮梨汁一个之分量，饮桔汁三小个之分量，饮毕漱口。

又因信仰上，每晨餐神供生白米一粒。

将眠，食香蕉半个。是日无大便。

（**按：**页眉为“七时就床”）是夜神经过敏甚剧，加以鼠声人鼾声，终夜未安眠。口甚干，后半夜腿痛稍轻，微觉肩痛。

12 月 30 日（农历十二月初六日），写日记曰：

六日，晴暖，晚半阴，五十六度，断食正期第一日。

（**按：**页眉为“八时起床”）三时醒，心跳胸闷，饮冷水桔汁及梅茶一杯。八时起床，手足乏力。头微晕，执笔作字殊乏力，精神不如昨日。

八时半饮梅茶一杯。

脑力渐衰，眼手不灵，写日记时有误字，多遗忘。

九时半后精神稍可。十时后精神甚佳，口渴已愈。数日来之喉中肿烂亦愈。

今日到大殿去二次，计上下二十四级石阶四次，已觉足乏力，为以前所无。是日共饮梨汁一个，桔汁二个。傍晚精神不衰，较胜昨日，但足乏力耳。仍时流鼻涕。

晚间精神尤佳。是日不觉如何饥饿。

晚有便意，仅放屁数个，仍无便。

是夜能安眠，前半夜尤稳安舒泰。眠前以棉花塞耳，并诵神人合一之旨。

夜间腿痛已愈，但左肩微痛。

（**按：**页眉为“七时就床”）梦变为丰颜之少年，自谓系断食之效。

12月31日（农历十二月初七日），写日记曰：

七日，阴复晴，夜大风，五十四度，断食正期第二日。

（**按：**页眉为“六时半起床”）四时醒，心跳微作，即愈，较前二日减轻。饮冷水甚多。六时半即起床，因是日头晕已减轻，精神较昨日为佳，且天甚暖，故早起床也。起床后饮桔汁一枚。

晨览《释迦如来应化事迹图》。八时后精神不振，打呼欠，寒，流鼻涕，但起立行动如常。

午后身体寒益甚，拥被稍息。

想出食物数种，他日试为之：

炒饼、饼汤、虾仁豆腐、虾子面片、十锦丝、咸餬瓜。

三时起床，冷已愈，稍运动，足力稍昨日稍健。是日饮冷水较多，无大便。

（**按：**页眉为“七时就床”）前半夜肩稍痛，须左右屡屡忽易，后半夜已愈。

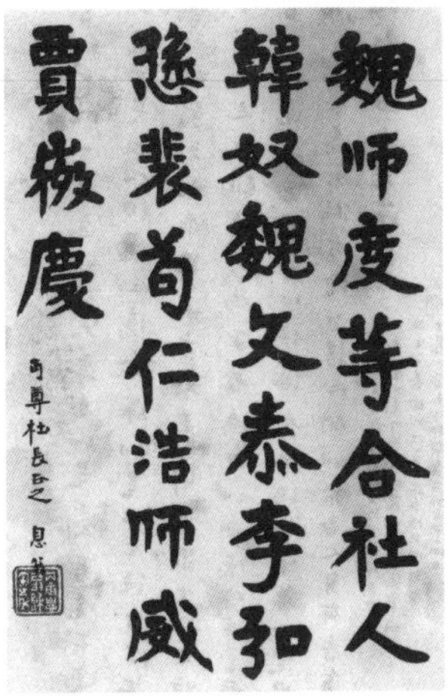

李叔同书“魏师度等”赠夏丏尊。

是年，书“魏师度等”赠夏丏尊。款识“丏尊社长正之，息翁”；钤印“丙辰息翁归寂之年”。①

① 上海博物馆藏，陈燮君、汪庆正主编：《夏丏尊旧藏弘一法师墨迹》，华宝斋书社2000年9月版，第31页。夏丏尊在《续护生画集》的序言中介绍曰：“和尚在俗时，体素弱，自信无寿征，日者谓丙辰有大厄，因刻一印章，曰丙辰息翁归寂之年。是岁为人作书常用之，余所藏一纸，即盖此印章者。戊午出家以后，行弥苦而体愈健，自言蒙佛加被。今已花甲一周，曰仁者寿。此其验欤。”《续护生画集》，开明书店1940年11月版。

书“金石大寿，欢乐康年”。款识“际平先生正之。丙辰李欣俶同”。①

邱志贞应请刻印章“老去填词”（白文）。边款“老去填词。息夫子命刻。丙辰志贞湖州”。

学生李鸿梁结婚，赠与四件衣料。②

鼓励丰子恺学习绘画。**按：**丰子恺在《话旧》一文中写曰：“三年级以后……我们的图画科改由向来教音乐而常常请假的李叔同先生教授了。……有一晚，我为了别的事体去见李先生，告退之后，先生特别呼我转来，郑重地对我说：‘你的画进步很快！我在所教的学生中，从来没有见过这样快速的进步！’李先生当时兼授南京高等师范及我们的浙江第一师范两校的图画。他又是我们所最敬佩的先生的一人。我听他这两句话，犹如暮春的柳絮受了一阵急烈的东风，要大变方向而突进了。”李叔同授绘画课的细节有：“李先生的教法在我觉得甚为新奇：我们本来依照商务印书馆出版的《铅笔画帖》及《水彩画帖》而临摹；李先生却教我们不必用书，上课时只要走一个空手的人来。教室中也没有四只脚的桌子，而只有三只脚的画架。画架前面供着石膏制的头像。……教我们用木炭描写石膏模型的画法。我对于这种新奇的画图，觉得很有兴味。以前我闲时注视眼前的物件，例如天上的云，墙上的苔痕，桌上的器物，别人脸孔等，我的心会跟了这种线条和浓淡之度而活动，感到一种说不出的情趣。我常觉得一切形状中，其线条与明暗都有很复杂的组织和条理。仔细注视而研究起来，颇有兴趣；不过这件事太微小而无关紧要，除了那种情趣以外，对于人们别无何种的效用。我想来世间一定没有专究这种事件的学问。但当时我用木炭描写石膏模型，听了先生的指导之后，恍然悟到这就是我平日间看眼前物件时所常作的玩意！先生指着模型说，‘你看，眉毛和眼睛是连在一块的，并不分明；鼻头须当作削成三角形，这一面最明，这一面最暗，这一面适中；头与脸孔的轮廓不是圆形，是不规则的多角形，须用直线描写，不过其角不甚显著。’这都是我平日间看人面时所曾经注意到的事。原来世间也有研究这些事的学问！我私下的玩意，不期也有公开而经先生教导的一日！”③

浙江省立第一师范学校校友会志》第9期刊载方时旭：《呈李叔同夫子南京四首》：

乙卯之冬，家居病咳，盘桓庭户，寂寞无聊。偶念先生，赋成四律，并蒙傅水如先生为之润词栉句，教正良多。徒以枝等雕虫，未敢

① 夏宗禹编：《弘一大师遗墨》，华夏出版社1999年1月第2版，第10页。

② 李鸿梁：《我的老师弘一法师李叔同》，收《浙江文史资料选辑》第26辑，浙江人民出版社1984年6月版，第98—117页。

③ 丰子恺：《旧话》，原载1931年6月1日《中学生》第16号，收浙江文艺出版社、浙江教育出版1992年6月版《丰子恺文集》第5卷（文学卷一），第179—185页。

唐突上呈。丙辰第三学期校友会文艺部，征集诗文，编辑会志，适先生为之部长，乃录此以应，未知先生肯否提振小子而辱教之也。

提椠怀铅不记年，蔚多材艺轶时贤。化工独擅王摩诘，家学遥承李谪仙。我拙步趋惭负笈，师勤诱掖励先鞭。只缘道范迟亲炙，独坐空斋暗自怜。

江浙皆联故旧情，文旌暂住石头城。来期已约春衣换，别思仍教旅梦萦。朱雀桥边芳草绿，莫愁湖畔野花明。风光可比临安否，盍返西湖早听莺？

阅世方知歧路多，学书学剑两蹉跎。乘风空抱宗生志，挥日惭无鲁氏戈。磊块浇宜吴市酒，奔流怜似大江波。登高极目空千里，安得先生击节歌。

龙蟠虎踞冠神州，王气谁云不复留。千里江山终古秀，六朝花草至今稠。师门教泽霑群彦，客地豪情揽胜游。迟我春风三月坐，翘瞻江左思悠悠。

附记：《读书》杂志1992年第4期有郑炳纯《李叔同的出家与〈函髻记〉》一文。作者认为新发现的小说《函髻记》为李叔同所作。郑炳纯的理由是："《函髻记》是用文言写的仿唐传奇小说，以木活字排版，罗纹纸精印，活字仿欧阳率更劲秀之致。卷端署名'盟鸥榭著'；封面正书'函髻记'三大字，左下署'盟鸥榭杂著'，在杂著二字之间钤一朱印，文曰'李息私印'（白文无边方形）。李息为大师未出家以前常用名之一（茹素后则改用李婴），照常例只有作者自家才能在这样地位加盖图章，因此可以断定'盟鸥榭'就是李息的斋名（代替笔名）。书上没有标明写作和印行年月，根据西泠印社在1916年前后所印书也用过这种活字，则此《函髻记》当是委托西泠印社代印的非卖品。由于流传稀少，尚未有人提及此书。"郑炳纯所述尚缺直接证据。附记于此，供研究参考。

社会评介择要

方时旭：《呈李叔同夫子南京四首》，载1916年《浙江省立第一师范学校校友会志》第9期。

《浙省中等学校第一次联合运动大会》，载1916年11月7日《申报》。

1917年　丁巳　38岁

社会文化事略

1月1日，胡适《文学改良刍议》发表；1月，蔡元培正式出任北京大学校长；7月，张勋复辟；8月14日，北京政府宣告加入协约国，对德、奥宣战；9月1日，孙中山当选中华民国军政府大元帅；11月7日，俄国爆发十月革命。

生平事迹

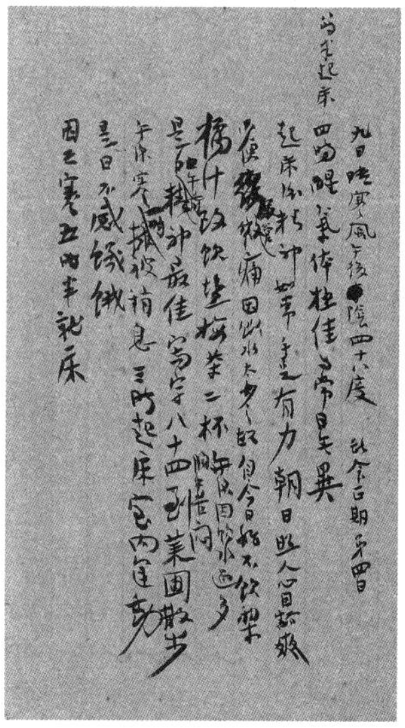

李叔同《断食日志》之一页。

1月1日（农历丙辰十二月初八日），写日记曰：

八日，阴，大风，寒，午后时露日光，五十度，断食正期第三日。

（**按：**页眉为“十时起床”）五时醒，气体至佳，如前数日之心跳头晕等皆无。

因天寒大风，故起床较迟。

起床后精神甚佳，手足有力，到院内散步。

（**按：**页眉为“四时半就床”）午后益寒，因早就床。是日食欲稍动，有时觉饥，并默想各种食物之种类及其滋味。

是夜安眠，足关节稍痛。

1月2日（农历丙辰十二月初九日），写日记曰：

九日，晴，寒风，午后阴，四十八度，断食正期第四日。

（**按：**页眉为“八时半起床”）四时醒，气体极佳，与日常无异。

起床后精神如常，手足有力。朝日照人，心目豁爽。

小便后，尿管微痛，因饮水太少之故。自今日始不饮梨桔汁，改饮盐梅茶二杯。午后因饮水过多，胸中苦闷。

是日午前精神最佳，写字八十四，到菜圃散步。午后寒，一时拥被稍息。三时起床，室内运动。

是日不感饥饿。

因天寒五时半就床。

1月3日（农历丙辰十二月初十日），写日记曰：

十日，阴，寒，四十七度，断食正期第五日。

（**按：**页眉为“十时半起床”）四时半醒，气体精神与昨同。

起床后精神至佳。是日因寒故起床较迟。

今日加饮盐汤一小杯。

十一时杨、刘二君来谈，至欢。

因寒四时就床。

是日写字半页。

近日精神过敏已稍愈。故夜间较能安眠。但因昨日饮水过多伤胃，胃时苦闷，今日饮水较少。

1月4日（农历丙辰十二月十一日），写日记曰：

十一日，阴寒，夕晴，四十七度，断食正期第六日。

（**按：**页眉为“九时半起床”）四时半醒，气体与昨同。夜间右足微痛，又胃部终不舒畅。是日口干。

因寒起床稍迟。饮盐汤半杯。

饮梨汁。

夕晴，心目豁爽。写字百三十八。

夕晴，坐檐下曝日。

（**按：**页眉为“四时就床”）因寒，早就床。是晚感谢神恩，誓必皈依。

致福基书。

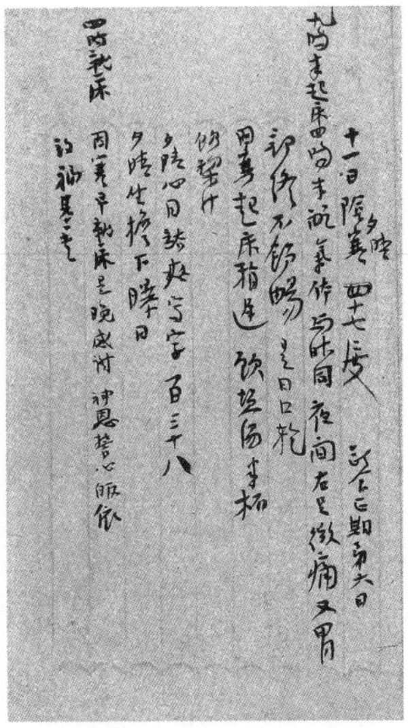

李叔同《断食日志》之一页。

1月5日（农历丙辰十二月十二日），写日记曰：

十二日，晨阴，大雾，寒，午后晴，四十八度，断食正期第七日。

（**按：**页眉为“十一时起床”）四时半醒，气体与昨同，足痛已愈，胃部已舒畅。口干。

因寒，不敢起床。十一时福基遣人送棉衣来，乃披衣起。

饮梨汁及盐汤、桔汁。

午后精神甚佳，耳目聪明，头脑爽快，胜于前数日。到菜圃散步。写字五十四。

自昨日始，腹部有变动，微有便意，又有时稍感饥饿。

是日饮水甚少。

晚晴甚佳。

（**按**：页眉为“四时半就床”）。

1月6日（农历丙辰十二月十三日），写日记曰：

十三日，晨半晴阴，后晴和，夕风，五十四度，断食后期第一日。

（**按**：页眉为“八时半起床”）气体与昨同。晨饮淡米汤二盂，不知其味，屡有便意，口干，后愈，饮梨汁桔汁。十一时饮浓米汤一盂，食梅干一个，不知其味。

十时服泻油少许，十一时半大便一次，甚多。便色红，便时腹微痛，便后渐觉身体疲弱，手足无力。午后勉强到菜圃一次。

是日不饮冷水。午前写字五十四。

是日身体疲倦甚剧，断食正期未尝如是。

胃口未开，不感饥饿，尤不愿饮米汤。是夕勉强饮一盂，不能再多饮。

（**按**：页眉为“四时就床”）。

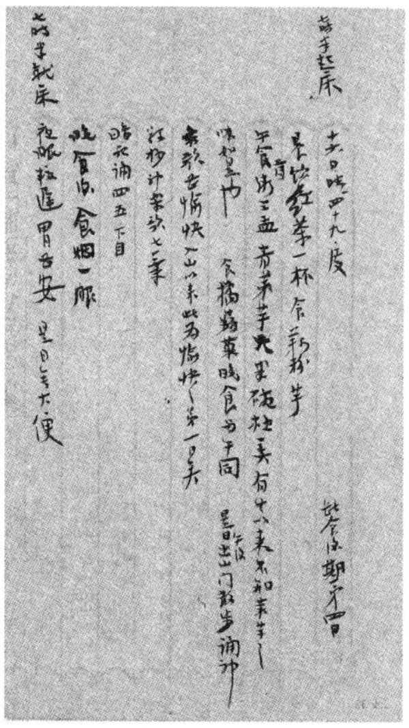

李叔同《断食日志》之一页。

1月7日（农历丙辰十二月十四日），写日记曰：

十四日，晴，午前风，五十度，断食后期第二日。

（**按**：页眉为“七时半起床”）气体与昨同，夜间较能安眠。五时饮米汤一盂，口干。

起床后精神较昨佳。大便轻泻一次，又饮米汤一盂。

饮桔汁，食苹果半枚。

是日因米汤、梅干与胃口不合，于十时饮薄藕粉一盂，炒米糕二片，极觉美味，精神亦骤加。

精神复元。是日极愉快满足。一时饮薄藕粉一盂，米糕一片。

写字三百八十四。腰腕稍痛，暗记诵《神乐歌序章》。

晚四时食稀粥一盂，咸蛋半个，梅干一个。是日不感十分饥饿，如是已甚满足。

（**按**：页眉为“五时半就床”）。

1月8日（农历丙辰十二月十五日），写日记曰：

十五日，晴，四十九度，断食后期第三日。

（**按**：页眉为“六时起床”）夜间渐能眠，气体无异平时。掖衾饮茶一杯，食米糕三片。

早食藕粉米糕，午前到佛堂菜圃散步，写字八十四。

午食粥二盂，青菜、咸蛋少许。

夕食芋四个，极鲜美。食梨一个，桔二个。

敬抄《御神乐歌》二叶。

暗记诵一、二、三下目。

晚食粥二盂，青菜、咸蛋少许，梅干。

晚食粥后，又食米糕，饮茶，未能调和，胃不合，终夜屡打格儿，腹鸣。是日无大便。

（**按**：页眉为“七时就床”）。

1月9日（农历丙辰十二月十六日），写日记曰：

十六日，晴，四十九度，断食后期第四日。

（**按**：页眉为“七时半起床”）晨饮红茶一杯，食藕粉，芋。

午食薄粥三盂，青菜、芋大半碗，极美。有生以来不知菜芋之味如是也。食桔，苹果。晚食与午同。是日午后出山门散步，诵《神乐歌》，甚愉快。入山以来，此为愉快之第一日矣。

敬抄《神乐歌》七叶。

暗记诵四、五下目。

晚食后，食烟一服。

（**按**：页眉为“七时半就床”）夜眠较迟，胃甚安。是日无大便。

1月10日（农历丙辰十二月十七日），写日记曰：

十七日，晴暖，五十二度，断食后期第五日。

（**按**：页眉为“七时起床”）夜间仍不能多眠。晨饮泻油极少量。

晨餐浓粥一盂，芋五个，仍不足，再食米糕三，藕粉一盂。

九时半大便一次，极畅快。到菜圃诵《御神乐歌》。

中膳米饭一盂，粥二盂，豆腐，油炸豆腐一碗。本寺例初一、十五始食豆腐，今日特因僧人某死，葬资有余者。故以之购食豆腐。

午前后到山门外散步二次。拟定出山后薙须。

闻玉採萝卜来，食之，甚甘。晚膳粥三盂，豆腐青菜一盂，极美。

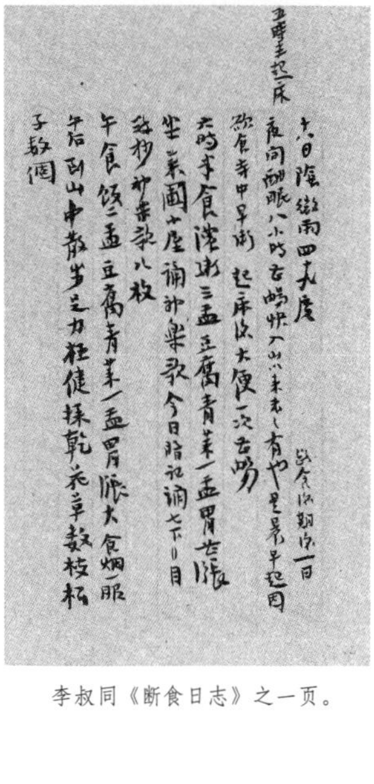
五时半起床
六日 阴 微雨 四十九度
敬抄神乐歌八枚
午食粥二盂 豆腐青菜一盂

李叔同《断食日志》之一页。

今日抄《御神乐歌》五枚。暗记诵六下目。作书寄普慈。

是日大便后愉快，晚膳后尤愉快，坐檐下久。拟定今后更名欣，字俶同。

（**按：**页眉为“七时半就床”）。

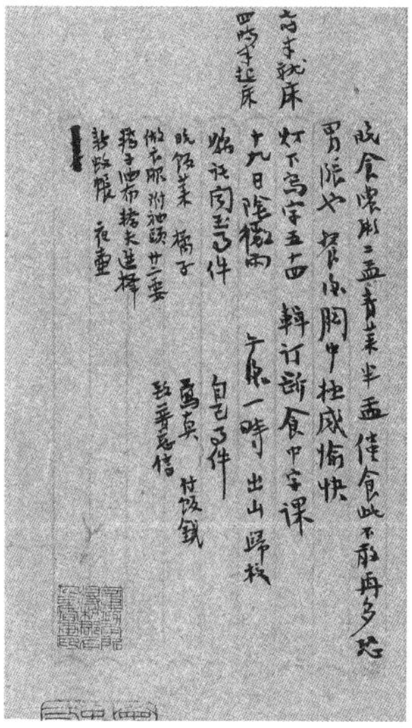
七時半就床
四時半起床
晚食濃粥二盂青菜半盂 僅食此不敢再多恐
胃脹也 餐後胸中極感愉快
灯下寫字五十四 輯訂斷食中字課
十九日陰微雨 午后一時出山歸校
囑託聞玉事件 自己事件
晚飯菜 橘子
寫真 付飯錢
做衣服附袖頭廿二要
致普慈信
轎子油布轎夫選擇
新蚊帳 夜壺

李叔同《断食日志》之一页。

1月11日（农历丙辰十二月十八日），写日记曰：

十八日，阴，微雨，四十九度，断食后期后一日。

（**按：**页眉为“五时半起床”）夜间酣眠八小时，甚畅快，入山以来未之有也。是晨早起，因欲食寺中早粥。起床后大便一次，甚畅。

六时半食浓粥三盂，豆腐青菜一盂，胃甚涨。

坐菜圃小屋诵《神乐歌》，今日暗记诵七下目。

敬抄《神乐歌》八枚。

午，食饭二盂，豆腐青菜一盂，胃涨大，食烟一服。

午后到山中散步，足力极健。採干花草数枝，松子数个。

晚食浓粥二盂，青菜半盂，仅食此，不敢再多，恐胃涨也。餐后胸中极感愉快。

灯下写字五十四，辑订断食中字课。

（**按：**页眉为“七时半就床”）。

1917年1月12日（农历丙辰十二月十九日）李叔同摄断食实验后影像。

1月12日（农历丙辰十二月十九日），写日记曰：

十九日，阴，微雨，（**按：**页眉为“四时半起床”）午后一时出山归校。

嘱托闻玉事件：

晚饭菜，桔子，做衣服附袖头，廿二要；轿子、油布，轿夫选择；新蚊帐，夜壶。

自己事件：

写真，付饭钱，致普慈信。

是日手捧《断食日志》留影。**按一：**照片上有闻玉题“李息翁先生断食后之象。丙辰新嘉平十九日，侍子闻玉敬题”。此照被制成明信片，广为流通。[1] **按二：**有关李叔同断食的天数，以往各种史传著述说法不

① 参见1927年1月29日《小说世界》第15卷第5期刊出之《李叔同先生小影之三》，有文字标注：“**按：**此幅为先生入山断食七日时所摄。原影曾为制为明信片。故此幅外间颇有流传者。上端右角之题字，为杭州师范学校厨役所题。”注文中“七日”当指全断食之日期，即李叔同日志中所谓的“断食正期”。

一。如李叔同自书“灵化”二字，款识“丙辰新嘉平，入大慈山，断食十七日，身心灵化，欢乐康强。书此奉稣典仁弟，以为纪念。欣欣道人李欣叔同”；钤印“李息”、“不食人间烟火”。夏丏尊在《弘一法师之出家》一文中称“他的断食共三星期”。[①] 丰子恺说李叔同“学道就断食十七日”。[②] 等等。至于其他各种传论文字，大都延用以上某一说中的一说。其实，对照该日志原文，在1月11日的日志中曰：“十八日，阴，微雨，四十九度，断食后期后一日。”而以《弘一大师全集》（第3版，修订2版）为代表的多数文献，均录为“十八日，阴，微雨，四十九度，断食后期最后一日。”[③] 即多出一个“最”字。此即是造成错判的根本原因。李叔同的断食时间，当以李叔同本人日志为准，亦即其所谓“丙辰嘉平，入大慈山，断食十七日，身心灵化，欢乐康强。”具体说，该日志封面“丙辰新嘉平一日始。断食后易名欣，字俶同。黄昏老人李息”；日记中写“十一月二十二日，决定断食。祷诸大神之前，神诏断食，故决定之”；“卅日晨，命闻玉携蚊帐、米、纸、糊、用具到虎跑”；“午后四时半入山……因明日始即预备断食，强止之”；“十二日一日，微风，晴，五十度，断食前期第一日”；“十八日，阴、微雨，四十九度，断食后期后一日”。日记最后写道：“十九日，阴，微雨，午后一时出山归校。”这样，便可得出李叔同断食的全部经过，即1916年农历十一月廿二日（公历1916年12月16日）李叔同决定断食；农历十一月三十日（公历1916年12月24日）入虎跑；丙辰嘉平一日（公历1916年12月25日）起为断食前期第一日。丙辰嘉平十八日（公历1917年1月11日）为断食后期的后一日；丙辰嘉平十九日（1917年1月12日）李叔同返校。故他的断食时间，准确地说是公历1916年12月25日至1917年1月10日，前后共17天。如果加上他入山和返校的两天，共20天。**按三：**返校后开始尝试茹素，下半年发心吃素。自谓断食期间，“……常常看见一位出家人在我的窗前经过，即是住在楼上的那一位，我看到他却十分欢喜呢！因此就时常和他来谈话，同时他也拿佛经来给我看。”“我以前虽然从五岁时，即常和出家人见面，时常看见出家人到我的家念经及拜忏。而于十二三岁时，也曾学了放焰口，可是并没有和有道的出家人住在一起，同时也不知道寺院中的内容是怎样，以及出家人的生活又是如何。这回到虎跑寺去住，看到他们那种生活，却很欢喜而且羡慕起来了。”“我虽然在那边只住了半个多月，但心里头却十分愉快，而且对于他们所吃的菜蔬，更是欢喜吃。及回到了学校以后，我就请佣人依照他们那种样的菜煮来吃。”“这一次，我之到虎跑寺去断食，

① 夏丏尊：《弘一法师之出家》，收《夏丏尊文集》（平屋之辑），浙江人民出版社1983年2月版，第244页。
② 丰子恺：《为青年说弘一法师》，载1943年《中学生》战时半月刊第63期。
③ 见福建人民出版社2019年12月版《弘一大师全集》（第3版，修订2版）第八册·文艺卷、杂著卷、书信卷第196页。

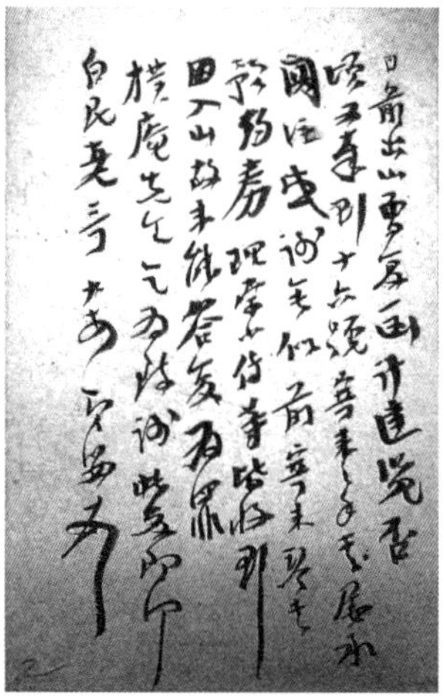

李叔同断食结束出山后致杨白民函。现藏浙江省博物馆。

可以说是我出家的近因了。及到民国六年的下半年，我就发心吃素了。”① **按四：**断食期间临摹各碑题记。② **按五：**出山后有致杨白民函：

> 日前出山，曾复一函，计达览否？
>
> 顷又奉到十六号寄来之手书，屡承关注，感谢无似。前寄来琴书预约券、《理学小传》等，皆收到。因入山故，未能答复，为罪。
>
> 朴庵先生乞为致谢。③ 此复，即叩
>
> 白民老哥大安！
>
> 弟婴顿首

福建人民出版社2019年12月版《弘一大师全集》（第3版，修订2版）第八册·文艺卷、杂著卷、书信卷第270页收录此信，注“一九一六年旧十二月底，杭州”。从信之内容看，此信写于断食出山后，即“日前出山”，且在“十六号寄来之手书”之后，故确定为丙辰十二月底合理，但就公历而言，则须置于本年。又，文物出版社2017年10月版陈飞鹏整理《弘一法师书信全集》第33页收录此信，有漏字。此信原件现藏浙江省博物馆。

按六：断食后曾致李鸿梁函，介绍断食经过。不久李鸿梁即赴上海海伦路看望老师，并受邀在饭店用餐：“后来法师邀我同到外面去吃饭，走到一家菜馆，他叫了好多菜，我就问‘还有哪几位客？’他说‘就我们两个，并没有别的客人。’我说‘要不了这许多菜。’他说‘你能喝酒的，我虽然不能喝，可是我懂得喝酒的趣味。’法师就向堂馆要了一斤黄酒。等到菜上来了，他用调羹吃菜，吃了很多，还吃了三碗饭。我就提出了忠告。法师说，他现在胃口很好，照胃口还可以吃两碗饭呢。”师生分手时，李叔同赠李鸿梁一本断食期间所写的日本天理教经典。④

春，陈兼善应请为刻印章“能婴儿”（朱文）。边款“假同夫子命刻。受业陈兼善谨刻，丁巳春”。

陈兼善为刻印章“李婴之印”（白文）。边款“丁巳莫春，兼善谨作”。

---

① 释弘一口述，高胜进笔录：《我在西湖出家的经过》，载1937年5月《越风》杂志增刊第1集“西湖”专号。夏丏尊在《弘一法师之出家》（收《夏丏尊文集》（平屋之辑），浙江人民出版社1983年2月版，第244页）一文中亦云：“假期满后，仍回到学校里来。从此以后，他茹素了，有念珠了，看佛经，室中供佛像了。”

② 林子青《弘一法师年谱》（宗教文化出版社1995年8月版）第87页注八“断食期间临摹各碑题记”：“‘丙辰十一月三十日至十二月十八日，断食大慈山定慧寺所书。’（白文印‘不食人间烟火’，又一印文为‘一息尚存’，早年存夏丏尊处，今归其女夏满子保存。）”

③ 朴庵即胡朴安（1878—1946），安徽人，南社社员，编有《南社丛选》，亦曾供职于《太平洋报》。

④ 李鸿梁：《我的老师弘一法师李叔同》，收《浙江文史资料选辑》第26辑，浙江人民出版社1984年6月版，第98—117页。

附记：为萧俊贤山水成扇题书。款识“丁巳暮春之初临，奉企文社长先生教之。李婴”；钤印“李息”、“叔同”。[1]

1917 年农历二月邱志贞为李叔同所刻之印一例。

2 月 22 日至 3 月 22 日间（农历二月），学生邱志贞为刻“李婴”印（白文），边款“丁巳二月，李师更名婴，志贞制”。

邱志贞为刻“李婴”（朱文）。边款“丁巳二月。志贞呈”。

邱志贞为刻“李婴”（白文）。边款“丁巳二月，李师更名婴，志贞制印呈之，志纪念也”。

与王瀣在南京相见时，曾谈自己近来的辟谷心得。[2] 时王瀣书有“复归于婴儿”奉赠。题云：

王瀣书“复归于婴儿”及题记。

息霜社兄，奇士也，以书画金石之学知名当世。今年自浙来，言：曾辟谷七日，无所苦。冬服袪衣忘寒□，于盛夏服棉□忘暑。非庄生所谓“至人”者耶？近更名“婴”，取《老子》语，嘱为篆。因缀二绝，聊博方家一噱云尔。

盗得黄芽母气新，治虀庵里陡翻身。英英一把寒琼骨，惊倒驴子学道人。

生有灵髯似圣童，前身应悔太龙钟。鸡窠从此忘□好，一笑回有是息翁。

无想居士王瀣并识，时丁巳春二月[3]

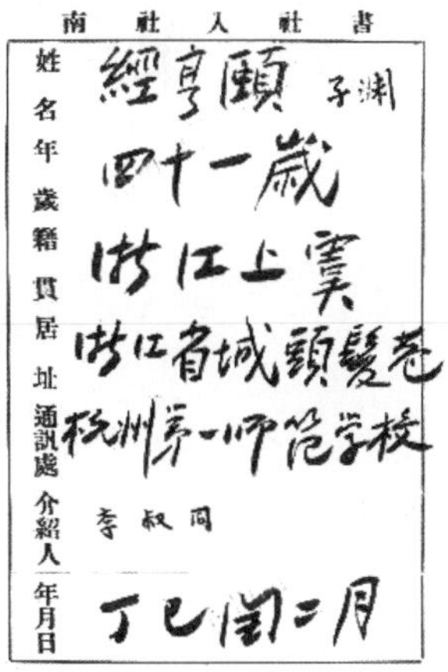

南社入社書

姓名	經亨頤　子渊
年歲	四十一歲
籍貫	浙江上虞
居址	浙江省城頭髮巷
通訊處	杭州第一师范学校
介紹人	李叔同
年月日	丁巳閏二月

李叔同介绍经亨颐加入南社之入社书。（胡迪军提供）

按：王瀣《冬饮先生词稿》中有一首《唐多令》，也与李叔同有关，词题为：“友人李息霜将入山为头陀，因以旧藏箧系旧李苹香、朱慧百二校书所书画，付之装池为横轴，以赠其友，复自题‘前尘影事’四字，其友属余题词。”

2 月 4 日（农历正月十三日），上午与经亨颐论画。**按：**是日经亨颐日记写曰：“晴而有云，太阳时现，又甚寒。上午赴校，与李叔同论画。近得肖俊贤写梅花一帧，余谓天资尚不及朽道人。但时人之笔，如肖君已列上乘，此外，如吴待秋亦尚可……”[4]

---

① 见中共温州市委宣传部、中共温州市委统战部、温州市文化广电旅游局主办：“碧天芳草——李叔同与温州”展览。2020 年 12 月 27 日至 2021 年 3 月 27 日，温州博物馆。供参考。萧俊贤（1865—1949），字屋泉，号铁夫，湖南衡阳人，曾任教于两江优级师范学堂图画手工科。

② 王瀣（1871—1944），字伯沆，又字沆一、伯谦，晚年自号冬饮，别署檗生、无想居士，江苏溧水人，清光绪十四年（1888 年）中秀才，藏书家，1914 年供职于江南图书馆善本部，1915 年与李叔同一起任南京高等师范学校教员。

③ 钱均夫家族藏品。题记中“曾辟谷七日”或为“十七”之误。此件在李叔同 1918 年入山前赠西泠印社。

④ 经亨颐：《经亨颐日记》，浙江古籍出版社 1984 年 1 月版，第 14 页。

2月22日（农历二月初一日），徐葆瑒为刻印章“李欣之印”（白文）。边款：息翁夫子大人教正。丁巳二月朔，受业葆瑒谨刻。

1917年4月8日，南社雅集合影，后排左四为李叔同。

4月8日（农历闰二月十七日），参加在杭州葛荫山庄举行的南社同人雅集，并合影留念。**按一：**是日一同在杭州参加南社同人雅集者有周承德、经亨颐、陈光誉、朱舜五、查人伟、朱蔚堂、王海帆、秦吉人、许祖谦、胡止安、任凤冈、朱文轩、嵇鼎铭、沈文华、沈恺如、徐作宾、郦忱、程宗裕、张一鸣、郁九龄、陈钝、陆绍棠、徐冰、徐绍曾等。作《孤山归寓成小诗书扇贻王海帆先生》。署名“天津李凡、息霜”，并在是年《南社丛刻》第22集诗录刊出。[①] **按二：**闰二月介绍经亨颐加入南社，编号“823”。

马一浮来函：

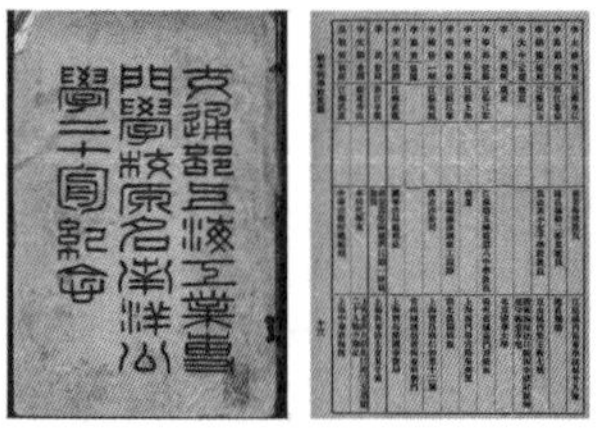

《交通部上海工业专门学校原名南洋公学二十周纪念》上的李叔同住址。（王维军提供）

叔同居士足下：

壁上琴弊。向者足下欲取而弹之，因命工修理，久之始就。曾告徐君，便欲遣童赍往，未辱其答，恐左右或如金陵。比还杭州，愿以暇日枉过草庵，安弦审律，或犹可备君子之御耳。

浮顿首　闰月十七日[②]

按：从信中可知，本学期仍兼任南京高等师范学校教职。

4月（农历闰二月初十日至三月初十日），《交通部上海工业专门学校原名南洋公学二十周纪念》文集刊行，其中《历年同学姓氏录》中录有：“李欣，俶同，浙江平湖，南京高等师范浙江第一师范教员，上海海宁路太安里廿号”（原为表格）。[③]

王世为刻印章“能婴儿乎”及边款。

夏，王世（署名“世”）为刻印章“能婴儿乎”（白文）。边款“‘常德不离，复归于婴儿’，是谓大人不失赤子之心。先生执古御今，薄众人之熙熙，‘专气致柔如婴儿’，然犹虑和光同尘，不若婴儿之无欲。嘱以四字镌石，殆几于道，而玄之又玄者耶！虽然先生能知古始，不尘于物直，婴儿之未孩者，镌竟，辄缀数语，质之先生，以为何如？

① 福建人民出版社2019年12月版《弘一大师全集》（第3版，修订2版）第八册·文艺卷、杂著卷、书信卷第36页录此诗题为《贻王海帆先生》。据宗教文化出版社1995年8月版林子青编著《弘一法师年谱》第27页按语中引自郑逸梅《南社丛谈》：“南社社友中齿德俱尊的老人……余杭王海帆，年事高出侪辈。生于一八四五年二月二日，名毓岱，一字少舫，别号舟枕老人。南社雅集西湖西泠印社……海帆亦参与其盛。一九一七年逝世。”

② 马一浮至李叔同信，收《弘一大师全集》（第3版，修订2版）第八册·文艺卷、杂著卷、书信卷，福建人民出版社2019年12月版，第504页，有注：“一九一七年旧历闰二月，此函当作于是年。”

③ 图版见平湖市李叔同纪念馆编：《李叔同当湖书印文辑》，西泠印社出版社2015年10月版，下册第275页。

丁巳暮夏作并识，即希叔同先生斧正。世”。[1] **按：**次年夏叶舟为此印补款。

5月21日至6月18日间（农历四月），书扇面。内容有“魏杨何直造象”“周李庆墓志”“唐李夫人墓志”和“晋王右军临钟太传宣示表”。款识“丁巳四月雨窗书奉申甫先生正之，李婴”；钤印“李息”、“尗同”。

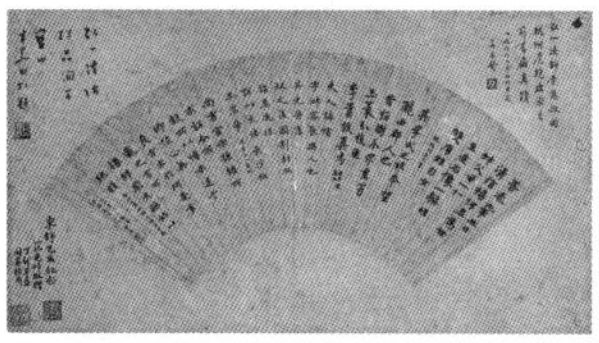

李叔同于1917年农历四月书赠堵申甫“杂临晋唐书迹四种小楷扇”。（方爱龙提供，私人收藏）

书赠堵申甫“杂临晋唐书迹四种小楷扇”。依此为节临“魏杨何直造像”（北魏）、“周李庆墓志”（北周）、“唐李夫人墓志”、“晋王右军临《钟太傅〈宣示表〉》”四种。款识“丁巳四月雨窗，书奉申甫先生正之，李婴”。钤印“李息”（白文）、“尗同”（白文）。[2]

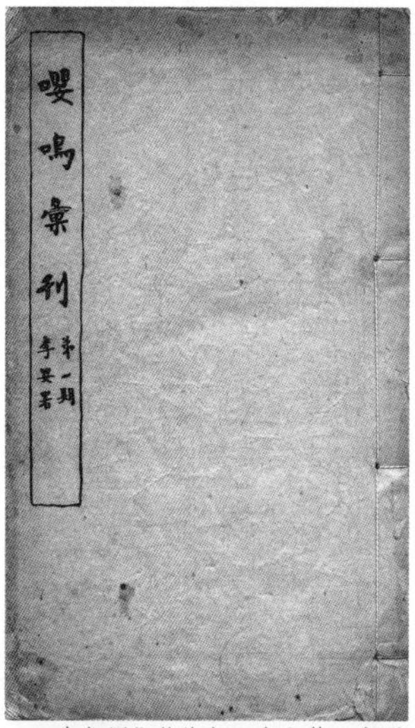

李叔同题签的浙江省立第一师范学校嘤鸣吟社文艺刊物《嘤鸣汇刊》封面。

6月10日（农历四月廿一日），浙江省立第一师范学校嘤鸣吟社出版文艺刊物《嘤鸣汇刊》，为题刊名，署名“李婴”。（目前仅见第1期）担任嘤鸣吟社导师。**按一：**1944年《大众》第21期刊有白悠（即吕伯攸）《黉舍忆语：绰号、同性爱、先师弘一法师》一文，写曰：“我和先生，也是比较接近的学生中的一个，这是为一般人所不知道的，因为，像丰子恺兄以漫画驰誉，刘质平兄以音乐闻名……都是先生校中所授的正课。我蒙先生另眼相看，却是因为在课外曾经请先生教过诗词的缘故。那时候，我曾发起组织过一个嘤鸣吟社，导师就请先生担任。有一个时期，我竟至把各种功课丢在一边，专门躲在自修室里作诗填词的；先生也乐于指导，常常在一个清晨就差校役来把我叫了去，拿出我隔夜缴去的诗词，当面用朱笔替我改削，并且随时给我说明要这样改削的原因”。**按二：**伯攸《四月一日同级诸君雅集西湖平湖秋月即集席赋此并呈叔同我师》《送别》《曾于方君扶云处见李叔同夫子绝食后伟像即题一绝》载《嘤鸣汇刊》第1期。伯攸即吕福同。《四月一日同级诸君雅集西湖平湖秋月即集席赋此并呈叔同我师》：“莫放春光驰骤过，花前痛饮快如何。听残杜宇看红雨，游遍西湖返绿波。同学少年无俗子，当筵狂客有高歌。枝枝桃李门墙盛，为沐春风春雨多。”《送别》：“江南长遍绿蘼芜，话别还将独酒沽。我亦情多怜旧雨，君何心忍撇西湖？春来有恨空攀柳，人去无聊怕听鸪。后会茫茫何日再，又教泪点惹衣襦。听到临岐倍怆神，夜深知己话前因。才闻君至又闻别，刚送春归更送人。茅店鸡声催旅客，桃花潭水愧汪伦。明朝此际应愁绝，帆影重重隔远闉。”

---

① 王世，李叔同西泠印社社友，字匊昆，号菊愊。禹航西乡人，侨寓武林，喜探数理，兼有金石癖。

② 方爱龙：《杭州师范大学校史名贤书画录》之一，载《杭州师范大学学报》（社会科学版）2012年第2期封二。目前此书件上有左下、右上、左上三角处依次有范尧峰、姜东书、朱关田所题三跋。

《曾于方君扶云处见李叔同夫子绝食后伟像即题一绝》："风仪清瘦羡先生，孤洁高怀见性情。不食人间烟火气，诗才怪底者般清。"**按三：**《嘤鸣汇刊》第 1 期载扶云《辟谷行》（又载同年《浙江省立第一师范学校校友会志》第 13 期，署名时旭，即方时旭）：

岁在执徐仲辜之月，叔同李师辟谷于西湖大慈山定慧寺，凡二旬有一日，归语其乐耳清目明神思以欣，因易名欣并号欣欣道人。余闻而乐之，作辟谷行以呈。

东来紫气冲函关，老子西行久未还。二千余年一转瞬，仙踪重复游人间。俛仰不更旧覆载，只变桑田与沧海。怕餐烟火昧灵心，急返空山觅真宰。夙闻葛岭有仙翁，能挽衰老能还童。西湖有寺名定慧，曰仙曰佛将毋同。借此权为辟穀地，再旬不索盘餐供。领略乾坤清淑气，目为加明耳加聪。惜哉秦皇汉武今已死，不见神仙生斯世。海外神仙不可求，借问先生何能尔？先生笑道吾犹人，惟有至诚能通神。世俗徒为口腹累，不知吾应求吾真。丈夫力可回大造，赤松黄石比我早。天地为庐任往还，往此先生当不老。吁嗟乎熙熙攘攘皆凡夫，俗者嗜肉愚嗜鱼。唐家皇帝更可笑，误食金丹丧此躯。更笑明朝嘉靖帝，醮坛空上青词谀。辟穀之名从古有，今有人乎答曰否？于戏先生此举奇无偶。西方祖师闻之合点首。笑谓东方有人继吾后。

附记：6 月 19 日至 7 月 18 日间（农历五月），书"履仁蹈义德，学诗讲礼家"。款识"丁巳五月，婴"；钤印"李息之印"。①

6 月（农历四月十二日至五月十二日），题封面的《应用理论算术例解》由冲悟学社出版发行，署"李息翁题"。**按：**该书版权页显示五月付印，六月发行。分销处为"浙江第一师范学校、号房及各大书坊"。该书编者为"乐清郑嘉来、嵊县裘以勤、上虞叶寿衡、诸暨杨福耀、诸暨陈本儒、宁海徐士骐、德清邱祖铭、萧山王绍炎、嵊县尹熙年、平湖丁尔超"。

8 月 19 日（农历七月初二日），在杭州致刘质平函，勉励其继续求学，并告知其六个注意事项，又附录格言数则。委托暇时代购マンドリン弦 E 二根、A 二根、D 三根、G 二根。同时询问其在校师何人，代向

① 见中共温州市委宣传部、中共温州市委统战部、温州市文化广电旅游局主办："碧天芳草——李叔同与温州"展览。2020 年 12 月 27 日至 2021 年 3 月 27 日，温州博物馆。供研究参考

门先生致意等。此信署“李婴　八月十九日”。所附格言为：

日夜痛自检点不暇，岂有功夫点检他人。责人密，责己疏矣。

不虚心便如以水沃石，一毫进入不得。自己有好处要掩藏几分，这是涵育以养身。

别人不好处要掩藏几分，这是浑厚以养大。

涵养全得一缓字，凡语言动作皆是。

宜静默，宜从容，宜俭约。四者切己良箴。

谦退第一保身法，安详第一处事法，涵容第一待人法，洒脱第一养身法。

物忌全胜，事忌全美，人忌全盛。

世人喜言无好人，此孟浪语也。推原其病，皆从不忠不恕所致。自家便是个不好人，更何暇责备他人乎？

面谀之词，有识者未必悦心；背后之议，受憾者常致刻骨。

质平书来属书格言，谨举余近日所最爱诵者数则，书以报之。愿与质平共奋勉也。

丁巳初秋　李婴　时在杭州

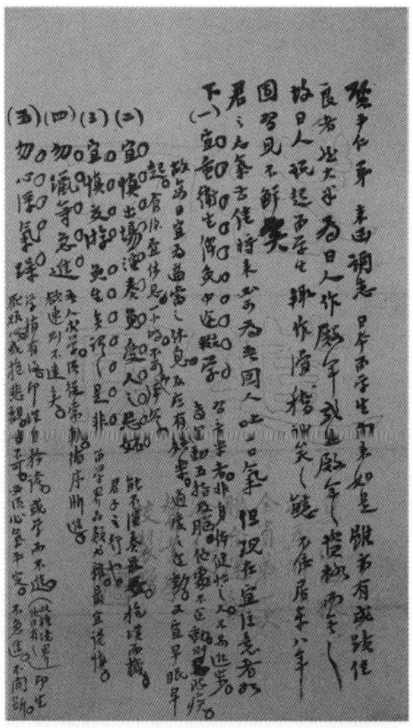

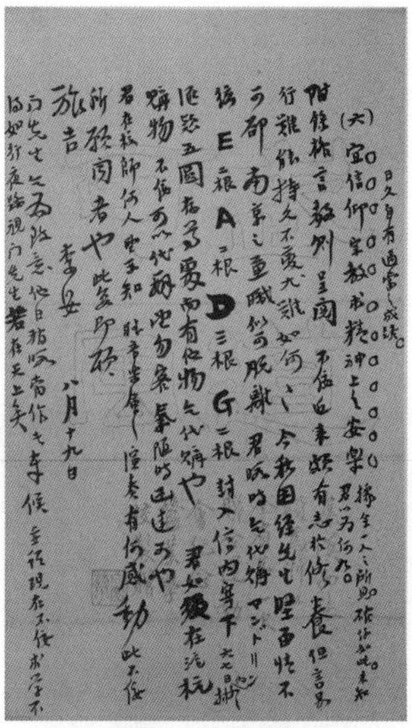

1917 年 8 月 19 日李叔同致刘质平函。现藏平湖市李叔同纪念馆。

按一： 所书格言除署名外，钤印“李息、哀公”。此信及所附格言福建人民出版社 2019 年 12 月《弘一大师全集》（第 3 版，修订 2 版）第八册·文艺卷、杂著卷、书信卷第 278—279 页收录，注“一九一七年八月十九日，杭州”。因此年立秋日为 8 月 8 日（农历六月廿一日），8 月 19 日正系初秋，故此“八月十九日”应系公历。[①] 又，文物出版社 2017 年 10 月版陈飞鹏整理《弘一法师书信全集》第 37—38 页将所附格言作为书信收录。**按二：** 8 月（农历六月十四日至七月十四日），学生刘质平考取东京音乐学校。

9 月 26 日（农历八月十一日），与陈去病等 203 名南社社员一起联名公启，建议继续选举柳亚子连任南社主任。署名“李息霜”。**按：** 是年 10 月 17 日南社公布选举结果，共发出 377 张选票，柳亚子以 362 票连任。

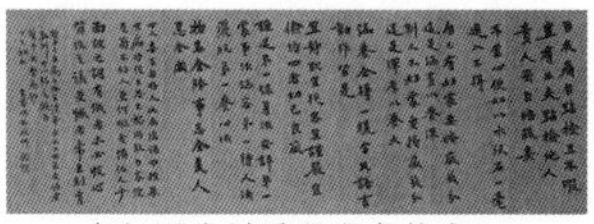

李叔同为刘质平所书格言。

9 月（农历七月十五日至八月十五日），姜丹书“师范学校新教科书”《美术史》由商务印书馆出版。**按：** 时中国师范学校教学方案中有美

① 笔者曾在《弘一大师考论》（浙江人民出版社 2002 年 7 月版）一书中考证此信时间为 1917 年农历八月十九日。戈敏《李叔同致刘质平函考误勘正二则》（载 2016 年 9 月《莲馆弘谭》第 12 期，平湖市李叔同纪念馆编）一文据此信附录中所署“丁巳初秋”，以为应系公历。确当。此信现藏平湖市李叔同纪念馆。

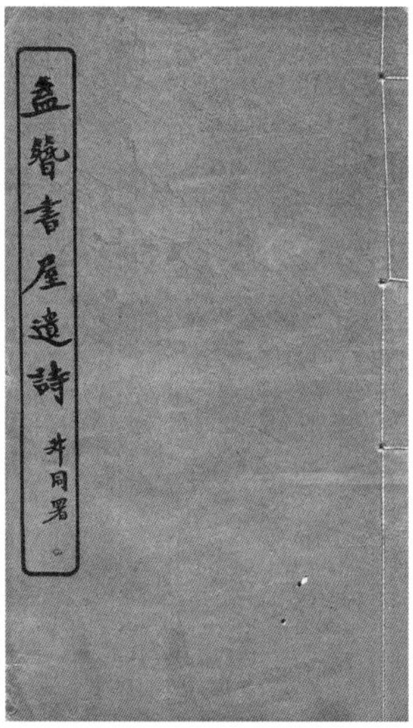

李叔同题签的《盍簪书屋遗诗》封面。

李叔同题《盍簪书屋遗诗》扉页。

术史课程，在教育部颁行的“师范学校课程标准”上，在图画课程内就列有“美术史（得暂缺之）”一项。教育部在制订这个课程的同时，已经考虑到一般图画教师的困难，故注明“得暂缺之”四字。当时中国尚无美术史教材，也无美术史教师，在李叔同等的鼓励下，姜丹书毅然承担美术史的教学任务，并编纂了五年制师范学校用《美术史》。《美术史》有作者自序一篇：

美术艺事也，非我国固有名词也。我国自古重文轻艺，故文事有纪载，艺术无纪载。艺而近于文者有纪载，艺之纯为术者无纪载。即有之，亦不过东鳞西爪，散见杂籍而已，并无系统之纪载也。画，一艺也，艺而文者也。与书并视，故书有史，画亦有史；虽无通史纪其由来之变迁、历代之进化，然犹不乏专书，足资考订。剪取史料，吾患其多。至雕刻、建筑以及工艺美术之类，更何所取材乎？以视东、西洋艺苑著作之林，图史并陈，涉笔成趣，固何如者。此编美术史之所以难，而尤难于本国一部也。予何人斯，敢云著作？只以身任讲席，课有定程，责无旁贷，乃不揣谫陋，稽古摭今，行粗浅之文字，述中外之大略，自惭祭成篇，殆亦聊胜于无云尔。

是编既成，承经君子渊、李君叔同、沈君惠田、李君仲乾、桂君承之、陈君效韩正谬不少。重以部视学钱君均夫、周君仲容认为需要，敦促付梓，始敢出而问世。谨志之，以纪其实。

丁巳初夏识于西子湖滨浙江第一师范讲舍

在杭州致刘质平函，言寄来《菜根谭》及M弦已收到；谈如何写官费申请；督促在日本交友事项；所写格言不可忘；谈宗教信仰；托转交致门先生信等。**按：**此信福建人民出版社2019年12月版《弘一大师全集》（第3版，修订2版）第八册·文艺卷、杂著卷、书信卷第280页收录，注“一九一七年，杭州”，信无年代及月份日期。王维军著《平湖李叔同纪念馆藏李叔同（弘一大师）手札墨宝·识注考勘》（西泠印社出版社2017年9月版）第13页考证写于是年9月。

在杭州致刘质平函，因刘质平家庭困难，详谈为其补官费之事办法，表示请经亨颐校长协助，结果难料。介绍自己收入情况：“不佞现每月入薪水百零五元”，支出情况：上海家用四十元（年节另加）、天津家用廿五元（年节另加）、自己食物十元、自己零用五元、自己应酬费买物添衣费五元。每月可余廿元。表示此廿元用于资助刘质平费用。一旦实施资助，下列数条须刘质平承诺：此为赠款，将来不必偿还；赠款事不可与第三人谈及；赠款期限，以刘之家不再支付学费时起，至毕业时止（如有变故，则不赠款或减少赠款）；须听从关于学业上之嘱咐，不可违背，等。信末交代“此函阅后焚去”。**按：**此信未署具体月日，福建人民出版社2019年12月版《弘一大师全集》（第3版，修订2版）第八册・文艺卷、杂著卷、书信第280—281页收录，注“一九一七年，杭州”。文物出版社2017年10月版陈飞鹏整理《弘一法师书信全集》第37页对此信的“案”写曰：“此信，《弘一大师全集》注：1917年，杭州。据信中言及刘质平还有一年毕业判断，此信写于是年春夏间可能性最大。”王维军著《平湖李叔同纪念馆藏李叔同（弘一大师）手札墨宝・识注考勘》考证写于是年9月间。[①]

10月24日（农历九月初九日），为柳亚子编校的吴鸣钧著《盍簪书屋遗诗》题书名、扉页，封面款识“叔同署”；扉页款识“丁巳重阳息翁　李婴”。《盍簪书屋遗诗》，吴鸣钧著，柳亚子校印，丁巳印本。

10月（农历八月十六日至九月十六日），在杭州寄发致杨白民函：

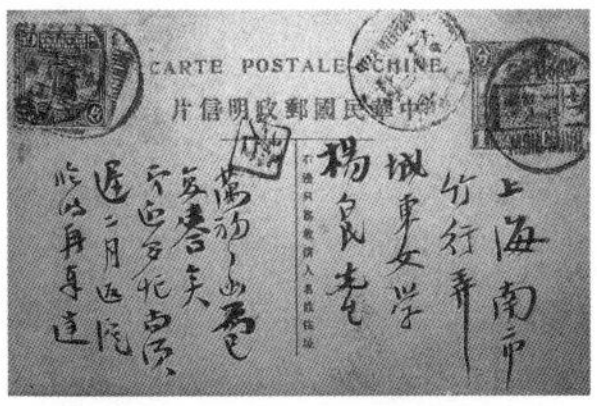

李叔同于1917年10月致杨白民的明信片。现藏浙江省博物馆。

> 藕初（之）函，前已复答矣。弟近多忙，尚须迟二月返沪，临时再奉达。

按：此信福建人民出版社2019年12月版《弘一大师全集》（第3版，修订2版）第八册・文艺卷、杂著卷、书信卷第274页收录，标“一九二三年夏，杭州虎跑寺”。文物出版社2017年10月版陈飞鹏整理《弘一法师书信全集》第92页收录，标1923年“夏　杨白民　杭州虎跑寺”。均误，且《弘一法师书信全集》将文中“复答”误录为“答复”。李叔同在信中自称“弟”，不会是出家后的自称。更重要的证据是此为明信片，现藏浙江省博物馆，杭州发信时邮戳不清晰，仅可辨“十月”，但抵达上海时邮戳中的年与月可辨，为“六年十月”。故此信当寄于1917年10月。又，“藕初之函”或为“藕初函”，为“初”连写“函”字。供参考。

在杭州致刘质平函，言昨晤经亨颐校长，转有关申请官费信及门先生函，经校长态度消极并为难，申请官费事，以后不愿再向经校长询问。表示于数年之内，决不自己辞职，如无他变，实践前定之约；期盼其安心求学，并交代此信阅毕焚去。**按：**此信福建人民出版社2019年12月版《弘一大师全集》（第3版，修订2版）第八册・文艺卷、杂著卷、书信卷第280页收录，标“一九一七年，杭州”。信无年代月份日

---

① 王维军：《平湖李叔同纪念馆藏李叔同（弘一大师）手札墨宝・识注考勘》，西泠印社出版社2017年9月版，第19页。

期。王维军著《平湖李叔同纪念馆藏李叔同（弘一大师）手札墨宝·识注考勘》考证写于是年10月。①

11月4日（农历九月廿日），38岁农历生日，法轮禅师在杭州虎跑定慧寺说法，前往闻法，似有所悟，返校书联奉赠法轮禅师："永日视内典，深山多大年"，款识"余于观音诞后一日，生于章武李善人家，丁巳卅八。是日入大慈山，谒法轮禅师，说法竟夕，颇有所悟。归来书此，呈奉座右。婴居士息翁"；钤印"息翁晚年之作"、"管领湖山"。② **按：**马一浮闻此事后于次年2月6日致函曹赤霞曰："法轮和尚记忆宿命之说，系闻之李君叔同。前曾亲往叩之，但云故乡历历，恍若有省，亦不肯明言。浮以此事盖不必深问，亦遂置之。"③

秋，应高吹万嘱，节临天玺纪功碑篆书轴。款识有曰"丁巳秋，临《吴天玺纪功碑》，应吹万社长嘱。婴居士"；钤印"李欣之印"、"息翁大利"。④

11月12日（农历九月廿八日），《民国日报》刊出《西湖夜游记》，署名"李息霜"。

冬，在马一浮处请佛经阅读，并在房内供佛像、烧香。自谓："在冬天的时候，我即请了许多经，如《普贤行愿品》《楞严经》《大乘起信论》等很多的佛经，而于自己的房里，也供起佛像来，如地藏菩萨、观世音菩萨等等的像，于是亦天天烧香了。"⑤ **按：**此期间与马一浮交往颇频。另据李鸿梁言："一九一七年夏，我到杭州去拜访法师，那时他的房间里已供养着佛像，凳上已设着大蒲团了。"⑥ 此事依李叔同本人之说。

12月9日（农历十月廿五日），《教育周报》第185期刊出《本会经

---

① 王维军：《平湖李叔同纪念馆藏李叔同（弘一大师）手札墨宝·识注考勘》，西泠印社出版社2017年9月版，第21页。

② 据林子青《弘一法师年谱》（宗教文化出版社1995年8月版）第97页按语："章武即汉之天津县名。此联余于一九五三年三月间，游杭州虎跑寺时，犹见悬于寺壁；后闻为杭州博物馆筹备会借去，今不知流落何方。同年师又以《天发神谶碑》体书同一联赠人。上款书：'孔爽仁弟嘱，集吴天玺碑'，下款署'丁巳婴居士息翁。'"

③ 马一浮致曹赤霞信，收吴光主编：《马一浮全集》第2册上卷，浙江古籍出版社2013年版，第408页。

④ 刘正成主编：《中国书法全集83·近现代编-李叔同马一浮卷》（该分卷主编潘良桢，副主编方爱龙，学术顾问任继愈），荣宝斋出版社2002年11月版，第64页。高吹万，即高燮（1879—1966），与李叔同同为南社社友，因年长李叔同一岁，故称之为社长。

⑤ 释弘一口述，高胜进笔录：《我在西湖出家的经过》，载1937年5月《越风》杂志增刊第1集"西湖"专号。

⑥ 李鸿梁：《我的老师弘一法师李叔同》，收《浙江文史资料选辑》第26辑，浙江人民出版社1984年6月第1版，第98—117页。

收京直奉水灾学界募捐会捐款清单》，有“李息五元二角五分”记载。[①]

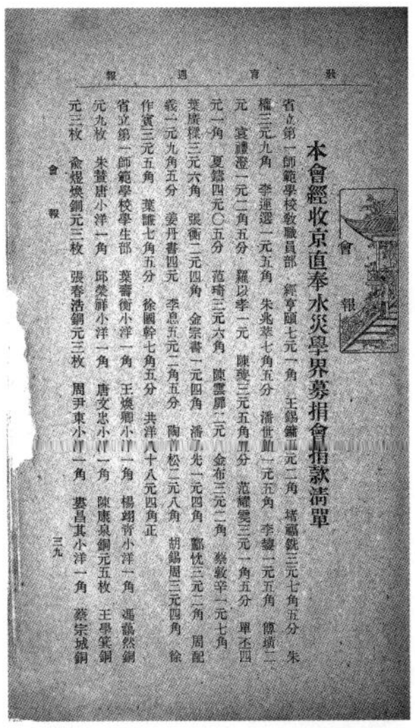

教育週報

本會經收京直奉水災學界募捐會捐款清單

省立第一師範學校教職員部　經亨頤七元一角　王錫鏞五元二角　堵福銑三元七角五分　朱穉三元九角　李運選一元五角　朱兆萃七角五分　潘世顯一元五角　李墉一元五角　傅續二元　袁禮澄一元二角五分　羅以孝一元　陳變三元五角五分　范耀雯三元一角五分　單丕四元一角　夏鑄四元〇五分　范琦三元六角　陳雲麟二元　金布三元二角　蔡敦辛一元七角　葉廣樑三元六角　張衡二元四角　金宗書一元四角　潘先一元四角　鄭忱三元二角　周配義一元九角五分　姜丹書四元　李息五元二角五分　陶晉松二元八角　胡錫周三元四角　徐作賓三元五角　葉謙七角五分　徐國幹七角五分　共洋八十八元四角正

省立第一師範學校學生部　葉壽衡小洋一角　王煥卿小洋一角　楊翊青小洋一角　馮藹然銅元九枚　朱蓋唐小洋一角　邱棨爵小洋一角　唐文忠小洋一角　陳康泉銅元五枚　王學寔銅元三枚　俞煜煥銅元三枚　張春浩銅元三枚　周尹東小洋一角　婁昌其小洋一角　蔡宗城銅

會報　三九

1917年12月9日，《教育周报》第185期刊出《本会经收京直奉水灾学界募捐会捐款清单》。

是年，请戚纯文刻印“曾受菩萨优婆塞戒”（白文）。边款“息翁夫子令作。丁巳纯文”。

请戚纯文刻印“李婴居士”（白文）。边款“息翁夫子令作，丁巳纯文”。

戚纯文为刻印章“欣欣道人”（白文）。边款“息翁夫子纪念。丁巳纯文”。

为吴锡辛书中堂。款识“锡辛先生嘱，丁巳，息翁”。[②]

为胡祖德《胡氏家乘》书凡例，款识“裔孙胡祖德谨撰　丁巳李婴谨书”。[③]

书联“善护念诸菩萨，是离欲阿罗汉”，款识“子行先生正之，集金刚经句。李婴，丁巳”；钤印“放浪”、“李息私印”、“那莫”。[④]

委托学生丰子恺接待来杭州写生的日本画家大野隆德、河合新藏、三宅克己等。[⑤] **按：**关于受李叔同影响而走上艺术道路，丰子恺在多篇文章里有记述，如《为青年说弘一法师》[⑥]、《旧话》[⑦]、《先器识而后文艺——李叔同先生的文艺观》[⑧] 等。

《浙江省立第一师范学校校友会志》第11、12期合刊载吕福同《长夏呈李叔同师》：“压帘十丈下骄阳，溽暑熏人日正长。我忝师门常立雪，久除尘俗自清凉。”

《浙江省立第一师范学校校友会志》第13期刊载时旭《怀李师》：“道艺文章愧未谙，殷勤诱掖负师谈。灵山正气空劳望，未许禅房一拜参。”

社会评介择要

《历年同学姓氏录》，收《交通部上海工业专门学校原名南洋公学二十周纪念》，1917年4月刊行。

伯攸：《四月一日同级诸君雅集西湖平湖秋月即集席赋此并呈叔同我

① 《本会经收京直奉水灾学界募捐会捐款清单》，载1917年12月9日《教育周报》第185期，第39页。

② 中华书道学会编：《弘一大师墨迹文物图录》，（台北）中华书道学会1996年7月印行，第152页。

③ 图版见平湖市李叔同纪念馆编：《李叔同当湖书印文辑》，西泠印社出版社2015年10月版，下册第283—296页。胡祖德（1860—1939），字云翘，号筠桥，祖籍安徽绩县，生于上海陈行，能诗画，擅纂集地方掌故和民俗文化，1918年刊印《胡氏家乘》。

④ 上海市书法家协会编：《海派代表书法家系列作品集·弘一》（该卷主编刘一闻，副主编沈爱良），上海书画出版社2006年12月版，第18页。钱均夫家族藏品。

⑤ 大野隆德，日本画家。河合新藏（1867—1936），号无涯，日本水彩画家。三宅克己（1874—1954），日本水彩画家。

⑥ 丰子恺：《为青年说弘一法师》，载1943年5月《中学生》第63期。

⑦ 丰子恺：《旧话》，载1931年6月1日《中学生》第16号。

⑧ 丰子恺：《先器识而后文艺——李叔同先生的文艺观》，载1957年4月19日《杭州日报》。

师》，载1917年6月10日《嘤鸣汇刊》第1期。

伯攸：《送别》，载1917年6月10日《嘤鸣汇刊》第1期。伯攸即吕福同。

伯攸：《曾于方扶云处见李叔同夫子绝食后伟像即题一绝》，载1917年6月10日《嘤鸣汇刊》第1期。

扶云：《辟谷行》，载1917年6月10日《嘤鸣汇刊》第1期，又载1917年《浙江省立第一师范学校校友会志》第13期（署名时旭，即方时旭）。

吕福同：《长夏呈李叔同师》，载1917年《浙江省立第一师范学校校友会志》第11、12期合刊。

时旭：《怀李师》，载1917年《浙江省立第一师范学校校友会志》第13期。

1918年　戊午　39岁

社会文化事略

5月2日，苏曼殊在上海病逝；5月15日，鲁迅发表小说《狂人日记》；7月，中华民国军政府在广州成立；10月，徐世昌就任大总统；11月11日，第一次世界大战结束；11月23日，教育部公布注音字母表。

生平事迹

1月5日（农历丁巳十一月廿三日），在杭州寄发致王仁安函：

李叔同于1918年1月5日寄王仁安明信片。

王仁安先生：敬贺年禧！

屡惠大著，谢谢。友人颇有愿读者，能多惠一二份否？

李婴再拜

新历正月三十日，入西湖虎跑寺习静。二月底返校。公暇能来寺一谭否？①

按： 此函福建人民出版社2019年12月版《弘一大师全集》（第3版，修订2版）第八册·文艺卷、杂著卷、书信卷第302页收录，标“一九一七年初春，杭州”。文物出版社2017年10月版陈飞鹏整理《弘一法师书信全集》第42—43页收录，时间标1918年“初春”。《弘一大师全集》（第3版，修订2版）年份有误。因李叔同于1917年初结束断食后，再次去虎跑习静的时间为1918年初。另有王仁安1918年作《虎跑寺赴李叔同约往返得诗二首》为证。其一：“步步弯环步步奇，常愁路有不通时。却怜叠嶂层峦处，一曲羊肠到始知！”其二：“兴来寻友坐深山，竹院逢僧半日闲。归到清波门外路，又到尘梦落人间。”② 王仁安在虎跑与李叔同、马一浮、彭逊之等赴座谈，王仁安《惜才》一文记曰：“余友李叔同，习静定慧寺，约往谈赴之。座上客四人，皆倜傥不羁，相与谈论，皆聪明俊伟士也。率通内典，并于儒书国故，娓娓然有

---

① 王仁安（1865—1936），原名守恂，字仁安，天津人，1917年任浙江会稽道尹，复调任钱塘道尹。李叔同少年时在天津曾向其请益。

② 王仁安：《虎跑寺赴李叔同约往返得诗二首》，收《王仁安集·仁安诗稿·卷十七·戊午上》，转引自林子青《弘一法师年谱》，宗教文化出版社1995年8月版，第99页。

卓识焉。一为彭君，在十日内即剃度；一为陈君，为月霞僧弟子；一为刘君，曾受菩萨戒；一为马君，矢为佛弟子，断绝肉食。是四君子者，志相同，道相合。”[①] 时马一浮介绍彭逊之从法轮长老修禅观，彭逊之恰是得马一浮介绍与李叔同住到一起习静，因算卦而出家。又据《王仁安集·仁安笔记》卷一，有记：“晤天津李叔同，清癯绝俗，饱尝世味，已在剥肤存液之时，自愧不如。吾乡静士刘竺生外，又得叔同，喜慰万状。”另该信为明信片，邮戳明确为“七年一月五日”。《弘一法师书信全集》时间“初春”亦不妥。因1918年立春为2月4日。

1月18日（农历丁巳十二月初六日），马一浮来函：

昨复过地藏庵，与楚禅师语甚久。其人深于天台教义，绰有玄风，不易得也。幻和尚因众启请，将以佛成道日往主海潮寺，遂于今夕解七。明日之约，盖可罢已。海潮梵宇宏广，幻和尚主之，可因以建立道场，亦其本愿之力，故感得是缘。月法师闻于今日荼毗，惜未偕仁者往观耳。

叔同居士足下

浮和南　初六日

按：此信福建人民出版社2019年12月版《弘一大师全集》（第3版，修订2版）第八册·文艺卷、杂著卷、书信卷未收。宗教文化出版社1995年8月版林子青编著《弘一法师年谱》第97页录有此信，并有按语：“地藏庵在杭州里西湖，楚禅师即楚泉禅师。天台宗匠，谛闲法师弟子。月法师即月霞法师，华严宗尊宿。他于民国六年十一月三十日，圆寂于杭州玉泉寺，故此信应作于十二月初六日。”文物出版社2017年10月版陈飞鹏整理《弘一法师书信全集》第612页对此信作的的按语中以为地藏庵“亦即地藏寺，在杭州萧山坎山镇航坞山。”另，林子青所录之信与陈飞鹏所录之信在文字上有出入，此从林子青《弘一法师年谱》。

在杭州致刘质平函：

手书诵悉，清单等皆收到。愈学愈难，是君之进步，何反以是为忧！B氏曲君习之，似躐等，中止甚是。试验时宜应试，取与不取，听之可也。不佞与君交谊至厚，何至因此区区云对不起？但如君现在忧虑过度，自寻苦恼，或因是致疾，中途辍学，是真对不起

① 王仁安：《惜才》，收《王仁安集》，1921年天津金钺精刊，线装。

鄙人矣。从前鄙人与君函内解劝君之言语，万万不可忘记，宜时时取出阅看。能时时阅看，依此实行，必可免除一切烦恼。从前牛山充入学试验，落第四次、中山晋平落第二次，彼何尝因是灰心？总之，君志气太高，好名太甚，“务实循序”四字，可为君之药石也。

中学毕业免试科学，是指毕业于日本中学者。君能否依此例，须详询之。证明书容代为商量。五日后返沪，补汇四元廿钱。前君投稿于《教育周报》，得奖银十六元。此款拟汇至日本可否？望示知！此复，即颂

近佳！

李婴上　一月十八日

按一：此信福建人民出版社2019年12月版《弘一大师全集》（第3版，修订2版）第八册·文艺卷、杂著卷、书信卷第279页收录，注“一九一七年一月十八日，杭州”。此误。此信应写于1917年8月19日（农历七月初二日）致刘质平函（即勉励其继续求学，并告知其六个注意事项，又附录格言数则）之后。因上信中李叔同向刘质平提出了六方面的注意事项，而此信中又再次强调，要求刘质平时时取出阅之。上信既已确定为1917年8月19日所写，而此信又注明写信时间“一月十八日”，故此信必写于1918年，即1918年1月18日（农历丁巳十二月初六日）。王维军著《平湖李叔同纪念馆藏李叔同（弘一大师）手札墨宝·识注考勘》亦有进一步的考证：“此札未署年。味函意，乃系刘质平留日期间。函云刘质平投稿于《教育周报》得稿费十六元，查浙江教育会刊行之《教育周报》，知刘质平所撰《小学唱歌教材之研究》一文，连载发表于《教育周报》一九一七年十一月四日之第一百八十期至一九一七年十二月十六日之第一百八十六期。函言李叔同拟将此稿费汇至东京刘质平，故此札所署之一月十八日，当在一九一八年，又因一九一八年正月十五李叔同在虎跑寺皈依佛门，正月中旬在虎跑寺习静。故此处所署之一月十八日应系阳历。故本札纪年当在一九一八年一月十八日。时居杭州之浙江省立第一师范学校。”[①] **按二：**李叔同另有一书信内容致刘质平，陕西人民出版社1991年7月版秦启明编注《弘一大师李叔同书信集》和文物出版社2017年10月版陈飞鹏整理《弘一法师书信全集》均将其作为前信之补充。此段文字在《弘一大师全集》（修订版）中被视作另一封信，标注“一九一七年一月，杭州”。二函用纸不同，后者信纸有工竖线。当视作二信。该信如下：

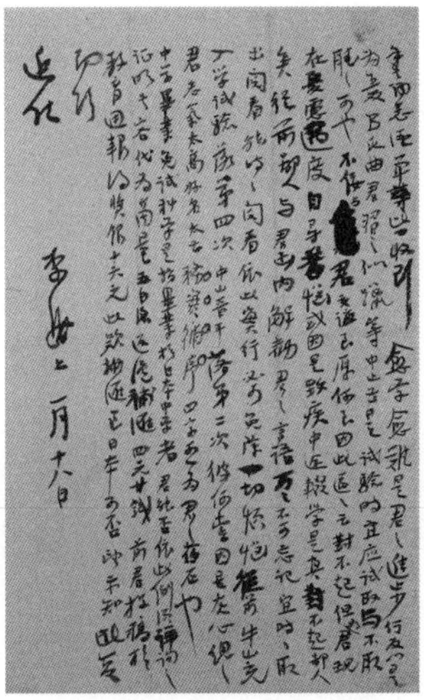

1918年1月18日李叔同致刘质平函原件。现藏平湖市李叔同纪念馆。

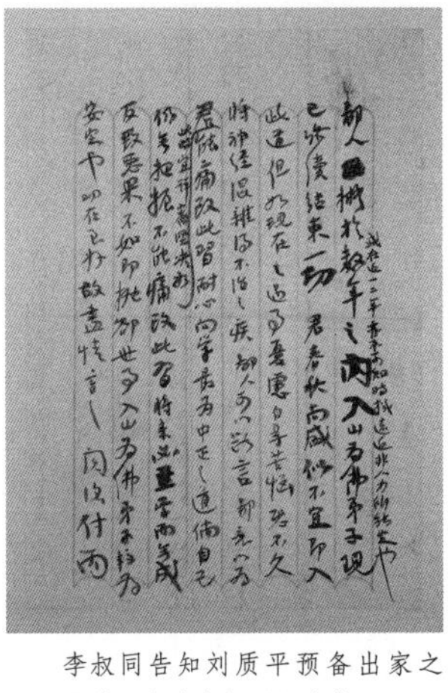

李叔同告知刘质平预备出家之函。现藏平湖市李叔同纪念馆。

① 王维军：《平湖李叔同纪念馆藏李叔同（弘一大师）手札墨宝·识注考勘》，西泠印社出版社2017年9月版，第23页。

鄙人拟于数年之内入山为佛弟子（或在近一二年亦未可知，时机远近，非人力所能处也），现已络续结束一切。君春秋尚盛，似不宜即入此道。但如现在之遇事忧虑，自寻苦恼，恐不久将神经混杂，得不治之疾，鄙人可以断言。鄙意以为，君此时宜详审坚决。如能痛改此习，耐心向学，最为中正之道。倘自己仍无把握，不能痛改此习，将来必至学而无成，反致恶果。不如即抛却世事，入山为佛弟子，较为安定也。叨在至好，故尽情言之。阅后付丙。

按： 此信福建人民出版社 2019 年 12 月版《弘一大师全集》（第 3 版，修订 2 版）第八册 · 文艺卷、杂著卷、书信卷第 279 页收录，标“一九一七年一月，杭州”。此误。信中说“拟于数年之内，入山为佛弟子（或在近一二年亦未可知，时机远近，非人力所能处也），现已络续结束一切……”须知，李叔同于 1916 年底至 1917 年初实行断食后并未预备出家。他的出家决心恰是在 1918 正月十五受了三皈依后才作出的。况且，所谓“现已络续结束一切”亦是 1918 年上半年的事，没有可能早在 1917 年的一月就要准备“结束一切”。此信无年月日，故所谓“一月”亦属推测。最大的可能是正月十五日皈依后不久，即便有“一月”之说，亦当系农历一月十五日至三十日间。

1 月 21 日（农历丁巳十二月初九日），书十言联“黄散之官故须人门兼美，素丝既变不觉情文相生”。款识“允明仁弟嘱，丁巳大寒，婴居士集《南史》句”；钤印“近黄昏室”、“息”、“三十称翁”。①

1 月 30 日（农历丁巳十二月十八日），赴杭州虎跑寺习静，仍住方丈楼下。②

2 月 9 日（农历丁巳十二月廿八日），马一浮来函：

昨游殊有胜缘。今晨入大慈山，入晚始归，获餐所馈上馔，微妙香洁，不啻净土之供也。长水大师《起信论笔削记》，善申贤首之义，谨以奉览。故人彭君逊之，耽玩易义有年，今初发心修习禅观。已为请于法轮长老，蒙假闲寮，将以明日移入。他日得与仁者

---

① 刘正成主编：《中国书法全集 83 · 近现代编-李叔同马一浮卷》（该分卷主编潘良桢，副主编方爱龙，学术顾问任继愈），荣宝斋出版社 2002 年 11 月版，第 65 页。

② 释弘一口述，高胜进笔录：《我在西湖出家的经过》（1937 年《越风》杂志增刊第 1 集“西湖”专号）一文中曰：“及到民国六年的下半年，我就发心吃素了。……到了这一年放年假的时候，我并没有回家去，而到虎跑寺里面去过年了。”又见本年 1 月 5 日（农历丁巳十一月廿三日）在杭州寄发致王仁安函。

并成法侣，亦一段因缘尔。

俶同先生足下

马浮和南　廿八日

法轮长老嘱为道念。

按：此信福建人民出版社2019年12月版《弘一大师全集》（第3版，修订2版）第八册，文艺卷、杂著卷、书信卷第504页收录，未标年月。根据信中彭逊之入山修行之事，可判定为是时所写。

2月14日（农历正月初四日），马一浮致谢无量函曰：“彭逊之忽思绍佛种，遂将薙染。李居士叔同亦同修净业。”[①]

2月18日（农历正月初八日），彭逊之出家，为之震惊。发心出家[②]。**按：**欲拜方丈楼上的弘祥法师，未许，却介绍其师——虎跑寺退居老和尚，居住在杭州松木场护国寺里的了悟法师。[③]

2月25日（农历正月十五日），在虎跑寺拜虎跑退居老和尚了悟法师皈依佛教，法名演音，字弘一。计划是年暑假入山，一年后再实行出家。开始做一件海青，及学习两堂功课。[④] **按一：**夏丏尊《弘一法师之出家》一文曰：“据说他自虎跑寺断食回来，曾去访过马一浮先生，说虎跑寺如何清静，僧人招待如何殷勤。阴历新年，马先生有一个朋友彭先生，求马先生介绍一个幽静的寓处。马先生忆起弘一法师前几天曾提起虎跑寺，就把这位彭先生陪送到虎跑寺去住。恰好弘一法师正在那里，经马先生之介绍，就认识了这位彭先生。同住了不多几天，到正月初八日，彭先生忽然发心出家了，由虎跑寺当家法轮长老为他剃度。弘一法师目击当时的一切，大大感动。可是还不就想出家。仅皈依三宝，拜了悟老和尚为皈依师。演音的名，弘一的号，就是那时取定的。”[⑤] 据林子青《弘一法师年谱》（宗教文化出版社1995年8月版）第99页注一之按语：“据夏先生云：虎跑寺有大房二房之分，彭逊之出家剃度师父法轮长老，为二房主持；大师之剃度师了悟和尚，为大房之退居老和尚。”[⑥] **按二：**本月底，结束在虎跑定慧寺之习静。

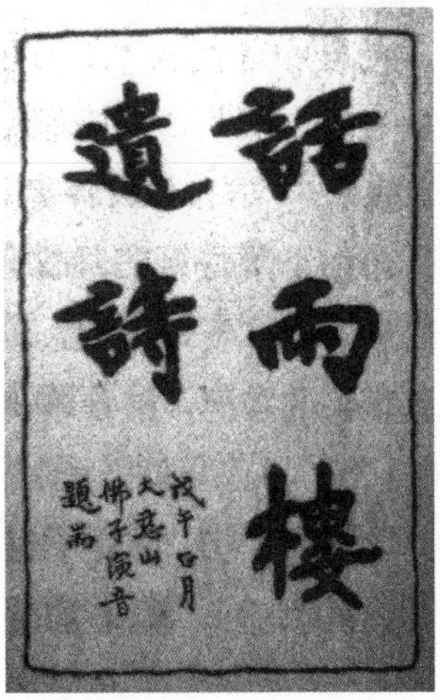

李叔同为柳亚子编徐江庵遗诗《话雨楼遗诗》封面及扉页题签。

---

① 吴光主编：《马一浮全集》第2册上卷，浙江古籍出版社2013年版，第301页。

② 彭逊之（1876—1946），名俞，号守禹，别署亚东破佛，江苏溧阳人，治《易》颇勤，著有《虎跑思志》等。

③ 释弘一口述，高胜进笔录《我在西湖出家的经过》一文，载1937年5月《越风》杂志增刊第1集“西湖”专号。

④ 释弘一口述，高胜进笔录《我在西湖出家的经过》一文，载1937年5月《越风》杂志增刊第1集“西湖”专号。

⑤ 夏丏尊：《弘一法师之出家》，收《弘一大师永怀录》，大法轮书局1943年流通版，第25—30页。

⑥ 林子青编著：《弘一法师年谱》，宗教文化出版社1995年8月版，第99页。

2月25日至3月12日间（正月十五日至三十日间），为柳亚子编徐江庵遗诗《话雨楼遗诗》封面及扉页题签，封面署名“弘一”；扉页署“戊午正月大慈山佛子演音题耑”。①

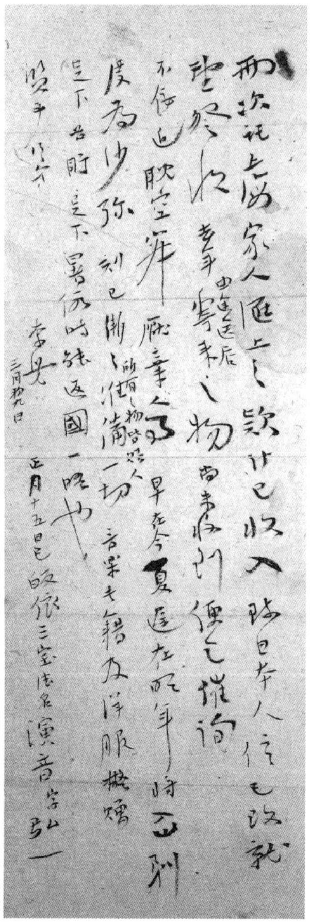

李叔同于1918年4月19日（农历三月初九日）致刘质平函原件。现藏平湖市李叔同纪念馆

3月15日（农历二月初三日），入虎跑，诵《地藏经》为母亲回向。

3月16日（农历二月初四日），在虎跑诵《地藏经》为母亲回向。

3月17日（农历二月初五日），为母亲忌日，在虎跑继续诵《地藏经》为母亲回向。②

3月19日（农历二月初七日），离开虎跑回校。**按：**此后有函致王仁安告其事：

> 讱庵仁者：
>
> 二月初五日，为先慈十三周年忌日，先期入大慈山诵经，初七出山。十一天晴，拟谒左右。附白。
>
> 门人戚子制印呈清赏。

按：此信福建人民出版社2019年12月版《弘一大师全集》（第3版，修订2版）第八册·文艺卷、杂著卷、书信卷第303页收录，注“一九一八年旧二月，杭州”。文物出版社2017年10月版陈飞鹏整理《弘一法师书信全集》第43页收录时以为“《弘一大师全集》辑录此信顺序淆乱，订正之。”今据《弘一法师书信全集》。

4月7日（农历二月廿六日），因杨白民来访，陪同其见经亨颐。经氏日记有记：“八时，李叔同偕上海城东女学校长杨君来谈，携有学生书画成绩，索余题署，稍坐即去……”③

4月19日（农历三月初九日），致刘质平函。言两次托上海家人汇款；致日本人信已改就，望察收；去年由运送店寄来之物，尚未收到，督促查询；预计早在今夏，迟在明年将出家，正在准备一切，拟将音乐书籍及洋服赠刘质平，盼暑假时返国一晤；告其自己已于正月十五日皈

① 图版见平湖市李叔同纪念馆编：《李叔同当湖书印文辑》，西泠印社出版社2015年10月版，下册第308—309页。

② 释弘一口述，高胜进笔录：《我在西湖出家的经过》一文，载1937年5月《越风》杂志增刊第1集“西湖”专号。

③《经亨颐日记》，浙江古籍出版社1984年1月版，第53—54页。

依三宝，法名演音，字弘一。①

5月5日（农历三月廿五日），致刘质平函：言书收悉；所需至毕业为止之学费已设法为之借款，若借得，再出家，若不能借到，仍就职至其毕业时止；督促其安心学习。②

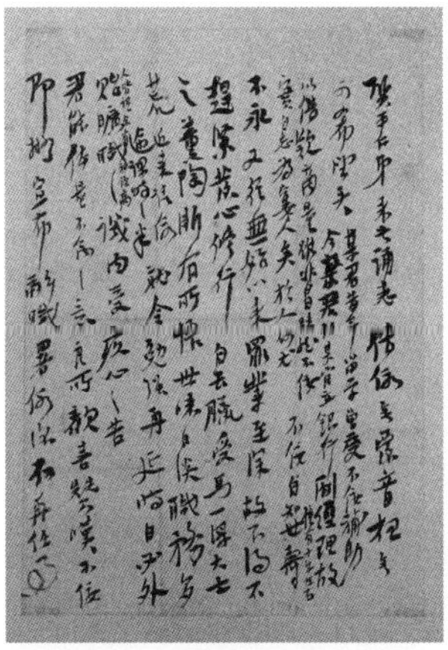

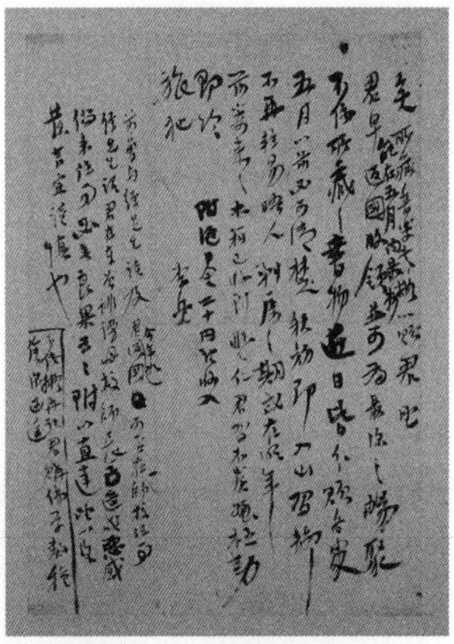

李叔同于1918年春夏间致刘质平函原件。

春夏，致刘质平函.

质平仁弟：

来书诵悉。借款无复音，想无可希望矣！（某君昔年留学，曾受不佞补助。今某君任某官立银行副经理，故以借款商量。虽非冒昧，然不佞实自忘为寒人矣，于人何尤！）

不佞自知世寿不永（仅有十年左右），又从无始以来罪业至深，故不得不赶紧发心修行。自去腊受马一浮大士之熏陶，渐有所悟。世味日淡，职务多荒（近来请假逾课时之半）。就令勉强再延时日，必外贻旷职之讥（人皆谓余有神经病），内受疚心之苦。君能体谅不佞之意，良所欢喜赞叹！不佞即拟宣布辞职，暑假后不再任事矣。所藏音乐书拟以赠君，望君早返国收领（能在五月内最妙），并可为最后之畅聚。

不佞所藏之书物，近日皆分赠各处，五月以前必可清楚。秋初即入山习静，不再轻易晤人。剃度之期，或在明年。前寄来之木箱，已收到。丰仁君习木炭画极勤。

即颂

旅祉！附汇日金二十圆，望收入。

李婴

前曾与经先生谈及：君今年如返国，可否在一师校任事？经先生谓：君在东曾诽谤母校师长，已造成恶感，倘来任事，必无良果。云云。附以直达，望以后发言宜谨慎也。

不佞拟再托君购佛学数种，俟后函达。③

按：此函福建人民出版社2019年12月版《弘一大师全集》（第3版，修订2版）第八册·文艺卷、杂著卷、书信卷第279页收录，标

① 此信福建人民出版社2019年12月版《弘一大师全集》（第3版，修订2版）第八册·文艺卷、杂著卷、书信卷第281页收录，标“一九一八年三月初九日，杭州”。

② 此信福建人民出版社2019年12月版《弘一大师全集》（第3版，修订2版）第八册·文艺卷、杂著卷、书信卷第281页收录，标“一九一八年旧三月廿五日，杭州”。

③ 信中“某君”指钱永铭。1906年6月7日严修致函李叔同，述其学资窘况，望给予资助。李叔同慨允，并给予资助。

“一九一七年三月，杭州”。笔者曾在《弘一大师考论》（浙江人民出版社 2002 年 7 月版）一书中考证此信时间为 1918 年。《弘一大师全集》（第 3 版，修订 2 版）显然是因了弘一大师信中“剃度之期，或在明年”一语之影响。其实，这只是当时李叔同的一种预计而已。此信应写于 1918 年。因为李叔同受马一浮“熏陶”是 1917 年的年底，即信中之“去腊”，而李叔同将平生书物分赠友生，这也是在 1918 年上半年。故，此信只能写于 1918 年。至于几月，待考，暂置于春夏间较合理。王维军著《平湖李叔同纪念馆藏李叔同（弘一大师）手札墨宝·识注考勘》认为“时间应亦承前函农历三月廿五日之后，当于农历四月间，即阳历五月下旬……”[①] 亦合理。

5 月 24 日（农历四月十五日），入山前与丰子恺、刘质平（是月中旬自日本音乐学校结业回国）在照相馆合影留念，并亲自在照片上题字：“弘一将入山修梵行，偕刘质平、丰子恺摄影。戊午四月十五日”。**按一：**刘质平归国后即被李叔同介绍至上海城东女学任教。**按二：**范古农在《恭祝弘一法师周甲纪念寿言》中言：“弘一法师者，我老友也。二十年前，余在杭与故友周佚生等游，始知师时为居士，发心学佛，有出尘志。”[②] “二十年前”当为虚指，实际应系 1918 年之事。**按三：**马一浮致彭逊之函曰：“……李居士见示蕅益《占察经义疏》，上卷明占察法，下卷明习观法……又托李居士奉去《天亲菩萨发菩提心论》一册，《删定止观》一册，《教观网宗》一册，《楞严忏法》《大悲心咒行法》各一册，亦俱乞浏览……本欲与李居士同诣，适以人事不果，尘中真无自由分。诸所欲言，李居士能道之。”[③]

1918 年 5 月 24 日，李叔同（中）入山前与弟子刘质平（左）、丰子恺合影。

5 月 27 日（农历四月十八日），致马一浮函：

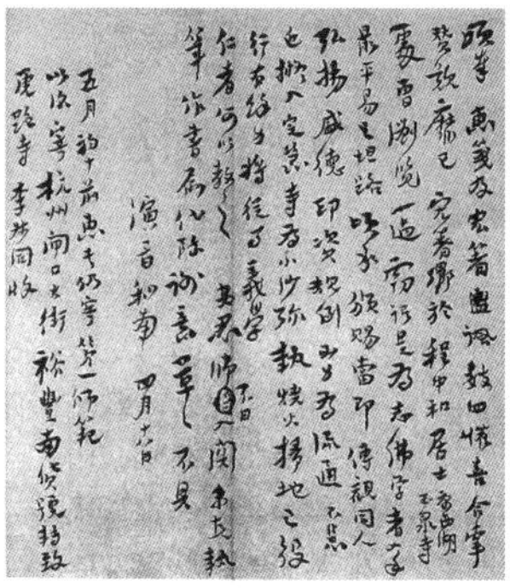

1918 年 5 月 27 日李叔同致马一浮函。

顷奉，惠笺及宏箸，盥讽数四，懽喜合掌，赞叹靡已。宏箸曩于程中和居士（寓西湖玉泉寺）处曾浏览一过。窃谓是为志佛学者入手最平易之坦路。顷承颁赐，当即传观同人，弘扬盛德，印资规例，必力为流通。不慧近拟入定慧寺为小沙弥，执烧火扫地之役，行有余力，将从事义学，仁者何以教之？安忍师不日入关，未克执

① 王维军：《平湖李叔同纪念馆藏李叔同（弘一大师）手札墨宝·识注考勘》，西泠印社出版社 2017 年 9 月版，第 32 页。

② 范古农：《恭祝弘一法师周甲纪念寿言》，载 1940 年 10 月 16 日《佛学半月刊》第 9 卷第 20 号。

③ 吴光主编：《马一浮全集》第 2 册（上），浙江古籍出版社 2013 年版，第 430 页。蕅益大师，俗名钟际明（1599—1655），江苏吴县人，24 岁出家，名智旭，自号蕅益老人，又号八不道人，晚岁居杭州灵峰，世称灵峰蕅益大师，为净土宗第九代祖师，明末四大高僧之一。

笔作书，嘱代致谢意，草草不具。

演音和南　四月十八日

五月初十前，惠书，仍寄第一师范。以后寄杭州闸口大街裕丰南货号转致虎跑寺李叔同收。

按：此信福建人民出版社 2019 年 12 月版《弘一大师全集》（第 3 版，修订 2 版）第八册・文艺卷、杂著卷、书信卷第 500 页收录，有注曰："此件收信人，待考。小莽苍苍斋主收藏，陈烈供稿。"文物出版社 2017 年 10 月版陈飞鹏整理《弘一法师书信全集》第 44 页收录时有"案"："小莽苍苍斋：即是田家英斋号，斋主田家英乃毛泽东秘书。'文革'早期去世。"又，陈飞鹏以为《弘一大师全集》（修订版）所录此信中的"惠笺及宏箸"中的"箸"字或为"著"字，"疑笔误或传抄失误。"因箸乃竹筷。供参考。据王维军《田家英藏"李叔同致某友人"手札释疑考析》一文考证，此友人当系马一浮，信中所指"宏著"为马一浮所著之《三藏法数》。①

6 月 9 日至 7 月 7 日间（农历五月），叶舟为印章"一息尚存"（朱文）补边款"赤同书家所用之印，今藏印社。戊午五月，叶舟记。"

6 月 25 日（农历五月十七日），致函东京美术学校图书馆，将出家的决定通知日本的母校：

校友会诸君博鉴：

敬启者。仲夏绿荫，惟校友诸君动静安豫为颂。不慧近有所感，定于七月一日入杭州大慈山定慧寺（俗称虎跑寺）为沙弥。寺为临济宗，但不慧所修者净土。以末法众生障重，非专一念佛，恐难有成就也。寺在深山之中，邮便不通。今系通信处在杭州第一师范学校内李增荣方。

草草。

六月廿五日

李岸　法名演音　号弘一②

---

① 王维军：《田家英藏"李叔同致某友人"手札释疑考析》，载 2016 年 9 月平湖市李叔同纪念馆编《莲馆弘谭》第 12 期。程中和（1886—1975），安徽灵璧人，早年参加辛亥革命，官至国民革命军团长，1917 年去军职遁迹杭州玉泉清莲寺，1920 年出家为僧，法名演义，字弘伞，1923 年任杭州招贤寺住持，与弘一大师称为道友。安忍即彭逊之。

② 信中提及之李增荣，即李增庸（1901—1959），又名增荣、增庸，浙江海宁人，曾就读于浙江省立第一师范学校，为丰子恺同学，后赴日本，在白马美术研究院学习西洋画，后从事新闻摄影，曾任《申报》摄影记者。

按：此信收 1918 年 7 月 7 日《东京美术学校校友会月报》第 17 卷第 1 号，转引自吉田千鹤子《东京美术学校的外国学生》。[①] 此信福建人民出版社 2019 年 12 月版《弘一大师全集》（第 3 版，修订 2 版）第八册・文艺卷、杂著卷、书信卷第 498 页收录，标“一九一八年六月二十五日，杭州”。文物出版社 2017 年 10 月版陈飞鹏整理《弘一法师书信全集》第 45 页认为“此信落款月份应是新历”。确当。因《东京美术学校校友会月报》第 17 卷第 1 号的出版时间为公历 7 月 7 日。

6 月 29 日（农历五月廿一日），致叶为铭函：

前承绍介澹云和尚，获聆法语，感谢无量。兹奉扇头一，又瓮庐印纸百张，便乞交龙丁。此外有日本畴村印人手镌丁未朱白历，滨虹所藏印稿，日本滨村藏六手制刻印刀，皆赠社中。弟定于后日入虎跑寺，通讯乞寄：闸口大街裕丰南货号转交虎跑寺李□□收。

即颂

叶舟社长大安

李婴顿首

小影一叶呈奉足下。

按：此信福建人民出版社 2019 年 12 月版《弘一大师全集》（第 3 版，修订 2 版）第八册・文艺卷、杂著卷、书信卷第 276 页收录，标“一九一八年，杭州”。此信无日期。李叔同于是年 7 月 1 日入虎跑寺静修，为正式出家作准备，而根据信中“弟定于后日入虎跑寺”句，复告知日后通讯处，故此信当写于 6 月 29 日。

附记：文物出版社 2017 年 10 月版陈飞鹏整理《弘一法师书信全集》第 46 页收录一封致程中和函，案“此信辑自西泠印社拍卖有限公司 2013 年春拍会《近现代名人手迹专场》，拍卖地点杭州。经鉴定乃弘一法师手札内容无误，无年份、地址……”“考诸弘一法师行迹，1918 年春于虎跑寺习静，正月十五日正式皈依了悟老和尚为在家弟子，法名演音，字弘一。旧五月二十三日正式离尘到虎跑寺出家为僧。此信札写于旧五月二十一日，即是所言正式出家入山前两天，信中内容与弘一法师行迹吻合。据此推断，此信应写于 1918 年旧五月二十一日为合理。”信文如下：

---

① ［日］吉田千鹤子：《东京美术学校的外国学生》，（香港）天马出版有限公司 2004 年 12 月版，第 48 页。

中和大士座下：

久未承教，至用为念。不慧定于后日午前入虎跑寺，暂不他适。仁者有暇，端时过谭，启发愚昧，感德无既。通讯寄：闸口大街裕丰南货号转致虎跑寺。彭安忍上人已掩关，专修净土，兼持楞严咒心，附以奉闻。

演音和南　五月廿一日

按：据《弘一法师书信全集》所言，此信乃“经鉴定乃弘一法师手札内容无误”。然此毕竟只是“经鉴定”而非史料所载，故作此附记。陈飞鹏案中“旧五月二十三日正式离尘到虎跑寺出家为僧。此信札写于旧五月二十一日，即是所言正式出家入山前两天，信中内容与弘一法师行迹吻合”句不妥。因李叔同正式出家是农历七月十三日（公历 8 月 19 日），农历五月廿三日时只是先入山，非正式出家。

6 月 30 日（农历五月廿二日），晚招学生丰子恺、叶天瑞、李增庸至房中，分赠物件。丰子恺得照片一包、《莎士比亚全集》原本一部、诗词手卷[①]、《人谱》及零缣残素。[②]

致杨白民函：

白民老哥：

赠兄之阿弥陀佛直幅，乞收入。

又一小条乞交质平——孝先款。其余四包，乞依包面所写者与送之。

费神。至好，不言谢也。

弟婴顿首　五月廿二日

又《类腋》及《楹联丛话》各一册，系前送上之书籍内所缺者，故补奉之。附致质平函乞转交，弟定明晨入山。即是一九一八年阳历七月一日入杭州大慈山定慧寺（俗名虎跑寺）。

按一：所谓“阿弥陀佛直幅”即直幅“南无阿弥陀佛”。款识“戊午

① 该诗词手卷共 24 首，分诗、词、歌三部分。丰子恺曾珍藏于缘缘堂，抗战时被毁。幸此前手卷曾借与《小说世界》拍照制版，图像得以保存。1949 年丰子恺根据照片重书，卷首题“前尘影事集”，并编写《前尘影事——弘一法师遗著》一书，于 1949 年 7 月由康乐书店出版。丰子恺在序言中写道：“入山前夕，以此手卷授余，曰：‘此前尘影事，子姑存之，藉留遗念云尔。’”

② 丰子恺：《法味》，载 1926 年《一般》杂志 10 月号；丰子恺：《为青年说弘一法师》，载 1946 年《中学生》战时半月刊第 63 期；丰子恺：《李叔同先生的爱国精神》，1957 年 3 月 29 日《人民日报》；丰子恺：《先器识而后文艺——李叔同先生的文艺观》，载 1957 年 4 月 19 日《杭州日报》；姜丹书：《才子——艺术教育家——高僧——弘一大师（李叔同传）》，收《姜丹书艺术教育杂著》，浙江教育出版社 1991 年 10 月第 1 版，第 257 页。

仲夏演音将入山为白民书南无阿弥陀佛”；钤印“释演音”。①

按二：是日经亨颐日记写曰：“……下午五时又至校，校友会为毕业生开送别会，余述开会辞，隐寓李叔同入山，断绝之送别，非人生观之本义……”②

李叔同入山前夕所书《姜母强太夫人墓志铭》。（拓片，姜书凯提供）

为姜丹书写《姜母王太夫人墓志铭》，署名“大慈演音”。③ **按一：**此前数日书一纸赠姜丹书。今存残片，尚存为“放浪为”，款识部分尚存“抚张猛龙碑阴，反似山谷如何如何”“士息翁时将入大慈”。④ **按二：**1934年，姜丹书五十虚岁，有《五十述怀》长诗，其中写曰：

从此西湖作家乡，男师女师两校忙。
芝兰清芬桃李茂，乐育诚超南面王。
士贵有恒十四载，教鞭执敝未嫌长。
得识几辈奇男子，玄妙莫如李息霜。弘一大师。
李郎本是风流客，忽变沙弥逃大荒。
岁逢丁巳我不祥，三十三岁遭母丧。民国六年阴历闰二月十一日母寿终。
墓志铭由汪公嵚撰，椽笔书丹即李郎。⑤

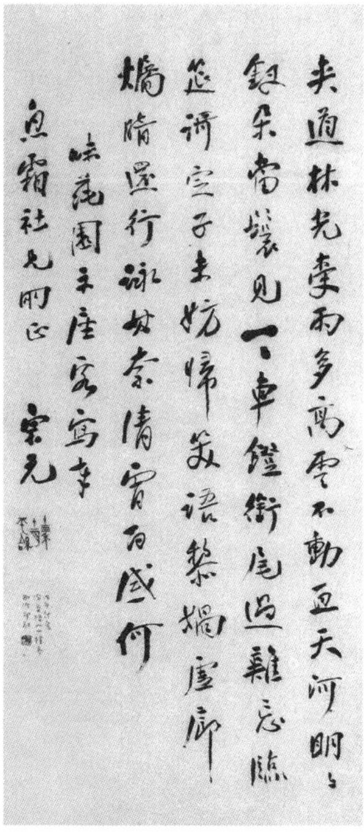

1918年仲夏，李叔同转赠西泠印社的诸宗元赠诗。

夏，将友人，南社社友诸宗元赠诗转赠西泠印社。题“戊午仲夏，演音将入山。检奉西泠印社”。**按：**诗为：“夹道林光受雨多，高云不动亘天河。明明钗朵当鬟见，一一车灯衔尾过。难忘临筵歌《定子》，未妨归笑语黎娲。虚廊熻暗还行咏，其奈清霄百感何。《味莼园示座客》，写奉息霜社兄两正。宗元”；钤印“十四年十一月币绍”（此印为一古玺，或仿刻）。⑥

将南京高等师范学校同事王瀣于上年所书之“复归于婴儿”赠西泠印社。题“戊午仲夏，演音将入山。检奉西泠印社，以为纪念”。⑦

将石翁赠词（《金缕曲》）转赠西泠印社。题“演音将入山修梵行。检奉西泠印社。戊午仲夏”。词为：

金伶娃娃自出“春仙部”后，尠知其踪迹者。乙巳秋七月，与

① 广洽纪念馆编辑委员会编：《广洽纪念馆》，第20页，[新加坡] 广洽纪念馆2007年3月版。
②《经亨颐日记》，浙江古籍出版社1984年1月版第92页。
③ 刘正成主编：《中国书法全集83·近现代编-李叔同马一浮卷》（该分卷主编潘良桢，副主编方爱龙，学术顾问任继愈），荣宝斋出版社2002年11月版，第70页。墓志由民国第一任杭县县长汪嵚（字曼锋）撰文。
④ 姜书凯：《李叔同将出家前书写的一幅书法残片》，收《光风霁月——第六届弘一大师研究国际学术会议论文集》，上海三联书店2018年11月版，第243—247页。
⑤ 姜丹书：《丹枫红叶楼诗词集》，浙江文艺出版社2007年11月版，第108—112页。
⑥ 诸宗元，绍兴人，善诗文书画。李叔同在浙江省立第一师范学校任教时同事。钱均夫家族藏品。
⑦ 参见本谱1917年2月22日至3月22日间（农历二月）条目。

惜霜偶语及此，感成此阕，步惜霜韵。

筝化鸿飞矣！算闲愁，未凉□梦，絮来樽底。苦忆春灯烘小雪，歌逗玉梅花里。凄断了、鸦青衫子。漫指江流谁作主？翦明波，不拟烟痕系。无赖笛，怕吹起。 迷茫子夜投珠地。料天涯、疑云精怯月，乍尝秋味。转绿回黄身世感，惆怅半帘兰气。激清泪、如潮而已。剩对销魂风柳影，例真许否闲情寄？痴绝处，听宾戏。

石翁初稿（钤印“金石小印”）[①]

致叶为铭函：

送上弟旧藏之书画数轴，请赠西泠印社，以供补壁。近日弟多忙，稍迟当走谒，同访高僧。

品三先生

弟婴顿首

按：此信福建人民出版社 2019 年 12 月《弘一大师全集》（第 3 版，修订 2 版）第八册 • 文艺卷、杂著卷、书信卷第 276 页收录，标“一九一八年，杭州”。信无月份日期，从此信内容看，应写于出家前。因出家前曾将平生的书画、书籍、生活用品等分赠友人和学生。

叶舟为署名“世”者所刻印章“能婴儿虖”（白文）补款“印藏。同社李君叔同将祝发入山，出其印章移储印社。同人仿昔人诗冢书藏遗意，凿壁庋藏，庶与湖山并永云尔。戊午夏日，西泠叶舟并识”。[②]

俞廷辅为刻印章“李”（朱文）。边款“吊同先生名印今藏印社，永宝纪念。戊午五月，廷辅记”。

赠夏丏尊书法（其中有旧藏赠金娃娃《高阳台》词横幅，自题“戊午仲夏将入山，检奉丏尊藏之，演音。”

赠夏丏尊折扇、金表、“零缣残素”、诗画扇页（其中有朱慧百、李苹香所赠诗画扇页各一，装成卷轴，李叔同题“前尘影事”，题记：“息霜旧藏此卷子，今将入山修梵行，以贻丏尊。戊午仲夏并记。”钤印“李婴居士之印”）等。夏丏尊得此卷后，曾邀陈师曾、马一浮、王瀣、杨千里、陈匪石、陈夔、绥竺等诸友题诗于卷后。另有朱慧百绘墨兰图

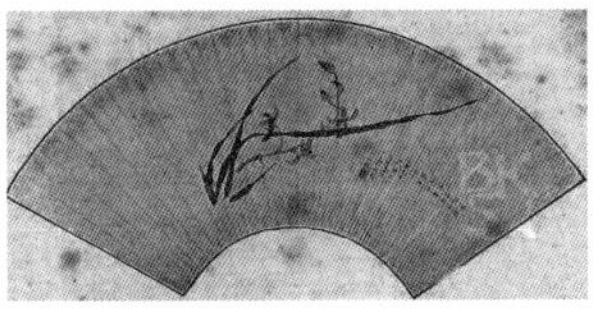

朱慧百绘墨兰图扇面，赠李叔同。

① 李叔同在浙江省立第一师范学校任教时同事钱均夫家族藏品。

② 参见本谱 1917 年夏“署名‘世’者为刻‘能婴儿虖’（白文）”条目。此为叶舟为署名“世”者所刻之印的补款，非西泠印社壁中“印藏”之题字。比较二者文字，此补款时间署名为“戊午夏日，西泠叶舟并识”，而后者为“戊午夏，叶舟识”。有研究者以为刻此补款者为俞廷辅。参见何连海《李叔同自用印“文涛长寿”作者考》，载《西泠艺丛》2021 年第 7 期。

扇面。[①] **按：**朱慧百所绘扇面为一山居图，扇面上有1899年朱慧百书赠李叔同之三绝句及题记。已记于本谱1889年11月3日至12月2日间（农历十月）条目。李苹香之扇面书有赠李叔同诗六首："潮落江村客棹稀，红桃吹满钓鱼矶。不知青帝心何忍，任尔飘零到处飞。""风送残红浸碧溪，呢喃燕语画梁西。流莺也惜春归早，深坐浓阴不住啼。""春归花落渺难寻，万树浓阴对月吟。堪叹浮生如一梦，典衣沽酒卧深林。""满庭疑雨又疑烟，柳暗莺娇蝶欲眠。一枕黑甜鸡唱午，养花时节困人天。""绣丝竟与画图争，转讶天生画不成。何奈背人春又去，停针无语悄含情。""凌波微步紫杨隄，浅碧沙明路欲迷。吟遍美人芳草句，归来采取伴香闺。"款识"惜霜先生大人两政，苹香录旧作于天韵阁南窗下。"

赠穆藕初书法"视大千界如一诃子"，款识"戊午仲夏演音将入山，书奉藕初先生。"[②]

将1900年所摄之影赠堵申甫。照片上题"光绪庚子摄影。戊午夏检奉申甫仁者"。

将黄须一绺赠日妻。姜丹书《弘一大师续传》一文曰："师将出家时，曾预留浙江第一师范学校薪金三月不起支，至入山期近，支取此金，分为三份，其一份，连同所自剪下之黄须一绺，用纸包封，托上海城东女学校长杨白民待其入山后转交其日姬；其又一份连同呈文送交浙江省政府，请转呈北京内务部开脱俗籍，拨入僧籍，将此金充作印花税及手续费；另一份，在受戒时舍入寺作斋饭补充费，因其为第一名受戒，称戒元云。"[③]

将《断食日志》及零缣残素赠堵申甫。[④] 20世纪50年代，《断食日志》由堵申甫转手至文物鉴赏家章劲宇处，装裱后请陈柏衡题签，扉页一由张宗祥手书"断食日志"，扉页二为李叔同出家前赠堵申甫照片，摄于1900年。20世纪60年代，张劲宇因生活困难将该日志出让，后由朱孔阳收藏。2011年11月，朱孔阳之子代表朱氏后人将《断食日志》捐赠给杭州李叔同弘一法师纪念馆。

赠李鸿梁第15号油画及零缣残素。[⑤]

---

① 赠夏丏尊物件文献依据见夏丏尊《弘一法师之出家》（收《弘一大师永怀录》，大法轮书局1943年流通版，第25—30页）、林子青《弘一法师年谱》（宗教文化出版社1995年8月版）、姜丹书《才子——艺术教育家——高僧——弘一大师（李叔同传）》（收《姜丹书艺术教育杂著》，浙江教育出版社1991年10月版，第257页）及李叔同诸种手书题跋等。

② 穆家修、柳和城、穆伟杰著：《穆藕初先生年谱（1876—1943）》，上海古籍出版社2006年5月版，第123页。

③ 姜丹书：《弘一大师续传》，收《姜丹书艺术教育杂著》，浙江教育出版社1991年10月第1版，第265页。

④ 姜丹书：《追忆大师》，收《姜丹书艺术教育杂著》，浙江教育出版社1991年10月第1版，第271页；姜丹书：《才子——艺术教育家——高僧——弘一大师（李叔同传）》，收《姜丹书艺术教育杂著》，第257页。

⑤ 李鸿梁：《我的老师弘一法师李叔同》，载《浙江文史资料选辑》第26辑，浙江人民出版社1984年6月第1版，第98页。同文中另记：李鸿梁另藏有弘一大师的字画，但未记是否出家前所赠。又：李叔同断食后曾赠李鸿梁一本日本天理教经典，（转下页）

赠经亨颐画作。①

赠刘质平书法、零缣残素。②

赠崔旻飞图书、珍玩。③

赠周承德笔砚碑帖。④

赠吴梦非零缣残素、《梦香先生墨迹》、水晶椭圆印章（印文为“非佛”）。⑤

赠金咨甫零缣残素。⑥

赠李增庸零缣残素。⑦

赠叶天瑞物品若干。⑧

赠欧阳予倩书法。⑨

赠陈师曾民间玩具、维纳斯半身石膏像、油画等（陈师曾于1919年将李叔同所赠画为一条幅，题“息斋玩具图”挂于画室之中）。⑩

赠吕伯攸寿星图（杨雪玖作）、自书横披“至诚”。⑪

赠校工物品若干。⑫

赠西泠印社题跋、书画等。⑬

（接上页）但此非李叔同出家前集中分送物件之行为。姜丹书：《才子——艺术教育家——高僧——弘一大师（李叔同传）》，收《姜丹书艺术教育杂著》，浙江教育出版社1991年10月第1版，第257页。

① 经亨颐：《弘一上人手书〈华严集联三百〉跋》，收《弘一大师全集十·附录卷》，福建人民出版社2019年12月第3版、修订2版，第367页。

② 姜丹书：《才子——艺术教育家——高僧——弘一大师（李叔同传）》，收《姜丹书艺术教育杂著》，浙江教育出版社1991年10月第1版，第257页。

③ 弘一大师：《佛说大乘戒经》《十善业道经》影印绪言》：“南皖崔居士，余故友也。逊国改元而后，余住钱塘湖上，数与居士函问往还。逮及披剃，检所庋藏图书珍玩贻之。居士因奉佛法，集余贻物，别陈一室，中供佛像，梵香诵经，并率族众，依余亲教大慈老人禀受三归。”，收《弘一大师全集》第七册·佛学卷、传记卷、序跋卷，福建人民出版社2019年12月第3版（修订2版），第625页。

④ 姜丹书：《才子——艺术教育家——高僧——弘一大师（李叔同）传》，收《姜丹书艺术教育杂著》，浙江教育出版社1991年10月第1版，第257页。

⑤ 姜丹书：《才子——艺术教育家——高僧——弘一大师（李叔同）传》，收《姜丹书艺术教育杂著》，浙江教育出版社1991年10月第1版，第257页。另参见吴梦非残稿，收吴嘉平编：《圆梦集·吴梦非王元振作品汇编》，2009年5月印行，第179—180页、445页。

⑥ 姜丹书：《才子——艺术教育家——高僧——弘一大师（李叔同）传》，收《姜丹书艺术教育杂著》，浙江教育出版社1991年10月第1版，第257页。

⑦ 姜丹书：《才子——艺术教育家——高僧——弘一大师（李叔同）传》，收《姜丹书艺术教育杂著》，浙江教育出版社1991年10月第1版，第257页。

⑧ 丰子恺：《为青年说弘一法师》，载1946年《中学生》战时半月刊第63期。

⑨ 欧阳予倩：《春柳社的开场》，收《自我演戏以来》，神州国光社1933年版。

⑩ 黄苗子：《货郎集》，百花文艺出版社1981年10月版；陈封雄：《热爱祖国统一的弘一法师——兼记法师和陈师曾的友谊》，载1990年8月29日、9月1日《团结报》；李璧苑：《淮堂油画为李叔同所作考》，收《永恒的风景——第二届弘一大师研究国际会议论文集》，中国文化艺术出版社2008年1月版；王慰曾：《李叔同和陈师曾的一则轶闻》，载2006年11月4日《今晚报》。

⑪ 白悠（即吕伯攸）：《黉舍忆语：绰号、同性爱、先师弘一法师》，载1944年《大众》第21期。

⑫ 夏丏尊：《弘一法师之出家》，收《夏丏尊文集》（平屋之辑），浙江人民出版社1983年2月第1版，第244页。

⑬ 西泠印社公众号（2018年11月8日）《社员陆镜清向西泠印社捐赠两件李叔同题跋手稿》，文曰：“此次捐赠的两件李叔同题跋的手稿，为柳亚子、唐育垕等信札和诗文稿三种，不仅十分珍贵，而且与西泠印社还颇有渊源。1918年，李叔同正式出家前，将平生藏品悉数赠予同事、学生及西泠印社等处，在其中两件手稿上他用朱笔题跋‘检奉西泠印社’，表明心迹……”其一为柳亚子手稿，李叔同跋文曰：“戊午仲夏，演音将入山，检奉西泠印社”；其二为李叔同上款并跋“还琴”款诗稿一张、（转下页）

1918年6月30日李叔同致杨白民函中提及的“赠兄之阿弥陀佛直幅”。

将胡韦平国画《泰山颠之秦松》赠学生王绍炎。在画上题：“戊午仲夏贻绍炎居士，演音。”①

附记：中共温州市委宣传部、中共温州市委统战部、温州市文化广电旅游局主办：“碧天芳草——李叔同师友翰墨展”（2021年1月26日至4月30日，温州衍园美术馆）展有赠企文“阿弥陀佛”。款识“戊午演音将入山修梵行，书贻企文仁者”；钤印“李婴居士之印”。以往未见著录，附记于此，供研究参考。

7月1日（农历五月廿三日），晨曦中告别浙江省立第一师范学校，入虎跑定慧寺。

7月2日（农历五月廿四日），开始穿出家人服装。仍计划次年再实行出家。

7月5日（农历五月廿七日），下午，城东女学举办音乐会，作品《送别》（杨雪珍演唱）、《天风》（李允娴、王丽芬、黄芳兰、陈凤娥合唱）、《月》（王丽芬演唱）、《人与自然界》（普通二年生合唱）、《西湖》（专修科生、普通三年生合唱）。② **按：**本次音乐会连续三天。

7月8日（农历六月初一日），《民国日报》载《城东女学音乐会参观记》，写曰：“二十七、二十八、二十九日南市竹行弄城东女学开音乐会。”介绍节目中有《送别歌》《天风》《月》《人与自然界》《西湖》等。

是日经亨颐日记写曰：“……晚间与金甥稚（此次毕业后寓余处已数日）谈李叔同入山事……”③

7月10日（农历六月初三日），入山行为在浙江省立第一师范学校引起反响。是日学校行终业式，经亨颐讲话。经亨颐在日记中写曰：“晴。九时赴校行终业式。反省此一年间，校务无所起色。细察学生心理，尚无自律精神，宜稍加干涉。示范训谕之功，固不易见，以空洞人格之尊，转为躐等放任之弊。漫倡佛说，流毒亦非无因。故特于训辞表出李叔同入山之事，可敬而不可学，嗣后宜禁绝此风，以图积极整

（接上页）唐育垕手稿一张（并裱一组）。李叔同上款“还琴”者为浙江省立第一师范学校学生所作，李叔同题跋亦为“戊午仲夏，演音将入山，检奉西泠印社”。所赠书画见本谱本年夏致叶为铭函。

① 绍炎居士即王绍炎（1898—1966），浙江萧山人，号兆年，别号雪园，1915年入浙江省立第一师范学校。

② 本次音乐会节目单刊于1918年7月6日《申报》。其中《送别》演唱者杨雪珍之“珍”字在《申报》刊出时误为“征”字。

③《经亨颐日记》，浙江古籍出版社1984年1月版，第95页。

顿……”① **按：**1937 年 1 月 30 日《越风》第 2 卷第 1 期刊出经亨颐《杭州回忆》一文，写曰：“……我在杭时期……第一师范以后的学生，个个是我亲手招进来的，报名人数与学额差不多要一与二十之比，无论何人送来的条子一概不理，老同事如夏丏尊、李叔同、堵申甫、范允兹、胡公冕、姜敬庐等以一贯的精神，决不计较劳苦，自动的课外工作很多很多，这是现在各校教员所少见的。李叔同就是由第一师范出去直接做的和尚的弘一法师，当时南京的高等师范重修来聘他不去，一半也是抛不得杭州，结果仍受天竺灵隐的影响而出家，他的人格，感动学生很大，所以当时第一师范内学生的精神，我惟恐太流于消极……”经亨颐在 7 月的《戊午暑假修业式训辞》中又言：“十周纪念之盛况，明远之精神，询属可嘉，其他事务亦尚满意。而何以近日觉有耿耿不快之感，最足资余研究者，为李叔同先生解职入山之事。良教师不堪留用，校长之失职也。而李先生非他就而入山，留无可当，推其解职之原因，诸生不屑教诲欤？校长与诸教员不堪同道钦？皆非也，盖厌于人世也，视学校事及一切人生问题无有是处焉。而余实亦间接受其消极之影响，且影响于学校。入山之事，屡对人言，可钦而不可为训。但自问实有似是而非、将信将疑之态度，有时烦恼时，亦偶作如是想，今而翻然自励，在此一日，决不容丝毫有此种思想。余尝言人格，无他即人生圆满之标准，能圆满此标准，而后可进于佛说。盖佛说以人格为最始之单位，而吾辈犹是以人格为最高之标的，忽于人格，径读佛说，即是跟等。余最恨近时之皮相文学家，以佛说为流行品，欲假此以为方寸之术，即人格尚未圆满，而超乎其上以自尊，舍本逐末，莫此为甚。他日诸生学有进境，精益求精，超人格而研求佛说，固无不可。而在校期内，今日特宣布一禁令，不准读佛，以免消极践等之流弊。西湖名胜，甲于天下，要知吾浙之士气，几为其消磨殆尽。诸生于暑假中，或有寓此以消夏者，认为游息之地则可，认为修养之地则不可，未秋先寒非其宜也。炎暑慎重，其各自爱。”②

7 月 13 日（农历六月初六日），书“老实念佛”字幅。款识“戊午六月六日　演音”。③

7 月 25 日（农历六月十八日），致夏丏尊函，署名“演音”。言来函收悉，对其戒除荤酒表示赞扬。因夏父病日剧，敦促念佛，并表示临终

① 《经亨颐日记》，浙江古籍出版社 1984 年 1 月版，第 96 页。
② 经亨颐：《戊午暑假修业式训辞》，载 1918 年《浙江第一师范学校校友会志》第 14、15 期合刊。
③ 李鸿梁：《我的老师弘一法师李叔同》，收《浙江文史资料选辑》第 26 辑，浙江人民出版社 1984 年 6 月版，第 98—117 页。

一念最为紧要，说临终关怀之法。闻范古农居士将来杭讲《起信论》，便时可往听。托将《紫柏老人集》由周佚生转范居士。言入山后，气体殊适等。[①]

按一：出家前赴嘉兴晤范古农，请教出家事种种。[②] 范古农在《恭祝弘一法师周甲纪念寿言》中回忆曰："……弘一法师者，我老友也。二十年前，余在杭与故友周佚生等游，始知师时为居士，发心学佛，有出尘志。后承介绍见访于禾中，商量出家，谦和可敬。及师依虎跑寺退居某于薙染后，复来禾中精严寺佛学研究会阅藏，小住数月。嗣以杭海潮寺请法一禅师主七，马一浮居士相招，遂离禾会。越年余，师将偕弘伞上人闭关新登山中，曾与杭友等摄影相送。自后师游衢游沪，驻瓯驻越，时往来闽浙间。近复息影闽南泉州等处，著述而外，诲诫后学，辙以持律相勖。……中华民国二十九年岁次庚辰九月吉日净友范古农和南恭祝。"[③] **按二：**出家前数日携丰子恺访程中和。丰子恺在《为青年说弘一法师》一文中写道："出家前数日，他同我到西湖玉泉去看一位程中和先生。这程先生原来是当军人的，现在退伍，住在玉泉，正想出家为僧。李先生同他谈得很久。"[④] **按三：**出家前夕曾带丰氏访马一浮。[⑤] **按四：**有关李叔同断食以后跟马一浮的谈佛论道的情况，丰子恺在《陋巷》一文中有形象的记述。丰子恺在文章中这样写道："第一次我到这陋巷里，是将近二十年前的事。那时我只十七八岁，正在杭州的师范学校里读书。我的艺术科教师L先生（L即指李叔同——引者注）似乎嫌艺术的力道薄弱，过不来他的精神生活的瘾，把图画音乐的书籍用具送给我们，自己到山里去断了十七天的食，回来又研究佛法，预备出家了。在出家前的某日，他带我到这陋巷里去访问M先生（M即指马一浮——引者注）。我跟着L先生走进这陋巷中的一间老屋，就看见一位身材矮胖而满面须髯的中年男子从里面走出来应接我们。我被介绍，向这位先生一鞠躬，就坐在一只椅子上听他们的谈话。我其实全然听不懂他们的

---

① 此信福建人民出版社2019年12月版《弘一大师全集》（第3版，修订2版）第八册·文艺卷、杂著卷、书信卷第303页收录，标"一九一八年六月十八日，杭州"。佚生，即名书家周佚生，时任杭州鹾务学校校长。

② 范寄东（古农）《述怀》："民国七年，师将出家，大舍其在俗所有书籍笔砚，以及书画印章乐器等于友生。道出嘉兴，持杭友介绍书见访，垂询出家后方针。余与约如不习住寺，可来此间佛学会住，有藏经可以阅览。"范古农（1881—1951），幼名运枢，字拱薇，晚年易名寄东，字幻庵，笔名海尸道人，浙江省嘉兴县月河里人，是清末民初的一位佛教大德。范古农自幼聪颖，1898年肄业于南洋公学，1907年留学日本，就读于东京物理专科学校，加入同盟会。宣统二年（1910）成学回国，曾任嘉兴府中学堂监督，1912年创办嘉兴商业学校，自任校长，并在学校里开设佛学课，又发起成立了佛学研究会，经常在嘉兴、平湖、嘉善、海盐和杭州一带讲演佛教学说，系当时佛学界中的一位名流。1917年皈依谛闲法师，法名幻修。1927年任上海佛学书局总编辑，发行《佛学半月刊》。1951年病逝于上海。

③ 古农：《恭祝弘一法师周甲纪念寿言》，载1940年10月16日《佛学半月刊》第9卷第20号。该号为"庆祝弘一法师周甲纪念特刊"。

④ 丰子恺：《为青年说弘一法师》，载1943年《中学生》战时半月刊第63期。

⑤ 丰子恺：《漏巷》，载1933年4月16日《东方杂志》第30卷第8号。

话，只是断片的听到什么‘楞严’、‘圆觉’等名词，又有一个英语‘Philosophy’（即哲学——引者注）出现在他们的谈话中。”① **按五：**入山前将所藏印章赠西泠印社。印社同人为之凿龛庋藏，叶舟题“印藏”二字，题记曰：“同社李君叔同将祝发入山，出其印章移储社中。同人用昔人诗家书藏遗意，凿壁庋藏，庶与湖山并永云尔。戊午夏，叶舟识。”赠与西泠印社之印章数量，文献记载不一。如 1985 年 10 月西泠印社编辑部整理的《李叔同常用印集》前言说：“‘印藏’共藏印九十三方，其中一方边款署名‘叔同’，肯定为弘一自刻……”；王佩智、邓京编著的《西泠印社藏品捐献名录》说：“出家前，他将自己常用的 93 枚印章捐献给西泠印社……1963 年，西泠印社将其全部取出存放文物库房保存。”② 而李凤池《李叔同历史文物散落天津知多少》曰：“杭州西泠印社为李汶娟、李莉娟姐妹拓印之《弘一大师李叔同常用印》，共九十六方，由社长郭仲选先生为题记云：‘弘一大师李叔同常用印，印屏赠其后人李汶娟、李莉娟女史留念。’这些原印就是李叔同在三十九岁出家时，送给西泠印社的，并被凿壁封藏。于六十年代开启石壁取出后，现仍由西泠印社保藏。”③ 然目前西泠印社藏李叔同印章目录，其数则为 94 方。诸葛慧《美德嘉行，山高水长——西泠印社创社以来接受捐赠的情况概述》一文根据西泠印社实际收藏作了如下解释：“以往常见文献的提法为 93 方，但在现存西泠印社老账册中，备注了 94 方的情况，就此做以客观反映，还请专家指正。在老账册中，93 方印章连续登记为 1688—1780，在间隔 7 行的第 1788 号，登记的是邱志贞刻‘当湖布衣’白文印，在这行的‘备注’栏，有‘自 1688—1780，又此 1788 一方，共计九十四，皆为叔同藏印’的标注。这方印章的‘来源’栏，和其他的 93 方印章一致标注为‘西泠印社旧存’的藏品。从创作年代、风格、题跋内容等方面考察，这方‘当湖布衣’也与位列 93 方中的其他邱志贞刻印相近。”④ 在这 94 方中，有两面印 3 方，联珠印 2 方。**按六：**出家前，将其用品、画具、作品等分赠相关学校、社团、友人和学生。其基本情况，按夏丏尊所述：“暑假到了，他把一切书籍字画衣服等等分赠朋友学生及校工们——我得到的是他历年所写的字，他所有折扇及金表等——自己带到虎跑寺去的只是些布衣及几件日常用品。”⑤ 姜丹书则曰：“及入山时，将艺术书物举赠北京新办之国立美术专门学校，印章举赠杭州西泠印社，后庋入石壁内，镌题其穴曰‘印藏’，笔砚碑帖举

叶舟题西泠印社“印藏”拓片。

① 丰子恺：《陋巷》，载 1933 年 4 月 16 日《东方杂志》第 30 卷第 8 号。文中所谓“那时我只十七八岁”当系虚指。
② 王佩智、邓京编著：《西泠印社藏品捐献名录》，西泠印社出版社 2011 年 6 月版。
③ 李凤池：《李叔同历史文物散落天津知多少》，载 2002 年 10 月天津市李叔同—弘一大师研究会编《李叔同研究——天津市纪念弘一大师圆寂六十周年学术研讨会专辑》。
④ 诸葛慧：《美德嘉行，山高水长——西泠印社创社以来接受捐赠的情况概述》，载《西泠艺丛》2021 年第 2 期。
⑤ 夏丏尊：《弘一法师之出家》，载《夏丏尊文集》（平屋之辑），浙江人民出版社 1983 年 2 月版，第 244 页。

赠杭州书家周承德，其余零缣残素，分归友好夏丏尊、堵申甫及贤弟子吴梦非、金咨甫、李鸿梁、丰子恺、刘质平、李增庸等为纪念品……”[①] 其实上述二说只是大概情形，并非绝对。姜丹书用了几处“举赠”一词，又因为他是李叔同的同事，此后许多有关李叔同的传论中均采取类似笼统的说法，很容易给人以一种错觉，进而得出除此而外再无他送的结论。[②] 其实，李叔同出家前，书物字画等实物（包括剪下的胡须）的赠送对象十分之多。已知赠送对象和物件具体见本谱本年记载。

8月8日（农历七月初二日），《小时报》刊出宝全《虎跑寺中之苦行头陀——添一个大书家李叔同》消息：“杭州定慧山虎跑寺，为西湖千年古刹，其间高僧辈出，与山色湖光同辉映。顷者，大书家李叔同先生竟趁暑假期内，辞杭垣师范学校教职，而翩然入寺度剃，为苦行头陀矣。昨闻其往寺省视之亲友言，李现洒扫庭除，烹茶送茗，实行其苦行头陀之课程。呜呼，敝屣功名，粪土富贵，李君可谓浊世之完人矣！闻寺中尚有先李君出家者，为彭逊之先生云。”

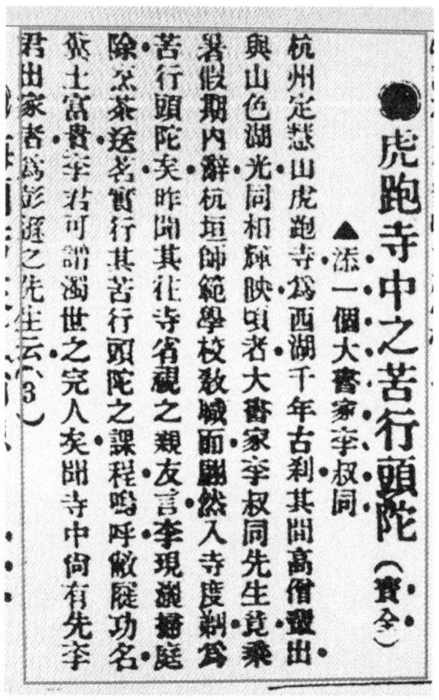
虎跑寺中之苦行頭陀（寶全）
▲添一個大書家李叔同
杭州定慧山虎跑寺爲西湖千年古刹其間高僧輩出與山色湖光同相輝映頃者大書家李叔同先生竟乘暑假期內辭杭垣師範學校教職而翩然入寺度剃爲苦行頭陀矣昨聞其往寺省視之親友言李現灑掃庭除烹茶送茗實行其苦行頭陀之課程嗚呼敝屣功名糞土富貴李君可謂濁世之完人矣聞寺中尚有先李君出家者爲彭遜之先生云（3）

1918年8月8日，《小时报》刊出的《虎跑寺中之苦行头陀——添一个大书家李叔同》消息。

8月11日（农历七月初五日），夏丏尊前往虎跑探望。见其住佛寺，又穿僧衣，随口即言还是赶紧剃度好。为此改变次年出家之计划，决定尽快出家。[③]

浙江省立第一师范学校学生沈本千、叶天瑞来访，请教艺术。**按一：**沈本千曾记录访谈内容。沈本千在《一代高僧弘一法师》一文（载《浙江文史资料选辑》第26辑，浙江人民出版社1984年6月第1版，第118页）写道：“一九一八年新秋一个晴朗的星期日，我和叶天底步行到虎跑。刚到寺门，恰巧法师送夏丏尊先生出来，我就想起，原来夏先生早来了，因在山坡下见有一辆人力车停着。夏先生见了我们，使着他习惯的高嗓子说：‘你们来望望李先生？好格、好格！’点点头，不等我们回答，迳自下山去了。”关于绘画，李叔同对他们说：“中国画重在写神，西画重在写形。由于文化传统的不同，写作材料的不同，技法、作

① 姜丹书：《才子——艺术教育家——高僧——弘一大师（李叔同）传》，见《姜丹书艺术教育杂著》，浙江教育出版社1991年10月第1版，第257页。另据吴梦非《弘一法师和浙江的教育艺术》（1936年《浙江青年》第3卷第1期）一文，可知李叔同在向国立美术专门学校赠送的这批画中也有吴梦非的油画作品。

② 如金梅在《悲欣交集——弘一法师传》中说：“他把各种收藏物，分别赠送出去：历年所作美术作品，送给了北京国立美术专门学校；所刻所藏印章，送给了西泠印社，后由该社封存于石壁之中，名曰‘印藏’；笔砚碑帖，送给了金石书画家周承德；所作和所藏字幅，以及折扇、金表等，送给了夏丏尊，其中有已经裱成卷轴、题名《前尘影事》的朱慧百、李苹香二妓所赠的诗画扇页，有赠歌郎金娃娃的诗词横幅，上面都有‘息霜旧藏，今将入山修行，以贻丏尊’的跋语。”（上海文艺出版社1997年10月第1版，第184页。）类似说法，不一而足。

③ 据释弘一口述，高胜进笔录《我在西湖出家的经过》（载1937年5月《越风》杂志增刊第1集“西湖”专号）一文：“及至七月初的时候，夏丏尊居士来，他看到我穿出家人的衣裳但还未出家，他就对我说：‘既住在寺里面，并且穿了出家人的衣裳，而不即出家，那是没有什么意思的，所以还是赶紧剃度好。’”又言：“我本来是想转年再出家的，但是承他的劝，于是就赶紧出家了。便于七月十三日那一天，相传是大势至菩萨的圣诞，所以就在那天落发。”

风、思想意识上种种不同，形式内容也作出两样的表现。中画常在表现形象中，重主观的心理描写，即所谓‘写意’，西画则从写实的基础上，求取形象的客观准确。中画描写以线条为主，西画描写以团块为主，这是大致的区别。初习绘画，不论中西，都要经过写形的基本练习，你向来学国画，现在又经过了练习西画写生，一定感觉到西画写生方法，要比中国画写形基本方法更精密而科学的。中画的‘丈山尺树、寸马豆人’不若西画的远近透视、毫厘可计，中画的‘石分三面，墨分五彩’，不若西画的阴影、光线、色调各有科学根据。中画虽不拘泥形似，但必须从形似到不拘形似方好；从形似到形神一致，更到出神入化。中画讲笔墨，做到‘使笔不可反为笔使，用墨不可反为墨用’，从而‘寄兴寓情，当求诸笔墨之外’。宇宙事物既广博，时代又不断前进。将来新事物，更会层出不穷。观察事物与社会现象作描写技术的进修，还须于时俱进，多吸收新学科，多学些新技法，有机会不可放过。”夏丏尊此次来虎跑是农历七月初，而沈本千、叶天瑞至虎跑是新秋后的一个星期日。该年立秋日为8月8日（农历七月初二日），故夏丏尊、沈本千、叶天瑞至虎跑当是8月11日（农历七月初五日），正与弘一大师所言“七月初”意合。**按二：**夏丏尊《弘一法师之出家》（收《弘一大师永怀录》，大法轮书局1943年流通版，第25—30页）一文对其赴虎跑见李叔同的时间表述含糊，现从弘一大师和沈本千之表述。

8月19日（农历七月十三日），大势至菩萨圣诞日，卯刻在杭州虎跑定慧寺依了悟法师正式出家为僧。**按一：**弘一大师在自书之《地名山名及寺名院名略考》中介绍曰：“钱塘（即杭州），大慈（虎跑山名）。某年在此山定慧寺出家。”① 定慧寺，俗称虎跑寺。该寺于唐元和十四年（819）由高僧性空创建，名广福院。唐宪宗曾赐“广福院”额。唐开成二年（837）由钦山法师重建，名资庆寺。唐宣宗大中八年（854）改名为大慈禅寺。性空推行百丈《禅门规式》，颇具影响，慧风普及两浙。其寺建有“定慧之塔”，僖宗御制塔赞，并以塔名配寺，曰“大慈定慧寺”。定慧寺在此后的岁月里，曾屡毁屡建。新中国成立之初，虎跑寺除高台的殿堂外尚完整无损，仍保留原有的三进格局，后殿藏经阁亦保留主题架构，两庙各有完整的佛像和罗汉砖雕。“大跃进”时代，佛像被除，所有殿堂改作他用。到了“文革”时期，虎跑的文物进一步遭到破坏，许多诗碑、砖雕等荡然无存。“文革”结束后，杭州的有关部门于1981年、1983年分两期对虎跑景区进行了整修改造，利用寺院主体建

① 弘一大师自书之《地名山名及寺名院名略考》，收《弘一大师全集》（第3版，修订2版）第十册・附录卷，福建人民出版社2019年12月版，第482—486页。

筑，保留山林寺院风格，突出名僧作为人文景观主线——弘一大师之塔、李叔同纪念馆即是其中的重要纪念场所。**按二：**在校时曾写有《西洋美术史》。吴梦非《五四运动前后的美术教育回忆片断》（载《美术研究》1959 年第 3 期）中曰："此外他曾写过'西洋美术史'讲义，在他出家后，我想替他出版，但他不愿，只得作罢，至今原稿也已遗失。"**按三：**出家后，在南京高等师范学校的课程由弟子周玲荪担任。1937 年 12 月 22 日（农历十一月一日）致刘光华函中说道："尊翁在家时，为余之再传弟子。（尊翁入南京高师时余已出家，由旧生周玲荪任课）。"① **按四：**出家前收到北京老友来信，劝其不要出家，言："听到你要不做人，要做僧去……"② **按五：**王平陵曰："民国七年夏，他在西湖大慈寺皈宗佛法，我去看他，他说：'人家也许说我是消极、厌世、颓废的行为，而实际上我过去的生活太平淡了，现在才是我一生中的最高潮。'李先生的这几句话，正是他平素对我们说的'一个富于至性的人，表面是冷若冰霜，好像是无情一般'是同样的意义。"③ **按六：**出家后某日致叶舟函，言已于十三日卯刻依了悟大师剃度，命名演音，字弘一。感谢绍介之劳，敬书"南无阿弥陀佛"六字奉赠。署名"当来沙门演音"。④ **按七：**春柳社同人黄喃喃有《过易俗社有感》一文，写曰："吾春柳社之为新剧权舆也，殆研究斯道者人尽知之。吾亦不必多赘。存吴在蜀，息霜当了和尚，扶轩已作古人，二三知己或入仕途，或就他坐，予倩则尚为舞台上人。群星在天，几不可复睹。"⑤ **按八：**李叔同在日本留学期间与一位日本少女产生感情，并在回国后将其安置在上海。关于这段情缘，许多文学、影视、戏剧作品均有重笔渲染。⑥ 但他俩的相识、同居等具体情节，则是文艺作品根据故事的需要而虚构。这位日本女子的身世，目前无翔实资料可考，但她曾做过李叔同的美术模特则应属实。理由是李叔同后来在浙江省立第一师范学校的学生李鸿梁在文章中介绍过李叔同日本情侣的形象，他说：李叔同"指着一只已经打开的木箱说：'这是从上海新运来的，你给我整理一下。'并且关照我有几张画要捡出来的。我见里面都是去了木框的一卷一卷的油画，都是法师自己的作品，在这

---

① 弘一大师致刘光华函，收《弘一大师全集》（第 3 版，修订 2 版）第八册・文艺卷、杂著卷、书信卷，福建人民出版社 2019 年 12 月版，第 423 页。

② 弘一大师：《南闽十年之梦影》，收《弘一大师全集》（第 3 版，修订 2 版）第八册・文艺卷、杂著卷、书信卷，福建人民出版社 2019 年 12 月版，第 201—203 页。

③ 王平陵：《追忆弘一大师》，收余涉编《漫忆李叔同》，浙江文艺出版社 1998 年 8 月版。

④ 此信福建人民出版社 2019 年 12 月版《弘一大师全集》（第 3 版，修订 2 版）第八册・文艺卷、杂著卷、书信第 276 页收录。原信无日期，《全集》编者注为"一九一八年旧七月，杭州定慧寺"。此判断合理。

⑤ 黄喃喃：《过易俗社有感》，载 1919 年《春柳》第 1 卷第 2 期。

⑥ 对于这段情缘的渲染、描写是许多传记作品中共同采用的手法，如徐星平：《弘一大师》，中国青年出版社 1988 年 10 月第 1 版、桑柔：《李叔同的灵性》，（台北）精美出版社 1985 年 6 月第 1 版、潇琴：《弘一法师传奇》，（台北）新潮社文化事业有限公司 1992 年 11 月第 1 版、武华：《一轮明月》，作家出版社 1999 年 6 月第 1 版等。

些画中间，发现多张是同一模特儿的。——后来据夏丏尊先生说，这就是日籍的师母。”① 目前留存于世的李叔同所绘女人体仅一幅，此图作为卷首图刊登在1920年4月的《美育》杂志创刊号上，画题为《女》，标注“油画　上海专科师范学校藏　李叔同先生手笔”。夏丏尊所指的那些画是否就是目前所见的这幅，尚不能肯定，但亦可作为研究时的参考。此外，李叔同之子李端在《家事琐记》里也曾回忆道：“我还见过先父画的一张油画，是一位日本女人的头像，梳的高髻的‘大阪头’，画面署名‘L’，四周有木框。这张油画在分家后由我保存，以后先后迁住粮店街吉家胡同和西沽当铺西街时都挂在我的住房中。‘七七’事变以后，西沽的北洋大学住了日本兵，西沽大街上常有日本兵经过，我又住的邻街房子，害怕日本兵闯进来后这张画有可能会招惹是非，就摘下来丢到厨房里，以后也损坏了。现在推断，L的署名当是‘李’字的英文拼音字头；画中的日本女人，也可能就是我父亲从日本带回上海的那位日籍夫人。”② 在同一篇文章里，李端还介绍了在李叔同回国后，曾在天津家中的洋书房里挂过女性人体画。其实，同样都谈到了女人像——无论是头像还是人体，只能说明是李叔同的绘画作品，而不能确认画中人一定是他的日本情侣。从情理上分析有一定道理，但终究不能作为证据。至于这位日本夫人的姓名，鲜有可信资料实证。在许多传记和影视剧中都是作者自拟的名字，诸如“诚子”“雪子”“叶子”“惠子”“千枝子”等。之所以这样做，是因为没有确凿的证据。文艺作品允许采用这样的处理办法。值得提醒人们注意的是李叔同在《断食日志》中曾提到“福基”这个人。该日志中写道：“是晚感谢神恩，誓必皈依。致福基书。”“四时半醒，气体与昨同，足痛已愈，胃部已舒畅，口干，因寒不敢起床。十一时福基遣人送棉衣来，乃披衣起。”③ 从人之常情而言，遣人为李叔同送来像棉衣这样的私用品，应该是一个与之亲近的人，而“福基”亦是一个日本人的名字。当然，这也只是一个推论，虽然有其合理性，但也只是一个孤证，尚须旁证作支持。关于其下落，目前有一说，即日本学者滨一卫在《关于春柳社〈黑奴吁天录〉》中说，其妻后来返回日本，成了一位天理教徒。④ 李叔同回国后，将这位日妻安置于上海。李叔同初回国时，曾有短期的天津任教经历，在这段时间里，他将日妻托给好友杨白民、许幻园等照料，而他后来赴杭州教书时，则通常是在周末回上海与情侣团聚。李叔同出家前，居然也将自己的一绺胡须赠其作为纪念。此说明即便李叔同因为信仰上的原因而出家，但他对

① 李鸿梁：《我的老师弘一法师李叔同》，载《浙江文史资料选辑》第26辑，浙江人民出版社1984年6月第1版，第98页。
② 李端：《家事琐记》（王慰曾记录整理），载《李叔同—弘一法师》，天津古籍出版社1988年4月版，第108页。
③ 李叔同：《断食日志》，中国书店2012年8月版。《断食日志》原稿现藏杭州虎跑李叔同弘一法师纪念馆。
④ 滨一卫：《关于春柳社的〈黑奴吁天录〉》，载1953年3月《日本中国学会报》第5集，第109页。

日妻的感情仍然很深。黄炎培是杨白民、李叔同的共同好友，还是李叔同在上海南洋公学时的同学。他曾有感于徐半梅于 1957 年 1 月 7 日在《文汇报》上发表的《李叔同先生的一个特点》一文，也于当年的 3 月 7 日在《文汇报》上发表了一篇题为《我也来谈谈李叔同先生》的文章。黄炎培写此文，原本是为了纪念弘一大师，为人们留下一点李叔同在那个年代里的一些事迹，但正是这篇文章，直接或间接导致了人们对李叔同出家时与日妻告别问题的争议。黄炎培在这篇文章中说：

> 叔同出家首先在杭州的西湖，经过了几年，叔同的夫人到上海，要求城东女学杨白民夫人詹练一和我当时的夫人王紝思伴她去杭州找叔同，走了几个庙，找到了，要求叔同到岳庙前临湖素食店共餐。三人有问，叔同才答，终席，叔同从不自动发一言，也从不抬头睁眼向三人注视。饭罢，叔同即告辞归庙，雇一小舟，三人送到船边，叔同一人上船了。船开行了，叔同从不一回头。但见一桨一桨荡向湖心，直到连人带船一齐埋没湖云深处，什么都不见，叔同最后依然不一顾，叔同夫人大哭而归。

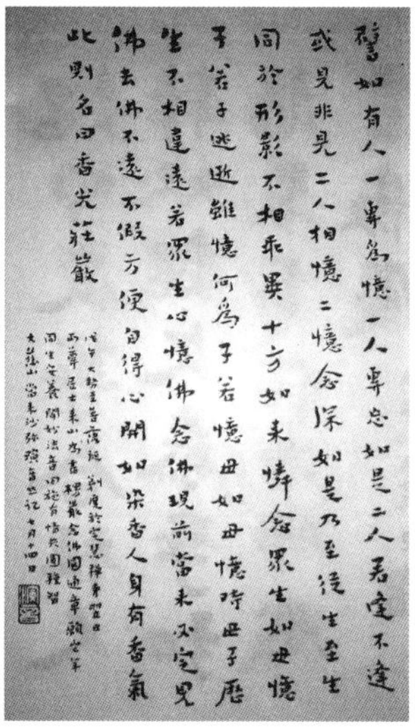

1918 年 8 月 20 日，夏丏尊至虎跑探望，弘一大师为其写的《楞严经念佛圆通章》。

就情理而言，黄炎培此段叙述可信，因为当事人中就有黄炎培当时的夫人王紝思女士和杨白民夫人詹练一女士。然而，这一段史记却被李叔同的侄孙女李孟娟在《弘一法师的俗家》一文否定了，认为此事不确。李孟娟在文章中说：

> 有的书刊介绍，说我叔祖父李叔同出家后，我叔祖母（俞氏）曾携二子（我九叔李准和十叔李端）去杭州寻求相见而被拒的说法，不确。据我祖父桐冈公讲，当时家中确曾商量过请俞氏叔祖母去南方劝叔祖父还俗回家的打算，但叔祖母伤心已极，推说“您不用管了”而作罢。多年以后，我父亲又一次去杭州试着劝叔祖父还俗，没有结果。①

其实，李孟娟文中所指乃李叔同原配夫人。从事件的“情节”来看，黄炎培文中所说的应该是李叔同的日妻，而且还与杨家有关。丰子恺之女丰一吟在《我所了解的弘一法师》② 一文又提供了另一说。李叔同出家以后托友人将其日妻送回日本。但日妻不接受，并找到杨白民。她向杨白民表示：日本的和尚是允许有妻室的，为什么李叔同要送她回

① 李孟娟：《弘一法师的俗家》，载天津市政协文史资料研究委员会、天津市宗教志编纂委员会编《李叔同—弘一法师》，天津古籍出版社 1988 年 4 月版。刘继汉在《评电视连续剧〈弘一大师〉》（载《杭州师范学院学报》2000 年第 2 期）一文中亦持此观点。

② 丰一吟：《我所了解的弘一法师》，载全国政协文史资料委员会宗教组编《名僧录》，中国文史出版社 1988 年 11 月版。

日本呢？杨白民只好以中国佛教界的情况向她解释。最后她提出，说什么也要到杭州去见一见李叔同，并要求杨白民立即带她到杭州去。杨白民无奈，只好带着李叔同的日妻来到杭州，安顿下来后，他只身先到虎跑寺去通报。李叔同见日妻已经来了，也就不好回避，于是同意会面。会面的地点在杭州西湖边上的某家旅馆里。杨白民自管去散步，留下了这一对平日相爱的夫妻。交谈过程中，李叔同送给日妻一块手表，以此作为离别的纪念，并安慰说："你有技术，回日本去不会失业。"会面结束后，李叔同就雇了一叶轻舟，离岸而去，连头也没有再回顾一下。日妻见丈夫决心坚定，知道再无挽回的可能，便望着渐渐远去的小船失声痛哭。此后她就回日本。此段往事的述说者恰是杨白民的女儿杨雪玖。丰一吟在文章中转述了这则故事。黄炎培是李叔同在南洋公学时的同学，而杨白民则又是李叔同的挚友。源于他们二人的故事想必应该是有可信性的。此外，还有一个证据可以证明日籍夫人与出家后的李叔同有过这样一次见面。李叔同在浙江省第一师范学校的学生李鸿梁在《我的老师弘一法师李叔同》一文中说："在一般人看来，先生是一个富家子，又是艺术家，又是名教师。而且他与日本籍师母的爱情也很好。在我们毕业的那年先生还伴同她回娘家去洗温泉浴，先生出家不久，她还到杭州来探访过他。"[①] 究竟是黄炎培的夫人、杨白民的夫人陪同李叔同日妻到的杭州，还是由杨白民亲自陪同其到的杭州，目前尚难定论。但总与杨白民有关，此为事实。至于时间，黄炎培回忆是"经过了几年"；丰一吟转述杨雪玖所述是"李叔同出家以后，曾托友人将其日妻送回日本。"此事究竟发生在何时——李叔同出家之年，还是出家后的若干时日，也需要作进一步的考证。许多有关弘一大师的传记读物和影视剧等在这一情节的处理上有许多"艺术"加工。对此可作文艺欣赏，不可作正史看待。

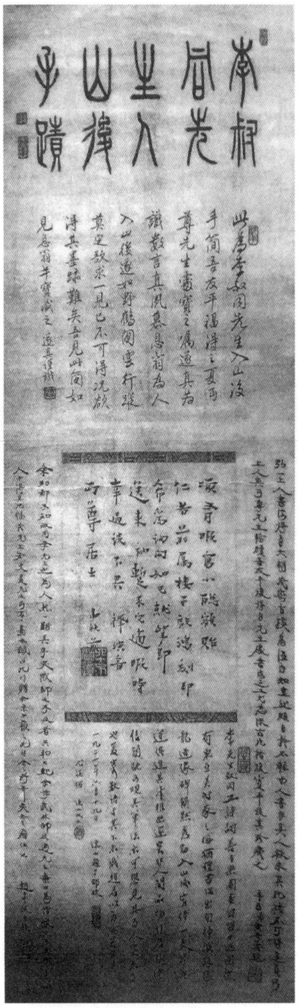

1918年9月17日，弘一大师致夏丏尊之函，后由柔石收藏，为夏丏尊赠之。柔石得此函后嘱众好友题辞。

8月20日（农历七月十四日），夏丏尊至虎跑探望，为写《楞严经念佛圆通章》，款识"戊午大势至菩萨诞，剃度于定慧禅寺。翌日丏尊居士来山，为书《楞严念佛圆通章》，愿它年同生安养，闻妙法音，回施有情，共圆种智。大慈山当来沙弥演音并记。七月十四日"；钤印"演音"。[②] **按：**夏丏尊在《弘一法师之出家》一文中记曰："'不是说暂时做居士，在这里住住修行，不出家的吗？'我问。'这也是你的意思，你说索性做了和尚……'我无话可说，心中真是感慨万分。他问过我父

① 李鸿梁：《我的老师弘一法师李叔同》，载《浙江文史资料选辑》第26辑，浙江人民出版社1984年6月版，第98—117页。

② 上海博物馆藏，陈燮君、汪庆正主编：《夏丏尊旧藏弘一法师墨迹》，华宝斋书社2000年9月版，第32页。福建人民出版社2019年12月版《弘一大师全集》（第3版，修订2本）第七册·佛学卷、传记卷、序跋卷第633页收入时题《写〈楞严〉一节赠夏丏尊跋》。

亲的情况，留我小坐，说要写一幅字，叫我带回去作他出家的纪念。回进房去写字，半小时后才出来，写的是《楞严大势至念佛圆通章》，且加跋语，详记当时因缘……”[①]

9月17日（农历八月十三日），在杭州虎跑大慈寺致夏丏尊函，言写小联额赠之。托问楼启鸿刻印事，如已就，请送来。暂不他往，有暇时可过谈。署名“释演音”，写于中秋前二日。[②] **按一：**此函后由柔石收藏，为夏丏尊赠之。柔石得此函后嘱好友题辞。其中有黄寄慈题卷首“李叔同先生入山后手迹”。又题辞“弘一上人书法得自六朝，茂密古朴为海内知重，然颇自矜，不轻为人书，非其人欲求其片楮，不可得。是页乃上人与丏尊先生翰牍，吾友平复得自先生处。书法之工尤为沉古，片楮殿宝，平复其珍藏之。辛酉弟黄寄慈题”。遂真题“此为李叔同先生入山后手简，吾友平福得之夏丏尊先生处，宝之。嘱遂真为识数言。真夙慕息翁为人，入山后遂如野鹤闲云，行踪莫定，欲求一见，已不可得，况欲得其墨迹，难矣！吾见此简如见息翁，并宝藏之。遂真谨识”。逸山题“李先生叔同工诗词，善音乐图画，自留日返国后，有东亚美术家之称。尤擅书法，出自神谶张猛龙造像碑，简然秀劲。入山后字体一变，若与道车进，其清雅幽邃，实非人间品物。赵君得此信简，既可观其笔法，亦可想见其为人，实乐事也。爰寄数语于其下，未识赵君以为然否耳。一九二一年六月十九日逸山题于师校”。柔石自书“余幼鄙，不知叔同李先生之为人，然一睹其字，实憾师之不及者。共和七纪，余学武林师校，适先生弃世为僧，故又不及见其人而得其片幅。后先生知交夏先生丏尊嘉余诚，以此作赠余，余乐而藏之。此非余之好奇，实余之癖性也。赵子平复自志”，复钤“九曲居士”白文印。柔石遇难后此件由其次子赵德鲲收藏。[③] **按二：**出家后数日，李鸿梁前往虎跑看望。李鸿梁言：“我与后数日从无锡回来去看他，但被寺僧阻住了说：‘法师不见客。’无论怎么恳求，总是不可以，‘无论什么人，一概不见，这是法师亲口关照的。’说起来真惭愧，我没有立雪那样功夫，竟与寺僧闹起来了。因此法师在前面边上的一个小门开出来问：‘什么事？’一看到我，就向众僧道歉：‘对不起，他是我的学生。’一面叫我进去。”临别赠李鸿梁早已写好的“老实念佛”四字，款识“戊午六月六日，演音”。[④]

① 夏丏尊：《弘一法师之出家》，收《弘一大师永怀录》，大法轮书局1943年流通版，第25—30页。

② 此信福建人民出版社2019年12月版《弘一大师全集》（第3版，修订2版）第八册・文艺卷、杂著卷、书信卷第303页收录，标“一九一八年中秋前二日，杭州虎跑寺”。楼启鸿，即学生楼秋宾。

③ 柔石（1902—1931）男，原姓赵，名平福，又作平复，作家、翻译家、革命家，左联五烈士之一。1918年秋入浙江省立第一师范学校就读。柔石收藏此函之详请见盛钟健《佛学思想对柔石的影响》一文，载《西湖》1981年第2期。

④ 李鸿梁：《我的老师弘一法师李叔同》，收《浙江文史资料选辑》第26辑，浙江人民出版社1984年6月版，第98—117页。

9 月 19 日（农历八月十五日），以扇临《秦峄山刻石》，补书古德偈语三首赠夏丏尊。款识“中秋书扇，补书古德偈语三首赠夏丏尊”。[①]

按：另有赠夏丏尊佛号草书轴。款识“弘一为丏尊书”；钤印“演音诵持”。无纪年。

旧时杭州灵隐寺一瞥。（资料来源：《西湖旧踪》，浙江人民出版社 2000 年 11 月版。）

10 月初（农历八月底），缘于在南洋公学特班就读时之同学，时任浙江水利局局长之林同庄介绍，赴灵隐寺参与传戒法会，住芸香阁楼上。时慧明法师做大师父，某日在客堂里遇见，说是来受戒。慧明法师问其为何不进戒堂，并批评曰：“虽然你在家的时候是读书人，但是读书人就可这样地随便吗？就是在家时是一个皇帝，我也是一样看待的。”但那方丈和尚仍安排其住在客堂楼上，只戒堂里面有紧要佛事时要求参加。[②] 期间马一浮贻以灵峰《毗尼事义集要》《宝华传戒正范》，发心学戒。[③] **按：**弘一大师自书之《地名山名及寺名院名略考》中介绍曰：“云林寺（在杭州灵隐山）。出家后，在此寺受戒。”[④] 灵隐寺位于杭州北高峰下。该寺建于东晋咸和三年（328）。清康熙南巡时，赐名并题为“云林禅寺”。寺内有释迦牟尼金像，系用 24 块香樟木雕刻而成，是中国最大的木雕坐式贴金佛像。唐大历六年（771），灵隐寺曾全面大修，香火更盛。唐末武宗灭佛，史称“会昌法难”，灵隐寺一度寺毁僧散。后虽几经复兴，亦难恢复原貌。五代时，吴越国王支持佛教，命僧人延寿开拓寺舍，并建石塔、石幢两对。元代至正已亥（1359）被兵毁。灵隐寺在明清二代又曾几次毁而复建。新中国成立后，灵隐寺也经历过几次大修。弘一大师喜爱灵隐寺，便有了“灵隐寺是杭州规模最大的寺院，我一向对着它是很欢喜的”这样的话；他还有过比较，这才有了他的结论：“我出家以后，曾到各处的大寺院去看过，但是总没有像灵隐寺那么的好。”[⑤]

10 月 5 日（农历九月初一日），《先施乐园日报》刊出《西湖夜游记》，署名“李息霜”。

10 月 10 日（农历九月初六日），在灵隐寺受初坛沙弥十戒。

---

① 见 1982 年《书法》第 4 期，转引自林子青《弘一法师年谱》（宗教文化出版社 1995 年 8 月版）第 100 页注八。

② 释弘一口述，高胜进笔录：《我在西湖出家的经过》，载 1937 年 5 月《越风》杂志增刊第 1 集“西湖”专号。

③ 弘一大师：《〈四分律比丘戒相表记〉自序》：“余于戊午七月，出家落发。其年九月受比丘戒。马一浮居士贻以灵峰《毗尼事义集要》，并《宝华传戒正范》，披玩周环，悲欣交集，因发学戒之愿焉。”收《弘一大师全集》（第 3 版，修订 2 版）第七册・佛学卷、传记卷、序跋卷，福建人民出版社 2019 年 12 月版，第 609 页。

④ 弘一大师自书之《地名山名及寺名院名略考》，收《弘一大师全集》（第 3 版，修订 2 版）第十册・附录卷，福建人民出版社 2019 年 12 月版，第 482—486 页。

⑤ 释弘一口述，高胜进笔录《我在西湖出家的经过》一文，载 1937 年 5 月《越风》杂志增刊第 1 集“西湖”专号。

10月16日（农历九月十二日），在灵隐寺受比丘戒。**按：**据王维军《弘一法师灵隐圆具因缘和持戒守律之道》曰：“10月16日（农历九月十二），弘一等新戒进登二坛正受比丘戒，比丘具足戒是比丘必须受的大戒，是最重要的上品戒，受戒时须如法如律具足一切条件，要有特定的监察僧人（十师）、特定的受戒场所（戒坛）、特定的法会程序。弘一和众戒子在引礼师阐安法师、道安法师、夜照法师、振觉法师、谛勋法师、定悟法师、意涛法师、授荣法师、月涛法师、光明法师的率领下，钟鼓齐鸣，仪仗开道，迎请传戒十师，并由左右两班引礼师轮流宣布十师名号。三师是：正授戒律的得戒大和尚圆珠，主持羯摩授戒仪式的羯摩阿阇梨净心和尚，教授威仪作法的教授阿阇梨能和和尚；证明受戒的七证师分别是：宏法、广慧、华山、法轮、济广、谛清、性悟尊证阿阇梨。而七证师之一的法轮法师与弘一早在一年前就有交集。”[①]

弘一大师在杭州灵隐寺受戒后的护戒牒。

10月23日（农历九月十九日），在灵隐寺受菩萨戒。受戒后仍回虎跑寺。**按一：**据王维军《弘一法师灵隐圆具因缘和持戒守律之道》曰：“晨，弘一与众新戒比丘按律仪请引礼师、阿阇梨，然后由引礼师率戒子代表礼请三师授菩萨戒，三师于戒坛叩拜诸佛菩萨后登法座，继而由沙弥代表至诚礼请得戒大和尚圆珠，羯摩阿阇梨净心和尚，教授阿阇梨能和和尚等三师代诸佛菩萨给众新戒比丘授受菩萨大戒，祈请毕，得戒大和尚开示请戒法要，羯摩阿阇梨宣讲羯摩文，弘一等众新戒比丘顶礼叩拜，共发菩提心，行菩萨道，正授圆满，最后由得戒大和尚圆珠颁授戒牒。”[②] **按二：**自谓“受戒时随时参读传戒正范及毗尼事义集要。”[③] **按三：**所获护戒牒全文如下：

护戒牒

敕建灵隐禅寺护国兴圣戒坛

本寺在浙江省杭县、明圣湖西之灵鹫峰下。肇于东晋咸和三年，梵僧慧理，自西域飞锡来浙，开此东南兴圣道场，钦敕景德灵隐禅寺额，奕奕相承，灯灯相续，历奉累朝颁赐御宝藏经，为传戒说法之地。迨及前清顺治十七年，敕大沙门玉琳国师于慈寿寺，为一千五百僧人传授千佛大戒，又敕礼部制受戒牒与受戒僧人；凡传持戒律，原期广布佛法，佐助太平。尔等既受戒已，或住寺院，或

① 王维军：《弘一法师灵隐圆具因缘和持戒守律之道》，载《第七届灵隐佛教文化论坛——纪念弘一法师圆具一百周年暨中国佛教戒律思想与实践学术研讨会》论文集，第42—55页。2018年5月12日，杭州。

② 王维军：《弘一法师灵隐圆具因缘和持戒守律之道》，载《第七届灵隐佛教文化论坛——纪念弘一法师圆具一百周年暨中国佛教戒律思想与实践学术研讨会》论文集，第42—55页。2018年5月12日，杭州。

③ 参见1951年5月1日《觉有情》第12卷第5期刊出之《四分律含注戒本前八章》，署名：“弘一遗稿”。文分：一、余弘律之因缘；二、略述律学之派别；三、此土流传之次第；四、示今所宗。

在林下，须讲明精义，精研戒律，务俾释教修明僧规整饬等因，钦此。康熙二十六年，命僧天来，赍紫衣钵盂锡杖，到浙江灵隐寺，谕住持僧原志，传戒给牒，与受戒僧人衣钵。三十八年南巡，幸灵隐寺，御赐“云林禅寺”额，并鹫岭龙宫等件。雍正十二年，谕宝华山慧居寺僧福聚，于法源寺传授戒法。乾隆元年，谕诸王大臣，悉令天下僧人受戒。十六年南巡，幸云林寺，赐匾额帑金衣钵等件，谕住持僧巨涛，开坛传戒。嗣是递传不替。迩者华国光复，同享共和，仰邀政府保护，准予信教自由。凡在丛林，是宜宣传戒法，用报国恩。今于本寺，依律建坛，如法授受。内有直隶天津县人氏，法名演音，字弘一，于浙江省杭县定慧寺，依了悟大师出家，发心于九月初六日受沙弥十戒，至十二日进比丘戒，十九日圆满菩萨大戒。

尔等自受戒后，专精行持，宏扬教化，合给戒牒，随身执照，凡遇关津，以便照验，须至牒者。

传临济正宗第四十一世本坛得戒本师大和尚：圆珠；传临济正宗第四十二世本坛说戒本师大和尚：清镕；羯摩阿阇梨：净心；教授阿阇梨：能和；尊证阿阇梨：宏法、广慧、华山、法轮、济广、谛清、性悟；引礼：阐安、道安、夜照、振觉、谛勋、定悟、意涛、授荣、月涛、光明。

中华民国七年阴历九月十九日

右牒给付菩萨戒弟子演音收执

按：在灵隐寺受戒期间，胡朴安来访。为其书“慈悲喜舍”答之。胡氏后有赠诗，①

中華民國七年十一月九日

民國

時錄

靈隱訪弘一和尚（樸庵）

我從湖上來。入山意更適。日澹雲峯白。霜青楓林赤。殿角出樹杪。鐘聲雲外寂。清谿穿小橋。枯藤走絕壁。奇峯天飛來。幽洞窈百尺。中有不死僧。端坐破愁寂。層樓聳青冥。列窗挹朝夕。古佛金為身。老樹柯成石。雲氣藏棟梁。風聲動松柏。弘一精佛理。禪房欣良覿。豈知菩提身。本是文章伯。靜中忽然悟。逃世入幽僻。為我說禪宗。天花落几席。坐久松風寒。樓外山沉碧。

曲終人語

刊于1918年11月9日《民国日报》的胡朴安《灵隐访弘一和尚》。

11月1日（农历九月廿八日），致堵申甫函，言来书收悉。将于下月农历初七日往嘉兴，寓精严寺藏经阁读经。勉励其精进努力，依教起修等。若来函。可寄“嘉兴北门外月河商业学校范古农居士转送”。署名“释演音”。②

① 胡朴安在《我与弘一大师》（收《弘一大师全集》（第3版，修订2版）附录卷，福建人民出版社2019年12月版，第225—226页）一文中曰：“朴安每到杭，必谒大师，大师非佛书不书，非佛语不语。朴安谒大师于灵隐寺，赠诗云：‘我从湖上来，入山意更适，日澹云峰白，霜青枫林赤。殿角出树杪，钟声云外寂。清溪穿小桥，枯藤走绝壁，奇峰天飞来，幽洞窈百尺，中有不死僧，端坐破愁寂。层楼耸青冥，列窗挹朝夕。古佛金为身，老树柯成石。云气藏栋梁，风声动松柏。弘一精佛理，禅房欣良觌。岂知菩提身，本是文章伯。静中忽然悟，逃世入幽僻。为我说禅宗，天花罗几席。坐久松风寒，楼外山沉碧。’”此诗曾刊于1918年11月9日《民国日报》。又载1918年11月25日《小说月报》第9卷第11号、1919年1月25日《铁路协会会报》第76期、1920年5月《俭德储蓄会月刊》第1卷第4期、1923年12月26日《国学周报》第34期，又收《国学汇编》第2辑，国光书局1924年9月版。

② 此信福建人民出版社2019年12月版《弘一大师全集》（第3版，修订2版）第八册・文艺卷、杂著卷、书信卷第324—325页收录，标“一九一八年旧九月廿八日，杭州虎跑寺”。

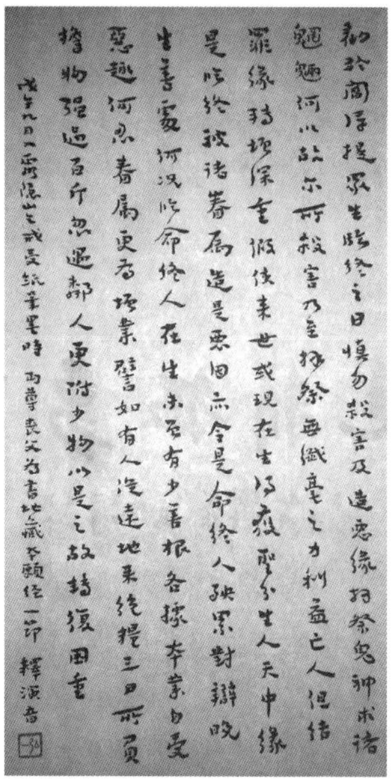

1918 年 11 月 3 日，因夏丏尊丧父，弘一大师以受戒后缘者所施之笔墨及纸为书地藏经偈。

11 月 3 日（农历九月三十日），因夏丏尊丧父，以受戒后缘者所施之笔墨及纸，为书地藏经偈。款识“戊午九月入灵隐山乞戒，受纸笔墨；时丏尊丧父，为书《地藏本愿经》一节，释演音”；钤印“弘一”。[①]

11 月 9 日（农历十月初六日），因夏丏尊老父病逝，致夏丏尊函：

丏尊居士：

示悉。师傅有他事不克依尊命，已由演音代请本寺宏祥师及永志师二位，于初十晨八时前至尊府，念普佛一日，至晚八时止（不放焰口）。二师道行崇高，为演音所深知，故敢绍诸仁者。是日二师来时，不带香灯，师由尊处命茶房一人，布置伺候一切。布置大略图说附奉。务请于事前布置完善，俾免临时匆促。牌位二份附呈。佛位已写好。

灵位

生于…………
显考…………………………灵位
殁于………………男……奉祀

请仁者自填，并须做位架二具，张列牌位。灵位供灵前，又灵前亦须上茶上供及香烛。二师贝亲仪由演音酌定，共送拾圆。因宏祥师极不易请到，永志师亦非常僧，故宜从丰以结善缘也。今日料理一切极忙，草草奉复。明晨第二次车准赴嘉兴。

演音

宏祥师送经卷及演音送经卷附奉。请于初十日供灵前，是晚随牌位焚化[②]

嘉兴精严寺旧影。（资料来源：今嘉兴精严寺史陈列展，2019 年。）

按一： 此信福建人民出版社 2019 年 12 月版《弘一大师全集》（第 3 版，修订 2 版）第八册·文艺卷、杂著卷、书信卷第 303—304 页收录，注“一九一八年旧九月，杭州虎跑寺”。而王维军考证此信写于 1918 年 11 月 9 日（农历十月初六日），见王维军《1918：从李叔同到弘一（冬）》，“李叔同弘一大师资料室”微信公众号，2020 年 3 月 30 日。确

① 上海博物馆藏，陈燮君、汪庆正主编：《夏丏尊旧藏弘一法师墨迹》，华宝斋书社 2000 年 9 月版，第 33 页。福建人民出版社 2019 年 12 月版《弘一大师全集》（第 3 版，修订 2 版）第七册·佛学卷、传记、序跋卷第 633 页收录时题《为夏丏尊书〈地藏本愿经〉跋》。

② 此信福建人民出版社 2019 年 12 月版《弘一大师全集》（第 3 版，修订 2 版）第八册·文艺卷、杂著卷、书信第 303—304 页收录，宗教文化出版社 1995 年 8 月版林子青编著《弘一法师年谱》第 101 页有录，文物出版社 2017 年 10 月版陈飞鹏整理《弘一法师书信全集》第 49—50 页亦收录，然三者在所录文字、标点及排列上不一致。今综合三者录存。

当。。**按二：**夏丏尊为父亲开丧日为 11 月 6 日。经亨颐在是日日记中写曰："雨。上午在校授课。今日丏尊为父开丧，十一时往吊，即在该处午膳后返寓，已四时，不能他适，预备明日教课。"①

朴庵：《灵隐访弘一和尚》载《民国日报》。

11 月 10 日（农历十月初七日），上午乘杭州至嘉兴的第二班火车赴嘉兴。仕精严寺。**按一：**根据王维军考证，弘一大师自杭州赴嘉兴的精确时间为该日上午 8 时 30 分自杭州出发，抵达嘉兴的时间为中午 11 时 30 分左右。② **按二：**弘一大师自书之《地名山名及寺名院名略考》中介绍曰："秀州、长水（皆是嘉兴）。初出家时，居嘉兴精严寺一月余。"③ 精严寺乃嘉兴著名之佛寺。关于该寺的来历，相传东晋咸康六年（340），尚书徐熙宅中有井夜发白光，乃舍宅为寺，名灵光寺。五代吴越国时（907—978），因建山门掘得一龟，改名灵龟寺。宋大中祥符年间（1008—1016）改称精严寺。精严寺曾毁于清咸丰年间（1852—1861），同治三年（1864），寺僧济延和尚重建梵宫，倾数十年积蓄重立山门。济延圆寂后，其弟子桂岑等为建藏经阁（1894 年竣工，有"龙藏"之匾）。精严寺原位于嘉兴市勤俭路 966 号，目前为嘉兴市佛教协会所在地。嘉兴市有关方面曾于 1994 年起在该市南湖南端重修精严寺，2002 年复因城市规划改变迁至今七星镇兴星路 1 号。而南湖南端之精严寺废弃，如今为公安交警的队部。目前该寺规模宏大，但已非弘一大师所到过的精严寺。**按三：**在嘉兴精严寺阅该寺所储《龙藏》和佛学会所储《频伽藏》。④ 求墨宝者众多，初以为既已出家，不便再书，受范古农启发，遂以墨接人。初书一对赠精严寺，后书赠范古农及其友等。⑤ 书"南无阿弥陀佛"赠俗兄绍莲。款识"演音于戊午七月十三日剃度，九月入灵隐山乞戒，十月来秀州阅藏于精严寺，书此贻俗兄绍莲居士，以为纪念。西湖大慈山定慧寺弘一沙门释演音"；钤印"弘一"等。⑥ 书金刚经句"信解受持亦无非法相，梦幻泡影应作如是观"赠堵申甫。款识

嘉兴精严寺旧影。载 1930 年 12 月 21 日《图画时报》第 725 期。

弘一大师在精严寺所书"平等普遍"。

原嘉兴精严寺目前为嘉兴市佛教协会所在地。摄于 2019 年 6 月。

---

① 经亨颐：《经亨颐日记》，浙江古籍出版社 1984 年 1 月版，第 103 页。

② 王维军：《1918：从李叔同到弘一（冬）》，"李叔同弘一大师资料室"微信公众号。2020 年 3 月 30 日。

③ 弘一大师自书之《地名山名及寺名院名略考》，收《弘一大师全集》（第 3 版，修订 2 版）第十册 • 附录卷，福建人民出版社 2019 年 12 月版，第 482—486 页。

④ 范寄东：《述怀》（载 1942 年《觉有情》第 77—80 期合刊）："……故师出家后，即于九、十月间来嘉兴佛学会。会中佛书每部为之标签，以便检阅。会在精严寺藏经阁，阁有清藏全部，亦曾为之检理。"有关弘一大师在精严寺所阅《龙藏》和《频伽藏》，可参阅王维军《1918：从李叔同到弘一（冬）》，"李叔同弘一大师资料室"微信公众号。2020 年 3 月 30 日。

⑤ 范寄东：《述怀》（载 1942 年《觉有情》第 77—80 期合刊）："住时虽短，会中得益良多。时颇有知其俗名而求墨宝者，师与余商：'已弃旧业，宁再作乎？'余曰：'若能以佛语书写，令人喜见，以种净因，亦佛事也，庸何伤？'师乃命购大笔瓦砚长墨各一，先写一对赠寺，余及余友求者皆应焉。师出家后以笔墨接人者，殆自此始。"

⑥《广洽纪念馆》，[新加坡] 广洽纪念馆编辑委员会编，2007 年 3 月，第 42 页。李绍莲，生于 1878 年，原名李熏，天津人，曾任职于天津法租界盐业银行。李叔同留学日本，其对李叔同妻儿多有照顾。福建人民出版社 2019 年 12 月版《弘一大师全集》（第 3 版，修订 2 版）第七册 • 佛学卷、传记、序跋卷第 633 页收录时题《手书'南无阿弥陀佛'赠李绍莲题记》。

20 世纪 90 年代中期在南湖南端重建的嘉兴精严寺（如今已废弃）。摄于 20 世纪 90 年代末。

今位于嘉兴七星镇兴星路 1 号的嘉兴精严寺。摄于 2019 年 6 月。

“屹山居士法鉴，戊午十月集金刚经句。大慈弘一沙门演音，时阅藏秀州精严”；钤印“弘一”。① 搜阅明清《毗尼珍敬录》《毗尼关要》以研读。自言“未能贯通”。② 书四言横披“平等普遍”。款识“参龙师叔法鉴，戊午冬，演音敬书”；钤印“释演音”。③ 在嘉兴精严寺致夏丏尊函，言银表、古研敬受。曰“判教”宜先看“五教”，再阅“四教”。“选佛谱”宜每日掷数次等。又赠一小额，署名“演音”。④ **按四：**在嘉兴期间许幻园曾来访。

11 月 23 日（农历十月廿日），马一浮来函：

得精严来书，知尊候已和，良慰。人事相间，因循未答，想不为恠也。海潮于十五日起禅七，楚法师嘱邀善友随喜坐香，浮自愧未能屏绝诸缘，仅每日入堂听讲开式，已阅五日，乃知此老钳锤之妙，在末法中庶几可谓明眼宗师。初以仁者方至精严，坐席未暖，又值新愈之后，或未必能来，故未敢劝请。昨与周佚生居士共论，以楚公法语良不易闻，如此缘会不可失之交臂，决意以书奉达，并已告知如幻和尚，若仁者能来，当特垂方便，送入客寮，随喜进坐，不必随众。明日解初七，廿二即续起二七，虽初周已毕，尚可预闻此会法语，如承乐欲，幸即发足，临云跂望，诸俟面尽。浮和南

弘一大师坐下。

十月二十日自海潮寺发

按一：此见 2016 年西泠印社春季拍卖预展。弘一大师得此信后不久即应马一浮之招至杭州海潮寺参与打七。后居城内万安桥下银洞巷 4 号接引庵（虎跑定慧寺之下院）。范古农在《述怀》一文中曰弘一大师在嘉兴“居会约两月，杭州海潮寺请一雨禅师打禅七，马一浮先生招之往，遂行。”⑤ 文中所述弘一大师在嘉兴居约两月，而实际仅住不足一月。**按二：**弘一大师自书之《地名山名及寺名院名略考》中介绍曰：“银

① 上海市书法家协会编：《海派代表书法家系列作品集・弘一》（该卷主编刘一闻，副主编沈爱良），上海书画出版社 2006 年 12 月版，第 23 页。

② 弘一大师：《四分律比丘戒相表记・自序》，收《弘一大师全集》（第 3 版，修订 2 版）第七册・佛学卷、传记卷、序跋卷，福建人民出版社 2019 年 12 月版，第 609 页。

③ 上海市书法家协会编：《海派代表书法家系列作品集・弘一》（该卷主编刘一闻，副主编沈爱良），上海书画出版社 2006 年 12 月版，第 26 页。钱均夫家族藏。

④ 此信福建人民出版社 2019 年 12 月版《弘一大师全集》（第 3 版，修订 2 版）第八册・文艺卷、杂著卷、书信卷第 304 页收录，标“一九一八年十月，嘉兴精严寺”。

⑤ 范寄东：《述怀》，载 1942 年《觉有情》第 77—80 期合刊。一雨禅师即楚泉法师，马一浮信中称“楚法师”，为当时扬州高旻寺首座。

洞院（在杭州城内阿弥陀佛街，本名接引庵，为虎跑下院，此名意立，今已废，改建工厂）。某某年在此居数月。其余未详，俟后考。”① 可知，接引庵在民国时即已不存。银洞巷4号的接引庵位于杭州直大方伯以东的万安桥西面，如今万安桥西为万安桥西弄，沿该弄向西几十米可见小营巷石牌，石牌北即有银洞巷。如今的银洞巷附近尚存部分旧式建筑。

12月8日（农历十一月初六日），在杭州银洞巷书“勇猛精进”赠夏丏尊，款识“戊午大雪，丏尊居士嘱。大慈弘一沙弥演音，时住银洞草庵”；钤印“演音”。② 书联赠许幻园，款识“幻园居士嘱。戊午大雪。集金刚般若波罗蜜经句。大慈定慧弘一沙弥演音。”**按：**此书曾刊1927年8月12日《小说世界》第16卷第7期，题《城南草堂藏李叔同书法之七》。

《时报》刊出消息：“前第一师校音乐教员李息今春披发入山，剃度于虎跑之烟霞洞。顷定于下星期二（即本月十日）假两浙盐业学校演说佛教。”**按：**此报道所述出家时间、地点（烟霞洞）及演说事等均有误。

弘一大师在嘉兴精严寺书赠堵申甫的对联。

12月9日（农历十一月初七日），在杭州小珠宝巷鹾务学校听马一浮讲《起信论》。**按：**经亨颐1918年12月9日有日记：“香树侄先往珠宝巷听马一浮先生讲经，归来，稍谈心性，据云，和尚仅李叔同一人，欲研经修德，当在出家。”③

12月16日（农历十一月十四日），在杭州致许幻园函：

今海潮寺位于杭州涌江路与望江路之间的海潮寺巷，为一保护建筑，其复建规划正在进行中。摄于2019年6月。

在禾晤谭为慰。马一浮大师于是间讲《起信论》，演音亦侍末席，暂不他适。顷为仁者作小联，久不学书，腕弱无力，不值方家一哂也。演音拟请仓石、梅盦各书一幅，以补草庵之壁，大小横直不限。（能二幅配合相等尤善）仁者有暇，幸访二老人，为述贫衲之意。文句写奉，能依是书，尤所深愿。今后惠书，寄杭州城内下珠宝巷鹾务学校周佚生居士转致。不一。

幻园居士文席

释演音　十一月十四日

按：此信福建人民出版社2019年12月版《弘一大师全集》（第3

---

① 弘一大师自书之《地名山名及寺名院名略考》，收《弘一大师全集》（第3版，修订2版）第十册・附录卷，福建人民出版社2019年12月版，第482—486页。

② 上海博物馆藏，陈燮君、汪庆正主编：《夏丏尊旧藏弘一法师墨迹》，华宝斋书社2000年9月版，第34页。

③ 经亨颐：《经亨颐日记》，浙江古籍出版社1984年1月版，第114页。

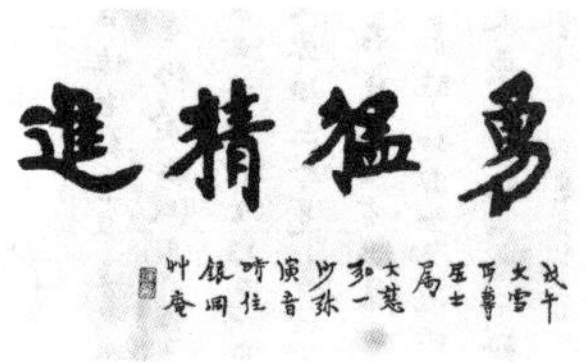

1918年12月8日（农历十一月初六日）弘一大师在银洞草庵书“勇猛精进”赠夏丏尊。

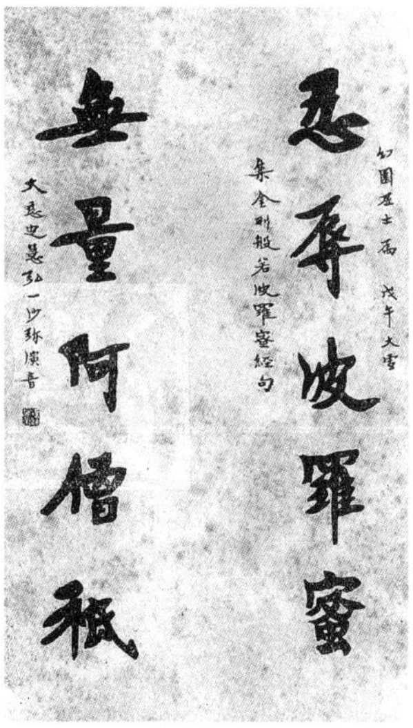

1918年12月8日（农历十一月初六日）弘一大师在银洞草庵书联赠许幻园。

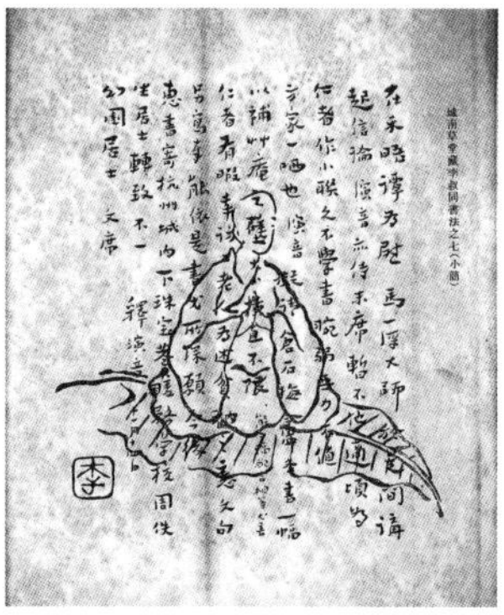

1918年12月16日（农历十一月十四日）弘一大师致许幻园函。

版，修订2版）第八册·文艺卷、杂著卷、书信卷第268页收录。文物出版社2017年10月版陈飞鹏整理《弘一大师书信全集》第50—51页收录。均注写信地点为嘉兴。其实弘一大师至少在12月8日（农历十一月初六日）即已在杭州，住银洞巷。如他在银洞巷书“勇猛精进”赠夏丏尊，款识“戊午大雪，丏尊居士嘱。大慈弘一沙弥演音，时住银洞草庵”；钤印“演音”。①此时弘一大师刚至银洞巷不久，故提醒来函可由周佚生转交。同时，他拟请吴仓硕、李梅庵写字，也应系为银洞巷“以补草庵之壁”。故写信地点在杭州。此信曾刊于1948年《学僧天地》第1卷第6期，题《弘一大师遗札》，亦于1927年8月19日《小说世界》第16卷第8期刊出，题《城南草堂藏李叔同书法之七（小简）》。

12月25日（农历十一月廿三日），在杭州寄致杨白民函：

闻微军老和尚近在杭州，因天雨，尚未走谒也。

杭州　弘一寄

按：此为明信片。福建人民出版社2019年12月版《弘一大师全集》（第3版，修订2版）第八册·文艺卷、杂著卷、书信卷第270页收录，标“一九一八年阳历十二月廿五日，杭州”。文物出版社2017年10月版陈飞鹏整理《弘一法师书信全集》第51页在收录此信时有“案”，曰：“此信，《弘一大师全集》注：1918年12月25日（旧十一月二十三日），杭州。地址疑误。弘一法师旧历十月初七到嘉兴精严寺，居住两月。此时应还在嘉兴精严寺（参见沈继生：《弘一法师驻锡寺院简介》）。订正。”弘一大师实际是该年11月10日（农历十月初七日）赴嘉兴，在嘉兴并非实际住二月。更为重要的是，此为一明信片，邮戳确系“杭州府”，而弘一大师本人也写有“杭州　弘一寄”字样。所以此信应写于杭州。②

12月（农历十月廿八日至十一月廿九日），《兵事杂志》第56期刊出思声《题息霜开士前尘影事卷子》：“哀丝豪竹最磨人，暮鼓晨钟更误身。几许温柔惆怅事，模糊残影认微尘。殉情殉道此何人，劫后头颅觉后身。莫向前尘谈影事，本来无影亦无尘。”

① 上海博物馆藏，陈燮君、汪庆正主编：《夏丏尊旧藏弘一法师墨迹》，华宝斋书社2000年9月版，第34页。
② 陈星：《弘一大师致杨白民信函补遗、校点与考证》，载《嘉兴学院学报》2008年第5期。

冬，研读明清间广承《毗尼珍敬录》、德基《毗尼关要》。

今杭州万安桥。摄于 2018 年 12月。

是年，《浙江省立第一师范学校校友会志》第 14、15 期合刊刊登徐仁《送李师入山》：“颜阖曰：夫玉生于山，制则破焉。非弗宝贵矣，然大璞不完。士生乎鄙野，推选则禄焉。非弗尊遂也，然形神不完。是故欲完形神者，不置身于荣利之场、纷华之中，往往放而入于南山北山之阴，卷迹嚣氛之表，漱流而激其清，寝巢而韬其耀。玉辉冰洁，川亭岳峙，修至乐之道，冀无疆之休，翱翱乎林泽之间，栖真涵素，道胜陆沉，庶以解体世纷，结志外区焉。凡此含华隐曜者流，自唐虞三代以降，代不乏人，其所以然者，岂其生与人异性哉？亦各怀抱不同，非凡俗可似耳。乃者，世道日乖，役利干名，人心罔知所届，澹迫寡营之士，弥足增其厌世之怀，对此芒芒，安能忍而与之终古也。吾师李叔同先生，笃行淳备，悃愊无华，择地而蹈，鞠躬履方，神清智公，饮人以和，施德本校，已数载于兹。近慨于尘浊纷纭，欲图解脱，欲愿迹松子于瀛海，追许由于穷谷，抗志云霞，潜默幽岫，自足山水，咀嚼元气。拟六月间入山，忽忽流光，行将表矣。而仁之从吾师游者才一年，虽历时也浅，而结契也深，方之诸同学之春风化雨沾被宏多者，其感想宁有异同耶。当此丹霞掩映朱明之时，白玉轻浮绿醑之际，而吾师乃超尘遁俗，澄心定灵，假湖上幽栖，作人间净土，其得已耶，其不得已耶？噫嘻，先生去矣，其终已不顾矣。望望云山，悠悠潭水，师生之际，能不依依。虽然，吾师固忘世者也，其于事于物，殆无乎不忘者也。顾吾师即忘余，而余则乌能忘师也。爰序其事，以赘于篇，用以资景行志弗谖云。”同期又刊登陈夔：《石州慢·为丏尊题李息霜前尘影事卷子》：

今杭州万安桥边的万安桥西弄。摄于 2018 年 12 月。

今杭州银洞巷边的小营巷石牌。摄于 2018 年 12 月。

为丏尊题李息霜前尘影事卷子。

弄墨然脂，豪豪寄情。无限亲切，天涯诉与离愁。欲绝同心双结，十年梦觉。笑桃巷陌愔愔，东风犹记当时靥，珍重惜花心，付随身吟箧。　□□明彻，色空无碍，分解尘根。水波双绝，莫怨恩疏。能耐几多炎热？蜂蛾旧契。倘教绮语蠲除，拈华便是当头喝。泥絮喻禅心，两相忘风月。

陈夔后又有《疏影》一词，收《虑尊词一卷　然脂词一卷》之“虑尊词一卷”，1922 年印行。小序及词不同：

今杭州银洞巷卷口。摄于 2018 年12月。

题李息霜前尘影事卷子。息霜旧藏朱李两校书，书画便面各一帧，及将被薙乃赠其友夏丏尊，丏尊为征题咏，拈此调答之。

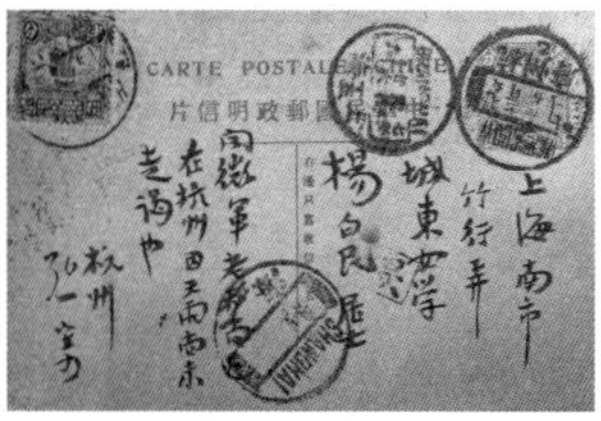

弘一大师 1918 年 12 月 25 日在杭州致杨白民函原件。今藏浙江省博物馆。

江东赋客，挈一肩小住。虚室生白，为有寒梅。树上么禽，吟窗解伴岑寂。玉尊缓饮春风影，悄不管高城横笛。且看他剪雪揉春，费尽断肠词笔。犹念家山老屋，异乡虽自好，羁思如织。怎不归来，红萼年年，次第无言狼籍。机声灯影萱庭梦，怕问询绮窗消息。要待他照影团栾，认取旧时月色。①

在《浙江省立第一师范学校校友会志》第 16 期发表诗《二月望日歌筵此叠韵》（署名李息）、《七月七日重有感》（署名李息）、《滑稽传题词》（署名李息）、《失题》（署名李息）、《醉时》（署名李息）、《春风》（署名李息）、《昨夜》（署名李息）、《初梦》（署名李息）、《无题》（署名李息）和《有赠》（署名李息）。《有赠》诗后有教师陈夔的按语：“当湖李叔同先生，能诗文，工书画，天纵多能，有口皆碑。故群屐所至，冠盖争迎。主讲此间者凡七载，造就甚众。唯先生三十以外，即捐除绮语。比年以来，尤潜心内典，于今秋披缁出家，专志梵修。其未入山时，曾将所属草藁付其门下士丰仁。丰生出以见示，见其树义必隽，琢词必精，为录数章，以或多士。嗟乎丰生！玄邈之风，绝人攀跻，如海上仙山，可望而不可即。至于吉光片羽，有识同珍。磨顶受记者，宜思传其衣钵矣。丰生嘱赘数言，不辞荒陋。佛髻放粪，知有佛性也无。戊午冬日陈夔识。”同在该期，还发表词：《金缕曲·将之日本留别祖国并呈同学诸子》（署名李息）、《菩萨蛮》（署名李息）。

按一：李叔同在浙江省立两级师范学校（浙江省立第一师范学校任教期间作了许多如《送别》② 等学堂乐歌作品。据统计，李叔同在杭州任教时期（包括在南京高等师范学校兼课时期）创作的歌曲几乎占了李叔同学堂乐歌总数的一半，它们是：《满江红》《浙江省立第一师范学校校歌》《春游》《留别》《早秋》《送别》《忆儿时》《人与自然界》《西湖》《秋夜》《落花》《长逝》《悲秋》《春夜》《梦》《丰年》《冬》《莺》《采莲》《幽居》《归燕》《月夜》《幽人》《月》《朝阳》《天风》《晚钟》《涉

① 刘晨编纂：《杭州师范大学艺术教育史文献汇编》，浙江文艺出版社 2012 年 10 月版，第 261 页。

② 李叔同作词。此曲的原作者系美国通俗歌曲作者 J·P·奥德威，歌曲的名字叫《梦见家和母亲》。此曲优美且带有忧伤的情调，日本歌词作家犬童球溪便采用它的旋律填写了《旅愁》。《送别》采用了《梦见家和母亲》的曲调，歌词则受了《旅愁》的影响。犬童球溪《旅愁》的歌词是：“西风起，秋渐深，秋容动客心。独自惆怅叹飘零，寒光照孤影。忆故土，思故人，高堂念双亲。乡路迢迢何处寻，觉来归梦新。”李叔同的《送别》歌词是：“长亭外，古道边，芳草碧连天。晚风拂柳笛声残，夕阳山外山。天之涯，地之角，知交半零落。一瓢浊酒尽余欢，今宵别梦寒。”被称为《送别》姊妹篇的《忆儿时》的歌词也受过犬童球溪的影响。犬童球溪曾有一首《故乡的废宅》，歌词是：“离乡背井，一别经年，游子整归鞭。花树掩映，小鸟依人，风起麦浪翻。溪水潺潺，游鱼倏忽，渡桥过前川。眼前景物，恍似昨日，依稀犹可辨。惟见故宅，破落无人烟。颓垣败草，荒圮不堪看。”而李叔同的《忆儿时》歌词是：“春去秋来，岁月如流，游子伤飘泊。回忆儿时，家居嬉戏，光景宛如昨。茅屋三椽，老梅一树，树底迷藏捉。高枝啼鸟，小川游鱼，曾把闲情托。儿时欢乐，斯乐不可作。儿时欢乐，斯乐不可作。”二歌意境相近。其中李叔同歌中“光景宛如昨”、“小川游鱼”等句亦当是从犬童球溪歌词中引用变化而来。犬童球溪（1879 年 3 月 20 日—1943 年 10 月 19 日），日本著名歌词作家。

江》《阮郎归》《送出师西征》《秋夕》《夜归鹿门歌》《清平调》《利州南渡》《废墟》《诚》和《南京高等师范学校校歌》（目前在南京大学校史博物馆中所见此歌歌名为《校歌》）。其歌曲的创作时间难以一一确定。钱仁康在《李叔同—弘一法师歌曲全集》（上海音乐出版社1990年9月版）一书的《李叔同—弘一法师歌曲考》中将李叔同此时期创作的歌曲笼统注为“是1912—1918年间李叔同在浙江两级师范（1913年改为浙江省立第一师范）任教图画、音乐，并在南京高等师范兼课时写作的歌曲。”另有资料言李叔同的学生钟伯英说李叔同有歌词《月夜游西湖归寝》，是“一九一八年出家离校前上音乐课时，发给学生的歌曲。”此资料为浙江省政治协商委员会文史资料室存档资料。[①] 关于《诚》，其歌词是：“大哉一诚，圣人之本。弥纶六合炳日星；唯诚可以参天地，唯诚可以通神明；大哉一诚，执厥中；大哉一诚，圣人之本，大哉，大哉，一诚！”此歌词收1924年商务印书馆刊行的周玲荪编《中等学校唱歌集第二编——歌曲集》。李叔同歌曲《诚》《丰年》《归燕》《忆儿时》《人与自然界》《月》《幽居》《废墟》《西湖》《落花》《晚钟》《采莲》《送别歌》被收入歌集。其中《诚》一歌的原曲作者为美国的Smith. W. G，此歌2019年12月福建人民出版社《弘一大师全集》（第3版，修订2版）未收。另据王维军《李叔同研究中的探索与发现》（收《当湖人家》，天津人民美术出版社2017年8月版，弘一大师李叔同部分第210—248页），周玲荪编《新时代高中唱歌集》1933年3月由商务印书馆出版，也收入李叔同《诚》《月》《忆儿时》《幽居》《西湖》《落花》《晚钟》《采莲》《送别歌》等歌曲。在《新时代高中唱歌集》中所收的《诚》，已署名李叔同。编者在该歌曲后附注作释文解读，并附撰李叔同先生小传：“李叔同先生高士也。岸，哀，息，婴，皆其名，籍平湖，迁居天津。家本世阀，而先生则厌之。清光绪间，游海上，结交知名士，旋留学日本东京美术学校，专究西洋画，暇则旁及音乐。卒业返国，历任浙江两级师范及南京高等师范图画音乐教授，实开吾国美育之先导！民国七年夏，薙度于西湖虎跑寺，是年冬，即于灵隐寺受戒焉，法名演音，号弘一。生平杰作以油画为最，出家时除布施外，均由北平国立艺术专科学校保管。先生尤长书法，兼工诗词，所作歌曲亦甚多”。
按二：李叔同歌曲，部分未见报刊。除1905年5月中新书局国学会出版的《国学唱歌集》、1906年自编《音乐小杂志》及此后的《清凉歌集》（1936年10月开明书店版）外，丰子恺编《李叔同歌曲集》（音乐出版社1958年1月版）录存有《大中华》《祖国歌》《春游》《留别》《早秋》《忆儿时》《人与自然界》《涉江》《秋夜》《月》《朝阳》《春景》《落花》

---

① 徐正伦：《疑义相与析——读弘诗札记》，载《莲馆弘谭》第12期，2016年9月。

必須合於這種節奏，人類才活得下去，否則就不能持久。試想一想，宇宙可以永遠是黑夜沒有白天嗎？人類可以永遠工作不要休息嗎？不可以的，這會引起許多不快意的事情來的，所以奧芬巴哈不用他的僕人，也不能怪他，因爲那僕人不懂節奏的規律，亂打灰塵的緣故。』

說到這裏，我順手拿出一隻錶，對小弟弟說：『這小機器的聲音本來都是一樣的輕重的，可是你來聽聽看。』

小弟弟把耳朵湊過來聽了一會，他說：『我老是聽到了滴答，滴答的聲音，「滴」字總比「答」字重一點。』

『這就是你的節奏感覺呀。』

『那麼，我可以做音樂家嗎？』小弟弟問。

『你當然可以的。』

小弟弟聽了很高興，一蹦一跳的說要告訴媽媽去了。

一家男女同做事

李叔同曲 石英詞

滿頭白髮老太太，年紀剛過六十三。大兒進廠學做工，小兒學種田。大媳出門學織布，小媳在家學養蠶。一家男女同做事，吃着都完全。

新兒童世界 26

1947 年《儿童世界》第 9 期上刊载的《一家男女同做事》。

《幽居》《天风》《送出师西征》《冬》《秋夕》《丰年》《长逝》《夜归鹿门歌》《清平调》《送别》《利州南渡》《莺》《归燕》《西湖》《采莲》《梦》《悲秋》《晚钟》《废墟》。此外，福建人民出版社 2019 年 12 月版《弘一大师全集》（第 3 版，修订 2 版）第八册·文艺卷、杂著卷、书信卷中另有录存者为《校园夕歌》《满江红》《直隶省立第一师范附属小学校歌》《月夜》《幽人》《春夜》《秋夜》《浙江省立第一师范学校校歌》《南京高等师范学校校歌》《三宝歌》《厦门第一届运动会歌》等。以上部分歌曲由他人配谱，亦有部分歌曲存有争议。又，1947 年《新儿童世界》第 9 期刊出歌曲《一家男女同做事》，署“李叔同曲，石英词”。未作介绍，供研究参考。**按三：**《南京高等师范学校校友会杂志》第 1 期刊出臧恒《苏沪杭通参观学校记》一文，曰：“旋由沪杭车站，乘车抵余杭，住城内浙江省立师范学校。是校前系两级师范，屋宇齐整。其生徒书法多宗钟繇蔡邕张猛龙辈。图画成绩，满壁琳琅，西法油漆画外，其笔致虽南田花鸟，徐熙草虫，吴道子山水，不是过之。风琴晨夕闲奏，余音绕梁。皆由李叔侗先生一人陶铸所致……”① 同期刊出江易园先生作曲，李叔同先生制谱的《校歌》。

费龙丁为刻印“弘一”，边款“弘一入山一年，龙丁过西泠拾石刻之”。

附记：有出家后不久所书“放下”图像。款识“弘一沙门，演音书”。②

社会评介择要

王仁安：《惜才》，1918 年，收《王仁安集》，民国十年天津金钺精刊。

王仁安：《虎跑寺赴李叔同约往返得诗二首》，1918 年，收《王仁安集》，民国十年天津金钺精刊。

陈宝泉：《忆旧》，收《退思齐诗文存》，天津协城印刷局 1918 年。

陈师曾：《前尘影事题词·绮罗香》，1918 年重九。

徐仁：《送李师入山》，载 1918 年《浙江省立第一师范学校校友会志》第 14、15 期合刊。

陈夔：《石州慢·为丏尊题李息霜前尘影事卷子》，载 1918 年《浙江省立第一师范学校校友会志》第 16 期。

朴庵：《灵隐访弘一和尚》，载 1918 年 11 月 9 日《民国日报》。

---

① 臧恒：《苏沪杭通参观学校记》，载 1918 年《南京高等师范学校校友会杂志》第 1 期。

② 苏泓月《李叔同》（北京联合出版公司 2017 年 1 月版）第 23 页对此书标注：“此为书画家陆伯龙旧藏，文革期间陆家遭红卫兵抄家，见此字说‘放下’不好，欲撕毁。陆伯龙家属急中生智，说应读下放劳动的‘下放’，幸免于难。”

1919 年　己未　40 岁

社会文化事略

1 月 18 日，巴黎和会在法国凡尔赛宫召开;5 月 4 日，五四运动爆发;5 月 9 日，蔡元培辞北京大学校长职;6 月 10 日，北京政府罢免曹汝霖、陆宗舆、章宗祥职;10 月 10 日，孙中山改组中华革命党为中国国民党，设本部于上海;12 月 20 日，天马画会举行首届画展。

生平事迹

1 月 27 日（农历戊午十二月廿六日），在杭州万安桥下接引庵致杨白民函：

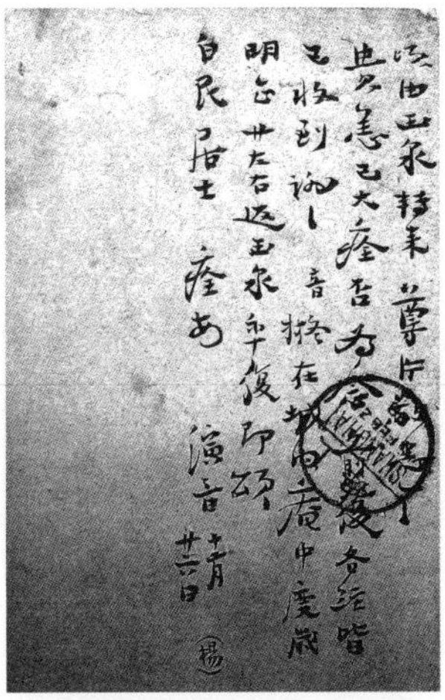

1919 年 1 月 27 日（农历戊午十二月廿六日）弘一大师致杨白民函。藏浙江省博物馆。

顷由玉泉转来尊片，敬悉一一。贵恙已大痊否？为念！前后各经皆已收到，谢谢！音拟在城内庵中度岁，明正廿左右返玉泉。率复，即颂

白民居士痊安！

演音　十二月廿六日

按一：此信福建人民出版社 2019 年 12 月版《弘一大师全集》（第版，修订 2 版）第八册 · 文艺卷、杂著卷、书信卷第 270 页收录，标“一九一八年旧十二月廿六日，杭州虎跑寺”。接引庵旧称虎跑寺下院，《弘一大师全集》笼统称其为“虎跑寺”不准确。文物出版社 2017 年 10 月版陈飞鹏整理《弘一法师书信全集》第 50 页收录此信，依农历置于 1918 年，将“白民居士”置于信首，并录有此信的附言。该“附言”当为另一信，考证见本著 1920 年 4 月 12 日条目。此信目前由浙江省博物馆收藏。**按二：**信中言“音拟在城内庵中度岁，明正廿左右返玉泉。”此庵乃指接引庵，而明正廿左右返玉泉乃预计。事实上提前返回。杨白民于腊月底即已前往玉泉探望。**按三：**在接引庵另有致杨白民函：

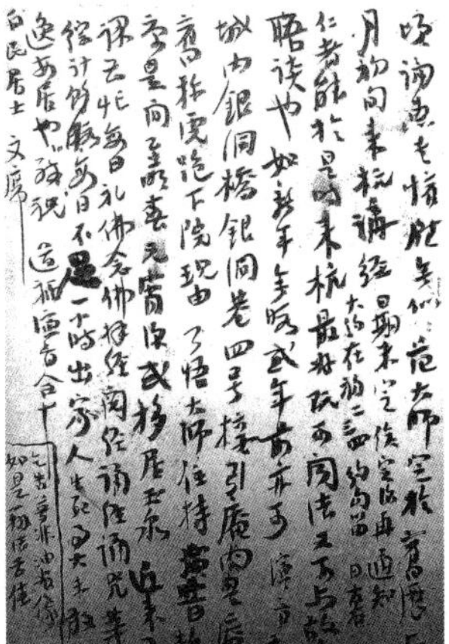

1919 年初弘一大师在杭州银洞巷接引庵致杨白民函。现藏浙江省博物馆。

顷诵惠书，欢慰无似。范大师定于旧历正月初旬来杭讲经（日期未定，俟定后再通知，大约在初二、三、四，约勾留□日左右）。

仁者能于是时来杭最好，既可闻法，又可与故人晤谈也。如新年无暇，或年前亦可。演音寓城内银洞桥银洞巷四号接引庵内，是庵旧称虎跑下院，现由了悟大师住持。演音暂寓是间，至明春元宵后，或移居玉泉。近来日课甚忙，每日礼佛、念佛、拜经、阅经、诵经，诵咒等，综计余暇，每日不足一小时。出家人生死事大，未敢放逸安居也。敬祝道福！

白民居士文席

演音合十

乞告梦非，油画像如是办法，甚佳。①

旧时杭州玉泉清涟寺山门。资料来源：《西湖老明信片》，杭州出版社2006年11月版。

旧时杭州玉泉清涟寺观鱼处。资料来源：《西湖老明信片》，杭州出版社2006年11月版。

福建人民出版社2019年12月版《弘一大师全集》（第3版，修订2版）第八册·文艺卷、杂著卷、书信卷第271页收录此信时标注“一九一九年夏，杭州虎跑寺”。文物出版社2017年10月版陈飞鹏整理《弘一法师书信全集》第55—56页收录此信时标注为1919年“夏 杨白民 杭州虎跑寺接引庵”。从信中所述可知，写此信当在接引庵。接引庵旧称虎跑寺下院，《弘一大师全集》笼统称其为“虎跑寺”不准确。目前所见原信，“白民居士文席”书于信末，而《弘一法师书信全集》则将其录于信首。另，《弘一大师全集》对于信中“约勾留”后一磨损之字采用空格，《弘一法师书信全集》则直接根据文意录为“约勾留三日左右”。重要者，此信非写于1919年夏，而应写于1919年初，因信中明确写道“范大师定于旧历正月初旬来杭讲经（日期未定，俟定后再通知，大约在初二、三、四，约勾留□日左右）。仁者能于是时来杭最好，既可闻法，又可与故人晤谈也。”而此时弘一大师又住在接引庵。联系日后弘一大师行迹和杨白民不久即赴玉泉探望之事实，可知此后弘一大师提前到了玉泉，并未像信中计划的是在元宵之后。到玉泉清涟寺的时间为农历十二月底。弘一大师在《我在西湖出家的经过》中曰：“……到了十二月底，即搬到玉泉寺去住。”② **按四：** 弘一大师自书之《地名山名及寺名院名略考》中介绍曰：“灵苑（杭州玉泉后山之山名）。初出家时，在玉泉寺住二载。”③ 玉泉清涟寺（俗称玉泉寺）即如今之玉泉观鱼处所在地。南齐僧人开山筑庵说法于此，时称“龙王祠”。五代后晋天福三年（938）祠败，于泉左建净空院。寺内有泉，晶莹明净，泉底有孔，孔中鼓风翻腾，称“神龙泉”，另有“细雨泉”、“珍珠泉”。寺内养鱼供人观赏，“玉泉观鱼”是西湖的著名景点。南宋淳祐十一年（1251）

① 信中所述“范大师”指范古农居士，“了悟大师”系弘一大师的剃度师，“梦非”即学生吴梦非。

② 弘一大师口述，高胜进笔记：《我在西湖出家的经过》，载1937年《越风》杂志增刊第1集“西湖”专号。

③ 弘一大师自书之《地名山名及寺名院名略考》，收《弘一大师全集》（第3版，修订2版）第十册·附录卷，福建人民出版社2019年12月版，第482—486页。

宋理宗手书"玉泉净空之院"额赐之。清康熙年间改名为清涟寺。咸丰辛酉（1861），寺毁，光绪元年（1875年），僧精觉朝山经此，结茅重兴。后该寺又建西方接引殿，光绪僧人圆法与郡绅王香泉（杭州商会会长）、岑春煊等还募建了藏经阁、药师殿。弘一大师到玉泉寺的时候，僧人显静又募修了天王殿。清涟寺今已不存。弘一大师于1921年农历三月还到过玉泉。不过由于玉泉寺位于观鱼游览之地，寺院环境相对比较嘈杂。弘一大师对此曾有过评说。他的学生李鸿梁在《我的老师弘一法师李叔同》中写道："1919年，我到玉泉去看法师，房子很好，可惜闹一点，走廊如同街道，游客络绎不绝，但法师的房门开着，静坐着在看书，我站在他的桌旁约有五分钟之久，他才抬起头来。法师说，这地方很不好，常常有人来找他，所以不久仍想回虎跑去。后来他到后房（后房门口离地不高处贴着'脱履'二字的一张长方形白纸，所以进去须脱履），去拿了最近写的字给我看，内中有两张：一张是横幅，写着'孝顺'二大字，后有小字长跋；还有一小张是展开了的同治年间的木版彩印函筒，上面写了一首七绝，都题上了我的名字。并且还赞扬说我近来的书法大有进步。"①

1月31日（农历戊午十二月三十日，除夕），因近期杨白民至杭州玉泉清涟寺访问，为写古德训言并加题记贻之。题记曰：

古人以除夕当死日。盖一岁尽处，犹一生尽处。昔黄檗禅师云：豫先若不打彻，腊月三十日到来，管取你脚忙手乱。然则正月初一便理会除夕事不为早；初识人事时便理会死日事不为早。那堪荏荏苒苒，悠悠扬扬，不觉少而壮，壮而老，老而死；况更有不及壮且老者，岂不重可哀哉？故须将除夕无常，时时警惕，自誓自要，不可依旧蹉跎去也。

余与白民交垂二十年，今岁余出家修梵行，白民犹沉溺尘网。岁将暮，白民来杭州，访余于玉泉寄庐，话旧至懽。为书训言二纸贻之，余愿与白民共勉之也。戊午除夕雪窗大慈演音。②

按一：宗教文化出版社1995年8月版林子青编著《弘一法师年谱》第103页的按语曰："另一纸系书《十善法》，其题记云：'戊午岁暮，

① 李鸿梁：《我的老师弘一法师李叔同》，收《浙江文史资料选辑》第26辑，浙江人民出版社1984年6月版，第98—117页。
② 福建人民出版社2019年12月版《弘一大师全集》（第3版，修订2版）第七册・佛学卷、传记卷、序跋卷第633页收录时题为《手书古德训言赠杨白民题记》。

为白民书《十善法》，勉旃。西湖定慧弘一释演音，时客玉泉清涟。’”① **按二：**2006年5月14日下午，笔者在上海访问邱玲女士。邱玲女士为杨白民的外甥女，时年95岁，杨白民逝世时，邱玲女士13岁。邱玲女士与杨白民的关系较为特殊。杨白民之女杨雪琼嫁与戴志刚。雪琼早逝。邱玲女士便在雪琼去世后嫁与戴志刚。故她对杨白民的情况十分了解。关于杨白民与李叔同的关系，据邱玲女士回忆，在李叔同出家后，杨白民平时经常身穿袈裟。

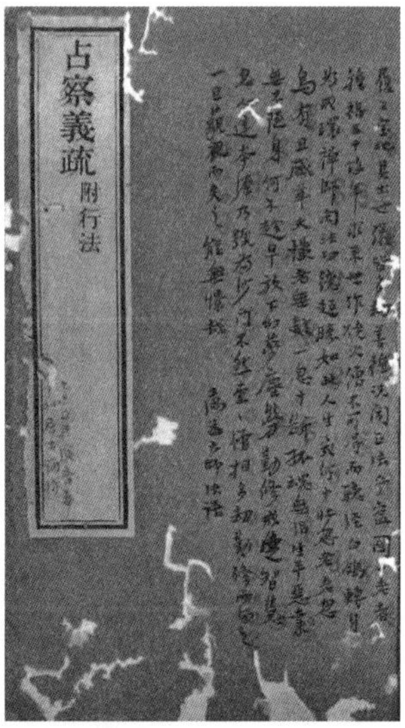

1919年正月弘一大师赠程中和之《占察义疏》。

2月1日（农历正月初一日），在杭州玉泉清涟寺为刘质平书“阿弥陀佛”直幅。款识“己未元旦，演音书贻质平供养”；钤印“弘一”。②

书“山为仁者寿，水本灵之清”。款识“集古人语。己未元旦，演音”；钤印“弘一”、佛肖印。③

《春柳》杂志第3期刊出剧照《茶花女一幕：春柳社在日本第一次创演，是在前清光绪丙午季秋》。**按：**时间标注有误，当在1907年2月11日（农历丙午十二月廿九日）。

2月1日至3月1日间（农历正月间），赠程中和居士《占察义疏》一函两册，署“己未正月演音奉中和居士诵持”。并分别于封面上题书。

原杭州井亭庵所在地为今濮家东村区域。摄于2019年6月。

春，初春时丰子恺、李增庸、沈本千同至虎跑看望，请写介绍信到海潮寺写生佛像。临别嘱咐学生“多念念佛”。④

范古农携友人游玉泉清涟寺，请开示念佛。⑤ 曾在杭州艮山门外井亭庵小住，后复移居玉泉。⑥ **按：**弘一大师在杭州曾到过的寺院还有松木场弥陀寺。文物出版社1984年10月版之《弘一法师》中有编者根据刘质平《弘一大师遗墨》与《弘一大师史略》二文整理的《弘一大师遗墨的保存及其生活回忆》一文。文中说：“某次，由甬同行至杭州松木场弥陀寺，不竟日即移住虎跑定慧寺。余问故，答以‘无缘’，师之见机如此。”

3月13日（农历二月十二日），经亨颐闻其住虎跑下院，特与香树

① 福建人民出版社2019年12月版《弘一大师全集》（第3版，修订2版）第七册·佛学卷、传记卷、序跋卷第633页收录时题为《手书〈十善法〉赠杨白民题记》。
② 夏宗禹编：《弘一大师遗墨》，华夏出版社1999年1月第2版，第218页。弘一大师后于1932年另有加款。
③ 中华书道学会编：《弘一大师墨迹文物图录》，（台北）中华书道学会1996年7月印行，第84页。
④ 沈本千：《一代高僧弘一法师》，收《浙江文史资料选辑》第26辑，浙江人民出版社1984年6月版，第118—123页。
⑤ 范寄东：《述怀》，收《弘一大师永怀录》，大法轮书局1943年流通版，第140—143页。
⑥ 朱经畬：《李叔同（弘一法师）年谱》，收天津市政协文史研究委员会、天津市宗教志编纂委员会编《李叔同—弘一法师》，天津古籍出版社1988年4月版，第23页。

同往访。**按：**经亨颐 1919 年 3 月 13 日日记曰："……午膳后，至教育会，与仲九商周报改月刊事，又查青年团维持员商界尚少人，特至中国银行，访金润泉，托其罗致。返寓后，闻李叔同在下院，入山后半载不见，与香树同往访，僧装，而不甚酷似，系余初见之故也……"①

4 月 11 日（农历三月十一日），在杭州致夏丏尊函。言前日叶子来谈，慰其起居胜常。谈借读南京版诸书等事。②

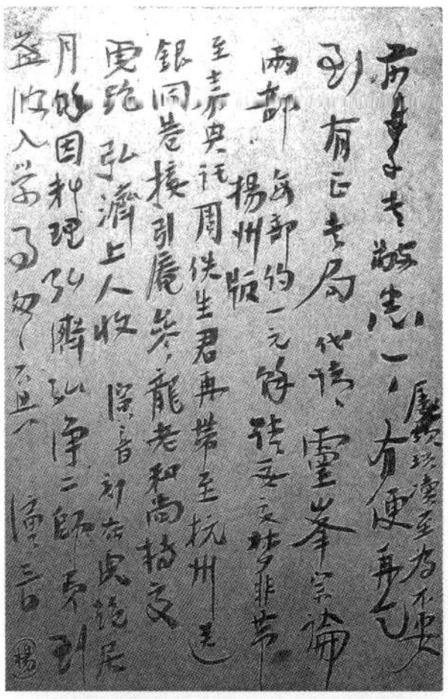

1919 年夏弘一大师在杭州虎跑致杨白民函。现藏浙江省博物馆。

5 月 13 日（农历四月十四日），在玉泉清涟寺接待严修来访。**按：**严修是日日记写曰："余谓和尚未尝不可充教员，伊云尚须少待，亦非无意也。示余佛经书目一纸，择要圈出数种，劝余先看，并劝余提倡孔教。彼信佛而劝人尊孔，由于曾谈孔氏之遗书也。较之一入耶教即讥讪洙泗者，不可同日而语矣。弘一者谁，即吾友李叔同也。"③

5 月 14 日（农历四月十五日），在杭州玉泉清涟寺致杨白民转萧蜕公函。言来信已收到。尤惜阴居士送止咳丸，谓其效卓著，并解说咳嗽药方。闻萧蜕公精于医理，将原方转呈斟定服药方法，径寄尤惜阴手收等。④

夏，了悟和尚请华德老人在大慈寺教习唱念，随众学习。因事在玉泉小住月余，手录《赞颂》一册，曰《赞颂辑要》，秋时作《弁言》，有曰："今夏吾大慈请华德老人为阿阇黎，率众习唱。演音时适归卧山中，得参末席。同学者演慧、阿五、阿六、长生、弘济诸兄及温州某师，手录《赞颂》一册，附以记印。习用之作，略备于斯。赞词太繁，未及备载。习未卒业，以事来灵苑，居玉泉龛舍月余。偶检是册，剪辑装订，颜曰《赞颂辑要》，并志其源起于简端，以备他日诵览云尔。己未闰七月，弘一近住释演音记。"⑤

在杭州虎跑大慈寺致杨白民函：

---

① 张彬、经晖、林建平编：《经亨颐集》，浙江大学出版社 2011 年 3 月版，第 513 页。

② 此信福建人民出版社 2019 年 12 月版《弘一大师全集》（第 3 版，修订 2 版）第八册 · 文艺卷、杂著卷、书信卷第 304 页收录。标"一九一九年三月十一日，杭州玉泉寺"。

③ 天津图书馆编：《严修手稿》第 12 册，天津古籍出版社 2012 年 1 月版，第 8769 页。

④ 此信福建人民出版社 2019 年 12 月版《弘一大师全集》（第 3 版，修订 2 版）第八册 · 文艺卷、杂著卷、书信卷第 270—271 页收录。标"一九一九年旧四月十五日，杭州玉泉寺"。萧蜕公即萧蜕庵（1875—1958），字中孚，初名敬则，别署退闇、蜕公、本无居士，江苏常熟人。通经文、善诗文，南社社员，医术颇高。林子青《弘一法师年谱》（宗教文化出版社 1995 年 8 月版）第 106 页按语中援引沙曼翁《萧蜕庵先生》（《书法》1989 年第 4 号）一文曰："李叔同出家前，一次偶染疾，几次易医均无效，后经先生诊治，数副汤药后，即告痊愈。因之对先生极为敬佩。"

⑤ 弘一大师：《〈赞颂辑要〉弁言》，收《弘一大师全集》（第 3 版，修订 2 本）第七册 · 佛学卷、传记卷、序跋卷，福建人民出版社 2019 年 12 月版，第 616 页。《〈赞颂辑要〉弁言》曾载 1948 年《学僧天地》第 1 卷第 6 期。所署时间是"闰七月"，《弘一大师全集》（第 3 版，修订 2 本）收录时遗漏"闰"字。

前奉手书，敬悉一一。（屡烦琐渎，至为不安。）有便再乞到有正书局，代请《灵峰宗论》两部（每部约一元余，扬州版），请妥交梦非带至嘉兴；托周佚生君再带至杭州，送银洞巷接引庵参龙老和尚，转交虎跑弘济上人收。演音刻在虎跑居月余，因料理弘济、弘净二师弟到宁波入学事。匆匆，不具。

演音[①]

按：此信福建人民出版社 2012 年 12 月版《弘一大师全集》（第 3 版，修订 2 版）第八册·文艺卷、杂著卷、书信卷第 271 页收录，标“一九一九年夏，杭州虎跑寺”。文物出版社 2017 年 10 月版陈飞鹏整理《弘一法师书信全集》第 56 页收录此信时有抬头“白民居士”，而目前所见此信原件并无抬头。

冯三昧、陈望道游访于虎跑。**按：**冯三昧在《忆弘一法师》中写曰：“我们进了寺门，向小沙弥投递了名刺以后，就被带到一间僻静幽寂的会客室，大约经过五六分钟，就有一个年在三十左右，手持数珠，身穿黑纱僧衣的和尚，出现在我们的面前。从他清癯秀逸的面目，和温文慈祥的举止上看，我就断定他是弘一法师了。当我们向他说明来意，彼此交换初会的谈话以后，原想和他说些文学艺术方面的事情，因为他是日本美专出身，对这方面颇有研究和素养的……可是见他合着十指拘拘为礼的宗教的仪态和谦恭的样子，却又觉得不敢打搅，随便谈些佛家的事就匆匆地告别了。”[②]

弘一大师在杭州玉泉留影。

5 月（农历四月初二日至五月初三日），赴杭州平海路省教育会二楼参观浙江省立第一师范学校桐阴画会同人举行的第一次作品对外美术作品展览。其他在场者有教师姜丹书、金玉相、金咨甫，学生戚纯文、丰子恺、李增庸、叶天瑞、陶秉珍、朱天、董以璋、程本一、张屏南和沈本千。展览会展出作品百余件，与诸位师生合影留念。[③]

6 月（农历五月初四日至六月初三日），学生吴梦非、刘质平、丰子恺在上海创办上海专科师范学校，因办学经费不足，写大量字画交吴梦非变卖后充作学校资金。[④] **按：**该校“学制继承李叔同先生在浙江两级

---

① 福建人民出版社 2019 年 12 月版《弘一大师全集》（第 3 版，修订 2 版）第八册·文艺卷、杂著卷、书信卷第 271 页所录此信时对“入学事”的注释为：“入学事，宁波观宗寺一九一七年由叶恭绰、蒯若木资助请谛闲法师创办观宗弘化社，培养僧侣。”

② 冯三昧：《忆弘一法师》，收《人物种种》，1943 年 11 月 15 日杂志社出版，为“杂志丛书”第三种。

③ 沈本千：《湖畔同窗学画时——记丰子恺》，载《西湖》文学杂志 1980 年第 4 期。

④ 王震：《二十世纪上海美术年表》，上海书画出版社 2005 年 1 月版 1919 年 6 月条目：“吴梦非、刘质平、丰子恺创办上海专科师范学校，由吴氏任校长、刘氏任教务主任，因三人均系李叔同的学生，颇为注重艺术教育。因经费不足，李叔同写了大量字画交吴梦非变卖后充作学校资金。（《申报》）”

师范学堂施行的培养综合艺术师资的精神，设‘图音科’（兼修绘画和音乐）和‘图工科’（兼修绘画和手工）。（图音科中的音乐设钢琴或昆曲。）另设专修科，分绘画和音乐两科。后加‘文艺科’”。[①]

高剑华整理《治家全书》出版，书首刊出1913年初秋所作《俪华馆主高剑华女士书例》。[②]

7月27日（农历七月初一日），居杭州虎跑大慈寺结夏。夏丏尊来访，书楞严经偈贻之。款识“己未中伏，丏尊来大慈，检手写《楞严》数则贻之。定慧弘一净行近住释演音并记”。[③]

8月2日（农历七月初七日），致黄善登函：

示悉。骨秋之件，二月前已交佚生先生。（印费、拓纸、石印、文诗稿。）应如何办理，乞君于来杭时，访佚生一谈，或致函亦可。溽暑不多述。即颂

近佳

演音和南　七月七日

按：此信福建人民出版社2019年12月版《弘一大师全集》（第3版，修订2版）第327页收录，标“致黄善登”。文物出版社2017年10月版陈飞鹏整理《弘一法师书信全集》第55页收录，标1919年“七月七日　黄至善　杭州虎跑寺”。另二者所录，内容一致，格式有别。此据《弘一大师全集》（第3版，修订2版）。信中“骨秋”系指浙江省立第一师范学校时的学生；“佚生”即周佚生（周承德）。

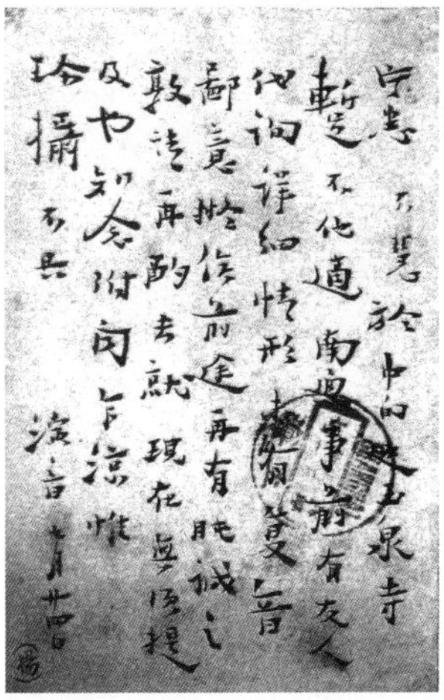
1919年8月19日（农历七月廿四日）弘一大师致杨白民函。现藏浙江省博物馆。

8月3日（七月初八日），与众僧为小黄犬超度，写《超度小黄犬日记》：“七月初八日，风定，晴。午后小黄犬病不起，请弘祥、弘济及高僧共七人与余，为小黄犬念佛。弘祥师先说开示，念《香赞》《弥陀经》《往生咒》，绕念佛名后，立念。小黄犬（犹）不去。由弘祥师再开示，大泉念佛名。小黄犬放溺，呼吸短促而腹不动，为焚化。了悟老和尚、弘祥兄及余所书经佛像……小黄犬深呼吸一次乃去。察其形色，似无所

① 缪天瑞：《致力办学的音乐理论家吴梦非老师——纪念吴梦非老师逝世二十五周年》，载天津音乐学院学报《天籁》2005年第4期。
② 郭长海：《考证三则》，载2017年9月《莲馆弘谭》第13期。
③ 上海博物馆藏，陈燮君、汪庆正主编：《夏丏尊旧藏弘一法师墨迹》，华宝斋书社2000年9月版，第35—37页。福建人民出版社2019年12月版《弘一大师全集》（第3版，修订2版）第七册·佛学卷、传记卷、序跋卷第633页收录时题为《手书〈楞严〉数则贻夏丏尊跋》。

苦，观者感叹，时为申初刻。旋与弘祥、弘济及三高僧送葬青龙山麓。”①

秋，书蕅益老人四无量心铭，款识“蕅益老人四无量心铭，己未初秋，演音敬录”；钤印“比丘弘一”。②

书蕅益老人止观十二事箴。款识“蕅益老人止观十二事箴。乙未初秋，演音敬录”；钤印“比丘弘一”。③

8月19日（农历七月廿四日），在杭州玉泉清涟寺致杨白民函：

片悉。不慧于中旬返玉泉寺，暂不他适。南通事，前有友人代询详细情形，未有复音。鄙意拟俟前途再有肫诚之敦请，再酌去就，现在无须提及也。知念附闻。乍凉，惟珍摄，不具。

演音　七月廿四日

1919年弘一大师（右）在杭州玉泉与前来访问的陆露沙医生合影。

按一：“南通事”指是年张季直（张謇）于南通狼山修观音院，欲延请弘一大师等住持，并多方托人征询其可能性。张謇致江易园书曰：“狼山观音院可臻精洁胜处，而和尚太恶俗，欲求勤朴诚净之僧或居士主之。狼山亦拟仿焦山例，为改一丛林作模范。但如何措手未定，故尚不宣示意见，须计定再说。若弘一、太虚能为之，亦大好事也。试与弘一、太虚言之。”原见圣严：《归程》第4章第57—58页，转引自宗教文化出版社1995年8月版林子青《弘一法师年谱》第108页注八。林子青在同页注九曰：“徐半梅（卓呆）《话剧创始期回忆录·八·李息霜》：‘欧阳予倩在南通办伶工学校时，张季直在狼山重修一庙宇［观音院］，打算请一位高僧去住持，曾托予倩去邀请他。但他没有答应。李叔同有两位高足，一位是画家丰子恺，一位是音乐家刘质平。刘君曾在南通伶工学校当过音乐教师。’（可能也托他请过）”陈飞鹏在文物出版社在2017年10月版《弘一法师书信全集》第55页弘一大师致杨白民函的注释中言：“……其托时任南通伶校音乐教员刘质平介绍弘一法师前往之事。”**按二：**文物出版社2017年10月版陈飞鹏整理《弘一法师书信全集》第55页收录此信时有抬头“白民居士”，而目前所见此信原件并无

① 弘一大师：《超度小黄犬日记》，收《弘一大师全集》（第3版，修订2版）第八册·文艺卷、杂著卷、书信卷，福建人民出版社2019年12月版，第205页。

② 上海市书法家协会编：《海派代表书法家系列作品集·弘一》（该卷主编刘一闻，副主编沈爱良），上海书画出版社2006年12月版，第27页。

③ 上海市书法家协会编：《海派代表书法家系列作品集·弘一》（该卷主编刘一闻，副主编沈爱良），上海书画出版社2006年12月版，第28页。

抬头。另《弘一法师书信全集》录此信文字中的“肫诚之敦请”，少一个“之”字。

8月25日至9月23日间（农历闰七月），作《赞颂辑要弁言》，署“己未闰七月，弘一近住释演音记”。

题《法海观澜》，并落款“己未闰七月，大慈弘一近住演音敬颂”。①

9月12日（农历闰七月十九日），致经亨颐邮片寄达。**按：**经亨颐在是日日记中曰：“……香树侄在玉泉患痢，且肺病已深。李弘一来邮片，谓万一命终，勿令出寺，为他了一生之大事。究未剃度，何堪不问！因即快函寄哥。余又因事不能去访，先着车夫仁宝一走，复称稍痊。姑俟寄哥回音。”② 后在9月15日日记中言：“……九时，至西园埠，内子约候同往玉泉看树侄病，已起坐，不至如弘一之危告。”③

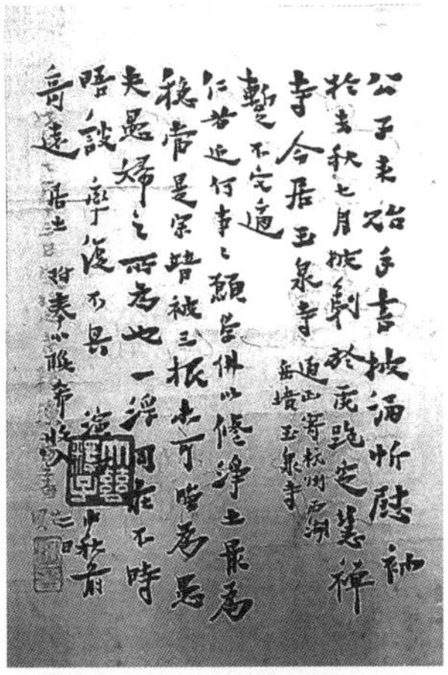

1919年10月6日（农历八月十三日），弘一大师在杭州玉泉清涟寺致郭奇远函。

9月24日至8月23日间（农历八月），书“知止”赠夏丏尊。款识“己未八月，书贻丏尊居士。大慈定慧弘一释演音”；钤印“释演音”。④

为克制烦恼旧习开始摘录经律及古哲言教。⑤

书五言联“一法不当情，万缘同镜象”。款识“丏尊居士。己未八月，弘一演音客霭苑”；钤印“弘一”。⑥

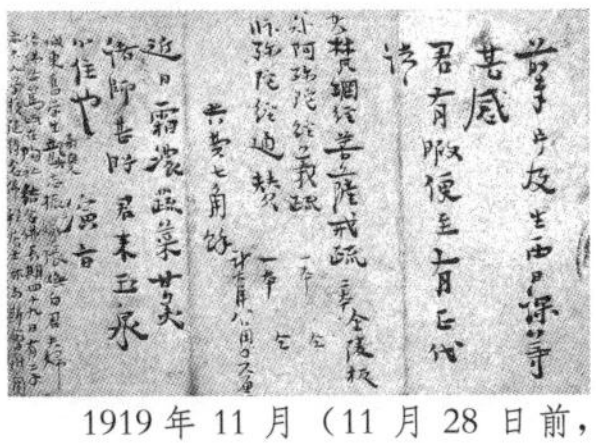

1919年11月（11月28日前，农历十月初七日前）弘一大师写给杨白民的信。现藏浙江省博物馆。

10月6日（农历八月十三日），在杭州玉泉清涟寺致郭奇远函。言其公子来访贻手书，披诵忻慰；曰去秋七月在虎跑定慧禅寺出家，现居玉泉；愿彼学佛修净土；自己不时与马一浮、林同庄晤谈；书赠对联等。信署“演音，中秋前二日”。⑦

11月（11月28日前，农历十月初七日前），在杭州玉泉清涟寺致杨白民函：

---

① 王用钧：《略述弘一法师与“十忍品”》一文，载《莲馆弘谭》第12期，2016年9月。

② 经亨颐：《经亨颐日记》，浙江古籍出版社1984年1月版，第196页。

③ 经亨颐：《经亨颐日记》，浙江古籍出版社1984年1月版，第197页。

④ 上海博物馆藏，陈燮君、汪庆正主编：《夏丏尊旧藏弘一法师墨迹》，华宝斋书社2000年9月版，第38页。

⑤ 弘一大师：《集录三种序》，收《弘一大师全集》（第3版，修订2版）第七册·佛学卷、传记卷、序跋卷，福建人民出版社2019年12月版，第621页。

⑥ 刘正成主编：《中国书法全集83·近现代编-李叔同马一浮卷》（该分卷主编潘良桢，副主编方爱龙，学术顾问任继愈），荣宝斋出版社2002年11月版，第79页。此联后由夏丏尊于1933年秋转赠钱君匋。转赠时夏丏尊题曰：“君匋思得弘公法书，检旧藏赠之。癸酉秋日，丏翁记”；钤印：“丏翁”。上联右下角有“君匋心赏”印。

⑦ 此信福建人民出版社2019年12月版《弘一大师全集》（第3版，修订2版）第八册·文艺卷、杂著卷、书信卷第327页收录。郭奇远（1875—1942），原名郭弼，号奇远，一作奇元，温州瑞安人，南洋公学时与李叔同同学，历任暨南大学教授及多家报开刊编辑，工书法、精中医。郭奇远之子为郭鸿飞。

前奉片及《生西日课》等，甚感。君有暇便至有正代请：

《梵网经菩萨戒疏》二本，金陵板

《阿弥陀经义疏》一本，仝

《弥陀经通赞》一本，仝

共费七角余。计大洋八角〇六厘。

近日霜浓，蔬菜甘美。诸师甚盼君来玉泉小住也。

演音

城东旧学生龚志振（嘉兴人），嫁张焕白君。夫妇信佛甚笃。顷在陶社结念佛，长期四十九日。有二子，亦不入学校，随侍念佛。程居士亦与斯会，附闻。①

按：此信福建人民出版社 2019 年 12 月版《弘一大师全集》（第 3 版，修订 2 版）第八册 · 文艺卷、杂著卷、书信卷第 270 页收录。文物出版社 2017 年 10 月版陈飞鹏整理《弘一法师书信全集》第 57—58 页亦有收录。对照此信原件，二者皆将信中文字“有二子，亦不入学校，随侍念佛。”句误录为“有二子，亦已入学校，随侍念佛。”又，此信的写信时间和地点，在《弘一大师全集》（第 3 版，修订 2 版）中标注为“一九一九年春，杭州玉泉寺”，而《弘一法师书信全集》有“案”，曰：“此信，《弘一大师全集》注：1919 年春，杭州玉泉寺。据信中：‘近日霜浓，蔬菜甘美’一语判断，似写在深秋，非春间矣。”查此信原件邮戳，杭州寄发时间为 11 月，何日则无法辨别（疑为 26 日），而抵达上海的邮戳时间为 11 月 28 日。故此信当写于是年 11 月。

12 月 8 日（农历十月十七日），在玉泉为旧友费龙丁题唐人写经残本贻曼达，后转贻吴居士演定。题记曰：“是册为龙丁贻曼达者，曼达踪迹不可得，为转贻吴居士演定，以结法缘。己未大雪，弘一演音记。”②

是年，介绍丰子恺赴城东女学兼课。**按：**1908 年，城东女学在中国的女学中率先设立了艺术专修科。

袁希濂赴杭州看望，劝其念佛，并须阅《安士全书》。**按：**关于这次访问，袁希濂在《余与大师之关系》一文中说：“民国七年戊午，余再调杭州，而师已出家。余因公务大繁，不克寻访。翌年已未，余调任武昌，知师在玉泉寺，乃往走别，师谓余前生亦系和尚，劝令朝夕念佛；

① 信中“有正”指有正书局。所请经书上端标有价码符号。程居士即程中和居士，后出家，法名演义，字弘伞。

② 林子青编著：《弘一法师年谱》（宗教文化出版社 1995 年 8 月版）第 108 页注十二按语曰：“一九四四年六月十二日，余游西湖招贤寺，晤圆一法师。承示唐人写经残本，有此题记，因急录之。据云是时（己未冬）大师居西湖玉泉寺。”

并谓有《安士全书》，必须阅读，不可忘却等语，郑重而别。”[1] 1927年，袁希濂拜印光大师皈依了佛教。[2] 袁希濂把自己学佛的因缘归之于弘一大师的启迪。

陈师曾为出家前所赠民间玩具作“息翁玩具图”。[3]

在杭州作《蕅益大师年谱》，初稿成。[4]

在杭州玉泉留有独摄一影。与来访的陆露沙医生合影。[5]

无瑕（曾延年）为吟诗：“自号人间孔雀王，腹中蝌蚪郁奇光。曼殊西去春禅老，幸有诗僧接道场。”[6]

社会评介择要

李涛痕：《春柳社之过去谈》，载1919年1月《春柳》杂志第1年第2期。

喃喃：《过易俗社有感》，载1919年3月1日《春柳》杂志第1年第4期。

无瑕（曾延年）忆李叔同诗，转引自郭长海《李叔同和曾延年》，收《中国近代文学史证——郭长海学术文集》（下册），吉林人民出版社2005年3月版，第915—917页。

梁公约：《玉泉寺赠弘一上人》，载1919年7月15日《东方杂志》第16卷第7号。

大觉：《赠李息霜并乞风雨闭门斋榜书时君客武林》，载1919年8月7日《小京报》。

公约：《玉泉寺赠弘一上人》，载1919年9月5日《公言报》。

公约：《玉泉寺赠弘一上人》，载1919年10月5日《时报》。

---

① 袁希濂：《余与大师之关系》，收《弘一大师永怀录》，大法轮书局1943年流通版，第144—147页。

② 印光大师（1861—1940），法名圣量，别号常惭愧僧。陕西合阳县路井镇赤东村人，俗姓赵，名绍伊，字子任。1881礼终南山南五台莲花洞道纯和尚出家。被誉为民国四大高僧之一。

③ 王慰曾：《李叔同和陈师曾的一则轶闻》，载2006年11月4日《今晚报》、陈封雄：《热爱祖国统一的弘一法师——兼记法师和陈师曾的友谊》，载1990年8月29日、9月1日《团结报》。

④ 弘一大师：《蕅益大师年谱》小序，曰：“己未，居钱塘，初稿……”收《弘一大师全集》（第3版，修订2版）第七册·佛学卷、传记卷、序跋卷，福建人民出版社2019年12月版，第596页。

⑤ 陆露沙，字爽，江苏武进人，曾留学日本学医，在上海闸北办有露沙医院，1919年9月受聘为上海美术专科学校艺用解剖学教授，与其兄陆镜若均为春柳社成员。

⑥ 无瑕（曾延年）忆李叔同诗，转引自郭长海《李叔同和曾延年》，收《中国近代文学史证——郭长海学术文集》（下册），吉林人民出版社2005年3月版，第915—917页。

1920年　庚申　41岁

社会文化事略

1月，北洋政府教育部修正《国民学校令》，将“国文”改为“国语”；3月，共产国际代表魏金斯来华，推动中国共产党成立；7月8日至18日，直皖战争爆发，直系控制北京政府；8月，上海共产主义小组成立。10月10日，第六届全国省教育联合会在上海开会，主张以北京音为国语标准；11月16日，北京政府决定以《卿云歌》为中华民国国歌；11月29日，孙中山在广州通电宣布恢复军政府。

生平事迹

1月28日（农历己未十二月初八日），与程中和、吴建东在玉泉清涟寺结期修净业，共燃臂香，依天亲菩萨《菩提心论》发十大正愿。**按：**其在《玉泉居士墓志铭》中曰：“改元后七年，余始剃染。与程子中和住玉泉，闻居士名。逮及岁晚，乃获展晤，深以忻喜，因共栖止。居士闻法最早，乐玩般若。于‘凡所有相，皆是虚妄’句，常致三复。程子专讽《华严》，后出家名‘弘伞’，与余同师门也。翌年冬，结期修净业。十二月八日共燃臂香，依天亲《菩提心论》发十大正愿。”臂香前一日，玉泉居士一夜未眠，惟持佛号。[①]

2月4日前（农历己未十二月十五日前），在杭州井亭庵致致杨白民函：

手笺诵悉，甚为欢慰。弟约于十八后因事须往玉泉（老和尚葬仪，初二三日返庵），仁者能于本月十五日以前，或在三月初旬来最善。此时音必在井亭庵也。艮山车站至庵二里，石板大路，问人皆知庵之所在。若坐人力车，费在一角上下。若能预示一函，订准来杭日时，音届时可至艮山站，藉以散步也。率复不具。

演音

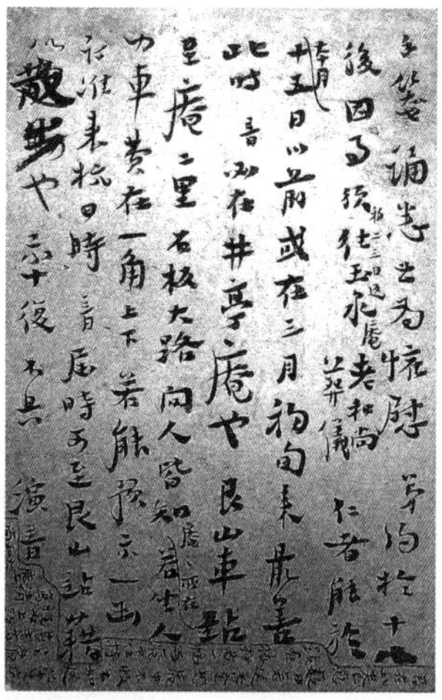

弘一大师于1920年2月4日前（农历己未十二月十五日前）在杭州寄杨白民函。现藏浙江省博物馆。

---

① 弘一大师：《玉泉居士墓志铭》，收《弘一大师全集》（第3版，修订2版）第七册佛学卷、传记卷、序跋卷，福建人民出版社2019年12月版，第590—591页。玉泉居士即吴建东，梵名演定，复名衍，福建浦城杨溪尾人，亲近佛事，居杭州玉泉甚久，自号玉泉居士。

君在此养息数日，若送香金，恐庵中不收；不如送学生成迹画，裱好者一幅，与庵中住持，住持当甚喜悦也。上款写“清尘大和尚”。

按一：福建人民出版社2019年12月版《弘一大师全集》（第3版，修订2版）第八册·文艺卷、杂著卷、书信卷第271—272页收录此信时标注写信时间和地点为“一九二O年二月，杭州虎跑寺”。文物出版社2017年10月版陈飞鹏整理《弘一法师书信全集》第58页在收录此信时标注写信时间地点为1919年“旧十二月二十四日　杨白民　杭州虎跑寺”。《弘一大师全集》（第3版，修订2版）和《弘一法师书信全集》录入的括号中的“初二三返庵”，均少录“日”字。根据书信原件，当为“初二三日返庵”。“与庵中住持，当甚喜悦也”句，《弘一大师全集》（第3版，修订2版）和《弘一法师书信全集》均忽视了复文符号，即缺“住持”二字，完整的句子应系“与庵中住持，住持当甚喜悦也”。对于写信地点，信中有“弟约于十八后因事须往玉泉”句，此“须”字说明写信时尚在井亭庵，并非虎跑。对于信的时间，《弘一大师全集》（第3版，修订2版）对此信有注释：“明信片邮戳‘上海九年二月十三日’”。此“二月十三日”当为公历，为信至上海时之邮戳。对于写信时间，至少应在2月13日之前，因信至上海之时间显然非写信时间。信中有“弟约于十八后因事须往玉泉”句，以及“仁者能于本月十五日以前，或在三月初旬来最善”句，说明写信时间当在农历己未十二月十五日，即公历2月4日之前。故对于此信的标注，应系写于2月4日前。至于信抵上海时间为2月13日，写信与信抵达相隔至少10日，当系诸如信延后寄发，或邮路等原因。**按二：**《弘一法师书信全集》（第3版，修订2版）收录此信文字时，“石板大路”录为“石板路”，少一“大”字；录“若能预示一函，订准来杭日时，音届时可至艮山站，藉以散步也”一句时，在“音届时可至艮山站”录成“音届时可至艮山站奉迎”，原信并无“奉迎”二字。此信并无抬头“白民居士”，《弘一法师书信全集》收录时多加了“白民居士”四字。又，“不如送学生成迹画”一句，原文为“迹”，以上二者均将“成迹”之“迹”误录为“绩”。

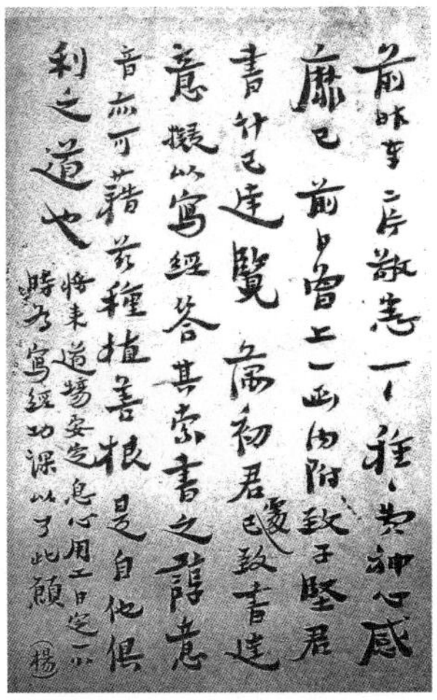

弘一大师于1920年春致杨白民函。现藏于浙江省博物馆。

春，自日本请得古版南山灵芝三大部，计80余册。[①]

在杭州致杨白民函：

① 参见1951年5月1日《觉有情》第12卷第5期刊出之《四分律含注戒本前八章》，署名：“弘一遗稿”。文分：一、余弘律之因缘；二、略述律学之派别；三、此土流传之次第；四、示今所宗。

前昨奉二片，敬悉一一。种种费神，心感靡已。前日曾上一函，内附致子坚君书，计已达览。藕初君处，已致书达意。拟以写经，答其索书之谆意。音亦可藉兹种植善根，是自他俱利之道也。将来道场安定，息心用工，日定一小时为写经功课，以了此愿。

今上海黄家阙路即将被拆除的旧建筑。摄于2019年6月。

按：此信福建人民出版社2019年12月版《弘一大师全集》（第3版，修订2版）第八册·文艺卷、杂著卷、书信卷第272页收录，标“一九二〇年春，杭州玉泉寺”。文物出版社2017年10月版陈飞鹏整理《弘一法师书信全集》第60页收录，标“春　杨白民　杭州玉泉寺”，所录文字中将“息心用工”的“工”字误录为“功”字，原信为“工”字。又，原信无抬头“白民居士”四字，《弘一法师书信全集》录此信时多加了“白民居士”四字。写信时间无疑义，但1920年春弘一大师未必均在玉泉寺，故仅标“杭州”为妥。

附记：文物出版社2017年10月版陈飞鹏整理《弘一法师书信全集》第61页收录1920年春致弘济师兄函：

今上海黄家阙路中华路至大兴街一段留有的旧门洞。摄于2019年6月。

弘济师兄：

向奉惠书，敬悉尊恙渐痊为慰。弟暂居玉泉，方便掩关，未常与外人接晤，迟复为罪。兹转托人送上五金，聊佐药资，伏悕詧收，草草不具。

祇叩

痊安

弟演音和南

乞赐收条交去手为荷。

今上海黄家阙路老建筑外墙上的拆除公告。摄于2019年6月。

《弘一法师书信全集》在收录此信时有注释：“弘济法师：杭州虎跑寺法师。乃弘一法师师弟。1919年夏，弘一法师致杨白民信：‘演音刻在虎跑居月余，因料理弘济、弘净二师弟到宁波入学事。’信中称弘济师兄，乃旧书问礼节性尊称。”又有“案”：“此信辑自西泠印社拍卖有限公司2013年春拍会《近现代名人手迹专场》，地点杭州。经鉴定乃弘一法师手札真迹无误……据拍卖公司提供的图片，其书写风格与1920—1922年间弘一法师同期书风吻合。以信中居玉泉寺，查1919年春、1920年春、1921年春，师皆有居玉泉记载。依信中内容分析，似应写于1920年春为合理……待考。”因此信为拍卖品，又系经“鉴定”，故附记于此。供研究参考。

春间（4月上旬）为赴新城贝山灵济寺闭关赴沪商请杨白民相助。被刘质平迎请至黄家阙路上海专科师范学校小居五日。与刘质平等旧时浙江省立第一师范学校学生叙晤。**按一：**今上海黄家阙路呈L形。目前中华路至大兴街一段（东西向）尚有待拆除的老建筑，而大林路至安澜路一段（南北向）已无老建筑，只有“久安里”门洞留有些许历史痕迹。可知，黄家阙路的老建筑很快将永远消失。**按二：**上海瑞金二路198弄20号前曾镶有一块“李叔同（弘一法师）旧居”标牌，未说明缘由。查1995年8月版林子青编著《弘一法师年谱》第109页，曰刘质平于1920年4月请弘一大师在新华艺专居五日，且在第110页注二的按语中曰：“是时吴梦非、刘质平等均执教上海新华艺专。”此说似可商榷，因是时吴梦非、刘质平等均任教于上海专科师范学校。上海新华艺术专科学校创办于1926年，发起人张聿光、潘天寿、俞寄凡、潘伯英、许开甫、俞剑华、谭抒真等。初址为金神父路南端打浦桥（今瑞金二路）南端。故疑此标牌为参考了林子青的记载后之所为。目前尚未有见弘一大师在新华艺专居住的其他旁证文献。

今上海黄家阙路即将被拆除的旧建筑。摄于2019年6月。

暮春作《〈印光法师文钞〉题词并序》，署：“大慈后学释演音稽首敬记。”[1] 书印光法师文钞题赞。款识“庚申暮春，印光老人文钞镌鈑，建东、云雷嘱致弁词。余于老人向未奉承，然尝服膺高轨，冥契渊致。老人之文，如日月历天，普烛群品，宝俟鄙倍，校斯匡廓。比复敦促，未可默已。辄缀短思，随意歌颂。若夫翔绎之美，当复俟诸耆哲。大慈后学弘一释演音稽首敬记。周子子瀍访予于银洞草庵，检是贻之。弘一附记”；钤印“弘一”。[2]**按：**《印光法师文钞》于本年12月由商务印书馆初版。

今上海黄家阙路大林路至安澜路一段留有的唯一具有历史痕迹的门洞。摄于2019年6月。

4月12月（农历二月廿四日），在杭州接引庵寄发致吴梦非、李鸿梁函：

顷已移居城内万安桥下银洞巷四号接引庵内。以后通讯即寄是处，白民先生处乞为转达。刘、郭、丰诸君乞为致念。草草，不具。

演音

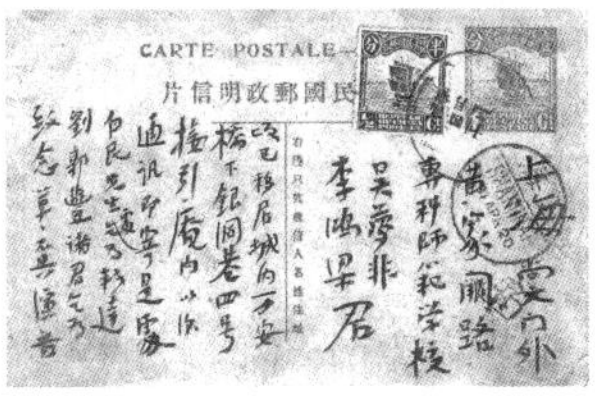

弘一大师于1920年4月12日寄发给吴梦非、李鸿梁的明信片。

同日致杨白民函：

顷已移居城内万安桥下银洞巷四号接引庵内。以后通讯请寄是

---

① 弘一大师：《〈印光法师文钞〉题词并序》，收《弘一大师全集》（第3版，修订2版）第七册·佛学卷、传记卷、序跋卷，福建人民出版社2019年12月版，第618页。

② 刘正成主编：《中国书法全集83·近现代编-李叔同马一浮卷》（该分卷主编潘良桢，副主编方爱龙，学术顾问任继愈），荣宝斋出版社2002年11月版，第81页。是年春，周孟由、张云雷、黄幼希、朱亦萌等编辑《印光法师文钞》赠广本四卷。云雷即张云雷（1883—1977），温州乐清人，1905年与周孟由一起赴日本早稻田大学师范科学习，后赴南洋主办中华学校，1912年创办浙江兴业银行，1926年与同仁一起在温州开设瓯海实业银行、建虹桥居士林。

处。草草。

演音

居此暂不他往。月初不再返井亭庵矣。

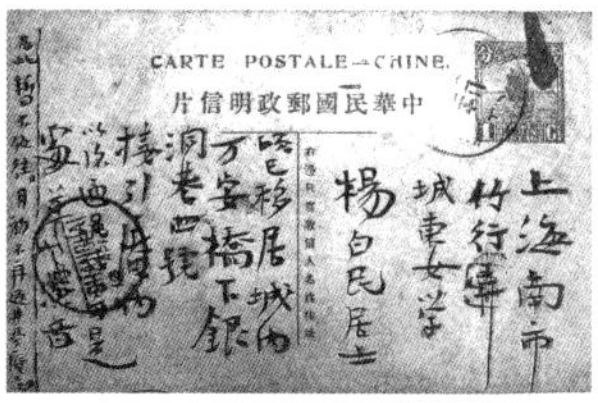

弘一大师于1920年4月12日寄发给杨白民的明信片。现藏浙江省博物馆。

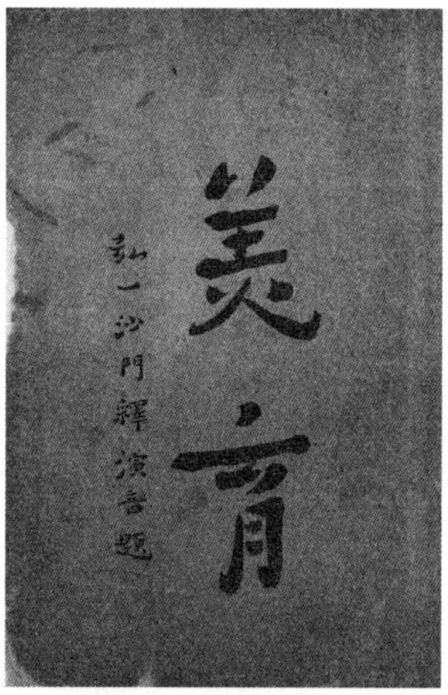

弘一大师题中国第一本美育学术刊物《美育》创刊号封面。

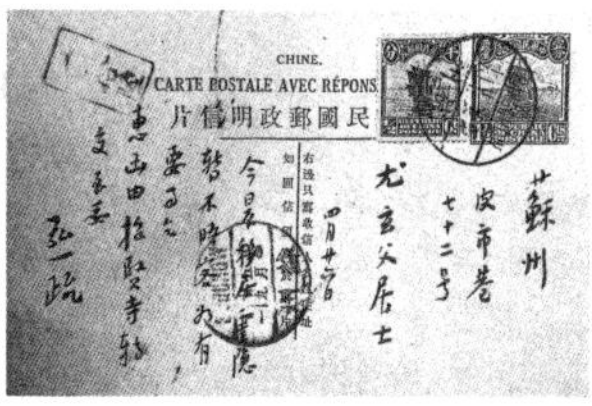

1920年4月26日弘一大师致尤玄父之明信片。

按：致杨白民函，福建人民出版社2019年12月版《弘一大师全集》（第3版，修订2版）第八册·文艺卷、杂著卷、书信卷第271页收录，标注“一九一九年夏，杭州虎跑寺”。文物出版社2017年10月版陈飞鹏整理《弘一法师书信全集》第51—52页将此信作为弘一大师于1919年1月27日（农历戊午十二月廿六日）在杭州接引庵致杨白民明信片附言，并在“案”中曰：“此信尾附言，在《弘一大师全集》单独列出，疑误。订正。”此信中已明言“顷已移居城内万安桥下银洞巷四号接引庵内”，故写信地点非《弘一大师全集》（第3版，修订2版）所言之虎跑，亦非写于1919年夏。《弘一法师书信全集》将此作为1919年1月27日之信的附言，亦无依据。实际情况是，弘一大师于同日也给吴梦非、李鸿梁寄出一信，信中虽有“白民先生处乞为转达”句，但仍寄出致杨白民信。二信邮戳均系“九年四月十二”杭州寄发。

4月20日（农历三月初二日），刊名题字“美育”用于中华美育会出版的中国第一本美育学术刊物《美育》杂志，落款“弘一沙门释演音题”。**按：**该刊总编辑吴梦非，音乐编辑主任刘质平，编辑李鸿梁、丰子恺（兼广告部主任）、手工编辑主任姜丹书，文艺编辑主任欧阳予倩，编辑姚石子、胡寄尘、萧退公等。油画作品《女》刊于该期，标“上海专科师范学校藏，李叔同先生笔”。并附吴梦非作《李叔同先生小传》：“李叔同先生，高士也。岸、哀、息、婴皆其名。籍平湖，迁居天津。家本世阀，而先生则厌之。清光绪间，游海上，结交知名士。旋留学日本东京美术学校，专究西洋画，暇则旁及音乐。卒业返国历任浙江两级师范及南京高等师范图画、音乐教师，实开吾国美育之先导。民国七年夏，薙度于西湖虎跑寺。是年冬即于灵隐寺受戒焉，法名演音，号弘一。生平杰作以油画为最。出家时除佈施外，均由北京国立美术学校保管。先生尤长书法，兼工诗词，所作歌曲亦甚多。”同期刊有丰子恺《画家之生命》一文，写曰：“乙卯予从李叔同先生学西洋画，写木炭基本练习数年。窃悟其学之深邃高远，遂益励之，愿终身学焉。戊午五月，先生披须入山，所业几废，自度于美术所造未深。今乃滥竽教授，非始愿也。惟念吾师学识宏正，予负笈门墙数年，受益甚多。兹不揣谫陋，述其鄙见如次。”

4月25日（农历三月初七日），《申报》刊出李叔同《沙翁墓志》译文。并有周瘦鹃《莎话》：“《莎翁墓志》系生前自撰者，作英国古文。社友李息霜曾拓得一纸。予曾得其一。张之堂中，颇有古色古香之妙。有人译之云……”①

4 月 26 日（农历三月初八日），移居灵隐。致尤玄父函：

今晨移居灵隐，暂不晤客。如有要事，乞惠函至招贤寺转交，至妥。

弘一疏②

按：此为明信片，地址栏写“苏州皮市巷七十二号尤玄父居士　四月廿六日”。福建人民出版社 2019 年 12 月版《弘一大师全集》（第 3 版，修订 2 版）第八册・文艺卷、杂著卷、书信卷未收录。文物出版社 2017 年 10 月版陈飞鹏整理《弘一法师书信全集》第 60 页收录，但标注“旧三月初八日（新历 4 月 16 日）”此标注本身有误，旧三月初八日当为公历 4 月 26 日。有“案”曰：“……辑自：月雅在线拍卖，2016 年 12 月 27 日‘最美艺术’。信件封套收信人：‘苏州皮市巷七十二号，尤玄父居士。’邮戳：‘首发地杭州，四月二十六日。’”然此拍卖件为赝品。原信为明信片，图版收录于林可同编：《弘一书法墨迹》，中国美术学院出版社 2004 年 4 月版，第 99 页。明信片上有邮戳，可知所谓有封套之拍卖件为赝品。既是赝品，所述信件信息当不准确。根据原信图版，此信写于 1920 年公历 4 月 26 日，杭州寄出之时间为 5 月 27 日，寄至苏州的邮戳为 5 月 29 日（为何实际寄发时间为 5 月 27 日，原因另考）。“四月廿六日”不会是农历，因为农历四月廿六日，则是公历 6 月 12 日，苏州邮戳便不可能为 5 月 29 日。故此信写于 1920 年 4 月 26 日，写信地点是杭州。

5 月 16 日（农历三月廿八日），在杭州致刘质平函：

居沪五日，滥膺恭敬供养，惭恧！惭恧！新城工匠近皆耕植迫忙，寺舍能修理速就与否，未能决定。城内湿热多蚊，拟于初一日暂移居玉泉。今后通讯，即寄是处（希便中代告孟由、白民二居士）远行定期后再当奉闻。书端题字，附写奉上，不具。

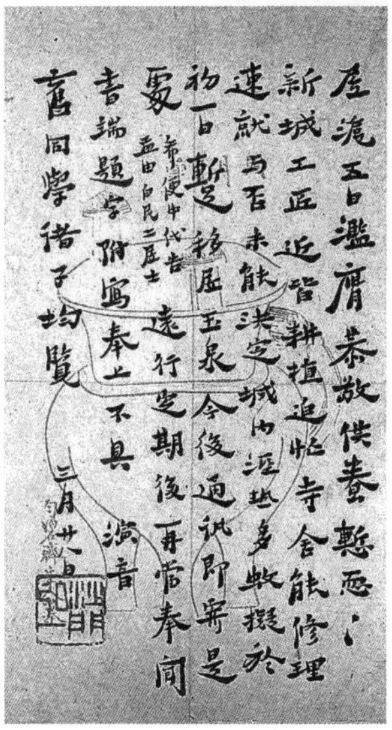
居滬五日濫膺恭敬供養慙恧〻
新城工匠近皆耕植迫忙寺舍能修理
速就與否未能決定城內溼熱多蚊擬於
初一日暫移居玉泉今後通訊即寄是
處（希便中代告孟由白民二居士）遠行定期後再當奉聞
書端題字附寫奉上不具　演音
舊同學諸子均覽
三月廿八日

5 月 16 日（农历三月廿八日），弘一大师在杭州致刘质平函。

① 郭长海、郭君兮编《李叔同集》，天津人民美术出版社 2006 年 6 月版，第 113 页。
② 尤玄父（1888—1971），字玄普，又名玄甫，号墨君，别署墨子，南社社友，江苏吴县人，曾在浙江衢州、台州、杭州等地师范学校任教。其与弘一大师神交已久，二人初次相见在衢州。

旧同学诸子均览。①

演音

三月廿八日

按：此函福建人民出版社 2019 年 12 月版《弘一大师全集》（第 3 版，修订 2 版）第八册・文艺卷、杂著卷、书信卷第 282 页收录，标注“一九二一年旧三月廿八日，杭州”。文物出版社 2017 年 10 月版陈飞鹏整理《弘一法师书信全集》第 61—62 页收录。《弘一法师书信全集》将“演音　三月廿八日”录为“三月廿八日　演音”。② 王维军著《平湖李叔同纪念藏李叔同（弘一大师）手札墨宝・识注考勘》根据弘一大师新城贝山闭关之行，考证此信写于 1920 年农历三月廿八日。此信现藏平湖市李叔同纪念馆，信末钤印“沙门弘一”（阳文）。③ 林子青《弘一法师年谱》（宗教文化出版社 1995 年 8 月版）亦将此信置于 1920 年。

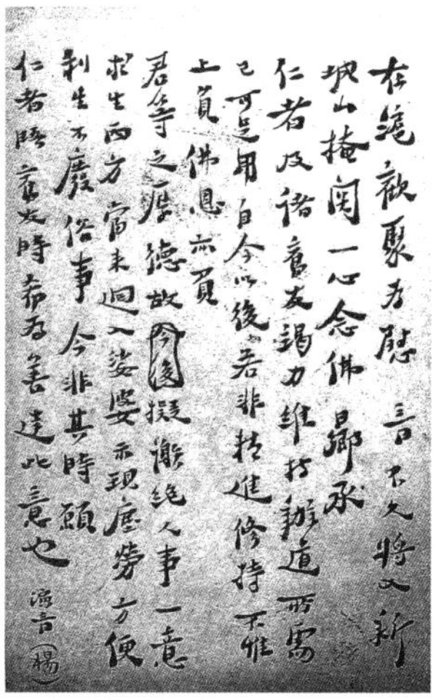

1920 年夏弘一大师致杨白民函。现藏浙江省博物馆。

5 月 25 日（农历四月初八日），手装《金刚三昧经》一卷。**按：**后于 1923 年正月赠崔旻飞居士，署“庚申四月初八日手装，大慈弘一释演音并题。癸亥正月付旻飞居士供养。澹泞道人昙昉敬题”。④

5 月（农历三月十三日至四月十四日），在《美育》第 2 期发表《朽道人传》，署名“弘”。

夏，居玉泉时习《根本说一切有部律》。⑤

在杭州致杨白民函：

在沪欢聚，为慰。音不久将入新城山掩关，一心念佛。鄙承仁者及诸旧友竭力维持办道所需，已可足用。自今以后，若非精进修持，不惟上负佛恩，亦负君等之厚德。故拟谢绝人事，一意求生西方，当来迴入娑婆，示现尘劳，方便利生，不废俗事。今非其时，愿仁者晤旧友时，希为善达此意也。

演音

---

① 信中“孟由”即周孟由（1887—1958），名奋，号寒香，浙江温州人，曾赴日本留学，就读于早稻田大学史地科，1918 年皈依印光大师，法名师导。

② 图版见王维军著：《平湖李叔同纪念藏李叔同（弘一大师）手札墨宝・识注考勘》33 页，西泠印社出版社 2017 年 9 月版。

③ 王维军著：《平湖李叔同纪念藏李叔同（弘一大师）手札墨宝・识注考勘》，西泠印社出版社 2017 年 9 月版，第 34 页。

④ 福建人民出版社 2019 年 12 月版《弘一大师全集》（第 3 版，修订 2 版）第七册・佛学卷、传记卷、序跋卷第 634 页收录时题为《手书〈金纲三昧经〉题记》。崔旻飞，安徽芜湖人，弘一大师在俗时好友，曾任芜湖商业学校校长。

⑤ 弘一大师：《〈佛说无常经〉序》，收《弘一大师全集》（第 3 版，修订 2 版）第七册・佛学卷、传记卷、序跋卷，福建人民出版社 2019 年 12 月版，第 616—618 页。

按一：此信福建人民出版社2019年12月版《弘一大师全集》(第3版，修订2版）第272页收录时标注“一九二〇年旧四月，杭州玉泉寺”。文物出版社2017年10月版陈飞鹏整理《弘一法师书信全集》未收。**按二：**弘一大师赴贝山之前有上海之行，此即弘一大师在致杨白民信中的内容。从这封信中，人们至少可以探得两个信息：一是为了贝山之行，弘一大师得到了包括杨白民在内的旧友的某种支持（如经费上的支持)。这才有了信中“自今以后，若非精进修持，不惟上负佛恩，亦负君等之厚德。”的说辞；二是在弘一大师此番上海之行期间，旧友一定有过类似继续发挥艺术之长的期望。这也才有了弘一大师在信中的“故拟谢绝人事，一意求生西方，当来回入娑婆，示现尘劳，方便利生，不废俗事。今非其时，愿仁者晤旧友时，希为善达此意也。”的表示。弘一大师把朋友的期望置于来世，即“当来回入娑婆，示现尘劳，方便利生，不废俗事。”

6月7日（农历四月廿一日)，母五十九周冥诞，手书《佛说无常经》，署“庚申四月二十一日，亡母五十九周诞辰，敬书是经，以资冥福。大慈弘一沙门演音并记”。①

6月16日至7月15日（农历五月)，手书《根本说一切有部戒经》一卷，署“庚申五月大慈弘一沙门演音敬写”。②

6月25日（农历五月初十日)，在杭州致丁福保函。言顷获手书，并尊刻《佛学初阶》，因说佛典版本；表示将于下月廿日至新城北山掩关念佛等。③

6月28日（农历五月十三日)，前往浙江省教育会参观指导浙江省立第一师范学校洋画研究会所举办的展览，并合影留念。④

6月29日（农历五月十四日)，《申报》刊出“杭州快讯”，曰：“第一师校附设之洋画研究会，连日假省教育会开出品展览会，来宾甚多。今日（二十八）午前全体会员，又敦请前本校教员东京毕业之美术家李

① 福建人民出版社2019年12月版《弘一大师全集》(第3版，修订2版）第七册·佛学卷、传记卷、序跋卷第634页收录时题为《手书〈无常经〉跋》。所录文字有遗漏。今据原件。

② 福建人民出版社2019年12月版《弘一大师全集》(第3版，修订2版）第七册·佛学卷、传记卷、序跋卷第634页收录时题为《手书〈根本说一切有部戒经〉题记》。

③ 此信福建人民出版社2019年12月版《弘一大师全集》(第3版，修订2版）第八册·文艺卷、杂著卷、书信卷第330页收录。丁福保（1874—1952)，字仲祜，江苏无锡人，数学家、医学家、佛学家，著有《佛学大辞典》等。

④ 见本谱本年6月29日（农历五月十四日）条目。

叔同（现已披剃为僧，住持西湖玉泉寺，别号洪一道人）到会评判，后乃摄影而散。”①

《大公报》刊出《故人李叔同闻在虎跑寺为僧，来访不值怅然书此》，署名“葆之”。诗曰：“湖海交期廿载中，文章旧有骆丞风。龙宫鹫岭苕荛在，不见诗人李叔同。”**按：**此诗亦利于本年6月26日《公言报》。

6月30日（农历五月十五日），在杭州致丁福保函：

福保居士箸席：

昨承手书，诵悉一一。尊刻多种，亦一一收存。音居新掩关，婷持佛名，未遑著述。发足之前，琐事至忙，恐少博思之暇。《内法传》《无常经》之序文广告，或可于如新前呈奉。尊刻各籍，或可觅暇与友人共读数种，陈其所见，恐未能整心一志遍读一一也。《法苑珠林》之节本，未暇手辑。嘉禾范古农居士，深通性相，音所佩仰。贤首如愿乞其辑编，音当为致书将意。承施禅衣之资，至可感谢！但音今无所须，佛制不可贪蓄。谨附寄返，并谢厚意。不宣。

五月十五日　释演音

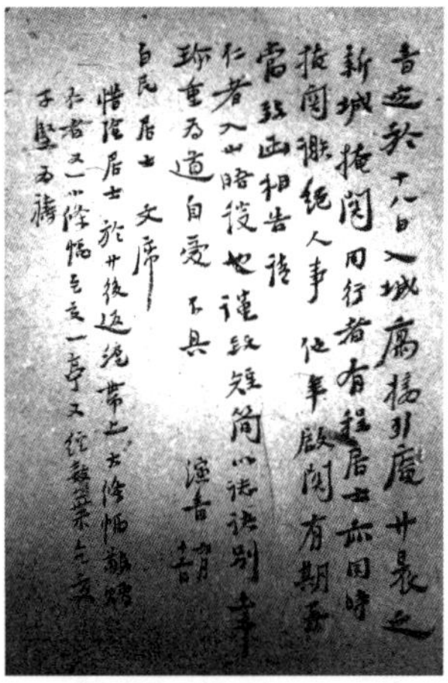

1920年7月28日（农历六月十三日）弘一大师致杨白民函。现藏浙江省博物馆。

按：此信福建人民出版社2019年12月版《弘一大师全集》（第3版，修订2版）第八册·文艺卷、杂著卷、书信卷第330页收录，标“一九二〇年旧五月十五日，新城”。此误。信中“发足之前，琐事至忙，恐少博思之暇”句之“恐”字即可说明尚未抵新城。文物出版社2017年10月版陈飞鹏整理《弘一法师书信全集》第64页收录此信，考证此函当写于杭州玉泉寺。

6月（农历四月十五日至五月十五日），在《美育》第3期发表《印光老人文钞题词》，署名“大慈山释演音弘一”和《玉泉清涟禅寺精觉禅师像赞》，署名“释演音”。**按一：**后有吴梦非附记：“今春弘一法师莅申浦，出手书近作贻予，且谓予曰：从此将不弄笔墨矣。予珍藏之余窃有感焉，爰刊之志中以供海内外仰弘师者之一读。吴梦非附记。”**按二：**刊于《美育》第3期的《印光老人文钞题词》与福建人民出版社2019年12月版《弘一大师全集》（第3版，修订2版）第七册·佛学卷、传记卷、序跋卷第618页所收《〈印光法师文钞〉题词并序》有多处异文。《玉泉清涟禅寺精觉禅师像赞》为《弘一大师全集》（第3版，修订2版）

① 文中“洪一”当为“弘一”。“主持西湖玉泉寺”一语不确。当为居西湖玉泉寺。

未收。

7月2日（农历五月十七日），上海青年会中学美术展览在该会童子军部举行，绘画作品《日暮》入展，被誉为“最精美之作”之一。本次展览征集作品百余幅。①

7月28日（农历六月十三日），在杭州玉泉致杨白民函。言定于十八日入城，寓接引庵；廿晨之新城掩关。程居士同行并同时掩关；尤惜阴于廿后返沪，托带大条幅赠之，又一小条幅交王一亭，经数叶交毛子坚等。②

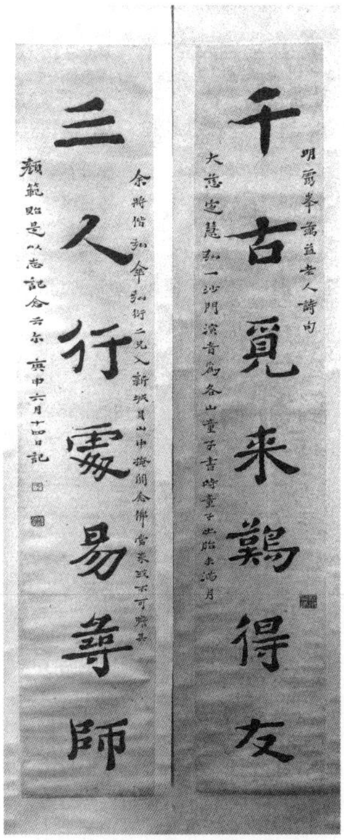
7月29日，弘一大师为周孟由之子出世书“千古觅来难得友，三人行处易寻师”。

7月29日（农历六月十四日），为周孟由之子出世书“千古觅来难得友，三人行处易寻师”。款识“明灵峰蕅益老人诗句。大慈定慧弘一沙门演音为各山童子书，时童子出胎未满月。余将偕弘伞、弘衍二兄入新城贝山中掩关念佛。当来或不可瞻其颜范，贻是以志纪念云尔。庚申六月十四日记”；钤印“弘一”、“释演音”、“四十不闻道”。③

7月（农历农历五月十六日至六月十六日），《美育》第4期刊出《朽道人传》，署名“弘”。

按一：农历六月，将之浙江新城闭关，书佛号，题记曰：“明蕅益大师云：念佛工夫，祇贵真实信心。第一要信，我是未成之佛，弥陀是已成之佛，其体无二。次信娑婆的是苦，安养的可归，炽然欣厌。次信现前一举一动，皆可回向西方；若不回向，虽上品善，亦不往生。若知回向，虽误作恶，速断相续心，起殷重忏悔，忏悔之力，亦能往生，况持戒修福种种胜业，岂不足以庄严净土？庚申六月，将之新城贝山，掩关

---

① 1920年7月3日《申报》在介绍图画展览会、卫生运动展览会时写道：“……昨日上午起，四川路青年会，在童子部开图画展览会，来宾参观者甚众。由杨光骏、谢之光、毛凤祥、周宗武、胡旭光、宋志钦、吴梦飞、冯鸣玉等招待。陈列者，除该会中学所有成绩外，并搜集校外优美之画百余帧，及雕刻石膏模型多种，均由该校图画科主任张聿光布置，其绘制人，为法人鲁达夫J. Ruedo Pf、俄人罗斯J. Rosy、比人王慕陶夫人、李叔同、张聿光、徐咏青、丁悚、方思藻、周湘、洪野、梁鼎铭、周森友之妹、卓砚樵、胡伯翔、张眉孙、张隶郇、丰子恺、吴冈、戚根山、李鸿梁、杨光骏、吴待、毛凤祥、汪英宾、胡旭光、王慕谅夫人、谢之光、宋志钦、裘翼为、周凤麟等。其最精美之作，油画如鲁达夫之《花果瓶》《春郊》、李叔同之《日暮》、丁悚之《沈伯尘遗像》、王慕陶夫人之《野禽》、周湘之《狮》、杨光骏之《蔡元培像》，粉画如罗斯之《野景》、谢之光之《徐世昌像》，水彩画如张聿光之《湖心亭》、方思藻之《野景》、洪野之《野景》、梁鼎铭之《仕女》、张眉孙之《风景》、鲁达夫之《朱家祠》、胡凤祥之《风景》，其余钢笔画铅笔画等亦多佳者，雕刻石膏模型，则系胡翼为与胡旭光所制，以《袁世凯遗像》及《朱树翘像》为最佳，闻此会今日上午起，仍开一日，任众参观云。……”

② 此函福建人民出版社2019年12月版《弘一大师全集》（第3版，修订2版）第八册·文艺卷、杂著卷、书信卷第272页收录，标“一九二〇年旧六月十三日，杭州玉泉寺”。

③ 中共温州市委宣传部、中共温州市委统战部、温州市文化广电旅游局主办：“碧天芳草——李叔同与温州”展览。2020年12月27日至2021年3月27日，温州博物馆。

念佛，书此以志纪念。大慈定慧弘一沙门演音。”钤佛肖印、“演音”。[①] 摘录蕅益大师警训及《三皈依》《五学处》等，署“庚申六月演音依律摘记”。[②]

按二： 赴新城前，马一浮、范古农、堵申甫等在杭州的好友在银洞桥虎跑下院接引庵为其送行，并摄影留念。马一浮为题“旭光室”额，作《旭光室记》并有七律二首，“以此赠别，且申赞喜”。1923 年 3 月 2 日《佛光》第 1 期载湛翁[③]《题旭光室》：“弘一上座，专心净业，远秉蕅益大师，近承印光长老，以为师范。嘱颜其宴坐之所曰旭光，示于四威仪中，不违本志。予既欢喜赞叹，因谓初时后日，并照高山，海印森罗，同归本曜，故赤日杲杲，乃知夜本正明，迥烁乾坤，亦是天晓不露。这一络索也要上座委悉。然则二老只是一光，西方不离当处。旭光即是上座，上座即是旭光，岂复更有光相可寻？名字可得，虽然如是，也不得草草，入此室来。急着眼看，古德与汝相见了也。湛翁题。”蔡冠洛有《大师将赴新城摄影题记》，曰：“即将赴新城贝山掩关，旧友会于接引庵，为治面办斋，并摄影以留纪念。时马一浮居士为题‘旭光室’一额，并赋诗以赠。”[④] 马一浮《题旭光室》中所谓“近承印光长老，以为师范”，说明此阶段弘一大师时有与印光大师书信往还。印光大师另有致弘一大师函四通，未署年代。其一：

弘一大师书“珍重”赠夏丏尊。

讲《起信论》，虽不必定宗《裂网疏》，然决不可慰《裂网》为非。此决定不易之法也。灵峰著述，千古少有。彼等正眼未开，不知其要，故辄吠影，以惑初学。果真具正知见者闻之，则彼之心腹，彻底了知矣。灵峰老人乃末法绝无仅有者，其言事理具足，利益巨测。随人分量，各受其益。

① 福建人民出版社 2019 年 12 月版《弘一大师全集》（第 3 版，修订 2 版）第七册 • 佛学卷、传记卷、序跋卷第 634 页收录时题为《手书“南无阿弥陀佛”洪名题记》。

② 福建人民出版社 2019 年 12 月版《弘一大师全集》（第 3 版，修订 2 版）第七册 • 佛学卷、传记卷、序跋卷第 634 页收录时题为《手书三皈依五学处题记》。据林子青《弘一法师年谱》（宗教文化出版社 1995 年 8 月版）第 110—111 页注六，《南无阿弥陀佛解、三皈依、五学处解》合刊后由上海医学书局出版。

③ 湛翁即马一浮。

④ 蔡丏因：《大师将赴新城摄影题记》，转引自林子青编著《弘一法师年谱》，宗教文化出版社 1995 年 8 月版，第 111 页。另参见范寄东《述怀》（收《弘一大师永怀录》，大法轮书局 1943 年流通版，第 140—143 页）一文：“翌年，师将赴新登山上闭关，程居士即出家名弘伞，约伴往护关。余与会友往送，摄影而别。”蔡丏因（1890—1955），原名冠洛，字丏因，又字研因，号可园，别署梅花泾寓公，浙江诸暨人，曾就读于浙江省立两级师范学校，未及师从李叔同，后留学日本，就读于东京帝国大学习文学，为同盟会会员。回国后曾先后在浙江省立第二中学、第五中学、第六中学、上虞春晖中学和上海立达学园等学校任教。1931 年蔡家迁往桐乡濮院。1933 年，原上海世界书局编辑朱少卿就任中央委员赴南京，遂介绍蔡丏因入世界书局，先后任编辑、总编辑，抗战爆发后离开世界书局回到桐乡濮院从事养蜂事业，为江浙养蜂协会理事长，平时亦以书画自娱。马一浮诗见浙江古籍出版社 1996 年 10 月版《马一浮集》第 2 卷，第 499 页。另，马一浮有诗《弘一上座将掩室新登北山夐绝处以此赠别且申赞喜》，载于《东安楼氏宗谱》。

其二：

接手书，知发大菩提心，誓证念佛三昧，刻期掩关，以期遂此大愿。光阅之不胜欢喜。所谓最后训言，光何敢当！然可不尽我之愚诚以奉之乎？虽固知座下用此种络索不着，而朋友往还，贫富各尽其分，则智愚何独不然？但尽愚诚即已，不计人之用得着否耳。窃谓座下此心，实属不可思议。然于关中用功，当以不二为主。心果得一，自有不可思议感通。于未一之前，切不可以妄躁心，先求感通。一心之后，定有感通。感通，则心更精一。所谓明镜当台，遇影斯映，纭纭自彼，与我何涉？心未一而切求感通，即此求感通之心，便是修道第一大障。况以躁妄格外企望，或致起诸魔事，破坏净心。大势至谓都怀六根，净念相继，得三摩地，斯为第一。敢为座下陈之。

以上二函被认为是赴贝山前印光大师的回信。[①] 前者请教有关对《大乘起信论》的理解；后者为赴贝山闭关前向印光大师请教注意事项，即信中所谓“最后训言”。

按三：将赴贝山前一日，程中和在银洞巷接引庵礼了悟和尚正式出家，字弘伞，并伴随前往护关。[②] 为李鸿梁题肖像：“鸿梁道影”。[③]

按四：书“珍重”赠夏丏尊。款识“予居杭九年，与夏子丏尊交最笃。今将如新城掩关，来日茫茫，未知何时再面？书是以贻，感慨系之矣。庚申夏弘一演音记”；钤印“演音”。[④]

按五：农历六月中下旬，自杭州登轮船沿江而上赴新城（今新登）贝山闭关。学生李鸿梁等至钱塘江轮船前送行。[⑤]

7月（农历五月十六日至六月十六日），刊名题字“美育”复用于《美育》第4期。[⑥] 在该期上发表《朝》（油画，北京美术学校藏），署名“李叔同”。

8月3日（农历六月十九日），《时报》刊出《西湖近闻·李叔同之

① 秦启明：《弘一大师与十法师》，江苏人民出版社2011年4月版，第84、85页。

② 李鸿梁：《我的老师弘一法师李叔同》曰：“一九二〇年夏，法师要到新登贝山去掩关。前一天，是弘伞法师在银洞桥某庵剃度，同往贝山护关。”《浙江文史资料选辑》第26辑，浙江人民出版社1984年6月版，第98—117页。

③ 李鸿梁：《我的老师弘一法师李叔同》，收《浙江文史资料选辑》第26辑，浙江人民出版社1984年6月第1版，第98—117页。

④ 福建人民出版社2019年12月版《弘一大师全集》（第3版，修订2版）第七册·佛学卷、传记卷、序跋卷第634页收录时题为《手书“珍重”赠别夏丏尊并记》。

⑤ 李鸿梁：《我的老师弘一法师李叔同》，收《浙江文史资料选辑》第26辑，浙江人民出版社1984年6月第1版，第98—117页。

⑥《美育》共出版7期。1920年4月第1期，1920年5月第2期，1920年6月第3期，1920年7月第4期，1920年8月第5期，1921年7月第6期，1922年4月第7期。弘一大师题封面用于第1、4、5期。

楼丘宾家老屋残墙。（陈华林提供）

楼氏宗祠一角，此为上贝山的必经之处。（陈华林提供）

富阳新登镇官山村。弘一大师曾在村中楼秋宾家小住。（陈华林提供）

坐关》（署名“谢”），言：“前第一师范学校教员李叔同君出家已久，寄居西湖玉泉为僧，法名演音。现定阴历二十日，至新登山中坐关。于昨日函告省垣各师友云：‘敬启者：不慧痛念生死事大，无常迅速。自今以后掩关念佛，谢绝人事。谨致短简，以当诀别。他年道业有成，或可启关相见。凡我师友，幸垂鉴焉。严守掩关之规例（今后勿再晤面及通信等。掩关之年限无定。他年启关有期再以函告。掩关期内，请勿枉驾。）阙□之罪□乞原云。’”

8月4日（农历六月廿日），抵达新城。[①] **按：**到贝山后，暂住学生楼秋宾（楼启鸿）家。弘一大师自书之《地名山名及寺名院名略考》中介绍曰：“贝山、贝多（新登县山名）。初出家时，在此山普济寺（灵济寺之误——引者注）住数月。”[②] 贝山，即北山，又名贝多山，俗称官山，位于富阳新登镇官山村。据《东安楼氏宗谱》介绍：“北山高约三百丈（海拔620米），青峰险峻，西与富阳交界，上有龙池，旱年祈祷有应，池旁小径似空中，行其上隆隆作声。旁有棋石，耸然峙立，面平坦，相传仙人弈棋所。登高远望，可望钱江，舟楫往返隐约可见。下有幽谷，深不见底，投以石铿然有声。有泉出山腰，泉香而醴，产茶特佳，景美惜无人工点缀。”据楼秋宾编《东安楼氏宗谱》记载，楼秋宾原为李叔同在浙江省立第一师范学校时的学生。弘一大师于1919年底1920年初居杭州玉泉清涟寺时，已在杭州任教的楼秋宾常到寺中探望。一天，楼秋宾接到弘一大师的明信片，说“有要事相嘱，于假日往商。”谱中记曰：“第二天，刚好是星期天，一大早就前往玉泉寺，此时法师已候于门前，相见入室后，即垂询新登北山灵济寺情形，并有意禅隐其处。”当时楼秋宾问老师：“何以知有此山？”大师笑曰：“汝忘之乎？某年某日不尝为文，曾述此山情形？故神往久矣。”原来楼秋宾在浙江省立第一师范学校读书时曾写过一篇作文。《东安楼氏宗谱》记载：“尝命同学各将家乡情形记叙一文，予新登人也，乃以距家五里之北山灵济寺约略记入，私意以为师之用意重在练习文字，讵意竟成后入山修静之预契。”另据清道光《新登县志》第三册卷八《坛庙寺观》载：“上有灵济寺，为宋咸淳七年（1271），县令陈君宝请予朝赐庙额，明嘉靖邑人陈策重建。”弘一大师赴贝山前，曾请程中和先往实地考察。《东安楼氏宗谱》记载：“家父尚在，闻之弘一法师要来灵济寺闭关，极表欢迎。程居士上新登北山看了灵济寺地形后回杭，将北山灵济寺绘成图，经弘一

① 参见弘一大师致丁福保函，收福建人民出版社2019年12月版《弘一大师全集》（第3版，修订2版）第八册·文艺卷、杂著卷、书信卷第330—331页。

② 弘一大师自书之《地名山名及寺名院名略考》，收《弘一大师全集》（第3版，修订2版）第十册·附录卷，福建人民出版社2010年10月版，第482—486页。

法师审定了修理方案。楼秋宾即函禀家父，雇工修理房屋，并由程居士亲莅主持。到暑假回故里，所修房屋已焕然一新，程居士亦于此时赴杭剃度，迎弘一法师上北山灵济寺。”《东安楼氏宗谱》所记当为事后追忆。事实上，当时弘一大师抵达贝山时，所筑房舍并未完全竣工。理由是弘一大师在1920年的《佛说无常经·序》（见林子青编著《弘一法师年谱》，宗教文化出版社1995年8月版，第114页）中说：“是岁七月初二日，大慈弘一沙门演音，撰于新城贝多山中，时将筑室掩关，鸠工伐木，先夕诵《无常经》，是日草此叙文，求消罪业。”1942年10月13日，弘一大师在泉州圆寂。1946年，学生楼秋宾等新登乡人为纪念大师，原意要在贝山建纪念堂，但因条件所限未果。纪念堂未成，但堂额却已请于右任书成；又有《中兴南山宗弘一律师碑记》，由周大易撰碑文，丰子恺书丹。**按七：**在贝山穷研《弘教律藏》三帙，并南山《戒疏》《羯磨疏》《行事钞》及另芝记。自言“乃以障缘，未遂其愿。”[①]

8月9日（农历六月廿五日），在新城至叶为铭函。言在新城居楼处士宅，将于廿七日入山，七月十三日掩关；感谢曾经介绍入虎跑等。[②]

致夏丏尊函。言来新居楼居士家数日，将于二日后入山，七月十三日剃染二周年时掩关；希望代写吴建东居士前属撰杨溪尾惠济桥记等。[③]

8月11日（农历六月廿七日），入贝多山（又名官山，亦名北山）。

8月15日（农历七月二日），在贝山作《〈佛说无常经〉序》。**按：**农历七月，弘伞法师丧母，电促归，先行下山。为写《佛说梵网经菩萨心地品菩萨戒》，题：“庚申七月，同学弘伞义兄丧母，为写〈佛说梵网经菩萨心地品菩萨戒〉一卷；并诵是戒，以为日课。惟愿福资亡者，得见诸佛，生人天上。演音敬记。”[④]

按：在新城掩关期间，研读道宣律师《四分律含注戒本疏》《四分律删补随机羯磨疏》《四分律删繁补阙行事钞》及元照律师《四分律行事钞资持记》《四分律戒本疏行宗记》《四分律羯磨疏济缘记》等。

---

① 弘一大师：《四分律比丘戒相表记·自序》，收《弘一大师全集》（第3版，修订2版）第七册佛学卷、传记卷、序跋卷，福建人民出版社2010年10月版，第609页。

② 此信福建人民出版社2019年12月版《弘一大师全集》（第3版，修订2版）第八册·文艺卷、杂著卷、书信第277页收录，标“一九二〇年旧六月二十五日，新城”。

③ 此信福建人民出版社2019年12月版《弘一大师全集》（第3版，修订2版）第八册·文艺卷、杂著卷、书信第304页收录。标“一九二〇年旧六月廿五日，新城”。

④ 福建人民出版社2019年12月版《弘一大师全集》（第3版，修订2版）第七册·佛学卷、传记卷、序跋卷第634页收录时题为《手书〈佛说梵网经菩萨心地品菩萨戒〉跋尾》。

8月22日（农历七月初九日），在新城致丁福保函。言农历六月二十日来新城，居楼居士宅。廿七日入贝多山；介绍该山情形；谈《无常经》等。[①]

8月26日（农历七月十三日），手书《佛说大乘戒经》，署："庚申七月十三日，大势至菩萨圣诞，演音剃染二年，敬书此经；惟愿四恩三有，法界众生，戒香熏修，往生极乐。是日正式闭关。"[②]

8月（农历六月十七日至七月十八日），刊名题字复用于《美育》第5期。该期刊出诗词《老少年曲》《南浦月·将北行矣留别海上同人》《重饮小兰亭风景依稀心绪殊恶口占二十八字题壁时九月望前一日也》《二月望日歌筵赋此叠韵》《金缕曲·赠歌郎金娃娃》《滑稽传题词》《赠吾心楼主人》《菩萨蛮·忆杨翠喜》《为老妓高翠娥作》和《金缕曲·将之日本留别祖国并呈同学诸子》，被冠以"弘一上人诗词集"，有吴梦非按语："风雨无聊，偶于子恺处获见李叔同先生手书生平得意之作。拜诵之余，爱不忍释。然而缅想高风，又不禁景仰者久之。谨依岁序，录之志中，聊纪念弘一上人入世之手泽云尔。庚申秋夜吴梦非附识"。

9月8日（农历七月廿六日），印光大师于普陀山来函：

弘一大师鉴：

昨接手书并新旧颂本，无讹，勿念。书中所说用心过度之境况，光早已料及于此，故有止写一本之说。以汝太过细，每有不须认真，犹不肯不认真处，故致受伤也。观汝色力，似宜息心专一念佛，其他教典与现时所传布之书，一概勿看，免致分心，有损无益。应时之人，须知时事。尔我不能应事，且身居局外，固当置之不问，一心念佛，以期自他同得实益，为惟一无二之章程也。《高僧传》昨方校完，尚须数日方能寄去。以未过录我本完，又须略斟酌于所记之疑文处。此事一了，即斟酌山志。山志斟酌好，彼愿在山排印，此将就小排法子。每排几十张，印出再折散，又排又印耳。待后来再行刻板。书此，顺候

禅安！

莲友印光谨复。七月廿六日

印光大师法像。

① 此信福建人民出版社2019年12月版《弘一大师全集》（第3版，修订2版）第八册·文艺卷、杂著卷、书信卷第330—331页收录，标"一九二〇年七月初九日，新城"。

② 福建人民出版社2019年12月版《弘一大师全集》（第3版，修订2版）第七册·佛学卷、传记卷、序跋卷第634页收录时题为《手书〈佛说大乘戒经〉跋》。全集收录时无"是日正式闭关"六字。此六字见书件。

上海不去，后三本祈寄普陀。[1]

按：另有印光大师谈写经之函。其一：

接手书，见字体工整，可依此写经。夫书经乃是欲以凡夫心识，转为如来智慧。比新进士下殿试场，尚须严恭寅畏，无稍怠忽。能如是者，必能即业识心，成如来藏。于选佛场中，可得状元。今人书经任意潦草。非为经书，特籍此练字，兼欲留其笔迹于后世耳。如此书经，非全无益。亦不过为未来得度之因。而其亵慢之罪，亦非浅鲜。座下与尤居士书，彼数日前亦来信。意谓光之为人，唯欲人恭敬。故于开首即称师尊，而印光法师四字亦不用。光以详示所以，座下信首，亦当仍用印光二字，不得过为谦虚，反成俗套。至于古人于同辈有一言之启迪者，皆以作礼伸谢。此常仪也，无间僧俗。今礼教陵替，故多多皆习成我慢自大之派头。学一才一艺，不肯下人，尚不能得，况学无上菩提之道乎？此光尽他山石之愚诚也。刺血写经一事，且作缓图。当先以一心念佛为要。恐血耗神衰，反为障碍矣。身安而后道隆。在凡夫地，不得以法身大士之苦行，是则是效。但得一心，法法圆备矣。[2]

其二：

座下勇猛精进，为人所难能。又欲刺血写经，可谓重法轻身，必得大遂所愿矣。虽然，光愿座下先专志修念佛三昧，待其有得，然后行此法事。倘最初即行此行，或恐血亏身弱，难为进趣耳。入道多门，惟人志趣，了无一定之法。其一定者，曰诚，曰恭敬。此二事虽尽未来际诸佛出世，皆不能易也。而吾人以博地凡夫，欲顿消业累，速证无生，不致力于此。譬如木无根而欲茂，鸟无翼而欲飞，其可得乎？

今将办法之利弊，并前人证验，略开一二，庶可随意作法矣。刺血写经，有专用血写者，有合金合硃合墨者。合金一事，非吾人力所能为：憨山大师写经，系皇太后供给纸与金耳。金书之纸，须用蓝色方显，白纸则不显。即蓝纸金字，亦不如白纸墨字，及硃字之明了。光曾已见过矣。若合金硃墨等，则血但少许，以表其志诚

---

① 此信曾载1937年3月15日《佛教公论》第1卷第8号。信中“以末过录我本完”中的“末”字，在福建人民出版社2019年12月版《弘一大师全集》（第3版，修订2版）第八册·文艺卷、杂著卷、书信卷中为“未”字。

② 此信收福建人民出版社2019年12月版《弘一大师全集》（第3版，修订2版）第八册·文艺卷、杂著卷、书信第503—504页。

心。如憨山于五台妙德庵，刺舌血研金，写《华严经》。妙峰日刺舌血为二分，一分研砵书《华严经》，一分着《蒙山施食》中，施鬼神。高丽南湖奇禅师，见蕅益《弥陀要解》，欲广流通，刺舌血研墨写《要解》，用作刻板底样刻之。冀此书遍法界，尽来际，以流通耳。其写一字，礼三拜，绕三匝，称十二声佛名。可谓识见超拔，修持专挚者也。此三老之刺舌血，当不须另行作法。刺出则研金砵墨而写之便了，决非纯用血，当仍用水参合之。若专用血写，刺时先须接于小碗中，用长针尽力周匝搅之，以去其筋，则血不糊笔，方可随意书写。若不抽筋，则笔被血筋缚住，不能写矣。

古有刺血写《华严》，以血筋日堆，塑成佛像，有一寸余之高者。又血性清淡，着纸即散，了无笔画，成一血团，其纸必须先用白矾矾过，方可用。矾过之纸不渗，最省血。大纸店中有卖的，不须自制。此系备画工笔者之用也。其矾过之纸，格外厚重，又复经久。如黄纸已染者便坚实，未染之纸头则硗脆。古人刺血，或舌或指，或臂或胸前，亦不一定。若身则自心以下，断不可用；若用则获罪不浅。不知座下拟书何经？若小部头，则舌血或可供用。若大部，及专用血书，则舌血恐难足用。须用指及臂血，方可告圆。以舌为心苗，取血过多，恐心力受伤，难于进修耳。

光近见刺血写经者，直是造业，以了无恭敬。刺血则一时刺许多。春秋时，过二三日即臭，夏日半天即臭，犹用以写。又有将血晒干，每写时，用水研干血以写之者。又所写潦草，毫不恭敬，直是儿戏！不是用血以表志诚，乃用刺血写经，以博自己真心修行之名耳。窃谓指血舌血，刺则不至太多。若臂则一刺或可接半碗血。与其久则臭而仍用，及晒干研而方用，似不若最初即用血合砵作锭，晒干听用，为不虚耗血，又不以臭血污经，为两适其宜矣。然此锭既无胶，恐久则砵落。研时宜用白芨再研，庶不至落。又将欲刺血，先几日即须减食盐，及大料调和等。若不先戒食此等，则其血腥臊；若先戒食此等，则血便无浊气。

又写经不同写字屏，取其神趣，不必工整。若写经，宜如进士写策，一笔不容苟简。其体必须依正式体。若座下书札体格，断不可用。古今人多有以行草体写经者，光绝不赞成。所以宽慧师发心在扬州写《华严经》。已写六十余卷，其笔法潦草，知好歹者，便不肯观。光极力呵斥，令其一笔一画，必恭必敬。又令作讼过记以讼己过，告诫阅者。彼请光代作，故芜钞中录之。方欲以此断烦惑，了生死，度众生，成佛道，岂可以游戏为之乎？当今之世，谈玄说妙者，不乏其人。若在此处检点，则便寥寥矣。

尤君来书，语颇谦恭。光复之，已又致谢函，可谓笃信之士。

然仍是社会之知见，于佛法中仍不能息心实求其益。何以见之？今有行路之人，不知前途。欲问于人，当作揖合掌。而尤君两次来函，署名之下，只云合十。是以了生死法，等行路耳。且书札尚不见屈，其肯自屈以礼僧乎？光与座下心交，与尤君亦心交，非责其见慢，实企其获益耳。①

9月11日（农历七月廿九日），地藏菩萨诞辰日，手书《十善业道经》，署："庚申七月二十九日，地藏菩萨圣诞，演音敬写《十善业道经》，回向法界众生，愿同修十善业道，以此净业正因，决定往生极乐。"② **按一：**中秋前出关。应衢州莲华寺德渊和尚之请由水路溯钱塘江、富春江、兰江、衢江而上赴衢州，抵莲花寺。携有玉佛一尊赠莲华寺。③ **按二：**《东安楼氏宗谱》记曰："是年冬，弘伞法师遭母丧，电促归。予又因事滞杭，留弘一法师一人在山。其夕，忽大风雨，排山倒海，瓦片如飞，弘一法师突遭此境，惊惜不已，遂于翌日下山，乘间赴各处云游。先到巨州莲花寺挂搭，原想待弘伞法师母丧毕回，重与弘伞法师入北山灵济寺。由于种种原因，缘非前致，自携锡孤往，竟为他方坚留。"弘伞法师的丧母并非"是年冬"，而应该是在这一年的农历七月。此有弘一大师《手书〈佛说梵网经菩萨心地品菩萨戒〉跋尾》为证："庚申七月，同学弘伞义兄丧母，为写《佛说梵网经菩萨心地品菩萨戒》一卷，并诵是戒，以为日课。惟愿福资亡者，得见诸佛，生人天上。演音敬记。"④ 由于这个误记，《东安楼氏宗谱》中弘一大师离开贝山的时间就显得模糊。事实上，弘一大师于中秋期间即已到了衢州。比如弘一大师在《手装〈佛说大乘戒经〉〈十善业道经〉题记》中就说："庚申中秋，演音手装并题，时客衢州莲花古刹……"⑤ 弘一大师《四分律比丘戒相表记·自序》曰："庚申之夏，居新城贝山。假得《弘教律藏》三帙，并求南山《戒疏》《羯磨疏》《行事钞》，及《灵芝记》。将掩

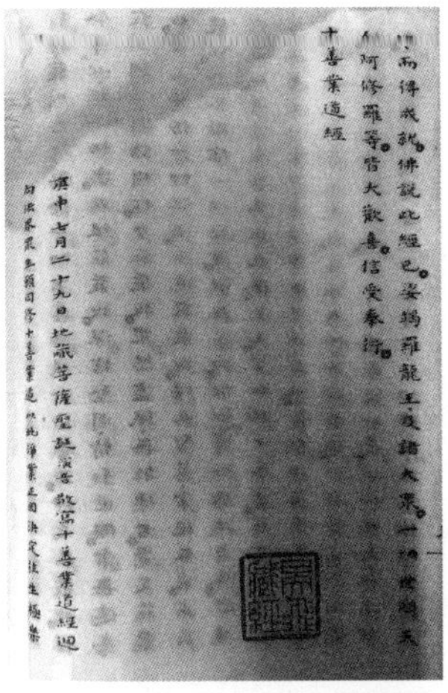

弘一大师手书《十善业道经》尾页。

① 此信收福建人民出版社2019年12月版《弘一大师全集》（第3版，修订2版）第八册·文艺卷、杂著卷、书信卷第503页。

② 福建人民出版社2019年12月版《弘一大师全集》（第3版，修订2版）第七册·佛学卷、传记卷、序跋卷第634页收录时题为《手书〈十善业道经〉跋》。

③ 王月娥：弘一法师在衢州》一文（1990年12月20日《中国文物报》）曰："一九二〇年，弘一法师受莲华寺主持僧德渊法师邀请来衢州莅坛说法，并携来一尊缅甸玉佛。……这一尊妙相庄严的趺坐玉佛，高五十六公分，重四〇公斤。"民国《衢县志》有"民国八年有僧德渊出虎跑来衢县莲花寺主斯席，邀请戒僧弘一莅坛说法，并有缅甸携来玉佛一座，供养观音堂。"之说，有误，应系民国九年。莲华寺位于衢州北乡莲花村，曾废，今已重建。莲华寺匾目前可见，上款为：民国乙丑仲冬榖旦，下款为：都监弘祥释弘乘重立。莲华寺始建于宋建隆年间（960—963），位于今衢州衢江区莲花镇莲花溪畔。华通花。德渊和尚，浙江衢州人，一说浙江建德人，民初出家为僧。

④ 弘一大师：《手书〈佛说梵网经菩萨心地品菩萨戒〉跋尾》，收福建人民出版社2019年12月版《弘一大师全集》（第3版，修订2版）第七册·佛学卷、传记卷、序跋卷，第634页。

⑤ 弘一大师：《手装〈佛说大乘戒经〉〈十善业道经〉题记》，收福建人民出版社2019年12月版《弘一大师全集》（第3版，修订2版）第七册·佛学卷、传记卷、序跋卷，第625页。

室山中，穷研律学。乃以障缘，未遂其愿。”[①] **按三：** 据《东安楼氏宗谱》记载，1946 年冬，楼秋宾等新登乡人为纪念弘一大师上贝山闭关，“发愿修筑纪念堂，以留胜迹，由于庀工不易，又需耗繁绵力，殊有未胜，遂以停工。但纪念堂额已请三原于右任先生书成。《中兴南山宗弘一律师碑记》，承富阳周大易撰碑文，崇德丰子恺先生敬书，字则铁面银钩，文则熏经酌雅，弥足宝爱。今堂额与纪念碑已遗散，但弘一法师亮节高风与诸先生嘉惠，当共此山永垂不朽也。”碑文如下：

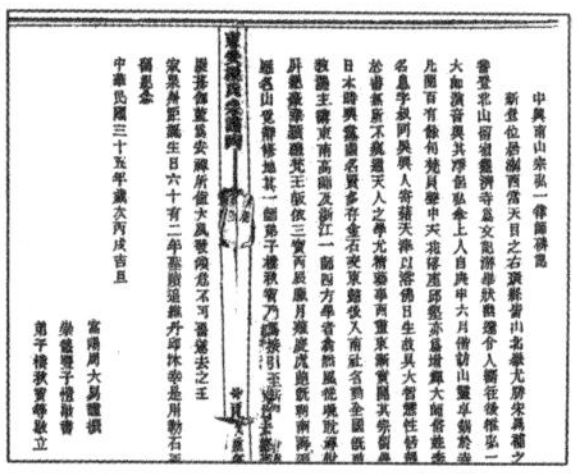

载于《东安楼氏宗谱》中的周大易撰碑文的《中兴南山宗弘一律师碑记》。（陈华林提供）

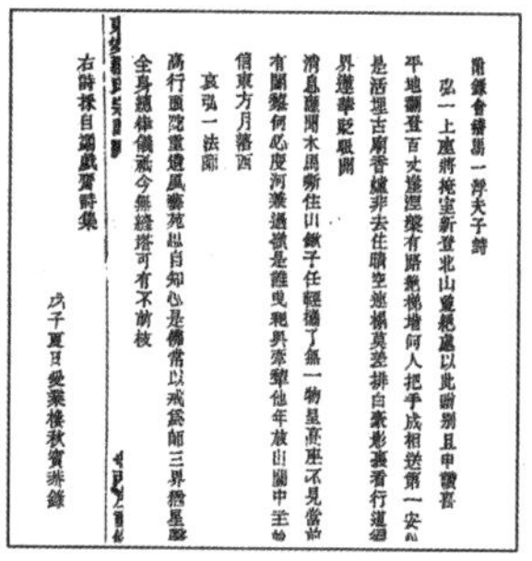

载于《东安楼氏宗谱》中的马一浮赞诗。（陈华林提供）

中兴南山宗弘一律师碑记

新登位居浙西，当天目之右，环县皆山，北岳尤胜。宋晁补之尝登北山，留宿灵济寺，为文记游，毕状幽遂，令人向往。后惟弘一大师演音与其净侣弘伞上人，自庚申六月，偕访山灵，卓锡于寺。凡阅百有余旬，梵贝声中，天花落座，邱壑亦为增辉。大师俗姓李，名息，字叔同。吴兴人，寄籍天津。以浴佛日生，故具大智慧，性恬静，于书无所不窥，通天人之学。尤精艺事，西画东渐，实开其宗。留学日本时，与党国名贤，多存金石交。东归后，入南社，名动全国。既敷教泽，主讲东南高师及浙江一师，四方学者翕然风从。晚耽禅悦，屏绝豪华，顶礼梵王，皈依三宝。丙辰腊月，薙度虎跑，既朝南海，遍历名山，觅静修地。其一师弟子楼秋宾，乃为接引到新登北山，拟葺伽蓝，为安禅所。值大风发，倾危不可留，遂去之。壬午年十月寂泉州，距诞生日六十有二年。圣迹追维，丹邱沐幸，是勒石永留纪念。

中华民国三十五年岁次丙戌吉旦

富阳周大易谨撰

崇德丰子恺敬书

弟子楼秋宾等敬立

按： 碑记中部分内容有误，如“吴兴人”、“丙辰腊月，薙度虎跑”等。

9 月 26 日（中秋），在衢州莲花寺手装《佛说大乘戒经》《十善业道经》。有题字，款“庚申中秋演音手装并题。时客衢州莲华寺古刹”。**按：** 后于 1923 年正月赠付崔旻飞，补题“癸亥正月付旻飞居士供养。僧

① 弘一大师：《四分律比丘戒相表记·自序》，收福建人民出版社 2019 年 12 月版《弘一大师全集》（第 3 版，修订 2 版）第七册·佛学卷、传记卷、序跋卷，第 609 页。

胤敬记”[①]（花，一为华。下同）

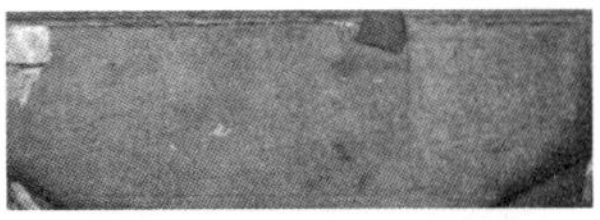
莲花寺原位于衢州莲花村，已毁，此为莲花寺旧匾。（刘国庆提供）

秋，取《梵网十重四十八轻戒目》，判其类别，定名标题，列为《表记》。[②]

按一：在衢州识冯明之，后在《汪居士传》中曰：“庚申秋中，余来三衢，居莲花寺，始识冯君明之。”[③] **按二：**有书四言联“应当发愿，即得往生”赠莲花寺。款识“集阿弥陀经写奉莲华禅寺供养。弘一沙门演音”；钤印“四十不闻道”、“弘裔”、“大悲”。现藏浙江省江山市博物馆。

今在莲花村重建的莲花寺。摄于 2019 年 1 月。

10 月 12 日至 11 月 9 日间（农历九月），在衢州莲花寺作《手书〈戒本偈〉后三颂题记》，署：“庚申九月大慈弘一演音，敬书于柯城莲华禅院大悲阁。”[④]

在衢州莲花寺作《〈菩萨戒本〉题记》，署：“庚申九月，演音敬记于莲华。”[⑤]

莲花村有万安桥，今仍存。摄于 2019 年 1 月。

11 月 22 日（农历十月十三日），圈阅《梦东彻悟禅师语录》。款识“庚申小雪，敬择编中浅明警策，适合庸劣之机者，以朱圈识，俾便常常诵习。昙昉记”。[⑥]

万安桥为衢州市文物保护单位。摄于 2019 年 1 月。

是年，穆藕初来函。[⑦]

请奉东瀛古版《行事钞记》，未及详研。[⑧]

按一：王维军著《平湖李叔同纪念馆藏李叔同（弘一大师）手札墨宝·识注考勘》刊弘一大师“手札十三”，根据书法风格标“一九二〇

---

① 弘一大师：《手装〈佛说大乘戒经〉〈十善业道经〉题记》，收《弘一大师全集》（第 3 版，修订 2 版）第七册·佛学卷、传记卷、序跋卷，福建人民出版社 2019 年 12 月版，第 625 页。

② 弘一大师：《〈佛说梵网经菩萨心地品菩萨戒犯相摘记〉跋》，收《弘一大师全集》（第 3 版，修订 2 版）第七册·佛学卷、传记卷、序跋卷，福建人民出版社 2019 年 12 月版，第 619 页。

③ 弘一大师：《汪居士传》，收《弘一大师全集》（第 3 版，修订 2 版）第七册·佛学卷、传记卷、序跋卷，福建人民出版社 2019 年 12 月版，第 585 页。

④ 弘一大师：《手书〈戒本偈〉后三颂题记》，收《弘一大师全集》（第 3 版，修订 2 本）第七册·佛学卷、传记卷、序跋卷，福建人民出版社 2019 年 12 月版，第 618 页。

⑤ 弘一大师：《〈菩萨戒本〉题记》，收《弘一大师全集》（第 3 版，修订 2 版）第七册·佛学卷、传记卷、序跋卷，福建人民出版社 2019 年 12 月版，第 618 页。

⑥ 福建人民出版社 2019 年 12 月版《弘一大师全集》（第 3 版，修订 2 版）第七册·佛学卷、传记卷、序跋卷第 618 页收录此题记所用标题为《圈识清〈梦东彻悟禅师语录〉题记》。

⑦ 参见穆家修、柳和城、穆伟杰编著《穆藕初先生年谱（1876—1943 年）》，上海古籍出版社 2006 年 5 月版，第 212—213 页。该年谱注曰：“原信不存，在弘一法师给杨白民信中提及此事：‘藕初君处，已致书达意。拟以写经，答其索书之谆意。音亦可藉兹种植善根，是自他俱利之道也。将来道场安定，息心用功，日定一小时为写经功课，以了此愿。’（引自《弘一大师文集·书信卷》（一）第 22 页）”

⑧ 弘一大师：《圈点〈行事钞记〉跋》，收《弘一大师全集》（第 3 版，修订 2 版）第七册·佛学卷、传记卷、序跋卷，福建人民出版社 2019 年 12 月版，第 609 页。

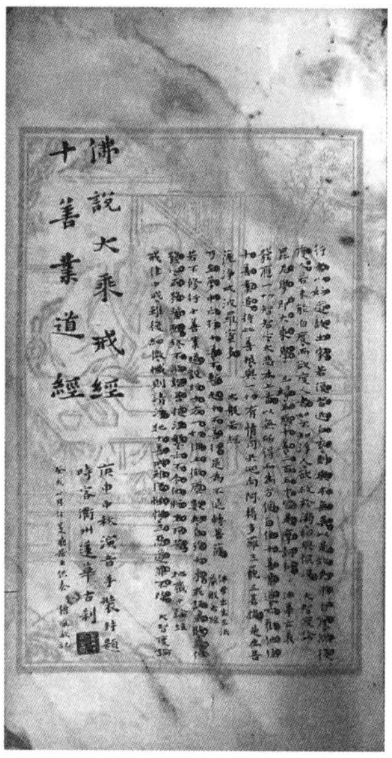

弘一大师在衢州莲花寺手装《佛说大乘戒经》《十善业道经》及题字。

弘一大师集《阿弥陀经》句书赠衢州莲花寺。（刘国庆提供）

年前后”，为《求生西方发誓偈》。该著第37页刊有“手札十四”，根据纸张、书法风格标“一九二〇年前后”。言“此札是弘一大师抄录之重要纪念日之时间表，包括弘一大师父母的生日、忌日。”①

按二：是年前后书《求生西方发誓偈》（依澫益和尚结坛持偈删定）。②

社会评介择要

非：《李叔同先生小传》，载1920年4月《美育》第1期。

丰子恺：《画家之生命》（署名丰子恺），载1920年4月《美育》第1期。

周瘦鹃：《莎话》（下），载1920年4月25日《申报》。

“杭州快讯”，载1920年6月29日《申报》。

谢：《西湖近闻·李叔同之坐关》，载1920年8月3日《时报》。

① 王维军：《平湖李叔同纪念馆藏李叔同（弘一大师）手札墨宝·识注考勘》，西泠印社出版社2017年9月版，第35页。

② 图版见王维军著《平湖李叔同纪念馆藏李叔同（弘一大师）手札墨宝·识注考勘》，西泠印社出版社2017年9月版，第35页。考证见该书第36页。

1921年　辛酉　42岁

社会文化事略

1月4日，文学研究会在北京成立；1月，西洋画团体晨光美术会在上海成立；5月5日，孙中山在广州就任非常大总统；6月，教育部公布《校改国音字典》，作为全国标准音根据；7月23日，中国共产党第一次全国代表大会在上海召开，31日在嘉兴闭会；10月27日，全国教育联合会第七次会议在广州召开；本年，丁福保编《佛学大辞典》出版。

生平事迹

1月9日至2月7日间（农历庚申十二月），题手装《增壹阿含经》《杂阿含经》《本事经》。款识“是岁十二月，敬写合辑装订，白月褒洒陀日，摩颐行者，弘一演音并记”。[①]

原杭州凤生寺位于闸口区域，今已不存。摄于2019年6月。

杭州闸口白塔。摄于2019年6月。

2月8日至3月9日间（农历正月），自衢州至杭州，发心作《四分律比丘戒相表记》。**按一：**《四分律比丘戒相表记·自序》中曰：“庚申之夏，居新城贝山，……明年正月，归卧钱塘。披寻《四分律》，并览此土诸师之作。以戒相繁杂，记诵非易，思撮其要，列表志之。”[②] 农历正月三十日系正月最后一天，根据弘一大师在衢州的行迹，若确系正月回杭州，应系在该日。离开衢州前，赠尤墨君手书《大乘戒经》及旧作七篇手卷。后于1924年8月刊于《半月》第3年第15期。[③] 抵杭州后客居闸口凤生寺。丰子恺前往拜见。时丰子恺行将赴日本游学。丰子恺《法味》一文，曰：“我于六年前将赴日本的前几天的一夜，曾在闸口凤生寺向他告别。”[④] **按二：**弘一大师于1922年5月2日致李圣章函中言：“庚申七月，至新城贝山……值障缘，乃决意他适。于是流浪于衢、严二州者半载。辛酉正月，返杭居清涟。”此说明其到过严州，尚缺相关

---

① 福建人民出版社2019年12月版《弘一大师全集》（第3版，修订2版）第七册·佛学卷、传记卷、序跋卷第618页在收录此题时所用标题为《手装〈增壹阿含经〉、〈杂阿含经〉、〈本事经〉后跋》。题字首句“是岁（庚申）十二月”中的“（庚申）为全集编者所加，原件中无。

② 弘一大师：《四分律比丘戒相表记·自序》，收《弘一大师全集》（第3版，修订2版）第七册佛学卷、传记卷、序跋卷，福建人民出版社2019年12月版，第609页。

③ 尤墨君：《追忆弘一大师》，收《弘一大师全集》（修订版）第十册·附录卷，福建人民出版社2019年12月版，第273—275页。

④ 丰子恺：《法味》，载1926年10月5日《一般》第1卷第2号。

记载，似为往返路径停留。

3月10日至4月7日间（农历二月），书七言联“即今休去便休去，若觅了时无了时”赠季村居士。款识“云峰悦禅师句，辛丑二月。季村居士嘱，弘一沙门演音”；钤印“演音”、“弘一”。①

书《佛说五大施经》。款识“辛酉二月，弘一沙门演音书”；钤印“演音”。

书《佛说戒香经》。款识“辛酉二月，弘一沙门演音书”；钤印“弘一”。

附记：浙江三江拍卖有限公司《2014年秋季艺术品拍卖会“中国书画精品专场·三江之夜”》图册第0514图为弘一大师名下七言联“出现三世庄严刹，利乐一切诸众生”。款识“集大方广佛华严经普贤行愿品偈句。群铮居士慧鉴，辛酉二月，弘一沙门演音”；钤印“演音”、“弘一”。有说明曰：“上款人周群铮，温州人。与印光法师学佛。《印光法师文钞》三编卷四，有《复周群铮居士书》。另，群铮居士之兄长为周孟由，周孟由为永嘉县令，虔诚礼佛，曾与吴璧华于1921年3月，陪同弘一法师，从杭州起程，经上海到达温州。此联即弘一到达温州后所写，有据可考，颇为难得。”供参考。

1921年4月12日弘一大师（中）与陶秉珍、朱章卿在杭州玉泉合影。

4月5日（农历二月廿七日，清明），在杭州接引庵致杨白民函。言定于下月初十左右，同程、吴二居士及某上人至沪，搭轮赴温州；未赴沪以前，寓接引庵等。**按：**离开杭州前曾与马一浮、林同庄、周孟由、吴璧华合影留念。②

4月8日至5月7日间（农历三月），书“絜矩可为喻，妙义能顿彰”赠毛子坚。款识“子坚贤首慧鉴，辛酉三月。弘一沙门演音”；钤印“演音”、“弘一”。③

书《佛说木槵子经》。款识“辛酉三月，弘一沙门演音书”；钤印“弘一”。

① 此书见温州博物馆、平湖李叔同纪念馆编《弘一大师墨迹》，浙江古籍出版社2010年9月版，第13页。

② 此信福建人民出版社2019年12月版《弘一大师全集》（第3版，修订2版）第八册·文艺卷、杂著卷、书信卷第272页收录，标“一九二一年旧二月廿七日，杭州虎跑寺”。不当。应系虎跑寺下院接引庵。吴璧华（1877—1926），字钟镕，永嘉西岙人，1902年留学日本，1905年回国返温州，1906年再赴日本，1908年5月卒业于日本陆军士官学校，同盟会会员，回国后曾创建四川陆军速成学堂等，民国后曾任浙江都督府军事参议员，1918年辞官，在杭州皈依松木场智慧老法师修净土，后拜谒印光大师，被赐法名“志西”。

③ 上海市书法家协会编：《海派代表书法家系列作品集·弘一》（该卷主编刘一闻，副主编沈爱良），上海书画出版社2006年12月版，第29页。钱均夫家族藏。

4月12日（农历三月初五日），在杭州玉泉接待旧友陶秉珍、朱章卿来访，并合影留念。有摄影题记："辛酉三月初五日，弘一演音偕陶子秉珍、朱子章卿写于玉泉。"

致杨白民函：

白民居士文席：

顷与程居士面商，人约needs筹資三百，即可足数。新之君已交来百元，再有二百即可无虑。子坚君来函，即作书答之，忘其住址，附奉，乞君转交为感。费神容晤申谢。草此奉闻，即颂

近佳

演音白　三月初五日[①]

按：此信福建人民出版社2019年12月版《弘一大师全集》（第3版，修订2版）第八册·文艺卷、杂著卷、书信卷第273页收录，标"一九二一年三月初五日，杭州虎跑寺"。地点未必确当。因此日弘一大师在玉泉留有影像。

1921年春，弘一大师（右二）与在家好友马一浮（右一）、林同庄（中）、周孟由（左二）、吴璧华（左一）在杭州合影。

致毛子坚函。言杭地多故旧酬酢，将偕道侣程、吴二居士赴温州息心办道，经费托白民君代为筹谋，卖字暂不考虑；希望读诵《印光法师文钞》；新闻坤范女学校自初八日始每晚请范古农大士讲经，敦促往听；在当代缁素之中最崇服印光法师，于俗则范大士；今后通函，寄杭城内万安桥下银洞巷四号；廿日左右，当来沪等。[②]

春，自谓"始编戒相表记"。[③]

4月17日（农历三月初十日），因为程、吴二人去他处办事未能按预定时间回杭州，赴沪之行提前，是日已在上海，住护国院，手书《佛说十二头陀经》一卷。款识"辛酉三月十日，居上海护国院，弘一沙门演音敬写。愿将以此功德，回向四恩三有法界众生，同离结著，集诸善本，发大乘心，往生西方，速得无上正真之道。"[④] **按一：**宗教文化出版社1995年8月版林子青编著《弘一法师年谱》第121页对该题记的按语

① 《弘一大师全集》（第3版，修订2版）注新之君即施省之，上海居士。从"新之君"之表述看，似为留日时期友钱新之。

② 此信福建人民出版社2019年12月版《弘一大师全集》（第3版，修订2版）第八册·文艺卷、杂著卷、书信卷第274—275页收录，标"一九二一年三月初五日，杭州虎跑寺"。地点疑误。详见同日致杨白民函之按语。

③ 参见1951年5月1日《觉有情》第12卷第5期刊出之《四分律含注戒本前八章》，署名："弘一遗稿"。文分：一、余弘律之因缘；二、略述律学之派别；三、此土流传之次第；四、示今所宗。

④ 福建人民出版社2019年12月版《弘一大师全集》（第3版，修订2版）第七册·佛学卷、传记卷、序跋卷第618页收录此题记所用标题为《〈佛说十二头陀经〉经末题记》。款识后另有文字："扬州有别刊版，久不印行，屡求请不可得，乃依丽藏本写此，伤正法之久淹矣。"该经由温州的一位僧人珍藏，1959年寄给北京西山佛牙塔装藏，今存北京中国佛教协会。

是："此经乃一九五九年北京西山建佛牙塔时，温州某僧寄来装藏者，今存北京中国佛教协会。护国院即上海南市老关帝庙雅称。主僧与西湖玉泉寺住持真空（河南人）同一系统，师与玉泉因缘特深，故到沪常居于此。此次赴沪系取道赴温。"上海南市老关帝庙有几处，有的今已不存，有的仍存。目前无法确定为哪个关帝庙。**按二：**弘一大师于该年的上海之行，亦居城东女学，为朱贤英开示佛法。1922 年，弘一大师在《题朱贤英女士遗画集》题记有曰："去岁四月，余来沪，居城东，贤英过谈半日。勉以专修持名念佛，勿旁骛他法。……壬戌二月大慈弘一沙门演音书于温岭城寮藏堂。"福建人民出版社 2019 年 12 月版《弘一大师全集》（第 3 版，修订 2 版）第七册・佛学卷、传记卷、序跋卷第 641 页收录时题《〈朱贤英女士遗画集〉题词》。此处所说四月疑为公历，或即为此次上海之行，住过护国院，亦住城东女学。农历四月，弘一大师在温州。**按三：**某日，时任上海专科师范学校教员的李鸿梁求写字，李鸿梁言："但嘱我们不要给别人知道。因此我们立刻派出许多人，从楼门起直到大门，沿路都站了人，以免不速之客的闯入。有一同学问法师：'如现在有人请法师作画，怎样？'师微笑。我说：'倘有人来请画，也可以，日后等他来取时，仍将原素纸还他，教他自己去看，看得出什么就是什么。'师大笑。后与师合摄一影，我捧着书侍立于旁，后因背景不好，所以用油画颜料把背景涂去，但现在这像片亦不知去向了。"[①] 据文中所述情形，此次与李鸿梁相见并作书的地点应系上海专科师范学校内。

致杨白民函。言前与程居士谈经费事，感谢鼎力筹画，前吴梦非来函亦云其与刘质平合赠百元；程、吴二居士因事他往，待其返杭州即订期赴温州等。[②]

附记：致弘伞法师、玉泉居士函：

伞同学兄、玉泉居士禅席：

来是相礼至优，深感清和尚介翰之德。二三日可如瓯，伞兄若依次航便，其期当在廿以后，迟迟去杭不妨也。不宣。

演音和南　三月初十

清印二公和尚暨玉泉诸大师前悕为称名致礼。

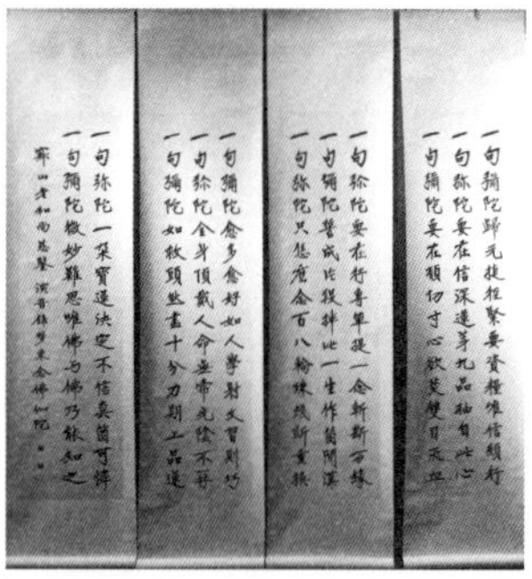

弘一大师书教义百偈四条屏赠寂山和尚。款识"寂山老和尚慈鉴。演音录梦东念佛伽陀"；钤印"胤"、"名字性空"。中共温州市委宣传部、中共温州市委统战部、温州市文化广电旅游局主办："碧天芳草——李叔同与温州"展览。2020 年 12 月 27 日至 2021 年 3 月 27 日，温州博物馆。原书无书写时间，展品标牌标 1921 年。

① 李鸿梁：《我的老师弘一法师李叔同》，收《浙江文史资料选辑》第 26 辑，浙江人民出版社 1984 年 6 月第 1 版，第 98—117 页。

② 此信福建人民出版社 2019 年 12 月版《弘一大师全集》（第 3 版，修订 2 版）第八册・文艺卷、杂著卷、书信卷第 273 页收录，标"一九二一年三月初十日，杭州虎跑寺"。地点误。即便在杭州寄此信，据 4 月 12 日（农历三月初五日）致毛子坚函，也应系"万安桥下银洞巷四号"。陈飞鹏《弘一法师书信全集》（文物出版社 2017 年 10 月版）第 70 页标注此信写于杭州虎跑寺。是日弘一大师至上海，有可能因先住护国院而在杭州出发时寄发。

此信福建人民出版社2019年12月版《弘一大师全集》（第3版，修订2版）第八册·文艺卷、杂著卷、书信卷未收录。见文物出版社2017年10月版陈飞鹏整理《弘一法师书信全集》第70页，标“旧三月初十　弘伞法师、玉泉居士　杭州”。据该集对此信的说明：“此信辑自西泠印社拍卖有限公司2013年春拍会《近现代名人手迹专场》，地点杭州。经鉴定乃弘一法师手札真迹无误。无年份，地址……据拍卖公司提供的图片，其书写风格与1921年间弘一法师同期书风吻合……据信中‘二三日可如瓯’一语，推测这是弘一法师第一次到温州。即1921年旧历三月中旬。此与写信日期三月初十吻合……。”因此为拍卖品，又系“经鉴定”为弘一大师真迹，故以附记录存。供参考。即便为真迹，根据信中此信“迟迟去杭不妨也”句，此信当写于上海。是年秋，弘伞法师曾赴螺山资福寺。①

在沪待船期间，将手书《佛说五大施经》《佛说戒香经》和《佛说木槵子经》赠与穆藕初。为封面题三经名，署：“辛酉二月，弘一沙门演音敬写并题”。**按一：**其中《佛说木槵子经》实际写于农历三月。尤惜阴、丰子恺先后为此三经题记或题跋。后复由刘景晨于次年翻印百册。翻印本有刘景晨自跋，署：中华民国十一年六月吉日，永嘉刘景晨贞晦敬题”。② 据穆家修、柳和城、穆伟杰编著《穆藕初先生年谱（1876—1943》，上海古籍出版社2006年5月版第220页介绍，此三经原件后为苏州灵岩山寺妙真法师所得，藏于该寺文物馆，“文革”中被毁。尤惜阴题记为：“辛丑春莫，弘一大师欲赴温州办道，来沪待船，贻穆藕初居士以手写三经一帙：一为《佛说五大施经》，一为《佛说戒香经》，一为《佛说木槵子经》。每经后系以赞扬劝修语，并附行人常识数则，简约明显，妙契时机。穆居士特付石印，用广流通，以慰大师弘扬佛化之深心，并尽朋辈见闻随喜之至意。谨附片言，以表是经出世因缘。末学尤秉彝稽首敬志。”后丰子恺有题跋写于1964年，写曰：“……先师弘一上人在家时，精通音乐、演剧、诗文字画，而于书法造诣尤深。出家后屏弃诸艺，独不忘情于书法。常写经文佛号，广结胜缘。此三经乃初出家时为穆藕初居士所书者。笔力遒劲，与后年所书轻描淡写，落墨不多者迥异其趣。在佛法上与艺术上，此皆可称为至宝。藕初居士乃当年沪上巨贾，皈依大师，热心弘法。白马湖晚晴山房之建筑及《护生画初集》之刊行，此人曾慨捐不净之财，亦难得也。苏州灵岩山妙真老法师，创办文物馆，得此墨宝，嘱为题字，率书所知如上。时甲辰岁首，丰子恺于海上日月楼。”尤惜阴题记、丰子恺题跋见林子青编著《弘一

① 因弘：《恩师弘一音公驻锡永嘉略记》，载1944年《觉有情》第5卷第115—116期合刊。

② 刘景晨（1881—1960），温州人，1904年考入京师大学堂师范馆，后任众议院议员，1952年后任温州市文物保管委员会主任、温州市政协副主席等职。

温州积谷山（山左下位置为庆福寺所在区域）旧影。（史从忠提供）

原庆福寺位置在今温州市积谷山下人民路东段区域。摄于2018年11月。

法师年谱》，宗教文化出版社1995年8月第1版，第120页。林谱误将尤惜阴题记“并尽朋辈见闻随喜之至意”中的“辈”字录为“友”字。**按二：**在上海待船期间，尤惜阴希望将《百喻经》翻译为白话文，表示赞许，并为其联系《时事新报》的《学灯》副刊李石岑辟专栏刊载。[①] 6月17日《时事新报·学灯》刊载尤惜阴《系说》，文云：“……《百喻经》中所载故事，从修多罗藏十二部经中录出。中天竺尊者僧伽斯那，为开发新学者，撰述此经。距今一千四百二十九年，南齐永明十年秋，天竺求那毗地法师所译，南京金陵刻经处刊印流布。不慧微求藏经中类于伊索寓言的著作，期广介绍，以开信向。弘一上人深为赞许，介绍此经。并介绍于张云雷居士，商请《时事新报》学灯栏主任李石岑先生，酌让余白，以宏劝发。此编敬遵古佛方便说法的权教教旨，并按照现代读者眼光，演绎经义。间摘附古德法言，期增加读者研求兴味。凡率成三十六篇，仅得全经中三分之一分。……”[②]

4月20日（农历三月十三日），自上海登轮赴温州。**按一：**约22日抵达。[③] **按二：**抵温州后，住积谷山下庆福寺闭关研律，曾约法三章：“余初始出家，未有所解，急宜息诸缘务，先办己躬下事。为约三章，敬告同人：一、凡有旧友新识来访者，暂缓接见。一、凡以写字作文等事相嘱者，暂缓动笔。一、凡以介绍请托及诸事相嘱者，暂缓承应。惟冀同人共相体察，失礼之罪，希鉴亮焉！释弘一谨白。”[④] 撰《刻十二头陀经跋》。习四分律部。[⑤] **按三：**弘一大师自书之《地名山名及寺名院名略考》中介绍曰：“章安、永宁、永嘉（皆是温州）。居温州最久，约十载，居住庆福寺，又名城下寮。”[⑥] 积谷山下，比较安静，可以为他安心著述提供良好的环境。庆福寺的历史不长，该寺始创于清嘉庆、道光年间，俗名城下寮。据徐祖光《庆福寺今昔谈》一文所云，庆福寺原为经忏道场，寂山和尚主持该寺后，由弘一大师、吴璧华、周孟由等倡议和赞助，开始改为禅门寺院。故庆福寺的繁荣期即是弘一大师驻锡期间。弘一大师曾为庆福寺缘册题过词：“庆福之名，志乘不载，今所传者，

① 1930年尤惜阴在《谈因》一书中再次提及此事：“……今年春暮，弘一上人欲赴温面壁。来沪待船，小住西城兰若中。驰书约会话，提议编辑佛学浅说，广结有缘。为向该兰若住持真空和尚处，商借大藏经，当即检出传记部两卷，纂集部四卷，护教部六卷，共十二卷，俾资参考，并谓启发初机，小乘经中亦多可采材料。并为介绍时事新报张云雷居士，藉报纸宣传力，作救时宏法之助。未几，又得刘子士木为向刘灵华居士家借到应用之藏经多卷，备长期之参考，得将真空和尚处藏经早日归还。……中华民国十年九月十九日志于沪东之止观室。雪行。”尤惜阴《系说》，收《谈因》，佛学书局1930年初版，第148页。

② 雪行：《系说》，载1921年6月17日《时事新报·学灯》，第四张第2版。

③ 参见1921年4月20日《申报》《轮船出口日期》、4月21日《申报》《国内轮船运货进出口之调查》。

④ 丁鸿图：《庆福戒香记》，载1944年1月1日《觉有情》第5卷第9—10号第105—106期合刊。

⑤ 弘一大师：《刻十二头陀经跋》款识有曰：“时初来瓯上，居城下寮，习四分律部。”

⑥ 弘一大师自书之《地名山名及寺名院名略考》，收《弘一大师全集》（第3版，修订2版）第十册·附录卷，福建人民出版社2019年12月版，第482—486页。

嘉道间事耳。逮乎清季，寂公上人驻锡是间，整顿清规增筑僧舍，勤修净业，广行众善，又复建莲池会，劝导缁素，一心念佛，求生西方，远绍庐山之遗轨，近媲法雨之高躅，胜名流传，遍及中国……余于辛酉参学永嘉，依止上人，同住十载，尔者城垣渐废，观瞻不尊。寺主因弘贤首，与上人谋，将欲重建殿宇，易其方位，以协形相，为立缘册，集募资财。凡诸善信当必生欢喜心，随力而助，所获功德，无量无边矣。”弘一大师还为该寺山门书写过“庆福寺”三字，而大殿内及月台石柱、横轩走廊石柱，均有弘一大师题写的对联。大殿中大匾额亦为其手笔。1949年后，庆福寺曾一度作为佛教协会主办的复生造纸厂厂址，后又并入温州打字腊纸厂。1956年时，该寺曾修葺一新，又成了温州市佛教协会会址，并被温州市文物管理委员会列为第一批市级文物保护单位。当时寂山和尚、因弘法师、周孟由等发起筹办“弘一大师纪念室”。因历史原因，1959年该寺被占作昆仑化工厂（后为长征化工厂）。与全国各地的许多寺院一样，庆福寺在十年动乱期间遭到了严重破坏，20世纪80年代又被拆除，现已不存，其具体位置在今积谷山下之人民路东段区域。对于居庆福寺（城下寮），弘一大师在《玉泉居士墓志铭》中写曰：“辛酉季春，余徙永嘉，掩室城寮，盖居士为之绍介。”一说由林同庄介绍。因弘在《恩师弘一音公驻锡永嘉略记》一文中曰：“溯吾师自民国七年出家杭州虎跑，受具灵隐，九年研教新城贝山，因旧同学瑞安林同庄君言，永嘉山水清华，气候温适，师闻之欣然。又因吴璧华、周孟由二居士延请，遂于十年三月料理行装，拥锡来永，挂褡城南庆福寺。”[①] 诸说其实并无矛盾，林同庄首先介绍了温州，吴建东后为之引荐，吴璧华、周孟由发出驻锡庆福寺邀请，此亦顺理成章。赴温州后开始草编《四分律比丘戒相表记》。[②] **按四：**关于弘一法师初来温州的情况，木鱼法师曾有另一种说法，参阅木鱼：《弘一法师初到温州的实况》，收《鹿城文史资料》（第4辑），1989年版，第140页。**按五：**弘一大师自述：“辛酉季春，余徙永嘉，掩室城寮，盖由居士为之容介。尝致书曰：凡所需求，无虑难继，有某在耳。后五载丙寅，余归钱塘，乃知居士先已迁谢。”[③]“辛酉三月，余来温城”[④] 作《刻〈十二头陀经〉跋（先老人遗著）题记》。署：“弘一沙门演音敬录。时初来瓯上，居城下寮，习四分律部。”尾款署“辛酉三月演音敬录。时初来瓯上，居城下寮，习四分

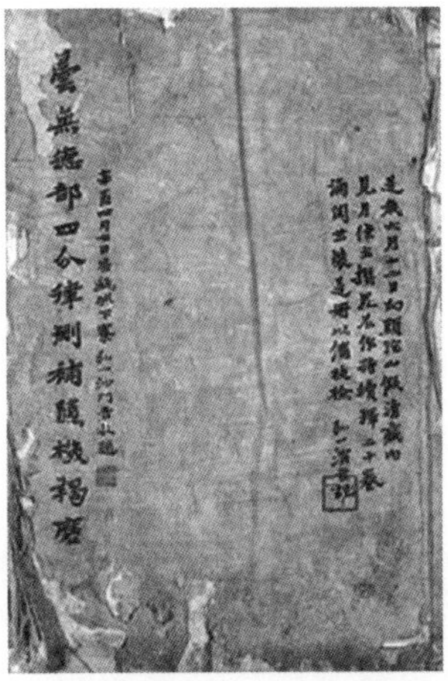

弘一大师题《昙无德部四分律删补随机羯磨》。

① 因弘：《恩师弘一音公驻锡永嘉略记》，载1944年6月1日《觉有情》第5卷第115—116期合刊。

② 弘一大师：《四分律比丘戒相表记·自序》，收《弘一大师全集》（第3版，修订2版）第七册佛学卷、传记卷、序跋卷，福建人民出版社2019年12月版，第609页。

③ 弘一大师：《玉泉居士墓碣铭》，载1937年3月《微妙声》第5期。

④ 弘一大师：《庖人陈阿林往生传》，载1937年3月《微妙声》第5期。

律部”。①

5月14日（农历四月初七日），在温州题《昙无德部四分律删补随机羯磨》，款识“辛酉四月七日居瓯城下寮，弘一沙门音敬题”；钤印“演音”。**按：**是书右侧后另有题记，当为他日另题。详见本谱本年“7月16日（农历六月十二日）”条目。据2018年12月3日荣宝斋公布，此手批书被拍卖，估价260—350万元，成交价为529万元。

5月23日（农历四月十六日），在温州手书《根本说一切有部戒经》。款识“西国持律，唯依自部，神州之士，多尚会通。前者简要而易明，后者复杂而难辨。是因广约而异趣，宁有是非之可云。音幸得人身，忻逢大法，愿以有部以自利，兼学旁部以利他。力屏新旧之名，无取轩轾之见。冀以上报世尊之慈恩，下顺众生之根器云尔。辛酉前安居随喜日，西湖大慈弘一沙门演音，敬录义净三藏《寄归传》二则，并以私意附识”。②

5月28日（农历四月廿一日），为亡母六十年诞敬写《赞礼地藏菩萨忏愿仪》，款识“改元后十年，岁次辛酉四月二十一日，为亡母王太淑人六旬冥诞，敬写《赞礼地藏菩萨忏愿仪》一卷，以此功德，回向亡母，早消业障，往生西方。弘一释演音敬记。”③ 又写《佛三身赞》《佛土百八名赞》《广大发愿颂》，款识“岁次辛丑四月二十一日，亡母王太淑人六十年诞，敬写赞颂三种，以此功德回向亡母，解脱尘缘，往生极乐。弘裔沙门僧胤。”钤印“弘一”。④ **按一：**曾刊于1927年6月17日《小说世界》第15卷第25期。**按二：**是日另写“南无地藏菩萨摩诃萨”二幅寄李鸿梁。后李鸿梁转赠蔡丐因一幅。⑤

今头陀寺一瞥。摄于2020年10月23日。

6月10日（农历五月初五日），校书《发愿文稿》，文云：“我弟子演音今见正法，欲灭世界闇瞑，以护法因缘发菩提弘愿。修行诸戒称念佛名，仗此功德善根决定往生极乐。花开见佛闻法欢喜，具足德本胜进

① 弘一大师：《刻〈十二头陀经〉跋（先老人遗著）题记》，收《弘一大师全集》（第3版，修订2版）第七册·佛学卷、传记卷、序跋卷，福建人民出版社2019年12月版，第618—619页。

② 福建人民出版社2019年12月版《弘一大师全集》（第3版，修订2版）第七册·佛学卷、传记卷、序跋卷第619页收录时题为《手书〈根本说一切有部戒经〉题记》。

③ 福建人民出版社2019年12月版《弘一大师全集》（第3版，修订2版）第七册·佛学卷、传记卷、序跋卷第619页收录时题为《〈赞礼地藏菩萨忏愿仪〉跋》。

④ 福建人民出版社2019年12月版《弘一大师全集》（第3版，修订2版）第七册·佛学卷、传记卷、序跋卷第634页收录时题为《手书〈佛三身赞颂〉跋》。

⑤ 李鸿梁：《我的老师弘一法师李叔同》，收《浙江文史资料选辑》第26辑，浙江人民出版社1984年6月第1版，第98—117页。

增荣。早悟无生受菩提记，然后不违安养回入婆娑。弘扬毘尼绍隆佛种，主持正法普度群迷。当来龙华会上现声闻身，如优波离持戒第一。愿以持戒具众妙行，利益有情尽未来际。”款识“庚申冬草就辛酉端阳日改订敬书”①

7月5日至8月3日间（农历六月），《四分律比丘戒相表记》“第一次草稿乃讫”。②

7月12日（农历六月初八日），在温州与弘伞法师联名致杭州玉泉清涟寺印心、宝善二大和尚。言来温州习静念佛，“四大亦粗调适”，问候起居，代问候清月大和尚、灵峰圆湛大和尚等。③

7月16日（农历六月十二日），向头陀山（寺）假清藏内见月律主撰《毗尼作持续释》二十卷。在《昙无德部四分律删补随机羯磨》封面作题记“是岁六月十二日向头陀山假清藏内见月律主撰毗尼作持续释二十卷。诵阅并装是册，以备校检。弘一演音记”；钤印“弘一”。④ **按：** 温州头陀寺在民国时期又称密印寺，寺院所在的山称头陀山，民间习惯称该寺为头陀山。民国时期的头陀寺藏经颇丰。头陀寺位于温州瓯海区南白象镇头陀山。寺建于后汉年间。近代谛闲法师曾任该寺住持。

7月24日（农历六月廿日），在温州致丁福保函。言暮春来温州；知《佛学大辞典》出版，至为庆喜，希邮赍庆福寺；附掩关谢客简（印刷品）：“敬启者：不慧痛念生死事大，无常迅速。自今以后，掩关念佛，谢绝人事。谨致短简，以展诀别。他年道业有成，或可启关相见。凡我师友，幸垂鉴焉！演音谨白”；因严守掩关规例，今后不再晤面及通信等。启关再以函告等。⑤

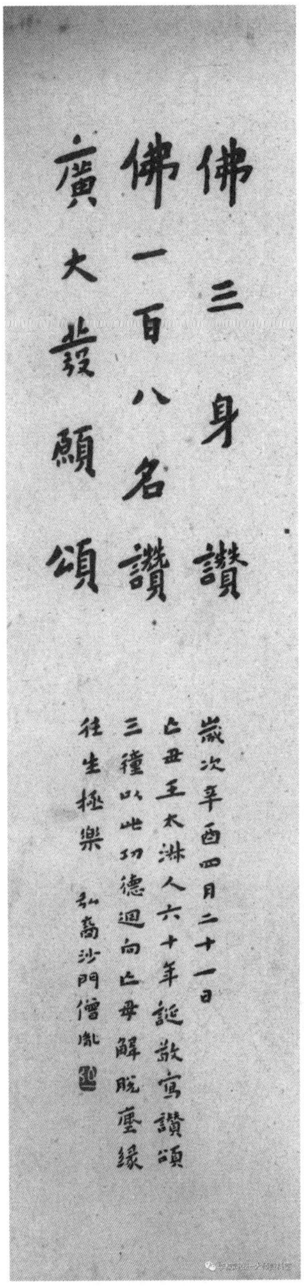

弘一大师书《佛三身赞》《佛土百八名赞》《广大发愿颂》。

7月（农历五月廿六日至六月廿七日间），在《美育》第6期上发表

① 弘一大师：《圆觉本起章》，原泉出版社1974年版扉页。

② 弘一大师：《四分律比丘戒相表记·自序》有言：“庚申之夏，居新城贝山，……明年正月，归卧钱塘，披寻《四分律》……三月来永宁，居城下寮。读律之暇，时缀毫露。逮至六月，草本始讫，题曰《四分律比丘戒相表记》。”收《弘一大师全集》（第3版，修订2版）第七册·佛学卷、传记卷、序跋卷，福建人民出版社2019年12月版，第609页。参见1951年5月1日《觉有情》第12卷第5期刊出之《四分律含注戒本前八章》，署名：“弘一遗稿”。文分：一、余弘律之因缘；二、略述律学之派别；三、此土流传之次第；四、示今所宗。

③ 此信福建人民出版社2019年12月版《弘一大师全集》（第3版，修订2版）第八册·文艺卷、杂著卷、书信卷第442—443页收录，标“一九二一年六月初八日，温州庆福寺”。

④ 王用钧：《弘一法师圈点过的一本律著》，戈悟觉主编《弘一大师温州踪迹》上海文艺出版社2000年版，第78页。

⑤ 此信福建人民出版社2019年12月版《弘一大师全集》（第3版，修订2版）第八册·文艺卷、杂著卷、书信卷第331页收录，标“一九二一年六月廿日，温州庆福寺”。

诗词《菩萨蛮·忆杨翠喜》《为老妓高翠娥作》（此二首上期已刊登，为重复刊登）、《喝火令》《高阳台·忆金娃娃》《醉时》《春风》《昨夜》《初梦》《簾衣》。冠以“弘一上人诗词集（续）”，标明“梦非辑”。

8月4日（农历七月初一日），天马会第四届绘画展览会在静安寺路环球中国学生会楼上举行，展出中西画150余件，有卖品、非卖品两种。展览至10日止。绘画作品参加。**按：**1921年8月4日《申报》载《天马会第四届绘画展览会启事》，曰展出者有徐朗西、颜文樑、吴梦非、李叔同、李毅士、丁悚、朱增钧、洪野、吴昌硕、王一亭、吴杏芬、汪仲山、张天帚、赵雪侯、商笙伯、唐吉生、王济远、汪亚尘、刘海粟、俞寄凡、杨清磬、张邕、李超士、姚叔平、王克明等人。8月5日《时报》载《天马会绘画展览开幕》曰：“天马会第四届绘画展览会于昨日下午一时开幕，第一室陈列西洋画，会员及非会员出品有赵公绩、刘欢、朱志坚、朱增钧、徐朗西、颜文樑、王荣钧、程虚白、周淑静、吴梦非、李叔同、刘雅农、李毅士、丁悚、洪野诸君之作品。第二、三室陈列国粹画，审查员吴昌硕之花卉屏、王一亭之佛像、吴杏芬之大幅山水及翎毛，他如汪仲山、张天帚、赵雪侯、王季眉、顾公觉、何洗钵、商笙伯、吕选青、唐吉生诸位君均有杰作。第四室陈列西洋画，审查员王济远之水彩画，汪亚尘、刘海粟之油画，计二十二点。第五室陈列西洋画有俞寄凡、杨清磬、张邕、李超士诸会员之作品。第六室陈列国粹画，内有姚叔平、孙松、王克明、叶指发、潘敬斋、徐琦、苏人权、贾剑青诸君之小品。参观者极形踊跃，具见社会上对于艺术之观念逐渐放大云。”同日《申报》也有相同内容的报道。8月10日晚，画展闭幕，同日《申报》有《天马会展览会纪》，曰：“天马会本届绘画展览会假环球学生会楼上为会场，开幕已有六日。国粹画出品，王震及杏芬女士为最有精彩；西洋画新进名作家亦有努力的表现，他如留法、留日归国及在国内有天才的各画家，皆能以个性发挥自己的特长，故作品上都有情感的表现。该会定今晚九时闭幕，闭幕后行将于秋间带往都门举行展览云。”

9月6日（农历八月初五日），为亡父三十七周讳日，写《佛说无常经》《佛说略教诫经》。

9月11日（农历八月初十日），在温州辑订《佛说无常经》《佛说略教诫经》，款识“辛酉八月十日辑订并题籤。大慈弘一沙门演音客永宁庆福藏堂”；钤印“演音”、“弘一”。题跋“辛酉八月初五，亡父三十七周讳日。敬写是经，以资冥福。大慈弘一沙门演音。”钤印“演音、弘一”。①

9 月 18 日（农历八月十七日），录《根本说一切有部毗柰耶犯相摘记》，署“辛酉八月十七日，弘一沙门演音敬录”。②

9 月 20 日（农历八月十九日），《海潮音》第 2 年第 9 期刊出《尤惜阴居士致西门周孟由居士书》，其中写道：“自夏间叠接玉泉弘一上人函报以还，倾仰高风，已百日于兹矣。读手教，谦德深仁，溢于言表。熏陶之下，感佩弥深。”

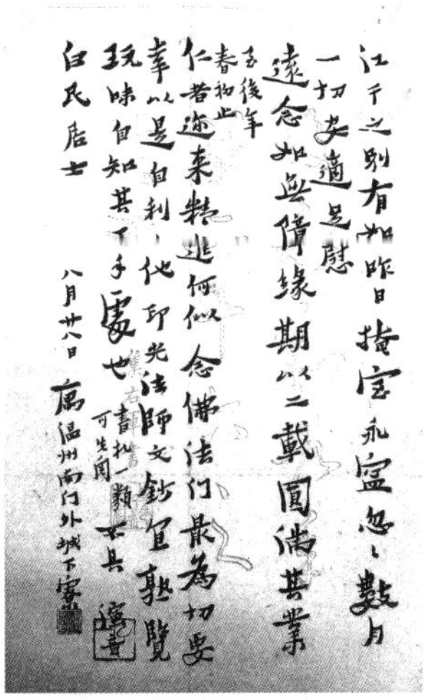

1921 年 9 月 29 日（农历八月廿八日）弘一大师致杨白民函。现藏浙江省博物馆。

9 月 28 日（农历八月廿七日）在温州庆福寺致夏丏尊函。言“江干之别，有如昨日”，知其归卧湖上，甚善；现掩室谢客，一心念佛，预计二载；问其近况，勉励念佛，可熟览印老文钞；如来温州，希于半月前告知；便中代求松烟墨二锭寄下等。③

9 月 29 日（农历八月廿八日），在庆福寺致杨白民函。言“江干之别，有如昨日”，目前掩室温州已数月，如无障缘，期以二载；问其近况，勉励念佛，可熟览《印光法师文钞》等。④

10 月 1 日至 30 日（农历九月），手书《增壹阿含四经》。跋曰：“辛酉九月，敬写《赠壹阿含四经》于永宁城下寮。弘一沙门演音并记。”⑤

10 月 14 日（农历九月十四日），致夏丏尊函：

承书并珍墨，感谢！曩有人贻以殿试大卷，最宜写经之用。旧藏有紫毫笔，今又获松烟墨，具足矣。暇当效殿试黑大圆亮体，写《弥陀经》一部，以奉贤者讽诵；《起信》《楞严》可以暂置；念佛

① 福建人民出版社 2019 年 12 月版《弘一大师全集》（第 3 版，修订 2 版）第七册·佛学卷、传记卷、序跋卷第 635 页收录时题为《手书〈佛说无常经〉、〈佛说略教诫经〉跋》。

② 福建人民出版社 2019 年 12 月版《弘一大师全集》（第 3 版，修订 2 版）第七册·佛学卷、传记卷、序跋卷第 635 页收录时题为《〈根本说一切有部毗柰耶犯相摘记〉题记》。林子青《弘一法师年谱》（宗教文化出版社 1995 年 8 月版）1921 年谱文中误记为“八月二十七日”。

③ 此信福建人民出版社 2019 年 12 月版《弘一大师全集》（第 3 版，修订 2 版）第八册·文艺卷、杂著卷、书信卷第 304 页收录，标“一九二一年八月廿七日，温州庆福寺”。

④ 此信福建人民出版社 2019 年 12 月版《弘一大师全集》（第 3 版，修订 2 版）第八册·文艺卷、杂著卷、书信卷第 273 页收录，标“一九二一年旧八月廿八日，温州庆福寺”。

⑤ 福建人民出版社 2019 年 12 月版《弘一大师全集》（第 3 版，修订 2 版）第七册·佛学卷、传记卷、序跋卷第 635 页收录时题为《手书〈增壹阿含经〉跋》。

一法最为直捷了当。希以《印老文钞》为指南，再向之江报社请《彻悟禅师语录》（与蕅益大师《梵室偶谈》合订一册）、《往生集》，并向昭庆经房请《云栖净土汇语》。今后兄等阅此四种，并每日于睡眠前限定三十分钟修习净课，日日相续，未可间断。其净课代订如下：诵《阿弥陀经》一遍，诵"往生咒"三遍，念南无阿弥陀佛名号（暂定为一百零八句，将来再增），诵"云栖愿文"一遍（在《云栖净土汇语》内）。以上四种所需时间，至多不过三十分钟，幸勉为之！音出世之因，实由仁者熏习劝导之力，辄念深思，愧无以报，惟有勉以修行之正路，永为乐邦之善友。惟冀察其愚诚，努力为之；时不相待，珍重珍重！附寄《佛学浅说》第一种《法味》一册，为尤惜阴居士述著，初信佛法或尚未信者，皆可阅之。幸向朋辈广为劝导，流通驿亭。校友亦可劝其一览也。第二种《谈因》，久已付印，不日出版。书系赠送，仅寄邮送之资，即可寄来，即空函往索，彼亦愿寄。尤居士热心毅力，诚令人感佩无极也。（上海兰路七百廿七号佛学推行社尤居士）又亲手写三经一册，并希收入。他人愿得者，亦可向尤居士索取也。率复不具。

丏尊居士

演音　九月十四日

按：此信为抄件，出自颐园老人《弘一法师致夏丏尊佚函抄件》，载2002年《浙江佛教》第3期。有"抄者注"："'演音'名下盖有'泓一'两字印章，'泓'有三点水。"抄件中有几处明显错字和标点，已改正。此信福建人民出版社2019年12月版《弘一大师全集》（第3版，修订2版）和文物出版社2017年10月版陈飞鹏整理《弘一法师书信全集》均未收。为佚函。9月28日（农历八月廿七日）弘一大师在温州庆福寺曾致夏丏尊函，请购松烟墨二锭。此信则言及"今又获松烟墨，具足矣"。

10月31日至11月28日间（农历十月），自1919年农历八月为克制烦恼旧习开始摘录经律及古哲言教毕。凡三卷，后甄其义类，分别编构，以尅除习气者，曰《秋草集》；策修净业者，曰《晚晴集》；以灵峰《宗论》之言，曰《寒笳集》。[①]

10月31日（农历十月初一日），《半月》第1卷第4号刊出"李叔同画"。**按：**此画实际为李苦李所作。

① 弘一大师：《集录三种序》，收《弘一大师全集》（第3版，修订2版）第七册・佛学卷、传记卷、序跋卷，福建人民出版社2019年12月版，第621页。

附记：11 月 28 日（农历十月廿九日）在温州庆福寺致尤墨君函：

玄父居士丈室：

省书，欢慰。初学佛法欲了解佛法大纲，当详研起信论诸书（不久由朽人请求存贮尊校藏书室）。约二三年可悉其既，若云修持当以念佛一句为最直截了当，契理契机。附奉江居士近作一沓，希为审览，并佛号一叶供养。

此未委悉。

昙昉疏答　十月晦日

此信福建人民出版社 2019 年 12 月版《弘一大师全集》（第 3 版，修订 2 版）第八册 · 文艺卷、杂著卷、书信卷未收。文物出版社 2017 年 10 月版陈飞鹏整理《弘一法师书信全集》第 76 页收录。有“案”：“此信，辑自上海天衡 2011 年春季拍卖会《无上清凉——弘一书法墨迹专场》。经鉴定乃弘一法师手札真迹无误。无年份、地址。此信《弘一大师全集》、林子青《弘一法师书信》、秦启明《弘一大师——李叔同书信集》均无著录。据拍卖公司提供的图片鉴定，其书写风格与 1921 年间弘一法师同期书风极吻合，尤与同年正月三十日、3 月 21 日、3 月 23 日致尤墨君函前后书写风格一致。又，书札内容与前后信函谈论事宜相关性强。据此判断，此信写于 1921 年 10 月 29 日应合理。”基于为拍卖品，又系“经鉴定乃弘一法师手札真迹无误”，附记于此，供参考。又，“晦日”乃农历每月最后一天，1921 年农历十月最后一天系廿九日，公历为 11 月 28 日。陈案“此信写于 1921 年 10 月 29 日应合理”句应将年月日书为汉字。

12 月 4 日（农历十一月初六日）在温州庆福寺致王心湛函。言书悉。赞词别写奉，曾谆请马一浮润色，若置而不用则不妥；建议向马一浮请教华严，并曰杨仁山所定先习起信、唯识、楞严之法甚允当；彭二林《华严念佛三昧论》义理极精等。[1]

12 月 16 日（农历十一月十八日），在温州庆福寺致毛子坚函。言普陀印光长老及诸上善人劝送《安士全书》，匡益世道，伏深赞庆，黄道尹处，希为致书劝告；春间晤杨白民，谓邑庙湖心亭放生池有未如法

① 此信福建人民出版社 2019 年 12 月版《弘一大师全集》（第 3 版，修订 2 版）第八册 · 文艺卷、杂著卷、书信卷第 332 页收录。王心湛（1882—1950），即王心三，学佛后自号真如，浙江绍兴人，曾追随徐锡麟从事革命，晚年学佛。彭二林：名绍升，字允初，号尺木，又号二林居士，法名际清，江苏苏州人，乾隆时进士及第，学佛后著有《居士传》《善女人传》《二林居集》等。

事，曾属其代达，未识已改善否等。[①]

致张美翊信云：

末由有展，霜寒比自何如？普陀印光长老及诸上善人劝送《安士全书》，匡益世道，祛发昏蒙，猥辱累嘱，为之绍于知识。铭兹典诲，伏深赞庆。谨致文告，希垂省察。倘值有缘，幸为劝勉，随喜功德。江山辽忧，岂复委宣。

让翁居士旧师道座

演音

十一月十八日

按：此信福建人民出版社2019年12月版《弘一大师全集》（第3版，修订2版）第八册·文艺卷、杂著卷、书信卷未收录。详见于建华：《弘一法师致张美翊信札一通》。[②]

是年，在温州识庖人陈阿林。[③] **按：**陈阿林乃庆福寺掌厨。

在温州改纂《蕅益大师年谱》。**按：**弘一大师在《蕅益大师年谱》小序中曰："依大师自撰《八分道人传》，及成时《续传》录写。复检《宗论》中诸文增改，并参考别行诸疏序跋补订焉。已未，居钱塘，初稿。辛酉，掩室永嘉，改纂。乙亥，住温陵月台再治。老病缠绵，精力颓弊，未能详密校理，殊自恧也……"[④]

---

① 此信福建人民出版社2019年12月版《弘一大师全集》（第3版，修订2版）第八册·文艺卷、杂著卷、书信卷第275页收录，标"一九二一年十一月十八日，温州庆福寺"。

② 于建华：《弘一法师致张美翊信札一通》，《南社名家书画鉴赏》，中国书店2012年1月版，第47—48页。

③ 弘一大师：《庖人陈阿林往生传》："辛酉三月，余来温城始识阿林，面黄颧削，无福德相。入侍饮膳，常合掌致礼……"收《弘一大师全集》（第3版，修订2版）第七册·佛学卷、传记卷、序跋卷，第584—585页。

④ 弘一大师：《蕅益大师年谱》，收《弘一大师全集》（修订版）第七册佛学卷、传记卷、序跋卷，福建人民出版社2010年10月版，第596—604页。

1922年　壬戌　43岁

社会文化事略

2月27日，孙中山在桂林举行北伐誓师典礼；3月，蔡元培在《新青年》发表《教育独立议》；4月29日，第一次“奉直战争”爆发；5月5日，中国社会主义青年团第一次全国代表大会在广州召开；12月，中国军队进驻青岛市区，接收青岛；本年，欧阳竟无在南京创设支那内学院，以“阐扬佛学，育材利世”为宗旨；杭州常寂光寺和尚在上海创办功德林素菜馆。

生平事迹

上年12月29日至本年1月27日（农历辛酉十二月），在温州手书蕅益大师等法语，题记“丏尊居士发心学佛，为写先德法语，以督励之。辛酉嘉平演音”；钤印“弘一”。①

在温州书《别译杂阿含经》，跋曰“辛酉十二月，敬写《别译杂阿含经》于永宁城下寮。弘一沙门演音并记”。②

在温州手书《本事经》，跋“辛酉十二月，敬写《本事经》二段于永宁城下寮。弘一沙门演音并记”。③

在温州将所书《增壹阿含经》《杂阿含经》《本事经》合辑装订。题“是岁十二月敬写合辑装订。白月褒洒陀日，摩颐行者，弘一音并记”；钤印“演音”。④

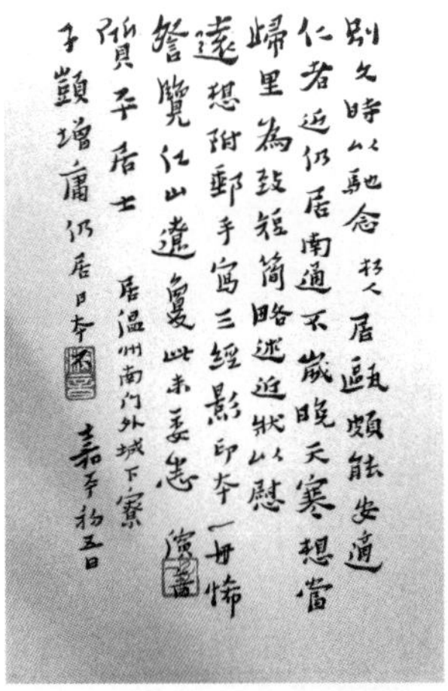

1922年1月2日（农历辛酉十二月初五日），弘一大师致刘质平函。

---

① 福建人民出版社2019年12月版《弘一大师全集》（第3版，修订2版）第七册·佛学卷、传记卷、序跋卷第635页收录时题为《手书蕅益大师等法语题记》。此为农历十二月之事。农历十二月为公历1921年12月29日至1922年1月27日。故具体完成时间无法确定，姑且写入本年初。

② 福建人民出版社2019年12月版《弘一大师全集》（第3版，修订2版）第七册·佛学卷、传记卷、序跋卷第635页收录时题为《手书〈别译杂阿含经〉跋》。此为农历十二月之事。农历十二月为公历1921年12月29日至1922年1月27日。故具体完成时间无法确定，姑且写入本年初。

③ 福建人民出版社2019年12月版《弘一大师全集》（修订版）第七册·佛学卷、传记卷、序跋卷第635页收录时题为《手书〈本事经〉跋》。此为农历十二月之事。农历十二月为公历1921年12月29日至1922年1月27日。故具体完成时间无法确定，姑且写入本年初。

④ 此为农历十二月之事。农历十二月为公历1921年12月29日至1922年1月27日。故具体完成时间无法确定，姑且写入本年初。福建人民出版社2019年12月版《弘一大师全集》（第3版，修订2版）第七册·佛学卷、传记卷、序跋卷第618页录存时加注此书于“庚申”年。宗教文化出版社1995年8月版林子青编著《弘一法师年谱》亦记于1920年农历十二月。图版见平湖市李叔同纪念馆编：《李叔同当湖书印文辑》，西泠印社出版社2015年10月版，下册第323页，注为1921年农历十二月。

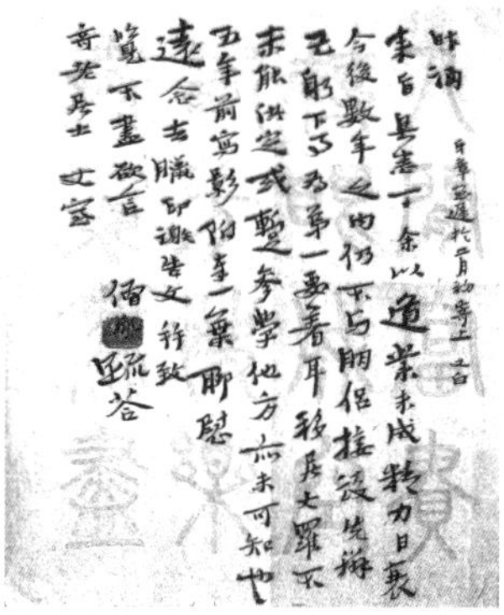

弘一大师于1922年农历正月在温州庆福寺致郭奇远函。

1月2日（农历辛酉十二月初五日），在温州庆福寺致刘质平函。言久别驰念；居温州颇安适；询问其近仍居南通否；附邮手写三经影印本一册；询问丰子恺、李增庸仍在日本否等。**按：**福建人民出版社2019年12月版《弘一大师全集》（第3版，修订2版）第八册·文艺卷、杂著卷、书信卷第283页收录，标“一九二一年十二月初五日，温州庆福寺”；文物出版社2017年10月版陈飞鹏整理《弘一法师书信全集》第78页收录，置于1921年。因辛酉十二月初五日为公历1922年1月2日，故本谱置于1922年。

1月28日（农历正月初一日），为杨白民书法常首座辞世词“此事楞严尝露布，梅花雪月交光处。一笑寥寥空万古，风瓯语，迥然银汉横天宇。蝶梦南华方栩栩，斑斑谁跨丰干虎。而今忘却来时路，江山暮，天涯目送飞鸿去。”款识“法常首座辞世词。壬戌岁朝写贻白民居士。弘一音”；钤印“弘一”。①

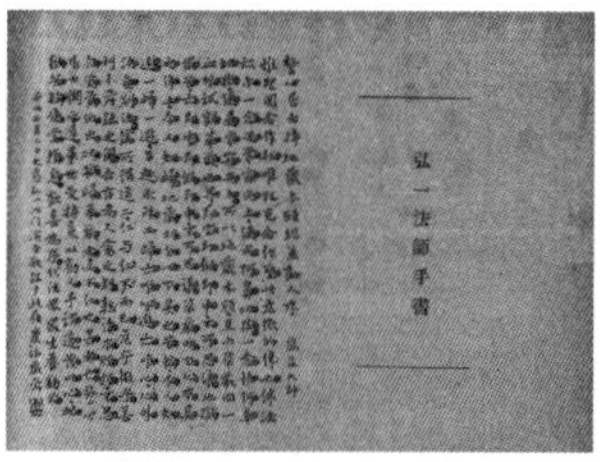

弘一大师书《警心居士持〈地藏本愿经〉兼劝人序》。

1月28日至2月26日间（农历正月），在温州庆福寺致郭奇远函。言昨收来函；以为道业未成而精力日衰，今后数年仍不与朋侣接谈；是否移居大罗或暂参学他方未定；寄五年前影及《谢告文》等。②

1月29日（农历正月初二日），在温州庆福寺书《警心居士持〈地藏本愿经〉兼劝人序》，款识“壬戌正月二日大慈弘一沙门演音敬录于瓯岭庆福藏堂”；钤印“弘一”。

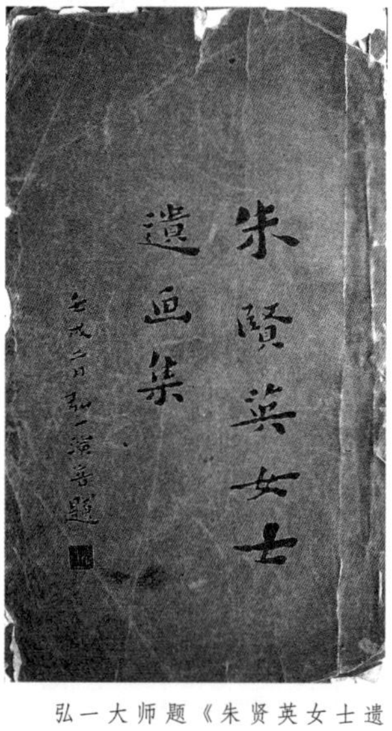

弘一大师题《朱贤英女士遗画集》。

2月5日（农历正月初九日），在温州致沈蘧函：

蘧居士：

辱书省悉。近诵佛典，颇有入处，甚为欢慰。初学善本，略记数种如下，暇时可浏览焉。

上海静安寺三九医学书局：

《佛学撮要》一册

《南无阿弥陀佛解》一册

上海有正书局（苏州玛瑙经房或有之）：

金陵版《竹窗三笔》三册

仝《龙舒净土文》一册

① 见《广洽纪念馆》一书，[新加坡] 广洽纪念馆编辑委员会编，2007年3月，第32页。

② 此信福建人民出版社2019年12月版《弘一大师全集》（第3版，修订2版）第八册·文艺卷、杂著卷、书信卷第328页收录，标“一九二二年一月，温州庆福寺”。

北京版《经中径又径征义》一册

仝《弥陀疏钞撷要》一册

各埠商务书馆：

《印光法师文钞》（先阅书札类较易了解）。

新年偶写佛号数幅，以结善缘。今检一幅寄仁者，笔墨久荒，书不求工，聊可为纪念耳，不次。

演音　正月初九日

今居温州南门外庆福寺，非虎跑下院也，附以奉闻。

按：此信福建人民出版社 2019 年 12 月版《弘一大师全集》（第 3 版，修订 2 版）第八册·文艺卷、杂著卷、书信卷第 336—337 页收录，标“一九二三年正月初九日，温州庆福寺”。文物出版社 2017 年 10 月版陈飞鹏整理《弘一法师书信全集》第 89 页收录，时间标 1923 年“正月初九”，地点标“温州庆福寺”。二者时间均误。参证 1922 年 10 月 5 日弘一大师致郭奇远信“今春写佛号结缘，为发心赠送者，非应嘱也。”此信当写于本年 2 月 5 日（农历正月初九日）。[①] 此信曾刊于 1948 年《学僧天地》第 1 卷第 6 期，题《弘一大师遗札》。

2 月 6 日（农历正月初十日），庆福寺掌厨陈阿林因病离职。**按：**二日后陈阿林至庆福寺检取衣物，不忍离去，适有佛事，暂留数日。[②]

2 月 12 日（农历正月十六日），陈阿林为送面，谓仍留庆福寺掌厨。当晚病加重。[③]

2 月 18 日（农历正月廿二日），《礼拜六》杂志第 149 期刊出吕伯攸《李叔同先生诗词》，内录《春游曲》《菩萨蛮·无题二阕》。

2 月 25 日（农历正月廿九日），在温州庆福寺致谭组云函。言来函收悉；去春掩室庆福寺，久疏笔墨，但雅意诚笃，不固辞，愿试为之，以结善缘；询问旧友韩亮侯近况等。[④]

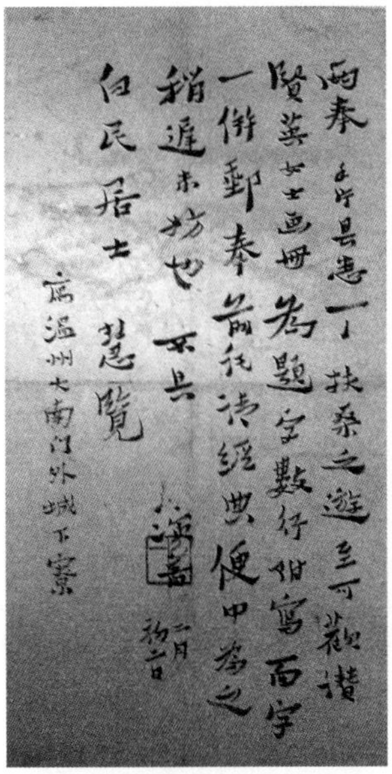

1922 年 2 月 28 日（农历二月初二日）弘一大师致杨白民函。现藏浙江省博物馆。

① 参见本谱本年 10 月 5 日条目。

② 弘一大师：《庖人陈阿林往生传》，收《弘一大师全集》（第 3 版，修订 2 版）第七册·佛学卷、传记卷、序跋卷，福建人民出版社 2019 年 12 月版，第 584—585 页。

③ 弘一大师：《庖人陈阿林往生传》，收《弘一大师全集》（第 3 版，修订 2 版）第七册·佛学卷、传记卷、序跋卷，福建人民出版社 2019 年 12 月版，第 584—585 页。

④ 此信福建人民出版社 2019 年 12 月版《弘一大师全集》（第 3 版，修订 2 版）第八册·文艺卷、杂著卷、书信卷第 333 页收录，标“一九二二年正月二十九日，温州庆福寺”。谭组云，江苏泰县人，现代书法金石家。弘一大师为其亡妻丁氏书墓志铭。1922 年 5 月上海华商书局出版《李叔同书丁孺人墓志铭》，沈寐叟题签。此信曾刊于 1948 年《学僧天地》第 1 卷第 6 期，题《弘一大师遗札》。

2月27日至3月27日间（农历二月）在温州庆福寺为城东女学任教时的学生朱贤英女士题遗画集。款识“壬戌二月大慈弘一沙门演音，书于温岭城寮藏室”，并为《朱贤英女士遗画集》题封面，署“壬戌二月，弘一演音题”；钤印“弘一”。

《半月》第1卷第12号刊出《李庐印谱序》手迹，标注“李叔同先生手迹”。另刊出李苦李为刻之印。

2月28日（农历二月初二日），在温州庆福寺致杨白民函：

两奉手片，具悉一一。扶桑之游，至可欢赞。贤英女士画册，为题字数行，附写面字，一并邮奉。前托请经典，便中为之，稍迟未妨也。不具。

白民居士慧览

演音　二月初二日

寓温州大南门外城下寮

按一：此信福建人民出版社2019年12月版《弘一大师全集》（第3版，修订2版）第八册·文艺卷、杂著卷、书信卷第273页收录。文物出版社2017年10月版陈飞鹏整理《弘一法师书信全集》第83页收录，有漏字。此信原件藏浙江省博物馆。**按二：**《〈朱贤英女士遗画集〉题词》原文为：“壬子春，子在城东授文学，贤英女士始受予教。其后屡以书画，乞为判正，勤慎恳到，冠于同辈。未几负疾，废学家居。前年侍母朝普陀，礼观音大士，受三皈依。自是信佛至笃，修习教典，精进靡间。去岁四月，余来沪，居城东，贤英过谈半日。勉以专修持名念佛，毋旁骛他法。其时贤英至心信受，深自庆幸。乃以幻缘既尽，殇于岁晚。净业始萌，朝露溘至，可叹慨也。比者，同学将集其遗画，影印辑帙，以志哀思；远征题辞于予，为记其往昔因缘如是。壬戌二月大慈弘一沙门演音，书于温岭寮藏堂。”[①] **按三：**1922年3月26日，上海城东女学为朱贤英去世开追悼会，展出弘一大师《〈朱贤英女士遗画集〉题词》。《民国日报》1922年3月24日刊出《城东女学追悼朱贤英》消息，云：“南市城东女学于本星期日下午，为已故图画科毕业生朱贤英君开追悼会。闻朱君年甫二十七，工山水人物，为海上各画家称许。现已由校长披集遗稿二十幅，嘱家人为之付刊。内容有名画家王一亭先生所绘女士参禅画，弘一法师题辞，许苏民、杨东山诸名家题跋云。”

① 弘一大师：《〈朱贤英女士遗画集〉题词》，收《弘一大师全集》（第3版，修订2版）第七册·佛学卷、传记卷、序跋卷，福建人民出版社2019年12月版，第641页。

3月3日（农历二月初五日），是日为亡母王太淑人忌日，在温州庆福寺手书菩萨名号，并录《地藏本愿经》句。题记“于时岁在玄黓二月五日，亡母弃世十七周年，敬书菩萨名号，并录《地藏本愿经》句。以此功德，惟愿亡母，速消业苦，往生西方，广及法界众生，同圆种智。大慈弘一沙门演音记于瓯岭城寮庆福藏堂”。①

1922年3月3日（农历二月初五日），弘一大师在温州致杨白民明信片。

在温州致杨白民函，曰“承寄经典二册收到。敬谢!”署“二月五日　演音”。**按：**文物出版社2017年10月版陈飞鹏整理《弘一法师书信全集》第83页在收录此信时误将“二月五日”录为“二月初五”。②

3月5日（农历二月初七日），庆福寺斋厨陈阿林病逝。**按：**后书《庖人陈阿林往生传》。③

3月21日（农历二月廿三日），在衢州致尤墨君函：

顷奉尊翰并法书五大施经，欢忭无尽。依是写百叶，为先人乞冥福，至善！阅佛书者。若欲穷研教海，须分泛览与专攻两种课程。泛览者，可随己意，选择典籍；其专攻之书，以《八识》《规矩颂》《起信论》为第一级，至速一年毕业。《唯识》为第二级，《楞严》为第三级。以上二种，约四五年乃可毕业。杭州友人等所经验者，以此法最为妥当。因以上四种精通之后，再阅其他种佛书，大致皆可了然也。以上就穷研教海者而言，若仅欲略通佛法大纲，而专修净土，期于早证不退者，自可专阅净宗诸书，自能了其修持之门径，不必竭其心力，穷研博览，强学通家。此为最捷最稳之法。当代印老法师专主此说，朽人亦然。乞检阅《印光法师文钞》，当可委悉。阅《文钞》之次序，乞检阅排印本《安士全书》第二册后幅附印朽人所拟之次序表。灯下匆促，先以奉复。小迟若面，当以详言。

按：此信福建人民出版社2019年12月版《弘一大师全集》（第3版，修订2版）第八册·文艺卷、杂著卷、书信卷第331页收录。标“一九二四年，温州庆福寺”。有注：“此信录自尤玄父辑《毗柰耶室文賸》。”文物出版社2017年10月陈飞鹏整理《弘一法师书信全集》第82页根据拍卖件收录，时间标1922年“二月二十三日”，地点标“温州庆

① 福建人民出版社2019年12月版《弘一大师全集》（第3版，修订2版）第七册·佛学卷、传记卷、序跋卷第635页收录时题为《为亡母忌日写经题记》。

② 此为明信片，详见拙文《弘一大师致杨白民信函补遗、校点与考证》，载《嘉兴学院学报》2008年第5期。

③ 弘一大师：《庖人陈阿林往生传》，收《弘一大师全集》（第3版，修订2版）第七册·佛学卷、传记卷、序跋卷，福建人民出版社2019年12月版，第584—585页。

福寺”。并有“案”：“此信辑自上海天衡2011年春季拍卖会《无上清凉——弘一书法墨迹专场》。经鉴定乃弘一法师手札真迹无误。无年份，地址。此信，《弘一大师全集》注：1924年，温州。录自尤玄父辑《毗柰耶室文腾》。信札内容不完整……”复有“考”：“据拍卖公司提供的图片分析，其书写风格与1921—1922年间弘一法师同期信札书风吻合。《佛说五大施经》乃1921年3月弘一法师在上海候船期间书写，后付穆藕初居士影印流通（见林子青：《弘一法师年谱》，第118页）。次年（1922）弘一法师问请此经，乃合理。又，倘地址无误，1924年春弘一法师仍在衢州，直到旧历四月十九日取道松阳、青田回温州（旧四月二十五日抵达）。据此推断，此信写于1922年2月23日温州当为合理。现将原文完整录入。”《弘一法师书信全集》“原文完整录入”的文字，其部分文字与《弘一大师全集》所录不一致，有署“二月二十三日　昙昉疏答”，并增加了受信人“玄父居士丈室”和开头一段文字：“石印《五大施经》尚有余者乞附奉三册，又温州翻刻木版一册。”

3月24日（农历二月廿六日），在温州庆福寺书《念佛三昧诗》赠夏丏尊。款识“出《庐山集》，晋琅琊王乔之作”。题记“于时岁阳玄黓，吠舍佉月第一褒洒陀前三日，写贻丏尊居士慧览。弘一沙门演音居瓯岭庆福”；钤印“演音”。① **按：**《念佛三昧诗》徐祖光居士藏，为弘一大师赠某居士，款识“……僧胤居瓯海城下庆福藏堂”。②

3月26日（农历二月廿八日），书“法喜”二字横轴一幅，题跋云“岁阳玄默吠舍怯月第一褒洒前一日，大慈弘一沙门演音书于瓯岭城寮庆福藏堂。”

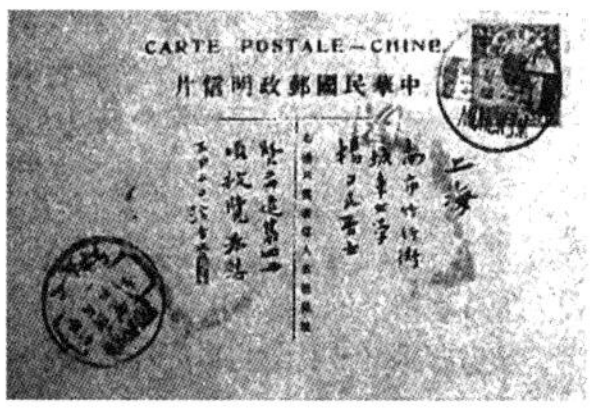

1922年3月30日（农历三月三日），弘一大师在温州致杨白民明信片。

3月30日（农历三月初三日），在温州致杨白民函，曰：“贤英遗集四册，顷披览为慰！”署：“三月三日　演音答”。③ **按：**文物出版社2017年10月版陈飞鹏整理《弘一法师书信全集》第83页收录此信时误将“三月三日”录为“三月初三”。

4月4日（农历三月初八日），在温州将白文印五方“大慈、弘裔、胤、大心凡夫、僧胤”（其中胤、大心凡夫为双面印），寄赠上海夏丏

① 日期之确定参见王维军：《弘一大师史料研究中的古历纪法考析》，弘一大师·丰子恺研究中心编《如月清凉：第三届弘一大师研究国际学会议论文集》，中国广播电视出版社2010年版，第143—153页。福建人民出版社2019年12月版《弘一大师全集》（第3版，修订2版）第七册·佛学卷、传记卷、序跋卷第635页收录时题为《手书〈念佛三昧诗〉题记》。
② 徐祖光：《弘一法师墨迹》（影印件），《憨憨室笔缘》，香港出版社2008年版，第98页。
③ 此为明信片，详见拙文《弘一大师致杨白民信函补遗、校点与考证》，载《嘉兴学院学报》2008年第5期。

尊，有题记“十数年来，久疏雕技。今老矣，离俗披剃，勤修梵行，宁复多暇耽玩于斯？假立□名及以别字，手制数印，为志庆喜。后之学者览兹残砾，将毋笑其结习未忘耶？于时岁阳玄黓吠舍佉月白分八日。予与丏尊相交久，未尝示其雕技。今赍以供山房清赏。弘裔沙门僧胤并记。”①

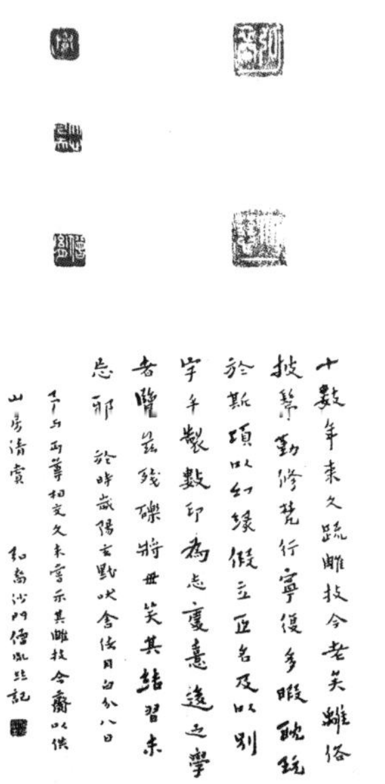
1922年4月4日，弘一大师在温州将白文印五方“大慈、弘裔、胤、大心凡夫、僧胤”（其中胤、大心凡夫为双面印）寄赠夏丏尊。

4月15日（农历二月十九日），书写“南无阿弥陀佛”佛号赠墨山居士，题记：“病后身生，身从业生。不造诸业，祸消福增。婆娑念佛，极乐标明。一心不乱，上品位登。一时一日，一月一年。流光易度，幻形匪坚。云栖莲池大师偈语。”款识“壬戌之春，书写佛号，广结善缘，顷者功德圆满，以是最后之作贻付墨山居士受奉供养。逝瑟吒月黑分四日大慈弘裔沙门僧胤居瓯岭庆福”；钤印“幻士”、“胤”、“大心凡夫”。②

按：4月（农历三月初五日至四月初四日），《美育》第7期刊出《四川美育一斑》，为曾延年致吴梦非信（谈曾收弘一大师书及诸提醒、指迷开悟，并述四川美术教育情形）：

梦非先生惠鉴：

顷由成都转到手笺，备悉一是。夏初奉弘一法师慧书，已道及尊者。惟弟以病废之躯，奔走乞食，心思手足，俱少宁静，至其所学，则本原已极浅陋，十年荒落，更无足以告人者，故前承弘一法师提警，虽萌温故之思，究恐绷儿之误，未敢以一字渎左右，非自矜，实自文也。兹辱过情垂询，感念先施，又未能，终于不报矣。去夏初，在成都高等师范学校得见《美育》第一号。窃喜曙光破晓，大地众生，咸可一新眼界，然又度衰世鳞凤，未必适获真赏；彼时成都乱耗方盛，时疫又继之，无富贵贱，皆有朝不谋夕之虑。犹忆旧历七月之某夕，川滇两军战于城外，炮声如联珠不绝。小妻病已昏迷，女仆疲惫亦将致疾。弟一手抱岁余雏女，一手劈薪煎药，间得间定，则枯坐如燐之灯下，持秃管，草图画学社之规约。盖由读《美育》所生之感慨，而拟立社于成都，引有志习绘事之青年而入正轨，冀收尺寸之效也。不谓动念未久，时事愈谬，蔻氛满目，人心愈漓。弟亦竟为人牵，入戎马中强参笔政，委心任运，以

① 弘一大师：《赠夏丏尊篆刻五方题记》，收《弘一大师全集》（第3版，修订2版）第七册·佛学卷、传记卷、序跋卷，福建人民出版社2019年12月版，第641页。林子青《弘一法师年谱》对此时间表述为农历二月八日，有误。（见宗教文化出版社《弘一法师年谱》1995年8月版，第124页）。参见王维军《弘一大师赠夏丏尊五方印题记之时间考析》，收王维军《当湖人家》，天津人民美术出版社2017年8月版，第12—14页。

② 浙江省平湖市人民政府、上海徐汇区文化局编：《弘一大师法书集·天心月圆（作品卷）》，上海书画出版社2017年5月版，第29页。

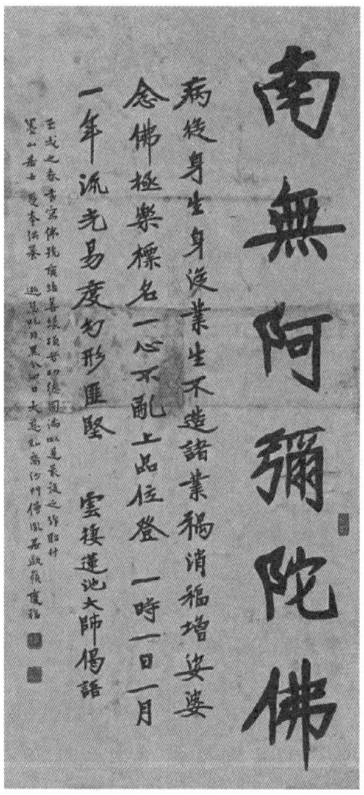

1922年4月15日，弘一大师书“南无阿弥陀佛”佛号赠墨山居士。

至今日幸省城故居无恙。尊函再付邮传，不致迷惘。然而千回万转，追投至资中县。距初次发函，已逾百日矣，抑何可憾也耶。弟近年之踪迹，有如上述。若问蜀中美育，则民国四年夏初，成都高等师范学校已附设音乐图画专修科，为中小学校造就教师，实则学科尚有手工体操与音乐图画并立，惟手工一科所备实习材料，较为丰富。弟滥竽图画教授一部分，无标本，无绘具，无参考品，教师日将商务印书馆《铅笔画》一册，模写其画于黑板，令诸生从而临之，此一教法也；或更取日本邮片之娼妓小像，令诸生以毛笔濡洋盾写之，此又教法也；诸生届卒业时，不识他日为师从何处着手，向校中某教师请益，某师曰：于商务印书馆购《黑板画法》谈之，则用不竭矣，此又一教法也。正式之写生教授无之，色彩论，远近法，人体画法，构图学说，一皆无之，其关于艺术之种种修养方法，更无人过问。可怜学者中之聪颖者，一经此等教程，其冤屈几等于无罪而受活埋；其天资钝拙者，且忧是等教法如天梯之不可几及，偶借得一印刷蔷薇葡萄邮片以作标本，欣喜如获拱璧，不可言喻。图画课程皆由校长苦心自造，奇奥非常人所能解。弟于四年秋到校，因校中不能购置石膏模型，不得已，乃令诸生习动植物写生，然每星期只得四小时实习，且纸笔色彩，无往而非杂凑，简陋不殊儿戏。然而五年以来，卒业两班矣，第二班学生中颇有富于天才者三数人，暇时于正课外向弟请益，教以风景写生法，突然涂抹，积久亦小有可观，使得较优之教法，引之渐进之域，则其造就，岂止此耶？蜀中学校自五年以来，薪脩每发一次，至多三成，统计一年不及发十次。学风扫地，遑论教育？穷滥如此，尚复何望？近则弥天漫地者援鄂陕之声而已。弟居资中县，瞬已十月。屡荷弘一法师指迷开悟，徒以造业太深未能绝俗而俯仰人世。非徒无益，且乏生趣，寸心未泯万一者，艺术与朋友而已。余事拉杂书别纸，使中尚希惠示。即颂道祉。不备。弟曾延年顿首

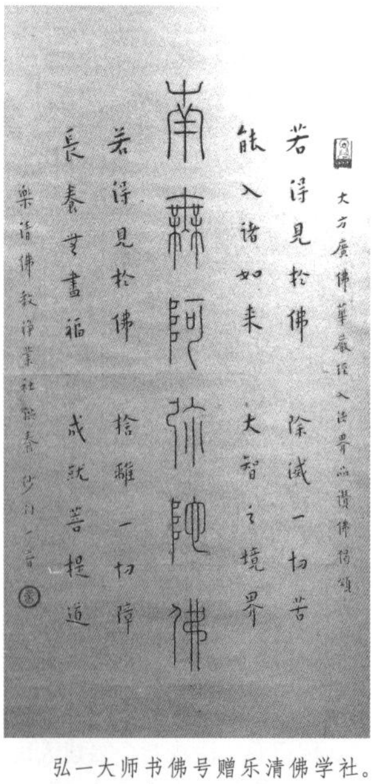

弘一大师书佛号赠乐清佛学社。中共温州市委宣传部、中共温州市委统战部、温州市文化广电旅游局主办：“碧天芳草——李叔同与温州”展览。2020年12月27日至2021年3月27日，温州博物馆。

5月2日（农历四月初六日），在温州庆福寺致李圣章函：

二十年来，音问疏绝。昨获长简，环诵数四，欢慰何如。任杭教职六年，兼任南京高师顾问者二年，及门数千，遍及江浙。英才蔚出，足以承绍家业者，指不胜屈，私心大慰。弘扬文艺之事，至此已可作一结束。戊午二月，发愿入山剃染，修习佛法，普利含识。以四阅月力料理公私诸事：凡油画、美术、图籍，寄赠北京美术学校（尔欲阅者可往探询之），音乐书赠刘质平，一切杂书零物赠丰子恺（二子皆在上海专科师范，是校为吾门人辈创立）。布置

既毕，乃于五月下旬入大慈山（学校夏季考试，提前为之），七月十三日剃发出家，九月在灵隐受戒，始终安顺，未值障缘，诚佛菩萨之慈力加被也。出家既竟，学行未充，不能利物，因发愿掩关办道，暂谢俗缘（由戊午十二月至庚申六月，住玉泉清涟寺时较多）。庚申七月，至新城贝山（距富阳六十里）居月余，值障缘，乃决意他适。于是流浪于衢、严二州者半载。辛酉正月，返杭居清涟。三月如温州，忽忽年余，诸事安适。倘无意外之阻障，将不它往。当来道业有成，或来北地与家人相聚也。音拙于辩才，说法之事，非其所长，行将以著述之业终其身耳。比年以来，此土佛法昌盛，有一日千里之势。兹略述其少兮。各省相较，当以浙江为第一，江苏次之，京师又次之（各界相较，以军界第一，政界次之，学界又次之，商界殊少）。浙江省中以杭州、温州、宁波为最盛。杭州每年请范古农居士讲经二次（杭州佛法发达，是人之力居多）。去年莲社成立，居士等受三皈五戒者五六十人，省长、督军、师长、团长以及大小官僚、学校长、教员、学生等大半信仰佛法（或偶有未能信仰者然绝不敢反对）。南星桥师团内军官、军士食长斋者有数十人，营内设立念佛堂，由团长率领大众念佛。又潘师长近将出告示，教令部下军士信仰佛法（其告示本托余作，余不暇，已托他人）。温州由官绅联合，弘法甚力。师范中学、商业及各小学校皆已一律暗中改为佛教学校。基督教学校亦请人演讲佛学，每月演讲数次。有布教团，由教员、学生等组织，常时分派各处演讲。师范学校内食长斋者已有数桌。官僚中如道尹、厅长、局长等皆念佛（道尹等曾出告示，禁止迎神杀生，诏杀生伤慈，神必不欢）。每月官僚开佛学研究会一次，监狱说法每月数次。厅长等皆卑庄听法。据本地官绅之意，将于三年之内，造成温州为佛教模范县（温州绅权甚重，且本省省长、督军、道尹等皆赞助，此事不难办到），以为全国表率。宁波黄道尹（亦将出告示，劝人信佛法）提倡佛法甚力，建设甚多，不及具书。此外如嘉兴商业学校（校长范古农）自元年以来，全校食长斋，礼佛诵经，十年以来未尝中辍。又嘉兴佛学研究会设立最早，今已遍蛇分会于各处。上海昔年设立居士林，规模甚大，近更由南洋烟草公司出资组织一极大佛教公会（已忘其名）（名曰功德林），现正筹办佛学推行社（余之旧友尤惜阴主持其事），募集印送安士全书（为佛书中最浅近切要者），未及半年已达三万余金（初版已出书）。各省省长、督军以下出资者甚多，宁波黄道尹尤为尽力劝募。苏属南通女师范及附小、常州中学、无锡师范等皆已改为佛教学校。此外，他省佛教亦逐渐发达。余虽未知其详，然如广东有女子佛学研究会等（此外不及详举），皆尝向人谈

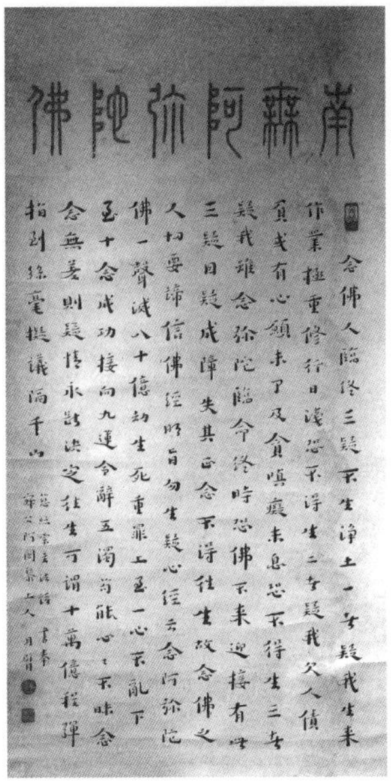

弘一大师书佛号并慈照宗主法语赠寂山和尚。款识“书奉寂公阿阇黎上人”；钤印“胖”、“大心凡夫”及佛肖印。

及。北京佛法，亦颇炽盛，尔于暇时可略留意于斯。如未深信，做哲学研究亦无不可。北京大学曾请梁漱溟讲唯识论，近建非宗教会于研究佛学，特承许可。附写初学阅览之佛书数种，可向卧佛寺佛经流通处请来，以备阅览。拉杂写复，不尽欲言。

俗兄子圣章居士慧览

释演音疏答　四月初六

尔父处亦有复函，归家时可索阅之。①

按：此函在福建人民出版社 2019 年 12 月版《弘一大师全集》（第 3 版，修订 2 版）第八册·文艺卷、杂著卷、书信卷第 333—334 页和文物出版社 2017 年 10 月版陈飞鹏整理的《弘一法师书信全集》第 85—86 页中均只录出一部分内容。现据冯骥《弘一大师李叔同致俗侄李圣章信札浅解》（收李叔同故居纪念馆编《叔同研究》第一辑，天津古籍出版社 2018 年 5 月版）一文所附之原函图片予以补全。

附记：5 月 3 日（农历四月初七日）在温州庆福寺致尤墨君函：

玄父居士慧览：

病起披诵，专书承悉一一。诸荷关念感谢无尽。所患似与病殊，因病疾发寒之时短而剧，此则长而缓（约五六小时乃眠去，始转寒为热），热时勉可坐起，寒时须拥衾而卧也。豆蔻疗法，明晨当试用。金鸡纳丸行箧有存者，稍迟拟服用也。顷汪居士力劝，延请江医士诊视，以彼长于此科。明日或延请。

昙昉疏　四月七日

1922 年夏，弘一大师书莲池大师等法语赠夏丏尊。

此信福建人民出版社 2019 年 12 月版《弘一大师全集》（第 3 版，修订 2 版）第八册·文艺卷、杂著卷、书信卷未收录。文物出版社 2017 年 10 月版陈飞鹏整理的《弘一法师书信全集》第 84—85 页收录，有"案"："此信，辑自上海天衡 2011 年春季拍卖会《无上清凉——弘一书法墨迹专场》。经鉴定乃弘一法师手札真迹无误。无年份，地址。此信，《弘一大师全集》、林子青《弘一法师书信》、秦启明《弘一大师——李叔同书信集》均无著录。"可知，此信系拍卖品，以往未见著录，故附记于此，供参考。

① 潘师长，即潘国纲，字鉴宗，浙江永嘉人，1913 年毕业于保定陆军军官学校，后任北洋政府陆军中校参谋、浙江督军公署上校参谋、浙江陆军第六师上校团长、参谋长、浙江陆军第一师师长等职，曾于 1925 年出资修缮温州景德寺。黄道尹，名庆澜，字涵之，上海人，宁波会稽道尹，1926 年弘一大师曾在杭州招贤寺致函于他。

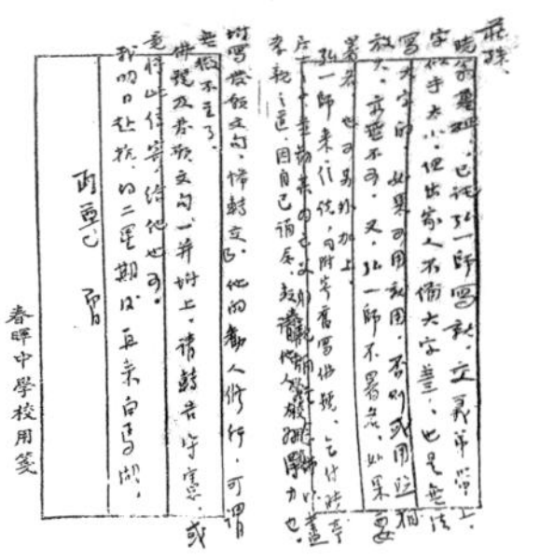

1922年春，夏丏尊致庄殊函。

春，在温州庆福寺尊寂山和尚为依止阿阇梨。[①] **按：**寂山和尚对弘一大师也有评价，陈祖经在《弘一大德在温州》中曰：“1958年冬，我回到故乡温州。寂老回忆大德之苦行，钦佩不已，言：某日，有小贩老婆婆积累储蓄来做功德，大德闻之，参加道场，亲提钟鼓为她求福。又言：大德曾向同寮乞施旧芒鞋一双，人弃之不要，而大德却乞求布施，足见其戒律之严肃。大德认为如需用物，即微至一草一木，寸纸尺线，皆须向物主明白请求，得彼许可，方可使用，否则，就是犯盗戒。”[②]

瓯海道尹张公冷僧宗祥闻名欲走谒，托病谢之。接天津家信，原封退回。[③]

夏丏尊有致庄殊函：

庄殊：

晓翁墓碑，已托弘一师写就，交义弟带上。字似乎太小，但出家人不备大字笔，也是无法写大字的。如果可用就用，否则或用照相放大，亦无不可。又，弘一师不署名，如果要署名，也可另外加上。

弘一师来信说：“附寄旧写佛号，乞付晓亭居士之子，并劝其为亡父躬亲诵经念佛，以尽孝亲之道。因自己诵念，较请他人大为得力也。附写发愿文句，希转交。”他的劝人修行，可谓无微不至了。

佛号及发愿文句一并附上。请转告守宪，或竟将此信寄给他也可。

我明日赴杭，约二星期后再来白马湖。

丏尊　即日[④]

夏：书莲池大师等法语赠夏丏尊，题记：“壬戌夏写付丏尊居士。弘裔沙门僧胤居温岭。”钤印：“大心凡夫、僧胤”。[⑤]

与尤惜阴合编《印造经像文》。弘一大师指定纲要，尤惜阴撰述。

---

① 因弘《恩师弘一音公驻锡永嘉略记》（载1944年6月1日《觉有情》第5卷第115—116期合刊）一文曰：“十一春……师以依律须奉寺主为依止阿阇梨。……翌日，行拜师礼。并登报声明。”又丁鸿图《庆福戒香记》（载1944年2月《觉有情》第105、106期）曰：“师感寂公之慈悲护念，于民国十一年曾携毡至寂公室，以毡敷座，恳寂公坐其上受拜为依止师。公逊让不敢，师礼空座，尊公为依止阿阇黎。故函札来往均称寂公为师父大人。自称弟子。公殊不安。”又参见温州博物馆、平湖李叔同纪念馆编《弘一大师墨迹》前言，浙江古籍出版社2010年9月版。寂山和尚（1877—1962），俗姓陈，名星楠，法名若德，浙江温州乐清人，曾任温州庆福寺住持。

② 陈祖经：《弘一大德在温州》，转引自张索、周延《弘一法师温州交游考》，载《西泠印社》总第37期“西泠印社早期社员李叔同—弘一法师研究专辑”，第47页。

③ 因弘：《恩师弘一音公驻锡永嘉略记》，载1944年6月1日《觉有情》第5卷第19－20号第115—116期合刊。

④ 此信由夏丏尊后人夏弘宁生前收藏。晓亭居士（1875—1922），其墓在上虞崧夏赵家八字桥古沥底冈字田内。晓亭居士之子系春晖中学章育文。

⑤ 上海博物馆藏，陈燮君、汪庆正主编：《夏丏尊旧藏弘一法师墨迹》，华宝斋书社2000年9月版，第42页。福建人民出版社2019年12月版《弘一大师全集》（第3版，修订2版）第七册·佛学卷、传记卷、序跋卷第635页收录时题为《手书莲池大师等法语题记》。

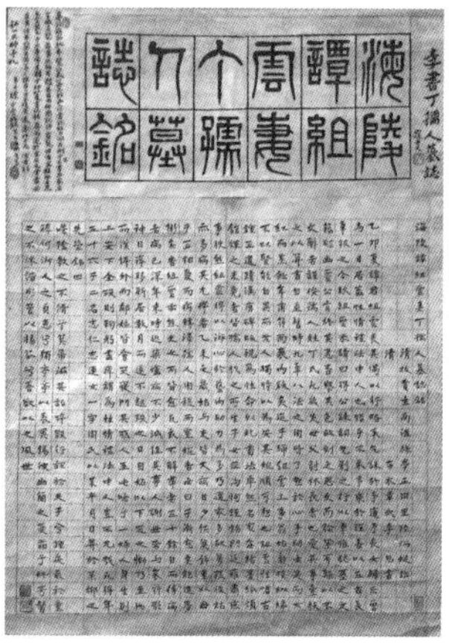

1922年5月8日（农历四月十二日），弘一大师书海陵谭组云妻丁孺人墓志铭。

5月8日（农历四月十二日），书海陵谭组云妻丁孺人墓志铭，款识“清布衣章武李息书”。篆字题头钤印“弘一”、“胤”。① **按：**同月中下旬谭组云将弘一大师手书《李书丁孺人墓志铭》墨迹刊印，由沈寐叟题签，由华商书局出版。另为谭组云手抄《金刚经》题签“金刚经　海陵谭居士墨迹　弘一音题”及“海陵谭组云居士墨迹　弘一音题”等。谭组云亦请为《谭海陵金石书画》题跋。②

在温州庆福寺致周敬庵函。言墓志铭写就奉览；近年不轻为人作书，志铭未开其例，故不署出家名字；今后如有人属书，统希代为辞谢，数年之后再应命等。③

5月27日至6月24日间（农历五月），书“万古是非浑短梦，一句弥陀作大舟”七言联赠夏丏尊。款识：“集灵峰蕅益大师诗句，写付丏尊居士。岁阳玄黓室罗伐拏月，弘裔僧胤”；钤印：“不拘文字”、“幻士”、“胤”。④

弘一大师为谭组云手抄《金刚经》题签。王维军提供。

7月17日（农历闰五月廿三日），在温州庆福寺致杨白民函。言来函收悉；居是间至安；小品三种已由尤惜阴印出，如未阅，希致函索觅等。⑤

7月25日（农历六月初二日），在温州庆福寺致郭奇远函。言居温州已岁余，掩室城寮，明岁仲春圆满，有移居大罗山计划，届时可来游；鸿飞前过访，因谢客，未能晤，有佛典等数种请转交等。⑥

7月31日（农历六月初八日），作《〈佛说梵网经菩萨心地品菩萨戒犯相摘记〉跋》，署：“壬戌六月八日弘裔僧胤。”⑦

---

① 谭祖云（1876—1949），名德钟，号高谭居士，晚号海陵老人，工书画、金石及诗文，兼通医学，祖居江西南昌，后迁江苏泰县海安镇，曾创办华商书局。题头图版见平湖市李叔同纪念馆编：《李叔同当湖书印文辑》，西泠印社出版社2015年10月版，下册第328页。

② 参见谭学荣《弘一大师与〈李书丁儒人墓志铭〉》一文，载2013年9月《莲馆弘谭》第9期。

③ 此信福建人民出版社2019年12月版《弘一大师全集》（第3版，修订2版）第八册·文艺卷、杂著卷、书信卷第333页收录，标“一九二二年四月十二日，温州庆福寺”。此信曾刊于1948年《学僧天地》第1卷第6期，题《弘一大师遗札》。

④ 见上海博物馆藏，陈燮君、汪庆正主编：《夏丏尊旧藏弘一法师墨迹》，华宝斋书社2000年9月版，第40页。

⑤ 此信福建人民出版社2019年12月版《弘一大师全集》（第3版，修订2版）第八册·文艺卷、杂著卷、书信卷第274页收录，标“一九二二年闰五月廿三日，温州庆福寺”。原信现藏浙江省博物馆。

⑥ 此信福建人民出版社2019年12月版《弘一大师全集》（第3版，修订2版）第八册·文艺卷、杂著卷、书信卷第328页收录，标“一九二二年旧六月初二日，温州庆福寺”。

⑦ 弘一大师：《〈佛说梵网经菩萨心地品菩萨戒犯相摘记〉跋》，收《弘一大师全集》（修订本）第七册·佛学卷、传记卷、序跋卷，福建人民出版社2010年10月版，第619页。

8月4日（农历六月十二日），在温州致信郭奇远函：

省书，欢慰无已。《五大施》三经寄奉七册，是经为去春所书，拙劣无足观。石印之时，摄影勒石，凡字画脱略者，皆由匠人执笔添补，故与原稿颇多歧异。今秋约可写经十数种，当超胜于此。明春付印之后，邮奉法览。《五大施》三经，石印局未存版。永嘉刘居士以石印本翻刻木板，不日当可锓竟，但神味散失，必更甚于石印本也。

《十大碍行》等三种，如尊邑有愿多得者，现在仍可附印。（每份三种，每百份三元，邮资在内。请托上海西门外长乐里一号周孟由居士转托尤惜阴居士代办。其资可请孟由代付。将来尊处之资，带至永嘉交周群铮［孟由之弟］划还。）附寄《戒杀放生》广告七纸（希放要处张贴）；《戒杀放生文》《印造经像文》（余与尤居士合纂述者）各三册；《心经口义》《阿弥陀经》各一册；《安士全书》一部（近数月来，上海尤居士劝募印造《安士全书》已得近四万元，可印五万余部，实旷古希有之盛业也）。皆群铮居士赠奉贤首者。商务印书馆发行《印光法师文钞》，甚佳。（价五角五分，各分馆皆寄售，其卷首有余及沈培老之题辞。又《安士全书》第二册后幅，有余拟定读《文钞》次序之目录，依次读诵，自易入门。希劝同人，广为流通。）率复不悉。

奇远居士慧览

僧胤疏答　六月十二夕

附赍旧写佛号一纸，以结净缘。

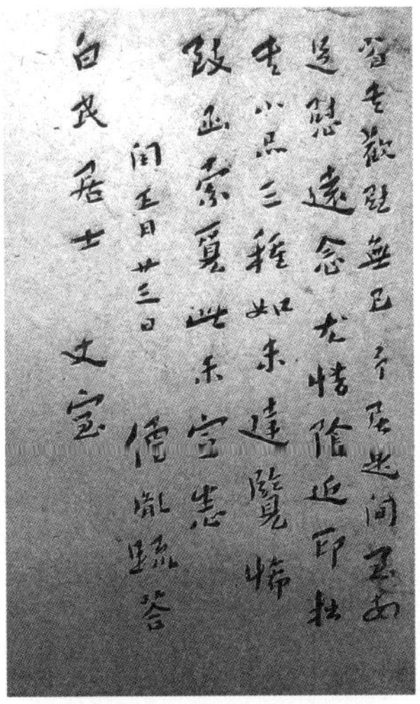

1922年7月17日，弘一大师致杨白民函。现藏浙江省博物馆。

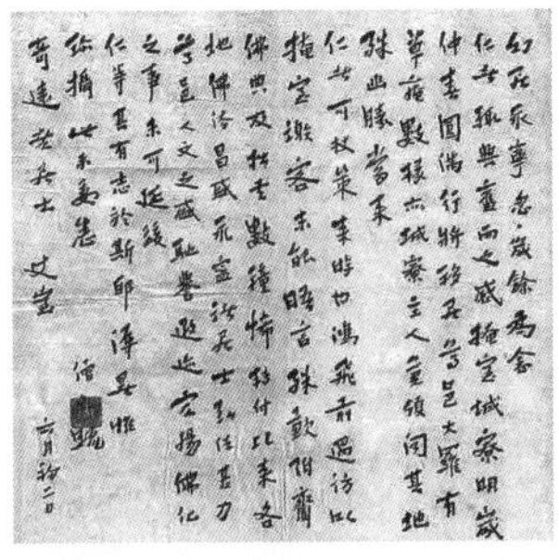

弘一大师于1922年7月25日在温州庆福寺致郭奇远函。

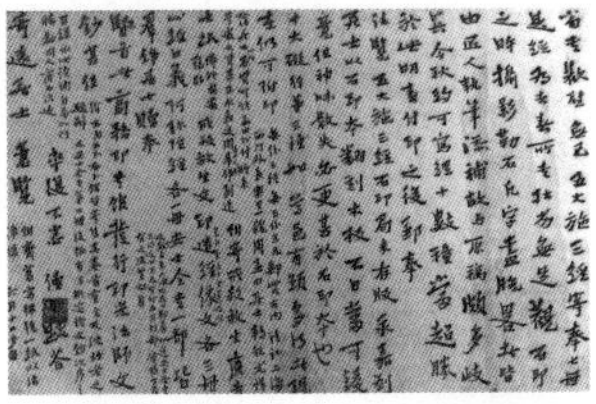

1922年8月4日弘一大师在温州致信郭奇远函。

按：福建人民出版社2019年12月版《弘一大师全集》（第3版，修订2版）第八册·文艺卷、杂著卷、书信卷第328页收录，标“一九二三年旧六月十二日，杭州”。文物出版社2017年10月版陈飞鹏整理《弘一法师书信全集》第90—91页收录，时间、地点亦如此标注。皆误。此信断写于1922年。信中言“《五大施》三经寄奉七册，是经为去春所书，拙劣无足观。”《五大施经》由弘一大师写于1921年春，即“去春”。故此函当写于1922年。写信地点当在温州。又因刘景晨在翻刻的《五大施》等三经跋文中写道：“今年余母六十岁。元旦日，余发愿写刻金刚般若波罗蜜经，印送百本为余母寿。俗缘牵掣，笔墨鲜暇，久之未能成册。以告余友吴璧华先生，先生云：有弘一大师手写《五大施经》《戒香经》《木槵子经》合印一册，得之于周先生群峥（铮）。如翻印流通，使一切有缘欢喜受诵，皆得无量寿报，岂不甚善？余因请得是经，属怀古斋主人雕板，印成百本，敬贻戚友以满夙愿。爰著数语，用志刊赠因缘。中华民国十一年六月吉日，永嘉刘景晨贞晦敬题。”

8月16日（农历六月廿四日），姚石子来函：

一自长者披度，消息杳然。而望风怀想，钦企之忱，无时或释。前岁曾访道履于玉泉，不得，怅怅者久之。今忽朵云来下，借知卓锡温峤，甚慰，甚慰！

……

近来正欲搜集经典，拟仗我佛慈悲，以资我先人冥福，以自忏悔。乃适奉卷册下颁，盖有因缘在焉……佛法广大，然不得其门者，不得而入。伏祈长者再赐以南针。……抑光根器浅薄，人事纷如，恐终不能洗心涤虑。……或能勉任万一。

壬戌六月廿四日[1]

8月19日（农历六月廿七日），在温州致信郭奇远函：

曩复书及经典等，当早达。尊邑务本书局于元年石印之《经像灵应录》，比有友愿重刊流通。敬希仁者代为觅求一册寄下，以作稿本。奇远居士慧览

僧胤　六月廿七日

李漱梅居士处，或存此书。

按：此信福建人民出版社2019年12月版《弘一大师全集》（第3版，修订2版）第八册·文艺卷、杂著卷、书信卷第328—329页收录，标“一九二三年旧六月廿七日，杭州”。文物出版社2017年10月版陈飞鹏整理《弘一法师书信全集》第91页收录，时间标1923年“旧六月二十七日”，地点标“杭州”。时间均误。1922年夏，弘一大师和尤惜阴合作《印造经像文》，寻找《经像灵应录》作为前期准备工作。故当写于本年8月19日（农历六月廿七日）。[2]

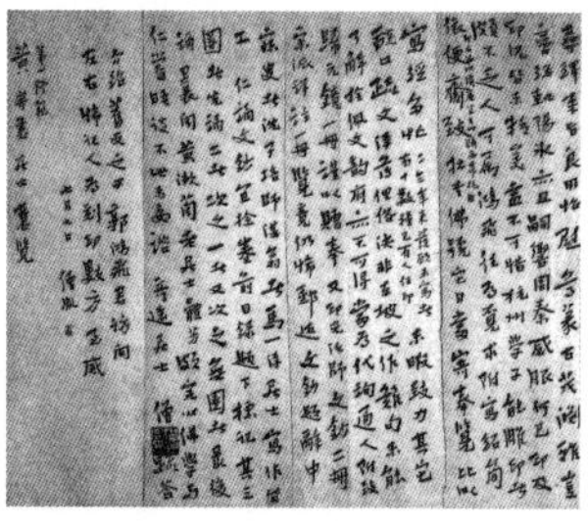

1922年8月29日弘一大师在温州致信郭奇远函。

8月29日（农历七月初七日），在温州致信郭奇远：

寻绎来旨，良尺怡慰。尊篆古茂渊雅，岂啻经轨阳冰，亦且嗣响周秦，感服何已！印及印泥，皆未精美，宁不可惜？杭州学子能雕印者，颇不乏人，可嘱鸿飞往为觅求。附写绍简，依便赍致。（印石温地价廉，宜在此购妥带杭。）拙书佛号，它日当寄奉览。比

① 参见本谱本年秋致姚石子函条目。姚石子（1891—1945），名光，号复庐，江苏金山人，曾继柳亚子之后为南社主持人，后学佛，藏书甚富。

② 李漱梅，名炳光，浙江瑞安人，光绪二十八年举人，擅长书画，信奉佛教。

以写经匆忙，（二三年来，发愿未写者有十数种，已有人任印。）未暇致力其它。《焰口疏文》，浮薄俚俗，决非东坡之作。难句未能了解，检《佩文韵府》，亦不可得，当为代询通人。附致《归元镜》一册，谨以赠奉。又《印光法师文钞》二册、《宗派详注》一册，览竟仍希邮返。《文钞》题辞中，寐叟者，沈子培师；湛公者，马一浮居士，写作皆工。

仁诵《文钞》，宜检卷前目录题下标记其三圈先诵，二者次之，一者又次之，无圈者最后诵。曩闻黄溦兰老居士体芳，颇究心佛学，与仁尝晤谈不？此末委谘。

奇远居士

僧疏答

（附“绍介”）

介绍旧友之子郭鸿飞君访问左右，希托人为刻印数方，至感。

七月七日　僧胤

第一师范黄寄慈居士慧览

按：福建人民出版社2019年12月版《弘一大师全集》（第3版，修订2版）第八册·文艺卷、杂著卷、书信第329页收录，标“一九二三年旧七月七日，温州庆福寺”。文物出版社2017年10月版陈飞鹏整理《弘一法师书信全集》第93页收录，时间标1923年“旧七月初七”，地点标“杭州或衢州”。皆误。此信言“又《印光法师文钞》二册、《宗派详注》一册，览竟仍希邮返。”当承接弘一大师六月至郭奇远函中谈及之《印光法师文钞》。应写于1922年8月29日（农历七月初七日），地点在温州。

8月（农历六月初九日至七月初九日），《世界画报》第37期刊出《美术家李叔同先生小史》（胡亚光识）和《中国美术家李叔同先生断食后之像》（胡亚光绘）。

1922年8月《世界画报》第37期刊出之《美术家李叔同先生小史》（胡亚光识）和《中国美术家李叔同先生断食后之像》（胡亚光绘）。

9月4日（农历七月十三日），致邓寒香信：

数日前得本月初五日书，即复一片，邮寄西门，想不得达。顷乃获诵六月杪书，欣悉一一。所论甚是，至可感佩！大乘之人，须发菩提心（心佛众生三无差别）。依是自利利他，直至成佛，圆满菩提，乃可谓大乘人。至发心之后，处众处独，皆无不可。《天目中峰和尚语录》中，曾详言之。录其文如下：

“或问古人得旨之后，或孤峰独宿，或垂手入廛，或兼擅化权，或单提正令，或子筹盈室，或不遇一人，或泯绝无闻，或声喧宇宙，或亲婴世难，或身染沉疴，虽同少室之门，而各蹈世间之路者，何也？幻曰，言乎同者，同悟达磨，直指之真实自心也。言乎异者，异于各禀三世之幻缘业也。以报观之，非乐寂而孤峰独宿也，非爱闹而入廛垂手也。擅化权而非涉异也，提正令而非专门也。虽弟子满门，非苟合也。虽形影相吊，非绝物也。其毕世无闻，非尚隐也。其声喧宇宙，非构显也。至若荣枯祸福，一本乎报缘。以金刚正眼视之，特不翅飞埃过目耳，安能动其爱憎取舍之念哉？所以龙门谓报缘虚幻，岂可强为？演祖谓'万般存此道，一味信前缘'，苟不有至理鉴之，则不能无惑于世相之浮沉也。《华严普贤行愿品》卷二十二善财童子，参德生童子，有德童女，问菩萨云何学菩萨行、修菩萨道？童子童女乃广赞亲近善知识之利益。善财童子又问，云何能于诸善知识法之中，速得圆满，速得清净，得不退失？答：须持菩萨戒及别解脱戒。若圆满头陀功德，能使二戒悉得清净，不失善法。继乃广赞十二头陀之行。"

其圆满阿兰若一段，请仁者检阅之。夫位近等觉，尚须乐于独处，住阿兰若。何可谓山居办道者为小乘人？近来屡闻世人有此谬论，可痛慨也。至语小乘之人，决不说法利他者，亦非通论。小乘律本关（拣别之说）法有十条（拣别如法不如法）。又佛称弟子声闻众中，能教化有情令得圣果者，推迦留陀夷第一。律中具载彼度生之事有十三事，此外关于说法度生之事，小乘律中，屡屡见之（比丘每日须入城市乞食。施者如请说法，随缘教化）。兹不具引。小乘所以异于大乘者，在发心趣偏真之涅槃耳，岂有他哉！永嘉禅师谓上乘之人，行上而修中下，二乘何咎而欲不修？宁知见爱尚存，去上乘而甚远。三受之状固然，称位乃侍菩萨。大乘之所不修，而复讥于小学（以上摘录原文。在《永嘉集》第七章。又《万善同归集》亦引此文）。吾人既归信佛法，皆应发大乘心，而随分随力，专学大乘。或兼学三乘，皆无不可。不必执定己之所修为是，而强人必从。以根器各异，缘业不同，万难强令一致也。[①]

按：此信见 1928 年《佛光社社刊》第 3 期。署："壬戌七月十三日"。福建人民出版社 2019 年 12 月版《弘一大师全集》（第 3 版，修订 2 版）第八册 • 文艺卷、杂著卷、书信卷第 363 页收录，未标时间和地点。文物出版社 2017 年 10 月版陈飞鹏整理《弘一法师书信全集》第

① 福建人民出版社 2019 年 12 月版《弘一大师全集》（第 3 版，修订 2 版）第八册 • 文艺卷、杂著卷、书信卷第 362 页对邓寒香身份有注释："邓寒香，一说周孟由居士之化名。"

126 页将此信置于 1925 年，自言为“推测”。

9 月 12 日（农历七月廿一日），吴璧华来庆福寺晤谈，言及“台风中念佛幸免于难”一事。**按：**弘一大师在《净宗问辨》中写道：“十一年壬戌七月下旬，温州飓风暴雨，墙屋倒坏者甚多。是夜璧华适卧墙侧，默念佛号而眠。夜半，墙忽倾圮，砖砾泥土坠落遍身。家人疑已压毙，相率奋力除去砖土，见璧华安然无恙，犹念佛号不辍。察其颜面以至肢体，未有毫发损伤。乃大惊叹，共感佛恩。其时余居温州庆福寺，风灾翌日，璧华亲至寺中向余言之。”① 张棡在 1922 年 9 月 11 日（农历七月廿日）日记中记述了这场台风在温州登陆的场景。②

9 月 25 日（农历八月初五日），姚石子来函：

前承赐教，诸承指示迷途，并赐手书佛号，回向亡母，以及卷册诸种。拜读之下，感激涕下……光向来熟读《心经》，近来晨夕亦常虔诵此经。今得尊示，当时诵《阿弥陀经》。所开经目中，如《印光法师文钞》《安士全书》等，本已有之，亦曾浏览。其余诸种，俟到之户，当手请之。……

壬戌　八月五日

10 月 5 日前（农历八月十五日前），致郭奇远函：

省书，承悉一一。（佛书三册收到。）健庵联当于小暇写贻，纸毋寄。尔来有嘱书者皆谢绝。今春写佛号结缘，为发心赠送者，非应嘱也。吴璧华约于中秋后来尊邑演讲通俗佛学。彼深慕仁者，嘱为致念，来章安即趋谒聆教。近是间聘请湖南唐大圆住温教授佛学，彼宗说兼通，解行双美，当来必来尊邑讲授经论，仁可与之晤谈也。

僧胤③

按：此信福建人民出版社 2019 年 12 月版《弘一大师全集》（第 3 版，修订 2 版）第八册・文艺卷、杂著卷、书信卷第 329 页收录，标“一九二三年中秋前，温州庆福寺”；文物出版社 2017 年 10 月版陈飞鹏整理《弘一法师书信全集》第 94 页收录，时间标 1923 年“中秋前”，地

① 弘一大师：《净宗问辨》，载 1935 年《净土宗月刊》第 6 期。
② 张棡：《张棡日记》，俞雄选编，上海社会科学院出版社 2003 年版，第 308—309 页。
③ 唐大圆（1883—1943），湖南武冈人，精通佛学，曾任武昌佛学院、东南大学等校教授。

李叔同書
譚組雲夫人丁氏墓誌銘

1922 年 10 月 11 日，《申报》刊出之苏州华商书局《李叔同书〈谭组云夫人丁氏墓志铭〉》广告。

点标“杭州或衢州”。皆误。根据唐大圆《温州宏法记》一文，此信当写于本年中秋前。详见本谱本年“10 月 31 日（农历九月十二日）”谱文。

10 月 11 日（农历八月廿一日），《申报》刊出苏州华商书局《李叔同书〈谭组云夫人丁氏墓志铭〉》广告。广告曰：“定价六角。是志初印无多，业亿售罄。后至者多抱向榆之憾。兹特再版千部，仍售特价，以餍购者之望。凡爱息翁书者，幸勿再失诸后也。”

10 月 22 日（农历九月初三日），《大公报》刊出言敦源撰《纪文达所藏甘林瓦砚为李叔同作》（诗）。

秋，为支持上海艺术师范学校（原上海专科师范学校）办学，书联 30 幅赠之。

复姚石子函。言来函收悉，知其归信佛法，介绍应用经书若干种，有《印光法师文钞》《灵峰宗论》《释门真孝录》《竹窗三笔》《山房杂录》《云栖遗稿》《选佛谱》《选佛图》《佛教初学课本》《释教三字经》《释迦如来应化事迹》《安士全书》《佛学撮要》《佛学初阶》《佛学起信编》《佛学指南》《六道轮回录》《学佛实验谈》《南无阿弥陀佛解》《佛学问答》《新版净土四经》《弥陀经疏钞撷》《观经图颂》《龙舒净土文》《净土晨钟》《径中径又径征义》《归元镜》《往生集》《极乐庄严图》《西方接引图》《释迦佛坐像》《地藏菩萨像》《地藏菩萨本愿经》等，并作简介。如若再进一步修习，可阅《诸经要集》《念佛警策》《彻悟语录》《梵室偶谈》《偶谈》《净土十要》《无量寿经义疏》《观经四帖疏》《阿弥陀经义疏》《行愿品疏节录》《佛说无常经》《在家律要》《阅藏知津》及《佛学大辞典》等，亦作简介。同时介绍《因是子静坐法》。又为其拟定日课等。**按：**此函发表于 1922 年《国学丛选》第 13、14 合集，题《复姚石子居士书》。此信福建人民出版社 2019 年 12 月版《弘一大师全集》（第 3 版，修订 2 版）第八册 · 文艺卷、杂著卷、书信卷第 387—388 页收录，标“一九二八年，上海”。文物出版社 2017 年 10 月版陈飞鹏整理《弘一法师书信全集》第 179—182 页收录，“案”中亦对此信提出诸种疑问。

在庆福寺患痢疾。疑或不起，嘱命终将其缠裹投入江心结水族缘，后病愈。①

① 因弘《恩师弘一音公驻锡永嘉略记》（载 1944 年 6 月 1 日《觉有情》第 5 卷第 115—116 期合刊）一文言：“是年，师患痢疾，寂老存问；师曰：小病从医，大病从死。今是大病，从他死好。惟求师尊，俟吾临终时，将房门扃锁，请数师助念佛号，气断逾六时后，即以所卧被褥缠裹，送投江心，结水族缘。闻者涕下，幸即霍然。”

书苏轼《画阿弥陀佛像偈并序》赠夏丏尊。跋曰："于时逊国后十一年岁次玄黓秋孟之节，写付丏尊居士。弘裔僧胤。"钤印："胤"、"弘一"。①

10月31日（农历九月十二日），唐大圆来温州与周群铮一起到访庆福寺，因掩关未见。**按：**唐大圆在《温州宏法记》中写道："民国十一年八月初六日，偕弟智依等由武冈启程，九月初十日到温州。初寓谢池巷周孟由居士宅，居士全家修净业而其弟群铮尤勤。此地向惟出家众颇出高僧，自周氏兄弟始，佛法渐及居士。民国十年冬，吴璧华居士自北京归，更扩张。……十二日与群铮君至南门外庆福寺，时弘一法师方掩关，未获见。"②

11月19日（农历十月初一日），《半月》2卷第5号图版刊"文学家美术家李叔同先生入道断食后之像"。像上有胡亚光题"弘一上人像"。

11月25日（农历十月初七日），在温州致则民函：

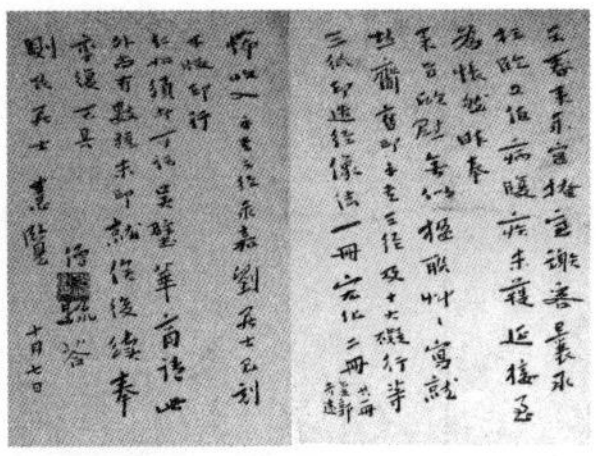
1922年11月25日，弘一大师在温州致则民函。

去春来永宁，掩室谢客。曩承枉临，又值病腹疾，未获延接，至为怅然。昨奉来旨，欣慰无似。楹联草草写就，并赍旧印手书、三经及《十大碍行》等三纸，《印造经像法》一册，《宏化》二册（其一册乞交郭奇远），希收入。手书三经，永嘉刘居士已刻木板印行，仁如须者，可托吴璧华商请。此外尚有数种未印就，俟后续奉。率复，不具。

则民居士慧览

僧胤疏答

十月七日

按：此信福建人民出版2019年12月版《弘一大师全集》（第3版，修订2版）第八册·文艺卷、杂著卷、书信卷未收录。见中共温州市委宣传部、中共温州市委统战部、温州市文化广电旅游局主办："碧天芳草——李叔同与温州"展览。2020年12月27日至2021年3月27日，温州博物馆。展览标注："则民乃瑞安居士，与郭奇远相熟。""'刘居

① 见上海博物馆藏，陈燮君、汪庆正主编：《夏丏尊旧藏弘一法师墨迹》，华宝斋书社2000年9月版，第43页。福建人民出版社2019年12月版《弘一大师全集》（第3版，修订2版）第七册·佛学卷、传记卷、序跋卷第635页收录时题为《手书苏轼画阿弥陀佛像题偈跋》。

② 大圆：《温州宏法记》，太虚大师编《海潮音文库·第四编·笔记（下）》，（台北）新文丰出版股份有限公司1985年版，第53页。

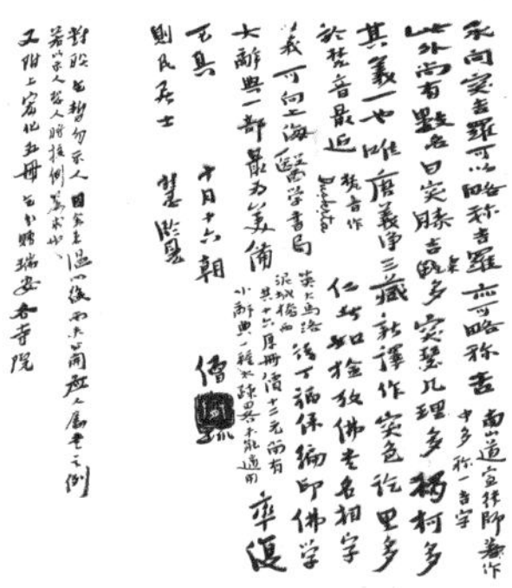
1922 年 12 月 4 日弘一大师在温州致则民函。

士’指温州名士刘景晨。”

12 月 4 日（农历十月十六日），在温州致则民函：

承问突吉罗，可以略称吉罗，亦可略称吉（南山道宣律师著作中多称一吉字）。此外尚有数名，曰突膝吉栗多、突瑟几理多、独柯多，其义一也。唯唐义净三藏新译作突色讫里多，与梵音最近（梵音作 Duskita）。仁者如检考佛书名相字义，可向上海医学书局（英大马路泥城桥西）请丁福保编印《佛学大辞典》一部，最为美备（共十六厚册，价十二元，尚有小辞典一种，太疏略，未能适用）。率复，不具。

则民居士慧览

十月十六朝　僧胤疏

对联乞暂勿示人。因余来温以后，尚未公开应人嘱书之例，若以示人，恐人将援例嘱求也。

又附上《宏化》五册，乞分赠瑞安各寺院。

按：此信福建人民出版 2019 年 12 月版《弘一大师全集》（第 3 版，修订 2 版）第八册 · 文艺卷、杂著卷、书信卷未收录。见中共温州市委宣传部、中共温州市委统战部、温州市文化广电旅游局主办：“碧天芳草——李叔同与温州”展览。2020 年 12 月 27 日至 2021 年 3 月 27 日，温州博物馆。

12 月 24 日（农历十一月初七日），在温州致邓寒香函：

前日获手书，回环披诵，至为欣慰。承询我执之义，略述如下：

二执
- 我
- 法
- 执
  - 界内见 / 分段生死思 — 惑
    - 藏初果 · 通见地 · 别初住 · 圆初信 — 断尽
    - 藏四果 · 通已办 · 别七住 · 圆七信 — 断尽
  - 界外 / 变易生死 — 尘沙 / 无明 — 已下略（“已”字原文如此——引者注）

所谓我执者，即《圆觉》所云“妄认四大为自身相，六尘缘影为自心相”是也。《识论》卷一，言之甚详。请披寻《唯识心要》卷一第十七页至廿八页止。廿八页中灵峰述辞，至为精确，幸详味之。又依《大乘止观》中所云：“若断我执，须分别性中，止行成就。”请检《大乘心观释要》卷五第五六七页阅之。而《占察义疏》

卷六第十七十八页灵峰疏文，即依《大乘止观》会合。希彼此互参研寻，最易了解。此外，如《灵峰宗论》第二册中，亦常常言之。并望披览。

窃谓吾人办道，能伏我执，已甚不易，何况断除。故莲池大师云：“当今之世，未有能证初果者。”夫初果，仅能断见惑，已不可得，遑论其他。彻悟禅师云：“但断见惑，如断四十里流，况思惑乎?”故竖出三界，甚难甚难。若持名念佛，横出三界，校之竖出者，不亦省力乎？蕅益大师亦云：“无始妄认有己，何尝实有己哉。或未顿悟，亦不必作意求悟。但专持净戒，求生净土，功深力到，现前当来，必悟无己之体。悟无己，即见佛，即成佛矣。”又云：“倘不能真心信人，亦不必别起疑情。更不必错了承当。只深信持戒念佛，自然蓦地信去。”由是观之，吾人专修净业者，不必如彼禅教中人，专恃己力，作意求破我执。若一心念佛，获证三昧，我执自尔消除。较彼禅教中人专恃己力竖出三界者，其难易，奚啻天渊耶！（若现身三昧未成，生品不高，当来见佛闻法时，见惑即断。但得见弥陀，何愁不开悟。《无量寿经》四十八愿中有云：“设我得佛，国中天人，若起想念贪计身者，不取正觉。”诚言如此，所宜深信）但众生根器不一，有宜一门深入者，有应兼修他行者，所宜各自量度，未可妄效他人。随分随力，因病下药，庶乎其不差耳。余比来久疏教典，未暇一一检寻详委奉答。姑即所见，略述如是。

按：此信见1928年《佛光社社刊》第3期，署：“壬戌十一月初七日”。福建人民出版社2019年12月版《弘一大师全集》（第3版，修订2版）第八册·文艺卷、杂著卷、书信卷第362—263页收录，未标时间和地点。文物出版社2017年10月版陈飞鹏编《弘一法师书信全集》第126页将此信置于1925年，自言为“推测”。

12月30日（农历十一月十三日），在温州致信郭奇远函：

前复片计早达览。兹寄上佛号一页，净行品句一页，敬赠仁者。又佛号三页，乞检一页赠杨陶民。（并请告：勿寄联纸来，因余今后将暂弃笔墨也。彼归信佛法，至可忻赞。但余初始出家，所学未丰，彼曾来书问法，不能详答；请彼致函唐大圆居士，当可了解一切也。函寄温州厝库司前吴壁华转交大圆。）其二页乞分赠他人。又前乔育之嘱书之纸，为写佛号，一并奉上，乞为转交。（内有一幅，“南无”二字不佳，故裁去。）以后，仁者如与友人晤谈时，希代达今后暂不写字之意；或有寄纸来者，亦以原物寄还，恕不加

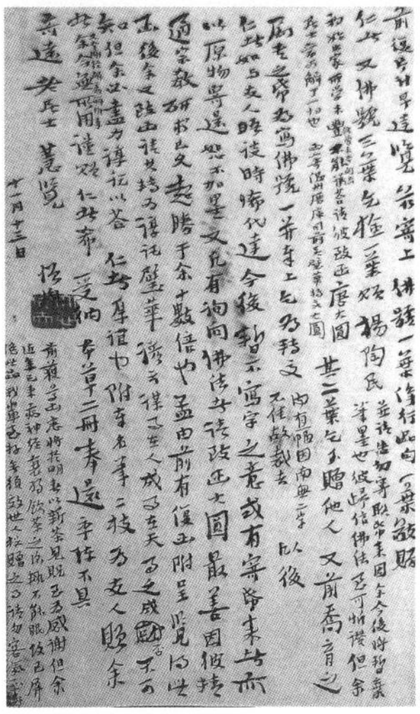
1922年12月30日弘一大师在温州致信郭奇远函。

墨。又凡有询问佛法者，请致函大圆最善，因彼精通宗教，研求已久，超胜于余十数倍也。孟由前有复函，附呈览；得此函后，余又致函，请其转为谆托璧华。谚云："谋事在人，成事在天。"事之成否不可知，但余必尽力谆托以答仁者厚谊也。附奉名笔二枝，为友人赠余者，余今无所用，谨赠仁者，希受纳。（又《金刚经解义》一册附奉。）《本草》二册奉还。率陈不具。

奇远老居士慧览

僧胤　十一月十三日

前获尊函，悉将于明春以新茶见贻，至为感谢。但余近年已来，病神经衰弱，饮茶之后辄不能眠，故已屏绝此品。我辈至好。无须效世人投赠之事，请勿客气，至祷。

按：此信福建人民出版社 2019 年 12 月版《弘一大师全集》（第 3 版，修订 2 版）第八册・文艺卷、杂著卷、书信卷第 329—330 页收录，标"一九二三年旧十一月十三日，衢州莲华寺"。文物出版社 2017 年 10 月版陈飞鹏整理《弘一法师书信全集》第 97 页收录，时间标 1923 年"旧十一月十三日"，地点标"衢州莲华寺"。疑误。信中有"函寄温州厝库司前吴璧华转交大圆"句，根据唐大圆在温州的时间，当为写于本年 12 月 30 日（农历十一月十三日），地点在温州庆福寺。参见唐大圆：《温州宏法记》一文。[①]

冬，以灵峰蕅益《五戒相经笺要》作底本，纂集《五戒持犯表记》。有序："壬戌岁晚，幻居永宁，研寻毗奈耶藏。……纂集《五戒持犯表记》一卷。"[②]

1922 年弘一大师（中）与寂山和尚（右）、周孟由居士（左）在温州合影。

是年，撰《庖人陈阿林往生传》。[③]

在温州与寂山和尚、周孟由居士合影。

依《灵峰宗论》摭写警训一卷，即《寒笳集》。《寒笳集》序云："壬戌之岁，尝依《灵峰宗论》摭写警训一卷，颜曰《寒笳集》。"[④]

上书印光法师，请求收为弟子，未允。

---

① 大圆：《温州宏法记》，太虚大师编《海潮音文库・第四编・笔记（下）》，（台北）新文丰出版股份有限公司 1985 年版，第 53 页。

② 弘一大师：《〈五戒持犯表记〉序》，收《弘一大师全集》第七册・佛学卷、传记卷、序跋卷，福建人民出版社 2019 年 12 月第 3 版，修订 2 版，第 620 页。

③ 弘一大师：《庖人陈阿林往生传》，福建人民出版社 2019 年 12 月版《弘一大师全集》（第 3 版，修订 2 版）第七册・佛学卷、传记卷、序跋卷第 584—585 页收录。

④ 弘一大师：《〈寒笳集〉（又名〈蕅益大师警训略录〉）序》，收福建人民出版社 2019 年 12 月版《弘一大师全集》（第 3 版，修订 2 版）第七册・佛学卷、传记卷、序跋卷，第 625 页。

社会评介择要

吕伯攸：《李叔同先生诗词》，载 1922 年 2 月 18 日《礼拜六》杂志第 149 期。

《四川美育一斑》（曾延年致吴梦非信），载 1922 年 4 月《美育》第 7 期。

梁公约：《玉泉寺赠弘一上人》，载《学衡》第 6 期。

陈夔：《疏影》，收《虑尊词一卷　然脂词一卷》之“虑尊词一卷”，1922 年印行。

1923年　癸亥　44岁

社会文化事略

2月7日，吴佩孚镇压京汉铁路工人罢工，造成惨案；春，泰戈尔首次访华；6月12日至20日，中国共产党第三次全国代表大会在广州召开，决定与国民党合作；6月26日，北京故宫大火，延烧六小时，损失巨大；10月5日，曹锟贿选当总统；10月20日，中国共产主义青年团中央机关刊物《中国青年》在上海创刊。

生平事迹

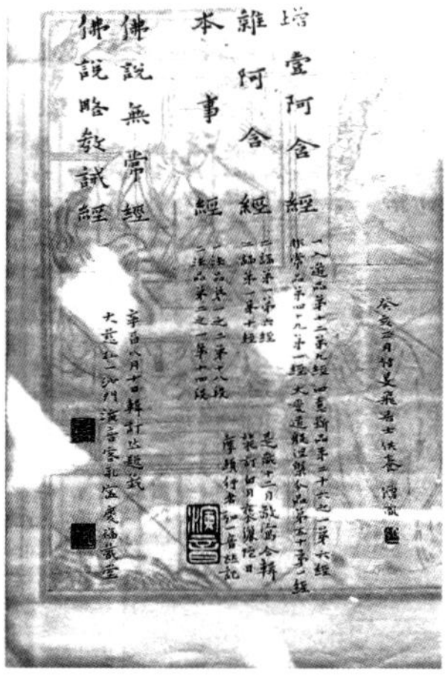

1923年正月，弘一大师赠崔旻飞《增壹阿含经》《杂阿含经》《本事经》，并题词。

年初，接受宽愿为弟子。**按：**宽愿法师有言："弟子法名宽愿，号普行，在民国十二年拜弘一上人为师，当年二月落发。"①

1月3日（农历壬戌十一月十七日），写佛号四十八叶，分付温州地方道侣。②

1月13日（农历壬戌十一月廿七日），背诵完1921年"前安居随喜日"书写的唐·义净三藏《南海寄归内法传》两则，附加题记："壬戌十一月二十七日背诵竟，僧胤谨记。"③

2月10日（农历壬戌十二月廿五日），始写《〈五戒略记初稿〉弁言》。④

2月13日（农历壬戌十二月廿八日），撰《〈五戒略记初稿〉弁言》毕。署："壬戌十二月二十五日执笔，二十八日编竟并记。"⑤

作《〈梵网经菩萨戒相表记〉初稿跋》，署："壬戌十二月二十八日

---

① 宽愿法师致某监院函，载1947年2月1日《佛教公论》复刊第11期。
② 参阅本谱本年12月28日（农历十一月廿一日）条目致李圣章信。
③ 蔡冠洛：《弘一大师经籍题记汇录》，虞坤林编《弘一法师日记三种》，山西古籍出版社2006年版，第48页。
④ 弘一大师：《〈五戒略记初稿〉弁言》，收《弘一大师全集》第七册·佛学卷、传记卷、序跋卷，福建人民出版社2019年12月第3版，修订2版，第619页。
⑤ 弘一大师：《〈五戒略记初稿〉弁言》，收《弘一大师全集》第七册·佛学卷、传记卷、序跋卷，福建人民出版社2019年12月第3版，修订2版，第619页。

僧胤记。”[①]

壬戌岁末，在温州致李绍莲函。**按：**此信曾刊于1924年8月20日《海潮音》第5年第7期，题《与俗宗兄李绍莲居士书》，署名“弘一”。刊出时书信文字与福建人民出版社2019年12月版《弘一大师全集》（第3版，修订2版）第八册·文艺卷、杂著卷、书信卷第357页所录文字有多处不同。《海潮音》刊出之文字如下：

岁云暮矣，积阴凝寒。言念仁者，渺在天末。末由省展，惆怅何如？岁月不居，衰老浸至。儿时知交，大半迁逝，墓门青草，巷口斜阳，人事无常，可为愁叹。惟有仁者，时相承问。辄深旧雨之想，每怀朝露之懔。余与仁交垂三十年，相知以心，亲逾骨肉。入山以来，时且驰想。为忆仁者，滞情尘网，匪仰如来慈力，宁脱忍域苦轮。念佛一门，诚为津要矣。囊邮《印光法师文钞》，当致记室。幸以清暇，研味其趣。或有未达，毋遗下问。愿穷凡智，以训来旨。附赍佛典一函，希垂省览，以自督励。流光迈驰，瞬息来世。幸宜及时努力，毋致当来忧悔。略写诚款，岂复委宣。

福建人民出版社2019年12月版《弘一大师全集》（第3版，修订2版）第八册·文艺卷、杂著卷、书信卷第357页收录时注为“一九二三年，温州庆福寺”。弘一大师于1924年将此信重新书交付尤墨君居士时，告知其为“三年前旧作”（当为虚指），拟编入《霜景集》，后尤氏以《致俗宗兄绍莲居士书》为题将其编入《论月集》并发表于《越风》1936年第21期（1936年10月31日出版）。参阅本谱1924年7月22日条目。文物出版社2017年10月版陈飞鹏整理《弘一法师书信全集》第99—100页收录，时间标1923年“冬”，地点标“衢州莲华寺”。此误。此信亦曾刊于1943年《学术界》第1卷第5期李芳远辑《弘一大师书牍（续完）》。

2月15日（农历壬戌十二月三十日，除夕），在佛前发誓，从今后乃至终，绝不再为人写字（实际非如此）。[②]

---

① 弘一大师：《〈梵网经菩萨戒相表记〉初稿跋》，收《弘一大师全集》第七册·佛学卷、传记卷、序跋卷，福建人民出版社2019年12月版第3版，修订2版，第619—620页。

② 吴梦非：《欲得释弘一法师最后墨迹者注意》，载1923年11月14日《民国日报》。

2月16日至3月16日间（农历正月），将手装《金纲三昧经》《佛说大乘戒经》《十善业道经》赠崔旻飞。①

赠崔旻飞《增壹阿含经》《杂阿含经》《本事经》。题“癸亥正月付旻飞居士供养。僧胤”；钤印“弘一”。

3月17日至4月15日间（农历二月），书有圈点《华严经》所感一纸：“书中圈点颇有误处，不暇一一改治，后之学者幸为校正。岁次星纪二月弘一记”，钤印“演音”。②

1923年5月9日（农历三月廿四日），弘一大师（后排右一）在温州庆福寺与寂山和尚（后排中）、因弘法师（后排左一）、周孟由居士（前排左一）等合影。

春，辑《根本说一切有部毗奈耶自行抄》，自定凡例，末题：“岁次北陆歌栗底迦月，于永宁晚晴院，重治校定。”又撰《学根本说一切有部律入门次第》③

4月16日至5月9日间（农历三月初一日至廿四日间），为其侍者高文彬出家一事恳请寂山和尚允许，后又邀周孟由、吴璧华二人来寺作证。

弘一大师与出家后的因弘法师合影。

5月9日（农历三月廿四日），高文彬于庆福寺披剃出家，由唯静法师剃度，皈依唯静法师，称弘一大师为“二师父”，法号因弘，字白伞。**按：**因弘《恩师弘一音公驻锡永嘉略记》一文曰：“因弘始闻吾师道誉，与同邑李君岩新偕至庆福寺礼谒。吾师一见，颇承赞善，为示念佛法门及净土要旨，并以出家相勖，因弘敬谨遵谕。即蒙介绍，就本寺求上唯下静大师剃落，依师为二师父，赐今名，字白伞，时古历三月廿四日。寺主吾师祖寂山老和尚，专弘净土，缁白皈敬。”④

在温州庆福寺与寂山和尚、因弘法师、郭志闳、陈祖经、周群铮、周孟由等合影。摄影题记为：“岁次癸酉三月廿四日，恩师弘一比丘将赴沪上，因弘名字沙弥剃发出家，并谨请寺主寂山老和尚，合摄此影于南城外庆福禅寺，以留纪念。周师导、周师寿、郭志闳、陈祖经仝拜志。”⑤

按：离温州时向庆福寺借用碗筷一副，后抵杭州时即托林赞华居士

① 参见本谱1920年5月25日、9月26日条目。

② 王用钧：《略述弘一法师与“十忍品”》，载《莲馆弘谭》第12期，2016年9月。据该文介绍，此件由作者收藏，长18厘米，宽9厘米。

③ 蔡冠洛：《弘一大师年谱广证》（三续），载1946年9月1日《觉有情》第8卷第1、2号。

④ 因弘：《恩师弘一音公驻锡永嘉略记》，载1944年6月1日《觉有情》第5卷第115—116期合刊。

⑤ 陈祖经（1892—1972），李叔同在浙江省立第一师范学校任教时之学生，毕业时，李叔同赠其联对：“简车于猎，安航以游”。陈祖经曾任教于瓯海中学等校，与吴璧华、周孟由有来往。

归还庆福寺。[①]

5 月中旬（农历三月廿五日后至三月三十日前），自温州抵上海。**按：**在沪时居太平寺拜见印光大师。与尤惜阴居士合著《普劝发心印造经像文》。与穆藕初谈佛。[②] 在沪撰《印造佛像之功德》一文。[③] 在上海遇老友江谦，教读《灵峰宗论》，江氏自以为受益无穷。[④] 穆藕初在《藕初五十自述》中言："癸亥二月中，余自北省归来，闻律宗某大师有来沪之消息。唯时节因缘动多牵绊，以故行期蹉跎。直至三月底，方始抵沪。是时之厂务胶葛万分，余心绪甚恶劣。闻世外高人至，仿佛一轮皓月临我幽室，余放下一切，专诚至沪北之太平寺参拜。见大师目光炯炯，气象万千，余甚敬畏之。谈次，历将怀疑各点询问之。大师一一予以圆满答复。末谓余近阅东西文化及其哲学，颇诋毁佛教，并断然言曰：'假使佛化大兴，中国之乱更无已时。'余对于该书过甚之辞，虽不以为然，但信向佛化之心，则非常浅薄。故复云：'余仅知佛教系出世的，我国衰败至此，非全力支持恐国将不国。故余不甚赞成出世的佛教。不识我师将何以教之。'大师答曰：'居士所见者属小乘的、自利的。出家人并非属消极一派，其实积极到万分。试观菩萨四宏誓愿便知。四宏誓愿云何？即众生无边誓愿度；烦恼无尽誓愿断；法门无量誓愿学；佛道无上誓愿成。一切新学菩萨，息息以此自励，念念利济众生。救时要道，此为急务。推行佛化，首在感移人心，以祈慈愿咸修，杀机永息，并非希望人尽出家。出家须有因缘，而出家人亦讲孝悌忠信，亦主张尽力建设，造福苍生。至于言中西文化者，以为佛教大兴中国之乱更无已时云云，作者并未知佛教精义，徒逞私议，浪造口业而已。口唱邪说，障人道心，罪过非轻，殊堪悯恻。'并勖余勤看佛经，清净心地。凡现在地位甚高者，夙生地位亦甚高。万物被眼前之富贵地位所惑，而致堕落。余经此一番开示后，觉佛教自可以纠正人心，安慰人心，使人提起精神服务社会。本诸恶莫作，众善奉行之主义，做许多好事于世间。故余深信佛教于人生有大益。但余喜在家自修，不愿向热

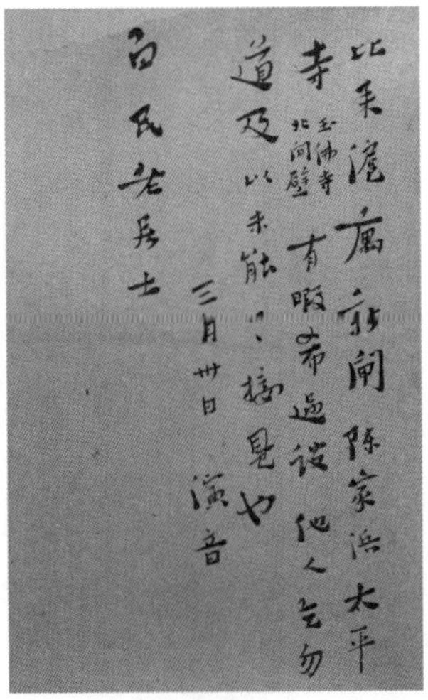

5 月 15 日（农历三月三十日），弘一大师致杨白民信手迹。

今上海成都北路西侧的 865 号已被拆除，仅见 879 弄标牌。摄于 2019 年 2 月。

今上海成都北路西侧已成为一片工地。摄于 2019 年 2 月。

---

① 丁鸿图《庆福戒香记》（载 1944 年 2 月《觉有情》第 105、106 期）一文曰："师持斋严净，不用公共碗筷。民国十二年赴杭州，借庆福寺碗筷一副；抵杭后，即托交林赞华居士带还庆福寺常住。"

② 穆藕初：《藕初五十自述》，商务印书馆 1926 年 8 月版。穆家修、柳和城、穆伟杰编著：《穆藕初先生年谱》（上海世纪出版股份有限公司 • 上海古籍出版社 2006 年 5 月版）中的 1923 年条目误将与穆藕初谈佛者说成太虚法师。

③ 据 1924 年农历十一月廿一日弘一大师致李圣章函，此文乃弘一大师本人所撰。函曰："……附赍《印光法师文钞》一部（是为第四次新版，卷首有余题词，附载《印造经像文》亦余所撰述）……"（福建人民出版社 2019 年 12 月版《弘一大师全集》（第 3 版，修订 2 版）第八册 • 文艺卷、杂著卷、书信卷第 335 页）宗教文化出版社 1995 年 8 月版林子青编著《弘一法师年谱》第 130 页记曰"由师示纲，尤惜阴演绎，举十大利益谱劝群生（见《印光法师文钞》卷四附录）。然据师致俗侄李圣章书，则此文为师自撰，而托名与尤居士合撰者。"

④ 江谦：《寿弘一大师六十周甲》诗："细读灵峰宗论教，别来旦夕未能忘。千年儒佛相攻案，至是铿锵会一堂。癸亥遇师沪上，教读《灵峰宗论》，受益无穷。"载 1940 年《佛学半月刊》第 215 期，复载 1941 年 2 月 20 日《觉音》第 20、21 期合刊"弘一法师六十纪念专刊"。

闹场里造因，而取烦恼之果。”①

5月15日（农历三月三十日），在上海太平寺致杨白民函：

比来沪，寓新闸陈家浜太平寺（玉佛寺北间壁）。有暇希过谈，他人乞勿道及，以未能一一接见也。

白民老居士

三月三十日　演音

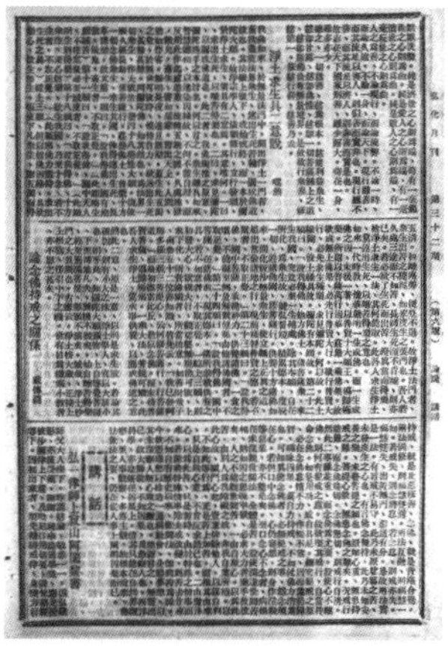

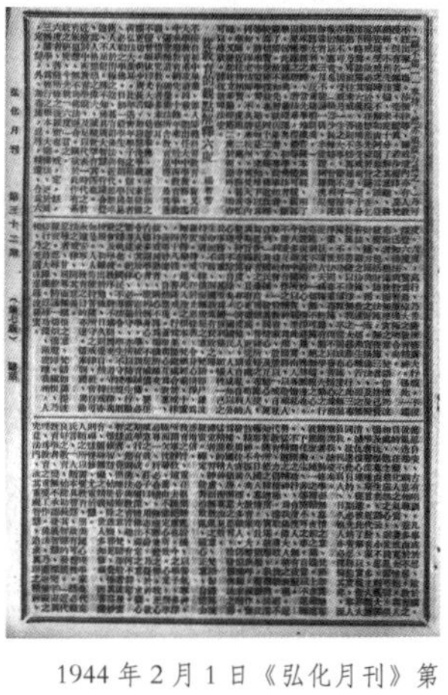

1944年2月1日《弘化月刊》第32期刊出的《弘一律师上寂山阿阇黎书》。

按：此信福建人民出版社2019年12月版《弘一大师全集》（第3版，修订2版）第八册·文艺卷、杂著卷、书信卷第274页收录。1914年，真达法师自普陀山至上海出任普陀三圣堂下院供养庵住持。因供养庵规模狭小，遂于1922年拆除重建，取名太平寺。该寺位于当时的新闸路陈家浜，今为成都北路西侧之865号，地处今新闸路与成都北路交叉口附近，即新闸路与山海关路之间，山海关路以北，新闸路之南。叶圣陶在《两法师》一文记述的弘一大师于1927年至太平寺礼谒印光大师，此太平寺当在此处。而弘一大师于1923年农历三月三十日致好友杨白民信中则说：“比来沪，寓新闸陈家浜太平寺（玉佛寺北间壁）。有暇希过谈，他人乞勿道及，以未能一一接见也。”如今上海玉佛寺距离成都北路865号步行需半小时。根据玉佛寺历史记载，玉佛寺创建于清光绪年间，原址在江湾镇，1918年毁，同年迁入现址，并历时10年建成。故弘一大师1923年给杨白民写信时，玉佛寺虽然尚在重建，却已经位于今址安远路170号（原为槟榔路，1943年改名为安远路）。如何理解“玉佛寺北间壁”一语，尚待考究。如今也有学者以为，当年地广人稀，房屋不多，两地之间，若无明显的标志性建筑（乃至地名），也可称为隔壁（即间壁）。此可为一说。

5月16日至20日间（农历四月初），居上海太平寺标写元魏昙鸾《往生论注》。**按：**本年末有题记：“癸亥四月，居上海太平寺，依北京新刊补陀光法师校定本标写。今复录补陀法语三则于卷首。时在癸亥岁将暮，晚晴沙门昙昉书。”②

5月21日（农历四月初六日），应弘伞法师请，由上海抵杭州，住

① 穆藕初：《藕初五十自述》，商务印书馆1926年8月版。

② 参见弘一大师：《元魏昙鸾〈往生论注〉题记》，收《弘一大师全集》第七册·佛学卷、传记卷、序跋卷，福建人民出版社2019年12月第3版，修订2版，第620页。

招贤寺。[1]

夏，在灵隐寺听慧明法师讲《楞严经》。自谓："曾记得在民国十二年夏天的时候，我曾到杭州去过一回，那时正是慧明法师在灵隐寺讲《楞严经》的时候。开讲的那一天，我去听他说法。因为好几年没有看到他，觉得他已苍老了不少，头发且已斑白，牙齿也大半脱落。我当时大为感动，于拜他的时候，不由落泪不止。听说以后没有经过几年工夫，慧明法师就圆寂了。"[2]

在杭州致寂山和尚信。言印光法师来杭州寓于梵天寺、弘伞发起倡建华严经塔等。此信曾刊于1944年2月1日《弘化月刊》第32期，题《弘一律师上寂山阿阇黎书》，福建人民出版社2019年12月《弘一大师全集》（第3版，修订2版）和文物出版社2017年10月版陈飞鹏整理《弘一法师书信全集》均未收。发表时未署写信时间和地点。写信时间、地点的分析参见金星《新发现的弘一大师温州佚文佚信》一文。[3]信如下：

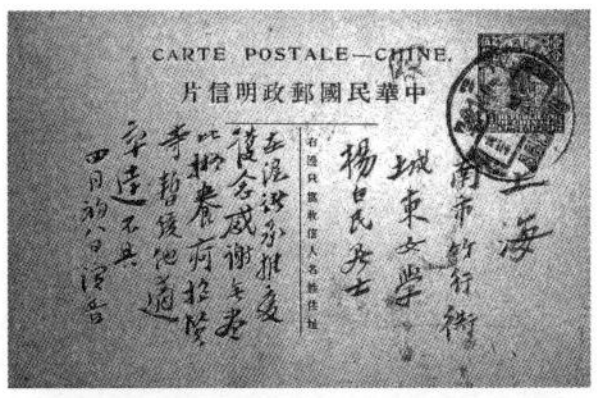

1923年5月23日（农历四月初八日）弘一大师致杨白民信手迹。现藏浙江省博物馆。

师父大人座下：

昨诵慈谕，敬悉一一。因弘像影亦谨受领，谢谢。将来课诵学竟，应先授彼《沙弥律》上下篇及《毗尼日用切要》并《梵网经》卷下。因初出家者，须先精研戒律，身体力行（虽不能一一奉持，然亦需尽力为之），乃可不枉出家一场。《沙弥戒》等虽戒坛内亦有人教授，但有名无实，毫不认真。若《沙弥戒》及《梵网经》，不预先预备，未能十分了解其意趣，将来登坛受戒之时，不解和尚阿阇黎之言语，岂能得戒？故必须于现在即预先修习背诵，并乞座下略为讲解其大意，尽明冬受戒前须十分精熟，乃可前往求戒，否则不妨再延迟一年，亦无不可。因受戒乃一生之大事，断不可潦草敷衍以塞责也。（根器少钝无妨，昔周利盘陀伽尊者，三月不能诵一偈，卒能证阿罗汉果。根器太利者，反为聪明误矣。）

将来学经之时，当先学《地藏菩萨本愿经》，明了因果报应之理，若《法华》《楞严》等，尽可缓缓再学。因此种经典，义理深奥，初学佛法者断难了解，故不如先习谈因果者、专说事相者，较为切实能获深益也，《四十二章经》《佛遗教经》等将来亦需学习。鄙见如是，未知座下以为何如？印老法师不久将来杭州寓梵天寺

① 参见本年6月2日致刘质平信。
② 释弘一口述，高胜进笔录：《我在西湖出家的经过》，载1937年5月《越风》杂志增刊第1集"西湖"专号。
③ 金星：《新发现的弘一大师温州佚文佚信》，收方韶毅主编《瓯风》第10集，上海远东出版社2016年1月版，第162—177页。

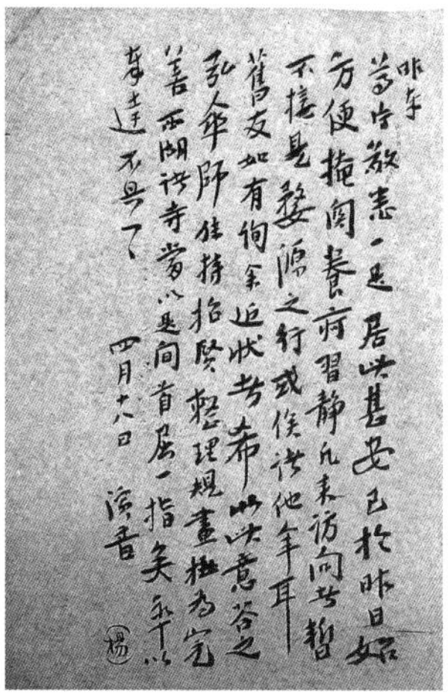

1923年6月2日（农历四月十八日）弘一大师致杨白民信手迹。现藏浙江省博物馆。

内。伞师近住招贤、虎跑二处，寺务甚为忙碌。又发起建立华严经塔二座于西湖畔，明春可以建就。

谨复。敬叩

法安！

5月23日（农历四月初八日），在杭州招贤寺致杨白民函。言感谢在沪承推爱护念；拟养痾招贤寺，暂缓他适。[①]

5月30日（农历四月十五日），《半月》第2卷第18期刊出“李叔同先生之字”，为出家前书赠胡寄尘。

6月2日（农历四月十八日），在杭州招贤寺致杨白民函：

昨奉尊片，敬悉一是。居此甚安，已于昨日始方便掩关，养痾习静。凡来访问者，暂不接见。婺源之行，或俟诸他年耳。旧友如有询余近状者，希以此意答之。弘伞师住持招贤，整理规画，极为完善。西湖诸寺，当以是间首屈一指矣。率以奉达，不具一一。

四月十八日　演音

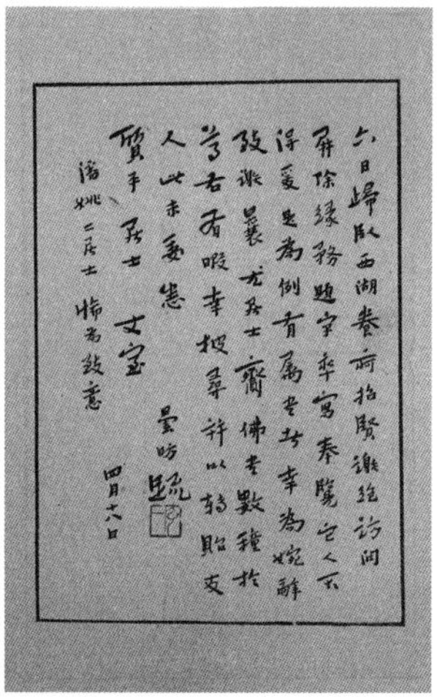

1923年6月2日（农历四月十八日），弘一大师致刘质平函。

按一： 福建人民出版社2019年12月版《弘一大师全集》（第3版，修订2版）第八册·文艺卷、杂著卷、书信卷第272页收录此信，标注“一九二〇年旧四月十八日，杭州玉泉寺”；文物出版社2017年10月版陈飞鹏整理《弘一法师书信全集》第62页在“1920年”单元中和第90页“1923年”单元中重复收录此信，地点均标注“杭州招贤寺”。弘一大师在信末注“四月十八日”，但并不是1920年的农历四月十八日。信中讲到弘伞法师住持招贤寺。这位弘伞法师是弘一大师的师兄，出家前名叫程中和。范古农居士在《述怀》一文中明确写道：弘一大师“此后尝住玉泉清涟寺，居士程中和常亲近焉。时余每年春首暑假，必赴杭佛学会讲经。八年春，讲《十二门论》毕，与会友游清涟寺，众请师开示念佛。师以撷《普贤行愿品疏钞》相托。余返里撷之于课余，至暑假即赴杭会讲演。翌年，师将赴新登山上闭关，程居士即出家名弘伞，约伴往护关。余与会友往送，摄影而别。”[②] 可知，程中和的出家是在1920年弘一大师将赴新登闭关之时，在此之前是以居士身份作为弘一大师之道友。弘一大师赴新登的时间是1920年农历六月下旬，此时程中和才

① 此信福建人民出版社2019年12月版《弘一大师全集》（第3版，修订2版）第八册·文艺卷、杂著卷、书信卷第274页收录，标“一九二三年四月初八日，杭州招贤寺”。

② 范寄东（即范古农）：《述怀》，收《弘一大师永怀录》，大法轮书局1943年流通版，第140—143页。

出家，字弘伞。一位农历六月才出家的僧人不可能会在农历四月就成为招贤寺的住持。故《弘一大师全集》所注有误。杨白民于 1924 年去世，所以，弘一大师写此信的时间应该是 1921 年至 1923 年间。根据信中内容，此信应写于杭州，再根据弘一大师行踪，此信应写于 1923 年的农历四月十八日。虽然弘一大师于农历三月底曾赴上海太平寺，但四月十八日已在杭州。比如弘一大师于四月初八就有信给杨白民，曰：“在沪诸承推爱护念，感谢无量。比拟养疴招贤寺，暂缓他适。”此信很重要，又因为有“比拟养疴招贤寺，暂缓他适”句，那么弘一大师于四月十八日又给杨白民写信时，也应该是在招贤寺，而不是《弘一大师全集》中所注之玉泉寺。正因为是在招贤寺，弘一大师才在信中有了“弘伞师住持招贤，整理规画，极为完善”之赞词，也正因为弘一大师需要养病，才又在信中有“方便掩关，养疴习静”之语。此信并无抬头“白民居士”四字，而《弘一法师书信全集》收录时多加了“白民居士”四字。另，《弘一法师书信全集》在第 62 页“1920 年”单元收录时录存的落款是“四月十八日　演音”，而在第 90 页“1923 年”单元收录时录存的落款则是“演音　四月十八日”。**按二**：信中“婺源之行，或俟诸他年耳。”当指在上海太平寺时，江谦来访，礼请前往老家江西婺源佛寺住锡。**按三**：弘一大师多次在招贤寺住锡。根据目前招贤寺石牌介绍，该寺“始建于唐，毁于元末，清康熙十五年由僧人起纲募化重建，是一幢传统大屋顶中式风格的三大殿。”

今杭州北山路招贤寺。摄于 2019 年 4 月。

同日在杭州招贤寺致刘质平函：

> 六日归卧西湖，养疴招贤，谢绝访问，屏除缘务。题字率写奉览，它人不得援是为例。有属书者，幸为婉辞致谢。曩尤居士赍佛书数件于尊右，有暇幸披寻，并以转贻友人。此未委悉。
>
> 质平居士丈室
>
> 昙昉疏　四月十八日
>
> 潘、姚二居士，希为致意。

招贤寺一瞥。摄于 2019 年 4 月，时在维修中。

按：此信福建人民出版社 2019 年 12 月《弘一大师全集》（第 3 版，修订 2 版）第八册·文艺卷、杂著卷、书信卷第 281—282 页收录，标“一九二〇年旧四月十八日，杭州招贤寺”，同时有注“一说写于一九二六年”。文物出版社 2017 年 10 月版陈飞鹏整理《弘一法师书信全集》第 62 页收录，时间标 1920 年“旧四月十八日”，地点标“杭州招贤寺”。均误。据上述致杨白民函，当写于 1923 年 6 月 2 日（农历四月十八日）。

今杭州北山路招贤寺围墙上的石牌。摄于 2019 年 4 月。

6月14日（农历五月初一日，）在杭州致信周孟由函：

前后一片，计已达览。伞师住持招贤，设念佛堂，欲集四方有道贤者，安居用功。定额十二人，另有香灯三人，击大钟者二人（昼夜不绝），岁需资三千余金（此念佛堂非因施主牌位而设，乃专为诸师办道，与红螺山同）。苦心规画，至可佩仰。现在念佛僧众，犹有二三虚额，鄙意伞师既具是宏慈大愿，则遴选人才不可不慎。窃念庆福可修、唯真二师，道念坚固，威仪严肃，寡于言笑，实为当世僧众中不可多得者，是二师如愿来杭居招贤，最为合宜。每年每人供养衣单钱，及结念佛七之嚫钱等，至少约在六十元以上。若任香灯师者，又增十二元。如是，于二师办道之事，伞师能竭力为之护法，既可以诸事如意，又二师获此资财，尔可转奉父母，尽其孝思，实为两便也。堂中规例，每日念佛四枝香（声极缓慢，当中休息十分钟，决不吃力）、两堂功课，此外皆在自室用功，并无服务、劳动等事。若任香灯者，减少二枝香，其应为之事，与庆福略同，亦不吃力。如二师不能偕来者，或来一位亦可，至来此付单（即晤伞师，面陈入堂之愿）之时，余当为之介绍，决无不允，但限于二师，其他僧众，乞勿提及，因虚额有限，未能一一居留也。是间现有温州某师居住，将来二师来此，亦不虑言语不通，索居寡侣。以上种种，希向二师，面为陈说，至为感谢。草草写此，陈述概略，余希仁者善为说辞。五月初一日，音。

按：此信福建人民出版社2019年12月《弘一大师全集》（第3版，修订2版）第八册·文艺卷、杂著卷、书信卷未收录，为温州梅冷生手抄件，抄录于《温州区地方资料汇编·宗教类》手稿中。永春后以《弘一法师佚信》为题附加考证刊于《温州日报》2016年5月25日第11版。此信无年代。信中有“余当为之介绍”句，当写于弘一大师1923年居杭州招贤寺之时。[①]

今杭州西泠印社阿弥陀经幢。摄于2019年4月。

7月14日至8月11日间（农历六月）：为杭州西泠印社书《阿弥陀经》。西泠印社为刻于石幢。**按：**王福庵审定、秦康祥编纂、孙智敏裁正、余正注释《西泠印社志稿》第29页记载：“十二年癸亥遯盦左侧建阿弥陀经石幢，释弘一写经，山阴吴熊舍资敬造。”该书第113页以《阿弥陀经幢　癸亥六月》为题记载曰：“幢高三尺四分。分六面，面八行，行三十九字。弘一和尚书。”又，西泠印社弥陀经塔题记：“佛历二

① 参见本谱本年致杨白民函。

千九百五十年，岁次癸亥六月，西泠印社请弘一音师写，山阴吴熊舍资造，仁和叶为铭监造，俞庭辅、吴福生、王宗濂、赵永泉镌刻。”① 在《西泠印社三十周纪念刊》（1933 年，浙江图书馆古籍部藏）中，叶舟为该石幢图片所作的注释之文写曰：“阿弥陀经石幢于孤山西泠印社。请大慈山弘一音师写经勒石以此功德回向亡父石潜居士，亡母王氏往生净土，早证菩提并愿法界众生同圆种智。”

7 月（农历五月十八日至六月十八日），商务印书馆出版《印光法师文钞》（第四版）收录《印造经像文》，署“民国十一年壬戌夏，弘一释演音示纲，弘实尤惜阴演译”。

8 月 17 日（农历七月初六日），在杭州致叶为铭函。言《阿弥陀经》及经后题记写竟奉览，并谈付装池办法等。②

10 月 10 日（农历九月初一日），在杭州致堵申甫函：

来谈，欢慰。尊名并佛号写致慧览，“过去云云”与仁者，“畏寒者”与更三，“大宝积者”与敬庐。既晤仁者，翌朝入城，见开元寺主于浙一馆。朽人三月未入城，三年未至浙一馆，今适相值，亦胜缘也。请撰募捐疏，已慨诺之矣。拙书尔来意在晋唐，无复六朝习气，一浮甚赞许。此未委悉。

冷庵居士文室

昙昉疏　九月一日

按：此信福建人民出版社 2019 年 12 月版《弘一大师全集》（第 3 版，修订 2 版）第八册・文艺卷、杂著卷、书信卷第 325 页收录，标“一九二三年旧九月一日，衢州莲华寺”。文物出版社 2017 年 10 月版陈飞鹏整理《弘一法师书信全集》第 94—95 页收录，时间标 1923 年“旧九月初一”，地点标“杭州虎跑寺”。有“案”：“此信，林子青《弘一法师书信》注：1919 年 9 月 1 日，杭州。依信中内容‘三年未入城，三年未到浙一馆’，弘一法师 1918 年夏出家，三年未入城之说，应在 1923 年为宜。《弘一大师全集》注：1923 年旧九月初一，衢州莲华寺。王维军考证此信写于 1923 年旧九月初一，杭州虎跑寺。其文考论精详、允当（见王维军：《弘一法师致堵申甫信札存疑之考释》一文）。”王维军考证

---

① 王福庵审定、秦康祥编纂、孙智敏裁正、余正注释：《西泠印社志稿》，浙江古籍出版社 2006 年 7 月第 2 版。

② 此信福建人民出版社 2019 年 12 月版《弘一大师全集》（第 3 版，修订 2 版）第八册・文艺卷、杂著卷、书信卷第 277 页收录，标“一九二三年旧七月六日”。

文见其著《当湖人家》，考证甚确当。[①]“浙一馆”为杭州一家素面馆，时弘一大师在此与绍兴开元寺主闻愿法师见面。并允为撰《绍兴开元寺募建殿堂疏》。又，《全集》署日期“九月一日”，《书信全集》署日期“九月初一”。现依《全集》。[②]

10月12日（农历九月初三日），在杭州致杨白民函：

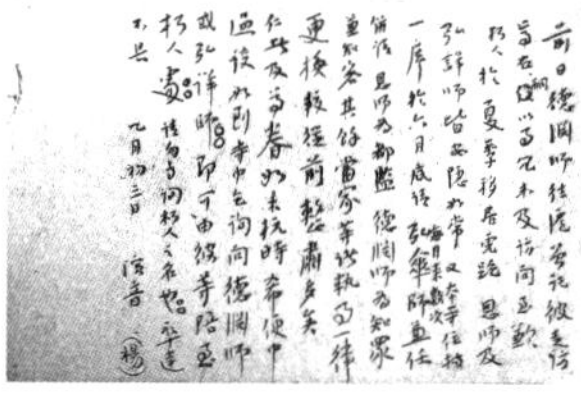

1923年10月12日（农历九月初三日）弘一大师致杨白民函。现藏浙江省博物馆。

前日德渊师往沪，曾托彼走访尊右，嗣以事冗，未及访问，至歉！朽人于夏季移居虎跑，恩师及弘祥师皆安隐如常。又本寺住持一席，于六月底请弘伞师兼任（每月来数次），并请恩师为都监，德渊师为知众兼知客。其余当家等诸执事，一律更换，较从前整肃多矣。仁者及尊眷如来杭时，希便中过谈。如到寺中，乞询问德渊师或弘祥师，即可由彼等陪至朽人处。请勿专询朽人之名也。率达，不具。

九月初三日　演音

按一：福建人民出版社2019年12月版《弘一大师全集》（第3版，修订2版）第八册·文艺卷、杂著卷、书信卷第274页收录此信，标注“一九二三年九月初三日，杭州招贤寺”。文物出版社2017年10月版陈飞鹏整理《弘一法师书信全集》第95页收录此信时标注“杭州虎跑寺”。根据信中所述，写信地点当为虎跑寺。[③]然《弘一法师书信全集》录存此信亦有二处失误，一此信无抬头“白民居士”四字；二落款为“九月初三日　演音”，而非《弘一法师书信全集》所录“演音　九月初三”。目前所见此信原件并无抬头。此信原件现藏浙江省博物馆。**按二：**写此信前后得了悟法师所赠《大佛顶首楞严经合辙》《无量寿药师经》。不久赴衢州。

10月13日至11月7日间（农历九月初四日至九月廿九日间），赴衢州，驻锡莲花寺。**按一：**未数日，汪澄衷居士与冯明之、胡嘉有来访。[④]后撰有《汪居士传》，初载1924年6月21日《海潮音》第5卷第5期。**按二：**赴衢州当日在杭州虎跑致杨白民函：“即日与弘祥师、德渊师偕往衢州。虎跑已易人管理，今后惠函乞寄衢州莲花村莲花寺。演

---

① 王维军：《当湖人家》，天津人民美术出版社2017年8月版，第25—34页。

② 信中所称敬庐，为姜丹书；开元寺主，为绍兴开元寺主闻愿；募捐疏，指《绍兴开元寺募建殿堂疏》。

③ 1923年11月27日，《海潮音》第4年第10期刊出《温州周孟由居士来函》（致大圆居士），其中写道：“弘一师现移锡杭之虎跑，颇安适。”此信写于农历八月十九日，即公历9月29日，亦可知弘一大师此时住杭州虎跑。

④ 弘一大师：《汪居士传》：“……越三年癸亥九月，余以业缘，重来莲华。未数日，居士与冯君明之、胡子嘉有过余精舍。”（收《弘一大师全集》第七册·佛学卷、传记卷、序跋卷，福建人民出版社2019年12月第3版，修订2版，第585页。）

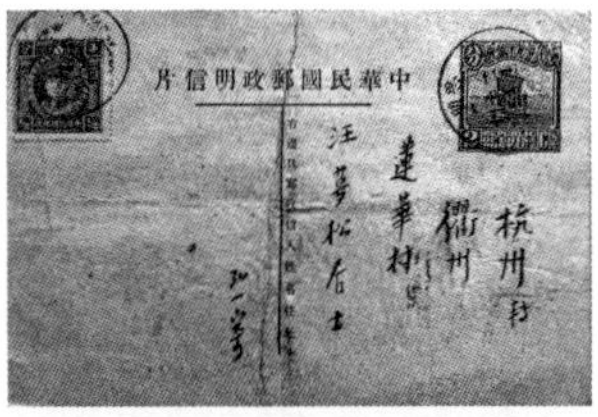

弘一大师于某年 2 月 12 日寄汪梦松明信片。

音。”此信福建人民出版社 2019 年 12 月版《弘一大师全集》（第 3 版，修订 2 版）第八册·文艺卷、杂著卷、书信卷和 2017 年 10 月文物出版社版陈飞鹏整理《弘一法师书信全集》均未收。详见拙文《弘一大师致杨白民信函补遗、校点与考证》。[①] **按三：**在衢州期间，曾请当地耆宿吴明经书“旭光室”额。弘一大师自书之《地名山名及寺名院名略考》中介绍曰：“三衢、西安（皆是衢州）。某某年到衢州二次，居莲华寺数月。”[②] 在衢州莲花寺题《菩萨戒本》：“灵峰先老人梵网合注云：又所论戒法，若依此经，则先诵十重四十八轻戒。若地持中别出菩萨戒本经一卷，正是半月诵戒之本。共列四重四十一轻戒相，其根本四重及饮酒等。自属具戒十戒五戒中摄。故不重出。惟出菩萨增上律仪，实与此经互为表里。以彼四重即此经之后四重故。以彼四十一轻但与此经开合次第稍殊。而开遮持犯之致更明晰故。藏中先后共有六译。惟忏师所译最善。故今辑在后集。半月半月似应诵此戒本。癸亥九月演音敬记于莲华。”[③]

11 月 8 日至 12 月 7 日间（农历十月），在衢州莲花寺题《无量寿庄严经》：“旧藏银洞接引庵。癸亥九月恩师以附演音。是岁十月记于莲华。”[④]

在了悟法师所赠《大佛顶首楞严经合辙》经卷封面上题“旧藏银洞接引庵。癸亥九月，恩师以付演音，是岁十月记于莲华”，钤印“胤”。**按一：**是年冬复将此经赠衢州汪梦松，汪氏加题“癸亥冬弘一大师以赐梦松”。该经今藏衢州市博物馆。[⑤] **按二：**后弘一大师曾有一函致汪梦松，寄自厦门，邮戳可辨别 2 月 12 日，信如下：

惠书诵悉。即拟云游远方，昨今二日料理行李，匆促不及详复，至歉。嘉有不出家甚是。母命不许，佛亦不许出家也。此陈不宣。

演音启[⑥]

按：此信福建人民出版社 2019 年 12 月版《弘一大师全集》（第 3 版，修订 2 版）第八册·文艺卷、杂著卷、书信卷和文物出版社 2017 年

① 陈星：《弘一大师致杨白民信函补遗、校点与考证》，载《嘉兴学院学报》2008 年第 5 期。

② 弘一大师自书之《地名山名及寺名院名略考》，收《弘一大师全集》第十册·附录卷，福建人民出版社 2019 年 12 月第 3 版，修订 2 版，第 482—486 页。

③ 蔡冠洛：《弘一大师年谱广证》（三续），载 1946 年 9 月 1 日《觉有情》第 8 卷第 1、2 号。

④ 蔡冠洛：《弘一大师年谱广证》（三续），载 1946 年 9 月 1 日《觉有情》第 8 卷第 1、2 号。

⑤ 汪梦松（1882—1954），安徽歙县人，曾任衢州莲花镇胡同茂南货店经理兼账房先生。

⑥ 嘉有即汪梦松外甥。福建人民出版社 2019 年 12 月版《弘一大师全集》（第 3 版，修订 2 版）第八册·文艺卷、杂著卷、书信卷第 363 页收录致汪梦空（即汪梦松）另一函。汪梦空（1883—1954），名峻坡，字澄衷，一字梦松，安徽歙县人。其父贾于衢，梦空于衢结识弘一大师。

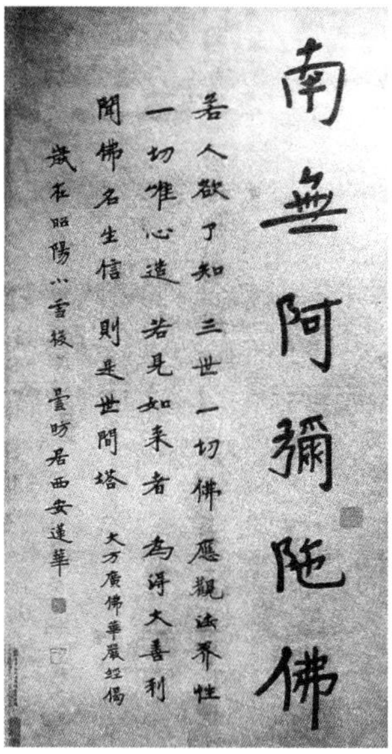

弘一大师在衢州莲花寺书“南无阿弥陀佛”并大方广佛华严经偈轴。

10 月版陈飞鹏整理《弘一法师书信全集》均未收入。此信原件由衢州文献馆收藏。原件上邮戳年份无法辨认。

冬，在衢州莲花华寺撰《绍兴开元寺募建殿堂疏》。款识“于时岁在昭阳报沙月，释昙昉书于西安莲华寺。”①

在祥符寺期间赠汪梦松居士二石，其一（6×4×0. 8cm）题有一诗：“千峰顶上一间屋，老僧半间云半间。昨夜云随风雨去，到头不似老僧闲。归宗芝庵主诗。昙昉。”②

在衢州莲花寺书“南无阿弥陀佛”并大方广佛华严经偈轴，款识“岁在昭阳小雪后，昙昉居西安莲花”；钤印“弘一”等。③

在衢州时与郑永禧等交游。④

作《元魏昙鸾〈往生论注〉题记》。⑤

在衢州莲花寺致刘肃平函：

向逮来旨，并示佳什，伸纸环诵，忻忭无量，惟野人疎陋，辱承奖饰，匪所克留耳。昨夕高轩枉莅，适负小疾，寒切偃卧，不可以风。未获接奉颜色，怅怅无已。二三年来，溘然老至，精力疲靡，衰病缠缚，来岁春暖，谨当执杖谒展，籍慰素怀。先遣寺主赍书报曰白，并奉拙笔小联，聊供法喜。

辞岂宣具

亡言疏答⑥

按：此信福建人民出版社 2019 年 12 月版《弘一大师全集》（第 3 版，修订 2 版）第八册 · 文艺卷、杂著卷、书信卷未收录。文物出版社

① 弘一大师：《绍兴开元寺募建殿堂疏》，收《弘一大师全集》第七册 · 佛学卷、传记卷、序跋卷，福建人民出版社 2019 年 12 月第 3 版，修订 2 版，第 620 页。“西安”乃浙江衢州之古称。据王维军《弘一大师史料研究中的古历纪法考析》（收王维军著《当湖人家》，天津人民美术出版社 2017 年 8 月版第 1—11 页）一文考证，《绍兴开元寺募建殿堂疏》的撰写时间应该是在 1923 年阴历十月十六日至十一月十五日之间。

② 石之背面有汪梦松居士题记：“弘一上人癸亥冬书赠二石，一曰放下二字，一即此石。上人举动多美化，余甚珍爱。寇劫未及，或有佛力护持也。癸未浮若。”又据民国《衢县志》载：“民国十二年，诸善士设佛教会于大中祥符寺，延高僧弘一自莲花寺来城主其事。弘一因将诵习诸经并全部藏经、续藏经概行捐赠，设看经会，以广流传。住持僧妙玄乃建设藏经楼于后殿。”弘一大师赠汪梦松之石其一及经书现藏衢州博物馆。该馆另藏有弘一大师之文物有汉白玉佛一座、图章两枚（一为自刻名章“演音”，另一为马一浮为弘一大师所刻之闲章“了事凡夫”。

③ 王月娥：《弘一法师在衢州》，载 1990 年 12 月 20 日《中国文物报》。

④ 郑永禧（1866—1931），浙江衢州人，曾任教于浙江省立第一师范学校，与李叔同共事多年。曾修《衢州志》，记弘一大师两次衢州之行史料颇多。其晚年所著《顽瞽思存》记曰：“旧友李叔同，与予在师范共事数年，出家后更名弘一，卓锡衢之莲花寺。为设佛教会。将云游他方，曾将藏经全部，并续藏经，概留存于祥符寺。住持僧为建藏经楼，以庋贮之。甚望后人之善为保存也。”参见庄月江《弘一法师与衢州》一文，载 2016 年 9 月《莲馆弘谭》第 12 期，平湖市李叔同纪念馆编。

⑤ 弘一大师：《元魏昙鸾〈往生论注〉题记》，收《弘一大师全集》第七册 · 佛学卷、传记卷、序跋卷，福建人民出版社 2019 年 12 月第 3 版，修订 2 版，第 620 页。题于农历“将暮”，也有可能是 1924 年初，姑且置于本年。

⑥ 刘肃平，永嘉响山人，清末秀才，善诗文。

2017年10月版陈飞鹏整理《弘一法师书信全集》第100页收录。有"案"："此信，辑自刘绵松《弘一大师全集》未刊手抄稿，无年月日，地址衢州莲华寺。据信中"来岁春暖"一语推测，时令似在冬季。以发信地址衢州推测应在1923年。姑置此间待考。《弘一大师全集》、林子青《弘一法师书信》、秦启明《弘一大师——李叔同书信集》均无著录。"

11月11日（农历十月初四日），在衢州莲花寺致叶为铭函。言上月至衢州，暂止莲花寺；曾所写《阿弥陀经》若已镌竟，希惠拓本若干；告白文刊出之日，乞检尊纸一份等。[①]

11月14日（农历十月初七日），《申报》"艺苑清音"载文："李叔同君，法名演音，号弘一，近复更名僧胤。自西湖虎跑寺出家以来，避世修道，罕与旧友通音问。其书法驰名宇内，在俗时既不肯轻易为人书，出世后更不易求。去岁上海艺术师范（原名专科师范）学校筹集基金，弘一法师曾破例书赠对联三十副，联语悉系藕（"蕅"字之误——引者注）益憨山大师等之名言，且书法之佳，实为法师生平所未有。今该校校长吴梦非君，除为法师刊印纪念册外，拟将其真迹赠送捐助该校基金之善士云。"

吴梦非在《民国日报》刊出广告《欲得释弘一法师最后墨迹者注意》：

> 李叔同书法海内闻名，顾自出家以来，罕能得其墨迹。去岁敝校（本校原名上海专科师范）募集资金，弘一师也破例，书赠琴条三十幅，俾作慷慨捐助者之酬赠。今岁，法师来函有"余于去岁除夕，曾于佛前发誓，从今后乃至终，绝不再为人写字。前为仁者所写三十联，即是最后之绝笔，且内有数联甚佳，为生平所未有者，愿珍重保护之。"等语。今敝校除为法师刊印纪念册外，愿将其真迹奉赠捐助敝校基金之善士。倘有愿得弘一师最后墨迹并有热心囊助敝校者，自今日始，请惠临敝校面洽可也。
>
> 李叔同先生法名释演音，号弘一，近复更名僧胤。
>
> 上海艺术师范学校校长　吴梦非谨启
>
> 校址：上海小西门黄家阙路

① 此信福建人民出版2019年12月版《弘一大师全集》第八册·文艺卷、杂著卷、书信卷第3版，修订2版第277页收录，标"一九二三年十月初四日，衢州莲华寺"。

按： 本年《民国日报》11 月 20 日、21 日、22 日，《申报》11 月 14 日，《时报》11 月 14 日等亦刊出此广告。

12 月 9 日（农历十一月初二日），在衢州莲花寺致刘质平函：

久未通讯，时以为念。朽人今岁多病，九月间来衢州，不久将返温州养病，惟乏行旅之赀及零用等费，倘承布施，希寄衢州莲花村莲花寺内朽人手收。至感！率上，不具。

弘一　十一月初二日

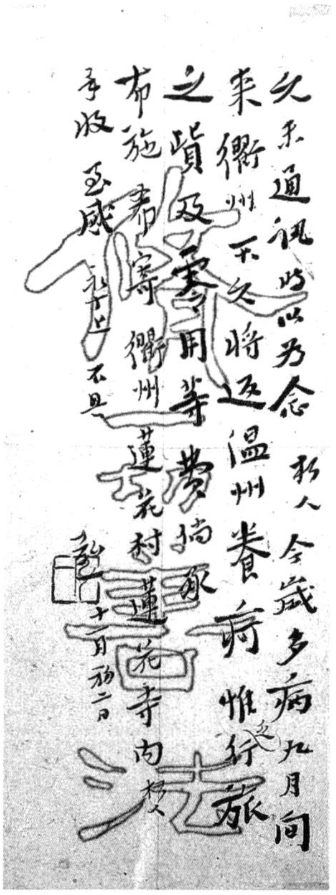

1923 年 12 月 9 日（农历十一月初二日）弘一大师致刘质平函。图版见西泠印社出版社 2017 年 9 月版王维军著《李叔同（弘一大师）手札墨宝・识注考勘》第 42 页。

按： 此信福建人民出版社 2019 年 12 月版《弘一大师全集》（第 3 版，修订 2 版）第八册・文艺卷、杂著卷、书信卷第 282 页收录，标"一九二〇年十一月初二日，衢州莲花寺"。文物出版社 2017 年 10 月版陈飞鹏整理《弘一法师书信全集》第 97 页收录，标 1923 年"十一月初二日　衢州莲花寺"。信中因有"九月间来衢州，不久将返温州养疴"句，当为 1923 年。具体考证另见王维军《平湖李叔同纪念馆藏李叔同（弘一大师）手札墨宝・识注考勘》。①

12 月 16 日（农历十一月初九日），在衢州致弘伞法师函：

弟近年以来，颠沛流离，所如辄阻。于"宿缘"二字，已深信不疑：当来之事，只可任运而转，未敢自作主张……兄谓返杭以住北庵为宜，极合弟意；但此事现勿与人言及，因弟行踪未能定也。如果为宿缘所牵应返杭，虽欲不去亦不可得。若此处地缘未尽，虽欲去亦不可得。

按： 此信福建人民出版社 2019 年 12 月版《弘一大师全集》（第 3 版，修订 2 版）第八册・文艺卷、杂著卷、书信卷未收，江苏人民出版社 2011 年 4 月版秦启明著《弘一大师与十法师》第 25 页转引自李芳远《弘一大师年谱补遗二》（1957 年 3 月香港《原泉杂志》）。秦启明引用时标注时间为"1923 年 12 月 5 日（癸亥十一月初九日）"此公历农历换算有误。

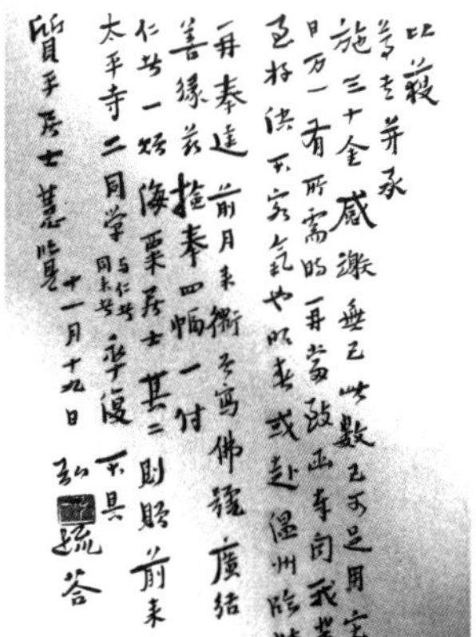

1923 年 12 月 26 日弘一大师在衢州致刘质平函。

12 月 20 日（农历十一月十三日），在衢州莲华寺致则民函。言上海商务书馆近印《续藏经》，永嘉约可请五六部。嘉兴应请此经供众披览，

① 王维军：《平湖李叔同纪念馆藏李叔同（弘一大师）手札墨宝・识注考勘》，西泠印社出版社 2017 年 9 月版，第 42—43 页。

盼与邑绅商酌；前函计已收到，今寄佛号二，一赠仁者，一希转送他人；又《国学丛选》通讯簿有复姚石子书，可检寻，以作初学佛者依此入门。如有专力修习者，可致函唐大圆居士问难析疑。致函大圆时，可托璧华转交；不久将入山从事著作，凡有属书，暂不应命等。①

12月24日（农历十一月十七日），阿弥陀佛诞，于佛前燃臂香，乞二宝慈力加被，复上书陈请为印光大师弟子（印光大师逊谢）。②

12月26日（农历十一月十九日），在衢州致刘质平函。言承施三十金，感谢无已，已足用，他日万一有需时再致函；明春或赴温州；前月来衢，曾写佛号，检寄四幅，一付刘质平，一赠刘海粟，其二赠曾来太平寺二同学等。③

12月28日（农历十一月廿一日），在衢州致信李圣章函：

阅读中的弘一大师。

圣章居士丈室：

爰逮五日来启，用慰驰结。去冬十一日十七日（阿弥陀佛诞）写佛号四十八叶，分付是间道侣。检一叶，别奉仁者。附赍《印光法师文钞》一部（是为第四次新版，卷首有余题词，附载《印造经像文》亦余所撰述），《了凡四训》四册，希于清暇，披寻其趣，愿珍德还白。不次。

论月疏　十一月廿一日

按：此信福建人民出版社2019年12月版《弘一大师全集》（第3版，修订2版）第八册·文艺卷、杂著卷、书信卷第335页收录，标“一九二四年十一月廿一日，温州庆福寺”。文物出版社2017年10月版陈飞鹏整理《弘一法师书信全集》第114页收录，时间标1924年“十一月二十一日”，地点标“温州庆福寺”。均误。此信当写于1923年12月28日（农历十一月廿一日），地点在衢州。依据为《印光法师文钞》（上下册）商务印书馆第四版的出版时间为1923年7月。

① 此信福建人民出版2019年12月版《弘一大师全集》（第3版，修订2版）第八册·文艺卷、杂著卷、书信卷第337页收录，标“一九二三年十一月十三日，杭州”。地点应在衢州。

② 参见本谱1924年3月8日（农历二月初四日）在衢州致王心湛函条目。

③ 此信福建人民出版2019年12月版《弘一大师全集》（第3版，修订2版）第八册·文艺卷、杂著卷、书信卷第283页收录，标“一九二三年旧十一月十九日，衢州莲华寺”。刘海粟（1896—1994），原名刘盘，字秀方，号海翁，江苏常州人，1912年11月创办上海图画美术院，后改名为上海美术专科学校。

是年，在衢州书“南无阿弥陀佛”横幅赠毛善力。款识“岁在昭阳，昙昉书于西安莲华”。又将自己在日本东京美术学校留学时获得的奖品浪釉插花瓶赠毛善力。①

书《金刚三昧经》经文、佛号“南无阿弥陀佛”赠傅旻飞。②

书《大宝积经》经文、佛号“南无阿弥陀佛”赠姜丹书。款识“岁在昭阳　昙昉”；钤印“名字性空”“幻士”。③

无瑕（曾延年）有《题亡友陈师曾所著“中国绘画小史”》：“百岁水争流，陈李素所厚。贞洁金石交，不羡乔松寿。国变过陈大，海上共尊酒。一别十年余，相望南北斗。时从李子书（同学李息霜即今之弘一大师），问予舌在否？远遗画中诗，居然黄子久。忽闻奔母丧，不但泉下走。李子逊于佛，闭关不可扣。天地几生才，况是无双偶。眼中尽盛衰，老我难为友。朝来游书肆，遗篇忽在手。读之双鸿烈，道人已不朽（师曾平日作画常署款‘朽道人’）。惟念西河痛，华颠散原叟！”④

书佛号“南无阿弥陀佛”及彻悟醒禅师伽陀，署“岁在昭阳，写彻悟醒禅师伽陀。昙昉”；钤印“名字性空”、“幻士”。现藏于杨雪子之女堀江静江处。⑤

附记：宁波市佛教协会编《宁波佛教志》（中央编译出版社 2007 年 5 月第 1 版）第 374 页载：有“慈荫堂”匾额，“（民国）安化陶思曾题，住持弘一敬立。民国十二年（1923），藏七塔寺。”供参考。

社会评介择要

湛翁：《题旭光室》，载 1923 年 3 月 2 日《佛光》第 1 期。

“艺苑清音”，载 1923 年 11 月 14 日《申报》。

胡朴安：《灵隐寺寻弘一和尚》，载 1923 年 12 月 26 日《国学周刊》第 34 期。

---

① 中共江山市委宣传部编《毛善力书法集》，西泠印社出版社 2016 年 5 月版，第 8 页。《毛善力书法集》编者误将“岁在昭阳”标注为 1925 年。毛善力（1902—1977），浙江江山人，原名世根，号子立，别号梅泉居士。好书法，曾任衢州省立第八中学教师。弘一大师收其为弟子，并作《慈说》，据其“世根”之名改为“慈根”。又赠与自己在东京美术学校就读时所获“浪釉”插花瓷瓶及在虎跑出家时剃下之一包头发与胡子。

② 李凤池：《李叔同历史文物散落天津知多少》，载 2002 年 10 月天津市李叔同—弘一大师研究会编《李叔同研究——天津市纪念弘一大师圆寂六十周年学术研讨会专辑》。

③ 姜书凯：《李叔同将出家前书写的一幅书法残片》，收《光风霁月——第六届弘一大师研究国际学术会议论文集》，上海三联书店 2018 年 11 月版，第 243—247 页。根据此文，另书赠姜丹书二件，一为蕅益大师警训“利关不破，得失惊之。名关不破，毁誉动之。署名“一音”；钤佛肖印、“弘一”。一为蕅益大师警训“一味痴呆，深自惭愧。劣智慢心，痛自改革。”署名“一音”；钤佛肖印、“弘一”。

④ 无瑕：《题亡友陈师曾所著“中国绘画小史”》，转引自郭长海《李叔同和曾延年》，收《中国近代文学史证——郭长海学术文集》，吉林人民出版社 2005 年 3 月版，第 915—917 页。

⑤ 图版见陈星：《游艺：杨白民、城东女学及李叔同》，上海三联书店 2013 年版，彩色插页第 3 页。

1924年　甲子　45岁

社会文化事略

1月20日至30日，中国国民党第一次全国代表大会在广州召开；4月6日，中国艺术会在上海成立；6月16日，黄埔军校正式举行开学典礼；9月3日，“江浙战争”爆发；9月18日，第二次直奉战争爆发；11月5日，末代皇帝溥仪被逐出皇宫；11月，“语丝社”在北京成立，成员有鲁迅、周作人、林语堂、刘半农、孙伏园、钱玄同等；12月，第二次江浙战争爆发。

生平事迹

1月5日（农历癸亥十一月廿九日），作《〈五戒持犯表记〉序》，署“岁在癸亥磨祛月黑分褒洒陀日，学律沙门昙昉书”。①

1月6日至2月4日间（农历癸亥十二月），再次哀恳印光大师收为弟子，承慈悲摄受。②

年初（癸亥腊月），作《大中祥符朗月照禅师塔铭》。款识“大慈沙门昙昉撰并书”。③

按： 癸亥岁暮，复录补陀法语三节于《往生论注》卷端。④

1月21日（农历癸亥十二月十六日，大寒），作《题十一龄童吴善念书联后》，署“癸亥大寒昙昉题于西安莲华。”⑤

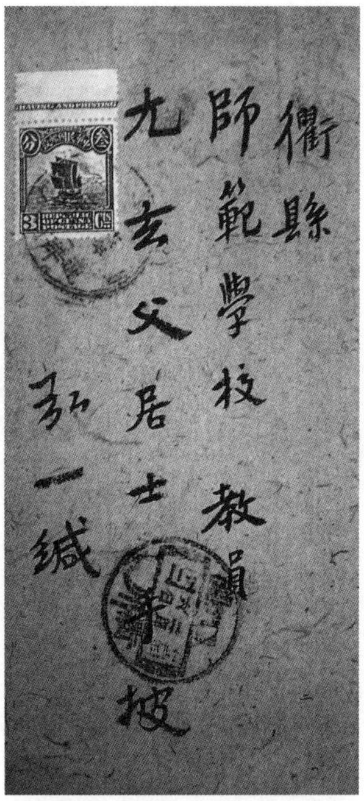

弘一大师在衢州莲花寺致衢州师范学校尤玄父函信封。1924年2月6日寄达。

① 弘一大师：《〈五戒持犯表记〉序》，收《弘一大师全集》（第3版，修订2版）第七册·佛学卷、传记卷、序跋卷，福建人民出版社2019年12月版，第620页。据王维军《弘一大师史料研究中的古历纪法考析》（收平湖市李叔同纪念馆编《李叔同（弘一大师）研究考论选》，团结出版社2016年11月版，第96—106页）一文考证，弘一大师所谓“岁在癸亥磨祛月黑分褒洒陀日”应是1923年农历十一月廿九日。

② 参见本谱本年3月8日（农历二月初四日）条目。

③ 朗月照禅师塔原位于衢州祥符寺内。朗月照禅师，浙江江山人，俗姓周，童年在祥符寺出家，品性受人尊敬，1923年8月29日（农历七月十八日）圆寂。

④ 1923年弘一大师曾在上海太平寺题元魏昙鸾《往生论注》。题《往生论注》曰：“癸亥四月，居上海太平寺，依北京新刊补陀光法师校定本标写，今复录补陀法语三节于卷端。时在癸亥岁将暮，晚晴沙门昙昉书。”

⑤ 此刊于1924年6月16日《半月》第3卷第19号。

2月6日（农历正月初二日），在衢州致衢州师范学校尤玄父之函寄达。**按：**仅信封，见林可同编：《弘一书法墨迹》，中国美术学院出版社2004年4月版，第127页。信封文字为“衢县师范学校教员　尤玄父居士手披　弘一缄”。此信寄发时间邮戳模糊不清晰，抵达时间为2月6日。

2月19日（农历正月十五日），《半月》第3卷第11期刊出1912年立秋日书赠胡寄尘赵秋谷诗幅。

2月24日（农历正月廿日），在衢州致陈伯衡函。言曩承过谈，欢忭靡已；代莲花寺主请其书联，联句为己旧撰等。[①]

2月25日（农历正月廿一日），在衢州致王心湛函：

真如居士丈室：

比承来旨，欣悉一一。普陀光法师为当代第一善知识，专修净土之说，允宜信受奉行，万勿游疑。光法师文钞，扬州有新刻本，较前增百十数首。近商务又重编排印，又增七十余首，希觅求悉心读之。《净土十要》《彻悟禅师语录》（与《梵室偶谈》合本，《偶谈》亦乞研寻）、《秘藏指南》等，亦宜详阅。附奉旧写佛号一叶，率以裁复，无复委悉。

正月廿一日　昙昉疏

此信福建人民出版社2019年12月版《弘一大师全集》（第3版，修订2版）第八册·文艺卷、杂著卷、书信卷第332页收录，标“一九二二年正月廿一日，温州庆福寺”。文物出版社2017年10月版陈飞鹏整理《弘一法师书信全集》第80页收录，时间标1922年“正月二十一”，地点标“温州庆福寺”。均误。《印光法师文钞》1918年和1919年在北京两次出版，1920商务印书馆重排初版二册（1921年正月出书），1922年扬州藏经院木刻版至1923年才发行（四本），1923年农历三月商务印书馆另排增订本（四册），1923年农历七月商务印书馆第四版（两本），1924年夏商务印书馆《新印印光法师文钞》（四册）出版四册。信中有“扬州有新刻本”，故此函当写于1924年2月25日（农历正月廿一日）。

---

① 此信福建人民出版社2019年12月版《弘一大师全集》（第3版，修订2版）第八册·文艺卷、杂著卷、书信第357页收录，注一曰：“陈伯衡，名锡钧，江苏淮阴人。著名书法家。晚年侨寓杭州，与弘一法师为友。”注二曰：“按此联句为：‘净域莲花粲千叶，中天佛日耀三衢。’”注三曰：“此札原稿曾刊一九三六年杭州《越风》半月刊的封面。”

附记： 3月4日，（正月廿九日），在衢州致尤墨君函：

玄父居士慧览：

辱书忻悉一一，演讲诚为要切，或一时未能请人宣扬高深之教义。先自通俗演讲发端何如，所获利益当更普遍也。为先人乞冥福事，或施经典（《西方公据》，苏州本，大者五分，小者四分；金陵本，一角六分；杭州本，一角一分。大字《阿弥陀经》，金陵本五分。以上所记为上海功德林价目。若向当地请觅当省二成。《初机净业指南》，上海中华书局印刷所藏版，每百册是一元五角），或请僧念佛（较拜忏诵经为善，乞至祥符寺取阅《初机净业指南》附录印光法师复黄道尹书）。

鄙意如是，未审仁者以为何如？附奉佛号一叶，希转致伯玗居士，率以答复，殊未委悉。

正月晦日　昙昉疏

严州大藏经亦已请妥，又江山、龙游、建德、寿昌、金华、兰溪各县，及衢属四乡，皆拟设佛书阅览所。

此信福建人民出版社2019年12月版《弘一大师全集》（第3版，修订2版）第八册·文艺卷、杂著卷、书信卷未收录，见文物出版社2017年10月版陈飞鹏整理《弘一法师书信全集》第68页。据该集对此信的说明，此信辑自上海天衡拍卖公司2011年春季拍卖会《无上清凉——弘一书法墨迹专场》。信有钤印：幻士（白），比丘弘一（白）。藏印：大为心赏（朱）。陈飞鹏以为“据拍卖公司提供的图片，其书写风格与1921年间弘一法师同期书风吻合……据此推断，此信写于1921年旧正月晦日，时师在衢州，至3月才经由上海乘船首次到温州……”此推断有误。因信中提到请“大藏经”、与诸县“皆拟设佛书阅览所”等事皆为1923年至1924年间事，而信中所言之祥符寺，即大中祥符寺。

3月5日至4月3日间（农历二月），作《吴明经题旭光室额跋记》，署“昙昉记于莲华，时甲子二月”。① **按：** 此为曾往白果巷访高士吴明经，赠与佛号，求书“旭光室”额，后为横额作跋。跋语有言：“余来柯城，未一谒宰官居士；惟治行前朝，过硕果巷乞吴明经书旭光室额。”②

---

① 此刊于1924年6月16日《半月》第3卷第19号。

② 弘一大师：《旭光室额跋》，收《弘一大师全集》第七册·佛学卷、传记卷、序跋卷，福建人民出版社2019年12月第3版，修订2版，第642页。衢州向无硕果巷，只有百果巷，明经（科举之功名）吴子弓亦居此巷，其后裔今仍在衢州。吴子弓，原名吴绍箕，浙江衢州清潭人。此巷与祥符寺为邻。“百果”意“硕果”，疑弘一大师依此意而自拟巷名。

3月8日（农历二月初四日），在衢州致王心湛函：

损书，承悉一一。小印仓卒镌就，附邮奉慧览。刻具久已抛弃，假铁锥为之。石质柔脆，若佩带者，宜以棉围衬，否则印文不久将磨灭矣。朽人于当代善知识中，最服膺者，惟光法师。前年尝致书陈情，愿厕弟子之列，法师未许。去岁阿弥陀佛诞，于佛前燃臂香，乞三宝慈力加被，复上书陈请，师又逊谢。逮及岁晚，乃再竭诚哀恳，方承慈悲摄受，欢喜庆幸，得未曾有矣。法师之本，吾人宁可测度。且约迹论，永嘉周孟由尝云："法雨老人禀善导专修之旨，阐永明料简之微。中正似莲池，善巧如云谷。宪章灵峰（明蕅益大师），步武资福（清彻悟禅师），弘扬净土，密护诸宗。明昌佛法，潜挽世风。折摄皆具慈悲，语默无非教化。二百年来，一人而已。"诚不刊之定论也。孟由又嘱朽人，当来探询法师生平事迹，撰述传文，以示后世。亦已承诺。他年参礼普陀时，必期成就此愿也。率以裁复，未能悉宣。

二月四日　昙昉疏答

阅《净土十要》，宜先阅《念佛直指》《净土法语》《净土或问》《净土十疑论》。复阅《西方合论》，又阅《生无生论》，宜参观《亲闻记》。最后阅《弥陀要解》，参观《便蒙钞》。

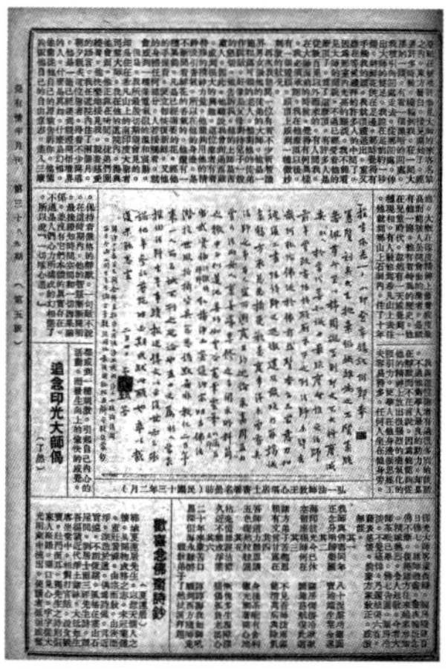

刊于1941年《觉有情》第38、39期合刊的《弘一法师致王心湛居士书》。

按：此信福建人民出版社2019年12月版《弘一大师全集》（第3版，修订2版）第八册·文艺卷、杂著卷、书信卷第332页收录，标"一九二四年旧二月四日，温州庆福寺"。文物出版社2017年10月版陈飞鹏整理《弘一法师书信全集》第103页收录，有"案"："此信，《弘一大师全集》注：1924年旧二月初四，为温州庆福寺。地址疑误。参见弘一法师1924年旧四月十七日与俗侄李圣章信'居衢以来，忽忽半载'。则1924年2月4日发信之时仍在衢州，旧四月十九日才离开衢州前往温州。"陈飞鹏所考允当。又，1945年冬月，《净宗随刊》第1期刊载《弘一法师复王心湛书》，注"摘自永思录"。信中内容部分有别，即"前年曾致书陈情"中，"前年"后有括号文字"民国十一年"；"去岁阿弥陀佛诞""去岁"后有括号文字"民国十二年"；"法雨老人"后有括号文字"印公时住普陀山法雨寺故"。后有按语："弘一法师，未出家时，其才艺声誉，冠绝当世。中年已还，依然学佛，现苦行比丘之身，当以生宏戒律，殁归安养明其志，著有南山律苑丛书等行世，诚近代南山律宗之唯一泰斗也。其以一瓣心香，供养印公，三度陈情，乞为弟子，虚怀谦德，今世无伦，三复此书，对之下拜。然则印公老人之言行道德，究为何如，可以想知矣。"此信曾刊于1943年《学术界》第1卷第4期李芳远辑《弘一大师书牍（续完）》，此信手迹刊于1941年《觉有情》第38、39期合刊，题《弘一法师致王心湛居士书》，署名“昙昉”。今据手迹。《弘一大师全集》《弘一法师书信全集》所录均有误。

附记：4月10日（农历三月初七日），在衢州致尤墨君、慈根居士函：

不日移居三藏寺，以后通讯乞付邮寄本县东乡全旺镇懋泰南货店转三藏寺交朽人手收。下月初旬，拟入城，居祥符。

玄父、慈根居士共览

昙昉　三月初七日[1]

此信福建人民出版社2019年12月版《弘一大师全集》（第3版，修订2版）第八册·文艺卷、杂著卷、书信卷未收录。文物出版社2017年10月版陈飞鹏整理《弘一法师书信全集》第104页收录，有“案”：“此信，辑自上海天衡2011年春季拍卖会《无上清凉——弘一书法墨迹专场》。经鉴定乃弘一法师手札真迹无误。无年份，地址。此信，《弘一大师全集》、林子青《弘一法师书信》、秦启明《弘一大师——李叔同书信集》均无著录。据1924年旧三月十一日弘一法师致俗侄圣章信：‘……比移居三藏寺暂住，今后来信，希邮致衢州东乡全旺镇懋泰南货号转交三藏寺内朽人手收。率复，不尽一一。’之前可知，弘一法师驻锡衢州莲华寺。据此判断，此信应写于1924年旧三月初七，时居衢州莲华寺。”若此信确为真迹，陈飞鹏所考确当。又，此信有“不日移居三藏寺”句，可知此时弘一大师确仍居莲华寺。《弘一法师书信全集》录入的书信时间为“三月初七”，对照图版，当为“三月初七日”，缺一“日”字。此信又见中共温州市委宣传部、中共温州市委统战部、温州市文化广电旅游局主办：“碧天芳草——李叔同师友翰墨展”。（2021年1月26日至4月30日，温州衍园美术馆）

三藏寺遗址。这里有标志物——高大的罗汉松。摄于2019年1月。

三藏寺废墟。摄于2019年1月。

4月14日（农历三月十一日），此时已移居衢州三藏寺。致李圣章函。言来函收悉；尚有余资，有需要时再告知；已移居三藏寺暂住，今后来信，可寄衢州东乡全旺镇懋泰南货号转交三藏寺。[2] **按：**三藏寺的位置于今衢州市全旺镇西南官山底行政村三藏寺自然村（新安江水库移民村）。寺已毁。

三藏寺遗址上的“衢州罗汉松王”标识。摄于2019年1月。

① 慈根即毛善力。
② 此信福建人民出版社2019年12月版《弘一大师全集》（第3版，修订2版）第八册·文艺卷、杂著卷、书信卷第334页收录，标“一九二四年三月十一日，衢州三藏寺”。

已有古罗汉松枯死，目前横躺在三藏寺遗址上。摄于 2019 年 1 月。

三藏寺遗址仍有一些旧砖石。摄于 2019 年 1 月。

4 月 15 日（农历三月十二日），在衢州致王心湛（真如居士）函：

真如居士丈室：

损书，并惠道影，欣若良觌。《释名》率写以奉慧览。某君之说，似少牵强。近以衰疾，将易地疗养，希暂勿复答。此未委宣。

三月十二日　昙昉疏

附：《释名》

名依相立，离言说相，离名字相，离心缘相，则名相双遣。此大乘胜义，唯一真心，无有差别。言真如者，依义立名，是言说之极，因言遣言。真谓真实，显非虚妄。如谓如常，表无变易。理之至名之极也。故佛法虽广，总摄其义，要在断除尔炎而契真如。解行俱兼，吾愧未能，以名遣名，所以自证，因自名真如，字曰心三者，以心佛众生，三无差别也。真如居士，昔以是文，就正于法雨光法师。师颇赞许，谓其文义允惬。又谓文字性空，循名行义，旨甚正确。比者居士请写是文，以志记念，并录光法师语，附其后焉。

岁阳阏逢三月　昙昉书于信安

今由衢州市文献专家刘国庆收藏的三藏寺遗物铁磬（1917 年铸）。摄于 2019 年 1 月。

衢州市全旺镇历史遗存。房舍上有“全旺镇历史建筑”标识。弘一大师曾在这里留下足迹。摄于 2019 年 1 月。

按：此信福建人民出版社 2019 年 12 月版《弘一大师全集》（第 3 版，修订 2 版）第八册 · 文艺卷、杂著卷、书信卷第 332—333 页收录，标“一九二四年旧三月十二日，衢州莲花寺”，并有注一：“阏逢，太岁在甲曰阏逢，即甲子年（一九二四年）。”注二：“信安，即今浙江衢县。末端加盖‘名字性空’图章。”文物出版社 2017 年 10 月版陈飞鹏整理《弘一法师书信全集》第 105 页收录，有“案”：“此信，《弘一大师全集》注：1924 年旧三月十二日，衢州莲华寺。倘年份，月份旧历无误，则地址疑误。旧三月初十左右，弘一法师才从衢州莲华寺移居三藏寺（见旧三月十一日致李圣章函），旧三月十二日即迁回莲华寺，似不合情理。应仍居三藏寺为是。除非日期有误，非旧历。”陈飞鹏所考允当。

今衢州市白果巷。弘一大师曾在这里留下足迹。摄于 2019 年 1 月。

4 月 18 日（农历三月十五日），周瘦鹃创办的《半月》杂志第 3 年第 15 期以“弘一集”之总题刊出《绍兴开元寺募建殿堂疏》《汪居士传》《汪居士传补遗》《庖人陈阿林往生传》《大中祥符朗月照禅师塔铭》。有尤玄父撰小引，文字由其提供。小引曰：“弘一大师俗姓李，即叔同先生。其艺文海内自有定评，无待多述。下列五篇，乃师今春录示者，并附以题语云：‘岁阳逢，冉冉春暮。将退隐林丘，埋名长逝。手写近作，以付玄父居士，是可感也。’按，师自入山修养以来，外间著作流传极少。则此数行手迹，几篇名著，不益足珍耶！因录副寄示瘦鹃，披露《半月》，以饷阅者。尤玄父谨识。”[①] **按：**尤玄父此后曾将此次发表在《半月》上的文章，以《论月集》之名在《越风》上重新发表，小引曰：“兹先寄黄萍荪先生，以实《越风》。”[②]

4月25日（农历三月廿二日），在衢州三藏寺开始辑《毗尼劝持录》。有自注。[③]

4月28日（农历三月廿五日），在衢州三藏寺辑《毗尼劝持录》毕。作《毗尼劝持录》自注：“依南山《戒本疏》《羯磨疏》《行事钞》并灵芝《行宗记》《济缘记》《资持记》节录。甲子三月廿二日始，廿五日写竟。沙门昙昉并记于西安三藏寺。”[④]

4月（农历二月廿八日至三月廿七日），在衢州致徐蔚如函：

徐蔚如居士：

敬介绍俗家仲兄子李圣章，参谒法座，希垂慈愍，时赐教诲，至为感谢。

弘一沙门演音谨具[⑤]

今衢州市人民医院区域系原祥符寺旧址。摄于2019年1月。

该住院大楼系原祥符寺所在地。摄于2019年1月。

按：文物出版社2017年10月版陈飞鹏整理《弘一法师书信全集》第85—86页将此函置于弘一大师于1922年5月2日（农历四月初六日）致李圣章信的附件，而福建人民出版社2019年12月《弘一大师全集》（第3版，修订2版）第八册·文艺卷、杂著卷、书信卷第357—358页则将此函另行录出，标“一九二四年三月廿五日，衢州祥符寺”，理由是“此信末无标时。转抄件得自持信人李圣章之手。李圣章于抄件上标有‘十三、三、廿五’字样，故知书此介绍信当为一九二四年三月廿五日。”其实，现知弘一大师致李圣章信共17通，电子版原件均在天津李叔同故居纪念馆有存，李圣章在每封信札中都注明了具体收件时间。可知，李圣章所注乃为收信时间，而非弘一大师写信之时间。故此信实际书写时间当为1914年4月28日（农历三月廿五日）之前数日。根据弘

① 周瘦鹃（1895—1968），原名周国贤，江苏苏州人，现代作家，南社社员，1912年起与李叔同相识。

② 郭长海：《李叔同和尤墨君》，收《中国近代文学史证——郭长海学术文集》（下册），吉林人民出版社2005年3月版，第945—948页。

③ 弘一大师：《〈毗尼劝持录〉自注》，收《弘一大师全集》第七册·佛学卷、传记卷、序跋卷，福建人民出版社2019年12月第3版，修订2版，第620页。

④ 弘一大师：《〈毗尼劝持录〉自注》，收《弘一大师全集》第七册·佛学卷、传记卷、序跋卷，福建人民出版社2019年12月第3版，修订2版，第620页。蔡冠洛：《弘一大师年谱广证》（四续）（载1946年11月1日，《觉有情》第8卷第5、6号）对此亦有记。

⑤ 徐蔚如（1878—1937），名文霸，浙江海宁人，佛学家，曾创天津刻经处。徐蔚如时居北京宣武门外老墙根17号。

一大师的行谊，写此信时已在三藏寺，而非祥符寺。

5月10日（农历四月初七日），入城，居祥符寺。[①] **按**：农历四月初，衢州建普利道场，入城随喜。因居室不洁，受潮秽之气发寒热。

附记：2021年7月26日西泠印社拍卖有限公司拍卖会有弘一大师致尤玄父函。附记如下，供研究参考。

病起披诵尊书，承悉一一。诸荷关念，感谢无尽。所患似与疟殊，因疟疾发寒之时短而剧，此则长而缓（约五六小时乃眠去，始转寒为热），热时勉可坐起，寒时须拥衾而卧也。苣蔻疗法明晨当试用，金鸡纳丸行箧有存者，稍迟拟服用也。顷汪居士力劝延请江医士诊视，以彼长于此科。明日或须延请。

玄父居士慧览

昙昉疏答

四月七日

5月11日（农历四月初八日），《申报》刊出《汪居士传》，署名"释演音（弘一）"。有周瘦鹃按语："**按**：弘一上人即李叔同先生。自入山修养以来，久不见其文章。近以所作文五篇写示老友尤玄父君，尤君转以示予，刊之《半月》。兹以今日为释迦佛诞日，有特刊之作，爰采斯篇，实我《自由谈》。鹃识。"

5月12日（农历四月初九日），在衢州致陈伯衡函。言前夕入城，收到来函；佛经并碑签稍后写寄；承惠印存，玩味忘疲；参与是间近建之佛浴普利大会等。[②]

附记：5月17日（农历四月十四日），在衢州致弘伞法师函：

文殊普贤菩萨像，前已由姜君着色，随即送至马居士处题写。兄如暇时，乞往马居士处接洽。如已题就，乞存招贤寺供养。或有人愿为石印流通，则至善矣。但"会稽李鸿梁画，溧阳姜丹书着彩"数字，祈写于纸尾，以留纪念。

弟在此流浪，终非长远之策。前建东居士来函谓：杭地颇多幽

① 弘一大师该年5月12日（农历四月初九日）致陈伯衡信，收《弘一大师全集》第八册·文艺卷、杂著卷、书信卷，福建人民出版社2019年12月第3版，修订2版，第357页。

② 此信福建人民出版社2019年12月版《弘一大师全集》（第3版，修订2版）第八册·文艺卷、杂著卷、书信卷第357页收录，标"一九二四年四月九日，衢州祥符寺"。

静可居者，弟尝致函略陈拙意；乃月余以来，未有复音，想是缘未熟故。弟拟于四五日内仍返温州，以慰彼地缁素之望。

按：此信福建人民出版社2019年12月版《弘一大师全集》（第3版，修订2版）第八册·文艺卷、杂著卷、书信卷未收，见江苏人民出版社2011年4月版秦启明著《弘一大师与十法师》第24页、25页，转引自李芳远《弘一大师年谱补遗二》（1957年3月香港《原泉杂志》），言其缘由为：“1924年5月，弘伞法师为使西湖招贤寺庄严梵宇，函请弘一大师托人绘制文殊、普贤菩萨佛像。大师即在居地衢州莲华寺，分别致函绍兴浙江五师门人李鸿梁、杭州浙江一师同事姜丹书，请求他俩分别绘图、着色，再请杭州友人马一浮题词。”

5月20日（农历四月十七日），在衢州致李圣章函：

圣章居士慧览：

居衢已来（“已”字原文如此——引者注），忽忽半载。温州诸人士屡来函，敦促朽人返彼继续掩室，情谊殷挚，未可固辞。不久即拟启程，行旅之费，已向莲花寺住持借用三十元。尊处如便，希为代偿，由邮局汇兑此数，以汇券装入函内，双挂号寄交衢州莲花村莲花寺德渊大和尚手收为祷。温州通讯之处为大南门外庆福寺，是旧游之地也。此次赴温，由衢经松阳、青田，较绕道杭沪稍近，约七日可达。率达，不具。

昙昉疏　四月十七日

1924年5月22日（农历四月十九日）弘一大师（坐者）与毛善力（后排右一）、吴南章（后排中）、尤墨君（后排左）合影。照片题额由毛善力所书。

按：此信福建人民出版社2019年12月版《弘一大师全集》（第3版，修订2版）第八册·文艺卷、杂著卷、书信卷第334页收录，标“一九二四年旧四月十七日，衢州莲花寺”。文物出版社2017年10月版陈飞鹏整理《弘一法师书信全集》第107页收录，地址标衢州祥符寺。据弘一大师行踪，如1924年5月22日（农历四月十九日）在祥符寺与毛善力、吴南章、尤墨君临别合影，陈飞鹏所标允当。在祥符寺曾作《浙衢祥符寺〈华严经〉文碑题词》，款识“演音敬题于祥符寺”。[①]

5月22日（农历四月十九日），离开衢州，拟经江山、松阳、青田赴温州。离开前与毛善力、吴南章、尤墨君在祥符寺合影留念。[②] **按一：**

① 弘一大师：《浙衢祥符寺〈华严经〉文碑题词》，收《弘一大师全集》（第3版，修订2版）第八册·文艺卷、杂著卷、书信卷，福建人民出版社2019年12月版，第210页。

② 吴章南，浙江龙游人。

尤墨君《论月集》题记："岁在甲子，讲学三衢，会弘一法师亦莅斯土，相与晤对，如平生欢，盖法师与不材同隶南社也。"① **按二：**将赴温州时书《佛说大乘戒经》《佛说八种长养功德经》并手录近作《绍兴开元寺募建殿堂疏》《汪居士传》《汪居士传补遗》《大中祥符朗月照禅师塔铭》等赠尤玄夫。款识"岁阳閼逢，冉冉春暮，将退隐林邱埋名长逝，手写近作以付玄父居士"；钤印"弘一"。② **按三：**尤墨君写于 1957 年的《追忆弘一法师》一文说道："一九二一年春，弘一法师将离衢州时，先后曾赠我一本他写好的《大乘戒经》和他写的一幅小小的手卷。前者是法师披剃二年纪念所写，后者是录他近作七篇，用朱笔点句，句读分明。他出家以后所写的文章，冲淡渊穆，好像一泓止水，和他以前的写作专尚秾丽风华者不同。"此处"一九二一年"疑系"一九二四年"之误。又所谓"七篇"疑为"五篇"之误。③ **按四：**农历四月赠江山图书馆旧藏比丘律藏二函等。④ **按五：**有记载在衢州时曾住南湖寺。⑤

5 月 28 日（农历四月廿五日），自衢州返抵温州庆福寺。**按一：**弘一大师有《〈有部毗柰耶犯相摘记〉题记》，署"岁次玄枵木槿荣月于西安莲华寺"。"玄枵"为 1924 年，"木槿荣月"一般指农历五月，"西安"即衢州。农历五月弘一大师已在温州，故此处的"木槿荣月"或非指农历五月，而系指木槿荣花开之时节。⑥ **按二：**返温州后取唐人李义山"人间爱晚晴"诗句为所居取名为"晚晴室"，后请当地耆宿陶文星长者题额。**按三：**返温州后，在农历四月末因李鸿梁三十初度，为写并寄"普贤行愿品偈赞"一本。⑦

附记：6 月 2 日（农历五月初一日），在温州致弘伞法师函：

---

① 尤墨君《论月集》题记，转引自林子青编著《弘一法师年谱》，宗教文化出版社 1995 年 8 月版，第 140 页。

② 弘一大师佛说大乘戒经卷并经面补题：见刘正成主编：《中国书法全集 83 · 近现代编-李叔同马一浮卷》（该分卷主编潘良桢，副主编方爱龙，学术顾问任继愈），荣宝斋出版社 2002 年 11 月版，第 87 页。上海市书法家协会编：《海派代表书法家系列作品集 · 弘一》（该卷主编刘一闻，副主编沈爱良），上海书画出版社 2006 年 12 月版，第 32—33 页。

③ 尤墨君写于 1957 年的《追忆弘一法师》一文见《弘一大师全集》第十册 · 附录卷，福建人民出版社 2019 年 12 月第 3 版，修订 2 版，第 273—275 页。

④ 弘一大师：《〈比丘律藏〉函题词》："论云：毗尼藏者，佛法寿命。毗尼住世，佛法方往。毗尼此译为律。末世僧众，罔谙律检，佛法衰灭，有由来矣。余剃染而后，偏攻此部。虽未贯彻，微窥其指。今将掩室，念佛待死。以旧藏《比丘律藏》二函，付江山图书馆。数年心力，悉在于是。后之学者，当尊重珍敬焉。"收《弘一大师全集》第七册 · 佛学卷、传记卷、序跋卷，福建人民出版社 2019 年 12 月第 3 版，修订 2 版，第 620 页。林子青《弘一法师年谱》（宗教文物出版社 1995 年 8 月版）第 138 页注五有按语："大师圈点《南山钞记跋》：'剃染后二年庚申，请奉东瀛古版《行事钞记》，未遑详研；甲子四月，供施江山。'所记，当与《比丘律藏》之赠送为一事。"

⑤ 柯文辉：《旷世凡夫：弘一大传》，北京大学出版社 2010 年 4 月版，第 227 页。

⑥ 弘一大师：《〈有部毗柰耶犯相摘记〉题记》，收《弘一大师全集》第七册 · 佛学卷、传记卷、序跋卷，福建人民出版社 2019 年 12 月第 3 版，修订 2 版，第 620 页。《全集》少录一"荣"字。

⑦ 李鸿梁：《我的老师弘一法师李叔同》，收《浙江文史资料选辑》第 26 辑，浙江人民出版社 1984 年 6 月版，第 98—117 页。

弟此次由衢至瓯，承德渊师（彼亦新病之后）步送二百里，登山越岭，跋涉为劳。弟于行旅中诸事悉获安宁，渊师之德可感也。寂公老和尚嘱代致候。弟在温仍寄居庆福寺。

按：此信福建人民出版社2019年12月版《弘一大师全集》（第3版，修订2版）第八册·文艺卷、杂著卷、书信卷未收，江苏人民出版社2011年4月版秦启明著《弘一大师与丨法师》第26页转引自李芳远《弘一大师年谱补遗二》（1957年3月香港《原泉杂志》）。

6月5日（农历五月初四日），病热逾月。始抄经偈，写二十三愿。

6月6日（农历五月初五日），写二十四愿。

6月7日（农历五月初六日），发热加剧，写十六愿遂辍。

6月8日（农历五月初七日），发热加剧，写十六愿遂辍。是夕热益进，终夜惛惚。

6月9日（农历五月初八日），写八愿。

6月10日（农历五月初九日）身体小愈，写二十四愿。

6月11日（农历五月初十日），写二十二愿。数日来写经文讫，宿痼亦霍焉若失，以为佛慈冥加，匪可思议。**按：**弘一大师抄经偈，缘于此前上海黄涵之以日本影本《续地藏》相施，有《手书〈华严经净行品偈〉跋》，曰："上海黄涵之居士，以影印扶桑本《续藏经》，施三衢佛学会，卷帙之富，仞房盈阁。见者闻者，靡不欢喜踊跃，叹为希有。余以夙幸，叨预劝请之末，为写《华严净行品偈》一卷，并节录《清凉疏》文，以奉居士，籍答法施之恩焉……改元后十三年岁在阏逢沙门昙昉撰。"①

《小时报》刊出"艺术界消息"，言"浙江省立第一中校绘画研究会系前教授李叔同所创设。自李氏去而为僧后，顿形沉寂。今春该会会员复加整顿，聘周天初等五人为指导，成绩斐然可观。今该会定本月二十五日，将在湖滨讲演厅开展览会云。"

① 弘一大师：《手书〈华严经净行品偈〉跋》，收《弘一大师全集》第七册·佛学卷、传记卷、序跋卷，福建人民出版社2019年12月第3版，修订2版，第620页。

前月底始来温州，染患湿疾，今渐痊愈。顷有道侣约往茶山宝严寺居住，其地风景殊胜，旧有寮舍三椽，须稍加修改，需费约二十元以内。尊处倘可设法，希以布施。屡次琐求，叨在至好，谅不见异。惠示仍寄温州大南门外庆福寺转交弘一手收，因彼处亦庆福之属寺也。
质平居士文室
弘一疏 旧六月初一日

1924年7月2日（农历六月初一日），弘一大师在温州致刘质平函。

6月2日至7月1日间（农历五月），在温州手书《佛说八大人觉经》寄赠陈伯衡居士。款识“十三年岁在甲子五月，沙门昙昉写”。后由陈伯衡影印流传。[①]

6月16日（农历五月十五日），在《半月》第3卷第19号刊出《毗奈耶室文賸》，署名“释演音弘一”。有《题十一龄童吴善念书联后》《吴明经题旭光室跋记》《复尤玄父书》《题严州佛书阅览所联（集华严经普贤行愿品）》文前有尤玄父按语：“弘一上人近作，予已录示瘦鹃，披露于本刊十五号中。其文朴茂渊懿，胎息魏晋，自足千古，奚待谀述。上人兹将赴瓯掩室念佛，此后欲再睹其文字，恐无此胜缘矣。爰将其杂文就予所录者，再寄瘦鹃，他日如有所见，当重编次，以示海内同文。甲子仲夏吴门尤玄父识。”

温州宝严寺曾毁坏严重，此为“文革”后宝严寺仅存的厢房。资料来源：宝严寺弘一大师纪念室。

6月21日（农历五月廿日），《海潮音》第5年第5期刊出《汪居士传》，署名：“释演音（弘一）”。**按：**该期目录页署名“弘一”。

7月2日（农历六月初一日），此前病已缓解。随友人前往庆福寺属寺茶山宝严寺。在温州致刘质平函：

> 前月底始来温州（因衢州诸友人婉留，故续居数月），染患湿疾，今渐痊愈。顷有道侣约往茶山宝严寺居住，其地风景殊胜，旧有寮舍三椽，须稍加修改，需费约二十元以内。尊处倘可设法，希以布施（以此二十元修理房舍，倘有余剩，拟以充零用）。屡次琐求，叨在至好，谅不见异。惠示仍寄“温州大南门外庆福寺转交弘一手收”，因彼处亦庆福之属寺也。
> 质平居士文室
>
> 弘一疏　旧六月初一日

按：此信福建人民出版社2019年12月版《弘一大师全集》（第3版，修订2版）第八册·文艺卷、杂著卷、书信卷第282页收录，标“一九二一年旧六月初一日，温州庆福寺”。文物出版社2017年10月版陈飞鹏整理《弘一法师书信全集》第108页收录，置于1924年，所录书信有漏字。王维军著《平湖李叔同纪念馆藏李叔同（弘一大师）手札墨宝·识注考勘》对《弘一大师全集》有勘误，以弘一大师有关书信和丁

今宝严寺一瞥。摄于2018年11月。

① 陈伯衡后有跋文：“民国纪元第一甲子夏五月，弘裔禅师写经寄我，因付影印，以广流传，并愿以此微因，回向先父母往生佛国，早证菩提。淮阴陈锡钧敬题。”另参见蔡冠洛《弘一大师年谱广证》（四续），载1946年11月1日《觉有情》第8卷第5、6号。

鸿图《庆福戒香记》记载等考证为1924年7月2日（农历六月初一日）。陈、王所考允当。[①] 宝严寺位于温州市茶山镇北之徐岙村中，环境优美。据《永嘉县志》，宝严寺初名宝严院，北宋大中祥符间建，后改名为宝严寺。

7月15日（农历六月十四日），返回庆福寺。在温州致刘质平函：

顷获尊函，并承惠施廿金，感谢无尽。朽人居瓯饭食之资，悉周群铮居士布施。其他杂用等每月约一二元，多至三元。出家人费用无多，其善能俭约者，每年所用不过二元，若朽人者，比较尤为奢侈者也。今后惠书，仍寄大南门外庆福寺，因拟在此掩关，预定五年，暂不他往也。此复

质平居士

弘一疏答　旧六月十四日[②]

按：此信福建人民出版社2019年12月版《弘一大师全集》（第3版，修订2版）第八册·文艺卷、杂著卷、书信卷第282页收录；文物出版社2017年10月版陈飞鹏整理《弘一法师书信全集》第73页收录。以上二者均将此信置于1921年。然王维军著《平湖李叔同纪念馆藏李叔同（弘一大师）手札墨宝·识注考勘》对此有勘误，以弘一大师行迹、前后书信内容及所用信笺等为据，考证为1924年7月15日（农历六月十四日）。允当。[③]

7月22日（农历六月廿一日），在温州致李圣章函。言昨日收到来函；知施资致返莲花寺，感谢无尽；农历四月初衢州建普利道场，曾入城随喜，因居室不洁，因发寒热，延至五月初七八日乃愈，又其时并患咳嗽痰滞，迄今已将三月，虽颇轻减，仍未止息；农历四月十九日自衢州起行，廿五日达温，谢客养疴，近年来神经衰弱至剧，肺胃心脏，并有微恙，故须节其劳瘁，息心静养；居温州费用由周居士继续布施等。[④]

附记：在温州致尤墨君函：

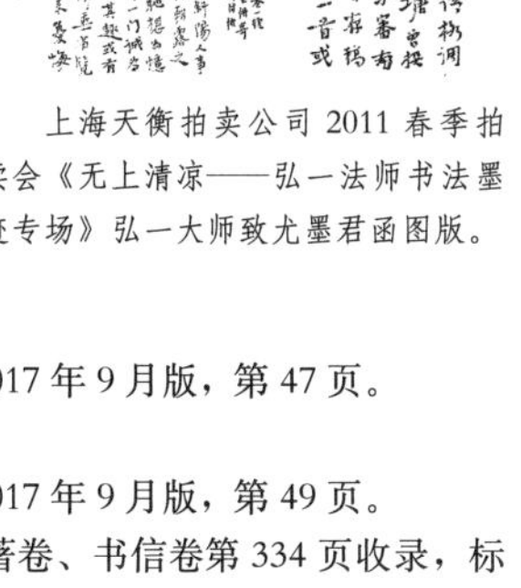

上海天衡拍卖公司2011春季拍卖会《无上清凉——弘一法师书法墨迹专场》弘一大师致尤墨君函图版。

来旨承悉一一。三十岁已前所作诗词多涉绮语，格调亦卑，久

① 王维军著：《平湖李叔同纪念馆藏李叔同（弘一大师）手札墨宝·识注考勘》，西泠印社出版社2017年9月版，第47页。

② 周群铮，周孟由之弟，皈依印光大师。

③ 王维军著：《平湖李叔同纪念馆藏李叔同（弘一大师）手札墨宝·识注考勘》，西泠印社出版社2017年9月版，第49页。

④ 此信福建人民出版社2019年12月《弘一大师全集》（第3版，修订2版）第八册·文艺卷、杂著卷、书信卷第334页收录，标“一九二四年旧六月廿一日，温州庆福寺”。

已抛弃，未尝留稿，无足传也。改元以后重游钱塘，曾撰《西湖夜游记》一首略示苦空无常之义，文近北江，未审南社集已刊入不。若未刊入者，希以见示。友人处有存稿，当属其写奉慧览也。并录三年前旧作一首，或可附于《霜景录》后。

玄父居士丈室

六月二十一日　昙昉疏答

《霜景录》如刊出后，乞检一册寄北京地安门内吉安所右巷一号李圣章受收。又，前次附刊之弘一集，如可觅得，亦乞并寄一册。圣章为朽人仲兄之子，为俗家后辈之贤者。以此付彼，聊志纪念也。

致俗宗兄绍莲居士书：

岁月不居，衰老浸至。儿时知交，大半零落。墓门青草，巷口斜阳。人事无常，怆焉兴想。惟有仁者，时相酬问。辄深旧雨之想，寻怀朝露之慓。余与仁交垂三十年，相知以心，亲逾骨肉。入山以来，时且驰想。为忆仁者，滞情尘网，匪假如来慈力，宁脱忍域苦轮。念佛一门，诚为津要矣。囊邮《印光法师文钞》，当达丈室。幸以清暇，研味其趣。或有未达，毋遗下问。愿穷凡智，以酬来旨。附赍佛典一函，希垂省览，以自督励。流光迈驰，眴息来世。幸宜及时努力，毋致当来忧悔。略写诚款，岂复委宣。[1]

此信文物出版社 2017 年 10 月版陈飞鹏整理《弘一法师书信全集》第 72 页收录（收录文字与图版有几处不符。上录之函据图版）。有“案”：“辑自上海天衡拍卖公司 2011 春季拍卖会《无上清凉——弘一法师书法墨迹专场》。经鉴定弘一法师手札真迹无误。无年份，地址。《弘一大师全集》、林子青《弘一法师书信》、秦启明《弘一大师——李叔同书信集》均无著录。”复有“考”：其一为“据尤墨君《追忆弘一法师》：“1921 年春暮，弘一法师将离开衢州时……我因想搜集他的旧作印成小册子，取名《霜景录》（文中霜景录误为《霜影录》）……他和我通信联系有‘30 岁已前所作诗词多涉绮语，格调亦卑，久已抛弃未尝留稿矣，无足观也。’尤墨君文中把原信函‘无足传也’误为‘无足观也’。所讨论问题恰恰就是弘一法师函中内容。”其二为：“此信书写风格与 1921 年正月晦日、1921 年 2 月 23 日、6 月 21 日致尤墨君函极相似。此间信札书风笔触锋芒凌厉。”并言：“据此判断，此信应写于 1921 年温州 6 月 21 日，温州庆福寺为合理。”其实此信当写于 1924 年 7 月 22 日（农

① 此根据书信图版录存，与福建人民出版社 2019 年 12 月版《弘一大师全集》（第 3 版，修订 2 版）第八册・文艺卷、杂著卷、书信卷第 357 页收录的文字有若干处不同。

历六月廿一日）。信中提及的《霜景录》，系尤墨君抄录弘一大师手稿以《弘一集》为题刊登在《半月》杂志1924年4月18日第3卷第15期。又，尤墨君《追忆弘一法师》一文是有“1921年春暮，弘一法师将离开衢州时……”之说法，但与谈及搜集弘一大师旧作印成小册子，不是一个时期之事，二者中间用句号分开。[①] 信中“三十岁已前”之“已”字，和“寻怀朝露之廪”之“廪”字，原文如此。

附记：7月31日（农历六月三十日），在温州致尤墨君信：

玄父居士丈室：

来简敬悉。若录旧作传布者，诗词悉可删，以诗非佳作，词多绮语（赠王海帆诗，不记有此事。以前送致社之稿皆友人代为者，未经朽人斟酌，故甚淆乱）。文中第六《白阳诞生辞》亦可删。唯前五首可先传布。附记云是为文录第一，后当续辑。鄙意以为传布著作，宁少勿滥，又绮语（如满江红）是尤宜屏斥，以非善业也。三十年来之著述，大半散失。其有存稿者亦于戊午出家时弃去。近两年来少有撰作（多律宗专门之作，常人所解并无兴味）。所辑《五戒相经笺要》（笺要为蕅益大师旧作，今重校订补释等为朽人所辑述），后附之补释并新集受归戒法（约近六十叶）。《有部律戒相摘记》及《自行钞》（约六十叶）。《四分律比丘戒相表记》（约一百叶）。八月内约克写竟，已承尤居士（尤惜阴之子在河南）为募资先付排及石印（后一种石印）。年前或可出版也。唯后两种为出家人之律，非白衣所宜研寻，其流布未能广遍耳。今春曾撰《华严经塔伽陀》，附写奉览。

西湖建华严经普贤行愿品塔为题伽陀。

十大愿王，导归极乐。华严一经，是为纲纶。大士写经，良工刻石。起窣堵波，教法光辟。胜行稀有，功德难思。回共众生，归命阿弥。文意平庸，未写奉耳。

诗钟等未出版。其有别辑者亦未易觅求。附寄黄道尹近作，劝戒杀放生一包，希为分送同人。若多需者，乞径致书请求，彼必寄奉也。第十八九叶自述其吃素情形及家中戒杀之办法，至为详委。

仁者颇可依此广劝同人，依是奉行也。

六月晦日 昙昉疏

---

① 尤墨君：《追忆弘一法师》，收《弘一大师全集》第十册·附录卷，福建人民出版社2019年12月第3版、修订2版，第273—275页。

按： 此信福建人民出版社 2019 年 12 月版《弘一大师全集》（第 3 版，修订 2 版）第八册·文艺卷、杂著卷、书信卷第 331 页收录小部分文字，标“一九二一年春，温州庆福寺”。文物出版社 2017 年 10 月陈飞鹏整理《弘一法师书信全集》第 74 页收录，标 1921 年“旧六月二十九日　尤墨君　温州庆福寺”，并有“案”：“此信辑自上海天衡 2011 年春季拍卖会《无上清凉——弘一书法墨迹专场》。此信《弘一大师全集》注：1921 年春，温州庆福寺。仅收录信函内容前部分，约占全信三分之一。林子青《弘一法师书信》、秦启明《弘一大师——李叔同书信集》均无著录。现依照书札原件内容全部录入。据此信内容与 1921 年正月三十日、6 月 21 日信函内容密切相关，前后呼应。据此推断，此信应写于 1921 年旧六月二十九日为合理。”若此信确为真迹，因陈飞鹏已误将 1924 年“正月晦日”之信列为 1921 年，故此信亦应系写于 1924 年。

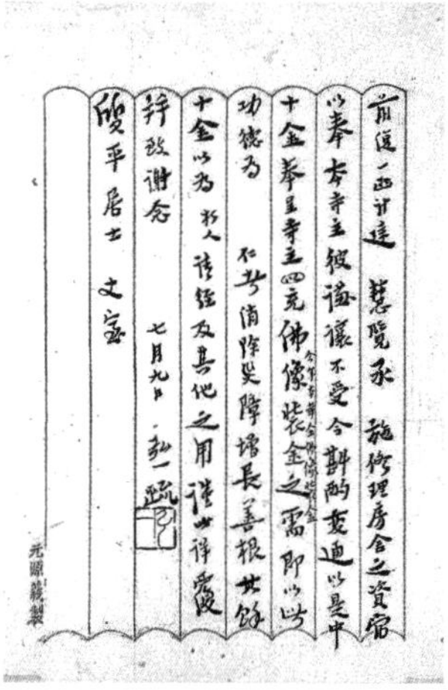

1924 年 8 月 9 日（农历七月九日），弘一大师致刘质平函。

秋，浙江富阳丁群孚居士赠金陵刻《华严疏钞》二百四十九卷。[①]

农历九月廿日，友人崔鸿祥之母去世，后在温州为作《崔母往生传》。款识：永宁晚晴院沙门论月撰。

陈祖经介绍陶文星、张蔚亭等写“晚晴院”额跋。[②]

8 月 9 日（农历七月初九日）在温州致刘质平函：

前复一函，计达慧览。承施修理房舍之资，当以奉本寺主，彼谦让不受。今斟酌变通，以是中十金奉呈寺主，充佛像装金之需（今年本寺全佛像装金），即以此功德为仁者消除灾障，增长善根。其余十金以为朽人请经及其他之用。谨此详复，并致谢念。

质平居士文室

七月九日　弘一疏

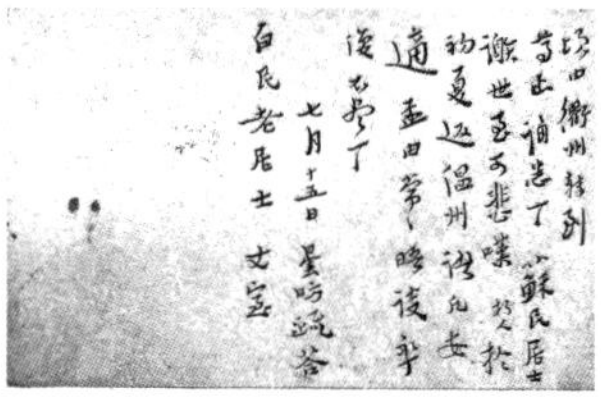

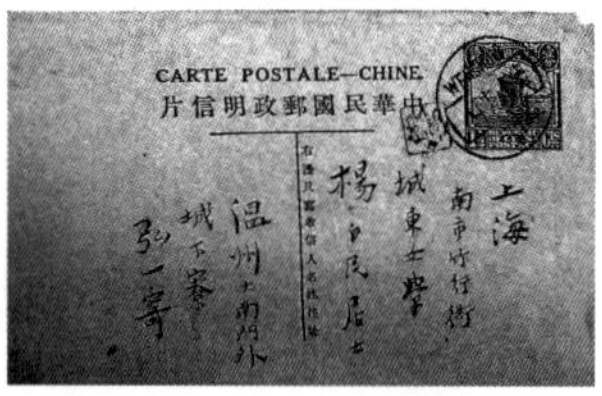

1924 年 8 月 15 日（农历七月十五日），弘一大师致杨白民函。现藏浙江博物馆。

按： 此信福建人民出版社 2019 年 12 月版《弘一大师全集》（第 3 版，修订 2 版）第八册·文艺卷、杂著卷、书信卷第 283 页收录；文物出版社 2017 年 10 月版陈飞鹏整理《弘一法师书信全集》第 75 页收录。以上二者均将此信置 1921 年。王维军著《平湖李叔同纪念馆藏李叔同（弘一大师）手札墨宝·识注考勘》对此有勘误，以弘一大师前后书信

① 弘一大师：《金陵刻〈华严疏钞〉题记》，收《弘一大师全集》第七册·佛学卷、传记卷、序跋卷，福建人民出版社 2019 年 12 月第 3 版，修订 2 版，第 621 页。

② 陈祖经：《弘一大德在温州》，载 1963 年 8 月 31 日《温州文史资料》创刊号。

等为据，考证为 1924 年 8 月 9 日（农历七月九日）。允当。[①]

8 月 15 日（农历七月十五日），在温州致杨白民函：

顷由衢州转到尊函，诵悉一一。苏民居士谢世，至可悲叹。朽人于初夏返温州，诸凡安适。孟由常常晤谈。率复，不尽一一。

白民老居士丈室

七月十五日　昙昉疏答[②]

按：此信福建人民出版社 2019 年 12 月版《弘一大师全集》（第 3 版，修订 2 版）第八册 · 文艺卷、杂著卷、书信卷第 273 页收录，标“一九二一年旧七月十五日，温州庆福寺”。文物出版社 2017 年 10 月版陈飞鹏整理《弘一法师书信全集》第 109 页收录，标 1924 年“旧七月十五日　杨白民　温州庆福寺”，并有“案”：“此信，《弘一大师全集》注：1921 年旧七月十五日，温州庆福寺。林子青《弘一法师书信》注：1924 年 7 月 15 日，温州。年份以林子青注为合理。按 1921 年，弘一法师第一次到温州乃 3 月份，非初夏；1924 年旧历四月十九日离开衢州，旧四月二十六日抵达温州，言初夏吻合时令。据此，判断此信应写于 1924 年 7 月 15 日，温州庆福寺。至于 7 月 15 日是新历？是旧历？此处依《弘一大师全集》所注旧历。详细待考。”现根据收藏于浙江博物馆的此信原件，温州寄出时的邮戳为“十三年八月十六”（公历），故“七月十五日”乃农历，即 1924 年 8 月 15 日。弘一大师于该日写信，次日寄出。又，陈飞鹏“案”中“旧四月二十六日抵达温州”不确，应系农历四月廿五日即已抵达温州。

8 月 20 日（农历七月廿日），《海潮音》第 5 年第 7 期刊出《与俗宗兄李绍莲居士书》，署名“弘一”。

8 月 30 日至 9 月 28 日间（农历八月），续撰《学根本说一切有部毗柰耶自行钞》，有题记，署“岁次北陆歌栗底迦月，于永宁晚晴重治校讫”。[③] 更辑《学根本说一切有部律入门次第记》。[④]

《四分律比丘戒相表记》在温州脱稿，自序署：“时后十三年岁在甲

① 王维军著：《平湖李叔同纪念馆藏李叔同（弘一大师）手札墨宝 · 识注考勘》，西泠印社出版社 2017 年 9 月版，第 51 页。

② 1924 年 7 月 30 日许苏民病逝于上海南翔公学。

③ 弘一大师：《金陵刻〈华严疏钞〉题记》，收《弘一大师全集》第七册 · 佛学卷、传记卷、序跋卷，福建人民出版社 2019 年 12 月第 3 版，修订 2 版，第 621 页。

④ 林子青编著：《弘一法师年谱》，宗教文化出版社 1995 年 8 月版，第 136 页。

子八月，大慈后学演音敬书。”① **按：**后得穆藕初施资七百，于 1927 年 8 月由中华书局石印 1000 部。

9 月 5 日（农历八月初七日），患湿热并胃疾。②

9 月 8 日至 10 月 19 日间（农历八月中旬至九月中旬），书《佛说八种长养功德经卷》赠尤玄父。款识有曰：齐经三译，繁简各殊，并有长所。尔后三藏法护出《长养功德经》，亦其流类；唯载受八戒文，辞理辩畅，超胜旧译。净行之侣，依是诵说，盖良便矣。惜其流传未广，承用者罕。今别书写，以付玄父居士，倡缘弘布，冀使后贤，共广闻焉！于时十三年岁阳阏逢迦剌底迦月沙门昙昉。③

9 月 13 日（农历八月十五日），湿热并胃疾渐愈。④

9 月 15 日（农历八月十七日），在温州致杨雪玖函。言顷奉手书，知好友病殁，绕屋长吁，悲痛不已，表示“二十年来老友，当以尊翁最为亲厚”；今晨览雁荡山图，喜其雄奇崒拔，颇拟写其形势，邮奉白民，并约往同游。不意竟获哀耗，痛哉；农历七日病湿热并胃疾，几濒于危，中秋后渐愈；自明日始为白民诵经念佛；询问校事等。⑤ **按：**另有一函致杨雪玖，未署时间，当写于此信之后（福建人民出版社 2019 年 12 月版《弘一大师全集》（第 3 版，修订 2 版）第八册・文艺卷、杂著卷、书信卷第 358 页收录，标“一九二四年八月，温州庆福寺”）。信言尊翁既逝，宜日诵《地藏菩萨本愿经》及《阿弥陀经》，并持阿弥陀佛名号，以报深恩。同时告知诵经方法等。

9 月（农历八月初三日至九月初二日），《半月》杂志第 3 年第 17 期以“毗奈耶室文剩”之总题刊出《题十一龄童吴善念书联后》《吴明经题旭光室额跋记》《复尤玄父居士书》《题严州佛书阅览所联》。有尤玄父小引，文字由其提供。小引曰：“弘一上人近作，予已录示瘦鹃，披

---

① 弘一大师：《四分律比丘戒相表记・自序》，收《弘一大师全集》第七册・佛学卷、传记卷、序跋卷，福建人民出版社 2019 年 12 月版，第 609 页。

② 见本谱本年 9 月 15 日条目。

③ 刘正成主编：《中国书法全集 83・近现代编-李叔同马一浮卷》（该分卷主编潘良桢，副主编方爱龙，学术顾问任继愈），荣宝斋出版社 2002 年 11 月版，第 91—94 页。福建人民出版社 2019 年 12 月版《弘一大师全集》（第 3 版，修订 2 版）第七册・佛学卷、传记卷、序跋卷第 621 页收录时题为《手书〈佛说八种长养功德经〉跋》。同页另有《〈佛说大灌顶神咒经〉跋》，未署日期。

④ 见本谱本年 9 月 15 日条目。

⑤ 此信福建人民出版社 2019 年 12 月版《弘一大师全集》（第 3 版，修订 2 版）第八册・文艺卷、杂著卷、书信卷第 358 页收录，标“一九二四年八月十七日，温州庆福寺”。

露于本刊十五号中。其文朴茂渊懿，胎息魏晋。自足千古，奚待谀述。兹将赴瓯，掩室念佛。此后欲再睹其文字，恐无此胜缘矣。爰将其杂文，就予所录存者，再寄瘦鹃。他日有所见，当重编次，以示海内同文。甲子仲秋，吴门尤玄父　谨识。”

10月21日（农历九月廿三日）在温州撰写《崔母往生传》及补遗。[1]

10月24日（农历九月廿六日），在温州致李圣章函：

圣章居士：

岁在颛顼之虚，九月廿六日，制印以付。

昙昉

未审仁者仍在京寓不？故先奉询，希复，即以邮奉。

按：此信福建人民出版社2019年12月版《弘一大师全集》（第3版，修订2版）第八册·文艺卷、杂著卷、书信卷第334—335页收录。文物出版社2017年10月版陈飞鹏整理《弘一法师书信全集》第112页收录，未录署名后“未审仁者仍在京寓不？故先奉询，希复，即以邮奉。”一语。

冬，由弘伞法师在杭州请马一浮为其手书《梵网经》题诗。马氏诗曰：“要识如来种，应观孝顺心。拨炉知有火，废井乃无禽。教陵惟扶律，情亡在饮针。毫端留舍利，万本示丛林。”款识：“弘伞大士出音上人写《梵网经》嘱题，率缀短句，甲子仲冬湛翁。”[2]

11月9日（农历十月十三日），收崔旻飞函。[3]

11月10日（农历十月十四日），书崔旻飞居士亡母孙太夫人墓志铭《崔旻飞居士诵经荐母记》，署“于时后十三年岁次颛顼之虚十月十四日，为往生后第三七日。沙门昙昉记于永宁庆福寺”；钤印“胤”、“弘一”。[4]

弘一大师书崔旻飞居士亡母孙太夫人墓志铭《崔旻飞居士诵经荐母记》。

① 弘一大师：《崔母往生传》，收《弘一大师全集》第七册·佛学卷、传记卷、序跋卷，福建人民出版社2019年12月第3版，修订2版，第585—586页。

② 见林子青编著《弘一法师年谱》，宗教文化出版社1995年8月版，第137页。

③ 详见本谱本年11月11日（农历十月十五日）条目。

④ 福建人民出版社2019年12月版《弘一大师全集》（第3版，修订2版）第七册·佛学卷、传记卷、序跋卷第586页收录此铭时题为《崔旻飞居士诵经荐母记》。此记曾载1949年《觉有情》第218期释义芳辑《弘一大师遗著五篇（二）》。

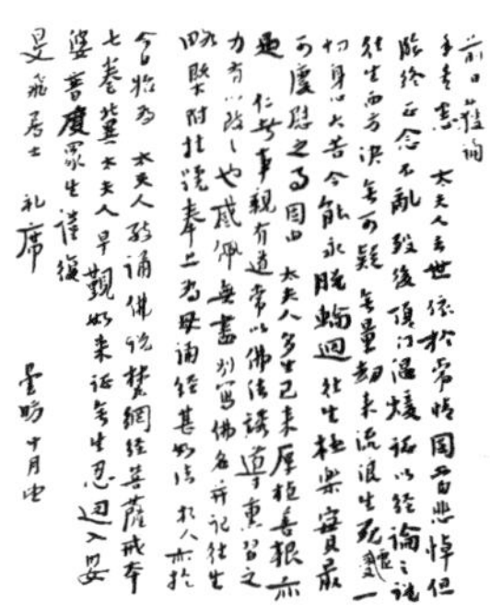

弘一大师 1924 年 11 月 11 日（农历十月十五日）致崔旻飞函手迹。

11 月 11 日（农历十月十五日），致崔旻飞函：

前日获诵手书悉。太夫人去世，依依常情，固当悲悼。但临终正念不乱，殁后顶门温暖，证以经论之说，往生西方，决无可疑。无量劫来，流浪生死，虚受一切身心大苦，今能永脱轮回，往生极乐，实最可庆慰之事。固由太夫人多生已来，厚植善根，亦是仁者事亲有道，常以佛法诱导，熏习之力致之也。感佩无尽。别写佛名，并记往生略概，附挂号奉上。为母诵经甚如法，朽人亦于今日始为太夫人致诵《佛说梵网经菩萨戒本》七卷，冀太夫人早觐如来，证无生忍，回入娑婆，普度众生。谨复。

旻飞居士礼席

昙昉　十月望

按：此信福建人民出版社 2019 年 12 月版《弘一大师全集》（第 3 版，修订 2 版）第八册・文艺卷、杂著卷、书信卷未收。

11 月 17 日（农历十月廿一日），在温州致李圣章函：

圣章居士：

省书，承悉一一。浙地信佛法者众，此次变乱，故能转危为安，至可庆忭。宿疾当不为患。尔来编校，颇劳心力，为困惫耳。撰述律学四种，明岁刊印讫，当以奉览。印石并呈，此不宣具。

昙昉答白　十月廿一日

按：此信福建人民出版社 2019 年 12 月版《弘一大师全集》（第 3 版，修订 2 版）第八册・文艺卷、杂著卷、书信卷第 334 页收录，标“一九二四年十月廿一日，温州庆福寺”。文物出版社 2017 年 10 月版《弘一法师书信全集》第 111 页收录，时间标“九月二十三日（新历 10 月 21 日）”，地点标“温州庆福寺”，并有“案”：“……以《弘一大师全集》所注为是。”然《弘一大师全集》并未标注为新历。

12 月 8 日（农历十一月十二日），在温州致李圣章函。言来函收悉；印章前已挂号寄上；前月汇金至南京请经金与函悉遗落等。[①]

① 此信福建人民出版社 2019 年 12 月版《弘一大师全集》（第 3 版，修订 2 版）第八册・文艺卷、杂著卷、书信卷第 335 页收录，标“一九二四年十一月十二日，温州庆福寺”。

今杭州西泠印社华严经塔。摄于2019年4月。

是年，弘伞法师募资在杭州西泠印社建华严经塔，末刻弘一大师偈句。王福庵审定、秦康祥编纂、孙智敏裁正、余正注释《西泠印社志稿》（浙江古籍出版社2006年7月第2版）记载："即古四照阁遗址。岁甲子，迁阁于凉堂之上，就址建塔。塔凡十一级。上八级四周雕佛像，九十两级砌金农书《金刚经》，下一级砌《华严经》。石座边缘刻十八应真像，下刻捐资姓名。""迁四照阁于凉堂之上，就其原址建华严经塔。经为周承德书。承德，海宁人也，是经未署款。末有弘一和尚偈。而金农所书《金刚经》砌于《华严经》之上。"该书第85—86页录弘一法师《西泠华严塔写经题偈》，署名释演音，偈曰："十大愿王，导归极乐。华严一经，是为关阖。大士写经，良工刻石。起窣堵坡，教法光辟。深心随喜，功德难思。廻共众生，归命阿弥。"（所记偈语与本年7月31日致尤墨君函中所录不同）该书第113页以《周承德书华严经塔》为题记载曰："石高七尺五寸，广一尺八寸。计八石。石分五列。周承德未署款。末有弘一和尚偈，合砌经塔。"又，1925年10月7日《海潮音》第6卷第8期刊载《募造大方广佛华严经塔疏》一文，讲述弘伞法师等在西泠印社募建华严经塔事，其中介绍所刻经文"并恳请虎跑某人上为之端书，并请我国第一刻石名家西泠印社叶品三居士监督刻石工程……"。

作《校刻〈佛说优婆塞五戒相经笺要〉序》，署："于时十三年岁阳阏逢沙门昙昉。"[①] **按**：后有补释三章。[②]

周玲荪编《中等学校唱歌集第二编——歌曲集》由商务印书馆出版，《丰年》《诚》《归燕》《忆儿时》《人与自然界》《月》《幽居》《废墟》《西湖》《落花》《晚钟》《采莲》《送别歌》被收入歌集。**按**：其中《诚》一歌的原曲作者为美国的Smith. W. G，此歌2019年12月福建人民出版社《弘一大师全集》（第3版，修订2版）未收。另据王维军《李叔同研究中的探索与发现》（收杭州师范大学弘一大师·丰子恺研究中心编《一月千潭——第五届弘一大师研究国际学术会议论文集》，上海三联书店2016年8月版）一文，1933年3月（王文误写成2月），周玲荪编《新时代高中唱歌集》由商务印书馆出版，收李叔同《诚》《月》《忆儿时》《幽居》《西湖》《落花》《晚钟》《采莲》《送别歌》。**按**：周玲荪编《新时代高中唱歌集》中所收的《诚》，已署名李叔同。其的歌词为："大哉一诚，圣人之本。弥纶六合炳日星；唯诚可以参天地，唯诚可以通神明；大哉一诚，执厥中；大哉一诚，圣人之本，大哉，大哉，

---

① 弘一大师：《校刻〈佛说优婆塞五戒相经笺要〉序》，收《弘一大师全集》第七册·佛学卷、传记卷、序跋卷，福建人民出版社2019年12月第3版，修订2版，第621页。宗教文化出版社1995年8月版林子青编著《弘一法师年谱》第144页所录该序之落款则为"是岁后十三年岁次颛頊之虚"。

② 林子青编著：《弘一法师年谱》，宗教文化出版社1995年8月版，第147页。

一诚！”[①] 编者在该歌曲后附注作释文解读，并附撰李叔同先生小传：“李叔同先生高士也。岸，哀，息，婴，皆其名，籍平湖，迁居天津。家本世阀，而先生则厌之。清光绪间，游海上，结交知名士，旋留学日本东京美术学校，专究西洋画，暇则旁及音乐。卒业返国，历任浙江两级师范及南京高等师范图画音乐教授，实开吾国美育之先导！民国七年夏，薙度于西湖虎跑寺，是年冬，即于灵隐寺受戒焉，法名演音，号弘一。生平杰作以油画为最，出家时除布施外，均由北平国立艺术专科学校保管。先生尤长书法，兼工诗词，所作歌曲亦甚多”。此外，周玲荪亦为其他歌曲写注文，其中在为《落花》所写的注文写道：“此歌题为落花，而寓意深远，歌中‘荣枯不须臾、盛衰有常数’一段，尤为警惕动人。”

作《手书〈华严经净行品偈〉跋》，署“改元后十三年岁在阏逢沙门昙昉撰。”[②]

《南社丛选》载《弘一词选·菩萨蛮》。

永嘉青年篆刻家方岩（介堪）至庆福寺拜访，对其印作予以肯赏，并以大斗笔一支相赠。

---

① 王维军：《李叔同研究中的探索与发现》，收杭州师范大学弘一大师·丰子恺研究中心编《一月千潭——第五届弘一大师研究国际学术会议论文集》，上海三联书店2016年8月版，第27—80页。对于周玲荪《新时代高中唱歌集》中的《诚》，有学者从某些背景材料考证此歌为李叔同在南京高等师范学校兼课时所作（参见孙继南《〈诚〉：李叔同百年乐歌新发现——兼及周玲荪唱歌教材与李叔同歌曲史料研究》，载《莲馆弘谭》第12期，2016年9月）。然而此说仍属于推测，并无确凿证据。该唱歌集所收《送别歌》有周玲荪在李叔同《送别》原歌基础上的续词。署名“李叔同、周玲荪”。关于《送别》，福建人民出版社1991年6月《弘一大师全集》七·佛学卷（七）、传记卷、序跋卷、文艺卷第466页将其录为《送别歌》，曾一度误导研究界。拙著《说不尽的李叔同》（中华书局2005年9月版）在论述此歌时亦曾受该全集影响而写为《送别歌》。福建人民出版社2010年10月出版的《弘一大师全集》修订版第八册·文艺卷、杂著卷、书信卷第98页已经更正为《送别》。有学者无视《说不尽的李叔同》出版在前，《弘一大师全集》修订版出版在后的事实，却写曰：“初版《弘一大师全集》就曾将《送别》误成《送别歌》，但修订版已作改正；而坊间个别失之严谨的论著，其讹传之负面影响，至今犹在，如，一部专门研究李叔同著述的‘音乐寻绎’之中，所谓《送别歌》竟连连出现达数十次之多，俨然取代了《送别》……”这位学者下面有注，其所指即为拙著《说不尽的李叔同》一书中的内容。有意味的是，他自己却也错将1991年6月就出版的《弘一大师全集》初版本第七卷，写成了1993年出版（参见孙继南《〈诚〉：李叔同百年乐歌新发现——兼及周玲荪唱歌教材与李叔同歌曲史料研究》，载《莲馆弘谭》第12期，2016年9月）。

② 弘一大师：《手书〈华严经净行品偈〉跋》，收《弘一大师全集》第七册·佛学卷、传记卷、序跋卷，福建人民出版社2019年12月第3版，修订2版，第620页。

1925 年　乙丑　46 岁

社会文化事略

3 月 12 日，孙中山在北京逝世；5 月 30 日，上海发生“五卅惨案”；5 月，《文学周报》开始连载丰子恺画作，名“子恺漫画”；7 月 1 日，广州国民政府成立；10 月，第三次江浙战争爆发，孙传芳占领上海。

生平事迹

1 月 10 日（农历甲子十二月十六日），在温州致李圣章函。言来函收悉，所论甚是；自甲子初夏大病，血亏较前弥剧。神经衰弱症，始自弱冠之岁，近年复增剧；一意念佛，不复为劳心之业；近年所撰文字十数首，暇时写以奉览。尔后将捐弃笔墨，无再浪费精神等。①

春，开元盛法师欲学《华严》，无力觅得经典，闻之随喜赠与富阳丁群孚居士所赠之金陵刻《华严疏钞》。**按：**后学生周玲荪复以金陵刻《华严疏钞》相赠，“欢受顶戴，寻览忘疲。”②

竺摩法师由万公和尚引荐来访。③

2 月 17 日（农历正月廿五日），在温州致李圣章函。言近将迁徙他所，待决定后奉告，暂勿来函等。④

---

① 此信福建人民出版社 2019 年 12 版《弘一大师全集》（第 3 版，修订 2 版）第八册 · 文艺卷、杂著卷、书信卷第 335 页收录，标“一九二四年旧十二月十六日，温州庆福寺”。因农历甲子十二月十六日为公历 1925 年 1 月 10 日，故置于 1925 年。信中所述撰文字十数首指弘一大师拟写赠李圣章之《晚晴剩语》十余首。

② 弘一大师：《金陵刻〈华严疏钞〉题记》，收《弘一大师全集》第七册 · 佛学卷、传记卷、序跋卷，福建人民出版社 2019 年 12 月第 3 版，修订 2 版，第 621 页。周玲荪（1893—1950），1912 年入浙江省立两级师范学校高师图画手工专修科，师从李叔同。1915 年毕业后先后任商务印书馆南京分馆编辑、南京高等师范学校、东南大学及附属中学音乐图画教员。著有《中等学校乐理唱歌合编》《新时代高中唱歌集》等。

③ 竺摩：《我也为纪念弘公而写：弘一律师的“先师”》，载 1941 年 2 月 20 日《觉音》第 20、21 期合刊。文中配金石书家邓尔雅为弘一大师写的祝词。竺摩法师（1913—2002），1913 年 8 月生于温州乐清，俗名陈德安，别名雁荡山僧，12 岁出家，20 岁毕业于闽南佛学院，后赴东南亚创建马来西亚佛教总会、马来西亚佛学院，1998 年荣膺槟州元首赐封之高级拿督勋衔，被誉为“马来西亚北传佛教之父”。抗战爆发时，他放弃赴日留学，投身爱国爱教运动，主编《觉音》《无尽灯》等杂志。2002 年 2 月 4 日，在马来西亚圆寂。1941 年，澳门佛教界掀起了一场关于大小乘经典中是否有关于轻视女性言论的讨论，竺摩法师曾代表澳门佛教界投书弘一大师请求开示，请其决断，弘一大师很快回信，引律文及钞疏进行训导，认为诸佛家说法各有其背景与时机，今人不可拘泥。江之萍有《一个与学佛妇女有关的问题》一文，附有弘一大师的回信，刊于上海《觉有情》半月刊第 52、53 合期。

④ 此信福建人民出版社 2019 年 12 版《弘一大师全集》（第 3 版，修订 2 版）第八册 · 文艺卷、杂著卷、书信卷第 335 页收录，标“一九二五年正月廿五日，温州庆福寺”。

2月20日（农历正月廿八日），在温州致李圣章函。言昨邮一信；近已迁徙，预计有需，望斟酌资助；来书寄温州南门内谢池里周孟由居士转交，汇款由邮局为善等。① **按：**此为修葺庆福寺下院宝严寺致李圣章书。后李圣章施金三十元。

3月9日（农历二月十五日），在温州致李圣章函。言来信收悉，感谢施金三十元，拟以八元为添换衣被等费，以二十二元为行旅之资及旅中所需；寄近作《往生传》等。②

3月13日（农历二月十九日），在温州致孙选青函。言来信收悉；赞其精进修习；为说佛理及印光大师等研佛要义；建议与蔡丏因居士切磋；推荐学佛书籍等。③

4月5日（农历三月十三日），东严法师来信。④

4月9日（农历三月十七日），在温州致东严法师函。言前获来信，即有复函，或未收到；十三日来书，具悉一一，皆可照办；拟于下月入山，尊件当于月内寄上，敦促告知详细地址等。⑤

4月12日（农历三月廿日），在温州致孙选青函：

> 城垣拆毁，改建公园，是间将益喧扰。不久移居乡村，远避嚣尘。旧存零杂之物至多，今无所用，亦不忍弃去，谨检出以贻仁者。并希分贻蔡、李诸居士，聊志遗念可耳。共四大包，又佛书一包。乞为分赠，以结善缘（内有《五戒相经》一种，其“笺要”为明蕅益大师著，其后诸篇为拙述。签条未具，标写印工疏略耳）。不宣。
> 选青居士丈室
>
> 四月十二日　论月疏

---

① 此信福建人民出版社2019年12版《弘一大师全集》（第3版，修订2版）第八册·文艺卷、杂著卷、书信卷第335页收录，标“一九二五年正月廿八日，温州庆福寺”。

② 此信福建人民出版社2019年12版《弘一大师全集》（第3版，修订2版）第八册·文艺卷、杂著卷、书信卷第335—336页收录，标“一九二五年旧二月十五日，温州庆福寺”。

③ 此信福建人民出版社2019年12版《弘一大师全集》（第3版，修订2版）第八册·文艺卷、杂著卷、书信卷第358—359页收录，标“一九二五年二月十九日，温州庆福寺”。孙选青：（1895—1972），浙江绍兴人，李叔同在浙江省立两级师范学校时学生，曾任绍兴第五中学教员。

④ 参见1925年4月9日弘一大师致东严法师函。此信福建人民出版社2019年12版《弘一大师全集》（第3版，修订2版）第八册·文艺卷、杂著卷、书信卷第443—444页收录，标“一九二五年旧三月十七日”。

⑤ 此信福建人民出版社2019年12版《弘一大师全集》（第3版，修订2版）第八册·文艺卷、杂著卷、书信卷第443—444页收录，标“一九二五年旧三月十七日”。

按： 此信福建人民出版社 2019 年 12 月版《弘一大师全集》（第 3 版，修订 2 版）第八册・文艺卷、杂著卷、书信卷第 359 页收录，标"一九二五年四月十二日，温州庆福寺"。《弘一大师全集》所收者，除特殊情况有特殊标注外，均指农历。文物出版社 2017 年 10 月版陈飞鹏整理《弘一法师书信全集》第 122 页收录，时间标 1925 年"旧三月二十日（新历 4 月 12 日）"《弘一法师书信全集》系根据此期间弘一大师书信和行踪而标注。允当。

4 月 14 日（农历三月廿二日），因寂山和尚劝请在宝严寺办道，在温州致李圣章函。言本意他适，但庆福寺主谆留在彼附属山中兰若试住，拟于下月二日徙居；今后通函，由庆福寺转交等。① **按：** 后赴宝严寺小住约 20 日。

附记： 4 月 15 日（农历三月廿三日），在温州致尤墨君函：

玄父居士丈室：

惠书，并为亡鸟写经二叶。

仁慈之德，欢赞无量。朽人居瓯一年，治毗尼草稿已将卒业，下月二日将埋遯矣。五戒相经已付印，五六月间当可流布（由上海中华书局及各地流通处流布）。有部毗奈耶集录二种合册及四分律比丘戒相表记，约于今秋冬或明年续印行。近作数首别写奉览。又，佛像（三包）、放生文等，希带往吴中分送友人。山寺幽僻，邮书不可达，暂勿答复。当来返城寮时，再以奉阅。江山寥穹，岂尽衷曲。

论月疏　三月二十三日

此信福建人民出版社 2019 年 12 月版《弘一大师全集》（第 3 版，修订 2 版）第八册・文艺卷、杂筑卷、书信卷未收。文物出版社 2017 年 10 月版陈飞鹏整理《弘一法师书信全集》第 84 页收录，有"案"：此信，辑自上海恒利 2012 春季拍卖会。经鉴定弘一法师手札真迹无误。无年份，地址。此信《弘一大师全集》、林子青《弘一法师书信》、秦启明《弘一大师——李叔同书信集》均无著录。考诸弘一法师温州行迹，1921 年 3 月，弘一法师第一次到温州，据"朽人居瓯一年，治毗尼草稿已将卒业，下月二日将埋遯矣"一语推知，此信应写于 1922 年春，温

① 此信福建人民出版社 2019 年 12 版《弘一大师全集》（第 3 版，修订 2 版）第八册・文艺卷、杂著卷、书信卷第 336 页收录，标"一九二五年旧三月廿二日，温州庆福寺"。

州庆福寺。瓯乃温州古称。”可知，此信系拍卖品。然此信当写于1925年。1924年夏季弘一大师本拟掩关五年，忽而又改变了计划要迁徙他处。庆福寺主寂山和尚恳请他留下，于是迁徙到茶山宝严寺办道。1925年4月14日（农历三月廿二日）在温州庆福寺致信李圣章，告知他拟于农历四月初二日去茶山宝严寺入山掩关。1925年4月15日（农历三月廿三日）在温州庆福寺致信尤墨君，告知其拟于农历四月初二日去茶山宝严寺入山掩关。“山寺幽僻”即指宝严寺情形。又，弘一大师的《四分律比丘戒相表记》完成于1924年，若此信写于1922年，不会有“有部毗奈耶集录二种合册及四分律比丘戒相表记，约于今秋冬或明年续印行”之表述。

4月24日（农历四月初二日），赴宝严寺办道，并由因弘法师护持一切。

4月30日（农历四月初八日，佛诞日），周瘦鹃将《汪居士传》刊于《申报·自由谈》，并有按语：“按：弘一上人即李叔同先生，自入山修养以来，久不见其文章。近以所作文五篇写示老友尤玄父君，尤君转示予，刊之《半月》。兹以今日为释迦佛诞日，有特刊之作。爰采斯篇，实我《自由谈》　鹃识。”

5月1日（农历四月初九日），在温州致寂山和尚函：

师父大人慈座：

顷奉法谕，敬悉一一。尊恙已大痊否？为念。弟子近因感受潮湿，背间生癣疥，幸用西药擦抹，今已渐减退矣。宝严办道果相宜否？现在颇难决断，且候将来再详为斟酌也（或不久须迁移他处，亦未可知也）。弟子到此以来，承唯善师兄诸事照拂，慈悲摄护，感激无既，以后恩师与唯善师兄晤面时，乞常常随时为之谆托一切，至为深感！又弟子在家时，实是一个书呆子，未尝用意于世故人情。故一言一动与常人大异，此事亦乞恩师婉告唯善师兄，请其格外体谅而曲为之原宥也。弟子以师礼事慈座，已将三载，何可忽尔变易？伏乞慈悲摄受，允列门墙，至用感祷！承命因弘与弟子同居，护侍一切，铭感尤深！此复，祗叩

慈安

弟子演音稽首　四月初九

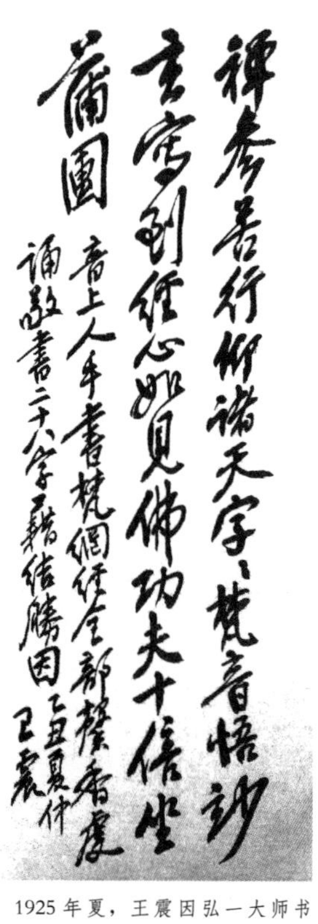

1925年夏，王震因弘一大师书《梵网经》敬书二十八字结缘。

按：此信福建人民出版社2019年12月版《弘一大师全集》（第3

版，修订2版）第八册·文艺卷、杂著卷、书信卷第443页收录，标“一九二四年四月初九日，温州庆福寺”。宝严即温州宝严寺，位于温州茶山，为庆福寺之下院。文物出版社2017年10月版陈飞鹏整理《弘一法师书信全集》第107页收录，有“案”：“此信，《弘一大师全集》注：1924年4月9日，温州庆福寺。地址疑误。见1924年6月21日致俗侄李圣章信：‘……朽人于四月十九日自衢州起行，廿五日达温。’一语可知，时师仍在衢州，未到温州。又，倘若师已在温州庆福寺，当面言之可也，无须专门致信庆福寺当家寂山师父矣。参见旧四月十七日致俗侄李圣章函亦了然。”以上二者均误。弘一大师赴宝严寺办道，为1925年事，1924年在衢州时无可能有居宝严寺之可能。故此信当写于1925年5月1日（农历四月初九日），地点在温州宝严寺。

夏，王震因其书《梵网经》敬书二十八字藉结胜缘：“禅参苦行仰诸天，字字梵音悟妙玄。写到经心如见佛，功夫十倍坐蒲团。”并题曰：“音上人手书梵网经全部，馨香虔颂，敬书二十八字，藉结胜因。乙丑夏仲。王震。”

毛善力辞去衢州浙江省立第八中学教职，抵杭州求教书法篆刻，遂介绍其从马一浮进修国学，从叶为铭习印章，从周承德习篆书，从黄宾虹习国画。[①]

5月13日（农历四月廿一日），书菩萨名号“南无地藏菩萨”及十轮经偈。款识“岁在星纪四月二十一日，亡母六十四年诞辰，写菩萨名号并十轮经偈，以资冥福。永宁晚晴院沙门论月”；钤印“胤”、“大心凡夫”。[②]

书菩萨名号“南无地藏菩萨摩诃萨”及十轮经偈。款识“岁在星纪四月二十一日，亡母六十四年诞，写此以资冥福。晚晴沙门论月并记”；钤印“胤”。[③]

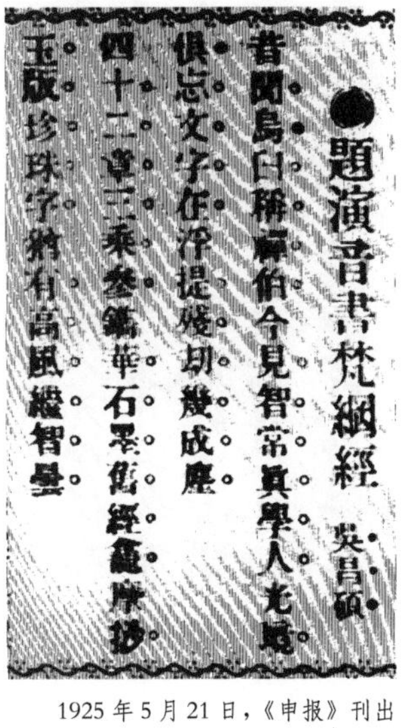
题演音書梵網經 吴昌碩
昔聞烏臼稱禪伯。今見智常真學人。光境俱忘文字在。浮提殘劫幾成塵。四十二章三乘參。鐵華石墨舊經龕。摩挲玉版珍珠字。猶有高風繼智曇。

1925年5月21日，《申报》刊出吴昌硕《题演音书梵网经》。

5月21日（农历四月廿九日），《申报》刊出吴昌硕《题演音书梵网经》：“昔闻乌臼称禅伯，今见智常知学人。光境俱忘文字在，浮提残劫

① 毛善力为追随弘一大师，于1935年经人介绍任福建省政府保安处上尉科员，后又任福建省保安处第四团少校军需主任，在闽7年，拜访弘一大师70余次。弘一大师为其写有“有恒堂”“智忍堂”堂额，赠其朱书《阿弥陀经》屏条7幅及佛号、偈语多幅，并为其印稿题签、作序，序曰：“数载不晤慈根居士，顷以印稿寄示，知其致力于学甚勤。印法兼学诸家，而于秦汉尤所长耳。为题弁言，聊作欢忭。”并致函命其代为治印。毛氏后刻八印，现藏泉州开元寺弘一大师纪念馆。据悉，弘一大师致毛善力之函达130余通。以上信息参见庄月江《弘一法师与衢州》一文，载2016年9月《莲馆弘谭》第12期，平湖市李叔同纪念馆编。文中将黄宾虹之“虹”误写为“鸿”字。

② 此书见温州博物馆、平湖李叔同纪念馆编《弘一大师墨迹》，浙江古籍出版社2010年9月版，第15页。

③ 此书见温州博物馆、平湖李叔同纪念馆编《弘一大师墨迹》，浙江古籍出版社2010年9月版，第19页。

几成尘。　四十二章三乘参，镌华石墨旧经龛。摩挲玉版珍珠字，犹有高风继智昙。”款识“乙丑首夏读梵网经书二绝句，吴昌硕，年八十二”。[①]

5 月 22 日至 6 月 20 日（农历闰四月），《世界画报》第 49 期刊出《李叔同先生小传》。

6 月 11 日（农历闰四月廿一日），为亡母冥诞手书《佛说阿弥陀经》。款识“岁在星纪闰四月廿一日亡母王太淑人六十四年闰诞，敬书是经以资冥福。永宁晚晴院沙门论月”；钤印“弘一”。**按：**后王一亭绘佛像，款识“乙丑十二月佛弟子王震敬造”；钤印“一亭”。[②]

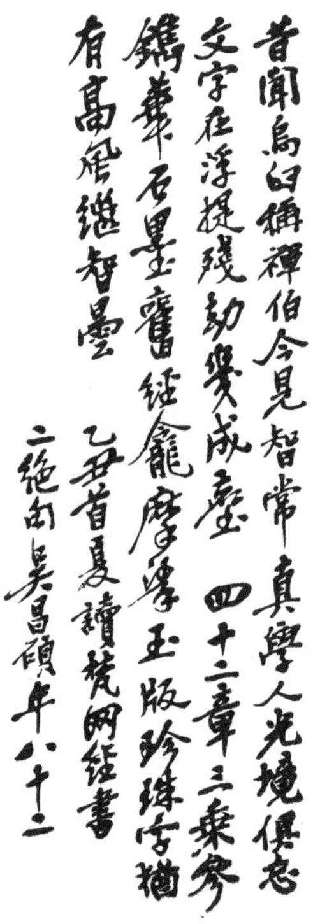

1925 年夏，吴昌硕题弘一大师书《梵网经》。

6 月 12 日（农历闰四月廿二日），在温州致邓寒香函。为说羯磨文等。[③] **按：**福建人民出版社 2019 年 12 月版《弘一大师全集》（第 3 版，修订 2 版）第八册・文艺卷、杂著卷、书信卷 362 页在收录此信时有注二：“此信载于一九四八年上海《觉有情》杂志第九卷第七期，未写上款，仅记年月日。下二札均未查见年月日。”接着收录未标日期的致邓寒香二信，皆述学佛心得等。文物出版社 2017 年 10 月版陈飞鹏整理《弘一法师书信全集》第 126—128 页在收录此二信时，根据书信内容定为该年夏所写。此三信中的后二信曾刊于 1943 年《学术界》第 1 卷第 5 期李芳远辑《弘一大师书牍（续完）》，亦未标注日期。《弘一大师全集》（第 3 版，修订 2 版）收录此信时标地点为庆福寺，疑为宝严寺。因周孟由宅距庆福寺甚近，又信中有“今值讲授《毗尼日用》之时，再检奉览，希与因弘详言之，俾他日不至随波逐流，为世俗知见所淆惑也”。此说明庆福寺因弘法师当时并不在身边。

6 月 21 日至 7 月 20 日间（农历五月），书《集录三种序》。款识“太岁乙丑星纪之岁木槿荣月。大慈僧胤弘裔”。[④]

6 月 26 日（农历五月初六日），在温州致孙选青函。言感谢昨日来访时惠施食品多种；前返庆福寺时，曾草草写奉一简；目前仍居庆福寺；承

① 此诗亦载 1925 年 8 月《世界佛教居士林林刊》第 10 期。《世界佛教居士林林刊》所刊载的此题诗个别文字有误，如将“摩挲”误为“摩抄”。

② 毛国瑞：《弘一法师与在家弟子毛善力》，泉州市弘一大师学术研究会编《弘一大师纪念文集》，海风出版社 2005 年版，第 499 页。

③ 此信福建人民出版社 2019 年 12 月版《弘一大师全集》（第 3 版，修订 2 版）第八册・文艺卷、杂著卷、书信卷第 362 页收录，标“一九二五年闰四月廿二日，温州庆福寺”，有注一曰：“邓寒香，一说周孟由居士之化名。”

④ 李芳远编选：《弘一大师文钞》，北风书屋 1926 年版，第 71 页。

蒙计划别建寺院，盛意可感。然自维德薄，不足当此，望从缓图之等。[1]

普陀山法雨寺。摄于20世纪90年代。

普陀山法雨寺。摄于20世纪90年代。

普陀山法雨寺旧影。载1929年8月1日《精武画报》第2卷第11期。

6月27日（农历五月初七日），在温州致李圣章函。言近有友人约偕往普陀，附挂号寄写稿并书籍一包；今后居所确定后，再告。[2] **按：**此为《晚晴剩语》。《晚晴剩语》收《大中祥符朗月照禅师塔铭》《汪居士传》《汪居士传补遗》《崔母往生传》《崔母往生传补遗》《四分律比丘戒相表记序》《校刻五戒相经笺要序》《集录三种序》《书大方广佛华严经净行品偈跋》《书八种长养功德经跋》《旭光室跋》《晚晴院跋一》《晚晴院跋二》《慈说》《比丘律藏函题词》《西泠华严塔写经题偈》。**按：**有抄赠李圣章《晚晴剩语》。有题记："岁在星纪木槿荣月，将入深山，埋名遁世，检集残稿得十数首。始于癸亥岁晚，迄于乙丑夏首，题曰《晚晴剩语》，写付家仲兄子圣章居士，聊记遗念。永宁晚晴沙门昙昉"。[3]"木槿荣月"为农历五月之旧称。弘一大师所辑《晚晴剩语》，另亦写付尤玄父，书有序文："甲子四月返永宁，治理毗尼残稿。绵涉一载，得文数首，是为最后呓语矣。比将入山，写付玄父居士以志诀别。论月。"[4]作《集录三种序》，署："太岁乙丑星纪之岁木槿荣月，大慈僧弘裔。"[5]

6月27日后至7月20日（农历五月间），期间，在印光大师弟子周群铮居士陪同下赴普陀参礼印光法师于法雨寺，居七日，体察印光法师之生活。后有《略述印光大师之盛德》述其事。遇王大同居士，赋诗以赠。[6] **按一：**弘一大师《略述印光大师之盛德》曰："民国十三年，余至普陀山，居七日……"。此为弘一大师1941年在福建晋江林福林寺所讲，时距赴普陀山已时隔十六年，当为记忆错误。[7] **按二：**法雨禅寺（简称法雨寺）为普陀山三大寺之一，是全国汉传佛教的重点寺院。该寺创于明万历八年（1580），初名海潮庵。万历二十二年（1594）郡守吴安国改额海潮寺。二十七年（1599），神宗皇帝钦赐藏经。三十四年

---

① 此信福建人民出版社2019年12月版《弘一大师全集》（第3版，修订2版）第八册·文艺卷、杂著卷、书信卷第359页收录，标"一九二五年五月六日，温州庆福寺"。

② 此信收福建人民出版社2019年12月版《弘一大师全集》（第3版，修订2版）第八册·文艺卷、杂著卷、书信卷第336页，标"一九二五年五月七日，温州庆福寺"。

③ 弘一大师：《晚晴剩语》题记，收《弘一大师全集》第七册·佛学卷、传记卷、序跋卷，福建人民出版社2019年12月第3版，修订2版，第641—642页。

④ 王维军：《弘一法师普陀参礼印光法师之时间考勘厘析》附图6，收杭州师范大学弘一大师·丰子恺研究中心编《智慧如海——纪念弘一大师诞辰140周年论文集》，上海三联书店2021年10月版。

⑤ 弘一大师：《集录三种序》，收《弘一大师全集》第七册·佛学卷、传记卷、序跋卷，福建人民出版社2019年12月第3版，修订2版，第621页。

⑥ 王大同《挽弘一上人》有言："十余年前，余与徐伟居士游南海普陀，顶礼于后寺印光老法师。适弘一上人亦由瓯江行锡至山，晤谈两日，畅聆法言。更蒙上人惠赠精书佛语一幅，至今留存行箧，作时时展诵也。'儒门逃出学参禅，面壁功夫胜十年。记得印公有一语，上人行德迈前贤。'"转引自林子青《弘一法师年谱》（宗教文化出版社1995年8月版）第140页。

⑦ 弘一大师：《略述印光大师之盛德》，载1942年6月1日《弘化月刊》第12期。

(1606)，朝廷赐额“护国永寿镇海禅寺”。至万历末，寺有“十丈杰阁，亭亭逼霄汉，而近金碧璀璨，为一山冠”之称。清康熙二十六年(1687)，提督陈世凯延请别庵性统禅师为住持，规模大增，名闻四方。三十八年（1699)，康熙皇帝亲赐“天华法雨”额，易称“法雨禅寺”。普陀山今属于浙江舟山市。法雨禅寺的天后阁建于清雍正九年（1731)，为法雨禅寺之正门，如今其上端的“天华法雨”题额是后人集弘一大师墨迹而成。弘一大师住法雨寺的天数，弘一大师自述7天，他在《略述印光大师之盛德》一文中说：“余至普陀山，居七日。每日自晨至夕，皆在师房内观察师一切行为。”① 也有“十余天”之说，如张索、周延在《弘一法师温州交游考》一文中言：“民国十四年（1925年）夏历五月，在周群铮居士的陪同下，弘一法师由温州起程赴普陀山参谒印光大师，在法雨寺与印光大师共住七天（周群铮记为十余天)，亲近印光大师的道范，观察印光大师的盛德。”② 周群铮为周孟由之弟，毕业于复旦大学，后在家学佛，皈依印光大师，法名师寿。弘一大师在温州时，为护法，布施其饭食之资。其实此说原出于周群铮（周师寿）回忆文，1930年5月《大云》第31号第97期“事纪”栏目刊出周师寿《见闻纪事·途中僧》，写道：“民国十四年，余偕弘一师朝礼普陀，逗留十余日。乘小汽船至舟山，再转大汽船回温。到舟山时，大船尚未抵埠，在码头等候，见一僧，来搭船，而貌甚捍，似不类僧人。趋与语，互询籍贯，知为同乡平阳县人……”

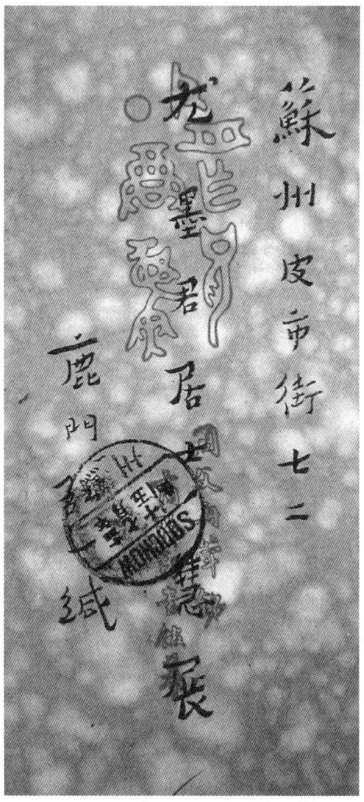

弘一大师致尤墨君函信封。

7月5日（农历五月十五日)，尤墨君抄录之近作《晚晴呓语》发表于《半月》第4卷第14期。有《崔母往生传》(附《补遗》)、《五戒相经笺要并补释序》《四分律比丘戒相表记序》《集录三种序》《大方广佛华严经净行品偈跋》《佛说八种长养功德经跋》《晚晴院额跋》。

7月21日至8月18日（农历六月)，期间返温州。③

附记：7月28日（农历六月初八日)，在温州致尤墨君函：

书悉，欢慰。兹别挂号寄上，拙书《八种长养功德经》一部（能集合多众出资影印为善，以小洋三角为一愿，能使多众出资，则令多众共植善根，功德更为普遍也)，又黄涵之道尹近编念佛法

① 弘一大师：《略述印光大师之盛德》，载1942年6月1日《弘化月刊》第12期。
② 张索、周延：《弘一法师温州交游考》，载《西泠印社》总第37期“西泠印社早期社员李叔同—弘一法师研究专辑”，第48页。
③ 参见1925年12月8日（农历十月廿三日）弘一大师致李圣章函，收《弘一大师全集》第八册·文艺卷、杂著卷、书信卷，福建人民出版社2019年12月第3版，修订2版，第336页。

门数十册并旧藏佛书三种，乞收入。写经付印之后，能检数百册寄售于上海医学书局（在英大马路泥城桥西静安寺路）为善，若如数赠送，不能广为流通（他人有愿得者无处求觅故）。今后惠书，仍寄庆福为至妥。草率复此，不具一一。

六月八日　昙昉疏

扬州大十三湾张瑞曾居士处赠送各种善书，宁波黄涵之道尹处赠送《初机净业指南》、劝世白话文。仁者如愿请求分送尊邑同志，希致函陈意，并语由弘一介绍者，彼等即可寄下。

按：此信福建人民出版社2019年12月版《弘一大师全集》（第3版，修订2版）第八册·文艺卷、杂著卷、书信卷未收录。文物出版社2017年10月版陈飞鹏整理《弘一法师书信全集》第125收录，并有“案”：“此信，辑自上海天衡2011年春季拍卖会《无上清凉——弘一书法墨迹专场》。经鉴定乃弘一法师手札真迹无误。无年份，地址。此信，《弘一大师全集》、林子青《弘一法师书信》、秦启明《弘一大师——李叔同书信集》均无著录。”同时有“考”：“《八种长养功德经》上款：‘十三年，岁阳于逢，迦剌底迦月。’于逢，乃岁阳纪年法甲，属甲子年，迦剌底迦月，乃印度历月份的八月（也有一说九月，未知是否新旧历之别）。即此经写于1924年8月。据此，推测此信写于此经完成后的第二年，即1925年6月8日寄出。1925年6月，弘一法师时居温州庆福寺闭关。时空吻合。推测应合理。”

弘一大师致尤玄父函信封。

7月（农历五月十一日至六月十一日），在温州致苏州尤墨君函。**按：**仅信封，见林可同编：《弘一书法墨迹》，中国美术学院出版社2004年4月版，第137页。信封文字为“苏州皮市街七二　尤墨君居士慧展　鹿门弘一缄”。此信抵达苏州的时间为7月15日。写信时间姑且定为7月。

8月2日（农历六月十三日），在温州致苏州尤玄父函。**按：**仅信封，见林可同编：《弘一书法墨迹》，中国美术学院出版社2004年4月版，第137页。信发地点为温州（邮戳）。信封文字为“苏州皮市街七二　尤玄父居士手披　瓯弘一缄”。此信抵达苏州的时间为8月5日。

宁波七塔寺旧影。载1929年7月3日《图画时报》第574期。

8月18日（农历六月廿九日），因8月10日在安徽芜湖的挚友崔旻飞病逝，在温州致其兄崔海翔函。言惊悉旻飞居士谢世，不胜悲叹；昨晚已延请僧众念阿弥陀佛“普佛”一堂，明午拟“斋僧”，并自今日始诵《梵网经·菩萨戒本》四十九日，并于秋凉后写小幅阿弥陀名号四十八叶；令弟于弥留时谆劝学佛，实为最要之语；敦促日后笃信佛法等。[①]

8 月（农历六月十二日至七月十三日），《世界佛教居士林林刊》第 10 期刊出《崔母往生传（附补遗）》，署“永宁晚晴院沙门论月撰”。**按：**同期刊出吴昌硕《题演音书梵网经》。

宁波七塔寺。摄于 20 世纪 90 年代。

9 月 25 日（农历八月初八日），亡友崔旻飞逝世第 49 天，在庆福寺请寂山和尚主法，延请本寺僧众念佛一日，超度好友崔旻飞亡灵。[②]

在白马湖，弘一大师住“春社”。“春社”乃春晖中学为纪念创办投资人陈春澜而建。蔡元培题匾。

9 月 26 日（农历八月初九日）在温州致海翔居士函。言初六日获来书；昨日敬延本寺僧众念佛一日，并乞老和尚主法；前本拟撰法铭，今欲改撰志铭传文，题曰崔孝子传，脱稿后，当写一幅，以备刻石，竖于纪念室中；佛号四十八页已写竟附寄，同时寄《印光法师文钞》一部，及《佛学撮要》《净业指南》《了凡四训》各一册等。附愿文一则、法语一则，并在明莲池大师《竹窗随笔》中载出世间大孝二则，并先录一则。[③]

今重建的“春社”。摄于 2017 年 7 月。

旧时白马湖畔春晖中学全景。（资料来源：春晖中学校史馆）

9 月 27 日至 10 月 17 日（农历八月初十至三十日），将如钱塘，计划转往南京，再赴安徽九华山礼地藏菩萨。抵海门，乃知变乱复作，抵宁波七塔寺。**按一：**夏丏尊来访，10 月下旬（10 月 24 日前后）被邀至白马湖春社小住。夏丏尊《序子恺的漫画集》写曰：“他这次从温州来宁波，原预备到了南京再往九华山去的。因为江浙开战，交通有阻，就在宁波暂止，挂褡于七塔寺。我得知就去望他。”[④] **按二：**弘一大师在宁波和白马湖的生活在夏丏尊《序子恺的漫画集》中有记。**按三：**七塔寺初建于唐大中十二年（858），名东津禅院。清康熙二十一年（1682），修建大悲阁及踏院，因寺前有七座浮图，故俗称七塔寺。光绪二十一年（1895），慈运长老晋京请颁《龙藏》1 套，并获赐寺“七塔报恩禅寺”额。七塔寺为浙东佛教四大丛林之一。弘一大师自书之《地名山名及寺

---

① 此信福建人民出版社 2019 年 12 月版《弘一大师全集》（第 3 版，修订 2 版）第八册·文艺卷、杂著卷、书信卷第 363—364 页收录，标“一九二五年旧六月二十九日，温州庆福寺”。崔海翔，名祥鹍，安徽芜湖人，经商，为弘一大师至友崔旻飞之兄。此信曾载 1949 年《觉有情》第 218 期释义芳辑《弘一大师遗著五篇（二）》。

② 参见本谱本年 9 月 26 日（农历八月初九日）条目。

③ 此信福建人民出版社 2019 年 12 月版《弘一大师全集》（第 3 版，修订 2 版）第八册·文艺卷、杂著卷、书信卷第 364 页收录，标“一九二五年旧八月九日，温州庆福寺”。所作《崔孝子碑铭》，见福建人民出版社 2019 年 12 月版《弘一大师全集》（第 3 版，修订 2 版）第七册·佛学卷、传记卷、序跋卷，第 586 页。此信曾载 1949 年《觉有情》第 218 期释义芳辑《弘一大师遗著五篇（二）》。

④ 夏丏尊：《序子恺的漫画集》，载 1925 年 11 月 8 日《文学周报》第 198 期。

名院名略考》中介绍曰："明州（即宁波）。来往赞住，未尝久居。"[①] 白马湖位于今浙江省绍兴市上虞区，距城区五公里。早在20世纪20年代，铁路线就已经从湖边经过，时铁路线上有驿亭站，从那里下车，行不多远，可至白马湖。春晖中学即坐落于湖边。春社为春晖中学同仁为纪念创校者陈春澜而建。上虞今为绍兴市的一个区，曰上虞区。**按四：**以往就弘一大师赴普陀法雨寺见印光大师和赴宁波七塔寺，后被夏丏尊邀请至白马湖小住的时间有分歧，一说1924年，一说1925年。现根据史料确证为1925年。其一，1925年6月27日（农历五月初七日）弘一大师致李圣章函，写道："尔有友人约偕往普陀，附挂号寄写稿并书籍一包，希收入。今后居所确定后，再以奉闻。"[②] 其二，1925年12月8日（农历十月廿三日）弘一大师致李圣章函写道："五月往普陀，参礼印光法师，六月返温。八月将如钱塘，抵海门，乃知变乱复作，因留滞上虞、绍兴者月余。本月初旬归卧永宁，仍止庆福。居上虞、绍兴时，与同学旧侣晤谈者甚众，为写佛号六百余叶，普结善缘，亦希有之胜行也。老友丏尊，曾撰《序子恺漫画集》文，刊入《文学周报》，略记朽人近状，附邮以奉慧览。又佛号数叶，亦并邮呈，此未委具。"[③] 其三，持弘一大师1924年普陀之行意见者多从弘一大师书信中"八月将如钱塘，抵海门，乃知变乱复作，因留滞上虞、绍兴者月余"一语，以为"齐卢之战"（江浙之战）爆发于1924年。然持此意见者确忽视了弘一大师信中"变乱复作"中的"复"字。事实上，1925年10月在江浙之间还有一场战事，即第三次江浙战争。1925年11月1日出版的第130期《国语报》载《江浙战事又来了》一文，言江浙变乱复作之际的江浙时势："江浙方面，又在那里布防了。快枪和大炮，又蠢蠢欲动了。对外的事情，正弄得一场无结果，一家兄弟，又何必弄枪使棒，教外人瞧了笑话呢。唉，过去的江浙战争，还使人惊魂未定，千万不要再来一个。别的事情，可以做周年纪念，这种杀人流血的周年纪念，是不敢领教的。我合着江浙千百万人民，求求双方军阀大人，请让我们安安稳稳的，把今年活下来吧！"实际情况是，1925年8月29，段祺瑞应张作霖之请，任命奉系将领杨宇霆为江苏督办，姜登选为安徽督办，津浦全线均为奉系军阀所控制，利益平衡再次被打破，浙奉军阀矛盾激化，闽浙巡阅使孙传芳决定驱逐张作霖势力。10月10日，孙传芳主持召开闽、浙、苏、皖、赣等各

丰子恺旧居小杨柳屋。摄于2018年12月。

(74)

憶弘一法師

馮三昧

1943年11月15日出版的杂志社丛书第三种《人物种种》中收冯三昧《忆弘一法师》一文。

① 弘一大师自书之《地名山名及寺名院名略考》，收《弘一大师全集》第十册·附录卷，福建人民出版社2019年12月第3版，修订2版，第482—486页。

② 弘一大师致李圣章函，收福建人民出版社2019年12月版《弘一大师全集》（第3版，修订2版）第八册·文艺卷、杂著卷、书信卷，第336页，标"一九二五年五月七日，温州庆福寺"。

③ 弘一大师致李圣章函，收福建人民出版社2019年12月版《弘一大师全集》（第3版，修订2版）第八册·文艺卷、杂著卷、书信卷，第336页。

省代表会议商讨反奉，同时与冯玉祥的国民军联络，先发制人，不宣而战。10月15日，孙传芳通电声讨，接着浙奉战争爆发。对此，同年12月10日出版的半月刊《东方杂志》第23期“时事日志”栏目有详细实录。而夏丏尊《序子恺的漫画集》一文中写曰：“他这次从温州来宁波，原预备到了南京再往九华山去的。因为江浙开战，交通有阻，就在宁波暂止，挂褡于七塔寺。我得知就去望他。”① 其四，1925年11月16日出刊的第40期《春晖》报道了弘一大师来白马湖小住的消息，言于前月底由夏丏尊先生伴同来白马湖，住春社。住春社约一周，每日写字念经，一日两餐，由夏先生备办供给，又往马家堰约一周，始于本月六日返湖。此可与夏丏尊序文互证。其五，1943年11月15日出版的杂志社丛书第三种《人物种种》中，收冯三昧《忆弘一法师》一文，写自己与弘一大师再次见面：“第二次是在民国十四年或十五年罢，也就是我和子渊先生被夏定候所查缉的那年了。因了环境的关系，我先从宁波的四中，退避到奉化的锦溪中学，再从奉化撤退到白马湖的春晖中学。”又说：“我所住的正是弘一法师的弟子丰子恺先生的旧宅……”冯三昧说他与弘一大师第二次见面的时间是“民国十四年或十五年”，而1926年弘一大师的行踪是温州、杭州、上海、庐山，无白马湖之行。又，丰子恺旧宅即“小杨柳屋”，是丰子恺在白马湖畔春晖中学任教时的住处。1924年底，丰子恺与匡互生等离开春晖中学而至上海创办立达中学（后称立达学园），为办学而买去“小杨柳屋”。故冯三昧住丰子恺故居，必系1925年。综上所述，弘一大师的普陀、宁波、白马湖，乃至此后的绍兴之行必为1925年。弘一大师1941年的演讲稿《略述印光大师之盛德》一文中所说的“……民国十三年，余至普陀山，居七日。”② 其时间当为晚年记忆错误。而李鸿梁文《我的老师弘一法师李叔同》（作于1962年8月，载1984年6月《浙江文史资料选辑》第26辑）所述1924年由白马湖至绍兴事亦误记。关于此事，王维军在《弘一法师普陀参礼印光法师之时间考勘厘析》一文中有详细考证，可参考。③ **按五：**弘一大师在春社里住一周后，受邀赴马家堰。马家堰位于余姚、上虞两县的交界处，在此居一周。④

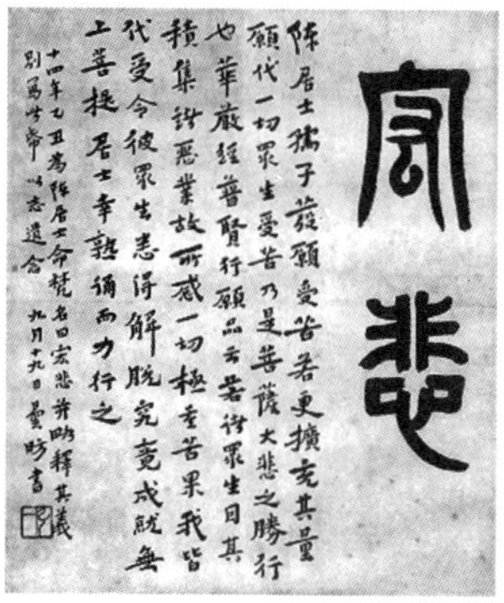

“碧天芳草——李叔同师友翰墨展”展出的“宏悲”。

附记：11月5日（农历九月十九日），书《宏悲》横幅赠与陈宏悲居士。题记：“陈居士孺子发愿受苦，若更扩充其量，愿代一切众生受

① 夏丏尊：《序子恺的漫画集》，载1925年11月8日《文学周报》第198期。

② 弘一大师：《略述印光大师之盛德》，载1942年6月1日《弘化月刊》第12期。

③ 王维军：《弘一法师普陀参礼印光法师之时间考勘厘析》附图6，收杭州师范大学弘一大师·丰子恺研究中心编《智慧如海——纪念弘一大师诞辰140周年论文集》，上海三联书店2021年10月版。

④ 参见本谱本年11月16日（农历十月初一日）条目。

苦，乃是菩萨大悲之胜行也。《华严经普贤行愿品》曰：若诸众生因其积集诸恶业故，所感一切极重苦果，我皆代受，令彼众生悉得解脱，究竟成就无上菩提。居士幸熟诵而力行之。十四年乙丑为陈居士命梵名曰宏悲并略释其义，别写此纸，以志遗念。九月十九日，昙昉书”；钤印“弘一”。此为2021年1月26日至4月30日中共温州市委宣传部、中共温州市委统战部、温州市文化广电旅游局主办，温州博物馆、温州衍园美术馆承办之“碧天芳草——李叔同师友翰墨展”展品。供参考。

11月6日（农历九月廿日），自马家堰返白马湖。[1]

绍兴府山公园前的石刻。摄于2019年3月。

今府山公园内的烈士纪念碑。该区域为原龙山校舍。摄于2019年3月。

绍兴稽山路上的便民桥。摄于2019年3月。

11月7日（农历九月廿一日），离开白马湖赴绍兴。[2] **按一：**蔡冠洛在1946年所撰《弘一大师年谱广证》（二续）中曰：“录灵峰莲池印光诸法语，随机开导，因病与药。冠洛时学唯识，不免执滞名相，改习念佛法门，实自此始。下题‘岁在星纪初霜，游方会稽，晤丐因居士，为书此纸，以志遗念。晚晴沙门论月’。”星纪初霜即指1925年初冬。蔡冠洛疏忽了弘一法师题记所署落款时间是“星纪初霜”，而误将此事记录在《弘一大师年谱广证》的1923年中。[3] **按二：**据蔡冠洛《廓尔亡言的弘一大师》一文，时“我在绍兴第五师范教书。弘一法师从白马湖到绍兴来，同事李鸿梁、孙选青是他在杭州第一师范的学生，邀我一道到船埠去接他。船到了，一一见了面。……他这回到绍兴，在城南的一角田野里叫做草子田头的普庆庵住了半个月。每于假日，与师泛若耶、游云门显圣寺，及禹陵那些名胜地，他很觉快乐。……临别，写佛号千纸分赠善友，下题：‘愿共诸众生，往生极乐国’，因署其室曰‘千佛名室’。并贻孙选青、蔡冠洛。**按三：**弘一大师自书之《地名山名及寺名院名略考》中介绍曰：“越州、会稽（皆是绍兴）。某某年在开元寺住一月。”[4] 弘一大师住草籽田头（即蔡冠洛所说之草子田头）前住绍兴的浙江省立第五师范学校。李鸿梁在《我的老师弘一法师李叔同》一文中曰：“那年我虽住在女师，但在五师还留有卧室，室在龙山南麓，窗外树木伸手可触，小鸟常常飞来桌上，窥人读书，尚可住得，故法师初到即住于此。”弘一大师到绍兴时，浙江省立第五师范学校已与省立第五中学合并，校址主要有两处，一为仓桥校舍的中学部和龙山校舍的师范部。弘一大师所到之处应系龙山书院旧址（今府山公园烈士纪念碑一带

① 参见本谱本年11月16日（农历十月初一日）条目。

② 参见本谱本年11月16日（农历十月初一日）条目。

③ 王维军：《弘一法师普陀参礼印光法师之时间考勘厘析》附图6，收杭州师范大学弘一大师·丰子恺研究中心编《智慧如海——纪念弘一大师诞辰140周年论文集》，上海三联书店2021年10月版。

④ 弘一大师自书之《地名山名及寺名院名略考》，收《弘一大师全集》（修订版）第十册·附录卷，福建人民出版社2019年12月第3版，修订2版，第482—486页。

绍兴稽山桥路边的古稽山门。摄于 2019 年 3 月。

今绍兴草籽田头的民居。摄于 2019 年 3 月。

今绍兴草籽田头的旧民居。摄于 2019 年 3 月。

今绍兴草籽田头的民居。摄于 2019 年 3 月。

区域）的龙山校舍，位于龙山脚下，又称“龙山师范”。弘一大师在龙山校舍只住了几天，就般迁至城东草籽田头普庆庵。其原因是龙山校舍附近的小学生过于吵闹，而普庆庵位于城郭，较为僻静，有益于静修。草籽田头位于今绍兴市稽山路与人民中路交叉口，稽山路南向百余米的便民桥下左前方。住户已不多，而普庆庵已不存。弘一大师在住草籽田头普庆庵时写佛号三百张。一百张存蔡冠洛处，二百张分存李鸿梁和孙选青处，嘱分赠有缘者。曾名其室为“千佛名室”。（蔡冠洛所谓“写佛号千纸”当为虚指）又在庵中发现太平天国还魂碑。李鸿梁在《我的老师弘一法师李叔同》一文中又写曰：“法师第三次莅绍，大约是在一九三二年春季……一日闲谈间，谈及他前住乡间某寺时，某晚盗来搜索全寺，到法师窗口用电筒照射，时法师卧在床上，忽觉桌上闹钟已停，因此盗似无所觉，或以为空房，所以不久就去了。但等到盗去后，闹钟又复走动了。因法师平时听钟声念佛，所以他对于钟声特别注意。所说颇有点神话味。”① 若耶溪的溪口在绍兴稽山桥，位于环城南路与会稽路交叉口，今此处有“古稽山门”标识。若耶溪今名平水江，两岸风景如画。昔日的若耶溪是上游人民赖以生存的命脉，也是进城的主要水道。弘一大师所到的若耶溪为该溪上游，今此处仍有若耶村，村口石亭有联：“若耶源头出平湖；会稽山麓变通途。”不远处还有若耶溪桥，风光宜人。显圣寺位于今绍兴市柯桥区平水镇稽山风景区以南的玉笥山前，东临平水大道和若耶溪。五代后周显德二年（955）建，北宋乾德六年（968）赐名云门寺，至道二年（996）改称显圣寺（又名显圣院），后曾重建。抗战期间大殿及部分院舍被日军焚毁。1951 年寺废，陆续改为民居。2001 年经信士发心易地于半山腰重建，成为如今之显圣寺。从文句上看，蔡冠洛所述弘一大师游若耶溪、显圣寺等是在 1925 年到绍兴时之行踪，而在宗教文化出版社 1995 年 8 月版林子青编著《弘一法师年谱》“1931 年”条目中写道：他在戒珠寺“住数日，游览若耶溪、显圣寺绍兴名胜，复回宁波。”李鸿梁在《我的老师弘一法师李叔同》中亦提到：“那时还与法师同游过平水显圣寺，寺为越中名刹之一。”此或蔡冠洛回忆有误，或游若耶溪、显圣寺等系多次。存疑。

11 月 8 日（农历九月廿二日），夏丏尊《序子恺的漫画集》刊于《文学周报》第 198 期。**按：**记弘一大师在宁波、白马湖近事。

11 月 16 日至 12 月 15 日间（农历十月），为郭奇远祝寿书横幅“无量寿佛”，题曰：“梵语阿弥陀佛，译云无量寿佛，彼佛及其人民寿命悉

① 李鸿梁：《我的老师弘一法师李叔同》，收《浙江文史资料选辑》第 26 辑，浙江人民出版社 1984 年 6 月版，第 98—117 页。

无量无边，阿僧祇刦，故曰无量寿佛也。后十四年岁在星纪丙戌之月，旧同学老友章安郭居士奇远寿五十，敬写佛名以志庆喜，并结法缘。”①

将印光法师致自己的书信一则转赠则民居士，附题“乙丑十月，敬赠则民居士，昙昉”。②

11月16日（农历十月初一日），**按：**春晖中学校刊《春晖》第40期报道弘一大师在白马湖行迹：“弘一法师，即未出家时之李叔同先生，吾国艺术界之先辈也，于前月底由其挚友夏丏尊先生伴同来白马湖，住春社。本校教职员出自法师门下者不乏其人，皆前往拜谒，一时“南无阿弥陀佛”的佛号声充满了春社。法师住春社约一周，每日写字念经，一日两餐，由夏先生备办供给，又往马家堰约一周，始于本月六日返湖，七日即离湖返杭，同行者有本校校长经子渊先生，教员朱稣典先生，及其挚友夏丏尊先生。临行时，将平日所书之“南无阿弥陀佛”百余条，署名“昙昉”者，广赠本校教职员，以作纪念。得之者皆喜形于色，盖法师书法，素为世所贵重也。”**按：**“离湖返杭”获指经亨颐等；或原意赴杭州，因战事交通受阻，决定到绍兴。农历十月上旬返回温州，仍居庆福寺。

若耶溪上游的若耶溪桥。摄于2019年3月。

若耶溪上游的若耶溪村村口。摄于2019年3月。

秋末冬初，书“南无阿弥陀佛”，款识“乙丑九月，昙昉”；钤印“弘一”。③

11月29日（农历十月十四日），在温州朱致稣典函：

旧时显圣寺位置。摄于2019年3月。

> 曩者，游方会稽，荷承远送，感谢。寇乱未宁，钱塘之行不果，仍附番舶，归卧永宁，掩室庆福。小暇当写佛名，及以警语。迟至岁晚，必可邮达二桥西河尊斋。此不委悉。
>
> 稣典居士文室
>
> 昙昉疏　十月十四日

按：此信福建人民出版社2019年12月版《弘一大师全集》（第3版，修订2版）第八册·文艺卷、杂著卷、书信卷第365页收录，标“一九三〇年十月十四日，温州庆福寺”。文物出版社2017年10月版陈飞鹏整理《弘一法师书信全集》第111页收录，时间标1924年“十月十

① 胡珠生：《弘一大师与郭奇远》，收戈悟觉主编《弘一大师温州踪迹》，上海文艺出版社2010年9月增订版，第131页。

② 该信温州博物馆藏。

③ 此书在“甬上留香——弘一法师翰墨展”上展出。宁波博物馆，2018年4月28日至5月27日；慈溪市人民政府、宁波市文化广电新闻出版局、宁波市民族宗教事务局主办，宁波博物馆、慈溪市弘一书画院承办。

旧时显圣寺位置旁目前有会稽苑小区。摄于2019年3月。

四日”，地点标“温州庆福寺”。二者时间均误。弘一大师首次赴绍兴的时间为1925年。是年11月7日（农历九月廿一日）离开白马湖赴绍兴，同时离开的经亨颐、朱稣典赴杭州，故有信中“游方会稽，荷承远送”之句。1924年弘一大师无绍兴之行。此信当写于1925年11月29日（农历十月十四日），时返温州不久。

12月1日（农历十月十六日），后夜梦在白马湖春社晤经亨颐，醒后作《石禅皈佛碑》。题记曰：

今重建的显圣寺路标。摄于2019年3月。

> 岁在星纪十月十六日后夜，晨钟既鸣，余复假寐。梦在白马湖‘春社’，晤颐渊居士。几上有白玉镜，高二寸余，晶莹光洁，上右棱少圆，他悉方角。居士谓将镌字其上，曰‘石禅□□碑’，隶书直写，体近宝子；惟中二字，阙而不具。种种拟议，讫未适当。余乃劝以‘皈佛’补之。居士问其义，余为释之：皈与归同，回向之义。昔学孔老，今归佛法。（按：居士昔之学，非专崇孔老者，此据梦中之言记之。）犹面东者，转而西向。余复转旋其身，示彼形状。居士见之，踊跃称善。余梦遂醒，钟声犹未绝也。朝曦既上，追忆梦中形状、语言，濡笔记之。并图镜形，以奉居士。梦中言状，一切如实，未增减，冀以存其真也。①

今重建的显圣寺。摄于2019年3月。

12月5日（农历十月廿日），《海潮音》第6年第10期刊出《般若波罗密多心经幽赞听讲表记》。发表时未署名，有“编者识”，写曰：“按心经幽赞为窥基法师著述之一，研究唯识学者必要之典。本表标举大义，揭示名相，最便学者参考。前编辑拟印单行本，致未发表，今特刊布，以餍阅者。惟稿中无标记台衔，望知者示教焉。”**按**：1926年3月4日，《海潮音》出版第7年第1期，内有“《海潮音》第六年已出版各期要目”，其中第10期要目中有《般若波罗密多心经幽赞表记》（与实际刊出时题名相较，少“听讲”二字），署名：“弘一”。福建人民出版社2019年12月版《弘一大师全集》（第3版，修订2版）未收录。此表记长达49页，全文略。

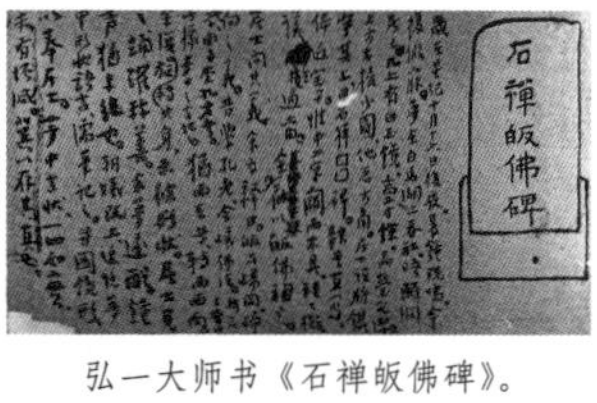

弘一大师书《石禅皈佛碑》。

12月7日（农历十月廿二日），书佛号“南无阿弥陀佛”，并录智者大师法语“愿我永离三界，杂食臭秽浓血不净，耽荒五欲男女等身，愿得净土法性生身”；款识“智大师法语。乙丑大雪，昙昉书”；钤印

① 弘一大师：《〈石禅皈佛碑〉题记》，收《弘一大师全集》第七册·佛学卷、传记卷、序跋卷，福建人民出版社2019年12月第3版，修订2版，第642页。

“弘一”。

12 月 8 日（农历十月廿三日），在温州致李圣章函。言五月往普陀，参礼印光法师，六月返温。八月将如钱塘，抵海门，乃知变乱复作，因留滞上虞、绍兴者月余；本月初旬归温州；居上虞、绍兴时，与同学旧侣晤谈者甚众，为写佛号六百余叶；夏丏尊曾撰《序子恺漫画集》文，刊入《文学周报》，附寄；另寄佛号数叶等。[1]

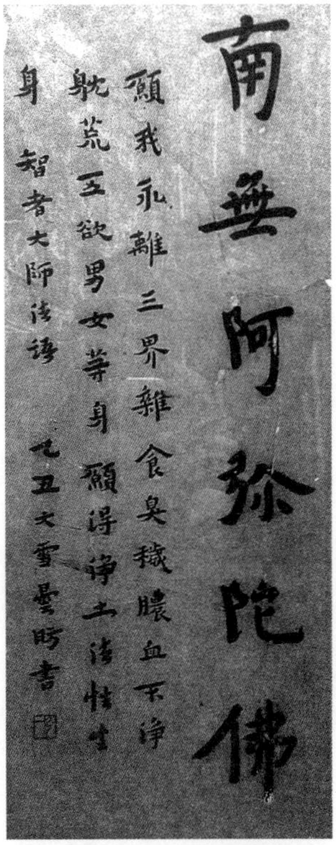

12 月 7 日（农历十月廿二日），弘一大师书佛号“南无阿弥陀佛”，并录智者大师法语。

12 月 22 日（农历十一月初七日），在温州致孙选青函。言曾相会于绍兴，至为欢慰；返温后掩室庆福寺，少卿尝来访，未能接晤；附寄影印之《八大人觉经》。[2]

在温州致蔡丏因函：

书悉。读《净土十要》竟，专研《华严疏钞》甚善。彭二林《华严念佛三昧论》，应先熟读。论仅十数纸，诠义甚精。（金陵版一册价六分）并赍影印《八大人觉经》一摺，希受收。此未具宣。

丏因居士丈室

昙昉疏　冬至朝

按：此信福建人民出版社 2019 年 12 月版《弘一大师全集》（第 3 版，修订 2 版）第八册 · 文艺卷、杂著卷、书信卷第 337—338 页收录，标“一九二三年冬至，温州庆福寺”。文物出版社 2017 年 10 月版陈飞鹏整理《弘一法师书信全集》第 98、430 页分别在 1923 年、1937 年重复收入。此信没有可能在 1923 年冬至写于温州。1923 年冬至即 12 月 23 日，弘一大师在衢州，并于 12 月 26 日还致刘质平函，言承施三十金，感谢无已，已足用，他日万一有需时再致函；明春或赴温州；前月来衢，曾写佛号，检寄四幅，一付刘质平，一赠刘海粟，其二赠曾来太平寺二同学等。[3] 1925 年冬至为 12 月 22 日（农历十一月初七日）弘一大师在温州，此信当写于是日。至于《弘一法师书信全集》1937 年重复收录，亦不合弘一大师与蔡丏因交游史迹。此信曾载 1943 年《学术界》第 1 卷第 3 期，李芳远辑，题《弘一大师书牍（续）》，亦未标明时间。《八大人觉经》的影印流通时间是 1925 年，由陈伯衡印制流通。弘一大师于

---

① 此信福建人民出版社 2019 年 12 月版《弘一大师全集》（第 3 版，修订 2 版）第八册 · 文艺卷、杂著卷、书信卷第 336 页收录，标“一九二五年十月廿三日，温州庆福寺”。

② 此信福建人民出版社 2019 年 12 月版《弘一大师全集》（第 3 版，修订 2 版）第八册 · 文艺卷、杂著卷、书信卷第 359 页收录，标“一九二五年冬至，温州庆福寺”。

③ 此信福建人民出版 2019 年 12 月版《弘一大师全集》（第 3 版，修订 2 版）第八册 · 文艺卷、杂著卷、书信卷第 283 页收录，标“一九二三年旧十一月十九日，衢州莲华寺”。

1926春夏间致黄庆澜信云："去年陈伯衡居士，石印拙书《八大人觉经》……"故此信当写于1925年12月22日（农历十一月初七日）。

12月24日（农历十一月初九日），撰并书《金陵刻〈华严疏钞〉题记》，署："太岁在乙丑十一月九日永宁晚晴院沙门昙昉敬书于华严堂。"①

在温州致东严法师函。言前获来书，欢慰无已；感佩其精进向道；评《净心诫观法》，建议托人请购；代向令师公及令师问安等。②

为周玲荪所赠《华严疏钞》写题记。③

在杭州致蔡丏因函：

前托李居士赍呈一笺，计达丈室。尔有友人惠施《华严疏钞》一部。如仁者暂不请购，可先与朽人轮换共阅此一部。因朽人所阅者仅数册，余悉束置高阁。若与仁者共阅，俾令施主功德弥胜。希以酌复。若愿阅者，当先邮奉十数册。此未详具。

昙昉疏白　冬至后两日

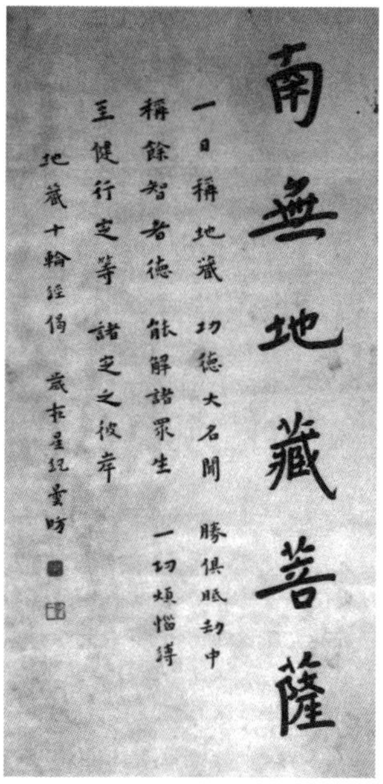

弘一大师书菩萨名号"南无地藏菩萨"及十轮经偈。

按：此信福建人民出版社2019年12月版《弘一大师全集》（第3版，修订2版）第八册·文艺卷、杂著卷、书信卷第339页收录，标"一九二四年冬至后二日，温州庆福寺"。《华严疏钞》由周玲荪赠与，弘一大师为写题记的时间是1925年12月24日（农历十一月初九日）。故不可能写于1924年。信中有"尔有友人惠施《华严疏钞》一部"，故写信时间应系1925年12月24日（农历十一月初九日，冬至后二日）。蔡冠洛在《弘一大师年谱广证》（四续）中录有此信部分文字，信末"后两日"为"后二日"。又在录文后有按语："按师由是常分部寄来，阅竣寄还，又寄其余部分。其意实缘疏钞繁重，多则生怠倦心，故分部寄阅，轮回研究。善巧诱掖，于此可见。冠洛谨志。"④

是年，在温州居庆福寺时，温州道尹林鹍翔、张宗祥欲前来拜访，

① 弘一大师：《金陵刻〈华严疏钞〉题记》，收《弘一大师全集》第七册·佛学卷、传记卷、序跋卷，福建人民出版社2019年12月第3版，修订2版，第621页。参见本谱1927年1月11日条目。《弘一大师全集》（第3版，修订2版）所录与目前另见书件文献文字有别。如蔡冠洛《弘一大师经籍题记汇录》，收虞坤林编《弘一法师日记三种》（山西古籍出版社2006年版，第44页），题记为"甲子秋月，富阳丁居士群孚颁赠金陵刻《华严疏钞》二百四十九卷，供养晚晴院者既已半载。……后十四年太岁在乙丑十一月九日，永宁晚晴沙门昙昉书于华藏堂。"今依全集。

② 此信福建人民出版社2019年12月版《弘一大师全集》（第3版，修订2版）第八册·文艺卷、杂著卷、书信卷第444页收录，标"一九二五年十一月九日，温州庆福寺"，有注："东严之师公名诚一，为镇海伏龙寺住持，其师名不详。"

③ 蔡冠洛：《弘一大师年谱广证（五续）》，载1947年2月1日《觉有情》第8卷第11、12号。

④ 蔡冠洛：《弘一大师年谱广证（四续）》，载1946年11月1日《觉有情》第8卷第5、6号。

称病未见。[1]

嘱李鸿梁绘文殊普贤及千手观音像各一帧，自为题署，印刷流通。[2]

为希伦居士写《魏译无量寿经》作序，署："岁次星纪晚晴院沙门昙昉撰。"[3]

书菩萨名号"南无地藏菩萨"及十轮经偈。款识"地藏十轮经偈。岁在星纪，昙昉"；钤印"胤"、"弘一"。[4]

手书《佛说八种长养功德经》并为之跋。末附三归五戒之义，云"初心者或未委悉，辄述所闻，略明其概"。[5]

校刻《佛说优婆塞五戒相经笺要》，有序。又撰新集三归五戒八戒法式，自定凡例，同为一集。次年农历十月，夏质均施资印行。[6]

1924年在衢州所书《佛说八大人觉经》由江苏淮阴陈伯衡居士影印出版。

社会评介择要

《尤雪行居士复江易园居士书》，载1925年《佛光社社刊》第1期。写曰："（前略）仁座办一佛光社，广利群众，弘一大师、孟由居士闻知，必深为庆赞。今后尚祈乘婺温通邮之便，提及此事。承不弃，敬当附入社末，作一通信末学。敬此报命。专诚慰复。"

吴昌硕：《题演音书梵网经》，载1925年8月《世界佛教居士林林刊》第10期。

夏丏尊：《序子恺的漫画集》，载1925年11月《文学周报》第198期。

《李叔同先生小传》，载1925年（农历闰四月）《世界画报》第49期。

① 丁鸿图《庆福戒香记》（载1944年1月1日《觉有情》1944年第5卷第9－10号第105—106期合刊）一文曰："师闭关时，温州道尹林鹍翔来谒三四次，均以病辞不见。后温州道尹张宗祥只身来谒，寂公以地方长官，不敢遽辞，乃持张名片至师关房一语以故，及张某来谒。师闻言……乞婉言告以抱病不见客也。"

② 蔡冠洛：《弘一大师年谱广证（五续）》，载1947年2月1日《觉有情》第8卷第11、12号。

③ 弘一大师：《魏译〈无量寿经〉序》，收《弘一大师全集》第七册·佛学卷、传记卷、序跋卷，福建人民出版社2019年12月第3版，修订2版，第622页。

④ 温州博物馆、平湖李叔同纪念馆编：《弘一大师墨迹》，浙江古籍出版社2010年9月版，第18页。

⑤ 蔡冠洛：《弘一大师年谱广证（四续）》，载1946年11月1日《觉有情》第8卷第5、6号。

⑥ 蔡冠洛：《弘一大师年谱广证（四续）》，载1946年11月1日《觉有情》第8卷第5、6号。

1926年　丙寅　47岁

社会文化事略

1月，《新女性》创刊；2月2日，反基督教大同盟代表向教育部请求取消教会学校；2月28日，北京政府教育部下令禁止反基督教运动；3月18日，发生“三一八”惨案；3月20日，发生“中山舰事件”；3月27日，中华艺术大学、晨光艺术会、上海艺术大学、中华美术会、太平洋画会、东方画会等十余个团体联合成立上海艺术协会；4月，段祺瑞政府下台；5月16日，世界佛教居士林在上海开幕；7月1日，广州国民政府军事委员会发布北伐动员令，北伐战争开始；8月，章锡琛、章锡珊兄弟在上海合资开办开明书店；10月，广东国民政府教育行政委员会公布《私立学校规程》《私立学校校董会设立规程》。

生平事迹

1月6日（农历乙丑十一月廿二日，小寒），在温州题手装《普贤行愿品别行本》，前后副叶细楷节录《清凉疏》《莲池记》《蕅益偈》和《印光序》赠蔡丏因。书面题“乙丑小寒日黄昏，昙昉敬题于华藏室”。①

1月16日（农历乙丑十二月初三日），在温州致周天初函。将写件寄与周天初居士，托转交朱稣典。另寄其他物。②

同日在温州致蔡丏因函：

> 顷诵书，并承惠施毫笔四管，谢谢。《华严经疏科文》十卷，未有刻本。日本《续藏经》第八套第一册、二册，有此科文。他日希仁者至戒珠寺检阅。疏、钞、科三者如鼎足，不可阙一。杨居士刻经疏，每不刻科文，厌其繁琐，盖未尝详细研审也（钞中虽略举

---

① 蔡丏因对此有题记：“前后副叶细楷，节录《清凉疏》《莲池记》《蕅益偈》《印光序》。题云：‘天岁在析木永宁晚晴院沙门昙昉——敬录，以贻丏因居士，愿同生西方，早成佛道，普利含识。’书面题：乙丑小寒日黄昏，昙昉敬题于华藏室。”转引自林子青《弘一法师年谱》，宗教文化出版社1995年8月版，第155页。福建人民出版社2019年12月版《弘一大师全集》（第3版，修订2版）第七册·佛学卷、传记卷、序跋卷第635页收录时题为《手装〈普贤行愿品别行本〉赠蔡冠洛记》。

② 参见弘一大师本年4月2日致朱稣典信。周天初（1894—1970），浙江奉化人，别号天衣居士，曾留学日本，入东京美术学校学习西画。1922年回国后终身从事美术教育。

科目，然或存或略，意谓读疏者必对阅科文，故不一一具出也）。今屏去科文而读疏钞，必至茫无头绪。北京徐居士刻经，悉依杨居士之成规，亦不刻科。所刻《南山律宗》三大部，为近百册之巨著，亦悉删其科文，朽人尝致书苦劝，彼竟固执旧见未肯变易，可痛慨也。

丏因居士文室

昙昉白　十二月初三日

《华严经疏钞》为光绪十年妙空大师于江北刻经处刊刻。妙空为杨居士之师，故杨居士所刻之经疏，亦多删其科文，依彼旧例。

按：此信福建人民出版社2019年12月版《弘一大师全集》（第3版，修订2版）第八册·文艺卷、杂著卷、书信卷第339页收录，标“一九二四年十二月初三日，温州庆福寺”。结合弘一大师1925年12月24日（农历十一月初九日）为周玲荪所赠《华严疏钞》写题记，并于此后经常与蔡丏因谈《华严经疏钞》之情形，此信当写于1926年1月16日（农历乙丑十二月初三日）。此信另见蔡冠洛《弘一大师年谱广证（五续）》，载1947年2月1日《觉有情》第8卷第11、12号。李芳远辑《弘一大师书牍（续）》（1943年《学术界》第1卷第3期）亦收此信，文字略有不同。

2月15日（农历正月初三日），在俗发妻俞氏病故于天津。**按：**李叔同之子李端在《家事琐记》（收天津市政协文史资料研究委员会、天津市宗教志编纂委员会编《李叔同—弘一法师》，天津古籍出版社1988年4月版，第108—123页）中曰：“我母亲活了不到五十岁，在我二十二岁那一年的正月初三故去的。”“先母病故以后，家中曾给已经出家为僧的我的先父去信报丧，但他没有回来。”李端生于1904年，1926年22岁。俞氏长李叔同2岁，生于1878年，1926年不足五十岁。宗教文化出版社1995年8月版林子青编著《弘一法师年谱》误记于1922年。

2月21日（农历正月初九日），在温州致蔡丏因函。言拟赠之佛书存杭州里西湖招贤寺吴彬如居士处，盼乞于月内托人至彼处领取等。[①]

2月26日（农历正月十四日），在温州致蔡丏因函。言两信收悉；《悬谈》八册，昨夕亦赍至，今寄《疏钞》十一册，又《往生论注》一

① 此信福建人民出版社2019年12月版《弘一大师全集》（第3版，修订2版）第八册·文艺卷、杂著卷、书信卷第340页收录，标“一九二六年正月九日，温州庆福寺”。

册，鸾法师注至为精妙；附寄《行愿品》一册。说《华严悬谈》。谈研读佛书要点和体会。嘱今后邮寄书籍，包以坚固之纸数层，外以坚固之麻绳束缚稳牢固等。①

3月11日（农历正月廿七日），因得俗家之兄来函，谓在家之妻逝世，嘱返天津而致寂山和尚函：

恩师大人慈座：

前命写之字帖，今已写就，奉上，乞收入。前数日得天津俗家兄函，谓在家之妻室已于正月初旬谢世，嘱弟子返津一次。但现在变乱未宁，弟子拟缓数月，再定行期，一时未能动身也。再者，吴壁华居士不久即返温，弟子抉请彼授与神咒一种，或往生咒或他种之咒，便中乞恩师与彼言之。弟子现在虽禁语之时，不能多言，但为传授佛法之事，亦拟变通与吴居士晤谈一次，俾便面授也。顺叩

慈安

正月廿七日　弟子演音顶礼

按：此信福建人民出版社2019年12月版《弘一大师全集》（第3版，修订2版）第八册·文艺卷、杂著卷、书信卷第443页收录，标“一九二二年正月廿七日，温州庆福寺”。文物出版社2017年10月版陈飞鹏整理《弘一法师书信全集》第81页收录，亦如此标注。皆误。依前述“2月15日（农历正月初三日）”条目，在俗发妻俞氏病故于1926年正月初三日，且家中即有函致弘一大师。故此信当写于本年3月11日（农历正月廿七日）。

3月15日（农历二月初二日），在温州致蔡丏因函：

丏因居士：

前奉手书，具悉一一。孙居士精进修习，欢赞无量。承寄《十要》等五册，今日已受收，晤时乞为致意。别邮《崔母传赞录》一册，敬赠仁者。仅存此一册，未能遍赠道俗为憾。常惺法师之文甚精，乞详览。

昙昉　二月初二

朽人于夏秋之际，或往他方。《华严疏钞》乞暂存尊斋，勿即

① 此信福建人民出版社2019年12月版《弘一大师全集》（第3版，修订2版）第八册·文艺卷、杂著卷、书信卷第339—340页收录，标“一九二四年正月十四日，温州庆福寺”。此误，当写于1926年农历正月十四日。参见本谱本年3月15日条目。

寄还。俟将来住所安定后，再以奉闻。

按：此信福建人民出版社 2019 年 12 月版《弘一大师全集》（第 3 版，修订 2 版）第八册・文艺卷、杂著卷、书信卷第 338 页收录，标“一九二四年旧二月二日，温州庆福寺”。文物出版社 2017 年 10 月版陈飞鹏整理《弘一法师书信全集》第 102—103 页收录，时间标 1924 年“旧二月初二”，地址标“衢州莲华寺”。有“案”：“此信，《弘一大师全集》注：1924 年旧二月初二，温州庆福寺。疑地址有误。林子青《弘一法师书信》注：1924 年 2 月 2 日，衢州。发信地址以林注为合理。因弘一法师自 1923 年冬到衢州，1924 年旧四月十九日才离开前往温州。居住衢州半年（见弘一法师 1924 年旧四月十七日致李圣章信）。日期依《弘一大师全集》为准。”又录：“林子青案：此信为明信片，邮戳为‘十三年三月十日，温州’。原藏上海玉佛寺，余亲自录存者。原札经十年动乱，闻已遗失。”然而以上所述均疑。信中谈及夏秋之际徙居计划，又言“《华严疏钞》乞暂存尊斋，勿即寄还。”1925 年冬周玲荪赠送《华严疏钞》，后寄其中部分借给蔡丏因阅读。故此信当写于 1926 年农历二月初二日。至于林案所述邮戳时间，疑为记忆或辨识失误。

3 月 21 日（农历二月初八日），在温州致蔡丏因函。言来函及写经石印与孙居士函，悉于初五日受收；近气体小未调适；孙居士处盼代告等。[①]

4 月 1 日（农历二月十九日），在温州致蔡丏因函。言来信收悉；古写经题就，刻邮上，并附《疏钞》十三册（中缺十册，下次补奉）；复孙居士书，请代交；佛像印，稍迟寄上等。[②]

4 月 2 日（农历二月廿日），在温州致朱稣典函。言来信收到；写件已于阳历一月十六日寄与周天初居士，托彼转交；时因尚有他物寄与天初，周有复函，其家住杭州旗厦平远里十八号，若遗失，请即告知，当再补写；拟不久往杭州，如回信，可一寄温州，一寄杭州里西湖招贤寺弘伞法师转交；询问经亨颐现在何处等。[③]

---

① 此信福建人民出版社 2019 年 12 月版《弘一大师全集》（第 3 版，修订 2 版）第八册・文艺卷、杂著卷、书信卷第 340 页收录，标“一九二六年旧二月八日，温州庆福寺”。

② 此信福建人民出版社 2019 年 12 月版《弘一大师全集》（第 3 版，修订 2 版）第八册・文艺卷、杂著卷、书信卷第 340—341 页收录，标“一九二六年旧二月十九日，温州庆福寺”。

③ 此信福建人民出版社 2019 年 12 月版《弘一大师全集》（第 3 版，修订 2 版）第八册・文艺卷、杂著卷、书信卷第 365 页收录，标“一九二六年二月廿日，温州庆福寺”。朱稣典（1896—1947）浙江杭州人，画家，李叔同任教浙江立第一师范学校时的学生，曾任中华书局艺术科编辑主任、上海美术专科学校教授等。

4月8日（农历二月廿六日），在温州致蔡丏因函。言前复函并《经疏》想已收到；数日内因事须往杭等。[①] **按：**本年在温州期间，周孟由周群铮兄弟为弘一大师购《全藏》（《频伽精舍校刊大藏经》，民初铅印本）、商务印书馆影印的日本《续藏经》放置在庆福寺供大师研究。1927《海潮音》年第8卷第2期刊有白龙山僧《丙寅年温州佛化之一瞥》一文，写曰："永嘉庆福寺亦购《全藏》，尚得保存。近因宏一法师卓锡于此，不啻物归故主，欣有所托也。商务印书馆影印日本《藏续经》去冬已出全书，永嘉周氏昆仲请《全藏》亦置于庆福寺，以供宏师之翻阅及各有志之穷搜也。"（文中误将"弘"写为"宏"——引者注）。

4月17日（农历三月初六日），至杭州，寓招贤寺，开始从事《华严疏钞》之厘会、修补与校点。**按一：**弘一大师在本年4月20日（农历三月初九日）致蔡丏因函中称"初四日至杭州"，而5月3日（农历三月二十二日）致蔡丏因函中又称"初六日来杭"。现已后一次讯息记之。

4月20日（农历三月初九日），在杭州致蔡丏因函。言初四日至杭州，不久将他往；佛像印一方，并《华严疏钞》皆存招贤住持弘伞师处，可托寓杭友人来取，事前预函；温州动身前两日获来函；《往生论》未收到等。[②]

附记：4月26日（农历三月十五日）在杭州致尤墨君函：

今晨移居灵隐，暂不晤客。如有要事，乞惠函至招贤寺转交至妥。

弘一疏

按：此信福建人民出版社2019年12月版《弘一大师全集》（第3版，修订2版）第八册·文艺卷、杂著卷、书信卷未收。文物出版社2017年10月版陈飞鹏整理《弘一法师书信全集》第136页收录，有"案"："此信辑自2004年上海朵云轩秋季拍卖会。信封：苏州皮市巷72号 尤玄父居士。邮戳：首发地杭州。日期：4月26日。年份模糊难辨。经鉴定乃弘一法师手札真迹无误。无年份，地址。此信，《弘一大师全

① 此信福建人民出版社2019年12月版《弘一大师全集》（第3版，修订2版）第八册·文艺卷、杂著卷、书信卷第341页收录，标"一九二六年二月廿六日，温州庆福寺"。

② 此信福建人民出版社2019年12月版《弘一大师全集》（第3版，修订2版）第八册·文艺卷、杂著卷、书信卷第341页收录，标"一九二六年三月初九日，杭州招贤寺"。文物出版社2017年10月版陈飞鹏整理《弘一法师书信全集》第134页收录，误标"旧三月初四"。

集》、林子青《弘一法师书信》、秦启明《弘一大师——李叔同书信集》均无著录。”另有“考”：“据拍卖公司提供的图片鉴定，此信札风格乃与弘一法师45岁左右书风相近。考诸弘一法师行迹，1920年、1923年、1926年均有驻锡招贤寺左近记录。据石建邦在《艺术市场》（2006年第02期）的考证，此信写于1926年，与当时书写风格吻合，考论似允当。1926年旧三月四日弘一法师自温州到杭州，旧三月初六住招贤寺，4月26日（旧二月十五日）移居灵隐寺可能性很大，原因恐怕还是想避客。旧六月初三上庐山。”此信以往无记载，附录于此，供参考。

春末，李鸿梁赴招贤寺探望，赠李鸿梁日本版《佛像新集》两册，并嘱画千手观音及文殊、普贤像各一幅，预备影印。①

在杭州致丰子恺函：

> 从温州来杭，承招贤老人殷勤相留，年内或不复他适。②

按：丰子恺收后此信后三四日即与夏丏尊一起赴杭州招贤寺拜望。丰子恺在《法味》一文中介绍曰：“我危坐在旁，细看弘一师神色颇好，眉宇间秀气充溢如故，眼睛常常环视座中诸人，好像要说话。我就乘机问他近来的起居，又谈及他赠给立达学园的《续藏经》的事。这经原是王涵之先生赠他的。他因为自己已有一部，要转送他处，去年S先生就为立达学园向他请得了，弘一师因为以前也曾有二人向他请求过（引者按：指衢州汪张黻、汪梦松二居士），而久未去领，故嘱我写信给那二人，说明原委，以谢绝他们。他回入房里去了许久，拿出一张通信地址及信稿来，暂时不顾其他客人，同我并坐了，详细周到地教我信上的措词法。这种丁宁郑重的态度，我已十年不领略了。这时候使我顿时回复了学生时代的心情。我只管低头而唯唯，同时俯了眼窥见他那绊着草鞋带的细长而秀白的足趾，起了异常的感觉。”丰子恺回上海后数日，弘一大师又从杭州致函丰子恺，信中大略说：“音出月拟赴江西庐山金光明会参与道场，愿手写经文三百叶分送各施主。经文须用朱书，旧有朱色不敷应用，愿仁者集道侣数人，合赠英国制水彩颜料 Vermilion 数瓶。”末又云：“欲数人合赠者，俾多人得布施之福德也。”丰子恺与夏丏尊等七八人合买了八瓶 Windsor Newton 制的水彩颜料，又添附了十张夹宣纸，即日寄去。又附信说：“师赴庐山，必道经上海，请预示动身日期，以便赴站相候。”弘一大师回信说：“此次过上海恐不逗留，秋

① 李鸿梁：《我的老师弘一法师李叔同》，收《浙江文史资料选辑》第26辑，浙江人民出版社1984年6月版，第98—117页。
② 丰子恺：《法味》，载1926年10月5日《一般》第1卷第2号，初收《中学生小品》时改名《佛法因缘》（中学生书局1932年10月版）。

季归来时再图叙晤。”[①]

5月3日（农历三月廿二日），在杭州致蔡丏因函。言初六日来杭，寓招贤寺；自廿五日（立夏日）始，方便掩室；疏钞二十九册，印一方，请收入。另赠开示录三册，其二转贻孙、李二居士；疏钞已阅竟者，便中托妥实友人带至杭州；《往生论注》尚未由温州转到；另有一函交孙居士等。[②]

5月4日（农历三月廿三日），在杭州致堵申甫函。言来函收悉，近日劳倦，尚未加墨；盼暇时来谈等。[③]

5月9日（农历三月廿八日），在杭州致蔡丏因函。言前寄一函想已收到，迄今未有人至弘伞师处领取；因招贤老和尚挽留，在此暂时居住，自廿五日始，不晤宾客；所有存弘伞师处之石章及疏钞，请便中托妥实可靠之人向弘伞师领取，并请预先二三日来信通知来领之日时等。[④]

5月18日（农历四月初七日），在杭州致蔡丏因函。言二信收悉；二月下旬在温州患感冒咳嗽，至今未能复元。前日请周子叙诊视，云感冒已久，湿滞不解，又以咳久伤肺损脾；今拟暂居招贤寺调养，弘伞师照护周到；《疏钞》全部暂存，无须急于寄还，并说研读方法；拟不日仍申旧例，一概不见客等。[⑤] **按：**蔡冠洛《弘一大师年谱广证（五续）》一文（载1947年2月1日《觉有情》第8卷第11、12号）对此信有复述，内容基本相同，部分文字有别。

5月20日（农历四月初九日），在杭州致刘质平函。言曾来谈，甚慰；来杭月余，旧友大半已晤谈；自十三日始，谢客静习；弘伞法师谆留，故暂居招贤寺；如需书佛号赠人，可告知等。[⑥]

---

① 丰子恺：《法味》，载1926年10月5日《一般》第1卷第2号，初收《中学生小品》时改名《佛法因缘》（中学生书局1932年10月版）。

② 此信福建人民出版社2019年12月版《弘一大师全集》（第3版，修订2版）第八册·文艺卷、杂著卷、书信卷第341页收录，标“一九二六年旧三月廿二日，杭州招贤寺”。

③ 此信福建人民出版社2019年12月版《弘一大师全集》（第3版，修订2版）第八册·文艺卷、杂著卷、书信卷第326页收录，标“一九二六年三月廿三日，杭州招贤寺”。

④ 此信福建人民出版社2019年12月版《弘一大师全集》（第3版，修订2版）第八册·文艺卷、杂著卷、书信卷第341页收录，标“一九二六年旧三月廿八日，杭州招贤寺”。

⑤ 此信福建人民出版社2019年12月版《弘一大师全集》（第3版，修订2版）第八册·文艺卷、杂著卷、书信卷第341页收录，标“一九二六年四月初七日，杭州招贤寺”。

⑥ 此信福建人民出版社2019年12月版《弘一大师全集》（第3版，修订2版）第八册·文艺卷、杂著卷、书信卷第283页收录，标“一九二六年四月初九日，杭州招贤寺”。

晤马一浮。

5月21日（农历四月初十日），在杭州致堵申甫函。言昨晤马一浮居士，说及墓志铭事；近日如有暇，盼先至马居士宅陈述谢忱。事略能早日集录，一并带去尤善等。[1]

6月10日至7月9日间（农历五月）书佛号并莲池语录。款识“岁在丙寅木槿荣月，时居西湖招贤华藏阁，晚晴沙门昙昉书”；钤印“演音”、“弘一”。[2]

在杭州致黄庆澜函。言去温之时，曾奉一书；三月初旬至杭州，暂居招贤寺；前属书《行愿品偈》今已写就，附寄；去年陈伯衡居士石印拙书《八大人觉经》，曾呈印光大师，大师以为折本太长（与今写者相同），未便放置，以后再印宜改短。故今所写《行愿品偈》，未写冠首之科文及后附之释经名题；前年书写之《净行品偈》亦可将已写冠首之科文及后附之释经名题删去，今别写一叶寄上；前承惠施《续藏经》，暂存上海立达学园。此次返杭，立达主任夏丏尊、丰子恺来杭晤谈，谆请以此《续藏经》永存立达学园。察其情意诚挚，不忍违拂，已允其请，并由彼致函与衢州汪居士说明此意；不久拟赴庐山，约在秋后乃可返杭等。[3]

书赠夏丏尊佛号。款识“岁在丙寅木槿荣月，时居西湖招贤华严阁，晚晴沙门昙昉书”。

6月16日（农历五月初七日），在杭州致方云如信。述印光法师功德，介绍佛书及购求之处。信曰：

省书悉。仁者精进向道，欢慰无已。初阅佛书，必不能尽解。阅览既久，自可渐渐贯通。惟须持以恒心，未可一曝十寒耳。印光法师，陕西人。幼通儒书，出家已四十余年，居普陀山法雨寺，解行超卓。为当代第一高僧，朽人以师礼事之。著作多佚失。徐蔚如等于戊午春搜集其文，排印一册，复续成二册，今所流通者共四册（扬州已刊木版，今秋更拟编辑文钞增广本，由中华书局印行。）计数年来文钞流通世间已近百万部。洵为稀有之胜事。初学佛法者，

载于1934年3月1日《金刚钻报》上的阿秋《夜读楼散记》一文。

① 此信福建人民出版社2019年12月版《弘一大师全集》（第3版，修订2版）第八册·文艺卷、杂著卷、书信卷第326页收录，标“一九二六年旧四月十日，杭州招贤寺”。

② 见上海博物馆藏，陈燮君、汪庆正主编：《夏丏尊旧藏弘一法师墨迹》，华宝斋书社2000年9月版，第44页。

③ 此信福建人民出版社2019年12月版《弘一大师全集》（第3版，修订2版）第八册·文艺卷、杂著卷、书信卷第374—375页收录，标“一九二六年五月，杭州招贤寺”。黄庆澜（1875—1961），字涵之，上海人，曾任瓯海及会稽道尹，佛教徒。

宜先阅《佛教初学课本》《龚舒净土文》《径中径又径征义》《初业净机指南》《阿弥陀经疏钞撷》等。可托杭州友人至旗厦袭（龙）翔桥功德林购求。共值约一圆余。求生净土之法，书中悉载，详阅自可了然。松（朽）人不久往庐山，仁者获此书后，希暂勿复。附邮奉《法雨涓滴录》一册，希受收。此未委悉。

云如居士丈室

五月七日　昙昉疏答

按：此信福建人民出版社2019年12月版《弘一大师全集》（第3版，修订2版）第八册·文艺卷、杂著卷、书信卷和文物出版社2017年10月版陈飞鹏整理《弘一法师书信全集》均未收。此信见阿秋：《夜读楼散记》一文，载1934年3月1日《金刚钻报》。关于此信的考证可参见金星《弘一大师致方云如书信考》，载2013年《莲馆弘谭》第9期。信中“松人”当为“朽人”之误；“袭翔桥”当为“龙翔桥”之误。方如云，丰子恺同学，浙江崇德县人，曾任教崇德县立乙种商业职业学校，历任崇福镇镇长、国民大会代表候选人、崇德县农民银行监理委员会委员等。

同日在杭州致汪梦空函：

书悉。在招贤见客之事，甚不愿破其例。拟于后天即初九日午前九点钟，在西泠印社（潜泉附近）晤谈。如初九日临时大雨，乞改初十日（亦九点钟，若小雨不改）。此次晤谈事，乞勿告他人，至要。

五月初七晨　昙昉白

按：此信福建人民出版社2019年12月版《弘一大师全集》（第3版，修订2版）第八册·文艺卷、杂著卷、书信卷第363页收录，标“一九二五年五月初七日，杭州虎跑寺”。文物出版社2017年10月版陈飞鹏整理《弘一法师书信全集》第124页收录，时间标1925年“旧五月初七”，地点标“杭州招贤寺”。均误。1925年农历五月弘一大师无杭州之行，1926年农历五月弘一大师在杭州招贤寺。故此信当写于1926年，地点在杭州。汪梦空即汪梦松。

6月28日（农历五月十九日），在杭州致蔡丏因函。言来函悉；近与伞法师发愿重厘会修补校点《华严疏钞》，本人任厘会修补校点诸务，期以二十年卒业。此事须于秋暮自庐山返后再详酌。若决定编印，盼来杭面谈一切；近常与马一浮晤谈，他日来杭，可往访等。[1]

附记：7月3日（农历五月廿四日），在杭州致尤墨君函：

玄父居士，长养功德经，闻已集资，将付影印，甚慰。近来上海佛学书局，发心愿印拙书佛经联屏等近二十种。由彼处广为流通。仁者欲影印长养功德经，似宜交佛学书局经手影印，所集之资作为附印，印就仍交尊处。至于佛学书局自印者，仍由书局自为流通可耳。佛学书局即拟付印，尊处集资事宜可截止。以款并写本交于书局。寄信物时，乞付邮双挂号，寄上海北火车站宝山路口佛学书局总经理沈彬翰居士收。

谨达。不宣。

五月二十四日　音白

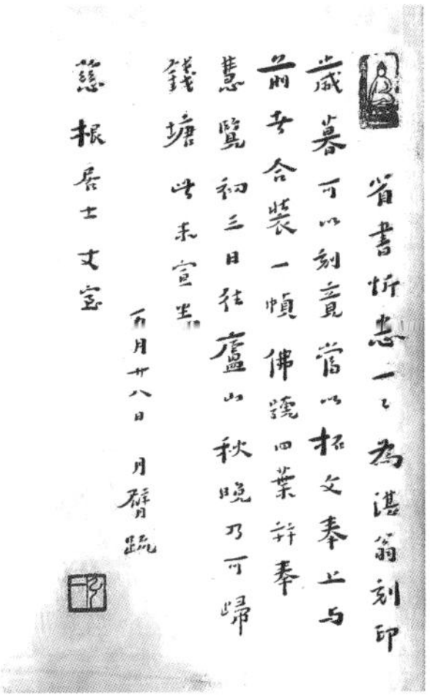
省書忻悉一一為湛翁刻印
歲暮可以刻竟當以拓文奉上與
前者合裝一幀 佛號四葉并奉
慧覽 初三日往廬山秋晚乃可歸
錢塘 時未宣悉
五月廿八日 月臂疏
慈根居士 文室

弘一大师于1926年7月7日（农历五月廿八日）在杭州致毛善力函。

按：此信福建人民出版社2019年12月版《弘一大师全集》（第3版，修订2版）第八册·文艺卷、杂著卷、书信卷未收。文物出版社2017年10月版陈飞鹏整理《弘一法师书信全集》第138页收录，有“案”：“此信，辑自上海天衡2011年春季拍卖会《无上清凉——弘一书法墨迹专场》。经鉴定乃弘一法师手札真迹无误。无年份，地址。此信，《弘一大师全集》、林子青《弘一法师书信》、秦启明《弘一大师——李叔同书信集》均无著录。以内容与弘一法师致尤墨君居士1925年6月8日函的相关性论，此信札似应写于1926年后乃合理。姑置1926年，杭州。详尽待考。”此信以往无著录，附记于此，供参考。

上海东江阴街西段今貌。摄于2019年2月。

今上海东江阴街236号。摄于2019年7月。

7月7日（农历五月廿八日），在杭州致毛善力函。言来函收悉；为马一浮刻印，岁暮可以刻竟，当以拓文寄上，与前者合装一帧；赠佛号四叶；初三日往庐山，秋晚仍可归钱塘等。[2]

夏，马一浮因嘉兴陆序兹“愿以其父无病居士遗书奉赠”，得《清凉疏钞》，托人奉赠。[3]

7月12日（农历六月初三日），动身往庐山参加金光明会参与道场，

① 此信福建人民出版社2019年12月版《弘一大师全集》（第3版，修订2版）第八册·文艺卷、杂著卷、书信卷第341—342页收录，标“一九二六年五月十九日，杭州招贤寺”。此信曾载1943年《学术界》第1卷第3期，李芳远辑，题《弘一大师书牍（续）》，文字不同。

② 此信福建人民出版社2019年12月版《弘一大师全集》（第3版，修订2版）第八册·文艺卷、杂著卷、书信卷第374页收录，标“一九二六年五月廿八日，杭州招贤寺”。

③ 参见《马一浮集》第2卷，浙江古籍出版社1996年10月版，第499页。

路经上海，住灵山寺，待江西来信赴庐山。

灵山寺遗存今貌。摄于2019年7月。

7月13日（农历六月初四日），访超尘精舍，未果，复访城南草堂，乃知城南草堂门外即挂有“超尘精舍”匾牌。

7月14日（农历六月初五日），早晨与弘伞法师一起至安乐里丰宅访问丰子恺。是日中午，二法师在丰家午餐，餐前，向丰子恺、黄涵秋等述说诸多往事。丰子恺长女丰陈宝为二法师刻“月”“伞”印。下午四时许，在丰子恺等的引导下参观立达学园，见所赠立达学园《续藏经》。[①] 五时返灵山寺。是晚江西信寄到。

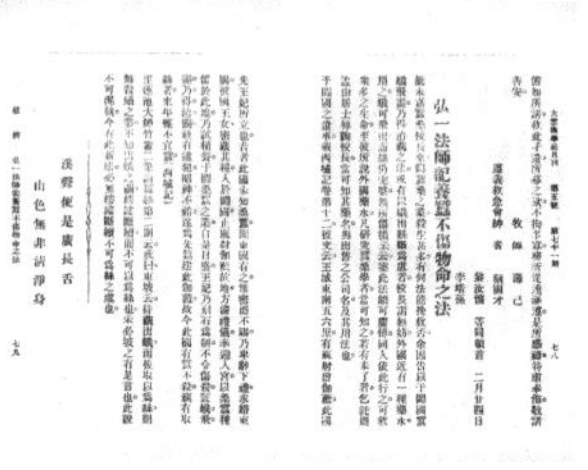

1926年9月4日《大云月刊》第5号刊出的慈济《弘一法师记养蚕不伤物命之法》。

7月15日（农历六月初六日），上午丰子恺、黄涵秋至灵山寺拜访。因江西信已至，当晚上船。谈话间取王一亭《白龙山人墨妙》赠立达学园图书馆。遂带领丰子恺、黄涵秋再访城南草堂。复游海潮寺，并在城隍庙午餐。下午至世界佛教居士林访尤惜阴居士，开示《在家律要》，由尤惜阴笔记。[②] 当晚上船赴庐山。[③] **按一：**丰子恺于1925年夏居上海江湾同安里，秋迁居安乐里；1926年9月5日因立达学园新校舍在江湾落成，迁居永义里（迁居前，曾在西门乐盛里暂住）。故弘一大师于该年夏赴庐山前抵达丰家探望学生，在安乐里或乐盛里。**按二：**灵山寺原名灵山禅院，又名小灵山，清同治五年（1866）始建，坐落于上海南市区复善堂街236号。复善堂街之名的使用为1914年至1964年，今为东江阴街西段。在今东江阴街西段的236号院内，仍存原灵山寺房舍，现为民居，虽已破旧杂乱，但寺院痕迹依然可辨。**按三：**至江西庐山后，初居牯岭大林寺。**按四：**弘一大师自书之《地名山名及寺名院名略考》中介绍曰：“江州（即九江）匡山（即庐山）。某年尝至庐山大林寺、青莲寺居住数月。”[④] 大林寺为庐山著名寺院之一，由4世纪僧昙诜所创建。宋时已残废，1922年捐修募建，恢复部分旧观。1923年太虚大师在此主持召开了有中国、日本、英国、法国、德国、芬兰等国佛教代表参加的世界佛教徒首次会议，揭开了中国近代佛教史的重要一页。次年，日本及各国的信士云集大林寺讲学。1949年后，大林寺一度保存尚好。

大林寺旧影。资料来源：《弘一大师全集》（第3版，修订2版）第十册·附录卷，福建人民出版社2019年12月版。

---

① 有资料显示，弘一大师曾为立达学园作过校歌。参见毕克鲁：《奇特的历史名校：上海立达学园》，载《世纪》2001年第5期。

② 弘一大师此次在上海佛教居士林作的有关《在家律要》开示内容载于1927年4月《世界佛教居士林林刊》第17期，题《论月大师在家律要之开示》，署“庞契诚居士启请无相速记”。另参见吴平《弘一法师与上海佛教》一文，载《广东佛教》2012年第5期。

③ 有关弘一大师此数日形迹参见丰子恺《法味》一文，载1926年10月5日《一般》第1卷第2号。初收《中学生小品》时改名《佛法因缘》（中学生书局1932年10月版）。

④ 弘一大师自书之《地名山名及寺名院名略考》，收《弘一大师全集》（第3版，修订2版）第十册·附录卷，福建人民出版社2019年12月版，第482—486页。

1961年，因兴修水利动工挖湖，大林寺终淹没湖中。该湖名如琴湖（因湖面形如小提琴，故名），风光无限，惜大林寺至今尚未重建。今民间有“弘一大师普度众生救冤女”之传说。

9月4日（农历七月廿八日），《大云月刊》第5号（第71期）刊出慈济《弘一法师记养蚕不伤物命之法》。

9月6日（农历七月三十日），在庐山致蔡丏因函。言至庐山已忽忽二月；近颇思读《华严大疏》，盼寄九江牯岭大林寺转交弘一；关心其近况及孙居士学《起信论》等。[①]

9月15日（农历八月初九日），移居庐山牯岭五老峰后之青莲寺。[②] **按：** 青莲寺自晋至清，绵延千年，后毁于清咸丰年间（1851—1861），随后又逐步修复，今不存。

大林寺旧影。（资料来源：1925年11月6日《海潮音》第6卷第9期。）

9月16日（农历八月初十日），在庐山致蔡丏因函。言来信收悉；重厘《疏钞》事，待返杭州后再商酌着手；谈写《华严十回向品初回向章》事，请购纸即寄庐山，收到即可书写；复函寄牯岭青莲寺，昨日移居于此；《疏钞》廿五本、《往生论注》一本，并收到。李居士书，昨亦收到等。[③]

今庐山如琴湖。湖底为原大林寺位置。（道心法师提供）

10月1日（农历八月廿五日），在庐山致蔡丏因函。言来信收到，宣纸亦收到；下山之期，尚未定等。[④]

10月7日（农历九月初一日），《先施乐园日报》刊出《音乐序》（即《音乐小杂志序》之部分文字）。署“李叔同旧作”。

10月17日（农历九月十一日），手书佛号赠日本竹内居士。款识“岁在析木寒露后八日微雪，修葺华严堂成，研朱书佛名并写经偈，江州匡山寺沙门月臂”。

---

① 此信福建人民出版社2019年12月版《弘一大师全集》（第3版，修订2版）第八册·文艺卷、杂著卷、书信卷第342页收录，标“一九二六年七月晦日，庐山大林寺”。

② 蔡冠洛：《弘一大师年谱广证（五续）》，载1947年2月1日《觉有情》第8卷第11、12号。庐山五老峰三、四峰间有步道可下青莲谷。

③ 此信福建人民出版社2019年12月版《弘一大师全集》（第3版，修订2版）第八册·文艺卷、杂著卷、书信卷第342页收录，标“一九二六年旧八月十日，庐山青莲寺”。

④ 此信福建人民出版社2019年12月版《弘一大师全集》（第3版，修订2版）第八册·文艺卷、杂著卷、书信卷第342页收录，标“一九二六年旧八月廿五日，庐山青莲寺”。

庐山五老峰后原青莲寺位置目前系民用房舍。（道心法师提供）

10月26日（农历九月廿日），在庐山青莲寺书《华严经十回向品·初回向章》毕，后寄蔡丏因，嘱其刊印流通。**按：**蔡丏因在《廓而亡言的弘一大师》一文中记曰："……据他自己说：生平写经写得最精工的，要算十五年在庐山牯岭青莲寺所写的《华严经十回向品·初回向章》，含宏敦厚，饶有道气，比之黄庭。"太虚大师也推此为近数十年来僧人写经之冠。弘一大师对此经亦十分珍重，他在寄此经时的信中对蔡丏因说："此经如石印时，乞敦嘱石印局万不可将原稿污损，须格外留意，其签条乞仁者书写。"弘一大师还说：此经"应是此生最精工之作，其后无能为矣。"此经曾由蔡丏因于1928年以珂罗版精印分赠同好。[1]

书佛号赠日本竹内居士。款识"丙寅九月二十日，书《大方广佛华严经十回向品·初回向章》竟，寒夜篝灯，并写此纸"。

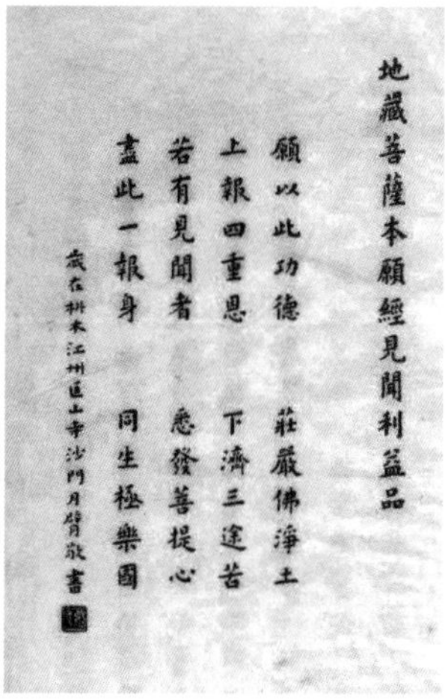

弘一大师在庐山书《地藏菩萨本愿经见闻利益品》。

11月5日（农历十月初一日），在庐山致蔡丏因函。言经已写就，因不知是否在绍兴，请即复一函，即可寄上；拟于月半后，或下月初离开庐山等。[2]

11月18日（农历十月十四日），在庐山致蔡丏因函。言来信收悉；写经并佛号三叶，附挂号邮奉，余纸已为汪居士（风池）写《地藏经见闻利益品》，又佛号二叶，赠与扶桑竹内居士；此经石印时，谆嘱石印局员万不可将原稿污损，须格外留意。其签条请其书写，并交代格式；约于十七八日下山返杭。以后惠书，可寄招贤寺转交等。[3] **按：**所书《地藏菩萨本愿经见闻利益品》，款识"岁在析木江州匡山寺沙门月臂敬书"。

旧时上海立达学园校门。（刘晨提供）

11月下旬，自庐山经上海回杭州。**按一：**自江西返杭州在上海停留，居丰子恺江湾永义里8号丰宅。采用"抓阄"法取宅名，即让丰氏在许多小纸片上分别写上自己喜欢而又可以互相搭配的文字，然后把每张纸片都揉成小纸团撒在供桌上，并请其抓阄。结果，连续两次都抓到了同样一个字："缘"。于是就为丰氏取其室名叫"缘缘堂"，并写横额，后丰氏装裱后挂在寓所内。**按二：**1926年9月5日因立达学园新校舍在上海江湾落成，丰子恺迁居永义里（迁居前，曾在西门乐盛里暂住）。

---

① 蔡丏因：《廓而亡言的弘一大师》，收《弘一大师永怀录》，大法轮书局1943年流通版，第161—175页。

② 此信福建人民出版社2019年12月版《弘一大师全集》（第3版，修订2版）第八册·文艺卷、杂著卷、书信卷第342页收录，标"一九二六年十月初一日，庐山青莲寺"。信中"经"指《华严经十回向品初回向章》。

③ 此信福建人民出版社2019年12月版《弘一大师全集》（第3版，修订2版）第八册·文艺卷、杂著卷、书信卷第342页收录，标"一九二六年旧十月十四日，庐山青莲寺"。此信部分文字曾载1943年《学术界》第1卷第3期，李芳远辑，题《弘一大师书牍（续）》。

永义里址现为一居民小区，曰车南小区，为车站南路25弄，位于上海复兴高级中学正校门对面。1926年秋冬，弘一大师自庐山返杭州，在上海停留，住丰子恺家。弘一大师对丰子恺、匡互生共同创办的立达学园印象颇佳，曰：“在家学校，我看立达学园最好；出家道场，我以为闽南佛学院为最合理。”

1926年6月，丰子恺（左二）与立达学园文艺院图案系西洋画系全体在画室合影。（丰一吟提供）

12月初，到杭州，居虎跑定慧寺。

12月9日（农历十一月初五日），在杭州致蔡丏因函：

车南小区标牌。摄于2018年8月。

丏因大居士道席：

惠书，诵悉。朽人今岁云游南北，身心疲劳殊甚。于数日前归卧虎跑，谢客养静。仁者年前来杭，恐未能晤谈，至为怅然。以后惠书，乞寄杭州延定巷五号马一浮居士转交。因虎跑在深山中，不通邮便也。李居士乞代达。天寒手僵，草草书此。

月臂　十一月初五

当年的上海永义里现为一居民小区——车南小区。摄于2018年8月。

按：此信福建人民出版社2019年12月版《弘一大师全集》（第3版，修订2版）第八册·文艺卷、杂著卷、书信卷第340页收录，标“一九二五年十一月初五日，杭州虎跑寺”。基于前述大量文献将弘一大师赴普陀的时间误为1924年，故造成诸多书信的时间和地点误标。1925年秋冬，弘一大师并非像宗教文化出版社1995年8月版林子青编著《弘一法师年谱》所记有杭州之行，故此信当为1926年弘一大师自庐山返回，经上海至杭州之时。

车南小区对面的上海复兴高级中学。摄于2018年8月。

同日，在杭州致李圣章函。言夏间寄至温州之函，因故未奉复；自巴黎来函，前日收悉；今年三月至杭州，六月往江西牯岭，本月初旬乃返杭州，现居虎跑过冬；告其明年到上海时，可向江湾立达学园丰子恺处询问自己的居址，当于明春阳历三月写一信预存丰君处，其至彼处即可索阅；以后通信可寄杭州延定巷五号马一浮居士转交等。①

12月15日（农历十一月十一日），在杭州致蔡丏因函：

前邮明信，想达慧览。今后通问，请寄杭州延定巷五号丁

① 此信福建人民出版社2019年12月版《弘一大师全集》（第3版，修订2版）第八册·文艺卷、杂著卷、书信卷第336页收录，标“一九二六年十一月初五日，杭州虎跑寺”。

居士代收。存交朽人，至善。乞勿写马居士名，彼埋名循世，不欲人知。前存尊处之《华严经疏钞》，拟以奉赠仁者供养读诵。其前半部及《玄谈》，少迟即可并奉。朽人尔来谢客养静，每一二月入廛一次。便道过延定巷息足，并领取信物，以是复函，每致迟迟耳。诸希亮之。明春或往温州，为长期之掩室，冀早生安养。

月臂疏　十一月十一日

按：此信福建人民出版社 2019 年 12 月版《弘一大师全集》（第 3 版，修订 2 版）第八册·文艺卷、杂著卷、书信卷第 340 页收录，标“一九二五年旧十一月十一日，杭州虎跑寺”。文物出版社 2017 年 10 月版陈飞鹏整理《弘一法师书信全集》第 130 页收录，时间标 1925 年新历 11 月 11 日，农历九月二十五日。此信应写于 1926 年。理由如前 12 月 9 日（农历十一月初五日）在杭州致蔡丏因函之按语。又，弘一大师致蔡丏因的一些信函在蔡冠洛 1947 年前后刊载在《觉有情》上的《弘一大师年谱广证》系列文中也有载录和标注，部分有误。

12 月 22 日（农历十一月十八日），书画作品在“中华艺术大学兴学展览会”展出。**按：**1926 年 10 月 28 日《申报》载《中华艺术大学兴学展览会》：“中华艺术大学主办人等，为谋校务之发展，及提倡艺术起见，连日征求现代各大名家作品，如杨雪玖、杨雪瑶、朱应鹏、张聿光、沈立庐、戴季陶、吴昌硕、经亨颐、王一亭、李叔同、徐悲鸿、吴仲熊、杨东山、江小鹣、陈宏、俞剑华、王履斋、周天初、关良、前田利三、周同、汪声远、汪仲山、吴镜汪、吴煦岵等，幸得名家极力赞助，并有元、明、清诸代名人，如恽南田、文徵明、顾若舟、邓石如等之手迹，所得均为前数代及现代艺术名家之杰作，加以该校教授陈抱一、洪野、陈之佛、陈望道、丁衍镛及学生作品，已得数千余帧，一俟筹备就绪，即行开幕，售券抽签，各得名人书画一张，所得券值，悉充中华艺术大学基金云。”12 月 5 日《申报》又载《中华艺术大学兴学展览会消息》：“……现定十二月二十二日起至二十六日止（共五天），假宝山路商务印书馆东方图书馆，正式开幕展览……”

12 月 24 日（农历十一月廿日），作品随中华艺术大学兴学书画展移至俭德储蓄会大礼堂继续展出。展至 28 日止。本展览有展品数千件，共陈五室。①

12 月 25 日（农历十一月廿一日），在杭州致蔡丏因函：

还书，省悉。《华严悬谈》八册，并《疏钞》七册，分别挂号奉上，乞检收。《念佛直指》，原本商务书馆有印影者，昔在补陁尝略披寻。又《净土或问》《西斋诗》等，原本亦由商务影印，收入净土丛书中（共十种，已忘其名，似有“莲花”二字）。《弥陀要解》，原本亦已由北京刻经处刊行。率复，不具一一。

昙昉白　十一月廿一日

按：此信福建人民出版社 2019 年 12 月版《弘一大师全集》（第 3 版，修订 2 版）第八册·文艺卷、杂著卷、书信卷第 339 页收录，标“一九二四年旧十一月廿一日，温州庆福寺”。本年 12 月 15 日（农历十一月十一日）弘一大师在杭州致蔡丏因函中有“前存尊处之《华严经疏钞》，拟以奉赠仁者供养读诵。其前半部及《玄谈》，少迟即可并奉”语，故确认此信写于 1926 年。

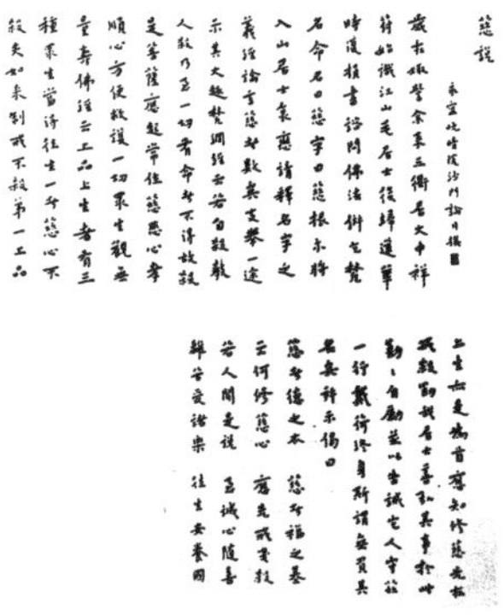

弘一大师作《慈说》。

是年，为毛善力易俗名世根为梵名慈根，并作《慈说》相赠。**按：**此文福建人民出版社 2019 年 12 月第 3 版，修订 2 版《弘一大师全集》中未收。收中共江山市委宣传部编《毛善力书法集》，西泠印社出版社 2016 年 5 月版，第 11 页。文题：《慈说》，署“宁永晚晴院沙门论月撰”。

嘱李鸿梁刻佛像小印两方。②

书“南无阿弥陀佛”，并大方广佛华严经普贤行愿品偈句。款识“丙寅岁将暮，大慈定慧僧胤敬书”；钤印“弘一”等。③

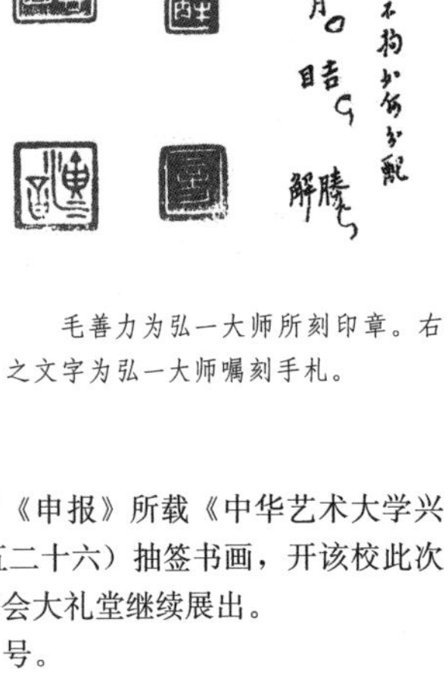

毛善力为弘一大师所刻印章。右之文字为弘一大师嘱刻手札。

《净业月刊》第 6 期刊出智海《复弘一法师书》：“弘一法师智照：惠教诵悉，俗冗迟答为罪。奉颁墨宝，精妙绝伦。运大悲之心手，写普贤之行愿，将来影行于世，定知纸贵洛阳。劝进行者，缘起佛种，胥于是乎在。法宝功德，无量无边，曷胜欢赞，曷胜感谢。华严一经，王于三藏，遍摄法门教纲，然高深玄微，初心学人，未易窥测。所堪资以修习者，实唯此净行行愿二品，为华藏左辅右弼二大士所宣。摄取庄严妙土

① 王震：《20 世纪上海美术年表》，上海书画出版社 2005 年 1 月版，第 214 页。1926 年 12 月 5 日《申报》所载《中华艺术大学兴学展览会消息》亦有说明：“……前三日（二十二日至二十四日）公开展览……后二日（二十五二十六）抽签书画，开该校此次征得作品……”王震《20 世纪上海美术年表》所记，当系该日展览结束后，展品移至俭德储蓄会大礼堂继续展出。

② 蔡冠洛：《弘一大师年谱广证（五续）》一文，载 1947 年 2 月 1 日《觉有情》第 8 卷第 11、12 号。

③《弘一大师所写佛号之二》（胡寄尘藏），载 1927 年《民众文学》第 16 卷第 18 期。

概幷鳴謝忱。晉不久擬往廬山。約在秋後。乃可返杭。以後 惠函。乞寄杭州裏西湖招賢寺存交。晉手收至妥。敬頌 檀那功德無量

覆弘一法師書　智海

弘一法師智照 惠教誦悉。俗冗遲答爲罪。奉 頒墨寶。精妙絕倫。運大悲之心手。寫普賢之行願。將來影行於世。定知紙貴洛陽。勸進行者。緣起佛種。胥於是乎在。法檀功德。無量無邊。曷勝歎讚。曷勝感謝。華嚴一經。王於三藏。徧攝法門。教綱然高深玄微。初心學人。未易窺測。所堪資以修習者。實唯此淨行行願二品。爲華藏左輔右弼。二大士所宣。攝取莊嚴妙土。淸淨之行。修淨業者。尤當受持讀誦。以助集往生資糧。瀾所爲不辭冒瀆。一再勸請者。誠欲仰仗 法力。普令含識。同植淨因也。幸蒙 慈允。克遂所求。無上妙寶。珠聯璧合。瀾之光榮何如矣。衆生福緣不淺哉。承示 法雨老人之意。以爲摺本太長。未便放置。囑於發印時。將前書淨行品偈之冠首科文及後附之釋經名題刪去。俾可縮短影本。藏置書架之上。無虞折損。又以

淨業月刊　第六期　五

1926年《净业月刊》第6期刊出的智海《复弘一法师书》。

清净之行，修净业者，尤当受持读诵，以助集往生资粮。澜所为不辞冒渎，一再劝请者，诚欲仰仗法力，普令含识，同植净因也。幸蒙慈允，克遂所求，无上妙宝，珠联璧合。澜之光荣何如矣，众生福缘不浅哉。承示法雨老人之意，以为摺本太长，未便放置，嘱于发印时，将前书净行品偈之冠首科文，及后附之释经名题删去，俾可缩短影本，藏之书架之上，无虑折损。又以倦尾跋语，行式未能合宜，别写一叶补入，谨当遵照办理，祈勿萦怀。续藏全部，澜既发心布施，但求众生实得法利，他非所计。师谓供养于立达学园，较胜转送衢州。慧眼观照，人地择宜。敬法深心，钦佩无似。此间净业社同人编辑月刊，专宏净宗，于四月初八日释尊降世之辰，发行首期，藉伸庆祝。现已续刊第二三期，惟苦材料缺乏，欲又不敢滥收，以违本旨。法师如有大著，惠赐登载，俾增光彩，无任欢迎。附呈净业月刊三册，幸希垂览，便祈诲正。敬颂一心安乐！”

在《佛光社社刊》第1期发表《蚕桑新法》，署“弘一”。文中言及永嘉桑蚕学校校长来访一事。**按一：**此文福建人民出版社2019年12月版《弘一大师全集》（第3版，修订2版）未收。①**按二：**此文写作时间不详。文后有编者江谦之按语：“弘一法师笔记一则，普愿护生仁者及养蚕家广传之。周孟由居士住温州谢池里二峰居。婺源江谦谨识。”《佛光社社刊》创刊于1926年，创刊人为江谦，初为年刊，1926至1928年出刊3期，第4期于1932年农历十月出版。据金星《新发现的弘一大师温州佚文佚信》一文（收方韶毅主编《瓯风》第10集，上海远东出版社2016年1月版，第162—177页）考证，当作于驻锡温州期间，并可能由周孟由推荐给《佛光社社刊》。永嘉蚕桑学校即当时之甲种蚕桑学校，此时期校长为周仲祥。周仲祥（1877—1944），名宏毅，浙江平阳县慕贤西乡人，杭州蚕学馆毕业。

同期《佛光社社刊》刊有《江易园居士致尤雪行居士书》和《尤雪行居士复江易园居士书》。前者写道：“……已请休宁新棠村省立第二师范校长胡止澄居士，将历次出版之黄山钟教育季报各检一份，汇寄尊处，请为选择，加以去取符号，并赐教言，然后转寄温州，尤盼仁座与弘一大师、孟由居士，于吾徽最近文化之趋向，加以指导扶助……”《尤雪行居士复江易园居士书》写曰：“（前略）仁座办一佛光社，广利群众，弘一大师、孟由居士闻知，必深为庆赞。今后尚祈乘婺温通邮之便，提及此事。承不弃，敬当附入社末，作一通信末学。敬此报命，专诚慰复。”

① 王维军：《李叔同研究中的探索与发现》，收平湖市李叔同纪念馆编《李叔同（弘一大师）研究·考论选》，团结出版社2016年11月版，第367—405页。

社会评介择要

穆藕初:《藕初五十自述》,商务印书馆1926年8月第1版。

吕伯攸:《记李叔同先生》,载1926年9月17日《小说世界》第14卷第12期。

编者:《补记李叔同先生》,载1926年9月17日《小说世界》第14卷第12号。

丰子恺:《法味》,载1926年10月5日《一般》第1卷第2号。

1927年　丁卯　48岁

社会文化事略

2月13日，太虚大师在上海开展新僧运动，创立法苑；3月24日，北伐军占领南京；4月12日，蒋介石在上海发动四一二反革命政变；4月18日，蒋介石在南京成立民国政府；5至6月，日本借口保护侨民，出兵山东，强占青岛、济南；8月1日，周恩来、贺龙、朱德等在南昌领导武装起义；12月，中华民国大学院公布《教科图书审查条例》《私立大学及专门学校立案条例》《私立中等学校及小学立案条例》和《图书馆条例》；是年，“漫画会”在上海成立。

生平事迹

1月9日（农历丙寅十二月初六日），在杭州致蔡丏因函：

> 书悉。《华严疏钞》唯有仁者能读诵，故以奉赠。来书谦抑太甚，未可也。《疏钞》第十《回向章》及《十地品》初地前半共一册，乞寄下。《疏钞》中近须检阅者凡五册：一、《净行品》一册，《二十行品》二册，《三十回向品初回向章》一册，《四十回向章》一册，此五册，迟数月后再邮奉尊斋。以外诸册，不久悉可寄上。《悬谈》在杭州，《疏钞》存上海，不久可以寄来。明后二年，谢客养静，未能通问。《回向初章》印就时，乞惠寄朽人五册，仍交丁居士家。并乞寄天津东南城角清修院清池大和尚三册，至为感谢（《回向》初章中听字写从壬，大误。后匆匆不及改写。切字从十者，依唐人《一切经音义》之说，以十表无尽也。）
>
> 丏因居士
>
> 月臂　十二月六日

按：此信福建人民出版社2019年12月版《弘一大师全集》（第3版，修订2版）第八册·文艺卷、杂著卷、书信卷第338—339页收录，标“一九二四年十二月六日，温州庆福寺”。文物出版社2017年10月版陈飞鹏整理《弘一法师书信全集》第114—115页收录，有“案”：“此信，林子青《弘一法师书信》注：1926年12月6日，杭州。疑年份，地址皆误。1926年10月中旬，弘一法师自庐山下山曾一度驻锡杭州直到1927年。故此信写于杭州的可能性存在。但若从弘一法师与蔡丐因此间通讯内容的相关性而言，此信写于1924年似更合理。今以《弘一大师全集》注：写于1924年12月6日温州庆福寺为是。”然而《弘一法师书信全集》忽视了信中“乞惠寄朽人五册，仍交丁居士家”之语。其意即是请蔡丐因日后寄件仍寄至杭州马一浮处，写丁居士之名。至于信中“《悬谈》在杭州，《疏钞》存上海，不久可以寄来”之语，意思是《悬谈》在杭州，而《疏钞》存上海，《疏钞》不久可寄来。并不能因“《悬谈》在杭州，而误解弘一大师当时不在杭州。又，结合本谱本年1月11日条目，当可确定写信时间为农历丙寅十二月初六日，公历1927年1月9日，写信地点在杭州。

1月11日（农历丙寅十二月初八日），补题周玲荪所赠《华严疏钞》。完整题记云：“甲子秋月，富阳丁居士群孚颁赠金陵刻华严疏钞二百四十九卷，供养晚晴院者既已半载。今岁中春开元盛法师过言欲习华严，无力觅求，余闻其胜行，随喜赞叹，出昔所获付之。尔后有所检寻，辄披频伽大藏或榑桑续藏，斯二藏本校点未精，反复玩索，弥损心力。比者，海盐周居士玲荪复以金陵刻疏钞而为檀施，欢喜顶戴，寻觅忘疲，宿以多幸，数感灵文，自庆胜因，岂不抃跃。清凉云，不入余人之手，何幸捧而持之，积行菩萨犹迷，何幸探乎幽邃。亡躯得其死所，竭思有其所归，其犹溺巨海而遇芳舟，坠上空而乘灵鹤。庆跃之至，手舞何阶，故感之庆之，惟圣贤之知我也。讽斯玄言，弥益悲恋，谨以题记，奉之没齿。后十四年太岁在乙丑十一月九日，永宁晚晴院沙门昙昉敬书于华严堂。明年，岁次析木，腊八日，敬以转施蔡丐因居士。愿同受持，读诵善学，生生世世，永为同行善友。月臂。”①

1月14日（农历丙寅十二月十一日），《小说世界》第15卷第3期“图画”栏目刊出1912年以隶书笔意写《沙翁墓志》照片，注：“沙士比亚之墓志（吕伯攸先生赠）”。

在杭州致吕伯攸函。言来函诵悉；写佛名三叶，一叶赠受信者，一叶请其转交胡寄尘居士，余者可随意赠与善友；另寄旧写残纸数种；近来礼诵《华严》，谢绝宾客等。附言曰佛学文字数种附上，敦促阅《印光法师文钞》，并曰《听钟念佛法》，为己所撰，改正讹字一张，其他请其改写。曰近年书写经典，付印者大半已罄，《阿弥陀经》或尚有余，

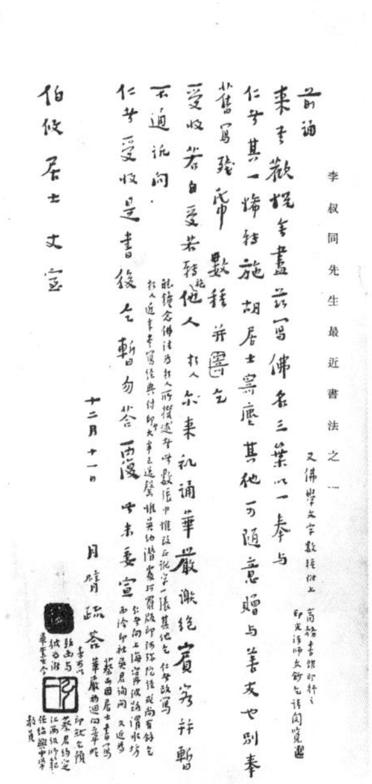

1927年弘一大师在杭州致吕伯攸函。

① 蔡冠洛：《弘一大师年谱广证（五续）》一文，载1947年2月1日《觉有情》第8卷第11、12号。

请其向上海吴君询问。又近为蔡丏因书写《华严初回向章》，明春可以印就等。[①] **按：**此函刊于《小说世界》第15卷第25期，题《李叔同先生最近书法之一》。

在杭州致蔡丏因函：

> 曩乞李居士奉上一书，想达慧览（仁者礼诵《华严》，于明年二月十五日，即释迦牟尼佛涅槃日始课，最为适宜。此前有暇，可以检查文字之音读。自是日始课者，绍隆佛种，担荷大法义也。仁者勉旃）。兹邮奉《礼诵日课》一页，并《悬谈》八册，希受收。《日课》中说明甚简略，兹补记如下：
>
> 礼敬之前，应先于佛前焚名香供养，能供花尤善。偈赞所书者，为举其一例。所诵之偈赞，可以随时变易，以己意选择。《华严经》中偈文，悉可用也。诵《华严经》，用疏钞本诵亦可。若欲别请觅正本，以杭州昭庆慧空经房之本最善（句读稍有舛误，但讹字甚少。毛太纸本价四元八角，新连史本七元八角。若大字折本，即俗称梵本者，价十八元，此本核对尤精）。三归依亦应延声唱诵。依此课程行持，约须一小时三十分。初行之时，未能熟悉者，至多亦不逾二小时。每日读《华严》一卷之外，并可以己意别选数品，深契己机者，作为常课。常常读诵（或日日诵，或分数日诵）。朽人读《华严》日课一卷以外，又奉《行愿品别行》一卷为日课，依此发愿。又别写录《净行品》《十行品》《十回向品》（初回向及第十回向章）作为常课。每三四日或四五日轮诵一遍。附记其法，以备参考。尊处或无适宜之佛像，今附邮奉日本名画《华严图》三叶，又古画《阿弥图像》三叶，以各一叶奉与仁者供养。如李、孙二居士亦发心供养者，乞以其余转施与二居士，惟举置而不供养，则有所未可耳。
>
> 丏因居士丈室
>
> 月臂疏　十二月十一日

按一：此信福建人民出版社2019年12月版《弘一大师全集》（第3版，修订2版）第八册·文艺卷、杂著卷、书信卷第339页收录，标“一九二四年十二月十一日，温州庆福寺”。文物出版社2017年10月版陈飞鹏整理《弘一法师书信全集》第116—117页收录，有“案”：“此信，林子青《弘一法师书信》注：1926年12月1日，杭州，无月份日

---

① 此信收福建人民出版社2019年12月版《弘一大师全集》（第3版，修订2版）第八册·文艺卷、杂著卷、书信卷第375页，标“一九二六年十二月十一日，杭州常寂光寺”。弘一大师此时尚未住常寂光寺。此函曾刊于1945年11月4日《文汇报》。

期。《弘一大师全集》注：1924年12月11日，温州庆福寺。此信以《弘一大师全集》注释较合情理。理由：以此间前后致蔡丏因函件内容相关性而言（见1924年旧十一月二十八日致蔡丏因信），后者更合理。”据前考，弘一大师于1926年12月25日（农历十一月廿一日）在杭州致蔡丏函中说：“《华严悬谈》八册，并《疏钞》七册，分别挂号奉上，乞检收。”此信又说“兹邮奉《礼诵日课》一页，并《悬谈》八册，希受收。”说明此时寄出《悬谈》。故此信必写于1926年12月25日（农历十一月廿一日）之后，写于杭州。因农历丙寅十二月十一日为公历1927年1月14日，此信置于本年。**按二：**时为蔡丏因书《华严经礼颂日课》一副，中朱书篆字两行“大方广佛华严经，华严海会佛菩萨”十四字，两旁小楷书《香赞》《三皈依》等。**按三：**此信部分文字曾载1943年《学术界》第1卷第3期，李芳远辑，题《弘一大师书牍（续）》，部分文字与其他书信混淆，未标时间。

农历正月前，在杭州致蔡丏因函：

惠书，诵悉，至用感谢。不久即可送到也。附寄奉经像一包，为今岁余所编定校印者。乞以一份转交鸿梁居士，为祷。

演音

按：此信福建人民出版社2019年12月版《弘一大师全集》（第3版，修订2版）第八册·文艺卷、杂著卷、书信卷第343页收录，标“一九二六年”。文物出版社2017年10月版陈飞鹏整理《弘一法师书信全集》第143页收录，时间标为“冬”，地点标为“杭州”，并有“案”：“此信，《弘一大师全集》注：1926年，无月份日期、无地址。倘年份无误，据信中‘岁余所编定校印者’一语推测，此函当写于岁末隆冬。是年，师在杭州度岁。详细待考。”《弘一法师书信全集》对此信考证已较慎重。依此意，姑且置于正月前。

1927年农历正月弘一大师在虎跑之背影。

1月29日（农历丙寅十二月廿六日），《小说世界》第15卷第5期刊出《李叔同先生之书法》，有“按：此为民国元年写赠编者之墨迹同时在太平洋报社”。**按：**“编者”即胡寄尘。同期另刊出《李叔同先生小影之一》（文字标注为：“按：此幅为李先生将入山修梵行时之摄影。中坐者为李先生，右为画家丰子恺，左为音乐家刘质平二君，皆李先生弟子也。”）、《李叔同先生小影之二》（文字标注为：“按：此幅为先生演新剧扮茶花女之摄影。”）、《李叔同先生小影之三》（文字标注为：“按：此幅为先生入山断食七日时所摄。原影曾为制为明信片。故此幅外间颇有流传者。上端右角之题字，为杭州师范学校厨役所题。”引者按：“七日”当为“十七日”之误。）《小说世界》第 15 卷第 5 期版权页标 1 月 28 日发行，封面标 1 月 29 日发行。

今杭州四宜亭为杭州市市级文物保护单位。摄于 2019 年 2 月。

2 月 2 日至 3 月 3 日间（农历正月），自虎跑定慧寺移居至杭州常寂光寺。**按一：**在虎跑期间，李剑甫在虎跑定慧寺为摄一背影。后于 1930 年 7 月 13 日刊登于《中央画报》第 50 期。刊登时文字说明为“名画家李叔同出家已十年，在西湖虎跑寺前晨游（李剑甫摄）”。详考见王维军《新发现的弘一法师虎跑旧影之时间考》。[①] **按二：**在虎跑居住时悟僧曾与女师同学来游，弘一大师曾为言“儒家释家，均须礼乐云云”。1947 年夏，悟僧再游虎跑后，有缅怀诗：“昔年瞻礼济公塔，价雨相逢话释儒。今日同游来近雨，载怀尘榻涕涟如。”[②] **按三：**弘一大师自书之《地名山名及寺名院名略考》中介绍曰：“云居（杭州山名）。某年在此山常寂光寺住数月。”[③] 当年的常寂光寺位于云居山旁，四宜亭下。如今寺已不存，但四宜亭仍在。今四宜亭下仍有一些宗教和慈善机构，如四宜亭新 1 号的天主教杭州教区耶稣圣心修女会、云居山 3 号的杭州市上城区清波街道敬老院等，而当年的常寂光寺区域位于如今的浙江省军区第二干休所。在四宜亭下，尚存部分旧建筑的废墟。这些废墟未必就是当年的常寂光寺遗存，但也记录着历史变迁与沧桑。四宜亭目前是杭州市人民政府于 2013 年 12 月 16 日公布的杭州市级文物保护单位，有碑牌立于四宜亭后。

今杭州四宜亭下原常寂光寺区域周边景象。摄于 2019 年 2 月。

为衢州汪梦松书“南无阿弥陀佛”。款识“一切有为法，如梦幻泡影。如露亦如电，应作如是观。金刚般若波罗密经偈。岁次大辰正月，晚晴胜髻”；钤印“胤”。

今杭州四宜亭下原常寂光寺位置。现为浙江省军区第二干休所。摄于 2019 年 2 月。

2 月 5 日（农历正月初四日），《小说世界》第 15 卷第 6 期刊出“李叔同小影之四”，标“按：此为李先生着时髦洋装时之小影”。**按：**此即留学日本时留西发、着西装之站立照。刊出“李叔同小影之五”，标“按：此为李先生与印度人合摄之影。作印度装者为李先生，作华装者为印度人。其发辫则所安之假辫也。时在前清，故安假辫云”。该期又刊出“李叔同第一次所作之木炭画（原画藏丰子恺处）”。

2 月 12 日（农历正月十一日），《小说世界》第 15 卷第 7 期刊出

① 王维军：《新发现的弘一法师虎跑旧影之时间考》，收《莲馆弘谭 • 2018》，西泠印社出版社 2018 年 12 月版，第 136—145 页。

② 悟僧：《游定慧寺追怀弘一法师》，载 1947 年《华藏世界》第 1 期。

③ 弘一大师自书之《地名山名及寺名院名略考》，收《弘一大师全集》第十册 • 附录卷，福建人民出版社 2019 年 12 月第 3 版，修订 2 版，第 482—486 页。

“李叔同小影之六”（扮茶花女之半身小影）、“李叔同小影之七”，系与夏丏尊祭孔时合影，标“此为古装小影。本只二人，因摄影时移动遂成三人。右为李叔同先生，左为夏丏尊先生”。

2月16日（农历正月十五日），在杭州致堵申甫函。言久别深念；现居常寂光寺，须请一人为护法，料理琐事，尊寓距此匪遥，来往殊便，拟请任此事等。[①]

2月19日（农历正月十八日），《小说世界》第15卷第8期刊出《李叔同未出家时所写诗词手卷之一》《李叔同未出家时所写诗词手卷之二》。

2月25日（农历正月廿四日），在杭州致堵申甫函。言来函悉；有暇盼来谈；来前一二日请访延定巷马一浮居士。别写二纸，请转交。若有佛书信札等请带来等。[②]

2月26日（农历正月廿五日），《小说世界》第15卷第9期刊出《李叔同未出家时所写诗词手卷之三》《李叔同未出家时所写诗词手卷之四》。

2月（农历丙寅十二月廿九日至正月廿七日），《佛光社社刊》第2期刊有《周孟由居士来函》，写道：“前承惠贶社刊，拜领谢谢。并以一册令致弘师，因师庐游未返，尚置此间。敬读贵刊，机理双契，为诸报钦佩莫名。比年佛家著述如火如荼，有骎骎日上之势，洵堪慰悦。弟其间虽难免放言无忌，类于政谭，秽冗谬讹之现象以向所常有。欢跃之余，不禁兹惧。深愿诸公慧眼，对于来稿，详剔拣别，宁严勿滥。不以佛法作人情，庶无夺朱之感。管见如是，未识有当高明否。（下略）”

3月4日至4月1日间（农历二月），陈嘉庚胞弟陈敬贤至常寂光寺晤谈，所谈皆禅理。勖于净土法门，未能相契。[③]

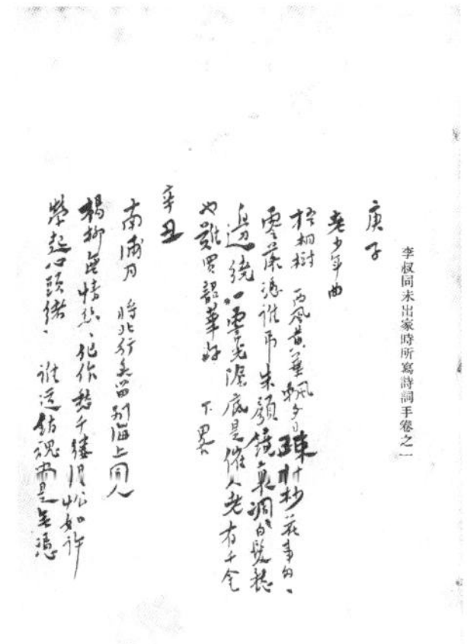

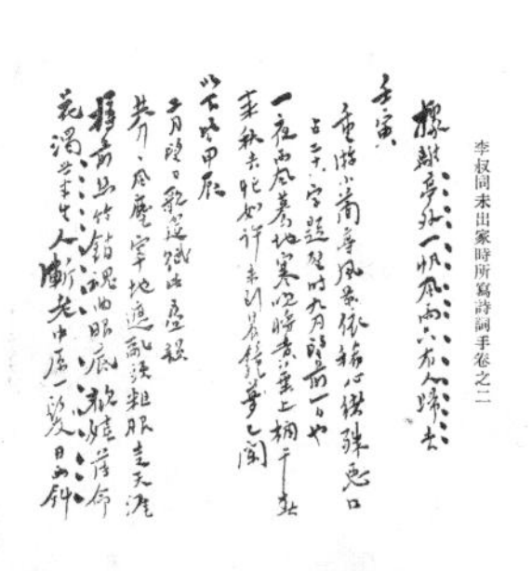

《小说世界》上刊登的李叔同未出家时诗词。

---

① 此信收福建人民出版社2019年12月版《弘一大师全集》（第3版，修订2版）第八册·文艺卷、杂著卷、书信卷第326页，标“一九二七年正月望日，杭州常寂光寺”。

② 此信收福建人民出版社2019年12月版《弘一大师全集》（第3版，修订2版）第八册·文艺卷、杂著卷、书信卷第326页，标“一九二七年正月廿四日，杭州常寂光寺”。

③ 弘一大师在《记陈敬贤居士轶事》中写道：“十六年丁卯二月，余在杭州云居山常寂光寺，敬贤居士过谈，所言皆禅理。”收福建人民出版社2019年12月版《弘一大师全集》（第3版，修订2版）第七册·佛学卷、传记卷、序跋卷第589页。陈敬贤（1889—1936），福建集美人，企业家、慈善家，陈嘉庚胞弟。

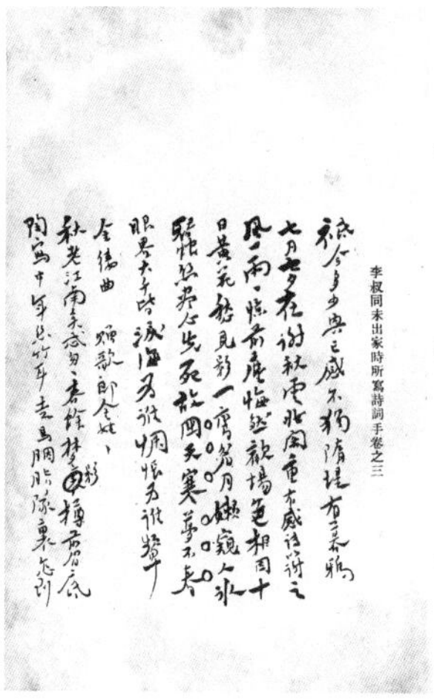

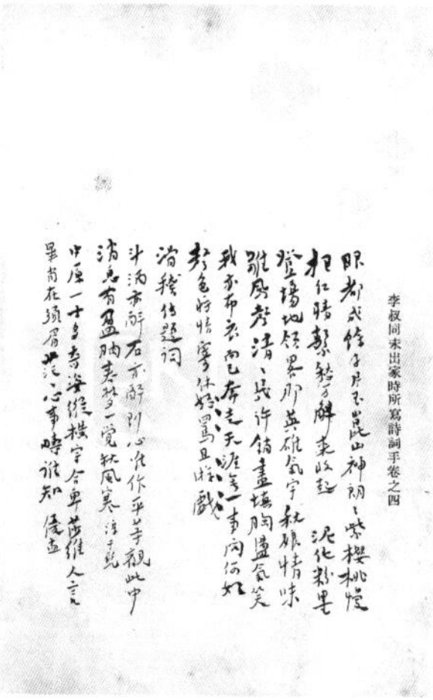

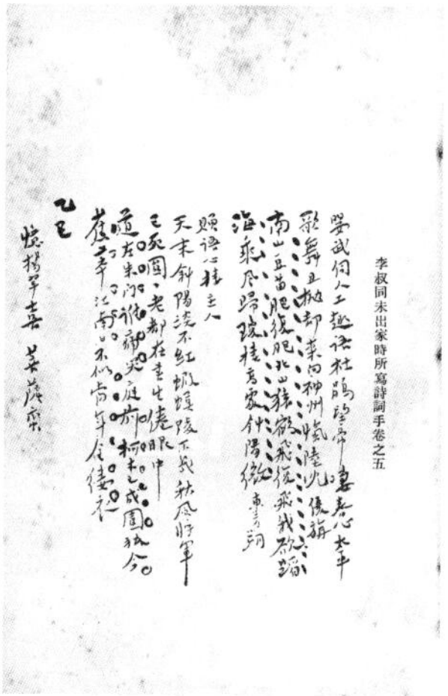

《小说世界》上刊登的李叔同未出家时诗词。

3月5日（农历二月初二日），《小说世界》第15卷第10期刊出《李叔同未出家时所写诗词手卷之五》《李叔同未出家时所写诗词手卷之六》。

3月7日（农历二月初四日），堵申甫到访常寂光寺面晤。

3月8日（农历二月初五日），在杭州寺致堵申甫信：

昨承枉谈，至用欣慰！装订《华严经》事，今详细思维，如不重切者，则装订之时亦甚困难。因此经共二十七册，原来刀切偏斜者，以前数册为甚，以后渐渐端正。至后数册，大致不差。故装订时，裁剪书面（即书皮子）及衬纸（每册前后之白纸），须逐册比量，甚为费事。又此书原来刀切偏斜之处，朽人曾详细审视，非是直线，乃是曲线。下方向上而曲，上方亦向上而曲。此等之处，如装订时，欲使书面及前后之衬纸一一与原书之形吻合，非用剪刀剪之不可。若以刀裁，即成直线，与原书之形未能合也。以是之故，此书若不重切，则装订之时，极为困难，且不易得美满之结果。今思有二种办法。其一，为冒险重切。其二、则不重切。即将原书旧有之书皮翻转，裱贴黄纸一层，俟干时，用剪刀依旧书皮之大小剪之（其曲线处仍其旧式），即以此装订。（但册数之先后次序，不可紊乱。例如第一册之书皮，仍订入第一册等。因此书全部前后样式稍参差也。）至于前后衬入之白纸，则只可省去。因此白纸，若一一剪成曲线之形，极为不易，必致参差不齐也。（若依第一种办法，冒险重切者，则仍每册前后衬白纸四页。）若冒险重切者，订书处如不能切，或向昭庆经房，请彼处切之如何（原书即系昭庆经房自切者）。诸乞仁者酌之。再者，昨云签条黑边外留白纸约二分者，指另印夹宣纸之签条而言。若橘黄色之签，因外衬白纸，固不须太阔也。叨在旧友，又以装订经典为胜上之功德，故琐缕陈诸仁者，不厌繁细。诸希鉴谅至幸。新昌榜字，宜以佛经句为宜，乞商之。此未宣具。

申父居士文室

二月五日　胜臂疏

按一： 此信福建人民出版社2019年12月版《弘一大师全集》（第3版，修订2版）第八册·文艺卷、杂著卷、书信卷第325—326页收录，标“一九二六年旧二月五日，杭州招贤寺”。不确。此信中有“昨承往谈”句，应写于杭州。但弘一大师于1926年农历三月初六日才到杭州，居招贤寺，没有可能在“二月五日”在杭州见堵氏。而 1927 年农历二月五日（即公历 3 月 8 日）弘一大师则在杭州常寂光寺，参见弘一法师《记陈敬贤居士轶事》：“十六年丁卯二月，余在杭州云居山常寂光寺，敬贤居士过谈，所言皆禅理。”① 堵申甫于 1927 年 5 月起就任余姚县县长，弘一大师写此信时堵氏尚在杭州。**按二：**信中“新昌榜字，宜以佛经句为宜，乞商之”指弘一大师为浙江新昌大佛寺“新社”所题“天然胜境”之匾额。此匾额之字应系堵申甫请弘一大师书写（无论是否他人转请堵氏向弘一大师求书）。可知弘一大师原本不准备书写“天然胜竟”四字，而是有意选佛经句书写。“乞商之”三字说明弘一大师还是愿意尊重堵申甫等人的意见。言下之意是商量后通知他最后之选择。新昌大佛寺景区内还有一些弘一大师的书法刻于岩石之上。如“南无阿弥陀佛”、“大势至菩萨”、“佛”等。其中“佛”字，经大佛寺文史资料整理人员证实是据弘一大师书法摩刻，而“南无阿弥陀佛”和“大势至菩萨”是弘一大师为大佛寺所书。对此亦须作进一步的考证。《新昌大佛寺》中《蔡元培撰“现象南明”李叔同书“天然胜竟”》一文记曰：“在大佛寺，与逍遥楼相对的‘新社’……一方草书‘天然胜竟’匾额。写来逸兴遄飞，法度从容，堪称神来之笔，署名晚晴，系近代高僧弘一大师晚年的手笔……据《弘一大师年谱》记载，民国十四年至十七年，大师频繁往来于温州、上虞两地。新昌大佛寺是佛教名区，又是支遁栖隐之所，智者圆寂之地，再说大师对印光法师非常敬仰，曾在《复鼓浪屿念佛会简》中说：‘于当代善知识中最佩仰者，惟印光法师。’有了这一层因缘，大师路过新昌，就有可能在大佛寺卓锡。……据传弘一大师与县人石劫夫友善，民国十四年新社建成，大师与石劫夫同游大佛寺，大佛寺住持见大师到寺，请求弘一留下墨宝。弘一登临新社，只见奇岩四嶂，风光秀丽，笑笑说：‘境之胜不在土，而在石。’于是挥毫写下‘天然胜竟’四字。暗喻石城无土深意。书法笔走龙蛇，已入化境。”② 以上记载，向人们提供了这样一些信息，即认定此书为弘一大师手笔；认为弘一大师当时往来于温州、上虞之间，有可能到新昌；据说有弘一大师与县人石劫夫的一段交往。但是从目前所知史料中，弘一大师并无新昌之行（虽然他当时确实往来于温州、上虞之间）。此外，弘一大师与石劫夫之间的那段故事只是“据说”而已。故以上资料不能说明问题。

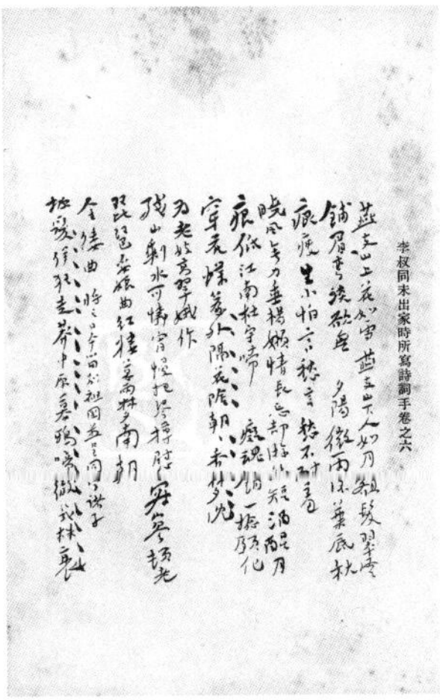

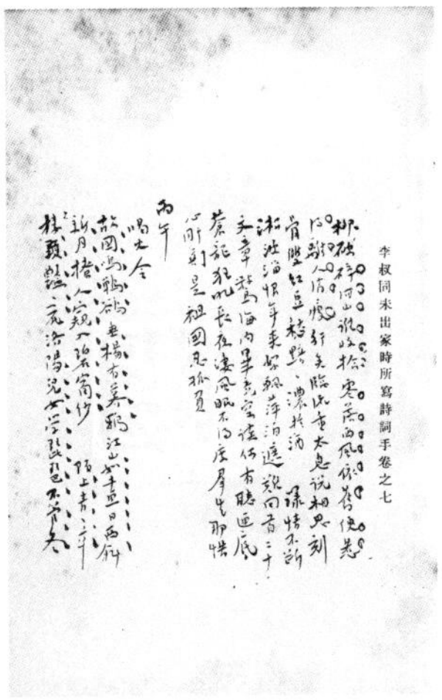

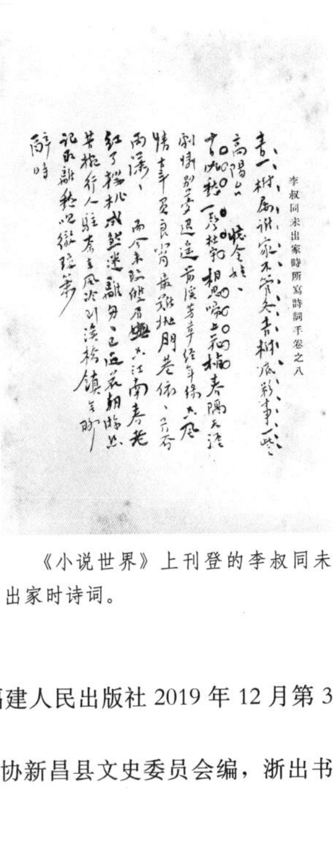

《小说世界》上刊登的李叔同未出家时诗词。

① 弘一法师：《记陈敬贤居士轶事》，收《弘一大师全集》第七册·佛学卷、传记卷、序跋卷，福建人民出版社 2019 年 12 月第 3 版，修订 2 版，第 589 页。

②《蔡元培撰“现象南明”李叔同书“天然胜竟”》一文收《新昌大佛寺》，1997 年 8 月出版，政协新昌县文史委员会编，浙出书临［95］135 号。

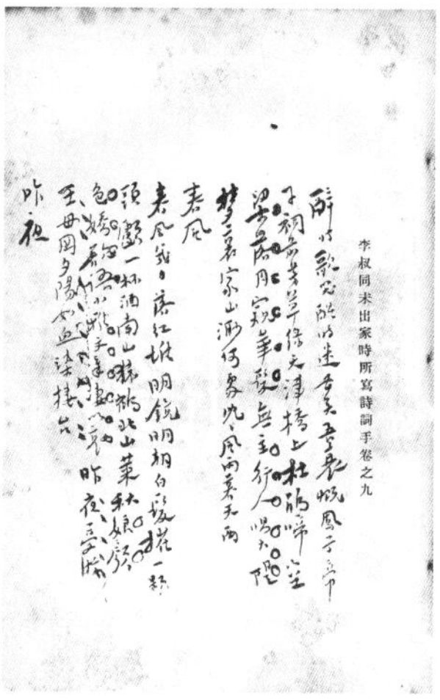

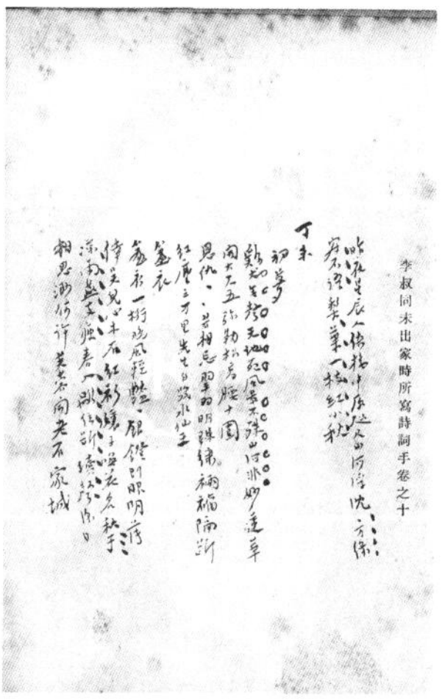

《小说世界》上刊登的李叔同未出家时诗词。

1927 年春，弘一大师（右）与侄李圣章在杭州西泠印社合影。

3 月 12 日（农历二月初九日），《小说世界》第 15 卷第 11 期刊出《李叔同未出家时所写诗词手卷之七》《李叔同未出家时所写诗词手卷之八》。

3 月 19 日（农历二月十八日），《小说世界》第 15 卷第 11 期刊出《李叔同未出家时所写诗词手卷之九》《李叔同未出家时所写诗词手卷之十》。

4 月 2 日至 4 月 30 日间（农历三月），在杭州致蔡丏因函：

今日午前，丁居士来，惠函二通，携至，诵悉一一。（一为二月五日发，一为十五日发。）至用忻慰。以后惠书，希寄杭州云居山六号常寂光寺内。

胜髻

按：此信福建人民出版社 2019 年 12 月版《弘一大师全集》（第 3 版，修订 2 版）第八册・文艺卷、杂著卷、书信卷第 343 页收录，标“一九二七年三月，杭州常寂光寺”。文物出版社 2017 年 10 月版陈飞鹏整理《弘一法师全集》第 146 页收录，信中“一为十五日发”误录为“一为十月五日发”。

4 月 17 日（农历三月十六日），友人来访，告知蔡元培等来杭，拟整顿佛教。①

4 月 18 日（农历三月十七日），在杭州致蔡元培、经亨颐、马叙伦等函：

旧师孑民、旧友子渊、彝初、少卿、钟华诸居士同鉴：

昨有友人来，谓仁等已至杭州，建设一切，至为欢慰。又闻子师等在青年会演说，对于出家僧众，有未能满意之处。鄙意以为现代出家僧众，诚属良莠不齐。但仁等于出家人中之情形，恐有隔膜。将来整顿之时，或未能一一允当。鄙意拟请仁等另请僧众二人为委员，专任整顿僧众之事。凡一切规画，皆与仁等商酌而行，似较妥善。此委员二人，据鄙意，愿推荐太虚法师及弘伞法师任之。此二人，皆英年有为，胆识过人。前年曾往日本考察一切，富于新

① 参见弘一大师次日致蔡员培等信。

思想，久负改革僧制之弘愿。故任彼二人为委员，最为适当也。至将来如何办法，统乞仁等与彼协商。对于服务社会之一派，应如何尽力提倡。（此是新派。）对于山林办道之一派，应如何尽力保护。（此是旧派，但此派必不可废。）对于既不能服务社会，又不能办道山林之一流僧众，应如何处置。对于应赴一派（即专作经忏者），应如何严加取缔。对于子孙之寺院（即出家剃发之处），应如何处置。对于受戒之时，应如何严加限制。如是等种种问题，皆乞仁者仔细斟酌，妥为办理。俾佛门兴盛，佛法昌明，则幸甚矣。此事先由浙江一省办起，然后遍及全国。弘伞法师现住里西湖新新旅馆隔壁招贤寺内。太虚法师现住上海。（其住址问弘伞法师便知。）谨陈拙见，诸乞垂察，不具。

弘一　三月十七日

昨闻友人述及仁者五人现任委员。此外尚有数人，或系旧友，亦未可知。并乞代为致候。

按：此信福建人民出版社2019年12月版《弘一大师全集》（第3版，修订2版）第八册·文艺卷、杂著卷、书信卷第375—376页收录，标“一九二七年旧三月十七日，杭州常寂光寺”。蔡元培时任国民党浙江省政治分会委员。子渊即经亨颐。彝初即马叙伦。少卿即周少卿，时主管浙江教育。钟华即宣中华，时主管浙江宣传。姜丹书《弘一大师续传》曰：“民国十六春，杭州初经国民革命，政局大变，青年用事，锐气甚盛，骤倡灭佛之议，欲毁偶像，收庙宇，勒令僧尼相配。是时上人适卓锡于杭州吴山（城隍山）常寂光寺，请居士堵申甫转请青年主政之激烈者若干人，往寺会谈，其约谈之时刻限定，应召而往者陆续至，对每人略言：人生世路多端，出家亦是一路，应留此路任人，且或有时自作方便云。谈言微中，默化潜移；先备劝戒墨妙若干纸，人赠一纸，来人未足预约之数，而纸数适符，若有前知者。此数子中，固有旧日门生，其最激烈之宣钟华（改名中华，旋即为政敌所害）出寺门而叹曰：‘方今重袭御寒，何来浃背之汗耶？’因此，灭佛之议遂寝。其人格感化力伟大如此！”① 此信部分内容曾刊于1943年《学术界》第1卷第1期李芳远辑《弘一大师书牍》。

1927年春，弘一大师（左）与侄李圣章在杭州西泠印社华严经塔前合影。

4月29日（农历三月廿八日），在杭州致李圣章函。言前获来书收悉；现住常寂光寺，如乘火车抵杭，天尚未黄昏，可唤人力车至清波门

① 姜丹书：《弘一大师续传》，收《姜丹书艺术教育杂著》，浙江教育出版社1991年10月版，第265—270页。

内四宜亭，如抵杭已黄昏，可在旅馆一宿，次日唤车来寺等。[1] **按：**农历四月李圣章来访，劝还俗。其时自法国留学归来。住九日，在西泠印社小龙泓洞与其合影。合影题词：“岁在大辰四月，仲兄子圣章居士来钱塘，同摄此影。沙门胜臂记。”

1927 年 5 月 1 日《民铎》第 8 卷第 5 期刊出的《弘一法师手迹之一》。

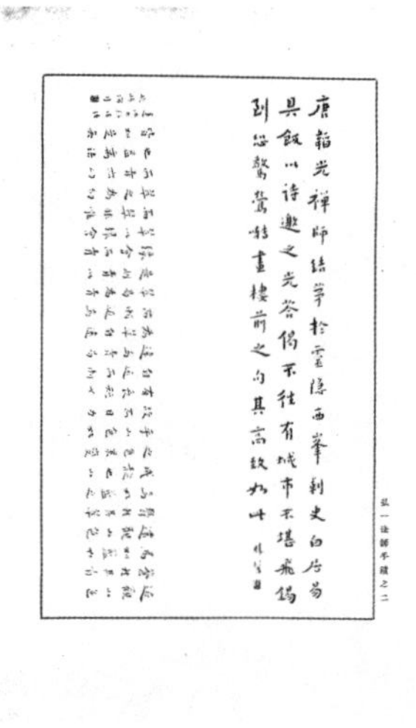

1927 年 5 月 1 日《民铎》第 8 卷第 5 期刊出的《弘一法师手迹之二》。

4 月（农历二月廿九日至三月廿九日），《世界佛教居士林林刊》第 17 期刊出《论月大师在家律要之开示》，署“庞契诚居士启请，无相（尤惜阴——引者按）速记”，及《论月大师劝人听钟念佛文》。[2]

春，在常寂光寺编录《梵网经古迹记科表》，题“十六年丁卯春，住杭州云居山常寂光寺编录”。后于 1933 年农历九月手装，1934 年补题。

5 月 1 日（农历四月初一日），《民铎》第 8 卷第 5 期刊出所书佛号，题《弘一法师手迹之一》，署“岁在大辰胜臀”；钤印“胤”、“弘一”。又题《弘一法师手迹之二》，刊出“唐韬光禅师……”署名“胜臀”；钤印“弘一”和莲池大师法语，署名“晚晴论月”；钤印“弘一”。

6 月 17 日（农历五月十八日），《小说世界》第 15 卷第 25 期刊出《李叔同先生最近书法之一》。**按：**此为弘一大师于 1927 年 1 月 14 日（农历丙寅十二月十一日）致吕伯攸函。另刊出《李叔同先生最近书法之二》《李叔同先生最近书法之三》，为 1921 年为纪念亡母六十年诞而书之“佛三身赞；佛一百八名赞；广大发愿颂”。

6 月 19 日（农历五月廿日），在杭州致堵申甫函：

申甫居士慧鉴：

前奉一片，计达记室。朽人拟于秋间返温州，惟舟车之资犹未筹措，未审仁者能有资助否？惠函乞寄杭州城内延定巷六号马一浮居士转交朽人，至妥。此颂檀福！

胜臀疏　五月廿日

按：福建人民出版社 2019 年 12 月版《弘一大师全集》（第 3 版，修

① 此信收福建人民出版社 2019 年 12 月版《弘一大师全集》（第 3 版，修订 2 版）第八册·文艺卷、杂著卷、书信卷第 336 页，标“一九二七年旧三月廿八日，杭州常寂光寺”。

② 此文以《劝人听钟念佛文》之题又载 1928 年 6 月《佛光社社刊》第 3 期。已收福建人民出版社 2019 年 12 月版《弘一大师全集》第一册·佛学卷。

订2版）第八册·文艺卷、杂著卷、书信卷第325页收录，标“一九二四年五月廿日，杭州”。此信写弘一大师向其护法堵申甫寻求资助赴温州的资费，并请寄马一浮转交（非转寄）。此信写于杭州应无误。但此信无可能写于1924年。因为1924年弘一大师没有在杭州住过。1926年虽住过杭州，但无赴温州计划。故此信应写于1927年（弘一大师于该年年底赴温州）。从信中可知，当时堵申甫不在杭州，否则款项不必请马一浮转交。根据堵申甫生平，1927年农历五月时，其恰在浙江余姚县担任县长。①

6月29日（农历六月初一日），在杭州致堵申甫函：

申父居士丈室：

马居士来，赍授尊简，并惠施三十金，敬受，感谢无尽。拟以是中十金供琐细之需，其余二十金存贮以为行旅舟车等用。佛号当络续寄上，本月中旬约可先寄奉二十叶内外。谨复，顺颂

檀德

胜臂疏　六月一日

按：此信福建人民出版社2019年12月版《弘一大师全集》（第3版，修订2版）第八册·文艺卷、杂著卷、书信卷第325页收录，标“一九二四年六月一日，杭州”。此信应与前信相关。应该是弘一大师收到堵申甫的资助后写的回信。根据前考，况有“马居士来”之语，此信亦应该写于1927年。

6月29日至7月28日间（农历六月），硃书七言诗扇面。款识“岁次大辰六月为中闿居士。胜髻”。②

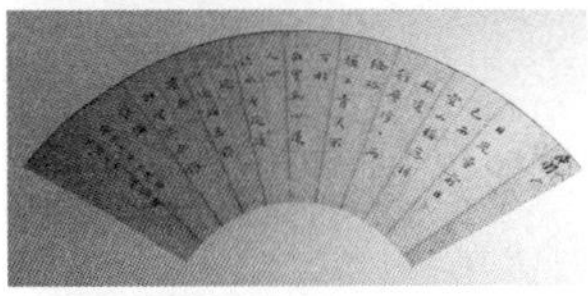

弘一大师于1927年农历六月硃书七言诗扇面。

6月（农历五月初二日至六月初二日），在杭州致刘质平函。言来函收悉；承寄衣件收到等。③

7月8日（农历六月初十日），《小说世界》第16卷第2期刊出《城

① 参见《余姚市志》，浙江人民出版社1993年3月版。余姚市原为余姚县。

② 中共温州市委宣传部、中共温州市委统战部、温州市文化广电旅游局主办：“碧天芳草——李叔同与温州”展览。2020年12月27日至2021年3月27日，温州博物馆。此书于温州举人项方纲竹图扇面背面。中闿即仲闿，亦即孙治泽，温州瑞安人。

③ 此信福建人民出版社2019年12月版《弘一大师全集》（第3版，修订2版）第八册·文艺卷、杂著卷、书信卷第283页收录，标“一九二七年五月中旬，杭州常寂光寺”。文物出版社2017年10月版陈飞鹏整理《弘一法师书信全集》第149页收录，有“案”：“此信为明信片。上海到达邮戳为‘十六年五月廿一日’。系寄往上海新华艺专者，时刘质平任教于此。此间，弘一法师住杭州常寂光寺。《弘一大师全集》注：1927年5月中旬，杭州常寂光寺。合理。”

南草堂藏李叔同书法之一》《城南草堂藏李叔同书法之二》。《城南草堂藏李叔同书法之一》标注："城南草堂主人为许幻园。李先生未出家时，曾借寓于此。可参看本杂志前卷第10期丰子恺的《法味》。"

7月13日（农历六月十五日），在杭州致刘质平函：

> 前函及《心经》，想悉收到。即拟入山避暑，以后乞暂勿来信。俟秋凉入城，再奉闻。附小联，乞受收。
>
> 演音白　六月十五日

按：此信福建人民出版社2019年12月版《弘一大师全集》（第3版，修订2版）第八册·文艺卷、杂著卷、书信卷第283页收录，标"一九二七年旧六月十五日，杭州本来寺"。信中已写明"即拟入山避暑"，说明尚未"入山"，故此信应写于常寂光寺。

7月13日后（农历六月十五日后），曾避暑于灵隐后山之本来寺。**按：**弘一大师自书之《地名山名及寺名院名略考》中介绍曰："双髻（山名，在杭州灵隐后）。某年在山下本来寺住数月。"[①]

7月15日（农历六月十七日），《小说世界》第16卷第3期刊出《城南草堂藏李叔同书法之三》《城南草堂藏李叔同书法之四》。

旧时杭州本来寺一瞥。资料来源：《弘一大师全集》第十册·附录卷，福建人民出版社2019年12月第3版，修订2版。

8月5日（农历七月初八日），《小说世界》第16卷第6期刊出《城南草堂藏李叔同书法之五》，标注："按：此为李先生所书日本摺扇。略如中国团扇。其时则先生所自撰也。时留学日本，且习新剧。故云云。最后一行破缺处，系一'皆'字。"

8月6日（农历七月初九日），弘伞法师陪同李石曾（煜瀛）访于灵隐寺后之本来寺。为题手书《佛说梵网经》。

8月8日（农历七月十一日），李石曾为其手书《梵网经》题跋"弘一法师，别来十余年。数访于玉泉、招贤两寺不遇。本月九日得弘伞法师陪往见于本来寺畅谈，并得两师赠以佛学书多种。余不曾学佛，然于其教理则敬慕久矣。……今承弘伞上人出此嘱题，敬志数语如此。民国

① 弘一大师自书之《地名山名及寺名院名略考》，收《弘一大师全集》第十册·附录卷，福建人民出版社2019年12月第3版，修订2版，第482—486页。

十六年七月十一日石曾李煜瀛”。[①]

8月12日（农历七月十五日），《小说世界》第16卷第7期刊出《城南草堂藏李叔同书法之七》。**按：**“之七”当为“之六”之误。

夏秋，书佛号“南无阿弥陀佛”，并题“普愿沉溺诸众生，速往无量光佛刹”。款识“岁在大辰，前安居江州，沙门论月书”。[②]

1927年弘一大师（左）与弟子宽愿法师在杭州飞来峰石洞前合影。

附记：上海书画出版社2017年5月版浙江省平湖市人民政府、上海徐汇区文化局编：《弘一大师法书集·华枝春满（手稿信札卷）》第245页收录8月16日（农历七月十九日）致尤玄父明信片，上海龙华寺藏。福建人民出版社2019年12月版《弘一大师全集》（第3版，修订2版）第八册·文艺卷、杂著卷、书信卷未收。明信片正面写：“苏州皮市街七十二号尤玄父居士（若往他处乞转寄）。杭州灵隐五寺桥本来寺弘一寄。七月十九日”。信文录存如下，供研究参考：

前挂号寄上佛号一包，想达。丈室已往苏州否？甚念。蔡丏因居士近亦往处州（或在中学或在他处，乞询问即知），其人品学兼优，甚可与之为友。朽人今住本来寺，暂不他往，并乞转达丏因，仁等若至杭州希来谈。（惟每日晤客时间以下午三时至五时为限。）[③]

8月19日（农历七月廿二日），《小说世界》第16卷第8期刊出《城南草堂藏李叔同书法之七（小简）》。**按：**此为1918年12月16日（农历十一月十四日）在杭州致许幻园函手迹。

8月26日（农历七月廿九日），《小说世界》第16卷第9期刊出《城南草堂藏李叔同书法之八》《城南草堂藏李叔同书法之九》。**按：**此为1912年农历六月为许幻园所书各体之字。

8月31日（农历八月初五日），在杭州致蔡丏因函。言前月承惠施《华严回向品》印本五十册，曾复明信；邮寄《阿弥陀经解》三册、《地

① 此转引自林子青《弘一法师年谱》（宗教文化出版社1995年8月版）第165页。

② 李凤池：《李叔同历史文物散落天津知多少》，载2002年10月天津市李叔同—弘一大师研究会编《李叔同研究——天津市纪念弘一大师圆寂六十周年学术研讨会专辑》。据云“前安居”为佛家对五月至八月间的称谓。

③ 信中“蔡丏因居士近亦往处州”中的“处”字，原文如此。

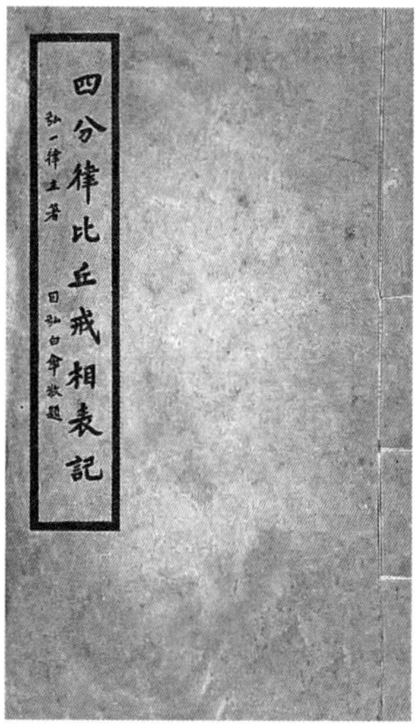

弘一大师《四分律比丘戒相表记》书影。

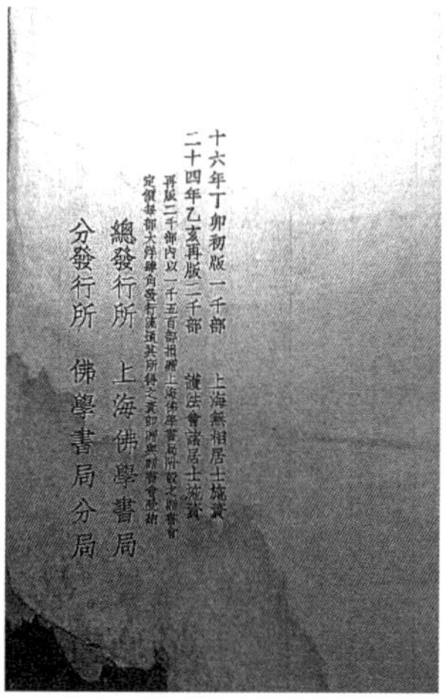

弘一大师《四分律比丘戒相表记》再版本版权页。

藏菩萨灵感录》十册，又《法味》四册，请转送道侣等。[①]

8月（农历七月初四日至八月初五日），丰子恺与裘梦痕合编的《中等教科适用歌曲集·中文名歌五十曲》由（上海）开明书店出版。[②] 序言曰："这册子里所收的曲，大半是西洋的 most popular 的名曲；曲上的歌，主要的是李叔同先生——即现在杭州大慈山僧弘一法师——所作或配的。我们选歌曲的标准，对于曲要求其旋律的正大与美丽；对于歌要求诗歌与音乐的融合。西洋名曲之传诵于全世界者，都有那样好的旋律；李先生有深大的心灵，又兼备文才与乐才，据我们所知，中国作曲作歌的只有李先生一人。可惜他早已屏除尘缘，所作的只这册子里所收的几首……"歌集里注"李叔同作歌"者12首：《朝阳》《忆儿时》《月》《送别》《落花》《幽居》《天风》《早秋》《西湖》《梦》《悲秋》《晚钟》；注"李叔同作歌作曲"者1首：《春游》。**按：**1928年10月10日《开明》第1卷第4号刊有孟斯《中文名歌五十曲》一文，写道："我是一个爱好唱歌的人，得到一本好的歌集，往往可以忘记了一切。但是近年来中国的出版，能供给我适口的歌曲吗？这一本大半是中国唯一的艺术家李叔同先生的创作，当然都是很好的东西，记得买来的一天，曾经在琴旁唱了三句钟之久。我没有别的，只希望开明能再供给我们这一类东西，如本国里没有好材料，则请专家介绍外国的东西也是一样。"（引文照录。文中"三句钟"的"句"字原文如此）

《四分律比丘戒相表记》得穆藕初施资七百金由中华书局石印1000部。

9月15日（农历八月廿日），仲兄李桐冈自天津来函：

三弟如晤：获读手书，得悉弟有意返津，欣慰之至。兹特邮汇去大洋壹佰元，望查收后，趁此天气平和，交通无阻，即刻起身回家，不必游移，是为至要。至居住日期及衣服，谢绝亲友等项事，悉听弟便。再赴津船名，起身前务必先来信为要。专此即问近好。

兄桐冈手肃，八月二十日

再彼时收弟信时，适麟玺儿、叔谦女在座。余云：'汝叔有意回家，事极可快，惜需款甚钜，余一时手头拮据，奈何奈何！家中

① 此信福建人民出版社2019年12月版《弘一大师全集》（第3版，修订2版）第八册·文艺卷、杂著卷、书信卷第343页收录，标"一九二七年八月五日，杭州本来寺"。

② 裘梦痕（1901—1978），杭州人，音乐家、音乐教育家。据以往史料，丰子恺与裘梦痕合著或合编的书只有四种。据魏风江《怀念钢琴家裘梦痕》（载《古今谈》1985年第2期）一文介绍有十余种，且说除了开明书店外，尚有春风音乐教育社出版的版本。此信息值得关注，须进一步查寻研究。此书也有单独署丰子恺的开明书店版本（1936年8月，书名为《中文名歌五十曲》）。

经准侄喜事，已借贷千余元尚未弥补，一时无款。’麟玺一闻而雀跃曰：‘儿愿筹此款！’四姑亦赞成，拟凑百元。惟未知由杭至津二人旅费足用否？遂与麟玉儿去信，回信云二人旅费，由杭至津七十元已足用，百元尚有余。伊亦愿加入拼凑等语。此等小事，本不必令弟知之。但儿女辈体亲之心，盼叔返津相见之切，聊表孝心，亦可爱也。录之以博一粲。万望俯念其诚，勿负其意是盼。又及。[①]

按：此适逢李桐冈六十寿辰。弘一大师后实行此行。然抵沪后因津浦铁路发生战事，未果。居丰子恺家约一个月。

9月16日（农历八月廿一日），《小说世界》第16卷第12期刊出《李叔同先生所作水彩画（城南草堂藏）》。**按：**此即1905年冬作于日本之《山茶花》图。

9月20日（农历八月廿五日），在杭州致蔡丏因函：

顷诵惠书，欣悉一一。拙述《四分律比丘戒相表记》，今已石印流布。是书都百余大页，费五年之力编辑，并自书写细楷。是属出家比丘之戒律，在家人不宜阅览。但亦拟赠仁者及李居士各一册，以志纪念。开卷之时，不须研味其文义，唯赏玩其书法，则无过矣。又拙书《地藏菩萨本愿经见闻利益品》，书法较《回向品》为逊，今亦付石印以结善缘。尊宗禹泽居士，未审今居杭何处？希示知。拟以《四分律表记》二册及《华严疏钞》四册，送存彼处，俾便他日面奉仁者（《表记》册太大，不便邮寄。若《地藏经》早日印就，亦并交去，否则他日另寄）。尊印《回向品》共若干册，并乞示知。《四分律表记》共印千册（由穆居士以七百金左右独力印成）。以五百册存上海功德林佛经流通处，以三百二十册存天津佛经流通处，皆系赠送。如有僧众愿研求比丘律者，若居士等愿将此以为纪念者，皆可托人向上海功德林就近领取。《地藏经》共印多少，如何分法，今尚未悉。朽人不久将往他方，今移居杭州城内银洞巷六号虎跑下院暂住，料理未了诸事。惠复乞寄上海江湾镇立达学园丰子恺居士转交，恐朽人不久或去杭也。承询所需，俟后有需，当以奉闻。敬谢厚意。此未宣具。

① 此信转引自林子青《弘一法师年谱》（宗教文化出版社1995年8月版）第166页。林子青有按语：“此信系夹在寄存于蔡丏因嘉兴濮院可园的经籍中。发信地点为‘天津河东山西会馆南李缄’，收信人为‘杭州招贤寺弘伞大师转交’，据蔡丏因手稿录出，原函未见。”“李筱楼有三子，长子早逝。桐冈排行第二，大师为第三，故信中称‘三弟’。准侄即李准，为大师在俗次子。麟玺即李晋章，为桐冈之次子，四姑名叔谦，桐冈之女。麟玉即李圣章，桐冈长子。”

丏因居士丈室：

胜臂疏答　八月廿五日

按一：此信福建人民出版社2019年12月版《弘一大师全集》（第3版，修订2版）第八册·文艺卷、杂著卷、书信卷第338页收录，标“一九二四年八月廿五日，杭州虎跑寺”。文物出版社2017年10月版陈飞鹏整理《弘一法师书信全集》第110—111页收录，标写信地址为“温州庆福寺”。均误。信中有“惠复乞寄上海江湾镇立达学园丰子恺居士转交，恐朽人不久或去杭也。”立达学园原名立达中学，由匡互生、丰子恺等创立于1925年1月。1924年时尚无立达学园，故此信必不可能写于该年。信中又明确说“今移居杭州城内银洞巷六号虎跑下院暂住，料理未了诸事。”故此信必写于杭州。“恐朽人不久或去杭也”之“去”字当为离开杭州之意。1925年农历八月廿五日时，弘一大师尚在温州，即将赴普陀；1926年农历八月廿五日时，弘一大师还在庐山。故此信写于1927年农历八月廿五日（公历9月20日）。此时弘一大师即将赴沪，拟返天津。**按二：**此信部分文字曾载1943年《学术界》第1卷第3期，李芳远辑，题《弘一大师书牍（续）》。**按三：**信中言“又拙书《地藏菩萨本愿经见闻利益品》，书法较《回向品》为逊，今亦付石印以结善缘。”《地藏菩萨本愿经见闻利益品》有汪仁宏作序，署“佛历两千九百五十三年八月”，当为1926年9月7日至10月6日间，根据以上二信息，判断《地藏菩萨本愿经见闻利益品》出版于1927年（初版本未见时间标注）。

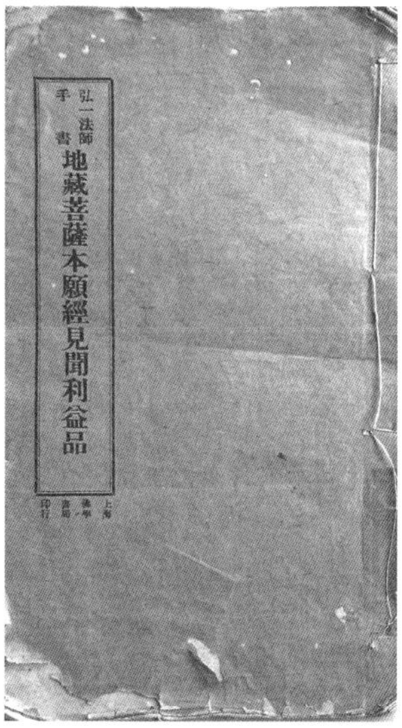

佛学书局《地藏菩萨本愿经见闻利益品》初版本。

9月25日（农历八月三十日），在杭州致蔡丏因函：

初三日赴沪，即往天津一行。不久拟再返温州。《华严疏钞》四册，及《四分律表记》四册（其一赠李居士）存置马一浮居士家中。乞托禹泽居士往取，或他日仁者自往取亦可。草草不具。

《初回向章》印就后，乞暂缓寄。俟后奉通讯之所。

胜臂疏

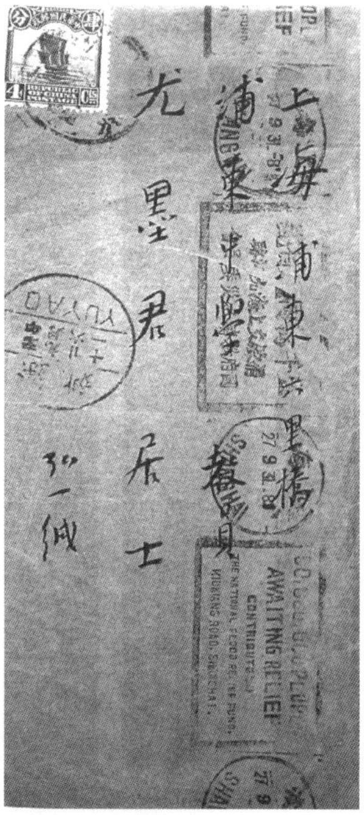

1927年9月26日寄发之弘一大师致尤墨君函信封。

按：此信福建人民出版社2019年12月版《弘一大师全集》（第3版，修订2版）第八册·文艺卷、杂著卷、书信卷第343页收录，标“一九二七年旧七月，杭州本来寺”。弘一大师赴沪，并拟至天津事，可参见9月15日（农历八月廿日）其仲兄李桐冈自天津来函。抵沪后，时因津浦发生战事，未成行，在丰子恺家住约一个月。故此信非写于农历七月，当为农历九月初三日赴上海前夕。宗教文化出版社1995年8月版林子青编著《弘一法师年谱》第165页的注释中录有该信片段，有写信时间“八月三十日”。

9月26日至10月24日间（农历九月），书佛号“南无阿弥陀佛”。款识“大方广佛华严经光明觉品‘众生及国土，一异不可得；如是善观察，名知佛法义’。岁次大辰九月，华严寺沙门胜髻书”；钤印“胤”、佛肖印。[①]

9月26日（农历九月初一日），有寄发上海浦东六里桥浦东中学尤墨君函。**按：**仅信封，见林可同编：《弘一书法墨迹》，中国美术学院出版社2004年4月版，第135页。信发地点为浙江余姚寄（邮戳）。据弘一大师近期行踪，似无余姚之行，此信如何寄发，待考。弘一大师之护法堵申甫曾两度出任余姚县县长之职，其中第一次任职时间为1927年5月至10月。此信之寄发是否与堵申甫有关（信封字极亦似非弘一大师所写），亦待考。信封文字为“上海浦东六里桥浦东中学教员　尤墨君居士　弘一缄”。

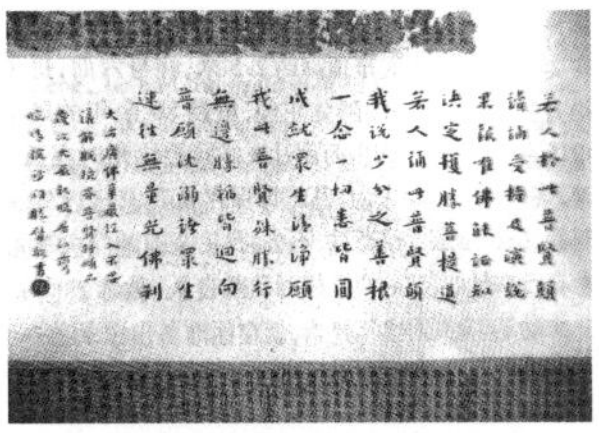

弘一大师为姜丹书所持杭州雷峰塔陀罗尼经卷题华严经句。

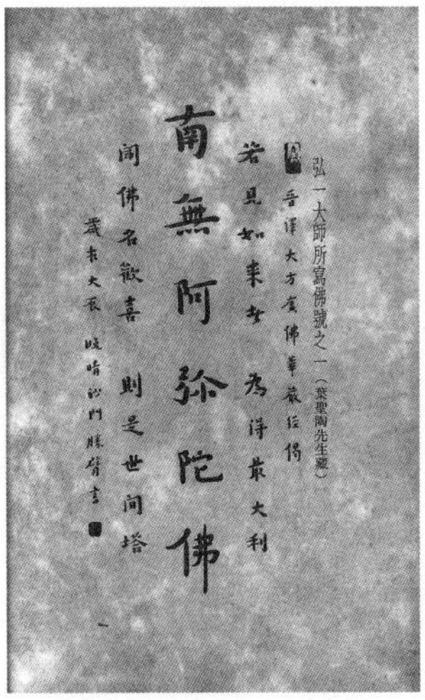

1927年《小说世界》第16卷第17期刊出《弘一大师所写佛号之一（叶圣陶先生藏）》。

9月28日（农历九月初三日），赴上海。住丰子恺家。**按：**在上海江湾丰子恺家小住约一个月。丰子恺在《缘》中写道：“这是前年秋日的事：弘一法师云游经过上海，不知因了什么缘，他愿意到我的江湾的寓中来小住了。我在北火车站遇见他，从他手中接取了拐杖和扁担，陪他上车，来到江湾的缘缘堂，请他住在前楼，我自己和两个孩子住在楼下。”“每天晚快天色将暮的时候我规定到楼上来同他谈话。他是过午不食的，我的夜饭吃得很迟。我们谈话的时间，正是别人的晚餐的时间。他晚上睡得很早，差不多同太阳的光一同睡着，一向不用电灯。所以我同他谈话，总在苍茫的暮色中。他坐在靠窗口的藤床上，我坐在里面椅子上，一直谈到窗外的灰色的天空衬出他的全黑的胸像的时候。我方才告辞，他也就歇息。这样的生活，继续了一个月。现在已变成丰富的回想的源泉了。”丰子恺此文又记某日弘一大师从丰宅书架上抽出一本书《理想中人》，得知作者为基督徒谢颂羔，以为有意思。“过了几天，他写了一张横额，‘慈良清直’四字，卷好，放在书架上。我晚快上去同他谈话的时候，他就拿出来命我便中送给谢居士。”“次日我就怀了这横额来到广学会，访问谢君，把这回事告诉他，又把这横额转送他。”周日“邻人陶载良君备了素斋，请弘一法师到他寓中午餐。谢君和我也被邀了去。我在席上看见一个虔敬的佛徒和一个虔敬的基督徒相对而坐着，谈笑着。我心中不暇听他们的谈话，只是对着了目前的光景而瞑想

① 参见本谱1928年1月8日条目。

世间的‘缘’的奇妙……”① 期间（10 月 8 日前），与丰子恺、夏丏尊、叶圣陶、周予同、李石岑及一日本人等在上海功德林聚餐。聚餐后访印光大师于太平寺。叶绍钧《两法师》一文记其事。② 居丰子恺家时姜丹书持杭州雷峰塔陀罗尼经卷前往探望，为经卷题华严经句。款识“大方广佛华严经入不思议解脱境界普贤行愿品。岁次大辰秋晚居江湾。晚晴院沙门胜臂敬书”；钤印“辟”。③

秋，李鸿梁为刻阿弥陀佛像印，边款“丁卯秋，初试大刀，敬造是像以应弘一大师之命，鸿梁”。**按：**另见李鸿梁为刻印“辟”，边款“弘一大师命刻，鸿梁”。

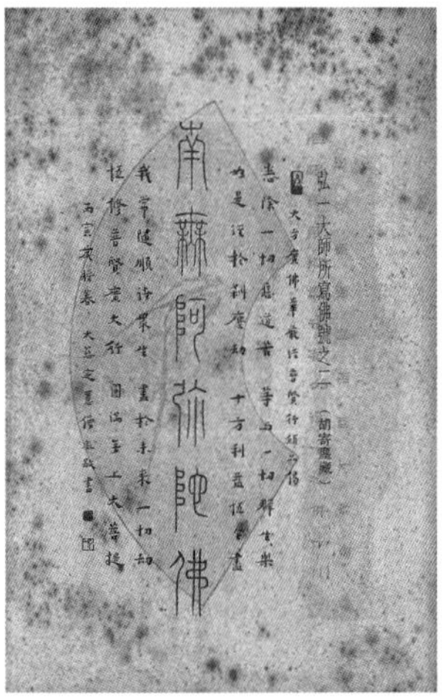

1927 年《小说世界》第 16 卷第 18 期刊出《弘一大师所写佛号之二（胡寄尘藏）》。

10 月 10 日（农历九月十五日），无相居士（尤惜阴）偕张咏裳、刘达儒、张敬修、庞契诚诸居士参访于江湾立达学园丰子恺家，叩请在家弟子修持法要。后无相居士有《论月大师答张刘庞诸居士在家弟子修持浅说》发表于 1928 年 8 月《世界佛教居士林林刊》第 20 期，署“无相速记”。引言部分写道：“丁卯九月十五日（即民国十六年双十节）午前九时，记者践约随同张咏裳、刘达儒、张敬修、庞契诚诸居士，由世界佛教居士林出发，至江湾立达学园丰子恺家，参拜论月大师，叩请在家弟子修持法要。诸居士所叩请者，及大师所答者，为求记录之简便，概以问答二字括之。”

10 月 21 日（农历九月二十六日），在上海江湾镇立达校舍永义里丰宅楼下钢琴旁收丰子恺为皈依弟子，为取法名婴行。丰氏三姐丰满亦同日皈依，为取法名梦忍。是日丰子恺刻释迦趺坐莲台印章一枚，边款为：“丁卯九月二十六日于三宝前发阿耨多罗三藐三菩提心竟，敬为弘一法师造此佛像，佛弟子丰婴行，时年三十岁”。丰子恺又为胞姐梦忍刻法名“梦忍”印章，边款为：“丁卯九月廿六日在三宝前发菩提心竟为梦忍姊刻印，婴行，时年三十”。与皈依后的丰子恺共同发心编绘《护生画集》。④

《小说世界》第 16 卷第 17 期刊出《弘一大师所写佛号之一（叶圣陶先生藏）》。

---

① 丰子恺：《缘》，载 1929 年 6 月 10 日《小说月报》第 20 卷第 6 号。

② 叶绍钧：《两法师》，载 1931 年《民铎》第 9 卷第 1 号。

③ 姜书凯：《弘一大师为雷峰塔经卷题写华严经》，收《如月清凉——第二届弘一大师研究国际学术会议论文集》，中国文化艺术出版社 2008 年 1 月版。此文述此事发生在 1928 年秋。根据太岁纪年法，“大辰”即“大火”，对应“卯”，应系 1927 年。

④ 林子青《弘一法师年谱》将此事编入 1928 年谱文。为误记。

10 月 25 日至 11 月 23 日（农历十月），夏丏尊四弟，时任宁波大同银行经理的夏质均将 1924 年辑录的《五戒相经笺要》（并《补释》《授三皈五戒八戒法》）在中华书局影印流通，回向夏父心圃和夏母金氏。夏质均跋云：“弘一法师校订五戒相经笺要一卷，别述《补释》三章并新集《授三皈五戒八戒法》一卷合为一册，今舍微资敬印两千部普施缁素道侣，以此功德回向先父心圃府君，先母金太夫人，惟愿业障消除，往生极乐。早成佛道，普度众生，伏维三宝证知者。岁次丁卯十月，夏质均志。”

10 月 25 日（农历十月初一日），早年“天涯五友”中之四友重聚沪上宝记像室摄影留念，为作《四友重摄一影题记》：

余来沪上，明年岁在庚子。共宝山蔡小香、袁仲濂，江阴张小楼，云间许幻园诸子，结为天涯五友，并于宝记像室写影一帧。尔来二十有八年矣。重游申渎，小居江湾缘缘堂。蔡子时已殂化，惟袁张许子犹数过谈，乐说往事，乃复相偕写影于宝记像室。是时改元后十六年，丁卯十月一日。

袁子年五十四，张子五十一，许子五十，余四十八。写影自右，依齿序焉。无著道人。[1]

10 月 28 日（农历十月初四日），《小说世界》第 16 卷第 18 期刊出《弘一大师所写佛号之二（胡寄尘藏）》。

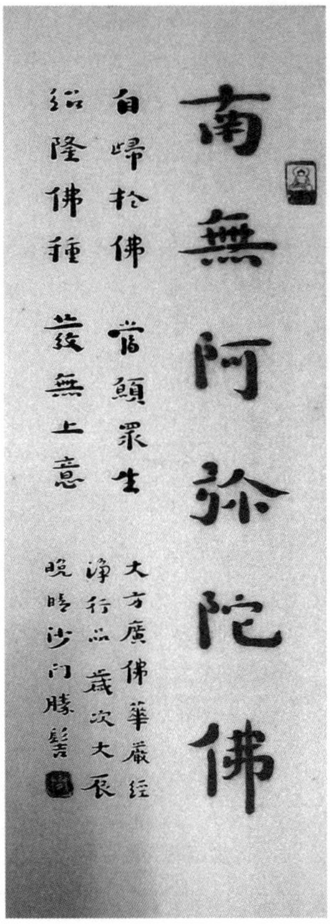

弘一大师于 1927 年所书佛号。

10 月（农历九月初六日至十月初七日），《子恺画集》开明书店再版。马一浮在题词中写道：“吾友月臂大师（弘一法师——编者注）为予言丰君子恺之为人，心甚奇之，意老氏所谓专气致柔复归于婴儿。子恺之于艺，岂其有得于此邪？若佛五行中有婴儿行，其旨深远，又非老氏所儿。然艺之独绝往往超出情识之表，乃与婴儿为近。婴儿任天而动，亦以妄想，缘气尚浅，未与世俗接耳。今观子恺之贵婴儿，其言奇恣直，似不思议境界。盖子恺目中之婴儿，乃真具大人相，而近世所名大人，嵬琐忿矜，乃真失其本心者也。赵州有孩子六识话，予谓子恺之画宜名孩子五阴，试以举似。月臂大师当以予为知言。”

---

① 弘一大师：《四友重摄一影题记》，收《弘一大师全集》第七册・佛学卷、传记卷、序跋卷，福建人民出版社 2019 年 12 月第 3 版，修订 2 版，第 642 页。此影今未见。林子青《弘一法师年谱》（宗教文化出版社 1995 年 8 月版）第 167 页有按语：“此写影，袁仲濂曾宣布为交际博士黄警顽借去遗失）见初版年谱一九二八年条）。一九四八年，余因大师旧友毛子坚居士之介绍，于上海南市救火会张国梁先生处见之，因急将题记录存。该写影今则不知仍在人间否耶？”

秋冬，（农历十月）书佛眼远禅师句“聋人也唱胡笳曲，好恶高低自不闻”赠夏丏尊。题记“佛眼远禅师句。岁次大辰十月，丏尊居士嘱书，智幢”；钤印“大心凡夫”、佛肖印。①

书楷书四言横披“愿无尽室”赠夏丏尊。款识“岁次大辰冬初将行脚他方，写此以贻丏尊居士。钱塘华严寺沙门无等”；钤印“弘一”、佛肖印。②

12 月 10 日（农历十一月十七日），此前（12 月初）已返温州，居庆福寺。

《佛化随刊》第 1 期刊出印光大师复康寄遥居士函五件，其中第三件写曰：“阿弥陀佛，不可作信底用。前三年范古农以弘一师篆文钩印，光知之，力言其亵渎。古农因兹停印。”

1927 年弘一大师书元妙叶禅师《十大碍行》。

12 月 25 日（农历十二月初二日），在温州致孙选青函。言前承来访，因掩关未能晤谈，至歉；后年世寿五十，拟云游各地，当会在绍兴小作勾留，藉可欢聚；盼于阴历己巳年正月底来函通告所在之地；至温州后，各地师友悉未通讯；代问候蔡丏因、李鸿梁二位等。③

是年，与弟子宽愿法师在杭州飞来峰石洞前合影。

受学生刘质平皈依佛门，为取法名“婴能”。④

嘱姜丹书为李鸿梁绘普贤、文殊二菩萨像布彩，自题菩萨名号，由上海佛学书局影印流通。⑤

书“南无阿弥陀佛”，款识“自归于佛，当愿众生。绍隆佛种，发无上意。大方广佛华严经净行品。岁次大辰，晚晴沙门胜謦”；钤印“胤”、佛肖印。⑥

书元妙叶禅师《十大碍行》。款识“丁卯，沙门胜臂书”；钤印“辟”。⑦

① 上海博物馆藏，陈燮君、汪庆正主编：《夏丏尊旧藏弘一法师墨迹》，华宝斋书社 2000 年 9 月版，第 45 页。福建人民出版社 2019 年 12 月版《弘一大师全集》（第 3 版，修订 2 版）第七册 · 佛学卷、传记卷、序跋卷第 636 页收录时题为《手书禅偈赠夏丏尊题记》。

② 上海市书法家协会编：《海派代表书法家系列作品集 · 弘一》（该卷主编刘一闻，副主编沈爱良），上海书画出版社 2006 年 12 月版，第 40 页。

③ 此信福建人民出版社 2019 年 12 月版《弘一大师全集》（第 3 版，修订 2 版）第八册 · 文艺卷、杂著卷、书信卷第 359 页收录，标“一九二七年十二月初二日，温州庆福寺”。

④《刘质平年表》，收平湖市李叔同纪念馆编《薪火相传——纪念著名音乐教育家刘质平先生诞辰一百二十周年》，2014 年 10 月。

⑤ 林子青编著：《弘一法师年谱》1927 年条目注十五，宗教文化出版社 1995 年 8 月版，第 167 页。

⑥ 钱均夫家族藏。

⑦ 浙江省平湖市人民政府、上海徐汇区文化局编：《弘一大师法书集 · 天心月圆（作品卷）》，上海书画出版社 2017 年 5 月版，第 34 页。

书“老实念佛”。款识“岁次大辰，演音”；钤印“弘一”、佛肖印。[1]

社会评介择要

吕伯攸《再记李叔同先生》，载1927年1月29日《小说世界》第15卷第5期。

孟忆菊：《又是一段关于李叔同的记载》，载1927年1月29日《小说世界》第15卷第5期。

斸叟：《〈子恺画集〉序》，收《子恺画集》，开明书店1927年2月版。

《周孟由居士来函》，载1927年2月《佛光社社刊》第2期。

皈僧：《弘一大师传略》，载1927年7月《世界佛教居士林林刊》第18期。

丰子恺、裘梦痕：《中等教科适用歌曲集·中文名歌五十曲》序言，收（上海）开明书店1927年8月版。

白龙山僧：《丙寅年温州佛化之一瞥》，载1927年《海潮音》第8卷第2期。

① 浙江省平湖市人民政府、上海徐汇区文化局编：《弘一大师法书集·天心月圆（作品卷）》，上海书画出版社2017年5月版，第36—37页。

1928 年　戊辰　49 岁

社会文化事略

1 月 18 日，蒋介石就任国民革命军北伐军总司令；2 月 21 日，中华民国大学院通令废止春秋祀孔旧典；2 月，中华民国大学院公布《私立学校条例》《私立学校校董条例》《教育会条例》《小学暂行条例》和《华侨学校立案条例》；3 月，中华民国大学院公布《中学暂行条例》。国立杭州艺术院成立，林风眠任校长；7 月 7 日，南京国民政府宣告废除中外不平等条约；10 月，南京国民政府令：大学院改为教育部；12 月 30 日，中国著作者协会在上海成立。

生平事迹

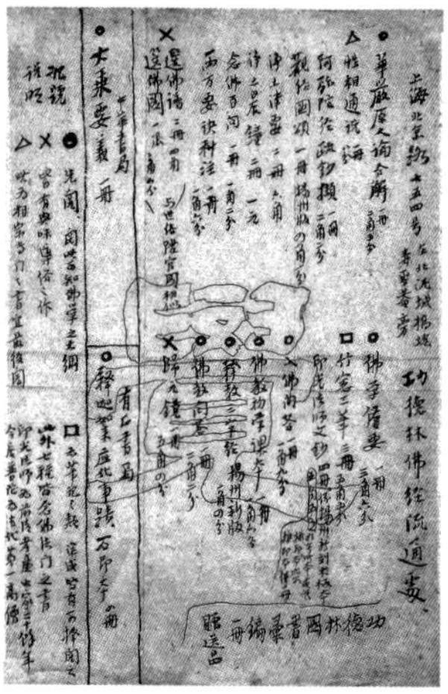

弘一大师佛教书籍清单。见中共温州市委宣传部、中共温州市委统战部、温州市文化广电旅游局主办“碧天芳草——李叔同师友翰墨展”，2021 年 1 月 26 日至 4 月 30 日，温州衍园美术馆。

1 月 8 日（农历丁卯十二月十六日），所书佛号“南无阿弥陀佛”在《琼报》刊出。款识“大方广佛华严经光明觉品‘众生及国土，一异不可得；如是善观察，名知佛法义’。岁次大辰九月，华严寺沙门胜髻书”；钤印“胤”、佛肖印。刊出时标“南社名书家李叔同君墨迹。李精八法，夙负盛名，近年皈依佛法。此其最近作也。”

1 月 22 日（农历丁卯十二月三十日），在温州致蔡丐因函：

惠书并《疏钞》一册，前日收到。晤谈宜俟五十来绍之时，今未能破例也。一浮居士当代陈说。仁者往访时，于名刺上自写弘一介绍数字可耳。《疏钞》近二十册。（内有数册，俟后续寄。）又他种佛书二十余册，于正月初十日前送存友人处，以待仁者托人来领（其寄存处俟后奉达，今犹未决定也。）

丐因居士

除夕　月臂疏

按：此信福建人民出版社 2019 年 12 月版《弘一大师全集》（第 3 版，修订 2 版）第八册・文艺卷、杂著卷、书信卷第 344 页收录，标“一九二八年除夕，南安雪峰寺”。文物出版社 2017 年 10 月版陈飞鹏整理《弘一法师书信全集》第 153 页收录，有“案”：“此信，《弘一大师全集》注：1928 年旧十二月三十日，南安雪峰寺。年份疑误。依信中内容读解，倘写于南安雪峰寺，乃弘一法师第一次到闽南，且到南安雪峰寺度岁，然信中只字未提。以信中谈论诸事，弘一法师此间似还在温州，未到闽南。此信应写于 1927 年除夕为合理。以林子青《弘一法师书信》注释写于 1927 年除夕温州为是。”确当。因丁卯农历除夕为公历 1928 年 1 月 22 日，故将此函置于本年。

2 月 25 日（农历二月初五日），书“庄敬”。款识“十目所视，十手所指。战战兢兢，如临深渊，如履薄冰。戊辰二月五日，母亡二十八周年。演音敬书”。①

伏虎庵旧影。资料来源：宝严寺弘一大师纪念室。

3 月 5 日（农历二月十四日），在温州致孙选青函：

> 鄙承枉临，并馈珍食，感谢无似。近有新印书二种，不久由沪寄来，再当托人赍奉尊斋。荷劳远念，先此慰报。蔡居士有书来，稍迟当作覆，复函与书籍，并托仁者转致，此未宣悉。
>
> 选青居士丈室
>
> 论月疏　二月十四日

按：此信福建人民出版社 2019 年 12 月版《弘一大师全集》（第 3 版，修订 2 版）第八册 · 文艺卷、杂著卷、书信卷第 360 页收录，标“一九二九年二月十四日，温州庆福寺”。此误。其时弘一大师在温州。

伏虎庵时期之旧建筑。（伏虎寺佛心法师提供）

3 月 6 日（农历二月十五日），聂云台编《聂氏家言旬刊》第 155 期出版。**按：**内有《耕心斋杂记：玉边万年青服法》，系周孟由抄录寄送的弘一大师遗文《玉边万年青服法》，福建人民出版社 2019 年 12 月版《弘一大师全集》（第 3 版，修订 2 版）各卷均未收录。全文如下：

> 玉边万年青专治因肺胃熱大口吐血之症，若因体虚劳伤痰中带血或血丝者，似宜斟酌。捣时宜少加水，不可多，宜冷服，服时宜一口一口缓缓咽之，一口咽毕，稍缓，须臾之顷，再咽第二口，不可一气饮尽。此物苦寒极能损胃，不宜常服。吐血止后，再服二三次即可停。每次服二叶乃至四五叶，视吐血症轻重而定。此物味极

① 刘正成主编：《中国书法全集 83 · 近现代编-李叔同马一浮卷》（该分卷主编潘良桢，副主编方爱龙，学术顾问任继愈），荣宝斋出版社 2002 年 11 月版，第 96 页。此与通常所说李叔同之母逝世时间不合。为此有学者撰文以为以此为准。实此为孤例。弘一大师为何如此款识，可再研究。

苦，服时宜忍耐。

有刺者不可用，如无玉边者，即服全绿之万年青亦稍有功效。吐血轻症服白茅根或仙鹤草水煎服皆有效。此等药可向温州大南门城洞出摊之卖药者求觅，价甚廉。

春，托人代赠蔡丏因手书石印本数种。

清明时节，原浙江省立第一师范学校学生印西至温州，在庆福寺聆听佛法，并受影响最终出家。① **按：**印西《弘一法师》一文有曰："回忆西幼时从师钱塘，学音乐金石书画诸艺事，朝朝奉侍，情同母子，慈眷之深，二十五载来，未尝敢一日忘。当戊午之春，每以梵典诱导，其善巧方便之意，至湛且笃。于是西始渐渐信奉佛乘。戊辰清明，为扫祖墓，西自北平回瓯，其时适师掩关城南城下寮，得时时亲闻法音，每至日落月上，不知饥倦，家人咸戏呼西曰小沙弥。居两月，因与继母有闲言，不谅，被讼于法曹。师闻之，以书召往诫劝，穷数日夜，聆之益有悟，遂决披剃投入空门。是冬，往明州天童寺足比丘戒。阅三载，师屡命参访海内缁素诸名宿，乃得行脚西蜀海南及吴越间，数岁无休。"②

今伏虎寺殿前香炉。摄于2020年10月23日。

4月11日（农历闰二月廿一日），移居瑞安大罗山仙岩伏虎庵"诛茅宴坐"。行前在庆福寺致孙选青函。言前函计已收悉；书赠二十叶及石印三份，其中二份分赠蔡丏因、李鸿梁，并佛书多种，其中日文《佛教心理研究》赠蔡丏因，《楞严经科会》赠李鸿梁。又石印所书《地藏菩萨本愿经见闻利益品》三十册，可分赠友人；今日下午移居大罗山伏虎庵。以后来函，仍寄庆福寺寂山老和尚转交等。③ **按：**伏虎庵现名伏虎寺，位于温州市仙岩风景区大罗山西南，坐落在大罗山积翠峰，系北宋楞严遇安禅师开山创建。今伏虎寺下圣寿禅寺内有弘一法师纪念塔。

同日致蔡丏因函。言来函均收悉；今乞孙选青居士赍所书石印本数种；将移居大罗山；明岁若往嘉、杭，当可晤谈等。④

4月20日（农历三月初一日），返回庆福寺。致孙选青函。言来函收悉；感谢赠与罐食；居山数日，宿疾渐愈，今已返庆福寺；赠所书影

① 印西，温州瑞安人，弘一大师弟子，宁波天童寺出家，后主持过绍兴小云栖寺，弘一大师大批书画作品曾保存于该寺，抗战期间被汉奸胡耀枢掠走。今浙江安吉灵峰寺置有弘一大师衣钵塔，即系纪念弘一大师和印西法师。弘一大师圆寂后，印西法师曾致函马一浮，谓浙中沙门仰高师行，欲奉大师生前衣钵，营塔于山中，请其题记。

② 印西：《弘一法师》，收《弘一大师永怀录》，大法轮书局1943年流通版，第108—109页。

③ 此信福建人民出版社2019年12月版《弘一大师全集》（第3版，修订2版）第八册·文艺卷、杂著卷、书信卷第359—360页收录，标"一九二八年闰二月二十一日，温州伏虎庵"。然同日致蔡丏因函中有"尔将移居大罗山"句，可知写信地点应系庆福寺。

④ 此信福建人民出版社2019年12月版《弘一大师全集》（第3版，修订2版）第八册·文艺卷、杂著卷、书信卷第343页收录，标"一九二八年闰二月二十一日，温州庆福寺"。

印件二叶等。[1]

今伏虎寺山门。摄于2020年10月23日。

5月1日（农历三月十二日），在温州致蔡丏因函。言来函收悉；附赠写影；承惠《华严》印本，请以十册分寄上海江湾镇立达学园丰子恺五册、九江牯岭大林冲七十七号汪奉持一册、台州天台县梅干记转东乡榧树村谢国梁居士交极乐寺宽愿法师三册、杭州里西湖招贤寺弘伞法师一册。其余四十部，暂请转存；不久将出外云游等。[2]

5月10日（农历三月廿一日），书“代苦”。款识“又云，菩萨如是受苦毒时，转更精勤不舍不避，不惊不怖，不退不怯，无有疲厌。何以故？如其所愿，决欲荷负一切众生，令解脱故。岁次寿星三月二十一日，大明院无依”；钤印“化人幻士”、佛肖印。“华严经云：我宁独受如是众苦，又云：我当普为一切众生备受众苦。善摄书”；钤印“辟”。[3]

5月12日（农历三月廿三日），在温州致蔡丏因函：

> 曩邮明信，想达慧览。行期延缓，或须迟至明春耳。写经珂罗本印就，仍希邮至温州。前年曾奉上贤首国师墨迹影本，近检《续藏经》，亦载此文，后更附数行。委书赍往疏记等名目。仁者有暇，宜至嘉兴佛学会中检寻之。（《续藏经》第一辑第二编第八套第五册第四百二十二页。）附奉上拙书菩萨名号一叶。此未宣悉。
>
> 丏因居士文室
>
> 善摄疏　三月二十三日

按：此信福建人民出版社2019年12月版《弘一大全集》（第3版，修订版）第八册·文艺卷、杂著卷、书信卷第344页收录，标“一九二九年三月二十三日，厦门南普陀寺”。此当为公历。文物出版社2017年10月版陈飞鹏整理《弘一法师书信全集》第187页收录，有“案”：“此信，《弘一大师全集》注：1929年3月23日，厦门南普陀寺。地址疑误。3月23日倘是新历，即旧历二月二十三日。旧二月中旬，弘一法师已离开厦门到泉州，住承天寺。故发信地址应以泉州承天寺为合理。倘

① 此信福建人民出版社2019年12月版《弘一大师全集》（第3版，修订2版）第八册·文艺卷、杂著卷、书信卷第360页收录，标“一九二八年三月朔，温州庆福寺”。

② 此信福建人民出版社2019年12月版《弘一大师全集》（第3版，修订2版）第八册·文艺卷、杂著卷、书信卷第343页收录，标“一九二八年三月十二日，温州庆福寺”。

③ 刘正成主编：《中国书法全集83·近现代编–李叔同马一浮卷》（该分卷主编潘良桢，副主编方爱龙，学术顾问任继愈），荣宝斋出版社2002年11月版，扉页。

三月二十三日是旧历，则弘一法师已经由福建回到温州庆福寺，发信地址应在温州。以信中嘱托对方“仍需邮至温州”一语判断，此信以写于旧历三月二十三日为合理。”以上“案”中所言“3 月 23 日倘是新历，即旧历二月二十三日”有误，是年 3 月 23 日，其农历应为二月十三日。又，弘一大师赴承天寺是 1930 年。此信写于 1928 年 5 月 12 日（农历三月廿三日）。蔡丏因赠珂罗版《华严经》在本年弘一大师致丰子恺信中有提及。写信地点在温州。

5 月（农历三月十二日至四月十三日），1926 年所书《大方广佛华严经・十回向品初回向章》由蔡丏因影印出版。蔡丏因题签，扉页有李鸿梁所绘佛像。

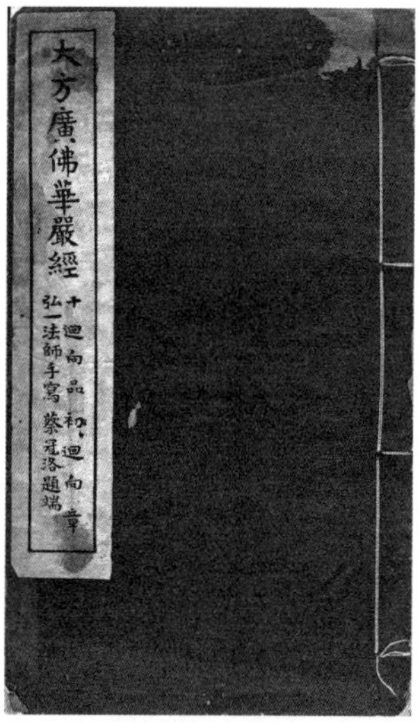

1928 年 5 月，蔡丏因影印出版的《大方广佛华严经・十回向品初回向章》。

1928 年 6 月 9 日《新闻报》杨赓德《李叔同之晚晴山房》一文。

5 月 19 日至 6 月 17 日（农历四月），在温州庆福寺闭关，发布“用功谢客简”：

> 窃念生死事大，无常迅速。自今以后，专安分守己，一心用功，诸事不问。谨定规则三条如下。
>
> 一、凡有来客，未能接见。
>
> 二、凡有来信，未能答复。
>
> 三、所托各事，无论大小，皆未能报命。
>
> 失礼之处，敬乞鉴谅。
>
> 戊辰四月　弘一谨白①

6 月 6 日（农历四月十九日），在温州致丰子恺函。言前复一函，计已收到；此间城垣拆毁过半，因有人反对，又复中止。故寓楼尚未有喧扰之虞。将来如何，未可预料；承蒙与夏丏尊等为谋建筑庵舍，似非所急。似可待他年缘缘堂建成，当依附而居，且今后如无大变化可不移居，若有变化拟暂寄居他处，以待胜缘成就；刘质平宿疾愈否？温州产有一种土草药，名曰人字草，治劳伤吐血极灵。丁福保、俞凤宾二医士曾作文赞誉。便中可询问刘质平，如愿服用，可告知，当以邮奉；问候李圆净居士。其答彼一信片，想已收到。《戒杀》画文字甚愿书写。又再寄一册其所著《楞严经科解》赠与邻居等。②

① 此简福建人民出版社 2019 年 12 月版《弘一大师全集》（第 3 版，修订 2 版）第八册・文艺卷、杂著卷、书信卷第 496 页收录，标“一九二八年旧四月，温州庆福寺”。

② 此信福建人民出版社 2019 年 12 月版《弘一大师全集》（第 3 版，修订 2 版）第八册・文艺卷、杂著卷、书信卷第 366 页收录，标“一九二八年四月十九日，温州庆福寺”。李圆净（1894—1950），即李圆晋，名荣祥，别署无相，广东三水人，佛教居士，皈依印光大师，参与《护生画集》编辑、出版工作。

致孙选青函。言前日承荷惠临，至今晨乃由寺中人告知。因不晤宾客，寺中人见有来访问者皆依例谢绝。感谢关念一切；尚未决定移居。新历六月十日如有暇，可于上午八时三刻至九时半之间到东山书院晤谈（因在寺中未能破谢客之例，故改在他处等。①

6月9日（农历四月廿二日），《新闻报》刊出杨赓德《李叔同之晚晴山房》文，言："闻其旧友夏丏尊先生等发起，拟于上虞白马湖畔山麓，代为募建小平屋三间。定名晚晴山房，以备弘一法师驻锡之用。法师人格崇高，遐迩景仰。将来净修山麓，想白马湖亦当生色不少也。"

民国时期景德寺旧影。资料来源：景德寺陈列厅。

6月10日（农历四月廿三日），上午与孙选青在东山书院晤谈。

6月11日（农历四月廿四日），赴永嘉会昌罗汉山景德寺，小住一旬。**按：**在景德寺见《醒世千家诗》孤本。景德寺位于瓯海区郭溪街道岭头村，距市区约20公里。该寺始建于唐宋间，1925年由原浙江省第一师师长潘鉴宗出资修葺。②"文革"时该寺建筑遭到严重破坏，1998年进行过大修重建。

6月20日（农历五月初三日），自景德寺返回庆福寺。致孙选青函：

东山欢聚，至慰。留滞乡寺一旬，今晨返庆福。以后惠书，寄大南门城下寮。谨达，不宣。

选青居士丈室

演音疏　五月初三日

今景德寺。摄于2020年10月23日。

按：此信福建人民出版社2019年12月版《弘一大师全集》（第3版，修订2版）第八册·文艺卷、杂著卷、书信卷第361页收录，标"一九二九年五月初三日，温州庆福寺"。文物出版社2017年10月版陈飞鹏整理《弘一法师书信全集》第191页收录，时间标1929年"旧五月初三"，地点标"温州庆福寺"。二者所标时间均误，根据本年6月6日（农历四月十九日）弘一大师致孙选青函，约"新历六月十日"在东山书院见面，此信当写于本年。

---

① 此信福建人民出版社2019年12月版《弘一大师全集》（第3版，修订2版）第八册·文艺卷、杂著卷、书信卷第360页收录，标"一九二八年新六月六日，温州庆福寺"。

② 潘鉴宗（1882—1938），永嘉人，1903年入福建武备学校，北洋政府时任浙江省第一师师长，1924年被授予上将军衔，1925年退出军界。

6月21日（农历五月初四日），在温州致蔡丏因函：

顷奉惠书，并《华严》二册。敬谢。影印装璜悉精美。他日全书运至，再乞检二册，寄上海北四川路横滨桥魏盛里内山书店内山完造居士，至感。

胜臂　端阳前一日

按：此信福建人民出版社2019年12月版《弘一大师全集》（第3版，修订2版）第八册·文艺卷、杂著卷、书信卷第344页收录，标“一九二九年端阳前一日，温州庆福寺”。文物出版社2010年10月版陈飞鹏整理《弘一法师书信全集》第191页收录，亦如此标注。均误。此信写于1928年6月21日，端午节前一日。本年致丰子恺信中已提及蔡丏因赠《华严》一事。

6月27日（农历五月初十日），马一浮来函：

别遂经岁，俗中扰扰不可言。伏维道体安稳，少病少恼。前累蒙惠寄法书，时出展对，如仰身云，暂可慰念。去月李荣祥居士见寄尊撰《五戒相经笺要》卅部，已分赠所知，并感垂诱之切，敬谢无量。曩时奉对，曾谓欲得《清凉疏钞》一部。今嘉兴陆序兹愿以其父无病居士遗书奉赠，谨托同庄为致之，至时希命侍者赐答。有人言，师近入大罗山诛茆宴坐，未审然否？何时复还锡杭州，兼望示及。不具。

论月大师坐下

马浮和南　戊辰五月十日

按：福建人民出版社2019年12月版《弘一大师全集》（第3版，修订2版）第八册·文艺卷、杂著卷、书信卷第504页收录此信时，将“兼望示及”之“示”字录为“未”字。

6月（农历四月十四日至五月十三日），《世界佛教居士林林刊》第19期刊出皈僧《送弘一大师之永嘉》《上弘一大师白马湖》二诗。前者：“吾师真觉者，超群出尘凡。跎跋多罗宝，阿浮诃那咸。故心无罣碍，与俗异酸碱。明日飞云下，春风满布帆。自我撄尘网，穷愁瘁一身。耻为寒士语，岂是热中人。母思无安宅，家贫有老亲。不随夫子去，回首一伤神。”后者：“回首八年事，伦神一晤言。乍疑惊幻梦，转喜涤烦冤。不尽山河泪，难忘复帱恩。愿闻大解脱，拔我钝尘根。浮生如作茧，哀乐绕心头。愁听一家哭，愿为四海游。衰亲初健饭，少妇乍登楼。负得前生业，何年任自由。乾闼婆城住，悠悠七四年。自从迷本性，久矣困尘缘。色相贪痴爱，浮名贤圣天。明知居火宅，何处证青莲。”

《佛光社社刊》第3期刊出《复寒香居士书》二通①、《毗奈耶室随笔（一）》（署名：弘一）、《劝人听钟念佛文》（署名：永嘉某师稿）。②

按：《毗奈耶室随笔（一）》福建人民出版社2019年12月版《弘一大师全集》（第3版，修订2版）未收。

7月27日（农历六月十一日），在杭州致蔡丏因函：

承无锡理工社寄到《华严回向品》五十册，顷已受收。敬谢。

胜臂　六月十一日

按：此信福建人民出版社2019年12月版《弘一大师全集》（第3版，修订2版）第八册·文艺卷、杂著卷、书信卷第343页收录，标“一九二七年六月十一日，杭州本来寺”。根据本年5月蔡丏因将此经印出之事实，此信应写于1928年7月27日，时在温州。

8月4日（农历六月十九日），在温州致李圆净函。言来函收悉；题名为《护生画集》甚善！下宜增三小字，即“附文字”三字，并告其式；封面请丰子恺画好，再为其题书名。题辞请马一浮，彼寓延定巷旧第六号门牌内；将来《护生痛言》排版之时，其字号格式等，皆可与丰子恺商酌；《印光法师嘉言录》中有大号之黑点，殊损美观。如必须用，可用再小一号者，或用三角空形；《护生痛言》闻已脱稿，甚欢慰等。③

秋，马一浮受委托为《护生画集》作序。④

为夏丏尊题“愿无尽室”额。

---

① 详见本谱1922年9月4日和12月24日条目。

②《劝人听钟念佛文》曾以《论月大师劝人听钟念佛文》之题发表于1927年4月《世界佛教居士林林刊》第17期。有关《毗奈耶室随笔（一）》的分析，参见金星《新发现的弘一大师温州佚文佚信》一文，收方韶毅主编《瓯风》第10集，上海远东出版社2016年1月版，第162—177页。《劝人听钟念佛文》已收福建人民出版社2019年12月版《弘一大师全集》（第3版，修订2版）第一册·佛学卷。

③ 此信福建人民出版社2019年12月版《弘一大师全集》（第3版，修订2版）第八册·文艺卷、杂著卷、书信卷第376页收录，标“一九二八年六月十九日，温州庆福寺”。李圆净（1900—1950），一作圆晋，名荣祥，广东三水人。中年学佛。

④ 马一浮《护生画集》序曰：“月臂书来，嘱缀一言，遂不辞葛藤而为之识。戊辰秋七月，蠲叟书。”见开明书店1929年2月版《护生画集》。

8月16日（农历七月初二日），李圆净来函。[①]

8月20日（农历七月初六日），赴永嘉会昌罗汉山景德寺，因《醒世千家诗》孤本之价值，以为系开智瀹德之佳作，故商之寺主，欲刊行世。为之精校朱批，圈选270余首。后挂号寄尤惜阴居士，嘱再精校。行前致孙选青函：

因事往上河乡景德寺，暂居一月。约于旧历八月初旬返庆福寺。俟返寺时，再致函奉约晤谈。不一。

选青居士

演音疏　七月六日

闻季材居士云：鸿梁未能来温。甚以为念。

按： 此信福建人民出版社2019年12月版《弘一大师全集》（第3版，修订2版）第八册・文艺卷、杂著卷、书信卷第361页收录，标"一九三〇年旧七月六日，温州景德寺"。文物出版社2017年10月版陈飞鹏整理《弘一法师书信全集》第220页收录，亦作此标注。皆误。此次赴景德寺系为精校《醒世千家诗》孤本。后于1929年3月由李圆净编辑出版《重编醒世千家诗》（世界佛教居士林），弘一大师为题封面，署"演音"。书中《重编醒世千家诗刊布因缘》中写曰："……戊辰夏季，永嘉论月大师，偶在会昌罗汉山景德寺中得此孤本。展阅之，认为今日吾国苦恼社会开智瀹德之逗机佳书。商之寺主，出以流布。因精校硃批，圈选二百七十余首，并将不合时宜之诗数首删去，兼加修正若干处，挂号邮寄学人嘱再精校……"

8月28日（农历七月十四日），在温州致孙选青函：

前书想达慧览。朽人拟于旧历八月初一日（新历九月十四日）返庆福寺。初三日（新历九月十六日星期日）如仁者有暇，希过谈。不久将往他方。故近有旧友来访者，皆可晤谈。乞先晤因弘师接洽为妥。不具。

选青居士

七月十四日　论月上

按： 此信福建人民出版社2019年12月版《弘一大师全集》（第3

① 参见本谱本年9月16日条目。

版，修订 2 版）第八册・文艺卷、杂著卷、书信卷第 361—362 页收录，标“一九三〇年旧七月十四日，温州景德寺”。文物出版社 2017 年 10 月版陈飞鹏整理《弘一法师书信全集》第 221 页收录，亦如此标注。皆误。1930 年农历七月十四日时弘一大师在上虞法界寺。故此信当写于 1928 年农历七月十四日，地点在景德寺。

8 月（农历六月十六日至七月十七日），《世界佛教居士林林刊》第 20 期发表《论月大师答张刘庞诸居士在家弟子修持浅说》，署“无相速记”。

9 月 14 日至 10 月 12 日（农历八月），作《〈地持论菩萨戒羯磨义记〉跋》，署：“岁次戊辰八月沙门昙昉书。”[①]

9 月 14 日（农历八月初一日），自景德寺返回庆福寺。

9 月 16 日（农历八月初三日），前已约孙选青于是日来谈。

在温州致李圆净函。言有数事委托：一、由周居士送上网篮一只，上层有书三包，“包皮写明交与仁者字样”，请将书暂存。其余之物及网篮皆交丰子恺；二、《五戒相经》《有部毗柰耶》不久印出精装本各二百册，印就后“由中华书局送至尊处”。收到后检出各一百五十册送至内山书店，托彼转赠日本诸处。其余各五十册请代为收藏，有需时来领取。三、《有部毗柰耶》普通纸印本一千册“亦由中华书局同时送至尊处”，收到后检出五十册一并送与内山书店，托彼赠送。此外，请斟酌送适宜之寺院及僧众等。余者请代为存贮。四、赠与内山书店书籍之事无须与他人谈及（并转告丰子恺）；五、以上各书皆无须寄来。《戒杀画集》出版后亦勿寄来；六、《戒杀画集》出版之后，凡老辈旧派之人，皆可不送或少送。此书赠与新学家，最为逗机。如青年学生，犹为合宜。至寻常之寺院，及守旧之僧俗，皆宜斟酌送之；七、前存之初版《五戒相经》，请检出五十册送至北京路通易信托公司内周守良居士收下，转交温州周孟由居士收；八、《调查录》已朱标记号数处及说明纸，交尤居士；九、《寒山拾得诗》中有戒杀诗数首，今或可选出，录入《护生画集》中；十、七月初二日信片及《地藏菩萨录》一包已收到等。[②]

---

① 弘一大师：《〈地持论菩萨戒羯磨义记〉跋》，收《弘一大师全集》第七册・佛学卷、传记卷、序跋卷，福建人民出版社 2019 年 12 月第 3 版，修订 2 版，第 613—614 页。

② 此信福建人民出版社 2019 年 12 月版《弘一大师全集》（第 3 版，修订 2 版）第八册・文艺卷、杂著卷、书信卷第 376—377 页收录，标“一九二八年八月初三日，温州庆福寺”。

丰子恺来信。[①]

9 月 27 日（农历八月十四日），在温州致丰子恺函。言初三日来信诵悉；嘱咐：其一，周居士动身已延期。网篮恐须稍迟带上。其二，《佛教史迹》已收到，如立达学园仅存此一份，他日仍拟送还。其三，护生画拟请李圆净居士等选择。一切决定后再寄来书写文字。其四，不录《楞伽》等经文。其五，画集虽应用中国纸印，但表纸仍不妨用西洋风之图案画，以二色或三色印之。至于用线穿订，拟用日本式。因此书须多注重于未信佛法之新学家。其六，李居士属书签条，附寄上。其七，“不请友”三字之意，即是如《华严经》句意。其八，周孟由居士等谆留今年仍居庆福寺。故今年下半年，拟不他往。俟明年至上海诸处时，再与商量筑室之事。其九，近病痢数日，尚须缓缓调理。然不久必愈，乞勿悬念。其十，请惠寄零用之费十元，庆福寺贴补之费约二十元。此款可请旧友分任之。其十一，李圆净居士寄来《梵网经》等皆收到等。[②]

9 月 29 日（农历八月十六日），在温州致蔡丏因函。言前邮明片，想达慧览；今岁仍居庆福寺，明春云游时当来嘉兴晤谈；承转寄《华严》，甚感等。[③]

在温州致孙选青函：

> 昨承枉临，并惠食饮诸品，感谢无尽。曩病痢，今渐痊愈，惟精神未复元耳。希释远念。不具。
>
> 选青居士
>
> 胜臂疏　八月十六日

按：此信福建人民出版社 2019 年 12 月版《弘一大师全集》（第 3 版，修订 2 版）第八册 · 文艺卷、杂著卷、书信卷第 361 页收录，标“一九三〇年八月十六日，温州庆福寺”。文物出版社 2017 年 10 月版陈飞鹏整理《弘一法师书信全集》第 219 页收录，有“案”：以为弘一大师此时居上虞法界寺，病痢。此可参见 1930 年闰六月二十七日致刘质平函，内容提及病况，从时间上推测亦合乎逻辑。然此信当写于 1928 年

---

① 参见本谱本年 9 月 27 日条目。

② 此信福建人民出版社 2019 年 12 月版《弘一大师全集》（第 3 版，修订 2 版）第八册 · 文艺卷、杂著卷、书信卷第 366—367 页收录，标“一九二八年旧八月十四日，温州庆福寺”。

③ 此信福建人民出版社 2019 年 12 月版《弘一大师全集》（第 3 版，修订 2 版）第八册 · 文艺卷、杂著卷、书信卷第 343 页收录，标“一九二八年八月十六日，温州庆福寺”。

农历八月十六日，地点在温州。前二日已有致丰子恺函，言及病痢数日。

9月（农历七月十八日至八月十七日），名下歌曲《月夜》《幽人》《春夜》和《秋夜》收钱君匋编《中国名歌选》，（上海）开明书店出版，①

10月4日（农历八月廿一日），在温州致李圆净、丰子恺函。言来函及另寄之画稿、宣纸等，皆收到；阅画集，至为欢喜赞叹。但稍有美中不足条述如下，请逐条详细阅之。主要有：一、此画集为通俗之艺术品，应以优美柔和之情调，令阅者生起凄凉悲悯之感想，残酷、粗暴之画则令阅者起厌恶不快之感，似有未可；二、已将此画集重为编订，共存22张，须添画两张，共计24张。其一、题曰忏悔。其二、题曰平和之歌。所以欲增加此二幅是因此书名曰《护生画集》。而集中所收者，大多数为杀生伤生之画，皆属反面之作品，颇有未安。今排定之次序。三、集中所配之对照文字，固多吻合。但亦有勉强者。今择其最适宜者用之。四、《夫妇》所配之诗，虽甚合宜。但为开卷第一幅，须用优美柔和之诗。故此诗拟亲自另作。五、画题有须改写者，记之如下：《溺》改为《沉溺》（第二张）。《囚徒之歌》改为《凄音》，原名甚佳，因与末幅《平和之歌》重复，故改之（第三张）。《诱杀》改为《诱惑》（第四张）。《肉》改为《修罗》（第十一张）。《悬梁》能改题他名，为善。乞酌为之（第十三张）。又《刑场》之名，能改题，更善。否则仍旧亦可（第十二张）。六、为新作之白话诗，已成者数首，贴于画旁，请阅之。七、对照之诗，所占之地位，应较画所占之地位较小，乃能美观。八、最后一张画，即《平和之歌》是以两页合拼为一幅。将来此幅对照之诗，其字数较多，亦是以两页合拼为一幅。诗后并附短跋数语，故此幅之字数较多也。九、画集附挂号寄上。请补改正后再挂号寄下，并画好之封面，同时寄下。十、将来印刷之时，其书画配置，及封面纸之颜色与结纽线之颜色皆须请恺处处注意。又画后，有排版之长篇戒杀文字，亦须排列适宜。十一、此画集如是编定，大致妥善。将来再版之时，似无须增加变动。十二、所有删去之十数张，将来择其佳者可以编入二集。将来编二集时，拟多用优美柔和之作，及合于护生正面之意者。至残酷之作，依此次之删遗者，酌选三四幅已足，无须再多画。此次画集所选入者，以《母之羽》《倘使羊识字》《我的腿》《农夫与乳母》《残废

① 钱君匋编《中国名歌选》所收《秋夜》实非李叔同所作，真正的作者系李叔同的学生周玲荪。周玲荪在1933年出版的《新时代高中唱歌集》（商务印书馆）中将此歌作者标为“周玲荪”，并加“注”说明：“钱君匋先生编中国名歌选，曾选用拙著此歌，误注为李叔同先生作”。钱君匋（1907—1998），浙江桐乡人，现代艺术家、出版家。

的美》，为最有意味。《肉》，甚有精彩。另告疾已愈。惟精神身体，皆未复元等。[①]

10月5日（农历八月廿二日），在温州致丰子恺函。言今日午前挂号寄上一函及画稿一包，顷又做成白话诗数首（《倘使羊识字》《残废的美》《喜庆的代价》《悬梁》），并录写；画稿中《母之羽》一幅，虽有意味，但画法似未能完全表明其意，终觉美中不足。如能再画一幅，取较优者更善。[②]

收到李圆净来函。

10月6日（农历八月廿三日），在温州续写前致丰子恺函。言此函写就将发，得李圆净书，谓画集出版后，拟赠送日本各处。以为若送日本各处，则此画集更须大加完善。然李圆净又急欲出版。以为如仅赠送国内，则现所编辑者可以用。若欲赠送日本，须再画十数幅，并重新编辑。请与李圆净酌之；前已删除之画《修罗》，现在考虑，此画甚佳，不忍割爱，拟仍旧选入。与前画之《肉》一幅，接连编入。其标题，则谓为《修罗一》《修罗二》（即以《肉》为《修罗一》，以原题《修罗》者为《修罗二》）。再将《失足》一幅删去。故全集仍24幅。[③]

同日在温州致李圆净函。言昨天收到来函；承寄藏经目，甚感；画集装订事于前函及致子恺之函内，已详言；《护生画集》若仅赠送国内，即依此法装订印刷。若欲赠送日本，则更须添印二三百部，精工印刷。装订仍不妨用色线结纽等；画稿待丰子恺改正寄来后，当为补题诗句及书写，再一并寄上斟酌募资；穆藕初处，久未通讯；近年来心灰意懒，殊不愿与人交际。即作文写字等事，至此画集完成后，即截止；写字之事，惟写小幅简单之佛菩萨名号，或偶写一书签耳；尤居士寄来牛诗已收到。惜不甚贴切，今拟重做等。[④]

按：以上分别致丰子恺、李圆净函，文物出版社2017年10月版陈飞鹏整理《弘一法师书信全集》第168—169页、170页分别收录，写信地点标为“温州江心寺”。此误。弘一大师于1928年11月8日（农历九月廿七日）才移居江心寺。

---

① 此信福建人民出版社2019年12月版《弘一大师全集》（第3版，修订2版）第八册·文艺卷、杂著卷、书信卷第378页收录，标“一九二八年八月廿一，温州庆福寺”。

② 此信福建人民出版社2019年12月版《弘一大师全集》（第3版，修订2版）第八册·文艺卷、杂著卷、书信卷第367—368页收录，标“一九二八年旧八月廿二日，温州庆福寺”。

③ 此信福建人民出版社2019年12月版《弘一大师全集》（第3版，修订2版）第八册·文艺卷、杂著卷、书信卷第368页收录，接前信排列。

④ 此信福建人民出版社2019年12月版《弘一大师全集》（第3版，修订2版）第八册·文艺卷、杂著卷、书信卷第380页收录，标“一九二八年旧八月廿三日，温州庆福寺”。

10月7日（农历八月廿四日），在温州致丰子恺函。言新作诗四首（《凄音》《农夫与乳母》《!!!》《我的腿》），并写录；《倒悬》一幅，拟请改画；《刑场》与《平等》二幅，或可删，亦可留等。[①]

按：此信文物出版社2017年10月版陈飞鹏整理《弘一法师书信全集》第171—172收录，写信地点标为“温州江心寺”。此误。弘一大师于1928年11月8日（农历九月廿七日）才移居江心寺。又，《弘一法师书信全集》收录时将《!!!》误录为某句的三个“!”。

10月9日（农历八月廿六日），在温州致丰子恺函。言《护生画集》将来排列之次序，大约是：（一）《夫妇》，（二）《芦菔生儿芥有孙》之画（案芦菔俗称萝卜），（三）《沉溺》，（四）《凄音》等。中间数幅，较前所定者，稍有变动。至《农夫与乳母》以下，悉仍旧；再者，《芦菔生儿芥有孙》，请仅依“秋来霜露满东园，芦菔生儿芥有孙”二句之意画之。至末句中鸡豚，乞勿画入；以前数次寄函，请作画或改题者，再汇记如下：其一，增画《忏悔》《和和之歌》二幅。其二，改画者《芦生儿芥有孙》之画（旧题为《倒悬》，今乞改题）、《今日与明朝》（旧题为《悬梁》）、《母之羽》，共三幅。其三，修改画题者《沉溺》（原作《溺》）、《凄音》（原作《囚徒之歌》）、《诱惑》（原作《诱杀》）、《修罗一》（原作《肉》）、《修罗二》（原作（（修罗》），共五处；今年夏间由嘉兴蔡丏因居士寄上玻璃版印《华严经》二册，想早已收到等。[②]

10月11日（农历八月廿八日），在温州致李圆净函。言顷接到挂号函及明信一，并《藏经》样本一包；前得丰子恺函，谓须写封面二张，随即书写寄与子恺；因邮局罢工和丰子恺返故乡及邮路和自己不常出门等原因，通讯或有不畅；复写近日寄与子恺函之内容；画集之事，请披阅上记之内容，即可详悉；期待画集编辑完美；将来画集出版后，除赠送外，可酌定微价等。[③]

按：此信文物出版社2017年10月版陈飞鹏整理《弘一法师书信全集》第173收录，写信地点标为“温州江心寺”。此误。弘一大师于1928年11月8日（农历九月廿七日）才移居江心寺。

10月12日（农历八月廿九日），在温州致孙选青函：

① 此信福建人民出版社2019年12月版《弘一大师全集》（第3版，修订2版）第八册·文艺卷、杂著卷、书信卷第368—369页收录，标“一九二八年旧八月廿四日，温州庆福寺”。

② 此信福建人民出版社2019年12月版《弘一大师全集》（第3版，修订2版）第八册·文艺卷、杂著卷、书信卷第369页收录，标“一九二八年旧八月廿六日，温州庆福寺”。

③ 此信福建人民出版社2019年12月版《弘一大师全集》（第3版，修订2版）第八册·文艺卷、杂著卷、书信卷第380—381页收录，标“一九二八年旧八月廿八日，温州庆福寺”。

囊奉函，想达慧览。自明日始结长期修习忏仪，至十二月除夕暂止，共百二十日。属修改读佛经法，俟明年再觅暇执笔，未敢草率从事也。宿疾已愈，希释远念。不具。

选青居士

胜臂疏　八月二十九日

按：此信福建人民出版社 2019 年 12 月版《弘一大师全集》（第 3 版，修订 2 版）第八册 · 文艺卷、杂著卷、书信卷第 362 页收录，标“一九三〇年八月二十九日，温州庆福寺”。文物出版社 2017 年 10 月版陈飞鹏整理《弘一法师书信全集》第 211 页收录，亦如是标注，但有“案”：“此信，《弘一大师全集》注：1930 年旧八月二十九日，温州庆福寺。然此信与弘一法师 1930 年之后的行踪与该信内容不符。是否因闻知静权法师在金仙寺讲经，突然改变闭关计划？待考！”其实此信当写于 1928 年 10 月 12 日（农历八月廿九日），地点在温州。详考见金星《弘一大师温州交游考论》（温州大学硕士论文，2013 年）。

9 月 14 日至 10 月 12 日（农历八月），在温州致丰子恺函。言前寄上二函一片，想悉收到；昨今又续成白话诗四首（《夫妇》《暗杀一》《蚕的刑具》《忏悔》），并录写和说明；现唯有《母之羽》及《平和之歌》二首尚未作。拟俟画稿寄来，然后着笔；十数年未尝作诗。至于白话诗，向不能作，今勉强为之。俟画集写毕，即不再作文作诗及书写等。唯偶写佛菩萨名号及书签，以结善缘耳（但作此白话诗事，乞勿与他人谈及）等。[①]

按：此信文物出版社 2017 年 10 月版陈飞鹏整理《弘一法师书信全集》第 174 收录，写信地点标为“温州江心寺”。此误。弘一大师于 1928 年 11 月 8 日（农历九月廿七日）才移居江心寺。

10 月 15 日（农历九月初三日），收到李圆净来函及稿本。

10 月 16 日（农历九月初四日），在温州致丰子恺函。言前复信片，想达慧览；尚有白话诗二首（《母之羽》《平和之歌》）亦已作就，并录写和说明；附短跋：“李、丰二居士，发愿流布《护生画集》。盖以艺术作方便，人道主义为宗趣。虽曰导俗，亦有可观者焉。每画一页，附白话诗，选录古德者□首，余皆贤瓶道人补题。纂修既成，请余为之书

① 此信福建人民出版社 2019 年 12 月版《弘一大师全集》（第 3 版，修订 2 版）第八册 · 文艺卷、杂著卷、书信卷第 367 页收录，标“一九二八年旧八月，温州庆福寺”。

写，并略记其梗概”；交代画稿画幅大小须相称合，并举例说明；附二纸，为致李圆净者。可先阅览一过，便中面交与，稍迟不妨等。[1]

同日致李圆净之函言昨奉到尊片，又双挂号寄到稿本一册，同时收到；书写对照文字，须俟画稿寄到方能书写，并说明原因；以为此事无须太速，假以时日愿竭其心力为之编纂书写；《护生痛言》，至为感佩。拟留此详读，他日一并挂号寄上；《调查录》中所载之各团体，大半有名无实。故凡赠送之书，宜先赠一册，并附一明信片告彼等，如愿多得者，可再函索，并附寄邮费，并说明原因；画集印刷排列格式之事，俟后再详陈；《上法场》一画，拟不编入。此次未编入之画稿，虽可希望能再出二集。但此事难以预定。未编入之画稿，或可附入他种戒杀书中出版；新作之诗，已作就，共16首；交代画集出版之后赠送对象。此画集须迟至明春乃可出版。则延至明春再调查赠送对象亦可等。[2]

按：以上致丰子恺和李圆净二函，文物出版社2017年10月版陈飞鹏整理《弘一法师书信全集》第174—175页、175—176页分别收录，写信地点标为“温州江心寺”。此误。弘一大师于1928年11月8日（农历九月廿七日）才移居江心寺。

10月23日（农历九月十一日），收到丰子恺来函。

今温州江心寺。摄于2018年11月。

温州江心寺旧影。载1928年10月《旅航之友》第1期。

10月24日（农历九月十二日），在温州致丰子恺函。言昨晚获诵来书，答复如下诸事：一、续画之画稿，请至明年旧历三月底为止，并说明原因；二、白居易诗，“香饵”等二句非护生之意，勿用此诗作画；三、研究《起信论》，译佛教与科学之事可暂停。赞扬其礼拜念佛功课未尝间断并戒酒一年；四、网篮迟至年假时带去无妨；五、珂罗版《华严经》请赠李圆净一册；六、以后作画无须忙迫。如是乃有佳作；七、若集中画幅再增多，可视情删减；八、许居士如愿出家，当为设法；九、明年大约仍居庆福寺。寄来之廿元，拟留充明年之零用。明年因需贴补寺中全年食费约六十元。又于地藏殿装玻璃门，及《续藏经》书柜之木架等费，拟赠与寺中三十元。共计九十元。若他日有友人赠款，请为存积。俟阴历年底再斟酌情形。若需用此款，当致函请于明年春间便中汇下；十、明年能否于秋间至上海，难以预定；十一、明年与后年，拟暂维持现状。夏居士所云建造房舍之事，俟辛未年，再行斟酌。又，以后来函，信面上勿写“和尚”二字。因俗例，须本寺住持乃称“和

① 此信福建人民出版社2019年12月版《弘一大师全集》（第3版，修订2版）第八册·文艺卷、杂著卷、书信卷第369页收录，标“一九二八年九月初四日，温州庆福寺”。

② 此信福建人民出版社2019年12月版《弘一大师全集》（第3版，修订2版）第八册·文艺卷、杂著卷、书信卷第381—382页收录，标“一九二八年九月初四日，温州庆福寺”。此信或即是同日致丰子恺函中所述由丰子恺转交之函。

尚”。本人今居客位，以称大师或法师为宜；谈《护生画集》读者对象问题，表示《护生画集》专为新派有高等小学以上毕业程度之人阅览为主。今此画集编辑之宗旨，前已与李圆净陈说，即第一，专为新派智识阶级之人阅览。至他种人，只能随分获其少益。第二，专为不信佛法，不喜阅佛书之人阅览。[①]

按：此信文物出版社 2017 年 10 月版陈飞鹏整理《弘一法师书信全集》第 177—178 页收录，写信地点标为“温州江心寺”。此误。弘一大师于 1928 年 11 月 8 日（农历九月廿七日）才移居江心寺。

10 月（农历八月十八日至九月十九日），柯政和、张秀山编《民歌新集》第 2 册由（北平）中华乐社出版，《大中华》（歌曲）被收入。[②]

11 月 5 日（农历九月廿四日），在温州致孙选青函。言庆福寺近多经忏，不适于闭关。兹由道侣介绍往江心寺，二十七日迁居，近来如有余资，希惠施十圆，以充移居后诸费；倘承来江心寺，可与唯德法师接洽；前夏丏尊居士发起筑室之事，已谆嘱请于辛未年再筹办等。[③] **按：**一说此函写于公历 9 月 24 日（农历八月十一日）。[④] 判断此信，可结合 1928 年 9 月 27 日（农历八月十四日）弘一大师致丰子恺函所述内容。信中写曰：“周孟由居士等，谆谆留朽人于今年仍居庆福寺。谓过一天，是一天，得过且过，云云。故朽人今年下半年，拟不他往。俟明年至上海诸处时，再与仁者及丏翁等，商量筑室之事。现在似可缓议也。”说明 9 月 27 日（农历八月十四日）尚在庆福寺，且无拟往江心寺之计划。信末署“八月十四日”。此信福建人民出版社 2019 年 12 月版《弘一大师全集》（第 3 版，修订 2 版）第八册・文艺卷、杂著卷、书信卷第 366—367 页收录，标“一九二八年旧八月十四日，温州庆福寺”。

同日致李圆净、丰子恺函。言现拟移居江心寺；丰子恺新作之画稿，并旧画稿全份，请合集一包，于明年旧历三月底双挂号寄下，将白话诗题就并书写完毕，即连马一浮序及《护生痛言》，共为一包，约于旧历五月双挂号寄上；在江心寺系方便闭关，已作通告；江心寺收件不方便，旧上海艺术师范毕业生，有二三人在温州第十中学任教。请子恺居士于明春二月间，询问是否确实。倘果有其人者，先致函询彼。拟将

① 此信福建人民出版社 2019 年 12 月版《弘一大师全集》（第 3 版，修订 2 版）第八册・文艺卷、杂著卷、书信卷第 369 页收录，标“一九二八年旧九月十二日，温州庆福寺”。

② 李叔同作词，[意] 贝里尼（Vincenzo Bellini，1801—1835）曲。

③ 此信福建人民出版社 2019 年 12 月版《弘一大师全集》（第 3 版，修订 2 版）第八册・文艺卷、杂著卷、书信卷第 360 页收录，标“一九二八年九月二十四，温州庆福寺”。

④ 王维军：《新发现的弘一法师虎跑旧影之时间考》一文，收《莲馆弘谭・2018》，西泠印社出版社 2018 年 12 月版，第 134—145 页。

画稿寄至第十中学，交他手收，令彼亲自送至江心寺。此事甚须注意，请详酌之等。①

11 月 8 日（农历九月廿七日），迁居江心寺。② **按：**江心寺为温州名刹。南宋绍兴七年（1137）青了（真歇）禅师初建。1952 年曾进行修复，如今的天王殿即为当时所建。1983 年，被国务院确定全国 142 个重点开放寺院之一。

11 月 27 日（农历十月十六日），在温州致孙选青函。

向承枉谈，至用感慰。前金桂荪居士来，想已与仁者晤谈筑室之事。朽人自惭德薄，本拟缓图，乃夏居士已将山地购妥，用资亦筹备。依此情形，已有不能中止之势。故朽人随顺其意，遂允诺矣。知荷怀念，谨以奉闻。不宣。

选青居士

演音疏　十月十六日

按：此信福建人民出版社 2019 年 12 月版《弘一大师全集》（第 3 版，修订 2 版）第八册 · 文艺卷、杂著卷、书信卷第 361 页收录，标"一九二九年十月十六日，温州庆福寺"。文物出版社 2017 年 10 月版陈飞鹏整理《弘一法师书信全集》第 176—177 页收录，时间标 1928 年"新历 10 月 16 日"，地点为温州江心寺。《弘一大师全集》所标时间、地点皆误。因信中言及夏丏尊已将山地购妥，无法再阻止。故此时白马湖畔之晚晴山房商未竣工。晚晴山房竣工时间是 1929 年春夏间。故此信当写于 1928 年农历十月十六日。此时弘一大师已移居江心寺。《弘一法师书信全集》所标年份正确，但所述公历 10 月 16 日的理由是："此信，若年份无误，则月份应以新历为合理。旧九月中旬，弘一法师已经到上海住丰子恺家，筹划、编校《护生画集》出版事宜。至旧历十一月底，完成《护生画集》第一集全面编校工作。"弘一大师自温州至至上海的时间非农历九月，而是农历十月底或十一月初。故在无证据的情况下，当确定为农历十月十六日（公历 11 月 27 日）。

12 月 3 日（农历十月廿二日），在温州致孙选青函：

---

① 此信福建人民出版社 2019 年 12 月版《弘一大师全集》（第 3 版，修订 2 版）第八册 · 文艺卷、杂著卷、书信卷第 377—378 页收录，标"一九二八年九月廿四，温州庆福寺"。

② 参见本年 11 月 5 日（农历九月廿四日）在温州致孙选青函。

寄上拙书及《有部律》《五戒相经》各一册。《有部律》为出家人所用者。今以赠仁者，聊为纪念耳。此书为余所编辑。《五戒相经笺要》正文为明蕅益大师撰。其后所附补释等，亦余所编辑。廿六日即往上海。将来往福建否，尚未决定。草草奉陈。

迭青居士

弘一上　十月廿二日

按：此信福建人民出版社 2019 年 12 月版《弘一大师全集》（第 3 版，修订 2 版）第八册·文艺卷、杂著卷、书信卷第 360 页收录，标“一九二八年十月廿二日，温州庆福寺”。文物出版社 2017 年 10 月版《弘一法师书信全集》第 178 页收录，时间标为 1928 年“新历 10 月 22 日”，地点标“温州江心寺”。信中写“廿六日即往上海”，此与弘一大师行踪一致。宗教文化出版社 1995 年 8 月版林子青编著《弘一法师年谱》1928 年条目中关于弘一大师于该年秋至上海，九月居丰子恺家并接纳丰子恺皈依佛教，取法名婴行等事不确。弘一大师住丰子恺家和接纳其皈依是 1927 年之事。故《弘一法师书信全集》所标之时间有误，当为公历 12 月 3 日（农历十月廿二日）。至于写信地点，庆福寺、江心寺皆有可能。

旧时上海辛家花园一景。（载 1915 年《莺花杂志》第 2 期。）

12 月 7 日（农历十月廿六日），在温州致蔡丏因函：

惠书，忻慰。承施纸笔，感谢无尽。近有事往沪、杭。明岁若过嘉兴，当预奉闻。天寒手僵。略答不具。

演音　十月廿六日

今上海泰兴路西侧的中华新村。摄于 2019 年 2 月。

今上海泰兴路西侧中华新村的泰兴路 519 弄。摄于 2019 年 2 月。

按一：此信福建人民出版社 2019 年 12 月版《弘一大师全集》（第 3 版，修订 2 版）第八册·文艺卷、杂著卷、书信卷第 344 页收录，标“一九二八年十月廿六日，温州庆福寺”。文物出版社 2017 年 10 月版陈飞鹏整理《弘一法师书信全集》第 179 页收录，时间标“新历 10 月 26 日”，地点标“温州江心寺”。《弘一法师书信全集》的理由是“旧九月中旬末，弘一法师已经到上海住丰子恺家，筹划《护生画集》事宜。”此误。宗教文化出版社 1995 年 8 月版林子青编著《弘一法师年谱》1928 年条目中关于弘一大师于该年秋至上海，九月居丰子恺家并接纳丰子恺皈依佛教，取法名婴行等事不确。弘一大师住丰子恺家和接纳其皈依是 1927 年之事。故《弘一法师书信全集》所标之时间有误，当为 12 月 7 日（农历十月廿六日）。至于写信地点，庆福寺、江心寺皆有可能。**按二：**此信中说：“近有事往沪、杭。”此即为自温州赴上海确定《护生画集》编辑与出版事宜。而12月3日（农历十月廿二日）弘一大师在温州致孙选青函中称："廿六日即往上海。"故弘一大师赴沪，或为即日，或为近日。**按三：**在行船上见一只老鸭被关笼内，鸭主人曰老鸭肉可治病，故此鸭正是送往乡间为病者宰杀食肉。闻后倍感老鸭之不幸，遂恳请船主替老鸭乞命，愿用三金赎老鸭。老鸭终免其恶运，随同一并下船。事后，特意让丰子恺将老鸭造型绘出，一并收入《护生画集》。为此画的题词："罪恶第一为杀，天地大德曰生。老鸭札札，延颈哀鸣；我为赎归，畜为灵囿。功德回施群生，愿悉无病长寿。"弘一大师在题诗后所附的原文是："戊辰十一月，余乘番舶。见有老鸭囚于樊，将送他乡以饷病者，谓食其肉可起沉疴。余怜鸭老而将受戮，乃乞舶主为之哀请，以三金赎老鸭归。嘱子恺图其形，补入画集，聊志遗念。"由此可知，此事发生在农历十一月。至上海后曾赴上海清凉寺听应慈法师讲《华严经》。**按四：**上海清凉寺为常州清凉寺之下院，初于1909年创办。据《上海建设常州清凉寺下院广告》（1909年9月10日《申报》），其地点在上海北泥城桥西首平桥路280号。因较简陋，1926年至1927年间，在信徒盛宣怀夫人庄氏的支持下，将自家辛家花园北部新建寺院，故称新闸路清凉寺。该寺实际位于泰兴路新闸路交汇处附近，即泰兴路465弄（按如今的状况为新闸路以北，武定路以南的泰兴路西侧）。花园南部现归房地产商，建有中华新村（即今泰兴路445弄，此地也是康有为归隐之处）及新闸路968—1048号沿街房。弘一大师到过的清凉寺即新闸路清凉寺。抗战时期，清凉寺遭到一定程度破坏，后杜月笙、王一亭等发起过重兴清凉寺的会议，还举行募资法会，得有新建之大雄宝殿等建筑。据《民谊药厂关于租赁泰兴路清凉寺基地、全体僧徒职工参加民谊厂工作协定、征用真如陈家渡土地、长治路房屋的报告通知》（B88－1－33，上海市档案馆藏），1952年，与清凉寺毗邻的隶属于华东工业部化学工业处的民谊药厂，因"该厂现有工厂狭小，且新产品又日益增，增加生产面积确实不敷应用，为迅速解决该厂厂房问题起见"，拟租赁"该寺之全部房屋，以事扩充"。应清凉寺僧众要求，该厂吸纳僧众入厂做工。如此，清凉寺正式结束了它的历史。21世纪初，上海市对此地进行改造，拆除了原清凉寺所在的旧房，而原辛家花园地块目前实际上只有445弄的中华新村和519弄的"远中风华"住宅区。二者之间原为沿街房，有具体门牌，包括原清凉寺所在地的465弄，拆除后，445弄至519弄之间的单号弄名不再存在。**按五：**1948年4月10日出版的《觉讯》4月号刊有蒋维乔《弘一大师全集序》，序中有曰："……犹忆戊辰己巳间，应慈法师在上海清凉寺讲华严经，余恒列席。一日有山僧翩然莅止，体貌清癯，风神潇洒，余心异之。以在法筵，未便通话，归而默念，得非弘一大师耶？翌日，问诸同参，有认识大师者告我曰，是也……”蒋文曰此事发生在“戊辰己巳间”，因文献尚无记录1929年（己巳年）弘一大师有上海之行，故此应系1928年之事。

今上海泰兴路东侧的462弄。摄于2019年2月。

今上海泰兴路街景。摄于2019年2月。

今上海泰兴路西侧中华新村门边的“康有为海上归隐处”标牌。摄于2019年2月。

12月31日（农历十一月廿日），在上海致堵申甫函：

惠书，欣悉一一。马居士久无消息。今书佛号二叶，小横幅十八叶，并佛书二册，别挂号邮奉，乞受收。天寒手僵，草草不工，聊为纪念可耳。不久将云游远方，乞暂勿惠复。明岁或至杭州，再当晤谈。承询所需，至用感谢。现在旅资已具，可以无虑。谨答，不悉宣。

申父居士

演音疏　十一月廿日

数年前将出家时，曾以阴骘文图二册，（其书名已忘记，系费小楼画，刻板甚精。）奉赠仁者。倘此书现在仍存尊处，乞暂假一册，寄上海狄思威路永兴里底第一号李圆净居士收，能挂号尤妥。因上海诸居士愿石印此书，广为流布也。附白。

按：此信收福建人民出版社2019年12月版《弘一大师全集》（第3版，修订2版）第八册·文艺卷、杂著卷、书信卷第325页收录，标“一九二四年十一月廿日，温州庆福寺”。文物出版社2017年10月版陈飞鹏整理《弘一法师书信全集》第113—114页收录，时间地点亦持此说，并有相关考证。陕西人民出版社1991年7月版秦启明编《弘一大师李叔同书信集》对此信的标注为“此信1928年11月20日写于上海江湾丰子恺家。”此信应写于1928年农历十一月廿日，即公历1928年12月31日。因信中有“不久将云游远方”之句。1924年时弘一法师并无游“远方”之意（1925、1926、1927年亦无），而恰是在1928年农历十二月初（公历1929年1月中旬）时，弘一大师到了福建。信中说暂假阴骘文图一册，并寄上海狄思威路永兴里底第一号李圆净居士收，说明写信地点应在上海。是年底，弘一大师为了与丰子恺等商定《护生画集》编辑事，从温州至上海，农历十一月底完成。（参见弘一法师《南闽十年之梦影》一文，收福建人民出版社2019年12月版《弘一大师全集》［第3版，修订2版］第八册·文艺卷、杂著卷、书信卷第201—203页）至于写信地点是否一定在丰子恺家，未必。（时曾居上海佛教居士林，丰子恺同住，商量《护生画集》[①]）《弘一法师书信全集》坚持己见，并有两个疑问。一是“信中附言：‘……数年前将出家时……’一语，则让人

① 丰子恺：《〈护生画三集〉序一》，载1949年《觉有情》第218期。

颇为犹豫。为什么？至 1928 年底，弘一法师出家已经十年，非数年而已。弘一法师用词素来严谨，似不会把十年说成数年。”对于此，已有许多事实能证明弘一大师书信中的某些语言并非完全精准（如前述赴普陀的时间），模糊的情形时有发生。二是“弘一法师远游南洋（后滞留闽南），乃因尤惜阴一席话临时起意决定远游，非预先计划。”其实，弘一大师在 12 月 3 日（农历十月廿二日）在温州致孙选青的信中就已经有福建之行的设想。函曰：“廿六日即往上海。将来往福建否，尚未决定。”信中还有一关键，即弘一大师要求堵申甫将阴骘文图寄上海狄思威路永兴里底第一号李圆净居士收，说明弘一大师此时已与李圆净有较多交往。而从目前所知，弘一大师是在 1927 年与丰子恺一起决定编绘《护生画集》后才与李圆净交往的。故 1924 年时无可能与李圆净交往。又，信中文字，《弘一法师书信全集》将信中“今”字写为“令”字，现从《弘一大师全集》；《弘一大师全集》为“不悉宣”，《弘一法师书信全集》为“不宣”，现从《弘一大师全集》；《弘一法师书信全集》“阴骘印章文图”，《弘一大师全集》为“阴骘文图”，现从《弘一大师全集》。

12 月 12 日至 1929 年 1 月 10 日（农历戊辰十一月），书篆书佛号“南无阿弥陀佛”，款识“大方广佛华严经光明觉品，不惜于身命，常护诸佛法。无我心调柔，能得如来道。戊辰十一月，大回向院守月臂”；钤印“弘一”、佛肖印。①

因云水萍踪，居无定所，且风闻政府有毁寺灭佛之议，刘质平、丰子恺、经亨颐、周承德、夏丏尊、穆藕初、朱稣典等人发起醵资，作《为弘一法师筑居募款启》，为其在白马湖筑一常住之处，即晚晴山房。《为弘一法师筑居募款启》曰：“弘一法师，以世家门弟，绝代才华，发心出家，已十余年。披剃以来，刻意苦修，不就安养；云水行脚，迄无定居；卓志净行，缁素叹仰。同仁等与师素有师友之雅，常以俗眼，愍其辛劳。屡思共集资材，筑室迎养，终以未得师之允诺而止。师今年五十矣，近以因缘，乐应前请。爰拟遵循师意，就浙江上虞白马湖觅地数弓，结庐三椽，为师栖息净修之所，并供养其终生。事关福缘，法应广施。裘赖腋集，端资众擎。世不乏善男信女，及与师有缘之人，如蒙喜舍净财，共成斯善，功德无量。”此文署“中华民国十七年岁次戊辰十一月”。② 于是着手在上虞白马湖附近造屋。

---

① 上海市书法家协会编：《海派代表书法家系列作品集·弘一》（该卷主编刘一闻，副主编沈爱良），上海书画出版社 2006 年 12 月版，第 42 页。

② 此文署“中华民国十七年岁次戊辰十一月”。“戊辰十一月”可能是 1928 年，也可能是 1929 年，姑且置于是年。周承德（1877—1935），浙江海宁人，书法家，曾任教于浙江官立两级师范学堂补习科音乐课，一说卒于 1933 年。

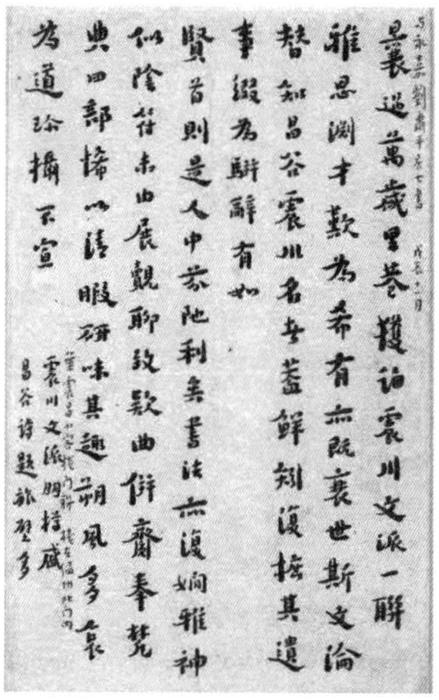
曩過萬歲里巷獲誦震川文派一聯
雅思淵才歎為希有亦既衰世斯文淪
替知昌谷震川名者蓋鮮矧復摭其遺
事綴為駢辭有如
賢首則是人中芬陀利矣書法亦復嫻雅神
似陰符未由展覲聊致款曲并賫奉梵
典四部悕以清暇研味其趣朔風多哀
為道珍攝不宣

农历戊辰十一月弘一大师致刘肃平信。

曾与陈抱一在上海江湾车站附近见面。**按：**陈抱一在《洋画运动过程略记》（载 1941 年 3 月 1 日《上海艺术月刊》第 5 期）中说："我从来没有和李氏议面的机会，所以也没有较深的印象。只有后来一次，大约是民国十七八年时，在江湾车站，夏丏尊偕同他上火车的时候，偶然由夏氏的介绍而得晤面一次。他给了我一种难忘的印象。"

在上海致刘肃平函：

与永嘉刘肃平居士书　戊辰十一月

曩过万岁里巷，获诵"震川文派"一联，雅思渊才，叹为希有，亦既衰世，斯文沦替，知昌谷、震川名者盖鲜，矧复摭其遗事，缀为骈辞，有如贤首，则是人中芬陀利矣。书法亦复娴雅，神似《阴符》。未由展觐，聊致款曲，并赍奉梵典四部，悕以清暇，研味其趣。朔风多哀，为道珍摄。不宣。

叶震昌小客栈门联，栈在温州北门内：

震川文派朋樽盛，

昌谷诗题旅壁多。

按：此信福建人民出版社 2019 年 12 月版《弘一大师全集》（第 3 版，修订 2 版）第八册・文艺卷、杂著卷、书信卷第 337 页收录，标"一九二三年春，温州庆福寺"。所录文字与原件不尽相符。此信原件见西泠印社出版社 2017 年 9 月版王维军著《平湖李叔同纪念馆藏李叔同（弘一大师）手札墨宝・识注考勘》第 54 页。原件上标有朱笔小字"戊辰十一月"。根据弘一大师行踪，其时在上海。然文物出版社 2017 年 10 月版陈飞鹏整理《弘一法师书信全集》第 98—99 页收录此信时有"案"："此信，《弘一大师全集》注：1923 年春，温州庆福寺。另据刘绵松《弘一大师全集》（未刊手抄稿）注：1923 年旧十一月二十五日，温州庆福寺。据信中'……朔风多哀……'一语判断，此信写于旧十一月二十五日为合理。另，刘录信札内容略有不同，致同一人，然前后署款不一，录此供考究。"供参考辨别。

附记：文物出版社 2017 年 10 月版陈飞鹏整理《弘一法师书信全集》第 183—184 页收录一于 1928 年致李圆净函，标"月份日期待考""地址待考"。函文如下：

承寄佛法与科学比较研究，顷已披阅。王居士护法深心，至堪钦佩。但自序，答胡氏之言，其语气再改为慈悲怜悯之态度，凡近于尖刻之词斟酌改变，则更善矣（不必针锋相对，处处还报）。序中有"君夫人阳货欲"之言，常人见之，或疑为绮语。亦未可知也。管见如是，未审然否。以上之意，或可乞包居士婉达之，王居士当生欢喜心也。

演音上

《弘一法师书信全集》有"案"，其中曰："此信，《弘一大师全集》、林子青《弘一法师书信》、秦启明《弘一大师——李叔同书信集》均无著录。本札辑自刘绵松《弘一大师全集》未刊手抄稿。"并通过考察，以为信中之"王居士"最有可能是王心湛。写信时间最有可能是1928年前后。供参考。

社会评介择要

皈僧：《送弘一大师之永嘉》《上弘一大师白马湖》，载1928年6月《世界佛教居士林林刊》第19期。

孟斯：《中文名歌五十曲》，载1928年10月10日《开明》第1卷第4号。

1929年　己巳　50岁

社会文化事略

3月27日，蒋桂战争爆发；4月，国民政府教育部公布《取缔宗教团体私立各学校办法》；4月10日，全国美术展览会在上海举行。6月，西湖博览会在杭州举行；10月，世界经济大危机爆发；11月29日，中国佛学会在南京成立，太虚法师为会长。

生平事迹

今厦门南普陀寺内“五老峰”石刻。摄于2019年3月。

今厦门南普陀寺一瞥。摄于2019年3月。

1月8日（农历戊辰十一月廿八日），舒新城出资10元助夏丏尊等在白马湖筑居。①

1月10日（农历戊辰十一月三十日），在上海闸北世界佛教居士林会同丰子恺、李圆净编妥《护生画集》，交开明书店。赴兰路穆公正花行访尤惜阴。时尤惜阴与谢国梁二居士发愿赴暹罗弘法，同船自上海至厦门，欲一同前往。

在上海致蔡丏因函。言李圆净欲重印《华严十回向初章》，拟汇资请人摄影，将玻璃交下。敬为介绍；明晨将游南洋；他日此书欲印时，当由李居士以此纸寄奉等。②

1月11日（农历戊辰十二月初一日），随同尤惜阴、谢国梁在上海外滩码头一同登轮起程前往泰国弘法。③

1月15日（农历戊辰十二月初五日），船至厦门太古码头。在厦门

---

①《舒新城日记》第3册，上海辞书出版社2013年11月版，第8页。日记写曰：“晴，午前十时半夏丏尊来，为弘一法师募捐于白马湖筑居，施十元……”

② 此信福建人民出版社2019年12月版《弘一大师全集》（第3版，修订2版）第八册·文艺卷、杂著卷、书信卷第344页收录，标“一九二八年旧十一月卅日，上海清凉寺”。

③ 弘一大师在《南闽十年之梦影》（收《弘一大师全集》第八册·文艺卷、杂著卷、书信卷，福建人民出版社2019年12月第3版，修订2版，第201—203页。曾载《佛教公论》1937年9月号）中说：“我第一回到南闽，在民国十七年的十一月，是从上海来的。起初还是在温州，我在温州住得很久，差不多有十年光景。”弘一大师此处所谓的农历“十一月”是虚指，表示该月从温州赴上海，编定《护生画集》，而编定《护生画集》时已是农历十一月底，公历1929年1月上旬之末。弘一大师在编定《护生画集》后即南下。

受陈敬贤招待，并介绍去南普陀寺小住，结识性愿老法师及芝峰、大醒等法师，住该寺方丈楼，经诸位法师挽留，加之身体不佳，决定留在厦门，不再继续前往暹罗。[1] **按一：** 数日后赴南安小雪峰寺过年。尤、谢二居士继续乘船赴暹罗。[2] **按二：** 1930 年 3 月《海潮音》第 11 卷第 3 期刊载寄尘所撰《“法味”》一文，述及当时情形：“我们乱七八糟正谈得起劲，从外面回来的打铃童报告道：‘刚才由上海来了三个和尚，一个居士，据说是往南洋路过厦门来南普陀挂单休息几天的……’我们着人到外面一打听，原来两个和尚，两个居士，因为一个居士光着头皮，又着僧服，行童不识，以为比丘。然此四人之中有一人高高的身躯，清秀的面孔，疏疏朗朗的黑胡子，穿着破旧的灰大衫，赤着双足穿草鞋，整襟尾坐。这就是弘一法师了。”又写道：“弘一法师从温州到上海把丰子恺先生发心画的护生画集反面题了，它（原文如此，当为‘他’字——引者注）就和尤惜阴居士同往南洋去。因在船上不大舒服，又是上年纪的人，所以到了厦门往南洋的念头已有终止之意，加之我们又挽留，于是激（原文如此，当为‘彻’字——引者注）底取消了。以是住在南普陀足足有半个年头。”文中另介绍弘一大师过午不食等生活情况。**按三：** 南普陀寺位于厦门五老峰下，始建于唐五代，清康熙二十二年（1683）靖海侯施琅重修。1924 年转逢和尚任住持时，于次年秋成立闽南佛学院。弘一大师还在南普陀寺后山的南陀石室院住过，其在自书之《地名山名及寺名院名略考》中介绍曰：“南陀石室院（在厦门南普陀后山，此名意立，院字可略）。某某年在此居半载余。”此石室院为如今之兜率陀院。

厦门南普陀寺旧影。载 1933 年 3 月 15 日《海潮音》第 14 卷第 3 期。

南普陀寺兜率陀院旧影。载 1933 年 3 月 15 日《海潮音》第 14 卷第 3 期。

今厦门南普陀寺兜率陀院。摄于 2019 年 3 月。

1 月 15 日至 21 日间（农历戊辰十二月初五日至十一日间），在厦门购得晋索靖书《出师颂》影印本。

1 月 21 日（农历戊辰十二月十一日），离开厦门，赴南安小雪峰度岁。在小雪峰寺时书“座右铭”：正衣冠　尊瞻视　寡言辞　慎行动。款识“戊辰十二月居泉州雪峰寺敬书。昙昉”。**按：** 南安雪峰禅寺，又称小雪峰，位于南安洪濑镇杨梅山之南。始建于唐乾宁元年（894 年）。现存

① 高文显：《弘一法师的生平》，载 1941 年 2 月 20 日《觉音》第 20、21 期合刊。文中曰：“他于十年前同尤惜阴居士要到暹罗国去，经过厦门，因他病起来不能往，暂时独留在南普陀寺内。”性愿法师（1889—1962），名古志，号棲莲，福建南安人。早岁出家，遍参江浙丛林。回闽后，历任漳、泉、厦诸寺监院住持等职。1937 年赴菲弘法，首任信愿寺住持，为华僧在菲弘法之先驱。

② 陈海量《记寂云禅师兼怀晚晴老人》一文记曰：“居士（指尤惜阴——引者注）与寂云师（指谢过梁——引者注）殊投契。同愿赴暹，在沪候轮。适弘一大师行脚经沪，晤于客寓。大师曰：‘两居士收拾行李到何处去？’二人谨答：‘弟子等到暹罗教化去，明天动身。’大师欣然曰：‘好得很，明天我也同你们去。’翌日，遂下轮，结伴南行。同行者尚有一居士，时民国十七年戊辰冬日也。”谢国梁，后出家，法名寂云，号瑞幢，又改名了心，号农禅，著有《农禅诗钞》。林子青《弘一法师年谱》（宗教文化出版社 1995 年 8 月版）将此事记于 1928 年，为误记。又参见弘一大师《南闽十年之梦影》一文，收《弘一大师全集》第八册 · 文艺卷、杂著卷、书信卷，福建人民出版社 2019 年 12 月第 3 版，修订 2 版，第 201—203 页。曾载《佛教公论》1937 年 9 月号。

今南安雪峰寺一瞥。摄于2019年4月。

寺院为清康熙年间僧如幻重修。弘一大师曾两次到小雪峰寺。

2月9日（农历戊辰十二月三十日），在小雪峰度戊辰除夕夜。**按：**在南安结识陈海量，赠与图书。①

今南安雪峰禅寺一瞥。摄于2019年4月。

2月（2月24日后，农历己巳正月十五日后），自南安小雪峰寺至厦门南普陀寺，居闽南佛学院小楼之上。② 返回南普陀寺后与苏慧纯相识结缘。③ 基于芝峰法师言闽南佛学院课程“门类分得很多，时间的分配却很少，这样下去，怕没有什么成绩吧?”表示“把英文和算术等删掉，佛学却不可减少，而且还得增加，就把腾出来的时间教佛学吧?”获得赞同。

《护生画集》由（上海）开明书店出版。有所写《护生画集》回向偈及50幅护生画之题句。所有题句，凡引用古人诗文者均标注出处。回向偈小序曰：“李丰二居士发愿流布护生画集，盖以艺术作方便，人道主义为宗趣。每画一叶，附白话诗。选录古德者十七首，余皆贤瓶闲道人补题，并书二偈而为回向。”二偈为：“我依画意，为白话诗。意在导俗，不尚文词；普愿众生，承斯功德。同发菩提，往生乐国。”

今南安雪峰禅寺建有“晚晴亭”。摄于2019年4月。

3月4日（农历正月廿三日），题晋索书《出师颂》：“戊辰十二月来思明，购得此册。尔后留滞南安雪峰者月余。近将归卧永宁，重展斯册，聊为题记。明年己巳正月廿三日，月臂。”④

在购买的晋索靖书《出师颂》册页上题记：“戊辰十二月来思明，购得此册。尔复留滞南安雪峰者月馀。近将归卧永宁，重展斯册，聊为题记。明年己巳正月廿三日月臂。”⑤

南安雪峰禅寺“晚晴亭”旁的石刻。摄于2019年4月。

3月（农历正月廿日至二月廿一日），精校朱批过的《重编醒世千家诗》由世界佛教居士林出版，为题封面，署“演音”。

《弘法社刊》第7期刊出马一浮《护生画集序》。

《旅行杂志》第3卷第3期刊出《春游曲》（即歌曲《春游》之歌词），署名“李叔同”。

---

① 陈海量（1910—1983），浙江天台人，1931年皈依弘一大师，号普悲，曾任《觉有情》编辑。陈海量在《香火因缘话晚晴》（收《弘一大师全集》第十册·附录卷，福建人民出版社2019年12月第3版，修订2版，第235页）一文中说：“海量年十九，漫游至闽，遇师于雪峰，以爱语摄我，时罔知佛，问曰：‘鬼神有否?’师言：‘可读佛书，日后自知。’”

② 弘一大师：《南闽十年之梦影》，收《弘一大师全集》第八册·文艺卷、杂著卷、书信卷，福建人民出版社2019年12月第3版，修订2版，第201—203页。曾载《佛教公论》1937年9月号。

③ 苏慧纯，福建晋江人，佛教徒，曾在南洋经商，抗战时赴云南、印度，后在上海经营大法轮书局，出版《觉有情》等。

④ 转引自林子青《弘一法师年谱》，宗教文化出版社1995年8月版，第174页。

⑤ 蔡冠洛：《弘一大师经籍题记汇录》，虞坤林编《弘一法师日记三种》，山西古籍出版社2006年版，第49页。

4月中旬（农历三月上旬），由苏慧纯居士陪同离开厦门，取道泉州，经福州返温州。[①] **按一：**在厦门时与高文显相识。[②] **按二：**途经福州时，在鼓山涌泉寺藏经楼览所雕《法华》《楞严》《永嘉集》等楷字方册，以为精妙绝伦，复检钜帙，有清初刊《华严经》及《华严经疏论纂要》《憨山梦游集》等，尤其是清初道霈禅师的《华严经疏论纂要》刻本，叹为近代所稀见。鉴于此刻本珍贵，发愿倡印25部，以作流传，并将此事委托苏慧纯居士办理。[③] **按三：**福州涌泉寺位于福州市东郊鼓山白云峰南。涌泉寺因寺前之罗汉泉涌出而得名。该寺始建于五代梁开平二年（908），后宋真宗赐额涌泉禅寺。该寺藏经丰富。**按四：**在鼓山编就《圆觉本起章》。正文以唐圭峰宗密禅师《圆觉经大疏》中释成本起因部分为底本，通篇予以批注，并以朱笔圈点。序曰："今之学者，皆曰发菩提心，而知其义者盖鲜，不知其义何由发起。余览圭峰《圆觉大疏》释成本起因，文前开示总有三重：初了圆觉性，次发菩提心，后修菩萨行。文义详明，炳然区分。乃录其文，并缀钞记，都为一卷。题曰《圆觉本起章》。冀初心者，共广闻焉。（唐斐相《劝发菩提心》文，并宜研核。金陵刊版·一卷。）岁次鹑尾永宁调御院沙门胜立书。"另有题记。[④]

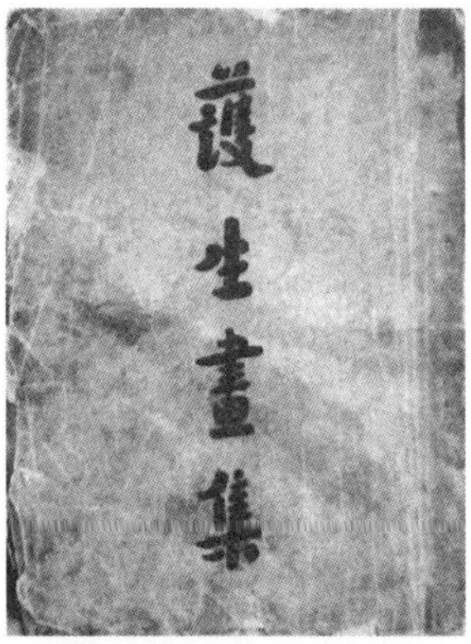

《护生画集》（初集）封面。

涌泉寺旧影。载1933年4月2日《图画晨报》第42期。

4月23日（农历三月十四日），已回到温州。在温州致孙选青函。言别来甚念；尝往南北闽，今与友人来温，暂住庆福寺；有暇盼过谈等。[⑤] **按：**弘一大师在《南闽十年之梦影》中说："我在佛学院的小楼上，一直住到四月间，怕将来的天气更会热起来，于是又回到温州去。"此处的"四月间"或指公历。[⑥]

今福州涌泉寺。摄于2019年3月。

今福州涌泉寺一瞥。摄于2019年3月。

4月（农历二月廿二日至三月廿一日），所题刊名"世界佛教居士林林刊"（署名"胜髻"，钤印"辟"）用于《世界佛教居士林林刊》第22

---

① 苏慧纯（1903—1978），福建晋江人，佛教徒，晚年在上海经营大法轮书局，出版《觉有情》杂志。

② 高文显（1913—1991），幼年即皈依佛门，法号开平，福建南安人，1925年其父在菲律宾逝世，遂回国，寄住厦门南普陀寺，弘一大师初到南普陀寺时彼此相识，1932年为其取名"胜进"，1933年考入厦门大学教育学院心理系，1938年赴菲律宾。

③ 弘一大师：《〈福州鼓山庋藏经板目录〉序》（收《弘一大师全集》第七册·佛学卷、传记卷、序跋卷，福建人民出版社2019年12月第3版，修订2版，第627—628页）曰："昔年余游鼓山，览彼所雕《法华》《楞严》《永嘉集》等楷字方册，精妙绝伦。……又复检彼钜帙，有清初刊《华严经》及《华严疏论纂要》《憨山梦游集》等，而《华严疏论纂要》为近代所稀见者。余因倡缘印布，并以十数部赠予扶桑诸寺。"该书印出后，委托内山完造选送日本有关方面。参见内山完造《弘一律师》，收《上海霖语》，大日本雄辩会讲谈社1942年10月版，第59—68页。

④ 弘一大师书《圆觉本起章》书件收福建人民出版社2019年12月版《弘一大师全集》（第3版，修订2版）第七册·佛学卷、传记卷、序跋卷，第371—375页。（622页亦有印刷体收录，题《〈圆觉本起章〉序》。该页又录《〈圆觉经如来本起清净因地法行〉题记》）。另参见本谱本年9月26日（农历八月廿四日）条目（在温州致孙选青函）。

⑤ 此信福建人民出版社2019年12月版《弘一大师全集》（第3版，修订2版）第八册·文艺卷、杂著卷、书信卷第360—361页收录，标"一九二九年三月十四日，温州庆福寺"。

⑥ 弘一大师：《南闽十年之梦影》，收《弘一大师全集》第八册·文艺卷、杂著卷、书信卷，福建人民出版社2019年12月第3版，修订2版，第201—203页。曾载《佛教公论》1937年9月号。

期封面。

5 月 2 日（农历三月廿三日），在温州致蔡丏因函：

> 去冬至沪，游南北闽诸胜境。前日乃返温州。仍居城下寮。秋凉即迁入白马湖新居。
>
> 演音疏　三月廿三日

今涌泉寺藏经殿。摄于 2019 年 3 月。

涌泉寺放置《华严经疏论纂要》的书架。（张一德提供）

按：此信福建人民出版社 2019 年 12 月版《弘一大师全集》（第 3 版，修订 2 版）第八册・文艺卷、杂著卷、书信卷第 344 页收录，标“一九二九年旧三月廿三日，温州庆福寺”。文物出版社社 2017 年 10 月版陈飞鹏整理《弘一法师书信全集》第 209 页收录，有“案”：“此信，《弘一大师全集》注：1929 年旧三月二十三日，温州庆福寺。年份有疑误。此为弘一法师第二次离开闽南，于 1930 年旧三月二十日回到温州庆福寺。因 1929 年弘一法师回到温州的时间是 3 月 14 日前（见 1929 年 3 月 14 日致与孙选青信）。又，‘去冬至沪’一语乃指 1928 年冬在上海，临时起意偕尤惜阴居士南下，原拟到泰国，因缘际会滞留闽南，翌年又途径福州回温州，游南北闽即指此。”此信中所述“前日乃返温州”应系虚指。若是实指，“前日乃返温州”亦不符合 1930 年实际，因 1930 年弘一大师返回温州的时间是 4 月 18 日（农历三月廿日）傍晚。写信时之农历廿三日的“前日”当为农历三月廿一日。信中另三个信息则支持了 1929 年之说。其一是“去冬至沪，游南北闽诸胜境”句，1928 年 12 月，弘一大师至上海，即“去冬至沪”。其二，“游南北闽诸胜境”语在本年 4 月 23 日（农历三月十四日）致孙选青函中也有表达。其三，“秋凉即迁入白马湖新居”符合弘一大师行踪。其于是年 9 月 29 日（农历八月廿七日）傍晚抵达上虞白马湖，居晚晴山房。所谓“新居”可体会系首次居此。而 1930 年至白马湖则是夏天。故此信当写于 1929 年 5 月 2 日（农历三月廿三日），地点在温州。

旧时晚晴山房。载 1942 年 12 月 1 日《觉有情》第 78、79、80 期合刊。

5 月 31 日（农历四月廿三日）在温州致费范九函。言去冬往闽中，留滞四月，来函昨由上海转来；答有关唐代僧伽化缘详委之询问；近患目疾等。[①]

春末夏初，刘质平、经亨颐、周承德、夏丏尊、穆藕初、朱酥典、

① 此信福建人民出版社 2019 年 12 月版《弘一大师全集》（第 3 版，修订 2 版）第八册・文艺卷、杂著卷、书信卷第 389 页收录，标“一九二九年四月廿三日，温州庆福寺”。费范九（1887—1967），又名师洪，字慧茂，江苏南通人。时任上海商务印书馆编辑。

丰子恺等七人发起的在白马湖畔所建居舍竣工。此屋位于春社西侧半山坡。此屋地处小山东麓，平房三间，缘数十级石阶而上。**按：**弘一大师以李商隐“天意怜幽草，人间重晚晴”句意，题名为“晚晴山房”。自书之《地名山名及寺名院名略考》中介绍曰：“白马（山名，在白马湖上，此名意立）。某年在山中晚晴院住数月。”晚晴山房附近有经亨颐的住所“长松山房”，另有夏丏尊的“平屋”和丰子恺的“小杨柳屋”等。抗战后期，晚晴山房毁于台风。1984 年，上虞弘一法师研究会成立，如今白马湖畔的“晚晴山房”则是该会于 1994 年募款易地重建。2001 年、2018 年，两次修缮布展。现辟为弘一法师纪念室。

今重建的晚晴山房。摄于 2018 年 12 月。

今晚晴山房下的一排平屋曾是春晖中学教师夏丏尊、丰子恺、朱自清等居住的地方。摄于 2018 年 12 月。

附记：上海书画出版社 2017 年 5 月版浙江省平湖市人民政府、上海徐汇区文化局编：《弘一大师法书集·华枝春满（手稿信札卷）》第 243 页收录 6 月 5 日（农历四月廿八日）致性愿法师明信片，由广心法师转交，上海龙华寺藏。福建人民出版社 2019 年 12 月版《弘一大师全集》（第 3 版，修订 2 版）第八册·文艺卷、杂著卷、书信卷未收。明信片正面写：“福建泉州承天寺广心法师转交性愿法师。温州弘一寄”。信文录存如下，供研究参考：

性愿法师慈鉴：

于苏居士函中得诵尊示，敬悉一一。《四分律行事钞》共两部，乞以一部存尊处，以一部寄至浙江衢州岩头村三藏寺洪莲法师收。（温州已另寄一部来，故无须再寄），费神至感。音不久将往他方。余事俟后奉达。顺请

法安

后学演音稽首

四月廿八日

方丈和尚、广心法师等均乞代为问安。

6 月 7 日至 7 月 6 日（农历五月），交代芝峰法师在厦门办理分发苏慧纯居士赠送之 50 部云栖莲池大师的《缁门崇行录》，分送闽南佛学院同学。①

沈本千绘《长松山房图》。此地曾是弘一大师与经亨颐、夏丏尊等聚会的地方。（沈本千提供）

夏，录清三韩梁瀛侯《日省录》警策身心之严为一卷。题记曰：“余既选录《读书录》一卷，今复披阅三韩梁氏《日省录》。其中警策身心之言，颇为精切。皆多年阅历有得而后笔之于书者，故亦选录一卷，

① 参见本谱本年 7 月 22 日（农历六月十六日）条目。

奉于座右，以资修省。梁氏之书，为编集前贤嘉言而成，非一家之言也。”

7月16日（农历六月初十日），在温州致因弘（白伞）法师函：

白伞学弟：

别来殊念。苏居士宿疾，当不为患。附奉二笺，乞呈寂老人并周居士。他日仁者过谈，希检闽香数包（旧存西方三圣后龛内），携至。

此未委悉。

六月十日　胜臂疏

乐古斋写稿送来校对时，必须将余所写之草稿一齐带来，乃能校对。

按一：此信福建人民出版社2019年12月版《弘一大师全集》（第3版，修订2版）第八册·文艺卷、杂著卷、书信卷第444页收录，标“一九二八年六月十日，温州江心寺”。文物出版社2017年10月版陈飞鹏整理《弘一法师书信全集》第158—159页收录，时间标1928年“六月十日”，地点标“温州庆福寺或江心寺”。均误。1928年弘一大师移居江心寺的的时间是11月8日（农历九月廿七日），不久即离开温州赴上海。根据信中“乞呈寂老人并周居士。他日仁者过谈，希检闽香数包（旧存西方三圣后龛内），携至”，此信当写于夏天，即本年7月16日（农历六月十日），地点在江心寺。信中所述“附奉二笺，乞呈寂老人并周居士”，其中致寂山和尚之信为：

承介绍在江心寺避暑，甚为安适，感荷无尽。前者弟子与因弘同至乐古斋托刻经板五块，彼云至初八九日即可写好。廿左右即可刻就。乃至今原稿尚未写好。乞恩师便中枉驾与乐古斋主人一谈。乞彼先将原稿写好，并弟子所写之草稿一齐交下。由弟子校对一过，然后再付刻。将来镌刻之时，务乞从速。迟至本月底必须刻好。种种费神，感谢之至。顺叩

慈安

弟子演音顶礼

按二：此信福建人民出版社2019年12月版《弘一大师全集》（第3版，修订2版）第八册·文艺卷、杂著卷、书信卷第443页收录，标“一九二八年九月下旬，温州江心寺”。文物出版社2017年10月版陈飞

鹏整理《弘一法师书信全集》第179页收录，亦持此说。此信无日期，以上日期为编者所加。弘一大师赴江心寺“避暑”之事发生在本年。1928年赴江心寺非“避暑”季节。故此信写于本年夏。**按三：**在江心寺避暑期间与乐古斋刻字店商量刻印经书。

7月22日（农历六月十六日），在温州致寄尘法师函：

尘法师：

惠书，诵悉，欢慰无尽。明岁尚有胜缘，或能来九华亲近法座也。苏居士偕返温州，秋凉后将与居士往鼓山，印刷经典，或在鼓山过冬。座下天性仁厚，待人和平，与古德云棲莲池大师最为相近。窃谓今后能于《云棲法汇》常常披阅，则学识当更有进。集中《缁门崇行录》《僧训日记》《禅关策进》三种，尤为切要。不慧披剃以来，奉此以为圭臬。滥厕僧伦，尚能鲜大过者，悉得力于此书也。愿与仁者共勉之。前月曾乞苏居士以《缁门崇行录》五十部，赠与闽南佛学院诸同学等，已托芝法师为之分致矣。《云棲法汇》金陵版较杭为善，上海功德林亦有流通者。敬复，不尽欲言。顺颂

法利

演音和南　旧六月十六日[1]

按一：福建人民出版社2019年12月版《弘一大师全集》（第3版，修订2版）第八册·文艺卷、杂著卷、书信卷第460页收录，标“一九二九年旧六月十六日，温州庆福寺”；文物出版社2017年10月版陈飞鹏整理《弘一法师书信全集》第193页收录，时间、地点亦如此标注。地点误。因弘一大师已于7月16日（农历六月十日）赴江心寺避暑，当写于江心寺。**按二：**此函为收到寄尘法师来函后的复函。寄尘法师来函曰：“弘老法师道席：日昨接到法师赐的亲书宋怀志禅师偈横披一张、老实念佛五张、篆书南无阿弥陀佛一张、丰先生的《护生画集》和印老法师的嘉言录各一册，均收到无讹。谢谢！未卜法师入夏以来，法体如旧健康否？念甚。学人自在厦门南普陀时得亲近慈颜后，把历年来所有的狂见习气等，均宣告脱离拒却了不少，尚希法师不吝慈悲，时赐教言警策，以期根本铲除，则不胜盼祷之至。复次，九华山佛学院筹备以来，稍具规模，招生简章发出去，各处青年僧伽报名者极众，来院投考录取者已有八名。为学生学业前途计，已方便授课矣。以现在大势观之，大约四十名学生是不成问题的。复次，九华山水绝佳，除匡庐而外，在东南方

① 寄尘法师（？—1950），安徽合肥人，出家合肥明教寺，曾学于武昌佛学院，历任闽南佛学院、九华佛学院、岭东佛学院教师。

面为首者，当推九华。暑天山中尚着袂服，据常住山中人说，冬令三九大冻时屋瓦为之碎裂，其寒可知。法师如欲来九华礼地藏菩萨肉身塔，请在来年春三月间，天气温和，旅行方便。山中暑居尤宜，未卜法师以为然否。届时务必请先示之，以便扫除净室兼着人至大通肩担行李也……”①

8月5日至9月2日（农历七月），选录明薛文清《读书录》，以备寻览。题记曰：“《读书录》十卷、《续录》十二卷，明名臣薛文清（瑄）公撰。其中说理者，颇近佛法。惜模糊影响，似是而非，故无足取。但其习气之言，皆精湛切实。可资吾人省惕，故择录百余则，以备寻览焉。己巳七月贤瓶道人书。”

书“大方广佛华严经入法界品”四条屏。款识“己巳七月。大方广佛华严经入法界品。大华严寺沙门龙臂敬书”；钤印“辟”。②

秋，作《清三韩梁瀛侯〈日省录选〉题记》，署：“己巳初秋，贤瓶道人书”。③

8月12日（农历七月初八日），在温州致性愿法师函：

性公老法师慈座：

前寄厦门一包，又信两封，未承惠复。想是法驾尚在泉州，未经收到也。末学即拟下山，云游各地。乞以后暂勿通信。前托友人为法座刻印，印稿附奉览。若冬初之时，末学能往闽者，即亲自带上。倘未能来者，即付邮局寄奉也。谨达。顺请法安！

末学演音稽首　七月八日

按：此信福建人民出版社2019年12月版《弘一大师全集》（第3版，修订2版）第八册·文艺卷、杂著卷、书信卷第445页收录，标“一九二九年七月八日，温州庆福寺”。文物出版社2017年10月版陈飞鹏整理《弘一法师书信全集》第192页收录，标公历7月8日（农历六月初二日）。未说理由。写信地点，庆福寺、江心寺皆有可能。

---

① 录自寄尘：《“法味”》一文，载1930年3月《海潮音》第11卷第3期。

② 此书在“甬上留香——弘一法师翰墨展”上展出。宁波博物馆，2018年4月28日至5月27日；慈溪市人民政府、宁波市文化广电新闻出版局、宁波市民族宗教事务局主办，宁波博物馆、慈溪市弘一书画院承办。

③ 弘一大师：《清三韩梁瀛侯〈日省录选〉题记》，收《弘一大师全集》第七册·佛学卷、传记卷、序跋卷，福建人民出版社2019年12月第3版，修订2版，第642页。

8月18日（农历七月十四日），在温州致性愿法师函：

性公老法师慈座：

数日前寄上一函，想达慈览。昨午披诵惠书，敬悉一一。诸承费神，感谢无尽。末学拟于八月云游诸方后，往温州小住，即由温州动身往厦（不经过上海），大约在旧历十月前后之时矣。俟到温州时，再奉函以闻。筑室之事，实不敢当。因末学近来既畏寒又畏暑。夏季或返温州，亦未可知也。谨复，顺请

禅安

末学演音稽首　七月十四日

按：此信福建人民出版社2019年12月版《弘一大师全集》（第3版，修订2版）第八册·文艺卷、杂著卷、书信卷第445页收录，标“一九二九年七月十四日，温州庆福寺”。文物出版社2017年10月版陈飞鹏整理《弘一法师书信全集》第192页收录，其“案”以为当系公历7月14日，农历六月初八日。未说理由。写信地点，庆福寺、江心寺皆有可能。

9月26日（农历八月廿四日），在温州致孙选青函：

屡荷厚贻，至用感愧。阅佛书法原稿，成于六年之前，今再检阅，多未适当。拟再重编，尚未得标准，须俟他年缓缓为之也。

今春居闽南时，曾编录《圆觉本起章》一卷，（乞阅序文，即知大意。）谨以奉赠。倘可流传，则至善矣。（今人多不知“发菩提心”之意，此文最为详明齐备。）再版《护生画集》一册，并奉慧览。惠函今午收到，承代询问，至感。濒行匆促，不及晤谈，草草不宣。

选青居士

胜臂疏　八月廿四日

按一：此信福建人民出版社2019年12月版《弘一大师全集》（第3版，修订2版）第八册·文艺卷、杂著卷、书信卷第361页收录，标“一九二九年八月廿四日，绍兴开元寺”。文物出版社2017年10月版陈飞鹏整理《弘一法师书信全集》第193—194页收录，时间标1929年“旧八月二十四日”，地点标“浙江绍兴开元寺”。地点均误。1929年弘一大师无绍兴之行，地点当系温州，即将赴浙江上虞白马湖，故信中有“濒行匆促，不及晤谈，草草不宣”句。又，《弘一法师书信全集》与

《弘一大师全集》所录此信，若干文字有别，今依《弘一大师全集》。写信地点在庆福寺、江心寺皆有可能。**按二：**对于弘一大师赠孙选青《圆觉本起章》，孙选青于 1957 年写有后记："己巳年季秋，弘一法师将去温州，以手录《圆觉本起章》一帙见诒。然廿余年来，均以因缘未熟，不克流传，有负吾师之付托，获罪实深。现以秦福生、张修明二居士之力，倡印流布，俾世之学者，由解起信，因信起行，以副先德开示之宗恉，与乎法师之弘愿。如今学说纷歧，首崇怀疑，乃以求知之心，探本然之德，使此后诵读经论，一文一句，俱得回向菩提，功不唐捐。今岁值法师圆寂十五周年，且以此作为纪念焉。丁酉暮春，弟子孙选青敬识。"此后记见福建人民出版社 2019 年 12 月版《弘一大师全集》（第 3 版，修订 2 版）第七册 · 佛学卷、传记卷、序跋卷，第 375 页。

9 月 29 日（农历八月廿七日），傍晚抵达浙江上虞白马湖。①

10 月 1 日（农历八月廿九日），在白马湖致丰子恺函。言前日已至白马湖，张居士代表招待一切；惟净法师偕来，诸事甚为妥善；秋后或云游他方，仍拟请惟静法师在晚晴山房居住，管理物件及照料一切；如忙，九月中旬可不来白马湖，他日可至上海晤谈等。嘱托四事：一、请画澄照律祖像一幅，交代作画时须注意处，盼能于旧历九月中旬随夏丏尊返家之便带来；二、前存受信人处有马一浮图章一包，请便中托人带至杭州，交还马一浮，并告马一浮住址"杭州联桥及弼教坊之间，延定巷旧第五号（或第四第六号）门牌内"；三、福建苏慧纯今春在鼓山，定印《华严疏论纂要》多部，拟以 12 部赠与日本各宗教大学及图书馆等，托内山书店代为分配及转寄。以 2 部赠与上海功德林流通。附信便中转交内山书店及功德林佛经流通处；四、有人以五元托受信人向功德林代请购《华严处会感应缘起传》一册。余资皆请购（功德林藏版）《地藏菩萨本愿经》若干册及其邮费。书代为邮寄"温州大南门外庆福寺因弘法师收。"款暂垫付，他日托夏居士带还。②

致蔡丏因函。言前夕来白马湖，秋暮或游他方；旧藏华严部等章疏甚多，若有清暇研玩，当以寄存；《护生画集》再版，已由开明书店印行，较为精美等。③

致夏丏尊函。言来信收悉；至白马湖后，诸事安适，厕所及厨灶已

① 参见弘一大师本年 10 月 1 日（农历八月廿九日）致丰子恺和致蔡丏因函。
② 此信福建人民出版社 2019 年 12 月版《弘一大师全集》（第 3 版，修订 2 版）第八册 · 文艺卷、杂著卷、书信卷第 370—371 页收录，标"一九二九年旧八月廿九日，上虞白马湖"。
③ 此信福建人民出版社 2019 年 12 月版《弘一大师全集》（第 3 版，修订 2 版）第八册 · 文艺卷、杂著卷、书信卷第 344 页收录，标"一九二九年旧八月廿九日，上虞白马湖"。

动工构造，厨房用具等明后日请惟净法师偕工人至百官镇购买，山房可以自炊，不用侍者；今拟向章君领洋十五元，购用具及食用油盐米豆等物。领款办法待晤面时详酌；立会经理此款资，甚善。谈成立护法会办法，拟请发起人为董事，晤面时详酌；自炊之时，夏家园内菜蔬请斟酌随时布施；有五纸请交丰子恺等。[1]

10 月 3 日（农历九月初一日），在上虞白马湖联名致夏丏尊、丰子恺函。言前日所寄之函，想已收到；感谢夏宅及诸居士辅助一切；前来函，曾云山房若住三人，其经费亦可足用，故即迎请弘祥法师来此同住；如于旧历九月月望以后（即阳历十月十七八日以后）来白马湖，请由上海绕道杭州，代为迎请弘祥法师，偕同由绍兴来白马湖。应注意者有：（一）往杭州时，宜乘上午火车至闸口，即至闸口虎跑寺，访弘祥法师。可居住虎跑寺一宿，次晨偕同过江，往绍兴；（二）晤弘祥法师时，请言“今代表弘一师迎请弘祥师往他处闭关用功。其地甚为幽静，诸事无虑，护法之人甚多。但不是寺院，亦不能供养多人。仅能请弘祥师一人，往彼处居住。倘有他位法师欲偕往者，一概谢绝。即请弘祥师收拾行李。所有物件，皆可带去。明晨，即一同动身”；（三）弘祥法师倘问其地在何处？可答“现在无须问，明日到时便知”，其余凡有所问，皆不必明答；（四）请告知弘祥法师“此次动身他往，不必告知弘伞师”，恐弘伞师挽留，反多周折；（五）自己凡信佛法、出家、拜师傅等，皆弘祥法师为之指导一切。受恩甚深，无以为报。今建此山房，故欲迎养；（六）自己有谢客启，附奉上一纸，托弘祥法师代送虎跑库房，令众传观；已与苏慧纯居士约定，于晚秋冬初之时，往福建一行。拟于阴历九月底往上海，或小住数日，或即乘船而行。请便中代为询问太古公司往厦门及往福州之轮船，其开行之时间，是否有一定之规例（如宁波船决定五时开，长江船决定半夜开之例。此所询问者，为时间。因日期可阅报纸也）等。[2]

弘一大师坐像。此像于 20 世纪 90 年代初在重建的白马湖晚晴山房内陈列。

10 月 3 日至 10 月 31 日（农历九月），书“天意怜幽草，人间爱晚晴”赠夏丏尊。款识“丏尊居士慧鉴。己巳九月，昙昉，时年五十”。[3]

书“天意怜幽草，人间爱晚晴”赠寿康居士。款识“寿康居士慧

① 此信福建人民出版社 2019 年 12 月版《弘一大师全集》（第 3 版，修订 2 版）第八册 · 文艺卷、杂著卷、书信卷第 306 页收录，标“一九二九年旧八月廿九日，上虞白马湖”。时夏丏尊发起成立护法会，以供养弘一大师日常所需。

② 此信福建人民出版社 2019 年 12 月版《弘一大师全集》（第 3 版，修订 2 版）第八册 · 文艺卷、杂著卷、书信卷第 306 页收录，标“一九二九年十月三日，上虞白马湖”。此注为公历。

③ 夏宗禹编：《弘一大师遗墨》，华夏出版社 1999 年 1 月第 2 版，第 63 页。

鉴。己巳九月，昙昉，时年五十”；钤印“大心凡夫”、佛肖印。①

书《金刚般若波罗蜜经》句“一切有为法，如梦幻泡影；如露亦如电，应作如是观”。署“己巳九月，大明院胜髻书”；钤印“弘一”。

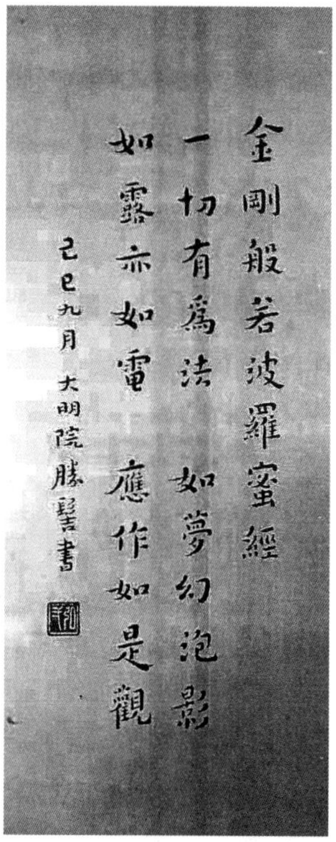

弘一大师 1929 年农历九月书《金刚般若波罗蜜经》句。

10 月 7 日（农历九月初五日），在上虞白马湖致夏丏尊函。言来信收悉；若有疾，行旅未便，本月可以不来白马湖；下旬即往上海，当可晤谈；丰子恺校课与译务皆忙，亦可不来；杭州之事（迎请弘祥法师）可稍缓等。②

10 月 9 日（农历九月初七日）在上虞白马湖致蔡丏因函：

丏因居士慧鉴：

惠书，具悉。寄存之书，共十三包。其中大部之书，有晋唐译《华严经贤首探玄记》（此书极精要），大本《起信论疏解汇集》等。（有木夹板二副，晋译《华严》用。）是等诸书，朽人他日倘有用时，当斟酌取返数种。若命终者，即以此书尽赠与仁者，以志遗念。此外有奉赠结缘之书及零纸等五包，（每包卜有纸签写赠送二字。）乞随意自受，并以转施他人，共装入两大网篮。（约重七八十斤）拟托春晖中学杨君（数年前在绍兴同游若耶溪者）暂为收贮。将来觅便，赍奉仁者，未审可否？乞裁酌之。若可行者，希即致函杨君来此领取。朽人十日后即往闽中。衰老日甚，相见无期。惟望仁者自今以后，渐脱尘劳，专心向道。解行双融，深入玄门。别奉上尊书简数纸，以赠铭绍诸子。（附包入零纸中）此未宣悉。

演音疏　九月初七

按一：此信福建人民出版社 2019 年 12 月版《弘一大师全集》（第 3 版，修订 2 版）第八册 • 文艺卷、杂著卷、书信卷第 344—345 页收录，标“一九二九年旧九月七日，温州庆福寺”。文物出版社 2017 年 10 月版陈飞鹏整理《弘一法师书信全集》第 198 页收录，地点标“上虞白马湖”，并有“案”：“此信，《弘一大师全集》、林子青《弘一法师书信》发信地址均为温州庆福寺。地址疑误。参照九月初五致蔡丏因、初九致夏丏尊两人书信均寄自上虞白马湖，因而九月初七遽往温州是为不可能。又，据《夏丏尊年谱》（葛晓燕、何家炜）记载：‘9 月中旬（旧八

① 中共温州市委宣传部、中共温州市委统战部、温州市文化广电旅游局主办：“碧天芳草——李叔同与温州”展览。2020 年 12 月 27 日至 2021 年 3 月 27 日，温州博物馆。

② 此信福建人民出版社 2019 年 12 月版《弘一大师全集》（第 3 版，修订 2 版）第八册 • 文艺卷、杂著卷、书信卷第 307 页收录，标“一九二九年九月初五日，上虞白马湖”。

月中旬），弘一法师携惟净法师自温州至白马湖山房小住。’由此推知，此信应寄自上虞白马湖为合理。另，秦启明《弘一大师——李叔同书信集》则注：此信写于 1932 年 9 月 7 日。不知何据？待考。”《弘一法师书信全集》所注允当。**按二：**此信部分文字曾载 1943 年《学术界》第 1 卷第 3 期，李芳远辑，题《弘一大师书牍（续）》，文字有不同。

10 月 11 日（农历九月初九日），在上虞白马湖致夏丏尊函。言来信收悉；山房建筑于美观上甚能注意，闻多出于石禅之计划。石禅新居，由山房望之，不啻一幅画图（后方之松树配置甚妙）；虽未能久住山房，但因寺院充公之说，时有所闻。未雨绸缪，早建此新居，贮蓄道粮，他年寺制或有重大之变化，亦可毫无忧虑，仍能安居度日。故对于山房建筑落成，深为庆慰；秋后往闽闭关，是为宿愿，未能中止。他年仍可来居山房，终以此处为久居之地等。[①]

10 月 14 日（农历九月十二日），在上虞联名致夏丏尊、丰子恺函：

夏丏尊、丰子恺居士：

前复函，想已收到。前存开明发行所之《五戒相经》及《有部毗柰耶》，并存尊处之吴梦非居士由南京请来佛经等，皆乞托人于阴历九月二十日以前带至白马湖，为祷！

九月十二日　演音上

按：此信福建人民出版社 2019 年 12 月版《弘一大师全集》（第 3 版，修订 2 版）第八册·文艺卷、杂著卷、书信卷第 310—311 页收录，标“一九三〇年旧九月十二日，上虞白马湖”。文物出版社 2017 年 10 月版陈飞鹏整理《弘一法师书信全集》第 222 页收录，亦如此标注。皆误。1930 年农历九月十二日弘一大师已在慈溪金仙寺。此信当写于 1929 年农历九月十二日。

10 月 21 日（农历九月十九日），学生李鸿梁到访白马湖晚晴山房，呈送千手观音菩萨像。[②]

10 月 22 日（农历九月廿日），五十诞辰，刘质平、夏丏尊在晚晴山房祝嘏。时刘质平言当世乏适合学生的歌曲，叹师出家，致乐事缺继，

① 此信福建人民出版社 2019 年 12 月版《弘一大师全集》（第 3 版，修订 2 版）第八册·文艺卷、杂著卷、书信卷第 307 页收录，标“一九二九年重阳，上虞白马湖”。石禅即经亨颐，时任白马湖畔春晖中学校长。

② 李鸿梁：《我的老师弘一法师李叔同》，载《浙江文史资料选辑》第 26 辑，浙江人民出版社 1984 年 6 月版，第 98—117 页。

恳请为学生撰歌。应允。赠刘质平四言联“剖裂玄微，昭廓心境”。此联原款识“大方广佛华严经，清凉国师疏文，龙臂书”；钤印“辟”、佛肖印。赠刘质平时题：“己巳九月二十日，质平居士来晚晴山房，检此赠之，论月，时年五十”；钤印“化人幻士”。[①] 复以唐李商隐“天意怜幽草，人间爱晚晴”句，书一联赠夏丏尊，题“己巳九月昙昉，时年五十”。将“具足大悲心”篆字赠刘质平，题“此古法卷纸也，藏于钱塘定慧寺者百年，后归于余又十数年。尔将远行，写华严经句，以付后人，共珍奉焉。晚晴院沙门论月时年五十”；钤印“弘一”。又题“是年九月赠质平居士，时同住白马湖上”；钤印“弘一”。[②]

1929年10月26日，弘一大师（左四）在宁波宁绍轮埠与黄寄慈（左一）、陈伦孝（左二）、夏丏尊（左三）、刘质平（右二）、李哲成（右一）合影。

10月25日（农历九月廿三日），因前徐锡麟胞弟徐仲荪居士过谈，欲买鱼介放生马湖，嘱刘质平协助，于是日上午9时15分，与夏丏尊、徐仲荪、刘质平、徐全茂及夏家老仆丁锦标等同乘一舟（别一舟载鱼虾等）在白马湖放生。岸上簇立而观者甚众，皆大欢喜，叹未曾有。[③] 放生后，刘质平记录放生经过。赴闽南后撰《白马湖放生记》，并书寄刘质平。**按：**1930年《大云》第31号刊出《徐仲荪居士与本社骆季和书》，谈及徐氏与弘一大师交往，曰：“伟（徐伟，即徐仲荪——引者注）今年承乏上虞白马湖春晖学校教习，担任国文论理心理等科，复与弘一法师叙晤，藉得亲聆道要，亦甚乐也。”徐氏此信写于1930年1月20日，农历己巳年十二月廿一日。

民国时期的报纸广告显示宁波功德林蔬食处即位于江北外马路宁绍码头。1929年10月26日，弘一大师自宁波赴上海，行前与送行者在此素食。

10月26日（农历九月廿四日），与夏丏尊、刘质平一同自宁波赴上海。**按一：**赴上海时在宁波港宁绍轮埠与黄寄慈、陈伦孝、夏丏尊、刘质平、李哲成合影。李哲成对此照片有注释：“是年秋余重游明州，执教四中。维时弘一法师适卓锡白马湖，久思访谒，卒因循未思也。十月廿六日，师又有南闽之行，道出甬江。丏尊师与质平同学方自白马湖为弘一大师庆五十寿，同行赴沪。因与寄慈同钱江之滨功德林斋罢，弘一大师出佛偈多帧赠同席，并于宁绍轮埠摄小影，以志因缘。哲成识 十八年十一月一日。”[④] **按二：**在上海时夏丏尊意将其早年临古法书编辑成

① 上海市书法家协会编：《海派代表书法家系列作品集·弘一》（该卷主编刘一闻，副主编沈爱良），上海书画出版社2006年12月版，第44页。

② 上海市书法家协会编：《海派代表书法家系列作品集·弘一》（该卷主编刘一闻，副主编沈爱良），上海书画出版社2006年12月版，第43页。林子青《弘一法师年谱》（宗教文化出版社1995年8月版）第176页录此题记文字及标点有误。

③ 徐仲荪（1876—1943），原名徐伟，光复会会员，辛亥先烈徐锡麟胞弟。1906年赴日留学，1912年任杭州禁烟局局长，1915年任文澜阁修补《四库全书》总校，1928年任教于上虞春晖中学。

④ 引自夏弘宁著《夏丏尊传》，中国青年出版社2002年1月版，第213—214页。李哲成，生于1896年，名乃成，字哲成，浙江嘉善人，时任浙江省立第四中学教务主任，李叔同在南京高等师范学校兼课时的学生。黄寄慈，生于1903年，浙江萧山人，李叔同在浙江省立第一师范学校任教时之学生，善书法篆刻，曾任浙江奉化溪口武岭学校。曾为弘一大师刻印数方，如“广心”、“龙音”、“吉目”及佛肖印等。

册，辑成《李息翁临古法书》。与丰子恺等见面。[①] 与内山万造在上海“功德林”菜馆见面，委托将《华严经疏论纂要》12 部送给日本方面。[②] **按三：**关于弘一大师与内山完造首次见面的时间，以往各种著述均说系在 1927 年秋。其依据是叶圣陶《两法师》一文。事实上，从史料分析看，应该系 1929 年 10 月末在上海停留期间。理由一：内山完造在《弘一律师》一文中说：夏丏尊言“想介绍一个人和你相见，如果我有电话来，就请来一下。”不出数日，夏丏尊有电话来，约定见面的地点是上海北京路上的功德林素菜馆。夏丏尊为内山完造和弘一大师彼此作了介绍，此时内山完造方知此和尚就是弘一大师。餐后，夏丏尊对内山完造说：“还有一种叫《华严经疏论纂要》的书，正在印刷之中。这书只印二十五部，想把其中十二部送给日本方面，将来出书以后，也送到尊处，拜托你。”内山完造答应下来，并向弘一大师请教送至何处。弘一大师则是以一句“一切拜托你！”答之。又说：“在中国恐不能长久保存，不如送到日本去。”两年以后内山完造把 12 部《华严经疏论纂要》分赠给了日本有关大学和寺院等。此后，京都东福寺又托内山完造的朋友来请。内山手头无书可供，只得写信给弘一大师请经。弘一大师又托人从厦门南普陀寺送来了一部。不料，京都的妙释寺也托人来请，内山再次写信给弘一大师。这时，弘一大师只有手头圈点的一部。但是，内山还是收到了天津的一位居士寄来的一部，说是弘一大师委托代寄。不久，内山又收到弘一大师亲自寄来的一部，信中说，此经实在是很珍贵的，留在手头恐不能永久保存，不如找一个适当的地方存放。内山完造收到书后，打开一看，里面有弘一大师仔细地用朱笔所作的圈点，知道这是大师自己的一部。因为一时无人再来请，内山就暂时留了下来。不久发生“九一八”事变，内山完造暂时关闭了书店回到日本。一天，内山散步到了黄檗山万福寺。在挂有大木鱼的接待处，他与一个值日师闲谈。交谈中，他无意讲到了《华严经疏论纂要》。这和尚喜出望外，知道眼前的这个人正是代弘一大师赠书的内山完造，希望能得到此部书。内山表示回上海后愿意把那部经弘一大师亲自圈点过的经书送给寺里。内山回上海后，所幸店中无恙。他就依约把书寄给了万福寺。不久寺中有感谢信来，内山遂把所有感谢信集在一起转寄给弘一大师。这段公案也算是有了一个了结。[③] 弘一大师发现《华严经疏论纂要》是 1929 年春，与内少完造见面时还在印刷中。内山完造在《弘一律师》中

内山完造著《上海霖语》书影。

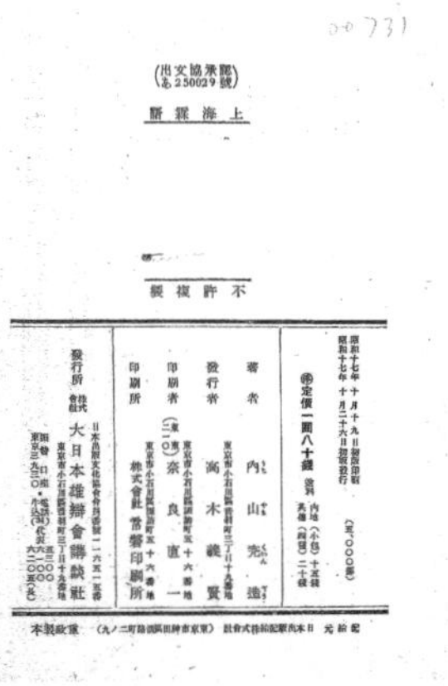
内山完造著《上海霖语》版权页。

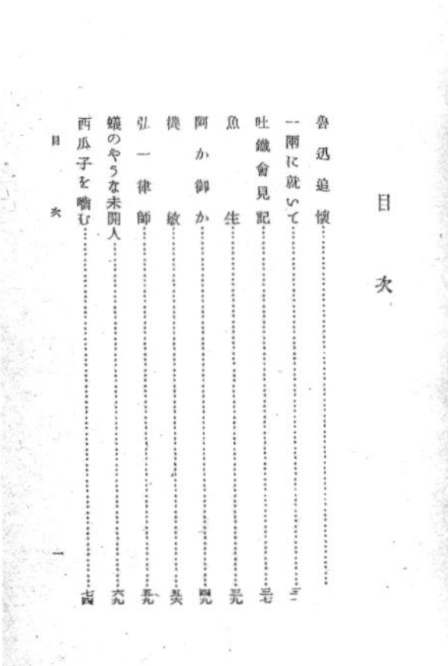
内山完造著《上海霖语》目录页中的《弘一律师》。

① 弘一大师 11 月 4 日（农历十月初四日）在厦门致丰子恺函，收《弘一大师全集》（第 3 版，修订 2 版）第八册・文艺卷、杂著卷、书信卷，福建人民出版社 2019 年 12 月版，第 371 页。

② 内山完造：《弘一律师》一文，收《上海霖语》，大日本友辩会讲谈社 1942 年 10 月版，第 59—68 页。此文曾以《弘一法师的回忆》之题刊于 1942 年《大东亚经济》第 5 卷第 6 期。

③ 内山完造：《弘一律师》一文，收《上海霖语》，大日本友辩会讲谈社 1942 年 10 月版，第 59—68 页。

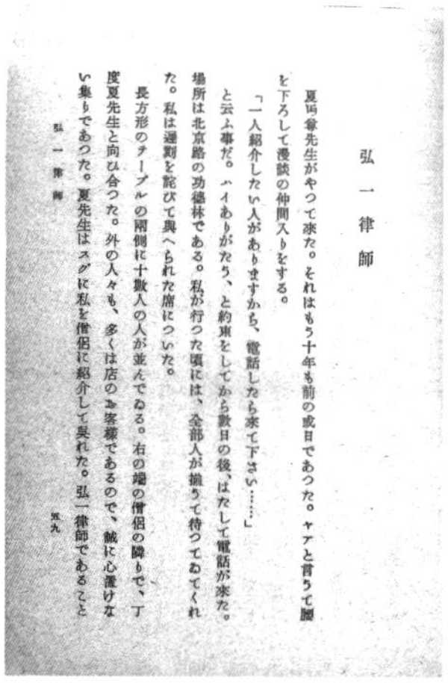

弘一律師

夏丏尊先生がやつて來た。それはもう十年も前の或日であつた。ヤアと言うて腰を下ろして漫談の仲間入りをする。

「一人紹介したい人がありますから、電話したら來て下さい……」

と云ふ事だ。ハイありがたう、と約束をしてから數日の後、はたして電話が來た。場所は北京路の功德林である。私が行つた頃には、全部人が揃うて待つてゐてくれた。私は遲刻を詫びて與へられた席についた。

長方形のテーブルの兩側に十數人の人が並んでゐる。右の端の僧侶の隣りで、丁度夏先生と向ひ合つた。外の人々も、多くは店のお客樣であるので、誠に心置けない集りであつた。夏先生はスグに私を僧侶に紹介して吳れた。弘一律師であること

弘一律師　　五九

内山完造著《上海霖语》中《弘一律师》之一页。

弘一法師的回憶

內山完造

刊于1942年《大东亚经济》第5卷第6期的内山完造《弘一法师的回忆》。

弘一大师在上海留影。

写道两年以后，他陆续将弘一大师赠给日本的《华严经疏论纂要》寄出，并且不久即发生“九一八”事变。“九一八”事变发生在1931年，那么两年以前，则是1929年。可知此首次见面不可能在1927年秋。理由二：内山完造在《弘一律师》一文中又写道：“我谈到傍晚才回去。次日，弘一律师与夏先生及另外二三个朋友同到我店中来，内人也见到他，于他去后曾说：‘听到他的话声，见到那峥嵘的额角，就知道是一位高僧。’”这一段文字说明内山完造与弘一大师首次见面时，谈话谈到了傍晚。而叶圣陶《两法师》一文中很清楚地表明，叶圣陶所说的那次有日本人参加的午餐后，弘一大师并未与那日本人继续谈话，而是去拜访印光大师。叶圣陶在文章中是这么说的：“饭后，他说约定了去见印光法师，谁愿意去可同去。……同去者计七八人。”[①] 将内山完造《弘一律师》和叶圣陶《两法师》二文一对照，就可知内山完造所说的首次与弘一大师见面显然不是《两法师》一文中所说的那次有一个日本人参加聚会的那一次。理由三：弘一大师于1930年12月2日（农历庚午十月十三日）在慈溪致夏丏尊函中曰：“三年前，往内山居士处时，见其屋隅，（即陈列佛书之处）有黄皮厚册之《华严……》（忘其名，为《华严概论》之类）。现朽人甚思得此书。他日如仁者见内山居士时，乞为一询。如无，亦无妨也。此书倘承惠寄，乞交二马路全盛信局，即可寄至慈北鸣鹤场。或交邮局亦可。附白。”此表明，弘一大师确于“三年前”的1927年去过内山书店，但并不能证明那次去内山书店是见到内山完造本人的。理由四：内山完造在《弘一律师》一文中一开头就写曰：“夏丏尊先生来，这已是十年前某天的事了。”金梅在《李叔同何时结识内山完造》一文中说：“内山完造《弘一法师》（误，应系《弘一律师》——引者注）一文发表于1937年《上海雨霖》杂志，而开头第一句话是：‘夏丏尊先生来，这已是十年前某天的事了。’……”[②] 为此，金梅以为他们首次见面是所谓的“十年前”的1927年秋。十分遗憾，金梅不仅将《弘一律师》的文章名弄错，而且还将《上海霖语》这部内山完造的著作误为一本杂志《上海雨霖》。更重要的是，金梅以为所谓的“《上海雨霖》杂志”出版于1937年。实际情况是，作为内山完造的著作，《上海霖语》是一部书，《弘一律师》是其中的一篇文章。其出版时间是昭和17年10月，即1942年10月，出版者为“大日本友辩会讲谈社”，《弘一律师》一文在该书的第59—68页。由此，所谓“十年前”就不是以1937年为基准了。

① 叶圣陶：《两法师》，载1931年《民铎》第9卷第1号。

② 金梅：《李叔同何时结识内山完造》，收《长天集》（下编），天马出版有限公司2012年10月20日版。

10月28日（农历九月廿六日），在上海致蔡丏因函：

《佛教大辞典》一册，托张居士转，乞人便中带奉，仁者暂为存贮。并希阅览。此书甚精，较丁福保译本为优。一二日即往泉州。不宣。

演音　九月廿六日

按：此信福建人民出版社2019年12月版《弘一大师全集》（第3版，修订2版）第八册·文艺卷、杂著卷、书信卷第345页收录，标"一九二九年旧九月廿六日，厦门太平岩"。文物出版社2017年10月版陈飞鹏整理《弘一法师书信全集》第202页收录，标"日期待考"，同时标写信地点"厦门太平岩寺"，并有"案"："此信，《弘一大师全集》注：1929年旧九月二十六日，厦门太平岩。倘年份，地址无误，则月份日期必误。因弘一法师旧历十月初才从上海到厦门。抑或是弘一法师本身笔误？或是传抄失误？推测此信写于旧十月二十六日似较为可靠。姑置此间，存疑待考。"其实从此信所署时间和信中内容以及1930年1月16日（农历已巳十二月十七日）弘一大师致夏丏尊函可知此信应系10月28日（农历九月廿六日）写于上海。理由一：此时弘一大师已至上海；理由二：信中有"一二日即往泉州"之言。而实际上，弘一大师确实在10月底离开白马湖，由宁波至上海，再由上海赴厦门，于11月初（农历十月初）抵达厦门。弘一大师抵达厦门后，虽居太平岩，但本意确是要往泉州开元寺，只是因开元寺有驻军，才暂缓前往。这在弘一大师本年11月4日（农历十月初四日）致丰子恺信，和于农历十月致夏丏尊信中有明确说明。故他在离开上海赴闽前给蔡丏因的信中，很自然会写"往泉州"。

10月28日后（农历九月廿六日后），离开上海赴厦门。**按：**本年10月28日（农历九月廿六日）在上海致蔡丏因函中有"一二日即往泉州"句，再据11月4日（农历十月初四日）在厦门致丰子恺函。推断离开上海的时间为该日以后一二日。

10月（农历八月廿九日至九月廿九日），作为"青年丛书之一"的《护生画集》由布施功德会募资印赠，流通处为佛学书局和开明书店。

11月4日前（农历十月初四日前），抵达厦门南普陀寺。后赴太平岩。

11月4日（农历十月初四日），在厦门致丰子恺函。言别后，安抵厦门，寓太平岩，暂不往泉州。以后通讯乞寄厦门南普陀闽南佛学院转交；小册之《护生画集》再向李圆净请八十余册（再多更善），寄至闽南佛学院本人手收；请将本人通讯处告知刘质平，并请其将通讯之处告知；代问候夏丏尊等诸居士，感谢其在沪时招待之厚情等。[①] **按一：**到厦门后先住南普陀寺，因寺内有水陆法事，故移居太平岩。水陆法事圆满，复回南普陀寺，住老功德楼。[②] **按二：**有手书"悲智"赠闽南佛学院同学，题记曰："己巳十月，重游思明，书奉闽南佛学院同学诸仁者'悲智''有悲无智，是曰凡夫。悲智具足，乃名菩萨。我观仁等，悲心深切。当更精进，勤求智慧。智慧之基，曰戒曰定。如是三学，次第应修。先持净戒，并习禅定。乃得真实，甚深智慧。依此智慧，方能利生。犹如莲花，不着于水。断诸分别，舍诸执著。如实观察，一切诸法。心意柔软，言音净妙。以无碍眼，等视众生。具修一切，难行苦行。是为成就，菩萨之道。我与仁等，多生同行。今得集会，生大欢喜。不揆肤受，辄述所见。倘契幽怀，愿垂玄察。大华严寺沙门慧幢撰。'"[③] **按三：**居闽南佛学院时，陈海量曾来访，一起在海边散步，见二犬相斗，呼唤劝阻。

11月16日（农历十月十六日），在厦门致蔡丏因函。言月首抵思明（即厦门），居太平岩，拟在是间度岁；曾存《华严疏钞》六十册，盼寄下，以备诵习；曾托上海张同生觅便带赠日本版《佛教大辞典》一巨册，想已收到；来信寄厦门南普陀闽南佛学院转交（太平岩邮便不通）等。[④]

11月1日至30日（农历十月），在厦门致夏丏尊函。言来厦后，居太平岩，暂不往泉州（因开元寺有军队多人驻扎）；《临古法书序文》写就附览。出版后不受领版税。倘书店愿有以酬报，可每版赠送若干册以结缘。将来字模制就亦依此法。此意便中可与章锡琛谈之，并代致问

---

① 此信福建人民出版社2019年12月版《弘一大师全集》（第3版，修订2版）第八册·文艺卷、杂著卷、书信卷第371页收录，标"一九二九年旧十月四日，厦门太平岩"。

② 弘一大师：《南闽十年之梦影》，收《弘一大师全集》第八册·文艺卷、杂著卷、书信卷，福建人民出版社2019年12月第3版，修订2版，第201—203页。曾载《佛教公论》1937年9月号。

③ 转引自林子青《弘一法师年谱》，宗教文化出版社1995年8月版，第176—178页。此题记亦称"悲智训语"。参见王维义《悲智双运，入道之基——弘一大师〈悲智训语〉解读》，收《慈悲与和谐——第四届弘一大师研究国际学术会议论文集》，中国广播电视出版社2013年4月版，第101—112页。

④ 此信福建人民出版社2019年12月版《弘一大师全集》（第3版，修订2版）第八册·文艺卷、杂著卷、书信卷第345页收录，标"一九二九年十月十六日，厦门太平岩"。

候；铜字模之办法；附一纸及汇票请交丰子恺等。[①] **按：**《〈李息翁临古法书〉序》："居俗之日，尝好临写碑帖，积久盈尺，藏于丏尊居士小梅花屋，十数年矣。尔者居士选辑一帙，将以锓版示诸学者，请余为文冠之卷首。夫耽乐书术，增长放逸，佛所深诫。然研习之者能尽其美，以是书写佛典，流传于世，令诸众生欢喜受持，自利利他，同趣佛道，非无益矣。冀后之览者，咸会斯旨，乃不负居士倡布之善意耳。岁躔鹑尾，如眼书。"[②]

作《撰联赞地藏菩萨并记》，署名"己巳十月，时年五十，弘一。"[③]

为庆福寺大雄宝殿书"极乐庄严"横额，为地藏王殿撰联"多劫荷慈恩，今居永宁，得侍十年香火；尽形修忏法，愿生极乐，早成无上菩提"。款识"辛酉三月，余来永宁，居庆福寺，亲得瞻仰礼敬承事供养地藏菩萨摩诃萨，并修占察忏仪。明岁庚午，首涉十载，自幸余生，获逢圣教，岂无庆跃？碎身莫酬，揽笔成辞，辄申赞愿。惟冀见闻随喜，同证菩提。己巳十月，时年五十，弘一。"[④]

11月25日或25日前（农历十月廿五日或廿五日前），在厦门致咸茂宝号诸位先生函：

咸茂宝号诸位先生同鉴：

前寄一信，想已收到。兹托友人奉访。前存之大网篮、经书，乞交下为感。顺颂

财安

僧弘一具

按：此信福建人民出版社2019年12月版《弘一大师全集》（第3版，修订2版）第八册·文艺卷、杂著卷、书信卷第496页收录，标"一九二一年，温州庆福寺"。文物出版社2017年10月版陈飞鹏整理《弘一法师书信全集》第78页收录，时间标1921年"月份日期待考"，地点标"温州庆福寺"。皆误。此信应写于1929年11月25日或前数日。可结合11月25日致刘质平函参读。详考见王维军著《平湖李叔同纪念

---

① 此信福建人民出版社2019年12月版《弘一大师全集》（第3版，修订2版）第八册·文艺卷、杂著卷、书信卷第307—308页收录，标"一九二九年旧十月，厦门太平岩"。

② 弘一大师：《〈李息翁临古法书〉序》，收《弘一大师全集》第七册·佛学卷、传记卷、序跋卷，福建人民出版社2019年12月第3版，修订2版，第641页。全集收录时将"岁躔鹑尾"写作"岁缠"。

③ 弘一大师：《撰联赞地藏菩萨并记》，收《弘一大师全集》第七册·佛学卷、传记卷、序跋卷，福建人民出版社2019年12月第3版，修订2版，第622页。第636页又重复收录。

④ 温州博物馆、平湖李叔同纪念馆编《弘一大师墨迹》前言，浙江古籍出版社2010年9月版。

馆藏李叔同（弘一大师）手札墨宝·识注考勘》。①

11月25日（农历十月廿五日）。在厦门致刘质平函。以为作歌之事，最难者为取材，将来或仅能作50首。倘歌材多，或可至百八首。现已拟定十首（尚未撰就），如有歌材，请写示。此书编就后能否适用不可知，但必欲完成此事（至少50首）。他人旧作歌句之佳者，及歌曲形式多变化者可抄示；言《白马湖放生记》稍迟再作；前存网篮内有包好之书籍两包，如尚未寄出，请予以暂存，他日需用时，再寄来；以后通信寄：厦门南普陀闽南佛学院转交等。②

12月10日（农历十一月初十日），在厦门致刘质平函。言前寄一函一片，想已收到；受信人寄至泉州周君转交之书，仅收到一包，如寄出两包，请速向邮局查问；现居太平岩，收信不便；未了之事待明年至沪再晤谈；如有尚未寄出之件盼尽早寄出。前存贮各物，可暂存，统待明年晤时酌定一切等。③

12月25日（农历十一月廿五日），在厦门致刘质平函。言两次来信均收悉；感谢保管寄存之物；写告诸事：一、歌集应有百八首，拟分作十编，随作随出版。待书全之后再编次序重印；二、现拟定之材料尚不满十首。仅先作十首，明年可以先印第一编出版；三、后倘有材料，即可续作，或每年出一至二册，或两年出一册，宁缺勿滥；四、所寄之歌曲成范未收到。一时不能动笔；五、旋律宜将歌意曲折一一表出，随作一歌，拟将作曲意见告知；六、参考书籍无多。且诸事未便。或须至明年春暖返浙之后再动笔；七、前存各物，皆请代为收存。待明春暖后再斟酌办法；八、以后暂不通信。歌词能先作一二首者，即先挂号邮寄。否则须在明夏再动笔等。④

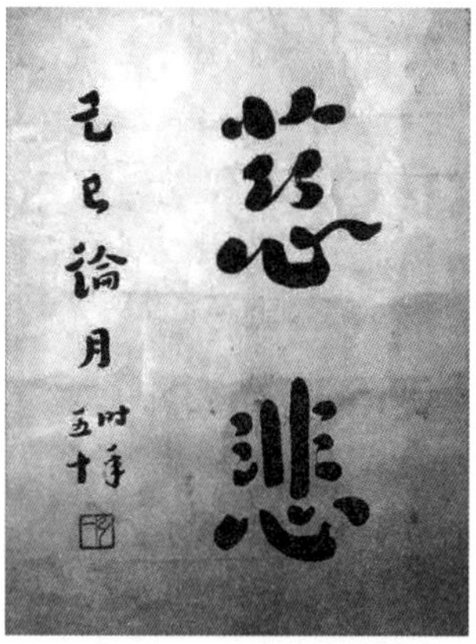

1929年弘一大师书“慈悲”。

12月（农历十一月初一日至十二月初一日），夏丏尊倡议发起之“晚晴护法会”在白马湖成立，晚晴山房募款发起人为董事，由夏丏尊董理事务。基金一为原集资修建晚晴山房余款的银行利息，二为继续吸纳弘一大师友生之捐款。

① 王维军：《平湖李叔同纪念馆藏李叔同（弘一大师）手札墨宝·识注考勘》，西泠印社出版社2017年9月版，第57页。

② 此信福建人民出版社2019年12月版《弘一大师全集》（第3版，修订2版）第八册·文艺卷、杂著卷、书信卷第283—284页收录，标“一九二九年旧十月廿五日，厦门太平岩”。

③ 此信福建人民出版社2019年12月版《弘一大师全集》（第3版，修订2版）第八册·文艺卷、杂著卷、书信卷第284页收录，标“一九二九年旧十一月十日，厦门太平岩”。

④ 此信福建人民出版社2019年12月版《弘一大师全集》（第3版，修订2版）第八册·文艺卷、杂著卷、书信卷第284页收录，标“一九二九年旧十一月廿五日，厦门太平岩”。

在厦门联名致夏丏尊、丰子恺函。言来信昨由南普陀寺送来，又格纸一包，白纸一包悉收到；字典等一包，估计不久可寄到；《有部毗柰耶》请李居士转交四川徐耀远居士；夏丏尊转到孙居士一函一片悉已收到；护生信笺，请即选定并示知其格式，即为书写；以前嘱写各件，除铜模字须明年乃可奉上，其余各件，不久即可写好邮寄；所有书物等均请暂存，待明年再斟酌办法等。①

是年，《弘法社刊》第13期刊出《弘一法师致李圆净居士书》。**按：**此函福建人民出版社2019年12月版《弘一大师全集》（第3版，修订2版）第八册·文艺卷、杂著卷、书信卷第386页收录，未标时间地点。

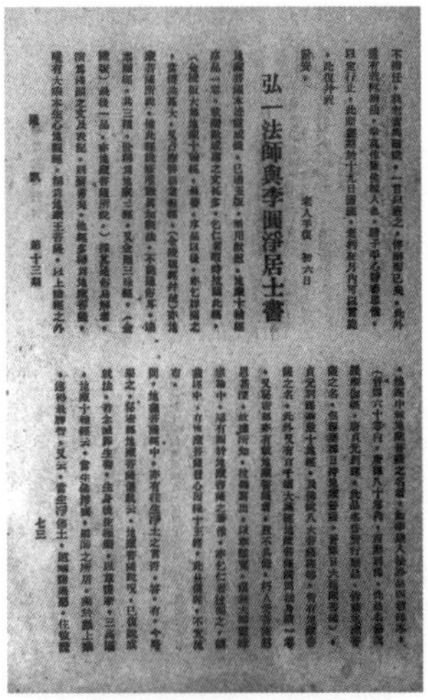
弘一法師與李圓淨居士書

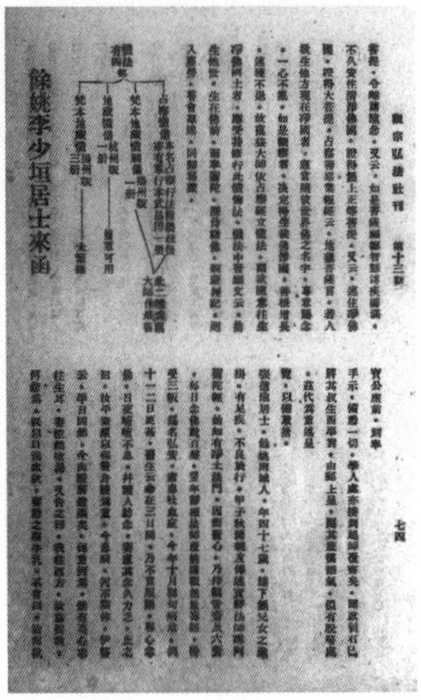
餘姚李少垣居士來函

1929年《弘法社刊》第13期刊出的《弘一法师致李圆净居士书》。

刘质平母谢世，为书《心经》。署名“沙门善臂”；钤印“弘一”。

为南通广化寺辑集《僧伽应化录》，印千册弘传。②

《大云》第92期刊出马一浮《护生画集序》。

仲兄李文熙卒。

所题之刊名“世界佛教居士林林刊”用于1929年《世界佛教居士林林刊》第23期封面，署“胜髻”，钤印“辟”。

嘱李慧勋等校刻《梵网经菩萨戒疏》。**按：**李慧勋《梵网经·跋》曰：“右唐法铣撰《梵网经菩萨戒疏》原本两卷，中土久佚。比年得自东瀛，仍缺下卷；然唐人疏文，一字一句，皆堪宝贵。此疏难缺下卷，亦足以资探究。弘一法师精究律藏，尤究心于一切有部。岁在己巳，为师五旬初度，同人欲为师寿。师驰书力辞，而以校刻是疏为嘱。爰为付之剞劂，以副师‘扶律谈常’之愿。异时倘获下卷续刻，以成完书，则尤法门幸事矣。己巳腊月优婆塞李慧勋附识。”③

书“不为自己求安乐，但愿众生得离苦”联，款识“大方广佛华严经十回向品偈，俗七侄晋章居士供养。岁次鹑尾永宁辨音院论月，时年五十”；钤印佛肖印、“辟”、“弘一”。④

书“大方广佛华严经净行品”四条屏。款识“己巳，最吉祥院守德藏，时年五十”；钤印：“辟”。⑤

书“慈悲”。款识“己巳论月，时年五十”；钤印“弘一”。⑥

---

① 此信福建人民出版社2019年12月版《弘一大师全集》（第3版，修订2版）第八册·文艺卷、杂著卷、书信卷第308页收录，标“一九二九年阳历十二月，厦门太平岩”。

② 王维军：《李叔同研究中的探索与发现》，收《当湖人家》，天津人民美术出版社2017年8月版，弘一大师李叔同部分第210—248页。

③ 李慧勋：《梵网经·跋》，转引自林子青《弘一法师年谱》，宗教文化出版社1995年8月版，第178页。

④ 见《人间晚晴愿终成——泉州陈珍珍老居士访谈录》插图，载2012年弘化社《弘化》总第75期。

⑤ 此书在“甬上留香——弘一法师翰墨展”上展出。宁波博物馆，2018年4月28日至5月27日；慈溪市人民政府、宁波市文化广电新闻出版局、宁波市民族宗教事务局主办，宁波博物馆、慈溪市弘一书画院承办。

⑥ 此书由吴梦非收藏。

社会评介择要

蠲叟:《〈护生画集〉序》，收《护生画集》，开明书店 1929 年 2 月版。

子恺:《颜面》，载 1929 年 2 月 10 日《小说月报》第 20 卷第 2 号。

丰子恺:《缘》，载 1929 年 6 月 10 日《小说月报》第 20 卷第 6 号。

1930年　庚午　51岁

社会文化事略

3月2日，中国左翼作家联盟在上海成立；4月，蒋、冯、阎、桂“中原大战”爆发；10月1日，《佛学半月刊》创刊；10月，中国左翼文化总同盟在上海成立；12月，国民政府颁布《出版法》。

今南安雪峰寺太虚洞。摄于2019年4月。

生平事迹

1月1日至29日间（农历己巳十二月初二日至三十日间），在南普陀寺书《白马湖放生记》。款识“是岁嘉平，无缚书。时居晋江南补陀禅林读诵华严经清凉疏钞”；钤印“亡言”、“弘一”。[1]

太虚大师在闽南佛学院讲《瑜伽真实义品》，逐日亲临听讲。[2]

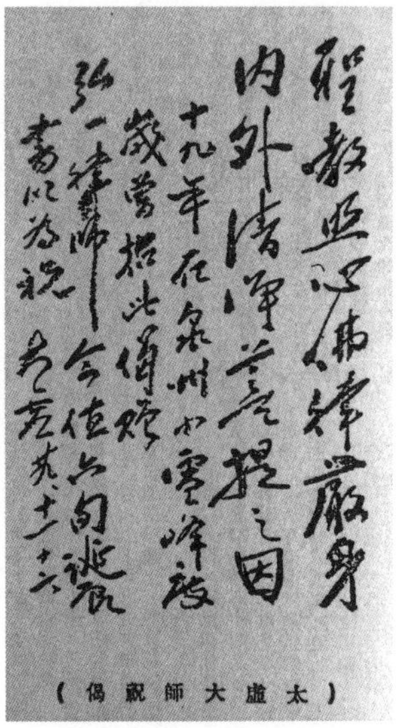

1940年太虚大师重书贺弘一大师诞辰偈句。

1月16日（农历己巳十二月十七日），在厦门致夏丏尊函。言承转寄天津之函已收到；今秋到沪时，由受信人托张居士带往嘉兴《佛教大辞典》一册，但至今彼处未曾收到，请为查询。如已带往，请速送至第二中学蔡丏因处。如尚未带去，仍存上海，待将来再酌定办法；丰子恺托开明书店寄来大册画集两包已收到等。[3]

同日致蔡丏因函。言来书问讯甚感；是间气候温和，惟游众甚多，未适于静修。春暖时或往他方；张居士不返禾，《辞典》当托人查讯等。[4]

1月20日（农历己巳十二月廿一日），《海潮音》第10卷第12期刊载心梵《我的贡献》一文，其中曰：“譬如弘一大师（即艺术家李叔同）

---

① 上海市书法家协会编：《海派代表书法家系列作品集·弘一》（该卷主编刘一闻，副主编沈爱良），上海书画出版社2006年12月版，第245页。己巳嘉平月只有第一天为1929年，即1929年12月31日。故将此条置于此。

② 默如：《七十自述》写曰：“他如大师讲《瑜伽真实义品》时，弘一大师逐日无间，亲临听讲，余亦记录集成册。”原载1975年香港《内明》杂志第41期，转引自林子青《弘一法师年谱》，宗教文化出版社1995年8月版，第178页。

③ 此信福建人民出版社2019年12月版《弘一大师全集》（第3版，修订2版）第八册·文艺卷、杂著卷、书信卷第308页收录，标“一九三〇年阳历一月十六日，厦门”。文物出版社2017年10月版陈飞鹏整理《弘一法师书信全集》第264页收录，时间标1931年“十二月十七日”，地点标“慈溪金仙寺”，此误。

④ 此信福建人民出版社2019年12月版《弘一大师全集》（第3版，修订2版）第八册·文艺卷、杂著卷、书信卷第345页收录，标“一九二九年十二月十七日，厦门南普陀寺”。

太虚大师作词，弘一大师选曲的《三宝歌》。

泉州承天寺旧影。载 1924 年 8 月 1 日《佛化新青年》第 2 卷第 4 期。

今泉州承天寺。摄于 2019 年 4 月。

如果十年前不出家，至多到现在不过像王一亭居士一样的一位居士，决无今日这样的功夫道行。”

1 月 29 日（农历己巳十二月三十日，除夕），与太虚大师自厦门南普陀寺至南安小雪峰寺度岁。[①] 时转逢和尚遵性愿法师嘱，将二位大师及其他法师、苏慧纯居士等齐聚太虚洞，共度除夕。时小雪峰寺主转逢和尚亦年届五十，太虚大师遂提议为二法师合做百岁寿，并作偈以赠，偈曰：“圣教照心，佛律严身。内外清净，菩提之因。”[②] **按一：**此时期与太虚大师合作《三宝歌》，为选曲，由太虚大师依曲谱作词。[③]《三宝歌》歌名另有《赞三皈》《三皈歌》和《三皈依歌》等。可参见孙继南《佛曲〈三宝歌〉源流始末考》、释慧观《〈三宝歌〉之创作时地与曲先词后》。[④] 亦另有表述：“据林子青老人记述，他曾听芝峰法师说，此曲作于 1929 年 10 月，词为后填（台湾本《弘一大师新谱》271 页）。《太虚大师年谱》（印顺著）亦记于 1929 年 12 月 1 日，皆可信。”[⑤] **按二：**太虚大师有《与转蓬弘一芝峰诸师自泉州之小雪峰》诗：“寒郊卅里去城东，才过青溪便不同；林翠荫含山外路，蕉香风送寺前钟。虎踪笑觅太虚洞，诗窟吟留如幻松；此夕雪峰逢岁尽，挑灯共话古禅宗。”[⑥]

1 月 31 日（农历正月初二日），在南安致蔡丏因函。言前邮明信，想已收到；除夕移居雪峰。以后来信寄：福建泉州洪濑街吴协发宝号转交等。[⑦]

2 月 5 日（农历正月初七日），在南安致夏丏尊函。言近来患神经衰弱甚剧，今年拟即在此静养；晚晴山房若无人居住，恐朽坏。如惟净法师能来住，甚善。否则，或请弘祥法师，或他人；信笺附挂号寄上；铜模之字，俟病愈后再执笔；岁晚移居泉州；以后来信寄：福建泉州洪濑

① 释印顺在《太虚法师年谱》中记曰：“二十九日（已巳岁尽），大师……偕弘一、转逢、芝峰等，去小雪峰寺度旧年。”宗教文化出版社 1995 年版，第 164 页。所谓“已巳岁尽”即已巳年十二月三十日，公历 1930 年 1 月 29 日。弘一大师于 1930 年 1 月 31 日致蔡冠洛函中亦曰：“除夕移居雪峰”句。

② 太虚大师：《赠弘一法师》，载 1930 年《海潮音》第 11 卷第 4 期。林子青《弘一法师年谱》（宗教文化出版社 1995 年 8 月版）第 178 页注二十三 1941 年太虚大师祝寿赠偈并跋。1940 年太虚大师再书是偈，款识：“十九年在泉州小雪峰度岁，曾拈此偈，赠弘一律师；今值六旬诞辰，书以为祝。太虚，廿九，十一，十二。”林子青在录此款识时将“诞辰”误录为“诞生”。

③ 尘空：《三宝歌广释》，载 1938 年《海潮音》第 19 期。林子青《弘一法师年谱》（宗教文化出版社 1995 年 8 月版将此歌创作时间列于 1929 年条目。现依尘空之文。关于此歌的创作时间、先曲后词、歌名演变、刊布流传及署名等问题的研究综述，见叶瑜荪《〈三宝歌〉创作考综述》一文，载 2017 年《太虚》（桐乡市太虚大师研究会会刊）第 3 期。

④ 孙继南：《佛曲〈三宝歌〉源流始末考》，载 2016 年 9 月《莲馆弘谭》第 12 期。释慧观：《〈三宝歌〉之创作时地与曲先词后》，载《莲馆弘谭 • 2018》，西泠印社出版社 2018 月 12 月版。

⑤ 柯文辉：《旷世凡夫：弘一大传》，北京大学出版社 2010 年 4 月版，第 293 页。

⑥ 太虚大师：《与转蓬弘一芝峰诸师自泉州之小雪峰》，载 1930 年《海潮音》第 11 卷第 4 期。

⑦ 此信福建人民出版社 2019 年 12 月版《弘一大师全集》（第 3 版，修订 2 版）第八册 • 文艺卷、杂著卷、书信卷第 345 页收录，标“一九三〇年旧元旦后一日，南安雪峰寺”。

雪峰寺；代问候丰子恺等。[①]

2 月 13 日或 13 日后（农历正月十五日或十五日后），赴泉州承天寺。**按：**在小雪峰期间，在小雪峰寺后山上之慧泉寺与陈海量见面。[②] 在小雪峰度岁后，随太虚大师至南安洪濑树德寺演讲。本意在雪峰寺静养，但至正月半，因雪峰寺内驻兵而移至城内泉州承天寺。在承天寺月台佛学社结识性常法师。适性愿法师创办月台佛学研究社，为月台佛学研究社青年学僧演讲写字方法二次，协助性愿法师培养僧才工作。为承天寺整理所藏古版藏经，后编成目录。书“以戒为师”，后赠与月台佛学社庚午冬季考试品行最优者。款识“敬赠晋江月台佛学社庚午冬季考试品行最优者惠存，以为纪念，一音”；钤印佛肖印、“辟”、“胤”等。本次考试品行最优者为昙昕法师。[③] 时印月长老将归厦门虎溪岩，以其法号“会泉”，书赠冠头联“会心当处即是，泉水在山乃清。”款识“印月法师归卧虎溪，书此呈之。后学月臂，时庚午居丰州”。[④] 弘一大师在自书之《地名山名寺名院名略考》中介绍曰：“晋水、温陵（皆是泉州）。某某年居大开元寺、承天寺、草庵院等甚久。”此“皆是泉州”为广义，包括晋江。弘一大师在承天寺多次住月台别院。月台别院曾被拆毁，2010 年按原样复建，今为泉州市弘一大师学术研究会会址。弘一大师在泉州圆寂后，火化地亦在承天寺，今有“弘一法师化身地”纪念碑。

今泉州承天寺月台别院外景。摄于 2019 年 4 月。

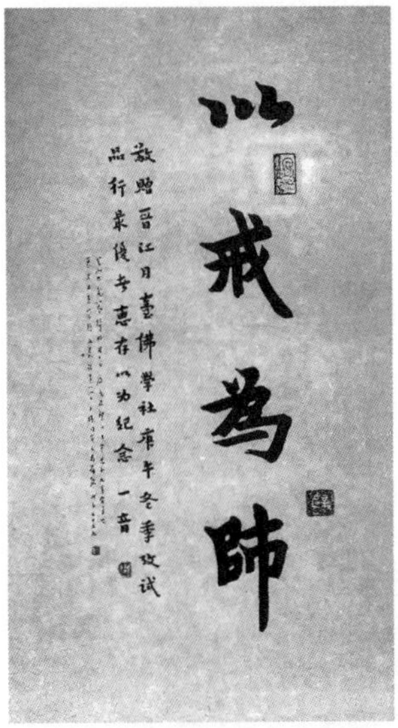

弘一大师为晋江月台佛学社庚午冬季考试品行最优者书写的“以戒为师”。

2 月 11 日（农历正月十三日），在泉州致夏丏尊函。言前邮信片，想已收到；“拙书集”（指《李息翁临古法书》）出版时请寄 30 册至泉州承天寺性愿法师收，再寄 30 册至温州大南门外庆福寺因弘法师收，并挂号；模字拟于二三日后动手书写。先写七百字寄上。待镌刻时再继续书写他字等。[⑤]

---

① 此信福建人民出版社 2019 年 12 月版《弘一大师全集》（第 3 版，修订 2 版）第八册·文艺卷、杂著卷、书信卷第 308 页收录，标“一九三〇年正月初七日，南安雪峰寺”。

② 在小雪峰期间，陈海量住小雪峰寺后山上之慧泉寺，弘一大师前往看望。慧泉寺位于康美镇杨梅山，始建于唐大和年间。相传，慧泉寺为鼎盛时期杨梅山 18 座寺庙中尚存最久的寺庙。

③ 昙昕：《音公本师见闻琐记》：“十九年我在月台佛学社考试后，法师给我一张‘以戒为师’四个字的字幅，傍注‘敬赠晋江月台佛学社庚午冬季考试品行最优者惠存，以为纪念。一音’。”转引自林子青《弘一法师年谱》，宗教文化出版社 1995 年 8 月版，第 181 页。昙昕即广义法师（1914—1995），南安洪濑人，俗姓李，1925 年茹素礼佛，1931 年秋出家。1933 年春，弘一大师在厦门妙释寺讲律时，广义法师等发愿同宣南山律大法。弘一大师为改号昙昕。书件图片见天津市李叔同研究会编《李叔同书法碑林画集》，天津人民美术出版社 1992 年 9 月版，第 20 页。性常法师（1912—1943），福建晋江人，早年从会泉法师问学，亲近弘一法师。

④ 转引自林子青《弘一法师年谱》，宗教文化出版社 1995 年 8 月版，第 181 页。印月法师，名明性，字会泉，以字行，印月为其别号，厦门南普陀寺第一任十方选贤丛林住持。丰州即泉州南安县古称。

⑤ 此信福建人民出版社 2019 年 12 月版《弘一大师全集》（第 3 版，修订 2 版）第八册·文艺卷、杂著卷、书信卷第 308 页收录，标“一九三〇年阳历二月十一日，泉州承天寺”。

1930 年弘一大师（中）与叶青眼居士（左一）、性愿法师（左二）、转尘和尚（左四）、广心法师（左五）在开元寺合影。

2 月 27 日（农历正月廿九日），在泉州致夏丏尊函。言来信昨晚诵悉；此间近来大兵云集，各大寺院皆住满。前所云在此静修恐难成就。且待下月再酌定；弘祥法师事，今详思似须自己亲往商量。若春暖时返浙，即拟亲往杭州；旅费已不足，请为集 15 元汇下存贮；倘春暖返浙，即以此费充之。万一仍居闽，当存贮此费，以备他日旅行之用；来信寄福建泉州城内承天寺转交；汇款亦依此地址书写；代问候丰子恺等。①

2 月 28 日至 3 月 29 日间（农历二月），书“当勤精进”。款识“庚午二月，居万寿，如理”；钤印“弘一”。②

书“南无阿弥陀佛”佛号。款识“莲航贤首好乐美术，近更发愿修习净业。余谓此土浊恶，无美可言；若极乐世界，七宝庄严，天乐盈空，黄金为地，以视此土，净秽攸殊矣。贤首求生西方，可谓深解美术者。为书阿弥陀佛名号贻之，并志芜辞，用以随喜。于时庚午二月，璎珞院守亡言”；钤印“弘一”。③

弘一大师书于 1930 年农历二月的佛号及题款。

2 月（农历正月初三日至二月初一日），所题之刊名“世界佛教居士林林刊”用于 1930 年《世界佛教居士林林刊》第 24 期封面，署“胜髻”，钤印“辟”。《赞三皈》（即《三宝歌》）发表于该期。（刊出时未署名）

3 月 14 日（农历二月十五日），在泉州承天寺致夏丏尊函。言来信及经费收悉；拟农历三月初旬动身，不过上海，先至温州；因刘质平嘱撰歌词，须在温州作（寺中经书齐备），待下半年再至白马湖；以后来信寄温州庆福寺等。④

今泉州承天寺内的“弘一法师化身地”纪念碑。摄于 2019 年 4 月。

3 月（农历二月初二日至三月初二日），《海潮音》第 11 卷第 3 期刊出芝峰《侍从太虚大师弘一律师转逢和尚游泉州小雪峰寺》：“负笈从师来闽海，月窪云窟访灵根。未探梅岭春消息，先叩雪峰古寺门。曲水澄如秋练净，群峰势若海涛奔。凭栏危坐诸缘寂，万象森然露性源。”

《地藏菩萨本愿经见闻利益品》再版本出版，世界佛教居士林印行，

① 此信福建人民出版社 2019 年 12 月版《弘一大师全集》（第 3 版，修订 2 版）第八册 · 文艺卷、杂著卷、书信卷第 308 页收录，标“一九三〇年正月晦日，泉州承天寺”。1930 年农历正月为 29 天，正月晦日即农历廿九日。文物出版社 2017 年 10 月版陈飞鹏整理《弘一法师书信全集》第 207 页收录此信，误标为“正月三十日”。

② 释慧观撰述：《弘一大师持戒念佛之典范》，（台北）弘一大师纪念学会 2012 年 12 月印行，第 32 页。万寿即泉州承天寺。

③ 浙江省平湖市人民政府、上海徐汇区文化局编：《弘一大师法书集 · 天心月圆（作品卷）》，上海书画出版社 2017 年 5 月版，第 41 页。泉州开院寺藏。

④ 此信福建人民出版社 2019 年 12 月版《弘一大师全集》（第 3 版，修订 2 版）第八册 · 文艺卷、杂著卷、书信卷第 308—309 页收录，标“一九三〇年旧二月望日，泉州承天寺”。

上海佛学书局流通，国光印书局印刷。书中有题“南无地藏菩萨摩诃萨”图。初版本中未见此图。此图作者不详，图之底本见翁连溪主编《中国佛教画全集》，中国书店2004年1月版，图出自清光绪金陵刻经处。经比对，《地藏菩萨本愿经见闻利益品》再版本中的弘一大师题“南无地藏菩萨摩诃萨”图与《中国佛教画全集》采自清光绪金陵刻经处之图不一致。前者之笔触、线条与后者不同；后者部分元素在前者中被取消。故此图是否弘一大师重作，或他人重作，待考。

今泉州资寿寺仅存的后殿。（新闻图片）

春，在泉州资寿寺住近半月，宣讲《地藏菩萨之灵感》。**按：** 弘一大师在自书之《地名山名寺名院名略考》中介绍曰：“大资寿寺（在泉州）。某年在此住半月。”资寿寺位于泉州府治北面行春门外桂香境内，俗称北藏寺。该寺与温陵养老院毗邻，院寺互通。其地原为五代留从效之故宅，周显德三年（956）舍宅为寺，初名报惠寺，后改名封崇寺。北宋景德年间（1004—1007），陈洪铭为兄陈洪进（北宋初任清源军节度使，管辖泉州等地）祈祷，舍宅施田拓建寺宇，改名资寿寺。元代赐名护国永隆资寿禅寺。明嘉靖间（1522—1566）改为府城隍庙，清代资寿寺与府城隍庙混称。20世纪50年代，府城隍庙逐渐破损，但建筑群基本保存完整，后改作麻袋厂。“文革”时，庙宇毁弃，1972年又拆庙创办小山小学（现新村小学），仅存后殿。

《地藏菩萨本愿经见闻利益品》再版本中的弘一大师题“南无地藏菩萨摩诃萨”图。

4月13日（农历三月十五日），从泉州乘船往温州。[①]

4月14日（农历三月十六日），船至马尾。[②]

中国书店2004年1月版翁连溪主编《中国佛教画全集》中采自清光绪金陵刻经处的图。

4月18日（农历三月廿日），傍晚抵达温州，驻庆福寺。[③] **按：** 回温州后曾介绍某僧赴李鸿梁处学画佛像。李鸿梁言：“一九三〇年春，一日，门房送进一张名片，并且说是一个年纪很轻的和尚要见我。过了一回，就进来了一个大约二十多岁，伶俐倜傥的和尚，见面后立刻递过法师的介绍信，才知道他是要想来学画佛像的。问他从前所学的，他就在袖中拿出一卷习作来，画的是墨兰，字虽不怎样，也还不俗。后来谈到住的问题，我答应替他设法。”“第二天，法师就有快信来，说某僧前来学画，希予以方便，但他的通讯处切勿告知，信尾还附一句：‘此信阅后毁去’。当时我觉得很奇怪，我想或者为了避免某僧纠缠的麻烦，不得已而出此也未可知。后来才知道某僧喜出入豪门，交结权贵，实无意

① 参见弘一大师4月19日（农历三月廿一日）在温州致性愿法师函。
② 参见弘一大师4月19日（农历三月廿一日）在温州致性愿法师函。
③ 参见弘一大师4月19日（农历三月廿一日）在温州致性愿法师函。

于书画，故法师远之。不过我这次违了老师的命令，并没有把信烧掉。”①

1930 年 3 月国光印书局的《地藏菩萨本愿经见闻利益品》再版本。

4 月 19 日（农历三月廿一日），在温州致刘质平函。言前邮《放生记》至沪，误写为“中华艺术”，邮局退还。兹复奉上；昨夕返温州；为《清凉歌集》事会经常通信。若皆挂号，未便，拟改寄至友人沪寓，由彼转交何如？应寄何处？请酌示；来信寄温州大南门外庆福寺等。②

同日，致性愿法师函：

性愿法师慈鉴：

在泉之时，诸荷照拂，濒行又荷远送，感谢无尽！十五午开轮，十六午前到马尾，昨夕达温州。一路风浪平静，未遇险厄。营副饶君待遇音等甚为亲切，至可感激。现拟在温度夏，秋凉或须至衢州一行，但尚未决定也。命写各件，不久即可加墨。拟俟座下云游归后，再奉上，俾可不至遗失。谨致谢忱，顺颂

慈安

后学演音和南　三月廿一日

和尚及广心法师并诸师前，均乞代为问安。③

按： 此信福建人民出版社 2019 年 12 月版《弘一大师全集》（第 3 版，修订 2 版）第八册 · 文艺卷、杂著卷、书信卷第 444—445 页收录，标“一九二九年旧三月廿一日，温州庆福寺”。文物出版社社 2017 年 10 月版陈飞鹏整理《弘一法师书信全集》第 208—209 页收录，有“案”：“此信《弘一大师全集》注：1929 年旧三月二十一日，温州庆福寺。年份疑误。依信中内容及到弘一法师乘船路径及达温州时间判断，此次离开闽南应是 1930 年旧三月十五日、三月二十日抵达温州，次日即给性愿法师发函。第一次离开厦门抵达温州的时间是 1929 年旧三月十四日前（见 1929 年 3 月 14 日弘一法师与孙选青信）。故，此信应写于第二次离开闽南到温州，即 1930 年旧三月二十一日为合理，非 1929 年。”根据弘一大师行踪，《弘一法师书信全集》所述合理。

4 月 28 日（农历三月三十日），在温州致夏丏尊函：

① 李鸿梁：《我的老师弘一法师李叔同》，收《浙江文史资料选辑》第 26 辑，浙江人民出版社 1984 年 6 月版，第 98—117 页。

② 此信福建人民出版社 2019 年 12 月版《弘一大师全集》（第 3 版，修订 2 版）第八册 · 文艺卷、杂著卷、书信卷第 284—285 页收录，标“一九三〇年旧三月廿一日，温州庆福寺”。

③ “和尚”指时任承天寺住持的转尘和尚。“广心”时任承天寺监院。

丏尊居士：

到温后，即奉上明信，想已收到。铜模字已试写二页，奉上。乞与开明主人酌核。余近来精神衰颓，目力昏花。若写此体，或稍有把握，前后可以大致一律。若改写他体，恐难一律，故先以此样子奉呈。倘可用者，余即续写。否则拟即作罢。（他体不能书写。）所存之格纸，拟写“小经”一卷，以奉开明主人，为纪念可耳。此次旅途甚受辛苦。至今喉痛及稍发热、咳嗽、头昏等症，相继而作。近来余深感娑婆之苦，欲早命终往生西方耳。谨陈，并候回玉。

旧三月晦日　演音

按：此信福建人民出版社2019年12月版《弘一大师全集》（第3版，修订2版）第八册·文艺卷、杂著卷、书信卷第305页收录，标“一九二九年旧三月晦日，温州庆福寺”。文物出版社2017年10月版陈飞鹏整理《弘一法师书信全集》第188页收录，时间标1929年“旧三月三十日”，地点为“温州庆福寺”。根据前述弘一大师致夏丏尊信中所谈由泉州至温州事，和几次所述拟写字模事，此信当写于1930年4月28日（农历三月三十日）。

4月29日（农历四月初一日），在温州致林赞华函：

赞华居士：

舟中晤谈，快慰无已，窃恨相见之晚也。不日将如皖中，附赉旧藏《四十二章三经解》一册，《华严三品》一册，《往生论注》二册，以结善缘。陈菁等三子，希为致念。江山琼绝，岂复委宣。

昙昉疏　四月一日[①]

按：此信福建人民出版社2019年12月版《弘一大师全集》（第3版，修订2版）第八册·文艺卷、杂著卷、书信卷第401页收录，标“一九三〇年旧四月一日，泉州承天寺”。文物出版社2017年10月版陈飞鹏整理《弘一法师书信全集》第209—230页收录，有“案”：“此信，《弘一大师全集》注：1930年旧四月初一，泉州承天寺；林子青《弘一法师书信》注：1930年4月1日，泉州。地址疑皆误。考诸信中内容，以‘舟中晤谈，快慰无已’一语判断，弘一法师已回到温州，方有两人相见舟中。据信中内容可知，此是两人初识时期。故《弘一大师全集》

① 林赞华，浙江温州人，法号智明，曾在南京教育界工作，参与中国佛学会研究活动。

所注时间无误，然地址疑误，应以温州为是。而林子青《弘一法师书信》所注新历4月1日，即旧历三月初三，时弘一法师尚在泉州，旧历三月十五日左右才离开泉州，于新历4月1日写于泉州不能成立。”故《弘一法师书信全集》所述合理。信中“不日将如皖中”或为弘一大师之计划。此信曾载1946年《弘化月刊》第59期，题《弘一法师复林赞华居士书三通》。

4月（农历三月初三日至四月初二日），《海潮音》第11卷第4期刊载太虚大师《与转逢弘一芝峰诸师自泉州之小雪峰》。另有《赠弘一法师》。

《大云》第30号刊出《弘一法师与李圆净居士书》。**按：**此信福建人民出版社2019年12月版《弘一大师全集》（第3版，修订2版）第八册·文艺卷、杂著卷、书信卷第386页收录，未标时间地点，与《大云》所刊之信，个别文字有别。**按：**是年《弘法社刊》第14期亦刊出《弘一法师与李圆净书》。

《钟声》第1期刊出《佛学书局出版图书简要目录》，其中有《醒世千家诗》《护生画集》。

5月6日（农历四月初八日）在温州致夏丏尊函：

惠书，诵悉。承询所需，至用感谢。此次由闽至温，旅费甚省。故尚有余资。宿疾本因路途辛劳所致，今已愈十之九。铜模字即可书写。拟先写千余字寄上。俟动工镌刻后，再继续书写其余者。今细检商务铅字样本，至为紊杂。有应用之字而不列入者。有《康熙字典》所未载之僻字及俗体字，而反列入者。若依此书写，殊不适用。今拟改依《中华新字典》所载者书写，而略增加。总以适用于排印佛书及古书等为主。倘有欠缺，他时尚可随时补写也。墓志造像不列目录，甚善。《佛教大辞典》，是否仍存尊处？因嘉兴前来书谓未曾收到。如未送去，仍以存尊处为宜。阳历四月十九日寄挂号信与上海美专刘质平居士，至今半月余，无有复音。乞为探询，质平是否仍在美专，或在他处？便中示知，为感。

演音

阳历五月六日

按：此信福建人民出版社2019年12月版《弘一大师全集》（第3版，修订2版）第八册·文艺卷、杂著卷、书信卷第304—305页收录，标“一九二九年阳历五月六日，温州庆福寺”。文物出版社2017年10月版陈飞鹏整理《弘一法师书信全集》第187页收录，时间标1929年“旧三月二十七日”，地点为“温州庆福寺”。皆误。根据前述弘一大师致夏丏尊信中所谈由泉州至温州旅费事，和几次所述拟写字模事，此信当写于1930年公历5月6日。

5月7日（农历四月初九日）在温州致夏丏尊函：

昨复一片，想已收到。此次写铜模字，悉据商务《新字典》（前片云《中华新字典》者。非也。）所载之字。去其钙、腺、呎等新造之字，而将拾遗门之字择要增入。并再参考《康熙字典》，增加其适用之字（如丏字等）。先依此写成一部。以后倘有缺少者，可以随时增入也。拟先写卅纸奉上，计一千〇五十字。俟动工镌刻后，乞即示知，再当续写。前寄样纸两张，作废，今拟重新书写也。大约十天后，即可写就奉上。书写模字最应注意者，为全部之字，须笔画粗细及结构相同。必能如是，将来折开排列之时，其字乃能匀称。又写时，于纸下衬一格纸。每字中画一直线。依此直线书写，则气乃连贯。将来折开排列时，气亦连贯矣。今夏，或迟至秋中，余决定来白马湖正式严格闭关。详情后达。先此略白。山房存米甚多。乞令他人先取食之。俟余至山房，再买新米。

演音

按：此信福建人民出版社2019年12月版《弘一大师全集》（第3版，修订2版）第八册·文艺卷、杂著卷、书信卷第305页收录，标“一九二九年阳历五月，温州庆福寺”。2017年10月版陈飞鹏整理《弘一法师书信全集》第188页收录，时间标1929年“旧三月二十八日”，地点标“温州庆福寺”。此信开头家写曰“昨复一片，想已收到。此次写铜模字，悉据商务《新字典》（前片云《中华新字典》者。非也。）所载之字。”根据前考，此信写于前信之次日，即1930年5月7日（农历四月初九日）。

5月10日（农历四月十二日），在温州致夏丏尊函：

丏尊居士：

前奉上二片，想已收到。铜模已试写三十页。费尽心力，务求其大小匀称。但其结果，仍未能满意。现由余详细思维，此事只可中止。其原因如下：

一、此事向无有创办者，想必有困难之处。今余试之，果然困难。因字之大小与笔画之粗细及结体之或长或方或扁，皆难一律。今余书写之字，依整张之纸看之，似甚齐整。但若拆开，以异部之字数纸（如口卩匚儿等），拼集作为一行观之，则弱点毕露，甚为难看。余曾屡次试验，极为扫兴，故拟中止。

二、去年应允此事之时，未经详细考虑，今既书写之时，乃知其中有种种之字，为出家人书写甚不合宜者。如刀部中残酷凶恶之字甚多。又女部中更不堪言。尸部中更有极秽之字。余殊不愿执笔书写。此为第二之原因。（此原因甚为重要。）

三、余近来眼有病。戴眼镜久，则眼痛。将来或患增剧，即不得不停止写字。则此事亦终不能完毕。与其将来功亏一篑，不如现在即停止。此为第三之原因。

余素重然诺，决不愿食言。今此事实有不得已之种种苦衷。务乞仁者向开明主人之前，代为求其宽恕谅解，至为感祷。所余之纸，拟书写短篇之佛经三种（如《心经》之类是），以塞其责，聊赎余罪。

前寄来之碑帖等，余已赠与泉州某师。又《新字典》及铅字样本并未书写之红方格纸，亦乞悉赠与余。至为感谢。

余近来精神衰颓，远不如去秋晤谈时之形状。质平前嘱撰之《歌集》，亦屡构思，竟不能成一章。止可食言而中止耳。

余年老矣，屡为食言之事。日夜自思，殊为抱愧，然亦无可如何耳。务乞多多原谅。至感至感。已写之三十张奉上，乞收入。

旧四月十二日　演音上

按：此信福建人民出版社 2019 年 12 月版《弘一大师全集》（第 3 版，修订 2 版）第八册 · 文艺卷、杂著卷、书信卷第 305—306 页收录，标“一九二九年旧四月十二日，温州庆福寺”。文物出版社 2017 年 10 月版陈飞鹏整理《弘一法师书信全集》第 189 页收录，时间标 1929 年“旧四月十二日”，地点为“温州庆福寺”。根据前述弘一大师致夏丏尊信中所谈写字模事、“远不如去秋晤谈时之形状”之语，和答应刘质平撰歌集之时间，此信没有可能写于 1929 年农历四月十二日。此信当写于 1930 年 5 月 10 日（农历四月十二日）。

收到孙选青来信。

夏，在温州致刘质平函：

质平居士：

前复信片，想已收到。夏衣已有，乞勿添制。歌集，于去冬居厦门时，曾竭思力，卒不能成一首。今春在泉州受兵士之扰乱，脑神经已负重伤。归途又与军队同舟，故返至温州时，身心疲劳已极。反复思维，仁者嘱撰歌集之事，及夏居士嘱写铜模字型之事，恐现在难以着手。夏居士处已致函谢罪，请其原谅。今对于仁者，亦殊为抱歉。余年老力衰，屡为食言之事，问心实惭愧万分也。近为仁者书写佛经及字幅多种，附挂号寄上，聊以解仁者之忧闷。余尔来手颤，左臂痛，不易高举。以后写字，当甚困难。该所写者，可为最后之纪念耳。所写之《华严经行愿品》共五十一页。另寄书一册，其次序乞依此书排之，不可紊乱。此书余已读诵十数年。甚盼仁者自今以后，亦能受持读诵也（或读全册，或仅读赞语，即余所写者）。仁者收到之后，乞复一明信片。余不久或云游他方，临行之时，再当通知可也。不具。

演音疏

按：此信福建人民出版社 2019 年 12 月版《弘一大师全集》（第 3 版，修订 2 版）第八册・文艺卷、杂著卷、书信卷第 285 页收录，标“一九三〇年夏，上虞白马湖”。文物出版社 2017 年 10 月版陈飞鹏整理《弘一法师书信全集》第 214—215 页收录，亦如是标注。此信当写于本年 5 月 10 日（农历四月十二日）在温州致夏丏尊请求原谅之函后所写，标夏季确当，但地点应在温州。信中所谓“余不久或云游他方，临行之时，再当通知可也”即拟赴宁波和上虞。

写遗嘱，拟交夏丏尊。[①]

5 月 11 日（农历四月十三日），在温州致孙选青函。言昨收来信；印行《阅览佛书入门法》甚善。秋凉当觅暇修改校正。其原稿须参阅，便中寄来等。[②]

5 月 26 日（农历四月廿八日），在温州致夏丏尊函。言来信及施金二十元收到；述近来衰病之由，主要是正月在承天寺居住时，寺中驻兵五百余人，惊恐扰乱，昼夜不宁。农历三月中旬，动身归来。而轮舟中又与兵士二百余人同乘。种种逼迫，种种污秽，殆非言语可形容。共同乘二昼夜乃至福州。虽强自支持，但脑神经已受重伤。至温州已身心疲劳，遂即致疾。庆福寺中，亦有驻军，干扰较在福建时稍轻；不久即正

① 参见 1931 年 2 月 27 日（农历正月十一日）弘一大师致蔡丏因函，收《弘一大师全集》第八册・文艺卷、杂著卷、书信卷，福建人民出版社 2010 年 10 月第 3 版，修订 2 版，第 347 页。

② 此信福建人民出版社 2019 年 12 月版《弘一大师全集》（第 3 版，修订 2 版）第八册・文艺卷、杂著卷、书信卷第 361 页收录，标“一九三〇年五月十一日，温州庆福寺”。

式闭关，不再与世人往来矣。以后通信唯有受信人及丰子恺、刘质平等；刘质平处，亦为彼写经等，以塞其责，并致书谢罪；现在诸事皆已结束。惟有徐蔚如编校《华严疏钞》，嘱参订，须随时通信；返山房之事尚须斟酌，待后告知；山房之中勿添制纱窗；现在无大病，惟身心衰弱，手颤、眼花、神昏，臂痛不易举；马一浮图章一包，前存丰子恺处，请其便中交去等。①

同日致弘伞法师函：

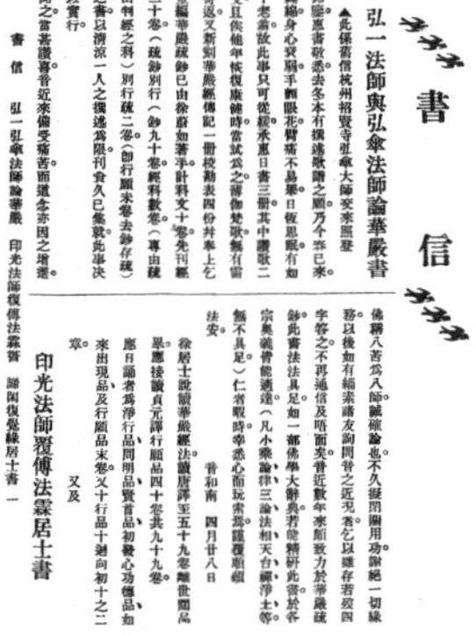
書信

弘一法師與弘傘法師論華嚴書

▲此係舊信杭州招賢寺弘傘大師交來照登

傘師慈鑒惠書敬悉去冬本有撰述歌譜之願乃今春已來。老病纏綿。身心衰弱。手顫眼花。臂痛不易舉。日恆思眠。有如八九十老翁。故此事只可從緩。承惠日書三冊其中讚歌二冊敬受。且俟他年恢復康健時。當試爲之。薄伽梵歌。無有需用。謹寄返。又新刻華嚴經傳記一冊校勘表四份并奉上乞收入。重編華嚴疏鈔已由徐蔚如著手計科文十卷。先刊經疏百二十卷。（疏鈔別行）（鈔九十卷經科數卷。（專由疏中摘出判經之科）別行疏二卷。（卽行願末卷去鈔存疏）新編之書以清涼一人之撰述爲限刊資久已集就此事決定可以實行。仁者聞之。當甚讚喜。音近來備受痛苦而道念亦因之增進。佛稱八苦爲八師。誠確論也。不久擬閉關用功謝絕一切緣務。以後如有緇素諸友詢問音之近況者。乞以雖存若歿四字答之。不再通信及晤面矣。音近數年來頗致力於華嚴疏鈔。此書法法具足。如一部佛學大辭典。若能精研此書。於各宗奧義皆能通達。（凡小乘論、律、三論、法相、天台、禪、淨土等。無不具足。）仁者暇時幸悉心而玩索焉。謹覆順頌

法安。　音和南　四月廿八日

徐居士說讀華嚴經法。讀唐譯至五十九卷離世間品畢。應接讀貞元譯行願品四十卷共九十九卷。應日誦者爲淨行品、問明品、賢首品、初發心功德品、如來出現品及行願品末卷。又十行品十迴向初十之二章。　又及

印光法師覆傳法霖居士書

書信　弘一弘傘法師論華嚴　印光法師復傳法霖書　歸閩復覺緣居士書　一

1931年《世界佛教居士林林刊》第28期刊出的《弘一法师与弘伞法师论华严书》。

伞师慈鉴：

惠书，敬悉。去冬本有撰述歌谱之愿。乃今春以来，老病缠绵，身心衰弱，手颤眼花，臂痛不易举，日恒思眠，有如八九十老翁，故此事只可从缓。承惠日书三册，其中《赞歌》二册敬受，且俟他年恢复康健时，当试为之。《薄伽梵歌》，无有需用，谨寄返。又新刻《华严经传记》一册，校勘表四份，并奉上，乞收入。重编《华严疏钞》已由徐蔚如着手，计科文十卷，先刊经疏百二十卷。（疏钞别行。）钞九十卷，经科数卷，（专由疏中摘出判经之科。）《别行疏》二卷（即《行愿》末卷去钞存疏。）新编之书，以清凉一人之撰述为限。刊资久已集就，此事决定可以实行。仁者闻之，当甚赞喜。音近来备受痛苦，而道念亦因之增进。佛称八苦为八师，诚确论也。不久拟闭关用功，谢绝一切缘务。以后如有缁素诸友询问音之近状者，乞以"虽存若殁"四字答之，不再通信及晤面矣。音近数年来颇致力于《华严疏钞》，此书法法具足，如一部《佛学大辞典》。若能精研此书，于各宗奥义皆能通达。（凡小乘论、律、三论、法相、天台、禅、净土等，无不具足。）仁者暇时，幸悉心而玩索焉。谨复，顺颂

法安

音和南　四月廿八日

徐居士说读《华严经》法，读唐译至五十九卷《离世间品》毕，应按读贞元译《行愿品》四十卷，共九十九卷。应日诵者为《净行品》《问明品》《贤首品》《初发心功德品》《如来出现品》，及《行愿品》末卷。又，《十行品十回向》初十之二章。又及。

按： 此信福建人民出版社2019年12月版《弘一大师全集》（第3版，修订2版）第八册・文艺卷、杂著卷、书信卷第460页收录，标

① 此信福建人民出版社2019年12月版《弘一大师全集》（第3版，修订2版）第八册・文艺卷、杂著卷、书信卷第309页收录，标"一九三〇年旧四月廿八日，温州庆福寺"。

“一九三一年四月廿八日，上虞法界寺”。文物出版社2017年10月版陈飞鹏整理《弘一法师书信全集》第148—149页收录，时间标1927年“四月二十八日”，地点标“杭州常寂光寺”。[①] 皆误。考证此信，须与同年5月10日（农历四月十二日）致夏丏尊函参照研读，同时根据1927年春、1930年春弘一大师实际身体状况及后续《清凉歌集》完成时间等判断。此信在1931年《世界佛教居士林林刊》第28期刊出，题《弘一法师与弘伞法师论华严书》。《世界佛教居士林林刊》第28期在刊登此信时有特别说明：“此系旧信杭州招贤寺弘伞大师交来照登。”可知写信时间未必是1931年。《弘一法师书信全集》有案曰：“此信，秦启明《弘一大师——李叔同书信集》注：1927年，吴山常寂光寺。林子青《弘一法师年谱》注：1931年4月28日，上虞法界寺。《弘一大师全集》注：1931年4月28日。上虞法界寺。据信中内容，及参看此间弘一法师与朋友往来信函判断，以秦启明注为合理。”弘一大师有编撰《清凉歌集》之愿是在1929年，根据信中“去冬本有撰述歌谱之愿”句，判定写于1930年5月26日（农历四月廿八日），写信地点在温州。

弘一大师于1930年农历四月写赠广洽法师之联。

4月29日至5月27日（农历四月），书《普贤行愿品赞册》。款识“岁次鹑火四月，沙门演音书”；钤印“弘一”。[②]

书华严经财首颂赞四屏。款识“大方广佛华严经财首颂赞，岁次鹑火四月，大回向院智炬”；钤印“弘一”。[③]

书七言联“临行赠汝无多子，一句弥陀作大舟。”赠广洽法师。款识“明灵峰老人偈句，书奉广洽法师智鉴。庚午四月，永嘉大华严寺沙门亡言”；钤印“弘一”。[④]

5月29日（农历五月初二日），在温州致夏丏尊函。言前寄写经，续寄一函，想悉收到；拟于新历六月五日（星期四）到宁波（三日自温动身），在北门白衣寺暂住二三日；请于六日（星期五）或七日（星期六），自上海搭轮船来为盼；到宁波后请坐人力车，至北门白衣寺。到白衣寺请问慧性法师，或问念佛堂内出尘老和尚；有应商酌之事，一并

① 笔者以往亦认为此信弘一大师于1927年农历四月廿八日写于杭州常寂光寺（见拙著《弘一大师考论》，浙江人民出版社2002年7月版，第66—68页）。现经与同年5月10日（农历四月十二日）致夏丏尊函参读，结合1927年春和1930年春弘一大师身体状况、《清凉歌集》完成时间等因素，判断应写于1930年农历四月廿八日。

② 刘正成主编：《中国书法全集83·近现代编-李叔同马一浮卷》（该分卷主编潘良桢，副主编方爱龙，学术顾问任继愈），荣宝斋出版社2002年11月版，第103—104页。此册后由弘一大师赠刘质平，刘质平付装成册，封面有马一浮于1937年农历十一月的题签“《普贤行愿品赞》。弘一法师书，刘质平居士珍藏。丁丑冬十一月，蠲戏老人题署”。

③ 上海市书法家协会编：《海派代表书法家系列作品集·弘一》（该卷主编刘一闻，副主编沈爱良），上海书画出版社2006年12月版，第49—52页。

④ 见《广洽纪念馆》一书，［新加坡］广洽纪念馆编辑委员会编，2007年3月，第31页。广洽法师（1900—1994），福建南安人，1921年10月礼瑞等法师在厦门出家，1937年赴新加坡龙山寺，后任该寺方丈、新加坡佛教总会会长等职。

面谈；请先去信托人到晚晴山房洒扫，如有寄与“弘一”之信，请代收；《临古法书》出版后，请更改寄处为福建泉州承天寺性愿法师 30 册，厦门南普陀大醒法师 20 册，温州大南门庆福寺因弘法师 20 册，天津河东山西会馆南李晋章居士 20 册，白马湖弘一 10 册；附一纸请交丰子恺。[1]

5 月（农历四月初三日至五月初四日），《佛学书局图书目录》（第二次印）中有《地藏经见闻利益品》，标“弘一法师墨宝”；“青年丛书”《护生画集》。

《大云》第 31 号第 97 期刊出周群铮（周师寿）所作的《见闻纪事》数则，其中《途中僧》一则云：“民国十四年，余偕弘一师朝礼普陀，逗留十余日，乘小汽船至舟山，再转大汽船回温。到舟山时，大船尚未抵埠，在码头等候。见一僧来搭船，而貌甚彪悍，似不类僧人。趋与语，互询籍贯，知为同乡平阳县人。”同期刊有徐仲荪 1930 年 1 月 20 日致骆季和信，云：“今年承乏上虞白马湖春晖学校教习，担任国文论理心理等科。复与弘一法师叙晤，藉得亲聆道要，亦甚乐也。”

宁波白衣寺今貌。现为宁波孝闻街 134 号宁波雅宁印刷有限公司。摄于 20 世纪 90 年代。

6 月 3 日（农历五月初七日），从温州动身乘船赴宁波。[2]

6 月 5 日（农历五月初九日），抵达宁波，在学生黄寄慈（省立第四中学教员）的陪同下，前往白衣寺。**按：**白衣寺位于宁波西河街白衣巷（现为宁波孝闻街 134 号宁波雅宁印刷有限公司），始建于五代后唐长兴元年（930），初名净居报仁院，俗称白衣观音院；北宋治平元年（1064）获赐“白衣广仁寺”额。

寧波白衣寺歡迎虛雲弘一二法師

1930 年仲夏，弘一大师（左四）与虚云大师（左五）等在宁波白衣寺合影。照片左起：黄寄慈、慧性法师、出尘和尚、弘一大师、虚云大师、文质和尚、修阁法师、安心头陀。此照刊于 1931 年 12 月 15 日《海潮音》第 12 卷第 12 期。

6 月 6 日（农历五月初十日），因夏丏尊与钱均夫（显念）相遇于宁波甬江旅舍，遂一同来访，知钱均夫已皈依佛教，甚喜，建议其至观宗寺听谛闲法师讲经，并至天宁寺参谒虚云老法师。**按一：**仲夏曾与虚云法师等在白衣寺合影。照片题记为：“宁波白衣寺欢迎虚云老和尚暨弘一法师摄影以志纪念，时在庚午仲夏”。此照原刊 1931 年《海潮音》第 12 卷第 12 期。在宁波期间，曾到过天宁寺、观宗寺和延庆寺等寺院。**按二：**在白衣寺小住数日后，于 6 月 10 日（农历五月十四日）前抵达白马湖晚晴山房。

---

① 此信福建人民出版社 2019 年 12 月版《弘一大师全集》（第 3 版，修订 2 版）第八册・文艺卷、杂著卷、书信卷第 309 页收录，标“一九三〇年新历五月廿九日，温州庆福寺”。

② 参见弘一大师于本年 5 月 29 日（农历五月初二日）在温州致夏丏尊函。

6 月 10 日（农历五月十四日），为祝夏丏尊四十五岁生日，与经亨颐一起在上虞白马湖夏宅素筵以庆。经亨颐作画，作题画记，有曰：“庚午五月十四日，丏尊居士四十五生辰，约石禅及余至小梅花屋共饭蔬食。石禅以酒浇愁，酒既酣，为述昔年三人同居钱塘时良辰美景，赏心乐事，今已不可复得。余乃潸然泪下，写《仁王般若经偈》苦、空二偈贻之……永宁沙门亡言，时居上虞白马湖晚晴山房。”经亨颐题画云：“‘清风长寿，淡泊神仙’，十九年六月，丏尊老兄四十五生辰，颐渊写此为祝。”**按：** 林子青《弘一法师年谱》（宗教文化出版社 1995 年 8 月版）将此事误记于农历四月。[①]

如今仍存的宁波天宁寺塔。此塔为全国重点文物保护单位。摄于 2018 年 10 月。

6 月 13 日（农历五月十七日）在上虞白马湖联名致孙选青、蔡丏因函。言顷杨居士过谈，知二位皆住嘉兴；于前日返晚晴山房，拟在此过夏，秋凉之时，或往嘉兴；闻蔡丏因近请得《元藏经》，来嘉兴时可披读等。[②] **按：** 信中称“前日返晚晴山房”当系虚指。因为 6 月 13 日之前日为 6 月 11 日，而弘一大师于 6 月 10 日即已在白马湖为夏丏尊庆祝生日。据此推测，弘一大师返回白马湖的时间或为 6 月 10 日，或为 6 月 9 日。

今宁波观宗寺，为宁波市文物保护单位。摄于 2018 年 10 月。

附记： 6 月 18 日（农历五月廿二日），在上虞白马湖致尤墨君函：

玄父居士：

惠书，具悉一一。昆仲所撰寿序大佳，当代所希有也。拙书条幅，敬奉慧览，所余十小幅希为转赠善友。前日有寇至白马湖，校长范君并教员学生三人悉击缚去，经君幸免于难。春晖校董昨日集会，决定停止校务，是间所居教员诸家族悉欲他往。邮局亦应废止，今后是间将成一荒村。至为可惜耳。余之行止，候与夏居士商酌后详答。不具。

演音疏　旧五月二十二日

附奉一包挂号寄上。[③]

今宁波延庆寺（未对外开放）。摄于 2018 年 10 月。

① 弘一大师题画记在林子青《弘一法师年谱》1930 年条目注五中题为《题经亨颐赠夏丏尊画记》（宗教文化出版社 1995 年 8 月版，第 181 页），收福建人民出版社 2019 年 12 月《弘一大师全集》第 3 版，修订 2 版第七册·佛学卷、传记卷、序跋卷第 643 页时题为《〈小梅花屋画本〉跋》。

② 此信福建人民出版社 2019 年 12 月版《弘一大师全集》（第 3 版，修订 2 版）第八册·文艺卷、杂著卷、书信卷第 361 页收录，标“一九三〇年旧五月十七，上虞白马湖”。

③ 信中所述“范君”为范寿康（1896—1983），字允臧，浙江上虞丰惠镇人，1913 年留学日本，毕业于东京帝国大学，获教育、哲学硕士学位，1923 年回国，任上海商务编译所哲学教育编辑，1927 年 8 月—1930 年 7 月任春晖中学代理校长。信中“经君”当指经亨颐。

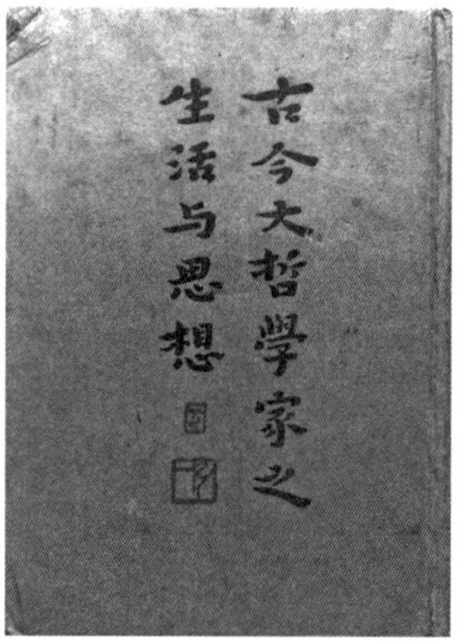

弘一大师题《古今大哲学家之生活与思想》书名。

按：此信福建人民出版社2019年12月版《弘一大师全集》（第3版，修订2版）第八册・文艺卷、杂著卷、书信卷未收录。文物出版社2017年10月版陈飞鹏整理《弘一法师书信全集》第213—214页收录，误标“旧五月十二日”，同时有“案”：“此信，辑自上海天衡2011年春季拍卖会《无上清凉——弘一书法墨迹专场》。经鉴定乃弘一法师手札真迹无误。无年份，地址。此信，《弘一大师全集》、林子青《弘一法师书信》、秦启明《弘一大师——李叔同书信集》均无著录。”此为拍卖件，以往未有文献著录，附记于此，供参考。

6月26日至7月25日间（农历六月），书八言联“获根本智，灭除众苦；证无上法，究竟清凉”。题记：“庚午六月，质平居士重来白马湖晚晴山房，商榷《清凉歌》目。为撰第一集，都凡十首，并集《大方广佛华严经》偈句，书联贻之，以为著述之纪念。法界寺沙门亡言，时年五十又一。”钤印“弘一”、“辟”。① **按：**刘质平赴晚晴山房前，弘一大师曾书呈杨少浑代转达刘质平，书曰：“乞嘱刘质平君来山房一谈，费神至感。弘一上。送呈杨少浑居士。”②

书“佛光”。款识“证无上法，究竟清凉。《华严经》句。庚午六月，亡言”。③

在晚晴山房检天津新刊《行事钞记》详阅圈点，并钞写科文，改正讹误。④

书“以大悲心随众生故，则能成就供养如来”。款识“华严经句，一音，以奉丹林居士。庚午六月”；钤印“弘一”、“一音”、佛肖印。⑤

6月（农历五月初五日至六月初五日），所题书名之威尔都兰著，杨荫鸿、杨荫渭译《古今大哲学家之生活与思想》由开明书店出版。

《世界佛教居士林林刊》第25期刊出袁绍良《题护生画诗》50首。

6月底至7月初（农历六月上旬），在上虞白马湖致夏丏尊函。言感谢在返山房后之照料；经亨颐及尊府送来烧饼甚多，勿再买饼干，亦勿

① 刘正成主编：《中国书法全集83・近现代编-李叔同马一浮卷》（该分卷主编潘良桢，副主编方爱龙，学术顾问任继愈），荣宝斋出版社2002年11月版，第106页。福建人民出版社2019年12月版《弘一大师全集》（第3版，修订2版）第七册・佛学卷、传记卷、序跋卷第636页收录时题为《集〈华严〉偈句书赠刘质平题记》。

② 王维军著：《平湖李叔同纪念馆藏李叔同（弘一大师）手札墨宝・识注考勘》，西泠印社出版社2017年9月版，第70页图版。杨少浑，弘一大师友人，春晖中学教师，弘一大师于1929年秋赴闽前，曾托其将两网篮书籍转交蔡丏因。王维军考证书此件的时间当为1930年6月。本次请刘质平来访主要系为商量清凉歌之事。

③ 图版见黄松光主编：《弘一大师踪迹——敬献弘一大师诞辰一百三十周年》，中国戏剧出版社2010年10月版，第60页。

④ 弘一大师：《圈点〈行事钞记〉跋》，收《弘一大师全集》第七册・佛学卷、传记卷、序跋卷，福建人民出版社2019年12月第3版，修订2版，第609页。

⑤ 樊克勤主编：《笔墨菩提——佛教书画藏珍》，上海文化出版社2009年4月版，第116页。

买罐头；闭门用功广告即日贴于门外（不俟七月六日）；白衣寺安心头陀今日来。声泪俱下，约往宁波；泥水工昨已做工一日。因天气阴雨，嘱彼暂止；《佛教大辞典》笨重，现在亦不披阅，仍存沪上；他日丰子恺往嘉兴时，请于便中带交“第二中学蔡丏因收”等。[①]

在上虞白马湖致丰子恺函。言寄佛书二册，顷已收到；本拟在白马湖过夏。因是间近来兵士忽至，昨午曾到山房扰乱。又闻夏宅即拟移居上海，如一人居此，诸事困难。已决定往金仙寺亦幻法师处或他处，二三日内即拟动身。代问候夏丏尊；所有前托带来各件从缓等。[②]

离开白马湖，抵法界寺。**按一：**居晚晴山房时据东瀛古版《行事钞》校阅天津新刊，改正讹误。[③] **按二：**弘一大师自书之《地名山名及寺名院名略考》中介绍：“上虞（可知）。某某年在乡间法界寺住数月。”[④] 法界寺位于今绍兴市上虞区驿亭镇杨梅村。弘一大师曾三次到过法界寺。该寺一度荒废，2002年起陆续复建，现已具规模。

附记：在上虞法界寺有致夏丏尊之子夏龙文函：

原法界寺手绘图。资料来源：《弘一大师全集》（第3版，修订2版）第十册·附录卷，福建人民出版社2019年12月版。

龙文居士：

惠书具悉，诸承费神感谢无尽。居此罕有需用，旧存者尚多，乞为致谢尊翁。

山房中所存火油、菜油、盐等乞尊宅取用。因音一时未能返山房也。

附奉上印刷品一包，信函及片各二，乞为付邮。至感。

率复不具。

附奉上画集三册，乞赠与春晖图书馆二册，杨家溪小学校图书馆一册。

音疏

今法界寺一瞥。摄于2019年4月。

龙文居士：

承施西瓜，谢谢。兹送上信四封乞转送邮局，费神至感。

---

① 此信福建人民出版社2019年12月版《弘一大师全集》（第3版，修订2版）第八册·文艺卷、杂著卷、书信卷第309—310页收录，标“一九三〇年六月，上虞白马湖”。

② 此信福建人民出版社2019年12月版《弘一大师全集》（第3版，修订2版）第八册·文艺卷、杂著卷、书信卷第371页收录，标“一九三〇年六月，上虞白马湖”。亦幻法师（1903—1978），号慧律，浙江温岭人，曾在厦门闽南佛学院深造，为太虚大师高足，时任慈溪金仙寺方丈。

③ 弘一大师在《圈点〈南山钞记〉自跋》中曰：“剃染后二年庚申，请奉东瀛古版《行事钞记》，未遑详研。甲子四月，供施江山。逮于庚午六月居晚晴山房，乃检天津新刊，详阅圈点，并抄写科文，改正讹误。”弘一大师《圈点〈南山钞记〉自跋》，收《弘一大师全集》第七册·佛学卷、传记卷、序跋卷，福建人民出版社2019年12月第3版，修订2版，第622页。

④ 弘一大师自书《地名山名及寺名院名略考》，收《弘一大师全集》第十册·附录卷，福建人民出版社2019年12月第3版、修订2版，第482—486页。

今法界寺中的弘一大师纪念堂。摄于2019年4月。

弘一大师当年到法界寺时就住在今寺墙外这丛大树下的茅屋内。法界寺复建时，未能将此地圈入。摄于2019年4月。

尊翁返里时，乞惠临一谈。余居法界寺甚安适也。

令堂乞为致候。

弘一上

书一卷又前带来二函皆收到。

龙文居士：

久未晤为念，兹奉上致宽愿师一笺乞转交，并乞为之讲解其意。

至感，不宣。

令堂前乞为致候。

弘一启

龙文居士：

尊使来，承惠糕菜，收领，谢谢。

前假之热水瓶奉还，乞检收。

附奉上　信一件，明信片一片，书一包（单挂号，此包倘须加贴邮票两分半，乞代为贴，至感。乞向邮局员询之）。

乞交邮局。其书包挂号据，即存尊处可也。

种种费神，至感！

一音疏

又奉上饬终津梁，乞于暇时详阅。此书至为切要也。

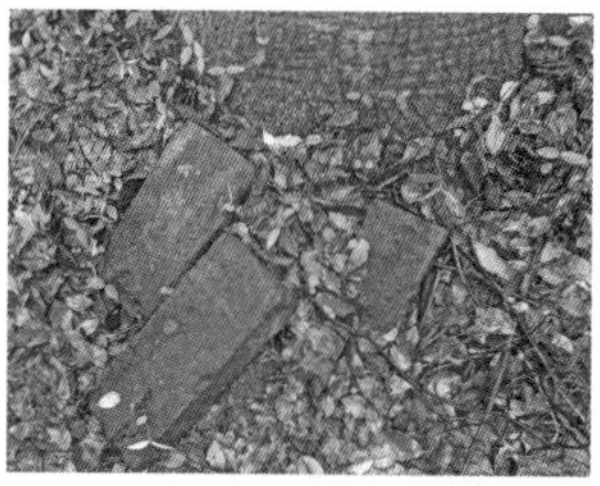

弘一大师法界寺旧居废墟上尚留有一些旧砖石。摄于2019年4月。

按：此四信福建人民出版社2019年12月版《弘一大师全集》（第3版，修订2版）第八册·文艺卷、杂著卷、书信卷和文物出版社2017年10月版陈飞鹏整理《弘一法师书信全集》均未收录。见2018年2月11日“弘二堂”微信公众号，前三函标注写于1930年夏，第四函标注1930年夏秋，并言此信由关注此公众号的述运先生提供。故录存于此，供研究参考。

7月5日（农历六月初十日），在上虞致丰子恺函：

今法界寺仍留有一口古井。摄于2019年4月。

书悉。自惭凉德，本无可传。拟自记旧事数则，或足以资他人改过迁善之一助尔。稍迟当写奉。不宣。

六月十日　演音

按：此信福建人民出版社2019年12月版《弘一大师全集》（第3版，修订2版）第八册·文艺卷、杂著卷、书信卷第371页收录，标“一九三〇年六月十日，温州庆福寺”。文物出版社2017年10月版陈飞鹏整理《弘一法师书信全集》第213页收录，有“案”：“此信，《弘一大师全集》注：1930年6月10日，温州庆福寺。地址误。6月10日，准其新历，则是旧历五月十四日，弘一法师旧历五月初七已离开温州庆福寺，往宁波住白衣寺数日即往白马湖。故发信地址应在上虞白马湖为是。”标此信写于上虞较妥当，至于是否一定在白马湖则未必。因为该年农历六月上旬，弘一大师离开白马湖晚晴山房移居至法界寺。

7月中旬（农历六月中旬），在上虞致夏丏尊函：

今法界寺大雄宝殿前的放生池系在旧时遗存基础上修复。摄于2019年4月。

丏尊居士：

移居之事，诸承护念，感谢无尽。居此已数日，至为安适。气候与普陀相似。蚊蝇等甚稀，用功最为相宜。居此山中，与闭关无以异也。以后出家在家诸师友，有询问余之踪迹者，乞告以云游他方，谢客用功，未能通讯及晤谈，云云。附一纸，便中乞交丰居士。不具。

演音

本寺有工人一名，每日至余处送饭、送开水及其他杂事。甚为精勤。每月似应以资酬谢，与赠送寺中伙食费同时交去。每月应付寺中之伙食费及工人费，拟请由山房存款利息内支付。因余居彼居此无以异也。

前存泉州行李三件，拟托彼觅便人带至上海，送存江南银行。乞仁者为写一凭信，寄至余处，转为寄去。信函写：外，行李三件，送交宁波路（乞写极详细之地址）江南银行某人收，云云。信内，乞写托其收下觅便带至白马湖夏寓。宁波路之地址，能绘一图尤善。因外乡之人，不易寻觅也。附白。

按：此信福建人民出版社2019年12月版《弘一大师全集》（第3版，修订2版）第八册・文艺卷、杂著卷、书信卷第310页收录，标“一九三〇年旧六月初，上虞法界寺”。弘一大师于农历六月初在上虞白马湖致丰子恺函中言已决定往金仙寺亦幻法师处或他处，二三日内即拟动身。当时并未肯定去法界寺，后经夏丏尊介绍，才去了法界寺，即信中“移居之事，诸承护念，感谢无尽。”此间必须有时日。在法界寺住下后，“本寺有工人一名，每日至余处送饭、送开水及其他杂事。”这又需要有数日之体验。故此信不可能写于农历六月初，当为农历六月中旬为妥。

复致夏丏尊函。言两次来信收到；寄上钞票洋十八元，请便中托人到邮局，以十七元五角汇往南京。汇款人：上海兆丰路口开明书店夏丏尊。收款人：南京延龄巷马路金陵刻经处。所余之五角，即作为汇费及挂号信费等可也。附信一件，未封口，请托人将汇票装入代为封口寄去为祷等。[1]

7 月 13 日（农历六月十八日），1927 年初摄于杭州虎跑之背影照片刊登于《中央画报》第 50 期。刊登时文字说明为“名画家李叔同出家已十年，在西湖虎跑寺前晨游”。摄影者：李剑甫。

7 月 20 日（农历六月廿五日），在上虞致刘质平函：

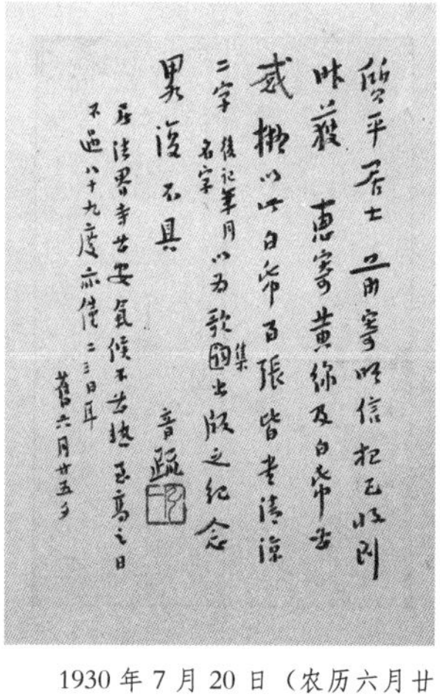

1930 年 7 月 20 日（农历六月廿五日），弘一大师在法界寺致刘质平函。

质平居士：

前寄明信，想已收到。昨获惠寄黄线及白纸，甚感。拟以此白纸百张皆书清凉二字（后记年月名字），以为歌集出版之纪念。略复不具。音疏

居法界寺甚安，气候不甚热，至高之日不过八十九度，亦仅二三日耳。

旧六月廿五夕

按：此信福建人民出版社 2019 年 12 月版《弘一大师全集》（第 3 版，修订 2 版）第八册 · 文艺卷、杂著卷、书信卷第 288 页收录，标“一九三一年旧六月廿五日，上虞法界寺”。文物出版社 2017 年 10 月版陈飞鹏整理《弘一法师书信全集》第 254 页收录，亦如是标注。均误。1931 年农历六月弘一大师已离开法界寺至慈溪。详考见王维军著《平湖李叔同纪念馆藏李叔同（弘一大师）手札墨宝 · 识注考勘》。[2]

7 月 24 日（农历六月廿九日），在上虞致刘质平函：

质平居士：

惠书，诵悉。兹挂号寄上拙书一包。“清凉”先奉上五叶，其余俟晤时交上。又联三对，并呈。此次所写者，欲裱装时，皆须注意。八字之小幅，为用宿墨书写者，最易污散，宜多注意。线球甚佳，敬谢。

下半年兼任宁沪等三处功课，似宜于沪校功课托人代授。仁者仅每半月往沪一次，视察一切，兼以宣传著作。若每周往沪，则太

① 此信福建人民出版社 2019 年 12 月版《弘一大师全集》（第 3 版，修订 2 版）第八册 · 文艺卷、杂著卷、书信卷第 310 页收录，标“一九三〇年旧六月中旬，上虞法界寺”。

② 王维军：《平湖李叔同纪念馆藏李叔同（弘一大师）手札墨宝 · 识注考勘》，西泠印社出版社 2017 年 9 月版，第 73 页。

辛劳矣。诸乞酌之。

奏本纸样子附奉上。三年前，曾在上海四马路棋盘街艺学社（其名大约如此，系文具店。在四马路五马路之间，面东。）购买九十余张，价仅五元。今或增价矣。他日仁者至沪时，乞向北京路旧货店，购热水瓶用木塞数个。其式样大小附奉。因此塞较大，内地无处求觅也。此复，不具。

旧六月廿九日　一音

以后来信，乞写"杭州转百官横塘镇"较为迅速，否则将由宁波转也。

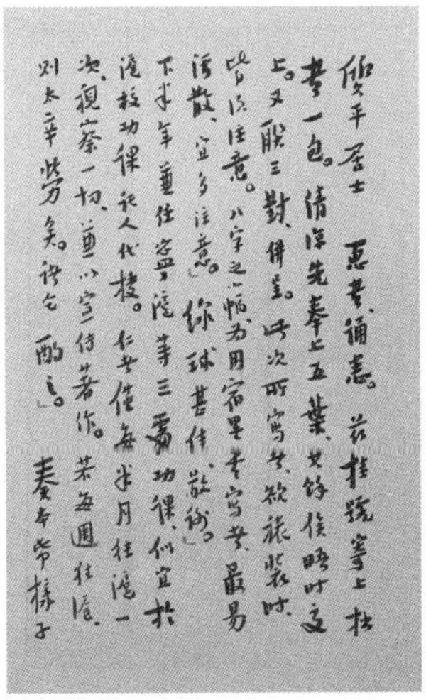

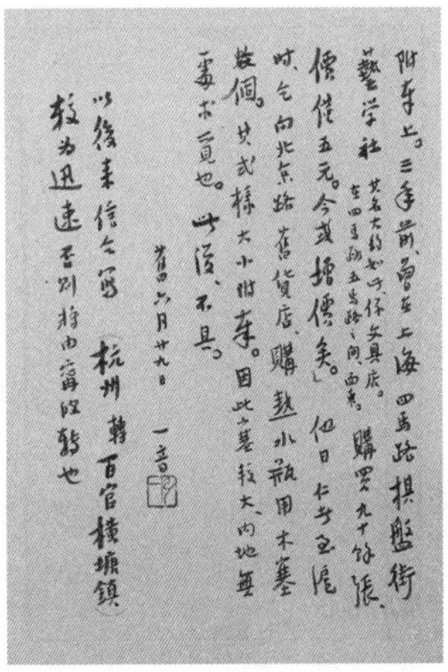

1930 年 7 月 24 日（农历六月廿九日），弘一大师在法界寺致刘质平函。

按：此信福建人民出版社 2019 年 12 月版《弘一大师全集》（第 3 版，修订 2 版）第八册・文艺卷、杂著卷、书信卷第 289 页收录，标"一九三一年旧六月廿九日，上虞法界寺"。文物出版社 2017 年 10 月版陈飞鹏整理《弘一法师书信全集》第 254 页收录，亦如是标注。均误。此信与本年 7 月 20 日（农历六月廿五日）致刘质平函内容可参见。1931 年农历六月弘一大师已离开法界寺至慈溪。详考见王维军著《平湖李叔同纪念馆藏李叔同（弘一大师）手札墨宝・识注考勘》。①

7 月 26 日（农历闰六月初一日），在上虞致夏丏尊函：

丏尊居士：

两片并朱居士携来信件，又《华严探玄记》悉收到。感谢无尽。

前托龙文居士觅便托人带上一函并钞票洋十八元，想不久可以送到。

是间颇凉爽，极热之日仅九十度，亦只一天。时有凉风，不觉其苦耳。每晚近八时即关窗安眠。寺主为人甚好，且有道念，常常诵经念佛。招待余一切事皆周到，甚可感激。率复不具。

闰月一日　一音疏

按：此信见夏丏尊《开明书法讲义》，载 1932 年《开明中学讲义》第 1 卷第 2 期。此信福建人民出版社 2019 年 12 月版《弘一大师全集》（第 3 版，修订 2 版）第八册・文艺卷、杂著卷、书信卷和文物出版社 2017 年 10 月版陈飞鹏整理《弘一法师书信全集》均未收。为佚函。

① 王维军著：《平湖李叔同纪念馆藏李叔同（弘一大师）手札墨宝・识注考勘》，西泠印社出版社 2017 年 9 月版，第 73 页、第 76 页。

7月26日至8月23日间（闰六月），在上虞致函慈溪金仙寺亦幻，有意赴慈溪金仙寺避暑，后未果。**按：**1930年8月《海潮音》第11卷第8期刊有《亦幻居士来函》（致太虚大师）。亦幻在信中言："弘一律师，前月亦曾来函，要来避暑。寻以因缘未具，仅到白马湖晚晴山房住数日即回温州去。"此信落款为"学人亦幻顶礼　七月二十五日"。

附记：7月（农历六月初六日至闰六月初六日），在上虞法界寺致弘伞法师函：

伞师慈鉴：

音现居法界寺。歌集拟本从缓，质平来此，谆谆相嘱，故已撰五首，为《清凉歌集》第一辑，约与明春在开明出版。一、《清凉》，二、《花香》，三、《山色》，四、《世梦》，五、《观心》。于佛教色彩甚淡，冀以广布耳。初中三年以上用。以后通信寄绍兴甬绍线百官横塘镇寿春堂药店法界寺弘一收。以后如有人询问音之踪迹者，乞勿告以所住之地址。仅云隐居他方，专心用功。未能晤面及通信札云云。顺颂

法安

音和南

按：此信福建人民出版社2019年12月版《弘一大师全集》（第3版，修订2版）第八册·文艺卷、杂著卷、书信卷未收，江苏人民出版社2011年4月版秦启明著《弘一大师与十法师》第23页转引自李芳远《弘一大师年谱补遗二》（1957年3月香港《原泉杂志》）。从此信可知，《清凉歌集》于是年夏即已完成。

在上虞致弘伞法师函：

《华严疏钞》，蔚如已着手重新厘编（旧会本多未当处）。《行愿品别行疏》两卷已编就，于数日前寄下，由音复勘。又《科文》十卷，亦决定先付刊。蔚如对此甚为精进，音亦愿随分以相辅助。大约十年之内，全部可以刊成。刊资久已筹足。仁者闻之，当甚欢喜庆跃也。

按：此信福建人民出版社2019年12月版《弘一大师全集》（第3版，修订2版）第八册·文艺卷、杂著卷、书信卷未收，江苏人民出版社2011年4月版秦启明著《弘一大师与十法师》第26页转引自李芳远《弘一大师年谱补遗二》（1957年3月香港《原泉杂志》）。

夏末，在上虞致刘质平函：

质平居士：

惠书，诵悉。佳儿殇逝，至可悲感。数月前，闻仁者云：依星命者说，今岁暑假期内，令堂或有意外之变故。今母存而子殇，或是因仁者之孝思，感格神明，故有此报欤。若母亡则不可再得，子殇犹可再诞佳儿。务乞仁者退一步想，自可不生忧戚，而反因萱堂康健，更生庆慰之心矣。务乞仁者自今以后，多多积德，上祝萱堂延年益寿，下愿再诞佳儿，继续家业。如是乃可于事有济。若徒悲戚，未为得也。务望仁者放开怀抱，广积善德，至祷至祷！

音启

按：此信福建人民出版社2019年12月版《弘一大师全集》（第3版，修订2版）第八册·文艺卷、杂著卷、书信卷第285页收录，标“一九三〇年夏，上虞白马湖”。文物出版社2017年10月版陈飞鹏整理《弘一法师书信全集》第215页收录，亦如是标注，并具体到晚晴山房。疑误。根据浙江人民出版社2018年12月版刘培良著《刘质平传》第151页所述，刘质平的第一个儿子因病早夭的时间是1930年暑假快到时的某天，不妨可说是7月，而弘一大师7月上旬（农历六月上旬）移居上虞法界寺避暑。故时间定为“夏”，无原则性问题，但地点有可能是在法界寺。故标“上虞”较妥。

8月4日（农历闰六月初十日），在上虞致夏丏尊函。言南京经书已寄到；居法界月余，甚安；以后倘有人问形迹，请告彼隐遁用功等；他日返白马湖时，请来法界寺一谈等。①

致刘质平函。言来信收到；甚愿为其书字，惟前寄之纸不合宜，请彼于他日往沪时另购纸及裁法、张数；尊宅戒杀甚善；他日来宁时，请购科学糊精（即洋式浆糊）一盒，惠施带下等。②

8月10日（农历闰六月十六日），在上虞致性愿法师函。言来信收悉；寄上《四分律表记》《伍戒相经笺要》《有部抄》等各一册；书件数幅，请随意赠送；《安心头陀像赞》赠与同学中喜乐者。临古法书已印好，不久即可寄上三十册，乞赠社中教职员、同学师各一册外，所余者

① 此信福建人民出版社2019年12月版《弘一大师全集》（第3版，修订2版）第八册·文艺卷、杂著卷、书信卷第310页收录，标“一九三〇年闰六月十日，上虞法界寺”。

② 此信福建人民出版社2019年12月版《弘一大师全集》（第3版，修订2版）第八册·文艺卷、杂著卷、书信卷第286页收录，标“一九三〇年旧闰六月十日，上虞白马湖”。地点不妥，当为法界寺。

请赠开元寺副寺师一册，苏、周、叶、黄居士各一册，图书馆一册，觉斌、广洽二师各一册；此次考试平均成绩最优者，及品行最优者三人之名，乞于便中示知；李圆净近编印《饬终津梁》甚为切要，再嘱彼于出版后寄上；代问候和尚及广心法师并同学诸师；前借用之夹袄一件，请惠赐，可否不再奉还等。[①]

8月11日（农历闰六月十七日），在法界寺患伤寒。

8月14日（农历闰六月廿日），伤寒稍愈。

8月18日（农历闰六月廿四日），伤寒痊愈。

8月19日（农历闰六月廿五日），在上虞致夏丏尊函：

丏尊居士：

昔承过谈，至为感慰。朽人于八月十一日，患伤寒，发热甚剧，殆不省人事。入夜，兼痢疾。延至十四日乃稍愈。至昨日（十八日）已获全愈，饮食如常，惟力疲耳。此次患病颇重。倘疗养不能如法，可以缠绵数月。幸朽人稍知医理，自己觅旧存之药服之。并断食一日，减食数日，遂能早痊。（此病照例须半月或两旬）实出意料之外耳。未曾延医市药，故费用无多，仅半元余耳。（买绿豆、冬瓜、萝卜等。）

前存之痧药等，大半用罄，惟余药水半瓶。乞仁者便中托人代购下记之药以惠施，他日觅便带下。因山居若遇急病，难觅医药。（即非急病，亦甚困难。）故不得不稍有储备耳。（药名另写一纸。）

如此之重病，朽人已多年未患。今以五十之年而患此病，又深感病中起立做事之困难，（无有看病之人）故于此娑婆世界，已不再生贪恋之想，惟冀早生西方耳。阳历九月十日以后，仁者或可返里。其时天气已渐凉爽。（已过白露节）乞惠临法界寺，与住持预商临终助念及身后之事，至为感企。此次病剧之时，深悔未曾预备遗嘱。（助念等事）故犹未能一意求生西方，惟希病愈，良用自惭耳。今病已愈，乞仁者万勿挂念。丰居士并此致候。不具。

八月十九晨　演音

---

① 此信福建人民出版社2019年12月版《弘一大师全集》（第3版，修订2版）第八册·文艺卷、杂著卷、书信卷第446页收录，标“一九三〇年闰六月十六日，上虞白马湖”。地点不妥，当为法界寺。

按： 此信福建人民出版社 2019 年 12 月版《弘一大师全集》（第 3 版，修订 2 版）第八册 · 文艺卷、杂著卷、书信卷第 312 页收录，标“一九三二年八月十九日，上虞法界寺”。文物出版社 2017 年 10 月版陈飞鹏整理《弘一法师书信全集》第 252 页收录，时间标 1931 年“旧六月十七日（新历 8 月 19 日）”地点亦标法界寺。皆误。弘一大师在法界寺患伤寒的时间为 1930 年 8 月 11 日。此与信中“今以五十之年而患此病”时间吻合，亦与 8 月 21 日致刘质平信内容吻合。

8 月 21 日（农历闰六月廿七日），在上虞致刘质平函：

质平居士：

尊函今日始收到。因乡间传递颇迟滞，或延至一星期乃至十日也。余前患伤寒及痢，甚重。今已痊愈。惟身体甚弱，尚须调养乃能复元耳。余以残烬之年，又多疾病，甚愿为诸同学多写字迹，留为纪念。兹改定办法如下，是否合宜，乞酌之。

因余书写长联，字数尚少。书写之时，若有人在旁帮助，尚不十分吃力。若小立轴，则字数较多，颇费时间矣。惟应写魏碑体或帖体（护生画集字体），可以于纸上一一标明（随各人意）。又欲写上款，亦须标明。又小立轴之佛号有三式，亦由嘱书者指定一式。

至于书写之时。须再迟一月以后，病体复元，乃络续书写。写时，尚须由仁者磨墨并帮忙。因一人力有不支也。（对联，须帮忙。小立轴，可以一人缓缓写之）。法界寺可以住宿。米饭甚好，菜蔬大约可食。否则或由仁者自带罐头，亦可。居此数日，想可以安适也。晚晴山房正中方桌抽屉内，有开罐头之铁器。仁者他日来时可以顺便携来。此复，不具。

新八月廿一日　音复

余于病后，神衰腰痛，乞仁者向大药房购“兜安氏保肾丸”一二瓶。惠施，至感。

其他补品，皆乞勿购。

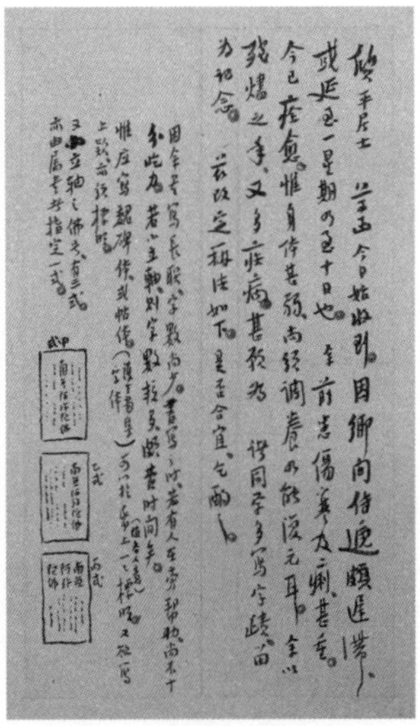

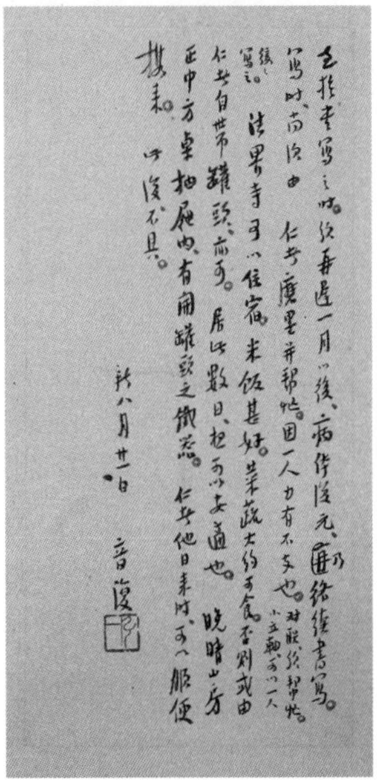

1930 年 8 月 21 日（农历闰六月廿七日），弘一大师在上虞致刘质平函。

按： 此信福建人民出版社 2019 年 12 月《弘一大师全集》（第 3 版，修订 2 版）第八册 · 文艺卷、杂著卷、书信卷第 300—301 页收录部分文字，标“一九三九年秋，永春普济寺”，又作注：“一说写于一九三二年上虞法界寺”。文物出版社 2017 年 10 月版陈飞鹏整理《弘一法师书信全集》第 219 页、271、284 页分别收录部分文字，时间分别标 1930 年“闰六月廿七日”、“春”、1932 年“秋”，地点分别标“上虞法界寺”、“镇海伏龙寺”、“上虞法界寺”。关于此信的具体考证，见西泠印社出版社

2017年9月版王维军著《平湖李叔同纪念馆藏李叔同（弘一大师）手札墨宝・识注考勘》[①]。完整者亦见此书第82—84页图版。此信有弘一大师手绘书法样式三图。

8月22日（农历闰六月廿八日），在上虞致因弘法师函：

因弘贤弟：

惠书，诵悉。书二包并收到，谢谢。缘簿之缘起，写好奉上，乞收入。（倘加大者，可令裱画店镶裱。）余近患伤寒及痢，较甲子年尤重。今已渐愈，惟身体疲弱已极，即拟预备后事，念佛待往生矣。以后暂不通信。俟生西后，当托人奉达也。不具。

师公前乞为问安。

音疏　旧闰月廿八日

按： 此信福建人民出版社2019年12月版《弘一大师全集》（第3版，修订2版）第八册・文艺卷、杂著卷、书信卷第444页收录，标"一九三〇年闰六月廿八日，上虞白马湖"。文物出版社2017年10月版陈飞鹏整理《弘一法师书信全集》第220页收录，有"案"："此信，《弘一大师全集》注：1930年闰六月二十八日，上虞白马湖。地址疑误。应是法界寺为合理。旧六月初师移居此地，未有迁回记载。"《弘一法师书信全集》所述允当。信中所谓"缘簿之缘起"当指《永嘉庆福寺缘册题记》。[②]

附记： 8月23日（农历闰六月廿九日），在上虞致夏龙文函：

龙文居士：

如有便人至法界寺，乞将下记二物带下：

一、前存尊府之搪瓷大盆（洗衣用）一只。

二、尊府自制之咸菜（即是绿色而略带酸味者）乞装入大口瓶中并略加卤汁以便保存。

费神，至感。

令堂乞为致候。

一音　闰月晦日

① 王维军著：《平湖李叔同纪念馆藏李叔同（弘一大师）手札墨宝・识注考勘》，西泠印社出版社2017年9月版，第85页。

② 弘一法师：《题永嘉庆福寺缘册》，收《弘一大师全集》第七册・佛学卷、传记卷、序跋卷，福建人民出版社2019年12月第3版，修订2版第623页。

按：此信福建人民出版社 2019 年 12 月版《弘一大师全集》（第 3 版，修订 2 版）第八册 · 文艺卷、杂著卷、书信卷和文物出版社 2017 年 10 月版陈飞鹏整理《弘一法师书信全集》均未收录。见 2018 年 2 月 11 日"弘二堂"微信公众号，言由关注此公众号的述运先生提供。故录存于此，供研究参考。

8 月 24 日至 9 月 21 日（农历七月），书楷书云栖句对屏。款识"朴以自保。云栖句。庚午七月，无所书"；钤印"弘一"。[①]

书佛号"南无阿弥陀佛"，款识"金刚般若波罗蜜经偈句：一切有为法，如梦幻泡影。如露亦如电，应作如是观。庚午七月，慈力院髻目书。雪民居士供养，亡言敬奉"；钤印佛肖印、"弘一"等。[②]

作《龙神感应记临本》，有跋云："余于童年，即闻肃堂名。五十游闽，居雪峰，获观肃堂大雄宝殿额。今复睹是册，胜缘有在，欢忭何已。书法严肃端正，能副其名，可宝也。岁次鹑火七月，晚晴老人题。"[③]

书"清凉"，款识"庚午七月，亡言"；钤印"弘一"。[④]

在法界寺睹明万历版《大方广佛华严经》82 册。叹为稀有，发愿手自修补。次年农历二月修竟。**按：**崇祯十年供入崇善寺，尔后迁奉法界寺。[⑤]

8 月 29 日（农历七月初六日），刘质平至法界寺拜见，居二宿。期间为新华艺专诸生书字若干，刘质平在旁侍墨。

8 月 31 日（农历七月初八日），在上虞致夏丏尊函：

丏尊居士：

惠书，前已诵悉。又由尊宅送到书籍及惠施诸物，至用感谢。宿疾已渐愈。质平前日来此，二宿而去。佩弦居士及尊眷，嘱书三幅，已写就。俟后面呈。《临古字迹》，承为代寄，甚感。谨复，

---

① 上海市书法家协会编：《海派代表书法家系列作品集 · 弘一》（该卷主编刘一闻，副主编沈爱良），上海书画出版社 2006 年 12 月版，第 53—54 页。

② 现藏天津博物馆。王雪民，篆刻家，天津人，有《雪民印存》十余卷，曾在 1936 年 11 月 11 日《语美画刊》第 10 期上介绍并刊出此幅字。

③ 福建南安小雪峰寺大雄宝殿匾额为泉州人吴鲁（字肃堂）所题。弘一大师甚为喜爱。

④ 此书在"甬上留香——弘一法师翰墨展"上展出。宁波博物馆，2018 年 4 月 28 日至 5 月 27 日；慈溪市人民政府、宁波市文化广电新闻出版局、宁波市民族宗教事务局主办，宁波博物馆、慈溪市弘一书画院承办。装裱时与丰子恺绘"南山律宗第十一代律主弘一法师遗像"连裱。

⑤ 见弘一大师书"大方广佛华严经"款识。浙江省平湖市人民政府、上海徐汇区文化局编：《弘一大师法书集 · 天心月圆（作品卷）》，上海书画出版社 2017 年 5 月版，第 44 页。泉州开院寺藏。

不具。

旧七月八日　演音

厦门南普陀诸师，及温州之印西师，与其他出家人等，倘有向尊处询问余之踪迹者，乞答以遯居他方，未能见客及通信。现住之地及寺名，乞勿告知。

按：此信福建人民出版社 2019 年 12 月版《弘一大师全集》（第 3 版，修订 2 版）第八册 · 文艺卷、杂著卷、书信卷第 310 页收录，标“一九三〇年旧七月八日，上虞白马湖”。文物出版社 2017 年 10 月版陈飞鹏整理《弘一法师书信全集》第 220—221 页收录，地点标“温州景德寺”。二者均误。此时弘一大师居上虞法界寺。故地点即非白马湖，亦非温州景德寺。

8 月（农历闰六月初七日至七月初八日），《李息翁临古法书》由上海开明书店影印千册流布。马一浮题签。收有自序。**按：**后性愿法师以此书作为教材，在月台佛学社增设书法课，在杭州任教的黄寄慈亦以此书作为书法教材，并请求用廉价的江南连史纸印成普及本。该集有夏丏尊写于 1929 年岁末的《〈李息翁临古法书〉跋》：

右为弘一和尚出家前抚古习作。和尚当湖人，俗姓李，名与字皆屡更，其最为世所知者，名曰息，字曰叔同。才华盖代，文学、演剧、音乐、书画靡不精，而书名尤籍甚。胎息六朝，别具一格。虽片纸人亦视为瑰宝。居常即鸣而起，执笔临池，碑版过眼，便能神似。所窥涉者甚广，尤致力于《天发神谶》《张猛龙》及魏齐诸造像，摹写皆不下百余通焉。与余交久，乐为作书，以余之酷嗜其书也。比入山，尽以习作付余。伊人远矣，十余年来，什袭珍玩，遐想旧游，辄为怅惘。近以因缘，复得亲近，偶出旧藏，共话前尘。乃以选印公世为请，且求亲为题序。每体少者一纸，多者数纸，所收盖不及千之一也。十八年岁暮，丏尊记于沪上。

9 月 1 日（农历七月初九日），《开明》第 26 期刊出夏丏尊《〈李息翁临古法书〉跋》。

9 月初（农历七月中旬），在上虞致刘质平函：

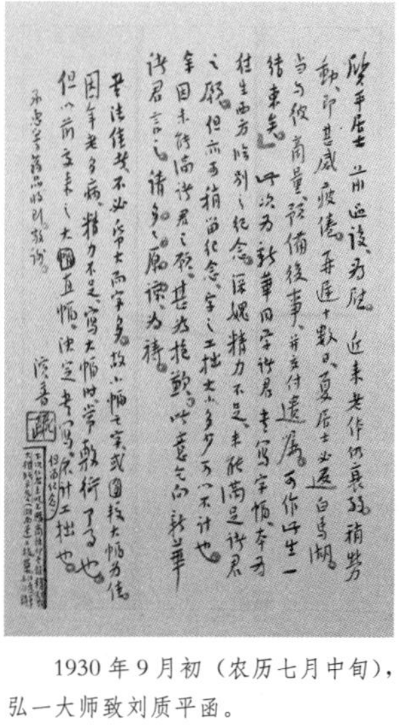
1930 年 9 月初（农历七月中旬），弘一大师致刘质平函。

质平居士：

前过谈，为慰。近来老体仍衰弱，稍劳动即甚感疲倦。再迟十数日，夏居士必返白马湖。当与彼商量，预备后事，并交付遗嘱，可作此生一结束矣。此次为新华同学诸君书写字幅，本为往生西方临别之纪念，深愧精力不足，未能满足诸君之愿，但亦可稍留纪念。字之工拙、大小、多少可以不计也。余因未能满诸君之愿，甚为抱歉。此意乞向新华诸君言之，请多多原谅为祷。

书法佳者不必纸大而字多，故小幅之字或较大幅为佳。因年老多病，精力不足，写大幅时，常敷衍了事也。但以前交来之大直幅，决定书写。但留纪念，不计工拙也。

承惠寄药品，收到。敬谢！

演音疏

下次仁者来时，乞购商务印书馆精制大楷纯羊毫（湖南笔）二枝带下（注意笔名勿错）。

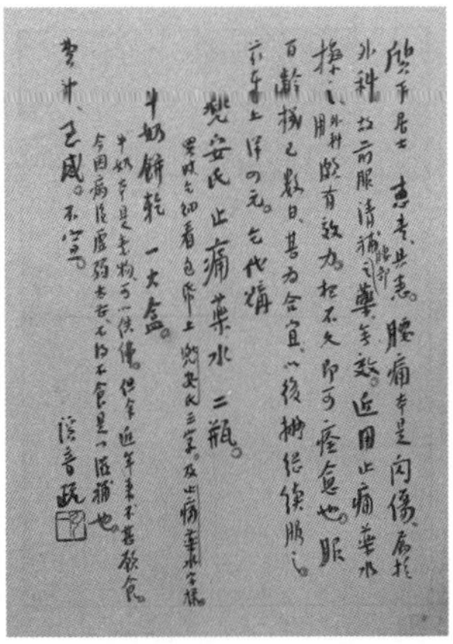

1930 年 9 月初（农历七月中旬），弘一大师致刘质平函。

按：此信福建人民出版社 2019 年 12 月版《弘一大师全集》（第 3 版，修订 2 版）第八册 · 文艺卷、杂著卷、书信卷第 292—293 页收录，标“一九三二年七月，上虞法界寺”。文物出版社 2017 年 10 月版陈飞鹏整理《弘一法师书信全集》第 250—251 页收录，时间标 1931 年“七月”，地点标“上虞法界寺”。皆误。信中有“前过谈为慰”，此与前函中“法界寺可以住宿”等语契合。弘一大师另于该年 8 月 31 日（农历七月初八日）在法界寺致夏丏尊函，曰：“质平前日来此，二宿而去”。故此信当写于本年 9 月初，地点在上虞法界寺。详考见王维军著《平湖李叔同纪念馆藏李叔同（弘一大师）手札墨宝 · 识注考勘》。[①]

又致刘质平函：

质平居士：

惠书，具悉。腰痛本是闪伤，属于外科。故前服清补腰部之药，无效。近用止痛药水擦之（外科用），颇有效力。想不久即可痊愈也。服“百龄机”已数日，甚为合宜，以后拟继续服之。兹奉上洋四元，乞代购：

兜安氏止痛药水二瓶（买时乞细看包纸上兜安氏三字，及止痛药水字样）；

牛奶饼干一大盒（牛奶本是素物，可以供佛，但余近年来不甚愿食。今因病后虚弱太甚，不得不食是以滋补也）。

费神，至感。不宣。

演音疏

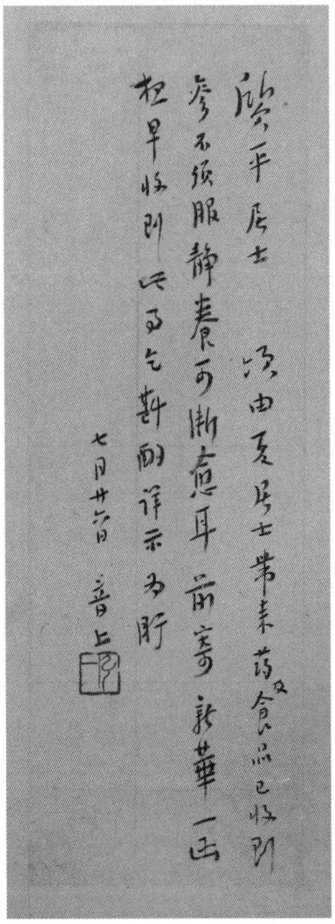

1930 年 9 月 18 日（农历七月廿六日），弘一大师致刘质平函。

① 王维军著：《平湖李叔同纪念馆藏李叔同（弘一大师）手札墨宝 · 识注考勘》，西泠印社出版社 2017 年 9 月版，第 87 页。

按： 此信福建人民出版社 2019 年 12 月版《弘一大师全集》（第 3 版，修订 2 版）第八册 · 文艺卷、杂著卷、书信卷第 293—284 页收录，注："一九三二年秋，镇海伏龙寺"。文物出版社 2017 年 10 月版陈飞鹏整理《弘一法师书信全集》第 283 页收录，亦如此标注。皆误。信中称"前服清补腰部之药无效"，与本年 8 月 21 日函请刘质平购补肾药语境一致，而代购药水和饼干与此后之函所述内容亦相合。故此信当写于 1930 年 9 月初，地点在上虞法界寺。详考见王维军著《平湖李叔同纪念馆藏李叔同（弘一大师）手札墨宝 · 识注考勘》。[①]

9 月 18 日（农历七月廿六日），夏丏尊至法界寺，受遗嘱之托付等，并带刘质平所购兜安氏止痛水、牛奶饼干等。致刘质平函：

质平居士：

顷由夏居士带来药及食品，已收到。参不须服，静养可渐愈耳。前寄新华一函，想早收到。此事乞斟酌详示，为盼。

七月廿六日　音上

按： 此信福建人民出版社 2019 年 12 月版《弘一大师全集》（第 3 版，修订 2 版）第八册 · 文艺卷、杂著卷、书信卷第 288 页收录，标"一九三一年七月廿六日，上虞法界寺"。文物出版社 2017 年 10 月版陈飞鹏整理《弘一法师书信全集》第 251 页收录，时间标 1931 年"旧六月十二日（新历 7 月 26 日）"，地点标"上虞法界寺"。均误。根据弘一大师行踪，1931 年农历七月底弘一大师居慈溪金仙寺。详考见王维军著《平湖李叔同纪念馆藏李叔同（弘一大师）手札墨宝 · 识注考勘》。[②]

9 月 20 日（农历七月廿八日），书法作品在《文华》艺术月刊第 14 期刊登。同时刊登的还有于右任等人的书法，以及梁爱魂、张树屏、单漱芬、傅来承、何瑞生、张南冷、敖克成等人的绘画作品。

在上虞致性愿法师函：愿公法师慈鉴：

前日夏居士来时，匆促致书，想已收到。其时因夏居士即欲归家，故匆匆略陈，不及详述。兹更补记如下：据夏居士云，临古书册，初版仅印千册，后学应分得百册。现已超过应得之数。（后学之意，欲开明书店再加送若干册，故彼云云。）若再赠人者，应出

① 王维军著：《平湖李叔同纪念馆藏李叔同（弘一大师）手札墨宝 · 识注考勘》，西泠印社出版社 2017 年 9 月版，第 89 页。
② 王维军著：《平湖李叔同纪念馆藏李叔同（弘一大师）手札墨宝 · 识注考勘》，西泠印社出版社 2017 年 9 月版，第 91 页。

资购买。云云。彼即为写名片一纸，持此往购，可以七折记算也。明年或能再版印刷。（但不能定）俟印就时，后学当于分得之书中，再以三十册奉赠法座，广结善缘。

再者，承寄下行李，已于前日由夏居士带到。荷法座为之包装完善，毫无污损。深感垂爱之厚意也。谨此鸣谢，顺叩

慈安

后学音和南　旧七月廿八日

按：此信福建人民出版社 2019 年 12 月版《弘一大师全集》（第 3 版，修订 2 版）第八册・文艺卷、杂著卷、书信卷第 445 页收录，标“一九二九年旧七月廿八日，上虞白马湖”。文物出版社 2017 年 10 月版陈飞鹏整理《弘一法师书信全集》第 194 页收录，时间地点亦如此标注。均误。《李息翁临古法书》1930 年出版，故此信必不可能写于 1929 年。根据弘一大师行踪，写信地点应系上虞法界寺。

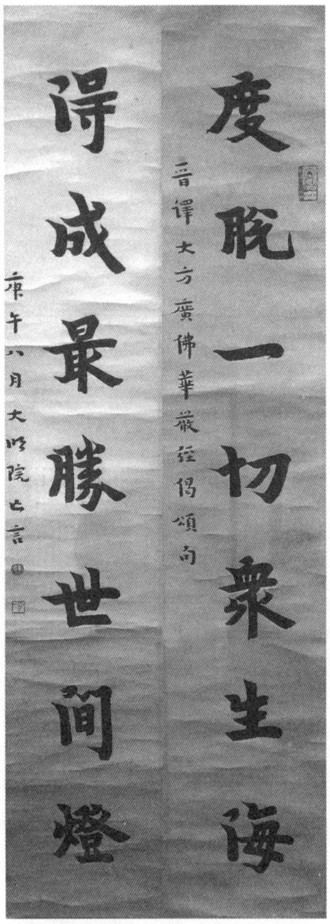

1930 年农历八月，弘一大师书晋译大方广佛华严经偈颂句。

9 月 22 日至 10 月 21 日间（农历八月），撰《华严经偈颂集联草稿（卷下）》，署“于时岁次庚午八月”。①

书七言联“汝当护持清净戒，我为演说大悲门”。款识“华严经普贤行愿品偈句。庚午秋八月，玄会集录”；钤印“弘一”。②

书“常为世间良福田”。款识“庚午八月，髻目书”；钤印佛肖印、“辟”、“弘一”。③

书七言联“度脱一切众生海，得成最胜世间灯”。款识“晋译大方广佛华严经偈颂句。庚午八月，大明院亡言”；钤印佛肖印、“辟”、“弘一”。④

书七言联“除灭一切瞋恚毒，令生无量欢喜心”。款识“晋译大方广佛华严经偈句。庚午秋八月，晋水大明院亡言书”；钤印“弘一”。⑤

书七言联“教化无量众生海，安住一切三昧门”。款识“晋译华严经偈颂集句，庚午八月，无量慧光明院玄会”；钤印“辟”、“弘一”、佛

① 此文发表于 1931 年 3 月《大云》第 36 号。

② 刘正成主编：《中国书法全集 83・近现代编-李叔同马一浮卷》（该分卷主编潘良桢，副主编方爱龙，学术顾问任继愈），荣宝斋出版社 2002 年 11 月版，第 107 页。

③ 此书在“甬上留香——弘一法师翰墨展”上展出。宁波博物馆，2018 年 4 月 28 日至 5 月 27 日；慈溪市人民政府、宁波市文化广电新闻出版局、宁波市民族宗教事务局主办，宁波博物馆、慈溪市弘一书画院承办。

④ 此书在“甬上留香——弘一法师翰墨展”上展出。宁波博物馆，2018 年 4 月 28 日至 5 月 27 日；慈溪市人民政府、宁波市文化广电新闻出版局、宁波市民族宗教事务局主办，宁波博物馆、慈溪市弘一书画院承办。

⑤ 此书在“甬上留香——弘一法师翰墨展”上展出。宁波博物馆，2018 年 4 月 28 日至 5 月 27 日；慈溪市人民政府、宁波市文化广电新闻出版局、宁波市民族宗教事务局主办，宁波博物馆、慈溪市弘一书画院承办。

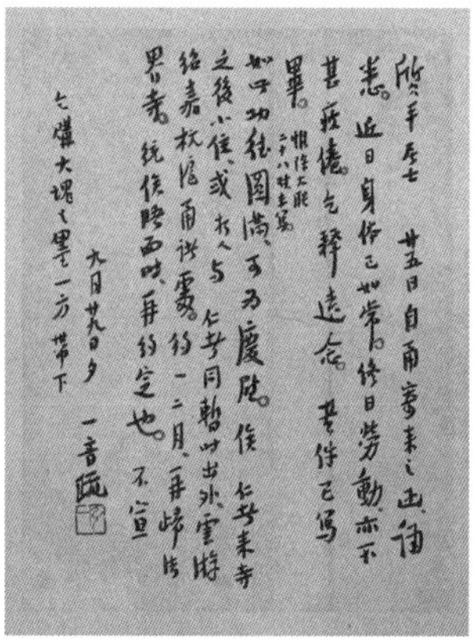
1930年9月29日（农历八月初八日），弘一大师致刘质平函。

肖印。①

书七言联“普今众生得法喜，犹如满月显高山”。款识“晋译大方广佛华严经偈集句，庚午八月，贤首院守髻目”；钤印“辟”、“弘一”、佛肖印。②

书华严经句横披“世间虚妄乐”。款识“庚午八月，华严经句，玄会书，时年五十”；钤印“弘一”、佛肖印。③

9月29日（农历八月初八日），在上虞致刘质平函：

质平居士：

廿五日自甬寄来之函，诵悉。近日身体已如常，终日劳动亦不甚疲倦。乞释远念。书件已写毕。（惟除大联二十八对，未写。）

如此功德圆满，可为庆慰。俟仁者来寺之后小住，或朽人与仁者同暂时出外，云游绍、嘉、杭、沪、甬诸处。约一、二月再归法界寺。统俟晤面时，再约定也。不宣。

九月廿九日夕　一音疏

乞购大块之墨一方带下。

按：此信福建人民出版社2019年12月版《弘一大师全集》（第3版，修订2版）第八册·文艺卷、杂著卷、书信卷第289页收录，标“一九三一年九月廿九日，上虞法界寺”。文物出版社2017年10月版陈飞鹏整理《弘一法师书信全集》第259—260页收录，时间标1931年“旧八月二十九日（新历9月29日）”，地点标“慈溪金仙寺”。均误。根据弘一大师行踪，1931年秋弘一大师正为在五磊寺创办南山律学院事所累。详考见王维军著《平湖李叔同纪念馆藏李叔同（弘一大师）手札墨宝·识注考勘》。④ 又，《弘一大师全集》《弘一法师书信全集》均在信后录有“附写四联句”。目前藏于平湖李叔同纪念馆的该信原件无此四联句。

10月6日（农历八月十五日，中秋），在上虞致夏丏尊函：

---

① 上海市书法家协会编：《海派代表书法家系列作品集·弘一》（该卷主编刘一闻，副主编沈爱良），上海书画出版社2006年12月版，第55页。

② 上海市书法家协会编：《海派代表书法家系列作品集·弘一》（该卷主编刘一闻，副主编沈爱良），上海书画出版社2006年12月版，第56页。钱均夫家族藏。

③ 上海市书法家协会编：《海派代表书法家系列作品集·弘一》（该卷主编刘一闻，副主编沈爱良），上海书画出版社2006年12月版，第57页。

④ 王维军著：《平湖李叔同纪念馆藏李叔同（弘一大师）手札墨宝·识注考勘》，西泠印社出版社2017年9月版，第93页。

丏尊居士慧览：

绍兴诸居士等，盼望朽人往彼一游，甚切。拟二三日即动身往绍。将来或顺便至杭沪，亦未可定也。俟返法界寺时，再致函奉达。前得黄寄慈居士函，谓彼校欲以拙书临古印本为习字用，惜其价太昂，云云。可否乞仁者转商诸章居士，另用江南连史纸，粗率装订者，发行。则定价可在六七角也。不宣。

中秋节　演音上

按：此信福建人民出版社2019年12月版《弘一大师全集》（第3版，修订2版）第八册·文艺卷、杂著卷、书信卷第312页收录，标“一九三一年中秋节，慈溪金仙寺”。文物出版社2017年10月版陈飞鹏整理《弘一法师书信全集》第259页收录，亦如此标注。似误。1930年弘一大师绍兴之行为10月23日（农历九月初二日），系应金仙寺亦幻法师礼请，赴金仙寺途经绍兴，并患感冒。1931年绍兴之行为11月14日（农历十月五日）。从时间上看，1930年绍兴之行距中秋节更近。而信中又有“俟返法界寺时，再致函奉达”句，说明是从法界寺前往。故此信当写于1930年中秋节，地点是上虞法界寺。

10月23日（农历九月初二日），应金仙寺亦幻法师礼请，抵达金仙寺。**按一：**金仙禅寺位于慈溪市鸣鹤场镇，依峙山，临白湖。该寺始建于梁大同年间（535—545），初名精进庵。宋治平二年（1065），赐额金仙禅寺。曾屡毁屡建。弘一大师自书之《地名山名及寺名院名略考》中介绍曰：“慈水（即慈溪，此名意立）。某年尝居慈溪乡间金仙寺、五磊寺数月。”**按二：**途经绍兴，患感冒。①

慈溪金仙禅寺。摄于20世纪90年代末。

10月24日（农历九月初三日），经亦幻法师引荐，在金仙寺接待胡宅梵（维铨）来访。时胡宅梵携五言古诗一卷。

10月25日（农历九月初四日），因已完成《清凉歌集》。在慈溪致芝峰法师函：

芝峰法师慈鉴：

久别，甚念。音今春以来，疾病缠绵，至今犹未复元。故掩室之事，不得不暂从缓。前日到金仙寺访幻法师，藉闻座下近况，至用欣慰。音因刘质平居士谆谆劝请，为撰《清凉歌集》第一辑。歌

① 参见弘一大师本年11月14日（农历九月廿四日）在慈溪致刘质平函。

慈溪金仙禅寺位于白湖之畔。摄于20世纪90年代末。

金仙寺藏经楼旧影（胡迪军提供）

词五首，附录奉上，乞教正。歌词文义深奥，非常人所能了解。须撰浅显之注释，详解其义。音多病，精神衰颓，万难执笔构思，且白话文字，亦非音之所长。拟恳座下慈愍，为音代撰歌词注释，至用感祷！兹略陈拙意如下，未审当否？谨录之，以备参考。此歌为初中二年以上乃至专科学生所用。彼等罕有素信佛法者，乞准此程度，用白话文撰极浅显之注释，并令此等学生阅之，可以一目了然。注释中或有不得已而用佛学专门名词者，亦乞再以小注解之。注释之法，以拙意悬拟，每首拟先释题目，后释歌词。释题目中，先述题目之大意，后释题目之字义。释歌词中，先述全首歌词之大意，次略为分科，后乃解歌词之字义也。虚大师所撰之《三皈依歌》，亦乞撰注释，并曲谱寄下，以便宣布。至为感谢。谨此恳请，顺叩

法安

演音和南　九月四日

按：此信福建人民出版社2019年12月版《弘一大师全集》（第3版，修订2版）第八册·文艺卷、杂著卷、书信第460—461页收录，标“一九三一年九月四日，慈溪金仙寺”。文物出版社2017年10月版陈飞鹏整理《弘一法师书信全集》第257页收录，时间标1931年“旧八月初四（新历9月4日）”，地点标“慈溪金仙寺”。均误。弘一大师请芝峰法师撰《清凉歌集》注释事发生在1930年，有本年11月14日（农历九月廿四日）、12月20日（农历十一月初一日）弘一大师在慈溪致刘质平函为证。此致芝峰法师信中“前日到金仙寺访幻法师”亦与1930年弘一大师至金仙寺的时间吻合。此信曾刊于1943年《学术界》第1卷第1期李芳远辑《弘一大师书牍》。

10月22日至31日间（农历九月上旬），教授金仙寺僧人华云习字。[①]

11月1日（农历九月十一日），《佛学半月刊》第2期刊出《护生画集》广告。

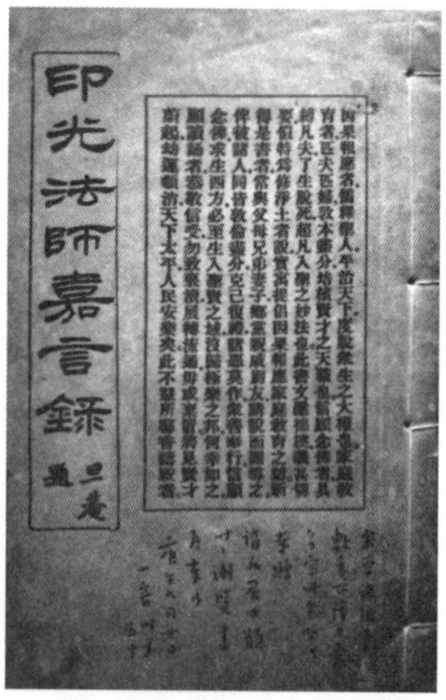

弘一大师赠胡宅梵《印光法师嘉言录》（1928年2月线装本）并题词。

11月10日（农历九月廿日），赠胡宅梵《印光法师嘉言录》（1928年2月线装本），并题词：“余学佛法已十数年，所得力处多宗此书，今以奉赠谪凡居士，愿时时浏览，尽寿奉行。庚午九月廿日，一音，时年

① 参见弘一大师于1930年11月15日（农历九月廿五日）致芝峰法师函。

五十。”[1] 将《阿弥陀经白话解释》赠胡宅梵，嘱其为《地藏经》作白话解。**按一：**弘一大师曾赠送胡宅梵《阿弥陀经白话解释》的书面上有题“此书最为精湛，余常研习，获益甚大。今以奉赠谪凡居士。庚午九月廿日，一音”；钤印“大心凡夫”。胡宅梵后转赠章劲宇，题“转赠劲宇居士，时时读诵，尽寿奉行。丙申十月，谪凡”；钤印“宅梵居士”。[2]

11月14日（农历九月廿四日），在浙江慈溪致刘质平函。言至绍兴后，又患伤风，近乃痊愈。前日至金仙寺。闻将讲经，拟即在此暂住听经。又托其暇时往上海北火车站宝山路口佛学书局购《一切经音义》、地藏菩萨像、北京版《梵网经菩萨戒本》《半月诵戒仪式》等。表示《清凉歌注释》已托芝峰法师撰写。[3] **按：**此信中所谓“前日”当为虚指。因弘一大师已于10月23日（农历九月初二日）即到金仙寺。

11月15日（农历九月廿五日），在慈溪致芝峰法师函：

惠书。敬悉。承诺代撰释文，感谢无尽。居金仙寺已两旬余。承亦幻和尚优遇甚至。自惟德薄能鲜，时用惭悚耳。授华云师习字已半月。颇有进步。亦尝与密唵师晤谈。彼近阅禅宗语录，鄙意劝彼应先于法相三论痛下一番功夫，然后再阅禅宗之书，乃为稳妥。未审尊见以为何如？末学近拟读《大般若经》。曩承虚大师谆谆慈训，深为感荷。他日通讯之时，乞代为问安。又侍者陈人莲居士处，亦希致候。谨复，顺颂

慈安

音和南　九月廿五日

按：此信福建人民出版社2019年12月版《弘一大师全集》（第3版，修订2版）第八册·文艺卷、杂著卷、书信卷第461页收录，标“一九三一年九月廿五日，慈溪金仙寺”。文物出版社2017年10月版陈飞鹏整理《弘一法师书信全集》第259页收录，时间标1931年“旧八月二十五日（新历9月25日）”，地点标“慈溪金仙寺”。均误。此信承前致芝峰法师请其撰《清凉歌集》注释文之函，后芝峰法师回信承诺撰写，故回信致谢。故此信当写于1930年11月15日（农历九月廿五日），地点在慈溪金仙寺。此信曾刊于1943年《学术界》第1卷第1期李芳远

---

① 参见2018年《藏书报》第47期。

② 现藏浙江省图书馆善本部。

③ 此信福建人民出版社2019年12月版《弘一大师全集》（第3版，修订2版）第八册·文艺卷、杂著卷、书信卷第286页收录，标“一九三〇年旧九月廿四日，慈溪金仙寺”。

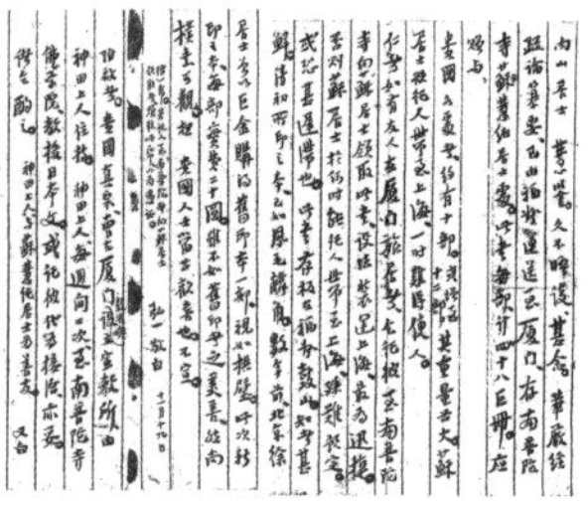

1930 年 11 月 19 日弘一大师致内山完造函。

辑《弘一大师书牍》。

11 月 19 日（农历九月廿九日），在慈溪致内山完造函：

内山居士慧鉴：

久不晤谈，甚念。《华严经疏论纂要》已由福州运送至厦门，存南普陀寺苏慧纯居士处。此书每部计四十八巨册。应赠与贵国各处者约有十部，或增至十二部，其重量甚大。苏居士欲托人带至上海，一时难得便人。仁者如有友人在厦门游居者，乞托彼至南普陀寺向苏居士领取此书，设法装运上海，最为便捷。否则苏居士于何时能托人带至上海殊难预定，或恐甚迟滞也。此书存板在福州鼓山，知者甚鲜。清初所印之本，已如凤毛麟角。数年前，北京徐居士曾以巨金购得旧印本一部，视如拱璧。此次新印之本，每部实费二十圆。虽不如旧印者之美善，然尚朴素可观，在贵国人士当甚欢喜也。不宣。

附一纸，若托人至南普陀寺向苏居士领取者，须执此纸以为凭证。

弘一敬白　十一月十九日

附启者：贵国真宗曾在厦门鼓浪屿设立宣教所，由神田上人住持。神田上人，每周间二次至南普陀寺佛学院教授日本文。或托彼代为接洽亦妥。诸乞酌之。神田上人与苏慧纯居士为善友。又白。①

按：此信福建人民出版社 2019 年 12 月版《弘一大师全集》（第 3 版，修订 2 版）第八册·文艺卷、杂著卷、书信卷未收录。见［日］久保卓哉作，白海君译《弘一法师致内山完造书信三封及〈华严经疏论纂要〉夹弘一法师文稿一篇》。② 作者将写信时间和地点误考为 1929 年 11 月 19 日，厦门。《华严经疏论纂要》倡印于 1929 年，佛学书局出版于 1930 年。信中明确说已出版，说明不可能写于 1929 年。故此信当写于 1930 年 11 月 19 日，地点在慈溪。

弘一大师写于 1930 年农历十月的“极乐世界”。

11 月 20 日至 12 月 19 日（农历十月），书“极乐世界”。款识“庚午十月调御院，音”；钤印“弘一”。③

① 神田上人，即神田慧云，日本真宗东本愿寺开教使，1924 年 5 月 11 日于厦门鼓浪屿设布教所，并在南普寺闽南佛学院授日语，此后亦在泉州、漳州、台北、汕头、福州等地布教。

② ［日］久保卓哉作，白海君译：《弘一法师致内山完造书信三封及〈华严经疏论纂要〉夹弘一法师文稿一篇》，载《鲁迅研究月刊》2017 年第 7 期。

③ 此书今见《广洽纪念馆》一书，［新加坡］广洽纪念馆编辑委员会编，2007 年 3 月，第 30 页。

11月23日（农历十月初四日），是日小雪，书楷书七严联“戒是无上菩提本，佛为一切智慧灯”。款识“晋译大方广佛华严经偈句，庚午十月小雪，永宁调御院下座大明集并书”；钤印“辟”、“弘一”、佛肖印。[①]

11月27日（农历十月初八日），在慈溪致蔡丏因函。言昨来书及《华严疏钞》收到。是书为亡友嘉兴陆无病匿士旧藏，前年由其嗣子惠施，弥可珍贵等。[②]

12月1日（农历十月十二日），在慈溪致蔡丏因函：

丏因居士：

近有韩老居士属书石佛寺联，拟请仁者代笔。（一下款写亡言，一下款写论月。）兹将原信并纸奉上。写就乞即交韩老居士为感。五磊寺主等发起南山律学院。余已允任课三年（每年七个月，旧历二月十五日至九月十五日，余时他往。）明春始业。经费等皆已就绪。自今以后预备功课，甚为忙碌。半月之后，（新历二十五左右动身。）即往温州过冬。住址未定，俟后奉闻。李居士处，亦乞代告此意。谨达，不宣。

音启　十月十二日

按：此信2019年12月版《弘一大师全集》（第3版，修订2版）第八册·文艺卷、杂著卷、书信卷第347页收录，标“一九三一年十月十二日，慈溪五磊寺”。此误。根据弘一大师行踪，其赴五磊寺任课，因故与该寺寺主不欢而散。后寺主又因故请弘一大师复还五磊寺，弘一大师遂于1931年农历十一月十九日订下契约。（参见岫庐《南山律学院昙花一现记》一文，载1932年4月10日《现代佛教》第5卷第4期）弘一大师在此信中说“明春始业”。若此信写于1931年，那么“明春始业”当是1932年春，后来的变故亦应是此后的事，而签订契约必不会是1931年农历十一月十九日了。故此信当写于1930年12月1日（农历十月十二日），写信地点应系金仙寺。此时弘一大师居金仙寺，并于农历十月十五日在寺中听静权法师讲《地藏经》及《弥陀要解》。[③]

---

① 上海市书法家协会编：《海派代表书法家系列作品集·弘一》（该卷主编刘一闻，副主编沈爱良），上海书画出版社2006年12月版，第58页。

② 此信福建人民出版社2019年12月版《弘一大师全集》（第3版，修订2版）第八册·文艺卷、杂著卷、书信卷第345页收录，标“一九三〇年十月初八日，慈溪金仙寺”。

③ 静权法师（1881—1960），俗姓王，名良安，法名宽显，字静权，号实庵，原籍浙江仙居县溪下乡黄皮村，1957年任中国佛教协会副会长、上海市政协委员。

12月2日（农历十月十三日），在慈溪致夏丏尊函：

丏尊居士：

今晨奉惠书，具悉一一。重阳前后，朽人曾寄信片至开明。（通告九月未能返白马湖）想已遗失。致劳远念，深为歉然。

日报所载，有传闻失实处。此书版，旧藏福州鼓山。久无人知。朽人前年，无意中见之。乃劝苏居士印廿五部。（以十二部赠与日邦）案吾国江浙旧经版，经洪杨之乱，皆成灰烬。最古者，惟有北京龙藏版。大约雍正时刻。今此《华严经疏论纂要》，为康熙时版。或为吾国现存之最古之经版，亦未可知也。（此意便中乞告内山居士）此外，彼处尚有古版数种，甚盼将来有人印刷流布。

附一纸，乞呈西田大士。并希致候。不宣。

音复　十二月二日

承询所需，深为感谢。现无需用，俟后奉达。

返白马湖期，俟讲经圆满再订。现在每日听静权法师讲《地藏菩萨本愿经》。白衣寺孤儿院事，甚为棘手，拟暂缓往。

子恺居士处久未通讯，甚为思念。乞代致候。

三年前，往内山居士处时，见其屋隅，（即陈列佛书之处）有黄皮厚册之《华严……》（忘其名，为《华严概论》之类）。现朽人甚思得此书。他日如仁者见内山居士时，乞为一询。如无，亦无妨也。此书倘承惠寄，乞交二马路全盛信局，即可寄至慈北鸣鹤场。或交邮局亦可。附白。[①]

按：此信福建人民出版社2019年12月版《弘一大师全集》（第3版，修订2版）第八册·文艺卷、杂著卷、书信卷第311页收录，标“一九三〇年十二月二日，慈溪金仙寺”。文物出版社2017年10月版陈飞鹏整理《弘一法师书信全集》第223—224页收录，时间标为公历12月2日，农历十月十三日。一般记述，弘一大师于1930年农历十月十五日起在金仙寺听静权法师讲经，如亦幻法师《弘一法师在白湖》（收《弘一大师永怀录》，大法轮书局1943年流通版）一文中说“是年十月十五日，天台静权法师来金仙寺宣讲《地藏经》和《弥陀要解》。弘一法师参加听法，两个月没有缺过一座……经筵于十一月二十日解散”。从此信可知，或从农历十三日起即已听讲。信中又言“返白马湖期，俟讲经圆满再订”一语又说明经期仍未结束。农历十一月二十日即公历1931年1月8日。如此信写于1931年公历1月20日（农历十二月初二

① 西田大士即天香大士（1872—1968），生于日本滋贺县长滨市，为日本一灯教派的创始人。

日）则又于亦幻法师所言矛盾。信中言“此书版，旧藏福州鼓山。久无人知。朽人前年，无意中见之。”弘一大师于 1929 年在福州鼓山发现，故此处的“前年”当为前一年之解释。信中言“三年前，往内山居士处时……”根据内山完造《弘一律师》一文（收《弘一大师永怀录》，大法轮书局 1943 年流通版），他们的首次见面是在 1929 年秋。故信中所言“往内山居士处”乃指赴内山书店，并非指见到内山完造本人。

附记：上海书画出版社 2017 年 5 月版浙江省平湖市人民政府、上海徐汇区文化局编：《弘一大师法书集 · 华枝春满（手稿信札卷）》第 244 页收录 12 月 3 日（农历十月十四日）致性愿法师明信片，上海龙华寺藏。福建人民出版社 2019 年 12 月版《弘一大师全集》（第 3 版，修订 2 版）第八册 · 文艺卷、杂著卷、书信卷未收。明信片正面写：“厦门转泉州承天寺性愿老法师。宁波慈北鸣鹤场金仙寺弘一寄”。信文录存如下，供研究参考：

性愿法师慈鉴：

前寄书目想已收到。后学于中秋后出外云游，现住金仙寺听经。近书写数纸附挂号寄上，乞收入。内计赠座下小联一对；赠冬考品行最优者第一人一纸；赠品行第二、三、四人各一纸，共四纸，将来乞代为填写小字一行“呈某某师”字样。又小幅数纸乞随意赠人。谨陈，顺叩

法安

后学音和南

十月十四日

12 月 4 日（农历十月十五日），在金仙寺听静权法师讲《地藏经》《弥陀要解》。此后每讲必听。听至孝思在中国伦理学上之重要时，当众哽咽，涕如雨下，全场愕然。**按：**于经期为亦幻法师、桂芳法师、华云法师、显真法师、惠和法师等五人偏房讲自著《五戒相经笺要》。（自取名为“华藏”并书篆文横额。款识：庚午秋晚，玄入晏坐此室，读诵华严经，题此以志遗念。）静权法师曾要求听讲，婉拒。在金仙寺为天津佛经流通处校堪《华严注疏》《羯磨疏济缘记》等。①

12 月 12 日（农历十月廿三日），在慈溪致刘质平函：

① 亦幻法师：《弘一法师在白湖》一文，收《弘一大师永怀录》，大法轮书局 1943 年流通版，第 41—50 页。

质平居士：

今晨天气骤寒，已结冰。适奉到惠施衣裤二件，至感。白布包附寄还，乞收入。不具。

音启

十二月十二日

按：此信福建人民出版社2019年12月版《弘一大师全集》（第3版，修订2版）第八册·文艺卷、杂著卷、书信卷第283页收录，标“一九二八年十二月十二日，厦门南普陀寺”。文物出版社2017年10月版陈飞鹏整理《弘一法师书信全集》第184页收录，置于1928年，标“旧十二月十二日”，地点标“厦门南普陀寺”。皆误。信中言“今晨天气骤寒，已结冰”，此与亦幻《弘一大师在白湖》中所述当时“朔风刺骨地生寒。白湖冻冰厚寸许……”一致，亦与本年12月26日弘一大师致夏丏尊函中速述“拙人因天气太寒，骨节凝痛，困苦殊甚”一致。故此函当写于1930年12月12日。详考见王维军著《平湖李叔同纪念馆藏李叔同（弘一大师）手札墨宝·识注考勘》。①

12月14日（农历十月廿五日），在慈溪致因弘法师函。言前年存江心寺唯田法师处律学书甚多，唯田法师无意研究，拟取回。附致唯田法师一函，请往江心寺交彼，并将此律学书带回交邮局挂号寄下；倘唯田法师不在江心寺，则仅将《四分律表记》带数册来，其余不必取，待将来与唯田法师晤面时再商酌；前赠与《传戒正范》三册，现需用此书，请转施等。②

致夏丏尊函。言前日来信收到；承寄之书籍，昨收到；挂号寄上书幅二纸，一赠天香大士，一赠内山居士。又致小楼居士一纸，致内山居士三纸，请转交，并说明其意；请经目录于晚晴护法会支洋三十元，托人持此目录，往上海北火车站东首宝山路口佛学书局购请，并托书局代寄；致丰子恺一纸，便中转交；书幅六纸随意转赠他人结缘等。③ **按：**弘一大师曾赠与内山完造许多书法。内山完造在《弘一律师》一文中说：“我就通过夏丏尊曾经向弘一律师多次得赠书信、书法，但是我现在一封也没有。那是因为皆被友人索去。写给我的书法又被内地友人要

① 王维军著：《平湖李叔同纪念馆藏李叔同（弘一大师）手札墨宝·识注考勘》，西泠印社出版社2017年9月版，第99页。

② 此信福建人民出版社2019年12月版《弘一大师全集》（第3版，修订2版）第八册·文艺卷、杂著卷、书信卷第444页收录，标“一九三〇年十月廿五日，慈溪金仙寺”。唯田法师（1895—1975），温州瑞安人，俗姓李，1915年出家，先后住持普明寺、江心寺，晚年退居大罗山后荆心安寺。

③ 此信福建人民出版社2019年12月版《弘一大师全集》（第3版，修订2版）第八册·文艺卷、杂著卷、书信卷第311页收录，标“一九三〇年十二月十四日，慈溪金仙寺”。根据弘一大师致夏丏尊前后信，此为公历。

去了。”[1] 又在《老师生西》中说：“我曾经有多幅，但皆被友人索去，现只有题为完造居士的一幅。那还是妻子在我不知情的情况下嘱托写上题赠的，现如今已是唯一纪念了。”[2] 此幅为：

> 一切有为法，如梦幻泡影。如露亦如电，应作如是观。
>
> 金刚般若波罗密经偈
>
> 完造居士供养　沙门一音

致内山完造函：

内山居士：

惠贵，敬悉，至为欣慰。兹录写赠送此书之愿由五则，乞检阅。或于赠送此书之时（翻译大和文字）将此文附入，俾他人可以知此事之始末也。承赐华严哲学小论考，至用感谢。兹奉上拙书常行大悲一吉，乞收。又爱善无怨一叶，乞转寄与天香大士，并乞代为致谢惠赐书籍。顺颂

法喜

一音疏答　十二月十四日

一　撰述人名　清顺治帝时，支那福州鼓山涌泉寺高僧道霈禅师，为禅宗之巨匠，并能深入教诲，撰述甚多，名闻古今。其所撰述，多已收入日本续藏经中。

二　撰述缘起　道霈禅师虽博通教典，而于华严研究尤深。涵泳于清凉疏钞及枣柏合论，凡三十余年。因疏与论旨趣不同，初学之人难于和会，且文言广博，读者惮其浩繁。禅师乃于疏论。纂其精要，折衷一是，成就此书。实为空前绝后伟大之胜业矣。

三　刊版时代　此书于清康熙十八年即西历纪元一六七九年，岁次已未年九月刊刻，迄今已二百五十一年。支那全国之内，现存古板中**应以此板为最古矣**。（北京龙藏为雍正年刊。在此之后。）

四　古物尘封　鼓山涌泉寺，近数年来道风不振，此希有之珍板，久埋于尘埃之中，无人检点、印刷流布。故今人多不知此书之名。北京书肆之中，前年曾发现旧印本一部，由徐文蔚居士以巨金购得之，视如拱璧。此书为求之难可想而知。

五　近今发见　去年岁次己巳，三月，弘一法师偕苏慧纯居士

① 内山完造：《弘一律师》，收《上海霖语》，大日本友辩会讲谈社，1942年10月版，第64页。
② 内山完造：《老师生西》，收《上海汗语》，华中铁道江南丛书（1），华中铁道株式会社总裁室弘报室，1944年3月版，第146页。

同游鼓山涌泉寺，无意之中发见此希有之古物，甚为欢悦。因集资印刷二十五部。每部有四十八巨册。用福建特产之纸印之，甚为古雅。以十二部赠与扶桑，故前编纂续藏经刊未曾收入，甚为憾事。故今以多部赠送，冀以广其流传也。

按：此信福建人民出版社 2019 年 12 月版《弘一大师全集》（第 3 版，修订 2 版）第八册·文艺卷、杂著卷、书信卷未收录，见［日］久保卓哉作，白海君译《弘一法师致内山完造书信三封及〈华严经疏论纂要〉夹弘一法师文稿一篇》。① 信中所附五则说明，为日文。

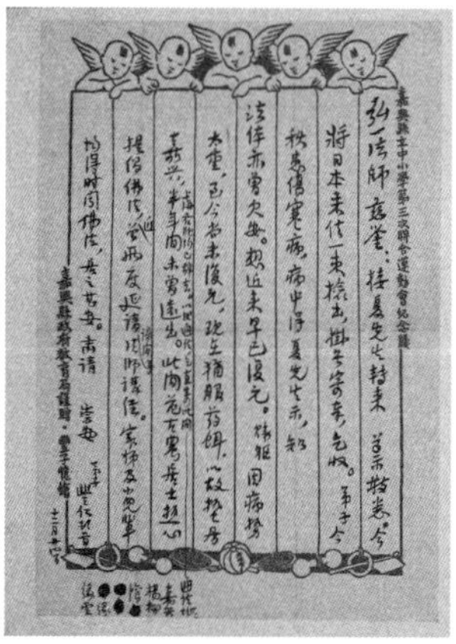

1930 年 12 月 24 日，丰子恺致弘一大师函。

12 月 20 日（农历十一月初一日），在慈溪致刘质平函：

质平居士文席：

承寄蚊帐，已收到，感谢无尽。附寄上拙书一包，计八十六件，今年寄上之总数，乞便中核计示知。大约尚有月余，乃他往也。谨复，不具。

十一月初一　音启

按：此信福建人民出版社 2019 年 12 月版《弘一大师全集》（第 3 版，修订 2 版）第八册·文艺卷、杂著卷、书信卷第 286 页收录，标“一九三〇年旧十一初一日，慈溪金仙寺”。文物出版社 2017 年 10 月版陈飞鹏整理《弘一法师书信全集》第 225—226 页根据林子青《弘一法师书信》补录其他文字，不妥。详见本谱 1932 年 1 月 8 日至 31 日间条目。

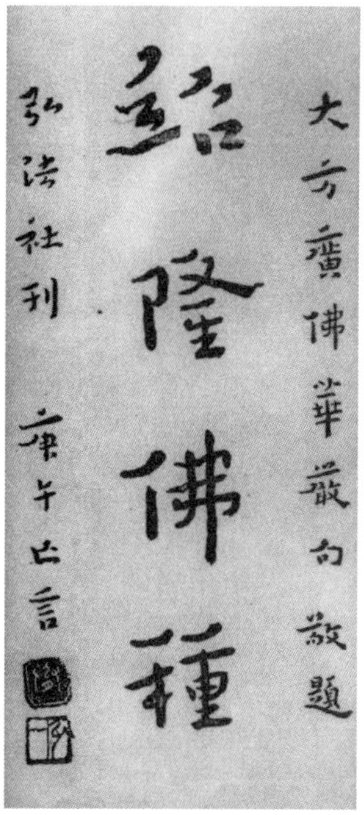

1930 年弘一大师为《弘法社刊》题“绍隆佛种”。

12 月 24 日（农历十一月初五日），丰子恺来信：

弘一法师慈鉴：

接夏先生转来尊示精悉。今将日本来信一束检出，挂号寄奉，乞收。弟子今秋患伤寒病，病中得夏先生示，知法体亦曾欠安。想近来早已复元。贱躯因病势太重，至今尚未复元，现在犹服药耳，以故蛰居嘉兴（上海各职均已辞去。以后通信乞直寄此间。通讯址：嘉兴杨柳湾缘缘堂），半年间未曾远出。此间范古农居士热心提倡佛法，近曾两度延请谛闲等法师讲经。家姊及小儿辈均得时闻佛

① ［日］久保卓哉作，白海君译：《弘一法师致内山完造书信三封及〈华严经疏论纂要〉夹弘一法师文稿一篇》，载《鲁迅研究月刊》2017 年第 7 期。

法，居之甚安。肃请

崇安

弟子丰仁顿首

十二月廿四日[1]

12月26日（农历十一月初七日），在慈溪致夏丏尊函。言托佛学书局所寄之书已收到；讲经即将圆满；因天寒，不得已，拟于五六天后往温州，在彼过年。春暖之后，再当返法界寺；以后来信寄温州庆福寺等。[2]

12月28日（农历十一月初九日），慈溪蒋氏（法名妙修）逝世。时静权法师在金仙寺讲《地藏经》，随侍听讲。蒋氏谢世时，静权法师开示净土要义，殓尸殡葬时，并与静权法师等金仙寺僧众三十余人送之。**按：**后为其撰《蒋妙修优婆夷往生传》。[3] 弘一大师在《〈地藏菩萨本愿经〉白话解释》序中说："己巳九月，余来峙山，居金仙寺。翌日，宅梵居士过谈……是岁十月，天台静权法师莅寺，讲《地藏菩萨本愿经》义……"此"己巳九月疑为误记。应系庚午九月。

是年，在金仙寺发普贤行愿。**按：**亦幻法师《弘一大师在白湖》一文记曰："那一年正是弘一法师五十岁。有一天他在谈笑中说到春天在上虞白马湖的晚晴山房……春晖中学师生联合经子渊、夏丏尊诸先生要为他举行祝嘏，他在被包围之下，就出个题目，要大家买水族放生……我顺着这话脚，就要求他在我们白湖留个纪念。他呆上半晌说：'这样吧！趁这四众云集听经的机会，我们就在大殿里发个普贤行愿吧！'当时那张发愿的仪式单，完全出于他的精心结构书写，我保管了许多年……"[4]

为《弘法社刊》题"绍隆佛种"，款识"大方广佛华严句。敬题弘法社刊。庚午亡言"；钤印"胤"、"弘一"。

书六言联"会心当处即是，泉水在山乃清"赠印月法师。跋曰"印月法师归以虎溪，书此呈之。后学月臂，时庚午居丰州"。[5]

---

① 此信见《丰子恺全集》20书信日记卷二，第16页，海豚出版社2016年10月版。

② 此信福建人民出版社2019年12月版《弘一大师全集》（第3版，修订2版）第八册·文艺卷、杂著卷、书信卷第311页收录，标"一九三〇年阳历十二月廿六日，慈溪金仙寺"。

③ 弘一大师：《蒋妙修优婆夷往生传》，收《弘一大师全集》第七册·佛学卷、传记卷、序跋卷，福建人民出版社2019年12月第3版，修订2版，第587页。

④ 亦幻：《弘一大师在白湖》，收《弘一大师永怀录》，大雄书局1943年版，第41—51页。

⑤ 夏宗禹编：《弘一大师遗墨》，华夏出版社1999年1月第2版，第93页。福建人民出版社2019年12月版《弘一大师全集》（第3版，修订2版）第七册·佛学卷、传记卷、序跋卷第636页收录时题为《撰联赠印月法师并跋》。

书大方广佛华严经偈，赠佩弦（朱自清）。款识“大方广佛华严经偈，佩弦居士受持读诵，庚午，亡言敬书”；钤印“辟”、“弘一”。①

书华严经五言偈颂卷“世尊光所照，众生悉安乐。有苦皆灭除，心生大欢喜”。款识“大方广佛华严经，庚午，一音书”；钤印“弘一”。②

书七言联“示现生老病死患，舍离贪欲瞋恚痴”。款识“晋译华严经偈颂集句，庚午大明院守，入玄”；钤印“辟”、“弘一”、佛肖印。③

书晋译华严经集句联“离暗趣明正，除热得清凉”。款识“晋译华严经集句，庚午，大明”；钤印“弘一”、佛肖印。④

书晋译华严经集句联“而无众生想，为现智慧灯”。款识“晋译华严经集句，庚午，入玄”；钤印“胤”、佛肖印。⑤

书五言联“常饮法甘露，安住宝莲华”。款识“晋译华严经集句，庚午，亡言”；钤印“胤”、佛肖印。⑥

书五言联“住一切智树，建无上法幢”。款识“晋译华严经集句。庚午，亡言；钤印：“胤”、“弘一”、佛肖印。⑦

书五言联“智慧海成满，功德华庄严”。款识“晋译华严经集句，庚午，入玄”；钤印“胤”、“弘一”、佛肖印。⑧

书五言联“智慧善分别，音声非如来”。款识“晋译华严经集句。庚午，不著”；钤印“胤”、佛肖印。⑨

书五言联“其心无所著，诸佛常现前”。款识“晋译华严经集句。庚午，胜髻”；钤印“弘一”、佛肖印。⑩

书五言联“远离烦恼垢，增长菩提心”。款识“晋译华严经集句。庚午，不著”；钤印“胤”、佛肖印。⑪

书五言联“大愿悉成满，百福自庄严”。款识“晋译华严经集句。

① 夏宗禹编：《弘一大师遗墨》，华夏出版社1999年1月第2版，第69页。

② 刘正成主编：《中国书法全集83·近现代编-李叔同马一浮卷》（该分卷主编潘良桢，副主编方爱龙，学术顾问任继愈），荣宝斋出版社2002年11月版，第102页。

③ 上海市书法家协会编：《海派代表书法家系列作品集·弘一》（该卷主编刘一闻，副主编沈爱良），上海书画出版社2006年12月版，第60页。

④ 上海市书法家协会编：《海派代表书法家系列作品集·弘一》（该卷主编刘一闻，副主编沈爱良），上海书画出版社2006年12月版，第61页。

⑤ 上海市书法家协会编：《海派代表书法家系列作品集·弘一》（该卷主编刘一闻，副主编沈爱良），上海书画出版社2006年12月版，第62页。

⑥ 上海市书法家协会编：《海派代表书法家系列作品集·弘一》（该卷主编刘一闻，副主编沈爱良），上海书画出版社2006年12月版，第63页。

⑦ 上海市书法家协会编：《海派代表书法家系列作品集·弘一》（该卷主编刘一闻，副主编沈爱良），上海书画出版社2006年12月版，第64页。

⑧ 上海市书法家协会编：《海派代表书法家系列作品集·弘一》（该卷主编刘一闻，副主编沈爱良），上海书画出版社2006年12月版，第65页。

⑨《弘一法师书法集》，上海书画出版社，1997年5月版，第40图。现藏上海龙华寺。

⑩《弘一法师书法集》，上海书画出版社，1997年5月版，第41图。

⑪《弘一法师书法集》，上海书画出版社，1997年5月版，第43图。

庚午，玄会”；钤印“胤”、佛肖印。①

书五言联“非心之境界，如画于虚空”。款识“晋译华严经集句。庚午，为明”；钤印“胤”、佛肖印。②

书五言联“智慧海成满，功德华庄严”。款识“晋译华严经集句。庚午，入玄”；钤印“胤”、“弘一”、佛肖印。③

书五言联“观佛无厌足，闻法悉受持”。款识“晋译华严经集句。庚午，[illegible]音”；钤印佛肖印、“胤”。④

书偈句“生不知来处，死不去知处。茫茫苦海，言之痛心”。款识“第二行去知应作知去，庚午，为明”；钤印“辟”。⑤

书归宗芝庵主偈“千峰顶上一间屋，老僧半间云半间。昨夜云随风雨去，到头不似老僧闲”。款识“归宗芝庵主偈，庚午，亡言”；钤印“弘一”。⑥

书五言联“长养功德藏，具足智慧身”。款识“晋译华严经集句。庚午，入玄”；钤印佛肖印、“胤”。⑦

书五言联“弹指归安养，阎浮不可留”。款识“常朗法师道念坚固，勤修苦行，诵《金刚经》，持非时食戒，发愿求生西方极乐，当来莲华上品，可预庆矣。谨呈拙书，敬志培仰。澫益老人句。庚午，月臂。时同居晋水承天别院。”钤印“旡”。⑧

社会评介择要

芝峰：《侍从太虚大师 弘一律师 转蓬和尚游泉州小雪峰寺》，载1930 年《海潮音》第 11 卷第 3、4 期合刊。

太虚：《与转蓬 弘一 芝峰诸师自泉州之小雪峰》。

寄尘：《“法味”》，载 1930 年 3 月《海潮音》第 11 卷第 3 期。

《护生画集》广告，载 1930 年 11 月 1 日《佛学半月刊》第 2 期。

夏丏尊：《〈李息翁临古法书〉跋》，载 1930 年《开明》第 26 期。

---

① 《弘一法师书法集》，上海书画出版社，1997 年 5 月版，第 44 图。

② 《弘一法师书法集》，上海书画出版社，1997 年 5 月版，第 45 图。

③ 《弘一法师书法集》，上海书画出版社，1997 年 5 月版，第 46 图。

④ 中华书道学会编《弘一大师墨迹文物图录》，（台北）中华书道学会 1996 年 7 月印行，第 64 页。

⑤ 上海市书法家协会编：《海派代表书法家系列作品集・弘一》（该卷主编刘一闻，副主编沈爱良），上海书画出版社 2006 年 12 月版，第 66 页。

⑥ 上海市书法家协会编：《海派代表书法家系列作品集・弘一》（该卷主编刘一闻，副主编沈爱良），上海书画出版社 2006 年 12 月版，第 67 页。

⑦ 中华书道学会编《弘一大师墨迹文物图录》，（台北）中华书道学会 1996 年 7 月印行，第 35 页。

⑧ 浙江省平湖市人民政府、上海徐汇区文化局编：《弘一大师法书集・天心月圆（作品卷）》，上海书画出版社 2017 年 5 月版，第 42 页。泉州开元寺藏。

1931年　辛未　52岁

社会文化事略

2月7日，左联五作家李伟森、柔石、胡也频、冯铿、殷夫被国民党政府秘密杀害于上海龙华警备司令部；5月，汪精卫等人在广州成立“国民政府”；8月，鲁迅在上海创办木刻讲习会；9月18日，“九一八”事变，日本帝国主义侵占中国东北；12月，蒋介石下野，林森代理国民政府主席；本年，商务印书馆开始影印出版宋碛版《大藏经》。中央大学教授邰爽提出“打倒僧阀、解放僧众、划拨庙产、振兴教育”之主张，并建立“庙产兴学组织委员会”。

生平事迹

1月1日（农历庚午十一月十三日），《佛学半月刊》第6期刊出皈僧《弘一大师事略》。**按：**文中所述有多处与事实不符。

1月2日（农历庚午十一月十四日），在慈溪致刘质平函：

质平居士：

上月下旬（大约二十天以前）到金仙寺后，曾写一函，寄至宁波，未知收到否？余现在此间，听静权法师讲经，将来或在此间过年，或返法界寺过年，未能定也。恐前函遗失，致劳远念，再以奉闻。以后通信，寄“宁波转慈北鸣鹤场金仙寺弘一收”。不宣。

十一月十四日　演音

按：此信福建人民出版社2019年12月版《弘一大师全集》（第3版，修订2版）第八册·文艺卷、杂著卷、书信卷第286页收录，标“一九三〇年旧十一月十四日”。所录文字有错字，现根据平湖李叔同纪念馆所藏原件录存。又，因农历庚午十一月十四日已系公历1931年1月2日，故置于本年。

1月6日（农历庚午十一月十八日），上午，与胡宅梵一起乘船至师桥。在船上为胡宅梵讲述童年往事，后二日由胡宅梵记录整理成《记弘一大师之童年》。① 下午，由胡宅梵陪同步行至资西寺，胡宅梵幼子胡孟济同去。在放生池边念经作颂，主持开光仪式。仪式结束即于当天返回金仙寺。**按：**据光绪《慈溪县志》卷四十二《旧迹·寺观下》，"资西寺，县西北五十里，初名资西庵，明万历年间（1573—1619）里人沈堦为僧真拙建，国朝乾隆五年（1740）改庵为寺。"1949年后，资西寺房舍一度被征用为敬老院，后为厂房、仓库。目前恢复为寺院。放生池位于资西寺山门与高背浦之间。②

1月8日（农历庚午十一月廿日），听毕静权法师在金仙寺之讲经。

1月9日至14日间（农历庚午十一月廿一日至廿六日间），在慈溪致刘质平函：

质平居士：

前复书及寄包袱二件，想已收到。今因事，须外出一行。何时返金仙寺，尚未能定。俟返寺时，再以奉闻。前承惠施驼绒衣件，着以御寒，至为适宜。感谢无尽。谨达，不宣。

音启

按：此信福建人民出版社2019年12月版《弘一大师全集》（第3版，修订2版）第八册·文艺卷、杂著卷、书信卷第290页收录，标"一九三二年春，慈溪金仙寺"。文物出版社2017年10月版陈飞鹏整理《弘一法师书信全集》第272页收录，时间置于1932年春，地点标"镇海伏龙寺"。皆误。此信写于1931年1月9日致14日间（农历庚午十一月廿一日至廿六日间，地点在慈溪金仙寺。详考见王维军著《平湖李叔同纪念馆藏李叔同（弘一大师）手札墨宝·识注考勘》。③

1月14日（农历庚午十一月廿六日），在慈溪致性愿法师函。言顷诵来书，所云八月寄至法界寺之函，尚未见到，待明春夏间返法界寺时当可披诵。因中秋后，已外出云游，在金仙寺听经月余，近已圆满，拟于明日往温州度岁；承示法座驻锡云顶，至用欢忭。明岁当来厦亲近座

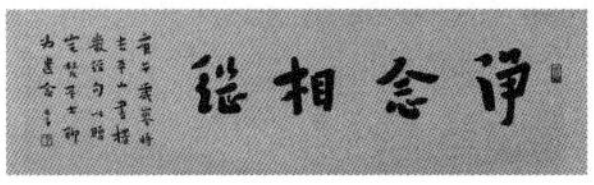

弘一大师赴温州前书赠胡宅梵"净念相继"横批。

① 浙江省图书馆善本部藏胡宅梵起草、弘一法师朱笔校改之《记弘一大师之童年》手稿，末尾有"庚午十一月二十日下午，弘一师述后二日，弟子梵呵冻记于西轩，时方大雪"的落款。胡宅梵：《记弘一大师之童年》，原载1941年2月20日《觉音》第20、21期合刊（目录页标题《弘一法师童年行述》，内文标题为《弘师童年行述》）。该文于1943年编入大法轮书局流通版《弘一大师永怀录》时改题为《记弘一大师之童年》，二者文字略有不同，今据《记弘一大师之童年》。

② 引自胡迪军"云水留痕"微信公众号《弘一法师在宁波·7》。2021年2月10日。

③ 王维军著：《平湖李叔同纪念馆藏李叔同（弘一大师）手札墨宝·识注考勘》，西泠印社出版社2017年9月版，第103页。

下；冯、蔡二居士属书之件，待至温州后书写，并付邮挂号寄上；代问候觉斌诸法师；以后来信寄温州庆福寺等。①

1月15日（农历庚午十一月廿七日），坐乌篷船过姚江经宁波往温州。亦幻法师送行。② **按一：** 赴温州前书赠胡宅梵“净念相继”横批。款识“庚午岁寒将去平山，书楞严经句，以赠宅梵居士，聊为遗念。亡言”；钤印“弘一”、佛肖印。**按二：** 在宁波时不慎将衣袋中钞票一包遗落。幸得友人资助，得以动身至温州。在宁波曾在浙江省立第四中学与刘质平及南洋公学同学洪允祥会面。洪允祥有《弘一大师过甬作偈呈之》8首，后于1933年7月刊登于《弘法社刊》第22期。诗中有“三十年来如梦过，尊前突兀示僧身”句。③

1月28日（农历庚午十二月初十日），在温州致胡宅梵函。言昨诵来书；《表记》觅得一册，挂号邮奉，并奉上《莲宗正传》《念佛十大利益》各数份，请转施道侣；此间昨起天气骤寒，故手僵不能作书。照像须待春暖（李居士来函所云）可以印就；在甬晤洪居士，有诗录二纸。今以一纸奉赠（为李居士手写）。其朱笔改写者，为彼第二次稿所自改正；来书所云修持方法甚善；月名别纸记写；附寄了义法师款小联，便中送至金仙寺面交了义法师手收。又一笺，交慧律和尚；《华严经疏论纂要》照片为上海日本报纸《每日新闻》于新历一月十六日夕刊所载，谨赠，并转呈慧律和尚一阅。日本人对于此书如此郑重赞叹，弥见此书之珍贵等。④

2月6日（农历庚午十二月十九日），在温州致夏丏尊函：

丏尊居士慧览：

前上书，想已收到。旧历明年正月元宵后，即拟觅便返法界寺。极迟或延至正月底，必可到法界也。其时当先到尊寓午餐，然后乘船而往。再者，前至宁波时，偶一不慎，将衣袋中之钞票一包，完全遗落。幸得友人资助，得以动身至温州。将来由温返白马

① 此信福建人民出版社2019年12月版《弘一大师全集》（第3版，修订2版）第八册·文艺卷、杂著卷、书信卷第446页收录，标“一九三〇年旧十一月廿六日，慈溪金仙寺”。因农历庚午十一月廿六日已系公历1931年1月14日，故置于本年。

② 亦幻《弘一法师在白湖》一文曰：“静权法师经筵于十一月二十日解散，时已雨雪霏霏，朔风刺骨地生寒。弘一法师体质素弱，只好离开白湖，仍归永嘉的城下寮去。我送他坐上乌篷船过姚江，师情道义，有不禁黯然的感伤。”此文收《弘一大师永怀录》，大法轮书局1943年流通版，第41—50页。

③ 洪允祥（1874—1933），字樵舲，别号佛矢，浙江慈溪人，曾就读于南洋公学，与李叔同同学，后任北京大学、上海大夏大学教授，1919年回宁波，1926年在宁波宗观寺皈依谛闲法师，时任浙江省立第四中学教师。

④ 此信福建人民出版社2019年12月版《弘一大师全集》（第3版，修订2版）第八册·文艺卷、杂著卷、书信卷第390页收录，标“一九三〇年十二月初十日，温州庆福寺”。因农历庚午十二月初十日已系公历1931年1月28日，故置于本年。

湖时，所需路费及买物等费，仍乞护法会有以施助，至为感荷。以前在闽南过冬两年，无有所苦。今岁骤值奇寒，老体已不能支持。明冬如仍在世，只可再往闽南过冬矣。谨达，不具。

音上　立春后一日

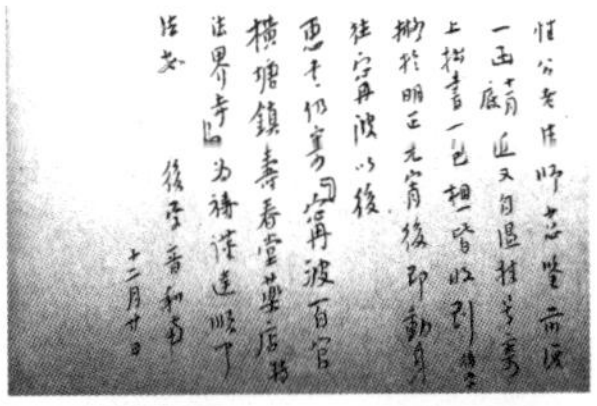

1931年2月7日（农历庚午十二月廿日）弘一大师致性愿法师函。

按：此信福建人民出版社2019年12月版《弘一大师全集》（第3版，修订2版）第八册·文艺卷、杂著卷、书信卷第311—312页收录，标“一九三〇年立春后一日，温州庆福寺”。文物出版社2017年10月版陈飞鹏整理《弘一法师书信全集》第229页收录，时间标“旧十二月十八日”，地点标“温州庆福寺”，并有“案”：“此信，《弘一大师全集》注：1930年立春后一日，温州庆福寺。1930年有双立春，前一个立春为旧历1930年正月初六。此信所言立春应是第二个立春，即1930年旧历十二月十八日，新历1931年2月5日。信中‘旧历明年正月元宵后，即拟觅便返法界寺’一语，即是指1931年正月下旬到法界寺一事。”《弘一法师书信全集》注意到了“双立春”现象，并认为所谓立春是指1931年2月5日（农历十二月十八日）之立春。但未注意到弘一大师所署时间是“立春后一日”，即立春日之次日。故此信当写于1931年2月6日（农历庚午十二月十九日）。因农历庚午十二月十九日已系公历1931年2月6日，故置于本年。

2月7日（农历庚午十二月廿日），在温州致性愿法师函：

性公老法师慈鉴：

前复一函（十一月底），近又自温挂号寄上拙书一包，想皆收到。后学拟于明正元宵后即动身往宁波。以后惠书，仍寄“宁波百官横塘镇寿春堂药店转法界寺”。为祷。谨达，顺叩

法安。

后学音和南

十二月廿日

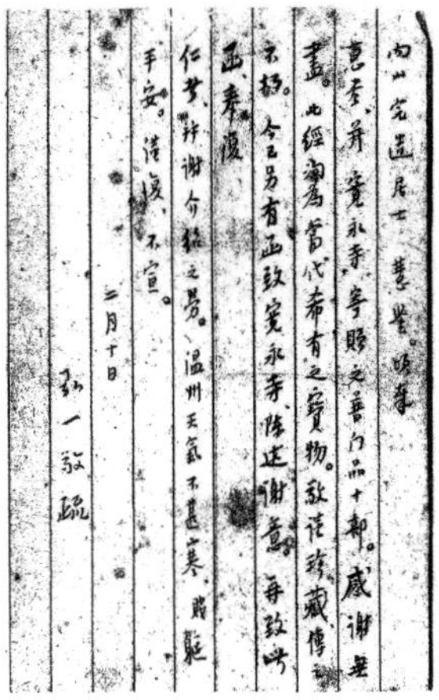

1931年2月10日（农历庚午十二月廿三日）弘一大师在温州致内山完造函。

按：福建人民出版社2019年12月版《弘一大师全集》第八册·文艺卷、杂著卷、书信卷未收录。文物出版社2017年10月版陈飞鹏整理《弘一法师书信全集》第228页、229页重复收录。原信图版见林可同编：《弘一书法墨迹》，中国美术学院出版社2004年4月版，第109页，为明信片。原信“宁波百官横塘镇寿春堂药店转法界寺”有引号，《弘一法师书信全集》收录时未加。因农历庚午十二月廿日已系公历1931年2月7日，故置于本年。

2月9日（农历庚午十二月廿二日），在温州致胡宅梵函。言前函想悉收到；明春约于正月下旬往法界寺；以后来书暂寄“百官横塘庙寿春堂药店转法界寺弘一收”；温州气候多在四十余度，写字仍未合宜。属写之小幅待和暖时再写奉等。① **按：**此时段另有一函致胡宅梵。言来信收悉；兼阅禅书亦可。仍请常阅《净土十要》及《印光法师嘉言录》，以了解禅净之区别等。②

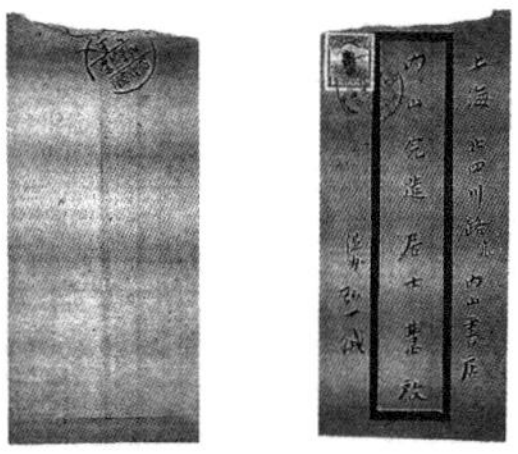

1931年2月10日（农历庚午十二月廿三日）弘一大师在温州致内山完造函之信封。

2月10日（农历庚午十二月廿三日），在温州致内山完造函：

内山完造居士慧鉴：

顷奉惠书，并宽永寺寄赠之普门品十部。感谢无尽。此经洵为当代希有之宝物。敬谨珍藏，传之不朽。今已另有函致宽永寺，陈述谢意。再致此函，奉复仁者，并谢介绍之劳。温州天气不甚寒，贱躯平安。谨复，不宣。

二月十日

弘一敬疏

按：此信福建人民出版社2019年12月版《弘一大师全集》（第3版，修订2版）第八册·文艺卷、杂著卷、书信卷未收录。见［日］久保卓哉作，白海君译：《弘一法师致内山完造书信三封及〈华严经疏论纂要〉夹弘一法师文稿一篇》。③ 信封邮戳显示寄发日为2月10日，抵达上海为2月15日。

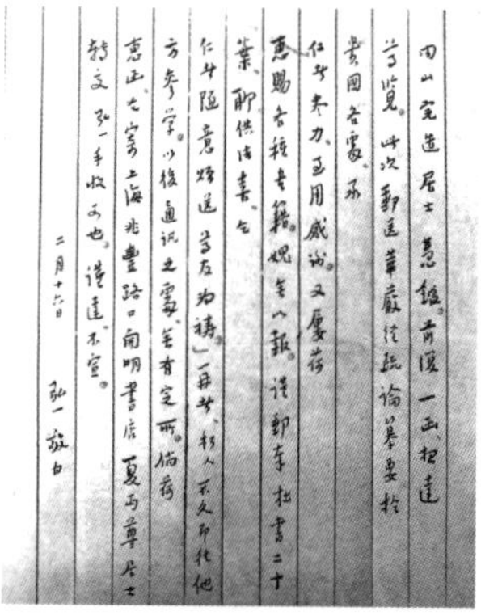

内山完造居士慧鉴。前复一函，想达
等览。此次邮还华严经疏论纂要于
贵国各处，承
仁者尽力，至用感谢。又屡蒙
惠赐各种书籍，愧无以报。谨邮寄拙书二十
叶，聊供清赏。乞
仁者随意赠送当友为祷。再者，彼人不久即往他
方参学，以后通讯之处，尚未有定所。倘蒙
惠函，乞寄上海北四川路口开明书店夏丏尊居士
转交弘一手收可也。谨达，不宣。
二月十六日　弘一敬白

1931年2月16日（农历庚午十二月二十九日，除夕）弘一大师在温州致内山完造函。

2月15日（农历庚午十二月廿八日），《海潮音》第12卷第1号目录页刊出书法“住于清凉慧”、“具足大悲心”、“念报于佛恩”，款识均为：“华严经句”；钤音均为：佛肖印、名印，署名均为：“入玄”。在该期发表《梵网十重戒诸疏所判罪相缓急异同表》（目录页题《梵网经十重戒诸疏所判罪缓急异同记》），署名：“沙门弘一编”（目录页署名：“弘一”）。

1931年2月16日（农历庚午十二月廿九日）弘一大师在温州致内山完造函之信封。

2月16日（农历庚午十二月廿九日，除夕）在温州致内山完造函：

---

① 此信福建人民出版社2019年12月版《弘一大师全集》（第3版，修订2版）第八册·文艺卷、杂著卷、书信卷第390—391页收录，标“一九三〇年旧十二月廿二日，温州庆福寺”。因农历庚午十二月廿二日已系公历1931年2月9日，故置于本年。

② 此信福建人民出版社2019年12月版《弘一大师全集》（第3版，修订2版）第八册·文艺卷、杂著卷、书信卷第390页收录，标“一九三〇年冬，温州庆福寺”。因写于温州，故置于本年。

③ ［日］久保卓哉作，白海君译：《弘一法师致内山完造书信三封及〈华严经疏论纂要〉夹弘一法师文稿一篇》，载《鲁迅研究月刊》2017年第7期。

内山完造居士慧鉴：

前复一函，想达尊览。此次邮送《华严经疏论纂要》于贵国各处，承仁者尽力，至用感谢。又屡荷惠赐各种书籍，愧无以报。谨邮奉拙书二十叶，聊供法喜。乞仁者随意赠送尊友为祷。再者，朽人不久即往他方参学，以后通讯之处，无有定所。倘荷惠函，乞寄上海兆丰路口开明书店夏丏尊居士转交弘一手收可也。

谨达、不宣。

二月十六日　弘一敬白

按： 此信福建人民出版社 2019 年 12 月版《弘一大师全集》（第 3 版，修订 2 版）第八册·文艺卷、杂著卷、书信卷未收录。见［日］久保卓哉作，白海君译：《弘一法师致内山完造书信三封及〈华严经疏论纂要〉夹弘一法师文稿一篇》。[①] 信封邮戳显示寄发日为 2 月 19 日。

致性愿法师函：

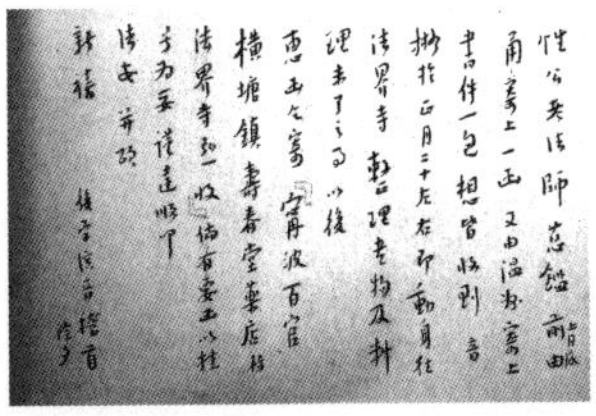

1931 年 2 月 16 日（农历庚午十二月二十九日，除夕）弘一大师致性愿法师函。

性公老法师慈鉴：

前（上月底）由甬寄上一函，又由温州寄上书件一包，想皆收到。音拟于正月二十左右即动身往法界寺，整理书物及料理未了之事。以后惠函，乞寄“宁波百官横塘镇寿春堂药店转法界寺弘一收”。倘有要函，以挂号为妥。谨达。顺叩法安，并颂

新禧。

后学演音稽首

除夕

按： 此函福建人民出版社 2019 年 12 月版《弘一大师全集》（第 3 版，修订 2 版）第八册·文艺卷、杂著卷、书信卷未收录。文物出版社 2017 年 10 月版陈飞鹏整理《弘一法师书信全集》第 230 页收录。原信图版见林可同编：《弘一书法墨迹》，中国美术学院出版社 2004 年 4 月版，第 115 页，为明信片。原信“宁波百官横塘镇寿春堂药店转法界寺弘一收”有引号，《弘一法师书信全集》收录时未加。此函应与 2 月 7 日（农历庚午十二月廿日）在温州致性愿法师函相关。因农历庚午除夕系公历 1931 年 2 月 16 日，故置于本年。

在温州致胡宅梵函，2 月 18 日（农历正月初二日）又附言：

① ［日］久保卓哉作，白海君译：《弘一法师致内山完造书信三封及〈华严经疏论纂要〉夹弘一法师文稿一篇》，载《鲁迅研究月刊》2017 年第 7 期。

胜月居士慧览：

惠书，诵悉。承施教观释义记，敬谢。

是间天气不甚寒，恒在四十五度以上，惟写字仍未宜耳。小联等俟稍暖写奉。

诵经见光明，是征仁者夙根甚深甚深。又能以不喜不惧对之，可谓千妥万当。至为忻慰。《印光法师文钞》，乞从首至尾详读一过，择其要者圈出。依此修持最为稳妥。决不至有着魔等事。又《彻悟禅师语录》亦甚佳，仁者如尚未阅览，乞托沪友向功德林请觅，乞云每部二册者，因此书有数种版。其每部一册者，为略本；其每部二册者为完全本。此书甚佳。乞详阅之。后附《华严要旨》，至为精要。乞详研，当可知《华严》八十卷之大意。

《格言》拟请仁者抄写。附挂号寄奉，乞收入。案此书，应定名称为《明薛文清公读书录选》。附《清三韩梁瀛侯日省录选》。以前为主，以后为附也。其具名，于书中，仍用贤瓶道人。倘仁者等之意欲标出弘一之名，令读者生郑重敬仰之心者，则请仁者撰一序文，冠于卷首，将弘一之名序入可也。

正月廿左右，即动身往甬。或稍可勾留。大约在正月底，二月初旬，或中旬，即可到法界寺也。俟到寺时，再以函闻。惟其地甚幽僻。信函须展转传送，经多日，乃可达耳。草草奉复，不宣。

《格言》抄写毕，乞将原本付邮挂号，寄法界寺为感。

除夕　音疏答

新年天气较暖。为仁者书写佛名及小联，附寄奉。又寄地藏菩萨像一轴，敬赠道静居士。

正月初二　又白

按：此信福建人民出版社 2019 年 12 月版《弘一大师全集》（第 3 版，修订 2 版）第八册·文艺卷、杂著卷、书信卷第 389—390 页收录，标“一九二九年除夕，上虞法界寺”。文物出版社 2017 年 10 月版陈飞鹏整理《弘一法师书信全集》第 230—231 页收录，有“案”：“此信，《弘一大师全集》注：1929 年除夕，上虞法界寺。年份，地址疑皆误。1929 年除夕，与太虚法师一起在南安雪峰寺度岁。根据弘一法师此间行迹，此信写于 1930 年除夕于温州城下寮（即庆福寺）为合理。是年弘一法师在此度岁，次年旧正月下旬离开温州往上虞法界寺。”《弘一法师书信全集》所述合理。

2 月 19 日（农历正月初三日），在温州致刘质平函：

质平居士：

前寄甬函，想已收到。《清凉歌》屏幅已写就，付邮挂号寄上，乞收入。朽人近来精力衰颓，远不如前。不久即拟往远方闭关，息心用功，不问世事。前云《清凉歌》册页，未暇书写，只可作罢。又前嘱书联对，尚有未写者，今仅以已写好之六对奉上。其余亦拟不奉上。纸张，即请仁者赠与朽人，亦未能奉还也。诸乞原宥为祷。赠与然庆老法师之联，想已带至白马湖夏宅矣。此达，不宣。

朽人不久即离温州。

旧正月三日　音上

按：此信福建人民出版社2019年12月版《弘一大师全集》（第3版，修订2版）第八册·文艺卷、杂著卷、书信卷第287页收录，标“一九三一年正月初三日，温州庆福寺”。文物出版社2017年10月版陈飞鹏整理《弘一法师书信全集》第155页、233页重复收录。前者置于1928年，标“正月初三”，地点标“温州庆福寺”，所录之信有错字；后者置于1931年。1928年时尚无“清凉歌”之事。此信当写于1931年2月19日（农历正月初三日）。详考见王维军著《平湖李叔同纪念馆藏李叔同（弘一大师）手札墨宝·识注考勘》。[①] 信中然庆老法师即法界寺住持。

2月25日（正月初九日），在温州致夏丏尊函。言昨读来信，感谢施资，已足用；山房潮气全除，欣慰。唯此次返上虞时仅带薄棉被一件，其他蚊帐被褥等皆存在法界寺中，故未能在山房止宿，且待秋凉时再来山房；动身之时未定，早则二十日左右，迟则在月底等。[②]

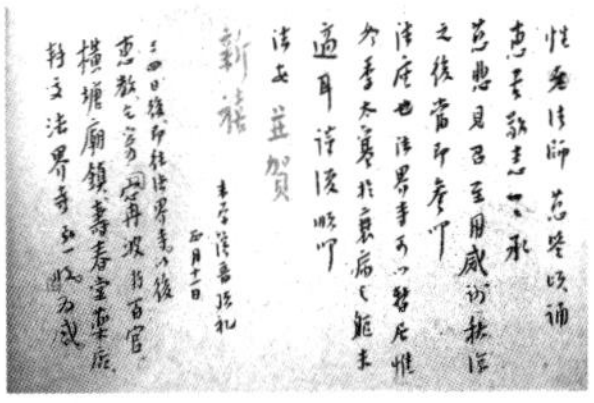

1931年2月27日（农历正月十一日）弘一大师致性愿法师函。

2月27日（农历正月十一日），在温州致林赞华函。言前寄书一包，想已收到；前月曾由闽南佛学院苏居士寄赠与支那内学院《华严经疏论纂要》一部，计四十八册。此书仅印二十五部，日本各大寺院图书馆索取者甚多。现拟力为设法，期待使彼邦学者满其所愿。国内各处或稍从缓，将来续印再寄赠。所寄赠与支那内学院之一部，料想早由欧阳居士收到，请向欧阳居士商酌，可否将此一部转施与日本，满其所愿。倘荷慈愍，以此转施日本，则感谢矣。若许可，请将此书取回，付邮局挂号寄至上海北四川路底内山书店内山完造居士收。并请惠复寄宁波转百官横塘庙镇寿春堂药店转交法界寺弘一收。因朽人于三四日后即动身往法

① 王维军著：《平湖李叔同纪念馆藏李叔同（弘一大师）手札墨宝·识注考勘》，西泠印社出版社2017年9月版，第105页。

② 此信福建人民出版社2019年12月版《弘一大师全集》（第3版，修订2版）第八册·文艺卷、杂著卷、书信卷第312页收录，标“一九三一年正月初九日，温州庆福寺”。

界寺等。①

同日致性愿法师函：

性老法师慈鉴：

顷诵惠书，敬悉一一。承慈悲见召，至用感谢。秋凉之后当即参叩法座也。法界寺可以暂居，惟冬季太寒，于衰病之躯未适耳。谨复，顺叩

法安，并贺

新禧

末学演音顶礼

正月十一日

三四日后即往法界寺。以后惠教乞寄"宁波转百官，横塘庙镇，寿春堂药店，转交法界寺弘一收。"为感。

按：此为明信片，见林可同编：《弘一书法墨迹》，中国美术学院出版社 2004 年 4 月版，第 123 页。"并贺新禧"为红字。福建人民出版社 2019 年 12 月版《弘一大师全集》（第 3 版，修订 2 版）第八册·文艺卷、杂著卷、书信卷和文物出版社 2017 年 10 月版陈飞鹏整理《弘一法师书信全集》均未收录。

致蔡丏因函：

丏因居士智鉴：

惠书，诵悉。至用欢慰。朽人近年已来，两游闽南各地，并吾浙甬、绍、温诸邑，法缘甚盛，堪慰慈念。惟以居处无定，故久未致书问讯耳。去岁夏间，曾立遗嘱，愿于当来命终之后，所有书籍，悉以奉赠于仁者。（若他人有欲得一二种以为纪念者，再向仁者处领取。）是遗嘱当来由夏居士等受收耳。数日后，即返法界寺。秋凉仍往闽南。以后惠书，希寄绍兴转百官（若交民局寄者，乞将"百官"二字改为"驿亭站"；若交邮局寄者，宜用"百官"二字。）横塘庙镇寿春堂药店转交法界寺弘一收。附邮奉拙书一束，内有五言联及佛力小额，奉赠仁者，此外乞随意转施。谨复，不宣。

旧正月十一日　演音疏

前存仁者处《贤首国师墨迹》一册，近欲请回供养，乞附邮寄

① 此信福建人民出版社 2019 年 12 月版《弘一大师全集》（第 3 版，修订 2 版）第八册·文艺卷、杂著卷、书信卷第 401—402 页收录，标"一九三一年正月十一日，温州庆福寺"。此信曾载 1946 年《弘化月刊》第 59 期，题《弘一法师复林赞华居士书三通》。

下为感。又《圆觉大疏》一部，前在闽时，以数月之力圈点，并节录原文，乞仁者检出，觅暇读之，当法喜充满也。附白。

按：此信福建人民出版社2019年12月版《弘一大师全集》（第3版，修订2版）第八册·文艺卷、杂著卷、书信卷第347页收录，标“一九三二年正月十一日，镇海伏龙寺”。文物出版社2017年10月版陈飞鹏整理《弘一法师书信全集》第268—270页收录，时间、地点亦如此标注。均误。此信写明“数日后，即返法界寺”，与本年弘一大师行踪一致，亦与上述致林赞华、性愿法师二函意合。故此信当写于1931年2月27日（农历正月十一日），地点在温州庆福寺。

3月1日（农历正月十三日），鲁迅日记写曰：“星期。晴。上午赠长尾景和君《彷徨》一本。午后往内山书店，赠内山夫人油浸曹白一合，从内山君乞得弘一上人书一纸。”① **按：**鲁迅“乞得”弘一大师书一纸为“戒定慧”三字。右上钤佛肖印，款识为“支那沙门昙昉书”，钤印“弘一”。

1931年3月1日（农历正月十三日）鲁迅日记中记录的“书一纸”为“戒定慧”。今藏北京鲁迅博物馆。

3月7日（农历正月十九日），在温州致胡宅梵函。言元旦来书收悉。兹条答如下：不久将遁迹远方，可以通信。其他友人若无要事即不通讯息；愿意鉴定《本愿经白话解》，力助流通；《赞佛谱》可缓缓随缘编辑；所定功课，大致妥善；出家前后作品皆分散，不足流布。佛像图章，多为他人所镌，暇时盖印奉览；上海佛学书局有赠书会，交会费可得赠书；照像待李居士寄到即挂号邮上。同时言近年来目力昏花，已不能作工细小楷；赠以近觅得十年前旧书《十大碍行》，并表示他年如有善缘，可以付印流布；今年四月，为亡母七十冥诞。拟印地藏菩萨像赠送，并流通，以为纪念；前云之印刷格言歌谱等，皆可缓缓为之。惟印地藏菩萨像事，拟以奉托。即以前赠与道静居士之像为底本，将道静之上款删去。用纸覆之，以付石印；寻常流通地藏菩萨像，旁有二侍者，似未合宜。今删去，仅有菩萨像一尊，甚为庄严，故愿此像永久流通；附寄朱书小横幅一张；明晨拟动身往甬等。②

3月8日（农历正月廿日），离开温州经宁波赴上虞法界寺。③ 在宁波与学生刘质平、黄寄慈等面晤，并答允为其写字。

---

① 《鲁迅全集》第16卷，人民文学出版社2005年版，第245页。

② 此信福建人民出版社2019年12月版《弘一大师全集》（第3版，修订2版）第八册·文艺卷、杂著卷、书信卷第391页收录，标“一九三一年正月十九日，温州庆福寺”。

③ 见3月7日（农历正月十九日），在温州致胡宅梵函。

3月13日（农历正月廿五日），抵上虞法界寺。[1]

3月13日至18日间（农历正月廿五日至三十日间），作《手抄释四分律行事钞科跋语》，曰："此科上中下各四卷，都十二卷。辛未正月抄录。以目力昏花，仅写二卷，怅然而已。演音敬记于兰阜法界讲寺。"[2]

3月13日至19日间（农历正月廿五日至二月初一日间），在上虞致黄寄慈、刘质平函：

寄慈、质平居士惠鉴：

在甬诸承爱护，感谢无已。属写之件，俟稍暇为之。因不欲潦草塞责也。朽人近年以来，各地书札甚多，苦于无暇答复。今居乡间，付邮尤为不便。故自今以后，拟减少通信之处。唯有仁等及其他数处，仍继续通信。此外皆暂不通讯及晤面耳。印西师处，亦不再通信及晤面。以后仁等如与印西师晤面时或通信时，谈及朽人者，乞告彼云：朽人决定遯世埋名，居住无定所，不愿告人，以后请彼勿再通信及晤面云云。谨达，不具。

陶居士，乞为致候。

音上

按：此信福建人民出版社2019年12月版《弘一大师全集》（第3版，修订2版）第八册·文艺卷、杂著卷、书信卷第404页收录，标"一九三二年，温州庆福寺"。文物出版社2017年10月版陈飞鹏整理《弘一法师书信全集》第237页收录，标1931年春，地点在上虞法界寺，并有"案"："此信，《弘一大师全集》注：1932年，温州庆福寺。林子青《弘一法师书信》注：1936年，厦门。疑皆有误。依据信件内容，乃师1931年正月经过宁波受友人款待，答谢友人信笺写于1936年，不合情理。况，弘一法师1932年后即未再回浙江。1932年春，弘一法师在宁波伏龙寺，非温州庆福寺。故此信写于1931年春较合理，时师自温州经宁波到上虞法界寺。据此推测，此信写于1931年春，上虞法界寺。"又王维军著《平湖李叔同纪念馆藏李叔同（弘一大师）手札墨宝·识注考勘》根据弘一大师前后书信等另有详考，证明此信写于3月13日至19日间（农历正月廿五日至二月初一日间），地点在上虞法界寺。[3]

---

① 见3月15日（农历正月廿七日）弘一大师致堵申甫函。

② 弘一大师：《手抄释四分律行事钞科跋语》，收《弘一大师全集》第七册·佛学卷、传记卷、序跋卷，福建人民出版社2019年12月第3版、修订2版，第622页。

③ 王维军著：《平湖李叔同纪念馆藏李叔同（弘一大师）手札墨宝·识注考勘》，西泠印社出版社2017年9月版，第107页。

春，书七言联“今日方知心是佛，前身安见我非僧”赠刘质平。款识“先吏部公通阳明学，兼修禅那，舍报之时安详迁化，如入正定，盖亦季世所希有矣。是联为其遗作，今以写奉质平贤首慧览。辛未春，沙门玄入”；钤印“大明草堂”、“辟”。①

书十言联“平等观诸法其心无所染，慈光照十方为众作归依”。款识“晋译大方广佛华严经初发心菩萨功德品颂集联并二偈，无量智慧明，犹如净日光。具足清白行，譬如月盛满。无边功德藏，犹如十方海。无垢无所染，清净如虚空。后二十年岁次鹑首春暮，晋水澄渟院沙门胜髻，时年五十又二，居兰阜”；钤印“吉目”、“胤”、佛肖印。②

为“青年丛书之一”《至情录》题封面。款识“辛未春，月臂”。

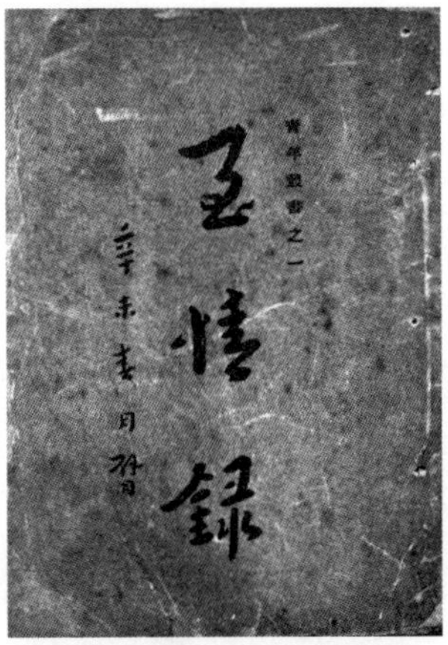

弘一大师题《至情录》封面。

致蔡丏因函：

惠书，具悉一一。碣字书就，付挂号邮奉。近患病，书不能工，聊可为纪念耳。

音启

按：此信福建人民出版社2019年12月版《弘一大师全集》（第3版，修订2版）第八册·文艺卷、杂著卷、书信卷第345页收录，标“一九三一年春，温州庆福寺”。文物出版社2017年10月版陈飞鹏整理《弘一法师书信全集》第241页收录，地点标“上虞法界寺”，并有“案”：“此信，《弘一大师全集》注：1931年春，温州庆福寺。师正月二十日即离开温州。故以写于到上虞法界寺期间为合理。”1931年立春为公历2月5日（农历庚午十二月十八日）。故此信写于温州和上虞皆有可能。

3月15日（农历正月廿七日），在上虞致堵申甫函。言前日返法界寺；感谢赠与桂圆等。③

附记：同日致尤墨君函：

玄父居士：

前日返白马湖，获诵去冬惠书，具悉一一。募印缘起甚善。将来可以制锌版存上海佛学书局（闸北新民路口居士林，范古农居士主任）永久流布。拙书三种及莲池语录一册，附寄奉，乞收入。又

① 夏宗禹编：《弘一大师遗墨》，华夏出版社1999年1月第2版，第68页。

② 上海市书法家协会编：《海派代表书法家系列作品集·弘一》（该卷主编刘一闻，副主编沈爱良），上海书画出版社2006年12月版，第78页。

③ 此信福建人民出版社2019年12月版《弘一大师全集》（第3版，修订2版）第八册·文艺卷、杂著卷、书信卷第326页收录，标“一九三一年正月廿七日，上虞法界寺”。

前年曾许赠萧居士一联，亦附呈奉（忘其名故，未书上款）。拙人不久或他往。以后乞暂勿通信。

草草不具。

正月二十七日 演音疏

募印此经乞与上海狄思威路口宝安路永兴里底李圆净居士商之，彼当有以赞助。

按：此信2019年12月版《弘一大师全集》（第3版，修订2版）第八册·文艺卷、杂著卷、书信卷未收录。文物出版社2017年10月版陈飞鹏整理《弘一法师书信全集》第235页收录，有“案”：“此信，辑自上海天衡2011年春季拍卖会《无上清凉——弘一书法墨迹专场》。经鉴定乃弘一法师手札真迹无误。无年份，地址。此信，《弘一大师全集》、林子青《弘一法师书信》、秦启明《弘一大师——李叔同书信集》均无著录。依此信书写风格，乃1931年左右。1931年春，弘一法师自温州庆福寺经由宁波住白衣寺数日即到白马湖湖顶院法界寺。推测此信写于此间应算合理。详细待考。”此信以往无著录，附记于此，供参考。

是日，《海潮音》第12卷第2号目录页继续刊出书法“住于清凉慧”、“具足大悲心”，款识均为“华严经句”；钤音均为佛肖印、名印，署名均为“入玄”。该期扉页刊出上海佛学书局《华严经疏论纂要》广告（全书48册，流通价“洋三十二元”）。广告文言：“去年弘一法师游鼓山涌泉寺发见此书刊版完整无缺，大喜集资，印二十五部，每部四十八册，以十二部赠日本佛学界。此书未经编入日本续藏，尤可珍异。”同期刊出丰子恺警世漫画《对镜》，选词句“朱颜镜里凋，白发愁边绕。一霎光阴，底是催人老。”署“李息翁”。

3月18日（农历正月三十日），在上虞致蔡丏因函：

丏因居士：

惠书并绍童子书，披诵，至为忻喜。贤首墨宝亦收到。（此书久已绝版。可惜）附奉上《华严集联》草稿数束。（唐译八十卷附注数字是指其卷数）本欲焚化。今拟先奉尊览。故附呈。全书已集编竣事，今秋可以印行。计晋译《华严百联》，附数联。唐译《华严百联》，附三十余联。唐贞元译《华严行愿品百联》。谨复，不宣。

演音 旧历正月晦日①

① 绍童子即蔡铭绍（1922—2009），蔡丏因之子，又名英奇、大可，笔名绿野，曾从事养蜂业和从医。

按： 此信福建人民出版社2019年12月版《弘一大师全集》（第3版，修订2版）第八册·文艺卷、杂著卷、书信卷第346页收录，标“一九三一年正月晦日，温州庆福寺”。文物出版社2017年10月版陈飞鹏整理《弘一法师书信全集》第236页收录，地点标“上虞法界寺”。根据弘一大师行踪，《弘一法师书信全集》所标确当。

3月19日至4月17日间（农历二月），在上虞致堵申甫函。言赠柱圆，新春返法界寺乃获收领；曾复函，想已收到；胡宅梵品学兼优。今欲在乡办慈善事，请向邑绅为之介绍，请其辅助等。[①]

书“南无地藏菩萨”。款识“地藏十轮经世尊赞地藏菩萨偈。七圣财伏藏，无畏佛音声。诸菩萨胜幢，众生之尊首。与怖者为城，如明月示道。生善根如地，破惑如金刚。岁在辛未二月，大回向院□□敬书”；钤印佛肖印等。[②]

书“南无文殊菩萨，南无普贤菩萨”。款识“文殊师利勇猛智，普贤慧行亦复然。我今回向诸善根，随彼一切常修行。唐贞元译大方广佛华严经（修行应作修学）。辛未二月，日灯院沙门如理敬书”；钤印“辟”、“弘一”、佛肖印。[③]

修补明万历版《大方广佛华严经》82册竟。永嘉周师导居士施资制箱供养。**按：** 有书“大方广佛华严经”。题记“明万历版《大方广佛华严经》，都八十二册，崇祯十年供入崇善寺，尔后迁奉法界寺。清逊国后十九年，岁次庚午七月，余居法界寺，获觏是经，欢喜踊跃，叹为希有。乃发弘愿，手自修补。翌年辛未二月修竟。永嘉周师导居士施资制箱，敬以供养，惟冀后代仁贤敬读诵，共珍奉焉。沙门髻光题记”；钤印“弘一”。[④]

3月23日（农历二月初五日），书《大方广佛华严经入不思议解脱境界普贤行愿品观自在菩萨章》，署“岁次辛未二月初五日，先慈殁二十六年，敬书是经稿本竟。愿以功德回向先慈，早证菩提”；钤印“弘一”。**按：** 有（台北）天华出版事业股份有限公司1978年2月版本，书名《华严经观自在菩萨章》。

3月24日（农历二月初六日），在上虞致胡宅梵函。言前寄诸写件，

① 此信福建人民出版社2019年12月版《弘一大师全集》（第3版，修订2版）第八册·文艺卷、杂著卷、书信卷第326—327页收录，标“一九三一年旧二月，上虞法界寺”。

② 夏宗禹编：《弘一大师遗墨》，华夏出版社1999年1月第2版，第152页。

③ 钱均夫家族藏。

④ 浙江省平湖市人民政府、上海徐汇区文化局编：《弘一大师法书集·天心月圆（作品卷）》，上海书画出版社2017年5月版，第44页。泉州开院寺藏。

及《四分律表记》、菩萨像等；拟居此度夏。秋凉之时，往厦门；决定彼此以后经常通信；《蕅益大师警训》拟于旧历七月后选编。现在抄录编写他种经律等。①

3月28日至4月6日间（农历二月中旬），在上虞致胡宅梵函：

胜月居士：

前寄函件，想悉收到。仁者所编《澹宗》稿本及序文等，乞付邮寄下一阅，为盼。仁者以前编辑时，系混合古今人无有次第。今拟改为旧式，将每人之诗，聚拢一处，而依时代之先后编。未知可否？乞示知。并乞仁者写著者人名先后次序一纸寄下。

演音启

按：此信福建人民出版社2019年12月版《弘一大师全集》（第3版，修订2版）第391页收录，标“一九三一年旧二月中旬，宁波白衣寺”。文物出版社2017年10月版陈飞鹏整理《弘一法师书信全集》第238页收录，有“案”：“此信，《弘一大师全集》注：1931年旧二月中旬，宁波白衣寺。不知何所据。地址疑误。此间弘一法师在上虞法界寺。依信件内容，参看3月19日致刘质平、旧二月二十三日致胡宅梵信函，可知此信发自上虞法界寺为宜。”《弘一法师书信全集》所述确当。

3月（农历正月十三日至二月十三日），《大云》第36号刊出《华严经偈颂集联草稿（卷下）》（未完），署“大华严寺贤首院胜髻辑”。

《世界佛教居士林林刊》第28期刊出《弘一法师与弘伞法师论华严书》。**按：**同期由编者所写的《一年来林务进行概况》第七“图书馆之增书》”中写道：“本林图书馆，粗具雏形，未臻发达。所有图书，得诸征求者为多。本年见赠书报，计有三十余种二百余册。详见馆目，兹不列举。其中尤可珍者，为弘一法师介绍由鼓山藏板中印出之《华严经疏论纂要》。而《大正藏》续刻，为次珍者也。”

4月2日，（农历二月十五日）在佛前发专学南山律誓愿，从此以后，舍弃从前所学的根本说一切有部律，长此以往乃至尽未来际，专学南山灵芝一派的旧律。②

---

① 此信福建人民出版社2019年12月版《弘一大师全集》（第3版，修订2版）第八册·文艺卷、杂著卷、书信卷第391页收录，标“一九三一年旧二月六日，上虞法界寺”。

② 弘一大师《圈点〈行事钞记〉跋》，收《弘一大师全集》第七册佛学卷、传记卷、序跋卷，福建人民出版社2019年12月第3版、修订2版，第609页。

4月6日（农历二月十九日），因嘱咐丰子恺为马先生送去两块印石，丰子恺赴杭州延定巷访马一浮。[①]

4月10日（农历二月廿三日），在上虞致胡宅梵函。言来信及《格言》册均收到；《廿八大利益》写奉；《地藏菩萨本愿经白话解》无须忙迫。寄尘居士可以详细校改；后虽往闽南，仍可常常通信；今后拟减少通信处，唯其等数处，金仙寺亦幻法师处亦暂不通信，倘以后与彼晤面时问及，可置之不答；堵申甫居士五年前曾为尊邑县令，仅数月即免职。近由尊邑绅众上书敦请堵申甫重为县令，可见政声甚好。如至城内可访彼，仅于名片上自写弘一友人字样等。[②]

4月13日（农历二月廿六日），在上虞致胡宅梵函。言近阅玉山陶觉所编《箴言类钞》以彼所作格言，夹入古人著作，混杂紊乱，令人不快。彼自己所作者，即使果足以媲美古人，亦应附录于后，以示谦德。此种混乱编辑法断不可摹仿等。[③]

4月15日（农历二月廿八日），《海潮音》第12卷第3号目录页继续刊出书法“住于清凉慧”、“具足大悲心”，款识均为“华严经句”；钤音均为佛肖印、名印，署名均为“入玄”。

4月16日（农历二月廿九日），《佛学半月刊》第13期刊出《弘一法师手书》（佛学书局广告），写曰：

今法界寺观音殿前有“南山律宗弘一大师发愿处”标牌。摄于2019年4月。

> 地藏菩萨本愿经地神护法品：高十五吋阔卅二吋，每幅定价一角。
>
> 地藏菩萨本愿经嘱累人天品：高十五吋阔卅二吋，每幅定价一角。
>
> 可作法宝供养，可作名笔润屋。
>
> 李氏息翁，以美术学专家发心学佛而作沙门，名曰弘一，书法出入晋魏，素为海内所珍重，出家后非关宏法不书，故其墨迹尤为名贵，本幅书地藏经文，系在金仙寺静权法师讲序随喜而作，本局以夹宣纸石印制成横披两幅，高十五吋阔卅二吋，可作法宝供养，

---

① 丰子恺：《陋巷》，收《丰子恺文集》（文学卷一），浙江文艺出版社、浙江教育出版社1992年6月第1版，第202页。

② 此信福建人民出版社2019年12月版《弘一大师全集》（第3版，修订2版）第八册·文艺卷、杂著卷、书信卷第391—392页收录，标“一九三一年旧二月廿三日，上虞法界寺”。

③ 此信福建人民出版社2019年12月版《弘一大师全集》（第3版，修订2版）第八册·文艺卷、杂著卷、书信卷第392页收录，标“一九三一年四月十三日，上虞法界寺”。因本年农历四月十三日弘一大师有信致胡宅梵，故《弘一大师全集》（第3版，修订2版）第八册·文艺卷、杂著卷、书信卷对此信所标时间当为公历。

可作名笔润屋，凡佛学家及赏鉴家，均有取焉。

在上虞致胡宅梵函。言来信收到；题名签，先寄上；《澹宗》题词，来信未说明其意；像之下方无名，不妨。前函附寄《二十八利益》，副署拙名。可志记念也；《二十八利益》排于像下之距离格式地位及大小，请托商务编译所中精通美术者审酌排列；以后印刷诸品宜常与李圆净居士商之；像印就后各寄十叶。又他书印就，亦希随时寄示等。①

4月18日至5月16日（农历三月），书七言联“戒是无上菩提本，佛为一切智慧灯”。款识“大方广佛华严经偈颂句，辛未三月，晚晴院沙门胜幢”；钤印佛肖印等。

书七言联“勇猛精进无退转，光明相好以庄严”。款识“贞元译大方广佛华严经普贤行愿品偈颂。岁次鹑首三月，慈力院沙门玄策集句并书”；钤印“龙音”、“大明草堂”、佛肖印。②

书对联“已离诸恶道已出诸难处；当为世依救当作世光明”。款识“唐贞元泽大方广佛华严经普贤行愿品偈颂句。岁在鹑首三月，晋水沙门朦瞽集并书，时年五十二”；钤印“弘一”、“光明草堂”、佛肖印。③

书八言联“如来境界无有边际，普贤身相犹如虚空”。款识“岁在辛未三月，居兰阜，敬书晋译大方广佛华严经偈颂集句：《世间净眼品》第一，《卢舍那佛品》第二。明州大誓庄严院沙门亡言”；钤印佛肖印、“大明沙门”、“辟”。④

4月18日（农历三月初一日），在上虞致胡宅梵函。言来信收悉；大字写就寄上；稍迟由上海寄上《地藏菩萨圣德大观》一包，请赠毛、叶诸居士。若欲多得此书，可向上海李圆净居士处请求；念佛偈，甚佳，建议将所撰此类诗偈汇编一卷，由佛学书局出版流通；返金仙寺尚无定期，因此间讲律之事犹未了；永明汇款，想已就绪；普悲师行踪未知，天台僧众亦不知，甚可疑虑等。⑤

4月18日至27日（农历三月上旬），在上虞致胡宅梵函。言前挂号

---

① 此信福建人民出版社2019年12月版《弘一大师全集》（第3版，修订2版）第八册·文艺卷、杂著卷、书信卷第392页收录，标“一九三一年旧二月廿九日，上虞法界寺”。

② 此书在“甬上留香——弘一法师翰墨展”上展出。宁波博物馆，2018年4月28日至5月27日；慈溪市人民政府、宁波市文化广电新闻出版局、宁波市民族宗教事务局主办，宁波博物馆、慈溪市弘一书画院承办。

③ 天津博物馆藏。

④ 见上海市书法家协会编：《海派代表书法家系列作品集·弘一》（该卷主编刘一闻，副主编沈爱良），上海书画出版社2006年12月版，第79页。

⑤ 此信福建人民出版社2019年12月版《弘一大师全集》（第3版，修订2版）第八册·文艺卷、杂著卷、书信卷第392页收录，标“一九三一年旧三月一日，上虞法界寺”。

函想已收到；存于金仙寺书架中有千手千眼观世音菩萨像一大张（未裱）。五尺宣纸，折叠置于书上。请检出挂号寄下等。①

4月26日（农历三月初九日），在上虞致胡宅梵函。言来信收悉，答复如下：《澹宗》题词，仅写八字。因衰病不能构思；《华严经旨归》，亦说《华严大意》。惟文义深；《妄尽还元观》，甚佳。请详读。其余一种。亦佳。但太深奥。此二种皆贤首国师之作，有盛名。又言其欲决定创办此善举，须将本人之名列入赞成人。而堵居士及尊邑信佛法诸居士皆生忻乐心耳；兹写致堵居士一函，请于访问时面交。堵居士任职学界二十余年，向恶作官，第一次至尊邑，亦因蔡孑民推荐甚力，乃仅二三月即返杭，仍在大学任事。此次系由尊邑绅士之请求，非彼有意欲为吏；论学小记，能否选编，后再酌；与道静居士通信时，请代为致谢赠书；上海佛学书局近发心欲将本人写经等多种付印流通。前存之《十大碍行》，请交胡寄尘居士转送佛学书局。用毕，仍寄还等。复于4月29日（农历三月十二日）写附言后寄出。附言曰："我辈至好，代阅信亦无妨，乞勿介意。照相二纸，附奉。"②

4月28日至5月7日（农历三月中旬），在上虞致胡宅梵函。言前存金仙寺书架内有日本板洋装纸盒盛装《宁乐刊经史》《四分律藏》，请共为一包挂号寄下等。③

4月30日（农历三月十三日），安心头陀来访。④ 在上虞致刘质平函：

第四中学教员刘质平居士：

安心头陀匆匆来此，谆约余同往西安一行。义不容辞。余准于星期六（即二日）十一时半到宁波。一切之事，当与仁者面谈。

弘一上

按：此信福建人民出版2019年12月版《弘一大师全集》（第3版，修订2版）第八册·文艺卷、杂著卷、书信卷第292页收录，标"一九

① 此信福建人民出版社2019年12月版《弘一大师全集》（第3版，修订2版）第八册·文艺卷、杂著卷、书信卷第392页收录，标"一九三一年旧三月上旬，上虞法界寺"。

② 此信福建人民出版社2019年12月版《弘一大师全集》（第3版，修订2版）第八册·文艺卷、杂著卷、书信卷第392—393页收录，标"一九三一年三月初九日，上虞法界寺"。

③ 此信福建人民出版社2019年12月版《弘一大师全集》（第3版，修订2版）第八册·文艺卷、杂著卷、书信卷第393页收录，标"一九三一年旧三月中旬，上虞法界寺"。

④ 安心头陀，俗名傅宜耘，浙江鄞县人。时任宁波白衣寺住持兼孤儿院院长，生年待考，卒于1938年。

三二年六月下旬。上虞白马湖”。文物出版社2017年10月版陈飞鹏整理《弘一法师书信全集》第243页收录，时间标1931年“旧三月中旬（15日前）”，地点标“上虞法界寺”。关于此信，笔者早在《弘一大师考论》① 中有考证，证明写于1931年农历三月后数日。而王维军著《平湖李叔同纪念馆藏李叔同（弘一大师）手札墨宝·识注考勘》复有详考，证明此信写于安心头陀来法界寺之当晚，即4月30日（农历三月十三日）晚。②

同日写遗嘱致刘质平：

遗嘱

刘质平居士披阅：

余命终后，凡追悼会、建塔及其他纪念之事，皆不可做。因此种事，与余无益，反失福也。

倘欲做一事业，与余为纪念者，乞将《四分律比丘戒相表记》印二千册。

以一千册，交佛学书局（闸北新民路国庆路口，即居士林旁）流通。每册经手流通费五分。此资即赠与书局。请书局于半月刊中，登广告。

以五百册，赠与上海北四川路底内山书店存贮，以后随意赠与日本诸居士。

以五百册，分赠同人。

此书印资，请质平居士募集。并作跋语，附印书后。仍由中华书局石印。乞与印刷主任徐曜堃居士接洽，一切照前式，惟装订改良。

此书原稿，存在穆藕初居士处。乞托徐曜堃往借。此者可为余出家以后最大之著作。故宜流通，以为纪念也。

弘一书

（钤印：弘一）③

按一：后欲至西安，抵宁波，在码头被刘质平阻止。刘质平《弘一大师的史略》（载1979年《南洋佛教》第127期）记曰：“师出家后，曾生大病三次，第一次在上虞法界寺，病未痊，被甬僧安心头陀，跪请去西安宣扬佛法，无异绑架，师被迫，允舍身，有遗嘱一纸付余。余以其

① 陈星著：《弘一大师考论》，浙江人民出版社2002年7月版，第24—28页。

② 王维军著：《平湖李叔同纪念馆藏李叔同（弘一大师）手札墨宝·识注考勘》，西泠印社出版社2017年9月版，第109页。

③ 该遗嘱图版见西泠印社出版社2017年9月版王维军著《平湖李叔同纪念馆藏李叔同（弘一大师）手札墨宝·识注考勘》第110页。

不胜跋涉，在甬轮上设法救回，自轮船三楼负师下，两人抱头大哭……”后复回上虞法界寺。**按二：**印西《弘一法师》一文曰：“浆水不进，弥旬卧床，常呼印西不止。时夏丏尊居士，方亦憩湖上，遽以电告。西自西湖北山灵峰寺，忍炎暑，步行至师前，侍奉汤药，经二月余，疾苦始闲，乃集书古德偈语，屏联，大小数帧，遗西。并告此书甚得意，其玄妙处，恐非寻常书家所能知。复刻贻印石一方，奇珍尤甚。”①

5月1日（农历三月十四日），在上虞致广洽法师函：

广洽法师慈鉴：

惠书，欣悉无已。承询所需，至用感谢。将来如需用时，当以奉闻。音本拟在此过夏，乃昨夕忽有友人来此，谆谆约往远方一游。义不容辞，拟于明晨动身。大约迟至中秋前返法界寺。料理一切。然后再动身往厦门，亲近法座也。

上海佛学书局（在北火车站宝山路口），已印音所书写之《地藏经见闻利益品》一册，《地藏经》（地神护法品、嘱累人天品）横披二张（已出版）。尚有已付印（尚未出版）音所书写之佛经数种，及将付印之数种并对联等，大约两三个月内可以印齐。书局于每种仅赠音十份，不敷分赠诸友人。倘仁者及他缁素诸德，愿得拙书石印各种佛经对联（内有一种系珂罗版），乞直接向佛学书局请购可也。彼处非谋利，故定价甚廉。附以奉闻。濒行匆忙，草草复此。顺叩

法安

三月十四日　演音顶礼

如晤性愿老法师时，亦乞代达此意。

觉斌诸大师前，均乞代为问安。

按一：此信福建人民出版社2019年12月版《弘一大师全集》（第3版，修订2版）第八册·文艺卷、杂著卷、书信卷第463页收录，标“一九三二年三月十四日，慈溪金仙寺”。文物出版社2017年10月版陈飞鹏整理《弘一法师书信全集》第272页收录，时间标1932年“三月十四日”，地点标“镇海伏龙寺”。均误。此信写于1931年5月1日（农历三月十四日），地点在上虞法界寺。为弘一大师接受安心头陀之请拟于次日赴西安。**按二：**1936年5月1日出版的《西北风》半月刊第1期载

① 印西：《弘一法师》，收《弘一大师永怀录》，大法轮书局1943年流通版，第108—109页。

《弘一上人》，作者署名“衍”。此文披露：“弘一上人原名李叔同，号息庵，曩居杭之定慧寺，与甬之天宁寺住持安心头陀，时有来往。予在安心头陀处，曾见上人之二诗，其一云：‘松鼠殿角起秋声，山月窥窗不胜情，一卷法华清口诵，布衣菜饭了生平。’其二云：‘生灵戕害孽如林，怕听庖厨凄惨音！物我须知原不二，慈悲普济协天心。’味其诗，不脱禅家本色。”

5月1日至10日间（农历三月十四日至廿三日），在上虞致刘质平函：

质平居士：

前奉惠书，具悉一一。《华严集联》在商务出版，已决定否？其办法如何？签条未书写，是否即排仿宋体字？便中乞示知。

十日以来患病，近已渐愈。有暇乞到药房，购安加里丸（多福大药厂）一瓶；第威德润腹丸两瓶。安加里丸，如药房无售者，乞向先施、永安等化装部购之。付邮寄下，为祷。

音启

按：此信福建人民出版社2019年12月版《弘一大师全集》（第3版，修订2版）第八册·文艺卷、杂著卷、书信卷第287页收录，标“一九三一年旧二月，上虞法界寺”。文物出版社2017年10月版陈飞鹏整理《弘一法师书信全集》第240页收录，亦如此标注。均误。根据弘一大师致胡宅梵信中有关患病及病愈时间，结合此信中之表述，当写于1931年5月上旬，地点在上虞法界寺。详考见王维军著《平湖李叔同纪念馆藏李叔同（弘一大师）手札墨宝·识注考勘》。① 又，《弘一法师书信全集》收录此信，有附言“歌集中，乞仁者作序或跋一篇，详述此事发起及经过之情形。”此附言《弘一大师全集》中无，藏于平湖市李叔同纪念馆的原件亦无。图版见《平湖李叔同纪念馆藏李叔同（弘一大师）手札墨宝·识注考勘》。②

在上虞致刘质平函：

质平居士再览：

《华严集联》，若排版，因格式复杂，排列不易，拟改由余自己书写行书字，照像石印二千册。便中乞到棋盘街（四马路附近）艺·

① 王维军著：《平湖李叔同纪念馆藏李叔同（弘一大师）手札墨宝·识注考勘》，西泠印社出版社2017年9月版，第113页。
② 王维军著：《平湖李叔同纪念馆藏李叔同（弘一大师）手札墨宝·识注考勘》，西泠印社出版社2017年9月版，第112页。

学社，购奏本纸三十张，价约二圆左右（纸样附贴呈），交二马路昼锦里附近，民局福润信局，寄至“甬绍铁路驿亭站横塘庙镇寿春堂药店转交法界寺弘一收”，为感。以后如寄物件，皆交民局。若信函，或交邮局，或交民局，皆可（交民局，乞写驿亭站；交邮局，乞写百官。）仁等若寄补品，以桂圆肉为宜（不可多）。他种皆不用。上海广东药店售者，甚佳，价廉。

按：此信福建人民出版社 2019 年 12 月版《弘一大师全集》（第 3 版，修订 2 版）第八册・文艺卷、杂著卷、书信卷第 287 页收录，标“一九三一年四月，上虞法界寺”。文物出版社 2017 年 10 月版陈飞鹏整理《弘一法师书信全集》第 239 页收录，亦如此标注。此信抬头“质平居士再览”，说明承接上信，当写于 5 月上旬。详考见王维军著《平湖李叔同纪念馆藏李叔同（弘一大师）手札墨宝・识注考勘》。①

5 月 2 日（农历三月十五日），与安心头陀等一起抵达宁波，拟赴西安。

5 月 3 日（农历三月十六日），与安心头陀一起到宁波甬江轮船码头，准备登轮。在轮船上被赶来的刘质平阻止。**按：**休整数日后返回上虞法界寺。登轮日期无明确记载，抑或此日后某日。

5 月 7 日（农历三月廿日），在上虞致林赞华函：

智明居士慧览：

惠书，欣悉一一。尊社已建立成就，至用欢慰。附挂号寄上拙书佛号一叶，供养社中，以志赞喜。又旧写《四十二章经》二种，合装一册，亦奉赠仁者，以志纪念。并奉上印本佛书数册，统乞收入。乞仁者检是中《五戒相经》一册转送与云雷居士。上海狄思威路口宝安路永兴里底一号李荣祥居士处，有石印拙书数种，赠送仁者。如愿得者，乞致函索请。近来极忙，与昔年居永嘉时大不同矣，一时未能返瓯也。略复不备。

三月二十日　演音启

附录语及跋文：

是故精勤持净戒，不著尘垢如莲华。

《大方广佛华严经入不思议解脱境界普贤行愿品》偈颂句。于

① 王维军著：《平湖李叔同纪念馆藏李叔同（弘一大师）手札墨宝・识注考勘》，西泠印社出版社 2017 年 9 月版，第 115 页。

时庚午十二月，赞华居士住新都，读诵般若。集书以奉。永宁大华严寺智炬院沙门胜髻。

按：此信福建人民出版社2019年12月版《弘一大师全集》（第3版，修订2版）第八册·文艺卷、杂著卷、书信卷第402页收录，标“一九三一年三月二十日，温州庆福寺”。文物出版社2017年10月版陈飞鹏整理《弘一法师书信全集》第275—276页收录，标1932年“三月二十日”，地点标“镇海伏龙寺”。后者以为信中有“一时未能返瓯也”等语，不可能写于温州，而后附录语及跋文当系先前所写，此间附寄。并以为1932年写于伏龙寺合理。在无更新证据前，不妨以《全集》所注时间为准，地点则在上虞法界寺。又弘一大师写信多署农历，姑且将“三月二十日”视为农历。此信曾载1946年《弘化月刊》第59期，题《弘一法师复林赞华居士书三通》。

5月10日（农历三月廿三日），在上虞致胡宅梵函。言来信收悉；注经圆满后即往申商订一切；地藏像，如佛学书局愿别印存局流通，则将此锌版存佛学书局。待日后至申时与书局主任沈彬翰居士面谈；范古农居士专管编辑。印刷发行等事由则沈居士主之；十数年来所写之佛经及联幅等近二十种，今由佛学书局陆续影印。半年内约可印毕；去秋大病一次，未能复元。本月初旬又患病，近已愈。精神气力远不如二年之前；《地藏经》由寄尘居士修改后再托彼转请印光老法师修改鉴订，然后再为之校阅；书稿第一页列名处先不必写，待请印光老法师改正后再写。其式为：印光大师　弘一法师　鉴定　泾县胡□□寄尘校订　余姚胡宅梵胜月演述；书中解释“地藏”二字之义，仍依科注等书为宜等。[1]

5月11日至20日（农历三月廿四日至四月初四日），在上虞致刘质平函：

质平居士：

《集联》已书写，但只能书一种体。因目力昏花，久视则痛疼，故不能书他体也。兹奉上样子四纸（格式甚好看），乞收入（此是写废者，乞随意赠人）。大约至旧历四月底，必可写齐也。

赞佛偈，稍有更动增减，如下所记。

回向偈：“过去未来及现在”云云——此不用。改为：说戒回向

① 此信福建人民出版社2019年12月版《弘一大师全集》（第3版，修订2版）第八册·文艺卷、杂著卷、书信卷第393页收录，标“一九三一年旧三月廿三日，上虞法界寺”。

偈（共三首）：

过去诸菩萨，已于是中学。未来者当学，现在者今学。

此是佛行处，圣主所称叹。我已随顺说，福德无量聚。

回以施众生，共向一切智。愿闻是法者，疾得成佛道。

回向偈："修行布施大欣悦"云云——此不用。改为：回向偈：

"天阿修罗夜叉等，来听法者应至心"云云。

此文载于《无常经》中。乞仁者到佛学书局，请购《佛说无常经》一册，价六分。乞检经后，即有此文。共数首，每七言四句一首。此书并乞仁者于将来到法界寺时带来。因余处无有此书也。

凡回向偈、发愿偈，皆于佛事完了之时而结束用者。其赞佛偈、说戒偈、佛三身赞、赞诸菩萨偈等，皆于佛事开端时用之。其开端（即开始）时用者，拍子宜缓慢；结束时用者，拍子宜稍快。且意境亦各不同。

按：此信福建人民出版社2019年12月版《弘一大师全集》（第3版，修订2版）第八册·文艺卷、杂著卷、书信卷第285页收录，标"一九三〇年旧四月，上虞白马湖"。文物出版社2017年10月版陈飞鹏整理《弘一法师书信全集》第211—212页收录，写信地点标"温州庆福寺"。皆误，且二者均遗漏书信文字。此信写于1931年5月中旬，地点在上虞法界寺。详考见王维军著《平湖李叔同纪念馆藏李叔同（弘一大师）手札墨宝·识注考勘》。[①]

5月15日（农历三月廿八日），《海潮音》第12卷第4号目录页刊出书法"发起大悲心"、"救护诸众生"，款识均为"华严经句"；钤音均为佛肖印、名印，署名均为"入玄"。

5月17日（四月初一日），在上虞致刘质平函。言将来属写歌词大幅屏，仍以夹贡纸为宜。因单宣纸不甚好写，且大幅尤为不宜；后园开门事，经详思，仍以不开为宜。因有客人来时，可绕至当家师房内而出；后面庭园尤加修饰，甚为美观等。[②]

致胡宅梵函。言前函想已收到；前存金仙寺书架内诸书之中如有《有部毗柰耶犯相摘记》《有部毗柰耶自行钞》，请如数检出寄下；《胜月

弘一大师"虞铎笔记"题签用于陈虞铎《因果笔记》。

① 王维军著：《平湖李叔同纪念馆藏李叔同（弘一大师）手札墨宝·识注考勘》，西泠印社出版社2017年9月版，第117页。第116页有图版。

② 此信福建人民出版社2019年12月版《弘一大师全集》（第3版，修订2版）第八册·文艺卷、杂著卷、书信卷第287页收录，标"一九三一年旧四月初一日，上虞法界寺"。

吟賸》亦请寄二册；《梵籁》宜早由佛学书局出版等。[①]

5月17日至6月15日间（农历四月），在法界寺立遗嘱，交寺方。遗嘱写曰："弘一谢世后，凡寄存法界寺之佛典及佛像，皆赠与徐安夫居士。其余之物，皆交法界寺库房。辛未四月，弘一书。"

广洽法师函请再次至厦门。

"虞铎笔记"题签用于陈虞铎《因果笔记》。流通处：弘化社、佛学书局；藏版处：国光印书局。

5月22日（农历四月初六日），在上虞致蔡丏因函。言来信收悉；传言失实，非劫持也。今居法界尚安；近岁疾病，精神大衰，畏寒尤甚。秋凉仍往闽南；上海佛学书局发愿印拙书佛经及屏联近二十种广为流通；《华严集联》已将写就，由刘居士影印。近又发心编辑南山律三大部纲要表记，约六七载乃可圆满等。[②]

附记：在法界寺有致夏丏尊、夏龙文函：

丏尊居士：

尚有二事，乞转告尊宅眷属：倘有病时，暂请停止送菜来此，即与老帮言之。他日病愈再当通知。

病时不须延医。倘买药者，当与老帮言之。

种种费神，感谢无尽。

音

龙文居士：

顷尊使来，得诵惠书并书、药等及惠施食物资财，悉收到，谢谢！前患病时幸自医疗如法，久已痊愈，乞勿念。

此复，不宣。

音疏

按：此二信福建人民出版社2019年12月版《弘一大师全集》（第3版，修订2版）第八册·文艺卷、杂著卷、书信卷和文物出版社2017年10月版陈飞鹏整理《弘一法师书信全集》均未收录。见2018年2月11

① 此信福建人民出版社2019年12月版《弘一大师全集》（第3版，修订2版）第八册·文艺卷、杂著卷、书信卷第393页收录，标"一九三一年旧四月一日，上虞法界寺"。

② 此信福建人民出版社2019年12月版《弘一大师全集》（第3版，修订2版）第八册·文艺卷、杂著卷、书信卷第346页收录，标"一九三一年旧四月六日，上虞法界寺"。

日“弘二堂”微信公众号，标注写于1931年夏，并言此信由关注此公众号的述运先生提供。故录存于此，供研究参考。

5月24日（农历四月初八日），在上虞致蔡丏因函。言前致书，计已先达；顷读二十一日来函，感谢厚意；往禾之缘未熟，宜待将来；近来目力大衰。书《华严集联》，体兼行楷，未能工整。昔为书《华严初回向章》应是此生最精工之作，其后无能为矣；将赠有书物一篮，拟请杨居士便中赍住；为亡蜂念佛，最善等。[①]

致刘质平函：

质平居士惠鉴：

前上一函，后即奉到尊书。今午又得二十一日所发之书，悉知一切。赞偈未能增减，乞仍依前所定，斟酌作曲为感。尤玄父居士，人甚忠厚，于去冬曾寄《募资缘起》至法界寺。至今春正月返寺时，乃披诵，因允其请。其时佛学书局印拙书佛经之事，尚未发起也。今佛学书局既已愿印，似应即托其经手为宜。至尤玄父居士所募之资，亦交书局附印。将来出书，仍交尤居士。但此后募资之事，似可截止。因此经页数无多（至多不过十页——中国页），需资大约仅数百元耳（夹贡纸石印折本）。今余已据此意，写信与尤居士，附奉。乞转寄程品生君交尤居士为感。集联已写就三分之二，后附之文，尚未撰好。大约迟至旧四月底（新六月十五日）必可完成。全体格式尚佳，但学校作为习字范本，则未甚宜耳（因字体不通俗）。奉复，不具。

音白　五月廿四日

尤居士既托仁者募资，仁者宜代为募百余元，已足。因尤居士在台州不易集资，且彼家境不丰，难以资助。以余悬拟，尤居士募集之资，能得三百元左右，或可附印千册耳。

按：此信福建人民出版社2019年12月版《弘一大师全集》（第3版，修订2版）第八册·文艺卷、杂著卷、书信第288页收录，标“一九三一年旧五月廿四日，上虞法界寺”。文物出版社2017年10月版陈飞鹏整理《弘一法师书信全集》第246页收录，时间标“旧四月初八”，并在注释中言：“尤玄父：名墨君，江苏吴江人。历任衢州、台州等地中学教员。信中‘大约迟至旧四月底（新6月15日）必可完成’，据此推

① 此信福建人民出版社2019年12月版《弘一大师全集》（第3版，修订2版）第八册·文艺卷、杂著卷、书信卷第346页收录，标“一九三一年旧四月八日，上虞法界寺”。此信部分文字曾载1943年《学术界》第1卷第3期，李芳远辑，题《弘一大师书牍（续）》。

知，本信应写于新历 5 月 24 日，即旧历四月初八。”对于此信，王维军著《平湖李叔同纪念馆藏李叔同（弘一大师）手札墨宝·识注考勘》。有详考，确定写于农历四月初八日，即公历 5 月 24 日。①

5 月 29 日（农历四月十三日），在上虞致胡宅梵函。言廿七日来信及木刻经签均收到；欢赞《地藏菩萨本愿经白话解》撰述圆满。圣像同日寄到；愿随喜朝九华山事；请详告研白斋欲刻本人何种文字；交代《地藏菩萨本愿经白话解》后续之事；评论陶觉所编《箴言类钞》等。②

5 月 30 日（农历四月十四日），在上虞致刘质平函：

仁者归后，前人未尝一至余处，想是已有悔过之意。乞仁者恕其既往，毋复介怀，为祷。知劳远念，谨以奉达。

现需用宣纸数种，如下记者，乞便中寄下，为感。

△四尺，对裁开，如旧式对联形者，三对。

△新式狭长联形者，五对（阔与长不拘）。

质平居士玄鉴

演音启　五月三十日

按：此信福建人民出版社 2019 年 12 月版《弘一大师全集》（第 3 版，修订 2 版）第八册·文艺卷、杂著卷、书信卷第 297—298 页收录，标“一九三六年五月三十日，鼓浪屿日光岩”。文物出版社 2017 年 10 月版陈飞鹏整理《弘一法师书信全集》第 391 页收录，时间标 1936 年“旧五月三十日”，地点标“鼓浪屿日光岩寺”。皆误。此信当写于 1931 年 5 月 30 日（农历四月十四日），地点在上虞法界寺。详考见王维军著《平湖李叔同纪念馆藏李叔同（弘一大师）手札墨宝·识注考勘》。③

5 月上旬（农历三月十四日至三月廿三日），在上虞致刘质平函：

质平居士：

前奉惠书，具悉一一。《华严集联》在商务出版，已决定否？其办法如何？签条未书写，是否即排仿宋体字？便中乞示知。

十日以来患病，近已渐愈。有暇乞到药房，购安加里丸（多福

① 王维军著：《平湖李叔同纪念馆藏李叔同（弘一大师）手札墨宝·识注考勘》，西泠印社出版社 2017 年 9 月版，第 121 页。

② 此信福建人民出版社 2019 年 12 月版《弘一大师全集》（第 3 版，修订 2 版）第八册·文艺卷、杂著卷、书信卷第 393—394 页收录，标“一九三一年旧四月十三日，上虞法界寺”。

③ 王维军著：《平湖李叔同纪念馆藏李叔同（弘一大师）手札墨宝·识注考勘》，西泠印社出版社 2017 年 9 月版，第 123 页。

大药厂）一瓶；第威德润腹丸两瓶。安加里丸，如药房无售者，乞向先施、永安等化装部购之。付邮寄下，为祷。

音启

按：此信福建人民出版社2019年12月版《弘一大师全集》（第3版，修订2版）第八册·文艺卷、杂著卷、书信卷第287页收录，标"一九二一年旧二月，上虞法界寺"。文物出版社2017年10月版陈飞鹏整理《弘一法师书信全集》第240页收录，亦如此标注。均误。根据弘一大师致胡宅梵信中有关患病及病愈时间，结合此信中之表述，当写于1931年5月上旬，地点在上虞法界寺。详考见王维军著《平湖李叔同纪念馆藏李叔同（弘一大师）手札墨宝·识注考勘》。[①] 又，《弘一法师书信全集》收录此信，有附言"歌集中，乞仁者作序或跋一篇，详述此事发起及经过之情形。"此附言《弘一大师全集》中无，藏于平湖市李叔同纪念馆的原件亦无。图版见《平湖李叔同纪念馆藏李叔同（弘一大师）手札墨宝·识注考勘》。[②]

6月2日（农历四月十七日），在上虞致刘质平函：

质平居士：

前复函，想已收到。《华严集联·例言》及后附之《入门次第》，今日已作好。再有三天，即可全部书写竣事矣。下次仁者至寺时，余拟将应书写之件（如歌词等），一切写毕。因有事未了，心中常悬念也。磨墨，须俟仁者来时，再磨。若由上海磨好带来，已隔一二日，即不适用。下次来寺时，乞带饼干数包（泰丰公司出品，名曰素饼干，即无牛乳者。因余近来恒不愿食牛乳之制品）。又乞购薄牛皮纸二三十张，惠施，为感。

新六月二日　音疏

按：此信福建人民出版社2019年12月版《弘一大师全集》（第3版，修订2版）第八册·文艺卷、杂著卷、书信卷第288页收录，标"一九三一年新六月二日，慈溪金仙寺"。文物出版社2017年10月陈飞鹏整理《弘一法师书信全集》第247页、279页重复收录，前者时间标1931年"旧四月十七日"，地点亦标金仙寺；后者时间标1932年"旧四月二十八日"，地点标"镇海伏龙寺"。皆误。此信与本年5月24日致刘

① 王维军著：《平湖李叔同纪念馆藏李叔同（弘一大师）手札墨宝·识注考勘》，西泠印社出版社2017年9月版，第113页。
② 王维军著：《平湖李叔同纪念馆藏李叔同（弘一大师）手札墨宝·识注考勘》，西泠印社出版社2017年9月版，第112页。

质平函呼应，后者曰在法界寺将“《集联》已写就三分之二”，前者曰“今日已作好”。又本年6月9日致胡宅梵函曰“余近在法界寺”。故此信写于上虞法界寺。详考见王维军著《平湖李叔同纪念馆藏李叔同（弘一大师）手札墨宝·识注考勘》。[①]

致蔡丏因函：

惠书，诵悉。稍迟奉上。谨复，不宣。

音白　六月二日

按：此信福建人民出版社2019年12月版《弘一大师全集》（第3版，修订2版）第八册·文艺卷、杂著卷、书信卷第346页收录，标“一九三一年六月二日，慈溪金仙寺”。文物出版社2017年10月陈飞鹏整理《弘一法师书信全集》第247页收录，地点亦标金仙寺。皆误。本年6月9日致胡宅梵函曰“余近在法界寺”。故此信写于上虞法界寺。

6月6日（农历四月廿一日），在上虞致胡宅梵函。言前复函，想已收到；月底或下月初，拟到金仙寺或在五磊寺过夏等。[②]

是日为亡母冥诞日，书写数签拈之，拈得往五磊寺之签。[③] 胡宅梵居士敬造地藏菩萨像以资冥福，并嘱书经文廿八种利益。[④]

作《〈华严集联三百〉序》，署：“于时岁次鹑首四月二十一日大回向院胜髻书。”[⑤]

钞录冠科毕。**按：**《〈行事钞资持记〉跋》，曰：“辛未正月钞录冠科至四月二十一日录竟。是日适为亡母七旬冥诞，以此功德回向，愿母早证菩提！演音。”弘一大师《〈行事钞资持记〉跋》，收《弘一大师全集》（修订版）第七册·佛学卷、传记卷、序跋卷，福建人民出版社2010年10月版，第610页。

书就《华严经读诵研习入门次第》。署“辛未首夏”，《例言》署所书时间为“岁次鹑首四月二十一日”。

6月7日（农历四月廿二日），栖莲法师新任慈溪五磊寺住持，托胡

① 王维军著：《平湖李叔同纪念馆藏李叔同（弘一大师）手札墨宝·识注考勘》，西泠印社出版社2017年9月版，第125页。

② 此信福建人民出版社2019年12月版《弘一大师全集》（第3版，修订2版）第八册·文艺卷、杂著卷、书信卷第394页收录，标“一九三一年旧四月廿一日，上虞法界寺”。

③ 见6月9日（农历四月廿四日），弘一大师在上虞致胡宅梵函。

④ 上海书画出版社2017年5月版浙江省平湖市人民政府、上海徐汇区文化局编：《弘一大师法书集·华枝春满（手稿信札卷）》，第57页手稿。

⑤《弘一法师书法集》，上海书画出版社，1997年5月版，第133图。《弘一大师全集》收于第七册·佛学卷、传记卷、序跋卷，福建人民出版社2019年12月第3版、修订2版，第622—623页。

宅梵致函邀请住锡五磊寺。[1]

6月9日（农历四月廿四日），在上虞致胡宅梵函。言来信收到；近在法界寺，心未安宁，颇思他往；本月廿一日即亡母冥诞日，书写数签拈之，即拈得往五磊寺之签。其时余决不知栖莲法师往彼之事。故即写信片告知。次日有友人来此，托彼付邮。而此片付邮之日，即是仁者写信与余，告知栖莲法师住持五磊之日；本人始以为与五磊寺老和尚无有深交，若往彼居住，或有未便。今得来函乃释然；《读书录》样本，菩萨像，皆收到；《灵峰警训》即着手选定。若无暇抄写，当携至金仙寺请为代抄；身体近已康健；印章、书签，不久即可写奉；现在候上海刘质平居士来法界寺谈出版之事。大约月底月初刘居士即可来此。若早来，拟于二十八日至金仙寺，至二十九日可以送栖莲法师进院。若迟，或至端阳节后等。[2]

6月15日（农历四月三十日），《海潮音》第12卷第5号目录页刊出书法“远离一切著”、“平等如虚空”，款识均为“华严经句”；钤音均为佛肖印、名印，署名均为“入玄”。

在上虞致胡宅梵函：

胜月居士：

前函想已收到。上海刘居士约于旧历五月初五日到法界寺，大约初八日一同动身（或初九日）。惟行李甚多，天阴雨则未便。必须天晴乃可动身。倘阴者，则更须顺延期日也。（将入黄梅时节，阴雨必多。）蕅益大师《警训略录》，已编好，并于昨日抄好，共六页，俟面交。余拟先到金仙寺，后再移住五磊寺。此达。

四月三十日　音上

五磊寺旧影。资料来源：《弘一大师全集》第十册·附录卷，福建人民出版社2019年12月第3版、修订2版。

按：此信福建人民出版社2019年12月版《弘一大师全集》（第3版，修订2版）第八册·文艺卷、杂著卷、书信卷第394页收录，标“一九三一年旧四月三十日，慈溪金仙寺”。文物出版社2017年10月版陈飞鹏整理《弘一法师书信全集》第249页收录，亦如此标注。皆误。此信已明确写道“上海刘居士约于旧历五月初五日到法界寺，大约初八日一同动身（或初九日）。”“余拟先到金仙寺，后再移住五磊寺”等，

今慈溪五磊寺山门。摄于20世纪90年代末。

---

① 见6月9日（农历四月廿四日），弘一大师在上虞致胡宅梵函。

② 此信福建人民出版社2019年12月版《弘一大师全集》（第3版，修订2版）第八册·文艺卷、杂著卷、书信卷第394页收录，标“一九三一年旧四月廿四日，上虞法界寺”。

说明尚未离开法界寺。故此信当写于上虞法界寺。

致性愿法师函：

性老法师慈鉴：

近日屡拟上书奉候，今晨得接诵手谕两通，至用欢慰。《同戒录》亦收到。法会隆盛，甚深赞喜。兹答陈各事如下：

△《圆觉经》签条跋语，数日后写好迳寄（挂号）至南京。

△傅、蒋二居士联件，紫云寺佛号及结缘之横直小幅等，半月后寄至厦门，托广洽法师转呈。

△附挂号寄上一包，内有木夹板《梵网经》及其他《华严》、《八大人觉》等五册，敬赠法座。又有布面《梵网经》一册，乞转奉广洽法师。又有日本书二册及信片画三套，乞转奉芝峰法师。此次佛学书局所印各种拙书，印工未精，装摺亦参差不齐。又因资本不足，未曾另赠与末学，故未能分赠诸友人耳。

△以前末学与各处关系各事，悉已料理清楚。秋凉时，拟来闽亲近法座也。谨复，顺颂

禅安

末学演音稽首 旧四月三十日

依邮章，印刷品宜与信函分寄，未可合并。 附白。

按：此信福建人民出版社 2019 年 12 月版《弘一大师全集》（第 3 版，修订 2 版）第八册·文艺卷、杂著卷、书信卷第 447 页收录，标“一九三二年旧四月三十日，镇海伏龙寺”。文物出版社 2017 年 10 月版陈飞鹏整理《弘一法师书信全集》第 280 页收录，亦如此标注。皆误。1932 年农历四月无三十日，又因弘一大师确实原有在是年秋冬赴厦门计划（后未果），故此信当写于 1931 年农历四月三十日，公历 6 月 15 日，地点在上虞法界寺。

6 月 16 日至 7 月 14 日间（农历五月），蔡丏因来函，陈述其父母事迹。后为撰《清故渊泉居士墓碣》。①

书佛三身赞。另有首屏款识“于时逊国后二十年夏五月，居兰皐山阳法界讲寺湖顶院，读诵大方广佛华严经并毗奈耶，清暇书此”；后三屏分别钤印“龙音”。②

① 弘一大师：《清故渊泉居士墓碣》，收《弘一大师全集》第七册·佛学卷、传记卷、序跋卷，福建人民出版社 2019 年 12 月第 3 版、修订 2 版，第 590 页。

② 上海市书法家协会编：《海派代表书法家系列作品集·弘一》（该卷主编刘一闻，副主编沈爱良），上海书画出版社 2006 年 12 月版，第 87—90 页。

书大品智论十喻赞。款识“于十逊国后二十年，岁次鹑首夏五月，居兰皋山阳法界讲寺湖顶院书”。[①]

6月20日至22日间（农历五月初五日至初七日间），由刘质平陪同离开法界寺，先至金仙寺，继赴五磊寺。**按一：**弘一大师于本年6月15日（农历四月三十日）有在上虞致胡宅梵函，言及“上海刘居士约于旧历五月初五日到法界寺，大约初八日一同动身（或初九日）。惟行李甚多，天阴雨则未便。必须天晴乃可动身。”而6月23日（农历五月初八日）则在慈溪有致李晋章函。故推断离开法界寺的时间为6月20日至22日间（农历五月初五日至初七日间）。时金仙寺亦幻法师发起创办“南山律学院”，请弘一大师担任律学顾问，即拟在五磊寺创建南山律学院，在宁波白衣寺悬挂：“南山律学院筹备处”牌。后因与五磊寺住持棲莲法师意见不合，该学院仅昙花一现。**按二：**五磊寺位于浙江省慈溪市五磊山。该寺始创于三国时代，北宋大中祥符初年，获赐寺额“五磊普济院”。明永乐年间，册定全国寺院名称，五磊普济院改名为五磊禅寺。五磊寺有讲经之传统。

6月23日（农历五月初八日），在慈溪致李晋章函。言寄上写经一包。其中《梵网经》多二册，请转赠幼樵、品侯二居士。因六月初五日为其祖百二十岁冥诞，嘱写经回向等。[②]

6月25日至30日（农历五月初十至十五日），在五磊寺致胡宅梵函：

胜月居士：

顷幻法师来，承悉尊候调适甚慰。余之宿疾，近亦渐愈矣。五磊道风日益胜进。过午不食已有八人。（内有十三岁之在家童子。）十九日大众于大殿，同发愿一次。皆燃臂香。近来由大众自动的，每日增加念佛二次。（早饭后，午饭后。）此种情形，实为全国所希有。仁者将来暇时，仍希来寺小住。因与善友同居，则道念自然增进。所谓近朱者赤也。谨复，不宣。

音启

① 《弘一法师书法集》，上海书画出版社，1997年5月版，第84图。

② 此信福建人民出版社2019年12月版《弘一大师全集》（第3版，修订2版）第八册・文艺卷、杂著卷、书信卷第402页收录，标“一九三一年旧五月八日，慈溪金仙寺”。李晋章（1895—1945），名麟玺，为弘一大师俗家仲兄次子，曾任职于天津农工银行，精篆刻，李叔同出家后所用之印，常出自其手。

按一：此信福建人民出版社 2019 年 12 月版《弘一大师全集》（第 3 版，修订 2 版）第八册 · 文艺卷、杂著卷、书信卷第 395 页收录，标“一九三一年旧十一月上旬，慈溪五磊寺”。此信无日期，根据弘一大师在五磊寺的经历，当写于初到五磊寺后不久。**按二：**胡宅梵收信后即往五磊寺，其在《弘一大师胜缘记略》一文记曰：“师惠然莅止，并寄手简，命余上山。极言灵山道风为全国冠。既趋谒，师命余读其手书之《华严经》及《原人论》等，更为之讲解，将手订之《地藏经》及所书之赞偈惠赠。天未明，师已起上大殿，亲击钟鼓，导众念佛。”①

在慈溪致刘质平函。言叶家行李已领到；谈“大音希声”等四首之题目及装裱办法等。②

7 月 15 日（农历六月初一日），《海潮音》第 12 卷第 6 号目录页继续刊出书法“远离一切著”、“平等如虚空”，款识均为“华严经句”；钤音均为佛肖印、名印，署名均为“入玄”。

7 月 16 日（农历六月初二日），在慈溪致蔡丏因函。言来信收到等。③ **按：**农历六月另有在慈溪致蔡丏因函二通。其一言前存之手录《蕅益大师年谱》便时寄来；其二言近数月来心力交瘁。拟即在此为短期闭关修养。暂未能通信等。④

7 月 19 日（农历六月初五日），为胡宅梵居士三十初度及先父百十九岁冥诞，在慈溪五磊寺适得金陵邮传《阿弥陀经疏钞》一部，并《缁门崇行录》十五部，以《阿弥陀经疏钞》赠胡宅梵居士。有题记，署“一音”。⑤ **按：**时胡宅梵二上五磊寺探望。其在《弘一大师胜缘记略》一文记曰：“夏季复上山，师云尔来大佳，金陵刻经处有结缘书籍寄到，可谓巧值。余亦云今日为余三旬初度。师云：今日亦为先吏部公百十九岁冥诞也，因书其因缘于《弥陀经疏钞》为赠。又命余为其亡母王太夫人印造地藏像多幅。时师正感冒风寒，鼻涕时出，用极粗草纸拭之，拭

① 胡宅梵：《弘一大师胜缘记略》，收《弘一大师全集》第十册 · 附录卷，福建人民出版社 2019 年 12 月第 3 版、修订 2 版，第 262—263 页。

② 此信福建人民出版社 2019 年 12 月版《弘一大师全集》（第 3 版，修订 2 版）第八册 · 文艺卷、杂著卷、书信卷第 288 页收录，标“一九三一年六月，慈溪五磊寺”。王维军著《平湖李叔同纪念馆藏李叔同（弘一大师）手札墨宝 · 识注考勘》考证为 6 月底，西泠印社出版社 2017 年 9 月版，第 127 页。

③ 此信福建人民出版社 2019 年 12 月版《弘一大师全集》（第 3 版，修订版）第八册 · 文艺卷、杂著卷、书信卷第 346 页收录，标“一九三一年六月二日，慈溪金仙寺”。

④ 此二信福建人民出版社 2019 年 12 月版《弘一大师全集》（第 3 版，修订 2 版）第八册 · 文艺卷、杂著卷、书信卷第 346 页收录，均标“一九三一年六月，慈溪金仙寺”。

⑤ 弘一大师：《〈阿弥陀经疏钞〉题记》，收《弘一大师全集》第七册 · 佛学卷、传记卷、序跋卷，福建人民出版社 2019 年 12 月第 3 版、修订 2 版，第 623 页。

竟摺叠端正，复置衣袋中，须臾更拭更摺，视此草纸珍若拱璧。余不忍，将所用之手帕敬奉，师鉴余诚，遂受之。”[①] 弘一大师《〈阿弥陀经疏钞〉题记》：“逊国后二十年，岁次辛未六月初五日，胡胜月宅梵居士三十初度，是日又值先吏部公百十九岁冥诞。是晨适由金陵邮传《阿弥陀经疏钞》一部，并《缁门崇行录》十五部达五磊，时节因缘，巧为遇合，不可思议也。谨以《疏钞》奉居士而为纪念。一音”[②]

7月21日（农历六月初七日），在慈溪致刘质平函：

> 半月前，曾寄函至海宁，久未得复，想仁者尚未返里。新历七月六日，海印法师来余处，历述以前对仁者失言之事，甚用抱歉，嘱为转达。案此事，实由余不德，致诸位各有不欢之意。余亦应向仁等告罪也。诸乞亮宥，为祷。
>
> 质平居士
>
> 新七月二十一日　演音启
>
> 寄慈居士刻印已就。余嘱其交陈伦孝居士，俟开学时转奉仁者。附白[③]

按一：此信福建人民出版社2019年12月版《弘一大师全集》（第3版，修订2版）第八册·文艺卷、杂著卷、书信卷第293页收录，标“一九三二年新七月二十一日，镇海伏龙寺”。文物出版社2017年10月版陈飞鹏整理《弘一法师书信全集》第282页收录，以如此标注。皆误。此信写于1931年7月21日（农历六月初七日），地点在慈溪五磊寺。详考见王维军著《平湖李叔同纪念馆藏李叔同（弘一大师）手札墨宝·识注考勘》。[④] 据该考释，学生黄寄慈为刻印数方的时间为同年4月，而信中言“新历七月六日，海印法师来余处”，1932年7月6日时刘质平已在弘一大师身边，不需要致函。1939年1月16日《佛学半月刊》第8卷第2号刊有《海印法师传》，作者“环峰梅斋”。**按二：**今见黄寄慈为刻之印有佛像印二方、“吉目”、“龙音”、“广心”等。

7月（农历五月十六日至六月十七日间），在五磊寺招陈海量，陈束装前来。

---

① 胡宅梵：《弘一大师胜缘记略》，收《弘一大师全集》第十册·附录卷，福建人民出版社2019年12月第3版、修订2版，第262—263页。

② 弘一大师：《〈阿弥陀经疏钞〉题记》，收《弘一大师全集》第七册·佛学卷、传记卷、序跋卷，福建人民出版社2019年12月第3版、修订2版，第623页。

③ 海印法师（1897—1934），俗名李若玉，浙江温岭人，曾住锡伏龙寺。

④ 王维军著：《平湖李叔同纪念馆藏李叔同（弘一大师）手札墨宝·识注考勘》，西泠印社出版社2017年9月版，第129页。

在慈溪致蔡丏因函。言来信及《灵峰年谱》收到；尊翁墓碣愿为书写；五磊住持承观宗寺谛公法派等。①

夏，介绍丰子恺为厦门南普陀寺广洽法师绘释迦牟尼像。此后，丰氏与广洽法师成为挚友。

作《〈华严经读诵研习入门次第〉序》，署"龙集辛未首夏沙门亡言述。"②

在浙江慈溪致胡宅梵信（未署日期），言来信收到，并感谢提供药品；《读书录》等二种，别作单行本为宜，可交佛学书局印行；拟于旧历八月，或先至金仙寺作结束，然后南游，或由此径往南洋等。③

8月1日（农历六月十八日），在慈溪致胡宅梵函：

> 今夕由佛学书局寄到名香一大包，写明代寂月寄者。或是毛居士所惠施。乞于便中通信时，代为致谢。明日适逢观世音菩萨圣辰，因缘可谓奇巧。仅以一束送至本寺，于今晚及明日供养菩萨。可令施主得福甚多也。谨达，不具。
>
> 旧六月十八晚　演音上

按：此信福建人民出版社2019年12月版《弘一大师全集》（第3版，修订2版）第八册·文艺卷、杂著卷、书信卷第394页收录，标"一九三一年旧六月十八日，上虞法界寺"。文物出版社2017年10月版陈飞鹏整理《弘一法师书信全集》第252页收录，亦如此标注。均误。此时弘一大师已至五磊寺，写信地点当在该寺。

8月15日（农历七月初二日），《海潮音》第12卷第7号目录页刊出书法"救护诸众生"、"入佛之境界"，款识均为"华严经句"；钤音均为：佛肖印、名印，署名均为"入玄"。该期刊出佛学书局《华严经疏论纂要》广告。**按：**该期版权页出版时间误排为7月15日出版，目录页误排为7月10日发行。

---

① 此信福建人民出版社2019年12月版《弘一大师全集》（第3版，修订2版）第八册·文艺卷、杂著卷、书信卷第346页收录，标"一九三一年七月，慈溪五磊寺"。"尊翁墓碣"指后为所书之《清故渊泉居士墓碣》。

② 弘一大师：《〈华严经读诵研习入门次第〉序》，收《弘一大师全集》第七册·佛学卷、传记卷、序跋卷，福建人民出版社2019年12月第3版、修订2版，第623页。

③ 弘一法师致胡宅梵信，收《弘一大师全集》第八册·文艺卷、杂著卷、书信卷，福建人民出版社2019年12月第3版、修订2版，第395页。此信未署日期，《弘一大师全集》（第3版，修订2版）根据考证标注为"一九三一年旧七月中旬，慈溪五磊寺"。在无确凿证据前，姑且列于该年夏。

8月16日（农历七月初三日），《佛学半月刊》第21期刊出《肺病患者之福音》，署名“演音”。**按：**此文福建人民出版社2019年12月版《弘一大师全集》（第3版，修订2版）各卷均未收录。文如下：

天津徐蔚如居士，近与南方某师书，述及一事。有四川人李君者，往年在津。云有肺病，虽知用功，而文理太浅，不能阅稍深之经典，其后南旋至育王山，礼舍利两年。日课千拜，虽严寒酷暑，未尝一日间断。今年，有人到上海玉佛寺听经，与李君相遇，见其精神大好，肺病痊愈，容貌亦已改变。为之惊诧，甚叹佛法不可思议，又且智慧增长，在玉佛寺听讲楞严经，已能了了也，常人患肺病者，即将念佛拜佛一概停止，不敢劳动。今闻李君之事迹，可无虑矣。

同期刊出佛学书局重印孤本《华严经疏论纂要》广告：

《华严经疏论纂要》一书，为清顺治时福州鼓山涌泉寺道沛禅师所撰。禅师于华严造诣最深，清凉疏抄枣柏合编，研究几三十年。因疏与论，旨趣不同，初学者难于会悟，且文理广博，读者苦其浩繁。禅师采其精要，折中而浅。此书实佛学界空前绝后之大著作也。清康熙十八年九月刊成，距今已二百五十一年，印刷无人，徒弃掷于涌泉寺书库之中。前年北平某书店，得旧印此书一部，徐文蔚居士以千金藏之，其难得可想。去年弘一法师游鼓山涌泉寺发现此书，刊版完全无缺，大喜集资，印二十五部。每部四十八册，以十二部赠日本佛学界。此书未经编入日本续藏，尤可珍异。故一经出世，向本局定购者纷纷。现由本局向鼓山重印五十部，以应佛学同人并藏书家所需。书印无多，请早定购。①

8月26日（农历七月十三日），在慈溪五磊寺自誓受菩萨戒，并发弘律誓愿。书羯磨文以备自誓受菩萨戒时读白。款识“辛未七月十三日自誓受菩萨戒，敬录羯磨文，以备受时读白”。②

8月（农历六月十八日至七月十八日），所书《华严集联三百》由开明书店出版。

① 广告文所谓“去年弘一法师游鼓山涌泉寺发现此书”，应系“前年”之误。

② 上海市书法家协会编：《海派代表书法家系列作品集·弘一》（该卷主编刘一闻，副主编沈爱良），上海书画出版社2006年12月版，第246页。

9 月 1 日（农历七月十九日），《佛学半月刊》第 22 期刊出佛学书局《弘一法师墨宝》广告：

佛三身赞、佛一百八名赞、广大发愿颂
三种全一册，玉版线梵本
定价大洋四角

弘一法师，素擅书法，名闻海内。脱白以来，不轻握管，是以吉光片羽，争为世宝。本局觅得手迹十数种，分别印行，以公世好。此本三种系法师为其佛母忌日所书，作超度功德而资纪念。世有乐学法书，及需同样纪念者，于此墨宝，幸勿交臂失之。每册定价四角。

大方广佛华严经十回向品初回向章
玉版线梵本
定价大洋六角

弘一法师，以美术学专家发心学佛而作沙门，素擅书法，名闻遐尔。自出家后，颇有非关宏法不书之概，故其墨迹，更为珍重。本局觅得法师手迹十余种，分别印行，先后出世，以飨诸好。凡欲得法师手迹而珍藏者，尤不可失之交臂焉。

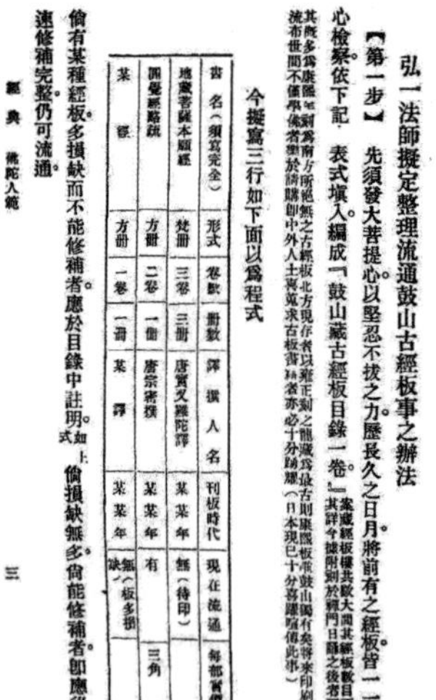
弘一法師擬定整理流通鼓山古經板事之辦法

【第一步】先須發大菩提心。以堅忍不拔之力歷長久之日月。將前有之經板皆一一爲心檢察。依下記表式塡入編成『鼓山藏古經板目錄一卷』。[illegible]

其最多爲康熙年間刻爲南方所絕無之古經板北方現存者以雍正刻之龍藏爲最古則康熙板爲鼓山獨有矣將來印刷流布世間不僅學佛者應於請購即中外人士專蒐求古板書籍者亦必十分踴躍（日本現已十分喜歡購傳此事）

今擬寫三行如下面以爲程式

書名（須寫完全）	形式	卷數	冊數	譯撰人名	刊板時代	現在流通	每部實價
地藏菩薩本願經	梵冊	三卷	三冊	唐實叉難陀譯	某某年	無（待印）	
圓覺經略疏	方冊	二卷	一冊	唐宗密撰	某某年	有	三角
某經	方冊	一卷	一冊	某譯	某某年	無（板多損缺）	

如上式

倘有某種經板多損缺而不能修補者。應於目錄中註明。倘損缺無多。尚能修補者。即應從速修補完整。仍可流通。

經典　佛陀入第　三

1931 年 9 月《世界佛教居士林林刊》第 30 期刊载的《弘一法师拟定整理流通鼓山古经板事之办法》。

9 月 13 日（农历八月初二日），在浙江慈溪致性愿法师信，言前承惠寄至法界寺一函在数日前转到，近又获诵七月廿一日所发信；数月以来，时有小疾，将来身体康健时当趋侍座下聆教益；《华严集联三百》已由开明书店印刷，待出版时当敬以十数册呈奉；上海佛学书局近印所书对联及经数种等。①

9 月 15 日（农历八月初四日），《海潮音》第 12 卷第 8 号目录页刊出书法“常念佛功德”、“一心求佛智”、“广大利众生”，款识均为“华严经句”；钤音均为佛肖印、名印，署名均为“入玄”。**按：**《海潮音》第 12 卷第 9 号目录页刊出书法“常念佛功德”、“广大利众生”，款识均为“华严经句”；钤音均为佛肖印、名印，署名均为“入玄”。该期还刊出佛学书局《华严经疏论纂要》广告。其目录页和版权页均标注该期出版时间系 9 月 15 日，其中版权页在标注时间后，有“再版”二字。具体属何种情况，待考。

① 弘一法师致性愿法师信，收《弘一大师全集》第八册·文艺卷、杂著卷、书信卷，福建人民出版社 2019 年 12 月第 3 版、修订 2 版，第 446 页，标“一九三一年八月初二日，慈溪金仙寺”。根据弘一大师行踪，此时或在五磊寺。

9 月 16 日（农历八月初五日），在慈溪致蔡丏因函。言来信收到；告闽中之行因系夙约不可中止，将来返浙必赴秀水小住甚至久居等。[①]

9 月（农历七月十九日至八月十九日），《世界佛教居士林林刊》第 30 期刊载《弘一法师拟定整理流通鼓山古经板事之办法》。**按：**此文为弘一大师所撰，2019 年 12 月版《弘一大师全集》（第 3 版，修订 2 版）各卷均未收。

秋，在慈溪致胡宅梵信（未署日期），言来信收悉；嘱书像赞之方法；如欲多得《地藏大观》，可告陈无我、李圆净居士等。[②]

胡宅梵三赴五磊寺探望。**按：**胡宅梵在《弘一大师胜缘记略》一文记曰："杪秋，三上山。师病痁，屹然跽床上。问何不安卧养息，师云：'病中正好代众生受苦也。'复劝医药，曰：'大病不吃药，小病自开方。'……师堂中悬明人名画地藏像一幅，鲜花供养，并自向像前受菩萨戒也。"[③]

10 月 12 日（农历九月初二日），在慈溪致蔡丏因信，请其代笔写石佛寺联；言五磊寺主等发起南山律学院，已允任课三年，明春始业，经费等皆已就绪；半月之后，（新历二十五日左右动身）即往温州过冬（后未果）等。[④]

10 月 15 日（农历九月初五日），《海潮音》第 12 卷第 10 号目录页刊出书法"常念佛功德"、"广大利众生"，款识均为"华严经句"；钤音均为佛肖印、名印，署名均为"入玄"。

10 月 16 日（农历九月初六日），《佛学半月刊》第 25 期刊出佛学书局《弘一法师墨宝》（《大方广佛华严经十回向品初回向章》和《护生画集》）广告。

---

① 弘一法师致蔡丏因信，收《弘一大师全集》第八册・文艺卷、杂著卷、书信卷，福建人民出版社 2019 年 12 月第 3 版、修订 2 版，第 347 页，标"一九三一年九月十六日，慈溪金仙寺"。根据弘一大师行踪，此时或在五磊寺。

② 弘一法师致胡宅梵信，收《弘一大师全集》第八册・文艺卷、杂著卷、书信卷，福建人民出版社 2019 年 12 月第 3 版、修订 2 版，第 395 页。此信未署日期，《弘一大师全集》（第 3 版，修订 2 版）根据考证标注为"一九三一年旧八月上旬，慈溪金仙寺"。当在五磊寺。在无确凿证据前，姑且列于该年秋。

③ 胡宅梵：《弘一大师胜缘记略》，收《弘一大师全集》第十册・附录卷，福建人民出版社 2019 年 12 月第 3 版、修订 2 版，第 262—263 页。

④ 弘一法师致蔡丏因信，收《弘一大师全集》第八册・文艺卷、杂著卷、书信卷，福建人民出版社 2019 年 12 月第 3 版、修订 2 版，第 347 页，标"一九三一年十月十二日，慈溪五磊寺"。此当为公历。拙著《弘一大师考论》（浙江人民出版社 2002 年 7 月版），在考证此信时曾以为应写于 1930 年。今再结合文献，以为《弘一大师全集》（第 3 版，修订 2 版）对此信的标注正确。

10月18日（农历九月初八日），在慈溪致性愿法师函：

性公老法师慈鉴：

惠书，敬悉一一。戒牒字草草写奉。《同戒录》题字，准于十月内奉上。后学近来屡屡伤风，身体衰弱，即拟往温州过冬，（住处尚未定。俟后奉达。）恐未能往闽南矣。谨复，顺颂

法安

后学音稽首　九月初八日

按： 此信福建人民出版社2019年12月版《弘一大师全集》（第3版，修订2版）第八册·文艺卷、杂著卷、书信卷第447页收录，标“一九三一年九月初八日，杭州虎跑寺”。文物出版社2017年10月版陈飞鹏整理《弘一法师书信全集》第261页收录，亦如此标注。二者均有注，言《同戒录》为1931年冬泉州开元寺为转道和尚六秩传戒的《同戒录》。但二者所标地点疑误。弘一大师于10月21日后（农历九月中旬）至杭州。故10月18日（农历九月初八日）当在慈溪。

10月21日后（农历九月中旬），10月21日至30日（农历九月中旬），与五磊寺当家意见不合，南山律学院办学未果。返金仙寺，继赴宁波白衣寺小住。时五磊寺棲莲法师前来诚邀返五磊寺。① 与安心头陀、栖莲法师等一同至杭州虎跑定慧寺探望病重的圆照禅师。

1931年10月29日，弘一大师（左一）与棲莲法师（左二）、弘伞法师（中）、安心头陀（右二）、徐仲荪（右一）合影。

10月28日（农历九月十八日），杭州虎跑定慧寺圆照法师圆寂，临终前，为其助念佛号。

10月29日（农历九月十九日），前一日圆照禅师往生，是日请安心头陀封龛。说法毕，与棲莲法师、弘伞法师、安心头陀、徐仲荪居士合摄一影。为此影题识，署名“演音”。题识为：“辛未九月十八日，虎跑定慧寺圆照禅师往生极乐国。十九日请安心头陀念佛封龛。说法既竟，与沙门栖莲、弘伞、弘一，居士徐仲荪合摄此影，以志遗念。演音”。② 捡得圆照法师舍利一粒，色微黄，质坚逾金石。③

---

① 岫庐：《南山律学院昙花一现记》，载1932年4月10日《现代佛教》第5卷第4期。

② 弘一大师：《圆照禅师封龛摄影题识》，收《弘一大师全集》第七册·佛学卷、传记卷、序跋卷，福建人民出版社2019年12月第3版、修订2版，第636页。王勇则《弘一大师与安心头陀交谊考略》一文（载2015年9月《莲馆弘谭》第11期）介绍弘一大师曾在相同画面的两张照片上题字，文字略区别，内容相同。

③ 李鸿梁：《我的老师弘一法师李叔同》，收《浙江文史资料选辑》第26辑，浙江人民出版社1984月6月版，第98—117页。

11 月 10 日前（农历九月下旬），因广洽法师自厦门函请赴闽，离开杭州赴上海，准备自上海至厦门，后因时局不稳，未果，在上海住一周后赴绍兴。①

绍兴戒珠寺。摄于 20 世纪 90 年代。

绍兴戒珠寺。摄于 2019 年 3 月。

今绍兴快阁路路牌。摄于 2019 年 3 月。

拆除后的原快阁村废墟。摄于 2019 年 3 月。

11 月 14 日（农历十月五日），至绍兴，居戒珠寺。四日后返慈溪金仙寺。（蔡冠洛《闽行前一夕谈》曰：“十月五日弘一法师赴闽未果，由杭渡江至绍兴，卓锡戒珠寺讲苑。四日后将行，余与鸿道人既为之写像，复以纂述年谱请……言已，以《寒笳集》贻余，鼓山《金刚经》贻鸿道人，时印西、普行二人并在座云。”）与李鸿梁、蔡丏因同游陆放翁读书处“快阁”。李鸿梁在阁中为摄一像，又与蔡丏因一起摄三人合影。蔡李二位以撰述年谱为请，逊谢。为李鸿梁母题像。某日饭后，出舍利一粒，色微黄，质坚，言为虎跑圆照法师荼毗后所检得。② **按一：**戒珠寺位于今绍兴市北昌安门内蕺山南麓。初名昌安寺，唐会昌年间名南戒珠寺。由于该寺曾是王羲之的舍宅，所以该寺的第一进实际上被用作“王羲之史迹陈列室”。**按二：**快阁位于绍兴鉴湖水畔的快阁村，历史沧桑，曾遭毁坏，今仅留残址。2011 年，绍兴市将快阁往西移地约 3 里，建一小岛，成为如今之快阁。**按三：**李鸿梁《我的老师弘一法师李叔同》中说：“1942 年春，绍兴小云栖寺来信说，寄存于寺中的弘一法师的字画及其他书画、书籍等，都被绍兴 35 号汉奸胡耀枢运走了。”李鸿梁文中未作具体说明，但可知弘一大师与小云栖寺有着某种因缘。云栖寺始建于五代后晋天福四年（939），初名道林院。唐鸟窠禅师重兴，宋治平二年（1065）改赐兴教院。后曾毁，明清时复兴，又移建于迎恩门外，地名娄江，即今绍兴市云栖寺“小云栖”旧址。清乾隆年间，白莲教事发，“兴教”二字犯忌，遂更名为“云栖”。为有别于杭州之“云栖寺”，故称绍兴娄江“云栖”为“小云栖”。1989 年，“小云栖”旧址被列为绍兴市市级文物保护点。1990 年后，云栖寺恢复重建并正式恢复“云栖寺”名。

仲秋，为所辑编之《寒笳集》进行覈纂，题为《蕅益大师警训略录》。③

11 月 15 日（农历十月初六日），《海潮音》第 12 卷第 11 号目录页刊出书法“常念佛功德”、“广大利众生”、“一心求佛智”，款识均为：

① 岫庐：《南山律学院昙花一现记》，载 1931 年《现代佛教》第 5 卷第 4 期。
② 李鸿梁：《我的老师弘一法师李叔同》，收《浙江文史资料选辑》第 26 辑，浙江人民出版社 1984 月 6 月版，第 98—117 页。
③ 见弘一大师：《〈寒笳集〉序》，收《弘一大师全集》第七册·佛学卷、传记卷、序跋卷，福建人民出版社 2019 年 12 月第 3 版、修订 2 版，第 625 页。

弘一大师在绍兴快阁留影。李鸿梁摄。

“华严经句”；钤音均为：佛肖印、名印，署名均为：“入玄”。该期另刊出上海佛学书局“弘一法师手书”《地藏菩萨本愿经地神护法品》（高十五寸，每幅定价一角）、《地藏菩萨本愿经嘱累人天品》（高十五寸阔卅二寸，每幅定价一角）广告。广告文写曰：“李氏息翁，以美术学专家发心学佛而作沙门，名弘一。书法出入晋魏，素为海内所珍重，出家后非关宏法不书，故其墨迹尤为名贵。本幅书地藏经文，系在金仙寺静权法师讲序随喜而作。本局以夹宣纸石印制成横披两幅，高十五寸阔三十寸，可作法宝供养，可作名笔润屋。凡佛学家及赏鉴家，均有取焉。”

11月16日（农历十月初七日），《佛学半月刊》第27期刊出佛学书局重印孤本《华严经疏论纂要》广告。

今绍兴云栖寺中留存的旧大雄宝殿。摄于2019年3月。

11月18日（农历十月初九日），从绍兴回到慈溪五磊寺，决定停办南山律学院。

11月19日后（农历十月初十日后），赴奉化溪口。**按：**时学生黄寄慈由宁波省立第四中学转至奉化武岭学校任教。武岭学校位于奉化溪口镇武岭门内侧，系蒋介石于1929年创办。此地东依武山，山壁摹崖石刻“武岭幽胜”为蒋介石于1931年所题。新中国成立后，武岭学校曾改为宁波地区医院，1988年5月改为“武岭中学”。目前，奉化为宁波市的一个区，曰奉化区。

建成后的武岭学校。资料来源：奉化蒋氏故居景区“蒋介石与武岭学校史料展览”，2019年。

11月25日（农历十月十六日），在奉化溪口致胡宅梵函。言有暇请至溪口武岭学校一谈。[①] **按：**南山律学院办学未果，此阶段另有一函致胡宅梵：

今奉化武岭学校老建筑。摄于2019年8月。

胜月居士：

余于近二月来，因律学院事牵制逼迫，神经已十分错乱不宁。披阅书籍，往往不能了解其义。（昔已解者，今亦不解。）几同废人。现拟静养治疗，未知能复元否。前嘱校阅之稿本，一时殊难用心披览。拟请仁者托古农居士转乞印光老法师详细校阅。以后再由余大略草阅一次可耳。《集联》一册奉览。

《云栖警训略录》及《灵峰警训略录》二种，研白斋似一时不及印行。拟请仁者先将草稿寄与古农居士。倘佛学书局愿印行者，

① 此信福建人民出版社2019年12月版《弘一大师全集》（第3版，修订2版）第八册·文艺卷、杂著卷、书信卷第395页收录，标“一九三一年十月十六日，奉化”。

先由彼处印之为宜。诸乞酌之，不宣。

音启

按： 此信福建人民出版社 2019 年 12 月版《弘一大师全集》（第 3 版，修订 2 版）第八册 · 文艺卷、杂著卷、书信卷第 395 页收录，标“一九三一年旧七月上旬，慈溪五磊寺”。此信原无日期，《弘一大师全集》（第 3 版，修订 2 版）根据考证标注。似误。弘一大师在五磊寺与寺方意见不合，南山律学院办学未果，此当在是年农历九月间。

11 月 30 日（农历十月廿一日），在慈溪致性愿法师函。言又由宁波刘居士转寄上《华严集联》十册；今岁疾病频作，至今仍未复元，拟在金仙寺过冬；秋间有僧众发起律学院，欲令任教务，而彼等亦意见不定，未能一致，故已决定停办；致广洽法师笺请便中加封寄去。①

致广洽法师函。言今岁拟在金仙寺过冬，待来年赴闽南；前有僧众发起律学院，而彼内部亦有意见，故已决定停办等。②

12 月 1 日（农历十月廿二日），《佛学半月刊》第 28 期刊出《弘一法师拟创办律学院》，写曰：“现闽弘一老法师发心创办南山律学院，讲律三年。有海上诸大居士拥护维持，将来可能实现云。”

(三〇)

美國佛教界之中國佛教史觀

佛學書局股東大會消息

五磊寺舉行祈禱和平法會

弘一法師擬創辦律學院

杭州彌陀寺近況

白雲山地藏會序

1931 年 12 月 1 日《佛学半月刊》第 28 期刊出的《弘一法师拟创办律学院》。

12 月上旬（农历十月底），曾返五磊寺，正式处理停办南山律学院事。**按：** 岫庐《南山律学院昙花一现记》一文记曰：“到厦门去过冬的法师，在上海住了一礼拜，出乎意料之外的，又只身回五磊寺来了。”③

12 月 9 日至次年 1 月 7 日间（农历十一月），在慈溪致堵申甫函。言来信收到；小碑明春动笔，暂勿寄来；《华严经集联》已由开明书店出版等。④

12 月 15 日（农历十一月初七日），《海潮音》第 12 卷第 12 号目录页刊出书法“常念佛功德”、“广大利众生”、“一心求佛智”，款识均为“华严经句”；钤音均为佛肖印、名印，署名均为“入玄”。该期刊出

---

① 此信福建人民出版社 2019 年 12 月版《弘一大师全集》（第 3 版，修订 2 版）第八册 · 文艺卷、杂著卷、书信卷第 447 页收入，标“一九三一年十月廿一日，慈溪金仙寺”。

② 此信福建人民出版社 2019 年 12 月版《弘一大师全集》（第 3 版，修订 2 版）第八册 · 文艺卷、杂著卷、书信卷第 462 页收入，标“一九三一年十月廿一日，慈溪金仙寺”。

③ 岫庐：《南山律学院昙花一现记》，载 1932 年 4 月 10 日《现代佛教》第 5 卷第 4 期。

④ 此信福建人民出版社 2019 年 12 月版《弘一大师全集》（第 3 版，修订 2 版）第八册 · 文艺卷、杂著卷、书信卷第 327 页收录，标“一九三一年旧十一月，慈溪金仙寺”。农历十一月可能是公历 12 月某日，也可能是次年 1 月初。姑且置于本年。

《宁波白衣寺欢迎虚云弘一二法师》照片。此影摄于 1930 年夏弘一大师（左四）与虚云大师（左五）在宁波白衣寺合影。照片上的题记曰：“宁波白衣寺欢迎虚云老和尚暨弘一法师摄影以志纪念，时在庚午仲夏。”

12 月 18 日（农历十一月初十日），自五磊寺返金仙寺。**按：**返金仙寺后有二信致胡宅梵。其一：

胜月居士：

惠书，诵悉。书一卷亦收到。印刷事，如道静居士所述甚善，乞照复可也。以前所寄各书，皆乞作为赠与余。因将来寄还，甚不便也。（道静前寄之书，亦乞赠余。）余近发愿编辑律部书。他友之处，多不通讯。惟仁者处仍可照常通函。但以两个月一次为宜耳，谨达，不宣。

音上

此信福建人民出版社 2019 年 12 月版《弘一大师全集》（第 3 版，修订 2 版）第八册・文艺卷、杂著卷、书信卷第 395 页收录，标“一九三一年旧十一月中旬，慈溪五磊寺”。文物出版社 2017 年 10 月版陈飞鹏整理《弘一法师书信全集》第 264 页收录，地点标“慈溪金仙寺”。根据弘一大师是年 12 月 18 日（农历十一月初十日）自五磊寺返金仙寺之行踪，此信当写于金仙寺。

其二：

承寄书、像，收到敬谢。《白话解》出版后，乞以多部惠施。能至五六包尤感也。

此信福建人民出版社 2019 年 12 月版《弘一大师全集》（第 3 版，修订 2 版）第八册・文艺卷、杂著卷、书信卷第 396 页收录，标“一九三一年旧十一月下旬，慈溪五磊寺”。文物出版社 2017 年 10 月版陈飞鹏整理《弘一法师书信全集》第 265 页收录，地点标“慈溪金仙寺”。根据弘一大师是年 12 月 18 日（农历十一月初十日）自五磊寺返金仙寺之行踪，此信当写于金仙寺。

以上二信均未署时间，《弘一大师全集》（第 3 版，修订 2 版）当系根据文献等推测。

12 月 19 日（农历十一月十一日），在慈溪致刘质平函。言五磊寺讲律事，已由亦幻法师代为解劝，完全取消前议，脱离关系；昨日已移居金仙寺，拟在此过冬。所需棉衣裤之尺寸，俟后开写奉上；嘱咐寄腐乳之方法；不返温州等。[①]

12月21日（农历十一月十三日），在慈溪致广洽法师函。言来信及所转之信件等昨日收悉；前月欲赴厦门，缘阻，返五磊寺，律学院事完全取消；往厦门之期尚未定等。[②]

12月27日（农历十一月十九日），在金仙寺亦幻法师斡旋下，与五磊寺栖莲法师签订协议，正式与南山律学院脱离关系。[③]

是年，在慈溪致芝峰法师信（未署日期），言顷奉惠书并大著；前日闻仁者与醒法师有往苏州之意，未妥；倘不欲居厦门，则可移锡金仙寺。又静公近拟接受杭州招贤寺，倘能成就，则可住招贤；仁者英年绩学者，殊为稀有。若再深入教诲，旁及世俗之学识，如是致力十数年，所造必可在虚大师之上；日本学者著作虽条理可观，然于佛学所造甚为浅薄。仁者将来学业成就，所有著作，必能令人五体投地，且可谓西方文字传播欧美，可为世界第一大导师，劝仁者今后无论居住何处，总宜专力于学问及撰述之业等。[④]

书《山色》歌词。款识“岁次鹑首，日灯院玄人”；钤印“弘一”。[⑤]

书《花香》歌词。款识“岁次鹑首，晚晴院沙门髫音”。[⑥] **按：**另见所书《清凉》。未署年月。

书赞观世音菩萨偈“具足神通力……”轴。款识“岁次鹑首，三衢莲华寺妙音胜院沙门悲幢，时居兰阜山阳”；钤印“大明草堂”。[⑦]

书赞释迦偈“如来妙色身……”。款识“岁次鹑首，明州普慈寺无

---

① 此信福建人民出版社2019年12月版《弘一大师全集》（第3版，修订2版）第八册·文艺卷、杂著卷、书信卷，第289页收录，标“一九三一年旧十一月十一日，慈溪金仙寺”。

② 此信福建人民出版社2019年12月版《弘一大师全集》（第3版，修订2版）第八册·文艺卷、杂著卷、书信卷，第462页收录，标“一九三一年旧十一月十三日，慈溪金仙寺”。

③ 岫庐：《南山律学院昙花一现记》，载1932年4月10日《现代佛教》第5卷第4期。

④ 弘一法师致芝峰法师信，收《弘一大师全集》第八册·文艺卷、杂著卷、书信卷，福建人民出版社2019年12月第3版、修订2版，第461页。此信未署日期，《弘一大师全集》（第3版，修订2版）根据考证标注为“一九三一年，慈溪五磊寺”。因无写信日期的确凿证据，姑且列为本年。信中所言之大著当为芝峰法师为《清凉各集》所作的注释文，即《清凉歌集达旨》。信中所言“静公”，乃静安法师，亦幻法师之师，曾任宁波延庆寺主持。此信曾刊于1943年《学术界》第1卷第1期李芳远辑《弘一大师书牍》。

⑤ 上海市书法家协会编：《海派代表书法家系列作品集·弘一》（该卷主编刘一闻，副主编沈爱良），上海书画出版社2006年12月版，第84页。

⑥ 夏宗禹编：《弘一大师遗墨》，华夏出版社1999年1月第2版，第110页。

⑦ 上海市书法家协会编：《海派代表书法家系列作品集·弘一》（该卷主编刘一闻，副主编沈爱良），上海书画出版社2006年12月版，第81页。

尽藏院沙门善摄，时居兰皋山阳”；钤印“大明草堂”。[1]

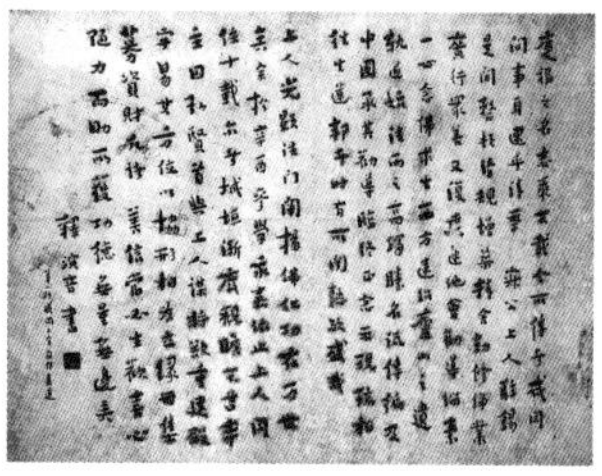

1931年书《题永嘉庆福寺缘册》。

书赞释迦偈“释迦无上尊……”。款识“岁次鹑首，晋水大华严寺贤首院沙门胜髻，时居兰皋山阳”；钤印“大明草堂”。[2]

书发愿回向偈。款识“岁次鹑首，江州匡山毗奈耶寺南山律苑沙门胜幢”；钤印“大明草堂”。[3]

书发愿回向偈。款识“岁次鹑首，永宁大方广佛寺无□慧光明院沙门玄策”；钤印“大明草堂”。[4]

书赞阿弥陀佛偈。款识“岁次鹑首，钱塘净华寺慈凤院沙门无等，时居兰皋山阳”；钤印“大明草堂”。[5]

书说戒归敬偈。款识“岁次鹑首，章安卢舍那寺璎珞院沙门髻光，时居兰皋山阳”；钤印“大明草堂”。[6]

书赞弥勒菩萨偈。款识“岁次鹑首，秀州实际寺如如院沙门慧镫，时居兰皋山阳”；钤印“大明草堂”。[7]

书赞地藏菩萨偈。款识“岁次鹑首，慈水十轮寺最吉祥院沙门僧胤，时居兰皋山阳”；钤印“大明草堂”。[8]

书七言联“一即是多多即一，文随于义义随文”。款识“大方广佛华严经十住品偈颂句。辛未慧镫院沙门亡言，时年五又二”。[9]

书“世间学问义理浅显，头绪多……”。款识“岁次鹑首，慈力院沙门亡言”。[10]

书七言联“普今众生得法喜，犹如满月显高山”。款识“晋译大方广佛华严经偈偈句，岁次鹑首，沙门玄入集并书”；钤印“龙音”、佛肖印。[11]

社会评介择要

叶圣陶：《两法师》，载1931年《民铎》第9卷第1号。

---

① 上海市书法家协会编：《海派代表书法家系列作品集·弘一》（该卷主编刘一闻，副主编沈爱良），上海书画出版社2006年12月版，第82页。

② 上海市书法家协会编：《海派代表书法家系列作品集·弘一》（该卷主编刘一闻，副主编沈爱良），上海书画出版社2006年12月版，第83页。

③ 上海市书法家协会编：《海派代表书法家系列作品集·弘一》（该卷主编刘一闻，副主编沈爱良），上海书画出版社2006年12月版，第85页。

④《弘一法师书法集》，上海书画出版社，1997年5月版，第14图。

⑤ 上海市书法家协会编：《海派代表书法家系列作品集·弘一》（该卷主编刘一闻，副主编沈爱良），上海书画出版社2006年12月版，第86页。

⑥《弘一法师书法集》，上海书画出版社，1997年5月版，第16图。

⑦《弘一法师书法集》，上海书画出版社，1997年5月版，第18图。

⑧《弘一法师书法集》，上海书画出版社，1997年5月版，第19图。

⑨ 夏宗禹编：《弘一大师遗墨》，华夏出版社1999年1月第2版，第70页。泉州开元寺藏。

⑩ 夏宗禹编：《弘一大师遗墨》，华夏出版社1999年1月第2版，第101页。

⑪ 钱均夫家族藏。

皈僧:《弘一大师事略》，载 1931 年 1 月 1 日《佛学半月刊》第 6 期。

《弘一法师手书》（佛学书局广告），载 1931 年 4 月 16 日《佛学半月刊》第 13 期。

子恺:《旧话》，载 1931 年 6 月 1 日《中学生》第 16 号。

重印孤本《华严经疏论纂要》（佛学书局广告），载 1931 年 8 月 16 日《佛学半月刊》第 21 期。

子恺:《甘美的回味》，载 1931 年 9 月 1 日《中学生》第 17 号。

《弘一法师墨宝》（佛学书局广告），载 1931 年 9 月 1 日《佛学半月刊》第 22 期。

《弘一法师墨宝》《护生画集》（佛学书局广告），载 1931 年 10 月 16 日《佛学半月刊》第 25 期。

重印孤本《华严经疏论纂要》（佛学书局广告），载 1931 年 11 月 16 日《佛学半月刊》第 27 期。

《弘一法师拟创办律学院》，载 1931 年 12 月 1 日《佛学半月刊》第 28 期。

1932年　壬申　53岁

社会文化事略

1月28日，日本军队进攻上海，中国军队展开淞沪抗战，后国民政府迁都洛阳。陈望道等35人发起组织中国著作者协会；3月9日，伪满洲国在长春成立；3月，虚云大师等担任名誉会长的香港佛学会创办出版《香海佛化刊》杂志；5月5日，中国国民党政府与日本签订《淞沪停战协定》；12月30日，中国民权保障同盟成立。

生平事迹

1月1日（农历辛未十一月廿四日），《佛学半月刊》第30期刊出消息《南山律学院停办》，写曰："前本刊载弘一法师办理南山律学院事，今因他故，决定停办。"

1月5日前后（农历辛未十一月底），在慈溪致刘质平函。言腐乳收到；请尽早往厦门、绍兴寄《华严集联》；张辰伯翁、叶居士所嘱之件及赠张辰伯翁之佛书附挂号寄上，请转交；照相印出后请各寄一张；律学院决定停办，现居金仙寺闭关静养；请在宁波购小瓶"痰敌"一瓶寄下等，同时附上衣裤尺寸图。① **按：**是年前后，为刘质平访李圆净写介绍函，并绘地址交通示意图：

狄思威路口
宝安路
永兴里底
李圆净居士

介绍刘质平居士奉访。

尊处以后如有新赠送之书，乞每种寄下一份。交——"宁波火

① 此信福建人民出版社2019年12月版《弘一大师全集》（第3版，修订2版）第八册・文艺卷、杂著卷、书信卷第289—290页收录，标"一九三一年旧十一月底，慈溪金仙寺"。农历十一月底可能是公历12月某日，也可能是次年1月初。姑且置于本年。张辰伯（1893—1949），别号任伯，江苏无锡人，雕塑家、画家，曾任上海美术专科学校教授。叶居士即叶圣陶。

车站车掌室王松泉居士收。”为感。

弘一上

另有一纸：

敬介绍
刘质平居士奉访
李圆净居士　演音启
狄思威路口宝安路永兴里底（大约廿三号）

详考见王维军著《平湖李叔同纪念馆藏李叔同（弘一大师）手札墨宝·识注考勘》。①

有介绍刘质平与芝峰法师通讯函：

敬介绍
刘质平居士与芝峰法师通讯
（厦门南普陀佛学院）
（教育学及教授法）

详考见王维军著《平湖李叔同纪念馆藏李叔同（弘一大师）手札墨宝·识注考勘》。②

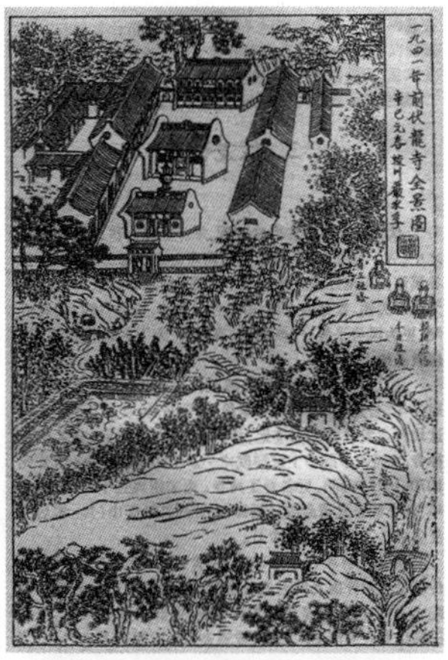

1941年前的伏龙寺全景图。资料来源：《伏龙山与伏龙寺》，慈溪市风景旅游局、伏龙山风景区办公室、慈溪市伏龙禅寺编印，2006年8月。

伏龙山旧影。载1925年《宁波旅沪同乡会月刊》第23期。

1月8日至2月5日间（农历辛未十二月），应伏龙寺诚一法师请，由胡宅梵陪同赴伏龙寺静养。**按一**：胡宅梵《弘一大师胜缘记略》一文：“时有镇海龙山伏龙寺住持诚一，礼师，请去供养。师询余可去否？余曰可，遂命余陪往。至则居关房内，余则小住即归。”③ **按二**：伏龙寺位于慈溪市东之伏龙山。弘一大师自书之《地名山名及寺名院名略考》中介绍曰：“伏龙寺（在镇海乡间）。某年在此住数月。”伏龙山原属镇海，今属慈溪，是一座在海边上单独突起的小山。伏龙寺创建于唐咸通三年（862），寺背山面海。寺曾毁，目前已复建。

在伏龙寺致胡宅梵函。言来信及笔、圣像已收到等。④

① 王维军著：《平湖李叔同纪念馆藏李叔同（弘一大师）手札墨宝·识注考勘》，西泠印社出版社2017年9月版，第137、139页。
② 王维军著：《平湖李叔同纪念馆藏李叔同（弘一大师）手札墨宝·识注考勘》，西泠印社出版社2017年9月版，第141页。
③ 胡宅梵：《弘一大师胜缘记略》，收《弘一大师全集》第十册·附录卷，福建人民出版社2019年12月第3版、修订2版，第262—263页。原刊《人间爱晚晴》，上海法论书局1948年版。
④ 此信福建人民出版社2019年12月版《弘一大师全集》（第3版，修订2版）第八册·文艺卷、杂著卷、书信卷第396页收录，标“一九三一年旧十二月，镇海伏龙寺”。

1月8日至31日间（农历辛未十二月初一日至廿四日间），在镇海致堵申甫函：

申甫居士：

曩承枉临金仙，未获晤谈，至憾。毛居士昨夕已来，今午归去。彼向道之念甚切，至用忻慰。谨复，顺颂

道福

音启

按：此信收福建人民出版社2019年12月版《弘一大师全集》（第3版，修订2版）第八册·文艺卷、杂著卷、书信卷第327页。此原信未署日期，《弘一大师全集》（第3版，修订2版）根据考证标注为“一九三二年旧九月，慈溪金仙寺”。根据信中内容，弘一大师写此信时应不在金仙寺。信中又言及毛居士来访，根据秦启明《弘一大师与胡宅梵》一文，[①] 毛契农居士曾在胡宅梵陪同下赴伏龙寺探望弘一大师，而弘一法师于1932年1月住伏龙寺，故此信应写于伏龙寺，时间为1932年1月8日至31日间（农历辛未十二月初一日至廿四日间）。《弘一大师全集》（第3版，修订2版）“一九三二年旧九月，慈溪金仙寺”之说似无依据。

慈溪伏龙山。摄于20世纪90年代。

在镇海致胡宅梵信（未署日期），言承寄洋书二册收到，显真师前寄所录一册已阅毕，附挂号寄出，请便中转交，并建议他日可以专录自己所撰者别为一册等。[②]

在镇海致刘质平函：

佚生居士来笺，并寿居士启文，附奉览。寿居士曾任杭州法政学校教师十年，今任杭州中国银行职务。

附白

以后惠书，暂寄“宁波镇海北乡龙山西门外周大有号转交伏龙寺”。邮局、民局皆通。[③]

弘一大师在伏龙寺的关房。资料来源：《薪火相传——纪念著名音乐教育家刘质平先生诞辰一百二十周年》，平湖市李叔同纪念馆编，2014年10月。

按：此信福建人民出版社2019年12月版《弘一大师全集》（第3版，修订2版）第八册·文艺卷、杂著卷、书信卷第292页收录，标

① 秦启明：《弘一大师与胡宅梵》，收陈慧剑编《弘一大师有关人物论文集》，（台北）弘一大师纪念学会1998年12月印行。

② 弘一法师致胡宅梵信，收《弘一大师全集》第八册·文艺卷、杂著卷、书信卷，福建人民出版社2019年12月第3版、修订2版，第396页。此信未署日期，《弘一大师全集》（第3版，修订2版）根据考证标注为“一九三一年旧十二月，镇海伏龙寺”。在无确凿证据前，姑且列于该年1月8日抵达伏龙寺后。

③ 佚生，即周承德。寿居士即寿毅成（1891—1959），原名景伟，曾名肇强，又名寿谷成，别号荼拥、心月居士，浙江诸暨人，毕业于国立法政专门学校经济本科，时任杭州中国银行副经理。

“一九三二年四月，慈溪金仙寺”。文物出版社2017年10月版陈飞鹏整理《弘一法师书信全集》第225页将其文字及其他文字作为某函附文收录，时间标1930年“十一月初一”，地点标“慈溪金仙寺”。均误。此信写于1932年1月8日抵达伏龙寺后，地点在伏龙寺。详考见王维军著《平湖李叔同纪念馆藏李叔同（弘一大师）手札墨宝·识注考勘》。[1]

1月10日（农历辛未十二月初二日），《现代僧伽》改名为《现代佛教》出版第5卷第1期，所题刊名用于该期封面，目录页标注封面题字（现代佛教）由“弘一法师书”字样。

1月15日（农历辛未十二月初八日），《海潮音》第13卷第1号目录页刊出书法“常念佛功德”、“广大利众生”，款识均为“华严经句”，署名均为“入玄”，钤印：佛肖印等。同期刊出佛学书局精印“弘一法师手书经卷墨宝”广告。广告文曰：“弘一法师，素擅书法，名闻海内。脱白以来，不轻握管，是以吉光片羽，争为世宝。本局觅得法师手迹，分别印行，以公世好。玉版纸张，洁白可爱，金属版印，精美鲜明，可作法宝供养，可作名墨赏鉴。凡欲得法师墨宝者，幸勿交臂失之。兹分录如下……”**按：**所录经卷有《佛说梵网经菩萨心地品菩萨戒》《大方广佛华严经普贤行愿品偈》《大方广佛华严经十回向品初回向章》《大方广佛华严经净行品偈》《佛一百八名赞佛三身赞广大发愿颂》《佛说八大人觉经》《八种长养功德经》《大乘戒经》。

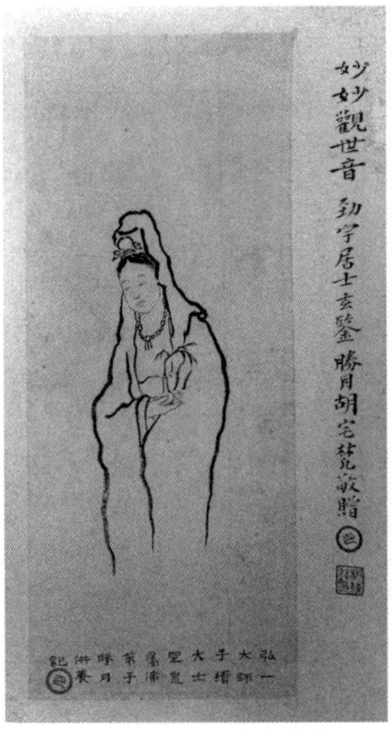

弘一大师赠胡宅梵观音像（25×10厘米）。胡宅梵在像下题“弘一大师手绘大士圣象，嘱佛弟子胜月供养记”；钤印“月”。胡宅梵后转赠章劲宇。转赠时题“妙妙观世音。劲宇居士玄鉴。胜月胡宅梵敬赠”；钤印“月”、“宅梵居士”。今藏浙江省图书馆善本部。

1月16日（农历辛未十二月初九日），《佛学半月刊》第31期刊出《弘一法师手书经卷墨宝》（佛学书局广告）：

弘一法师，素擅书法，名闻海内。脱白以来，不轻握管，是以吉光片羽，争为世宝。本局觅得法师手迹，分别印行，以公世好，玉版纸张，洁白可爱；金属版印，精美鲜明，可作法宝供养，可作墨宝赏鉴。凡欲得法师墨宝者，幸勿交臂失之。兹分录如下：

（一）佛说梵网经菩萨心地品菩萨戒

（二）大方广佛华严经普贤行愿品偈

（三）大方广佛华严经十回向品初回向章

（四）大方广佛华严经净行品偈

（五）佛一百八名赞三身赞广大发愿颂　三种同本

（六）佛说八大人觉经

[1] 王维军著：《平湖李叔同纪念馆藏李叔同（弘一大师）手札墨宝·识注考勘》，西泠印社出版社2017年9月版，第143页。

梵本布面高十二英吋阔四英吋又四分之一
（另加木版每付增价一角）

1月20日（农历辛未十二月十三日），在镇海致刘质平函。言来信收悉，告其是间气候不寒，无须添制衣服；近住伏龙寺，明春仍在此否，未定。表示仍可常常写字，以结善缘。曾研习之佛书加以圈点注释者，拟检数种，于明年便中寄上，以志纪念。曰造像若送他处，亦可。①

致性愿法师函。言来信收悉；告知友人联系方式等。②

1月26日（农历辛未十二月十九日），在镇海致蔡丏因函。托寄《圆觉经大疏》一部、《梵网经》一册，另袈裟两件；附一笺请转交李居士。③

2月8日（农历正月初三日），在镇海致李晋章函。询问前托开明书店寄出之书是否收到等。④

2月10日（农历正月初五日），《现代佛教》出版第5卷第2期，所题刊名用于该期封面。

2月13日（农历正月初八日），在镇海致胡宅梵函。言其所藏地藏菩萨像（小幅者）乞寄下一幅；近来精神较好，日后可为其所撰《本愿经白话解》详为校阅；问候毛居士等。⑤

2月15日，《海潮音》第13卷第2号目录页刊出书法“常念佛功德”、“广大利众生”、“一心求佛智”，款识均为“华严经句”，署名均为“入玄”，钤印：佛肖印等。

2月6日至3月6日间（农历正月），开始校点《随机羯磨疏济

① 此信福建人民出版社2019年12月版《弘一大师全集》（第3版，修订2版）第八册·文艺卷、杂著卷、书信卷第290页收录，标“一九三一年旧十二月十三日，镇海伏龙寺”。
② 此信福建人民出版社2019年12月版《弘一大师全集》（第3版，修订2版）第八册·文艺卷、杂著卷、书信卷第447页收录，标“一九三一年旧十二月十三日，镇海伏龙寺”。
③ 此信福建人民出版社2019年12月版《弘一大师全集》（第3版，修订2版）第八册·文艺卷、杂著卷、书信卷第347页收录，标“一九三一年旧十二月十九日，镇海伏龙寺”。
④ 此信福建人民出版社2019年12月版《弘一大师全集》（第3版，修订2版）第八册·文艺卷、杂著卷、书信卷第402页收录，标“一九三二年旧正月三日，镇海伏龙寺”。
⑤ 此信福建人民出版社2019年12月版《弘一大师全集》（第3版，修订2版）第八册·文艺卷、杂著卷、书信卷第396页收录，标“一九三二年正月八日，镇海伏龙寺”。

缘记》。①

在镇海致胡宅梵函。言两次来信均收悉；暇时盼来山一游；贝叶尚有数叶，存金仙寺衣橱，可检出携去等。② 又有函言来信及像等均收到；佛像翻印，其形式甚佳，较原稿为胜，叶居士办事周到；显真师未得念佛三昧，然已难能可贵等。③

返回金仙寺。**按一：**书《仁王般若经偈》后落款："壬申正月居慈水峙山之麓敬书，大誓庄严院沙门亡言"，可知在正月返回金仙寺。**按二：**此次自伏龙寺至金仙寺，据亦幻法师《弘一大师在白湖》中回忆："在廿一年的春天，他突然从镇北的龙山回到白湖，说要发心教人学南山律……"④

绍兴开元寺旧影。（资料来源：《弘一大师全集》第十册·附录卷，福建人民出版社 2019 年 12 月第 3 版、修订 2 版。）

3月7日至4月5日间（农历二月），书《佛说五大施经》。款识"岁次壬申二月，大庄严院沙门胜髻敬书"；钤印"辟"。⑤

20 世纪 90 年代初的开元寺。摄于 20 世纪 90 年代初。

书七言联"起大愿云周法界，以普贤行悟菩提"赠刘质平。款识"唐贞元译大方广佛华严经入不思议解脱境界普贤行愿品偈句，壬申二月，质平居士始学大悲陀罗尼及般若心经，书此以奉，敬志赞喜，沙门被甲，时年五十三"；钤印"胤"、"吉目"、佛肖印。⑥

在金仙寺方丈楼为华云、崇德、纪源三位僧人讲《南山律》，为时十五天。后中辍。⑦

2012 年夏的开元寺框架。（新民网图片）

3月上旬（农历正月廿五日至二月初三日），赴绍兴。**按一：**李鸿梁在《我的老师弘一法师李叔同》一文中写曰："法师第三次莅绍，大约是在一九三二年春季，住开元寺最后一进。当时寺中说此屋已划入警察局范围，但系法师来信指定的，故不得不再与警察局商量，借得后仍由寺中进出。在此曾为法师摄二像。一日闲谈间，谈及他前往乡间某寺时，某晚盗来搜索全寺，到法师窗口用电筒照射，时法师卧在床上，忽觉桌上闹钟已停，因此盗似无所觉，或以为空房，所以不久就去了。但

① 弘一大师：《〈随机羯磨疏济缘记〉校记》，收《弘一大师全集》第七册·佛学卷、传记卷、序跋卷，福建人民出版社 2019 年 12 月第 3 版、修订 2 版，第 614 页。

② 此信福建人民出版社 2019 年 12 月版《弘一大师全集》（第 3 版，修订 2 版）第八册·文艺卷、杂著卷、书信卷第 396 页收录，标"一九三二年春，镇海伏龙寺"。

③ 此信福建人民出版社 2019 年 12 月版《弘一大师全集》（第 3 版，修订 2 版）第八册·文艺卷、杂著卷、书信卷第 396 页收录，标"一九三二年春，慈溪金仙寺"。弘一大师于本年正月间先在伏龙寺，后至金仙寺。故标于春间之函，伏龙寺、金仙寺均有可能，视具体信文而定。

④ 亦幻法师：《弘一大师在白湖》，收《弘一大师永怀录》，大法轮书局 1943 年流通版，第 41—50 页。

⑤ 上海市书法家协会编：《海派代表书法家系列作品集·弘一》（该卷主编刘一闻，副主编沈爱良），上海书画出版社 2006 年 12 月版，第 113—114 页。

⑥ 上海市书法家协会编：《海派代表书法家系列作品集·弘一》（该卷主编刘一闻，副主编沈爱良），上海书画出版社 2006 年 12 月版，第 115 页。

⑦ 亦幻：《弘一大师在白湖》，收《弘一大师永怀录》，大法轮书局 1943 年流通版，第 41—50 页。

建设商城时被围的仅露出屋顶的开元寺。摄于 2019 年 3 月。

等到盗去后，闹钟又复走动了。因法师平时常听钟声念佛，所以他对于钟声特别注意。所说颇有点神话味。”“法师这次来绍，住的日子最少，想不到也是最后一次。去后约半月，寄来了一大包字，内中有一副对子是给我的，另外两副是给我的两个小孩的，句子都是前在绍兴时教我自己在法师所集的‘华严集联三百’内选定的，此外还有小字一条，七言联一副，要我送交开元寺孙某居士的。”[①] **按二：**开元寺位于绍兴市中心的东街，始建于梁天鉴三年（504），曰大善寺。唐开元二十六年（738），以年号为寺名。乾宁二年（895）越州节度使董昌谋反，镇海节度使钱鏐起兵平乱，奏请以董昌故第改建为寺院，是为后开元寺，同时将前开元寺恢复大善寺名。后开元寺后经扩建，规模一度为越州之最。弘一大师自书之《地名山名及寺名院名略考》中介绍曰：“越州、会稽（皆是绍兴）。某某年在开元寺住一月。”[②] 实际并未住一月。抗战期间，随着绍兴沦陷，开元寺成为伪军司令部，寺僧星散。抗战胜利后，寺庙所在地建省立绍兴医院，后改为绍兴市人民医院。20 世纪 50 年代起，开元寺为绍兴市人民医院的一部分。2007 年，人民医院开始搬迁，土地被高价拍卖用作商业开发兴建商城，医院房舍陆续被拆除。据 2012 年 8 月 21 日新民晚报·新民网，时开元寺已被拆，仅剩骨架。绍兴市规划局认为，开元寺在历史上屡毁屡建，现存建筑系民国时期重建的钢筋混凝土仿古建筑，虽然不是文物保护单位，但在这块土地的出让条件书中明确规定“属保留建筑”。如今开元寺大殿已得到保护，并按原貌修整。

3 月 10 日（农历二月初四日），《现代佛教》出版第 5 卷第 3 期，所题刊名用于该期封面。

3 月 12 日（农历二月初六日），在慈溪致刘质平函。言来信收悉。曰陈嘉庚公司已寄到经书三箱。问《清凉歌曲》已成就否；往龙山事，现未定等。[③]

3 月 15 日（农历二月初九日），《海潮音》第 13 卷第 3 号目录页刊出书法“智慧无边际”、“悉当成佛道”、“佛功德无边”，款识均为“华严经句”，署名均为“入玄”，钤印：佛肖印等。同期刊出“重印孤本”《华严经疏论纂要》广告。

---

① 李鸿梁：《我的老师弘一法师李叔同》，收《浙江文史资料选辑》第 26 辑，浙江人民出版社 1984 年 6 月版，第 98—117 页。

② 弘一大师自书之《地名山名及寺名院名略考》，收《弘一大师全集》第十册·附录卷，福建人民出版社 2019 年 12 月第 3 版、修订 2 版，第 482—486 页。

③ 此信福建人民出版社 2019 年 12 月版《弘一大师全集》（第 3 版，修订 2 版）第八册·文艺卷、杂著卷、书信卷第 290—291 页收录，标“一九三二年旧二月六日，慈溪金仙寺”。

3月16日（农历二月初十日），准备赴伏龙寺。在慈溪致刘质平函：

质平居士：

前云做衣之布尚有余者，如仍存贮宁波尊寓，乞托工人做小衫二件（若无布料，不妨从缓，尺寸另纸写）。余于新历二十三日后，天晴时，即往伏龙寺。

仁者如愿来游，乞于新历二月二十七日至四月十日之间，惠临甚宜。如有嘱书之件，乞随带来。四月十日以后，余或即返金仙寺也（旧端阳节前，仍往伏龙寺避暑）。（有衣尺寸图——引者注）

往伏龙寺之路程：

清晨，在江北岸，乘“镇北”轮船。或云八时开，或云六时开，乞预早数日询问宁波三北公司可也。其码头，似在永川附近。至龙山，统舱六角，甚舒适。到龙山海边，约十二时前。即乘火车（仅二里，无票），至龙山三北公司门首。由此步行上山五里，即至伏龙寺。山岭甚高，如步行者，宜着布底鞋或草鞋。由公司门首上山之路，略绘如上方。（有上山示意图——引者注）“……”之记号，即是行路之线。近山顶有凉亭，可以休息。公司门首有轿否，不知其详。即有者，亦是元宝篮耳。如携带物件，乞存在伏龙寺下院，俟翌日嘱工人往取。公司至下院时，乞交老媪收至妥。下院中，仅彼一人看守。

音启　三月十六日

下山坡后，即至伏龙寺。由后门入，门首无字。

按：此信福建人民出版社2019年12月版《弘一大师全集》（第3版，修订2版）第八册·文艺卷、杂著卷、书信卷第291—292页分成二信收录，分别标“一九三二年三月，慈溪金仙寺”、“一九三二年旧三月十六日，镇海伏龙寺”。文物出版社2017年10月版陈飞鹏整理《弘一法师书信全集》第270页277页亦分二信收录，第二信文字亦有误。时间分别标1932年“春”和“旧三月十六日”，地点亦分别为金仙寺和伏龙寺。皆误。被分别收录之二信，实为一信，原件藏平湖市李叔同纪念馆。信写于1932年3月16日（农历二月初十日），因信中有“余于新历二十三日后，天晴时，即往伏龙寺”句，写信地点是慈溪金仙寺。具体考证，见王维军著《平湖李叔同纪念馆藏李叔同（弘一大师）手札墨宝·识注考勘》。[1]

① 王维军著：《平湖李叔同纪念馆藏李叔同（弘一大师）手札墨宝·识注考勘》，西泠印社出版社2017年9月版，第151页。

3月19日（农历二月十三日）。在慈溪致刘质平函：

质平居士惠鉴：

兹奉托，购二物，惠施。于便中，托人带下：

一、绿色铁色纱（此名不知其详，即系铁丝编成之纱网——［纱网图——引者注］夏天用以罩于窗上，俾免蚊蝇飞入。今拟购一尺，用以自做佛前之灯罩）。

二、乞向旧式铜器店，定做小荷叶二只，即系书箱门上所用（小荷叶图——引者注），另有样子奉上，乞照此样子大小定做两只。亦用薄铜做。并钉子八只，一并交下。原样仍乞带还，费神，至感。

丁居士不久或奉访仁者。若彼来时，倘询问赠余之物，乞仁者阻止，劝其不必购买，因彼家境清寒也。

三月十九日　演音疏

照此大小做。（荷叶图——引者注）

不可更改。

共两只。

又钉子八只。

此原样，仍乞带还。[1]

按：此信福建人民出版社2019年12月版《弘一大师全集》（第3版，修订2版）第282页收录，标“一九二一年旧三月十九日，温州庆福寺”，又注曰：“一说写于一九三四年，厦门”。文物出版社2017年10月版陈飞鹏整理《弘一法师书信全集》第238页收录，时间标1931年“三月十九日”，地点标“上虞法界寺”。二者均漏字，后者有错字，原信藏于平湖市李叔同纪念馆。此信写于1932年3月19日（农历二月十三日），写信地点在慈溪金仙寺。王维军著《平湖李叔同纪念馆藏李叔同（弘一大师）手札墨宝·识注考勘》根据前后弘一大师致刘质平函有详细考证。[2]

1932年3月21日，弘一大师在慈溪桥头镇五姓村胡宅梵家午餐。（胡迪军提供）

3月21日（农历二月十五日），自金仙寺赴胡宅梵家，与胡父、毛契农共进午餐。午餐后步行回金仙寺。顺道至上岙湖，在湖边小立，云极似温州平阳之某处。**按一：**胡宅梵《弘一大师胜缘记略》一文写曰：“翌年师由龙山回金仙寺，时询余居距白湖之远近，度其意似欲至余家

① 丁居士，即丁葆青，任职于宁波廿条桥群毕社。

② 王维军著：《平湖李叔同纪念馆藏李叔同（弘一大师）手札墨宝·识注考勘》，西泠印社出版社2017年9月版，第153页。

一行也。余乘机请，师允诺。遂禀于父，吾父欣然，为治素食。乃买舟邀师来家午斋，座仅四人，师与父，寂月居士及余。斋后师即行，云不复乘船，步行回寺，是为二月十五日也。”①

3月23日后（农历二月十七日后），自金仙寺至龙山伏龙寺。②

3月29日（农历二月廿三日），在镇海致崇德法师函，言来信收到，因须数月后才定行踪，请其暂勿前来；嘱熟读相关经籍等。③

4月6日至5月5日间（农历三月），作《〈华严经普贤行愿品观自在菩萨章〉序》，署：“岁次壬申三月大华严寺沙门亡言敬记。”④

在镇海致崇德法师函：

崇德贤首慧鉴：

来书诵悉。以前本因仁者来函，谓欲函授律学及国文等。余因事忙神衰，不能函授，遂有请仁者来伏龙寺面谈之议。今仁者来书，述及为难等情形，余已了解。余于一切事，悉任运随缘，决不固执己见也。余每日功课纷忙，又神衰力疲，殊无写信之余暇。故现在案底积存来信甚多，皆尚无暇答复。以是之故，以后于尊处常常通信之事，恐不能也。此事亦乞仁者谅解。又以无论学律不学律，余与仁等数人之友谊无有损伤，乞安心为要。谨复，不宣。

演音上

此信乞呈尊师亦幻法师一阅。并乞代致候。

附呈致显真法师信，乞转交。前存卧室衣橱内有大字《梵网经》多册，乞检五册，交全盛信局寄下，费神至感。

按：此信福建人民出版社2019年12月版《弘一大师全集》（第3版，修订2版）第八册·文艺卷、杂著卷、书信卷第472页收录，标“一九三二年三月，慈溪金仙寺”。文物出版社2017年10月版陈飞鹏整理《弘一法师书信全集》第271页收录，时间、地点亦如此标注。不确。此信有曰：“余因事忙神衰，不能函授，遂有请仁者来伏龙寺面谈

① 胡宅梵：《弘一大师胜缘记略》，收《弘一大师全集》第十卷·附录卷，福建人民出版社2019年12月第3版、修订2版，第262—263页。原刊《人间爱晚晴》，上海法轮书局1948年版。寂月居士即毛契农。

② 参见本谱本年3月16日（农历二月初十日）条目。

③ 此信福建人民出版社2019年12月版《弘一大师全集》（第3版，修订2版）第八册·文艺卷、杂著卷、书信卷第472页收录，标“一九三二年二月廿三日，镇海伏龙寺”。

④ 弘一大师：《〈华严经普贤行愿品观自在菩萨章〉序》，收《弘一大师全集》第七册·佛学卷、传记卷、序跋卷，福建人民出版社2019年12月第3版、修订2版，第623—624页。

之议。”又言此信可“呈尊师亦幻法师一阅”、“前存卧室衣橱内有大字《梵网经》多册”等，故弘一法师写此信时尚在伏龙寺。

书十言联“往因今净解及事善友力，增长诸功德如水生莲华”。款识“唐译大方广佛华严经入法界品偈颂。时年五十又三。仁以大悲清净手，摄取忆念诸众生。今于一切厄难中，获得无忧安隐乐。岁次壬申三月，无尽藏院沙门玄策，居明州伏龙峰”；钤印“辟”等。[①]

春末，书十言联“如山不动摇如海无增减，如日示正道如月转净轮”。款识“一智同缘普救护，种种苦难皆销减，岁次壬申春残，澄渟院沙门无说，居明州龙峰麓，唐译大方广佛华严经入法界品偈颂，时年五十又三，能于一切众生中，平等大悲同一味”；钤印“弘一”、佛肖印。[②]

书十言联“当令众生喜当令菩萨喜，当令诸佛喜当成此欢喜”。款识“唐译大方广佛华严经入法界品偈颂。时年五十又三。我为精勤常救护，起诸宏誓摄众生。怜愍一切如己身，常以普门随顺转。岁次壬申春晚，法藏日院胜臂，居明州伏龙山中”；钤印“辟”等。[③]

为刘质平书《华严行愿品偈句》一卷。

4月10日（农历三月初五日），《现代佛教》出版第5卷第4期，所题刊名用于该期封面。**按：**该期刊出岫庐《南山律学院昙花一现记》，述弘一大师在五磊寺办律学院受挫经过。

4月15日（农历三月初十日），《海潮音》第13卷第4号目录页刊出书法“常念佛功德”、“广大利众生”、“一心求佛智”，款识均为“华严经句”，署名均为“入玄”，钤印佛肖印等。同期刊出上海佛学书局福州鼓山藏版《华严经疏论纂要》广告。

4月19日（农历三月十四日），在镇海致胡宅梵函：

惠书，忻悉一一。仁者所云，身毛耸竖，悲忻交集，及厌弃尘劳专乐佛法等，皆是宿世善根发现，的确无疑。仁者自归信佛法已来，种种经过情形，可验仁者多生已来，所植善根，甚深甚深。于道侣中，殊所罕闻。惟愿自今以后，脚踏实地，不求玄妙，不求速

---

① 夏宗禹编：《弘一大师遗墨》，华夏出版社1999年1月第2版，第99页。

② 上海市书法家协会编：《海派代表书法家系列作品集·弘一》（该卷主编刘一闻，副主编沈爱良），上海书画出版社2006年12月版，第116页。

③ 夏宗禹编：《弘一大师遗墨》，华夏出版社1999年1月第2版，第111页。

效，稳稳妥妥，如愚夫愚妇用功之形式做法。越是利根人，越须用笨拙之工夫。如是则千稳万妥。临终决生西方，成就菩提大愿。《印光法师嘉言录》，宜常常阅览。依此而行，决无错误。至嘱，至嘱。

毛、叶二居士，宜于佛前自誓受三归依（誓文别纸写），法名即酌用前者。

所云大义切要之说，甚是。

以后《佛学半月刊》中，如有登载拙书出版者，乞随时示知。

范居士寓嘉兴月河，但未知近来是否迁移。

放生事甚善。余一时未能至金仙。

写件俟觅便奉上。谨复，不宣。

三月十四日　演音启

别录别纸写誓文（略）

按：此信福建人民出版社2019年12月版《弘一大师全集》（第3版，修订2版）第八册·文艺卷、杂著卷、书信卷第396—397页收录，标“一九三二年三月十四日，慈溪金仙寺”。文物出版社2017年10月版陈飞鹏整理《弘一法师书信全集》第273—274页收录，以信中有“余一时未能至金仙”之语，认定写于伏龙寺。确当。信中“毛”指毛契农，法名寂月；“叶”指叶惟德，法名静月。

4月22日（农历三月十七日），在镇海致胡宅梵函：

宅梵居士：

前复函，想已收到。尔来精神不佳。胜鬘偈草草写奉，聊为纪念可耳。佛像二叶奉上。其题篆文者一叶，由仁者受收。其未题者，乞转寄与李鸿梁居士。因彼近来搜集古像，故以此赠之也。李居士通讯处为“绍兴第五中学”。乞由民局寄下署名者之名，赠与。谨达，不宣。

三月十七日　演音启

按：此信福建人民出版社2019年12月版《弘一大师全集》（第3版，修订2版）第八册·文艺卷、杂著卷、书信卷第397页收录，标“一九三二年三月十七日，慈溪金仙寺”。文物出版社2017年10月版陈飞鹏整理《弘一法师书信全集》第274页收录，地点标伏龙寺。根据4月19日（农历三月十四日）在伏龙寺致胡宅范函，当为伏龙寺。

4月30日（农历三月廿五日），在镇海致刘质平函：

惠书，诵悉。前带各物，悉收到。桂圆、饼干皆存贮甚多，数月内无须再购。丁居士所交来各物，乞暂存宁波（笋干宜贮于洋铁箱内，不然则潮而失味，丁居士前函所言也），俟秋凉往温州时携以转赠寺中也。佛经宜熟读，自能渐渐了解。昔周轶生居士学经论时，即依此法也。

质平居士

演音疏　四月三十日

按：此信福建人民出版社2019年12月版《弘一大师全集》（第3版，修订2版）第八册·文艺卷、杂著卷、书信卷第292页收录，标“一九三二年四月三十日，慈溪金仙寺”。文物出版社2017年10月版陈飞鹏整理《弘一法师书信全集》第278页收录，地点标“镇海伏龙寺”。后者确当，前者误。

5月10日（农历四月初五日），《现代佛教》出版第5卷第5期，所题刊名用于该期封面。

5月15日（农历四月初十日），《海潮音》第13卷第5号目录页刊出书法“智慧无边际”、“悉当成佛道”、“佛功德无边”，款识均为“华严经句”，署名均为“入玄”，钤印：佛肖印等。

5月17日（农历四月十二日），在镇海致崇德法师函。言二信均收到，所附“入道表”可登《海潮音》；送《净心诫观法略》圈点本，可与华云师依此本圈点抄录，并嘱读时方式；此信转交与显真师，华云师同阅，盼其熟读《四分律含注戒本》《删补羯磨》及此《净心诫观法略》等。[①]

5月下旬（农历四月十五日至廿六日），返回金仙寺。**按：**返回金仙寺后至6月8日（农历五月初五日）前，在慈溪致堵申甫函：

尊邑救国会，前寄捐册一本，已存在伏龙寺书架中。今彼会来函谓急欲结束，此捐册一时不能取回。乞仁者担保，即作为遗失。

① 此信福建人民出版社2019年12月版《弘一大师全集》（第3版，修订2版）第八册·文艺卷、杂著卷、书信卷第472页收录，标“一九三二年四月十二日，镇海伏龙寺”。

俟将来往伏龙时，即将此空捐册焚化可也。又于彼会，拟认捐大洋壹圆，聊表微意。此款亦乞仁者代出惠施，即交彼会为感。谨恳，不宣。

弘一启

按：此信福建人民出版社2019年12月版《弘一大师全集》（第3版，修订2版）第八册·文艺卷、杂著卷、书信卷第327页收录，标“一九三二年旧五月，温州庆福寺”。文物出版社2017年10月版陈飞鹏整理《弘一法师书信全集》第281页收录，亦如此标注。疑误。如所标时间正确，弘一大师此时并不在温州，而在慈溪金仙寺；若地点正确，则必不会是农历五月。从信中可知，此时弘一大师不在伏龙寺，但表示将来会赴伏龙寺。故此函当写于自金仙寺再往伏龙寺之前。

6月1日（农历四月廿七日），《佛学半月刊》第32期刊出佛学书局“青年丛书”《护生画集》广告。同期刊出《尤玄父启事》：“去夏玄父募印弘一法师手书八种长养功德经，荷承十方善信赞助功德，法利人天，至深庆幸。截至去年止，共得洋壹百二十陆元，已交上海佛学书局，为诸大善士共种善因矣。佛学书局现正蒐集弘师手迹付印流通，嗣后各经出世，当视功德之大小由佛学书局陆续寄奉供养。功德经亦将付印并以奉闻，诸希公鉴……”

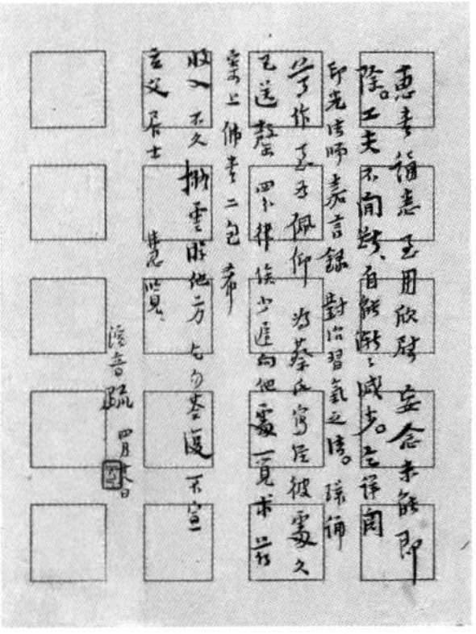

上海天衡2011年春季拍卖会《无上清凉——弘一书法墨迹专场》上的1932年6月2日在慈溪致尤墨君函。

附记：6月2日（农历四月廿八日），在慈溪致尤墨君函：

惠书，诵悉，至用欣慰。妄念未能即除，工夫不间断，自能渐渐减少。乞详阅印光法师嘉言录，对治习气之法。环诵尊作，至为佩仰。为蔡氏写经，彼处久已送罄。四分律俟少迟向他处觅求。兹寄上佛书二包，希收入。不久拟云游他方，乞勿答复。不宣。

玄父居士慧览

演音疏　四月廿八日

此信福建人民出版社2019年12月版《弘一大师全集》（第3版，修订2版）第八册·文艺卷、杂著卷、书信卷未收。文物出版社2017年10月版陈飞鹏整理《弘一法师书信全集》第277—278页收录，有“案”：“此信，辑自上海天衡2011年春季拍卖会《无上清凉——弘一书法墨迹专场》。经鉴定乃弘一法师手札真迹无误。无年份，地址……以书写风格论，此件书风符合1932年风格特点……”因系拍卖件，以往无著录，又系“经鉴定”等，附录于此，供研究参考。

6月4日至7月3日间（农历五月），作《温陵刻〈圆觉了义经〉跋》，署“岁次壬申五月大华严寺沙门一音并志。”①

书联“赠长福寿芽，必获菩提果；今修功德行，疾入涅槃城。”款识“唐贞元译大方广佛华严经普贤行愿品偈颂，岁次壬申五月，广大清净院沙门庄严书，时年五十三”；钤印“辟”、“弘一”、佛肖印。

朱书七言联“普雨法雨润一切，难行苦行为众生”。款识“晋译大方广佛华严经世间净眼品偈颂句。壬申五月，假名院沙门远离集书”；钤印“弘一”、佛肖印。②

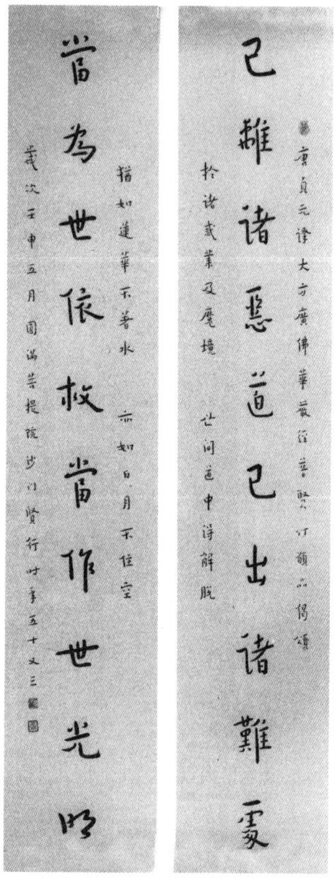

弘一大师于1932年农历五月所书十言联。

书七言联“普雨法雨润一切，难行苦行为众生”。款识“晋译大方广佛华严经世间净眼品偈颂句。壬申五月，假名院沙门远离集书”；钤印“龙音”、佛肖印。③

书八言联“言音净妙功德圆满，诸根调伏十力成就”。款识“大方广佛华严经金刚幢十回向品句，岁在壬申五月，回向藏院沙门法城书”；钤印“龙音”、佛肖印。④

书七言联“于诸佛所修善法，以无上道化众生”。款识“晋译大方广佛华严经卢舍那佛品，壬申五月，沙门所归集偈颂句书”；钤印“龙音”、佛肖印。⑤

书八言联“究竟得到头陀彼岸，以无碍眼等视众生”。款识“晋译大方广佛华严经净行品十回向品，岁次壬申五月，世间镫院沙门如空”；钤印“龙音”、佛肖印。⑥

书八言联“愿诸众生普得清净，究竟成就一切种智”。款识“大方广佛华严经金刚幢十回向品句，岁集壬申五月，清净行院沙门不动书”；钤印“龙音”、佛肖印。⑦

书八言联“普能饶益一切众生，皆使清净至于究竟”。款识“大方广佛华严经金刚幢十回向品句，岁集壬申五月，入真实法院沙门作明”；钤印“龙音”、佛肖印。⑧

① 弘一大师：《温陵刻〈圆觉了义经〉跋》，收《弘一大师全集》第七册·佛学卷、传记卷、序跋卷，福建人民出版社2019年12月第3版、修订2版，第624页。

② 上海市书法家协会编：《海派代表书法家系列作品集·弘一》（该卷主编刘一闻，副主编沈爱良），上海书画出版社2006年12月版，第117页。

③《弘一法师书法集》，上海书画出版社，1997年5月版，第60图。

④ 上海市书法家协会编：《海派代表书法家系列作品集·弘一》（该卷主编刘一闻，副主编沈爱良），上海书画出版社2006年12月版，第118页。

⑤ 上海市书法家协会编：《海派代表书法家系列作品集·弘一》（该卷主编刘一闻，副主编沈爱良），上海书画出版社2006年12月版，第119页。

⑥ 上海市书法家协会编：《海派代表书法家系列作品集·弘一》（该卷主编刘一闻，副主编沈爱良），上海书画出版社2006年12月版，第120页。

⑦ 上海市书法家协会编：《海派代表书法家系列作品集·弘一》（该卷主编刘一闻，副主编沈爱良），上海书画出版社2006年12月版，第121页。

⑧ 上海市书法家协会编：《海派代表书法家系列作品集·弘一》（该卷主编刘一闻，副主编沈爱良），上海书画出版社2006年12月版，第122页。

书八言联“平等悟解住一切智，具足成就智慧藏身”。款识“大方广佛华严经十回向品集句，龙集壬申五月，杜多院沙门胜行集句”；钤印“龙音”、佛肖印。①

书八言联“得佛所赞平等正法，大悲普覆一切众生”。款识“大方广佛华严经十回向品集句，岁次壬申五月，智慧华院沙门法幢”；钤印“龙音”、佛肖印。②

书八言联“得善意欲洗除惑垢，证无上法究竟清凉”。款识“大方广佛华严经净行品偈集句，岁次壬申五月，最胜寂静院沙门调伏书”；钤印“龙音”、佛肖印。③

书十言联“于法无疑惑永绝诸戏论，成熟诸群生严净佛国土”。款识“大方广佛华严经光明觉品，时居明州古大云山中麓，广大苦行皆修习，日夜精勤无厌怠。亦如莲华不著水，如是大士行于世。岁次壬申五月，大慈山无相三昧院沙门觉鬘书”；钤印“弘一”。④

书十言联“菩萨如是行究竟普贤道，出生智慧日普照于法界”。款识“大方广佛华严经偈颂，后二十一年岁次壬申五月，所有成佛功德法，悉以回施诸群生。愿今一切皆清净，到佛庄严之彼岸。普贤行品十回向品，普光明院沙门善思，时居大云”；钤印“弘一”。⑤

书十言联“增长福智芽必获菩提果，今修功德行疾入涅槃城”。款识“唐贞元译大方广佛华严经普贤行愿品偈颂，十方所有诸众生，愿离忧患常安乐。获得其深正法利，灭除烦恼尽无余。岁次壬申五月，广大清净院沙门庄严书，时年五十三”；钤印“弘一”。⑥

书十言联“平等观诸法其心无所染，不生分别心是念佛菩提”。款识“唐贞元译大方广佛华严经普贤行愿品（于众生应作诸众生），我常随顺于众生，尽于未来一切劫。已度难度师子吼，普化众生是其行，岁集壬申夏五月，一切智院沙门离著书，年五十有三”；钤印“弘一”。⑦

书十言联“智慧照十方庄严诸法界，大慈念一切无碍如虚空”。款

① 上海市书法家协会编：《海派代表书法家系列作品集·弘一》（该卷主编刘一闻，副主编沈爱良），上海书画出版社2006年12月版，第123页。

② 上海市书法家协会编：《海派代表书法家系列作品集·弘一》（该卷主编刘一闻，副主编沈爱良），上海书画出版社2006年12月版，第124页。

③ 上海市书法家协会编：《海派代表书法家系列作品集·弘一》（该卷主编刘一闻，副主编沈爱良），上海书画出版社2006年12月版，第125页。

④ 上海市书法家协会编：《海派代表书法家系列作品集·弘一》（该卷主编刘一闻，副主编沈爱良），上海书画出版社2006年12月版，第126页。

⑤ 上海市书法家协会编：《海派代表书法家系列作品集·弘一》（该卷主编刘一闻，副主编沈爱良），上海书画出版社2006年12月版，第127页。

⑥ 上海市书法家协会编：《海派代表书法家系列作品集·弘一》（该卷主编刘一闻，副主编沈爱良），上海书画出版社2006年12月版，第128页。

⑦ 上海市书法家协会编：《海派代表书法家系列作品集·弘一》（该卷主编刘一闻，副主编沈爱良），上海书画出版社2006年12月版，第129页。

识“唐贞元译大方广佛华严经普贤行愿品偈颂，所有礼赞供养福，请佛住世转法轮。随喜忏悔诸善根，回向众生及佛道。岁次壬申五月，最吉祥院沙门胜镫，时居明部”；钤印“弘一”。①

书十言联“已离诸恶道已出诸难处，当为世依救当作世光明”。款识“唐贞院译大方广佛华严经普贤行愿品偈颂，于诸惑业及魔境，世间道中得解脱。犹如莲华不著水，亦如日月不住空。岁次壬申五月，圆满菩提院沙门贤行，时年五十又三”；钤印“弘一”、“音”。②

书七言联“众生幻化无有实，诸佛护念恒不忘”。款识“大方广佛华严经十回向品十行品。壬申五月，菩提本院沙门解了书”；钤印佛肖印、“龙音”。③

书七言联“光明照耀靡不及，智慧增长无有边”。款识“大方广佛华严经世主妙严品十地品偈。壬申五月，等虚空院沙门自在集书”；钤印佛肖印、“龙音”。④

书七言联“勇猛精进力具足，智慧聪达意清净”。款识“大方广佛华严经十回向品。壬申五月，一言音院沙门悲愿书”；钤印佛肖印、“龙音”。⑤

书七言联“雨大法雨今开悟，行菩提行利众生”。款识“唐贞元译大方广佛华严经偈颂。壬申五月，沙门实慧集句，居明部”；钤印佛肖印、“龙音”。⑥

书七言联“了解世间犹若梦，灭除障垢无有余”。款识“唐贞元译大方广佛华严经偈颂。壬申夏五月，沙门解缚集句并书”。⑦

书八言联“譬如虚空具含众像，于诸境界无所分别”。款识“大方广佛华严经世主妙严品句。壬申五月，永宁大杂华庄严院沙门璎珞，时居箬峰”；钤印佛肖印、“龙音”。⑧

书八言联“得一向意勤求佛道，说微妙法饶益众生”。款识“晋译大方广佛华严经偈颂集句。龙集壬申五月，卢舍那院沙门虚空书”；钤印佛肖印、“龙音”。⑨

书八言联“一切诸佛所有法轮，流通护持使无断绝”。款识“大方广佛华严经普贤三昧品句。岁在壬申五月，如来藏院沙门安立书”；钤

① 上海市书法家协会编：《海派代表书法家系列作品集·弘一》（该卷主编刘一闻，副主编沈爱良），上海书画出版社 2006 年 12 月版，第 130 页。
② 上海市书法家协会编：《海派代表书法家系列作品集·弘一》（该卷主编刘一闻，副主编沈爱良），上海书画出版社 2006 年 12 月版，第 131 页
③《弘一法师书法集》，上海书画出版社，1997 年 5 月版，第 54 图。
④《弘一法师书法集》，上海书画出版社，1997 年 5 月版，第 56 图。
⑤《弘一法师书法集》，上海书画出版社，1997 年 5 月版，第 57 图。
⑥《弘一法师书法集》，上海书画出版社，1997 年 5 月版，第 58 图。
⑦《弘一法师书法集》，上海书画出版社，1997 年 5 月版，第 62 图。
⑧《弘一法师书法集》，上海书画出版社，1997 年 5 月版，第 64 图。
⑨《弘一法师书法集》，上海书画出版社，1997 年 5 月版，第 65 图。

印佛肖印、“龙音”。[①]

书八言联“听闻正法断诸疑惑，忆持不忘如说修行”。款识“大方广佛华严经金刚幢十回向品句。岁次壬申五月，调御师院沙门一日书”；钤印佛肖印、“龙音”。[②]

书十言联“为发大悲意勤求无上道，远离诸妄想随顺于众生”。款识“唐贞元译大方广佛华严经普贤行愿品偈颂。勤修清净波罗蜜，恒不忘失菩提心。灭除障垢无有余，一切妙行皆成就。岁次壬申五月，广大行院沙门无尽，时居箬峰”；钤印“弘一”。[③]

书十言联“不贪于利养唯乐佛菩提，一心求佛智专精无异念”。款识“大方广佛华严经十地品偈颂。时夏安居于伏龙山中。最拯清净如虚空，不染世法犹莲华。大牟尼尊现于世，譬如须弥出巨海。龙集壬申五月，胜地行院沙门念慧书，年五十有三”；钤印“弘一”。[④]

书八言联“作一切智善巧船师，度诸众生使到彼岸”。款识“大方广佛华严经十回向品偈颂集句。岁次壬申五月，沙门法流书。经文连续前云集句者，误耳”；钤印佛肖印、“龙音”。[⑤]

附记：浙江三江拍卖有限公司2013年秋季艺术品拍卖会《中国书画（二）》图册收弘一名下书法“已离诸恶道已出诸难处，到为世依救当作世光明。”款识“唐贞元译大方广佛华严经普贤行愿品偈颂。于诸惑业及魔境，世间道中得解脱。犹如莲华不著水，亦如日月不住空。岁次壬申五月，圆满菩提院沙门贤行时年五十又三”；钤印“弘一”（白文）、“音”（朱文）。尺寸：78×14×2厘米。该图册另有弘一名下书法二件，一为“圆满普贤诸行力，速获如来无上身。”款识“大回向院成宝书”。钤印“弘一”（朱文）、佛肖印（朱文）。一为“斜阳缕缕鹭鸶楼，藕叶枯香著野泥。有个高僧入图画，把经立水塘西。”款识“唐韩偓曲江秋日诗。绵松居士澄览。一音”。此二件未著年代。

6月8日前（农历五月初五日前），再赴伏龙寺。

6月15日，《海潮音》第13卷第6号目录页刊出书法“常念佛功德”、“广大利众生”、“一心求佛智”，款识均为“华严经句”，署名均为“入玄”，钤印佛肖印等。同期刊出佛学书局广告，其中有《梵网经心地

① 《弘一法师书法集》，上海书画出版社，1997年5月版，第66图。
② 《弘一法师书法集》，上海书画出版社，1997年5月版，第67图。
③ 《弘一法师书法集》，上海书画出版社，1997年5月版，第72图。
④ 《弘一法师书法集》，上海书画出版社，1997年5月版，第73图。
⑤ 《弘一法师书法集》，上海书画出版社，1997年5月版，第68图。

品菩萨戒》《多藏地神护法品横披》《地藏嘱累人天品横披》《佛说八大人觉经》《普贤行愿品偈》《地藏见闻利益品》《华严经初回向章》《华严经净行品偈》《八种长养功德经》《大乘戒经》等，均标注“弘一书”。

6月24日（农历五月廿一日），在镇海致崇德法师函。言来信收到；嘱先熟读《含注戒本》及《羯磨》，便时将至金仙寺为讲此二书；前托刘居士之件，因丰居士编辑极忙，未便请求，故另托他人写画等。[①]

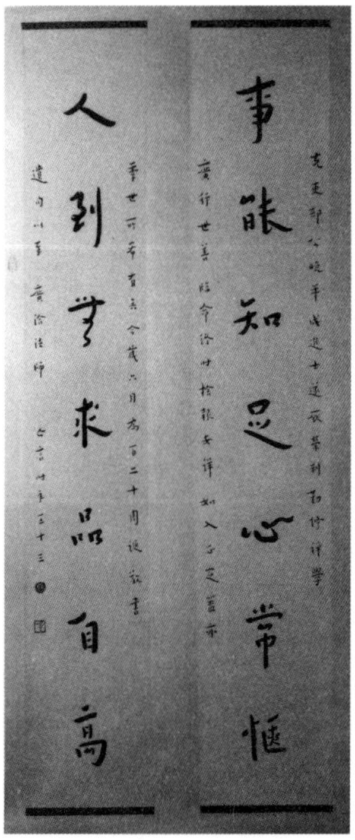

弘一大师于1932年农历六月所书七言联“事能知足心常惬，人到无求品自高”。

6月27日（农历五月廿四日），在镇海致性愿法师函：

性公老法师慈鉴：

惠书，敬悉一一。承施十金，确之不恭，谨以受收。惟来函所云，备作邮笺之需云云。后学现不需用邮笺，拟以移作他用，想为慈意所许诺也。

秋凉之后（旧历九月或十月间），倘时局无大变动，拟来闽亲侍法座。所云接迎之事，万不敢当，因临时或由沪或由温动身，未能一定也。

后学近来衰老益甚，拟来闽后，在不驻军队之寺居住，以资静养，乞法座预为酌定之，至感。顺请

禅安

后学演音顶礼　旧五月廿四日

按：此信福建人民出版社2019年12月版《弘一大师全集》（第3版，修订2版）第八册·文艺卷、杂著卷、书信卷第447—448页收录，标“一九三二年旧五月廿四日，上虞白马湖”。文物出版社2017年10月版陈飞鹏整理《弘一法师书信全集》第280—281页收录，时间标1932年“旧五月二十四日”，地点标“温州庆福寺”。皆误。此时弘一大师仍在镇海伏龙寺。

6月（农历四月廿七日至五月廿七日），《佛学书局图书目录》（第四次印）中有《普贤行愿品偈》《华严经净行品偈》《佛说八大人觉经》，均标“弘一”；《佛说梵网经菩萨心地品菩萨戒》《大方广佛华严经普贤行愿品偈》《华严经十回向品初回向章》《大方广佛华严经净行品偈》《佛一百八名赞》《佛三身赞》《广大发愿》（三种同本）、《佛说八大人觉

① 此信福建人民出版社2019年12月版《弘一大师全集》（第3版，修订2版）第八册·文艺卷、杂著卷、书信卷第472—473页收录，标“一九三二年五月廿一日，镇海伏龙寺”。

经》《八种长养功德经》《大乘戒经》《地藏见闻利益品》《地藏地神护法品》《地藏嘱累人天品》《华严经净行品短屏六条》《地藏地神护法品横披》《地藏嘱界人天品横披》，均标“弘一书”；《弘一法师四尺对联》；《佛说八大人觉经》（梵本），标“弘一法师书”；《弥陀解二种》《三皈依解》，均标“弘一法师书”；《梵网经心地品菩萨戒》，标“弘一书”；《护生画集》，标“弘一师书，丰子恺画”等。

夏，刘质平来伏龙寺探望。①

7月1日（农历五月廿八日），《佛学半月刊》第34期刊出佛学书局《弘一法师手书经卷墨宝》（《佛说梵网经菩萨心地品菩萨戒》《大方广佛华严经普贤行愿品偈》《大方广佛华严经十回向品初回向章》《大方广佛华严经净行品偈》《佛一百〇八名赞佛三身赞广大发愿颂》《佛说八大人觉经》《八种长养功德经》《佛说大乘戒经》）广告。

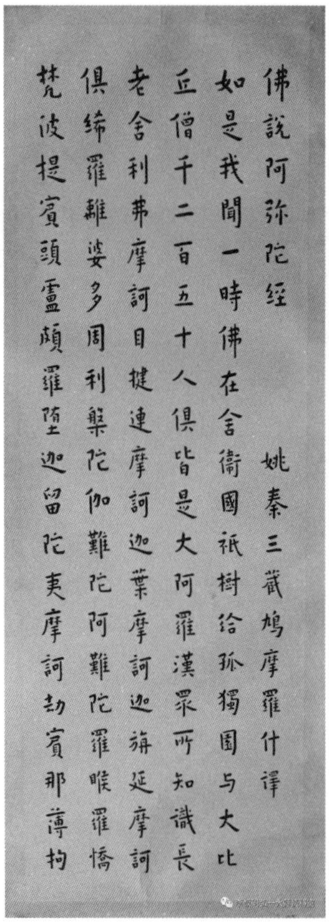

弘一大师书《佛说阿弥陀经》十六条屏首屏。

7月4日至8月1日（农历六月），书七言联“事能知足心常惬，人到无求品自高”。款识“先吏部公晚年成进士，遂厌荣利，勤修禅学。广行世善，临命终时，舍报安祥，如入正定。盖亦季世所希有矣。今岁六月为百二十周诞，敬书遗句以奉广洽法师。亡言时年五十三”；钤印“辟”、“弘一”。②

应赵伯庼之请，为其亡祖母苏氏书《华严经十地品离垢地》一卷以为回向。

书《先德法语》赠夏丏尊之子夏龙文。

7月8日（农历六月初五日），为其亡父一百二十龄诞辰纪念日，是月敬书姚秦三藏鸠摩罗什译《佛说阿弥陀经》十六条屏。款识“岁次壬申六月，先进士公百二十龄诞辰，敬书《阿弥陀经》回向先考。冀往生极乐，早证菩提，并愿以是回向功德，普施法界众生，齐成佛道者。沙门演音，时年五十三”；钤印“大明沙门”。③ 另有七言联“事能知足心常惬，人到无求品自高”赠刘质平。款识“先进士公六十八岁生余，今夏六月五日为公百二十龄诞辰。公邃于性理之学，身体力行，是联句其遗作也。质平居士请书，以为纪念。岁在壬申大华严寺沙门演音，时居

① 《刘质平年表》，收平湖市李叔同纪念馆编《薪火相传——纪念著名音乐教育家刘质平先生诞辰一百二十周年》，2014年10月。

② 今见《广洽纪念馆》一书，[新加坡] 广洽纪念馆编辑委员会编，2007年3月，第23页。

③ 上海市书法家协会编：《海派代表书法家系列作品集・弘一》（该卷主编刘一闻，副主编沈爱良），上海书画出版社2006年12月版，第132—147页。现藏平湖市李叔同纪念馆。

箬山”。[①] **按一：**此经为弘一大师平生重要书作，刘质平对书写过程的介绍是：“先师所写字幅，每幅行数每行字数，由余预先编排。布局特别留意，上下左右，留空甚多。师常对余言：字之工拙，占十分之四，而布局却占十分之六。写时关门，除余外，不许他人在旁，恐乱神也。大幅先写每行五字，从左至右，如写外国文。余执纸，口报字，师则聚精会神，落笔迟迟，一点一画，均以全力赴之。五尺整幅，须二小时左右方成。”又，刘质平在伏龙寺期间，与师有生死之约：“余死在师前，师为余诵《华严经普贤行愿品》百遍，为余超度。如师往西在余之前，余为师侍奉善后。”[②] **按二：**时刘质平选录《格言联璧》数百则请弘一大师书写，并拟刊布。弘一大师于是日始书，先书第一集120则，四言至十言不等。此乃后之《弘一法师手书嘉言集》。

7月15日（农历六月十二日），《海潮音》第13卷第7号目录页刊出书法“智慧无边际”、“佛功德无边”、“悉当成佛道”，款识均为“华严经句”，署名均为“入玄”，钤印佛肖印等。

7月下旬（农历六月十七日至廿八日），在镇海致刘质平函，请托人代为崇德法师求书画：

> 四尺小对联一付
> 三尺小中堂一幅
> 画阿弥陀佛像
> 上款写：崇德法师
> 乞付邮单挂号（一角〇半分）寄至“余姚转（北乡）鸣鹤场金仙寺崇德法师收”。[③]

8月5日（农历七月初四日），在镇海致刘质平函。言惠寄宣纸已收到；前托为崇德法师画像书联，成就时寄伏龙寺，当会转交等。[④]

8月15日（农历七月十四日），《海潮音》第13卷第8号目录页刊出书法“常念佛功德”、“广大利众生”、“一心求佛智”，款识均为“华

① 夏宗禹编：《弘一大师遗墨》，华夏出版社1999年1月第2版，第64页。
② 《刘质平年表》，收平湖市李叔同纪念馆编《薪火相传——纪念著名音乐教育家刘质平先生诞辰一百二十周年》，2014年10月。
③ 此信图版见王维军著《平湖李叔同纪念馆藏李叔同（弘一大师）手札墨宝·识注考勘》，西泠印社出版社2017年9月版，第168页。
④ 此信福建人民出版社2019年12月版《弘一大师全集》（第3版，修订2版）第八册·文艺卷、杂著卷、书信卷第293页收录，标“一九三二年旧七月四日，镇海伏龙寺”。

严经句”，署名均为“入玄”，钤印佛肖印等。

附记： 8月16日（农历七月十五日），在镇海致徐啸涛、夏龙文函：

啸涛、龙文二居士全鉴：

前复书，想已收到。兹有致普行师（山房内）一纸乞转交。并乞以浅近之土话为之详细讲解其意。至感。余拟云游远方，乞暂勿通信。

龙文居士属写各件，俟旧历八月内，交邮局挂号寄奉也。

谨陈不具。

旧七月十五日　演音启

此函将寄出，乃获披诵啸涛居士惠书。普行师既已返里，俟他日再至山房时，乞以此书解释与彼听之可也。兵士既不来，则竹篱可以不装。余不久须往厦门讲律，不能来山房矣。

音附白[1]

此信福建人民出版社2019年12月版《弘一大师全集》（第3版，修订2版）第八册·文艺卷、杂著卷、书信卷和文物出版社2017年10月版陈飞鹏整理《弘一法师书信全集》均未收录。见2018年2月11日“弘二堂”微信公众号，标注写于1932年旧历七月十五日（新历8月16日），并言此信由关注此公众号的述运先生提供。又言“依据述运先生提供的两件书信封套，其中一函上款：百官转驿亭白马湖。受信人：夏龙文居士。下款：镇北龙山伏龙寺弘一缄。信封发出地邮戳：宁波鄞县（今宁波鄞州区）；日期邮戳民国廿一年8月17日。即是1932年旧7月16日，亦即弘一法师写此信后第二天……”信中有言：“兹有致普行师（山房内）一纸乞转交。”由此可知，信已写好，而“弘二堂”微信公众号标注写于1932年农历七月十五日，亦即与致啸涛、夏龙文函为同一天。不确。信如下：

普行仁者慧鉴：

近来身体想甚平安。

仁者居住山房之内，以“方便闭关”最善。倘无十分重要之事，不必出门，春晖学校内，万不可往。至有学校中之人至山房者，亦勿招待。因僧与俗完全是两派。彼此不必往来，自今以后，乞仁者不可再入学校之大门。倘身体不能久坐，必须出外运动者，

① 啸涛即徐啸涛，李叔同在浙江省立第一师范学校时学生，乐石社成员。《乐石社友小传》记载：“徐啸涛，名葆，上虞人。知书善画，篆刻初师辛谷（即其乡人徐三庚），壬子来杭，与西泠诸印人，朝夕研求，知印以宗汉为正，因尽弃辛谷之学而学之，尤善白文，浑厚高古，得汉人神髓。”

可以往后山上无人处，随意游览可也。以后倘有在家人至山房扰乱仁者用功，乞仁者即通知徐、夏二居士，即可代为阻止。总之，自今以后出家人与在家人，彼此不相往来为善。晚间迟至八点钟即须息灯就寝。不可至九点十点钟仍旧灯火辉煌。因出家人须事事格外谨慎。凡一行动，一开口，皆须十分注意。万不可轻举妄动，因仁者虽自己问心无有过失，而在他人或误会而生种种之批评也。

余与仁者为友人，故以直言奉告。想仁者闻之当心生欢喜也。

弘一上①

致徐啸涛、夏龙文函寄发后，复有致夏龙文函，亦出自2018年2月11日“弘二堂”微信公众号。信如下：

龙文居士：

前奉惠书，欣悉一一。普行师能安住，甚善。再乞仁者枉驾与之一谈。嘱彼以后万万不可来余处。因余到处云游，居处无定。又所住之寺是为客位，诸事客气，若普行师来此者，不能招待。故乞彼勿来为要。且俟将来有便时，余当至白马湖山房与彼晤谈。但在何时不能定耳。

费神，至感，不宣。

弘一启

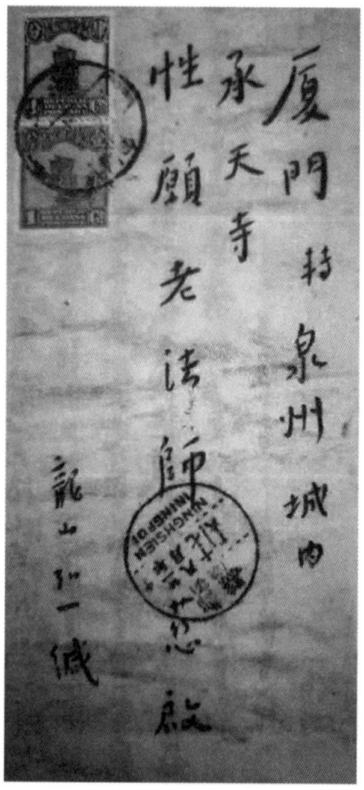

1932年8月17日（农历七月十六日），弘一大师在慈溪寄发致性愿法师函。（王维军提供）

对于此函的时间，2018年2月11日“弘二堂”微信公众号标注为1932年夏，当为秋。诸函录存于此，供研究参考。

8月17日（农历七月十六日），在慈溪寄发致性愿法师函。②

8月21日（农历七月廿日），在镇海致刘质平函。问病况；言来信收悉。再嘱前托为崇德法师书画件请人加墨，可由上海付邮局挂号直接

① 普行法师似为宽愿法师，弘一大师弟子，1927年曾与弘一大师同住杭州灵隐寺下院本来寺。根据曹云鹏采访宽愿法师的文章《弘一法师出家前后轶事》（载《名僧录》，全国政协文史资料委员会宗教组编，中国文史出版社1988年11月版），宽愿法师自述与弘一大师最后一次见面是1932年。两人分别的地点是浙江上虞白马湖。宽愿法师说：“我二十七岁那年，随侍师父在白马湖春晖中学。这年正值母亲有病，来信叫我回家看看……我就赶程回衢州……我再回到白马湖时，竟不见了我的师父。我的心顿时跳动得发慌，急急忙忙去问夏丏尊先生，夏先生告诉我说：‘你师父久等你不来，便一个人到福建去了。’”“第二天，我像一只失了慈母的孤雁，含着满眶眼泪，离开白马湖春晖中学，回到杭州虎跑寺。从此我就再也没有见师父一面！”1932年弘一大师未在白马湖居住。宽愿所述1932年与弘一大师分别在白马湖，或与弘一大师该年3月上旬有绍兴之行有关。待考。

② 有信封存世。邮戳日期为“廿一年八月十七日”。

寄去；云游大约在中秋后等。[①]

8月22日至9月15日间（农历七月廿一日至八月十五日间），在镇海致刘质平函。言前复函想已收到；告知诸事：一、大约中秋后往金仙寺，不久往温州。二、到金仙寺后当检出经物行李交鸣鹤场航船带至余姚站，托站长运至宁波。三、请访陈伦孝，托彼写信二封挂号寄来。金仙寺行李由余姚站长运至陈伦孝家中。四、第一次带至宁波网篮两只和此次运去行李，皆在收到后请托永川陈君运往温州。第二次带往宁波之经书等仍暂为存贮宁波，将来到厦门后再酌情托交上海陈嘉庚公司运至厦门，或代为存贮。五、便中请访永川轮船陈君一谈，咨询永川轮今秋何时修理、船期是否仍星期二到星期四开。[②] 六、居处鼠害为患，拟请到上海先施公司购西式捕鼠器一件，如无，请至上海城隍庙购买亦可（不伤鼠命），至宁波时面交。前存陈伦孝处有黄寄慈刻印五方，请取来，至宁波时面交。七、饼干尚存傱多，桂圆不再食用，均勿再购。八、如新历9月15日前寄函至伏龙寺，仍可收到等。[③] **按：**此函有附条："行李数件。乞永川轮船稽查员陈居士，带至温州。送交大南门外（东城下）飞霞洞前面庆福寺内（即是以前居住之处），住持因宏法师收。费神，至感。弘一敬托。"

9月1日（农历八月初一日），《佛学半月刊》第38期刊出佛学书局《弘一上人法书·华严经集联》广告。

9月15日（农历八月十五日），《海潮音》第13卷第9号目录页刊出书法"常念佛功德"、"广大利众生"、"一心求佛智"，款识均为"华严经句"，署名均为"入玄"，钤印佛肖印等。

9月16日（农历八月十六日），抵达金仙寺。

9月18日（农历八月十八日），在慈溪致刘质平函。言9日来信收

① 此信福建人民出版社2019年12月版《弘一大师全集》（第3版，修订2版）第八册·文艺卷、杂著卷、书信卷第293页收录，标"一九三二年旧七月二十日，镇海伏龙寺"。文物出版社2017年10月版陈飞鹏整理《弘一法师书信全集》第314页收录此信部分内容，时间标1933年"旧七月二十日"，地点标"泉州开元寺"。此误。

② 陈君，永川轮稽查员。其与陈伦孝、黄寄慈相熟。

③ 此信福建人民出版社2019年12月版《弘一大师全集》（第3版，修订2版）第八册·文艺卷、杂著卷、书信卷第294页收录，标"一九三二年秋，镇海伏龙寺"。王维军著《平湖李叔同纪念馆藏李叔同（弘一大师）手札墨宝·识注考勘》，西泠印社出版社2017年9月版第177页有详细考证，以为写于1932年8月底，时居伏龙寺。

到；16 日至金仙寺；盼咨询往温州之轮船到甬时间和开船之期等。①

9 月 30 日至 10 月 28 日（农历九月），在慈溪致胡宅梵函。言来信收到；圣像再版付印，至慰；为胡居士书佛号一叶，请转交等。②

李圆净来函，请助编《九华山志》，提供资料。决定辑录地藏菩萨教迹，以流传于世。③

秋，在慈溪致刘质平函。言早晨由民局送来绒袍一件；其包一件当晚托送民局带宁波等。④

10 月 1 日（农历九月初二日），《四川佛教月刊》第 2 年第 10 期刊成都倦文社“上海佛学书局新到”，有《护生画集》。

10 月 4 日（农历九月初五日），在慈溪致刘质平函：

> 新历十月十三日（星期四），下午三点〇五分钟，到宁波车站。另有函，寄四中校，详言之。余俟晤商，不宣。
> 质平居士
>
> 演音启　十月四日

按：此信福建人民出版社 2019 年 12 月版《弘一大师全集》（第 3 版，修订 2 版）第八册 · 文艺卷、杂著卷、书信卷第 295 页收录，标“一九三二年十月四日，上虞法界寺”。此误。根据弘一大师行踪，此时其并未在法界寺，而居金仙寺。详考见王维军著《平湖李叔同纪念馆藏李叔同（弘一大师）手札墨宝 · 识注考勘》。⑤信中所谓“另有函，寄四中校”之函为：

> 前惠书，诵悉。拟于新历十月十三日（即星期四）到宁波。约于下午三点零五分钟抵（宁波）车站。即登平阳轮船（此船星期四

① 此信福建人民出版社 2019 年 12 月版《弘一大师全集》（第 3 版，修订 2 版）第八册 · 文艺卷、杂著卷、书信卷第 294 页收录，标“一九三二年九月十八日，慈溪金仙寺”。

② 此信福建人民出版社 2019 年 12 月版《弘一大师全集》（第 3 版，修订 2 版）第八册 · 文艺卷、杂著卷、书信卷第 397 页收录，标“一九三二年旧九月，慈溪金仙寺”。

③ 弘一大师：《〈地藏菩萨圣德大观〉序》，收《弘一大师全集》第七册 · 佛学卷、传记卷、序跋卷，福建人民出版社 2019 年 12 月第 3 版、修订 2 版，第 624 页。

④ 此信福建人民出版社 2019 年 12 月版《弘一大师全集》（第 3 版，修订 2 版）第八册 · 文艺卷、杂著卷、书信卷第 294 页收录，标“一九三二年九月，慈溪金仙寺”。

⑤ 王维军著：《平湖李叔同纪念馆藏李叔同（弘一大师）手札墨宝 · 识注考勘》，西泠印社出版社 2017 年 9 月版，第 183 页。

到，星期六开。卖票员及茶房皆素相识)。以前存尊处之行李，惟有两件往温州。俟与仁者晤面后，再详谈可也。

质平居士慧鉴

演音疏 十月四日

按：此信福建人民出版社2019年12月版《弘一大师全集》(第3版，修订2版)第八册·文艺卷、杂著卷、书信卷第295页收录，标“一九三二年十月四日，上虞法界寺”。文物出版社2017年10月版陈飞鹏整理《弘一法师书信全集》第285页收录，亦如此标注。皆误。根据弘一大师行踪，此时其并未在法界寺，而居金仙寺。详考见王维军著《平湖李叔同纪念馆藏李叔同(弘一大师)手札墨宝·识注考勘》。①

10月8日(农历九月初九日)，在慈溪致刘质平函：

六日惠书，顷已披阅。永川开行，甚善。余拟于新历十九日(即星期三)下午三时〇五分到宁波，先此奉达。数日后，再致函详陈，挂号寄至宁波。乞仁者于十九日晨到校时，即向门役索阅挂号信可也。

质平居士

演音疏 十月八日

按：此信福建人民出版社2019年12月版《弘一大师全集》(第3版，修订2版)第八册·文艺卷、杂著295页收录，标“一九三二年十月八日，上虞法界寺”。文物出版社2017年10月版陈飞鹏整理《弘一法师书信全集》第285页收录，亦如此标注。皆误。根据弘一大师行踪，此时其并未在法界寺，而居金仙寺。详考见王维军著《平湖李叔同纪念馆藏李叔同(弘一大师)手札墨宝·识注考勘》。②

10月14日(农历九月十五日)，在慈溪致刘质平函：

前寄至上海一函，想已收到。

余决定于十九日(星期三)下午三时，到宁波车站。(风雨勿阻。但若小船因风大或其他特别事故，不能开行，则须改至再下星期三，即廿六日。)乞仁者预早与林君商定船室。最好仍住买办房

① 王维军著：《平湖李叔同纪念馆藏李叔同(弘一大师)手札墨宝·识注考勘》，西泠印社出版社2017年9月版，第185页。
② 王维军著：《平湖李叔同纪念馆藏李叔同(弘一大师)手札墨宝·识注考勘》，西泠印社出版社2017年9月版，第187页。

中。(即上次所住者)因行李甚多，此房极大，可以存置也。行李本拟不多带。今因仍搭永川轮船，故改为多带数件。计如下所记：

△仁者第一次由伏龙寺带去之网篮两只。

△一月前，由陈伦孝居士托余姚站带上行李三件。(计书箱二只，铺盖一件。)

以上共五件，乞仁者预早搬入船内。俟余到甬后，即可迳上船也。

此外，尚有仁者第二次带甬之书籍等(一网篮、一麻袋)，则乞仍存仁者之处，无须移动也。

种种费神，感谢无尽。

质平居士丈室

演音启　十月十四日

按：此信福建人民出版社 2019 年 12 月版《弘一大师全集》(第 3 版，修订 2 版)第八册·文艺卷、杂著卷、书信卷第 295 页收录，标“一九三二年十月十四日，上虞法界寺”。文物出版社 2017 年 10 月版陈飞鹏整理《弘一法师书信全集》第 261 页、285—286 页重复收录，时间分别标 1931 年“旧十月十四”、1932 年“旧九月十五日(新历 10 月 14 日”，地点均标“上虞法界寺”。皆误。此信写于 1932 年 10 月 14 日(农历九月十五日)，地点在金仙寺。根据弘一大师行踪，此时其并未在法界寺，而居金仙寺。详考见王维军著《平湖李叔同纪念馆藏李叔同(弘一大师)手札墨宝·识注考勘》。①

10 月 15 日(农历九月十六日)，《海潮音》第 13 卷第 10 号目录页刊出书法“一相无有二”、“清净功德藏”、“无我心调柔”、“一切法无相”，款识均为“华严经句”，署名均为“入玄”，钤印：佛肖印等。

10 月 19 日(农历九月廿日)，下午抵宁波。

10 月 20 日(农历九月廿一日)，乘轮船往温州。

10 月 22 日(农历九月廿三日)，中午抵达温州。

10 月 23 日(农历九月廿四日)，在温州致性愿法师函：

① 王维军著：《平湖李叔同纪念馆藏李叔同(弘一大师)手札墨宝·识注考勘》，西泠印社出版社 2017 年 9 月版，第 189 页。

性公老法师慈座：

敬启者，末学于昨日午已到温州，不久即可往闽。拟先到南普陀暂住（因不知路途），然后再往山边岩。所有书籍，因携带不便，拟先交邮局寄闽。但未知山边岩及南普陀近来仍一切如常否？若寄书籍至南普陀，是否交广洽法师代收？乞费神示知。俟尊函到后，再觅船便动身（每月仅开二次，故须久候之）。广洽法师诸处，亦乞便中代为致意，至用感谢。

惠复乞寄“温州大南门外庆福寺弘一收”，至感。顺颂

法安

末学演音稽首　九月廿四日

按：福建人民出版社2019年12月版《弘一大师全集》（第3版，修订2版）第445页收录，标“一九二九年旧九月廿四日，温州庆福寺”。文物出版社2017年10月版陈飞鹏整理《弘一法师书信全集》第287页收录，根据弘一大师《南闽十年之梦影》所记住山边岩事，确定为1932年农历九月廿四日。根据弘一大师此次自宁波至温州之行踪，当为1932年。

10月（农历九月初二日至十月初三日），《佛光社社刊》第4期刊出马一浮《护生画集序》和佛学书局《华严经疏论纂要》广告。

广洽法师函请再次至厦门。

柳亚子与姜丹书在杭州晤谈，后作诗“重话樽前李息霜，风流文采亦何常。精修苦行吾无取，麻醉神经事可伤！”①

11月1日（农历十月初四日），《佛学半月刊》第42期刊出佛学书局《华严经疏论纂要》广告。

11月6日（农历十月初九日），在温州致刘质平函：

前书，想已收到。兹有恳者。仁者第二次由伏龙寺带至宁波书籍之中，乞将下记两种检出寄下：

△《华严集联》，两册。

△石印拙书《梵网经》，一册。

（前带去书籍，大致大小相似。惟有上二种特别。一为阔大之

① 引自郭长海《李叔同和柳亚子》，收《中国近代文学史证——郭长海学术文集》，吉林人民出版社2005年3月版，第927—933页。

形，一为长狭之形。乞观其包裹之形式。即可知之。）

以上三册，乞付邮挂号寄至温州南门外庆福寺弘一收。费神，至感。

质平居士

十一月六日　演音启

按：此信福建人民出版社 2019 年 12 月版《弘一大师全集》（第 3 版，修订 2 版）第八册・文艺卷、杂著卷、书信卷第 295 页收录，标“一九三二年十一月六日，上虞法界寺”。文物出版社 2017 年 10 月版陈飞鹏整理《弘一法师书信全集》第 263 页收录，标 1931 年“旧十月初六日”，地点标“慈溪金仙寺”。均误。1932 年弘一大师经宁波往温州，再赴厦门。故书籍寄至温州合理。且 1931 年底弘一大师仍在慈溪金仙寺，书籍寄温州不合理。详考见王维军著《平湖李叔同纪念馆藏李叔同（弘一大师）手札墨宝・识注考勘》。[1]

11 月 10 日（农历十月十三日），《现代佛教》出版第 5 卷第 6 期，所题刊名用于该期封面。

11 月 11 日（农历十月十四日），在温州致性愿法师函。言顷收来信；定于十天后搭乘新镃利轮船往厦；前寄至泉州、南普陀寺书物想已收到等。[2]

夜患痢疾。[3]

11 月 15 日（农历十月十八日），在温州致致赵柏庼函：

前复露片，想已收到。写经已就，附挂号邮奉。五六年来，未曾以小楷写经，故笔墨十分生疏。字体亦有俗者未能校正，未能工整，乞亮之。前次尊函，即可以仿宋小号铅字排印，附于经文之后，更加题目壹行。前函文义甚佳，仅“受具足戒”四字，乞改为“受持五戒”。前函附奉，并乞收入。此经宜用摄影石印为宜。因将来他处可以翻印，广为流传（珂罗版不能翻石印）。佛学书局以前所印拙书八种，皆用夹宣纸，摺本，布面。资本既巨，而印摺未精，反损美观。今写之经，拟以连史纸石印。中国旧式连史甚佳。

① 王维军著：《平湖李叔同纪念馆藏李叔同（弘一大师）手札墨宝・识注考勘》，西泠印社出版社 2017 年 9 月版，第 191 页。

② 此信福建人民出版社 2019 年 12 月版《弘一大师全集》（第 3 版，修订 2 版）第八册・文艺卷、杂著卷、书信卷第 448 页收录，标“一九三二年旧十月十四日，温州庆福寺”。

③ 参见 11 月 15 日（农历十月十八日）弘一大师致性愿法师函。

倘价太昂，可改为江南开连史。中国纸簿面，线订本。与佛学书局所另印之拙书《地藏经见闻利益品》，大致相同。价廉品精，最为相宜。此经如是印好，再以石印本交佛学书局翻印，依彼之所好印之可也。上海石印书局，倘仁者有素识者，固善，否则乞与李圆净居士商之，彼必能尽力辅助也。李居士寓上海狄思威路口宝安路永兴里底，乘公园靶子场电车，可到狄思威路口，或先与函商亦可，云由余介绍可也。写经每叶中缝，有之上丁记号，以便印好摺叠时，便利齐整。乞即照样印之。余约于数日后，即往厦门。以后暂勿来信。俟往厦门后，再以地址奉闻。质平居士处，亦乞代告此意。

柏赓居士慧览

旧十月十八日　演音疏[①]

按：此信福建人民出版社 2019 年 12 月版《弘一大师全集》（第 3 版，修订 2 版）第八册 · 文艺卷、杂著卷、书信卷第 403—404 页收录，标“一九三二年旧十月十八日，镇海伏龙寺”。文物出版社 2017 年 10 月版陈飞鹏整理《弘一法师书信全集》第 288 页收录，以弘一大师行踪纠正《全集》之误，当写于温州庆福寺。此信曾刊于 1943 年《学术界》第 1 卷第 1 期李芳远辑《弘一大师书牍》。

同日致性愿法师函。言昨天收到来函及所施十元；农历十四日夜患痢疾，至今未愈。若近日痊愈，即搭次班轮船往厦门。倘一时未能痊愈，则延期等。[②]

同日致广治法师函。言农历十四日夜患痢疾，至今未愈。若近日痊愈，即搭次班镒利轮船往厦门。倘一时未能痊愈，则延期。所带行李不多，勿至码头迎接等。[③]

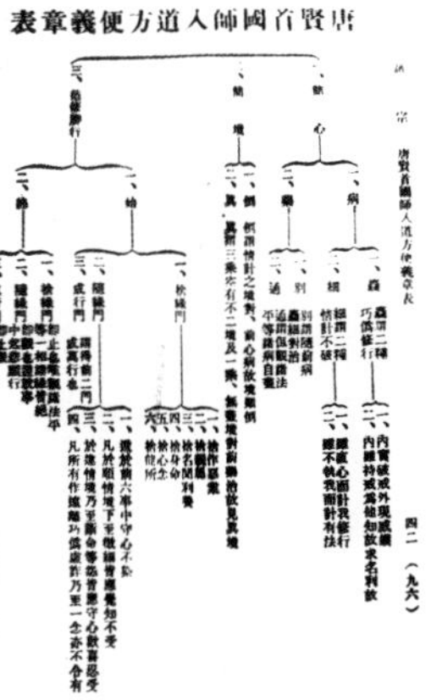
唐賢首國師入道方便義章表

1932 年 11 月 15 日《海潮音》第 13 卷第 11 号上刊出的《唐贤首国师入道方便义章表》。

《海潮音》第 13 卷第 11 号目录页刊出书法“一切法无相”、“无我心调柔”、“清净功德藏”，款识均为“华严经句”，署名均为“入玄”，钤印佛肖印等。同期刊出《唐贤首国师入道方便义章表》，署：“沙门演音制表　笃轩敬书”。**按：**福建人民出版社 2019 年 12 月《弘一大师全集》（第 3 版，修订 2 版）未收录。

11 月 16 日（农历十月十九日），《佛学半月刊》第 42 期刊出佛学书

① 赵柏赓，字愿佳，浙江温州人。

② 此信福建人民出版社 2019 年 12 月版《弘一大师全集》（第 3 版，修订 2 版）第八册 · 文艺卷、杂著卷、书信卷第 448 页收录，标“一九三二年旧十月十八日，温州庆福寺”。

③ 此信福建人民出版社 2019 年 12 月版《弘一大师全集》（第 3 版，修订 2 版）第八册 · 文艺卷、杂著卷、书信卷第 463 页收录，标“一九三二年旧十月十八日，温州庆福寺”。

局《华严经疏论纂要》广告。

11 月 20 日（农历十月廿三日），在温州致刘质平函：

承寄集联及经，皆收到，感谢无已！

四日后，即往厦门。舟已定好。（由局长招待甚优，诸事稳妥，乞勿念。）俟到厦门后，再以住址奉达。

演音启

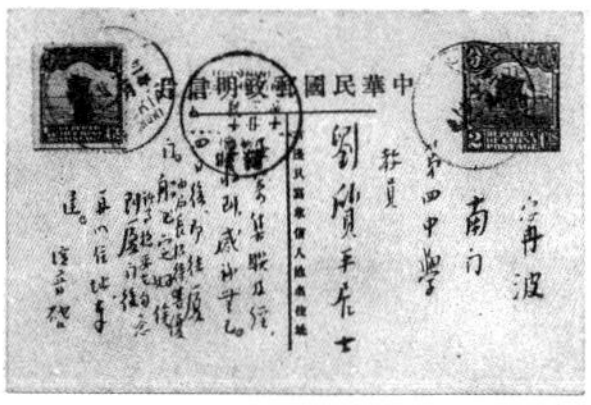

1932 年 11 月 20 日（农历十月廿三日）弘一大师在温州写给刘质平的明信片。

按：此信福建人民出版社 2019 年 12 月版《弘一大师全集》（第 3 版，修订 2 版）第八册 · 文艺卷、杂著卷、书信卷第 295 页收录，标“一九三二年新十一月廿二日，宁波”。文物出版社 2017 年 10 月版陈飞鹏整理《弘一法师书信全集》第 289 页收录，标 1932 年“旧十月二十三日（新历 11 月 20 日）”，地点标“温州庆福寺”。二者所录之信时间均有“新十一月廿二日”。据明信片原件和邮戳，前者时间、地点均误。所录写信时间“新十一月廿二日”在原信片中无；实际写信时间、地点后者确当。弘一大师 10 月 19 日（农历九月廿日），下午抵宁波，次日乘轮船往温州。再参见 11 月 6 日（农历十月初九日）弘一大师在温州致刘质平函，即可知此信写于 1932 年 11 月 20 日（农历十月廿三日），地点在温州。

11 月 22 日（农历十月廿五日），在温州致胡宅梵函：

两日后，即往厦门。以后通讯，暂寄厦门中山公园内东首妙释寺善契法师转交弘一收。

普悲师已离天台，未知现在何处。便中乞向显真师询之。

仁者诗稿刊本，乞寄一册，交温州南门庆福寺当家大师转交陈智仁居士收，至感。倘有续刊之诗稿，亦乞一并寄去。不宣。

旧十月廿五日　演音启

1932 年温州庆福寺重建圆满，弘一大师为该寺大雄宝殿题写“极乐庄严”横匾。该匾今悬于温州江心寺三圣殿。（史从忠提供）

按一：此信福建人民出版社 2019 年 12 月版《弘一大师全集》（第 3 版，修订 2 版）第八册 · 文艺卷、杂著卷、书信卷第 397 页收录，标“一九三二年旧十月廿五日，宁波”。文物出版社 2017 年 10 月版陈飞鹏整理《弘一法师书信全集》第 290 页收录，地点标“温州庆福寺”。因弘一大师此时已在温州，当写于温州。**按二：**信中所提之陈智仁居士后于 1933 年 10 月出版的《海潮音》第 14 卷第 10 期上发表两首诗，怀念弘一大师在庆福寺的岁月。其一为《十月既望夜过庆福寺兼怀弘一师伯》，诗云："宵分寻古刹，到耳有钟声。忽忆莲花座，禅心共月明"；其二为《弘一师伯将有厦门之行赋此送行》，诗云："忆叩莲花座，情深识面初。低徊听说法，胜读十年书。临别赠伽陀，三生感若何？蓦然飞锡去，指日到嘉禾。"

厦门万寿岩旧影。（厦门老明信片）

11月25日（农历十月廿八日），乘轮船赴厦门。**按：**在温州时曾书《晚晴院额跋》、为庆福寺写"庄严极乐"匾额。款识"龙集壬申重建庆福圆满成就。沙门智首敬题龛榜以申赞喜。信士汪殿钦时年九十有二岁，率男金（鳌熹源）暨孙曾孙等仝拜献"。[①]

今厦门万寿岩一瞥。（张一德提供）

11月28日（农历十一月初一日），抵厦门。**按：**抵达厦门后，先到妙释寺，后由性愿法师介绍住万寿岩（山边岩），有时亦在妙释寺小住。性常《亲近弘一大师之回忆》（载1942年12月1日《弘化月刊》第18期）一文记曰："迨至壬申年十一月自温莅厦，时余居中山公园妙释寺，适大师独乘人力车到寺，不胜忭踊，遂对寺主建议，将余卧室让大师安宿，大师甚喜，立即手书晋译华严的'戒是无上菩提本，佛为一切智慧灯'一长对联予余。越数日，寺主至善契法师对余倡议恳留大师在寺度岁，余偕契师进大师前拜陈此意，承喜诺。"在妙释寺时，广洽法师、瑞今法师数次来访，敦请传授律学。妙释寺位于厦门百家村，始建于明代，初名慧月室。弘一大师自书之《地名山名及寺名院名略考》中介绍曰："妙释寺（在厦门百家村）。某年在此住数月。"妙释寺今已不存，仅有一大榕树作为象征。此树位于今厦门公园东路与中兴路交叉口之公园东路西侧、中山公园东门东侧。在念佛会讲《净土法门大意》。在妙释寺结识心灿法师。[②] 在万寿岩结识了识法师，[③] 其时亦与本妙、了智、

弘一大师（前排右六）在厦门万寿岩讲律圆满摄影。

① 弘一大师：《晚晴院额跋》，收《弘一大师全集》第七册·佛学卷、传记卷、序跋卷，福建人民出版社2019年12月第3版、修订2版，第642页。"庄严极乐"匾目前存温州江心寺。

② 弘一大师在《南闽十年之梦影》中曰："到厦门之后，由性愿老法师介绍，到山边岩去住。但其间妙释寺也去住了几天。"（收《弘一大师全集》第八册·文艺卷、杂著卷、书信卷，福建人民出版社2019年12月第3版、修订2版，第201—203页）弘一大师该年至厦门的时间，弘一大师本人的说法不一，其在《壬申南闽弘法略志》中言："壬申十月，在厦门妙释寺，念佛会期讲《净土法门大意》。"（收《弘一大师全集》第八册·文艺卷、杂著卷、书信卷，福建人民出版社2019年12月第3版、修订2版，第200页）在《南闽十年之梦影》中也说："直到转年（即民国二十一年）十月，到了厦门……"在《厦门万寿岩瑞山禅师生西传》中曰："余于壬申十月始识师……"（收《弘一大师全集》第七册·佛学卷、传记卷、序跋卷福建人民出版社2019年12月第3版，修订2版，第587—588页）但在《圈点〈行事钞记〉跋》中却曰："壬申九月归卧永宁。十一至南闽，讲《含注戒本》于妙释寺，讲《随机羯磨》于万寿岩。"（收《弘一大师全集》第七册·佛学卷、传记卷、序跋卷，福建人民出版社2019年12月第3版、修订2版，第609页）又在《〈地藏菩萨圣德大观〉序》中说："后二十一年岁次壬申九月，余居峙山……后二月，云游南闽，住万寿岩……"（收《弘一大师全集》第七册·佛学卷、传记卷、序跋卷，福建人民出版社2019年12月第3版、修订2版，第624页）而张一德《弘一大师在厦门》（西泠印社出版社2018年4月版）第163页写曰："1932年11月30日，壬申十一月初三日，弘一大师第四次来厦。"弘一大师在《心灿禅师往生传》中曰："及妙释寺复兴，师往司香灯事。时余常至妙释，随喜念佛，因与师识。"（收《弘一大师全集》第七册·佛学卷、传记卷、序跋卷，福建人民出版社2019年12月第3版、修订2版，第588页）。心灿法师，台湾岗山郡湖内人，1933年正月创讲律会，1934年仲夏卧病，1935年1月16日圆寂，时年37岁。

③ 弘一大师在《了识律师传》中曰："二十一年壬申，余居万寿，始与师识，深相契合。"（收《弘一大师全集》第七册·（转下页）

瑞山诸法师相交，[①] 著《地藏菩萨盛德大观》一卷。有《〈地藏菩萨圣德大观〉序》，未署日期。曾为了智法师刻“看松月到衣”印一方。后曾撰《了识律师传》《厦门万寿岩瑞山禅师生西传》《心灿禅师往生传》，署：“南山律苑沙门一音撰”及《本妙法师往生传》，署：“岁次玄枵木槿荣月惠安瑞集岩大华严寺沙门胜祐。”万寿岩又名山边岩，位于厦门北郊禾山之东，寺后有古松，有“万寿松声”之景，故名。有松声洞，右为佛寺。弘一大师在《地名山名及寺名院名略考》中介绍曰：“万寿（厦门万寿岩，及泉州承天寺后山，皆名万寿）。某某年在此二处皆住数月。”万寿岩目前为管制区，位于今厦门万寿路 18 号万寿宾馆广场南侧围墙之外区域。

1932 年 12 月 2 日，弘一大师（前排右十三）参加常惺法师住持厦门南普陀寺受请典礼上与参加典礼者合影。前排右十二为太虚大师。此照曾刊于 1933 年《海潮音》第 14 卷第 5 期。

厦门妙释寺旧影。（厦门老明信片）

12 月 1 日（农历十一月初四日），《佛学半月刊》第 44 期刊出《清凉歌》。**按：**标注“弘一法师”作词，徐希一作曲。发表时为五线谱。

12 月 2 日（农历十一月初五日），在常惺法师住持厦门南普陀寺受请典礼上与参加典礼者合影留念。**按：**合影纪念照上题：“常惺法师行住持厦门南普陀寺受请典礼与欢迎弘一律师摄影　二一、一二、二”。该照曾刊于 1933 年 5 月 15 日《海潮音》第 14 卷第 5 期。典礼上太虚大师有致辞：“今天是南普陀闽南佛学院开会欢迎常惺法师和弘一法师的一天。而欢迎常惺法师的特事，是因太虚此次任本寺本院职务第二届将满，所以在这一星期前的晚间，会同逢退居和尚，会退居和尚，及本寺两序首领和两序大众代表，依照民十三年所定的选举法，选举新住持……可是恰巧弘一律师亦到此间，弘一律师在中国僧伽中可说是持戒第一。其道德与品格为全国僧伽之模范者，这是我们表示不胜欢迎的！”[②]

12 月 7 日（农历十一月初十日），在厦门致李晋章函。言到厦门已旬日；前嘱为姚仲矩居士哲嗣书佛号，请告其名字；附一纸交徐居士；来函可寄妙释寺转交等。[③]

（接上页）佛学卷、传记卷、序跋卷，福建人民出版社 2019 年 12 月第 3 版、修订 2 版，第 587 页）。了识律师，福建晋江人，1927 年出家，1933 年农历八月圆寂，时年 27 岁。

① 弘一大师在《厦门万寿岩瑞山禅师生西传》中曰：“余于壬申十月始识师……”（收《弘一大师全集》第七册・佛学卷、传记卷、序跋卷，福建人民出版社 2019 年 12 月版，第 587—588 页）。弘一大师于 1932 年农历十一月初一日抵厦门，此处所述“壬申十月”，疑为笔误。瑞山禅师福建惠安人，29 岁出家，1934 年 1 月 30 日圆寂，时年 57 岁。《本妙法师往生传》收福建人民出版社 2019 年 12 月版《弘一大师全集》（第 3 版，修订 2 版）第七册・佛学卷、传记卷、序跋卷第 589 页。妙本法师，万寿岩寺寺主，卒于 1936 年农历二月七日，时年 27 岁。

② 胜济记录：《主席太虚大师代表本寺本院致欢迎词》，载 1933 年 4 月 10 日《现代佛教》第 5 卷第 8 期。

③ 此信福建人民出版社 2019 年 12 月版《弘一大师全集》（第 3 版，修订 2 版）第八册・文艺卷、杂著卷、书信卷第 402 页收录，标“一九三二年旧十一月十日，厦门万寿岩”。

12月13日（农历十一月十六日），书《唯识三十颂本论》，款识“岁次壬申十一月十六日，芝峰论主嘱写，被甲”；钤印“辟”。[①]

在厦门致性愿法师函。言前法驾莅厦，诸承慈护；承命书匾额字，应系硃色，误用墨书，致歉；恳请让陈敬贤写介绍书，托上海陈嘉庚公司代运两大箱书籍；每数日必往妙释寺一次等。[②]

12月14日（农历十一月十七日），在厦门致胡宅梵函。言今晨读来信；签条三张写奉；贵州来函等，久已收到；《读书录》请多寄若干册，小地藏菩萨像，亦请付寄数张。来厦门后，弘法事忙，此书及像拟分送诸信善；付致显真师等一纸及彼等寄来之愿文三大张，请面交显真师等。[③] **按：**农历十一月下旬又致函胡宅梵。言小幅地藏菩萨像用名片纸印者，甚为精善。近有友人欲得十数幅，如无存，请再制版重印若干张，如有存，请寄厦门妙释寺转交；大幅地藏菩萨像如有存，亦请寄来数张等。[④]

今妙释寺遗址上的古榕树。摄于2019年3月。

今妙释寺遗址古榕树标牌。（张一德提供）

12月15日（农历十一月十八日），杜庭修编辑的《仁声歌集》由仁声印书局出版。注“李叔同作歌”者有：《人与自然界》《送别》《秋夜》《幽居》和《归燕》。

《海潮音》第13卷第12号目录页刊出书法“无我心调柔”、“一切法无相”、“清净功德藏”、“一相无有二”，款识均为“华严经句”，署名均为“入玄”，钤印：佛肖印等。

12月25日（农历十一月廿八日），在厦门致李晋章函。言来函收到；所嘱写件，稍后书就寄上；数年前上海某报所谓圆寂之事，今为第二次，失实；厦门气候甚暖，与津地八月底相似；星命家言寿命在六十或六十一之数；“洗心人读经室”额纸后方，拟留空白，其可自跋，说明因缘等。[⑤]

12月26日（农历十一月廿九日），撰成《地藏菩萨圣德大观序》。

---

① 此书在“甬上留香——弘一法师翰墨展”上展出。宁波博物馆，2018年4月28日至5月27日；慈溪市人民政府、宁波市文化广电新闻出版局、宁波市民族宗教事务局主办，宁波博物馆、慈溪市弘一书画院承办。

② 此信福建人民出版社2019年12月版《弘一大师全集》（第3版，修订2版）第八册・文艺卷、杂著卷、书信卷第448页收录，标“一九三二年旧十一月十六日，厦门山边岩”。

③ 此信福建人民出版社2019年12月版《弘一大师全集》（第3版，修订2版）第八册・文艺卷、杂著卷、书信卷第397页收录，标“一九三二年旧十一月十七日，厦门万寿岩”。

④ 此信福建人民出版社2019年12月版《弘一大师全集》（第3版，修订2版）第八册・文艺卷、杂著卷、书信卷第397页收录，标“一九三二年旧十一月，厦门万寿岩”。

⑤ 此信福建人民出版社2019年12月版《弘一大师全集》（第3版，修订2版）第八册・文艺卷、杂著卷、书信卷第403页收录，标“一九三二年旧十一月廿八日，厦门妙释寺”。

厦门太平岩旧影。（厦门老明信片）

今厦门太平岩。摄于2019年3月。

12月31日（农历十二月初五日），在厦门致胡宅梵函。言来信收到；承寄《四分表记》三包已收到；《读书录》能多寄若干册尤感；显真师、苏居士仍居金仙寺最为稳妥；前致函苏居士，有劝彼等来闽南之意，后详细思维，多有未妥等。①

12月（农历十一月初四日至十二月初五日），在厦门致刘质平函。言昔存书物等，请分装为两大木箱交上海陈嘉庚公司运至厦门等。②

《世界佛教居士林林刊》第33期刊出佛学书局广告《佛学书局精印梵册经书》注“弘一法师书”，有《梵网经菩萨心地品菩萨戒》《华严经普贤行愿品偈》《华严经十回向品初回向章》《华严经净行品偈》《佛一百八名赞》（三种同本）、《佛说八大人觉经》《佛说八种长养功德经》《佛说大乘戒经》。同期刊出《绍兴开元寺募建殿堂疏》，署名“弘一”。同期刊出《华严经疏论纂要》广告。

冬，初冬因厦门南普陀寺做水陆，移居太平岩。**按：**太平岩位于厦门东面的狮山峰下，在万石岩、中岩之上。初为道教宫观太平观。今位于厦门园林植物园内。弘一大师自书之《地名山名及寺名院名略考》中介绍曰：“太平（岩名，在厦门）。某年在此住二月。”

书善导大师法语赠了识法师。款识“壬申岁晚写奉了识法师。演音”；钤印“无”。③

仲冬在厦门结识卢世侯居士。时卢世侯集录《地藏菩萨圣德大观》。卢氏割指沥血，为绘圣像。感其诚，请续绘九华垂迹。④

在厦门致夏丏尊函。

（农历壬申十二月），应厦门妙释寺念佛会之请讲《人生之最后》。⑤

附记：致性愿法师函：

前晤谈时，诸城护念，感慰无已。对联已写就，存传贯师处。明正讲经期限尚未定，临时再斟酌徙居之地也。心灿师信片之文，

① 此信福建人民出版社2019年12月版《弘一大师全集》（第3版，修订2版）第八册·文艺卷、杂著卷、书信卷第397页收录，标“一九三二年旧十二月五日，厦门妙释寺”。

② 此信福建人民出版社2019年12月版《弘一大师全集》（第3版，修订2版）第八册·文艺卷、杂著卷、书信卷第296页收录，标“一九三二年十二月，厦门万寿岩”。

③ 浙江省平湖市人民政府、上海徐汇区文化局编：《弘一大师法书集·华枝春满（手稿信札卷）》，上海书画出版社2017年5月版，第92页。泉州开元寺藏。

④ 弘一大师：《为卢世侯所绘〈地藏九华垂迹图题赞〉附记》，收《弘一大师全集》第七册·佛学卷、传记卷、序跋卷，福建人民出版社2019年12月第3版，修订2版，第625页。卢世侯，字虬儿，擅画，时居厦门，曾供职于上海新华影业公司，后赴香港。

⑤ 弘一大师于1934年农历十月重治《人生之最后》，篇首即为：“岁次壬申十二月，厦门妙释寺念佛会请余讲演，录写此稿。”壬申十二月，亦有可能为1933年1月，姑且置于1932年。此信息见弘一大师《壬丙南闽弘法略志》。收福建人民出版社2019年12月版《弘一大师全集》（第3版，修订2版）第八册·文艺卷、杂著卷、书信卷，第200页。

拟编入传文中。乞先封固，付邮寄下（乞勿折损，外用大信封或皮纸包之，小图章亦乞附寄下）。费神，至感。

顺颂

慈安

后学音稽首

按：此信福建人民出版社 2019 年 12 月版《弘一大师全集》（第 3 版，修订 2 版）第八册 · 文艺卷、杂著卷、书信卷未收。文物出版社 2017 年 10 月版陈飞鹏整理《弘一法师书信全集》第 294—295 页收录，有“案”曰辑自刘绵松《弘一大师全集》未刊手稿，并根据弘一大师在闽数次讲经计划和行踪推测为本年冬所写。供参考。

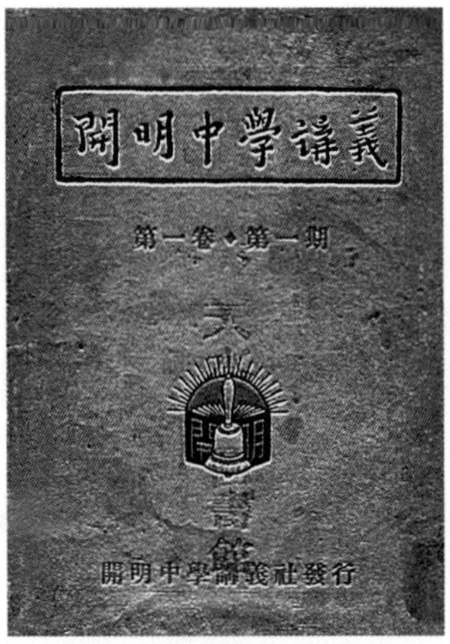

弘一大师题“开明中学讲义”。

在厦门致李晋章函。托办二事：一请刻印章二三方寄下，以为纪念，并提出刻印尺寸、样式等要求。“其文字，乞于下列数名中随意选之：‘亡言、无得、吉目、胜音、无畏、大慈、大方广、音、弘一’”；二请向旧书铺或亲友处觅求《昨非录》，惠施寄下等。按：此信福建人民出版社 2019 年 12 月版《弘一大师全集》（第 3 版，修订 2 版）第八册 · 文艺卷、杂著卷、书信卷第 403 页收录，标“一九三四年冬，厦门万寿岩”。文物出版社 2017 年 10 月版陈飞鹏整理《弘一法师书信全集》第 330 页收录，亦如此标注。均误。参见 1933 年 4 月致刘质平函时间。其考证详见王维军著《平湖李叔同纪念馆藏李叔同（弘一大师）手札墨宝 · 识注考勘》。[①] 弘一大师于 1933 年农历二月初收到李晋章寄来所刻印章。故请其刻印之函当写于 1932 年冬，地点在厦门，妙释寺、南普陀寺、太平岩均有可能。

是年，书七言联“开发众生智慧海，得见如来清净身”。款识“晋译大方广佛华严经世间净眼品。岁次壬申，月清凉院沙门德幢书”；钤印佛肖印、“龙音”。[②]

书名题签“开明中学讲义”用于开明中学讲义社开始发行的多卷本《开明中学讲义》。[③]

为尘客居士书联“广大寂静三摩地，清净光明遍照尊。”款识“大方广佛华严经偈颂集句，尘客居士供养。壬申沙门如实”；钤印“辟”、“弘一”。[④]

---

① 王维军著：《平湖李叔同纪念馆藏李叔同（弘一大师）手札墨宝 · 识注考勘》，西泠印社出版社 2017 年 9 月版，第 195 页。

② 《弘一法师书法集》，上海书画出版社，1997 年 5 月版，第 61 图。

③ 开明中学讲义社由上海市私立开明函授学校主持。该校阵容强大，由夏丏尊任校长（兼任国文讲师），刘薰宇任教务主任，教师中几乎包罗了开明书店的同路人，其中丰子恺任图画和音乐讲师。

④ 温州博物馆、平湖李叔同纪念馆编《弘一大师墨迹》，浙江古籍出版社 2010 年 9 月版，第 22 页。现藏温州博物馆。

书大方广佛华严经净行品句册页。①

书五言联“诸佛等慈父，人命如电光”。款识“唐贞元译大方广佛华严经集句。广治法师供养。壬申，沙门亡言书”；钤印“大明沙门”、佛肖印。②

书八言联“如来境界无有边际，普贤身相犹如虚空”。款识“晋译大方广佛华严经偈颂集句，世间净眼品卢舍那佛品。壬申，大安书”；钤印“龙音”、佛肖印。③

书七言联“能立无上正教法，常为世间良福田”。款识“晋译大方广佛华严经偈颂集句，世间净眼品卢舍那佛品。壬申，具足”；钤印“龙音”、佛肖印。④

书七言联“常乐柔和忍辱法，安住慈悲喜舍中”赠正元居士。款识“大方广佛华严经偈集句，正元居士供养。壬申，沙门胜幢书”；钤印“古志”、“性愿”。⑤

书七言联“普令众生得法喜，犹如满月显高山”。款识“晋译大方广佛华严经偈颂集句，世间净眼品。壬申，沙门世灯，五十三”；钤印“弘一”、佛肖印。⑥

书治家古诗。款识“治家古诗。壬申，觉目”；钤印“弘一”。⑦

附记：文物出版社2017年10月版陈飞鹏整理《弘一法师书信全集》第295页收录交尤墨君一介绍函，有“案”：“此函图片由照诚大和尚提供（详见照诚法师《弘一大师法书集》，上海书画出版社，2017年）。后见于上海天衡2011年春季拍卖会《无上清凉——弘一书法墨迹专场》。经鉴定乃弘一法师手札真迹。无年份日期，地址。此信《弘一大师全集》、林子青《弘一法师书信》、秦启明《弘一大师——李叔同书信集》均无著录。以弘一法师信札书写风格论，此信似写于1932年间。姑置此间，有待详考。”介绍信写曰：

① 中共温州市委宣传部、中共温州市委统战部、温州市文化广电旅游局主办：“碧天芳草——李叔同与温州”展览。2020年12月27日至2021年3月27日，温州博物馆。展品标牌曰：“本册由弘一楷书经文‘普愿沉溺诸众生，速往无量光佛刹’及9位温州前贤题跋装裱而成。册页的笺条为温籍画家戴学正所题，册页内页有温籍篆刻家方介堪题‘弘一上人手迹’、‘笔臻三昧’两页。其后依次有曾耕西、苏渊雷、还庐居士、王敬身、林镜平、董朴垞、吴鹭山等题跋。”

② 此书今见《广治纪念馆》一书，[新加坡]广治纪念馆编辑委员会编，2007年3月，第26页。

③ 上海市书法家协会编：《海派代表书法家系列作品集·弘一》（该卷主编刘一闻，副主编沈爱良），上海书画出版社2006年12月版，第148页。

④ 上海市书法家协会编：《海派代表书法家系列作品集·弘一》（该卷主编刘一闻，副主编沈爱良），上海书画出版社2006年12月版，第149页。

⑤ 上海市书法家协会编：《海派代表书法家系列作品集·弘一》（该卷主编刘一闻，副主编沈爱良），上海书画出版社2006年12月版，第150页。

⑥ 上海市书法家协会编：《海派代表书法家系列作品集·弘一》（该卷主编刘一闻，副主编沈爱良），上海书画出版社2006年12月版，第151页。

⑦ 上海市书法家协会编：《海派代表书法家系列作品集·弘一》（该卷主编刘一闻，副主编沈爱良），上海书画出版社2006年12月版，第152页。

敬介绍尤墨君居士参观，乞赉神招待。

新民路西口世界佛教居士林

周、尤居士同鉴

弘一敬上

社会评介择要

《护生画集》广告，载《佛学出版社界》1932年第1编。

《南山律学院停办》，载1932年1月1日《佛学半月刊》第30期。

《弘一法师手书经卷墨宝》（佛学书局广告），载1932年1月16日《佛学半月刊》第31期。

《护生画集》（佛学书局广告），载1932年6月1日《佛学半月刊》第32期。

《尤玄父启事》，载1932年6月1日《佛学半月刊》第32期。

《弘一法师手书经卷墨宝》（佛学书局广告），载1932年7月1日《佛学半月刊》第34期。

《弘一上人法书·华严经集联》（佛学书局广告），载1932年9月1日《佛学半月刊》第38期。

柳亚子诗，转引自郭长海《李叔同和柳亚子》，收《中国近代文学史证——郭长海学术文集》，吉林人民出版社2005年3月版，第927—933页。

《华严经疏论纂要》（佛学书局广告），载1932年11月1日《佛学半月刊》第42期。

《华严经疏论纂要》（佛学书局广告），载1932年11月16日《佛学半月刊》第43期。

1933 年　癸酉　54 岁

社会文化事略

1 月，中国教育会在上海成立；2 月 17 日，英国剧作家、政治家萧伯纳访华；2 月，上海世界语协会成立；7 月 1 日，《文学》月刊在上海创刊；11 月 12 日，中华全国美术会成立。

生平事迹

1 月 1 日（农历壬申十二月初六日），《四川佛教月刊》第 3 年第 1 期刊出成都偻文社消息“本社新到经像”，有《护生画集》。

1 月 3 日（农历壬申十二月初八日），决定讲述《人生之最后》。**按：**在赠广洽法师《人生之最后》手稿时，有题识“此稿敬赠广洽法师收存，以为纪念”。第一章绪言前有记：“十二月初八，上午天晴，十一点钟吃饭时，忽见下雨，为之惊骇。因此念及人命无常，为讲人生最后一切应注意之事。”①

1 月 8 日（农历壬申十二月十三日），应厦门妙释寺念佛会之请讲《人生之最后》，录演讲稿。**按：**在赠广洽法师《人生之最后》手稿时，讲题下方有“壬申十二月十三日，在妙释寺讲”。② 记曰：“岁次壬申十二月，厦门妙释寺念佛会请余讲演，录写此稿。于时了识律师卧病不起，日夜愁苦。见此讲稿，悲欣交集，遂放下身心，屏弃医药，努力念佛。并扶病起，礼大悲忏，吭声唱诵，长跽经时，勇猛精进，超胜常人。见者闻者，靡不为之惊喜赞叹，谓感动之力有如是剧且大耶！余因念此稿虽仅数纸，而皆撮录古今嘉言及自所经验，乐简略者或有所取。

---

① 有关《人生之最后》，萧锦能有《关于弘一大师开示〈人生之最后〉有关版本探元——由章名“结语”、“结诰”一字之差谈起》一文，收上海三联书店 2016 年 8 月版杭州师范大学弘一大师・丰子恺研究中心编《一月千潭——第五届弘一大师研究国际学术会议论文集》第 81—108 页。该文根据弘一大师手稿与福建人民出版社 2010 年 10 月版《弘一大师全集》相关卷所录文字进行了仔细对比，勘正了诸多问题。

② 参见萧锦能《关于弘一大师开示〈人生之最后〉有关版本探元——由章名“结语”、“结诰”一字之差谈起》一文，收上海三联书店 2016 年 8 月版杭州师范大学弘一大师・丰子恺研究中心编《一月千潭——第五届弘一大师研究国际学术会议论文集》第 81—108 页。

乃为治定，付刊流布焉。弘一演音记。”[1]

1月12日（农历壬申十二月十七日），在厦门致胡宅梵函。言来信收到；大士像及《四分律》皆收到；《读书录》稍迟无妨；近来身体甚好等。[2] **按：**农历壬申十二月另有三信致胡宅梵。其一言前托亦幻法师送上一纸，想已收到；前存金仙寺丈室书架内有《四分律比丘衔相表记》数包，请检出挂号寄下；以后通讯处为厦门妙释寺转交；闻小明因又有变故，静老和尚将退位，显真师想不能往，是否仍居金仙寺；稍迟或在选《灵峰警训略录》一卷，别以刊行。但四大师之作仍可进行等。[3] 其二言来信收到；手卷写竟；不久拟云游他方，暂勿通讯；付寄《人生之最后》一包等。[4] 其三言来信及圣像收到；友人欲请是像甚多，请再托胡居士寄小幅者二三十帧等。[5] 因农历壬申十二月大多时日为1933年1月间，姑且将此三函置于本年。

1月15日（农历壬申十二月廿日），封面题字“海潮音”用于《海潮音》第14卷第1号封面（丰子恺作封面画）。同期刊出佛学书局《华严经疏论纂要》广告。

1月16日（农历壬申十二月廿一日），《佛学半月刊》第47期刊出《华严经读诵研习入门次第》，署名：弘一。未完。

1月21日（农历壬申十二月廿六日），撰《地藏菩萨圣德大观序》，有记：“壬申十二月二十六日，辑写既竟，悲欣交集，敬挈摭蕅益大师续持回向偈中四偈，而为发愿回向”。**按：**《地藏菩萨圣德大观》由国光印书局初版于1933年。

1月25日（农历壬申年十二月三十日），书“大佛顶如来密因修证了义诸菩萨万行首楞严经”。款识“了识法师受持读诵。壬申腊月三十

① 弘一大师《〈人生之最后〉弁言》，收《弘一大师全集》第七册·佛学卷、传记卷、序跋卷，福建人民出版社2019年12月第3版，修订2版，第625页。

② 此信福建人民出版社2019年12月版《弘一大师全集》（第3版，修订2版）第八册·文艺卷、杂著卷、书信卷第398页收录，标“一九三二年旧十二月十七日，厦门妙释寺”。

③ 此信福建人民出版社2019年12月版《弘一大师全集》（第3版，修订2版）第八册·文艺卷、杂著卷、书信卷第398页收录，标“一九三二年旧十二月，厦门妙释寺”。

④ 此信福建人民出版社2019年12月版《弘一大师全集》（第3版，修订2版）第八册·文艺卷、杂著卷、书信卷第398页收录，标“一九三二年旧十二月，厦门妙释寺”。

⑤ 此信福建人民出版社2019年12月版《弘一大师全集》（第3版，修订2版）第八册·文艺卷、杂著卷、书信卷第398页收录，标“一九三二年旧十二月，厦门妙释寺”。

日演音敬书”。钤印“弘一”、“辟”、佛肖印。[①]

在厦门致夏丏尊函。言久未通讯，甚念；厦门天气甚暖，诸花仍开，几不知尚有严冬风雪之苦；李圆净交之天津寄款二十元请送佛学书局沈彬翰居士，收入帐户，以备将来请经之用；拟于正月廿一日讲《四分律戒本》及《表记》等。[②]

弘一大师像。

1月26日（农历正月初一日），在厦门致蔡丏因函。言昨今二日书写十件，寄上；自今日起，为僧众讲律，约至农历四月初八日圆满；余纸待讲毕再书写等。[③] **按一：**此信写后未寄发时收到蔡丏因来函，故于1月28日（农历正月初三日）又附言曰承施景印墓碣，甚感；南山律苑学侣约十五人，再寄下十五册。别有所需，由广洽法师函达等。**按二：**“南山律苑”之名称弘一大师在浙江、福建均常用，如自称南山律苑沙门，等。此处所谓“南山律苑学侣”当指其讲律之场所中的学侣。说明在厦门时已开办了南山律苑。今见《弘一大师法书集·华枝春满（手稿信札卷）》《南山律苑讲学规则》（手稿）中所述之“南山律苑”系指其在泉州开元寺所办之南山律苑。[④]

1933年2月1日，《佛学半月刊》第48期刊登的《三皈赞》（即《三宝歌》）。

1月26日至2月23日间（农历正月），作《竹园居士幼年书法题偈》，款识：“癸酉正月，无碍”。[⑤]

李矫为刻印“无畏”，边款“癸酉正月弘一法师命刻，李矫”。**按：**另见李矫为刻之印“吉目”，边款“弘一法师命刻、癸酉，李矫”。

作《手装〈佛说大乘戒经〉〈十善业道经〉题记》，署：“癸酉正月付旻飞居士供养，僧胤敬记。”[⑥] **按：**另有《〈佛说大乘戒经〉〈十善业道经〉影印绪言》，署：“尊胜院沙门一音书。”未署日期。[⑦]

在厦门致胡宅梵函。言旧元旦始在万寿岩讲《弥陀经》，并编《表

---

① 《广洽纪念馆》，［新加坡］广洽纪念馆编辑委员会编，2007年3月，第131页。

② 此信福建人民出版社2019年12月版《弘一大师全集》（第3版，修订2版）第八册·文艺卷、杂著卷、书信卷第312页收录，标“一九三二年腊月卅日，厦门妙释寺”。

③ 此信福建人民出版社2019年12月版《弘一大师全集》（第3版，修订2版）第八册·文艺卷、杂著卷、书信卷第347—348页收录，标“一九三三年旧元旦，厦门妙释寺”。

④ 浙江省平湖市人民政府、上海徐汇区文化局编：《弘一大师法书集·华枝春满（手稿信札卷）》，上海书画出版社2017年5月版，第41页。

⑤ 弘一大师：《竹园居士幼年书法题偈》，收《弘一大师全集》第八册·文艺卷、杂著卷、书信卷，福建人民出版社2019年12月第3版、修订2版，第210页。

⑥ 弘一大师：《手装〈佛说大乘戒经〉〈十善业道经〉题记》》，收《弘一大师全集》第七册·佛学卷、传记卷、序跋卷，福建人民出版社2019年12月第3版、修订2版，第625页。

⑦ 弘一大师：《〈佛说大乘戒经〉〈十善业道经〉影印绪言》，收《弘一大师全集》第七册·佛学卷、传记卷、序跋卷，福建人民出版社2019年12月第3版、修订2版，第625页。

记》刊行；以后来信仍寄妙释寺等。①

2月1日（农历正月初七日），《三皈赞》（即《三宝歌》）刊于《佛学半月刊》第48期。署：太虚大师作赞，弘一法师作谱。同期刊出《华严经读诵研习入门次第》（续上期），署名“弘一”。同期又刊出广告《弘一法师墨宝〈大方广佛华严经十回向品初回向章〉》，文曰：“弘一法师，以美术学专家发心学佛而作沙门，素擅书法，名闻遐尔。自出家后，颇有非关宏法不书之概，故其墨迹，更为珍贵。本局觅得法师手迹十余种，分别印行，先后出世，以餍诸好。凡欲得法师手迹而珍藏者，尤不可失之交臂焉。”同期还刊出佛学书局《护生画集》广告。

《四川佛教月刊》第3年第2期刊出成都倦文社消息“本社新到经像”，有《护生画集》。

在厦门致蔡丏因函。言圣解庵额稍迟再写；半月后在此讲律等。②

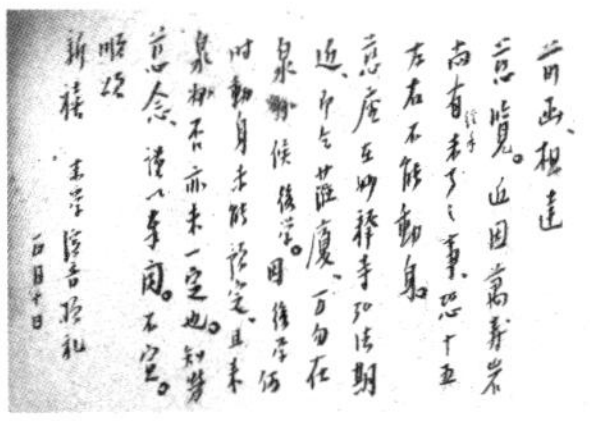

1933年2月4日，弘一大师在厦门致性愿法师函。

2月2日（农历正月初八日），移居厦门妙释寺。自述是夜梦为少年，偕儒师行，闻后有人朗诵《华严》偈句，审知其为《贤首品》文。其音节激楚，感人甚深，未能舍去。与儒师返，见十数人席地聚坐，中有一人操理丝弦，一长髯老人即是歌者，座前置纸，大字一行，若写《华严经》名。乃知彼以歌而说法者，深敬仰之。遂欲入座。因问听众：可有隙地可容？彼曰：两端悉是虚席。乃脱鞋，方欲参座，梦醒。回忆《华严贤首品偈》，似为发心行相五颂，于是连夜书之，赠普润法师（广洽法师）。③

在厦门作《竹园居士幼年书法题偈并记》。④

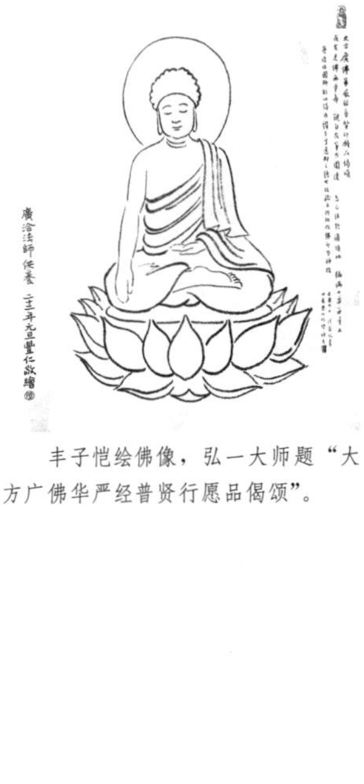

丰子恺绘佛像，弘一大师题“大方广佛华严经普贤行愿品偈颂”。

2月4日（农历正月初十日），为丰子恺所绘佛像（1933年元旦绘，广洽法师藏）题“大方广佛华严经普贤行愿品偈颂”，款识“正月十日，演音敬书。时居思明妙释禅寺”。钤印“弘一”。

在厦门致性愿法师函：

前函想达慈览。近因万寿岩尚有经手未了之事，恐十五左右不能动身。慈座在妙释寺弘法期近，即乞莅厦，万勿在泉州候后学。

① 此信福建人民出版社2019年12月版《弘一大师全集》（第3版，修订2版）第八册·文艺卷、杂著卷、书信卷第398页收录，标“一九三三年正月，厦门万寿岩”。

② 此信福建人民出版社2019年12月版《弘一大师全集》（第3版，修订2版）第八册·文艺卷、杂著卷、书信卷第348页收录，标“一九三三年正月初七日，厦门万寿岩”。

③ 弘一大师：《梦后书〈华严经〉偈赠普润法师自跋》，收《弘一大师全集》第七册·佛学卷、传记卷、序跋卷，福建人民出版社2019年12月第3版、修订2版，第636页。此跋曾刊于1943年《学术界》第1卷第1期李芳远辑《弘一大师书牍》。

④ 竹园居士即虞愚（1909—1989），原名德元，字佛心，浙江绍兴人，生于厦门，毕业于厦门大学，佛学家。

因后学何时动身未能预定。且来泉州否，亦未一定也。知劳慈念，谨以奉闻。不宣。顺颂新禧。

末学演音顶礼　正月十日

按一：此信福建人民出版社2019年12月版《弘一大师全集》（第3版，修订2版）第八册·文艺卷、杂著卷、书信卷未收录。文物出版社2017年10月版陈飞鹏整理《弘一法师书信全集》第298页收录，考订为是年，允当。此函图版见林可同编：《弘一书法墨迹》，中国美术学院出版社2004年4月版，第105页，应系明信片。**按二：**林可同编《弘一书法墨迹》119页另有致性愿法师一函，为明信片，《弘一大师全集》和《弘一法师书信全集》均未收，书写年份和地点待考。现录存于下，供研究参考：

惠函敬悉，诸承费神，感谢无尽。谨复。顺颂

慈安

末学演音稽首

旧十一月廿四日

附记：春，在厦门致尤墨君函：

玄父居士道席：

惠书，诵悉，至为欢慰。近见有华严行愿品科释一册（全书近四十页），卷尾云光绪六年孟冬，姑苏刻经处云云。年代不远，此木板应尚存在。拟欲印刷广为流布。曾托上海佛学书局查询，无有消息。因苏城刻经处有数处，有所谓姑苏刻经处者或近已湮没无名，难以探询也。仁者于年假还里时，乞再为设法访问（在苏居住四五十年之老僧或可知者）。倘此藏版处可以觅到，即可斟酌印刷流布也。

不宣。

以后惠函，乞寄厦门中山公园内妙释寺转交。

演音疏

按：此信福建人民出版社2019年12月版《弘一大师全集》（第3版，修订2版）第八册·文艺卷、杂著卷、书信卷未收。文物出版社2017年10月版陈飞鹏整理《弘一法师书信全集》第303—304页收录，有“案”：“此信，辑自上海天衡2011年春季拍卖会《无上清凉——弘一书法墨迹专场》。经鉴定弘一法师手札真迹无误。无年份日期，地

址……此信似写于 1933 年春，时弘一法师在厦门妙释寺讲律……”此信以往无著录，且为“经鉴定”的拍卖品，附录于此，供参考。

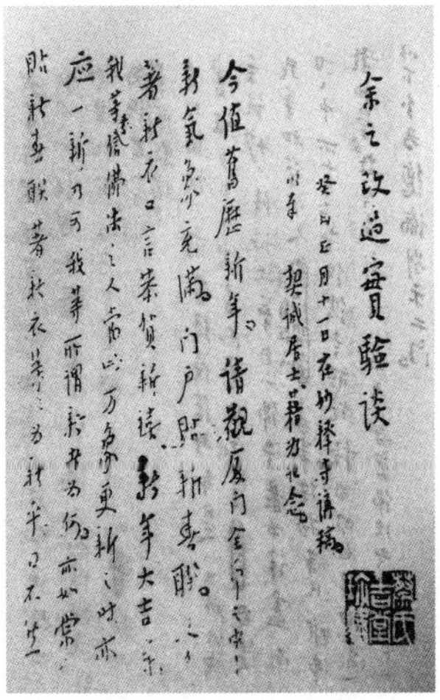
弘一大师书《余之改过实验谈》讲稿赠契诚居士。

2 月 5 日（农历正月十一日），在厦门妙释寺讲《余之改过实验谈》。讲稿赠契诚居士，署“演音书”；钤印“弘一”。① **按：**讲稿手迹写是日讲。另有记录为次日讲。②

2 月 7 日（农历正月十三日），在厦门致胡宅梵函。言厦门气候甚和；近作二偈及郑智仁居士诗二首写奉；《读书录》略录本虽未装订，请寄一份与温州郑智仁居士；代问候显真师及苏居士等。附虞愚问书法妙义，为说二偈、智仁居士诗。③

2 月 10 日（农历正月十六日），在妙释寺始讲“四分律含注戒本”。④

《现代佛教》出版第 5 卷第 7 期，所题刊名用于该期封面。

2 月 15 日（正月廿一日），蕅益大师涅槃日，是日起在妙释寺开讲《四分律含注戒本》及《戒相表记》初二篇。⑤

书血书“南无阿弥陀佛”。款识“岁次癸酉正月二十一日，沙门论月刺血敬书”；钤印佛肖印等。⑥

封面题字“海潮音”用于《海潮音》第 14 卷第 2 号封面（丰子恺作封面画）。同期“编后记”中曰：“弘一律师也答应‘写稿俟明正（去腊来信）寄至武昌’之信。”

2 月 16 日（农历正月廿二日），《佛学半月刊》第 49 期刊出《地藏菩萨圣德大观序》。署名“沙门弘一演音”。

2 月 19 日（农历正月廿五日），《四分律含注戒本》及《戒相表记》

① 夏宗禹编：《弘一大师遗墨》，华夏出版社 1999 年 1 月第 2 版，第 149—150 页。
② 弘一大师：《壬丙南闽弘法略志》，收《弘一大师全集》第八册 · 文艺卷、杂著卷、书信卷，福建人民出版社 2019 年 12 月第 3 版、修订 2 版，第 200 页。后发表于 1934 年 5 月 1 日《佛学半月刊》第 78 期，署：“癸酉正月弘一法师在厦门妙释寺讲”。
③ 此信福建人民出版社 2019 年 12 月版《弘一大师全集》（第 3 版，修订 2 版）第八册 · 文艺卷、杂著卷、书信卷第 398 页收录，标“一九三三正月十三日，厦门万寿岩”。
④ 性常：《亲近弘一大师之回忆》，载 1942 年 12 月 1 日《弘化月刊》第 18 期。
⑤ 弘一大师：《壬丙南闽弘法略志》，收《弘一大师全集》第八册 · 文艺卷、杂著卷、书信卷，福建人民出版社 2019 年 12 月第 3 版、修订 2 版，第 200 页。另参考《手书发誓愿联跋》，收《弘一大师全集》第七册 · 佛学卷、传记卷、序跋卷，福建人民出版社 2019 年 12 月第 3 版、修订 2 版，第 637 页，及 1933 年 3 月 1 日《佛学半月刊》第 50 期《弘一法师在厦门讲律》一文，文曰自此日起讲比丘戒律。
⑥ 释慧观撰述：《弘一大师持戒念佛之典范》，（台北）弘一大师纪念学会 2012 年 12 月印行，图版第 8 页。

初、二篇在妙释寺讲讫。①

2月24日至3月25日（农历二月），在厦门致广洽法师函。言前在妙释寺居住之房存有佛书及其他物件，请检出，待来时带下。其中《地藏经》奉赠等。②

作《〈地藏菩萨本愿经〉白话解释》序，署："于时后二十二年岁次癸酉二月贤首院沙门胜臂。"③

3月1日（农历二月初六日），《四川佛教月刊》第3年第3期刊出成都倦文社"本社新到经像"消息，有《护生画集》。

《佛学半月刊》第50期刊出《弘一法师在厦门讲律》，写曰："弘一法师于蕅益大师涅槃日，即旧历正月廿一日起，在厦门妙释寺讲比丘戒律。第一次约两个月余可讲毕。该寺思明县佛教会附设之念佛会，每星期念佛一次。此次又得法师莅临讲律，发心学佛者日益众多云。（厦门万寿岩石了智来信参法师与李圆净信）"

3月2日（农历二月初七日），在妙释寺讲"四分律含注戒本"毕。书"世尊涅槃时，兴起于大悲。集诸比丘众，与如是教戒。莫谓我涅槃，净行者无护。我今说戒经，亦善说毗尼。我虽般涅槃，当视如世尊。此经久住世，佛法得炽盛。以是炽盛故，得入于涅槃。"赠性常法师为听讲纪念。④

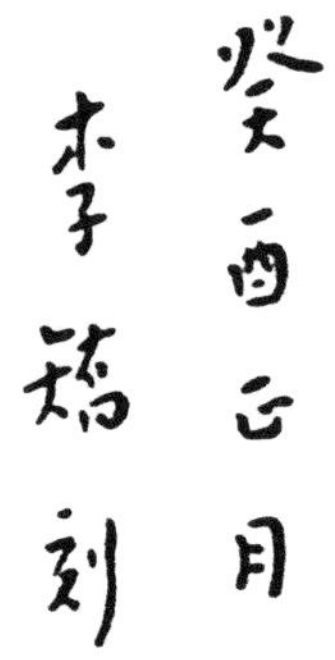

弘一大师为李晋章所刻"音"印而作的注"癸酉正月李矫刻"。

3月3日（农历二月初八日），重返万寿岩，开讲《随机羯磨》。致芝峰法师函。言此次讲律，听众甚盛。寄住寺中者皆过午不食，并有人病体在身，故令人感动；现已讲《羯磨》；听众中有人誓愿坚固等。⑤

致俗侄李晋章函：

惠书，诵悉。印石亦收到，篆刻甚佳。所嘱各事，稍暇制就邮奉，先此奉告。

① 见弘一大师《壬丙南闽弘法略志》，收《弘一大师全集》第八册·文艺卷、杂著卷、书信卷，福建人民出版社2019年12月第3版、修订2版，第200页。

② 此信福建人民出版社2019年12月版《弘一大师全集》（第3版，修订2版）第八册·文艺卷、杂著卷、书信卷第463页收录，标"一九三三年二月，厦门万寿岩"。

③ 弘一大师：《〈地藏菩萨本愿经〉白话解释》序，收《弘一大师全集》第七册·佛学卷、传记卷、序跋卷，福建人民出版社2019年12月第3版、修订2版，第624页。

④ 性常：《亲近弘一大师之回忆》，载1942年12月1日《弘化月刊》第18期。

⑤ 此信福建人民出版社2019年12月版《弘一大师全集》（第3版，修订2版）第八册·文艺卷、杂著卷、书信卷第461—462页收录，标"一九三三年三月三日，厦门万寿岩"。根据信中"现已讲《羯磨》"句，此日期当为公历。此信曾刊于1943年《学术界》第1卷第1期李芳远辑《弘一大师书牍》。

雄河居士

演音启　旧二月八日

按： 此信福建人民出版社 2019 年 12 月版《弘一大师全集》（第 3 版，修订 2 版）第八册·文艺卷、杂著卷、书信卷第 403 页收录，标“一九三五年旧二月八日，厦门万寿岩”。文物出版社 2017 年 10 月版陈飞鹏整理《弘一法师书信全集》第 337 页收录，地点标“泉州承天寺”。均误。根据王维军著《平湖李叔同纪念馆藏李叔同（弘一大师）手札墨宝·识注考勘》对致刘质平函所用印章的考证，[①] 此函当写于 1933 年 3 月 3 日（农历二月初八日），地点在万寿岩。又有图像，为弘一大师为李晋章所刻“音”印而作的注“癸酉正月李娇刻”。此说明，弘一大师请李晋章刻印是在 1932 年冬，1933 年正月刻就，同年 3 月 3 日（农历二月初八日）致函表示已收到。李晋章，名麟玺，后改名娇，字雄河，为弘一大师俗家仲兄次子。精篆刻，1937 年《语美画刊》有数期刊其印存。

3 月 10 日（农历二月十五日），书“佛灭度后，以戒为师”赠广洽法师（即普润法师）。款识“岁次癸酉于妙释寺讲四分戒本，正月廿一蕅益大师涅槃日始，二月十五佛涅槃日圆满，普润法师护持赞助，书此以奉，敬志功德。慧光明院沙门昙昉并识”；钤印“辟”、佛肖印。[②] 又书戒经后偈三颂赠性常法师。款识“岁次癸酉于妙释寺讲四分戒本。正月二十一日蕅益大师涅槃日始，二月十五日释迦牟尼佛涅槃日竟。性常律师随喜讲席，勇猛精进，众所称赞。为书戒经后偈三颂，以呈敬志叹仰。演音”；钤印“胤”、佛肖印。[③]

3 月 12 日（农历二月十七日），在厦门致亦幻法师函。言现已在此讲《南山律》；旧友云散，唯寄尘法师在南普陀；近多忙，不似居金仙寺时之清闲等。[④]

3 月 13 日（农历二月十八日），在厦门致胡宅梵函。言《本愿经白话解序》已撰就，寄交沈居士。出版后愿得多部，以赠同人等。[⑤]

---

① 王维军著：《平湖李叔同纪念馆藏李叔同（弘一大师）手札墨宝·识注考勘》，西泠印社出版社 2017 年 9 月版，第 195 页。

② 《广洽纪念馆》，[新加坡] 广洽纪念馆编辑委员会编，2007 年 3 月，第 24 页。

③ 夏宗禹编：《弘一大师遗墨》，华夏出版社 1999 年 1 月第 2 版，第 100 页。

④ 此信福建人民出版社 2019 年 12 月版《弘一大师全集》（第 3 版，修订 2 版）第八册·文艺卷、杂著卷、书信卷第 473 页收录，标“一九三三年二月十七日，厦门妙释寺”。

⑤ 此信福建人民出版社 2019 年 12 月版《弘一大师全集》（第 3 版，修订 2 版）第八册·文艺卷、杂著卷、书信卷第 399 页收录，标“一九三三年旧二月十八日，厦门万寿岩”。

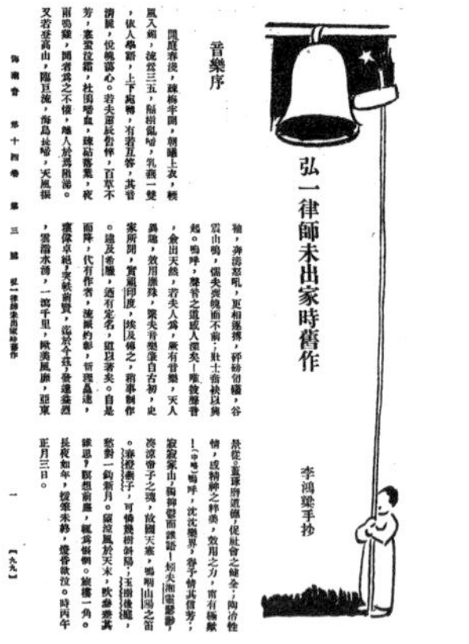

1933 年 3 月 15 日，《海潮音》第 14 卷第 3 号刊出之李鸿梁手抄《弘一律师未出家时旧作》。

3 月 15 日，封面题字“海潮音”用于《海潮音》第 14 卷第 3 号封面。同期刊出《清故渊泉居士墓碣文》，署名“演音”。此文后有蔡冠洛《后跋》，其中曰：“乃乞弘一法师题碣志墓，俾后世子孙，弗忘先德，养志为上，尤以见佛法之甚深广大，而法师普行方便为可感也！”同期刊有李鸿梁手抄《弘一律师未出家时旧作》，为《音乐序》《西湖夜游记》。有李鸿梁《后跋》：“佛者，觉也。人能觉知无常，苦，空，无我，而后能发大心，行大愿。故虽一事之感想，一时之发摅，而至道存焉。推显以知隐。抉微而知著，易之时义大矣哉！吾师李叔同先生，早擅雕龙之誉，每多凄苦之词，今检读其《音乐序》及《西湖夜游记》，其心仁，故其音哀；其智澄，故其词苦。吾师出家学道已十七年，梵行卓绝，为人天大导师，一物之成必自其萌药焉，故观人者必于其微焉。壬申十二月弟子李鸿梁敬跋。”

3 月 26 日（农历三月初一日），在厦门致蔡丏因函。言《地藏菩萨圣德大观》不久将由上海寄奉；近在此地讲律学；学校用教授法书，请择其简要易解者寄下一部，以备研习教授方法，为讲律之用；卢世侯居士藏东西洋版佛像画甚多，有日本《莲座》一部三册，专述佛菩萨像之莲座种种形式，甚美备等。[①] **按：**后收到蔡丏因寄来之书法教学书，春间有回信：“惠书，敬悉。《教学法》已收到，甚感。目录小尺写奉。谨复，不宣。演音疏。”[②] 复又有函致蔡丏因。言托杨居士带奉《佛典》、钵物等一篮；来信及铭绍（蔡丏因之子）之信赠与铭绍纪念；又奉上《续藏经》四十册，请交嘉兴金明寺弄丰子恺转送还上海立达学园；《摩诃止观辅行传弘诀》《梵网经疏》《贤首国师墨迹》等书物一并寄奉等。[③]

3 月 26 日至 4 月 24 日间（农历三月），在厦门致夏丏尊函。言前寄上书面字（指《辞通》之题书名）；昨承转寄超伊师函，已达；开明书店出版之《护生画集》，请惠寄二十册上下（护法会赀），转赠同人等。[④]

在厦门致习律诸法师函。言前在妙释寺，今在本寺讲律二次，为自己发心，至四月初八日圆满。此后若愿继续学习，请由诸位一起发起，择合适之处，愿为继续讲演；提出时间、地点、环境等具体要求。若四

---

① 此信福建人民出版社 2019 年 12 月版《弘一大师全集》（第 3 版，修订 2 版）第八册・文艺卷、杂著卷、书信卷第 348 页收录，标“一九三三年三月一日，厦门妙释寺”。

② 此信福建人民出版社 2019 年 12 月版《弘一大师全集》（第 3 版，修订 2 版）第八册・文艺卷、杂著卷、书信卷第 348 页收录，标“一九三三年春，厦门妙释寺”。

③ 此信福建人民出版社 2019 年 12 月版《弘一大师全集》（第 3 版，修订 2 版）第八册・文艺卷、杂著卷、书信卷第 348 页收录，标“一九三三年春，厦门妙释寺”。

④ 此信福建人民出版社 2019 年 12 月版《弘一大师全集》（第 3 版，修订 2 版）第八册・文艺卷、杂著卷、书信卷第 313 页收录，标“一九三三年旧三月，厦门南普陀寺”。

月初八前未办妥，即自由他往等。[1] **按：**1935年1月15日《海潮音》第16卷第1号刊有大醒《十五年来僧事之检讨》，其中“民国二十二年（癸酉）”条目中写曰：“弘一律师宏扬律学：弘一律师为国内精持戒律之大德，居尝奉蕅益大师为师，发心誓继益大师之大愿，宏扬律学。弘师近来时居闽南厦门泉州间，春间在厦门妙释寺讲律，从学僧伽甚众。”

3月（农历二月初六日至二月初六日），周玲荪编《新时代高中唱歌集》由商务印书馆出版，《诫》《月》《忆儿时》《幽居》《西湖》《落花》《晚钟》（以上署名）、《丰年》《归燕》《人与自然界》《月》《幽居》《废墟》《采莲》（以上未署名）和《送别歌》被收入歌集。**按：**其中《诫》为以往未知之李叔同作品。有推测其作于李叔同在南京高等师范学校兼课时。参见王维军《宝书重光——弘一大师佚文〈佛说阿弥陀经义撷录〉》[2] 和孙继南《〈诫〉：李叔同百年乐歌新发现——兼及周玲荪唱歌教材与李叔同歌曲史料研究》。[3]

4月1日（农历三月初七日），《佛学半月刊》第52期刊出《地藏经白话解序》，署名“弘一”。序文写作时间署“癸酉二月。序文署名：贤首院沙门胜臂”。同期刊出佛学书局《本局征求附印胡宅梵居士著，范古农居士审定，弘一法师序〈地藏经白话解释〉》广告。同期刊登古农《地藏经白话解校刊序》：“……胡宅梵居士亦会以是经为功课，熟读深思，欲以世尊地藏之心，掬示众生，令诸众生深解此经义趣，得以共沐宏恩。爰依弘一法师之请，为之白话解释，更以其稿寄示，嘱为校阅……”

《四川佛教月刊》第3年第4期刊出成都倦文社“本社新到经像”消息，有《护生画集》。

4月3日（农历三月初九日），在厦门万寿岩开讲《四分律删补随机羯磨》卷上。[4]

4月7日（农历三月十三日），在厦门致性愿法师函。言佛号书就奉

① 此信福建人民出版社2019年12月版《弘一大师全集》（第3版，修订2版）第八册·文艺卷、杂著卷、书信卷第496页收录，标“一九三三年旧三月，厦门万寿岩”。

② 王维军：《宝书重光——弘一大师佚文〈佛说阿弥陀经义撷录〉》，载2014年9月《莲馆弘谭》第10期。

③ 孙继南：《〈诫〉：李叔同百年乐歌新发现——兼及周玲荪唱歌教材与李叔同歌曲史料研究》，载2016年9月《莲馆弘谭》第12期。

④ 弘一大师：《壬丙南闽弘法略志》，收《弘一大师全集》第八册·文艺卷、杂著卷、书信卷，福建人民出版社2019年12月第3版、修订2版，第200页。另参考《手书发誓愿联跋》，收《弘一大师全集》第七册·佛学卷、传记卷、序跋卷，福建人民出版社2019年12月第3版、修订2版，第637页。

上；此次讲《羯磨》，约至四月八日圆满。同来寄居寺中共十一人，皆过午不食，妙慧、广义诸师亦在内；周伯遒居士嘱写绢对，俟四月中旬写奉等。①

4 月 10 日（农历三月十六日），《现代佛教》出版第 5 卷第 8、9、10 合刊，所题刊名用于该期封面。

4 月 15 日（农历三月廿一日），《海潮音》第 14 卷第 4 号刊出佛学书局最新出版《地藏菩萨圣德大观》（弘一法师著）广告。广告文曰："弘一法师道行学问，久为国内缁素所钦仰。自出家后，归依地藏，近复遍探大藏及诸家撰述，辑录地藏菩萨教迹，成圣德大观一书。全书由法师亲加圈点，极便诵阅，又有卢世候（原文如此，应为'侯'——引者注）居士割指滴血所绘地藏圣像一帧。凡平日仰慕师法（原文如此，疑为'法师'——引者注）著述者，当以先睹为快焉。"同期"佛教要闻・厦门"记曰："（誓继蕅益振律学）弘一法师，于蕅益大师涅槃日，即旧历正月廿一起，在厦门妙释寺讲比丘戒律。第一次约两月余可讲毕。该寺思明县佛教会附设之念佛会，每星期念佛一次，此次又得法师莅临讲律，发心学佛者日益众多云。"

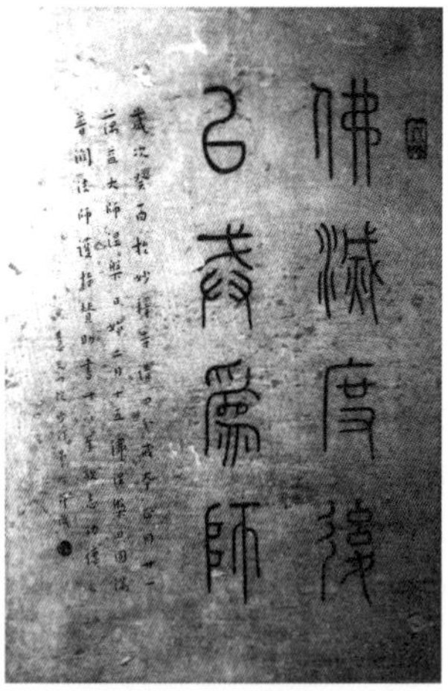

弘一大师书"佛灭度后，以戒为师"。

4 月 16 日（农历三月廿二日），《佛学半月刊》第 53 期刊出《敕建浙江绍兴开元律寺重兴疏》，署名"弘一"。② 同期刊出佛学书局《本局征求附印胡宅梵居士著，范古农居士审定，弘一法师序〈地藏经白话解释〉》广告。又刊出佛学书局"青年丛书之一"《护生画集》广告，标"弘一法师书，丰子恺居士画，李圆净居士撰"及"本局最新出版"《弘一法师著《地藏菩萨圣德大观》广告。

4 月 22 日（农历三月廿八日），在厦门致性愿法师函。言讲律事决定延续；嘱书各件下月奉上等。③

4 月 25 日至 5 月 23 日间（农历四月），在厦门致胡宅梵函。言因泉

① 此信福建人民出版社 2019 年 12 月版《弘一大师全集》（第 3 版，修订 2 版）第八册・文艺卷、杂著卷、书信卷第 448 页收录，标"一九三三年旧三月十三日，厦门万寿岩"。

② 此文收福建人民出版社 2019 年 12 月《弘一大师全集》（第 3 版，修订 2 版）第七册・佛学卷、传记卷、序跋卷第 620 页时题为《绍兴开元寺募建殿堂疏》。

③ 此信福建人民出版社 2019 年 12 月版《弘一大师全集》（第 3 版，修订 2 版）第八册・文艺卷、杂著卷、书信卷第 449 页收录，标"一九三三年旧三月廿八日，厦门万寿岩"。

州寺内驻军，一时未动身；以后通讯仍寄厦门妙释寺等。①

重编《寒笳集》（《蕅益大师警训略录》）。在万寿岩作《〈寒笳集〉序》，题署："于时后二十二年岁次癸酉四月学南山律于禾山万寿岩。晋水璎珞院沙门善臂集。"序文写曰："壬戌之岁，尝依《灵峰宗论》摭写《警训》一卷，颜曰'寒笳集'。辛未仲秋，又为覈核，题曰'蕅益大师警训略录'。今复改集，并存二名。掔录之意，唯以自惕，故于嘉言多有阙遗。后之贤者幸为增订焉。"②

春，书"佛灭度后，以戒为师"。款识"岁次癸酉，于妙释寺讲四分戒本。正月廿一蕅益大师涅槃日始，二月十五佛涅槃日圆满。普润法师护持赞助，书此以奉，敬志功德。慧光明院沙门昙昉并识"；钤印"辟"。③

5月1日（农历四月初七日），在万寿岩讲《地藏菩萨之灵感》。④

《四川佛教月刊》第3年第5期刊出成都倦文社"本社新到经像"消息，有《护生画集》。

《佛学半月刊》第54期刊出佛学书局"本局征求附印"《地藏经白话解释》广告。又刊出"本局最新出版"《地藏圣德大观》广告，标"弘一法师著"。

5月2日（农历四月初八日），在万寿岩讲《授三皈依大意》。⑤

致刘质平函：

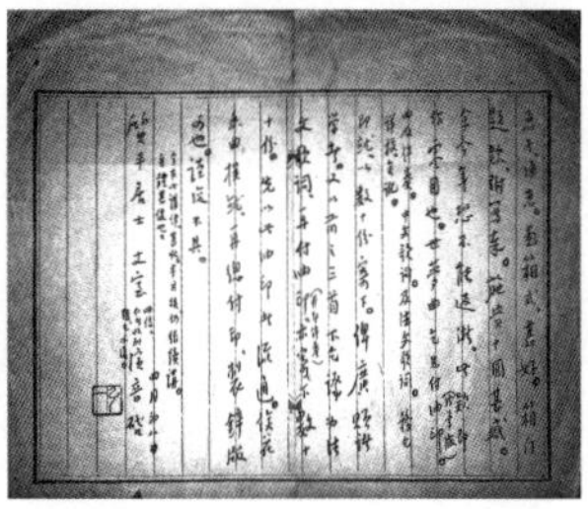

弘一大师于1933年5月2日致刘质平函之一页。

惠书诵悉。画箱式。甚好。箱门题款，附写奉。施资十元，甚感。余今年恐不能返浙，此款即作零用也。

《世梦》曲，乞先付油印（珍笔版，曲及伴奏、中文歌词及法文歌词，务乞详校，无讹）。印就，以数十份寄下，俾广赠诸学者。

又以前之三首，亦乞译为法文歌词，再付油印（并伴奏），亦寄下数十份。先以此油印者流通，俟《花香》曲就，再总付印，制

---

① 此信福建人民出版社2019年12月版《弘一大师全集》（第3版，修订2版）第八册·文艺卷、杂著卷、书信卷第399页收录，标"一九三三年旧四月，厦门万寿岩"。

② 弘一大师：《〈寒笳集〉序》，收《弘一大师全集》（第3版，修订2版）第七册·佛学卷、传记卷、序跋卷，福建人民出版社2019年12月版，第625页。参见其《集录三种序》中之言："始于己未八月，越二年辛酉十月写讫。"（收《弘一大师全集》第七册·佛学卷、传记卷、序跋卷，福建人民出版社2019年12月第3版、修订2版，第621页）。

③《广洽纪念馆》一书，［新加坡］广洽纪念馆编辑委员会编，2007年3月，第24页。普润法师即广洽法师。

④ 弘一大师：《壬丙南闽弘法略志》，收《弘一大师全集》第八册·文艺卷、杂著卷、书信卷，福建人民出版社2019年12月第3版、修订2版，第200页。讲稿手迹参见上海书画出版社2017年5月版浙江省平湖市人民政府、上海徐汇区文化局编：《弘一大师法书集·华枝春满（手稿信札卷）》，第10—11页。

⑤ 弘一大师：《壬丙南闽弘法略志》，收《弘一大师全集》第八册·文艺卷、杂著卷、书信卷，福建人民出版社2019年12月第3版、修订2版，第200页。

锌版可也。谨复，不具。

质平居士丈室

四月初八日

演音启

余在此讲律甚忙，半月后仍继续讲，身体甚健也。

此信仁者收到后，乞示复。

于时二十二年岁次癸酉四月以付质平居士保藏

沙门演音　年五十又四

按：此信福建人民出版社 2019 年 12 月版《弘一大师全集》（第 3 版，修订 2 版）第八册・文艺卷、杂著卷、书信卷第 287 页收录，标“一九三一年四月初八日，上虞法界寺”。文物出版社 2017 年 10 月版陈飞鹏整理《弘一法师书信全集》第 304 页收录，以“余今年恐不能返浙”句等认定为 1933 年农历四月初八日。此信原件藏平湖市李叔同纪念馆，有二纸，《全集》和《书信全集》均未收全。此信写于 1933 年 5 月 2 日（农历四月初八日），地点在厦门万寿岩。详考见王维军著《平湖李叔同纪念馆藏李叔同（弘一大师）手札墨宝・识注考勘》。①

5 月 5 日（农历四月十一日），在厦门致性愿法师函。言感谢介绍至草庵息暑。因人多，草庵用品斋粮等或不足，诸师欲往雪峰，拟请致书咨询。若雪峰亦不便，恳请代为介绍他处；近辑《灵峰警训略录》一卷，名《寒笳集》，不久送佛学书局印行等。②

5 月 15 日（农历四月廿一日），《海潮音》第 14 卷第 5 号刊出“常惺法师行住持厦门南普陀寺受请典礼与欢迎弘一律师摄影”，标注时间为“二一、一二、二”。又刊出“弘一律师道影”。同期《佛教新闻・厦门》写曰：“（不顾身命持律仪）弘一律师，在厦讲律，听众甚盛。寄住妙释寺者六七人，皆自己发心，过午不食。内有二人，患肺病甚剧。中有一人，正在呕血不止，卧床不起之时，而立刻停止晚餐，不顾身命，尤令人感佩。现已讲羯磨。据弘师云：若欲深造，非三五年之工夫专心研习不可。听众中有二三人，誓愿甚坚固，或可发心专修云。”同期又刊出《地藏圣德大观》（标注：“弘一法师著”）广告。

① 王维军著：《平湖李叔同纪念馆藏李叔同（弘一大师）手札墨宝・识注考勘》，西泠印社出版社 2017 年 9 月版，第 197 页。

② 此信福建人民出版社 2019 年 12 月版《弘一大师全集》（第 3 版，修订 2 版）第八册・文艺卷、杂著卷、书信卷第 449 页收录，标“一九三三年旧四月十一日，厦门万寿岩”。

5月16日（农历四月廿二日），《佛学半月刊》第55期刊出佛学书局“本局征求附印”《地藏经白话解释》广告和“本局最新出版《地藏圣德大观》”广告，标“弘一法师著”。

5月23日（农历四月廿九日），在厦门致性愿法师函：

惠书敬悉，诸承慈念，感谢无尽。旧历初十日后天不雨者，即拟移居泉州，其时当趋候法座也。先此匆复。顺请

慈安

后学演音稽首

旧四月廿九日

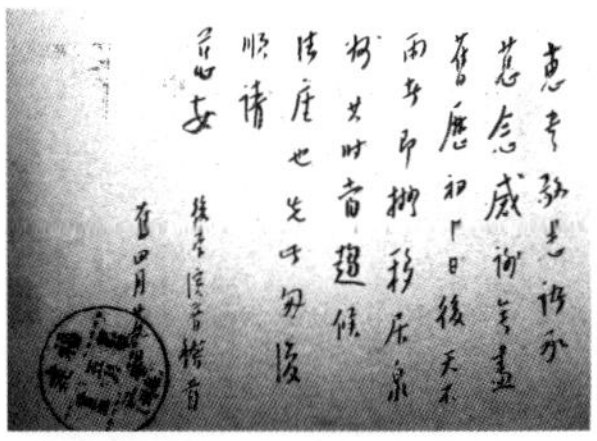

弘一大师于1933年5月23日（农历四月廿九日）致性愿法师函。

按：此信福建人民出版社2019年12月版《弘一大师全集》（第3版，修订2版）第八册·文艺卷、杂著卷、书信卷和文物出版社2017年10月版陈飞鹏整理《弘一法师书信全集》均未收录。图版见林可同编：《弘一书法墨迹》，中国美术学院出版社2004年4月版，第111页，为明信片，有该信抵达泉州时之邮戳。

5月24日至6月22日（农历五月），撰南山律学苑联。

附记：浙江三江拍卖有限公司《2014秋季艺术品拍卖会·中国书画（一）》图册第0175号为弘一大师名下镜片。释文：“中华民国二十二年，岁次癸酉五月二十六日，即旧历五月初三日，恭值明灵峰蕅益大师圣诞。学律弟子弘一……等，敬于诸佛菩萨祖师之前同发四弘誓愿已，并别发四愿……”署：“学律弟子演音弘一”。此亦收鹭江出版社2012年8月版《弘一与厦门》一书第112页。**按：**林子青编著《弘一法师年谱》（宗教文化出版社1995年8月版）第208－209页有录，文字略不同。

5月31日（农历五月初八日），在厦门万寿岩讲《四分律删补随机羯磨》卷上毕。[①] **按：**《海潮音》第14卷第9号“佛教新闻·厦门”有《山边岩被匪劫》一节，曰：“七月二十七日夜，禾山万寿岩寺（俗称山边岩）突来匪徒十余名，持枪入内抢劫，劫去现银二百余元，僧伤三名，伤势颇重。弘一律师曾住该寺，幸现已他去云。”

① 弘一大师：《手书发誓愿联跋》，收《弘一大师全集》第七册·佛学卷、传记卷、序跋卷，福建人民出版社2019年12月第3版、修订2版，第637页。

5月（农历四月初七日至五月初八日间），题封面的《厦门南普陀寺志》由厦门南普陀寺出版。题字署名“月音”。该书编辑为虞愚、寄尘，校对为窥谛、东初，厦门风行印刷社排印，闽南佛经流通处总发行，厦门开明书社代售。

敦促胡宅梵所作之《地藏菩萨本愿经白话解释》由上海佛学书局出版。序言用于该书，署名“贤首院沙门胜臂”。该序作于是年农历二月。

在厦门致夏丏尊函：

惠书，诵悉，至用感谢。画集即可收到。讲律尚须继续，今年或不能北上。不宣。

演音启

两旬之后，拟往百里外山中避暑，乞暂勿来信。将来住处定后，再以奉闻。附白。

今泉州开元寺。摄于2019年4月。

今泉州开元寺尊胜院。摄于2019年4月。

今泉州开元寺内的“弘一法师纪念馆”。摄于2019年4月。

按：此信福建人民出版社2019年12月版《弘一大师全集》（第3版，修订2版）第八册·文艺卷、杂著卷、书信卷第313页收录，标“一九三三年阳历五月，厦门”。文物出版社2017年10月版陈飞鹏整理《弘一法师书信全集》第305、343页重复收录，前者时间标1933年“旧四月”，地点标“厦门万寿岩寺”；后者时间标1935年“旧三月中旬”，地点标“泉州承天寺”，并有“案”，曰“考诸1933年5月间弘一法师并无到‘百里外山中’行迹及相关计划”，故以为应系1935年之事。此信应写于1933年5月，地点在厦门。理由是此信有“画集即可收到”句，此可与同年农历三月致夏丏尊信中所言“开明书店出版之《护生画集》，乞惠施二十册上下”参读。又农历三月之信有“前寄上书面字，想已收到”、“《辞通》出版后，乞惠施一册”句。《辞通》出版于1934年，为夏丏尊等于1930年买下版权主持出版，请弘一大师题封面。综上所述，前后二信有承续关系，可确定此信写于1933年5月。至于拟往百里外山中避暑，乃弘一大师之计划，并非一定实现。此可参读本年5月5日致性愿法师函。函中感谢介绍至草庵息署。

6月1日（农历五月初九日），《正信》第2卷第9期有佛教正信会宣化团“本会宣化团赠送书目”：弘一和尚《地藏菩萨圣德大观》。

《四川佛教月刊》第3年第6期刊出成都倦文社“本社新到经像”消息，有《护生画集》。

《佛学半月刊》第56期刊出佛学书局《征求附印〈地藏本愿经白话解释〉》广告和“本局最新出版”《地藏圣德大观》广告，标“弘一法师著”。

6月2日（农历五月初十日），应泉州开元寺请，赴泉州，住开元寺尊胜院，从事圈点律书等。① **按一：**在泉州有致善契法师函。言送上菲岛副信等，请向文记行领取四元，在尊胜院供众等。② **按二：**在泉州有函致胡宅梵。一函言序文已寄去；题签事，书局未来信告知，今为写一纸请转交；听说佛学书局出版之书错字太多，此次《白话解》排印时请托何居士特别精密校对等。③ 二函言广洽法师曾劝二居士出资六十元印《本愿经白话解》，早已寄上海；彼欲请将《胜月吟賸》再寄下四册；前存金仙寺书架中有《华严经校勘表》，请检一份寄宁波丁葆青居士；以后来信寄泉州开元寺等。④ **按三：**弘一大师在自书之《地名山名寺名院名略考》中介绍曰：“尊胜院（在泉州大开元寺内）。”尊胜院是弘一大师在泉州开元寺的居住之所，也是弘一大师创办律学研修班旧址，曾为泉州“弘一法师纪念馆”所在地。纪念馆后搬至大雄宝殿东侧，与东塔相望。2012年，纪念馆再次扩建。在泉州时召集性常、广洽、了识、心灿、本妙、寂真、瑞曦、瑞澄、妙慧、瑞卫、广信11位法师，成立南山律学苑。

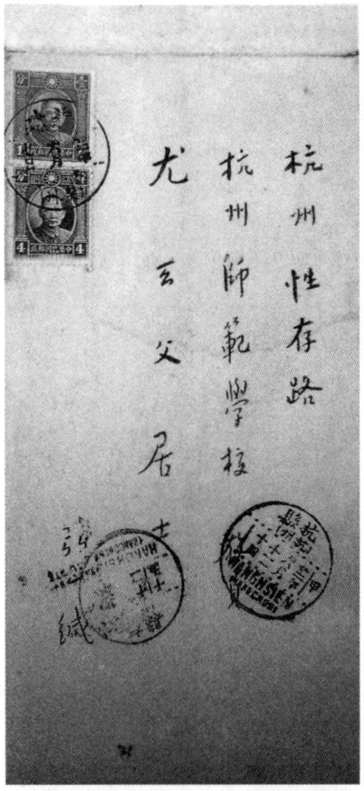

弘一大师致尤玄父函信封。

6月7日（农历五月十五日），在泉州开元寺讲《放生与杀生之果报》。⑤

在泉州寄发致尤玄父函。**按：**仅信封，见林可同编：《弘一书法墨迹》，中国美术学院出版社2004年4月版，第127页。信封文字为“杭州性存路杭州师范学校　尤玄父居士　弘一缄”。此信寄发时间为6月7日，抵达杭州的时间为6月12日。

6月12日（农历五月廿日），在泉州致刘质平函。言来信收到；能克尽孝道，为慰；开弔之日宜素斋，万不可杀生；《心经》及签，写就邮奉等。⑥ **按：**此信又附签“刘母张太夫人讣告”，署“如实题”。1933年

① 浙江省平湖市人民政府、上海徐汇区文化局编：《弘一大师法书集·华枝春满（手稿信札卷）》，上海书画出版社2017年5月版，第83页《妙本法师〈心经论解〉序》。泉州开元寺藏。

② 此信福建人民出版社2019年12月版《弘一大师全集》（第3版，修订2版）第八册·文艺卷、杂著卷、书信卷第473页收录，标“一九三三年旧五月，泉州开元寺”。

③ 此信福建人民出版社2019年12月版《弘一大师全集》（第3版，修订2版）第八册·文艺卷、杂著卷、书信卷第399页收录，标“一九三三年旧五月初旬，泉州开元寺”。

④ 此信福建人民出版社2019年12月版《弘一大师全集》（第3版，修订2版）第八册·文艺卷、杂著卷、书信卷第399页收录，标“一九三三年旧五月中旬，泉州开元寺”。

⑤ 弘一大师《壬丙南闽弘法略志》，收《弘一大师全集》第八册·文艺卷、杂著卷、书信卷，福建人民出版社2019年12月第3版、修订2版，第200页。曾刊于1945年4月1日《觉有情》第6卷第15、16号合刊。

⑥ 此信福建人民出版社2019年12月版《弘一大师全集》（第3版，修订2版）第八册·文艺卷、杂著卷、书信卷第296页收录，标“一九三三年六月十二日，泉州开元寺”。

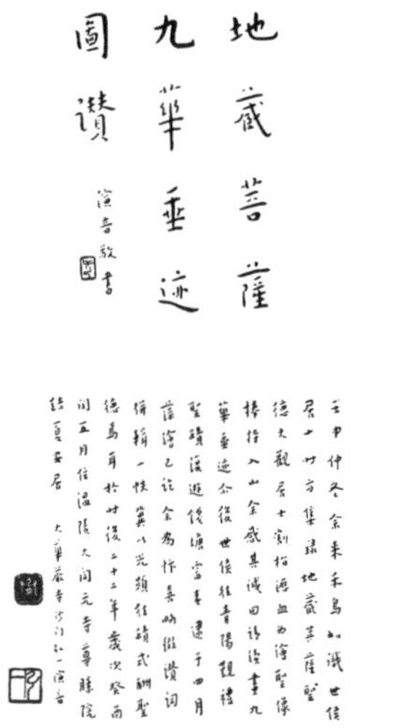

弘一大师题《地藏菩萨九华垂迹图赞》。

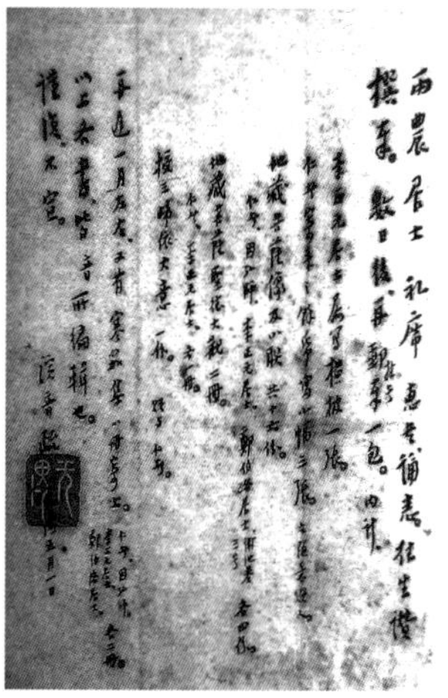
弘一大师于1933年6月23日（农历闰五月初一日）在泉州致杨雨农函。

5月20日刘质平母亲去世。写《心经》四屏条，跋曰：“岁次癸酉，质平居士慈母谢世，为写心经一卷，冀业障消除，往生安养者。尊胜院沙门善臂。”

6月15日（农历五月廿三日），在泉州致胡宅梵函。言来开元寺已半月；《寒笳集》稿已寄沈居士，不久可印出，若需要，可函告沈居士直寄；前存金仙寺书架中有《蕅益大师年谱》草稿一册，日本制棉纸本，面画黄线，中国式装订，便中检出寄下；地藏菩萨像亦请再寄数纸；附笺请交毛居士等。[①]

6月16日（农历五月廿四日），《佛学半月刊》第57期刊出佛学书局“本局征求附印”《地藏经白话解释》广告。同期刊出《弘一法师最近之著述》，写曰：“弘一法师，近辑一《寒笳集》（又名《蕅益大师警训略录》）在佛学书局排印。现移住福建泉州大开元寺，并编南山律居士备要，将来拟在居士林开讲。”

6月23日至7月1日间（农历闰五月上旬），在泉州致胡宅梵函。言续承佛学书局寄《白话解》三包已收到；显真师来信已阅；不久移居山中，暂勿来信等。[②] **按：**弘一大师指导，胡宅梵所撰之《地藏菩萨本愿经白话解释》于6月由上海佛学书局出版，为题封面，署“一音”。

6月23日至7月22日间（农历闰五月），在泉州开元寺为卢世侯题其所绘之《地藏菩萨九华垂迹图赞》，署“于时后二十二年岁次癸酉闰五月住温陵大开元寺尊胜院结夏安居。大华严寺沙门弘一演音”。[③]

6月23日（农历闰五月初一日），在泉州致杨雨农函：

雨农居士礼席：

惠书诵悉。往生赞撰奉，数日后再挂号邮奉一包，内计：

李正元居士嘱写横披一张；

仁者寄来之余纸写小幅三张，乞随意赠人；

① 此信福建人民出版社2019年12月版《弘一大师全集》（第3版，修订2版）第八册·文艺卷、杂著卷、书信卷第399页收录，标“一九三三年旧五月廿三日，泉州开元寺”。

② 此信福建人民出版社2019年12月版《弘一大师全集》（第3版，修订2版）第八册·文艺卷、杂著卷、书信卷第399页收录，标“一九三三年闰五月上旬，泉州开元寺”。

③《地藏菩萨九华垂迹图赞》目前有（台北）三慧讲堂版，1989年4月初版，1989年7月2版，2014年7月3版。福建人民出版社2019年12月版《弘一大师全集》（第3版，修订2版）第八册文艺卷、杂著卷、书信卷第210页所录之《〈地藏菩萨九华垂迹图〉赞》标点符号和部分文字略有别。今依（台北）三慧讲堂版《地藏菩萨九华垂迹图赞》。

地藏菩萨像及小联共十六份，仁者、因弘师、李正元居士、郑伯洛居士（谢池巷三号）各四份；

《地藏菩萨圣德大观》二册，仁者、李正元居士各一册；

《授三归依大意》一份，赠与仁者；

再迟一月左右，又有《寒笳集》八册寄上。（仁者、因弘师、李正元居士、郑伯洛居士各二册。）

以上各书皆音所编辑也。

谨复，不宣。

演音疏。闰五月一日

按：此信福建人民出版社 2019 年 12 月版《弘一大师全集》（第 3 版，修订 2 版）第八册・文艺卷、杂著卷、书信卷第 404 页收录，标“一九三三年六月二十三日，厦门万寿岩”。文物出版社 2017 年 10 月版陈飞鹏整理《弘一法师书信全集》第 308 页收录，时间标 1933 年“闰五月初一”，地点标“厦门万寿岩寺”。二者地点均误。此时弘一大师在泉州。

6 月 27 日（农历闰五月初五日），在开元寺讲《敬三宝》。①

6 月 28 日（农历闰五月初六日），在开元寺数次讲《佩玉编》。②

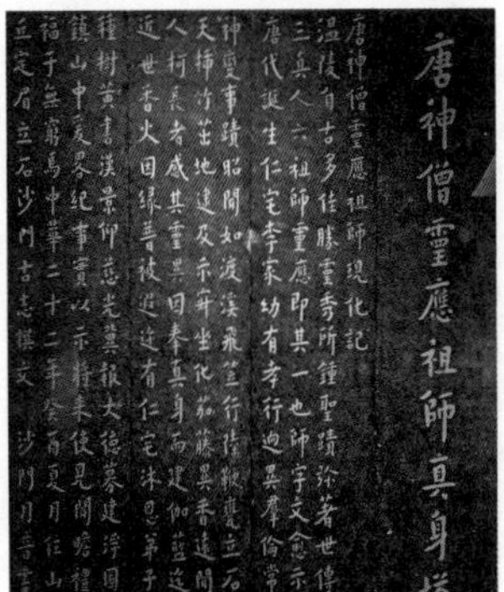

弘一大师书《唐神僧灵应祖师现化记》。

夏，灵应寺主定眉曾请古志禅师（性愿）撰《唐神僧灵应祖师现化记》，为书写，署“中华二十二年癸酉夏月，住山比丘定眉立石，沙门古志撰文，沙门月音书写”。③ **按：**清初雪峰如幻禅师《瘦松集・重修灵应岩募化叙》言神僧乃宋时之人。

在泉州致性愿法师函。言感谢曩承赐夏布海青；前日法驾枉临，遂忘致谢，至用歉然；塔记写奉等。④

① 弘一大师：《壬丙南闽弘法略志》，收《弘一大师全集》第八册・文艺卷、杂著卷、书信卷，福建人民出版社 2019 年 12 月第 3 版、修订 2 版，第 200 页。《敬三宝》一文又载 1950 年 11 月 1 日《觉有情》第 11 卷第 11 期“弘一大师铁稿”专栏，内页通栏标题为“弘一大师涅槃八周年纪念”，除《敬三宝》外，还刊出《壬丙南闽弘法略志》《常随佛学》《改习惯》《致王心湛书》、《与林赞华居士书》。同时刊出弘一大师照片一帧（初出家时在玉泉所摄之影）。

② 弘一大师：《壬丙南闽弘法略志》，收《弘一大师全集》第八册・文艺卷、杂著卷、书信卷，福建人民出版社 2019 年 12 月第 3 版、修订 2 版，第 200 页。

③ 晋江市文化和旅游局等主办：“最后之胜利——纪念弘一大师诞辰 140 周年暨手书墨宝、拓片展览”，2020 年 11 月 25 日至 12 月 24 日，晋江市博物馆。

④ 此信福建人民出版社 2019 年 12 月版《弘一大师全集》（第 3 版，修订 2 版）第八册・文艺卷、杂著卷、书信卷第 449 页收录，标“一九三三年夏，泉州开元寺”。塔记指该年南安灵应寺所建唐神僧灵应大师现化记。此记署“古志撰、月音书”。古志为性愿之名。

7月1日（农历闰五月初九日），《四川佛教月刊》第3年第7期刊出成都倦文社“本社新到经像”消息，有《护生画集》。

7月2日至11日间（农历闰五月中旬），在泉州致胡宅梵函。言近来衰老日甚，前日又咯血，拟不久往山中静养；若有人问近况，可如是告知；通讯、写字暂停止等。[1]

7月7日（农历闰五月十五日），在泉州致夏丏尊函。言前函发出后即收到开明书店寄来书籍一包；代问候丰子恺等。[2]

弘一大师像。

7月15日（农历闰五月廿三日），《海潮音》第14卷第7号刊出佛学书局“最新出版弘一法师手书”《华严经十地品》（第二地章，金属版影印，全书一册，定价两角）广告。广告文曰：“弘一法师擅精书法，其手写经卷，莫不为国内缁素所推重，最近复应赵伯顾居士之请，书写此经，以资其大母之冥福。凡诵习华严而爱好弘一上人之书法者，当以先睹为快焉。”同时刊出“已出弘一法师手书经卷”，有《梵网经菩萨戒》《普贤行愿品偈》《华严经初回向章》《华严净行品偈》《佛百八名赞》《佛说八大人觉经》《八种长养功德经》《大乘戒经》《华严集联三百》《地藏见闻利益品》。

在泉州致胡宅梵函。言病甚轻，已痊愈；惠《澹宗》甚感。书中稍有错字，再版时再详校对等。[3]

7月16日（农历闰五月廿四日），《佛学半月刊》第59期刊出《四分律比丘戒相表记序》。署名“弘一”。同期刊出佛学书局“最新出版”《华严经十地品第二地章》广告，标“弘一法师手书”。广告文曰：“弘一法师擅精书法，其手写经卷，莫不为国内缁素所推重。最近复应赵伯顾居士之请，书写此经，以资其大母之冥福。凡诵习华严而爱好弘一上人之书法者，常以先睹为快焉。”复刊出《已出弘一法师手书经卷》，有《梵网经菩萨戒》《普贤行愿品》《华严经初回向章》《华严净行品偈》《佛百八赞》《佛说八大人觉经》《八种长养功德经》《大乘戒经》（以上均为梵册）和《华严集联三百》《地藏见闻利益品》（此二种为方册）。复有“最新出版”《弘一法师手书（用金属版影印）〈华严经十地品第二

---

① 此信福建人民出版社2019年12月版《弘一大师全集》（第3版，修订2版）第八册·文艺卷、杂著卷、书信卷第400页收录，标“一九三三年旧六月，泉州开元寺”。疑误。

② 此信福建人民出版社2019年12月版《弘一大师全集》（第3版，修订2版）第八册·文艺卷、杂著卷、书信卷第463页收录，标“一九三三年二月，厦门万寿岩”。疑误。

③ 此信福建人民出版社2019年12月版《弘一大师全集》（第3版，修订2版）第八册·文艺卷、杂著卷、书信卷第399页收录，标“一九三三年旧五月廿三日，泉州开元寺”。

地章〉》。

7月23日至8月20日间（农历六月），厦门妙释寺募资乞请宋《碛砂藏》。有贫母携儿诣僧房舍资一元，谓愿以此助请宋藏。**按：**次年正月为撰《记厦门贫儿舍资请宋藏事》。

在泉州致蔡丏因函。言讲律尚须继续，今岁未能北上，诸友代为问候；请托人向上海棋盘街艺学社或他处购水彩画用铅瓶装硃红颜料两打。此物分赠学律诸师圈点律书及自用等。[1]

在泉州致夏丏尊函。言因事滞留泉州，秋晚乃可入山；谈眼镜事等。[2]

7月27日（农历六月初五日），是日为其先父121岁冥诞，始书古版《行事钞记》因缘。

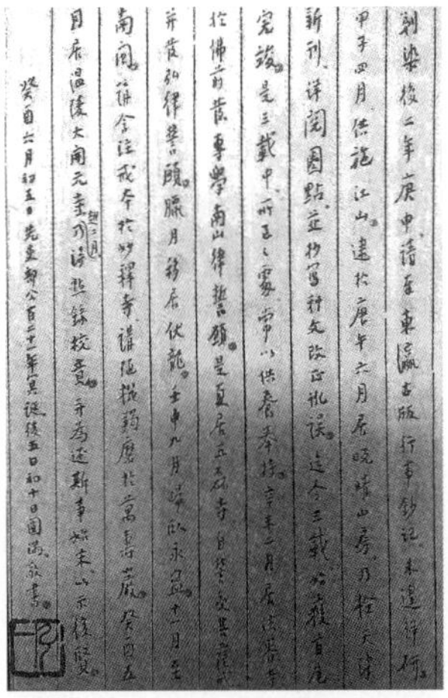
1933年7月27日（农历六月初五日），弘一大师为先父121岁冥诞始书古版《行事钞记》因缘。

7月（农历闰五月初九日至六月初九日），《弘法社刊》第22期刊出《敕建浙江绍兴城中开元律寺重兴疏》。

同期载洪允祥《弘一大师过甬作偈呈之》：

吴江小阁看斜曛，青眼还因赏小文。三十年来如梦过，尊前突兀示僧身。

震旦重瞻大士来，善携影现费人猜。酒人曾入庐山社，只愧华严老辨才。

神州慧日未西沉，解道良心即佛心。可笑仙娥无眼孔，蓬山深浅漫探寻。

蕅益憨山孰短长，台慈门户妄分长。拈来一滴曹溪水，到处青山是道场。

我是天台嫡裔孙，操戈何敢向师门。闲来重读圭峰疏，古德心源待细论。

海滨玩鸟未忘机，雪子重逢自悔非。故国梅花开似昔，佛天何处辨东西。

来劫龙华会上人，大千幻境入微尘。维摩说法文殊默，都是毗耶老病身。

烟水南游没旧踪，圣湖曾约再相逢。世间车笠皆儿戏，誓毕残

① 此信福建人民出版社2019年12月版《弘一大师全集》（第3版，修订2版）第八册·文艺卷、杂著卷、书信卷第348页收录，标“一九三三年六月，泉州开元寺”。

② 此信福建人民出版社2019年12月版《弘一大师全集》（第3版，修订2版）第八册·文艺卷、杂著卷、书信卷第313页收录，标“一九三三年旧六月初，泉州开元寺”。

生礼大雄。

8月1日（农历六月初十日），《世界佛教居士林林刊》第35期刊出佛学书局《华严经十地品第二地章》广告，注："上海佛学书局最新精出版——用金属版精印弘一法师之又一杰作。"说明文字曰："弘一法师擅精书法，其手写经卷，莫不为国内缁素所推重。最近复应赵伯顾居士之请，书写此经，以资其大母之冥福。凡诵习华严而爱好弘一上人之法书者，当以先睹为快焉。"同时介绍"已出弘一法师手书经卷"，有《梵网经菩萨戒心地戒品》《华严经普贤行愿品偈》《华严经十回向品初回向章》《华严经净行品偈》《佛百八名赞》（三种同本）、《佛说八大人觉经》《八种长养功德经》《大乘戒经》《华严集联三百》《地藏见闻利益品》。在该期发表《地藏菩萨圣德大观序》，署名"沙门弘一"。

《正信》第2卷第13期载印光法师：《为刺血写经复宏（弘）一律师书》，署名"印光老法师"。

书《圈点〈行事钞记〉跋》毕，署"癸酉六月初五日先吏部公百二十一年冥诞，后五日初十日圆满敬书"；钤印"弘一"。[①]

《佛学半月刊》第60期刊出佛学书局"最新出版"《华严经十地品第二地章》广告，标"弘一法师手书，用金属版影印"。刊出《已出弘一法师手书经卷》，有《梵网经菩萨戒》《普贤行愿品》《华严经初回向章》《华严净行品偈》《佛百八赞》《佛说八大人觉经》《八种长养功德经》《大乘戒经》（以上均为梵册）和《华严集联三百》《地藏见闻利益品》（此二种为方册）。同期又于不同页面刊出《录寒笳集》，标"弘一法师撰"。

8月11日（农历六月廿日），在泉州致广洽法师函。言承施夏衣、食物、邮券、名香等收到；寄上《华严二地章》二包；闻仁等在厦门募请《宋藏经》，欣慰；代问候瑞今法师；前存万寿岩书架中《华严经纲要》四套，请来泉州时带下等。[②]

8月15日（农历六月廿四日），《海潮音》第14卷第8号刊出佛学书局"胡宅梵居士著，弘一法师范古农居士序"之《地藏本愿经白话解释》广告。

---

① 弘一大师：《圈点〈行事钞记〉跋》，收《弘一大师全集》第七册·佛学卷、传记卷、序跋卷，福建人民出版社2019年12月第3版、修订2版，第609页。

② 此信福建人民出版社2019年12月版《弘一大师全集》（第3版，修订2版）第八册·文艺卷、杂著卷、书信卷第463页收录，标"一九三三年六月二十日，泉州开元寺"。

8月16日（农历六月廿五日），《佛学半月刊》第61期刊出佛学书局“最新出版”《华严经十地品第二地章》广告，标“弘一法师手书，用金属版影印”。刊出《已出弘一法师手书经卷》，有《梵网经菩萨戒》《普贤行愿品》《华严经初回向章》《华严净行品偈》《佛百八赞》《佛说八大人觉经》《八种长养功德经》《大乘戒经》（以上均为梵册）和《华严集联三百》《地藏见闻利益品》（此二种为方册）。

8月21日至9月19日间（农历七月），在泉州致胡宅梵函。言由广洽法师转交之函昨日带至泉州，已阅；表扬其研佛心得，敦促再读《华严悬谈》《普贤行愿品别行疏钞》；开元寺挽留，稍迟再动身他往；《地藏经白话解》《澹宗》出版时，请寄开元寺；请与何居士商量代为募印《佩玉篇》《读书录》若干部（可请佛学书局印）等。[①]

在泉州致蔡丏因函。言讲律未竟，不能返浙；所托购颜料稍迟无妨；年假时若归嘉兴，请检《大智度论》寄下等。[②]

8月31日（农历七月十一日），在泉州承天寺为幼年诸学僧讲《常随佛学》。[③] 同日又在开元寺讲《读诵华严经文之灵感》。[④] 书读华严经灵感三则卷。款识“癸酉七月十一日，大华严寺沙门善臂”；钤印“音”、“吉目”。“西域相传云：普贤行愿赞，为略华严经。大方广佛华严经，为广普贤行愿赞。敬奉性常法师”；钤印“月”、“胤”。卷首钤印佛肖印。[⑤]

8月（农历六月初十日至七月十一日），《护生画集》英文译本由（上海）中国动物保护会发行（黄茂林译）。

9月1日（农历七月十二日），《四川佛教月刊》第3年第9期刊出成都倦文社“本社新到经像”消息，有《护生画集》。

《佛学半月刊》第62期刊出佛学书局“本局最新出版”《地藏本愿经白话解释》广告，标“弘一法师序，范古农居士序，胡宅梵居士著”。

---

① 此信福建人民出版社2019年12月版《弘一大师全集》（第3版，修订2版）第八册・文艺卷、杂著卷、书信卷第400页收录，标“一九三三年旧七月，泉州开元寺”。

② 此信福建人民出版社2019年12月版《弘一大师全集》（第3版，修订2版）第八册・文艺卷、杂著卷、书信卷第348—349页收录，标“一九三三年七月，泉州开元寺”。文物出版社2017年10月版陈飞鹏整理《弘一法师书信全集》第310、311页重复收录。

③ 弘一大师：《壬丙南闽弘法略志》，收《弘一大师全集》第八册・文艺卷、杂著卷、书信卷，福建人民出版社2019年12月第3版、修订2版，第200页。

④ 弘一大师：《壬丙南闽弘法略志》，收《弘一大师全集》第八册・文艺卷、杂著卷、书信卷，福建人民出版社2019年12月第3版、修订2版，第200页。

⑤ 上海市书法家协会编：《海派代表书法家系列作品集・弘一》（该卷主编刘一闻，副主编沈爱良），上海书画出版社2006年12月版，第247页。

同期刊出《弘一法师将入山养疴》，写曰：“弘一法师前在泉州弘法，近因天气炎热，将云游他处，入山养疴，谢绝访问通信等事云。”

9月2日（农历七月十三日），在开元寺初校《比丘尼观愿录写科文》，以为未及详审，俟后再校勘。①

9月9日至19日间（农历七月下旬），在开元寺讲《梵网戒本》。（七天讲毕）②

9月15日（农历七月廿六日），《海潮音》第14卷第9号刊出“胡宅梵居士著，弘一法师范古农居士序”之《地藏本愿经白话解释》广告。

1933年9月16日，《佛学半月刊》第63期刊登的吕碧诚绘《南无地藏王菩萨》像及弘一大师题联。

9月16日（农历七月廿七日），《佛学半月刊》第63期发表吕碧诚绘《南无地藏王菩萨》像，所题地藏菩萨十轮经偈句“具足施功德，悲愍诸众生”附于像旁。署“癸酉演音书”；钤印“弘一”。在同期发表《地藏菩萨九华垂迹图赞》，署“弘一未定稿”。同期刊出佛学书局“最新出版”《地藏本愿经白话解释》广告，标“弘一法师鉴定，范古农校勘，胡宅梵居士著”。又刊出“本局出版”《地藏圣德大观》广告，标“弘一法师精心选辑，卢世侯沥血绘像”。刊出“弘一法师手书”《地藏菩萨地神护法品》《地藏菩萨嘱累人天品》，有文曰：“李氏息翁，以美术学专家发心学佛而作沙门，名曰弘一。书法出入晋魏，素为海内所珍重。出家后非关宏法不书，故其墨迹尤为名贵。本幅书地藏经文，系在金仙寺静权法师讲序随喜而作。本局以夹宣纸石印制成横披两幅。凡佛学家及赏鉴家，均有取焉。”同期刊有徐蔚如《答弘一大师论九华地藏塔书》（附录印光法师复永嘉某居士书）文后有“文霨案”：“今夏弘一大师结夏安居于泉州，适有人以地藏图赞索题。师以九华地藏塔，日久传讹，征求鄙见。文霨复书，谓不必斥为迷信者。非欲任其仍讹袭谬也，盖以九华志高僧传，皆非难得之书，此塔来源，显然易见，其犹误认者，必为不识字之妇孺，文字辨释，亦属徒劳，而托境输诚，要亦有益无损，最谓不须深斥。适《佛学半月刊》索取地藏文字，无以应之，姑以塞责。又恐阅者误会，特附录印光法师文于后。凡我同人，阅此当可瞭然矣。文霨附识。”

---

① 弘一大师：《〈四分律拾毗尼义钞〉校记》，收《弘一大师全集》第七册·佛学卷、传记卷、序跋卷，福建人民出版社2019年12月第3版、修订2版，第614页。

② 弘一大师：《壬丙南闽弘法略志》，收《弘一大师全集》第八册·文艺卷、杂著卷、书信卷，福建人民出版社2019年12月第3版、修订2版，第200页。

9月19日（农历七月三十日），在开元寺为十数位学律比丘讲毕梵网经戒相大要，重授菩萨戒。[①]

录瑜伽师地论文。款识“癸酉七月三十日依瑜伽师地论敬录。演音”；钤印“弘一”。[②]

9月21日（农历八月初二日），手装《比丘尼观愿录写科文》。署“是岁八月二日，手装并题，演音。”[③]

9月24日（农历八月初五日），在泉州致芝峰、慧律（亦幻）二法师函。言甚愿返金仙寺，但衰老体弱，多有不便；现仍居泉州，稍迟移居山中静养；所言近来遭遇，似为传讹；前月开元火灾，亦未受扰；大醒、寄尘诸法师已往汕头等。[④]

9月29日（农历八月初十日），在泉州致了智法师函：

丰子恺1933年秋题弘一大师肖像。

了智法师慈鉴：

今日诵座下惠书，悉了识师已归西。音拟自明日始，在此讲《华严行愿品大意》。更拟于十一月十九日，为生西百日纪念，在妙释寺讲《梵网经大意》（大约七八日讲完）。皆以回向了识师，增高品位，早证佛果。并于年底，拟编《人生之最后》一卷，附述了识师发心念佛生西之事，由佛学书局出版以为纪念。音与了识法师友谊甚厚，以上所述种种，略以表示微忱耳。谨复，顺颂

法安

后学演音和南　八月十日[⑤]

按：此信福建人民出版社2019年12月版《弘一大师全集》（第3版，修订2版）第八册·文艺卷、杂著卷、书信卷第483页收录，标“一九三五年旧八月十日，泉州承天寺”，文物出版社2017年10月版陈飞鹏整理《弘一法师书信全集》第312页收录，时间标1933年“旧八月初十”，写信地点标“泉州承天寺”。根据弘一大师1935年农历八月行

① 《泉州开元寺讲梵网经补志》，载1933年10月16日《佛学半月刊》第65期。

② 释慧观撰述：《弘一大师持戒念佛之典范》，（台北）弘一大师纪念学会2012年12月印行，第242页。

③ 弘一大师：《〈四分律拾毗尼义钞〉校记》，收《弘一大师全集》第七册·佛学卷、传记卷、序跋卷，福建人民出版社2019年12月第3版、修订2版，第614页。

④ 此信福建人民出版社2019年12月版《弘一大师全集》（第3版，修订2版）第八册·文艺卷、杂著卷、书信卷第462页收录，标“一九三三年八月五日，泉州开元寺”。文物出版社2017年10月版陈飞鹏整理《弘一法师书信全集》第311页收录，抬头为“芝峰、亦幻法师同鉴”，并将“八月五日”视为公历。此信曾刊于1943年《学术界》第1卷第1期李芳远辑《弘一大师书牍》。

⑤ 了智法师（1889—1958），福建南安人，早年出家，曾在厦门万寿岩与弘一大师同住，为刻“看松月到衣”一印赠之。

踪，此时正在惠安净峰寺。又根据了识法师圆寂时间是1933年9月，故应确定为1933年农历八月初十日。至于写信地点，以上二者均言承天寺，未说明依据。根据弘一大师《壬丙南闽弘法略志》，弘一大师写信次日，在开元寺讲了《普贤行愿品大意》，而弘一大师信中所用的语言是“音拟自明日始，在此讲……”所谓在此，从情理上讲应系开元寺。当然也不能排除“在此”系指泉州，故写信地点标注“泉州”当系慎重的选择。了识法师于1933年1月（夏历壬申年十二月）病重时，获览弘一大师讲稿《人生之最后》（即弘一大师信中所述拟编之《人生之最后》一卷），遂发心止药念佛。1933年5月，曾移居厦门万寿岩，入南山律苑从弘一大师学律。1933年9月病逝于厦门妙释寺，弘一大师为撰《了识律师传》。①

9月30日（农历八月十一日），在开元寺讲《普贤行愿品大意》。②

秋，弟子广洽法师为其摄像，并请丰子恺题偈，丰氏作《广洽法师嘱题弘一法师肖像》。③

10月1日（农历八月十二日），《四川佛教月刊》第3年第10期刊出成都倦文社“本社新到经像”消息，有《护生画集》。

《佛学半月刊》第64期刊出佛学书局“最新出版”《寒笳集》（又名《蕅益大师警训略录》）广告，标“弘一法师选”。

10月2日（农历八月十三日），在开元寺讲《普贤行愿品大意》毕。④

10月4日（农历八月十五日），在开元寺初依仪规为众诵菩萨戒本。当晚校点《行宗记》毕，以为粗具眉目，俟后有暇再复校补点。作《〈行宗记〉题跋》，署：“时居尊胜院，弘一。”⑤

10月11日（农历八月廿二日），在泉州致夏丏尊函。言感谢施目

① 了识法师（1907—1933年），俗姓柳，福建晋江人，法名传心（传净）。原为厦门妙释寺常住。

② 弘一大师：《壬丙南闽弘法略志》，收《弘一大师全集》第八册·文艺卷、杂著卷、书信卷，福建人民出版社2019年12月第3版、修订2版，第200页。

③《丰子恺文集》文学卷三，浙江文艺出版社、浙江教育出版社1992年6月版，第739页。是年秋，广洽法师请丰氏为弘一法师造像题偈一章，分赠诸净友。丰氏为题：“广大智慧无量德，寄此一躯肉与血。安得千古不坏身，永住世间刹尘劫。”

④ 弘一大师：《壬丙南闽弘法略志》，收《弘一大师全集》第八册·文艺卷、杂著卷、书信卷，福建人民出版社2019年12月第3版、修订2版，第200页。

⑤ 弘一大师：《〈行宗记〉题跋》，收《弘一大师全集》第七册·佛学卷、传记卷、序跋卷，福建人民出版社2019年12月第3版、修订2版，第612页。

鱼；感谢印西法师盛意；近来虽无大病，但衰老日甚殊畏寒暑，闽南气候适宜，故不拟北上；稍缓拟移居山中；请施资二十元，以备用等。①

10 月 13 日（农历八月廿四日），在开元寺尊胜院续讲《四分律含注戒本》及《随机羯磨》。②

10 月 15 日（农历八月廿六日），《海潮音》第 14 卷第 10 号刊山智仁诗《弘一师伯将有厦门之行赋此送行》：“忆叩莲花座，情深识面初；低徊听说法，胜读十年书！临别赠伽陀，三生感若何？蓦然飞锡去，指日到嘉禾。”

10 月 16 日（农历八月廿七日），《佛学半月刊》第 65 期刊出佛学书局“最新出版”《寒笳集》（又名《蕅益大师警训略录》）广告，标“弘一法师选”。另有《泉州开元寺讲梵网经补志》，写曰：“弘一律师，今春在厦门讲四分律及随机羯磨后，即应开元寺主人之请，在该寺结夏安居，并与十数位学律比丘重授菩萨戒。先讲梵网经戒相大要，至三十日。（地藏圣诞日）然后授戒云。”

10 月 18 日（农历八月廿九日），在泉州致胡宅梵函：

惠书，具悉。尊恙想已痊愈，为念。《地藏经白话解》，今承寄下者已足。无须再汇款续寄。因厦门居士附印者甚多也。余于此间诸事渐作结束，稍迟即移居山中静养。谨复，不宣。

八月晦日　演音上

按：此信福建人民出版社 2019 年 12 月版《弘一大师全集》（第 3 版，修订 2 版）第八册・文艺卷、杂著卷、书信卷第 400 页收录，标“一九三三年八月晦日，泉州开元寺”。文物出版社 2017 年 10 月版陈飞鹏整理《弘一法师书信全集》第 314 页收录，时间标 1933 年“旧八月三十日”。后者误。因 1933 年农历八月最后一天为廿九日，无三十日。故此信写于本年 10 月 18 日（农历八月廿九日）。

① 此信福建人民出版社 2019 年 12 月版《弘一大师全集》（第 3 版，修订 2 版）第八册・文艺卷、杂著卷、书信卷第 313 页收录，标“一九三三年八月廿二日，泉州开元寺”。

② 弘一大师：《壬丙南闽弘法略志》，收《弘一大师全集》第八册・文艺卷、杂著卷、书信卷，福建人民出版社 2019 年 12 月第 3 版、修订 2 版，第 200 页。另参考《手书发誓愿联跋》，收《弘一大师全集》第七册・佛学卷、传记卷、序跋卷，福建人民出版社 2019 年 12 月第 3 版、修订 2 版，第 637 页。

10月19日至11月17日（农历九月）手装1927年在杭州常寂光寺编录的《梵网经古迹记科表》。①

10月29日（农历九月十一日），在泉州致高文显函。言来信收到；能入心理系甚善；迟月余当返厦门等。②

11月1日（农历九月十四日），《四川佛教月刊》第3年第11期刊出成都倦文社“本社新到经像”消息，有《护生画集》。

11月6日（农历九月十九日），开始编录《南山大师撰集时代略谱》。③

11月7日（农历九月廿日），编录《南山大师撰集时代略谱》毕。④ 有《南山大师撰集时代略谱案语、跋记》，署：“大华严寺沙门演音书，时年春秋五十四初度。”⑤

唐学士韩偓墓道旧影。（王维军提供）

11月15日（农历九月廿八日），《海潮音》第14卷第11号刊出佛学书局《征求募印地藏九华垂迹图册启》，有曰：“当代弘一法师，见而欢赞，叹为希有，并另题字十二幅，以作赞颂。珍画名书，遂成双璧矣。”

11月16日（农历九月廿九日），《佛学半月刊》第67期刊出《募印地藏九华垂迹图册启》，写曰：“当代弘一法师，见而欢赞，叹为希有，并另题字十二幅，以作赞颂。”

11月18日至12月16日间（农历十月），与广洽法师等往泉州西门处净觉寺途中，发现韩偓墓道碑。**按**：参见1937年4月14日《佛教日报》所刊陈寥士《弘一法师题序〈韩偓评传〉因缘记》。在泉州致蔡丐

① 弘一大师编录：《梵网经古迹记科表》题记：“十六年丁卯春，住杭州云居山常寂光寺编录。二十二年癸酉九月手装，时住晋水尊胜禅院，甲戌九月补题。弘一。”见宗教文化出版社1995年8月版林子青编著《弘一法师年谱》第164页。

② 此信福建人民出版社2019年12月版《弘一大师全集》（第3版，修订2版）第八册·文艺卷、杂著卷、书信卷第404页收录，标“一九三三年重阳后二日，泉州开元寺”。此信文物出版社2017年10月版陈飞鹏整理《弘一法师书信全集》第315页、399页分别在1933年、1936年重复收录。

③ 弘一大师：《南山大师撰集时代略谱案语、跋记》，收《弘一大师全集》第七册·佛学卷、传记卷、序跋卷，福建人民出版社2019年12月第3版、修订2版，第626页。

④ 弘一大师：《南山大师撰集时代略谱案语、跋记》，收《弘一大师全集》第七册·佛学卷、传记卷、序跋卷，福建人民出版社2019年12月第3版、修订2版，第626页。

⑤ 弘一大师：《南山大师撰集时代略谱案语、跋记》，收《弘一大师全集》第七册·佛学卷、传记卷、序跋卷，福建人民出版社2019年12月第3版、修订2版，第626页。

因函。言韩偓墓在泉州城外，近托高文显居士编《韩偓评传》；《韩外翰别集》或《韩翰林学士》等，若上海古书店有存，请购一部惠施，寄厦门高文显；此书编辑之旨为辨明《香奁集》非韩偓所作、记韩偓晚年到闽后诸事；不久往惠安讲经，后返草庵度岁等。①

在泉州开元寺讲律圆满后与众法师合影。照片有“时居温陵开元寺，弘一导师讲律圆满留影纪念。民国癸酉十月”之题字。

书八言联“如来境界无有边际，普贤身相犹如虚空”。款识“大方广佛华严经偈颂集句，癸酉十月。廉律法师供养。晋水无碍慧光明院泞泓书”；钤印“大明沙门”、佛肖印。②

11月19日（农历十月初二日），书《南山晋水》（南山律学苑联）二十言联：“南山律教，已七百年湮没无闻。所幸遗编犹存海外；晋水僧园，有十数众弘传不绝。能令正法再住世间。”款识“此联，于今年五月撰就。本拟书写，悬诸尊胜堂前。后因故不果行。爰以此稿，奉诸普润法师，聊为纪念可耳。是岁十月二日，为讲律圆满前一日。演音”；钤印佛肖印、“安保”、“化人幻士”。③

11月20日（农历十月初三日），在泉州开元寺尊胜院续讲《四分律含注戒本》及《随机羯磨》毕。④ 为性常法师取别字“丰德”。有书《〈唐新罗国青丘太贤法师偈〉题记》，署“演音书，时年五十有四”；钤印“安保”、“化人幻士”、佛肖印。⑤

书十六言联“愿尽未来普代法界一切众生备受大苦，誓舍身命弘护南山四分律教久住神州”。款识“岁在癸酉正月二十一灵峰蕅益大师涅槃日，迄二月十五日，在妙释寺讲舍注戒本及表记初二篇，三月九日迄五月八日，居万寿寺讲随机羯磨，八月二十四日迄于十月初三，为吾律祖南山道宣圣师涅盘日，住大开元寺，补讲都竟，敬书，沙门昙昉”；钤印“无畏”。⑥ **按：**另，福建人民出版社2019年12月版《弘一大师全集》（第3版，修订2版）第七册·佛学卷、传记卷、序跋卷第637页收

---

① 此信福建人民出版社2019年12月版《弘一大师全集》（第3版，修订2版）第八册·文艺卷、杂著卷、书信卷第349页收录，标“一九三三年十月，泉州开元寺”。

② 浙江省平湖市人民政府、上海徐汇区文化局编：《弘一大师法书集·天心月圆（作品卷）》，上海书画出版社2017年5月版，第64页。泉州开元寺藏。

③ 释慧观撰述：《弘一大师持戒念佛之典范》，（台北）弘一大师纪念学会2012年12月印行，第474页。此联另见《广洽纪念馆》（［新加坡］广洽纪念馆编辑委员会编，2007年3月）第37页。文字略有不同，疑弘一大师书此联不止一次。

④ 见弘一大师《壬丙南闽弘法略志》，收《弘一大师全集》第八册·文艺卷、杂著卷、书信卷，福建人民出版社2019年12月第3版、修订2版，第200页。另参考《手书发誓愿联跋》，收《弘一大师全集》第七册·佛学卷、传记卷、序跋卷，福建人民出版社2019年12月第3版、修订2版，第637页。

⑤ 夏宗禹编：《弘一大师遗墨》，华夏出版社1999年1月第2版，第105页。收《弘一大师全集》第七册·佛学卷、传记卷、序跋卷，福建人民出版社2019年12月第3版、修订2版，第625—626页。

⑥ 广洽法师藏，见广洽纪念馆编《广洽纪念馆》一书，［新加坡］广洽纪念馆编辑委员会编，2007年3月，第27页。

有《手书发誓愿联跋》，署“甲戌沙门昙昉并书”。此联或书写多幅。可另见上海市书法家协会编：《海派代表书法家系列作品集・弘一》（该卷主编刘一闻，副主编沈爱良，上海书画出版社 2006 年 12 月版）第 166 页。款识不同，部分文字有疑，此联供参考。

11 月 27 日（农历十月初十日），谢明磊为刻“演音”印，朱文，边款“磊明拟秦小鉨。癸酉十月十日”**按：**又为刻“沙门月臂”印，白文，边款“磊明为弘一大法师制”。此二印收《谢磊明印存二集》，宣和印社 1935 年 9 月版。[①]

1933 年 11 月 30 日《申报・自由谈》刊出的弘一大师书佛家偈语。

11 月 30 日（农历十月十三日），《申报・自由谈》刊出佛家偈语，署名“无缚”。内容为：“清珠下于浊水，浊水不得不清；念佛投于乱心，乱心不得不佛。”钤印：胤。编者周瘦鹃注云：“无缚即弘一大师，俗姓李，字息霜，近往来浙闽间。”

1933 年农历十月弘一大师（前排坐者左四）在开元寺讲律圆满时留影。

12 月 1 日（农历十月十四日），《四川佛教月刊》第 3 年第 12 期刊出成都倦文社“本社新到经像”消息，有《护生画集》。

《世界佛教居士林》第 36 期刊出上海佛学书局“最新出版弘一法师选《寒笳集》又名《蕅益大师警训略录》”广告。广告文曰：“弘一法师，戒律森严，书法著述，皆极郑重，无时下苟率轻易之弊。曩岁尝依灵峰宗论，摭写警训一卷，题曰《寒笳集》。嗣再为覈纂，题曰《蕅益大师警训略录》，近复改集，并存二名。时阅十年，稿经三易，乃成此书，其郑重若是其至。全书大意，在于劝精进，守戒律，痛砭世人懈怠堕落之病，使人一读一汗，一思一愧。至于陈腐之词，敷浅之语，皆不以人。全书圈点，皆法师所自定，备极斟酌，校对精密，无复讹脱。凡青年缁素，欲自转懈惰而成精进者，不可不读此书。以之赠人，尤胜于其他陈腐之善书万倍。”

《佛学半月刊》第 68 期刊出《募印地藏九华垂迹图册启》，有曰：“当代弘一法师，见而欢喜，叹为希有，并另题字十二幅，以作赞颂。”

《北平佛化月刊》第 20 期刊出《复崔德振居士书》，同时刊出南通崔树萍《上弘一大师书》。**按：**疑实际出版日期延至次年。参见本谱 1934 年 2 月 6 日、3 月 1 日条目。

12 月 15 日（农历十月廿八日），始依《贤首疏》辑录经籍。**按：**后

① 谢磊明（1884—1963），名光，字烈珊，西泠印社早期社员，擅篆刻。

作《〈梵网经菩萨戒本浅释〉记》，未署日期，署名“弘一”。[①]

《海潮音》第 14 卷第 12 号刊出佛学书局《征求募印地藏九华垂迹图册启》，有曰：“当代弘一法师，见而欢赞，叹为希有，并另题字十二幅，以作赞颂。珍画名书，遂成双璧矣。”

今晋江草庵一瞥。摄于 2019 年 5 月。

12 月 16 日（农历十月廿九日），所审定之《地藏本愿经白话解释》（范古农校勘，胡宅梵著述）广告在《佛学半月刊》第 69 期刊出。**按：**广告文曰：“地藏菩萨本愿功德，我佛世尊，三复赞叹。胡君宅梵奉弘一法师之命特将此经用白话解释，明白浅易……”同期复刊出《募印地藏九华垂迹图册启》。

今晋江草庵。摄于 2019 年 5 月。

12 月 26 日（农历十一月初十日），在泉州致蔡丏因函：

> 前片想已收到。余于明晨往草庵。彼地偏僻，未能通讯。承寄《大智度论》，乞寄厦门中山公园内妙释寺广洽法师转交，至为稳妥。

今晋江草庵内景。摄于 2019 年 5 月。

按：此信福建人民出版社 2019 年 12 月版《弘一大师全集》（第 3 版，修订 2 版）第八册・文艺卷、杂著卷、书信卷第 349 页收录，标“一九三三年十一月，泉州开元寺”。文物出版社 2017 年 10 月版陈飞鹏整理《弘一法师书信全集》第 317 页收录，亦如此标注。信中有“余明晨往草庵”句，根据弘一大师《行脚散记》（福建人民出版社 2019 年 12 月版《弘一大师全集》（第 3 版，修订 2 版）第八册・文艺卷、杂著卷、书信卷，第 199 页），此信当写于 12 月 26 日（农历十一月初十日）。

1961 年 5 月草庵即被列为福建省第一批省级文物保护单位。摄于 2019 年 5 月。

12 月 27 日（农历十一月十一日），至晋江草庵。**按：**此据弘一大师《行脚散记》（福建人民出版社 2019 年 12 月版《弘一大师全集》（第 3 版，修订 2 版）第八册・文艺卷、杂著卷、书信卷，第 199 页）。性常法师《亲近弘一大师之回忆》曰：“十一月十五日，大师应草庵寺主请，由传贯法师陪大师莅庵过冬。余在厦听经毕，遂诣庵伴大师度岁。”林子青《弘一法师年谱》1933 年条目依此说。性常法师文为回忆，当以弘一大师《行脚散记》为准。草庵是摩尼教遗址，摩尼教系伊朗古代宗教之一，又名明教或明尊教，故草庵又称光明寺。草庵今位于晋江市灵源街道苏内社区。

---

① 弘一大师：《〈梵网经菩萨戒本浅释〉记》，收《弘一大师全集》第七册・佛学卷、传记卷、序跋卷，福建人民出版社 2019 年 12 月第 3 版、修订 2 版，第 613 页。

12月31日（农历十一月十五日），在晋江草庵讲《梵网经戒本》。[①] 依《贤首疏》辑录经籍毕，以为匆促录就，颇多未安之处，俟后有暇再行改纂。[②]

12月31日至次年1月14日间（农历十一月十五日致廿九日间），居晋江草庵，书十一言联“石壁光明相传为文佛现影，史乘记载于此有名贤读书”。款识“后二十二年岁次癸酉仲冬，居草庵题句以志遗念。晋水无尽藏院沙门演音，时年五十又四”；钤印佛肖印、“音”、“吉目”。[③]

冬，在草庵致性愿法师函。言曩承介绍居住草庵，胜缘未能成熟，屡欲往，均受阻。本月初旬乃获如愿。移居以来，身心安宁，深谢慈恩；林居士尊箸甚善。附以奉还，请转交等。[④]

在草庵致夏丏尊函。言居此甚安；请汇十元至“南京延龄巷马路金陵刻经处”，谓弘一购经之款，请彼存贮等。[⑤]

是年，发愿编辑《南山导俗正仪》（又名《南山律在家备览》）。[⑥]

书世主妙严品偈“如月清凉被众物，以法滋味益群生”。款识“世主妙严品，癸酉，沙门亡言”；钤印“月”、佛肖印。[⑦]

托返浙之上虞春晖中学教师杨少浑居士将1918年在杭州灵隐寺受戒时所得紫砂钵及香炉等物带赠蔡丏因。

与广洽法师、高文显居士在泉州合影。

丰子恺缘缘堂落成，书华严经句“真观清静观广大智慧观，梵音海潮音胜彼世间音”赠之。[⑧]

---

① 弘一大师：《壬丙南闽弘法略志》，收《弘一大师全集》第八册・文艺卷、杂著卷、书信卷，福建人民出版社2019年12月第3版、修订2版。第200页。

② 弘一大师：《〈梵网经菩萨戒本浅释〉记》，收《弘一大师全集》第七册・佛学卷、传记卷、序跋卷，福建人民出版社2019年12月第3版、修订2版，第613页。

③ 许著华编著：《安平碑拓录》，香港风雅图书出版有限公司2010年12月版，第147页。

④ 此信福建人民出版社2019年12月版《弘一大师全集》（第3版，修订2版）第八册・文艺卷、杂著卷、书信卷第449页收录，标“一九三三年冬，晋江草庵”。文物出版社2017年10月版陈飞鹏整理《弘一法师书信全集》第316页收录，推测“此信应写于旧历十月中旬应合理，非冬季”。即便为农历十月中旬也系冬季。因本年11月8日（农历九月廿一日）立冬。

⑤ 此信福建人民出版社2019年12月版《弘一大师全集》（第3版，修订2版）第八册・文艺卷、杂著卷、书信卷第313页收录，标“一九三三年冬，晋江草庵”。

⑥ 上海书画出版社2017年5月版浙江省平湖市人民政府、上海徐汇区文化局编：《弘一大师法书集・华枝春满（手稿信札卷）》，第39页《〈南山导俗正仪〉题记》。

⑦ 上海市书法家协会编：《海派代表书法家系列作品集・弘一》（该卷主编刘一闻，副主编沈爱良），上海书画出版社2006年12月版，第160页。

⑧《广洽纪念馆》（［新加坡］广洽纪念馆编辑委员会编，2007年3月）第94页所刊丰子恺书此联之款识：“三十年前，弘一大师集华严经句为缘缘堂书此联。联已随堂毁于炮火，而句永志心头，至今不忘。顷得安徽宣城新制罗纹纸，率书奉赠广洽上人海外留念。时癸卯中元新凉。丰子恺并记。”

按： 据学者考证，是年另书未署年月之佛号篆书并赞佛偈颂中堂。款识“持名弟子性愿法师施资印赠。演音敬书”；钤印“弘一”。[①]

在泉州承天寺讲《改习惯》。[②]

农历十一月在泉州致胡宅梵函：

惠书，诵悉。别号，甚好，可用。《清凉歌》，由他人主管，余不便催促也。显真法师信已收到，晤时乞代告。自来闽后，未知苏居士消息，仍在金仙用功精进否。谨复，不宣。

演音启

按： 此信福建人民出版社2019年12月版《弘一大师全集》（第3版，修订2版）第八册・文艺卷、杂著卷、书信第400页收录，标“一九三三年旧十一月，泉州开元寺”。文物出版社2017年10月版陈飞鹏整理《弘一法师书信全集》第316页收录，时间标1933年“旧十一月十一日”，地点标“泉州开元寺”。原信无具体日期。以上二者当为推测。若后者时间确当，地点或不在开元寺，而系晋江草庵。据弘一大师《行脚散记》（福建人民出版社2019年12月版《弘一大师全集》（第3版，修订2版）第八册・文艺卷、杂著卷、书信卷，第199页），该日已居草庵。详见本年12月27日（农历十一月十一日）条目。

在泉州时致广洽法师函：

广洽法师道鉴：

《续藏经》三包，乞为寄还温州。每包贴邮票二角三分，系单挂号。重量已秤，每包七册，能符邮章。

温州地址：温州大南门外庆福寺寂山老和尚、因弘法师同收。

演音寄

又余所藏图章，前年已允许赠与镇海印西法师。彼倘索取，酌以分赠可也。附陈。

按： 此信福建人民出版社2019年12月版《弘一大师全集》（第3版，修订2版）第八册・文艺卷、杂著卷、书信卷第463—464页收录，标“一九三三年，泉州”。具体时间、地点待考。

① 方爱龙：《弘一书法传世作品选考》，收《弘一大师书法传论》，西泠印社出版社2001年12月版，第120页。
② 弘一大师：《改习惯》，收《弘一大师全集》第七册・佛学卷、传记卷、序跋卷，福建人民出版社2019年12月第3版、修订2版，第559—560页。

社会评介择要

欧阳予倩：《春柳社的开场》，收《自我演戏以来》神州国光社 1933 年 2 月版。

《弘一法师墨宝——大方广佛华严经十回向品初回向章》（广告），载 1933 年 2 月 1 日《佛学半月刊》第 48 期。

《弘一法师在厦门讲律》，载 1933 年 3 月 1 日《佛学半月刊》第 50 期。

佛学书局征求附印胡宅梵居士著，范古农居士审定，弘一法师序《地藏经白话解释》，载 1933 年 4 月 1 日《佛学半月刊》第 52 期。同期刊登古农《地藏经白话解校刊序》。

佛学书局征求附印胡宅梵居士著，范古农居士审定，弘一法师序《地藏经白话解释》，载 1933 年 4 月 16 日《佛学半月刊》第 53 期。同期刊登青年丛书之一《护生画集》广告，标注："弘一法师书，丰子恺居士画，李圆净居士撰"。同期刊登本局最新出版广告《弘一法师著〈地藏菩萨圣德大观〉》，定价一册八分。

本局征求附印《地藏经白话解释》、本局最新出版《弘一法师著〈地藏圣德大观〉》，载 1933 年 5 月 1 日《佛学半月刊》第 54 期。

本局征求附印《地藏经白话解释》、本局最新出版《弘一法师著〈地藏圣德大观〉》，载 1933 年 5 月 16 日《佛学半月刊》第 55 期。

本局征求附印《地藏经白话解释》、本局最新出版《弘一法师著〈地藏圣德大观〉》，载 1933 年 6 月 1 日《佛学半月刊》第 56 期。

本局征求附印《地藏经白话解释》、《弘一法师最新之著述》，载 1933 年 6 月 16 日《佛学半月刊》第 57 期。

最新出版《弘一法师手书（用金属版影印）〈华严经十地品第二地章〉》，载 1933 年 7 月 16 日《佛学半月刊》第 59 期。

最新出版《弘一法师手书（用金属版影印）〈华严经十地品第二地章〉》、《录寒笳集》（弘一法师撰），载 1933 年 8 月 1 日《佛学半月刊》第 60 期。

最新出版《弘一法师手书（用金属版影印）〈华严经十地品第二地章〉》，载 1933 年 8 月 16 日《佛学半月刊》第 61 期。

本局最新出版弘一法师序，范古农居士序，胡宅梵居士著《地藏本愿经白话解释》、《弘一法师将入山养痾》，载 1933 年 9 月 1 日《佛学半月刊》第 62 期。

最新出版《地藏本愿经白话解释》（弘一法师鉴定，范古农校勘，胡宅梵著）、《弘一法师精心选辑，卢世侯沥血绘像〈地藏圣德大观〉》、《弘一法师手书〈地藏菩萨地神护法品〉〈地藏菩萨嘱累人天品〉》、《重修九华山志消息》，载1933年9月16日《佛学半月刊》第63期。

最新出版《弘一法师选〈寒笳集〉》（又名《澫益大师警训略录》，每册定价一角），载1933年10月1日《佛学半月刊》第64期。

智仁：《十月既望夜过庆福寺兼怀弘一师伯》《弘一师伯将有厦门之行赋此送行》，载1933年10月15日《海潮音》第14卷第10期。

最新出版《弘一法师选〈寒笳集〉》（又名《澫益大师警训略录》，每册定价一角）、《泉州开元寺讲梵网经补志》，载1933年10月16日《佛学半月刊》第65期。

《募印地藏九华垂迹图册启》，载1933年11月16日《佛学半月刊》第67期。

《募印地藏九华垂迹图册启》，载1933年12月1日《佛学半月刊》第68期。

上海佛学书局最新出版广告：《弘一法师选〈寒笳集〉又名澫益大师警训略录》，载1933年12月1日《世界佛教居士林林刊》第36期。

《募印地藏九华垂迹图册启》，载1933年12月16日《佛学半月刊》第69期。

1934年　甲戌　55岁

社会文化事略

2月19日，蒋介石发起“新生活运动”;3月1日，溥仪在长春称帝;4月，林语堂等主办的《人间世》半月刊在上海创刊;8月19日，希特勒成为德国国家元首;9月20日，陈望道主编的《太白》半月刊创刊;9月，国民政府教育部发布训令，限制宗教团体设立学校;10月，中央红军开始长征;11月13日，《申报》负责人史量才被国民党特务杀害。

生平事迹

1月1日（农历癸酉十一月十六日），佛学书局中英文对照本《护生画集》广告刊于《佛学半月刊》第4卷第1号。**按：**广告曰此系丰子恺先生画，弘一上人题字，黄茂林英译，马一浮先生序，李圆净居士辑。

《四川佛教月刊》第4年第1期刊出成都倦文社“本社新到经像”消息，有《护生画集》。

1月2日（农历癸酉十一月十七日），在晋江致显真法师、觉人居士函：

显真法师、觉人居士同鉴：

今日为阿弥陀佛圣诞。适获仁者来函。披阅，至为欢喜。所发之愿，皆契合佛意。余近来弘法之事甚忙，心极散乱。但大菩提心，有若江河沛然莫之能御之势。誓舍身命，弘护三世一切佛法，救度法界一切众生耳。谨复，不具。

十一月十七日　演音启

仁等能在金仙寺久住固善，否则乞偕来。厦门，亦可觅办道之所。但早晚功课必须随众耳。

按：此信福建人民出版社2019年12月版《弘一大师全集》（第3版，修订2版）第八册·文艺卷、杂著卷、书信卷第474—475页收录，标“一九三三年旧十一月十七日，泉州开元寺”。文物出版社2017年10

月版陈飞鹏整理《弘一法师书信全集》第316—317页收录，时间标1933年“旧十一月十七日”，地点标“泉州开元寺”。癸酉农历十一月十七日为公历1934年1月2日，故置于本年。根据弘一大师行踪，如本年1月5日（农历癸酉十一月廿日），在晋江草庵讲《梵网经戒本》毕，1月14日（农历癸酉十一月廿九日）在晋江致广洽法师函，此信当写于晋江草庵，而非泉州开元寺。

1月5日（农历癸酉十一月廿日），在晋江草庵讲《梵网经戒本》毕。[①]

1月14日（农历癸酉十一月廿九日），在晋江致广洽法师函：

普润法师道鉴：

居草庵，甚安。已讲《梵网经》一卷。自明日始，讲《药师经》。

前存万寿岩书架中，各种书籍、纸件（大张宣纸二包）、信函、香等，皆乞检出包好，托人带至泉州。其外，如钵、砚、炉诸器具，皆仍存万寿岩可也。王、高诸居士，皆乞代为致候。谨陈。顺颂

法安

演音　十一月廿九日

按：此信福建人民出版社2019年12月版《弘一大师全集》（第3版，修订2版）第八册·文艺卷、杂著卷、书信卷第467页收录，标“一九三五年旧十一月廿九日，晋江草庵”。文物出版社2017年10月版陈飞鹏整理《弘一法师书信全集》第361页收录，时间标1935年“旧十一月二十九日”，地点标“晋江草庵”。均误。此信当写于1934年1月14日（农历癸酉十一月廿九日）。信中有“已讲《梵网经》一卷”，而弘一大师恰恰在1933年12月31日（农历十一月十五日）在草庵开讲《梵网戒本》。1934年1月5日（农历癸酉十一月廿日）讲毕。信中又有“自明日始，讲《药师经》”句，而弘一大师确于1月15日（农历癸酉十二

① 弘一大师自书“弘律誓愿”句，收浙江省平湖市人民政府、上海徐汇区文化局编：《弘一大师法书集·天心月圆（作品卷）》，上海书画出版社2017年5月版，第65页。泉州开元寺藏。弘一大师：《壬丙南闽弘法略志》（收福建人民出版社2019年12月版《弘一大师全集》［第3版，修订2版］第八册·文艺卷、杂著卷、书信卷，第200页）则言“十一月十五日，在草庵，讲《梵网戒本》。三日讫。”疑误记。又陈飞鹏《厦门发现弘一法师笔记散页——补正〈弘一法师年谱〉缺漏》（收《李叔同（弘一大师）研究·考论选》，西泠印社出版社2016年11月版，第216—218页）以所录弘一大师笔记散页则记为：“十五日迄二十日讲梵网经戒本”。

月初一日）在草庵为回向瑞意法师讲《药师经》。①

1月15日（农历癸酉十二月初一日），在晋江草庵为回向瑞意法师讲《药师经》。

1月15日至2月13日间（农历癸酉十二月），在晋江草庵辑录《随机羯磨讲录》。

1月17日（农历癸酉十二月初三日），在晋江草庵讲《药师经》毕。②

1月22日（农历癸酉十二月初八日），在晋江作《梵行清信女讲习会规则并序》，署："十二月八日，沙门演音书。"③ 时至承天寺月台随喜佛七法会，为提高女众佛学及文化修养等，受请拟此。

书年岁：

甲戌　五十五岁
乙亥　五十六岁
丙子　五十七岁
丁丑　五十八岁
戊寅　五十九岁
己卯　六十岁

癸酉十二月八日，演音书④

2月1日（农历癸酉十二月十八日），《四川佛教月刊》第4年第2期刊出成都倦文社"本社新到经像"消息，有《护生画集》。

2月4日（农历癸酉十二月廿一日），作《〈梵网经菩萨戒本疏〉跋尾》，署"癸酉十二月二十一日演音书。"**按：**另有书《〈梵网经菩萨戒本〉序》（未署日期）和《〈梵网经菩萨戒本〉题记》，署"沙门胜髻时

---

① 弘一大师：《行脚散记》，收《弘一大师全集》第八册·文艺卷、杂著卷、书信卷，福建人民出版社2019年12月第3版、修订2版，第199页。

② 弘一大师：《壬丙南闽弘法略志》，收《弘一大师全集》第八册·文艺卷、杂著卷、书信卷，福建人民出版社2019年12月第3版、修订2版，第200页。

③ 弘一大师：《梵行清信女讲习会规则并序》，收《弘一大师全集》第七册·佛学卷、传记卷、序跋卷，福建人民出版社2019年12月第3版、修订2版，第626页。

④ 浙江省平湖市人民政府、上海徐汇区文化局编：《弘一大师法书集·华枝春满（手稿信札卷）》，上海书画出版社2017年5月版，第79页。泉州开元寺藏。

居晋水草庵。”（未署日期）①

2月6日（农历癸酉十二月二十三日），崔树萍来函：

弘公师尊座：

人身难得，中国难生，佛法难闻。今既得人身，既生中国，既闻此精深微妙之佛法，诚为厚幸。顾佛法浩若烟海，广博精奥，法门无量，都使自力，末法钝根难获进益。唯此念佛法门最简捷易行，三根普被，一生取办。弟子无始以来头出头没不知几许，今世幼时业障甚重，不闻大法，复受新学说影响，致生诽谤，不烧香不拜佛者数年，迨至前夏大病几濒绝境。而获转危为安，实大士冥加垂救之力。（详见《佛学半月刊》第四十四期拙著《垂救记》，附呈一册）追念及此，辄潸然流泪，痛恨闻法之太晚。遂一反昔日之我，渐发信愿，复观夫大病之中，呻吟于床第者近两月，昏昧无知，肌肤浸黄，骨瘦如柴，若一息不来，便成隔世。迨痊可逾月，方渐回复常态，其苦何如。又观夫年老力衰之人，眼花耳聋，发白齿脱，背伛步蹇，自计三四十年后亦当同此，其苦何如？家非富有必赖劳力，所赖以资事畜，抗尘走俗，终日不休，更以夙世悭吝，今生所求往往不遂，其苦何如？如此种种笔难罄述。乃有阿弥陀佛尝发大愿，摄引念佛众生往生极乐，其土无有众苦，但受诸乐。具如经论所说，得此殊特法门而发心行持，他日定必如愿往生，岂非幸中之尤幸也耶？夫持名时摄心专注，而念听均清楚，妄想莫由而起。弟子初学，固未到一心不乱境界，然自此不敢作恶，则可以自信。但家非富有，岁无私储，必赖职业之收获，以解决一家生计。于是不得不向社会求之。奈今道德沦亡世风日下，巧取豪夺，作奸犯科，触目皆是。即就律师而言，其推波助澜，纵容涉讼者，固无论矣，即颠倒黑白，混淆是非，亦通行易犯之病，几杀案不然。俗语所谓无慌不成词，盖既受其酬，必报以力，以报力故，不惜百出其技，故造恶因，诚目击心伤也。弟子仅凭数年自修法学之所得，竟谬执笔撰状，忽忽三载于兹。虽谨从事尝救无辜，究竟通病诚所难免。总之，稍逊于人差堪自承。虽然积善之家必有余庆，积不善之家必有余殃，作善降百祥，作不善降百殃。此乃颠扑不破之因果律。弟子数验不差，素所深信者也。盖今日我施诸人，他日我亦必

① 弘一大师：《〈梵网经菩萨戒本〉序》《〈梵网经菩萨戒本疏〉跋尾》，收《弘一大师全集》第七册·佛学卷、传记卷、序跋卷，福建人民出版社2019年12月第3版、修订2版，第612—613页。《〈梵网经菩萨戒本疏〉题记》收《弘一大师全集》第七册·佛学卷、传记卷、序跋卷，福建人民出版社2019年12月第3版、修订2版，第631页。

食此报。孟子所谓杀人者人恒杀之是也。清夜扪心悚然悚。往者已矣，来者可追，故定明年脱离此事，别谋生计，以寡过患也。夫众善奉行此作持也。纵行百千万善固属功德，苟作而不止诸恶，仍为非作歹。窃恐积日既久，即善事亦不遑行，善心亦无从发。况专恶不悛者流乎。是故诸恶莫作必须同时，方堪称为世间善人。弟子何人敢不力行。顾根机钝劣，天性愚闇，若求不懈，唯以戒法效作悬梁刺股之殷鉴。且夫十方三世一切诸佛成等正觉，皆由戒中得之。是故戒者吾人成佛之基础也。犹之五谷万物之生长于大地也。持不毁犯，功德不可思议，毁犯不持，即是地狱□子。当此自警定□有力更加深信。切顾持名念佛往生极乐，不啻风帆扬于顺水也。准诸戒律受则必持，即五戒相经类分三品。身口较易，制心尤难。兹以钝根劣性，不妨权先自持上不可悔中可悔罪渐次下品。俟三数月后，发心动念之间，□□和应，再向座下求授五戒，终身奉行。今者匪惟独善其身，抑且愿代双亲受持。仰□仗此戒力，现世止恶□善，□□往生极乐，亲觐弥陀，更冀六道众生，仗此戒力永脱轮回，同趣菩提也。特以兹事殊极慎重，冒渎吾师慈悲，详晰开示，燃长夜之慧炬，指歧途之南针，不胜馨香拜祷之至。耑肃叩请

律安

弟子崔德振原名树萍顶礼

癸酉十二月二十三日

按：此信以《上弘一大师书》之题刊载于1933年12月1日《北平佛化月刊》第20期，刊出时署名“南通崔树萍”。信写于1934年2月6日，而刊出时间则在先，疑为《北平佛化月刊》第20期实际出刊时间延后。崔树萍（澍萍），号德振，曾主持南通唐闸佛教居士林。

2月13日（农历癸酉十二月三十日，除夕），在晋江草庵讲《蕅益蕅大师普说二则》。[1] 书“勇猛精进”横额。款识“岁次癸酉与传贯法师同住草庵度岁，书此以为遗念，除夕朝演音，时五十有四，贻赠庵中”。[2]

2月14日（农历正月初一日），在晋江草庵开讲《随机羯磨》初、

① 弘一大师：《壬丙南闽弘法略志》，收《弘一大师全集》第八册·文艺卷、杂著卷、书信卷，福建人民出版社2019年12月第3版、修订2版，第200页。

② 许著华编著：《安平碑拓录》，香港风雅图书出版有限公司2010年12月版，第143页。

二篇。①

2月14日至3月14日间（农历正月），在草庵讲经。书十一言联："草积不除便觉眼前生意满，庵门常掩毋忘世上苦人多"。款识"岁次甲戌正月，沙门一音撰并书"。②

晋江梵行清信女讲习会第一期始业，为题横披"清高勤苦"勉励信士。款识"甲戌正月，晋江梵行清信女讲习第一期始业，书此以勖励之。沙门演音"；钤印"龙音"、佛肖印。③

撰《记厦门贫儿舍资请宋藏事》，署"甲戌正月沙门弘一演音撰。"④

2月18日（农历正月初五日），在晋江致影印宋版藏经会函：

影印宋版藏经会：

惠书，诵悉。尔来讲律多忙，未能作序。为述"厦门贫儿舍资请宋藏事"，以奉慧览。仅复，不宣。

夏历正月五日弘一白

按：此信福建人民出版社2019年12月版《弘一大师全集》第八册·文艺卷、杂著卷、书信卷第496页收录，标"一九三三年正月五日，厦门万寿岩"。文物出版社2017年10月版陈飞鹏整理《弘一法师书信全集》第296页收录，时间亦如此标注，地点标"厦门万石岩寺"。均误。此信写于1934年正月初五日，有弘一大师写于"甲戌正月"的《记厦门贫儿舍资请宋藏事》为证。此时弘一大师在草庵讲《随机羯磨》。《记厦门贫儿舍资请宋藏事》写曰："二十二年夏历六月，厦门妙释寺募资乞请宋《碛砂藏》。既已倡布，于十五日，有贫母携儿诣僧房中，舍资一元，谓愿以此助请宋藏。问何人施？曰小儿施。问是一元何因而得？曰曩母常持一钱与儿，自求所须，儿不靡用，乃以聚储。母数数与，绵历岁时，始为一钱，暂盈一元。久置儿怀，视若球璧。今日侍母诣寺礼佛，闻他人言募请宋藏，欢喜舞跃，叹为胜缘，遂舍所宝而随

① 弘一大师：《壬丙南闽弘法略志》，收《弘一大师全集》第八册·文艺卷、杂著卷、书信卷，福建人民出版社2019年12月第3版、修订2版，第200页。林子青《弘一法师年谱》（宗教文化出版社1995年8月版，第217—218页）1934年谱文引僧睿《弘一大师传略》"甲戌元旦，在草庵讲《含注戒本》"，有误。

② 许著华编著：《安平碑拓录》，香港风雅图书出版有限公司2010年12月版，第143页。图版见第147页。

③ 上海市书法家协会编：《海派代表书法家系列作品集·弘一》（该卷主编刘一闻，副主编沈爱良），上海书画出版社2006年12月版，第165页。福建人民出版社2019年12月版《弘一大师全集》（第3版，修订2版）第七册·佛学卷、传记卷、序跋卷第637页收录时题《手书〈清高勤苦〉题记》，文字略有不同，今依书件。

④ 弘一大师：《记厦门贫儿舍资请宋藏事》，收《弘一大师全集》第七册佛学卷、传记卷、序跋卷福建人民出版社2019年12月第3版、修订2版，第588页。

喜焉。儿衣敝衲，赤足无履，未及童年，名武彝也。甲戌正月沙门弘一演音撰。"[①]

2月20日（农历正月初七日），在晋江致蔡丏因函。言韩偓墓在泉州城外里许；介绍韩偓事迹；请托人代为抄写《韩内翰别集》《韩偓传》，以备付印。若有旧刊本，则不必抄写；晚晴山房存有《瑜伽师地论》及《论记》，请返校时检出寄下；近仍居草庵，稍迟或返泉州开元寺；今岁元旦始已讲律等。[②]

2月27日（农历一月十四日），在晋江草庵讲《随机羯磨》初、二篇毕。[③]

2月（农历十二月十八日至正月十五日），《佛学出版界》第三编刊出《寒笳集》（又名《蕅益大师警训略录》）介绍，标"释弘一选"；《地藏圣德大观》介绍，标"释弘一选辑"。

3月1日（农历正月十六日），《金刚钻报》刊出致方云如函，为阿秋《夜读楼散记》所引。

在晋江致崔树萍（澍萍）函，开示学佛方法，并言"余居乡间，不能通信。俟下半年移居城内，或再致书奉闻"等。[④] **按：**此函以《复崔德振居士书》之题刊载于1933年12月1日《北平佛化月刊》第20期，刊出时署名"弘一"。信写于1934年3月1日，而刊出时间则在先，疑为《北平佛化月刊》第20期实际出刊时间延后。此信亦曾刊于1943年《学术界》第1卷第5期李芳远辑《弘一大师书牍（续完）》。

3月4日（农历正月十九日），在晋江草庵补讲《随机羯磨》。[⑤]

3月5日（农历正月二十日），在晋江草庵继续补讲《随机羯磨》。[⑥]

---

① 弘一大师：《记厦门贫儿舍资请宋藏事》，收《弘一大师全集》第七册・佛学卷、传记卷、序跋卷，福建人民出版社2019年12月第3版、修订2版，第588页。

② 此信福建人民出版社2019年12月版《弘一大师全集》（第3版，修订2版）第八册・文艺卷、杂著卷、书信卷第349页收录，标"一九三四年正月七日，晋江草庵"。

③ 弘一大师：《壬丙南闽弘法略志》，收《弘一大师全集》第八册・文艺卷、杂著卷、书信卷，福建人民出版社2019年12月第3版、修订2版，第200页。

④ 此信收福建人民出版社2019年12月版《弘一大师全集》（第3版，修订2本）第八册・文艺卷、杂著卷、书信卷第413页，标"一九三四年正月十六日，晋江草庵"。

⑤ 弘一大师：《壬丙南闽弘法略志》，收《弘一大师全集》第八册・文艺卷、杂著卷、书信卷，福建人民出版社2019年12月第3版、修订2版，第200页。

⑥ 弘一大师：《壬丙南闽弘法略志》，收《弘一大师全集》第八册・文艺卷、杂著卷、书信卷，福建人民出版社2019年12月第3版、修订2版，第200页。

3月6日（农历正月廿一日），为蕅益大师涅槃日，在晋江草庵设供并讲大师遗作《祭颛愚大师文》《德林座右铭》二首。[①]

3月7日（农历正月廿二日），夜与大众行蒙山施食，回向鬼众及草庵已故诸蜜蜂等。[②]

在晋江致蔡丏因函。言来信收到；近来老态日增，精神大衰，记忆有误。此书似存甬乡某寺，少浑已来厦门，不久拟往厦门，如与李鸿梁通讯，可告知移居事；草庵养蜂四匣，其一误食毒花，死者百数十。今晚为亡蜂超度等。[③]

3月11日（农历正月廿六日），在晋江致崔树萍（澍萍）函。言来信收到，答复佛教诸问题等。[④]

3月15日至4月13日间（农历二月），为前赠尤墨君之《佛说大乘戒经卷》补书前岁付工影印时散失的经面题字。款识“甲子春月，余与玄夫居士同客衢州，夏初将归永嘉，以手写是经赠之。前岁付工影印经面，题字遂尔散失，今复补写以归居士，先后緜历忽忽十载，老态日甚，唯弘律胜业已肇初基，是堪告慰居士者耳。甲戌二月，晋水大华严寺沙门演音弘一，时年五十又五”；钤印“弘一”、佛肖印。[⑤]

3月16日（农历二月初二日），复为瑞意法师念佛回向。[⑥]

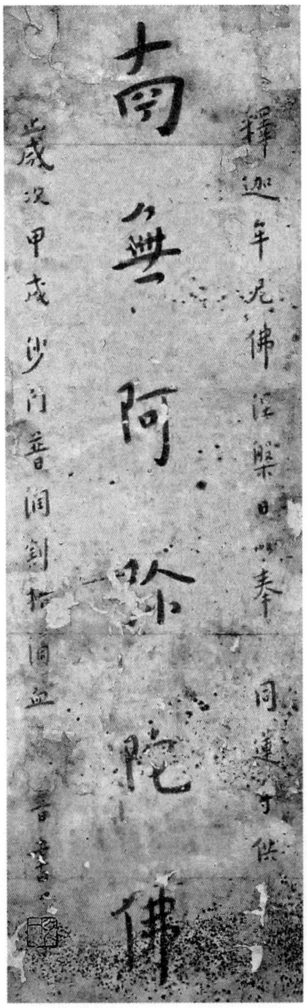

1934年3月29日（农历二月十五日，佛涅槃日）普润（广洽）割指滴血，弘一大师书佛号“南无阿弥陀佛”。

3月17日（农历二月初三日），应常惺法师等之约，抵厦门南普陀寺整顿僧教育（后因以为因缘未具，未果）。[⑦] 开讲《四分律行事钞资持记》。书弘律愿誓句，并记二月余行事赠李芳远居士（此即《行脚散

---

① 弘一大师：《行脚散记》，收《弘一大师全集》第八册·文艺卷、杂著卷、书信卷，福建人民出版社2019年12月第3版、修订2版，第199页。林子青《弘一法师年谱》（宗教文化出版社1995年8月版，第205页）1933年谱文将此记为癸酉年除夕，有误。

② 弘一大师：《行脚散记》，收《弘一大师全集》第八册·文艺卷、杂著卷、书信卷，福建人民出版社2019年12月第3版、修订2版，第199页。

③ 此信福建人民出版社2019年12月版《弘一大师全集》（第3版，修订2版）第八册·文艺卷、杂著卷、书信卷第349页收录，标“一九三四年正月廿二日，晋江草庵”。

④ 此信福建人民出版社2019年12月版《弘一大师全集》（第3版，修订2版）第八册·文艺卷、杂著卷、书信卷第413页收录，标“一九三四年正月廿六日，晋江草庵”。此信亦曾刊于1943年《学术界》第1卷第5期李芳远辑《弘一大师书牍（续完）》。

⑤ 刘正成主编：《中国书法全集83·近现代编-李叔同马一浮卷》（该分卷主编潘良桢，副主编方爱龙，学术顾问任继愈），荣宝斋出版社2002年11月版，第87—90页。

⑥ 弘一大师：《行脚散记》，收《弘一大师全集》第八册·文艺卷、杂著卷、书信卷，福建人民出版社2019年12月第3版、修订2版，第199页。

⑦ 1925年，南普陀寺方丈会泉法师于寺内创办闽南佛学院，并兼任院长。1927年，会泉法师任期满，礼请太虚大师为南普陀寺住持，兼闽南佛学院院长。1933年由常惺法师出任该寺住持，兼任佛学院院长。

记》)。[①] **按**:复书十六言联“愿尽未来普代法界一切众生备受大苦,誓舍身命弘护南山四分律教久住神州”。款识“癸酉十一月十一日,居草庵,十五日讫二十日,讲《梵网经戒本》。十二月一日讫三日,讲《药师经》。二月二日复念普佛回向,回向故瑞意法师。除夕夜,讲蕅益大师普说二则。甲戌元旦讫十四日,讲《四分律羯磨》初二篇。十九日二十日,补讲《羯磨》。二十一日为蕅益大师涅槃日,设供,并讲大师遗作《祭颛愚大师文》《德林座右铭》二首。二十二夜,与大众行蒙山施食,回向鬼众,及草庵已故诸蜜蜂等。二月三日之厦门南普陀寺,开讲《四分律行事钞资持记》,为书弘律愿誓句,并记二月余行事,以为遗念焉。沙门演音,时年五十又五”;钤印“弘一”。[②]

3月17日至4月13日间(农历二月初三日至月底间),在厦门致夏丏尊函。言近来老态日增,恐一时未能北上;近因请经甚多,请再汇二十元至金陵刻经处等。[③]

3月29日(农历二月十五日,佛涅槃日),校《行事钞资持记本》。**按**:后有《〈行事钞资持记本〉考后序》,署:“岁次甲戌佛涅槃日始校并记,迄于五月三日,为灵峰蕅益大师圣诞,校勘都讫。敬记。”[④]

书佛号“南无阿弥陀佛”。款识“释迦牟尼佛涅槃日以奉同莲寺供养。岁次甲戌,沙门普润割指滴血,演音书”;钤印“弘一”。[⑤]

3月31日(农历二月十七日),在厦门致蔡丏因函。言来信、《智论》《地论》并记均收到;晚晴山房种树甚好;因忙,未能返浙;鼓励其居晚晴山房;少浑已往漳州,未能一晤;赠近书一叶;近得印度名香,折短为四小枝,附奉等。[⑥]

致夏丏尊函。言来信收到;近见尊作《辞通序》,赞叹;写字一叶

---

① 弘一大师:《行脚散记》,收《弘一大师全集》第八册・文艺卷、杂著卷、书信卷,福建人民出版社2019年12月第3版、修订2版,第199页。《行脚散记》款:“沙门演音,时年五十又五。”

② 浙江省平湖市人民政府、上海徐汇区文化局编:《弘一大师法书集・天心月圆(作品卷)》,上海书画出版社2017年5月版,第65页。泉州开元寺藏。

③ 此信福建人民出版社2019年12月版《弘一大师全集》(第3版,修订2版)第八册・文艺卷、杂著卷、书信卷第314页收录,标“一九三四年旧二月,厦门南普陀寺”。

④ 弘一大师:《〈行事钞资持记本〉考后序》,收《弘一大师全集》第七册・佛学卷、传记卷、序跋卷,福建人民出版社2019年12月第3版、修订2版,第611页。

⑤ 浙江省平湖市人民政府、上海徐汇区文化局编:《弘一大师法书集・天心月圆(作品卷)》,上海书画出版社2017年5月版,第67页。泉州开元寺藏。

⑥ 此信福建人民出版社2019年12月版《弘一大师全集》(第3版,修订2版)第八册・文艺卷、杂著卷、书信卷第349页收录,标“一九三四年旧二月十七日,厦门南普陀寺”。

请托宋居士转赠《辞通》作者朱起凤等。[①]

3月（农历正月十六日至二月十七日），上海天一味母厂“天一牌”奶粉上市。也有味母（味精）出品，味母铁盒曰“弘一法师题词”：“天一味母，纯粹国货。制造精良，品质净素。不仅调味，还能滋补。愿为证明，告素食者。晚晴院沙门弘一书。”铁盒制作及该味母上市之具体时间待考。[②]

4月1日（农历二月十八日），在厦门致性愿法师函。言昨日常惺法师来谈，欲请尤惜阴居士至南普陀观察地理今写信与其子转交一函。能否收到，未知，恳请再致书敦促。写一笺，盼附入一并寄去等。[③]

4月8日（农历二月廿五日），在厦门致性愿法师函。言来信收到；林居士撰稿已收到；别写一纸，请转交居士。原稿奉还；常惺法师于三月初七日即返如皋，约月余再来。尤居士行期定时，请来厦门招待一切等。[④]

4月14日至5月12日（农历三月），作《〈地藏菩萨本愿经说要〉序》，署：“岁次甲戌三月，晋水尊胜院沙门一音。”[⑤]

4月26日（农历三月十三日），在厦门致蔡丏因函。言前寄来数书，奉还，可传至子孙宝藏；《养正院亲闻记》发起刊印时，承养正院前教导诸位法师、居士及护法诸居士各施资。此款无有需用，可在将来印他种佛书，唯记功德人名于《亲闻记》卷末等。[⑥]

4月28日（农历三月十五日），始口食。[⑦]

---

① 此信福建人民出版社2019年12月版《弘一大师全集》（第3版，修订2版）第八册·文艺卷、杂著卷、书信卷第313页收录，标“一九三四年旧二月十七日，厦门南普陀寺”。

② 吴浩然：《弘一法师推广味精》，收《放下》，海燕出版社2017年1月版，第111—113页。

③ 此信福建人民出版社2019年12月版《弘一大师全集》（第3版，修订2版）第八册·文艺卷、杂著卷、书信卷第449页收录，标“一九三四年旧二月十八日，厦门南普陀寺”。

④ 此信福建人民出版社2019年12月版《弘一大师全集》（第3版，修订2版）第八册·文艺卷、杂著卷、书信卷第450页收录，标“一九三四年旧二月廿五日，厦门南普陀寺”。

⑤ 弘一大师：《〈地藏菩萨本愿经说要〉序》，收《弘一大师全集》第七册·佛学卷、传记卷、序跋卷，福建人民出版社2019年12月第3版、修订2版，第626页。

⑥ 此信福建人民出版社2019年12月版《弘一大师全集》（第3版，修订2版）第八册·文艺卷、杂著卷、书信卷第349—360页收录，标“一九三四年旧三月十三日，厦门南普陀寺”。

⑦ 陈飞鹏：《厦门发现弘一法师笔记散页——补正〈弘一法师年谱〉缺漏》，收《李叔同（弘一大师）研究·考论选》，西泠印社2016年11月版，第216—218页。

4月（农历二月十八日至三月十七日间），在南普陀寺后山之须摩提国（南普陀寺退居方丈修持处）创设短期律学会。①

春，广洽法师割指沥血，为书《大方广佛华严经》数纸。

题草庵“意空楼”篆额。

书《愿尽誓舍》十六言长联。

有朱笔：“三月十五日始口食，四月二十七日始强食一粥。”②

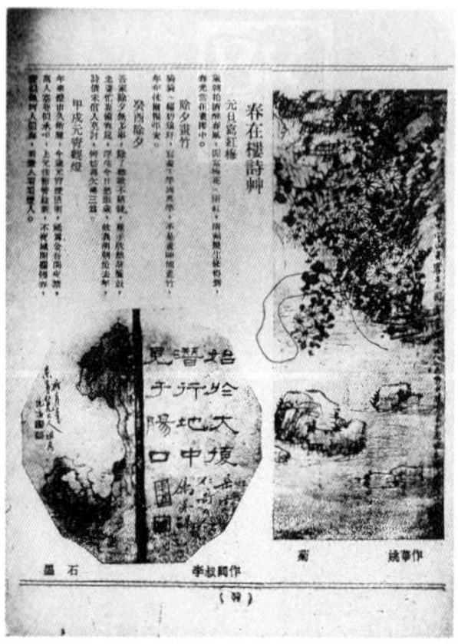

1934年5月1日《天津漫画》创刊号刊出书画作品《石墨》。题“朵生仁哥大人嘱，弟蹊”。标“李叔同作”。

5月1日（农历三月十八日），在厦门南普陀寺补讲《行事钞大盗戒》。③

《天津漫画》创刊号刊出书画作品《石墨》。题“朵生仁哥大人嘱，弟蹊”。标“李叔同作”。

《佛学半月刊》第4卷第9号刊出《改过实验谈》，署“癸酉正月弘一法师在厦门妙释寺讲”。同期又刊出《复崔树萍居士书》，署名“弘一”。④

5月11日（农历三月廿八日），在厦门致性愿法师函。言感谢光临；拟居南普陀寺半载，以答诸公盛意；学律诸法师在农历七月三十日可圆满毕业；近半月学行一食法，身体较前健康；表一纸，写诸律书名，请便中往李宏成居士宅检出等。⑤

5月13日至6月11日（农历四月），作《题许宣平所获观音面像写本》，署“甲戌四月沙门胜心敬书。”⑥

5月18日（农历四月初六日）在厦门南普陀寺讲《行事钞大盗戒》毕。⑦

① 张微隆：《厦门的佛教见闻记》（未完）一文，载1936年3月11日《佛教日报》。

② 原件由林良丰收藏。

③ 弘一大师：《壬丙南闽弘法略志》，收《弘一大师全集》第八册·文艺卷、杂著卷、书信卷，福建人民出版社2019年12月第3版、修订2版，第200页。另参考《手书发誓愿联跋》，收《弘一大师全集》第七册·佛学卷、传记卷、序跋卷，福建人民出版社2019年12月第3版、修订2版，第637页。

④ 此即福建人民出版社2019年12月版《弘一大师全集》（第3版，修订2版）第八册·文艺卷、杂著卷、书信卷第413页收录之信。

⑤ 此信福建人民出版社2019年12月版《弘一大师全集》（第3版，修订2版）第八册·文艺卷、杂著卷、书信卷第450页收录，标“一九三四年旧三月廿八日，厦门南普陀寺”。李宏成，福建泉州人，承天寺护法。

⑥ 弘一大师：《题许宣平所获观音面像写本》，收《弘一大师全集》第七册·佛学卷、传记卷、序跋卷，福建人民出版社2019年12月第3版、修订2版，第627页。

⑦ 见弘一大师《壬丙南闽弘法略志》，收《弘一大师全集》第八册·文艺卷、杂著卷、书信卷，福建人民出版社2019年12月第3版、修订2版，第200页。另参考《手书发誓愿联跋》，收《弘一大师全集》第七册·佛学卷、传记卷、序跋卷，福建人民出版社2019年12月第3版、修订2版，第637页。

5 月 25 日（农历四月十三日），在厦门致刘质平函。言久未通信，甚念；不久将闭关用功；寄上书件一包，以为纪念。询问《清凉歌集》能出版否？以为开明书店、世界书局及佛学书局等皆可印行。前誊写版《清凉歌集》如有存，请寄厦门南普陀寺高文显和泉州开元寺慈儿院叶宗择居士各三份。①

6 月 1 日（农历四月廿日），《佛学半月刊》第 4 卷第 11 号刊出释妙性《征求弘一法师所著〈四分律戒相表〉》，曰："衲现拟征求弘一法师所著《四分律戒相表》一书。海内诸上善人，如藏有此书，愿意割让者，请寄佛学半月刊社或镇江金山放生池莲社结修师转。衲常以相当之经书或佛像奉酬。释妙性启。"

6 月 8 日（农历四月廿七日），始强食一粥。②

6 月 12 日至 7 月 11 日间（农历五月），书唐译大方广佛华严经入法品弥勒菩萨说颂集句"当度众生界当净国土界；普入三昧门普游解脱门"，款识"僧忏上人供养。岁次甲戌五月，尊胜院沙门髻目敬书"。③

6 月 14 日（农历五月初三日），作《〈行事钞资持记本〉考后序》。④

6 月 17 日（农历五月初六日），校讫日本古刊本《四分律含注戒本》。**按**：有《四分律含注戒本》序》，署"甲戌五月六日校讫并记"，钤印"沙门月臂""演音"；"甲戌十月二十四日依敦煌唐本校竟并记"，钤印"弘一"；"乙亥七月八日居净山标点竟"；钤印："弘一"。⑤

6 月 18 日（农历五月初七日），在厦门致性愿法法师函。言近由汉口寄到名笔，奉赠六枝；诸学僧如需要，可通信购买；温州老名士谢磊

---

① 此信福建人民出版社 2019 年 12 月版《弘一大师全集》（第 3 版，修订 2 版）第八册·文艺卷、杂著卷、书信卷第 296 页收录，标"一九三四年旧四月十三日，厦门南普陀寺"。叶宗择，原名叶禽择，印光大师授法号宗择，福建泉州人，叶青眼之长子，时任开元寺慈儿院教务主任。1962 年，传贯法师出资，圆拙法师主持，胜信法师负责建造之泉州清源山弘一大师舍利塔由其设计。

② 陈飞鹏：《厦门发现弘一法师笔记散页——补正〈弘一法师年谱〉缺漏》，收《李叔同（弘一大师）研究·考论选》，西泠印社 2016 年 11 月版，第 216—218 页。

③ 福建人民出版社 2019 年 12 月版《弘一大师全集》（第 3 版，修订 2 版）第七册·佛学卷、传记卷、序跋卷第 637 页收录时题为《赠僧忏上人〈华严〉集联并跋》。

④ 详见本年 3 月 29 日条目。

⑤ 弘一大师：《四分律含注戒本》序》，收《弘一大师全集》第七册·佛学卷、传记卷、序跋卷，福建人民出版社 2019 年 12 月第 3 版、修订 2 版，第 611—612 页。

明君，近为刻印二方，附奉印稿，希清览等。①

6月21日（农历五月初十日），作《〈随机羯磨疏〉跋》，署“岁次甲戌五月十日沙门演音敬书。”②

6月30日（农历五月十九日），作《〈性常学律心得〉批语》，署“甲戌五月十九日，演音批”。③

7月1日（农历五月廿日），《佛学半月刊》第4卷第13号刊出上海佛学书局出版书目，有所书《华严经十回向品初回向章》（梵册）、《华严经普贤行愿品》（梵册）等。

《世界佛教居士林林刊》第38期“事业纪要”之“图书馆概况”记录“送出书籍数”，有《护生画集》40本、《寒笳集》10本。

7月4日（农历五月廿三日），校点《梵网经古迹记》毕。④

作《扶桑本〈律相感通传〉跋》，署“甲戌五月二十三日。月臂。”⑤

7月13日（农历六月初二日），在厦门致性愿法师函。言曩承惠谈，至用欢慰；今本妙法师来，约八月往万寿岩助念佛堂事，已允（约在八月初五日以后移居）；天津新刻《行愿品别行疏》，甚精，附呈一册等。⑥

1934年7月20日《人间世》刊出之影像。

7月20日（农历六月初九日），《人间世》第8期刊出1918年5月24日入山前与弟子刘质平、丰子恺合影之局部剪影。同期刊有曹聚仁《李叔同》一文。

7月23日（农历六月十二日），在厦门致性愿法师函。言前托人带

① 此信福建人民出版社2019年12月版《弘一大师全集》（第3版，修订2版）第八册·文艺卷、杂著卷、书信卷第450页收录，标“一九三四年五月七日，厦门南普陀寺”。文物出版社2017年10月版陈飞鹏整理《弘一法师书信全集》第323页收录，以为“五月七日”为公历。

② 弘一大师：《〈随机羯磨疏〉跋》，收《弘一大师全集》第七册·佛学卷、传记卷、序跋卷，福建人民出版社2019年12月第3版、修订2版，第614页。该文在1943年《觉有情》第87、88期合刊上作为弘一大師遗文刊登，题《大師在羯磨疏中赞徐蔚如居士》，妙莲录。

③ 见福建人民出版社2019年12月版《弘一大师全集》（第3版，修订2版）第八册·文艺卷、杂著卷、书信卷，第206页。

④ 弘一大师：《〈梵网经古迹记〉、〈宗要〉跋》，收《弘一大师全集》第七册·佛学卷、传记卷、序跋卷，福建人民出版社2019年12月第3版、修订2版，第613页。

⑤ 弘一大师：《扶桑本〈律相感通传〉跋》，收《弘一大师全集》第七册·佛学卷、传记卷、序跋卷，福建人民出版社2019年12月第3版、修订2版，第615页。

⑥ 此信福建人民出版社2019年12月版《弘一大师全集》（第3版，修订2版）第八册·文艺卷、杂著卷、书信卷第450页收录，标“一九三四年旧六月二日，厦门南普陀寺”。本妙法师（1910—1936），福建同安人，万寿岩监院。弘一大师有《本妙法师传》。

上《行愿品疏》及信，想已道览；因已允八月移居万寿岩，辜负开元寺厚意，致歉等。[①]

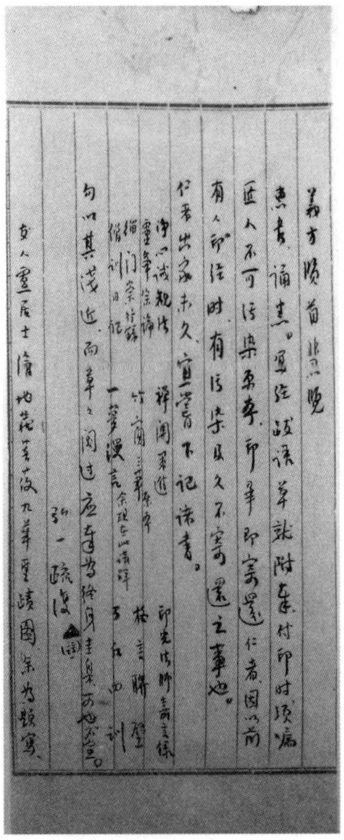

1934年农历七月，弘一大师在厦门致义方法师函。

8月1日（农历六月廿一日），《佛学半月刊》第4卷第15号刊出佛学书局“最新出版”中英文对照本《护生画集》广告。标“丰子恺先生画，弘一上人题字，黄茂林英译，马一浮先生序，李圆净居士辑”。

对照《续藏经》校讫《随机羯磨疏济缘记》。[②]

8月6日（农历六月廿六日），依《律宗会元》校《四分律行事钞资持记》毕。[③] 对照《律宗会元》校讫《随机羯磨疏济缘记》。[④]

8月10日至9月8日间（农历七月），在厦门讲《一梦漫言》（半月余讲讫）。[⑤]

在厦门致义方法师函：

义方贤首慧览：

惠书，诵悉。写经跋语草就附奉。付印时，须嘱匠人不可污染原本，印毕即寄还仁者。因以前有人印经时有污染，及久不寄还之事也。仁者出家未久，宜尝下记诸书：《净心诫观法》《禅关策进》《印光法师嘉言录》《灵峰宗论》《竹窗三笔》（原本）、《格言联璧》《缁门崇行录》《僧训日记》《一梦漫言》（余现在此讲解）、《了凡四训》。勿以其浅近，而草草阅过，应奉为终身圭臬可也。不宣。

弘一疏复

友人卢居士绘《地藏菩萨九华圣迹图》，余为题写。

印工极精美，明春夏佛学书局可以出版。以后通讯寄厦门转泉州城内大开元寺。余即往彼随喜佛七，讲开示。明春讲梵网古迹记。

按：福建人民出版社2019年12月版《弘一大师全集》（第3版，修

① 此信福建人民出版社2019年12月版《弘一大师全集》（第3版，修订2版）第八册·文艺卷、杂著卷、书信卷第450页收录，标“一九三四年旧六月十二日，厦门南普陀寺”。

② 弘一大师：《〈随机羯磨疏济缘记〉校记》，收《弘一大师全集》第七册·佛学卷、传记卷、序跋卷，福建人民出版社2019年12月第3版、修订2版，第614页。

③ 弘一大师：《〈四分律行事钞资持记〉题首》，收《弘一大师全集》第七册·佛学卷、传记卷、序跋卷，福建人民出版社2019年12月第3版、修订2版，第609—610页。署：“弘一演音书。”

④ 弘一大师：《〈随机羯磨疏济缘记〉校记》，收《弘一大师全集》第七册·佛学卷、传记卷、序跋卷，福建人民出版社2019年12月第3版、修订2版，第614页。

⑤ 弘一大师：《壬丙南闽弘法略志》，收《弘一大师全集》第八册·文艺卷、杂著卷、书信卷，福建人民出版社2019年12月第3版、修订2版，第200页。

订2版）第八册·文艺卷、杂著卷、书信卷未收录。文物出版社2017年10月版陈飞鹏整理《弘一法师书信全集》第341—342页收录。《弘一法师书信全集》根据信中有"《一梦漫言》（余现在此讲解）"一语，对照弘一大师1934年旧七月和1935年3月两次讲《一梦漫言》，又据弘一大师1935年旧二月上旬致性常、传贯二法师信言"到泉州后，暂居承天寺"语，及弘一大师1934年冬在厦门，1935年旧二月到泉州的行踪，推测此信写于1935年春，写信地点是泉州承天寺。同时有"详情续考"四字，表示尚可再作考证。《弘一法师书信全集》所述有一定道理，但也有未加关注之处，即此信另有"印工极精美，明春夏佛学书局可以出版。"一语。卢世侯绘《地藏菩萨九华垂迹图》实际出版于1935年春夏间。佛学书局有"本局最新出版：《地藏菩萨九华垂迹图》（卢世侯居士绘，影印本一册定价大洋六角）、弘一法师辑《人生之最后》"之广告，载1935年3月16日《佛学半月刊》第99期。广告最后写道："自癸酉付印，至今岁余，尚未竣事，其工程之伟大，于此可见。本局为慰缁素各界渴望起见，先行缩印单色本，现已出版，每册仅售六角。至七色版精印本，每册预约须大洋五元。阳历五月内定可出版。"可知，此书于1933年即付印，先有单色本，后有七色版精印本且表示5月定可印成，故弘一大师1934年写信时有理由说"印工极精美"，又由于根据出版进度，即1935年"阳历五月内定可出版"，故信中说"明春夏佛学书局可以出版"。佛学书局《地藏菩萨九华垂迹图》版权页所标出版时间是"中华民国廿三年十二月印行"，同时版权页前一页为佛学书局的《募印地藏菩萨九华垂迹图赞》告示，写有"托中华书局制版代印，民国二十四年五月印成"等字。综上所述，此信应写于1934年农历七月讲《一梦漫言》之际，写信地点是厦门。至于提醒义方法师"以后通讯寄厦门转泉州城内大开元寺"，当为当时之计划。①

8月15日（农历七月初六日），《海潮音》第15卷第8号刊出佛学书局《护生画集》广告。

8月16日（农历七月初七日），《佛学半月刊》第4卷第16号刊出佛学书局"本局出版"《地藏菩萨圣德大观》广告，标"弘一法师精心选辑，卢世侯沥血绘像"。广告文曰："弘一法师道行学问，久为国内缁素所钦仰，自出家后，归依地藏，近复遍探大藏及诸家撰述，辑录地藏菩萨教迹，成圣德大观一书。全书由法师亲加圈点，极便诵阅，又有卢世侯居士割指滴血所绘地藏圣像一帧。凡平日仰慕法师著述及宏持地藏

① 此信部分图版见林可同编：《弘一书法墨迹》，中国美术学院出版社2004年4月版，第83页。

圣号者，当人手一编。”同期又刊出《地藏菩萨本愿经白话解释》广告，标“弘一法师审定，范古农先生校刊，胡宅梵居士著的”。同期“医药问答”栏目又刊出仲祜《答弘一法师》，写曰：“赐书敬悉。所问不在本栏范围内。恕不作答。”

8月22日（农历七月十三日），作《〈四分律删补随机羯磨〉序》，署“甲戌七月十三日，剃染十六年，演音敬记”。[①]

8月23日（农历七月十四日），在厦门致瑞今法师函。言提倡办小学之意非为养成法师之人才，而本意是领学者深信佛菩萨之灵感，深信善恶报应因果之理，深知如何出家及出家以后应作何事，以端正品行，知见纯正之学僧，诚如“士先器识而后文艺”之儒家见解等。[②] **按：**又有一函致瑞今法师，谈佛教读物的采集、编辑和教授方法等。此信福建人民出版社2019年12月版《弘一大师全集》（第3版，修订2版）第八册·文艺卷、杂著卷、书信卷第475页收录，标“一九三四年，厦门南普陀寺”。无具体月日，文物出版社2017年10月版陈飞鹏整理《弘一法师书信全集》第327页收录时以为写于本年仲夏。

夏，“清凉歌”最终定稿。

作《甲戌初夏大病有欲延医者说偈谢之》。[③]

为泉州佛经流通处版《禅林赞集》题签及扉页，另有手迹“甲戌夏泉州佛经流通处印行”和大方广佛华严经句。

8月29日（农历七月廿日），作《〈拟定佛教养正院教科用书表〉附记》。记曰：“甲戌七月二十日于晋水兰若出，以奉胜进居士。”署“沙门胜义”。**按：**1936年3月11日《佛教日报》刊出张微隆：《厦门的佛教见闻记》（未完），写曰：“……说起佛教的教育确是大有可观。大家知道的闽南佛学院，设在厦门首刹南普陀寺内，创始于民国十四年……去年民国二十三年（一九三四）七月间闽院再添办佛教养正院……现有教员学僧二三十人……去年四月间弘一法师亦曾在南普陀后山之须摩提国，（此是本寺退居方丈修持处）创设短期的律学

1934年8月，朱起凤编撰《辞通》由开明书店出版。此为弘一大师题签。

① 弘一大师：《〈四分律删补随机羯磨〉序》，收《弘一大师全集》第七册·佛学卷、传记卷、序跋卷，福建人民出版社2019年12月第3版、修订2版，第614页。

② 此信福建人民出版社2019年12月版《弘一大师全集》（第3版，修订2版）第八册·文艺卷、杂著卷、书信卷第475页收录，标“一九三四年旧七月十四日，厦门南普陀寺”。瑞今法师（1905—2005），福建晋江人，幼年出家，毕业于安徽及闽南佛学院。

③ 弘一大师：《甲戌初夏大病有欲延医者说偈谢之》，收《弘一大师全集》第八册文艺卷、杂著卷、书信卷，福建人民出版社2019年12月第3版、修订2版，第214页。

会……”

8月（农历六月廿一日至七月廿二日），朱起凤编撰《辞通》由开明书店出版。有题签。[1]

9月9日（农历八月初一日），在厦门寄出致刘质平函。言寄来诸书收到；书橱字稍迟写奉。[2]

9月9日至10月7日间（农历八月），在厦门万寿岩作《万寿岩念佛堂开堂演词》。[3]

9月18日（农历八月初十日），读诵《一梦漫言》毕。[4]

9月21日（农历八月十三日），在厦门致性愿法师函。言问学社幼年僧众教育方法；匾联已写就，奉上；石印用之蜡纸，他日交下时，请于纸之正面写一记号，以免误书于背面等。[5] **按：**后有二函致性愿法师，具体日期不详，福建人民出版社2019年12月版《弘一大师全集》（第3版，修订2版）第八册·文艺卷、杂著卷、书信卷第451页收录，标“一九三四年，厦门南普陀寺”。其一当于前函有关，写曰：

> 惠书，敬悉。此系后学出名，依照原式无有妨碍。且石由纸不易改写（已逾多日，亦恐不能付印），原稿久已赠送他处，若再重写，亦力有未及（近来多病多忙）。诸乞亮宥为祷。
>
> 尊恙已痊，为慰。诸喜珍摄，不宣。
>
> 古公老人慈座
>
> 后学演音顶礼

> 其二写曰：
>
> 性公老法师慈鉴：
>
> 前上二函，计悉收到。兹有恳者：前存李居士处佛书两箱，据广洽师云：所剩已不甚多，乞请座下便中检出，托人络续带厦，存

---

① 《辞通》为解释古书中异体同义词语的辞典。朱起凤（1875—1948），字丹九，浙江海宁人。此书草创于1896年，写成于1930年，易稿十余次，用力甚勤。

② 此信福建人民出版社2019年12月版《弘一大师全集》（第3版，修订2版）第八册·文艺卷、杂著卷、书信卷第296页收录，标“一九三四年九月，厦门南普陀寺”。有注：“厦门邮戳为‘廿三年九月九日十六（时）’”。

③ 弘一大师：《万寿岩念佛堂开堂演词》，收《弘一大师全集》第七册·佛学卷、传记卷、序跋卷，福建人民出版社2019年12月第3版、修订2版，第560—561页。

④ 弘一大师：《〈一梦漫言〉跋》，收弘一大师编纂：《佛学丛刊》第1辑第4册，国学整理社1937年3月版，第3页。

⑤ 此信福建人民出版社2019年12月版《弘一大师全集》（第3版，修订2版）第八册·文艺卷、杂著卷、书信卷第451页收录，标“一九三四年八月十三日，厦门南普陀寺”。

妙释寺，至用感谢。附奉上拙书《心经》印本三册，乞收入。顺请

法安

后学演音稽首

9月29日（农历八月廿一日），在厦门南普陀寺对照日本《续藏经》校勘《比丘尼观愿录写科文》毕。[①]

10月1日（农历八月廿三日），在《佛学半月刊》第4卷第19号"世界动物节纪念专号"刊出书法"怜愍一切如己身"。同期刊出《寒笳集》和《护生画集》广告，注为："丰子恺绘图　弘一法师题写"。

依《一梦漫言》对觅舆图编录《华山见月律师行脚略图》。跋文曰："甲戌八月二十三日依《一梦漫言》对览舆图编录。翌夕录竟，粗线示行脚所经之地至入丹徒海潮受戒为止。已（原文如此——引者注）下未画粗线，恐致淆乱，学者自寻可耳。又随侍三昧老人往各地开戒，诸地名等亦未列，因限于篇幅也。沙门一音，时居晋水兰若并记。"[②]

10月2日（农历八月廿四日），对觅舆图编录《华山见月律师行脚图》毕。有《〈华山见月律师行脚图〉跋》，署："沙门一音，时居晋水兰若并记。"[③]

1934年农历九月弘一大师在厦门南普陀寺兜率陀院留影。

10月3日（农历八月廿五日），在厦门南普陀寺多率陀院录《一梦漫言》毕，并作《〈一梦漫言〉跋》，署"甲戌八月十日披诵讫，二十五日录竟并记，时居晋水兰若。"；钤印"弘一"。[④] 另有《〈一梦漫言〉序》，署"弘一拜记"。未署日期。[⑤]

10月8日至11月6日间（农历九月），为1927年在杭州常寂光寺编录的《梵网经古迹记科表》作补题。[⑥]

印西法师来函，告金咨甫卧病半载后谢世。其遗嘱请为写经回向。

① 弘一大师：《〈四分律拾毗尼义钞〉校记》，收《弘一大师全集》第七册·佛学卷、传记卷、序跋卷，福建人民出版社2019年12月第3版、修订2版，第614页。

② 弘一大师：《〈华山见月律师行脚略图〉跋》，载弘一大师编纂《佛学丛刊》第一辑，国学整理社1937年3月版，第4页。福建人民出版社2019年12月版《弘一大师全集》（第3版，修订2本）第七册·佛学卷、传记卷、序跋卷，第627页标题中缺"略"字。

③ 弘一大师：《〈华山见月律师行脚图〉跋》，收《弘一大师全集》第七册·佛学卷、传记卷、序跋卷，福建人民出版社2019年12月第3版、修订2版，第627页。

④ 弘一大师：《〈一梦漫言〉跋》，收弘一大师编纂：《佛学丛刊》第1辑第4册，国学整理社1937年3月版，第3页。

⑤ 弘一大师：《〈一梦漫言〉序》，收《弘一大师全集》第七册·佛学卷、传记卷、序跋卷，福建人民出版社2019年12月第3版、修订2版，第627页。根据《〈一梦漫言〉跋》，可推其作于是年农历九月十三日。

⑥ 弘一大师编录《梵网经古迹记科表》题记："十六年丁卯春，住杭州云居山常寂光寺编录。二十二年癸酉九月手装，时住晋水尊胜禅院，甲戌九月补题。弘一。"见宗教文化出版社1995年8月版林子青编著《弘一法师年谱》第164页。

1934 年 11 月 1 日《佛学半月刊》第 4 卷第 21 期（总第 90 期）。

本局出版 胡宅梵著 地藏本願經白話解釋 四角

教崇倫常。篤守禮法。由此時康物阜。國治政平。世界乂安。三門鎮靜。尚希諸位善信報會拈香。隨喜勸修。功德無量。

書札

答佛學書局書 釋勝髻

前承惠書。謂今年藥師如來聖誕。擬別刊行專號。囑撰文以為提倡。近多忙碌。未暇撰文。謹述拙見如下。以備參考焉。余自信佛法以來。專宗彌陀淨土法門。但亦嘗講藥師如來本願功德經。講此經時。所最注意者三事。一若犯戒者。聞藥師名已。還得清淨。二若求生西方極樂而未定者。得聞藥師名號。臨命終時。有八大菩薩示其道路。即生極樂眾寶華中。三現生種種厄難悉得消除。故亦勸諸緇素。應誦藥師功德經。並執持藥師名號。而於求生東方淨琉璃世界之文。未及詳釋。謂為別被一機也。今者佛學書局諸賢欲弘揚藥師聖典。提倡求生東方。勝願大心。甚可欽佩。但依拙見。殊可普勸眾生誦持名。至於求生何處。宜任其自然。則昔日求生極樂並求生兜率者。亦可發心誦藥師經并持名號。而於本願無違。因經中謂求生極樂者命終有八大菩薩示路。又東晉譯本云。若欲得生兜率天上見彌勒者。亦當禮敬藥師琉璃光佛。如是則範圍甚廣。可以羣機並育矣。略陳拙見。敬乞有以教之。幸甚。

1934 年 11 月 1 日《佛学半月刊》第 4 卷第 21 期（总第 90 期）中的《答佛学书局》。

按：后于 1936 年 5 月 28 日写讫。

在兜率陀院留影。**按：**此照向被认为是在泉州所摄，2018 年 4 月版张一德著《弘一大师在厦门》第 255 页考证系在厦门兜率陀院摄。确当。

赠昙昕法师一联：“愿尽未来普代法界一切众生备受大苦，誓舍身命弘护南山四分律教久住神州”。

10 月 12 日（农历九月初五日），编录见月律师《年谱摭要》毕，复校《一梦漫言》，增订标注。① **按：**其《宝华山见月律师年谱摭要》序曰：“甲戌九月，依《一梦漫言》及《别传摭录》，唯举梗概，未能详耳。《漫言》上卷自记年岁数处，可为依据。今编年谱，准此推衍。下卷谓顺治七年五十岁者，或有舛误，以待后贤改订焉。晋水尊胜院沙门亡言。”②

10 月 20 日（农历九月十三日），写《一梦漫言随讲别录》二纸毕，署“甲戌九月十三日录记”。作《〈一梦漫言〉序》，署“九月五日编录《年谱摭要》讫；复校阅《一梦漫言》，赠订标注。并记。九月十三日写《随讲别录》二纸竟。卧床追忆见月老人遗事，并发愿于明年往九华山礼塔，泪落不止，痛法门之陵夷也”；钤印“弘一”。③

10 月 26 日（农历九月十九日），在厦门南普陀寺致蔡丐因函。言居闽南二载，因气候和暖，无大病；今年稻麦丰收，但商业仍凋零；曾晤杨居士，为题其寓名“寒拾草堂”，因其喜读寒山拾得之诗等。④

陈敬贤之子共存来访（时居南普陀后山石室），问及陈敬贤近况，知其已遵印光大师教导，专修净业，为之庆悦。⑤

11 月 1 日（农历九月廿五日），《佛学半月刊》第 4 卷第 21 期（总第 90 期）刊出佛学书局“青年丛书”《护生画集》广告，曰：“每册一角。丰子恺作画，李圆净撰集，月臂法师为之书。可谓缘起无碍，以画说法者。现又有黄茂林译成英文本，本局流通。”又刊出“本局出版”

---

① 弘一大师：《〈一梦漫言〉序》，收弘一大师编纂：《佛学丛刊》第 1 辑第 4 册，国学整理社 1937 年 3 月版，第 3 页。
② 弘一大师：《〈宝华山见月律师年谱摭要〉序》，收弘一大师编纂：《佛学丛刊》第 1 辑第 4 册，国学整理社 1937 年 3 月版，第 61 页。
③ 弘一大师：《〈一梦漫言〉跋》，收弘一大师编纂：《佛学丛刊》第 1 辑第 4 册，国学整理社 1937 年 3 月版，第 3 页。
④ 此信福建人民出版社 2019 年 12 月版《弘一大师全集》（第 3 版，修订 2 版）第八册·文艺卷、杂著卷、书信卷第 350 页收录，标“一九三四年九月十九日，厦门南普陀寺”。
⑤ 弘一大师：《记陈敬贤居士轶事》，收《弘一大师全集》第七册·佛学卷、传记卷、序跋卷，福建人民出版社 2019 年 12 月第 3 版、修订 2 版，第 589 页。

《寒笳集》广告，曰："弘一法师选，一角。蕅益大师，人天龙象，所述法语，美不胜收。今弘一法师为便利学人，选大师警训汇为一编，选剔之精，无一字能动。"复有"本局出版弘一法师法书经"广告，有《华严经集联三百》《华严经初回章》《华严净行偈》《华严菩贤行愿品》《梵网经菩萨戒》《地藏见闻利益品》《佛八百名赞》《八大人觉经》《八种长养功德经》《华严十地品第二地章》《大乘戒经》。在"书札"栏目中刊出《答佛学书局书》，署名"释胜思"。本期《佛学半月刊》为"药师如来专号"。**按：**信中言今年为药师如来圣诞节拟出专号而嘱撰文，因近来多忙，未暇撰写。谈讲《药师如来本愿功德经》最应注意之事项等。此信福建人民出版社 2019 年 12 月版《弘一大师全集》（第 3 版，修订 2 版）第八册・文艺卷、杂著卷、书信卷第 497—498 页收录，标"一九四〇年旧七月，永春普济寺"。此误。此信当写于 1934 年秋，地点在厦门。又，《弘一大师全集》（第 3 版，修订 2 版）第八册・文艺卷、杂著卷、书信卷录此信的署名是"演音"，亦误，当系"胜思"。

11 月 7 日（农历十月初一日），《护生报》刊出《护生画集》广告。

11 月 7 日至 12 月 6 日间（农历十月），书联赠广洽法师："我是菩萨"，款识"受菩萨戒时，师应问言：善男子听，汝是菩萨否？应答言：我是菩萨"；钤印"弘一"、佛肖印。"代受毁辱"，款识"梵网经云：而菩萨应代一切众生受加毁辱。恶事自向己，好事与他人。甲戌十月书奉普润律师供养，沙门一音"；钤印"胤"、佛肖印。[①]

重治《人生之最后》，附《泉州大开元寺了识律师传》，署名：演音。[②]

获义方禅人书，以昔日为崔祥鸿居士写经一卷，曾欲影印，未果。现将流布，请为写序，述其因缘。故为记往事。[③]

11 月 15 日（农历十月初九日），生平小传在《国货月报》第 1 卷第 11 期张惕民撰"艺术小识"中刊出，另有经亨颐小传。在经亨颐小传中附有经氏于 1912 年所刻"李"、"李哀公"二印。

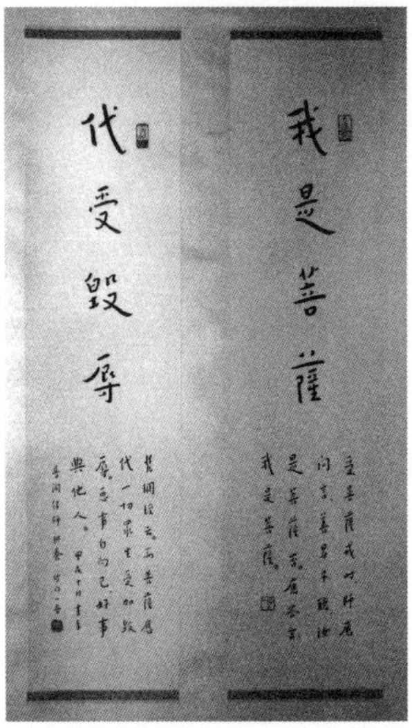

1934 年农历十月，弘一大师书联赠广洽法师"我是菩萨"和"代受毁辱"。

11 月 16 日（农历十月初十日），《佛学半月刊》第 4 卷第 22 期刊出

① 广洽法师藏，见广洽纪念馆编《广洽纪念馆》一书，[新加坡] 广洽纪念馆编辑委员会编，2007 年 3 月，第 35 页。

② 弘一大师重治理《人生之最后》文结尾款曰："壬申十二月讲稿甲戌十月重治"。《人生之最后》单篇收《弘一大师全集》第八册・文艺卷、杂著卷、书信卷，福建人民出版社 2019 年 12 月第 3 版、修订 2 版，第 188—189 页。《了识律师传》单篇收《弘一大师全集》第七册・佛学卷、传记卷、序跋卷，福建人民出版社 2019 年 12 月第 3 版、修订 2 版，第 587 页。

③ 上海书画出版社 2017 年 5 月版浙江省平湖市人民政府、上海徐汇区文化局编：《弘一大师法书集・华枝春满（手稿信札卷）》，第 9 页《崔祥鸿居士述》。义方禅人为崔祥鸿（旻飞）居士长子。

佛学书局“青年丛书”《护生画集》广告和《寒笳集》广告，标“弘一法师集”。“消息”栏目刊出《弘一师主南普陀小学》，写曰：“闽南南普陀，以全厦各寺院之小沙弥，向乏适当设备以资教育。近特设立小学一所，收幼僧数十人，施以国文史地及粗浅教义之特种教育。主其事者为弘一法师。法师未出家时，曾留学日本等国，在江浙间历执教鞭，有声教育界。（节十月十四日厦门华侨日报）。”该栏目同时刊出“放生戒杀素食类”和“居士林放生丛书”图书广告，其中有《护生画集》《光明画集》等。

11月30日（农历十月廿四日），就《四分律含注戒本》的日本古刊本与敦煌本对照校点毕。[①]

12月1日（农历十月廿五日），《佛学半月刊》第4卷第23号刊出《泉州万寿岩瑞山禅师生西传》，署名“释弘一”。该期刊出《护生画集》《寒笳集》广告。[②] **按：**福建人民出版社2019年12月版《弘一大师全集》（第3版，修订2版）第七册·佛学卷、传记卷、序跋卷在收入此文时将题目写为《厦门万寿岩瑞山禅师生西传》。

12月上旬（农历十一月初四日前），在厦门致胡宅梵函：

> 惠书，诵悉。序文及原稿，挂号附寄，乞收入。前承寄诸书，悉收到。谨谢。近将移居。新历十二月初十日（旧历十一月四日）以后通讯，乞寄厦门转泉州城内百源村百源庵。
>
> 演音启

按：此信福建人民出版社2019年12月版《弘一大师全集》（第3版，修订2版）第八册·文艺卷、杂著卷、书信卷第400—401页收录，标“一九三五年旧十一月，泉州承天寺”。文物出版社2017年10月版陈飞鹏整理《弘一法师书信全集》第360页收录，时间标1935年“旧十一月初”，地点标“泉州承天寺”。皆误。信中说“新历十二月初十日（旧历十一月四日）以后通讯，乞寄厦门转泉州城内百源村百源庵。”只有1934年12月10日为农历十一月四日（1935年12月10日为农历十一十五日），故此信写于1934年，地点在厦门。

---

① 详见本年6月17日条目。

② 《寒茄集》广告标注“弘一法师辑”，广告词曰：“本书大意在于勤精进守戒律，痛贬世人惰懈之习，使人一读一汗，一思一愧。”原文无标点。《护生画集》广告词曰：“每册一角，丰子恺作，李圆净撰集，月臂法师为之书，可谓缘起无碍，以画说法者。现又由黄茂林译成英文本。本局流通。”原文无标点。

12月7日至次年1月4日间（农历十一月），应妙本法师请，住厦门万寿岩讲经。时方建念佛堂，集众结七，随喜演讲三日。其《壬丙南闽弘法略志》曰：“甲戌十一月，万寿岩开创念佛堂，讲说三日。”又《万寿岩念佛堂开堂演词》曰：“今日万寿禅寺念佛堂开堂，余得参末席，深为荣幸。”①

12月16日（农历十一月初十日），《佛学半月刊》第4卷第24号刊出《泉州大开元寺了识律师传》，署名“释弘一”。**按：**福建人民出版社2019年12月版《弘一大师全集》（第3版，修订2版）第七册·佛学卷、传记卷、序跋卷第587页在收入此文时将题目写为《了识律师传》。同期《佛学半月刊》“佛学书局书目”中列有所书之经偈：“佛说梵网经菩萨心地品菩萨戒”（一元二角）、“大方广佛华严经普贤行愿品偈”（四角）、“华严经十回向品初回向章”（六角）、“大方广佛华严经净行品偈”（八角）、“佛一百八名赞”（六角）、“佛说八大人觉经”（二角五分）、“八种长养功德经”（三角）、“大乘戒经”（二角）和楹联“华严经净行品短屏六条”（印刷中）、“地藏地神护法品横披”（单片一角连裱三角）、“地藏嘱累人天品横披”（单片一角连裱三角）、“弘一法师四尺对联”（玉版笺四角、藏金笺五角）。该期刊出《护生画集》《寒茄集》广告。

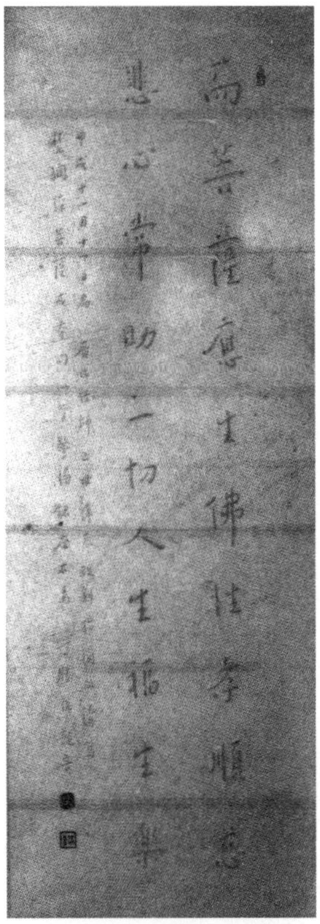

1934年12月17日（农历十一月十一日），弘一大师书血书“而菩萨应生佛性孝顺慈，悲心常助一切人生福生乐。”广治法师割指滴血。

12月17日（农历十一月十一日），书“而菩萨应生佛性孝顺慈，悲心常助一切人生福生乐。”款识“甲戌十一月十一日为广洽法师亡母讳辰，敬割指滴血，请写梵网经菩萨戒本句，以资警惕，铭座右焉。尊胜院龙音”；钤印“胤”、“演音”。②

南普陀寺法堂旧影，1934年弘一大师曾在此倡办佛教养正院。（资料来源：《李叔同—弘一大师影志》，天津人民出版社2000年10月版。）

是年，曾发心编辑南山律在家备览。③

在厦门作《扶桑本〈南海寄归传解缆钞〉序》，署“岁次甲戌书于南陔石室，沙门弘一。”④

自扶桑国请奉古写本《钞记》《通释》及《济览》。⑤

在《南海寄皈传解缆钞》封面上题“寄归传为唐义净三藏所撰。樽

① 弘一大师：《壬丙南闽弘法略志》，收《弘一大师全集》第八册·文艺卷、杂著卷、书信卷，福建人民出版社2019年12月第3版、修订2版，第200页。

② 广洽法师藏，见广洽纪念馆编《广洽纪念馆》一书，[新加坡] 广洽纪念馆编辑委员会编，2007年3月，第21页。

③ 见1939年8月1日（农历六月十六日）《佛学半月刊》第8卷第15号（总第186期）所刊出之《拟编南山律在备览致佛学书局书》。

④ 弘一大师：《扶桑本〈南海寄归传解缆钞〉序》，收《弘一大师全集》第七册·佛学卷、传记卷、序跋卷，福建人民出版社2019年12月第3版、修订2版，第614—615页。《弘一大师全集》（第3版，修订2版）所录文字与目前所见原件影印图片文字不一致，参见《弘一与厦门》，鹭江出版社2012年8月版，第104页。

⑤ 弘一大师：《行事钞资持记》校后记》，收《弘一大师全集》第七册·佛学卷、传记卷、序跋卷，福建人民出版社2019年12月第3版、修订2版，第609页。

桑释者有二家，饮光解缆钞四卷及某氏讲录二卷也。友人施资十八金，向其中书林请得写本钞四卷都八册，并科文一卷。希世之珍，后贤幸宝藏焉。岁次甲戌，居南陇石室”；钤印“弘一”。①

书四言联“佛日增辉，法轮常转”。款识“大开元万寿律寺供养。甲戌，胜音院髻光敬书”；钤印“音”、“吉目”、佛肖印。②

应夏丏尊嘱，书“无住斋”额。款识“丏尊居士嘱。甲戌，胜解”；钤印“音”。③

应上海佛学书局沈彬翰之请，为沈母庄闲女居士所书《法华经》作《庄闲女居士手书〈法华经〉序》，署“后二十三年岁次甲戌晋江尊胜院沙门月幢，时年五十有五”。④

将收集之韩偓资料交高文显居士，嘱其编撰《韩偓评传》，并开始自撰其中《香奁集辨伪》一章。

书“身自持净戒，我常修大慈”。款识“大方广佛华严经偈集句。伯英居士供养。甲戌沙门善臂。”钤印“胤”、“弘一”。⑤

按一：1921年弘一大师书经一卷，两年后付崔旻飞供养，1934年刊印此经，为述因缘，署名“沙门一音”；钤印“演音”、“弘一”。⑥

按二：是年泉州开元寺因其来闽南数年，讲律泉厦，居无定所，意将开元寺内尊胜院为永久道场，表示不立名目，不挂招牌，不招收学僧，亦不以任何名义向外募捐。开元寺一一承诺。遂于春间入住，自题“尊胜遗风”四字。⑦

在厦门致刘质平函：

质平居士道鉴：

惠书诵悉。承施十金及《心经》像叶，感谢无尽。近来无有病苦，希释怀耳。《心经》，友人请求者甚多，乞再寄下二三包。音乐书面，十日内可写好邮奉。《歌集》能于今年出版为宜，诸友屡屡询问也。出版时，乞往佛学书局（胶州路七号）与沈彬翰居士接洽一切。印法形式，皆可由仁者主之，并随时检校样本（此最要紧）。仁者认为十分满意后，乃以付印。佛学书局有分局数处，流通甚

---

① 中华书道学会编：《弘一大师墨迹文物图录》，（台北）中华书道学会1996年7月印行，第111页。

② 浙江省平湖市人民政府、上海徐汇区文化局编：《弘一大师法书集·天心月圆（作品卷）》，上海书画出版社2017年5月版，第68页。泉州开元寺藏。

③ 刘正成主编：《中国书法全集83·近现代编-李叔同马一浮卷》（该分卷主编潘良桢，副主编方爱龙，学术顾问任继愈），荣宝斋出版社2002年11月版，第125页。

④ 弘一大师：《庄闲女居士手书〈法华经〉序》，收《弘一大师全集》第七册·佛学卷、传记卷、序跋卷，福建人民出版社2019年12月第3版、修订2版，第627页。

⑤ 何丙仲藏。参见《弘一与厦门》，鹭江出版社2012年8月版，第44页。

⑥ 图版见平湖市李叔同纪念馆编：《李叔同当湖书印文辑》，西泠印社出版社2015年10月版，下册第324—325页。

⑦ 瑞今：《尊胜院回忆记》，载1947年2月1日《佛教公论》复刊第11期。

广，较开明为适宜也。印刷诸费，亦可由佛学书局负任。诸乞与沈居士商酌可也。近托彼处印《地藏菩萨九华示迹图》一部（卢居士画十二页，用十三色珂罗版印。余题字十二页，用一色珂罗版印），中华书局印刷，每部实费五元，为吾国罕见之彩色印本。其印费悉由沈居士筹备。样本已印就，不久即可出版也。以后惠书，乞寄厦门南普陀寺。不宣。

音启[①]

按：此信福建人民出版社2019年12月版《弘一大师全集》（第3版，修订2版）第八册·文艺卷、杂著卷、书信第296页收录，标“一九三四年八月，厦门南普陀寺”。文物出版社2017年10月版陈飞鹏整理《弘一法师书信全集》第325页收录，时间标1934年“八月”，地点标“厦门南普陀寺”。此函原件存平湖市李叔同纪念馆，未署年月日。《地藏菩萨九华垂迹图》（弘一大师信中为“《地藏菩萨九华示迹图》”）于1935年春出版，根据1934年弘一大师赠送《心经》和该信中“不久即可出版也”之语，可判定此信写于1934年，地点在厦门。至于是否“八月”则无实证。

在厦门致刘质平函：

前年由伏龙寺运送书物至厦门时，有未及装箱者诸稿件等，存贮新华校中。今拟请将此稿件诸物检出，送交宁波，转寄厦门，应需用也。

乞烦尊校国文教师，检寻晚唐诗人韩偓传，抄写寄下，为祷。

宁波江夏街捷美行（轮船经理处）

辜士辉先生转送厦门吴厝巷四号

叶天铭居士转交弘一收。

仁者仍任宁波四中教务否？并乞示知。

质平居士道席

演音疏[②]

按：此信福建人民出版社2019年12月版《弘一大师全集》（第3版，修订2版）第八册·文艺卷、杂著卷、书信第297页收录，标“一九三四年十一月，厦门万寿岩”。文物出版社2017年10月版陈飞鹏整理《弘一法师书信全集》第329页收录，时间标1934年“旧十一月”，地点标“厦门万寿岩寺”。此函原件存平湖市李叔同纪念馆，未署年月日。根据信中“前年由伏龙寺运送书物至厦门时”句，应写于1934年，根

今南普陀寺闽南佛学院、佛教养正院。摄于2019年3月。

① 沈彬翰，时任上海佛学书局经理。
② 辜士辉，时任宁波捷美商行轮船经理。叶天铭，弘一大师友人，信件物品等时由其转交。

据信中“送交宁波，转寄厦门，应需用也”句，地点应在厦门。至于是否“十一月”则无实证。

在厦门致刘质平函：

> 前邮函及写件，想已收到。昨奉惠书，具悉一一。书面字，附写呈（书面字随意写之，俟制锌版时，可以斟酌缩小）。前年由仁者代寄伏龙寺书籍等，交陈嘉庚公司时，尚余有稿纸诸物存在新华，内有《华严经观自在章》写本（昔年曾由仁者抄写一卷），乞检出寄下（内夹纸片亦乞寄下）。因仁者抄写者，前送他处，彼已遗失，不能付印。故请将余之写本寄下，以资读诵，或付印也。

质平居士道鉴

演音启

按：此信福建人民出版社 2019 年 12 月版《弘一大师全集》（第 3 版，修订 2 版）第八册 · 文艺卷、杂著卷、书信第 297 页收录，标“一九三四年冬，厦门”。文物出版社 2017 年 10 月版陈飞鹏整理《弘一法师书信全集》第 330 页收录，时间标 1934 年“冬”，地点标“厦门万寿岩寺”。此函原件存平湖市李叔同纪念馆，未署年月日。根据信中“前年由仁者代寄伏龙寺书籍等”句，应写于 1934 年，此信与前函当为前后函，时居厦门。具体时间标注为“冬”，大致如此。是否万寿岩，目前无依据。

社会评介择要

柳亚子诗，转引自郭长海《李叔同和柳亚子》，收《中国近代文学史证——郭长海学术文集》，吉林人民出版社 2005 年 3 月版，第 927—933 页。

阿秋：《夜读楼散记》，载 1934 年 3 月 1 日《金刚钻报》。

曹聚仁：《李叔同》，载 1934 年《人间世》第 8 期。

闻不多：《作家消息》，载 1934 年 11 月 2 日《西京日报》。

《护生画集》广告：载 1934 年 11 月 7 日《护生报》。

《弘一师主南普陀小学》，载 1934 年 11 月 16 日《佛学半月刊》“消息”栏目。

张惕民：《艺术小识 · 李叔同》，载 1934 年 11 月 15 日《国货月报》第 1 卷第 11 期。

费范九：《弘一禅师所贻雪窦诗卷沪战佚去已重承写寄寻复获得合装

纪喜》，载1934年12月15日《健康杂志》第2卷第12期。（目录页标“中华民国二十三年十二月十五日发行”，版权页标“中华民国二十四年一月十五日出版”）

杨赓德：《李叔同》，载1934年12月31日《东南日报》。

1935 年　乙亥　56 岁

社会文化事略

1 月 1 日，全国木刻联合展览会在北京开幕；3 月，《小品文与漫画》由生活书店出版；6 月，上海文化界团体与个人联合发表《我们对文化运动的意见》；8 月 1 日，中共中央发表《为抗日救国告全国同胞书》；8 月，国民政府教育部公布第一批简体字表，共 324 个简体汉字；9 月，国民政府教育部公布《促进注音汉字办法》。10 月，赵家璧主编的《中国新文学大系》开始出版；12 月，北平爆发“一二・九”学生爱国运动。

生平事迹

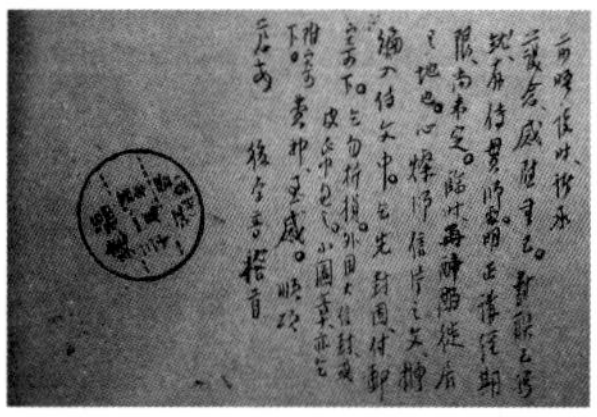
1935 年 1 月，弘一大师在厦门致性愿法师明信片。

1 月 11 日（农历甲戌十二月初七日），校点《宗要》毕，署：“七日校讫并记。时居禾山万寿岩。弘一。”[①]

1 月 5 日至 2 月 3 日间（农历甲戌十二月），作《〈福州鼓山庋藏经版目录〉序》，署：“岁次甲戌十二月晋水尊胜院沙门演音。”[②]

作《〈缁门崇行录〉选辑序》，署：“甲戌岁晚，居禾山万寿岩，胜音。”[③]

1 月 15 日（农历甲戌十二月十一日），《海潮音》第 16 卷第 1 号刊出大圆《十五年来中国佛法流行之变相》，其中曰：“律宗虽闻弘一法师一身致力，而有倡无和。”

1 月（农历甲戌十一月廿六日至十二月廿七日），《世界佛教居士林林刊》第 39 期“事业纪要”之“图书馆概况”记录“送出书籍数”（1934 年 7 月至 9 月），送出《护生画集》80 本、《寒笳集》10 本。

---

① 弘一大师：《〈梵网经古迹记〉、〈宗要〉跋》，收《弘一大师全集》第七册・佛学卷、传记卷、序跋卷，福建人民出版社 2019 年 12 月第 3 版、修订 2 版，第 613 页。

② 弘一大师：《〈福州鼓山庋藏经版目录〉序》，收《弘一大师全集》第七册・佛学卷、传记卷、序跋卷，福建人民出版社 2019 年 12 月第 3 版、修订 2 版，第 627—628 页。

③ 弘一大师：《〈缁门崇行录〉选辑序》，收《弘一大师全集》第七册・佛学卷、传记卷、序跋卷，福建人民出版社 2019 年 12 月第 3 版、修订 2 版，第 628 页。

《人生之最后》由佛学书局印行。

在《弘法刊》[1] 第 27 期刊出书法“有禅有净土，犹如带角虎……”，署“沙门月臂书”。同期刊出《弘一法师于厦门万寿岩创建佛堂开堂演词》。

在厦门致性愿法师函：

> 前晤谈时，诸承护念，感慰无已。对联已写就，存传贯师处。明正讲经期限，尚未定。临时再斟酌徙居之地也。心灿师信片之文，拟编入传文中。乞先封固，付邮寄下（乞勿折损。外用大信封，或皮纸包之。小图章，亦乞附寄下。）费神，至感。顺颂
>
> 慈安
>
> 后学音稽首

按一：此为明信片，见林可同编：《弘一书法墨迹》，中国美术学院出版社 2004 年 4 月版，第 121 页。福建人民出版社 2019 年 12 月版《弘一大师全集》（第 3 版，修订 2 版）第八册・文艺卷、杂著卷、书信卷和文物出版社 2017 年 10 月版陈飞鹏整理《弘一法师书信全集》均未收录。信片上有邮戳，抵达泉州时为 1 月 30 日。故推测写于此日前数天，姑且置于 1 月。**按二：**林可同编《弘一书法墨迹》第 117 页另有致性愿法师一函，《弘一大师全集》（第 3 版，修订 2 版）和《弘一法师书信全集》均未收，书写时间和地点待考。因亦提及小印章，故录存于下，供研究参考：

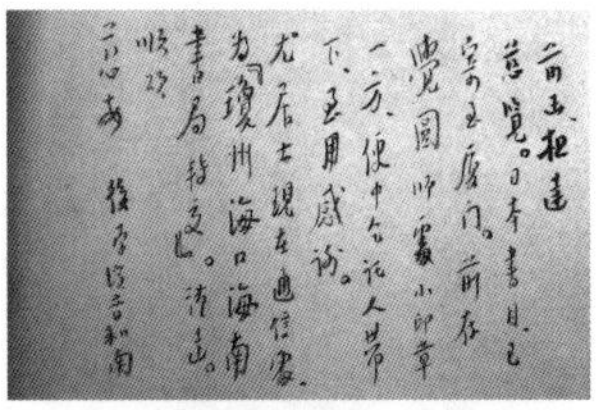

林可同编《弘一书法墨迹》第 117 页弘一大师致性愿法师明信片。

> 前函想达慈览。日本书目，已寄至厦门。前存觉圆师处小印章一方，便中乞托人带下，至用感谢。尤居士现在通讯处为“琼州海口海南书局转交”。谨达。顺颂
>
> 慈安
>
> 后学演音和南

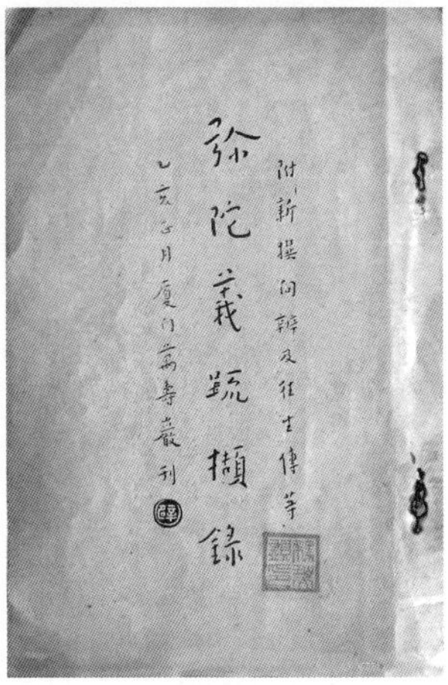

弘一大师辑《阿弥陀经义疏撷录》。

2 月 3 日（农历甲戌十二月三十日，除夕），在万寿岩念佛堂讲说。[2]

致性愿法师函。言反省自己，感谢关爱；拟在万寿岩讲《弥陀经》后，即拟埋名闭门思过。所在之处临时随缘而定，先以奉闻等。[3]

---

① 该刊刊名时常有变，有《弘法刊》《弘法社刊》等，现以实际出版时之名称。

② 弘一大师：《壬丙南闽弘法略志》，收《弘一大师全集》第八册・文艺卷、杂著卷、书信卷，福建人民出版社 2019 年 12 月第 3 版、修订 2 版，第 200 页。

③ 此信福建人民出版社 2019 年 12 月版《弘一大师全集》（第 3 版，修订 2 版）第八册・文艺卷、杂著卷、书信卷第 451—452 页收录，标“一九三四年旧十二月三十日，厦门万寿岩”。农历甲戌十二月三十日为公历 1935 年 2 月 3 日，故此信置于本年。

2月4日（农历正月初一），应本妙法师之请，在厦门万寿岩始讲《阿弥陀经》。本妙法师复劝以讲稿刊印流布。**按：**元宵节前辑《阿弥陀经义疏撷录》一卷成，本妙法师校勘。[1]

1935年2月10日（正月初七日）弘一大师（后排右九）在厦门万寿岩讲《阿弥陀经》毕，与众法师、居士合影。

2月4日至3月4日间（农历正月），在万寿岩互校《钞记》《通释》和《济览》，一一标记。[2]

在厦门万寿岩寺作《〈佛说阿弥陀经〉义疏撷录序》，署："于时后二十四年龙集乙亥春正月，晋水沙门僧胤居禾山万寿岩念佛堂。"[3] **按：**有为所集《〈佛说阿弥陀经〉义疏撷录》题"弥陀义疏撷录"，款识"乙亥正月厦门万寿岩刊"；钤印"辟"。4月间由妙本法师镂版弘布。弘一大师《佛说阿弥陀经义疏撷录》在福建人民出版社于2019年12月出版的《弘一大师全集》（第3版，修订2版）中未收。

致广洽法师函。言下次来时，请将南普陀功德楼上之大油布带下等。[4]

在厦门致北平佛学研究社诸居士函。列佛学书单，发表自己的意见，以为依此最易入门，研究二年，可略知律学途径。若有知律之人，为之讲解引导。则可速成等。[5]

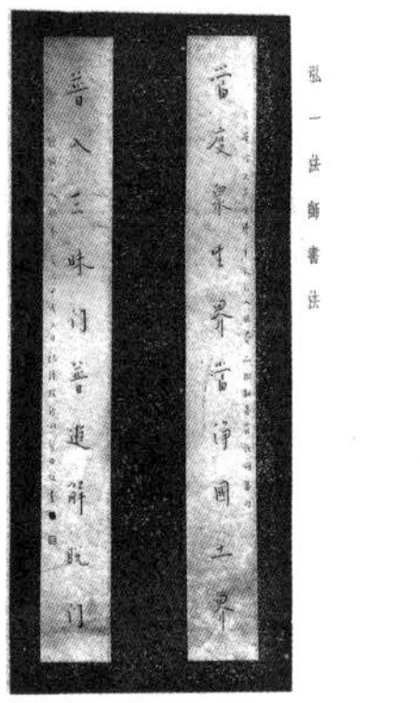

1935年《海潮音》第16卷第2号刊出的弘一大师书"当度众生界当净国土界；普入三昧门普游解脱门"。

春，在厦门致李圆净函。对《地藏菩萨本迹灵感录》已达五版而感到欢慰；指导研习佛学著作等。[6]

2月10日（正月初七日），在厦门万寿岩讲《佛说阿弥陀经》毕。在万寿岩与众法师、居士合影。[7]

2月15日（农历正月十二日），所书"当度众生界当净国土界；普入三昧门普游解脱门"在《海潮音》第16卷第2号刊出。刊出时标"弘

① 弘一大师：《本妙法师〈般若心经论解〉序》，收《弘一大师全集》第七册·佛学卷、传记卷、序跋卷，福建人民出版社2019年12月第3版、修订2版，第629页。

② 弘一大师：《〈行事钞资持记〉校后记》，收《弘一大师全集》第七册·佛学卷、传记卷、序跋卷，福建人民出版社2019年12月第3版、修订2版，第609页。

③ 弘一大师：《〈佛说阿弥陀经〉义疏撷录序》，收《弘一大师全集》第七册·佛学卷、传记卷、序跋卷，福建人民出版社2019年12月第3版、修订2版，第628页。

④ 此信福建人民出版社2019年12月版《弘一大师全集》（第3版，修订2版）第八册·文艺卷、杂著卷、书信卷第464页收录，标"一九三五年正月，厦门万寿展"。"展"字当为"岩"字之误。

⑤ 此信福建人民出版社2019年12月版《弘一大师全集》（第3版，修订2版）第八册·文艺卷、杂著卷、书信卷第497页收录，标"一九三五年正月，厦门万寿岩"。

⑥ 此信福建人民出版社2019年12月版《弘一大师全集》（第3版，修订2版）第八册·文艺卷、杂著卷、书信卷第386页收录，未标时间、地点。文物出版社2017年10月版陈飞鹏整理《弘一法师书信全集》第335—336页收录，并根据书信署名推测于此时写于万寿岩。

⑦ 弘一大师：《壬丙南闽弘法略志》，收《弘一大师全集》第八册·文艺卷、杂著卷、书信卷，福建人民出版社2019年12月第3版、修订2版，第200页。

一法师书法”，为唐译大方广佛华严经入法品弥勒菩萨说颂集句“当度众生界当净国土界；普入三昧门普游解脱门。”题“僧□上人供养”。书于1934年农历五月。

2月16日（农历正月十三日），《佛学半月刊》第5卷第4号刊出《〈福州鼓山庋藏经版目录〉序》（附“福建鼓山所藏清初雕版永嘉集之一页”，署名“释弘一”，及“福建鼓山涌泉寺摄影”四帧，标“体敬摄赠”）、《〈一梦漫言〉跋》，署名“释弘一”。同期刊出佛学书局“本局最新出版《人生之最后》广告，标“弘一法师辑”，曰：“一期报尽，人命欲终。人生最后之一日，实为来生升沉苦乐大关键。本局以前所出《饬终津梁》，及《最后一着》二书，皆指示世人对于最后一问题，应有如何之准备。最近弘一法师复辑《人生之最后》一书，内分数节，一绪言，二病重时，三临终时，四命终最后一日，五荐亡等事，六劝请发起临终助念会，七结语。末附了识律师传，言虽简略，意实周详，普愿世人，共读此书，共准备往生资粮，方可临终自在，不再轮回恶趣也。”复刊出《寒笳集》广告。**按：**同期“消息”栏目刊出《弘一法师将远游》，曰：“弘一法师前在厦门闲住，已近一年，并未担任任何等之职务。近因体弱多病，拟即转地疗养，云游远方。以后亦未必再到厦门云云。”

2月18日（农历正月十五日，元宵节），在厦门万寿岩致高文显函。言岁首在万寿岩讲小本《弥陀经》七日，并编辑讲录一卷等。[①]

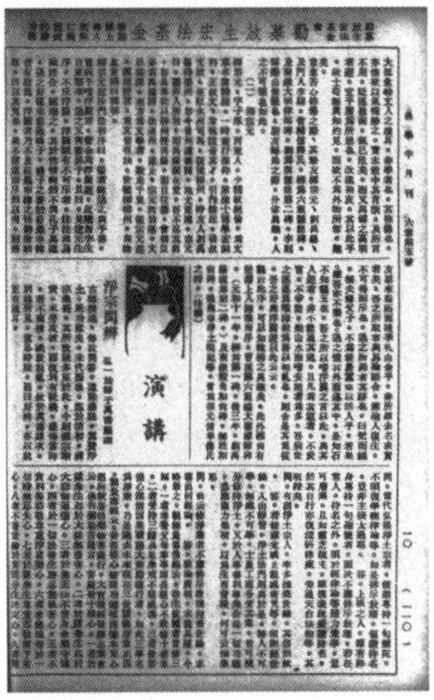

1936年《佛学半月刊》第6卷第5号刊出的《净宗问辨——弘一法师于万寿岩讲》。

2月28日（农历正月廿五日），在厦门致性常法师函。言来信收到；此次有发心学律者数人，将来成绩必可观；约于二月到泉州，料理琐事后再返厦门讲律等。[②] **按：**离开厦门前在万寿岩讲《净宗问辨》。弘一大师有《〈净宗问辨〉序》，福建人民出版社2019年12月版《弘一大师全集》（第3版，修订2版）第七册·佛学卷、传记卷、序跋卷第619页收录，未署日期，序中有“故于万寿讲次，别述所见，冀息时疑”句。1936年《佛学半月刊》第6卷第5号刊出《净宗问辨——弘一法师于万寿岩讲》。

3月1日（农历正月廿六日），《佛学半月刊》第5卷第5号刊出佛

① 此信福建人民出版社2019年12月版《弘一大师全集》（第3版，修订2版）第八册·文艺卷、杂著卷、书信卷第404—405页收录，标“一九三五年正月元宵，厦门禹寿岩”。“禹”字当为“万”字之误。

② 此信福建人民出版社2019年12月版《弘一大师全集》（第3版，修订2版）第八册·文艺卷、杂著卷、书信卷第475页收录，标“一九三五年正月廿五日，厦门万寿岩”。

学书局“本局最新出版”《人生之最后》广告，标“弘一法师辑”。

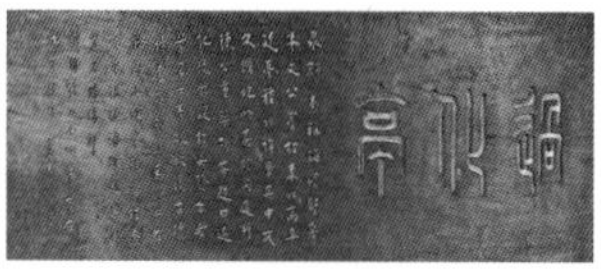

弘一大师题“过化亭”。

3月5日至4月2日间（农历二月），在泉州致蔡丏因函。关心其身体；表扬其制曲甚善；咨询周尺、唐尺和卫武公懿戒全文，请其托人检考；拟延期移居，来函寄开元寺等。[①]

1935年弘一大师（前排右三）与泉州佛教界人士在过化亭合影。

施工中的今小山丛竹文化园区。图为工地场景，“小山丛竹”石坊和温陵养老院的“晚晴室”得以原样保留。摄于2019年4月。

“小山丛竹”石坊前的碑记。摄于2019年4月。

在泉州温陵养老院讲演。[②] 住华珍室12号房。**按一：**1943年5月1日《弘化月刊》第23期“纪事”栏目刊出叶青眼《纪弘一法师于温陵养老院胜缘》，曰：“吩咐晨午二餐，蔬菜不得逾两味。客来相访，为先通知。期间一十五天。对老人开示，祇取日常琐事，如汲水、破柴、烹茶、烧汤、扫地、洗衣、拂拭几案、烧水种花操作，谓自己出家已来，皆躬自为之，结果身体视前强健。可见轻微劳动，老人不妨练习云云。终乃劝令念佛，求生西方。老人听之，靡不欢喜，请为证明皈依者，有富来等四人。时院中过化亭额缺，为题横额，并题字……于时又为救济院，书‘千福堂’、开元慈儿院，书‘勇猛精进’横额，又为余书‘南无阿弥陀佛’中堂，及《华严经》句‘持戒到彼岸，说法度众生。’联文各一。”**按二：**弘一大师所作《题过化亭》为：“泉郡素称海滨邹鲁，朱文公尝于东北高阜建亭种竹，讲学其中，岁久倾圮。明嘉靖间通判陈公重筑斯亭，题曰‘过化’，后亦毁于兵燹。尔者叶居士青眼，欲复古迹，请书亭额补焉。余昔在俗，潜心理学，独尊程朱。今来温陵，补题‘过化’，何莫非胜缘耶。逊国后二十四年，岁在乙亥，沙门一音，时年五十有六。”[③] 1943年《妙法轮》第17第期刊出《弘一大师遗书（二则）》，其一为《题温陵过化亭匾额》，文字多有误。有在过化亭与泉州佛教界人士合影。**按三：**温陵养老院位于泉州城行春门东北隅桂香境（今模范巷内）的小山丛竹。小山丛竹原为唐代泉贤首科进士欧阳詹之家庙“不二祠”。北宋时邑中学子集建小山书院（与泉州书院、欧阳书院、石井书院并称温陵四大书院）。南宋间，朱熹在此种竹建亭讲学，因景仰先贤，为“不二祠”题联语：“事业经邦，闽海贤才开气运；文章华国，温陵甲地破天荒。”并亲题“小山丛竹”四字矗立牌坊于景观中（为古代泉州八景之一），开创了闽学“清源别派”，其学说被视为儒学正脉。1925年，泉州佛教会就此书院古迹创办老龄僧人安养院，即“温陵养老院”。弘一大师莅泉弘法期间，先后四次到过该院。此地

① 此信福建人民出版社2019年12月版《弘一大师全集》（第3版，修订2版）第八册·文艺卷、杂著卷、书信卷第350页收录，标“一九三五年二月，泉州开元寺”。此时弘一大师实际住承天寺。

② 弘一大师：《壬丙南闽弘法略志》，收《弘一大师全集》第八册·文艺卷、杂著卷、书信卷，福建人民出版社2019年12月第3版、修订2版，第200页。

③ 弘一大师：《题过化亭跋》，收《弘一大师全集》第七册·佛学卷、传记卷、序跋卷，福建人民出版社2019年12月第3版、修订2版，第643页。参见本谱本年农历三月条目。叶青眼（1876—1966），福建泉州人，曾参加辛亥革命，晚年学佛，任泉州开元慈儿院院长多年。

一度为泉州市第三医院院址，弘一大师所住的“晚晴室”亦一度为医院护士的宿舍。现由泉州市政府采纳当地学者建议，将此地改建为文化园区。

在开元寺慈儿院讲经。①

在开元寺念佛会讲演。②

弟子本妙法师作《佛说弥陀经义疏撷录跋》（署二十四年乙亥二月依学弟子本妙广演稽首跋），曰：“甲戌秋，创念佛堂于万寿岩。弥陀诞日启建普利佛七，恭请弘一律师开示一切，乃复请师于乙亥夏历元旦始，宣讲斯经全部，并编讲义刊行，以利诸现在及当来者。师即依灵芝元照律师义疏、撷录要义辑分一卷，名曰义疏撷录，简显易明，深浅具备，不但利于初机，即宿学者亦可用此为讲本焉。”

复至韩偓墓道碑后山麓寻觅墓地。未果。

书《大悲咒》。署“龙集乙亥二月敬书，以奉汝晋居士供养。尊胜院智幢”；钤印“演音”等。

3月10日（农历二月初六日），在泉州致胡宅梵函：

两奉惠书，忻悉一一。《莲花词》，极佳。鹑火等为地支之别称，古人用以纪岁也。余昔已抄出，今遗忘矣。大约《史记·律志》，乞检之。

旧二月初六　演音启

按：此信福建人民出版社2019年12月版《弘一大师全集》（修订版）第八册·文艺卷、杂著卷、书信第390页收录，标“一九三〇年旧二月六日，泉州承天寺”。文物出版社2017年10月版陈飞鹏整理《弘一法师书信全集》第207页收录，亦如此标注。均误。胡宅梵与弘一大师相识于1930年10月，时弘一大师至慈悉金仙寺。故此前不可能与之通信。如此信写于泉州承天寺，最有可能是1935年农历二月。

3月11日（农历二月初七日），在泉州致性常法师函：

性常法师：

惠书，诵悉。今夏余未能往鼓山，乞代辞谢。法空禅师希为致

① 弘一大师：《壬丙南闽弘法略志》，收《弘一大师全集》第八册·文艺卷、杂著卷、书信卷，福建人民出版社2019年12月第3版、修订2版，第200页。

② 弘一大师：《壬丙南闽弘法略志》，收《弘一大师全集》第八册·文艺卷、杂著卷、书信卷，福建人民出版社2019年12月第3版、修订2版，第200页。

候。不宣。

演音启　二月七日

按：此信福建人民出版社 2019 年 12 月版《弘一大师全集》（第 3 版，修订 2 版）第八册 · 文艺卷、杂著卷、书信卷第 475 页收录，标"一九三五年旧二月七日，厦门万寿岩"。文物出版社 2017 年 10 月版陈飞鹏整理《弘一法师书信全集》第 337 页收录，地点标"泉州开元寺"。根据弘一大师行踪，写此信时在泉州。在此期间，又有联名致性常法师、传贯法师信，《弘一大师全集》《弘一法师书信全集》均标注 1935 年农历二月上旬，地点为"泉州承天寺"。信写曰："性常、传贯法师仝览：到泉州后，暂居承天寺。三月中，拟在开元寺讲《一梦漫言》。开元近来规矩甚好，将来大有希望也。谨达，不宣。演音启。梯已出家，名广培。"由此信可知，上致性常法师之信也应写于承天寺，而非开元寺。

3 月 14 日（农历二月初十日），在泉州致性常法师函：

性常法师道鉴：

前复明信，想已收到。法空上人来泉，已晤谈二次。今夏未能往鼓山，乞向法空上人代为婉言辞谢。余于三月，在开元讲《一梦漫言》。以后诸事，皆未定也。谨陈，不宣。（附件，乞交广洽法师。《弥陀撷要》印就时，乞向万寿岩请数十册，交法空上人，带往鼓山）。

二月十日　演音启

按：此信福建人民出版社 2019 年 12 月版《弘一大师全集》（第 3 版，修订 2 版）第八册 · 文艺卷、杂著卷、书信卷第 476 页收录，标"一九三五年旧二月十日，泉州开元寺"。文物出版社 2017 年 10 月版陈飞鹏整理《弘一法师书信全集》第 338 页收录，地点标"泉州承天寺"。弘一大师信中所述之三月，当系指农历，故此时尚在承天寺。

3 月 16 日（农历二月十二日），《佛学半月刊》第 5 卷第 6 号刊出佛学书局"本局最新出版"《地藏菩萨九华垂迹图》《人生之最后》广告。在该期发表《复聂云台居士函》，署名"弘一"。函曰：

云台居士道鉴：惠书诵悉。弯弯新月赞偈，余于十年前闻之，已知其非。尝劝改用普门品中五言偈句。但以人微言轻，又因积习难改，故未能实行。近闻厦门南普陀寺于数年前已改用焰口书中所载普陀寺七言四句偈，则胜弯弯新月多多矣。（此偈附写纸尾）余意读偈应选用经中所载者佤族宜，似较别撰者优也。但今世诸僧众，若领其改唱经偈，恐咿哑不能上口，未若改焰口中四句，是为彼等放焰口时所常唱者，必能易于改变也。

炉香赞，（此是供养赞非赞佛也）始见于莲池大师所订课诵中。故知此赞最古，其他皆世俗僧或腐儒之作，罕有可取者。余自惭德薄，虽久有订正之意，然无人信受，唯可付之长叹耳。再者，近来念佛时常用之愿生西方净土中四句，其末句为不退菩萨为伴侣，语气殊未完足，（似尚有下文者）且此四句仅言生西，而无利生之愿，亦有未合。余于五六年前，曾劝人将第四句改为普利一切诸含识，（用菩贤行愿品成句）则语气既能完足，且具利生之愿。但至今犹无人承用者。可见习惯难改，而僧众多奔走营务，亦罕有注意于此者，可长叹耳。仅复，不宣。　演音启

赞观世音菩萨偈：

普陀洛伽常入定　随缘付感靡不周

寻声救苦度群迷　故号名为观自在（载于天宁版焰口第三十七页）①

按：福建人民出版社2019年12月版《弘一大师全集》（第3版，修订2版）版第8册·文艺卷、杂著卷、书信卷第413—414页在录存此信时，其段落与《佛学半月刊》所载之信不一致，即《全集》中分三段，《佛学半月刊》中分两段。又，《弘一大师全集》（第3版，修订2版）将此信标注为“一九三五年四月十四日，惠安净峰寺”，注四曰：“此件发表于《晚晴山房书简》时，信末无标时。但发表于《觉有情》却标时为‘一九三五年四月十四日’。本文题下标时从《觉有情》。”此注明显有误。《佛学半月刊》是日（3月16日）即已发表该信，可知此信必写于3月16日之前。此外，《弘一大师全集》（第3版，修订2版）将此信标为写于惠安净峰寺亦无根据。

3月18日（农历二月十四日）在泉州致广洽法师函。言在日本书中夹有古信笺一纸，其意切要，但为草字，寄上请日本友人代为辨认，并誊写一纸（汉字用楷体，日本字用片假名），挂号寄还；附致了智法师一笺，请转交；万寿岩所印单张《净宗问辨》，代请数十张，便时托人带下；请与性愿法师谈，东石车站附近有菜堂一处，男僧常住食宿，殊

① 聂云台（1880—1953），名其杰，湖南衡山人，曾任上海总商会会长，初信基督教，中年后改信佛教，法名慧杰，其母为曾国藩之季女。

多不便。性愿法师在讲经时可劝僧众发心于东石车站附近兴建寺院一处；问《弥陀经讲录》是否已寄温州因弘法师、崇德县徐志昌居士。若未寄，请补寄等。[1]

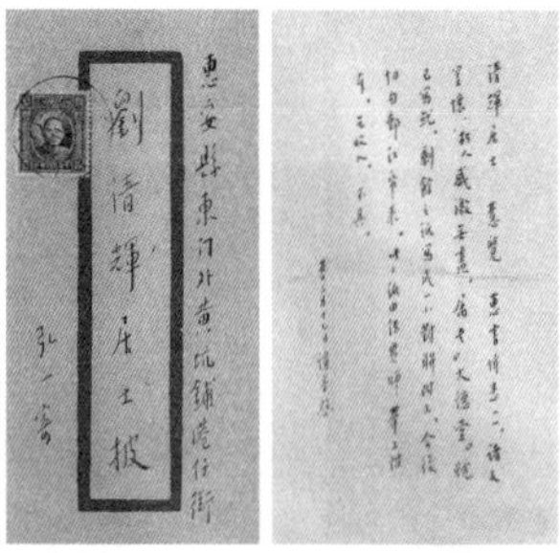

厦门 2016 年联合拍卖会上的 1935 年 3 月 21 日弘一大师致刘清辉函和“大德堂”。

附记：3 月 21 日（农历二月十七日），在泉州致刘清辉函：

清辉居士慧览：

惠书忻悉一一。诸友罣杯，朽人感激无尽。嘱书“大德堂”号，已写就。剩余之纸写成一小对联附上。今后切勿邮红纸来。此二纸由传贯师带上附呈，乞收入。不具。

旧二月十七日　演音启[2]

按：此信福建人民出版社 2019 年 12 月版《弘一大师全集》（第 3 版，修订 2 版）第八册·文艺卷、杂著卷、书信卷未收录。文物出版社 2017 年 10 月版陈飞鹏整理《弘一法师书信全集》第 340 页收录，时间标 1935 年“旧二月十七日”，地点标“泉州承天寺”，并有“案”，曰辑自厦门 2016 年联合拍卖会，信封：“惠安县东门外黄坑铺港仔街，刘清辉居士披弘一寄。”此与同期拍卖之“大德堂”落款“乙亥一音”吻合，推测写于该年。此信以往无著录，为拍卖品，供参考。

4 月 1 日（农历二月廿八日），《佛学半月刊》第 5 卷第 7 号刊出所书“航海入唐”，钤印“胤”、“弘一”，图注为：“弘一法师题卢世侯绘九华垂迹图赞之一”（附刊该图）。该期又刊出佛学书局“本局最新出版”《地藏菩萨九华垂迹图》广告。

4 月 3 日至 5 月 2 日间（农历三月），在开元寺讲《一梦漫言》（半月讲讫）。[3] 讲毕移居温陵养老院，为朱子祠题“过化”亭额。[4]

为广洽法师书篆联“持戒不放逸，了身如虚空”。款识：大方广佛华严经晋译偈颂集句。岁次乙亥三月，将往惠安净峰寺住静，广洽普润禅士请篆书联，以留遗念。老病无力，未能工也。沙门一音，时年五十有

① 此信福建人民出版社 2019 年 12 月版《弘一大师全集》（第 3 版，修订 2 版）第八册·文艺卷、杂著卷、书信卷第 465 页收录，标“一九三五年旧二月十四日，泉州开元寺”。文物出版社 2017 年 10 月版陈飞鹏整理《弘一法师书信全集》第 339—340 页收录，地点标“泉州承天寺”。根据弘一大师行踪，当系承天寺。

② 刘清辉（1901—1973），惠安东岭后尾村人，经营回春堂药店，精医术。

③ 弘一大师：《壬丙南闽弘法略志》，收《弘一大师全集》第八册·文艺卷、杂著卷、书信卷，福建人民出版社 2019 年 12 月第 3 版、修订 2 版，第 200 页。

④ 陈飞鹏：《厦门发现弘一法师笔记散页——补正〈弘一法师年谱〉缺漏》，收《李叔同（弘一大师）研究·考论选》，西泠印社 2016 年 11 月版，第 216—218 页。

六。”钤印：“胤”、“演音”、“佛肖印”。[1]

书“护持众戒到彼岸，成就无畏为世雄”；款识“乙亥三月，沙门一音”；钤印“音”。[2]

书“能于众生施无畏，普使世间得大明”。款识“龙溪禅寺。乙亥三月沙门一音”；钤印“无畏”。[3]

4月12日（农历三月初十日），在泉州致李晋章函：

惠书，诵悉。承施佛像、《昨非录》，至用感谢。在此讲律将毕，即拟往百里外山中度夏。邮政不通，以后乞暂勿通讯。俟秋凉时，返厦门再奉告也。

雄河居士

演音疏　三月十日

按：此信福建人民出版社2019年12月版《弘一大师全集》（第3版，修订2版）第八册·文艺卷、杂著卷、书信卷第403页收录，标“一九三五年旧三月十日，泉州温陵养老院”。文物出版社2017年10月版陈飞鹏整理《弘一法师书信全集》第342页收录，地点标“泉州承天寺”。该年农历三月，弘一大师自承天寺至开元寺讲经，其中讲《一梦漫言》，半月讲毕，[4] 后至温陵养老院。信写于农历三月初十日，故此函写于承天寺、开元寺均有可能，但不会是在温陵养老院。

4月15日（农历三月十三日），《海潮音》第16卷第4号刊出《净土宗月刊》第6册出版广告，其中第一篇为“弘一律师讲”《净宗问辨》。

4月16日（农历三月十四日），在《佛学半月刊》第5卷第8期刊出佛学书局“本局最新出版‘弘一上人法书’”广告，有《佛说无常经》《佛说略教诫经》《增壹阿含经》《杂阿含经》《本事经》，另刊“本局最新出版”《佛说大乘戒经》《十善业道经》和《地藏菩萨九华垂迹图》广告。该期刊出《心灿禅师往生传》，署名“释弘一”。**按：**此文发

① 此书今见《广洽纪念馆》一书，［新加坡］广洽纪念馆编辑委员会编，2007年3月，第28页。

② 晋江市文化和旅游局等主办：“最后之胜利——纪念弘一大师诞辰140周年暨手书墨宝、拓片展览”，2020年11月25日至12月24日，晋江市博物馆。

③ 晋江市文化和旅游局等主办：“最后之胜利——纪念弘一大师诞辰140周年暨手书墨宝、拓片展览”，2020年11月25日至12月24日，晋江市博物馆。

④ 弘一大师：《壬丙南闽弘法略志》，收《弘一大师全集》第八册·文艺卷、杂著卷、书信卷，福建人民出版社2019年12月第3版、修订2版，第200页。

表时文末无落款，而福建人民出版社2019年12月版《弘一大师全集》（第3版，修订2版）第七册·佛学卷、传记卷、序跋卷第588页在录存该文时，文末有“南山律苑沙一音撰”字样。

4月17日（农历三月十五日），《净土宗月刊》第6册刊出《净宗问辩》，署“弘一律师于万寿岩讲”。

春，在泉州致广洽法师函。言前存南普陀后山书架有《圣德大观》《寒笳集》，请检出若干交便人带至泉州；附二纸，交本妙法师等。[①]

在泉州致广洽法师函。言所存妙释寺楼上诸箱篮及纸包等，来泉州时带下；如晤李汝晋居士，请告其前嘱之件待诸物带到时再写等。[②]

5月1日（农历三月廿九日），《佛学半月刊》第5卷第9号刊出佛学书局“本局最新出版”广告：弘一上人法书《佛说大乘戒经》《十善业道经》，曰：“以上二经，共订一册。《大乘戒经》专述持戒之重要；《十善业道经》则述应持之条目，实为学佛者入门必须之律藏也。弘一上人就二经各为楷书，均极工整，无论缁素、向慕上人法书，实有志戒律者，均宜备此一编。”又有广告《佛说无常经》《佛说略教诫经》《增壹阿含经》《杂阿含经》《本事经》，一册定价二角。曰：“以上各经，共订一册，皆弘一上人所书，清雅秀整，不愧名笔，而所辑录经文，又皆切合众生机根，时时手此一编。讽诵思维，足悟我空而进道念。”该期另有佛学书局《护生画集》广告。

5月3日（农历四月初一日），学律弟子性常法师将闭关，在泉州作《为性常法师掩关笔示法则》。署“乙亥四月一日，演音书”。

5月7日（农历四月初五日），在泉州致刘质平函。言两次来信于昨午收到；对联已受雨湿；对联增加上款，则笔迹不符，故不写款；书小堂幅小联分赠四居士，旧联亦可附赠；又书若干纸附邮奉，请随宜结缘；书小楷之水笔，请购数支寄下等。[③]

---

① 此信福建人民出版社2019年12月版《弘一大师全集》（第3版，修订2版）第八册·文艺卷、杂著卷、书信卷第464页收录，标“一九三五年春，泉州开元寺”。文物出版社2017年10月版陈飞鹏整理《弘一法师书信全集》第341页收录，地点标“泉州承天寺”。根据弘一大师行踪，1935年春弘一大师在承天寺、开元寺均居住，二者均有可能。

② 此信福建人民出版社2019年12月版《弘一大师全集》（第3版，修订2版）第八册·文艺卷、杂著卷、书信卷第464页收录，标“一九三五年春，泉州开元寺”。文物出版社2017年10月版陈飞鹏整理《弘一法师书信全集》第341页收录，地点标“泉州承天寺”。根据弘一大师行踪，1935年春弘一大师在承天寺、开元寺均居住，二者均有可能。

③ 此信福建人民出版社2019年12月版《弘一大师全集》（第3版，修订2版）第八册·文艺卷、杂著卷、书信卷第297页收录，标“一九三五年旧四月五日，泉州温陵养老院”。

按：时即将赴惠安，陈敬贤来书，曰近始一心专修净业，期待结夏杭州，为其讲解菩萨律仪。因已受惠安净峰寺之请，谢之。后陈敬贤曾介绍二友来书，咨询念佛方法。①

5月4日至5月10日间（农历四月上旬后数日），在泉州致蔡丐因函，言数日后移居山中静养等。②

致胡宅梵函。言《弥陀义疏撷要》《人生之最后》共　包寄奉，不久即往惠安县山中习静，并编辑律书等。③

5月13日（农历四月十一日），傍晚，自泉州南门外乘古帆船由海路赴惠安净峰寺。④

书《庄贻华〈咏净峰〉诗》，为该寺客堂和李仙祠各题一联。**按：**弘一大师自书之《地名山名寺名院名略考》中介绍："慧水（即是惠安。惠与慧通，此名意立），净峰（山名）。某年在此住半载（案惠安县为泉州府属□，净峰在东乡海边半岛中）。"净峰寺在惠安县东净峰之巅，建于唐咸通二年（861）。现存寺院系清光绪三十年（1904）重修。

在泉州致义方法师函：

惠书诵悉。今夕即乘舟往惠安，住乡间小寺，研习律仪及编纂等。彼处邮政未通，暂不通讯，俟二三年后出山时，再致书奉闻。其时或能到加华讲普通律仪数月，以答仁者殷情之胜意也。

菩萨道场，应发心守护，并接导信心之士。故仁者未可离九华也。余自命为菩萨之孤臣，但未能居九华护法，甚愧，甚愧。他人传说，普陀唯事香火应酬，九华更逊。愿仁者发心渐次整顿，保存道场名誉也。

义方贤首慧览

演音匆匆　四月十二日（民廿四年）

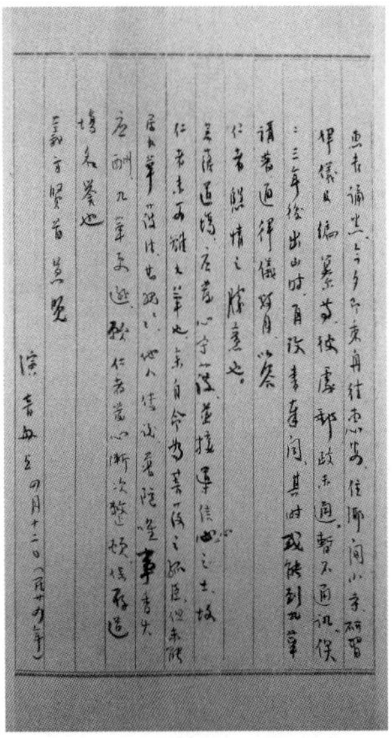

5月13日（农历四月十一日），弘一大师致义方居士函。原信所署时间"四月十二日"或为笔误，或有其他原因。

按：福建人民出版社2019年12月版《弘一大师全集》（第3版，修订2版）第八册·文艺卷、杂著卷、书信卷未收录。文物出版社2017年

① 弘一大师：《记陈敬贤居士轶事》，收《弘一大师全集》第七册佛学卷、传记卷、序跋卷福建人民出版社2019年12月第3版、修订2版，第589页。据文中所述，陈敬贤致弘一大师信的时间当为是年夏日之前。

② 此信福建人民出版社2019年12月版《弘一大师全集》（第3版，修订2版）第八册·文艺卷、杂著卷、书信卷第350页收录，标"一九三五年旧四月上旬，泉州开元寺"。应在温陵养老院。

③ 此信福建人民出版社2019年12月版《弘一大师全集》（第3版，修订2版）第八册·文艺卷、杂著卷、书信卷第400页收录，标"一九三五年旧四月，泉州温陵养老院"。

④ 有关弘一大师在惠安的具体情形，可参见弘一大师《惠安弘法日记》，收《弘一大师全集》（修订版）第八册·文艺卷、杂著卷、书信卷，福建人民出版社2019年12月第3版、修订2版，第199—200页。

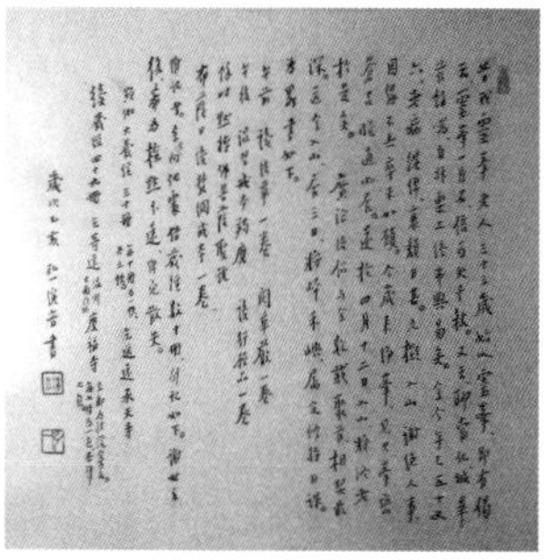

弘一大师为广洽法师书《为广洽法师订日课附语》。

今惠安净峰寺弘一法师旧居门外海景。摄于2019年5月。

今惠安净峰寺弘一法师旧居。摄于2019年5月。

10月版陈飞鹏整理《弘一法师书信全集》第345页收录，标注写于“旧四月十一日”，而对于书信的录入亦为“四月十一日”（原信为“四月十二日”），至于写信地点：“此信语气似是弘一法师离开泉州到惠安净峰寺当日，在泉州写下寄出的。”此解读在客观上允当。理由是根据弘一大师行踪，5月13日傍晚，即已自泉州南门外乘古帆船由海路赴惠安净峰寺，而14日晨，船至崇武，改乘小舟于午前10时抵净峰寺。故此信应写于由泉州动身至净峰寺的当日，即5月13日。原信所署时间“四月十二日”或为笔误，或有其他原因。此信图版见林可同编：《弘一书法墨迹》。①

5月14日（农历四月十二日），晨，船至崇武，改乘小舟于午前10时抵净峰寺，曾表示终老于此。时广洽法师护送，并居净峰寺三日。**按**：三日后广洽法师将返厦门，求订修持日课，为作《为广洽法师订日课附语》，署：“岁次乙亥，弘一演音书”。②

致性愿法师函。言感谢送行，居净山甚安；前借承天寺《频伽大藏经》三帙，已带至净山；冬季戒期能否下山未定，若未能长途步行，当书六尺大联二对为纪念。净觉寺碑俟画格后，亦可托人带碑石至净峰书写，碑文不久润色奉上；书小联十对，请随意赠送等。③

按：至净峰寺后为广洽法师书修持日课：“昔我灵峰老人三十三岁始入灵峰，即有偈云：‘灵峰一片石，信可矢千秋。’又云：‘聊当化城，毕兹余喘，自非乐土，终弗与易矣。’余今年已五十又六，老病缠绵，衰颓日甚，久拟入山，谢绝人事，因缘不具，卒未如愿。今岁来净峰，见其峰峦苍古，颇适幽居，遂于四月十二日入山，将终老于是矣。广洽法侣与余数载聚首，相契最深。送余入山，居三日，将归禾屿。嘱定修持日课，为略书如下：午前读法华一卷，阅华严一卷。午后温习戒本羯磨，读行愿品一卷。余时默持佛菩萨圣号。布萨日读梵网戒本一卷。附记者：余昔向他处借藏经数十册，别记如下，谢世之后，希为检点分还，俾免散失。《频伽大藏经》三十册，每十册为一帙，共三帙。乞送还承天寺。《续藏经》四十九册，乞寄还温州大南门外庆福寺。交邮局挂号寄去。每七册为一包，共计七包。”款识“岁次乙亥　弘一演音书”；钤印“演音”、“弘一”、佛肖印。④

① 林可同编：《弘一书法墨迹》，中国美术学院出版社2004年4月版，第85页。

② 弘一法师致高胜进居士信中写道：“今岁来净峰，见其峰峦苍古，颇适幽居，遂于四月十二日入山，将终老于是矣”。又在《为广洽法师订日课附语》中写道：“今岁来净峰，见其峰峦苍古，颇适幽居，遂于四月十二日入山，将终老于是矣。

③ 此信福建人民出版社2019年12月版《弘一大师全集》[第3版，修订2版]第八册·文艺卷、杂著卷、书信卷第452页收录，标“一九三五年旧四月十二日，惠安净峰寺”。

④ 见《广洽纪念馆》一书，[新加坡]广洽纪念馆编辑委员会编，2007年3月，第36页。

5月18日（农历四月十六日），赴崇武，居普莲堂。[①] **按：**普莲堂位于惠安县崇武镇东门靖江村卢厝街，今实际为卢厝巷24号。始建于清乾隆二十七年（1762），为在家优婆塞持斋庵堂。

致性愿法师函。言居净山后身心安宁；碑文已拟就奉上请教正。若欲嘱写，请托人将碑石送至净山，即可写奉等。[②]

今惠安净峰寺海月楼，1932年由弘一大师弟子传贯法师建。摄于2019年5月。

5月19日（农历四月十七日），是日起连续三天在普莲堂讲《三皈五戒》《观音菩萨灵感》及《净土法门》等。[③]

5月20日（农历四月十八日），继续在普莲堂讲经弘法。[④]

在普莲堂致广洽法师函：

前寄信片，想已收到。乞将存老功德楼楼上之《净宗苾宝库》二册，付邮挂号寄下，为感。此书，存在上首靠卧室门之下层大木箱内。箱上大约写榑桑古刊诸经等云云。（已记不清楚）此书共二小册。为铅字排版新印之本，中国式装订，淡绿色之面纸。谨陈。不宣。

四月十八日　演音启

今惠安净峰寺弘一法师纪念堂书画藏品展陈处。摄于2019年5月。

按：此信福建人民出版社2019年12月版《弘一大师全集》（第3版，修订2版）第八册·文艺卷、杂著卷、书信卷第465页收录，标"一九三五年四月十八日，惠安净峰寺"。文物出版社2017年10月版陈飞鹏整理《弘一法师书信全集》第347页收录，地点亦标惠安净峰寺。均误。根据弘一大师《惠安弘法日记》（收福建人民出版社2019年12月版《弘一大师全集》[第3版，修订2版]第八册·文艺卷、杂著卷、书信卷第199—200页），农历四月十六日往崇武，居普莲堂。十七、十八、十九日在普莲堂讲《三皈五戒》《观音菩萨灵感》及《净土法门》等，十九日下午返回净山。故此信当写于普莲堂。

今惠安净峰寺弘一大师石像。摄于2019年5月。

5月21日（农历四月十九日），上午继续在普莲堂讲经弘法。下午

① 有关弘一大师在惠安的具体情形，可参见弘一大师《惠安弘法日记》，收《弘一大师全集》第八册·文艺卷、杂著卷、书信卷，福建人民出版社2019年12月第3版、修订2版，第199—200页。

② 此信福建人民出版社2019年12月版《弘一大师全集》（第3版，修订2版）第八册·文艺卷、杂著卷、书信卷第452页收录，标"一九三五年旧四月十六日，惠安净峰寺"。

③ 有关弘一大师在惠安的具体情形，可参见弘一大师《惠安弘法日记》，收《弘一大师全集》第八册·文艺卷、杂著卷、书信卷，福建人民出版社2019年12月第3版、修订2版，第199—200页。

④ 有关弘一大师在惠安的具体情形，可参见弘一大师《惠安弘法日记》，收《弘一大师全集》第八册·文艺卷、杂著卷、书信卷，福建人民出版社2019年12月第3版、修订2版，第199—200页。

今惠安普莲堂（牌匾名“普莲斋堂”）。摄于2019年5月。

返净峰寺。[1]

5月23日（农历四月廿一日），是日为亡母冥诞，在净峰寺开讲《华严经普贤行愿品》。[2]

在净峰寺互校《钞记》《通释》和《济览》毕。[3]

5月24日（农历四月廿二日），在净峰寺复详校《通释》和《济览》。[4]

6月1日（农历五月初一日）在净峰寺讲《华严经普贤行愿品》毕。[5]

今惠安净峰寺“弘一大师遗墨”幢。摄于2019年5月。

《佛学半月刊》第5卷第11期封面“本局最新出版”广告：卢世侯居士绘，弘一法师题字《地藏菩萨九华垂迹图》。内页又有“本局重版新书”广告：弘一法师审定，范古农先生校勘，胡宅梵居士注解《地藏菩萨本愿经白话解释》一巨册，定价四角。广告文曰：“……地藏菩萨圣诞，不久将届，各处供养地藏菩萨及讲演地藏经者，又将极一时之盛。而弘一法师审定之胡注《地藏本愿经白话解释》，势必应合机宜……”又有弘一法师辑《寒笳集》广告。

《人海灯》第2卷第13期刊出道屏《弘一律师印象记》。

6月1日至6月30日间（农历五月），在惠安致夏丏尊四函，其中三函无具体时间。其一为农历五月初。言上月徙居山中；拟向佛学书局请经，附一笺请转达；描述山中风俗；请寄开明书店出版之《华严集联》《李息翁法书》各三册等。[6] 其二为农历五月。言托陈无我经手介绍石印《戒相表记》二千册并装箱运送等所需之资，请交下为感；交代其印制之法等。[7] 其三为农历五月中旬。言拟将《四分律比丘戒相表记》

① 有关弘一大师在惠安的具体情形，可参见弘一大师《惠安弘法日记》，收《弘一大师全集》第八册·文艺卷、杂著卷、书信卷，福建人民出版社2019年12月第3版、修订2版，第199—200页。

② 弘一大师：《惠安弘法日记》，收《弘一大师全集》第八册·文艺卷、杂著卷，福建人民出版社2019年12月第3版、修订2版，第199—200页。

③ 弘一大师：《行事钞资持记》校后记》，收《弘一大师全集》第七册·佛学卷、传记卷、序跋卷，福建人民出版社2019年12月第3版、修订2版，第609页。

④ 弘一大师：《行事钞资持记》校后记》，收《弘一大师全集》第七册·佛学卷、传记卷、序跋卷，福建人民出版社2019年12月第3版、修订2版，第609页。

⑤ 弘一大师：《惠安弘法日记》，收《弘一大师全集》第八册·文艺卷、杂著卷，福建人民出版社2019年12月第3版、修订2版，第199—200页。

⑥ 此信福建人民出版社2019年12月版《弘一大师全集》（第3版，修订2版）第八册·文艺卷、杂著卷、书信卷第314页收录，标“一九三五年旧五月初，惠安净峰寺”。

⑦ 此信福建人民出版社2019年12月版《弘一大师全集》（第3版，修订2版）第八册·文艺卷、杂著卷、书信卷第314页收录，标“一九三五年旧五月，惠安净峰寺”。

今惠安净峰寺弘一大师纪念塔。摄于2019年5月。

弘一大师在惠安留影。

再版石印二千册，所需之金前年曾嘱丰子恺与仁者商量，由护法会捐助，今托上海世界新闻社陈无我（《太平洋报》社时旧友）经手办理等。[①]

6月3日（农历五月初三日），是日为蕅益大师圣诞，午后在净峰寺讲蕅益大师事迹。

6月10日（农历五月初十日），在净峰寺完成复详校《通释》和《济览》阶段性工作。[②] 校点《四分律含注戒本疏行宗记》。[③]

在惠安致广洽法师函。言《灵感录》题字已寄出；《九华示迹图》大约可寄二十册，交代赠送办法等。[④]

6月16日（农历五月十六日），《佛学半月刊》第5卷第12号刊出“本局最新出版”广告：卢世侯居士绘，弘一法师题字《地藏菩萨九华垂迹图》。又有佛学书局流通的《护生画集》广告。

6月27日（农历五月廿七日），周作人有《题弘一法师书华严经偈》：

> 昔在月夜书屋见弘一上人书，今又见此幅，欢喜赞叹。上人书盖如其人，觉有慈祥静穆之气拂拂从纸上出，对之如听说法，此可谓之文字禅，正是一笔不徒下者也。
>
> 二十四年六月二十七日晨敬题[⑤]

6月28日（农历五月廿八日）。言吉子（夏丏尊长女）临终，安详无苦，是助念佛名之力。自昨晚起为诵《华严行愿品》，又有友人为诵《行愿品》《金刚经》（附奉诵经证）；介绍净峰寺风物；附寄《表记附录》一章，拟附于再版《表记》之后；请寄四册《子恺漫画》等。[⑥]

---

① 此信福建人民出版社2019年12月版《弘一大师全集》（第3版，修订2版）第八册·文艺卷、杂著卷、书信卷第314页收录，标“一九三五年旧五月中旬，惠安净峰寺”。

② 弘一大师：《〈行事钞资持记〉校后记》，收《弘一大师全集》第七册·佛学卷、传记卷、序跋卷，福建人民出版社2019年12月第3版、修订2版，第609页。

③ 弘一大师：《〈四分律含注戒本疏行宗记〉疏记》，收《弘一大师全集》第七册·佛学卷、传记卷、序跋卷，福建人民出版社2019年12月第3版、修订2版，第612页。

④ 此信福建人民出版社2019年12月版《弘一大师全集》（第3版，修订2版）第八册·文艺卷、杂著卷、书信卷第465页收录，标“一九三五年旧五月十日，惠安净峰寺”。

⑤ 周作人：《药草堂题跋一》，署名药堂，载1938年6月24日北京《晨报》。

⑥ 此信福建人民出版社2019年12月版《弘一大师全集》（第3版，修订2版）第八册·文艺卷、杂著卷、书信卷第314页收录，标“一九三五年旧五月廿八日，惠安净峰寺”。

人海燈半月刊

弘一律師印象記

道屏

190

1935 年 6 月 1 日《人海灯》第 2 卷第 13 期刊出的《弘一律师印象记》。

7 月 1 日（农历六月初一日），《佛学半月刊》第 5 卷第 13 号刊出“本局最新出版”广告：卢世侯居士绘，弘一法师题字《地藏菩萨九华垂迹图》。

7 月 6 日（农历六月初六日），在净峰寺编录《四分律含注戒本疏略科》并作《〈四分律含注戒本疏略科〉跋》，署：“乙亥六月六日敬编录，时居净峰。弘一。”①

7 月 7 日（农历六月初七日），在净峰寺讲《四分律戒本疏行宗记》。②

7 月 16 日（农历六月十六日），《佛学半月刊》第 5 卷第 14 号刊载《弘一法师近影》。有“本局最新出版”广告：卢世侯居士绘，弘一法师题字《地藏菩萨九华垂迹图》。

1935 年 7 月 16 日《佛学半月刊》第 5 卷第 14 号上刊载的《弘一法师近影》。

7 月 18 日（农历六月十八日），在惠安致性愿法师函。言《宋藏》函字写奉；居此甚安；传贯法师精勤用功，进步日益，其父亦住寺中等。③

7 月 21 日（农历六月廿一日），在净峰寺讲《四分律戒本疏行宗记》第二册毕。④

7 月 29 日（农历六月廿九日），在净峰寺录讫《四分律含注戒本科》并作《〈四分律含注戒本科〉跋》，署“乙亥六月二十九日录讫，时居惠安净峰寺。弘一。”作《〈四分律含注戒本科〉记》，署“乙亥六月二十九日录讫，时居惠安净峰寺。弘一。”⑤

7 月 30 日至 8 月 28 日间（农历七月），在惠安致广洽法师函。言来信及经二册收到；附一纸请交王正邦居士，并请其为讲解《观经》发起

① 弘一大师：《〈四分律含注戒本疏略科〉跋》，收《弘一大师全集》第七册・佛学卷、传记卷、序跋卷，福建人民出版社 2019 年 12 月第 3 版、修订 2 版，第 628 页。

② 弘一大师：《惠安弘法日记》，收《弘一大师全集》第八册・文艺卷、杂著卷、书信卷，福建人民出版社 2019 年 12 月第 3 版、修订 2 版，第 199—200 页。

③ 此信福建人民出版社 2019 年 12 月版《弘一大师全集》（第 3 版，修订 2 版）第八册・文艺卷、杂著卷、书信卷第 452 页收录，标“一九三五年旧六月十八日，惠安净峰寺”。

④ 弘一大师：《惠安弘法日记》，收《弘一大师全集》第八册・文艺卷、杂著卷、书信卷，福建人民出版社 2019 年 12 月第 3 版、修订 2，第 199—200 页。

⑤ 弘一大师：《〈四分律含注戒本科〉跋》《〈四分律含注戒本科〉记》，收《弘一大师全集》第七册・佛学卷、传记卷、序跋卷，福建人民出版社 2019 年 12 月第 3 版、修订 2 版，第 628 页。

因缘；赞美净峰寺道风日隆。前广洽法师于泉厦路途中被劫匪致伤，幸无大损伤。信中赞叹其平日戒行坚固等。①

7月（农历六月初一日至七月初二日），《开明音乐教本》（丰子恺与裘梦痕合编，共7册，分乐理及唱歌二编，“乐理编”1册，“唱歌编”6册）由（上海）开明书店出版。“唱歌编”中收《送别》《春游》等歌。

夏，惠安神学界屡屡前往净峰寺求法请益，提倡组织讲经法会，请主其事。开导城郊张氏及家人念佛驱病。②

书十言联“自净其心有若光风霁月，他山之石厥惟益友明师”。款识“乙亥首夏归卧净山，书此补壁。尊胜院沙门一音撰，时年五十又六”；钤印“无畏”、佛肖印。③

书“是真仙灵为佛门作大护法，殊胜境界集僧众建新道场”。款识“乙亥首夏归卧净山。沙门一音撰”；钤印“无畏”。④

重录漆园后人贻华氏题句。款识“戊申秋日，漆园后人贻华氏题句。乙亥夏首，尊胜老人居净峰重录”；钤印“演音”等。⑤

在净峰寺致性愿法师函：

> 惠书敬悉。承转寄各件，敬谢。谨复不宣。
>
> 末学演音顶礼
>
> 末学居净峰甚安。气候亦凉爽。乞释慈念。附白。

---

① 此信福建人民出版社2019年12月版《弘一大师全集》（第3版，修订2版）第八册·文艺卷、杂著卷、书信卷第466页收录，标“一九三五年旧七月，惠安净峰寺”。文物出版社2017年10月版陈飞鹏整理《弘一法师书信全集》第350页收录，时间标1935年“夏”。

② 见1936年9月15日《佛教公论》第1卷第2期瑞今《记弘一法师指导患神经者念观音菩萨名号之感应》一文。其中写曰：“弘一法师，去年夏天，因欲得一幽静处，作为自修兼编纂佛书计，拧垂许贯师之请，隐居于惠安之净峰寺。阅时未几，附近绅学各界闻讯，咸纷纷前往请求法益，并提倡组织讲经法会数次，皆请弘师主其事。”“距县城三十里许，有张坑族姓，乡名小坑圆。该乡有一张姓名顶湖者，素具善心，崇奉佛教。张有子名产□，与同乡某氏，为某事件发生争执，恨不能胜，一时愤懑之心，无以遏抑，致将某氏杀害。事后未久，遂患神经错乱症甚重，心事神迷，日惟喃喃不休，若有冤魂附体者。……后闻人言：弘一法师，隐于净峰寺，道德高超……为现代独一无二之高僧，善书法，其提麟一爪，皆为世之所珍重，且书法神异，能祛邪妖，爰偕子媳专诚趋座叩谒，思求有以解救之方也。”“弘一法师，平素畏繁，又怕酬应，因见张氏竭诚恳求，终为愍慈心所驱使，势难拒绝……弘一法师遂将观音菩萨救人许多实证及与我土最有缘因由，为之宣示，并命其专意闭念观音名号，不可忧郁，盖观音菩萨，的确可以解除人间一切苦难也。三人受明归家，即遵弘师所嘱，日夜称念观音名号不稍缀，全家大小，亦襄助念诵。不数日，家人叠见观音菩萨，显示异相，□光满室。于是张氏儿媳之病，忽告减轻。如此显着灵异，家人皆喜不自胜。自后全家大小，益增奋勇精进念诵……未及匝月，病遂霍然……”

③ 浙江省平湖市人民政府、上海徐汇区文化局编：《弘一大师法书集·天心月圆（作品卷）》，上海书画出版社2017年5月版，第70页。泉州开元寺藏。

④ 晋江市文化和旅游局等主办：“最后之胜利——纪念弘一大师诞辰140周年暨手书墨宝、拓片展览”，2020年11月25日至12月24日，晋江市博物馆。

⑤ 浙江省平湖市人民政府、上海徐汇区文化局编：《弘一大师法书集·天心月圆（作品卷）》，上海书画出版社2017年5月版，第71页。泉州开元寺藏。

按：福建人民出版社 2019 年 12 月版《弘一大师全集》（第 3 版，修订 2 版）第八册 · 文艺卷、杂著卷、书信卷未收录。文物出版社 2017 年 10 月版陈飞鹏整理《弘一法师书信全集》第 352—353 页收录。据《弘一法师书信全集》“案”，此信：“辑自网上‘月雅在线拍卖，2016 年 12 月 27 最美艺术’。经考订是弘一法师手札无误。”（“12 月 27”原文如此，缺“日”字）网上拍卖品未见，然此信图版可见林可同编：《弘一书法墨迹》，中国美术学院出版社 2004 年 4 月版，第 107 页，为明信片（有邮戳痕迹）。

8 月 1 日（农历七月初三日），《佛学半月刊》第 5 卷第 15 号刊出“本局最新出版”广告：弘一上人法书《佛说无常经》《佛说略教诫经》《增壹阿含经》《杂阿含经》《本事经》，并附言：“以上各经，共订一册，皆弘一上人所书，清雅秀整，不愧名笔。而所辑录诸经文，又皆合众生机根。时时手此一编，讽诵思维，足悟我空而进道念。”又有广告：卢世侯居士绘，弘一法师题字《地藏菩萨九华垂迹图》。

8 月 6 日（农历七月初八日），在净峰寺标点《四分律含注戒本》毕。①

8 月 9 日（农历七月十一日），在惠安致广洽法师函。言讲稿奉上，请赠与陈丹初居士；代问候瑞今法师等。②

致性愿法师函。言灾难叠起，惊叹；惠邑无水灾，惟连日大风；以传贯法师之父往泉州便，携奉近时影印初出家时自书经二册等。③

按：另有一函致广洽法师：

> 近来惠邑多风，地瓜稍有损失。无有水灾也。夏季山中不热，蚊蚁亦少。余居净峰，每日标点研习《南山律》，约六七小时。精神尚好，无有疾病。足慰慈念。谨上
>
> 普润法师
>
> 演音启
>
> 承寄《九华垂迹图》，不久即可收到。预以奉复。附白。

① 详见 1934 年 6 月 17 日条目。

② 此信福建人民出版社 2019 年 12 月版《弘一大师全集》（第 3 版，修订 2 版）第八册 · 文艺卷、杂著卷、书信卷第 466 页收录，标“一九三五年七月十一日，惠安净峰寺”。

③ 此信福建人民出版社 2019 年 12 月版《弘一大师全集》（第 3 版，修订 2 版）第八册 · 文艺卷、杂著卷、书信卷第 452 页收录，标“一九三五年旧七月十一日，惠安净峰寺”。

此信无日期。福建人民出版社 2019 年 12 月版《弘一大师全集》（第 3 版，修订 2 版）第八册・文艺卷、杂著卷、书信卷第 465—466 页收录，标“一九三五年七月十一日，惠安净峰寺”。文物出版社 2017 年 10 月版陈飞鹏整理《弘一法师书信全集》第 352 页收录，时间标 1935 年“旧七月十一日”，并陈其理由为参考该日致性原法师函中所述内容。因同日已有前记之致广洽法师函，此函是否为是日所写，待考。

8 月 11 日（农历七月十三日），在惠安致广洽法师函。言前寄信片，想已收到。今午收来函；月底来惠安时请将南普陀后山大书架中所藏《行事钞》六册、《羯磨疏》六册、《含注戒本疏》六册带下；附明信片一纸，请转寄；徐居士寄《南山律要》收到后，存于后山书架中；近忙，未能书写《地藏经》；明年正月元旦起，编辑《南山律在家备览》等。[①]

8 月 13 日（农历七月十五日），《护生报》刊出《地藏菩萨九华垂迹图》广告。

8 月 15 日（农历七月十七日），《佛教杂志》第 2 年第 8 期刊出《人海灯》第 2 卷第 13 期目录，有道屏《弘一律师印象记》。

8 月 16 日（农历七月十八日），《佛学半月刊》第 5 卷第 16 号“本局最新出版”广告：弘一上人法书《佛说无常经》《佛说略教诫经》《增壹阿含经》《杂阿含经》《本事经》，并附言：“以上各经，共订一册，皆弘一上人所书，清雅秀整，不愧名笔。而所辑录诸经文，又皆合众生机根。时时手此一编，讽诵思维，足悟我空而进道念。”又有佛学书局流通的《护生画集》广告。又有“本局最新出版”广告：弘一法师审定，范古农先生校勘，胡宅梵居士注解《地藏菩萨本愿经白话解释》。

8 月 28 日（农历七月三十日），是日为地藏菩萨圣诞，于午后在净峰寺讲《九华山示迹大意》。

8 月（农历七月初三日至八月初三日），《弘法社刊》第 29 期刊出《净宗问辨》，署名“弘一”。

---

① 此信福建人民出版社 2019 年 12 月版《弘一大师全集》（第 3 版，修订 2 版）第八册・文艺卷、杂著卷、书信卷第 466 页收录，标“一九三五年旧七月十三日，惠安净峰寺”。

9月1日（农历八月初四日），《佛学半月刊》第5卷第17号刊出“本局初版新书”《地藏菩萨九华垂迹图》广告，曰：“卢世侯居士绘，弘一法师题字，七色版精印，用缎面精裱，全一册定价一元。”**按：**该刊第5卷第18期有勘误，实为七元。

在惠安致性愿法师函。感谢承赐佳茗；言颇愿撰写月台额联。开戒时讲律，因身体原因恐未能应命。传贯法师父子因寺中缺人，亦未能赴承天寺辅助；前存《九华垂迹图赞》二册，可转赠结缘等。①

9月2日（农历八月初五日），是日为亡父讳日，在净峰寺讲《普贤行愿品偈颂》。**按：**根据《惠安弘法日记》，至9月4日（农历八月七日）讲竟。听者甚众，且大半为基督教徒。

9月10日（农历八月十三日），在净峰寺校点《四分律含注戒本疏行宗记》毕，以为精力颓弊，或有漏误，后再详校。作《〈四分律含注揭本疏行宗记〉疏记》，署名“演音”。②

9月11日（农历八月十四日），在净峰寺续校《通释》和《济览》毕，以为仍未精密校正，俟后再补校。③

9月16日（农历八月十九日），《佛学半月刊》第5卷第18号刊出“本局初版新书”《地藏菩萨九华垂迹图》广告，曰：“卢世侯居士绘，弘一法师题字，七色版精印，用缎面精裱，全一册定价七元。勘正上期误刊一元。”

9月20日（农历八月廿三日），性愿法师抵净峰寺。

9月22日（农历八月廿五日），在净峰寺讲《佛法大要》。

9月24日（农历八月廿七日），请性愿法师至崇武晴霞寺，代讲《法华经普门品》。**按：**根据《惠安弘法日记》，9月26日（农历八月二十九日）讲讫。每日听众百人左右。晴霞寺位于惠安县崇武镇西门外（现为霞西村晴霞路245号），相传始建于明代，现存寺宇为清同治十三年

---

① 此信福建人民出版社2019年12月版《弘一大师全集》（第3版，修订2版）第八册·文艺卷、杂著卷、书信卷第452—453页收录，标“一九三五年旧八月四日，惠安净峰寺”。

② 弘一大师：《〈四分律含注戒本疏行宗记〉疏记》，收《弘一大师全集》第七册·佛学卷、传记卷、序跋卷，福建人民出版社2019年12月第3版、修订2版，第612页。

③ 弘一大师：《行事钞资持记》校后记》，收《弘一大师全集》第七册·佛学卷、传记卷、序跋卷，福建人民出版社2019年12月第3版、修订2版，第609页。

（1874）建。

今惠安晴霞寺。摄于 2019 年 5 月。

10 月 1 日（农历九月初四日），《佛学半月刊》第 5 卷第 19 号刊出“本局最新出版”《大悲咒》广告，曰：“弘一上人写，丰子恺题画，玻璃版精印，罗甸纸特大本。”全一册，定价五角。介绍曰：“上人法书，早已世所共爱，是本并得丰子恺先生题画，足谓名书佳画，相得益彰矣。如向慕上人法书与丰先生名笔及持诵此咒者，均宜备此一编。”

今晴霞寺寺匾及门牌号。摄于 2019 年 5 月。

10 月 3 日（农历九月初六日），在惠安致高文显函。言已收到《梵网》《王摩诘》，告以在净峰寺生活甚安适，描绘净峰风物人情等，并曰计划将赴晋江草庵。[①]

10 月 15 日（农历九月十八日），《佛学半月刊》第 5 卷第 20 号复刊出“本局最新出版”《大悲咒》广告，曰：“弘一上人写，丰子恺题画，玻璃版精印，罗甸纸特大本。”

在惠安致性愿法师函。言近拟起稿撰写净觉寺碑文；俟冬初或到泉州一游，并书写上石等。[②]

10 月 17 日（农历九月廿日），农历生日。书六言联“誓作地藏真子，愿为南山孤臣”。款识“龙集乙亥五十六岁诞日敬书，以自策励铭诸座右，沙门演音。时居惠安净峰寺研习事钞并戒业二疏及灵芝记文，弘裔”；钤印“胤”、“沙门月臂”、“演音”。[③]

10 月 22 日（农历九月廿五日），在惠安致广洽法师函。言约十月初十日以前到草庵，请于初十后惠临；前托携带罗甸纸及《金刚经》，请带至草庵。今冬拟书写此经赠之等。[④]

10 月 23 日（农历九月廿六日），对《钞记》《通释》等补点“黄点”毕。[⑤]

---

① 此信福建人民出版社 2019 年 12 月版《弘一大师全集》（第 3 版，修订 2 版）第八册 · 文艺卷、杂著卷、书信卷第 405 页收录，标“一九三五年九月六日，惠安净峰寺”。

② 此信福建人民出版社 2019 年 12 月版《弘一大师全集》（第 3 版，修订 2 版）第八册 · 文艺卷、杂著卷、书信卷第 453 页收录，标“一九三五年旧九月十八日，惠安净峰寺”。

③ 释广洽编：《子恺漫画及其师友墨妙》，［新加坡］SHING LEE BOOK STORE，1983 年，第 75 页，又见上海市书法家协会编：《海派代表书法家系列作品集 · 弘一》（该卷主编刘一闻，副主编沈爱良），上海书画出版社 2006 年 12 月版，第 167 页。

④ 此信福建人民出版社 2019 年 12 月版《弘一大师全集》（第 3 版，修订 2 版）第八册 · 文艺卷、杂著卷、书信卷第 466 页收录，标“一九三五年旧九月廿五日，惠安净峰寺”。

⑤ 弘一大师：《行事钞资持记》校后记》，收《弘一大师全集》第七册 · 佛学卷、传记卷、序跋卷，福建人民出版社 2019 年 12 月第 3 版、修订 2 版，第 609 页。

10 月 27 日（农历十月初一日），在净峰寺集录《菩萨戒受随纲要表》，并作《〈菩萨戒受随纲要表〉题记》，署“龙集乙亥十月一日于惠安净峰寺集录。沙门一音”；钤印“弘一”。①

10 月 27 日至 11 月 25 日间（农历十月），作《龙袴国师传叙》。署“岁次乙亥十月，惠安净峰沙门一音”。**按：**《龙袴国师传》，释念西著，漳州名士施慈航编，封面为弘一大师题写。该书后于 1947 年 11 月 17 日由漳州东方印务印刷发行。据《龙袴国师传》记载：“民国癸酉年。念西隐此二年。搜其事迹。复询故老。作为传偈。弘一上人且为之序。”书页后印有：“鉴定者：弘一上人”字样。书中还印有弘一大师与念西法师等在龙袴国师神运塔前的合影。

今惠安净峰寺石碑。摄于 2019 年 5 月。

书赠郭奇远“圆满法界月，清凉功德池”。款识：乙亥十月，老友郭奇远居士六秩俪庆，谨集《华严集》偈句祝之。余年来精力颓唐，书法益复草率，聊以为纪念耳。②

书“究竟清凉”。款识“乙亥十月，一音书奉守青居士。时将□净峰”；钤印佛肖印等。③

在惠安致性愿法师函：

性公老法师慈鉴：

此次承驾临惠安，弘法因缘，圆满成就，至用欢慰问。尚有数处，欲乞老人垂临讲经，俟明岁暇时，再乞慈酌。此次老人惠施法雨，能令多人发起弘法之愿，此乃惠安空前未有之盛事也，忭跃何已。后学约于十一月十三、四日参访月台，随喜法会。谨达，顺颂

慈安

后学演音稽首

按：此信福建人民出版社 2019 年 12 版《弘一大师全集》（第 3 版，修订 2 版）第八册 · 文艺卷、杂著卷、书信卷第 453 页收录，标“一九三五年秋，惠安净峰寺”。文物出版社 2017 年 10 月版陈飞鹏整理《弘一法师书信全集》第 356 页收录，时间标 1935 年“旧十月中旬”，地点标“惠安”，有“案”，以为根据弘一大师行踪，当写于农历十月中旬。依信中“后学约于十一月十三、四日参访月台，随喜法会”句意，《弘一

① 此书今见《广洽纪念馆》一书，［新加坡］广洽纪念馆编辑委员会编，2007 年 3 月，第 41 页。《〈菩萨戒受随纲要表〉题记》收《弘一大师全集》第七册 · 佛学卷、传记卷、序跋卷，福建人民出版社 2019 年 12 月第 3 版、修订 2 版，第 628 页。

② 参见金星《弘一大师温州交游考论》（温州大学 2013 年硕士学位论文）。

③ 此书见释慧观撰述：《弘一大师持戒念佛之典范》，（台北）弘一大师纪念学会 2012 年 12 月印行，第 5 页。

法师书信全集》所标更合理。

10 月 29 日（农历十月初三日），始对所校《随机羯磨疏济缘记》补校。①

10 月 30 日（农历十月初四日），拟离开净峰寺，后因传贯法师病重暂未启程。② **按**：在净峰寺期间，另有二函致广洽法师。其一言送上信一封、书一包，皆请挂号寄去。其二言《佛教大辞汇》六册、《佛教大词典》一册，请暇时送下等。此二信福建人民出版社 2019 年 12 月版《弘一大师全集》（第 3 版，修订 2 版）第八册·文艺卷、杂著卷、书信卷第 466、467 页收录，均未标月日。文物出版社 2017 年 10 月版陈飞鹏整理《弘一法师书信全集》第 351 页收录，均标“夏”。在无证据前，姑且置于在净峰寺期间。

10 月（农历九月初四日至十月初五日），《世界佛教居士林林刊》第 40 期“附录”之“捐赠书籍图像志谢”中有朱冀才捐《护生画集》180 本之记录。

11 月 1 日（农历十月初六日），《佛学半月刊》第 5 卷第 21 号刊有佛学书局流通的《护生画集》广告。

11 月 4 日（农历十月初九日），在惠安致夏丏尊函：

丏尊居士慧鉴：

惠书于今日始收到（因无便人带来）。《表记》样本甚为清楚。余初意以为依小字摄影恐致模糊，今乃得良好之结果，至用欢慰。此事始终承仁者尽心辅助，感谢无量。

净峰寺寺主去职，余亦随之他往（大约居住草庵）。以后半月内通讯，乞寄泉州城内百源村百源庵（又名铜佛寺）觉徹法师转交。半月后通讯，乞寄厦门南普陀寺养正院广洽法师转交至妥。谨复，不宣。

新历十一月四日　演音启

① 弘一大师：《〈随机羯磨疏济缘记〉校记》，收《弘一大师全集》第七册·佛学卷、传记卷、序跋卷，福建人民出版社 2019 年 12 月第 3 版、修订 2 版，第 614 页。

② 弘一大师：《行事钞资持记》校后记》，收《弘一大师全集》第七册·佛学卷、传记卷、序跋卷，福建人民出版社 2019 年 12 月第 3 版、修订 2 版，第 609 页。另参考联名致性愿法师、广洽法师函，收《弘一大师全集》第八册·文艺卷、杂著卷、书信卷，福建人民出版社 2019 年 12 月第 3 版、修订 2 版，第 453 页。

按一：此信福建人民出版社 2019 年 12 月版《弘一大师全集》（第 3 版，修订 2 版）第八册 · 文艺卷、杂著卷、书信卷第 315 页收录，标“一九三五年新历十一月四日，泉州承天寺”。文物出版社 2017 年 10 月版陈飞鹏整理《弘一法师书信全集》第 355 页收录，时间标 1935 年“旧九月二十八日”，地点标“惠安净峰寺”。前者地点误，当为惠安净峰寺。因信中写曰“净峰寺寺主去职，余亦随之他往（大约居住草庵）。”此表示尚未“他往”，“他往”后大约住草庵。后者时间误。因为公历 11 月 4 日为农历十月初九日，而非九月二十八日。

按二：几乎在致夏丏尊函同时，有致李圆净函。言近因净峰住持易人，拟移居草庵。其地通讯地址未定，暂勿来信。请与丰子恺通信时转达此意等。①

11 月 9 日（农历十月十四日），对所校《随机羯磨疏济缘记》补校标点毕。②

11 月 10 日（农历十月十五日），在惠安联名致性愿法师、广洽法师函。言本拟于初四日动身往草庵，因初一日传贯法师患重病，须待痊愈再赴泉州；附奉拟编图表一纸，拟在承天戒期讲用；至泉州后似以居百源庵为宜等。③

文錄

影印弘一法師手寫無礙大悲心陀羅尼序

1935 年 11 月 16 日《佛学半月刊》第 5 卷第 22 号（第 115 期）刊载的高文显《影印弘一法师手写无碍大悲心陀罗尼序》。

11 月 16 日（农历十月廿一日），《佛学半月刊》第 5 卷第 22 号（第 115 期）载高文显：《影印弘一法师手写无碍大悲心陀罗尼序》：

> 弘一法师来闽数载，尝出其游艺余绪，书写经文佛号，赠诸缁素，以广结法缘。迩者法师已棲隐净峰，将编著大部律书，无暇再作文字上之应酬矣。广洽法师送其入山后，携带其所写经文联句种种，中有为李汝晋居士书写之大悲咒，字迹高古清秀，不着人间烟火之气，可谓登峰造极，深入于艺术三昧矣。洽师谓余曰：“弘公此行，恐将长久棲息于斯矣。盖其地虽苦，然山水秀美，僻静幽清，相传昔为李拐仙所居之地，实隐者之所也。师于李仙前曾作联曰：‘是真仙灵，为佛门作大护法；殊胜境界，集僧众建新道场。’于客堂则有‘自净其心，有若光风霁月；他山之石，厥惟益友明

① 此信福建人民出版社 2019 年 12 月版《弘一大师全集》（第 3 版，修订 2 版）第八册 · 文艺卷、杂著卷、书信卷第 382 页收录，标“一九三五年旧十月，惠安净峰寺”。

② 参见弘一大师：《〈随机羯磨疏济缘记〉校记》，收《弘一大师全集》第七册 · 佛学卷、传记卷、序跋卷，福建人民出版社 2019 年 12 月第 3 版、修订 2 版，第 614 页。

③ 此信福建人民出版社 2019 年 12 月版《弘一大师全集》（第 3 版，修订 2 版）第八册 · 文艺卷、杂著卷、书信卷第 453 页收录，标“一九三五年旧十月十五日，惠安净峰寺”。

师。'又为衲定修持日课时，曾付数语曰：'昔我灵峰老人，三十三岁始入灵峰，即有偈云：灵峰一片石，信可矢千秋。又云：聊当化城，毕兹余喘。自非乐土，终弗与易矣。余今年已五十又六，老病缠绵，衰颓日甚，久拟入山，谢绝人事。因缘不具，卒未如愿。今岁来净峰，见其峰峦苍古，颇适幽居，遂于四月十二日入山，将终老于是矣。'可见师实爱好之深也。夫弘公之棲隐净峰，自比藕益老人之隐灵峰，矢志坚决，谢绝人事。今此大悲咒之书写，实难再逢之墨宝，何不谋为影印，以广流布，作为数年来随侍左右，亲聆法诲之纪念耶?"余曰善，盖感人之深者，莫甚于艺术，且可藉此启发一般人之信心，对于咒文，益能欢喜踊跃，受持力行，则功德不浅矣。况复观音大士之灵感，尽人皆知，阎浮罪苦之众生，蒙其拯救者，不知凡几。盖其悲心真切，于此火宅中，莫不寻声救苦，普门示现，广作沉溺者之依怙焉。忆昔余方习游泳时，一日清晨，独向海滨，游入深海，欲回岸时，气力已尽。浮泳之术未精，将遭灭顶。忽自念言：今日必死于此，何不勤念弥陀及观音圣号？冀死后或能往生乐土耶。岂知甫念数声，而勇猛更加十倍，气亦不喘。未几而彼岸已达矣。因细思之，实平日勤持圣号之力，虽临难中亦能忆及，而蒙菩萨威力护佑，得拯于沉溺也。今将刊印其咒文，爰述其事，以志胜缘云尔。民国廿四年暑假菩萨戒弟子胜进居士高文显题序于厦门大学。

后有编者按：

世界新闻社云：当代大德弘一法师（即李叔同先生），居闽数载，精研律藏，现已棲隐净峰，有终老于是之意。其弟子厦门大学教授高文显居士，近为法师手写大悲咒作序，述师近状颇详。特为录之，以告世之关怀一公踪迹者。

今惠安科山寺山门。摄于2019年5月。

11月17日（农历十月廿二日），离开净峰寺，抵惠安城，遇诸居士留宿（指王颂平、王少舫、李叔潜等），住惠安城内王颂平居士家二楼。[①] **按一：**王颂平宅为二层小楼，位于旧惠安城内。此宅于2000年在旧城改造时拆除，其址为今中新花园小区20号。**按二：**弘一大师对自己离开净峰寺的时间有二说，一为在《〈随机羯磨疏济缘记〉校记》中的表述："乙亥……十六日去净峰，居此半载矣。"二为《惠安弘法日记》中的表述："二十二日，去净峰，到惠安城，遇诸居士留宿。"今依《惠

① 王颂平，时在惠安县城内霞梧街开有集泉茶庄。

1935 年 11 月 19 日弘一大师（右五）在惠安科山寺（又名科峰寺）指导筹备临终助念会留影。

1935 年弘一大师在净峰寺期间曾为净西学校题“孝悌”二字。

安弘法日记》。根据《惠安弘法日记》，将离开净峰寺前，留题“乙亥四月，余居净峰，植菊盈畦，秋晚将归去，犹复含蕊未吐，口占一绝，聊以□别：我到为植种，我行花未开。岂无佳色在？留待后人来！”引文中“□”为日记原文，根据福建人民出版社 2019 年 12 月版《弘一大师全集》（第 3 版，修订 2 版）第八册 · 文艺卷、杂著卷、书信卷第 37 页，此“□”当为“志”字。又，《净峰种菊临别口占》，小序：“乙亥四月，余居净峰。植菊盈畦，秋晚将归去，犹复含蕊未吐。口占一绝，聊以志别。”诗：“我到为植种，我行花未开。岂无佳色在，留待后人来。”① 另见手迹“乙亥首夏来净峰，植菊盈畦。秋晚将归，犹含蕾未吐，口占一绝，藉以志别。我到为植种，我行花未开。岂无佳色在，留待后人来。”署“弘一老人”；钤印“弘一”。② **按三：**惠安洋边村立“金沙桥”碑，记载捐修桥之芳名。所题“金沙桥”三字用于该碑。③ **按四：**在净峰寺时书华严经偈赠胜进居士。款识：华严经偈。乙亥居净峰，书奉胜进居士。沙门一音，时年五十又六；钤印：佛肖印、“弘一”。④ **按五：**在净峰寺期间曾为净西学校题“孝悌”二字，款识“弘一题赠净西学校”；钤印“音”。

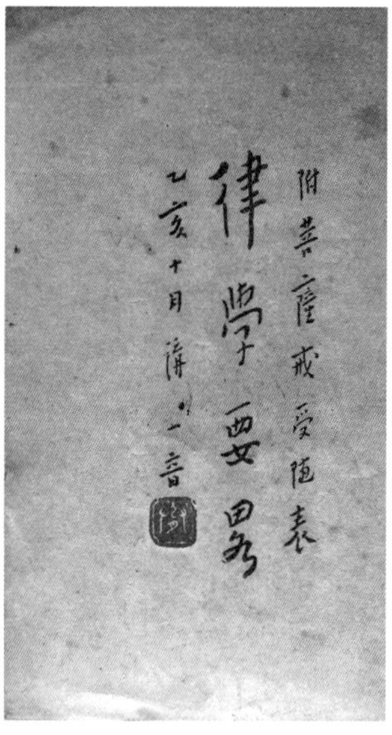

1935 年 11 月 20 日至 25 日间（农历十月廿五日至三十日间），弘一大师在承天寺戒坛讲《律学要略》。

11 月 19 日（农历十月廿四日），上午在王颂平等陪同下至科山寺讲演，指导筹备惠安临终助念会，并为 5 人证受皈依。**按一：**弘一大师《惠安弘法日记》中“二十日上午，到科峰寺讲演，并为五人证受皈依。下午到泉州。”⑤ 此“二十日”当为“二十四日”之误。在科山寺与众居士合影。照片有“欢迎弘一大律师洎传贯禅师在科峰寺指导筹备临终助念会摄影纪念。民国廿四年乙亥小春念四日”之题字。**按二：**宗教文化出版社 1995 年 8 月版林子青编著《弘一法师年谱》1935 年条目曰：“十一月十九日，应请往惠安科山寺讲演，并为五人证受皈依。”此“十一月十九日当系公历。**按三：**科山寺，又名科峰寺，位于惠安县科山之南。该寺始建于北宋元祐年间（1086—1094），后明、清及近代多次重修，目前仍在扩建之中。

11 月 20 日（农历十月廿五日），在泉州致蔡丏因函。言居安海滨半

① 福建人民出版社 2019 年 12 月版《弘一大师全集》（第 3 版，修订 2 版）第八册 · 文艺卷、杂著卷、书信卷第 37 页收录。
② 浙江省平湖市人民政府、上海徐汇区文化局编：《弘一大师法书集 · 天心月圆（作品卷）》，上海书画出版社 2017 年 5 月版，第 74 页。泉州开元寺藏。
③ 见李作港《弘一法师与洋边金沙桥的一段因缘》，载《莲馆弘谭 · 2018》，西泠印社出版社 2018 年 12 月版，第 133—135 页。
④ 见释慧观撰述：《弘一大师持戒念佛之典范》，（台北）弘一大师纪念学会 2012 年 12 月印行，第 401 页。
⑤ 弘一大师：《惠安弘法日记》，收《弘一大师全集》第八册 · 文艺卷、杂著卷、书信卷，福建人民出版社 2019 年 12 月第 3 版、修订 2 所，第 199—200 页。

载，前日返泉州；承考据精详，感谢等。[①]

11 月 24 日（农历十月廿九日），在泉州承天寺参加传戒法会讲《律学要略》（讲演三日）。**按：**期间致性常法师函。言送上旧笔十枝与诸学者分受等。[②] 另有一函。言昨已觅得他种纸，请勿再购。仅购水粉十块等。[③]

11 月 26 日至 12 月 25 日间（农历十一月），题《泉州承天同戒录》。款识“龙集乙亥十一月，尊胜沙门一音题”；钤印“胤”。

11 月 26 日（农历十一初一日），在泉州承天寺讲《律学要略》毕。

致夏丏尊函。言前日由厦门转到来信；《表记》制版印刷皆佳等。[④]

致胡宅梵函。言居安海滨半载，前日到泉州，因寺主辞职，乃随之移居草庵；《晨钟集》编辑甚善；前编《佩玉篇》，即《读书录》等选本，及锌版阿弥陀佛直幅，请托何居士与沈居士商量付印等。[⑤] **按：**另有一函致胡宅梵：

> 惠书，诵悉。前月底至泉州。下月或他往，住乡间亦未可知也。以后通讯，暂寄“泉州城内大开元寺”。仁者近撰《大阿弥陀经白话解》，甚喜。谨复，不宣。
>
> 演音启

此信福建人民出版社 2019 年 12 月版《弘一大师全集》（第 3 版，修订 2 版）第八册·文艺卷、杂著卷、书信卷第 400 页收录，标“一九三五年旧十月，泉州开元寺”。文物出版社 2017 年 10 月版陈飞鹏整理《弘一法师书信全集》第 358 页收录，时间标农历十一月初，地点标“泉州承天寺”。信中有“前月底至泉州”句，写信时间当为农历十一月。写信地点在泉州，开元寺、承天寺、温陵养老院皆有可能。

---

① 此信福建人民出版社 2019 年 12 月版《弘一大师全集》（第 3 版，修订 2 版）第八册·文艺卷、杂著卷、书信卷第 350 页收录，标“一九三五年旧十月廿五日，泉州承天寺”。

② 此信福建人民出版社 2019 年 12 月版《弘一大师全集》（第 3 版，修订 2 版）第八册·文艺卷、杂著卷、书信卷第 476 页收录，标“一九三五年十月，泉州承天寺”。

③ 此信福建人民出版社 2019 年 12 月版《弘一大师全集》（第 3 版，修订 2 版）第八册·文艺卷、杂著卷、书信卷第 476 页收录，标“一九三五年，泉州”。具体日期待考。

④ 此信福建人民出版社 2019 年 12 月版《弘一大师全集》（第 3 版，修订 2 版）第八册·文艺卷、杂著卷、书信卷第 315 页收录，标“一九三五年旧十一月一日，泉州承天寺”。

⑤ 此信福建人民出版社 2019 年 12 月版《弘一大师全集》（第 3 版，修订 2 版）第八册·文艺卷、杂著卷、书信卷第 400 页收录，标“一九三五年旧十一月一日，泉州承天寺”。信中“前日”当理解为日前，虚指。

11月27日至12月25日间（农历十一月初二日至三十日间），在承天寺讲参学。① **按**：1936年4月1日《人海灯》第3卷第4期刊出万泉：《写在参礼弘一律师以后》，写曰：

> 在病后无所事事似的情况中，承朋友寿君之邀，我即由漳州南山寺束装出发而到泉州参加戒期胜会。这是民国二十四年冬十一月事情。……
>
> 因参加承天寺的戒期胜会，给以我屡次拜见吾教伟人弘一律师的机会……
>
> ……
>
> 一天清早，我亲手写了请弘一律师讲《律学要略》的牌后，我感觉着客堂琐事的冗繁，想抽出时间来聆他老人家的教诲，此念一起，我很留心地注意着，只怕“良机错过”，所以不时总要抬头向外张望。午后三时，在急促的当儿，客堂同人唤我充当弘一律师讲经的临时记录，一股且惊且喜的心情，好像两个相遇的敌人在里面蓦然地交战起来，在这样的时候，我即由人众拥挤中而踏至戒堂，伏于律师的法座之旁和被拥挤在数百新戒之中的一个桌上而冒充所谓临时的记录了。这次我能得睹他老人家的慈颜，即是这样的一个难逢难遇时候。
>
> ……
>
> 《律学要略》三天讲毕，弘一律师即欲离承天寺，廿七早我取稿于他的房中，由他老人家温柔的言语上，得到了不少的教诲，和奖勉；在他老人家的庄严的态度下，一种令人敬仰的沉默寡言的神情中，素来好于谈话的我，到那时也不晓得要说什么话好，思索以后，我终无开口处；那寞然无声的房里，一切都趋于沉静了，只有我两人默然的正襟危坐在那里一丝丝的呼吸声中。
>
> 当我向他告辞的时候，他取了放在桌子上一册式海法师观日山房诗文钞送我，作为纪念，并说另日要写一对联送我，这是我久所怀望而不敢发言的一回，我即告辞而出；他并留一地址给我，要我二日后再到他所暂住的温陵养老院中去。
>
> 廿九日午后一时，同瑞君应弘一律师之嘱，乘黄包车在那崎岖的泉州马路上，经大街，穿长弄，在一个静地的所在，才达到目的地的温陵养老院……
>
> 穿过厨房，越过泽民堂，又经朱子祠前，才到弘一律师所住的

① 弘一大师：《壬丙南闽弘法略志》，收《弘一大师全集》（修订版）第八册·文艺卷、杂著卷、书信卷，福建人民出版社2019年12月第3版、修订2版，第200页。

华珍堂，拘慄地张步至厅前，他老人家正在拭抹佛桌。

……

越二日，由瑞君送来弘一老人手书对联一幅，我欢喜踊跃的手舞足蹈起来。对联是这称：

“持戒不放逸，了身如虚空。”又过了一天，广洽法师送来一册弘一律师自读自书的《四分律比丘戒相表记》，说是弘一律师送我的，我拜领之后，心里又是一番沉重，又是一番惭愧与不安！

十二月六日十一时，我正在休息中和寿君闲谈，广洽法师来说：“弘一老人来了”。听闻之下，我们忙之不及，欲穿袍到楼下迎迓，而他老人家已登梯到楼上了。用茶毕，这时正位于午餐时候，于是我们端了面来供养！恰确那天打面斋——他便独自一人在楼上过午，我们都到楼下用面去了。

午餐后，洗漱毕，我们伴着弘一老人徘徊于楼廊，他的态度，始终如一，并不曾改了什么样儿；我们即乘机发问些零碎的话，在相谈片刻间，我们知道他不日要到惠安讲经去。

……

十二月七日，寿居约我同访弘一律师，我便高兴的答应了他，二人步行到养老院，拜见了弘一老人，又是那一番情景，那么端重，那么恬静，这次拜访，关于律学方面，得了不少的裨益。

……

当我们告辞时，他又取了一幅他写的小中堂送我，字迹是红色，系广洽法师割指沥血请他老人家写经所剩余的几许而写的。奉接之后，我心潮涌沸，有说不出的感愧！有说不出的欣喜！小中堂所写的是：

“昔人持戒，当得见佛，戒为最上庄严，戒为最上妙香，戒为欢喜胜因。——佛说大乘戒经。”

从这次参礼弘一律师之后，不二日他老人家即赴惠安居士之请而同专员黄元秀到惠安讲经去了。

……①

1935年12月4日（农历十一月初九日）弘一大师在韩偓墓道碑前留影并赠广洽法师。

在开元寺演讲。②

① 万泉发表在1936年4月1日《人海灯》第3卷第4期的《写在参礼弘一律师以后》一文与林子青编著《弘一法师年谱》（宗教文化出版社1995年8月版）第233—234页所录该文在文字上有不同之处。林子青在录存该文片段时未注明出处。此文又刊于1936年《佛海灯》第1卷第8期，题为《参礼弘一律师》。

② 陈飞鹏：《厦门发现弘一法师笔记散页——补正〈弘一法师年谱〉缺漏》，收《李叔同（弘一大师）研究·考论选》，西泠印社2016年11月版，第216—218页。

在过化亭作《血书诗偈赠胜进居士题记》，题记曰："出家以后，所用印章，大半散失。胜进居士嘱集为一册，未之能也。于时乙亥十一月，适普润广洽上人，割指沥血，请写《戒经》，盏有残血，为补书诗偈于后。时居温陵过化亭。"①

11月29日（农历十一月初四日），下午在温陵养老院接待万泉居士等，劝其发心学律。②

11月（农历十月初六日致十一初五日），《北平佛教会月刊》第2卷第1期刊出《燉煌写本四分律随机羯磨校订记》，署"释弘一订"。

12月1日（农历十一月初六日），赠万泉居士队联一幅："持戒不放逸，了身如虚空。"

《佛学半月刊》第5卷第23号刊出佛学书局广告："沙门昙昉撰《四分律比丘戒相表》，一册实价二角。弘一法师读律之暇，以戒相繁杂，记诵非易，因撮其要，列表志之，复恭楷手书，付诸石印，书品至为精美。原定每部印价一元，兹由法师抑价出售，将所得书价，捐作印书会费。"

12月2日（农历十一月初七日），托广洽法师赠万泉居士自读自书之《四分律比丘戒相表记》。

12月4日（农历十一月初九日），偕广洽法师往韩偓墓道碑处，请艺轩照相馆陈祝信照像留念，并赠广洽法师。赠送时在照片裱纸上自题"偓墓在南安三都葵山之麓，乙亥十一月九日写影以奉广洽法师。一音"；钤印"胤"、"弘一"。③ **按：**虞愚有诗《过韩握墓道》："聊全晚节此接迟，一片丹心剩有诗。千载知音释弘一，荒原何处觅残碑。"④

① 弘一大师：《血书诗偈赠胜进居士题记》，收《弘一大师全集》第七册·佛学卷、传记卷、序跋卷，福建人民出版社2019年12月第3版、修订2版，第637页。

② 叶青眼：《纪弘一大师于温陵养老院胜缘》（载1943年4月1日《觉有情》第87、88期合刊）曰："弘一法师移锡闽南，到温陵养老院凡三次。第一次为乙亥年，住华珍室一二号房，吩咐晨午二餐，蔬菜不得逾两味，客来相访，为先通知。期间一十五天，对老人开示……时院中过化亭额缺，为题横额……于时又为救济院书'千福堂'，开元慈儿院书'勇猛精进'横额，又为余书南无阿弥陀佛中堂，及华严经句'持戒到彼岸，说法度众生'联文各一。余应各方来求者颇多。公将离院赴惠安钱山，余送之，将上车，余谓此次州人士多来求公字，少来求法，不无可惜。公笑谓余曰：'余字即是法，居士不必过为分别'。"

③ 见《广洽纪念馆》一书，[新加坡] 广洽纪念馆编辑委员会编，2007年3月，第44页。

④ 虞愚：《过韩握墓道》，收《虞愚文集》第3卷，甘肃人民出版社1995年5月版，1247页。有注释，曰"千载知音释弘一"一句"一作'惆怅后尘流落尽'"。

12月6日（农历十一月十一日），访万泉居士。言不日将去惠安讲经。

12月7日（农历十一月十二日），在温陵养老院接待万泉、寿居，述律学要义。赠万泉居士一幅小中堂："昔人持戒，当得见佛，戒为最上庄严，戒为最上妙香，戒为欢喜胜因。——佛说大乘戒经。"此系用广洽法师割指沥血请其写《戒经》所剩而写。

12月8日（农历十一月十三日），在泉州致高文显函：

胜进居士道鉴：

近往韩偓墓道碑前，摄影一叶。仁者暇时，宜编辑《韩偓评传》一卷，（或仅题名《韩偓》，或用他名，乞酌之。）偓居南安久，墓亦在此，是为尊邑最胜之古迹，想仁者必乐为提倡也。

最要者，为辨明《香奁集》决非偓作。（《辞源》中《香奁集》［在香字部］一条，已为考据著正。乞检阅之。）卷首即须标明此事，以后再详论之。（书中须前后二处辨正此事。所以再说，不嫌重复者，恐阅者于此事不注意也。）近代《香奁集》流通甚广，以此污偓，实为恨事。偓乃刚正之人，岂是作香奁诗者？

编辑之法，大致如下：

卷头，列摄影一幅。后面，乞记此因缘。大略云："二十二年岁次癸酉十月，讲律于泉州大开元寺既竟。下旬，与广洽诸上人等偕往西门外净觉寺，于中途获见此墓道碑，为之惊喜。二十四年乙亥二月，复往墓道碑后山麓，寻见墓地，卒不可得。是年十一月九日偕广洽上人往彼摄影，摄者艺轩陈祝信也。"

参考诸书：

《新唐书·韩偓传》　别纸录写，四纸。为黄寄慈手写者。

《辞源》　别纸录写。另有《香奁集》一条，未录。乞检寻之。

《历代名人字典》　别纸录写。

《泉州府志》　余录写，三纸。

《韩内翰别集》　或名韩翰林学士等。已托蔡丏因寻见寄奉。倘不可得，乞向唐诗丛刻中（此类之书甚多，余忘其名。）寻见。又厦大藏书甚富，当易觅求。并乞向厦大国学教师（词章家）询问，请彼指示一切应参考之书，尤善。

《内庭集》《金銮密记遗稿》等。恐不可得。亦乞向他学者询之。

余久荒文事，不能详举参考诸书。乞向厦大教师询问，及自于图书馆中目录被寻求。当尚有甚多可参考者。

书仅一卷，页数不宜多。所主要者，即是辨正《香奁集》，与偓在南安时诸遗事耳。《新唐书》中所载诸事，唯择其有兴味者略记一二，其他皆仅举大纲。

仁者于他日编就时，乞托洽上人带下，由余介绍于书局出版也。谨陈，不具。

册页一函，附奉上。

十一月十三日　演音启

按一：此信福建人民出版社2019年12月版《弘一大师全集》（第3版，修订2版）第八册·文艺卷、杂著卷、书信卷第405页收录，标“一九三五年旧十一月十三日，鼓浪屿日光岩”。文物出版社2017年10月版陈飞鹏整理《弘一法师书信全集》第359—360页收录，时间标1935年“旧十一月十三日”，地点标“泉州承天寺”。根据弘一大师行踪，此时弘一大师在泉州。又，根据本谱本年12月7日（农历十一月十二日）记载，是日在温陵养老院接待万泉、寿居，述律学要义等，地址以泉州温陵养老院为妥。**按二：**另有一函致高文显：

“十岁裁诗走马成，冷灰残烛动离情。桐花万里丹山路，刍凤清于老凤声。”余于八九岁时已读此诗。今虽记忆，而忘其题及作者人名，似与韩偓有关系。乞询诸他人，当可知之。附白。

墓道碑字，旧涂朱色，久已脱落。仁者于寒假返里时，能以洋漆（朱色）再涂治之，尤善。（其地在泉州西门外一里余，大路旁，近村市。）

又余前往山麓觅偓墓不得。仁者倘于附近各地详为寻觅，或能发见亦未可知也。

余不久仍往惠安讲经，后返草庵度岁。

此信福建人民出版社2019年12月版《弘一大师全集》（第3版，修订2版）第八册·文艺卷、杂著卷、书信卷第405—406页收录，标“一九三五年旧十一月，泉州承天寺”。文物出版社2017年10月版陈飞鹏整理《弘一法师书信全集》第361页收录，时间标1935年“旧十一月初”，地点标“泉州铜佛寺”。此信当写于前信之后，必不可能写于农历十一月初。而地点为承天寺，还是铜佛寺，或温陵养老院，尚无证据，姑且以标泉州为妥。

12 月 14 日（农历十一月十九日），复至惠安城，寓黄善人宅。① **按：**此宅位于旧惠安城内八间街 15 号，为三层“八卦楼”，其原址即今中新社区港惠商住区 5 号楼。

今惠安瑞集岩。摄于 2019 年 5 月。

12 月 15 日（农历十一月廿日），应请赴科山寺讲演，并为 10 人证受皈依。②

12 月 16 日（农历十一月廿一日），上午为 1 人证受皈依。下午至许山头东堡，寓许连木童子宅。③

今惠安瑞集岩殿宇。摄于 2019 年 5 月。

12 月 17 日（农历十一月廿二日），赴瑞集岩讲演。④ **按：**弘一大师自书之《地名山名寺名院名略考》中介绍曰：“瑞集（岩名，在惠安乡间）。某年在此数日。拟建大华严寺尚未就。”瑞集岩寺现位于惠安县许山头村东堡 76 号，始建于明初，现存寺宇为清同治年间（1862—1874）里人许宗澄募建。弘一大师曾期望将该寺扩建为大华严寺，未果。

今惠安瑞集岩后殿落成碑记。摄于 2019 年 5 月。

12 月 18 日（农历十一月廿三日），在许童子宅讲演。⑤

12 月 19 日（农历十一月廿四日），继续在许童子宅讲演。**按：**两天讲演期间为 20 人证受皈依及五戒。⑥

12 月 20 日（农历十一月廿五日），上午至后尾，寓刘清辉居士菜堂。下午讲演。⑦

12 月 21 日（农历十一月廿六日），上午至胡乡，寓胡碧莲居士菜

---

① 弘一大师：《惠安弘法日记》，收《弘一大师全集》第八册·文艺卷、杂著卷、书信卷，福建人民出版社 2019 年 12 月第 3 版、修订 2 所，第 199—200 页。黄善人乃惠安城内八间街人黄莲春，时开有一打银店，参与惠安民间慈善组织“同善社”活动，人称黄善人，1955 年逝世。

② 弘一大师：《惠安弘法日记》，收《弘一大师全集》第八册·文艺卷、杂著卷、书信卷，福建人民出版社 2019 年 12 月第 3 版、修订 2 版，第 199—200 页。

③ 弘一大师：《惠安弘法日记》，收《弘一大师全集》第八册·文艺卷、杂著卷、书信卷，福建人民出版社 2019 年 12 月第 3 版、修订 2 版，第 199—200 页。

④ 弘一大师：《惠安弘法日记》，收《弘一大师全集》第八册·文艺卷、杂著卷、书信卷，福建人民出版社 2019 年 12 月第 3 版、修订 2 版，第 199—200 页。

⑤ 弘一大师：《惠安弘法日记》，收《弘一大师全集》第八册·文艺卷、杂著卷、书信卷，福建人民出版社 2019 年 12 月第 3 版、修订 2 版，第 199—200 页。

⑥ 弘一大师：《惠安弘法日记》，收《弘一大师全集》第八册·文艺卷、杂著卷、书信卷，福建人民出版社 2019 年 12 月第 3 版、修订 2 版，第 199—200 页。

⑦ 弘一大师：《惠安弘法日记》，收《弘一大师全集》第八册·文艺卷、杂著卷、书信卷，福建人民出版社 2019 年 12 月第 3 版、修订 2 版，第 199—200 页。“菜堂”即刘清辉家族之佛堂敬心堂，“菜堂”为当地人对佛堂之俗称。据今《敬心堂重建碑记》，弘一大师曾在此小住。

堂。下午开讲《阿弥陀经》。[①]

12月22日（农历十一月廿七日），继续在胡乡胡碧莲居士家讲《阿弥陀经》。

惠安如是堂。[资料来源:《弘一大师全集》(第3版，修订2版)附录卷，福建人民出版社2019年12月版]

12月23日（农历十一月廿八日），在胡乡胡碧莲居士家讲《阿弥陀经》毕，并为17人证受皈依及五戒。[②]

12月24日（农历十一月廿九日），上午至谢贝，寓黄成德居士菜堂。[③]

12月25日（农历十一月三十日），在黄成德居士家讲演。[④]

12月26日（农历十二月初一日），上午赴惠安城，寓李氏别墅。[⑤]

12月27日（农历十二月初二日），至如是堂讲演，听众近百人。[⑥]

12月28日（农历十二月初三日），卧病草庵。[⑦]

12月29日（农历十二月初四日），在草庵致广洽法师函。言此次在惠安弘法顺利；昨日到草庵；约于本月十五日以前科山寺有挂号信寄仁者交下，务请收到后再来草庵（此信甚重要）等。[⑧] **按：** 1936年1月16日，《佛教日报》刊有《弘一法师在泉宏法概志——男众养老院开示念佛并书联结缘，提倡整理惠安佛教亲往讲演》，写曰："弘一法师去岁十二月在闽宏法，卓锡泉州各处，曾志昨报。顷闻师日前复承当地过化亭

① 弘一大师：《惠安弘法日记》，收《弘一大师全集》第八册・文艺卷、杂著卷、书信卷，福建人民出版社2019年12月第3版、修订2版，第199—200页。
② 弘一大师：《惠安弘法日记》，收《弘一大师全集》第八册・文艺卷、杂著卷、书信卷，福建人民出版社2019年12月第3版、修订2版，第199—200页。
③ 弘一大师：《惠安弘法日记》，收《弘一大师全集》第八册・文艺卷、杂著卷、书信卷，福建人民出版社2019年12月第3版、修订2版，第199—200页。
④ 弘一大师：《惠安弘法日记》，收《弘一大师全集》第八册・文艺卷、杂著卷、书信卷，福建人民出版社2019年12月第3版、修订2版，第199—200页。
⑤ 弘一大师：《惠安弘法日记》，收《弘一大师全集》第八册・文艺卷、杂著卷、书信卷，福建人民出版社2019年12月第3版、修订2版，第199—200页。
⑥ 弘一大师：《惠安弘法日记》，收《弘一大师全集》第八册・文艺卷、杂著卷、书信卷，福建人民出版社2019年12月第3版、修订2版，第199—200页。
⑦ 弘一大师：《惠安弘法日记》，收《弘一大师全集》第八册・文艺卷、杂著卷、书信卷，福建人民出版社2019年12月第3版、修订2版，第199—200页。
⑧ 此信福建人民出版社2019年12月版《弘一大师全集》（第3版，修订2版）第八册・文艺卷、杂著卷、书信卷第476页收录，标"一九三五年旧十二月四日，晋江草庵"。

‘男众养老院’院长叶青眼居士礼请，至该院为诸人说法。师以净土法门，三根普摄简便易行，特劝诸老者安心念佛，以求往生，谆谆开导，恺切异常。在院住有十余日，院众莫不信受，发愿一心持名念佛，或有请师书赐墨宝，以资纪念者，亦各满其愿。一时书联竟达千余幅，其慈悲利世之心，于此亦可想见也。师以邻县惠安佛教颇形不振，适该地善信专函奉请前往讲演，机缘巧遇，乃于昨十二月中旬，偕同闽省第四区行政督察黄专员元秀，乘车莅临，该县缁素特开盛大欢迎会，师即为之宣讲阿弥陀经，及佛教之前途各种问题，以极明浅之言辞，演甚深微妙之理，听者如饮醍醐，法喜充满，叹未曾有。师复拟就该地组织佛教会从事根本整理，以利进行。旋以泉地事缘促归，未果。闻将于下月应高山广然师之请，宣讲地藏本愿经时再筹划具体办法云。”1936年2月16日《佛学半月刊》第6卷第4号又刊出《弘一法师在泉宏法》。

附记：文物出版社2017年10月版陈飞鹏整理《弘一法师书信全集》第363页收录致李芳远函一通，时间标1935年“冬”，地点标“晋江草庵”。此信福建人民出版社2019年12月版《弘一大师全集》（第3版，修订2版）第八册·文艺卷、杂著卷、书信卷未收。《弘一法师书信全集》对此信有“案”，曰辑自保利（厦门）国际拍卖有限公司2017年6月25日春拍。供参考。信曰：

今惠安灵瑞山禅寺山门。摄于2019年5月。

芳远居士慧鉴：

惠书昨始递到，诸承关念至用感谢。净峰寺住持九月辞职后，朽人亦随彼往泉州乡间度岁，在此养静方便闭关。朽人近来衰颓日甚，不能写大字，嘱书横额尚未能工，小字亦俟精神佳时方可加墨也。望曲谅之。不宣。

演音

冬，曾赴灵瑞山寺。**按：**灵瑞山寺位于惠安县灵瑞山，始建于五代梁乾化二年（912），初名广福寺，北宋时改名为圆常寺，南宋时以山名名寺，今全称灵瑞山禅寺。

书“归依佛法僧勤修戒定慧，弘扬大乘理利益诸众生”联。款识“静居堂供养。二十四年仲冬，晋水尊胜院一音书”；钤印“大心”。①

年底，卧病草庵时书遗嘱交传贯法师，云：“余终前，请在帐外，

① 晋江市文化和旅游局等主办：“最后之胜利——纪念弘一大师诞辰140周年暨手书墨宝、拓片展览”，2020年11月25日至12月24日，晋江市博物馆。

助念佛号。但亦不必常常念。命终后，勿动身体，锁门历八小时。八小时后，万不可擦身体及洗面，即以随身所着之衣，外裹破夹被，卷好，送往楼后之山凹中。历三日。有虎食，则善。否则三日后，即就地焚化。焚化后再通知他位，万不可早通知。余之命终前后，诸事极为简单，必须依行。否则是逆子也。演音启。”① **按：** 病床上有“草庵钟”，自谓：“我那一回大病，在草庵住了一个多月。摆在病床上的钟，是以草庵的钟为标准的。而草庵的钟，总比一般的钟要慢半点。我以后虽然移到南普陀，但我的钟还是那个样子，比平常的钟慢两刻，所以‘草庵钟’就成了一个名词了。这件事由别人看来，也许以为是很好笑的吧！但我觉得很有意思。因为我看到这个钟，就想到我在草庵生大病的情形了，往往使我发大惭愧，惭愧我德薄业重。”②

是年，书四言联“三归成就，五戒庄严”赠许全发居士。署名沙门一音。③

书题并附记的卢世侯绘《地藏菩萨九华垂迹图》由佛学书局出版。

指导高文显著《韩偓》（该书于 1984 年由台湾新文丰出版公司出版）④

在泉州再治并完成《蕅益大师年谱》。其小序曰：“依大师自撰《八不道人传》，及成时《续传》录写。复检《宗论》中诸文增改，并参考别行诸疏序跋补订焉。己未，居钱塘，初稿。辛酉，掩室永嘉，改纂。乙亥，住温陵月台再治。老病缠绵，精力颓弊，未能详密校理，殊自恧也。年谱诸文，虽有撮略，或加润饰，但悉有所据。若述私意，则写双行小字，上冠案字，以区别也。”⑤ **按：** 弘一大师另有《南山道宣律师年谱》《灵芝律师年谱》，所撰时间不详。分别收《弘一大师全集》（第 3 版，修订 2 版）第七册·佛学卷、传记卷、序跋卷，福建人民出版社 2019 年 12 月版，第 591—594 页和 594—596 页。

书“等与一切群生乐”。款识“绵松居士供养。乙亥，月音书”；钤印佛肖印、“辟”。⑥

---

① 弘一大师：《乙亥草庵遗嘱》，收《弘一大师全集》第八册·文艺卷、杂著卷、书信卷，福建人民出版社 2019 年 12 月第 3 版、修订 2 版，第 207 页。

② 弘一大师：《南闽十年之梦影》，收《弘一大师全集》第八册·文艺卷、杂著卷、书信卷，福建人民出版社 2019 年 12 月第 3 版、修订 2 版，第 201—203 页。

③ 夏宗禹编：《弘一大师遗墨》，华夏出版社 1999 年 1 月第 2 版，第 75 页。图片不清晰，款识和钤印无法准确辨认。

④ 郑国权：《功德无量的文化事业——访沈继生谈穷搜细编“弘一法师全集”的甘苦历程》，载 1993 年 2 月 1 日（台北）《思源》第 25 期。

⑤ 弘一大师：《蕅益大师年谱》小序，收《弘一大师全集》第七册·佛学卷、传记卷、序跋卷，福建人民出版社 2019 年 12 月第 3 版、修订 2 版，第 596 页。

⑥ 中华书道学会编：《弘一大师墨迹文物图录》，（台北）中华书道学会 1996 年 7 月印行，第 30 页。

社会评介择要

洛田：《丰子恺因为白菜豆腐饭信佛完全是受了弘一法师的影响》，载1935《方舟》第1期。

曹聚仁：《李叔同先生》，收《笔端》，（上海）天马书局1935年1月版。

（佛学书局）本局最新出版：弘一法师辑《人生之最后》，载1935年2月16日《佛学半月刊》第97期。

（佛学书局）本局最新出版：弘一法师辑《人生之最后》，载1935年3月1日《佛学半月刊》第98期。

（佛学书局）本局最新出版：《地藏菩萨九华垂迹图》（卢世侯居士绘，影印本一册定价大洋六角）、弘一法师辑《人生之最后》，载1935年3月16日《佛学半月刊》第99期。

《杭州艺坛访问记（三）·国人东渡专究美术以李叔同为第一，如今一衿破衲两袖清风已绝尘世缘》，载1935年3月27日《东南日报》。

《护生画集》广告，载1935年4月1日《佛学半月刊》"第100期纪念增刊"（第5卷第7号）页眉。

《杭州艺坛访问记（八）·自称小沙弥弘一法师拒人于千里之外，儿女情深异国少妇偕混血儿嘤嘤啜泣》，载1935年4月10日《东南日报》。

（佛学书局）本局最新出版：《弘一上人法书》、《地藏菩萨九华垂迹图》，载1935年4月16日《佛学半月刊》第101期。

（佛学书局）"本局最新出版"广告，载1935年5月1日《佛学半月刊》第5卷第9号。

钦文：《郁达夫丰子恺合论》，载1935年5月20日《人间世》第28期。

道屏：《弘一律师印象记》，载1935年6月1日《人海灯》第2卷第13期。

（佛学书局）"本局最新出版"封面广告（卢世侯居士绘，弘一法师题字《地藏菩萨九华垂迹图》），载1935年6月1日《佛学半月刊》第5卷第11期封面。内页又有"本局重版新书"广告。

（佛学书局）"本局最新出版"广告（卢世侯居士绘，弘一法师题字《地藏菩萨九华垂迹图》），佛学书局流通广告（《护生画集》），载1935年6月16日《佛学半月刊》第5卷第12号。

赵景深：《丰子恺和他的小品文》，载1935年6月20日《人间世》第30期。

（佛学书局）"本局最新出版"广告（卢世侯居士绘，弘一法师题字《地藏菩萨九华垂迹图》），载1935年7月1日《佛学半月刊》第5卷第

13号。

（佛学书局）“本局最新出版”广告（卢世侯居士绘，弘一法师题字《地藏菩萨九华垂迹图》），载1935年7月16日《佛学半月刊》第5卷第14号。

（佛学书局）“本局最新出版”广告（弘一上人法书《佛说无常经》《佛说略教诫经》《增壹阿含经》《杂阿含经》《本事经》），载1935年8月1日《佛学半月刊》第5卷第15号。

《地藏菩萨九华垂迹图》广告，载1935年8月13日《护生报》。

（佛学书局）“本局最新出版”广告（弘一上人法书《佛说无常经》《佛说略教诫经》《增壹阿含经》《杂阿含经》《本事经》）、《地藏菩萨本愿经白话解释》广告、“佛学流通”《护生画集》广告，载1935年8月16日《佛学半月刊》第5卷第16号。

小观：《一个看透了人生的李叔同》（未完），载1935年《平话》半月刊第7期。

小观：《一个看透了人生的李叔同》（续完），载1935年《平话》半月刊第8期。

世界佛教居士林代送结缘物品及书籍志谢：朱冀才《护生画集》（680本），载1935年10月《世界佛教居士林林刊》第40期。

佛学书局流通《护生画集》广告，载1935年11月1日《佛学半月刊》第5卷第21号。

高文显：《影印弘一法师手写无碍大悲心陀罗尼序》，载1935年11月16日《佛学半月刊》第5卷第22号。

（佛学书局）《四分律比丘戒相表》广告，载1935年12月1日《佛学半月刊》第5卷第23号。

1936年　丙子　57岁

社会文化事略

1月，上海各界救国会成立，沈钧儒任主席；2月，“左联”宣布解散；5月5日，国民政府公布《中华民国宪法草案》；5月21日，全国各界救国联合会在上海成立；6月7日，中国文艺家协会成立；10月19日，鲁迅在上海逝世；10月，红军一、二、四方面军在甘肃会宁会师，长征结束；11月22日，“七君子”被捕；12月12日，张学良、杨虎城发动西安事变。

生平事迹

1月1日（农历乙亥十二月初七日），《佛学半月刊》第6卷第1号载“本局出版大悲咒”（弘一上人写，丰子恺题画）广告。又载青年丛书《护生画集》广告。

弘一大师影像。

1月3日（农历乙亥十二月初九日），在晋江致性愿法师函。言规格略拟三种，呈奉；承送紫菜等，今晨始知，敬谢；瑞卫法师有《饬终津梁》，请检阅；助念生西会，宜分设各地，不限泉州一处；今岁元旦居万寿岩时，悉免往来拜年，明正亦尔，乞转达诸法师；性常法师已来草庵等。①

1月8日（农历乙亥十二月十四日），在晋江致王心湛函。言来信收到；近返泉州居乡间；《心湛铭》甚善等。②

《佛教日报》刊出《佛说阿弥陀经义疏撷录》（未完）。**按：**有“编者识”曰：“弘一法师，为当代大德戒行第一人。昨在禾山万寿岩道场宣讲《佛说阿弥陀经》，徇会众劝请，编刊讲义，师即依灵芝元照律师义疏，撷录要义，辑为一卷，名曰《义疏撷录》，简显易明，深浅俱备，洵三根善摄，最契时机之讲本也。亟录布以广传扬，并附志师原序于

① 此信福建人民出版社2019年12月版《弘一大师全集》（第3版，修订2版）第八册·文艺卷、杂著卷、书信卷第453—454页收录，标“一九三五年旧十二月九日，晋江草庵”。因乙亥十二月九日为公历1936年1月3日，故将此函置于本年。

② 此信福建人民出版社2019年12月版《弘一大师全集》（第3版，修订2版）第八册·文艺卷、杂著卷、书信卷第333页收录，标“一九三五年旧十二月十四日，晋江草庵”。因乙亥十二月十四为公历1936年1月8日，故将此函置于本年。

下，用明缘起。”《佛说阿弥陀经义疏撷录》福建人民出版社 2019 年 12 月版《弘一大师全集》（第 3 版，修订 2 版）各卷均未收录。

1 月 9 日（农历乙亥十二月十五日），《佛教日报》刊出《佛说阿弥陀经义疏撷录》（续一）。续文署名“僧胤”。

1 月 10 日（农历乙亥十二月十六日），《佛教日报》刊出《佛说阿弥陀经义疏撷录》（续二）。

1 月 11 日（农历乙亥十二月十七日），《佛教日报》刊出《佛说阿弥陀经义疏撷录》（续三）。

1 月 12 日（农历乙亥十二月十八日），《佛教日报》刊出《佛说阿弥陀经义疏撷录》（续四）。**按：**原报误写“续三”。

1 月 13 日（农历乙亥十二月十九日），《佛教日报》刊出《佛说阿弥陀经义疏撷录》（续五）。**按：**原报误写“续四”。

1 月 14 日（农历乙亥十二月廿日），《佛教日报》刊出《佛说阿弥陀经义疏撷录》（续六）。**按：**原报误写“续五”。

1 月 15 日（农历乙亥十二月廿一日），《佛教日报》刊出《佛说阿弥陀经义疏撷录》（续七）。**按：**原报误写“续六”。

1 月 16 日（农历乙亥十二月廿二日），《佛教日报》刊出《佛说阿弥陀经义疏撷录》（续八）。**按一：**原报误写“续七”。**按二：**是日《佛教日报》刊出《弘一法师在泉宏法概志——男众养老院开示念佛并书联结缘，提倡整理惠安佛教亲往讲演》一文。本年 2 月 15 日《海潮音》第 17 卷第 2 号刊载《弘一法师在泉州宏法近讯（泉州）》亦有相关报道。此阶段弘一大师卧病草庵，且病情严重，以上所记诸事或非近期所为。供参考。

《佛学半月刊》第 6 卷第 2 号载《寒笳集》广告，署：弘一法师辑。

1 月 17 日（农历乙亥十二月廿三日），《佛教日报》刊出《佛说阿弥陀经义疏撷录》（续九）。**按：**原报误写“续八”。

1 月 18 日（农历乙亥十二月廿四日），《佛教日报》刊出《佛说阿弥陀经义疏撷录》(续十)。**按:** 原报误写“续九”。

1月19日(农历乙亥十二月廿五日),《佛教日报》刊出《佛说阿弥陀经义疏撷录》(续十一,完)。**按:** 原报误写“续十”。

1月23日(农历乙亥十二月廿九日,除夕),在草庵病榻讲演。①

1月24日(农历正月初一日,春节),书菩萨四摄行“布施、爱语、利行、同事”。款识“丙子元旦晨试笔,时卧病草庵,沙门一音,年五十又七”;钤印“亡言”。②

1月29日(农历正月初六日),在晋江性愿法师函。言至今尚未起床,未能赴会;饮食已如常,惟体内未清,外症须渐渐而愈;附奉致广洽法师信,请为封口,速交邮局以快信寄去等。③

致广洽法师函:

广洽法师道鉴:

饮食如常,精神日旺,但外症等须渐渐而愈,未可着忙也。医士或其他有名之西医,精为选择。乞先购十二瓶带下至感。是疮甚轻,现已渐愈,乞勿念。

惠安讲经信,至今未收到。未知尊处已寄与福埔站否?近已托人到惠安询问。倘必欲讲(《地藏经》)者,惟有恳求瑞今法师代往。俟消息确定后,即托传贯师之父亲广谦师到厦门,迎陪瑞今法师同往,乞先为致意。若不讲者,即不来也。顺颂

法安

演音　正月六日

按: 此信福建人民出版社2019年12月版《弘一大师全集》(第3版,修订2版)第八册·文艺卷、杂著卷、书信卷第464页收录,标“一九三五年正月初六日,厦门万寿岩”。文物出版社2017年10月版陈飞鹏整理《弘一法师书信全集》第366页收录,以弘一大师卧病草庵之事考证为1936年正月六日,写信地点在草庵。确当。参见同日致性愿

① 弘一大师:《壬丙南闽弘法略志》,收《弘一大师全集》第八册·文艺卷、杂著卷、书信卷,福建人民出版社2019年12月第3版、修订2版,第200页。

② 上海市书法家协会编:《海派代表书法家系列作品集·弘一》(该卷主编刘一闻,副主编沈爱良),上海书画出版社2006年12月版,第248页。

③ 此信福建人民出版社2019年12月版《弘一大师全集》(第3版,修订2版)第八册·文艺卷、杂著卷、书信卷第454页收录,标“一九三六年正月六日,晋江草庵”。

法师函，此函或即为托性愿法师寄出之信。

1月31日（农历正月初八日），在晋江致夏丏尊函。言一月半前在乡间讲经，居于黑暗室中，感受污浊之空气，遂发热、神志昏迷，后患皮肤外症极重，为生平所未经历；近十日来，饮食如常，热已退尽，外症不能速愈；拟继续购日本古书，请施日金六百元，托内山书店汇去，附购书单；病中蒙寺中照顾，请另汇四十元寄南普陀寺广洽法师处，其中二十元感谢寺中优待，余二十元自用等。[①] 所附书单开头写曰：

其中堂书店公鉴：

拜启：新岁贵店昌荣，谨以奉贺。兹寄银行支票金六百元，请受纳。希邮寄下列书籍为盼……

函署“厦门南普陀寺释弘一（律师）”

按：此信（书单）福建人民出版社2019年12月版《弘一大师全集》（第3版，修订2版）第八册·文艺卷、杂著卷、书信卷第498—499页收录，标“一九三六年春，厦门南普陀寺”。文物出版社2017年10月版陈飞鹏整理《弘一法师书信全集》第375—376页收录，时间标1936年“春”，地点标“厦门南普陀寺”，皆误。1月31日（农历正月初八日）在晋江致夏丏尊函中言及施日金六百元，托内山书店汇去，并写明附购书单，而书单中亦言六百元。故此书单系与致夏丏尊函同时，地点应系晋江草庵。函署“厦门南普陀寺释弘一（律师）”或因不久将赴厦门，或表明自己的身份等。此书单曾以《致日本名古屋其中堂书店启》之题刊于1943年《学术界》第1卷第4期李芳远辑《弘一大师书牍（续）》中，文字表述略有区别。

致广洽法师函：

瑞今、曦二法师来，携到文物，已收到，感谢无尽。仁者不甚康健，可以缓来（不久即立春）。以后有药水等，托他人带来可也。近向日本请经甚多，共计七八百册，寄至南普陀寺弘一收。乞仁者费神代领。但书太多，恐海关留难，乞托邮局黄居士为之设法何如？又上海不久汇洋四十元致尊处，转交余收。亦乞代领。图章一方，托瑞今法师面交，以备领书领款时用。以后有他处寄与之信件，皆乞仁者一一拆阅（恐内有汇票，又恐有他要事也）。谨陈，

① 此信福建人民出版社2019年12月版《弘一大师全集》（第3版，修订2版）第八册·文艺卷、杂著卷、书信卷第315页收录，标“一九三六年正月初八日，晋江草庵”。

不宣。

演音启　正月初八日

附一函致夏居士，乞为挂号寄去，至感。

按：此信福建人民出版社2019年12月版《弘一大师全集》（第3版，修订2版）第八册·文艺卷、杂著卷、书信卷第464页收录，标“一九三五年正月初八日，厦门万寿岩”。文物出版社2017年10月版陈飞鹏整理《弘一法师书信全集》第365页收录。因信中有“不久即立春”句，后者根据1935年立春时间和1936年立春时间考证，证明写于1936年正月初八日，即公历1月31日，写信地点在晋江草庵。确当。写此信后又有一函致广洽法师：

广洽法师道鉴：

年终二十七日，曾交工人信一件，付安海邮局。本拟挂号，彼不允许，故仅贴邮票五分，未知已收到否？信内所述者，恳为惠施三物：

一、绿豆一大口袋（做稀饭用）。

二、石炭酸一瓶。

三、血清药水（系内服者）一打，计十二瓶。

因此次生外疮，血已污浊不清。故今全身常痒，又生小疮甚多。故必须多服血清药水，令血清洁，自然诸病自愈矣。但不知血清药水（内服者）以何种为最好？乞为请问陈天恩。

演音

按：此信福建人民出版社2019年12月版《弘一大师全集》（第3版，修订2版）第八册·文艺卷、杂著卷、书信卷第464页收录，标“一九三三年底，晋江草庵”。文物出版社2017年10月版陈飞鹏整理《弘一法师书信全集》第365—366页收录，时间标1936年“正月”，地点标“晋江草庵”，有“案”，以为“弘一法师第二次自惠安弘法归来，即病卧晋江草庵。正月中旬，到厦门找名医黄丙丁医治。信中询问年终27日曾发一函，可知此信发出应在正月初八致广洽法师函之后。据此推测，此信似应写于1936年正月初到厦门之前为合理。”基本合理。准确说当写于正月上中旬赴厦门之前。

2月1日（农历正月初九日），在晋江致胡宅梵函。告知病况；前存金仙寺书架有《华严玄谈》《梵本普门品》《华严搜玄记》，请检出付邮寄至南普陀寺广洽法师转交；感谢代料理流通《日省录》及佛号直幅等。①

致高文显函。感谢赠送食物；言病中情形；告杭世骏为清初最有名之学者，其说可靠。在俗时颇喜诵其文字；请考周尺之量；请画营造尺样等。②

《佛学半月刊》第6卷第3号载“本局出版卢世侯绘（弘一大师书）《地藏菩萨九华垂迹图》广告。该期刊出《菩萨戒受随纲要表》，款“龙集乙亥十月一日于惠安净峰寺集录，署名：沙门一音”。该期又刊出《佛说阿弥陀经义疏撷录序》，署名“弘一”。

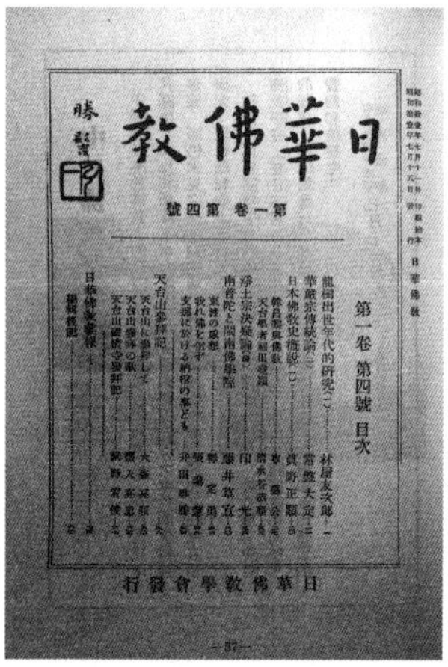

弘一大师题“日华佛教”。

《日华佛教》第1卷第2号出版发行。**按：**题刊名，署“胜髻”；钤印“弘一”。该刊编辑者及发行人为成田昌信，发行所位于东京市神田区三崎町一丁目七日华佛教学会。

《人海灯》第3卷第2期刊出澹云《华清略传》，介绍华清法师，以为其“深为弘一律师所赞颂”。

2月7日（农历正月十五日），在晋江致性常法师函：

性常法师：

惠书，诵悉。承诵经回向，至感。谨复，不宣。

正月十五日　演音疏

按一：此信福建人民出版社2019年12月版《弘一大师全集》（第3版，修订2版）第八册·文艺卷、杂著卷、书信卷第476页收录，标“一九三六年正月十五日，厦门南普陀寺”。文物出版社2017年10月版陈飞鹏整理《弘一法师书信全集》第369页收录，地点标“晋江草庵”。因弘一大师于正月十六日才至厦门，故《弘一法师书信全集》所标合理。可参见本年2月25日（农历二月初三日），在厦门致性愿法师函。**按二：**是日前之正月间，在晋江致佛教养正院诸法师。感谢来信，介绍病况等。③ 又致啸川函。介绍草庵门联等。④

① 此信福建人民出版社2019年12月版《弘一大师全集》（第3版，修订2版）第八册·文艺卷、杂著卷、书信卷第401页收录，标“一九三六年正月九日，晋江草庵”。

② 此信福建人民出版社2019年12月版《弘一大师全集》（第3版，修订2版）第八册·文艺卷、杂著卷、书信卷第406页收录，标“一九三六年正月初九日，晋江草庵”。

③ 此信福建人民出版社2019年12月版《弘一大师全集》（第3版，修订2版）第八册·文艺卷、杂著卷、书信卷第497页收录，标“一九三六年旧一月，晋江草庵”。

④ 此信福建人民出版社2019年12月版《弘一大师全集》（第3版，修订2版）第八册·文艺卷、杂著卷、书信卷第414页收录，标“一九三六年正月，晋江草庵”。啸川即俞啸川，生于1903年，福建晋江人，一别号少川，晚年自号愚叟，曾移居菲律宾，回国后一度担任厦门晚报副刊编辑，曾在泉州开元慈儿院任教，1987年5月自印《啸川诗文集》。

2月8日（农历正月十六日），抵厦门南普陀寺安养。在病床上仍放“草庵钟”。**按**：1936年3月12日《佛海灯》第1卷第5期刊出“佛教消息”（之二），写曰：“厦门天人师范当代律学龙象弘一大律师，于二月八日从泉州至厦，下榻于南普陀寺。大师因宏律过度，以致法躬违和。来厦就医，一俟恢复康健后，即闭关于鼓浪屿之日光岩，谢绝交际，专心编述南山律宗，严净戒律云。”赴厦门前数日在晋江致念西、丰德法师函。介绍病况，感谢诵经，二三日后拟往厦门就医，病愈后拟到泉州小住数日（或往惠安住数日）再返厦门等。[①]

2月8日至22日间（农历正月十六日至三十日间），在厦门就医，得医学博士黄某看病。[②]

在厦门致夏丏尊函。言感谢施资；病已渐愈等。[③]

在厦门南普陀寺佛教养正院作开学演讲，题为《青年佛徒应注意的四项》。[④] **按**：1936年5月15日《海潮音》第17卷第5号刊出“厦门通讯”《弘一法师讲四分律》，写曰：“弘一法师，自去年于惠安受各界热烈欢迎讲演佛法后，因辛劳过度，法体违和。遵医嘱，初赴泉州安海间之草庵寺疗养，嗣以该处，交通不便，延医服药，颇感困难，经其弟子数度劝请，始允来厦调养，卓锡南普陀寺，每日延请医学博士黄丙丁先生，来寺施治。现渐痊后，精神恢复，师复自动发心，拟在养正院内，宣讲《四分律含注戒本》全部。开讲日期，当俟再过半月以后，及各处学律诸人齐集，始能决定，此时正积极重治讲义。该讲义拟先用油印印行，以便开讲时，惠赐学者，作为参考资料，俾听者易于了解，而获实益。其婆心救世，为法真切，诚非末世之流所能与之颉颃。闻法师宣讲后，即欲赴鼓浪屿日光岩，方便闭关，并欲在关内，一面随喜讲解律学，一面编译新由日本购来之律学古书籍，及编译南山律苑丛书云。”[⑤]

2月12日（农历正月廿日），《佛海灯》第1卷第4期刊出《律学要略》（未完），署“弘一律师讲，万泉记录”。同期“佛教消息”载：

又讯：大开元寺桑莲特刊赠《龙袴国师传》，不日出版，各界缁

① 此信福建人民出版社2019年12月版《弘一大师全集》（第3版，修订2版）第八册·文艺卷、杂著卷、书信卷第485页收录，标“一九三六年二月，晋江草庵”。念西律师，名义俊，福建漳州人，出家石室岩，专修净土法门，曾从弘一大师学律，著有《念西集》《龙袴国师传》等。丰德即性常法师。

② 弘一大师：《南闽十年之梦影》，收《弘一大师全集》第八册·文艺卷、杂著卷、书信卷，福建人民出版社2019年12月第3版、修订2版，第201—203页。

③ 此信福建人民出版社2019年12月版《弘一大师全集》（第3版，修订2版）第八册·文艺卷、杂著卷、书信卷第315—316页收录，标“一九三六年旧一月下旬，厦门南普陀寺”。

④ 福建人民出版社2019年12月版《弘一大师全集》（第3版，修订2版）第七册·佛学卷、传记卷、序跋卷第561—563页收录。

⑤ 原文标点均用逗号，存录时根据文意略作校订。

素欲索请者，可附邮费一分，即能照赠一册，先行登记，俟出版时分别先后寄赠，愿请从速，免抱向偶。

印赠龙袴国师传

龙袴国师，明神宗朝人也，隐居闽漳三峰，闲云石室，栖心净土，劝念弥陀，涧饮木食，清苦自若。经十三年之潜修，后乃龙天推出，廿余载之显化，以其为国太万历圣母超度，示现神感甚异，见封国师之荣名，及赐龙袴一段因缘。事迹广载于传，文约五千余言，念西法师，著述丰富，文笔精彩，曾经弘一上人鉴定，并签叙，有赞之曰：念西禅师，今之闽南高僧也，专弘净业，著作甚丰，近以所撰龙袴国师传见示，披卷讽读，叹为希有。文笔朴拙，不假修饰，弥益古趣，丰德性常律师，拟以付流布，而资亡己冥福。孝思肫诚，尤足多焉。然此传现正在排印中，不日将出版，公诸同好。凡各缁素志修净土者，手此一编，法昔贤之高蹈，则获盖靡浅矣。今特露报端，海内诸善友，欲阅是传者，函附邮票一分即寄。惟个人衹限一份，团体多少另议。赠书处：福建泉州西街大开元寺，桑莲特刊社。

又讯：弘一律师在闽南宏法，迭志各佛（物）教刊物，顷悉大师日昨复承当地“男众养老院”叶青眼居士礼请，至该院为众说法。大师以净土法门，三根普摄简便易行，特劝导诸老者安心念佛，以求往生。谆谆开导，恺切异常。在院住有十余日，院众莫不信受，发愿一心持名念佛，或有请大师，书赐墨宝，以资纪念者，亦各满其愿，一时书联竟达千余幅，其慈悲利世之心，于此亦可想见也。

同期“佛教消息”载：“厦门南普陀寺养正院，创办自客秋弘一律师倡始，以其闽南一班年轻出家，不通外省音语，无由入闽南佛学院之研习，甚为乏人栽培文字与佛法，似悠悠而徒老大。师垂哀怜故，乃令其弟子广洽法师，向常住诸领职及方丈和尚说之，皆获同意赞成。至成立者，即令其智慧弟子瑞今法师，主院务之教任，律师亲自为选所教之书及与定课，俾学易进步，教能契机，自开办年余以来，成绩颇佳，慕学日益，已达至三十余名，分为高初两级。今秋聘洽为监学法师，胜进居士为教外学。院规愈加严整，教者学者亦加笃勤。吾其谓本地僧教之发达者，自可与闽南学院，犹双烛而并腾辉，同普陀丛林，如一炉以共熏爇，众僧安和，诸佛欢喜，识者以为师子窟，将有产师子儿之哮吼，是乃从小学发展中，放无尽光明灯而编相大千世界，其在教育人材之造就矣。”（“师”原文如此，疑为“狮”）

同期“佛教消息”载：“惠安佛教颇形不振，该地善信专函奉弘一大师前往讲演。大师宏法心切，悲悯众生故，于上月中旬偕同该省四区行政督察专员黄文叔大居士，乘车莅临该县，四众特开盛大欢迎会。大师即为之宣讲《阿弥陀经》竟，并演讲佛教之前途各重要问题，以极明浅之言辞，演甚深妙之理，听者如饮醍醐，法喜充满，叹未曾有。大师复拟就该地组织佛教会从事根本整理，以利进行，旋以泉州事缘促归，未果。闻将于本月应高山广然法师之请，宣讲地藏本愿经时，再筹划具体办法，指导进行云云。”

2 月 13 日（农历正月廿一日），在厦门致丰德（性常）法师函：

丰德法师慧鉴：

前函想已收到。闻鼓山有人乞仁者介绍来厦学律。案现在已有数人真实发心学习，故朽人拟于闭关后（二月拟来泉因事小住，闭关或稍延期），每星期二、四、六讲《含注戒本》（择要讲）及《羯磨》，星期日讲《菩萨戒本宗要》。但日光岩不能住，凡学律者皆住厦门，随时渡海往听可耳（上半年讲否未定，若不讲者，应先自预备，亦甚忙也）。旧病已渐愈，乞勿念。不宣。

义俊法师乞代致候。

演音启　正月廿一日

按：此信福建人民出版社 2019 年 12 月版《弘一大师全集》（第 3 版，修订 2 版）第八册 • 文艺卷、杂著卷、书信卷，第 477—478 页和文物出版社 2017 年 10 月陈飞鹏编《弘一法师书信全集》406 页收此信时均注为 1937 年农历正月廿一日。西泠印社出版社 2018 年 4 月版张一德著《弘一大师在厦门》第 373 页为 1936 年正月廿一日。根据前后史实，当以《弘一大师在厦门》为准。

2 月 15 日（农历正月廿三日），《海潮音》第 17 卷第 2 号刊出《弘一法师在泉州宏法近讯》（泉州讯）。

1936 年 2 月 15 日《海潮音》第 17 卷第 2 号刊出的《弘一法师在泉州宏法近讯》。

2 月 21 日（农历正月廿九日），是日起在厦门往黄丙丁医师处就医，日往一次。[①] **按：**就医后有函致曾词源。言书签写奉；宿疾已愈十之有八，再迟一月，或可痊愈；如晤蔡居士，请为询病愈后如何酬谢黄博士等。[②]

① 参见 2 月 25 日（农历二月初三日）致性愿法师函。

② 此信福建人民出版社 2019 年 12 月版《弘一大师全集》（第 3 版，修订 2 版）第八册 • 文艺卷、杂著卷、书信卷第 415 页收录，标“一九三六年春，厦门南普陀寺”。曾词源（1906—1967），福建惠安人，在厦门从事教育多年。

2月22日（农历正月三十日），在厦门致克定法师函：

克定法师慧鉴：

惠书诵悉。尊论甚是。但朽人久居闽南，不欲他往者，以其气候颇适老病之体。故数年以来，虚云慈舟诸长老屡命移住鼓山，悉以辞谢。今亦未能往也。闭关尚无定期。或改为方便，或延期入关。因泉州等处（尚）有弘法诸事未了。宿疾犹未愈，愈后即往泉州也，谨复，并谢厚意。顺颂诸上人法安。

弘一谨启　正月晦日[①]

按：此信福建人民出版社2019年12月版《弘一大师全集》（第3版，修订2版）第八册·文艺卷、杂著卷、书信卷未收。转引自张一德《弘一大师在厦门》，西泠印社出版社2018年4月版，第373页。写信地点和时间为张一德据史料考证。录写时“尚”字使用括号，系因书信原件模糊不清，经辨认当为“尚”字。

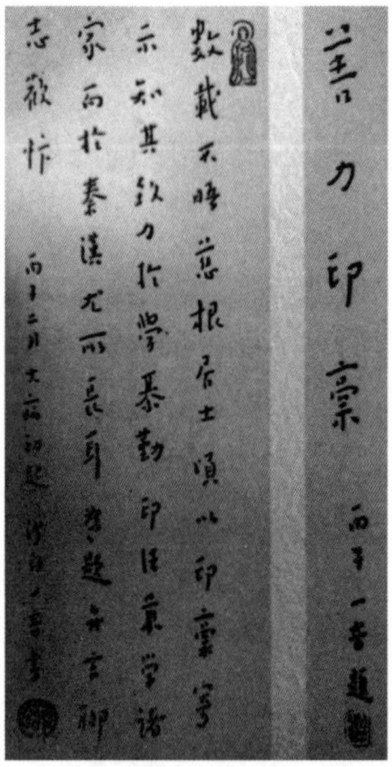

1936年农历二月，弘一大师为毛善力《善力印稿》题签。

写此信前后有致性常法师函：“性常法师：惠书，诵悉。将来讲律，在日光岩关房中。闻慈舟老人已往山东闭关。学侣大半散去。所余之少数，现由克定法师暂为管理。彼曾来函请余往鼓山，任学苑事，余未允也。仁者若致函与彼等，宜写明由克定法师转交。因恐彼等已离鼓山也。介绍可以不须，仅可云旁听，一切费用自备。率复。不具。演音启。”此信福建人民出版社2010年10月版《弘一大师全集》第八册·文艺卷、杂著卷、书信第476页收录，标“一九三六年二月，厦门南普陀寺”。文物出版社2017年10月版陈飞鹏整理《弘一法师书信全集》第335页收录，时间标1935年“旧正月”，地点标“厦门万寿岩寺”。后者误。弘一大师与日光岩发生关系是在1936年。若信写于1935年，则不会说“将来讲律，在日光岩关房中”，且与2月22日（农历正月三十日）在厦门致克定法师函参读，可确认写于1936年。[②]

2月23日至3月22日间（农历二月），为毛善力《善力印稿》题签，题签款识“丙子，一音题”；钤印“弘一”。作《〈善力印稿〉弁言》，署“丙子二月，大病初起，沙门一音书”；钤印“辟”。对毛善力印稿评价颇高：“数载不晤慈根居士，顷以印稿寄示，知其致力于学甚

① 克定法师，江苏扬州人，俗名刘名儒，曾就学于南京高等师范学校，曾任上海商务印书馆编辑，出家后曾于福州鼓山任教，亦至厦门南普陀寺从弘一大师学律，1937年12月1日病逝于厦门万石岩。其子刘光华。《弘一大师全集》《弘一法师书信全集》均收有弘一大师致刘光华函二通。

② 慈舟老人即慈舟法师（1877—1957），湖北随县人，曾任苏州灵严寺住持，一度讲学于福州鼓山涌泉寺。

勤，印法兼学诸家，而于秦汉尤所长耳。为题弁言，聊志欢忭。”[①]

在厦门作《本妙法师〈般若心经论解〉序》，署“龙集丙子二月南山律苑沙门弘一演音撰。”[②]

中旬在厦门致夏丏尊函。言疾病已由黄丙丁博士医治，不久可痊愈；其中堂函已直接寄去；江翼时居士所寄之书已收到等。[③]

在厦门致蔡丏因函。言来信十日前阅；所寄宣纸未收到，收到后当写奉等。[④]

2月25日（农历二月初三日），在厦门致性愿法师函。言资寿寺事，当随力赞助；于十六日到厦门就医，廿九日往诊，日往一次。据医云，已系慢性，何时往泉州，难以预定；叶青眼居士处请代为致意，所拟日期，恐难如愿。期盼早日痊愈等。[⑤]

2月（农历正月初九日至二月初七日），在厦门致夏丏尊函。言十二月十八日来函，昨日才阅读；感谢印《表记》，并寄至厦门四百册也早已收到。代收者其时或往泉州，忘写回信等。[⑥]

3月1日（农历二月初八日），《佛学半月刊》第6卷第5号（第122期）刊出《净宗问辨》，署“弘一法师于万寿岩讲”。

3月12日（农历二月十九日），《佛海灯》第1卷第5期刊出《律学要略》（一续），署名：弘一律师讲，万泉记录。“佛教消息”：“厦门天人师范当代律学龙象弘一大律师，于二月八日从泉州至厦，下榻于南普陀寺。大师因宏律过度，以致法躬违和。来厦就医，一俟回复康健后，即闭关于鼓浪屿之日光岩，谢绝交际，专心编述南山律宗，严净戒律云。”

3月13日（农历二月廿日），《佛教日报》刊出《律学要略》，署名：

---

① 中共江山市委宣传部编：《毛善力书法集》，西泠印社出版社2016年5月版，第6页。《〈善力印稿〉弁言》收《弘一大师全集》第七册·佛学卷、传记卷、序跋卷，福建人民出版社2019年12月第3版、修订2版，第629页。

② 弘一大师：《本妙法师〈般若心经论解〉序》收《弘一大师全集》第七册·佛学卷、传记卷、序跋卷，福建人民出版社2019年12月第3版、修订2版，第629页。

③ 此信福建人民出版社2019年12月版《弘一大师全集》（第3版，修订2版）第八册·文艺卷、杂著卷、书信卷第316页收录，标“一九三六年旧二月中旬，厦门南普陀寺”。

④ 此信福建人民出版社2019年12月版《弘一大师全集》（第3版，修订2版）第八册·文艺卷、杂著卷、书信卷第350页收录，标“一九三六年二月，厦门南普陀寺”。

⑤ 此信福建人民出版社2019年12月版《弘一大师全集》（第3版，修订2版）第八册·文艺卷、杂著卷、书信卷第454页收录，标“一九三六年旧二月三日，厦门南普陀寺”。

⑥ 此信福建人民出版社2019年12月版《弘一大师全集》（第3版，修订版）第八册·文艺卷、杂著卷、书信卷第315页收录，标“一九三六年阳历二月，厦门”。

弘一律师讲，万泉记录。

3月15日（农历二月廿二日），《佛教日报》刊出《律学要略》（二续），署名：弘一律师讲，万泉记录。[①]

3月16日（农历二月廿三日），《佛学半月刊》第6卷第6号载“本局出版弘一上人书大悲咒”广告。《佛教日报》刊出《律学要略》（三续），署名：弘一律师讲，万泉记录。

3月17日（农历二月廿四日），《佛教日报》刊载万泉记录的在承天寺律仪法会所讲之《律学要略》（四续）。

在厦门致性常法师函：

丰德律师道席：

送上《毗尼作持》一部，又奉赠《华严音义》二册，新版《四分表记》二册，（锌版印，后有目录。）《律学要略》四册（错字甚多），《青年注意》四册（二月在养正院讲）。乞与念西法师分受之，并乞代为致候。近由日本请购古版书籍甚多。《行宗记会本》《济缘记会本》皆请到。此为余十数年来求觅不可得者。今者因缘巧合，三大部会本悉已齐备，不胜庆忭。鼓山已来二位（克定师及某师），住妙释寺。谨陈，不宣。

演音启　旧二月廿四日

按：此信福建人民出版社2019年12月版《弘一大师全集》（第3版，修订2版）第八册・文艺卷、杂著卷、书信卷第478页收录，标“一九三七年旧二月廿四日，厦门南普陀寺”。文物出版社2017年10月版陈飞鹏整理《弘一法师书信全集》第378页收录，时间标1936年“旧二月二十四日”，地点标“厦门南普陀寺”。后者确当，但纠正前者未说明理由。信中有“《青年注意》四册。（二月在养正院讲。）”句。弘一大师于1936年正月中下旬养正院开学日讲《青年佛徒应注意的四项》，而于鼓山克定法师等发生关系亦在此期间。故此信当写于1936年3月17日（农历二月廿四日），地点在南普陀寺。

春，在厦门致广洽法师函。言在泉州百源庵有大篾箱一个，大纸包香一包。在性愿法师处有龙眼一包。以上三件请带至厦门；关房宜防鼠

① 暂未在《佛教日报》见有该文之前面部分。

入；到厦门住功德楼上；印西法师信片上，请写地址；牛皮纸二十张，请早带下；李圆净信及书一册，请代寄；关房圆洞门宜稍大；诸书请用牢固之纸包妥挂号寄下等。[①]

3月23日至4月20日间（农历三月），在厦门作《手书〈乙亥惠安弘法日记〉赠曾词源并序》。署“岁次玄枵、月旅姑洗南山律苑沙门一音”。[②] 时将掩室日光岩，曾词源居士以素贴索书，因择《乙亥惠安弘法日记》赠之。

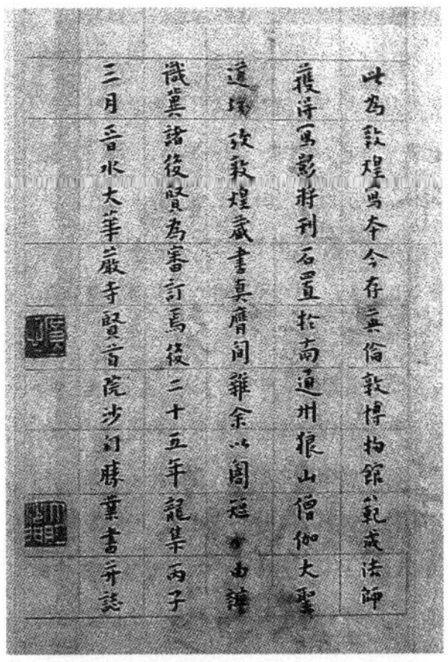

1936年农历三月弘一大师跋《敦煌写本》。

在厦门致夏丏尊函。言近获扶桑古书多册。书中所述时代，不解其所指何时。如有说明种种时代年限之表的日本书，请代购一册；日本古书中所述泉州，是否在大阪附近，今为何地，便中请问内山居士等。[③]

作《记陈敬贤居士轶事》，署：“后二十五年岁次玄枵，月旅姑洗，晋水南山律苑沙门一音书。”[④]

书篆联“能于众生施无畏，普使世间得大明”。款识“丙子又三月，沙门一音书”；钤印“音”。[⑤]

跋《敦煌写本》。署“后二十五年龙集丙子三月，晋水大华严寺贤首院沙门胜业书并志”；钤印“广心”、“大明沙门”。[⑥]

毛善力为刻印“音”，边款“丙子三月，善力”。“亡言”，边款“丙子三月，善力刻”。

3月23日（农历三月初一日），《佛教日报》刊载仁开记录的于丙子正月在养正院开学日所讲之《青年佛徒应注意的四项》。

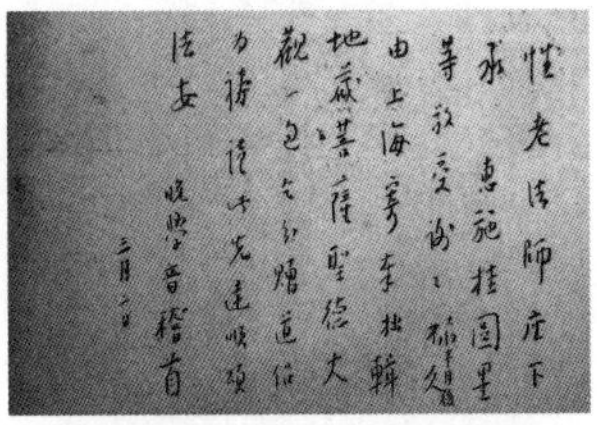

1936年3月24日，弘一大师致性愿法师函。

3月24日（农历三月初二日），《佛教日报》刊载仁开记录的于丙子正月在养正院开学日所讲之《青年佛徒应注意的四项》（续昨）。

在厦门致性愿法师函：

① 此信福建人民出版社2019年12月版《弘一大师全集》（第3版，修订2版）第467页收录，标“一九三六年春，厦门南普陀寺”。

② 弘一大师：《手书〈乙亥惠安弘法日记〉赠曾词源并序》，收《弘一大师全集》第七册·佛学卷、传记卷、序跋卷，福建人民出版社2019年12月第3版、修订2版，第629页。

③ 此信福建人民出版社2019年12月版《弘一大师全集》（第3版，修订2版）第八册·文艺卷、杂著卷、书信卷第316页收录，标“一九三六年三月，厦门南普陀寺”。

④ 弘一大师：《记陈敬贤居士轶事》，收《弘一大师全集》第七册·佛学卷、传记卷、序跋卷福建人民出版社2019年12月第3版、修订2版，第589页。

⑤ 晋江市文化和旅游局等主办：“最后之胜利——纪念弘一大师诞辰140周年暨手书墨宝、拓片展览”，2020年11月25日至12月24日，晋江市博物馆。

⑥ 香港私人收藏。

性老法师座下：

承惠施桂圆、墨等，敬受，谢谢。不久（大约半月后）由上海寄奉拙辑《地藏菩萨圣德大观》一包，乞分赠道侣为祷。谨此先达，顺颂

法安

晚学音稽首

三月二日

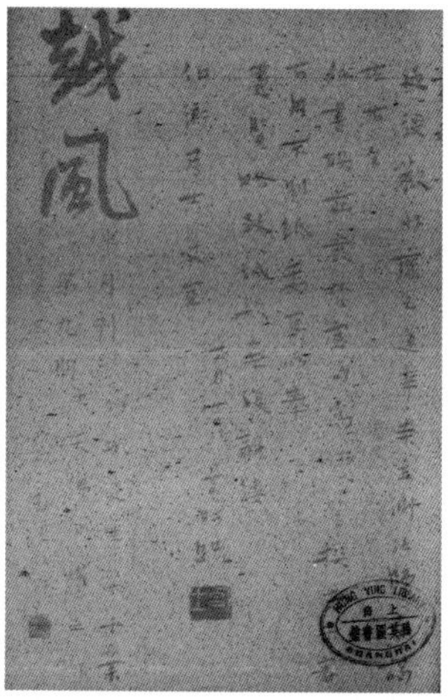

1936 年 3 月《越风》第 9 期封面。

按：福建人民出版社 2019 年 12 月版《弘一大师全集》（第 3 版，修订 2 版）第八册・文艺卷、杂著卷、书信卷未收录。文物出版社 2017 年 10 月版陈飞鹏整理《弘一法师书信全集》第 374 页收录。《弘一法师书信全集》标注此信寄自"厦门南普寺"。此为明信片，图版见林可同编：《弘一书法墨迹》，中国美术学院出版社 2004 年 4 月版，第 113 页。

3 月 29 日（农历三月初七日），在厦门致性愿法师函。言兴复资寿寺，诸缘顺遂，可庆；外症不能速愈；拟于二十后在养正院讲戒本；陈宗泮居士寄来菓糖块一盒请托传贯法师带下等。[①]

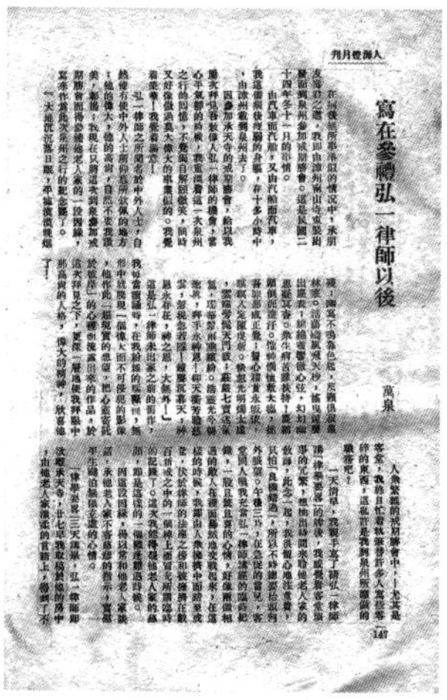
寫在參禮弘一律師以後

1936 年 4 月 1 日《人海灯》第 3 卷第 4 期刊出的万泉《写在参礼弘一律师以后》。

3 月 30 日（农历三月初八日），《佛教日报》刊出消息《弘一律师将在鼓浪屿闭关著述》。写曰："去年师复应泉州人士之请，赴泉将近一年，在各道场宣讲戒经，弘扬律学，提高僧侣地位，杖锡所至，万众欢腾，教内教外人士恭聆讲说者，无不懽喜信受。盖师纯以艰苦卓绝之戒行，敦化大众，使人不得不五体投地也。惟师以弘法过劳，近来法体稍有不适，已于月前来厦就医，闻仅系皮肤之疾，经当地有名医学博士黄丙丁先生热心诊治，施与电疗，已渐告痊可，现厦门一般之奉佛同仁，已为师建筑静室于鼓浪屿之日光岩，师俟稍健复时，即将前往闭关，从事律宗之著述。顷并向日本购得我国失传之律宗书籍数千元，将陆续编著出版，以贡献于国内各丛林，及全世界之修持学佛者云。"

3 月（农历二月初八日至三月初九日），《越风》第 9 期封面刊印 1924 年 2 月 24 日（农历正月廿日）在衢州致陈伯衡函部分文字。题《弘一法师手札》。

4 月 1 日（农历三月初十日），《人海灯》第 3 卷第 4 期刊出万泉

① 此信福建人民出版社 2019 年 12 月版《弘一大师全集》（第 3 版，修订 2 版）第八册・文艺卷、杂著卷、书信卷第 454 页收录，标"一九三六年旧三月七日，厦门南普陀寺"。

《写在参礼弘一律师以后》。

《佛学半月刊》第6卷第7号刊出《弘一法师近况》，写曰："弘一法师自去年旧历十一月始，患大病卧床，至今年二月中旬乃有起色。但至今犹未痊愈。数月以来，所有外间寄来信件，由他人代收代阅，并择要代复。现因诸友人劝告，不久在厦门闭关，谢绝诸事，专心编辑律学诸书，所有信件亦托人代为收阅云。"

4月4日（农历三月十三日），在厦门致性愿法师函。言慈座盛意，深为感动。决定将闭关之事延期，待病愈后来泉州。因日光岩关房已建就，请便中将此事原委详告善契法师；请告知传贯法师，大镜子（中写佛菩萨圣号）于十五日送至东石莱堂，嘱广空法师速往领取等。[①]

4月5日（农历三月十四日），《佛教日报》刊出《厦门最近弘法盛况——养正学院学风蒸蒸日上，念佛法会每次约达千人》，写曰："厦门……以南普陀为首刹，寺中自设闽南佛学院，迄今十有余年，首倡者为会泉、常惺两法师，继为太虚大师，今住持常惺，又请当地瑞今法师，添办养正学院，且得当代律宗大德弘一法师之指导，开办虽未及二年，而学风已蒸蒸日上。又市内中山公园之妙释寺，自市佛教会设立念佛法会以后，信佛男女居士日增，每星期日举行念佛一次，参加者无虑千人……弘一律师亦亲莅该会，见其盛况，赞为晚近法筵第一……"

4月7日（农历三月十六日），《佛教日报》刊出《弘一法师将宣讲〈四分律含注戒本〉全部——讲毕编辑律学丛书》，写曰："（厦门通讯）弘一法师……现渐痊愈，精神恢复。师复自动发心，拟在养正院内，宣讲《四分律含注戒本》全部。开讲日期，当俟再过半个月以后，及各处学律诸人齐集，始能决定，此时正在积极重治讲义。该讲义拟先用油印印行，以便开讲时，惠赐学者，作为参考资料，俾听者易于了解，而获实益，其婆心救世，为法真切，诚非末世之流所能与之颉颃。闻法师宣讲后，即欲赴鼓浪屿日光岩，方便闭关，并欲在关内，一面随喜讲解律学，一面编译新由日本购来之律学古籍，及编辑南山律学苑丛书云。"

4月12日（农历三月廿一日），《佛海灯》第1卷第6期刊出《律学要略》（二续），署名：弘一大律师讲，万泉记录。

始书《金刚般若波罗蜜经》，回向金咨甫。记曰"岁次丙子三月二

① 此信福建人民出版社2019年12月版《弘一大师全集》（第3版，修订2版）第八册·文艺卷、杂著卷、书信卷第454页收录，标"一九三六年旧三月十三日，厦门南普陀寺"。

十一日，敬书，四月初八日书讫，以此功德回向亡友金咨甫梦畤居士。愿彼业障消除，往生极乐世界，早证无上菩提，普度一切众生。沙门演音弘一并记”；钤印“弘一”。①

4月16日（农历三月廿五日），《佛学半月刊》第6卷第8号载“本局出版弘一上人书大悲咒”广告。

4月19日（农历三月廿八日），数百件各体书法作品在上海新华艺专第九、第十一教室举办的“弘一上人书法展览会”展出，为刘质平20余年所藏，免费参观。参观者极一时之盛况，东邻人士尤多，并叹赏不已。展览为刘质平所操办。当日《申报》“教育新闻”刊出题为《新华艺专举行弘一法师墨宝展览会》消息：“弘一法师原名李叔同，为我国一代艺人，书法直追晋唐。出家以后，其作品为世人所珍，兹由其弟子刘质平将二十年来收藏法师墨宝数百幅，定于本月十九日（星期日）上午九时起至下午六时止，在本市斜徐路打浦桥新华艺专公开展览，欢迎参观，毋须入场券云。”**按：**5月1日《佛学半月刊》亦有署名“知若”者节录《时事新报》题为《弘一上人书法之展览会》的消息，写曰：

> 弘一上人，为吾国近代佛学宗师，志行坚苦，笃志潜修。年来行脚四方，宣扬佛法，欲登众生于彼岸。上人天资高卓，尤精书法，笔意闳渊，浸浸入古，为艺林所珍宝。唯近年不常作书，墨迹流传至少。
>
> 其弟子海宁刘质平居士，从学有年，收藏上人法墨独多，约数百件，特于四月十九日假打浦桥新华艺专，举行展览。一时心仪上人品行书法者，均驱车往观，尤以东邻人士为多。会场设于新华之第九及第十一两大教室。计分立轴、屏条、小册、手简，四类。其中尤以《佛说阿弥陀经》十六大幅，为墨林瑰宝，字作晋楷，一笔不苟，参观者无不赞叹。书联约十余幅，联语多集佛经。如华严经云：（一）愿尽未来普代法界一切众生备受人苦，② 誓舍生命弘护南山四分律教久住神州。（二）智慧照十方庄严诸法界，大慈念一切无碍似虚空。（三）非心之境界，如画于虚空等等，均为上人自集，读之令人尘意俱净。简牍则虽一字一语，亦必出自端重，可想见其生活之规律。遗嘱一幅，命刘君于上人涅槃后，不必开追悼会和建设道场，但将遗经付梓，以广渡世人（原作存穆藕初先生处）。亦

① 弘一大师：《为金咨甫书〈金刚经〉跋》，收《弘一大师全集》第七册·佛学卷、传记卷、序跋卷，福建人民出版社2019年12月第3版、修订2版，第637页。

② “人苦”为“大苦”之误。

足以表示上人之人生观者也。

……，上人弃富贵似敝屣，其苦行尤为其他缁流不及。每日早晨三时，即起为晨课，生平茹素，恒劝人戒杀放生。往往芒鞋破钵，万里投荒，不仗舟车人力。作书时则凝神一志，墨必自磨，故其书法，精力弥湛。上人留东时，与党人多所往返，及出家，则绝迹不履权贵之门，间或与夏丏尊、汪亚尘、丰子恺诸子一通音问而已。

在厦门致夏丏尊函：

丏尊居士道席：

前复明信，想已收到。宿疾约再迟一月，可以痊愈。此次请黄博士治疗，彼本不欲收费。惟电火药物等实费，统计约近百金。若不稍为补助，似有未可。拟赠以厦门日本药房礼券五十元一纸，及拙书等。此款乞便中于护法会资支寄惠施，至用感谢。此次大病，（内外症并发）为生平所未经过，历时近半载，九死一生。虽肉体颇受痛苦，但于佛法颇能实地经验受大利益，亦昔所未有者也。谨陈，不宣。

三月廿八日　演音疏

以后通讯，乞写“厦门南普陀寺养正院转交”。

后天起，在此讲律。约一月余讲毕，移居鼓浪屿。通讯处仍旧。（由养正院转）

按：此信福建人民出版社2019年12月版《弘一大师全集》（第3版，修订2版）第八册·文艺卷、杂著卷、书信卷第316页收录，标“一九三六年旧三月廿八日，厦门南普陀寺”。文物出版社2017年10月版陈飞鹏整理《弘一法师书信全集》第378—379页收录，时间标1936年“旧三月六日（新历3月28日）”，地点标“厦门南普陀寺”。后者误。信中有“后天起，在此讲律”句。据弘一大师《壬丙南闽弘法略志》（收《弘一大师全集》第八册·文艺卷、杂著卷、书信卷，福建人民出版社2019年12月第3版、修订2版，第200页），“后天”，即4月21日（农历闰三月初一日）在厦门南普陀寺开讲《四分律含注戒本》。

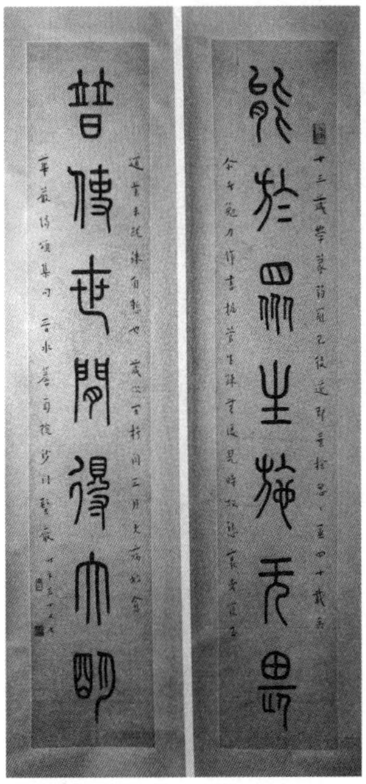
1936年闰三月，弘一大师书篆字联：“能于众生施无畏，普使世间得大明。”

4月20日（农历三月廿九日），《佛教日报》刊出《弘一法师墨宝展览会》消息，写曰：“兹有其弟子刘质平居士，将历年收藏大师法墨百余点，于昨日假打浦桥新华艺专，公开展览，凡爱好大师书法者，幸即前往观光，勿失此希有胜缘云。”

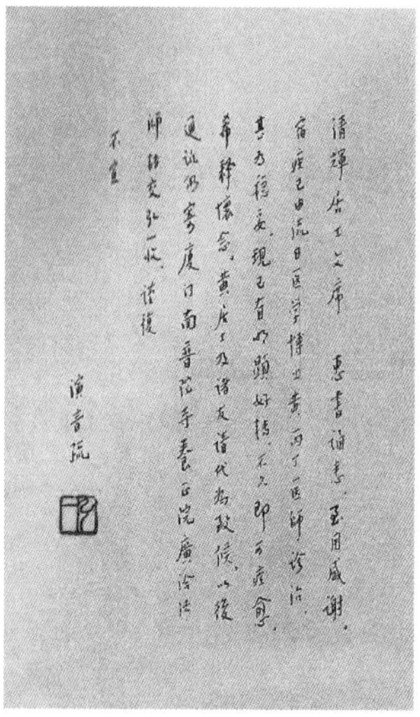

厦门2016联合拍卖会上的弘一大师致刘清辉函。

4月21日（农历闰三月初一日），在厦门南普陀寺开讲《四分律含注戒本》初、二篇。①

《佛教日报》刊出《弘一法师书法展览会——参观者极一时之盛况，东邻人士尤叹赏不置》，写曰："……一时心仪法师行品书法者，均驱车往观，多各界知名人士，东邻人士尤多，俱叹赏不置。"文中"陈列作品一斑"言："会场设于新华之第九及第十一两大教室，陈列法师书法约百余点，均精心之作，计分立轴、屏条、小册、手简、四类，其中尤以'佛说阿弥陀经'十六大幅为墨林瑰宝，字作晋楷，一笔不苟，参观者无不欢喜赞叹……"

4月21日至5月20日间（闰三月），书篆字联："能于众生施无畏，普使世间得大明。"款识"十三岁学篆，弱冠已后遂即弃舍，忽忽垂四十载矣。尔者勉力作书，握管生疎，无复儿时故态。衰老寖至，道业未就，殊自慙也。岁次玄枵闰三月，大病始愈。华严偈颂集句，晋水薝蔔院沙门髻严，时年五十又七"；钤印"弘一"、"无畏"。②

附记：文物出版社2017年10月版陈飞鹏整理《弘一法师书信全集》第373页收录致刘清辉函，时间标1936年"春"，地点标"厦门南普陀寺"。函曰：

清辉居士文席：

惠书诵悉，至用感谢。宿疾已由留日医学博士黄丙丁医师诊治，甚为稳妥，现已有明显好转。不久即可痊愈，希释怀念。黄居士及诸友请代为致候。以后通讯仍寄厦门南普陀寺养正院广洽法师转交弘一收，谨复，不宣。

演音疏

《弘一法师书信全集》收录时有"案"："此信，辑自厦门2016联合拍卖会。经鉴定乃弘一法师手札真迹无误。信封：惠安县东门外黄坑铺港仔街，刘清辉居士披弘一寄。邮戳模糊难辨，年、月、日期不明。"此函为拍卖品，附记于此，供参考。

4月22日（农历闰三月初二日），在厦门致缪涤源函。言今春到厦门；戒法不能遥授，请于佛前自誓受为宜；说自誓方法；出家之事看因

① 弘一大师：《壬丙南闽弘法略志》，收《弘一大师全集》第八册·文艺卷、杂著卷、书信卷，福建人民出版社2019年12月第3版、修订2版，第200页。

② 此书今见《广洽纪念馆》一书，［新加坡］广洽纪念馆编辑委员会编，2007年3月，第22页。

缘，不可固执；赠书一叶等。[①]

4月（农历三月初十日至闰三月初十日），《世界佛教居士林林刊》第41期“事业纪要”之“图书馆概况”中“送出书籍数”记录《护生画集》送出760本。

5月1日（农历闰三月十一日），《佛学半月刊》第6卷第9号载“本局精印地藏菩萨九华垂迹图册”广告。刊出知若：《弘一上人书法之展览会》，写曰：“弘一上人，为吾国近代佛学宗师……其弟子海宁刘质平居士，从学有年，收藏上人法墨独多，约数百件，特于四月十九日假打浦桥新华艺专，举行展览，一时心仪上人品行书法者，均驱车往观，尤以东邻人士为多。会场设于新华之第九及第十一两大教室，计分立轴、屏条、小册、手简四类。其中尤以《佛说阿弥陀经》十六大幅，为墨林瑰宝。字作晋楷，一笔不苟，参观者无不赞叹。书联约十余幅，联语多集佛经……遗嘱一幅，命刘君于上人涅槃后，不必开追悼会或建设道场，但将遗经付梓，以广渡世人。（原作存穆藕初先生处）亦足以表示上人之人生观者也……”

《日华佛教》第1卷第3号出版发行。**按：**所题刊名被延用。

《人海灯》第4卷第5期复刊出《厦门涌莲精舍名香出售》广告。

《西北风》半月刊第1期载《弘一上人》，作者署名“衍”。**按：**此文披露：“弘一上人原名李叔同，号息庵，曩居杭之定慧寺，与甬之天宁寺住持安心头陀，时有来往。予在安心头陀处，曾见上人之二诗，其一云：‘松鼠殿角起秋声，山月窥窗不胜情，一卷法华清口诵，布衣菜饭了生平。’其二云：‘生灵戕害孽如林，怕听庖厨凄惨音！物我须知原不二，慈悲普济协天心。’味其诗，不脱禅家本色。”

附记一：春夏，在厦门致性愿法师函：

性公老法师慈鉴：

前函想达慈览。兹拟向上海佛学书局购请佛书。乞将前存尊处洋二十元代为汇去。附奉上致书局信一封。乞将汇票装入信内，八号寄去。种种费神，感谢无尽。

谨恳。顺颂

① 此信福建人民出版社2019年12月版《弘一大师全集》（第3版，修订2版）第八册·文艺卷、杂著卷、书信卷第414页收录，标“一九三六年闰三月二日，厦门南普陀寺”。此函于1943年《觉有情》第87、88期合刊上以弘一大师遗札刊出，题《复缪涤源居士书》。亦刊于1943年《学术界》第1卷第1期李芳远辑《弘一大师书牍》。

法安

后学　演音稽首

附一笺乞交瑞卫师。

此信福建人民出版社2019年12月版《弘一大师全集》(第3版，修订2版）第八册·文艺卷、杂著卷、书信卷未收。文物出版社2017年10月版陈飞鹏整理《弘一法师书信全集》第385页收录，时间标1936年“春夏”，地点标“厦门南普陀寺”，有“案”，曰此信为福建孙先生藏品“经鉴定乃弘一法师手札真迹无误。”此信以往无著录，为“经鉴定”所确定之函。附记于此，供参考。

附记二：文物出版社2017年10月版陈飞鹏整理《弘一法师书信全集》第396页收录一致性愿法师函，时间标1936年“夏”，地点标“鼓浪屿日光岩寺”。函曰：

前函，想答慈览。日本书目已寄至厦门，前存觉圆师处小印章一方，便中乞托人带下，至用感谢。

尤居士现在通信处为“琼州海口海南书局转交”。谨达，顺颂

慈安

后学演音和南

此信福建人民出版社2019年12月版《弘一大师全集》(第3版，修订2版）第八册·文艺卷、杂著卷、书信卷未收。《弘一法师书信全集》亦未说明来源。附记于此，供参考。

5月10日（农历闰三月廿日)，《国画》杂志第2期刊出《弘一法师书画展览》消息：“弘一法师为艺术界前辈，其书法神似唐人写经。现由其弟子刘质平将所收藏法师所书之楹联信札等数十册在上海公开展览。”

5月11日（农历闰三月廿一日)，在厦门致性常法师函。言近来精力渐减；下月拟掩关静养；赞扬黄丙丁医生人品；交代诸事等。[①]

5月12日（农历闰三月廿二日)，《佛海灯》第1卷第7期刊出《青

① 此信福建人民出版社2019年12月版《弘一大师全集》(第3版，修订2版）第八册·文艺卷、杂著卷、书信卷第476—478页收录，标“一九三六年闰三月廿一日，厦门南普陀寺”。

年佛徒应注意的四项——于养正院开学日讲》，署“弘一大师讲，仁开记录”。“佛教消息”载：

厦门南普陀养正院与弘一律师事缘，已迭志各报及本刊矣。闻最近该院开学日，教职员并学生全体，开会欢迎律师。即由院长瑞今法师，广洽、广义等诸教师，面导入席。乃为讲说《青年佛徒应注意的四项》（一）“惜福”（二）“习劳”（二）“持戒”（四）“自尊”，其高弟仁开法师为之记录，而成一小册。昨已印行于世，公诸同好。颇为该地佛教同仁所共赞叹云云。

又讯：弘一律师，决于厦门鼓浪屿龙头山日光岩掩关。……今关房将筑成就……现尚有一班学律而从者，乃特开方便，仍为讲律，拟于将来在关口，每星期中逢二四六之日，讲一小时，以慰众望也。

5月15日（农历闰三月廿五日），《海潮音》第17卷第5号刊载《弘一法师讲四分律》。

5月16日（农历闰三月廿六日），在厦门致叶宗择函。言久别为念；近来精力衰退，反不如正月间，恐不能赴泉州；寄书件及讲稿；尊翁及令弟归国时，请代问候等。[①]

5月18日（闰三月廿八日），在厦门致广义法师函。**按：**此函福建人民出版社2019年12月版《弘一大师全集》（第3版，修订2版）第八册·文艺卷、杂著卷、书信卷第486页收录，但文句与1947年《佛教公论》复刊第11期所刊《通信》有别，缺“惠书诵悉”四字。此信文物出版社2017年10月版陈飞鹏整理《弘一法师书信全集》未收。《佛教公论》复刊第11期所刊之信为：

惠书诵悉。关房一切设备，俟稍迟，或音自往，或请友人代检阅。掩关日期未能预定，不须集送。掩关前于日光岩讲说（约在念佛会日）一次。谨复，不宣。

广义法师道席

演音启　闰月廿八日

① 此信福建人民出版社2019年12月版《弘一大师全集》（第3版，修订2版）第八册·文艺卷、杂著卷、书信卷第414页收录，标“一九三六年闰三月廿六日，厦门南普陀寺”。

致蔡丏因函。言为《佛学丛书》第一辑拟定三十种题目等。①

5月19日（农历闰三月廿九日），在厦门致性常法师函。言胜林居士前交来四金，拟改为制经箱用，不再印经；近性愿法师转交五元，系泉州戒净老和尚所施，亦拟以此资制经箱等。②

5月21日至6月18日间（农历四月），在厦门致广洽法师函。言乙亥岁晚患皮肤病，承黄丙丁博士疗治，乃获除愈。贮藏其落痂，以为纪念。③

致蔡丏因函。言前晤杨居士，知近况，至慰；前存书物中似有日本印古经一卷，若在，请便中寄下；下月掩室日光院等。④

致蔡丏因函。言来信收到；承诵菩萨宏名，深谢；宿疾已愈等。⑤

5月23日（农历四月初三日），在厦门致性愿法师函。言旧疾犹未痊愈。因病，不能即到泉州，甚歉；代问候叶居士等。⑥

致夏丏尊函。言来信收到等。⑦

致开元慈儿院董事会诸居士函。言本拟于农历二月赴泉州，因病未愈，不果。他日痊愈后，再酌定。或性愿法师来厦门时晤谈一切等。⑧

5月28日（农历四月初八日），病痊愈。书《华严经》名百纸亦于该日圆满。

书华严经偈“守护清净戒，修行广大忍。精进不退转，光明照世间”。款识“大方广佛华严经偈，丙子四月八日，沙门一音”；钤印“演

---

① 此信福建人民出版社2019年12月版《弘一大师全集》（第3版，修订2版）第八册·文艺卷、杂著卷、书信卷第352—353页收录，标“一九三六年闰三月廿八日，厦门南普陀寺”。

② 此信福建人民出版社2019年12月版《弘一大师全集》（第3版，修订2版）第八册·文艺卷、杂著卷、书信卷第477页收录，标“一九三六年闰三月廿九日，厦门南普陀寺”。戒净老和尚，即泉州海印寺住持。

③ 此信福建人民出版社2019年12月版《弘一大师全集》（第3版，修订2版）第八册·文艺卷、杂著卷、书信卷第467—468页收录，标“一九三六年旧四月，厦门南普陀寺”。

④ 此信福建人民出版社2019年12月版《弘一大师全集》（第3版，修订2版）第八册·文艺卷、杂著卷、书信卷第351页收录，标“一九三六年四月，厦门南普陀寺”。

⑤ 此信福建人民出版社2019年12月版《弘一大师全集》（第3版，修订2版）第八册·文艺卷、杂著卷、书信卷第351页收录，标“一九三六年四月，厦门南普陀寺”。此时宿疾即将痊愈。

⑥ 此信福建人民出版社2019年12月版《弘一大师全集》（第3版，修订2版）第八册·文艺卷、杂著卷、书信卷第454—455页收录，标“一九三六年旧四月三日，厦门南普陀寺”。

⑦ 此信福建人民出版社2019年12月版《弘一大师全集》（第3版，修订2版）第八册·文艺卷、杂著卷、书信卷第316页收录，标“一九三六年四月三日，厦门”。

⑧ 此信福建人民出版社2019年12月版《弘一大师全集》（第3版，修订2版）第八册·文艺卷、杂著卷、书信卷第497页收录，标“一九三六年旧四月三日，厦门南普陀寺”。

音”、佛肖印。[①]

为回向金咨甫而写《金刚经》毕。作《为金咨甫书〈金刚经〉跋》，跋曰：“岁次丙子三月二十一日敬书，四月初八日书讫。以此功德，回向亡友金咨甫梦畤居士。愿彼业障消除，往生极乐世界，早证无上菩提，普度一切众生。沙门演音弘一并记。”

书华严宗大法师名号。款识“丙子四月八日，沙门演音敬书”；钤印“月”。[②]

1936年《越风》第13期刊出的《惜福习劳持戒自尊：养正院开学讲稿》。

5月（农历闰三月十一日至四月十一日间），在厦门致性常法师函。言病已渐愈，尚须静养；近在此讲《戒本》甚费力；将来到日光岩闭关后，恐不能继续讲律等。[③]

《越风》第13期刊出《惜福习劳持戒自尊：养正院开学讲稿》，署“弘一法师”，附“弘一法师近影”。

为编辑大部律书，闭关于厦门南普陀寺。有启事曰：“余现编辑大部律书，终日忙迫，罕有余暇。自今以后，数年之内，有来访者，皆不晤谈，有信札等，亦不裁答。俟数年后，编辑事竣，再当如常见客通信可耳！失礼之罪。惟希谅之”。[④]

手书第三次游南闽弘法事略成《壬丙南闽弘法略志》一卷赠蔡吉堂（契诚）居士。有《〈壬丙南闽弘法略志〉序》，署“岁集玄枵夏首南山律苑沙门一音。”[⑤]

6月2日（农历四月十三日），在厦门致蔡丏因函：

书悉。《灵峰宗论》圈点本，昔已赠与他人。仁者读《宗论》，宜先读“法语”、“普说”、“偶录”、“书”四门。其他不妨缓。宿疾已愈。

昙昉　四月十三日

按：此信福建人民出版社2019年12月版《弘一大师全集》（第3

① 上海市书法家协会编：《海派代表书法家系列作品集·弘一》（该卷主编刘一闻，副主编沈爱良），上海书画出版社2006年12月版，第170页。

② 浙江省平湖市人民政府、上海徐汇区文化局编：《弘一大师法书集·天心月圆（作品卷）》，上海书画出版社2017年5月版，第79页。泉州开元寺藏。

③ 此信福建人民出版社2019年12月版《弘一大师全集》（第3版，修订2版）第八册·文艺卷、杂著卷、书信卷第477页收录，标“一九三六年五月，厦门南普陀寺”。

④ 参见《弘一律师编辑律书谢绝外缘——来访不晤谈有信不裁答》一文，载1936年8月20日《佛教日报》。

⑤ 弘一大师：《〈壬丙南闽弘法略志〉序》，收《弘一大师全集》第七册·佛学卷、传记卷、序跋卷，福建人民出版社2019年12月第3版、修订2版，第629—630页。

版，修订2版）第八册·文艺卷、杂著卷、书信卷第350页收录，标“一九三六年四月十三日，厦门南普陀寺”。文物出版社2017年10月版陈飞鹏整理《弘一法师书信全集》第380页收录，时间标1936年“旧三月二十二日（新历4月13日）”。后者误。公历4月13日时弘一大师宿疾并未痊愈，而是到了5月28日（农历四月八日）时，病才痊愈。参见6月5日（农历四月十六日）在厦门致性常法师函。故此函当写于6月2日（农历四月十三日），地点是厦门南普陀寺。同理，农历四月廿三日（公历6月12日）有致蔡丏因函（《弘一大师全集》标“一九三六年四月廿三日，厦门南普陀寺”，谈《佛学丛刊》编辑事，提到“外症延至本月乃痊”，其函亦写于农历（《弘一法师书信全集》381—382页收录，时间标“闰三月初三日（新历4月23日）”，亦误。

6月5日（农历四月十六日），在厦门致性常法师函。言本拟四月八日掩关，因性愿法师谆嘱延期，故延至五月，现仍在南普陀；四月八日病痊愈。写《金刚经》一部、《华严经》名百纸亦于该日圆满；托瑞卫法师便中带上《南山律要》一部及日本古版律书数种等。[①]

6月11日（农历四月廿二日），在厦门致夏丏尊函：

承寄《越风》一册，已收到。谨复，不宣。

演音疏

按：此信福建人民出版社2019年12月版《弘一大师全集》（第3版，修订2版）第八册·文艺卷、杂著卷、书信卷第316页收录，标“一九三六年四月二十二日，厦门”。文物出版社2017年10月版陈飞鹏整理《弘一法师书信全集》第378页收录，时间标1936年“旧三月初二”，地点标“厦门南普陀寺”。此信无年月日，《弘一大全集》和《弘一法师书信全集》均未说明理由。暂且按《全集》。

6月12日（农历四月廿三日），在厦门致蔡丏因函，谈《佛学丛刊》编辑事。[②]

封面题字用于在《佛海灯》第1卷第8期封面，旁有“龙音”印。

① 此信福建人民出版社2019年12月版《弘一大师全集》（第3版，修订2版）第八册·文艺卷、杂著卷、书信卷第477页收录，标“一九三六年旧四月十六日，厦门南普陀寺”。

② 此信福建人民出版社2019年12月版《弘一大师全集》（第3版，修订2版）第八册·文艺卷、杂著卷、书信卷第350—351页收录，标“一九三六年四月廿三日，厦门南普陀寺”。此信部分文字载1943年《学术界》第1卷第2期李芳远辑《弘一大师书牍（续）》。

目录标："封面题字：弘一"。该期载万泉：《参礼弘一律师》。该期"佛教消息"载："当代律宗大德弘一律师，于月前来厦一则，已志前号。律师法体尚未完全健康，而自动发心讲说四分戒本于南普陀寺，已于国历四月念一号开讲（阴二月初一），盖律师因为闭关在即，欲先结法缘也。"**按**：文中公历农历表述有误。

6 月 14 日（农历四月廿五日），在厦门致夏丏尊函。言感谢施资请《辞汇》；书件附寄；晚晴修理甚善；前寄下洋五十元，两次托人送黄博士，彼坚持不受，经商酌，以此资做《大藏经》等木箱数个，箱外刻"黄博士施助"字样等。①

6 月 16 日（农历四月廿七日），在厦门致夏丏尊函。言昨日收到《辞汇》，知功德人名。前寄写件不足，数日后再补写邮奉等。②

6 月 17 日（农历四月廿八日），作《扶桑本〈表无表章铨要钞〉序》，署："丙子四月二十八日记。弘一。"③

作《扶桑本〈表无表章报恩记〉跋》，署："丙子四月二十八日记。弘一。"④

6 月 19 日至 7 月 17 日（农历五月），书《药师瑠璃光如来本愿功德经》。题"岁次丙子五月，敬书是经，回向瑞集传贯一禅师亡母龚许柳女居士。愿彼业障消除，往生极乐，早成佛道，普利众生。温陵资寿寺沙门月音"；钤印"吉目"、"演音"。⑤

撰《本妙法师往生传》，署："岁次玄枵木槿荣月惠安瑞集岩大华严寺沙门胜祐。"⑥

6 月 19 日（农历五月初一日），《大生报》第 1 期刊出《弘一法师手书梵本》广告。

---

① 此信福建人民出版社 2019 年 12 月版《弘一大师全集》（第 3 版，修订 2 版）第八册・文艺卷、杂著卷、书信卷第 316—317 页收录，标"一九三六年阳历六月十四日，厦门南普陀寺"。

② 此信福建人民出版社 2019 年 12 月版《弘一大师全集》（第 3 版，修订版）第八册・文艺卷、杂著卷、书信卷第 317 页收录，标"一九三六年阳历六月十六日，厦门南普陀寺"。

③ 弘一大师：《扶桑本〈表无表章铨要钞〉序》，收《弘一大师全集》第七册・佛学卷、传记卷、序跋卷，福建人民出版社 2019 年 12 月第 3 版、修订 2 版，第 615 页。

④ 弘一大师：《扶桑本〈表无表章报恩记〉跋》，收《弘一大师全集》第七册・佛学卷、传记卷、序跋卷，福建人民出版社 2019 年 12 月第 3 版、修订 2 版，第 615 页。

⑤ 中共温州市委宣传部、中共温州市委统战部、温州市文化广电旅游局主办："碧天芳草——李叔同师友翰墨展"。2021 年 1 月 26 日至 4 月 30 日，温州衍园美术馆。

⑥ 弘一大师：《本妙法师往生传》，收《弘一大师全集》第七册・佛学卷、传记卷、序跋卷，福建人民出版社 2019 年 12 月第 3 版、修订 2 版，第 629 页。

在厦门致蔡丏因函：

丏因居士文席：

惠书，诵悉。沈居士厚意殷勤，至用欢赞。小暇当以拙书多纸邮奉，而结法缘也。第二、三辑，拟续编辑。其方法俟后详审，再以奉达。近居中岩静养（为明郑成功读书处）。惠函仍由广洽法师转送。不宣。

下记四处，乞各邮奉《丛刊》一部。余俟后达。

曾孝谷　四川成都少城小通巷五号。道林纸印本。

丁葆青　宁波念条桥群毕社。报纸印本。

郁智朗　奉化大桥楼恒昌号。仝上。

周孟由　温州南门内谢池巷。仝上。

演音疏　五月一日

1936年弘一大师（中）与蔡吉堂（左）、虞愚（右）合影。

按一：此信福建人民出版社2019年12月版《弘一大师全集》（第3版，修订2版）第八册·文艺卷、杂著卷、书信卷第351页收录，标“一九三六年五月一日，厦门中岩。”文物出版社2017年10月版陈飞鹏整理《弘一法师书信全集》第382页收录，时间标“闰三月十一日（新历5月1日）”，地点标“厦门中岩”。此信当是6月2日（农历四月十三日）致蔡丏因函后收到回复，再致函蔡丏因，并正式决定《佛学丛刊》第二、三辑续编。**按二：**农历五月复蔡丏因一函，请向沈居士表达谢意，言书名甚善；出资者应列名于书尾；《佛学丛刊》第一辑如再版，有须改正处；请寄天津李绍莲《佛学丛刊》等。福建人民出版社2019年12月版《弘一大师全集》（第3版，修订2版）第八册·文艺卷、杂著卷、书信卷第351—352页收录，标“一九三六年五月，厦门南普陀寺。”文物出版社2017年10月版陈飞鹏整理《弘一法师书信全集》第386页收录，时间标“新历五月”，地点标“厦门南普陀寺”。后者疑误。**按三：**中岩位于厦门狮山中部，因在万石岩、太平岩之间，故名。

今厦门中岩。摄于2019年3月。

6月23日（农历五月初五日，端午节），在厦门佛教养正院与学僧们合影。照片上端题字为“佛教养正院全体师生恭送弘一法师赴日光岩闭关留影。丙子端阳”。后即自南普陀寺移居鼓浪屿日光岩。**按：**日光岩位于厦门龙头山，系鼓浪屿的最高处，因“与日争光”而得名。有莲花庵，始建于明万历十四年（1586），清乾隆二十五年（1760）僧瑞琳募修，改名日光岩，后屡经改建。弘一大师自书之《地名山名及寺名院名略考》中介绍曰：“古浪（即鼓浪屿，此名意立）。某年居此屿日光岩。”弘一大师在日光岩时住东厢房。日光岩寺现有弘一大师纪念馆和弘一大师纪念园。

6 月 23 日至 7 月 17 日间（农历五月初五至五月底间），在鼓浪屿致刘质平函。言歌集出版后请寄十册；请为歌集作序或跋，详述其缘起及经过；近居鼓浪屿闭关；嘱写小联纸尚未收到；秋凉时用心书写；附奉书一叶，为今年旧历元旦晨起坐床边所写；述前疾病情形等。[1]

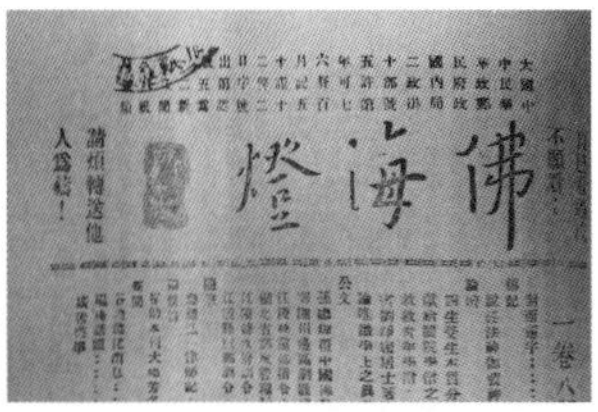

弘一大师为《佛海灯》杂志所题刊名。

书金咨甫生平："咨甫，浙江金华武义人。弱冠游杭，学于高师艺术专科。扶桑本田氏授手工，赞其精绝，求诸彼邦，未之有也。尔后任杭州师范兼女学歌乐教师二十年。尝语余曰：始任教师颇多佳兴，近惟颓倦耳。余来南闽，旷绝音问。甲戌九月，印西上人书来，谓咨甫卧病半载，艰苦备历，已谢世矣。遗嘱请余写经，为其回向佛道。忽忽二载，及于今夏，书写乃讫，并志缘起焉。龙集玄枵木槿荣月，演音，时掩室古浪日光院。"钤印："亡言"、"胤"。[2]

1936 年 6 月 23 日（农历五月初五日，端午）弘一大师（二排右八）在厦门佛教养正院与学僧们合影。照片上端题字为"佛教养正院全体师生恭送弘一法师赴日光岩闭关留影。丙子端阳"。此照刊于本年 10 月 16 日《佛学半月刊》第 6 卷第 20 号。

在日光岩讲《净土法门大意》。[3]

在鼓浪屿致广洽法师函。言日本来信及书籍等寄到时，请为转送泉州。其他各地信函及书请为代存，并请告知佛学院、妙释寺，凡有来信及书，原件退回；致大醒法师函，请代为挂号寄出；附一纸，交高文显等。[4]

时年 13 岁的李芳远随父至日光岩拜谒，并以水仙花相赠。

今厦门鼓浪屿的黄家渡码头。摄于 2019 年 3 月。

在鼓浪屿致高文显二函。其一言《瀛奎律髓》在其中堂目录中有载。该目录另有《楞严经》小万柳堂版本；《韩偓》原稿请交下对阅，明春奉还等。[5] 其二言《大藏经》第四十卷奉还。若可续借，拟再借第四十五卷一册。否则待下半年再借等。[6]

为上海世界书局出版之《佛学丛刊》题签。作《〈佛学丛刊〉序》，署："后二十五年岁集玄枵木槿荣月，沙门髻严，时掩室鼓浪日光别院。"[7]

---

① 此信福建人民出版社 2019 年 12 月版《弘一大师全集》（第 3 版，修订 2 版）第八册 · 文艺卷、杂著卷、书信卷第 297 页收录，标"一九三六年五月，鼓浪屿日光岩"。西泠印社出版社 2017 年 9 月版王维军著《平湖李叔同纪念馆藏李叔同（弘一大师）手札墨宝 · 识注考勘》第 213 页对此信有考证，以为写于农历六月，公历 7 月。证据尚不足，本谱从《弘一大师全集》。

② 弘一大师：《为金咨甫书〈金刚经〉跋》，收《弘一大师全集》第七册 · 佛学卷、传记卷、序跋卷，福建人民出版社 2019 年 12 月第 3 版、修订 2 版，第 637 页。木槿荣月即农历五月。

③ 弘一大师：《壬丙南闽弘法略志》，收《弘一大师全集》第八册 · 文艺卷、杂著卷、书信卷，福建人民出版社 2019 年 12 月版，第 200 页。

④ 此信福建人民出版社 2019 年 12 月版《弘一大师全集》（第 3 版，修订 2 版）第八册 · 文艺卷、杂著卷、书信卷第 468 页收录，标"一九三六年旧五月，鼓浪屿日光岩"。

⑤ 此信福建人民出版社 2019 年 12 月版《弘一大师全集》（第 3 版，修订 2 版）第八册 · 文艺卷、杂著卷、书信卷第 406 页收录，标"一九三六年旧五月，鼓浪屿日光岩"。

⑥ 此信福建人民出版社 2019 年 12 月版《弘一大师全集》（第 3 版，修订 2 版）第八册 · 文艺卷、杂著卷、书信卷第 406 页收录，标"一九三六年旧五月，鼓浪屿日光岩"。

⑦ 弘一大师：《〈佛学丛刊〉序》，收《弘一大师全集》第七册 · 佛学卷、传记卷、序跋卷，福建人民出版社 2019 年 12 月第 3 版、修订 2 版，第 629 页。

6月（农历四月十二日至五月十二日），《观宗概况》刊出所书“有禅有净土，有禅无净土……”及“教观总持”等，标“沙门月臂书”。

1936年弘一大师在厦门鼓浪屿的黄家渡码头上岸时的情景。

今厦门日光岩景区内弘一大师纪念园的弘一大师塑像。摄于2019年3月。

夏，在鼓浪屿摄影多幅。

书《佛说阿弥陀经》。款识：“二十五年龙集丙子养疴古浪日光别院，敬书是经，呈奉日光常住以为记念。惠安大华严寺沙门一音”；钤印：“弘一”。

书《金刚经》《佛说无量寿经》等。

修改高文显所作韩偓评传第一稿。

7月1日（农历五月十三日），《佛学半月刊》第6卷第13号载“本局最新影印弘一法师手写《金刚三昧经》”广告。载《华严经疏论纂要》广告（弘一大师倡印）。

7月11日（农历五月廿三日），在鼓浪屿致高文显函。言鼓浪屿民风朴实；前送来摄影八叶，甚善。持伞背身傍电柱者最佳，《大藏经》及船中者第二。此三幅，若值摄影展览会时，可以陈列；诸照相馆殊草率不工，仁者所摄胜于彼等。①

7月12日（农历五月廿四），“佛海灯”刊名题字用于《佛海灯》第1卷第9期的《预定通知书》。

7月15日（农历五月廿七日），刊名题字用于1936年（昭和十一年）《日华佛教》第1卷第4号封面，署名“胜髻”；钤印“弘一”。

7月16日（农历五月廿八日），《佛学半月刊》第6卷第14号载《华严经疏论纂要》广告（弘一大师倡印）。载“本局最新影印弘一法师手写《金刚三昧经》”广告。载《地藏菩萨圣德大观》广告。（卢世侯绘，弘一法师辑）。

7月18日至8月16日（农历六月），在鼓浪屿致蔡丐因函。言《佛学丛刊》道林纸印本一部请寄上海龙华寺东菩提学会高观如居士等。②

① 此信福建人民出版社2019年12月版《弘一大师全集》（第3版，修订2版）第八册·文艺卷、杂著卷、书信卷第406页收录，标“一九三六年旧五月廿三日，鼓浪屿日光岩”。
② 此信福建人民出版社2019年12月版《弘一大师全集》（第3版，修订2版）第八册·文艺卷、杂著卷、书信卷第353页收录，标“一九三六年六月，鼓浪屿日光岩”。

作《扶桑春日版〈梵网经古迹记〉序》，署名："弘一"。[①]

作《〈药师如来念诵供养私记〉跋》，署："丙子六月记，弘一。"[②]

在鼓浪屿日光别院题《大乘阿毗达磨杂集论》。署"是岁六月居日光别院题"；钤印"弘一"。[③]

7月26日（农历六月初九日），《佛教日报》刊载《太虚大师致王一亭老居士函》，函中被推荐为修订《中国佛教会章程（草案）》征求意见对象。

7月27日（农历六月初十日），在鼓浪屿致性愿法师函。言前承惠谈，甚慰；传贯法师已在周子秀居士房暂住。将来或清智和尚仍令其住昏暗小房。请致函清智和尚，预早将小房窗改为玻璃窗等。[④]

今厦门日光岩寺。摄于2019年3月。

今厦门日光岩寺的弘一大师纪念馆。摄于2019年3月。

7月（农历五月十三日至六月十四日），尤墨君（玄父）为编《论月集》，始在《越风》第17期刊发，有题记："岁在甲子，讲学三衢，会弘一法师亦莅斯土，相与晤对如平生欢，盖法师与不才同隶南社也。寻法师返瓯，以近作录成手卷赠，都文五，兹先录寄萍荪先生，以实《越风》，并以示世之爱读法师文字者。尚有简札跋语，当再续寄。'论月'者，法师号也。丙子夏东吴尤墨君识。"本期刊出之文为《绍兴开元寺募建殿堂疏》《汪居士传》和《庖人陈阿林往生传》，署名"弘一法师"。**按：**本期《越风》在刊出时将"论月集"之"月"字误植为"目"字。

8月1日（农历六月十五日），《佛学半月刊》第6卷第15号载"本局影印"《弘一上人墨宝一览》，有《华严经净行品偈》《华严十地品离垢章》《华严十回向章》《普贤行愿品偈》《地藏经见闻利益品》《梵网经心地品菩萨戒》《佛说大乘戒经十善业道经合本》《金刚三昧经》《大悲心陀罗尼咒》，均署：弘一上人书。同期载"本局精印"卢世侯居士绘，弘一上人书《地藏菩萨九华垂迹图》广告。

8月5日（农历六月十九日），《人间觉》第1卷第1期刊出《厦门

① 弘一大师：《扶桑春日版〈梵网经古迹记〉序》，收《弘一大师全集》第七册·佛学卷、传记卷、序跋卷，福建人民出版社2019年12月第3版、修订2版，第613页。

② 弘一大师：《〈药师如来念诵供养私记〉跋》，收《弘一大师全集》第七册·佛学卷、传记卷、序跋卷，福建人民出版社2019年12月第3版、修订2版，第630页。

③ 浙江省平湖市人民政府、上海徐汇区文化局编：《弘一大师法书集·华枝春满（手稿信札卷）》，上海书画出版社2017年5月版，第251页。泉州开元寺藏。

④ 此信福建人民出版社2019年12月版《弘一大师全集》（第3版，修订2版）第八册·文艺卷、杂著卷、书信卷第455页收录，标"一九三六年旧六月十日，鼓浪屿日光岩"。

涌莲精舍发行》，曰：“另加工特造当代佛教领袖太虚大师、净土宗导师印光老法师、律宗泰斗弘一法师各位道影。”

在鼓浪屿致蔡丏因函。言来信收到，但前函未收到。以后若有要事请挂号；签题及序奉上；前月所拟第二、三辑订法为一时之理想。近详思，殊难实行；将来编第二辑时仍与第一次大致相似，第三辑亦尔。请与书局商量；所寄日本书已收到等。①

1936年弘一大师在日光岩。

8月9日（农历六月廿三日），在鼓浪屿致高文显函。言近来身体健康；前奉上《曾文正公嘉言钞》，请先阅梁序及后附传文，后研味诸嘉言，当能获益；王维诗，暇时偶读一二，可见隐逸之趣；以上二书皆亲自手装，足可以为纪念等。②

8月15日（农历六月廿九日），《佛教公论》第1期（创刊特大号）刊出《记陈敬贤居士轶事》，署名“弘一”。刊名题字用于该期封面。

《海潮音》第17卷第8号刊出《厦门涌莲精舍特制各种法物佛像欢迎踊跃购请》，写曰：“本精舍特制上品美术各种念佛珠。珠头装有极庄严之佛菩萨圣像，并另加工特造当代佛教领袖太虚大师、净土宗导师印光老法师、律宗泰斗弘一法师各位道影。珍贵精巧，迥异平常，订价低廉，邮购便利。凡国内外信仰三宝及皈依诸法师者应速踊跃购请，以便为永久修养纪念。倘蒙惠顾，无任欢迎。”③

8月17日至9月15日（农历七月），在鼓浪屿作《扶桑本〈四分律行事钞资持记通释〉序》，署：“晋水沙门弘一演音敬记”、“丙子七月记，时居鼓浪日光别院。”④

在鼓浪屿致广洽法师函。言详细考虑，拟先偕仁者同往泉州一次，观察情形，先勿决定；在病愈的情况下，请于下午来日光岩，一宿后，次日晨可偕往等。⑤

在鼓浪屿致仁开法师函。言前承过谈，又惠施多物，感谢无尽；所

① 此信福建人民出版社2019年12月版《弘一大师全集》（第3版，修订2版）第八册·文艺卷、杂著卷、书信卷第353页收录，标“一九三六年六月十九日，鼓浪屿日光岩”。文物出版社2017年10月版陈飞鹏整理《弘一法师书信全集》第390页收录，以为“六月十九日”为公历。未说明依据。本谱从《弘一大师全集》。

② 此信福建人民出版社2019年12月版《弘一大师全集》（第3版，修订2版）第八册·文艺卷、杂著卷、书信卷第406页收录，标“一九三六年旧六月廿三日，鼓浪屿日光岩”。

③ 该广告所注分销处为：上海中国国货公司、淮阴觉津寺、沙市四众佛学研究社、镇江焦山佛学院、武昌佛经流通处和上海福煦路关帝庙度寰法师。该广告在同年9月15日出版的《海潮音》第17卷第9号、10月15日出版的《海潮音》第17卷第10号也有刊登。

④ 弘一大师：《扶桑本〈四分律行事钞资持记通释〉序》，收《弘一大师全集》第七册·佛学卷、传记卷、序跋卷，福建人民出版社2019年12月第3版、修订2版，第611页。

⑤ 此信福建人民出版社2019年12月版《弘一大师全集》（第3版，修订2版）第八册·文艺卷、杂著卷、书信卷第468页收录，标“一九三六年夏，鼓浪屿日光岩”。

施十金，拟以请日本古版佛书；反思自己，生大惭愧，决定先将“老法师、法师、大师、律师”等诸尊号一概取消，退而修德，闭门思过，并拟将“南山三大部”重标点一次等。①

作《扶桑本〈南海寄归传解缆钞〉跋》，署：“丙子七月。弘一。”②

作《扶桑本〈表无表色章〉跋》，署“丙子七月。弘一”。③

8月20日（农历七月初四日），《人间觉》第1卷第2期刊出《厦门涌莲精舍发行》广告。曰：“另加工特造当代佛教领袖太虚大师、净土宗导师印光老法师、律宗泰斗弘一法师各位道影。”

8月31日（农历七月十五日），《正信周刊》第9卷第7期刊出《代邮》，曰：“本刊现为力求内容充实起见，特辟‘佛教时人汇志’一栏，凡属当代佛教大德，皆在征求之列。素仰诸公仁闻夙著，宏法心殷。敬请按下列各项：（一）法名（二）籍贯（三）年龄（四）履历（五）修持（六）志趣（七）出家年月（八）依何师剃度（九）专精何宗（十）最近状况。书一简略自传，并最近玉照一尊，赐寄正信编辑部，以便制版汇刊，启社会之信仰，作后学之楷模。无任盼祷！谨致……弘一法师……本刊编辑部谨启”。**按：**所列共计115位法师。

8月（农历六月十五日至七月十五日），在鼓浪屿致夏丏尊函。言刘质平来信，谓《歌集》不久可出版。承寄五十册，十册请寄泉州开元寺内慈儿院叶宗择、叶宗定二居士，余四十册寄厦门鼓浪屿日光岩弘一收等。④

尤墨君在《越风》第19期刊续刊《论月集》，刊出之文为《中大祥符朗月照禅师塔铭》，署名“弘一法师”。

秋，因近期居鼓浪屿日光岩方便掩关，诸缁素请演讲，故请高文显转念佛会函，言己最深信净土法门，最敬佩印光法师，特举《嘉言录》数则，嘱常阅并体味之。**按：**此函在1947年2月1日《佛教公论》复刊第11期上有刊布，无受信人和署名。福建人民出版社2019年12版《弘

① 此信福建人民出版社2019年12月版《弘一大师全集》（第3版，修订2版）第八册·文艺卷、杂著卷、书信卷第486页收录，标“一九三六年七月，鼓浪屿日光岩”。此信亦曾刊于1943年《学术界》第1卷第5期李芳远辑《弘一大师书牍（续完）》。

② 弘一大师：《扶桑本〈南海寄归传解缆钞〉跋》，收《弘一大师全集》第七册·佛学卷、传记卷、序跋卷，福建人民出版社2019年12月第3版、修订2版，第615页。

③ 弘一大师：《扶桑本〈表无表色章〉跋》，收《弘一大师全集》第七册·佛学卷、传记卷、序跋卷，福建人民出版社2019年12月第3版，修订2版，第615页。

④ 此信福建人民出版社2019年12月版《弘一大师全集》（第3版，修订2版）第八册·文艺卷、杂著卷、书信卷第317页收录，标“一九三六年阳历八月，鼓浪屿日光岩”。《全集》将叶宗择之“择”字录为“泽”。

一大师全集》（第3版，修订2版）第八册·文艺卷、杂著卷、书信卷第407页收录，受信人为“胜进居士转念佛会”，署名“吉目”。而文物出版社2017年10月版陈飞鹏整理《弘一法师书信全集》第400页收录此信，署名“演音”。

书大方广佛华严经偈颂集句“能立无上正教法，常为世间良福田”。①

9月1日（农历七月十六日），《佛学半月刊》第6卷第17号载“佛学书局出版经籍”有《地藏见闻利益品》，署“弘一上人书”；“本局出版”：《地藏圣德大观》，署“弘一法师辑，卢世侯绘像”；《地藏本愿经白话解释》，署“胡宅梵居士著，弘一法师鉴定”；“本局精印”：《地藏菩萨九华垂迹图》，署“卢世侯居士绘，弘一上人书”。题字“大悲所熏”（署名：一音）用于同期佛学书局各省分局经销之“福建名香”广告。

9月3日（农历七月十八日），在鼓浪屿致广洽法师函。言寄上致李圆净一纸、致李鸿梁二纸、致鼓山一片，请阅毕代寄出；鼓山所托抄写《梵网·贤首疏》圈点及封面后之字，及《盗戒科表》等，请代为设法由仁者或友人任之。抄毕寄去等。②

9月5日（农历七月廿日），《人间觉》第1卷第3期刊出《厦门涌莲精舍发行》。曰：“另加工特造当代佛教领袖太虚大师、净土宗导师印光老法师、律宗泰斗弘一法师各位道影。”

9月9日（农历七月廿四日），《语美画刊》第1期刊出“意园藏印”两方。一为白文“吉金乐石”，一为白文“万岁”。

9月10日（农历七月廿五日），曾孝谷以“三十年前旧同学”名义来函：“弘一大师座右：尘劳迷惘，老与病缘，叹息平生，实辜负盛眷。在昔回波结契，萍根偶合，一日相悦，允愈百岁。惟以故乡井底，只合伏蛙，入蛰二十年，浑亡日月。兵戈水旱，骨肉捐替。苦海劫灰，岂复可说？昨闻飞锡憩处，广荫菩提，转迷开智，群生随喜。小子日昵尘障，若草沾泥，俗不与谐，佛所屏弃。第念法师恺恻，沉溺为忧。倘予

① 晋江市文化和旅游局等主办：“最后之胜利——纪念弘一大师诞辰140周年暨手书墨宝、拓片展览”，2020年11月25日至12月24日，晋江市博物馆。

② 此信福建人民出版社2019年12月版《弘一大师全集》（第3版，修订2版）第八册·文艺卷、杂著卷、书信卷第468页收录，标“一九三六年七月十八日，鼓浪屿日光岩”。

箴规，何殊宝筏。拜德音于上界，期忏悔乎几微。奉告敝居，伫迟善教。”①

9月12日（农历七月廿七日），《佛海灯》第1卷第11期刊出《地藏菩萨圣德赞》，署名：弘一。同期《厦门涌莲精舍虔制名香》：“本精舍特制上品美术各种念佛珠，珠头装有极庄严之佛菩萨圣像，并加工特造当代佛教领袖太虚大师、净宗导师印光大师、律宗泰斗弘　大师各位道影，珍贵精巧……”

9月15日（农历七月三十日），刊名题字用于《佛教公论》第1卷第2期封面。在该期发表《惠安弘法日记》，署名“弘一”。同期刊出瑞今《记弘一法师指导患神经者念观音菩萨名号之感应》。**按：**《佛教公论》出刊12期后因战争被迫停刊，曾在泉州复刊一次，复停刊。1946年6月1日正式复刊。1946年6月1日出版的《佛教公论》复刊第2、3期合刊中刊有署名“一音”的《兴办各项佛书编译草案》。

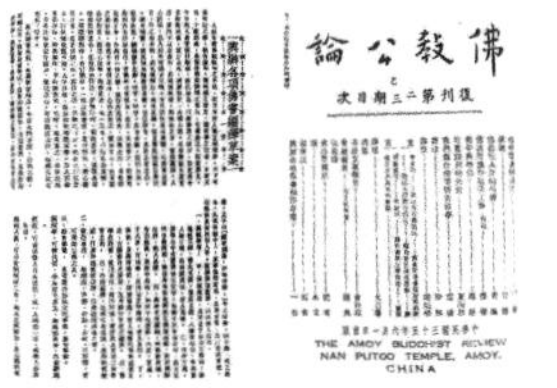
佛教公論

復刊第二三期合刊 目次

THE AMOY BUDDHIST REVIEW
NAN PUTOO TEMPLE, AMOY,
CHINA

弘一大师为《佛教公论》所题刊名。

9月16日（农历八月初一日），《佛学半月刊》第6卷第18号载“本局出版律宗书籍”有《梵网经心地品菩萨戒》《佛说大乘戒经十善业道经合本》，均署“弘一上人书”；《寒笳集》，署“弘一上人辑”。“本局最新影印”有《金刚三昧经》，署“弘一法师手写”，介绍文曰：“弘一大师素精六法，尤擅八分，笔阵雄奇，薄海同钦。斯本乃为旻飞居士书写供养者。体摩魏碑，仅严生动，可谓得其神髓。兹付影流通，纸张匀洁，墨色鲜明，持较缮本，无二无别，绛云法帖，不是过也。”

9月16日至10月14日间（农历八月），在鼓浪屿致高文显函，写告草庵山门联、呈会泉老法师诗偈和温州某巷小旅馆门联等。②

作《〈韩偓评传〉序》，署“丙子八月弘一”。**按：**福建人民出版社2019年12月版《弘一大师全集》（第3版，修订2版）第七册·佛学卷、传记卷、序跋卷第643页收有弘一大师《〈韩偓评传〉序》和《〈韩偓全传〉序》。二序文字相对独立，然1937年4月14日《佛教日报》刊出陈寥士《弘一法师题序〈韩偓评传〉因缘记》一文，录有弘一大师《韩偓评传》序，却为以上二文之综合。录存如下，供研究参考：

① 此信引自金梅《李叔同影事》一书，百花文艺出版社2005年6月版，第150页。原文有二字存疑，现根据罗明《厌乱伤时人，进退遣寂寥：曾孝谷探析》（收《光风霁月——第六届弘一大师研究国际学术会议论文集》，上海三联书店2018年11月版，第291—315页）存录。此信发出后不久的1937年12月4日，曾孝谷在成都辞世。

② 此信福建人民出版社2019年12月版《弘一大师全集》（第3版，修订2版）第八册·文艺卷、杂著卷、书信卷第406—407页收录，标“一九三六年八月，鼓浪屿日光岩”。

> 癸酉小春，驱车晋水西郊，有碑矗路旁，题曰唐学士韩偓墓道，因忆儿时，尝诵偓诗，喜其名氏，乃五十年后，七千里外，遂获展彼墦墓，因缘会遇，岂偶然耶。偓为唐季名臣，晚岁居南闽，颇能重修佛法，生平事迹，散见诸书，知者盖鲜，乃嘱高子胜进，摭其概略，辑为一编，以示时贤。尔者紫云诗人施千金重葺偓墓，晋水诸耆宿，赋诗美之。余复为偓写经，回向菩提，而高子所辑传记，亦适于斯成就，可谓千载一时之盛矣。传记将以锓版，为述所怀弁其端云。丙子八月。

书七言联“远离一切放逸行，利益一切苦众生”。款识“大方广佛华严经偈颂集句。岁次丙子八月，晋水光明院沙门亡言”；钤印“龙音”、佛肖印。[1]

9月19日（农历八月初四日），在鼓浪屿致高文显函。言病中宜熟读《清凉歌集达旨》。清凉歌须依音调唱；病愈时请访忠儒居士，请彼唱歌；《仁声歌集》不知何人所编等。[2]

1936年9月23日《语美画刊》第3期刊出的影像《弘一法师李叔同先生》。

9月20日（农历八月初五日），《人间觉》第1卷第4期复刊出《厦门涌莲精舍发行》广告。曰：“另加工特造当代佛教领袖太虚大师、净土宗导师印光老法师、律宗泰斗弘一法师各位道影。”

9月23日（农历八月初八日），《语美画刊》第3期刊出影像《弘一法师李叔同先生》，同时刊出忆贞《介绍弘一法师》一文，写曰：“现在我们搜集李先生的青年照片，和对联琴幅多帧，依次刊出，此像系前岁在厦门所摄，由丰子恺先生转赠于本刊记者的。”

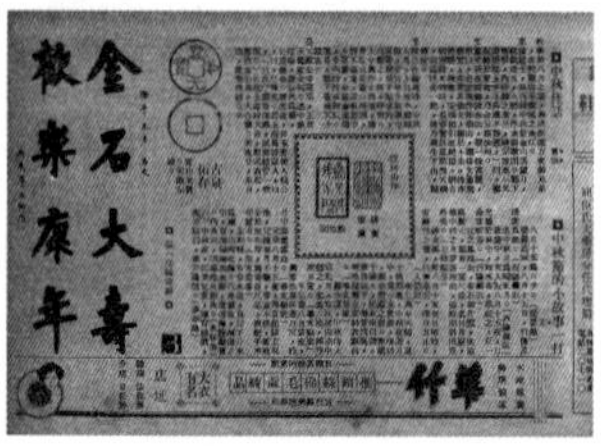

1936年9月30日《语美画刊》第4期刊出的“弘一法师书联”。

9月28日（农历八月十三日），《正信周刊》第9卷第11期刊出《厦门涌莲精舍发行藏香启事》。

9月30日（农历八月十五日），《语美画刊》第4期刊出“弘一法师书联”：“金石大寿；欢乐康年”。款识“际平先生正之。丙辰李欣俶同”。**按：**本期《语美画刊》“编后语”曰：“本期因为适逢中秋，临时登了些应节的文字和照片，致使‘拙老人笔记’‘藏斋随笔’‘治印赘言’

① 上海市书法家协会编：《海派代表书法家系列作品集·弘一》（该卷主编刘一闻，副主编沈爱良），上海书画出版社2006年12月版，第171页。钱均夫家族藏。

② 此信福建人民出版社2019年12月版《弘一大师全集》（第3版，修订2版）第八册·文艺卷、杂著卷、书信卷第407页收录，标“一九三六年九月十九日，鼓浪屿日光岩”。

及‘介绍弘一法师’诸文，未克续登，附此致歉。”

9月（农历七月十六日至八月十五日），尤墨君在《越风》第21期续刊《论月集》，本期刊出之文为《致俗宗兄绍莲居士书》和《记陈敬贤居士轶事》，署名“弘一法师”。

10月1日（农历八月十六日），在鼓浪屿致蔡丏因函。言前由广洽法师交来一函及九月十八日所发之函；目录写本，至今未到，请咨询邮局等。[①]

10月5日（农历八月廿日），《人间觉》第1卷第5期复刊出《厦门涌莲精舍发行》广告。曰：“另加工特造当代佛教领袖太虚大师、净土宗导师印光老法师、律宗泰斗弘一法师各位道影。”

《正信周刊》第9卷第12期复刊出《厦门涌莲精舍发行藏香启事》。

10月12日（农历八月廿七日），在鼓浪屿致蔡丏因函。言十日来信收到；以后来信寄日光岩；丛刊出版后，请先寄两部等。[②]

致刘质平函。言写件半月后托人邮寄奉；以后来信寄鼓浪屿等。[③]

《佛海灯》第1卷第12期载《厦门涌莲精舍虔制名香》。

10月14日（农历八月廿九日），《语美画刊》第6期刊出“意园藏印”两方，一为“世掌丝纶”（朱文），一为“束彤长寿”（朱文）。同时刊出忆贞《介绍弘一法师》（二）。**按：**天津人民美术出版社2009年4月版龚绶、车永仁编《弘一大师李叔同篆刻集》（六卷本）卷六第552页收有“束彤长寿”一印，释文用四个“□”，并注“此印《语美画刊》有载，并注明‘意园藏印’”。现请方爱龙教授辨认，确定为“束彤长寿”。“束彤”与“叔同”谐音。此亦可知，李叔同或另有“束彤”之字号。

10月15日（农历九月初一日），刊名题字用于《佛教公论》第1卷

---

① 此信福建人民出版社2019年12月版《弘一大师全集》（第3版，修订2版）第八册·文艺卷、杂著卷、书信卷第353页收录，标“一九三六年中秋后一日，鼓浪屿日光岩”。

② 此信福建人民出版社2019年12月版《弘一大师全集》（第3版，修订2版）第八册·文艺卷、杂著卷、书信卷第353页收录，标“一九三六年旧八月廿七日，鼓浪屿日光岩”。

③ 此信福建人民出版社2019年12版《弘一大师全集》（第3版，修订2版）第八册·文艺卷、杂著卷、书信卷第298页收录，标“一九三六年八月二十七日，鼓浪屿日光岩”。文物出版社2017年10月版陈飞鹏整理《弘一法师书信全集》第396页收录，时间标1936年“旧七月十一日（新历8月27日）”，未说明理由。同日致函蔡丏因，亦请来信改寄日光岩，故本谱现从《弘一大师全集》。

第 3 期封面。在该期发表《奇僧法空禅师传》，发表时文题下标“弘一”，文末署“晋水薝蔔院沙门严吉撰”。

在鼓浪屿致广洽法师函。言高文显编辑书籍，宜居幽静之处，可移住功德楼上。请向南普陀寺执事者言之；附一纸，请交高文显；郁达夫托订《佛教公论》一份，请代付大洋一元交订等。①

致高文显函：

胜进居士文席：

惠书，诵悉。南普陀功德楼中，余存贮书物甚多，仁者可以移居彼处。以为余守护书物之名义，托广洽法师向库房执事者言之，当可允许也。

前交来之稿，已改就。（诸篇皆佳。此书令诸青年读之，颇可于佛法种植胜因。近年以来，诸青年读《香奁集》者甚多。此书名《韩偓》，彼等必争先购买也）。俟他日托洽师带上。稿纸印格之色，与墨水色相似，故——等记号不易辨认。以后在稿纸反面书写为宜。（印格大致可见。与正面无异。）夏丏尊诸居士亦常在稿纸反面写字也。谨复，不备。

九月一日　演音疏

按：此信福建人民出版社 2019 年 12 月版《弘一大师全集》（第 3 版，修订 2 版）第八册・文艺卷、杂著卷、书信卷第 407 页收录，标“一九三六年九月一日，鼓浪屿日光岩”。文物出版社 2017 年 10 月版陈飞鹏整理《弘一法师书信全集》第 397 页收录，时间标 1936 年“旧七月十六（新历 9 月 1 日）”，地点标“鼓浪屿日光岩寺”。后者时间误。此信与同日寄广洽法师函可参读，当为 10 月 15 日（农历九月一日）所写。

1936 年 10 月 21 日《语美画刊》第 7 期刊出的《弘一法师李叔同先生三十年前像》。

10 月 16 日（农历九月初二日），《佛学半月刊》第 6 卷第 20 号载“本局刷印”《华严经疏论纂要》广告，署“弘一大师倡印”。同期刊出“佛教养正院全体师生恭送弘一法师赴日光岩闭关留影。丙子端阳”。

10 月 20 日（农历九月初六日），《人间觉》第 1 卷第 6 期复刊出《厦门涌莲精舍发行》广告。曰：“另加工特造当代佛教领袖太虚大师、净土宗导师印光老法师、律宗泰斗弘一法师各位道影。”

① 此信福建人民出版社 2019 年 12 月版《弘一大师全集》（第 3 版，修订 2 版）第八册・文艺卷、杂著卷、书信卷第 468 页收录，标“一九三六年旧九月一日，鼓浪屿日光岩”。

10月21日（农历九月初七日），《语美画刊》第7期刊出影像《弘一法师李叔同先生三十年前像》。同时刊出忆贞《介绍弘一法师》（续）。

在鼓浪屿致广洽法师函。言请向厦门大纸店购罗甸纸三十张，便中带下；请将新印《大悲咒》三包分寄三处；印西法师如有来信，抄下地址，便中带下等。[①]

10月23日前（农历九月初九日前），该日前在鼓浪屿致夏丏尊函：

丏尊居士道席：

惠书，诵悉。拙书附邮奉。又《寒笳集》四册，以供法喜。惠施诸书，悉收到。《其中堂目录》，已寄来。拟以前款大多数请购戒律，余者请他种佛书，并购俗典近十元。谨以附闻。不宣。

旧重阳前　演音疏

按：此信福建人民出版社2019年12月版《弘一大师全集》（第3版，修订2版）第八册·文艺卷、杂著卷、书信卷第317页收录，标“一九三六年重阳节前，鼓浪屿日光岩”。文物出版社2017年10月版陈飞鹏整理《弘一法师书信全集》第399页收录，时间标1936年“旧九月初八日”。信虽署“旧重阳前”，从情理上讲可能是重阳节前一天，即农历九月初八日，但未必一定就是该日。故《弘一大师全集》所标合理。

10月28日（农历九月十四日），《语美画刊》第8期刊出“李叔同先生治印”，共两方，一为“浇愁无术且摊书”（朱文），一为“金石刻画臣能为”（白文）。同时刊出忆贞《介绍弘一法师》（续），写曰：“说到先生的篆刻，那更是无以复佳，本刊所印之意园藏印，泰半均出其手……”

10月29日（农历九月十五日），在鼓浪屿联名致广洽法师、高文显函。言《清凉歌集》已寄到，赠三十册。其中十五册交与忠儒居士，转赠闽南诸中学音乐教师，余十五册请分赠闽南青年学生；叶慧观处请赠二册，一册赠彼，一册托彼转送彼校音乐教师。中山公园艺术学校，亦可由高文显便中送与一册；《韩偓》稿已改就，待广洽法师来时带上。《总目录》甚善等。[②]

---

① 此信福建人民出版社2019年12月版《弘一大师全集》（第3版，修订2版）第八册·文艺卷、杂著卷、书信卷第468—469页收录，标“一九三六年旧九月七日，鼓浪屿日光岩”。

② 此信福建人民出版社2019年12月版《弘一大师全集》（第3版，修订2版）第八册·文艺卷、杂著卷、书信卷第469页收录，标“一九三六年九月望日，鼓浪屿日光岩”。

10月（农历八月十六日至九月十七日），《世界佛教居士林林刊》第42期“事业纪要”之“图书馆概况”记录“送出书籍数”送出《护生画集》420本。

在厦门鼓浪屿致刘质平函：

质平居士道席：

惠书诵悉。承施资，甚感。宣纸已收到。兹寄上七言联若干副，结缘件十五份。又前为韩偓写《药师经》一卷，亦以奉赠。俟余六十岁时，或可同人集资印此经，以为纪念也。

仁者如以后常读《药师经》，尤善。附寄上注解一册，可以参考也。此注解中之经为后代流通本，余所写者依古藏原本，故稍有不同处也。谨复，不宣。

演音启

按：此信福建人民出版社2019年12月版《弘一大师全集》（第3版，修订2版）第八册·文艺卷、杂著卷、书信卷第299页收录，标“一九三七年旧九月，厦门万石岩”。文物出版社2017年10月版陈飞鹏整理《弘一法师书信全集》第425页收录，时间、地点亦如此标注。皆误。此信写于1936年10月，地点在厦门鼓浪屿日光岩。此与弘一大师为韩偓写《药师经》时间相合，亦与刘质平是秋寄宣纸时间相合等。详考见王维军著《平湖李叔同纪念馆藏李叔同（弘一大师）手札墨宝·识注考勘》。[①]

在厦门鼓浪屿致刘质平函（含刘质平手稿修改件及自书《地名山名及寺院名略考》）。其中函曰：

质平居士文席：

惠书诵悉。《阿弥陀经》，拟俟余往生西方时再印，以为纪念（用袋装置甚善）。写件寄上二包，请收入。室小几小，又无人帮助，故七、八、十言联皆不易书写。但写小幅，以分送同人，为纪念也。此次寄上者甚多，想可敷用。今年即不再写奉，且俟明年有暇再书写也。宣纸在此购买甚便，以后乞勿寄下。地名、山名及寺名、院名表，改订奉上（夹在写件包中）。又《略考》五纸，可以附编入文内。谨复，不宣。

演音启

邮票，须用浆糊或胶水贴牢固，否则易致脱落。前来函之邮

① 王维军著：《平湖李叔同纪念馆藏李叔同（弘一大师）手札墨宝·识注考勘》，西泠印社出版社2017年9月版，第215页。

票，已落去。

按：此信福建人民出版社2019年12月版《弘一大师全集》（第3版，修订2版）第八册·文艺卷、杂著卷、书信卷第299—300页收录，标“一九三八年四月，厦门南普陀”。文物出版社2017年10月版陈飞鹏整理《弘一法师书信全集》第448页收录，时间标1938年“旧四月初”、地点标“厦门南普陀”。皆误。此信写于1936年10月，地点在厦门鼓浪屿日光岩。附寄之《地名山名及寺院名略考》中未见永春、青岛，寺名亦未见普济寺、湛山寺等，而其中复有“今年即居此屿日光岩”句，故写信地点在鼓浪屿，时间当系1936年10月间。详考见王维军著《平湖李叔同纪念馆藏李叔同（弘一大师）手札墨宝·识注考勘》。[①] 刘质平手稿为刘质平整理的弘一大师历年所到之地名、山名、寺名、院名及用过之笔名。弘一大师为其修改后寄回。

《清凉歌集》封面（马一浮题）。

《清凉歌集》由（上海）开明书店出版，收歌曲《清凉》《山色》《花香》《世梦》和《观心》。5首歌分别由俞绂棠、潘伯英、徐希一、唐学咏、刘质平谱曲。附释芝峯：《〈清凉歌集〉达恉》，夏丏尊序，马一浮题封面。夏丏尊《〈清凉歌集〉序》写曰：

弘一和尚未出家时，于艺事无所不精，自书法、绘画、音乐、文艺乃至演剧、篆刻皆卓然有独到处。尝为余言：平生于音乐用力最苦，盖乐律与演奏皆非长期鍊修无由适度，不若他种艺事之可凭藉天才也。和尚先后在杭州、南京以乐施教者凡十年，迄今全国为音乐教师者十九皆其薪传。所制一曲、一歌风行海内，推为名作。入山以后，从前种种胥成梦影。一日，刘生质平偕余往访和尚于山寺，饭罢清谈，偶及当世乐教。质平叹息于作歌者之难得，一任靡靡俗曲流行闾阎，深惜和尚入山之太蚤。和尚亦为怃然，允再作歌若干首付之，余与质平皆惊喜。此七年前事也，七年以来，质平及其学友根据和尚所作歌辞，分别谱曲，反复推敲，必得和尚印可而后定。复经上海新华艺术专科学校、浙江宁波中学等处实地演奏，始携稿诣余，谋为刊行。作曲者五人：质平为和尚之弟子，学咏、希一、伯英为质平之弟子，绂棠为质平之再传弟子，皆音乐教育界之铮铮者。歌曲仅五首，乃经音乐界师弟累叶之合作，费七年光阴之试练，亦中国音乐史上之佳话矣。歌名清凉，和尚之所命也。和尚俗姓李，名息，字叔同，又字惜霜，浙之平湖人。二十五年八月，夏丏尊。

---

① 王维军著：《平湖李叔同纪念馆藏李叔同（弘一大师）手札墨宝·识注考勘》，西泠印社出版社2017年9月版，第225页。

11月2日（农历九月十九日），作《扶桑本〈表无表章文集〉序》，署："丙子九月十九日记。时居日光院。"①

《正信周刊》第9卷第16期复刊出《厦门涌莲精舍发行藏香启事》。

《申报》载消息："中国画会第六届书画展览会展期三天：本会集186家最近作品八百余幅公开展览以来，深获观众同情，兹得各方来函要求，延长为特展期三天，同时陈列弘一法师写经数十幅，极为当世所珍贵，谨希各界莅临参观。会期：十一月五日止。会场：大新公司四楼。时间：上午九时至下午七时止"。

11月3日（农历九月廿日），作品随其他百余件各体书法作品在上海南京路虞洽卿路大新公司四楼中国画会第六届书画展览会专辟一室展出。展期为11月3日至5日。**按：**此为展方商请刘质平参与后所为。本年10月23日，中国画会第六届书画展览会在上海大新公司四楼展厅开幕，展期至11月2日。1937年2月《越风》第2卷第2期刊出胜进：《我也来谈谈弘一法师》一文，言"最近中国画会在上海开展览会时，申报曾载曰：'中国画会，在本市连开十天，原定昨日闭幕，兹应各方要求展期，为特延长一天，已志前报，并悉该会今日起加入弘一法师墨宝百余件，专辟一室陈列展览。弘一法师即李叔同先生，书法苍劲，直追汉魏，为现代最有力之书家，且为世人所珍视，沪上不乏爱好书法者，幸勿失此良缘也。'"1936年《国画》第2卷第10期有《弘一法师书画展览》，曰："弘一法师为艺术界前辈，其书法神似唐人写经。现由其弟子刘质平将所收藏法师所书之楹联、信札等数十册在上海公开展览。"是日《大公报》刊出《李叔同墨宝今起在中国画会陈列》消息，写曰："中国画会在本市连开十天。原定昨日闭幕，兹应各方要求，特延长三天，今日起加入弘一法师墨宝百余件，专辟一室，陈列展览。弘一法师即李叔同先生，书法苍劲，直追汉魏，为现代最有功力之书家，且为世人所珍视，沪上不乏爱好者，幸勿失此良机。"11月4日《申报》消息："中国画会第六届书画展览会，此次集全国名家之精品八百余件，自开幕以来，其盛况为历届所未有。昨日起，该会商请本市新华艺术专科学校教授刘质平君珍藏弘一法师各体书法百余件，在会场中专辟一室陈列，平时敬仰弘一法师书法到会参观者，颇为拥挤，该会只有今明两日，爱好书画者，幸勿失次机会。"

在厦门日光岩校讫《随机羯磨疏济缘记》，并作校记，署："校点此

① 弘一大师：《扶桑本〈表无表章文集〉序》，收《弘一大师全集》第七册·佛学卷、传记卷、序跋卷，福建人民出版社2019年12月第3版、修订2版，第615页。

本，始于二十一年壬申正月，迄于二十五年丙子九月二十日，时居古浪屿日光别院，春秋五十有七，南山律苑演音谨志。”。[①]

11 月 4 日（农历九月廿一日），《语美画刊》第 9 期刊出影像《李叔同先生早年造象》。

11 月 5 日（农历九月廿二日），《人间觉》第 1 卷第 7 期刊出《厦门涌莲精舍发行》广告。曰：“另加工特造当代佛教领袖太虚大师、净土宗导师印光老法师、律宗泰斗弘一法师各位道影。”

11 月 8 日（农历九月廿五日），《佛教日报》刊出灯霞《清凉歌》一文，内录“清凉歌”五首。

11 月 9 日（农历九月廿六日），《正信周刊》第 9 卷第 17 期复刊出《厦门涌莲精舍发行藏香启事》。

11 月 11 日（农历九月廿八日），《语美画刊》第 10 期刊出“叔同治印”两方，一为“吉利”（白文），一为“日利千金”（朱文）和《弘一法师李叔同先生墨宝》，为佛号“南五阿弥陀佛”。款识“金刚般若波罗蜜经偈句：一切有为法，如梦幻泡影。如露亦如电，应作如是观。庚午七月，慈力院髻目书。雪民居士供养，亡言敬奉”；钤印佛肖印、“弘一”等。

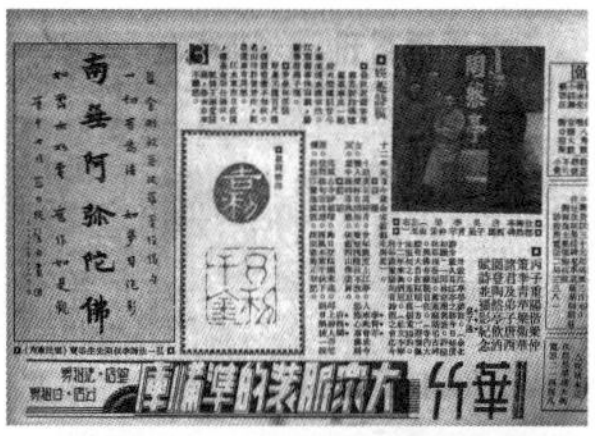

1936 年 11 月 11 日《语美画刊》第 10 期刊出的“叔同治印”和《弘一法师李叔同先生墨宝》。

11 月 12 日（农历九月廿九日），《佛海灯》第 2 卷第 1 期载《厦门涌莲精舍虔制名香》。

11 月 13 日（农历九月三十日），在鼓浪屿致刘质平函：

质平居士文席：

前函及写件，想已收到。不久或移居乡间，通讯未便，故复续写若干件寄上。以后乞暂勿来信。如有要事，乞寄“厦门南普陀寺养正院内广洽法师转交弘一收”。或须迟至两三个月，乃依便人带到，亦未可知也。

---

① 弘一大师：《〈随机羯磨疏济缘记〉校记》，收《弘一大师全集》第七册·佛学卷、传记卷、序跋卷，福建人民出版社 2019 年 12 月第 3 版、修订 2 版，第 614 页。

今年写者最多，约四五百件矣。谨陈，不具。

旧九月晦日　演音启

按：此信福建人民出版社 2019 年 12 月版《弘一大师全集》（第 3 版，修订 2 版）第八册・文艺卷、杂著卷、书信卷第 299 页收录，标“一九三七年旧九月晦日，厦门万石岩”。文物出版社 2017 年 10 月版陈飞鹏整理《弘一法师书信全集》第 426 页收录，时间标 1937 年“旧九月三十日（新历 11 月 2 日）”，地点标“厦门万石岩”。皆误。此信写于 1936 年 11 月 13 日（农历九月三十日），地点在鼓浪屿。广治法师于 1937 年抗战爆发后去新加坡，不可能再由其转交信件。详考见王维军著《平湖李叔同纪念馆藏李叔同（弘一大师）手札墨宝・识注考勘》。①

11 月 14 日至 12 月 13 日间（农历十月），书七言联“起大愿云周法界，以普贤行悟菩提”。款识“贞元译大方广佛华严经偈集句。岁次玄枵十月，卢舍那寺，沙门相严书”；钤印“沙门月臂”、佛肖印。②

书七言联“解了世间犹若梦，灭除烦恼无有余”。款识“大方广佛华严经贞元译偈颂集句。岁次玄枵十月，无相三昧院，沙门智炬书”；钤印“沙门月臂”、佛肖印。③

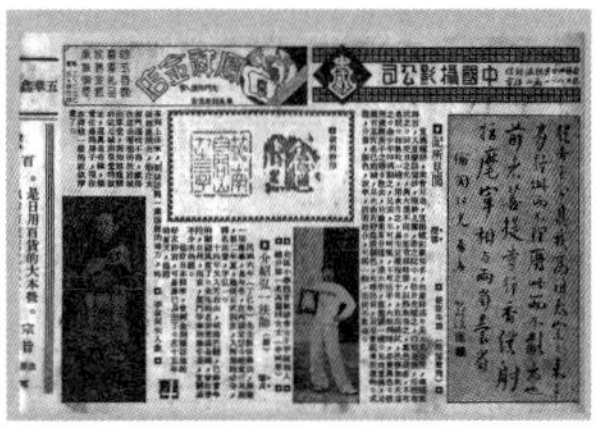

1936 年 11 月 18 日《语美画刊》第 11 期刊出的“叔同治印”和影像《李叔同夫人象》。同时刊出忆贞《介绍弘一法师》（续）。

11 月 15 日（农历十月初二日），所题“佛教公论”用于《佛教公论》第 1 卷第 4 号。在该期发表《宝华山见月律师年谱摭要》，署名“弘一”。

《微妙声》第 1 期刊出广告《佛学书局精印卢世侯居士绘，弘一上人书〈地藏菩萨九华垂迹图〉》。

11 月 16 日（农历十月初三日），《正信周刊》第 9 卷第 18 期复刊出《厦门涌莲精舍发行藏香启事》。

在鼓浪屿致高文显函。言曾在佛前占示，居住厦门不宜，将来随缘所住，目前未能计划；居日光岩半载，甚获利益。但不能久住，乃宿业，非人力所能致；此函请广洽法师一阅等。④

① 王维军著：《平湖李叔同纪念馆藏李叔同（弘一大师）手札墨宝・识注考勘》，西泠印社出版社 2017 年 9 月版，第 227 页。
② 中华书道学会编：《弘一大师墨迹文物图录》，（台北）中华书道学会 1996 年 7 月印行，第 31 页。
③ 中华书道学会编：《弘一大师墨迹文物图录》，（台北）中华书道学会 1996 年 7 月印行，第 67 页。
④ 此信福建人民出版社 2019 年 12 月版《弘一大师全集》（第 3 版，修订 2 版）第八册・文艺卷、杂著卷、书信卷第 407—408 页收录，标“一九三六年旧十月三日，鼓浪屿日光岩”。

11 月 18 日（农历十月初五日），《语美画刊》第 11 期刊出“叔同治印”两方，一为“谷山”（白文），一为“燕南自问山人之三子”（朱文）和影像《李叔同夫人象》。同时刊出忆贞《介绍弘一法师》（续）。

11 月 20 日（农历十月初七日），《人间觉》第 1 卷第 8 期刊出《厦门涌莲精舍发行》广告。曰：“另加工特造当代佛教领袖太虚大师、净土宗导师印光老法师、律宗泰斗弘一法师各位道影。”

11 月 24 日（农历十月十一日），在鼓浪屿致刘质平函。言前函想已收到，不久往山寺居住，需精密之蚊帐一件，请购并托三友社代为邮寄；尚需在鼓浪屿住月余等。[①]

11 月 25 日（农历十月十二日），《语美画刊》12 期刊出“李叔同先生治印”两方，一为“李氏家藏”（朱文），一为“如山”（白文）。

12 月 1 日（农历十月十八日），《人海灯》第 3 卷第 12 期刊出《厦门涌莲精舍（监选名香特制佛珠）名香出售》广告。曰：“另加工特造当代佛教领袖太虚大师、净土宗导师印光老法师、律宗泰斗弘一法师各位道影。”

12 月 2 日（农历十月十九日），《语美画刊》插 13 期刊出“李叔同先生治印”一方，为“积债难清因买画”（白文）。同时刊出忆贞《介绍弘一法师》（续）。

《大公报》刊出开明书店书讯，有《清凉歌集》。

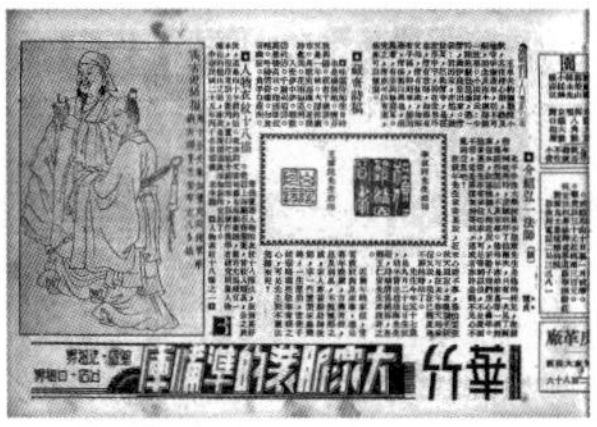

1936 年 12 月 2 日《语美画刊》第 13 期刊出的“李叔同先生治印”一方和忆贞《介绍弘一法师》（续）。

12 月 5 日（农历十月廿二日），《人间觉》第 1 卷第 9 期刊出《厦门涌莲精舍发行》广告。曰：“另加工特造当代佛教领袖太虚大师、净土宗导师印光老法师、律宗泰斗弘一法师各位道影。”

12 月 6 日（农历十月廿三日），《佛教日报》刊出《厦门佛教养正院学僧以一月所得献国，为全国佛教团体及僧伽首倡》，写曰：“厦门南普陀寺佛教养正院，为弘一法师等所提倡，创立于民国廿二年（当为廿三年——引者按），成绩斐然，出家学僧负笈求学者，现已增至五十余人。该院每月供给学生纸笔费五角，顷该院学僧，因鉴于全国各地机关团体

① 此信福建人民出版社 2019 年 12 月版《弘一大师全集》（第 3 版，修订 2 版）第八册・文艺卷、杂著卷、书信卷第 298 页收录，标“一九三六年旧十月十一日，鼓浪屿日光岩”。

人员，提倡以一日所得贡献国家之举，风起云涌，咸以虽分属僧伽，而爱国之心，不敢后人，在全国各佛教团体，及各处僧众，尚未作若何决议办法以前，特发起将一月所得五角国币，敬献国家，以为全国僧人首倡，计全体师生所集献金共三十元零五角，已于昨十一月某日，送交中央银行检收汇寄云。”

12 月 9 日（农历十月廿六日），《语美画刊》第 14 期刊出“李叔同先生治印”一方，为“草草不工”（白文）。

12 月 14 日（农历十一月初一日），在鼓浪屿致刘质平函：

质平居士文席：

承寄蚊帐已收到，感谢无尽。附寄上拙书一包，计八十六件。今年寄上之总数，乞便中核计示知。大约尚有月余乃他往也。谨复，不具。

十一月一日　音启

按一：此信福建人民出版社 2019 年 12 月版《弘一大师全集》（第 3 版，修订 2 版）第八册・文艺卷、杂著卷、书信卷第 286 页收录，标“一九三〇年旧十一月一日，慈溪金仙寺”。文物出版社 2017 年 10 月版陈飞鹏整理《弘一法师书信全集》第 225 页收录，时间标 1930 年“十一月初一”，地点标“慈溪金仙寺”。均误。此信与 11 月 24 日（农历十月十一日）在鼓浪屿致刘质平函可参读。当写于 12 月 14 日（农历十一月一日），地点在鼓浪屿。详考见王维军著《平湖李叔同纪念馆藏李叔同（弘一大师）手札墨宝・识注考勘》，西泠印社出版社 2017 年 9 月版，第 231 页。又，《弘一法师书信全集》还误将弘一大师于 1932 年 1 月致刘质平函及其他言语作为此信附言。详考见王维军著《平湖李叔同纪念馆藏李叔同（弘一大师）手札墨宝・识注考勘》。①

按二：弘一大师后改变计划，不再赴“山中”。本年农历十一月又有一函致刘质平。言暂不往山中，不久移居南普陀寺。以后来信寄南普陀寺广洽法师转交等。②

按三：文物出版社 2017 年 10 月版陈飞鹏整理《弘一法师书信全集》第 413 页收录致刘质平函，时间标 1937 年“春夏”，地点标“厦门南普陀寺”。函曰：

---

① 王维军著：《平湖李叔同纪念馆藏李叔同（弘一大师）手札墨宝・识注考勘》，西泠印社出版社 2017 年 9 月版，第 143 页。

② 此信福建人民出版社 2019 年 12 月版《弘一大师全集》（第 3 版，修订 2 版）第八册・文艺卷、杂著卷、书信卷第 298 页收录，标“一九三六年旧十一月，鼓浪屿日光岩”。

惠书，诵悉。承施资，至感！蚊帐合宜，无须重做。又余住处无定，床量大小不一，无固定之标准也。以后惠书，仍寄南普陀寺养正元广洽法师转交。

演音启

此信福建人民出版社 2019 年 12 月版《弘一大师全集》（第 3 版，修订 2 版）第八册·文艺卷、杂著卷、书信卷未收。当写于弘一大师收到蚊帐后所写，信中有“又余住处无定”，当写于鼓浪屿。

12 月 14 日至次年 1 月 12 日间（农历十一月），在鼓浪屿致广洽法师函。言十二月初旬能否往南普陀寺，尚未决定；昨日携去之水仙花，请分赠诸友人等。[①]

12 月 15 日（农历十一月初二日），所题“佛教公论”用于《佛教公论》第 1 卷第 5 期。

12 月 16 日（农历十一月初三日），《佛学半月刊》第 6 卷第 24 号载“本局出版”《地藏菩萨九华垂迹图》广告，署：卢世侯绘，弘一法师题字；《地藏经白话解释》广告，署：胡宅梵著，弘一大师鉴定。

《语美画刊》第 15 期刊出“李叔同先生治印”一方，为“吟生”（朱文）。

12 月 20 日（农历十一月初七日），《人间觉》第 1 卷第 10 期刊出《厦门涌莲精舍发行》。曰：“另加工特造当代佛教领袖太虚大师、净土宗导师印光老法师、律宗泰斗弘一法师各位道影。”

12 月 22 日（农历十一月初九日），题字“大悲所熏”用于《佛海灯》第 2 卷第 2 期“厦门振东海记出品之名香”广告，署名“一音”。“佛教消息”载：“厦门南普陀寺养正院，为弘一律师等所提倡，学僧均能严静毗尼。此次绥远事起，全国机关团体以致个人，莫不以一日所得贡献国家之举，该院师生爱国之心不敢后人，愿将一个月所得五角衣单费，悉数敬献国家，共计三十元五角，如数交中央银行代收汇寄云。”

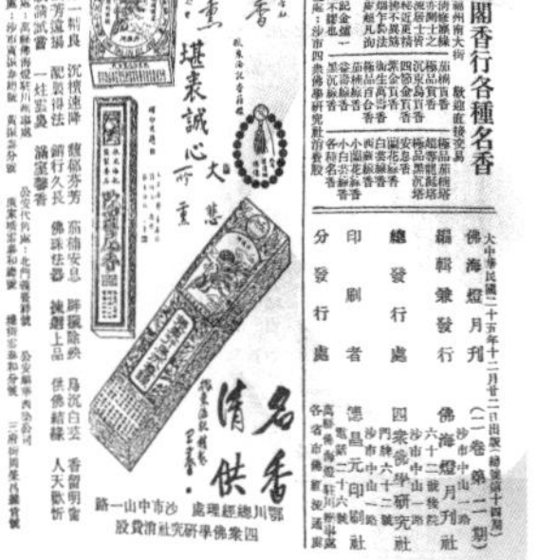

1936 年 12 月 22 日，题字“大悲所熏”用于《佛海灯》第 2 卷第 2 期“厦门振东海记出品之名香”广告，署名“一音”。

郁达夫像。

① 此信福建人民出版社 2019 年 12 月版《弘一大师全集》（第 3 版，修订 2 版）第八册·文艺卷、杂著卷、书信卷第 469 页收录，标“一九三六年旧十一月，鼓浪屿日光岩”。

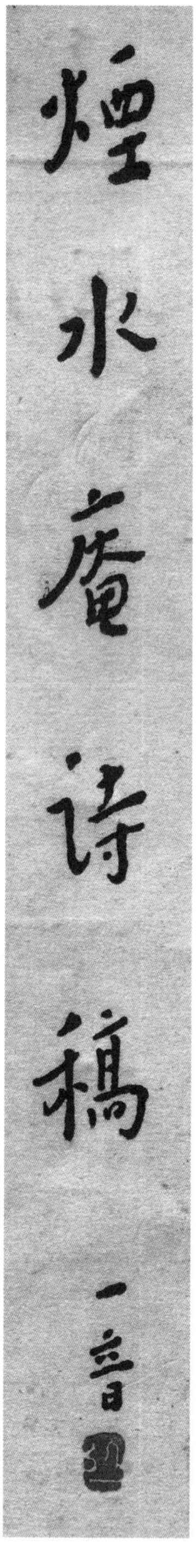

1936年慧云法师在厦门南普陀寺整理诗作出版，为该诗集题“烟水庵诗稿”。

按：金墨主编《书法名品精选·弘一》（线装书局 2015 年 5 月版）内容为弘一大师名下所书《金刚般若波罗蜜经》（节录）。款识“岁次丙子十一月十三日敬书，以此功德回向亡友元生居士。愿彼业障消除，往生极乐世界，早证无上菩提，度一切众生。沙门演音弘一并记”；钤印“弘一”。十一月十三日为公历 12 月 26 日。相关文献未记，书写风格值得商榷。存疑待考。

12 月 31 日（农历十一月十八日），上午在鼓浪屿日光岩会见由广洽法师陪同而来访的郁达夫，赠与《佛法导论》和《清凉歌集》。[1] **按：**12 月 30 日下午郁达夫在《星光日报》记者赵家欣的陪同下游览了厦门名胜南普陀寺，并提出拜访弘一大师之要求。赵家欣请南普陀寺广洽法师通报。12 月 31 日上午，广洽法师与赵家欣一起到郁达夫下榻的天仙旅社，陪同他渡海至鼓浪屿日光岩访弘一大师。郁氏离开厦门前，赴广洽法师素宴，即席挥毫录弘一法师语“我见他人死，我心热如火，不是热他人，看看轮到我”赠广洽法师。广洽法师于 1983 年 7 月 5 日写有《忆达夫》一文，收陈子善、王自立编《回忆郁达夫》，湖南文艺出版社 1986 年版。郁达夫后有《丁丑春日偕广洽法师等访高僧弘一于日光岩下蒙赠以佛法导论诸书归福州后续成长句却寄》之赠诗。诗曰：“不似西泠遇骆丞，南来有意访高僧。远公说法无多语，六祖传真只一灯。学士清平弹别调，（弘一法师著有《清凉歌集》）道宗宏议薄飞升。中年亦具逃禅意，两事何周割未能。（弘一法师亦著有《临终讲义》诸书）”序中“丁丑春日”为误记。详考见王慰曾《郁达夫访问弘一的时间和赠诗》。[2]

是年，在鼓浪屿致高文显函。言送上印刷品挂号五件、普通信三件、明信片六叶，费神转送等。[3]

在厦门致徐海北函。言嘱写各件，草草加墨，未能工；在俗时曾习油画，久已荒弃，他非所能，请鉴谅等。[4]

① 郁达夫（1896—1945），浙江富阳人，作家。

② 王慰曾：《郁达夫访问弘一的时间和赠诗》，收《李叔同（弘一大师）研究·考论选》，团结出版社 2016 年 11 月版，第 195—196 页。郁达夫《丁丑春日偕广洽法师等访高僧弘一于日光岩下蒙赠以佛法导论诸书归福州后续成长句却寄》，载 1937 年《越风》第 2 卷第 1 期。

③ 此信福建人民出版社 2019 年 12 月版《弘一大师全集》（第 3 版，修订 2 版）第八册·文艺卷、杂著卷、书信卷第 408 页收录，标“一九三六年，鼓浪屿日光岩”。具体月日，待考。

④ 此信福建人民出版社 2019 年 12 月版《弘一大师全集》（第 3 版，修订版）第八册·文艺卷、杂著卷、书信卷第 422 页收录，标“一九三六年，厦门”。

撰《奇僧法空禅师传》，署“晋水薝蔔院沙门严謍撰”。[①]

慧云法师在厦门南普陀寺整理诗作出版，为该诗集题“烟水庵诗稿”，署“一音”；钤印“一音”。[②]

书华严贤首品偈。款识“上虞法界寺旧藏明版华严续经残纸。为书华严贤首品偈以奉翼时居士供养。沙门一音，丙子年，五十又七”；钤印佛肖印、“辟”。[③]

《中学音乐教材》出版，收《送别》。

书八言联“如来境界无有边际，普贤身相犹如虚空”。款识“大方广佛华严经晋译净眼品舍那品偈颂集句。岁次玄枵，慧水沙门无有，时掩室日光别院，年五十又七”；钤印佛肖印、“广心”、“弘一”。[④]

书“佛”。款识“岁次玄枵，日光别院沙门无住敬书”；钤印佛肖印、“弘一”。[⑤]

书“佛”。款识“岁次玄枵，日光别院沙门亡言敬书”；钤印佛肖印、“弘一”。[⑥]

书五言联“则能入佛境，不著于世间”。款识“华严经集句。丙子智境”；钤印“弘一”、佛肖印。[⑦]

书五言联“常饮法甘露，安住宝莲华”。款识“华严经偈句。丙子，亡言”；钤印“弘一”、佛肖印。[⑧]

书七言联“能于众生施无畏，普使世间得大明”。款识“大方广佛华严经偈集句。丙子，辨音院”；钤印“弘一”、佛肖印。[⑨]

书七言联“演一言音充法界，脱众生苦无有余”。款识“大方广佛华严经偈集句。丙子，薝蔔院”；钤印“弘一”、佛肖印。[⑩]

书五言联“自性真清净，诸法无去来”。款识“华严经集句。丙子，一音”；钤印“弘一”、佛肖印。[⑪]

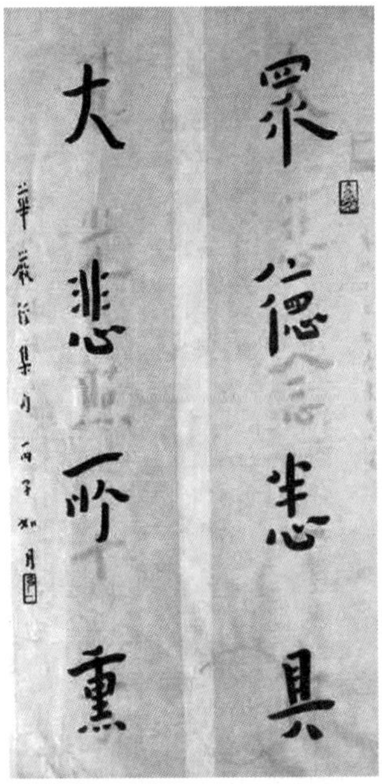

弘一大师1936年书“众德悉具，大悲所熏”联。

---

① 弘一大师：《奇僧法空禅师传》，收《弘一大师全集》第七册·佛学卷、传记卷、序跋卷，福建人民出版社2019年12月第3版、修订2版，第588—589页。法空法师，福建惠安人，16岁出家，工书、武术，1936年农历三月圆寂，时年59岁。

② 慧云法师自闽南佛学院毕业后赴台湾弘法，遭日本人逮捕，在狱中作诗百余首，释放后回厦门，在南普陀寺整理诗稿出版。

③ 释慧观撰述：《弘一大师持戒念佛之典范》，（台北）弘一大师纪念学会2012年12月印行，第8页。

④ 上海市书法家协会编：《海派代表书法家系列作品集·弘一》（该卷主编刘一闻，副主编沈爱良），上海书画出版社2006年12月版，第172页。

⑤ 现存钱均夫家族。上海书画出版社2006年12月版上海市书法家协会编：《海派代表书法家系列作品集·弘一》（该卷主编刘一闻，副主编沈爱良）第169页另收一幅。

⑥ 中华书道学会编：《弘一大师墨迹文物图录》，（台北）中华书道学会1996年7月印行，第11页。

⑦ 上海市书法家协会编：《海派代表书法家系列作品集·弘一》（该卷主编刘一闻，副主编沈爱良），上海书画出版社2006年12月版，第173页。钱均夫家族藏。

⑧ 上海市书法家协会编：《海派代表书法家系列作品集·弘一》（该卷主编刘一闻，副主编沈爱良），上海书画出版社2006年12月版，第174页。

⑨ 上海市书法家协会编：《海派代表书法家系列作品集·弘一》（该卷主编刘一闻，副主编沈爱良），上海书画出版社2006年12月版，第175页。

⑩ 上海市书法家协会编：《海派代表书法家系列作品集·弘一》（该卷主编刘一闻，副主编沈爱良），上海书画出版社2006年12月版，第176页。

⑪《弘一法师书法集》，上海书画出版社，1997年5月版，第49图。

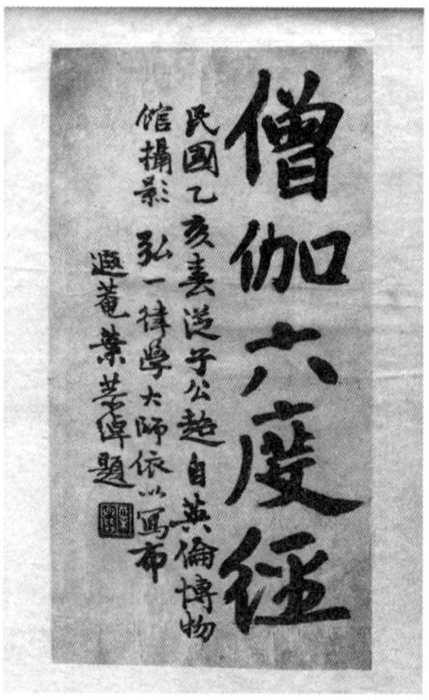

叶恭绰“僧伽六度经”题记。

弘一大师题“灵鹫禅寺”。

书四言联“深入佛智，得预法流”。款识“华严经集句。丙子，一音”；钤印“沙门月臂”、佛肖印。①

书七言联“譬如法界无分别，恒以智慧悉了知”。款识“大方广佛华严经偈集句。丙子，妙严院”；钤印“弘一”、佛肖印。②

书七言联“十善业道悉清净，百福相好所庄严”。款识“大方广佛华严经偈集句。丙子，大明院”；钤印“弘一”、佛肖印。③

书四言联“众德悉具，大背所熏”。款识“华严经集句。丙子，如月”。④

书七言联“知一切法不可说，起大慈悲现世间”。款识“大方广佛华严经偈集句。丙子，最胜光院”；钤印“弘一”、佛肖印。⑤

书《佛说五大施经》回向士惟居士。跋曰：“岁次玄枵，敬书《佛说五大施经》；回向士惟居士，愿往生安养，早证菩提。晋水南山律苑沙门一音，时年五十又七。”并书录钱基博1922年所撰《南通费生传》，署“蒼蔔老人书”；钤印“胜解”、“沙门月臂”。⑥

作《玉泉居士墓碣铭》。⑦

作《重兴草庵记》，署“于时二十五年，岁次玄枵，慧水瑞集岩大华严寺沙门演音撰。”⑧

绘佛像。款识“岁次玄枵，日光别院沙门一音敬画”；钤印佛肖印、“音”。

书《佛说阿弥陀经》。款识“二十五年龙集丙子，养疴古浪日光别院，敬书是经，呈奉日光常住，以为纪念。惠安大华严寺沙门一音”；钤印“弘一”。

1935年叶恭绰之侄叶公超在大英博物馆摄得敦煌写本《僧伽六度经》而归，叶恭绰请依之书写。允之。作《手书〈僧伽六度经〉跋》，署“丙子胜音书并志。”⑨ **按：**后叶恭绰为此经题签“僧伽六度经”，题记曰：“民国乙亥春从子公超自英伦博物馆摄影，弘一律学大师依以写

---

① 中华书道学会编：《弘一大师墨迹文物图录》，（台北）中华书道学会1996年7月印行，第26页。

② 中华书道学会编：《弘一大师墨迹文物图录》，（台北）中华书道学会1996年7月印行，第33页。

③ 钱均夫家族藏。

④ 见《李息翁法书》（袁希濂题签），开明书店发行，未署发行时间。

⑤ 中华书道学会编：《弘一大师墨迹文物图录》，（台北）中华书道学会1996年7月印行，第43页。

⑥ 弘一大师：《手书〈佛说五大施经〉跋》，收《弘一大师全集》（第3版，修订2版）第七册·佛学卷、传记卷、序跋卷，福建人民出版社2019年12月版，第637页。士惟即费师恒，江苏南通人，弘一大师友人费师洪（范九）之弟，1922年病逝，钱钟书之父钱基博为撰《南通费生传》，1936年应费师洪之请，弘一大师书录该传，复书《佛说五大施经》。费师洪（1887—1967），字知生，曾主编《南通报》，亦曾任商务印书馆美术部主任编辑。

⑦ 弘一大师：《玉泉居士墓志铭》，收《弘一大师全集》（第3版，修订2版）第七册·佛学卷、传记卷、序跋卷，福建人民出版社2019年12月版，第590—591页。

⑧ 弘一大师：《重兴草庵记》，收《弘一大师全集》（第3版，修订2版）第七册·佛学卷、传记卷、序跋卷，福建人民出版社2019年12月版，第630页。

⑨ 弘一大师：《手书〈僧伽六度经〉跋》，收《弘一大师全集》（第3版，修订2版）第七册·佛学卷、传记卷、序跋卷，福建人民出版社2019年12月版，第630页。

布。”经文 10 页。

所题“灵鹫禅寺”由广谦、广空、传杰三法师同立寺匾于晋江灵鹫寺。[1]

与蔡吉堂、虞愚合影。

社会评介择要

《弘一法师在泉宏法概志——男众养老院开示念佛并书联结缘，提倡整理惠安佛教亲往讲演》，载 1936 年 1 月 16 日《佛教日报》。

“佛教消息”（之一），载 1936 年 2 月 12 日《佛海灯》第 1 卷第 4 期。

《弘一法师在泉州宏法近讯（泉州）》，载 1936 年 2 月 15 日《海潮音》第 17 卷第 2 号。

《弘一法师在泉宏法》，载 1936 年 2 月 16 日《佛学半月刊》第 6 卷第 4 号。

夏丏尊：《我的畏友弘一和尚》，载 1936 年 3 月 2 日《越风》第 9 期。

姜丹书：《记弘一上人》，载 1936 年 3 月 2 日《越风》第 9 期。

张微隆：《厦门的佛教见闻记》（未完），载 1936 年 3 月 11 日《佛教日报》。

张微隆：《厦门的佛教见闻记》（一续），载 1936 年 3 月 12 日《佛教日报》。

“佛教消息”（之二），载 1936 年 3 月 12 日《佛海灯》第 1 卷第 5 期。

《弘一律师将在鼓浪屿闭关著述》，载 1936 年 3 月 30 日《佛教日报》。

《弘一法师近况》，载 1936 年 4 月 1 日《佛学半月刊》第 6 卷第 7 号。

万泉：《写在参礼弘一律师以后》，载 1936 年 4 月 1 日《人海灯》第 3 卷第 4 期。

《厦门最近弘法盛况——养正学院学风蒸蒸日上，念佛法会每次约达千人》，载 1936 年 4 月 5 日《佛教日报》。

《弘一法师将宣讲〈四分律含注戒本〉全部——讲毕编辑律学丛书》，载 1936 年 4 月 7 日《佛教日报》。

张朝英：《佛学歌曲就正集》，载 1936 年 4 月 7 日《佛教日报》。

---

[1] 晋江市文化和旅游局等主办：“最后之胜利——纪念弘一大师诞辰 140 周年暨手书墨宝、拓片展览”，2020 年 11 月 25 日至 12 月 24 日，晋江市博物馆。

《新华艺专举行弘一法师墨宝展览会》，载 1936 年 4 月 19 日《申报》。

《弘一法师墨宝展览会》，载 1936 年 4 月 20 日《佛教日报》。

《弘一法师书法展览会——参观者极一时之盛况，东邻人士尤叹赏不置》，载 1936 年 4 月 21 日《佛教日报》。

知若：《弘一上人书法之展览会》，载 1936 年 5 月 1 日《佛学半月刊》第 6 卷第 9 号。

衍：《弘一上人》，载 1936 年 5 月 1 日《西北风》半月刊第 1 期。

"佛教消息"（之三），载 1936 年 5 月 12 日《佛海灯》第 1 卷第 7 期。

厦门通讯：《弘一法师讲四分律》，载 1936 年 5 月 15 日《海潮音》第 17 卷第 5 期。

《弘一法师讲四分律》，载 1936 年 5 月 15 日《海潮音》第 17 卷第 5 号。

梅瘦：《弘一法师的诗词》，载 1936 年 5 月 26 日《社会日报》。

"佛教消息"（之四），载 1936 年 6 月 12 日《佛海灯》第 1 卷第 8 期。

万泉：《参礼弘一律师》，载 1936 年 6 月 12 日《佛海灯》第 1 卷第 8 期。

《弘一法师手书梵本》（广告二则），载 1936 年 6 月 19 日《大生报》第 1 期。

拾得：《李叔同和尚之生平》，载 1936 年 8 月 4 日《金钢钻》第 3 版。

《丰子恺的先生李叔同夏丏尊》，载 1936 年 8 月 9 日《铁报》。

《弘一法师之诗》，载 1936 年 8 月 11 日《世界晨报》。

善：《弘一法师》，载 1936 年 8 月 17 日《东南日报》。

《弘一律师编辑律书谢绝外缘——来访不晤谈有信不裁答》，载 1936 年 8 月 20 日《佛教日报》。

《弘一法师退隐》，载 1936 年 9 月 1 日《佛学半月刊》第 6 卷第 17 号。

瑞今：《记弘一法师指导患神经者念观音菩萨名号之感应》，载 1936 年 9 月 15 日《佛教公论》第 1 卷第 2 期。

忆贞：《介绍弘一法师》，载 1936 年 9 月 23 日《语美画刊》第 3 期。

忆贞：《介绍弘一法师》（二），载 1936 年 10 月 14 日《语美画刊》第 6 期。

忆贞：《介绍弘一法师》（续），载 1936 年 10 月 21 日《语美画刊》第 7 期。

忆贞：《介绍弘一法师》（续），载1936年10月28日《语美画刊》第8期。

夏丏尊：《〈清凉歌集〉序》，收《清凉歌集》，（上海）开明书店出1936年10月版。

释芝峯：《〈清凉歌集〉达怡》，收《清凉歌集》，（上海）开明书店出1936年10月版。

中国画会第六届书画展览会消息，载1936年11月2日《申报》。

《李叔同墨宝今起在中国画会陈列》，载1936年11月3日《大公报》。

中国画会第六届书画展览会消息，载1936年11月4日《申报》。

灯霞：《弘一法师三部曲》《清凉歌，弘一法师作》，载1936年11月8日《佛教日报》。

蜕厂：《现代名僧弘一大师之事略》，载1936年11月14日《浦声周刊》第78期。

吴梦非：《弘一法师和浙江的教育艺术》，载1936年11月15日《浙江青年》第3卷第1期。

佛学书局广告：《卢世侯居士绘，弘一上人书〈地藏菩萨九华垂迹图〉》，载1936年11月15日《微妙声》第1期。

忆贞：《介绍弘一法师》（续），载1936年11月18日《语美画刊》第11期。

忆贞：《介绍弘一法师》（续），载1936年12月2日《语美画刊》第13期。

《厦门佛教养正院学僧以一月所得献国——为全国佛教团体及僧伽首倡》，载1936年12月6日《佛教日报》。

《拙老人笔记》，载1936年12月9日，《语美画刊》第14期。

《拙老人笔记》，载1936年12月16日《语美画刊》第15期。

众异：《弘一法师在闽修复唐诗人韩偓墓作诗寄》，载1936年12月16日《青鹤》第5卷第3期。

“佛教消息”（之五），载1936年12月22日《佛海灯》第2卷第2期。

1937年　丁丑　58岁

社会文化事略

7月7日，卢沟桥事变爆发；8月13日，八一三事变爆发，淞沪会战开始；8月22日，国民政府宣布将中国工农红军改编为国民革命军第八路军；9月，中国第一座铁路、公路两用桥钱塘江大桥建成通车；10月，国民政府宣布将江南红军改编为新四军；11月20日，国民党政府宣布迁都重庆；12月13日，日军占领南京，开始了长达一个月之久的南京大屠杀；是年，众多大学被迫迁校内地。

生平事迹

1937年1月4日《正信周刊》第9卷第25、26期合刊刊出的《弘一律师像》。

1937年1月6日《语美画刊》第18期刊出的《弘一法师李叔同先生早年像》。

1月1日（农历丙子十一月十九日），《语美画刊》第17期刊出“李叔同先生治印”两方，一为“如冈”（白文），一为“如阜”（朱文）。

《人海灯》第4卷第1号“编者的话”预报下一期部分文章，其中第五条写曰：“《也是佛教文学》，隆耀法师作。隆师刚从日本归来，本文在介绍弘一法师的《清凉歌集》，本集由开明书店出版，已为全国音乐家作曲家所注意，所以，这篇介绍文也很重要。”同期刊出《厦门涌莲精舍（监选名香特制佛珠）名香出售》广告。曰：“另加工特造当代佛教领袖太虚大师、净土宗导师印光老法师、律宗泰斗弘一法师各位道影。”

1月4日（农历丙子十一月廿二日），《正信周刊》第9卷第25、26期合刊刊出影像，题《弘一律师像》。此为姜丹书《弘一律师小传》之附图。

1月6日（农历丙子十一月廿四日），《语美画刊》第18期刊出影像《弘一法师李叔同先生早年象》。

附记：文物出版社2017年10月版陈飞鹏整理《弘一法师书信全集》第402页收录一致性愿法师函，时间标1936年“旧十一月二十四日”，地点标“鼓浪屿日光岩寺”。函曰：

惠函敬悉，诸承费神，感谢无尽。谨复，顺颂，慈安！

末学演音稽首 旧十一月二十四日

此信福建人民出版社2019年12月版《弘一大师全集》（第3版，修订2版）第八册·文艺卷、杂著卷、书信卷未收。《弘一法师书信全集》收录时有“案”，言“此明信片见于网上‘月雅在线拍卖，2016年12月27最美艺术’，经考鉴是弘一法师手札无误。”“12月27最美艺术”原文如此，缺“日”字。附记于此，供参考。1936年农历十一月廿四日为公历1937年1月6日。故置于本年。

1月15日（农历丙子十二月初三日），所题“佛教公论”用于《佛教公论》第1卷第6号。

1月16日（农历丙子十二月初四日），《佛学半月刊》第7卷第2号载《寒茄集》广告，署“弘一法师辑”。“本局净土宗书籍出版”广告有《人生之最后》，署“弘一上人著”。

1月18日（农历十二月初六日），自鼓浪屿移居南普陀寺。[1] 高文显编《弘一大师特刊》刊于《星光日报》，郁达夫题字。**按：**新加坡广洽纪念馆2007年3月版广洽纪念馆编辑委员会编《广洽纪念馆》第112页收有《郁达夫录弘一法师语》：“古诗云，我见他人死，我心热如火。不是热他人，看看轮到我。人生大事，岂可须臾忘耶。丁丑元日录弘一法师语，广洽大和尚正 郁达夫。”

1月20日（农历丙子十二月初八日），因高文显韩偓评传全稿完成，在南普陀寺举行特别仪式。制“瑞穗国古苍蝇”赠高文显。**按：**高文显《韩偓》跋曰：“他预先在功德楼上的大厅中供一唐学士韩偓的牌位，又将我的草稿也排在桌上，他嘱库房先预备了香花斋果，还特别请养正院全体的学僧到楼上念经，替韩偓回向。（好像替亡魂念经一般，当然要我像孝眷一样，当前拈香跪拜）。至于他自己也穿起袈裟来，排列在小学僧当中的前首，参加念诵经咒，这可以说是最有趣的一天。念经毕，他笑着向我说，唐朝的人到现在还有人替他立牌位念经回向，恐怕从来没有吧！我也笑着回答他说是希罕。这一天他又特制一只苍蝇标本送给我，他附信说是瑞穗国的古苍蝇；因从日本的古藏经中检出，心肺俱

① 参见1937年《佛教公论》第1卷第6、7号合刊消息《弘一法师将在佛教养正院讲律》。

全，是一件值得保藏的好标本！”①

《人间觉》第2卷第1、2合刊复刊出《厦门涌莲精舍发行》。

《语美画刊》第20期刊出影像《天涯五友图》。同时刊出“藏斋存印”两方，一为“元礼”（白文），一为“幼梅八法”（朱文）。有赵幼梅附言：

> 忆贞先生所撰介绍弘一法师，极为有致，弘一念余岁时，曾拜予门墙学骈文及诗，有为予写扇及刊刻名章，扇面忘记度于何处，名章篆刻，绝非俗派，印之以实画刊。
>
> 丙子冬月　幼梅附识

按：据赵幼梅所述，此二方章为李叔同所刻。又，赵幼梅附言中的“弘一念余岁时，曾拜予门墙学骈文及诗……”当系记忆有误，因李叔同拜师的时间是1895年16岁之时。

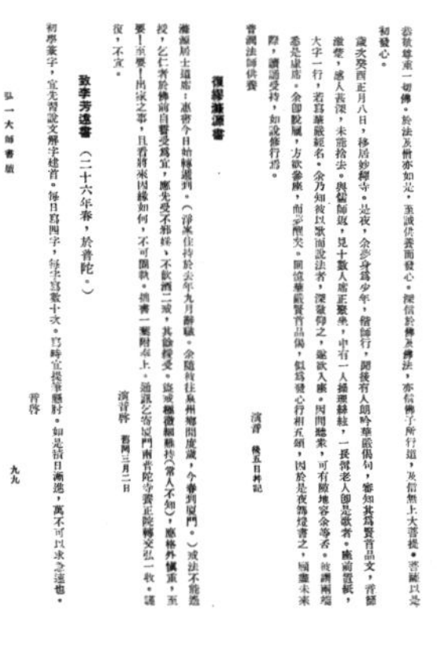
恭敬尊重一切佛。於法及僧亦如是。至誠供養而發心。深信於佛及佛法，亦信佛子所行道，及信無上大菩提。菩薩以是初發心。

歲次癸酉正月八日，移居妙釋寺。是夜，余夢身爲少年，偕師行，聞後有人朗吟華嚴偈句，審知其爲賢首品文，音節激楚，感人甚深，未能捨去。與偕師返，見十數人席正聚坐，中有一人攝理絲絃，一長髯老人即是歌者。歌前置紙，大字一行，若寫華嚴經名。余乃知彼以歌而說法者，深敬仰之，竊欲入席。因問聽衆，可有隙地容余等否。彼謂兩端悉是虛席。余即脫履，方欲參席，而夢醒矣。爾憶華嚴賢首品偈，似爲發心行相五頌，因於是夜錄書之，屬靈未來際，讀誦受持，如說修行焉。

演音　後五日并記

書潤法師供養

復[illegible]瀞源書

瀞源居士道席：惠書今日始轉遞到。（淨峯住持於去年九月辭職。余隨往泉州鄉間度歲，今春到廈門。）戒法不能遍授，乞仁者於佛前自誓受爲宜，應先受不邪婬、不飲酒二戒，其餘緩受。盜戒極微細難持（常人不知），應格外慎重，至要！至要！出家之事，且看將來因緣如何，不可固執。拙書一葉附奉上。通訊乞寄廈門南普陀寺養正院轉交弘一收。謹復，不宣。

演音啓　舊歷三月二日

致李芳遠書（二十六年春，於普陀。）

初學篆字，宜先習說文解字建首。每日寫四字，每字寫數十次。寫時宜提筆懸肘。如是猗日漸進，萬不可以求之速也。

音啓

弘一大師書牘　九九

李芳远辑录，刊于1943年《学术界》第1卷第1期上的《弘一大师书牍》。

1月30日（农历丙子十二月十八日），《越风》第2卷第1期刊出《惠安弘法日记》，署名“弘一”。有编者识：“弘一法师的德行学识，久为世人所仰。而其生活行踪，尤为大家所关怀，本篇为法师去岁所写。得之匪易，幸诸君勿等闲视之。”

1月31日（农历丙子十二月十九日），在厦门致性常法师函。言居日光岩半载，近至南普陀闭门思过，辞谢访问；仁开法师曾发起嘱讲律仪，拟明正讲《羯磨》一部。前寄之稿可于其时校阅；谈自利利他之理等。②

2月1日（农历丙子十二月廿日），《人海灯》第4卷第2期刊出隆耀《也是佛教文学》。介绍《清凉歌》《山色》《花香》《世梦》《观心》以及《赞佛宝》《赞法宝》《赞僧宝》（即《三宝歌》）。署“民国二十五年十一月十八日写于厦门南普陀之阿兰若处。”

2月3日（农历丙子十二月廿二日），在厦门致夏丏尊函。言近已移居南普陀寺暂住；附寄《韩偓》草稿一包，想必乐为出版并托人校对；开明版《护生画集》因印刷太多，字迹已肥粗不清，又有脱落之字，拟

① 高文显：《韩偓》，（台北）新文丰出版公司1984年10月版，第146—147页。
② 此信福建人民出版社2019年12月版《弘一大师全集》（第3版，修订2版）第八册·文艺卷、杂著卷、书信卷第477页收录，标“一九三六年旧十二月十九日，厦门南普陀寺”。农历十二月十九日为公历1937年1月31日，故置于本年。

再书瘦体之字重制版印行等。[①]

春，在厦门致高文显函。言送上书三包等。[②]

致李芳远函：

> 初学篆字，宜先习《说文解字》建首。每日写四字，每字写数十次。写时宜提笔悬肘。如是，积日渐进，万不可以求急速。
>
> 音启

1937 年 2 月 8 日（农历丙子十二月廿七日），弘一大师在厦门南普陀寺与持非时戒同人合影。

按：此信福建人民出版社 2019 年 12 月版《弘一大师全集》（第 3 版，修订 2 版）第八册・文艺卷、杂著卷、书信卷第 415 页收录，标“一九三六年五月，鼓浪屿日光岩”。文物出版社 2017 年 10 月版陈飞鹏整理《弘一法师书信全集》第 391 页收录，时间标 1936 年“旧五月”，地点标“鼓浪屿日光岩”。现依据李芳远本人辑录，刊于 1943 年《学术界》第 1 卷第 1 期上的《弘一大师书牍》，标“二十六年春，于普陀”。

2 月 8 日（农历丙子十二月廿七日），在厦门南普陀寺与持非时戒同人合影。[③]

2 月 10 日（丙子十二月廿九日，除夕），书“腊月三十日到来”，署“丙子除夕沙门亡言”；钤印“弘一”。**按：**1943 年 2 月 1 日《觉有情》第 83、84 期合刊《弘一大师纪念号（二）》“大师遗作”栏刊出此书，有蔡冠洛跋：“此‘腊月三十日到来’七字，六年前弘一法师由闽南写寄，最足发人深省。平日借债，一至腊底，即须结算，加利偿还，惟有赀财者可以安隐度过，俗谓之‘年关’言其难也。然学佛者，以知足为富，善施为富，供养诸佛为富，称赞如来功德为富，多学佛行为富，多称佛号为富，恒顺众生为富，乃至行一切善行，止一切恶念，忏一切业障为富。若平日不肯为此，时节到来，债主楞逼，便觉手忙脚乱，无处偷躲，可不哀哉。今将法师手书景印以供众览，必有憬然觉悟，早备粮糗，为生西之资者。壬午腊月将尽，蔡冠洛敬跋。”

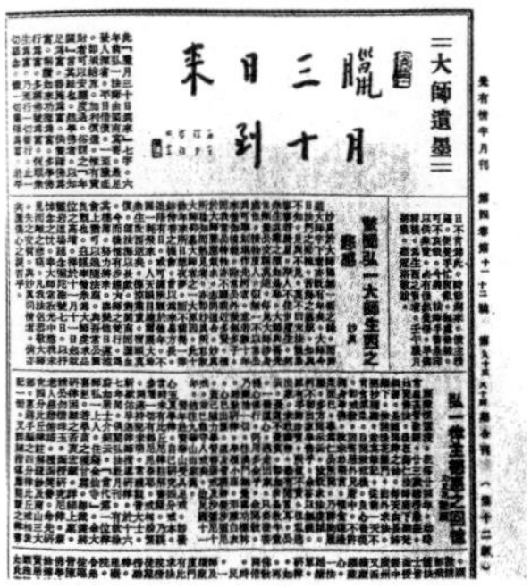

弘一大师书“腊月三十日到来”。

---

① 此信福建人民出版社 2019 年 12 月版《弘一大师全集》（第 3 版，修订 2 版）第八册・文艺卷、杂著卷、书信卷第 317 页收录，标“一九三六年立春前一日，厦门南普陀寺”。此函实际时间为 1937 年立春前一日，即 1937 年 2 月 3 日（农历丙子十二月廿二日）。故置于本年。

② 此信福建人民出版社 2019 年 12 月版《弘一大师全集》（第 3 版，修订 2 版）第八册・文艺卷、杂著卷、书信卷第 409 页收录，标“一九三七年春，厦门南普陀寺”。

③ 目前留存之影题字为：“南普陀寺持非时戒同人摄影纪念。丙子十二、廿七。”

2月11日（正月初一日），在厦门南普陀寺讲《随机羯磨》。

书十六言龙门联“愿尽未来普代法界一切众生备受大苦，律教久住神州誓舍身命弘护南山四分”。款识“岁次丁丑元旦，居南陀讲随机羯磨敬书。南山律苑沙门一音，时年五十有八”；钤印“胤”、“沙门月臂”、佛肖印。①

书十六言龙门联“愿尽未来普代法界一切众生备受大苦，誓舍身命弘护南山四分律教久住神州”。款识“岁次丁丑元旦，居南陀讲随机羯磨。南山律苑沙门一音，时年五十有八”；钤印“龙音”、佛肖印。②

书金刚经偈“一切有为法，如梦幻泡影。如露亦如电，应作如是观”赠夏丏尊。款识“金刚般若波罗蜜经偈颂，丏尊居士供养，一音，丁丑岁朝，年五十又八”；钤印“亡言”、佛肖印。③

书“南无观世音菩萨”，款识“岁次丁丑元旦居南陀。沙门无说刺血，演音敬书”；钤印“弘一”。④

1937年2月11日（正月初一日）弘一大师书“南无观世音菩萨”。

2月11日至3月12日间（农历正月），自扶桑其中书林请得《普贤行愿赞梵本私考》一卷。⑤

书“素壁淡描三世佛，瓦瓶香浸一枝梅。”并作题记：“明石屋珙山居诗句，丁丑岁首，以奉烟水庵主慧鉴，澹泞院沙门亡言书。”⑥

2月14日（农历正月初四），在厦门致夏丏尊函。言来信收到，至为欢慰；感谢愿出版韩偓评传。书端请仁者及叶居士撰序。盼出版后赠书若干；赞喜《护生画集》另制版印刷；书奉《金刚经》一叶，余者待日后寄送；近六年研究《南山律羯磨》，并演讲、编稿，今明龙年拟重为整理编辑并自书，与前印之《戒相表记》相似，六十岁时出版可为纪念。拟用护法会资金印刷；诸友为购日本《佛教大辞汇》六册，至用感怍。知又赠编续卷一册，出版后请内山居士代为购惠施；表彰高君和全家信佛，及编书之勤勉等。⑦

---

① 上海市书法家协会编：《海派代表书法家系列作品集·弘一》（该卷主编刘一闻，副主编沈爱良），上海书画出版社2006年12月版，第177页。

② 现存钱均夫家族。

③ 上海博物馆藏，陈燮君、汪庆正主编：《夏丏尊旧藏弘一法师墨迹》，华宝斋书社2000年9月版，第50页。

④ 晋江市文化和旅游局等主办：“最后之胜利——纪念弘一大师诞辰140周年暨手书墨宝、拓片展览”，2020年11月25日至12月24日，晋江市博物馆。

⑤ 弘一大师：《扶桑〈普贤行愿赞梵本私考〉跋》，收《弘一大师全集》第七册·佛学卷、传记卷、序跋卷，福建人民出版社2019年12月第3版、修订2版，第616页。

⑥ 该题记在福建人民出版社2019年12月版《弘一大师全集》（第3版，修订2版）第七册·佛学卷、传记卷、序跋卷第642页收录时题为《手书石屋珙〈山居诗〉句赠烟水庵主题记》。

⑦ 此信福建人民出版社2019年12月版《弘一大师全集》（第3版，修订2版）第八册·文艺卷、杂著卷、书信卷第317—318页收录，标“一九三七年正月四日，厦门南普陀寺”。

2月15日（农历正月初五日），所题“佛教公论”用于《佛教公论》第1卷第6、7号合刊。对联“会心当处即是；泉水在山乃清”配于该号“本社社长会泉老法师近影”。该号刊出《重兴草庵碑》，署“慧水瑞集岩大华严寺沙门演音撰”。该号刊出《致仁开法师书》，署名“释弘一”。该号刊出消息《弘一法师将在佛教养正院讲律》，曰：“弘一法师自去年春间掩关鼓浪屿之日光岩，编著律学，将近一年。近因会泉老法师重任南普陀住持，恳请移居南普陀为众表率，并就近指导佛教养正院。法师志在弘律，且佛教养正院为彼三年前所倡办，欣然应允。已于一月十八日自鼓浪屿移居南普陀寺，仍继续编著佛教丛书及律宗重要著作。其刻苦精神，老而弥笃。闻今春佛教养正院开学，法师已有自动愿往该院宣讲《随机羯磨》云。该院学僧闻讯，均喜形于色，庆为得未曾有。”该号又有出版消息《弘一法师手书〈金刚经〉影印出版》，其中言：“书成，广洽法师为募刊资千百余元，托上海商务印书馆影印。已汇交商务千元，余额由弘一法师主张向日本购请我国迭本之佛经，以流传国内。此经有弘一法师自序，费师洪序，及法师及门弟子丰子恺居士佛像查画，全经装帧异常庄严……”①

2月16日（农历正月初六日），《佛学半月刊》第7卷第4号载“本”局出版本版图书目录”华严部有《华严经净行品偈》，署“弘一法师著”；《华严十地品离垢地章》，署“弘一书”；《华严经十回向章》《普贤行愿品偈》，均署“弘一法师书”。秘密部有《大悲心陀罗尼咒》，署“弘一法师书”。在该期发表《宝华山见月律师年谱摭要》，署名“弘一”。

2月18日（农历正月初八），在南普陀寺主持念佛会。②

2月20日（农历正月初十日），《人间觉》第2卷第3、4合刊刊出《厦门涌莲精舍发行》。

2月22日（农历正月十二日），在厦门致高文显函。言近来心绪不佳，诸事繁忙，请代授养正院训育课。四月初旬，讲律事可结束，将往他方，埋名遁世，以终天年。实不愿久堕此名闻利养窟中，以负出家之本志；《韩偓》原稿奉还等。③

① 《佛教公论》第1卷第6、7号合刊版权页标注出版“廿五年二月十五日出版”，此为笔误，应系1937年2月15日出版。

② 《厦门南普陀寺创设每月念佛会》，载1937年3月15日《佛教公论》第1卷第8号。

③ 此信福建人民出版社2019年12月版《弘一大师全集》（第3版，修订2版）第八册・文艺卷、杂著卷、书信卷第408页收录，标“一九三七年正月十二日，厦门南普陀寺”。文物出版社2017年10月版陈飞鹏整理《弘一法师书信全集》第405—406页收录，无署名后之附言，时间标1937年“春”，地点标“厦门南普陀寺”。有“案”，以为当写于仲春，即3、4月份。理由尚属推测。本谱从《弘一大师全集》。

在南普陀寺讲《随机羯磨》毕。

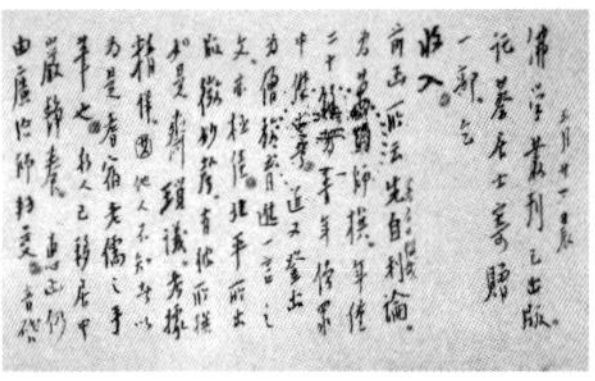

1937 年 2 月 25 日（农历正月十五日），弘一大师自厦门寄出致郁智朗函。

2 月 25 日（农历正月十五日），自厦门寄出致郁智朗函：

三月廿一晨。《佛学丛刊》已出版。托蔡居士寄赠一部，乞收入。前函所云《先自利论》（署名缁哉），为安师撰，年仅二十余，为青年僧众中杰出者。近又登出《为僧教育进一言》之文，亦极佳。北平所出版《微妙声》，有彼所撰《如是斋琐议》，考据精详，他人不知者以为是耆宿老儒之手笔也。朽人已移居中岩静养。惠函仍由广洽师转交。

音启

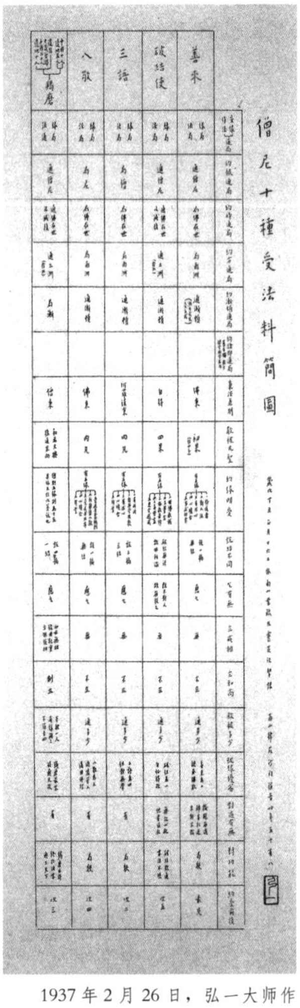

1937 年 2 月 26 日，弘一大师作《僧尼十种受法料简图》。

按：此为明信片，福建人民出版社 2019 年 12 月版《弘一大师全集》（第 3 版，修订 2 版）第八册·文艺卷、杂著卷、书信卷和文物出版社 2017 年 10 月版陈飞鹏整理《弘一法师书信全集》均未收录。明信片地址和收件人写“宁波转奉化大桥楼恒昌号郁智朗居士”；寄件人地址姓名为“厦门南普陀寺弘一寄”。根据邮戳，厦门寄出时间为 2 月 25 日，对方收到时间为 3 月 2 日。

2 月 26 日（农历正月十六日），作《僧尼十种受法料简图》。款识“岁次丁丑正月十六日，依南山业疏及灵芝挈录，南山律苑沙门演音，时年五十有八”；钤印“弘一”。①

自瑞穗国请康熙九年版《四分律资持记》（全 12 册，缺 1 册）。**按：**弘一大师有《扶桑本〈四分律资持记〉跋》。②

2 月（农历丙子十二月廿日至正月十八日），封面题字用于《佛海灯》第 2 卷第 4 期，钤印“龙音”。

胜进：《我也来谈谈弘一法师》，载《越风》第 2 卷第 2 期。

3 月 1 日（农历正月十九日），《佛学半月刊》第 7 卷第 5 号载“本局本版图书目录”般若部有《金刚三昧经》，署“弘一法师写”。

3 月 4 日（农历正月廿二日），在厦门致高文显函。言来信收到，所嘱之事辞谢。近来诸事谨慎，冀无大过；年前曾拟定幼年僧学课用书一

① 林可同编：《弘一书法墨迹》，中国美术学院出版社 2004 年 4 月版，第 19 页。
② 弘一大师：《扶桑本〈四分律资持记〉跋》，收《弘一大师全集》第七册·佛学卷、传记卷、序跋卷，福建人民出版社 2019 年 12 月第 3 版、修订 2 版，第 611 页。

纸，请抄底稿全文交下；李君名相勗否？请告知，将写字幅赠之等。[①]

3 月 5 日（农历正月廿三日），在厦门南普陀寺接受来自福州鼓山的克定法师学律。

《人间觉》第 2 卷第 5 期复刊出《厦门涌莲精舍发行》。

3 月 10 日（农历正月廿八日），所书“究竟清凉”直幅由学生朱稣典送裱。[②]

3 月 11 日（农历正月廿九日），在厦门致高文显函。告知昨日外出所见三事：买价值一元余之橡皮鞋一双，店员仅索价七角；在路上闻有人吹口琴，曲为日本国歌；归途凄风寒雨。[③]

3 月 13 日至 4 月 10 日间（农历二月），在厦门写“二一老人。一事无成人渐老（古词句），一钱不直何消说（吴梅村词句）。”赠广洽法师，署“丁丑二月，写奉广洽法师”。[④] **按：**本年亦有为高文显写“二一老人”，款识“一事无成人渐老（古词句），一钱不值何消说（吴梅村词句）。丁丑，写奉胜进居士”；钤印“音”。

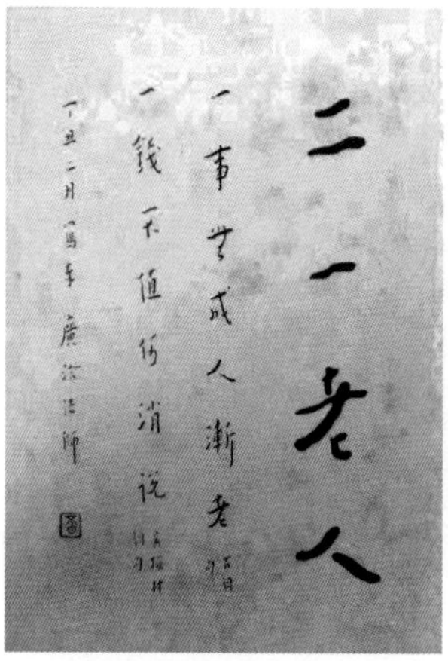

1937 年农历二月，弘一大师书“二一老人”赠广洽法师。

在厦门致高文显函。探讨厦门某宅门联。[⑤] **按：**福建人民出版社 2019 年 12 月版《弘一大师全集》（第 3 版，修订 2 版）第八册 · 文艺卷、杂著卷、书信卷第 469 页收录一致广洽法师函，标“一九三七年旧二月底，厦门南普陀寺”。文物出版社 2017 年 10 月版陈飞鹏整理《弘一法师书信全集》第 409—410 页收录《弘一大师全集》所录内容外，根据《晚晴山房书简》增补前一段内容。增补后信文为：

> 曩者《养正院亲闻记》，将付印时，承养正院前教导释普润法师、高胜进居士、养正院学僧释盛求、瑞伽、贤范、贤悟、传深、传扬、广根、道香、妙廉、妙皆、广慎、善琛、传声、心镜、瑞耀、如意、静渊、离尘、智净、广余及护法王正邦、陈宗泮、施乌

① 此信福建人民出版社 2019 年 12 月版《弘一大师全集》（第 3 版，修订 2 版）第八册 · 文艺卷、杂著卷、书信卷第 408 页收录，标“一九三七年正月廿二日，厦门南普陀寺”。李相勗为时厦门大学教师，托高文显至厦门大学开示佛法，辞谢未往。

② 《舒新城日记》第 9 册，上海辞书出版社 2013 年 11 月版，第 358 页。日记曰：“悲鸿为献之所写《奔马》裱就之……朱稣典送裱之弘一法师‘究竟清凉’一直幅。”

③ 此信福建人民出版社 2019 年 12 月版《弘一大师全集》（第 3 版，修订 2 版）第八册 · 文艺卷、杂著卷、书信卷第 408 页收录，标“一九三七年正月廿九日，厦门南普陀寺”。

④ 文物出版社 2017 年 10 月版陈飞鹏整理《弘一法师书信全集》第 407 页作为书信收录。有“案”，曰辑自刘绵松《弘一大师全集》书信部分（未刊手稿）。

⑤ 此信福建人民出版社 2019 年 12 月版《弘一大师全集》（第 3 版，修订 2 版）第八册 · 文艺卷、杂著卷、书信卷第 408 页收录，标“一九三七年旧二月，厦门南普陀寺”。

格、曾珠娟居士等，各施资财。兹以此款无有需用，且俟将来附印他种佛书。唯记功德人名于亲闻记卷末，以留纪念焉。

二十六年岁次丁丑，二月六日，初落一齿，十日复落一齿，并奉广洽法师藏之，以为纪念。

弘一

在厦门南普陀寺南陀别院作《〈古今尺略图〉记》，署“丁丑二月演音并记南陀别院。”[①] **按**：另作《周尺考记》《周尺别形记》，未署日期。[②]

在南普陀寺南陀别院初拟《结戒场及大界法略例记》。[③]

在南普陀寺南陀别院初拟《受戒法略例记》。[④]

书幼时曾诵之诗“万事都从缺陷好。吟到夕阳山外山，古今谁免余情绕。”（首句缺）赠高文显。[⑤]。款识“幼年曾诵此诗，今已忘其首句，亦不识为何人作。丁丑二月，写奉胜进贤首。惠安瑞集岩大华严寺，南山律苑沙门昙昉”。[⑥]

附记：在丰子恺绘南无释迦牟尼佛上题“丁丑二月，以奉福纯胜士供养。一音”；钤印“弘一”。[⑦]

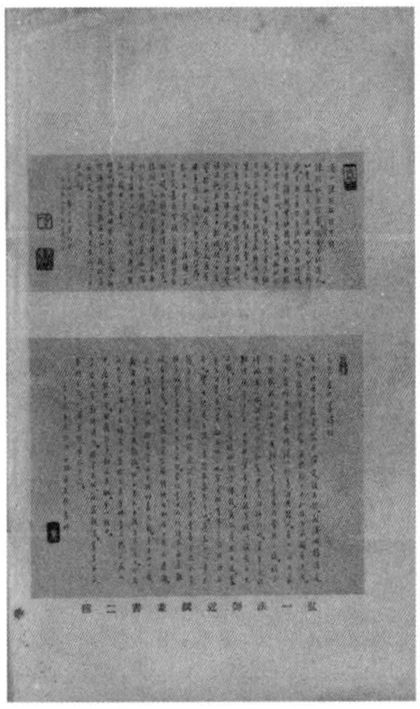

1937 年 3 月 15 日《微妙声》第 1 卷第 5 期刊登的《庖人陈阿林往生传》《玉泉居士墓碣铭》手迹。

3 月 15 日（农历二月初三日），《微妙声》第 1 卷第 5 期刊登《庖人陈阿林往生传》《玉泉居士墓碣铭》手迹，署“弘一法师近撰并书二种”。同期又用印刷体刊出《庖人陈阿林往生传》《玉泉居士墓碣铭》，署名“弘一”。

所题“佛教公论”用于《佛教公论》第 1 卷第 8 号。马一浮于 1928 年 6 月 27 日（农历五月初十日）来函刊于该期封面。[⑧] 该期“编辑后记”中称：“封面的马一浮居士墨迹，是他往年致论月（即弘一）法师的手书。这个老名士我们已闻名很久了；在三十年前我们的薄命诗僧曼殊和尚已经称他为‘其人无书不读’的名士，现在我们看见他的墨迹的

① 弘一大师：《〈古今尺略图〉记》，收《弘一大师全集》第七册・佛学卷、传记卷、序跋卷，福建人民出版社 2019 年 12 月第 3 版、修订 2 版，第 630 页。

② 弘一大师：《周尺考记》《周尺别形记》，均收《弘一大师全集》第七册・佛学卷、传记卷、序跋卷，福建人民出版社 2019 年 12 月第 3 版、修订 2 版，第 630 页。

③ 见弘一大师：《结戒场及大界法略例记》，收《弘一大师全集》第七册・佛学卷、传记卷、序跋卷，福建人民出版社 2019 年 12 月第 3 版、修订 2 版，第 631 页。

④ 见弘一大师：《受戒法略例记》，收《弘一大师全集》第七册・佛学卷、传记卷、序跋卷，福建人民出版社 2019 年 12 月第 3 版、修订 2 版，第 631 页。

⑤ 此书件图片见陆永祥《万事都从缺陷好，吟到夕阳山外山》附图，载《莲馆弘谭》第 3 期（2008 年 9 月）。陆文言此诗句系龚自珍所作。

⑥ 释慧观撰述：《弘一大师持戒念佛之典范》，（台北）弘一大师纪念学会 2012 年 12 月印行，第 116 页。

⑦ 中共温州市委宣传部、中共温州市委统战部、温州市文化广电旅游局主办：“碧天芳草——李叔同师友翰墨展”。2021 年 1 月 26 日至 4 月 30 日，温州衍园美术馆。供参考。

⑧ 参见本著 1928 年 6 月 27 日条目。

苍老和行文的古茂，几疑为两晋间的人物。他的艺术让读者自己去鉴赏吧。”印光大师来函刊于该期，题《与弘一法师书——民国九年普陀山》。有编者按：“印光老法师为当代净土宗唯一高僧，海内仰之，有如圣人。往年叶绍均居士所作《两法师》一文，一般中学曾采作国文教材，与弘一法师同为一班青年理想之人物。此书乃民国九年印光老法师致弘一法师之函，随经箧十五年，现始检赠胜进居士。弘师向于印老推崇备至，而书中谆谆奖掖之意，溢于言表。此并世希有之两人德，其影响于末俗至深且钜。此函直其吉光片羽耳。”**按：**函见本谱1920年9月18日（农历七月廿六日）条目。同期“佛教界消息”栏目刊出《弘一法师将领导演习沙弥受戒仪式，说戒，自恣，及结夏安居》，写曰：“弘一法师在厦门南普陀寺，宣讲随机羯磨，已志前月本栏消息。法师以欲宣扬戒法，必先演习仪式及训练威仪。故不日将于南普陀寺，邀请同住学律诸师，演习沙弥受戒仪式，说戒，自恣，及结夏安居等律宗重要行事云。”

3月16日（农历二月初四日），《佛学半月刊》第7卷第6号载“本局出版弘一上人书大悲咒”广告。广告文曰：“丰子恺先生题画，玻璃版精印罗甸纸大本一册定价五角。”

3月18日（农历二月初六日），初次掉齿一枚。

3月20日（农历二月初八日），《人间觉》第2卷第6期复刊出《厦门涌莲精舍发行》。

3月22日（农历二月初十日），复落齿一枚。在厦门致高文显函。言来信收到，感谢蒙转寄诸信；拟谢绝诸事，专心撰述。若有外间来信，皆存广洽法师处。其他如写字诸事，亦悉辞谢等。[①]

3月24日（农历二月十二日），丰子恺致广洽法师函，写曰：

> 快示奉悉。鄙人拟于阴历三月之内来厦门奉谒弘一法师暨尊座。因近正为疾长期注射，出门不便。而四月间弘一法师须他往，唯三月间为最便也。承赐日本文佛书，收到谢谢。
>
> 丏尊先生来信，说弘一法师欲重写《护生画集》文字，甚深欣

① 此信福建人民出版社2019年12月版《弘一大师全集》（第3版，修订2版）第八册·文艺卷、杂著卷、书信卷第408页收录，标“一九三七年旧二月十日，厦门南普陀寺”。

幸。其画亦拟修改重绘。倘能三月间面聆弘一法师指教，尤幸。余后述。顺请

净安。

丰子恺敬具。三月廿四日。

行期决定后，当续奉告。勿劳到埠迎候。便请示从埠到尊处路径可也。又具。[①]

按：后因故未能成行。

3月28日（农历二月十六日），在厦门南普陀寺佛教养正院讲《南闽十年之梦影》《出家人与书法——在南普陀养正院的“最后一言”》，高文显记录。在厦门致果清法师函（即《弘一法师答披衣荼毗之问》[②]）：

果清法师：

惠书诵悉。谨答如下：

唐南山律祖行事钞，引五百问云：应先白僧，（因亡后诸物属僧，若用时应先白故。）以亡人泥亘（水旁）僧，（裙也。西僧不着裤，下着此裙。）僧祇支一掩腋衣也。披于左肩，以衬袈裟。）复尸而送。

案此：即是以亡人旧有之掩腋衣及裙，复于尸上而焚化也。吾国僧众不用掩腋衣及裙，可以小衫及裤代之，着而焚化可也。

宋灵芝律师释上文曰：世云须披五条者非，（因当时有人误解，谓披五衣而焚化，灵芝以为不可。）以制物令赏看病故。（亡人所遗留之三衣，钵坐具针筒，——或云滤水袋——此六物应赏与看病之人故。既应赏与看病之人，岂可与亡人披之而焚化?）

准以上南山灵芝之说，就现今习惯斟酌变通，应仅以小衫及裤着而焚化为宜。倘有所不忍者，或可披以破旧之海青而焚化，亦无大违于律制也，万不可披七条五条衣，因此应赏与看病之人，酬其劳故。

僧众如此，俗人可知。

再者，俗人生时仅可披缦衣，不能披五衣。因大僧乃能披五衣故。

后学弘一顶礼

二六年三月二十八日厦门[③]

---

① 此信刊于1937年《佛教公论》第1卷第9号。

② 参见本谱本年4月15日条目。

③ 此信福建人民出版社2019年12月版《弘一大师全集》（第3版，修订2版）第八册·文艺卷、杂著卷、书信卷第489—490页收录，标“一九三七年三月廿八日，厦门南普陀寺”。此日期当为公历。

按： 福建人民出版社 2019 年 12 月《弘一大师全集》（第 3 版，修订 2 版）第八册·文艺卷、杂著卷、书信卷第 489—490 页收录此信时，信末署“后学弘一顶礼　廿六年三月廿八日”，在本年 4 月 15 日《佛教公论》第 1 卷第 9 号刊出时为“后学弘一顶礼　二六年三月二十八日厦门”。

3 月 29 日（农历二月十七日），在南普陀寺佛教养正院楼上重记《南闽十年之梦影》。

3 月 31 日（农历二月十九日），在厦门致性愿法师函。言春雨连绵，近又患小疾，动身之期，须延缓；如广法师现住上客堂，恐未能安，乞转托客堂师送彼至客房暂住；书十二纸及致无相贤首书，附奉等。①

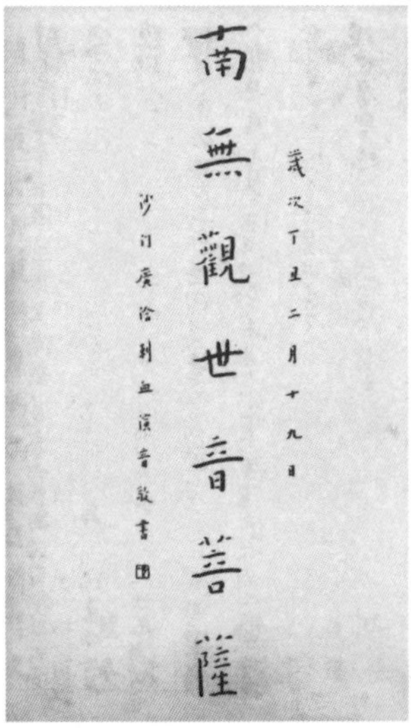

1937 年 3 月 31 日（农历二月十九日）弘一大师书血书“南无观世音菩萨”。广洽法师刺血。

书血书“南无观世音菩萨”。款识“岁次丁丑二月十九日，沙门广洽刺血，演音敬书”；钤印“弘一”。②

书《佛说五大施经》，题《南无毘卢遮那如来》，款识“乙亥年十二月，余卧病草庵，几及于危。承广洽法侣誓舍身命诵《法华经》，并发愿刺血写经，为余回向，冀其厄疾瘥除，弘传南山律教，承斯灵感，宿疾寝愈。洽师因割指沥血，嘱为写经，圆满前愿，并记缘起，以示后贤焉。丁丑二月十九日。沙门演音弘一敬书，时居南陁别院，年五十有八”；钤印“音”。③ **按：** 弘一大师另有《手书草庵门联补跋》，曰：“此数年前为草庵所撰寺门联句，下七字疑拟古人旧句，然亦未能定也。眼前生意满者，生意指草而言。此上联隐含慈悲博爱之意，宋儒周、程、朱诸子文中常有此类之言，即是观天地生物气象而兴起仁民爱物之怀也。”此跋未署日期。④

3 月（农历正月十九日至二月十九日），所编纂之《佛学丛刊》由国学整理社出版。封面题字“佛学丛刊”用于该丛书。**按：**《佛学丛刊》版权页记载：编纂者：弘一法师，出版者：国学整理社，发行者：世界书局有限公司代表人陆高谊，印刷者：上海大连湾路世界书局，发行所：上海及各省世界书局。据中国书店 2008 年 1 月版《民国佛教期刊文献集成·补编》：“1936 年，弘一法师在泉州请得日本大小乘经律万余卷，亲自整理编成《佛学丛刊》。交上海世界书局出版，闽南一带的僧徒因之

① 此信福建人民出版社 2019 年 12 月版《弘一大师全集》（第 3 版，修订 2 版）第八册·文艺卷、杂著卷、书信卷第 455 页收录，标“一九三七年二月十九日，厦门南普陀寺”。

② 释慧观撰述《弘一大师持戒念佛之典范》，（台北）弘一大师纪念学会 2012 年 12 月印行，图版第 8 页。

③ 广洽纪念馆编辑委员会编：《广洽纪念馆》，第 18 页，[新加坡] 广洽纪念馆 2007 年 3 月版。

④ 弘一大师：《手书草庵门联补跋》，收《弘一大师全集》第七册·佛学卷、传记卷、序跋卷，福建人民出版社 2019 年 12 月第 3 版、修订 2 版，第 644 页。

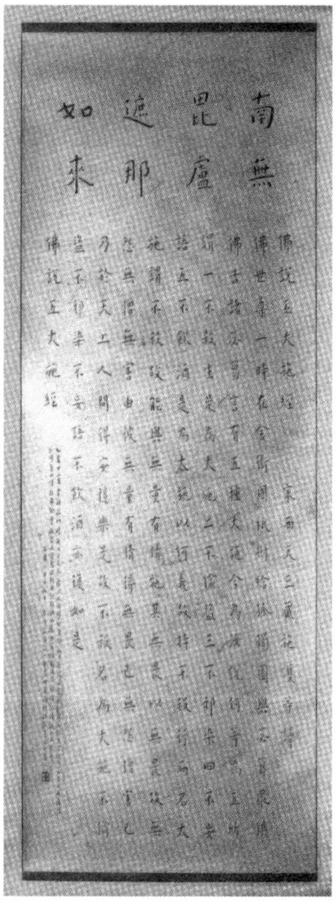

1937 年 3 月 31 日（农历二月十九日），弘一大师书《佛说五大施经》，题《南无毘卢遮那如来》。

增进佛学知识。《佛学丛刊》共出四册。第一册包含华严经净行品、华严经十回向品、华严经普贤行愿品、观世音菩萨普门品、金刚般若波罗蜜品、般若波罗蜜心经、阿弥陀经、药师本愿功德经、地藏菩萨本愿经、八大人觉经、佛说四十二章经、佛道教经、法海观澜、原人论、表相劝法普提心文、华严念佛三日末论；第二册包含净土沉钟、印光法师嘉言录、佛法导论、佛教初学读本；第三册包含选佛谱、释氏要览、释门崇行录、缁门崇行录；第四册包含一梦漫言、竹窗三笔、菜根谈、寒山拾得诗、阳復斋诗偈集。”

春，摹写吴大澂《权衡度量实验考》之图文并题记。

黄萍荪来函约稿。自谓：“最近《越风社》要出关于《西湖增刊》，由黄居士来函，要我做一篇《西湖与佛教之因缘》，我觉得这个题目的太广泛了，而且又无参考书在手，短期间内是不能做成的。所以现在就将我从前在西湖居住时，把那些值得追味的几件零碎的事情来说一说，也算是纪念我出家的经过。”[①] 回函曰：

萍荪居士文席：

惠言诵悉。久病颓唐，未能执笔撰文。惟回忆昔年琐事，为高居士言之，请彼草记呈章左右，聊以塞责可耳。谨复，不宣。

演音疏[②]

按： 高文显《弘一法师的生平》（收《弘一大师永怀录》，大法轮书局 1943 年流通版，第 31 页。）一文记曰：“去年春间，因为越风杂志社的编辑黄萍荪先生要出杭州的专号，写信来请弘一法师将他在杭州出家的因缘写出来，但是法师因为精治梵典未得空闲，且不便再入世谛文字因缘，那时适我因为厦门大学的学程尚未结束，也寄居在南普陀寺内，而法师则在寺前的功德楼上。于是法师便命我于星期日的时候，到他的楼上去由他亲口述当时在杭州出家的经过，由我笔记，再经过一番整理，以应越风之请。于是当春假的某星期日，我便到他的楼上去，两个人对坐着，我集中注意力，听他的叙述，而一方面笔头忙着在动，于一小时余便将他的出家因缘叙述完毕了，可是不幸因杭州沦陷，越风社虽然曾出了预告的篇目，至今连那篇经过法师删改的旧稿，也不知流落

① 释弘一口述，高胜进笔录：《我在西湖出家的经过》，载 1937 年 5 月《越风》杂志增刊第 1 集“西湖”专号。黄萍荪（1908—1993），曾任《民声报》《东南日报》《越风》等报刊编辑，晚年为浙江省文史研究馆馆员。

② 此信为黄萍荪向笔者提供的复印件，在福建人民出版社 2019 年 12 月版《弘一大师全集》（第 3 版，修订 2 版）第八册 · 文艺卷、杂著卷、书信卷第 422 页中有收录，标“一九三七年春，厦门南普陀寺”。但文字有多处不同。当以黄萍荪先生提供的复印件为准。

健……”①

4月1日（农历二月廿日），《佛学半月刊》第7卷第7号载“本局本版图书目录”，净土部有《人生之最后》，署“弘一法师著”。律部有《梵网经心地品菩萨戒》《佛说大乘道经、十善业道经》合本，均署“弘一书”；《寒茄集》，署“弘一律师辑”。同期另有“本局出版弘一上人书大悲咒”广告。

《人海灯》第4卷第4期刊出《厦门涌莲精舍名香出售》。文曰：“本市涌莲精舍主人，特制上品美术各种念珠。珠头制有极庄严佛菩萨圣像，并加工特造当代佛教领袖太虚大师、净宗导师印光老法师、律宗泰斗弘一法师各位道影。珍贵精巧，迥异平常，订价低廉，邮购便利。凡国内外信仰三宝，及皈依诸法师者，应速踊跃购请，以便为永久供养纪念……”

4月5日（农历二月廿四日），《人间觉》第2卷第7期复刊出《厦门涌莲精舍发行》。

4月10日（农历二月廿九日），在厦门致高文显函。言《越风》稿定于五日截止，今已是十日，宜速寄去；需《英语分类会话》一册，如有，请惠施，否则请为购之。五十八岁复温习英语，亦一趣事等。②

4月11日至5月9日间（农历三月），书七言联“开示众生见正道，犹如净眼观明珠”。作《赠万均法师〈华严〉集联跋》，跋曰：“去岁，万均法师著《先自度论》，友人坚执谓是余撰，余心异之，而未及览其文也。今岁，法师复著《为僧教育进一言》，乃获披见，叹为稀有，不胜忭跃。求诸当代，少有匹者；岂余暗识，所可及也。因呈拙书，以志景仰。丁丑三月，集《华严》偈句，一音。联云：‘开示众生见正道，犹如净眼观明珠。’”③

作《扶桑〈普贤行愿赞梵本私考〉跋》，署“是岁三月南山律苑沙门演音书”。**按：**跋文中因有“丁丑岁首，余自扶桑其中书林请奉《普贤

① 高文显：《弘一法师的生平》，收《弘一大师永怀录》，大法轮书局1943年流通版，第31页。此文亦刊于1938年春《每周导报》，文字略有不同。

② 此信福建人民出版社2019年12月版《弘一大师全集》（第3版，修订2版）第八册・文艺卷、杂著卷、书信卷第409页收录，标“一九三七年四月十日，厦门南普陀寺”。

③ 弘一大师：《赠万均法师〈华严〉集联跋》，收《弘一大师全集》第七册・佛学卷、传记卷、序跋卷，福建人民出版社2019年12月第3版、修订2版，第637—638页。

行愿赞梵本私考》一卷……”故推定写于此时。[①]

附记：书七言联“智慧无边不可说，光明照世为所归”。款识“唐译大方广佛华严经偈颂集句。仲渊居士玄督。丁丑三月，沙门一音”；钤印“胤”、“沙门月臂”、佛肖印。[②]

4月12日（农历三月初二日），封面题字用于《佛海灯》第2卷第5、6期合刊封面，钤印“弘一”。

在《晶报》刊出《韩偓评传序》，署名“弘一”。同期另刊出微妙《李叔同发见冬郎墓——行脚闽中无意中访得之》。

4月14日（农历三月初四日），《佛教日报》刊出陈寥士《弘一法师题序〈韩偓评传〉因缘记》，并附《韩偓评传序》。

4月15日（农历三月初五日），所题“佛教公论”用于《佛教公论》第1卷第9号。标有“弘一法师墨迹”。所书“悲智”及经偈“有悲无智，是曰凡夫……”刊于封面。在该期发表《南闽十年之梦影》，文题下标“弘一老法师讲，胜进居士笔记”，文末署“中华民国二十六年三月廿八日（旧二月十六日）上午九时，在养正院讲。廿九日晨于楼上重记。”该期以《弘一法师答披衣荼毗之问》为题刊出致果清法师函。同期“佛教界消息”刊出《参谒弘一法师》，写曰：“杭州通信：名画家丰子恺先生，为弘一法师入室得意弟子，其著名之漫画及文艺著作，已为一般青年之所熟知。丰君与弘一法师师生情谊綦笃，自弘公来南闽，时以欲亲謦欬而未能。近闻弘公有南洋之行，此后参见益觉不易，近致书厦门广洽法师，谓决定于阴历三月间来厦奉谒弘公，请示重画《护生画集》，并游历南闽诸名胜云。按《护生画集》，影响戒杀甚大，往年由丰君作画，弘一法师一一题字其上，为海内所珍重。今丰君闻弘一法师欲重写《护生画集》文字，拟将旧集修改重绘云。”该期“编辑后记”写曰：“本号编完以后，因接到锡兰的来稿□篇，和弘一法师的自述讲演录，都是不易得到的稿件，所以把《马祖大师之禅》一篇译稿和《韩偓的佛教思想》一文临时抽了出来。”又言：“《南闽十年之梦影》，是弘一法师往来南闽十年间的回忆记录，由他自己讲述，格外显得真切有味。他对于僧教育的意见和持己的态度，都说得很明白，关心他的师友和不曾亲近过的，可以得到一点慰藉了。”

---

① 弘一大师：《扶桑〈普贤行愿赞梵本私考〉跋》，收《弘一大师全集》第七册·佛学卷、传记卷、序跋卷，福建人民出版社2019年12月第3版、修订2版，第616页。

② 中共温州市委宣传部、中共温州市委统战部、温州市文化广电旅游局主办“碧天芳草——李叔同师友翰墨展”，2021年1月26日至4月30日，温州衍园美术馆。供参考。

4月16日（农历三月初六日），《佛学半月刊》第7卷第8号载“本局本版图书目录”。史乘部有《地藏九华垂迹图》，署“卢世侯绘，弘一法师书”。传记类有《地藏圣德大观》，署“弘一辑”。英译经典类有“华英合璧”《护生画集》，署“丰子恺画，弘一法师书”。该期另有《本局出版弘一上人书大悲咒》广告。

附记：文物出版社2017年10月版陈飞鹏整理《弘一法师书信全集》第410—411页收录致尤墨君函一通，时间标1937年“旧三月初八日”（即公历4月18日），地点标“厦门南普陀寺”。信如下：

玄父居士文席：

惠书，诵悉。

仁者今年五十，宜立日课，尽其形寿，以为记念，时间不可长，约自十分乃至三十分，俾可恒久不间断也（每晚睡眠前行之则甚易）。附邮奉近印金刚经一册，希收入。承示近作至善，述怀尤胜也。略复不具。

旧三月初八　演音疏

弘一大师在万石岩讲经会与众法师、居士合影。

此信福建人民出版社2019年12月版《弘一大师全集》（第3版，修订2版）第八册·文艺卷、杂著卷、书信卷未收录。《弘一法师书信全集》收录时有“案”，言辑自上海天衡2011年春季拍卖会《无上清凉——弘一书法墨迹专场》。附录此此，供参考。信文中“记念”之“记”字，原文如此。

弘一大师在万石岩“小西天”与众法师、居士合影。

4月19日（农历三月初九日），作《羯磨略例跋》，署“丁丑三月初九日编写既竟并记，弘一。”[①]

4月20日（农历三月初十日），《人间觉》第2卷第8期复刊出《厦门涌莲精舍发行》。

厦门万石岩旧影。载1930年11月15日《关声》第12期。

4月21日（农历三月十一日），移居万石岩。**按**：厦门万石岩位于中岩之下，漫山皆石。弘一大师在厦门期间曾于该年春及秋冬两次驻锡于此。是年其赴青岛和返厦门均以万石岩为出发地和返回地。曾在万石岩讲经会及“小西天”与众法师、居士合影。

① 弘一大师：《羯磨略例跋》，收《弘一大师全集》第七册·佛学卷、传记卷、序跋卷，福建人民出版社2019年12月第3版、修订2版，第630—631页。

今厦门万石岩。摄于2019年3月。

今厦门万石岩内仍存弘一大师旧居。摄于2019年3月。

今厦门万石岩内的弘一大师旧居。摄于2019年3月。

4月27日（农历三月十七日），《光明》杂志在上海中国饭店召开“中国剧坛先驱者怀旧座谈会”，参加者有欧阳予倩、马彦祥、应云卫、唐槐秋、郑伯奇、夏衍、阿英、沈西岑、袁牧之、许幸之、凌鹤、张庚、章泯、王莹、白杨等，记录员尤兢（于伶）、赵慧深。欧阳予倩述及春柳社《茶花女》演出时，尤兢表示自己有藏半张《茶花女》演出明信片。郑伯奇提议将其印出。该半张明信片后在《光明》杂志第2卷第12期刊出。①

4月30日（农历三月廿日），《佛教日报》刊出《画家丰子恺定期游闽参弘一法师——重绘〈护生画集〉之先声》。② 同日《佛教日报》又刊出《佛教养正院讲堂新舍落成有期》，写曰：“南普陀寺，佛教养正院，自民国二十四年开办以来，在弘一老法师指导之下，由瑞金（当为今——引者按）、广洽、义俊、广义诸法师负责办理。学务日见发达。现学僧已增至四十余人，旧有讲堂宿舍，均不敷应用。今春特就该院之花圃兴建新式讲堂一座，可容百余人。建筑形式取采光通风适用，且嵌天花板，以调和声浪。窗明壁净，极其雅观。现已规模粗具，预定于古历四月初八日佛诞节举行落成典礼云。”

4月（农历二月廿日至三月廿日间），欲赴南洋群岛弘法，发心温习英语。后未果。

在厦门致性常法师函。言先已允万石、中岩之约。然后乃得青岛电报，故未能变动；已有函致湛山寺、慈公，请代为复之等。③

春末，在厦门致广洽法师二函。其一：

广洽法师道鉴：

惠书，诵悉。承施资，甚感。朽人现未能出洋，仍拟居住国内也。谨复，并谢。不宣。

演音上

① 张伟：《春柳社首演〈茶花女〉纪念品的发现与考释》，载《嘉兴学院学报》2008年第1期。

② 后丰子恺因故未能实现此次厦门之行。5月1日，丰子恺致广洽法师信，述未能赴厦门之原因。信曰：“示奉到。尊处地带安全，至慰。前日在申候船时，悔不决意南行也。然当时报载闽方消息，鼠疫日甚一日，有非打消南行不可之势。当时曾逐日将报剪留，今便附奉请阅，看是否符实耳。今疫势想已消灭，本可即日前来。但开明教本工急，暑假前均须改编送审，预算已无长期旅行之余暇，附呈丐先生函可证，是故南行之愿，只得期于秋间矣。以上情形，请为代陈于弘一法师，乞恕失约之罪。此次返杭，因事与愿违，心情十分恶劣。盖劳弘一法师按装等待，心至不安。”见《丰子恺全集·书信日记卷一》，海豚出版社2016年10月版，第155页。

③ 此信福建人民出版社2019年12月版《弘一大师全集》（第3版，修订2版）第八册·文艺卷、杂著卷、书信卷第478页收录，标“一九三七年四月，厦门南普陀寺”。

按：此信福建人民出版社2019年12月版《弘一大师全集》（第3版，修订2版）第八册·文艺卷、杂著卷、书信卷第469页收录，标“一九三七年旧四月，厦门南普陀寺”。文物出版社2017年10月版陈飞鹏整理《弘一法师书信全集》第414页收录，时间标1937年“春”。若地点无误，弘一大师自南普陀寺移居万石岩是4月21日（农历三月十一日），故不可能是写于农历四月（农历四月初五日又离开厦门赴青岛）。故写信时间定为春末为宜。

其二：

广洽法师道席：

前承谈及住中岩之事。余曾先后在佛前占察三次，皆示不宜，想是因缘尚未成熟也。乞仁者往晤会泉老法师，代陈此意，并致歉忱。倘仁者因病未能往，即托高居士代往亦可。费神，至感。不宣。

演音启

按：此信福建人民出版社2019年12月版《弘一大师全集》（第3版，修订2版）第八册·文艺卷、杂著卷、书信卷第469页收录，标“一九三七旧四月，厦门万石岩”。文物出版社2017年10月版陈飞鹏整理《弘一法师书信全集》第413页收录，时间标1937年“春”。弘一大师此时应住万石岩，农历四月初五日又离开厦门赴青岛。故《弘一法师书信全集》所标确当，准确说为春末。

在厦门致刘质平函：

质平居士：

惠书，诵悉。慈念殷厚，感谢无尽。南闽冬暖夏凉，颇适老病之躯，故未能返浙也。稍迟有便，或往南洋。（夏亦不甚热）承施资，拟以充往南洋船费。谨复，并致谢忱。附奉小联，乞受收。

演音启

按：此信福建人民出版社2019年12月版《弘一大师全集》（第3版，修订2版）第八册·文艺卷、杂著卷、书信卷第298页收录，标“一九三七年四月，厦门中岩”。文物出版社2017年10月版陈飞鹏整理《弘一法师书信全集》第412页收录，时间标1937年“旧三月”，地点标“厦门南普陀寺”.4月间弘一大师有信致高文显，表示温习英语，并有赴南洋计划。而离开南普陀寺后居万石岩，未住中岩。故《弘一法师书信全集》所标更合理。姑且标注为春末。

5 月 1 日（农历三月廿一日），《佛学半月刊》第 7 卷第 9 号载“本局出版弘一上人书大悲咒”广告、《护生画集》广告。

《人海灯》第 4 卷第 5 期复刊出《厦门涌莲精舍名香出售》。

《佛教月报》第 2 卷第 4 号出刊，题字用于封面刊名，钤印“弘一”。

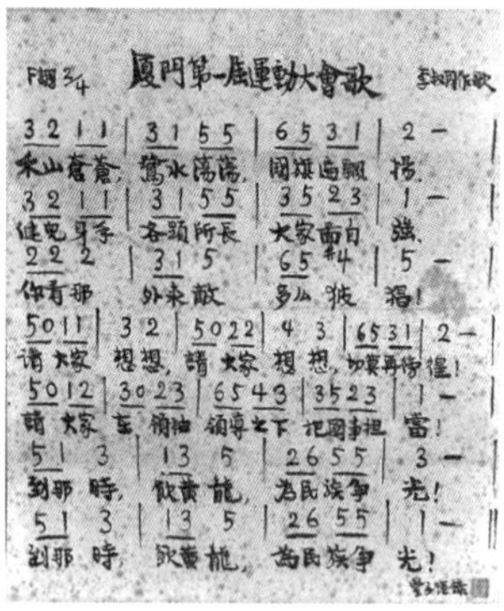

丰子恺书弘一大师《厦门第一届运动大会歌》。

5 月 2 日（农历三月廿二日），厦门市第一届运动大会筹备委员会来函：“本会为提倡国民体育起见，订于本月二十日起在中山公园举行全市第一届运动大会。关于大会会歌拟请弘一法师编制，案经本会第二次会议议决通过。相应录案，函请查照。务希俞允赐复为荷！此致弘一法师。厦门市第一届运动大会筹备委员会启式　五月二日”。[①]

5 月 5 日（农历三月廿五日），在厦门致刘质平函。言后日动身赴青岛，约重阳后返厦门等。[②] **按**：1936 年秋慈舟法师离开青岛湛山寺后，该寺无人讲律，倓虚法师派梦参法师赴厦门请弘一大师至湛山寺。弘一大师提出三个条件：“第一，不为人师；第二，不要开欢迎会；第三，不登报吹嘘。”梦参法师致函倓虚法师，倓虚法师均首肯。[③]

致蔡丏因函。言青岛湛山寺来人，约往彼处讲律，拟后日动身。匆匆过沪，不及晤谈，待重阳后返厦过沪时，当可见面；请将《佛学丛刊》十部（道林及报纸各五册）寄青岛湛山寺等。[④] **按**：实际 5 月 14 日动身。

《人间觉》第 2 卷第 9 期复刊出《厦门涌莲精舍发行》。

5 月 8 日（农历三月廿八日），在厦门南普陀寺闽南佛教养正院讲《出家人与书法》，以为“倘然只能写得几个好字，若不专心学佛法，虽然人家赞美他字写得怎样的好，那不过是‘人以字传’而已，我觉得，出家人字虽然写得不好，若是很有道德，那么他的字是很珍贵的，结果都是能够‘字以人传’……”[⑤] **按**：是日前后（即农历三月底）在厦门致性常法师函。言本不拟往青岛。近因梦参法师自青岛来迎接，未能辞谢。已允数日后同往。九十月间返厦门，居中岩等。[⑥]

① 参见本谱本年 5 月 15 日条目。

② 此信福建人民出版社 2019 年 12 月版《弘一大师全集》（第 3 版，修订 2 版）第八册·文艺卷、杂著卷、书信卷第 298 页收录，标“一九三七年五月五日，厦门万石岩”。

③ 倓虚讲述：《影尘回忆录》，宗教文化出版社 2003 年 2 月版，第 260 页。

④ 此信福建人民出版社 2019 年 12 月版《弘一大师全集》（第 3 版，修订 2 版）第八册·文艺卷、杂著卷、书信卷第 353—354 页收录，标“一九三七年五月五日，厦门万石岩”。

⑤ 福建人民出版社 2019 年 12 月版《弘一大师全集》（第 3 版，修订 2 版）第七册·佛学卷、传记卷、序跋卷第 563—566 页收录。题《弘一大师最后一言——谈写字的方法》。

⑥ 此信福建人民出版社 2019 年 12 月版《弘一大师全集》（第 3 版，修订 2 版）第八册·文艺卷、杂著卷、书信卷第 478 页收录，标“一九三七年旧三月，厦门万石岩”。梦参法师（1915—2017），辽宁人，时任湛山寺书记。

5月10日至6月8日间（农历四月），书《心经》赠伯麟居士。款识“二十六年岁次丁丑四月，书奉伯麟居士供养。晋水南山律苑沙门一音”；钤印“弘一”。[1]

1937年5月14日，弘一大师在离开厦门时于“太原”号轮船上留影。

5月12日（农历四月初三日），封面题字用于《佛海灯》第2卷第7期，钤印“弘一”。

《语美画刊》第2卷第10期刊出消息《弘一法师返津讲经》．“弘一法师为三津名士李叔同先生之法号，法师博学能文，尤工书法，名遍南北，本刊曾为文介绍，并刊载其得意作品多帧。近闻法师在青岛讲经，天津居士林托严曾符君赴青岛迎驾北来，宣扬佛旨，与故乡人士，得以倾叙积愫，亦一段佛因缘也。”**按**：倓虚法师《影尘回忆录》云：“记得弘老来时，是在旧历的四月十一那天，北方天气尤其青岛，热得较晚，一般人还都穿夹衣服。”[2] 故可判断《语美画刊》此消息当系天津人士闻知弘一大师将赴青岛湛山寺，故计划派人前来邀请。后未果。参见本谱本年农历七月致广洽法师函。

1937年5月14日，弘一大师在离开厦门时于“太原”号轮船前与众法师、居士合影。

5月13日（农历四月初四日），制谱之《厦门市运动大会会歌》刊载在《华侨日报夕刊》，标为：弘一法师制谱，云间倪杆尘作歌。[3]

5月14日（农历四月初五日），应邀乘“太原”号海轮起程赴青岛湛山寺结夏讲律。会泉法师、宏船法师、高文显等在码头送行并合影留念。随行者有传贯法师、仁开法师、圆拙法师。梦参法师同行。

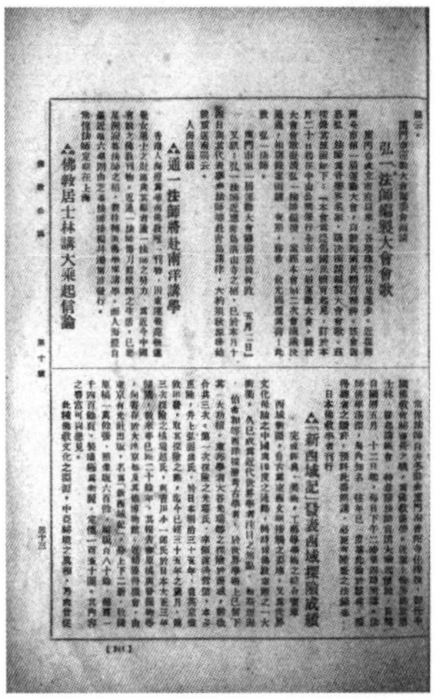

1937年5月15日《佛教公论》第1卷第10号刊出的《厦门市运动大会筹备委员会函请弘一法师编制大会会歌》。

5月15日（农历四月初六日），所题“佛教公论”用于《佛教公论》第1卷第10号。在该期发表《释弘一启事》：“余此次至南普陀寺，获亲近承事诸位长老，至用欢幸。近因旧疾复作，精神衰弱，颓唐不支。拟即移居他寺，习静养病。若有缁素过访，恕不晤谈；或有信件，亦未能裁答。失礼之罪，诸希原谅至祷。”该期“佛教界消息”刊出《厦门市运动大会筹备委员会函请弘一法师编制大会会歌》，写曰：

> 厦门自成立市府以来，各项建设甚见进步。近复筹开全市第一届运动大会，以鼓励国民体育精神。该会因慕弘一法师为音乐界名

① 夏宗禹编：《弘一大师遗墨》，华夏出版社1999年1月第2版，第32页。

② 倓虚讲述，大光记录，吴云鹏整理：《影尘回忆录》，宗教文化出版社2003年2月版，第263页。

③《厦门市运动会会歌》部分歌词曾由弘一大师修饰。有关研究过程可参见孙继南《音乐史料研究之疑、考、信——以弘一法师〈厦门市运动会会歌〉版本考为例》一文，载《中国音乐学》2013年第3期。第一届厦门市运动会原定于1937年5月20日举行，因雨延迟一天至21日开幕。参见1937年5月20日厦门《江声报》。又据1937年5月21日《江声报》所载《厦门运动会今如期举行》一文，可知该运动会于5月21日开幕。开幕式有“唱、奏会歌”环节。

家，议决函请编制大会会歌。兹探录其原函如下：“本会为提倡国民体育起见，订于本月二十日起在中山公园举行全市第一届运动大会。关于大会会歌拟请弘一法师编制，案经本会第二次会议议决通过，相应录案函请查照，务希俞允赐复为荷！此致弘一法师。

厦门市第一届运动大会筹备委员会启　五月二日”

又讯：弘一法师近应青岛湛山寺之招，已于本月十四日与其代表梦参法师等赴青岛讲律，大约须秋凉后始能重返南闽云。

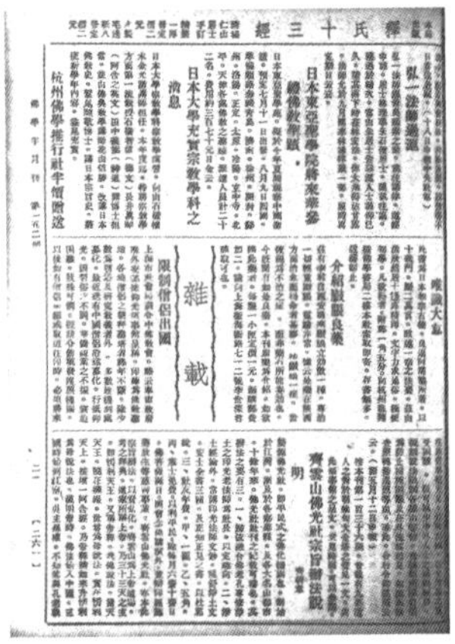

1937年6月1日《佛学半月刊》第7卷第11号刊出的《弘一法师过沪》。

5月16日（农历四月初七日），轮船至上海。**按：**在上海经停有日。上海佛教居士林朱石僧居士约秋凉时到沪讲经。[①] 晤商务印书馆编辑费范九居士等。[②] 后换轮船再赴青岛。1937年6月1日《佛学半月刊》第7卷第11号刊出《弘一法师过沪》（消息），写曰：“弘一法师应青岛缁素之请，前往讲律。道经申浦，居士林理事朱石僧居士闻讯往谒，获遇于轮次，当由朱居士告以沪人士渴仰已久，请其南下时莅林宏法，俾大众得沾甘露。法师允于九月间来林讲律藏一部，届时再定期云云。”又，本年《微妙声》第1卷第8期刊出新闻《世界佛教居士林请弘一法师讲律已有约》，写曰：“律宗泰斗弘一法师因事过沪，世界佛教居士林闻讯，于十九日晨由常务理事朱石僧居士前往晋谒，遇法师于浦东轮次，顶礼既毕，禀述来意，告以上海人士渴望法师甘露沛施，及现时在家人不乏受五戒及菩萨戒者，林中拟于下年九月间恭请莅临，振大法鼓。当蒙法师允诺届时来林讲律一部，所讲名目及日期，约定于开讲之前一月，由法师决定，来信通知云。”

《佛学半月刊》第7卷第10号载《寒茄集》广告，署“弘一法师辑”。又刊文《佛教养正院新舍落成》，内容与本年4月30日《佛教日报》所载报道基本相同。

湛山寺药师塔旧影，载1940年10月16日《觉有情》第26期。

5月19日（农历四月初十日），朱石僧谒见于浦东轮次，恭请在上海讲律。**按：**参见本谱本年5月16日（农历四月初七日）条目。

5月20日（农历四月十一日），晨，抵达青岛湛山寺。抵青岛时，倓虚法师率僧俗二众在码头迎接。**按：**在湛山寺，住法师宿舍东间（后为方丈室），其他同来者住藏经楼东侧新建之房。“别人都带好些东西，条包、箱子、网篮，在客堂门口摆一大堆。弘老只带一破麻袋包，上面用麻绳扎着口，里面一件破海青，破裤褂，两双鞋，一双是半旧不堪的

① 参见弘一大师1937年农历七月致广洽法师函。

② 参见弘一大师1937年农历九月致广洽法师函。

软帮黄鞋，一双是补了又补的草鞋。一把破雨伞，上面缠好些铁条，看样子已用很多年了。另外一个小四方竹提盒，里面有些破报纸，还有几本关于律学的书。听说有少许盘费钱，学生给存着。”①

在青岛致刘质平函。言晨抵青岛；便时寄“四尺煮石垂单宣纸”若干，交代纸店裁切方法；寄赠《佛学丛刊》等。②

《人间觉》第2卷第10期复刊出《厦门涌莲精舍发行》。

按一：湛山寺位于青岛湛山西南、太平山东麓。1931年由叶恭绰、陈飞青、周叔迦等倡议，得到青岛政府和佛教界支持，委托时哈尔滨极乐寺住持倓虚法师主持规划，于1934年春动工兴建。弘一大师到来前，其第一期工程已经完成。时山门尚未建造（后于1944年建，次年竣工），而药师塔则已建成。如今的湛山寺正门为芝泉路2号。1982年12月31日，被公布为青岛市市级文物保护单位。**按二：**观一《纪念弘一大师之意见》（载1942年12月1日《弘化月刊》第18期）一文记曰：“犹忆民国二十六年，法师将往青岛湛山寺，应讲律之聘道经上海。余询其乘何船前往，为致电湛山寺迎接。以虑法师人地生疏，且寺中应尽地主之谊，非有他也。旋知法师因此故，改乘他船。其不骛声华，一至于此。”**按三：**在青岛致性常法师函。言今晨安抵湛山寺；介绍青岛及湛山寺情形；约于重阳后返厦门，居中岩等。③ **按四：**龙健行居士曾在湛山寺请予开示。龙健行在《弘一大师六秩寿言》一文中言：“丁丑春北来，涠迹膠济路。暇诣湛山寺，远见一僧，衣敝衲，独步颂林间。倏尔便隐，形迹飘然，殆与曼殊师相类。叩之，乃当代律宗大师弘一上人也。望似严峻，而即之也温，不折而自摄，不言而自化。就谒乞开示，唯谆谆勖守戒念佛而已。师挈徒三人，曰仁开，曰传贯，曰圆拙，同止寺中，为校誊论文之助。”④ **按五：**在湛山寺，自己收拾屋子。寺方初次送四个菜，不吃；第二次送稍次者，未吃；第三次送两个菜，仍未吃；后送一碗大众菜，“他问端饭的人，是不是大众也吃这个，如果是的话他吃，不是他还是不吃，因此庙里也无法厚待他，只好满愿。”“愈是权贵人物他愈不见，平常学生去，谁去谁见。你给他磕一个头，他照样也给你磕一个头。在院子里两下走对头的时候，他很快地躲开，避免和人见面谈话。每天要出山门，经后山，到前海沿，站在水边的礁石上瞭望——碧绿的海水，激起雪白的浪花……”⑤

今湛山寺药师塔。摄于2019年2月。

今青岛湛山寺一瞥。摄于2019年2月。

今青岛湛山寺藏经楼。摄于2019年2月。

今青岛湛山寺山门。摄于2019年2月。

① 倓虚讲述：《影尘回忆录》，宗教文化出版社2003年2月版，第264页。

② 此信福建人民出版社2019年12月版《弘一大师全集》（第3版，修订2版）第八册·文艺卷、杂著卷、书信卷第298页收录，标“一九三七年五月二十日，青岛湛山寺”。

③ 此信福建人民出版社2019年12月版《弘一大师全集》（第3版，修订2版）第八册·文艺卷、杂著卷、书信卷第478页收录，标“一九三七年旧四月十一日，青岛湛山寺”。

④ 龙灿：《弘一大师六秩寿言》，载《佛学半月刊》第9卷第21号（总第216期）。

⑤ 倓虚讲述：《影尘回忆录》，宗教文化出版社2003年2月版，第264－265。

1937年5月30日，青岛佛学会湛山寺缁素全体欢迎弘一大师摄影纪念，站立者第一排右四为弘一大师。

5月20日至6月8日间（农历四月十一日至三十日间），在青岛湛山寺第一次修正《结戒场及大界法略例记》，署：“丁丑二月居晋水南陀初稿，四月居青岛湛山寺第一次修正。弘一。”[①]

在青岛湛山寺作《〈随机羯磨讲录〉题记》，署：“丁丑四月居青岛湛山寺。弘一。”[②]

5月29日（农历四月廿日），在青岛湛山寺据日本净土宗古传说戒仪式图，并依湛山寺斋堂形式拟定说戒位置图，作《说戒安居略例记》，署“丁丑四月二十日，第二次草稿。时居青岛湛山寺。弘一”。[③]

弘一大师（二排左三为倓虚法师，其右第一人为弘一大师）在湛山寺药师塔前与众僧等合影。

5月30日（农历四月廿一日），与青岛佛学会湛山寺缁素全体合影。照片上有题字“青岛佛学会湛山寺缁素全体欢迎弘一老法师摄影纪念。民国二十六年五月三十日”。

5月31日（农历四月廿二日），在湛山寺讲律：

湛山寺倓虚法师像。

今天说的是我出家以来，学律的次第及思想的变迁：

我初出家时看到灵峰宗论里面赞叹律学，我受了感动，所以，就发愿学律。到了受戒之后，常常阅读蕅益大师的重治毗尼事义集要，及明末清初诸师述作和广律南山律祖及灵芝律师等的著述，亦略有涉阅过。三年以后看大藏经，无意中看到根本说一切有部律，这部律是唐义净三藏所翻译的。还有南海寄归传，也是无意中看到的。当时，我非常喜悦，以为这部新译的有部律，比起以前所译的旧律较好，我就放弃了从前所学的旧律，发心专学新律。因此，起了贡高我慢的心，看义净三藏所有批评旧律不是的话，我也跟着说旧律不是。后来，我觉得这样不对：一者，义净三藏的道德学问是值得人家钦佩的；我是什么人，配跟他老人家评论旧律吗？再者，旧译诸律及南山律祖与诸位祖师的著述总有长处。但是，当时虽然不敢再谤旧律，心里还是不肯学旧律，还是以为新律是对的。嗣后，天津徐蔚如居士发心组织天津刻经处，刊刻南山律部流通。他听说我专学根本说一切有部律，特地来信劝我转学南山律，他说，我国自古以来，弘律诸祖，皆以南山为宗，因为南山律制合于我国

① 弘一大师：《结戒场及大界法略例记》，收《弘一大师全集》第七册·佛学卷、传记卷、序跋卷，福建人民出版社2019年12月第3版、修订2版，第631页。

② 弘一大师：《〈随机羯磨讲录〉题记》，收《弘一大师全集》第七册·佛学卷、传记卷、序跋卷，福建人民出版社2019年12月第3版、修订2版，第631页。

③ 弘一大师：《说戒安居略例记》，收《弘一大师全集》第七册·佛学卷、传记卷、序跋卷，福建人民出版社2019年12月第3版、修订2版，第631页。

的国情习惯，而今要是废旧律来改行新律，是行不通的。由是，我的心稍微转变一些，就兼学南山律，从此一年多渐渐转向旧律。到了辛未二月十五日，我在佛前发愿，从此以后，舍弃从前所学的根本说一切有部律，长此以往乃至尽未来际，专学南山灵芝一派的旧律。

南山律灵芝派这个名词，恐怕大家有的不大明了，略为说一说：

律有五部，如四分五分十诵……等，南山律是宗于四分律，南山律祖的撰述，注释的人也不少，各有各的见解。我所学的是宋朝灵芝律师所解释的一派，所以，叫做南山灵芝派，到如今还没有变动。

以上略为说过关于我学律的次第，现在，要说我思想的变迁。

从前，我学新律的时候，以为将来依律行持，要完全依照新律的见解，循印度的制度而行，不依诸方丛林的制度。就是唐宋时代的制度，也是不行；因为都是不合于印度佛世的制度，是中国式的制度，绝对不可应用。当那时候，我学了新律，自个以为是个了不起的人了。后来，学了南山律，思想也渐渐的改变了，渐渐的知道若要完全依照说一切有部律的制度行持，在中国是办不到的，要依照唐宋时代的老习惯来行才对，但是，对现在诸方丛林里所奉行的老祖清规，仍不满意，打算要一概变更，都依照唐宋时代的制度来行。

关于这个老祖清规，也得附带说说。老祖清规，就是百丈清规；虽然是唐朝百丈禅师所作的，但是，经过元朝的僧人改撺过的。明朝莲池大师、蕅益大师二位老人，都很不满意，对这部清规都有批评。最近，有人在北平发现得宋版的百丈清规一卷，把现在的清规一对，不同的地方很多。所以，我的志愿，把现在诸方所行的老祖清规改变，一概依照唐宋时代的制度。到近两年来，我的思想又有变更了，我想即使把老祖的清规打倒，是危险的事，为什末呢？若把老祖清规打倒，唐宋的制度不能建立起来。那可就不得了，姑无论清规对不对，现在诸方丛林里的制度，总算是靠之维持，若把清规打倒，唐宋古制又不能建立，那佛教的前途可就不堪设想了，即此之故，我觉得还不该打倒的。

那么，诸方丛林一切制度应依照老习惯，虽然合于律制的事。可是，多数人不喜欢，也别忙行。诸事要长老们不大反对的，我们可以慢慢的试行，不必立即改变，取渐进主义，不但没有阻碍，而且无甚危险，所以，我近来主张做事要慎重又慎重，不敢轻举妄动。我常对人说，我不敢做佛教的功臣，也不愿意做佛教的罪人。

比方说：弘扬佛法，广作佛事，住持佛教，利益众生，我不能做，因为我没有这资格。至于，败坏佛教，变更旧制，造作恶业等，我也不敢，因为我相信因果的。

今后，我陪伴大家研究律学，是依我近来的主张，完全根据南山灵芝派，毫无增减的介绍给诸位。至于新律及南山之外，各派释四分律的及南山律别家注释的，我都不说。至于近来时髦的新术语，如科学的方法，真理心得等，也一概不谈。还有评论诸方丛林的弊制的话，我不敢说，警策诸位的话，也不说，因为我人微言轻。总而言之，我是陪伴诸位老老实实的研究南山灵芝派的律。

因为近来我的身体不好，中气虚弱，记性参差，又不曾多带参考书来，恐怕没有好的结果，可是，有一层可以请诸位放心的，我是依据老本子，绝对不敢杜撰。至于随讲别录里面，若是我的意思申说者，都冠以“案”字。此外均依照南山灵芝的述作而抄录的。中间有警策之语，恐怕诸位误会，也都加上“南山云”“灵芝云”等等标号。其余虽然也有没加上的，但也是南山灵芝所说的话。

按： 1947年11月1日，《佛教公论》复刊第19、20期合刊刊载空照庵《弘一大师青岛讲律残记》，并有李芳远的附志，言“这一篇残记是在厦门发现的。只是他在青岛那末多时日所讲的片段而已，字迹劣陋，章节阙残，大概因为速记不是一件很容易的事情。我们倒也感谢这位阙名的记者，最少，他会替我们多留下这些大师的嘉言。”因此内容未被福建人民出版社2019年12月《弘一大师全集》（第3版、修订2版）收入，故照录。以下凡在湛山寺讲律之原文均录自该“残记”。

我在西湖出家的經過

1937年5月，《我在西湖出家的经过》（附照片）刊于《越风》增刊第1集“西湖”专号。

5月（农历三月廿一日至四月廿二日），《微妙声》月刊1937年第5期刊出《庖人陈阿休往生传》《玉泉居士墓碣铭》，均署名“弘一”。

《我在西湖出家的经过》（附照片）刊于《越风》增刊第1集“西湖”专号。署“弘一法师述，高胜进笔记”。

6月1日（农历四月廿三日），《佛学半月刊》第7卷第11号载《寒笳集》广告，署“弘一法师辑”。广告文：“一册一角，本书大意在于劝精进守戒律，痛砭世人懈怠堕落之习，使人一读一汗一思一愧。”同期《佛学书局第九期图书目录》（1937年5月编印），华严部有《华严经净行品偈》（梵本）、《华严十地品离垢章》（本装）、《华严经十回向章》（布面梵本）、《普贤行愿品偈》（布面梵本），均署“弘一书”。方等部有《地藏经见闻利益品》《金刚三昧经》，均署“弘一书”。大乘律部有《梵网经心地品菩萨戒》（梵本）、《佛说大乘戒经》（合本），均署“弘一书”。净土部有：《阿弥陀解》（二种）、《三皈依解》，均署“弘一法师书”。佛教通籍有《佛说八大人觉经》、《八种长养功德经》、《地藏见闻利益品》、《梵网经心地品菩萨戒》、《大乘戒经》，均署“弘一法师书”。同期还刊有《弘一法师过沪》（消息）。

《佛教月报》第 2 卷第 5 号出刊，题字用于封面刊名，钤印“弘一”。

6 月 2 日（农历四月廿四日），在青岛湛山寺讲律：

今天，我要对诸位讲的是戒律大意。关于戒律大意的范围，说来广阔得很，现在，只略举几件说说，请大家先看看黑板。

律分五部，有种种不同的说法。现在，南山律里面说律分五部，有两种：

一、依大集经所分的五部：

A. 昙无德部四分律。

B. 萨婆多部十诵律。

C. 迦叶遗部（遗有译为毗，这部只有本传来此土，即解脱戒经）

D. 弥沙塞部五分律。

E. 婆娑富罗部（这部律完全未传，这五部以外，有一部根本部僧祇律。以上所说的五部，由彼部主，依这部僧祇律中契同已见的，集出来的是依大集经里所说的。）

二、依义钞所引三藏口传：

义钞即是南山律祖所著的拾毗尼义钞，这里面引说印度来的三藏法师口传的话，以及舍利弗问经所说的。关于这两种，所说的相同，舍利弗问经又名叫遗教法律经，这种说述与前大集经里所说的稍有不同，就是这里分五部，里面没有婆娑富罗部，把僧祇律列入五教里头。

其次，我要对大家说的是律论，平常所学的经论有两种：一、宗经论。二、释经论。好像大乘起信论是依据经的道理而作的，称为宗经论。大智度论是解释经的道理，称为释经论。这种经论之外，还有解释律藏的，称为律论。藏要里的经论为论藏，律论附在律藏之后。所以，平常的人不甚注意。现在所学的，都是南山律祖常引用的几种：一、善见论，简称为见论；二、毗尼母论，简称为母论；这两种论都是解释四分律的。此外还有别种解释四分律的论，我没有说起。三、萨婆多毗婆娑论，简称为多论。四、萨婆多磨得勒伽论，简称为伽论。五、五百问论等三种，都是解释十诵律的。还有明了论，简称为了论，属正量部的，这正量部在此土也没有传。依照我国古代诸律祖释四分律的很多，现在，举出三大宗最负盛名的。一、法礪律师，他老人家著述律学的书很多，后人称为相部律。相部两字是由相州的地名而起的，州称为部，是僧传的语例，相部便是以地方为名的。二、道宣律师，常称为南山律，南山是终南山，以山为名。道宣律祖在三十五岁的时候，曾亲近法礪律师学律；可是，只有一个月，法礪律师就圆寂了。三、怀素律师，常称东塔律，以塔为名。怀素律师也曾亲近道宣律祖，后来他的著述与道宣律祖意见不同，所以，又另起了东塔一家。

现在，我们在讨论以上三宗之前，先要明白五部律的各部。所计依小乘的，不出四门，即空、有、亦空、亦有、非空、非有。依大集经所分的五部分配起来。一、昙无德部空宗，二、萨婆多部有宗，三、弥沙塞部亦空亦有，四、迦叶遗部亦空亦有，但是，虽然这样分配，四门也可以归纳起来，用空有两门来包括之，且看黑板上这一个图案：

律分五部

一、昙无德部……空——空

二、萨婆多部……有——有

三、迦叶遗部……亦空亦有——有

四、弥沙塞部……非空非有——空

五、婆娑粗福罗部……空——有

再来看看三宗：(一) 实法宗，即萨婆多部，是有宗，经论里的俱舍论、离心论等都是属于这一宗，在律部是十诵律当分小乘教。(二) 假名宗，即是昙无德部，或实论就是属于这一宗的，律部是四分律，虽分小乘，但亦通大乘。总之，它是介于大小乘之间的，要是，依据小乘戒来受的时候，能够发大乘心，也可说大乘。但依四分本身，不能说大乘。所以，它只能够说假名的。(三) 圆教宗，依法华涅槃经之意，决了权乘，同归实道，终穷大乘教。既用显大解，依小律仪，即成大行，以大决小，不待受大，所以称为圆教。

灵芝律师于戒章对此设问答以阐明之：

问：此圆教和天台圆教，是同是异?

答：南山律祖所立的圆教与天圆教，理同说异。怎样说是理同呢? 南山律祖是引用法华经的意义而立圆教之体，天台也是依法华的意义而判圆教，所以，它的理是同样的。怎样说是说异呢? 律宗所说的圆教，是说明戒体。天台的圆教是统摄一切，通局不同，所以说异。

关于这三宗的分判，在南山律宗里是最要紧最精彩的，以后要详加研究。

那么，三亲是什么呢？概言之：（一）性空观，这是局于小乘声闻缘觉的。（二）相空亲，通大小素分律，就是属这一派。（三）唯识观，这是大乘的。以上三观，只略举出名字，在南山律里，都有很详细的说述，所以不多说。

由上三宗三观的等看起来，可以知道学习戒律不是专说事相，乃是专在持犯开遮四字，它有很深奥的教理。南山灵芝诸律祖各有著述阐发。

南山律祖的著述所引证的最为精博，以四分为主，兼采他部，俱备众长，所以南山兴后，以前各派各宗，渐渐的消灭，南山以后，义净三藏留学印度二十多年，回来翻译根本说一切有部律，也不能流通。只有南山律宏扬最为发达；因为南山律融通大小二乘，包括三藏精理，在各部中算最有价值的。现在，各位发心学南山律，是再好不过的。

再说二持，二持是什么呢？就是止持和作持，这是依广律而建立的，广律里有解释比丘戒本，比丘尼戒本，就是作持，还有什么犍度，什么犍度就是作持，南山律要里有含注戒本与随机羯磨，这含注戒本是止持，随机羯磨是作持。学律的人，止持与作持要庄重，比方车轮一般，不能少掉一侧的。寻常的人学律，只知道戒本，不知道羯磨，要知道戒本与羯磨并重。现在，只稍为说过，以后南山律部可以研究到的。

总而言之，一个学律的人，学了戒本和羯磨做基础，然后还要研究南山三大部和二小部才能够成功的。三大部是行事钞、戒本疏、羯磨疏。二小部是拾毗尼义钞、比丘尼钞。学律不是一件容易的事情，稍为学习须要三年五年，精学即须要十年二十年的光景了。

6月4日（农历四月廿六日），在湛山寺讲律：

今天预备对诸位讲学律的人应该注意的几件事。学佛的人应该注意的事情多得很，且就我个人所注意的两件事情和诸位随便谈谈。

（一）“律己”：因为我们发心学律的本意，是因为自己，不是因为别人。平常人们不懂这道理，学律以后，不是律己，专为律人：喜欢批评人家的不是，说这位犯波罗夷啦，说那位犯僧伽婆尸沙啦，自己的行为倒不顾到，自己有了过失的时候，因为爱体面，处处掩饰，以为是个大好人了，这便是律人不律己。

我想起我们北方有几句土话，虽是土话，但确很有意思，就是人们常常说的，老鸹力在猪身上，只见人家黑，不知自己黑。老鸹又叫老鸦，浑是黑的，猪也是浑身黑的，老鸹落在猪身上，看到猪全身黑的，看不到自己也全身是黑的。平常律人不律己的人，也就像这个样子，对别人吹毛求疵，对自己却不注意。

我在十三岁的时候，也是总喜欢说人家的不对。有一天，约在上午十点钟的时光，有一位我的老表兄，他的年纪六十多岁了，他在外边喝了酒回来，满脸煊红的，他正在院子里拿着日规对时钟，那时候我又在说别人的不对，这位我的老表兄，他听见了，就举起右手用半合掌式向我头上指指，以极郑重的态度来教训我说："你先说说你自个"。自个也是北方的土话，就是说自己；旁边的人看见他满脸煊红，态度郑重，以为他是喝醉了酒，都大笑起来。我却不然，我听了他的话，很受感动，就是到现在还记得这句话，"你先说说你自个"，不特不会忘记这句话，而且，当时他那郑重的态度，也还在我目前，这是我一生中很值得纪念的一个事。

这是说平常的人律人不律己，明白道理的人，就不然了，他是律己不律人，怎样律己呢？律己要先看身口意之业，三业清净不放逸……在大众前如此，就是一个人在房里也应如此，平常人很多是在大众跟前威仪很好，到了一个人的时候，就放逸起来。以为没有人看见哪儿知道。虽是一个人，没有旁人看见，可是有诸佛菩萨看见，有一切鬼神看见。在儒家也有做慎独的功夫，如"十目所视，十手所指"，这也就是说虽然没有人在旁边，仿佛有十个眼睛在看着，十双手在指着。我以为何只十目十手，有百千万亿的眼睛在看着，百千万亿的手在指着。所以，我们在没有旁人的时不特不可放逸，连举心动念都要检点，我不是拿这话来骗诸位的，是实实在在的情形，诸位可以相信，我们若能照上面所说的行去，就是律己，便可少过失了。

我们若有错处或犯了过失，对大众发露忏悔，就是自己看不到自己有什么过失，也应当常常对人家说，请你指教我，我有什么不对的地方，有什么过失，我很喜欢听人家说我的错处，我很喜欢改过迁善，请你常常指教我，要知道这是最体面的事情，做个人能够如此，才能够一天一天地高尚起来，将来才可以做大事业，才配说住持佛教，弘法利生，我们学律的本意也是如此的。

或者有人说律己，在凡夫的地位当然是需要的；若是诸佛菩萨就不必这样了。岂不知道佛菩萨也这么样的。菩萨且不说，只说佛吧！佛也律己的。看黑板上所写的增壹阿含经云："自恣时，佛对众言，我无过咎于众人乎？又不犯身口意乎？如是者三。"自恣时是结夏安居完满行自恣的时候。佛对大众说什么呢？上面已经说过了，不只说一次，如是者至三次。照这样看来，可知佛也律己，佛当如此，我们是什么人，更要律己才对，我觉得不律己的是很可悲叹，很可怜悯的。

怎样叫不律人呢？就是对己要严，对人要宽。古人有两句话："待己应于无过中求有过，待人应于有过中求无过"；这是说看自己应当吹毛求疵，虽有一点的好处，还有很多的错处。看别人□相反的，这个人虽有过失，但是他还有别的好处……贤首国师也有几句话说这道理，贤首云："菩萨常应于他有情，不见其恶，唯见其善，是故忍恶于己，推善与人，心恒清净，此为常行。"菩萨是说初发心菩萨，受过菩萨戒的，都是初发心菩萨，行善只觉得别人的好处，承认自己不好，推让好处于别人，心常清净，不只一次两次这样，常常应这样行才对的。

还有一种疑问，平常我们看别位总说他好，不说不好，若使对着很凶恶的人，一点好处也找不出来，也说他是好人，岂不是打妄语吗？贤首国师又说道："他无疑吾，犹有佛性，即是真善。"这是说这个人虽然没有一点好处，但是，他有佛性，佛性才是真善。所以说他是好人，不是打妄语，因为照这样看起来，是没有恶人的，因此，我们对什么人，不该说他的过失。

（二）慎言：平常人都喜欢多说话，口才好的人，尤其是爱说话，随便乱讲，以为并不怎么要紧，殊不知多说话有种种的过失。俗话说："病从口入，祸从口出"。是说人的病多由饮食不谨慎而来的，所以说从口入。祸害是多由说话不谨慎而来的，所以说从口出。现在，且就我自己而论，一生的过失是很多，考虑起来，以口过为最多，再说不慎言的过失。

A. 不慎言易犯绮语的过。绮语，是凡四恶中的一种，不必怎样绮语，就是平常闲谈，说无义利的话，不利己，不利他，就犯了绮语的过。

B. 不慎言容易犯小妄语。这小妄语不要看轻它，它是很要紧的。要人家信任自己，第一要不妄语。就是俗人也是这样，无论农、工、商、学，哪一界的人，若是说妄语，一生的事业就难成就。所以，菩提资粮论："虽由实语死，唯应作实语"。这是说虽然因为实语有致死的可能，但是，宁可因实语而死，不肯说妄语。此外，还有十地经，它里面说起是菩萨乃至梦中无心，不欲作诳他语，我们白天不作诳他语，梦中也不该作诳他语，他说我们若是真心用功的话，梦中是可以做得主的。

C. 不慎言容易犯恶口的过。平常人有人谤我，我也回以谤人家，写文章骂我，我也回他以文章。以为这样于自己有益，殊不知不特无益，而且，反造了恶口的业。

关于这件事，我有二十余年的经验，现在对诸位谈谈。儒家有两句话，用问答体说这事情。问：“何以息谤”？是问人家毁谤我们，应用什么方法，可以使人家止息不谤呢？答的话很简单，曰：“无辩”，就是无论人家怎么写文章毁谤，当面毁谤，只要不辩，自然可以息谤。我出家以前就以为这句很对。很可以学的。出家以后，照这样实行；所以，有人口头毁谤我，文章骂我，我一概都不管，抱定我的老主意“无辩”。结果是很好，很有效果的。因为人家谤我们，不辩，这事就销沉下去了。

就我所见的许多当代大善知识，遇着人家毁谤的时候，必定要辩，殊不知本来很小的事得（体），一辩起来，弄得大家都知道了，好比北方有一句俗语说“越描越黑”，我们写字一笔不好，再描一笔越不好，所以说“越描越黑”。息谤的方法也是不辩，因为越辩必就越糟的。若能不辩，就可以大化小，小化无，这是我二十多年的经验，地地确确是不错的。

D. 不慎言容易犯两舌的过。我还想起古人有个很有趣的也很有意思的话，古人说一个人的脑袋两边生有两个耳朵，上面有一对眉毛，两只眼睛，下来有两个鼻孔，再下来只有一张嘴，这就是叫我们少说话，若有两张嘴，可就不得了。

上面所讲的，一律己，二慎言。这两件是我个人数十年来所注意行持的，姑且把它重要的大概，跟诸位谈谈，还希望诸位努力去研讨，实行。

6月5日（农历四月廿七日），《人间觉》第2卷第11期复刊出《厦门涌莲精舍发行》。

6月7日（农历四月廿九日），在湛山寺讲律：

今天开始讲随机羯磨。在未讲之前，我先来略说我以前讲随机羯磨的经过，及今后在这儿讲的方法。

我在民国二十二年第一回讲羯磨，是在泉州大开元寺，听众有十几位，但是，讲完之后，大家都不大懂，成绩很不好。到了民国二十三年第二回在草庵讲，草庵是在泉州附近的地方，那一回讲的时候，我就想起第一次讲的成绩不好，就改良办法。我想第一回听众所以不懂的原故，或者教法不对，因为听的人没有相当的预备，所以不懂。就随机羯磨本上面分为十篇，第一第二两篇，最不好懂。而且，尤其是第一篇，更为困难。因此，第二回讲的时候，第一第二两篇特别的注意。第一回听众在听讲以前，没有预备，到了那一回，听众在听讲之前，首先把羯磨本上的文字读得很熟，这样一来，我讲到什么地方，一看就知道，不必去找，假若须要去找，那就来不及了。此外，文字的意思，也要研究，虽然不能十分懂，也不要紧，因为有研究过一遍，然后听讲比较容易得多。第二回只讲第一第二两篇，听众只有两位，成绩却都很好，都能了解。

第三回是今年春天，在厦门南普陀寺讲，听众四位，另外随喜的也有十几位，可是，成绩也不好，因为我的身体不好。第一天讲简直喘不过气来，后来勉强敷衍下去。本来预备演习，也因为我病的缘故，没有举行。

这一回到这儿来讲，算是第四回了。① 我预想成绩可以较好，为什么呢？一者倓老法师他老人家努力提倡，二者诸位都很热心学，而且程度也好，三者我自己的身体也比较以前好些，前星期讲过三次，不怎么吃力。所以，这一回复想虽然不希望大成功，总能够比较以前三回好些的。以上是说我从前讲（随）机羯磨的情形，往下就要说这一回在这儿讲的方法了。

这一回我讲的方法，只是照随机羯磨本上的文字，老老实实的讲下去，不必繁征博引，有些不得已必须补充的地方，才补充上去。除外的一概不谈。还有一句文字有几种解释的，我也只说一种，讲的语言用普通话，不说土话。讲解中间关于艰奥的名词，必定避免掉，若有不得已的地方，一同也就随时解释。此外，这回用极简单平常的话来讲，因为话说简单，听众才能够聚神来听，也才容易懂得，换句话来说，这回是用最初步最浅近的方法讲的，以上也就是讲的几个方法。

6月9日（农历五月初一日），在湛山寺讲经：

羯磨本上分为十篇，从集结缘成乃至杂住持里面，也分为三分，如同平时讲经一般的一序分，二正宗分，三流通分。集结缘成篇第一为序分诸界结解篇，第二乃至诸罪忏法篇，第九为正宗分杂住持篇，第十为流通分。这里有点疑问。

问：现在所分的序、正、流通三分，与讲经那种所分的序、正、流通，是同是异。

答：名同意异。因为经分三分，里面中间只有正宗分是佛所说的。序及流通分皆是结集的人说的。如今羯磨虽然分三分，可是，

① 关于弘一大师讲随机羯磨的次数和地点，文献记载与其此次自述略有出入。参见本年谱长编1933年谱文。

都是佛说的。

问：既然都是佛说的，又何必划分呢？

答：这也有意义的。因为第一篇总说羯磨大意作法众缘。如同讲经之前的玄义玄谈一般。所以分为序分，下面二篇乃至九篇所以分为正宗分者，因为这八篇里面，是把羯磨的事情，分开来讲，这十篇所分为流通分者，因为里面是说怎样修奉，怎样弘持，所以名为流通分了。

6月9日至7月7日间（农历五月），在青岛致李芳远函。言此间风光清胜，可以忘忧；介绍湛山寺情形；中秋后返厦门等。[1]

在青岛湛山寺作《灵严山印光真达二老像题词》。款识："丁丑夏五月，沙门一音时居齐州"。[2]

朱子桥将军至青岛，欲见之，因知其为人，乐见。谈话不多。

青岛市长沈鸿烈因朱子桥赴青岛，在湛山寺设斋宴请。被朱子桥提议邀请一同参加，不至，以偈辞之。偈曰："昨日曾将今日期，短榻危坐静思维，为僧只合居山谷，国土筵中甚不宜。"[3]

6月12日（农历五月初四日），封面题字用于《佛海灯》第2卷第8期，钤印"弘一"。该期《编后话头》："……弥勒本末因缘记，准出单行本，故不再续刊。兹将目录介绍读者，如欲附印仍可加入。现在命名称为《弥勒教史观》，拟加入谈玄法尊两法（师）所著弥勒史料，曾在请求同意中。已承弘一大师赐题封面，增光不少……"

6月15日（农历五月初七日），所题刊名用于《佛教公论》第1卷第11号封面。

6月22日（农历五月十四日），在青岛致广洽法师函。言到青岛已一月余，身体精神日益强健；介绍湛山寺中情形；在湛山寺演讲已近一月，介绍课作时间安排等。[4]

6月（农历四月廿三日至五月廿二日间），在青岛致刘质平函：

① 此信见福建人民出版社2019年12月版《弘一大师全集》（第3版，修订2版）第八册·文艺卷、杂著卷、书信卷，第416页，标"一九三七年旧五月，青岛湛山寺"。此信曾刊于1943年《学术界》第1卷第1期李芳远辑《弘一大师书牍》。

② 弘一大师：《灵严山印光真达二老像题词》，收《弘一大师全集》第八册·文艺卷、杂著卷、书信卷，福建人民出版社2019年12月第3版、修订2版，第210页。

③ 倓虚讲述：《影尘回忆录》，宗教文化出版社2003年2月版，第267页。

④ 此信福建人民出版社2019年12月版《弘一大师全集》（第3版，修订2版）第八册·文艺卷、杂著卷、书信卷第469—470页收录，标"一九三七年夏至日，青岛湛山寺"。

质平居士文席：

两奉惠书，具悉一一。承施资财，至感。此次到青岛后，如入欧美乡村，其建筑风景为国内所未见也。前有友人劝余编辑《儿童唱歌》一卷，约初小程度，略含佛教浅理，而无宗教之色彩，以备佛教信者及他教信徒用之。未知仁者有暇任此事否？《清凉歌集》出版后现象如何？仁者于下半年仍居宁波否？便乞示及。谨复，不宣。

演音启

按：此信福建人民出版社2019年12月版《弘一大师全集》（第3版，修订2版）第八册·文艺卷、杂著卷、书信卷第299页收录，标“一九三七年七月，青岛湛山寺”。文物出版社2017年10月版陈飞鹏整理《弘一法师书信全集》第419页收录，时间、地点亦如此标注。王维军著《平湖李叔同纪念馆藏李叔同（弘一大师）手札墨宝·识注考勘》考证当写于6月。相对确当。①

7月1日（农历五月廿三日），《佛学半月刊》第7卷第13号载《地藏菩萨九华垂迹图》广告，言“佛学书局精印卢世侯居士绘，弘一法师书”。

《佛教月报》第2卷第6号出刊，题字用于封面刊名，钤印“弘一”。

7月5日（农历五月廿七日），《人间觉》半月刊第2卷第12、13合刊刊出丰子恺应嘱为慧诚居士绘《南无本师释迦牟尼佛》，为题字“我同遍知海，真实德无边……”。同期复刊出《厦门涌莲精舍发行》。

7月12日（农历六月初五日），在青岛致蔡丏因函。言承施文房物件已收到；《佛学丛刊》续辑拟秋凉返厦门时编定；书联、讲稿（讲稿为《青年佛徒应注意的四项》《南闽十年之梦影》）等，约旬日后寄奉，交代书联分送办法，委托润色讲稿，可拟别刊行，以作为佛教养正院之纪念（广洽法师处存有数十元，愿以附印），并托其撰序题签等。②

7月15日（农历六月初八日），封面题字用于《佛教公论》第1卷第12号。同期刊发高文显《送别弘一法师》（附弘一大师离开厦门赴青岛时在轮船上单人留影）。又刊克定《安居随笔》，写曰：“余于安居后，

① 王维军著：《平湖李叔同纪念馆藏李叔同（弘一大师）手札墨宝·识注考勘》，西泠印社出版社2017年9月版，第233页。

② 此信福建人民出版社2019年12月版《弘一大师全集》（第3版，修订2版）第八册·文艺卷、杂著卷、书信卷第354页收录，标“一九三七年六月五日，青岛湛山寺”。

自订课程，以一半精力研求戒律，一半精神读阅弘师所辑佛学丛刊。律学，研究《行事钞资持记》。其研究方法，先钞录行事本文一段，然后阅看记文。如是，钞阅相间，精神得调剂，颇觉不吃力……”

7月16日（农历六月初九日），《佛学半月刊》第7卷第14号刊出手书蕅益大师《警心居士持〈地藏本愿经〉兼劝人序》，题“弘一法师手书”。同期载“本局广告”《地藏圣德大观》，署“弘一法师辑”，广告文曰：“辑录地藏菩萨教迹，成圣德大观一书。全书由法师亲加圈点，极便诵阅，又有卢世侯居士割指滴血绘地藏圣像一帧，凡平日仰慕法师著述又宏持地藏圣号者，当人手一编。”

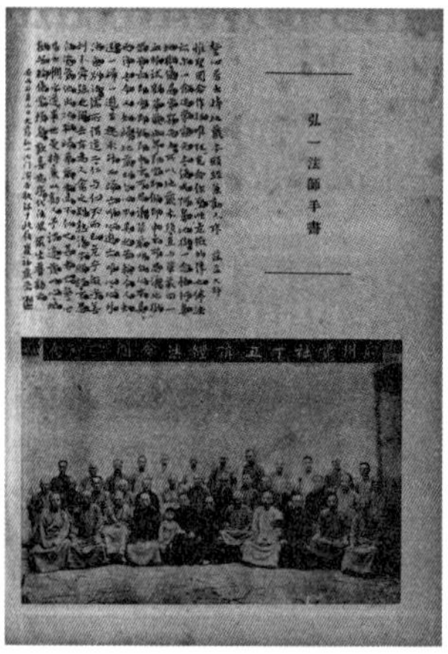

1937年7月16日，《佛学半月刊》第7卷第14号刊出弘一大师手书蕅益大师《警心居士持〈地藏本愿经〉兼劝人序》。

7月20日（农历六月十三日），在青岛致胡宅梵函。言书端字写奉；近来朽衰日甚，约中秋后返厦门掩室念佛，求早生西方等。①

7月31日（农历六月廿四日），在青岛致广洽法师函。言承抄写受戒式一册，已收到；请以前存之《佛学丛刊》一部赠抄写者；请寄成都曾孝谷《金刚经》二册；王居士嘱写之件，稍后写就寄上，并有印光法师像一幅亦赠与王居士。又写稿一卷，交高文显居士。以上共一包约半月后寄上；讲律已托人代替等。②

8月1日（农历六月廿五日），在青岛致刘质平函。言来信和教材已收到等。③

《佛学半月刊》第7卷第15号“本局出版”载胡宅梵居士著《地藏本愿经白话解释》广告（弘一大师鉴定）、《地藏圣德大观》广告，署“弘一法师选辑，卢世侯绘像”。“佛学书局出版经籍”载《地藏见闻利益品》广告，署“弘一上人书”。

8月5日至9月4日（农历七月），在青岛致广洽法师函。言前到沪时，居士林朱居士（石僧）曾约于秋凉后至沪讲经，拟辞谢不往；天津居士林严居士前到青岛约往天津，亦谢绝；以后仍居青岛，八月中秋节后如时局无大变化，有轮船开往上海者，拟往沪转至杭州小住；请代问

① 此信见福建人民出版社2019年12月版《弘一大师全集》（第3版，修订2版）第八册·文艺卷、杂著卷、书信卷，第401页，标“一九三七年六月十三日，青岛湛山寺”。

② 此信福建人民出版社2019年12月版《弘一大师全集》（第3版，修订2版）第八册·文艺卷、杂著卷、书信卷第470页收录，标“一九三七年六月廿四日，青岛湛山寺”。

③ 此信福建人民出版社2019年12月版《弘一大师全集》（第3版，修订2版）第八册·文艺卷、杂著卷、书信卷第298页收录，标“一九三七年六月廿五日，青岛湛山寺”。

候王正邦居士等。①

在青岛致蔡丏因函。言中秋节后离开青岛，即便青岛有大战争，目前尚不可离开，否则将受大讥嫌等。②

8 月 9 日（农历七月初四日），在青岛致性常法师函。言来信收到，感谢承诵经回向；近来身体精神日衰；此间气候阴寒，潮气太重；中秋后，如有轮船开行，即往上海小住，再返厦门等。③

开始编辑《南山导俗正仪》（又名《南山律在家备览》）。**按：**《〈南山导俗正仪〉题记》曰："自丁丑七月四日始编辑。癸酉发愿，讫今四载矣。"④

8 月 12 日（农历七月初七日），刊名题字"佛海灯"（钤印："弘一"）用于《佛海灯》第 2 卷第 9、10 期合刊封面。同期刊有手书广告题字"佛海灯极乐世界香"，钤印"音"。

8 月 18 日（农历七月十三日），书"殉教"横卷。款识"曩居南闽净峰，不避乡匪之难，今居东齐湛山，复值倭寇之警。为护佛门而舍生命，大义所在，何可辞耶？岁次丁丑，旧七月十三日，出家首尾二十载，沙门演音，年五十又八"；钤印"音"。

8 月 20 日（农历七月十五日），在青岛致夏丏尊函。言到青岛后曾致明信片；在青岛，预计至中秋节为止（决不能早动身）。返程之资，拟请护法会寄下八十元等。⑤

8 月 26 日（农历七月廿一日），在青岛致蔡丏因函。言青岛或可无战事，中秋后离开。如有轮船往沪则善，如无则乘火车至浦口，转沪杭。如有战事，则仍居青岛等。⑥

---

① 此信福建人民出版社 2019 年 12 月版《弘一大师全集》（第 3 版，修订 2 版）第八册・文艺卷、杂著卷、书信卷第 470 页收录，标"一九三七年旧七月，青岛湛山寺"。

② 此信福建人民出版社 2019 年 12 月版《弘一大师全集》（第 3 版，修订 2 版）第八册・文艺卷、杂著卷、书信卷第 354 页收录，标"一九三七年七月中旬，青岛湛山寺"。此信曾载 1943 年《学术界》第 1 卷第 3 期，李芳远辑，题《弘一大师书牍（续）》。

③ 此信福建人民出版社 2019 年 12 月版《弘一大师全集》（第 3 版，修订 2 版）第八册・文艺卷、杂著卷、书信卷第 478 页收录，标"一九三七年七月初四日，青岛湛山寺"。

④ 上海书画出版社 2017 年 5 月版浙江省平湖市人民政府、上海徐汇区文化局编：《弘一大师法书集・华枝春满（手稿信札卷）》，第 39 页《〈南山导俗正仪〉题记》。

⑤ 此信福建人民出版社 2019 年 12 月版《弘一大师全集》（第 3 版，修订 2 版）第八册・文艺卷、杂著卷、书信卷第 318 页收录，标"一九三七年八月二十日，青岛湛山寺"。

⑥ 此信福建人民出版社 2019 年 12 月版《弘一大师全集》（第 3 版，修订 2 版）第八册・文艺卷、杂著卷、书信卷第 354 页收录，标"一九三七年旧七月廿一日，青岛湛山寺"。

9月7日（农历八月初三日），在青岛致夏丏尊函。言青岛平安无常；书店等久已闭门，他日开门，再往商酌领款；中秋节后动身否，暂不决定。动身时，所缺路费，亦可向同居某法师借贷，请勿为虑等。①

9月12日（农历八月初八日），在青岛湛山寺致夏丏尊函。言青岛市面已渐渐恢复。曾向中华书局领款，彼云未接到上海开明书店电话，现不能领取。其他之某堂书店之款，已领到。返程时若乘火车，颇费周折，拟乘船，或直往厦门，或先到上海。若往上海，拟暂寓广东泰安栈（新北门外，马路旁，面南，其地属于法租界之边也。某银楼对面，与新北门旧址斜对门，在其西也。）即电话通知，当可晤谈等。②

今上海人民路（近外滩）北侧的兴宇大酒店即原“广东泰安栈”位置。摄于2019年2月。

9月14日（农历八月初十日），在青岛湛山寺作《扶桑国藏古袈裟图跋》，署“丁丑八月十日居齐州湛山并记。”③ **按：** 另有《扶桑国旧藏白氍氀多罗僧图跋》《扶桑国旧藏鉴真律师九条衣七条衣记》。均未署日期。④

在青岛湛山寺作《〈四分律含注戒本讲录〉题记》，署“丁丑八月十日居齐州湛山记。弘一”。⑤

致蔡丏因函。言中秋节后依前议往厦门。若无船，先至上海。可先告知夏丏尊电话号码。在沪大约住泰安栈（新北门外马路旁，在法租界之边）。抵沪后先通知夏丏尊，即可电话通知。若有船直往厦门，则不过沪等。⑥

弘一大师自青岛返回厦门路经上海时应夏丏尊等要求在照相馆留影。

9月15日（农历八月十一日）后，向倓虚法师告假，表示要回南方去，并取出纸条，写五个要求：“第一不许预备盘川钱；第二不许备斋饯行；第三不许派人送；第四不许规定或询问何时再来；第五不许走后彼此通信。”倓虚法师均答应。⑦

9月19日（农历八月十五日），在青岛致夏丏尊函。言两处之款，

---

① 此信福建人民出版社2019年12月版《弘一大师全集》（第3版，修订2版）第八册·文艺卷、杂著卷、书信卷第318页收录，标“一九三七年旧八月三日，青岛湛山寺”。此信部分内容曾刊于1943年《学术界》第1卷第1期李芳远辑《弘一大师书牍》。

② 此信福建人民出版社2019年12月版《弘一大师全集》（第3版，修订2版）第八册·文艺卷、杂著卷、书信卷第318页收录，标“一九三七年旧八月初八日，青岛湛山寺”。

③ 弘一大师：《扶桑国藏古袈裟图跋》，收《弘一大师全集》第七册·佛学卷、传记卷、序跋卷，福建人民出版社2019年12月第3版、修订2版，第615页。

④ 此二篇均收《弘一大师全集》第七册·佛学卷、传记卷、序跋卷，福建人民出版社2019年12月第3版、修订2版，第615页。

⑤ 弘一大师：《〈四分律含注戒本讲录〉题记》，收《弘一大师全集》第七册·佛学卷、传记卷、序跋卷，福建人民出版社2019年12月第3版、修订2版，第631页。

⑥ 此信福建人民出版社2019年12月版《弘一大师全集》（第3版，修订2版）第八册·文艺卷、杂著卷、书信卷第354页收录，标“一九三七年中秋前五日，青岛湛山寺”。

⑦ 倓虚讲述：《影尘回忆录》，宗教文化出版社2003年2月版，第268页。

皆已领到；数日后即乘船返厦门。故不能往上海等。[①]

致蔡丏因函。言有船往厦门，故不能过沪等。[②]

9月29日（农历八月廿五日），在青岛致性愿法师函。言尤居士信已阅，厚意甚感。但南游之事，今非其时，待时局平定后再斟酌；拟月内返闽，或住泉州或住厦门，未定；座下到菲后，法缘甚昌，如晤陈宗泮、郑广德诸位，请致问候等。[③]

10月4日至12日间（农历九月上旬），在青岛致刘质平函。言宣纸已收到等。**按：**写此后不久离开青岛。[④]

致蔡丏因函。言数日内即可返闽，住处定后再奉告等。[⑤] **按：**在青岛时曾与一位小时候的天津同学（时在青岛政府供职）在湛山寺见面。[⑥]

按一：根据时间推算，弘一大师离开青岛应在10月13日（农历九月初十日）前。离开青岛前手书《华严经净性品》一卷赠梦参法师。"在临走的前几天，他给同学每人写一幅'以戒为师'的小中堂，作为纪念。另外还有好些求他写字的，他的词句都是《华严经》集句或蕅益大师警训，大概写了也有几百份。末了又给大家讲最后一次开示，反复劝人念佛。"与倓虚法师告别时说："老法师，我这次走后，今生不能再来了。将来我们大家同到西方极乐世界再见吧！"出山门时，又对送行的四众弟子说："今天打扰诸位，很对不起，也没什么好供献的。有两句话给大家，作为临别赠言吧！"随手在口袋里掏出来一个小纸条，上写："乘此时机，最好念佛！"[⑦] **按二：**据倓虚讲述《影尘回忆录》，"有董子明居士，蓬莱人，原先跟吴佩孚当顾问。以后不作事，由天津徐蔚如居士介绍来青岛，在湛山寺当教员，学识很渊博。他和弘老很相契，常在一起谈话。那时我每天下午在湛山寺讲《法华经》，弘老来听。"董子明曾转述弘一大师对倓虚法师的印象："我初次和倓虚法师见面时，看他像一个老庄稼人一样。见面后才知他很健谈的，讲起经来很有骨

① 此信福建人民出版社2019年12月版《弘一大师全集》（第3版，修订2版）第八册·文艺卷、杂著卷、书信卷第318页收录，标"一九三七年中秋，青岛湛山寺"。

② 此信福建人民出版社2019年12月版《弘一大师全集》（第3版，修订2版）第八册·文艺卷、杂著卷、书信卷第354页收录，标"一九三七年中秋，青岛湛山寺"。

③ 此信福建人民出版社2019年12月版《弘一大师全集》（第3版，修订2版）第八册·文艺卷、杂著卷、书信卷第455页收录，标"一九三七年旧八月廿五日，青岛湛山寺"。陈宗泮、郑广德为旅菲华侨之佛教徒，性愿寺由彼等募建。

④ 此信福建人民出版社2019年12月版《弘一大师全集》（第3版，修订2版）第八册·文艺卷、杂著卷、书信卷第299页收录，标"一九三七年九月，青岛湛山寺"。

⑤ 此信福建人民出版社2019年12月版《弘一大师全集》（第3版，修订2版）第八册·文艺卷、杂著卷、书信卷第354—355页收录，标"一九三七年九月上旬，青岛湛山寺"。

⑥ 倓虚讲述：《影尘回忆录》，宗教文化出版社2003年2月版，第265页。

⑦ 倓虚讲述：《影尘回忆录》，宗教文化出版社2003年2月版，第268－269页。

格，发挥一种理时，说得很透辟!”[1] **按三**：因仍船经上海，上岸停留，与夏丏尊、章锡琛、蔡丏因等晤面。在上海新北门“广东泰安栈”留住，曾应夏丏尊等在觉林蔬食处午斋，后应要求在附近照相馆摄影纪念。[2] 据高文显《韩偓》跋曰，时高文显所著韩偓评传排校稿已毁于炮火，“丏尊居士告诉他开明总厂被毁及逃难的经过，又安慰老人说开明若得复兴，便一定再出版，请他老人家放心，于是回厦不久，即往晋江草庵，于中途折向我家中，见面时即向我十分惋惜地述说稿件已被毁，并命我有空的时候要再整理……”[3] **按四**：在湛山寺期间，留日同学潘寿桓曾来访。[4] **按五**：弘一大师自青岛返回厦门路经上海时，正是大场陷落的前几天。夏丏尊赴新北门泰安客栈看望弘一大师。面对当时的情状，弘一大师笑着对夏丏尊说：“世间一切，本来都是假的，不可认真。前回我不是替你写过一幅金刚经的四偈了吗?‘一切有为法，如梦幻泡影，如露亦如电，应作如是观。’你现在正可觉悟这真理了。”弘一大师计划在上海停留三天，然后再回厦门。第二天，夏丏尊又前往看望。弘一大师住的泰安客栈，靠近外滩，日本人的飞机就在附近狂轰滥炸。一般人住在里面，似乎每隔几分钟就要受惊一次。但弘一大师镇定自若，只是微动着嘴唇端坐念佛。此等风光，夏丏尊简直是佩服得五体投地。这天中午，夏丏尊与几位朋友请弘一大师在附近的觉林蔬食处午斋，后应要求在附近照相馆摄影纪念。第二年春天，夏丏尊把这照片寄给丰子恺一张，附信则言：“弘一师过沪时，曾留一影，检寄一张，藉资供养（师最近通讯处：泉州承天寺）斯影摄于大场陷落前后，当时上海四郊空爆最亟，师面上犹留笑影，然须发已较前白矣。”[5] 1939年冬，夏丏尊复在此照片上有题字：“弘一法师肖像。二十六年深秋师由青岛返闽过沪为留此影。时正锋火连天，大场犹未陷也。二十八年冬，丏尊记于沪上。”1941年春，夏丏尊再一次题此照：“二十六年深秋，老人于烽火中由青岛返闽，道经上海，为留影，以寄系念。三十年春日，广洽法师来访，共话老人消息，因检一纸赠之。丏尊记。”据夏丏尊在《怀晚晴老人》一文中记述，弘一大师这次在上海的暂住处，一面靠近当时的新北门的民国路（今为人民路），一面靠近外滩。目前上海的人民路西接中华路，东近东门路，从地图上看呈半圆形，而夏丏尊所描述的一面靠近新北门的民国路，一面靠近外滩，当指今人民路与新开河路对接处的人民路一段，即今人民路与丽水路口新北门附近。如今在此处，符合夏丏

① 倓虚讲述：《影尘回忆录》，宗教文化出版社2003年2月版，第265页。
② 夏丏尊：《怀晚晴老人》，收《弘一大师永怀录》，大法轮书局1943年流通版，第72—75页。
③ 高文显：《韩偓》跋，收《韩偓》，（台北）新文丰出版公司1984年10月版，第143页。
④ 潘寿桓，生于1885年，安徽桐城人，1910年9月入东京美术学校西洋画科，1915年3月毕业。时潘寿桓正供职于青岛。
⑤ 夏丏尊：《怀晚晴老人》，收《弘一大师永怀录》，大法轮书局1943年流通版，第72—75页。

尊所述的位置，人民路南侧为旧建筑，即人民路361号（再往南方向就是安仁街）；人民路北侧为兴宇大酒店（实际上在永安路上，但酒店门牌仍标人民路386号）。“广东泰安栈”应在人民路北侧。[①] 从今永安街往北行约200米，是金陵东路8号，再往西行至248号（原250号，此位于金陵东路和福建南路交叉口，在金陵东路北侧），数年前为觉林素食馆，关闭后为德国钢琴专卖店，如今亦关闭。虽然关闭前的觉林素食馆未必就是当年夏丏尊等请弘一大师食素餐的觉林素食处，但地理位置和餐馆名称的接近，亦值得玩味。

10月16日（农历九月十三日），早晨抵厦门。**按一：**根据上海至厦门的航程，弘一大师离开上海当在10月14日（农历九月十一日）左右。抵厦门后居万石岩。**附记：**有记载后因万石岩要进行修缮，曾移居中岩，曾为学僧讲《受十三戒法》。参见张一德著《弘一大师在厦门》，西泠印社出版社2018年4月版，第410页。供参考。

10月16日至11月2日间（农历九月十三日至三十日间），在厦门致广洽法师函。言前到沪时晤费范九居士，赞仁者书法精妙。介绍习书法方法等。[②]

10月18日（农历九月十五日）在厦门致夏丏尊函。言在沪欢晤为慰；前晨安抵厦门；以后来信寄妙释寺转交万石岩弘一收；代问候锡琛居士；另邮奉《金刚经》一册，敦促经常读诵，以消除烦恼等。[③]

致刘质平函。言前晨安抵厦门；广洽法师将往新加坡等。[④]

致蔡丏因函。言在沪欢晤甚慰；前晨抵厦门；代问候友绥居士等。[⑤]

10月22日（农历九月十九日），在厦门致广洽法师函。言丰子恺旧刻佛像二面，印一方奉赠等。[⑥]

---

① 弘一大师在1937年9月12日（农历八月初八日）致夏丏尊的函中对“广东泰安栈”的地点说得很详细：“新北门外，马路旁，面南，其地属于法租界之边也。某银楼对面，与新北门旧址斜对门，在其西也。”

② 此信福建人民出版社2019年12月版《弘一大师全集》（第3版，修订2版）第八册·文艺卷、杂著卷、书信卷第470页收录，标“一九三七年旧九月，厦门万石岩”。

③ 此信福建人民出版社2019年12月版《弘一大师全集》（第3版，修订2版）第八册·文艺卷、杂著卷、书信卷第318页收录，标“一九三七年十月十八日，厦门万石岩”。

④ 此信福建人民出版社2019年12月版《弘一大师全集》（第3版，修订2版）第八册·文艺卷、杂著卷、书信卷第299页收录，标“一九三七年十月十八日，厦门万石岩”。

⑤ 此信福建人民出版社2019年12月版《弘一大师全集》（第3版，修订2版）第八册·文艺卷、杂著卷、书信卷第355页收录，标“一九三七年十月十八日，厦门万石岩”。

⑥ 此信福建人民出版社2019年12月版《弘一大师全集》（第3版，修订2版）第八册·文艺卷、杂著卷、书信卷第470页收录，标“一九三七年旧九月十九日，厦门万石岩”。

11 月 4 日（农历十月初二日），在厦门致性愿法师函。言前在青岛曾复函托广空法师转呈；半月前已返厦门，居万石岩；承慈念，令后学居永春，待闽南时局平靖后酌定；智普法师坚守南普通陀寺等。[①]

附记：文物出版社 2017 年 10 月版陈飞鹏整理《弘一法师书信全集》第 428 页收录致林奉若函，时间标 1937 年“旧十月十四日”（即公历 11 月 16 日），地点标“厦门万石岩寺”。信曰：

奉若居士：

前函想达。近因万石岩尚有未了之事，恐十五左右尚不能动身。仁者如有暇，乞莅厦晤谈。书件寄上一包，五件，交与芳远居士，小幅数纸乞随意赠人。费神至感。不宣。

十月十四日　弘一

此信福建人民出版社 2019 年 12 月版《弘一大师全集》（第 3 版，修订 2 版）第八册·文艺卷、杂著卷、书信卷未收录。《弘一法师书信全集》收录时有“案”，言见于保利厦门 2015 年秋季拍卖会。因以往无著录，附记于此，供参考。[②] 又，《弘一法师书信全集》第 434 页复收录致林奉若一函，时间标 1937 年“月份日期待考”，地点标“泉州”。该信为 2016 年厦门保利春拍拍件。其信内容与弘一大师 1937 年前后的行踪不符。因 1931 年 2 月弘一大师先后致夏丏尊、性愿法师等函，均说到“明正元宵后”赴宁波，来函寄宁波百官横塘镇寿春堂药店转法界寺转交。而 1931 年时弘一大师未必与林奉若有联系。故此信的真实性值得怀疑，且录存如下，亦供参考：

奉若居士慈鉴：

前复一函，想已收到，近又自泉州挂号寄上拙书一包，写件数纸，小幅对联五对，附挂号寄上，乞收入。朽人拟于明正元宵后即动身往宁波。以后惠教乞寄宁波横塘庙镇寿春堂药店转交法界寺弘一收，为感。

演音

秋冬，在厦门致蔡丏因函：

---

① 此信福建人民出版社 2019 年 12 月版《弘一大师全集》（第 3 版，修订 2 版）第八册·文艺卷、杂著卷、书信卷第 455 页收录，标“一九三七年旧十月初二日，厦门万石岩”。智普法师，福建惠安人，为南普陀寺僧，任副寺多年。

② 林奉若（1878—1943），又名思诞，字亮泽，福建永春人，清末岁贡生，中国天文学会会员，晚年隐居永春普济顶寺，后弘一大师抵普济寺后，其让出自建之精舍奉弘一大师居住。

丏因居士文席：

是间近无变化，稍迟或往乡间，届时再以奉闻也。兹有恳者，今夏朽人曾以所藏《行愿品》梵文写本，托佛学书局影印流布。于沪变前，由广洽法师先后汇上二百元为附印之资（托高观如转交）。朽人在青岛时，曾得高居士（已返北平）书，谓不久即可出版云云。迄今尚无消息，颇为悬念。一月余前，致函（挂号寄去）佛学书局（局址在愚園路一五四号胶州路附近）沈彬翰居士询问此事，谓前汇款二百元可以留存书局，惟此书原稿甚为珍贵，请其寄还。至今已一月余，无有复音。乞仁者为致电话，询沈居士。倘书局已歇业，原稿遗失，则可作罢论；倘原稿仍在者，乞彼送至仁者处，乞仁者暂为收藏（勿寄厦门）。费神至感。

演音启

按：此信福建人民出版 2019 年 12 月版《弘一大师全集》（第 3 版，修订 2 版）第八册・文艺卷、杂著卷、书信卷第 356 页收录，标“一九三八年旧四月，漳州南山寺”。文物出版社 2017 年 10 月版陈飞鹏整理《弘一法师书信全集》第 451 页收录，时间标 1938 年“旧四月”，地点标“漳州南山寺”。均误。此信中说“今夏朽人曾以所藏《行愿品》梵文写本，托佛学书局影印流布。于沪变前，由广洽法师先后汇上二百元为附印之资”等。“沪变”指 1937 年“八一三”事变。此说明此事发生在 1937 年，而“今夏”则必然指该年。故此函因写于 1937 年。至于月份、日期，当系自青岛返回厦门之后，标“秋冬”较为合适。

冬，在厦门致李芳远函。感谢施梅花、食品等；近颇闲适，倘逢假日，请渡海一游，以便授写字之法等。[①]

书《华严》偈“不为自己求安乐，但愿众生得离苦。如是发起大悲心，疾得入于无碍地。”款识“《华严》偈，立人居士供养。丁丑岁寒，亡言”；钤印“广心”、佛肖印。[②]

11 月 7 日（农历十月初五日），叶圣陶在《星洲日报》发表《弘一法师的书法》，言：“毫无衿才使气，功夫在笔墨之外。”

11 月 17 日（农历十月十五日），在厦门联名致性常法师、高文显

① 此信福建人民出版社 2019 年 12 月版《弘一大师全集》（第 3 版，修订 2 版）第八册・文艺卷、杂著卷、书信卷第 416 页收录，标“一九三七年冬，厦门万石岩”。

② 浙江省平湖市人民政府、上海徐汇区文化局编：《弘一大师法书集・天心月圆（作品卷）》，上海书画出版社 2017 年 5 月版，第 86 页。泉州开元寺藏。

函。言近日厦门甚危险，但仍不他往。因出家以来，素抱舍身殉教之愿，应居厦门，为寺院护法，共其存亡；明年正二月，倘时事安靖，或他往，今年大约在厦门过冬；现居万石岩，诸事无虑；为说《梵网》之理；问高居士现在何处等。①

12月3日（农历十一月初一日），在厦门联名致夏丏尊、蔡丏因函。言近日厦门情形，二位当知之。他方劝迁居避难，皆已辞谢。决定为厦门诸寺院护法，共其存亡。待厦门平靖，乃能他往等。②

致刘光华函。言尊父克定上人已于前日因病谢世；介绍克定法师生平、生病及生西过程；厦门近况，见报可知，不移居，愿为厦门诸寺院护法，共其存亡；敦促写克定法师生平事迹寄下，愿为作传等。③

12月3日至次年1月1日（农历十一月），马一浮避寇桐庐北郊，刘质平出其保藏之弘一法师手书《华严集联三百》册真迹请题，允为长跋，并用行书为上、中、下三册题签曰"弘一大师手书华严集联"。又，刘质平出其平生积集弘一法师小件墨宝之精装册三本请题，马一浮用隶书为之题签曰"音公杂宝"。

在厦门致刘质平函。言他方有劝迁居避难者，皆已辞谢，在厦门为诸寺院护法，共其存亡。待厦门平靖后，方可他往等。④

书赠旧师赵幼梅华严经集联"悉灭众生烦恼暗，恒涂净戒真实香"。款识"旧师幼梅居士供养。沙门一音，岁丁丑十一月"；钤印佛肖印、"弘一"。⑤

12月19日（农历十一月十七日），在厦门致性常法师函。言承会老

① 此信福建人民出版社2019年12月版《弘一大师全集》（第3版，修订2版）第八册・文艺卷、杂著卷、书信卷第479页收录，标"一九三七年旧十月十五日，厦门万石岩"。文物出版社2017年10月版陈飞鹏整理《弘一法师书信全集》第428—429页收录，受信人中的"胜进"录为"胜进法师"，而非《弘一大师全集》中的"胜进居士"。未有说明。此信亦曾刊于1943年《学术界》第1卷第5期李芳远辑《弘一大师书牍（续完）》。

② 此信福建人民出版社2019年12月版《弘一大师全集》（第3版，修订2版）第八册・文艺卷、杂著卷、书信卷第319页收录，标"一九三七年十一月一日，厦门万石岩"。文物出版社2017年10月版陈飞鹏整理《弘一法师书信全集》第425页收录，时间定为公历11月1日（农历九月廿九日）。

③ 此信福建人民出版社2019年12月版《弘一大师全集》（第3版，修订2版）第八册・文艺卷、杂著卷、书信卷第423页收录，标"一九三七年十一月一日，厦门万石岩"。文物出版社2017年10月版陈飞鹏整理《弘一法师书信全集》第425页收录，时间误注为"十一月十一日"。

④ 此信福建人民出版社2019年12月版《弘一大师全集》（第3版，修订2版）第八册・文艺卷、杂著卷、书信卷第299页收录，标"一九三七年十一月，厦门万石岩"。

⑤ 龚绥：《尊师笃学——李叔同在天津的师承》，载2002年10月天津市李叔同—弘一大师研究会编《李叔同研究——天津市纪念弘一大师圆寂六十周年学术研讨会专辑》。

法师挽留，令久居万石岩。故一时尚不能到泉州；亦请转告高文显居士等。[①] **按：**弘一大师另有一函致性常法师：

性常法师：

两奉惠书，至用感谢。厦门现已平定，可以无虑。朽人稍迟，或可来泉州，与仁者晤谈。前朽人曾与厦门人士约定，俟战事平靖之后，乃可离厦门也。谨复，不宣。

演音启

此信福建人民出版社2019年12月版《弘一大师全集》(第3版，修订2版)第八册·文艺卷、杂著卷、书信卷第479页收录，标“一九三七年十一月下旬，厦门南普陀寺”。文物出版社2017年10月版陈飞鹏整理《弘一法师书信全集》第431页收录，时间、地点标注与前者一致。地址疑误，此时弘一大师当居于万石岩。

12月23日(农历十一月廿一日)，在厦门致李芳远函。言已于九月廿七日归厦门；近日厦门风声紧，但为护法故，不避炮弹，誓与厦门共存亡，晚节为最要等。[②] **按：**弘一大师自上海抵厦门的时间是农历九月十三日。此信言“九月廿七日归厦门”或为误记。

12月24日(农历十一月廿二日)，在厦门致性愿法师函。言永春未有消息，料因缘未熟；草庵广空、广谦二老人劝至彼处过年，明春在移居彼等所兼管之某寺；永春之行，恐须延缓等。信有附言：“……写此信后，仅十五分钟，即有永春所托之善兴师到万石岩，接洽往永之事。可谓奇巧。但往草庵之事先已决定，未可变动。且俟将来有便，再来永春可耳。附白。”[③]

附记：文物出版社2017年版陈飞鹏整理《弘一法师书信全集》第430页收录一致性愿法师函，时间标“旧十一月二十四日”，地点标“厦门万寿岩寺”。农历十一月廿四日为公历12月26日。信曰：

① 此信福建人民出版社2019年12月版《弘一大师全集》(第3版，修订2版)第八册·文艺卷、杂著卷、书信卷第479页收录，标“一九三七年十一月十七日，厦门万石岩”。会老法师指会泉老法师，时为厦门万石岩住持。

② 此信福建人民出版社2019年12月版《弘一大师全集》(第3版，修订2版)第八册·文艺卷、杂著卷、书信卷第416页收录，标“一九三七年十二月二十三日，厦门万石岩”。此信曾刊于1943年《学术界》第1卷第1期李芳远辑《弘一大师书牍》。

③ 此信福建人民出版社2019年12月版《弘一大师全集》(第3版，修订2版)第八册·文艺卷、杂著卷、书信卷第455—456页收录，标“一九三七年旧十一月二十二日，厦门万石岩”。文物出版社2017年版陈飞鹏整理《弘一法师书信全集》第430页收录，时间误标“旧十一月二十日(新历11月22日)”，地点误标“厦门万寿岩寺”。

惠函，敬悉，诸承费神，感谢无尽，谨复，顺颂

慈安

末学演音稽首　旧十一月廿四日

此信福建人民出版社2019年12月版《弘一大师全集》(第3版，修订2版)第八册·文艺卷、杂著卷、书信卷未收。《弘一法师书信全集》收录时未作说明。附记于此，供参考。

是年，《莫干山莲社特刊》刊出书法“有禅有净土，犹如带角虎……”署名“沙门月臂书”。

《护生画集》由道德书局印行。

马一浮为其所书《华严集联墨迹》作跋。①

书七言联“供养一切诸佛海，得成无上照世灯”。款识“大周译《大方广佛华严经》偈颂集句。岁次丁丑，尊胜院月臂”；钤印“演音”、佛肖印。

书“二一老人”赠胜进居士。款识“一事无成人渐老（古词句），一钱不值何消说（吴梅村词句）。丁丑写奉胜进居士”；钤印“音”。②

书五言联“大慈念一切，慧光照十方”。款识“岁次丁丑，为荫棠居士写华严经偈颂集句。沙门一音，南山律苑。时年五十有八”；钤印“吉目”、佛肖印。③

书“五戒相”。款识“胜进居士供养。丁丑沙门一音敬书”；钤印“月”。

在厦门致蔡丏因函。言承寄玉楮收到。④

在厦门致蔡丏因函。言朱色颜料收到；请杨居士详读《肇论略注》等。⑤

在厦门致蔡丏因函。言来信及佛经、衣物收到。⑥

书“极乐世界，阿弥陀佛”；款识“觉林居士供养。丁丑，沙门普音书”；钤印“演音”。⑦

---

① 《马一浮集》第2卷，浙江古籍出版社1996年12月版，第82页。

② 释慧观撰述:《弘一大师持戒念佛之典范》，(台北)弘一大师纪念学会2012年12月印行，第230页。

③ 上海市书法家协会编:《海派代表书法家系列作品集·弘一》(该卷主编刘一闻，副主编沈爱良)，上海书画出版社2006年12月版，第178页。

④ 此信福建人民出版社2019年12月版《弘一大师全集》(第3版，修订2版)第八册·文艺卷、杂著卷、书信卷第355页收录，标“一九三七年，厦门”。

⑤ 此信福建人民出版社2019年12月版《弘一大师全集》(第3版，修订2版)第八册·文艺卷、杂著卷、书信卷第355页收录，标“一九三七年，厦门”。

⑥ 此信福建人民出版社2019年12月版《弘一大师全集》(第3版，修订2版)第八册·文艺卷、杂著卷、书信卷第355页收录，标“一九三七年，厦门”。

⑦ 浙江省平湖市人民政府、上海徐汇区文化局编:《弘一大师法书集·天心月圆（作品卷）》，上海书画出版社2017年5月版，第85页。泉州开元寺藏。

社会评介择要

编者：《编者的话》，载1937年1月1日《人海灯》第4卷第1期。同期续登《厦门涌莲精舍（监选名香特制佛珠）名香出售》。

姜丹书：《弘一律师小传》，附刊《弘一律师像》，载1937年1月4日《正信周刊》第9卷第25、26期合刊。

陈寥士：《弘一法师在修复唐诗人韩偓墓乂发愿写约师经为之祈福赋赠》，载1937年1月5日《逸经》第21期。

姜丹书：《弘一律师小传》，载1937年1月19日、20日、21日、22日《佛教日报》。

"藏斋存印"赵元礼附识，载1937年1月29日《语美画刊》第20期。

郁达夫：《丁丑春日偕广洽法师等访高僧弘一于日光岩下蒙赠以佛法导论诸书归福州后续成长句却寄》，载1937年1月30日《越风》第2卷第1期。

经亨颐：《杭州回忆》，载1937年1月30日《越风》第2卷第1期。

姜丹书：《浙江第一师范回忆录》，载1937年1月30日《越风》第2卷第1期。

隆耀：《也是佛教文学》，载1937年2月1日《人海灯》第4卷第2期。

胜进：《我也来谈谈弘一法师》，载1937年2月《越风》第2卷第2期。

慧云：《烟水庵随笔》，佛教界消息：《弘一法师将领导演习沙弥受戒仪式，说戒，自恣，及结夏安居》《厦门南普陀寺创设每月念佛会》和《编辑后记》，载1937年3月15日《佛教公论》第1卷第8期。

众异：《弘一法师在闽修复唐诗人韩偓墓作诗寄之》，载1937年3月15日《国闻周报》第14卷第10期。

微妙：《李叔同发见冬郎墓——行脚闽中无意中访得之》载1937年4月12日《晶报》。

陈寥士：《弘一法师题序〈韩偓评传〉因缘记》，载1937年4月14日《佛教日报》。

《画家丰子恺定期游闽参弘一法师——重绘〈护生画集〉之先声》，载1937年4月30日《佛教日报》。

半张《茶花女》剧照，载1937年5月《光明》2卷12期。

《尤惜阴老居士在南洋新嘉坡出家》《名画家丰子恺先生将来厦参谒弘一法师》和《编辑后记》，载1937年4月30日《佛教公论》第1卷第

9号（“大藏经特大号”）。

世界佛教居士林送出书籍：《护生画集》（送220本），载1937年4月《世界佛教居士林林刊》第43期。

《尤惜阴老居士在新嘉坡出家》，载1937年5月16日《佛学半月刊》第7卷第10号。

《厦门市运动大会筹委会函请弘一法师编制大会歌》，载1937年5月28日《佛教公论》第1卷第10期“佛教界消息”栏目。

《弘一法师过沪》（消息），载1937年6月1日，《佛学半月刊》第7卷第11号。

作人：《李叔同和尚生平》，载1937年6月13日《西京日报》。

高文显：《送别弘一法师》（配弘一大师离开厦门赴青岛时在轮船上单人留影），载1937年7月15日《佛教公论》第1卷第12号。

克定：《安居随笔》，载1937年7月15日《佛教公论》第1卷第12号。

叶圣陶：《弘一法师的书法》，载1937年11月7日《星洲日报》。

1938 年　戊寅　59 岁

社会文化事略

1 月，国民政府发表宣言，声明维护中国领土完整，不承认一切伪组织；3 月 27 日，中华全国文艺界抗敌协会在汉口成立；5 月 4 日，《抗战文艺》创刊；6 月 6 日，国民政府在郑州花园口决黄河堤，试图阻止日军进攻，损失惨重；9 月 29 日，英法德意四国首脑签订《慕尼黑协定》；本年，汤用彤著《汉魏两晋南北朝佛教史》出版。

生平事迹

1 月 5 日（农历丁丑十二月初四日），在厦门致李芳远函：

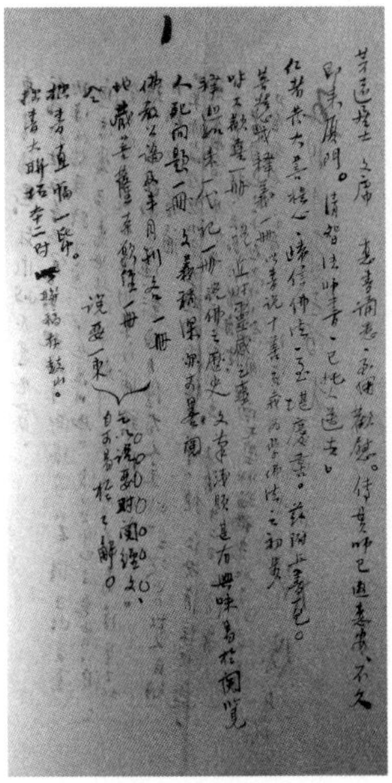

弘一大师于 1938 年 1 月 5 日在厦门致李芳远函。

芳远居士文席：

惠书诵悉，至用欢慰。传贯师已返惠安，不久即来厦门。清智法师书，已托人送去。

仁者发大菩提心，归信佛法，至堪庆喜。兹附上书一包：

《菩提心戒释义》一册，此书说十善之义，为学佛法之初步；

《皆大欢喜》一册，说近时灵感之事；

《释迦如来一代记》一册，说佛之历史，文笔浅显甚有兴味，易于阅览；

《人死问题》一册，文义稍深，亦可略阅；

《佛教公论》及《半月刊》各一册；

《地藏菩萨本愿经》一册
仝，　　《说要》一束　} 乞以《说要》对阅经文自可易于了解。

拙书直幅一纸。

拙书大联拓本二对，此联稿存鼓山。

朽人不久或往泉州乡间，亦未可知。临时再奉告也。

仁者暇时，乞往普照寺一游。在彼居者，皆余之友人。前月彼等曾约朽人往寺居住，因泉州之约已定，故未能往也。附写介绍笺一纸，乞收入。谨复，不宣。

演音启　旧十二月四日

按：福建人民出版社 2019 年 12 月版《弘一大师全集》（第 3 版，修订 2 版）第八册・文艺卷、杂著卷、书信卷第 416 页收录此信，标“一九三七年旧十二月四日，厦门万石岩”。收录时三处有误，一：“拙书直幅一纸”误录为“拙书直幅二纸”；二：“拙书大联拓本二对”误录为“拙书大联拓本一对”；三：“此联稿存鼓山”误录为“此联存鼓山”。文物出版社 2017 年 10 月版陈飞鹏整理《弘一法师书信全集》第 431 页收录此信，收录时三处有误，一：“兹附上书一包”误录为“兹附挂号寄上书一包”；二：“仝”误录为“又”；三：“此联稿存鼓山”误录为“此联存鼓山”。另《弘一大师全集》落款为“演音启　旧十二月四日”，而《弘一法师书信全集》落款为“演音启　旧十二月初四”。此信图版之一部分见林可同编《弘一书法墨迹》，中国美术学院出版社 2004 年 4 月版，第 79 页。

联名致妙慧法师、李芳远函。介绍李芳远奉访妙慧法师。①

1 月 19 日（农历丁丑十二月十八日），赴晋江草庵度岁，傍晚抵达。

1 月 21 日（农历丁丑十二月二十日），在晋江致性愿法师函。言已于前夕至草庵；传贯法师赴厦门时，途中遇盗，手腕受枪伤，今居厦门治疗等。②

致李芳远函。言前夕到草庵；传贯法师仍居厦门养伤，约年底返草庵；将来有便可至草庵小住数日（路图附绘）等。③

1 月 28 日（农历丁丑十二月廿七日），在晋江致蔡丏因函。言前存银仍请收贮（因仅限于印书用），他日如印他种书稿时，可支付；数日前移居草庵，元旦（指春节）始在此讲《行愿品》等。④

致李芳远函。言传贯法师已返草庵同住，其伤已渐愈；盼至草庵小住等。⑤

致刘光华函：

① 此信福建人民出版社 2019 年 12 月版《弘一大师全集》（第 3 版，修订 2 版）第八册・文艺卷、杂著卷、书信卷第 490 页收录，标“一九三七年旧十二月四日，厦门万石岩”。妙慧法师，俗姓陈，名紫，福建永春人，时为永春普济寺监院。

② 此信福建人民出版社 2019 年 12 月版《弘一大师全集》（第 3 版，修订 2 版）第八册・文艺卷、杂著卷、书信卷第 456 页收录，标“一九三七年旧十二月二十日，晋江草庵”。1937 年农历十二月二十日为公历 1938 年 1 月 21 日，故将此函置于本年。

③ 此信福建人民出版社 2019 年 12 月版《弘一大师全集》（第 3 版，修订 2 版）第八册・文艺卷、杂著卷、书信卷第 416 页收录，标“一九三七年旧十二月二十日，晋江草庵”。

④ 此信福建人民出版社 2019 年 12 月版《弘一大师全集》（第 3 版，修订 2 版）第八册・文艺卷、杂著卷、书信卷第 355 页收录，标“一九三七年除夕前二日，晋江草庵”。1937 年农历十二月廿七日为公历 1938 年 1 月 28 日，故将此函置于本年。

⑤ 此信福建人民出版社 2019 年 12 月版《弘一大师全集》（第 3 版，修订 2 版）第八册・文艺卷、杂著卷、书信卷第 433 页收录，标“一九三七年除夕前二日，晋江草庵”。

惠书，诵悉。朽人近已移居乡间。尊翁骨灰，如必欲迎请，俟时局安靖后，再筹郑重之办法。若邮寄，甚为未妥，且不恭敬也。谨复，不宣。通讯处，仍如旧。

除夕前二日　弘一上

按：此信福建人民出版社2019年12月版《弘一大师全集》（第3版，修订2版）第八册・文艺卷、杂著卷、书信卷第423页收录，标“一九四一年除夕前二日，晋江福林寺”。文物出版社2017年10月版陈飞鹏整理《弘一法师书信全集》第434页收录，时间标1937年“旧十二月二十七日”，地点标“晋江草庵”，并有“案”，以克定法师圆寂时间（1937年）回应其子刘光华的要求，此信写于1938年1月28日（农历丁丑十二月廿七日，时居草庵）合情理。

弘一大师书“重兴草庵碑”拓片。见晋江市文化和旅游局等主办：“最后之胜利——纪念弘一大师诞辰140周年暨手书墨宝、拓片展览”，2020年11月25日至12月24日，晋江市博物馆。

1月31日至3月1日间（农历正月），撰并书《重兴草庵碑》。款识“惠安瑞集岩大华严寺，沙门演音撰并书。于时二十七年岁次析木”。[①]

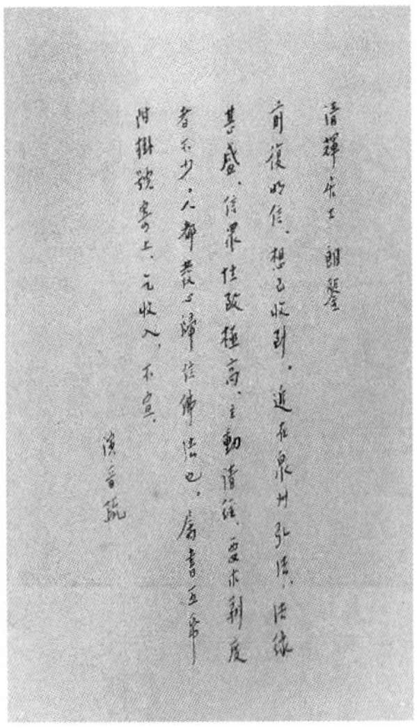

厦门2016联合拍卖会上的弘一大师致刘清辉函。

1月31日（农历正月初一日），在晋江草庵开讲《华言普贤行愿品》。[②]

1月（农历丁丑十一月三十日至戊寅正月初一日），北京佛学书局编印《佛学图书目录》，“华严部”有该局影印《华严十地品离垢章》，署“弘一书”。“阿含部”有该局影印《无常（略教诫增믕阿含离阿含）本事经》，署“弘一书”。“方等部”有该局影印《地藏经见闻利益品》，署“弘一书”。“法华涅槃部”有该局影印《金刚三昧经》，署“弘一书”。“净土部”有上海影印《阿弥陀解（附三皈依解）》，署“弘一书”。有该局铅印《人生之最后》，署“弘一辑”。“小乘律部”有上海石印《四分律比丘戒相表记》，署“弘一书”。“丛书部”有该局铅印《护生画集》，署“弘一书，丰子恺画”。“导俗部”有该局铅印《地藏菩萨圣德大观》，署“弘一编”。“梵帙部”有该局影印《普贤行愿品偈》《华严经初回向章》《华严净行品偈》《大乘戒经》《梵网经心地品菩萨戒》，均署“弘一书”。“外国文部”有《护生画集》（华英对照）。“佛像部”有该局彩印《地藏九华垂迹图》，署“卢世侯绘，弘一书”。有该局影印《华严经净行品短屏》《华严经集联三百首》《地藏地神护法品横披》《地藏嘱累人天品横披》，均署“弘一书”。

① 许著华编著：《安平碑拓录》，香港风雅图书出版有限公司2010年12月版，第145—147页。

② 弘一大师：《泉州弘法记》，收《弘一大师全集》第八册・文艺卷、杂著卷、书信卷，福建人民出版社2019年12月第3版、修订2版，第203—204页。

2月3日（农历正月初四日），在晋江致胡宅梵函。言现居草庵，约数月后返开元寺；尤化三为尤惜阴居士之子等。①

附记：文物出版社2017年10月版陈飞鹏整理《弘一法师书信全集》第441页收录致刘清辉函。辑自厦门2016联合拍卖会。整理者考证写于该年春。以往无著录。因系拍卖件，录存如下，供研究参考：

刘清辉居士朗鉴：

前复明信，想已收到。近在泉州弘法，法缘甚盛，信众兴致极高，主动请经，要求剃度者不少。人都发心归信佛法也。嘱书五纸，附挂号寄上，乞收入。不宣。

演音疏

2月8日（农历正月初九日），在晋江以“弘一、传贯”名义致李芳远函。言拟于农历二十日左右同往泉州，住承天寺。二月初一起在承天寺讲经数日；仁者到泉州时，请至承天寺晤谈等。②

2月9日（农历正月初十日），在晋江草庵讲《华言普贤行愿品》毕。

在晋江致李芳远函。言于二十日左右往泉州承天寺，二月初一起讲经数日。以后尚须往洪濑街小雪峰寺等。③

致性愿法师函。言往永春之期尚未定；前托觉彻法师寄奉书联屏等共二次，又有安溪茶数盒等。④

2月9日至18日间（正月中旬），在晋江致善契法师函。言克定法师骨灰存紫云岩，在与静通法师晤面时，请告：“此骨灰请妥为收藏。因克定师之子，将来欲领取此骨灰，返里埋葬也。”又言稍迟如上海佛学书局寄书若干包，请检一包托人便中带至泉州开元寺性常法师转交。明春或往泉州等。⑤

① 此信福建人民出版社2019年12月版《弘一大师全集》（第3版，修订2版）第八册·文艺卷、杂著卷、书信卷第401页收录，标“一九三八年正月初四日，晋江草庵”。

② 此信福建人民出版社2019年12月版《弘一大师全集》（第3版，修订2版）第八册·文艺卷、杂著卷、书信卷第417页收录，标“一九三八年正月初九日，晋江草庵”。

③ 此信福建人民出版社2019年12月版《弘一大师全集》（第3版，修订2版）第八册·文艺卷、杂著卷、书信卷第417页收录，标“一九三八年正月初十日，晋江草庵”。

④ 此信福建人民出版社2019年12月版《弘一大师全集》（第3版，修订2版）第八册·文艺卷、杂著卷、书信卷第456页收录，标“一九三八年正月初十日，晋江草庵”。

⑤ 此信福建人民出版社2019年12月版《弘一大师全集》（第3版，修订2版）第八册·文艺卷、杂著卷、书信卷第473页收录，标“一九三八年一月中旬，晋江草庵”。

2月18日（农历正月十九日），在晋江致蔡丏因函。言拟明日起在此掩室数月静养；嘱题“塔经”，待有兴致时写奉；近有讲稿一篇，拟列于前二篇后，题为《养正院亲闻记》，若能于农历已卯明年付印为宜；明年世寿六十，诸友人共印此书，可藉纪念；前寄之印资数十元，为养正院师生等所施，请将姓名载于卷末（附名单）；奉化丁居士亦愿施资，附写介绍笺，将来可致函通知；印刷格式，如去秋晤面时所谈；以后来信请交夏丏尊便中附寄。因掩关期间仅收夏丏尊之函等。①

2月19日（农历正月廿日），自晋江抵泉州，住承天寺月台别院。②

2月19日至28日间（正月下旬），在泉州致李芳远函：

惠书，诵悉，至为欢忭。自旧二月初一起，在此讲经。大约十天讲毕。仁者能于讲期内，到泉州，听经，甚善。谨复。

泉州承天寺内弘一上

按：此信福建人民出版社2019年12月版《弘一大师全集》（第3版，修订2版）第八册・文艺卷、杂著卷、书信卷第417页收录，标“一九三八年旧二月，泉州承天寺”。文物出版社2017年10月版陈飞鹏整理《弘一法师书信全集》第439页收录，时间标1938年“旧正月下旬”，并根据信中“自旧二月初一起，在此讲经”句判断为正月下旬。确当。

2月23日（农历正月廿四日），在泉州致蔡丏因函。言农历元旦起在草庵讲《行愿品》。近至泉州，于农历二月一日起仍讲《行愿品》，并预定以后再于某处讲《华严》大意；《佛学丛刊》请先寄五部至泉州，另一部寄天津李绍莲居士等。③

2月25日（农历正月廿六日），在开元寺讲《念佛能免灾难》。④

---

① 此信福建人民出版社2019年12月版《弘一大师全集》（第3版，修订2版）第八册・文艺卷、杂著卷、书信卷第355页收录，标“一九三八年正月十九日，晋江草庵”。

② 弘一大师：《泉州弘法记》，收《弘一大师全集》第八册・文艺卷、杂著卷、书信卷，第福建人民出版社2019年12月第3版、修订2版，第203—204页。

③ 此信福建人民出版社2019年12月版《弘一大师全集》（第3版，修订2版）第八册・文艺卷、杂著卷、书信卷第355—356页收录，标“一九三八年正月廿四日，泉州承天寺”。

④ 弘一大师：《泉州弘法记》，收《弘一大师全集》第八册・文艺卷、杂著卷、书信卷，福建人民出版社2019年12月第3版，修订2版，第203—204页。

2月（农历正月初二日至廿九日），为芗江居士题偈："金石无古今，艺事随时新。如如实相印，法法显其真。"[①]

抵泉州后致夏丏尊函。言到厦门后诸事安适；近到泉州讲经，拟请惠寄《清凉歌集》五十册分赠诸友；代问候章锡琛居士等。[②]

3月1日（农历正月三十日），在泉州致善契法师函。言到泉州后一切安适；不久在承天寺讲经；前广洽法师存尊寺所书珂罗版印本《金刚经》若干包，请检点包数，可存两包，其余交汽车公司运至泉州交承天寺本人收等。[③]

3月2日（农历二月初一日），在承天寺开讲《华严普贤行愿品》。[④]

3月2日至31日（农历二月），在泉州致李鸿梁函。言近来诸事安适，以后通信寄厦门转泉州承天寺；集美旧生庄华伦君亦在泉州，任小学校长等。[⑤]

致广义法师函。言本次往菲，传贯法师本拟同往，念其父年老多病，乃令其弟天法代往。此乃本人之意，非传贯法师推荐等。[⑥]

致广洽法师函。言在草庵过年，近抵泉州；已托善契法师将所存彼寺之《金刚经》仅留两包，其余带至泉州。事先未通报商量，至用歉然；稍后或往惠安讲经；《普贤行愿品梵文考》久已印就，尚未装订，稍迟再装订寄下等。[⑦]

书七言联"戒是无上菩提本，佛为一切智慧灯"。款识"《大方广佛华严经》晋译偈颂集句。福州佛化社供养。戊寅二月，沙门一音"；钤印"弘一"、佛肖印。[⑧]

3月5日（农历二月初四日），丰子恺来信：

---

① 弘一大师偈句，见《弘一大师李叔同篆刻集》卷一，天津人民美术出版社2009年4月第1版，第2页。

② 此信福建人民出版社2019年12月版《弘一大师全集》（第3版，修订2版）第八册·文艺卷、杂著卷、书信卷第319页收录，标"一九三八年阳历二月，泉州承天寺"。

③ 此信福建人民出版社2019年12月版《弘一大师全集》（第3版，修订2版）第八册·文艺卷、杂著卷、书信卷第473—474页收录，标"一九三八年旧正月三十日，泉州承天寺"。

④ 弘一大师：《泉州弘法记》，收《弘一大师全集》第八册·文艺卷、杂著卷、书信卷，福建人民出版社2019年12月第3版、修订2版，第203—204页。

⑤ 此信福建人民出版社2019年12月版《弘一大师全集》（第3版，修订2版）第八册·文艺卷、杂著卷、书信卷第427页收录，标"一九三八年二月，泉州承天寺"。

⑥ 此信福建人民出版社2019年12月版《弘一大师全集》（第3版，修订2版）第八册·文艺卷、杂著卷、书信卷第486页收录，标"一九三八年旧二月，泉州承天寺"。赴菲之行后因故未果。

⑦ 此信福建人民出版社2019年12月版《弘一大师全集》（第3版，修订2版）第八册·文艺卷、杂著卷、书信卷第470页收录，标"一九三八年二月，泉州开元寺"。根据弘一大师行踪，似标承天寺合适。

⑧ 浙江省平湖市人民政府、上海徐汇区文化局编：《弘一大师法书集·天心月圆（作品卷）》，上海书画出版社2017年5月版，第89页。泉州开元寺藏。

弘一法师座下：

久不奉候，不谓今日在此寄书也。厦门近况如何？寺中能否安居？至深切念。恺于石门湾失守前一日率家族老幼十人逃出战区，至桐庐，与马一浮先生同居桐庐乡间，凡三星期，寇又犯杭，富，恺力劝马先生同行，未蒙允许，遂先率眷南行；阴历年底始抵江西萍乡，依旧友萧君居一个月，前日又离萍乡，乘舟赴湘，拟令眷卜居于湘潭，自赴长沙开明书店。今日舟次醴陵，遥念东上，遂作此书。收到后无祈赐示一二，"寄长沙南阳街开明书店"可也。前日得马先生书，谓富阳失守，桐庐不可存留，故已迁居开化，其通信处为"开化城内□德寿堂药号转"，自浙至此，行路甚难，恺与马先生皆幸免，今战讯转佳，胜利和平恐已在即，唯上海新闻报载缘缘堂已全部被焚，故恺已断回乡之念，拟即在湘作客，且邀马先生同来也，夏先生仍居上海租界，未有来信。开明沪厂被焚，残局移在汉口，但营业停顿，战期中未能发展耳。草此肃请

崇安

弟子丰子恺叩上

三月五日夜船中①

3月6日（农历二月初五日），在泉州致妙莲法师。言来信收到。所说甚是，与西藏僧众之说暗合，小乘律中亦许着革履，不用无妨等。②

3月11日（农历二月初十日），在承天寺讲《华严普贤行愿品》毕。

3月12日（农历二月十一日），在泉州致李芳远函。言照相未有存者，俟后寄上；下月初旬拟往惠安讲经；感谢承赐磁物等。③

在泉州致蔡丏因函。言题字附奉；感谢承寄《丛刊》五部；下月初旬往惠安讲经；在承天寺讲《行愿品》于昨日圆满；明日起在各处演讲五日，后在开元寺讲《心经》三日，再数日后在善堂讲《华严》大意三日等。④

3月13日（农历二月十二日），在开元寺慈儿院讲《释迦牟尼佛在

① 此信见《丰子恺全集》20书信日记卷二，海豚出版社2016年10月版，第17页。

② 此信福建人民出版社2019年12月版《弘一大师全集》（第3版，修订2版）第八册·文艺卷、杂著卷、书信卷第490页收录，标"一九三八年二月初五日，泉州承天寺"。妙莲法师（1913—1999），上海人，曾居苏州灵岩山，后入闽，亲近弘一大师。

③ 此信福建人民出版社2019年12月版《弘一大师全集》（第3版，修订2版）第八册·文艺卷、杂著卷、书信卷第417页收录，标"一九三八年旧二月十一日，泉州承天寺"。

④ 此信福建人民出版社2019年12月版《弘一大师全集》（第3版，修订2版）第八册·文艺卷、杂著卷、书信卷第356页收录，标"一九三八年二月十一日，泉州承天寺"。

因地中为法舍身事》。①

3月14日（农历二月十三日），在泉州妇人养老院讲《净土法门》。②

寄出致善契法师函。言承寄《金刚经》已收到；吴居士处，代为致谢等。③

3月15日（农历二月十四日），在温陵男养老院讲《劳动与念佛》。④

今泉州崇福寺一瞥。摄于2020年12月。

3月17日（农历二月十六日），在泉州崇福寺讲《三归五戒浅义》。复往救济院，劝念观世音菩萨名号。为院众近百人授三皈依。⑤ **按：**崇福寺位于泉州鲤城区崇福路，初名千佛庵，后改名崇胜寺、洪钟寺、崇福寺，与开元寺、承天寺并称泉州三大丛林，1982年被福建省人民政府定为第二批省级文物保护单位。重修后的崇福寺大雄宝殿的风格保持明代规制，有应庚塔、千人鼎、大洪钟之“镇山三宝”。

3月18日（农历二月十七日），在泉州开元寺开讲《心经》。⑥ **按：**宗教文化出版社1995年8月版林子青编著《弘一法师年谱》1938年条目记为二月十二日开讲，其依据是弘一大师于二月十二日致蔡冠洛信。然而弘一大师此信只言“后在开元寺讲《心经》三日……”意为“此后将讲”，非是日已讲。福建人民出版社2019年12月版《弘一大师全集》（第3版，修订2版）第八册·文艺卷、杂著卷、书信卷第200页《壬丙南闽弘法略志》补增之内容中却记为二月十七日始讲《心经大意》。故可认定为林子青对此信误读。

① 弘一大师：《泉州弘法记》，收《弘一大师全集》第八册·文艺卷、杂著卷、书信卷，福建人民出版社2019年12月第3版、修订2版，第203—204页。《弘一大师全集》第七册·佛学卷、传记卷、序跋卷第568—569页收录，题为《泉州开元慈儿院讲演录》（吴栖霞记）。

② 弘一大师：《泉州弘法记》，收《弘一大师全集》第八册·文艺卷、杂著卷、书信卷，福建人民出版社2019年12月第3版、修订2版，第203—204页。

③ 此信福建人民出版社2019年12月版《弘一大师全集》（第3版，修订2版）第八册·文艺卷、杂著卷、书信卷第474页收录，标“一九三八年三月，泉州开元寺”。文物出版社2017年10月版陈飞鹏整理《弘一法师书信全集》第443页收录，有注：“明信片邮戳‘晋江廿七年三月十四日’。”函寄出时未必为写信时，姑且表述为是日寄出此函。

④ 见弘一大师于1939年4月12日（农历二月廿三日）在泉州致高文显函。收《弘一大师全集》第八册·文艺卷、杂著卷、书信卷，福建人民出版社2019年12月第3版、修订2版，第410页。福建人民出版社1992年版《弘一大师全集》所收《壬丙南闽弘法略志》无此记录。2010年10月修订版第八册·文艺卷、杂著卷、书信卷第200页和2019年12月第3版、修订2版第200页《壬丙南闽弘法略志》在“五月，在鼓浪屿日光岩，讲《净土法门大意》”之后则有12条新增记录，而此12条新增记录非1936年之事，应系1938年之事。全集编者失误。1943年5月1日《弘化月刊》第23期“纪事”栏目刊出叶青眼《纪弘一法师于温陵养老院胜缘》，曰弘一大师第二次到温陵养老院为戊寅年。

⑤ 见弘一大师于1939年4月12日（农历二月廿三日）在泉州致高文显函，收《弘一大师全集》第八册·文艺卷、杂著卷、书信卷，福建人民出版社2019年12月第3版、修订2版，第410页。

⑥ 见弘一大师于1939年4月12日（农历二月廿三日）在泉州致高文显函，收《弘一大师全集》第八册·文艺卷、杂著卷、书信卷，福建人民出版社2019年12月第3版、修订2版，第410页。

3月21日（农历二月廿日），在开元寺讲《心经》毕。①

今泉州朵莲寺。摄于2019年5月。

3月24日（农历二月廿三日），在泉州朵莲寺讲《药师如来本愿功德经大意》。② **按：** 泉州朵莲寺始建年代不详，今位于泉州市鲤城区江南街道（江滨南路与迎宾大道之间）。

附记： 有致刘质平函：

前邮明信及写件，想已收到。近为事忙，尚未能往永春。以后惠函，仍寄厦门南普陀寺。谨达，不具。

旧二月廿三日晨灯下　演音启

此信福建人民出版社2019年12月版《弘一大师全集》（第3版，修订2版）第八册·文艺卷、杂著卷、书信卷第299页收录，标“一九三八年旧二月廿三日，厦门南普陀寺”。文物出版社2017年10月版陈飞鹏整理《弘一法师书信全集》第447页收录，时间标1938年“旧三月二十三日”，地点标“鼓浪屿日光岩寺”。所标时间与《弘一大师全集》不一致，未作说明。若《弘一大师全集》时间正确，写信地点则在泉州；若《弘一法师书信全集》所标时间正确，写信时间则在厦门。

今泉州梅石路22号与学府街318号交汇处的“梅花石”。摄于2019年4月。

3月25日（农历二月廿四日），在泉州致李芳远函。言适有去秋到上海时所摄之影，即以奉赠；近来讲务甚忙，下月初旬到惠安，月底或往厦门，尚未决定等。③

3月27日（农历二月廿六日），应请在泉州梅石书院讲《佛教之源流及宗派》（陈祥耀记录）。④ 讲毕在图书馆吃素斋，并为该图书馆题“无上清凉”四字。复有他校二处邀请演讲。顾一尘、汪照六等前来拜谒。后一同拜师皈依。⑤ **按：** 时有昭昧国学讲习所，改名后称昭昧国学专科学校，即在梅石书院，有石裂为五瓣，形似梅花，称梅花石。明代

① 见弘一大师于1939年4月12日（农历二月廿三日）在泉州致高文显函，收《弘一大师全集》第八册·文艺卷、杂著卷、书信卷，福建人民出版社2019年12月第3版、修订2版，第410页。

② 见弘一大师于1939年4月12日（农历二月廿三日）在泉州致高文显函，收《弘一大师全集》第八册·文艺卷、杂著卷、书信卷，福建人民出版社2019年12月第3版、修订2版，第410页。

③ 此信福建人民出版社2019年12月版《弘一大师全集》（第3版，修订2版）第八册·文艺卷、杂著卷、书信卷第417页收录，标“一九三八年旧二月二十四日，泉州承天寺”。文物出版社2017年10月版陈飞鹏整理《弘一法师书信全集》第443页收录，地点标开元寺。

④ 见弘一大师于1939年4月12日（农历二月廿三日）在泉州致高文显函，收《弘一大师全集》第八册·文艺卷、杂著卷、书信卷，福建人民出版社2019年12月版，第410页。

⑤ 顾一尘（1906—1963），又名金治，字宝锟，别署慧痴、痴寅，泉州县后街彩笔巷人。早年就学于上海艺术大学。1958年调任厦门工艺美术学校绘画科主任。1958年秋在福建工艺美术学校任国画组组长。

1998 年 3 月 19 日，梅石书院旧址被列为泉州市市级文物保护单位。摄于 2019 年 4 月。

翰林院编修罗一峰被贬到泉州，于此建草堂讲学。明嘉靖八年（1529），御史聂豹等人在梅花石附近建一峰书院。清乾隆十五年（1750）重建，改称梅石书院。现书院改建为泉州一中校舍，梅花石尚存，具体位置在今泉州市第一中学附近的梅石路 22 号与学府街 318 号交汇处。

3 月 30 日（农历二月廿九日），在泉州致广义法师函：

昙昕法师道鉴：

前荷招待一切，感谢无尽。此次朽人致惠安，当地缁素靡费金钱至巨，不得不居住数日，以答其厚情。前存百源庵之行李三件，乞便中托人送下至感。谨陈，不宣。

二月二十九日　音启

弘一大师（右）与性常法师（左）合影。

按：此信福建人民出版社 2019 年 12 月版《弘一大师全集》（第 3 版，修订 2 版）第八册・文艺卷、杂著卷、书信卷第 487 页收录，标“一九三八年旧二月二十九日，鼓浪屿日光岩”。文物出版社 2017 年 10 月版陈飞鹏整理《弘一法师书信全集》第 447—448 页收录，以为《弘一大师全集》所标“二月”乃“三月”之误（《弘一大师全集》所录之函时间署“二月二十九日”）。该信应写于是年 3 月 30 日（农历二月廿九日），地点在泉州。理由是弘一大师于 4 月 5 日（农历三月初五日）赴惠安讲经，前后五天。信中讲到多住几日之原因，并请广义（昙昕）法师至百源庵取行李。

3 月（农历正月三十日至二月三十日间），应泉州开元慈儿院邀请，作开示，学生唱《三皈依歌》（《三宝歌》）。

春，应施至伟之请，为《施氏旧房家谱》题词：“浔海施氏为闽南望族，英俊辈出，蜚声于时；余以夙幸，获闻胜誉；为题谱端，藉志赞喜。”款识“戊寅春，沙门一音”；钤印佛肖印、“弘一”。[①]

书蕅益大师法语横披赠痴农居士。款识“明灵峰蕅益大师法语。戊寅春，痴农居士慧督。一音”；钤印“无畏”、佛肖印。[②]

书五言联“普劝诸仁者，同发慈悲意”赠笑棠居士。款识“笑棠居

① 施至伟（1901—1976），字至松，号幼痴，别号子英，石狮曾坑人，为清光绪甲午科（1894）举人施修记之子。15 岁赴菲律宾，后回国在石狮开办“东亚照相馆”。

② 上海市书法家协会编：《海派代表书法家系列作品集・弘一》（该卷主编刘一闻，副主编沈爱良），上海书画出版社 2006 年 12 月版，第 190 页。

士玄览。戊寅春，沙门亡言”；钤印“月”、佛肖印。[①]

书蕅益大师警训“以人之过为己之过，每反躬而责己”。款识“明蕅益大师警训。戊寅春，沙门亡言”；钤印“大心凡夫”、佛肖印。[②]

书蕅益大师法语“专求己过，不责人非。步趋先圣先贤，不随时流上下”。款识“戊寅二月。明灵峰蕅益大师法语，以奉石樵居士玄督。沙门一音”；钤印“音”、佛肖印。[③]

书宋朱熹咏泉州联“此地古称佛国，满街都是圣人”。款识“寺门旧有此联，朱文公撰，久佚，为补书之。戊寅春，沙门一音书”。[④]

在泉州近二月，写字近千件。

4 月 1 日（农历三月初一日），在泉州清尘堂开讲《华严大意》，并嘱缁素弟子读诵《行愿品》十万遍，回向国难消除，民众安乐。[⑤] **按：**有《温陵刻〈普贤行愿品〉跋》，署：“慧水大华严寺沙门一音并记”，未署日期。[⑥]

4 月 3 日（农历三月初三日），在泉州清尘堂讲《华严大意》毕。[⑦]

4 月 5 日（农历三月初五日），自泉州往惠安。[⑧] **按一：**在惠安前后五日。期间致夏丏尊函。言近在惠安弘法，拟以《华严集联》十册施送，请寄福建惠安县城内霞梧街集泉茶庄王颂平居士收。又请以洋二十元寄上海佛学书局，附一纸一并交去等。[⑨] **按二：**高文显曾陪同。书韩偓诗。款识“戊寅春残，与胜进居士游慧水，获此诗，为书之。亡言”；钤印“音”、佛肖印。高文显《韩偓》跋曰：“是年暮春，我又伴他往游

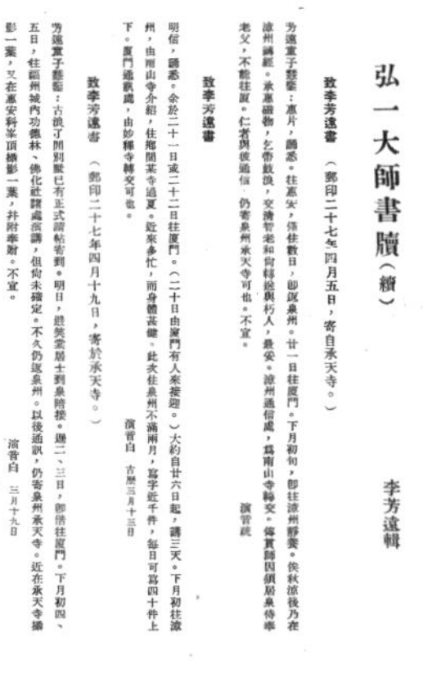

弘一大師書牘（續）

李芳遠輯

致李芳遠書（郵印二十七年四月五日，寄自承天寺。）

芳遠童子慧鑒：惠片，誦悉。往惠安，僅住數日，即返泉州。廿一日往廈門。下月初旬，即往漳州靜養。俟秋涼後乃在漳州誦經。承惠硯物，乞帶鼓浪，交清智老和尚轉送與朽人，最妥。漳州通信處，爲南山寺轉交。傳貫師因須居泉侍奉老父，不能往廈。仁者與彼通信，仍寄泉州承天寺可也。不宣。

演音疏

致李芳遠書

明信，誦悉。余於二十一日或二十二日往廈門。（二十日由廈門有人來接迎。）大約自廿六日起，講三天。下月初往漳州，由南山寺介紹，住鄉間某寺過夏。近來多忙，而身體甚健。此次住泉州不滿兩月，寫字近千件，每日可寫四十件上下。廈門通訊處，由妙釋寺轉交可也。

演音白　古歷三月十三日

致李芳遠書（郵印二十七年四月十九日，寄於承天寺。）

芳遠童子慧鑒：古浪了閒別墅已有正式請帖寄到。明日，殷笑棠居士到泉陪接。遲二、三日，即偕往廈門。下月初四、五日，往福州城內功德林、佛化社諸處演講，但尚未確定。不久仍返泉州。以後通訊，仍寄泉州承天寺。近在承天寺攝影一葉，又在惠安科峯頂攝影一葉，并附奉贈。不宣。

演音白　三月十九日

弘一大師書牘　七九

1938 年 4 月 5 日弘一大师致李芳远函，刊 1943 年《学术界》第 1 卷第 2 期，题《弘一大师书牍（续）》，署“李芳远辑”。

---

① 上海市书法家协会编：《海派代表书法家系列作品集·弘一》（该卷主编刘一闻，副主编沈爱良），上海书画出版社 2006 年 12 月版，第 191 页。

② 上海市书法家协会编：《海派代表书法家系列作品集·弘一》（该卷主编刘一闻，副主编沈爱良），上海书画出版社 2006 年 12 月版，第 192 页。

③ 刘正成主编：《中国书法全集 83·近现代编-李叔同马一浮卷》（该分卷主编潘良桢，副主编方爱龙，学术顾问任继愈），荣宝斋出版社 2002 年 11 月版，第 129 页。

④ 泉州开元寺弘一大师纪念馆藏，参见林长红《士先器识而后文艺——弘一大师书法艺术及影响》，载《海峡影艺》2009 年第 1 期（创刊号）。福建人民出版社 2019 年 12 月版《弘一大师全集》（第 3 版，修订 2 版）第七册·佛学卷、传记卷、序跋卷第 644 页收录时题《补书泉州开元寺门联题跋》。

⑤ 弘一大师：《壬丙南闽弘法略志》，收《弘一大师全集》第八册·文艺卷、杂著卷、书信卷，福建人民出版社 2019 年 12 月第 3 版、修订 2 版，第 200 页。

⑥ 弘一大师：《温陵刻〈普贤行愿品〉跋》，收《弘一大师全集》第七册·佛学卷、传记卷、序跋卷，福建人民出版社 2019 年 12 月第 3 版、修订 2 版，第 631 页。

⑦ 弘一大师：《壬丙南闽弘法略志》，收《弘一大师全集》第八册·文艺卷、杂著卷、书信卷，福建人民出版社 2019 年 12 月第 3 版、修订 2 版，第 200 页。

⑧ 见弘一大师于 1939 年 4 月 12 日（农历二月廿三日）在泉州致高文显函，收《弘一大师全集》第八册·文艺卷、杂著卷、书信卷，福建人民出版社 2019 年 12 月第 3 版、修订 2 版，第 410 页。

⑨ 此信福建人民出版社 2019 年 12 月版《弘一大师全集》（第 3 版，修订 2 版）第八册·文艺卷、杂著卷、书信卷第 319 页收录，标“一九三八年旧三月初，惠安科山寺”。

惠安，我于无意中在图书馆里披阅螺阳文献，获得韩偓题松洋洞（惠安县城南）的逸诗一首，抄给老人看，他马上戴起眼镜来，重新写成一中堂给我，作为游惠安的纪念。”[①]

离开泉州时寄出致李芳远函：

芳远童子慧鉴：

惠片，诵悉。往惠安，仅住数日，即返泉州。廿一日往厦门。下月初旬，即往漳州静养。俟秋凉后乃在漳州讲经。承惠磁物，乞带鼓浪，交清智老和尚转送与朽人，最妥。漳州通信处，为南山寺转交。传贯师须居泉侍奉老父，不能往厦。仁者与彼通信，仍寄泉州承天寺可也。不宣。

演音疏

按：此信福建人民出版社 2019 年 12 月版《弘一大师全集》（第 3 版，修订 2 版）第八册·文艺卷、杂著卷、书信卷第 417 页收录，标“一九三八年旧三月，泉州开元寺”。文物出版社 2017 年 10 月版陈飞鹏整理《弘一法师书信全集》第 444 页收录，时间具体到农历三月中旬。均不准确。此信曾刊于 1943 年《学术界》第 1 卷第 2 期，题《弘一大师书牍（续）》，署“李芳远辑”，对此信标“邮印二十七年四月五日，寄自承天寺”。故此信当于本年公历 4 月 5 日寄出，地点为承天寺。

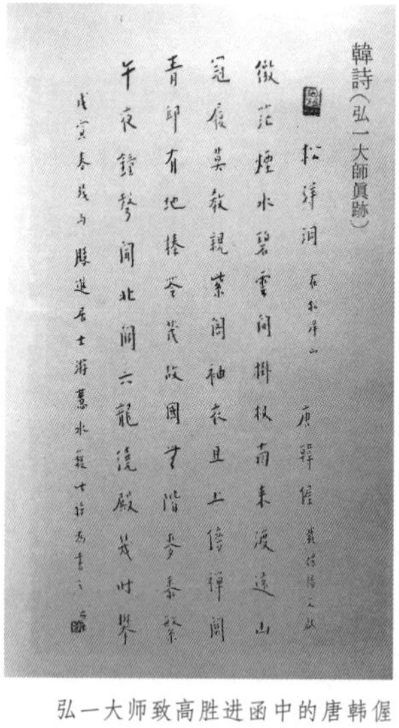

弘一大师致高胜进函中的唐韩偓诗《松洋洞》。

4 月 8 日（农历三月初八日），在惠安念佛会讲《修净土宗者应注意之数事》。[②]

4 月 9 日（农历三月初九日），在惠安讲《十宗略义》。[③]

4 月 10 日（农历三月初十日），在惠安讲《华严五教大意》。[④]

4 月 11 日（农历三月十一日），自惠安赴泉州。[⑤] **按一：**福建人民出版社 2019 年 12 月版《弘一大师全集》（第 3 版，修订 2 版）第八册·文

① 高文显：《韩偓》，（台北）新文丰出版公司 1984 年 10 月版，第 144 页。

② 见弘一大师于 1939 年 4 月 12 日（农历二月廿三日）在泉州致高文显函。收《弘一大师全集》第八册·文艺卷、杂著卷、书信卷，福建人民出版社 2019 年 12 月第 3 版、修订 2 版，第 410 页。

③ 见弘一大师于 1939 年 4 月 12 日（农历二月廿三日）在泉州致高文显函，收《弘一大师全集》第八册·文艺卷、杂著卷、书信卷，福建人民出版社 2019 年 12 月第 3 版、修订 2 版，第 410 页。

④ 见弘一大师于 1939 年 4 月 12 日（农历二月廿三日）在泉州致高文显函，收《弘一大师全集》第八册·文艺卷、杂著卷、书信卷，福建人民出版社 2019 年 12 月第 3 版、修订 2 版，第 410 页。

⑤ 见弘一大师于 1939 年 4 月 12 日（农历二月廿三日）在泉州致高文显函，收《弘一大师全集》第八册·文艺卷、杂著卷、书信卷，福建人民出版社 2019 年 12 月第 3 版、修订 2 版，第 410 页。

艺卷、杂著卷、书信卷第409页收录致高文显函，标“一九三八年旧三月，惠安科山寺”。文物出版社2017年10月版陈飞鹏整理《弘一法师书信全集》第444页收录，时间标1938年“旧三月上旬”，地点标“惠安科山寺”。二者所标似不确。此信如下：

胜进居士文席：

前函所云工作忙迫等。案用功之人，每日应有数小时运动及休息，又星期日一天亦应休息，如是则身体精神乃能康健。倔传，俟年假再继续撰述，迟缓无妨。大学课业多忙，若以余暇致力于此，恐身心将受大伤也。前交下之稿，俟稍暇为之修改奉上。先此陈达，不宣。

演音疏

松洋洞（在松洋山）唐韩偓（载《螺阳文献》）

微茫烟水碧云间，挂杖南来渡远山。

冠履莫教亲紫阁，袖衣且上傍禅关。

青邱有地榛苓茂，故国无阶麦黍繁。

午夜钟声闻北阙，六龙绕殿几时攀？

戊寅春残，与胜进居士游慧水，获此诗为书之。亡言

戊寅春残，即弘一大师此番到惠安的数日的时节。慧水即惠安，说明此番惠安之行有高文显陪同，没有必要在此时给高文显写信。时在惠安县《螺阳文献》中发现韩偓在惠安松洋洞所作而未为《全唐诗》收入的佚诗，认为韩偓并不是一个风流才子，而是一位有爱国思想的诗人，故在写信时为高文显书录此诗纪念。信中又有“前函所云工作忙迫等”，说明写信时高文显已离开多时。高文显于年底赴菲，信中言“俟年假再继续撰述”，可知写信时尚在厦门大学读书。故此信当写于高文显离开返校后不久，写信地点不可轻下结论。**按二：**在泉州有致性常法师函。言鼓浪屿汇款之事，若系请去他处讲经，不应受，待将来了解何事后再斟酌；今晨交奉之汇款单三纸、小印一方，请暂存等。①

4月13日（农历三月十三日），在泉州致李芳远函。言二十一日或二十二日往厦门，大约廿六日起讲经三天。下月初往漳州；在泉州不满

① 此信福建人民出版社2019年12月版《弘一大师全集》（第3版，修订2版）第八册・文艺卷、杂著卷、书信卷第479页收录，标“一九三八年旧三月，泉州开元寺”。文物出版社2017年10月版陈飞鹏整理《弘一法师书信全集》第444页收录，时间具体到农历三月中旬。确当。

二月，写字近千件，每日可写四十件上下等。[①]

4月16日（农历三月十六日）在承天寺与觉圆法师、广义法师、传贯法师、高文显居士、袁延年、转尘老和尚、郑健魂、泉州日报经理某君和瑞今法师等合影。[②]

1938年4月16日，弘一大师在承天寺留影。自左至右：瑞今法师、泉州日报社经理、郑健魂、弘一大师、转尘法师、袁延年、高文显、传贯法师、广义法师、觉圆法师。

4月18日（农历三月十八日），在泉州致丰子恺函。言来信收到；自去年夏天以来在青岛、厦门、晋江、泉州、惠安弘法；数日后赴厦门演讲三日；下月初旬复往福州演讲，复返泉州；发愿为法轻身；泉州郑健魂居士为立达学园毕业生，时念仁者，盼携眷来泉州乡间；广洽法师已往南洋，养正院星散等。[③]

4月19日（农历三月十九日），在泉州至胡宅梵函：

天气炎热。半月左右，即拟将编辑之稿，寄至佛学书局。校对之事，乞仁者谆托何居士担任为感。半月之后，即往百里外山中避暑。其地幽僻，未能通信。俟返厦门时，再奉告也。

四月十九日　演音启

按：此信福建人民出版社2019年12月版《弘一大师全集》（第3版，修订2版）第八册·文艺卷、杂著卷、书信卷第401页收录，标“一九三八年旧四月十九日，厦门南普陀寺”。文物出版社2017年10月版陈飞鹏整理《弘一法师书信全集》第447页收录，并根据近期弘一大师行踪更正为公历4月19日写于泉州。确当。

致蔡丏因函：

天气炎热，即拟往百里外山中避暑。乞暂勿来信。谨达。

演音启　四月十九日

按：此信福建人民出版社2019年12月版《弘一大师全集》（第3版，修订2版）第八册·文艺卷、杂著卷、书信卷第350页收录，标“一九三五年旧四月十九日，泉州开元寺”。文物出版社2017年10月版

---

① 此信福建人民出版社2019年12月版《弘一大师全集》（第3版，修订2版）第八册·文艺卷、杂著卷、书信卷第418页收录，标“一九三八年旧三月十三日，泉州开元寺”。

② 觉圆法师（1900—1980），法号东华，俗姓许，名亚才，福建惠安人，时任泉州承天寺监院。

③ 此信福建人民出版社2019年12月版《弘一大师全集》（第3版，修订2版）第八册·文艺卷、杂著卷、书信卷第371—372页收录，标“一九三八年四月十八日，泉州承天寺”。

陈飞鹏整理《弘一法师书信全集》第343页收录，时间标1935年“旧三月十七日（新历4月19日）”。地点标“泉州开元寺”。根据上信考证，此信当写于1938年4月19日，地点在泉州。

致李芳远函。言鼓浪屿了闲别墅已有请贴寄到。明日严笑棠居士来接，迟二三日，即偕往厦门；下月初四五日，往福州城内功德林佛化社等处演讲。不久仍返泉州；近在承天寺摄影一叶，又在惠安科峰顶摄影一叶，附赠等。[①]

4月21日（农历三月廿一日），抵厦门。后应鼓浪屿了闲社法会请，演讲三日。[②] **按：** 弘一大师《壬丙南闽弘法略志》在记录此事后有“复往福州弘法”之句。目前无此次往福州弘法之史料。[③]

4月30日至5月5日间（农历四月初），在厦门致胡宅梵函：

> 不久拟移居山中避暑。俟通讯住址定后，再以奉闻。
>
> 演音启

按： 此信福建人民出版社2019年12月版《弘一大师全集》（第3版，修订2版）第八册·文艺卷、杂著卷、书信卷第401页收录，标“一九三八年旧四月，厦门南普陀寺”。文物出版社2017年10月版陈飞鹏整理《弘一法师书信全集》第450页收录，时间标1938年“旧四月八日”，地点标“厦门南普陀寺”。若地址确在南普陀寺，时间当在农历四月初。因5月6日（农历四月初七日）厦门沦陷前四天弘一大师已至漳州。

漳州南山寺旧影。载1932年5月1日《商报画刊》。

在厦门致蔡丏因函。言时事未平靖前仍居厦门。若值变乱，愿以身殉等。[④]

致刘质平函。言来信收到；感谢施资等。[⑤]

致郁智朗函。言来信收到。感谢施资；拟于厦门战事平靖后移居乡

① 此信福建人民出版社2019年12月版《弘一大师全集》（第3版，修订2版）第八册·文艺卷、杂著卷、书信卷第418页收录，标“一九三八年旧三月十九日，泉州承天寺”。严笑棠，福建漳州人，经营漳州九龙饭店。

② 弘一大师：《壬丙南闽弘法略志》，收《弘一大师全集》第八册·文艺卷、杂著卷、书信卷，福建人民出版社2019年12月第3版、修订2版，第200页。

③ 弘一大师：《壬丙南闽弘法略志》，收《弘一大师全集》第八册·文艺卷、杂著卷、书信卷，福建人民出版社2019年12月第3版、修订2版，第200页。

④ 此信福建人民出版社2019年12月版《弘一大师全集》（第3版，修订2版）第八册·文艺卷、杂著卷、书信卷第356页收录，标“一九三八年四月，厦门南普陀寺”。此信曾载1943年《学术界》第1卷第3期，李芳远辑，题《弘一大师书牍（续）》。

⑤ 此信福建人民出版社2019年12月版《弘一大师全集》（第3版，修订2版）第八册·文艺卷、杂著卷、书信卷第300页收录，标“一九三八年四月，厦门南普陀寺”。

今漳州南山寺山门。摄于 2019 年 3 月。

间；近阅《灵峰宗论》，有诗一首，附录于后。诗曰：“日轮挽作镜，海水掬作盆。照我忠义胆，浴我法臣魂。九死心不悔，尘劫愿犹存。为檄虚空界，何人共此轮。”①

4 月（农历三月初一日至四月初一日），《大地》创刊号刊出《青年佛徒应注意的四项——弘一律师于佛教养正院开学日讲（二十五年正月）》，署“沙门仁开记”。

今南山寺内的陈太傅祠。摄于 2019 年 3 月。

5 月 6 日（农历四月初七日），于厦门沦陷前四天抵达漳州，暂住九龙饭店。

5 月 7 日（农历四月初八日），至南山寺，住佛殿边房。**按一：**弘一大师几次在信函中表示农历四月初八日到漳州，如 6 月 17 日（农历五月廿日）致传贯法师函中就言“四月初八日到漳州……”此说应未计算前一日在九龙饭店住宿。**按二：**南山寺位于漳州市区九龙江之南的丹霞山麓，具有千余年历史，原为唐太傅陈邕私宅，后陈太傅女儿出家为尼，献宅为寺，初名延福禅寺。该寺于北宋时重修，明太启年间（1621—1627）扩建后定名南山寺，今全称南山禅寺。

今南山寺藏经阁。摄于 2019 年 3 月。

5 月 9 日（农历四月初十日），在漳州致许宣平函。言感谢在厦门之护念；近在漳居南山寺，身心安宁，不久拟在念佛社演讲数次；托转交为杨居士所写之字幅等。②

今瑞竹岩一瞥。摄于 2019 年 3 月。

5 月 12 日（农历四月十三日），在南山寺作《药师经科文题记》：“岁次乙亥十二月，卧病草庵，曾力疾坐起，书录是科文，草率不足观。今居龙溪南山寺，复得录写焉。戊寅四月十三日，时倭寇侵鹭屿。沙门演音并记。”

今瑞竹岩一瞥。摄于 2019 年 3 月。

5 月 14 日（农历四月十五日），在漳州演讲。③

5 月 17 日（农历四月十八日），在漳州致李芳远函。言于厦门难事

---

① 此信福建人民出版社 2019 年 12 月版《弘一大师全集》（第 3 版，修订 2 版）第八册·文艺卷、杂著卷、书信卷第 424 页收录，标“一九三八年四月，厦门南普陀寺”。郁智朗，浙江宁波人，曾发心从弘一大师出家，大师以平生不收剃徒谢之。

② 此信福建人民出版社 2019 年 12 月版《弘一大师全集》（第 3 版，修订 2 版）第八册·文艺卷、杂著卷、书信卷第 428 页收录，标“一九三八年旧四月十日，漳州南山寺”。

③ 参见弘一大师于 1938 年 6 月 17 日（农历五月廿日）致传贯法师函。

前四天已到漳州弘法；现拟往山中休夏，秋凉后或返泉州等。①

今瑞竹岩大雄宝殿。摄于2019年3月。

今瑞竹岩华严殿。摄于2019年3月。

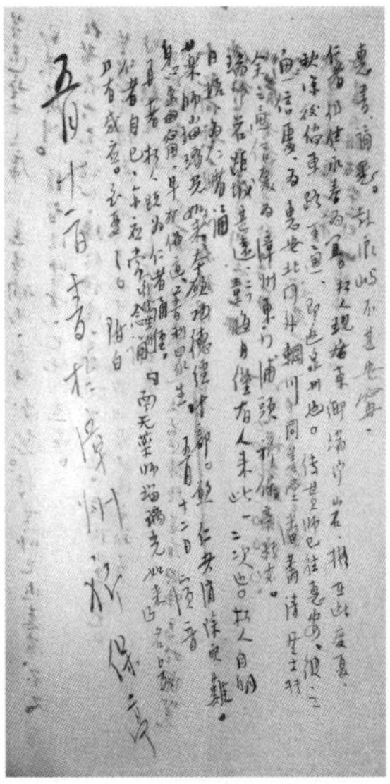
1938年6月9日（农历五月十二日），弘一大师致李芳远函。

5月29日至6月27日间（农历五月），至瑞竹岩，有《瑞竹岩记》。**按：**瑞竹岩位于漳州市龙文区蓝田镇梧浦村东的歧山西南麓，唐五代时由楚熙禅师始建，初名德云庵，宋时拓建，明代改寺名为瑞竹。20世纪80年代末，弘一大师弟子，新加坡广洽法师等募资重修。广洽法师圆寂后，其弟子仍多方募资扩建。

书七言联“众生幻化无有实，诸佛护念恒不忘”。款识“大方广佛华严经十回向品十行品。戊寅五月，菩提本院沙门一音”；钤印“弘一”、佛肖印。②

书十言联“增长福智芽必获菩提果，今修功德行疾入涅槃城”。款识“华严经普贤行愿品偈颂。岁次戊寅五月，清净院沙门庄严”；钤印“大心凡夫”、佛肖印。③

书灵峰警训。款识“戊寅五月，亡言书”；钤印“弘一”、佛肖印。④

撰《瑞竹岩记》，署“岁次戊寅五月，弘一”。

致夏丏尊函。言已于厦门变乱前四天至漳州弘法，现居瑞竹岩静养。⑤

致叶青眼函。言前到厦门讲经，即往漳州；在漳州曾演讲一次，现住瑞竹岩静养；问性常法师仍住开元寺否，请代问候等。⑥

附记一：文物出版社2017年10月版陈飞鹏整理《弘一法师书信全集》第452页收录一致林奉若函，时间标1938年“初夏”，地点标“漳州瑞竹岩”。此信福建人民出版社2019年12月版《弘一大师全集》（第3版，修订2版）第八册·文艺卷、杂著卷、书信卷未收录。《弘一法师书信全集》言此函见于厦门2015年秋季拍卖会。因以往无著录，附记于此，供研究参考。信曰：

---

① 此信福建人民出版社2019年12月版《弘一大师全集》（第3版，修订2版）第八册·文艺卷、杂著卷、书信卷第418页收录，标“一九三八年旧四月十八日，漳州南山寺”。文物出版社2017年10月版陈飞鹏整理《弘一法师书信全集》第450页收录，地点标漳州瑞竹岩。写信日弘一大师尚在南山寺，仅“现拟往山中休夏”。

② 上海市书法家协会编：《海派代表书法家系列作品集·弘一》（该卷主编刘一闻，副主编沈爱良），上海书画出版社2006年12月版，第193页。

③ 上海市书法家协会编：《海派代表书法家系列作品集·弘一》（该卷主编刘一闻，副主编沈爱良），上海书画出版社2006年12月版，第194页。

④ 上海市书法家协会编：《海派代表书法家系列作品集·弘一》（该卷主编刘一闻，副主编沈爱良），上海书画出版社2006年12月版，第195页。

⑤ 此信福建人民出版社2019年12月版《弘一大师全集》（第3版，修订2版）第八册·文艺卷、杂著卷、书信卷第319页收录，标“一九三八年旧五月一日，漳州瑞竹岩”。

⑥ 此信福建人民出版社2019年12月版《弘一大师全集》（第3版，修订2版）第八册·文艺卷、杂著卷、书信卷第427页收录，标“一九三八年旧五月一日，漳州瑞竹岩”。

奉若居士慧鉴：

朽人现居东乡瑞竹岩，拟在此度夏，秋凉后车路倘可通，即返泉州也。余之通信处为：漳州东门浦头祈保亭转交。瑞竹岩距城甚远，二十五里。每月仅一次有人来此，寄件甚不方便。他人有托书写者，得暂缓也。

音启

附记二：文物出版社 2017 年 10 月版陈飞鹏整理《弘一法师书信全集》第 465 页收录一致林奉若函，时间标 1938 年“夏”，地点标“漳州瑞竹岩”。此信福建人民出版社 2019 年 12 月版《弘一大师全集》（第 3 版，修订 2 版）第八册·文艺卷、杂著卷、书信卷未收录。《弘一法师书信全集》言此函见于厦门 2015 年秋季拍卖会。因以往无著录，附记于此，供研究参考。信曰：

奉若居士：

惠书于十五日收到，宣纸尚未收到。原寄来之纸存在泉州，今另备纸书写，共四纸，小幅数纸。附挂号奉上，乞收入。秋凉后将往泉州也。

音启

6 月 8 日（农历五月十一日），在漳州致丰子恺函。言宣纸未收到，先写小幅二叶，待时局安定再另写大者奉上；近来车路毁坏，一时未返泉州，暂住瑞竹岩，在此度夏；人生地疏，时有所需，未便向他人请求，若汉口至漳州能邮汇，请有以资助；附录蕅益大师诗一首等。①

联名致广空法师、性常法师函。言四月八日已往漳州，讲经一次，后往乡间，待车路通时，或水路通时，请性常法师来漳州小住，再偕返泉州等。②

致觉徹法师函。言厦门变乱前四天到漳州；请问候觉圆法师；前寄至妙释寺之信已转到；性常法师现住草庵，其来信也收到；现住乡间等。③

① 此信福建人民出版社 2019 年 12 月版《弘一大师全集》（第 3 版，修订 2 版）第八册·文艺卷、杂著卷、书信卷第 372 页收录，标“一九三八年旧五月十一日，漳州瑞竹岩”。

② 此信福建人民出版社 2019 年 12 月版《弘一大师全集》（第 3 版，修订 2 版）第八册·文艺卷、杂著卷、书信卷第 491 页收录，标“一九三八年旧五月十一日，漳州瑞竹岩”。

③ 此信福建人民出版社 2019 年 12 月版《弘一大师全集》（第 3 版，修订 2 版）第八册·文艺卷、杂著卷、书信卷第 491—492 页收录，标“一九三八年旧五月十一日，漳州瑞竹岩”。觉徹法师（1880—1940），俗姓黄，名欠水，福建惠安人，时任百源寺住持。

6 月 9 日（农历五月十二日），在漳州祈保亭致李芳远函：

惠书，诵悉。鼓浪屿不甚安宁，仁者仍住永春为宜。朽人现居东乡瑞竹岩，拟在此度夏，秋凉后倘车路可通，即返泉州也。传贯师已往惠安，彼之通信处，为：惠安北门外辋川同善堂潘肃清居士转。余之通信处，为：漳州东门浦头祈保亭转交。瑞竹岩距城甚远（二十五里），每月仅有人来此一二次也。朽人自明日始，为仁者诵《药师瑠璃光如来本愿功德经》十部。愿仁者消除灾难，身心安宁，早成佛道，普利众生。

五月十二日　演音

再者，朽人既为仁者诵经，仁者自己，亦应常常（行住坐卧）念诵“南无药师瑠璃光如来”名号，乃有感应。至要，至要。附白。

五月十二日书于漳州祈保亭

今漳州法因寺。摄于 2019 年 3 月。

按一：福建人民出版社 2019 年 12 月版《弘一大师全集》（第 3 版，修订 2 版）第八册·文艺卷、杂著卷、书信卷第 418 页收录此信，标“一九三八年旧五月十二日，漳州瑞竹岩”。然据此信图版，少录二次落款“五月十二日书于漳州祈保亭”。文物出版社 2017 年 10 月版陈飞鹏整理《弘一法师书信全集》第 454 页收录此信，时间地点亦如此标注。然误录有三处，一：将“惠安北门外辋川同善堂潘肃清居士转”录为“惠安北门外辋川同善堂转”；二：将首次落款“五月十二日　演音”录为“演音　五月十二日”；三：遗漏二次落款“五月十二日书于漳州祈保亭”。此信图版见林可同编《弘一书法墨迹》，中国美术学院出版社 2004 年 4 月版，第 81 页。**按二：**据此信，可知写信时弘一大师在祈保亭。**按三：**祈保亭位于漳州市东门浦头，始建于明代。因“祈保”谐音“七宝”，弘一大师为此亲书“七宝寺”三字。七宝寺（祈保亭）已在旧城改造时被拆毁。2001 年，南山寺住持普法法师倡议在原址东侧约 200 米处建“弘一法师纪念堂”，并筹资动工兴建，2002 年 9 月，“弘一法师纪念堂”开放，该堂前殿名法音寺。根据实地考察，七宝寺应系目前漳州新浦路与丹霞路交叉口北侧，盐鱼市（路名）以南之区域。此地向东 200 米处洽是如今的法音寺。（民间在今丹霞路 115－1 弄内自发搭建了一座简易的七宝寺）。**按四：**在七宝寺曾与众法师等合影。

今民间草办的七宝寺。摄于 2019 年 4 月。

1938 年弘一大师（坐者）在漳州七宝寺。

6 月 11 日（农历五月十四日），在漳州致性常法师函。言现住瑞竹岩，拟在此过夏；倘愿来此，可先到漳州东门浦头祈保亭严持法师处，托彼陪来，或至南山寺托人陪来等。[①]

6月17日（农历五月廿日），在漳州致传贯法师函。言待车路开通，乃能至惠安；前在鼓浪屿讲经，听众甚多；四月初八日到漳州，于十五日演讲一次，后至瑞竹岩；性常法师或不久可来漳州；李芳远甚盼仁者去函。彼居永春太平乡坑尾厝；善契法师等居日光岩，可以通信等。[②]

联名致叶宗择、叶宗定函：

宗择、宗定居士同鉴：

惠书，诵悉。仁等精进向道，至用忻慰。朽人暂住瑞竹岩，俟车路通时，乃能返泉也。岩中多宋明古物，如铜钟、锡盆、木香炉及榜联等。联语皆佳，录二如下。

风静潮初满，山空月正中。　明天启　陈天受

夙根有慧皆森发，上善无声自广长。　九皋居士

尊翁惠书及明信悉收诵，乞代致候。邮券已收，敬谢。谨复，不宣。

五月二十日　演音疏

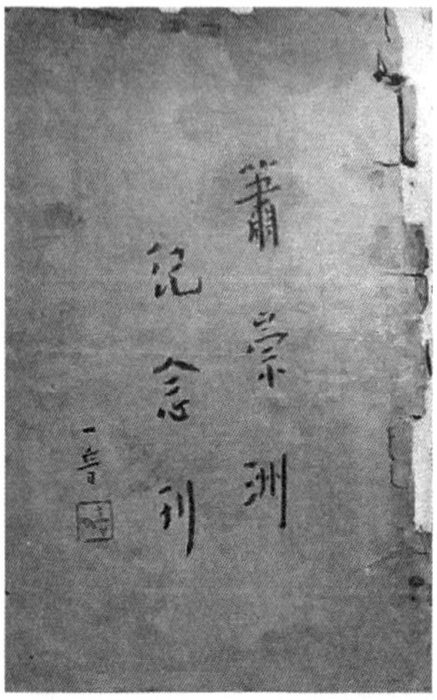

弘一大师题《萧崇洲纪念刊》。

按：此信福建人民出版社2019年12月版《弘一大师全集》（第3版，修订2版）第八册·文艺卷、杂著卷、书信卷第414页收录，标“一九三八年五月二十日，漳州瑞竹岩”。文物出版社2017年10月版陈飞鹏整理《弘一法师书信全集》第451页收录，标为农历四月二十一日。

6月20日（农历五月廿三日），在漳州致李鸿梁函。言厦门变乱前四日已到漳州弘法；今在乡间暂住，待车路通时返泉州等。[③]

6月29日（农历六月初二日），在漳州联名致叶宗择、叶宗定函。言奉上近作一首，请写示郑健魂、高文显诸居士；录瑞竹岩丈室题壁诗二首等。[④]

---

① 此信福建人民出版社2019年12月版《弘一大师全集》（第3版，修订2版）第八册·文艺卷、杂著卷、书信卷第479页收录，标“一九三八年旧五月十四日，漳州瑞竹岩”。

② 此信福建人民出版社2019年12月版《弘一大师全集》（第3版，修订2版）第八册·文艺卷、杂著卷、书信卷第484页收录，标“一九三八年旧五月廿日，漳州瑞竹岩”。

③ 此信福建人民出版社2019年12月版《弘一大师全集》（第3版，修订2版）第八册·文艺卷、杂著卷、书信卷第427页收录，标“一九三八年旧五月二十三日，漳州瑞竹岩”。

④ 此信福建人民出版社2019年12月版《弘一大师全集》（第3版，修订2版）第八册·文艺卷、杂著卷、书信卷第415页收录，标“一九三八年六月二日，漳州瑞竹岩”。

7月3日（农历六月初六日），萧崇洲为救卷入涡流的同事王步登不幸身亡。**按：**后惠世医院及基督教长老会为萧氏出版《萧崇洲纪念刊》，为纪念刊题封面。署名“一音”；钤印“吉目”。[①]

7月8日（农历六月十一日），在漳州致李芳远函。慰其专心念佛等。[②]

7月9日（农历六月十二日），在漳州致夏丏尊函。言现居乡间高山之上；将来汽车通时，拟往泉州或惠安等。[③]

7月10日（农历六月十三日），在漳州致善契法师函。言转寄之信收到；代问候尊师上人等。[④]

7月12日（农历六月十五日），在漳州致叶宗择函。言顷南山寺工人持尊函来；因工人即须返寺，略告若能返回泉州，拟住养老院等。[⑤]

7月16日（农历六月十九日），在漳州七宝寺讲《佛法大意》。[⑥]

《佛学半月刊》第7卷第20号“本局精印”载《地藏菩萨九华垂迹图》广告，署“卢世侯居士绘，弘一法师题字”。

7月27日至8月24日（农历七月），在泉州清尘堂之《药师如来法门略录》讲稿由泉州大药师寺觉圆法师捐资印行流通。

7月30日（农历七月初四日），在漳州致李芳远函。言所云诗集未见；传贯法师筑室之事已中止，不久拟返草庵。以后与其通信可寄泉州青阳寺全顺宝号交小沿塘西天寺转送草庵；在永春所见闻诸事，请撰述

---

① 萧崇洲（1915—1938），字洁之，号道夫，出生于福建惠安梅峰铺萧厝村（今泉州市泉港区南埔镇萧厝村）一基督教家庭，1932年考入泉州惠世医院医师班，酷爱弘一大师书法。

② 此信福建人民出版社2019年12月版《弘一大师全集》（第3版，修订2版）第八册·文艺卷、杂著卷、书信卷第418页收录，标“一九三八年旧六月十一日，漳州瑞竹岩”。

③ 此信福建人民出版社2019年12月版《弘一大师全集》（第3版，修订2版）第八册·文艺卷、杂著卷、书信卷第319收录，标“一九三八年小暑后一日，漳州瑞竹岩”。此信署“小暑后一日　演音上”。1938年小暑假为7月8日（农历六月十一日），小暑后一日当为7月9日（农历六月十二日）。文物出版社2017年10月版陈飞鹏整理《弘一法师书信全集》第457页收录时误标“旧六月十一日”。

④ 此信福建人民出版社2019年12月版《弘一大师全集》（第3版，修订2版）第八册·文艺卷、杂著卷、书信卷第474页收录，标“一九三八年旧六月十三日，漳州瑞竹岩”。尊师上人指鼓浪屿日光岩住持清智法师。

⑤ 此信福建人民出版社2019年12月版《弘一大师全集》（第3版，修订2版）第八册·文艺卷、杂著卷、书信卷第415页收录，标“一九三八年六月望日，漳州瑞竹岩”。

⑥ 弘一大师：《佛法大意》，收《弘一大师全集》第七册·佛学卷、传记卷、序跋卷，福建人民出版社2019年12月第3版、修订2版，第569页。

“笔记”数卷；将来可到泉州昭昧国学讲习所（不久即改名专科学校）专习国学。今春也此讲演一次等。①

附记：福建人民出版社 2019 年 12 月版《弘一大师全集》（第 3 版，修订 2 版）第八册 · 文艺卷、卷杂著卷、书信卷第 479—480 页收录一致性常法师函，标“一九三八年七月初四日，漳州瑞竹岩”。文物出版社 2017 年 10 月版陈飞鹏整理《弘一法师书信全集》第 459 页亦收录此函，所标时间、地点亦如此。从信中内容，尤其是“性常师来接，余即可他往也”一句，似写与他人，而非性常法师。姑且存疑。此函录存如下：

性常法师慧览：

传贯师来信，已收到。彼将返草庵，故托仁者转达。余现住漳州乡间，助理弘扬佛法，创办念佛会。（自本月十五日始。）俟车路或水路通时，性常师来接，余即可他往也。漳州产米甚多，现因车路毁坏，不能运往他处，故居此决无绝粮之忧也。《戒相表记》存在妙释寺，故须缓寄。以上乞转达。为祷。

七月初四日　演音上

8 月 23 日（农历七月廿八日），致丰子恺画，并赠书幅二件。

夏末，李圆净居士将所辑《梵网戒本汇解》寄至泉州，请为校定。②

8 月 25 日至 9 月 23 日间（农历闰七月），在漳州致善契法师函。言性常法师已到漳州；本人即拟讲经，并重兴念佛会；代问候马居士等。③

8 月 29 日（农历闰七月初五日），在漳州致善契法师函。言前存妙释寺念佛堂寮房内床上有灰布包一个，内有佛经纸张印色等，请取出存日光岩，并便中带至漳州。因急用，由妙释寺取至鼓浪屿，可托蔡吉堂居士介绍一切等。④

致李圆净函。言《梵网戒本汇解》已收到；前寄之徐居士遗札，内有痛斥清朝经手刻藏经者之言，实为误会；述年来讲经情况；《佛法导

① 此信福建人民出版社 2019 年 12 月版《弘一大师全集》（第 3 版，修订 2 修）第八册 · 文艺卷、杂著卷、书信卷第 418—419 页收录，标“一九三八年七月初四日，漳州瑞竹岩”。

② 弘一大师：《〈梵网戒本汇解〉序》，收《弘一大师全集》第七册 · 佛学卷、传记卷、序跋卷，福建人民出版社 2019 年 12 月第 3 版、修订 2 版，第 613 页。

③ 此信福建人民出版社 2019 年 12 月版《弘一大师全集》（第 3 版，修订 2 版）第八册 · 文艺卷、杂著卷、书信卷第 474 页收录，标“一九三八年闰七月，漳州祈保亭”。

④ 此信福建人民出版社 2019 年 12 月版《弘一大师全集》（第 3 版，修订 2 版）第八册 · 文艺卷、杂著卷、书信卷第 474 页收录，标“一九三八年闰七月初五日，漳州祈保亭”。文物出版社 2017 年 10 月版陈飞鹏整理《弘一法师书信全集》第 460 页收录，地点标“漳州瑞竹岩”。

论》精密，便中请惠施若干册寄下等。[1] **按：**李圆净寄《梵网戒本汇解》时另有函。弘一大师至1940年夏初方收到此函。[2]

8月30日（农历闰七月初六日），在漳州致蔡丏因函。言近在漳州城区弘法顺利；不久拟讲经数种，并复兴念佛会；请施资，向上海佛学书局购小张五彩印刷地藏菩萨像三十张、楷书毛边纸石印《地藏菩萨本愿经》五十册寄下等。[3]

致夏丏尊函。言近得丰子恺函，知仁者殇孙。乞常阅佛书，并诵经念佛；近来在漳州城区弘法；建议常在上海访问陈无我居士等。[4]

9月1日（农历闰七月初八日），《佛学半月刊》第7卷第23号刊出《影印佛说大乘戒经十善业道经跋》，署名“弘一”；《普贤行愿赞梵本私考跋》，署名“弘一”。该期另有《普贤行愿赞梵本私考跋》广告：“毛边纸二色影印每册定洋一元，唐不空三藏译，日僧饮光辑订。普贤行愿赞梵本私考一卷，系弘一法师得之东瀛书林，今付影印，密宗学者，又可得一未见之书焉。”

9月6日（农历闰七月十三日），是日为农历出家十年纪念日，在漳州梅园尊元经楼讲《阿弥陀经》并摄影留念。[5] 书《苦乐对览表》，赠尊元经楼。《苦乐对览表》记曰：“华民二十七年岁次戊寅闰七月十三日，余剃染出家二十周年。是日诸善友集聚尊元经楼，为余诵经忏罪。余于是日始讲《阿弥陀经》一卷，回向众生，同证菩提，并书《苦乐对览表》二纸，呈奉经楼，以为纪念焉。沙门一音。”[6] **按一：**尊元经楼位于漳州市东门浦头祈保亭之南，此地原为凤霞祖宫崇经堂，与凤霞祖宫背向，始建于清初，1936年由施萌棠等捐资重修，更名尊元经楼，楼下供佛像，楼上为藏经之所。新中国成立后，凤霞祖宫、梅园尊元经楼部分被改为新行街上的虾浦小学，后因地产开发已遭拆除殆尽。目前新建之凤霞祖宫位于文化街66号。**按二：**宗教文化出版社1995年8月版林子

今漳州新行街。摄于2019年4月。

今新行街118号的漳州市虾浦小学校门。摄于2019年4月。

---

① 此信福建人民出版社2019年12月版《弘一大师全集》（第3版，修订2版）第八册·文艺卷、杂著卷、书信卷第382页收录，标“一九三八年闰七月五日，漳州祈保亭”。

② 弘一大师：《〈梵网戒本汇解〉序》，收《弘一大师全集》第七册·佛学卷、传记卷、序跋卷，福建人民出版社2019年12月第3版、修订2版，第613页。

③ 此信福建人民出版社2019年12月版《弘一大师全集》（第3版，修订2版）第八册·文艺卷、杂著卷、书信卷第356页收录，标“一九三八年闰七月六日，漳州祈保亭”。

④ 此信福建人民出版社2019年12月版《弘一大师全集》（第3版，修订2版）第八册·文艺卷、杂著卷、书信卷第319页收录，标“一九三八年闰七月六日，漳州祈保亭”。

⑤ 该影像曾刊于1940年《佛学半月刊》第9卷第20号（第215期）。

⑥ 弘一大师：《苦乐对览表》，收《弘一大师全集》第八册文艺卷、杂著卷、书信卷，福建人民出版社2019年12月第3版、修订2版，第208页。

今漳州凤霞祖宫。摄于 2019 年 4 月。

今凤霞祖宫前有“崇经楼”。摄于 2019 年 4 月。

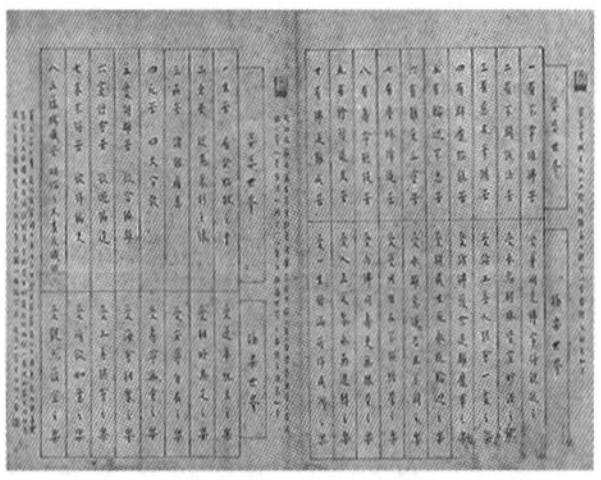
弘一大师 1938 年书《苦乐对览表》。

弘一大师（中）在漳州梅园与吕书玉（左）、施萌棠（右）合影。

青编著《弘一法师年谱》第 265 页误将此事录为“七月十三日”，实际系闰七月十三日。**按三：**在漳州梅园曾与吕书玉、施萌棠合影。农历闰七月于出家 20 周年纪念时在梅园留影。在梅园与性常法师等合影。

9 月 11 日（农历闰七月十八日），李圆净来函。①

9 月 12 日（农历闰七月十九日），讲经完毕，许宣平设斋供养三宝，为其书云峰禅师偈句，题记曰：“‘祗今休去便休去，若待了时无了时’。岁次戊寅闰七月十三日，为余剃染二十周年。是日始讲《佛说阿弥陀经》于龙溪尊元经楼。宣平居士先一夕自福州归，获预法会。逮十九日讲经圆满，居士设斋供养三宝及诸善信，庆幸欢忭，得未曾有。居士久处尘劳，恒思厌离，乃嘱题句，用自惕励，并志近事，以为纪念焉。一音录古德句。”② **按：**宗教文化出版社 1995 年 8 月版林子青编著《弘一法师年谱》第 265 页误将此事录为“七月十九日”，实际系闰七月十九日。

在漳州致性愿法师函。言居漳州已数月；如晤王正邦、郑广德、高文显诸位，请代问候等。③

9 月 14 日（农历闰七月廿一日），丰子恺来信：

弘一法师座下：

旧七月廿八示并墨宝二幅，敬收，谢谢。闻吴敬生君言，漳州农民银行吴仲升君曾索墨宝，吴敬生所索墨宝亦已收到，均深感谢。承许秋后续赐法书，不敢多请。唯缘缘堂被毁，前赐书均损失，内《大智度论·十喻赞》大屏六条，及狭长对一副（真观清静观广大智慧观，梵音海潮音胜彼世间音）为恺所宝爱，竟未取出（因敌寇取迂回战，不期而至，仓皇出奔，全家十人仅以身免，一切衣物器什皆从新购置，书籍字画全毁），他日乞于宏法之暇，重写见赐。《十喻赞》但写小屏或横直幅即可，对亦不须长大，因今无屋可供，但得法书该文，即可到处供养，没有迁居，可卷而怀之也。今有三事奉陈：

一、夏先生来信，云护法款虽略损失，当由同人填补，今后如有需用，乞随时示之，当即汇送。夏亦有信寄奉。

① 参见弘一大师 1938 年 10 月 1 日（农历八月初八日）致李圆净函。

② 弘一大师：《赠许宣平居士偈语题记》，收《弘一大师全集》第七册·佛学卷、传记卷、序跋卷，福建人民出版社 2019 年 12 月第 3 版、修订 2 版，第 638 页。此书原件钤印“沙门月臂”。

③ 此信福建人民出版社 2019 年 12 月版《弘一大师全集》（第 3 版，修订 2 版）第八册·文艺卷、杂著卷、书信卷第 456 页收录，标“一九三八年闰七月十九日，漳州祈保亭”。

二、马一浮先生已于国历八月底到桂林，率眷属（姊之子媳等）十余人，从江西泰和南行，过大庾岭，走韶州，由西江泛苍梧，经柳州以至桂林，在途二十五天，正值炎暑，幸皆康适。今卜居桂林城东，（通信由恺转）其藏书一部分在桐庐被焚，余一部在杭，一部在赣，一部分随身带桂，路上幸无损失。近时相过从，谈言中每念及法踪，深为关念。

三、广西十年前曾有毁佛像之举，故宗教气甚薄，但迩来文化西行，广西人吸收不遗余力，此亦可嘉之现象。闻当地最致力于宏法之万少石居士言，因彼之努力，广西已有《大藏经》三部（桂林，梧州，南宁），且不复有辟佛之妄举，今马先生到桂，教诲所及，当如草上之风。今后之广西，当不复为佛法难闻之边地矣。沿海诸省，每多烽火，今后恐一时难靖，鄙意拟请法驾西行来桂，特先征请尊意，如蒙许可，当设法派人（或即请郑健魂居士）来迎。走海道由香港到此，较为便捷。若行李不多，则陆路或亦可通也。“桂林山水甲天下”，所谓甲，徒奇秃耳，远不如吾杭之秀，然山间大可住居。因其土人以质胜文，且当局治理颇有秩序，故盗匪几于绝无，真可谓“山无盗贼”也。至祈酌复为感。

恺下月任新办之桂林师范课，当迁城外五十里之乡间，但通信仍由开明转可也。顺请

慈安

弟子丰子恺拜具

九月十四日[①]

1938 年农历闰七月弘一大师出家 20 周年纪念时摄于漳州梅园。

1938 年 9 月 6 日弘一大师（前排左四）在漳州尊元经楼。

1938 年弘一大师（中）在漳州梅园与性常法师（右）等合影。

9 月 16 日（农历闰七月廿三日），《佛学半月刊》第 7 卷第 24 号刊出《致李圆净居士书》，署名“弘一”。信曰：“……今年皆在各地讲经。（泉漳厦门惠安）……”同期有《普贤行愿赞梵本私考》广告。

9 月 17 日（农历闰七月廿四日），在漳州致丰子恺函。言弘法甚忙，并有良好效果。委托绘佛像一纸，约二尺高之直幅（四尺宣纸一张裁开为四幅）像上写‘南无本师释迦牟尼佛’九字，下方纸边写“笑棠居士供养”等，另有附言：“倘仁者多暇，乞再绘如上式之佛像数叶，但不写上款，一并寄下，尤感。”[②]

① 此信见《丰子恺全集》20 书信日记卷二，海豚出版社 2016 年 10 月版，第 17—18 页。
② 此信福建人民出版社 2019 年 12 月版《弘一大师全集》（第 3 版，修订 2 版）第八册·文艺卷、杂著卷、书信卷第 372 页收录，标“一九三八年闰七月廿四日，漳州祈保亭”。

9月21日（农历闰七月廿八日），在漳州致蔡丏因函。言地藏菩萨像昨日收到；后日适值地藏菩萨圣诞，因缘巧合；近已请本乡保长讲此经（应系《地藏菩萨本愿经》——编者注）等。①

9月30日（农历八月初七日），在漳州致丰子恺函。言来信收到；屏联待后写奉；居闽南已十年，缁素、善友护法甚力。年来老态日增，不久即往生极乐。故于今春在泉州及惠安尽力弘法，近在漳州亦尔。犹如夕阳，殷红绚彩，随即西沉，作最后之纪念；漳州事未了，不克他往；桂林诸居士有嘱书者，请随时示知等。②

收到李圆净闰七月十八日来函。③

10月1日（农历八月初八日），在漳州致李圆净函。言闰月十八日惠书昨天收到，前寄科文校稿一纸亦已收到；详述旧存道光年间所刻《华严疏钞玄谈》等。④

《佛学半月刊》第7卷第25号刊出《致李圆净居士书》，署名“弘一”。信曰：“承寄戒本汇解（编者按：此指圆净居士所编梵网经菩萨戒本汇解）已收到。近详阅仁者前寄来之徐居士（按此指徐蔚如老居士）……”**按：**曾在草庵圈点《梵网经菩萨戒本疏卷十》，有题记，署“沙门胜髻时居晋水草庵”；钤印“无畏”。⑤

附记：2018年2月11日“弘二堂”微信公众号公布一致夏丏尊函，福建人民出版社2019年12月版《弘一大师全集》（第3版，修订2版）第八册·文艺卷、杂著卷、书信卷和文物出版社2017年10月版陈飞鹏整理《弘一法师书信全集》均未收录。信如下：

丏尊居士文席：

惠书诵悉，至慰。诸荷关念，感谢无尽。附奉致石禅居士一纸，乞转交。又不久由陈无我居士送上《旅行者言》二册。一乞仁者自阅，一乞转赠石禅。此书虽浅近殊足警策身心，朽人曾阅此书亦获甚大之利益。乞勿以此浅近而忽之也。前留沪摄影，便中乞寄

① 此信福建人民出版社2019年12月版《弘一大师全集》（第3版，修订2版）第八册·文艺卷、杂著卷、书信卷第356页收录，标“一九三八年闰七月二十八日，漳州祈保亭”。

② 此信福建人民出版社2019年12月版《弘一大师全集》（第3版，修订2版）第八册·文艺卷、杂著卷、书信卷第373页收录，标“一九三八年九月三十日，漳州瑞竹岩”。此信曾载1943年《学术界》第1卷第3期，李芳远辑，题《弘一大师书牍（续）》。

③ 参见弘一大师是年10月1日致李圆净函。

④ 此信福建人民出版社2019年12月版《弘一大师全集》（第3版，修订2版）第八册·文艺卷、杂著卷、书信卷第382—383页收录，标“一九三八年旧八月初八日，漳州瑞竹岩”。

⑤ 弘一大师：《梵网经菩萨戒本疏卷十》，收《弘一大师全集》第七册佛学卷、传记卷、序跋卷福建人民出版社2019年12月第3版、修订2版，第342页。

下数叶。

前上函想已收到。

十月一日　演音启

“弘二堂”微信公众号发布此信时，标注写于1939年。此误。石禅即经亨颐，逝于1938年9月21日。弘一大师写此信时，当知其得病，并不知其已逝世，故赠书“警策身心”。1939年时，弘一大师当知其已逝世。又，信中有“前留沪摄影”，指1937年自青岛返厦门在上海停留时之留影。故此信当写于1938年10月1日。此信录存于此，供研究参考。

10月8日（农历八月十五日），在漳州致夏丏尊函。言闽南时局若无变化，拟再迟月余返泉州。小住后再往惠安；因车路已毁，路途须乘肩舆，费用甚多。请汇资二十元等。①

致郁智朗函。言为令兄书一纸附寄；是间天气炎热，迟月余或返泉州，再为书写一二纸；盼来信告知年龄、家族等情况；刘质平如在宁波，请代问候等。②

10月14日（农历八月廿一日），在漳州致李芳远函。言不久即往他处，行踪难定等。③

丰子恺来信：

弘一法师座下：

两示均拜领。嘱绘佛像，日内当即多画几幅挂号寄上，勿念。漳州宏法事忙，未能来桂，殊深怅惘，只得他日再觅胜缘。马一浮先生本定同住桂林，现亦欲迁居宜州（离此二日旅程），因浙江大学在宜州开学也。恺因桂林师范在离此六十里之乡间，故不日亦将迁乡。以后通信，仍寄开明亦可。或寄“桂林两江泮塘岭四十号”，则可直接收到。前一师同学傅彬然君，在此与恺同事。欲求墨宝。彼之友人洪纠咎君，亦有同愿。彬然前曾得赐，但未赐呼。今次拟乞赐题上款。上二幅（彬然，纠咎）乞于便时书寄，不胜感谢。来示捧读后甚深感慨。豺虎逼人，使吾师友东分西散，不得时亲侍奉，怅何如之。但愿玉体日健，久住此世，长为群生渡苦，则幸甚

① 此信福建人民出版社2019年12月版《弘一大师全集》（第3版，修订2版）第八册·文艺卷、杂著卷、书信卷第319页收录，标“一九三八年中秋节，漳州祈保亭”。

② 此信福建人民出版社2019年12月版《弘一大师全集》（第3版，修订2版）第八册·文艺卷、杂著卷、书信卷第424页收录，标“一九三八年中秋节，漳州祈保亭”。

③ 此信福建人民出版社2019年12月版《弘一大师全集》（第3版，修订2版）第八册·文艺卷、杂著卷、书信卷第419页收录，标“一九三八年十月十四日，漳州瑞竹岩”。

也。今日函上海夏先生，请其汇款供养，大约即可寄到。有所需要，尚请随时见示。敬请

法安

弟子丰子恺叩上

十月十四日①

10月15日（农历八月廿二日），《三宝歌》刊于《海潮音》第19卷第10号，署“太虚大师作歌，弘一律师选谱”。**按：**同期刊有尘空《三宝歌广释》长文。

10月22日（农历八月廿九日），在漳州致杨立人函：

立人居士道席：

惠书，敬悉，至用欣慰。朽人居漳将半载，随分随力，敷扬大法，稍迟或可返惠安也。嘱书件，附奉上。谨复，不宣。

演音启　十月二十二日

按：此信福建人民出版社2019年12版《弘一大师全集》（第3版，修订2版）第八册·文艺卷、杂著卷、书信卷第430页收录，标“一九三八年十月二十二日，漳州瑞竹岩”。文物出版社2017年10月版陈飞鹏整理《弘一法师书信全集》第472页收录，时间标1938年“旧十月二十二日”，地点标“泉州承天寺”。根据信中“朽人居漳将半载，随分随力，敷扬大法，稍迟或可返惠安也”之句，《弘一大师全集》所标确当。

附记一：文物出版社2017年10月版陈飞鹏整理《弘一法师书信全集》第464页收录致李芳远一函，福建人民出版社2019年12月版《弘一大师全集》（第3版，修订2版）第八册·文艺卷、杂著卷、书信卷未收，为保利（厦门）国际拍卖有限公司2017春拍品，整理者推测写于漳州，时间为1938年农历八月。因以往无著录，为拍卖件，录存供参考：

芳远童子智鉴：

惠书，诵悉。仁者所施笺纸，今仍不舍用之，因实为难得也。

① 此信见《丰子恺全集》20书信日记卷二，海豚出版社2016年10月版，第18—19页。丰子恺于1948年12月22日对此信有补题：“此十一年前避寇广西时上弘一法师书。法师阅后以贻人希先生。胜利后三年余游闽南，法师已往生极乐。人希先生来晤，出示此书。余阅后冥想前尘，欣慨交心，遂为加题，藉留遗念。戊子长至丰子恺客厦门。”人希，即张人希（1918—2008），画家、书法家、篆刻家，曾在艺术上求教于弘一大师。

仁者神精衰弱近可有缓解，甚念。仁者可于国学多用功夫，可由浅而深慢慢体会古贤之精神，其中诸多哲理于仁者将大有裨益也。观音宝相册亦可时时习览临摹，宝相之光辉亦将时时明耀仁者胸膛也。

附寄上佛字一纸，乞收入。

音上

（信中“神精衰弱”之“精”字照录——编著者按）

附记二：文物出版社 2017 年 10 月版陈飞鹏整理《弘一法师书信全集》第 466 页收录一致黄稷堂函，时间标 1938 年“旧九月初四（新历 10 月 26 日）”，地点标“漳州”。此信福建人民出版社 2019 年 12 月版《弘一大师全集》（第 3 版，修订 2 版）第八册 · 文艺卷、杂著卷、书信卷未收录。《弘一法师书信全集》言此函见于拍卖会图片。因以往无著录，附记于此，供研究参考。信曰：

稷堂居士文席：

朽人不久或返泉州。前乞刻之印，拟请仁者奏刀为宜（无须转托令友，仁者篆刻固甚精也）。阔边朱文仿秦印，刻健魂二字。费神，至感。不宣。

十月二十六日　演音启

仲秋为严笑棠“祇园”题额，并撰《祇园记》。署“温陵沙门一音”。①

10 月 27 日（农历九月初五日），在漳州致觉徹法师函。言在漳州弘法之诸事已渐完毕，若时局平靖，不久即返泉州。拟先到尊寺暂住数日。性常法师将一并往泉州等。②

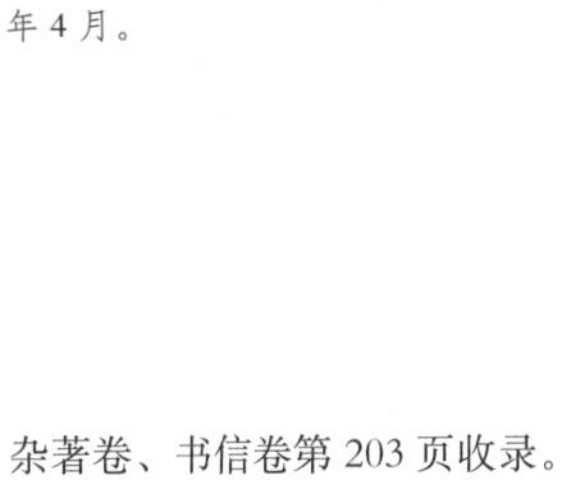
今漳州石室岩一瞥。摄于 2019 年 4 月。

10 月 31 日（农历九月初九日，重阳），书印光法师撰《历代名画观音宝相精印流通序》。题署“中华民国二十七年戊寅重阳日。是岁将暮，晋水月台沙门一音书”；钤印“胤”、“弘一”。③

马冬涵为刻“泓一六十后作”朱文印，边款“戊寅重九为泓一法师镌玺，晓清马东涵”。**按：**“泓”字，原文如此。

① 此记福建人民出版社 2019 年 12 月版《弘一大师全集》（第 3 版，修订 2 版）第八册 · 文艺卷、杂著卷、书信卷第 203 页收录。

② 此信福建人民出版社 2019 年 12 月版《弘一大师全集》（第 3 版，修订 2 版）第八册 · 文艺卷、杂著卷、书信卷第 492 页收录，标“一九三八年九月五日，漳州祈保亭”。

③ 图版见平湖市李叔同纪念馆编：《李叔同当湖书印文辑》，西泠印社出版社 2015 年 10 月版，下册 336—341 页。

今漳州石室岩龙袴国师神运石塔。摄于2019年4月。

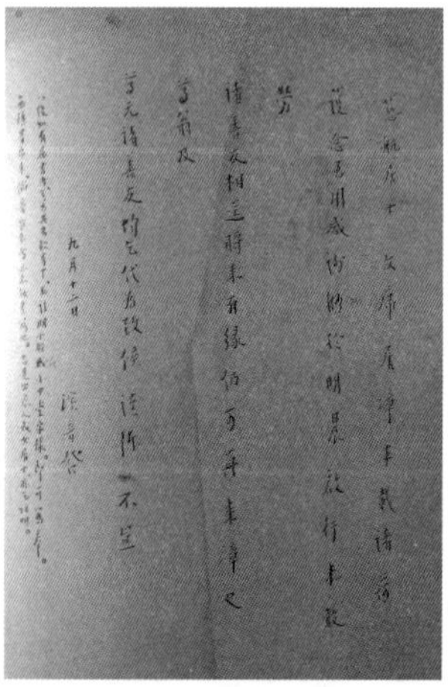

弘一大师于1938年11月3日（农历九月十二日）致施慈航函。

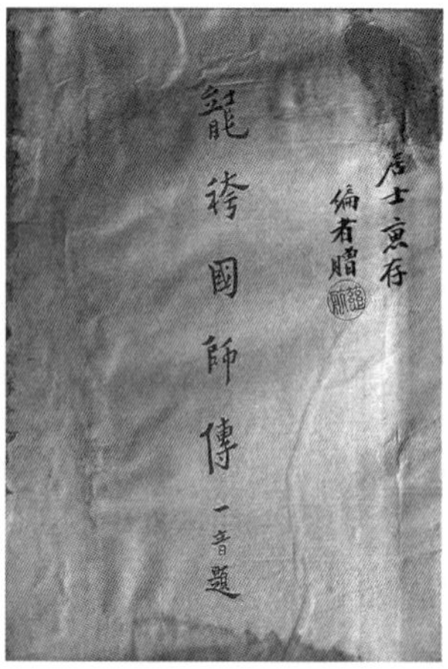

弘一大师题《龙袴国师传》封面。

10月（农历八月初八日至九月初九日），在漳州致李芳远函。言据传贯法师来信，已移居惠安崑山寺等。①

11月3日（农历九月十二日），在漳州致丰子恺函。言前复函及写件，想早收到；《十喻赞》写就奉览；画集续编或可不限定诗句，古今人文句皆可用；居山掩室，以后惠书，托夏居士转交等。②

致施慈航函：

慈航居士文席：

居漳半载，诸荷护念，至用感谢。拟于明晨启行，未敢劳诸善友相送，将来有缘，仍可再来漳也。尊翁及尊元诸善友均乞代为致候。谨陈，不宣。

九月十二日　演音启

以后如有嘱书者，乞写其名款寄下，并注明小联或小中堂字样，即可写奉。无须寄纸来。倘寄纸来者，亦未能书写也。若是出家人或女居士，亦乞注明。

按：福建人民出版社2019年12月版《弘一大师全集》（第3版，修订2版）第八册·文艺卷、杂著卷、书信卷第428页收录此信，标“一九三八年旧九月十二日，漳州瑞竹岩”。文物出版社2017年10月版陈飞鹏整理《弘一法师书信全集》第467页收录此信，地点标“漳州祈保亭”，将书信落款“九月十二日　演音启”误录为“演音启　戊寅九月十二日”。此信图版见林可同编《弘一书法墨迹》，中国美术学院出版社2004年4月版，第77页。

11月4日（农历九月十三日），离开漳州。

按一：在漳州时曾至石室岩。1947年11月17日漳州东方印务印刷发行的由施慈航编辑的《龙袴国师传》，由弘一大师题写封面。该书记载：“民国癸酉年，念西隐此二年。搜其事迹，复询故老，作为传偈，弘一上人且为之序。”书页后印“鉴定者：弘一上人”字样。《龙袴国师传》中印有弘一大师与念西法师等在龙袴国师神运塔前的合影。故可知弘一大师应到过该塔所在的石室岩。石室岩系明代万历年间樵运和尚（即龙袴国师）所辟道场。石室岩位于漳州市龙文区蓝田镇梧桥村的三

① 此信福建人民出版社2019年12月版《弘一大师全集》（第3版，修订2版）第八册·文艺卷、杂著卷、书信卷第419页收录，标“一九三八年十月，漳州瑞竹岩”。

② 此信福建人民出版社2019年12月版《弘一大师全集》（第3版，修订2版）第八册·文艺卷、杂著卷、书信卷第372页收录，标“一九三八年九月十二日，漳州祈保亭”。此信影印件见《弘一与厦门》，鹭江出版社2012年8月版，第117页。

峰山，位于聚奎岩之阳，有天然巨石构成的石室数间，其中一间为一块弧形巨石覆盖于朝南的石窟之上，故名石室岩，1992 年重修。又：1949 年 6 月 19 日由漳州马坪街古宋印刷所印刷发行《三坪寺广济禅师事迹纪略》，亦施慈航编辑，封面由弘一大师题写。

按二：宗教文化出版社 1995 年 8 月版林子青编著《弘一法师年谱》1938 年条目中记曰：“是冬漳州筑祠云洞岩，将以祀明蔡鹤峰并略庵居士，师适览《工遵岩集》有《寿鹤峰布衣序》，深致景仰，为篆书‘南无阿弥陀佛’名号以祝，并加题记。”并在注释中录有弘一大师“为漳州云洞岩鹤鸣祠书佛号题记”。详见本谱 1939 年戊寅农历十二月条目。此为弘一大师与漳州云洞岩之因缘。而如今云洞岩有鹤鸣楼，楼前有说明牌，则曰：“近代高僧弘一法师曾在此楼为漳州信士讲经弘法解析佛学道理。”其是否为史实，尚待考证。

《龙袴国师传》中印有弘一大师（右一）与念西法师等在龙袴国师神运塔前的合影。故可知弘一大师应到过该塔所在的石室岩。

按三：林子青编著《弘一法师年谱》的 1938 年条目中又记曰：“闰七月，拟讲经数种，并复兴念佛堂，又为瑞竹岩下本乡保长讲《地藏经》，听者甚众。”弘一大师在致蔡冠洛信中说：“承施地藏菩萨经像，昨夕已经收到，感谢无尽。后日适值菩萨圣诞，先三日寄到，因缘巧合，诚为漳城佛法复兴之象也。近日为本乡保讲此经，听者甚众。仁者法施功德，曷有极耶？谨复并谢。不宣。闰七月二十八日演音疏。”此信写于闰七月二十八日，写信时已为当地人士讲过《地藏经》。漳州研究者施正峰在《弘一法师在漳州——纪念大师逝世七十周年》（载 2012 年 10 月 25 日《闽南日报》）一文中言：“法师另一次弘法在本市山顶巷（今大同路 193 号塔口庵前不远）‘太阳公庙’讲《普门品》经，并将该庙改名为‘三晃寺’。法师对《普门品》经，宣讲经书，以通俗讲法，句句解释分明，一时漳州佛教在家居士和地方各界人士闻风而来，聚满小小‘三晃寺’，认真听讲两天。”时为 1938 年闰七月二十一日致二十三日。二者时间相吻合，但所述讲经内容不一，当以弘一大师本人所述为准。

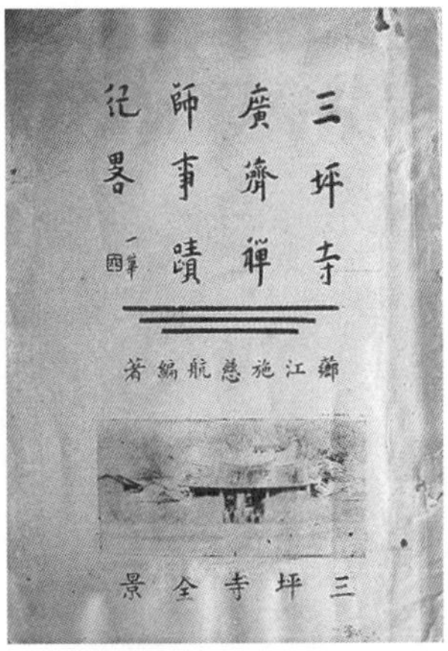

弘一大师题写封面的《三坪寺广济禅师事迹纪略》。

按四：因战事，漳泉公路被破坏，乘船至石美。后至同安梵天寺。离漳州前致夏丏尊函。言拟向佛学书局购请佛书，附一纸托人送去，并请护法会惠施十五元一并送去；在漳州诸事安适，一时尚未能返泉州等。[①] 又有一函曰承施资已收到；若时局无变化，不久即可动身等。[②] 居梵天寺金刚殿西房数日，曾为千佛阁题门联。今厦门同安区原为同安县，1997 年 5 月撤县设区。2003 年 9 月，厦门市区划调整，原同安区又分

同安梵天寺旧影。（资料来源：《厚学老和尚纪念特刊》，梵天寺编，2003 年 8 月）

① 此信福建人民出版社 2019 年 12 月版《弘一大师全集》（第 3 版，修订 2 版）第八册 · 文艺卷、杂著卷、书信卷第 320 页收录，标“一九三八年旧九月，漳州瑞竹岩”。

② 此信福建人民出版社 2019 年 12 月版《弘一大师全集》（第 3 版，修订 2 版）第八册 · 文艺卷、杂著卷、书信卷第 320 页收录，标“一九三八年十一月，漳州”。

今梵天寺一瞥。摄于 2019 年 3 月。

为同安区和翔安区。梵天寺位于同安区大轮山主峰之下，始建于隋代开皇元年（581），系福建最古老的寺院之一，原名兴教寺，北宋熙宁二年（1069）赐名梵天寺。

晚秋，为马冬涵《马冬涵印集》作序，署“戊寅秋晚，二一老人，时居南州。”并题“无相可得”。①

梵天寺金刚殿西房，在原地、原样复建的金刚殿门内。摄于 2019 年 3 月。

11 月 11 日（农历九月廿日），由同安梵天寺到安海，居安平桥头水心亭。**按：**在此约住一月。曾为水心亭题“澄渟院”，并书联“如来境界无有边际，普贤身相犹如虚空”。② 为水心亭书《戒是佛为》七言联。在安海与当地绅商学界合影。照片题字“安海绅商学界欢迎弘一法师莅水心亭留影纪念。廿七年戊寅。”水心亭澄渟院今位于晋江市安海镇安平桥景区。在安海期间曾至伍常私塾“紫荆书屋”交流。③

11 月 14 日（农历九月廿三日），在晋江致觉徹法师函。言农历廿日到安海，因琐事及性常法师患眼疾，一时未能赴泉州；若传贯法师有信至尊寺，请转寄安海水心亭等。④

11 月 16 日（农历九月廿五日），《佛学半月刊》第 169 期刊出佛学书局“青年丛书”《护生画集》广告。

11 月 17 日（农历九月廿六日），在晋江致施慈航函：

澄渟院旧影。（资料来源：《弘一大师在安海》，许著华编著，福建教育出版社 2018 年 10 月版。）

慈航居士慧览：

前上明信，想已达。二十日抵安海，居水心亭。约下月望后，乃他往。前在清漳与仁等时相过从，至为欢忭。今离群索居，怅惘何已。上海陈无我居士处，已致函托彼，常常寄诸佛书至尊寓，广结善缘。他日倘收此书后，乞随时通信致谢。彼居上海慕尔鸣路第一百十一弄第六号世界新闻社内。谨陈，不宣。

旧九月二十六日　演音启

① 弘一大师：《〈马冬涵印集〉序》，收《弘一大师全集》第七册 · 佛学卷、传记卷、序跋卷，福建人民出版社 2019 年 12 月第 3 版、修订 2 版，第 643 页。马冬涵（1914—1975），原名东涵，曾用名马海髯，爱好书法篆刻，1933 年加入中国共产党，1937 年任中共漳州工委书记，1943 年春被捕入上饶集中营，后按照组织要求，以登报脱党方式获得出狱，出狱后从事教育工作。

② 许著华编著：《安平碑拓录》，香港风雅图书出版有限公司 2010 年 12 月版，第 167—168 页。

③ 蔡清吟：《外曾祖父与弘一大师之因缘》，载 2015 年 9 月《莲馆弘谭》第 11 期。伍常（1878—1939），福建晋江安海人，原名伍长祐，字祥甫，号纯庵。

④ 此信福建人民出版社 2019 年 12 月版《弘一大师全集》（第 3 版，修订 2 版）第八册 · 文艺卷、杂著卷、书信卷第 492 页收录，标“一九三八年旧九月廿三日，晋江安海水心亭”。

按：福建人民出版社2019年12月版《弘一大师全集》（第3版，修订2版）第八册·文艺卷、杂著卷、书信卷第428页收录此信，收录时将信中“前在清漳与仁等时相过从”中的“清”字录为“闽”字。文物出版社2017年10月版陈飞鹏整理《弘一法师书信全集》第469页收录此信，亦录为“闽”字。另将落款“旧九月二十六日　演音启”录为“演音启　旧九月二十六日”。原信图版见林可同编《弘一书法墨迹》，中国美术学院出版社2004年4月版，第71页。

今晋江水心亭澄渟院。摄于2019年5月。

11月22日至12月21日（农历十月），许晦庐为刻印“二一老人”，边款“弘一法师命篆刻即乞教之，晦庐，戊寅十月”。

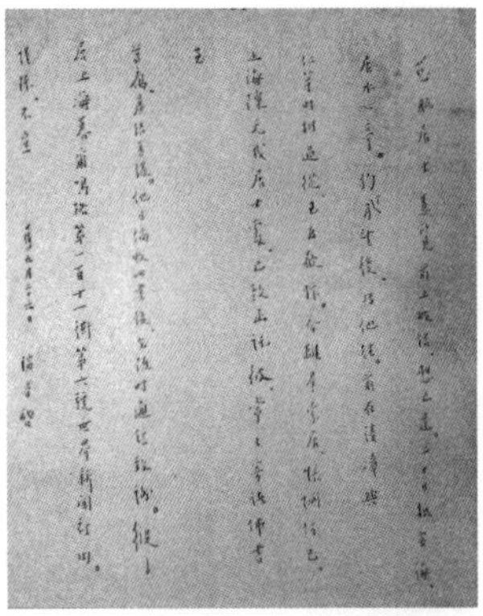

弘一大师于1938年11月17日（农历九月廿六日）在晋江致施慈航函。

11月23日（农历十月初二日），在安海黄大宗祠讲法，持续三日。①

在晋江致性愿法师函：

性公老法师慈鉴：

传贯师往泉，两次出口证已领到。但彼等之意，欲令后学从缓动身。只可延期。俟将来动身往鼓浪屿时，再致函奉闻。荷劳慈念，谨先慰达。附奉上致佛教会一笺，又与吴居士归依文一纸，乞费神转交，至感。顺颂

法安

后学音稽首　十月二日

1938年安海绅商学界欢迎弘一大师（前排左五）莅临晋江安海水心亭纪念照。

按：此信福建人民出版社2019年12月版《弘一大师全集》（第3版，修订2版）第八册·文艺卷、杂著卷、书信卷第458页收录，标“一九四〇年十月二日，永春普济寺”。文物出版社2017年10月版陈飞鹏整理《弘一法师书信全集》第551页收录，亦如此标注。疑误。此信所言行踪与1940年弘一大师离开永春前之情形不合。又，信中言“两次出口证已领到”，恰在1938年11月，弘一大师领得身份证书。而传贯法师往泉州之行迹亦在此时期。如农历十一月，弘一大师致函性愿法师时就言及借传贯法师来泉州之便，拟请慈悲代向佛学书局请佛书。再者，信中提到“又与吴居士归依文一纸”，而在本年3月14日，弘一大师在晋江寄出致善契法师函，言承寄《金刚经》已收到；吴居士处，代为致谢等。故此函似写于1938年11月23日（农历十月初二日），时在晋江。

① 伍常：《弘一上人讲经叙》手稿，见蔡清吟《外曾祖父与弘一大师之因缘》，载2015年9月《莲馆弘谭》第11期。

11月27日（农历十月初六日），在晋江安海金墩宗祠讲《佛法十疑略释》。①

11月28日（农历十月初七日），在晋江安海金墩宗祠讲《佛法宗派大概》。②

11月29日（农历十月初八日），在晋江安海金墩宗祠讲《佛法学习初步》。③

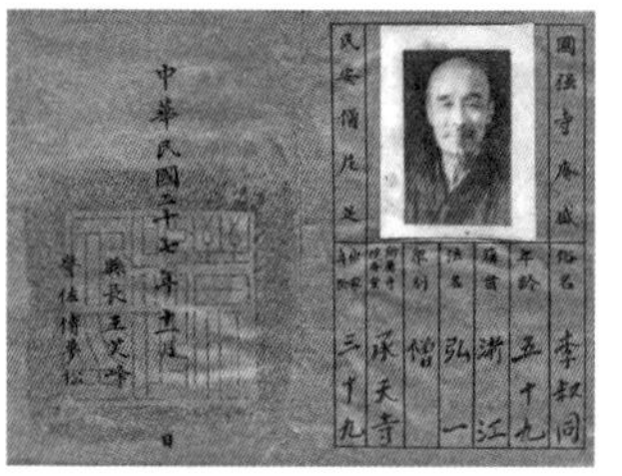

弘一大师于1938年11月获取的身份证书。

11月（农历九月初十日至十月初九日），获身份证书，各栏内容分别是，俗名：李叔同；年龄：五十九；籍贯：浙江；法名：弘一；众别：僧；所属寺院庵堂：承天寺；出家年龄：三十九。

12月4日（农历十月十三日），在晋江致高文显函：

胜进居士文席：

近闻《华严疏钞》，有引“枕上片时春梦中，行尽江南数千里”之句。考《会玄记》（释疏钞者）云：此为唐岑参《春梦》诗也。上二句云：“洞房昨夜春风起，遥忆美人湘江水。”又近日阅《灵峰宗论》（明蕅益大师撰）有诗云：

日轮挽作镜，海水挹作盆。照我忠义胆，浴我法臣魂。九死心不悔，尘劫愿犹存。为檄虚空界，何人共此轮。

第三句与第一句相应，第四句与第二句相应。激昂雄健，为高僧诗中所罕见者。附以奉玄瞥。仅陈，不宣。

十二月四日　演音疏

按：此信福建人民出版社2019年12月版《弘一大师全集》（第3版，修订2版）第八册·文艺卷、杂著卷、书信卷第412页收录，标“一九三九年十二月四日，永春普济寺”。文物出版社2017年10月版陈飞鹏整理《弘一法师书信全集》第525页收录，亦如此标注。此信似写于1938年12月4日，地点在晋江。因信中有“近日阅《灵峰宗论》（蕅益大师撰）有诗云”句，又录该诗，此与同年农历四月初在厦门致郁智

① 弘一大师：《佛法十疑略释》，收《弘一大师全集》第七册·佛学卷、传记卷、序跋卷，福建人民出版社2019年12月第3版、修订2版，第570—572页。
② 弘一大师：《佛法宗派大概》，收《弘一大师全集》第七册·佛学卷、传记卷、序跋卷，福建人民出版社2019年12月第3版、修订2版，第572—573页。
③ 弘一大师：《佛法学习初步》，收《弘一大师全集》第七册·佛学卷、传记卷、序跋卷，福建人民出版社2019年12月第3版、修订2版，第573—575页。

朗函有相同之处，亦曰“近阅《灵峰宗论》，有诗一首，附录于后：‘日轮挽作镜，海水挹作盆。照我忠义胆，浴我法臣魂。九死心不悔，尘劫愿犹存。为檄虚空界，何人共此轮。’”故写于1938年合理。若写于1939年12月4日，再言“近日阅”或“近阅”似不合情理。待进一步考证。

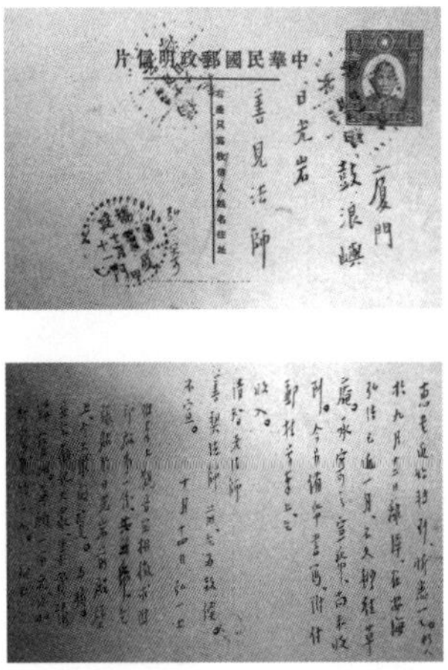

弘一大师于1938年12月5日（农历十月十四日）在晋江致善见法师函。

12月5日（农历十月十四日），在晋江致李芳远函。言不久拟往草庵静养；不久即可谢世，故今年往各地弘法，以报闽南人士护法厚意等。[①]

致善见法师函：

惠书近始转到，忻悉一一。朽人于九月十二日离漳，在安海弘法已近一月，不久拟往草庵。承寄之宣纸，尚未收到。今另备纸书写，附付邮挂号奉上。乞收入。清智老法师、善契法师前，乞为致候。不宣。

十月十四日　弘一上

附奉上观音宝相征求附印启事一份，共二纸，乞张贴于日光岩前殿壁上，令大众阅览。为祷。并乞劝化大众，集资请购宝相。每愿一百元，外加邮寄费约二元。附白。

按：福建人民出版社2019年12月版《弘一大师全集》（第3版，修订2版）第八册·文艺卷、杂著卷、书信卷未收录。文物出版社2017年10月版陈飞鹏整理《弘一法师书信全集》第470页收录，然多加了书信抬头“善见法师”四字。此为一明信片，图版收林可同编《弘一书法墨迹》，中国美术学院出版社2004年4月版，第101页。明信片收信人地址姓名为“厦门鼓浪屿日光岩善见法师”，左有“弘一寄”。邮戳自安海寄出时间为12月6日，寄达厦门邮戳为12月11日。信中所述离开漳州时间比实际离漳提前一天，当为误记。

12月6日（农历十月十五日），在晋江致蔡丐因函。言是间弘法事将圆满，不久返泉州等。[②]

附记一：福建人民出版社2019年12月版《弘一大师全集》（第3版，修订2版）第八册·文艺卷、杂著卷、书信卷第428—429页收录一

① 此信福建人民出版社2019年12月版《弘一大师全集》（第3版，修订2版）第八册·文艺卷、杂著卷、书信卷第419页收录，标“一九三八年旧十月十四日，晋江安海水心亭”。

② 此信福建人民出版社2019年12月版《弘一大师全集》（第3版，修订2版）第八册·文艺卷、杂著卷、书信卷第356—357页收录，标“一九三八年旧十月十五日，晋江安海水心亭”。

致施慈航函，标“一九三八年旧十月十五日，泉州承天寺”。信文如下：

慈航居士礼席：

近奉惠书，悉尊慈谢世。承仁德诵经念佛之功德，当可往生善道，或生莲邦，无复疑虑耳。朽人居安海一月，近返泉州居承天寺，明年暮春或往永春也。尊翁乞代致候。令兄伯初居士居香港久，当已归信佛法，乞以《人生指津》与彼阅览，应深生欢喜心也。以后各处寄佛书至尊处者，乞随宜赠送。附寄《人生之最后》等一包，乞收。

演音启　十月十五日

此信文物出版社 2017 年 10 月版陈飞鹏整理《弘一法师书信全集》第 472 页收录，亦如此标注，但有“案”：“此信，写信时间存疑。旧九月二十日，弘一法师由同安梵天寺到安海水心亭，信中自言‘居安海一个月’才到泉州，那么此信写于旧十月十五日，未有一个月。是否笔误或传抄失误？或一个月只是个大概印象数字？存疑待考。”关于此信，关键是如何理解信中“朽人居安海一月，近返泉州居承天寺，明年暮春或往永春也”之意。所谓一月，或是需指，即近一月；所谓“近返泉州居承天寺”或指已到泉州居承天寺，或指将到泉州，居承天寺。但根据弘一大师行踪，此信若果然写于农历十月十五日，则写信地点必不是泉州，因此时尚未到泉州。若信中所署日期本不存在（就像部分书信本无日期，由编者添加日期），则可能写于泉州，而日期待考。

附记二：文物出版社 2017 年 10 月版陈飞鹏整理《弘一法师书信全集》第 471 页收录一致林奉若函，时间标 1938 年“旧 10 月中旬”，地点标“晋江安海水心亭”。此信福建人民出版社 2019 年 12 月版《弘一大师全集》（第 3 版，修订 2 版）第八册・文艺卷、杂著卷、书信卷未收录。《弘一法师书信全集》言此函见于保利厦门公司 2015 年秋季拍卖会。因以往无著录，附记于此，供研究参考。信曰：

奉若居士慧览：

惠书，近始转到，忻悉一一。朽人于九月十二日离漳，在安海弘法已近一月，不久拟往草庵。承寄之毛边纸尚未收到。写件三张另纸写就，附付邮挂号奉上，乞收入。

弘一①

① 信中所述离开漳州时间比实际离漳提前一天，当为误记。

12月12日前（农历十月廿一日前），在晋江致觉圆法师函。言转来佛学书局二函收到。据其来函，有梵文《普贤行愿品》十包寄至承天寺，请代收贮，不可转寄；稍后返泉州等。[①]

12月12日（农历十月廿一日），抵草庵。**按：**抵草庵前在安海书“最后之胜利”。款识“明信居士慧鉴。二一老人，时居湾海澄渟院”；钤印“弘 ”。[②]

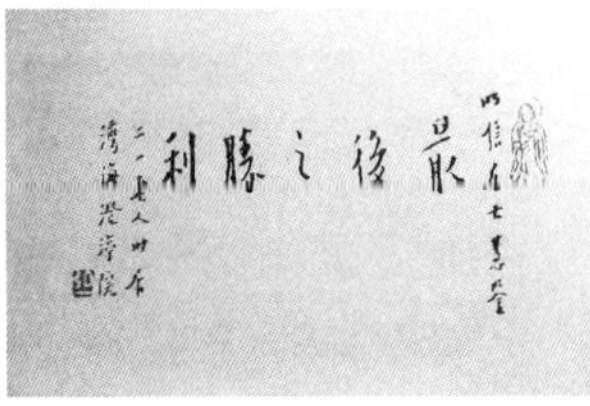

弘一大师书“最后之胜利”。

12月14日（农历十月廿三日），在晋江草庵致曾词源函。言在安海居住一月，前日至草庵；因故已辞谢惠安崑山之事；现住草庵，稍后或往他方等。[③] **按：**今另见一致曾词源函写件，应写于赴晋江福林寺之前，福建人民出版社2019年12月版《弘一大师全集》（第3版，修订2版）第八册·文艺卷、杂著卷、书信卷未收录。录存于此，供参考。信曰：

词源居士慧览：

惠书诵悉，欣悉一一。朽人不久将移居茀林，拟在此闭门养静，诵经持名。诸善友如相问，乞代为致候。恐数月后仍能通信也。

诸承慈念，致用感谢。

附付邮挂号寄上小字一纸，乞收之。

音启

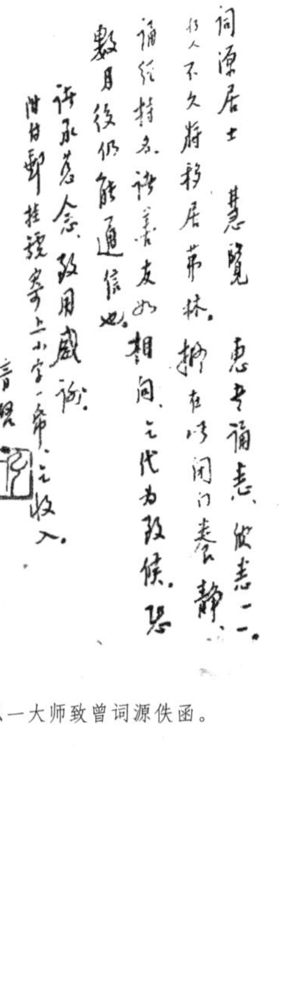
弘一大师致曾词源佚函。

联名致性愿法师、高文显函：

性公老人、文显居士同鉴：

久未致书问候为念。后学在漳州居半年，在安海居一月。近（前夕）至草庵暂住。自惭凉德，将退隐静修，冀早生极乐耳。惠安崑山已辞谢不往。谨陈，顺颂

法安

后学演音稽首　十二月十四日

写此笺后，仅一小时余，妙慧师即到草庵，定于明晨动身往永春。附白。

---

① 此信福建人民出版社2019年12月版《弘一大师全集》（第3版，修订2版）第八册·文艺卷、杂著卷、书信卷第492页收录，标“一九三八年旧十月，晋江安海水心亭”。

② 图版见平湖市李叔同纪念馆编：《李叔同当湖书印文辑》，西泠印社出版社2015年10月版，下册第342页。

③ 此信福建人民出版社2019年12月版《弘一大师全集》（第3版，修订2版）第八册·文艺卷、杂著卷、书信卷第415页收录，标“一九三八年十二月十四日，晋江草庵”。

此笺写后，仅四小时余，即奉到性公老人之惠书，及施十金，感谢无尽。嘱书各件，俟将来与高居士嘱书各件，合并交与觉徹法师，设法带往菲岛。须俟与高居士往返通信，询问款名，故寄奉之期应延迟耳。慈座若尚有善友，嘱后学书写各件者，亦乞写示名款，若是出家人或是女士，乞注明，将来可以一同交与觉徹法师也。以后通讯，乞寄与妙慧师转交。高居士之信，亦交妙慧师转可也。（是日增写二次。）

按：此信福建人民出版社2019年12月版《弘一大师全集》（第3版，修订2版）第八册·文艺卷、杂著卷、书信卷第457页收录，标“一九三八年旧十二月十四日，晋江草庵”。文物出版社2017年10月版陈飞鹏整理《弘一大师书信全集》第474页收录，以为时间为公历。确当。信中有“近（前夕）至草庵暂住”句，时当住草庵。而农历十二月十四日时弘一大师已在泉州。又，信中言“定于明晨动身往永春”，事实上弘一大师至泉州后又被挽留多时。

致高文显函。言来信及惠施十金收到；明日上午动身，在泉州小住数日即赴永春；嘱书待写毕托人带至泉州百源庵，请觉徹法师设法带至菲岛；闻永春乡间有韩偓所写对联石刻，当设法墨拓，以缩印于评传中；此次在安海演讲三日，在双灵寺讲一次，居安海水心亭一月，写字三百余件。在漳州时写字近千件。将归隐山中，退而修德；此信让性愿法师一阅。墨拓之事请性愿法师以函督促等。[①]

12月15日（农历十月廿四日），离开草庵，往泉州，拟往永春。

按：离开晋江前致施慈航函：

慈航居士慧鉴：

惠书诵悉。朽人居安海已近一月，讲法数次，听众甚多，近七百人。不久拟返泉州乡间草庵。附奉三联，一赠与杨遂厂，一赠与林春元（字仲山，丽华堂印泥店），一赠与王文象（即前余动身时送余乘船至石美者），均乞转交为感。弘化社寄来之书，乞随意分赠，并乞赠二册与邮局林植人居士，至祷。以后随时有他处寄赠诸书，皆乞仁者随意分配赠送，无须来函询问也，不宣。

弘一疏

严持法师、笑棠居士及经楼诸居士均乞代为致意。

① 此信福建人民出版社2019年12月版《弘一大师全集》（第3版，修订2版）第八册·文艺卷、杂著卷、书信卷第409—410页收录，标“一九三八年十二月十四日，晋江安海水心亭”。文物出版社2017年10月版陈飞鹏整理《弘一大师书信全集》第473—474页收录，更正为晋江草庵。确当。此信与联名致性愿法师、高文显函同日。

按一：福建人民出版社 2019 年 12 月版《弘一大师全集》（第 3 版，修订 2 版）第八册 · 文艺卷、杂著卷、书信卷第 428 页收录此信，标“一九三八年旧九月三十日，晋江安海”，所录之函落款为“弘一疏　九月三十日”，然现对照原信图版，落款为“弘一疏”，并无“九月三十日”。文物出版社 2017 年 10 月版陈飞鹏整理《弘一法师书信全集》第 469 页收录此信，但却将落款误录为“演音　九月三十日”。关于此函时间，没有可能是农历九月三十日。因为信中言“朽人居安海已近一月”。弘一大师于农历九月廿日抵安海，至九月三十日前后仅 11 天。此信当写于即将离开安海之某日。又，《弘一大师全集》和《弘一法师书信全集》均漏落款后的附言。此信图版见林可同编《弘一书法墨迹》，中国美术学院出版社 2004 年 4 月版，第 69 页。图版中另有红色“赠须”二字，是否原信文字，待考。

按二：到达泉州后有函致许晦庐：

晦庐居士文席：

惠书诵悉。诸荷护念，感谢无已。朽人鬀染已来二十余年，于文艺不复措意。世典亦云：‘士先器识而后文艺’，况乎出家离俗之侣？朽人昔尝诫人云：‘应使文艺以人传，不可人以文艺传’，即此义也。承刊三印，古穆可喜，至用感谢。篆额二纸，率尔写奉。十四五岁时常学篆书。弱冠以后，兹事遂废。今老矣，随意信手挥写，不复有相可得，宁计其工拙耶。数日后掩室习静，谢绝访问，数月之后，乃可与诸友通问讯。其敏居士乞代致候。不宣。

音启[①]

福建人民出版社 2019 年 12 月版《弘一大师全集》（第 3 版，修订 2 版）第八册 · 文艺卷、杂著卷、书信卷第 430 页仅收弘一大师致许晦庐此信，标“一九三八年秋，泉州温陵养老院”。弘一大师抵泉州时已是冬季，故非秋。此信亦曾刊于 1943 年《学术界》第 1 卷第 5 期李芳远辑《弘一大师书牍（续完）》。在 1943 年 4 月 1 日《觉有情》第 87、88 期合刊“大师遗札”栏目中，除此信外，另有致许晦庐一信，未标写信时间，录存如下：

承示印稿，至佳。刀尾扁尖而平齐若椎状者，为朽人自意所创。椎形之刀仅能刻白文，如以铁笔写字也。扁尖形之刀可刻朱

① 许晦庐，名霏，福建晋江人，金石美术家。其敏居士，时在晋江安海办白燕木刻艺术社、春光摄影艺术社。是秋，许晦庐为弘一大师刻“一音”、“弘一”等印章。

文，终不免雕琢之痕，不若以椎形刀刻白文能得自然之天趣也。此为朽人之创论，未审有当否耶？李郑二君之单条附挂号邮奉，乞收之。仁者暇时乞为刻长形印数方。因常需用此形之印，以调和补救所写之字幅也。朽人于写字时皆依西洋画图案之原则，竭力配置调和全纸面之形状，于常人所注意之字画、笔法、笔力、结构、神韵，乃至某碑、某帖、某派，皆一致屏除，决不用心揣摩。故朽人所写之字，应作一张图案画观之则可矣。不惟写字，刻印亦然。仁者若能于图案研究明了，所刻之印必大有进步。因印文之章法布置，能十分合宜也。又无论写字刻印等亦然，皆足以表示作者之性格。朽人之字，所示者淡、恬静、冲逸之致也。[①]

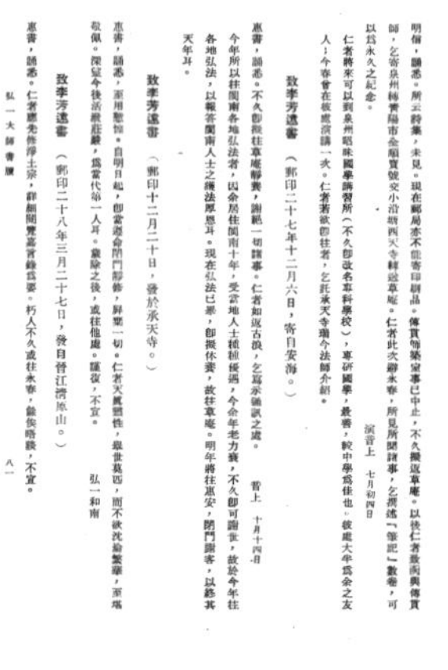
明信，誦悉。所云詩集，未見。現在郵局亦不能寄印刷品。傳貫師築室事已中止，不久擬返草庵。以後仁者致函與傳貫師，乞寄泉州轉晉陽市金順寶號交小沿塘西天寺轉送草庵。仁者此次辭永春，所見所聞諸事，乞撰述「筆記」數卷，可以爲永久之紀念。
演音上　七月初四日

仁者將來可以到泉州昭昧國學講習所（不久即改名專科學校），專研國學，最善，較中學爲佳也。彼處大半爲余之友人；今春曾在彼處演講一次。仁者若欲即往者，乞託承天寺瑞今法師介紹。

致李芳遠書　（郵印二十七年十二月六日，寄自安海。）

惠書，誦悉。不久即擬往草庵靜養，謝絕一切諸事。仁者如返古浪，乞寫示通訊之處。
晉上　十月十四日

今年所以往閩南各地弘法者，因余居住閩南十年，受當地人士種種優遇，今余年老力衰，不久即可謝世，故於今年往各地弘法，以報答閩南人士之護法厚恩耳。現在弘法已畢，即擬休養，故往草庵。明年將往惠安，閉門謝客，以終其天年耳。

致李芳遠書　（郵印十二月二十日，發於承天寺。）

惠書，誦悉，至用慚惶。自明日起，即當遵命閉門靜修，屏棄一切。仁者天眞靈性，舉世莫匹，而不欲沉淪繁華，至堪敬佩。深望今後活潑莊嚴，爲當代第一人耳。歲除之後，或往他處。謹復，不宣。
弘一和南

致李芳遠書　（郵印二十八年三月二十七日，發自晉江清源山。）

惠書，誦悉。仁者應先作淨土宗，詳細閱覽嘉言錄爲要。朽人不久或往永春，餘俟晤談，不宣。

弘一大師書牘　八一

弘一大师于1938年12月20日发自泉州承天寺的致李芳远函。载1943年《学术界》第1卷第2期，题《弘一大师书牍（续）》，署“李芳远辑”。

12月16日至21日间（农历十月廿五日至三十日间），在泉州清尘堂讲《药师如来法门》。[②] **按：**1939年《佛学半月刊》第8卷第4号（第175期）刊于本次演讲稿，题《药师如来法门大略：戊寅十月弘一法师在泉州清尘堂药师法会讲》。

12月19日（农历十月廿八日），在泉州致王拯邦函。言近已返回泉州，居承天寺；今年各地弘法，法缘殊盛；所书《金刚经》前已由广洽法师付印，所存无几，盼劝广洽法师发心再印，仍托上海费范九居士经手印刷等。[③]

12月20日或20日前（农历十月廿九日或廿九日前），在泉州致李芳远函：

惠书，诵悉，至用惭惶。自明日起，即当遵命闭门静养，摒弃一切。仁者天真灵性，举世莫匹，而不欲沉沦繁华，至堪敬佩。深望今后活泼庄严，为当代第一人耳。岁除之后，或往他处。谨复，不宣。

弘一和南

按：此信福建人民出版社2019年12月版《弘一大师全集》（第3版，修订2版）第八册·文艺卷、杂著卷、书信卷第419页收录，标“一九三八年旧十一月十四日，泉州承天寺”。录存信文时亦有“旧历十

---

① 此信亦曾刊于1943年《学术界》第1卷第5期李芳远辑《弘一大师书牍（续完）》。

② 弘一大师：《泉州弘法记》，收《弘一大师全集》第八册·文艺卷、杂著卷、书信卷，福建人民出版社2019年12月第3版、修订2版，第203—204页。

③ 此信福建人民出版社2019年12月版《弘一大师全集》（第3版，修订2版）第八册·文艺卷、杂著卷、书信卷第430页收录，标“一九三八年旧十月廿八日，泉州承天寺”。王拯邦（1881—1947），一名正邦，福建南安人，曾参加同盟会，后行医于泉州、厦门一带，颇负盛名。

一月十四日”。文物出版社 2017 年 10 月版陈飞鹏整理《弘一法师书信全集》第 479 页收录，亦持此说。然此信曾刊于 1943 年《学术界》第 1 卷第 2 期，题《弘一大师书牍（续）》，署“李芳远辑”。辑录信文无“旧历十一月十四日”，并明确标“邮印十二月二十日，发于承天寺”。此说明此信发信时邮戳为公历 12 月 20 日。故此信只能写于 1938 年 12 月 20 日，或 20 日前。

12 月 20 日（农历十月廿九日），在泉州致蔡丏因函。言近已返泉州，居承天寺，拟在此过冬；请再寄《佛学丛刊》三部。一部寄漳州施慈航居士，一部寄泉州安海镇许书亮居士，一部寄本人等。[①]

致夏丏尊函。言近已返泉州，居承天寺，拟在此过冬等。[②]

12 月 22 日至 31 日间（农历十一月上旬），地方法院曾院长请，在泉州承天寺讲《金刚经大意》。[③]

12 月 22 日至次年 1 月 19 日间（农历十一月），**按：**福建人民出版社 2019 年 12 月版《弘一大师全集》（第 3 版，修订 2 版）第八册・文艺卷、杂著卷、书信卷第 456—457 页收录联名致性愿法师、高文显函，标“一九三八年旧十一月，泉州承天寺”。又收入致性愿法师函，标“一九三八年旧十一月，泉州承天寺”。该年农历十一月跨 1938、1939 年。故具体日期难考。前函中言本拟与妙慧法师同往永春。至泉州后承诸缁素挽留在泉州过冬，明春再赴永春。信中述李芳远来信中所言韩偓昔日曾往永春事迹。又言闻陈山岩有韩偓联及诗，雪山寺亦有，请性愿法师托永春友人拓字等。后一函言借传贯法师来泉州之便，拟请慈悲代向佛学书局请佛书。前陈宗泮居士自菲带来十二元，拟请佛书以赠送惠安诸学者。敬乞费神代办一切等。

1938 年仲冬弘一大师（前排中）在泉州与性常法师（前排左五）等佛教养正院同学会成员合影。

12 月 31 日（农历十一月初十日），在泉州致性愿法师函：

性公老人慈鉴：

顷获十月廿八日所发惠书，敬悉一一。承施念金。敬领谢谢。后学前本拟居草庵过冬，乃因故未能如愿。永春普济亦阻滞未能

① 此信福建人民出版社 2019 年 12 月版《弘一大师全集》（第 3 版，修订 2 版）第八册・文艺卷、杂著卷、书信卷第 357 页收录，标“一九三八年旧十月廿九日，泉州承天寺”。

② 此信福建人民出版社 2019 年 12 月版《弘一大师全集》（第 3 版，修订 2 版）第八册・文艺卷、杂著卷、书信卷第 320 页收录，标“一九三八年旧十月廿九日，泉州承天寺”。

③ 弘一大师：《泉州弘法记》，收《弘一大师全集》第八册・文艺卷、杂著卷、书信卷，福建人民出版社 2019 年 12 月第 3 版、修订 2 版，第 203—204 页。

往。故现在仍住承天寺。每日写字接客。自惭。毫无修养之功，勉力撑持弘法之事，时用汗颜耳。前由草庵附寄二纸，想均达慈览。嘱书各件，俟写就交百原转奉。谨复，并谢。顺颂

慈安

后学演音稽首　十一月初十日

按：此信福建人民出版社 2019 年 12 月版《弘一大师全集》（第 3 版，修订 2 版）第八册・文艺卷、杂著卷、书信卷第 459 页收录，标“一九四一年十一月初十日，泉州承天寺”。文物出版社 2017 年 10 月版陈飞鹏整理《弘一法师书信全集》第 478 页收录，并根据弘一大师行踪确定写于 1938 年“十一月初一”，写信地点在“泉州承天寺”。确当。以上二者书信文字有若干不同，此据《弘一大师全集》。

附记：文物出版社 2017 年 10 月版陈飞鹏整理《弘一法师书信全集》第 479 页收有一致施慈航函。“案”曰：“此信，辑自 2010 年上海朵云轩拍卖有限公司秋季拍卖会。经鉴定手札内容为弘一法师所言，而手札非弘一法师笔迹，疑为传抄件。无年份，地址。《弘一大师全集》、林子青《弘一法师书信》、秦启明《弘一大师——李叔同书信集》均无著录。”“考”曰：“弘一法师 1938 年旧十月十五日致施慈航居士信：‘近奉惠书，悉尊慈谢世。承仁德诵经念佛之功德，当可往生善道，或生莲邦，无复疑虑耳’。此信应与本函所言同一件事，前后呼应合理。据此推断，此信写于 1938 年旧十一月初十，泉州承天寺。”

今另从浙江三江 2013 秋季艺术品拍卖会“弘一法师书法专场”宣传册亦见此信。信有断句，与《弘一法师书信全集》所录此信段句有别，文字有二处亦有别（“嘱书件，俟后邮奉。”句，《弘一法师书信全集》在“件”字后有“的”字；“十一月初十日”之日期，《弘一法师书信全集》所录无“日”字）。内容如下，仅供参考：

慈航居士礼席：

廿六日所发惠书，诵悉。

今慈谢世，送终诵经之事如法，至用赞慰。嘱书件，俟后邮奉。近住承天寺，以后通讯乞寄此寺。附一纸，乞托人送至府口街洛阳楼沈柏荪居士收，至感。不宣。

十一月初十日　演音疏

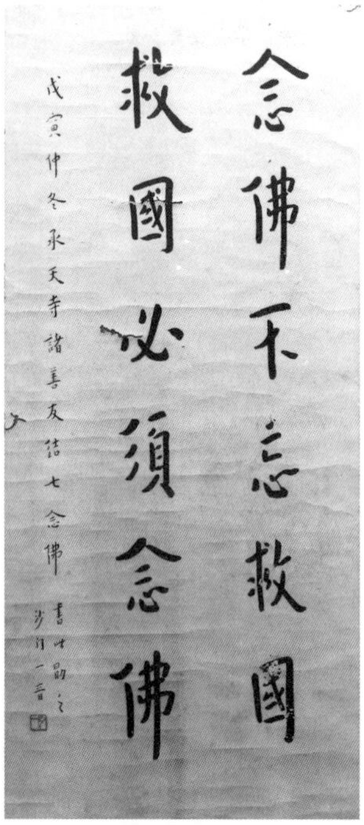

弘一大师书“念佛不忘救国，救国必须念佛。”现存泉州弘一法师纪念馆。

冬，居温陵养老院。有致李圆净函。述年来在各地讲经情况；律部参考书皆存厦门；拟编之书完成二三种，尚须删订者二三种，此外多编

辑粗成，尚未录写，若天假之年精神康健，能返厦门时，可着手编录等。①

仲冬书“念佛不忘救国，救国必须念佛。”款识“戊寅仲冬承天寺诸善友结七念佛，书此勖之。沙门一音”；钤印“弘一”。②

仲冬在泉州与佛教养正院同学会成员合影。照片有题字：“佛教养正院同学会摄影。戊寅仲冬在泉州写。”

请广洽法师劝募再版手书《金刚经》。

书五言篆字联“无上慧坚固，功德华庄严”。款识“《大方广佛华严经》偈集句。戊寅岁寒，沙门一音”；钤印“辟”。③

书“不为自己求安乐，但愿众生得离苦。佛华严经句。”款识“慧香居士供养，戊寅冬，清原晚晴老人，时年五十九”；钤印“弘一”。④

马冬涵为刻“沙门月臂”印，边款“弘一法师削正，戊寅冬晓清制”。**按：**另见马冬涵为刻之印“龙辟”，边款“弘一大师嘱。晓清”。“名字性空”，边款“弘一大师嘱刻四字印。阿青”。

书“教化无量众生海，安住一切三昧门”。款识“华严经集句。戊寅冬，沙门一音”；钤印“辟”。⑤

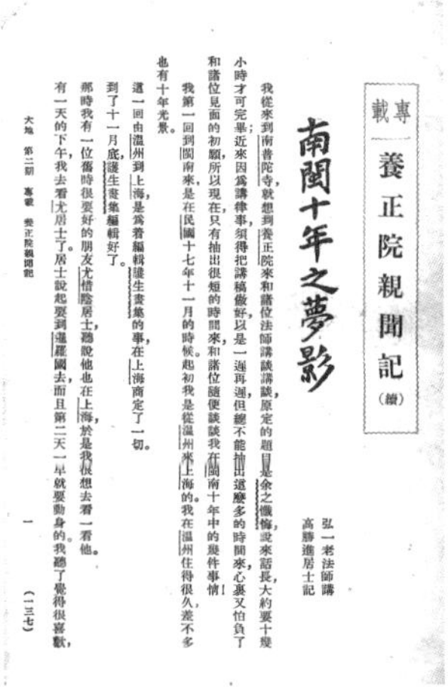
專載
養正院親聞記（續）

南閩十年之夢影

弘一老法師講
高勝進居士記

我從來到南普陀寺，就想到養正院來和諸位法師講談講談，原定的題目是「余之懺悔」，說來話長，大約要十幾小時才可完畢；近來因爲講律事，須得把講稿做好，以是一遲再遲，但總不能抽出這麼多的時間來，心裏又怕負了和諸位見面的初願，所以現在，只有抽出很短的時間來，和諸位隨便談談我在閩南十年中的幾件事情！

我第一回到閩南來，是在民國十七年十一月的時候。起初我是從溫州來上海的。我在溫州住得很久，差不多也有十年光景。

這一回由溫州到上海，是爲着編輯護生畫集的事，在上海商定了一切。

到了十一月底，護生畫集編輯好了。

那時我有一位舊時很要好的朋友尤惜陰居士，聽說他也在上海，於是我很想去看一看他。

有一天的下午，我去看尤居士了。居士說起要到暹羅國去，而且第二天一早就要動身的。我聽了覺得很喜歡，

大地　第二期　專載　養正院親聞記　一　（一三七）

1938 年《大地》第 2 卷刊出的《南闽十年之梦影》。

是年，曾赴南安双灵寺。**按：**双灵寺位于南安水头镇，系弟子高文显之故乡，而双灵寺主宏贤法师为高文显生母。

南安双灵寺旧影。（资料来源：《弘一大师全集》［第 3 版，修订 2 版］附录卷，福建人民出版社 2019 年 12 月版。）

书灵峰偈“不是一番寒彻骨，怎得梅华扑鼻香”赠宜今居士。款识“宜今居士玄督。戊寅，沙门一音”；钤印“无畏”。⑥

书般若波罗蜜心经赠慈航居士。款识“岁次戊寅，为慈航居士写心经一卷。尊胜院月臂”；钤印“月”、佛肖印。⑦

为惠斋居士书扇“过去事已过去了，未来不必预思量。现在万般皆放下，一心念佛到西方”。款识“惠斋居士玄督。戊寅，二一老人”；钤

① 此信福建人民出版社 2019 年 12 月版《弘一大师全集》（第 3 版，修订 2 版）第八册 · 文艺卷、杂著卷、书信卷第 383 页收录，标“一九三八年冬，泉州温陵养老院”。文物出版社 2017 年 10 月版陈飞鹏整理《弘一法师书信全集》第 472—473 页收录，时间标是年秋。此误。弘一大师晋江返泉州为是年 12 月 15 日（农历十月廿四日）。此时已是冬日。此信曾刊于 1943 年《学术界》第 1 卷第 4 期李芳远辑《弘一大师书牍（续）》。

② 浙江省平湖市人民政府、上海徐汇区文化局编：《弘一大师法书集 · 天心月圆（作品卷）》，上海书画出版社 2017 年 5 月版，第 91 页。泉州开元寺藏。

③ 浙江省平湖市人民政府、上海徐汇区文化局编：《弘一大师法书集 · 天心月圆（作品卷）》，上海书画出版社 2017 年 5 月版，第 90 页。泉州开元寺藏。

④《弘一与厦门》，鹭江出版社 2012 年 8 月版，第 108 页。

⑤ 晋江市文化和旅游局等主办：“最后之胜利——纪念弘一大师诞辰 140 周年暨手书墨宝、拓片展览”，2020 年 11 月 25 日至 12 月 24 日，晋江市博物馆。

⑥ 上海市书法家协会编：《海派代表书法家系列作品集 · 弘一》（该卷主编刘一闻，副主编沈爱良），上海书画出版社 2006 年 12 月版，第 197 页。

⑦ 上海市书法家协会编：《海派代表书法家系列作品集 · 弘一》（该卷主编刘一闻，副主编沈爱良），上海书画出版社 2006 年 12 月版，第 199 页。

印“音”。[①]

书《梵网经》句“《梵网经》云：‘愿一切众生悉得成佛。’”款识“戊寅，锡五居士欢喜信受。温陵尊胜律苑沙门一音”；钤印“弘一”。[②]

为昙昕法师书禅语。款识“昙昕法师嘱书，随笔写录，无次第也。戊寅残年，一音”；钤印“弘一”。[③]

《大地》第2卷刊出《南闽十年之梦影》，署“弘一老法师讲，高胜进居士记”。**按：**所刊之文与福建人民出版社2019年12月版《弘一大师全集》（第3版，修订2版）第八册·文艺卷、杂著卷、书信卷第201—203页所收录之文有若干区别。

俞啸川来信：

> 昨瞻法宇，聆圆音，三生有幸！晚于太虚法师文钞，虽曾流览，以具缚凡夫，业障深固，弗获要奥；至今沉迷苦海，为可悲叹！恳法师悯念愚痴，指示觉路，介绍佛学书籍若干部；以资接引，而结善缘。幸甚！幸甚！[④]

社会评介择要

高文显：《一代艺人与高僧：弘一法师的生平》，载1938年《每周导报》第1卷第5期。

尘空：《三宝歌广释》，载1938年10月15日《海潮音》第19卷第10号。

夏丏尊：《怀晚晴老人》（附弘一大师1937年在上海所摄之影），载1938年12月16日《众生》第2卷第5号。

① 刘正成主编：《中国书法全集83·近现代编-李叔同马一浮卷》（该分卷主编潘良桢，副主编方爱龙，学术顾问任继愈），荣宝斋出版社2002年11月版，第130页。

② 浙江省平湖市人民政府、上海徐汇区文化局编：《弘一大师法书集·天心月圆（作品卷）》，上海书画出版社2017年5月版，第87页。泉州开元寺藏。

③ 2004年6月8日至7月4日由（台北）历史博物馆主办，益生文教基金会、弘一大师纪念学会、佛光文化事业有限公司、人间卫视等协办的“天心月圆——弘一大师李叔同”展览请柬，标为“私人收藏”。

④ 见《啸川诗文集》，1987年5月自印本，第257页。

1939年　己卯　60岁

社会文化事略

1月3日，国民政府中央文化管理委员会成立；3月18日，延安西北青年救国会常委会决议，定5月4日为中国青年节；8月，汪精卫在上海召开伪国民党六大，旋成立伪中央党部；9月1日，新华书店在延安成立；11月，国民政府国史馆筹备处在重庆成立。

生平事迹

1月4日（农历戊寅十一月十四日），在承天寺佛教养正院同学会上作临别之演讲《最后之□□》，缘于李芳远的意见，对近来多应酬表达忏悔之意。[①] **按：**弘一大师于1939年4月12日（农历二月廿三日）在泉州致高文显函中所言：“十一月下旬，在承天寺，讲《最后之□□》一次。”[②] 又在《泉州弘法记》中言：“十一月下旬，在承天寺寺，讲《最后之□□》一次。”[③] 均应指此次演讲，时间记忆略有出入。本次演讲内容刊于1939年《佛学半月刊》第180期，题《养正院临别之演讲：弘一法师于戊寅十一月十四日在佛教养正院同学会席上讲》，瑞今记录。

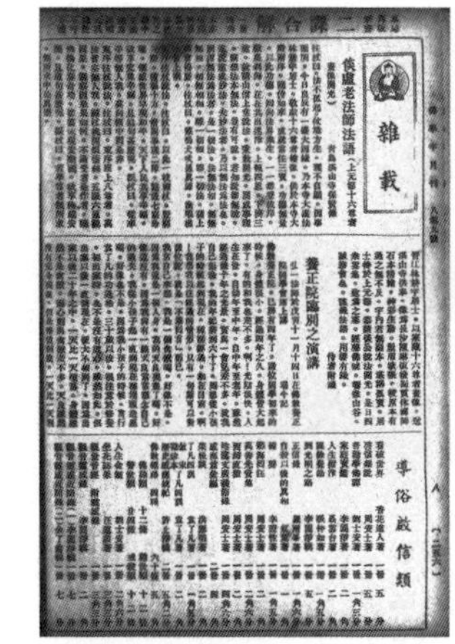

1939年《佛学半月刊》第180期刊登的《养正院临别之演讲：弘一法师于戊寅十一月十四日在佛教养正院同学会席上讲》，瑞今记录。

1月8日（农历戊寅十一月十八日），在泉州致丰子恺函。言前寄之画像已收到，分赠诸好友，欢感无尽；拟在泉州暂时闭关用功；前嘱写各件，待写就寄夏丏尊暂存；桂林近甚不安，料想未能久住。私见以返回上海最稳妥等。[④]

联名致陈无我、李圆净函。言《华严经疏科文表解》出版后请寄二部；前补校《玄谈》本殊未精审，不复寄奉；居泉州，拟农历十二月初一起作短期闭关。数月后或他往。闭关后通讯惟夏丏尊一处，有函可交

---

① 弘一大师：《最后之□□》，收《弘一大师全集》第七册·佛学卷、传记卷、序跋卷，福建人民出版社2019年12月第3版、修订2版，第576—577页。瑞今法师记录。

② 弘一大师致高文显函，收《弘一大师全集》第八册·文艺卷、杂著卷、书信卷，福建人民出版社2019年12月第3版、修订2版，第410页。

③ 弘一大师：《泉州弘法记》，收《弘一大师全集》第八册·文艺卷、杂著卷、书信卷，福建人民出版社2019年12月第3版、修订2版，第203—204页。

④ 此信福建人民出版社2019年12月版《弘一大师全集》（第3版。修订2版）第八册·文艺卷、杂著卷、书信卷第373页收录，标“一九三八年旧十一月十八日，泉州承天寺”。

夏丏尊等。①

1月10日（农历戊寅十一月廿日），在泉州致夏丏尊函。言拟于农历十二月一日起在承天寺暂时闭关用功；时局不宁，明年能否往浙江，尚未能定；闭关后通信者，惟仁者一处。丰子恺或有事，可以将信附于仁者函中寄来；前与陈无我、李圆净二位商量，拟重写《护生画集》，重制锌铜之版。此事尚未了结，以后二位若有关于此事欲通信者，亦送至尊处。若有必须回信者，亦通过仁者转交；闭关后所需甚少，勿汇资；附致丰子恺一纸，便中寄去等。②

1月13日（农历戊寅十一月廿三日），蔡继琨居士来访，晤谈甚契。③

1月14日（农历戊寅十一月廿四日），在泉州致施慈航函：

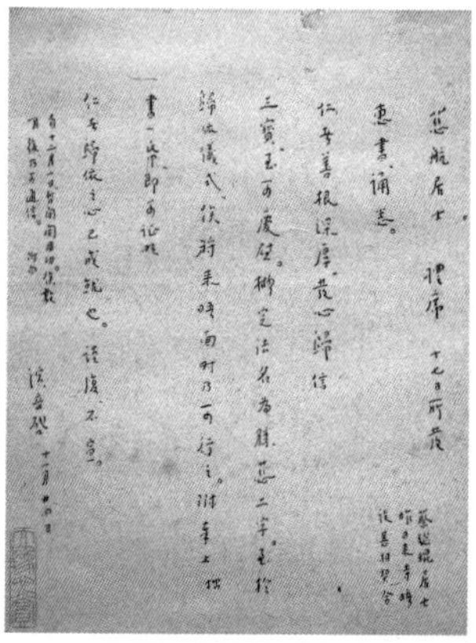

1939年1月14日（农历戊寅十一月廿四日）弘一大师在泉州致施慈航原件。方爱龙提供。

慈航居士礼席：

十七日所发惠书诵悉。（蔡继琨居士昨日来寺晤谈，甚相契合。）仁者善根深厚，发心归信三宝，至可庆慰。拟定法名为胜慈二字。至于归依仪式，俟将来晤面时乃可行之。附奉拙书一纸，即可证明仁者归依之心已成就也。谨复，不宣。

演音启

十一月廿四日

自十二月一日，暂闭关用功。俟数月后乃可通信。附白。

按：此信福建人民出版社2019年12月版《弘一大师全集》（第3版，修订2版）第八册·文艺卷、杂著卷、书信卷第429页收录，标“一九三八年旧十一月廿四日，泉州承天寺”。农历戊寅十一月廿四日为公历1939年1月14日。故将此函置于是年。《弘一大师全集》（第3版，修订2版）收录此信，其文字与书信原件不符，缺“（蔡继琨居士昨日来寺晤谈，甚相契合。）”，原件日期为“十一月廿四日”，无“戊寅”

---

① 此信福建人民出版社2019年12月版《弘一大师全集》（第3版，修订2版）第八册·文艺卷、杂著卷、书信卷第435页收录，标“一九四一年旧十一月十八日，泉州百源寺”。文物出版社2017年10月版陈飞鹏整理《弘一法师书信全集》第480页收录，时间更正为1938年农历十一月十八日，地点标为泉州承天寺。根据其“案”提示，确当。1938年农历十一月十八日为公历1939年1月8日。故置于本年。

② 此信福建人民出版社2019年12月版《弘一大师全集》（第3版，修订2版）第八册·文艺卷、杂著卷、书信卷第320页收录，标“一九三八年旧十一月二十日，泉州承天寺”。农历戊寅十一月廿日为公历1939年1月10日。故将此函置于是年。

③ 参见本谱本年1月14日（农历戊寅十一月廿四日）在泉州致施慈航函。

二字。[①]

1月20日至2月18日间（戊寅农历十二月），为漳州新筑云岩洞鹤鸣祠篆书“南无阿弥陀佛”。**按：**有《为漳州修建云洞岩鹤鸣祠篆书写佛号题记》，未署日期，题记曰：“戊寅岁晚，筑祠云岩，将以祀明蔡鹤峰大儒并清略庵居士。时余览《王遵岩集》，有《寿鹤峰布衣叙》，因得窥其所学，粹然一出于道。略庵居士好善乐施，惠及乡里，并以学行垂诸不朽。余维闇短，未能歌赞令誉，敬书佛号，以斯功德，回向菩提，并愿见闻随喜，同植胜因，齐成佛道云。一音。”

绘观音像。题“常护诸佛法，恒涂净戒香”。款识“慧香居士玄鉴。戊寅残年，亡言”；钤印“弘一”、佛肖印。

1月20日（农历戊寅十二月初一日），开始在承天寺闭关。[②] 作《“昙昕”释义》，署“戊寅十二月初一日沙门一音识”。[③] **按：**又作《为昙昕法师书经文、法语》，署“戊寅残年，一音”。[④]

弘一大师于农历戊寅十二月所绘观音像。

1月27日（农历戊寅十二月初八日），在泉州致传贯法师函。感谢问候；往福林寺尚须稍缓；笨女居士所施十金，请代暂存，待将来往福林寺时可作旅费；代问候谦、空二老人等。[⑤]

2月3日（农历戊寅十二月十五日），在泉州致施慈航函。言本拟静习数月，但人事纷忙，未如愿；到泉州后已写字约五百件，近编录安海讲稿，明正可付印；二月拟往永春；刘绵松居士青年好学，笃信佛法，以后会常访问仁者，请接晤等。[⑥]

2月4日（农历戊寅十二月十六日），在泉州致夏丏尊函。言承示怀旧文，厚意殷勤；闻浙中交通多阻，明年恐不能来晚晴山房；前浙一师学生石有纪近任安溪县长，曾来谈，彼谓若住晚晴山房，须由江山绕

---

① 此信原件由方爱龙收藏。

② 弘一大师：《泉州弘法记》，收《弘一大师全集》第八册·文艺卷、杂著卷、书信卷，福建人民出版社2019年12月第3版、修订2版，第203—204页。

③ 弘一大师：《“昙昕”释义》，收《弘一大师全集》第八册·文艺卷、杂著卷、书信卷，福建人民出版社2019年12月第3版、修订2版，第208页。1947年2月1日《佛教公论》复刊第11期亦有刊布。

④ 弘一大师：《为昙昕法师书经文、法语》，收《弘一大师全集》第八册·文艺卷、杂著卷、书信卷，福建人民出版社2019年12月第3版、修订2版，第208页。

⑤ 此信福建人民出版社2019年12月版《弘一大师全集》（第3版，修订2版）第八册·文艺卷、杂著卷、书信卷第484页收录，标“一九三八年旧十二月八日，泉州承天寺”。农历戊寅十二月初八日为公历1939年1月27日。故将此函置于是年。

⑥ 此信福建人民出版社2019年12月版《弘一大师全集》（第3版，修订2版）第八册·文艺卷、杂著卷、书信卷第429页收录，标“一九三八年旧十二月十五日，泉州承天寺”。农历戊寅十二月十五日为公历1939年2月3日。故将此函置于是年。

道。老体颓唐，不胜此长途汽车之劳等。①

2月8日（农历戊寅十二月廿日），在泉州联名致性愿法师、高文显函：

性公老人、胜进居士：

惠书，诵悉。嘱书各件，已渐次书就。拟于元旦日送至百原禅苑。（因预写已卯，时年六十，故必须至已卯元旦，乃能交上也。）呈奉老人者八卷，与居士者四卷。原寄来之名单二纸，附奉上，乞检核。又前在泉州讲稿两种，各数册，并奉。谨复，顺颂

春禧

末学演音稽首　十二月二十日

按：此信福建人民出版社2019年12月版《弘一大师全集》（第3版，修订2版）第八册·文艺卷、杂著卷、书信卷第457页收录，标“一九三八年十二月二十日，晋江草庵”。文物出版社2017年10月版陈飞鹏整理《弘一法师书信全集》第483页收录，并根据弘一大师行踪标注写于泉州承天寺。确当。

2月13日（农历戊寅十二月廿五日），在泉州致刘绵松函：

绵松居士慧览：

昨夕奉惠书，披诵，至用欢喜。仁者善根厚植，归信佛法，甚可赞叹。拟于元旦书写三宝名寄上，以证明仁者发心归依三宝之意。仁者之母亦宜皈依三宝，拟写佛号一纸奉上。仁者之母，法名惠瀞。仁者法名，曰胜华。拟于元旦书小堂幅二纸，即写法名，以为归依纪念。又有旧写就之小联二对，亦题款一并寄上。又附上佛书数种，并为一包，于元旦日付邮寄奉。朽人亦五岁丧父，依慈母抚养成人。余与仁者，同是节母之子，必当尽其诚意，以佛法教导仁者。惟明年上半年恐不能到漳州，因已与永春约定，春暖时即须往永春也。余与仁者道义之交，虽隔千里，犹如一堂晤对。希勿以形骸阻隔，而介意也。朽人昔居漳时，恒与施慈航居士晤谈，近来亦常常通信，所有赠送之佛书亦寄彼处。仁者暇时，可以常至彼家晤谈，必能获益甚大也。

① 此信福建人民出版社2019年12月版《弘一大师全集》（第3版，修订2版）第八册·文艺卷、杂著卷、书信卷第320页收录，标“一九三八年立春前一日，泉州承天寺”。农历戊寅十二月十六日为公历1939年2月4日。故将此函置于是年。

仁者以后，应常常与老母讲说佛法。以后朽人寄去之书，应与老母共学之。宜常念阿弥陀佛及观世音菩萨名号，并随己意读经数种。以此功德，回向众生，同生西方，齐成佛道。先此略复，余俟后陈。不宣。

附奉上摄影一纸。

旧十二月廿五日　演音启

附二笺乞为转交：施慈航寓东门新行街八十六号

严笑棠寓九龙饭店[①]

按：此信福建人民出版社2019年12月版《弘一大师全集》（第3版，修订2版）第八册·文艺卷、杂著卷、书信卷第432—433页收录，标“一九二八年旧十二月廿五日，泉州承天寺”。“一九二八年”当系编印时误植，应系“一九三八年”之误。1928年时弘一大师尚未与刘绵松相识。

2月16日（农历戊寅十二月廿八日），在泉州致黄幼希函。言今闻仁者校定《华严疏钞》，至用欢赞；谈校订佛书意见数则等。[②]

《佛学半月刊》第8卷第4号（第175期）刊出《药师如来法门大略》，署“戊寅十月弘一法师在泉州清尘堂药师法会讲”。

1939年《佛学半月刊》第8卷第4号（第175期）刊出《药师如来法门大略》。

2月19日（农历正月初一日），书“南无阿弥陀佛”赠惠净居士。款识：“惠净老女居士礼敬供养，己卯元旦沙门一音敬书”；钤印：“弘一六十后作”。[③] **按：**宗教文化出版社1995年8月版林子青编著《弘一法师年谱》1939年谱文中言：“是年元旦，在泉州承天寺手书佛号及华严经偈，赠漳州刘绵松及其母氏。”并在注释中列出：（一）“佛法僧。”胜华居士礼敬供养。己卯元旦，沙门一音书。（二）“与世为依怙，如日处虚空。”《大方广佛华严经》偈句。胜华居士供养。己卯，晚晴老人。（三）“南无阿弥陀佛。”惠瀞老女居士礼敬供养。己卯元旦，沙门一音敬书。（四）“妙智清净日，大悲圆满轮。”《大方广佛华严经》偈句。惠瀞老女居士供养。一音。

---

① 农历戊寅十二月廿五日为公历1939年2月13日。故将此函置于是年。

② 此信福建人民出版社2019年12月版《弘一大师全集》（第3版，修订2版）第八册·文艺卷、杂著卷、书信卷第434—435页收录，标“一九三八年除夕前二日，泉州承天寺”。农历戊寅十二月廿八日为公历1939年2月16日。故将此函置于是年。此信有时间，为“除夕前二日”。文物出版社2017年10月版陈飞鹏整理《弘一法师书信全集》第484—485页收录此信，所标时间，公历误标2月18日。因除夕日为2月18日，除夕前二日则应系2月16日。此信曾载1943年《学术界》第1卷第3期，李芳远辑，题《弘一大师书牍（续）》。黄幼希（1884—1958），名士复，福建永泰人，早年留学日本，曾担任上海商务印书馆编辑，后学佛，著有《佛教概论》等，晚年主持上海普慧大藏经会多年。

③ 林可同编：《弘一书法墨迹》，中国美术学院出版社2004年4月版，第21页。

在月台别院关房内讲《药师经》（共十日）。[①]

致夏丏尊函。言今已六十，拟多写字结缘，请施廿金，以备购宣纸及其他用品；赠书一纸；近来身体康健，唯精神呈老态等。[②]

致刘绵松函。言寄上各件（诸种佛籍），勉励读诵；未能来漳州。以后若能依照所教，则虽在千里，有如一堂；去冬在安海讲稿，不久即付印，后再续寄等。[③]

2月19日至3月20日（农历正月），在泉州致陈无我函。言泉州友人近拟提倡流通《护生画集》，前亦有重书写、制版之意，盼能与李圆净对此进行商酌办法；请再寄戒杀会章程数十纸，又《皆大欢喜》等书亦请惠施；前承寄《梵咒音义录》，请告知相关读音等。[④]

马冬涵为刻佛像印，边款“弘一大师嘱刻。己卯正月晓清”。又为刻印“亡言”，边款“已卯正月。冬涵”。

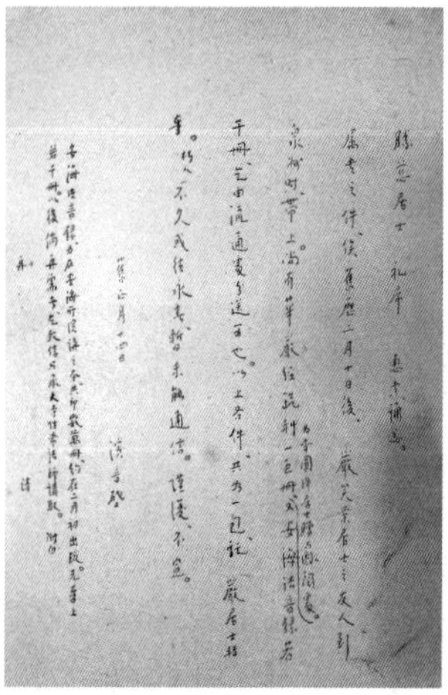

1939年3月4日，弘一大师致施慈航（胜慈居士）函。

2月28日（农历正月初十日），在月台别院关房内讲《药师经》毕。[⑤]

3月2日（农历正月十二日），在泉州致郁智朗函。言寄书一叶；近云游他方，住址未定等。[⑥]

3月4日（农历正月十四日），在泉州致刘绵松函。感谢承施龙眼干；再述习佛书方法；言所嘱之书件，待农历二月十日后托严笑棠居士之友人带上；不久或往永春等。[⑦]

致李芳远函。言现居承天寺，数日后即闭关静养，约数月后乃可通

① 弘一大师：《泉州弘法记》，收《弘一大师全集》第八册·文艺卷、杂著卷、书信卷，福建人民出版社2019年12月第3版、修订2版，第203—204页。

② 此信福建人民出版社2019年12月版《弘一大师全集》（第3版，修订2版）第八册·文艺卷、杂著卷、书信卷第320页收录，标“一九三九年旧元旦，泉州承天寺”。

③ 此信福建人民出版社2019年12月版《弘一大师全集》（第3版，修订2版）第八册·文艺卷、杂著卷、书信卷第433页收录，标“一九三九年旧元旦，泉州承天寺”。《杭州师范学院学报》2004年第2期封二影印之弘一大师“致刘绵松包裹封”一纸，正是本札之函封，该封邮戳“晋江39. 2. 20”，即付邮日是1939年2月20日，可知本札随包裹而发（即本年2月13日致刘绵松信中所说之“并为一包”）；又可知，弘一大师时驻锡泉州承天寺，刘绵松居漳州顶田下146号。刘绵松应该正是在这一次得到了弘一大师的书籍，以及后来的陆续所得，开始有心计划编辑《弘一法师文钞》。

④ 此信福建人民出版社2019年12月版《弘一大师全集》（第3版，修订2版）第八册·文艺卷、杂著卷、书信卷第435页收录，标“一九三九年一月，泉州承天寺”。陈无我，生于1884年，浙江杭州人，早年与李叔同共同办《太平洋报》，后任世界新闻社社长，晚年信佛，法号法香，主编《觉有情》杂志。

⑤ 弘一大师：《泉州弘法记》，收《弘一大师全集》第八册·文艺卷、杂著卷、书信卷，福建人民出版社2019年12月第3版、修订2版，第203—204页。

⑥ 此信福建人民出版社2019年12月版《弘一大师全集》（第3版，修订2版）第八册·文艺卷、杂著卷、书信卷第424页收录，标“一九三九年三月二日，泉州承天寺”。

⑦ 此信福建人民出版社2019年12月版《弘一大师全集》（第3版，修订2版）第八册·文艺卷、杂著卷、书信卷第433页收录，标“一九三九年正月十四日，泉州承天寺”。

信等。[1]

致施慈航函：

胜慈居士礼席：

惠书诵悉。嘱书之件，俟旧历二月十日后，严笑棠居士之友人到泉州时，带上。尚有《华严经疏科》一巨册，为李圆净居士赠与公阅处。又《安海法音录》若干册，乞由流通处分送可也。以上各件，共为一包，托严居士转奉。朽人不久或往永春，暂未能通信。谨复，不宣。

旧正月十四日　演音启

《安海法音录》，为在安海所演讲之本，共印数万册，约在二月初出版。先奉上若干册，以后倘再需者，乞致信与承天寺性常法师请取，附白。

按：福建人民出版社2019年12月版《弘一大师全集》（第3版，修订2版）第八册·文艺卷、杂著卷、书信卷第429页收录此信。文物出版社2017年10月版陈飞鹏整理《弘一法师书信全集》第488页收录此信，将落款“旧正月十四日　演音启”误录为“演音启　正月十四日”。[2]

3月6日（农历正月十六日），在泉州致马冬涵函。评价所刻之印，建议将来可刻佛像百方，并推荐编辑方法；介绍西泠印社购书方式；为拟定“若涵”之字，并作解释；示许晦庐、李鸿梁印样，并请制印等。[3]

致刘绵松函：

胜华居士澄览：

前日复书，托笑棠居士转致，想已收到。顷奉惠书，具悉一一。此乃小事，不须介意。兹复奉上一叶。又子恺来信，及马晓清居士印稿，并以奉赠仁者收藏。马居士住漳新行街，现任职于长泰罗山中心小学，其印稿中加圈者五印皆为朽人刻者。谨复，不备。

农历正月十六日

① 此信福建人民出版社2019年12月版《弘一大师全集》（第3版，修订2版）第八册·文艺卷、杂著卷、书信卷第419页收录，标“一九三九年正月十四日，泉州承天寺”。

② 原信图版见林可同编：《弘一书法墨迹》，中国美术学院出版社2004年4月版，第73页。

③ 此信福建人民出版社2019年12月版《弘一大师全集》（第3版，修订2版）第八册·文艺卷、杂著卷、书信卷第431页收录，标“一九三九年正月十六日，泉州承天寺”。

按：此信福建人民出版社 2019 年 12 月版《弘一大师全集》（第 3 版，修订 2 版）第八册・文艺卷、杂著卷、书信卷第 434 页收录，标“一九四二年正月十六日，晋江福林寺”。此误。此信当与本年 3 月 4 日（农历正月十四日）致刘绵松函一并解读。对此方爱龙《弘一法师致刘绵松札编年考订》已有论述。[①] 文物出版社 2017 年 10 月版陈飞鹏整理《弘一法师书信全集》依方说，然将写信地点误标“晋江福林寺”。

3 月 9 日（农历正月十九日），在泉州致马冬涵函。言惠书诵悉；承刊印甚佳。数日间已印用数十次。以后暇时请再为刊四白文印；叶二游（近或改名）居士（晋江人，青眼居士之子）现肄业长泰高中，旧历年前可返晋江。印刊就时或交彼带下，或俟他日之便皆可；自明日始为短期掩关数月等。[②]

孟春，马冬涵为刻“弘一年六十以后所作”印，边款“己卯孟春冬涵刻于南州”。

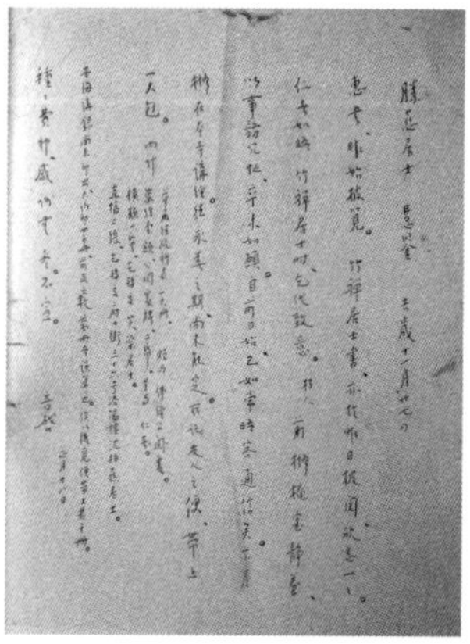

1939 年 3 月 18 日，弘一大师致施慈航（胜慈居士）函。

3 月 14 日（农历正月廿四日），在承天寺结束闭关。[③]

3 月 15 日（农历正月廿五日），因阅省府令将使僧众服兵役，在承天寺演讲，安慰僧众。[④]

3 月 18 日（农历正月廿八日），在泉州致施慈航函：

胜慈居士慧鉴：

去岁十一月廿七日惠书，昨始披览。竹禅居士书，亦于昨日披阅，欣悉一一。仁者如晤竹禅居士时，乞代致意。朽人前拟掩室静养，以事务冗忙，卒未如愿。自前日始，已如常晤客通信矣。下月拟在本寺讲经，往永春之期，尚未能定。兹托友人之便，带上一大包。（内计《华严经疏科表》一大册，赠与佛经公阅处。崇经堂额、公阅处牌，二纸，呈与仁者。横额一纸，乞转交笑棠居士。直幅二

---

① 方爱龙：《弘一法师致刘绵松札编年考订》，载《杭州师范大学学报（社会科学版）》2004 年第 4 期。

② 此信福建人民出版社 2019 年 12 月版《弘一大师全集》（第 3 版，修订 2 版）第八册・文艺卷、杂著卷、书信卷第 431 页收录，标“一九三九年正月十九日，泉州承天寺”。影印件见《弘一与厦门》，鹭江出版社 2012 年 8 月版，第 118 页。钤印：“沙门月臂”。

③ 弘一大师：《泉州弘法记》，收福建人民出版社 2019 年 12 月版《弘一大师全集》（第 3 版，修订 2 版）第八册・文艺卷、杂著卷、书信卷，第 203—204 页。

④ 弘一大师：《泉州弘法记》，收《弘一大师全集》第八册・文艺卷、杂著卷、书信卷，福建人民出版社 2019 年 12 月第 3 版、修订 2 版，第 203—204 页。

张，乞转交府口街三十六号洛阳楼沈柏荪居士。）《安海讲录》尚未印出，大约印四千册，前函云数万册者误算也。俟以后觅便带上若干册。种种费神，感谢无尽。不宣。

音启　正月廿八日[1]

按：福建人民出版社 2019 年 12 月版《弘一大师全集》（第 3 版，修订 2 版）第八册·文艺卷、杂著卷、书信卷第 429 页收录此信。文物出版社 2017 年 10 月版陈飞鹏整理《弘一法师书信全集》第 491 页收录此信，然将“崇经堂额、公阅处牌，二纸，呈与仁者。”与“横额一纸，乞转交笑棠居士。”先后位置对换，为误录；“直幅二张，乞转交府口街三十六号洛阳楼沈柏荪居士”句漏录“府口街三十六号洛阳楼”。[2]

3 月 19 日（农历正月廿九日），在泉州致夏丏尊函。言来信收到，感谢施资；赠书十二纸；下月尚须在泉州讲经，往永春日期未定等。[3]

3 月 21 日至 4 月 19 日间（农历二月），在泉州光明寺开讲《药师法门修持课仪略录》。**按：**光明寺原名“留府世斋堂”，弘一大师为其改名“光明寺”，并曾为该寺题“光明寺”和“药师佛殿”匾。该寺位于泉州西街，今位置在西街菜场边。2007 年 3 月 17 日毁于火灾。

书佛号“南无阿弥陀佛、南无药师琉璃光如来、南无观世音菩萨”。款识“照法法师礼敬供养。己卯二月，一音敬书”；钤印“名字性空”。[4]

3 月 25 日（农历二月初五日），在承天寺月台别院开讲《裴相发菩提心文》（共三日）。[5]

在承天寺作《〈前尘影事〉题记》：“二月五日为亡母谢世三十四周年，敬书《金刚经》偈颂‘一切有为法，如梦幻泡影，如露亦如电，应作如是观’，回向菩提，时年六十岁。”[6]

因陈士牧来函请教佛法义理，并求书匾，随函附有所需邮资而复陈

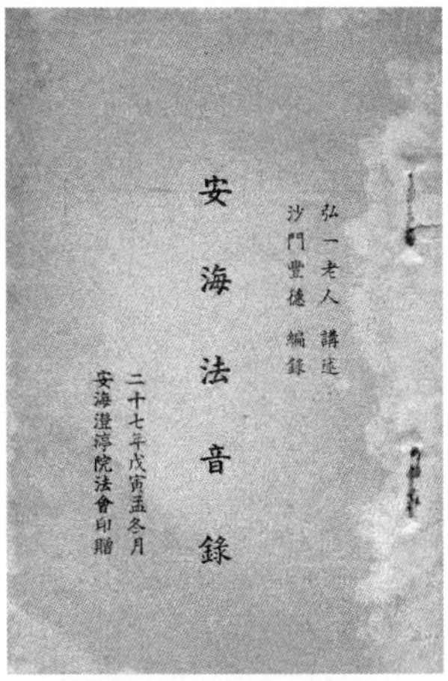

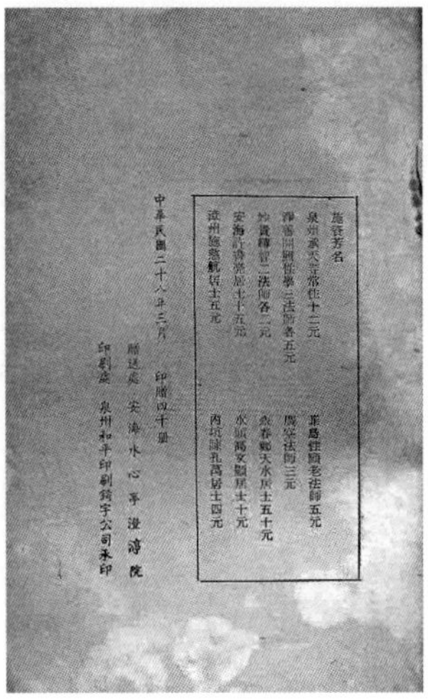

1939 年 3 月，《安海法音录》印行。

① 竹禅居士，即蔡竹禅（1896—1966），又名大勋，福建漳州人，时任漳龙汽车公司董事长，其父蔡潮初，清末状元，后行医，弘一大师曾为其撰像赞。

② 此信图版见林可同编：《弘一书法墨迹》，中国美术学院出版社 2004 年 4 月版，第 75 页。

③ 此信福建人民出版社 2019 年 12 月版《弘一大师全集》（第 3 版，修订 2 版）第八册·文艺卷、杂著卷、书信卷第 321 页收录，标“一九三九年正月二十九日，泉州承天寺”。

④ 浙江省平湖市人民政府、上海徐汇区文化局编：《弘一大师法书集·天心月圆（作品卷）》，上海书画出版社 2017 年 5 月版，第 98 页。泉州开元寺藏。

⑤ 弘一大师：《泉州弘法记》，收《弘一大师全集》第八册·文艺卷、杂著卷、书信卷，福建人民出版社 2019 年 12 月第 3 版、修订 2 版，第 203—204 页。

⑥ 弘一大师：《〈前尘影事〉题记》，收《弘一大师全集》第七册·佛学卷、传记卷、序跋卷，福建人民出版社 2019 年 12 月第 3 版、修订 2 版，第 632 页。

泉州光明寺遭遇火灾时的情景。（新闻图片）

士牧函。言感谢关念；解说未受比丘戒而读戒律书之一般做法；无力再写大字，写奉小匾一纸，聊作纪念；不久拟往永春；奉还多余邮资等。[①]

3月26日（农历二月初六日），在泉州致李芳远函。言应先修净土宗，详读《嘉言录》为要；不久或往永春等。[②]

3月27日（农历二月初七日），在承天寺月台别院开讲《裴相发菩提心文》毕。

3月30日（农历二月初十日），在承天寺开讲《药师经》（共七日）。

3月（农历正月十一日至二月十一日），《安海法音录》印行，署"弘一老人讲述，沙门丰德编录"。收《佛法十疑略释》《佛法宗派大概》《佛法学习初步》。封面又标"二十七年戊寅孟冬月，安海澄渟院法会印赠"。版权页标"中华民国二十八年三月印赠四千册"印刷者为"泉州和平印刷铸字公司承印"。

今泉州清源洞。摄于2019年4月。

春，初春曾至城郊清源山清源洞暂住。**按：**清源山另有弥陀岩，宋时即建有弥陀殿，初名弥陀院，后改称弥陀寺。曾在清源山弥陀寺与信众合影。

在月台集华严经句书《速见勤修》十四言长联赠了智法师。款识"了智法师供养。岁在己卯仲春。《华严经普贤行愿品》句，后学一音集书于月台"；钤印"弘一"、佛肖印。[③]

书"智慧善分别，音声非如来"。款识"己卯仲春居月台别院。华严经集句，沙门慧幢"；钤印"弘一"、佛肖印。[④]

书五言联"发心求正觉，忘己济群生"。款识"己卯仲春，居月台别院与妙莲法师同研习《裴相劝发菩提心文》，为书此共勖励焉。集《华严》句。一音时年六十"；钤印"龙臂"、佛肖印。[⑤]

---

① 此信福建人民出版社2019年12月版《弘一大师全集》（第3版，修订2版）第八册·文艺卷、杂著卷、书信卷第435—436页收录，标"一九三九年旧二月五日，泉州承天寺"。陈士牧（1890—1980），福建福州人，1942年夏请求弘一大师授三皈，为取法号胜牧，后出家，法名瑞照。

② 此信福建人民出版社2019年12月版《弘一大师全集》（第3版，修订2版）第八册·文艺卷、杂著卷、书信卷第419页收录，标"一九三九年二月初六日，泉州清源山"。是年春，弘一大师曾在泉州城郊清源山清源洞暂住。但写此信前后数日均演讲于承天寺。故是否写于清源山，待考。

③ 浙江省平湖市人民政府、上海徐汇区文化局编：《弘一大师法书集·天心月圆（作品卷）》，上海书画出版社2017年5月版，第99页。泉州开元寺藏。

④ 见林可同编：《弘一书法墨迹》，中国美术学院出版社2004年4月版，第51页。

⑤ 浙江省平湖市人民政府、上海徐汇区文化局编：《弘一大师法书集·天心月圆（作品卷）》，上海书画出版社2017年5月版，第163页。泉州开元寺藏。

书中堂“与禽畜杂类比肩受苦，为丈夫者岂不羞哉”。款识“妙莲法师澄誉，菩提心文句。亡言。”①

仲春，手书《华严经普贤行愿品》句赠了智法师。题记曰：“‘速见如来无量光，具此普贤最胜愿；劝修清净波罗蜜，恒不忘失菩提心。’了智法师供养，岁在己卯仲春，《华严经普贤行愿品》句，后学一音集书于月台。”②

在泉州致传贯法师函。在此讲经，不久可毕，以后住处未定；附纸，托令师转寄菲岛性愿法师等。③

在泉州致王拯邦函。言感谢屡施枇杷膏；老体尚健，获服良药，当益康胜；元旦起已讲律典等。④

在泉州致性常法师函。言存太平岩律书数包。而瑞曦法师之书在龙溪寺，请代为托龙溪寺作相关证明，以免混淆等。⑤

在泉州致李圆净函。言去秋与夏丏尊尚酌重写《护生画集》题词，重新制版，因战事未能进行。今请与陈无我、夏丏尊二位商酌办法；陈述具体做法等。**按：**此信福建人民出版社2019年12月版《弘一大师全集》（第3版，修订2版）第八册·文艺卷、杂著卷、书信卷第384页收录，标“一九三九年，永春普济寺”。文物出版社2017年10月版陈飞鹏整理《弘一法师书信全集》第498页收录，时间标1939年“春”，地点标“永春普济寺”。时间合理，地点似有误。弘一大师于1月10日（农历戊寅十一月廿日）在泉州致夏丏尊函，言前与陈无我、李圆净二位商量，拟重写《护生画集》，重制锌铜之版。此事尚未了结，以后二位若有关于此事欲通信者，亦送至尊处。若有必须回信者，亦通过仁者转交等。可知此致李圆净函当在同一时段写于泉州。

在泉州致郁智朗函：

智朗居士文席：

惠书，诵悉。辟谷似可不须。出家事亦勿执著。惟自忏悔业障，厚植胜因可耳。莲池大师云：“求之既不可得，却之亦不可免。”乞仁者深味此言，素位而行，以待因缘成熟也。拙书一纸，

今泉州清源洞一瞥。摄于2019年4月。

今清源山弥陀岩。摄于2019年4月。

今清源山弥陀岩一瞥。摄于2019年4月。

① 释妙莲：《妙莲法师回忆录》，载2017年9月《莲馆弘谭》第13期。

② 见弘一大师《手书〈华严〉经句赠了智法师题记》，收《弘一大师全集》第七册·佛学卷、传记卷、序跋卷，福建人民出版社2019年12月第3版、修订2版，第638页。

③ 此信福建人民出版社2019年12月版《弘一大师全集》（第3版，修订2版）第八册·文艺卷、杂著卷、书信卷第484页收录，标“一九三九年春，泉州承天寺”。此信当写于农历二月廿四日前。

④ 此信福建人民出版社2019年12月版《弘一大师全集》（第3版，修订2版）第八册·文艺卷、杂著卷、书信卷第430页收录，标“一九三九年春，泉州承天寺”。

⑤ 此信福建人民出版社2019年12月版《弘一大师全集》（第3版，修订2版）第八册·文艺卷、杂著卷、书信卷第480页收录，标“一九三九年，泉州”。文物出版社2017年10月版陈飞鹏整理《弘一法师书信全集》第497页收录，以为写于是年春。合理。

附奉上。不久即他往，以后乞勿来信。当来通讯处，俟后奉闻。

演音启

弘一大师（前排站立者左六）在清源山弥陀寺与信众合影。

按：此信福建人民出版社 2019 年 12 月版《弘一大师全集》（第 3 版，修订 2 版）第八册·文艺卷、杂著卷、书信卷第 425 页收录，标“一九三九年四月，永春普济寺”。文物出版社 2017 年 10 月版陈飞鹏整理《弘一法师书信全集》第 496 页收录，时间标“旧二月二十五日前”，地点标“泉州”。信中有“不久即他往”，地点当在泉州。至于时间，可标春（农历二月廿四日前。因该日即已离开泉州至水门龙溪寺讲建兴药师寺之利益）。此信曾刊于 1940 年《觉有情》第 16 期，题《弘一法师致智朗居士书》（为其中之一）。

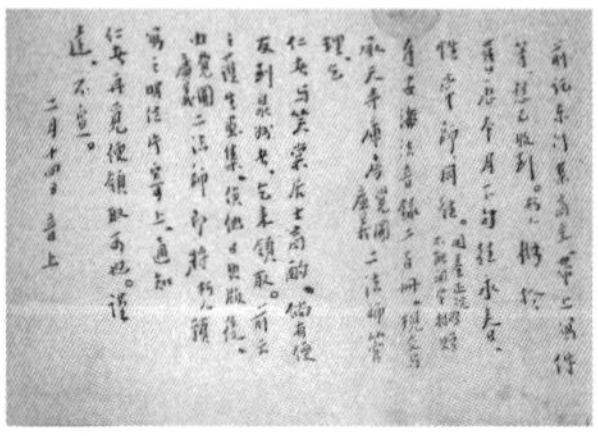
1939 年 4 月 3 日，弘一大师致施慈航函。

4 月 1 日（农历二月十二日），《佛学半月刊》第 8 卷第 7 号载《地藏菩萨九华垂迹图》广告，署“弘一上人书，卢世侯居士绘”。

4 月 3 日（农历二月十四日），在泉州致施慈航函：

前托东门某商主，带上写件等，想已收到。朽人拟于旧历本月下旬往永春，性常师同往。（因养正院不能开学）拟赠奉《安海法音录》二百册，现交与承天寺库房觉圆、广义二法师管理，乞仁者与笑棠居士商酌，倘有便友到泉州者，乞来领取。前云之《护生画集》，俟他日出版后，由觉圆、广义二法师即将朽人预写之明信片寄上，通知仁者再觅便领取可也。谨达，不宣。

二月十四日　音上

1940 年《觉有情》第 16 期刊登的《弘一法师致智朗居士书》。

按：福建人民出版社 2019 年 12 月版《弘一大师全集》（第 3 版，修订 2 版）第八册·文艺卷、杂著卷、书信卷第 429 页收录此信。文物出版社 2017 年 10 月版陈飞鹏整理《弘一法师书信全集》第 493 页收录此信，然将落款“二月十四日　音上”误录为“演音上　二月十四日”。①

4 月 5 日（农历二月十六日），在承天寺讲《药师经》毕。

致刘质平函。言寄书件一包；以后来信寄厦门转永春蓬壶新市场华记转交普济寺弘一收等。②

① 图版见林可同编：《弘一书法墨迹》，中国美术学院出版社 2004 年 4 月版，第 67 页。

② 此信福建人民出版社 2019 年 12 月版《弘一大师全集》（第 3 版，修订 2 版）第八册·文艺卷、杂著卷、书信卷第 300 页收录，标“一九三九年旧二月十六日，泉州承天寺”。

4 月 8 日（农历二月十九日），在泉州朵莲寺讲《读诵华严经之灵感事迹》。[1]

今泉州同莲寺大雄宝殿。摄于 2019 年 5 月。

4 月 9 日（农历二月廿日），在泉州光明寺讲《持诵药师咒之方法》。

4 月 10 日（农历二月廿一日），在泉州同莲寺讲《净土法门之殊胜》。[2] **按：**同莲寺位于泉州市鲤城区小山新村东北角执节巷。该寺原名洞灵，建寺期不详。

弘一大师 1939 年农历二月二十日将赴永春前与黄福海合影。

4 月 11 日（农历二月廿二日），在泉州温陵养老院讲《地藏菩萨之灵感事迹》。[3]

在泉州与黄福海合影。有照片题字：“己卯二月二十日与黄柏贤首同写影于清原。时年六十，将往永春山中习静。”[4]

4 月 12 日（农历二月廿三日），在泉州致高文显函。感谢施资；言《安海法音录》一出版，曾托百源庵寄上多册；述十月下旬到泉州后至今的弘法事项等。[5]

致施慈航函：

惠书，诵悉。承施邮券等，感谢无尽。后天即拟往永春。性常师同往。倘其时车路破坏，即仍居泉州也。俟后奉达。先此略复，不宣。

二月廿三日　音上

因在各处讲经及演讲多日，故延迟至今乃能动身。泉州米价甚昂，每元八斤。已在各处设法平粜，附白。

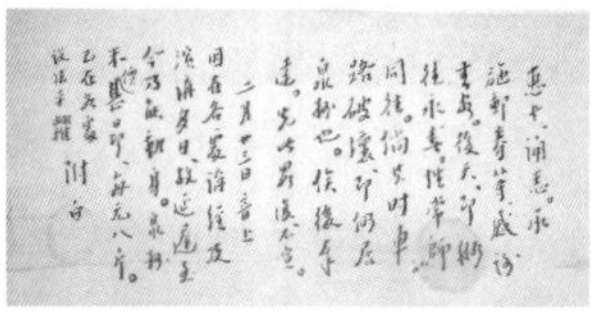

1939 年 4 月 12 日，弘一大师致施慈航函。

按：此信福建人民出版社 2019 年 12 月版《弘一大师全集》（第 3 版，修订 2 版）第八册・文艺卷、杂著卷、书信卷未收。此据林可同编《弘一书法墨迹》，中国美术学院出版社 2004 年 4 月版，第 65 页图版。其中“感谢无尽”之“无”字，林可同释文作“垂”，存疑。原信未署

---

① 弘一大师：《泉州弘法记》，收《弘一大师全集》第八册・文艺卷、杂著卷、书信卷，福建人民出版社 2019 年 12 月第 3 版，修订 2 版，第 203—204 页。

② 弘一大师：《泉州弘法记》，收《弘一大师全集》第八册・文艺卷、杂著卷、书信卷，福建人民出版社 2019 年 12 月第 3 版、修订 2 版，第 203—204 页。

③ 弘一大师：《泉州弘法记》，收《弘一大师全集》第八册・文艺卷、杂著卷、书信卷，福建人民出版社 2019 年 12 月第 3 版、修订 2 版，第 203—204 页。

④ 黄福海（1910—1995），即弗海，原名泰北，别号黄柏，江苏扬州人，客寓泉州。

⑤ 此信福建人民出版社 2019 年 12 月版《弘一大师全集》（第 3 版，修订 2 版）第八册・文艺卷、杂著卷、书信卷第 410 页收录，标“一九三九年旧二月廿三日，泉州温陵养老院”。

年份，据信中“后天即拟往永春”句，当为 1939 年。文物出版社 2017 年 10 月版陈飞鹏整理《弘一法师书信全集》第 495 页收录此信，曰“辑自刘绵松《弘一大师全集》（未刊手稿）……”

4 月 13 日（农历二月廿四日），至水门龙溪寺，讲建兴药师寺之利益。①

今永春桃源古地。摄于 2019 年 5 月。

4 月 14 日（农历二月廿五日），缘于永春僧俗多次礼请，前往永春普济寺，暂住桃源殿。② **按：**桃源殿位于永春县东门，明初建，为道观，清嘉庆年间（1796—1820）改为佛刹。该殿目前的位置在永春县桃城路东与环城路交汇处（今永春酒店斜对面），殿旁门牌为东风新村 30 号。

4 月 15 日（农历二月廿六日），由李芳远陪同游永春名胜环翠亭。

今永春桃源殿。摄于 2019 年 5 月。

4 月 16 日（农历二月廿七日），在永春致夏丏尊函。言前日已移居永春；明日即往乡间居住等。③ 在桃源殿讲《佛教之修持简易方法》，李芳远笔录，王锦机翻译为闽南话。④ **按：**林觉贤有《弘一法师在永春二十个月的经过》一文，载 1947 年 2 月 1 日《佛教公论》复刊第 11 期。文中说：“我记得他莅永春的日子，是在民国二十八年二月廿八日的那天，和性常律师及一班居士同来。先到桃源殿慈儿院里驻足，第二天便有了当地诸多居士请他开示，他就在桃源殿里讲演《佛教之简易修持法》，到了第三天才给妙慧林奉若……诸大师迎往蓬壶普济寺后山的一小精舍安居。”供参考。

今普济寺普济顶寺“弘一法师闭关遗址”。摄于 2019 年 5 月。

4 月 17 日（农历二月廿八日），移锡永春普济寺。⑤ 住寺后精舍十利律院。**按：**普济寺寺后精舍十利律院今称普济顶寺。普济寺位于永春县蓬壶乡美山村（目前门牌号为美山村 618 号），古称普济禅院或桃源甲刹。今普济寺为永春县县级文物保护单位。

---

① 见弘一大师于 1939 年 4 月 19 日（农历二月三十日）在永春致高文显函。收《弘一大师全集》第八册 · 文艺卷、杂著卷、书信卷，福建人民出版社 2019 年 12 月第 3 版、修订 2 版，第 411 页。

② 见弘一大师于 1939 年 4 月 19 日（农历二月三十日）在永春致高文显函。收《弘一大师全集》第八册 · 文艺卷、杂著卷、书信卷，福建人民出版社 2019 年 12 月第 3 版、修订 2 版，第 411 页。

③ 此信福建人民出版社 2019 年 12 月版《弘一大师全集》（第 3 版，修订 2 版）第八册 · 文艺卷、杂著卷、书信卷第 321 页收录，标“一九三九年旧二月廿七日，永春桃源殿”。

④ 见弘一大师于 1939 年 4 月 19 日（农历二月三十日）在永春致高文显函。收《弘一大师全集》第八册 · 文艺卷、杂著卷、书信卷，福建人民出版社 2019 年 12 月第 3 版、修订 2 版，第 411 页。

⑤ 见弘一大师于 1939 年 4 月 19 日（农历二月三十日）在永春致高文显函。收《弘一大师全集》第八册 · 文艺卷、杂著卷、书信卷，福建人民出版社 2019 年 12 月第 3 版、修订 2 版，第 411 页。

附记：文物出版社 2017 年 10 月版陈飞鹏整理《弘一法师书信全集》第 500 页收录一致曾词源函，时间标 1939 年“春”，地点标“永春普济寺”，并有“案”，曰此信辑自保利（厦门）国际拍卖有限公司 2017 年春拍，考证写于此时。此信以往无著录，附记于此，供研究参考。信如下：

词源居士文席：

惠书，诵悉。诸承慈念，感谢无尽。朽人于农历二月二十四日到水门龙溪寺，为僧众讲经。廿五日返回永春城中，住桃源殿。廿七日为僧众讲“佛教之简易修持法”，法缘甚好，僧众互动甚佳。廿八日回到蓬壶普济寺。今后数月拟在此闭关研习四分律。嘱书字对已写就，附付邮挂号寄上。乞收入。

在此习静暂不作他往想。恐泉州之行将无定期也。

演音

《弘一法师书信全集》收录时，署名后有括号，内注“加盖朱印‘弘一’”。

今永春普济寺。摄于 2019 年 5 月。

4 月 19 日（农历二月三十日），在永春致高文显函。言最近弘法事；拟在此静养数月；代问候性愿法师等。[①]

4 月 20 日（农历三月初一日），在永春普济寺作《为漳州印友说偈》。款识“温陵清心洁已堂沙门昙昉于二月后一日”。

今永春普济寺全景。摄于 2019 年 5 月。

4 月 21 日（农历三月初二日），致丰子恺函，寄书法六件。其中赠丰氏者为一联：“真观清静观，广大智慧观”，“梵音海潮音，胜彼世间音”。此原挂于丰氏故乡缘缘堂西室，已为炮火所毁，丰氏曾致函请再赐书。其余五件分别系由丰氏代为王星贤、傅彬然及其友人、唐现之和居林才所求。时居林才已逝世，由丰氏代为保存。

今永春普济寺内的“弘一法师纪念室”。摄于 2019 年 5 月。

5 月 1 日（农历三月十二日），《佛学半月刊》第 8 卷第 9 号载《地藏菩萨九华垂迹图》广告，署“弘一上人书，卢世侯居士绘”。同期有“导俗启信类”书籍《人生之最后》广告，署“弘一法师著”。该期刊出

① 此信福建人民出版社 2019 年 12 月版《弘一大师全集》（第 3 版，修订 2 版）第八册·文艺卷、杂著卷、书信卷第 411 页收录，标“一九三九年旧二月三十日，永春普济寺”。

弘一大师书“永春县立图书馆”。

《养正院临别之演讲》，署“弘一法师于戊寅十一月十四日在佛教养正院同学会席上讲”。

按：到普济寺后不久（暮春），致上海佛学书局函。言编辑南山律在家备览方法等。[①]《南山律在家备览》初拟名《南山导俗正仪》。

致觉圆法师函。言拟借阅《药师经》晋译、隋译、唐义净译三种。已着手编辑《药师经析疑》等。[②]

5 月 12 日（农历三月廿三日），在永春致广洽法师函。言感谢施资；移居永春一月；高文显仍居菲岛信愿寺，近来身体衰弱；近年来各地弘法事迹前陆续写告高文显，可请其抄写一份与仁者；丰子恺在广西宜山浙江大学；附致郁达夫笺，请转交等。[③]

5 月 13 日（农历三月廿四日），在永春致丰子恺函。言“朽人近年来，身体虽可勉强支持，但旧病未除，新疾时增。故自去秋闭门静养，谢绝见客及普通信讯。惟有关系于《护生画集》等诸要事，乃亲自通讯耳。”[④]

5 月 16 日（农历三月廿七日），《佛学半月刊》第 8 卷第 10 号刊出《弘一法师游化永春》一文：

> 弘一法师此次由漳州来泉，备受泉州各界欢迎，曾在承天寺讲药师经七日，阐扬佛旨，俾感格人心，消灾解劫。日前永春人士闻法师到泉，特派代表来泉，力邀法师赴永讲经。法师以来意难却，乃于国历四月十四日偕性常、妙慧师等五众，刘劭青、曾少微、陈镜昭三居士，同乘车赴永，下榻于桃源殿。十五日即在该殿讲经，日内将赴蓬壶普济寺游览。在永约须勾留月余云。又慈航法师在香港宏化，其通讯处为香港大澳宝安铁店转竹园。

① 此信文物出版社 2017 年 10 月版陈飞鹏整理《弘一法师书信全集》第 501—502 页收录，时间标 1939 年“春”，地点标“永春普济寺”，并有“案”：“此信，《弘一大师全集》注：1940 年旧七月，永春普济寺。疑年份有误。依此信内容‘近居永春山中’推测，则此信应写于 1939 年春夏间，弘一法师刚到永春不久。据此推测，本函应写于 1939 年春间为合理。”然福建人民出版社 2019 年 12 月版《弘一大师全集》（第 3 版，修订 2 版）第八册 · 文艺卷、杂著卷、书信卷中并未收录此函。

② 此信福建人民出版社 2019 年 12 月版《弘一大师全集》（第 3 版，修订 2 版）第八册 · 文艺卷、杂著卷、书信卷第 493 页收录，标“一九三九年春，永春普济寺”。

③ 此信福建人民出版社 2019 年 12 月版《弘一大师全集》（第 3 版，修订 2 版）第八册 · 文艺卷、杂著卷、书信卷第 471 页收录，标“一九三九年旧三月二十三日，永春普济寺”。时郁达夫在新加坡，曾主编报纸副刊。

④ 此信福建人民出版社 2019 年 12 月版《弘一大师全集》（第 3 版，修订 2 版）第八册 · 文艺卷、杂著卷、书信卷第 373 页收录，标“一九三九年旧三月廿四日，泉州承天寺”。此误。此时弘一大师已在永春。

5 月 19 日至 6 月 16 日间（农历四月），在永春普济寺讲《药师如来法门一斑》，王世英记录。

1939 年 5 月 26 日弘一大师（台阶上方坐者左十一）在普济寺。

5 月 26 日（农历四月初八日），释迦圣诞，在普济寺宣讲《药师如来法门一班》。到者近二百人，在普济寺台阶上合影。照片上题字为“弘一法师在普济寺宣讲药师法门摄影。民国二十八年四月佛诞日”。

书“南无药师瑠璃光如来”。款识“如影法师敬刺指血。己卯四月八日，一音敬书”；钤印“弘一”。①

5 月 28 日（农历四月初十日），在永春致李芳远函。言八日讲稿已由数居士编录，不久性常法师即可入城接洽付印之事；前存《修持法》三千册，待时局平定，分送与泉州、安海、漳州诸位处，现暂存桃源殿；近来闭门思过；附寄血书佛号一叶等。②

5 月 29 日（农历四月十一日），在永春致王梦惺函。言所撰序文甚善；忻佩郑老居士前寄示律诗。下次印讲录时拟作为弁首。请代为致意；秋凉后入城在桃源讲《金刚经大意》三日，广结法缘等。③

6 月 1 日（农历四月十四日），在永春致夏丏尊函。言《护生画集》拟先依旧本影印，仅题字重写，已由佛学书局承印；丰子恺所述之意，拟待时局安靖再进行；书若干，待友人入城时邮寄等。④

致刘质平函。言一月余前移居永春山中；近无所需；近两年写字极多，暇时拟写若干纸寄上广结法缘等。⑤

《佛学半月刊》第 8 卷第 11 号刊载《弘一法师泉州开元慈儿院开示录》，署“吴棲霞记”。**按：**文后有《附弘一法师提倡诵行愿品十万卷回向国难解脱慈儿院参与工作因缘》：“一公老法师于此国难期间，益加紧努力弘法利生工作，以大慈大悲，大无畏精神，往来厦门泉州漳州各处，弘扬一乘大法，普利各界人士，冀从各个别心理中，深深种植善

① 浙江省平湖市人民政府、上海徐汇区文化局编：《弘一大师法书集·天心月圆（作品卷）》，上海书画出版社 2017 年 5 月版，第 100 页。泉州开元寺藏。

② 此信福建人民出版社 2019 年 12 月版《弘一大师全集》（第 3 版，修订 2 版）第八册·文艺卷、杂著卷、书信卷第 419 页收录，标“一九三九年旧四月十日，永春普济寺”。

③ 此信福建人民出版社 2019 年 12 月版《弘一大师全集》（第 3 版，修订 2 版）第八册·文艺卷、杂著卷、书信卷第 436 页收录，标“一九三九年旧四月十一日，永春普济寺”。王梦惺（1906—1978），名锦机，字进忠，原名梦醒，弘一大师为之易号梦惺，福建永春人，能诗善文，好书法篆刻，时任永春县立图书馆馆长，著有《莱园文稿》，弘一大师曾为该文稿题偈，又为其所在图书馆书馆名等。郑老居士律诗指《寿弘一法师》。

④ 此信福建人民出版社 2019 年 12 月版《弘一大师全集》（第 3 版，修订 2 版）第八册·文艺卷、杂著卷、书信卷第 321 页收录，标“一九三九年旧四月十四日，永春普济寺”。

⑤ 此信福建人民出版社 2019 年 12 月版《弘一大师全集》（第 3 版，修订 2 版）第八册·文艺卷、杂著卷、书信卷第 300 页收录，标“一九三九年旧四月十四日，永春普济寺”。

根，庄严见地，为今后安定国家民族，以及奠定世界和平之大补助。曾一度于泉清尘堂说华严经之后，殷勤切嘱大众虔诵华严经，入不思议解脱境界普贤行愿品十万卷。悉皆回向世界和平，国难消除，地方安宁，民众乐业，乃至菩提慈儿院秉承慈旨，逐日课外参与恭诵。自本年春间起，截至立冬日止，已诵过三万余卷，一面仍复继续诵念，至于圆满，亦以普贤行愿品，为一般有志青年，无上修养经典，人人行此愿，即人人具此功德，人人同于普贤，国中多一良善分子，即增加集体一分安全。深愿见者闻者，共同努力，共同修行，以共同达到目的也。泉州开元慈儿院代理院长叶青眼和南谨识。”同期“佛学书局本版图书目录”有《华严经净行品偈》《华严十地品离垢章》《华严十回向品》《华严初回向章》《普贤行愿品偈》广告，均署“弘一书”。同期又刊林奉若《永春普济寺兴建募捐启》，言性愿法师“敦请弘一老法师，来普济寺挂锡（廿八年二月廿八日到寺），以树僧范。”

6月6日（农历四月十九日），在永春致觉圆法师函。言三函皆收悉；前存之草包箱、竹笼、经包、纸包、棉被等有雨水冲入，请一一打开检查，并日晒；《药师》讲稿料想暂未能付印，拟缓缓奉上等。①

6月8日（农历四月廿一日），在永春致刘质平函。感谢施资；寄上书件一幅及废稿四纸等。②

6月9日（农历四月廿二日），在永春致夏丏尊函。言书写就，计五言联八对，七言联二对，读律室额一纸，横幅二纸，斗方一纸，小堂幅二十纸，大堂幅二十二纸，有便时送至邮局挂号寄上。以后有暇再写；请便中托人至功德林佛经流通处购《四分律行事钞资持记》一部，护法会施资，挂号寄来等。③

致高文显函。言忠儒居士施资二十金已收到，请代致谢；述此间气候等。④

6月10日（农历四月廿三日），在永春致郁智朗函。言出家后曾发

① 此信福建人民出版社2019年12月版《弘一大师全集》（第3版，修订2版）第八册·文艺卷、杂著卷、书信卷第492页收录，标“一九三九年旧四月十九日，永春普济寺”。
② 此信福建人民出版社2019年12月版《弘一大师全集》（第3版，修订2版）第八册·文艺卷、杂著卷、书信卷第300页收录，标“一九三九年旧四月二十一日，永春普济寺”。
③ 此信福建人民出版社2019年12月版《弘一大师全集》（第3版，修订2版）第八册·文艺卷、杂著卷、书信卷第321页收录，标“一九三九年旧四月廿二日，永春普济寺”。
④ 此信福建人民出版社2019年12月版《弘一大师全集》（第3版，修订2版）第八册·文艺卷、杂著卷、书信卷第411页收录，标“一九三九年旧四月廿二日，永春普济寺”。

誓不蓄剃度弟子，有违厚意，十分抱歉等。①

6月14日（农历四月廿七日），在永春致郁智朗函。言发心出家，至用欢慰。剃度师以灵严山妙真法师最为适宜；本人出家后，发誓不收剃度徒众、不任寺中监院或住持；今年小疾频发，精神颓唐；书一纸奉赠等。②

6月16日（农历四月廿九日），《佛学半月刊》第8卷第12号“佛学书局本版图书目录”有《地藏经见闻利益品》《地藏圣德大观》，均署“弘一”。

6月17日（农历五月初一日），在永春致大醒法师函。言近拟谢绝一切缘务专编律书；座下欲编《灵峰评传》，拟以旧集年谱草稿及拙见数则奉献，须待一个月后乃能寄上等。③

6月17日至7月16日（农历五月），书联“一心执持名号，万善回向西方。”款识“善见法师渊督，己卯五月。沙门一音书，时年六十”；钤印佛肖印、“无言”。④

6月19日（农历五月初三日），在永春致广洽法师函。言尤居士函已收到。请代托性愿法师于致函时附笔致谢；请代复尊师瑞等上人一函，述不能往星洲之意，并致谢忱；前在养正院讲稿已交世界书局修改付印。尊处所存印资请汇蔡丐因居士；高文显前寄照相已收到，请为致候等。⑤

6月28日（农历五月十二日），在永春致夏丏尊函。言《问答》一

① 此信福建人民出版社2019年12月版《弘一大师全集》（第3版，修订2版）第八册·文艺卷、杂著卷、书信卷第425页收录，标“一九三九年六月十日，永春普济寺”。文物出版社2017年10月版陈飞鹏整理《弘一法师书信全集》第502页收录，误标“旧四月初三日”。

② 此信福建人民出版社2019年12月版《弘一大师全集》（第3版，修订2版）第八册·文艺卷、杂著卷、书信卷第424页收录，标“一九三九年四月廿七日，永春普济寺”。

③ 此信福建人民出版社2019年12月版《弘一大师全集》（第3版，修订2版）第八册·文艺卷、杂著卷、书信卷第483页收录，标“一九三九年五月一日，永春普济寺”。文物出版社2017年10月版陈飞鹏整理《弘一法师书信全集》第499页收录，标“五月一日”为公历。大醒法师（1899—1952），俗姓袁，别号随缘，江苏东台人，精书法篆刻，出家后曾就读于武昌佛学院，为太虚大师之高足，历任闽南佛学院教务主任、《现代僧伽》《海潮音》编辑等职。

④ 见林可同编：《弘一书法墨迹》，中国美术学院出版社2004年4月版，第47页。

⑤ 此信福建人民出版社2019年12月版《弘一大师全集》（第3版，修订2版）第八册·文艺卷、杂著卷、书信卷第471页收录，标“一九三九年旧五月三日，永春普济寺”。瑞等上人（1886—1942），福建龙海人，为广洽法师的剃度师，时任新加坡龙山寺住持。

册已收到；现无需用，请勿汇资等。[1]

7月1日（农历五月十五日），《佛学半月刊》第8卷第13号“佛学书局本版图书目录”有《金刚三昧经》，署“弘一书”。

7月3日（农历五月十七日），在普济寺致刘绵松函。言朽人近居深山，掩室习静。身体康健，唯精神不如昔日等。**按：**此信福建人民出版社2010年10月版《弘一大师全集》第八册·文艺卷、杂著卷、书信卷第433页收录。文物出版社2017年10月版陈飞鹏整理《弘一法师书信全集》第507页收录。此信在1941年7月1日《佛学半月刊》第10卷第13号（总第232期）刊出时，落款为“音启　五月十七日”，而《弘一大师全集》和《弘一法师书信全集》收录时均为“五月十七日　音启”。

附记：上海书画出版社2017年5月版浙江省平湖市人民政府、上海徐汇区文化局编：《弘一大师法书集·华枝春满（手稿信札卷）》第242页收录致善见法师明信片，上海龙华寺藏。邮戳为民国廿八年七月十三日（应系寄达时间）。福建人民出版社2019年12月版《弘一大师全集》（第3版，修订2版）第八册·文艺卷、杂著卷、书信卷未收。明信片正面写：“鼓浪屿日光岩善见法师。永春蓬壶弘一寄”。信文录存如下，供研究参考：

惠书于十五日始转到。宣纸未收到（原纸大约存在泉州）。今另备纸书写，附挂号奉上。乞收入。

略答。不宣。

旧五月十七日　音启

余在永春，方便闭关养静，谢绝诸事。倘有他人询问者，乞以此告之。秋凉后，乃可往他处也。附白。

7月11日（农历五月廿五日），在永春致觉圆法师函。言讲稿拟于下月十五日以前交邮局挂号寄上。拟多印，至少两千册，四五千册尤善。请预筹印费。稿中所述至为重要，须广为流通；近来身体尚健；本人物件请送至百源庵，托觉徹法师收存等。[2]

---

① 此信福建人民出版社2019年12月版《弘一大师全集》（第3版，修订2版）第八册·文艺卷、杂著卷、书信卷第321页收录，标“一九三九年旧五月十二日，永春普济寺”。

② 此信福建人民出版社2019年12月版《弘一大师全集》（第3版，修订2版）第八册·文艺卷、杂著卷、书信卷第492页收录，标“一九三九年旧五月廿五日，永春普济寺”。

致刘质平函：

惠书诵悉，至慰远念。事事皆退一步想，当可无忧恼也。又仁者及眷属，皆应常念观世音菩萨名号，必可转危为安，逢凶化吉。兹先寄上七言二联。此外拟络续写二尺小堂幅一二百页，须俟秋后冬初，余入城时，乃可寄奉。今居高山之上，距城约四十里，托人转送，殊未妥也。承施资，至感谢。略复，不宣。

质平居士文席

农历五月廿五日　音启

按：此信福建人民出版社2019年12月版《弘一大师全集》（第3版，修订2版）第八册・文艺卷、杂著卷、书信卷第300页收录，标“一九三八年五月廿五日，漳州瑞竹岩”。文物出版社2017年10月版陈飞鹏整理《弘一法师书信全集》第456页收录，亦如此标注。均误。此信应写于1939年7月11日（农历五月廿五日），地点在永春普济寺。此信说“今居高山之上，距城约四十里”，而瑞竹岩距城仅二十五里，如1938年6月9日（农历五月十二日）在漳州致李芳远函中说：“瑞竹岩距城甚远（二十五里）……”又，此信用印为许晦庐1938年秋所刻。此信现藏平湖市李叔同纪念馆，详考见王维军著《平湖李叔同纪念馆藏李叔同（弘一大师）手札墨宝・识注考勘》。①

7月16日（农历五月三十日），《佛学半月刊》第8卷第14号“佛学书局本版图书目录”有《佛说无常经》《增一阿含经》《离阿含经》《佛说略教诫经》，均署“弘一书”。

7月17日至8月14日（农历六月），在永春致李芳远函。言病中先写就数叶，可为遗念等。②

书《盗戒释相概略问答》。有后跋和书唐太贤法师偈：

发心学律已来，忽忽二十一载。衰老日甚，学业未就。今撷取南山、灵芝撰述中诠释“盗戒戒相”少分之义。辑为《盗戒释相概略问答》一卷。义多阙略，未尽持犯之旨。后此赓续，当复何日！因录太贤、藕益二师遗偈，附于卷末，用自策励焉。岁次己卯残暑沙门一音，时年六十，居永春蓬峰

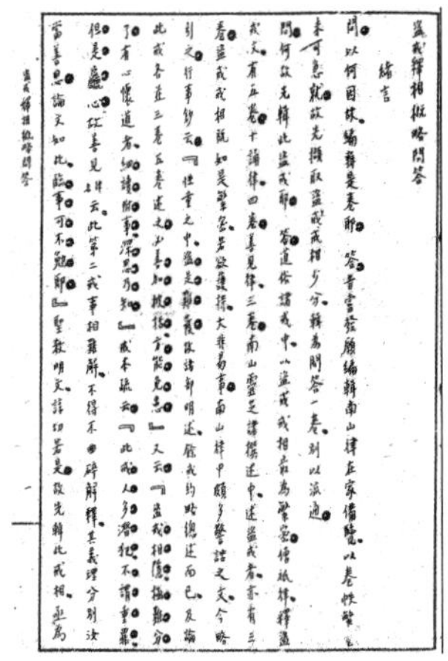

弘一大师书《盗戒释相概略问答》之一页。

① 王维军著：《平湖李叔同纪念馆藏李叔同（弘一大师）手札墨宝・识注考勘》，西泠印社出版社2017年9月版，第237页。

② 此信福建人民出版社2019年12月版《弘一大师全集》（第3版，修订2版）第八册・文艺卷、杂著卷、书信卷第420页收录，标“一九三九年旧六月，永春普济寺”。

勇士交阵死如归，丈夫向道有何辞，初入恒难永无易，由难若退何劫成！

丈夫欲取三界王，当挥智剑断众魔！吾于苦海誓无畏，庄严戒筏摄诸方！

唐太贤法师偈

日轮挽作镜，海水挹作盆。照我忠义胆，浴我法臣魂。九死心不悔，尘劫愿犹存。为檄虚空界，何人共此轮？

明藕益大师偈①

7 月 23 日（农历六月初七日），在永春致李芳远函。言感谢赠送笺纸；若来普济寺，请于古历六月十九日前惠临。因自二十日始即谢客养静等。②

7 月 26 日（农历六月初十日），在永春致觉圆法师函。言寄上讲稿，述稿中记号之意；问其七月十五日后往何处，通信地址为何，盼预告；本人箱中之物，请存百源庵等。③

7 月 31 日（农历六月十五日），在永春普济顶寺录写《莲宗地藏法会缘起》，款识“不揆冒昧，僭为篡改。山寺罕有参考之书，恐多讹误。乞为改正至幸。六月十五日敬录于桃源普济顶寺。音”；钤印“弘一”。④ **按：**后于 8 月 27 日寄赠刘质平。

夏，夏初在普济寺作《〈华严玄谈会玄记〉题记》，署：“岁次己卯夏首，沙门一音时居蓬峰。”⑤

李芳远入山谒见，书“华枝春满，天心月圆”偈和“无畏”篆额赠之。

在永春致广义法师函。言承寄各件悉收到；书幅奉上；行程拟从缓；关心其近来行持并予以勉励等。⑥

---

① 弘一大师：《〈盗戒释相概略问答〉后跋》，收《弘一大师全集》第七册·佛学卷、传记卷、序跋卷，福建人民出版社 2019 年 12 月第 3 版、修订 2 版，第 631—632 页。

② 此信福建人民出版社 2019 年 12 月版《弘一大师全集》（第 3 版，修订 2 版）第八册·文艺卷、杂著卷、书信卷第 420 页收录，标“一九三九年六月初七日，永春普济寺”。

③ 此信福建人民出版社 2019 年 12 月版《弘一大师全集》（第 3 版，修订 2 版）第八册·文艺卷、杂著卷、书信卷第 492—493 页收录，标“一九三九年六月初十日，永春普济寺”。

④ 温州博物馆、平湖李叔同纪念馆编：《弘一大师墨迹》，浙江古籍出版社 2010 年 9 月版，第 174—175 页。

⑤ 弘一大师：《〈华严玄谈会玄记〉题记》，收《弘一大师全集》第七册·佛学卷、传记卷、序跋卷，福建人民出版社 2019 年 12 月第 3 版、修订 2 版，第 632 页。

⑥ 此信福建人民出版社 2019 年 12 月版《弘一大师全集》（第 3 版，修订 2 版）第八册·文艺卷、杂著卷、书信卷第 487 页收录，标“一九三九年夏，永春普济寺”。

书“普贤菩萨十大愿王”及偈句。款识“己卯夏，沙门一音敬书”；钤印“弘一”。[1]

8月1日（农历六月十六日），《佛学半月刊》第8卷第15号（总第186期）“佛学书局本版图书目录”有《大悲心陀罗尼咒》，署“弘一书，丰子恺绘”。有《梵网经心地品菩萨戒》《佛说十乘戒经》《十善业道经》《大乘戒经》，均署“弘　书”。有《四分律比丘戒相表记》《律学要略》，均署“弘一”。同期刊出《拟编南山律在家备览致佛学书局书》，署名“弘一”。此信福建人民出版社2019年12月版《弘一大师全集》（第3版，修订2版）第八册文艺卷、杂著卷、书信卷未收。全文如下：

1939年8月1日《佛学半月刊》第8卷第15号（总第186期）刊出的《拟编南山律在家备览致佛学书局书》。

（上略）五年前，曾发心编辑《南山律在家备览》，屡次思维着手编辑之法，迄未妥善，荏苒至今，未尝忘怀。近居永春山中，稍有闲暇，已略酌定编辑之法如下。

拟分为二部，一名《南山授归戒仪附略释》，仅一册；一名《南山律在家备览》，共数册。

南山钞疏及灵芝记等近百卷，在家居士，皆谓是为比丘所学，不敢辄阅，宁知其中有数卷述三归五戒八戒，及敬佛造像建塔并俗人士女入寺法瞻病送终法等，皆为在家人所应学。又南山律中最有精义极为重要者，是所述戒体及持犯方轨诸章，多至十数卷，而大半与五戒八戒有关系，为在家居士所应学。至随戒释相中所述四根本戒，小妄语饮酒非时食杀畜生高广大床等诸戒相，为诸居士所应学，则是无待言矣。今编辑《南山律在家备览》，即是苔集以上诸文纂为一编，以备在家居士学习。

内容拟分为三类：

一纲要　二证文　三附录

南山钞疏及灵芝记等原文，皆列入证文之中，但其中文义多幽奥难解，拟由余撰述表记附入而释通之。常人皆谓研习法相宗教义，甚为不易，岂知南山律中所述戒体及持犯方轨等诸章，研习更为困难耶。

一、纲要者，即是于二证文中撮其纲要，以简明之文述之。因学者若先阅证文，必望洋兴叹，茫无头绪。故须令其先阅纲要，以后再以纲要与证文对阅之，则可易入门。

① 浙江省平湖市人民政府、上海徐汇区文化局编：《弘一大师法书集·天心月圆（作品卷）》，上海书画出版社2017年5月版，第101页。泉州开元寺藏。

二、附录者如周尺考等。

三、证文中文最繁，约占全书三十分中之二十九也。

此书依以上所记编辑之法，为在家学律专门之书。必须先研习佛法多年已有根底者，乃可阅之。未能适于初机，故另编辑南山授归戒仪附略一卷，以备初学研习也。

以上仅略拟定编辑之法。现借用友人之律书，预备一切。须俟时事安靖，余往厦门，乃能着手编辑。因所藏诸律书并杂稿等，皆存厦门及鼓浪屿寺中也。（下略）

按：佛学书局有“附复弘一法师书”：

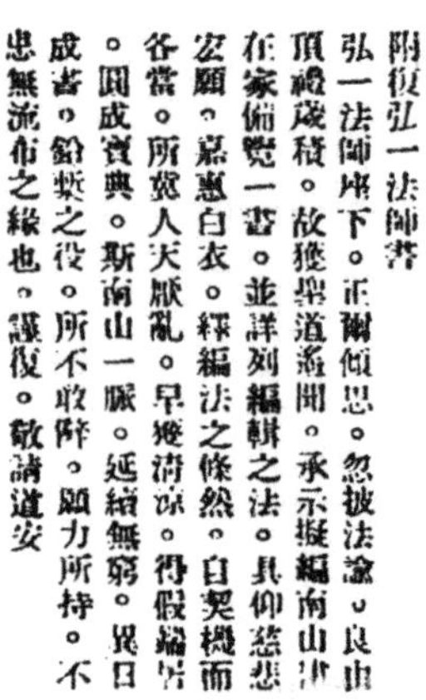
附復弘一法師書

弘一法師座下。正爾傾思。忽披法諭。良由頂禮歲積。故獲聖道遙聞。承示擬編南山律在家備覽一書。並詳列編輯之法。具仰慈悲宏願。嘉惠白衣。繹編法之條然。自契機而各當。所冀人天厭亂。早獲清凉。得假端居。圓成寶典。斯南山一脈。延續無窮。異日成書。鉛槧之役。所不敢辭。願力所持。不患無流布之緣也。謹復。敬請道安

佛学书局“附复弘一法师书”。

弘一法师座下：正尔倾思，忽披法谕，良由顶礼岁积，故获圣道遥闻。承示拟编《南山律在家备览》一书，并详列编辑之法，具仰慈悲宏愿，嘉惠白衣。绎编法之条然，自契机而各当，所冀人天厌乱，早获清凉。得假端居，圆成宝典，斯南山一脉，延续无穷。异日成书，铅椠之役，所不敢辞，愿力所持，不患无流布之缘也。谨复。敬请道安。

8月4日（农历六月十九日），在永春致夏丏尊函。言信笺稿写奉，刻木板时勿移动其位置，其字句皆出于《华严经》；感谢谋划《护生画集》流布事；代问候陈无我居士等。①

8月6日（农历六月廿一日），在永春致李芳远函。言所作篆书甚佳；开芳居士遗作，诚见道之言等。②

8月7日（农历六月廿二日），在永春致觉圆法师函。言《讲录》封面可写药师法会；托二事：一、本人特别通行证已满期，请向师部换取新者。可访蒋百齐参议室主任，或张参谋长。有郁达夫居士致钱东亮师长之介绍信，亦请交去。二、前送寄百源庵之大柳条箱中有《清凉歌集》一小包，请检出四册挂号寄下，通行证如换得，一并寄下；问曾顺居士仍在泉州否，请代为致候等。③

① 此信福建人民出版社2019年12月版《弘一大师全集》（第3版，修订2版）第八册·文艺卷、杂著卷、书信卷第321页收录，标“一九三九年旧六月十九日，永春普济寺”。

② 此信福建人民出版社2019年12月版《弘一大师全集》（第3版，修订2版）第八册·文艺卷、杂著卷、书信卷第420页收录，标“一九三九年旧六月廿一日，永春普济寺”。

③ 此信福建人民出版社2019年12月版《弘一大师全集》（第3版，修订2版）第八册·文艺卷、杂著卷、书信卷第493页收录，标“一九三九年旧六月廿二日，永春普济寺”。

8月16日（农历七月初二日），《佛学半月刊》第8卷第16号“佛学书局本版图书目录”有《地藏九华垂迹图赞》，署“弘一书，卢世侯绘”。有《地藏圣德大观》，署“弘一辑”。该期另有本装连史精印《护生画集》广告，署“弘一法师重写”。[①]

8月17日（农历七月初三日），在永春致丰子恺函。言《护生画集》拟分为两部。旧辑者，余已再写题诗（一切如旧本），其画及续文依英文本影印制版，与原稿无异，近已由佛学书局印行。此外再拟编辑一部，仁者搜集诸诗寄下，即可书写等。[②]

8月27日（农历七月十三日），在永春致王梦惺函。言前获诵佳章，已写于讲录卷端；自今日起，暂掩室习禅；奉上旧藏明代瓷盘一具，以志道念等。[③]

致刘质平函：

质平居士澄览：

前函及联对，想已收到。兹寄上拙书一包（邮局能否寄，未能定，或须迟寄亦未可知），乞勿急于赠送，暂为存贮可也。朽人近两年来，身体虽健，精神日衰，不久当往生极乐国。以后能再续寄拙书否，未可定也。又小字文稿二纸，又钞序二纸，并奉上，以为纪念。谨陈，不备。

农历七月十三日　音启

徐悲鸿作弘一大师像（油画）。

按：此信福建人民出版社2019年12月版《弘一大师全集》（第3版，修订2版）第301—302页收录，标“一九四一年旧七月十三日，晋江福林寺”。文物出版社2017年10月版陈飞鹏整理《弘一法师书信全集》第547页收录，时间标1940年“旧七月十三日”，地点标“永春普济寺”。皆误。此信当写于1939年8月27日（农历七月十三日），地点在永春普济寺。详考见王维军著《平湖李叔同纪念馆藏李叔同（弘一大师）手札墨宝·识注考勘》。[④] 小字文稿指随函寄赠之附件《莲宗地藏法

① 广告文曰：“《护生画集》本系弘一法师与丰子恺、李圆净居士所作，出版以来销行数十百万，得者无不爱如珍宝，故虽友邦人士，亦均翻印。此次法师因刘居士发心施行，特为重写，用连史纸中装精印，庄严无比。本局附印流通，每册五角，欲得佳珍，请速购请。”

② 此信福建人民出版社2019年12月版《弘一大师全集》（第3版，修订2版）第八册·文艺卷、杂著卷、书信卷第373页收录，标“一九三九年七月三日，永春普济寺”。

③ 此信福建人民出版社2019年12月版《弘一大师全集》（第3版，修订2版）第八册·文艺卷、杂著卷、书信卷第436页收录，标“一九三九年旧七月十三日，永春普济寺”。

④ 王维军著：《平湖李叔同纪念馆藏李叔同（弘一大师）手札墨宝·识注考勘》，西泠印社出版社2017年9月版，第239页。

会缘起》。

夏秋间，应广洽法师之请，徐悲鸿为作油画像。

弘一大师题“郑家园”拓片。

秋，身体违和，嘱性常法师后事安排，并书偈语付普济寺作为临别纪念，写曰：“君子之交，其淡如水。执象而求，咫尺千里。居普济寺半载，赋偈志别。”“问余何适，廓尔亡言。华枝春满，天心月圆。己卯秋，一音年六十。”复题普济寺重兴文峰祖师亲绘七幅神画的佛像额头序文和望□僧谱序，及对联：“觅我同阳燄，笑此空头颅。”款识“集明蕅益大师偈句，己卯秋，沙门演音书”。**按：**“君子之交”偈，1942 年在泉州养老院临终时又附函录赠夏丏尊、刘质平二位。次年又书“山静似太古，人间爱晚晴。”款识“蓬壶普济寺补壁，岁次庚辰，集古诗句”。①

书“君子之交，其淡如水”、“华枝春满，天心月圆”二偈赠林汉忠。

题国叠、广德居士同立之“郑家园”。款识“己卯秋晚，晚晴书”；钤印“音”。

9 月 1 日（农历七月十八日），《佛学半月刊》第 8 卷第 17 号“佛学书局本版图书目录”有《人生之最后》广告，署“弘一”。该期另有本装连史精印《护生画集》广告，署“弘一法师重写”。

9 月 7 日（农历七月廿四日），在永春致广洽法师函。言感谢施十金；现住山顶寺方便闭关，性常法师等住山下普济寺；画集尚未着手；郁居士函收到，请代为致候等。②

9 月 10 日（农历七月廿七日），在普济寺作《〈行事钞科别录〉记》，署：“己卯七月二十七日装竟谨书唐清凉国师文，以志庆忭。弘一。”③

在普济寺作《〈戒疏科别录〉记》，署“己卯七月二十七日装竟谨录，时年六十，居蓬山。弘一”。④ **按：**弘一大师另有《〈行事钞随讲别录〉释题》，未署日期。收《弘一大师全集》（第 3 版，修订 2 版）第七册·佛学卷、传记卷、序跋卷，福建人民出版社 2019 年 12 月版，第

---

① 林觉贤：《弘一法师在永春二十个月的经过》，载 1947 年 2 月 1 日《佛教公论》复刊第 11 期。

② 此信福建人民出版社 2019 年 12 月版《弘一大师全集》（第 3 版，修订 2 版）第八册·文艺卷、杂著卷、书信卷第 417 页收录，标“一九三九年旧七月廿四日，永春普济寺”。

③ 弘一大师：《〈行事钞科别录〉记》，收《弘一大师全集》第七册·佛学卷、传记卷、序跋卷，福建人民出版社 2019 年 12 月第 3 版、修订 2 版，第 612 页。

④ 弘一大师：《〈戒疏科别录〉记》，收《弘一大师全集》第七册·佛学卷、传记卷、序跋卷，福建人民出版社 2019 年 12 月第 3 版、修订 2 版，第 612 页。

612页。

9月16日（农历八月初四日），《佛学半月刊》第8卷第18号（第189期）刊出《药师法门修持课仪略录》，标“弘一法师略出”有按语：“按药师如来法门大略已载本刊第175期”。

1939年9月16日《佛学半月刊》第8卷第18号（第189期）刊出的《药师法门修持课仪略录》。

9月18日（农历八月初六日），在永春致广义法师、王梦惺函。内容相同。言宜至诚专念观世音菩萨圣号；阅《格言联璧》宜先略去“学问”，于“存养”、“持躬”、“接物”诸门，每日择阅一条等。①

9月24日（农历八月十二日），在普济寺敬录《行事钞》文。**按**：有《〈四分律删繁补阙行事钞〉题记》：“……岁次己卯八月十二日，沙门善梦敬录《行事钞》文。时居古桃源大蓬峰麓，年六十。”收《弘一大师全集》（第3版，修订2版）第七册·佛学卷、传记卷、序跋卷，福建人民出版社2019年12月版，第610页。

9月27日（农历八月十五日，中秋），在普济寺作《〈行事钞〉卷中之一封面题记》，署：“中秋晨敬录《业疏序》句。”②

9月29日（农历八月十七日），在永春致夏丏尊函。言书件挂号邮奉；以后有暇时多写结缘，待时局平靖即可邮寄；现无所需；附一笺及经名三纸，请转交蔡丏因居士等。③

10月1日（农历八月十九日），《佛学半月刊》第8卷第19号有佛学书局重订甲编“佛学小丛书”广告，有《律学要略》，署“弘一”。有佛学书局“净土宗初机书籍”广告，有《寒笳集》，署“弘一大师选”和《人生之最后》。

在《觉有情》第1期（创刊号）发表书法“当令众生喜”，钤印“弘一”。

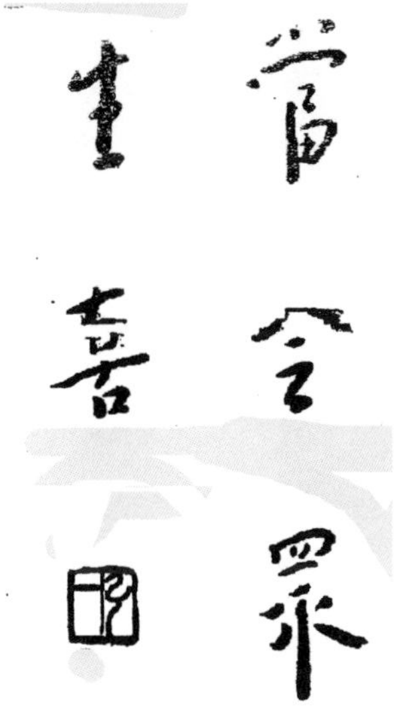

1939年《觉有情》第1期（创刊号）刊登的弘一大师书法“当令众生喜”。

附记：文物出版社2017年10月版陈飞鹏整理《弘一法师书信全集》第516—517页收录一致蔡丏因函，时间标1939年“旧八月二十日”，地

① 此二信福建人民出版社2019年12月版《弘一大师全集》（第3版，修订2版）第八册·文艺卷、杂著卷、书信卷第436、487页收录，标“一九三九年八月六日，永春普济寺”。

② 弘一大师：《〈行事钞〉卷中之一封面题记》，收《弘一大师全集》第七册·佛学卷、传记卷、序跋卷，福建人民出版社2019年12月第3版、修订2版，第610页。

③ 此信福建人民出版社2019年12月版《弘一大师全集》（第3版，修订2版）第八册·文艺卷、杂著卷、书信卷第321—322页收录，标“一九三九年中秋后二日，永春普济寺”。

点标“永春普济寺”，有“案”，曰辑自秦启明《弘一大师——李叔同书信集》。此信 2019 年 12 版《弘一大师全集》（第 3 版，修订 2 版）第八册 · 文艺卷、杂著卷、书信卷未收录。录存如下，供研究参考：

丏因居士澄览：

徙居永春深山中，已近半载，衰老日甚，唯冀早生安养耳。嘱题经名，附奉上。谨陈，不宣。

农历八月二十日　音启

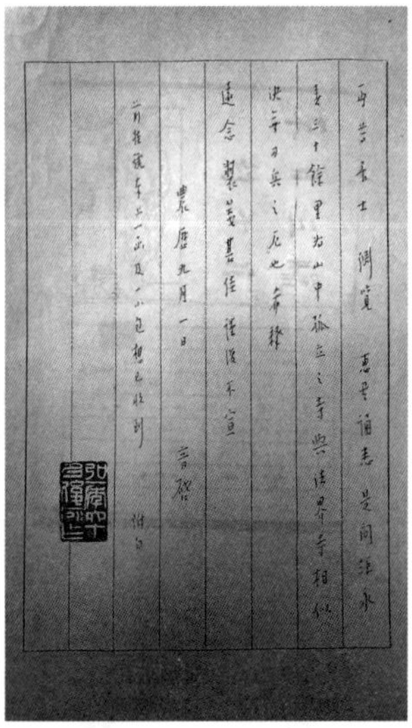

1939 年 10 月 13 日（农历九月初一日），弘一大师在永春普济寺致夏丏尊函。

10 月 6 日（农历八月廿四日），在普济寺作《〈行事钞〉卷上之二封面题记》。署“己卯八月二十四日，敬录灵芝文于十利律院”。①

10 月 8 日（农历八月廿六日），在永春致王梦惺函。言尊名拟用“几”字；释“莱园”之义；所录讲稿甚善；卧云老人所撰偓传，至用欢感，并咨询若干出处，以便告知高居士；谈韩偓相关事及文献等。②

10 月 13 日（农历九月初一日），在永春普济寺致夏丏尊函：

丏尊居士渊览：

惠书诵悉。是间距永春三十余里，为山中孤立之寺相似，决无刀兵之厄也，希释远念。制笺甚佳，谨复不宣。

农历九月一日音启

前挂号奉上一函及小包想已收到。附白。

按：此信为夏丏尊之孙夏弘宁所藏手迹资料。此信福建人民出版社 2019 年 12 月版《弘一大师全集》（第 3 版，修订 2 版）和文物出版社 2017 年 10 月版陈飞鹏整理《弘一法师书信全集》均未收。为佚函。2018 年 2 月 11 日“弘二堂”微信公众号公布此信。

10 月 15 日（农历九月初三日），《佛学半月刊》第 8 卷第 20 号有佛学书局重订甲编“佛学小丛书”广告，有《律学要略》，署“弘一”。

① 弘一大师：《〈行事钞〉卷上之二封面题记》，收《弘一大师全集》第七册 · 佛学卷、传记卷、序跋卷，福建人民出版社 2019 年 12 月第 3 版、修订 2 版，第 610 页。

② 此信福建人民出版社 2019 年 12 月版《弘一大师全集》（第 3 版，修订 2 版）第八册 · 文艺卷、杂著卷、书信卷第 436 页收录，标“一九三九年八月二十六日，永春普济寺”。

10月22日至31日间（农历九月初十日致十九日），在永春致性常法师函。言前宁波汇来洋八元，请于本月二十日午食以大面供养，并分赕；二十日上午九点，请四位法师来谈，着大衫；佛字七纸，又小幅一纸请收；四月初旬仁者在泉州时，刘质平曾寄十元，请以此款印《九华垂迹图》等。①

10月24日（农历九月十二日），在永春致郁智朗函。言本月九月二十日为本人六旬初度，以前施之八金在寺供养缁素诸众，广结善缘，并拟自是日起掩关习静等。②

致李鸿梁函。言六旬初度，灾难未宁，老态日增；拟在永春山中掩关习静；以后暂不通信，将来往他方再奉闻等。③

10月27日（农历九月十五日），在永春致善契法师函。言近来时患疾病，衰老日甚，自农历七月十三日起在山中方便闭关静养；近日由性常法师交来了闲社信及银行汇款通知书等。信未阅，仍存性常法师处。想是约往彼处讲经等事。但现在闭关静养，对此美意只能抱歉。请便中代为陈说此意，致谢并请其原谅。款亦交邮局挂号寄回永春中国银行；代问候其师等。④

10月30日（农历九月十八日），在永春普济寺致夏丏尊、朱稣典函：

丏尊、稣典居士文席：

惠书，忻悉一一。承施纸笔，皆已受领，感谢无尽。嘱书件附奉上。

邵居士父子，各赠写件二纸，共四纸。父名慧是，仍旧。子之法名曰胜章。前交来四十金，乞送至佛学书局，以邵居士之名，附印《地藏菩萨九华垂迹图》。将来出版时，仍交与邵居士。大约得书四册，邮寄不便，乞暂存上海，俟有便人带与邵居士可也。以上

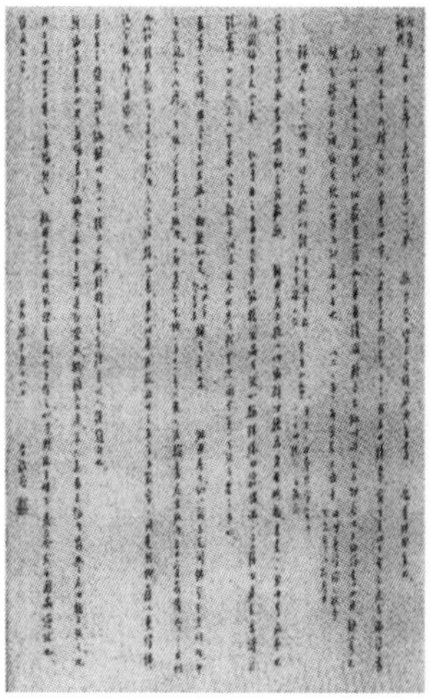
1939年10月30日（农历九月十八日），弘一大师在永春普济寺致夏丏尊、朱稣典函。

① 此信福建人民出版社2019年12月版《弘一大师全集》（第3版，修订2版）第八册·文艺卷、杂著卷、书信卷第480页收录，标“一九三九年旧九月中旬，永春普济寺”。

② 此信福建人民出版社2019年12月版《弘一大师全集》（第3版，修订2版）第八册·文艺卷、杂著卷、书信卷第425页收录，标“一九三九年旧九月十二日，永春普济寺”。文物出版社2017年10月版陈飞鹏整理《弘一法师书信全集》第519页收录，时间标“旧九月二十日”。日期似误标。此信曾刊于1940年《觉有情》第16期，题《弘一法师致智朗居士书》，为其中之一。亦误标“九月二十日”。

③ 此信福建人民出版社2019年12月版《弘一大师全集》（第3版，修订2版）第八册·文艺卷、杂著卷、书信卷第427页收录，标“一九三九年旧九月十二日，永春普济寺”。

④ 此信福建人民出版社2019年12月版《弘一大师全集》（第3版，修订2版）第八册·文艺卷、杂著卷、书信卷第474页收录，标“一九三九年旧九月十五日，永春普济寺”。

之事，丏尊居士经手。（附印垂迹图之收条，乞先寄与邵居士）

稣典居士之写件，计长联两对，（久未写长联，十分生疏，不佳）斗方四纸。（斗方之次序于纸背以一二三四标之，乞检阅）

《护生画集》，承尽力赞助，至用欢感。稣典居士欲以此编辑功德，为老母祈福，甚是甚是。因此书流布世间，关系至大。今承仁等为之尽力负责，能获圆满成就。如斯殊胜功德，诸佛菩萨出广舌赞莫能穷，一切世间天人等众皆大欢喜。诚为近今世界战云沉暗中，第一可欣可庆之事也。

画集之资料，佛学书局出版之《物犹如是》（此四字即书名），颇可参考。稣典居士，倘以前未完阅《佛学半月刊》者，即乞定阅。有两种。一者佛学书局出版者。二者慕尔鸣路一百十一弄六号大法轮书局出版者，名曰《觉有情》。皆半月刊也。能将其数年以来已出版者，悉皆补购，尤善。其中，时有戒杀放生之文字。又能常常阅是刊物，藉以重修佛法，亦殊胜之因缘也。

画集之题句，能于编辑时即一一标出尤感。则将来可无须再托人撰题句也。

新编画集共四册，画幅甚多。倘丰居士未能速即绘就，拟稍变通。第六集画百幅者，请丰居士独立任之。此外三集四集五集之画幅，则乞稣典居士及转托诸善友合力作之。如是，则延至明年岁暮，或可圆满绘就也。

谨复，不宣。

农历九月十八日　音疏答[①]

11月1日（农历九月廿日），在普济寺作《〈行事钞〉卷中之二封面题记》，署“己卯九月二十日六十初度，敬书”。[②] 是日为己六十生辰，在住处厅边壁上书两则法语以自志纪念：“内不见有我，则我无能；外不见有人，则人无过。一味痴呆深自惭愧；劣智漫心痛自改革。明蕅益法师法语·警训”“汝犹有好高务胜之念头未能放下而未肯以愚夫妇自命。印光法师法语，庚辰九月二十日世寿周甲敬书以自勖励。晚晴老人。”[③]

丰子恺来信：

① 此信手迹刊于《书法》2007年第9期封底。此信福建人民出版社2019年12月版《弘一大师全集》（第3版，修订2版）和文物出版社2017年10月版陈飞鹏整理《弘一法师书信全集》均为残信，受信人仅朱稣典，文字亦有出入。现以手迹录全。

② 弘一大师：《〈行事钞〉卷中之二封面题记》，收《弘一大师全集》第七册·佛学卷、传记卷、序跋卷，福建人民出版社2019年12月第3版、修订2版，第610页。

③ 林觉贤：《弘一法师在永春二十个月的经过》，载1947年2月1日《佛教公论》复刊第11期。

弘一法师座下：

今日为法师六十寿辰。弟子敬绘续《护生画集》一册计六十幅，于今日起草完竣。正在请师友批评删改，明日起用宣纸正式描绘，预计九月廿六日（即弟子生日）可以付邮寄奉，敬乞指教，并加题词，交李居士付印。先此奉禀。忆十余年前在江湾寓楼得侍左右，欣逢法师寿辰，越六日为弟子生日。于楼下披霞娜（piano）旁归依佛法，多蒙开示。情景憬然在目。十余年来，奔走衣食，德业无成。思之不胜惶悚。所幸法体康健，慈光远被，使弟子在颠沛流离之中，不失其所仿仰也。敬祝

无量寿

弟子丰婴行顶礼

民国廿八年古历九月二十日[①]

11月9日（农历九月廿八日），在永春致高文显函。谈韩偓事；《永春县志·流寓传补遗·韩偓传》已托人录出，他日返国时向性常法师取；不久移居灵应寺等。[②]

11月10日（农历九月廿九日），在永春普济寺致刘质平函。言二十二日收到来信；所施之资拟明年正月初旬在本寺供面结缘；书七叶寄奉等。[③]

11月13日（农历十月初三日），在普济寺作《〈行事钞〉卷中之三封面题记》，署："己卯十月三日，圣师涅槃日录。"[④]

11月15日（农历十月初五日），在永春致杨胜南函。言前数年曾编辑《佛学丛刊》一部四册，在上海佛学书局出版。若能依此研习，最善。告知次序，并表示本人无有存者，福州诸善友或有，若无法觅得，其他数种可先阅览，如《佛法导论》《佛教初学课本》《竹窗随笔》《印光法师文钞》及《嘉言录》；菲律宾诸善友来函，约往彼处弘法。不久

① 此信见《丰子恺全集》20书信日记卷二，海豚出版社2016年10月版，第19页。此信曾收入开明书店1940年11月版《续护生画集》。

② 此信福建人民出版社2019年12月版《弘一大师全集》（第3版，修订2版）第八册·文艺卷、杂著卷、书信卷第411—412页收录，标"一九三九年旧九月二十八日，永春普济寺"。

③ 此信福建人民出版社2019年12月版《弘一大师全集》（第3版，修订2版）第八册·文艺卷、杂著卷、书信卷第301页收录，标"一九三九年旧九月二十九日，永春普济寺"。

④ 弘一大师：《〈行事钞〉卷中之三封面题记》，收《弘一大师全集》第七册·佛学卷、传记卷、序跋卷，福建人民出版社2019年12月第3版、修订2版，第610页。

启程；赠书一纸等。[①]

致妙莲法师函：

妙莲法师慧鉴：

传贯师来，谈及仁者将移居他处，彼等至用惭惶。窃念仁者居承天、福林诸寺，一切缁素皆受仁者之感化，爱念仰望如慈父母。南门外，寺院林立，尤希望仁者与彼等僧众时时接近，随缘教化，则闽南他日僧英济济，法化昌明，悉出仁者之厚赐也。千乞仍住福林寺，不可他往。传贯师与朽人相交多年，忠厚诚实，堪称善交也。谨陈，不宣。

十月五日　音启

朽人数日后，即掩室。辞谢晤谈及通信。草草奉陈，言不尽意。

按：此信福建人民出版社 2019 年 12 月版《弘一大师全集》（第 3 版，修订 2 版）第八册·文艺卷、杂著卷、书信卷第 491 页收录，标“一九三九年十月五日，永春普济寺”。文物出版社 2017 年 10 月版陈飞鹏整理《弘一法师书信全集》第 517 页收录，时间标 1939 年“旧八月二十三日”。后者误。参见妙莲法师《妙莲法师回忆录》一文。[②]

11 月 19 日（农历十月初九日），在普济寺作《〈行事钞〉卷上之三封面题记》，署“己卯十月九日，敬录钞文，时居桃源大蓬峰”。[③]

11 月 22 日（农历十月十二日），在普济寺作《〈行事钞〉卷下之一封面题记》，署：“己卯十月十二日晨，敬录《业疏》文。[④]

12 月 6 日（农历十月廿六日），在普济寺作《〈业疏科别录〉记》，署：“己卯十月二十六日录竟，时居十利律苑，辑录《南山律在家备览》。弘一。”[⑤]

---

① 此信福建人民出版社 2019 年 12 月版《弘一大师全集》（第 3 版，修订 2 版）第八册·文艺卷、杂著卷、书信卷第 438 页收录，标“一九三九年旧十月五日，永春普济寺”。杨胜南（1909—1999），原名士琛，字贡南，福建福州人，皈依弘一大师，法号胜南，历任福州永安等地中学教员、福州省及福州市佛教协会顾问等。

② 释妙莲：《妙莲法师回忆录》，载 2017 年 9 月《莲馆弘谭》第 13 期。妙莲法师对此信的标注是农历十月五日，公历 11 月 15 日。

③ 弘一大师：《〈行事钞〉卷上之三封面题记》，收《弘一大师全集》第七册·佛学卷、传记卷、序跋卷，福建人民出版社 2019 年 12 月第 3 版、修订 2 版，第 610 页。

④ 弘一大师：《〈行事钞〉卷下之一封面题记》，收《弘一大师全集》第七册·佛学卷、传记卷、序跋卷，福建人民出版社 2019 年 12 月第 3 版、修订 2 版，第 610 页。

⑤ 弘一大师：《〈业疏科别录〉记》，收《弘一大师全集》第七册·佛学卷、传记卷、序跋卷，福建人民出版社 2019 年 12 月第 3 版、修订 2 版，第 612 页。

冬，1937年秋在上海所摄照片由夏丏尊题字："弘一法师肖像。二十六年深秋师由青岛返闽过沪，为留此影。时正烽火连天，大场犹未陷也。二十八年冬日，丏尊记于沪上。"

1939年书赠传旨法师"以戒为师"。

是年，书"以戒为师"，款识"传旨法师供养。己卯沙门一音。时年六十"。

书唐译大方广佛华严经集句"见法如幻，以道自娱"。款识"唐译《大方广佛华严经》偈句。丰德律师玄督。已卯，亡言年六十"；钤印"辟"。①

书"书巢"，款识"伯祥居士嘱题，己卯沙门一音，时年六十"；钤佛肖印等。②

书"入一切智藏，度无量众生"。款识"大方广佛华严经偈集句，己卯沙门一音，时年六十"；钤佛肖印等。

书五言联"大慈念一切，慧光照十方"。款识"《大方广佛华严经》偈集句。己卯，沙门一音，时年六十"；钤印"弘一"、佛肖印。③

书五言联"一心求佛智，平等行世间"。款识"《大方广佛华严经》偈句。岁次己卯，沙门一音年六十"；钤印"弘一"、佛肖印。④

书五言联"发心求正觉，忘己济群生"。款识"大方广佛华严经偈集句。岁次己卯，沙门一音，时年六十"；钤印"龙辟"、佛肖印。⑤

书"华严经云，我当于一切众生犹如慈母"。款识"己卯，一音，年六十"；钤印"无畏"。⑥

书篆字四言联"见法如幻，以道自娱"赠丰德律师。款识"唐译大方广佛华严经偈集句。丰德律师玄督，己卯亡言，年六十"；钤佛肖印等。⑦

书"身见重者宜苦行消之；贫爱强春宜苦境鍊之；人我山高者宜逆缘挫之"。款识"明蕅益大师警训。己卯一音，时年六十"。⑧

---

① 浙江省平湖市人民政府、上海徐汇区文化局编：《弘一大师法书集·天心月圆（作品卷）》，上海书画出版社2017年5月版，第95页。泉州开元寺藏。

② 夏宗禹编：《弘一大师遗墨》，华夏出版社1999年1月第2版，第108页。

③ 上海市书法家协会编：《海派代表书法家系列作品集·弘一》（该卷主编刘一闻，副主编沈爱良），上海书画出版社2006年12月版，第212页。

④ 此书在"甬上留香——弘一法师翰墨展"上展出。宁波博物馆，2018年4月28日至5月27日；慈溪市人民政府、宁波市文化广电新闻出版局、宁波市民族宗教事务局主办，宁波博物馆、慈溪市弘一书画院承办。另见浙江省平湖市人民政府、上海徐汇区文化局编：《弘一大师法书集·天心月圆（作品卷）》，上海书画出版社2017年5月版，第96页。浙江省博物馆藏。

⑤ 上海市书法家协会编：《海派代表书法家系列作品集·弘一》（该卷主编刘一闻，副主编沈爱良），上海书画出版社2006年12月版，第213页。

⑥《弘一法师书法集》，上海书画出版社，1997年5月版，第6图。

⑦ 夏宗禹编：《弘一大师遗墨》，华夏出版社1999年1月第2版，第82页。

⑧ 晋江市文化和旅游局等主办："最后之胜利——纪念弘一大师诞辰140周年暨手书墨宝、拓片展览"，2020年11月25日至12月24日，晋江市博物馆。

在普济寺题《格言联璧》，署“演音”。[①]

在桃源殿为永春僧俗讲《佛教之简易修持法》被印成单行本，有郑翘松序一，王锦机序二。封面由王锦机题署。

李芳远驰书上海柳亚子，请为师写祝寿词。**按**：是年11月5日《大风》杂志第53期刊出柳亚子致陆丹林函，其中曰：“弘一大师现在何处，能告我否？自渠披剃后，即无消息。居然能忆及，弟大奇之。惜弟落无成，无以慰藉耳。”李方远读后遂联系柳亚子。[②]

在永春致李芳远函。言退隐之事，郑健魂居士极提倡赞助，现已着手筹备等。[③]

在永春致李芳远函。言两函收到，诸事待晤谈等。[④]

附记一：书“华严经云，我当于一切众生犹如慈母”。款识“己卯，一音，时年六十”；钤印“名字性空”、佛肖印。[⑤]

附记二：浙江三江拍卖有限公司2017年秋季艺术品拍卖会《中国书画（一）》图册收弘一名下书法“但观诸法空无我，未曾暂起戏论心。”款识“十回向品初偈颂句。己卯一音，时年六十”；钤印“弘一”、佛肖印。尺寸：75×36厘米。供参考。

附记三：浙江三江拍卖有限公司2013秋季艺术品拍卖会“弘一法师书法专场”图册有弘一大师名下书法“以冰霜之操自励，则品日清高。古警训。”款识“已卯，一音年六十”；钤印“弘一”、佛肖印。供参考。

附记四：浙江三江拍卖有限公司2013秋季艺术品拍卖会“弘一法师书法专场”图册有弘一大师名下书法“华严经云，我当于一切众生犹如慈母。”款识“已卯，一音时年六十”；钤印“弘一”、佛肖印。供参考。

社会评介择要

环峰梅斋：《海印法师传》，载1939年1月16日，《佛学半月刊》第8卷第2号。

---

① 福建人民出版社2019年12月版《弘一大师全集》第七册·佛学卷、传记卷、序跋卷，第643页收录时题《题〈格言联璧〉》，未署日期。因题记中有“今离俗已二十一载”句，林子青《弘一法师年谱》将此列入1939年条目（宗教文化出版社1995年8月版，第281页）。

② 参见郭长海《李叔同和柳亚子》，收《中国近代文学史证——郭长海学术文集》，吉林人民出版社2005年3月版，第927—933页。

③ 此信福建人民出版社2019年12月版《弘一大师全集》（第3版，修订2版）第八册·文艺卷、杂著卷、书信卷第420页收录，标“一九三九年，永春普济寺”。文物出版社2017年10月版陈飞鹏整理《弘一法师书信全集》第516页收录，推测写于是年夏秋。

④ 此信福建人民出版社2019年12月版《弘一大师全集》（第3版，修订2版）第八册·文艺卷、杂著卷、书信卷第420页收录，标“一九三九年，永春普济寺”。

⑤ 中共温州市委宣传部、中共温州市委统战部、温州市文化广电旅游局主办：“碧天芳草——李叔同师友翰墨展”。2021年1月26日至4月30日，温州衍园美术馆。供参考。

思归子述：《弘一法师与十年来闽南佛化运动》，载1939年2月1日《佛学半月刊》第8卷第3号。

刘绵松：《艺术家弘一和尚》，载1939年5月15日《大风》旬刊第37期。

《弘一法师游化永春》，载1939年5月16日《佛学半月刊》第8卷第10号。

梦生：《弘一法师》，载1939年6月1日《佛学半月刊》第8卷第11号。

吴棲霞：《弘一法师泉州开元慈儿院开示录》，载1939年6月1日《佛学半月刊》第8卷第11号（第182期）。

单云：《十园诗话》，载1939年10月11日《新东亚》第1卷第15期。

《弘一法师辞谢通信》，载1939年11月16日《佛学半月刊》第8卷第22号“消息”栏。

1940年　庚辰　61岁

社会文化事略

1月，中华全国文艺界抗敌协会发动“保障作家生活”运动；3月5日，蔡元培在香港逝世；3月，汪伪国民政府在南京成立；9月27日，德、日、意三国签订《德日意三国同盟条约》；本年，中国佛学院建立，陈垣《明季滇黔佛教考》出版。

生平事迹

晚年的弘一大师。

1月1日（农历己卯十一月廿二日），丰子恺绘释迦牟尼佛像五帧，其中二帧寄奉。①

《佛学半月刊》第9卷第1号刊出佛学书局“律宗经论注疏”出版消息，有《四分律比丘戒相表记》广告，署“弘一律主编书”。“出版界消息”有《〈护生画集〉将出续集》广告。②

1月3日（农历己卯十一月廿四日），在永春致李圆净函。言护生画稿不久可由承天寺转到。体弱天寒，约须数日可写就；筹款事既可着手；画集初编仍出版。佛学书局出版之英译本系依原稿摄影制版，甚清晰。将来再制版时，画幅可依此英文版翻制。原稿虽焚毁，初编之题字待明年暇时再写一组寄上，以备新制版时改换；代向丰子恺居士道谢等。③

致夏丏尊函。言画集事具写致李圆净函中；此次书信因故未能收到。以后来信，函面写“善梦”之名，代办所人士可不再误会等。④

---

① 丰子恺是日之日记曰：“……吾参观游行会归来，沐手敬绘释迦牟尼佛像五帧。以其二寄赠弘一法师，其一寄赠李圆净居士，其一赠丙潮之父，其一归满哥供养。元旦画佛，最为恭敬。吾人年中不免罪过。今二十九年肇始仅数小时，吾于其间未犯何种罪过。至少在二十九年是清净之身。以此清净之身手，绘写佛像，乃最恭敬。所写之相，亦最近于十全也。愿藉佛之慈力，消彼暴寇，使最后胜利早归于我，宇内群生，咸享和平之幸福。”收《丰子恺全集》20书信日记卷二，海豚出版社2016年10月版，第371页。

② 广告文曰：“丰子恺居士为今年弘一法师六十寿，特画《护生画集》续编数十幅，呈请法师选题出版。此编一出，当可减少无数杀业矣。”

③ 此信福建人民出版社2019年12月版《弘一大师全集》（第3版，修订2版）第八册・文艺卷、杂著卷、书信卷第383页收录，标“一九三九年旧十一月廿四日，永春普济寺”。农历己卯十一月廿四日为公历1940年1月3日，故将此信置于本年。此信曾刊于1940年2月16日《觉有情》第10期，题《弘一法师致李圆净居士书》。

④ 此信福建人民出版社2019年12月版《弘一大师全集》（第3版，修订2版）第八册・文艺卷、杂著卷、书信卷第322页收录，标“一九三九年旧十一月廿四日，永春普济寺”。农历己卯十一月廿四日为公历1940年1月3日，故将此信置于本年。

1月16日（农历己卯十二月初八日），《佛学半月刊》第9卷第2号佛学书局“方等部经论注疏之一”出版流通消息有《地藏菩萨圣德大观》广告，署“弘一法师著述”。① 有《地藏九华垂迹图赞》广告，及《地藏经见闻利益品》广告，署“弘一法师手写”。

1月20日（农历己卯十二月十二日），在永春致性常法师函。言有致性愿法师书，请检阅，可挂号付邮寄去，亦可写另笺附入寄去；仁者往菲岛后，仍可为本人之护法；仁者须痛念法门衰落，发弘誓愿负此重任，勿推却，至要等。②

《晶报》刊出不实消息《弘一大师圆寂厦门》，写曰：“近闻人谈：大师已圆寂厦门之某寺，盖自去年秋即患沉疴，困顿于一古寺中。终日偃卧，惟念佛而已，有人以医生相介，大师拒之，谓生死数也，决非药石所能挽回，于新正三日，遂告圆寂，遗言仅嘱葬后树一碑曰：‘弘一和尚之墓’。”

致丰子恺函，言前寄承天寺三函二明信及画稿已于今晨收到（由夏居士转寄一牋亦收到）。述己近来身体尚健，但精神大衰。建议护生画题句请浙大同人分撰。撰就，可书写，并列举应题句之画；仍望将来继续绘此画集，每十年绘辑一编，至本人百龄为止（至第六编为止）。能再续出四编，共六编，流通世间，功德利益至为普遍广大；与马居士通信时代为问候；附致郦居士一笺及联对小幅，又张居士一幅，请转交；九月二十日所发之函甚可纪念，拟以此附印于画集之后等。③ **按：**所附郦居士函见西泠印社出版社2000年版《郦承铨书画选集》附录第2页、浙江人民美术出版社2017年版《写春簃》（郦家驷主编）第167页。据北京保利拍卖消息（2018年12月8日），估价5—8万元，成交价126.5万元。郦居士即郦承铨，字衡叔，为丰子恺在浙江大学之友人。此信福建人民出版社2019年12月版《弘一大师全集》（第3版，修订2版）第八册・文艺卷、杂著卷、书信卷未收。此信钤有“弘一年六十以后所作”印。信如下：

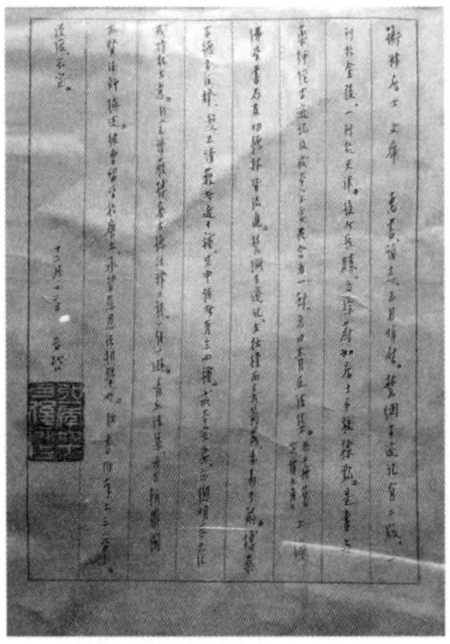
弘一大师致衡叔居士函。

衡叔居士文席：

惠书，颂悉。至用忻慰。《梵网古迹记》有二版，一刊于金陵，

① 广告文曰：“弘一法师剃染以来，归依地藏十余年，遍探大藏关于地藏化迹，汇编此集。书分十章……圣德备矣。凡信仰地藏菩萨者，此书不可不备。”

② 此信福建人民出版社2019年12月版《弘一大师全集》（第3版，修订2版）第八册・文艺卷、杂著卷、书信卷第480页收录，标“一九三九年十二月十二日，永春普济寺”。农历己卯十二月十二日为公历1940年1月20日，故置于本年。

③ 此信福建人民出版社2019年12月版《弘一大师全集》（第3版，修订2版）第八册・文艺卷、杂著卷、书信卷第373—374页收录，标“一九三九年十二月十二日，永春普济寺”。农历己卯十二月十二日为公历1940年1月20日，故置于本年。

一刊于天津。后者较胜，为徐蔚如居士手校标点。是书与《药师经古迹记》及《戒本宗要》共合为一部，名曰《青丘法集》。（共二册，旧定价九角七）上海佛学书局及功德林皆流通。《梵网古迹记》文拙朴而义简略，未易了解。榑桑古德多注释。朽人已请获者近十种。其中佳者有三四种。《戒本宗要》，亦总明菩萨戒持犯大意。朽人已请获榑桑古德注释二种，一佳一逊。《青丘法集》为古新罗国太贤法师撰定。彼曾留学于唐土，承习慈恩法相学也。拙书附奉上三纸。谨复，不宣。

十二月十二日　音启

1月21日（农历己卯十二月十三日），在永春致性常法师函。言致性愿法师一纸及昨日与仁者一纸，并此纸，共三纸请寄往菲岛。此事关海外弘法，至为要紧等。[①]

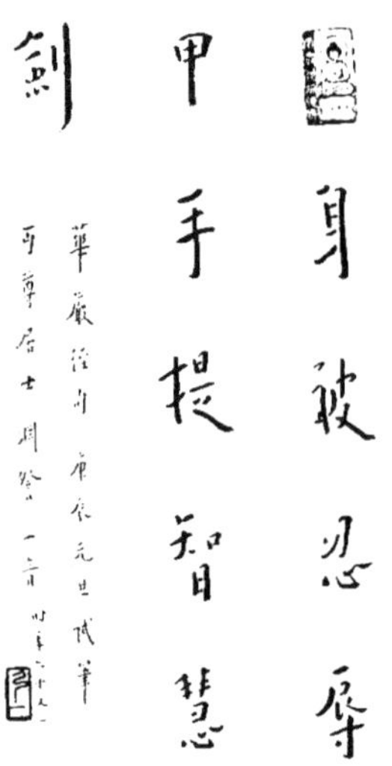

弘一大师书华严经句“身被忍辱甲，手提智慧剑”赠夏丏尊。

1月30日（农历己卯十二月二十二），在永春普济寺作《〈戒体章名相别考〉记》，署：“第二次草稿，己卯十二月二十二日录竟敬装。时居蓬峰掩室习律，年六十。弘一。”[②]

2月1日（农历己卯十二月廿四日），《佛学半月刊》第9卷第3号佛学书局“方等部经论注疏之三”出版流通消息载《佛说无常经》广告，署“弘一法师手写”。

2月4日（农历己卯十二月廿七日），在永春致林奉若函。详细交待关于食物的意见，请转告执务者等。[③]

2月8日（农历正月初一日），在永春致夏丏尊函。言前数日收到来函，《行事钞》亦于今晨由寺送至；画稿久已转邮寺中；赠书一纸等。[④]

书华严经句“身被忍辱甲，手提智慧剑”赠夏丏尊。款识“华严经句，庚辰元旦试笔，丏尊居士渊督，一音，时年六十又一”；钤印“弘一”、佛肖印。[⑤]

① 此信福建人民出版社2019年12月版《弘一大师全集》（第3版，修订2版）第八册·文艺卷、杂著卷、书信卷第480页收录，标“一九三九年十二月十三日，永春普济寺”。农历己卯十二月十三日为公历1940年1月21日，故置于本年。

② 弘一大师：《〈戒体章名相别考〉记》，收《弘一大师全集》第七册·佛学卷、传记卷、序跋卷，福建人民出版社2019年12月第3版、修订2版，第632页。

③ 此信福建人民出版社2019年12月版《弘一大师全集》（第3版，修订2版）第八册·文艺卷、杂著卷、书信卷第438—439页收录，标“一九三九年十二月廿七日，永春普济寺”。农历己卯十二月廿七日为公历1940年2月4日，故置于本年。

④ 此信福建人民出版社2019年12月版《弘一大师全集》（第3版，修订2版）第八册·文艺卷、杂著卷、书信卷第322页收录，标“一九四〇年旧元旦，永春普济寺”。

⑤ 上海博物馆藏，陈燮君、汪庆正主编：《夏丏尊旧藏弘一法师墨迹》，华宝斋书社2000年9月版，第51页。

致春发函。言前嘱书中幅，已写就，请来寺向性常法师领取等。[①]

2 月 8 日至 3 月 8 日（农历正月），应毛善力所求，为其书“智忍堂”、“有恒堂”堂匾各一。“智忍堂”款识“庚辰春正月，沙门一音”；钤印“音”。“有恒堂”款识“仪徵阮元旧题。释一音重书”；钤印“音”。[②] **按：**另见毛善力为刻之印“弘一”、“演者”、“胜解”、“吉目”等。

2 月 15 日（农历正月初十日），《国艺》第 1 卷第 2 期刊出《弘一法师遗墨》，标“十园主人藏”。**按：**标“遗墨”当系听信前误传弘一大师圆寂之消息所致。

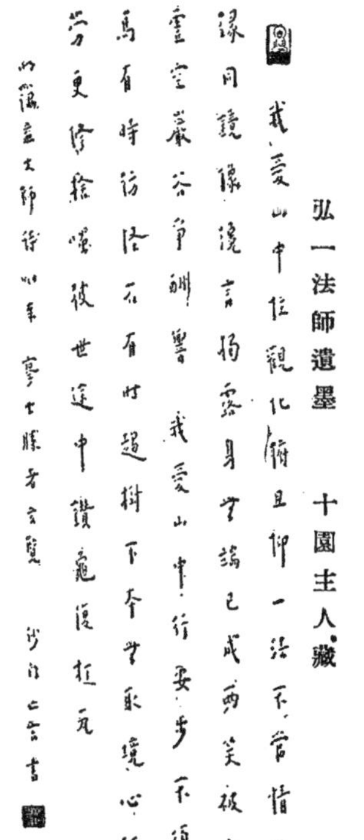

1940 年 2 月 15 日《国艺》第 1 卷第 2 期刊出的《弘一法师遗墨》，标“十园主人藏”。

2 月 16 日（农历正月初九日），《佛学半月刊》第 9 卷第 4 号佛学书局“戒杀放生丛书”出版流通消息载《护生画集》《光明画集》广告。“佛学书局流通各处经典著述目录”载《普贤行愿品偈》《华严经净行品偈》（大梵册）、《华严经十地品离垢章》（大梵册）广告，均署“弘一手写”。

在《觉有情》第 10 期刊出致李圆净书，题《弘一法师致李圆净居士书》。**按：**此信福建人民出版社 2019 年 12 月版《弘一大师全集》（第 3 版，修订 2 版）第 8 册文艺卷、杂著卷、书信卷第 383 页收录，但文字与《觉有情》所刊不同。《觉有情》所刊文字为：

> 画稿不久可由承天寺转寄到。朽人近来身体衰弱，天气亦寒，约须数月乃可写就。仁等筹募之事，即可着手。此事决定进行，不能中止。以前所印画集初编，仍就出版。佛学书局出版之英译画集，系依原稿所摄影制版者，极为清晰，与原稿无异。将来再制版时，画幅即可依此英文版翻制，与依原稿无异。原稿虽焚毁，不足忧也。初编中，朽人题字，拟俟明年暇时，再写一组寄上，以备新制版时改换，但文句仍就不动，以保存旧迹，并为永久之纪念也。丰子恺居士处，乞代为致书道谢，恕不另函。夏历十一月廿四日音启。

1940 年 2 月 16 日《觉有情》第 10 期刊出弘一大师致李圆净书，题《弘一法师致李圆净居士书》。

有编者按曰：“弘一法师与丰子恺居士合编《护生画集》事，本刊

---

① 此信福建人民出版社 2019 年 12 月版《弘一大师全集》（第 3 版，修订 2 版）第八册・文艺卷、杂著卷、书信卷第 439 页收录，标“一九四〇年旧元旦，永春普济寺”。

② 中共江山市委宣传部编：《毛善力书法集》，西泠印社出版社 2016 年 5 月版，第 9 页。

九期已将弘师致李圆净居士书特制锌版，并附说明，加印单张披露。兹复得弘师最近致李圆净居士书一通，亟为录载如上。编者志。”

3月1日（农历正月廿三日），《佛学半月刊》第9卷第5号“佛学书局流通各处经典著述目录”载《华严经净行品偈》（宣纸梵本）、《华严经十地品离垢章》（宣纸梵本）、《华严十回向品初回向章》（梵册）广告，署“弘一写”。

3月3日（农历正月廿五日），在永春联名致觉圆发师、广义法师函。言以后泉州诸公嘱写字，皆辞谢。请告其将来居泉州弘法时再接受等。①

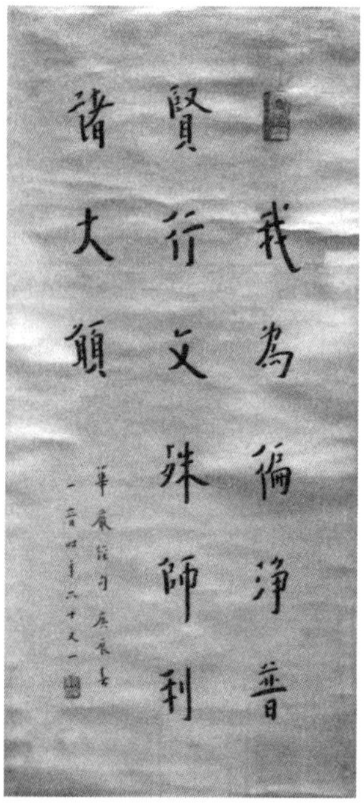

1940年春，弘一大师书“我为徧净普贤行，文殊师利诸大愿”。

3月6日（农历正月廿八日），在永春致性常法师函。言感谢照料一切；尘老和尚复来寺，约往泉州讲经。但痔疾甚剧，难受舟车之苦，故一时不能前往。请与之晤面时代为致意，请其原谅；因编辑《药师圣典汇集》无参考书，访觉圆法师时，请代述一时未能编辑。为亡母八旬冥诞，拟编辑《药师经注解》一部，以为回向。书名未定，但无参考书，请向觉圆法师借用《药师经旁解》，及其他各种注解。又前存觉圆法师处有古刊《药师经注解》两部，亦合为一包托妥人带来，或交邮局挂号寄来。即可编辑；前年在承天寺讲《药师经》时，有某法师曾为记录，但其稿未交来阅览改正，故记录稿无须流布，应即废弃。待新编之注解成就时，再刊印流通等。②

3月9日至4月7日（农历二月），在永春致性常法师函。言写字事，即本年十二月廿六日前登记者，现在书写。凡十二月廿七日后登记者，待明年夏季放香时再写等。③

毛善力为刻印“音”（朱文），边款“庚辰二月，善力敬刻”。

3月18日（农历二月初十日），在永春致广洽法师函。言别来三载，至用悬念，接来函，知仁者欲返国，至用欢忭；施五十金已受收；性常

① 此信福建人民出版社2019年12月版《弘一大师全集》（第3版，修订2版）第八册·文艺卷、杂著卷、书信卷第493页收录，标“一九四〇年正月廿五日，永春普济寺”。

② 此信福建人民出版社2019年12月版《弘一大师全集》（第3版，修订2版）第八册·文艺卷、杂著卷、书信卷第481页收录，标“一九四〇年正月廿八日，永春普济寺”。

③ 此信福建人民出版社2019年12月版《弘一大师全集》（第3版，修订2版）第八册·文艺卷、杂著卷、书信卷第480页收录，标“一九四〇年二月，永春普济寺”。

法师现往泉州等。[1]

3 月 21 日（农历二月十三日），在永春致李圆净函。言寄上《盗戒问答》稿一册，请先付印；《南山律在家备览》，一时未易着手编辑，兹拟先辑《南山律在家备览略编》一部三册，拟分三次出版，第一、二册可单行。现着手编第一册《宗体篇》，约农历四五月间可编就奉上；战事今年当可停止，其时若康健，拟往厦门整理残稿；《比丘戒相表记》，前年由开明书店用第一次石印本为底稿制锌版，极为精美，战事起时已毁失。如有因缘，能再制一套，存佛学书局尤善；农历旧年底，夏居士寄来《行事钞记》二大包，已于元旦日收到等。[2]

3 月 24 日（农历二月十六日），在永春致觉圆法师函。言借阅诸书，同时奉还 19 册书；旧藏古版《纂解》及《义疏》两部已受收等。[3]

3 月 26 日（农历二月十八日），在永春致丁葆青函：

普静居士慧览：

惠书，诵悉。蒋梁三氏之作，多译自日本人撰述，梁氏所见多偏，不是佛法之正范。日本人之撰述原文，虽考据详明，颇有可取，但亦有误处，以余之拙见论之，近代文人之著述，皆不可阅。因初学者阅之，不能辨别是非，或生邪见也。慎之，慎之。略复，不宣。

演音启　二月十八日

再有奉达者一事。寻常所寄之信札，皆须贴邮票五分，明信片则二分半。若信封剪口者，仅能内装印刷品，外贴邮票一分。若如仁者上次所寄之信，信口剪口，内装信笺，仅贴邮票三分，则与邮章不合。如是则受信之人，应被罚大洋四分。以后与他处通信，必须贴五分，若用明信片亦善，则仅二分半也。若少贴邮票而寄信者，且与盗戒有违。叨在至好，故敢奉告，以后幸注意为要。

又乡间邮务代办处之执事者，多不谙邮章，所言事不可轻信。

又依邮章，可以自己盖印于邮票上（防他人驳去），其例如下：

---

① 此信福建人民出版社 2019 年 12 月版《弘一大师全集》（第 3 版，修订 2 版）第八册・文艺卷、杂著卷、书信卷第 471 页收录，标“一九四〇年二月初十日，永春普济寺”。

② 此信福建人民出版社 2019 年 12 月版《弘一大师全集》（第 3 版，修订 2 版）第八册・文艺卷、杂著卷、书信卷第 384 页收录，标“一九四〇年春分，永春普济寺”。

③ 此信福建人民出版社 2019 年 12 月版《弘一大师全集》（第 3 版，修订 2 版）第八册・文艺卷、杂著卷、书信卷第 493 页收录，标“一九四〇年旧二月十六日，永春普济寺”。

须用阳文图章，用红印色印之。

所印之地位，必不能超过邮票全体二分之一。此例见于邮章书内（计一厚册）。彼并画一图，其一式下：此事余曾亲向温州城内邮局员询问，彼言亦尔。但以盖用至四分之一之地位为宜，万不可多盖，恐此邮票无效也。（余今用此信封，即自盖印，乞阅之。）以后交他人寄信时，多谨慎可也。邮票宜自贴，用糊十分黏固，俾他人不致窃去。稍迟拟撰文一首，登入半月刊，详言邮章及应防范流弊之法，因同人知者甚少也。

1940 年 4 月 1 日《觉有情》第 13 期刊出弘一大师摄于“晋水兰若”照片，题“弘一法师五十五岁时照相”。

按：此信福建人民出版社 2019 年 12 月版《弘一大师全集》（第 3 版，修订 2 版）第八册·文艺卷、杂著卷、书信卷第 440 页收录其中一部分，标“一九四〇年”，又注释“此信发表于一九四七年三月上海《觉有情》杂志第八卷十三、十四期合刊，原函已截头去尾。编者曾加副标题：《寄信贴邮票者注意》；并加按语称：‘大师对于邮票之黏贴，郑重叮咛如此，盖以有关盗戒故，其利人之心至矣！’所云‘半月刊’，系指《佛学半月刊》。”文物出版社 2017 年 10 月版陈飞鹏整理《弘一法师书信全集》第 535—536 页根据刘绵松《弘一大师全集》（未刊稿）手稿录全文，有日期“二月十六日”。

4 月 1 日（农历二月廿四日），《佛学月刊》第 4 期刊出《福州鼓山庋藏经文版目录序》，署名“释弘一”。

《觉有情》第 13 期刊出弘一大师摄于“晋水兰若”之照片，题“弘一法师五十五岁时照相”。

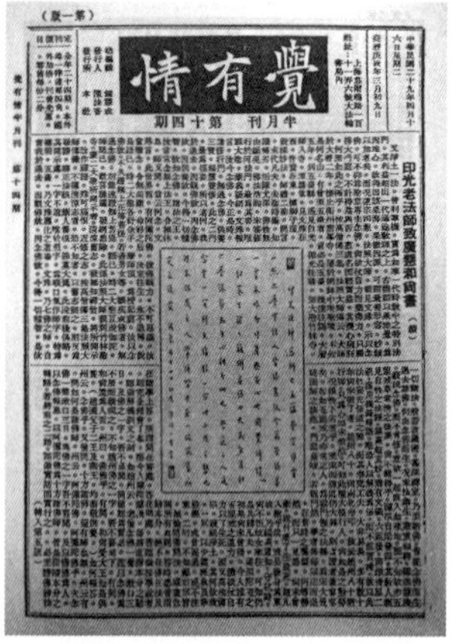

1940 年 4 月 16 日《觉有情》第 14 期刊出弘一大师手书“印光法师慈训”。

4 月 2 日（农历二月廿五日），在永春致夏丏尊函。言画集题句前托丰子恺居士转请浙江大学同学分撰，待寄到即可书写；蔡居士处之稿，宜待纸价低廉时印；附致李居士笺，请阅读后便中转交；向佛学书局请购经书书单请由护法会施资二十元，并此书单托人送去等。①

4 月 16 日（农历三月初九日），《觉有情》第 14 期刊出手书“印光法师慈训”。署“沙门一音书”；钤印“弘一”。

4 月 25 日（农历三月十八日），在永春致夏丏尊函。言奉上致丰子恺居士一笺，及佛字二纸，请便中附寄去。又致李居士一笺，请阅毕便

① 此信福建人民出版社 2019 年 12 月版《弘一大师全集》（第 3 版，修订 2 版）第八册·文艺卷、杂著卷、书信卷第 322 页收录，标“一九四〇年二月廿五日，永春普济寺”。

中转交；因此间邮局沪闽之间仍不能寄大包印刷品，前承寄《行事钞资持记》于元旦收到，实为幸事等。[1] **按：**本年有致性常法师函，亦言及大包印刷品邮寄事。信言前购来连城出产之连史纸甚佳，可惜沾水迹。请再购，并购油纸，托纸店妥为包好；请问邮局，往上海等地之大包印刷品可寄否等。[2]

致李圆净函。言时有小疾，编辑之事仅可量力而为。若欲圆满成就其业，必须早生极乐，见佛帧果，回入娑婆，乃能为也；《南山律在家备览略编》第一册至今晨已将第二次正稿写竟，尚须整理，然后再写第三次正稿，恐须延至五月以后乃成就；《南山年谱》存鼓浪屿，以后再拟编《灵芝年谱》，将来印于《在家备览》第三册之后；《羯磨讲录》久已编就，尚须整理乃能出版；《戒本讲录》亦久已编就，前半部分须重编；修净土宗者，以往生极乐为第一标的，种种弘法事在其次等。[3]

4月28日（农历三月廿一日），在永春致性愿法师函。言承集资印经等，至用欢赞；年来已入老境，是有小疾。惟净宗胜愿，颇能日益增进，此可告慰慈座；普济寺不久兴建法堂等，将能聚集多数道心坚固之僧众等。[4]

致高文显函。言近闻仁等集资印经多部，至用欢赞；本人自去秋始，闭门养疴。近居普济顶寺，不复作出山之想；泉州等处米价奇昂，贫民甚苦等。[5]

春，书“我为偏净普贤行，文殊师利诸大愿”。款识“华严经句。庚辰春。一音时年六十又一”；钤印“龙臂”、佛肖印。[6]

暮春，在永春致性常法师函。言近来身体精神日益衰弱，肺病亦加重，想不久即可生西。然尚不能断绝食物。故请妙抉法师送饭两次，每次送饭时增送开水一次。费心之处尚请本寺常住及妙抉法师原谅。病若

---

① 此信福建人民出版社2019年12月版《弘一大师全集》（第3版，修订2版）第八册·文艺卷、杂著卷、书信卷第322页收录，标“一九四〇年旧三月十八日，永春普济寺”。

② 此信福建人民出版社2019年12月版《弘一大师全集》（第3版，修订2版）第八册·文艺卷、杂著卷、书信卷第482页收录，标“一九四〇年，永春普济寺”。

③ 此信福建人民出版社2019年12月版《弘一大师全集》（第3版，修订2版）第八册·文艺卷、杂著卷、书信卷第384—385页收录，标“一九四〇年旧三月十八日，永春普济寺”。此信部分文字分作二信曾刊于1943年《学术界》第1卷第4期李芳远辑《弘一大师书牍（续）》。

④ 此信福建人民出版社2019年12月版《弘一大师全集》（第3版，修订2版）第八册·文艺卷、杂著卷、书信卷第457页收录，标“一九四〇年四月二十八，永春普济寺”。

⑤ 此信福建人民出版社2019年12月版《弘一大师全集》（第3版，修订2版）第八册·文艺卷、杂著卷、书信卷第412页收录，标“一九四〇年四月二十八，永春普济寺”。

⑥ 此书在“甬上留香——弘一法师翰墨展”上展出。宁波博物馆，2018年4月28日至5月27日；慈溪市人民政府、宁波市文化广电新闻出版局、宁波市民族宗教事务局主办，宁波博物馆、慈溪市弘一书画院承办。

加重，即断食，请与妙抉法师解释等。[①] **按：** 另有一函致性常法师，当写于此期间。信言：

香蕉乞挂于高空处。一则可免鼠噬，二则可以久存不腐。自明日起，早晨送饭饭时间，改为七点半钟。余之小图章一方，现在需用，乞交妙抉师带下。前在永春所印诸讲录，如存者尚多，乞分赠培元高中部诸学生。

性常法师

此信福建人民出版社2019年12月版《弘一大师全集》（第3版，修订2版）第八册·文艺卷、杂著卷、书信卷第482—483页收录，标“一九四〇年，永春普济寺”。文物出版社2017年10月版陈飞鹏整理《弘一法师书信全集》第583页收录，以为写于1941年农历十二月，地点在泉州百源寺。理由是信中有“前在永春所印诸讲录”，认为写信时已离开永春。此理由尚难成立。因为居于山中普济寺中的弘一大师，言永春（印刷地）亦可理解。在无其他证据前，现从《弘一大师全集》。

致性愿法师函（遗书）：

性公老人慈座：

后学居南闽十数载，与慈座友谊最笃。今将西逝，须俟回入娑婆，再为晤谈。甚望今后普济道风日隆，律义宏阐。后学回入后，仍可来普济居住，与诸缁素道侣相聚首也。谨达，须颂

法安！不宣。

后学演音稽首

按： 此遗书福建人民出版社2019年12月版《弘一大师全集》（第3版。修订2版）第八册·文艺卷、杂著卷、书信卷第459页收录，注释曰：“此遗书不署年月，似系一九四〇年在永春普济寺所写，留给性愿法师的。”此遗书曾刊于1948年《学僧天地》第1卷第6期，有林子青按语：“此书不着年月，当系二十九年大师居福建永春蓬壶山中普济寺时所作，留以致性老者。性老自廿六年夏赴菲律滨弘法，旋因太平洋战争爆发，遂羁异国；今冬将返厦门南普陀寺传戒，而大师已西归六年矣。此书近由刘胜觉居士携至沪上，览毕为之慨然，因识数言于此，深愿其早日回入娑婆也。”按语中“菲律滨”之“滨”字，原文

① 此信福建人民出版社2019年12月版《弘一大师全集》（第3版，修订2版）第八册·文艺卷、杂著卷、书信卷第481页收录，标“一九四〇年春，永春普济寺”。

如此。文物出版社 2017 年 10 月版陈飞鹏整理《弘一法师书信全集》第 540 页收录，时间标 1940 年“春”，并有“案”，言此系根据弘一大师当时之病情和是年春致性常法师函为根据。合理。此信曾刊于 1948 年《学僧天地》第 1 卷第 6 期，题《弘一大师遗札》。

致李芳远函。言自明日起，每日送粥两次，希转知厨房。早晨送水时间再延迟一小时。午粥送来时间仍十一时；病日甚等。①

按：福建人民出版社 2019 年 12 月版《弘一大师全集》（第 3 版，修订 2 版）第八册・文艺卷、杂著卷、书信卷第 442 页收录致扶唐函，无标注。文物出版社 2017 年 10 月版陈飞鹏整理《弘一法师书信全集》第 539 页收录，根据信中内容认为当写于 1940 年春。信如下：

> 扶唐居士道席：
>
> 惠书，诵悉。余近患肺病，闭门静养，非可速愈。研文已酌改，乞别托人书写为祷。诸乞亮之。不宣。
>
> 演音疏

春夏间，手书《南山〈行事钞〉警训》赠圆拙法师。

5 月 1 日（农历三月廿四日），《佛学半月刊》第 9 卷第 9 号“佛学书局流通各处经典著述目录”载《地藏经见闻利益品》广告，署“弘一手写”；《地藏圣德大观》广告，署“弘一编”；《地藏九华垂迹图》广告，署“弘一题赞”。同期又刊出《爱俪园主将印律宗法汇》，言“弘一律师，编辑律苑丛书，预定书名为《南山律苑文集》。”

《同愿半月刊》第 3 期刊出《弘一法师近讯》，写曰：“弘一法师持律谨严，佛学湛深，为当代有名之高僧。前本市实报载其于春正初三圆寂于厦门某寺，闻者莫不痛悼。顷据沪讯，此事实系误传，法师仍居厦门，以六十寿辰将周，其弟子丰子恺居士绘续护生画六十幅晋祝，业经法师亲加题词，汇成《续护生画集》，法师并亲自恭誊《金刚经》一部。当地佛教徒为庆祝法师诞辰，现正联合上海方面佛教徒，组织委员会，筹备庆祝仪式，并将拟上二书及法师前与卢世侯居士合作之《地藏菩萨九华垂迹图》印行赠送。”

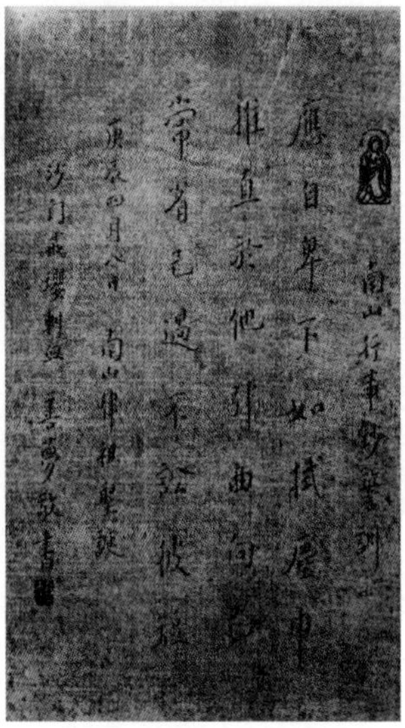

1940 年 5 月 14 日（农历四月初八日），弘一大师书《南山行事钞警训》。

5 月 6 日（农历三月廿九日），在永春致传贯法师函。言久未晤谈；谦老人法体康健否，请代问安；空上人前惠赐茶叶久已收到，请代为致

① 此信福建人民出版社 2019 年 12 月版《弘一大师全集》（第 3 版，修订 2 版）第八册・文艺卷、杂著卷、书信卷第 421 页收录，标“一九四〇年春，永春普济寺”。此信曾刊于 1943 年《学术界》第 1 卷第 2 期，题《弘一大师书牍（续）》，标“李芳远辑”，未标时间。

谢；近来身体尚可支持，惟时有小疾；前广洽法师赠仁者石印小册《法华经》一部，近拟阅读，请以此经转施本人等。①

5月14日（农历四月初八日），书《南山行事钞警训》。款识“庚辰四月八日，南山律祖圣诞。沙门戒璎刺血，善梦敬书”；钤印佛肖印、“弘一”。

5月16日（农历四月初十日），《觉有情》第16期刊出致智朗函，题为《弘一法师致智朗居士书》。有编者按：“弘师今年六十一岁。此书作于廿八年。前书似系前数年在厦门时手笔也。”

6月1日（农历四月廿六日），《觉有情》第17期刊出《盗戒释相概略问答》，署名“弘一律师”。

《佛学半月刊》第10卷第11号刊出《李息翁临古法书序》，署名“弘一”。

6月6日至7月4日（农历五月），作《〈梵网戒本汇解〉序》，署：“岁次寿星木槿荣月沙门一音书。”②

6月12日（农历五月初七日），在永春致李圆净函：

圆晋居士澄览：

前复函，想已收到。兹寄上《汇解序》一纸，表二纸，为数年前仁者所托写者。丰居士书一纸，九月二十日发。又一纸，阳历十一月九日发，共五纸。丰居士之前书，即作为画集续编之序文。此外再乞仁者及夏居士各撰序一首。丰居士之后书，可为仁者撰序时参考之用。以上丰居士之书，共两通，（前一纸，后者五纸。）已由朽人允许赠与性常法师。兹先寄至尊处。俟画集编辑既竟，丰居士之书两通不需用时，乞迳寄交性常法师收受也。又朽人之意，皆于丰居士后书中附注。乞裁酌之。《护生画集》初集及二集，皆由仁者主编。乞皆收入《莹庵丛书》中，以为永久之纪念。又丰居士发心画至六集为止。（每十年一集。）三集之画七十幅，四集八十幅，五集九十幅，六集百幅。朽人不久即往生西方，此画集亦不中止。

① 此信福建人民出版社2019年12月版《弘一大师全集》（第3版，修订2版）第八册·文艺卷、杂著卷、书信卷第484—485页收录，标“一九四〇年立夏，永春普济寺”。

② 弘一大师：《〈梵网戒本汇解〉序》，收《弘一大师全集》第七册·佛学卷、传记卷、序跋卷，福建人民出版社2019年12月第3版、修订2版，第613页。

并乞仁者随时督促之。又丰居士于今年三月十六日寄来之信，亦述及此事，附以奉览。此信即存尊处，乞勿寄还也。谨陈，不宣。

端阳后二日 音启

附奉上《华严集联跋》二纸。

按：此信福建人民出版社2019年12月版《弘一大师全集》（第3版，修订2版）第八册·文艺卷、杂著卷、书信卷第383页收录，标“一九三九年端阳后二日，永春普济寺”。此误。关于此信，笔者已在浙江人民出版社2002年7月版《弘一大师考论》第99—100页有考证，证明写于1940年6月12日（农历五月初七日，端阳后二日）。基本理由为信中写有“丰居士书一纸，九月二十日发。又一纸，阳历十一月九日发，共五纸。丰居士之前书，即作为画集续编之序文。”而《续护生画集》中一封以丰子恺书信手迹影印的代跋，落款即“民国廿八年古历九月二十日弟子丰婴行顶礼”。文物出版社2017年10月版陈飞鹏整理《弘一法师书信全集》第542—543页收录时已纠正。此信部分文字曾刊于1943年《学术界》第1卷第4期李芳远辑《弘一大师书牍（续）》。

覺有情
半月刊 第十八期

1940年6月16日《觉有情》第18期刊出《药师琉璃光如来法门一斑》，署名“弘一法师”。

6月13日（农历五月初八日），在永春致广义法师函。言来信诵悉；感谢承施邮票；所示修持之法甚善，不须改易等。[①]

6月16日（农历五月十一日），《佛学半月刊》第9卷第12号“最新影印”《盗戒释相概略问答》广告，署“弘一律师最新编著”。[②]

在《觉有情》第18期刊出《药师琉璃光如来法门一斑》，署名“弘一法师”。

6月17日（农历五月十二日），在永春致李圆净函。答复所询之事，一册为《行事钞》中一部分之科表，一册为《行事钞持犯方轨表解》之初稿；言近来对于自己之著作，不愿轻易出版。其原因是将来回入娑婆，乃可负弘法重任。又律学专门著述出版后无人能读，难以流通，并举例说明；附一纸请转交夏丏尊居士；此次为书写《备览》稿，颇为用

① 此信福建人民出版社2019年12月版《弘一大师全集》（第3版，修订2版）第八册·文艺卷、杂著卷、书信卷第487页收录，标“一九四〇年六月十三日，永春普济寺”。

② 广告文曰：“用弘一律师亲书稿纸照相影印，毛边纸本装一册，每册定价法币二角。弘一法师，披剃以来，二十余年，持戒綦严，而更专心编纂南山灵芝等律学书籍。前允居士林之请，发心纂辑《南山律在家备览》三册，今因未可急就，特先撷取盗戒戒相少分辑为问答一卷。盖道俗诸相中，以盗戒戒相最为繁密，若欲护持，大非易事。今为辑出，俾未受戒者，应知慎重，必须预习通利，乃可受持；已受者，急宜细读深思，勉力护持。为法师最近贡献。草稿誊写之精，非法师必属难能。故本局在发排之先，将原稿影印，以供同好。对于律宗丛书，另再排印。末附法师致圆净原函，叙述最近编纂情形甚详，而于法师近况，亦可了然矣。”同期刊“重版新书”又载胡宅梵居士注释《地藏菩萨本愿经白话解释》，曰此书系“……承弘一法师之嘱，依黄涵之居士弥陀经白话解释之例”而编。

心，费时甚多等。[1]

6 月 26 日（农历五月廿一日），在永春致高文显函。言承施资，拟印《九华垂迹图》。泉州诸友发起印千部，将圆满；近来衰老益甚，将来往生安养，必与仁者欢聚；请勤修净业，发愿力行，是所厚望；附范居士法语一纸，请时以省览，当获深益等。[2]

6 月 30 日（农历五月廿五日），在永春普济寺致丰子恺函：

子恺居士文席：

惠书及画集文词，皆收到，至用欢忭。文词甚佳。朽人暇时，拟随力稍为润色。《盥漱避虫蚁》之画，作时人装束，与《人谱》原文似未合。拟由朽人另拟撰一偈，下署学童之名。其删去之四幅，为《塞雁》《纵鹿》《归故山》《管仲师老马》。友人欲请奉仁者所绘佛像及护生画者甚多。拟请以后通信时，随附寄数纸，络续寄下。若大包，恐邮局未能寄也。又信笺信封，乞勿用水印朱色者。宜用无朱色者，或油印朱色无妨。因旧式水印朱色之笺封，稍受潮湿，即污染也。附奉上拙书大佛字二纸。谨复，不宣。

农历五月二十五日音启[3]

李氏領卷錄
專件
南山律在家備覽略編宗體篇目表
弘一法師編稿
本局預約
爲增添各藏校勘
「預約展期出書」
楞嚴經
共計十卷 分裝兩冊

1940 年 7 月 1 日《佛学半月刊》第 9 卷第 13 号“专件”栏刊出《南山律在家备览略编宗体篇目表》（署：弘一法师编稿）。

按：此信福建人民出版社 2019 年 12 月版《弘一大师全集》（第 3 版，修订 2 版）第八册 · 文艺卷、杂著卷、书信卷第 374 页收录，标“一九四〇年旧五月廿五日，永春普济寺”。文物出版社 2017 年 10 月版陈飞鹏整理《弘一法师书信全集》第 508 页收录，有“案”，“此信，《弘一大师全集》注：1940 年旧五月二十五日，永春普济寺。依信中内容及《护生画集续集》（第二集）出版时间（1939 年旧九月二十日前）推测，此信应写于 1939 年旧五月二十五日为合理。弘一法师跋《护生画集续集》：‘己卯秋晚，续护生画集绘就。余以衰病，未能为之补题，勉力书写，聊存遗念可也。’己卯年，即 1939 年。”然而，陈飞鹏的推测有失误，因为丰子恺在《续护生画集》里有致弘一大师之书信作为代跋，此信写于 1939 年农历九月二十日，信中说：画集“于今日起草完

① 此信福建人民出版社 2019 年 12 月版《弘一大师全集》（第 3 版，修订 2 版）第八册 · 文艺卷、杂著卷、书信卷第 385 页收录，标“一九四〇年旧五月十二日，永春普济寺”。此信部分文字曾刊于 1943 年《学术界》第 1 卷第 4 期李芳远辑《弘一大师书牍（续）》。

② 此信福建人民出版社 2019 年 12 月版《弘一大师全集》（第 3 版，修订 2 版）第八册 · 文艺卷、杂著卷、书信卷第 412 页收录，标“一九四〇年六月廿六日，永春普济寺”。

③ 弘一大师致丰子恺信，影印件见《弘一与厦门》，鹭江出版社 2012 年 8 月版，第 119 页。

竣，正在请师友批评删改，明日起用宣纸正式描绘，预计九月廿六日（即弟子生日）可以付邮寄奉……”另，《续护生画集》的出版并非陈飞鹏推测的“1939 年旧九月二十日前”，而是在 1940 年 11 月（开明书店）。故弘一大师于“农历五月二十五日”所写之信，确是 1940 年农历五月二十五日（公历 6 月 30 日）。

7 月 1 日（农历五月廿六日），《佛学半月刊》第 9 卷第 13 号“专件”栏刊出《南山律在家备览略编宗体篇目表》（署：弘一法师编稿）。有编者按：“弘一法师拟编《南山律在家备览》一书，其大略见本刊第一八六期致本局书。”同期“本局出版”刊《地藏菩萨九华垂迹图赞》广告，署“弘一法师题字，卢世侯居士绘图”。另有“佛学书局影印”《弘一法师手写经书》广告，计有《华严经净行品偈》《华严十地品离垢地章》《华严十回向品初回向章》《华严普贤菩萨行愿品偈》《佛说梵网经菩萨心地品菩萨戒》《佛一百八名赞》《佛三身赞》《广大发愿颂》《佛说大乘戒经》《十善业道经》《八大人觉经》《八种长养功德经》《金刚三昧经》《四分律比丘戒相表记》《盗戒释相概略问答》《佛说大乘戒经》《大悲心陀罗尼经》《佛说无常经》《佛说略教诫经》《增壹阿含经》（一入道品第十二第九经非常品第四十九第一经四断意品第廿六之一第六经大受道般涅槃分品第五十第一经）、《杂阿含经》（二诵第一第六经二诵第一第十经）、《本事经》（一法品第一之二第十八段二法品第二之一第十四段）、《护生画集》（与丰子恺合作）、《地藏菩萨见闻利益品》《四尺玉版笺对联》《二尺宣纸两色印小对联》《地藏人天品横披》《地藏嘱累品横披》。

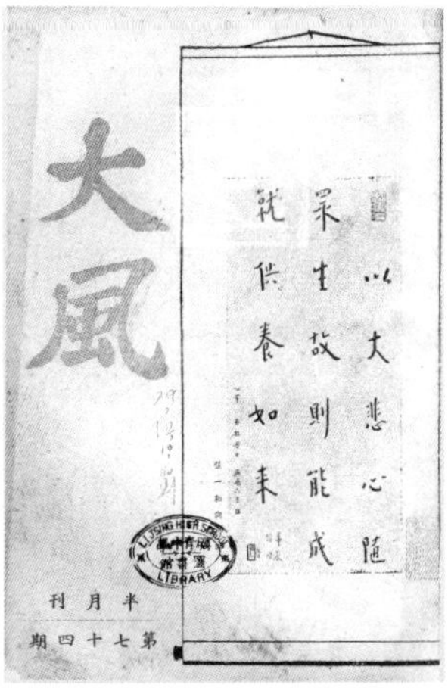

《大风》半月刊第 74 期封面刊出的弘一大师书于 1940 年农历六月的“以大悲心随众生故则能成就供养如来”。

7 月 5 日至 8 月 3 日（农历六月），书“以大悲心随众生故则能成就供养如来”，款识“华严经句，以奉丹林居士。庚辰六月。一音”；钤印“弘一”等。①

书“坐享檀施岂易，自忖己德何如”。款识“岁次庚辰六月穀旦，了智敬立。一音题”；钤印“沙门月臂”。②

书“唐新罗青丘太贤法师偈”。署“庚辰六月，善梦书”；钤印“龙臂”。

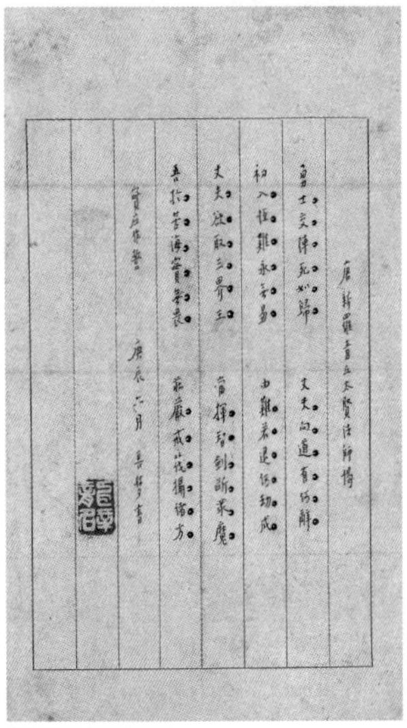
1940 年农历六月弘一大师书“唐新罗青丘太贤法师偈”。

7 月 7 日（农历六月初三日），《觉音》第 15 期刊出《李卓吾先生像赞》，署名“弘一”。赞曰：“由儒入禅　悟彻禅机　清源毓秀　千古崔

① 此书刊于《大风》半月刊第 74 期封面。
② 浙江省平湖市人民政府、上海徐汇区文化局编：《弘一大师法书集·天心月圆（作品卷）》，上海书画出版社 2017 年 5 月版，第 103 页。泉州开元寺藏。

巍”。同期刊出昙昕《弘一律师无恙!》文。

7月9日（农历六月初五日），在永春致李圆净函。言《宗体篇》于前日写竟，共91页，秋凉久晴时邮奉。今日起写画集题句。写毕即将画集依信札例邮奉。题句，决定改为加边（与画之边相同）并题页数等。[①]

7月14日（农历六月初十日），在永春致李圆净函：

圆晋居士莹鉴：

兹寄上画六十张，封面二张，扉页一张，字六十一张，马序一张。（初集）字与边，皆照原样制版。倘因字之笔画太细，不能制锌版者，乞先影印若干册，后再依此影印者制版可也。（因影印者，笔画皆自然加粗故。）每页下端之数目字，皆连制锌版。（其计数至一百，下为百一、百二等，不用百0一字样。）共计一百廿一页。（外国页数。）画幅上，偶有木炭起草稿之影子。摄影制版时，乞除去。其分甲、乙、丙等，悉依丰居士所标写者。（见每画幅后，上端，铅笔所写者。）有四幅以朱笔标写者，系后寄来之画，由朽人随宜标写。（画幅后面，上端，朱笔所标之一、二、三等，系画幅之次序，今已无用。）其补题诗偈者，除学童之名以外，大约系丰居士所作，随宜署多名耳。

六月十日　音启

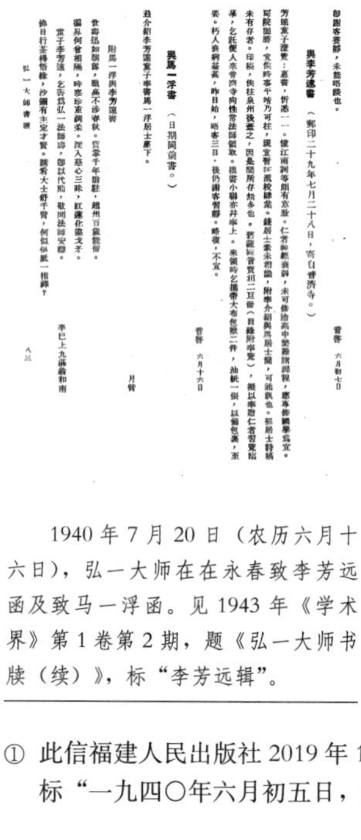
卽謝客養靜，未能晤談也。
音啓　六月初七日
與李芳遠書（郵印二十九年七月二十八日，寄自普濟寺。）
芳遠童子澄覽：惠書，忻悉一一。儻江南訶等頗有意趣。仁者卽飮衰弱，未可修治高中繁難課程，應專修國學爲宜。寫院圖勝，宜俟時事平靖乃可往，現宜暫於泉校肄業。錢居士素未相識，附奉介紹與馬居士牘，可通訊也。郁居士詩稿未有存者。印稿，俟往泉州後檢之，因是間所存無多也。舊藏□書實相二巨冊（目錄附奉覽），擬以奉贈仁者習覽誦摹，乞託便人來普濟寺向性常法師領取。拙書小聯亦幷奉上。來領時乞攜帶大布包袱二件，油紙一張，以備包裹，至要。朽人養病益衰，昨日始，晤客三日，後仍謝客習靜。略復，不宜。
音啓　六月十六日
與馬一浮書（日期同前書。）
茲介紹李芳遠童子奉書馬一浮居士座下。
月臂
附馬一浮與李芳遠書
世壽迅如朝露，腊高不涉春秋。寶掌千年猶駐，趙州百歲能留。
遍界何曾相隔，時寒珍重調柔。深入慈心三昧，紅蓮化盡戈矛。
童子李芳遠，乞書爲弘一法師壽，卽以代簡，敬問法師安穩。
佛日行茶禪悟餘，沙彌有主定才賢。請看大士舒千臂，何似併□一指歸？
辛巳上九蠲翁和南
弘一大師書牘　八三

1940年7月20日（农历六月十六日），弘一大师在在永春致李芳远函及致马一浮函。见1943年《学术界》第1卷第2期，题《弘一大师书牍（续）》，标“李芳远辑”。

按：此信福建人民出版社2019年12月版《弘一大师全集》（第3版，修订2版）第八册·文艺卷、杂著卷、书信卷第385—386页收录，标“一九四〇年旧六月十日，永春普济寺”。文物出版社2017年10月版陈飞鹏整理《弘一法师书信全集》第509—510页收录，时间标1939年“旧六月初十日”，地点标“永春普济寺”。后者时间误。丰子恺于1939年11月1日致函弘一大师，言今日为法师六十寿辰，敬绘续《护生画集》一册计六十幅，于今日起起草完竣，正式描绘后付邮寄奉等。故1939年农历六月初十日时弘一大师手头尚无画稿，更无可能寄李圆净。《弘一大师全集》所标时间正确。

7月20日（农历六月十六日），在永春致李芳远函：

① 此信福建人民出版社2019年12月版《弘一大师全集》（第3版，修订2版）第八册·文艺卷、杂著卷、书信卷第385页收录，标“一九四〇年六月初五日，永春普济寺”。

芳远童子澄览：

惠书，忻悉一一。《忆江南》词等，深有意致。仁者神经衰弱，未可修治高中繁难诸课程，应专修国学为宜。蜀院固胜，宜俟时事平靖乃可住。现宜暂往沪校肄业。钱居士素来未相识。附奉介绍与马居士简，可通讯也。郁居士诗稿，无有存者。印稿，俟往泉州后盖之。因是间所存无多也。旧藏《观音宝相》二巨册（目录附奉览），拟以奉赠仁者，刁览临摹。乞托便人来普济寺，向性常法师领取。拙书小联亦并奉上。来领时，乞携带大布包袱二件，油纸一张，以备包裹。至要。朽人衰病益甚。昨日始，晤客三日。后仍谢客习静。略复，不宣。

音启　六月十六日

按： 此信福建人民出版社2019年12月版《弘一大师全集》（第3版，修订2版）第八册·文艺卷、杂著卷、书信卷第420页收录，标“一九三九年旧六月十六日，永春普济寺”。文物出版社2017年10月版陈飞鹏整理《弘一法师书信全集》第510页收录，亦持此说。均误。此信曾刊于1943年《学术界》第1卷第2期，题《弘一大师书牍（续）》，标“李芳远辑”，并有明确标注“邮印二十九年七月二十八日，寄自普济寺”。邮戳寄出时间为公历1940年7月28日，信署“六月十六日”，故此信当写于1940年7月20日。

同日致马一浮函：

兹介绍李芳远童子奉书马一浮居士座下。

月臂

按： 此信福建人民出版社2019年12月版《弘一大师全集》（第3版，修订2版）第八册·文艺卷、杂著卷、书信卷和文物出版社2017年10月版陈飞鹏整理《弘一法师书信全集》均未收录。此函亦刊于1943年《学术界》第1卷第2期。

7月21日（农历六月十七日），在永春致郁智朗函。言前奉书，想已收到；仁者发心出家，本人以宿誓故，未能违越，深负盛意，至今歉憾；闽南颇有高僧，如泉州乡间某寺转法老法师。已托人预为商请；仁者来闽，须待秋凉后，或初冬，其时本人大约可返泉州。约中秋后离开永春等。①

按：鹭江出版社 2012 年 8 月版《弘一与厦门》第 152 页刊有影印信件，为弘一大师致觉夫居士。函曰：“觉夫居士文席：惠书诵悉，拙书附奉。衰老日甚，未能工也。《心经》印就希托尊乡学子带下数册。秋晚朽人或仍居普济也。不宣。六月十八日，音启。”下注：“据函中内容分析，此信应是大师在永春普济寺闭关期所作，即 1939—1940 年间，以 1940 年间可能性更大。”农历六月十八日为公历 7 月 22 日。待考。《弘一与厦门》释文时“托”误录为“记”。同时影印有弘一大师“般若心经”题识，署：“陈觉夫作书，一音题”；钤印：“一音”。②

弘一大师绘佛像，“风雨楼供养”。

夏，在永春致性常法师函。言有现在不用之衣数种，须常常曝晒等。③

致性常法师函。言奉上新写《梵网戒表》二纸，请仁者照样蒙薄纸抄写。抄毕交圆拙、妙抉诸法师抄写。仁者抄毕，原稿请妙抉法师带下；请告知李圆净通讯处等。④

致性常法师函。言《金刚经》出版后，赠费居士三十册，以酬其劳。此事如何分配，请与性愿法师商量；送上画集题句写废者，请随意分赠；《普门品》请赠愿意读诵者等。⑤ **按一**：本年另有一函致性常法师，言及《普门品》和费居士。信言《普门品》若印时，仅加工红色直格，不能加方格。若托费居士经手印者，此纸请寄费居士等。⑥ **按二**：本年有致广洽法师函，言及《金刚经》及费居士。信言《金刚经》序文，请费范九居士撰并书写，即依仁者所写示者告彼，由彼变通即可。签条请丰子恺居士写。经名下方或写“弘一书写”字样等。⑦

所绘佛像装成供于“风雨楼”，画中题华严经偈“譬如工画师，不

① 此信福建人民出版社 2019 年 12 月版《弘一大师全集》（第 3 版，修订 2 版）第八册・文艺卷、杂著卷、书信卷第 425 页收录，标“一九四〇年六月十七日，永春普济寺”。

② 陈觉夫（1901—1974），原名治平，字觉夫，小名阿孽，号杏村，别署十愿居士，福建晋江人，诗人、教育工作者，善书法、篆刻。

③ 此信福建人民出版社 2019 年 12 月版《弘一大师全集》（第 3 版，修订 2 版）第八册・文艺卷、杂著卷、书信卷第 481 页收录，标“一九四〇年夏，永春普济寺”。

④ 此信福建人民出版社 2019 年 12 月版《弘一大师全集》（第 3 版，修订 2 版）第八册・文艺卷、杂著卷、书信卷第 481 页收录，标“一九四〇年夏，永春普济寺”。

⑤ 此信福建人民出版社 2019 年 12 月版《弘一大师全集》（第 3 版，修订 2 版）第八册・文艺卷、杂著卷、书信卷第 481 页收录，标“一九四〇年夏，永春普济寺”。费居士即费慧茂，时任上海商务印书馆编辑。

⑥ 此信福建人民出版社 2019 年 12 月版《弘一大师全集》（第 3 版，修订 2 版）第八册・文艺卷、杂著卷、书信卷第 482 页收录，标“一九四〇年，永春普济寺”。

⑦ 此信福建人民出版社 2019 年 12 月版《弘一大师全集》（第 3 版，修订 2 版）第八册・文艺卷、杂著卷、书信卷第 471 页收录，标“一九四〇年春，永春普济寺”。

能知自心。而由心故画，诸法性如是。心如工画师，能画诸世间。五蕴悉从生，无法而不造。”高野侯题“李叔同处士造佛像一区”，款识“风雨楼供养。庚辰夏五，高野侯谨署于可庵”。式园题：“叔同家豪于资，擅文辞，长音乐，清末游学东瀛，精辟馆舍，交纳名士，文讌无虚夕，声华藉盛于一时。归国后任教于两浙师范，旋观空，忽悟出世，辟人，潜伏虎跑寺为僧，钟鱼苦行，有若耆宿□何，漫游四方，鲜有知其萍踪者。叔同书法朴茂，为山阴吴氏书经幢，置西泠印社，人□似六朝人手笔。画不多作，以作书之笔写佛，尤可珍贵。庚辰长夏装成，供养于风雨楼中，因记。式园。”① **按：**姜丹书在《追忆大师》一文中记曰：“于国画，虽精于赏鉴，初未习之；但晚年画佛像甚佳，余曾亲见一幅于王式园居士处，笔力遒劲，傅色沉着，所作绝少。”②

书二言联“见性，明心”赠李芳远。款识“岁次寿星书初，居毗湖普际山中，养疴习静，书此以奉芳远童子。老病颓唐，无能工也。善梦，时年六十有一”；钤印“名字性空”。③

书南山行事钞警训赠圆拙法师。款识“南山行事钞警训。书奉圆拙法师供养。庚辰夏，一音，时年六十有一”。④

手录格言（即《格言别录》）。款识“庚辰夏月，沙门一音录”；钤印“弘一”。

在永春致李芳远函：

惠书，诵悉。尊稿乞寄下。韩偓诗及彼居永春之事迹，亦乞写示。

演音上

按：此信福建人民出版社 2019 年 12 月版《弘一大师全集》（第 3 版，修订 2 版）第八册・文艺卷、杂著卷、书信卷第 421 页收录，标“一九四〇年夏，永春普济寺”。文物出版社 2017 年 10 月版陈飞鹏整理《弘一法师书信全集》第 513 页收录，根据林子青《弘一法师书信》，标为 1939 年夏，同时“案”中亦言：“当然此信写于 1940 年夏可能性也存在。”本谱从《弘一大师全集》。

8 月 1 日（农历六月廿八日），在永春致刘质平函：

---

① 广洽纪念馆编辑委员会编：《广洽纪念馆》，［新加坡］广洽纪念馆 2007 年 3 月版，第 19 页。文末有“甚误盛”三字。
② 姜丹书：《追忆大师》，收《姜丹书艺术教育杂著》，浙江教育出版社 1991 年 10 月版。
③ 夏宗禹编：《弘一大师遗墨》，华夏出版社 1999 年 1 月第 2 版，第 77 页。款识中的“普际山中”之“际”字，原文如此。
④ 释慧观撰述：《弘一大师持戒念佛之典范》，（台北）弘一大师纪念学会 2012 年 12 月印行，第 230 页。

质平居士澄览：

前复书，想早收到。兹奉上拙书数纸，其中大佛字，为新考案之格式，甚为美观。以后暇时，拟书若干纸，俟时局平靖，再以邮奉也。谨陈，不备。

音启　新八月一日

按：此信福建人民出版社 2019 年 12 月版《弘一大师全集》（第 3 版，修订 2 版）第八册·文艺卷、杂著卷、书信卷第 300 页收录，标“一九三八年新八月一日，漳州瑞竹岩”。此信钤有“弘一年六十以后所作”印，为马冬涵刻于 1939 年春。故此信当写于 1940 年 8 月 1 日，地点在永春。

《佛学半月刊》第 9 卷第 15 号刊出《梵网戒本汇解序》，署名“弘一”。

8 月 4 日至 9 月 1 日（农历七月），跋吴鲁（字肃堂，晚清状元）所书《龙门感应记临本》。款识“岁次鹑火七月，晚晴老人题”；钤印“名字性空”、“弘一六十后作”。①

8 月 4 日至 15 日间（农历七月初一日至十二日间），在永春致性常法师函。言十三日为本人出家纪念日，请寺中诸法师于上午九时惠临叙谈等。②

8 月 16 日（农历七月十三日），《佛学半月刊》第 9 卷第 16 号“最新影印”载《观音像两种（印光法师、弘一法师）法语小对联各一种》（像用硃印每种定价二角五角［分］，对联红墨双套印每对二角五分）。**按：**有介绍文曰：“宋版藏经会前印普陀杨枝庵石刻唐装观世音菩萨像及苏州宝莲庵石刻千手千眼观音像两种，辅以印光法师手写小对，联语为：广度众生当度我，不念弥陀更念谁。又弘一法师手写小对联，联语为：供养一切诸佛海，得成无上照佛灯。四种合寿，不可分折。本局迭接各处请求分折，迄难满愿。兹本局已觅得原稿，翻印流通。像用上等夹宣纸硃印，高二十七吋十八分。对亦同此尺幅，两套印刷，字用黑色，章与格线红色，供养小佛堂中，真具无上庄严。名师手泽，自成品格，分请合购，均可听选。以之装饰小书房或小客堂，亦属自瞻瞻人之无上品也。”同期“征求附印”《地藏菩萨九华垂迹图赞》（署：卢世侯居

① 吴鲁后人藏。

② 此信福建人民出版社 2019 年 12 月版《弘一大师全集》（第 3 版，修订 2 版）第八册·文艺卷、杂著卷、书信卷第 482 页收录，标“一九四〇年旧七月，永春普济寺”。

士奉弘一法师命绘，弘一法师亲题图赞）。征求文曰：“……兹者，弘师周甲纪念，福建弟子，同伸庆祝。法师以印书嘱咐，故组织重印九华垂迹图赞委员会于福建泉州大开元寺，委托本局代办。法师持戒綦严，当今推为律主，门徒遍全国。此次庆祝，当不能让闽省善信，专美于前。如有愿庆祝弘一法师寿而报答地藏菩萨慈恩者，祇须认印此书，即可获无量功德。每册十元，多多益善。功德报告，当并入委员会合共宣布。至委员会简章，俟泉州寄到，再行公告。”

8月18日（农历七月十五日），在永春致郁智朗函。言已托性常法师致书与转法老和尚商恳，能荷慈允固善，否则请性常法师代觅他位良师；在时局平靖，海道开通时来闽南较妥；农历八月间他往否未定；自本月二十九日始闭关圆满；来书所谓潜行出走，不可。因如此易引起种种纠葛。建议向店中请假七日返家，七日中专心持念观世音菩萨圣号。涕泣哀恳，请菩萨垂慈，令妻室发心出家，令长兄、岳母于夫妇出家之事欢喜赞叹等。七日圆满，即发信与长兄、岳母陈明此事，并于妻室前，宣布此决定之办法。如是先令妻室出家，并经长兄、岳母许可，乃为稳妥。本人出家前，亦先向眷属宣布。潜行出走者，多无好结果；闽南百物价昂，来时宜备足衣物等。①

8月25日（农历七月廿二日），在永春致李芳远函：

惠书，诵悉。朽人近拟埋光埋名，遁世终老。所云之事，乞缓行之。写件俟往泉州后加墨。此复，不备。

音启　七月二十二日

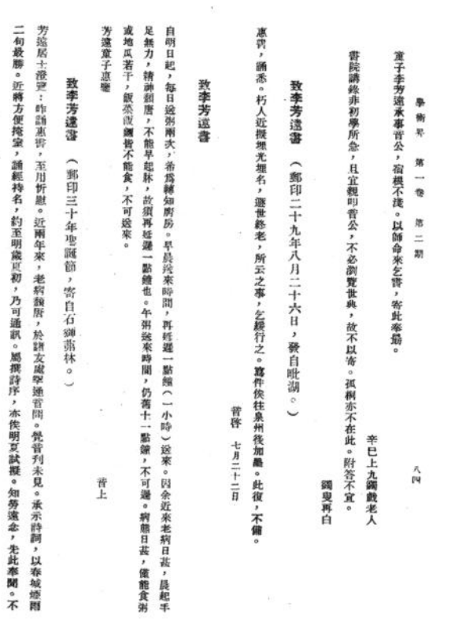
學術界　第一卷　第二期　八四

童子李芳遠承事晉公，宿根不淺。以師命來乞書，寄此奉答。

書院講錄非初學所急，且宜親叩晉公，不必瀏覽世典，故不以寄。孤桐亦不在此。附答不宜。

辛巳上九獨戲老人

弼叟再白

致李芳遠書　（鄭印二十九年八月二十六日，發自岷湖。）

惠書，誦悉。朽人近擬埋光埋名，遯世終老。所云之事，乞緩行之。寫件俟往泉州後加墨。此復，不備。

音啓　七月二十二日

致李芳遠書

自明日起，每日送粥兩次，希為轉知廚房。早晨送來時間，再延遲一點鐘（一小時）送來。因余近來老病日甚，晨起手足無力，精神頹唐，不能早起牀，故須再延遲一點鐘也。午粥送來時間，仍舊十一點鐘，不可遲。病態日甚，僅能食粥或地瓜若干，飯菜麪皆不能食，不可送來。

芳遠童子惠鑒

音上

致李芳遠書　（鄭印三十年聖誕節，寄自石獅蕭林。）

芳遠居士澄覽：昨誦惠書，至用忻慰。近兩年來，老病頹唐，於諸友處罕通音問。覺晉刊未見。承示詩詞，以春城煙雨二句最勝。近將方便掩室，誦經持名，約至明歲夏初，乃可通訊。爲撰詩序，亦俟明夏試擬。知勞遠念，先此奉聞。不

弘一大师于1940年8月25日（农历七月廿二日），在永春致李芳远函。刊于1943年《学术界》第1卷第2期，题《弘一大师书牍（续）》，为李芳远辑。

按：此信福建人民出版社2019年12月版《弘一大师全集》（第3版，修订2版）第八册·文艺卷、杂著卷、书信卷第420页收录，标“一九四〇年旧七月二十二日，永春普济寺”。文物出版社2017年10月版陈飞鹏整理《弘一法师书信全集》第514页收录，时间标1939年“旧七月二十二日”，并有“案”，系依林子青《弘一法师书信》所标。本谱从《弘一大师全集》。理由有二：一是信中言“写件，俟往泉州后加墨”，如写于1939年农历七月廿二日，此时刚到永春不久，不会说返泉州事，而1940年农历七月廿二日则距离返泉州时间更近。二是此信曾刊于1943年《学术界》第1卷第2期，题《弘一大师书牍（续）》，为李芳

① 此信福建人民出版社2019年12月版《弘一大师全集》（第3版，修订2版）第八册·文艺卷、杂著卷、书信卷第425—426页收录，标“一九四〇年旧七月十五日，永春普济寺”。

远辑，对此信明确标注为“邮印二十九年八月二十六日，发自毗湖。”邮戳日期说明寄发此信为写信的第二天。

8月29日（农历七月廿六日），《佛化新闻》刊文《律宗大师弘一无恙》，曰：“前据江苏某日报载律宗大师弘一法师，比祥消息（息消）揭露后，本报特分函各方。兹据确讯，大师掩方便关于普济山中，谢绝见客，专心编纂律典，精神甚佳，颇有山居终老之意。”

8月（农历六月廿八日至七月廿八日），《罗汉菜》杂志第14期刊出《丰子恺先生赠画佛像》的启事曰：“名画家丰子恺居士发愿画佛千尊，普赠有缘。凡欲得以供奉者，须将阔约八九寸，长约十二三寸之夹宣纸，邮递贵州遵义县浙江大学转交，并附邮费。即当将原纸绘就寄回。此项确实佳音。得自本年7月11日丰居士致上海李圆晋居士书。谨为介绍，欲求从速。”**按：**同年9月1日出刊的《佛学半月刊》第9卷第17号（第212期）上亦刊出《丰子恺先生绘画佛像》，文字基本相同：“名画家护生画集原著者丰子恺先生，发愿画佛千尊，普赠有缘。凡欲得以供奉者，须将阔约八九寸，长约十二三寸之夹宣纸，邮递贵州省遵义县浙江大学转交，并附邮资，即当将原纸绘就寄回。此项确实佳音。得自本年7月11日丰先生致上海李圆净居士书。谨为介绍，欲求从速。”1941年1月1日《佛学半月刊》第10卷第1号（第220期）上又刊出一则《丰子恺启事》，原文如下：

敬启者：

鄙人今春发愿画佛千尊流通世间，广受供养。半载以来，所绘百有余尊。斯愿已偿十分之一矣。迺者，沪地某居士将此消息刊登佛教杂志，各地信善，纷纷来函相嘱，至今已得数十通，皆辞意诚恳，信愿深挚，并附最胜宣纸足数邮票。可见末劫时代，佛法固自存在，修罗场里，慈心相映益彰，斯诚至可庆喜。今特敬告，宇内信善，凡欲得拙画佛像供养者，请将宣纸（大约阔一尺长，二尺为限，请勿过大）及回件邮资封寄贵州遵义浙江大学鄙人收。当即如命写奉。非有特故，延搁不逾一月。专此奉启。

附启者，鄙人近患伤寒，卧病月余，至今犹未痊愈，以致前所嘱画至今未报。一俟病愈，当即写寄。恐劳盼待，特此附告。

民国二十九年九月廿八日丰子恺启

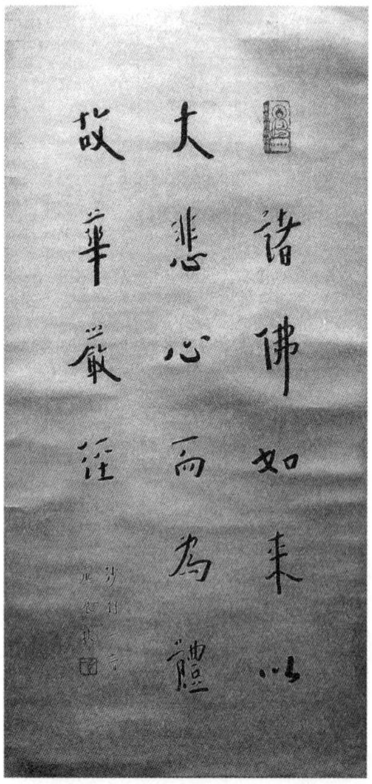

弘一大师于1940年秋所书“诸佛如来以大悲心而为体故华严经”。

丰子恺画佛，与弘一大师的嘱咐有关，也与纪念弘一大师有关。1929年农历八月廿九日有信致丰子恺：“乞画澄照律祖像一幅。别奉样式一纸，乞检阅。此像在《续藏经》中。今依彼原稿，略为缩小。如别纸中，硃笔所画轮廓为限。如以原稿太繁密者，乞仁者依己意稍为简略。但仍以工笔细线画之为宜。画纸乞用拷碑纸，因将刻木板也。此画像，能于旧历九月中旬随夏居士返家之便带下，为感。”1938年闰七月二十四日写信给丰子恺：“仁者暇时，乞绘释迦佛像一纸，约二尺高之直幅，（四尺宣纸一张裁开为四幅）像上，乞写‘南无本师释迦牟尼佛’九字。下方纸边，乞写‘笑棠居士供养、仁者敬绘’（并盖印）之小字，如常式。”另在附言中说：“倘仁者多暇，乞再绘如上式之佛像数叶，但不写上款，一并寄下，尤感。”同年农历十一月十八日，弘一大师又写信给丰子恺：“前承寄画像，已分赠诸友人，欢感无尽。”本年丰子恺写绘佛像启事，决定绘佛像1000幅以纪念弘一大师的六十岁寿辰。1942年3月5日《佛化新闻》上有证据。该日第一版上有题为《丰子恺居士为祝弘一法师六十大庆画佛像千尊结缘》之报道，小标题是“早已满额，申明截止”。

秋，书“诸佛如来以大悲心而为体故华严经”。款识“沙门一音庚辰秋”；钤印佛肖印、“弘一”。①

作《题王梦惺居士〈莱园文稿〉》，勖以“士应文艺以人传，不应人以文艺传”。款识“至哉食言，居士有焉。庚辰秋仲，晚晴老人”；钤印“弘一”。②

为王锦机“仰槐旧庐”题“慈风草堂”。款识“梦醒居士朗鉴。龙集寿星秋仲，南山律苑胜髻，时年六十又一”；钤印佛肖印、“名字性空”。

书“常随佛学”。款识“庚辰仲秋，晚晴老人书”；钤印“弘一”、佛肖印。③

9月1日（农历七月廿九日），地藏菩萨圣诞，在永春讲《普劝净宗道侣兼持诵地藏经》，王梦惺记录。④

《佛学半月刊》第9卷第17号刊出《庆祝弘一法师周甲纪念重印九华垂迹图募捐缘起》。发起人：郑健魂、吴增、曾遒、庄澄波、周伯遒、

① 此书在“甬上留香——弘一法师翰墨展”上展出。宁波博物馆，2018年4月28日至5月27日；慈溪市人民政府、宁波市文化广电新闻出版局、宁波市民族宗教事务局主办，宁波博物馆、慈溪市弘一书画院承办。

② 弘一大师：《题王梦惺居士〈莱园文稿〉》，收《弘一大师全集》第八册·文艺卷、杂著卷、书信卷，福建人民出版社2019年12月第3版、修订2版，第210页。

③ 浙江省平湖市人民政府、上海徐汇区文化局编：《弘一大师法书集·天心月圆（作品卷）》，上海书画出版社2017年5月版，第114页。泉州开元寺藏。

④ 弘一大师：《普劝净宗道侣兼持诵地藏经》，收《弘一大师全集》第七册·佛学卷、传记卷、序跋卷，福建人民出版社2019年12月第3版、修订2版，第577—578页。

刘柏炎、吴慕农、王颂平、李丹臣、黄紫霞、高文显、王梦醒、王朝宗、尤廉星、李宏成、庄荣标、陈延香、转道、转物、转尘、性愿、转博、瑞今、瑞等、广洽、转解、觉澈、定眉、性常、善契、常凯、觉圆、广义、传贯。委员长：吴增、曾遒、刘柏炎。文书：周伯遒。会计：广义。征募：性常。委员会设在福建泉州大开元寺内。收款处：福建泉州大开元寺重印垂迹图委员会，及上海愚园路一五四号佛学书局。

9月5日（农历八月初四日），在永春致郁智朗函。言今晨获转法老和尚复函，犹谦让未遑。但将来若再面求，大约可得慈允。万一不允，性常法师再介绍他位良师；因水路不通，物价昂贵，领证不易等，来闽之期，似宜延缓。潜行出走，不可，将来必有纠葛；录《出家功德经》文，并请以此经为家人详释之等。[①]

9月16日（农历八月十五日），《佛学半月刊》第9卷第18号刊出《募印弘一法师所写经典以庆弘公寿诞缘起》。发起人：持松、圆瑛、兴慈、范成、大悲、远尘、常玉、道根、黄庆澜、闻兰亭、姬觉弥、□炯、乐慧斌、蔡济平、聂云台、丁福保、夏丏尊、谢驾千、袁希濂、岑得法、杨欣莲、范古农、李圆净、沈彬翰。

9月21日（农历八月廿日），在永春致郑翘松（卧云）、师觉、梦醒函。言南安之行犹未确定；梦醒居士欲新立名字，窃以为梦惺为佳等。[②]

9月（农历七月廿九日至八月廿九日），《罗汉菜》第15期刊有《征求附印续护生画集》文。同期刊有《续护生画集之一页》，署“弘一大师题字”。另发表丰子恺《归市》《折竿主簿》《一犬不至》三画。

10月1日（农历九月初一日），《佛学半月刊》第9卷第19号“佛学书局流通各处经典著述目录（净土部之二）”，其中有《佛说阿弥陀经解》《三皈依解》，均署“弘一手抄”。

10月6日（农历九月初六日），在普济寺作《〈行事钞〉卷下之三封

---

① 此信福建人民出版社2019年12月版《弘一大师全集》（第3版，修订2版）第八册·文艺卷、杂著卷、书信卷第426页收录，标“一九四〇年八月初四日，永春普济寺”。

② 此信福建人民出版社2019年12月版《弘一大师全集》（第3版，修订版）第八册·文艺卷、杂著卷、书信卷第439页收录，标“一九四〇年八月二十日，永春普济寺”。郑翘松（1876—1955），号卧云，福建永春人，清末举人，曾任永春中学校长，著有《永春县志》《卧云楼诗稿》等，弘一大师曾为后者题词。

面题记》，署“庚辰九月六日敬书，时居梵华精舍”。[1]

10月10日（农历九月初十日），敬录祖训，题于《〈行事钞〉卷下之四封面题记》。[2]

10月12日（农历九月十二日），在永春致夏丏尊函。言寄上致丰子恺居士一笺及写件一纸，请便中转寄。又与李圆净居士一笺，请便中托陈无我居士转交等。[3]

致广洽法师函：

> 朽人今年世寿六十，老病日赠，即拟方便掩关习静，以后暂未能通信。（他处寄来之信件，即付邮退还，未能收受。）谨达，不具。
>
> 九月十二日　音启

按：此信福建人民出版社2019年12月版《弘一大师全集》（第3版，修订2版）第八册·文艺卷、杂著卷、书信卷第471页收录，标“一九三九年旧九月十二日，永春普济寺”。文物出版社2017年10月版陈飞鹏整理《弘一法师书信全集》第517页收录，亦如此标注。弘一大师“六十岁”可有两种理解，一为六十虚岁，一为六十周岁。根据以下10月30日（农历九月三十日）在永春致夏丏尊、刘质平、李圆净等函，可知此写于1940年10月12日（农历九月十二日）。

10月15日（农历九月十五日），在永春致郁智朗函。言出家心切，至用欢赞。但因缘未具，不可操之过急；承询毛织物是否可用，手杀兽命仅翦取其毛者，现今僧众多用之，亦有不用者，可赠与家族。详述所带僧衣及款项事项；另写一笺，述仁者来闽意图，以备军警盘查；到泉州后，宜先住开元寺，亦可用此笺作为介绍书。抵达后请告知，可由性常法师至泉州接洽一切等。[4]

佛學半月刊
215
本期要目
慶祝弘一法師周甲紀念特刊
第二百十五期
第二十號
第九卷
9
20

弘一法師六旬壽誕紀念特刊

1940年10月16日（农历九月十六日），《佛学半月刊》第9卷第20号（第215期）为“庆祝弘一法师周甲纪念特刊”。

10月16日（农历九月十六日），《佛学半月刊》第9卷第20号（第

---

① 弘一大师：《〈行事钞〉卷下之三封面题记》，收《弘一大师全集》第七册·佛学卷、传记卷、序跋卷，福建人民出版社2019年12月第3版、修订2版，第610页。

② 详见本年10月24日条目。

③ 此信福建人民出版社2019年12月版《弘一大师全集》（第3版，修订2版）第八册·文艺卷、杂著卷、书信卷第322页收录，标“一九四〇年旧九月十二日，永春普济寺”。

④ 此信福建人民出版社2019年12月版《弘一大师全集》（第3版，修订2版）第八册·文艺卷、杂著卷、书信卷第426—427页收录，标“一九四〇年旧九月十五日，永春普济寺”。

215期）为“庆祝弘一法师周甲纪念特刊”，封面刊出在漳州所摄照片，照片注释为：“念七年初夏弘一法师振锡莅漳，闰七月十三日为法师剃染二十周年之期。是日法师于尊元经楼宣讲弥陀经一卷并摄影纪念。庚辰清明节前五日刘绵松记。”刊出卢世侯居士绘九华垂迹图地藏像，及为其题字手迹，刊出古农《恭祝弘一法师周甲纪念寿言》、袁希濂《弘一法师未出家时事略》、夏丏尊《弘一法师之出家》、李圆净《续护生画集跋》、圆瑛《梵网经心地品跋》、费慧茂《弘公大师书金刚经后跋二首》、刘绵松《药师如来法门讲述录跋》、沈彬翰《弘一法师六秩寿言》、应宏《弘一法师六旬寿诞颂》，以及淳于廉、豁未定《弘一法师六秩寿诞，福建诸大居士重印九华山垂迹图赞为法师寿爰拟七古一章，藉申颂祝》、李慰农《弘一法师周甲纪念》、李宗德《弘一法师周甲纪念》（接李慰农诗后，题《又》）、明性《弘一律师六旬大寿喜赋》、江谦《寿弘一大师六十周甲诗》、费慧茂《弘公大师邮赠书联集华严经诸佛等慈父人命如电光偈文因用为韵赋谢》、费慧茂《弘公大师所贻雪窦诗卷沪战佚去已重承写寄寻复获得合装纪喜》、余了翁《寿弘一上座》、徐近楼《弘一法师六十世寿》、杨典臣《寿弘一大师诗》等。其《特刊缘起》写曰：“本刊创业于民国十九年十月，至本年十月，恰为十周之期，中间虽因事变，曾两度中断，然不久即赓续出版。此期本拟增文为纪念，适逢弘一法师寿诞……借大德之光明，为本期之弁冕……”本期另刊《上海佛学书局照相版影印〈金刚三昧经〉》《佛学书局照相锌版影印弘一法师编并亲笔誊楷〈四分律比丘戒相表记〉》《弘一法师手写照相影印〈华严经净行品偈〉》《照相影印弘一法师手写〈八种长养功德经〉》《本局影印〈地藏见闻利益品〉》《佛学书局出版〈弘一法师手抄经书〉》《本局影印弘一法师手写〈佛说大乘戒经〉》《出版预告〈弘一法师编著南山律宗丛书〉》《影印弘一手写〈八大人觉经〉》《玻璃版印弘一手书〈大悲心陀罗尼〉》《本局出版弘一法师讲经〈律学要解〉》《佛学书局照相版影印弘一法师手写〈佛说无常经〉〈佛说略教诫经〉〈增壹阿含经〉〈杂阿含经〉〈本事经〉》《本局出版弘一法师辑〈寒笳集〉》《本局七色玻璃版印弘一老法师题赞，卢世侯居士绘图〈地藏九华垂迹图赞〉》《金属版精印〈弘一法师楹联〉》《本局出版弘一法师编述〈地藏菩萨圣德大观〉》《双色影印〈弘一手书小对联〉》《佛学书局征募捐印弘一法师纂集亲书〈华严经集联三百〉》《弘一法师手写〈地藏嘱累品横帔〉》《本局代售净缘社精印弘一法师书〈金刚般若波罗蜜经〉》《弘一法师手写〈地藏人天品横帔〉》《本局出版弘一法师题字，丰子恺居士绘图，李圆净居士撰集〈护生画集〉》广告。另刊登持松、常玉、黄庆澜、乐慧斌、圆瑛、道根、夏丏尊、杨欣莲、兴慈、关炯、闻兰亭、蔡济平、范成、谢驾千、范古农、姬觉弥、大悲、聂云台、袁希濂、李圆净等共同发起的《募印弘一法师所写经典，以庆弘公寿诞缘起》。刊有郑健魂、吴增、曾遒、庄澄波、周伯遒、刘柏炎、吴慕农、王颂平、李丹臣、黄紫霞、高文显、王梦醒、王朝宗、尤廉星、李宏成、庄荣标、陈延香、转道、转物、转尘、性愿、转博、瑞今、瑞等、广洽、转解、觉澈、定眉、性常、善契、常凯、觉圆、广义、转贯（委员长吴增、曾遒、刘柏炎，文书周伯遒，会计广义，征募性常。委员会设在泉州大开元寺，收款处为大开元寺重印垂迹图委员会和上海愚园154号佛学书局）共同发起的《庆祝弘一法师周甲纪念，重印九华垂迹图募捐缘起》。刊有护生画《中秋同乐会》及题字。同期刊出《弘一法师告学律者》：

常州版律部诸书，皆未圈点句读，学者阅之，至为困难。应检频伽藏伽精舍大藏经校对，补录圈点。但频伽藏排本，颇多讹误脱略处，宜详辨之。频伽藏宗于□藏古本，较明清藏殊为优胜。学者应取常州单行本，与频伽藏经详细校对，依频伽藏经一一改写，可得一完善之本，并圈点句读，重排款式，画分章节，别以刊本。后之学者，依以研寻，可无迷惑之虞矣。

金陵流通之四分律，亦大半未圈点句读，应检频伽藏本校对，补录圈点。

天津版四分戒本疏行宗记，羯磨疏济缘记，行事钞资持记，（世称南山律三大部）皆依日本续藏经之会本写刊，而删去科文，似有未可。按灵芝撰三记时，皆先出科文，后出记文，故于记中叙科判处，或存或略。因别有完整之科文，可以对阅，记中不须一一委出也。今将科文删削，唯阅记文，迷茫恍惚，于彼繁密之录律，岂能一一贯通？补救之法，应检续藏经中灵芝戒本疏科八卷、羯磨疏科四卷、行事钞科十二卷，别以刊行，斯至善矣。（续藏经本有讹字应向日本名古屋其中堂书店请购古本木版南山律三大部互相校对正其舛误。又木版三大部有二种，一为疏钞与记科别行本，一为合会本。）

南海寄归内法传，唐义净三藏撰，为律宗最精要之书。凡习有部律者，或习他部律者，皆应悉心穷研。今无单行之本，幸冀后贤，别以刊行，广为弘布。（藏中原本排列未善，宜详细校订。）

《觉有情》第26期刊载《征求附印续护生画集》。

10月20日（农历九月廿日），农历六十周岁纪念日。以“闭门思过，以教观心”题普济寺后精舍壁，又集古诗句“山静似太古，人间爱晚晴”为普济寺书联。**按：**农历九月，李芳远致马一浮函索诗，马一浮作六言诗一首贺寿。

10月24日（农历九月廿四日），在普济寺作《〈行事钞〉卷下之四封面题记》，署："九月二十四日敬录。时居桃源山中，掩室编辑表记。"① **按：**福建人民出版社2019年12月版《弘一大师全集》（第3版，修订2版）第七册·佛学卷、传记卷、序跋卷第610—611页有收录，后有："又：'余七十暮年，脚疾摧朽。愿求法者，不远关山。今秋气已清，客心飞举。将事终天之别，必爽载面之期。力疾集之，用为送终之赠也。言此饮泪，穷独可悲！'庚辰九月十日，敬录祖训。一音。"

10月28日（农历九月廿八日），在永春致性愿法师函。言居永春普济年余，近以业缘所牵，拟移居灵应暂住养疴；忻悉兴复古刹，将推举本人任名誉主席。但前与性常法师晤谈时，则云名誉首座。因主席易被误认为住持，用名誉首座为妥；附致高文显居士二纸，请便中转寄等。②

10月30日（农历九月三十日），在永春致夏丏尊函：

丏尊居士文席：

朽人世寿周甲已过。拟自下月中旬始，至农历明年辛巳除夕止，掩室静修。须俟壬午元旦，乃可与仁者通信也。仁者通信之处倘有变动，乞于辛巳十一月写交李圆净居士转送。谨陈，不宣。

九月三十日　音启

按：此信福建人民出版社2010年10月版《弘一大师全集》（修订版）第八册·文艺卷、杂著卷、书信卷第324页收录，标"一九四一年旧九月三十日，晋江福林寺"。此标注不确，信中有言"拟自下月中旬始，至农历明年辛巳除夕止，掩室静修"，说明当写于辛巳前一年庚辰年。而文物出版社2017年10月版陈飞鹏整理《弘一法师书信全集》第522页收录时标注时间为1939年"旧九月三十日"，地点标"永春普济寺"，并以为弘一大师信中之"辛巳"系笔误，并有连带性笔误等。此信当写于1940年10月30日（农历九月三十日），地点在永春。其一：所谓周甲，乃指满六十年。干支纪年一甲子为六十年。1940年农历九月二十日，弘一大师周岁六十，即"周甲"，农历九月三十日时，周甲已

① 弘一大师：《〈行事钞〉卷下之四封面题记》，收《弘一大师全集》第七册·佛学卷、传记卷、序跋卷，福建人民出版社2019年12月第3版、修订2版，第610—611页。

② 此信福建人民出版社2019年12月版《弘一大师全集》（第3版，修订2版）第八册·文艺卷、杂著卷、书信卷第457—458页收录，标"一九四〇年九月二十八日，永春普济寺"。

过，故有此言。其二，在信文内容合理的情况下判定弘一大师连续笔误，无依据。其三，弘一大师信中所述之计划，此后未实现的事例十分之多，此乃身不由己，亦不能以计划与实际行踪不一致而质疑书信本身。有切实证据除外。

同日致刘质平函：

质平居士文席：

前致书并联字，想悉收到。朽人世寿周甲已过，拟自下月中旬始，至明年除夕止，谢绝俗务，专心修持。须俟农历壬午元旦，乃可与仁等通信也。谨达，不宣。

音启　九月三十日

农历辛巳十一月，乞仁者写通信地址，寄与夏居士，或李圆净居士，转交与朽人。李居士寓上海静安寺路底蝶来新邨二十五号。

按：此信福建人民出版社2019年12月版《弘一大师全集》（第3版，修订2版）第八册·文艺卷、杂著卷、书信卷第301页收录，标“一九四〇年旧九月三十日，永春普济寺”。文物出版社2017年10月版陈飞鹏整理《弘一法师书信全集》第522—523页收录，根据其前考夏丏尊函，亦以为应写于1939年农历九月三十日。此信当写于1940年10月30日（农历九月三十日），地点在永春普济寺。理由除上述夏丏尊函之考证外，此信更有“农历辛巳十一月，乞仁者写通信地址，寄与夏居士，或李圆净居士，转交与朽人”句，说明待次年1941年（辛巳）十一月时，刘质平须提醒通信地址，以便1942年（壬午）春节后重新开始通信。需要说明的是，弘一大师书信中经常会出现计划中的事项与后续实际行踪不一致之情形，此亦系因为其身不由己，或情况发生相关变化等。

同日致李圆净函：

圆净居士文席：

朽人世寿周甲已过。拟自下月中旬始，至农历明年辛巳除夕止，掩室静修。须俟壬午元旦，乃可与仁等通信也。仁者之地址倘有变动，乞于辛巳十二月初旬写交性常法师，于壬午元旦清晨由彼交朽人可也。谨陈，不宣。

九月三十日　音启

《护生画》初集题句，附寄上。子恺寄画至尊处，乞勿转寄。其页数之字，乞托人代写。写之格式，附纸说明。致夏、丰二居士各一纸，乞便中转交。又与丰居士立幅一纸。

按一：此信福建人民出版社 2019 年 12 月版《弘一大师全集》（第 3 版，修订 2 版）第八册 · 文艺卷、杂著卷、书信卷第 383 页收录，标“一九三九年旧九月三十日，永春普济寺”。文物出版社 2017 年 10 月版陈飞鹏整理《弘一法师书信全集》第 523 页收录，时间标 1939 年“旧九月三十日”，地点标“永春普济寺”。时间均误。此信写于 1940 年 10 月 30 日（农历九月三十日），理由与前致夏丏尊、刘质平函同。又，1939 年农历九月无三十日。

按二：写此信后不久，又致函李圆净：

圆净居士慧览：

朽人今岁世寿六十，即拟掩室习静；（暂未能通信。）关于画集事，（第二集）乞与夏居士接洽一切。现在纸张人工皆涨价，稍迟出版无妨。但此续集将来必须出版，未可中止。朽人在世，可任书写。倘生西者，乞托丰居士书写可也。（乞夏居士作序，无须再请马居士作。）

音启

此信福建人民出版社 2019 年 12 月版《弘一大师全集》（第 3 版，修订 2 版）第八册 · 文艺卷、杂著卷、书信卷第 383—384 页收录，标“一九三九年冬，永春普济寺”。文物出版社 2017 年 10 月版陈飞鹏整理《弘一法师书信全集》第 519、523 页重复收录，时间分别标 1939 年“秋”和“旧九月底”，地点标“永春普济寺”。时间均误。此信当写于 1940 年秋冬，地点在永春普济寺。该年立冬日为 11 月 7 日，标“秋冬”更合理。此信曾载 1943 年《学术界》第 1 卷第 3 期，李芳远辑，题《弘一大师书牍（续）》。

10 月 31 日至 11 月 8 日（农历十月上旬），在永春致性常法师函。言致书性愿法师时，请云本寺之化身窑及普同塔宜早建筑，其中化身窑宜先筑；梵化尸身，须于命终后经七日乃可焚之。此亦须为传贯法师言之等。[①]

11 月 1 日（农历十月初二日），《佛学半月刊》第 9 卷第 21 号（总第 216 期）上刊载《南山律在家备览略编例言》，署名“弘一”及《饲

① 此信福建人民出版社 2019 年 12 月版《弘一大师全集》（第 3 版，修订 2 版）第八册 · 文艺卷、杂著卷、书信卷第 482 页收录，标“一九四〇年十月，永春普济寺”。

鼠免患之经验谈》（手迹，作于普济寺闭关期间），署名“释弘一”[①]；钤印“弘一”。同期刊载龙灿：《弘一大师六秩寿言》（到迟补刊）、曾璧奎：《弘一法师六旬寿诗》、江守权：《祝弘一律师六十寿辰》。另有《地藏九华垂迹图赞》广告（列于“佛教历史传记类之一”）。

《海潮音》第 21 卷第 11 号刊载《澳门觉音社出版弘一法师六秩纪念特辑》：“弘一法师，在俗为艺术名家，今者全国艺术界明星如丰子恺先生等，皆出其门下。出家后，为一律宗杜石，硕学懿行，足资矜式；高轨幽致，尤堪惕励。今者适逢法师六十大寿，澳门觉音社拟于第二十期，出版纪念特辑，藉伸表扬，内外缁素，高人学者，如有此类诗文，请寄澳门三巴仔功德林觉音社竺摩法师收。”

弘一大师与性常法师（左）合影。

《觉有情》第 27 期刊出龙健行《弘一大师六秩寿言》和夏丏尊《续护生画集序》。

11 月 7 日（农历十月初八日），在永春致觉圆法师函。言承寄石章已收到；书一纸奉上；今编《药师经析疑》一厚册。前年在承天寺讲《药师经》时，他人所记之稿未经本人阅，不可登入报中等。[②]

附记：文物文物出版社 2017 年 10 月版陈飞鹏整理《弘一法师书信全集》第 555 页收录一通致尤墨君函，时间标 1940 年“月份日期待考”，地点标“永春普济寺”。有“案”，曰辑自网上拍卖作品。另有“考”，以为此信未必写与尤墨君。此信福建人民出版社 2019 年 12 月版《弘一大师全集》（第 3 版，修订 2 版）第八册・文艺卷、杂著卷、书信卷未收录。录存如下，供研究参考：

> 《护生画集》□册，已存本寺觉圆、广义法师处。乞仁者与笑棠居士商酌。将来托友人之便利到承天寺领取。为祷。
>
> 余现住永春山中，无恙。谨达。不宣。
>
> 音启
>
> 此书乞托尊友向承天寺库房觉圆、广义法师处领取。

1940 年弘一大师告别永春时摄于云龙桥前。

11 月 8 月（农历十月初九日），应洪濑灵应寺之请，将移居灵应寺，改所居茅蓬为“梵华精舍”，命林奉若返旧居。**按：**林奉若《弘一律师移锡灵应寺》一文曰：“一公因灵应寺五次恳请，前往弘法。于农历十月

---

① 弘一大师：《饲鼠免鼠患之经验谈》，收《弘一大师全集》第八册・文艺卷、杂著卷、书信卷，福建人民出版社 2019 年 12 月第 3 版、修订 2 版，第 208—209 页。

② 此信福建人民出版社 2019 年 12 月版《弘一大师全集》（第 3 版，修订 2 版）第八册・文艺卷、杂著卷、书信卷第 493 页收录，标“一九四〇年十月八日，永春普济寺”。

初九日，出游行化。改所居茅蓬为‘梵华精舍’，并书匾额于厅堂。两壁则书蕅益警训，印光法语，以垂教诫，命奉若返旧居。”①

1940年弘一大师（左）离开永春赴南安，与性常法师（右）、王梦惺居士（中）摄于桃溪竹篷船上。

11月10日（农历十月十一日），动身前往灵应寺。途经永春桃源殿暂歇。

11月11日（农历十月十二日），应当地人士敦请在永春桃源殿勾留一天。

11月12日（农历十月十三日），离开永春赴南安灵应寺，乘帆船往洪濑。同行者性常、传贯、静渊、妙齐等。永春僧俗冒雨相送。离开永春时留有影像数张。舟过李芳远家乡永春东平，李芳远已在渡口等候，依依作别。是晚在树德寺过夜。

1940年弘一大师（右背影者）离开永春乘船沿晋江顺流赴南安。

11月13日（农历十月十四日），晨步行至灵应寺。**按：**灵应寺位于南安洪濑镇梅乡玳瑁山南之半山腰处。北宋皇祐年间文愈禅师开山，时为灵应岩，明末清初重兴。清道光年间邑令梁韵清祈雨有应，以“灵应”匾其寺。现存建筑为清光绪十八年（1892）重修。

11月14日（农历十月十五日），是日起在寺中接见各界人士三天。后即掩关著作。②

11月16日（农历十月十七日），《佛学半月刊》第9卷第22号（总第217期）刊出轻安居士：《寿弘一法师六十》、释广觉敬祝：《弘一律师六十大寿》。

11月（农历十月初二日至十一月初二日），《续护生画集》（60幅）由（上海）开明书店出版。为作跋文刊于书中，署名“晚晴老人”。另有夏丏尊序。为画集书配画文字。③ **按：**后由佛学书局翻印，有精装本、

① 林奉若：《弘一律师移锡灵应寺》，转引自林子青编著《弘一法师年谱》，宗教文化出版社1995年8月版，第288页。

② 有关赴灵应寺的行迹还可参见《弘一法师本拟赴菲弘法》一文，载1941年12月15日《狮子吼月刊》第1卷第11、12期合刊。表述略有不同。

③ 弘一法师的跋文是：“己卯秋晚，续护生画缋就，余以衰病，未能为之补题，勉力书写，聊存遗念可耳。”所谓“未能为之补题”乃就总体而言，个别另作或修改他人文字之情形亦有发生。夏丏尊在序言中介绍了《续护生画集》的特点：“至其内容旨趣，前后更大有不同。初集取境，多有令人触目惊心不忍卒读者。续集则一扫凄惨罪过之场面。所表现者，皆万物自得之趣与彼我之感应同情，开卷诗趣盎然。”（早在1928年8月21日弘一法师致李圆净信中对续集的特色亦有交代：“将来编二集时，拟多用优美柔和之作，及合于护生正面之意者。至残酷之作，依此次之删遗者，酌选三四幅已足，无须再多画也。”）《续护生画集》中还有丰氏本人手书的一封致弘一大师的信。此信在目录中称为“代跋”。此外还有李圆净的一篇跋文。画集出版前，《觉有情》第26期（1940年10月16日）上有《征求附印续护生画集》之通告：“名画家丰子恺先生，为纪念弘一大师六旬寿辰，（转下页）

平装本、大开本、小开本、英汉对照本流布中外，发行量颇大。有夏丏尊先生序，李圆净居士跋。《续护生画集》完成后，曾致函丰子恺："朽人七十岁时，请仁者作护生画第三集，共七十幅；八十岁时，作第四集，共八十幅；九十岁时，作第五幅，共九十幅；百岁时，作第六集，共百幅。护生画集功德于此圆满。"丰氏收到信后，以为其时寇势凶猛，自己流亡在外，命运生死难卜。但弘一大师既有此嘱，自当从命。丰氏曾有复函，表示："世寿所许，定当遵嘱。"[①] 后丰子恺为践约，续有所作，并陆续出版。[②]

今南安灵应寺。摄于2019年4月。

今南安灵应寺天王殿及放生池。摄于2019年4月。

今南安灵应寺内唯一的古殿宇及保留完整的弘一大师旧居。摄于2019年4月。

12月1日（农历十一月初三日），《海潮音》第21卷第12号刊载《觉音社主编竺摩法师来函》，其中曰："近接泉州师友来信，悉弘一律师今年九月，寿登花甲。忆大师五秩寿辰，香港庆祝热烈，弘公高轨幽致，万流景仰，几与大师媲美当世，岂可毫无表示？故决拟在二十期觉音出纪念特辑，已分函海内外缁素高德，名流学者，征集诗文，发扬潜德，素仰大师与弘公有旧，敢乞惠赐鸿文！并转请汉院诸缁素名德，广为法施为祷！"**按：**此为竺摩法师致太虚大师之信。

12月10日（农历十一月十二日），太虚大师书赠"圣教照心，佛律严身。内外清净，菩提之因。"并跋："十九年在泉州小雪峰度岁，曾拈此偈，赠弘一律师，今值六旬诞生，书以为祝。太虚，廿九，十一，十二。"

12月16日（农历十一月十八日），《佛学半月刊》第9卷第24号（总第219期）"消息"栏目"录《福建日报》"刊出《弘一法师移居灵应寺》，曰："当代高僧弘一法师，前年入永蓬壶普济山居，掩关编辑律典。近月已完成《在家备览略编》一书，付沪开明书局影印出版，由佛学书局发行。法师山居有年，因水土不合，近应洪濑灵应寺住持定眉和

（接上页）续绘护生画集60幅，更由大师每幅题词。稿已到沪，剋日制版筹印。续集艺术之精美，更胜初集，寓意之深刻，直可弭世界之乱源，化干戈为玉帛。如有愿附印者，请即向上海慕尔鸣路111弄6号（威海卫路南）大法轮书局接洽……乐中印经会谨启。"丰华瞻、殷琦编《丰子恺研究资料》（宁夏人民出版社1988年11月版）第480页误将出版时间记为"1970年11月"。

① 丰子恺：《护生画三集自序》，大法轮书局1950年2月版。

② 《续护生画集》出版后，1941年8月1日《佛学半月刊》第10卷第15号第234期、第16号第235期、第17号第236期刊出过佛学书局的《征求护生画题材》，征求文写道："弘一法师与丰子恺居士合作写绘之护生画集，十余年来，流通者已有正续二册。法师曾与丰居士相约，每十年出一册，续出至六册始止。近者，法师掩关闽中，自感衰老，且痛世变日深，亟思提前成办，速完斯愿，复为佈种善因，集思广益起见，嘱代向海内普征题材。如蒙随喜参加，无任欢迎。"征求文还详列了四个方面的题材："（甲）关于生物本身德性者——选取生物界自爱或爱他之现象，令人知生物之可爱而起护生之念。（乙）关于日常生活者——选取日常生活中有关生物之事项，或正或反，以引起护生之观感。（丙）关于外国及各宗教者——选取世界各地之风俗及各宗教之规则，有关护生者。（丁）关于儿童者——选取儿童生活中有关生物之部分或有兴味之儿童故事，自幼培养其护生之念。"征求文最后还特别提示："如有佳作，则当代求弘一法师之书法或丰子恺居士之法绘，以结善缘。"

尚之请，于十一月十日动身，下榻永春州中桃源古寺，当地人士敦请勾留一天，十二日乘帆船至洪濑。是晚在树德寺过夜，翌晨步行至仁宅，入灵应寺安居。同行者性常、传贯、静渊、妙齐等。查该寺建自唐代，为文愈禅师真身证圣道场（俗谓李公祖师），其地庄严幽雅，祖师肉身迄今千有余载，仍存人间。弘一法师此次来居是寺，盖有因缘在焉。师于十四日至十六日，三天内曾接见各界，过后即掩关著作云云。”**按**：月笙《灵应寺访弘一法师》一文写曰：

当代高僧弘一法师即名士李叔同，天才横溢，博学深思。壮年曾任大学教授，漫画大家丰子恺等，其及门高足也。先生思想转变，跃入佛门，动机关键，固自有其前因。客夏说法永春桃源殿，静修普济寺中。上月初旬南来，挂锡于吾邑玳瑁山灵应寺，遐迩人士闻讯往访者，颇不乏人。

今南安灵应寺内弘一大师旧居外景。摄于2019年4月。

月初，偶过县立炉内中心学校，聆该校校长潘诗泓言：渠于上月十八日偕惟仁小学校长潘北山及蓬溪小学校长廖博厚，联袂游是寺，适晋江县立金溪中心学校校长林高怀等一行八人，亦来随喜，不期而晤，倾盖言欢。佥议机会难逢，请谒法师，法师以诸君均从远道来，且为教育界人士，破例接见。谈吐间某教师问及当时生活程度提高，一辈小学教师家费无法维持，是否可以改业。法师言：“小学教育为栽培人材基础，关系国家民族至重且大，小学教师目下虽太清苦，然人格实至高尚，未可轻易转途。”

今南安灵应寺内弘一大师旧居内景。摄于2019年4月。

继廖君博厚询曰，法师学识高明，阅历深广，对于修养方面，愿求启示。法师又庄重答道：“新生活固然要实行，旧道德亦不可放弃，《论语》可读。”约谈十余分钟，始兴辞而退。

下午蒙各书中堂一幅以赠，词曰：“不是一番寒彻骨，怎得梅花扑鼻香。”殆寓吃得苦中苦，方为人上人之意欤。

今南安灵应寺内的弘一大师纪念堂。摄于2019年4月。

余久仰法师之名，难免见猎心喜，特于月之八日，偕同志文炳，重游名山。石径盘纡，花木掩映，梵宇琳宫，依稀如昔。尔时尘虑消净，心旷神怡，恍如别临一新世界。于是稍憩禅房，见悬有法师肖像，貌极清癯，高龄似已逾花甲。问诸主持定眉，知法师与其高徒二人住东厢，恐精神分散，妨碍著作，不愿再见客，惟托其写字，或者愿意。因渠颇好与闽南文人结缘云。余遂向定眉借纸笔，伏案书一便笺曰：“闻法师飞锡莅临，闭关著述，肯否惠赐一偈，以抒景慕之忱。法师书法出尘绝俗，不染人间烟火气，并欲恭求各挥赠一帧，以留纪念。袁子才曰，佛说因缘二字，足补圣经贤传之缺。法师其有意乎?”署款毕，交定眉持入，未几复出，携宣纸两帧。上书华严经“不为自己求安乐，但愿众生得离苦”二句。

昔范文正公有言，士当先天下之忧而忧，后天下之乐而乐。佛语儒言，意正相似。然后者之牺牲精神，犹逊一筹。苦口婆心现于楮墨之间，殆为法师写照乎。定眉言，法师不爱花木，东厢所植，尽命移出。日仅清早六时一餐。于此益信其修养有素。

时日将亭午，联步寺后丛林间。涧泉铿锵，作金石声，荡人心魄。行至倒抛竹下，徘徊瞻眺久之。按志载，唐时李祖师为姑母牧牛，圆寂时趺坐藤上，将牛鞭倒插岩间，生枝皆倒抛，历千年尚飘洒有緻。忆去秋友人黄君紫霞与陈区长隐苇，潘乡长雍展，及吾师拔元渔山先生等，结伴来游。紫霞画墨梅一幅赠定眉，题云："自笑题山无好句，移将墨汁写梅花。"该画悬挂禅堂，今犹见之。其咏倒抛竹一绝。余和之曰："迥异梅花倩影浮，不同松树敖高秋。空心悟得生公法，劲节钱年尚点头。"对景微吟一过，恍然若有所悟。客月，时泓、北山、博学三人，曾雪鸿竹下。此游未招摄影师同来。左挹浮邱，右拍洪崖，振衣濯足之间，不留临风顾盼之影。山灵有知，得毋笑其浊俗。行抵山麓，回首依依，岩壑青苍，云霞欲绘，正未知人事匆匆，何日得重整游屐耳。①

12月26日（农历十一月廿八日），在南安致觉圆法师函。言每日诵经数卷，余暇则持名或持咒，勿间断。执务、陪客、行路等时，亦应持念；明年何时到泉州，未能预定等。②

12月29日（农历十二月初一日），赠转应老法师短联"闽南砥柱，佛法金城"，并加跋赠转应老法师。跋曰："岁次庚辰十二月朔，灵应寺主延请诸师莅寺礼忏，并齐天餤口。日夜勤劳，行者疲惫。翌朝黎明，转应老法师孑身入大殿，持诵晨课。梵音圆朗，威仪端严。余亲见之，大为叹服。师道心坚固，任事正直，久为缁素所称赞。朝暮二课，数十年来精勤无阙，尤为众所难能。世衰道微，人多文弱，不具刚骨。有如师者，可谓末法芬陀利矣。谨书联句奉慈座以志敬仰，并励后贤。晚学一音，时年六十又一。"钤印"弘一"、"龙辟"、佛肖印。③

冬，在南安致如影法师二函。一曰请每日读诵《普贤行愿品》；每日发愿生西，了脱生死；当为仁者书《普贤行愿品》偈颂一卷，以为纪

① 月笙：《灵应寺访弘一法师》，载1941年6月30日《觉音》第26期。又载1941年9月1日《觉有情》第46、47期合刊。

② 此信福建人民出版社2019年12月版《弘一大师全集》（第3版，修订2版）第八册·文艺卷、杂著卷、书信卷第493—494页收录，标"一九四〇年旧十一月廿八日，南安灵应寺"。

③ 浙江省平湖市人民政府、上海徐汇区文化局编：《弘一大师法书集·天心月圆（作品卷）》，上海书画出版社2017年5月版，第115页。泉州开元寺藏。

念守持等。① 二曰仁者发心食淡多年，又刺血写经，胜愿隆德，至为希有；请继续持诵《普贤行愿品》。食淡亦可如常而磋，不得违背等。②

弘一大师在灵应寺书《受八关斋戒法》。

是年，在永春致性常法师函。言今晨承枉谈，厚意盛情至堪感谢；现在有病，每日一餐即可等。③

在灵应寺书《受八关斋戒法》（依《佛说八种长养功德经》录出）。署“岁次寿星，沙门善梦敬书，时居丰州灵应山中”；钤印“弘一”、“名字性空”。④

作《〈行事钞〉卷下之二封面题记》，署“岁次寿星元朝名字比丘善梦敬录，时年六十又一”。⑤

将昔日交与蔡丐因之木制的“蕅益大师灵位”索回。

王梦醒居士以篆刻印谱求教，为题《梦醒印谱》。

集华严经偈句为新加坡佛教居士林书“普令犹存”七言联。

刘绵松汇集《药师如来法门略录》《药师法门修持课仪略录》《药师如来法门一斑》辑成《药师如来法门讲述录》。

书经文摘句赠胜华居士。款识“大方广佛华严经，胜华居士供养，岁次大辰一音书”；钤印“弘一年六十以后所作”、佛肖印。⑥

书大方广佛华严经十回向品句“教秉杂华戒宗梵网，忏依地藏愿趣弥陀”。署“岁次寿星，大华严寺沙门胜髻”。⑦

社会评介择要

遂安：《飘泊在杭州西湖边：弘一大师遗事》，载 1940 年 1 月 28 日《杭州新报》。

《弘一法师在闽南著书》，载 1940 年 3 月 12 日《申报》。

堂堂：《李叔同之多艺》，载 1940 年 4 月 2 日《庸报》。

水东花隐：《三津高士李叔同剃度湖畔王仁安作宰山阴》，载 1940 年 4 月 12 日《新天津画报》。

---

① 此信福建人民出版社 2019 年 12 月版《弘一大师全集》（第 3 版，修订 2 版）第八册·文艺卷、杂著卷、书信卷第 494 页收录，标“一九四〇年冬，南安灵应寺”。如影法师，永春普济寺僧。

② 此信福建人民出版社 2019 年 12 月版《弘一大师全集》（第 3 版，修订 2 版）第八册·文艺卷、杂著卷、书信卷第 494 页收录，标“一九四〇年冬，南安灵应寺”。

③ 此信福建人民出版社 2019 年 12 月版《弘一大师全集》（第 3 版，修订 2 版）第八册·文艺卷、杂著卷、书信卷第 482 页收录，标“一九四〇年，永春普济寺”。文物出版社 2017 年 10 月版陈飞鹏整理《弘一法师书信全集》第 538 页收录，推测写于该年春，理由为该时期弘一大师由普济顶寺移居普济寺静养。因系推测，故仍从《弘一大师全集》。

④ 私人收藏。见晋江市文化和旅游局等主办：“最后之胜利——纪念弘一大师诞辰 140 周年暨手书墨宝、拓片展览”，2020 年 11 月 25 日至 12 月 24 日，晋江市博物馆。

⑤ 弘一大师：《〈行事钞〉卷下之二封面题记》，收《弘一大师全集》第七册·佛学卷、传记卷、序跋卷，福建人民出版社 2019 年 12 月第 3 版、修订 2 版，第 610 页。

⑥ 林可同编：《弘一书法墨迹》，中国美术学院出版社 2004 年 4 月版，第 29 页。

⑦ 温州妙果寺藏。

《弘一法师近讯》，载1940年5月1日《同愿半月刊》第3期。

《弘一法师近况详记——林奉若居士致甬江郁智朗居士书》，载1940年5月16日《觉有情》第16期。

本社：《威音消息》之一，载1940年5月30日《觉音》第13期。

昙昕：《弘一律师无恙》，载1940年7月7日《觉音》第15期。

《律宗大师弘一无恙》，载1940年8月29日《佛化新闻》。

觉音社谨启：《"弘一法师六秩纪念特辑"征稿启事》，载1940年9月25日《觉音》第17期。

《福建佛教徒为恭祝弘一法师六十寿庆集资印送经书》，载1940年《佛学半月刊》第9卷第13号。

古农：《恭祝弘一法师周甲纪念寿言》，载1940年10月16日《佛学半月刊》第9卷第20号"庆祝弘一法师周甲纪念特刊"。

袁希濂：《弘一法师未出家时事略》，载1940年10月16日《佛学半月刊》第9卷第20号"庆祝弘一法师周甲纪念特刊"。

夏丏尊：《弘一法师之出家》，载1940年10月16日《佛学半月刊》第9卷第20号"庆祝弘一法师周甲纪念特刊"。

李圆净：《续护生画集跋》，载1940年10月16日《佛学半月刊》第9卷第20号"庆祝弘一法师周甲纪念特刊"。

圆瑛：《梵网经心地品跋》，载1940年10月16日《佛学半月刊》第9卷第20号"庆祝弘一法师周甲纪念特刊"。

费慧茂：《弘公大师书金刚经后跋二首》，载1940年10月16日《佛学半月刊》第9卷第20号"庆祝弘一法师周甲纪念特刊"。

刘绵松：《药师如来法门讲述录跋》，载1940年10月16日《佛学半月刊》第9卷第20号"庆祝弘一法师周甲纪念特刊"。

沈彬翰：《弘一法师六秩寿言》，载1940年10月16日《佛学半月刊》第9卷第20号"庆祝弘一法师周甲纪念特刊"。

应宏：《弘一法师六旬寿诞颂》，载1940年10月16日《佛学半月刊》第9卷第20号"庆祝弘一法师周甲纪念特刊"。

淳于廉、豁未定：《弘一法师六秩寿诞，福建诸大居士重印九华山垂迹图赞为法师寿爰拟七古一章，藉申颂祝》，载1940年10月16日《佛学半月刊》第9卷第20号"庆祝弘一法师周甲纪念特刊"。

李慰农：《弘一法师周甲纪念》，载1940年10月16日《佛学半月刊》第9卷第20号"庆祝弘一法师周甲纪念特刊"。

李宗德：《又》，载1940年10月16日《佛学半月刊》第9卷第20号"庆祝弘一法师周甲纪念特刊"。

明性：《弘一律师六旬大寿喜赋》载1940年10月16日《佛学半月刊》第9卷第20号"庆祝弘一法师周甲纪念特刊"。

江谦:《寿弘一大师六十周甲诗》载1940年10月16日《佛学半月刊》第9卷第20号“庆祝弘一法师周甲纪念特刊”。

费慧茂:《弘公大师邮赠书联集华严经诸佛等慈父人命如电光偈文因用为韵赋谢》,载1940年10月16日《佛学半月刊》第9卷第20号“庆祝弘一法师周甲纪念特刊”。

费慧茂:《弘公大师所贻雪窦诗卷沪战佚去已重承写寄寻复获得合装纪喜》,载1940年10月16日《佛学半月刊》第9卷第20号“庆祝弘一法师周甲纪念特刊”。

余了翁:《寿弘一上座》,载1940年10月16日《佛学半月刊》第9卷第20号“庆祝弘一法师周甲纪念特刊”。

徐近楼:《弘一法师六十世寿》,载1940年10月16日《佛学半月刊》第9卷第20号“庆祝弘一法师周甲纪念特刊”。

龙灿:《弘一大师六秩寿言》(到迟补刊),载1940年11月1日《佛学半月刊》第9卷第21号(总第216期)。

曾璧奎:《弘一法师六旬寿诗》,载1940年11月11日《佛学半月刊》第9卷第21号(总第216期)。

江守权:《祝弘一律师六十寿辰》,载1940年11月11日《佛学半月刊》第9卷第21号(总第216期)。

觉音社谨启:《“弘一法师六秩特辑”征稿启》,载1940年11月8日《觉音》第18期。同期刊登竺摩法师致陆丹林信。同期“佛教简讯”刊出有关泉州僧俗各界人士为纪念弘一大师发起募印《九华垂迹图》消息。

轻安居士:《寿弘一法师六十》,载1940年11月16日《佛学半月刊》第9卷第22号(总第217期)。

释广觉敬祝:《弘一律师六十大寿》,载1940年11月16日《佛学半月刊》第9卷第22号(总第217期)。

夏丏尊:《〈续护生画集〉序》,收《续护生画集》,开明书店1940年11月版。

李园晋:《〈续护生画集〉跋》,收《续护生画集》,开明书店1940年11月版。

《征求附印续护生画集》,载1940年10月16日《觉有情》第26期。

《征求附印(袖珍本)续护生画集》,载1940年10月《罗汉菜》杂志第16期。

《当代四大宗师行踪》,载1940年10月20日《人间佛教》第10期。

《澳门觉音出版社出版弘一法师六秩纪念特辑》,载1940年11月1日《海潮音》第21卷第11号。

龙健行居士:《弘一大师六秩寿言》,载1940年11月1日《觉有情》

第27期。

夏丏尊：《续护生画集序》，载1940年11月1日《觉有情》第27期。

《弘一法师移居灵应寺》，载1940年11月14日《福建日报》。

马一浮：《华严经集联跋》，载1940年11月16日《觉有情》第28期。

经亨颐：《华严经集联跋》，载1940年11月16日《觉有情》第28期。

《弘一法师、丰子恺合著〈护生画续集〉在沪出版》，载1940年11月16日《读书通讯》第14期。

《弘一法师完成律典近适灵应寺》，载1940年12月8日《福建日报》。

《弘一法师移居灵应寺》，载1940年12月16日《佛学半月刊》第9卷第24号（总第219期）"消息"栏目（"录《福建日报》"）。

1941年　辛巳　62岁

社会文化事略

1月6日，皖南事变爆发；5月16日，《解放日报》在延安创刊；6月22日，苏德战争爆发；9月，第二次长沙会战；12月7日，日本偷袭美国海军基地珍珠港；12月8日，上海商务、中华、世界、开明、大东五大书局（店）被封；12月9日，国民政府对日、德、意宣战；12月，日军侵占香港。

生平事迹

南安水云洞旧影。（资料来源：《弘一大师全集》[第3版，修订2版] 附录卷，福建人民出版社2019年12月版。）

1月1日（农历庚辰十二月初四日），《佛学半月刊》第10卷第1号（总第220期）刊发《清故渊泉居士墓碣》，署名“弘一”及《云洞岩鹤鸣祠记》，署名“弘一”（文末署“一音”）。同期刊出“弘一法师题词、丰子恺居士绘”《续护生画集》广告、“上海佛学书局出版吴契悲居士辑述”《光明画集》广告（此书为吴契悲居士就《护生画集》“斟酌损益，并附加白话说明而成”）。同期刊出《丰子恺启事》。**按一：**《云洞岩鹤鸣祠记》福建人民出版社2019年12月版《弘一大师全集》（第3版，修订2版）未收，详见本谱1939年农历十二月条目。**按二：**《丰子恺启事》即系为纪念弘一大师决定绘佛千尊之启事。

1月9日（农历庚辰十二月十二日），在南安致性愿法师函。言于初冬移居灵应寺静养，已近三月；因闻慈座拟辞信愿寺职务而返国，力推性常法师继任。表彰性常法师之为人和学识等。①

1月16日（农历庚辰十二月十九日），《佛学半月刊》第10卷第2号（总第221期）刊出《梵网十重戒诸疏所判罪相急异同表》（一、二，手迹）。

1月24日（除夕前二日），致黄妙悟居士函。**按：**此为推测，详见本年“5月16日”条目。

① 此信福建人民出版社2019年12月版《弘一大师全集》（第3版，修订2版）第八册·文艺卷、杂著卷、书信卷第458页收录，标“一九四〇年旧十二月十二日，南安灵应寺”。庚辰农历十二月十二日为公历1941年1月9日，故将此函置于本年。

1月26日（农历庚辰十二月廿九日，除夕），在水云洞度岁。**按：**水云洞为南安雪峰寺下院，位于南安东北洪梅乡新联村商南寨山腰，始建于明洪武十八年（1385），近年来正进行集资重建。

1月（农历庚辰十二月初四日至辛巳正月初五日），所题刊名用于"民国三十年一月复刊"之《佛教公论》（编者《刊前语》曰："本会第一次理事常月会议决发动宣传工作，将《现代佛教》与《佛教公论》合并定名为《佛教公论》……"）。同期刊出《重印九华垂迹图委员会公布各方大德捐助印费数目芳名兼志感谢以先后交到为序》。

2月4日（农历正月初九日），书"镜花水月，当体非真。如是妙观，可谓智人。"署"胜闻居士以画册呈赠，昙昕法师为说是偈，书冠卷首。辛巳立春夕，晚晴老人亡言"；钤印佛肖印、"音"。[1]

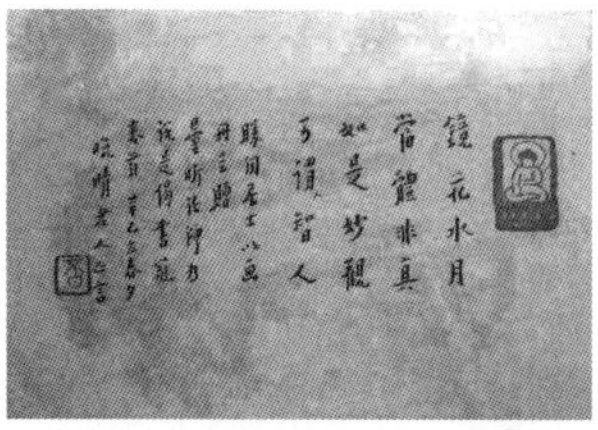

1941年2月4日（农历正月初九日），弘一大师书"镜花水月，当体非真。如是妙观，可谓智人。"

2月8日（农历正月十三日），在南安致陈海量函。言致慧圜胜通款二纸，请转交厉居士，其余三纸，请便中附寄高居士；去岁灵应寺主嘱撰大师略传，至今未动笔；前云之轶事一篇，不久可撰奉等。[2]

2月11日（农历正月十六日），在南安致陈海量函：

海量居士道鉴：

不晤近十载，至为悬念。朽人尔来未与外界通信，兹因有极重要事，故破例致书与仁者，略陈其概。传如师近管理水云洞，体弱多病，数年前修习世间文章，于佛法罕有所知。近惟终日招待香客，督理农务，几忘出家人之本务，至为可愍。朽人未能与彼常晤谈，即偶谈时，亦未能尽言，未能直言。朽人反复思虑，惟有乞仁者速来南闽，与传如师同住，时时规劝，尽力扶持。俾传如师能得精进向道，而仁者居此乡间闲静之寺中，亦可安心用功，胜于沪上多多矣。务乞垂怜故人传如师近况，深加悲愍，速命驾来闽，至为感祷。不宣。

正月十六日　音启

① 林可同编：《弘一书法墨迹》，中国美术学院出版社2004年4月版，第35页。福建人民出版社2019年12月版《弘一大师全集》（第3版，修订2版）第八册・文艺卷、杂著卷、书信卷第210页录有《题永春胜闻居士〈淡斋画册〉》。其款识文字略有不同。今依《弘一书法墨迹》所刊原件。

② 此信福建人民出版社2019年12月版《弘一大师全集》（第3版，修订2版）第八册・文艺卷、杂著卷、书信卷第423—424页收录，标"一九四一年正月十三日，南安灵应寺"。慧圜，姓厉，皈依弘一大师，号胜通，后编《弘一大师年刊》。此信亦曾刊于1943年《学术界》第1卷第5期李芳远辑《弘一大师书牍（续完）》。

弘一大师（中）与二居士合影。（年代不详）

弘一大师（左五）与众法师、居士合影。（年代不详）

按：此信福建人民出版社2019年12月版《弘一大师全集》（第3版，修订2版）第八册·文艺卷、杂著卷、书信卷第423页收录，标“一九三八年正月十六日，晋江草庵”。文物出版社2017年10月版陈飞鹏整理《弘一法师书信全集》第559—560页收录，时间标1941年“正月十六日”，地点标“南安灵应寺水云洞”。信中言传如法师近管理水云洞，且弘一大师有时亦与其晤谈，说明弘一大师此时不可能在晋江草庵。故《弘一法师书信全集》所标时间正确。

2月14日（农历正月十九日），在南安致刘质平函。言承施资，领受；寄上写件一包，以后再陆续邮寄（牛皮纸、细麻绳皆缺乏，交代寄件时寄回等方法）。告知写件装裱注意事项。其中对联不可乱配；《清凉歌集》已绝版，待时局平靖时联系大法轮书局陈海量经理重印流通，建议用摄影制版。印资请陈海量向菲律宾性愿法师商酌；《华严集联》可重印，托陈海量最妥，并述印时之排版、设计意见等。[①]

2月16日（农历正月廿一日），在南安联名致妙莲、传贯法师：

妙莲、传贯法师同鉴：

兹嘱妙斋师到福林寺，亲近仁等。务乞推爱，照拂一切。并乞时加箴诲，尽力扶持，俾彼可以道心增长，勇猛精进。当来可为佛门栋梁，作闽南砥柱。悉出仁等之厚赐也。务乞尽情教导，直言劝诫，万勿客气，至用感祷。谨此拜恳，不宣。

正月廿一日　音启

按：此信福建人民出版社2019年12月版《弘一大师全集》（第3版，修订2版）第八册·文艺卷、杂著卷、书信卷第491页收录，标“一九四二年正月廿一日，泉州百源寺”。文物出版社2017年10月版陈飞鹏整理《弘一法师书信全集》第595页收录，时间标1942年“正月二十一日”，地点标“晋江福林寺”。似误。此信明确写介绍妙斋法师到福林寺，请二位照拂一切，故不可能写于福林寺。又此信有日期，若写于1942年，正月廿一日时弘一大师在福林寺，而非百源寺。此信当写于1941年农历廿一日，时弘一大师在南安。

① 此信福建人民出版社2019年12月版《弘一大师全集》（第3版，修订2版）第八册·文艺卷、杂著卷、书信卷第301页收录，标“一九四一年正月十九日，南安灵应寺”。文物出版社2017年10月版陈飞鹏整理《弘一法师书信全集》第532—533页、560页重复收录此信，时间分别标1940年“正月十九日”和1941年“正月十九日”，地点分别标“永春普济寺”和“南安灵应寺水云洞”。详考见王维军著《平湖李叔同纪念馆藏李叔同（弘一大师）手札墨宝·识注考勘》，西泠印社出版社2017年9月版，第251页。

《觉有情》第34期刊出《受十善戒法》，署“弘一律师”。

《佛学半月刊》第10卷第4号（总第223期）刊出“上海佛学书局出版，吴契悲居士辑述《光明画集》广告”和《续护生画集》广告。同期刊出刘绵松：《征求弘一法师传记材料启事》，曰：“鄙人现正汇编弘一法师传记，业已着手进行。诚恐材料散见各方，搜集艰钜，爰特广为征求。所望海内大德居士、弘公好友，倘有收藏关于弘一法师之纪述文字，像片墨迹，暨书札手稿等，乞为赐下，以便编入，俾臻完善。或有弘公出家前之留影笔迹，希一并惠赐。如已刊载书报，亦请寄来。惠件如须寄还，摄影之后，自当奉赵。区区之意，尚祈鉴察。惠件请挂号寄交福建漳州顶出下一四六号刘绵松收。刘绵松谨启。”

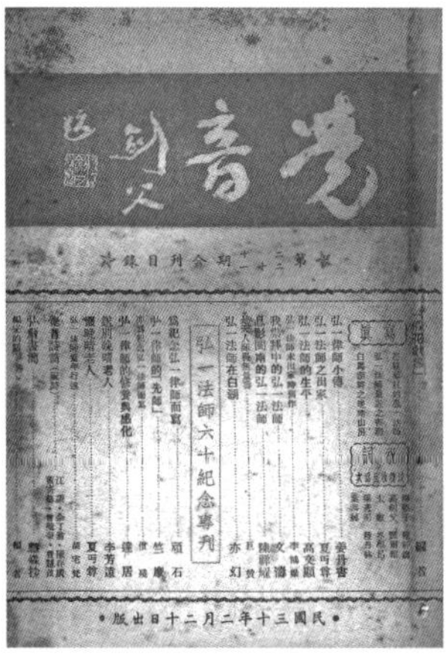

1941年2月20日《觉音》第20、21期合刊为“弘一法师六十纪念专刊”。

2月20日（农历正月廿五日），《觉音》第20、21期合刊为“弘一法师六十纪念专刊”，刊出照片《芒鞋藜仗的弘一法师》（照片下有丰子恺赞词，竺摩敬题）、《弘一法师最近之书联》（“演一言音充法界，起大慈悲现世间”）、姜丹书《弘一律师小传》、《晚晴山房写真之一》《晚晴山房写真之二》（白湖主人藏）。所刊之文中有李鸿梁手抄之《弘一律师未出家时旧作》（《音乐序》《西湖夜游记》，有李鸿梁“后跋”，写于壬申十二月），有慧森抄《弘翁书简》（致芝峰法师书五通、致永嘉赵柏庼居士书、致慧律法师书）。同期刊有《弘一律师近踪》，曰：“弘一律师年前息影泉州蓬壶山居，谢绝一切，专编律典情形，已迭志本刊。近据友人来书，谓已迁居该处附近之灵应寺，依旧杜门谢客，从事律部编著，所有酬酢，皆已决绝，即编者为出专刊，曾去数函，亦蒙原璧封存。闻其编著‘南山律苑丛书’，已由哈同园主罗迦凌氏，负责全部影印，因战时无法出版。近著《在家备览》一书，已寄交上海，由中华书局影印出版云。”同期刊出《佳音!》，曰：“画家丰子恺，为弘一法师六十周甲纪念，发愿画佛像一千尊，普赠有缘。凡欲得以供养者，须将阔约八九寸，长约十二三寸之夹宣纸一张，邮递贵州遵义县浙江大学交丰先生，并附足邮费，即可将原纸绘就寄还云。”（此消息得刊《佛学半月刊》212期）同期刊有陆丹林手书“弘一法師是参透人生的苦行头陀……”同期刊有高文显《一代艺人与高僧：弘一法师的生平》。同期刊有叶恭绰居士祝词“无量寿”手迹、高剑父画哲题词、国民政府侨务委员会顾问梁彦明先生祝颂等。另有文涛《我崇拜的弘一律师》、太虚大师祝偈、陈祥耀《息影闵南的弘一法师》、柳亚子题词（跋曰：《赠弘一大师偈跋》：“弘一大师为余三十年前旧交，即以‘茶花女’现身说法之李惜霜也。南社、文美会都有因缘。嗣闻君披剃大慈山，遂绝音耗。顷复念其闭关闽海，爰书此勖之。中华民国三十年二月亚子，九龙。”）、巨赞《是天人师，得无量寿》、亦幻《弘一法师在白湖》、岑学吕居士题诗、

1941年2月20日《觉音》第20、21期合刊“弘一法师六十纪念专刊”上的《芒鞋藜仗的弘一法师》。

顽石比丘说《为纪念弘一律师而写》、僧残《亦为纪念弘一律师而写》、竺摩《我也为纪念弘公而写：弘一律师的“先师”》、邓尔雅祝词、达居《弘一律师的修养与感化》、李芳远《送别晚晴老人》、夏丏尊《怀晚晴老人》、胡宅梵《弘师童年行述》以及江谦、黄寄慈、江守权、陈存广、费慧茂、余了翁、陈静涛等的诗等。同期刊有《致慧律法师书》，福建人民出版社 2019 年 12 月版《弘一大师全集》（第 3 版，修订 2 版）第八册文艺卷、杂著卷、书信卷未收。未署年份，似在厦门所写，待考。信如下：

1941 年 2 月 20 日《觉音》第 20、21 期合刊“弘一法师六十纪念专刊”上的陆丹林手书。

慧律法师道鉴：

惠书具悉一一，至用忻慰！现已在此讲南山律。何时能止，尚未能定。倘至外江时，必来金仙奉访座下也。芝峰法师已往武昌，旧友云散，今唯有寄尘法师一人在南普陀耳。音近多忙，不似前居金仙时之清闲。草此奉复。顺颂

法安

演音和南，二月十七日

3 月 1 日（农历二月初四日），《佛学半月刊》第 10 卷第 5 号（总第 224 期）刊出《佛法十疑略释》，署：“弘一法师在安海讲，沙门丰德录”。内容有四要点：佛法非迷信、佛法非宗教、佛法非哲学、佛法非违背于科学。

1941 年 3 月 1 日《佛学半月刊》第 10 卷第 5 号（总第 224 期）刊出弘一大师《佛法十疑略释》。

3 月 10 日（农历二月十三日），《觉音》第 22 期刊出黄伯伟《弘一上人法腊六秩赋此奉祝》（诗）。

3 月 13 日（农历二月十六日），在南安灵应寺夜梦“三省”二字。

3 月 14 日（农历二月十七日），书“三省”。款识“辛巳二月十六夜，梦两示‘三省’二字。翼日，书此以自勖励。晚晴老人”；钤印“弘一”、佛肖印。①

3 月 15 日（农历二月十八日），《狮子吼月刊》第 1 卷第 3、4 期合刊刊出《药师琉璃光如来功德经讲录》，署“弘一法师讲”。**按：**此讲录福建人民出版社 2019 年 12 月版《弘一大师全集》（第 3 版，修订 2 版）各

① 刘正成主编：《中国书法全集 83・近现代编-李叔同马一浮卷》（该分卷主编潘良桢，副主编方爱龙，学术顾问任继愈），荣宝斋出版社 2002 年 11 月版，第 131 页。

卷均未收录。

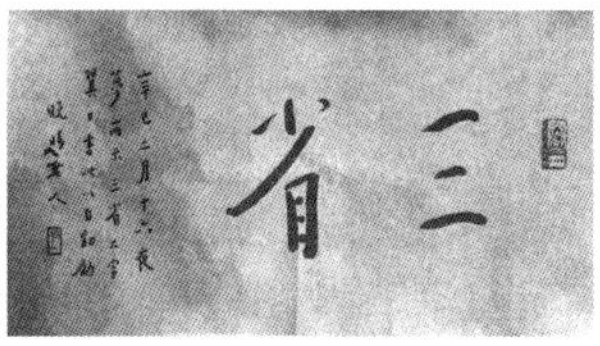

弘一大师书“三省”。

3月26日至3月27日（农历二月），在南安致高文显函。言寄《韩翰林集评注》，吴攀甫评注。介绍吴攀甫其人等。①

3月27日（农历二月三十日），《佛化新闻》刊出《厦门万寿寺赠送经典结法缘》。**按：**该消息言：厦门万寿岩寺有弘一大师所辑《阿弥陀经义疏撷录》和该寺原住持本妙法师著《心经论解》等书赠阅。

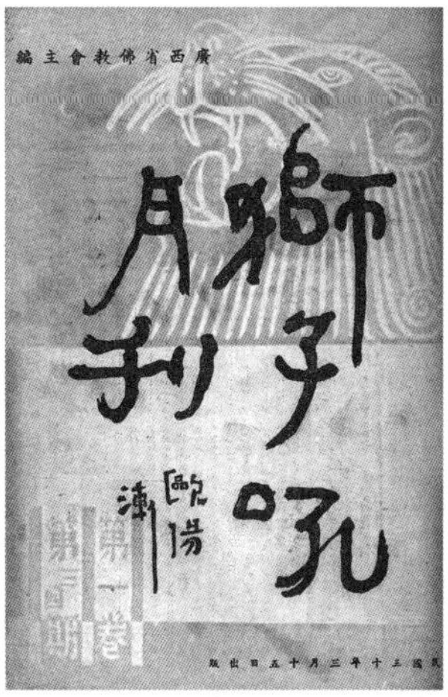

4月1日（农历三月初五日），《觉有情》第36、37期合刊发表《受八关斋戒法》，署名“弘一律师”。

《佛学半月刊》第10卷第7号（总第226期）刊出“弘一法师精选”《寒笳集》（又名“蕅益大师警训略录”）广告。

4月26日至5月25日（农历四月），在南安灵应寺时致妙慧法师函。言拟做大漉水囊一件，竹圈系林居士之物，请代告知，即以此赠本人。送上洋一元，请代购白布，以能漉水，而小虫不得出者为宜等。②

1941年3月15日在《狮子吼月刊》第1卷第3、4期合刊刊出的《药师琉璃光如来功德经讲录》。

5月1日（农历四月初六日），在《觉有情》第38、39期合发表《饲鼠免鼠患之经验谈》，署名“弘一”。同期刊出致王心湛信手迹，题《弘一法师致王心湛居士书署名昙昉（民国十三年二月）》。

《佛学半月刊》第10卷第9号（总第228期）刊出《普劝净宗道侣兼持诵地藏经》，署“弘一老人讲述，王梦惺笔记”。

5月2日（农历四月七日），在南安致广义法师函。言送上大包快信二件，请代为糊封口交邮局。信包内皆写件，为弘扬佛法，非求名利，请邮局长凉察。又普通一信件，亦代为付邮等。③

春，农历二月，玄音法师刺血，书“南无大智文殊师利菩萨，南无大行普贤菩萨，南无大愿地藏菩萨，南无当来下生弥勒菩萨”。署“辛

---

① 此信福建人民出版社2019年12月版《弘一大师全集》（第3版，修订2版）第八册·文艺卷、杂著卷、书信卷第412页收录，标“一九四一年二月，南安灵应寺”。

② 此信福建人民出版社2019年12月版《弘一大师全集》（第3版，修订2版）第八册·文艺卷、杂著卷、书信卷第490页收录，标“一九四一年四月，南安灵应寺”。文物出版社2017年10月版陈飞鹏整理《弘一法师书信全集》第562页收录，时间标为1941年“旧四月中旬”，地点标“南安灵应寺水云洞”。

③ 此信福建人民出版社2019年12月版《弘一大师全集》（第3版，修订2版）第八册·文艺卷、杂著卷、书信卷第487页收录，标“一九四一年四月七日，南安灵应寺”。文物出版社2017年10月版陈飞鹏整理《弘一法师书信全集》第561页收录，将时间标为新历4月7日。

巳二月，沙门一音”；钤印“弘一”。①

复招陈海量，嘱携妻儿入闽，愿为安顿。

5月9日（农历四月十四日），在南安联名致宏智、腰女居士函：

宏智老女居士、腰女居士仝览：

屡承护法，厚施一切，至用感谢。兹有陈者，觉圆法师即拟随余往闽东，专心用功，暂未能返泉。彼有老母，现住惠安，未能放心。务乞仁者代为照拂一切。倘有病苦，或命终时，更乞辅助一切，并念佛资其往生极乐世界。感谢无尽。谨此代恳，诸希慈察。不宣。

弘一启　四月十四日

晋江福林寺旧影。资料来源：微信公众号“普门·佛诞节”。

按：此信福建人民出版社2019年12月版《弘一大师全集》（第3版，修订2版）第八册·文艺卷、杂著卷、书信卷第439—440页收录，标“一九四一年四月十四日，晋江福林寺”。文物出版社2017年10月版陈飞鹏整理《弘一法师书信全集》第562页收录，将时间标为新历4月14日，写信地点亦标晋江福林寺。弘一大师于本年5月15日（农历四月廿日）才赴福林寺，故写信地点当为南安水云洞。根据信中“觉圆法师即拟随余往闽东”句，时间当为农历。

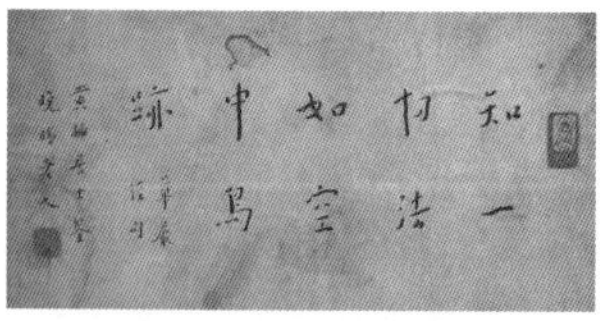

弘一大师赠黄福海（黄柏）书。

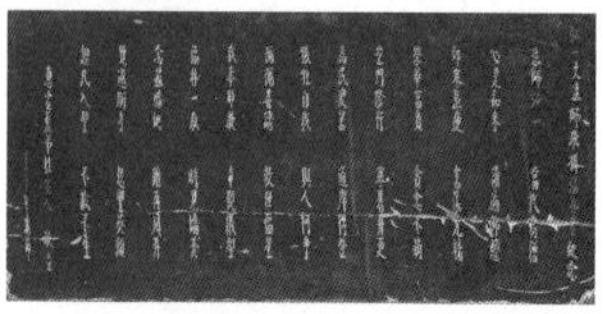

杜安人撰写的《弘一法师飞挂福林寺纪念》，目前展陈于福林寺内壁。摄于2019年5月。

5月14日（农历四月十九日），书“四月自灵应寺重过水云洞，手书古德偈句赠陈海量”，跋云：“‘即今休去便休去，若欲了时无了时。’古德偈句。辛巳四月十九日，第二次居南浦水云，明朝将复之福林。书此以奉海量居士，晚晴老人，时年六十又二，未御目鱼书。”**按：**后发表于1942年7月1日《觉有情》第66、67期合刊。②

晋江福林寺今貌。摄于2019年5月。

5月15日（农历四月廿日），自水云洞至晋江福林寺闭关。**按一：**期间，为黄福海书《韩偓〈曲江秋日〉〈与僧〉二诗》小中堂。居福林寺期间，黄福海曾来访，为写字。妙莲法师为誊写其在永春蓬壶普济顶寺编成之《南山律在家备览略编》，为时4月余。**按二：**杨胜南来函，请皈依，允之，赐法名胜南，并赠以所书《华严经》句中堂一帧。③福林寺始建时间不详，目前立于寺前的碑记曰：“初名福林堂，始建年代不

① 见《弘一与厦门》，鹭江出版社2012年8月版，第93页。

② 福建人民出版社2019年12月版《弘一大师全集》（第3版，修订2本）第七册·佛学卷、传记卷、序跋卷第638页收录时题《手书古德偈句赠陈海量跋》。

③ 杨胜南：《纪念弘一法师》，载1943年1月1日《弘化月刊》第19期。

详。1866年旅菲华侨许逊沁迁地重建，历经修葺。坐东向西，有正殿、后殿和左右厢房，面积1738平方米。现存清同治《檀林移溪并起福林堂记》和1935年《憨山大师醒世歌》碑刻。1941年弘一法师驻锡，保存其多处手迹，是法师在晋江的重要史迹。”该寺目前位置为晋江市龙湖镇福林村东区33号。

附记：文物出版社2017年10月版陈飞鹏整理《弘一法师书信全集》第563页收录致曾词源函，标注写于本年春。当写于赴福林寺之前。此信福建人民出版社2019年12月版《弘一大师全集》（第3版，修订2版）第八册·文艺卷、杂著卷、书信卷未收录。《弘一法师书信全集》曰辑自保利（厦门）国际拍卖有限公司2017年春拍。录存如下，供研究参考：

词源居士慧览：

惠书诵悉。欣悉一一。朽人不久将移居苐林，拟在此闭门养静，诵经持名。诸善友如相问，请代为致候。恐数月后，仍能通信也。

诸承慈念，致用感谢。

附付邮挂号寄上一纸，乞收入。

音启

今福林寺内的弘一大师塑像。摄于2019年5月。

5月16日（农历四月廿一日），《佛学半月刊》第10卷第10号（总第229期）刊出《弘一法师致黄妙悟居士书》。**按：**此信福建人民出版社2019年12月版《弘一大师全集》（第3版，修订2版）第八册·文艺卷、杂著卷、书信卷和文物出版社2017年10月版陈飞鹏整理《弘一法师书信全集》均未收录。根据信末所署“除夕前二日”，推测此信写于1941年1月24日。信如下：

不晤倏已十载。近闻仁等校定华严疏钞，至用叹赞。朽人亦久有此志，但衰老日甚，无能为力耳。前所校点悬谈，亦仅自备披览，中多讹阙，且未及与大正藏本对校，故不寄来。兹述鄙意数则，以备参考：（一）悬谈古会本（徐居士疑出自唐代），其文与明藏中疏钞别行本之文不同者甚多。（即是弘教藏之本）（二）考会玄记之牒疏钞文处，可以见玄谈记所依之本，与明藏本不同者甚多。（三）金陵新刊本悬谈之圈点句读，唯依文意之大致，若参考会玄记，其句读应改正者不少。（四）玄谈第四卷以下钞文中，略去疏科者甚多，此非后人所删。（五）会玄记常州新板，讹误甚多，弘教藏本较善。此记瑕瑜不揜，亦有文义幼稚处，亦多精义。想其精

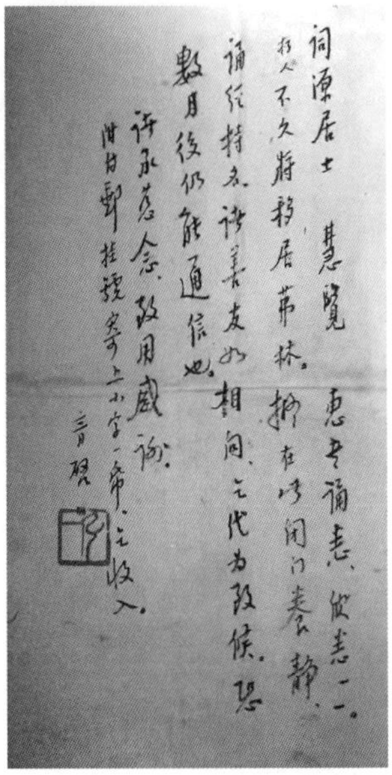
词源居士慧览　惠书诵悉，欣悉一一。朽人不久将移居苐林，拟在此闭门养静、诵经持名。诸善友如相问，乞代为致候。恐数月后仍能通信也。诸承慈念，致用感谢。附由邮挂号寄上一纸，乞收入。音启

保利（厦门）国际拍卖有限公司2017年春拍上的弘一大师致词源居士函。

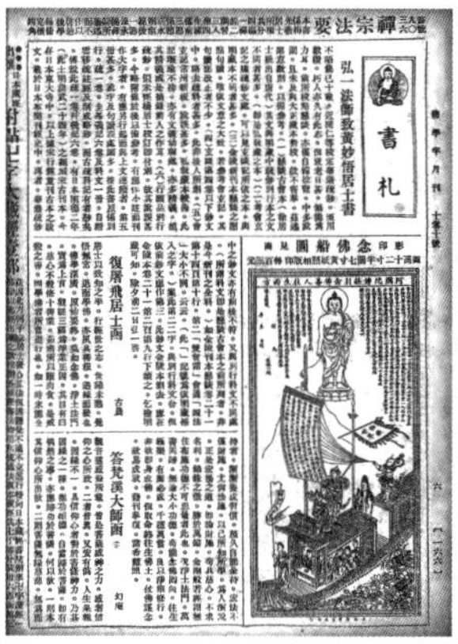

1941 年 5 月 16 日《佛学半月刊》第 10 卷第 10 号刊出的《弘一法师致黄妙悟居士书》。

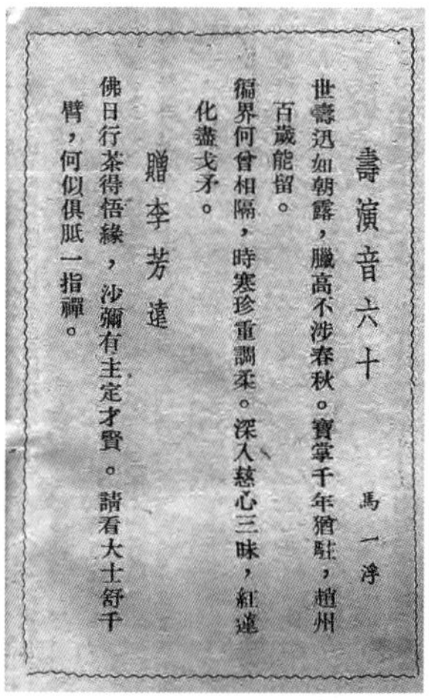
壽演音六十　馬一浮

世壽迅如朝露，臘高不涉春秋。寶掌千年猶駐，趙州百歲能留。徧界何曾相隔，時寒珍重調柔。深入慈心三昧，紅蓮化盡戈矛。

贈李芳遠

佛日行茶得悟緣，沙彌有主定才賢。請看大士舒千臂，何似俱胝一指禪。

1941 年 5 月 20 日《大风》半月刊第 90 期刊出的马一浮《寿演音六十》。

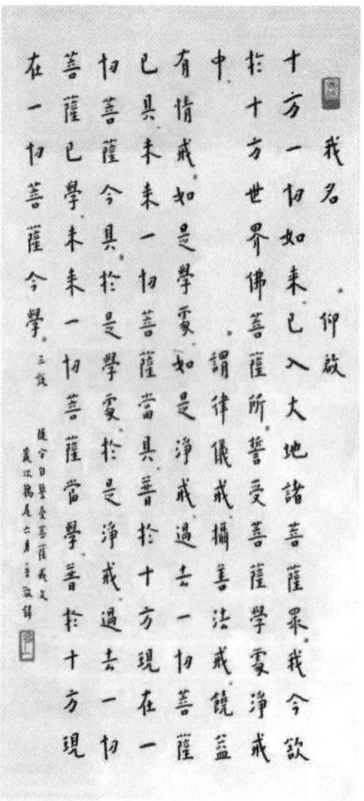
我名　仰啟
十方一切如來已入大地諸菩薩眾。我今欲
於十方世界佛菩薩所，誓受菩薩學處淨戒
中。謂律儀戒、攝善法戒、饒益
有情戒。如是學處，如是淨戒，過去一切菩薩
已具，未來一切菩薩當具，普於十方現在一
切菩薩今具。於是學處，於是淨戒，過去一切
菩薩已學，未來一切菩薩當學，普於十方現
在一切菩薩今學。三說
隨分自誓受菩薩戒文

1941 年农历六月，弘一大师敬录随分自誓受菩萨戒文。

义或是摘录前人之作耳。（六）行愿品别行疏钞，似未经杨居士校订即付刻，故其讹误甚多。今略附录于后以备参考。有应作小注而刊作大字者，有应另行起而与上文连续者，第五册甚多。讹字及句读误处颇多。按此书原系别行，疏一卷，圭峰义记六卷及科文一册，自缙云移疏注经及削成略钞，而古疏科记有者尠矣。传说此疏一卷并义记六卷，有日本明德二年（此土明洪武二十四年）之翻刻宋古刊本，今存日本东大寺中。以上据宋行霆重刊古本之跋文。载于日本宁乐刊经中。再者，华严疏钞中之钞文亦有前后不符，又与别行科文不同处。（所谓科文即是悬谈古会本之前所列者，非是今新刊之全科）如金陵刊本悬谈卷二十一第十四页第十行，第二“双会谓”会通“四法”大小不同，云云（此“”记号为依明藏补入之字），案此第二二字，与别行科文合，但依前钞文应作第三。此钞文金陵本删去，应在金陵本卷二十一第二页第九行下续之。乞检明藏可知。除夕前二日，弘一启。

5 月 20 日（农历四月廿五日），《大风》半月刊第 90 期刊出马一浮《寿演音六十》：“世寿迅如朝露，腊高不涉春秋。宝掌千年犹驻，赵州百岁能留。偏界何曾相隔，时寒珍重调柔。深入慈心三昧，红莲化尽戈矛。”**按：**附有《赠李芳远》：“佛日行茶得悟缘，沙弥有主定才贤。请看大王舒千臂，何似俱胝一指禅。”

5 月 30 日（农历五月初五日），《觉音》第 24、25 合刊刊出《佛教之简易修持法》，署名“弘一”。文中分“深信因果”、“发菩提心”、“专修净土”三部分进行阐述。同期刊有张云雷《读觉音社寿弘一大师六秩专刊寄怀竺摩法师敬求粲正》。

5 月（农历四月初六日至五月初六日），《护生画集正续合刊》由（上海）大法轮书局出版。

6 月 1 日（农历五月初七日），《觉有情》第 40、41 期合刊“播音台”载：“澳门三巴仔街十三号功德林内《觉音》刊社，近为弘一法师出六旬纪念刊，内容精彩，仰慕弘一法师者，不可不阅。刊费未定。”

《佛学半月刊》第 10 卷第 11 号（总第 230 期）刊出《李息翁临古法书序》，署名“弘一”、《龙袴国师传叙》，署名“弘一”、《十月将去净峰留题》，署名“弘一”、《普贤行愿品跋》，署名“弘一”。

附记： 文物出版社 2017 年 10 月版陈飞鹏整理《弘一法师书信全集》第 564 页收录致林奉若函，时间标 1941 年“五月”，地点标“晋江福林寺”。其“案”言此信见于保利厦门 2015 年秋季拍卖会。此信福建人民出版社 2019 年 12 月版《弘一大师全集》（第 3 版，修订 2 版）第八册·文艺卷、杂著卷、书信卷未收录，录存如下，供研究参考：

奉若居士慧鉴：

妙莲师为圆瑛老法师之徒孙，道念坚固，悲心深切，为余所最景仰钦佩者。彼到普济寺后，乞仁者照拂一切。感谢无尽。

音启

6 月 25 日至 7 月 23 日（农历六月），敬录随分自誓受菩萨戒文。署“岁次鹑尾六月，一音敬录”；钤印佛肖印、“弘一”。

6 月 29 日（农历六月初五日），在晋江致性愿法师函：

性公老人慈座：

前奉慈谕，适以笔墨、眼镜等，存贮水云，未及取还。迟复至罪。受戒文写就，附邮奉。先付影印，后由慈座以朱笔填写名字及所受戒名。影印时圈点之地位仍旧不可移动。无须另加朱色格线，一切皆照原样可耳。后学尔来衰老益甚，诸事怠惰。前承施资，敬受，感谢无尽。已交妙慧师存贮。俟他年或有往永春之因缘，即以此充旅费也。谨复，顺颂

法安

后学演音稽首　六月廿九日

按： 此信福建人民出版社 2019 年 12 月版《弘一大师全集》（第 3 版，修订 2 版）第八册·文艺卷、杂著卷、书信卷第 458—459 页收录，标“一九四一年旧六月廿九日，晋江福林寺”。文物出版社 2017 年 10 月版陈飞鹏整理《弘一法师书信全集》第 568 页收录，亦如此标注。似误。此信言笔墨、眼镜等存水云洞，未及取回。而 7 月 11 日（农历六月十七日）在晋江致性愿法师函中则言纸笔、眼镜等物近由水云取还，并进一步敦促性愿法师回国整理永春佛教会及桃源殿普济寺和望仙寺等。故此信应在前。

6 月 30 日（农历六月初六日），在晋江致李圆净函：

圆净居士文席：

近以友人请住檀林乡中，结夏安居。故得与仁者特殊通信，发起一重要之事。以《护生画集》正、续编流布之后，颇能契合俗机。丰居士有续绘三、四、五、六编之弘愿。而朽人老病日增，未能久待，拟提前早速编辑成就，以此稿本存上海，俟诸他年络续付印可也。不宣一一。

音启

按：此信福建人民出版社 2019 年 12 月版《弘一大师全集》（第 3 版，修订 2 版）第八册·文艺卷、杂著卷、书信卷第 386 页收录，标“一九四一年旧五月，晋江福林寺”。文物出版社 2017 年 10 月版陈飞鹏整理《弘一法师书信全集》第 565 页收录，亦如此标注。似误。此信无日期，时间由以上二书编者标注。参考同日联名致夏丏尊、李圆净信，可知应写于同一天，即 6 月 30 日（农历六月初六日）。此信曾刊于 1943 年《学术界》第 1 卷第 4 期李芳远辑《弘一大师书牍（续）》。

在晋江联名致夏丏尊、李圆净函。言：“养疴山中，久疏音问。近以友人请住檀林乡中，结夏安居。故得与仁者特殊通信，发起一重要之事。以《护生画集》正、续编流布之后，颇能契合俗机。丰居士有续绘三、四、五、六编之弘愿。而朽人老病日增，未能久待，拟提前早速编辑成就，以此稿本存藏上海法宝馆中。俟诸他年络续付印可也。”并详细拟订编绘方法，尤其是搜集资料，包括做征求广告等。[①]

7 月 1 日（农历六月初七日），《觉有情》第 42、43 期合刊刊出《佛教之简易修持法》，署名“弘一”。

《佛学半月刊》第 10 卷第 13 号（总第 232 期）刊出《复刘绵松居士书》，标题处署名“弘一”。**按：**此即福建人民出版社 2019 年 12 月版《弘一大师全集》（第 3 版，修订 2 版）第八册·文艺卷、杂著卷、书信卷第 433 页和文物出版社 2017 年 10 月版陈飞鹏整理《弘一法师书信全集》第 507 页收录之信。

7 月 3 日（农历六月初九日），蒋维乔（竹庄）来函：

弘一法师慈鉴：

十年前在清凉寺华严法会席上，得见颜色，虽彼此未通欵曲，

① 此信福建人民出版社 2019 年 12 月版《弘一大师全集》（第 3 版，修订 2 版）第八册·文艺卷、杂著卷、书信卷第 322—323 页收录，标“一九四一年旧六月六日，晋江福林寺”。

而弟已疑是法师。正拟俟机请教，而师已如闲云野鹤，卓锡飘然去矣。近为编印《华严疏钞》事，乃时时闻悉法师近状，为至欣慰。希濂、小楼与师莫逆，向者亦常提及。不过小楼去蜀，又逾年不通问矣。弟以夙业所缠，家累甚重，虽行持未敢间断，终觉不能相应。以视师之断然出家，严持戒律，惭愧奚如！兹乘芳远兄之便，致函存问，方便望赐好音。手此敬颂

安然

蒋维乔拜启　六月九日①

夏，在晋江致律华法师函。讲解念“南无阿弥陀佛”之法等。②

附记：文物出版社2017年10月版陈飞鹏整理《弘一法师书信全集》第572页收录致林奉若函，有“案”，曰“此函见2011年浙江经典拍卖公司……无年份日期，地址……”考为1941年夏，时居晋江福林寺。此信福建人民出版社2019年12月版《弘一大师全集》（第3版，修订2版）第八册·文艺卷、杂著卷、书信卷未收录。录存如下，供研究参考：

奉若居士智览：

近因精力衰退，行动迟缓，他人今后有托写字者，乞陈述其办法，两天以内，小中堂、联对、或佛或菩萨名号，余处有写好者，可以赠送。临时题上款可也。若送纸来者须延缓，有便乃能写。两尺以外之件，则遥遥无期也，能不送下最善。

演音启

按：信文中所谓“两天以内”之“天”字，当系“尺”之误。

在晋江致广义法师函。言近来身心衰弱及天热，明日不得已不能赴开元寺；以后拟暂时静养，谢绝访客；附写件二件，一中堂，一联对，请交汪居士等。③

书印光大师警训“见一切人皆是菩萨，唯我一人实是凡夫”赠苇纯居士。款识“清印光大师警训。岁次鹑尾夏书奉苇纯居士供养。晚晴老

---

① 1943年《学术界》第1卷第2期李芳远辑《弘一大师书牍（续）》刊有此信，作为弘一大师复函的附件，未标年份。根据弘一大师于1942年2月15日（农历正月初一日）给蒋维乔的复函判断，当写于1941年。信中所谓“十年前”，当系虚指。蒋维乔（1873—1958），号竹庄，江苏常州人，曾与蔡元培、章太炎等从事教育，担任过东南大学校长，皈依谛闲法师，著有《中国佛教史》等。

② 此信福建人民出版社2019年12月版《弘一大师全集》（第3版，修订2版）第八册·文艺卷、杂著卷、书信卷第494页收录，标“一九四一年夏，晋江福林寺”。律华法师，福建泉州人，原名妙斋，幼年即学佛。

③ 此信福建人民出版社2019年12月版《弘一大师全集》（第3版，修订2版）第八册·文艺卷、杂著卷、书信卷第487页收录，标“一九四一年夏，晋江福林寺”。

人，时年六十又二，居檀林结夏。”[1]

书“清凉园”，并联“福得因缘一一殊胜，林园花木欣欣向荣”。款识“龙集辛巳结夏安居苇林禅苑尊瞻堂。释一音撰句并书”；钤印“音”。[2]

在晋江福林寺致昙昕法师函：

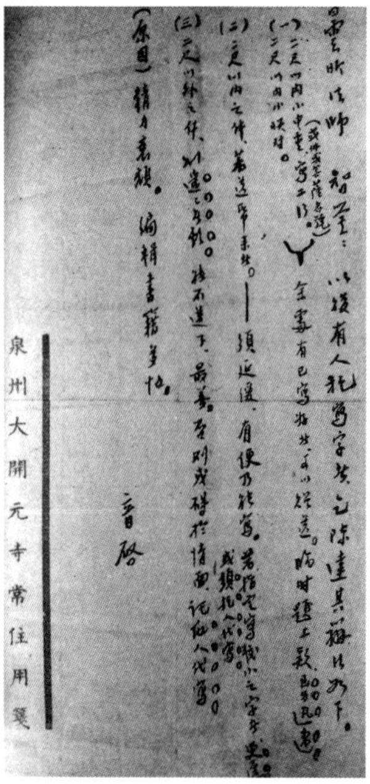

1941 年夏，弘一大师在晋江致昙昕法师函。

昙昕法师智鉴：

以后有人托写字者，乞陈述其办法如下：

（一）二尺以内小中堂，写二行（或佛或菩萨名号）。二尺以内小联对。｝余处有已写好者，可以赠送。临时题上款，至为迅速。

（二）二尺以内之件，若送纸来者——须延缓，有便乃能写。若指定写较小之字者，更迟，或须托人代写。

（三）二尺以外之件，则遥遥无期，能不送下，最善。否则或碍于情面，托他人代写。

（原因）精力衰颓，编辑书籍多忙。

音启[3]

按：福建人民出版社 2019 年 12 月版《弘一大师全集》（第 3 版，修订 2 版）第八册 • 文艺卷、杂著卷、书信卷第 487—488 页收录此信。收录时文字有误，“二尺以内小中堂，写二行”误录为“写三行”。另原信有序号，《全集》无，其他符号亦有误。文物出版社 2017 年 10 月版陈飞鹏整理《弘一法师书信全集》第 571 页收录此信亦无原信中之序号，另信中括号文字“或佛或菩萨名号”位置系根据整理者理解置于“二尺以内小联对”之后。

7 月 11 日（农历六月十七日），在晋江致性愿法师函。言前获慈谕，感谢无尽；纸笔、眼镜等物近由水云取还；永春佛教会及桃源殿普济寺等皆乏有力负责者，深盼返国整理振兴，而望仙寺事尤其重要。性常法师虽努力收复寺产，但仍须速急返国主持大局，其建筑事乃可进行。将来拟将南山律苑附入望仙寺内，由本人介绍道行高卓、能耐清苦之僧众近十人久住寺中，息心办道。本人也可于夏秋之际居住数月。若非岛寺务无法脱身，亦可兼任，往来菲岛、永春二地；前承施百金，已嘱送存

[1] 释慧观撰述：《弘一大师持戒念佛之典范》，（台北）弘一大师纪念学会 2012 年 12 月印行，第 205 页。

[2] 晋江市文化和旅游局等主办：“最后之胜利——纪念弘一大师诞辰 140 周年暨手书墨宝、拓片展览”，2020 年 11 月 25 日至 12 月 24 日，晋江市博物馆。

[3] 林可同编：《弘一书法墨迹》，中国美术学院出版社 2004 年 4 月版，第 63 页该书信原件照片。

妙慧法师处，以待他年赴望仙寺时充作旅费等。[①]

8月1日（农历闰六月初九日），《弘化月刊》第2期刊出圆瑛《地藏菩萨九华垂迹图重印序》。

《佛学半月刊》第10卷第15号（总第234期）刊出《地藏菩萨本愿经白话解释》广告，言："余姚胡宅梵居士，承弘一法师之嘱，依黄涵之居士所著《弥陀经白话解释》体例，取材科注及演孝疏二家之意，翻成此书，藉以使人读之易解。"刊出《地藏九华垂迹图赞》广告，言："弘一法师题赞，用单色珂罗版影印。"刊出"弘一法师著述"《地藏圣德大观》广告，言："弘一法师剃染以来归敬地藏，无有厌倦。十余年来遍探大藏关于菩萨化迹汇编此集。"刊出《征求护生画题材》：

弘一法师与丰子恺居士合作写绘之《护生画集》，十余年来，流通者已有正续二册。法师曾与丰居士相约，每十年出一册，续出至六册始止。近者，法师掩关闽中，自感衰老，且痛世变日深，亟思提前成办，速完斯愿，复为布种善因集思广益起见，嘱代向海内征题材。如蒙随喜参加，无任欢迎。

题材范围定为下列四种：

（甲）关于生物本身德性者——选取生物界自爱或爱他之现象，令人知生物之可爱而起护生之念；

（乙）关于日常生活者——选取日常生活中有关生物之事项，或正或反，以引起护生之观感；

（丙）关于外国及各宗教者——选取世界各地之风俗及各派宗教之规则，有关护生者；

（丁）关于儿童者——选取儿童生活中有关生物之部分或有兴味之儿童故事，自幼培养其护生之念。

投稿须知：

一、投稿者不必作画，只须写出画题，在画题下说明画中条件及画意即可。每一投稿，以含有三题为及格，但不拘门类；

一、稿件概不退还。能录用者赠以弘一法师所撰著之书籍。如有佳作，则当代求弘一法师之法书或丰子恺居士之法绘，以结善缘；

一、收稿期限：自即日起至九月十五日止；

一、收稿地址：上海愚园路一五四号佛学书局。

① 此信福建人民出版社2019年12月版《弘一大师全集》（第3版，修订2版）第八册·文艺卷、杂著卷、书信卷第458页收录，标"一九四〇年六月十七日，晋江福林寺"。

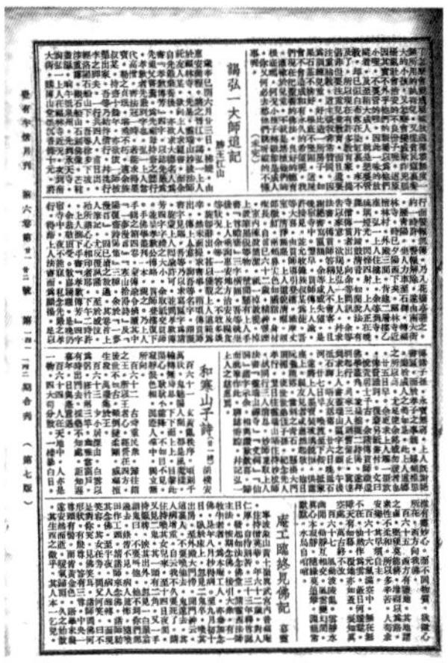

1945 年《觉有情》第 141、142 期合刊上刊登的胜王江山《谒弘一大师追记》一文。

《海潮音》第 22 卷第 8 期刊载《澳门竺摩法师来函》，其中曰：“弘一法师纪念专刊内，连大师共有高剑父、柳亚子、梁彦明、陈静涛、叶恭绰、岑学吕、邓尔雅、陆丹林等九公题词。文字则有夏丏尊、姜丹书、慧松、亦幻、高文显、文涛、胡宅梵等诸公执笔。”**按：**此为竺摩法师致太虚大师函。

8 月 15 日（农历闰六月廿三日），胜王江山等前往福林寺拜访，求书，并言其族叔欲出家。传贯法师以不会客、不作书谢之。

8 月 16 日（农历闰六月廿四日），传贯法师告知胜王江山允接见，并同意收其叔为徒。由传贯法师引导拜谒。**按：**有关详情见胜王江山《谒弘一大师追记》，载 1945 年《觉有情》第 141、142 期合刊。

《佛学半月刊》第 10 卷第 16 号（总第 235 期）刊出圆瑛《地藏菩萨九华垂迹图重印序》，言：“弘一法师为题赞颂，流通今后，令见闻欢喜，各发菩提之心，奉菩萨为楷模……”同期继续刊载《征求护生画题材》。

8 月 19 日（农历闰六月廿七日），在晋江致夏丏尊函。言来信收到，忻悉续编护生画事承其尽力规划，助理一切。建议征求画材期限宜再延两月。陈无我来信曰因修习密宗法而无暇过问，请再斟酌延请一位助理此事；附致朱稣典居士一函，请便中交去；请以护法会之资代购小楷水笔数枝寄下；又附致李圆净一函，请便中交去；赠品以本人书件为宜；若画材不足未能成就四编，可先辑前二编，其余再陆续编成；护生画续编事，关系甚大。务乞仁者垂念朽人殷诚之愿力，而尽力辅助，必期其能圆满成就，感激无量等。[①]

附致朱稣典函言感谢辅助续编护生画。务请仁者主持其事，督促诸居士努力进行；数年来体力如常，腰背足部及胃口皆无异于少年；介绍闽中食物等。[②]

8 月 23 日（农历七月初一日），在晋江致性愿法师函。言前承妙慧法师枉临，以因缘未成熟，不克偕往永春；近发起续编护生画后四集，

① 此信福建人民出版社 2019 年 12 月版《弘一大师全集》（第 3 版，修订 2 版）第八册·文艺卷、杂著卷、书信卷第 323 页收录，标“一九四一年闰六月廿七日，晋江福林寺”。文物出版社 2017 年 10 月版陈飞鹏整理《弘一法师书信全集》第 567—568 页收录，时间误标“旧六月二十七日”。

② 此信福建人民出版社 2019 年 12 月版《弘一大师全集》（第 3 版，修订 2 版）第八册·文艺卷、杂著卷、书信卷第 365 页收录，标“一九四一年闰六月廿七日，永春普济寺”。地点误标，当系晋江福林寺。文物出版社 2017 年 10 月版陈飞鹏整理《弘一法师书信全集》第 569 页收录此信，地点已纠正。

期以二载成就；附致高文显居士函，请便中附寄等。[1]

致高文显函曰。言前获性愿法师函，知韩偓传草稿已就；泉地时局未靖，故尊稿暂缓寄来，待时事稍定，再告知；目前体力尚健，但精神日衰等。[2] **按：**写此信时，《韩偓传》稿实际已寄出。

9月1日（农历七月初十日），《佛学半月刊》第10卷第17号（总第236期）刊出密林《地藏菩萨九华垂迹图重印序》，言："举世烽烟之际，有弘一法师乘愿而兴，适南山三大部亦庆珠还，因缘相成，遂令千载律乘，再显于今日……"同期继续刊载《征求护生画题材》。

9月4日（农历七月十三日），在晋江致广义法师函。言来信收到；农历七月二十九日始可以晤谈等。[3]

9月21日（农历八月初一日），在晋江福林寺删改高文显《韩偓传》稿。[4]

9月22日（农历八月初二日），在晋江致高文显函。言韩偓传稿已读四遍，考据精辟，论证正确。昨日已略为删改。书中尚有数事需要自加补校。与佛法之关系一章，请先起草撰述交下，愿先为校订等。[5]

秋，书蕅益大师警训。款识"明灵峰蕅益大师警训。龙集辛巳秋暮九月。稣典居士玄览，善梦，时年六十二"；钤印"亡言"。[6]

再作《韩偓》序。款识"岁集鹑尾秋暮，晚晴老人居苐林"；钤印"龙辟"、"弘一年六十以后所作"。

在晋江福林寺作《唐学士韩偓墓道摄影题记》，署"岁次鹑尾秋暮晚晴老人居福林"。[7]

书"佛华严经云：以无碍眼等视众生。"赠姜丹书。款识"岁集鹑尾

---

① 此信福建人民出版社2019年12月版《弘一大师全集》（第3版，修订2版）第八册·文艺卷、杂著卷、书信卷第459页收录，标"一九四一年七月初一日，晋江福林寺"。

② 此信福建人民出版社2019年12月版《弘一大师全集》（第3版，修订2版）第八册·文艺卷、杂著卷、书信卷第412页收录，标"一九四一年七月一日，晋江福林寺"。

③ 此信福建人民出版社2019年12月版《弘一大师全集》（第3版，修订2版）第八册·文艺卷、杂著卷、书信卷第488页收录，标"一九四一年旧七月十三日，晋江福林寺"。

④ 见弘一大师9月22日（农历八月初二日）在晋江致高文显函。

⑤ 此信福建人民出版社2019年12月版《弘一大师全集》（第3版，修订2版）第八册·文艺卷、杂著卷、书信卷第413页收录，标"一九四一年旧八月二日，晋江福林寺"。

⑥ 见《弘一法师书法集》，上海书画出版社，1997年5月版，扉页。

⑦ 弘一大师：《唐学士韩偓墓道摄影题记》，收《弘一大师全集》第七册·佛学卷、传记卷、序跋卷，福建人民出版社2019年12月第3版、修订2版，第642—643页。

秋居茀林，沙门亡言，时年六十二”；钤印佛肖印、“龙辟”。①

书“离垢地”，并联“胜福无边岂唯人天福，檀林安立是谓功德林”，款识“于时后三十年岁集鹑尾秋仲撰句并书。晋水南山律苑沙门一音”。②

10月1日（农历八月十一日），在晋江致夏丏尊函：

丏尊居士慧览：

惠书，诵悉一一。子恺处已久不通信。闻友人云，彼之通讯处，为重庆沙坪坝国立艺术专校。（据彼八月廿五日之信云云。）闽中平静如常。仁者能入闽任职，则生活可无虑矣。泉州物价之昂，自昔以来，冠于全国。但米价每石亦仅一百七十元左右。其他闽中产米之区，如漳州及闽东等处，则仅五十元左右。泉州街市无乞丐。（另设乞丐收容所。）物价亦不甚昂。华侨家族生活亦大致可维持，因努力种植，生产量甚富也。统观全国气象，与承平时代相差无几。朽人于十四年前，无意中，居住闽南。（本拟往暹罗，至厦门而中止。）至今衣食丰足，诸事顺遂，可谓缴幸，至用惭愧。唯从前发愿编辑律宗诸书，大半未成就。拟于双十节后，即闭关著书，辞谢通信及晤谈等事。以后于尊处亦未能通信。

仁者欲知朽人之近状者，乞常访问陈无我居士（上海慕尔鸣路一百十一弄六号大法轮书局）及彼处同住之陈海量居士。因泉州诸僧，常与海量通信，彼深知朽人之近状也。朽人近作，屡载《觉有情》半月刊中（无我所办）。乞仁者定此月刊一份，（自今年正月始尤善，每年一元余。）即可常阅览朽人之近作也。苏慧纯居士，亦为海量之旧友。仁者能常与海量晤谈，当获益匪浅也。（指导生活，安慰心灵。）不宣。

十月一日　音启

附呈相一纸，为去秋九月所摄。佛名二纸，乞结缘。

按： 此信福建人民出版社2019年12月版《弘一大师全集》（第3版，修订2版）第八册·文艺卷、杂著卷、书信卷第323—324页收录，标“一九四〇年旧十月一日，泉州开元寺”。文物出版社2017年10月版陈飞鹏整理《弘一法师书信全集》第575—576页收录，时间标1941年

① 姜书凯：《李叔同将出家前书写的一幅书法残片》，收《光风霁月——第六届弘一大师研究国际学术会议论文集》，上海三联书店2018年11月版，第243—247页。

② 晋江市文化和旅游局等主办：“最后之胜利——纪念弘一大师诞辰140周年暨手书墨宝、拓片展览”，2020年11月25日至12月24日，晋江市博物馆。

“旧十月一日”，地点标“晋江福林寺”。前者时间地点均误；后者时间误，地点正确。此时弘一大师仍居晋江福林寺。而信中有“拟于双十节后，即闭关著书”句，故此信当写于公历10月1日（农历八月十一日）。此信亦曾刊于1943年《学术界》第1卷第5期李芳远辑《弘一大师书牍（续完）》，标“十一月一日音启”，亦为误标。

致施至伟函。言双十节后即闭关著书等。①

10月2日（农历八月十二日），在晋江福林寺录写《律钞宗要随讲别录》，作《〈律钞宗要随讲别录〉记》。②

10月8日（农历八月十八日），在晋江致李芳远函。言来信收到，当尊命闭关，力思往非；表扬其慧根深厚；近来病态日甚，不久当往生极乐。犹如西山落日，殷红绚彩，瞬即西沉。故未圆满之事，深盼仁者继承等。③

10月24日（农历九月初五日），在晋江致性愿法师函：

性公老人慈鉴：

贯师转赍惠书，忻番一一。二碑皆超逸绝俗，可以临写也。《自誓受戒文》，已付影印，至用欢赞。惟他人仅见此文，不知其义，或致疑迷。今后学复撰《析疑》一篇，别写奉上，乞并付影印，随受戒文赠送。则阅者即可了解“随分自誓受”义，又可知填写空白处之法也。谨复，顺颂

法安

后学音稽首　九月五日

莲星居士乞代致候。

此笺，于半月前已写就，未能寄出。前五月二十日寄下之《韩偓传》，于数日前已收到。近日已为之校改。乞于便中代达高居士为感。

① 此信福建人民出版社2019年12月版《弘一大师全集》（第3版，修订2版）第八册·文艺卷、杂著卷、书信卷第440页收录，标“一九四一年十月一日，泉州百源寺”。地点误，其时弘一大师居晋江福林寺。文物出版社2017年10月版陈飞鹏整理《弘一法师书信全集》第575页收录，地点已纠正。施至伟（1901—1976），福建泉州人，时为石狮东亚照相馆经理。

② 弘一大师：《〈律钞宗要随讲别录〉记》，收《弘一大师全集》第七册·佛学卷、传记卷、序跋卷，福建人民出版社2019年12月第3版、修订2版，第612页。

③ 此信福建人民出版社2019年12月版《弘一大师全集》（第3版，修订2版）第八册·文艺卷、杂著卷、书信卷第421页收录，标“一九四一年十月八日，泉州开元寺”。地点误，其时弘一大师居晋江福林寺。文物出版社2017年10月版陈飞鹏整理《弘一法师书信全集》第574页收录，地点已纠正。此信曾刊于1943年《学术界》第1卷第5期李芳远辑《弘一大师书牍（续完）》。

按： 此信福建人民出版社 2019 年 12 月版《弘一大师全集》（第 3 版，修订 2 版）第八册·文艺卷、杂著卷、书信卷第 456 页收录，标“一九三八年旧九月五日，泉州温陵养老院。”文物出版社 2017 年 10 月版陈飞鹏整理《弘一法师书信全集》第 467 页收录，时间标 1938 年“旧九月初五”，地点标“漳州祈保亭。”均误。根据弘一大师自誓受戒文和析疑时间及改校《韩偓传》时间，当为 1941 年 10 月 24 日（农历九月初五日），地点在福林寺。信中“数日前已收到”之“数日”当为概数之方便表达。

10 月 27 日（农历九月初八日），在晋江致刘质平函。言来信收到，感谢施资；闽南自去年秋以来，物价昂贵。宣纸亦贵，所寄五元拟作为日用。待时局平靖，自购宣纸书联以奉；附寄去年元旦写，今秋题款之八言长联上联一纸，下联下次再寄。尚存旧写五言联一对，后随信寄。前寄大佛字之纸为闽特产，装裱后甚为美观等。[1]

10 月 28 日（农历九月初九日），马一浮复李芳远函：

世寿迅如朝露，腊高不涉春秋。宝掌千年犹驻，赵州百岁能留。偏界何曾相隔，时寒珍重调柔。深入慈心三昧，红莲化尽戈矛。

童子李芳远，乞书为弘一法师寿，即以代简，敬问法师安稳。

佛日行茶得悟缘，沙弥有主定才贤。请看大士舒千臂，何似俱胝一指禅？

童子李芳远承事音公，宿根不浅。以师命来乞书，寄此奉勖。

辛巳上九湛翁和南

书院讲录非初学所急，且宜亲叩音公，不必浏览世典，故不以寄。孤桐亦不在此。附答不宣。

蠲叟再白[2]

11 月 1 日（农历九月十三日），《佛学月刊》第 1 卷第 6 期刊载《无常经》广告，署“弘一书”。

《弘化月刊》第 5 期刊出《陈复初居士传》（附立钧童子生西事略），

---

① 此信福建人民出版社 2019 年 12 月版《弘一大师全集》（第 3 版，修订 2 版）第八册·文艺卷、杂著卷、书信卷第 302 页收录，标“一九四〇年九月八日，晋江福林寺”。

② 马一浮函附于李芳远辑《弘一大师书牍（续）》，载 1943 年《学术界》第 1 卷第 2 期。“世寿迅如朝露……”为马一浮寿弘一大师诗；“佛日行茶得悟缘……”为马一浮赠李芳远诗。均已利于本年《大风》第 90 期。

署名“弘一”。①

11月8日（农历九月廿日），六十二诞辰。**按：**时食物颇缺。泉州开元寺特备素斋等，由都监广义、监院传净及定林、密团诸法师步行20余里，亲送至福林寺供养，略伸敬意。闻传净监院正礼《法华》，乃书蕅益大师警训一则，以嘉勖之：“专求已过，不责人非。步趋先圣先贤，不随时流上下。”

11月9日（农历九月廿一日），书佛语“南无地藏菩萨摩诃萨（南无南山道宣律师、南无灵芝元照律师）”。款识“辛巳九月二十一日，演音敬书”。②

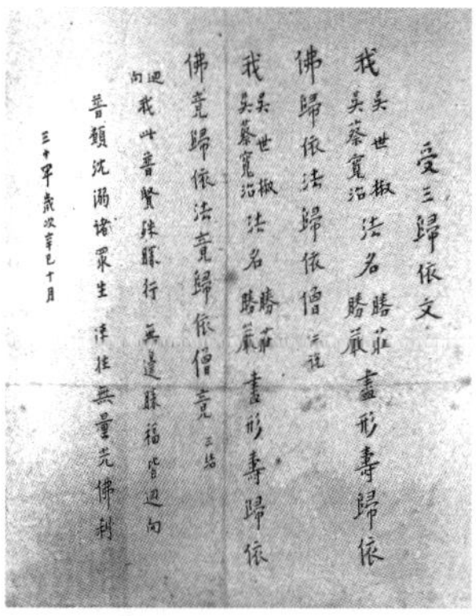
受三歸依文
我吴世椒 吴蔡寬治 法名勝莊 勝嚴 盡形壽歸依
佛歸依法歸依僧 三説
我吴世椒 吴蔡寬治 法名勝莊 勝嚴 盡形壽歸依
佛竟歸依法竟歸依僧竟 三説
迴向 我此普賢殊勝行 無邊勝福皆迴向
普願沈溺諸衆生 速往無量光佛刹
三十年歲次辛巳十月

1941年农历十月，弘一大师书吴世椒、吴蔡宽治《受三归依文》。

11月19日（农历十月初一日），在晋江致胜如函。言所嘱写件大约两个月内可以写就，托妙莲法师亲送尊处；马岱君之件，可依所嘱书写；附新闻一则，请登尊报等。③

11月19日至12月17日（农历十月），在晋江福林寺缮录《药师经析疑》。**按：**后经弘一大师的学僧圆拙法师整理完成，圆拙法师又嘱时在菲律宾三宝颜福泉寺任住持的传贯法师刊印，传贯法师后于20世纪70年代请陈慧剑居士助缘付梓，刊行流布。

书对联“勇猛精勤无退转，光明相好以庄严”赠刘绵松居士。款识“绵松居士渊督，辛巳十月沙门亡言书”；钤印“辟”、佛肖印。④

同住福林寺之青年比丘怆痕（妙斋）患病，亲为看护。

书吴世椒、吴蔡宽治《受三归依文》。署“三十年岁次辛巳十月”。⑤

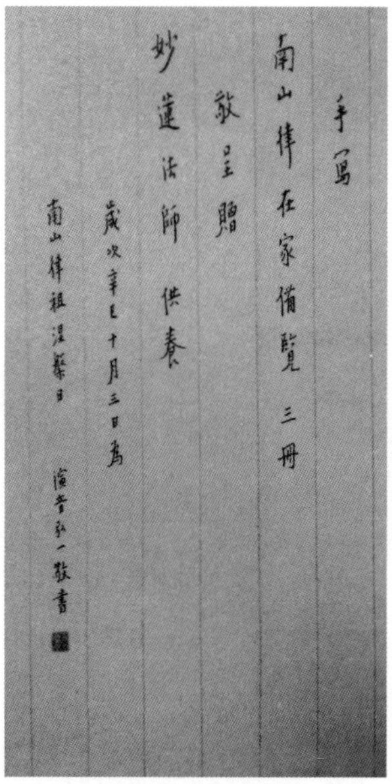
手寫
南山律在家備覽 三册
敬呈贈
妙蓮法師 供養
歲次辛巳十月三日為
南山律祖涅槃日
演音弘一敬書

1941年11月21日（农历十月初三日），弘一大师手写“《南山律在家备览》三册”赠妙莲法师。

11月21日（农历十月初三日），手写《南山律在家备览》三册赠妙莲法师，并书一纸：“手写《南山律在家备览》三册。敬呈赠妙莲法师

① 福建人民出版社2019年12月版《弘一大师全集》（第3版，修订2版）第七册·佛学卷、传记卷、序跋卷第589页收录，题为《陈复初居士往生传》《立钧童子生西事略》。《立钧童子生西事略》有题款：“于时三十年岁集鹑尾大慈沙门一音撰并书。”《弘化月刊》刊出时无题款。

② 上海市书法家协会编：《海派代表书法家系列作品集·弘一》（该卷主编刘一闻，副主编沈爱良），上海书画出版社2006年12月版，第215页。

③ 此信福建人民出版社2019年12月版《弘一大师全集》（第3版，修订2版）第八册·文艺卷、杂著卷、书信卷第440页收录，标“一九四一年十月一日，泉州百源寺”。地点误，其时弘一大师居晋江福林寺。文物出版社2017年10月版陈飞鹏整理《弘一法师书信全集》第574—575页收录，地点已纠正。

④ 林可同编：《弘一书法墨迹》，中国美术学院出版社2004年4月版，第41页。

⑤ 浙江省平湖市人民政府、上海徐汇区文化局编：《弘一大师法书集·华枝春满（手稿信札卷）》，上海书画出版社2017年5月版，第74页。泉州开元寺藏。

供养。岁次辛巳十月三日，为南山律祖涅槃日。演音弘一敬书”。钤印“一音”。①

11月27日（农历十月初九日），《佛化新闻》刊文《弘一法师移灵应寺》，曰“弘一法师在闽普济寺，因水土不服，已移洪濑灵应寺闭关，续编律典云。”

11月28日（农历十月初十日），在晋江致濮一乘函：

一乘居士慧览：

正月二十七日所发尊函，数日前始递到。性愿法师往菲律宾已数载，故前函遗失。朽人不久亦往菲岛。仁者礼佛诵经，精进无懈，至用欢慰。附奉上拙书二纸，希收受。不宣。

农历十月初十日　音启

按：此信福建人民出版社2019年12月版《弘一大师全集》（第3版，修订2版）第八册·文艺卷、杂著卷、书信卷第437页收录，标“一九三九年旧十月初十日，永春普济寺”。文物出版社2017年10月版陈飞鹏整理《弘一法师书信全集》第578页收录，纠正为1941年农历十月初十日写于晋江福林寺。确当。

致刘绵松函：

胜华居士慧览：

惠书，诵悉。至用忻慰。下月时事平靖，拟即往鼓浪，转渡菲岛。否则或稍延缓也。所辑讲述录，至善。所云生平及其他者，须俟朽人生西后乃可流布。至要至要。（若余在世之时即出版者，将招他人之嫉忌，于弘法前途大有妨碍。）拙书二叶，附奉上。友人高胜进居士撰《韩偓评传》，前年在上海开明书店排就未印，即毁于兵燹，近复重编写就。朽人再为撰序，附录奉览。

唐季变乱，中原士族徙闽者众。偓以孤忠奇节，抗忤权奸。既遭贬谪，因隐南闽。蔬食修禅，冥心至道。求诸季世，亦希有矣。胜进居士为撰偓传，以示青年学子。俾闻其风者，励节操，祛卑污，堪为世间完人，渐次重修佛法。则是书流布，循循善诱，非无益矣。夫岂世俗文学典籍，所可同日语耶。撰录既竟，为题其端，

① 浙江省平湖市人民政府、上海徐汇区文化局编：《弘一大师法书集·华枝春满（手稿信札卷）》，上海书画出版社2017年5月版，第229页。上海龙华寺藏。

爰志赞喜云。岁集鹑尾秋暮晚晴老人。

农历十月十日　音启

按： 此信福建人民出版社2019年12月版《弘一大师全集》（第3版，修订2版）第八册·文艺卷、杂著卷、书信卷第433—434页收录，标“一九三九年旧十月初十日，永春普济寺”。文物出版社2017年10月版陈飞鹏整理《弘一法师书信全集》第578—579页收录，纠正为1941年农历十月初十日写于晋江福林寺。确当。鹑尾即1941年。方爱农《弘一法师致刘绵松札编年考订》一文亦持1941年说。[①]

介绍妙莲法师赴永春蓬壶普济寺闭关。并向妙慧法师写介绍信：

妙慧法师道鉴：

兹介绍妙莲法师至尊寺居住。彼为圆瑛老法师之徒孙，道念坚固，悲心深切。为余所最景仰钦佩者。彼到尊寺后，乞仁者格外爱护，照拂一切。凡寺中早晚课诵等皆乞仁者嘱彼无须随众。可以闭方便关，一心用功。诸承费神，感谢无尽。顺颂，法喜。

音启一九四一年农历十月十日（公11月28日）

林居士乞代致候。再者，又介绍寿山师回来。乞仁者爱护照拂一切。至感。音又白。

另托买纸一信：

乞在蓬壶，或永春，购买：上等毛六纸，壹百二十元（附样纸），此纸，又名玉版；乞用油纸包好，油纸之价乞算入此款内。前年曾托林居士代购，乞询林居士，即可知之。毛边纸六十元（此纸普通，人皆知之）。外用油纸包好，油纸之价乞算入此款内。乞带至泉州，存百原巷。费神至感。

另奉上运送之旅费二十元。倘有不足，乞示知，即可汇奉。天雨之时，乞勿动身。运送之途中，乞勿受潮湿污染，乞用纸及布包裹好。以上共计贰百元。现已交与妙莲师。仁者购纸时，暂向他处借用。俟到泉州，即可向妙莲法师领取也。弘一奉托。[②]

另又致如影、妙抉二法师函，请其陪同妙莲法师至永春普济寺。信

---

① 方爱农：《弘一法师致刘绵松札编年考订》，载《杭州师范大学学报》（社会科学版）2004年第4期。

② 文物出版社2017年10月版陈飞鹏整理《弘一法师书信全集》第577页收录一致如影、妙抉函，时间标1941年“旧十月十日”，地点标：“晋江福林寺”，内容与此基本一致，辑自上海龙华寺、上海圆明讲堂编辑《无上清凉——弘一大师墨宝舍利》，上海人民美术出版社，2000年，第125页。

封写："永春蓬壶普济寺如影妙抉二法师同启""单挂号泉州石狮檀林街福林寺弘一寄"。信曰：

如影、妙抉二法师同鉴：

兹有妙莲师，拟往普济寺。苦于不识路程。乞二位法师中，有一位枉驾至泉州，陪同妙莲师同往普济寺，至用感祷。

再者，朽人拟托仁等代购纸张，带至泉州。另纸详陈。乞慧。种种费神，感激无尽。

弘一启式　1941年11月28日

妙慧法师、奉若居士、本寺诸法师均乞代为致候。

按：以上诸信，录自妙莲法师《妙莲法师回忆录》一文，[①] 与福建人民出版社2019年12月版《弘一大师全集》（第3版，修订2版）第八册·文艺卷、杂著卷、书信卷和文物出版社2017年10月陈飞鹏整理《弘一法师书信全集》相关标注不一致。其中致妙慧法师信，《弘一大师全集》（第3版，修订2版）、《弘一法师书信全集》均注为写于是年5月，或农历五月。又，诸信中之公历日期疑为妙莲法师原稿所注，未必原信有之。

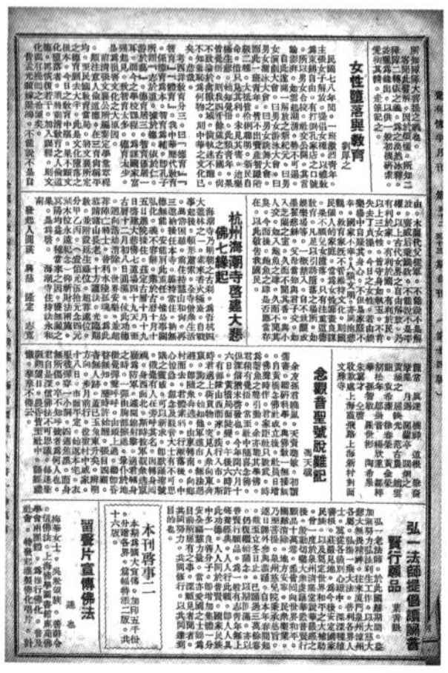

1941年12月1日《觉有情》第52—53期合刊刊出叶青眼《弘一法师提倡赞诵普贤行愿品》。

12月1日（农历十月十三日），《觉有情》第52—53期合刊刊出叶青眼《弘一法师提倡赞诵普贤行愿品》。写曰："弘一老法师，于此国难期间，益加紧努力弘法利生工作。以大慈大悲大无畏精神，往来厦门泉州漳州各处，弘扬一乘大法。普利各界人士。冀从各简别心理中，深深种植善根，庄严见地，为今后安定国家民族，以及奠定世界和平之大辅助。曾一度于泉州清尘堂说华严经之愿品十万卷，悉皆回向世界和平，国难消除，地方安宁，民众乐业，乃至菩提。泉州慈儿院秉承慈旨，逐日课外参加与恭诵。自本年春间起，仍复继续诵念，以期圆满，亦以普贤愿品，为一般有志青年无上修养经典，人人行此愿，即人人具此功德，人人同于普贤，国家民族中多一良善分子，即增加集体一分安全福慧力量，当亦爱国之士认为目前所应有之事。深愿见者闻者，共同努力，共同修行，以共同达到目的也。"

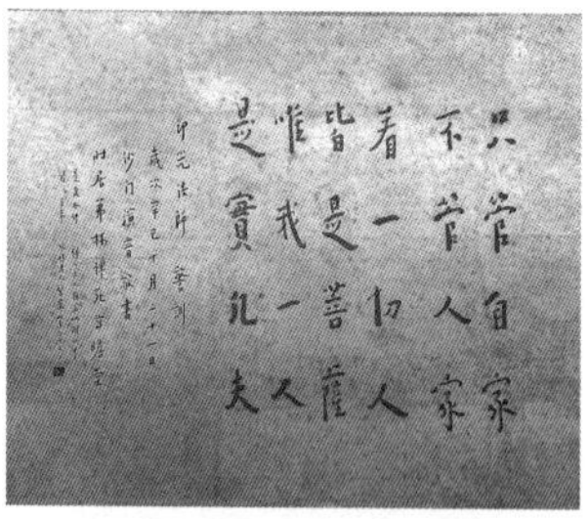

1941年12月9日，弘一大师书"只管自家，不管人家。看一切人，皆是菩萨。唯我一人，是实凡夫"。

12月6日（农历十月十八日），《福建日报》刊出《菲佛教会函邀弘一法驾，晋江佛徒集议挽留》，文中节录菲律宾佛教会来函，及晋江佛教11社团159所寺院代表挽留原函。

① 释妙莲：《妙莲法师回忆录》，载2017年9月《莲馆弘谭》第13期。

12月9日（农历十月廿一日），书“只管自家，不管人家。看一切人，皆是菩萨。唯我一人，是实凡夫”。款识“印光法师警训。岁次辛巳十月二十一日，沙门演音敬书。时居弗林禅苑瞻堂。是岁冬仲，禅心上人掩室毗湖山中，谨以呈奉。晚晴老人髫严，时年六十又二”。

12月13日（农历十月廿五日），在晋江致郑健魂函：

健魂居士文席：

惠书，忻悉一一。诸荷护念，感谢无尽。咼因传贯师劝，往菲延期，遂免于难。否则囚居古浪矣。但对付敌难，舍身殉教，朽人于四年前已有决心，曾与传贯师等言及。古诗云：“莫嫌老圃秋容淡，犹有黄花晚节香。”吾人一生之中，晚节最为要紧，愿与仁等共勉之也。嘱书三纸，已就，附奉上。小字一幅，俟天晴时写。将来若能与丰居士通信时，当达尊意。谨复，不宣。

农历十月二十五日　音启

此小字《心经》一纸，为特别写件。乞暂秘藏，勿示他人。恐他人援例请求也。又附奉上单款写件四纸，乞随意赠送。此次所用上海宣纸，为友人所赠，殊不易得也。附白。[①]

按：此信福建人民出版社2019年12月版《弘一大师全集》（第3版，修订2版）第八册·文艺卷、杂著卷、书信卷第437页收录，标“一九三九年旧十月二十五日，永春普济寺”。文物出版社2017年10月版陈飞鹏整理《弘一法师书信全集》第579页收录，纠正为1941年农历十月廿五日写于晋江福林寺。确当。因信中所谈“往菲延期，遂免于难”，即指1941年原计划赴菲，因太平洋战争爆发而未果。

致穆犍莲函：

犍莲居士文席：

惠书，忻悉一一。诸荷护念，感谢无尽。咼因传贯师劝，往菲延期，遂免于难。否则囚居古浪矣。但对付敌难，舍身殉教，朽人于四年前已有决心。曾与传贯师等言及。古诗云：“莫嫌老圃秋容淡，犹有黄花晚节香。”吾人一生之中，晚节最为要紧，愿与仁等共勉之也。亭亭菊一枝，高标矗劲节。云何色殷红？殉教应流血！

音启

① 郑健魂，福建泉州人，毕业于上海立达学园，为丰子恺学生，时任泉州日报社社长。

按：此信福建人民出版社 2019 年 12 月版《弘一大师全集》（第 3 版，修订 2 版）第八册・文艺卷、杂著卷、书信卷第 437—438 页收录，标“一九三九年旧十月底，永春普济寺”。文物出版社 2017 年 10 月版陈飞鹏整理《弘一法师书信全集》第 580 页收录，纠正为 1941 年，但仍标“旧十月底”。此信文字与上述致郑健魂函正文部分基本一致，唯加“亭亭菊一枝……”偈，似应写于同一日，而农历十月廿五日亦可言月底。

12 月 17 日（农历十月廿九日），在晋江致马冬涵函。言篆刻技法；述本人写字之追求；请刻印文别纸写奉等。**按：**此信福建人民出版社 2019 年 12 月版《弘一大师全集》（第 3 版，修订 2 版）第八册・文艺卷、杂著卷、书信卷第 430—431 页收录，标“一九三八年旧十月二十九日，泉州承天寺”。文物出版社 2017 年 10 月版陈飞鹏整理《弘一法师书信全集》第 476 页收录，亦持此说。此原函仅标注“旧十月二十九日演音疏”。根据此信后交与张人希时间判断，似为本年之事。

12 月 21 日（农历十一月初四日），在晋江致李芳远函：

芳远居士澄览：

昨诵惠书，至用忻慰。近两年来，老病颓唐。于诸友处罕通音问。《觉音》刊未见。承示诗词，以春城、烟雨二句最胜。近将方便掩室，诵经持名。约至明岁夏初，乃可通讯。嘱撰诗序，亦俟明夏试拟。知劳远念，先此奉闻。不宣。

音启　农历十一月四日

按：此信福建人民出版社 2019 年 12 月版《弘一大师全集》（第 3 版，修订 2 版）第八册・文艺卷、杂著卷、书信卷第 421 页收录，标“一九四一年旧十一月四日，永春普济寺”。地址误。因此时弘一大师已在晋江福林寺。文物出版社 2017 年 10 月版陈飞鹏整理《弘一法师书信全集》第 528 页收录，注释曰“1939 年，弘一法师 60 岁时，《觉音》月刊出版《弘一法师六秩纪念专刊》庆祝。”又有“案”，分析了地址失误，强调林子青《弘一法师书信》所注系“1939 年 11 月 4 日”，又以为信中《觉音》事乃指 1939 年《弘一法师六秩纪念专刊》而判定为写于 1939 年农历十一月初四日，地点在永春普济寺。此论据不充分，因为《觉音》第 20、21 期合刊“弘一法师六十纪念专刊”于 1941 年 2 月 20 日出刊。收有众多纪念文章和祝诗（江谦、黄寄慈、江守权、陈存广、费慧茂、余了翁、曾璧奎）、“祝词”（叶恭绰、高剑父、邓尔雅、柳亚子、太虚、岑学吕、梁彦明、陆丹林、陈静涛）。3 月 10 日，《觉音》第 22 期也刊出黄伯伟《弘一上人法腊六秩赋此奉祝》(诗)。又,信中有“知劳远念,先此奉闻”句,而李芳远1939年时就在永春,不必说“远念”。又,此信曾刊于1943年《学术界》第1卷第2期,题《弘一大师书牍(续)》,李芳远辑,明确标注“邮印三十年圣诞节,寄自石狮苇林。”邮戳说明此信寄出时间为该年圣诞节,则此信必写于1941年12月21日(农历十一月初四日)。

12月22日(农历十一月初五日,冬至),在晋江致妙莲法师函。言来信收到;仁者住处可随意变动;买纸之事乞停止。前交之款暂存尊处等。① **按:**妙莲法师告辞弘一大师后,先至泉州开元寺暂住,等候普济寺法师前来陪同赴永春。时开元寺广义法师致函弘一大师,恳求同意让妙莲法师在开元寺闭关。故有弘一大师此信。②

12月24日(农历十一月初七日),在晋江致夏丏尊函。问沪上是否平安;言画材数则附上,以备采择;以后若有他处赠资财,请辞谢。因现在不需用;代问候朱稣典居士;附近作南闽道耆宿七秩寿联“老圃秋残,犹有黄花标晚节;澄潭影现,仰观皓月镇中天。”③

致性常法师函。言以后如有他人与仁者通信时附有致本人函,托转交者,请即复一明信片,写:“惠书,诵悉。嘱交弘公之信,已为转交。但弘公近来老病缠绵,颓唐殊甚。一切之事皆宜从缓,以待将来。失礼之处,乞仁者格外原谅,至祷。”若有来信欲受皈戒者,请答:仅能命法名,写小中堂一纸。以后暂未能通信,未能请求特别写件,香金亦不受,云云;山东宋居士处,请据此之意即复一明信片,附告护生画材已转寄夏丏尊居士等。④

12月25日(农历十一月初八日),《佛化新闻》刊文《弘一法师赴菲转大法轮》,曰:“律宗泰斗弘一法师……闻将启锡赴菲弘法利生,并寺奠基礼……”

① 此信福建人民出版社2019年12月版《弘一大师全集》(第3版,修订2版)第八册·文艺卷、杂著卷、书信卷第491页收录,标“一九四一年冬至,泉州承天寺”。地点误,其时弘一大师居晋江福林寺。文物出版社2017年10月版陈飞鹏整理《弘一法师书信全集》第580页收录,地点已纠正。此信又见释妙莲:《妙莲法师回忆录》,载2017年9月《莲馆弘谭》第13期。信中文字有一处不同,即《弘一大师全集》(第3版,修订2版)、《弘一法师书信全集》所收之信“可以随宜变动”句,在妙莲法师文中为“可以随意变动”。

② 释妙莲:《妙莲法师回忆录》,载2017年9月《莲馆弘谭》第13期。

③ 此信福建人民出版社2019年12月版《弘一大师全集》(第3版,修订2版)第八册·文艺卷、杂著卷、书信卷第324页收录,标“一九四〇年旧十一月七日,泉州开元寺”。地点误,应在晋江福林寺。文物出版社2017年10月版陈飞鹏整理《弘一法师书信全集》第581页收录,标注正确。

④ 此信福建人民出版社2019年12月版《弘一大师全集》(第3版,修订2版)第八册·文艺卷、杂著卷、书信卷第483页收录,标“一九四一年十一月初七日二首江福林寺”。地点似植字错误,当为晋江福林寺。据信,宋居士为宋慈波,居山东郓城潘溪渡。

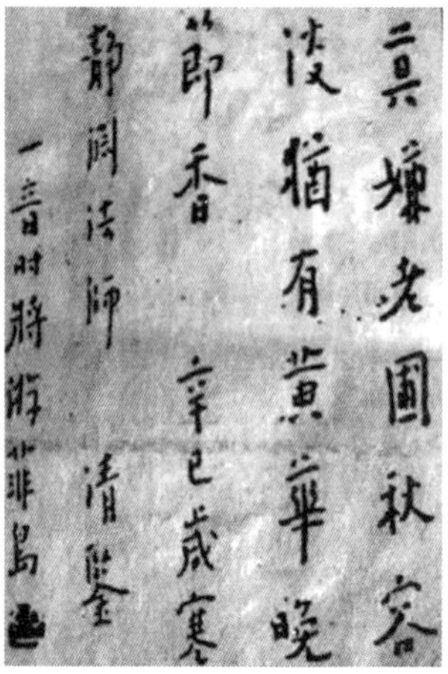

1941年冬，有赴菲岛之意，书“莫嫌老圃秋容淡，犹有黄华晚节香”。

冬，有赴菲岛之意。书“莫嫌老圃秋容淡，犹有黄华晚节香。”款识“辛巳岁寒，静渊法师清鉴，一音时将游菲岛”；钤印“弘一”、佛肖印。①

在晋江福林寺书赞红菊花偈赠刘绵松。小序：“辛巳冬初，积阴凝寒。传贯上人赠余红菊华一枝，为说此偈。”诗曰：“亭亭菊一枝，高标矗晚节。云何色殷红？殉教应流血。（寿道耆宿七秩联云）老圃秋残，犹有黄华标晚节。澄潭影现，仰观皓月镇中天。”署“岁次鹑尾将之菲岛，友人以途经古浪，或值横难为余危者，因说前偈。尔撰联句复示此义，并以写奉绵松彦士渊瞀。古诗云：莫嫌老圃秋容淡，犹有黄花晚节香。吾人一生之中，晚节最不可忽。愿与绵松共勉之也。沙门一音时年六十二”；钤印佛肖印等。

书“若欲梅花香扑鼻，还他彻骨一番寒”。款识“辛巳岁寒居第林院，晚晴老人，时年六十二”；钤印佛肖印、“月”。② **按：**所谓“辛巳岁寒”亦或书于1942年初，姑且置于是年冬。

在晋江以遗嘱形式致律华法师函。表彰其善根道念，复表彰妙莲法师之修为。敦促其与妙莲法师同住，且发尽形承侍之誓，奉之如师，自称弟子等。③

在晋江致竺摩法师函。综合律文，及南山、灵芝钞、疏记义等列表谈法和说法方式方法等。④

书印光法师警训卷。款识“印光法师警训。岁次鹑尾冬初，居苐林别院，时年六十又二，沙门亡言”；钤印“亡言”、佛肖印。⑤

书无著菩萨大乘庄严谕。款识“岁次鹑尾冬初，晚晴老人书”；钤印“音”、佛肖印。⑥

书蕅益大师警训。款识“辛巳岁寒，敬录以自勖励并奉昙昕法师慧督。晚晴院一音，时年六十二”；钤印“辟”、佛肖印。⑦

附记：文物出版社2017年10月版陈飞鹏整理《弘一法师书信全集》第590页收录致李芳远函，时间标1941年“冬”，地点标“晋江福林寺”，有“案”，曰辑自保利（厦门）国际拍卖有限公司2017春拍。此

① 夏宗禹编：《弘一大师遗墨》，华夏出版社1999年1月第2版，第121页。
② 林可同编：《弘一书法墨迹》，中国美术学院出版社2004年4月版，第13页。
③ 此信福建人民出版社2019年12月版《弘一大师全集》（第3版，修订2版）第八册·文艺卷、杂著卷、书信卷第495页收录，标“一九四一年冬，晋江福林寺”。交律华法师时，嘱保存待其圆寂后方可启阅。
④ 此信福建人民出版社2019年12月版《弘一大师全集》（第3版，修订2版）第八册·文艺卷、杂著卷、书信卷第495页收录，标“一九四一年冬，晋江福林寺”。
⑤ 上海市书法家协会编：《海派代表书法家系列作品集·弘一》（该卷主编刘一闻，副主编沈爱良），上海书画出版社2006年12月版，第249页。
⑥ 见《弘一法师书法集》，上海书画出版社，1997年5月版，扉页。
⑦ 浙江省平湖市人民政府、上海徐汇区文化局编：《弘一大师法书集·天心月圆（作品卷）》，上海书画出版社2017年5月版，第164—165页。泉州开元寺藏。

信以往无著录，录存如下，供研究参考：

芳远居士慧览：

惠书，诵悉。诸承护念，至用感谢。朽人尔来老态日甚，恐于娑婆世界未能久住。仁者青春正盛，慧根深厚，当勇猛精进，发愿力行，是所厚望焉。

音启

年末，在晋江致广义法师函：

传贯法师借

《护生画集》一册　乞向某师借

《续护生画集》一册　乞向传如师借

本月十七日以前，倘有人来福林寺，请带下。否则暂存，候传贯法师领取。

借用期限，以半年为限。由传贯师负责保管。

按：此信福建人民出版社2019年12月版《弘一大师全集》（第3版，修订2版）第八册·文艺卷、杂著卷、书信卷第489页收录，标“一九四一年，晋江福林寺”。文物出版社2017年10月版陈飞鹏整理《弘一法师书信全集》第590页收录，时间标1941年“月份日期待考”，地点标“晋江福林寺”。信中称“本月十七日以前，倘有人来福林寺，请带下。”而农历十二月弘一大师有短期泉州之行，并农历十二月十七日已在泉州。故此信当系农历十一月十七日之前写于晋江。1941年农历十一月跨1941年和1942年，十四日前为1941年。姑且将此信置于本年。

是年，李芳远等为祝寿征集诗词。柳亚子赋偈：“君礼释迦佛，我拜马克思。大雄大无畏，救国心无歧。闭关谢尘事，我意嫌消极。愿提铁禅杖，大杀卖国贼！”①

在晋江致陈海量函。言觉圆法师近拟辑《药师圣典》，欲至上海佛教居士林遍检各种《大藏经》等，请为其介绍住处，并给予照顾等。②

书赠胜阶居士“千峰顶上一茆屋，老僧半间云半间。昨夜云随风雨

① 1941年2月20日《觉音》第20、21期合刊。

② 此信福建人民出版社2019年12月版《弘一大师全集》（第3版，修订2版）第八册·文艺卷、杂著卷、书信卷第424页收录，标“一九四〇年，晋江福林寺”。文物出版社2017年10月版陈飞鹏整理《弘一法师书信全集》第588页收录，时间标是年冬。觉圆法师，时任泉州承天寺监院。

去，到头不似老僧闲。”署“归宗支庵主结茆绝顶偈。岁次鹑尾，胜阶居士瑩鉴，亡言时年六十又二”；钤印佛肖印、“弘一”。

书《红菊》：“亭亭菊一枝，高标矗劲节。云何色殷红，殉教应流血。”款识“沙门一音，时年六十二”；钤印佛肖印、“音”、“弘一年六十以后所作”。①

书“戒是无上菩提本，佛为一切智慧灯”。②

书“勤修清净波罗蜜，恒不忘失菩提心”。款识“性愿、锝徹、觉圆三长老同中兴百原古刹纪念。惠安旅夏泉珍石厂弟子陈逢春供养。月音书”；钤印“音”。③

书“不是一番寒彻骨，怎得梅华扑鼻来。”款识“灵峰大师偈句。岁次鹑尾，亡言”；钤印“弘一”、佛肖印。④

附记一：跋所书《妙法莲华经》：“乙亥夏首，性常法师掩室温陵县历三载。逮及今岁，续复掩室，勇猛精进。季世所希，放书法华，音订一卷，呈奉法师，聊为记念，并志法门之胜事焉。岁次鹑尾，亡言”；钤印“弘一年六十以后所作”、“名字性空”。⑤ **按：**跋中“记念”之“记”字，原文如此。供参考。

附记二：浙江三江拍卖有限公司2013秋季艺术品拍卖会“弘一法师书法专场”图册有弘一大师名下书法“十方众生悉慰安，一切所作皆真实。”款识“华严经句。辛巳，沙门亡言书”；钤印“龙辟”、佛肖印“南无阿弥陀佛”。供参考。

社会评介择要

《觉音社主编竺摩法师来函》，载1941年1月1日《海潮音》第22卷第1号。

《庆祝弘一法师六十大寿》，载1941年1月15日《狮子吼月刊》第1卷第2期。

高齐贤：《乐史零缣》，载1941年1月《同声月刊》第1卷第2号。

《觉音》第20、21期合刊“弘一法师六十纪念专刊”，1941年2月20日。

---

① 释慧观撰述：《弘一大师持戒念佛之典范》，（台北）弘一大师纪念学会2012年12月印行，第97页。

② 书件拓片见晋江市文化和旅游局等主办：“最后之胜利——纪念弘一大师诞辰140周年暨手书墨宝、拓片展览”，2020年11月25日至12月24日，晋江市博物馆。标注1941年。

③ 书件拓片见晋江市文化和旅游局等主办：“最后之胜利——纪念弘一大师诞辰140周年暨手书墨宝、拓片展览”，2020年11月25日至12月24日，晋江市博物馆。标注1941年。

④ 夏宗禹编：《弘一大师遗墨》，华夏出版社1999年1月第2版，第91页。所谓“鹑尾”亦或书于1942年初，姑且置于本年。

⑤ 中共温州市委宣传部、中共温州市委统战部、温州市文化广电旅游局主办：“碧天芳草——李叔同师友翰墨展”。2021年1月26日至4月30日，温州衍园美术馆。

黄伯伟：《弘一上人法腊六秩赋此奉祝》，载1941年3月10日《觉音》第22期。

林奉若：《弘一律师饲鼠经验谈广义》，载1941年5月1日《觉有情》第38、39期合刊。

《晋佛教会拟请弘一法师讲经，铜佛寺住持日内往迎》，载1941年5月24日《福建日报》。

《弘一法师养静福林道体衰弱，函谢讲经》，载1941年5月27日《福建日报》。

乐清张云雷：《读觉音社寿弘一大师六秩专刊寄怀竺摩法师敬求粲正》，载1941年5月30日《觉音》第24、25合刊。

陶孝哉：《一代艺才的湮没：杂忆弘一法师》，载1941年6月27日《前线日报》。

月笙：《灵应寺访弘一法师》，载1941年6月30日《觉音》第26期。

天庐：《弘一法师与丰子恺》，载1941年7月8日《力报》。

刘绵松：《征求弘一法师传记材料启事》，载1941年7月25日《觉音》第29期。

《征求护生画题材》，载1941年8月1日《佛学半月刊》第10卷第15号。

聊：《弘一法师之艺趣》，上、下二篇分别载1941年8月26日、28日《新天津画板》。

佛学书局出版消息：《地藏九华垂迹图赞》，载1941年9月1日《佛学月刊》第1卷第4期。

月笙自南安寄：《灵应寺访弘一法师》，载1941年9月1日《觉有情》第46、47期合刊。

张一留：《寄怀弘一上人（有序）》，载1941年11月1日《觉有情》第50、51期合刊。

《弘一法师移灵应寺》，载1941年11月27日《佛化新闻》。

叶青眼：《弘一法师提倡读诵普贤行愿品》，载1941年12月1日《觉有情》。

《弘一法师本拟赴菲弘法》，载1941年12月15日《狮子吼月刊》第1卷第11、12期合刊。

《弘一法师赴菲转大法轮》，载1941年12月25日《佛化新闻》。

1942年　壬午　63岁

社会文化事略

1月，中、苏、美、英等国在华盛顿发表《二十六国公约》；2月，中国远征军在缅甸作战失利；5月2日至23日，延安文艺座谈会召开，毛泽东发表《在延安文艺座谈会上的讲话》；是年，国民党统治区封禁报刊杂志500种，禁售1400余种。

生平事迹

1942年时的弘一大师在泉州留影。

1月1日（农历辛巳十一月十五日），《觉有情》第54、55期合刊刊出《持非时食戒者应注意日中之时》，署名“释弘一”。

1月5日（农历辛巳十一月十九日），在晋江致广义法师函。交代购纸笔，转交诸信件、书物、写件等。言写件不可示人及其他注意事项；赠与屏条四纸，又直幅二纸可转赠；托龚天发代表参加道公庆寿，《护生画集》，请交彼带下等。①

1月8日（农历辛巳十一月廿二日），《佛化新闻》刊文《弘一法师提倡读诵普贤行愿品，各地佛徒均群起效法》。

1月12日（农历辛巳十一月廿六日），在晋江致刘绵松函：

绵松居士文席：

前函所述各事，别答如下。

一、编辑文稿之事，由朽人自编。或用或删，排列，定名，皆由朽人自己裁酌。数年前，已略拟定办法。名目，决定不用“文钞”之名。因朽人旧作，可取者甚少，仅能编成两小册而已。

1.《晚晴窳语》。内容、序、传等约二十余篇。平庸之作，皆力

---

① 此信福建人民出版社2019年12月版《弘一大师全集》（第3版，修订2版）第八册·文艺卷、杂著卷、书信卷第488页收录，标“一九四一年旧十一月十九日，晋江福林寺”。因1941年农历十一月十九日为公历1942年1月5日。故此信置于本年。道公庆寿乃指在泉州举行的转道和尚70寿庆。

删之。

2. 讲稿数篇。名尚未定。其平庸之讲稿，皆不编之。

此外，如手札诗偈等，罕有可取，决定不编入。编辑之主旨，在于精不在于多。应编入之材料，数年前，居厦门时，已收集，现存厦门万石岩箧中。将来时局平靖，朽人自往厦门，整理编辑。倘有缺少者，由朽人自己觅求甚易，无须征集。仁者所编计划书，至为精密。但意在广辑巨帙，洋洋大观。此与朽意未合，乞亮之。

朽人在家，曾有时见昔贤所撰之文或诗或词等数首，叹为精绝。亟欲览其全集，以广眼界。及至求得其全集，亘数十卷或百卷，而披阅之，乃大为失望。因其一生之作，所谓精湛者，仅此数首而已。其他皆平庸敷衍，毫无可取。昔贤之全集，大半如此。朽人在家之时，屡于是而兴失望之叹矣。唐韩偓诗仅一卷，皆精美，岂必以多为贵哉？

朽人出家之宗旨，决不愿为文字之法师。今所拟自编之两小册，亦是未能免俗，聊复尔尔。岂期以此而传诸久远。流芳万古耶？故关于编辑文稿之事，乞勿视为重大。俟朽人能往厦门时，随意编定目录，再由仁者为之抄写而集辑之。今且置之度外可耳。

一、尊母法名，上一字误写。因朽人神昏，不及详察。但亦可用。母子之名，上一字相同，无妨。昔有归依印光法师者，命名亦恒如是，与俗例异也。

一、仁者所编《药师如来法门讲述录》，甚善。将来再版时，尚有数处宜变动。

目次，应移至内封面后，序文前。朽人近影，宜删去。因与佛像并列，不恭敬。

正文第一页第一行，即“药师如来法门讲述录”之大字一行，宜删去。将第三行“药师如来法门略录”八字，改为大字，列入第一行地位。如是，乃与下二种标名之格式相同。

第一种《法门略录》之标点，有脱略者，宜校正之。

第二、第三种，皆由他人具名记之。应列其名于文后。第二种，列于第十三页第四行之地位。第三种，列于第十九页第七行之地位。补云，某某记录。

附奉上拙书两纸，乞随意赠送。天寒手僵，率复，不备。

农历十一月廿六日　音启

此信及前次之信，皆乞无须示人。①

① 原信有表式符号，录存时略。详见《弘一大师全集》第八册·文艺卷、杂著卷、书信卷第3版、修订2版，福建人民出版社2019年12月版，第432页。

按一：此信福建人民出版社 2019 年 12 月版《弘一大师全集》（第 3 版，修订 2 版）第八册・文艺卷、杂著卷、书信卷第 432 页收录，标“一九三八年旧十一月廿六日，泉州承天寺”。根据方爱农《弘一法师致刘绵松札编年考订》应订为 1942 年 1 月 12 日（农历辛巳十一月廿六日）写于在晋江福林寺。①

按二：农历岁暮作《“澹华精舍”释义》：

绵松贤首，善尽孝道，化道节母，归信三宝。昔为立名，母曰胜澹，子曰胜华；尔复致问其义，请题堂额。因为署曰“澹华精舍”，并释其义，云：“澹”者，今文作“净”，胜净者圆悟自性本净也，谓知一切众生皆如来藏，无别八识生灭之种，烦恼生死即是菩提涅槃，彻于法界，唯见清净，不复更有染法也。胜华者，既悟自性本净，应即称性圆修，芬数万行，荣耀众德，故喻如华也。然性与修，二而不二，全性起修，全修在性。由是契合，“净华”名其精舍，籍示性修不二旨焉。辛巳岁暮，晚晴老人。②

按三：有致广义法师函：

△向邮局取金华之寄款。即存尊处，以备将来邮费等用。

交邮局：挂号信二封，普通信一封，信片一张。

又交邮局：寄金华挂号信一封，挂号印刷品一包。此二件，未贴邮票。

△交蒋居士一函。

△慧田法师：屏条，系赠送。他人不得援例。

△黄福海居士：未能写屏，请原谅。详述老病多忙之事。草稿，以后络续写。

△辞谢写件：以后凡有送名字求书者，皆婉言辞谢，须待将来至泉州时再写，现在不收。倘彼有十分诚意，欲求单款之字幅者，可将已写好者赠送，但无上款。已写好者，唯有二尺小中堂、小联对、一小横幅三种。

昙昕法师慧览

音奉托

① 方爱农：《弘一法师致刘绵松札编年考订》，载《杭州师范大学学报》（社会科学版）2004 年第 4 期。

② 弘一大师：《“澹华精舍”释义》，收《弘一大师全集》第八册・文艺卷、杂著卷、书信卷，福建人民出版社 2019 年 12 月第 3 版、修订 2 版，第 209 页。据《杭州师范大学学报》（社会科学版）2004 年第 4 期所载方爱农《弘一法师致刘绵松札编年考订》一文言：“据此题跋可知，弘一法师本札所云‘尊母法名，上一字误写’之事，即是其应刘绵松之请为题‘澹华精舍’堂额而在题跋‘释其义’的文辞中误写一字的情况；而此跋署款时间为辛巳（1941 年）岁暮，那么其中有说明书件中‘误写’一字情况文辞的本札，自当在其后不久所发。”

△漳州刘绵松发起，欲编辑《□□法师文钞》。此事万万不可行。余已去信阻止。拟编小册两种，由余自编。

一、晚晴寱语　杂文若干首。

二、名未定　演讲稿数篇。

△将来欲印余之新撰述。皆自有写本，影印。

《南山律在家备览》。共三册。（第一册已写好，赠与上海法宝馆。）

《药师经析疑》。一册。

《晚晴集》。一册。

△将来欲印余之旧撰述

重编，自写本，《寒笳集》。一册。

《华严集联》。一册。

《清凉歌集》。一册。此二，已托刘质平，俟时局平定，请陈海量经手影印流通。（钤“晚晴老人”印）①

此信福建人民出版社2019年12月版《弘一大师全集》（第3版，修订2版）第八册·文艺卷、杂著卷、书信卷第488页收录，标“一九四一年夏，晋江福林寺”。文物出版社2017年10月版陈飞鹏整理《弘一法师书信全集》第570—571页收录，时间标1941年夏，地点标晋江福林寺。时间均误。信中写道：“漳州刘绵松发起，欲编辑《□□法师文钞》。此事万万不可行。余已去信阻止。拟编小册两种，由余自编。”故此信当写于1942年1月12日（农历辛巳十一月廿六日）致刘绵松函之后。详考见方爱农：《弘一法师致刘绵松札编年考订》。②

2019年，铜佛寺再次修建。摄于2019年4月。

弘一大师题“铜佛古寺”刻于铜佛寺门上。摄于2019年4月。

1月17日（农历辛巳十二月初一日），赴泉州。**按一：**在泉州时有致刘质平函。言昨日寄函及书物一包，想已收到；谈棉袄尺寸等。③ **按二：**在泉州有联名致刘质平、徐希一函。言友人林葆宜欲请人函授图画、音乐二科，请为斟酌妥善办法，介绍一切；介绍林葆宜居士之为人等。④

1月18日（农历辛巳十二月初二日），在泉州百源寺小住。**按一：**

① 原信有表式符号，录存时略。详见《弘一大师全集》第八册·文艺卷、杂著卷、书信卷，福建人民出版社2019年12月第3版、修订2版，第488页。

② 方爱农：《弘一法师致刘绵松札编年考订》，载《杭州师范大学学报》（社会科学版）2004年第4期。

③ 此信福建人民出版社2019年12月版《弘一大师全集》（第3版，修订2版）第八册·文艺卷、杂著卷、书信卷第302页收录，标“一九四一年，泉州”。文物出版社陈飞鹏整理《弘一法师书信全集》第584页收录，时间标1941年“旧十二月”，地点标“泉州百源寺”。

④ 此信福建人民出版社2019年12月版《弘一大师全集》（第3版，修订2版）第八册·文艺卷、杂著卷、书信卷第302页收录，标“一九四一年，泉州”。文物出版社2017年10月版陈飞鹏整理《弘一法师书信全集》第584页收录，时间标1941年“旧十二月”，地点标“泉州百源寺”。

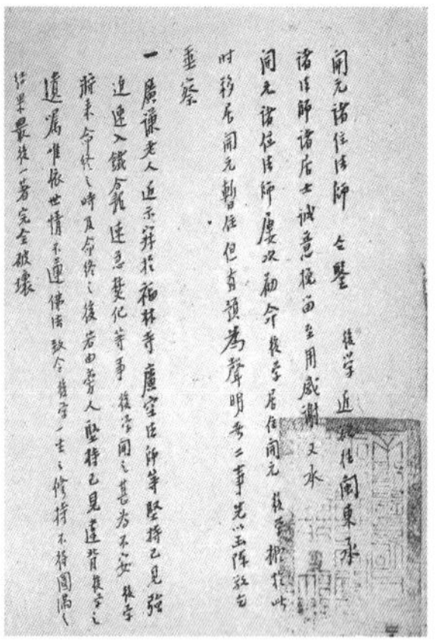
開元諸位法師 仝鑒 後學近欲往閩東承
諸法師諸居士誠意挽留至用感謝 又承
開元諸位法師屢次勸命後學居住開元 後學擬於此
時移居開元暫住但有預為聲明者二事先以函陳敬乞
垂察
一 廣謙老人近示寂於福林寺 廣空法師等堅持己見強
迫速入鐵龕速急焚化等事 後學聞之甚為不安 後學
將來命終之時及命終之後若由旁人堅持己見違背後學之
遺囑唯依世情不遵佛法致令後學一生之修持不得圓滿之
結果最後一著完全破壞

目前所见弘一大师致开元诸位法师函之一页。

1942 年弘一大师与广义法师（右）在百源寺合影。

1942 年弘一大师与广义法师（右）和传如法师（左）在百源寺合影。

期间，张人希由觉圆法师引介前往百源寺拜谒，为张人希书韩偓曲江秋日诗“斜烟缕缕鹭鸶棲，藕叶枯香著野泥。有个高僧入图画，把经吟立水塘西”。款识“人希居士澄览。岁次鹑尾嘉平，晚晴”；钤印佛肖印、“弘一年六十以后所作”。① 一说与张人希见面的地点是晋江福林寺，时间是农历十二月末。曾请张人希保存致马冬涵札及丰子恺来函。有记载张人希拜师皈依。② **按二：**又有题淡生居士自撰联句附记：“辛巳仲冬，淡生居士建观音菩萨宝相发起信心。自十二月一日起，蔬食茹素。余来温陵，住百源禅院。”**按三：**铜佛寺亦称百源寺，又称百原寺，位于泉州百源路与九一街交汇处，建于明末清初，1935 年曾毁于洪水，复重建。弘一大师为之书写“铜佛古寺”四字。该寺于 1961 年被列为泉州市文物保护单位。**按四：**旋至开元寺。曾在开元寺结七念佛，书十二字横幅“念佛不忘救国，救国必须念佛”。跋语：“佛者，觉也。觉了真理，乃能誓舍身命，牺牲一切，勇猛精进救护国家。是故救国必须念佛。辛巳岁寒，大开元寺结七念佛，敬书呈奉，晚晴老人。”钤印“弘一年六十以后所作”、佛肖印。③ **按五：**农历十二月，致泉州开元寺诸法师函：

开元诸位法师仝鉴：

后学近欲往闽东，承诸法师、诸居士诚意挽留，至用感谢。又承开元诸位法师屡次劝命后学居住开元。后学拟于此时移居开元暂住，但有预为声明者二事，先以函陈，敬乞垂察。

一、广谦老人近示寂于福林寺。广空法师等坚持己见，强迫速入铁龛，速急焚化等事。后学闻之，甚为不安。后学将来命终之时及命终之后，若由旁人坚持己见，违背后学之遗嘱，唯依世情不遵佛法，致令后学一生之修行，不得圆满之结果，最后一着，完全破坏。

“人谁无过，过而能改，善莫大为。从上皆称，改过为贤，不以无过为美。故人之行事，多有过差，上智下愚，俱所不免。唯智者能改过迁善，而愚者多蔽过饰非。迁善，则其德日行足称。君子饰过，则其恶弥著，斯谓小人。”圆悟勤禅师与文主簿书。

此信福建人民出版社 2019 年 12 月版《弘一大师全集》（第 3 版，修

① 刘正成主编：《中国书法全集 83·近现代编-李叔同马一浮卷》（该分卷主编潘良桢，副主编方爱龙，学术顾问任继愈），荣宝斋出版社 2002 年 11 月版，第 133 页。

② 黄福海：《弘一法师与我》，收《弘一大师全集》第十册·附录卷，福建人民出版社 2019 年 12 月第 3 版、修订 2 版，第 241—243 页。

③ 上海市书法家协会编：《海派代表书法家系列作品集·弘一》（该卷主编刘一闻，副主编沈爱良），上海书画出版社 2006 年 12 月版，第 216 页。福建人民出版社 2019 年 12 月版《弘一大师全集》（第 3 版，修订 2 版）第七册·佛学卷、传记卷、序跋卷第 638 页收录时题《手书“念佛不忘救国，救国必须念佛”并跋》。

订 2 版）第八册 · 文艺卷、杂著卷、书信卷第 498 页收录，标“一九四一年旧十二月，晋江福林寺”。（对照今存之信件图片，文字有多处错误。已改正）文物出版社 2017 年 10 月版陈飞鹏整理《弘一法师书信全集》第 585 页收录，地点标“泉州百源寺”。此信若写于 1941 年农历十二月，从弘一大师住百源寺之行踪看，应写于百源寺。此信收录之文字似未全（前后文意尚未表达清楚）。信中有“但有预为声明者二事，先以函陈，敬乞垂察”句，根据目前所见原函之一页，“广谦老人近示寂于福林寺”句前有“一”字。

又：福建人民出版社 2019 年 12 月版《弘一大师全集》（第 3 版，修订 2 版）第八册 · 文艺卷、杂著卷、书信卷第 428 页收录致叶青眼函，时间、地点无标注。文物出版社 2017 年 10 月版陈飞鹏整理《弘一法师书信全集》第 586 页收录，依据弘一大师与叶青眼交往过程，时间标 1941 年“冬”地点标“泉州开元寺”。此时住开元寺为辛巳十二月，即 1942 年 1 月底或 2 月初，故置于本年。信曰：

叶青眼居士：

介绍吴立人、夏索非居士奉访。以后拟常借阅佛书，并乞指示一切。先借阅《印光法师文钞》。

弘一上

按六：时上海刘传声居士探悉闽南丛林缺粮，特奉千元供养，辞之。谓自出家以来，一向不受人施。后以此款充开元寺为道粮。又谓“民二十年间，挚友夏丏尊居士，赠余美国真白金水晶眼镜一架，因太漂亮，余不戴。今亦送开元寺常住变卖为斋粮。”①

1 月 21 日（农历辛巳十二月初五日），在承天寺大雄宝殿前遇到因见《观世音菩萨宝相》而发佛心，并于 1 月 17 日茹素的梁淡生居士。②

1 月 23 日（农历辛巳十二月初七日），蒋文泽前往百源寺拜见。**按：**蒋文泽：《拜观一公沐恩记》记曰：

……此次闻公莅泉，将在百原禅苑作数日留，境缘成就，欣幸何已。乃于夏历十二月初七日恭诣拜觐，蒙觉圆法师、传贯法师等

① 广义：《弘一大师之盛德》，收《弘一大师全集》第十册 · 附录卷，福建人民出版社 2010 年 10 月第 3 版、修订 2 版，第 197—198 页。

② 弘一大师题淡生居士自撰联附记，转引自林子青编著《弘一法师年谱》，宗教文化出版社 1995 年 8 月版，第 298 页。梁淡生，即梁鸿基，福建永春人。

垂慈转达，深荷一公怜悯摄受。公威仪严肃，待人和蔼，一见学人，即曰：文泽居士，你皈依印光法师耶，你从上海买来佛书送人耶，很好很好！公如此亲切鼓励，使学人悲喜交集。窃思学人昔何障而不得拜觐光公，今何幸而得亲炙一公。礼毕，公赐坐，略叙数语，学人即求开示。公示曰：你但依《印光法师文钞》认真修持，即十分妥善。此外别无可开示。伟哉，公之言简义丰，一应修持处世诸法。以文钞二字间接说尽。学人略领此意，故也无开口处矣。又一日，学人以修持旋进旋退，而进修之日，昏沉与梦境均盛，乞示于公。公曰：无妨也。此系宿业使然，但继续精进，不起执著。如是诸障自可渐少。又学人以念佛时妄念纷飞，无法扫除，后自发起用听时钟机声繫念，或用观想华文之南无阿弥陀佛六字（每念佛一句，想一字，周而复始）繫念。此二法，随意用一，始觉妄念稍减。但恐与修多罗未合，或致起诸魔事，因而乞证于公。公曰：极可。惟所用之钟勿过小（当以大自鸣钟为宜）。小则行速不适用，且须安放平稳，使丁当之声均匀相等。如此听钟念佛，妄念当可减少。又谓十数年前亦曾撰听钟念佛之文，呈正于印光大师。大师甚为赞成云。至于想字念佛一法，公示以但想阿弥陀佛四字较为简易。所想之字须十分显明，并其字体与笔法皆如在目前。所见之字愈清楚，心愈安定。每念佛一句，想一字，四字想完，至第五句，总想四字。第六句再由第一字想起。如此用功，最易遣妄。其他如掐珠念佛，若十句过一珠，恐难记清，最适当者，以四句或五句过一珠，则多寡适宜，而心易归一也。学人于光公大师荼毗之日，深悲不能恭预法会，曾燃臂香敬书行愿品以为回向，但恐字法或有未妥，一日，呈公检视，公颇许可。学人即禀公，以此后当照式书完净土五经，以为净业助缘。公甚赞喜。腊月望辰，学人介绍曾文荣居士皈依公，荷公摄受，为取法名曰胜荣。皈依时，公临佛前指导，礼仪严肃。越日，公为开示修持各法（详见曾文荣居士纪上弘下一师尊摄受因缘文）。学人恭预见闻，深沐法益。此次公临泉城，学人七进亲觐。承公勉励训示，沐恩殊深……①

1月24日（农历辛巳十二月初八日），在泉州致胜顺函。言送上十元，归并入救济会款中；前商会送来之写件，内有款字不明者，附贴奉，请转询示知等。②

① 蒋文泽：《拜观一公沐恩记》，载1942年7月1日《觉有情》第66、67期合刊。

② 此信福建人民出版社2019年12月版《弘一大师全集》（第3版，修订2版）第八册・文艺卷、杂著卷、书信卷第441页收录，标“一九四一年十二月初八日，晋江福林寺”。地址误。此时弘一大师在泉州。文物出版社2017年10月版陈飞鹏整理《弘一法师书信全集》第583页收录，地址已纠正。

梁淡生居士皈依三宝，为证明，立名“胜闻”。**按：**书佛语“心恒安住无上大悲”。款识“辛巳嘉平，以奉胜闻居士，亡言”；钤印“弘一”、佛肖印。①

1月31日（农历辛巳十二月十五日），经觉圆法师引荐，在百源寺大雄殿为曾文荣举行皈依礼，赐法名曰胜荣。**按：**曾文荣：《纪弘一师尊摄受因缘》记曰：

师尊振锡闽南，随处无非弘法利生，教化所被，千机并育，颓劣如荣，竟亦沐恩。师之垂同体悲，可谓溥矣。溯荣之认识师也，始于民国廿七年。时师为应永春普济寺之请，途径泉州，各缁素大德，相继恳求说法，师一一慈许，悉满所愿。当其在承天寺讲经时，荣每日躬预法会。师慈容庄严，法音清澈。见闻莫不起敬发心。斯际荣即发起皈依之念，但以因缘未就，竟成幻想。嗣后师自永而南而晋，荣皆以业障，不获亲近。今者觉圆法师请师居住百原寺数日，荣得讯，乃请蒋文泽居士介绍，于夏历十二月十五晨，恭趋拜谒，乞求皈依。蒙觉圆法师引进，深感师尊慈愍摄受，遂于寺之大雄殿举行皈依仪式，赐法名曰胜荣。皈竟礼毕，因又有来觐者，乃少待而叩别。越二日，复进谒，乞师开示修持方法。师示以修持行门虽多，而按今人根器，当依念佛求生净土一法，最为稳捷。先说苦乐心厌大意，次示以发愿之重要，谓修持深浅尚属其次，惟发愿求生，决须十分恳切。发愿不止朝暮在佛前宣说，还须时时刻刻，将求生一念牢拴坚固。虽操作世事之时，亦不可忘却，则往生方有把握。若悠悠泛泛，不专不切，则临终时，定靠不住。又须劝告家眷大小，当一概长期素食，常念佛名，以冀现生增长福慧，将来同生西方。又云：女人往生西方者，均成清净德相。以彼土众生，无有女相，纯一丈夫相也。荣此次荷蒙师尊慈悲摄受，谆谆开导，犹如午夜洪钟，从此深印八识田中。兹愿法益同沾，故为此因缘之起纪述。②

2月1日（农历辛巳十二月十六日），《觉有情》第56、57期合刊刊出《随分自誓受菩萨戒文析疑》，署名“释弘一”。

2月2日（农历辛巳十二月十七日），曾文荣来访，为其开示修持

① 上海市书法家协会编：《海派代表书法家系列作品集·弘一》（该卷主编刘一闻，副主编沈爱良），上海书画出版社2006年12月版，第217页。

② 曾文荣：《纪弘一师尊摄受因缘》，载1942年8月1日《觉有情》第68、69期合刊。

1942年初春，弘一大师（中）与浙江省立第一师范学校时的学生石有纪（左）等在百源寺合影。

1942年弘一大师在泉州留影。

方法。

2月4日（农历辛巳十二月十九日），在泉州百源寺晤蒋文泽、杨严洁二居士，为其开示。

2月6日（农历辛巳十二月廿一日），在泉州致李芳远函。言来信收到；居泉州两旬，日堕于名闻利养陷阱中，至用惭惶；明午归卧苇林，闭门静修；特刊一册，附挂号邮奉；复竹庄居士函，及与陆、严二居士写件，俟后托传贯法师寄上等。① **按一：**赴福林寺前另有致李芳远函。言不久即往苇林，闭门养静；附奉致郭沫若居士函，请转达，并致虔仰之意；附题偈一纸，序文可请竹庄居士为之等。② **按二：**赴福林寺前石有纪至铜佛寺探望，并邀请至惠安小住。时有合影。③

2月7日（农历辛巳十二月廿二日），自泉州至晋江福林寺度岁。**按：**赴福林寺前作《记梁淡生居士入佛因缘》，署"亡言时年六十又二"。④

在晋江致觉圆法师函。言领请《药师经析疑》写稿，不预定日期，俟后通告；以后有送纸来者，不收。邮局寄名款来者，不写。必须托专人送名款致福林寺，首候领取者，乃书写。特别之件，必须用宣纸者，由本人赠送等。⑤

2月9日（农历辛巳十二月廿四日），文蚋皈依三宝，为取法名胜文，并书赠印光大师法语，款识"请印光大师法语。文蚋居士善根深植，辛巳十二月二十四日归依三宝，为立名曰胜文，并书法语付之。沙门一音，时年六十又二"；钤印佛肖印、"音"。⑥

2月14日（农历辛巳十二月廿九日，除夕），在晋江致广义法师函。

① 此信福建人民出版社2019年12月版《弘一大师全集》（第3版，修订2版）第八册·文艺卷、杂著卷、书信卷第421页收录，标"一九四一年旧十二月二十一日，泉州开元寺"。因弘一大师在泉州小住继而返回晋江福林寺度岁已是1942年之事。故此信置于本年。此信曾刊于1943年《学术界》第1卷第2期，李芳远辑，题《弘一大师书牍（续）》。实际写信地点或为百源寺。

② 此信福建人民出版社2019年12月版《弘一大师全集》（第3版，修订2版）第八册·文艺卷、杂著卷、书信卷第421页收录，标"一九四一年冬，泉州开元寺"。因弘一大师在泉州小住继而返回晋江福林寺度岁已是1942年之事。故此信置于本年。郭沫若（1892—1978），四川乐山人，诗、历史学家、社会活动家。书赠郭沫若书件为寒山子诗："吾心似明月，碧潭清皎洁。无物堪比伦，教我如何说。"题有"沫若居士澄览"。

③ 石有纪，曾在浙江省立第一师范学校就读，师从李叔同。时任惠安县县长。

④ 弘一大师：《记梁淡生居士入佛因缘》，收《弘一大师全集》第八册·文艺卷、杂著卷、书信卷，福建人民出版社2019年12月第3版、修订2版，第209页。

⑤ 此信福建人民出版社2019年12月版《弘一大师全集》（第3版，修订2版）第八册·文艺卷、杂著卷、书信卷第494页收录，标"一九四一年旧十二月二十二日，晋江福林寺"。因1941年农历十二月廿二日为公历1942年2月7日，故将此信置于本年。

⑥ 泉州承天寺藏，参见林长红《士先器识而后文艺——弘一大师书法艺术及影响》，载《海峡影艺》2009年第1期（创刊号）。

言送上写件六包，请转交传如法师、周伯遒居士、蒋文泽居士、永通行、雪依居士和广慰法师等。[①]

2月15日（农历正月初一日），在晋江复蒋维乔（竹庄）函。言李芳远十三岁时即与本人相识。尔后颇于本人有所规导。今年十九岁。工诗词、善篆刻，识见超卓绝俗。生于富贵之家却犹如莲华。近将亲近讲座，望有以诏而教之等。[②]

致李芳远函。言寄上"红树室"额，并复蒋居士书及横披一叶；前者嘱撰诗词序，以此书代序；今后将静养，暂不通信；漳州刘绵松居士英年好学，见识迈俗，可常与之通讯等。[③] **按一：**另有一函致李芳远。福建人民出版社2019年12月版《弘一大师全集》（第3版，修订2版）第八册·文艺卷、杂著卷、书信卷第422页收录，标"一九四二年，泉州"。文物出版社2017年10月版陈飞鹏整理〈弘一法师书信全集〉第546页收录，以为应写于1940年夏。此信亦曾刊于1943年《学术界》第1卷第5期李芳远辑《弘一大师书牍（续完）》，未标时间。信如下：

> 书悉。仁者能于文艺有表树，至用欣慰。朽人早岁留滞东京，亦尝一度悴心于此。今年老矣，又入佛门，当不复措意。且绮语之类，佛所深诫，尤非沙弥之所宜言矣。竹老之言，感佩万分。附书《灵峰遗语》一纸，可印卷首。世出世事，非一番苦心经营，其成就必不惊人。若欲超脱尘障，更须一番风霜磨砺，故迟迟出版无妨也。
>
> 演音疏

从弘一大师2月15日（农历正月初一日）在晋江致蒋维乔函看，此时是介绍李芳远前来聆听讲座。而此函有"竹老之言，感佩万分"句。故在无进一步证据前，应从福建人民出版社2019年12月版《弘一大师全集》（第3版，修订2版）。**按二：**又有一函致李芳远，福建人民出版社2019年12月版《弘一大师全集》（第3版，修订2版）第八册·文艺卷、杂著卷、书信卷第422页收录，标"一九四二年，泉州"。言见来书有唐人诗"西楼望月几回圆"句，表示本人幼年时亦喜此诗，今老

① 此信福建人民出版社2019年12月版《弘一大师全集》（第3版，修订2版）第八册·文艺卷、杂著卷、书信卷第489页收录，标"一九四一年除夕，晋江福林寺"。因1941年除夕为公历1942年2月14日（农历辛巳十二月廿九日），故将此信置于本年。

② 此信福建人民出版社2019年12月版《弘一大师全集》（第3版，修订2版）第八册·文艺卷、杂著卷、书信卷第441页收录，标"一九四二年旧元旦，晋江福林寺"。此函曾刊于1943年《学术界》第1卷第2期，李芳远辑《弘一大师书牍（续）》。

③ 此信福建人民出版社2019年12月版《弘一大师全集》（第3版，修订2版）第八册·文艺卷、杂著卷、书信卷第421—422页收录，标"一九四二年旧正月初一，晋江福林寺"。此函曾刊于1943年《学术界》第1卷第2期，李芳远辑《弘一大师书牍（续）》。

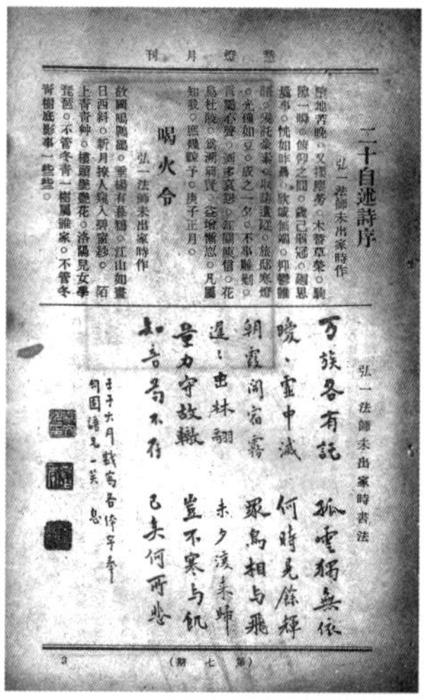
慧燈月刊

二十自述詩序

弘一法師未出家時作

喝火令

弘一法師未出家時作

弘一法師未出家時書法

3　（第七期）

慧燈月刊

西湖夜遊記

弘一法師未出家時作

弘一法師道影

（第七期）　2

1942年2月28日《慧灯月刊》第7期刊出诸多李叔同出家前作品。

矣，仍如是。恨蹉跎岁月，无所成就，愧见故人；勉励其精勤修持等。

书华严经句“身被忍辱甲，提智慧剑。录佛华严经句”。款识“壬午岁首，亡言书”；钤印“弘一”、佛肖印。① **按：**此书第二分句之首疑漏“手”字。

书格言“以冰霜之操自励……”。款识“岁次壬午元旦试笔，沙门亡言，时居苐林禅苑，年六十有三”；钤印“名字性空”、“演音”、佛肖印。②

书“如我心者，宁于未来受无间苦……”。款识“龙集壬午元旦，沙门亡言，时年六十三”；钤印“月”、佛肖印。③

用朱砂为陆丹林篆书斋额“红树室”，款识“丹林居士嘱书，壬午元旦试笔，晚晴老人时年六十三”。

2月15日至3月16日（农历正月），书“古人自牧愈卑而品愈高明”。款识“灵峰警训。壬午正月，亡言书”；钤印“弘一”。④

书“以冰霜之操自励则品日清高。古警训”。款识“壬午正月，亡言书”；钤印“弘一”。⑤

书横幅“我身语意未曾恼害于一众生……”赠淡生居士。款识“岁次鹑火元月居苐林院，书奉淡生居世瑩览。亡言时年六十三”；钤印：佛肖印、“演音”、“辟”。⑥ 又书此横幅赠竹庄居士。款识“壬午岁朝书奉竹庄居士澄览，晚晴老人时年六十有三，居苐林”；钤印：佛肖印、“弘一”。⑦

附记：文物出版社2017年10月版陈飞鹏整理《弘一法师书信全集》第592—593页收录致刘质平函，时间标1942年“正月初六日（新历2月20日）”，地点标“晋江福林寺”。辑自西泠印社拍卖有限公司2010年春拍。此信以往无著录，附记于此，供研究参考。信如下：

前邮明信及写件，想已收到。近为事忙，谨答，不具。

演音启

① 上海市书法家协会编：《海派代表书法家系列作品集·弘一》（该卷主编刘一闻，副主编沈爱良），上海书画出版社2006年12月版，第218页。

② 刘正成主编：《中国书法全集83·近现代编-李叔同马一浮卷》（该分卷主编潘良桢，副主编方爱龙，学术顾问任继愈），荣宝斋出版社2002年11月版，扉页。

③ 夏宗禹编：《弘一大师遗墨》，华夏出版社1999年1月第2版，第153页。

④ 见《弘一法师书法集》，上海书画出版社，1997年5月版，第5图。

⑤ 见《弘一法师书法集》，上海书画出版社，1997年5月版，第7图。

⑥ 见《弘一与厦门》，鹭江出版社2012年8月版，第151页。

⑦ 见林可同编：《弘一书法墨迹》，中国美术学院出版社2004年4月版，第11页。

2月28日（农历正月十四日），《慧灯月刊》第7期刊出《西湖夜游记》，署“弘一法师未出家时作”（附照片）；《二十自述诗序》，署“弘一法师未出家时作”；词五阕，署“弘一法师未出家时作”（《喝火令》《高阳台》《满江红》《菩萨蛮》《春游曲》），及“弘一法师未出家时书法”（1912年书各体字赠许幻园）。**按：**同期刊有陈海量《忆西归师》一文，有曰：“蜀僧西归师，法名显真。在俗历任县长，四十以后，习外道法，年逾知命，奋然出世，祝发于慈溪五磊山，从弘一大师学，苦行精进，不蓄财帛，专念弥陀，冀归净土。”此文另载1942年3月20日《佛教杂志》创刊号。

3月1日（农历正月十五日），在晋江致妙莲法师函。言奉上谢居士《受归戒文》一纸，又直幅联对，请转寄与海量居士。附告请谢居士先诵此文，自誓受。将来本人至沪时再正式受即可。不久往惠安，返回泉州时再惠临研讨戒义等。[1]

致妙慧法师等函。言来信敬悉，感谢慈护爱念；近来体力衰颓，瘦弱益甚，未能即来永春；施资五百元，仍托带返，以待将来赴永春行李之需等。[2]

致李芳远函：

芳远居士智览：

惠书，诵悉。诸承关念，并示箴规，感谢无尽。此次朽人至泉城，虽不免闻名利养之嫌，但较三四年前则稍轻减。此次至泉，未演讲，未赴斋会。仅有请便饭者三处，往之。惟以见客，写字，至为繁忙耳。夫见客、写字，虽是弘扬佛法。但在朽人，则道德学问皆无所成就，殊觉惶惭不安。自今以后，拟退而修德，谢绝诸务。以后于尊处，亦未能通信。倘有惠函，亦不披阅。诸乞原谅，为祷。前为严居士写就一纸，并奉上。仁者嘱写各体书，朽人出家以后即有未能，乞谅之。仁者嘱盖印事，此册前存性常法师处，将来托便人嘱彼寄还，因朽人前已盖章，不须再盖，（种种失礼之处，乞格外原谅，至祷至祷。）且佳印无多，不足观也。朽人现在结束一切诸事，未能应命，乞愍其老朽而曲谅之。谨复，不宣。

---

① 此信福建人民出版社2019年12月版《弘一大师全集》（第3版，修订2版）第八册·文艺卷、杂著卷、书信卷第491页收录，标“一九四二年正月十五日，晋江福林寺”。

② 此信福建人民出版社2019年12月版《弘一大师全集》（第3版，修订2版）第八册·文艺卷、杂著卷、书信卷第490页收录，标“一九四二年旧一月十五日，晋江福林寺”。并注曰：“此札封面原署‘致妙慧、妙用诸法师，郑卧云、林师觉、林锦章、李尧南、王梦惺诸居士书’。”

以后，倘有他人询问朽人近状者，乞以“闭门思过，念佛待死”八字答之，可耳。

壬午元宵日　音启

此次至泉州，朽人自己未受一文钱。他人有供养钱财者，皆转赠寺中或买纸用。往返之旅费，由传贯师任之。附白。

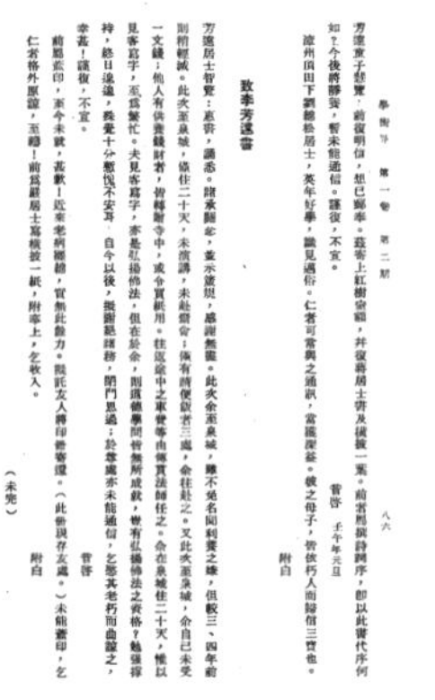
學術界　第一卷　第二期　八六

芳遠童子慧覽：前復明信，想已鄰奉。茲寄上紅樹室詩，并復蔣居士書及橫披一紙。前書爲撰詩詞序，即以此書代序何如？今後將静養，暫未能通信。謹復，不宣。

音啓　壬午年元旦

漳州頂田下劉綿松居士，英年好學，識見過俗。仁者可常與之通訊，當獲深益。彼之母子，皆依朽人而歸信三寶也。

附白

致李芳遠書

芳遠居士智覽：惠書，誦悉。諸承關念，並示箴規，感謝無盡。此次余至泉城，雖不免名聞利養之嫌，但較三、四年前則稍輕減。此次至泉城，係住二十天，未演講，未赴齋會；僅有請便飯者三處，余往赴之。又此次至泉城，余自已未受一文錢；他人有供養錢財者，皆轉贈寺中，或令買紙用。往返途中之車費等由傳貫法師任之。余在泉城住二十天，惟以見客寫字，至爲繁忙。夫見客寫字，亦是弘揚佛法，但在於余，則道德學問皆無所成就，豈有弘揚佛法之資格？勉强撑持，終日遑遑，殊覺十分慚愧不安耳。自今以後，擬謝絕諸務，閉門思過；於尊處亦未能通信，乞恕其老朽而曲諒之，幸甚！謹復，不宣。

音啓

前囑蓋印，至今未就，甚歉！近來老病纏綿，實無此餘力。擬託友人將印册寄還。（此册現存友處。）未能蓋印，乞仁者格外原諒，至禱！前爲嚴居士寫橫披一紙，附奉上，乞收入。

附白

（未完）

1942 年 3 月 1 日弘一大师致李芳远函。见 1943 年《学术界》第 1 卷第 2 期上的李芳远辑《弘一大师书牍（续）》。

按一：此信福建人民出版社 2019 年 12 月版《弘一大师全集》（第 3 版，修订 2 版）第八册 · 文艺卷、杂著卷、书信卷第 422 页收录，标“一九四二年元宵，泉州百源寺”。地点误。此时弘一大师身居晋江福林寺。文物出版社 2017 年 10 月版陈飞鹏整理《弘一法师书信全集》第 593 页收录，已纠正。**按二：**此信文字与载于 1943 年《学术界》第 1 卷第 2 期上的李芳远辑《弘一大师书牍（续）》中的信文有不同处。录存供研究参考：

芳远居士智览：

惠书，诵悉。诸承关念，并示箴规，感谢无尽。此次余至泉城，虽不免闻名利养之嫌，但较三、四年前则稍轻减。此次至泉城，未演讲，未赴斋会；仅有请便饭者三处，余往赴之。又此次至泉城，余自己未受一文钱；他人有供养者，皆转赠寺中，或令买纸用。往返途中之车费等由传贯法师任之。余在泉城住二十天，惟以见客写字，至为繁忙。夫见客写字，亦是弘扬佛法，但在余，则道德学问皆无所成就，岂有弘扬佛法之资格？勉强撑持，终日遑遑，殊觉十分惭愧不安耳。自今以后，拟谢绝诸务，闭门思过；于尊处亦未能通信。乞恕其老朽而曲谅之，幸甚！谨复，不宣。

音启

前嘱盖印，至今未就，甚歉！近来老病缠绵，资无此余力。拟托友人将印册寄还。（此册现存友处。）未能盖印，乞仁者格外原谅，至祷！前为严居士写横披一纸，附奉上，乞收入。

附白

3 月 5 日（农历正月十九日），《佛化新闻》刊文《丰子恺居士为祝弘一法师六十大庆，画佛像千尊结缘，早已满额申明截止》。

3 月 6 日前（农历正月廿日前），在晋江致广义法师函。言农历正月二十日后，乞来苪林，领取诸写件，并嘱以后写字办法；借日晷仪明年正月底奉还；讲稿带来等。[1]

弘一大师（中坐者）在福林寺与诸法师、居士合影。

3月9日（农历正月廿三日），在晋江致性常法师函：

性常法师：

惠书，诵悉。分答如下：第二云："我食檀越及僧常食"。第三云："我昔受戒时，未能如法，故无夏。"第四云："我今三衣钵具并受持。（下一句略去。）有未能如法者，后当如法作。"第五云："我不别众食。"近向日本请小字旧《藏经》一部，昨已收到，共四百十九册。谨复，不宣。

演音启　三月九日

按：此信福建人民出版社2019年12月版《弘一大师全集》（第3版，修订2版）第八册·文艺卷、杂著卷、书信卷第483页收录，标"一九四二年三月九日，泉州温陵养老院"。文物出版社2017年10月版陈飞鹏整理《弘一法师书信全集》第596页收录，时间标1942年"正月十六日（新历3月9日）"，地点标"晋江福林寺"。若书信所署时间为农历，则此时弘一大师尚在惠安。若为公历，弘一大师在晋江福林寺。从信中所述"近向日本请小字旧《藏经》一部，昨已收到，共四百十九册"看，此时弘一大师当居于相对稳定之地。故此信似写于1942年3月9日（农历正月廿三日），地点是晋江福林寺。《弘一法师书信全集》将公历3月9日标为农历正月十六日，系换算错误。

3月17日至4月14日（农历二月），书"清印光大师警训"。款识"壬午二月，将□□□此以自警惕。一音"；钤印"弘一"。[2]

在福林寺与念佛会成员合影。

1942年农历二月弘一大师（右四）在福林寺念佛会与诸法师、居士合影。

3月28日（农历二月十二日），《慧灯月刊》第8期刊出《音乐序》，署"弘一法师未出家时作"；《月夜》，署"弘一法师未出家时作"；《秋夜》，署"弘一法师未出家时作"。

4月1日（农历二月十六日），《觉有情》第58、59期合刊刊出《略述印光大师之盛德》，署名"弘一"。同期刊出广义《弘一大师之盛德》。

---

① 此信福建人民出版社2019年12月版《弘一大师全集》（第3版，修订2版）第八册·文艺卷、杂著卷、书信卷第489页收录，标"一九四二年正月，晋江福林寺"。

② 浙江省平湖市人民政府、上海徐汇区文化局编：《弘一大师法书集·天心月圆（作品卷）》，上海书画出版社2017年5月版，第149页。泉州开元寺藏。

略述印光大師之盛德

弘一大師之盛德

1942 年 4 月 1 日《觉有情》第 58、59 期合刊刊出《略述印光大师之盛德》，署名“弘一”。同期刊出广义《弘一大师之盛德》。

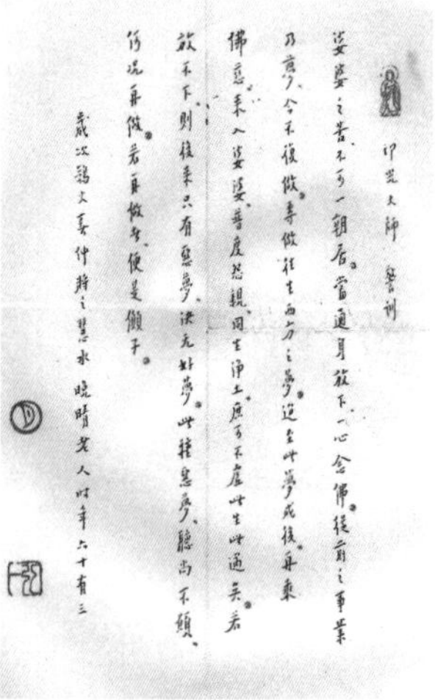

1942 年仲春，弘一大师书《印光大师警训》。

4 月 5 日前（农历二月廿日前），致函石有纪，言农历二月廿日后，天气放晴，即动身赴惠安灵瑞山寺，并附数条：“一，君子之交，其淡如水。二，不迎不送，不请斋。三，过城时不停留，迳赴灵瑞山。”[①]

按：在福林寺时书蕅益大师警训“以慈育德，以忍养情……”。款识“蕅益大师警训。明德居士澄览。壬午晚晴老人，时年六十三，苐林”；钤印“弘一”。[②]

春，书蕅益大师警训多幅：“以冰霜之操自励，则品日清高；以穹窿之量容人，则德日广大；以切磋之谊取友，则学问日精；以慎重之行利生，则道风日远。”其一款识“岁次鹑火春仲，将之慧水，晚晴老人，时年六十有三”；钤印“月”、“弘一”、佛肖印。其二款识“壬午春，明蕅益大师警训，晚晴老人，时年六十又二”；钤印“弘一年六十以后所作”、佛肖印。其三仅录“以冰霜之操自励，则品日清高；以穹窿之量容人，则德日广大”，又款识“蕅益大师警训。壬午春首，晚晴老人书”；钤印“弘一年六十以后所作”等。[③]

书印光大师警训。款识“岁次鹑火春仲，将之慧水。晚晴老人，时年六十有三”；钤印“月”、“弘一”、佛肖印。

书五言联“无上慧坚固，功德华庄严”。款识“大方广佛华严经句。岁次鹑火春仲，晚晴老人”；钤印佛肖印、“弘一”。[④]

书五言联“入于真实境，照以智慧光”。款识“大方广佛华严经句。岁次鹑火春仲，晚晴老人”；钤印佛肖印、“弘一”。[⑤]

书五言联“无上慧坚固，功德华庄严”。款识“壬午春，晚晴老人”；钤印佛肖印、“弘一”。[⑥]

书五言联“灭除一切苦，圆满无上慈”。款识“壬午春，晚晴老人”；钤印佛肖印、“弘一”。[⑦]

书五言联“无尽智慧海，一切世间灯”。款识“大方广佛华严经句。壬午春，晚晴老人”；钤印佛肖印、“弘一”。[⑧]

书五言联“饮诸佛法海，放大智慧光”。款识“大方广佛华严经句。

① 剑痕：《怀弘一法师》，收《弘一大师永怀录》，大法轮书局 1943 年流通版，第 199—204 页。

② 《弘一与厦门》，鹭江出版社 2012 年 8 月版，第 114 页。

③ 此可参见夏宗禹编：《弘一大师遗墨》，华夏出版社 1999 年 1 月第 2 版，第 120 页。

④ 林可同编：《弘一书法墨迹》，中国美术学院出版社 2004 年 4 月版，第 43 页。相同联句又见夏宗禹编：《弘一大师遗墨》，华夏出版社 1999 年 1 月第 2 版，第 71 页，款识为：大方广佛华言经句。壬午春，晚晴老人；钤印：弘一。

⑤ 林可同编：《弘一书法墨迹》，中国美术学院出版社 2004 年 4 月版，第 49 页。

⑥ 上海市书法家协会编：《海派代表书法家系列作品集·弘一》（该卷主编刘一闻，副主编沈爱良），上海书画出版社 2006 年 12 月版，第 219 页。

⑦ 上海市书法家协会编：《海派代表书法家系列作品集·弘一》（该卷主编刘一闻，副主编沈爱良），上海书画出版社 2006 年 12 月版，第 220 页。

⑧ 上海市书法家协会编：《海派代表书法家系列作品集·弘一》（该卷主编刘一闻，副主编沈爱良），上海书画出版社 2006 年 12 月版，第 221 页。

壬午春，晚晴老人”；钤印佛肖印、“弘一”。[①]

书澫益大师警训“以人之过为己过，每反躬而责己”。款识“明澫益大师警训。壬午春，沙门亡言”；钤印佛肖印、“弘一”。[②]

书“以无碍眼等视众生。《大方广佛华严经》”。款识“壬午春，亡言”；钤印“沙门月辟”、佛肖印。[③]

施至伟摄弘一大师像。

弘一大师（左）与施至伟居士在石狮合影。

4 月 7 日（农历二月廿二日），自福林寺赴惠安灵瑞山讲经，为时约一个月。在石狮与施至伟合影。另施至伟为其摄影，题“弘师道影，施至伟写”。**按一：**曾入惠安城一次，见石有纪夫妻及女儿。敦促石有纪做人应“存诚”，做官不可“嗜杀”等。在灵瑞山期间，石有纪曾三次上山拜访。后有《参谒弘一法师》一文。[④] **按二：**石有纪（笔名剑痕）有《怀弘一法师》一文。[⑤] **按三：**本年 4 月 10 日《福建日报》刊出《弘一法师赴惠讲经期定一个月》，文曰：“高僧弘一法师近应惠安县长石有纪之请，特于七日由石狮福林寺来泉，昨（九）午起程赴惠，偕行者有本市铜佛寺僧觉圆等。闻今晚留宿洛阳街石井寺，明日即可抵惠，将在惠城灵瑞山挂锡讲经，期间暂定一个月。”

4 月 9 日（农历二月廿四日），《佛化新闻》刊文《弘一大师仍卓锡泉州福林寺》。

4 月 14 日（农历二月廿九日），在惠安联名致施至伟夫妇函。言前至石狮，承招待一切，感谢无尽；近已至惠安；寄书件五叶等。[⑥]

4 月 15 日至 5 月 10 日间（农历三月初一日至廿六日间），书“人人为我，我为人人”。款识“壬午三月与胜信贤首同住惠安灵瑞山寺，书此付之，一音”；钤印“一音”。[⑦]

4 月 24 日（农历三月初十日），欲至泉州温陵养老院，在惠安致叶

① 上海市书法家协会编：《海派代表书法家系列作品集 · 弘一》（该卷主编刘一闻，副主编沈爱良），上海书画出版社 2006 年 12 月版，第 222 页。

② 上海市书法家协会编：《海派代表书法家系列作品集 · 弘一》（该卷主编刘一闻，副主编沈爱良），上海书画出版社 2006 年 12 月版，第 224 页。

③ 浙江省平湖市人民政府、上海徐汇区文化局编：《弘一大师法书集 · 天心月圆（作品卷）》，上海书画出版社 2017 年 5 月版，第 153 页。泉州开元寺藏。

④ 石有纪：《参谒弘一法师》，见林子青编著《弘一法师年谱》，宗教文化出版社 1995 年 8 月版，第 308 页。

⑤ 剑痕：《怀弘一法师》，收《弘一大师永怀录》，大法轮书局 1943 年流通版，第 199—204 页。

⑥ 此信福建人民出版社 2019 年 12 月版《弘一大师全集》（第 3 版，修订 2 版）第八册 · 文艺卷、杂著卷、书信卷第 440—441 页收录，标“一九四二年二月廿九日，惠安灵瑞山寺”。施至伟夫人名燕怀。

⑦ 中华书道学会编：《弘一大师墨迹文物图录》，（台北）中华书道学会 1996 年 7 月印行，第 45 页。

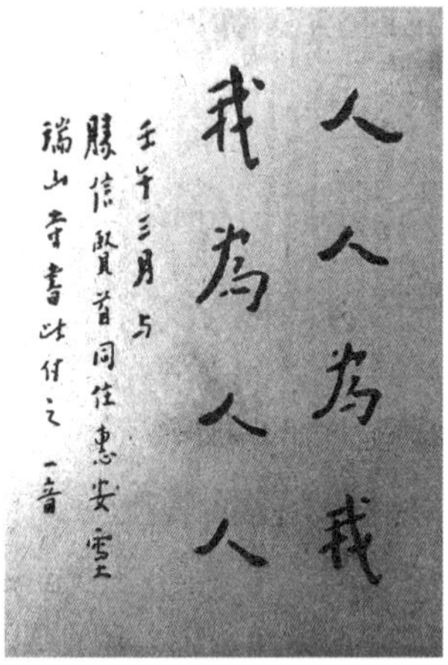

1942 年弘一大师在灵瑞山书“人人为我，我为人人”。

青眼函：

青眼居士慧鉴：

顷奉诸居士公函，厚爱诚挚，感谢无量。拟于旧历二十五日后动身。此次至泉，依去年与仁者所约定者，暂住温陵养老院。同行者已请定觉圆法师及陈天发童子，与朽人同住院中，由彼照料一切，至为妥善。谨此预达。不宣。诸居士乞代致候，并达谢忱。恕不另函。

卅一・三月初十日　音启[1]

按：此信录自福建人民出版社 2019 年 12 月版《弘一大师全集》（第3版，修订 2 版）第八册・文艺卷、杂著卷、书信卷第 427—428 页，标“一九四二年三月初十日，惠安灵瑞山寺”。释妙莲《妙莲法师回忆录》（载 2017 年 9 月《莲馆弘谭》第 13 期）曰：“农历三月（1942 年 4 月），弘一法师从惠安回泉州百原寺，欲重赴福林寺闭关未果，旋即移居温陵养老院。”此前，由叶青眼、尤廉康等致函弘公：“诸仁以时局扰攘，公在城中较便，致函请公莅院，结夏安静。”文中亦录此信，文字有出入。又，此信刊于 1943 年《妙法轮》第 1 卷第 7 期。

1942 年，生命最后一年的弘一大师。

4 月 29 日（农历三月十五日），石卿为刻印“晚晴老人”，边款“弘一大师教正。壬午三月望日，石卿作。”

5 月 1 日（农历三月十七日），《觉有情》第 62、63 期合刊刊出《致海量居士书》，署名“弘一”。

5 月 11 日（农历三月廿七日），晨自惠安灵瑞山返泉州。中午在曾词源家吃午餐，即坐车赶赴泉州，石有纪等送行。至泉州，居不二祠温陵养老院晚晴室。侍者妙莲法师住华珍室 123 号房。**按一：**宗教文化出版社 1995 年 8 月版林子青编著《弘一法师年谱》第 303 页表述为“三月廿七日，回泉州百原寺。欲重赴石狮福林寺掩关未果，旋应叶青眼、尤

① 叶青眼：《纪弘一大师于温陵养老院胜缘》（载 1943 年 4 月 1 日《觉有情》第 87、88 期合刊）曰：“第三次即今年壬午三月。先是公在百原，又将适檀林，诸仁以时局扰攘，公在城较便，致函请公莅院，结夏养静，公有许意，而未决定何时。适余有永安之行，乃由尤居士代达众意。旋获公赐示云……。自是公即徇余等请安住温陵，并请得妙莲法师同来，一行四人。公住晚晴室，莲师等住华珍堂一二三号房。所约住院条件，视前益严。初由天发童子造粥，嗣公命返开元，圆师亦因事他适。公谓余等曰，请你们把我与莲师当做两个老人看待，在院养老，饮食与老人同样，不必另设。于是改由院中厨房照料，度其清苦适意生活。公不但律己严，对同住亦不少松，一物不与取，即犯罪过。故一筷一匙一碗之微，苟有损坏，必须负责赔偿，律重山邱，细入毫发钳鎚之辣，今世罕匹。公尝云：‘不是一番寒澈骨，哪得梅花扑鼻香’公于弘律精神有如此者。”文中细节交待与事实多有含糊之处，现以弘一大师信等为准。

廉星之请，移居温陵养老院……”然根据弘一大师次日致传贯法师函，抵泉州后即居温陵养老院。**按二：**孙崧樵、刘克斋、陈跃禹赴灵瑞山拜见，适逢三日前闭门谢客。孙崧樵乃口占二绝托住持师转交，回赠法书三幅。①

5月11日至14日间（农历三月廿七日至三十日间），在泉州致传贯法师二函。其一言仁者及谦、空二老人处如有不需用之小衫袴，请赠与妙斋法师数件。他人如有旧夏布海青以请代妙斋法师募化一件，俾炎暑时可着此拜《华严经》等。其二言仁者便中与本寺当家谈话时，劝彼以后每日宜读《药师经》一卷，可消灾延寿。述觉圆法师经验；近日如精神好，请修理小钟等。②

致郑翘松等函。言承慈念诚恳，感谢无量；本人衰老益甚，拟仍暂住是间养疴，未能返永春等。③

5月12日（农历三月廿八日），在泉州致传贯法师函。言居惠安一月，诸事圆满。昨夕已返泉州，住养老院中；附二纸，请转交杜居士等。④

1942年农历四月，弘一大师致黄福海函。

致王梦惺函。言居惠安一月，昨夕返泉州；勉励并指导学佛方法；何时能到桃源，未可预定；写奉斋额，空白处请郑老居士题跋并代问候等。⑤

5月14日（农历三月三十日），在泉州致广洽法师函。言所书《药师经》前七年曾以赠与仁者，存日光岩木箱中，去年曾闻已借与聂云台居士影印。近因觉圆法师拟建大药师寺，拟请以此经转施与大药师寺等。⑥

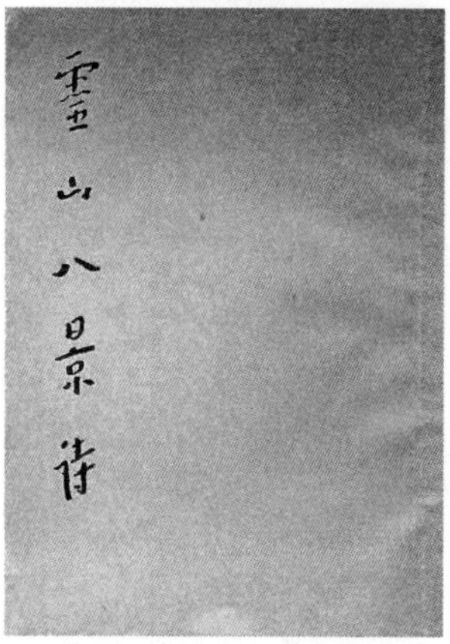

法界学苑重印本《灵山八景诗》封面。

5月15日至6月13日间（农历四月），在泉州致黄福海函。言遗余素楮多纸，嘱作草稿时用，将来集辑以返而为纪念；近将远行，无有草

① 1985年10月15日《净峰》第3期（福建省惠安县净峰文化站编）。

② 此二信福建人民出版社2019年12月版《弘一大师全集》（第3版，修订2版）第八册·文艺卷、杂著卷、书信卷第485页收录，均标“一九四二年旧三月，泉州百源寺”。为误标，据弘一大师行踪，此时当在温陵养老院。

③ 此信福建人民出版社2019年12月版《弘一大师全集》（第3版，修订2版）第八册·文艺卷、杂著卷、书信卷第439页收录，标“一九四二年旧三月，泉州温陵养老院”。有注：“此札封面原署‘致郑翘松、林师觉、林奉若、王梦惺、林汉忠诸居士书’。”

④ 此信福建人民出版社2019年12月版《弘一大师全集》（第3版，修订2版）第八册·文艺卷、杂著卷、书信卷第485页收录，标“一九四二年三月廿八日，泉州温陵养老院”。

⑤ 此信福建人民出版社2019年12月版《弘一大师全集》（第3版，修订2版）第八册·文艺卷、杂著卷、书信卷第437页收录，标“一九四二年旧三月廿八日，泉州百源寺”。地点误标，当为温陵养老院。文物出版社2017年10月陈飞鹏整理《弘一法师书信全集》第598页收录，已作纠正。

⑥ 此信福建人民出版社2019年12月版《弘一大师全集》（第3版，修订2版）第八册·文艺卷、杂著卷、书信卷第472页收录，标“一九四二年旧三月卅日，泉州温陵养老院”。

稿可书，乃节录印光法师嘉言十数则等。① **按：**程蔚华先生于1998年秋将此信复印寄给笔者，附言曰："陈星先生：此帧为法师临终前给黄福海的信件。当时一共有18件，其余皆为佛句。原件在扬州文物商店，为黄老1988年处理的。程蔚华记于扬州，于戊寅秋日"。

5月21日（农历四月初七日），在泉州致夏丏尊函。言画集资料，想尚未辑就，勿介意；介绍泉州物价；附书二纸，可随意结缘等。②

5月27日（农历四月十三日），在泉州致性愿法师函。言去秋拟起程，变乱忽起，有负旅菲缁素诸公厚望，致歉；觉圆法师近道念坚固，拟追随本人专心用功。百源主持一席已交妙兴法师代理。数日后，其随本人往闽东居住，暂不返泉州。日后百源寺务如何规划，请核酌赐复。闻慈座有将百源改为居士林之意，甚为赞成。诸居士亦极欢忻。今据大众公意，附陈慈照，敬请复示等。③

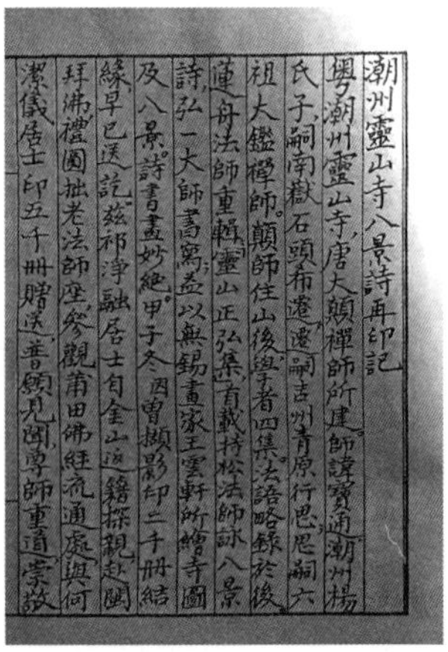
潮州靈山寺八景詩再印記
粵潮州靈山寺唐大顛禪師所建師諱寶通潮州揚
氏子嗣南嶽石頭希遷遷嗣吉州青原行思思嗣六
祖大鑑禪師顛師住山後學者四集法語略錄於後
蓮舟法師重輯靈山正弘集有載持松法師詠八景
詩弘一大師書寫益以無錫畫家王雲軒所繪寺圖
及八景詩書畫妙絕甲子冬因曾擬影印二千冊結
緣早已送訖茲祁淨融居士自金山返籍探親赴閩
拜佛禮園拙老法師座參觀莆田佛經流通處與何
潔儀居士印五千冊贈送普願見聞尊師重道崇敬

法界学苑重印本《灵山八景诗》中的《潮州灵山寺八景诗再印记》。

6月1日（农历四月十八日），《弘化月刊》第12期刊出《略述印光大师之盛德》，署"弘一"。

6月4日（农历四月廿一日），鉴定施良谨所述《大悲观世音菩萨圣威记》。④

6月14日（农历五月初一日），在泉州致龚胜信（天发）函。言与本人同住一载，今将别离，嘱写警策之训。今后当遵守不邪淫、不饮酒二戒。若犯戒，非本人之弟子。将西归，以此书为最后之训等。⑤

6月14日至7月12日（农历五月），应汕头莲舟法师之请，书《密林法师〈咏灵山八景诗〉》，题"密林法师咏灵山八景诗。岁次鹑火夏

① 此信福建人民出版社2019年12月版《弘一大师全集》（第3版，修订2版）第八册·文艺卷、杂著卷、书信卷第441页收录，标"一九四二年夏四月，泉州温陵养老院"。

② 此信福建人民出版社2019年12月版《弘一大师全集》（第3版，修订2版）第八册·文艺卷、杂著卷、书信卷第324页收录，标"一九四二年旧四月七日，泉州温陵养老院"。

③ 此信福建人民出版社2019年12月版《弘一大师全集》（第3版，修订2版）第八册·文艺卷、杂著卷、书信卷第459页收录，标"一九四二年旧四月十三日，泉州温陵养老院"。

④ 施良谨述、弘一大师鉴定：《大悲观世音菩薩聖威記》，载1945《觉有情》第6卷第11、12号合刊。（刊头标第6卷第11、12号，页眉标第6卷第13、14号合刊）

⑤ 此信福建人民出版社2019年12月版《弘一大师全集》（第3版，修订2版）第八册·文艺卷、杂著卷、书信卷第441页收录，标"一九四二年旧五月一日，泉州温陵养老院"。

仲，晚晴老人书，时年六十又三，居温陵”；钤印“弘一”。①

按：据上海市书法家协会编《海派代表书法家系列作品集·弘一》（该卷主编刘一闻，副主编沈爱良，上海书画出版社2006年12月版）228—237页，有绘“灵山八景书画对题册”。款识“密林法师咏灵山八景诗。岁次夏仲晚晴老人绘真境并书，时年六十又三”；钤印“大明沙门”。刘一闻于书前有《从翩翩佳少年到一代高僧》一文，文中曰：“弘一法师留与人间的绘画之作，也是数量可观的。本集还收录了大师一九三一年所绘的《罗汉图》和一九四二年所绘的界画加白描的《灵山八景图》等绘画作品。以让人们进一步认识其书画创作的相互关系。弘一法师在绘画上一向有着良好的素养，这可以从他的早期的各类美术作品上得到印证。本集所刊的这几件专题之作，虽不能完整地反映弘一大师的绘画全貌，但他的风格独到的艺术手段，已足以使人们受到感染。若从专题绘画的角度而言，这些作品或可被称作中国佛教美术的经典之作，若从弘一大师坚实的绘画功底和深厚宽广的文化底蕴而言，那末，他在现代中国美术史上的应有地位，更是名至实归和不可动摇。”弘一大师出家后确实绘有佛教题材绘画，但《海派代表书法家系列作品集·弘一》中所收灵山八景之图却非弘一大师所作。法界学苑重印之《灵山八景诗》中有《潮州灵山寺八景诗再印记》，曰：“首载持松法师咏八景诗，弘一大师书写；益以无锡画家王云轩所绘寺图及八景。”②

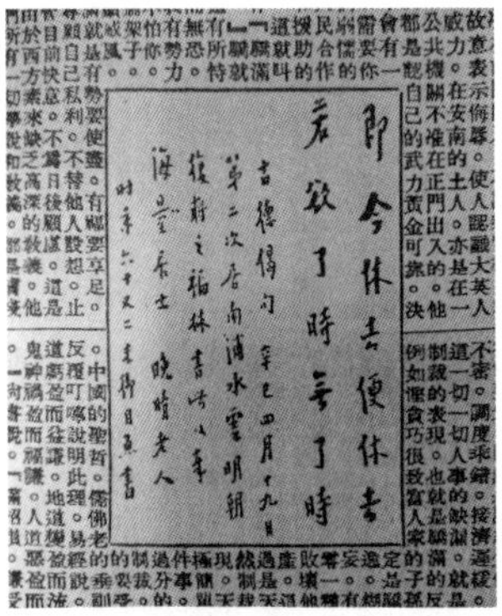

1942年7月1日《觉有情》第66、67期合刊刊出的弘一大师赠陈海量手书古德偈句“即今休去便休去，若欲了时无了时”。

7月1日（农历五月十八日），《觉有情》第66、67期合刊刊出《南山律在家备览略编》（未完），署名“释弘一”。有“本刊编者谨按”：“文中凡双行小注，今为排次便利计，均改为单行，加（）为记。其◇⊙记号，概从阙略。谨对一公大师致歉，并希阅者鉴原。”同期刊出赠陈海量手书古德偈句“即今休去便休去，若欲了时无了时”。署名“晚晴老人”。**按：**书写时间：辛已四月十九日。

《弘化月刊》第13期“纪事”栏目刊出《定贤老和尚事略》。**按：**此文署名“弘一律主鉴定，学人丰德拜记”。

载于1943年《觉有情》第83—84期合刊（弘一大师纪念号）中的弘一大师《福州怡山长庆寺修放生园池记》一文。

7月2日（农历五月十九日），《佛化新闻》第241期刊文《弘一律师行抵泉州——在每一寺院讲经一天，泉州佛教徒盛大欢迎》。

7月13日至8月11日（农历六月），作《福州怡山长庆寺修放生园

① 见法界学苑重印本《灵山八景诗》扉页图片。根据其中《潮州灵山寺八景诗再印记》，重印时间约在1990年。见法界学苑重印本《灵山八景诗》扉页图片。

②《潮州灵山寺八景诗再印记》，见法界学苑重印本《灵山八景诗》。重印时间约在1990年。

1943 年 4 月广智募印结缘的弘一大师遗编《剃发仪式（即出家落发仪）》。

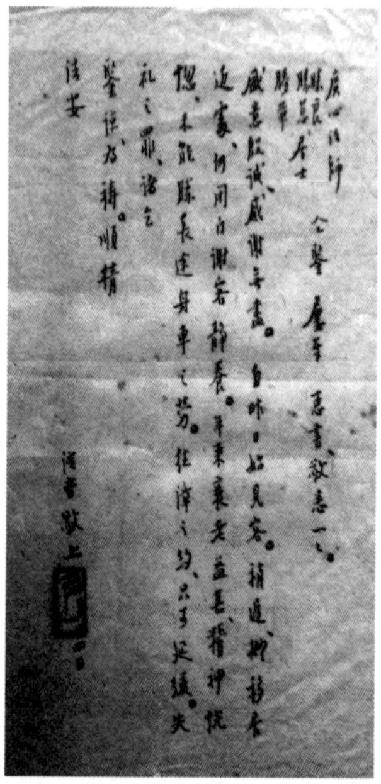

1942 年 9 月 4 日（农历七月廿四日），弘一大师在泉州温陵养老院致广心法师等函。

池记》，署“华民三十一年岁集壬午夏六月，南山律苑沙门”。① **按：**福建人民出版社 2019 年 12 月版《弘一大师全集》（第 3 版，修订 2 版）各卷均未收录。

7 月 16 日（农历六月初四日），《佛学半月刊》第 11 卷第 14 号刊出《佛教公论》社通讯员来稿：《弘一法师拟闭门养静并编辑律书》。曰：“弘一法师年老力衰，静（疑为‘精’字之误——引者按）神尤弱，近由诸善友劝请，不久即闭门养静，谢绝见客及通信。又凡有托写字者，亦于可能范围内减少。将来康健时，并拟编辑律书数种。以后之住处，或在闽南，或在他处，随缘云游，无有固定云。”同期刊出佛学书局《寒笳集》广告，标“弘一法师辑”。

7 月 23 日（农历六月十一日），《佛化新闻》第 244 期刊文《弘一律师拟闭关静养，并将编辑律书数种》。

8 月 1 日（农历六月廿日），《觉有情》第 68、69 期合刊刊出《南山律在家备览略编》（二），署“释弘一”。

《佛学半月刊》第 11 卷第 14 号再次刊出《佛教公论》社通讯员来稿：《弘一法师拟闭门养静并编辑律书》。

初夏，书论语一章。题记“壬午初夏，衰老益甚。将遁世埋名，求早生极乐。胜闻居士嘱写遗训。余行疏学浅，何敢妄谈玄妙。谨录余生平不敢忘怀《论语》一章，以酬胜嘱”；署名“晚晴”；钤印“辟”、佛肖印。②

居惠安灵瑞山寺时，作《胜信〈龙安佛寺诗〉题记》：“壬午之夏，晚晴老人卓锡惠安灵瑞山寺，应杨景和居士之请，撰《龙安佛寺冠头诗》，敬录如次。侍者胜信谨识。‘龙胜空宗传竺土，安清古译冠中邦。佛曦偏照阎浮境，寺刹崔峨建法幢。’惠安华藏寺沙门一音。”③

8 月 12 日至 9 月 9 日（农历七月），作《为吴鲁〈龙神感应记临本〉

① 弘一大师：《福州怡山长庆寺修放生园池记》，载 1943 年《觉有情》第 83—84 期合刊（弘一大师纪念号）。又载 1947 年《佛教公论》复刊第 11 期。署“弘一大师遗著”。

② 上海市书法家协会编：《海派代表书法家系列作品集·弘一》（该卷主编刘一闻，副主编沈爱良），上海书画出版社 2006 年 12 月版，第 250 页。福建人民出版社 2019 年 12 月版《弘一大师全集》（第 3 版，修订 2 版）第七册·佛学卷、传记卷、序跋卷第 639 页收录时题《胜闻居士嘱写遗训题记》。全集收录时表述与书件有区别。

③ 弘一大师：《胜信〈龙安佛寺诗〉题记》，收《弘一大师全集》第七册·佛学卷、传记卷、序跋卷，福建人民出版社 2019 年 12 月第 3 版、修订 2 版，第 638 页。

题跋》，署“岁次鹑火七月晚晴老人题。”①

编《剃发仪式（即出家落发仪）》。**按**：1943年4月由广智法师募印结缘；1943年11月1日《觉有情》第5卷第5、6号合刊和第5卷第7、8号合刊连载。福建人民出版社2019年12月版《弘一大师全集》（第3版，修订2版）未收录。

书“开元药师殿”。款识“岁次鹑火七月，沙门演音”。②

书“念佛堂”。款识“壬午七月。沙门一音”；钤印“无畏”、“辟”、佛肖印。③

8月31日至9月9日间（农历七月下旬），在泉州致广义法师函。言请代复永春王梦惺居士，往永春时机尚未成熟，须待将来等。④

9月1日（农历七月廿一日），《觉有情》第70、71期刊出《南山律在家备览略编》（三），署名“释弘一”

在宋朱熹讲经处“过化亭”为开元寺广翰、道祥二沙弥，集数师演习授传出家剃度仪式。曰：“这是宋灵芝律师后，失传七八百年的出家剃发仪式。”⑤

9月4日（农历七月廿四日），在泉州温陵养老院致广心法师等函：

广心法师、胜良、胜慈、胜华居士仝鉴：

屡奉惠书，敬悉一一。盛意殷诚，感谢无尽。自昨日始见客。稍迟，拟移居近处，仍闭门谢客静养。年来衰老益甚，精神恍惚，未能胜长途舟车之劳。往漳之约，只可延缓。失礼之罪，诸乞鉴谅，为祷。顺请法安

演音敬上　七月廿四日

按：弘一大师致广心法师、胜良、胜慈、胜华居士函影印件，参见《弘一与厦门》，鹭江出版社，2012年8月版，第116页。钤印“弘一”。

---

① 弘一大师：《为吴鲁〈龙神感应记临本〉题跋》，收《弘一大师全集》第七册·佛学卷、传记卷、序跋卷，福建人民出版社2019年12月第3版、修订2版，第644页。

② 浙江省平湖市人民政府、上海徐汇区文化局编：《弘一大师法书集·天心月圆（作品卷）》，上海书画出版社2017年5月版，第151页。泉州开元寺藏。

③ 浙江省平湖市人民政府、上海徐汇区文化局编：《弘一大师法书集·天心月圆（作品卷）》，上海书画出版社2017年5月版，第154—155页。泉州开元寺藏。

④ 此信福建人民出版社2019年12月版《弘一大师全集》（第3版，修订2版）第八册·文艺卷、杂著卷、书信卷第489页收录，标“一九四二年七月下旬，泉州温陵养老院”。

⑤ 释妙莲：《妙莲法师回忆录》，载2017年9月《莲馆弘谭》第13期。

《弘一与厦门》一书对此函之释文及陈飞鹏《弘一法师书信全集》第604页（文物出版社2017年10月版）之收录者，个别文字和标点有误。

9月6日（农历七月廿六日），在泉州致王梦惺函。言老态日增，精神恍惚，未能往尊邑弘法；附菩萨尊号；嘱书警语，仅能书数叶，待他日暇时写就托人奉上；不久仍闭关养静，谢绝缘务，诵经念佛，冀早生极乐；承寄旅费，已无所需，寄还，并请代向诸居士致谢等。①

9月10日至10月9日（农历八月），为张人希家藏《清代名家书画册》题跋“书画风度每随时代而变易。是为清季人作，循规蹈矩，犹存先正典型，可宝也。壬午秋，亡言，时年六十有三”；钤印“泓一六十后作”、“名字性空”。② 另为画册题词“承天雅颂”，落款：“岁次鹑火秋仲，温陵晚晴老人”。

9月21日（农历八月十二日），在泉州致传贯法师函。言世间之事，每于无意中；词源居士现在卫生院救护会任职，甚关念仁者。便中请访谈；崑山紫岩胜于乾山、科山等处，可名为大华严寺，请与诸善友商之；附一纸，便中托尊师转寄菲岛高文显等。③

联名致罗铿端、陈士牧函。言寄上《放生园池记》四额及旧书小联二对，内题法名。《放生园池记》倘加格线，仅能加长行直格，不可用方格；衰老益甚，拟于下月初三日起，仍方便闭关等。④ **按：**福州西禅寺放生池旁有一碑，刻有弘一大师《怡山放生池围墙落成回向偈》。

9月22日（农历八月十三日），作《〈佛说八大人觉经〉释要》跋，署“壬午八月十三日书竟并记，弘一。”⑤

9月23日（农历八月十四日），在泉州致刘绵松函。言《观经释论》已收到；前托昕师寄上公函，想已督阅；近来精神更衰，不久仍方便掩

① 此信福建人民出版社2019年12月版《弘一大师全集》（第3版，修订2版）第八册·文艺卷、杂著卷、书信卷第437页收录，标“一九四二年旧七月廿六日，泉州温陵养老院”。

② 弘一大师：《为张人希家藏〈清代名家书画册〉题跋》，收《弘一大师全集》第七册·佛学卷、传记卷、序跋卷，福建人民出版社2019年12月第3版、修订2版，第644页。书件见夏宗禹编：《弘一大师遗墨》，华夏出版社1999年1月第2版，第214页。

③ 此信福建人民出版社2019年12月版《弘一大师全集》（第3版，修订2版）第八册·文艺卷、杂著卷、书信卷第485页收录，标“一九四二年八月十二日，泉州温陵养老院”。

④ 此信福建人民出版社2019年12月版《弘一大师全集》（第3版，修订2版）第八册·文艺卷、杂著卷、书信卷第442页收录，标“一九四二年旧八月十二日，泉州承天寺”。地点似误，当为温陵养老院。文物出版社2017年10月版陈飞鹏整理《弘一法师书信全集》第605页收录，已纠正。

⑤ 弘一大师：《〈佛说八大人觉经〉释要》跋，收《弘一大师全集》第七册·佛学卷、传记卷、序跋卷，福建人民出版社2019年12月第3版、修订2版，第633页。

关，辞谢一切缘务等。①

9 月 24 日（农历八月十五日），应叶青眼居士等请在温陵养老院讲《八大人觉经》及净土法要。应妙莲法师之请，开元寺昙昕（广义法师）为闽南话翻译。②

9 月 25 日（农历八月十六日），在温陵养老院续讲《八大人觉经》及净土法要。讲毕即为晋江县立中学学生写字，计百余幅。③

秋，书“开元净土寺”。款识“龙集壬午秋，沙门演音敬书”。④

在泉州致性常法师函：

性常法师：

惠书及稿，收到。近精神大衰，不能用心。原稿暂存传贯法师处。俟将来康健有暇时，再披阅也。谨复，不具。

演音

按： 此信福建人民出版社 2019 年 12 月版《弘一大师全集》（第 3 版，修订 2 版）第八册・文艺卷、杂著卷、书信卷第 478 页收录，标“一九三七年，厦门”。文物出版社 2017 年 10 月版陈飞鹏整理《弘一法师书信全集》第 605 页收录，根据书信内容更正为 1942 年秋，地点在泉州温陵养老院。确当。

9 月 29 日至 10 月 9 日间（农历八月下旬），在泉州将《遗书》并附录“遗偈”一式二份（文字略有别），分别致夏丏尊和刘质平，以示告别。分别为：

丏尊居士文席：

朽人已于（九）月（初四）日迁化。曾赋二偈，附录于后：

君子之交，其淡如水；执象而求，咫尺千里。

问余何适，廓尔亡言；华枝春满，天心月圆。

① 此信福建人民出版社 2019 年 12 月版《弘一大师全集》（第 3 版，修订 2 版）第八册・文艺卷、杂著卷、书信卷第 434 页收录，标“一九四二年八月十四日，泉州开元寺”。地点当为温陵养老院。

② 妙莲法师口述，寿山笔记：《弘一法师生西经过》，载 1942 年 12 月《罗汉菜》第 35 期。

③ 妙莲法师口述，寿山笔记：《弘一法师生西经过》，载 1942 年 12 月《罗汉菜》第 35 期。

④ 浙江省平湖市人民政府、上海徐汇区文化局编：《弘一大师法书集・天心月圆（作品卷）》，上海书画出版社 2017 年 5 月版，第 152 页。泉州开元寺藏。

谨达，不宣。

音启

前所记月日，系依农历。又白。

质平居士文席：

朽人已于（九）月（初四）日迁化。曾赋二偈，附录于后：

君子之交，其淡如水；执象而求，咫尺千里。

问余何适，廓尔亡言；华枝春满，天心月圆。

前所记月日，系依农历也。

谨达，不宣。

音启①

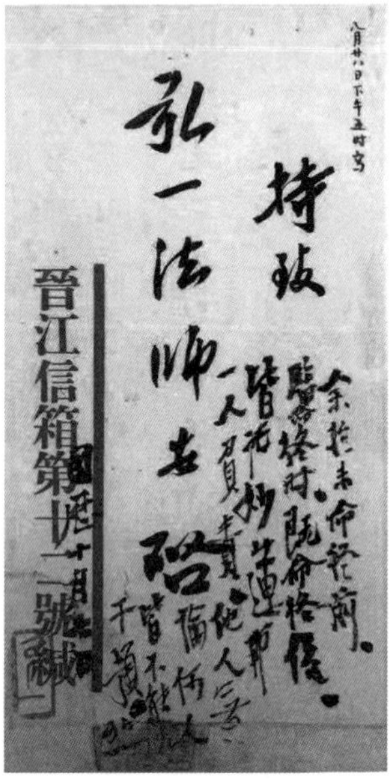

1942年10月7日（农历八月廿八日）下午5时，弘一大师在旧信壳上自写之遗嘱。

按：曾刊于1943年《学术界》第1卷第5期李芳远辑《弘一大师书牍（续完）》。同期致沈彬翰函。言朽人已于农历（九）月（四）日谢世。前所发愿编辑之《南山律在家备览》，未能成就，至为歉然。曾辑《盗戒释相概略问答》一卷，可为最后之纪念，附邮奉上等。②

10月1日（农历八月廿二日），在泉州致刘绵松函。言九月三日始，即掩关著书，谢绝一切。丰居士处已近两载未通信，可见本人之疏嫩颓唐；附上写幅，以为纪念等。③

《佛学月刊》第2卷第5期刊出《复寒香居士书》，署名“弘一”。信曰：“……大乘之人，须发菩提心。（心佛众生三无差别）依是自利利他，直至成佛，圆满菩提。乃可谓大乘人。至发心之后，处众处独，皆无不可。……吾人既归信佛法，皆应发大乘心。而随分随力，专学大乘。或兼学三乘，皆无不可。不必执定已之所修为是，而强人必从。以根器各异，缘业不同，万难强令一致也。”④

《觉有情》第72、73期合刊刊出《南山律在家备览略编》（四），署名“释弘一”。同期刊出《红菊花偈》，署名“弘一”。编者记曰：“弘一

① 此二遗偈分别收福建人民出版社2019年12月版《弘一大师全集》（第3版，修订2版）第八册·文艺卷、杂著卷、书信卷第324、302页收录，均标“一九四二年旧九月，泉州温陵养老院”。文物出版社2017年10月版陈飞鹏整理《弘一法师书信全集》第607页收录，并根据叶青眼《千江印月集》中“二十八日叫莲师到卧室写遗嘱”句确定为农历廿八日。王维军著《平湖李叔同纪念馆藏李叔同（弘一大师）手札墨宝·识注考勘》，（西泠印社出版社2017年9月版）第255页根据妙莲法师回忆确定为农历八月下旬。原则上农历八月下旬无误。遗偈括号中“九”、“初四”为弘一大师圆寂后由寿山法师（俗名林向荣）用朱笔填入。

② 参见上注。此信福建人民出版社2019年12月版《弘一大师全集》（第3版，修订2版）第八册·文艺卷、杂著卷、书信卷第442页收录，标“一九四二年旧九月，泉州温陵养老院”。文物出版社2017年10月版陈飞鹏整理《弘一法师书信全集》第606页收录，时间标1942年“旧八月”。此函亦预先写就，圆寂后由他人寄发，信中括号中月、日为他人后填入。

③ 此信福建人民出版社2019年12月版《弘一大师全集》（第3版，修订2版）第八册·文艺卷、杂著卷、书信卷第434页收录，标“一九四二年八月廿二日，泉州温陵养老院”。

④ 寒香居士即邓寒香。福建人民出版社2019年12月版《弘一大师全集》（第3版，修订2版）第八册文艺卷、杂著卷、书信卷第362页注释言一说周孟由居士之化名。

大师，诗才隽绝，披缁后，弃不复作。十余年来，偶成韵语，据编者所知，仅七绝一首及此偈而已。呜呼，以晚晴老人而咏晚节弥坚之菊，孤芳浩气，如见其人。固不独文字可宝也已。编者。”

10月2日（农历八月廿三日），上午，写联。午饭后对妙莲法师言：“我今天身体发热，不大好。”晚热度颇高。[①]

10月3日（农历八月廿四日），早及午二餐食稀粥，已减去平常食量二分之一。[②]

10月4日（农历八月廿五日），早饭后，抱病为晋江中学学生写字。[③]

10月5日（农历八月廿六日），食粥量再减四分之三，写字照常。[④]

10月6日（农历八月廿七日），完全断食，只饮开水。妙莲法师劝延医服药及进食，拒绝。[⑤]

10月7日（农历八月廿八日），下午5时，唤妙莲法师至卧室，在旧信壳上自写遗嘱：“余于未命终前，临命终时，既命终后，皆托妙莲师一人负责。他人无论何人，皆不能干预。弘一，国历十月七日”，并盖上私章“弘一”。又叮嘱谢绝一切弔问。**按：**文物出版社2017年10月版陈飞鹏整理《弘一法师书信全集》第608页以收录一遗嘱：“外《续藏经》三包，妥呈广洽法师收。”标为致广洽法师之遗嘱，时间为1942年“旧八月二十八日”。此应系向他人交代之事，托三包《续藏经》需要妥善呈广洽法师。

10月8日（农历八月廿九日），下午5时，复召妙莲法师入室，嘱临终助念等事，计有五端：“（一）在已停止说话，及呼吸短促，或神志昏迷之时，即须预备助念应需之物；（二）当助念之时，须先俯耳通知云：‘我来助念。’然后助念。如未吉祥卧者，待改正吉祥卧后，再行助念。助念时，诵《普贤行愿品偈》，起经即诵：‘大方广佛《华严经》入

① 妙莲法师口述，寿山笔记：《弘一法师生西经过》，载1942年12月《罗汉菜》第35期。
② 妙莲法师口述，寿山笔记：《弘一法师生西经过》，载1942年12月《罗汉菜》第35期。
③ 妙莲法师口述，寿山笔记：《弘一法师生西经过》，载1942年12月《罗汉菜》第35期。
④ 妙莲法师口述，寿山笔记：《弘一法师生西经过》，载1942年12月《罗汉菜》第35期。
⑤ 妙莲法师口述，寿山笔记：《弘一法师生西经过》，载1942年12月《罗汉菜》第35期。

不思议解脱境界《普贤行愿品赞》’，乃至‘所有十方世界中’等正文，末后再念‘南无阿弥陀佛’十声。（不掛木鱼，大声缓念）。再唱回向偈：‘愿生西方净土中’乃至‘普利一切诸含识’。当在此诵经之际，若见余眼中流泪，此乃悲欣交集所感，非是他故，不可误会；（三）察窗门有未关妥者。关妥锁起；（四）入龛时，如天气热者，待半日后，即装龛。凉则可待二三日装。不必穿好衣服，只穿旧短衫裤，以免裸露即已。龛用养老院的，要送承天寺焚化；（五）待七日后再封龛门，然后焚化。舍利分为二坛，一送承天寺普同塔，一送开院寺普同塔。在未装龛以前，不须移动，仍随旧安卧床上。如已装入龛，即须移去承天寺。去时将常用之小碗四个带去，填龛四脚，盛满以水，以免蚂蚁嗅味走上，致焚化时，损害蚂蚁生命。应须谨慎！再则，既送化身窑后，汝须逐日将填龛脚小盌之水加满，为恐水干去，又引起蚂蚁嗅味上来故。”将手写《药师经》一部，及《格言别录》一本，送与妙莲法师供养。①

10月9日（农历八月三十日），全天未开口，独自念佛。

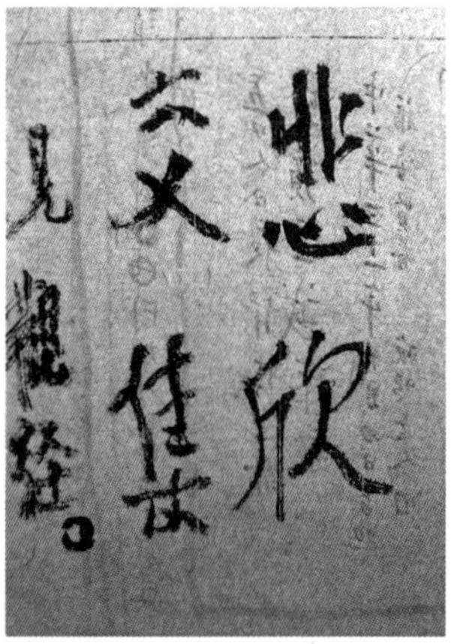

1942年10月10日，弘一大师书“悲欣交集（见观经）”。

10月10日（农历九月初一），上午，为黄福海居士写纪念册二种，有座右铭：“吾人日夜行住坐卧，皆须至诚恭敬。中华民国三十一年双十节大病中书勉福海贤首。晚晴老人。”下午六时在一已用过的稿笺背面自写“悲欣交集”，四字前有“旧九月初一下午六时写”，左下标“见观经”。交妙莲法师。此为绝笔。②

10月11日（农历九月初二日），上午，承天寺转尘和尚偕传贯法师、寿山法师欲来问安，不见，谓见于身心无益，不如为诵《法华经》回向。即命妙莲法师写回向偈：“若未应命终者，愿疾病速得痊愈。若已应命终者，愿身无病苦，正念现前，速得往生西方极乐世界。”并自解释云：“倘我但说‘速往极乐’一段，恐诵经者不愿回向。故不得已加祈‘疾病速痊’一节。意令诵者生欢喜心而已。”③

---

① 妙莲法师口述，寿山笔记：《弘一法师生西经过》，载1942年12月《罗汉菜》第35期。文物出版社2017年10月版陈飞鹏整理《弘一法师书信全集》第606页作为书信收录此临终助念等嘱咐，时间标1942年“旧八月二十日（新历9月29日）”，地点标“泉州温陵养老院”。宗教文化出版社1995年8月版林子青编著《弘一法师年谱》第314页作为注文亦录写此文，文字略有不同。现依妙莲法师口述之文。

② 妙莲法师口述，寿山笔记：《弘一法师生西经过》，载1942年12月《罗汉菜》第35期。2000年弘一大师诞辰120周年之际，此字收藏者持赠妙莲法师出家地上海圆明讲堂。此稿笺原正面所写文字五行，为弘一大师于10月4日准备为黄福海题纪念册而拟：“能来法师□□（注：此处圈去二字）用□□□□（注：此处约有四字未能释读）纪念册。‘吾人日夜行住坐卧，皆须至诚恭敬。’中华三十一年十月四日，书勉福海贤首。晚晴老人。□（注：此处一框示明书写正稿时钤印位置）。”此书右标“九月初一日下午六时写”为他人所加，非弘一大师本人手迹。参见刘正成主编：《中国书法全集83·近现代编-李叔同马一浮卷》（该分卷主编潘良桢，副主编方爱龙，学术顾问任继愈），荣宝斋出版社2002年11月版，第243页方爱龙考释。

③ 妙莲法师口述，寿山笔记：《弘一法师生西经过》，载1942年12月《罗汉菜》第35期。

10月12日（农历九月初三日），下午，妙莲法师敦促吃药，答曰："平常的人，要待三寸水尽之时方作死者，不与医药饮食，此实大错特错。哪晓得不如将此吃药等延缓的时间用作念佛，何等利益。你是明佛法的人，不应当作此想。这是临终大事，你要明瞭，好好地帮我念佛，平常的人，多劝我住世，但是不晓得我生西方以后，乘愿再来，一切度生的事业，都可以完满成就。所以劝我住世的人，眼光太近。我若住世，亦不能做多大的事业，不如生西方再来为愈。"嘱妙莲法师关好房门。[①] 写付温陵养老院之遗嘱：

一、请董事会修台；（即"过化亭"部分破损，立即修葺）

二、请董事会对老人开示净土法门；

三、请董事议定，住院老人至八十岁，应举为名誉董事，不负一切责任；

四、请董事审定湘籍老人，因已衰，自己虽乐为助理治圃责任，应改为庶务，以减轻其负担。[②]

同时嘱妙莲法师寄致夏丏尊居士遗书。5时，王拯邦居士闻讯自南安长福乡赶来，求见医治，先由妙莲法师进禀王居士来意见，谢绝，后经妙莲法师再三恳求，乃云："此为特别的接见。"王居士略进凉润生津汤药。[③]

10月13日（农历九月初四日），早7时，王拯邦居士入见，闻说话与精神较昨晚有进展，遂劝吃牛乳少许。对妙莲法师言："吃牛乳一层，依照十诵律文，在《比丘尼钞》有引，凡有病比丘，多日没有吃东西，一至身体羸弱，苟不接受营养，无以支持生命者，得开许屏后处食时食，即牛乳、稀饭等，皆可食。《沙弥十戒仪则经》，亦见此说。"午后3时，王拯邦居士复晋谒，见精神较上午略减，皮肤微热，药方照旧。晚7时45分，妙莲法师偕贯师法师进卧室，见呼吸急促，回视粪桶中有粪少许，始知方才气促系下床之故。妙莲法师遂将粪桶携出涤净，同时差人至开元寺请王拯邦居士与寿山法师二人前来磋商。同时妙莲、传贯二法师进卧室依嘱助念，诵《行愿品》及弥陀佛号。至8时正，安详圆寂。[④]

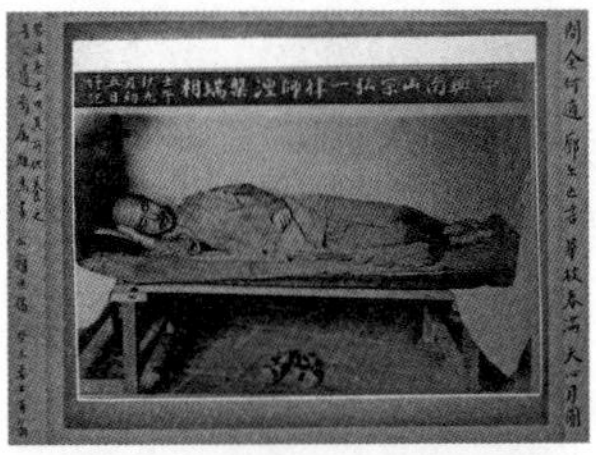

1942年10月13日弘一大师圆寂照。

① 妙莲法师口述，寿山笔记：《弘一法师生西经过》，载1942年12月《罗汉菜》第35期。

② 引自释妙莲《妙莲法师回忆录》，载2017年9月《莲馆弘谭》第13期。福建人民出版社2019年12月版《弘一大师全集》（第3版，修订2版）第八册·文艺卷、杂著卷、书信卷第210页收有《付温陵养老院遗嘱》，基本内容一致，标点符号和个别文字不一致，今依《妙莲法师回忆录》。

③ 妙莲法师口述，寿山笔记：《弘一法师生西经过》，载1942年12月《罗汉菜》第35期。

④ 妙莲法师口述，寿山笔记：《弘一法师生西经过》，载1942年12月《罗汉菜》第35期。

按一：据《大师移龛概况报告》，弘一大师圆寂后妙莲法师等维持其遗嘱。10个小时后，妙莲法师、传贯法师巡视遗体。10月14日欲照像，诸家均无暇。至10月15日11时摄影，下午1时入龛。是日已第三天，送龛承天寺，由温陵养老院出发，至承天寺，入化身窑。四众人等达千余人，各执一把香，小鱼引磬，念阿弥陀佛声无间断。[①] 又据释妙莲《妙莲法师回忆录》：“到晚八时正，遂安祥而逝。我即为关好窗门。九月初五日为照相。至九月初六日（1942年10月15日）上午入龛，下午送承天寺安座。遵弘公遗命，七日后焚化。”[②] 各处文献在时间表述上有差异。

按二：10月20日（农历九月十一日），晚7时，大众集合。诵“普贤行愿品赞偈”毕，起赞佛偈：“阿弥陀佛身金色，相好光明无等伦，白豪婉转五须弥，绀日澄清四大海，光中化佛无数亿，化菩萨众亦无边，四十八愿度众生，九品咸令登彼岸。”接念“南无西方极乐世界大慈大悲、大愿大力、接引导师阿弥陀佛……”自8时念至10时余，即火化圆满。[③]

按三：10月21日（农历九月十二日），晨检灵骸，装满两坛。拾得舍利子数颗。妙莲法师遵遗命将灵骸送开元寺、承天寺供养。[④]

按四：据释妙莲《妙莲法师回忆录》：“其余碎骨炭灰等，我均将包起收藏。我即奉舍利子及碎骨炭灰回开元寺自己房中，于百日内常念南无地藏菩萨，随于碎骨炭灰内检得舍利子一千八百余颗，舍利块五、六百块。本拟照相，并做铜版，奈铜版本省无法可制，又照相代价高贵非常（抗战时期，大家经济困难），无人负担经费，只好作罢。对舍利子、舍利块，暂由我保管。（至1961年10月18日到1965年6月16日建成弘一大师塔基，我保管的弘一法师舍利子一千八百余颗，舍利块五、六百块，才全部进入塔基，由传贯、道敬、定发三瘥法师投资9483. 76元。至文化大革命中，塔被破坏，舍利子、舍利块都被盗走。现在就把我私人保留的壹拾几颗舍利子，在修复时供入了）。”[⑤]

臨時增刊
嗚呼弘一大師圓寂矣

1942年《觉有情》“临时增刊”。

按五：有关弘一大师舍利，妙莲法师晚年的回忆亦有遗漏之处。1948年9月，经弘伞法师向泉州开元寺力请，刘质平、刘胜觉将弘一大师部分灵骨自泉州，经上海，迎请回杭州招贤寺。后由堵申甫等护送至虎跑定慧寺，暂安埋于寺后山冈，并立石碑。石碑由马一浮书写“弘一法师灵骨处”。1954年杭州虎跑弘一大师之塔落成。

① 《大师移龛概况报告》一为昙昕法师所撰，系致陈海量之信，二为蒋文泽所撰，载1943年4月1日《觉有情》第87、88期合刊。另有署名“睿”者在1943年《慧灯》杂志第2年第9期发表《弘一大师出龛及荼毗盛典》一文，可参考。

② 释妙莲《妙莲法师回忆录》，载2017年9月《莲馆弘谭》第13期。

③ 参见释妙莲《妙莲法师回忆录》，载2017年9月《莲馆弘谭》第13期。

④ 参见释妙莲《妙莲法师回忆录》，载2017年9月《莲馆弘谭》第13期。

⑤ 释妙莲：《妙莲法师回忆录》，载2017年9月《莲馆弘谭》第13期。

按六： 妙莲法师、泉州弘一法师生西纪念会于 1942 年 10 月发布《弘一老法师讣告　简历》。

按七： 弘一大师圆寂后，妙莲法师请石狮人林英仪为作遗容素描像。像上题："六根何处绝尘埃，每对苍生笑几回。莫向形骸藏故我，谁人不是业中来？"款识"壬午十月廿八夜酒后"；钤印"英仪画印"（朱文）。

是年，重录 1933 年所撰南山律学苑联："南山律学苑联：南山律教，已八百年淹没无传，何幸遗编犹存东土；晋水僧园，有十余众承习不绝，能令正法再住世间。"款识"癸酉夏撰，壬午重录，匆匆九载矣。善梦"；钤印"弘一"。①

书"常护诸佛法，恒涂净戒香"。款识"《大方广佛华严经》偈颂集句。燕怀女居士澄鉴。壬午，晚晴老人"；钤印"演音"、佛肖印。②

书七言联："勇猛精进无退转，光明相好以庄严"赠鉴平居士。款识"唐译大方广佛华严经偈颂集句。鉴平居士澄览，壬午晚晴老人，时年六十三"；钤印"弘一"、佛肖印。③

为太虚大师像题大方广佛华严经集句："当今众生喜，能报大师恩。"署名"晚晴老人"。④

书"不为自己求安乐，但愿众生得离苦"。款识"大方广佛华严经，壬午晚晴老人"；钤印"弘一"、佛肖印。⑤ **按：** 另见此书另一图片，款识"岁次鹑火春仲华严经句，亡言"；钤印"弘一"、佛肖印。

1942 年 12 月 1 日《觉有情》第 4 卷第 6-8 号，第 78—80 期"弘一大师纪念号"。

《觉音》第 22 期刊出黄伯佬《弘一上人法腊六秩赋此奉祝》。

书宋大慧宗杲禅师竞训横幅。款识"晚晴老人，时年六十又三，居第林别院"。

为晋江周石樵述《先严伯遵居士行状》作鉴定。⑥

按一： 10 月 18 日（农历九月初九日），丰子恺得泉州开元寺性常法师电报，通报弘一法师于 13 日圆寂，静坐数十分钟，发愿为法师造像一百尊。10 月 22 日（农历九月十三日），《佛化新闻》刊文《弘一大师圆寂，世寿六十三岁，逝于福建泉州》。10 月 29 日（农历九月廿日），《佛化新闻》刊文《打佛七三天，追荐弘一大师》。11 月 1 日（农历九月廿三日），《佛学月刊》第 2 卷第 6 期刊出《复寒香居士书》，署名：弘一。信

① 见《广治纪念馆》一书，[新加坡] 广治纪念馆编辑委员会编，2007 年 3 月，第 37 页。
② 浙江省平湖市人民政府、上海徐汇区文化局编：《弘一大师法书集·天心月圆（作品卷）》，上海书画出版社 2017 年 5 月版，第 157 页。泉州开元寺藏。
③ 上海市书法家协会编：《海派代表书法家系列作品集·弘一》（该卷主编刘一闻，副主编沈爱良），上海书画出版社 2006 年 12 月版，第 223 页。钱均夫家族藏。
④ 见 1947 年 6 月 19 日《觉有情》第 8 卷 6 月号。
⑤ 林可同编：《弘一书法墨迹》，中国美术学院出版社 2004 年 4 月版，第 27 页。
⑥ 周石樵：《先严伯遵居士行状》，署"弘一法师鉴定"，载 1946 年《佛教公论》复刊第 6 期。

曰："前日获手书，回环披诵，至为欣慰。承询我执之义，略述如下……余比来久疏教典，未暇一一检寻详委奉答，姑即所见，略述如是。"11月1日，《觉有情》第74、75、76、77期合刊出版。该期为"临时增刊"，题《呜呼弘一大师圆寂矣》，刊出影像，题《弘一大师五十五岁摄影》。11月1日，《佛学半月刊》第11卷第21号刊出佛学书局广告《净行品偈》，标"本局出版弘一手书大字梵册"。11月16日（农历十月初九日），《佛学半月刊》第11卷第22号出版。该号首页为专题报道《律净尊宿弘一法师圆寂》。刊有1937自青岛返厦门途经上海时所摄之影。在同期刊出《致夏丏尊居士书》，署"弘一"；夏丏尊：《弘一大师遗书》。同期刊登寄东《佛教尊宿又弱一个》。11月17日（农历十月初十日），丰子恺致性常法师信，谈及为弘一法师绘像及暂存弘一法师写赠刘质平墨宝等事。[①] 11月20日（农历十月十三日），《佛化新闻》第259期刊文《汉藏教理院师生普佛回向弘一大师》《纪念弘一大师，特出〈人生之最后〉》及向尚：《巴山学法忆吾师——哀悼弘一律翁》。11月26日（农历十月十九日），《佛化新闻》261期刊文《弘一大师生西纪念会征求纪念文》《律宗泰斗弘一大师生西经过》。《佛化新闻》第264期（日期不详）刊出《弘一法师生西纪念会紧急启事》。11月29日（农历十月廿二日），上海艺术界追悼弘一法师。12月1日（农历十月廿四日），《觉有情》第78、79、80期合刊为"弘一大师纪念号"。封面有：弘一大师遗像、绝笔"悲欣交集"。正文首页刊手书"南无阿弥陀佛"，署名"演音"。注文为："大师写佛名不知已几万纸。示寂之日，犹写两纸，寄沪结缘。斯其一也。"（"不知已几万纸"之"已"字，原文如此——引者按）纪念号"卷头语"为："中华民国三十一年，岁次壬午，九月初四日，弘一大师示寂于福建泉州大开元寺之不二祠，法界顿丧龙象。消息传来，缁素震悼。师出家后以苦行弘法度生，逾二十年，所摄受者甚广。本社同人与师有缘，夙承护念，遽失明灯，曷胜依恋，爰乃搜集各方记闻观感及有关资料，成兹专册，以寄哀思。将来编制行传整理遗著者，亦庶有以参考焉。"刊有《致夏丏尊居士书》《致夏丏尊居士书（二）》。另有纪念诗文32篇（首）。又刊有手书《华严集联三百》偈句之一"如幻如梦难分别，无垢无碍同虚空"。刊有1916年临新获小品拓

---

① 此信发表于1943年4月1日《觉有情》第4卷第15、16号。全文如下："性常法师道席：弘一法师生西电到，仆正束装上车，将迁居重庆。得电后即发愿到重庆后，先画法师遗像百帧，广赠海内信善，托为勒石、立碑，以垂永久。今到渝已旬日，舍馆未定，尚未动笔，将来画就拟函告各地友好，请代为宣传。如有发愿刻石立碑者，即寄赠一帧。（或在福建、浙江、江苏、四川等处登报征求愿勒石者，必易满百帧，届时再定）仆远居川中，未能得法师最后一见，至引为恸，但读与质平居士最后一书："华枝春满，天心月圆"，则知法师往生，必异常安祥，至为慰也。遗愿护生画集四册（法师曾欲刊护生画集六册，已出二册，尚有四册未出），仆但得世寿稍长，必为续成。承寄示报纸，得知详情，甚感。质平居士寓址仆亦不知。最后墨宝暂为保藏，容后寄去。匆匆未尽，即颂净安　丰子恺和南　十一月十七日"此信透露了一条重要信息，即弘一法师的最后墨宝中给刘质平的这份因不知刘质平的地址，首先是寄给丰子恺的。由于丰子恺亦不知其寓居何处，便有了"最后墨宝暂为保藏，容后寄去"之说。

本之书，及“大师在俗时所临吴天发神忏碑”、《春游》歌谱、《喝火令》手迹、《白阳》诞生号封面等。有编辑后记：

1942 年 12 月 13 日（农历十一月初六日），马一浮致弘一法师生西纪念会函。

弘一大师纪念号，筹备以来，各方投稿非常踊跃，本刊曾不惜篇幅，尽量容纳。适本月二十九日为大师终七之期，上海缁素景仰大师者在玉佛寺设斋念佛，以为回向，乃提前出版，以应胜缘，就此结束。然页数已超过豫期三分之一矣。

大师博通学艺，其遗作方面甚广。本刊就所得材料，分别精选，分门兼取，制图收入，使观者得各窥全豹之一斑。大师昔曾毕业东京美术学校，在俗时以西洋绘画名世，其造诣甚深。本刊曾百计访求，终因交通不便，未能觅得遗作一二，甚为遗憾。读者之中，如有藏品，或确知其遗作之所在者，不吝指示。如蒙摄影见赠，尤所盼望。

各方来稿中叙述上颇有互相雷同之记载，集在一编之中，颇嫌重复，编者在可能范围中曾擅为删节，乞作者恕宥为幸。

此次编辑大师纪念号，承夏丏尊居士指导赞助，并代搜集大师墨宝并制版，增光篇幅，匡余不逮，中（疑为“衷”字——引者按）心铭感，谨此志谢。

同期《播音台》：

本埠缁素自闻弘一大师入寂，于十一月八日在法宝馆开谈话会，到德森、震华诸法师，范古农、夏丏尊诸居士等二十余人，讨论组织弘一大师纪念会。章程已在起草中，并定于同月廿九日在玉佛寺开追悼会，纪念堂设在该寺。

泉州各界人士近组织弘一大师纪念会。泉州日报并为大师出一纪念特刊。大师荼毗已毕，舍利遵遗嘱安置开元、承天二寺。古历十二月十五日百日周期，在大开元寺举行纪念大会。该会征集大师遗作，并征求纪念大师文字，以编专集。请寄“福建泉州大开元寺弘一大师纪念会广义法师收”。又该会近发讣告，具名受业门人妙莲等。据广义法师来函云：“讣告事，非大师及妙莲法师之意旨，借莲师之名，事非得已，请在贵刊声明。”大师遗物，悉由妙莲法师暂存，俟将来建塔，遗物供奉塔内云。

弘一大師致葦宗法師書

1943 年《妙法轮》第 1 卷第 7 期刊出的《弘一大师致苇宗法师书》。

同日，《弘化月刊》第 18 期为“弘一大师纪念专号”（叶恭绰题），刊出《印光大师复弘一法师书》《弘一大师遗著〈普劝发心印造经像文〉》，附照片“弘一法师遗像”、弘一法师遗墨“南无阿弥陀佛”（署名“演音”；钤印“弘一”）及他人所绘“弘一法师遗体”、蒋文泽《一公大师开示随闻略录》、弘一大师《致夏丏尊居士书》（附“弘一法师遗札”手迹）、寄东《题弘一大师遗札》、夏丏尊《论弘一大师的遗书》、僧睿《弘一大师略史》、性常《亲近弘一大师之回忆》、观一《纪念弘一大师之意见》、寄东《纪念弘一大师文》、袁希濂《余与弘一大师之关系》、白韵《记余所仰慕之弘师》、郑颂英《弘一师生西感言》、忏罪生《弘一大师西归感言》、净远《弘一大师西归》、志西《晚晴老人与灵峰老人》、幻缘《听到弘一大师生西后的感想》、容起凡《弘一大师出家的研究》、了缘《其二》（弘一大师出家的研究）、姜丹书《弘一上人赞》、柴鹏飞《闻弘一大师西归敬献一得》、费慧茂《闻弘公大师西逝哀慕之余恭纪一诗》、庄子才《挽诗》二首、黄诗隐《挽诗》一首、夏丏尊、宗道《挽联》各一。同期刊出弘一大师书赠夏丏尊书法“天意怜幽草，人间爱晚晴”，款识：“丏尊居士慧鉴。己巳九月，昙昉时年五十”。《佛化新闻》第264期刊《弘一法师生西纪念会紧急启事》。12月13日（农历十一月初六日），马一浮致函弘一法师生西纪念会，说明“天马会”之事及相识过程。是年马一浮作《哀弘一法师》《有人传示弘一法师迹象相，因题其后》《题弘一法师本行记》《童子李芳远写寄音公临灭二偈征题，因约偈中语应之，兼呈音公灵位》。12月16日（农历十月初九日），《佛学半月刊》第11卷第24号刊出僧睿《弘一法师略史》。弘一大师终七之期，上海缁素景仰大师者，在玉佛寺设斋供养，念佛回向。参加者甚众。1942年12月31日《社会日报》载有《弘一大师纪念会宣言》报道此事，并述该纪念会成立过程。

爲傍生說三歸依發菩提心略儀
釋弘一遺稿
焚香禮佛竟。唱云
願此香烟雲 徧滿十方界 供養一
切佛 尊法諸賢聖 普熏諸衆生
皆發菩提心
唱已。白云。
歸依佛。歸依法 歸依僧（三說）
歸依佛竟 歸依法竟 歸依僧竟（三說）
白云。
汝等既受三歸依已。應依四弘誓願
發菩提心。
衆生無邊誓願度 煩惱無盡誓願斷
法門無量誓願學 佛道無上誓願成
三說已。白云。
汝等既受三歸依發菩提心已。應念佛名號迴向西方。
南無西方極樂世界大慈大悲阿彌陀佛
稱念佛名。多少不拘。念已。唱云。
如是功德殊勝行 無邊勝福皆迴向
普願沉溺諸衆生 速往無量光佛刹
附記 按爲傍生說三歸依發菩提心。決非限定買物放生之時。亦非限定魚蛇田鷄之類也。凡吾人尋常所見之牛猪鷄鴨犬貓乃至蠅蚊蟲蛾等。皆可依此法行之。功德無量。

1943年9月1日《觉有情》第4卷第25、26号合刊（第97、98期）刊出弘一大师遗稿《为傍生说三归依发菩提心略仪》。

按二： 1943年《妙法轮》第1卷第7期刊出《弘一大师致苇宗法师书》，未标时间，录存待考。信如下：

惠书，诵悉。诸承费神，感谢无尽。音于前日曾检地论，卷五十三（金陵刊本第十二页）云：若正法毁坏，正法隐没，虽无新受苾刍律仪，先已受得当知不舍。所以者何？由于尔时秽劫正起。无一有情不损意乐，能受具戒。况当有证沙门果者。伦记卷五十五（金陵刊本第廿三页）云：正法隐没，虽无新受，先受不舍者。还同小论。测云，正法一千年，□法一千年。末法一万年。所云还同小论者。见俱舍论卷十五（常州刊本第八页）云：正法灭时，虽无一切结界羯摩及毗柰耶，未得律仪无新得理，而先得者无有舍义。

以上诸文，或是灵峰所据也。谨陈，不宣。

演音敬疏

按三：1943年9月1日《觉有情》第4卷第25、26号合刊（第97、98期）刊出《为傍生说三归依发菩提心略仪》，标“释弘一遗稿”。福建人民出版社2019年12月《弘一大师全集》（第3版，修订2版）未收。

社会评介择要

《弘一法师提倡读诵普贤行愿品，各地佛徒均群起效法》，载1942年1月8日《佛化新闻》。

《丰子恺居士为祝弘一法师六十大庆画佛像千尊结缘，早已满额，申明截止》，载1942年3月5日《佛化新闻》。

广义：《弘一大师之盛德》，载1942年4月1日《觉有情》第58、59期合刊。

《弘一大师仍卓锡泉州福林寺》，载1942年4月9日《佛化新闻》。

九鲤山人：《五十年回忆录·弘一法师》，载1942年4月14日《新北京》。

内山完造：《弘一法师的回忆》，载1942年6月1日《大东亚经济》第5卷第6期。

《弘一法师闭户养静拟编辑律书》，载1942年6月12日《福建日报》。

蒋文泽：《拜观一公沐恩记》，载1942年7月1日，在《觉有情》第66、67期合刊。

《弘一律师行抵泉州——在每一寺院讲经一天，泉州佛教徒盛大欢迎》，载1942年7月2日《佛化新闻》。

《佛教公论》社通讯员：《弘一法师拟闭门养静并编辑律书》，载1942年7月16日《佛学半月刊》第11卷第14号。

效辉：《弘一法师的出家》，载1942年7月19日《社会日报》。

《弘一律师拟闭关静养，并将编辑律书数种》，载1942年7月23日《佛化新闻》。

曾文荣：《纪弘一师尊摄受因缘》，载1942年8月1日《觉有情》第68、69期合刊。

汪聚英：《弘一法师的三境界》，载1942年8月25日《东南日报》。

林居：《现代佛教名人志略》，载1942年8月25日《同愿》第3卷第8期。

《弘一法师讲经温陵》，载1942年9月22日《福建日报》。

《弘一法师遗墨》，载1942年10月15日《福建日报》。

《律宗泰斗弘一大师生西经过》，载1942年10月19日《佛化新闻》。

《律宗泰斗弘一大师圆寂，世寿六十三岁，逝于福建泉州》，载1942

年10月22日《佛化新闻》。

《弘一圆寂》，载1942年10月24日《东南日报》。

《吊弘一法师》，载1942年10月25日《东南日报》。

《打佛七三天，追荐弘一大师》，载1942年10月29日《佛化新闻》。

内山完造：《弘一律师》，收《上海霖语》，日本讲谈社1942年10月版。

僧睿：《弘一法师史略》，载《罗汉菜》1942年10月第34期。又载1942年《佛学半月刊》第267期。

《呜呼弘一大师圆寂矣》，载1942年11月1日《觉有情》第74、75、76、77期合刊"临时增刊"（并刊发《弘一大师五十五岁摄影》）。

范寄东：《题弘一法师圆寂时赠其至友夏丏尊居士二偈》，载1942年11月1日《觉有情》第74、75、76、77期合刊"临时增刊"。

《弘一法师圆寂》，载1942年11月3日《申报》。

《悼最近圆寂之弘一法师》，载1942年11月4日《东方日报》。

吉言：《弘一法师轶事》，载1942年11月7日《东方日报》。

《弘一法师为蔡氏四大弟子之一》，载1942年11月7日《东南日报》。

蝶羽：《弘一法师的生前》，载1942年11月4日《力报》。

陶孝哉：《未出家前的弘一法师》，载1942年11月5日《东南日报》。

蝶羽：《弘一法师的生前》，载1942年11月5日《力报》。

蝶羽：《弘一法师的生前》，载1942年11月6日《力报》。

蝶羽：《弘一法师的生前》，载1942年11月7日《力报》。

蝶羽：《弘一法师的生前》，载1942年11月8日《力报》。

蝶羽：《弘一法师的生前》，载1942年11月9日《力报》。

曹聚仁：《记弘一法师》，载1942年11月9日《东南日报》。

复泉居士朱剑芒：《南社旧友弘一法师，于十月十三日示寂泉州开元寺，赋诗哭之，并弔曼殊大师》，载1942年11月10日《新福建》第2卷第4期。

私淑弟子：《恭挽弘一法師（上）》，载1942年11月11日《社会日报》。

私淑弟子：《恭挽弘一法師（二）》，载1942年11月12日《社会日报》。

私淑弟子：《恭挽弘一法師（三）》，载1942年11月13日《社会日报》。

私淑弟子：《恭挽弘一法師（四）》，载1942年11月14日《社会日报》。

私淑弟子：《恭挽弘一法師（五）》，载1942年11月15日《社会日报》。

《律宗尊宿弘一法师圆寂》，载1942年11月16日《佛学半月刊》第11卷第22号。

《弘一法师生西纪念会紧急启事》，载1942年11月17日《佛化新闻》。

《福薄缘浅不遇师——追悼弘一律师》，载1942年11月17日《佛化新闻》。

《汉藏教理院师生普佛迴向弘一大师》，载1942年11月20日《佛化新闻》。

《纪念弘一大师，特出〈人生之最后〉》，载1942年11月20日《佛化新闻》。

《弘一大师生西纪念会征求纪念文》《律宗泰斗弘一大师生西经过》（未完），载1942年11月26日《佛化新闻》。

耀生：《恭挽弘一法师》，载1942年11月26日《社会日报》。

妙莲法师口述，寿山笔记：《弘一法师生西经过》，载1942年《罗汉菜》第35期。

僧睿：《弘一法师史略》，载1942年《罗汉菜》第35期。

《弘一法师圆寂!!!》，载1942年11月25日《同愿》第3卷第11期。

赵家欣：《弘一法师的生平》，载1942年《改进》第6卷第9期。

妙明：《〈四分律含注戒本疏行宗记〉勘误》，载1942年12月1日《佛学月刊》第2卷第7期。

"佛教界消息"：《人天眼灭法梁顿折——一代大师弘一律祖圆寂》《弘一法师生西纪念会紧急启事》，载1942年12月1日《佛学月刊》第2卷第7期。

僧睿：《大师略传》（附《大师涅槃瑞相》），载1942年12月1日《觉有情》第78、79、80期合刊，为"弘一大师纪念号"。又载1942年《罗汉菜》第35期，题《弘一法师史略》。

夏丏尊：《弘一大师的遗书》（附手书遗书《大师与夏居士诀别书》），载1942年12月1日《觉有情》第78、79、80期合刊，为"弘一大师纪念号"。

性常：《亲近弘一大师之回忆》（附《大师礼地藏菩萨甚虔。此为其所写名号及赞偈》《大师写经多种。此〈金刚经〉乃为回向其亡友金君而发心执笔者》），载1942年12月1日《觉有情》第78、79、80期合刊，为"弘一大师纪念号"。

震华：《悼弘一大师》，载1942年12月1日《觉有情》第78、79、80

期合刊，为“弘一大师纪念号”。

范寄东：《述怀》（附《大师弘扬律学，〈四分律比丘戒相表记〉为其已完成之巨著，苦心精写疏题字》《大师于华严一经所造甚深，全经几能背诵。平日弘法为人作书，多用华严句偈。曾集偈句为联，曰〈华严集联三百〉。此即其一》），载 1942 年 12 月 1 日《觉有情》第 78、79、80 期合刊，为“弘一大师纪念号”。

李圆净：《去去就来》（附《大师平常搜佛学典籍，以助研究，于律部尤然，曾向日本採请古本多次。此为其第二次请经之书启及书目》《大师未出家时素工篆刻，此为其出家后所作，寄夏丏尊居士者，有题跋》，题跋曰：“十数年来，久疏雕技，今老矣，离俗披剃，勤修梵行，宁复多暇耽玩于斯。顷以幻缘，假立私名及以别字，手制数印，为志庆喜。后之学者览兹残砾，将毋笑其结习未忘耶。于时岁阳玄黓吠舍佉月白分日，予与丏尊相交久，未尝示其雕技，今赍以供山房清赏。弘裔沙门僧胤并记），载 1942 年 12 月 1 日《觉有情》第 78、79、80 期合刊，为“弘一大师纪念号”。

袁希濂：《余与大师之关系》（附《上虞白马湖晚晴山房，大师曾两度在此掩关》），载 1942 年 12 月 1 日《觉有情》第 78、79、80 期合刊，为“弘一大师纪念号”。

姜丹书：《追忆大师》（附《虎跑定慧寺断食，为大师发心出家之一缘。此为断食归后所书》，即“灵化”二字），载 1942 年 12 月 1 日《觉有情》第 78、79、80 期合刊，为“弘一大师纪念号”。

显念居士：《悼弘一师》，载 1942 年 12 月 1 日《觉有情》第 78、79、80 期合刊，为“弘一大师纪念号”。

胡朴安：《我与弘一大师》，载 1942 年 12 月 1 日《觉有情》第 78、79、80 期合刊，为“弘一大师纪念号”。

马叙伦：《何缘之悭》，载 1942 年 12 月 1 日《觉有情》第 78、79、80 期合刊，为“弘一大师纪念号”。

观一居士：《何以纪念大师》，载 1942 年 12 月 1 日《觉有情》第 78、79、80 期合刊，为“弘一大师纪念号”。

蔡冠洛：《廓尔亡言的弘一大师》（附《大师在俗时习书甚勤。此为其所临魏碑之一种》《大师在俗时所临吴天发神谶碑》《大师精通西洋音乐，善作歌作曲，在俗时于此用力甚多。此为其手写歌谱》，即春游、《大师在俗时诗词不多作，间有所作皆工。此为其自书之小词》，即喝火令、《大师毕业于东京美术学校西洋画科，作风景兼写实印象二派之长，出家前尽以力作数十幅贻北京美专校。此为所绘之封面图案》，即白阳封面），载 1942 年 12 月 1 日《觉有情》第 78、79、80 期合刊，为“弘一大师纪念号”。

朱文叔：《忆李叔同先生——弘一大师》，载1942年12月1日《觉有情》第78、79、80期合刊，为“弘一大师纪念号”。

陈法今：《纪念晚晴老人》（附息霜《玉连环影——题小梅花屋图》），载1942年12月1日《觉有情》第78、79、80期合刊，为“弘一大师纪念号”。

懺罪生：《感言》，载1942年12月1日《觉有情》第78、79、80期合刊，为“弘一大师纪念号”。

志西：《晚晴老人与灵峰老人》，载1942年12月1日《觉有情》第78、79、80期合刊，为“弘一大师纪念号”。

宗性：《私淑弘一大师》，载1942年12月1日《觉有情》第78、79、80期合刊，为“弘一大师纪念号”。

陈海量：《香火因缘话晚晴》，载1942年12月1日《觉有情》第78、79、80期合刊，为“弘一大师纪念号”。

景弘：《弘一大师生西有感》，载1942年12月1日《觉有情》第78、79、80期合刊，为“弘一大师纪念号”。

陈无我：《话旧》，载1942年12月1日《觉有情》第78、79、80期合刊，为“弘一大师纪念号”。

持松：《悼弘一律主》，载1942年12月1日《觉有情》第78、79、80期合刊，为“弘一大师纪念号”。

丁桂樵：《弘一大师九月四日西逝，忆光绪之季余与大师初见于日本江户，今三十六七年矣》，诗，载1942年12月1日《觉有情》第78、79、80期合刊，为“弘一大师纪念号”。

张一留：《大师生西颂》，载1942年12月1日《觉有情》第78、79、80期合刊，为“弘一大师纪念号”。

费慧茂：《闻一公大师西逝，哀慕之余恭纪一诗》，诗，载1942年12月1日《觉有情》第78、79、80期合刊，为“弘一大师纪念号”。

王心湛：《弘一大师诔并序》，载1942年12月1日《觉有情》第78、79、80期合刊，为“弘一大师纪念号”。

孟定常：《集华严偈为颂》，载1942年12月1日《觉有情》第78、79、80期合刊，为“弘一大师纪念号”。

张觉明女士：《闻弘一大师圆寂感赋》，诗，载1942年12月1日《觉有情》第78、79、80期合刊，为“弘一大师纪念号”。

屈翰南：《送弘一上人生西》，诗，附注，载1942年12月1日《觉有情》第78、79、80期合刊，为“弘一大师纪念号”。

广觉：《悼弘一律师文》，载1942年12月1日《觉有情》第78、79、80期合刊，为“弘一大师纪念号”。

庄子才：《大师生西纪念》，诗，载1942年12月1日《觉有情》第

78、79、80 期合刊，为“弘一大师纪念号”。

夏丏尊：《挽联》，载 1942 年 12 月 1 日《觉有情》第 78、79、80 期合刊，为“弘一大师纪念号”。

马叙伦：《赠弘一法师并乞书》，诗，载 1942 年 12 月 1 日《觉有情》第 78、79、80 期合刊，为“弘一大师纪念号”。

《弘一大师纪念会》，载 1942 年 12 月 4 日《东方日报》。

《晋县开生西会纪念弘一法师》，载 1942 年 12 月 6 日《福建日报》。

耀生：《恭挽弘一法师》，载 1942 年 12 月 10 日《社会日报》。（与同年 11 月 26 日载于《社会日报》的挽诗不同）

《弘一大师纪念会拾余》，载 1942 年 12 月 10 日《东方日报》。

《福薄德浅不遇师——追悼弘一律师》，载 1942 年 12 月 24 日《佛化新闻》。

《弘一大师纪念会成立》，载 1942 年 12 月 24 日《申报》。

《弘一律师道影》，载 1942 年 12 月 25 日《同愿》第 3 卷第 12 期封面。同期刊载啸月：《人间爱晚晴——弘一上人传略》（未完）。

《简讯：弘一大师纪念会》，载 1942 年 12 月 26 日《新闻报》。

艺术界动态：《弘一法师圆寂》，载 1942 年《上海艺术月刊》第 12 期。

《弘一大师纪念会宣言》，载 1942 年 12 月 31 日《社会日报》。

谱　后

附录：弘一大师圆寂后数年相关纪念活动事略（1943—1949）

1943年

• 为纪念弘一大师“坐西百日周期”，蔡丏因将《青年佛教徒应注意的四项》《南闽十年之梦影》等编为《养正院亲闻记》。后由夏丏尊扩充篇幅，改名为《晚晴老人演讲录》交付出版。

• 1月1日，《海潮音》第24卷第1期“潮音信箱”栏刊《弘一法师纪念会来函》：“谨启者：当代大德弘一法师！于阴历九月初四日晚八时圆寂于泉州温陵养老院，昨经泉州日报登出消息及讣告，兹寄一份呈阅。乞转载专刊，以冀僧俗周知为荷。又敝处顷成立‘弘一法师生西纪念会’，拟出专刊为老人最后纪念。倘贵处有为老人纪念（或感想）抒写诗文，乞赐稿，寄‘福建泉州大开元寺弘一法师生西纪念刊编辑部’收。并希详示住址，以便赠阅，不胜感盼之至。此上海潮音社编辑法师，顺祝撰安。弘一法师生西纪念会启。又本会前日曾电呈太虚大师，谅已获悉矣。又该会紧急来讯称：本会前所发讣告，曾僭称弘公为重兴南山律宗第十一代祖，实当时哀悼之极，心思昏迷，未得妙莲法师同意（弘公曾遗嘱云：‘余于未命终前，临命终时，既命终后，一切皆由妙莲师一人负责，无论何人，不得干预’并盖有弘公私章），今特郑重声明：对弘公能否称为十一代祖，由世之公论也。此上福善大法师。弘师纪念会再启，十一月十五日。”

• 1月20日（农历壬午十二月十五日），为弘一大师生西百日，各界假开元寺儿童教养院开扩大纪念追悼会，刊印《弘一法师纪念特刊》。

• 2月1日，《弘化月刊》第20期刊出《弘一大师纪念会宣言》。

• 2月10日，《妙法轮》第1年第2期刊出《征求弘一大师遗稿启事》：“弘一大师处僧范垂衰之际，研述律藏，自行化他，甚奇希有！大师未出家时，术擅文艺；教历师范，当识受学，遍于海内。此次撒手西归，无论缁素，感怀眷慕。本会现拟编刊遗集，垂示将来；敢乞藏有大师书札文件等遗墨者，录副或摄影，妥寄上海槟榔路玉佛寺震华法师汇收；俾得编入，专此布达，幸垂鉴答！弘一大师纪念会谨启。”

• 3月1日，《弘化月刊》第21期刊出弘一大师纪念会《征求弘一大师遗稿启事》。

• 4月1日，《弘化月刊》第22期刊出弘一大师纪念会《征求图书启事》。

• 6月10日，《妙法轮》第1年第6期刊出《启事》：“本会最近出版弘一大师手写《药师本愿功德经》，精装一大册，计百三十余面，售价四十元储券。另《晚晴老人讲演集》，一册五元，欲购请向槟榔路玉佛寺本会接洽，是荷。弘一大师纪念会启。”

• 9月10日，《妙法轮》第1年第9期刊载《弘一大师纪念会启事》：“本会前由常务理事夏丏尊提议以每岁九月九日（农历）为大师纪念日即以是日开会员大会。今岁为大师初周纪念，图书馆亦于是日开幕……”（按：该会由震华、白圣、夏丏尊等发起，会址设在玉佛寺的上海佛学院内）。

• 9 月 23 日，《佛化新闻》载《佛教徒多一纪念日：弘一大师纪念会议决重九为弘一纪念日》。

• 10 月 1 日，《弘化月刊》第 28 期刊出《弘一大师纪念会启事》：“本会原定农历重九开会。现由理事会议，是日非星期，恐到会者不便，议决顺延十日，于九月十九日开会。是日恰逢观音诞期，亦即大师诞期前一日也。谨启。”

• 10 月 17 日，上海玉佛寺举办弘一大师圆寂周年纪念会，展出弘一大师遗墨数十件。

• 10 月，《弘一大师永怀录》由大法轮书局等流通。

• 11 月 10 日，《妙法轮》第 1 年第 11 期刊载海珊：《弘一大师一周纪念之花花絮絮》。同期刊载灵犀《猫双楼楼随记》：“十七日为弘一大师生西一周年会，举行纪念典礼于玉佛寺，并展览遗墨，图书馆亦于是日揭幕，不佞斋戒沐浴，于午饭后驱车而往……图书馆中供陈抱一先生油画遗像，左右分悬大师遗集华严联，句云‘入一切智藏，度无量众生’……遗墨陈列后楼讲堂，约近五六十贴……一笺三十年寄与朱稣典居士者，字作蝇头端楷，一笔不苟，一字不误，间加注语，分双行，字大小不逾米，非细辨，不能毕读，时师已六十外，目力精神，至堪惊佩，而大师之持躬处世，事无巨细，其审慎谨严之认真态度，于此可见，殊足为后学立身行道法也……有少年时摄影数帧，一为平剧之黄天霸，扮相英俊，一为话剧之茶花女……逸梅、吟秋两兄亦来参观，并遇海珊法师，知师卓锡于是，主持佛学院教务，《妙法轮》月刊亦由师司编篡也。……于楼下客堂，得见夏丏尊先生，蔼然长者，久仰仁风。知吴正篗先生，上午来参法会，饭后始去，并悉朱范两居士，尚在楼上，因复登楼，投刺请谒，得亲道范，畅聆雅教。前岁承稣典居士慧书，并赐大师墨宝……”

• 12 月 10 日，《妙法轮》第 1 年第 12 期刊载陈抱一《弘一法师画像记》。此文详细介绍受夏丏尊委托绘作弘一大师像的经过和感想。

1944 年

• 4 月，弘一大师纪念会联合《觉有情》《弘化月刊》《妙法轮》发起举行“纪念弘一大师集资放生活动。4 月 18 日放生圆满。

• 5 月 15 日，《妙法轮》第 2 卷第 5 期刊载《纪念弘一大师放生芳名报告》：“各方道友纪念弘一大师集资放生，除由五月份《觉有情》半月刊报告收付外，兹将芳名刊左，以记胜缘……”

• 9 月，林子青：《弘一大师年谱》，由（上海）中日文化协会上海分会出版。

• 秋，刘质平在浙江温州泰顺莒江的温州师范学校举办弘一大师书法展。展品 300 余件。

• 10 月 20 日，《妙法轮》第 2 卷第 10 期刊载消息《弘一大师纪念会开会》：“弘一大师二周纪念会，定于十一月五日（星期日）在玉佛寺举行，上午念佛设供，以为回向，是日适为大师生辰，下午除展览遗作外，将开座谈会，广约缁素中与大师有旧者，各述遗行往事，以寄追思，任大众参加云。”

• 10 月，《晚晴山房书简》由弘一大师纪念会出版。

• 11 月 5 日，上海玉佛寺举行弘一大师圆寂二周年纪念会，座谈纪念，展出弘一大师遗墨，除书法外，另有夏丏尊所藏弘一大师绘竹屏条。

• 本年，《晚晴老人讲演录》由大雄书店出版。

1945 年

• 10 月 1 日，《妙法轮》第 3 卷第 1 至 9 期合刊刊载消息《弘一大师三周纪念会》：“弘一大师于国难期中入灭，当时远方友好俱以未能参加追悼为憾。兹值三周在即，而时事和平交通恢复，闻纪念会诸同人将于农历九月二十三日仍就槟榔路玉佛寺会址举行扩大纪念，展览大师生平遗著、墨迹，并搜罗有关佛教文物、书画、碑帖等类分室陈列，俾得远近同道俱可光临，躬预盛典云。”

《弘化月刊》第 52 期刊出《弘一大师纪念会启事》：“本会定于本月二十八日（即古历九月二十三日星期日），仍在槟榔路玉佛寺，举行大师生西三周纪念会。上午念佛设供回向，下午除展览大师遗物外，并展览佛教中有历史性艺术性之刻石拓片，歌唱大师所撰之清凉歌词。凡景慕大师，及对佛教之历史、美术，有研究兴趣者，枉驾参加，无任欢迎。此启。弘一大师纪念会谨启。”

• 10 月 28 日，上海玉佛寺举行弘一大师生西三周年纪念会。展出弘一大师遗墨、念佛回向、唱清凉歌。

1946 年

• 4 月 20 日至 21 日，刘质平在温州五马街中国国货公司二楼举办弘一大师遗墨展，展出弘一大师书法作品、信件、明信片等 300 余件。同时举行自藏弘一大师作品义卖，以筹建叔同艺术学院。义卖标价：四字小幅 2 万元，十字对联 30 万元。（夏鼐日记 1946 年 4 月 21 日：“星期日。上午与李锄非及叶正钦赴中国国货公司二楼，参观弘一法师墨宝展览会，系其弟子刘质平氏出其所藏陈列，并以一部分标价义卖。弘一法师之字，从张猛龙碑入手，晚年自成一格，为书家逸品，义卖品标价奇昂，四字小幅即标价 2 万元，十字对联标价至 30 万元，似未有售出者。会场中遇及徐凤苞君及其夫人。”）

• 9 月 9 日，《觉群周报》第 1 卷第 9 期“一周佛教”载：“弘一大师纪念会，于 9 月 1 日假玉佛寺开常会，到有震华叶圣陶陈海量等诸理事云。”

• 10 月 1 日，《觉有情》第 8 卷第 3、4 号合刊“播音台”：“弘一大师纪念会定于国历十月十三日（农历九月十九日）上午九时至下午四时在玉佛寺举行大师示寂四周年纪念，并展览大师遗作一天。凡藏有大师墨迹者，欢迎送会展览。是日下午即可取回。”

《弘化月刊》第 64 期“弘化消息”：“弘一大师纪念会，自夏丏尊居士卧病，震华法师亦积劳成疾，会务停顿。今春夏居士西归后，同人在玉佛寺集议，夏居士之次公子及开明编辑叶圣陶先生俱签名加入，共策进行，以纪念弘师，成夏先生未竟之志。今秋八月，菲律滨（“滨”字，原文如此——引者注）高居士致书叶先生及夏先生高足刘质平先生、丰子恺先生，并有书来，商筹纪念办法。震华法师亦恢复健康。九月一日，在玉佛寺开会，闻将先印遗墨四种，并定十月十三日在玉佛寺举行每年一次之纪念大会。上午念佛上供，下午开会，中午备有素面，并闻一师同学会，于中午在寺聚餐。至展览办法，仍循往例，且有新加入精品云。”

《佛教公论》复刊第 7 期“佛教界消息”：“廿八日为高僧弘一法师生西周年纪念日，闽南佛教会代表转尘、厦门南普陀监院广义、本市崇福寺监院常凯等，特于上午九时在养老院举行祭塔典礼，参与祭礼有罗专员，暨地方人士叶青眼、吴克韦等。仪式肃穆隆重，罗专员于祭后并致词，对弘一法师备极推崇……兹将祭礼塔祭文探志于后：祭文：维中华民国三十五年岁次丙戌九月初四为我南山律宗第十一代弘一演音律祖涅槃之辰，闽南佛教代表转尘等谨以香花茶果清斋祭于弘公律祖涅槃塔前而祝以文曰：'猗欤弘公，伟伟堂堂。具大智慧，旷世无双。文坛教界，奕奕有光。弃儒入释，经藏精通。悲痛末运，律范之亡。匪重毗尼，胡挽颓风。化人持己，戒律是宗。兼修净业，无问夏冬。诸部律典，编纂不遑。南山法系，干斯重光。泰山北斗，中外瞻望。何去之速，公返西方。法楝倾折，缁素涕滂。悠悠四载，一刹那中。超然离尘，万象皆空。重瞻遗像，悲仰无穷。伊人宛在，芳躅仰踪。普愿再来，重泛慈航。伏维，慈受。'"

• 10月13日，上海玉佛寺举行弘一大师示寂四周年纪念会。展出弘一大师遗墨。

• 10月21日，《觉群周报》第1卷第15期"一周佛教"载："弘一大师四周年纪念，曾假玉佛寺展览其生平金石书画，到有丰子恺叶圣陶诸先生。参观者五百余人。"

• 12月1日《觉有情》第8卷第7、8期合刊"播音台"有曰："上海林森中路二五四号大雄书店谢胜法居士藏有弘一大师照片七种，今发心赠与海内仰慕大师者，以结法缘。欲请供养者请附邮费二百五十元迳函谢君，当即挂号寄奉。"

• 12月，李芳远编选《弘一大师文钞》由北风书屋出版。

1947年

• 1月1日，《觉有情》第8卷第9、10号合刊"播音台"："中委李石曾先生近归北平。据述在平晤见弘一大师之令侄李圣章先生（现任北平中法大学校长），商量创办'弘一学院'，已在进行中，院址大致拟设北平云。"又："兹有某君征求弘一大师遗著四分律比丘戒相表记及华严集联三百首二种，愿以大师遗影全套二十张为交换。愿交换者，请函上海林森中路二五四号二楼一室谢胜法接洽。"

• 2月1日，《觉有情》第8卷第11、12号合刊"播音台"："刘质平居士发起'弘一大师遗墨展览会'。搜集墨宝多至三百数十件。洵为大观。地点本埠西藏路宁波同乡会五楼。日期二月六号至十一号。""谢胜法居士搜集弘一大师遗影共三十余张。现又印成遗影全集。每帧四吋。均系从照片直接翻印。看此全集可知大师一生。征求付印。每集只收成本十万元。接洽处：本市林森中路二五四号二楼一室谢胜法。"

• 2月6日至11日，刘质平在上海西藏路宁波同乡会五楼举办《弘一大师遗墨展览会》。刘质平所撰《弘一大师的史略》刻印件在展览会上赠阅。《觉有情》总第179—180期刊登展览消息。

• 2月10日，《觉群周报》第2卷第31期载：《征求附印弘一大师遗影全集》："系从照片直接翻印，看此全集可知大师一生，每帧四寸共有三十余张，每集只收成本拾万元。接洽处：上海林森中路二五四号二楼一室谢胜法"。

• 2月12日，《觉群周报》第2卷第32、33合刊"一周佛教"载《我国近代艺术家》："……大师于民国卅一年九月初四日迁化，所遗墨宝精品，均由质平居士悉心保存，幸免浩劫！大师之书法，质朴冲淡，骨力深秀，敛神藏锋，雍睦齐整，毫无人间烟火气，足证其心灵修养之深邃，天才智慧之卓绝，冶成其清拔独特的人格表现，与归真返朴超尘入妙的伟大书境，尤为钦佩。顷刘居士于复员返申去闽之便，将大师所遗精品字幅，四百余件，定于国历二月六日起至十一日止，假西藏路宁波同乡会五楼画廊公开展览，以供同好。发起人：吴稚晖、陈立夫、潘公展、吴望伋、李石曾、张道藩、沈尹默、汪亚尘。主办人：刘质平。”

• 6 月 1 日，《佛教公论》“复刊第十五期太虚大师纪念特辑”刊出《弘一大师全集募印启》。

• 11 月 1 日《佛教公论》复刊第 19、20 期合刊“佛教消息”：“惠安科山普照寺住持传净，为纪念律宗泰斗弘一律师，筹备设立弘一大师图书报室，搜罗佛书，经典，什志，日报，供众阅览。本社昙昕法师先捐一十万元，以为首倡，愿同仁踊跃输财输书云。”又有：“弘一法师生西五周年祭典，于农历九月初四日上午十时在晋江佛教会举行，到会参加之各方佛弟子及弘公之皈依信徒，与厦门、惠安、南安、同安、永春诸山代表，及慈儿院儿童，养老男女二院民等众四百余人，由承天寺转尘老和尚领导，仪式肃穆隆重，情绪虔诚，寂静唪经后，即由龚念平居士领导慈儿院儿童呈献花圈，午斋后，由晋佛教会函聘瑞今法师、高文显居士，为弘一法师永久纪念会正副筹备主任，并决定尅日开始积极筹备，闻已商借开元寺儿童教养院为该会筹备处。”又有：“上海大雄书店与厦门佛教公论月刊社为纪念弘一大师生西五周年起见，特搜集年来各刊纪念一公文字而未经编入永怀录之一部，辑印《为青年说弘一法师》一书，以寄追思。该书内容有丰子恺之《为青年说弘一法师》及《弘一大师全集序》，叶圣陶之《谈弘一法师临偈终语》，陆丹林之《弘一法师全集序》与大醒法师之《追念弘一律师》等名著数篇，琳琅满目，美不胜收。各界如需附印请函上海林森中路二五四号大雄书店或厦门南普陀寺佛教公论社广义大师接洽，每册暂定预约三千元。”又有：“上海兴慈中学，系一心兰若主持雅云法师为崇敬兴慈老法师所创办，校长范梅僧居士，前任暨南大学教授，现兼审美女中校长，上海市教育会监事，笃信佛法，对弘一律师尤为崇拜。……”又有：“弘一法师圆寂以后，其友好组织弘一纪念会，每年秋季集合一次以纪念之。今岁为法师圆寂五周年纪念。纪念会定于本月九日（星期日）仍在（上海）槟榔路玉佛寺举行，兼以纪念弘一法师之至友夏丏尊先生、经子渊（亨颐）先生及本年圆寂之震华法师。是日展览四人之手迹遗拾。关于弘一法师者，有来自杭州之写件及遗物多种，为往年所未见云。（载十一月五日大公报）”

• 11 月 9 日，上海玉佛寺举行弘一法师（李叔同）圆寂五周年纪念会。展出弘一大师遗墨、遗像、《断食日志》等。

• 11 月 13 日，《正信》第 13 卷第 9 期“南北东西”栏目有曰：“上海大雄书店与厦门《佛教公论》月刊社，为纪念弘一大师生西五周年起见，特搜集年来各刊纪念一公文字，而未收入《永怀录》之一部，辑印《为青年说弘一法师》一书，以寄永思，如需附印者，请与上海林森中路二五四号大雄书店，或厦门南普陀寺《佛教公论》社广义法师接洽，每册预约暂定三千元，凭收据领书。”

• 11 月 26 日，《觉群》11 月号“一月佛教”载：“弘一律师逝世五周年纪念，于本月九日在玉佛寺举行，仪式简单隆重，到有叶圣陶及诸文化界名士。该日，陈列律师生前每种有价值之作品，参观者极众，无不钦仰敬佩!”又：“上海大雄书店与厦门佛教公论社为纪念弘一大师生西五周年起见，特搜集年来各刊纪念一公文字而未经编入永怀录之一部，辑印《为青年说弘一法师》一书……”

• 12 月 1 日，《佛教公论》复刊第 21 期“新书介绍”介绍蔡惠明编，大雄书店印行的《永恒的追思——弘一法师逝世五年祭》。

• 12 月 31 日，《正信》第 13 卷第 10 期“南北东西”：“上海私立兴慈中学为一心兰若所主办。创办迄今，已达两学期，负笈来学者五百余人，教学认真，管理严格。该校并于本学期添办学僧班一级悉遵部章办理，师生素食，成绩斐然。兹为崇敬律宗泰斗弘一上人（李叔同先生）及天台龙象兴慈老法师起见，特由诸山长老及各大护法发起，兴建弘一纪念堂兴慈图书馆各一所，建筑巍峨，伟大庄严，闻拟定明春与观自在殿之四面观音，同时举行开光及落成典礼云。”

1948 年

• 1 月 10 日，《佛教文摘》第 4 集“佛教纪事”报道：“上海兴慈中学，系一心兰若主持惟云法师为崇敬兴慈老法师所创办，校长范梅僧居士，前任暨南大学教授，现兼审美女中校长，上海市教育会监事，笃信佛法，对弘一律师尤为崇拜。……该校校址在上海闸北共和新路底宋公园侧。”又报道：“上海大雄书店与厦门佛教公论月刊也为纪念弘一大师生西五周年起见，特搜集年来各刊纪念一公文字而未收入永怀录之一部，辑印《为青年说弘一法师》一书，如需附印者，请与上海林森中路二七一弄十六号大雄书店或厦门南普陀寺佛教公论社广义法师接洽。每册暂定三千元。”

• 1 月 15 日，《世间解》第 7 期刊有《弘一纪念堂兴慈图书馆巍峨建筑次第工竣》：“（本社讯）上海市私立兴慈中学为一心兰若所主办。创办迄今，已达两学期，负笈来学者五百余人，教学认真，管理严格。该校并于本学期添办学僧班一级悉遵部章办理，师生素食，成绩斐然。兹为崇敬律宗泰斗弘一上人（李叔同先生）及天台龙象兴慈老法师起见，特由诸山长老及各大护法发起，兴建弘一纪念堂兴慈图书馆各一所，建筑巍峨，伟大庄严，闻拟定明春与观自在殿之四面观音，同时举行开光及落成典礼云。”

• 2 月，《永恒的追思——弘一法师逝世五年祭》由大雄书局出版。

• 3 月 1 日，《觉有情》第 9 卷第 3 期刊载“大法轮书局新书三种”，其中有《三宝歌广释》。

• 3 月 20 日，《佛教文摘》第 5 集“佛教纪事”载：“上海兴慈中学，兹为崇敬兴慈老法师，及已故弘一律师起见，特由诸山长老及各大护法发起兴建‘兴慈图书馆’‘弘一纪念室’各一所。定于二月十九日与观自在殿之四面观音同时举行开光及落成典礼。”

• 4 月 1 日《学僧天地》第 1 卷第 4 期载墙外行人：《弘一法师的墨迹》（转载于《东南日报》）：“……音专校门外大署‘音乐家李叔同先生遗墨展览’，大约刘先生要为此一展览和音专拉上关系，也算煞费苦心。可是名从主人，以法师的俗名来展览他出家后的笔墨，似乎不无问题了。遗墨分列三室，壁间桌上，琳琅满目，瞻仰的人却极寥寥，使我得以静静地，精细地来欣赏，幸福之至……其余关于佛法的写品，除撮录莲池大师竹窗三笔里妙文的两种外，最为我所喜欢的是四‘大’颂：‘大音希声、大器晚成、大智若愚、大巧若拙’……”“最足以表现法师的生活的，却是他写给质平先生的许多信札。无论是信封，是明信片，是寥寥数语，是细字数十行，纵然极为随便，依然极为整齐，极美观……”

• 4 月 3 日至 5 日，刘质平在福州仓前山鹤龄路 5 号国立福建音乐专科学校举办“音乐家李叔同先生遗墨展览”。

• 4 月，胡宅梵编：《人间爱晚晴》由大法轮书局出版（版权页标“著作者：陈法香”。实际上为多人著述）。

• 6 月 1 日，《觉有情》第 9 卷第 6 期“播音台”：“南闽刘绵松居士，发心编著弘一大师全集。竭力搜集遗作，几经寒暑，裒为一帙。内容分十类，疏舛讹夺，审慎厘正，容称善本。第以卷帙浩繁，印费孔巨，谋付剞劂，端赖众擎。伏愿十方道侣，施清净财，共襄胜举。收款处：一、福建漳州旧府路三十三刘绵松居士。二、厦门南普陀寺佛教公论月刊社广义法师。”同期有《大法轮书局新书四种》，其一为“弘一大师纪念文集《人间爱晚晴》，署名：“夏丏尊等”。

• 6月17日，由熊佛西、吴湖帆、刘海粟、陆丹林、蒋竹庄、刘开渠、施蛰存、郑振铎等发起征集弘一法师国画、书法作品，以充实兴慈中学弘一纪念堂。

• 7月20日，《佛教文摘》第6集载兴慈中学：《兴慈图书馆弘一纪念室征募图书法物缘起》。

• 10月10日，《海潮音》第29卷第10期刊载沙弥《弘一律师灵骨过沪奉供速记》一文。

• 11月1日，《觉有情》第9卷第11期“播音台”：“弘一大师弟子厉胜通居士，于本年五月二十日发愿将家藏内外学书，免费借阅流通，以宏法施。即其镇江寓庐，创办集成图书馆，试行数月，成效甚著。因在南京长乐路二八九号设立通讯借书办事处，凡愿借书者，可开列愿阅书名三种附著作人及出版处，即可尽馆藏所有者先行寄奉，未有者设法选购照借。借书人最好开明一己学历，及现在服务或就学等情况，以便相机切磋。每次请附寄书邮费（挂号印刷四万元起），以示诚意。其他费用，由厉居士独立担负，暂不接受任何捐款，但欢迎赠送佛书云。”

•《学僧天地》第1卷第6期载性慈：《弘一大师灵骨过沪供养记》：“当我听到弘一律师灵骨来沪的消息以后，使我顿时感到悲喜交集。所悲者何？即我在八岁时，在杭州虎跑寺，曾见过老人一面，不数日，老人就外出行脚去了。当时我因年幼无知无从亲近老人。到了‘七七’事变以后，杭州失陷，我亦离开虎跑到处避难；在抗战八年间，亦未尝探得老人的行止。到了胜利之后，我回到虎跑寺，想探一下老人驻锡之讯，谁知老人已于三十一年九月圆寂于福建泉州不二祠，从此就不复见老人的道容了！所喜者何？就是老人灵骨过沪，使我尚有瞻仰的因缘。”“刘居士受介后，继续步出致词：‘这次由闽护送弘一律师灵骨去杭州虎跑寺供养，途径上海，承林居士介绍暂时供养在贵院，于心颇感欣慰！弘一律师灵骨依照他的遗嘱，本指定在闽南泉州的开元承天两寺进塔供养。因为杭州弘伞法师和杭州的居士们数次去电泉州向两寺商量，欲将律师灵骨分一部分在杭州虎跑建塔供养，虎跑是律师削发出家的常住，自然很是重要，可是泉州方面因为律师没有遗嘱，不敢答应。今年我从菲律宾回到泉州，听到这件事情，我认为这不比平常的请求，便向开元承天两寺恳求，承他们的允许，各分出一部分来，于是我奉送到杭州来，律师在世的时候，他是不喜欢铺张的，所以这次他的灵骨到了上海，我也遵从他的遗志，不敢惊动各方。今天承诸位法师诸大居士参加举行供养纪念，在作为一个律师的归依弟子的我，是应该感谢诸位的。’最后由来宾大醒法师致词，叙述律师生平道德，堪作后世模范，希望我们同学们能步着弘一律师的后尘前进……”同期“佛教简讯”：“弘一大师于民国三十一年九月圆寂泉州，遗嘱荼毗后以其遗骨分送该地承天开元二寺入塔。本年菲律宾佛教华侨普贤学校校长刘胜觉居士（大师皈依弟子）返国至泉，以大师剔发于杭州西湖虎跑寺，不可无有纪念。乃商得二寺之同意，各分出遗骨一部分，托刘居士护送赴杭。刘居士于九月十日自厦至沪，下榻静安寺。九月十二日，上海市佛教会、静安学苑、兴慈中学、海潮音社、大雄书局、玉佛寺等团体，特假静安寺举行弘一大师灵骨过沪供养会，以表纪念。九月十三日，大师遗骨由刘胜觉、刘质平、林子青三居士护送至杭州里西湖招贤寺，当由该寺弘伞老法师招请在杭有关人士，于十四日就寺举行迎请典礼，到有弘伞、巨赞、乐观、观行诸法师，李季谷、吴梦非、潘锡九、李鸿梁、刘质平诸居士。闻俟时局稍定，即将在虎跑寺建塔纪念云。”“上海佛教私立兴慈中学，自开办以来，成绩优异，学风良好，尤以设‘育僧班’，专收青年学僧，为该校之特色。该校创办人惟云法师及校长范梅僧居士，景仰弘一大师，曾将礼堂号为弘一纪念堂。近更就该堂后部添建弘一大师纪念室一座，精丽雅丽，已于十月廿日举行落成典礼，柬邀各佛学团体参加致祝，闻该纪念室欢迎各界捐赠弘一大师生平遗物，以资永久纪念。”

1949 年

• 1 月 1 日，《佛教人间》第 2 卷第 1 期刊载“佛教消息”《丰子恺居士到厦门——想举行一次“个人画展”还要找寻弘一法师遗迹》。

• 3 月 30 日，《海潮音》第 30 卷第 3 期刊出“法轮小丛书”广告，有尘空法师《三宝歌广释》、夏丏尊等《人间爱晚晴》。

• 7 月，丰子恺编《前尘影事集》由康乐书店出版。

主要参考文献

一、李叔同—弘一大师研究

1. 裘梦痕、丰子恺编:《中文名歌五十曲》，开明书店 1927 年版。
2. 丰子恺绘、弘一大师题《护生画集》，开明书店 1929 年版。
3. 夏丏尊选辑:《李息翁临古法书》，开明书店 1929 年版。
4. 弘一大师:《华严集联三百》，开明书店 1931 年版。
5. 释弘一撰:《清凉歌集》，开明书店 1936 年版。
6. 夏丏尊等:《弘一大师永怀录》，大法轮书局 1943 年流通版。
7. 夏丏尊辑:《晚晴老人讲演录》，弘一大师纪念会发行,1943 年版。
8. 林子青:《弘一大师年谱》，杂华精舍 1944 年版。
9. 弘一法师纪念会:《晚晴山房书简》，开明书店 1944 年版。
10. 李芳远编:《弘一大师文钞》，开明书店 1946 年版。
11. 弘一大师遗墨展览会《弘一大师遗墨展览会特刊》(油印本),1946 年。
12. 胡宅梵编:《人间爱晚晴》，上海大法轮书局 1948 年版。
13. 丰子恺等著:《永恒的追思——弘一法师逝世五年祭》，大雄书局 1948 年版。
14. 丰子恺编:《前尘影事集》，康乐书店 1949 年版。
15. 丰子恺编:《李叔同歌曲集》，音乐出版社 1958 年版。
16. 性愿编:《晚晴山房书简》,1958 年菲律宾施资在上海付印。
17. 丰子恺编:《弘一大师遗墨》，上海三一印刷厂 1962 年印行。
18. 丰子恺编:《弘一大师遗墨续集》,1964 年（香港）商务印书馆香港工厂承印。
19. 妙因、妙境辑录，广洽法师倡印:《南山律苑文集》,1964 年香港大新印刷厂承印，版藏香港法界学苑。
20. 蔡念生汇编:《弘一大师法集》,（台北）新文丰出版股份有限公司 1976 年版。
21. 丰子恺:《丰子恺致广洽法师书信选》,1977 年时代图书有限公司编印，香港联兴印刷厂承印。
22. 陈慧剑编选:《弘一大师音乐遗集》,（台北）天华出版事业有限公司 1978 年版。
23. 高文显编著:《韩偓》,（台北）新文丰出版公司 1984 年版。
24. 中国佛教协会编:《弘一法师》，文物出版社 1984 年版。
25. 西泠印社编辑部:《李叔同常用印集》，西泠印社 1985 年版。
26. 杜苕:《弘一法师李叔同》，北岳文艺出版社 1986 年版。
27. 泉州惠安净峰寺弘一大师纪念室、惠安文化馆合编:《弘一大师在惠安》,1986 年印行。
28. 夏宗禹编:《弘一大师遗墨》，华夏出版社 1987 年版。

29. 朱经畲编：《李叔同（弘一法师）年谱》，收天津市政协文史资料研究委员会、天津市宗教志编纂委员会：《李叔同—弘一法师》，天津古籍出版社 1988 年版。
30. 曹聚仁：《听涛室人物谭·弘一大师年谱》，上海人民出版社 1988 年版。
31. 刘心皇：《弘一法师新传》，（台北）东门出版社 1988 年重订 5 版。
32. 徐星平：《弘一大师》，中国青年出版社 1988 年版。
33.《地藏菩萨九华垂迹图赞》，（台北）三慧讲堂 1989 年版。
34. 企释、培安编：《李叔同—弘一法师歌曲全集》，上海音乐出版社 1990 年版。
35. 刘雪阳、丰一吟编：《弘一大师书信手稿选集》，上海书画出版社 1990 年版。
36. 林子青编：《弘一法师书信》，生活·读书·新知三联书店 1990 年版。
37. 陈慧剑：《弘一大师传》，（台北）东大图书公司 1991 年增订 5 版。
38. 落陀：《弘一大师的故事》，海峡文艺出版社 1991 年版。
39. 秦启明：《弘一大师李叔同音乐集》，（台北）慧炬出版社 1991 年版。
40. 秦启明：《弘一大师李叔同音乐集》，陕西人民出版社 1991 年版。
41. 秦启明：《弘一大师李叔同书信集》，陕西人民出版社 1991 年版。
42. 陈慧剑主编：《弘一大师永怀录新篇》，（台北）龙树菩萨赠经会 1991 年印行。
43. 天津市李叔同研究会编：《李叔同书法碑林画集》，天津人民美术出版社 1992 年版。
44. 林清玄推荐：《弘一大师（李叔同）云水传奇·歌曲全集》，（台北）音乐中国出版社 1992 年版。
45. 潇琴：《弘一法师传奇》，（台北）新潮社 1992 年版。
46. 林清玄：《呀！弘一》，（新店）中国音乐出版社 1992 年版。
47. 林子青编著：《弘一大师新谱》，（台北）东大图书股份有限公司 1993 年版。
48. 钱仁康：《弘一大师歌曲集》，（台北）东大图书股份有限公司 1993 年版。
49. 钱君匋主编：《李叔同》，上海人民美术出版社 1993 年版。
50. 刘雪阳等编选：《弘一法师书法集》，上海书画出版社 1993 年版。
51. 秦启明编：《弘一大师李叔同讲演集》，中国广播电视出版社 1993 年版。
52. 天津市李叔同—弘一大师研究会编：《弘一大师韵语》，天津人民出版社 1994 年版。
53. 钱君匋主编：《弘一大师文稿》，（台北）东华书局股份有限公司 1994 年版。
54. 二埋法师编著：《在家律学·〈南山律在家备览〉节译》，（台北）佛陀教育基金会 1994 年印行。
55. 历史博物馆编辑委员会：《天心月圆：弘一法师李叔同》，（台北）历史博物馆 1994 年版。
56. 龚望编：《李叔同印存》，天津人民美术出版社 1995 年版。
57. 林子青编著：《弘一法师年谱》，宗教文化出版社 1995 年版。
58. 余涉编注：《李叔同诗全编》，浙江文艺出版社 1995 年版。
59. 中华书道学会编：《弘一大师墨迹文物图录》，（台中）中华书道学会 1996 年印行。
60. 柯文辉、刘雪阳主编：《二十世纪书法经典·李叔同》，河北教育出版社、广东教育出版社 1996 年版。
61. 陈慧剑：《弘一大师论》，（台北）东大图书公司 1996 年版。
62. 李璧苑：《毫端舍利——弘一法师出版前后书法风格之比较》，（高雄）佛光出版社 1997 年版。
63. 雄狮美术编：《弘一法师翰墨因缘》，（台北）雄狮图书股份有限公司 1997 年版。

64. 上海书画出版社编:《弘一法师书法集》，上海书画出版社，1997 年版。
65. 王荣多编:《释演音》，中国文史出版社 1998 年版。
66. 陈慧剑主编:《弘一大师有关人物论文集》，（台北）弘一大师纪念学会 1998 年印行。
67. 李璧苑:《弘一大师书法风格之研究》，（台北）学英文化事业有限公司 1998 年版。
68. 周冲选编:《李叔同集》，沈阳出版社 1998 年版。
69. 余涉编:《漫忆李叔同》，浙江文艺出版社 1998 年版。
70. 蒋心海著:《圆月天心——李叔同》，山东画报出版社 1998 年版。
71. 武华著:《一轮明月》，作家出版社 1999 年版。
72. 上海博物馆藏，陈燮君、汪庆正主编:《夏丏尊旧藏弘一法师墨迹》，华宝斋书社 2000 年版。
73. ［日］中村忠行等著，曹布拉译:《新艺术的发轫——日本学者论李叔同与丰子恺》，西泠印社出版社 2000 年版。
74. 曹布拉主编:《弘一大师艺术论——纪念弘一大师诞辰一百二十周年国际学术研讨会论文集》，西泠印社出版社 2000 年版。
75. 杭州师范学院弘一大师・丰子恺研究中心编:《弘一大师新论》，西泠印社出版 2000 年版。
76. 林子青:《长亭古道芳草碧：忆弘一大师等师友》，（台北）法鼓文化 2000 年版。
77. 方爱龙主编:《弘一大师新论》，西泠印社出版社 2000 年版。
78. 郭凤歧主编:《李叔同—弘一法师影志》，天津人民出版社 2000 年版。
79. 郭凤歧主编:《李叔同—弘一法师纪念集》，天津人民出版社 2000 年版。
80. 曹布拉:《命运的二重奏——弘一大师与刘质平》，西泠印社出版社 2001 年版。
81. 田涛:《百年家族——李叔同》，（台北）立绪文化事业有限公司 2001 年版。
82. 潘弘辉:《夕阳山外山：李叔同传奇》，（台北）联经出版社 2001 年版。
83. 方爱龙编著:《弘一大师书法传论》，西泠印社出版社 2001 年版。
84. 刘正成主编:《中国书法全集 83・近现代编-李叔同马一浮卷》，荣宝斋出版社 2002 年版。
85. 徐正纶编著:《弘一大师诗词全解》，（台北）东大图书股份有限公司 2002 年版。
86. 上海龙华古寺、上海圆明讲堂编:《无上清凉——弘一大师墨宝舍利》，（释照诚主编），上海人民美术出版社 2002 年版。
87. 方爱龙:《殷红绚彩：李叔同传》，上海书画出版社 2002 年版。
88. 金梅:《弘一法师——李叔同》，人民音乐出版社 2002 年版。
89. 李莉娟选编:《李叔同诗文遗墨精选》，中国文联出版社 2003 年版。
90. 林可同编:《弘一书法墨迹》，中国美术学院出版社 2004 年版。
91. 弘一大师・丰子恺研究中心编:《弘一大师今论》，天马出版有限公司 2004 年版。
92. ［日］吉田千鹤子:《东京美术学校的外国学生》，天马出版有限公司 2004 年版。
93. 杨少波:《李叔同：两世悲秋一扁舟》，大象出版社 2004 年版。
94. 吴可为:《古道长亭——李叔同传》，杭州出版社 2004 年版。
95. 章用秀:《艺术大师李叔同与天津》，天津人民美术出版社 2004 年版。
96. 潘运告编著:《晚晴书论》，湖南美术出版社 2004 年版。
97. 泉州弘一大师研究会编:《弘一大师纪念文集》，海风出版社 2005 年版。

98. 曹布拉：《李叔同—弘一大师研究一百年》，方志出版社 2005 年版。
99. 金梅：《李叔同影事》，百花文艺出版社 2005 年版。
100. 虞坤林编：《弘一法师日记三种》，山西古籍出版社 2006 年版。
101. 郭长海、郭君兮编：《李叔同集》，天津人民出版社 2006 年版。
102. 杜翔主编：《一代宗师李叔同》，天津人民美术出版社 2006 年版。
103. 般若念佛会编：《弘公道风》，（台南）法钵文化事业社 2006 年版。
104. 上海市书法家协会编：《海派代表书法家系列作品集·弘一》（该卷主编刘一闻，副主编沈爱良），上海书画出版社 2006 年版。
105. 广洽纪念馆编辑委员会编：《广洽纪念馆》，[新加坡] 广洽纪念馆 2007 年版。
106. 章用秀：《追寻李叔同足迹》，百花文艺出版社 2007 年版。
107. 李璧苑：《朽者不朽——弘一大师李叔同与陈师曾“北陈南李”的游艺关系》，（台北）弘一大师纪念学会 2007 年印行。
108. 闻逸书卷编：《弘一法师——李叔同》，四川文艺出版社 2007 年版。
109. 陈净野：《李叔同学堂乐歌研究》，中华书局 2007 年版。
110. 泓逸：《不笑烟花只笑禅：李叔同的人生感悟》，（台北）达观出版事业有限公司 2008 年版。
111. 王湜华：《李叔同的后半世：弘一法师》，京华出版社 2008 年版。
112. 王少农注讲：《李叔同〈晚晴集〉人生解读》，线装书局 2008 年版。
113. 弘一大师·丰子恺研究中心编：《永恒的风景——第二届弘一大师研究国际学术会议论文集》，中国文化艺术出版社 2008 年版。
114. 侯秋东主编：《弘一大师人格与思想论文集》，（台北）弘一大师纪念学会 2008 年印行。
115. 金梅：《遁入空门：李叔同为何出家》，天津人民出版社 2009 年版。
116. 龚绶、车水仁编：《弘一大师李叔同篆刻集》，六卷本，天津人民美术出版社 2009 年版。
117. 王维军主编：《弘一法师手书嘉言集》，西泠印社出版社 2010 年版。
118. 释慧观主编：《如月清凉被众物——弘一大师诞辰一三 O 岁纪念文集》，（台北）弘一大师纪念学会 2010 年印行。
119. 温州博物馆、平湖李叔同纪念馆编：《弘一大师墨迹》，浙江古籍出版社 2010 年版。
120. 章用秀：《大德善缘——李叔同师友遗墨品读》，天津古籍出版社 2010 年版。
121. 戈悟觉：《弘一大师温州踪迹》，上海文艺出版社 2010 年再版增订本。
122. 弘一大师·丰子恺研究中心编：《如月清凉：第三届弘一大师研究国际学术会议论文集》，中国广播电视出版社 2010 年版。
123. 杨佩昌整理：《李叔同·艺术与佛经文稿》，中国画报出版社 2010 年版。
124. 杨和平著：《先觉者的足迹：李叔同及其支系弟子音乐教育思想与实践研究》，上海音乐出版社 2010 年版。
125. 唐宇力主编：《明月伴西湖——纪念弘一法师诞辰 130 周年》，杭州出版社 2010 年版。
126. 天津市李叔同—弘一大师研究会编印：《天心月圆——纪念李叔同—弘一大师诞辰 130 周年学术研讨会论文集》，2010 年印行。
127. 柯文辉：《旷世凡夫：弘一大传》，北京大学出版社 2010 年版。

128. 中国现代文学大师精品丛书编委会编：《李叔同精品集》，世界图书出版公司 2010 年。
129. 王志远主编：《弘一大师文汇》，华夏出版社 2011 年版。
130. 秦启明：《弘一大师与十法师》，江苏人民出版社 2011 年版。
131. 秦启明：《弘一大师新传》，江苏人民出版社 2011 年版。
132. 徐正纶：《弘一大师散论》，浙江文艺出版社 2011 年版。
133. 罗斌冰：《李叔同》，云南教育出版社 2011 年版。
134. 罗明：《澈悟的思与诗——李叔同的文艺创作及文艺思想研究》，巴蜀书社 2011 年版。
135. 王维军主编：《格言别录》，西泠印社出版社 2012 年版。
136. 释慧观：《弘一大师持戒念佛之典范》，（台北）弘一大师纪念学会 2012 年印行。
137. 陈飞鹏主编：《弘一与厦门》，鹭江出版社 2012 年版。
138. 金梅：《悲欣交集：弘一法师传》，福建教育出版社 2012 年版。
139. 王冬梅主编：《历代名家书法经典：李叔同》，中国书店 2013 年版。
140. 弘一大师·丰子恺研究中心、翰德林智慧女性修养学堂编：《慈悲与和谐——第四届弘一大师研究国际学术会议文集》，中国广播电视出版社 2013 年版。
141. 王维军主编：弘一法师著《佛说阿弥陀经》（三种），西泠印社出版社 2013 年版。
142. 许灿煌编著：《弘一法师与福林寺》，中国经典文化出版社有限公司 2013 年版。
143. 朱兴和评注：《李叔同诗歌评注》，上海交通大学出版社 2013 年版。
144. 沈岩、戢范主编：《华枝春满：李叔同书法、信札集》，河北美术出版社 2013 年版。
145. 《李叔同全集》，哈尔滨出版社 2014 年版。
146. 弘一大师编，释界崇译注：《南山律在家备览略编》，浙江大学出版社 2014 年版。
147. 张程刚：《李叔同音乐教育思想研究》，安徽大学出版社 2014 年版。
148. 管继平编注：《李叔同致刘质平书信集》，东方出版中心 2014 年版。
149. 金梅：《月印千江：弘一法师李叔同大传》，金城出版社 2014 年版。
150. 施正峰著：《弘一法师在漳州》，天马出版有限公司 2014 年版。
151. 李莉娟主编：《圆月耀天心——弘一大师略谱·谱后》，天津人民美术出版社 2014 年版。
152. 王维军主编：《李叔同当湖书印文辑》（上、下），西泠印社出版社 2015 年版。
153. 天津市李叔同—弘一大师研究会、天津大悲院编，章用秀撰文：《弘一大师的精神境界》，天津教育出版社 2015 年版。
154. 陈笃彬、苏黎明：《弘一大师在泉州》，齐鲁书社 2015 年版。
155. 杭州师范大学弘一大师·丰子恺研究中心编：《一月千潭——第五届弘一大师研究国际学术会议论文集》，上海三联书店 2016 年版。
156. 平湖市李叔同纪念馆编：《李叔同（弘一大师）研究考论选》，团结出版社 2016 年版。
157. 平湖市李叔同纪念馆编：《李叔同（弘一大师）研究文论选》，团结出版社 2016 年版。
158. 陈飞鹏整理：《弘一法师书信全集》，文物出版社出版 2017 年版。
159. 王维军：《当湖人家》，天津人民美术出版社 2017 年版。
160. 王维军：《平湖李叔同纪念馆藏李叔同（弘一大师）手札墨宝·识注考勘》，西泠印社出版社 2017 年版。

161. 吴浩然编：《放下：从李叔同到弘一法师》第一辑，海燕出版社 2017 年版。
162. 浙江省平湖市人民政府、上海市徐汇区文化局编：《弘一大师法书集》（全二册），上海书画出版社 2017 年版。
163. 张一德：《弘一大师在厦门》，西泠印社出版社 2018 年版。
164. 许著华：《弘一大师在安海》，福建教育出版社 2018 年版。
165. 李叔同故居纪念馆编：《叔同研究》（第一辑），天津古籍出版社 2018 年版。
166. 杭州师范大学弘一大师·丰子恺研究中心编：《光风霁月：第六届弘一大师研究国际学术会议论文集》，上海三联书店 2018 年版。
167. 平湖市李叔同纪念馆编：《莲馆弘谭（2018）》，西泠印社出版社 2018 年版。
168. 《弘一大师全集》（修订版）编辑委员会编：《弘一大师全集》，福建人民出版社 2019 年第 3 版、修订 2 版。

二、其他研究

1. 《经亨颐日记》，浙江古籍出版社 1984 年版。
2. 杨金鼎主编：《中国文化史词典》，浙江古籍出版社 1987 年版。
3. 《马一浮集》，浙江古籍出版社、浙江教育出版社 1996 年版。
4. 李玉珉主编：《中国佛教美术论文索引 1930—1993》，（新竹）财团法人觉风佛教艺术文化基金会 1997 年版。
5. 陈科美主编：《上海近代教育史 1843—1949》，上海教育出版社 2003 年版。
6. 徐昌酩主编：《上海美术志》，上海书画出版社 2004 年版。
7. 陈玉堂编著：《中国近现代人物名号大辞典》，浙江古籍出版社 2005 年版。
8. 王震编：《二十世纪上海美术年表》，上海书画出版社 2005 年版。
9. 穆家修、柳和城、穆伟杰编著：《穆藕初先生年谱》，上海世纪出版股份有限公司·上海古籍出版社 2006 年版。
10. 秦康祥：《西泠印社志稿》，浙江古籍出版社 2006 年版。
11. 宁波市佛教协会编：《宁波佛教志》，中央编译出版社 2007 年版。
12. 李保民笺注：《吕碧城诗文笺注》，上海古籍出版社 2007 年版。
13. 黄夏年主编：《稀见民国佛教文献汇编（报纸）》（13 卷）“原刊影印”，中国书店 2008 年版。
14. 普门学报：《二十世纪佛教文选·居士篇之一》，普门学报第 49 期，（高雄）普门学报社 2009 年 1 月。
15. 虞云国、周育民主编：《中国文化史年表》，上海人民出版社 2009 年版。
16. 徐宪江主编：《百年中国实录（1911—2009）》，中共党史出版社 2010 年版。
17. 陈洁编：《民国戏曲史年谱》（1912—1949），文化艺术出版社 2010 年版。
18. 汪小洋：《中国宗教美术史料辑要》，上海大学出版社 2011 年版。
19. 南京图书馆编：《中国近现代人物像传》，上海古籍出版社 2011 年版。
20. 孙继南编著：《中国近代音乐教育史纪年 1840—2000》，上海音乐学院出版社 2012 年版。
21. 丰子恺：《丰子恺全集》（50 卷），海豚出版社 2016 年版。

22. 王中秀：《王一亭年谱长编》，上海书画出版社 2010 年版。
23. 姜丹书：《姜丹书艺术教育杂著》，浙江教育出版社 1991 年版。
24. 丰一吟：《潇洒风神：我的父亲丰子恺》，华东师范大学出版社 1998 年版。
25. 周庆华：《佛教与文学的系谱》，（台北）里仁书局 1999 年版。
26. 方广錩主编：《中国佛教文化大观》，北京大学出版社 2001 年版。
27. 李玉珉：《中国佛教美术史》，（台北）东大图书公司 2001 年版。
28. 刘成有：《近现代居士佛学研究》，巴蜀书社 2002 年版。
29. 洪修平：《中国佛教文化历程》（增订版），江苏教育出版社 2005 年版。
30. 丰一吟：《我的父亲丰子恺》，团结出版社 2007 年版。
31. 麻天祥：《20 世纪中国佛学问题》，武汉大学出版社 2007 年版。
32. 赖永海：《中国佛教文化论》，中国人民大学出版社 2007 年版。
33. 刘瑞宽：《中国美术的现代化：美术期刊与美展活动的分析（1911—1937）》，生活·读书·新知三联书店 2008 年版。
34. 方立天：《中国佛教与传统文化》，中国人民大学出版社 2010 年版。
35. 丁钢：《中国佛教教育：儒佛道教育比较研究》，四川教育出版社 2010 年版。
36. 汪小洋：《中国佛教美术本土化研究》，上海大学出版社 2010 年版。
37. 王忠和：《吕碧城传》，百花文艺出版社，2010 年版。
38. 来新夏、徐建华：《中国的年谱与家谱》，中国国际广播出版社 2010 年版。

后　记

本年谱长编的编撰实际起步于2015年初，2017年被国家社会科学基金项目立项。作为该项目的阶段性成果，主要有《李叔同—弘一大师行踪图典》（西泠印社出版社2019年9月版）、《民国时期李叔同影像之编撰与刊布》（《文艺研究》2018年第9期）、《图像与史证：李叔同在艺术教育领域的开创之功》（《艺术百家》2017年第5期）和《李叔同艺术教育事业年表》（《美育学刊》2019年第4期）等。6年多以来，笔者系统整理几十年来积累的研究资料，复陆续走访了杭州、南京、青岛、绍兴、宁波、漳州、厦门、福州、泉州、晋江、南安、惠安、永春、上海、衢州、温州、慈溪、天津、嘉兴、舟山等地（部分地点多次走访），与各地李叔同—弘一大师研究者和景仰者交流，拍摄照片万余张，复又得到庐山和日本友人的帮助，获取许多研究资料。

在整个编撰过程中，得到了王维军兄的热情协助，无私提供了大量文献资料，并适时就一些重要问题给予必要的提醒；李叔同孙女李莉娟热情指点李叔同在天津的行踪，并提供一手资料；金星兄和胡迪军兄在笔者编撰年谱长编的同时分别也在做"弘一大师在温州"和"弘一大师在宁波地区"的年表，二位与笔者频繁交流、相互补充，求同存异、以臻完善；张一德兄引领笔者熟悉弘一大师在福建的行谊，其"弘一大师在厦门"的专题研究令笔者受益匪浅。其他像林长弘、许著华二兄也为笔者寻访弘一大师在福建相关史迹提供诸多方便；方爱龙兄自始至终为笔者考勘资料、协助释文、辨别印章。笔者对以上诸位表示特别的感谢！

要感谢的朋友还有：慧观法师、道心法师、佛心法师、宗宇法师、无平法师、宗圣法师、仁慈法师、赵一弘、陈才、潘建伟、凌玉建、陈永怡、姚伟荣、陈谊、吴雪松、黄炽森、沈国林、洪修平、赖永海、黄夏年、毛建波、郑峰鸣、姜书凯、陈华林、吉田千鹤子、刘晨、吴嘉平、张伟、俞家平、余大风、朱显因、樊东伟、陈谅闻、刘国庆、冯强生、谢微东、史从忠、孙良好、黄文献、王妍、沈克成、黄松光、杨瑞津、卢礼阳、夏燕靖、沈岩、大桥茂、大桥志华等。他们均以不同方式对编撰工作给予了热情鼓励、帮助和支持。

还须感谢国家社会科学基金的立项和资助。感谢上海三联书店为出版本著给予的支持——这是笔者第三次将国家社会科学基金项目成果交予该社出版，该社在编辑学术著作过程中的严谨态度和出版质量令人欣慰。

陈　星

2021年10月5日

于杭州师范大学弘一大师·丰子恺研究中心

图书在版编目（CIP）数据

李叔同：弘一大师年谱长编/陈星编著．—上海：上海三联书店，2021.11
ISBN 978-7-5426-7520-0

Ⅰ．①李…　Ⅱ．①陈…　Ⅲ．①李叔同（1880—1942）－年谱　Ⅳ．①B949.92

中国版本图书馆 CIP 数据核字（2021）第 171387 号

李叔同—弘一大师年谱长编

编　　著／陈　星

责任编辑／冯　征
装帧设计／一本好书
监　　制／姚　军
责任校对／张大伟

出版发行／上海三联书店
　　　　　（200030）中国上海市漕溪北路 331 号 A 座 6 楼
邮购电话／021-22895540
印　　刷／上海展强印刷有限公司

版　　次／2021 年 11 月第 1 版
印　　次／2021 年 11 月第 1 次印刷
开　　本／889mm×1194mm　1/16
字　　数／1650 千字
印　　张／65.5
插　　图／5 页
书　　号／ISBN 978-7-5426-7520-0/B·746
定　　价／398.00 元